Haarmeyer · Huber · Schmittmann
Praxishandbuch Insolvenzanfechtung
6. Auflage

Haarmeyer · Huber · Schmittmann

Praxishandbuch Insolvenzanfechtung

herausgegeben von

Prof. Dr. iur. Hans Haarmeyer
em. Professor für Wirtschafts- und Insolvenzrecht an der Hochschule Koblenz und am RheinAhrCampus in Remagen, Rechtsanwalt, Mötzingen

Prof. Dr. iur. Michael Huber
Präsident des LG Passau a.D., Honorarprofessor an der Universität Passau

Prof. Dr. iur. Jens M. Schmittmann
Professor für Allgemeine Betriebswirtschaftslehre, Wirtschafts- und Steuerrecht an der FOM Hochschule in Essen, Rechtsanwalt, Fachanwalt für Insolvenzrecht, Fachanwalt für Handels- und Gesellschaftsrecht, Fachanwalt für Steuerrecht und Steuerberater, Essen

6. Auflage

Carl Heymanns Verlag 2026

Zitiervorschlag: HHS/*Bearbeiter*, § Rn. bzw. Kap. Rn.

Bibliografische Information der Deutschen Nationalbibliothek
Die Deutsche Nationalbibliothek verzeichnet diese Publikation in der Deutschen Nationalbibliografie; detaillierte bibliografische Daten sind im Internet über http://dnb.d-nb.de abrufbar.

ISBN 978–3-452–30525-1

www.wolterskluwer.com

Umschlagkonzeption: Martina Busch, Grafikdesign, Homburg Kirrberg
Satz: Datagroup-Int SRL, Timisoara, Romania
Druck und Weiterverarbeitung: Wydawnictwo Diecezjalne i Drukarnia w Sandomierzu, Sandomierz, Polen

Gedruckt auf säurefreiem, alterungsbeständigem und chlorfreiem Papier.

Vorwort

Die beiden Vorauflagen dieses Werkes waren von den Sonderregelungen zur Bekämpfung der Corona-Pandemie sowie den Auswirkungen des russischen Angriffskrieges auf die Ukraine geprägt. Die Rechtsprechung und Literatur zu dieser Thematik haben wir dokumentiert und bewertet. Hinzu kamen die massiven und noch andauernden Umbrüche in der Rechtsprechung des IX. Zivilsenates zur Insolvenzanfechtung, die insbesondere die Vorsatzanfechtung, aber auch die Anfechtung unentgeltlicher Leistungen betreffen und dem Insolvenzverwalter die erfolgreiche Geltendmachung von insolvenzanfechtungsrechtlichen Rückgewähransprüchen deutlich schwerer machen. Andererseits hat es aber gerade im Bereich der nahestehenden Personen Konkretisierungen in Richtung einer Ausweitung z.B. auch auf den Steuerberater gegeben, die die Praxis vor neue Fragen stellen. In der Rückschau erweist sich aber nach wie vor die Erkenntnis als richtig, dass das Insolvenzanfechtungsrecht einen unabdingbaren Bestandteil des Systems der gleichmäßigen Befriedigung der Gläubiger im Insolvenzverfahren darstellt und vielfach Garant für die Eröffnung des Insolvenzverfahrens ist. Wird das Insolvenzverfahren mangels einer die Kosten des Verfahrens deckenden Masse gar nicht erst eröffnet, so kann der Grundsatz der Gläubigergleichbehandlung nicht mehr erreicht werden, sondern die insbesondere durch die Zwangsvollstreckung oder Androhung von Zwangsvollstreckungsmaßnahmen durchgesetzte vorrangige Befriedigung wird perpetuiert und potenziell anfechtbare Rechtshandlungen bleiben unaufgeklärt oder gänzlich unentdeckt.

Wir greifen mit dieser Auflage alle Entwicklungen in der Rechtsprechung und Literatur auf und bieten – wie auch bisher – dem Rechtsanwender sofort umsetzbare Praxishinweise. Einem Ruf aus der Nutzerschaft folgend bieten wir erstmalig in einem eigenen Abschnitt Ausführungen zur »Insolvenzanfechtung und Steuern«.

Herr Richter am Oberlandesgericht *Gerhard Tischner* ist als Autor ausgeschieden. Wir danken Herrn Tischner für seine zuverlässige und fachlich brillante Mitarbeit. Frau Richterin am Oberlandesgericht *Vera Spiecker* (Kap. 1 D, Kap. 4 C) und Herr Rechtsanwalt *Dr. Andree Gossak* (Kap. 4 E) sind in den Verfasserkreis eingetreten. Das Kapitel 7 (Anspruchsdurchsetzung) wird nunmehr von Frau *van Rossum* und Frau *Spiecker* bearbeitet. Im Übrigen wurden weitere Abschnitte, die bisher von *Prof. Dr. Huber* bearbeitet worden sind, von *Prof. Dr. Haarmeyer* und *Prof. Dr. Schmittmann* übernommen.

Die Herausgeber und Autoren haben bis zum Spätsommer 2025 aktuelle Entscheidungen in die Darstellung eingearbeitet und bewertet. Die Herausgeber danken allen Autoren für ihr großes Engagement, mit dem sie an dem Werk »Praxis der Insolvenzanfechtung« weiter mitwirken oder sich erstmalig engagieren.

Wir danken zudem allen Lesern und Rezensenten für die überaus freundliche Aufnahme der 5. Auflage. Die konstruktiven Anregungen aus dem Nutzerkreis haben uns nicht nur sehr gefreut, sondern auch Anlass gegeben, im Detail – wo erforderlich – weiter ins Detail zu gehen. Wir hoffen, dass auch diese Neuauflage den

Lesern einen sicheren Pfad durch die Wildnis des Insolvenzanfechtungsrechts bietet und sie sicher am Ziel ankommen lässt. Für Hinweise sind wir auch in Zukunft stets dankbar.

Mötzingen, Passau, Essen im September 2025

Hans Haarmeyer
Michael Huber
Jens M. Schmittmann

Autorenverzeichnis

Charis Bograkos
Rechtsanwalt, Bograkos Rechtsanwälte, Berlin

Dr. Andree Gossak
Rechtsanwalt, Fachanwalt für Arbeitsrecht, Gossak Rechtsanwälte, Stuttgart

Prof. Dr. iur. Hans Haarmeyer
em. Professor für Wirtschafts- und Insolvenzrecht an der Hochschule Koblenz, RheinAhrCampus in Remagen, Rechtsanwalt, Mötzingen

Ulrich Josephs
Rechtsanwalt, Insolvenzverwalter, westhelleundpartner, Kassel

Dirk Kirstein, EMBA, LL.M.
Rechtsanwalt, Diplom-Kaufmann, Öffentlich bestellter und vereidigter Sachverständiger für Insolvenzuntersuchungen (IHK Berlin), QVM®-Zertifizierter Mediator, KDLB Kompetenzteam, Berlin

Katrin van Rossum
Vorsitzende Richterin am OLG Düsseldorf

Prof. Dr. iur. Jens M. Schmittmann
Professor für Allgemeine Betriebswirtschaftslehre, Wirtschafts- und Steuerrecht an der FOM Hochschule in Essen, Rechtsanwalt, Fachanwalt für Insolvenz- und Sanierungsrecht, Fachanwalt für Handels- und Gesellschaftsrecht, Fachanwalt für Steuerrecht und Steuerberater, Mitglied des Senats für Anwaltssachen des Bundesgerichtshofs, Essen

Vera Spiecker
Richterin am OLG Düsseldorf

Raimund Weyand
Oberstaatsanwalt a.D., St. Ingbert

Im Einzelnen haben bearbeitet

Kap. 1 A.	Haarmeyer
Kap. 1 B.–C.	Schmittmann (vorher Huber)
Kap. 1 D.	Spiecker (vorher Huber)
Kap. 1 E.–H.	Schmittmann
Kap. 2 A.	Kirstein
Kap. 2 B.	Bograkos
Kap. 3:	
§§ 14, 16–19	Josephs
§ 129	Kirstein
§§ 130, 131	Bograkos
§ 132	Schmittmann
§ 133	Bograkos
§ 134–137	Schmittmann
§ 138	Haarmeyer
§§ 139–144	van Rossum
§ 145	Kirstein
§ 146	Schmittmann
§ 147	Haarmeyer
Kap. 4 A.	Kirstein
Kap. 4 B.	Schmittmann
Kap. 4 C.	Spiecker (vorher Tischner)
Kap. 4 D.	Schmittmann
Kap. 4 E.	Gossak (vorher Huber)
Kap. 4 F.	Haarmeyer (vorher Huber)
Kap. 4 G.	Bograkos
Kap. 4 H.	Schmittmann
Kap. 5	Kirstein
Kap. 6	Schmittmann
Kap. 7	van Rossum/Spiecker (vorher Huber)
Kap. 8	Weyand
Kap. 9	Haarmeyer
Kap. 10	van Rossum

Inhaltsverzeichnis

Abkürzungsverzeichnis

a. A.	andere Ansicht
a. F.	alte Fassung
Abb.	Abbildung
abl.	ablehnend
ABl.	Amtsblatt
Abs.	Absatz
Abschn.	Abschnitt
abzgl.	abzüglich
AcP	Archiv für die civilistische Praxis (Zs.)
ADHGB	Allgemeine Deutsche Handelsgesetzbuch
AEAO	Anwendungserlass zur Abgabenordnung
AG	Aktiengesellschaft/Amtsgericht
AGB	Allgemeine Geschäftsbedingungen
AGH	Arbeitsgelegenheit
A/G/R	Ahrens/Gehrlein/Ringstmeier
ähnl.	ähnlich
AK	Anwalt und Kanzlei (Zs.)
AktG	Aktiengesetz
ALB	Allgemeine Leasingbedingungen
allg.	allgemein
Alt.	Alternative
ÄndVO	Änderungsverordnung
AnfG	Anfechtungsgesetz
Anh.	Anhang
Anm.	Anmerkung
AnwBl.	Anwaltsblatt (Zs.)
AO	Abgabenordnung (auch AO 1977)
AOK	Allgemeine Ortskrankenkasse
AO-StB	Der AO-Steuer-Berater (Zs.)
AP	Arbeitsrechtliche Praxis, Nachschlagewerk des Bundesarbeitsgerichts (Zs.)
AR	Aufsichtsrat
ArbG	Arbeitsgericht
ArbGG	Arbeitsgerichtsgesetz
ArbnErfG	Arbeitnehmererfindungsgesetz
Art.	Artikel
AT	Allgemeiner Teil
Aufl.	Auflage
ausführl.	ausführlich
Az.	Aktenzeichen
BA	Betriebsausgaben/Bundesagentur für Arbeit
BaFin	Bundesanstalt für Finanzdienstleistungsaufsicht
BAG	Bundesarbeitsgericht
BAGE	Entscheidungen des Bundesarbeitsgerichts
Basel II	Neue Baseler Rahmenvereinbarung über die Eigenkapitalempfehlung für Kreditinstitute, 2004

BauR	Baurecht oder Baurecht (Zs.)
BB	Betriebs-Berater (Zs.)
BBB	Betriebswirtschaftliche Beratung
Bd.	Band
BeckOK	Beck'scher Online-Kommentar
BeckRS	Beck-Rechtsprechung
Begr.	Begründung
Beschl.	Beschluss
bestr.	bestritten
BetrVG	Betriebsverfassungsgesetz
Bf	Beschwerdeführer
BFH	Bundesfinanzhof
BFH/NV	Sammlung amtlich nicht veröffentlichter Entscheidungen des Bundesfinanzhofs
BFHE	Entscheidungen des Bundesfinanzhofs (amtliche Sammlung)
BGB	Bürgerliches Gesetzbuch
BGBl.	Bundesgesetzblatt
BGE	Amtliche Sammlung der Entscheidungen des Schweizerischen Bundesgerichts
BGH	Bundesgerichtshof
BGHSt	Amtliche Sammlung der Entscheidungen des Bundesgerichtshofes in Strafsachen
BGHZ	Amtliche Sammlung der Entscheidungen des Bundesgerichtshofes in Zivilsachen
BKR	Bank- und Kapitalmarktrecht (Zs.)
BlSchK	Blätter für Schuldbetreibung und Konkurs
BMF	Bundesministerium der Finanzen
BMJ	Bundesministerium der Justiz
BORA	Berufsordnung für Rechtsanwälte
BOStB	Berufsordnung für Steuerberater
BRAK-Mitt.	Mitteilungen der Bundesrechtsanwaltskammer (Zs.)
BRAO	Bundesrechtsanwaltsordnung
BRD	Bundesrepublik Deutschland
bspw.	beispielsweise
BStBl.	Bundessteuerblatt
BT	Besonderer Teil
BT-Drucks.	Bundestags-Drucksache
BTO	Bundestarifordnung
BuB	Bankrecht und Bankpraxis (Loseblattwerk)
Buchst.	Buchstabe
BVerfG	Bundesverfassungsgericht
BVerfGE	Amtliche Sammlung der Entscheidungen des Bundesverfassungsgerichts
BVerwG	Bundesverwaltungsgericht
BWA	Betriebswirtschaftliche Auswertung
bzgl.	bezüglich
bzw.	beziehungsweise
c.i.c.	culpa in contrahendo
ca.	circa

CC	Code of commerce
COVInsAG	Gesetz zur vorübergehenden Aussetzung der Insolvenzantragspflicht und zur Begrenzung der Organhaftung bei einer durch die COVID-19-Pandemie bedingten Insolvenz (COVID-19-Insolvenzaussetzungsgesetz)
CpD-Konto	Conto-pro-Diverse-Konto
CuR	Contracting und Recht
DATEV	Datenverarbeitung und Dienstleistung für Angehörige der steuerberatenden Berufe
DB	Der Betrieb (Zs.)
ders.	derselbe
DGVZ	Deutsche Gerichtsvollzieher Zeitung (Zs.)
dies.	dieselbe/n
DiskE	Diskussionsentwurf
Diss.	Dissertation
DNotZ	Deutsche Notar-Zeitschrift
DÖV	Die Öffentliche Verwaltung (Zs.)
Drucks.	Drucksache
DSB	Datenschutz-Berater
DSGVO	Datenschutz-Grundverordnung
DStR	Deutsches Steuerrecht (Zs.)
DStRE	Deutsches Steuerrecht –Entscheidungsdienst (Zs.)
DStZ	Deutsche Steuerzeitung
DVBl	Deutsches Verwaltungsblatt (Zs.)
DVP	Deutsche Verwaltungspraxis (Zs.)
DZWIR	Deutsche Zeitschrift für Wirtschaftsrecht
e. V.	eingetragener Verein
EDV	Elektronische Datenverarbeitung
EFG	Entscheidungen der Finanzgerichte (Zs.)
EG	Europäische Gemeinschaft
EGBGB	Einführungsgesetz zum Bürgerlichen Gesetzbuche
EGInsO	Einführungsgesetz zur Insolvenzordnung
Einf.	Einführung
Einl.	Einleitung
EnSiG	Gesetz zur Sicherung der Energieversorgung (Energiesicherungsgesetz)
EnWG	Gesetz über die Elektrizitäts- und Gasversorgung (Energiewirtschaftsgesetz)
ErbbauRG	Erbbaurechtsgesetz
ErbStG	Erbschaftsteuer- und Schenkungsteuergesetz
ESt	Einkommensteuer
EStG	Einkommensteuergesetz
ESUG	Gesetz zur weiteren Erleichterung der Sanierung von Unternehmen
etc.	et cetera
EU	Europäische Union
EuGH	Europäischer Gerichtshof

EuGVVO	Verordnung des Rates über die gerichtliche Zuständigkeit und die Anerkennung und Vollstreckung von Entscheidungen in Zivil- und Handelsrechtssachen
EuInsVO	Europäische Verordnung über Insolvenzverfahren
EUR	Euro
EuZW	Europäische Zeitschrift für Wirtschaftsrecht
evtl.	eventuell
EWiR	Entscheidungen zum Wirtschaftsrecht (Zs.)
EzA	Entscheidungssammlung zum Arbeitsrecht
F.	Fach (ZAP)
FA	Finanzamt
FA	Führungsaufsicht
FA	Fachanwaltshandbuch
FamRZ	Zeitschrift für das gesamte Familienrecht
FAR	Fachausschuss Recht des Instituts der Wirtschaftsprüfer
FD-StrafR	Fachdienst Strafrecht (Zs.)
fest.	festgestellt
f.	folgende
ff.	fortfolgende
FG	Finanzgericht
FGG	Gesetz über die Angelegenheiten der freiwilligen Gerichtsbarkeit
FGO	Finanzgerichtsordnung
FK	Frankfurter Kommentar zur Insolvenzordnung
FS	Festschrift
GBO	Grundbuchordnung
GbR	Gesellschaft bürgerlichen Rechts
gem.	gemäß
GenG	Genossenschaftsgesetz
GesO	Gesamtvollstreckungsordnung
GG	Grundgesetz
ggf.	gegebenenfalls
ggü.	gegenüber
GKG	Gerichtskostengesetz
GmbH	Gesellschaft mit beschränkter Haftung
GmbHG	GmbH-Gesetz
GmbHR	GmbH-Rundschau (Zs.)
GmbH-StB	Der GmbH-Steuer-Berater (Zs.)
GmS-OGB	Gemeinsamer Senat der Obersten Gerichtshöfe des Bundes
GNotKG	Gerichts- und Notarkostengesetz
grds.	grundsätzlich
GrEStG	Grunderwerbsteuergesetz
GS	Gedächtnisschrift
GVG	Gerichtsverfassungsgesetz
GVO	Gerichtsvollzieherordnung
GWR	Gesellschafts- und Wirtschaftsrecht (Zs.)

h. M.	herrschende Meinung
HambKomm-InsR	Hamburger Kommentar zum Insolvenzrecht
HambKomm-RestR	Hamburger Kommentar zum Restrukturierungsrecht
Halbs.	Halbsatz
HBeglG	Haushaltsbegleitgesetz
Hdb.	Handbuch
HFR	Höchstrichterliche Finanzrechtsprechung (Zs.)
HGB	Handelsgesetzbuch
HK	Heidelberger Kommentar
HmbGVBl.	Hamburgisches Gesetz- und Verordnungsblatt
HRB	Handelsregisterblatt
HRRS	Höchstrichterliche Rechtsprechung im Strafrecht (Online-Zeitschrift)
Hrsg.	Herausgeber
HWF	Haarmeyer/Wutzke/Förster
i. d. F.	in der Fassung
i. d. R.	in der Regel
i. d. S.	in dieser Sache
i. H. d.	in Höhe des/der
i. H. e.	in Höhe eines/einer
i.R.d	im Rahmen des/der
i. S.	im Sinne
i. S. d.	im Sinne der
i. S. e.	im Sinne eines/einer
i. s. v.	im Sinne von
i. Ü.	im Übrigen
i. V.	in Vollmacht oder in Vertretung
i. V. m.	in Verbindung mit
IDW	Institut der Wirtschaftsprüfer in Deutschland e. V.
IFG	Informationsfreiheitsgesetz
IG	Interessengemeinschaft
IGZ-Info	Zeitschrift des Bundesverbandes Zwangsverwaltung IGZ e.V.
INF	Die Information über Steuer und Wirtschaft (Zs.)
inkl.	inklusive
InsA	Insolvenzrecht aktiv
insb.	insbesondere
InsbürO	Zeitschrift für das Insolvenzbüro
InsO	Insolvenzordnung
InsR	Insolvenzrecht
InsVV	Insolvenzrechtliche Vergütungsverordnung
InsVZ	Zeitschrift für Insolvenzverwaltung und Sanierungsberatung
InVo	Insolvenz und Vollstreckung (Zs.)
IPR	Internationales Privatrecht
IPRax	Praxis des Internationalen Privat- und Verfahrensrechts (Zs.)
JA	Juristische Arbeitsblätter (Zs.)
jM	juris – Die Monatszeitschrift
JR	Juristische Rundschau (Zs.)

Jura	Juristische Ausbildung (Zs.)
JurBüro	Das Juristische Büro (Zs.)
juris	Juristisches Informationssystem
jurisPR	juris PraxisReport
jurisPR-SteuerR	juris PraxisReport Steuerrecht (Zs.)
jurisPR-StrafR	juris PraxisReport Strafrecht (Zs.)
JuS	Juristische Schulung (Zs.)
JW	Juristische Wochenschrift (Zs.)
JZ	Juristenzeitung (Zs.)
K&R	Kommunikation und Recht (Zs.)
Kap.	Kapitel
KG	Kammergericht
kg	Kilogramm
KG	Kommanditgesellschaft
KGaA	Kommanditgesellschaft auf Aktien
KGR	Kammergerichts-Report (Zs.)
KKZ	Kommunal-Kassen-Zeitschrift
KO	Konkursordnung
KommJur	Kommunaljurist (Zs.)
KostO	Kostenordnung
K/P/B	Kübler/Prütting/Bork
KR	Kündigungsschutzrecht, Gemeinschaftskommentar
krit.	kritisch
KSI	Krisen-, Sanierungs- und Insolvenzberatung (Zs.)
KSW	Kummer/Schäfer/Wagner
KTS	Zeitschrift für Insolvenzrecht Konkurs Treuhand Sanierung
KuT	Konkurs und Treuhand (Zs.)
KWG	Kreditwesengesetz
LAG	Landesarbeitsgericht
lfd.	laufend
lfd. Nr.	laufende Nummer
Lfg.	Lieferung
LG	Landgericht
LGBl.	Landesgesetzblatt
LKV	Landes- und Kommunalverwaltung (Zs.)
LMK	Entscheidungen des Bundesgerichtshofes im Nachschlagewerk von Lindenmaier-Möhring
LPartG	Lebenspartnerschaftsgesetz
LS	Leitsatz
LSG	Landessozialgericht
Ltd.	Limited
LuftRG	Gesetz über Rechte an Luftfahrzeugen
m. Anm.	mit Anmerkung
m. E.	meines Erachtens
m. w. N.	mit weiteren Nachweisen
MAH	Münchener Anwaltshandbuch

MaRisk	Mindestanforderungen an das Risikomanagement
max.	maximal
MDR	Monatsschrift für Deutsches Recht (Zs.)
MHdB GesR	Münchener Handbuch des Gesellschaftsrechts
MietPrax-AK	Arbeitskommentar des aktuellen Mietrechts
Mio.	Million/en
MittBayNot	Mitteilungen des Bayerischen Notarvereins (Zs.)
MK	Münchener Kommentar
MoMiG	Gesetz zur Modernisierung des GmbH-Rechts und zur Bekämpfung von Missbräuchen
Mrd.	Milliarde
MwStSysRL	Richtlinie 2006/112/EG des Rates vom 28. November 2006 über das gemeinsame Mehrwertsteuersystem (Mehrwertsteuer-Systemrichtlinie)
n. v.	nicht veröffentlicht
Nachw.	Nachweis
NJ	Neue Justiz (Zs.)
NJOZ	Neue Juristische Online-Zeitschrift
NJW	Neue Juristische Wochenschrift (Zs.)
NJW-RR	Neue Juristische Wochenschrift – Rechtsprechungs-Report (Zs.)
NJW-Spezial	Beilage zur Neuen Juristischen Wochenschrift (Zs.)
NotBZ	Zeitschrift für die notarielle Beratungs- und Beurkundungspraxis
Nr.	Nummer
NStZ	Neue Zeitschrift für Strafecht
NWB	Neue Wirtschafts-Briefe (Zs.)
NZA	Neue Zeitschrift für Arbeitsrecht
NZBau	Neue Zeitschrift für Baurecht und Vergaberecht
NZG	Neue Zeitschrift für Gesellschaftsrecht
NZI	Neue Zeitschrift für das Recht der Insolvenz und Sanierung
NZWiSt	Neue Zeitschrift für Wirtschafts- Steuer- und Unternehmensstrafrecht
NZS	Neue Zeitschrift für Sozialrecht
O	Ordnung
o.a.	oben angeführt
o. g.	oben genannt
OFD	Oberfinanzdirektion
OLG	Oberlandesgericht
OLG-NL	OLG-Rechtsprechung Neue Länder
RA	Rechtsanwalt
Rdn./Rn.	Randnummer
RVG	Gesetz über die Vergütung der Rechtsanwältinnen und Rechtsanwälte (Rechtsanwaltsvergütungsgesetz)
s.	siehe
s.a.	siehe auch

s.o.	siehe oben
s.u.	siehe unten
SansInsKG	Gesetz zur vorübergehenden Anpassung sanierungs- und insolvenzrechtlicher Vorschriften zur Abmilderung von Krisenfolgen (Sanierungs- und insolvenzrechtliches Krisenfolgenabmilderungsgesetz)
SchiffRG	Gesetz über Rechte an eingetragenen Schiffen und Schiffsbauwerken
SGB	Sozialgesetzbuch
SolvV	Verordnung zur angemessenen Eigenmittelausstattung von Instituten, Institutsgruppen, Finanzholding-Gruppen und gemischten Finanzholding-Gruppen (Solvabilitätsverordnung)
SSW	Satzger/Schluckebier/Werner
StaRUG	Gesetz über den Stabilisierungs- und Restrukturierungsrahmen für Unternehmen (Unternehmensstabilisierungs- und -restrukturierungsgesetz)
StB	Der Steuerberater (Zs.)
StBVV	Vergütungsverordnung für Steuerberater, Steuerbevollmächtigte und Berufsausübungsgesellschaften (Steuerberatervergütungsverordnung)
StE	Steuer-Eildienst
StGB	Strafgesetzbuch
StPO	Strafprozessordnung
StR	Steuerrecht
str.	strittig
StraFo	Strafverteidiger Forum (Zs.)
StRR	StrafRechtsReport (Zs.)
StuB	Steuern und Bilanzen (Zs.)
StV	Strafverteidiger (Zs.)
StW	Die Steuer-Warte (Zs.)
SV	Sachverständige/r
Tz.	Teilziffer
u. a.	und andere
u. U.	unter Umständen
UBGG	Unternehmensbeteiligungsgesellschaftsgesetz
UmwG	Umwandlungsgesetz
UNCITRAL	Kommission der Vereinten Nationen für internationales Handelsrecht
UR	Umsatzsteuer-Rundschau (Zs.)
Urt.	Urteil
USt	Umsatzsteuer
USt-AE	Umsatzsteuer-Anwendungserlass
UStG	Umsatzsteuergesetz
UStR	Umsatzsteuer-Richtlinie
usw.	und so weiter
UVR	Umsatzsteuer- und Verkehrsteuer-Recht (Zs.)

v. a.	vor allem
Verf.	Verfasser
VersR	Versicherungsrecht (Zs.)
Vfg.	Verfügung
VG	Verwaltungsgericht
VGH	Verfassungsgerichtshof
vgl.	vergleiche
VOB	Vergabe- und Vertragsordnung für Bauleistungen
Vorb.	Vorbemerkung
VR	Verwaltungsrundschau (Zs.)
vs.	versus
VuR	Verbraucher und Recht (Zs.)
VVG	Versicherungsvertragsgesetz
VwVG	Verwaltungsvollstreckungsgesetz
w.N.	weitere Nachweise
WiB	Wirtschaftsrechtliche Beratung (Zs.)
WiJ	WisteV-Journal – Zeitschrift der wirtschaftsstrafrechtlichen Vereinigung e. V.
wistra	Zeitschrift für Wirtschafts- und Steuerstrafrecht
WKRS	Wolters Kluwer Rechtsprechungsdatenbank
WM	Wertpapier-Mitteilungen (Zs.)
WP	Wirtschaftsprüfer
WPg	Die Wirtschaftsprüfung (Zs.)
WStBG	Wirtschaftsstabilisierungsbeschleunigungsgesetz
WuB	Entscheidungssammlung zum Wirtschafts- und Bankrecht (Zs.)
www	World Wide Web
z.	zu/zum/zur
z. B.	zum Beispiel
z.T.	zum Teil
z. Zt.	zur Zeit
ZBB	Zeitschrift für Bankrecht und Bankwirtschaft
ZD	Zeitschrift für Datenschutz
ZfIR	Zeitschrift für Immobilienrecht
ZG	Zeitschrift für Gesetzgebung
ZGR	Zeitschrift für Unternehmens- und Gesellschaftsrecht
ZHR	Zeitschrift für das gesamte Handels- und Wirtschaftsrecht
Ziff.	Ziffer
ZInsO	Zeitschrift für das gesamte Insolvenzrecht
ZIP	Zeitschrift für Wirtschaftsrecht
ZIS	Zeitschrift für Internationale Strafrechtsdogmatik
ZJS	Zeitschrift für das Juristische Studium
ZKF	Zeitschrift für Kommunalfinanzen
ZPO	Zivilprozessordnung
ZS	Zivilsenat
Zs.	Zeitschrift
ZSteu	Zeitschrift für Steuern & Recht

ZStW	Zeitschrift für die gesamte Strafrechtswissenschaft
zugl.	zugleich
zust.	zuständig/zustimmend
Zust.	Zuständigkeit/Zustimmung
ZVG	Zwangsversteigerungsgesetz
ZVI	Zeitschrift für Verbraucher- und Privat-Insolvenzrecht
ZWH	Zeitschrift für Wirtschaftsstrafrecht und Haftung im Unternehmen
ZZP	Zeitschrift für Zivilprozess

Literaturverzeichnis

Ahrens/Gehrlein/ Ringstmeier (Hrsg.)	Insolvenzrecht Kommentar, 5. Aufl. 2025 (zitiert: A/G/R)
Andres/Leithaus	Insolvenzordnung, 4. Aufl. 2018
Arbeitskreis für Insolvenz- und Schiedsgerichtswesen e.V. Köln (Hrsg.)	Kölner Schrift zur Insolvenzordnung, 3. Aufl. 2009
Bank	Insolvenzverwalterhaftung, 2016
Bauer	Die GmbH in der Krise, Sanierung und Insolvenz, 7. Aufl. 2022
Baumbach/Hopt (Hrsg.)	Handelsgesetzbuch: HGB, 40. Aufl. 2021
Baumbach/Hefermehl/ Casper	Wechselgesetz, Scheckgesetz, Recht des Zahlungsverkehrs 24. Auflage 2020
Baumbach/Hueck (Hrsg.)	GmbHG, 22. Aufl. 2019
Baumgärtel/Laumen/ Prütting (Hrsg.)	Handbuch der Beweislast, 5. Aufl. 2023
Beck/Depré/Ampferl	Praxis der Insolvenz, 4. Aufl. 2023
Bender/Häcker/Schwarz	Tatsachenfeststellung vor Gericht, 6. Aufl. 2025
Bittmann	Praxishandbuch Insolvenzstrafrecht, 2. Aufl. 2017
Blersch/Goetsch/Haas (Hrsg.)	Berliner Kommentar Insolvenzrecht, Loseblatt, Stand: Dezember 2024 (zitiert: Berl-Komm)
Bork	Einführung in das Insolvenzrecht, 11. Aufl. 2023
Bork	Handbuch des Insolvenzanfechtungsrechts, 2006
Bornemann	Frankfurter Kommentar zur Insolvenzordnung, 10. Aufl. 2025 (zitiert: FK-InsO)
Börstinghaus	MietPrax – Mietrecht in der Praxis, Loseblatt, Stand: Juli 2025 (zitiert: MietPrax-AK)
Braun	Insolvenzordnung –Kommentar, 10. Aufl. 2024
Brinkmann/Luttmann	Massemehrung durch den Verwalter, 2008
Crone/Werner	Modernes Sanierungsmanagement, 7. Aufl. 2024
Deutsches Steuerberaterinstitut e.V. (Hrsg.)	Steuerberater Handbuch 2019, 27. Aufl. 2019 (zitiert: StB-Hb. 2019)
Eidam	Unternehmen und Strafe, 5. Aufl. 2018
Ellenberger/Bunte	Bankrechts-Handbuch, 6. Aufl. 2022 (bis zur 5. Aufl. hrsg. von Schimansky/Bunte/Lwowski)
Engelhardt/App/Schlatmann	Verwaltungs-Vollstreckungsgesetz, Verwaltungszustellungsgesetz, 13. Aufl. 2025

Erb/Schäfer (Hrsg.)	Münchener Kommentar zum Strafgesetzbuch, Bd. 1: §§ 1–37 und Bd. 3: §§ 80–184l 5. Aufl. 2024; Bd. 2, 4 bis 10 4. Aufl. 2020 ff.
Fischer	Strafgesetzbuch, 72. Aufl. 2025
Fischer/Vill/Fischer/Rinkler/Chab	Handbuch der Anwaltshaftung, 5. Aufl. 2019
Flöther	StaRUG – Unternehmensstabilisierungs- und -restrukturierungsgesetz, 2021
Fritz	COVInsAG – Kommentar, 2. Aufl. 2022
Fritz/Schmittmann	SanInsKG (vormals COVInsAG), 3. Aufl. 2023
Gaul/Schilken/Becker-Eberhardt	Zwangsvollstreckungsrecht, 12. Aufl. 2010
Gehrlein/Grote/Haarmeyer/Vill	Festschrift für Gerhard Pape, 2019
Gerhard	Die systematische Einordnung der Gläubigeranfechtung, 1969
Gottwald/Haas	Insolvenzrechts-Handbuch, 6. Aufl. 2020
Graf-Schlicker	InsO, Kommentar zur Insolvenzordnung, 6. Aufl. 2022
Gräfe/Lenzen/Schmeer	Steuerberaterhaftung, 8. Aufl. 2023
Grottel/Justenhoven/Kliem/Schubert	Beck'scher Bilanz-Kommentar, 14. Aufl. 2024
Grüneberg	Bürgerliches Gesetzbuch: BGB, 84. Aufl. 2025
Gummert	Münchner Anwaltshandbuch Personengesellschaftsrecht, 4. Aufl. 2023
Haarmeyer/Lissner	Die Prüfung von Vergütungsanträgen im Insolvenzverfahren, 2. Aufl. 2024
Haarmeyer/Mock	Insolvenzrechtliche Vergütung (InsVV), 7. Aufl. 2024
Haarmeyer/Pape/Stephan/Nickert	Formularbuch Insolvenzrecht, 3. Aufl. 2016
Haarmeyer/Wutzke/Förster	Handbuch zur Insolvenzordnung, 4. Aufl. 2013
Haarmeyer/Wutzke/Förster	InsO, 2. Aufl. 2012 (zitiert: HWF)
Haarmeyer/Wutzke/Förster	Handbuch der vorläufigen Insolvenzverwaltung, 2010
Haarmeyer/Wutzke/Förster	Präsenzkommentar zur Insolvenzordnung, 2010
Hannemann/Biewer/Kocatepe/Zaruk/Weigl	Mindestanforderungen an das Risikomanagement (MaRisk), 7. Aufl. 2025
Harz/Weyand/Reiter/Methner/Noa	Mit Compliance Wirtschaftskriminalität vermeiden, 2012
Häsemeyer	Insolvenzrecht, 4. Aufl. 2007
Heinrich	Krisen im Aufschwung, Symposium Arbeits- und Insolvenzrecht 2008, 2009

Hellner/Steuer	Bankrecht und Bankpraxis, Loseblatt, Stand: 149. Lieferung März 2021
Hopt	Handelsgesetzbuch: HGB, 44. Aufl. 2025 (bis zur 40. Aufl. Baumbach/Hopt)
Huber	Anfechtungsgesetz, 12. Aufl. 2021
Jaeger/Henckel/Gerhard (Hrsg.)	Insolvenzordnung, Großkommentar, 10. Aufl. 2004 ff.
Kayser/Thole (Hrsg.)	Heidelberger Kommentar zur Insolvenzordnung, 11. Aufl. 2023 (zitiert: HK)
Klunzinger	Grundzüge des Handelsrechts, 14. Aufl. 2011
Knecht/Hommel/Wohlenberg (Hrsg.)	Handbuch Unternehmensrestrukturierung – Grundlagen – Konzepte – Maßnahmen, 2. Aufl. 2018
Koglin	Gemeindehaushalt, 1985
Kraemer/Vallender/Vogelsang	Handbuch zur Insolvenz, Loseblattwerk, Stand: April 2025
Kubiciel/Möhrenschlager/Schünemann/et al.	Leipziger Kommentar Strafgesetzbuch: StGB, Band 14: §§ 263–266b, 14. Aufl. 2024
Kümpel/Mülbert/Früh/Seyfried	Bank- und Kapitalmarktrecht, 7. Aufl. 2025
Kummer/Schäfer/Wagner	Insolvenzanfechtung, 3. Aufl. 2017 (zitiert: KSW)
Krüger/Rauscher (Hrsg.)	Münchener Kommentar zur Zivilprozessordnung: ZPO, Band 1: §§ 1–354 und Band 2: §§ 355–945b, 7. Aufl. 2025; Band 3: §§ 946–1120, EGZPO, GVG, EGGVG, UKlaG, Internationales und Europäisches Zivilprozessrecht, 6. Aufl. 2020 (zitiert: MK-ZPO)
Lauer	Die Bank in der Kundeninsolvenz, 3. Aufl. 2003
Lutter/Hommelhoff	GmbH-Gesetz, Handkommentar, 21. Aufl. 2023
Michalski/Heidinger/Leible/Schmidt	Kommentar zum Gesetz betreffend die Gesellschaften mit beschränkter Haftung (GmbH-Gesetz), 4. Aufl. 2023
Minoggio	Unternehmensverteidigung, 3. Aufl. 2016
Mittelsteiner/Gilgan/Späth	Berufsordnung der Steuerberater, 2002
Mönning (Hrsg.)	Betriebsfortführung in Restrukturierung und Insolvenz, 4. Aufl. 2023
Mohrbutter/Ringstmeier/Meyer (Hrsg.)	Handbuch Insolvenzverwaltung, 10. Aufl. 2022
Morgen (Hrsg.)	StaRUG, 2. Aufl. 2021
Müller-Gugenberger (Hrsg.)	Wirtschaftsstrafrecht, Handbuch des Wirtschaftsstraf- und -ordnungswidrigkeitenrechts, 8. Aufl. 2025
Musielak/Voit	Kommentar zur Zivilprozessordnung: ZPO, 21. Aufl. 2024

Mutschler	Vom »Soldaten Adolf Hitlers« zum unabhängigen Organ der Steuerrechtspflege, 2005
Neyes	Die Insolvenzanfechtung in Mehrpersonenverhältnissen, 2012
Nickert/Lamberti	Überschuldungs- und Zahlungsunfähigkeitsprüfung im Insolvenzrecht, 3. Aufl. 2016
Obermüller	Insolvenzrecht in der Bankpraxis, 10. Aufl. 2023
Pannen/Riedemann/Smid	StaRUG – Kommentar, 2021
Pape/Graeber (Hrsg.)	Handbuch Insolvenzverwalterhaftung, 2009
Pape/Reichelt/Schultz/ Voigt-Salus	Insolvenzrecht, 3. Aufl. 2022
Prütting/Bork/Jacoby (Hrsg.)	KPB – Kommentar zur Insolvenzordnung, Loseblattsammlung, Stand: März 2025 (zitiert: K/P/B)
Reul/Heckschen/Wienberg	Insolvenzrecht in der Gestaltungspraxis, 3. Aufl. 2022
Römermann	Insolvenzordnung, Loseblatt, 49. Aufl. 2024, Stand: Januar 2024
Rowedder/Pentz	Gesetz betreffend die Gesellschaften mit beschränkter Haftung: GmbHG, 7. Aufl. 2022
Saenger (Hrsg.)	Zivilprozessordnung, 10. Aufl. 2023
Satzger/Schluckebier/Werner	StGB, 6. Aufl. 2024 (zitiert: SSW/Bearbeiter)
Schäfer	Insolvenzanfechtung, 4. Aufl. 2013
Schimansky/Bunte/Lwowski	Bankrechts-Handbuch, 5. Aufl. 2017
Schmidt, A. (Hrsg.)	Hamburger Kommentar zum Insolvenzrecht, 10. Aufl. 2024 (zitiert: HambKomm-InsR)
Schmidt, A. (Hrsg.)	Hamburger Kommentar zum Restrukturierungsrecht, 4. Aufl. 2025 (zitiert: HambKomm-RestR)
Schmidt, A. (Hrsg.)	Hamburger Kommentar zum Insolvenzrecht, 6. Aufl. 2017, Ergänzungsband (zitiert: Hamb-Komm-ErgB)
Schmidt, K. (Hrsg.)	Insolvenzordnung, 20. Aufl. 2023
Schmidt/Haarmeyer/ Albrecht	Praxis und Ausbildung im Insolvenzbüro, 2. Aufl. 2010
Schmidt/Uhlenbruck (Hrsg.)	Die GmbH in Krise, Sanierung und Insolvenz, 6. Aufl. 2023
Schmitt/Köhler	StPO, 68. Aufl. 2025
Schmittmann/Theurich/ Brune	Das insolvenzrechtliche Mandat, 5. Aufl. 2016
Schönke/Schröder	Strafgesetzbuch, 30. Aufl. 2019
Scholz (Hrsg.)	GmbHG, Kommentar zum GmbH-Gesetz, 13. Aufl. 2024
Skauradszun/Fridgen	StaRUG, Unternehmensstabilisierungs- und -restrukturierungsgesetz, 2022

Skauradszun/Fridgen (Hrsg.)	Beck'scher Online-Kommentar StaRUG, 16. Edition, Stand: 01.04.2025 (zitiert: BeckOK StaRUG)
Sölch/Ringleb	Umsatzsteuergesetz: UStG, Stand: März 2025
Stein/Jonas	Kommentar zur Zivilprozessordnung, 23. Aufl. 2014 ff.
Stürner/Eidenmüller/Schoppmeyer/Madaus (Hrsg.)	Münchener Kommentar zur Insolvenzordnung: InsO, Band 1: §§ 1-79, InsVV, 5. Aufl. 2025; Band 2: §§ 80–216, 5. Aufl. 2025; Band 3: §§ 217-359 InsO, Insolvenzsteuerrecht, 4. Aufl. 2019 (zitiert: MK-InsO)
Theiselmann	Praxishandbuch Restrukturierungsrecht, 5. Aufl. 2024
Tipke/Kruse	Abgabenordnung – Finanzgerichtsordnung, Loseblatt, Stand: Januar 2025
Trunk	Internationales Insolvenzrecht, 1998
Uhlenbruck (Hrsg.)	Insolvenzordnung: InsO, Band 1, 16. Aufl. 2025; Band 2: EuInsVO, SanInsKG (früher COVInsAG), StaRUG, 16. Aufl. 2023
Vallender/Undritz (Hrsg.)	Praxis des Insolvenzrechts, 3. Aufl. 2022
Vitalone/Chimenti/Riedi	Il diritto processuale del fallimento, 2010
Volk/Beukelmann (Hrsg.)	Münchener Anwaltshandbuch Verteidigung in Wirtschafts- und Steuerstrafsachen, 3. Aufl. 2021
Wabnitz/Janovsky/Schmitt (Hrsg.)	Handbuch des Wirtschafts- und Steuerstrafrechts, 6. Aufl. 2025
Waza/Uhländer/Schmittmann	Insolvenzen und Steuern, 14. Aufl. 2024
Weyand/Diversy	Insolvenzdelikte, 10. Aufl. 2016
Wimmer/Dauernheim/Wagner/Gietl	Handbuch des Fachanwalts Insolvenzrecht, 8. Aufl. 2018 (zitiert: FA-InsR)
Zöller	ZPO, 35. Aufl. 2024

Kapitel 1: Einführung

Übersicht

A. Allgemeine Einführung

Schrifttum

Armbrüster, Anfechtbarkeit oder Nichtigkeit von Rechtshandlungen mit Gläubigerbenachteiligungsvorsatz, FS Canaris, 2007, S. 23; *Behrens*, Anfechtbarkeit von Vorauszahlungen an Energielieferanten, ZInsO 2019, 1761 ff.; *Bograkos/Schulte-Kaubrügger*, Vorsatzanfechtung möglich, wenn trotz Zahlungsunfähigkeit demnächst voraussichtlich die drohende Zahlungsunfähigkeit eintritt?, ZInsO 2016, 1050 ff.; *Burchard*, Die Insolvenzanfechtung im Dreieck, Diss., 2009; *Bork*, Kann der (vorläufige) Insolvenzverwalter auf das Anfechtungsrecht verzichten?, ZIP 2006, 539; *Braegelmann/Bernsau*, Restrukturierung als Chance ohne Stigma der Insolvenz, ZInsO 2019, 374; *Buchalik*, ESUG-Evaluation: Ein Schritt vor oder zwei Schritte zurück?, ZInsO 2019, 465 ff.; *Foerste*, Die Vorsatzanfechtung – zum politischen Potenzial der Begriffsjurisprudenz, FS Picker, 2010, 227; *ders.*, Ausdehnung der Vorsatzanfechtung – ein rechtsstaatliches Problem, ZInsO 2013, 897; *ders.*, Schranken des § 133 Abs. 1 – Abs. 3 InsO kraft alter Rechtsprechung zum Benachteiligungsvorsatz? ZInsO 2019, 1778; *Gehrlein*, Das Ärgernis der Insolvenzverschleppung, ZInsO 2022,1481; *ders.*, Der Sanierungsgedanke als begrenzendes Merkmal der Insolvenzanfechtung, ZInsO 2022,1387; *Gerhardt*, Die systematische Einordnung der Gläubigeranfechtung, 1969; *ders.*, Der IX. Senat des BGH auf dem Weg zur haftungsrechtlichen Anfechtungstheorie oder: »Wertungsfrage« statt Dogmatik?, ZIP 2004, 1675; *Hiebert*, Die neue Rechtsprechung des BGH zur Kenntnis des Gläubigers von der drohenden Zahlungsunfähigkeit, ZInsO 2016, 1738; *ders.*, Die Insolvenzanfechtung von Drittschuldnerzahlungen nach § 133 Abs. 1 InsO; ZInsO 2016, 622; *Huber*, Konkurrierende Anfechtungsansprüche zu Gunsten verschiedener Insolvenzmassen, oder: »Krieg der Insolvenzverwalter«, NZI 2008, 149; *ders.*, Die insolvenzrechtlich unzulässige Aufrechnung nach § 96 Abs. 1 Nr. 3 InsO, ZInsO 2009, 566; *ders.*, Insolvenzanfechtung im Dreiecksverhältnis – vier Fallstudien für eine Erfolg versprechende Anfechtungsklage des Insolvenzverwalters nach Tilgung fremder Schuld, ZInsO 2010, 977; *ders.*, Indiztatsachen und ihre Beweiskraft im insolvenzrechtlichen Anfechtungsprozess, ZInsO 2012 53 ff.; *ders.*, Neues Anfechtungsrecht 2017 in InsO und AnfG, ZInsO 2017, 517; *ders.*, Neues zur Vorsatzanfechtung nach AnfG und

InsO im Anschluss an die Anfechtungsreform 2017, ZInsO 2021, 2649; *Kayser*, Der Rechtsgedanke des Bargeschäfts, FS G. Fischer 2008, 267; *Kirchhof*, Fraudulös, betrüglich, unlauter – Versuche zur Einschränkung des Vorsatzbegriffs in § 133 InsO; FS G. Fischer, 2008, 285; *Kollbach*, Anfechtungserpressung, ZInsO 2015, 1422; *Kreft*, Ausgesuchte Probleme des Anfechtungsrechts, ZInsO 1999, 370; *ders.*, Vergleich über Anfechtungsansprüche, FS K. Schmidt, 2009, S. 965; *Maier*, Strukturierte Prüfung von Insolvenzanfechtungssachverhalten und grobe Fahrlässigkeit gem. § 199 Abs. 1 Nr. 2 BGB, ZInsO 2017, 742; *Marotzke*, Dingliche Wirkungen der Gläubiger- und Konkursanfechtung, KTS 1987, 1; *G. Paulus*, Sinn und Formen der Gläubigeranfechtung, AcP 155(1956), 277; *Pießkalla*, Das BGH-Urteil v. 25.02.2016 (IX ZR 109/15) zur vorsätzlichen Gläubigerbenachteiligung: Schweigen ist nicht immer Gold, ZInsO 2016, 1177; *Sämisch*, Der Regierungsentwurf eines Gesetzes zur Reform des Insolvenzanfechtungsrechts – Privilegien für Fiskus und Kassen im Deckmantel des Arbeitnehmerschutzes, ZInsO 2016, 1349; *Schultz*, Die Neuausrichtung der Rechtsprechung zur Vorsatzanfechtung – eine Zwischenbilanz, ZInsO 2022, 1434; *Sieber*, Die Rechtsnatur der Gläubigeranfechtung innerhalb und außerhalb des Insolvenzverfahrens, Diss., 2008; *Staabl Barthen*, Insolvenzverschleppungshaftung der Geschäftsleiter gem. § 823 Abs. 2 BGB i.V.m. § 15a InsO, ZInsO 2019, 1285; *Urlaub/Rebel*, Vermeidung von Anfechtungsrisiken nach Inkrafttreten des Gesetzes zur Verbesserung der Rechtssicherheit bei Anfechtung nach der InsO und nach dem AnfG, ZInsO 2017, 1136 ff.; *Vallender*, Konkurrenz von Gläubigeranfechtung und Insolvenzverfahren, FS Maier-Reimer, 2010, S. 777.

Vorbemerkung

1 Das Anfechtungsrecht ist aktuell der Teil der InsO, der sich am dynamischsten entwickelt und zu dem regelmäßig höchstrichterliche Entscheidungen ergehen.[1] Es ist aber auch ein Gebiet, das in der Praxis zuvörderst von den Betroffenen als besonders ärgerlich und zugleich missbrauchsanfällig[2] angesehen wird, weil – so der öffentlich vermittelte Eindruck – die Erträge daraus zu einem nicht unerheblichen Teil den Insolvenzverwaltern selbst und nicht den Gläubigern zugute kommen, womit das eh schon schwierige Standing der Insolvenzverwalter in der Öffentlichkeit mit dem Anfechtungsrecht negativ verbunden wird, obwohl es sich um einen Bereich handelt, für den das Wort »Gerechtigkeit« als Leitformel den Inhalt und das Ziel der Insolvenzanfechtung zutreffend beschreibt.

2 Zweck der insolvenzrechtlichen Anfechtung ist es, sachlich ungerechtfertigte in der Vergangenheit liegende Vermögensverschiebungen, welche die spätere Insolvenzmasse verkürzt haben, rückgängig zu machen und damit die Masse wieder herzustellen, die den Gläubigern bei rechtmäßigem Verhalten des Schuldners und bei einer rechtzeitigen Antragstellung zur Verfügung gestanden hätte. Das Insolvenzanfechtungsrecht versetzt den Insolvenzverwalter daher rechtlich in die Lage, zunächst rechtswirk-

---

1 Zu nennen sind hier aus der jüngeren Vergangenheit insb.: BGH, 06.06.2019 – IX ZR 272/17, ZInsO 2019, 1414 ff.; BGH v. 02.05.2019 – IX ZR 67/18, ZInsO 2019, 1209; BGH, 16.06.2016 – IX ZR 23/15, ZInsO 2016, 1427 ff.; BGH, 09.06.2016 – IX ZR 174/15, ZInsO 2016, 1357 ff.; BGH, 24.03.2016 – IX ZR 242/13, ZInsO 2016, 910 ff.; BGH, 25.02.2016 – IX ZR 109/15, ZInsO 2016, 628 ff.

2 Vgl. z.B. die Beispiele von Bittner, ZInsO 2016, 1743 ff.

same Handlungen des später insolvent werdenden Schuldners anzugreifen und damit nachträglich wirkungslos zu machen. Ziel dieser Maßnahmen des Verwalters ist die Mehrung der Insolvenzmasse zur besseren Befriedigung der Insolvenzgläubiger. Dem Gläubiger, der innerhalb einer bereits erkennbaren »Krise« eine Befriedigung oder Sicherung seiner Forderung vom späteren Insolvenzschuldner erlangt hat, die ihm ggü. anderen Gläubigern eine günstigere Situation im Insolvenzfall schafft, soll diesem genommen werden. Er wird in seinem Vertrauen auf den Bestand nicht geschützt, wenn ihm Umstände bekannt waren oder hätten bekannt sein können, aus denen für ihn erkennbar die Benachteiligung anderer Gläubiger deutlich geworden ist. Der Anfechtungsgegner hat dann an die Insolvenzmasse zurückzugeben, was ihr zuvor in anfechtbarer Weise entzogen worden ist. Die Anfechtung kommt mithin nur dann in Betracht, wenn die spätere Insolvenzmasse geschmälert und dadurch die übrigen Insolvenzgläubiger benachteiligt worden sind.

Der Anfechtungsanspruch entsteht erst mit der Verfahrenseröffnung und unterfällt 3
damit auch nicht der Vermögensverwaltung durch den vorläufigen Insolvenzverwalter. Dieser kann und sollte aber die notwendigen Ermittlungen und Feststellungen schon in einer möglichst frühen Phase beginnen, auch um auf diese Weise notwendige Beweise zu sichern bzw. Informationen von auskunftsbereiten Beteiligten zu erlangen. Der Insolvenzanfechtung unterfallen grds. alle Rechtshandlungen in der Krise, d.h. in dem Zeitraum, in dem der Schuldner angesichts einer bereits drohenden Insolvenz Vermögen auf Dritte überträgt, verschleudert, »ihm nahestehende« Personen bzw. ihn besonders bedrängende Gläubiger befriedigt oder einfach nur fällige Forderungen einzelner Gläubiger erfüllt, obwohl er zur Befriedigung aller Gläubiger schon nicht mehr in der Lage ist.

Anfechtung ist mithin ein wirksames Mittel zur Anreicherung der vom Insolvenzver- 4
walter vorgefundenen Ist-Masse, Gegenmittel zur Verhinderung der Nichteröffnung von Insolvenzverfahren infolge von Massearmut sowie die verbreitete Verschleppung von Insolvenzen. Dazu wird mit den Mitteln des Anfechtungsrechts versucht, weitgehend den Zustand wiederherzustellen, der bei ordnungsgemäßer und fristgerechter Insolvenzanmeldung bestanden hätte. Die niedrigen Quoten am Ende von Insolvenzverfahren sind nämlich nicht Ergebnis des Insolvenzrechts, sondern eines flächendeckenden Verstoßes gegen die gesetzlich normierten Insolvenzantragspflichten. Bei gesetzeskonformem Verhalten aller Unternehmen, Antragstellung spätestens 21 Tage nach Eintritt der materiellen Insolvenz, wäre für die Gläubiger eine Ausfallquote von ca. 15 % zu erwarten, statt der jetzt festzustellenden Ausfallquote von mehr als 95 %. Hierin liegt auch die rechts- und ordnungspolitische Bedeutung einer konsequenten Umsetzung des Anfechtungsrechts. Das Anfechtungsrecht im Insolvenzverfahren leistet mithin einen der wichtigsten Beiträge zur Wiederherstellung der Haftungsmasse (Soll-Masse), die den Gläubigern bei rechtmäßigem Verhalten des insolventen Schuldners zur Verfügung gestanden hätte.

Zeitstrahl: Von der IST-Masse zur SOLL-Masse

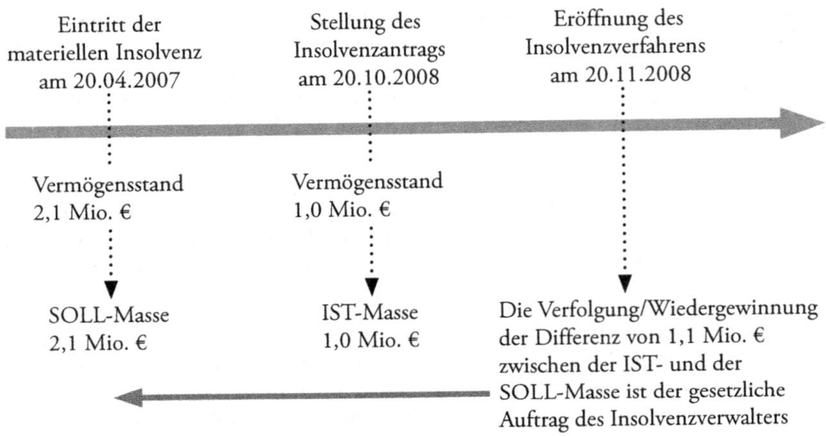

Abb. 1: Von der Ist-Masse zur Soll-Masse

5 Insoweit kommt dem Anfechtungsrecht zur Durchsetzung rechtmäßigen Verhaltens in der Krise auch eine bedeutende Ordnungsfunktion zu, führt es doch dazu, dass nicht nur die bewusste, gläubigerschädigende Verschiebung von Vermögen rückgängig gemacht werden kann, sondern auch »normale« Zahlungen des Schuldners in kritischer Zeit, wie auch die Entgegennahme solcher Zahlungen mit dem Risiko der späteren Rückzahlung belastet werden. Das Anfechtungsrecht könnte damit auch einen wesentlichen Beitrag zur Sicherung einer optimierten Befriedigung der Gläubiger leisten – wenn es denn in der Praxis konsequent im Sinne des Gesetzgebers zur Anwendung gebracht werden würde. Es könnte gleichzeitig dazu beitragen, die vielfach vorhandene faktische Beihilfe zur Insolvenzverschleppung durch Gläubiger, die auch von einem bereits »taumelnden« Schuldner weiterhin Zahlungen annehmen, statt einen Insolvenzantrag zu stellen und damit auch andere Unternehmen vor Schädigungen durch weiterwirtschaftende insolvente Schuldner, zu verhindern (vgl. dazu auch Fn. 9).

6 Die vielleicht beste Zusammenfassung der auch mehr als 20 Jahre nach Inkrafttreten der Insolvenzrechtsreform vorhandenen Probleme im Anfechtungsrecht hat *Michael Huber* mit seiner »**Titanic-These**« dahin gehend zusammengefasst, dass »Die Zahl der Anfechtungsprozesse sich zur Menge der tatsächlich anfechtbaren Rechtshandlungen wie die Spitze des Eisberges zu dessen Masse unter Wasser verhält…[3]« – und diese These gilt nicht nur für Anfechtungsprozesse, sondern generell für die Ermittlung und Durchsetzung möglicher Ansprüche des sog. »virtuellen Vermögens«,[4] Vermögen

3 Huber, NZI 2004, 497.
4 Begriff geprägt von Kirstein, ZInsO 2008, 830 ff.

also, das bei Einleitung eines Verfahrens nicht körperlich vorhanden ist, sondern mit den Mitteln des Insolvenzrechts erst gewonnen werden muss.

Obwohl die seit Inkrafttreten der InsO erzielten Erfolge der Massegenerierung, z.B. aus Anfechtung und Haftung, ggü. den Verhältnissen in der KO deutlich verbessert worden sind, sind sie doch so begrenzt, dass sie nur selten zu einer wesentlichen Verbesserung der Befriedigungsquote von Insolvenzgläubigern führen. Eine wirkliche Verbesserung hat sich wohl lediglich in der Kostendeckung der Verfahren und bei der Zahl der Verfahren ergeben, die aufgrund ermittelter Ansprüche eröffnet werden konnten, wenngleich sich auch diese Zahl im Durchschnitt immer noch deutlich unter 60 % bewegt.[5] Das liegt in erster Linie daran, dass zwar die mit Geltung der InsO geschaffenen Darlegungserleichterungen genutzt werden, unverändert jedoch keine systematische Konkretisierung des virtuellen Vermögens – also der sog. Soll-Masse – erfolgt, obwohl erst die Ermittlung dieser Werte vielfach die Eröffnung und dann auch später eine angemessene Befriedigung der Gläubiger sichert.[6] 7

Es war jedoch Ziel der veränderten Struktur des Anfechtungsrechtes, Darlegungserleichterungen zu schaffen, um die »Rückholung« verschobener oder verschwundener Vermögenswerte zu sichern, ungerechtfertigte Gläubigerbefriedigungen rückabzuwickeln und als notwendige Voraussetzung dafür die Zahl der eröffneten Verfahren zu steigern – dies auch in der Erwartung des Gesetzgebers – die Befriedigungsquoten für die ungesicherten Gläubiger deutlich zu verbessern. Ohne Verfahrenseröffnung ist eine Konkretisierung »virtuellen Vermögens« rechtlich nicht möglich, von der Durchsetzung ganz zu schweigen. Das Ziel der Steigerung der Zahl eröffneter Verfahren wird jedoch zum Selbstzweck, wenn die danach erforderliche systematische Konkretisierung virtuellen Vermögens und damit die nachfolgende Realisierung der Soll-Masse nicht erfolgt.[7] Es muss nicht wundern, wenn von Anfechtung schwerpunktmäßig Betroffene, wie z.B. die Sozialversicherungsträger und Finanzverwaltungen, zutreffend kritisieren, dass sie (einseitig) in Anspruch genommen werden, um Kosten (und die Vergütung des Verwalters) zu decken, ohne dass ihre Inanspruchnahme den Gläubigern oder dem Unternehmen zugutekommt, obwohl viele andere Gläubiger von unzulässigen Rechtshandlungen des Schuldners profitiert haben, bei denen sich eine Anfechtung und Rückgewinnung jedoch schwieriger darstellt, als bei den genannten 8

5 Bei zur Stellung eines Insolvenzantrages nach deutschem Recht gesetzlich verpflichteten Schuldnern betrug die Eröffnungsquote im Jahr 2006 durchschnittlich 54,24 %. Dabei variierten die Eröffnungsquoten auf die Bundesländer bezogen zwischen 42,99 % in Berlin und 74,16 % in Hamburg. Bricht man diese Werte sodann auch auf die einzelnen Insolvenzgerichte herunter, so ergaben sich z.B. für das Jahr 2005 Spannbreiten von 12 % am AG Leer und 92,31 % am AG Niebüll und für das Jahr 2006 von 19,57 % beim AG Meppen und 92,31 % am AG Husum bzw. 100 % bei AG Nordenham; vgl. die Darstellung bei Haarmeyer/Beck, ZInsO 2007, 1065 auch die aktualisierte Dokumentation in ZInsO 2008, 1178.

6 Ausdrücklich in diesem Sinne BGH, ZInsO 2008, 859.

7 Vgl. dazu auch Huber, ZInsO 2008, 929, der auf die Defizite systematischer Ermittlung z.B. von Anfechtungstatbeständen hinweist.

öffentlichen, institutionellen Gläubigern.[8] Insoweit leidet das Anfechtungsrecht auch aktuell immer noch unter einem erheblichen Vollzugsdefizit, das seine Ursache auch darin hat, dass die notwendige Durchsetzung von den Insolvenzgerichten nicht wirklich forciert wird und viele Gläubiger ein erhebliches Eigeninteresse daran haben, das »leidige« Anfechtungsthema aus Sorge vor eigener Betroffenheit eher »klein« zu halten.

9 2015/2016 ist das Insolvenzanfechtungsrecht aufgrund der vielfältigen Inanspruchnahme einer großen Zahl von Unternehmen auch öffentlich »ins Gerede« gekommen. Nach heftigem Druck vieler Wirtschaftsverbände[9] sowie teils erbitterten Diskussionen[10] der beteiligten Gruppen, hat dies auch den Gesetzgeber auf den Plan gerufen und letztlich zu Änderungen durch das am 05.04.2017 in Kraft getretene Gesetz zur Verbesserung der Rechtssicherheit bei Anfechtungen nach der InsO und nach dem Anfechtungsgesetz[11] geführt.[12] Obwohl es, entgegen manchen Befürchtungen, nicht zu einem umfassenden, sondern eher zu einem minimalinvasiven Eingriff in das Insolvenzanfechtungsrecht gekommen ist, hat sich zumindest in einigen Bereichen das Insolvenzanfechtungsrisiko für Unternehmer wie Arbeitnehmer tatsächlich reduziert. Dazu hat sicher auch eine 2021/2022 eingetretene »Kehrtwende« des IX. Zivilsenats des BGH beigetragen, der mit seiner neueren Rechtsprechung die Anfechtungsrisiken nach § 133 InsO[13] deutlich verringert hat, dafür aber auch Gefahr läuft, damit zugleich auch die Eröffnungsquoten gerade bei Insolvenzen juristischer Personen deutlich zu vermindern. Zur Eröffnung dieser regelmäßig verschleppten Verfahren haben in der Vergangenheit maßgeblich zu erwartende Zuflüsse an Liquidität aus Anfechtungsansprüchen beigetragen.[14]

10 Die Anfechtbarkeit von Deckungshandlungen im Rahmen der Vorsatzanfechtung reduziert sich nach der Reform des Jahres 2017 auf einen Zeitraum von 4 statt bisher 10 Jahren. Der Insolvenzverwalter hat bei vertragsgemäß geleisteten Zahlungen die Kenntnis des Gläubigers von der eingetretenen Zahlungsunfähigkeit nachzuweisen. Hierfür genügt es nicht, dass im Rahmen der Gepflogenheiten des Geschäftsverkehrs eine erste Zahlungserleichterungsvereinbarung getroffen wurde. Bargeschäfte können künftig anfechtungsfest gestaltet werden. Verspätet ausgezahlte und gestundete Gehälter von Arbeitnehmern sind anfechtungssicher, wenn der Zeitraum von 3 Monaten

---

8 Zu den Disproportionalitäten bei der Verfolgung und Durchsetzung vgl. die empirische Darstellung bei Kirstein, ZInsO 2006, 992.

9 Vgl. u.a. Gemeinsame Stellungnahme von 12 Wirtschaftsverbänden, ZInsO 2015, 1389 sowie weitere Stellungnahmen in ZInsO 2015, 1388 und 1436 ff.

10 Vgl. u.a. Brinkmann/Jacobi/Thole, ZIP 2015, 2001; Brinkmann, NZG 2015, 697, 702; Ganter, WM 2015, 2117, 2118; Willemsen/Kühn, BB 2015, 3011, 3013; kritisch ist auch die Stellungnahme des DAV Nr. 61/2005 durch den Ausschuss Insolvenzrecht, S. 5, abrufbar unter www.anwaltsverein.de; Dahl/Schmitz/Taras, ZInsO 2016, 20, 22.

11 BT-Drucks. 18/7054.

12 Vgl. dazu Foerste, ZInsO 2019, 872 und 1778 sowie den Überblick bei Huber, ZInsO 2017, 517 ff.; Urlaub/Rebel, ZInsO 2017, 1136 ff.

13 Erläuternd dazu ausführlich RiBGH Volker Schultz, ZInsO 2022, 1434 ff.

14 Vgl. dazu Gehrlein, ZInsO 2022, 1481 ff.

nicht überschritten wird. Das Zinsrisiko im Fall einer erfolgreichen Anfechtung wird erheblich eingeschränkt. Die Veränderungen finden sich im Rahmen der Kommentierung der einzelnen Normen ausführlich erörtert.

I. Das reale Insolvenzgeschehen und das Antragsverhalten der Unternehmen

11 Auch fast 150 Jahre nach dem Inkrafttreten der vormaligen Konkursordnung im Jahre 1877 bestimmen nicht die gesetzlichen Pflichten zahlungsunfähiger Unternehmen deren Handeln in der Krise, sondern maßgeblich dominiert auch heute noch die Angst und die Furcht vor einer negativen Stigmatisierung. Je länger und je konkreter sich eine unternehmerische Krise entwickelt, desto mehr verengt sich nach allen Erfahrungen der letzten Jahrzehnte der Horizont der zum Handeln Verpflichteten in Richtung eines Tunnelblicks und die sich in einer Krise verändernden gesetzlichen Rahmenbedingungen und Handlungspflichten geraten immer mehr aus dem Blickfeld. Insbesondere die in § 15a InsO statuierte gesetzliche Pflicht zur rechtzeitigen Beantragung eines Insolvenzverfahrens wird, trotz der sich damit verbindenden Gefahr einer strafrechtlichen Verfolgung wegen Insolvenzverschleppung, komplett ausgeblendet, bis der Handlungsdruck so groß und die noch vorhandene Liquidität so gering ist, dass es keinen Ausweg mehr gibt. Erst die Entwicklungen der kommenden Jahre werden zeigen, ob mit der durch § 1 StaRUG 2021 eingeführten Verpflichtung zur Installierung eines Krisenfrüherkennungssystems[15] und der sich inzwischen damit verbindenden öffentlichen Diskussion[16] auch eine Verhaltensänderung von Unternehmen in Krisenzeiten eintreten wird oder ob auch weiterhin der Vogel Strauß mit dem Kopf im Sand das Sinnbild »verantwortlichen Unternehmertums« in Krisenzeiten in Deutschland bleiben wird. Die politischen und gesellschaftlichen Veränderungen der vergangenen Jahre, die Vielzahl der Zeitenwenden und die Anforderungen an tiefgreifende Veränderungen der Wirtschaft machen deutlich, dass es auch gesamtgesellschaftlich ein »weiter so« nicht geben kann – ob und wann dies allerdings zu Handlungsveränderungen auch in Unternehmen führen wird, kann man nur hoffen. Angesichts der Fehlentwicklungen der vergangenen 150 Jahre ist allerdings wohl eher Skepsis als Zuversicht oder gar Hoffnung das richtige Maß der Betrachtung.

Will man vor dem skizzierten Hintergrund das Verhalten antragspflichtiger Schuldner und Unternehmer im 21. Jahrhundert kurz und knapp charakterisieren, so ergeben alle vorliegenden Befunde[17] seit Jahrzehnten das gleiche Ergebnis: Der offene und

---

15 Vgl. zur Einführung eines kennzahlbasierten Krisenfrüherkennungssystems Pätzold, ZInsO 2025, 552 ff.; ebenso Gleißner/Haarmeyer, ZInsO 2024, 173 ff.; Nickert/Nickert, ZInsO 2023, 1797 ff.

16 Vgl. dazu aktuell Scherer/Seehaus, ZInsO 2025, 1514, aber auch Romeike, ZInsO 2025, 1498 ff. sowie die kritische Stellungnahme von mehr als 20 Autoren zum Entwurf des IDW für einen neuen IDW ES 16, abgedruckt in ZInsO 2025, 1336 ff.

17 Vgl. dazu u.a. Langzeitstudie KDLB, Kirstein, ZInsO 2006, 966 ff.; Studie des ZIS Mannheim und von Euler-Hermes, nachzulesen unter: http://www.eulerhermes.com/ger/ger/press/aktuelle_analysen.html; Studie Creditreform unter: http://www.creditreform.de/Deutsch/Creditreform/Aktuelles/Creditreform_Analysen/Insolvenzen_Neugruendun-

nachhaltige Rechtsbruch ist die Regel, Ausnahmen sind allenfalls in ganz wenigen Einzelfällen feststellbar.[18] Trotz des durchschnittlichen Eintritts der materiellen Insolvenz mehr als 10 Monate vor der Einleitung eines Insolvenzverfahrens[19] wirtschaften die Schuldner so lange weiter, bis auch die letzten finanziellen Reserven erschöpft sind und das Eigenkapital auf den Inhalt der Portokasse geschrumpft ist. Gläubiger, die Druck machen, werden während dieser Zeit möglichst noch erstrangig bedient, die anderen nach Möglichkeit überhaupt nicht mehr.[20] Begründet werden nachfolgende Insolvenzanträge sodann durchweg mit einer angeblich »überraschend eingetretenen« Zahlungsunfähigkeit oder erst noch drohender Zahlungsunfähigkeit, obwohl bereits vor geraumer Zeit die Antragspflicht aufgrund eingetretener Überschuldung entstanden war und die reale Liquiditätssituation bereits eine sehr vertiefte Zahlungsunfähigkeit darstellt.[21] In der Praxis ist feststellbar, dass der Zeitpunkt der Überschuldung regelmäßig bereits weit mehr als ein Jahr vor der Antragstellung eingetreten ist, sodass die gesetzliche und strafbewehrte Insolvenzantragspflicht (§ 15a InsO) von nahezu jedem Unternehmen missachtet und damit auch die deutlich erweiterte Möglichkeit für eine Sanierung unter Insolvenzschutz mangels dann schon lange fehlender Liquidität verpasst wird.

Liegt (ausnahmsweise) keine Überschuldung vor, so deckt das unter Fortführungsgesichtspunkten bewertete Vermögen die bestehenden Verbindlichkeiten in aller Regel zu 100 %. Die Befriedigungsquote der Gläubiger sinkt mit zunehmender Vertiefung der Krise und Verschleppung der rechtzeitigen Antragstellung in dem Maße wie einerseits der Wert des Vermögens zu Zerschlagungswerten unter den bilanzierten Fortführungswerten liegt und andererseits um den Betrag, der erforderlich ist, um das nicht mehr fortführungsfähige Unternehmen zu liquidieren und die Kosten des Verfahrens zu decken. Würde also die gesetzlich gefordert Antragspflicht regelmäßig

---

gen_Loeschungen/index; Weyand/Diversy, Insolvenzdelikte, Rn. 3 ff.; Beck in: Wabnitz/Janovsky, Wirtschafts- und Steuerstrafrecht, § 6 Rn. 53 ff.; Meyer, GmbHR 2002, 177 und 242 und 2004, 1417, 1420 ff.; Richter, GmbHR 1984, 113 ff.

18 Zum Ärgernis der Insolvenzverschleppung vgl. Gehrlein, ZInsO 2022, 1481 ff.

19 Vgl. u.a. Kirstein, ZInsO 2006, 966.

20 Kein Gläubiger wird die Besicherung oder Befriedigung ablehnen, selbst wenn er die Antragspflicht des Schuldners kennt. Je länger die Insolvenzverschleppung andauert, umso höher wird die Zahl der Gläubiger, die eine Anfechtung zu fürchten haben. Sie werden in der Konsequenz keinen Massekostenvorschuss leisten oder selbst einen Antrag stellen und sich damit einem Anfechtungsrisiko aussetzen. Zu besonders bizarren Situationen kommt es immer dann, wenn ein Gläubiger dieses Risiko übersehen hat, die Verfahrenseröffnung durch einen Vorschuss ermöglicht und dann gegen ihn Anfechtungs- und Rückzahlungsansprüche festgestellt und durchgesetzt werden.

21 Die Überschuldung einer Kapitalgesellschaft ist nichts anderes als der Verbrauch des Eigenkapitals und des ersten Euros der Aktivmasse, sodass sich Aktiva und Passiva nicht mehr im Gleichgewicht gegenüberstehen. Theoretisch müssten sich bei Antragstellung Vermögenswerte gegenüberstehen, deren Buchwerte die Verbindlichkeiten nur um 1,00 € unterschreiten, sodass bei Einhaltung der gesetzlichen Regelungen zur Kapitalerhaltung und zur Antragspflicht die theoretische Quote bei Antragstellung nur geringfügig unter 100 % liegen dürfte.

von den Unternehmen eingehalten, würde die durchschnittliche Befriedigungsquote der Gläubiger deutlich oberhalb von 50 % liegen – die Realität ist mit einer Quote von durchschnittlich 3 – 5 % weit davon entfernt.[22]

Steht aber aufgrund der massiven Verschleppung der Antragspflicht schon bei der Stellung eines Antrags auf Eröffnung des Verfahrens über das Vermögen einer Kapitalgesellschaft fest, dass infolge des fehlerhaften Verhaltens bereits zu diesen Zeitpunkt dem Grunde nach verschiedene haftungsrechtliche Ansprüche (so z.B. §§ 43 und 64 GmbHG; §§ 92 Abs. 3, 93 AktG; §§ 130 bis 133 InsO)[23] als potenzielle Haftungstatbestände und damit als sog. »virtuelles Vermögen« verwirklicht sind[24] und es im Insolvenzverfahren dann nur noch um deren Höhe und Beitreibbarkeit geht, dann wird das Vollzugs- und Praxisdefizit im Anfechtungsbereich überdeutlich. Aufgrund des vorgenannten Antragsverhaltens gibt es nach den über fast 20 Jahre laufenden und überaus verdienstvollen Auswertungen von *Kirstein* in der Insolvenz von Kapitalgesellschaften durchschnittlich 7,48 haftungsrechtlich relevante Ansprüche gegen Gesellschafter und verschiedene Dritte.[25] 12

Dabei wird der durchschnittlich ermittelte Wert der Einzelansprüche – je nach Anspruchsgrundlage – mit 18.200,00 € und 384.500,00 €, der durchschnittliche, tatsächlich realisierte Anspruch mit 11.500,00 € – 282.600,00 € angegeben.[26] Als endgültig nicht beitreibbar haben sich solche Ansprüche in lediglich in ca. 15 % aller Fälle erwiesen.[27] Je nach konkreter Fallgestaltung könnte daher die durchschnittliche Befriedigungsquote für die Insolvenzgläubiger aufgrund der Realisierung insolvenzspezifischer Ansprüche um 20 % – 60 % gesteigert werden. Da hervorragende und im vorrangigen Gläubigerinteresse agierende Verwalter schon heute im langjährigen Durchschnitt zweistellige Quoten für die ungesicherten Gläubiger erwirtschaften, wird das in der Verfolgung des virtuellen Vermögens liegende gesamtwirtschaftliche Potenzial deutlich, es bewegt sich in einem Bereich von ca. 9 – 10 Mrd. € pro Jahr![28, 29] 13

---

22 Die durchschnittliche Quote in Insolvenzverfahren liegt nach den Feststellungen des Statistischen Bundesamtes bei 3,8 %, d.h. die Gläubiger fallen mit 96,2 % der festgestellten Forderungen für den Fall einer Insolvenz aus, vgl. dazu https://www.destatis.de/DE/Themen/Branchen-Unternehmen/Unternehmen/Gewerbemeldungen-Insolvenzen/insolvenzverfahren-bis-2018.html.

23 Vgl. dazu die Zusammenstellung der Ansprüche bei Pape, ZInsO 2007, 1080 ff.

24 In diesem Sinne auch BGH, ZInsO 2008, 859.

25 Lediglich in 5 % von ausgewerteten 495 Verfahren konnten keine insolvenzspezifischen Ansprüche ermittelt werden; vgl. Kirstein, ZInsO 2006, 966, 969.

26 Kirstein, ZInsO 2006, 966, 969.

27 Obwohl nach den Erkenntnissen. von z.B. Creditreform sich ein als Geschäftsführer tätig gewesener Schuldner mittleren Alters i.d.R. innerhalb von 3 – 5 Jahren wirtschaftlich erholt, wird in der Praxis der Insolvenzabwicklung weder die Möglichkeit von Schuldanerkenntnissen oder von Besserungsscheinen genutzt.

28 https://www.destatis.de/DE/Themen/Branchen-Unternehmen/Unternehmen/Gewerbemeldungen-Insolvenzen/insolvenzverfahren.

29 So auch die Schätzung von Kirstein, ZInsO 2008, 131, 133.

14 Auf Basis der bestehenden Gesetze und der realen Insolvenzsituation bei Unternehmensinsolvenzverfahren antragspflichtiger Schuldner gibt es mithin erhebliche Anfechtungs- und Haftungsansprüche, die nicht realisiert werden, da sonst durchschnittliche Quoten im einstelligen Prozentbereich und deutlich unter 5 % nicht erklärbar sind. Das führt im Ergebnis nicht nur dazu, dass die Insolvenzgläubiger überwiegend nicht die Befriedigungsquote erhalten, die sie theoretisch erhalten könnten, sondern es verstellt auch den Blick auf die Möglichkeiten, die bei einer konsequenten und professionellen Umsetzung des Insolvenzrechts zu erwarten wären.

15 Es führt aber auch dazu, dass schon deshalb und aufgrund der immer noch viel zu hohen Zahl der Abweisung mangels Masse das reale, gesetzwidrige Verhalten von Unternehmen in der Krise nicht nachhaltig korrigiert wird und die Gefahr besteht, dass die gesetzlichen Zielsetzungen des Insolvenzverfahrens und die reale Situation im Insolvenzgeschehen immer weiter auseinanderklaffen, sodass wesentliche Ziele des reformierten Insolvenzrechts leer laufen – das reale Insolvenzgeschehen im 21. Jahrhundert bestätigt diese These nachdrücklich. Diese Wirkung wird zudem noch verstärkt durch die Verschärfung der anfechtungsrechtlichen Voraussetzungen aufgrund der Neuausrichtung der Vorsatzanfechtung durch den BGH seit dem Jahr 2021.[30] Nach allen vorliegenden Erkenntnissen werden die Weichen in die »falsche Richtung« bereits im Eröffnungsverfahren gestellt und maßgeblich durch die Person des bestellten vorläufigen Insolvenzverwalters, die Qualität der Eröffnungsgutachten[31] sowie die Arbeitsqualität und -intensität aller anderen Beteiligten, einschließlich der Insolvenzgerichte, beeinflusst, wobei immer noch die wirtschaftlich von Insolvenz betroffenen Gläubiger faktisch kaum Möglichkeiten haben, sich in dieser frühen Phase eines Insolvenzverfahren einzubringen und Einfluss auf die Abläufe zu nehmen.[32] Tatsächlich gibt es wesentlich mehr begründete Rechtsansprüche in eröffneten Insolvenzverfahren, als daraus resultierende Forderungen konkretisiert werden. Infolgedessen ist die Realisierungsquote solcher Rechtsansprüche bisher immer noch sehr niedrig, ohne dass die Gerichte als die im Interesse der Gläubiger Aufsicht führenden Organe dies als Anlass zum Einschreiten nehmen, obwohl doch gerade die Durchsetzung dieser Ansprüche die Befriedigung der Gläubiger deutlich verbessern könnte.

16 Leider hat der Reformgesetzgeber nicht nur die Bedeutung der rechtzeitigen Antragstellung, sondern auch des Zeitmoments für die Unternehmenssanierung und für

---

30 Vgl. dazu BGH, 06.05.2021 – IX ZR 72/20, ZInsO 2021, 1627; zuletzt BGH, 18.04.2024 – IX ZR 239/22, ZInsO 2024, 1156 ff.; krit. zu dieser Entwicklung Karrenstein/Sämisch ZRI 2024, 534 ff.

31 Vgl. dazu ausführlich Haarmeyer/Wutzke/Förster, Hdb. vorläufige Insolvenzverwaltung, S. 134 ff.

32 Während in Österreich vom Tag der Antragstellung die dort organisierte Gläubigerschaft die maßgeblichen Entscheidungen zum Gang des Verfahrens in allen Insolvenzverfahren gemeinsam mit dem dort bestellten Masseverwalter trifft, dazu Kantner, ZInsO 2019, 225 ff.; gibt es eine frühe Beteiligung der Gläubiger in Deutschland faktisch nur in den seltenen Verfahren der Eigenverwaltung sowie in den neuen Strukturen des StaRuG.

das Planverfahren unterschätzt,[33] insb. aber auch das häufig eigennützige Beharrungsvermögen der Schuldner, ihrer Geschäftsleiter und Berater verkannt. So ist seit Einführung der InsO für Schuldner zwar grds. die Möglichkeit eröffnet, ein Insolvenzverfahren bereits bei nur drohender Zahlungsunfähigkeit, § 18 InsO, zu beantragen und Schuldner haben auch das Recht, den Insolvenzantrag ggf. mit einem pre-packaged-Plan zu verbinden und können die insolvenzrechtlichen Sanierungsinstrumente nutzen,[34] gleichwohl wurde dieses Instrumentarium durch Schuldner, Geschäftsleiter und deren Berater bis zum Inkrafttreten des ESUG im Jahre 2012 faktisch nicht angenommen und nicht genutzt.[35] Dieser Befund überrascht nicht, zumal das deutsche Recht weder für Schuldner noch für deren Geschäftsleiter und Berater Haftungsfolgen in der beginnenden Krise postuliert, wenn Sanierungschancen im Vorfeld der Zahlungsunfähigkeit und der materiellen Überschuldung nicht wahrgenommen werden. Anders als das britische Insolvenzrecht kennt das deutsche Rechtssystem bisher leider keinen schon an der betriebswirtschaftlichen Krise ansetzenden Haftungstatbestand des »wrongful trading« wie er z.B. in Section 2014 des britischen Insolvency Act von 1986 und der dazu ergangenen Rechtsprechung niedergelegt ist.[36] Beim Eintritt der Insolvenzantragspflicht nach deutschem Recht ist daher regelmäßig die betriebswirtschaftliche Krise bereits soweit vorangeschritten, dass die hinter der Antragspflicht stehende strafrechtliche Drohung vollständig verpufft und die Handelnden nicht mehr erreicht. Mit der 2019 verabschiedeten Richtlinie zur präventiven Restrukturierung von Unternehmen in der europäischen Gemeinschaft[37] und den daraus erwachsenen Regelungen des 2021 in Kraft getretenen SanInsFoG und des dort in Art. 1 enthaltenen StaRUG besteht nun erstmals die Aussicht für eine grundlegende Veränderung unternehmerischen Handelns in der Krise, da nun die Bewältigung dieser Krise unter dem Schutz eines rechtlichen Rahmens außerge-

33 Jaffé, Verbesserung der Wettbewerbsfähigkeit des Insolvenzstandortes Deutschland, ZIP 2008, 1849, 1853.

34 Insb. die Insolvenzgeldsicherung gem. §§ 183 ff. SGB III, die Untersagung und Einstellung von Einzelvollstreckungsmaßnahmen gem. § 21 Abs. 2 Nr. 3 InsO sowie die Qualifizierung laufender Verbindlichkeiten aus der Fortführung des Geschäftsbetriebes zu Masseverbindlichkeiten im nachfolgenden Insolvenzverfahren.

35 In der Praxis wird nach allen vorliegenden Erkenntnissen die Antragstellung der schuldnerischen Unternehmen, wie zu Zeiten der KO, um durchschnittlich 10 Monate nach Eintritt der materiellen Insolvenz verschleppt; vgl. dazu u.a. Langzeitstudie KDLB, Kirstein, ZInsO 2006, 966 ff.; Studie des ZIS Mannheim und von Euler-Hermes, nachzulesen unter: http://www.eulerhermes.com/ger/ger/press/aktuelle_analysen.html; Studie Creditreform unter: http://www.creditreform.de/Deutsch/Creditreform/Aktuelles/Creditreform_Analysen/Insolvenzen_Neugruendungen_Loeschungen/index; Weyand/Diversy, Insolvenzdelikte, Rn. 3 ff.; Beck in: Wabnitz/Janovsky, Wirtschafts- und Steuerstrafrecht, § 6 Rn. 53 ff.; Meyer, GmbHR 2002, 177 und 242 und 2004, 1417, 1420 ff.; Richter, GmbHR 1984, 113 ff.

36 Dazu zuletzt Hirte, ZInsO 2010, 1297 ff.

37 Vgl. dazu die umfassende Darstellung von Albrecht, ZInsO 2019, 1813 ff. und Skauradzun, KTS 2019, 161 ff.; zuvor schon der Überblick in ZInsO 2017, 1 ff. und Jacobi, ZInsO 2017, 1 ff.

richtlich erfolgen kann und nicht mehr den Gang zum Insolvenzgericht voraussetzt. Erstmals eröffnet sich nun die Möglichkeit für eine strukturierte Sanierung bereits in einer betriebswirtschaftlichen Krise und damit auch die nicht mehr vorhandene Notwendigkeit, die Krise durch einen Insolvenzantrag »öffentlich« werden zu lassen – die Angst davor dürfte der maßgebliche Grund für die flächendeckende Verschleppung von Insolvenzverfahren sein. Allerdings ist die ursprüngliche Fassung für eine Pflicht zur Krisenfrüherkennung und entsprechendem Handeln in § 1 StaRUG deutlich abgeschwächt worden, wird aber gleichwohl über die daraus erwachsende Pflichtenbindung aller Organe von Kapitalgesellschaften und deren Geschäftsleiter ihre Wirkungen nicht verfehlen.[38]

17 Warum aber soll derzeit ein Schuldner in Deutschland auch wegen nur drohender Zahlungsunfähigkeit, d.h. freiwillig und ohne bestehende Rechtspflicht, den Gang zum Insolvenzrichter antreten, wenn er infolge des Insolvenzantrages regelmäßig die Verfügungsmacht über sein Vermögen mit der Anordnung der vorläufigen Verwaltung verliert, ohne zugleich die Perspektive zu haben, das Unternehmen sanieren und erhalten zu können? Warum sollen Berater auf einen frühzeitig möglichen Antrag wegen nur drohender Zahlungsunfähigkeit orientieren, wenn sie im Ergebnis eines derartigen Insolvenzantrages regelmäßig das Mandat verlieren und keine belastbare Perspektive haben, das Mandat nach erfolgter Sanierung fortsetzen zu können? Es ist unrealistisch, anzunehmen und zu erwarten, Schuldner und deren Berater würden freiwillig unter dem Eindruck einer nur drohenden Zahlungsunfähigkeit Sanierungschancen ergreifen, wenn und solange sie mit dem Insolvenzantrag die Chance verlieren, effektiv auf die Sanierungsmaßnahmen und auf die Person des zu bestellenden vorläufigen Verwalters Einfluss zu nehmen. Die Furcht vor dem Kontrollverlust ist offenkundig und nachvollziehbar. Schließlich wird die Geschäftsleitung mit der Anordnung der vorläufigen Verwaltung, wenn auch nicht rechtlich so doch faktisch, in allen finanziell relevanten Angelegenheiten des Unternehmens durch die Person des vorläufigen Verwalters »ersetzt«, dem die Verfügungsmacht durch Gerichtsbeschluss insgesamt oder im Wege der Einzelermächtigung partiell übertragen wird.

Exakt an diesem praxisbezogenen Befund hat das am 01.03.2012 in Kraft getretene Gesetz zur Erleichterung der Sanierung von Unternehmen, kurz ESUG[39] genannt, angesetzt. Dessen maßgebliches Ziel war es von Anfang an, mit einer Reihe von Anreizen Unternehmen zu einer früheren Antragstellung zu bewegen und damit zugleich die Verschleppung von Insolvenzanträgen schrittweise zurückzudrängen.[40] Die Entwicklung in der Praxis gibt dem Gesetzgeber Recht, denn das Verhalten der

38 Umfassend dazu die Kommentierung von Mock, in Skauradzun/Fridgen, StaRUG, § 1 StaRUG Rn. 6 ff.

39 Das Gesetz zur weiteren Erleichterung der Sanierung von Unternehmen vom 07.12.2011 (ESUG) ist am 13.12.2011 im Bundesgesetzblatt (BGBl. I 2011, S. 2582) verkündet worden.

40 Aus der schier unermesslich großen Flut an Beiträgen zum Thema ESUG sei exemplarisch verwiesen auf Buchalik, ZInsO 2019, 465 ff.; Buchalik/Kraus, ZInsO 2013, 815; Klinck, ZIP 2013, 853; Marotzke, DB 2013, 1283; Haarmeyer/Buchalik, Sanieren statt Liquidieren, 2012, passim; Huber, ZInsO 2013, 1 ff.; Buchalik, ZInsO 2012, 349.

Beteiligten hat sich seit dieser Zeit erkennbar positiv verändert – bei rechtzeitiger Einleitung eines Eigenverwaltungsverfahrens stehen den Beteiligten mit der Eigenverwaltung die Tore zu einer Selbst- und Mitgestaltung des Verfahrens offen – auch schon im Eröffnungsverfahren.[41] Die 2021 in Kraft getretenen Verschärfungen zur Einleitung eines Eigenverwaltungsverfahren sind maßgeblich durch eine leider erfolgreiche Lobbyarbeit von Verwaltern und Gerichten beeinflusst worden, die durch die unbestreitbaren Erfolge der ESUG-Verfahren ihre bisherigen Handlungs- und Entwicklungsmöglichkeiten als gefährdet betrachtet haben. Gleichwohl hat die gestärkte Eigenverwaltung maßgeblich auch zu einer Handlungsveränderung bei gut beratenen Unternehmen geführt, sodass mehr als zwei Drittel der großen Insolvenzverfahren in Deutschland inzwischen in einer Eigenverwaltung beginnen und die darin agierenden Insolvenzverwalter als Sachwalter bereits im Vorfeld des Verfahrens von den Beteiligten ausgesucht, dem Gericht vorgeschlagen und letztlich auch bestellt werden, was das Gesamtgefüge der zuvor allein den Gerichten vorbehaltenen Bestellung von Insolvenzverwaltern hat auseinanderbrechen lassen, mit weitreichenden Folgen für die Berufsausübung kleiner und mittlerer Verwalter.

Der Schuldner respektive die Geschäftsleitung und die Berater haben es nach dem ESUG bei einer professionellen Vorbereitung eines Insolvenzverfahrens und einer geplanten Sanierung unter dem Schutz des Insolvenzrechts in der Hand, das Vertrauen der betroffenen Gläubiger, wenn nicht insgesamt, so doch zumindest in entscheidungsrelevanten Bereichen durch offene Kommunikation zu gewinnen. Das Schicksal eines Insolvenzverfahrens hängt in dieser Situation daher regelmäßig an der Person des im Vorfeld eingeschalteten qualifizierten Beraters sowie des im Einzelfall geeigneten vorläufigen Sachwalters (für den Fall einer Eigenverwaltung oder eines Schutzschirmverfahren) bzw. bei einem »normalen« Insolvenzverfahren an der Person des Insolvenzverwalters, an seiner Kompetenz, seinem Verhandlungsgeschick und seiner Fähigkeit heterogene Interessen zielorientiert zu moderieren. Aber natürlich auch an dessen verfügbaren Ressourcen, möglichst schnell das Unternehmen, seine Marktsituation und die rechtlichen Beziehungen zu den Beteiligten (Auftraggeber, Lieferanten, Nachunternehmer, Arbeitnehmer, Banken, Kreditversicherer etc.) zu analysieren und zugleich belastbare Rechts- und Verhandlungspositionen zu entwickeln. Ein möglicher Sanierungserfolg wird dabei maßgeblich durch die konzeptionelle Planung und Sanierungserfahrung, die gestalterische Fantasie und das Verhandlungsgeschick des vorgerichtlich tätigen Beraters, des vorläufigen Sachwalters oder des vorläufigen Verwalters bestimmt. *Uhlenbrucks* Hinweis, dass die Persönlichkeit des Verwalters das Schicksal des Verfahrens für die Beteiligten bestimmt, ist nach wie vor zutreffend und hat nichts an Aktualität verloren. Dass nunmehr aber auch nach der Reform der Reform die Gläubiger seit 2012 in der Lage sind, die für das jeweilige Verfahren geeignete Person dem Gericht verbindlich vorzuschlagen, bedeutet insoweit einen grundlegenden Wandel und schließt letztlich auch die längst 18

41 Vgl. zur neuen Struktur des Eröffnungsverfahrens nach dem ESUG den Beitrag von Haarmeyer, ZInsO 2012, 2109; vgl. aber auch zu den Risiken für Geschäftsführer und Sachwalter schon Buchalik/Schröder/Rekers, ZInsO 2017, 905 ff.

überfällige Reform der InsO durch Stärkung der Gläubigerinteressen ab. Dies kann und darf aber nur ein Anfang sein, denn die Hinwendung zu den wirtschaftlichen Betroffenen erfordert auch, sie mit Rechten auszustatten, die es ihnen ermöglichen auf das Verfahren im eigenen Interesse unmittelbar Einfluss zu nehmen, bis hin zur Einbeziehung bei der Festsetzung einer angemessenen Vergütung. Dass diese bisher allein in den Händen der Gerichte liegende Festsetzungskompetenz dort nicht gut aufgehoben ist, hat die erste große empirische Untersuchung von mehr als 1 Mio. solcher Beschlüsse nachgewiesen.[42]

19 Die trotz der Neuerungen des ESUG immer noch vorhandene Sorge der Beteiligten vor dem leider immer noch existierenden gesellschaftlichen Stigma der Insolvenz und die durchaus nachvollziehbaren Ängste nicht nur der Schuldner, sondern insb. auch der Sicherungsgläubiger/Banken vor dem vollständigen Kontrollverlust als Folge der unkoordinierten Einleitung des Insolvenzverfahrens wird begleitet durch eine »leidige« Diskussion um die intransparente Auswahl von Insolvenzverwaltern. Obwohl die europäische Richtlinie Transparenz und Fairness seit langer Zeit einfordert, findet die Bestellung von InsolvenzverwalterInnen ganz überwiegend immer noch im Dunkelfeld gerichtlichen Gutdünkens statt, ohne dass dies auch nur ansatzweise kontrollierbar ist.[43] Diese immer noch vorhandene Grauzone begünstigt auch weiterhin ein Klima der Angst, in dem Insolvenzverschleppung trotz eines unmittelbaren volkswirtschaftlichen Schadens von ca. 50 Mrd. € Forderungsausfällen Jahr für Jahr auch weiterhin als ein Kavaliersdelikt angesehen wird, dessen strafrechtliche Drohung angesichts massiver Sparmaßnahmen bei den Staatsanwaltschaften faktisch leerläuft.

20 Mit dem am 01.01.2021 in Kraft getretenen Gesetz über den Stabilisierungs- und Restrukturierungsrahmen für Unternehmen (StaRUG) ist der Gesetzgeber den mit dem ESUG begonnenen Weg konsequent weitergegangen und bietet Unternehmen in einer betriebswirtschaftlichen Krise neue Wege zu einer präventiven Krisenbewältigung außerhalb eines gerichtlichen Insolvenzverfahrens und eröffnet damit den Unternehmen zugleich auch neue Handlungsoptionen. Dem StaRUG liegt die Wertung zugrunde, dass mit Eintritt der drohenden Zahlungsunfähigkeit eine konkrete Gefährdung der Gläubigerinteressen und ein mögliches Risiko für die vollständige Befriedigung der Gläubiger besteht.[44] Besteht jedoch ein Risiko für die vollständige Befriedigung der Gläubiger, ist offensichtlich nicht ausreichend Liquidität vorhanden,

42 Sahrmann, Praxis der Zu- und Abschläge bei der Vergütung des (vorläufigen) Insolvenzverwalters, 2022, passim.

43 Zu begrüßen sind daher die Vorschläge der Ständigen Deputation des deutschen Restrukturierungs- und Insolvenzgerichtstags (DRIT) durch eine Änderung des § 56 InsO den Einfluss der Gläubiger auf die Auswahl des Insolvenzverwalters deutlich zu stärken; die Empfehlung ist dokumentiert in ZInsO 2022, 1846, 1850 und im Internet hinterlegt unter https://secureservercdn.net/160.153.138.180/pvj.b4e.myftpupload.com/wp-content/uploads/2022/08/Bericht_Ausschuss_Qualitaetskriterien.pdf.

44 BT-Drucks. 19/24181 v. 18.11.2020: Entwurf eines Gesetzes zur Fortentwicklung des Sanierungs- und Insolvenzrechts (Sanierungs- und Insolvenzrechtsfortentwicklungsgesetz – SanInsFoG), S. 1, 88.

um alle Verbindlichkeiten zu begleichen. Damit besteht zugleich aber auch ein Risiko für den Fortbestand der Gesellschaft.[45] Vor diesem Hintergrund führt § 1 StaRUG die verpflichtende Einrichtung eines Krisenfrüherkennungssystems für alle Unternehmen ein und verpflichtet diese zu einer fortlaufenden Prüfung einer potenziellen Bestandsgefährdung und daraus abzuleitenden Gegenmaßnahmen.

Die Zielsetzung von Früherkennungssystemen ist, Chancen und Risiken frühzeitig 21
zu identifizieren. Damit soll die Geschäftsleitung in die Lage versetzt werden, Maßnahmen zu ergreifen, um existenzbedrohende Risiken zu vermeiden oder Chancen zu nutzen.[46] Nach dem Prüfungsstandard IDW PS 340 n.F. (2022) bedeutet frühzeitiges Erkennen im Kontext von Risikofrüherkennungs-systemen, dass bestandsgefährdende Entwicklungen zu einem Zeitpunkt entdeckt werden, zu dem noch wirksame Maßnahmen zur Abwehr einer Existenzgefährdung umgesetzt werden können.[47] Damit verbindet sich die Erwartung des Gesetzgebers, dass aufgrund des frühzeitigen Erkennens krisenhafter Entwicklungen und den Möglichkeiten präventiven Gegensteuerns unter dem Schutz des StaRUG auch eine frühzeitigere Inanspruchnahme der Mittel erfolge und die Verschleppung von Insolvenzen zurückgedrängt wird. Die nächsten Jahre werden zeigen, ob sich diese Erwartung des Gesetzgebers in der Praxis als gerechtfertigt erweist.

II. Die volkswirtschaftliche Dimension flächendeckender Insolvenzverschleppung

Betrachtet man allein die unmittelbaren Schäden infolge von Insolvenzen, so sind die 22
dort immer wieder genannten Beträge der direkten Forderungsausfälle von jährlich ca. 50 Mrd. € nur die Spitze des Eisberges, denn eine volkswirtschaftliche Gesamtrechnung der Schäden durch Insolvenzen fehlt bis heute. Bezieht man aber nur die unmittelbaren Folgekosten von Arbeitsplatzverlusten in den sozialen Sicherungssystemen hinzu, die regionalen Kaufkraftverluste, die Vernichtung von Produktivkapital sowie den Verlust von Know-how, dann wir deutlich, dass Insolvenzen jährlich einen hohen volkswirtschaftlichen Schaden anrichten, der in dreistelliger Milliardenhöhe liegen dürfte – und maßgeblich werden diese Schäden im Zeitraum der Insolvenzverschleppung angerichtet, indem bereits insolvente Unternehmen schlicht weiterwirtschaften und damit die Schädigung ihrer Gläubiger in Kauf nehmen. Gerade an dieser Stelle setzt auch das Insolvenzanfechtungsrecht an, indem es den rechtlichen Rahmen dafür eröffnet solche Schädigungen rückgängig zu machen und damit allen Gläubigern »zu ihrem guten Recht« zu verhelfen. Insoweit ist das Insolvenzanfechtungsrecht auch ein wichtiger Hebel zur Herstellung einer Gläubigergleichbehandlung, weil sie die oftmals gezielt herbeigeführte Bevorzugung einzelner Gläubiger in krisenhaften Zeiten im Interesse aller anderen Gläubiger nicht bestandskräftig und unanfechtbar werden lässt.

45 Skauradszun/Amort, DB 2021, 1319.
46 Blum, Instrumente zur Früherkennung von Unternehmenskrisen in: Knecht et al., Handbuch Unternehmensrestrukturierung, 169.
47 IDW PS 340 n.F., IDW Life 2022, 217 Rn. 8d.

23 Ist mithin schon die sorgfältige Feststellung des materiellen Insolvenzgrundes (drohende) Zahlungsunfähigkeit und/oder Überschuldung) auch von wesentlicher volkswirtschaftlicher wie rechtspolitischer Bedeutung, so ist von mindestens ebenso großer Wichtigkeit die daran anknüpfende Ermittlung des **Zeitpunktes des Eintritts der materiellen Insolvenz.**[48] An diesem Ereignis macht sich auch und gerade fest, welche anfechtungsrechtlichen Ansprüche der Masse für welche Zeiträume und gegen wen zustehen und wie konsequent die Ausrichtung des Insolvenzverfahrens mit dem Ziel der Verringerung bzw. Rückgängigmachung des Verschleppungsschadens verfolgt wird. Da Insolvenzanträge regelmäßig erst ein Jahr nach Eintritt der materiellen Insolvenz gestellt werden und die Zahlungsunfähigkeit anhand von äußerlich erkennbaren Indikatoren relativ leicht feststellbar ist, sind hierzu schon im Eröffnungsgutachten Ausführungen unentbehrlich.[49] Dies darf aber nicht dazu führen, dass die regelmäßig weit davor bereits eingetretene Überschuldung im eröffneten Verfahren völlig aus dem Blick gerät, denn gerade länger zurückliegende Handlungen sind vielfach bereits absichtsvoll und in Erwartung einer späteren Insolvenz getätigt worden. Da das reformierte Insolvenzanfechtungsrecht dem Motto folgt, dass es »keine Unschuldsvermutung im Insolvenzrecht« gibt,[50] sind alle nach Eintritt der materiellen Insolvenz liegenden Geschäftsvorfälle auf ihre Anfechtbarkeit hin zu prüfen, denn die insolvenzrechtlichen Rückgewinnungsmöglichkeiten zum Ausgleich von Verschleppungs- und Vermögensverschiebungsschäden reichen auch nach der »kleinen« Reform des Anfechtungsrechts weiterhin bis zu 10 Jahre zurück (vgl. z.B. das scharfe Schwert der Anfechtung nach § 133).[51]

24 Hier steht z.B. bei Kapitalgesellschaften der Anspruch aus § 15a InsO[52] im Vordergrund, der sich exakt am Eintritt der materiellen Insolvenz orientiert und sich nicht nur gegen den Geschäftsführer, sondern ggf. auch gegen den Steuerberater,[53] den beratenden RA oder andere »Begleiter« in der Krise wendet. So ist der Zeitpunkt des Eintritts der Zahlungsunfähigkeit für anfechtungs- und haftungsrechtliche Ansprüche im Rahmen eines Insolvenzverfahrens wesentliche Anspruchsvoraussetzung. Ab diesem Zeitpunkt sind wegen der regelmäßig verspäteten Antragstellung haftungs- aber auch anfechtungsrelevante Handlungen, insb. der §§ 130 bis 133 InsO genau zu prüfen.[54]

---

48 Ausdrücklich in diesem Sinne auch BGH, ZInsO 2008, 859.

49 So ausdrücklich BGH, ZInsO 2010, 2101; 2008, 859; ZInsO 2009, 433.

50 Begriff geprägt von Huber, ZInsO 2008, 859.

51 Krit. zu der Ausweitung vgl. u.a. Behrens, ZInsO 2019, 1761; Bograkos, ZInsO 2019, 871; Foerste, ZInsO 2019, 1778 ff.; ZInsO 2013, 897; Jacoby, KTS 2009, 3 ff.; Foerste, in: FS Picker, 2010, S. 227 ff.

52 Vgl. instruktiv zur vormaligen Regelung des § 64 GmbHG Schmidt/Kuleisa, InsbürO 2009, 174 und 301 ff.; Ischebeck, wistra 2009, 95 mit Ausführungen zur Sorgfalt eines ordentlichen Geschäftsmanns.

53 Aktuell zum Pflichtenkreis des Steuerberaters BGH, 26.01.2017 – IX ZR 285/14, ZInsO 2017, 432; 07.03.2013 – IX ZR 64/12, ZInsO 2013, 826; Plagens/Hartmann, ZInsO 2019, 2185; Wagner, ZInsO 2009, 449; Zugehör, NZI 2008, 652; Schmittmann, ZInsO 2008, 1170; Ehlers, NZI 2008, 211.

54 HK-InsO/Rüntz/Laroche, § 17 Rn. 3; Kirstein, ZInsO 2008, 830 ff.

Wenn es an der notwendigen Feststellung zumindest des ungefähren Zeitraums des Eintritts der materiellen Insolvenz schon im Eröffnungsgutachten fehlt, dann lässt sich nicht einmal der ungefähre Rahmen konkretisieren, obwohl dies die gesetzliche Aufgabe jeder Insolvenzverwaltung ist. Ein Gutachten ohne entsprechende Darlegungen ist daher auch unbrauchbar und wirft die Frage auf, ob ein so agierender Gutachter für die von ihm zu erledigende Aufgabe überhaupt geeignet ist.

Überdies haftet ein GmbH-Geschäftsführer – wie der Vorstand einer AG oder einer Genossenschaft – bei Versäumung seiner Antragspflicht nach § 15a InsO[55] für Zahlungen nach Eintritt der Insolvenzreife persönlich und der Höhe nach unbegrenzt (anders als die von ihm vertretene Kapitalgesellschaft), soweit diese nicht mit der Sorgfalt eines ordentlichen Kaufmanns vereinbar gewesen sind.[56] In der Praxis ist den Geschäftsleitern oft gar nicht bewusst, dass es sich bei finanziellen Engpässen nicht mehr nur um eine vorübergehende Liquiditätslücke handelt, sondern bereits der Tatbestand der Zahlungsunfähigkeit eingetreten ist, welcher eine Antragspflicht auslöst oder aber die drohende Zahlungsunfähigkeit bereits gegeben ist, die eine Erstellung einer Sonderbilanz bzw. Sanierungsmaßnahmen erfordert. Ferner ist die Zahlungsunfähigkeit im Hinblick auf die Straftatbestände der §§ 283, 283c StGB und wegen schuldhafter Verletzung gesetzlicher Insolvenzantragspflichten nach § 15a InsO von großer Bedeutung.[57] I.d.R. hat der Insolvenzverwalter im eröffneten Verfahren darzulegen und zu beweisen, dass der Schuldner im Zeitpunkt der Vornahme der anfechtbaren Rechtshandlung zahlungsunfähig war;[58] je früher die dafür notwendigen Feststellungen getroffen und die Beweismittel gesichert werden, desto größer sind die Durchsetzungschancen. Wird dies hingegen versäumt und ergeben sich daraufhin später Darlegungs- und Beweisprobleme, so wird dies haftungsrechtliche Folgen für den Gutachter/vorläufigen Verwalter haben, denn die Sicherung des schuldnerischen Vermögens umfasst auch die Sicherung des zurückzugewinnenden Vermögens bzw. der dafür notwendigen Beweismittel. Da es nach BGH ZInsO 2008, 859 schon die Aufgabe des Sachverständigen ist, auch und gerade »versteckte« Massegenerierungsansprüche zumindest zu lokalisieren, kann diese Aufgabe ohne Feststellung des ungefähren Zeitpunktes faktisch nicht erfüllt werden.[59] 25

55 Umfassend dazu u.a. Barthen/Staab, ZInsO 2019, 1285; Meixner, ZInsO 2019, 1826; Blank, ZInsO 2013, 461; Poertzgen, ZInsO 2013, 517; Marotzke, ZInsO 2013, 641.

56 Zu den strengen Voraussetzungen und zum notwendigen Entlastungsbeweis zuletzt BGH, ZInsO 2008, 812.

57 MK-InsO/Eilenberger, § 17 InsO Rn. 6; Uhlenbruck/Mock, § 17 InsO Rn. 30c.

58 Zu Einzelheiten s. Huber, ZInsO 2012, 53 ff.; Staufenbiel, InsbürO 2006, 402 ff.; 2007, 2 ff.; 2007, 96 ff.

59 Zur überragenden Bedeutung dieser Feststellung BGH, ZInsO 2008, 859 sowie u.a. Pape, ZInsO 2007, 1080; Bürger, DZWIR 2007, 361; Haarmeyer/Suvacarevic, ZInsO 2006, 953 und Kirstein, ZInsO 2006, 966.

III. Von der IST- zur SOLL-Masse und die Funktion des Anfechtungsrechts

26 Die Ermittlung der Soll-Masse – also der Masse die bei gesetzeskonformem Antragsverhalten des Schuldners für die Gläubiger zur Verfügung gestanden hätte – setzt denklogisch voraus, dass der Zeitpunkt, in dem die Antragspflicht eintrat (materielle Insolvenz), so früh und so präzise wie rückschauend möglich festgestellt wird, denn ohne eine solche Feststellung fehlt der »Ankerplatz«, von dem heraus die Rückgewinnung der verschleppten Vermögensmasse überhaupt erst möglich ist. Da die Deckung der Verfahrenskosten – so auch der *BGH*[60] – vielfach nur durch die »Rückgewinnung« abgeflossenen oder weggegebenen Vermögens möglich ist, hat – zumindest dann, wenn die Eröffnung von solchen Ansprüchen abhängt – eine ungefähre Feststellung des Zeitraums (Quartal oder Halbjahr) des Eintritts der materiellen Insolvenz bereits im Eröffnungsgutachten zu erfolgen (die zumindest auf einen Monat genaue Präzisierung ist dem eröffneten Verfahren vorbehalten).[61] Gerade für diese Ermittlungen bieten die vorhandenen und erprobten digitalen Untersuchungs- und Ermittlungsmethoden – inzwischen in Kombination mit künstlicher Intelligenz, hervorragende und sehr effektive Möglichkeiten auch mit großen Datenmengen in kurzer Zeit zu sehr interessanten Ergebnissen zu gelangen und die Rechtsprechung unterstützt dieses Vorgehen, auch wenn es durch oder mithilfe eines Dienstleisters erfolgt.[62] Unterbleibt eine solche zumindest ungefähre Bestimmung, so ist ein entsprechendes Gutachten bzw. eine Empfehlung zur Abweisung mangels Masse faktisch wertlos,[63] weil sich z.B. Anfechtungstatbestände aus den §§ 129 ff. InsO, Ansprüche aus § 15a InsO[64] aber auch die Haftung von beratenden RA,[65] Steuerberatern,[66] Kreditinstituten,[67]

---

60 BGH, 17.07.2008 – IX ZB 225/07, ZInsO 2008, 859.

61 Für die ungefähre Bestimmung gibt es – neben den zur Auskunft verpflichteten Mitarbeitern und Geschäftsführern/Vorständen – eine Reihe von praktisch erprobten Ansatzpunkten wie z.B. die älteste nicht bezahlte Rechnung des insolventen Schuldners, Veränderungen der Kreditlinien, vorgefundene Mahnbescheide, Auswertung der Kontoauszüge etc. sowie die inzwischen als gerichtsbekannt geltende Erkenntnis, dass Insolvenzanträge von Kapitalgesellschaften im Durchschnitt 10,5 Monate nach Eintritt der materiellen Insolvenz und damit der Antragspflicht gestellt werden.

62 Insoweit vorbildlich LG Hannover, ZInsO 2024, 2353, sowie Haarmeyer, ZInsO 2024, 865 ff. zu den vergütungsrechtlichen Wirkungen der Digitalisierung.

63 Ausdrücklich in diesem Sinne Pape, ZInsO 2007, 1080 ff.

64 Alle nach dem Eintritt der materiellen Insolvenz getätigten Vermögensabflüsse sind grds. der Schuldnerin zu erstatten und bilden einen Anspruch ggü. dem Geschäftsführer sowie ggf. dessen Vorgänger. Bei einem Verschleppungszeitraum von i.d.R. ca. ein Jahr liegt auf der Hand, dass es hierbei regelmäßig um mindestens 5- bis 6-stellige Beträge handelt, da zunächst jede nach Eintritt eines Insolvenzgrundes vorgenommene Zahlung dem Rückforderungsvorbehalt unterfällt.

65 Pape, ZInsO 2017, 1868; ZInsO 2007, 1080, 1082; BGH, 15.01.2009 – IX ZR 56/08, ZInsO 2009, 433.

66 Zuletzt dazu BGH, 26.01.2017 – IX ZR 285/14, ZInsO 2017, 432; Pape, ZInsO 2017, 1868 ff.; Schmittmann, ZInsO 2011, 105; Wagner, ZInsO 2009, 449.

67 Zu den Möglichkeiten der Massemehrung durch Anfechtung ggü. Kreditinstituten vgl. die umfassende Darstellung in Kap. 4 Rdn. 1 ff.; u.a. auch der Beitrag von Foerste, ZInsO

der Vorschuss nach § 26 Abs. 3 InsO etc. präzise mit diesem Ereignis als Auslöser für Haftungsansprüche jeglicher Art verbinden und sich die Rechtsbeständigkeit von erlangten und angemeldeten Forderungen ggü. dem Schuldner, Aufrechnungen oder Verrechnungen nach diesem Zeitpunkt und der zu dieser Zeit vorhandenen Erkenntnislage der Beteiligten richten. Letztlich ist die zumindest ungefähre zeitliche Einordnung des Eintritts der materiellen Insolvenz der Dreh- und Angelpunkte des gesamten Verfahrens und mithin auch die gesetzlichen Aufgabenstellungen eines Sachverständigen wie des (vorläufigen) Insolvenzverwalters. Für die mit der Führung der Tabelle beauftragten Mitarbeiter des Insolvenzverwalters trennt dieser Zeitraum die angemeldeten Forderungen und Rechte in »verdächtige« und »verdachtsfreie« und konkretisiert die Sorgfaltspflicht auf die genaue Prüfung der »verdächtigen« Forderungen, die regelmäßig schon im Hinblick auf den Zeitpunkt des Erwerbs bis zur endgültigen Klärung zumindest vorläufig zu bestreiten sind. Zugleich verbindet sich mit diesem Zeitpunkt die anfechtungs- und haftungsrechtlich relevante Frage, wann die Anzeichen der Krise bzw. der drohenden oder bereits eingetretenen Insolvenz nach außen erkennbar geworden sind.

1. Soll-Masse als Zielpunkt

Auf diesen festgestellten Zeitpunkt/Zeitraum ist sodann in einem zweiten Schritt die potenzielle Masse festzustellen, also die Vermögens- und Verbindlichkeitssituation die beim Eintritt der materiellen Insolvenz noch bestanden hat. Festzustellen ist mithin das Vermögen, das den Gläubigern bei gesetzeskonformem Verhalten des Schuldners als Haftungsmasse zur Verfügung gestanden hätte – die sog. Soll-Masse – die zugleich den max. erreichbaren Wert (bereinigt um Aus- und Absonderungsrechte) in der Form einer **Soll-Quote** darstellt, an der dann auch der konkrete Verfahrenserfolg abgelesen oder gemessen werden kann. Ohne die möglichst präzise Darlegung eines Ziels wäre auch ein Erfolg im rechtlichen wie im materiellen Sinn nicht feststellbar, weil es an der notwendigen Bezugsgröße für einen Erfolg fehlen würde.[68] Ohne die Bestimmung wäre weder zu bewerten, ob die realisierte Quote ein positives Ergebnis ist, noch feststellbar, auf welche Ursachen es zurückzuführen ist, wenn eine vermeintlich schlechte Quote erzielt wird. Wenn es aber kein definiertes Ziel gibt, kann man auch die Zielabweichung nicht feststellen – vielleicht liegt darin auch eine Ursache, warum eine entsprechende Festlegung von den Insolvenzverwaltern gerne »vermieden« wird. 27

Es geht aber bei der Bestimmung der Soll-Masse nicht nur um die Gewinnung positiver Masse, sondern auch und vorrangig um die Abwehr in anfechtbarer Weise erlang- 28

2013, 659; Huber, ZInsO 2012, 53 und 1412; 2009, 566 sowie die zahlenmäßigen Quantifizierungen bei Kirstein, ZInsO 2006, 966.

68 Dies mag auch eine Erklärung dafür ein, dass eine Bestimmung der Soll-Masse im o.a. Sinne »ungern« vorgenommen wird, weil sich auf diese Weise zumindest ein Erläuterungsbedarf dann ergibt, wenn das konkrete Ergebnis sehr weit hinter der Zielgröße zurückbleibt. Ohne einen Bezugsrahmen ist es in der Tat einfach, aber zugleich auch ohne jede Aussagekraft, den Beteiligten eine konkret erlangte Quote als »Erfolg« oder »Ergebnis guter Insolvenzverwaltung« zu verkaufen.

ter Insolvenzforderungen, letztlich daher um die **Bereinigung der Passiv-Seite.** Das sog. »virtuelle Vermögen« setzt sich mithin nicht nur aus Rückgewährsansprüchen für verlorenes positives Vermögen, sondern auch aus in anfechtbarer Art und Weise erlangten Ansprüchen zur Insolvenztabelle zusammen.[69] Besondere Bedeutung haben in anfechtbarer Weise erlangte Auf- und Verrechnungslagen, wenn Insolvenzgläubiger schon vor Antragstellung selbst Schuldner des Schuldners waren. Die sorgfältige Prüfung der zur Tabelle angemeldeten oder der dem vorläufigen Verwalter bereits bekannten Forderungen auch unter anfechtungsrechtlichen Gesichtspunkten[70] ist daher Kernbereich professioneller Insolvenzverwaltung, zumal jede Abwehr unberechtigter Forderungen unmittelbar zu einer Quotenverbesserung für die anderen »redlichen« Forderungsinhaber führt.

29 Auch dabei spielt der Zeitpunkt des Eintritts der materiellen Insolvenz die entscheidende Rolle, lenkt er doch die Aufmerksamkeit der zur Aufnahme und Prüfung in die Tabelle bestimmten Mitarbeiter auf die kritische Zeit – mit der eigentlich notwendigen Folge, dass alle in dieser Zeit begründeten Forderungen zunächst vorläufig zu bestreiten sind, bis eine Klärung unter anfechtungsrechtlichen Gesichtspunkten erfolgt ist. Die demgegenüber in der Praxis verbreitet anzutreffende relativ pauschale und formale Prüfung der bloßen Ordnungsgemäßheit angemeldeter Forderung und einer darauf beruhenden Feststellung zur Tabelle ist aufgrund der titelschaffenden Wirkung des Tabelleneintrags in hohem Maße haftungsträchtig und benachteiligt alle anderen Gläubiger in ihren Quotenerwartungen unmittelbar.[71]

2. Feststellungsgrundlage für Soll-Vermögen

30 Feststellungsgrundlage für das Soll-Vermögen ist bei einem antrags- und damit auch buchhaltungspflichtigen Schuldner[72] die dem Eintritt der materiellen Insolvenz zeitlich am Nächsten liegende Buchhaltungsunterlage des Schuldners. Dies kann, muss aber nicht zwingend eine Bilanz sein, sondern kann z.B. auch eine Summen- und Saldenliste sein. Schon bei der Inbesitznahme der Masse ist daher ein Abgleich zwischen dem tatsächlich vorhandenen und dem im Zeitpunkt der materiellen Insolvenz buchmäßig vorhandenen Vermögen zu machen, um zu gewährleisten, dass das gesamte verteilungsrelevante Vermögen des Schuldners erfasst und – soweit noch vorhanden – in Besitz genommen wird. Solche Feststellungen finden sich in der Praxis nur ausnahmsweise, obwohl viele Verwalter versichern, dass eine solche Ermittlung

69 Beispielhaft die Darlegungen von Huber, ZInsO 2009, 566 ff. zu insolvenzrechtlich unzulässigen Aufrechnungen nach § 96 Abs. 1 Nr. 3 InsO nebst den daraus unmittelbar folgenden Konsequenzen.

70 Huber, ZInsO 2009, 566 ff.

71 Zu den damit verbundenen Gefahren schon sehr früh Förster/Bruhn, ZInsO 2002, 802; vgl. zu strafrechtlichen Aspekten auch Weyand/Diversy, ZInsO 2009, 802 ff.

72 Bei einem nicht buchhaltungspflichtigen Schuldner beschränkt sich die Möglichkeit zu prüfen, ob das Vermögen vollständig erfasst wurde, vielfach zunächst auf die Inaugenscheinnahme der Räume des Schuldners und auf dessen Auskunft sowie auf anzustellende Ermittlungen i.R.d. tatsächlich Möglichen.

bei ihnen schon lange Standard sei – ein Defizit, das in einer enorm großen Zahl von Eröffnungsgutachten festzustellen ist. Soll-Vermögen ist mithin die Differenz des buchmäßig erfassten zum bei Verfahrenseinleitung und/oder -eröffnung tatsächlich vorhandenen Vermögen. Die gesetzliche Aufgabe des Verwalters besteht darin, das nicht mehr vorhandene Vermögen zu erfassen und den Verbleib dieses Vermögens anhand der Geschäftsunterlagen oder im Rahmen anzustellender Ermittlungen nachzuvollziehen. Das klingt nicht nur, sondern ist arbeitsintensiv, aber es ist die Kernaufgabe jeden Insolvenzverwalters.[73] Nur auf diese Weise lässt sich auch eine vollständige Inbesitznahme nachweisen, denn das bei Antragstellung tatsächlich körperlich vorhandene Vermögen ist insolvenzrechtlich betrachtet nur ein (kleiner) Bruchteil des den Gläubigern zur Haftung zugewiesenen gesamten Vermögens des insolventen Schuldners, einschließlich des im Lauf des Verfahrens erzielten Neuerwerbs.[74] Insbesondere das »virtuelle« und nicht körperliche Vermögen in Form von immateriellen Vermögenswerten, Ansprüchen aus Anfechtung und Haftung etc. bildet in aller Regel den größten Teil des Vermögens aus dem sich die vom Insolvenzverwalter zu gewinnende Insolvenzmasse zusammensetzt. Darunter wiederum bilden die schuldrechtlichen Ansprüche auf Rückgewähr von weggegebenen und im Wege der Insolvenzanfechtung wiedergewonnenen Vermögensgegenstände eine der größten Gruppen.

B. Dogmatische Grundlagen

Schrifttum

Gehrlein/Thole, Aktuelle Probleme der Insolvenzanfechtung, 16. Aufl. 2024, Rn. 1.

I. Rechtsnatur der Insolvenzanfechtung

1. Schuldrechtliche Theorie

Nach der **schuldrechtlichen Theorie** folgt aus dem Anfechtungsrecht der InsO ein **schuldrechtlicher Anspruch auf Rückgewähr** desjenigen weggegebenen Gegenstandes, der ohne die anfechtbare Rechtshandlung zur Insolvenzmasse gehören würde und der deshalb zum Zwecke der Verwertung durch den Insolvenzverwalter dieser wieder zugeführt werden muss. Es handelt sich also **nicht** um ein Gestaltungsrecht mit dinglicher Wirkung, wie die frühere – vor und bei Inkrafttreten der KO vertretene, heute aber allgemein abgelehnte – Dinglichkeitslehre angenommen hatte. Wird also bspw. eine Übereignung oder eine Forderungsabtretung angefochten, so führt das nicht etwa zum automatischen Rückfall dieser Rechte, sondern nur zur schuldrechtlichen Pflicht des Anfechtungsgegners, das Eigentum bzw. die Forderung zurück zu übertragen; er bleibt folglich Rechtsinhaber, bis das geschehen ist. Die schuldrechtliche 31

73 Huber kommentiert das in ZInsO 2009, 566, 567 zutreffend mit dem Bemerken, dass die Götter vor den Lohn den Fleiß gesetzt haben.

74 Vgl. zur Methodik des Vorgehens die Darstellung bei Haarmeyer/Wutzke/Förster, Hdb. vorläufige Insolvenzverwaltung, § 13 f.

Theorie entspricht nicht nur der im Schrifttum am meisten vertretenen Auffassung,[75] sondern auch der höchstrichterlichen Rechtsprechung.[76]

32 Aus dem bloß obligatorischen Charakter des Rechtsinstituts der Insolvenzanfechtung als schuldrechtlicher Verschaffungsanspruch ergäbe sich freilich in der **Insolvenz des Anfechtungsgegners** an sich stets nur eine Insolvenzforderung. Die schuldrechtliche Einordnung des Anfechtungsanspruchs steht allerdings der Annahme eines Aussonderungsrechts in der Insolvenz des Anfechtungsgegners nicht entgegen, weil dieses gem. § 47 InsO auch auf schuldrechtlicher Grundlage beruhen kann.[77]

33 Dem hat sich der für das Insolvenzrecht zuständige IX. Zivilsenat des BGH angeschlossen und entschieden, dass der Anfechtungsanspruch in der **Insolvenz des Anfechtungsgegners** im Allgemeinen ein **Aussonderungsrecht** gewährt, wenn der weggegebene Gegenstand dort noch bestimmbar vorhanden ist.[78]

▶ Beispiele:

Die anfechtbar weggegebene Sache ist beim Anfechtungsgegner noch vorhanden; der vom Schuldner zugewendete Vermögensgegenstand ist von einem Dritten hinterlegt, über die Berechtigung daran streiten nun der Insolvenzverwalter und der Zuwendungsempfänger (Anfechtungsgegner).

Richtet sich der Anfechtungsanspruch aber **auf Zahlung**, so stellt er in der Insolvenz des Anfechtungsgegners jedenfalls dann nur eine Insolvenzforderung dar, wenn dieser im Zeitpunkt der Insolvenzeröffnung über sein Vermögen lediglich Wertersatz schuldete und eine Gegenleistung für den anfechtbar erlangten Gegenstand selbst nicht unterscheidbar in seinem Vermögen vorhanden ist;[79] bei Unterscheidbarkeit kommt aber auch für einen Zahlungsanspruch ein Aussonderungs- (§ 47 InsO), ggf. ein Ersatzaussonderungsrecht (§ 48 Satz 2 InsO) in Betracht.

2. Haftungsrechtliche Theorie

34 Die **haftungsrechtliche Theorie** nimmt an, die angefochtene Rechtshandlung sei dem Insolvenzgläubiger ggü. zwar nicht dinglich und auch nicht schuldrechtlich, wohl aber haftungsrechtlich unwirksam, weshalb nicht die rechtliche Zuordnung des

---

75 Vgl. z.B. A/G/R-Gehrlein § 129 Rn. 5; Kayser/Thole-Thole, § 129 Rn. 89; differenzierend: MK-InsO/Kirchhof/Freudenberg, Vor §§ 129 – 147 Rn. 17a.

76 BGH, 16.10.2014 – IX ZR 282/13, ZInsO 2014, 2118 Rn. 10; BGH, 13.12.2007 – IX ZR 116/06, ZInsO 2008, 276 Rn. 8; BGH, 21.09.2006 – IX ZR 235/04, ZInsO 2006, 1217 Rn. 16.

77 Überzeugend nachgewiesen von Kreft, ZInsO 1999, 370, 372; vgl. auch HK-InsO/Thole, § 129 Rn. 89. Seitdem h.M., vgl. Thole, Gläubigerschutz S. 540 ff.

78 BGH, 23.10.2003 – IX ZR 251/01, BGHZ 156, 350, 358 ff. = ZInsO 2003, 1096 = NZI 2004, 78 m. Anm. Huber.

79 BGH, 24.06.2003 – IX ZR 228/02, BGHZ 155, 199, 203 = ZInsO 2003, 1554.

weggegebenen Gegenstandes, sondern nur sein Ausscheiden aus der Haftung durch Wiederherstellung der Verwertungsbefugnis des Insolvenzverwalters rückgängig zu machen sei.[80] Bei den Anhängern dieser Theorie gibt es aber – trotz Übereinstimmung in diesem Ausgangspunkt – unterschiedliche Meinungen darüber, welche Konsequenzen aus einer solchen »**haftungsrechtlichen Unwirksamkeit**« des anfechtbaren Erwerbs zu ziehen sind. So wird nach einer Variante das Anfechtungsrecht als Fall der Eingriffskondiktion verstanden.[81] Im Unterschied dazu propagiert eine andere Richtung als Folge eine »relative Unwirksamkeit«; die anfechtbare Rechtshandlung sei zwar ggü. jedermann, in sachlicher Hinsicht aber nur insoweit unwirksam, wie dies durch das Befriedigungsinteresse der Insolvenzgläubiger geboten sei.[82] Schließlich wird eine »haftungsrechtlichdingliche« Unwirksamkeit vertreten;[83] der anfechtbar veräußerte Gegenstand gehöre zwar haftungsrechtlich zur Insolvenzmasse, hinsichtlich der übrigen Funktionen des subjektiven Rechts aber dem Anfechtungsgegner, und deshalb brauche der Insolvenzverwalter den schuldrechtlichen Verschaffungsanspruch auf Rückübereignung, wenn er ohne diese den anfechtbar weggegebenen Gegenstand nicht verwerten könne.

3. Bewertung und praktische Konsequenzen

Der schon im Konkursrecht geführte Meinungsstreit zur Rechtsnatur des Anfechtungsanspruchs wurde vom Gesetzgeber der InsO zwar nicht entschieden. **35** Immerhin kann sich die schuldrechtliche Theorie aber darauf berufen, dass § 146 Abs. 1 InsO ausdrücklich vom »Anfechtungs**anspruch**« spricht und sich § 129 Abs. 1 InsO mit der schlichten Formulierung »anfechten« begnügt; der frühere Zusatz, Rechtshandlungen könnten »als den Konkursgläubigern gegenüber unwirksam« angefochten werden, ist entfallen, womit auch allen Auffassungen eine Absage erteilt wurde, die an eine nur relative Unwirksamkeit anknüpfen. Andererseits hat sich in den letzten Jahren mehr und mehr die Einsicht durchgesetzt, dass der Anfechtungsanspruch doch mehr ist, als ein bloß »schuldrechtlicher Verschaffungsanspruch«, vielmehr im Einklang mit § 47 InsO (Aussonderung »aufgrund eines dinglichen oder persönlichen Rechts«) und §§ 771, 805 ZPO über die besondere Qualität verfügt, sich in der Konkurrenz mit den Gläubigern des Erwerbers als Aussonderungsrecht oder als Recht auf vorzugsweise Befriedigung durchzusetzen.[84] Außerdem sind die Unterschiede zwischen der schuldrechtlichen und der haftungsrechtlichen Theorie nach der zutreffenden Rechtsprechung des BGH zur Qualität des Anfechtungsanspruchs in der Insolvenz des Anfechtungsgegners (s.o. Rdn. 33) weitgehend eingeebnet.[85]

---

80 Grundlegend G. Paulus, AcP 155 (1956), 277 ff.
81 Gerhardt, Die systematische Einordnung der Gläubigeranfechtung, 1969.
82 Marotzke, KTS 1987, 1, 4, 5, 22 ff.
83 Jaeger/Henckel, § 129 Rn. 23 ff., insb. 32 ff.
84 So trefflich Gaul, in: Gaul/Schilken/Becker-Eberhardt, ZwangsvollstreckungsR § 35 Rn. 27.
85 Weiter gehend Gerhardt, ZIP 2004, 1675, der den »IX. Zivilsenat auf dem Weg zur haftungsrechtlichen Anfechtungstheorie« sieht.

36 Nach alledem lassen sich auch vom Boden der so **modifizierten schuldrechtlichen Theorie** aus – der auch hier zugestimmt wird – sachgerechte Ergebnisse erzielen;[86] das gilt nicht nur für die beschriebene Problemlage in der Insolvenz des Anfechtungsgegners, sondern auch für die zur Statthaftigkeit einer Drittwiderspruchsklage (s.u. Kap. 7 Rdn. 60). Für die Praxis sind deshalb die dogmatischen Konstruktionsfragen zur Rechtsnatur des Anfechtungsanspruchs in Hinblick auf die Bestimmung der Rechtsfolgen der Anfechtbarkeit gem. § 143 InsO im konkreten Einzelfall weitgehend ohne große Bedeutung.

II. Abgrenzung der Insolvenzanfechtung von anderen Rechtsinstituten

1. Gläubigeranfechtung nach dem AnfG

37 Eine Einzelgläubigeranfechtung nach dem AnfG gibt es nur **außerhalb des Insolvenzverfahrens** zugunsten eines einzelnen **anfechtungsberechtigten Gläubigers**, und zwar inhaltlich begrenzt nach seinem titulierten Anspruch, §§ 1 Abs. 1, 2 AnfG. Ihr Zweck ist es, einem solchen einzelnen Gläubiger die Vollstreckungsmöglichkeit in Vermögen, das sein Schuldner an einen Dritten (Anfechtungsgegner) weggegeben hat, wieder zu erschließen, also die Zugriffslage wiederherzustellen, die ohne die anfechtbare Rechtshandlung bestünde.[87] Dabei stimmen die Begrifflichkeiten zu »Rechtshandlung« und »Gläubigerbenachteiligung« überein, die Tatbestände der Vorsatzanfechtung, der Anfechtung unentgeltlicher Leistungen und der Anfechtung von Gesellschafterdarlehen decken sich (§§ 3, 4, 6 AnfG einerseits und §§ 133, 134, 135 InsO andererseits); eine »besondere Insolvenzanfechtung« (§§ 130 bis 132 InsO) gibt es freilich nicht.[88] Wichtige Unterschiede bestehen allerdings zur Rechtsnatur der Anfechtungsfristen, die im AnfG als materiell-rechtliche Ausschlussfristen ausgestaltet sind.[89] Die **Anfechtungsreform 2017** (Kurzübersicht s.u. Rdn. 59 ff.) hat nur die Vorsatzanfechtung nach § 3 AnfG geändert[90], und zwar wegen des Prinzips vom Gleichklang der Vorsatzanfechtung innerhalb und außerhalb des Insolvenzverfahrens völlig deckungsgleich zu § 133 InsO (näher zu diesem Prinzip samt einem historischen Rückblick und den Defiziten dazu s. u. Rdn. 65 ff.); die Anfechtbarkeit einer unentgeltlichen Leistung nach § 4 AnfG ist demgegenüber von der Reform unberührt geblieben (einschließlich der Grundsätze zum materiellen Gläubigeranfechtungsrecht und zum Gläubigeranfechtungsprozess).[91] Während der BGH seine Rechtsprechung zur **Vorsatzanfechtung** in den letzten Jahren neu ausgerichtet hat, ist eine Änderung der Rechtsprechung zu § 3 AnfG nicht ersichtlich, was freilich

86 Das betont auch ausdrücklich BGH, 23.10.2003 – IX ZR 251/01, BGHZ 156, 350, 358 ff.; vgl. auch Huber, NZI 2004, 82.

87 Näher Huber, AnfG, Vor § 1 Einf. Rn. 9 ff.

88 Näher zu Gemeinsamkeiten von sowie Unterschiede zwischen Insolvenz- und Einzelgläubigeranfechtung Kirchhof in: FS Haarmeyer, S. 129 ff.

89 Huber, AnfG, § 7 Rn. 4; MK-AnfG/Kirchhof § 7 Rn. 8 ff.

90 Detaillierte Zusammenfassung Huber DZWIR 2019, 501 ff.

91 Detaillierte Zusammenfassung Huber DZWIR 2019, 101, 103 ff.

damit zusammenhängt, dass die Rechtsstreitigkeiten oftmals nach einem Duldungsbescheid von der Finanzgerichtsbarkeit entschieden werden.[92]

Ist oder wird das Insolvenzverfahren über das Vermögen des Schuldners eröffnet, gelten die **Kollisionsregeln** der §§ 16 bis 18 AnfG. Aus Sicht des Insolvenzverwalters muss man wie folgt unterscheiden:[93] 38

- *Nach* Insolvenzeröffnung kann ein einzelner Gläubiger keinen Gläubigeranfechtungsanspruch nach dem AnfG mehr erheben; dieses Verbot folgt aus § 16 Abs. 1 Satz 1 AnfG, eine entsprechende Klage wäre unzulässig.
- Erfolgt die Insolvenzeröffnung *bei anhängigem Gläubigeranfechtungsprozess*, so steht die Verfolgung der von den Insolvenzgläubigern erhobenen Anfechtungsansprüche nunmehr dem Insolvenzverwalter zu (§ 16 Abs. 1 Satz 1 AnfG), der Gläubigeranfechtungsprozess wird unterbrochen (§ 17 Abs. 1 Satz 1 AnfG). Der Insolvenzverwalter kann den Rechtsstreit aufnehmen, woraus sich wichtige Konsequenzen für seine Taktik sowie für Parteistellung und Klageantrag ergeben (s.u. Kap. 7 Rdn. 73 – 75).
- Erfolgen Insolvenzeröffnung und in diesem Verfahren eine *Insolvenzanfechtung nach rechtskräftig abgeschlossenem Gläubigeranfechtungsprozess*, so muss man danach unterscheiden, ob der Gläubiger schon vollstreckt hat oder sonst befriedigt wurde, oder, ob noch keine Zwangsvollstreckung erfolgt ist (s.u. Kap. 7 Rdn. 76).
- Das Schicksal von Anfechtungsansprüchen, die der Insolvenzverwalter geltend machen konnte (hätte geltend machen können) *nach Beendigung des Insolvenzverfahrens* regelt § 18 Abs. 1 AnfG.

2. Anfechtung nach §§ 119 ff. BGB

Mit der bürgerlich-rechtlichen Anfechtung hat die insolvenzrechtliche außer dem übereinstimmenden Substantiv nichts gemein. Bei der **Anfechtung nach §§ 119 ff. BGB** wird eine nicht ordnungsgemäß zustande gekommene Willenserklärung alleine schon durch einseitige rechtsgeschäftliche Erklärung (§ 143 BGB) beseitigt und dann das Rechtsgeschäft als von Anfang an nichtig angesehen (§ 142 BGB). Der Insolvenzanfechtungsanspruch (zum Entstehen s.u. Rdn. 54) wird demgegenüber stets gerichtlich geltend gemacht und lässt das zugrunde liegende Rechtsgeschäft in seinem Bestand unberührt; § 142 Abs. 1 BGB ist i.R.d. Insolvenzanfechtung nicht anzuwenden.[94] 39

War ein vor Insolvenzeröffnung abgeschlossenes **Rechtsgeschäft** von einem Willensmangel beeinflusst, kann die Anfechtung nach §§ 119 ff. BGB (soweit noch möglich, vgl. §§ 121, 124 BGB) durch den Insolvenzverwalter erfolgen. Er ist aber zu einer solchen Anfechtung nicht verpflichtet, kann vielmehr das Rechtsgeschäft auch 40

92 Vgl. Schmittmann, ZRI 2025, 225, 227.

93 Vgl. die ausführliche Kommentierung der genannten Vorschriften bei Huber, AnfG und auch Vallender, in: FS Maier-Reimer, S. 777 ff. Zur Koordination von Einzelgläubiger- und Insolvenzanfechtung samt speziellen Problemen insb. zu § 16 Abs. 1 Satz 1 AnfG sowie zum Verhältnis zwischen § 135 Abs. 1 und 2 InsO und den §§ 6, 6a AnfG (und zwar gegen die h.M.!) vgl. Jungclaus, KTS 2013, 23 ff.

94 BGH, 14.12.2010 – IX ZR 160/08, ZInsO 2010, 2399 Rn. 7.

als wirksam hinnehmen und sich stattdessen bei Anfechtbarkeit nach der InsO mit dem Rückgewähranspruch begnügen.

3. Nichtigkeit/Sittenwidrigkeit/Unerlaubte Handlung

41 Sind die Voraussetzungen eines Anfechtungstatbestandes erfüllt, begründet das für sich alleine **nicht** zugleich auch eine Nichtigkeit oder Sittenwidrigkeit (§§ 134, 138 BGB)[95] oder eine unerlaubte Handlung (§§ 823, 826 BGB),[96] sondern erst bei Hinzutreten weiterer Umstände,[97] und zwar selbst bei Handeln mit **Gläubigerbenachteiligungsvorsatz** i.S.d. § 133 Abs. 1. Ein Schadensersatzanspruch aus § 826 BGB kommt aber bspw. in Betracht, wenn der Schuldner planmäßig mit eingeweihten Helfern zusammenwirkt, um sein wesentliches Vermögen dem Zugriff der Gläubiger zu entziehen.[98]

42 Bei – danach ausnahmsweise vorliegender – **Nichtigkeit** einer Rechtshandlung fehlt es i.d.R. an einer Gläubigerbenachteiligung, weshalb sich die Frage einer Insolvenzanfechtung meist schon deshalb nicht stellen wird. Etwas anderes gilt bei Durchführung eines nichtigen Rechtsgeschäfts, wodurch eine tatsächliche Besitzveränderung an Gegenständen eintritt, die an sich dem Zugriff der Gläubiger unterliegen würden, der deshalb erschwert wird. In der Praxis hat das Bedeutung v.a. für **Scheingeschäfte** (§ 117 BGB), die zur Irreführung anderer abgeschlossen worden sind und die trotz ihrer Nichtigkeit Rechtschein begründen, insb. durch Besitzwechsel (§ 1006 BGB) oder durch Eintragung (§§ 892, 893 BGB) und in deren Folge die Gefahr eines gutgläubigen Erwerbs Dritter. Sinn und Zweck der Insolvenzanfechtung ist dann die Beseitigung dieses Rechtscheins.

43 Als **praktische Konsequenz** für das Verhältnis zwischen Anfechtbarkeit und Nichtigkeit folgt daraus: Die Insolvenzanfechtung ist nicht alleine deshalb ausgeschlossen, weil sie an sich begrifflich ein wirksames Rechtsgeschäft oder eine Handlung mit rechtlichen Wirkungen voraussetzt. Kommen sowohl Nichtigkeit wie Insolvenzanfechtung in Betracht, so kann sich der Verwalter auf beides gleichzeitig durch Kombination mittels Haupt- und Hilfsantrag berufen.[99] Der Richter darf aber die Wirksamkeit der Rechtshandlung unterstellen, wenn die Anfechtbarkeit zum selben wirtschaftlichen Ergebnis führt. Hat sich der Insolvenzverwalter zunächst nur auf die Nichtigkeit einer Rechtshandlung, bspw. einer Sicherungsübereignung, und erst später auf deren Anfechtbarkeit gestützt, liegt keine Klageänderung vor; denn der Richter hat

---

95 Zu § 134 BGB: BGH, 21.09.2006 – IX ZR 235/04, ZInsO 2006, 1217 Rn. 13; zu § 138 Abs. 1 BGB: BGH, 12.04.2016 – XI ZR 305/14, ZInsO 2016, 1201; BGH, 19.04.2007 – IX ZR 59/06, ZInsO 2007, 600 Rn. 11.

96 Zu § 826 BGB: BGH, 04.07.2000 – VI ZR 192/99, ZInsO 2000, 497 f.

97 Ausführl. Armbruster, in: FS Canaris, S. 23, 32 ff.

98 BGH, 16.11.2007 – IX ZR 194/04, ZInsO 2008, 106 Rn. 16.

99 BGH, 11.07.1996 – IX ZR 226/94, ZIP 1996, 1516; dazu Huber, EWiR 1996, 771.

ohnehin (»iura novit curia«) zu prüfen, ob der geltend gemachte Anspruch auch unter dem Gesichtspunkt der Insolvenzanfechtung gerechtfertigt ist.[100]

4. Bereicherungsrecht

Der Anfechtungsanspruch ergibt sich nicht aus ungerechtfertigter Bereicherung. Das 44
folgt seit Geltung der InsO schon aus einem Umkehrschluss, weil dessen § 143 Abs. 1 Satz 2 die Vorschriften über die Rechtsfolgen einer ungerechtfertigten Bereicherung nur in bestimmten Fällen für »entsprechend« anwendbar erklärt.

5. Verhältnis zwischen Insolvenzanfechtung und Aufrechnung: Die insolvenzrechtlich unzulässige Aufrechnung nach § 96 Abs. 1 Nr. 3 InsO

a) Ausgangspunkte und Grundsätze zur Wirkungsweise der Vorschrift

Wer nach **materiellem Recht** (kraft Gesetzes oder Vereinbarung) zur Aufrechnung 45
befugt, also sowohl Gläubiger wie Schuldner ist, befindet sich in einer sehr komfortablen Situation: Er braucht seine Forderung, deren Tilgung – aus welchen Gründen auch immer ausbleibt – nicht einzuklagen und anschließend auch nicht mühevoll mittels staatlicher Hilfe zu vollstrecken. Vielmehr kann er seine Befriedigung durch schlichte Aufrechnung dieser sog. Gegenforderung gegenüber seiner eigenen Verbindlichkeit, der sog. Hauptforderung des Schuldners (seines Gläubigers), herbeiführen und dem anderen zugleich ein Erfüllungssurrogat aufzwingen.[101] Trefflich bezeichnete man das früher – heute etwas außer Mode gekommen – als Befugnis zur Selbstexekution.[102] Besonders vorteilhaft wirkt diese Konstellation im **Insolvenzverfahren** über das Vermögen des anderen Teils, weil dort gem. § 94 InsO eine z.Zt. der Insolvenzeröffnung gegebene Aufrechnungslage fortbesteht. Ohne diese Vorschrift – zu der §§ 94, 95 InsO Erweiterungen und Einschränkungen enthält – müsste der außerhalb des Insolvenzverfahrens nach §§ 387 ff. BGB zur Aufrechnung Befugte die Hauptforderung voll in die Masse bezahlen, seine Gegenforderung aber als Insolvenzgläubiger zur Tabelle anmelden (§§ 38, 174 ff. InsO) und sich insoweit mit der Quote zufriedengeben. Die in der Praxis wichtigste **Beschränkung des Aufrechnungsprivilegs** enthält **§ 96 Abs. 1 Nr. 3 InsO** für den Fall, dass die Möglichkeit der Aufrechnung durch eine anfechtbare Rechtshandlung erlangt wurde; **Modellfall:** Der spätere Insolvenzschuldner verkauft Ware an einen Gläubiger, der sodann mit seiner Forderung gegenüber dem Kaufpreisanspruch aufrechnet. Diese Aufrechnung ist unter den Voraussetzungen des § 96 Abs. 1 Nr. 3 InsO insolvenzrechtlich unzulässig.[103] Folglich bedarf es keiner Insolvenzanfechtung im eigentlichen Sinn, die Anfechtbarkeit wird

100 BGH, 11.12.2003 – IX ZR 336/01, ZInsO 2004, 149 (der Klageanspruch wurde dort nur auf ungerechtfertigte Bereicherung gestützt).

101 Nochmals zum Sprachgebrauch: Die Forderung, gegen die aufgerechnet wird, bezeichnet man als Hauptforderung (Passivforderung), die Forderung, mit der aufgerechnet wird, als Gegenforderung (Aufrechnungs-Aktivforderung).

102 So RGZ 80, 30, 34.

103 Ausführl. dazu und zu den praxistypischen Problemlagen Huber, ZInsO 2009, 566.

vom Insolvenzverwalter vielmehr nur einredeweise mit der Wirkung geltend gemacht, dass sich der andere Teil auf das Erlöschen seiner Schuld infolge Aufrechnung nicht berufen darf.[104] Haupt- und Gegenforderung bestehen also insolvenzrechtlich gesehen fort; Erstere klagt der Insolvenzverwalter ein, Letztere kann der andere Teil zur Tabelle anmelden. Der Insolvenzverwalter muss aber die Wirkungen der Anfechtung nicht auf die **Herstellung der Aufrechnungslage** beschränken,[105] kann vielmehr die Gläubigerbenachteiligung, die mit der Herstellung der Aufrechnungslage eintritt, (auch) selbstständig anfechten.[106] **Maßgeblicher Zeitpunkt** für die Beurteilung der Anfechtbarkeit ist, wann das Gegenseitigkeitsverhältnis durch Verknüpfung der beiden Forderungen begründet wurde, nicht, ob die Forderung des Schuldners oder die des Insolvenzgläubigers früher entstanden oder fällig geworden ist.[107] Besteht der anfechtungsrechtlich rückabzuwickelnde Vorgang nicht lediglich in einer durch den Abschluss des Vertrages hergestellten Aufrechnungslage, sondern in der Begründung der schuldrechtlichen Verpflichtung selbst, ist Gegenstand der Anfechtung die Willenserklärung, die auf Eingehung der vertraglichen Verpflichtung (im gleich zitierten Fall: Vertragsübernahme) gerichtet ist.[108] Zur **Reichweite** der gläubigerbenachteiligenden Wirkung einer Aufrechnung s.u. Rdn. 48.

46 Als Spezialität zu beachten ist aber die **Zulässigkeit einer gesellschaftsrechtlichen Verrechnung durch Kontenangleichung** bei insolvenzbedingtem Ausscheiden eines Gesellschafters.[109] Gemeint sind die Fälle, in denen der Gesellschaftsvertrag – bspw. bei einer Bau-ARGE – nicht nur (in Anlehnung an §§ 736, 738 BGB) das Ausscheiden eines insolvent gewordenen Gesellschafters bei Insolvenzeröffnung über sein Vermögen vorsieht,[110] sondern in denen auch vereinbart wird, dass die gegenseitigen Forderungen nur im Wege der Kontenangleichung »verrechnet« werden und ein Guthaben erst nach Erstellung der Auseinandersetzungsbilanz auszugleichen ist; denn dem steht § 96 Abs. 1 Nr. 3 InsO nicht entgegen.[111]

---

104 BGH, 28.09.2006 – IX ZR 136/05, BGHZ 169, 158 Rn. 16, 17 = ZInsO 2006, 2178 = NZI 2007, 31 m. Anm. Huber.

105 BGH, 22.10.2009 – IX 147/06, ZInsO 2009, 2334.

106 BGH, 26.04.2012 – IX ZR 149/11, ZIP 2012, 1254 Rn. 16 = NZI 2012, 711.

107 BGH, 30.06.2011 – IX ZR 155/08, ZInsO 2011, 1454 Rn. 9.

108 BGH, 08.11.2012 – IX ZR 77/11, ZInsO 2012, 2338 Rn. 24.

109 BGH, 14.12.2006 – IX ZR 194/05, BGHZ 170, 206 = ZInsO 2007. 213 = NZI 2007, 222 m. Anm. Huber (Fall Philipp Holzmann AG).

110 Darin liegt – wie durch BGH, 14.12.2006 – IX ZR 194/05, BGHZ 170, 206 Rn. 11 entscheiden – kein Verstoß gegen § 119 InsO, woran sich trotz des zwischenzeitlich erlassenen Grundsatzurteils zur Unwirksamkeit insolvenzbedingter Lösungsklauseln (BGH, 15.11.2012 – IX ZR 169/11, ZInsO 2013, 292) nichts geändert hat, ausführlich Huber, ZIP 2013, 493, 498. Genauer zur Wirksamkeit/Unwirksamkeit einer Lösungsklausel s.u. Kap. 7 Rdn. 21 ff. (und zur Wirksamkeit speziell im Bauvertragsrecht aufgrund des späteren Grundsatzurteils des VII. Zivilsenats des BGH s. dort Rn. 24).

111 BGH, 14.12.2006 – IX ZR 194/05, BGHZ 170, 213 Rn. 12 ff.

b) Anfechtungstatbestände

Die sozusagen inzidenter zu prüfenden Anfechtungstatbestände sind: 47

- Es geht hauptsächlich um die **Inkongruenzanfechtung (§ 131 InsO)**, weil der Gläubiger keinen Anspruch auf die Herstellung der Aufrechnungslage hatte.[112] Die Folgen daraus sind in zweifacher Hinsicht fatal: Denn zum einen scheidet wegen der Inkongruenz der Deckung schon begrifflich ein Bargeschäft, also eine Privilegierung nach § 142 InsO aus;[113] und zum anderen wird wegen der Indizregel (Inkongruenz = starkes Beweisanzeichen für den Gläubigerbenachteiligungsvorsatz des Schuldners und die Kenntnis des anderen Teils davon) der weite Anfechtungszeitraum der **Vorsatzanfechtung (§ 133 InsO)**, und zwar nach bisherigem Recht gem. § 133 Abs. 1 InsO a.F. eröffnet;[114] im neuen Anfechtungsrecht 2017 gilt ein verkürzter Anfechtungszeitraum nach § 133 Abs. 2 InsO (s.u. Rdn. 59 ff., 70).
- Eine **Kongruenzanfechtung (§ 130 InsO)** kommt demgegenüber grundsätzlich nur dann in Betracht, wenn bei Begründung der Forderungen schon ein vertraglicher Anspruch auf Herstellung einer Aufrechnungslage bestand. Der Hauptanwendungsfall in der Praxis liegt bei den **Kontokorrentverrechnungen** (s.u. Kap. 4 Rdn. 44 ff.), die insolvenzrechtlich wirksam, sind wenn ein Bargeschäft gem. § 142 InsO vorliegt.[115]
- Einschlägig kann – entgegen mancher Äußerungen im Schrifttum – auch der Tatbestand der **Anfechtung unentgeltlicher Leistungen (§ 134 InsO)** sein.[116] Im entschiedenen Fall hatte die Schuldnerin – Versicherungsvermittlerin für die spätere Beklagte – ein notarielles Schuldanerkenntnis über einen bestimmten Betrag abgegeben, der aus nicht abgerechneten Inkassogelder stammen sollte. Zur dessen Rückführung verrechnet die Beklagte der Schuldnerin gut geschriebene Provisionen, wozu der klagende Insolvenzverwalter behauptete, die Schuldnerin sei mit dem Inkasso überhaupt nicht beauftragt gewesen und habe auch nicht abgerechnet. Dazu berief er sich (mit Erfolg) auf § 134 InsO; wobei für die Darlegung der Voraussetzungen der (wie es in den Entscheidungsgründen heißt) »Schenkungsanfechtung« der vorstehend wiedergegebene Vortrag des Insolvenzverwalters genügte, weil die Beklagte jegliche Darlegung unterlassen hatte, »aus der geschlossen werden könnte, dass die Schuldnerin tatsächlich von ihr vereinnahmet Inkassogelder nicht abgerechnet hat«.

---

112 Jaeger/Henckel, InsO, § 131 Rn. 18. St. Rechtsprechung des IX. ZS des BGH.

113 Näher zum Problem HK-InsO/Thole, § 142 Rn. 8, 9. Ausführlich zum Rechtsgedanken des Bargeschäfts Kayser, FS Fischer, S. 267 ff.

114 Beispiel zur Verrechnung von Beitragsforderungen einer Sozialkasse mit Erstattungsansprüchen des Arbeitgebers: BGH, 03.05.2018 – IX ZR 150/16, ZInsO 2018, 1363; Beispiel zur Einrede der Anfechtbarkeit gegen Aufrechnung des Faktors in der Insolvenz des Anschlusskunden: OLG Düsseldorf, I – 12 U 44/18, ZInsO 2019, 1263. Vgl. dazu Graf-Schlicker/Huber, InsO, § 133 Rn. 14, 18.

115 BGH, 26.04.2012 – IX ZR 67/09, ZInsO 2012, 1429 Rn. 11 ff.

116 BGH, 26.04.2012 – IX ZR 149/11, ZIP 2012, 1254 Rn. 16 = NZI 2012, 711.

– An allen diesen Stellen werden außerdem **praxistypische Anwendungsfälle** von § 96 Abs. 1 Nr. 3 InsO i.V.m. dem jeweiligen Anfechtungstatbestand bei gleichzeitigem Verweis auf die hier (Rdn. 45 – 52) erörterten Grundlagen vorgestellt.

c) Reichweite der gläubigerbenachteiligenden Wirkung einer Aufrechnung

48 Dazu sind für den **Modellfall** – der Käufer rechnet gegen den Kaufpreisanspruch des (späteren) Insolvenzschuldners (Verkäufers) mit einer Gegenforderung auf (s.o. Rdn. 45) – hauptsächlich folgende *drei Varianten* zu unterscheiden:

– Der **Kaufpreisanspruch war an sich der Bank zur Sicherheit abgetreten.** Das ändert jedoch an der gläubigerbenachteiligenden Wirkung der Aufrechnung nichts, weil die Sicherungsabtretung der Bank (Sicherungsnehmerin) nur ein Recht auf abgesonderte Befriedigung gewährt hätte (§ 51 Nr. 1 InsO), der späteren Masse folglich gleichwohl eine selbstständig geschützte Rechtsposition verblieben wäre.[117] Letzteres zeigen §§ 166 Abs. 2, 170, 171 InsO, die dem Insolvenzverwalter ein Verwertungsrecht und einen Anspruch auf Kostenbeitrag zuerkennen. Der aufrechnende Gläubiger kann sich also nicht im Wege der Gegeneinrede auf die Sicherungsabtretung berufen.

– **Die Bank hatte den ihr sicherungshalber abgetretenen Kaufpreisanspruch oder den ihr zur Sicherheit übereigneten Kaufgegenstand vorher für das konkrete Geschäft mit dem Käufer freigegeben.** Für beide Fälle gilt Entsprechendes.[118] Mehrere Rechtshandlungen sind nämlich anfechtungsrechtlich stets selbstständig zu erfassen, auch wenn sie gleichzeitig vorgenommen werden oder sich wirtschaftlich ergänzen. Für die anfechtbar erlangte Möglichkeit zur Aufrechnung kommt es deshalb nur auf diejenige Rechtshandlung im Verhältnis zwischen der Schuldnerin und dem aufrechnenden Gläubiger an, durch die die Aufrechnungslage begründet wurde.

– **Veräußerung des Kaufgegenstandes an den Käufer, dem er bereits vorher sicherungsübereignet war.** In diesem Fall fehlt es an einer objektiven Gläubigerbenachteiligung, allerdings nur dann, wenn die frühere Sicherungsübereignung dem Käufer eine insolvenzfeste Position verschafft hatte.[119]

Nicht verwechseln darf man diese drei Varianten mit dem Fall, in dem ein Schuldner mit Zustimmung seiner Bank ein in deren Sicherungseigentum stehendes Warenlager mit der treuhänderischen Vereinbarung veräußert, dass der Kaufpreis auf das bei dieser Bank im Soll geführte Kontokorrentkonto des Schuldners zu zahlen ist, denn dann benachteiligt die Verrechnung der Gutschrift aus dem Kaufpreis mit Gegenforderungen der Bank die Gläubiger i.H.d. Wertes des aufgegebenen Sicherungseigentums nicht.[120] Es handelt sich dann um ein sog. **neutrales Tauschgeschäft.**

---

117 BGH, 05.04.2001 – IX ZR 261/98, BGHZ 147, 233, 239 = ZInsO 2001, 464.

118 Zur zuerst genannten Variante: BGH, 16.10.2008 – IX ZR 2/05, ZInsO 2008, 1322 Rn. 10, 11.

119 BGH, 22.07.2004 – IX ZR 270/03, ZInsO 2004, 1028.

120 BGH, 26.04.2012 – IX ZR 67/09, ZInsO 2012, 1429.

d) Weitere praxistypische Problemlagen

Im erörterten **Modellfall** (s.o. Rdn. 45, 48) muss man sich meist mit folgenden weiteren praxistypischen Problemen auseinandersetzen:[121] 49

- **Der Käufer wendet ein, der Kaufgegenstand sei zwar den vereinbarten Kaufpreis wert gewesen, er habe aber nur gekauft, um den Gegenwert für seine sonst uneinbringliche Forderung hereinzuholen.** Dieser Einwand ist unbeachtlich. Denn der Bestand des Kaufvertrages bleibt unberührt, der Insolvenzverwalter beruft sich vielmehr nur auf die Unzulässigkeit der Aufrechnung aus spezifisch insolvenzrechtlichen Gründen. Das ändert aber nichts an den materiell-rechtlich wirksam getroffenen Vereinbarungen zur Höhe des Kaufpreises.
- Ebenso ist es, **wenn ein überhöhter Kaufpreis vereinbart wurde.** Der Käufer muss sich an dieser Vereinbarung festhalten lassen, an der er auch außerhalb eines Insolvenzverfahrens nichts ändern könnte (pacta sunt servanda); denn sonst würde seine Position durch die Insolvenz des Vertragspartners ja verbessert. Etwas anderes gilt nur, wenn den Parteien – also Verkäufer und Käufer! – bewusst war, dass der vereinbarte Kaufpreis den Wert übersteigt, das aber gezielt zu dem Zweck verabredet haben, die höhere Gegenforderung des Gläubigers »glatt zu stellen«, also dem Schuldner seine Verbindlichkeit insoweit zu erlassen. Denn die anfechtungsrechtliche Unzulässigkeit der Aufrechnung darf umgekehrt nicht dazu führen, dass die spätere Masse Vorteile erlangt, die sie ohne die anfechtbare Rechtshandlung nicht gehabt hätte.[122] So wäre es aber, wenn der Käufer den vereinbarten (überhöhten) Preis zu zahlen hätte.
- **Wurde die Sache unter ihrem Wert verkauft** (insb. bei einem sog. krisenbedingten Schlussverkauf), muss der Insolvenzverwalter jedoch den Kaufvertrag (gem. § 132 InsO, bei Veräußerung außerhalb der Krise im Wege der Vorsatzanfechtung – Achtung: Neues Recht beachten, s.u. Rdn. 59 ff.) anfechten und Rückgewähr in Natur (§ 143 Abs. 1 Satz 1 InsO) bzw. bei Unmöglichkeit Wertersatz (§ 143 Abs. 1 Satz 2 InsO) fordern. Denn die über die Aufrechnung hinausgehenden Nachteile lassen sich nicht durch Anwendung des § 96 Abs. 1 Nr. 3 InsO, sondern nur durch eine direkte Insolvenzanfechtung nach §§ 129 ff. InsO beseitigen (s.o. Rdn. 45 a.E.).[123]

Problematisch geworden ist neuerdings die Aufrechnung von Ansprüchen des Anfechtungsgegners gegen Ansprüche der Masse bei der Insolvenzanfechtung von Immobilienübertragungen.[124] Danach kann – wie es im **Leitsatz** heißt – der Anfechtungsgegner mit seinem Anspruch auf Erstattung von Fruchtgewinnungskosten allerdings nur gegenüber dem Anspruch der Masse auf Herausgabe der vereinnahmten Mieten oder auf Wertersatz für diese Früchte aufrechnen, **nicht** aber gegenüber dem Wertersatz- 50

121 Ausführlich und grundlegend BGH, 22.07.2004 – IX ZR 270/03, ZInsO 2004, 1028.
122 Man kann auch argumentieren, es fehle an einer Gläubigerbenachteiligung.
123 MK-InsO/Brandes, § 96 Rn. 38.
124 BGH, 24.01.2019 – IX ZR 121/16, ZInsO 2019, 683.

anspruch der Masse wegen einer unmöglich gewordenen Herausgabe der Immobilie, wobei man zum **Sachverhalt** des Urteils wissen muss:

- Es geht um Insolvenzanfechtung im Insolvenzverfahren über den Nachlass der Mutter der späteren Beklagten (nachfolgend: Erblasserin) in Hinblick auf die Übertragung von zwei Immobilien, von denen aber hier (aus Vereinfachungsgründen) nur die Immobilie M. Straße in H. mit 46 vermieteten Wohnungen interessiert.
- Diese Immobilie, deren Verwaltung der Beklagten schon länger oblag, hatte die Erblasserin mit notariellem Vertrag v. 24.08.2004 auf die Beklagte übertragen; als »Gegenleistung« war u. a. deren Verpflichtung enthalten, weiterhin die Grundstücksverwaltung der Erblasserin im bisherigem Umfang zu übernehmen, wobei allerdings ab 01.09.2004 das früher vertraglich vereinbarte monatliche Entgelt dafür entfallen sollte; zum 01.09.2004 sollten außerdem sämtliche Nutzungen und Lasten des Objekts M.-Straße auf die Beklagte übergehen; die Eigentumsumschreibung erfolgte am 03.12.2004.
- Nachdem die Erblasserin (am 28.09.2006) verstorben war und die Erben (darunter auch die Beklagte) die Erbschaft unter Hinweis auf die Überschuldung des Nachlasses ausgeschlagen hatten, veräußerte die Beklagte mit notariellem Vertrag v. 06.02.2008 das Objekt M. Straße zu einem hier nicht näher interessierenden Kaufpreis an einen Dritten.
- Der mit Insolvenzeröffnung (15.06.2007) zum Insolvenzverwalter bestellte Kläger verlangt unter dem Gesichtspunkt des § 134 Abs. 1 InsO (u. a.) Wertersatz für das weiter veräußerte Objekt M- Straße und im Wege der Stufenklage Herausgabe der aus der Vermietung des Objekts in der einer bestimmten Zeit bis 06.02.2008 gezogenen Nutzungen, wogegen die Beklagte einwendet, der Anspruch sei um den Wert der von ihr für dieses Objekts erbrachten Verwaltungsleistungen zu mindern. Nach Klageabweisung durch das LG wurde auf Berufung des Klägers die Beklagte vom OLG durch Teilurteil zu Wertersatz (in bestimmter Höhe nebst Zinsen) und – auf der ersten Stufe – zur Auskunftserteilung verurteilt.
- Der BGH hat die Revision der Beklagten beschränkt auf die von ihr gegen den Zahlungsanspruch geltend gemachte Anrechnung erbrachter Verwaltungsleistungen zugelassen. Das Rechtsmittel führt zur Aufhebung und Zurückverweisung.

Die wichtigsten **praktischen Konsequenzen** sind:

- Die sehr komplizierte Entscheidung[125] definiert den bestimmt nicht allgemein bekannten Begriff der **Fruchtgewinnungskosten** und lehrt, wie diese nach materiellem Recht (insb. bereicherungsrechtlich) einzuordnen und insolvenzrechtlich an Stelle eines unmöglich gewordenen Rückgewähranspruchs in Natur (§ 143 Abs. 1 Satz 1 InsO) durch einen Wertersatzanspruch (§ 143 Abs. 1 Satz 2 InsO) geltend zu machen sind und
- wie der Anfechtungsgegner seinen Anspruch auf Erstattung von Fruchtgewinnungskosten über § 96 Abs. 1 Nr. 3 InsO einwenden kann.
- Da die Anfechtungsreform 2017 (s.u. Rdn. 59 ff.) das Urteil nicht berührt, gilt es auch nach dem Stichtag (Art. 103j EGInsO; s.u. Rdn. 60) fort.

125 Näher dazu Huber, EWiR 2019, 373.

e) Aufrechnung und Verjährung

Zur **Problemstellung** gilt: Nach der Systematik des § 96 Abs. 1 Nr. 3 InsO wird die Aufrechnung unter den dort genannten Voraussetzungen mit Insolvenzeröffnung automatisch – also ohne Insolvenzanfechtung gem. §§ 129 ff., 143 InsO – und zudem rückwirkend unwirksam (s.o. Rdn. 45). Der Fortbestand der Hauptforderung (und natürlich auch der Gegenforderung, die in diesem Zusammenhang aber nicht näher interessiert) für die Dauer und Zwecke des Insolvenzverfahrens ist aber nur die eine Seite der Medaille. Auf der anderen steht die Frage nach deren Verjährung. Dazu war früher streitig, ob insoweit die Verjährungsfrist des zugrunde liegenden Schuldverhältnisses oder die insolvenzrechtliche für einen Anfechtungsanspruch gilt. Dass Letztere nur analog anwendbar sein kann, liegt auf der Hand, weil der Insolvenzverwalter eben keinen Rückgewähranspruch aufgrund Insolvenzanfechtung geltend macht, sondern »nur« die wegen der anfechtbar erlangten Aufrechnungsmöglichkeit nicht erloschene Hauptforderung einklagt. Das Problem potenziert sich für Ansprüche, die – wie bspw. solche aus einem Frachtvertrag (§ 439 HGB) – nicht der regelmäßigen, sondern einer kürzeren Verjährungsfrist – im Beispiel ein Jahr – unterliegen (§ 200 BGB). Denn dann wäre die Gefahr des Eintritts der Verjährung vor Klageerhebung besonders groß; in vielen Fällen würde die Hauptforderung sogar schon bei Insolvenzeröffnung verjährt sein. 51

Für die **Erledigung des Problems** hat der BGH jedoch durch folgende Urteile gesorgt: 52

- Nach der einen Entscheidung unterliegt die Hauptforderung – gegen die gem. § 96 Abs. 1 Nr. 3 InsO insolvenzrechtlich unzulässig aufgerechnet worden ist – der **Verjährung analog § 146 Abs. 1 InsO.**[126] Begründet wurde das ziemlich schlagend damit, die genannte Vorschrift ordne (nur) »den Fortbestand der Hauptforderung an, nicht denjenigen der Verjährung«. Es gibt also immer nur die Regelverjährungsfrist von 3 Jahren (§ 195 BGB). Sie beginnt zudem frühestens mit Schluss des Jahres, in dem der Anfechtungsanspruch entstanden ist (objektive Anknüpfung, § 199 Abs. 1 Satz 1 BGB) – in dem also das Insolvenzverfahren eröffnet wurde – und in dem der Insolvenzverwalter von den den Anspruch begründenden Umständen samt der Person des Anfechtungsgegners Kenntnis erlangt oder ohne grobe Fahrlässigkeit erlangen müsste (subjektive Anknüpfung, § 199 Abs. 1 Nr. 2 BGB). Die Vorteile für die Masse aus der daraus folgenden Verlängerung der ursprünglichen schuldrechtlichen Verjährungsfrist liegen auf der Hand.[127] Doch Vorsicht! Beruft sich der Beklagte auf Verjährung der Hauptforderung (§ 214 Abs. 1 BGB), so trägt er zwar nach allgemeinen Regeln die Beweislast. Der Insolvenzverwalter muss aber, weil es um Umstände aus seiner Sphäre geht, an der Sachaufklärung mitwirken und darlegen, wann und wie er ermittelt hat, dass der beklagte Insolvenzgläubiger »die Möglichkeit zur Aufrechnung durch eine anfechtbare Rechtshandlung erlangt hat (sog. Sekundäre Darlegungslast).«

126 BGH, 28.09.2006 – IX ZR 136/05, BGHZ 169, 158 = ZInsO 2006, 1215 = NZI 2007, 31 m. Anm. Huber.

127 Ausführlich mit Beispielen dazu Huber, ZInsO 2005, 190, 192.

- Die Unzulässigkeit der Aufrechnung (Verrechnung) kann vom Insolvenzverwalter aber bei **Versäumung der Verjährungsfrist** des § 146 Abs. 1 InsO nicht mehr geltend gemacht werden, falls sich der Anfechtungsgegner hierauf beruft, vielmehr verbleibt es dann bei den zivilrechtlichen Wirkungen der Aufrechnung, also dem Erlöschen der Forderungen (§ 389 BGB).[128] Der Insolvenzverwalter muss also die Klage auf Zahlung der Hauptforderung innerhalb der Verjährungsfrist des § 146 Abs. 1 erheben oder anderweit rechtzeitig für eine Hemmung gem. § 204 BGB sorgen (s.u. Kap. 7 Rdn. 53).
- Für die **Gegeneinrede der Anfechtbarkeit** von der Unzulässigkeit einer Aufrechnung möglicherweise entgegenstehenden Rechten des Insolvenzgläubigers und zur Verjährungsfrage gilt, wie im typischen Verrechnungsfall bei einem Kontokorrentkredit für die Gegenrechte der Bank entschieden wurde:[129] Der Insolvenzverwalter muss nur den Hauptanspruch (Anspruch auf Auszahlung der Gutschriftsbeträge) mit der Begründung der Unzulässigkeit ihrer Verrechnung innerhalb der Verjährungsfrist geltend machen, nicht aber auch die Anfechtbarkeit von Gegenrechten der Bank, also nicht etwa die Anfechtbarkeit von deren AGB-Pfandrecht. Für Letzteres gilt § 146 Abs. 2 InsO.

53 Allerdings hat der IX. Zivilsenat des BGH – trotz der seit dem Inkrafttreten der Anfechtungsreform 2017 (am 05.04.2017) noch nicht lange verstrichenen Zeitspanne – vor allem zwei ganz wichtige Entscheidungen getroffen, nämlich zum einen das Urt. v. 25.03.2021 (IX ZR 70/20) zum Antrag auf Eintragung einer Vormerkung zur Sicherung eines Anspruchs auf künftige, unentgeltliche Grundstücksübertragung als maßgeblichem Zeitpunkt der Rechtshandlung i. S. d. AnfG.[130] Bei der anderen handelt es sich um die **neue grundsätzliche Entscheidung zu § 133 Abs. 1 InsO vom 06.05.2021 (IX ZR 72/20)** mit ihren sechs amtlichen Leitsätzen[131], die später näher erörtert wird (s. u. Rdn. 71 ff.).

III. Bestand des Insolvenzanfechtungsrechts

1. Entstehen des Anfechtungsanspruchs

54 Der **Anspruch auf Rückgewähr** entsteht nach ständiger Rechtsprechung unmittelbar mit der Insolvenzeröffnung aufgrund eines gesetzlichen, auf Rückgewähr gerichteten Schuldverhältnisses[132] und wird damit zugleich fällig.[133] Eine im Schrifttum vertre-

---

128 BGH, 12.07.2007 – IX ZR 120/04, ZInsO 2007, 813 = KTS 2008, 203 mit Anm. Drilling.

129 BGH, 17.07.2008 – IX ZR 148/07, ZInsO 2008, 913 = DZWIR 2008, 433; ausführlich dazu Huber, ZInsO 2009, 566, 569 f.

130 BGH, 25.03.2021 – IX ZR 70/20, ZInsO 2021, 1077 = NZI 2021, 577 mit Anm. Riewe = ZIP 2021, 967; näher zum Urteil Huber, EWiR 2021, 434; ausführlich zur Anfechtbarkeit von Lebensversicherungsverträgen Huber, AnfG § 4 Rn. 36 ff.

131 BGHZ 230, 28 = ZInsO 2021, 1627; dazu (und zu dem in voriger Fn. zitierten Urteil) näher Huber, ZInsO 2021, 2649.

132 BGH, 13.12.2007 – IX ZR 116/06, ZInsO 2008, 276 Rn. 8.

133 BGH, 01.02.2007 – IX ZR 96/04, BGHZ 171, 38 Rn. 20 = ZInsO 2007, 261.

tenen Auffassung knüpft demgegenüber bei der tatbestandsmäßigen Verwirklichung der Anfechtungsvorschrift an und sieht in der Insolvenzeröffnung »nur« eine aufschiebende Bedingung[134] auf diese dogmatischen Feinheiten kommt es in der Praxis aber nicht an. Selbst wenn der Anfechtungsanspruch mit der **Verwirklichung des Anfechtungstatbestandes** entsteht und die Eröffnung des Insolvenzverfahrens nur eine aufschiebende Bedingung, keine Anspruchsvoraussetzung darstellen würde, ändert sich nichts daran, dass die Verjährungsfrist bei aufschiebend bedingten Ansprüchen erst mit Eintritt der Bedingung beginnt.[135] Bei keiner Variante ist übrigens das Entstehen des Anfechtungsanspruchs davon abhängig, ob überhaupt schon **Gläubiger** (geschweige denn unbefriedigte) des späteren Insolvenzschuldners vorhanden sind.[136] Der **Insolvenzverwalter** beruft sich jedenfalls, wenn er den Rückgewähranspruch gerichtlich im Wege der Klage oder Einrede geltend macht, nur auf ein schon kraft Gesetzes entstandenes Recht (zum Inhalt des Anfechtungsanspruchs s.u. Rdn. 58 und die Kommentierung zu § 143 InsO).

2. Erlöschen des Insolvenzanfechtungsrechts

Das Insolvenzanfechtungsrecht erlischt als **Bestandteil des Verwaltungs- und Verfügungsrechts** des Insolvenzverwalters (§ 80 InsO) mit Beendigung des Insolvenzverfahrens, nicht etwa schon mit Ablauf der Anfechtungsfrist, weil diese – anders als nach § 41 KO: Materiell-rechtliche Ausschlussfrist – als Verjährungsfrist ausgestaltet ist (§ 146 Abs. 1 InsO). Nach Beendigung des Insolvenzverfahrens kommt eine Einzelgläubigeranfechtung unter den Voraussetzungen des § 18 AnfG in Betracht (s. schon o. Rdn. 38 a.E.). Dann ist aber zu beachten, dass in der Gläubigeranfechtung außerhalb des Insolvenzverfahrens die Anfechtungsfristen (wie früher nach § 41 KO) materiell-rechtliche Ausschlussfristen sind.[137] 55

Ist bei **Beendigung des Regelinsolvenzverfahrens** (§§ 200, 207, 209, 212, 213 InsO) ein Insolvenzanfechtungsprozess anhängig, so ist zu unterscheiden: Dauert der Insolvenzbeschlag fort, weil der Vermögensgegenstand für eine Nachtragsverteilung nach §§ 203, 205 InsO in Betracht kommt, so kann der Insolvenzverwalter den Rechtsstreit weiterführen, weil der Rückgewähranspruch ein Masseaktivum darstellt, das einer Nachtragsverteilung zugänglich ist. In den übrigen Fällen erledigt sich der Prozess in der Hauptsache und kann nur noch wegen der Kosten vom oder gegen den Insolvenzschuldner aufgenommen werden[138] eine Unterbrechung analog §§ 239, 246 ZPO tritt nicht ein, weil weder der Insolvenzschuldner noch die Insolvenzgläubiger Rechtsnachfolger des Verwalters sind. 56

134 MK-InsO/Kayser/Freudenberg, § 129 InsO Rn. 186.
135 BGH, 20.11.2014 – IX ZR 275/13, NZI 2015, 178.
136 BGH, 13.08.2009 – IX ZR 159/06, ZInsO 2009, 1909 = NZI 2009, 768 m. Anm. Huber.
137 Huber, AnfG § 7 Rn. 4 ff.
138 Huber, AnfG, § 18 Rn. 12.

C. Systematik der Insolvenzanfechtung

Schrifttum:
S. o. die Literaturangaben unter A. Allgemeine Einführung, vor Rdn. 1 und *Bork*, Vom derzeitigen Stand des Insolvenzanfechtungsrechts, ZRI 2021, 1043; *Ganter*, Das »Abstandsgebot« zwischen der Anfechtung kongruenter Deckungen (§ 130 InsO) und der Vorsatzanfechtung (§ 133 InsO): Ausgebliebene Neuorientierung?, NZI 2021, 945; *ders.*, Begriff der Gläubigerbenachteiligung, ZInsO 2021, 2701; *Gehrlein*, Neujustierung der Vorsatzanfechtung (§ 133 InsO), ZInsO 2022, 905; *ders.*, Indiz einer qualifizierten Kenntnis der Zahlungsunfähigkeit zum Nachweis der subjektiven Voraussetzungen einer Vorsatzanfechtung, ZInsO, 2257; *ders.*, Gedanken zur Vorsatzanfechtung, DB 2020, 156; *ders.*, Vorsatzanfechtung gegen einen Treuhänder, ZInsO 2022, 175; *Gehrlein/Pape*, Das Indiz der Zahlungsunfähigkeit zum Nachweis der subjektiven Voraussetzungen der Vorsatzanfechtung, ZInsO 2021, 2061; *Huber*, Neues zur Vorsatzanfechtung nach AnfG und InsO im Anschluss an die Anfechtungsreform 2017, ZInsO 2017, 2949; *Karrenstein/Sämisch*, Kritik an der jüngeren Rechtsprechung des Bundesgerichtshofs zur Neuausrichtung der Vorsatzanfechtung, ZRI 2024, 534; *Christoph G. Paulus*, Die »Aufgabe« des Insolvenzverwalters, ZRI 2022, 45; *Prauß*, Das Bargeschäftsprivileg gem. § 142 InsO nach dem neuen Anfechtungsrecht, 2022; *Riewe*, Neuausrichtung der insolvenzrechtlichen Vorsatzanfechtung, NJW 2021, 2651.

I. Zweck der Insolvenzanfechtung und Übersicht zum Inhalt des Anfechtungsanspruchs

57 Es ist **Zweck der Insolvenzanfechtung**, sachlich ungerechtfertigte **Vermögensverschiebungen**, die zu einer **Verkürzung der Masse** geführt haben, zugunsten aller Insolvenzgläubiger zwecks **Verwirklichung der par conditio creditorum** rückgängig zu machen. Anfechtung ist folglich Mittel zur Massemehrung und Gegenmittel für Massearmut. Obgleich darüber in der Theorie vollkommenes Einvernehmen herrscht, offenbart die Praxis immer noch erhebliche Defizite bei der Umsetzung der zentralen **Ordnungsfunktion** des Insolvenzanfechtungsrechts. Dem beschriebenen Anfechtungszweck steht ggü. das **Vertrauen des späteren Anfechtungsgegners** auf die Rechtsbeständigkeit seines Erwerbs. In diesem Interessenkonflikt versucht das Gesetz einen gerechten Ausgleich dadurch herbeizuführen, dass es zwar den Begriff der Vermögensweggabe weit, die einzelnen Anfechtungstatbestände – diese in ihrem Ausmaß freilich wiederum unterschiedlich je nach den konkreten Normzwecken – eng fasst (s. Übersicht u. Rdn. 89).

58 Entsprechend dem Zweck der Insolvenzanfechtung ist **Inhalt des Anfechtungsanspruchs** die Pflicht zur Rückgewähr dessen, »was durch die anfechtbare Handlung aus dem Vermögen des Schuldners veräußert, weggegeben oder aufgegeben ist.« Dieser Anspruch geht grds. auf **Rückgewähr in Natur** (**Primäranspruch**). Allerdings kann der Verwalter auch vorprozessual wirksam mit dem Anfechtungsgegner vereinbaren, dass dieser – statt Rückgewähr des Erlangten – Wertersatz leisten soll. In der Insolvenz des Anfechtungsgegners begründet der Anspruch auf Rückgewähr in Natur ein Aussonderungsrecht (s.o. Rdn. 33). Nur dann, wenn der Gegenstand selbst nicht mehr vorhanden ist, schuldet der Anfechtungsgegner **Wertersatz (Sekundäranspruch)**; dieser Anspruch besteht also nicht etwa wahlweise, obgleich sich der Insolvenzverwal-

ter – wie schon bemerkt – mit einem Wertersatz begnügen kann. In der Insolvenz des Anfechtungsgegners ist der Sekundäranspruch aber bloße Insolvenzforderung, wenn er bei Verfahrenseröffnung schon auf Wertersatz gerichtet war (Rdn. 33). Wegen der Einzelheiten zum Primär- und Sekundäranspruch wird auf die Kommentierungen zu § 143 InsO verwiesen, außerdem wegen der zur gerichtlichen Geltendmachung auf die späteren Erörterungen (Kap. 7 Rdn. 50 ff.)

II. Reform des Anfechtungsrechts 2017

An diesen grundlegenden Ausgangspunkten hat die Reform des Anfechtungsrechts 2017 nichts geändert. Im Folgenden werden als **Vorbemerkung** zunächst 59
- ein kleiner Rückblick auf den Gang der Reformbestrebungen (s. u. Rdn. 60) und dann
- eine Kurzübersicht (s.u. Rdn. 61 ff.) zum einschlägigen Reformgesetz (**Gesetz zur Verbesserung der Rechtssicherheit bei Anfechtungen nach der Insolvenzordnung und dem Anfechtungsgesetz**)

geboten; vertieft behandelt werden in dieser Kurzübersicht allerdings das zum Verständnis der Rechtsänderungen bei § 133 InsO bzw. § 3 AnfG notwendige Gleichklangprinzip mit einem Ausblick auf das neue Merkmal »unlauter« (s.u. Rdn. 65 ff.): Die Einzelheiten ergeben sich demgegenüber hauptsächlich aus den Kommentierungen der betroffenen Paragrafen in Kap. 3 sowie den Erläuterungen zu branchenspezifischen Besonderheiten in Kap. 4 (insb. für Arbeitnehmer und die Insolvenzanfechtung im Bauvertragsrecht).

1. Kleiner Rückblick auf den Gang der Reformbestrebungen

Ganz neue Wurzeln hat die **Anfechtungsreform 2017** freilich nicht. Vorausgegangen 60 war nämlich 2006 der Entwurf eines Gesetzes zum Pfändungsschutz der Altersvorsorge und zur Anpassung des Rechts der Insolvenzanfechtung, dessen zuerst genannter Teil am 16.12.2006 verabschiedet wurde; während man den zweiten Teil mit den Änderungen unter anderem bei §§ 131, 133 InsO – nach Anhörung von Sachverständigen im Rechtsausschuss am 27.09.2016 – schlicht ad acta legte.[139] Das war aber nur vorläufig, denn ab 2015 kam es zur erweiterten **Neuauflage der Reformbestrebungen** durch einen Referentenentwurf[140] und einen Regierungsentwurf,[141] wozu dann (wiederum) eine Anhörung von Sachverständigen im Ausschuss für Recht und Verbraucherschutz (6. Ausschuss) am 24.02.2017 erfolgte.[142] Im Anschluss daran kam es zu längeren, (offenbar schwierigen!) Verhandlungen der damaligen Koalitionsparteien CDU/CSU und SPD, die mit Beschlussempfehlung und Bericht des 6. Ausschusses

139 Näher dazu Huber, ZIP 2007, 501.

140 Vom 16.03.2015, vgl. dazu nur Huber, ZInsO 2015, 713.

141 Vom 29.09.2015, vgl. dazu nur Huber, ZInsO 2015, 2207.

142 Wortprotokoll 18/92 in vollständiger Form abrufbar unter http://www.bundestag.de/blob/420774/b059398fe558c8611673e4c2b3a811bb/wortprotokoll-data.pdf.

(ein Jahr später!) am 16.02.2017[143] endeten,[144] worauf das Gesetz zur Verbesserung der Rechtssicherheit bei Anfechtungen nach der Insolvenzordnung und dem Anfechtungsgesetz vom 29.03.2017 verabschiedet und am 04.04.2017 verkündet werden konnte,[145] das am 05.04.2017 in Kraft getreten ist. Zur Überleitung bestimmt der neue Art. 103j EGInsO, dass auf vor diesem Zeitpunkt eröffnete Insolvenzverfahren die bis dahin geltenden Vorschriften weiter anzuwenden sind; eine Sonderregelung gibt es allerdings zur Änderung beim Fristbeginn für die Verzinsung eines Rückgewähranspruchs nach § 143 Abs. 1 InsO (s.u. Rdn. 63 sowie Erläuterung in Kap. 3).

2. Kurzübersicht zum neuen Insolvenzanfechtungsrecht 2017

a) Keine Änderung bei der Inkongruenzanfechtung nach § 131 InsO

61 Die im zugrundeliegenden RegE (wie schon wie im RefE) vorgesehene Änderung bei § 131 Abs. 1 InsO wurde nicht verwirklicht, mit der eine Befriedigung durch Zwangsvollstreckung oder Druckzahlung als kongruent eingestuft und aus dem **Tatbestand der Inkongruenzanfechtung** herausgenommen werden sollte. Denn sie hat der Deutsche Bundestag in der genannten Sitzung aufgrund entsprechender Beschlussempfehlung und Bericht des Ausschusses für Recht und Verbraucherschutz (künftig: 6. Ausschuss) »als verfehlt angesehen und deshalb gestrichen.«[146] Insoweit gibt es also auch künftig – wie nach dem, erst 2006 gescheiterten, entsprechenden Reformverstoß[147] – keine anfechtungsrechtliche Privilegierung öffentlicher Gläubiger.

62 Für das entsprechende Anfechtungsrisiko eines Gläubigers gilt also die (bis dahin zum Teil heftig befehdete) Rechtsprechung des IX. Zivilsenats des BGH grundsätzlich fort.[148] Danach wird eine durch Zwangsvollstreckung innerhalb der Krise (3-Monats-Zeitraum vor Insolvenzantrag bis zur Insolvenzeröffnung) erlangte Befriedigung über § 131 InsO angefochten, während eine außerhalb der Krise durch Zwangsvollstreckung erlangte Befriedigung schon seit jeher (von kollusivem Zusammenwirken zwischen Gläubiger und Schuldner abgesehen) mangels Rechtshandlung des Schuldners unanfechtbar ist. Anders ist die Rechtslage bei Befriedigung des Gläubigers durch »freiwillige Leistung« in Form einer sog. Druckzahlung (Zahlung unter Vollstreckungsdruck zwecks Abwendung einer drohenden Zwangsvollstreckung), die der IX. Zivilsenat zwar als

143 Abdruck in ZInsO 2017, 378. Mitglieder des 6. Ausschusses waren die Damen und Herren Abgeordneten Renate Künast als Vorsitzende und als Berichterstatter Prof. Dr. Heribert Hirte, Dr. Karl-Heinz Brunner, Harald Petzold (Havelland) und Katja Keul.

144 S. dazu die Rede des Abgeordneten Hirte im BT, abgedruckt in ZInsO 2017, 427.

145 BGBl. I (v. 04.04.2017), S. 654, Materialien: BT-Drucks. 18/7054. Erstes Schrifttum dazu (Auswahl): Thole, ZIP 2017, 401; Huber, ZInsO 2017, 517; Hacker, NZI 2017, 148; Dahl/Schmitz, NJW 2017, 2017. Erste Kommentierung des § 133 InsO von K/P/B/Bork (Stand April 2017) und HambKomm/Rogge/Leptin (6. Aufl. 2017, Ergänzungsband).

146 Hirte, ZInsO 2017, 427, 428 (linke Spalte unter 4.).

147 Ausführlich dazu Huber, ZIP 2007, 501.

148 S. die Graphik bei Huber, ZInsO 2015, 2297, 2302; ausführlich zum Problem ders., ZInsO 2005, 628. Insoweit gibt es auch keine Differenzen zum 6. Senat des BAG.

kongruent ansieht, gleichwohl aber einer Vorsatzanfechtung unterwirft; auf die dazu nunmehr geltende Rechtslage wegen der Sonderregelung für kongruente Deckungen nach § 133 Abs. 3 InsO samt der speziellen Problemstellung bei Ratenzahlungsvereinbarungen zwischen Gläubiger und Schuldner wird unten hingewiesen (s. Rdn. 70).

b) Neuerungen zum Gläubigerantrag nach § 14 Abs. 1 InsO und zum Fristbeginn für die Verzinsung eines Rückgewähranspruchs nach § 143 Abs. 1 InsO

Umgesetzt wurde die Neuerung beim Gläubigerantragsrecht (zusammen mit der 63 Streichung des Erfordernisses eines Erstantrags in der alten Fassung), um sicherzustellen, dass sich der Schuldner nicht durch eine gezielte Bedienung von bestimmten Forderungen einem geordneten Insolvenzverfahren entziehen kann; wegen der Einzelheiten wird auf die Kommentierung von § 14 InsO verwiesen (s. u. Kap. 3 § 14 InsO Rdn. 1 ff.). Die Rechtsänderung zur Verzinsung eines Rückgewähranspruchs im neuen § 143 Abs. 1 Satz 3 InsO stellt sicher, dass die Geldschuld allein unter den dort genannten Voraussetzungen zu verzinsen ist; wobei gem. der (schon erwähnten) Überleitungsvorschrift des Art. 103j EGInsO die Neuregelung zum Zinsbeginn auch schon für laufende (also vor dem 05.04.2017 eröffnete) Insolvenzverfahren gilt; wegen der Einzelheiten wird auf die Kommentierung des § 143 InsO verwiesen (s.u. Kap. 3).

c) Änderungen beim Bargeschäft nach § 142 InsO

Dazu gibt es drei Neuerungen: 64
- Die erste betrifft das in Abs. 1 der Vorschrift (zum Begriff des Bargeschäfts) eingefügte Merkmal »unlauter« (Ansatz dazu s. u. Rdn. 69),
- die zweite die Definition zum Merkmal »unmittelbar« bei Zahlung von Arbeitsentgelt (§ 142 Abs. 2 Satz 2 InsO) und
- die dritte die Neuregelung zu Drittleistungen bei Arbeitsentgelt (§ 142 Abs. 2 Satz 3 InsO).

Zu alledem wird wegen der Einzelheiten auf die Kommentierung von § 142 InsO in Kap. 3 sowie wegen branchenspezifischer Besonderheiten bei Arbeitnehmern auf die Erläuterungen in Kap. 4 Rdn. 804 ff. verwiesen; zum Merkmal »unlauter« s. aber schon die Bemerkung im Zusammenhang mit den Defiziten bei der Umsetzung des Gleichklangprinzips (s. u. Rdn. 69 a.E.).

d) Änderungen bei der Vorsatzanfechtung nach § 133 InsO (und § 3 AnfG)

Der **Schlüssel zum Verständnis der Rechtsänderungen** liegt darin, dass wegen des 65 **Prinzips zum Gleichklang bei der Vorsatzanfechtung innerhalb und außerhalb des Insolvenzverfahrens**[149] die Änderungen bei § 133 InsO deckungsgleich in § 3 AnfG übernommen worden sind, wobei Einzelheiten speziell zur Gläubigeranfechtung (§ 3 AnfG) hier aber nicht weiter interessieren.[150] Notwendig für das Grundverständnis

149 Ausführlich dazu Huber, in: FS Pannen, 2017, S. 381 ff.
150 Einzelheiten Huber, DZWIR 2019, 101 und DZWIR 2019, 501.

des Gleichklangprinzips sind freilich ein kleiner Einblick bzw. Rückblick auf die Stationen der historischen Gesetzgeber und eine Darstellung zu den Defiziten bei der Umsetzung dieses Prinzips in der Anfechtungsreform 2017 wie folgt:

aa) Einblick

66 Mit dem **Gesetz zur Verbesserung der Rechtssicherheit bei Anfechtungen nach der Insolvenzordnung und nach dem Anfechtungsgesetz** hat der Gesetzgeber der Anfechtungsreform 2017 bekanntlich bezweckt, »Rechtsunsicherheiten namentlich im Bereich der Vorsatzanfechtung nach InsO und AnfG« zu beseitigen; zu letzterem (AnfG) heißt es in der Begründung[151]: »Bereits nach geltendem Recht entspricht die Vorsatzanfechtung nach dem Anfechtungsgesetz weitestgehend der insolvenzrechtlichen Vorsatzanfechtung. Es gibt keinen Grund, diesen Gleichklang im Anfechtungsrecht aufzugeben. Die Änderungen bei § 133 InsO sollen daher auch im Rahmen des § 3 AnfG nachvollzogen werden.«

bb) Rückblick auf die Stationen der historischen Gesetzgeber

67 Und in der Tat lautete die **Absichts**anfechtung nach § 31 Nr. 1 KO ebenso wie die nach § 3 Nr. 1 AnfG a.F.; beide Gesetze gehörten zu den am 01.10.1979 in Kraft getretenen sog. Reichsjustizgesetzen. Später (in den 1960-er Jahren – also lange von der Insolvenzrechtsreform 1999) hat der BGH noch unter Geltung von KO und AnfG a.F. entschieden, dass eine Gläubigerbenachteiligungsabsicht nicht der alleinige Zweck des Schuldnerhandelns gewesen sein muss; noch später[152] wurde dann explizit ausgesprochen, dass **dolus eventualis** genügt; entsprechend war die Rechtslage (nach Herstellung der deutschen Einheit am 03.10.1990) gem. dem zunächst fort geltenden § 10 Abs. 1 Nr. 1 GesO.

Die danach ziemlich irreführende Bezeichnung »Absicht« wurde vom Gesetzgeber erst mit in Krafttreten der Insolvenzrechtsreform 1999 beseitigt; seitdem sprechen InsO und AnfG von **vorsätzlicher** Benachteiligung (allerdings mit einer rechtsgeschichtlichen Besonderheit zur zeitlich befristeten Fortgeltung der KO im Beitrittsgebiet.[153] Und an diese lange Geschichte des Gleichklangs hat der Gesetzgeber der Anfechtungsreform 2017 nun – wie einleitend schon angesprochen – bewusst angeknüpft, freilich nicht überzeugend, wie sich gleich zeigen wird:

cc) Defizite zur Gleichklangthese in der Anfechtungsreform 2017

68 Der Gleichklang der Vorsatzanfechtung innerhalb und außerhalb des Insolvenzverfahrens wurde nur formal durch völlig gleichlautende § 133 InsO und § 3 AnfG

151 BT-Drucks. 18/7054, S. 20.

152 BGH, 18.04.1991, ZIP 1991, 807, 808.

153 Näher Huber, in: FS Pannen, 2017, S. 381, 383.

hergestellt, dogmatisch aber **nicht** überzeugend umgesetzt, und zwar weder in der InsO noch im AnfG!

- Denn zwar gibt es in der InsO eine Vorsatzanfechtung bei Kongruenz der Deckung auch bei einem Bargeschäft nach § 142 Abs. 1 InsO, wie schon aus dem Verweis auf »die Voraussetzungen des § 133 Abs. 1 bis 3« folgt (wobei übrigens für ein Bargeschäft immer Kongruenz der Deckung vorausgesetzt wird). Allerdings müssen dann nicht nur die im dortigen Anfechtungstatbestand (hier in § 133 Abs. 3 InsO) bestimmten Voraussetzungen gegeben sein, vielmehr muss der andere Teil (also der Gläubiger) zusätzlich erkannt haben, »dass der Schuldner unlauter handelte«(§ 142 Abs. 1 InsO a.E.), was denkgesetzlich ein vorheriges unlauteres Verhalten des Schuldners erfordert.
- Folglich ist dogmatisch (für die InsO!) zu beanstanden, dass die anfechtungsrechtlichen Voraussetzungen für eine Vorsatzanfechtung bei Kongruenz der Deckung nicht vollständig im Anfechtungstatbestand (§ 133 Abs. 3 InsO) enthalten sind, weil dort die Merkmale »unlauteres Schuldnerhandeln und Kenntnis des anderen Teils davon« fehlen.
- Außerdem gibt es in der Gläubigeranfechtung nach dem AnfG keine, dem § 142 InsO entsprechende Vorschrift!
- Anders ausgedrückt: Der Anfechtungstatbestand des § 133 Abs. 3 InsO wurde durch eine weitere Norm außerhalb des Tatbestandes, aber (wenigstens innerhalb der InsO) verschärft, was dort natürlich letztlich kein Problem darstellt; wo aber findet sich die entsprechende Verschärfung des Anfechtungsrechts im Falle einer Gläubigeranfechtung außerhalb des Insolvenzverfahrens nach § 3 Abs. 3 AnfG?
- Jedenfalls lässt sich diese Systematik nicht dem (doch so grundlegenden) Gleichklangprinzip in Einklang bringen.
- Dabei muss an dieser Stelle zur Folgefrage (sowohl für InsO wie AnfG), was das neue Merkmal »unlauter« meint, der folgende, kurze Ausblick genügen (vgl. im Übrigen den Verweis s.o. Rdn. 64 und u. Kap. 4 Rdn. 810).

dd) Ausblick auf das neue Merkmal »unlauter«

Mit Spannung erwarten darf man, wie sich der IX. ZS des BGH zum Merkmal »unlauter« bei der Vorsatzanfechtung positionieren wird (vgl. van Rossum, § 142 Rdn. 52). Notwendig ist an dieser Stelle zunächst eine nicht einfache Befunderhebung: **69**

- Die alte, schon aus dem Jahr 2003 stammende Entscheidung[154] ist nicht mehr einschlägig.
- Seinerzeit ging es um die Frage, ob der Gläubigerbenachteiligungsvorsatz ein unlauteres Zusammenwirken zwischen Schuldner und Gläubiger voraussetzt, was der

154 BGH, IX ZR 272/02, ZInsO 2003, 859 = NZI 2003, 527 m. Anm. Huber.

BGH früher angenommen hatte,[155] dann jedoch in der zitierten Entscheidung verneint hat.[156]

- Seitdem genügt nach herrschender Meinung bedingter Vorsatz und ist unlauteres Handeln nicht erforderlich – jedenfalls nicht für die Vorsatzanfechtung nach InsO (nach dem von mir vertretenen Standpunkt aber schon immer a.A. für die Einzelgläubigeranfechtung nach AnfG).[157]
- Jetzt sind freilich die Karten wegen des neuen § 142 Abs. 1 InsO für den IX. ZS des BGH wieder ganz neu gemischt, sofern sich mit der Problemlage nicht als erstes wie naheliegend (horribile dictu) der 6. Senat des BAG befassen wird (s. u. Kap. 4 Rdn. 823 ff.).

70 Zur **Reform bei § 133 InsO** muss man unterscheiden, wobei wegen der Einzelheiten wiederum auf die Kommentierung in Kap. 3 verwiesen wird:

- **Nicht** betroffen ist der Grundtatbestand des **§ 133 Abs. 1 InsO,** der im Anwendungsbereich allerdings stark durch die Abs. 2 und 3 eingeschränkt wird. Er gilt also weiter für die klassischen Anwendungsfälle der Vorsatzanfechtung (insb. Bankrotthandlungen, Vermögensverschiebungen, anrüchige und einseitig zu Lasten anderer Gläubiger wirkende Vertragsgestaltungen und nachteilige Änderungen für den Insolvenzfall) und insoweit bleibt es auch bei der 10-jährigen Anfechtungsfrist.
- Denn deren **Verkürzung** von 10 Jahren auf 4 Jahre **im neuen § 133 Abs. 2 InsO** betrifft »nur« **Deckungshandlungen,** allerdings alle (!), also sowohl kongruente wie inkongruente (genauer, alle außerhalb der 3-Monats-Frist vorgenommenen Deckungshandlungen, die begrifflich kongruent bzw. inkongruent sind).
- Der Schwerpunkt der Anfechtungsreform liegt in den **Sonderregelungen für (begrifflich) kongruente Deckungen gemäß dem neuen § 133 Abs. 3 InsO** mit der andersartigen Anknüpfung bei der schon eingetretenen (satt der drohenden) Zahlungsunfähigkeit in Satz 1 und der Negativvermutung in Satz 2.
- Die Vorsatzanfechtung bei **entgeltlichen Verträgen mit nahen Angehörigen** (bisher § 133 Abs. 2 InsO a.F.) ist jetzt nur redaktionell in den **neuen § 133 Abs. 4 InsO** verschoben.

71 Im Anschluss an diese Reform (und das oben unter Rdn. 53 beschriebene Urteil nach dem **AnfG**[158]) hat der IX. Zivilsenat mit Urteil v. ***06.05.2021 (IX ZR 72/20)*** zur Vorsatzanfechtung nach der **InsO** entschieden, dass es **keine** Gleichstellung von Kenntnis der Zahlungsunfähigkeit und Kenntnis von Gläubigerbenachteiligungsvorsatz gibt,

---

155 BGH, 04.02.1954 – IV ZR 164/53, BGHZ 12, 232, 238 und (weil die Zuständigkeit erst später auf den IX. ZS. übergegangen ist) BGH, 21.01.1993 – IX ZR 295/91, BGHZ 121, 179, 185; beide Entscheidungen betrafen übrigens das AnfG!.

156 BGH, 17.07.2003 – IX ZR 272/02, ZInsO 2003, 859 = NZI 2003, 527 m. Anm. Huber: ausführlich zum Problem Kirchhof, in: FS Fischer, 2008, 285.

157 Huber, AnfG, § 3 Rn. 21.

158 BGH, Urt. v. 17.12.2020 – IX ZR205/19 zur Schenkungsanfechtung bei Abtretungen von Kapitallebensversicherungen an Kreditinstitut, ZInsO 2021, 1077 = NZI, 2021, 222, 225 (m. Anm. Huber); näher zur Anfechtbarkeit bei Lebensversicherungen Huber, AnfG, § 4 Rn. 36.

was der Senat selbst plakativ mit **Änderung der Rechtsprechung** tituliert.[159] Zentral für die praktische Umsetzung des Grundsatzurteils sind seine sechs amtlichen, freilich recht komplizierten Leitsätze, die deshalb ohne die hier beigefügten **Erläuterungen** (s. Rdn. 72) nur schwer verständlich sein dürften. Die **Leitsätze** lauten:

> **LS 1:** Die Annahme der subjektiven Voraussetzungen der Vorsatzanfechtung kann nicht allein darauf gestützt werden, dass der Schuldner im Zeitpunkt der angefochtenen Rechtshandlung erkanntermaßen zahlungsunfähig ist.
>
> **LS 2:** Der Gläubigerbenachteiligungsvorsatz des Schuldners setzt im Falle der erkannten Zahlungsunfähigkeit zusätzlich voraus, dass der Schuldner im maßgeblichen Zeitpunkt wusste oder jedenfalls billigend in Kauf nahm, seine übrigen Gläubiger auch künftig nicht vollständig befriedigen zu können; dies richtet sich nach den ihm bekannten objektiven Umständen.
>
> **LS 3:** Für den Vollbeweis der Kenntnis vom Gläubigerbenachteiligungsvorsatz des Schuldners muss der Anfechtungsgegner im Falle der erkannten Zahlungsunfähigkeit des Schuldners im maßgeblichen Zeitpunkt zusätzlich wissen, dass der Schuldner seine übrigen Gläubiger auch künftig nicht wird befriedigen können; dies richtet sich nach den ihm bekannten objektiven Umständen.
>
> **LS 4:** Auf eine im Zeitpunkt der angefochtenen Rechtshandlung nur drohende Zahlungsunfähigkeit kann der Gläubigerbenachteiligungsvorsatz des Schuldners in der Regel nicht gestützt werden
>
> **LS 5:** Eine besonders aussagekräftige Grundlage für die Feststellung der Zahlungseinstellung ist die Erklärung des Schuldners, aus Mangel an liquiden Mitteln nicht zahlen zu können; fehlt es an einer solchen Erklärung, müssen die für eine Zahlungseinstellung sprechenden sonstigen Umstände ein der Erklärung entsprechendes Gewicht erreichen.
>
> **LS 6:** Stärke und Dauer der Vermutung für die Fortdauer der festgestellten Zahlungseinstellung hängen davon ab, in welchem Ausmaß die Zahlungsunfähigkeit zutage getreten ist; dies gilt insb. für den Erkenntnishorizont des Anfechtungsgegners.

Allerdings dürften diese, ungewöhnlich ausführlichen Leitsätze gleichwohl wegen ihrer **72**
Komplexität nicht alleine aus sich heraus verständlich sein. Um sie besser erfassen und in der Praxis umsetzen zu können, sind deshalb folgende kurze **Erläuterungen** geboten:

- Bei **LS 1** knüpft der Senat daran an, dass der Schuldner »zahlungsunfähig« ist; der gesetzliche Begriff der Zahlungsunfähigkeit (§ 17 Abs. 1) wird gem. § 17 Abs. 2 Satz 2 dadurch nach außen sichtbar gemacht, dass »der Schuldner seine Zahlungen eingestellt hat.«
- Bei **LS 2** muss man folglich erkannte Zahlungsunfähigkeit als »erkannte Zahlungseinstellung« lesen; bemerkenswert ist, was im subjektiven Bereich begrifflich für Vorsatz und bedingten Vorsatz präzisiert wird; wobei der BGH in der Sache trefflich darauf hinweist, dass das Berufungsgericht die Feststellungen zum subjektiven

159 BGH, Urt. v. 06.05.2021 – IX ZR 72/20, BGHZ 230, 28 = ZInsO 2021, 1627 = NJW 2021, 1438 = ZIP 2021, 1447; zum Urteil Bork, EWiR 2021, 467; ausführlich zur Entscheidung (Neuausrichtung der insolvenzrechtlichen Vorsatzanfechtung) Riewe, NJW 2021, 2519; ausführlich auch Huber, ZInsO 2021, 2649, 2650 ff.

Tatbestand (des § 133 Abs. 1) nicht gemäß der nach § 286 ZPO erforderlichen Gesamtwürdigung vorgenommen hat, obgleich auf die »ihm« (dem Schuldner) bekannten objektiven Umstände abzustellen sei.

- Bei **LS 3** wird dann das im allgemeinen Beweisrecht der ZPO an sich bekannte Merkmal »Vollbeweis« anfechtungsrechtlich näher präzisiert; insoweit dürfe nur auf die ihm bekannten objektiven Umstände (gemeint mit »ihm« ist jetzt aber der Anfechtungsgegner!) abgestellt werden.
- Bei **LS 4** stellt der Senat lediglich zur Grundregel des neuen (gesetzlichen) Anfechtungsrechts 2017 klar, dass bei »nur drohender Zahlungsunfähigkeit« der Gläubigerbenachteiligungsvorsatz des Schuldners (in der Regel) darauf nicht gestützt werden kann.
- Bei **LS 5** ist mit »besonders aussagekräftiger Grundlage« das besonders aussagekräftige Indiz in der Erklärung des Schuldners gemeint (aus Mangel an liquiden Mitteln, nicht zahlen zu können); da ein solches ausdrückliches Eingeständnis in der Praxis freilich eher selten vorkommt, hat der Zusatz elementare Bedeutung, dass ein vergleichbares Indiz ein »entsprechendes Gewicht erreichen« muss.
- Bei **LS 6** legt der Senat dar, wovon »Stärke und Dauer der Vermutung für die Fortdauer der festgestellten Zahlungseinstellung« abhängen, und zwar insb. für den Erkenntnishorizont des Anfechtungsgegners.

73 **Beides** (die Leitsätze und die kurzen Erläuterungen) belegen, was schon einleitend als revolutionäre Entwicklung gekennzeichnet worden ist. Diese Vorhersage deckt sich (wenn auch nur zum Teil, wie gleich noch darzulegen) mit der Zusammenfassung von **Reinhard Bork** (zum Urteil v. 06.05.2021 – IX ZR 72/20), die lautet:

> *»Die Entscheidung stellt einen weiteren Schritt auf dem Weg zur Beschneidung der Insolvenzanfechtung dar. Sie macht dem Insolvenzverwalter das Anfechtungsleben und den Gläubigern die Prognose schwerer, ob die erhaltenen Leistungen anfechtungsfest sind. Sie führt zu mehr Rechtssicherheit im Anfechtungsrecht, das in den Tatsacheninstanzen kaum mehr zu handhaben ist. Der Dschungel des § 133 InsO wird immer undurchdringlicher.«*[160]

Aus meiner Sicht ist zu bilanzieren: Der zusammenfassende Blick auf die vorstehenden Erläuterungen berechtigt zur Hoffnung, dass es jedenfalls hier gelungen ist bzw. gelingt, den Dschungel der Vorsatzanfechtung (nach § 133 InsO – wie den nach § 3 AnfG) etwas zu lichten.

74 Der IX. Zivilsenat hat mit dem neuen Grundsatzurteil der Sache nach einen **Seitenwechsel** vollzogen bzw. (anders ausgedrückt) ist der IX. ZS ist der Sache nach **»übergelaufen«** in das Lager der früheren Gegner seiner damaligen (früheren) Rechtsprechung gem. § 133 Abs. 1 InsO. Diese Gegner hatten damals in der der Reformdiskussion die **»Ausdehnung des Tatbestandes durch Ausweitung der Vorsatzanfechtung unter Verletzung des Abstandsgebots *zur kongruenten Deckungsanfechtung nach § 130*«** heftig bekämpft, wie an anderer Stelle zum Vorfeld der Reform 2017 ausführlich beschrieben.[161]

160 Zitat aus der Urteilsanmerkung von *Reinhard Bork* in EWiR 2021, 467, 468.
161 Huber, ZIP 2018, 519.

Außerdem muss man in diesem Zusammenhang (zum zitierten Schlagwort) auch auf **LS 2** Rücksicht nehmen, wonach der Gläubigerbenachteiligungsvorsatz des Schuldners im Falle der erkannten Zahlungsunfähigkeit ***»zusätzlich«*** voraussetzt, dass der Schuldner im maßgeblichen Zeitpunkt mindestens billigend in Kauf nimmt, »seine übrigen Gläubiger auch künftig nicht vollständig befriedigen zu können«, und schließlich hat man (in diesem Zusammenhang) auch noch **LS 4** zu berücksichtigen, wonach bei einer im Zeitpunkt der angefochtenen Rechtshandlung *nur* **drohenden** Zahlungsunfähigkeit der Gläubigerbenachteiligungsvorsatz des Schuldners ***in der Regel*** darauf ***nicht*** gestützt werden kann. 75

Zur Aussage ***»in der Regel nicht«*** (vgl. LS 4) wird jetzt bestimmt gerätselt, wie das zu verstehen ist. Die Antwort lautet nach meiner Auffassung: 76

Gemeint ist damit die **Ausnahme** von der Grundregel (der 10-jährigen Anfechtungsfrist des § 133 Abs. 1 Satz 1). Das sind die vom Gesetzgeber der Anfechtungsreform 2017 selbst so bezeichneten ***»klassischen oder paradigmatischen Fälle der Vorsatzanfechtung.«*** Das sind mithin hauptsächlich ***Bankrotthandlungen, Vermögensverschiebungen, anrüchige sowie einseitig zu Lasten anderer Gläubiger wirkenden Vertragsgestaltungen und nachteilige Änderungen für den Insolvenzfall***, wie von mir näher schon früher näher dargelegt.[162]

Selbstverständlich sind die Änderungen der höchstrichterlichen Rechtsprechung gemäß den wiedergegebenen Leitsätzen einschließlich der ergänzenden Hinweise ***ab sofort*** in jedem auf Vorsatzanfechtung vom Insolvenzverwalter (entweder expressis verbis oder gemäß dem Prinzip iura novit curia) gestützten Prozess in den Tatsacheninstanzen **zwingend** umzusetzen, 77

- weil für alle Beteiligten (Verwaltung, Gläubiger und Tatgerichte) die beschriebenen **erhöhten Anforderungen** an die Darlegungs- und Beweisführungslast gelten, wobei es aber (nach der hier vertretenen Auffassung) **nicht** schwerer vorherzusehen ist, ob die erhaltenen Leistungen insolvenzfest sein werden, sofern alle Grundsätze **lückenlos** eingehalten werden, was *begriffliche* **Kongruenz** der Deckung im Sinn des **§ 133 (Abs. 2 Satz 2** (mit seiner schon **berühmten Negativvermutung**) voraussetzt,
- während bei *begrifflicher* **Inkongruenz** der Deckung das neue Urteil am Beweisanzeichen der **Inkongruenz** grundsätzlich **nichts** ändert.

Mit diesem (hier dargelegten) **Seitenwechsel** ist die Debatte (um die Ausdehnung der Vorsatzanfechtung unter Verletzung des Abstandsgebots zur kongruenten Deckungsanfechtung gem. § 130) hoffentlich (!) **endgültig** erledigt, nachdem die erhöhten subjektiven Anforderungen durch das besprochene Urteil **IX ZR 72/20** vom BGH höchstrichterlich bestätigt worden sind.[163] 78

---

162 Huber, ZInsO 2021, 2549, 2652 (m. w. N. zum vorangegangenen Referenten- bzw. Regierungsentwurf).

163 Ausführlich zur Neujustierung der Vorsatzanfechtung (§ 133 InsO): Gehrlein, ZInsO 2022, 905.

Durch diese Änderung der Rechtsprechung ist nun (aus meiner Sicht) zugleich **dogmatisch und tatsächlich** alles wieder in das **richtige Lot** gebracht, was den IX. ZS des BGH zunächst **im Juni 2017** veranlasst hatte, bei der Vorsatzanfechtung gem. § 133 Abs. 1 InsO neue Wege zu beschreiten (die damals von mir in ZIP 2018, 519, 521 ff. näher beschrieben worden waren, was jetzt folglich nur noch **rechtshistorische Bedeutung** hat).

79 Vom hohen IX. Zivilsenat ist damit ein **geflügeltes Wort** eindrucksvoll selbst umgesetzt worden, wonach »drei berichtigende Worte ganze Bibliotheken Makulatur« werden lassen, wobei man jetzt nur noch wissen sollte, dass das Originalzitat auf den Gesetzgeber gemünzt war/ist und zurück geht auf Herrmann v. Kirchmanns: Rede »über die Wertlosigkeit der Jurisprudenz als Wissenschaft« vor der Juristischen Gesellschaft zu Berlin im Jahre 1847[164], wo es heißt: ***»Drei berichtigende Worte des Gesetzgebers und Bibliotheken werden Makulatur.«***

Zwar brauchte jetzt der IX. Zivilsenat des BGH zur **Änderung der Rechtsprechung** (wie gezeigt) mehr als »drei Worte« zur Berichtigung, aber am phänomenalen **Ergebnis samt Schlusswort** (zur grundlegenden Änderung der höchstrichterlichen Rechtsprechung) ändert das nichts!

III. Anfechtungsberechtigung

1. Regelinsolvenzverfahren: Insolvenzverwalter, Abtretbarkeit des Anfechtungsanspruchs, Verzicht/Vergleich

80 Anfechtungsberechtigt ist im **Regelinsolvenzverfahren** (§§ 1 bis 216 InsO) gem. § 129 Abs. 1 InsO nur der **Insolvenzverwalter**; bei Doppelinsolvenzen kann es aber zur **Konkurrenz** der Anfechtungsberechtigung **verschiedener Insolvenzverwalter** kommen (dazu sogleich Rdn. 85). In der Eigenverwaltung ist der **Sachwalter** nach § 280 InsO anfechtungsberechtigt (s. Rdn. 87). Den Insolvenzgläubigern steht ein Anfechtungsrecht auch dann nicht zu, wenn der Insolvenzverwalter dessen Ausübung abgelehnt; ist das pflichtwidrig, so kommt eine Haftung in Betracht (s.u. Rdn. 91 ff.). Das Verhältnis zwischen Insolvenzanfechtung und Einzelgläubigeranfechtung nach dem AnfG ist bereits erörtert (s.o. Rdn. 37, 38). Zum Begriff des **Anfechtungsgegners** bei der Insolvenzanfechtung vgl. u. Rdn. 95 ff.

81 Entgegen der noch zur KO ergangenen höchstrichterlichen Rechtsprechung sowie einer Auffassung im Schrifttum hält inzwischen auch der BGH in Übereinstimmung mit der wohl herrschenden Literaturmeinung die **Abtretung des Anfechtungsanspruchs** für statthaft.[165] Danach widerspricht die Rückgewähr an einen Dritten nicht dem Zweck des Anfechtungsrechts, weil dieser auch erreicht werden kann, wenn

164 Zitiert m. w. N. auch schon von Huber, JuS 2022, 16, 18.

165 BGH, 17.02.2011 – IX ZR 91/10, ZInsO 2011, 1114; dazu Huber, EWiR 2011, 433; bestätigt in BGH, 10.01.2013 – IX ZR 172/11, ZInsO 2013, 441. Zur h.M. im Schrifttum vgl. nur Jaeger/Henckel, § 143 InsO Rn. 102 m.w.N., auch zur Gegenauffassung; näher zum Problem auch Thole, ZIP 2014, 1653; Smid, ZInsO 2015, 1716.

der Insolvenzverwalter nicht den anfechtbar weggegebenen Vermögensgegenstand selbst zurückerhält, sondern den Rückgewähranspruch verwertet; auch § 18 AnfG, der Anfechtungsansprüche anfechtungsberechtigter Gläubiger nach Beendigung des Insolvenzverfahrens betrifft, steht nicht entgegen.[166]

Dogmatisch betrachtet verdient das Urteil Zustimmung; die überkommene Auffassung – untrennbare **Verbindung des Anfechtungsrechts mit dem Amt des Insolvenzverwalters** – hätte sich angesichts der differenzierteren Ausgestaltung in der InsO (vgl. nur deren § 270 Abs. 3, § 313 Abs. 2 Satz 1 InsO) kaum mehr halten lassen, auch wenn der nun eingenommene Standpunkt zur Qualität des Anfechtungsanspruchs (grundsätzlich) als Aussonderungsrecht in der Insolvenz des Anfechtungsgegners (s.o. Rdn. 33) nicht gänzlich passt. Auch aus prozesstaktischen Gründen ist an sich nichts einzuwenden, aber nur, soweit es die der Entscheidung zugrunde liegende Fallkonstellation betrifft, die in den Urteilsgründen freilich etwas untergeht. Es handelte sich nämlich um die Abtretung eines (möglicherweise) zugunsten einer fremden Masse bestehenden Anfechtungsanspruchs durch deren Insolvenzverwalter an den Verwalter einer anderen Masse; offenbar herrschte Unklarheit darüber, wer der nun wirklich Anfechtungsberechtigte war. In der Tat erscheint bei **Doppelinsolvenz** und der daraus folgenden Konkurrenz von Anfechtungsansprüchen eine Abtretung samt Einigung unter den »konkurrierenden« Insolvenzverwalter als sehr zu empfehlende, pragmatische Lösung. Das jedenfalls ist die Lehre, welche die Praxis aus dem zur Doppelinsolvenz früher entschiedenen Fall (näher dazu sogleich Rdn. 85) zu ziehen hat und offenbar auch zieht. Dann stellt sich auch die Frage der »gleichwertigen Gegenleistung« nicht in der im Urteil erörterten Schärfe, weil ein entsprechender Vergleich (§ 779 BGB) zwischen zwei Insolvenzverwaltern kaum zu beanstanden sein wird (s. auch u. Rdn. 84). 82

Mit großer Vorsicht zu genießen ist die Entscheidung aber, soweit sie auch die Abtretung des Anfechtungsanspruches an einen (anderen) Dritten durch **Forderungsverkauf** deckt, wenn also dem Verfügungsgeschäft schuldrechtlich ein Vertrag nach §§ 453, 433 BGB zugrunde liegt. Denn in einem solchen Fall will der Zessionar an dem Geschäft ja verdienen, also (erheblich?) weniger als den tatsächlichen Wert des erworbenen Rechts zu zahlen bereit sein. Eine solche Verfügung kann aber bei entsprechendem Ausmaß wegen **Insolvenzzweckwidrigkeit** nichtig sein.[167] In diesem Lichte betrachtet erscheint die Begründung des Senats durchaus sibyllinisch, weil dort einmal von der »gleichwertigen« und gleich darauf von der »hinreichenden« Gegenleistung die Rede ist.[168] Allerdings wurde bereits die Abtretung des aus einer Insolvenzanfechtung folgenden streitigen Rückgewähranspruchs dann als nicht insolvenzzweckwidrig angesehen, wenn die Masse als Gegenleistung einen Anspruch auf Auskehrung des hälftigen Erlöses des vom Abtretungsempfänger zu führenden Rechtsstreits erhält.[169] 83

166 Näher BGH, 17.02.2011 – IX ZR 91/10, ZInsO 2011, 1114 Rn. 14, 15; im Ergebnis zustimmend, krit. aber zur Begründung Huber, EWiR 2011, 434.

167 Ausführl. dazu Thole, ZIP 2014, 1653, 1655.

168 BGH, 17.02.2011 – IX ZR 91/10, ZInsO 2011, 1114 Rn. 10.

169 BGH, 10.01.2013 – IX ZR 172/11, ZInsO 2013, 441.

Das damit verbundene Risiko sollte man gleichwohl nicht unterschätzen, weil sich Insolvenzgläubiger leicht veranlasst sehen könnten, den Insolvenzverwalter jedenfalls auf **Ersatz eines Quotenverringerungsschadens** mit der Behauptung in Anspruch zu nehmen, bei Realisierung des Anfechtungsanspruchs durch ihn selbst hätte die Masse deutlich mehr als den erlösten Kaufpreis erwirtschaften können.[170] Wegen des nach wie vor bestehenden erheblichen Haftungsrisikos ist deshalb von einer Abtretung eher abzuraten, zumal die Realisierung von Anfechtungsansprüchen zum »Kerngeschäft« jedes Insolvenzverwalters gehört; jedenfalls muss vor einer Abtretung vergeblich um Prozesskostenhilfe für die – anders nicht finanzierbaren – Anfechtungsklage nachgesucht worden sein.

84 Ein gänzlicher **Verzicht** auf das Anfechtungsrecht ist nicht möglich, wohl aber ein **Vergleich** und in diesem Rahmen ein **Teilverzicht/-erlass** des Insolvenzverwalters mit einem potenziellen Anfechtungsgegner über den Anfechtungsanspruch,[171] wobei aber auch hier das beschriebene Haftungsrisiko besteht. Der vorläufige Verwalter hat keinerlei Verfügungsmacht.[172]

2. Doppelinsolvenz bei Dreiecksverhältnissen

85 Im Dreiecksverhältnis kommt es bei Doppelinsolvenz, also bei Insolvenzverfahren über das Vermögen von zwei der drei Beteiligten, zur **Konkurrenz von Anfechtungsansprüchen** zugunsten der verschiedenen Insolvenzmassen. Welchem der beiden Insolvenzverwalter steht dann die **Anfechtungsberechtigung** zu? In der Praxis geht es dabei v.a. um die Fallgruppe **Tilgung fremder Schuld.**[173] Erste Voraussetzung zur Problembewältigung ist die Herstellung begrifflicher Klarheit, der die folgende Sachverhaltsskizze dient.

170 So seit jeher (schon vor der Klärung des Meinungsstreits durch das zitierte Urteil) warnend Huber, in: Gottwald, Insolvenzrechts-Handbuch, § 51 Rn. 4.

171 Ausführl. Kreft, in: FS K. Schmidt, S. 965 ff.; Thole, ZIP 2014, 1653, 1654; Smid, ZInsO 2015, 1716, 1722.

172 Bork, ZIP 2006, 589.

173 Ausführl. dazu Burchard, Die Insolvenzanfechtung im Dreieck, Diss. 2009, und aus praktischer Sicht Huber, ZInsO 2010, 977 ff.

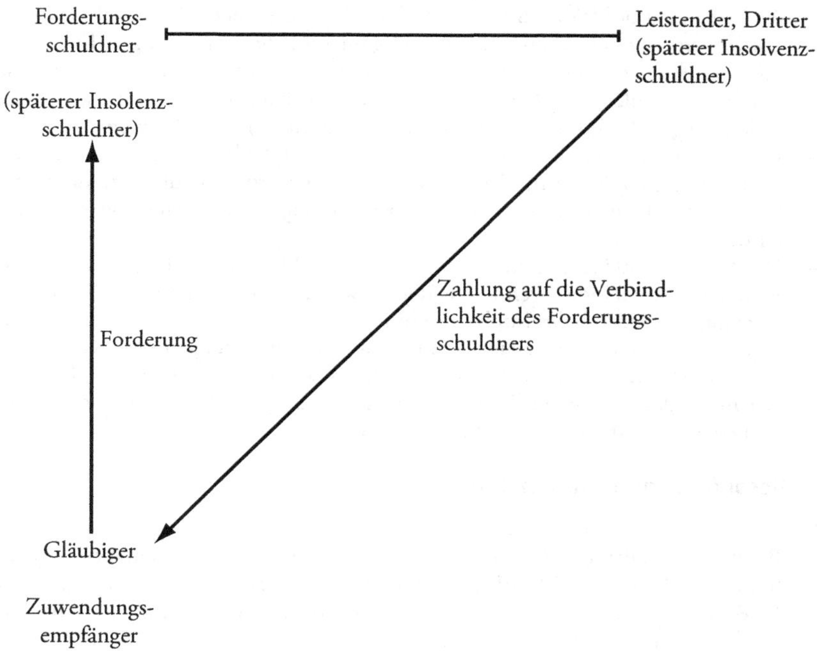

Abb. 2: Doppelinsolvenz bei Dreiecksverhältnissen

Die Operationsregeln zur Problemlösung lauten: 86

– Hat der Forderungsschuldner dem Leistenden zuvor Mittel für die Tilgung zur Verfügung gestellt oder ihn zur Zahlung angewiesen[174] (Hauptanwendungsfall für Letzteres in der Praxis: Der Leistende schuldet dem Forderungsschuldner selbst etwas, wovon er sich bei Leistung an dessen Gläubiger = Zuwendungsempfänger durch Aufrechnung befreien kann, §§ 362 Abs. 2, 387 ff. BGB), so liegt zugleich eine mittelbare Zuwendung des Forderungsschuldners über den Leistenden (Mittelsperson) an den Gläubiger vor; genauer zur mittelbaren Zuwendung s.u. Rdn. 96 ff. Dem Insolvenzverwalter des Forderungsschuldners steht mithin ein Anspruch aus inkongruenter Deckungsanfechtung[175] (bei Befriedigung außerhalb der Krise aus Vorsatzanfechtung) zu. Diese Grundsätze hat die (zum zitierten BGHZ-Urteil ergangene) Anschlussentscheidung bestätigt.[176]

174 Fall von BGH, 16.11.2007 – IX ZR 194/04, BGHZ 174, 228 = ZInsO 2008, 106; ausführl. dazu Huber (»Krieg der Insolvenzverwalter«), NZI 2008, 149.

175 Es handelt sich um einen Fall der Inkongruenz (§ 131 InsO), nicht um einen von Kongruenz, wie in BGH, 16.11.2007 – IX ZR 194/04, BGHZ 174, 228 Rn. 23 bis 45 irrtümlich angenommen, näher vgl. Huber, NZI 2008, 149, 150.

176 BGH, 04.02.2016 – IX ZR 42/14, ZInsO 2016, 372.

- Außerdem hat der Insolvenzverwalter des Leistenden einen Rückgewähranspruch aus »Schenkungsanfechtung« (Anfechtung unentgeltlicher Leistung, § 134 InsO); die Feststellung der Insolvenzreife des Forderungsschuldners – und damit die Feststellung der fehlenden Werthaltigkeit des Gläubigeranspruchs – wirft in solchen Fällen (wegen der Insolvenz des Forderungsschuldners) keine Probleme auf.
- Beide Insolvenzverwalter sind aber keine Gesamtgläubiger. Vielmehr geht die Anfechtung (durch den Insolvenzverwalter des Forderungsschuldners) aus mittelbarer Zuwendung grds. der »Schenkungsanfechtung« (durch den Insolvenzverwalter des Leistenden) vor.[177]
- Der Vorrang entfällt jedoch,[178] wenn es an einer Mittelzuwendung oder an einer Anweisung fehlt oder wenn sich der Zuwendungsempfänger nicht auf eine Deckungsanfechtung des Insolvenzverwalters seines Schuldners beruft oder wenn eine Deckungsanfechtung an den Tatbestandsvoraussetzungen scheitern würde. Dann findet eine Anfechtung wegen unentgeltlicher Leistung zugunsten der Insolvenzmasse des Leistenden (Dritten) statt; die 4-jährige Anfechtungsfrist gilt auch in diesem Fall, eine Verkürzung tritt nicht ein.

3. Besondere Insolvenzverfahren

87 Man muss wie folgt unterscheiden:

- Bei **Eigenverwaltung** (§§ 270 ff. InsO) wird anstelle eines Insolvenzverwalters ein Sachwalter bestellt (§ 270 Abs. 3 InsO a.F.; jetzt § 270c InsO). Ihm steht gem. § 280 InsO die Anfechtungsberechtigung zu; daran hat das zum 01.03.2012 in Kraft getretene ESUG nichts geändert.
- Im **vereinfachten Insolvenzverfahren nach früherer Struktur** (§§ 311 ff. InsO a.F. – Verbraucherinsolvenz) wurden zwar die Aufgaben des Insolvenzverwalters von einem Treuhänder wahrgenommen (§ 313 Abs. 1 InsO a.F.), gleichwohl war nicht er, sondern jeder Insolvenzgläubiger zur Anfechtung berechtigt (§ 313 Abs. 2 Satz 1 InsO a.F.), sofern nicht die Gläubigerversammlung den Treuhänder oder einen (bestimmten) Gläubiger mit der Anfechtung beauftragt. **Die neue Rechtslage**[179] (seit 01.07.2014) hält zwar das gerichtliche Schuldenbereinigungsplanverfahren (§§ 307 – 310 InsO) – entgegen dem Vorhaben im Gesetzentwurf – aufrecht, weshalb auch § 311 InsO unberührt bleibt.[180] Sie hat aber die §§ 312 – 314 a.F. InsO und damit auch die in § 313a.F. InsO normierte Verlagerung des Anfechtungsrecht auf die Insolvenzgläubiger beseitigt. Folglich steht nach Aufnahme des Verfahrens

---

177 Sehr krit. dazu Bork, ZIP 2008, 1041, 1048 f.; gegen BGH Wazlawik, NZI 2010, 881, 887 (keine Anfechtbarkeit im Zuwendungsverhältnis).

178 Fall von BGH, 22.10.2009 – IX ZR 182/08, ZInsO 2009, 2241 (Bestätigung von BGH, 16.11.2007 – IX ZR 194/04, BGHZ 174, 228 Rn. 38 = ZInsO 2008, 106).

179 Gesetz zur Verkürzung des Restschuldbefreiungsverfahrens und zur Stärkung der Gläubigerrechte in der Fassung nach Beschluss und Bericht des Rechtsausschusses, BT-Drucks. 17/13525 v. 16.05.2013, abgedruckt als ZInsO-Dokumentation in ZInsO 2013, 122.

180 Vgl. ZInsO-Dokumentation ZInsO 2013, 1122, 1132; beseitigt wurde nur die (immer schon missverständliche) Überschrift »Vereinfachtes Insolvenzverfahren«.

über den Eröffnungsantrag in einem Verbraucherinsolvenzverfahren die Anfechtungsberechtigung (wieder) allein dem Insolvenzverwalter zu.[181]

- Im **Insolvenzplanverfahren** (§§ 217 ff. InsO) erlischt nach dessen Aufhebung das Amt des Insolvenzverwalters (§ 259 Abs. 1 InsO) und damit zwangsläufig auch der Anfechtungsanspruch (s.o. Rdn. 55, 56). Allerdings kann der Insolvenzverwalter einen schon anhängigen Anfechtungsprozess fortführen, wenn das im gestaltenden Teil des Plans vorgesehen ist (§ 259 Abs. 3 Satz 1 InsO); die Vorschrift meint mit »anhängig« freilich Rechtshängigkeit i.S.d. § 261 ZPO.[182]

IV. Prüfungsschema für Anfechtungsanspruch (Checkliste)

Ein Anfechtungsanspruch setzt sozusagen als »**Allgemeiner Teil**« jeder Insolvenz- 88
anfechtung voraus

(1) eine **Rechtshandlung**, also ein aktives Tun oder Unterlassen (§ 129 InsO), das **vor** Insolvenzeröffnung vorgenommen wurde (§ 140 InsO), sofern nicht ausnahmsweise auch eine **nach** Insolvenzeröffnung vorgenommene Rechtshandlung anfechtbar ist (§ 147 InsO), wobei nicht nur Rechtshandlungen des Schuldners, sondern auch solche Dritter und von Vertretern oder des schwachen vorläufigen Insolvenzverwalters in Betracht kommen (sofern nicht der konkrete Anfechtungstatbestand – wie §§ 133, 134 InsO – eine Rechtshandlung des Schuldners fordert),
(2) und eine dadurch herbeigeführte **objektive Gläubigerbenachteiligung**, also eine objektive Verkürzung der (späteren) Masse, wobei grds. eine mittelbare Gläubigerbenachteiligung genügt und (nur) §§ 132, 133 Abs. 2 InsO eine unmittelbare Gläubigerbenachteiligung verlangen,
(3) sofern nicht ein grds. unanfechtbares **Bargeschäft** gem. § 142 InsO vorliegt, bei dem nur eine Vorsatzanfechtung nach § 133 Abs. 1 InsO a.F. bzw. § 133 Abs. 1 bis 3 InsO (zum Anfechtungsrecht 2017 samt Überleitungsvorschrift: o. Rdn. 59, 60, 63) oder eine – weil der Begriff des Bargeschäfts Kongruenz der ausgetauschten Leistungen voraussetzt – Inkongruenzanfechtung gem. § 131 InsO möglich sind.

Ein Anfechtungsanspruch setzt weiter sozusagen als »**Besonderer Teil**« jeder Insol- 89
venzanfechtung voraus

(1) das Eingreifen eines **Anfechtungstatbestandes**, wobei man unterscheidet,
   - die sog. »**besondere Insolvenzanfechtung**« nach §§ 130 bis 132 InsO (Kongruenzanfechtung, Inkongruenzanfechtung, Anfechtung unmittelbar nachteiliger Rechtshandlungen), deren Kennzeichen es ist, dass im Zeitpunkt der Vornahme der nun anzufechtenden Rechtshandlung schon »Vorboten der Insolvenz« aufgetreten waren (Zahlungsunfähigkeit oder Eröffnungsantrag),
   - die **Vorsatzanfechtung** nach § 133 InsO, wenn der Schuldner mit dem Vorsatz handelte, seine Gläubiger zu benachteiligen,

181 So schon der zugrunde liegende GesetzE 17/11268 v. 31.10. 2012, S. 35.

182 BGH, 11.04.2013 – IX ZR 122/12, ZInsO 2013, 985; ausführl. dazu Wollweber/Henning, ZInsO 2013, 1182. Fortführung der zitierten Entscheidung BGH, 09.01.2014 – IX ZR 209/11, ZInsO 2014, 295; dazu Müntzel, ZInsO 2014, 761.

- die **Anfechtung unentgeltlicher Leistungen** (»Schenkungsanfechtung«) nach § 134 InsO mit dem Merkmal der Unentgeltlichkeit der Zuwendung,
- die Anfechtbarkeit bei Gesellschafterdarlehen (§ 135 InsO), wenn ein Gesellschafter wegen seiner Forderung auf Rückgewähr eines Darlehens oder einer gleichgestellten Forderung Sicherung oder Befriedigung erhalten hat,
- die Anfechtbarkeit bei stiller Gesellschaft (§ 136 InsO), wenn die Rückgewähr der Einlage eines stillen Gesellschafters angegriffen wird,

(2) wobei das **Konkurrenzverhältnis** grds. offen ist, also kein Ausschließlichkeitsverhältnis zwischen den einzelnen Anfechtungstatbeständen besteht, mit Ausnahme zwischen Deckungsanfechtung (§§ 130, 131 InsO) und Anfechtung unmittelbar nachteiliger Rechtshandlungen (§ 132 InsO), weil Deckungsgeschäfte nur den zuerst genannten Bestimmungen unterliegen,

(3) die Verwirklichung der jeweiligen **Tatbestandsmerkmale** in objektiver Hinsicht, also die Vornahme einer Rechtshandlung (s.o. »Allgemeiner Teil«) innerhalb der konkreten, nach § 139 InsO zu berechnenden Anfechtungsfrist mit der Folge einer objektiven Gläubigerbenachteiligung (s.o. »Allgemeiner Teil«) und in subjektiver Hinsicht gemäß den jeweiligen, ganz unterschiedlichen Anforderungen,

(4) wobei einzelne Tatbestände für die Anfechtung ggü. **nahestehenden Personen** (§ 138 InsO) Erleichterungen vorsehen, nämlich §§ 130 Abs. 3, 131 Abs. 2 Satz 2, 132 Abs. 3, 133 Abs. 2 Satz 1 InsO.

90 Erforderlich ist schließlich eine **gerichtliche Geltendmachung** gem. § 143 InsO durch den Insolvenzverwalter (zur Anfechtungsberechtigung näher s. soeben Rdn. 80, 81), und zwar **innerhalb der Verjährungsfrist gem. § 146 InsO** gegen den richtigen Anfechtungsgegner (s.u. Rdn. 95 ff.), um diesem das Leistungsverweigerungsrecht (§ 214 Abs. 1 BGB) abzuschneiden (Beispiel zur Funktion der Verjährungsfrist bei Aufrechnung s.o. Rdn. 51, 52). **Rechtsfolge** einer Insolvenzanfechtung ist ein **Anspruch auf Rückgewähr** des anfechtbar weggegebenen Vermögensgegenstandes in Natur, bei Unmöglichkeit **auf Wertersatz** (s.o. Rdn. 58), wobei dem Empfänger einer unentgeltlichen Leistung ein Haftungsprivileg zusteht (Einzelheiten s. Kommentierung zu § 143 InsO). Die **Gegenrechte** des Anfechtungsgegners bei Erfüllung regelt § 144 InsO.

V. Rechtsfolgen unterlassener Insolvenzanfechtung

1. Noch durchsetzbarer Anfechtungsanspruch

91 Ist die Geltendmachung eines Anfechtungsanspruchs bislang pflichtwidrig unterblieben, aber noch möglich, so kann die Entlassung des Insolvenzverwalters und die Bestellung eines neuen (§ 59 Abs. 1 InsO) oder die Bestellung eines Sonderinsolvenzverwalters (Rechtsgrundlage: § 56 Abs. 1 InsO) beantragt werden. Wegen des Verhältnismäßigkeitsgrundsatzes wird regelmäßig Letzteres in Betracht zu ziehen sein, Ersteres nur, wenn die Pflichtverletzung (Unterlassen einer Anfechtungsklage) so schwer wiegt, dass die ordnungsgemäße Erfüllung der Aufgaben eines Insolvenzverwalters insgesamt nicht mehr gewährleistet erscheint.

Wird auf den beschriebenen Alternativweg der Anfechtungsanspruch dann durchgesetzt, ist zugleich die Entstehung eines Quotenschadens der Insolvenzgläubiger verhindert worden. Unter einem Quotenschaden versteht man denjenigen Einzelschaden, den der einzelne Gläubiger wegen der Schädigung der Masse erleidet, weil seine Befriedigung als Folge der – wegen der unterlassenen Insolvenzanfechtung – verkürzten Teilungsmasse geringer ausfällt. 92

2. Endgültig unterbliebene Insolvenzanfechtung

Unterbleibt eine Insolvenzanfechtung endgültig, weil sie nicht mehr innerhalb der Verjährungsfrist geltend gemacht werden kann und sich der potenzielle Anfechtungsgegner auch schon auf sein Leistungsverweigerungsrecht (§ 214 Abs. 1 BGB) berufen hat, muss man für einen Schadensersatzanspruch gegen den Insolvenzverwalter (§ 60 InsO) unterscheiden:[183] **Während** des Insolvenzverfahrens kann dieser Anspruch als Gesamtschaden gem. § 92 InsO nur von einem (anderen) Insolvenz- bzw. einem Sonderinsolvenzverwalter geltend gemacht werden, nicht auch klageweise von einem einzelnen Insolvenzgläubiger, auch nicht im Wege einer Feststellungsklage. Die Verjährung beginnt für einen Sonderverwalter oder einen anstelle des ersatzpflichtigen Verwalters neu bestellten Insolvenzverwalter grds. nicht bereits mit dessen Bestellung, sondern erst nachdem der neue Verwalter von dem Schaden und der Person des Ersatzpflichtigen Kenntnis erlangt hat (§ 199 Abs. 1, Abs. 3 BGB). 93

Ein Insolvenzgläubiger kann seinen (angeblichen) Quotenverringerungsschaden erst **nach** rechtskräftigem Abschluss des Insolvenzverfahrens gegen den Insolvenzverwalter einklagen. Die Verjährung dieses Anspruchs beginnt für den Insolvenzgläubiger grds. nicht früher als mit der Rechtskraft des Beschlusses, mit dem das Insolvenzverfahren aufgehoben oder eingestellt wird. 94

VI. Anfechtungsgegner

1. Regelfall

Die Insolvenzanfechtung richtet sich grundsätzlich gegen denjenigen, der etwas aus dem Vermögen des Schuldners erlangt hat (vgl. auch die Formulierungen in §§ 143, 144 InsO); er ist also der **Anfechtungsgegner**. Ist ein anfechtbares Rechtsgeschäft mit mehreren Personen abgeschlossen worden, so haften sie nicht etwa schon wegen des gemeinsamen Erwerbsvorgangs als Gesamtschuldner, sondern nur, wenn eine unteilbare Leistung zurückzugewähren ist (§ 431 BGB); ist das Rückgewährschuldverhältnis teilbar, insb. bei Wertersatz, so haftet jeder Einzelne nur im Verhältnis seiner Beteiligung am Anfechtungstatbestand.[184] Der **Vollstreckungsgläubiger** ist **nicht** zur Rückgewähr von Zahlungen verpflichtet, die der spätere Insolvenzschuldner an 95

183 BGH, 23.04.2004 – IX ZR 128/03, BGHZ 159, 25 = ZInsO 2004, 676 = NZI 2004, 496 m. Anm. Huber.

184 H.M., vgl. nur MK-InsO/Kirchhof, § 145 Rn. 6.

einen Zwangsverwalter geleistet hat.[185] Die Anfechtung gegen einen **Rechtsnachfolger** regelt § 145 InsO; wegen der Einzelheiten wird auf die Kommentierung zu dieser Vorschrift verwiesen.

2. Mittelbare Zuwendung

a) Begriff

96 Bei einer **mittelbaren Zuwendung** ist der Wille des Schuldners darauf gerichtet, den Leistungsgegenstand auf dem Umweg über die Mittelsperson dem Begünstigten (Zuwendungsempfänger) zukommen zu lassen, zu dem er dabei nicht unmittelbar in Rechtsbeziehungen tritt, für den aber erkennbar ist, dass es sich um eine Leistung des Schuldners handelt;[186] **klassisches Beispiel** ist die Zahlung des Kaufpreises durch den Käufer K auf Anweisung des Verkäufers S (späterer Insolvenzschuldner) an D = mittelbare Zuwendung des S über K als Mittelsperson an D.[187] In diesem Fall wird gegenüber dem Leistungsempfänger D bei Zufluss der Leistung **innerhalb** der Krise nach § 131 InsO angefochten, weil dieser eine inkongruente Deckung erlangt hat. Bei Zufluss **außerhalb** der Krise kommt eine Vorsatzanfechtung nach der Indizregel in Betracht; genauer zum Anfechtungsgegner (und zur geänderten Rechtslage dazu) sogleich.

b) Anfechtungsgegner

97 Bei einer mittelbaren Zuwendung war nach **früherer Rechtslage** Anfechtungsgegner regelmäßig nur der **Zuwendungsempfänger**, nicht also die Mittelsperson, im genannten **Beispiel** also nicht der Dritte (Zuwendungsempfänger), an den der Käufer (Mittelsperson) auf Anweisung des Verkäufers (späterer Insolvenzschuldner) den Kaufpreis gezahlt hat. Gegen die Mittelsperson konnte sich die Anfechtung nur richten, wenn diese einen eigenen – über eine bloße Leistungsbefreiung (im Beispiel: Befreiung von der Pflicht zur Kaufpreiszahlung) hinausgehenden – Vorteil erlangt hatte,[188] was im Beispielsfall unmittelbar nachvollziehbar gerade nicht in Betracht kam.

98 Die **neue Rechtslage** unterscheidet sich davon ganz wesentlich, weil das zusätzlich erforderliche Merkmal des »eigenen über die bloße Leistungsbefreiung hinaus gehenden Vorteils« nunmehr im sog. **Bewachungsunternehmer-Fall** ausdrücklich aufgegeben wurde.[189] Dort hatte die spätere Insolvenzschuldnerin ihre eigene Schuldnerin angewiesen, unmittelbar an ihren Gläubiger zu zahlen, wie aus der dazu gehörigen Sach-

---

185 BGH, 19.10.2017 – IX ZR 289/14, BGHZ 216, 260 Rn. 12, 18 ff. = ZInsO 2018, 319.

186 BGH, 09.10.2008 – IX ZR 59/07, ZInsO 2008, 1202 = WM 2008, 2178 Rn. 21; zur Abgrenzung der mittelbaren Zuwendung von der Leistungskette bei der Deckungsanfechtung vgl. BGH, 19.02.2009 – IX ZR 16/08, ZInsO 2009, 768.

187 BGH, 16.09.1999 – IX ZR 204/98, BGHZ 142, 284 = ZInsO 1999, 640.

188 BGH, 16.09.1999 – IX ZR 204/98, BGHZ 142, 284 = ZInsO 1999, 640.

189 BGH, 29.11.2007 – IX ZR 121/06, BGHZ 174, 314 = ZInsO 2008, 814; ausführlich zu diesem Fall Huber, ZInsO 2010, 977, 982 ff.

verhaltsskizze (s.u. Kap. 4 Rdn. 867) ersichtlich: Dass der Subunternehmer aufgrund **Inkongruenzanfechtung** (§ 131 InsO) Rückgewähr schuldete, war nicht zweifelhaft; bei Zahlung außerhalb der Krise wäre ihm gegenüber die Vorsatzanfechtung (damals nach § 133 Abs. 1 InsO a.F.) in Form einer mittelbaren Zuwendung der Schuldnerin über die Mittelsperson (s.o. Rdn. 96) begründet. Gegenüber der Mittelsperson kam nämlich von vornherein nur eine Vorsatzanfechtung (sie ist ja die Schuldnerin der Schuldnerin) in Betracht. Doch ist auch sie Anfechtungsgegner und wie verhalten sich die Anfechtungsansprüche zueinander? Die Leitsätze der zitierten Entscheidung dazu lauten:

> LS 1: Veranlasst der spätere Insolvenzschuldner mit Gläubigerbenachteiligungsvorsatz seinen Schuldner, unmittelbar an seinen Gläubiger zu zahlen, kommt die Vorsatzanfechtung auch gegen den Angewiesenen in Betracht. 99
>
> LS 2: Die Anfechtungsansprüche gegen den Angewiesenen und den Zuwendungsempfänger stehen im Verhältnis der Gesamtschuld zueinander.
>
> LS 3: Der Gläubigerbenachteiligungsvorsatz des Schuldners kann im Valuta- und im Deckungsverhältnis nur einheitlich bestimmt werden.
>
> LS 4: Die Kenntnis des Angewiesenen von der Inkongruenz der Deckung im Valuta-Verhältnis begründet kein Beweisanzeichen für die Kenntnis vom Gläubigerbenachteiligungsvorsatz des Schuldners.

Doch was verbirgt sich hinter Leitsatz 4, wann kennt der Angewiesene (Mittelsperson, Leistungsmittler) nun den Gläubigerbenachteiligungsvorsatz des Schuldners, wie müssen solche Sachverhalte beschaffen sein?

Die Antwort darauf gibt der sog. »**Treuhand-Fall**«.[190] Dort hatte die Schuldnerin, ein 100
Logistikunternehmen, 33.000,00 € an die Beklagte, ihre Steuerberaterkanzlei, gezahlt, die damit weisungsgemäß offene Beitragsrückstände der Schuldnerin bei verschiedenen Krankenkassen sowie Lohnforderungen von Arbeitnehmern der Schuldnerin tilgte. Der klagende Insolvenzverwalter verlangt nun im Wege der Anfechtung Erstattung, in den Tatsacheninstanzen ohne Erfolg; der BGH erkannte demgegenüber eine kollusive Verhaltensweise, hob auf, verwies zurück und meint über den Fall hinaus:

> Es gebe vielfältige Gestaltungen eines kollusiven Zusammenwirkens zwischen Schuldner 101
> und Zahlungsmittler, insb. bei einem auf die wirtschaftliche Zwangslage des Schuldners abgestimmtes, einzelne Gläubiger begünstigendes Zahlungsverhalten; in solchen Fällen habe ein Leistungsmittler – egal ob Treuhänder oder eine Bank(!) – auch Kenntnis vom Gläubigerbenachteiligungsvorsatz des Schuldners.

Bestätigt hat diese Grundsätze der sog. **Original-Banken-Fall.**[191] Dort ging es (ver- 102
einfacht dargestellt) um Überweisungen des Schuldners von seinem Konto bei der seiner Bank an Dritte als Leistungsempfänger. Im Urteil heißt es dazu:

190 BGH, 26.04.2012 – IX ZR 74/11, BGHZ 193, 129 = ZInsO 2012, 924.
191 BGH, 24.01.2013 – IX ZR 12/11, ZInsO 2013, 384 = ZIP 2013, 371.

103 Dass die Zahlungen auch gegenüber den Zahlungsempfängern anfechtbar sein können, hindere eine Anfechtung gegenüber der Bank nicht; gegen die sie dann aber möglicherweise(!) einen Regressanspruch aus gesamtschuldnerischer Haftung habe. Umgekehrt schließe der Umstand, dass die Leistung gegenüber dem Zahlungsempfänger nicht anfechtbar sei, eine Anfechtung gegenüber dem Leistungsmittler nicht aus; dann gebe es freilich keinen Regress. Freilich dürfe die Bank selbst bei Kenntnis von der Zahlungsunfähigkeit die Ausführung von Überweisungen nicht ablehnen, solange noch ein Guthaben bestehe oder eine Kreditlinie noch offen sei. Folglich gebe es keine Anfechtbarkeit der Bank (Leistungsmittler) gegenüber, wenn sie die Schuldneraufträge nur zahlungstechnisch erledige, wohl aber, wenn sie die Funktion als bloße Zahlstelle verlasse, sich also an der selektiven Begünstigung einzelner Gläubiger beteilige.

104 Eine weitere Bestätigung enthält der sog. **Versicherungsmakler-Fall.**[192] Dort hatte sich die Schuldnerin von einem Versicherungsmakler (späterer Anfechtungsgegner, Beklagter) Versicherungsverträge für ihre Fahrzeuge vermitteln lassen, nach denen die Versicherungsprämien vierteljährlich an den Versicherer zu zahlen waren. Die Schuldnerin vereinbarte mit dem Versicherungsmakler jedoch, dass dieser die Prämien monatlich von ihrem Konto einziehen und anschließend, dann freilich erst vierteljährlich an den Versicherer weiterleiten sollte, was geschah. Auch in diesem Fall hatte die Anfechtungsklage gegen den Versicherungsmakler als Leistungsmittler Erfolg, weil dieser eben nicht als bloße Zahlstelle fungierte.[193]

105 Aus dieser Rechtsprechung ergeben sich für die in der Praxis der Insolvenzverwaltung sehr wichtige Fallgruppe der Vorsatzanfechtung gegenüber Banken (s. auch u. Kap. 4 Rdn. 74 ff.) folgende **Konsequenzen:** Eine Vorsatzanfechtung gegen den Leistungsmittler verspricht immer Erfolg, wenn dieser erkennt, dass der Schuldner mangels hinreichender Deckung in Absprache mit ihm nur bestimmte Gläubiger befriedigt; ebenso ist es bei Banken, wenn diese – ohne Absprache mit dem Schuldner – lediglich einzelne Zahlungsaufträge an von ihr bevorzugte Empfänger (zur selektiven Befriedigung) ausführt. Für andere Leistungsmittler – als Treuhänder, Banken, Versicherungsmakler -gilt Entsprechendes. Eine Anfechtung scheidet demgegenüber aus, wenn sich der Schuldner ihnen gegenüber gerade nicht als Leistungsmittler bedient hat, wie beispielsweise bei Umbuchungen und Verrechnungen der kontoführenden Bank im Cash-Pool[194] oder bei Zahlungen im LKW-Maut-Gebührenabrechnungsverfahren.[195]

106 An diesen Grundsätzen ändert sich auch nichts im **Anfechtungsrecht 2017** (s.o. Rdn. 59 ff.).

---

192 BGH, 25.04.2013 – IX ZR 235/12, ZInsO 2013, 1077 = NZI 2013, 583 mit Anm. von der Fecht.

193 BGH, 25.04.2013 – IX ZR 235/12, ZInsO 2013, 1077 Rn. 31 ff.

194 BGH, 16.03.2013 – IX ZR 259/12, ZInsO 2013, 1898 = DZWIR 2014, 24; ausführl. zur Insolvenzanfechtung im Cash-Pool vgl. Kamm/Kropf, ZInsO 2014, 289.

195 BGH, 10.10.2013 – IX ZR 319/12, ZInsO 2013, 2271.

D. Indizienbeweis (auch) im insolvenzrechtlichen Anfechtungsprozess

Schrifttum und Rechtsprechung
Schrifttum:

S. o. die Literaturangaben unter A. Allgemeine Einführung, vor Rdn. 1.

Ahrens, Der Beweis im Zivilprozess, 2. Aufl. 2025; *Baumgärtel/Laumen/Prütting*, Handbuch der Beweislast, 5. Aufl. 2023, *Bender/Häcker/Schwarz*, Tatsachenfeststellung vor Gericht, 6. Aufl. 2025; *Gabriel*, Wissenszurechnung in der jüngeren Rechtsprechung zur Insolvenzanfechtung, ZInsO 2024, 1621 ff.; *Gehrlein/Thole*, Aktuelle Probleme der Insolvenzanfechtung, 1. Aufl. 2024; *Heintschel-Heinegg/Kudlich*, BeckOK StGB, 65. Edition Stand: 01.05.2025; *Huber*, Indiztatsachen und ihre Beweiskraft im insolvenzrechtlichen Anfechtungsprozess, ZInsO 2012, 53; *IDW-Standard*: Beurteilung des Vorliegens von Insolvenzeröffnungsgründen (ID S 11); *Münchener Handbuch des Gesellschaftsrechts* Bd. 7, 6. Aufl. 2020; *Nack*, Der Indizienbeweis, MDR 1986, 366 ff.; *Reul/Heckschen/Wienberg*, Insolvenzrecht in der Gestaltungspraxis, 3. Aufl. 2022; *Smid*, Struktur und System des deutschen Insolvenzrechts im Spiegel der Rechtsprechung (XXIII, Teil 1), DZWIR 2025, 171 ff.

Rechtsprechung:

BGH, Urt. v. 09.02.1957 – 2 StR 508/65, NJW 1957, 1039 f.: Freie Beweiswürdigung

BGH, Urt. v. 17.02.1970 – III ZR 139/67, NJW 1970, 946 ff.: Über die Anforderungen des Richters an die Überzeugung von der Wahrheit einer Behauptung – »Anastasia«-Fall

BGH, Urt. v. 22.01.1991 – VI ZR 97/90, NJW 1991, 1894 ff.: Darlegung der Beweiskraft von Indizien

BGH, Urt. v. 14.12.1993 – VI ZR 221/92, NJW-RR 1994, 567: Richterliche Überzeugungsbildung

BGH, Urt. v. 04.12.1997 – IX ZR 47/97, NJW 1998, 1561 ff.: Sanierungsbemühungen als Beweisanzeichen gegen Gläubigerbenachteiligungsabsicht

BGH, Urt. v. 18.06.1998 – IX ZR 311/95, NJW 1998, 2969 ff.: Anforderungen an die Überzeugungsbildung des Tatrichters

BGH, Urt. v. 18.12.2003 – IX ZR 199/02, ZInsO 2004, 145 ff.: Anfechtbare Zahlungen zur Abwendung eines Insolvenzantrags – inkongruente Deckung als starkes Beweisanzeichen für einen Gläubigerbenachteiligungsvorsatz des Schuldners und eine Kenntnis des Gläubigers hiervon

BGH, Urt. v. 13.07.2004 – VI ZR 136/03, WKRS 2004, 16072: Berücksichtigung der gesamten Umstände des Falles bei Feststellung des Vorsatzes

BGH, Beschl. v. 24.04.2008 – II ZR 51/07, ZInsO 2008, 1019 ff.: Indizien für Zahlungsunfähigkeit und Überschuldung einer Gesellschaft

BGH, Urt. v. 19.02.2009 – IX ZR 62/08, WKRS 2009, 10616: Voraussetzungen des Rückschlusses von Kenntnis ausstehender Lohnzahlungen auf Zahlungsunfähigkeit des Arbeitgebers

BGH, Beschl. v. 09.02.2012 – IX ZR 48/11, ZInsO 2012, 1264 ff.: Ausschluss des Benachteiligungsvorsatzes bei vollwertiger Sicherheit

BGH, Urt. v. 26.04.2012 – IX ZR 74/11, ZInsO 2012, 924 ff.: Benachteiligungsvorsatz des Schuldners

BGH, Urt. v. 06.12.2012 – IX ZR 3/12, ZInsO 2013, 190 ff.: Zum Einfluss einer Ratenzahlungsvereinbarung auf die Feststellung der Zahlungsunfähigkeit

BGH, Urt. v. 07.05.2013 – IX ZR 113/10, ZInsO 2013, 1419 ff.: Voraussetzungen für die Feststellung einer Zahlungsunfähigkeit im Insolvenzanfechtungsprozess

BGH, Urt. v. 18.07.2013 – IX ZR 143/12, ZInsO 2013, 2109 ff.: Zur Feststellung der Zahlungseinstellung auf der Grundlage von Indizien

BGH, Urt. v. 07.11.2013 – IX ZR 49/13, ZInsO 2013, 2434 ff.: Kein automatischer Rückschluss von regelmäßig verspäteten Zahlungen auf eine Zahlungseinstellung des Schuldners

BGH, Beschl. v. 05.02.2015 – IX ZR 79/13, WKRS 2015, 11166: Schluss auf eine Zahlungseinstellung aus der Nichtabführung von Sozialversicherungsbeiträgen

BGH, Beschl. v. 26.03.2015 – IX ZR 134/13, ZInsO 2015, 1056 ff.: Entkräftung von Beweisanzeichen für die Zahlungsunfähigkeit durch Liquiditätsbilanz

BGH, Beschl. v. 16.04.2015 – IX ZR 6/14, ZInsO 2015, 898 ff.: Bloße Bitte um Abschluss einer Ratenzahlungsvereinbarung kein Indiz für Zahlungseinstellung oder Zahlungsunfähigkeit

BGH, Urt. v. 07.05.2015 – IX ZR 95/14, ZInsO 2015, 1262 ff.: Mehrmonatige Rückständigkeit mit Sozialversicherungsbeiträgen als starkes Indiz für eine Zahlungseinstellung

BGH, Urt. v. 21.01.2016 – IX ZR 32/14, ZInsO 2016, 507 ff.: Beweisindizien für den Benachteiligungsvorsatz und eine Zahlungseinstellung

BGH, Urt. v. 25.02.2016 – IX ZR 109/15, ZInsO 2016, 628 ff.: Beweisanzeichen für Zahlungseinstellung und Kenntnis der Gläubiger

BGH, Urt. 24.03.2016 – IX ZR 242/13, ZInsO 2016, 910 ff.: Fortwirkung einer einmal eingetretenen Zahlungseinstellung; Darlegungs- und Beweislast

BGH, Urt. v. 09.06.2016 – IX ZR 174/15, ZInsO 2016, 1357 ff.: Nichteinhaltung gegebener Zahlungszusagen des Schuldners als Indiz für eine Zahlungseinstellung

BGH, Urt. 16.06.2016 – IX ZR 23/15, ZInsO 2016, 1427 ff.: Offenbarung der Zahlungsunfähigkeit durch den Schuldner

BGH, Urt. v. 12.10.2017 – IX ZR 50/15, ZInsO 2017, 2612 ff.: Äußerliches Verhalten des Schuldners als Indikation für eine Zahlungseinstellung

BGH, Urt. v. 12.10.2017 – IX ZR 288/14, ZInsO 2017, 2539 ff.: Einräumung von Sondervorteilen als Indiz für Benachteiligungsvorsatz

BGH, Urt. v. 31.10.2019 – IX ZR 170/18, ZInsO 2020, 91 ff.: Nichtbegleichung von Sozialversicherungsbeiträgen – Vollstreckungsmaßnahmen als Indiz für Kenntnis des Anfechtungsgegners

BGH, Urt. v. 26.08.2020 – 2 StR 587/19, WKRS 2020, 54706: Tatrichterliche Beweiswürdigung – keine überspannten Anforderungen an die zur Verurteilung erforderliche Gewissheit

BGH, Urt. v. 17.09.2020 – IX ZR 174/19, ZInsO 2020, 2274 ff.: Indizwirkung einer inkongruenten Deckung

BGH, Urt. v. 28.01.2021 – IX ZR 64/20, ZInsO 2021, 554 ff.: Kenntnis des Anfechtungsgegners von Rechtshandlungen und Gläubigerbenachteiligungsvorsatz des Schuldners

BGH, Urt. v. 29.04.2021 – IX ZR 266/19, ZInsO 2021, 1454 ff.: Verschiebung von Vermögenswerten als deutliches Indiz für einen Benachteiligungsvorsatz

BGH, Urt. v. 06.05.2021 – IX ZR 72/20, ZInsO 2021, 1627 ff.: Änderung der Rechtsprechung zu den Beweiswirkungen der Zahlungsunfähigkeit bei der Vorsatzanfechtung

BGH, Urt. v. 10.02.2022 – IX ZR 148/19, ZInsO 2022, 762 ff.: Kein Schluss auf Zahlungseinstellung bei im Wesentlichen gleichbleibenden, dauerhaft schleppenden Zahlungsverhalten

BGH, Urt. v. 03.03.2022 – IX ZR 53/19, ZInsO 2022, 716 ff.: Überschuldung als Beweisanzeichen für Gläubigerbenachteiligungsvorsatz

BGH, Urt. v. 03.03.2022 – IX ZR 78/20, ZInsO 2022, 640 ff.: Indizien für Gläubigerbenachteiligungsvorsatz des Schuldners; drohende Zahlungsunfähigkeit allein genügt nicht

BGH, Urt. v. 28.04.2022 – IX ZR 48/21, ZInsO 2022, 1498 ff.: Gesamtwürdigung des Zahlungsverhaltens eines zahlungsunfähigen Schuldners; indizielle Feststellung der Zahlungseinstellung

BGH, Urt. v. 13.10.2022 – IX ZR 130/21, ZInsO 2022, 2683 ff.: Darlegungs- und Beweislast des Gläubigers im Anfechtungsprozess

BGH, Beschl. v. 12.01.2023 – IX ZR 71/22, ZInsO 2023, 785 ff.: Gesetzliche Vermutung der Kenntnis vom Gläubigerbenachteiligungsvorsatz des Schuldners

BGH, Urt. v. 07.12.2023 – IX ZR 36/22, ZInsO 2024, 195 ff.: Zu den Beweisanzeichen für den Gläubigerbenachteiligungsvorsatz des Schuldners

BGH, Urt. v. 18.01.2024 – IX ZR 6/22, ZInsO 2024, 1430 ff.: Gegenbeweis für ernsthaften (letztlich fehlgeschlagenen) Sanierungsversuch

BGH, Urt. v. 22.02.2024 – IX ZR 226/20, ZInsO 2024, 1011 ff.: Veräußerung eines Vermögensgegenstandes und unmittelbare Gläubigerbenachteiligung

BGH, Urt. v. 18.04.2024 – IX ZR 239/22, ZInsO 2024, 1156 ff.: Auch wiederholte Zahlungsverzögerungen reichen nicht für die Annahme der Zahlungseinstellung

BGH, Urt. v. 23.01.2025 – IX ZR 229/22, ZInsO 2025, 577 ff.: Berücksichtigung eines vorläufig vollstreckbaren Titels über eine streitige Forderung bei Beurteilung der Zahlungsunfähigkeit

BGH, Urt. v. 06.03.2025 – IX ZR 209/23, WKRS 2025, 13657: Beweiswürdigung zur Kenntnis von der (drohenden) Zahlungsunfähigkeit; verschleierte Schenkung als Indiz für den Benachteiligungsvorsatz

I. Vorbemerkung

Trotz diverser Methoden der vorprozessualen Informationsbeschaffung erweist sich **107** die Beweisführung im Anfechtungsprozess vielfach als schwierig. Das hat zum einen damit zu tun, dass die objektiven Merkmale der Anfechtungstatbestände komplexe Rechtsbegriffe sind, hinter denen sich erhebliche Anforderungen an Darlegung und Beweis verbergen. Das gilt insb. für die Merkmale der »Zahlungsunfähigkeit« in den §§ 130 bis 132 InsO und das Merkmal der »drohenden Zahlungsunfähigkeit« in § 133 Abs. 1 InsO. Das hat aber auch damit zu tun, dass es um den »Gläubigerbenachteiligungsvorsatz« des Schuldners und häufig um die »Kenntnis« des Anfechtungsgegners von bestimmten Umständen geht.[196] So setzt die Mehrzahl der Anfechtungstatbestände voraus, dass dem Anfechtungsgegner eine oder mehrere Tatsachen im Zusammenhang mit der Insolvenz des Schuldners – sei es etwa dessen Zahlungsunfähigkeit (§§ 130

196 FK-InsO/Jungclaus/Keller, § 143 InsO Rn. 49.

Abs. 1 Satz 1 Nr. 1 und Nr. 2, 132 Abs. 1 Nr. 1 und 2 InsO), der Gläubigerbenachteiligungsvorsatz des Schuldners (§ 133 Abs. 1 Satz 1 InsO) oder die Benachteiligung der anderen Gläubiger (§ 131 Abs. 1 Nr. 3 InsO) – im Zeitpunkt der Vornahme der (Rechts-) Handlung bekannt waren. Nur wenn diese subjektiven Komponenten in Person des Schuldners und des Gläubigers erfüllt sind, hat die Insolvenzanfechtung Erfolg.[197] Die Darlegungs- und Beweislast liegt beim Insolvenzverwalter.[198] Es handelt sich, soweit es um die entsprechende Kenntnis geht, um **innere**, dem Beweis nur eingeschränkt zugängliche Tatsachen, die in aller Regel nur mittelbar aus **objektiven (Hilfs-) Tatsachen** hergeleitet werden können.[199] Dieser mittelbare Beweis bezieht sich im Unterschied zum unmittelbaren Beweis **nicht** auf das gesuchte Tatbestandsmerkmal – etwa den Vorsatz des Schuldners, die Kenntnis des anderen Teils davon und der Kenntnis von der (drohenden) Zahlungseinstellung –, sondern auf Vorfragen und Hilfstatsachen. Erst deren Klärung gestattet den Schluss auf das Tatbestandsmerkmal,[200] weshalb diese Hilfstatsachen auch **Indizien** oder **Beweisanzeichen** genannt werden. Es geht damit zunächst um ein allgemeines zivilprozessuales Beweisproblem und erst anschließend um eine spezielle anfechtungsrechtliche Fragestellung. Die Besonderheit besteht darin, die allgemeinen, beweisrechtlichen Grundsätze zum Denkprozess bei Indizien auf den konkreten Anfechtungsrechtsstreit zu übertragen (s. dazu auch unten Kap. 7 Rdn. 85 – 88), wobei alle Ausführungen im Gläubigeranfechtungsprozess nach dem AnfG entsprechend gelten.

II. Zivilprozessrechtliche Grundlagen zum Indizienbeweis

1. Ansatz bei der freien Beweiswürdigung

108 Zivilprozessualer Ausgangspunkt des Indizienbeweises ist der in **§ 286 Abs. 1 Satz 1 ZPO** verankerte Grundsatz der **freien Beweiswürdigung**. Danach hat das Gericht unter Berücksichtigung des gesamten Inhalts der Verhandlung und des Ergebnisses einer etwaigen Beweisaufnahme nach freier Überzeugung zu entscheiden, »ob eine tatsächliche Behauptung **für wahr oder für nicht wahr** zu erachten sei.«. Ähnlich formulieren andere Verfahrensordnungen, oft allerdings mit einem verkürzten Hinweis auf die »freie, aus dem Inbegriff der Verhandlung« oder »dem Gesamtergebnis des Verfahrens gewonnene Überzeugung des Gerichts« (vgl. etwa § 261 StPO, § 108 Abs. 1 VwGO, § 128 Abs. 1 SGG, § 96 Abs. 1 FGO, §§ 46 Abs. 2, 84 Satz 1 ArbGG, § 30 BVerfGG, § 93 PatG). Das bedeutet, dass dem Richter nicht gesetzliche Beweisregeln (vgl. § 286 Abs. 2 ZPO) objektiv die Entscheidung vorgeben, sondern es maßgeblich ist, ob der Richter subjektiv das jeweils erforderliche Maß an Gewissheit über die Wahrheit einer tatsächlichen Behauptung gewonnen hat. Das

197 Gabriel, ZInsO 2024, 1621.

198 FK-InsO/Jungclaus/Keller, § 143 InsO Rn. 49.

199 BGH, 07.12.2023 – IX ZR 36/22, ZInsO 2024, 195, 199 Rn. 40; 28.04.2022 – IX ZR 48/21, ZInsO 2022, 1498, 1499 f. Rn. 12; 10.02.2022 – IX ZR 148/19, ZInsO 2022, 762 f. Rn. 9 f.

200 Musielak/Voit/Foerste, § 284 ZPO Rn. 7.

Gesetz verweist insofern auf den internen Vorgang in der Person des erkennenden Richters.[201] Bezugspunkt richterlicher Würdigung nach § 286 Abs. 1 ZPO ist nicht allein das Ergebnis der Beweisaufnahme, sondern der gesamte Inhalt der mündlichen Verhandlung. Das Gericht darf **alle Informationen des Rechtsstreits** seinem Urteil zugrunde legen, von denen es prozessordnungsgemäße Kenntnis erlangt hat. Insoweit ist das Gericht zu einer **umfassenden Würdigung** nicht nur berechtigt, sondern auch **verpflichtet.**[202] Dass es umgekehrt bei der Freiheit des Richters aber nicht um eine unkontrollierte Beliebigkeit geht, macht § 286 Abs. 1 Satz 2 ZPO deutlich. Dort ist die **Begründungspflicht** für die richterliche Überzeugung festgelegt. Sie bildet ein gewisses Korrelat zur notwendigen Subjektivität richterlicher Würdigung.[203] So muss das Gericht die **wesentlichen Grundlagen seiner Beweiswürdigung** im Urteil zum Ausdruck bringen, dies insb. auch bei der Würdigung von Indizien.[204]

Der Grundsatz der freien Beweiswürdigung umfasst die Freiheit von jedem gesetzlichen Zwang, nur bestimmte Beweismittel als genügend oder andere als ungenügend anzusehen; er stellt den direkten und den indirekten (Indizien-) Beweis als gleichberechtigt nebeneinander. Die Beweismittel und Beweisarten sind gleichwertig. Die notwendige Beweisstärke allerdings, d.h. das **Beweismaß**, das erreicht werden muss, ist von der Freiheit nicht umfasst, sondern vorgegeben; im Regelfall muss die **volle richterliche Überzeugung** gewonnen werden.[205] Gegenstand der freien Beweiswürdigung ist demgegenüber, ob die erforderliche Beweisstärke tatsächlich erreicht worden ist. 109

2. Zur Beweismaßfrage

Nach dem Wortlaut von § 286 Abs. 1 ZPO ist Ziel der freien Beweiswürdigung die »freie Überzeugung des Gerichts«. Die Anforderungen an die richterliche Überzeugung, also das sog. Beweismaß, ist vom Vorgang der richterlichen Würdigung zu trennen. Insbesondere muss, weil es eine Frage abstrakt-genereller Bewertung ist, ab welchem Punkt ein Richter überzeugt sein darf, das Beweismaß **rechtssatzmäßig** festgelegt sein im Gegensatz zur konkreten Beweiswürdigung, die die Einschätzung der im Einzelfall zutage getretenen Umstände betrifft.[206] 110

Hierfür reicht nach der wegweisenden *Anastasia*-Entscheidung des Bundesgerichtshofs[207] nicht jede Art von hoher Wahrscheinlichkeit aus. Vielmehr kommt es auf die richterliche **Überzeugung von der Wahrheit** an: Es ist auf Seiten des Richters eine persönliche Gewissheit für die Entscheidung notwendig. Er hat allein – ohne Bindung an gesetzliche Beweisregeln und nur seinem Gewissen unterworfen – die Ent- 111

201 Stein/Jonas/Thole, § 286 ZPO Rn. 1.
202 Zöller/Greger, § 286 ZPO Rn. 2.
203 MK-ZPO/Prütting, § 286 ZPO Rn. 3.
204 BGH, 22.01.1991 – VI ZR 97/90, NJW 1991, 1894, 1895; Zöller/Greger, § 286 ZPO Rn. 21.
205 Stein/Jonas/Thole, § 286 ZPO Rn. 1.
206 MK-ZPO/Prütting, § 286 ZPO, Rn. 16, 17.
207 BGH, 17.02.1970 – III ZR 139/67, NJW 1970, 946, 948; vgl. aber auch schon: BGH, 09.02.1957 – 2 StR 508/65, NJW 1957, 1039.

scheidung zu treffen, ob er die an sich möglichen Zweifel überwinden und sich von einem bestimmten Sachverhalt als wahr überzeugen kann. Eine von allen Zweifeln freie Überzeugung setzt das Gesetz dabei nicht voraus. Nur auf die eigene Überzeugung des entscheidenden Richters kommt es an, auch wenn andere zweifeln oder eine andere Auffassung erlangt haben würden. Der Richter darf und muss sich in tatsächlich zweifelhaften Fällen mit einem für das **praktische Leben brauchbaren Grad von Gewissheit** begnügen, der den Zweifeln Schweigen gebietet, ohne sie völlig auszuschließen. Die Überzeugung von der Wahrheit erfordert also keine absolute oder unumstößliche Gewissheit, weil eine solche nicht zu erreichen ist. Das Gericht darf keine unerfüllbaren Beweisanforderungen stellen und deshalb nicht darauf abstellen, ob **jeder Zweifel und jede Möglichkeit des Gegenteils** ausgeschlossen sind.[208] Ein nach der Lebenserfahrung ausreichendes Maß an Sicherheit genügt, das vernünftige Zweifel nicht aufkommen lässt.[209]

112 Im Ergebnis stimmt dieser Standpunkt mit der wohl **herrschenden Meinung im Schrifttum** überein, welche die richterliche Überzeugung von der Wahrheit nur als einen Grenzwert für das Vorliegen sehr hoher subjektiver Wahrscheinlichkeit auffasst.[210]

3. Zur Art des Indizienbeweises

113 Bei einer Beweisaufnahme unterscheidet man den **unmittelbaren Beweis** und den **mittelbaren (indirekten) Beweis** (Indizienbeweis). Der unmittelbare Beweis hat tatsächliche Behauptungen zum Gegenstand, die unmittelbar und direkt ein gesetzliches Tatbestandsmerkmal als vorhanden ergeben sollen; der Indizienbeweis bezieht sich auf andere tatbestandsfremde Tatsachen, die erst durch ihr Zusammenwirken mit anderen Tatsachen den Schluss auf das Vorliegen des Tatbestandsmerkmals selbst rechtfertigen sollen. Diese Hilfstatsachen – meist Indiz oder Indizientatsachen, aber auch Beweisanzeichen genannt – sind also Tatsachen, aus denen auf andere erhebliche Tatsachen geschlossen wird. Ein Indizienbeweis ist überzeugungskräftig, wenn andere Schlüsse aus den Indiztatsachen ernstlich nicht in Betracht kommen. Hauptstück des Indizienbeweises ist nicht die eigentliche Indiztatsache, sondern der daran anknüpfende weitere **Denkprozess**, kraft dessen auf das Gegebensein der rechtserheblichen weiteren Tatsache geschlossen wird.[211]

III. Denkprozess beim Indizienbeweis

114 Um die volle Überzeugung des Gerichts von der Haupttatsache zu begründen, müssen beim Indizienbeweis also sowohl der gedankliche Schluss auf die Haupttatsache als

---

208 BGH, 18.06.1998 – IX ZR 311/95, NJW 1998, 2969, 2971; 14.12.1993 – VI ZR 221/92, NJW-RR 1994, 567, 568; Baumgärtel/Laumen/Prütting/Laumen, Handbuch der Beweislast, Kap. 18 Rn. 2, 27.

209 BGH, 26.08.2020 – 2 StR 587/19, WKRS 2020, 54706 Rn. 5.

210 Zur Darstellung dieser Ansicht: MK-ZPO/Prütting, § 286 ZPO Rn. 41; Baumgärtel/Laumen/Prütting/Laumen, Handbuch der Beweislast, Kap. 18 Rn. 2.

211 BGH, 17.02.1970 – III ZR 139/67, NJW 1970, 946, 950.

auch die Indiztatsachen hinreichend zweifelsfrei sein. Der Indizienbeweis setzt neben einer normalen Beweisführung eine bestimmte **gedankliche Schlussfolgerung** des Richters voraus. Diese Schlussfolgerung kann und muss der Richter auf ihre Überzeugungskraft prüfen durch Unterstellung der vorgetragenen Indizien als richtig, bevor er die angebotenen einzelnen Beweise des Indizienbeweises erhebt.[212] Theoretisch kann zwischen dem **Indizienring** und der **Indizienkette** unterschieden werden: Während der Beweispflichtige in ersterem Fall eine Reihe von Indizien vorträgt und unter Beweis stellt, die je für sich für das Vorliegen der Beweistatsache sprechen, präsentiert der Beweispflichtige in letzterem Fall eine Reihe von Indizien, von denen jedes für das Vorliegen des jeweils nächsten Kettenindizes spricht – bis die Beweistatsache an sich erreicht ist.[213]

Beim Indizienbeweis stellen sich mithin folgende Fragen:[214] **115**

(1) Was ist die gesuchte Haupttatsache?
(2) Welches Indiz liegt hierzu vor?
(3) Wie ist seine Beweisrichtung? Erhöht es die Wahrscheinlichkeit für die Existenz der Haupttatsache oder ist es bloß wertneutral? Anders gewendet: Wie häufig tritt das Indiz bei der Haupttatsache auf und wie häufig (auch) bei der Nicht-Haupttatsache und wo tritt es damit also häufiger auf?
(4) Welche Beweiskraft (Beweisstärke) kommt dem Indiz zu?
(5) Sprechen für die Haupttatsache mehrere Indizien, muss im Anschluss an die Bestimmung des Beweiswerts für jedes einzelne Indiz nach dem Gesamtbeweiswert aller gefragt werden. Dieser Schritt entfällt, wenn ein (einziges) Indiz so beweiskräftig ist, dass es zur Überzeugungsbildung ausreicht, also für sich alleine den Schluss auf die Haupttatsache zulässt.
(6) Liegen – wie im Regelfall – mehrere Indizien vor, von denen jedes einzelne auf die gesuchte Haupttatsache hindeutet, spricht man in der Wahrscheinlichkeitslehre von einem Beweisring. In einem solchen Fall erhöht sich der Gesamtbeweiswert aller Indizien. Mit jedem weiteren Indiz gewinnt die Gesamtschau an Überzeugungskraft.[215] Vom Beweisring kann man die Beweiskette unterscheiden, bei der ein Indiz auf das nächste und erst das letzte auf die gesuchte Haupttatsache hinweist. Bei der Beweiskette kann der Schluss aus der Gesamtschau der Indizien nicht stärker sein als das schwächste Einzelindiz. Eine solche Beweiskette weist die Besonderheit auf, dass sie die Beweiskraft des ersten Indizes mit zunehmender Anzahl nachfolgender Indizien mindert, weil sich die Unsicherheiten der einzelnen Schlussfolgerungen erhöhen.[216]

---

212 Ahrens, Kap. 3 Arten und Formen des Beweises, Rn. 10; MK-ZPO/Prütting, § 284 ZPO Rn. 22.
213 FK-InsO/Jungclaus/Keller, § 143 InsO Rn. 49.
214 Huber, ZInsO 2012, 53.
215 Baumgärtel/Laumen/Prütting/Laumen, Handbuch der Beweislast, Kap. 18 Rn. 30; Bender/Häcker/Schwarz, Tatsachenfeststellung vor Gericht, Rn. 713 ff.; Nack, MDR 1986, 366, 369.
216 Baumgärtel/Laumen/Prütting/Laumen, Handbuch der Beweislast, Kap. 18 Rn. 30; Nack, MDR 1986, 366, 369.

116 Der Tatrichter ist bei dem auf Indizien gestützten Beweis frei, welche Beweiskraft er den Indizien im Einzelnen und in einer Gesamtschau für seine Überzeugungsbildung beimisst. Er stellt die den Indizien zukommenden Wahrscheinlichkeitsgrade und somit die sich daraus ergebenden Schlussfolgerungen fest. Er unterliegt dabei – abgesehen von den allgemeinen Beweisverwertungsverboten – keinen rechtlichen Einschränkungen für die Berücksichtigung von Tatsachen, die eine häufigere Wahrscheinlichkeit für die eigentlich zu beweisende Haupttatsache aufweisen und damit eine Indizwirkung entfalten können.[217] Der Beweis ist (vorläufig) geführt, wenn so viele Indizien unstreitig oder nach § 286 ZPO bewiesen sind, dass der Tatrichter die volle Überzeugung der Haupttatsache gewonnen hat. Sind ausreichend Indizien unstreitig oder bewiesen, wechselt die Beweisführungslast: Der Gegner muss Indizien beweisen, die die (vorläufige) Überzeugung in Frage stellen.

IV. Indizien im Insolvenzanfechtungsprozess

1. Problemstellung

117 Im anfechtungsrechtlichen Prozess sind **wesentliche Gesichtspunkte** diverser Anfechtungstatbestände die eingetretene »Zahlungsunfähigkeit« (§§ 130 bis 132 InsO, § 133 Abs. 3 Satz 1 InsO) bzw. die »drohende Zahlungsunfähigkeit« (§ 133 Abs. 1 Satz 2 InsO). Außerdem geht es um die **konstitutiven Merkmale** des Gläubigerbenachteiligungsvorsatzes des Schuldners und die Kenntnis des anderen Teils davon nach § 133 Abs. 1 Satz 1, Abs. 3 Satz 1 InsO, um die Kenntnis des Anfechtungsgegners von der schon eingetretenen Zahlungsunfähigkeit des Insolvenzschuldners gem. §§ 130 Abs. 1 Satz 1, 132 Abs. 1 Satz 1 InsO und dessen Kenntnis von der Benachteiligung der anderen Gläubiger (§ 131 Abs. 1 Nr. 3 InsO). Es gilt also, einen **Indizienbeweis** sowohl zu **objektiven wie zu subjektiven Merkmalen** zu führen. Insbesondere das Regelungsgefüge der § 133 Abs. 1–4 InsO und die Rechtsprechung sind im Wesentlichen auf die Frage gerichtet, welche objektiv feststellbaren Umstände die subjektiven Anfechtungsvoraussetzungen indizieren. Hieraus hat sich über die Jahre ein System aus gesetzlichen Vermutungen i.S.v. § 292 ZPO und von der Rechtsprechung anerkannten Beweisanzeichen für die Beweiswürdigung i.S.v. § 286 ZPO ergeben.[218]

2. Indizien für das objektive Merkmal der Zahlungseinstellung

118 Der Begriff der Zahlungsunfähigkeit beurteilt sich im gesamten Insolvenzrecht und darum auch im Rahmen des Insolvenzanfechtungsrechts nach **§ 17 InsO**. Zur Feststellung der Zahlungsunfähigkeit i.S.d. § 17 Abs. 2 Satz 1 InsO kann eine Liquiditätsbilanz aufgestellt werden. Eine solche ist im Anfechtungsprozess jedoch entbehrlich, wenn eine **Zahlungseinstellung** (§ 17 Abs. 2 Satz 2 InsO) die **gesetzliche Vermutung der Zahlungsunfähigkeit** begründet. Zahlungseinstellung ist dasjenige nach außen hervortretende Verhalten des Schuldners, in dem sich typischerweise

217 BGH, 13.07.2004 – VI ZR 136/03, WKRS 2004, 16072 Rn. 18.
218 Reul/Heckschen/Wienberg InsR/Primozic, § 9 Rn. 229.

ausdrückt, dass er nicht in der Lage ist, seine fälligen und eingeforderten Zahlungspflichten zu erfüllen. Es muss sich mindestens für die beteiligten Verkehrskreise der berechtigte Eindruck aufdrängen, dass der Schuldner außerstande ist, seinen fälligen Zahlungsverpflichtungen zu genügen. Entscheidend ist die am Beweismaß des § 286 ZPO zu messende, in umfassender und widerspruchsfreier Würdigung des Prozessstoffs zu gewinnende Überzeugung, der Schuldner könne aus Mangel an liquiden Zahlungsmitteln nicht zahlen.[219]

Die tatsächliche Nichtzahlung eines erheblichen Teils der fälligen Verbindlichkeiten **119**
reicht für eine Zahlungseinstellung aus. Das gilt selbst dann, wenn tatsächlich noch geleistete Zahlungen beträchtlich sind, aber im Verhältnis zu den fälligen Gesamtschulden nicht den wesentlichen Teil ausmachen. Die Nichtzahlung einer einzigen Verbindlichkeit kann eine Zahlungseinstellung begründen, wenn die Forderung von insgesamt nicht unbeträchtlicher Höhe ist.[220] Eigene Erklärungen des Schuldners, fällige Verbindlichkeiten nicht begleichen zu können, deuten ebenfalls auf eine Zahlungseinstellung hin, auch wenn sie mit einer Stundungsbitte versehen sind.[221] Erklärt der Schuldner, eine fällige und nicht unbeträchtliche Verbindlichkeit binnen drei Wochen nicht – und zwar auch nicht ratenweise – begleichen zu können, ist in aller Regel von einer Zahlungseinstellung des Schuldners im Zeitpunkt der Abgabe der Erklärung auszugehen.[222]

Eine Zahlungseinstellung kann aus einem einzelnen, aber auch aus einer Gesamtschau **120**
mehrerer darauf hindeutender Beweisanzeichen gefolgert werden.[223] Diese müssen im konkreten Einzelfall zu einer hinreichenden Gewissheit führen, dass die Zahlungsverzögerung auf der fehlenden Liquidität des Schuldners beruht und insoweit ein Gewicht erreichen, das der Erklärung des Schuldners entspricht, aus Mangel an liquiden Mitteln nicht zahlen zu können.[224]

Der Bundesgerichtshof hat zahlreiche **Beweisanzeichen** entwickelt, die auf eine Zah- **121**
lungseinstellung des Schuldners hindeuten, wobei die nachfolgende Aufzählung nicht abschließend ist:[225]

---

219 BGH, 06.03.2025 – IX ZR 209/23, WKRS 2025, 13657 Rn. 28; 23.01.2025 – IX ZR 229/22, ZInsO 2025, 577, 578 Rn. 12; 09.01.2025 – IX ZR 41/23, ZInsO 2025, 752, 754 Rn. 21; 06.05.2021 – IX ZR 72/20, ZInsO 2021, 1627, 1628 Rn. 14; 07.05.2015 – IX ZR 95/14, ZInsO 2015, 1262, 1263 Rn. 12; jeweils m.w.N.

220 BGH, 06.05.2021 – IX ZR 72/20, ZInsO 2921, 1627, 1629 Rn. 15; 12.10.2017 – IX ZR 50/15, ZInsO 2017, 2612, 2613 Rn. 12.

221 BGH, 06.05.2021 – IX ZR 72/20, ZInsO 2021, 1627, 1629 Rn. 15; 24.03.2016 - IX ZR 242/13, ZInsO 2016, 910, 911 Rn. 8.

222 BGH, 06.05.2021 – IX ZR 72/20, ZInsO 2021, 1627, 1632 Rn. 41.

223 BGH, 18.07.2013 – IX ZR 143/12, ZInsO 2013, 2109, 2110 Rn. 10.

224 BGH, 06.05.2021 – IX ZR 72/20, ZInsO 2021, 1627, 1632 Rn. 42.

225 Vgl. zum Ganzen auch: IDW Standard: Beurteilung des Vorliegens von Insolvenzeröffnungsgründen (IDW S 11), Stand: 13.12.2023; MHdB GesR VII/Born, § 109 Rn. 10.

122 a) So kann insb. aus dem **Zahlungsverhalten des Schuldners** der Rückschluss auf seine Zahlungseinstellung gerechtfertigt sein:

- Ein in der Praxis besonders gewichtiges Indiz für die Zahlungseinstellung ist gegeben, wenn im fraglichen Zeitpunkt fällige **Verbindlichkeiten erheblichen Umfangs** bestanden, die bis **zur Verfahrenseröffnung nicht mehr beglichen** worden sind. In diesem Fall ist regelmäßig von einer Zahlungseinstellung zu diesem Zeitpunkt auszugehen.[226]
- Besondere Bedeutung kommt auch der **Nichtabführung von Sozialversicherungsbeiträgen** zu. Denn wegen der für das Leitungsorgan drohenden Strafbarkeit gem. § 266a StGB[227] und der darüber hinaus bestehenden persönlichen Haftung aus § 823 Abs. 2 BGB i.V.m. § 266a StGB ist davon auszugehen, dass diese Verbindlichkeiten bis zuletzt bedient werden[228]: Deshalb bildet die mehr als halbjährige Nichtbegleichung von Sozialversicherungsbeiträgen nach ständiger Rechtsprechung ein erhebliches Beweisanzeichen für eine Zahlungseinstellung, das diesen Schluss auch allein tragen kann.[229] Eine mehrmonatige – nicht notwendig sechsmonatige – Nichtabführung von Sozialversicherungsbeiträgen kann ebenfalls geeignet sein, eine Zahlungseinstellung nahezulegen, weshalb ein Rückstand von mehr als vier vollen Monatsbeiträgen bei einem einzigen Sozialversicherungsträger die Zahlungseinstellung begründen kann.[230] Entrichtet der Schuldner die Sozialversicherungsbeiträge fortlaufend mit einer Verzögerung von zwei bis drei Monaten, kommt es demgegenüber regelmäßig darauf an, ob weitere für eine Zahlungseinstellung sprechende Umstände vorliegen.[231] So haben durchgängig um einen Monat verspätete Zahlungen, auch wenn es sich um ein Indiz für eine Zahlungseinstellung handelt, allein keine ausreichende Aussagekraft, um den Schluss auf eine Zahlungseinstellung ziehen zu können.[232] In diesen Fällen müssen zum Beitragsrückstand weitere auf eine Zahlungseinstellung deutende Indizien hinzutreten, so etwa wenn der Sozialversicherungsträger Beitragszahlungen des Schuldners nur unter Anwendung von **Vollstreckungsdruck** erwirken kann.[233]
- Dasselbe gilt für die Nichtzahlung sowie die schleppende Begleichung von **Steuerforderungen** im Allgemeinen[234] und von **Umsatz-, Lohn- und Grunderwerbs-**

---

226 BGH, 09.06.2016 – IX ZR 174/15, ZInsO 2016, 1357, 1358 f. Rn. 20; 18.07.2013 – IX ZR 143/12, ZInsO 2013, 2109, 2110 Rn. 12; 07.05.2013 - IX ZR 113/10, ZInsO 2013 1419, 1420 Rn. 18.

227 Zu Einzelheiten einer Strafbarkeit gem. § 266a Abs. 1 StGB (Vorenthalten von Arbeitnehmeranteilen) und gem. § 266a Abs. 2 StGB (Vorenthalten von Arbeitgeberanteilen unter weiteren einschränkenden Voraussetzungen) vgl. BeckOK StGB/Wittig, § 266a Rn. 10 ff.

228 MHdB GesR VII/Born, § 109 Rn. 10.

229 BGH, 28.04.2022 – IX ZR 48/21, ZInsO 2022, 1498, 1501 Rn. 31; 18.07.2013 – IX ZR 143/12, ZInsO 2013, 2109, 2110 Rn. 12.

230 BGH, 28.04.2022 – IX ZR 48/21, ZInsO 2022, 1498, 1501 Rn. 31.

231 BGH, 28.04.2022 – IX ZR 48/21, ZInsO 2022, 1498, 1501 f. Rn. 32; 05.02.2015 – IX ZR 79/13, WKRS 2015, 11166 Rn. 2.

232 BGH, 07.11.2013 – IX ZR 49/13, ZInsO 2013, 2434, 2435 Rn. 12 ff.

233 BGH, 31.10.2019 – IX ZR 170/18, ZInsO 2020, 91, 93 Rn. 13.

234 BGH, 21.01.2016 – IX ZR 32/14, ZInsO 2016, 507, 508 Rn. 15.

steuerverbindlichkeiten im Besonderen.[235] Auch hier besteht für das Leitungsorgan die Gefahr, den Tatbestand einer Straftat (§ 370 AO) oder Ordnungswidrigkeit (§ 380 AO, § 26b UStG) zu verwirklichen und einer persönlichen Haftung nach §§ 69, 34 AO.[236]

– Ferner kommt als wichtiges Indiz für die Zahlungseinstellung in Betracht, wenn der Schuldner Forderungen solcher Gläubiger nicht mehr begleicht, die für seinen **Geschäftsbetrieb von existentieller Bedeutung** sind und auf deren (weitere) Leistungserbringung er zur weiteren Aufrechterhaltung seines Geschäftsbetriebs angewiesen ist.[237] Dies kann etwa bei nicht mehr beglichenen Stromrechnungen[238], der Nichtbegleichung von Forderungen eines für den Geschäftsbetrieb unentbehrlichen Lieferanten[239] oder von Mietforderungen der Fall sein.[240] Auch die laufende Steuerberatung ist regelmäßig von erheblicher Bedeutung für die Geschäftstätigkeit der Schuldnerin.[241]
– Auch eine **dauerhaft schleppende Zahlungsweise** kann Indizwirkung für eine Zahlungseinstellung haben.[242]
– Ferner können der **Mahn- und/oder Vollstreckungsdruck** des Gläubigers der Zahlungsverzögerung ein größeres Gewicht verleihen.[243] Indiziell können auch zurückgegebene Lastschriften und ständige Mahnungen[244] sowie allgemein die Häufung von Vollstreckungsmaßnahmen wirken.[245]
– Weitere Indizien können ein sich ständig **vergrößernder Zahlungsrückstand** und das **Vorsichherschieben einer Bugwelle** an Forderungen sein.[246] Das gilt besonders, wenn der Schuldner infolge des Forderungsrückstands ersichtlich am Rande des finanzwirtschaftlichen Abgrunds operiert und nur noch darum bemüht ist, die Gläubiger zu befriedigen, die ihn am stärksten bedrängen[247] bzw. wenn er nach dem Gesamtbild nur noch darum bemüht ist, trotz fehlender Mittel den Anschein eines funktionstüchtigen Geschäftsbetriebs aufrechtzuerhalten.[248] Ein Indiz für die Zahlungseinstellung ist ebenfalls in einem sich immer wieder erneuernden oder

---

235 BGH, 24.04.2008 – II ZR 51/07, ZInsO 2008, 1019 Rn. 6.
236 Hierzu: MHdB GesR VII/Born, § 109 Rn. 11.
237 BGH, 28.04.2022 – IX ZR 48/21, ZInsO 2022, 1498, 1501 Rn. 29.
238 BGH, 18.07.2013 – IX ZR 143/12, ZInsO 2013, 2109, 2110 Rn. 12.
239 BGH, 09.06.2016 – IX ZR 174/15, ZInsO 2016 1357, 1359 Rn. 24.
240 Zur fristlosen Kündigung des Mietverhältnisses: BGH, 16.06.2016 – IX ZR 23/15, ZInsO 2016, 1427, 1428 Rn. 17.
241 BGH, 09.01.2025 – IX ZR 41/23, ZInsO 2025, 752, 754 Rn. 28.
242 BGH, 09.06.2016 – IX ZR 174/15, ZInsO 2016 1357, 1359 Rn. 23; 18.07.2013 – IX ZR 143/12, ZInsO 2013, 2109, 2110 Rn. 12.
243 BGH, 28.04.2022 – IX ZR 48/21, ZInsO 2022, 1498, 1501 Rn. 29.
244 BGH, 18.07.2013 – IX ZR 143/12, ZInsO 2013, 2109, 2111 Rn. 15, 18.
245 BGH, 21.01.2016 – IX ZR 32/14, ZInsO 2016, 507, 508 Rn. 15.
246 BGH, 09.06.2016 – IX ZR 174/15, ZInsO 2016, 1357, 1359 Rn. 23; 18.07.2013 – IX ZR 143/12, ZInsO 2013, 2109, 2111 Rn. 18, 13.
247 BGH, 18.07.2013 - IX ZR 143/12, ZInsO 2013, 2109, 2111 Rn. 13.
248 BGH, 09.06.2016 – IX ZR 174/15, ZInsO 2016, 1357, 1359 Rn. 23; 18.07.2013 – IX ZR 143/12, ZInsO 2013, 2109, 2111 Rn. 13.

sich ständig oder sprunghaft vergrößernden Zahlungsrückstand ohne nennenswerte Tilgung zu sehen.[249]

- Ein **monatelanges völliges Schweigen des Schuldners** auf Rechnungen und Mahnungen[250] ist ebenso beachtlich wie die Nichteinhaltung von Zahlungsvereinbarungen in Form nicht eingehaltener Zahlungszusagen[251] und verspätete Zahlungen nach nicht eingehaltener Zahlungszusagen nur unter dem Druck einer angedrohten Liefersperre.[252]

123 b) In Betracht kommen ferner insb. **eigene Erklärungen des Schuldners:**

- Erklärt der Schuldner, eine **fällige und nicht unbeträchtliche Verbindlichkeit binnen drei Wochen** nicht – und zwar auch nicht nur ratenweise – begleichen zu können, wird in aller Regel von einer Zahlungseinstellung des Schuldners im Zeitpunkt der Abgabe der Erklärung auszugehen sein. Dies gilt erst recht, wenn der Schuldner darüber hinaus ausdrücklich erklärt, zahlungsunfähig zu sein.[253] Auch sonstige Erklärungen des Schuldners, fällige Verbindlichkeiten nicht begleichen zu können, deuten selbst dann auf eine Zahlungseinstellung hin, wenn sie mit einer Stundungsbitte versehen sind.[254]
- Die **Bitte des Schuldners um Ratenzahlung** stellt nur dann kein Indiz für eine Zahlungseinstellung dar, wenn sie sich im Rahmen der Gepflogenheiten des üblichen Geschäftsverkehrs hält.[255] Sie deutet demgegenüber stark auf eine Zahlungseinstellung hin, wenn sie vom Schuldner mit der Erklärung verbunden wird, seine fälligen Verbindlichkeiten (anders) nicht begleichen zu können. Das gilt auch für eine Ratenzahlungsbitte nach fruchtlosen Mahnungen und nicht eingehaltenen Zahlungszusagen.[256]

124 c) **Druck-Ausüben** auf den Schuldner:

- Bei einer durch die Androhung oder Verhängung einer Liefersperre erwirkten Zahlung ist die eingetretene Zahlungsunfähigkeit für den Empfänger regelmäßig unübersehbar.[257] Weitere Indizien sind Vollstreckungsdruck durch Gerichtsvollzieher und die Androhung von Stromsperren.[258]

125 Gelingt dem Insolvenzverwalter im Anfechtungsprozess aufgrund der vorhandenen Indizienlage der (vorläufige) Beweis der Zahlungseinstellung gem. § 17 Abs. 2 Satz 2 InsO, bleibt es dem Anfechtungsgegner unbenommen, der Annahme der Zahlungsunfähigkeit des Schuldners mit dem Antrag auf Erstellung einer Liquiditätsbilanz

---

249 BGH, 16.06.2016 – IX ZR 23/15, ZInsO 2016, 1427, 1428 Rn. 14.
250 BGH, 25.02.2016 – IX ZR 109/15, ZInsO 2016 628, 629 f. Rn. 13.
251 BGH, 18.07.2013 – IX ZR 143/12, ZInsO 2013, 2109, 2110 Rn. 12.
252 BGH, 09.06.2016 – IX ZR 174/15, ZInsO 2016, 1357, LS.
253 BGH, 06.05.2021 – IX ZR 72/20, ZInsO 2021, 1627, 1632 Rn. 41.
254 BGH, 06.05.2021 – IX ZR 72/20, ZInsO 2021, 1627, 1629 Rn. 15; 24.03.2016 - IX ZR 242/13, ZInsO 2016, 910, 911 Rn. 8.
255 BGH, 09.06.2016 – IX ZR 174/15, ZInsO 2016, 1357, 1359 Rn. 21.
256 BGH, 16.04.2015 - IX ZR 6/14, ZInsO 2015, 898 Rn. 4.
257 BGH, 09.06.2016 – IX ZR 174/15, ZInsO 2016, 1357, 1359 Rn. 26.
258 BGH, 18.07.2013 - IX ZR 143/12, ZInsO 2013, 2109, 2110 Rn. 12.

durch einen Sachverständigen entgegenzutreten, sei es um die **Beweiswirkung der für die Zahlungsunfähigkeit** sprechenden Indizien zu **erschüttern** oder um die **Vermutung des § 17 Abs. 2 Satz 2 InsO zu widerlegen.**[259]

3. Gläubigerbenachteiligungsvorsatz des Schuldners i.S.v. § 133 Abs. 1 InsO

Der Benachteiligungsvorsatz i.S.v. § 133 Abs. 1 InsO ist gegeben, wenn der Schuldner bei Vornahme der Rechtshandlung (§ 140 InsO) die Benachteiligung der Gläubiger im Allgemeinen als Erfolg seiner Rechtshandlung gewollt oder als mutmaßliche Folge – sei es auch als unvermeidliche Nebenfolge eines an sich erstrebten anderen Vorteils – erkannt und gebilligt hat.[260] Weil der Gläubigerbenachteiligungsvorsatz gem. § 133 Abs. 1 InsO (und die Kenntnis des Anfechtungsgegners hiervon) innere, dem Beweis nur eingeschränkt zugängliche Tatsachen sind und die subjektiven Voraussetzungen der Vorsatzanfechtung regelmäßig nur mittelbar aus objektiven (Hilfs-) Tatsachen hergeleitet werden können[261], hat der Bundesgerichtshof im Laufe der Jahre diverse, aus der Lebenserfahrung abgeleitete Beweisanzeichen hierfür herausgebildet. Soweit dabei Rechtsbegriffe wie derjenige der Zahlungsunfähigkeit betroffen sind, muss deren Kenntnis oft aus der Kenntnis von Anknüpfungstatsachen – etwa den soeben aufgeführten Indizien zur Zahlungseinstellung – erschlossen werden.[262] Im Rahmen der von dem Tatrichter nach § 286 ZPO auf Grundlage des Gesamtergebnisses der mündlichen Verhandlung und einer etwaigen Beweisaufnahme umfassend und widerspruchsfrei durchzuführenden Würdigung der Beweisanzeichen ist nicht nur die Rechtsprechung des Bundesgerichtshofs zu den für und gegen den Gläubigerbenachteiligungsvorsatz sprechenden Beweisanzeichen zu berücksichtigen. Zu berücksichtigen ist ferner, dass diese von unterschiedlichem Gewicht sein können und nicht schematisch im Sinne einer von dem anderen Teil zu widerlegenden Vermutung angewandt werden dürfen.[263] Im Ergebnis ist für den Benachteiligungsvorsatz stets der **Vollbeweis** durch den Insolvenzverwalter erforderlich. 126

a) Der Bundesgerichtshof führt insb. folgende Beweisanzeichen auf, die ggf. einzeln oder in einer Gesamtwertung bei Vorliegen mehrerer Beweisanzeichen für den Gläubigerbenachteiligungsvorsatz des Schuldners sprechen (können):[264] 127

259 BGH, 12.09.2019 – IX ZR 342/18, WKRS 2019, 35756, Rn. 9; 26.03.2015 – IX ZR 134/13, ZInsO 2015, 1056 Rn. 6; 15.03.2012 – IX ZR 239/09, ZInsO 2012, 696, 698 Rn. 18; 30.06.2011 – IX ZR 134/10, ZInsO 2011, 1410, 1412 Rn. 20.

260 BGH, 26. 04.2012 - IX ZR 74/11, ZInsO 2012, 924, 925 Rn. 17.

261 BGH, 07.12.2023 – IX ZR 36/22, ZInsO 2024, 195, 199 Rn. 40; 28.04.2022 – IX ZR 48/21, ZInsO 2022, 1498, 1499 f. Rn. 12; 06.05.2021 – IX ZR 72/20, ZInsO 2021, 1627, 1628 Rn. 11.

262 Gehrlein/Thole, Aktuelle Probleme der Insolvenzanfechtung, Rn. 695.

263 BGH, 07.12.2023– IX ZR 36/22, ZInsO 2024, 195, 200 Rn. 42; 13.10.2022 – IX ZR 130/21, ZInsO 2022, 2683, 2684 f. Rn. 10; 28.04.2022 – IX ZR 48/21, ZInsO 2022, 1498, 150 Rn. 20; 06.05.2021 – IX ZR 72/20, ZInsO 2021, 1627, 1628 Rn. 11 f.

264 BGH, 18.04.2024 – IX ZR 239/22, ZInsO 2024, 1156, 1157 Rn. 14; 22.02.2024 – IX ZR 226/20, ZInsO 2024, 1011, 1013 Rn. 20; Smid, DZWIR 2025, 171, 173.

128 – **Erkannte drohende Zahlungsunfähigkeit:** Die drohende Zahlungsunfähigkeit gehört – wie alle Umstände, die Einfluss auf die zukünftige Erfüllung der Ansprüche der übrigen Gläubiger haben können – zu den Indizien, die der Tatrichter im Rahmen der nach § 286 ZPO erforderlichen Gesamtwürdigung zu berücksichtigen hat. Gemäß § 18 Abs. 2 InsO droht der Schuldner zahlungsunfähig zu werden, wenn er voraussichtlich nicht in der Lage sein wird, die bestehenden Zahlungspflichten im Zeitpunkt der Fälligkeit zu erfüllen. Erforderlich ist danach eine in die Zukunft gerichtete Prognose, in welche die gesamte Finanzlage des Schuldners bis zur Fälligkeit aller im Prognosezeitraum fällig werdenden Verbindlichkeiten einzubeziehen ist.[265] Ist der Schuldner drohend zahlungsunfähig, ist überwiegend wahrscheinlich, dass er zu einem bestimmten Zeitpunkt innerhalb des Prognosezeitraums seine bestehenden und **dann fälligen Verbindlichkeiten nicht wird erfüllen können.** Die überwiegende Wahrscheinlichkeit ist Mindestvoraussetzung für die drohende Zahlungsunfähigkeit, der spätere Eintritt der Zahlungsunfähigkeit kann auch wahrscheinlicher sein oder sogar sicher bevorstehen. Die Wahrscheinlichkeit des Eintritts der Zahlungsunfähigkeit beeinflusst die Stärke des Beweisanzeichens. Entsprechendes gilt für den Zeitraum bis zum drohenden Eintritt der Zahlungsunfähigkeit. Steht der Eintritt der Zahlungsunfähigkeit nicht sicher oder nicht unmittelbar bevor, bedarf es anderer zusätzlicher Umstände, um den Gläubigerbenachteiligungsvorsatz zu begründen. Diese können etwa in dem vom Schuldner erkannten Eintritt einer unmittelbaren Gläubigerbenachteiligung liegen oder darin, dass der Schuldner das Sanierungsrisiko mit einem untauglichen Sanierungsversuch bewusst den künftigen Insolvenzgläubigern auferlegt.[266]

Um bei **kongruenten Deckungen** auf einen Benachteiligungsvorsatz schließen zu können, müssen ebenfalls **zusätzliche, von der drohenden Zahlungsunfähigkeit unabhängige Umstände** hinzutreten, damit im Stadium der nur drohenden Zahlungsunfähigkeit vorgenommene Deckungshandlungen nach § 133 Abs. 1 InsO anfechtbar sein können. Für einen Benachteiligungsvorsatz bei drohender Zahlungsunfähigkeit kann es etwa sprechen, wenn der Eintritt der Zahlungsunfähigkeit sicher zu erwarten ist und alsbald bevorsteht, der Schuldner sich bewusst ist, dass er kurzfristig einen Insolvenzantrag stellen wird, und er gleichwohl Gläubiger in der verbleibenden Zeit bis zum ohnehin beabsichtigten Insolvenzantrag gezielt befriedigt.[267] Dies gilt erst recht, wenn im Zustand der drohenden Zahlungsunfähigkeit und in der sicheren Erwartung des Eintritts der Zahlungsunfähigkeit mit den noch vorhandenen Mitteln gezielt nahestehende Altgläubiger außerhalb des ordnungsgemäßen Geschäftsgangs befriedigt werden.[268]

129 – **Erkannte eingetretene Zahlungsunfähigkeit:** Die erkannte bereits eingetretene Zahlungsunfähigkeit ist ein gewichtiges Beweisanzeichen für das Vorliegen eines Gläubigerbenachteiligungsvorsatzes. Geht es im Insolvenzanfechtungsprozess um die erkannte Zahlungsunfähigkeit, wird diese häufig über die gesetzliche Vermu-

265 BGH, 06.03.2025 – IX ZR 209/23, WKRS 2025, 13657 Rn. 25.
266 BGH, 03.03.2022 – IX ZR 53/19, ZInsO 2022, 716, 718 Rn. 17.
267 BGH, 03.03.2022 – IX ZR 78/20, ZInsO 2022, 640, 646 Rn. 56.
268 BGH, 06.05.2021 – IX ZR 72/20, ZInsO 2021, 1627, 1632 Rn. 40.

tung des § 17 Abs. 2 Satz 2 InsO zu erschließen sein.[269] Nach der **Neuausrichtung** der Rechtsprechung des Bundesgerichtshofs sind im Fall des Vorliegens einer **kongruenten Deckung**, also in dem Fall, dass der Schuldner mit der angefochtenen Rechtshandlung dem Gläubiger nur das gewährt hat, worauf dieser einen Anspruch hatte, erhöhte Anforderungen an die Darlegung und den Beweis des Benachteiligungsvorsatzes zu stellen: Der Schluss allein von der erkannten Zahlungsunfähigkeit auf den Gläubigerbenachteiligungsvorsatz fügt sich im Falle der Gewährung einer kongruenten Deckung nicht ohne Bruch in die Systematik der Anfechtungstatbestände ein. Entsprechendes gilt für die Systematik des § 133 InsO selbst. Die Annahme der subjektiven Voraussetzungen der Vorsatzanfechtung allein aufgrund erkannter Zahlungsunfähigkeit lässt vor diesem Hintergrund einen entsprechenden Willen des Gesetzgebers zweifelhaft erscheinen. Es kommt hinzu, dass die erkannte Zahlungsunfähigkeit für sich genommen in einer nicht zu vernachlässigenden Zahl der Fälle nicht mit hinreichender Gewissheit i.S.v. § 286 ZPO auf die subjektiven Voraussetzungen der Vorsatzanfechtung schließen lässt. Dies gilt insb. dann, wenn der Schuldner aus der maßgeblichen Sicht ex ante trotz eingetretener Zahlungsunfähigkeit berechtigterweise davon ausgehen durfte, noch alle seine Gläubiger befriedigen zu können.[270] Der Bundesgerichtshof hat deshalb entschieden, dass im Falle der Gewährung einer kongruenten Deckung nicht mehr allein von der erkannten Zahlungsunfähigkeit auf den Gläubigerbenachteiligungsvorsatz geschlossen werden kann. Ist der Schuldner im Zeitpunkt der angefochtenen Rechtshandlung erkanntermaßen zahlungsunfähig, kommt es vielmehr **zusätzlich** darauf an, ob er wusste oder jedenfalls billigend in Kauf nahm, **seine anderen Gläubiger auch zu einem späteren Zeitpunkt nicht vollständig befriedigen** zu können.[271]
Hierbei kommt im **Ausgangspunkt der bestehenden Deckungslücke** zwischen dem liquiden Vermögen des Schuldners und seinen Verbindlichkeiten eine entscheidende Bedeutung zu. Hatte diese ein Ausmaß erreicht, das selbst bei optimistischer Einschätzung der zukünftigen Entwicklung in absehbarer Zeit keine vollständige Befriedigung der bereits vorhandenen und der absehbar hinzutretenden Gläubiger erwarten ließ, musste dem Schuldner klar sein, dass er nicht einzelne Gläubiger befriedigen konnte, ohne andere zu benachteiligen. Befriedigt er in dieser Lage einzelne Gläubiger, handelt er deshalb mit Gläubigerbenachteiligungsvorsatz. Lässt sich eine solche Deckungslücke indessen nicht feststellen, kann es im Ausnahmefall ausreichen, auf **einzelne bestehende Verbindlichkeiten** zu verweisen. Dazu müssen die Verbindlichkeiten jedoch nach Art, (Gesamt-) Höhe, Anzahl und Bedeutung so beschaffen sein, dass aus der Sicht ex ante für jeden objektiven Betrachter in der Position des Schuldners selbst bei optimistischer Betrachtung unzweifelhaft klar sein muss, diese würden nicht mehr vollständig befriedigt. Das

269 BGH, 23.01.2025 – IX ZR 229/22, ZInsO 2025, 577, 578 Rn. 12; 22.02.2024 – IX ZR 226/20, ZInsO 2024, 1011, 1013 Rn. 24 m.w.N.

270 BGH, 18.04.2024 – IX ZR 239/22, ZInsO 2024, 1156, 1158 Rn. 15 ff.; 06.05.2021 – IX ZR 72/20, ZInsO 2021, 1627, 1630 ff. Rn. 30 ff.

271 BGH, 18.04.2024 – IX ZR 239/22, ZInsO 2024, 1156, 1158 Rn. 15 ff.; 06.05.2021 – IX ZR 72/20, ZInsO 2021, 1627, 1630 ff. Rn. 31, 36, 46.

kommt etwa in Betracht, wenn es sich um Verbindlichkeiten handelt, welche die erwartbare Schuldendeckungsfähigkeit des Schuldners offensichtlich bei weitem übersteigen. Für die Annahme derartiger Verbindlichkeiten kann es daher sprechen, dass diese bis zur Eröffnung des Insolvenzverfahrens nicht mehr beglichen worden sind. Für sich genommen ausreichend ist dies jedoch nicht. Es muss sich vielmehr um Verbindlichkeiten handeln, welche aus der Sicht ex ante für sich genommen und **ohne nähere Betrachtung des liquiden Vermögens sowie der künftigen Geschäftsentwicklung einen wirtschaftlichen Zusammenbruch des Schuldners** zur Folge haben und diesen in ein Insolvenzverfahren führen müssen. Fehlt es an Verbindlichkeiten, aus denen für sich genommen die notwendigen Schlüsse gezogen werden können, bedarf es näherer Feststellungen zur Höhe der Deckungslücke. Dazu ist, entsprechend den Grundsätzen zur Feststellung der Zahlungsunfähigkeit anhand einer Liquiditätsbilanz, den Verbindlichkeiten das liquide Vermögen des Schuldners gegenüberzustellen. Außerdem ist die bei optimistischer Betrachtung erwartbare Entwicklung der Vermögenslage in den Blick zu nehmen. Dabei ist zu berücksichtigen, dass insb. Gläubiger hoher Forderungen nicht selten zu Zugeständnissen (Stundungen, Ratenzahlungsvereinbarungen, Teilerlasse) bereit sind, um jedenfalls eine teilweise Realisierung ihrer Forderungen außerhalb des Insolvenzverfahrens zu erreichen. Die **Darlegungs- und Beweislast** für die Deckungslücke und den Umstand, dass die erwartbare Entwicklung der Vermögenslage keine vollständige Befriedigung erwarten ließ, trägt der **Insolvenzverwalter.**[272]

130 – **Erkannte insolvenzrechtliche Überschuldung:** Auch eine Überschuldung i.S.d. § 19 Abs. 2 InsO gehört zu den Umständen, die in die Gesamtwürdigung aller für und gegen den Gläubigerbenachteiligungsvorsatz des Schuldners einzubeziehen sind. Der entscheidende Grund dafür ist die negative Fortführungsprognose, welche den Eintritt der Zahlungsunfähigkeit wahrscheinlich macht. Sie ist ein eigenständiges Beweisanzeichen für die subjektiven Voraussetzungen der Vorsatzanfechtung nach § 133 Abs. 1 InsO. Die Stärke dieses Beweisanzeichens entspricht weitgehend dem der drohenden Zahlungsunfähigkeit. Maßgeblicher Gesichtspunkt für die Beurteilung der Überzeugungskraft des Beweisanzeichens sind sowohl im Falle der drohenden Zahlungsunfähigkeit als auch im Blick auf die Überschuldung i.S.d. § 19 Abs. 2 InsO die Wahrscheinlichkeit des Eintritts der Zahlungsunfähigkeit und die zeitliche Nähe ihres Eintritts.[273]

131 – **Gewährung einer inkongruenten Deckung bei finanziell beengten Verhältnissen:** Die Gewährung einer inkongruenten Deckung ist in der Regel ein starkes Beweisanzeichen für den Gläubigerbenachteiligungsvorsatz des Schuldners, wenn Anlass bestand, an der Zahlungsfähigkeit des Schuldners zu zweifeln.[274] Drohende Zahlungsunfähigkeit ist insoweit nicht erforderlich. Die inkongruente Deckung bildet ebenfalls ein selbstständiges Beweisanzeichen, das die gem. § 286 ZPO dem Tat-

272 BGH, 18.04.2024 – IX ZR 239/22, ZInsO 2024, 1156, 1158 ff. Rn. 15 – 26.

273 BGH, 03.03.2022 – IX ZR 53/19, ZInsO 2022, 716, 718 Rn. 14 ff.

274 BGH, 18.04.2024 – IX ZR 239/22, ZInsO 2023, 1156, 1157 Rn. 14; 17.09.2020 – IX ZR 174/19, ZInsO 2020, 2274, 2275 Rn. 12; 06.12.2012 – IX ZR 3/12, ZInsO 2013, 190, 195 Rn. 46.

richter obliegende Gesamtwürdigung nicht entbehrlich macht und nicht schematisch im Sinne einer vom anderen Teil zu widerlegenden Vermutung angewandt werden darf. Der Tatrichter hat zu würdigen, welches Gewicht der Inkongruenz im einzelnen Fall zukommt; denn der Schluss auf einen Benachteiligungsvorsatz hängt unter anderem von Art und Ausmaß der Inkongruenz ab.[275]

- **Unmittelbare Gläubigerbenachteiligung**: Die unmittelbare Gläubigerbenachteiligung ist gleichermaßen ein eigenständiges – wenn auch für sich genommen nicht ausreichendes – Beweisanzeichen für die subjektiven Voraussetzungen der Vorsatzanfechtung. Der Schluss auf den Gläubigerbenachteiligungsvorsatz erfordert eine Gesamtwürdigung der das Rechtsgeschäft begleitenden Umstände.[276] 132
- **Vermögensverschiebungen**: Als Indiz für den Gläubigerbenachteiligungsvorsatz kommen zudem Vermögensverschiebungen in Betracht. Verschiebt ein Schuldner sein Vermögen – auch bereits im Vorfeld der Krise und unabhängig davon, ob der Schuldner zum Zeitpunkt der Zahlung drohend zahlungsunfähig gewesen ist, – planmäßig bewusst und gewollt an Dritte, um es dem Zugriff seiner Gläubiger zu entziehen, ist dies ein deutliches Anzeichen für einen Benachteiligungsvorsatz.[277] Dies gilt besonders dann, wenn zwischen dem Schuldner und dem Dritten ein besonderes Näheverhältnis besteht.[278] Das gilt ferner, wenn es sich dabei um die Weggabe des **letzten werthaltigen Vermögensgegenstandes** handelt.[279] 133
- Auch die **Gewährung eines Sondervorteils** für den Fall der Insolvenz kann für einen Gläubigerbenachteiligungsvorsatz und die Kenntnis von diesem sprechen.[280] 134

b) Dieser Katalog der vom Bundesgerichtshof herausgebildeten Beweisanzeichen ist **nicht abschließend**. Weitere für die subjektiven Voraussetzungen der Vorsatzanfechtung sprechende Umstände sind denkbar und vom Tatrichter in die in jedem Einzelfall vorzunehmende Gesamtwürdigung einzubeziehen. Die in Betracht kommenden Beweisanzeichen betreffen zum einen die wirtschaftliche Lage des Schuldners im Zeitpunkt der angefochtenen Rechtshandlung. Erkennt ein Schuldner, dass er aufgrund seiner wirtschaftlichen Lage nicht mehr alle seine Gläubiger wird befriedigen können, kann die Erfüllung einzelner Gläubigerforderungen mit Gläubigerbenachteiligungsvorsatz vorgenommen sein. Es ist aber nicht nur die wirtschaftliche Lage des Schuldners in den Blick zu nehmen. Zum anderen können die Art und Weise der angefochtenen Rechtshandlung für den Gläubigerbenachteiligungsvorsatz i.S.d. § 133 Abs. 1 InsO sprechen. Insbesondere zu Vermögensverschiebungen, die zur Benachteiligung der Gläubigergesamtheit vorgenommen werden, kann es bereits im Vorfeld einer wirtschaftlichen Krise kommen. Deshalb hat der Tatrichter neben den wirtschaftlichen Verhältnissen des Schuldners auch die konkreten Umstände in seine Würdigung 135

---

275 BGH, 18.01.2024 – IX ZR 6/22, ZInsO 2024, 1430, 1432 f. Rn. 18 ff.

276 BGH, 22.02.2024 – IX ZR 226/20, ZInsO 2024, 1011, 1015 Rn. 34; 04.12.1997 – IX ZR 47/97, NJW 1998, 1561 zum alten Recht; Uhlenbruck/Borries/Hirte, § 133 Rn. 118.

277 BGH, 29.04.2021 – IX ZR 266/19, ZInsO 2021, 1454, 1456 Rn. 19.

278 BGH, 17.09.2020 – IX ZR 174/19, ZInsO 2020, 2274, 2276 f. Rn. 18.

279 BGH, 17.09.2020 – IX ZR 174/19, ZInsO 2020, 2274, 2276 ff. Rn. 18, 38.

280 BGH, 12.10.2017 – IX ZR 288/14, ZInsO 2017, 2539, 2544 Rn. 53.

einzubeziehen, unter denen die angefochtene Rechtshandlung vorgenommen worden ist. Zu diesen zählen etwa die Gewährung einer inkongruenten Deckung, die Bewirkung einer unmittelbaren Gläubigerbenachteiligung und die Übertragung von Vermögensgegenständen an nahestehende Dritte. Jeder dieser Umstände kann allein oder aber in einer Gesamtschau die Annahme eines Gläubigerbenachteiligungsvorsatzes rechtfertigen. Der Tatrichter darf deshalb seine **Würdigung nicht auf die wirtschaftliche Lage des Schuldners beschränken, erst recht nicht auf eine (drohende) Zahlungsunfähigkeit.**[281]

4. Kenntnis des Anfechtungsgegners

136 Die Mehrzahl der Anfechtungstatbestände setzt voraus, dass dem Anfechtungsgegner eine oder mehrere Tatsachen im Zusammenhang mit der Insolvenz des Schuldners – sei es der Gläubigerbenachteiligungsvorsatz des Schuldners (§ 133 Abs. 1 Satz 1 InsO), dessen Zahlungsunfähigkeit (§§ 130 Abs. 1 Satz 1 Nr. 1 und Nr. 2, 132 Abs. 1 Nr. 1 und 2 InsO) oder die Benachteiligung der anderen Gläubiger (§ 131 Abs. 1 Nr. 3 InsO) – im Zeitpunkt der Vornahme der (Rechts-) Handlung bekannt waren. In diesen Zusammenhängen spielt der Indizienbeweis ebenfalls eine maßgebende Rolle.

a) Kenntnis von dem Benachteiligungsvorsatz des Schuldners gem. § 133 Abs. 1 Satz 1 InsO

137 Der Anfechtungsgegner muss gem. § 133 Abs. 1 Satz 1 InsO im Zeitpunkt der angefochtenen Rechtshandlung (§ 140 InsO) **positive Kenntnis vom Gläubigerbenachteiligungsvorsatz** des Schuldners und auch von der **Rechtshandlung** haben.[282] Für die positive Kenntnis ist nicht erforderlich, dass der Anfechtungsgegner alle Umstände, aus denen sich der Benachteiligungsvorsatz des Schuldners ergibt, im Einzelnen kennt. Ausreichend ist ein allgemeines Wissen um den Benachteiligungsvorsatz. Auch die Rechtshandlung muss der Anfechtungsgegner nicht in allen Einzelheiten kennen.[283] Ebenso wie der Gläubigerbenachteiligungsvorsatz kann im Prozess auch die entsprechende Kenntnis des anderen Teils als innere Tatsache über Beweisanzeichen hergeleitet werden. Die Tatsachenwürdigung erfolgt dabei **spiegelbildlich** zum Benachteiligungsvorsatz des Schuldners; es genügt daher zum Nachweis der Kenntnis grundsätzlich, wenn dem anderen Teil diejenigen Tatsachen bekannt sind, die ein Beweisanzeichen für das Vorliegen des Benachteiligungsvorsatzes des Schuldners begründen.[284] Kann der **darlegungs- und beweisbelastete Insolvenzverwalter den Vollbeweis** nicht führen, kann er sich mit der Darlegung und dem Nachweis des **Vermutungstatbestands des**

281 BGH, 06.03.2025 – IX ZR 209/23, WKRS 2025, 13657 Rn. 35 zur Gläubigeranfechtung; 22.02.2024 – IX ZR 226/20, ZInsO 2024, 1011, 1013 Rn. 21.
282 BGH, 09.02.2012 – IX ZR 48/11, ZInsO 2012, 1264 Rn. 4.
283 BGH, 28.01.2021 – IX ZR 64/20, ZInsO 2021, 554, 558 Rn. 31.
284 BeckOK InsR/Raupach, § 133 InsO Rn. 27.

§ 133 Abs. 1 Satz 2 InsO begnügen. Greift lediglich die gesetzliche Vermutung, steht dem Anfechtungsgegner der Beweis des Gegenteils offen (§ 292 ZPO).[285]

Der **Vermutungstatbestand des § 133 Abs. 1 Satz 2 InsO** setzt voraus, dass der Anfechtungsgegner um die **zumindest drohende Zahlungsunfähigkeit des Schuldners** und die **benachteiligende Wirkung der Rechtshandlung** wusste. Dem Anfechtungsgegner, der die wirtschaftlichen Verhältnisse des Schuldners nicht näher kennt, fehlt allerdings regelmäßig das Wissen für die zur Beurteilung der drohenden Zahlungsunfähigkeit erforderliche Prognose. Ihm fehlen in der Regel auch die zur Beurteilung der Zahlungsunfähigkeit anhand eines Liquiditätsstatus erforderlichen Kenntnisse.[286] Immerhin kann es ausreichen, dass die Verbindlichkeiten des Schuldners bei dem Gläubiger über einen längeren Zeitraum hinweg ständig in beträchtlichem Umfang nicht ausgeglichen, sondern allenfalls Teilleistungen erbracht wurden, und dass dem Gläubiger den Umständen nach bewusst war, dass es noch weitere Gläubiger mit ungedeckten Ansprüchen gab. Kennt der Anfechtungsgegner die drohende Zahlungsunfähigkeit, so ist ihm in aller Regel auch die Gläubigerbenachteiligung bewusst, wenn er weiß, es mit einem unternehmerisch tätigen Schuldner zu tun zu haben, bei dem das Entstehen von Verbindlichkeiten, die er nicht im selben Maße bedienen kann, auch gegenüber anderen Gläubigern unvermeidlich ist.[287] Fehlt es jedoch an Kenntnissen in diesem Sinne, vermag nur die vom Anfechtungsgegner **erkannte Zahlungseinstellung des Schuldners** (§ 17 Abs. 2 Satz 2 InsO) den Vermutungstatbestand des § 133 Abs. 1 Satz 2 InsO auszufüllen.[288] 138

Bei **kongruenten Deckungen** kann die Kenntnis des Anfechtungsgegners vom Gläubigerbenachteiligungsvorsatz des Schuldners nur vermutet werden, wenn der Gläubiger die **tatsächlich eingetretene Zahlungsunfähigkeit** des Schuldners kennt (§ 133 Abs. 3 Satz 1 InsO). Die Voraussetzungen des Vermutungstatbestands des § 133 Abs. 1 Satz 2 InsO sind von der Neuausrichtung der Rechtsprechung des Bundesgerichtshofs nicht betroffen.[289] Für das Eingreifen der gesetzlichen Vermutung der Kenntnis vom Gläubigerbenachteiligungsvorsatz muss der Anfechtungsgegner demnach nicht wissen, dass der Schuldner seine übrigen Gläubiger auch künftig nicht wird befriedigen können.[290] Vielmehr ist die erste Voraussetzung des Vermutungstatbestands erfüllt, wenn der Gläubiger in den nach § 140 InsO maßgeblichen Zeitpunkten Umstände kannte, die mit der von § 286 ZPO vorausgesetzten Gewissheit auf die (drohende) Zahlungsunfähigkeit oder die Zahlungseinstellung des Schuldners schließen ließen. Das Wissen um die Benachteiligung der (übrigen) Gläubiger, die zweite Voraussetzung des Vermutungstatbestands, wird durch die Kenntnis von drohender oder bereits 139

285 BGH, 06.03.2025 – IX ZR 209/23, WKRS 2025, 13657 Rn. 22 (zu § 3 AnfG); 06.05.2021 – IX ZR 72/20, ZInsO 2021, 1627 Rn. 9.
286 BGH, 10.02.2022 – IX ZR 148/19, ZInsO 2022, 762, 765 Rn. 29.
287 K/P/B/Bork, § 133 InsO Rn. 63.
288 BGH, 06.03.2025 – IX ZR 209/23, WKRS 2025, 13657 Rn. 23 ff.
289 BGH, 18.04.2024 – IX ZR 239/22, ZInsO 2023, 1156, 1159 Rn. 27; 12.01.2023 – IX ZR 71/22, ZInsO 2023, 785 Rn. 2.
290 BGH, 12.01.2023 – IX ZR 71/22, ZInsO 2023, 785 Rn. 2.

eingetretener Zahlungsunfähigkeit indiziert, wenn der Anfechtungsgegner weiß, dass es noch andere Gläubiger gibt, deren Forderungen vom Schuldner nicht vollständig bedient werden. Mit letzterem muss ein Gläubiger rechnen, wenn der Schuldner **unternehmerisch tätig** ist.[291]

140 Hinsichtlich der Kenntnis des Anfechtungsgegners von dem Benachteiligungsvorsatz des Schuldners gilt überdies, dass die **Vereinbarung von Zahlungserleichterungen** kein Beweisanzeichen für die Kenntnis des Gläubigers von der Zahlungsunfähigkeit des Schuldners ist. Nach **§ 133 Abs. 3 Satz 2 InsO**, der mit Wirkung zum 05.04.2017 in § 133 InsO eingefügt wurde und für ab diesem Zeitpunkt eröffnete Insolvenzverfahren gilt, knüpft sich an die Vereinbarung einer Zahlungserleichterung im Gegenteil eine **gesetzliche widerlegbare Gegenvermutung** an, dass der Anfechtungsgegner zur Zeit der Handlung die Zahlungsunfähigkeit des Schuldners nicht kannte.[292] Unter Zahlungserleichterungen fallen etwa Stundungen oder die Vereinbarung von Ratenzahlungen.[293]

141 Überdies hat der Bundesgerichtshof in jüngerer Zeit klargestellt, dass dann, wenn ein im Wesentlichen **gleichbleibendes, dauerhaft schleppendes Zahlungsverhalten** des späteren Schuldners sich auch auf einen Zeitraum, in dem der Schuldner seine Zahlungen unstreitig noch nicht eingestellt hatte, bezieht, der Anfechtungsgegner aus dem Zahlungsverhalten nicht auf eine später eingetretene Zahlungseinstellung schließen kann.[294]

b) §§ 130 Abs. 1 Satz 1 Nr. 1 und Nr. 2, 132 Abs. 1 Nr. 1 und 2 InsO Kenntnis

142 **Kongruente Deckungen** innerhalb der **kritischen Zeit** sind gem. § 130 Abs. 1 InsO nur anfechtbar, wenn auf Seiten des Insolvenzgläubigers bestimmte subjektive Voraussetzungen vorliegen. So muss bei einer innerhalb von drei Monaten vor Antragstellung vorgenommenen Rechtshandlung der Gläubiger die bestehende Zahlungsunfähigkeit des Schuldners gekannt haben (§ 130 Abs. 1 Satz 1 Nr. 1). Bei einer Rechtshandlung nach Antragstellung muss die Kenntnis des Insolvenzgläubigers von der Zahlungsfähigkeit des Schuldners oder vom gegen diesen gestellten Eröffnungsantrag gegeben sein (§ 130 Abs. 1 Satz 1 Nr. 2). Entsprechende Regelungen enthält § 132 Abs. 1 Nr. 1 und 2 InsO. Kennt der Gläubiger die **Zahlungseinstellung**, ist gem. **§ 17 Abs. 2 Satz 2 InsO** auch seine Kenntnis der Zahlungsunfähigkeit anzunehmen, da diese Vermutung auch im Rahmen des Insolvenzanfechtungsrechts gilt. Kenntnis bedeutet im Allgemeinen **ein für sicher gehaltenes Wissen.** Der Gläubiger kennt die Zahlungsunfähigkeit oder die Zahlungseinstellung als komplexe Rechtsbegriffe nur, wenn er die Liquidität oder das Zahlungsverhalten des Schuldners wenigstens

291 BGH, 18.04.2024 – IX ZR 239/22, ZInsO 2024, 1156, 1159 Rn. 27; 06.05.2021 – IX ZR 72/20, ZInsO 2021, 1627, 1633 Rn. 50f.

292 BeckOK InsR/Raupach, § 133 InsO Rn. 30.

293 BT-Drucks. 18/7054, S. 18.

294 BGH, 10.02.2022 – IX ZR 148/19, ZInsO 2022, 762, 764 Rn. 27.

laienhaft bewerten kann.[295] Den Beweis der Kenntnis der Zahlungsunfähigkeit oder des Eröffnungsantrags soll § 130 Abs. 2 InsO erleichtern, indem die Vorschrift die Kenntnis von Umständen ausreichen lässt, die **zwingend auf die Zahlungsunfähigkeit** oder den Eröffnungsantrag schließen lassen. § 130 Abs. 2 InsO begründet eine **unwiderlegliche Rechtsvermutung.**[296] Für die Kenntnis von der Zahlungseinstellung/Zahlungsunfähigkeit stellen sich die bereits für das objektive Vorliegen herangezogenen Umstände (vgl. vorstehend Rdn. 121 ff.) als **doppelt-relevante Indiztatsachen** dar.[297]

c) Kenntnis von der Benachteiligung der anderen Gläubiger gem. § 131 Abs. 1 Nr. 3 InsO

Nach § 131 Abs. 1 Nr. 3 InsO ist eine **inkongruente Rechtshandlung** anfechtbar, wenn **143**
die Handlung innerhalb des zweiten oder dritten Monats vor dem Eröffnungsantrag vorgenommen worden ist und dem **Gläubiger zur Zeit der Handlung bekannt** war, dass sie die Insolvenzgläubiger **benachteiligte.** Nach § 131 Abs. 2 Satz 1 InsO steht der Kenntnis der Benachteiligung der Insolvenzgläubiger die Kenntnis von Umständen gleich, die zwingend auf die Benachteiligung schließen lassen. Der Gläubiger muss solche Tatsachen kennen, aus denen sich bei zutreffender rechtlicher Beurteilung zweifelsfrei ergibt, dass der Schuldner infolge seiner Liquiditäts- und Vermögenslage in absehbarer Zeit seine Zahlungspflichten nicht mehr in vollem Umfang wird erfüllen können und dass dann Insolvenzgläubiger wenigstens teilweise leer ausgehen werden. Die Kenntnis der Benachteiligung der Insolvenzgläubiger kann **nicht allein aufgrund der Inkongruenz** der Zahlungen bejaht werden. Da die Inkongruenz bereits tatbestandsmäßige Voraussetzung der Vorschrift ist, kann sie **nicht zugleich als selbstständige, zusätzliche Beweislastregel innerhalb dieser Norm** dienen.[298] Ist dem Gläubiger eine **finanziell beengte Lage des Schuldners** bekannt, kann die Inkongruenz einer Deckung gleichwohl auch im Rahmen von § 131 Abs. 1 Nr. 3 InsO ein nach § 286 ZPO zu würdigendes Beweisanzeichen für die Kenntnis von einer Gläubigerbenachteiligung sein.[299] Das Beweisanzeichen greift insb. dann ein, wenn der Gläubiger Sicherheiten anstelle der ihm gebührenden Erfüllung annimmt oder von dieser fühlbare anderweitige wirtschaftliche Abstriche vorläufig hinnimmt, oder wenn ein Gläubiger von Ansprüchen auf fortlaufende Zahlungen monatelang vielfältige Beitreibungsmaßnahmen gegen den Schuldner entfaltet hat und gleichwohl die Forderungen nicht geringer werden.[300] Die Beweislast für die Kenntnis des Gläubigers von der Benachteiligung oder den zwingend darauf hindeutenden Umständen trägt der Insolvenzverwalter.[301]

---

295 BGH, 19.02.2009 – IX ZR 62/08, WKRS 2009, 10616 Rn. 12 f.
296 K. Schmidt/Ganter/Weinland, § 130 InsO Rn. 61.
297 Huber, ZInsO 2012, 53, 55; K. Schmidt/Ganter/Weinland, § 130 InsO Rn. 61.
298 A/G/R/Gehrlein/Röhl, § 131 InsO Rn. 45; MK-InsO/Kayser/Freudenberg, § 131 InsO Rn. 63 m.w.N.
299 BGH, 18.12.2003 – IX ZR 199/02, ZInsO 2004, 145, 148.
300 BGH, 18.12.2003 – IX ZR 199/02, ZInsO 2004, 145, 148; MK-InsO/Kayser/Freudenberg, § 131 InsO Rn. 63.
301 A/G/R/Gehrlein/Röhl, § 131 InsO Rn. 45.

E. Sonderregelungen im Zusammenhang mit dem COVInsAG

Schrifttum
Bergner/Berg, § 2 Abs. 1 Nr. 5 COVInsAG – Schutz von Sozialversicherungsbeiträgen vor Insolvenzanfechtungen bei pandemiebedingten Stundungen?, ZRI 2021, 273 ff.; *Bitter*, Corona und die Folgen nach dem COVID-19-Insolvenzaussetzungsgesetz (COVInsAG), ZIP 2020, 685; *Brückmans*, Gedanken zum sanierungs- und insolvenzrechtlichen Krisenfolgenabmilderungsgesetz (SanInsKG-E), Existenz Magazin 38 (2022), 48 ff.; *Fritz*, Die Aussetzung der Insolvenzantragspflicht nach dem COVInsAG und ihre Folgen in der Praxis, ZRI 2020, 217 ff.; *Götz/Wiesler*, Zur Auswirkung der Corona-Pandemie auf das Insolvenzverfahren – Anfechtungsrecht, KKZ 2020, 214 ff.; *Kamin*, Selbständige und das COVInsAG: Voraussetzungsloser Schutz vor Anfechtungsrisiken?, ZVI 2021, 333 ff.; *Klinck*, Die Auswirkungen des COVInsAG auf die Insolvenzanfechtung, ZRI 2021, 2 ff.; *Klinck*, Anfechtungsprivileg durch Stundung nach § 2 Abs. 1 Nr. 5 COVInsAG, ZIP 2021, 541 ff.; *Kruse/Hageböke*, Der Anwendungsbereich des § 2 Abs. 1 Nr. 4 Satz 1 COVInsAG – Die Kongruenzanfechtung im Lichte der Corona-Pandemie, ZInsO 2021, 881 ff.; *Mock*, Gesellschafterdarlehen in Zeiten von Corona, NZG 2020, 505 ff.; *Mylich*, Gläubigerbenachteiligung, Bargeschäftsprivileg und § 2 Abs. 1 Nr. 2 COVInsAG bei Bestellung, Austausch und Verwertung von Kreditsicherheiten, ZIP 2020, 1097 ff.; *Päßler-Scholz*, Zur Privilegierung von Mietstundungen und Mietzahlungen nach dem COVInsAG, ZIP 2020, 1633 ff.; *Römermann*, Die Aussetzung der Insolvenzantragspflicht im COVInsAG und ihre Folgen, NJW 2020, 1108 ff.; *Schmittmann*, Die insolvenzrechtliche Komponente des Gesetzes zur Abmilderung der Folgen der COVID-19-Pandemie im Zivil-, Insolvenz- und Strafverfahrensrecht vom 27. März 2020, ZRI 2020, 234 ff., *ders.*, Das SanInsKG verlängert die Agonie der moribunden Rechtsträger ohne Grund, Existenz Magazin 38 (2022), 54 ff.; *ders.*, Haftung von Organen in Krise, Restrukturierung und Insolvenz, 5. Aufl. 2025; *Schoppmeyer*, Sanierungsprivilegien im Insolvenzanfechtungsrecht nach dem StaRuG, ZIP 2021, 869 ff.; *Thole*, Die Aussetzung der Insolvenzantragspflicht nach dem COVInsAG und ihre weiteren Folgen, ZIP 2020, 650 ff.; *Thole*, Staatliche Finanzhilfen im Insolvenzverfahren, ZIP 2022, 97 ff.; *Wipperfürth*, Corona-Schutzschild und dessen vollstreckungs-/insolvenzrechtliche Folge(erscheinungen), ZInsO 2020, 1224 ff.

I. Aussetzung der Insolvenzantragspflicht

144 Durch das **Gesetz zur vorübergehenden Aussetzung der Insolvenzantragspflicht** und zur **Begrenzung der Organhaftung** bei einer durch die COVID-19-Pandemie bedingten Insolvenz vom 27. März 2020[302] wurde die Pflicht zur Stellung eines Insolvenzantrags nach § 15a InsO und nach § 42 Abs. 2 BGB bis zum 30. September 2020 ausgesetzt. Die Pflicht zur Insolvenzantragstellung war gem. § 1 Abs. 1 Satz 2 COVInsAG nicht ausgesetzt, wenn die Insolvenzreife nicht auf den Folgen der COVID-19-Pandemie beruht oder wenn keine Aussichten darauf bestehen, eine bestehende Zahlungsunfähigkeit zu beseitigen. Nach § 1 Abs. 1 Satz 3 COVInsAG wird vermutet, dass die Insolvenzreife auf den Auswirkungen der COVID-19-Pandemie beruht und Aussichten darauf bestehen, eine bestehende Zahlungsunfähigkeit zu beseitigen, wenn der Schuldner am 31. Dezember 2019 nicht zahlungsunfähig war.

302 COVID-19-Insolvenzaussetzungsgesetz – COVInsAG, BGBl. I 2020, 569.

Durch das **Gesetz zur Änderung des COVID-19-Insolvenzaussetzungsgesetzes** vom 25. September 2020[303] wurde in § 1 Abs. 2 COVInsAG eingefügt und geregelt, dass vom 1. Oktober 2020 bis zum 31. Dezember 2020 allein die Pflicht zur Stellung eines Insolvenzantrags wegen Überschuldung nach Maßgabe von § 1 Abs. 1 COVInsAG ausgesetzt ist. 145

Durch das **Gesetz zur Fortentwicklung des Sanierungs- und Insolvenzrechts** vom 22. Dezember 2020[304] wurde in § 1 Abs. 3 COVInsAG geregelt, dass die Pflicht zur Stellung eines Insolvenzantrags nach Maßgabe des § 1 Abs. 1 COVInsAG vom 1. Januar 2021 bis zum 31. Januar 2021 für die Geschäftsleiter solcher Schuldner ausgesetzt ist, die im Zeitraum vom 1. November 2020 bis zum 31. Dezember 2020 einen Antrag auf Gewährung finanzieller Hilfeleistungen im Rahmen staatlicher Hilfsprogramme zur Abmilderung der Folgen der COVID-19-Pandemie gestellt haben. War eine Antragstellung aus rechtlichen oder tatsächlichen Gründen innerhalb des Zeitraums nicht möglich, gilt dies auch für Schuldner, die nach den Bedingungen des staatlichen Hilfsprogramms in den Kreis der Antragsberechtigten fallen, es sei denn, dass offensichtlich keine Aussicht auf Erlangung der Hilfeleistung besteht oder die erlangbare Hilfeleistung für die Beseitigung der Insolvenzreife unzureichend ist. 146

Durch das **Gesetz zur Verlängerung der Aussetzung der Insolvenzantragspflicht und des Anfechtungsschutzes für pandemiebedingte Stundungen sowie zur Verlängerung der Steuererklärungsfrist in beratenden Fällen und der zinsfreien Karenzzeit für den Veranlagungszeitraum 2019** vom 15. Februar 2021[305] wurde in § 1 Abs. 3 COVInsAG die Aussetzung der Insolvenzantragspflicht bis zum 30. April 2021 verlängert, sofern im Zeitraum vom 1. November 2020 bis zum 28. Februar 2021 ein Antrag auf Gewährung finanzieller Hilfeleistungen gestellt worden war. Zudem wurde in § 2 Abs. 5 COVInsAG der Verweis auf § 15b Abs. 1 bis Abs. 3 InsO hinsichtlich der **Haftung der Geschäftsleiter** aufgenommen. 147

Das COVID-19-Insolvenzaussetzungsgesetz (COVInsAG) vom 27. März 2020 (BGBl. I 2020, S. 569), das zuletzt durch Art. 1 des Gesetzes vom 15. Februar 2021 (BGBl. I 2021, S. 237) geändert worden war, wurde durch das Gesetz zur Abschaffung des Güterrechtsregisters und zur Änderung des COVID-19-Insolvenzaussetzungsgesetzes vom 31. Oktober 2022 (BGBl. I 2022, S. 1966) zum Gesetz zur vorübergehenden Anpassung sanierungs- und insolvenzrechtlicher Vorschriften zur Abmilderung von Krisenfolgen (Sanierungs- und insolvenzrechtlichen Krisenfolgenabmilderungsgesetz (SanInsKG). Die inhaltlichen Änderungen betrafen die Prognose- und Planungszeiträume gem. § 4 Abs. 2 SanInsKG sowie die Höchstfrist für die Antragstellung bei Überschuldung gem. § 4a SanInsKG.[306] 148

303 COVInsAGÄG, BGBl. I 2020, 2016.
304 SanInsFoG, BGBl. I 2020, 3256.
305 BGBl. I 2021, 237.
306 Vgl. Fritz/Schmittmann, SanInsKG, Vorwort; Brünkmans, Existenz Magazin 38 (2022), 48 ff.; Schmittmann, Existenz Magazin 38 (2022), 54 ff.

Im Hinblick auf die Rechtsprechung zum COVInsAG und die Kontinuität der Darstellung wird weiterhin auch z.T. die Bezeichnung COVInsAG verwendet.

II. Anfechtungsrechtliche Folgen der Aussetzung der Insolvenzantragspflicht

149 Der nachfolgende Abschnitt befasst sich mit den anfechtungsrechtlichen Folgen der **Aussetzung der Insolvenzantragspflicht.**

1. Anwendungsbereich

a) Temporärer Anwendungsbereich

150 Der **zeitliche Anwendungsbereich** der Aussetzung der Insolvenzantragspflicht ergibt sich aus § 1 COVInsAG (später: SanInsKG). Hier sind die Zeiträume vom 1. März 2020 bis 30. September 2020, vom 1. Oktober 2020 bis zum 31. Dezember, vom 1. Januar 2021 bis 31. Januar 2021 und vom 1. Januar 2021 bis zum 30. April 2021 zu unterscheiden. Die **Beweislast** für das Nichtberuhen der Insolvenzreife auf den Folgen der Pandemie trägt der Insolvenzverwalter, wenn bis zum 31. Dezember 2019 keine Anzeichen für eine Krise bei dem späteren Schuldner bestanden.[307]

b) Persönlicher Anwendungsbereich

151 Die Insolvenzantragspflicht nach § 15a InsO betrifft **juristische Personen** und **haftungsbeschränkte Personengesellschaften**, so dass diese von der Aussetzung der Antragspflicht betroffen sind. Zudem sind auch die Vereine (§§ 21 ff. BGB) in die Aussetzung der Insolvenzantragspflicht einbezogen.

152 Die Bestimmung des § 2 Abs. 1 Nr. 2 bis Nr. 5 COVInsAG gilt gem. § 2 Abs. 2 COVInsAG auch für **Unternehmen**, die keiner Insolvenzantragspflicht unterliegen, sowie für Schuldner, die weder zahlungsunfähig noch überschuldet sind.[308] Damit ist der persönliche Anwendungsbereich sowohl von der Rechtform als auch vom Vorliegen eines Insolvenzgrundes vollständig entkoppelt.[309]

2. Rechtsfolgensystematik

153 Die **Rechtsfolgensystematik** ergibt sich aus § 2 Abs. 1 COVInsAG, wobei zunächst gem. § 2 Abs. 1 Nr. 1 COVInsAG die Erstattungsansprüche gegen die Geschäftsleiter i. S. d. § 64 Satz 2 GmbHG, des § 92 Abs. 2 Satz 2 AktG, des § 130a Abs. 1 Satz 2 HGB, auch i. V. m. § 177a Satz 1 HGB und des § 99 Satz 2 GenG für Zahlungen ausgeschlossen sind, die im ordnungsgemäßen Geschäftsgang erfolgen, insb. solche Zahlungen, die der Aufrechterhaltung oder Wiederaufnahme des Geschäftsbetriebs oder der Umsetzung eines Sanierungskonzepts dienen. Für den Aussetzungszeitraum

307 Vgl. OLG Düsseldorf, 23.05.2022 – 12 U 42/21, ZRI 2022, 743 ff. mit Anm. Hageböke.
308 So LG Hamburg, 336 O 65/21, ZRI 2022, 377 ff.
309 Vgl. Bork, ZRI 2021, 1033, 1034; Klinck, ZRI 2021, 2, 18.

vom 1. Januar 2021 bis zum 30. April 2021 wird gem. § 2 Abs. 5 COVInsAG auf § 15b Abs. 1 bis Abs. 3 InsO verwiesen.

3. Insolvenzanfechtungsrechtliche Folgen im Einzelnen

Im Folgenden sollen die anfechtungsrechtlichen Folgen behandelt werden: **154**

a) Rückzahlung und Besicherung von Krediten Dritter, § 2 Abs. 1 Nr. 2 Halbs. 1 COVInsAG

Gem. § 2 Abs. 1 Nr. 2 Halbs. 1 COVInsAG gilt – soweit die Pflicht zur Stellung **155** eines Insolvenzantrags ausgesetzt ist – die bis zum 30. September 2023 erfolgende **Rückgewähr** eines im Aussetzungszeitraum gewährten neuen Kredits sowie die im Aussetzungszeitraum erfolgte **Bestellung von Sicherheiten** zur Absicherung solcher Kredite als nicht gläubigerbenachteiligend. *Klinck* hat zurecht darauf hingewiesen, dass der Begriff Kredit »dehnbar« ist und auch Warenkredite und andere Formen, der Leistungserbringung auf Ziel umfasst.[310]

Nach dem **Willen des Gesetzgebers** schützt die Regelung »die Geber von neuen **156** Krediten, einschließlich von Warenkrediten und anderen Formen der Leistungserbringung auf Ziel. Sie sollen nicht befürchten müssen, zur Rückgewähr zwischenzeitlicher Leistungen verpflichtet zu werden oder den Zugriff auf die bei der Vergabe der neuen Kredite gewährten Sicherheiten zu verlieren, wenn die Bemühungen um die Rettung des Unternehmens der Kreditnehmerin oder des Kreditnehmers scheitern und deshalb doch ein Insolvenzverfahren eröffnet wird. Tatbestandlich knüpft die Regelung zunächst an § 1 an, so dass die dortigen Voraussetzungen einschließlich der Beweislastregelungen gelten, aber den Kreditgebern auch die dortigen Vermutungen zu Gute kommen. Es muss sich zudem um einen neuen Kredit handeln. Bei einer bloßen Novation oder Prolongation und wirtschaftlich vergleichbaren Sachverhalten, die etwa auf ein Hin- und Herzahlen hinauslaufen, kommt das Anfechtungsprivileg also nicht zu Anwendung. Denn die Regelung zielt darauf ab, Banken und andere Kreditgeber zu motivieren, Krisenunternehmen zusätzliche Liquidität zur Verfügung zu stellen.«[311]

Indem der **Gesetzgeber** statuiert, dass derartige Leistungen »nicht gläubigerbenach- **157** teiligend« sind, scheidet die für die Insolvenzanfechtung stets erforderliche Gläubigerbenachteiligung nach § 129 InsO unwiderleglich aus, womit sämtliche Anfechtungstatbestände ausgeschlossen sind.[312]

---

310 Vgl. Klinck, ZRI 2021, 2, 8.

311 So Gesetzentwurf der Fraktionen der CDU/CSU und SPD vom 24.03.2020, BT-Drucks. 19/18110, S. 23.

312 So Fritz in: Fritz/Schmittmann, § 2 SanInsKG Rn. 37; Thole, ZIP 2020, 655.

b) Rückzahlung und Besicherung von Gesellschafterdarlehen, § 2 Abs. 1 Nr. 2 Halbs. 2 COVInsAG

158 **Gesellschafterdarlehen** sowie ihre Besicherung und Rückzahlungen unterliegen einem besonderen Rechtsregime nach § 135 InsO (vgl. die dortige Kommentierung).

159 Gem. § 2 Abs. 1 Nr. 2 Halbs. 2 COVInsAG gilt die Rückgewähr von Gesellschafterdarlehen und Zahlungen auf Forderungen aus Rechtshandlungen, die einem solchen Darlehen wirtschaftlich entsprechen, nicht aber deren Besicherung, als nicht gläubigerbenachteiligend, sofern die Pflicht zur Stellung eines Insolvenzantrags ausgesetzt ist und bis zum 30. September 2023 erfolgt.[313] Der insolvenzrechtliche **Nachrang der Gesellschafterdarlehen** aus § 39 Abs. 1 Nr. 5 InsO und die Sonderregelungen bei gesicherten Darlehen nach § 44a InsO finden insoweit in Insolvenzverfahren über das Vermögen des Schuldners, die bis zum 30. September 2023 beantragt werden, keine Anwendung.

160 Nach dem Gesetzentwurf der Fraktionen der CDU/CSU und SPD vom 24. März 2020 muss es sich auch bei den **Gesellschafterkrediten** um »neue« Kredite handeln: »Nicht erfasst ist daher insb. die Prolongation oder Neuvergabe eines bislang nachrangigen Gesellschafterdarlehens zum Zwecke oder mit der Wirkung einer Rangaufwertung. Nicht privilegiert wird die Gewährung von Sicherheiten für Gesellschafterdarlehen aus dem Vermögen der Gesellschaft. Halbsatz 2 erstreckt die Anwendung von Halbsatz 1 allein auf die Gewährung von Gesellschafterdarlehen, nicht aber auf deren Besicherung. Dies wird im Gesetzestext klargestellt. Darum schließt Halbsatz 3 auch nicht die Anwendung des § 135 Abs. 1 Nr. 1 InsO aus. Zahlungen aus erfassten Krediten und zur Absicherung dieser Zahlung bestellte Kreditsicherheiten aus dem Vermögen der Gesellschaft gelten als nichtgläubigerbenachteiligend und unterliegen damit in einem etwaigen späteren Insolvenzverfahren nicht der Insolvenzanfechtung. Dies gilt sowohl für Zahlungen zur Rückführung des überlassenen Kapitals als auch für angemessene Zinszahlungen. Allerdings müssen die Zahlungen bis zum 30. September 2023 vorgenommen sein«.[314]

c) Modifikation der Kongruenzanfechtung durch § 2 Abs. 1 Nr. 4 COVInsAG

161 Gem. § 2 Abs. 1 Nr. 4 COVInsAG sind Rechtshandlungen während der Aussetzung der Insolvenzantragspflicht, die dem anderen Teil eine Sicherung oder Befriedigung gewährt oder ermöglicht haben, die dieser in der Art und zu der Zeit beanspruchen konnte, in einem späteren Insolvenzverfahren nicht anfechtbar; dies gilt nicht, wenn dem anderen Teil bekannt war, dass die **Sanierungs- und Finanzierungsbemühungen** des Schuldners nicht zur Beseitigung einer eingetreten Zahlungsunfähigkeit geeignet gewesen sind. Entsprechendes gilt für

- Leistungen an Erfüllungs statt oder erfüllungshalber;

---

313 Vgl. Fritz in: Fritz/Schmittmann, § 2 SanInsKG Rn. 42; Bork, ZRI 2021, 1033, 1034.

314 So Gesetzentwurf der Fraktionen der CDU/CSU und SPD vom 24.03.2020, BT-Drucks. 19/18110, S. 24.

- Zahlungen durch einen Dritten auf Anweisung des Schuldners;
- die Bestellung einer anderen als der ursprünglich vereinbarten Sicherheit, wenn diese nicht werthaltiger ist;
- die Verkürzung von Zahlungszielen und
- die Gewährung von Zahlungserleichterungen.

Die Regelung in § 2 Abs. 1 Nr. 4e COVInsAG wurde durch das **Gesetz zur Verlängerung der Aussetzung der Insolvenzantragspflicht** und des Anfechtungsschutzes für pandemiebedingte Stundungen sowie zur Verlängerung der Steuererklärungsfrist in beratenden Fällen und der zinsfreien Karenzzeit für den Veranlagungszeitraum 2019 vom 15. Februar 2021[315] durch die Regelung in § 2 Abs. 1 Nr. 5 COVInsAG ersetzt (dazu unter Rdn. 170 ff.). 162

Nach dem **Gesetzentwurf** der Fraktionen der CDU/CSU und SPD vom 24. März 2020 besteht ein Bedürfnis für einen Anfechtungsschutz »auch in bestimmten Fällen, in denen kein neuer Kredit i. S. d. Nr. 2 vorliegt. Dies betrifft z. B. Vertragspartner von Dauerschuldverhältnissen wie Vermieter sowie Leasinggeber, aber auch Lieferanten. Wenn solche Vertragspartner befürchten müssten, erhaltene Zahlungen im Fall des Scheiterns der Sanierungsbemühungen des Krisenunternehmens mit anschließender Eröffnung des Insolvenzverfahrens auf Grund einer Anfechtung zurückzahlen zu müssen, wären sie geneigt, die Vertragsbeziehung auf dem schnellsten Weg zu beenden, was wiederum die Sanierungsbemühungen vereiteln würde. Weiterhin möglich bleibt die Anfechtung bestimmter in der Aufzählung des zweiten Satzes nicht genannter inkongruenter Deckungen. Außerdem kann eine Anfechtung weiterhin erfolgen, wenn dem anderen Teil bekannt war, dass die Sanierungs- und Finanzierungsbemühungen der Schuldnerin oder des Schuldners nicht zur Beseitigung der Insolvenzreife geeignet gewesen sind. Die Beweislast dafür liegt bei demjenigen, der sich auf die Anfechtbarkeit berufen möchte. Der andere Teil muss sich nicht davon überzeugen, dass die Schuldnerin oder der Schuldner geeignete Sanierungs- und Finanzierungsbemühungen entfaltet; nur die nachgewiesene positive Kenntnis vom Fehlen von Sanierungs- und Finanzierungsbemühungen oder von der offensichtlichen Ungeeignetheit der Sanierungs- und Finanzierungsbemühungen würde den Anfechtungsschutz entfallen lassen. Ausdrücklich geschützt werden auch Leistungen an erfüllungsstatt oder erfüllungshalber, Forderungsabtretungen statt Barzahlungen und Zahlungen durch Dritte auf Anweisung der Schuldnerin oder des Schuldners, weil solche der Leistung des Geschuldeten wirtschaftlich gleichstehen.«.[316] 163

Ob der **Ausschluss der Insolvenzanfechtung** gem. § 2 Abs. 1 Nr. 4 COVInsAG nach einem Eigenantrag des Schuldners auf Eröffnung des Insolvenzverfahrens nicht mehr 164

315 BGBl. I 2021, 237.

316 So Gesetzentwurf der Fraktionen der CDU/CSU und SPD vom 24.03.2020, BT-Drucks. 10/18110, S. 24.

zur Anwendung kommt, ist umstritten und wird zum Teil unter Anwendung einer teleologischen Reduktion angenommen.[317]

165 Die Ausnahmevorschrift des § 2 Abs. 1 Nr. 4 COVInsAG soll nach Stellung eines Eigenantrages keine Anwendung mehr finden. Dies gelte unabhängig davon, ob eine Verpflichtung zur Insolvenzantragstellung auf Grund der Rückausnahme des § 1 Abs. 1 Satz 2 COVInsAG bestand oder nicht. Mit der Stellung eines Eigenantrags verzichte der Schuldner auf die Privilegierungen des COVInsAG.[318]

166 Der Anfechtungsausschluss nach § 2 Abs. 1 Nr. 4 COVInsAG gilt nach anderer Auffassung auch dann, wenn der Schuldner einen Insolvenzantrag gestellt hat und dies dem Zahlungsempfänger bekannt ist. Dem soll ebenfalls nicht entgegenstehen, dass der Schuldner seinen Insolvenzantrag lediglich wegen drohender Zahlungsunfähigkeit gestellt hat. Für eine dahin gehende teleologische Redaktion sei kein Raum.[319]

167 Der Auffassung des LG Hamburg ist zu folgen. Das Gericht arbeitet überzeugend heraus, dass es gerade nicht der Konzeption der InsO entspricht, die Sanierung eines Unternehmens bereits mit Stellung eines Insolvenzantrags als gescheitert anzusehen. Daher vermag auch die Kenntnis eines gestellten oder gar nur in Vorbereitung befindlichen Insolvenzantrags keine Kenntnis hinsichtlich der fehlenden Eignung von Sanierungs- und Finanzierungsbemühungen des Schuldners zur Beseitigung einer eingetretenen oder gar nur drohenden Zahlungsunfähigkeit zu vermitteln. Dem steht selbst die Kenntnis des Zahlungsempfängers von der Stellung eines Insolvenzantrags nicht entgegen. Es sei zudem auch nicht ersichtlich, dass nach Vorstellung des Gesetzgebers eine mit dem Anfechtungsausschluss nach § 2 Abs. 1 Nr. 4 COVInsAG zu unterstützende Sanierung eines pandemiebedingt in die Krise geratenen Schuldners mit Stellung eines Insolvenzantrags nicht mehr in Betracht käme.

168 Streitig ist, ob in den **persönlichen Schutzbereich** des § 2 Abs. 1 Nr. 4 COVInsAG lediglich Gläubiger vertraglicher, nicht aber gesetzlicher Ansprüche fallen.[320] Dies wird u.a. damit begründet, dass die Regelung nicht die Gläubiger vor Anfechtung schützen soll, sondern die Sanierung gefördert werden soll.[321] M.E. kann der **Vertragspartner** sich auf eine ungesicherte Vorleistung an den Schuldner nur einlassen, wenn für ihn Schutz vor einer späteren Anfechtung besteht.[322] Dies rechtfertigt die Regelung des

317 So LG München I, 13.07.2021 – 6 O 17571/20, ZRI 2021, 950 ff. = ZIP 2021, 2188 ff. = EWiR 2021, 595 f. (Kruse/Hageböke).

318 So OLG München, 10.10.2021 – 5 U 4809/21, ZRI 2021, 1013 ff. = ZIP 2022, 90 ff. = ZInsO 2021, 2450 ff. mit Anm. Liepmann; OLG Hamburg, 30.03.2022 – 11 U 169/21, NZI 2022, 616 ff. mit Anm. Thole/Berner = ZRI 2022, 480 ff. mit Anm. Hageböke; LG Hamburg, 08.03.2022 – 303 O 53/21, ZInsO 2022, 780 f.

319 So LG Hamburg, 08.09.2021 – 336 O 65/21, ZRI 2022, 377 ff. = ZIP 2022, 388 ff. = NZI 2022, 28 ff. mit Anm. Bork.

320 So LG München I, 13.07.2021 – 6 O 17571/20, ZRI 2021, 950 ff. = ZIP 2021, 2188 ff. = EWiR 2021, 595 f. (Kruse/Hageböke).

321 Vgl. Fritz in: Fritz/Schmittmann, § 2 SanInsKG Rn. 43; Bork, ZRI 2021, 1033, 1035.

322 So Bork, ZRI 2021, 1033 ff.; Klinck, ZIP 2021, 541 ff.

§ 2 Abs. 1 Nr. 4 COVInsAG. Da Gläubiger von gesetzlichen Ansprüchen, also die sog. »Zwangsgläubiger«, ohnehin keine Wahl haben, ob sie ihre Rechtsbeziehung zum Schuldner aufrechterhalten wollen, fallen sie aus dem Anwendungsbereich heraus. Dies wird dadurch kompensiert, dass sie die Möglichkeit einer schnellen Zwangsvollstreckung – mit vergleichsweise geringen Anfechtungsrisiken – nutzen können. Damit kann die Chance auf eine Sanierung zerstört werden, was zwar nicht im Sinne des Gesetzgebers ist, aber die Folge der Eingrenzung auf vertragliche Ansprüche ist.

Der Insolvenzverwalter wird nur in den seltensten Fällen die Möglichkeit haben, dem **169** außenstehenden Gläubiger nachzuweisen, dass die **Sanierungs- und Finanzierungsbemühungen** des Schuldners ungeeignet waren.[323] Daher dürfte es für die Praxis im Insolvenzanfechtungsrecht von höherer Aussicht auf Erfolg sein, wenn der Insolvenzverwalter prüft, ob überhaupt die Pflicht zur Stellung des Insolvenzantrags ausgesetzt war. Dies ist ohnehin durch den Insolvenzverwalter, auch wegen der Haftung der Geschäftsleiter, ohnehin zu ermitteln.

d) Anfechtungsausschluss bei Stundungen, § 2 Abs. 1 Nr. 5 COVInsAG

Durch das **Gesetz zur Verlängerung der Aussetzung der Insolvenzantragspflicht** und **170** des Anfechtungsschutzes für pandemiebedingte Stundungen sowie zur Verlängerung der Steuererklärungspflicht in beratenden Fällen und der zinsfreien Karenzzeit für den Veranlagungszeitraum 2019 vom 15. Februar 2021[324] wurde in § 2 Abs. 1 Nr. 5 COVInsAG geregelt, dass die bis zum 31. März 2022 erfolgten Zahlungen auf Forderungen aufgrund von bis zum 28. Februar 2021 gewährten Stundungen als nicht gläubigerbenachteiligend gelten, sofern über das Vermögen des Schuldners ein Insolvenzverfahren bis zum Ablauf des 18. Februar 2021 noch nicht eröffnet worden ist.[325]

In dem **Entwurf der Fraktionen** der CDU/CSU und SPD vom 12. Januar 2021 eines **171** Gesetzes zur Änderung des Einführungsgesetzes zur Abgabenordnung[326] war eine Regelung zu Stundungen noch nicht vorgesehen. Die Regelung in § 2 Abs. 1 Nr. 5 COVInsAG wurde erst im späteren Gesetzgebungsverfahren angelegt. Die Bekanntmachung erfolgte im Bundesgesetzblatt vom 18. Februar 2021, woraus sich erklärt, dass die Regelung nicht gilt, sofern über das Vermögen des Schuldners ein Insolvenzverfahren bis zu diesem Tage bereits eröffnet worden ist. Der insolvenzanfechtungsrechtliche Rückgewähranspruch entsteht mit Eröffnung des Insolvenzverfahrens gem. § 129 Abs. 1 InsO und ist daher eine Vermögensposition der Insolvenzmasse, die nicht mehr rückwirkend entzogen werden kann. Da der Anfechtungsschutz lediglich für künftige, also nach Inkrafttreten des Gesetzes eröffnete Insolvenzverfahren gilt, handelt es sich um eine zulässige sog. »unechte« Rückwirkung.[327]

323 Ebenso auch Fritz in: Fritz/Schmittmann, § 2 SanInsKG Rn. 35.
324 BGBl. I 2021, 237.
325 Vgl. Fritz in: Fritz/Schmittmann, § 2 SanInsKG Rn. 76; Bork, ZRI 2021, 1033, 1035; Klinck, ZIP 2021, 541 ff.
326 BT-Drucks. 19/25795.
327 So Fritz in: Fritz/Schmittmann, § 2 SanInsKG Rn. 79.

172 Nach der Beschlussempfehlung und dem Bericht des Finanzausschusses des Deutschen Bundestages vom 27. Januar 2021 konstatiert der Gesetzgeber, dass mit einer Stundung »regelmäßig auch eine ratierliche Zahlungsvereinbarung einher[geht], die über einen längeren Zeitraum gewährt wird und ebenfalls von der Regelung umfasst wird. Zahlungserleichterungen werden im Aussetzungszeitraum bereits unter der geltenden Fassung gem. § 2 Absatz 1 Nummer 4 Buchstabe e COVInsAG privilegiert (BT-Drucksache 19/18110, S. 24). Die geltende Fassung lies aber die Frage unbeantwortet, ob die gemäß der Zahlungserleichterung erfolgende Leistung des Schuldners an seinen Gläubiger auch dann privilegiert ist, wenn diese Leistung nach Ablauf des Aussetzungszeitraums erfolgt. Dies wird in der Literatur zwar angenommen (bejahend zuletzt *Päßler/Scholz*, ZIP 2020, 1633, 1640), ist aber angesichts des Fehlens einer § 2 Absatz 1 Nummer 2 COVInsAG entsprechenden Regelung zweifelhaft und umstritten (verneinend z. B. *Thole*, ZIP 2020, 650 [655]). Die Zuordnung der Stundungen im Sinne der bisherigen Nummer 4 Satz 2 Buchstabe e zu einer neuen Nummer 5 stellt klar, dass Leistungen in Erfüllung von Stundungsvereinbarungen bis zum 31. März 2022 vor einer Insolvenzanfechtung geschützt sind. Denn es ist davon auszugehen, dass viele Gläubiger in der COVID-19-Pandemie ihren Schuldnern Stundungen einschließlich Ratenzahlungen gewährt haben, um sie dabei zu unterstützten, die COVID-19-Pandemie wirtschaftlich zu überstehen«.[328]

III. Insolvenzanfechtungen bei Leistungen aus Corona-Hilfen

173 Hat der nachmalige Schuldner aus Mitteln geleistet, die ihm aufgrund der **Corona-Hilfen** zur Verfügung standen, stellt sich die Frage der **Gläubigerbenachteiligung.** Nach zutreffender Auffassung kommt es darauf an, ob **massezugehöriges Vermögen** verkürzt worden ist. Dies ist insb. der Fall, wenn der Schuldner im **Förderungszeitraum** zweckgerecht Zahlungen an **Anlassgläubiger** vornimmt, z.B. an **Vermieter** oder sonstige Gläubiger aus notwendigen **Dauerschuldverhältnissen.**[329]

F. Besonderheiten bei der Anfechtung nach §§ 89 bis 91 StaRUG

Schrifttum

Bitter, Geschäftsleiterhaftung in der Insolvenz, Alles neu durch SanInsFoG und StaRUG, ZIP 2021, 321 ff.; *Bitter*, Massesicherung nach Insolvenzreife, GmbHR 2022, 57 ff.; *Bork*, Vom derzeitigen Stand des Insolvenzanfechtungsrechts, ZRI 2021, 1033 ff.; *Hölzle/Curtze*, Eine Krise – Ein Verfahren! – Folgen eines vorangegangenen Restrukturierungsverfahrens nach StaRUG in der späteren Insolvenz, ZIP 2021, 1293 ff.; *Schoppmeyer*, Sanierungsprivilegien im Insolvenzanfechtungsrecht nach dem StaRUG, ZIP 2021, 869 ff.

174 Besonderheiten bei der Geltendmachung von insolvenzanfechtungsrechtlichen **Rückgewähransprüchen** gem. §§ 129 ff. InsO ergeben sich aus den §§ 89 bis 91 Sta-

328 Beschlussempfehlung und Bericht des Finanzausschusses vom 27.01.2021, BT-Drucks. 19/26245, S. 17.

329 So auch Thole, ZIP 2022, 97, 102; Wipperfürth, ZInsO 2022, 1224, 1226.

RUG. Diese betreffen die **Vorsatzanfechtung** (Rdn. 175 ff.), die **Deckungsanfechtung** (Rdn. 183 ff.), die **Anfechtung unentgeltlicher Leistungen** (Rdn. 188 ff.) und die **Anfechtung gegenüber Gesellschaftern** (Rdn. 190). Darüber hinaus gibt es Sonderregelungen für **Planfolgen und Planvollzug** (Rdn. 191 ff.) sowie **Berechnung von Fristen** (Rdn. 197 ff.).

I. Vorsatzanfechtung

Der Anfechtungstatbestand des § 133 InsO schützt das **Interesse der Gläubiger**, dass der Schuldner ihre prinzipiell gleichen **Befriedigungschancen** nicht beeinträchtigt. Der Tatbestand beruht nicht auf dem Grundsatz der Gläubigergleichbehandlung.[330] 175

Nach der neu ausgerichteten Rechtsprechung des BGH kann der **Gläubigerbenachteiligungsvorsatz** nicht allein daraus abgeleitet werden, dass der Schuldner im Zeitpunkt der Rechtshandlung nicht in der Lage ist, sämtliche Gläubiger zu befriedigen. Von entscheidender Bedeutung für den Gläubigerbenachteiligungsvorsatz ist vielmehr, dass der Schuldner weiß oder jedenfalls billigend in Kauf nimmt, dass er seine (übrigen) Gläubiger auch zu einem späteren Zeitpunkt nicht vollständig befriedigen können wird. Dies kann aus der im Moment der Rechtshandlung gegebenen Liquiditätslage nicht in jedem Fall mit hinreichender Gewissheit abgeleitet werden. Die gegenwärtige Zahlungsunfähigkeit allein spricht nach der neueren Rechtsprechung des BGH für den Gläubigerbenachteiligungsvorsatz, wenn sie ein Ausmaß angenommen hat, dass eine vollständige Befriedigung der übrigen Gläubiger auch in Zukunft nicht erwarten lässt, etwa deshalb, weil ein Insolvenzverfahren unausweichlich erscheint.[331] 176

Ungeachtet dessen, dass die Rechtsprechung des BGH zum Insolvenzanfechtungsrecht, insb. zur Vorsatzanfechtung, derzeit im Wandel ist, hatte der Gesetzgeber bereits im Rahmen des SanInsFoG **Sonderregelungen** angeordnet. 177

Gem. § 89 Abs. 1 StaRUG kann die Annahme, dass eine Rechtshandlung mit dem Vorsatz eine Benachteiligung der Gläubiger vorgenommen worden ist, nicht allein darauf gestützt werden, dass ein an der Rechtshandlung beteiligter Kenntnis davon hatte, dass die **Restrukturierungssache** rechtshängig war oder dass der Schuldner **Instrumente des Stabilisierungs- und Restrukturierungsrahmens** in Anspruch nahm. 178

Nach der **Regierungsbegründung** soll die Regelung der Gefahr vorbeugen, »dass sich die Geschäftspartner des Schuldners allein durch die Rechtshängigkeit der Restrukturierungssache oder die Inanspruchnahme von Instrumenten des Stabilisierungs- und Restrukturierungsrahmens abschrecken lassen, ihre Geschäftsbeziehung zum Schuldner fortzuführen oder sich am Restrukturierungsplan zu beteiligen wegen der Sorge um spätere Insolvenzanfechtungen. Allein an diese Umstände darf sich daher nicht 179

---

330 So BGH, 03.03.2022 – IX ZR 78/20, ZRI 2022, 267 ff. Rn. 18; BGH, 17.09.2020 – IX ZR 174/19, ZIP 2020, 2135 ff. Rn. 16; BGH, 10.02.2005 – IX ZR 211/02, BGHZ 162, 143, 150.

331 So BGH, Urt. v. 06.05.2021 – IX ZR 72/20, BGHZ 230, 28 ff. Rn. 36.

die Annahme knüpfen, dass der Schuldner mit dem Vorsatz handelte, seine Gläubiger zu benachteiligen oder dass ein Beitrag zur Insolvenzverschleppung vorliegt«.[332]

180 Aus der **Regierungsbegründung** wird zudem deutlich, dass der Gesetzgeber von einem Misstrauen gegenüber dem BGH geleitet ist. Es heißt dort: »Da der Bereich der Insolvenzanfechtung wie auch der Haftung für gläubigerbenachteiligende Handlungen über weite Strecken durch Rechtsprechungsrecht geprägt und auskonturiert ist, soll eine klarstellende Regelung geschaffen werden, welche es ausschließt, dass den Beteiligten schon die Kenntnis von der Rechtshängigkeit der Restrukturierungssache oder der Inanspruchnahme von Instrumente des Stabilisierungs- und Restrukturierungsrahmens anfechtungs- oder haftungsrechtlich zum Nachteil gereicht (§§ 96 Abs. 1)«.[333]

181 Der **anfechtungsfeindliche Ansatz des Gesetzgebers** setzt sich in § 89 Abs. 2 StaRUG fort, wonach die Regelung in § 89 Abs. 1 StaRUG auch für die Kenntnis der Zahlungsunfähigkeit oder Überschuldung gilt, wenn das Gericht nach einer Anzeige der Zahlungsunfähigkeit oder Überschuldung die Restrukturierungssache nicht nach § 33 Abs. 1 Satz 1 Nr. 1 StaRUG aufhebt.[334] Diese Regelung basiert auf folgender Begründung: »Für die seltenen Fälle, in denen der Schuldner seine Insolvenzreife anzeigt und das Gericht die Restrukturierungssache nicht aufhebt, soll zudem geregelt werden, dass allein die Kenntnis von der Insolvenzreife nicht die Annahme eines Gläubigerbenachteiligungsvorsatzes oder die Kenntnis eines solchen trägt (§ 96 Abs. 2)«.[335]

182 Der **Anfechtungsschutz** nach § 89 Abs. 2 StaRUG tritt nur ein, wenn der Schuldner tatsächlich die Zahlungsunfähigkeit oder Überschuldung angezeigt hat.[336]

II. Deckungsanfechtung

183 Die Anfechtbarkeit von **kongruenten Deckungen** (§ 130 InsO) und **inkongruenten Deckungen** (§ 131 InsO) bleibt von § 89 Abs. 1 StaRUG unberührt, da der **Gläubigerbenachteiligungsvorsatz** bei der Deckungsanfechtung kein notwendiges Tatbestandsmerkmal ist.

184 Die Anfechtung einer kongruenten Deckung gem. § 130 Abs. 1 InsO ist von der **Zahlungsunfähigkeit des Schuldners** und der **Kenntnis des Gläubigers** von der Zahlungsunfähigkeit des Schuldners (§ 130 Abs. 1 Satz 1 Nr. 1 InsO) bzw. der Kenntnis des Gläubigers vom Antrag auf Eröffnung des Insolvenzverfahrens (§ 130 Abs. 1 Satz 1 Nr. 2 InsO) geprägt. Die Kenntnis der Zahlungsunfähigkeit kann gem. § 89 Abs. 2 StaRUG nicht allein darauf gestützt werden, dass das Gericht nach einer

332 So Gesetzentwurf der Bundesregierung vom 09.11.2020, BT-Drucks. 19/24181, S. 177.

333 So Gesetzentwurf der Bundesregierung vom 09.11.2020, BT-Drucks. 10/24181, S. 177 (zur damaligen Entwurfsfassung des § 96 StaRUG, der später § 89 StaRUG wurde).

334 S. Hoegen/Herding in: Flöther, § 89 StaRUG Rn. 48.

335 So Gesetzentwurf der Bundesregierung vom 09.11.2020, BT-Drucks. 19/24181, S. 177 (zu § 96 StaRUG, der später § 89 StaRUG wurde).

336 So Fridgen in: Skauradszun/Fridgen, § 89 StaRUG Rn. 19; Schoppmeyer, ZIP 2021, 869, 876.

Anzeige der Zahlungsunfähigkeit oder Überschuldung die Restrukturierungssache nicht nach § 33 Abs. 2 Satz 1 Nr. 1 StaRUG aufhebt.

Bei der **Anfechtung einer inkongruenten Deckung** gem. § 131 InsO ist zu differenzieren. Bei der Anfechtung gem. § 131 Abs. 1 Nr. 1 InsO kommt es darauf an, ob die Handlung im letzten Monat vor dem Antrag auf Eröffnung des Insolvenzverfahrens oder nach diesem Antrag vorgenommen worden ist, ohne dass es eines subjektiven Tatbestandes bedürfte. Eine **Modifikation** durch § 89 StaRUG ergibt sich somit nicht.[337] 185

Bei der Anfechtung gem. § 131 Abs. 1 Nr. 2 InsO ist lediglich darauf abzustellen, ob der Schuldner **objektiv** zur Zeit der Handlung **zahlungsunfähig** war, so dass es auch hier nicht auf einen subjektiven Tatbestand ankommt.[338] 186

Allein für den Tatbestand des § 131 Abs. 1 Nr. 3 InsO kommt es auf die **Kenntnis des Gläubigers** von der Gläubigerbenachteiligung an, so dass § 89 StaRUG anwendbar ist.[339] 187

III. Anfechtung unentgeltlicher Leistungen

Anfechtbar ist gem. § 134 Abs. 1 InsO eine **unentgeltliche Leistung des Schuldners**, es sei denn, sie ist früher als vier Jahre vor dem Antrag auf Eröffnung des Insolvenzverfahrens vorgenommen worden. 188

Die Literatur weist zu Recht darauf hin, dass die Regelung in § 89 Abs. 1 StaRUG die **Erreichung des Restrukturierungsziels** davor schützen soll, dass fachkundige und richtige Beratung aus **Furcht des Beraters**, im Fall des **Scheiterns der Sanierung** das Honorar im Wege der Insolvenzanfechtung zurückzahlen zu müssen, unterbleibt.[340] Die Regelung soll aber den pflichtwidrig schlecht erfüllenden Berater nicht schützen, da sich die **Honorarzahlung** an ihn als unentgeltliche Leistung darstellt, die gem. § 134 InsO unterliegt.[341] 189

IV. Anfechtung gegenüber Gesellschaftern

Die **Anfechtung gegenüber Gesellschaftern** ist Gegenstand der Regelung in § 135 InsO. Eine **Privilegierung** der Rückzahlung oder Besicherung von **Gesellschafterdarlehen** ergibt sich aus § 89 StaRUG nicht.[342] 190

337 So Pannen in: Pannen/Riedemann/Smid, § 89 StaRUG Rn. 88.
338 So Pannen in: Pannen/Riedemann/Smid, § 89 StaRUG Rn. 89.
339 So Hoegen/Herding in: Flöther, § 89 StaRUG Rn. 30; Pannen in: Pannen/Riedemann/Smid, § 89 StaRUG Rn. 85.
340 So Pannen in: Pannen/Riedemann/Smid, § 89 StaRUG Rn. 90.
341 So Pannen in: Pannen/Riedemann/Smid, § 89 StaRUG Rn. 91.
342 So Pannen in: Pannen/Riedemann/Smid, § 89 StaRUG Rn. 105.

V. Planfolgen und Planvollzug

191 Gem. § 90 Abs. 1 StaRUG sind die Regelungen eines rechtskräftig bestätigten **Restrukturierungsplans** und Rechtshandlungen, die im Vollzug eines solchen Plans erfolgen, bis zur nachhaltigen Restrukturierung einer **Anfechtung** nur zugänglich, wenn die Bestätigung auf der Grundlage unrichtiger oder unvollständiger Angaben des Schuldners erfolgte und dem anderen Teil dies bekannt war. Dies gilt nicht für **Gesellschafterdarlehen** im Rang des § 39 Abs. 1 Nr. 5 InsO und Sicherheitsleistungen, die nach § 135 InsO oder § 6 AnfG anfechtbar sind.

192 In der **Gesetzesbegründung** heißt es dazu: »Die Vorschrift privilegiert in Anlehnung an Art. 18 Abs. 5 der Richtlinie den Vollzug des gerichtlich bestätigten Restrukturierungsplans. Die Beteiligten sollen grundsätzlich von der Stabilität des Plans und der in seinem Vollzug vorgenommenen Handlungen ausgehen dürfen. Handlungen zum Vollzug des Plans sind solche, die die Umsetzung des Plans ermöglichen. In Bezug auf ein Darlehen ist dies beispielsweise dessen Auszahlung, nicht jedoch dessen späteren Rückführung. Ausgenommen von dem Schutz sind Forderungen im Rang des § 39 Abs. 1 Nr. 5 InsO sowie Sicherheitsleistungen, die nach § 135 InsO anfechtbar sind. Abgesichert werden soll das Risiko, dass der Plan entgegen der Erwartungen scheitert. Daher ist der Anfechtungsschutz auf den Zeitraum bis zur nachhaltigen Restrukturierung beschränkt. Ein weitergehender Anfechtungsschutz, falls es später aus anderen Gründen zu einer Insolvenz kommt, wäre gegenüber nicht in den Plan einbezogenen Gläubigern oder Neugläubigern nicht zu rechtfertigen.«.[343]

193 Sieht der gestaltende Teil des Restrukturierungsplans die **Übertragung des gesamten schuldnerischen Vermögens** oder wesentlicher Teile davon vor, so gilt gem. § 90 Abs. 2 StaRUG der Anfechtungsschutz aus § 90 Abs. 1 StaRUG nur, soweit sichergestellt wird, dass die Gläubiger, die nicht planbetroffen sind, sich gegenüber den Planbetroffenen vorrangig aus der dem Wert des Gegenstandes der Übertragung angemessenen Gegenleistung befriedigen können.[344]

194 Die **Gesetzesbegründung** bemerkt dazu: »In dem besonderen Fall, dass das Gesamte oder beinahe das gesamt schuldnerische Vermögen übertragen wird, beeinträchtigt dies in besonderem Maße die wirtschaftlichen Interessen der nicht planbetroffenen Gläubiger an **Erhalt der Haftungsmasse.** In diesem Fall kann der Anfechtungsschutz des Abs. 1 nur gewährt werden, wenn eine vorrangige Befriedigungsmöglichkeit der nicht planbetroffenen Gläubiger aus dem mit der Übertragung erzielten Erlös gewährleistet ist und dieser Erlös auch dem Wert des übertragenen Vermögens angemessen ist.«.[345] Der Nachweis, dass die Bestätigung durch das Gericht auf der Grundlage unrichtiger oder unvollständiger Angaben des Schuldners erfolgte und dies dem anderen Teil bekannt war, dürfte in der Praxis regelmäßig kaum zu führen sein. Denkbar ist die Anwendung der Ausnahme, wenn z. B. der Anfechtungsgegner potenzielle

---

343 So Gesetzentwurf der Bundesregierung vom 09.11.2020, BT-Drucks. 19/24181, S. 178.
344 S. Hoegen/Herding in: Flöther, § 90 StaRUG Rn. 6.
345 So Gesetzentwurf der Bundesregierung vom 09.11.2020, BT-Drucks. 19/24181, S. 178.

Anfechtungssachverhalte, die ihn selbst betreffen, im Restrukturierungsplan nicht offengelegt sind oder der spätere Anfechtungsgegner an der Erstellung des Restrukturierungsplans beteiligt war.[346]

195 Zu kritisieren an der Norm ist die Unschärfe des Begriffs der »**Nachhaltigkeit**«, soweit sie die zeitliche Grenze der Anwendbarkeit der Norm beschreibt. Die Literatur spricht sich zu Recht gegen die Annahme eines starren Zeitrahmens für die Festlegung des Nachhaltigkeitszeitraums aus.[347]

196 Der **Anfechtungsgegner** trägt – weil es sich um eine Ausnahmevorschrift handelt – die **Beweislast** für eine zwischenzeitlich eingetretene nachhaltige Sanierung.[348]

VI. Berechnung von Fristen

197 In die Fristen der §§ 3 bis 6a AnfG sowie der §§ 88, 130 bis 136 InsO wird gem. § 91 StaRUG die Zeit der **Rechtshängigkeit der Restrukturierungssache** nicht eingerechnet. Zur Begründung wird angeführt, dass hierdurch »eine Schlechterstellung der Gesamtheit der Gläubiger eines etwaigen späteren Insolvenzverfahrens allein auf Grund der **Dauer des präventiven Restrukturierungsverfahrens** verhindert« wird.[349]

198 Der **Verlängerungszeitraum** beginnt mit der **Anzeige der Restrukturierungssache**, da diese gem. § 31 Abs. 3 StaRUG zur Rechtshängigkeit führt.[350] Der Verlängerungszeitraum endet, wenn die Anzeige der Restrukturierungssache ihre Wirkung verliert, also durch Rücknahme, rechtskräftige Planbestätigung, Aufhebung oder Zeitablauf.[351]

G. Besonderheiten bei Starkregen

199 Durch das **Gesetz zur vorübergehenden Aussetzung der Insolvenzantragspflicht wegen Starkregenfällen und Hochwasser im Juli 2021** vom 10. September 2021 (BGBl. I 2021, S. 4149) wurden Sonderregelungen geschaffen.

200 Das Gesetz regelt zunächst mit Wirkung ab 10. Juli 2021 die **Aussetzung der Insolvenzantragspflicht** gem. § 15a InsO und § 42 Abs. 2 BGB, sofern der Eintritt der Zahlungsunfähigkeit oder Überschuldung auf den **Auswirkungen der Starkregenfälle oder Hochwasser im Juli 2021** beruht. Die Insolvenzantragspflicht ist ausgesetzt, solange die Antragspflicht gegen ernsthafte Finanzierungs- und Sanierungsverhandlungen führen und dadurch begründete Aussichten auf Sanierung bestehen, allerdings längstens bis zum 31. Januar 2022. Zugleich wird gem. § 2 des Gesetzes das Bundesministerium der Justiz und für Verbraucherschutz ermächtigt, durch **Rechtsverordnung** ohne Zustimmung des Bundesrates die Aussetzung der Insolvenzantragspflicht längstens bis zum 30. April 2022 zu verlängern, wenn dies auf Grund fortbe-

346 So Fridgen in: Skauradszun/Fridgen, § 90 StaRUG Rn. 90.
347 So Fridgen in: Skauradszun/Fridgen, § 90 StaRUG Rn. 34.
348 So Schoppmeyer, ZIP 2021, 869, 880.
349 So Gesetzentwurf der Bundesregierung vom 09.11.2020, BT-Drucks. 19/24181, S. 178.
350 So Fridgen in: Skauradszun/Fridgen, § 91 StaRUG Rn. 17.
351 So Fridgen in: Skauradszun/Fridgen, § 91 StaRUG Rn. 19.

stehender Nachfrage nach verfügbaren öffentlichen Hilfen, auf Grund andauernder Finanzierungs- oder Sanierungsverhandlungen oder auf Grund sonstiger Umstände geboten erscheint. Von dieser **Verlängerungsmöglichkeit** hat das Ministerium keinen Gebrauch gemacht.

201 Die Regelungen galten somit längstens bis zum 30. April 2022 (Art. 17 Gesetz zur Errichtung eines Sondervermögens »Aufbauhilfe 2021« und zur vorübergehenden Aussetzung der Insolvenzantragspflicht wegen Starkregenfällen und Hochwasser im Juli 2021 sowie zur Änderung weiterer Gesetze [Aufbauhilfegesetz 2021 – AufbhG 2021] vom 10. September 2021, BGBl. I 2021, S. 4147 ff.). Sie wurden nicht verlängert.

202 Auswirkungen auf das **Insolvenzanfechtungsrecht** ergeben sich aus den Regelungen des Gesetzes nicht.

H. Steuerliche Folgen der Insolvenzanfechtung

Schrifttum

Kahlert, Der »§ 4 Abs. 3 EStG«-Rechner in der Insolvenz: Zuordnung von Einkünften zu den insolvenzrechtlichen Vermögensbereichen, NWB 2023, 473 ff.; *ders.*, Umsatzsteuerfolgen von Vereinbarungen über Insolvenzanfechtungen, ZIP 2012, 1433 ff.; *von Oertzen/Loose/Stalleicken*, Erbschaftsteuer- und Schenkungsteuergesetz, 3. Aufl. 2024; *Piekenbrock*, Aktuelle Grundsatzfragen der Besteuerung in der Insolvenz, DStR 2023, 2095 ff.; *Schmidt, L.*, EStG – Kommentar, 44. Aufl. 2025; *Schmittmann*, Steuerliche Konsequenzen für Anfechtungsgegner und Insolvenzverwalter nach der erfolgreichen Anfechtung gem. § 134 InsO bei Scheingewinnen und ähnlichen Gestaltungen, ZRI 2022, 51 ff.; *ders.*, Steuerrechtliche Folgen einer Insolvenzanfechtung, NZI 2014, 638 ff.; *ders.*, Einkommensteuer auf Rückzahlungen auf Grund Insolvenzanfechtung als Masseverbindlichkeit, EWiR 2019, 113 ff.; *ders.*, Steuerliche Folgen einer erfolgreichen Insolvenzanfechtung nach §§ 129 ff. InsO durch den Insolvenzverwalter – Teil I, StB 2024, 130 ff.; Teil II, StB 2024, 168 ff.; *Troll/Gebel/Jülicher/Gottschalk*, Erbschaftsteuer- und Schenkungsteuergesetz, 70. Aufl. 2025; *Waza/Uhländer/Schmittmann*, Insolvenzen und Steuern, 14. Aufl. 2024; *Zistler*, Weiteres Fiskusprivileg? – Steuermasseverbindlichkeiten durch Umsatzberichtigung nach anfechtungsrechtlicher Rückgewähr?, ZInsO 2015, 833 ff.

203 Sowohl für den **Insolvenzverwalter** als auch für den **Anfechtungsgegner** ergeben sich aus einer erfolgreichen Insolvenzanfechtung steuerliche Konsequenzen. Im Folgenden werden die (I.) ertragsteuerlichen Konsequenzen, die (II.) umsatzsteuerlichen Konsequenzen sowie die (III.) schenkungsteuerlichen Konsequenzen behandelt. Grunderwerbsteuerliche Folgen einer erfolgreichen Insolvenzanfechtung werden in der Literatur erörtert.[352]

I. Ertragsteuerliche Konsequenzen

204 Im Rahmen der ertragsteuerlichen Konsequenzen wird zunächst die (1.) Rechtsnatur der angefochtenen Zahlungen und sodann die Frage der (2.) Gewinnermittlungsart behandelt, bevor konkrete (3.) Handlungsoptionen angesprochen werden.

352 Vgl. Schmittmann, StB 2024, 168, 170.

1. Rechtsnatur der angefochtenen Zahlungen

Eine erfolgreiche Insolvenzanfechtung gem. §§ 129 ff. InsO ist ertragsteuerlich nur dann relevant, wenn sich die angefochtene Rechtshandlung, also im Regelfall die Zahlung, auf ein Rechtsverhältnis bezieht, das einkommensteuerlich relevant war. Dies ergibt sich neben der Systematik auch aus den Tatbeständen der einschlägigen Entscheidungen.[353] **205**

Vorrangig ist zu prüfen, ob es sich bei der Zahlung um die Befriedigung von **Betriebsausgaben** gehandelt hat. Somit sind insb. Zahlungen an Sozialversicherungsträger für Sozialversicherungsbeiträge der Arbeitnehmer, Zahlungen an Lieferanten und Dienstleister, Zahlungen an die Finanzverwaltung auf Umsatzsteuer etc. von Bedeutung. Unbeachtlich ist hingegen die Zahlung der Einkommensteuer des Einzelunternehmers sowie die Zahlung der eigenen Krankenversicherung.[354] **206**

Einnahmen der Insolvenzmasse aus der Realisierung von Ansprüchen aus der Insolvenzanfechtung sind **steuerpflichtige Einkünfte** i. S. v. § 2 Abs. 1 EStG, sofern zuvor Betriebsausgaben vorgelegen haben. Der Steuerpflichtige ist als Subjekt der Einkommensteuer (§ 1 EStG) grundsätzlich zugleich auch **Steuerschuldner** und die Einkommensteuerschuld entsteht kraft Gesetzes durch Verwirklichung des maßgebenden steuerlichen Tatbestands, an den das Gesetz die Leistungspflicht knüpft (§ 38 AO).[355] **207**

2. Gewinnermittlungsart

Ob und ggf. welche ertragsteuerlichen Konsequenzen sich aus der erfolgreichen Insolvenzanfechtung ergeben, hängt im Wesentlichen von der **Gewinnermittlungsart** ab. Es ist zwischen Schuldnern, die ihren Gewinn durch Betriebsvermögensvergleich gem. § 4 Abs. 1 EStG und Schuldnern, die ihren Gewinn durch Einnahmen-Überschuss-Rechnung gem. § 4 Abs. 3 EStG ermitteln, zu differenzieren.[356] **208**

Die Einkommensteuer, die aus der erfolgreichen Geltendmachung von insolvenzanfechtungsrechtlichen Rückgewähransprüchen resultiert, ist einer bestimmten insolvenzrechtlichen Forderungskategorie zuzuordnen. So ist zwischen **Insolvenzforderungen** und **Masseverbindlichkeiten** als Forderungen gegen die Insolvenzmasse sowie Forderungen gegen das insolvenzfreie Vermögen zu unterscheiden. Insolvenzforderungen i. S. v. § 38 InsO sind Vermögensansprüche gegen den Schuldner, die im Zeitpunkt der Eröffnung des Insolvenzverfahrens begründet sind. Hingegen sind Masseverbindlichkeiten insb. die Verbindlichkeiten, die durch Handlungen des Insolvenzverwalters oder in anderer Weise durch die Verwaltung, Verwertung und Verteilung der Insolvenzmasse begründet werden, ohne zu den Kosten des Insolvenzverfahrens zu gehören (§ 55 Abs. 1 Nr. 1 InsO). Sie werden nach Eröffnung des Insolvenzver- **209**

353 So BFH, 31.10.2018 – III B 77/18, BFH/NV 2019, 123 ff. = NZI 2019, 300 ff. Rn. 4; Sächsisches FG, 16.05.2018 – 5 K 1471/17, BeckRS 2018, 32580 Rn. 4.
354 Vgl. Schmittmann, StB 2024, 130, 132.
355 So BFH, 31.10.2018 – III B 77/18, BFH/NV 2019, 123 ff. = NZI 2019, 300 ff. Rn. 11 ff.
356 S. Uhländer in: Waza/Uhländer/Schmittmann, Insolvenzen und Steuern, Rn. 1474 ff.

fahrens begründet. Die Abgrenzung zwischen Insolvenzforderungen und (sonstigen) Masseverbindlichkeiten richtet sich nach der Rechtsprechung des BFH ausschließlich nach dem Zeitpunkt der insolvenzrechtlichen Begründung. Auf die steuerliche Entstehung der Forderung (z. B. § 38 AO i. V. m. § 36 Abs. 1 EStG) und deren Fälligkeit kommt es hingegen nicht an.[357]

210 Nach der Rechtsprechung des BFH ist es für die **insolvenzrechtliche Begründetheit** entscheidend, wann der Rechtsgrund für den Anspruch belegt wurde. Der Rechtsgrund für einen (abstrakten) Steueranspruch ist gelegt, wenn der gesetzliche Besteuerungstatbestand verwirklicht wurde.[358] Ob und wann ein **Besteuerungstatbestand** nach seiner Art und Höhe tatbestandlich verwirklicht und damit insolvenzrechtlich begründet ist, richtet sich nach der Rechtsprechung des BFH auch im Anschluss an die Eröffnung des Insolvenzverfahrens ausschließlich nach steuerrechtlichen Grundsätzen.[359] Bei der Einkommensteuer ist nach der Rechtsprechung des BFH darauf abzustellen, ob der Einkünftetatbestand i. S. d. § 2 Abs. 1 EStG vor oder nach Insolvenzeröffnung verwirklicht wurde.[360] Nach anderer Auffassung soll die angefochtene Zahlung, also die Betriebsausgabe, unter der aufschiebenden Bedingung der späteren Anfechtung gestanden haben, so dass die steuerlichen Folgen nicht im Zeitpunkt der Befriedigung des Rückgewähranspruchs zu ziehen sein sollen, sondern im Zeitpunkt der ursprünglichen – also angefochtenen – Zahlung.[361] Dagegen spricht, dass erst im Zeitpunkt der Rückzahlung oder zumindest der Verurteilung des Anfechtungsgegner zur Rückzahlung feststeht, dass der Vorgang überhaupt anfechtbar ist.[362]

211 Im Hinblick darauf, dass der **insolvenzanfechtungsrechtliche Rückgewähranspruch** gem. § 143 InsO gem. § 129 Abs. 1 InsO erst mit Eröffnung des Insolvenzverfahrens entsteht, ist jedenfalls eine Betroffenheit der Insolvenzmasse unabhängig von der Gewinnermittlungsart gegeben. Allerdings sind die steuerlichen Konsequenzen differenziert zu betrachten.

212 Gem. § 129 Abs. 1 InsO stellt sich das Anfechtungsrecht nicht als Gestaltungsrecht dar. Die Insolvenzanfechtung bedarf keiner besonderen »Ausübung« durch den Insolvenzverwalter, sondern stellt sich nur als Geltendmachung der gesetzlichen Anfech-

---

357 So BFH, 31.10.2018 – III B 77/18, BFH/NV 2019, 123 ff. = NZI 2019, 300 ff. Rn. 14 ff.; BFH, 18.05.2010 – X R 60/08, BFHE 229, 62 ff. = BStBl. II 2011, 429 ff.; BFH, 16.11.2004 – VII R 75/03, BFHE 208, 296 ff. = BStBl. II 2006, 193 ff.

358 So BFH, 31.10.2018 – III B 77/18, BFH/NV 2019, 123 ff. = NZI 2019, 300 ff. Rn. 14; BFH, 27.10.2016 – IV B 119/15, BFH/NV 2017, 320 ff. = NZI 2017, 115 ff.

359 So BFH, 31.10.2018 – III B 77/18, BFH/NV 2019, 123 ff. = NZI 2019, 300 ff. Rn. 14; BFH, 29.01.2009 – V R 64/07, BFHE 224, 24 ff. = BStBl. II 2009, 682 ff.; BFH, 29.08.2007 – IX R 4/07, BFHE 218, 435 ff. = BStBl. II 2010, 145 ff.; BFH, 16.11.2004 – VII R 75/03, BFHE 208, 296 ff. = BStBl. II 2006, 193 ff.

360 So BFH, 31.10.2018 – III B 77/18, BFH/NV 2019, 123 ff. = NZI 2019, 300 ff. Rn. 14; BFH, 16.05.2013 – IV R 23/11, BFHE 241, 233 ff. = BStBl. II 2013, 759 ff.; ebenso bereits Schmittmann, NZI 2017, 272 ff.

361 So Piekenbrock, DStR 2023, 2095 (2099).

362 Vgl. Schmittmann, StB 2024, 130, 133.

tungsfolgen dar.[363] Bei Schuldnern, die ihren Gewinn gem. § 4 Abs. 1 EStG durch **Betriebsvermögensvergleich** ermitteln, ist die Insolvenzanfechtung gewinnneutral. Ist der insolvenzanfechtungsrechtliche Rückgewähranspruch tituliert oder bezahlt, so ist er als Forderung oder Bankguthaben zu aktivieren. Spiegelbildlich lebt gem. § 144 Abs. 1 InsO die **Forderung des Anfechtungsgegners** im Zeitpunkt der Rückgewähr wieder auf und ist zu passivieren.

Es stellt sich die Frage, ob insolvenzanfechtungsrechtliche Rückgewähransprüche, die **213** im Zeitpunkt der Eröffnung des Insolvenzverfahrens bekannt sind, aktiviert werden können. Dies ist von der Rechtsprechung – soweit ersichtlich – nicht entschieden. Eine **Aktivierung** kommt m. E. erst in Betracht, wenn sich der Anspruch hinreichend konkretisiert hat, z. B. dadurch, dass der Anfechtungsgegner den Anspruch anerkannt hat oder eine Verurteilung erfolgt ist.[364] Weiterhin wäre eine Aktivierung auch denkbar, wenn der Anspruch zum einen rechtlich eindeutig besteht und zum anderen an der wirtschaftlichen Leistungsfähigkeit des Anfechtungsgegners kein ernstlicher Zweifel besteht, z. B. wenn um letzten Monat vor Antragstellung im Wege der Zwangsvollstreckung (§ 131 Abs. 1 Nr. 1 InsO) an die Finanzverwaltung geleistet worden ist. Hier sind Prozess- und Vollstreckungsrisiko vollständig zu vernachlässigen.[365]

Nach der Rechtsprechung des BFH ergibt sich aus dem **Vorsichtsprinzip** gem. **214** § 252 Abs. 1 Nr. 4 HGB, dass nur solche Ansprüche aktiviert werden dürfen, die auf Grund eine Realisationstatbestandes gewinnwirksam und deren Erfolgsbeiträge hinreichend objektivierbar zum Vermögen des Anspruchsberechtigten geworden sind.[366] Der Zeitpunkt der Aktivierung von Forderungen bestimmt sich nach § 5 Abs. 1 Satz 1 EStG bei buchführenden Gewerbetreibenden nach handelsrechtlichen Grundsätzen ordnungsgemäßer Buchführung. Nach § 252 Abs. 1 Nr. 4 2. Halbs. HGB sind Gewinne nur zu berücksichtigen, wenn sie am Abschlussstichtag realisiert sind.[367]

Im Hinblick auf einen insolvenzanfechtungsrechtlichen Rückgewähranspruch kommt **215** es auf die Frage an, ob der Anfechtungsgegner diesen bestreitet. Sofern der Anspruch nicht anerkannt ist oder ein rechtskräftiges Urteil vorliegt, scheidet eine **Aktivierung** aus.[368]

Für den Fall, dass der Insolvenzverwalter sich zur Aktivierung entschließt, stellt sich **216** die Frage der Passivierung des Anspruchs des Anfechtungsgegners. Der Anspruch gem. § 144 Abs. 1 InsO lebt erst wieder auf, sofern er auf Grund der Anfechtung das Erlangte zurückgewährt hat. Dies dürfte im Zeitpunkt der Aufstellung der Eröffnungsbilanz nicht der Fall sein, so dass in diesem Zeitpunkt eine Passivierung als

363 So BGH, 20.03.1997 – IX ZR 71/96, BGHZ 135, 140 ff. = ZIP 1997, 737 ff.; K. Schmidt/Schmidt, § 129 InsO Rn. 5.
364 So Schmittmann, NZI 2017, 272 f.
365 Vgl. Schmittmann, StB 2024, 130, 133.
366 So BFH, 17.02.1998 – VIII R 28/95, BStBl. II 1998, 505 ff. = BB 1998, 1991 ff. Rn. 32.
367 So BFH, 14.03.2006 – VIII R 60/03, BFHE 212, 535 ff. = BStBl. II 2006, 650 ff. Rn. 20.
368 Vgl. Schmittmann, StB 2024, 130, 133.

Verbindlichkeit ausscheidet. Eine Aktivierung führt somit in dieser Konstellation zu einer **Gewinnauswirkung.**[369]

217 Diese Gewinnauswirkung kann ggf. vermieden werden, wenn der Insolvenzverwalter entweder schon im Zeitpunkt der Verfahrenseröffnung eine der aktivierten Forderung entsprechende Rückstellung bildet oder erst im Zeitpunkt der tatsächlichen Rückgewähr die bilanziellen Konsequenzen zieht, so dass der Vorgang beim Steuerpflichtigen, der die **Gewinnermittlung durch Betriebsvermögensvergleich** gem. § 4 Abs. 1 EStG unterliegt, ergebnisneutral ist.

218 Eine **Passivierung** des gem. § 144 Abs. 1 InsO wiederaufgelebten Anspruchs erfolgt nur, wenn tatsächlich eine konkrete wirtschaftliche Belastung beim Schuldner gegeben ist. Haben die Parteien z. B. eine Vereinbarung dahin geschlossen, dass der Anfechtungsgegner die wiederaufgelebte Forderung gerade nicht anmeldet oder darüber hinaus sogar bereits für andere Ansprüche eingereichte Forderungsanmeldungen wieder zurücknimmt, entfällt dadurch die konkrete wirtschaftliche Belastung als Voraussetzung für die Passivierung einer Verbindlichkeit.[370]

219 Bei Schuldnern, die ihren Gewinn durch **Einnahme-Überschuss-Rechnung** gem. § 4 Abs. 3 EStG ermitteln, ist eine Zu- und Abflussrechnung zu fertigen.[371] Anders als bei der Bilanzierung bleiben Forderungen und Verbindlichkeiten grundsätzlich bei der Gewinnermittlung unberücksichtigt.[372]

220 Bei Schuldnern, die der **Gewinnermittlung gem. § 4 Abs. 3 EStG** unterliegen, ist im Zeitpunkt der Zahlung des erfolgreich in Anspruch genommenen Anfechtungsgegners ein gewinnwirksamer Zahlungseingang zu berücksichtigen, ohne dass die gem. § 144 Abs. 1 InsO wiederaufgelebte Forderung des Anfechtungsgegners zu berücksichtigen ist.

3. Handlungsoptionen

221 Bei Schuldnern, die der Einnahme-Überschuss-Rechnung unterliegen, kann durch eine erfolgreiche Insolvenzanfechtung eine Ertragsteuerbelastung eintreten, die allerdings vielfach bei vorhandenen **Verlustvorträgen** durch diese neutralisiert wird.

222 Ist dies nicht der Fall, was insb. dann gegeben ist, wenn der Schuldner über längere Zeiträume keine Steuererklärungen abgegeben hat und daher auch keine Verlustvorträge festgestellt sind, wird der Insolvenzverwalter zu prüfen haben, ob er zum Betriebsvermögensvergleich gem. § 4 Abs. 1 EStG optiert. Da der Wechsel von § 4 Abs. 3 EStG zu § 4 Abs. 1 EStG **Maßnahmen zum Beginn des Insolvenzverfahrens** voraussetzt, sind rechtzeitige Maßnahmen erforderlich. Die zeitnahe Erstel-

---

369 Vgl. Schmittmann, StB 2024, 130, 133.

370 So FG Münster, 24.08.2021 – 6 K 3905/19, NZI 2022, 85 ff. = EFG 2022, 31 ff. mit Anm. Teutenberg. Der BFH (15.09.2022 – III B 117/21) hat die Nichtzulassungsbeschwerde als unbegründet zurückgewiesen.

371 So L. Schmidt/Loschelder, § 4 EStG Rn. 370.

372 So L. Schmidt/Loschelder, § 4 EStG Rn. 394 und Rn. 395.

lung einer Eröffnungsbilanz und die Einrichtung einer kaufmännischen Buchführung können nicht nachgeholt werden.[373]

Der Insolvenzverwalter wird daher bereits mit Eröffnung des Insolvenzverfahrens zu überprüfen haben, ob ein **Wechsel zur Gewinnermittlung gem. § 4 Abs. 1 EStG** zweckmäßig ist. Gem. § 155 Abs. 1 InsO hat der Insolvenzverwalter ohnehin die handels- und steuerrechtlichen Pflichten des Schuldners zur Buchführung und zur Rechnungslegung zu erfüllen. **223**

Die **Ausübung des Wahlrechts** steht dem Steuerpflichtigen jederzeit zu. Nach Eröffnung des Insolvenzverfahrens wird es durch den Insolvenzverwalter ausgeübt, da auf diesen die Verwaltungs- und Verfügungsbefugnis gem. § 80 Abs. 1 InsO übergeht. **224**

In steuerrelevanter Weise wird das Wahlrecht durch nach außen erkennbares schlüssiges Verhalten ausgeübt. Es ist eine **Übergangsbilanz** zu erstellen und eine Buchführung mit Bestandskonten einzurichten. Der Wechsel führt regelmäßig dazu, dass sich Betriebsvorgänge, die bisher nicht oder vorzeitig zum Zufluss von Betriebseinnahmen oder zum Abfluss von Betriebsausgaben geführt haben und deshalb den Überschussgewinn noch nicht oder vorzeitig beeinflusst haben, nach dem Übergang zum Betriebsvermögensvergleich wegen der Eigenart dieser Gewinnermittlungsart ebenfalls nicht (mehr) auf den Gewinn auswirken. Deshalb müssen sie beim Übergang zu dem Bestandsvergleich zur Sicherstellung der Gesamtgewinngleichheit berücksichtigt werden.[374] Nach einem Wechsel der Gewinnermittlungsart ist der Steuerpflichtige grundsätzlich für drei Wirtschaftsjahre an diese Wahl gebunden.[375] **225**

Das **Wahlrecht auf Gewinnermittlung durch Bestandsvergleich** hat ein Steuerpflichtiger, der seinen Gewinn bislang gem. § 4 Abs. 3 EStG ermittelt hat, erst dann ausgeübt, wenn er eine Eröffnungsbilanz aufstellt, eine kaufmännische Buchführung einrichtet und auf Grund von Bestandsaufnahmen einen Abschluss macht. Die erforderliche **Eröffnungsbilanz** ist zeitnah aufzustellen.[376] Eine nach Ablauf des Streitjahres erstellte Eröffnungsbilanz ist nicht mehr »zeitnah« erstellt worden.[377] **226**

Nach Eröffnung des Insolvenzverfahrens ist der Insolvenzverwalter für die Erfüllung der handels- und steuerrechtlichen Pflichten des Schuldners zuständig, so dass er auch für die Entscheidung zuständig ist, ob der Steuerpflichtige sein **Wahlrecht auf Gewinnermittlung durch Bestandsvergleich** wahrnimmt. Zur Kleinunternehmerregelung gem. § 19 UStG hat der BFH entschieden, dass nach Eröffnung des Insolvenzverfahrens die Befugnis, auf die Kleinunternehmerregelung zu verzichten, dem Insolvenzverwalter zusteht und er dieses Recht für das gesamte Unternehmen ausübt.[378] **227**

---

373 So BFH, 19.10.2005 – VI R 4/04, BFHE 211, 262 ff. = BStBl. II 2006, 509 ff.; BFH, 08.09.2005 – IV B 107/04, BFH/NV 2006, 276 ff.

374 So Schmittmann, StB 2024, 130, 134.

375 So Schmittmann, StB 2024, 130, 134.

376 So BFH, 14.03.2018 – IV B 46/17, BB 2018, 1636 ff. = BFH/NV 2018, 728 ff.

377 So BFH, 09.10.2005 – XI R 4/04, BFHE 211, 262 ff. = BStBl. II 2006, 509 ff. Rn. 20.

378 So BFH, 20.12.2012 – V R 23/11, BFHE 240, 377 ff. = BStBl. II 2013, 334 ff.

228 Allein dem Insolvenzverwalter steht das **Wahlrecht bei der Gewinnermittlungsart** zu. Dies gilt umso mehr, wenn man berücksichtigt, dass im Umsatzsteuerrecht der Grundsatz der Einheitlichkeit des Unternehmers gem. § 2 Abs. 1 Satz 2 UStG gilt, während ein Steuerpflichtiger, der unterschiedliche Tätigkeiten ausübt, auch unterschiedliche Formen der Gewinnermittlung anwenden kann.[379]

229 Hat der Insolvenzverwalter beispielsweise eine selbständige Tätigkeit des Schuldners gem. § 35 Abs. 2 InsO freigegeben, so entsteht dadurch ein dritter Vermögensbereich. Die Einkommensteuer ist zwar nach wie vor einheitlich zu ermitteln, aber sodann auf die verschiedenen Vermögensbereiche aufzuteilen. Dies kann ggf., z. B. bei Anordnung der **Zwangsverwaltung**, auch noch einen weiteren Bereich betreffen.[380] In diesem Zusammenhang hat der BFH herausgearbeitet, dass für den Fall, dass der Verwaltung durch den Insolvenzverwalter nur ein bestimmter Teil des Vermögens unterliegt, eine Aufteilung zu erfolgen hat. Die Einkommensteuer auf freiberufliche Einkünfte ist sowohl im Fall der wirksamen als auch im Fall einer unwirksamen »echten« insolvenzrechtlichen Freigabe der selbständigen Tätigkeit nach der Rechtsprechung des BFH gegen das insolvenzfreie Vermögen des Schuldners festzusetzen.[381]

230 Auch nach Eröffnung des Insolvenzverfahrens und nach Freigabe von Vermögen des Schuldners gem. § 35 Abs. 2 InsO ist noch ein **Wechsel zum Betriebsvermögensvergleich** hinsichtlich der Insolvenzmasse möglich. Die Gewinnermittlung auf der Ebene des Schuldners hinsichtlich seiner Einkünfte aus freigegebener Tätigkeit lässt die Gewinnermittlung auf der Ebene der Insolvenzmasse unberührt. Der Schuldner kann z. B. weiterhin für seinen freigegebenen Bereich den Gewinn gem. § 4 Abs. 3 EStG ermitteln, während der Insolvenzverwalter zum Betriebsvermögensvergleich gem. § 4 Abs. 1 EStG gewechselt hat.

231 Findet ein Wechsel zum Betriebsvermögensvergleich nicht statt, so stellt sich die Frage, welche weiteren **Gegenmaßnahmen** denkbar sind. So kommt z. B. auch die Beantragung und Entnahme eines Vorschusses auf die Insolvenzverwaltervergütung ebenso in Betracht wie eine Abschlagsverteilung gem. § 187 Abs. 2 InsO, die ebenfalls zu einem Abfluss führen.

II. Umsatzsteuerliche Konsequenzen

232 Bei den umsatzsteuerlichen Konsequenzen ist wird zunächst der Frage nachgegangen, ob der Schuldner (1.) Unternehmer war und Leistungen für sein Unternehmen bezogen hat. Sodann sind die Auswirkungen auf der Ebene der (2.) Insolvenzmasse und des (3.) Anfechtungsgegners zu untersuchen.

379 Vgl. Schmittmann, StB 2024, 130, 134.

380 So BFH, 07.01.2019 – IX B 79/18, BFH/NV 2019, 257 ff. = NZI 2019, 308 ff.; BFH, 10.02.2015 – IX ZR 23/14, BFHE 249, 202 ff. = BStBl. II 2017, 347 ff.

381 So BFH, 18.09.2012 – VIII R 47/09, BFH/NV 2013, 411 ff.

1. Unternehmer und Leistungsbezug

Das Umsatzsteuerrecht ist im Wesentlichen vom **Unternehmerbegriff** geprägt. Unternehmer ist gem. § 2 Abs. 1 Satz 1 UStG, wer eine gewerbliche oder berufliche Tätigkeit selbständig ausübt. Das Unternehmen umfasst gem. § 2 Abs. 1 Satz 1 UStG die gesamte gewerbliche oder berufliche Tätigkeit des Unternehmers. 233

Der Umsatzsteuer unterliegen im Wesentlichen gem. § 1 Abs. 1 Nr. 1 UStG die **Lieferungen und sonstigen Leistungen**, die ein Unternehmer im Inland gegen Entgelt im Rahmen seines Unternehmens ausführt. 234

Soweit der Unternehmer von einem anderen Unternehmer für sein Unternehmen Lieferungen und sonstige Leistungen bezieht, steht ihm gem. § 15 Abs. 1 Nr. 1 UStG der **Vorsteuerabzug** zu, es sei denn, dass er die Lieferungen oder sonstigen Leistungen gem. § 15 Abs. 2 Nr. 1 UStG für steuerfreie Umsätze oder gem. § 15 Abs. 2 Nr. 2 UStG für Umsätze im Ausland, die steuerfrei wären, wenn sie im Inland ausgeführt würden, verwendet. 235

Es ist also zunächst vorrangig die Frage zu prüfen, ob hinsichtlich der der Insolvenzanfechtung zu Grunde liegenden Rechtsverhältnisse seitens der Schuldners **Vorsteuerabzug** geltend gemacht worden ist und wie sich dies auf die umsatzsteuerliche Behandlung der Erfüllung des insolvenzanfechtungsrechtlichen Rückgewähranspruchs durch den **Anfechtungsgegner** auf der Ebene der Insolvenzmasse auswirkt.[382] 236

Erfüllt der Schuldner nicht die Voraussetzungen des Unternehmerbegriffs gem. § 2 Abs. 1 UStG oder hat er, weil er z. B. zwar als Arzt Unternehmer ist, aber gem. § 4 Nr. 14a UStG umsatzsteuerbefreite Heilbehandlungen im Bereich der Humanmedizin erbracht und demnach keinen Vorsteuerabzug geltend gemacht, ist umsatzsteuerlich nichts zu veranlassen. 237

Hat der Schuldner umsatzsteuerpflichtige Umsätze als **Unternehmer** erbracht und Vorsteuer z. B. aus Warenlieferungen, Leasingzahlungen oder Telekommunikationsentgelten geltend gemacht, so erfolgt im Fall der Erfüllung des insolvenzanfechtungsrechtlichen Rückgewähranspruchs eine Korrektur. 238

2. Behandlung auf der Ebene der Insolvenzmasse

Nach erfolgreicher Durchsetzung des insolvenzanfechtungsrechtlichen Rückgewähranspruchs wird der Insolvenzverwalter prüfen, ob der Schuldner aus dem zu Grunde liegenden Rechtsverhältnis **Vorsteuer** geltend gemacht hat.[383] Dies scheidet grundsätzlich bei Zahlungen an die Finanzverwaltung sowie Sozialversicherungsträger ebenso aus wie bei der Zahlung an Darlehensgläubiger. Hat der Schuldner allerdings in anfechtbarer Weise an die Lieferanten oder Dienstleister gezahlt und Vorsteuer geltend gemacht, so ist eine Korrektur erforderlich. Für die Insolvenzanfechtung nach §§ 129 ff. InsO auf Grund einer Rückzahlung durch den Anfechtungsgegner an den Insolvenzverwal- 239

382 Vgl. Schmittmann, StB 2024, 168, 168.
383 Vgl. Waza in: Waza/Uhländer/Schmittmann, Insolvenzen und Steuern, Rn. 2129 ff.

ter zu einer Berichtigung des Vorsteuerabzugs gem. § 17 Abs. 2 Nr. 1 Satz 2 UStG, ist der sich hieraus ergebende Steueranspruch nach § 55 Abs. 1 Nr. 1 InsO Teil der **Masseverbindlichkeiten** für den Besteuerungszeitraum der Berichtigung.[384]

240 Für die **Berichtigung des Vorsteuerabzugs** in Folge erfolgreicher Insolvenzanfechtung ist es unerheblich, ob der insolvenzrechtliche Rückgewähranspruch ein originär gesetzlicher Anspruch ist.[385] Dass die Insolvenzanfechtung nach §§ 129 ff. InsO auf Grund einer Rückzahlung an den Insolvenzverwalter zu einer Berichtigung des Vorsteuerabzugs gem. § 17 Abs. 2 Nr. 1 Satz 2 und Abs. 1 Satz 2 UStG führt, beruht unionsrechtlich auf Art. 185 MwStSysRL nicht aber auf Art. 90 MwStSysRL.[386]

241 Meldet der Anfechtungsgegner nach Rückzahlung des angefochtenen Betrages seine Forderung zur Insolvenztabelle an und wird diese im Rahmen der Schlussverteilung (anteilig) befriedigt, erfolgt eine neue **Korrektur zu Gunsten der Insolvenzmasse** auf Grund der Quotenzahlung.[387]

3. Behandlung auf der Ebene des Anfechtungsgegners

242 Leistet der Anfechtungsgegner auf Grund der vom Insolvenzverwalter geltend gemachten Insolvenzanfechtung, lebt sein Anspruch mit Leistung an die Insolvenzmasse gem. § 144 Abs. 1 InsO wieder auf. Für den **Anfechtungsgegner** ist der zur Insolvenztabelle anzumeldende Anspruch allerdings regelmäßig wertlos, so dass er gem. § 17 Abs. 1 Satz 1 i. V. m. Abs. 2 Nr. 1 UStG zur Korrektur des Vorsteuerabzugs berechtigt ist, so dass er gegenüber der Finanzverwaltung einen Korrekturanspruch hat. Dieser entspricht wirtschaftlich dem Anspruch der Finanzverwaltung gegen die Insolvenzmasse, so dass im Ergebnis die **Neutralität der Umsatzsteuer** zwischen Unternehmern gewährleistet ist.

243 Erhält der Anfechtungsgegner am Ende des Insolvenzverfahrens auf seine **Insolvenzquote** eine Quotenzahlung, ist eine erneute Berichtigung gem. § 17 Abs. 2 Nr. 1 UStG erforderlich. Diese entspricht wirtschaftlich der zuvor bereits dargestellten Korrektur durch den Insolvenzverwalter im Rahmen der Quotenzahlung, so dass auch am Ende des Insolvenzverfahrens der Grundsatz der Neutralität der Umsatzsteuer zwischen umsatzsteuerpflichtigen Unternehmern gewahrt ist.[388]

III. Schenkungsteuerliche Konsequenzen

244 Einige Besonderheiten sind im Bereich der **Schenkungsteuer** zu berücksichtigen. Der Insolvenzanfechtung gem. § 134 Abs. 1 InsO unterliegt eine unentgeltliche Leistung

---

384 So BFH, 16.12.2016 – V R 26/16, BFHE 256, 571 ff. = BStBl. II 2017, 735 ff. = NZI 2017, 270 ff. mit Anm. Schmittmann. Zustimmend: Piekenbrock, DStR 2023, 2095 (2099).

385 So BFH, 27.09.2017 – BFH/NV 2018, 244 ff. = NZI 2018, 169 ff.

386 So BFH, 13.11.2018 – V B 60/18, BFH/NV 2019, 134 ff. = DZWIR 2019, 319 ff.

387 Vgl. dazu FG Münster, 20.02.2018 – 15 K 1514/15, NZI 2018, 458 ff. = EFG 2018, 697 ff.

388 Vgl. Schmittmann, StB 2024, 168, 169.

des Schuldners, es sei denn, sie ist früher als vier Jahre vor dem Antrag auf Eröffnung des Insolvenzverfahrens vorgenommen worden. Umgangssprachlich wird die Anfechtung gem. § 134 InsO als »Schenkungsanfechtung« behandelt. Der Schenkungsteuer unterliegen gem. § 1 Abs. 1 Nr. 2 ErbStG die Schenkungen unter Lebenden.

Im Fall der erfolgreichen Anfechtung gem. § 134 Abs. 1 InsO ist der Anfechtungsgegner zur **Rückgewähr** verpflichtet. Sofern keine Freibeträge eingreifen, unterliegt eine Schenkung der Schenkungsteuer, wobei gem. § 20 Abs. 1 ErbStG Steuerschuldner der Erwerber, aber auch der Schenker ist. Regelmäßig wird der Erwerber, also der Beschenkte, zur Schenkungsteuer herangezogen. Dieser Fall berührt die **Insolvenzmasse** regelmäßig nicht.[389] **245**

Ist die festgesetzte Steuer gegen den Erwerber allerdings nicht erfolgreich durchzusetzen, z. B. weil dieser sich ins Ausland abgesetzt hat oder vermögenslos geworden ist, wird die Finanzverwaltung auch den Schenker, also den Schuldner in Anspruch nehmen. Damit sind Konstellationen zu betrachten, in denen der Schuldner die Schenkungsteuer dann auch tatsächlich bezahlt hat. Der Frage, ob der Schuldner die Schenkungsteuer ggf. in anfechtbarer Weise gezahlt hat, soll hier außer Betracht bleiben. Die Zahlung an die **Finanzverwaltung** unterliegt allgemeinen Regelungen. **246**

Zu erörtern ist weiters die Frage, was passiert, wenn der Schuldner die Schenkungsteuer in unanfechtbarer Weise an die Finanzverwaltung gezahlt hat, der Insolvenzverwalter den Beschenkten nach Verfahrenseröffnung auf **Rückgewähr** des geschenkten Gegenstandes in Anspruch nimmt.[390] **247**

Gem. § 29 Abs. 1 Nr. 1 ErbStG erlischt die Steuer mit Wirkung für die Vergangenheit, sobald ein Geschenk wegen eines Rückforderungsrechtes herausgegeben werden muss. Es stellt sich die Frage, ob die erfolgreiche Geltendmachung des **insolvenzanfechtungsrechtlichen Rückgewähranspruchs** gem. §§ 143, 134 Abs. 1 InsO einem **Rückforderungsrecht** i. S. v. § 29 Abs. 1 Nr. 1 ErbStG gleichsteht. Die Kommentarliteratur[391] geht ohne nähere Begründung davon aus, dass auch die Rechtsfolge nach § 143 InsO auf die Rückgewähr an die Insolvenzmasse bzw. den Gläubiger gerichtet ist und daher einen Fall des § 29 Abs. 1 Nr. 1 ErbStG vorliegt, da das Gesetz keine Einschränkung – z. B. auf Rückforderungsrechte nach dem BGB – enthält. Dies ist im Ergebnis richtig. Aus dem Wortlaut des § 29 Abs. 1 Nr. 1 ErbStG ergibt sich, dass ein »Rückforderungsrecht« gemeint ist. **248**

Der mit Eröffnung des Insolvenzverfahrens entstehende und in diesem Zeitpunkt fällig werdende Insolvenzanfechtungsanspruch ist ein **schuldrechtlicher Verschaffungsanspruch** gegenüber dem Anfechtungsgegner. Die Anfechtung gem. §§ 129 ff. InsO führt nicht zur Nichtigkeit der angefochtenen Rechtshandlung.[392] Der Wortlaut des **249**

---

389 Vgl. Schmittmann, StB 2024, 168, 169.

390 Vgl. Schmittmann, StB 2024, 168, 169.

391 So *Reich* in: von Oertzen/Loose, § 29 ErbStG Rn. 16; Troll/Gebel/Jülicher/Gottschalk, § 29 ErbStG Rn. 33.

392 Vgl. BGH, 21.09.2006 – IX ZR 235/04, NZI 2007, 42. ff. = ZIP 2006, 2176 ff.

§ 143 Abs. 1 Satz 1 InsO bringt nach der Rechtsprechung des BGH deutlich zum Ausdruck, dass die angefochtene **Rechtshandlung** weder absolut noch relativ unwirksam ist, sondern ein Rückgewähranspruch entsteht.

250 Bei erfolgreicher Durchführung der Insolvenzanfechtung ist der Sachverhalt somit auch steuerlich rückabzuwickeln, wobei für die Insolvenzmasse in der Regel kein **Erstattungsanspruch** entsteht, da der Beschenkte regelmäßig zur Schenkungsteuer herangezogen worden ist. In den Fällen allerdings, in denen ausnahmsweise der Schenker zur Zahlung der Steuer herangezogen worden ist, ergibt sich ein Korrekturanspruch zu Gunsten der Insolvenzmasse.[393]

251 Der Insolvenzverwalter wird daher in Fällen der Anfechtung einer unentgeltlichen Leistung gem. § 134 Abs. 1 InsO prüfen, ob der Schuldner oder der Beschenkte die Schenkungsteuer tatsächlich entrichtet hat.

393 Vgl. Schmittmann, EWiR 2019, 113, 114.

Kapitel 2: Realisierung von Insolvenzanfechtungsansprüchen

Übersicht

A. Ermittlung von Insolvenzanfechtungsansprüchen

Schrifttum

Ahrens, Die Passivierung von Abwicklungskosten im Überschuldungsstatus, ZInsO 2019, 1403ff.; *Ampferl/Kilper*, Die Ermittlung der Zahlungsunfähigkeit in der Praxis, NZI 2018, 191ff.; *Berbuer*, Endlich: BGH bestätigt Darlegung der Zahlungsunfähigkeit mittels statischer Liquiditätsdaten, ZInsO 2022, 1769ff.; *Bork*, Kann der (vorläufige) Insolvenzverwalter auf das Anfechtungsrecht verzichten?, ZIP 2006, 589 ff.; *ders.*, Zahlungsunfähigkeit, Zahlungsstockung und Passiva II, ZIP 2008, 1749 ff.; *ders.*, Beauftragung von Dienstleistern durch den Insolvenzverwalter: Regelaufgabe oder besondere Aufgabe?, ZIP 2009, 1747 ff.; ders. Überschuldungssonderrecht für Start-ups?, ZRI 2023, 897ff.; *ders.*, Der Überschuldungstatbestand in Europa: Renaissance oder Abgesang?, 849ff.; *Brahmstaedt/Klopp*, Die Bugwelle ist gebrochen – Ermittlung der Zahlungsunfähigkeit unter Berücksichtigung der Passiva II, Der Betrieb, 875ff.; *Brünkmans/Clev*, Grundsätze für die Ermittlung der Zahlungsunfähigkeit und Besonderheiten bei konzernverbundenen Unternehmen – zugleich Anmerkung zu BGH

Urt. v. 28.06.2022 – II ZR 112/21, ZInsO 2022, 2272ff.; *Comtesse*, Vereinfachter Nachweis der Zahlungsunfähigkeit nach dem Urteil des BGH vom 28.06.2022 (II ZR 112/21) – Kritische Auseinandersetzung aus sachverständiger Sicht, ZInsO 2022, 2329ff.; *Ebke/Seagon/Piekenbrock*, Überschuldung: Quo vadis?, 1. Aufl. 2020; *Ehlers*, Anforderungen an die Fortführungsprognose, NZI 2011, 161ff.; *Eichenlaub*, Überschuldungsprüfung im Konzern, 2016, Bd. 46; *Frystatzki*, Der BGH erteilt der Bugwellentheorie eine Absage, ZInsO 2018, 601ff.; *Geißler*, Die Zahlungsunfähigkeit und die diesbezügliche Kenntnis des Leistungsempfängers innerhalb der Deckungsanfechtung des § 130, ZInsO 2017, 297 ff.; *Goette*, Zur Frage, welche Anforderungen an die Geschäftsleitung und ihre Berater bei der Fertigung einer Fortführungsprognose zu stellen sind DStR 2016, (Teil 1), 1684ff., (Teil II), 1752ff.; *Gutmann*, Die rechnerische Ermittlung der Zahlungsunfähigkeit, NZI 2021, 473ff.; *Harig/Jürgens*, Liquidationskosten in der Überschuldungsprüfung nach dem SanInsFoG, NZI 2021, 911ff.; *Haarmeyer*, Die Methoden zur Ermittlung der Zahlungsunfähigkeit, InsbürO 2011, 442; *Hermanns/Blome*, Fortbestehensprognosen (PBP), ZInsO 2018, 362ff.; *Hermanns*, (Drohende) Zahlungsunfähigkeit, ZInsO 2024, 2132; *Hermanns/Wachter*, Gutachterliche Ermittlung von Insolvenzgründen zur retrograden Feststellung des Zeitpunkts der Zahlungsunfähigkeit anhand von elektronischen Buchungsdaten, ZInsO 2018, 1589; *Hoffmann*, Überschuldung – Kunst oder Handwerk? Einführung einer Antragspflicht bei akut drohender Zahlungsunfähigkeit, NZI 2024, 803ff.; *Karrenstein*, Feststellung der Zahlungsunfähigkeit & Analyse des Zahlungsverkehrs im Auftrag des Insolvenzverwalters, ZInsO 2021, 1668ff.; *Klöhn*, Sollte der deutsche Gesetzgeber die Überschuldungsregelung abschaffen?, ZRI 2020, 2ff.; *Körner/Rendels*, Überschuldung als Beweisanzeichen bei Vorsatzanfechtung?, ZRI Aufsätze 2022, 201ff.; *Krauß, Conrad*, Die Insolvenzuntersuchung im Wandel der Zeit, ZInsO 2021, 1844ff.; *Krauß, Sabine*, Effektive digitale Methoden zur Ermittlung strafrechtlich relevanten Verhaltens in der Insolvenz, ZInsO 2023, 2429ff.; *Kruth*, Die aktuelle BGH-Rechtsprechung zur Ermittlung der Zahlungsunfähigkeit – Gesteigerte Risiken für Geschäftsleiter in der Krise?, Der Betrieb, 2906ff.; *Laubereau*, Die Delegation der Ermittlung von Anfechtungsgründen, ZInsO 2016, 496 ff., *Mylich*, Zur Abgrenzung von Zahlungsstockung und Zahlungsunfähigkeit, ZIP 11/2018, 514ff.; *Neu/Ebbinghaus*, Die Feststellung der Zahlungsunfähigkeit und die Prognoseproblematik, ZInsO 2012, 2229 ff.; *Oehlrich*, Die Insolvenzantragspflicht bei Überschuldung – eine ökonomische Analyse, NZI 2022, 593ff.; *Olbing/Wollweber*, Das Zurückbehaltungsrecht des Steuerberaters, DStR 2009, 2700; *Parzinger/Lappe/Meyer-Löwy*, Die Prüfung der Zahlungsunfähigkeit unter besonderer Berücksichtigung prognostischer Elemente, 2143ff.; *Plagens/Wilkes*, Betriebswirtschaftliche Aspekte und offene Fragen im Zusammenhang mit der Definition des Begriffs »Zahlungsunfähigkeit« aufgrund der jüngeren BGH-Entscheidungen, ZInsO 2010, 2107 ff.; *Pulte*, Zahlungsunfähigkeit und Überschuldung bei bestrittenen und prozessbefangenen Verbindlichkeiten, ZInsO 2020, 2695ff., *Philipp/Säuberlich*, Der neue IDW S11 vs. BGH – kleiner Unterschied, große Wirkung!, ZInsO 2022, 677ff.; *Schluck-Amend*, Überschuldung als Insolvenzantragsgrund: Abschaffung, Modifizierung oder Beibehaltung?, ZRI 2023, 586ff.; *Schmidt/Roth*, Die Bewertung von streitigen Verbindlichkeiten bei der Ermittlung der Insolvenzeröffnungsgründe, ZInsO 2006, 236ff.; *Schmittmann/Dannemann*, Ermittlung der Zahlungsunfähigkeit unter besonderer Berücksichtigung von Insolvenzanfechtungsansprüchen, InsbürO 2011, 2ff.; *Sikora*, Die Fortbestehensprognose im Rahmen der Überschuldungsprüfung, ZInsO 2010, 1761ff.; *Staufenbiel/Hoffmann*, Die Ermittlung des Eintritts der Zahlungsunfähigkeit, ZInsO 2008, 785 ff., – Teil 1; 838 ff. – Teil 2; 891 ff. – Teil 3; *Staufenbiel*, Update Zahlungsunfähigkeit, InsbürO 2011, 446ff.; *Stohrer*, Europäische Harmonisierung des Insolvenzrechts und deutsche Insolvenzantragspflicht, ZInsO 2024, 121ff.; *Uhlenbruck*, Zahlungsunfähigkeit wegen vorläufig vollstreckbarer Zahlungstitel?, ZInsO 2006, 338ff.; *Waßmer*, Probleme bei Feststellung von Zahlungsunfähigkeit im Strafverfahren, ZInsO 2018,

1485ff.; *Wiegand*, Die Zahlungsunfähigkeit im Insolvenzgutachten und im Haftungsprozess – zugleich Anmerkung zu BGH, Urt. v. 19.12.2017 – II ZR 88/16, InsbürO 2019, 443ff.

1 Nach der Systematik der InsO entstehen Ansprüche aus Insolvenzanfechtung ipso iure mit der Eröffnung des Verfahrens (s. hierzu Kap. 1 Rdn. 31 f.). Sie stellen ähnlich wie andere Forderungen einen Teil der Insolvenzmasse dar und sind insofern vom Insolvenzverwalter grds. geltend zu machen (zu haftungsrechtlichen Konsequenzen s. Kap. 8 Rdn. 15 ff.).[1] Anders als andere Forderungen der Insolvenzmasse sind die Ansprüche aus Insolvenzanfechtung jedoch nicht offenkundig sichtbar oder in der Buchhaltung des Schuldners verzeichnet. Sie sind folglich zunächst ähnlich wie Haftungs- und Ersatzansprüche der Insolvenzmasse zu ermitteln und zu prüfen. Hierfür hat der Insolvenzverwalter Sorge zu tragen (s. hierzu Kap. 1 Rdn. 26 ff.). Da sich diese Aufgabenstellung jedoch je nach Verfahren als äußerst komplex und zeitaufwendig darstellen kann, ist durch den Verwalter sicherzustellen, dass hinreichend Ressourcen, Know-how und Organisationsstruktur zur Verfügung stehen. Eine schematische, allgemeingültige und umfassende Feststellung zu den notwendigen Voraussetzungen hierfür lässt sich nicht treffen, da sowohl die Verfahren wie die anzutreffenden Problemstellungen vielschichtig sind.

2 Nachfolgend soll jedoch versucht werden, einen Leitfaden mit Grundüberlegungen für eine entsprechende erfolgreiche Ermittlung zu erstellen, welcher dann im Einzelfall den Herausforderungen im konkret zu prüfenden Verfahren anzupassen ist.

I. Grundlagen

3 Nimmt man den Begriff der »Ermittlung«, so zeigt sich, dass dieser vielschichtig ist und nicht immer eine homogene Verwendung findet. Nachfolgend soll der Begriff in einer weiten Fassung verstanden werden, welcher sowohl die vorbereitenden Maßnahmen als auch die konkreten inhaltlichen Tätigkeiten sowie die fachliche Bewertung und Kontrolle bis zur möglichen gerichtlichen oder außergerichtlichen Geltendmachung des Ermittlungsergebnisses beinhaltet. Vom Grundverständnis ist daher alles umfasst, was unter Kosten-Nutzen-Überlegungen idealerweise zur Auffindung und dem Ausschluss von potenziellen Anfechtungsansprüchen vorgenommen werden kann.

4 Inwieweit sämtliche Maßnahmen durch den Insolvenzverwalter oder seinen Stab selbst zu erfolgen haben oder können, sei ausdrücklich ausgeklammert und an anderer Stelle einer vergütungsrechtlichen Diskussion zugeordnet.[2] Ein Ergebnis in diesem Punkt wird sicherlich jedoch von Umfang und Schwierigkeit der konkreten Aufgabe abhängen und sich insoweit nicht pauschal treffen lassen.

5 Im Rahmen der Ausführungen wird davon ausgegangen, dass es zumindest im Aufgabenbereich des Verwalters liegt, gleich eines »Ermittlungsmanagers«, dafür Sorge

1 Bork, ZIP 2006, 593.
2 S. weiterführend Bork, ZIP 2009, 1752; Laubereau, ZInsO 2016, 496 ff.

zu tragen, dass eine entsprechende umfassende Ermittlung durch ihn oder fachkundige Dritte erfolgt.

Nach dem hier angeführten Begriffsverständnis lässt sich die Ermittlung in folgende Phasen untergliedern: 6

0. Strukturelles Ressourcen- und Know-how-Management
1. Unterlagensicherung
2. Ordnung der Sachverhalte
3. Betriebswirtschaftliche Aufbereitung der Sachverhalte
4. Juristische Einordnung
5. Dokumentation der aufgefundenen Sachverhalte
6. Abschließende Bewertung und Strategiefestlegung

Bevor jedoch eine Erörterung der einzelnen Phasen im Detail erfolgt, soll zunächst auf die verschiedenen Ermittlungsstrategien eingegangen werden. Aus den hierzu verschiedenen denkbaren Ansätzen sollen zwei in der Praxis häufig anzutreffende Vorgehensweisen erörtert werden. Sie werden nachfolgend zum einen als **punktuelle juristische Methode** und **zeitraumbezogene betriebswirtschaftliche Methode** bezeichnet. 7

Es sei darauf hingewiesen, dass die in der Praxis angetroffene tatsächliche Vorgehensweise selten die nachfolgend dargestellte idealtypische Reinform einer der beiden Methoden ausmacht. Vielmehr ist die angewendete Ermittlungstechnik eine unterschiedliche Gewichtung und Kombination beider Methoden. Des Weiteren ist es denkbar, dass i.R.d. Ermittlungsdurchführung je nach abschnittweisem Ergebnis eine Schwerpunktverlagerung in der Gewichtung beider Methoden vorgenommen wird. Nichtsdestotrotz soll zum besseren Verständnis i.R.d. weiteren Darstellung eine idealtypische und insofern getrennte Erörterung der unterschiedlichen Ansatzpunkte erfolgen. 8

1. Punktuelle juristische Methode

Die punktuelle Ermittlung dürfte die in den Verwalterbüros am häufigsten angewandte Ermittlungsform darstellen. Sie kann auf begrenzter Datenbasis und mit geringem Zeit- und Personalaufwand zu kurzfristigen Erfolgen führen. Dieses kann, um zu einer positiven Eröffnungsempfehlung zu kommen, insb. dann zielführend sein, wenn die Eröffnungsentscheidung aufgrund von mangelnden vorhandenen (sichtbaren) Vermögenswerten noch nicht gesichert ist (s. zum Problem der Abweisung mangels Masse Kap. 1 Rdn. 15). 9

Probleme birgt die punktuelle Ermittlung insb. bei der Analyse antragspflichtiger Schuldner im Hinblick auf eine hinreichende Vollständigkeit von aufgefundenen Anfechtungstatbeständen bei den durchgeführten Ermittlungen im eröffneten Verfahren. 10

a) Konzeptioneller Grundgedanke

Die punktuelle juristische Ermittlungsmethode orientiert sich in ihrer Vorgehensweise an der klassischen juristischen Anspruchsprüfung. Mit der Kenntnis der gesetzlichen 11

Tatbestandsvorgaben und der höchstrichterlichen Rechtsprechung wird versucht, aus den bekannten und leicht erkennbaren Sachverhalten im Krisenverlauf auffällige Rechtshandlungen (Einzelsachverhalte) ausfindig zu machen.

12 Die aufgefundenen Einzelsachverhalte werden dann anhand der juristischen Vorgaben geprüft und, soweit die aufgefundenen Tatbestände noch nicht vollständig den juristischen Vorgaben genügen, durch weitere Ermittlungen rund um die angefochtene Rechtshandlung mit dem Ziel der gerichtsfesten Anspruchsbelegung ergänzt. Die notwendigen Indizien für auffällige prüfungsrelevante Einzeltatbestände finden sich zumeist im Schriftverkehr während der Krise oder in den Unterlagen zu den Zahlungsverläufen in der Krisenzeit.

13 Aufgrund der fehlenden bzw. geringen subjektiven Voraussetzungen können mit dieser punktuellen Vorgehensweise insb. Ansprüche aus unentgeltlicher Leistung (§ 134 InsO), Ansprüche aufgrund inkongruenter Deckung oder Besicherung im letzten Monat vor Antragstellung (§ 131 Abs. 1 Nr. 1 InsO) oder Ansprüche gegen Gesellschafter und nahestehende Personen aufgefunden werden.

14 Da die meisten auffälligen Sachverhalte in der gesetzlichen Krise bzw. zeitnah zur Insolvenzbeantragung zu vermuten sind, bietet es sich bei der Durchführung einer entsprechenden Ermittlung an, rückwärts gerichtet von der Insolvenzeröffnung an nach auffälligen Einzelsachverhalten zu suchen.

15 Um relevante Tatbestände aufzufinden, kann als Mindestmaß verfahrensunabhängig davon ausgegangen werden, dass neben der Durchsicht der Unterlagen der Geschäftskonten ein intensives Gespräch mit dem Schuldner über den Verlauf der Krise sowie eine genaue Prüfung des Mahnschriftverkehrs in den letzten drei Monaten vor Antragstellung erforderlich ist. Des Weiteren sollten zwingend die Kredit- und Sicherungsunterlagen auf Auffälligkeiten geprüft werden. Außerdem birgt die Prüfung des Schriftverkehrs mit Gläubigern von wesentlichen Forderungen (Finanzbehörden, Sozialversicherungsträgern, Kreditinstituten und wesentlichen Debitoren und Kreditoren) ein nicht unwesentliches Erfolgspotenzial (zu den Besonderheiten der Anfechtung ggü. Gläubigern mit wesentlichen Forderungen s. vertiefend Kap. 4 Rdn. 1 ff.).

b) Auffällige Vorgänge

16 Orientiert an den Entscheidungen der höchstrichterlichen Rechtsprechung lassen sich verschiedene auffällige Fallkonstellationen aufzeigen, welche immer wieder i.R.d. Vorgehensweise nach der punktuellen juristischen Methode erkennbar sind. Diese sollen ohne den Anspruch auf Vollständigkeit im Nachfolgenden kurz angesprochen werden.

aa) Vollstreckungshandlungen in den letzten drei Monaten

17 Nach ständiger Rechtsprechung des BGH sind Vollstreckungshandlungen, die einem Insolvenzgläubiger innerhalb der letzten drei Monate vor Antragstellung eine Sicherung oder Befriedigung gewährt haben, als inkongruent zu klassifizieren (s. vertiefend Kap. 3 § 131 InsO Rdn. 21 f.). Sie können damit nach den erleichterten Voraussetzungen des § 131 InsO angefochten werden.

Da regelmäßige Vollstreckungshandlungen des Weiteren als Indiz für die Zahlungseinstellung und damit die Zahlungsunfähigkeit fungieren können, kann bereits allein das Auffinden von Vollstreckungsvorgängen ausreichend für die Begründung entsprechender Ansprüche in der gesetzlichen Krise sein (s. hierzu Kap. 3 § 130 InsO Rdn. 31 ff.). 18

Sowohl im Schriftverkehr, der meist in loser, ungeordneter Form vorhanden ist, als auch anhand der Buchungstexte in den Kontoauszügen der letzten Monate von Antragstellung lassen sich entsprechende Vorgänge auffinden. Aus dem Betreff für die relevanten Buchungen findet sich häufig ein entsprechender expliziter Hinweis auf Zahlung auf Pfändungen oder das jeweilige Aktenzeichen des Gerichtsvollziehers. In ähnlicher Weise können sich auch Hinweise im Kassenbuch finden. 19

Parallel hierzu kann es sinnvoll sein, mit dem für den Schuldner örtlich zuständigen Gerichtsvollzieher und dem Hauptzollamt Kontakt aufzunehmen und um Auskunft über Vollstreckungshandlungen beim Schuldner zu bitten. 20

bb) Zahlung zur Abwendung von Insolvenzanträgen

In ähnlicher Weise sind Zahlungen zur Abwendung von Insolvenzanträgen einzuordnen. Diese stellen ebenfalls eine inkongruente Deckung dar und weisen auf die Liquiditätskrise (s. hierzu Kap. 3 § 131 InsO Rdn. 21) des Schuldners hin. Sobald sie sich nicht aus den Unterlagen ergeben, sind entsprechende Auskünfte beim Insolvenzgericht zu erhalten. 21

cc) Inkongruente Rückführung auf Girokonten

Ebenfalls als inkongruente Deckung sind Rückführungen eines ungekündigten Kontokorrentkredites im letzten Monat oder in den letzten drei Monaten anfechtbar (s. weiterführend Kap. 4 Rdn. 101 ff.). Als Indiz für entsprechende Rückführungen sollte zumindest ein Vergleich der entsprechenden Tagessalden in den relevanten Zeiträumen erfolgen. Zeigt sich hier eine Reduzierung des Saldos bis zur Antragstellung, erscheint es lohnenswert, den Sachverhalt weiter gehend zu untersuchen. 22

dd) Inkongruente Nachbesicherung

Zeigt sich aus dem Schriftverkehr oder den eingereichten Sicherungsunterlagen zur Forderungsanmeldung ggü. Kreditinstituten oder anderen wesentlichen Gläubigern sowie Nahestehenden, dass es im letzten Zeitraum der Krise des Schuldners zur Gewährung weiterer Sicherheiten kam, so sollten diese eingehend untersucht werden. Erfolgt die Besicherung zu einem Zeitpunkt, in dem die betreffende Forderung bereits als ungesicherte oder schlechter gesicherte Forderung bestand, so kann hierin eine Nachbesicherung liegen, welche als inkongruent zu klassifizieren sein könnte (s. hierzu Kap. 5 Rdn. 10 ff.). 23

ee) Gescheiterte Sanierung

Ergibt sich aus der wirtschaftlichen Entwicklung, dass (mehrfach) Sanierungsversuche unternommen und insoweit mit wesentlichen Gläubigern Verhandlungen geführt 24 wurden, bietet es sich an, die dort getroffenen Vereinbarungen auf eine etwaige gläubigerbenachteiligende Wirkung zu untersuchen (s. weiterführend zu Sanierung Kap. 4 Rdn. 877 ff.). Des Weiteren gilt es zu beurteilen, ob die geführten Sanierungsbemühungen objektiv geeignet und fachlich zutreffend waren. Hierzu ist insb. auf die für eine Sanierungshoffnung unterstellten Annahmen in der Prüfung Wert zu legen. Liegt ein untauglicher Sanierungsversuch im Ergebnis vor, lassen sich häufig Ansprüche gegen die darin eingebundenen Gläubiger auffinden.

ff) Deckung von Forderungen Nahestehender

25 Des Weiteren empfiehlt es sich, den Zahlungsverkehr danach zu sichten, ob Zahlungen an oder zugunsten von Nahestehenden (§ 138 InsO) erfolgten (zum Begriff der Nahestehenden s. Kap. 3 § 138 InsO Rdn. 5 ff.).

26 Neben der tatsächlichen Rückgewähr von Darlehen oder darlehensgleichen Sachverhalten gem. § 135 InsO (s. hierzu Kap. 3 § 135 InsO Rdn. 31 ff.) kann es sich hierbei auch um unentgeltliche Leistungen (s. hierzu Kap. 3 § 134 InsO Rdn. 44) an den Zahlungsempfänger handeln. Gehört der Schuldner zu einem Konzern, welcher sich insgesamt in der Krise befindet, so kann eine Zahlung, die der Schuldner für ein ebenfalls insolvenzbedrohtes anderes Konzernmitglied vornimmt, nach § 134 InsO anfechtbar sein.

27 Es empfiehlt sich daher, im Rahmen eines Konzerns ebenfalls auf Indizien für die Krise anderer Konzerngesellschaften zu achten. Ein entsprechender Hinweis kann sich z.B. aus einem Sanierungsgutachten für den Gesamtkonzern ergeben.

gg) Unentgeltliche Verfügungen

28 Wendet der Schuldner ohne Gegenleistung anderen Vermögenswerten zu oder finden sich Verträge, die offenkundig für das schuldnerische Vermögen als unausgewogen und nachteilig zu klassifizieren sind, bietet sich eine Prüfung des Sachverhalts insb. im Hinblick auf eine unentgeltliche Leistung nach § 134 InsO an (s. hierzu Kap. 3 § 134 InsO Rdn. 17 ff.).

hh) Unklare Vermögensabflüsse

29 Grds. sollte sämtlichen Vermögensabflüssen nicht nur aus anfechtungsrechtlichen Gesichtspunkten nachgegangen werden, welche nicht klar zuordenbar sind oder den Anschein erwecken, nicht im Zusammenhang mit dem Geschäftsbetrieb des Schuldners erfolgt zu sein.

c) Grenzen der punktuellen juristischen Methode

30 Da die punktuelle juristische Methode auf Einzelsachverhalte abstellt, kann sie systembedingt keinen Anspruch auf eine hinreichende und vollständige Erfassung sämtlicher Anfechtungssachverhalte erheben. Sie birgt insoweit den Vorwurf in sich, dass der Verwalter die Anfechtungsverfolgung unausgewogen und fokussiert auf einzelne Gläubigergruppen betreibt.

Weil sie sich nur schwerlich automatisieren lässt und ein gewisses individuelles Vorgehen verlangt, stößt sie des Weiteren bei umfangreichen und komplexen Geschäftsvorfällen an Grenzen. Hinzu kommt, dass nach der neuen Rechtsprechung des Bundesgerichtshofes zur Darlegung der subjektiven Tatbestände des § 133 InsO das Abstellen auf den Zeitpunkt der angefochtenen Rechtshandlung grds. nicht mehr alleine ausreichend ist. Vielmehr kommt es auf die Annahme über mögliche künftige Entwicklungen der wirtschaftlichen Lage des Schuldners nach der angefochtenen Rechtshandlung. Hierzu ist möglicherweise umfangreich durch den Insolvenzverwalter vorzutragen (s. hierzu Kap. 3 § 133 Rdn. 30 ff.).[3] 31

Insb. bei Unternehmensinsolvenzen, welche noch vor Antragstellung eine umfangreiche wirtschaftliche Tätigkeit entfalteten, stellt es sich als mühsam und zeitaufwendig dar, selbst den Zeitraum der gesetzlichen Krise allein kursorisch durchzuschauen. Insofern kann die punktuelle juristische Methode hier lediglich als Einstieg in die Frage gesehen werden, ob eine systematische Aufarbeitung des Krisenzeitraumes unter Kosten-Nutzen-Gesichtspunkten als sinnvoll erscheint. 32

2. Zeitraumbezogene betriebswirtschaftliche Methode

Ziel der zeitraumbezogenen betriebswirtschaftlichen Methode ist die systematische und hinreichend vollständige Durchsicht des Krisenzeitraumes auf vermögensrelevante Sachverhalte anhand der Buchhaltung und des Belegwesens des Schuldners. 33

Anders als die juristische Methode setzt sie beim Auffinden von relevanten Sachverhalten nicht auf eine breite Kenntnis von Leitsatzentscheidungen, sondern versucht, die betriebswirtschaftlichen Indikationen des rechtlichen Gesamtkonzeptes der Insolvenzanfechtung als vielschichtiges Filtersystem fruchtbar zu machen. 34

Bildlich ist sie insofern vergleichbar mit einer kaskadenhaften Rasterfahndung, in welcher die Maschen zum Ende hin immer feingliedriger werden und den gesamten vorinsolvenzrechtlichen Zeitraum dementsprechend durchsieben. 35

Rechtlicher Ausgangspunkt hierbei sind die Tatbestandsanforderungen, welche § 133 Abs. 1 InsO setzt. Diese eignen sich insofern für eine systematische Prüfung, als dass durch § 133 Abs. 1 InsO der max. Anfechtungszeitraum von bis zu zehn Jahre rückwirkend vom Antrag erfasst werden kann. Beim weit überwiegenden Teil der für die Gläubigerbefriedigung wirtschaftlich interessanten Rechtshandlungen handelt es sich um Rechtshandlungen gem. § 133 Abs. 2 InsO. Insoweit erscheint es sinnvoll, den Betrachtungszeitraum aus Kosten-Nutzen-Überlegungen zunächst auf die letzten vier Jahre vor Insolvenzantragsstellung zu begrenzen. Lediglich dann, wenn Sicherheitenbestellungen gegenüber Gesellschaftern oder nachträglich interne außerordentliche Umstände im Zusammenhang mit zeitlich relevanten späteren Deckungen auftreten, mag eine Ausweitung des Zeitraumes als sinnvoll anzusehen sein. Ansonsten verbleibt der vollumfängliche Zeitraum von zehn Jahren wohl nur – wie von den Reformgebern gewünscht – für letztendlich doloses und unlauteres Geschäftsverhalten. 36

3 Vgl. BGH, 06.05.2021 – IX ZR 72/20, BGHZ 230, 28 = ZInsO 2021, 1627, Rn. 30 ff.

37 Des Weiteren stellt § 133 Abs. 1 InsO unter Ermittlungsgesichtspunkten faktisch eine Art »Generalklausel« des Insolvenzanfechtungssystems dar, in welchem die weiteren Anfechtungsgründe als Spezialregelungen mit z.T. verminderten (subjektiven) Tatbestandsanforderungen verstanden werden können. Hieran ändert die Reform des Insolvenzanfechtungsrechts und die Neuausrichtung der BGH-Rechtsprechung nichts, selbst wenn im Einzelfall auf der Ebene der bargeschäftlichen Verknüpfung eine tiefergehende individuelle Prüfung jeder aufgefundenen Rechtshandlung notwendig geworden ist. Dem steht nicht entgegen, dass der Bundesgerichtshof stärker versucht, insb. die Tatbestände des § 133 InsO und § 130 InsO trennschärfer zu differenzieren, da weiterhin kein Ausschlusstatbestand durch Erfüllen eines der jeweiligen Tatbestände für die verbleibende andere Norm begründet wird. Im Übrigen bleibt die Vermutungsregelung des § 133 Abs. 1 Satz 2, Abs. 3 Satz 1 InsO unangetastet.[4]

38 Lassen sich Sachverhalte finden, welche geeignet sind, § 133 Abs. 1 InsO zu erfüllen, können diese ebenfalls nochmals unter dem Gesichtspunkt anderer Anfechtungsgründe überprüft werden. Zwar ist bei der Geltendmachung bereits ein Anfechtungsgrund als solches ausreichend, es zeigt sich jedoch in der Praxis, dass sich die Durchsetzung eines Anspruches nach § 131, § 134 oder § 135 InsO aufgrund eines geringeren Streitpotenzials in den subjektiven Tatbeständen häufig als schneller und risikoloser darstellt, sodass eine weitere Überprüfung sich als zielführend erweisen kann.

39 Im Einzelnen gliedert sich die zeitraumbezogene betriebswirtschaftliche Methode demnach in folgende Schritte:

1. Bestimmung des darlegbaren Eintritts der Insolvenzreife und die Tendenz der allgemeinen weiteren wirtschaftlichen Entwicklung (Ab wann grds.?)
2. Bestimmung der individuellen darlegbaren Kenntnis von potenziellen Anfechtungsgegnern (Wer ab wann?)
3. Zeitraumbezogene Überprüfung der einzelnen Geschäftsvorfälle (Was?)
4. Prozessreife Dokumentation der ermittelten Erkenntnisse (Wie?)

a) Ermittlung des Eintritts der Insolvenzreife

40 Ausgangspunkt der Prüfung ist die Bestimmung des darlegbaren Eintritts der Insolvenzreife (zum Begriff s. Kap. 3 § 17 InsO Rdn. 8 ff.).

41 Zwar ist i.d.R. davon auszugehen, dass die Überschuldung (zum Begriff s. Kap. 3 § 19 InsO Rdn. 10 ff.) vor der Zahlungsunfähigkeit (zum Begriff s. Kap. 3 § 17 InsO Rdn. 8 ff.) eintritt und insoweit einen längeren Zeitraum bis zur Antragstellung erfasst. Da die Überschuldung jedoch nicht für alle Insolvenzverfahren als Antragsgrund fungiert und des Weiteren für nur wenige Beteiligte erkennbar ist, bietet es sich an, zumindest zusätzlich den Zeitpunkt zu bestimmen, in welchem die Zahlungsunfähigkeit voraussichtlich dauerhaft eingetreten ist.[5]

---

4 Vgl. BGH, 12.01.2023 – Az.: IX ZR 71/22, ZInsO 2023, 785.

5 Zur Ermittlung der Zahlungsunfähigkeit s. auch: Neu/Ebbinghaus, ZInsO 2012, 2229 ff.; Plagens/Wilkes, ZInsO 2010, 2107.

Bewährt hat sich hierzu eine kontinuierliche grafische Darstellung des Liquiditätsdeckungsgrades, in welcher eine tägliche oder wöchentliche Gegenüberstellung von liquiden Mitteln zu fälligen Verbindlichkeiten ausgewiesen wird. Hierzu können verschiedene Aufbereitungen nutzbar gemacht werden. Als Ausgangspunkt bietet sich die dynamische Gegenüberstellung der zum Stichtag vorhandenen und verfügbaren liquiden Mittel zu den (fälligen) Verbindlichkeiten an diesem Tag an. Dieser sog. Deckungsgrad I gibt Aufschluss darüber, wie es um die tägliche Liquidität des Schuldners bestellt war. Zeigt sich im dynamischen Verlauf, dass der Deckungsgrad dauerhaft eine signifikante Lücke aufweist, der Schuldner insoweit zu keinem Zeitpunkt über mehrere Monate oder Jahre bis zur Insolvenzantragstellung mehr in der Lage war, seine fälligen Verbindlichkeiten auszugleichen, so kann die Zahlungsunfähigkeit für die weitere Untersuchung angenommen werden. 42

Bestehen Zweifel daran, dass es sich um eine Zahlungsunfähigkeit und nicht nur um eine Zahlungsstockung handelt, so ist zu prüfen, inwieweit sich für jeden Stichtag in den nächsten drei Wochen die Liquiditätslage, bezogen auf die zum Stichtag bestehenden Verbindlichkeiten, entwickelt hat. Und es ist zu prüfen, ob sich die verfügbare Liquidität zur Begleichung der am Stichtag fälligen Verbindlichkeiten in den nächsten drei Wochen signifikant verbessert hat. 43

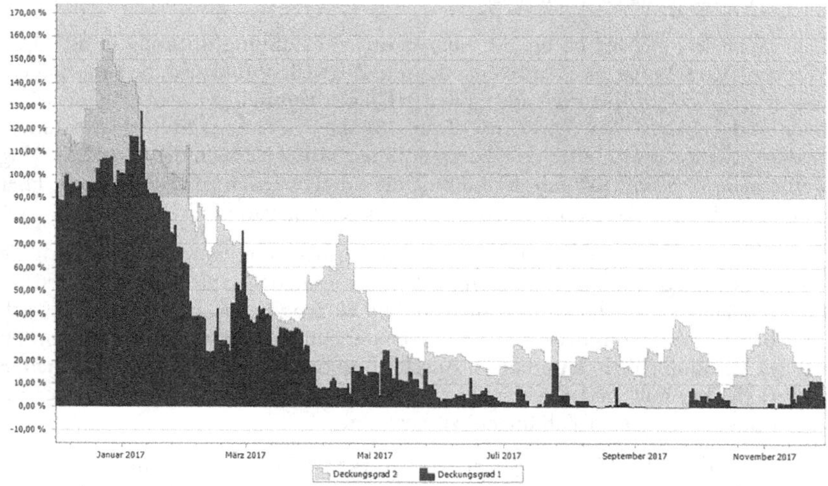

Abb. 1: Verlauf Liquiditätsdeckungsgrad

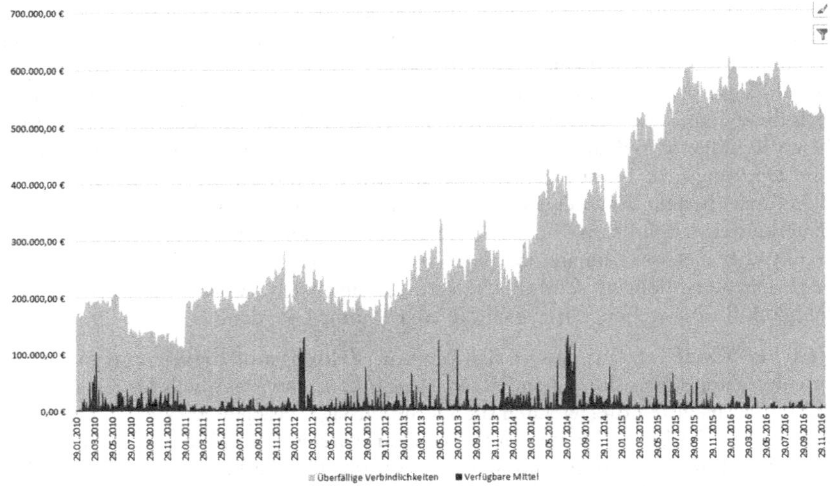

Abb. 2: Verlauf Liquiditätsbilanzzahlen

44 Lange Zeit war streitig, ob bei der Abgrenzung zur Zahlungsstockung in die Drei-Wochen-Betrachtung zum Ausschluss des sog. Bugwellenproblems[6] die zusätzlichen, in den drei Wochen hinzutretenden, offenen fälligen Verbindlichkeiten zu berücksichtigen sind (s. hierzu Kap. 3 § 17 InsO Rdn. 46), dieses ist nunmehr höchstrichterlich geklärt[7], so dass sowohl die verfügbaren liquiden Mittel als auch die zusätzlich fällig werdenden Verbindlichkeiten der kommenden drei Wochen zu erfassen sind. Hier empfiehlt sich ebenfalls eine dynamische Aufbereitung mittels Grafik.

45 Neben der grafischen Aufbereitung des Liquiditätsdeckungsgrades, besteht auch die Möglichkeit, das Zahlungsverhalten nach Außen aus den Unternehmensdaten im Hinblick auf eine Zahlungseinstellung optisch zu analysieren. Hierzu bietet es sich an, wöchentlich oder monatlich die Summen der fälligen bzw. mehr als drei Wochen fälligen Verbindlichkeiten und deren Ausgleichsquote (überfällige Verbindlichkeiten zu Periodenbeginn + in der Periode hinzutretende [über]fällige Verbindlichkeiten im Verhältnis zu geleisteten Zahlungen) zu betrachten.

46 Zeigt sich, dass über einen längeren Zeitraum (z.B. 24 Wochen[8]) ein wesentlicher Teil der (über)fälligen Gesamtverbindlichkeiten der Periode nicht ausgeglichen wurde, so ist davon auszugehen, dass sich im Zahlungsverhalten nach Außen das Bild einer Zahlungseinstellung manifestiert hat. Im Rahmen einer Abschätzung kann zumindest dann, wenn über einen entsprechenden Zeitraum überwiegend weniger fällige

6 S. hierzu Bork, ZIP 2008, 1752 f.; Fischer, in: FS Ganter, S. 158 ff.

7 BGH, 19.12.2017 – II ZR 88/16, BGHZ 217, 129 = ZInsO 2018, 381.

8 Der Vorschlag für einen Zeitraum von 24 Wochen ist angelehnt an OLG Dresden, 15.10.2014 – 13 U 922/14, S. 9.

Verbindlichkeiten bezahlt werden als offen bleiben (Quote 50 %) davon ausgegangen werden, dass eine die Zahlungsunfähigkeit begründende Zahlungseinstellung eingetreten ist. Auch eine graphische Zahlungsanalyse über die betrachtete Totalperiode der Krise kann zeigen, wie sich das Zahlungsverhalten des Schuldners über die Krisenzeit (weiter) entwickelt hat und von den beteiligten Geschäftskreisen wahrgenommen werden konnte und musste.

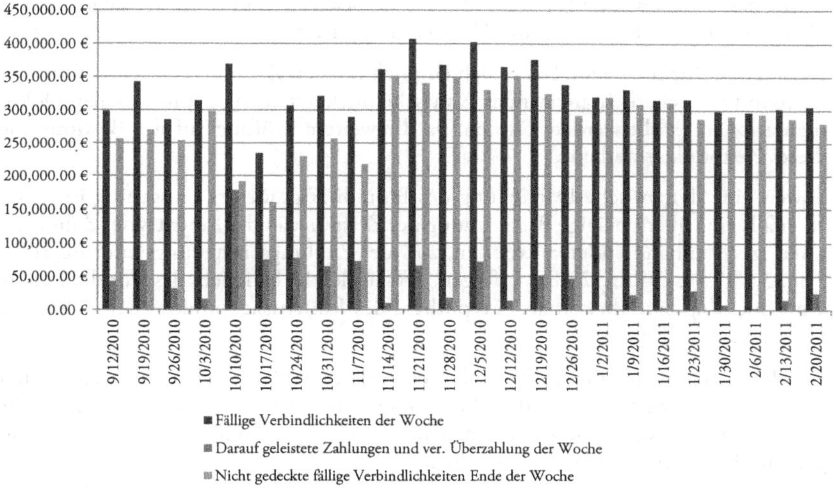

Abb. 3: Zahlungseinstellung I

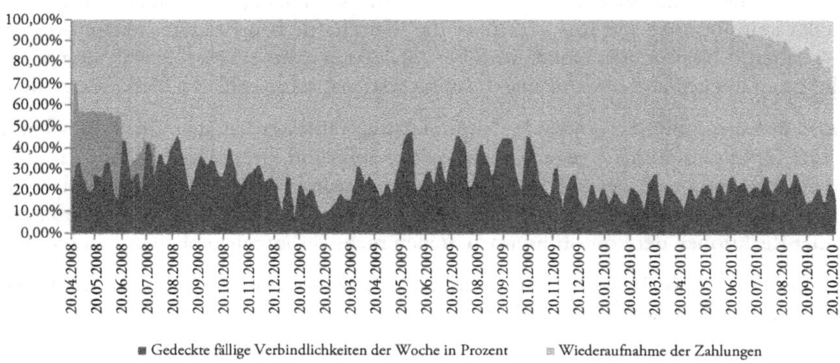

Abb. 4: Zahlungseinstellung I und II

47 Stellt der Bundesgerichtshof in seiner modifizierten Rechtsprechung[9] zu der Darlegung der subjektiven Tatbestandsmerkmale des § 133 InsO auf die weitere Entwicklung der wirtschaftlichen Lage des Schuldners ab, so können die aufbereiteten Daten über die Betrachtungsperiode ebenfalls als Argumentationshilfe dienen. Zeigt sich eine signifikante und kontinuierliche, dramatisch negative Entwicklung sowohl im Rahmen der Zahlungsmittel als auch dem Zahlungsverhalten, so spricht der erste Anschein dafür, dass – soweit nicht Sondertatbestände bekannt sind – die Geschäftsleitung nicht vor einer Verbesserung und Überwindung der Krise seriös ausgehen konnte.

48 Es ist darauf hinzuweisen, dass es sich empfiehlt, einen Zeitpunkt zu wählen, in welchem mit an Sicherheit grenzender Wahrscheinlichkeit auch die prozessualen Dokumentationen erfüllt werden können, da die weitere Prüfung auf der Bestimmung dieses Zeitpunktes aufbaut.

49 Soweit eine dynamische Darstellung des Liquiditätsgrades zu aufwendig ist, kann ebenfalls eine überschlägige Bestimmung des Zeitpunktes des Eintritts der Zahlungsunfähigkeit anhand anderer Kriterien, z.B. der Zahlungseinstellung (zum Begriff s. Kap. 3 § 17 InsO Rdn. 28 ff.), erfolgen. Wesentlich ist lediglich, dass für die weitere Untersuchung eine (belastbare) Hypothese des Eintrittszeitpunktes der Zahlungsunfähigkeit vorliegt.

50 Aus der Annahme über den Zeitpunkt der Insolvenzreife folgt dann, dass zumindest bei sämtlichen weiteren von dem Schuldner vorgenommenen Vorgängen, die die Insolvenzmasse negativ beeinflusst haben, grundsätzlich vom Bestehen des Gläubigerbenachteiligungsvorsatzes auszugehen ist.

51 Freilich setzt diese Grundannahme voraus, dass das Risiko des Bestehens der Zahlungsunfähigkeit für den Schuldner bzw. dessen Leitungsorgane erkennbar war. Zumindest bei Unternehmensinsolvenzen ist jedoch zu berücksichtigen, dass es zum Pflichtenkreis jedes Leitungsorgans gehört, sich über die wirtschaftlichen Belange stets informiert zu halten.[10] Nimmt man Unkenntnis bei objektivem Eintritt einer signifikanten Zahlungsunfähigkeit an, so würde man insofern systematisches Fehlverhalten unterstellen.

52 Des Weiteren sollte der objektive Zeitpunkt so gewählt werden, dass eine hinreichend vertiefte Liquiditätskrise gegeben war, welche aufgrund ihrer tatsächlichen Wirkung dem Schuldner oder dessen Geschäftsleitung aufgrund von beobachtbaren Folgen in Form von Mahnungen, Vollstreckungsankündigungen, Nachfragen von Gläubigern oder Reaktionen der kontoführenden Stellen nicht verborgen geblieben sein konnte.

53 In der Praxis bewährt hat sich insoweit, eine chronologische Liste aller auffindbaren Zahlungsauffälligkeiten zu erstellen:

9 Vgl. BGH, 06.05.2021 – IX ZR 72/20, BGHZ 230, 28 = ZInsO 2021, 1627, Rn. 30 ff.
10 BGH, 06.06.1994 – II ZR 292/91, BGHZ 126, 181, 199 ff. = ZIP 1994, 1103, 1110.

▶ Beispiel: Auswertung Indizien

Datum	Ereignis	Betrag	Beweis	Kreditor	V.I.
06.02.2018	Zahlungserinnerung/Mahnung/ Inkasso	1.719,10 €	2018.02.06 SBK M	SBK Siemens Betriebskrankenkasse	
07.02.2018	Zahlungserinnerung/Mahnung/ Inkasso	4.564,91 €	2018.02.07 Barmer M	Barmer	
15.02.2018	Vollstreckung	1.757,15 €	2018.02.28 SBK OGVS ZV	SBK Siemens Betriebskrankenkasse	
26.02.2018	Zahlungserinnerung/Mahnung/ Inkasso	31.768,96 €	2018.02.26 TK KA	TK Techniker Krankenkasse	
11.03.2018	Vollstreckung	8.021,84 €	2018.03.11 TK HZA VA	TK Techniker Krankenkasse	HZA-HST
15.03.2018	Zahlungserinnerung/Mahnung/ Inkasso	29.257,52 €	2018.03.15 Lieferant 1 M-Email(K4)	Lieferant!	
21.03.2018	Vollstreckung	435,00 €	2018.03.21 Barmer HZA M	Barmer	HZA-HST
12.04.2018	Vollstreckung	1.050,10 €	2018.04.12 HEK HZA VS	HEK Hanseatische Krankenkasse	HZA-HST
14.05.2018	**Androhung Vollstreckung**	4.524,78 €	2018.05.14 AOKNi M	AOKNiedersachsen	
17.05.2018	Vollstreckung	215,50 €	2018.05.17 Barmer HZA VA	Barmer	HZA-HST
22.05.2018	Zahlungserinnerung/Mahnung/ Inkasso	94,70 €	2018.05.22 Lieferant 2 M	Lieferant 2	
23.05.2018	**Ratenzahlungsvereinbarung**	17.988,51 €	2018.05.23 BfArbeit Stund	Bundesagentur für Arbeit	
28.05.2018	Vollstreckung	2.284,64 €	2018.05.28 AOKNo M	AOKNordOst	
28.05.2018	Vollstreckung	191,50 €	2018.05.28 Barmer HZA M	Barmer	HZA-HST
28.05.2018	Vollstreckung	1.076,10 €	2018.05.28 HEK HZA M	HEK Hanseatische Krankenkasse	HZA-HST
28.05.2018	Vollstreckung	6.714,87 €	2018.05.28 TK HZA M	TK Techniker Krankenkasse	HZA-HST

54 Hieraus lassen sich ebenfalls entsprechende Argumente für die allgemeine weitere wirtschaftliche Entwicklung, z.B. durch weitere grafische Auswertungen, ableiten.

▶ Beispiele für Auswertung Indizien

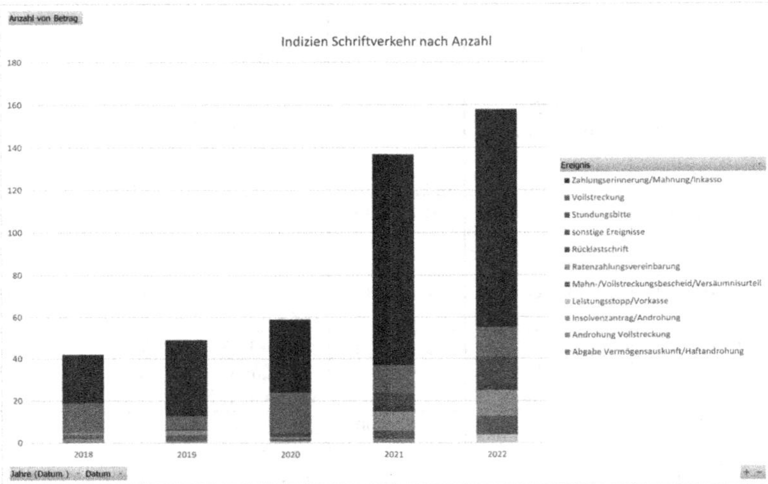

Abb. 5: Indizien Schriftverkehr nach Anzahl

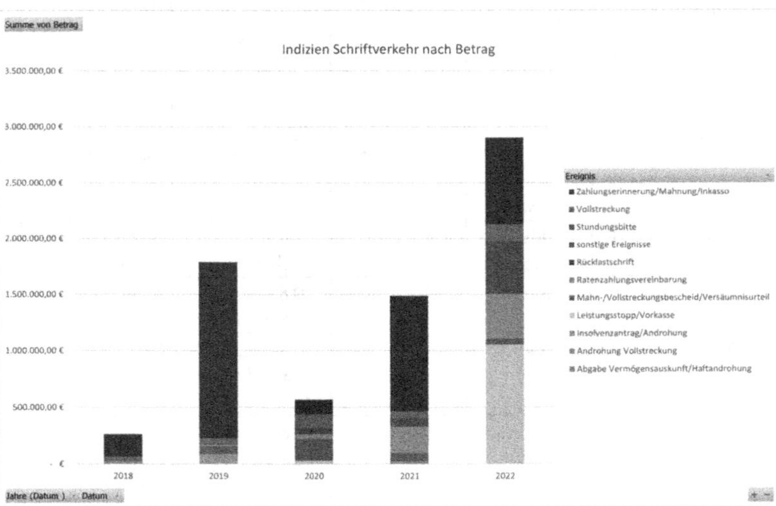

Abb. 6: Indizien Schriftverkehr nach Betrag

Zahlt das schuldnerische Unternehmen ohne besondere Absprachen dauerhaft weniger von seinen fälligen Verbindlichkeiten, ist es praxisfern anzunehmen, dass dieses der Geschäftsleitung nicht bekannt war bzw. aufgrund der objektiven Lage nicht bewusst erfolgte.[11] 55

Des Weiteren kann die Liste als Basis für die im nächsten Schritt zur Bestimmung der in Frage kommenden potenziellen Anfechtungsgegner dienen.

Besteht die Zahlungsunfähigkeit und war diese dem Schuldner bekannt, so kann die Weiterführung der wirtschaftlichen Aktivität strafrechtlich selbst bei nicht antragspflichtigen Schuldnern zu einem Eingehungsbetrug führen.[12] Bei antragspflichtigen Schuldnern liegt ein nicht sozialadäquates Verhalten bereits darin, dass der gebotene Insolvenzantrag gem. § 15a Abs. 1 InsO nicht gestellt wird und insofern von einer Insolvenzverschleppung auszugehen ist. 56

Da bei Insolvenzreife bedingt immer damit zu rechnen ist, dass eine Unterlassung des (gebotenen) Antrages einer »Lotterie« zulasten der Gläubigergemeinschaft gleichkommt, ist ein allgemeiner Anfangsverdacht für den Benachteiligungsvorsatz zumindest für jene Handlungen anzunehmen, welche geeignet sind, die Insolvenzmasse negativ zu beeinflussen. Denn mit Eintritt und Bestehen der Insolvenzantragspflicht obliegt es nicht mehr dem Schuldner, über seinen wirtschaftlichen Fortgang zu entscheiden, sondern dem i. S. d. Gläubigergemeinschaft agierenden (vorläufigen) Insolvenzverwalter. Der Bundesgerichtshof sieht jedoch im Ergebnis eine Trennung zwischen Insolvenzverschleppung und Gläubigerbenachteiligungsvorsatz, so dass demnach sich beide nicht bedingen.[13] 57

Als zusätzliche Überlegung sollten des Weiteren die (wirtschaftlichen) Interessen der Leitungsorgane eines antragspflichtigen Schuldners an einer Unternehmensfortführung herausgearbeitet werden. Neben eigenen finanziellen Vorteilen (Gehalt, sonstige Gratifikationen) ist dabei insb. auf sich realisierende Risiken der Leitungsorgane (Arbeitslosigkeit, Haftungsrisiken, persönliche Darlehen oder Bürgschaften) in der Insolvenz des Schuldners abzustellen. Hierin finden sich regelmäßig jene Argumente, welche die nach neuer Rechtsprechung des Bundesgerichtshofes geforderte Verletzung der Chancengleichheit zwischen den Gläubigern begründen kann.[14] Ergebnis dieses ersten Ermittlungsschrittes ist eine Hypothese darüber, ab wann in der Vergangenheit des Schuldners die weiteren Prüfungsschritte ansetzen sollen. 58

Anders ausgedrückt, erfolgt aus der Perspektive des ursprünglichen Analysezeitraums eine Einschränkung dahin gehend, für welche Zeiträume vom nunmehr gefundenen Zeitpunkt eine weitere vertiefte Prüfung unterbleiben kann. Soweit sich frühere signifikante Einzelsachverhalte zeigen, sind diese jedoch unabhängig von dieser Festlegung grds. parallel zum weiteren Vorgehen zu untersuchen. 59

11 Vgl. auch Geißler, ZInsO 2017, 298 f.
12 BGH, 09.08.2005 – 5 StR 67/05, ZInsO 2005, 986.
13 BGH, 03.03.2022 – IX ZR 78/20, ZInsO 2022, 640, Rn. 28.
14 Siehe hierzu BGH, 03.03.2022 – IX ZR 78/20, ZInsO 2022, 640, Rn. 32.

b) Ermittlung der individuellen Kenntnis der potenziellen Anfechtungsgegner

60 Im nächsten Schritt ist dann für den eingegrenzten Zeitraum des Bestehens der Insolvenzreife zu überprüfen, welche Personenkreise und Gläubigergruppen voraussichtlich ab wann von diesem Umstand Kenntnis erlangt haben könnten.

61 Es bietet sich hierzu an, zunächst die Gläubigergruppen (Banken, Krankenkassen, FA, Lieferanten und sonstige Gläubiger) dahin gehend einzugrenzen, welche Gruppen voraussichtlich am ehesten aus ihrer Geschäftsbeziehung die notwendigen Kenntnisse von Umständen erfahren haben, welche auf den Eintritt der Insolvenzreife und deren Fortbestehen für die Zukunft hindeuteten. Im ersten Schritt ist hierfür zu prüfen, ab wann die Liquiditätskrise durch äußere Anzeichen aus dem generellen Zahlungsverhalten für die jeweilige Gruppe allgemein erkennbar wurde. Im zweiten Schritt ist dann innerhalb der Gruppen eine genaue Überprüfung der einzelnen Geschäftskonten vorzunehmen. In dieser Betrachtung sollten auf jeden Fall branchenspezifische Gegebenheiten, wie z.B. der branchentypische Cash-to-Cash-Zyklus, mit Einfluss nehmen.

62 Grds. ist es zur Vermeidung des unsystematischen Durchforstens von Schriftverkehr geboten, eine Prüfung anhand der in der Buchhaltung vorhandenen Geschäftskonten vorzunehmen. Wie bei der Ermittlung des Zeitpunkts der Insolvenzreife bietet es sich ebenfalls an, auf dynamische grafische Aufbereitungen der einzelnen Geschäftskonten zurückzugreifen. Wurden die relevanten Zahlungsauffälligkeiten global bereits erfasst, können diese entsprechend nach Anfechtungsgegnern gefiltert und die Ereignisse in die grafische Auswertung eingefügt werden.

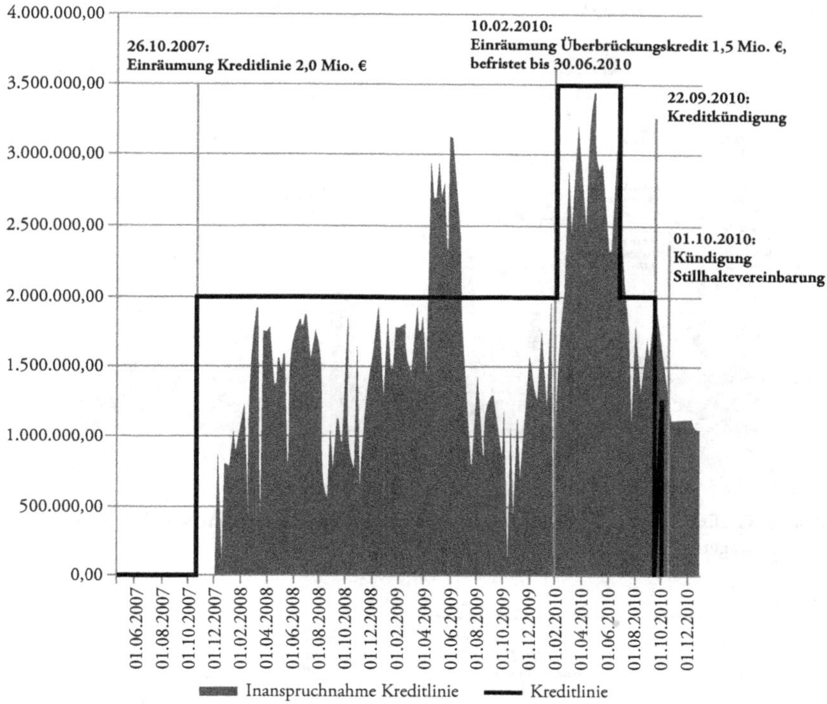

Abb. 7: Grafische Darstellung der Entwicklung des Buchsaldos des Girokontos

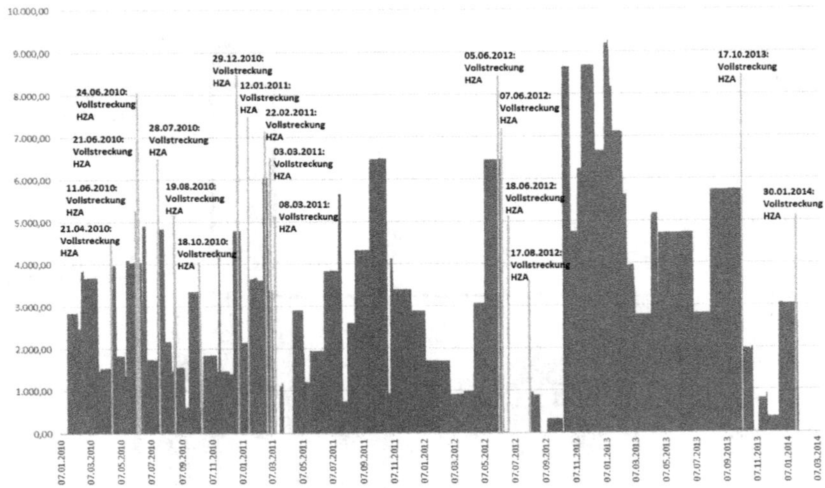

Abb. 8: Grafische Darstellung der Rückstandsentwicklung ggü. einem Sozialversicherungsträger

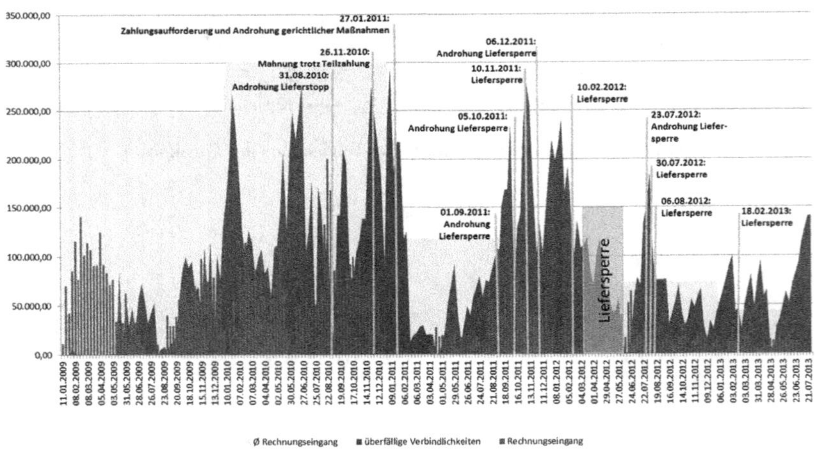

Abb. 9: Geschäftsverbindung mit Lieferanten

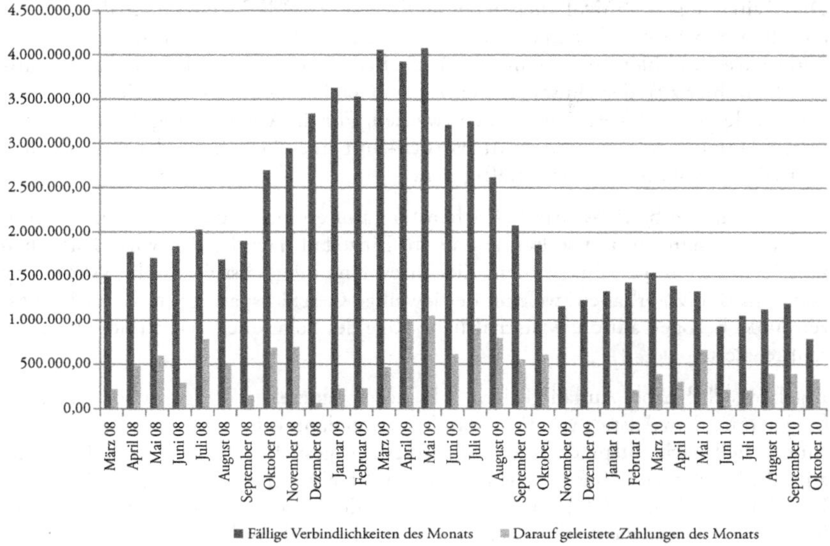

Abb. 10: Zahlungsverhalten ggü. Lieferanten

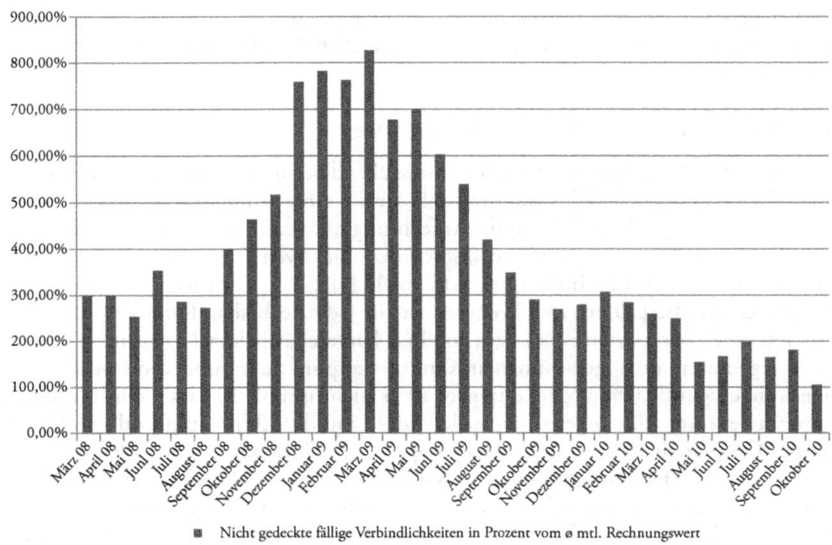

Abb. 11: Rückstandsentwicklung Lieferant

63 Des Weiteren ist es sinnvoll, neben der grafischen Darstellung des Geschäftsverlaufes nach betriebswirtschaftlichen Kriterien, eine grafische Aufbereitung von ausgewählten Vergleichskennzahlen vorzunehmen. Für die Bedeutung des einzelnen Geschäftspartners kann hier z.B. der Umsatz des einzelnen Geschäftspartners zum Gesamtumsatz bzw. zu den Gesamtkosten untersucht werden. Für die Veränderung der wirtschaftlichen Aktivität ggü. dem Geschäftspartner kann eine Darstellung des individuellen Transaktionsvolumens aussagekräftig sein.

64 Wie sich aus der betriebswirtschaftlichen Literatur ergibt, sind die denkbaren Kennzahlen umfangreich und sollten jeweils im Einzelfall nach betriebswirtschaftlichen Überlegungen ausgewählt werden. Ziel ist es, eine möglichst plastische Vorstellung von dem Bild zu erhalten, welches der jeweilige Geschäftspartner im Betrachtungszeitpunkt bezogen auf die wirtschaftliche Lage des Schuldners hatte und wie er darauf reagierte.

65 Ergeben sich hierbei Auffälligkeiten, z.B. durch generelle Verzögerungen von Zahlungen oder dem Anstieg von Rückständen, kann dann i.R.d. weiteren Dokumentierung gezielt nach entsprechendem Schriftverkehr gesucht oder die Geschäftsleitung anlassbezogen dazu befragt werden, sodass im Ergebnis hinreichend die zwingenden Umstände, welche auf Kenntnis von Eintritt der Zahlungsunfähigkeit bzw. Zahlungseinstellung sowie der Prognose dessen Fortbestand hindeuteten, darlegbar sind.

66 Ziel dieses Ermittlungsschrittes ist es einzugrenzen, gegen *wen* aus dem Kreis der potenziellen Anfechtungsgegner *ab wann* zulasten der Insolvenzmasse vorgenommene Vermögenstransfers anfechtbar sein können. Bezogen auf den einzelnen Anfechtungsgegner wird demnach die Kenntnis vom generellen Gläubigerbenachteiligungsvorsatz aufgezeigt.

c) Bestimmung der relevanten Einzelvorgänge

67 Ist der Eintritt des Kenntniszeitpunktes hinreichend bestimmt, so sind nunmehr sämtliche Geschäftsvorfälle des Schuldners mit diesem Anfechtungsgegner ab dem angenommenen Zeitpunkt auf die für die Anfechtung notwendigen allgemeinen Kriterien der Rechtshandlung (des Schuldners) sowie der objektiven Gläubigerbenachteiligung (s. hierzu Kap. 3 § 129 InsO Rdn. 3 ff. sowie Kap. 3 § 129 InsO Rdn. 16 ff.) im Einzelnen zu überprüfen. Des Weiteren ist für jede Rechtshandlung zu prüfen, ob sie Teil eines Bargeschäftes ist, bzw. in einer bargeschäftlichen Lage erfolgte. Während regelmäßig im angenommenen Kenntniszeitpunkt aufgrund von Rückständen Deckungen deutlich verzögert erfolgen, ist es nicht unüblich, dass die informierten systemrelevanten Gläubiger trotz vertiefender Liquiditätskrise aufgrund von Druck in der Geschäftsbeziehung (z.B. Lieferstopps oder Umstellung auf Vorkasse) später einen zeitnahen Rechnungsausgleich wieder erzielen können. Selbst wenn dieses aufgrund des defizitären Wirtschaftens letztendlich nur zu einer Vertiefung des späteren Insolvenzschadens durch Insolvenzverzögerung führt, erscheinen in der Regel nunmehr die Voraussetzungen des (neuen) § 142 Abs. 1 InsO bei einer solchen Sachlage nicht mehr erfüllt zu sein. Selbst wenn mit der Kenntnis des Anfechtungsgegners von der Insolvenzantragspflicht eine Weiterbelieferung erfolgt und dieses Verhalten

die weitere Insolvenzverschleppung durch den Schuldner erst ermöglicht, kann dieses Verhalten nach der höchstrichterlichen Rechtsprechung nicht als »unlauter« i.S.d. § 142 InsO gewertet werden.[15]

Dieses kann wiederum anhand des in der Buchhaltung geführten Geschäftskontos/ 68
der Geschäftskonten erfolgen. Wesentlich ist, dass keine Eingrenzung allein auf die Zahlungsvorgänge erfolgt, sondern sämtliche Geschäftsvorfälle wie Verrechnungen oder Leistungserbringungen sowie Besicherungen überprüft werden.

Das Ergebnis der Ermittlung sind demnach dann im Grundsatz zeitraumbezogene 69
Ansprüche gegen die jeweiligen Beteiligten und nicht Ansprüche, die auf lediglich einzelne Ereignisse und individuelle Indizien gestützt werden. In der zeitraumbezogenen Betrachtung sind jedoch ebenfalls die einzelnen relevanten Rechtshandlungen anzuführen und nicht nur der Gesamtsaldo geltend zu machen.

d) Prozessreife Aufbereitung

Die i.R.d. Ermittlung gewonnenen Erkenntnisse sind nunmehr anhand des Beleg- 70
wesens und des Schriftverkehrs individuell prozessreif aufzubereiten. Hierzu bietet es sich an, neben den Belegen auch die für den Erkenntnisprozess angefertigte grafische Aufbereitung mit beizufügen.

Als Leitsystem für die Auffindung von Belegen kann hier ebenfalls die Buchhaltung 71
fungieren, welche im Grundsatz zu jedem Geschäftsvorfall eine Belegnummer als Hinweis auf den zugrunde liegenden Beleg enthalten sollte.

Da schuldnerische Buchhaltungen gerade in der fortschreitenden Krise nicht immer 72
den handels- und steuerrechtlichen Bestimmungen entsprechen, ist jeweils abschließend durch den Verwalter zu entscheiden, ob die gefundenen Belege zur weiteren Verfolgung und Geltendmachung ausreichen.

e) EDV-gestützte Ermittlung

Wie erkennbar ist, kann sich die Ermittlung nach der zeitraumbezogenen betriebs- 73
wirtschaftlichen Methode als äußerst aufwendig darstellen, weil eine Vielzahl von Einzelvorgängen verdichtet und dynamisiert werden müssen.

Da insb. bei Unternehmensinsolvenzen die kaufmännische Buchhaltung EDV-gestützt 74
erfolgt, bietet es sich an, auch die Ermittlung EDV-gestützt mit Tabellenkalkulationsprogrammen oder Spezialsoftware vorzunehmen.

Hierzu können die einem Buchungsjahr zuzuordnenden Geschäftsvorfälle i.d.R. aus 75
der jeweiligen Buchhaltungssoftware des Schuldners über eine Export-Schnittstelle als GoBD-Standard[16] oder als DATEV-Export entnommen und aufbereitet werden.

---

15 Vgl. BGH, 05.12.2024 – Az.: IX ZR 122/23, BGHZ 242, 237 = ZInsO 2025, 125.

16 S. GoBD (Grundsätze zur ordnungsmäßigen Führung und Aufbewahrung von Büchern, Aufzeichnungen und Unterlagen in elektronischer Form sowie zum Datenzugriff) haben nunmehr die GoBS und die GDPdU abgelöst, s. weiterführend BMF-Schreiben v. 28.11.2019 –

Aus den Buchungsjahren empfiehlt es sich, dann für den gesamten Untersuchungszeitraum eine Totalperiode herzustellen. Da Fälligkeiten zumeist nicht in der Buchhaltung erfasst sind, können Standardfälligkeiten der Branche bzw. auf Basis von Masterrechnungen je Geschäftsverbindung berücksichtigt werden. Diese können dann für die einzelnen Verläufe der Berechnungsgrundlage genutzt werden. Des Weiteren kann zu Vereinfachungsgründen entsprechend § 366 Abs. 2 BGB zunächst davon ausgegangen werden, dass Deckungen des Schuldners auf die älteste Schuld in einer Geschäftsbeziehung erfolgen.

76 Der Vorteil dieser entnommenen Daten ist ferner, dass über eine meist vorhandene Belegnummer automatisch ein Verweis auf die Dokumentation des Geschäftsvorfalles im Belegwesen zu finden ist, sodass die prozessreife Aufbereitung ebenfalls erleichtert wird.

77 Aus dem EDV-Einsatz ist es zudem möglich, mit vertretbarem Aufwand auf den Einzelfall zugeschnittene betriebswirtschaftliche Auswertungen der Datengrundlage vorzunehmen, welche eine betriebswirtschaftlich fundierte Analyse der Gesamtzusammenhänge ermöglicht.

f) Grenzen der zeitraumbezogenen betriebswirtschaftlichen Methode

78 Ihren besonderen Vorteil entfaltet die zeitraumbezogene betriebswirtschaftliche Methode in Unternehmensinsolvenzen, in denen der Schuldner zum einen nach steuerlichen und handelsrechtlichen Normen buchhaltungspflichtig ist und zum anderen aus insolvenzrechtlicher Perspektive eine Insolvenzantragspflicht besteht.

79 Aufgrund des notwendigen Mindestaufwandes erscheint sie aus Kosten-Nutzen-Erwägungen in Privatinsolvenzen weniger geeignet.

80 Probleme können sich dann ergeben, wenn keine oder nur eine manipulierte (EDV)-Buchhaltung vorgefunden wird und in der das Belegwesen für die notwendige prozessuale Aufbereitung »nicht mehr auffindbar« ist.

81 Des Weiteren ist es aufgrund des notwendigen Zeitaufwandes nicht immer möglich, in der Eröffnungsphase schnelle und präzise Aussagen zu konkreten Einzelansprüchen für die Eröffnungsentscheidung vorzunehmen. Möglich ist jedoch, eine qualifizierte Prognose über das Potenzial möglicher Anfechtungsansprüche zu erstellen, die dann ebenfalls die Eröffnungsentscheidung beeinflussen kann.

II. Strukturelles Ressourcen- und Know-how-Management

82 Um eine geordnete und erfolgreiche Anfechtungsermittlung durchführen zu können, ist es zunächst notwendig, dass die hierfür erforderlichen Ressourcen bereitgestellt und ein struktureller Einbezug der vorzunehmenden Schritte in die sonstige Verfahrensabwicklung erfolgt.

IV A 4 – S0316/19/10003:001, BStBl. I 2019, 1269; BMF-Schreiben v. 11.03.2024 – IV D2-S0316/21/1001:002/2024/0184201.

1. Hinreichende Ressourcenbereitstellung

Neben der räumlichen und sachlichen Ausstattung sowie dem Bezug von Fachliteratur und Nachschlagesystemen, die sich bereits schon aus anderen Gründen in einem professionellen Insolvenzverwaltungsbüro finden lassen, ist i.R.d. Planung der Verfahrensabwicklung mit einzubeziehen, dass gerade auch in der »heißen Phase« der vorläufigen Verwaltung und in den ersten Monaten nach Insolvenzeröffnung fachkundige Mitarbeiter tatsächlich zeitlich zur Verfügung stehen, um die Weichenstellung für eine Erfolg versprechende spätere Anfechtungsermittlung aktiv vornehmen zu können. Es ist in der Gesamtplanung der Verfahrensabwicklung damit zu rechnen, dass bei mittleren und größeren Unternehmensinsolvenzen insgesamt durchaus unterschiedliche Mitarbeiter gleichzeitig oder nacheinander über mehrere Monate mit einer systematischen Aufbereitung und Prüfung beschäftigt sein könnten. 83

Da i.R.d. Anfechtungsermittlung es regelmäßig nicht zu fordern und nicht zu erwarten ist, dass sämtliche Leistungen vom Insolvenzverwalter selbst zu erbringen sind, ist durch entsprechende Schulung vorhandener oder durch Einstellung neuer Mitarbeiter sowie der Beauftragung von externen Dienstleistern zu gewährleisten, dass das für die Ermittlung notwendige Know-how bereitgestellt wird und sich die Jeweiligen mit der Aufgabe betrauten über die aktuellen Entwicklungen in Literatur und Rechtsprechung zeitnah informieren. Insbesondere aufgrund der stetigen Digitalisierung nimmt die Notwendigkeit von Know-how im Bereich von IT-Strukturen zu. Ohne eine zeitnahe qualifizierte Datensicherung zu Beginn des Verfahrens – meist bereits in der Eröffnungsphase – lässt sich eine systematische Anfechtungsprüfung später kaum realisieren. 84

Insoweit ist der Bereich der Insolvenzanfechtung als gleichwertiger wesentlicher Teilaspekt der Insolvenzverwaltung genauso wie die klassischen Tätigkeitsbereiche der Forderungsprüfung oder der Verwertung des schuldnerischen Vermögens zu betrachten und vorzustrukturieren. 85

2. Betriebswirtschaftliches Know-how

Im Rahmen der für eine erfolgreiche Anfechtungsermittlung notwendigen Kenntnisse ist neben den obligatorischen vertieften Kenntnissen der juristischen Anfechtungssystematik und der aktuellen höchstrichterlichen Rechtsprechung ganz wesentlich zu beachten, dass darüber hinaus fundierte betriebswirtschaftliche Kenntnisse insb. im Bereich des Controllings und Rechnungswesens zur Erzielung eines optimalen Ergebnisses erforderlich sind. Zwar stellt die Insolvenzanfechtung ein juristisches »Handwerksmittel« des Verwalters dar, dieses ist jedoch nur dann gezielt einzusetzen, wenn die mit den Sachverhalten verbundenen wirtschaftlichen Implikationen verstanden und beurteilt werden können. Nur dann, wenn man in der Lage ist, eine Gesamtwirkung aus erkennbaren Einzelumständen aus den Aufzeichnungen des schuldnerischen Betriebes aus der Vergangenheit zu entnehmen, ist es möglich, die abstrakten juristischen Rechtssätze zielführend zur Anspruchsgewinnung einzusetzen. Kenntnisse des Rechnungswesens und der Buchhaltung sind darüber hinaus dafür erforderlich, um die notwendigen Darlegungen und Beweismittel tatsächlich auffinden zu können. 86

3. Abstimmung mit externen Dienstleistern

87 Soweit der Verwalter nicht für sämtliche Bereiche die entsprechenden Ressourcen im notwendigen Umfang zur Verfügung stellen kann, ist dafür Sorge zu tragen, dass entsprechende qualifizierte externe Dienstleister eingesetzt werden können und insoweit diese mit den Kanzleiabläufen vertraut sind und ihre Tätigkeit daraufhin abgestimmt ist, sodass eine zügige und reibungslose Zusammenarbeit gewährleistet ist. Sind die Abläufe mit dem externen Dienstleister, z.B. im Hinblick auf die vom Schuldner übernommenen Unterlagen, nicht vorbesprochen und festgelegt, so besteht die Gefahr, dass sich die jeweiligen Abläufe gegenseitig blockieren und zu internen Widerständen bei den mit anderen Aufgaben betrauten Mitarbeitern anderer Abteilungen (allgemeine Verfahrensabwicklung, Forderungseinzug oder Tabellenprüfung) des Verwalters führen.

88 Im Hinblick auf die Vertragsgestaltung mit einem Dienstleister ist des Weiteren zu prüfen, inwieweit eine aufwands- oder erfolgsbezogene[17] Vergütung sinnvoll erscheint. Ist aufgrund der Liquiditätslage des Verfahrens oder der Risikoneigung des Verwalters i.R.d. Anfechtungsermittlung in Bezug auf die Massekosten eine erfolgsorientierte Vergütung vorzugswürdig, so kann im Rahmen einer Vertragsverhandlung dem Dienstleister zur Absicherung einer möglichen späteren Masseunzulänglichkeit als Sicherungsmittel zur Sicherung der Erfolgsbeteiligung die bestehenden Anfechtungsansprüche (teilweise) zur Sicherheit abgetreten werden, damit sich der Verwalter bei der Geltendmachung der erfolgsorientierten Vergütung nicht später auf die eingetretene Masseunzulänglichkeit berufen kann. Insoweit ist eine Beauftragung auf erfolgsabhängiger Vergütung ebenfalls möglich in jenen Verfahren, bei denen diese Vertragsgestaltung für den Insolvenzverwalter interessant und wesentlich wäre. Letztendlich stellt sich auch hier die Frage, ob unter Einschätzung von externen Dienstleistern insgesamt die Befriedigungschancen der Gläubiger verbessert werden können.

4. Informationsaustausch

89 Da i.R.d. Anfechtungsanalyse zum einen wesentliche Hintergründe über den schuldnerischen Betrieb und dessen Umfeld benötigt werden und zum anderen deren Analyse weiter gehende Erkenntnisse hervorbringt, bietet es sich an, durch Teambildung oder regelmäßige Besprechungen sämtliche mit der Abwicklung des Insolvenzverfahrens betrauten Mitarbeiter zu einem Informationsaustausch zusammenzubringen. Nicht selten haben die gefundenen Ergebnisse in der Anfechtungsermittlung bedeutende Auswirkungen auf die Forderungsprüfung, die Prüfung von Aus- und Absonderungsrechten oder den Forderungseinzug und können im Einzelfall selbst in Sanierungsverhandlungen fruchtbar gemacht werden. Insbesondere im Rahmen der Bereitstellung von Daten und dem Informationsaustausch mit externen Dienstleistern sind jedoch die Belange der DSGVO zu beachten und entsprechende vertragliche Grundlagen zu legen.

17 S. Bork, ZIP 2009, 1754.

5. Berücksichtigung in der Liquiditätsplanung

Für die Verfahrensabwicklung weiterhin von Bedeutung ist der Einbezug der Anfechtungsermittlung in die Liquiditäts- und Kostenplanung des Verfahrens. Nicht selten ist es bei größeren und komplexen Anfechtungsansprüchen notwendig, diese über mehrere Instanzen gerichtlich geltend zu machen. Selbst dann, wenn mit überwiegender Wahrscheinlichkeit vom Erfolg der Rechtsverfolgung auszugehen ist, kann eine tatsächliche Geltendmachung an einer hinreichenden Liquiditätsausstattung zur Vorfinanzierung des Prozesses scheitern. Zwar ist auch in der Insolvenzanfechtung die Beantragung von PKH denkbar und möglich (s. hierzu Kap. 10 Rdn. 1 ff.), jedoch sind hierfür nicht immer die rechtlichen Voraussetzungen darstellbar. 90

Da die Bereitschaft wesentlicher Gläubiger zur Prozessfinanzierung, selbst wenn sie für diese wirtschaftlich sinnvoll wäre, zumeist nicht besteht, ist bei absehbaren Liquiditätsproblemen bereits frühzeitig über Alternativen, wie z.B. die Prozessfinanzierung, nachzudenken. Ist absehbar, dass hier Schwierigkeiten auftreten, ist in der Anfechtungsermittlung dementsprechend mit einzubeziehen, dass neben der rechtlichen und bonitätsbezogenen Beurteilung der ermittelten Ansprüche auch eine Einschätzung dahin gehend erfolgt, inwieweit kurzfristig mit deren Realisierung, z.B. im Vergleichswege, zu rechnen ist. 91

Teilweise lässt sich insoweit durch die schnelle Realisierung einiger Ansprüche die notwendige Liquidität zur Führung anderer (wesentlicher) Anfechtungsprozesse generieren. Dieses setzt jedoch eine dementsprechende frühzeitige Gesamtplanung voraus. 92

6. Generelle Arbeitsvorgaben

Wenn die Vorbereitungen oder tatsächlichen Ermittlungen vollständig oder teilweise durch das Verwalterbüro selbst vorgenommen werden, kann durch Aufnehmen und Hinweisen auf die einzelnen notwendigen Arbeitsschritte eine Ergänzung in den Checklisten oder internen Arbeitshandbüchern erfolgen, sodass ein Tätigwerden durch den Verwalter organisatorisch sichergestellt ist. 93

Letztendlich ist außerdem dafür Sorge zu tragen, dass die sich für die Anfechtungs- und Haftungsansprüche ergebenden Verjährungsfristen berücksichtigt und hinreichend überwacht werden. 94

III. Unterlagensicherung

Einer für eine erfolgreiche Anfechtungsermittlung wesentlicher Einflussfaktor ist die frühzeitige und umfangreiche Sicherung der schuldnerischen Datengrundlagen. Selbst dann, wenn sich bei Antragstellung die Informations- und Datengrundlage als vollständig und ordnungsgemäß darstellt, ist nicht selten zu beobachten, dass sich diese aufgrund verschiedener Einflussfaktoren über die Zeit der Verfahrensabwicklung rapide verschlechtert und die für die Geltendmachung notwendigen Schlüsselunterlagen nicht (mehr) auffindbar sind. Dies ist insb. dann der Fall, wenn aufgrund von Kostenersparnis die Unterlagen beim Geschäftsführer oder nahestehenden Dritten belassen werden. 95

1. Frühzeitige Bestandsaufnahme

96 Ist es dementsprechend aus sachlichen oder Kostengründen nicht möglich, die vorhandenen Unterlagen frei vom Zugriff Dritter einzulagern, so sollte bereits zu Beginn des Verfahrens oder in der vorläufigen Verwaltung zwingend ein Archivverzeichnis der verfügbaren Dokumente erstellt werden. Zumindest die wesentlichen Gesellschafts- und Vertragsunterlagen insb. im Hinblick auf Sicherungsrechte und Kreditverträge sollten vom Verwalter oder beauftragten Dritten zugangssicher verwahrt oder durch Einscannen EDV-technisch gesichert werden. Des Weiteren bietet es sich an, sich bereits zu Beginn des Verfahrens einen Überblick über den Mahnschriftverkehr und etwaige Vollstreckungshandlungen zu machen und diese Unterlagen für die spätere Prüfung ebenfalls digital zu archivieren.

2. Befragung leitender Mitarbeiter

97 Es bietet sich darüber hinaus an, sich bereits zu Beginn des Verfahrens den Krisenverlauf und die branchen- und unternehmensspezifischen Besonderheiten von den leitenden Mitarbeitern darstellen zu lassen und deren Aussagen -zumindest intern – zu protokollieren. Im Abgleich mit den objektiven betriebswirtschaftlichen Analysen aus den Unternehmensdaten lassen sich hierüber häufig wesentliche Anhaltspunkte für die weitere Ermittlung aus diesen meist subjektiv geprägten Ausführungen gewinnen.

3. Unterlagensicherung bei Dritten

98 Neben den Geschäftsunterlagen, welche vor Ort beim Schuldner lagern, sollte ebenfalls geprüft werden, ob sich weitere Unterlagen bei externen Dritten befinden. Nicht selten, insb. dann, wenn die Buchhaltung nicht durch den schuldnerischen Betrieb erstellt wird, finden sich die für eine Anspruchsgeltendmachung wesentlichen Belege beim Wirtschaftsprüfer oder Steuerberater und sind insofern erst herauszuverlangen.[18]

4. Sicherung digitaler Daten

99 Da im modernen Computerzeitalter sowohl die Informationsverarbeitung wie die Geschäftskommunikation immer mehr in digitaler Form erfolgen, gewinnt die Sicherung und Auswertung der beim Schuldner vorhandenen digitalen Informationen wesentlich an Bedeutung.[19] Neben der IT-Buchhaltung bietet es sich daher an, wenn es datenschutzrechtliche Belange zulassen, auch den geschäftsbezogenen Emailverkehr aus dem Krisenzeitraum aufzubewahren und später zur prozessualen Aufbereitung heranzuziehen. Insb. dann, wenn mit nahestehenden oder systemrelevanten Dritten (Hausbank oder wesentliche Lieferanten) in der Krise eine fast tägliche zeitnahe Abstimmung erforderlich war, finden sich entsprechende Emailkorrespondenzen der Geschäftsleitung oder der leitenden Mitarbeitern des Schuldners. Des Weiteren emp-

18 Zu den rechtlichen Rahmenbedingungen s. einführend BGH, 11.03.2004 – IX ZR 178/03, ZIP 2004, 1267; Olbing/Wollweber, DStR 2009, 2700.

19 Siehe hierzu Kirstein/Michaelis, ZInsO 2023, 237ff.; Michaelis, InsBürO 2024, 297ff.

fiehlt es sich, die Daten des heute häufig zu findenden digitalen Zahlungsverkehrs zu sichern und auszuwerten, da diese insoweit eine teilweise kosten- und zeitintensive Vervollständigung von Kontoauszügen ersetzen kann.

Es ist darauf hinzuweisen, dass die bloße Einlagerung der EDV-Anlage zumeist alleine nicht zielführend sein kann. Gerade in Serversystemen hängt die spätere Reaktivierung eines abgeschalteten Systems häufig von Besonderheiten ab und kann im Nachhinein, z.B. im Hinblick auf notwendige Zugangsdaten oder abgelaufene Software-Lizenzen, zu erheblichen Problemen führen. Ist es demnach nicht möglich, die Daten aus dem schuldnerischen EDV-System fachgerecht und für den Verwalter separat nutzbar zu archivieren, so sollte durch (externe) Fachleute beim Stilllegen der EDV-Anlage sichergestellt werden, dass bei späterem Bedarf diese wieder unproblematisch reaktiviert werden kann. Da zumindest größere schuldnerische Betriebe einen internen oder externen Systemadministrator haben, sollte der Verwalter diesen in die Datensicherung mit einbeziehen. **100**

5. EDV-Buchhaltung

Für die spätere Ermittlung kann als zentrale Datengrundlage die IT-Buchhaltung der Vergangenheit des Schuldners sein. Da spätestens seit 2002 aufgrund steuerlicher Vorschriften professionelle IT-Buchhaltungssysteme Export-Schnittstellen in Form des sog. GDPdU-Standards,[20] heute GoBD[21], vorzusehen haben und des Weiteren viele Systeme die Möglichkeit eines Exportes nach DATEV vorsehen, empfiehlt es sich, gleich zu Beginn, vorzugsweise i.R.d. Eröffnungsprüfung, bereits vom Schuldner oder der von dieser beauftragten externen Steuerberatungs- oder Buchhaltungsgesellschaft einen entsprechenden Export abzufordern. **101**

Aus anfechtungsrechtlicher Sicht bietet es sich an, diese Daten rückwirkend so weit wie möglich zu erlangen. Neben den Daten sollten außerdem Auskünfte darüber eingeholt werden, mit welchem EDV-System und welchen Versionen diese erzeugt wurden. Erlangt der Verwalter diese Daten und kann sie durch eigene vorhandene Software oder nach Aufbereitung durch externe Dienstleister selbst zur weiteren Auswertung nutzen, so lassen sich hiermit nicht nur wesentliche Kenntnisse für die Anfechtungsermittlung finden, sondern ebenfalls Vorteile im Rahmen von Forderungseinzug, Tabellenprüfung und Sanierungsbemühungen erzielen. **102**

Befinden sich daher die Daten bei externen Steuerberatern oder Wirtschaftsprüfern und können diese aufgrund offener Honorarforderungen ein Zurückbehaltungsrecht geltend machen, so ist abzuwägen, ob nicht im Hinblick auf die erzielbaren Vorteile etwaige Kosten für deren Erlangung gerechtfertigt sein können. **103**

---

20 S. hierzu BMF-Schreiben v. 16.07.2001, BStBl. I, S. 415.

21 S. hierzu BMF-Schreiben v. 28.11.2019 – IVA4 – S 0316/19/10003:001, BStBl. I 2019, S. 1269ff.

6. Einholung von Auskünften bei Dritten

104 Eine weitere Möglichkeit, relevante Informationen und Dokumentationsbelege zu erlangen, welche sich nicht mehr in der schuldnerischen Buchhaltung auffinden lassen, kann sich durch das gezielte Anschreiben von Dritten ergeben. Zwar hat der Verwalter nach ständiger Rechtsprechung des BGH keinen zivilrechtlichen Auskunftsanspruch ggü. potenziellen Anfechtungsgegnern im Hinblick auf anfechtungsrelevante Sachverhaltsfragen, jedoch kann sich bei Behörden, insb. bei Sozialversicherungsträgern, ein öffentlich-rechtlicher Informationsanspruch aus dem Informationsfreiheitsgesetz des Bundes (IFG) oder, soweit vorhanden, des jeweiligen Landesgesetzes ergeben (s. hierzu Kap. 7 Rdn. 41 ff.). Hierbei ist jedoch zu beachten, dass sich die Auskunft ggü. der Finanzverwaltung als problematisch darstellt.

105 Soweit jedoch lediglich Zahlungsbelege in Form von Kontoauszügen der Geschäftskonten der Schuldnerin fehlen und auch keine digitalen Daten vorhanden sind, so können gegen entsprechende Gebühren diese durch die jeweiligen Kreditinstitute nacherstellt werden. Hier gilt es jedoch rechtzeitig zu prüfen, ob entsprechende Belege beim Schuldner vorhanden sind, da insb. für länger zurückliegende Zeiträume die Nacherstellung durch die Kreditinstitute häufig Zeit in Anspruch nimmt und insofern gerade im Hinblick auf eine Klageerstellung kurz vor Verjährungsablauf zu zeitlichen Schwierigkeiten führen kann.

106 Ist erkennbar, dass die schuldnerischen Vertragsunterlagen, z.B. im Hinblick auf Kreditverträge und Sicherungsvereinbarungen, lückenhaft und in ihrer Entwicklung daher unvollständig sind, sollte bereits zu Beginn, z.B. i.R.d. Forderungsprüfung, um Übersendung einer Kopie der fehlenden Verträge gebeten werden.

107 Sind Anhaltspunkte dafür erkennbar, dass es i.R.d. Krisenverlaufes zu Vollstreckungsmaßnahmen kam, kann es zielführend sein, den zuständigen Gerichtsvollzieher und das Hauptzollamt um Akteneinsicht über die vorgenommenen oder angedrohten Vollstreckungen zu bitten.

108 Zusammenfassend lässt sich sagen, dass gerade der Aufwand für die Unterlagensicherung zwar zeitlich umfangreich und insofern im Hinblick auf die sonstige Arbeitsbelastung zum Verfahrensbeginn problembehaftet sein kann, sich diese Investition jedoch in der späteren Anfechtungsprüfung und Anspruchsgeltendmachung auszahlen wird.

IV. Ordnung der Sachverhalte

109 Bevor eine Detailprüfung erfolgt, ist zu empfehlen, dass sich die mit der Aufbereitung und Analyse Betrauten erst einmal einen Überblick über die Geschehensabläufe und wirtschaftlichen Zusammenhänge erarbeiten.

1. Bildung von Themenkomplexen

110 Zumindest dann, wenn es sich bei den relevanten schuldnerischen Aktivitäten nicht nur um kurze Zeiträume und einfach überschaubare Geschäftsaktivitäten handelt, sondern ein wenigstens mittelständiges Unternehmen mit mehreren Beschäftigten

über eine nicht nur kurze (Krisen-) Zeit aufzubereiten und zu untersuchen ist, bietet es sich an, zunächst im Rahmen einer überblickartigen Gesamtschau die Sachverhalte zu ordnen und für die weitere Analyse Themenkomplexe zu bilden. Neben einer dementsprechenden zeitlichen Einordnung i.R.d. Krisenverlaufes ist es hilfreich, diese Themenkomplexbildung zusätzlich an den verschiedenen Gruppen von Anfechtungsgegnern (Kreditinstitute, institutionelle Gläubiger, Lieferanten, Nahestehende und Sonstige) zu orientieren (s. hierzu Kap. 4).

2. Betrachtung der wirtschaftlichen Rahmenbedingungen

Des Weiteren ist zu empfehlen, sich mit etwaigen besonderen Gegebenheiten der Branche sowie des schuldnerischen Unternehmens vertraut zu machen. Dieses kann zum einen durch die Sichtung des schuldnerischen Schriftverkehrs oder der Befragung des Schuldners oder seiner Mitarbeiter erfolgen und zum anderen als Ergänzung durch eine entsprechende Analyse der aus der IT-Buchhaltung gewonnenen Unternehmenskennzahlen der Vergangenheit bewerkstelligt werden (s. auch Rdn. 65 ff.). 111

3. Feststellung der Ermittlungsschwerpunkte

Hat man dementsprechend versucht, die wirtschaftliche Vergangenheit und den Krisenverlauf des Schuldners gedanklich nachzuvollziehen, so ergeben sich bereits erste Eindrücke und Erkenntnisse darüber, ab wann damit zu rechnen war, dass es unweigerlich zur Insolvenz kommen musste und welche Personengruppen zu welchem Zeitpunkt hiervon Kenntnis erlangt haben könnten. Im Gegenzug können dann zumeist ganze Zeiträume oder Personenbereiche aus der weiteren Betrachtung ausgeblendet werden, da aufgrund der gewonnenen Erkenntnisse anzunehmen ist, dass zumindest eine hinreichende Darlegung von Ansprüchen nicht möglich erscheint. 112

Soweit sich die Anfechtungsermittlung an der Auffindung auffälliger Einzelsachverhalte orientiert (s. hierzu Rdn. 14 ff.), z.B. um eine positive Eröffnungsentscheidung in der Gutachtenphase oder vorläufigen Verwaltung zu erreichen, führt der Vorgang der Sachverhaltsordnung bereits schon häufig (schnell) zu ersten vorläufigen Ergebnissen. 113

Mithilfe dieses Überblickes kann nunmehr vereinfacht die spätere Einordnung von aufgefundenen Einzelsachverhalten und Ergebnissen in den Gesamtkontext vorgenommen werden, sodass neben der Erleichterung des eigenen Erkenntnisgewinnes auch die gerichtliche oder außergerichtliche Geltendmachung verbessert werden kann. 114

V. Betriebswirtschaftliche Aufbereitung der Sachverhalte

Den Kern der Anfechtungsermittlung bildet regelmäßig die betriebswirtschaftliche Aufbereitung und Bewertung der Krisenzeit. 115

1. Erarbeitung eines nachvollziehbaren Gesamtbildes für Dritte

Insb. wenn z.B. im Hinblick auf subjektive Bewertungen im Anfechtungsprozess die Ergebnisfindung auf einer richterlichen Beweiswürdigung nach § 286 ZPO aufbaut, gilt es nicht nur auf einen oder wenige markante Einzelumstände schematisch abzustel- 116 len, sondern so weit wie möglich die wirtschaftlichen Hintergründe und Zusammenhänge darzulegen. Da von den urteilenden Richtern weder besondere Branchen- noch Unternehmenskenntnisse zu erwarten sind, gilt es die relevanten betriebswirtschaftlichen Kriseneinflüsse in der Weise, wie sie vom Schuldner und Anfechtungsgegner wahrzunehmen waren, so aufzubereiten, dass auch ein betriebswirtschaftlich nicht geschulter Dritter diese zu seiner Überzeugung nachvollziehen kann.

117 Beschäftigt sich der Verwalter oder die von ihm mit der Aufgabe betrauten Dritten i.R.d. Anfechtungsermittlung intensiv und längerfristig mit dem Geschehensablauf der Krise des Schuldners, gewinnen sie unweigerlich und z.T. ohne besonderes Bewusstsein diese zur Einordnung der Einzelsachverhalte relevanten Zusammenhänge. Es besteht insofern die Gefahr, dass in der Ergebnisweitergabe folglich nicht hinreichend auf die Darstellung und prozessuale Darlegung dieser Randumstände Wert gelegt wird, da sie für den Ermittler als nahezu selbstverständlich erachtet werden.

118 Deswegen gilt es i.R.d. betriebswirtschaftlichen Aufbereitung zunächst für sich selbst, jedoch ebenfalls für die spätere Anfechtungsgeltendmachung diese Zusammenhänge schriftlich zu fixieren und zu dokumentieren.

2. Aufbereitung der Ergebnis- und Liquiditätskrise

119 Wie i.R.d. systematischen Vorgehensweise dargestellt (s. Rdn. 49 ff.), bietet es sich an, im Kontext der betriebswirtschaftlichen Aufbereitung sich zunächst mit dem Eintritt der Insolvenzgründe (Überschuldung und Zahlungsunfähigkeit) zu befassen. Als Auswertungsbasis kann das Zahlenwerk der IT-Buchhaltung genutzt werden, selbst wenn im Hinblick auf die Bewertung z.T. die daraus gefundenen Ergebnisse nochmals anhand der Unternehmenszusammenhänge und weiteren Informationen zu überprüfen sind.

120 Aus den vorhandenen Daten lassen sich für die Überschuldung eine dynamische Kapitalentwicklung sowie eine dynamische Darstellung des Liquiditätsdeckungsgrades für die Zahlungsunfähigkeit erarbeiten. Zudem kann bezogen auf die drohende Zahlungsunfähigkeit aus den Ist-Zahlen eine Darstellung erarbeitet werden, welche einem Finanzplan bzw. einer monatlichen Liquiditätsbudgetplanung entspricht.

121 Lassen sich aus diesen dynamischen Darstellungen der Buchhaltung die Zeiträume für den Eintritt des jeweiligen Tatbestandes eingrenzen, so kann anhand dieser eine Festlegung dahin gehend erfolgen, auf welchen Zeitpunkt dann eine entsprechend vollständige betriebswirtschaftliche Untersuchung vorgenommen werden soll. Da sowohl die Aufstellung eines Überschuldungsstatus sowie einer Liquiditätsbilanz nach höchstrichterlichen Vorgaben aufwendig und zeitintensiv sein können, ist der festgelegte Zeitpunkt dort anzusetzen, wo sich in der dynamischen Darstellung eine deutliche Kapital- oder Liquiditätslücke gezeigt hat.

122 Aufbauend auf den aus der Buchhaltung entnommenen Buchungsständen zum Untersuchungszeitpunkt müssen die in der Buchhaltung vorgefundenen Zahlungen nunmehr anhand der Belege überprüft und im Hinblick auf ihren Wertansatz hinterfragt werden. Aus der Kenntnis der Gesamtzusammenhänge ist im Hinblick auf die Überschuldung

und den Rohentwurf des Finanzplanes zu analysieren, ob zum jeweiligen Zeitpunkt noch von einer positiven Fortführungsprognose ausgegangen werden kann. Für die Frage der Zahlungsunfähigkeit ist zu überprüfen, inwieweit die in der Buchhaltung ausgewiesenen Verbindlichkeitsstände als fällig anzusehen sind oder vorsichtshalber zunächst z.T. oder vollständig der Ansatz unterbleiben muss.

In gleicher Weise ist zu hinterfragen, ob bezogen auf die kurzfristig zu erwartende Liquidität zum Betrachtungszeitpunkt die Geschäftsleitung berechtigterweise von etwaigen, später nicht eingetretenen günstigeren Planungswerten ausgehen durfte. Insoweit wären die aus der Buchhaltung entnommenen Ist-Werte ggf. zu ergänzen. Grundsätzlich ist auch bei einer regelmäßig stattfindenden ex post Analyse die ex ante Sicht sowohl bei den Prognoseelementen der objektiven Tatbestände als auch den subjektiven Merkmalen einzunehmen. Ausgangspunkt bilden jedoch die tatsächlichen Geschehnisse. Abweichungen davon benötigen eine hinreichende und plausible sowie individuelle Argumentationslage. 123

Es gilt hier daher eine Abgrenzung zu bloßen Hoffnungswerten zu finden, welche nach den betriebswirtschaftlichen Kennzahlen und dokumentierten Gesamtzusammenhängen nicht gerechtfertigt sein konnten. Die betriebswirtschaftliche Aufbereitung der damaligen Ausgangslage kann hier insoweit als Widerlegung entsprechender Hoffnungen fungieren, wenn sich aus den allgemeinen wirtschaftlichen Zusammenhängen und Marktgegebenheiten darstellen lässt, dass angestrebte Erwartungen denklogisch wirtschaftlich nicht umsetzbar waren (unrealistische Absatzsteigerungen, deutliche Steigerung des Verkaufspreises, Steigerung der Mieteinnahmen oder fehlende Voraussetzungen für staatliche Zuschüsse). Durch diese Überlegungen können dann auch die erhöhten Anforderungen des Bundesgerichtshofes für kongruente Deckungen bei der Vorsatzanfechtung erfüllt werden (s. Kap. 3 § 133 Rdn. 42 ff.). 124

3. Analyse von wirtschaftlichen Verflechtungen zu Entscheidungsträgern

Handelt es sich bei dem Schuldner um eine durch Organe geleitete Gesellschaft, so ist des Weiteren aus den Unternehmensdaten und Unterlagen herauszufiltern, inwiefern diese Organe wirtschaftlich selbst mit dem schuldnerischen Unternehmen verbunden waren. Die Verflechtung der Interessen kann zum einen dadurch vorliegen, dass auch über die Krisenzeiträume hinweg gewisse Vorteile in Form von Gehalt oder Tantiemen gewährt wurden oder zum anderen eine Insolvenz bei den Organen zu eigenen negativen Auswirkungen wie z.B. der Inanspruchnahme von persönlichen Sicherheiten geführt hätte. Ziel dieser Untersuchung ist es, darlegen zu können, warum trotz des Eintritts der (erkennbaren) Insolvenzreife die Organe einer etwaigen Insolvenzantragspflicht aus Eigenmotiven nicht nachgekommen sind. 125

4. Dynamische Betrachtung der einzelnen Geschäftsbeziehung

Liegen diese globalen Prüfungsergebnisse im Hinblick auf das schuldnerische Unternehmen vor, so gilt es nunmehr die potenziellen Anfechtungsgegner und relevanten Sachverhalten i.R.d. Analyse aufzufinden und aufzubereiten. Hierzu bietet es sich 126 ebenfalls an, zunächst mittels der IT-Daten bzw. soweit nicht vorhanden anhand der Zahlungsflüsse, die Gruppe der potenziellen Anfechtungsgegner einzugrenzen.

127 Bewährt hat sich hierbei eine grafische Aufbereitung der jeweiligen Geschäftsbeziehungen (s. Rdn. 66 ff.). Hierzu kann sowohl das jeweilige Buchhaltungskonto verdichtet auf Tages-, Wochen- oder Monatswerte über den Zeitverlauf der Krise im Einzelnen visualisiert als auch in der Verdichtung auf Personengruppen markante Entwicklungen herausgefiltert werden. Soweit der Vollstreckungs- und Mahnschriftverkehr vorhanden und kurzfristig zuordenbar ist, kann dieser in die überschlägige Bewertung der jeweiligen Entwicklung der Geschäftsbeziehungen mit einbezogen werden.

128 Welche Geschäftsverläufe als auffällig und anspruchsträchtig anzusehen sind, können je nach den Gesamtzusammenhängen der wirtschaftlichen Krise des Schuldners unterschiedlich zu bewerten sein. Lässt sich jedoch aus dem Geschäftsverlauf erkennen, dass die Rückstände des Schuldners ggü. dem jeweiligen Geschäftspartner in nicht unerheblichem Umfang längerfristig vorlagen oder stetig anstiegen, so erscheint eine vertiefte Überprüfung meist zielführend.

129 Relevant kann jedoch auch eine Geschäftsbeziehung sein, die in positiver Hinsicht von dem üblichen Bild des Schuldnerverhaltens ggü. seinen Geschäftspartnern abweicht. Ist im Grundsatz eine schleppende Zahlungsweise des Schuldners ggü. seinen Geschäftspartnern zu erkennen, so stellt sich auch eine dem Volumen nicht unbeträchtliche Geschäftsbeziehung als bemerkenswert dar, welche eine stets pünktliche Zahlungsweise aufweist. Ebenfalls auffällig ist, wenn diese pünktliche Zahlungsweise sich erst im Verlauf der Krise einstellt und zu Beginn ebenfalls eine schleppende Zahlungsweise auswies.

130 Die als auffällig klassifizierte Geschäftsbeziehung gilt es nunmehr weiter zu untersuchen. Neben einer vertieften betriebswirtschaftlichen Aufbereitung, in der nunmehr weitere betriebswirtschaftliche Kennzahlen, wie z.B. das Verhältnis von monatlichem Geschäftsumsatz mit dem Anfechtungsgegner zum bestehenden Zahlungsrückstand oder das Verhältnis des Zahlungsrückstandes zum Monatsumsatz des Schuldners sowie individuellen grafischen Aufbereitungen, ist, soweit vorhanden, der jeweilige Schriftverkehr des Schuldners mit diesem Geschäftspartner zu analysieren. Insb. dann, wenn ausweislich der Entwicklung der Geschäftsbeziehung Rückstände stetig vorliegen und teilweise ansteigen, ist damit zu rechnen, dass entsprechender Mahnschriftverkehr oder Schriftverkehr über individuelle Zahlungsabsprachen vorhanden ist.

5. Analyse der wirtschaftlichen Abhängigkeiten

131 Neben der reinen Analyse der jeweiligen Geschäftsbeziehung im Hinblick auf das aufgetretene Zahlungsverhalten gilt es des Weiteren, sich mit der wirtschaftlichen Position des Schuldners und des jeweiligen potenziellen Anfechtungsgegners auseinanderzusetzen. Die objektiv gefundenen Auffälligkeiten der Geschäftsbeziehung sind insofern in den jeweiligen individuellen Kontext zu stellen. Es ist z.B. zu fragen, welche Bedeutung der jeweilige Geschäftspartner für den Schuldner hatte, inwiefern die vom Geschäftspartner bezogenen Leistungen (kurzfristig) substituierbar gewesen

wären und ob dessen Ausbleiben zu Liquiditäts- oder Produktionsengpässen sowie anderen negativen Folgen geführt hätte.

Des Weiteren kann gefragt werden, ob die Geschäftsbeziehung aus Sicht des Geschäftspartners eine wesentliche Bedeutung hatte. Gerade dann, wenn der Geschäftspartner von den Umsätzen des Schuldners abhängig war, ist er nach eigenen wirtschaftlichen Überlegungen bereit, trotz einer erkannten Krise des Schuldners die Geschäftsbeziehung fortzusetzen, obwohl es zu Zahlungsverzögerungen oder Teilausfällen in der Vergangenheit kam. Demgegenüber ist bei erheblichen Zahlungsverzögerungen bei einem Geschäftspartner mit wesentlicher oder beherrschender Marktstellung davon auszugehen, dass dieser durch Drohung mit dem Abbruch der Geschäftsbeziehung dem Schuldner noch weitere Zahlungen in der Krise abverlangen kann. 132

Die Analyse der jeweiligen Marktstellungen und Verhandlungspositionen ist insofern geeignet, die aus der Geschäftsbeziehung abgeleiteten Einzelumstände in einen Gesamtkontext zu stellen und für den außenstehenden Betrachter das Gesamtbild der Vorgänge abzurunden. 133

Ergibt sich hiernach ein unplausibles Gesamtbild, empfiehlt es sich, die aufgefundenen Sachverhalte nochmals vollständig zu hinterfragen und zu überprüfen, ob die vorhandenen Unterlagen nicht eine bewusste und systematisch geplante Lücke aufweisen. 134

Soweit sämtliche Informationen zu einem Geschäftspartner zusammengetragen wurden, ist zu überlegen, ob sich darin noch enthaltene Kennzahlen oder Zahlenverläufe zum besseren Verständnis optisch z.B. in Form von Säulen- oder Kreisdiagrammen veranschaulichen lassen. Ebenfalls bietet es sich an, die Auffälligkeiten aus dem Zahlungsverhalten der verschiedenen Geschäftsbeziehungen zusammenzutragen und z.B. i.R.d. Zahlungseinstellungsdarstellung in die Darlegung der Insolvenzantragsgründe einzufügen. 135

6. Konkretisierung der Anspruchssachverhalte

Für jeden einzelnen potenziellen Anfechtungsgegner ist im Rahmen einer Arbeitshypothese festzulegen, ab wann von dem Vorliegen der Voraussetzungen eines Anfechtungsgrundes auszugehen ist. Ab diesem Zeitpunkt sollten sämtliche Vermögenszuflüsse (z.B. Zahlungen oder Verrechnungen) im Rahmen einer Liste erfasst werden. Diese sind nunmehr, soweit sich dieses nicht unzweifelhaft ergibt, auf ihre gläubigerbenachteiligende Wirkung hin zu überprüfen. 136

Ebenfalls ist zu fragen, ob eine Gläubigerbenachteiligung aufgrund von damals bestehenden Aus- oder Absonderungsrechten auszuschließen ist. Liegt ein möglicher Ausschlussgrund vor, ist des Weiteren zu prüfen, ob dieser nicht auch der Anfechtung unterliegen kann (vgl. Kap. 5 Rdn. 3). Da bei einer solchen Analyse auf den Schuldner sowie Anfechtungsgegner bezogene erarbeitete Ergebnisse zurückgegriffen werden können, zeigt sich der Vorteil einer entsprechenden systematischen Vorgehensweise. 137

Angestrebtes Ziel der betriebswirtschaftlichen Aufbereitung ist eine detaillierte Darstellung der jeweiligen individuellen Anspruchssachverhalte. Diese sind nunmehr 138 i.R.d. juristischen Prüfung tatbestandlich zuzuordnen und zu subsumieren sowie bei positiver juristischer Bewertung prozessreif aufzubereiten.

Obwohl eine betriebswirtschaftliche Aufbereitung ohne die Kenntnisse der Grundstruktur der juristischen Tatbestände kaum denkbar ist, empfiehlt es sich, die betriebswirtschaftliche Prüfung ohne die Vornahme einer frühzeitigen juristischen Einordnung vorzunehmen. Hierdurch kann eine frühzeitige Einengung des Blickwinkels in der Analyse vermieden werden.

139 Nicht selten lassen sich die aufgefundenen Sachverhalte vollständig oder z.T. nach unterschiedlichen Anspruchsnormen verfolgen oder können ggü. unterschiedlichen Anspruchsgegnern geltend gemacht werden.

VI. Juristische Einordnung

140 Die i.R.d. betriebswirtschaftlichen Aufbereitung gefundenen Sachverhalte gilt es nun juristisch zu prüfen. Hierbei ist zunächst zu unterstellen, dass der dargestellte Tatbestand hinreichend prozessual aufbereitet werden kann.

1. Zuordnung und Subsumtion der Sachverhalte

141 Ziel der juristischen Prüfung ist es, die i.R.d. betriebswirtschaftlichen Aufbereitung getroffenen Annahmen über das Vorliegen der notwendigen tatbestandlichen Voraussetzungen wie z.B. den Eintritt eines Insolvenzgrundes oder die Annahme subjektiver Umstände anhand der juristischen Vorgaben nach der einschlägigen Rechtsprechung zu verifizieren. Des Weiteren sind die Tatbestände den möglichen Anspruchsnormen zuzuordnen und anhand dieser rechtlich zu bewerten.

142 Soweit die dargestellten Sachverhalte zur Begründung eines Anspruches als nicht ausreichend erachtet werden, ist in Rückkopplung zur betriebswirtschaftlichen Aufbereitung zu hinterfragen, ob die erkannten Lücken im Tatbestand durch weitere Ermittlungen und Aufbereitungen im Rahmen von Ergänzungen des Sachverhalts ausgeräumt werden können.

143 Neben der Zuordnung zu einem oder mehreren Anspruchsnormen ist juristisch zu prüfen, ob die aufgezeigten Sachverhalte ebenfalls ggü. anderen Anspruchsgegnern kumulativ oder alternativ verfolgt werden können. Hierbei ist insb. auf die Organhaftung (z.B. § 15b Abs. 4 InsO) oder sonstige gesellschaftsrechtliche Haftungsnormen (z.B. § 172 Abs. 4 HGB) hinzuweisen.

2. Unabhängige und unvoreingenommene Prüfung

144 Es bietet sich an, dass die juristische Prüfung personell unabhängig von der betriebswirtschaftlichen Aufbereitung erfolgt, da hierdurch eine ergebnisoffenere Prüfung der Tatbestandsbewertungen erfolgen kann. Genauso wie eine vorschnelle juristische Bewertung in der betriebswirtschaftlichen Aufbereitung den Blickwinkel verengen kann, birgt die i.R.d. betriebswirtschaftlichen Aufbereitung gewonnene Detailkennt-

nis das Risiko, die Tatbestandsbewertung voreingenommen und inhaltlich vorgeprägt vorzunehmen.

Erfolgt die juristische Prüfung durch einen fachkundigen, bezogen auf das konkrete Verfahren nicht vorgebildeten Dritten, so ist dieser zumeist besser in der Lage, die in der Sachverhaltsdarstellung im Hinblick auf das Gesamtbild vorhandenen Lücken und Risiken zu erkennen. In ähnlicher Weise wie dem späteren Richter stellen sich dem Dritten demnach vergleichbare Fragen über das wirtschaftliche Gesamtgeschehen. 145

Soweit zum Ende der juristischen Prüfung nunmehr die relevanten Tatbestände und rechtlichen Bewertungen eines Anspruches feststehen, sind die für die außergerichtliche und gerichtliche Geltendmachung notwendigen Dokumentationen herzustellen. 146

VII. Dokumentation der aufgefundenen Sachverhalte

Haben die aufgefundenen Sachverhalte zu einer positiven juristischen Anspruchsprüfung geführt, gilt es nunmehr die entsprechenden Nachweise und Belege für eine Geltendmachung zusammenzutragen. Soweit für diese Tätigkeit die IT-Buchhaltung zur Verfügung steht, können aus dieser die entsprechenden Belegnummern als Leitsystem für die Belegverwaltung i.d.R. für die Einzelsachverhalte entnommen werden. Die Belegnummer zeigt auf, an welcher Stelle sich der entsprechende Nachweis im Belegarchiv zu befinden hat. 147

Zwar erfüllt nicht jede Schuldnerbuchhaltung die grundlegenden handelsrechtlichen Vorgaben zur Ordnung und Dokumentation der Einzelsachverhalte, jedoch zeigt sich, dass insb. bei mittelständigen und größeren Unternehmen häufig, zumindest am Verfahrensbeginn, eine hinreichend geordnete Belegablage vorgefunden werden kann. Stehen die ehemaligen Buchhaltungsmitarbeiter des schuldnerischen Unternehmens noch zur Verfügung, bietet es sich des Weiteren an, diese i.R.d. Dokumentationserstellung mit einzubinden, da sie zumeist zielgenauer wissen, an welcher Stelle sich die entsprechende Belegnummer befindet und folglich eine deutliche Beschleunigung in der Zusammenstellung erzielt werden kann. 148

Zusätzlich zu den entsprechenden Belegen sind der allgemeine Schriftverkehr und die grundlegenden Unternehmensunterlagen (gesellschaftsrechtliche Unterlagen, Handelsregisterauszüge, Bilanzen), soweit zur Darlegung erforderlich, beizufügen. 149

Sind z.B. im Hinblick auf die allgemeinen wirtschaftlichen Rahmenbedingungen und den Krisenverlauf Sachverhalte für mehrere Ansprüche relevant, empfiehlt es sich, die Dokumentation dieser Teilbereiche vorzuziehen, sodass sie für jeden Anspruch bereits vollständig vorliegen und nur noch vervielfältigt werden müssen. 150

Generell könnte man erwägen, vor einer vollständigen Dokumentation sämtlicher Sachverhalte zunächst die Ansprüche außergerichtlich geltend zu machen und zu hoffen, dass aufgrund eines schnellen Vergleichsabschlusses die umfangreichen Dokumentationsarbeiten eingespart werden könnten. Selbst wenn dies bei klaren und einfach gelagerten Ansprüchen wahrscheinlich erscheint, empfiehlt es sich dennoch, zur 151

Stärkung der eigenen Verhandlungsposition, zunächst sämtliche Grundlagenarbeit für die Anspruchsbelegung vorzunehmen.

152 Hat man als Anspruchssteller bereits seine erforderliche Tätigkeit abgeschlossen und kann insoweit jederzeit kurzfristig die gerichtliche Verfolgung einleiten, so lässt sich i.R.d. Verhandlung eine deutlich bessere Position aufbauen, welche sich dann im Vergleichsergebnis widerspiegelt (vgl. auch Kap. 2 Rdn. 202 ff.). Insb. bei institutionellen Anfechtungsgegnern, bei denen man in späteren Verfahren mit denselben Verhandlungspartnern jeweils eine weitere Einigung zu erörtern hat, bildet sich aus den kontinuierlichen Verhandlungsgesprächen ein persönlicher Eindruck im Hinblick auf die Professionalität und Ernsthaftigkeit des jeweiligen Verwalters bei der Anspruchsverfolgung. Der Aufbau einer langfristig nutzbaren Reputation i.R.d. Anfechtungsverfolgung zahlt sich erfahrungsgemäß insgesamt mehr aus als die kurzfristige Einsparung der Dokumentationskosten und die Geltendmachung unbelegter Sachverhalte.

153 Sind die Dokumentationsarbeiten abgeschlossen, gilt es für den durchsetzenden Mitarbeiter oder beauftragten RA, deren Vollständigkeit nochmals eingehend zu überprüfen.

VIII. Abschließende Bewertung und Strategiefestlegung

154 Ist die Anspruchsermittlung abgeschlossen, gilt es für die jeweilige Anspruchsgeltendmachung nunmehr eine abschließende interne Bewertung vorzunehmen und die weiteren Schritte der tatsächlichen Geltendmachung zu überlegen.

1. Bildung eines internen Erwartungswertes

155 Grds. zeigt sich, dass es nahezu keinen Anfechtungsanspruch gibt, welcher nicht mit einem gewissen rechtlichen oder Bonitätsrisiko verbunden ist. Gerade im Hinblick auf die Geltendmachung von Anfechtungsansprüchen, welche eine wirtschaftliche Bewertung der Sachverhalte voraussetzt, zeigt sich, dass in der Anwendung des Insolvenzanfechtungsrechtes erhebliche Differenzen zwischen den Eingangsinstanzen und der BGH-Rechtsprechung auftreten. Soweit die Bonität des Anfechtungsgegners nicht unzweifelhaft ist, kommt des Weiteren erschwerend hinzu, dass selbst bei nicht risikobehafteten Ansprüchen eine Massemehrung nicht oder nur in geringer Weise erzielt werden kann. Daher gilt es für den jeweiligen Verwalter, die entsprechenden Risiken der jeweiligen Anspruchsverfolgung abzuschätzen und sich insofern einen eigenen Erwartungswert des Realisierungsergebnisses zu ermitteln. Frühere Erfahrungen mit dem Anfechtungsgegner können ebenso einbezogen werden wie die Erfahrungen, welche mit den jeweils zuständigen Instanzen im Rahmen früherer gerichtlicher Anspruchsverfolgungen gewonnen werden konnten.

2. Reihenfolge der Anspruchsverfolgung festlegen

156 Neben der Einschätzung der eigenen Position gilt es ebenso i.R.d. Anfechtungsverfolgung strategisch zu überlegen, wann und in welcher Reihenfolge die jeweiligen Ansprüche geltend gemacht werden sollten. Ist absehbar, dass eine vollständige rechtliche Geltendmachung aus finanziellen Gründen nicht möglich ist, so bietet es sich

neben der Prüfung der Inanspruchnahme von PKH (s. hierzu Kap. 10 Rdn. 1 ff.) ebenfalls an, jene Ansprüche vorzuziehen, welche erwartungsgemäß kurzfristig zu Liquiditätszuflüssen führen können. Hierdurch kann in Form einer kaskadenhaften Geltendmachung aus den ersten Realisierungsergebnissen eine Finanzierung der Folgeprozesse erreicht werden. Es gilt jedoch bei dieser Vorgehensweise die entsprechenden Verjährungsfristen in die Strategieplanung mit einzubeziehen, sodass Ansprüche mit kurzen Verjährungsfristen evtl. vorzuziehen sind.

Da die neue Regelung zur Verzinsung im § 143 InsO ein Zuwarten in der Anspruchs- **157** geltendmachung nicht mehr begünstigt, empfiehlt es, zumindest zeitnah außergerichtlich die Ansprüche substantiiert geltend zu machen.

Zusammenfassend zeigt sich, dass die Anfechtungsermittlung organisatorisch mit **158** der sonstigen Verfahrensabwicklung abzustimmen und verfahrensübergreifend vom Verwalter durch Kanzleivorgaben global zu berücksichtigen und zu überwachen ist. Sie stellt insofern keine bloße Rand- oder Nebentätigkeit dar, welche überwiegend bereits bei der normalen Verfahrensabwicklung automatisch mit erfolgt, sondern sie hat aufgrund ihres Tätigkeitsumfanges und ihrer inhaltlichen Komplexität einen eigenständigen Stellenwert im Rahmen einer professionellen Insolvenzabwicklung.

B. Die außergerichtliche Anspruchsrealisierung

Schrifttum

Bork, Beauftragung von Dienstleistern durch den Insolvenzverwalter – Regelaufgabe oder besondere Aufgabe, ZIP 2009, 1747 ff.; *ders.*, Verfolgungspflichten – Muss der Insolvenzverwalter alle Forderungen einziehen, ZIP 2005, 1120 ff.; *ders.*, Festschrift für Hans-Peter Runkel, Die insolvenzrechtliche Anfechtung, Sanierungsmittel oder Sanierungshindernis, S. 241 ff.; *Brinkmann/Luttmann*, Massemehrung durch den Verwalter, 2008, S. 1 ff.; *Dobmeier*, Die Aufrechnung durch den Insolvenzverwalter, ZInsO 2007, 1208 ff.; *Eckardt*, Zur Aufrechnung des Konkursverwalters, ZIP 1995, 257 ff.; *Eisolt*, BFH-Urt. v. 15.12.2016 belastet die Masse zugunsten des Fiskus, ZInsO 2017, 630 ff.; *Frege*, Abgrenzungsfragen im Recht zur Sonderinsolvenzverwaltung, ZInsO 2008, 1130 ff.; *ders.*, Der Sonderinsolvenzverwalter, Rn. 49 ff.; *Ganter*, Die Delegation der Ermittlung von Anfechtungsansprüchen – Erwiderung auf Laubereau, ZInsO 2016, 677 ff.; *Graeber/Graeber*, Möglichkeiten und Grenzen der Beauftragung von Dienstleistern durch Insolvenzverwalter, ZInsO 2013, 1056 ff.; *Graeber/Pape*, Der Sonderverwalter im Insolvenzverfahren, ZIP 2007, 991 ff.; *Gundlach/Frenzel/Jahn*, Die Haftungsfreistellung des Insolvenzverwalters durch eine Beschlussfassung des Gläubigerausschusses, ZInsO 2007, 363 ff.; *Haarmeyer*, Die vergütungsrechtlichen Wirkungen der Digitalisierung des Insolvenzverfahrens, ZInsO 2024, 865 ff.; *Haarmeyer/Bograkos*, Digitaldienstleistungen in der Insolvenzverwaltung, ZInsO 2024, 2590 ff.; *Holzer*, Die Haftung des Insolvenzverwalters für Verschulden von Beauftragten, NZI 2016, 903 ff.; *Jacobi*, Verschulden eines beauftragten Prozessanwalts wirkt wie eigenes Verschulden des beauftragenden Insolvenzverwalters, ZInsO 2016, 1353 f.; *Karrenstein*, Feststellung der Zahlungsunfähigkeit und Analyse des Zahlungsverkehrs im Auftrag des Insolvenzverwalters, ZInsO 2021, 1668 ff.; *Kayser*, Konsequenzen des neuen Anfechtungsrechts für die Rechtsprechung des BGH – Viel Lärm um nichts?, ZIP 2018, 1153 ff.; *Knapp*, Das Vergütungsrecht des Insolvenzverwalters, ZInsO 2021, 588 ff.; *Kreft*, Festschrift für Karsten Schmidt, 2009, 965 ff.; *Laubereau*, Die Delegation der Ermittlung von Anfechtungsansprüchen, ZInsO 2016, 496 ff.; *Leibner*, Die Haftung nach

§ 60 InsO – Stand und Entwicklungsperspektiven, KTS 2005, 75 ff.; *Lohmann*, Haftung für das Verschulden Dritter oder haftungseinschränkende Delegierung von Verwalterpflichten, ZInsO 2016, 2138 ff.; *Lüke*, Der Sonderinsolvenzverwalter, ZIP 2004, 1693 ff.; *Pape*, Haftungsrechtliche Folgen der Nichtinanspruchnahme von Gesellschaftsorganen und Geschäftsführern, ZInsO 2007, 1080 ff.; *ders.*, Keine persönliche Haftung des Insolvenzverwalters für die Kosten des Prozessgegners der Insolvenzmasse, ZInsO 2005, 138 ff.; *Paulus*, Zum Verhältnis von Aufrechnung und Insolvenzanfechtung, ZIP 1997, 569 ff.; *Peitsch*, Die Insolvenzaufrechnung, S. 21; *Rost/Lind*, Die Aufrechnung des Insolvenzverwalters gegen eine Insolvenzforderung nach ihrer Feststellung, ZInsO 2012, 2179 ff.; *Sämisch*, Absetzung der Vergütung für einen beauftragten Dienstleister, ZInsO 2023, 545 ff.; *Smid*, Pflichten des Insolvenzverwalters im Zusammenhang der Insolvenzanfechtung und die Mittel zu ihrer Erfüllung im Spiegel der höchstrichterlichen Judikatur, ZInsO 2024, 1569 ff.; *Thole*, Das Reformgesetz zur Insolvenzanfechtung, ZIP 2017, 401 ff.; *Wimmer*, Gläubigerautonomie und Insolvenzanfechtung, ZIP 2013, 2038 ff.; *Zimmermann*, Beschlussfassung des Gläubigerausschusses, ZInsO 2012, 245 ff.; *Zugehör*, Anwaltlicher Insolvenzverwalter: Haftungsrisiken aus Insolvenzrecht und allgemeiner Anwaltshaftung, ZInsO 2006, 857 ff.

I. Einleitung

159 Grds. ist der Insolvenzverwalter gehalten, Ansprüche der Masse gegen Dritte durchzusetzen. Dazu gehören auch Insolvenzanfechtungsansprüche (vgl. hierzu: Kap. 8 Rdn. 15 ff.).[22]

160 Der BGH führt hierzu wie folgt aus: »Wie sich aus § 129 Abs. 1 InsO ergibt, nimmt der Insolvenzverwalter mit der Anfechtung von Rechtshandlungen nach Maßgabe der §§ 130 bis 146 InsO eine ihm mit seinem Amt übertragende Aufgabe wahr. Diese Aufgabe obliegt ihm sogar dann, wenn der aus einer Anfechtung zu erzielende Erlös wegen der vorweg zu befriedigenden Verfahrenskosten (§ 54 InsO) nicht an die Insolvenzgläubiger verteilt werden kann. (…) Die Anzeige der Masseunzulänglichkeit hat Auswirkungen auf die Verteilung der vorhandenen Masse (§§ 208, 209 InsO), nicht jedoch auf den Aufgabenkreis des Insolvenzverwalters. Der Verwalter bleibt vielmehr verpflichtet, das gesamte zur Insolvenzmasse gehörende Vermögen zu verwalten und zu verwerten (§ 208 Abs. 3 InsO). Dazu gehört es, Anfechtungsansprüche durchzusetzen. Anfechtungsansprüche sind Teil der Insolvenzmasse«.[23]

161 Die Massekostenarmut steht demnach der Gewährung von Prozesskostenhilfe zugunsten des Insolvenzverwalters dann nicht entgegen, wenn durch die Verfolgung einer Forderung des Schuldners die Massearmut abgewendet wird (vgl. hierzu: Kap. 10 Rdn. 12).[24]

162 Unterlässt es der Insolvenzverwalter, einen Erfolg versprechenden Anfechtungsanspruch außergerichtlich bzw. im Fall des Scheiterns gerichtlich geltend zu machen,

22 Bork, ZIP 2005, 1120.
23 BGH, 16.07.2009 – IX ZB 221/08, ZInsO 2009, 1556 Rn. 5.
24 BGH, 07.02.2013 – IX ZB 48/12 n.v.; BGH, 22.11.2012 – IX ZB 62/12, ZInsO 2013, 249 Rn. 10.

läuft er Gefahr, sich insb. ggü. den Insolvenzgläubigern, aber auch ggü. Massegläubigern und dem Schuldner, gem. § 60 Abs. 1 Satz 1 InsO schadensersatzpflichtig zu machen (vgl. hierzu: Kap. 8 Rdn. 5).[25] Der Schaden wird regelmäßig ein die Beteiligten insgesamt treffender, nur von einem Sonderinsolvenzverwalter durchzusetzender Gesamtschaden sein. Ein einem einzelnen Gläubiger zugefügter Individualschaden wird kaum in Betracht kommen. Ebenso wenig hat der einzelne Gläubiger ein Antragsrecht auf Bestellung eines Sonderinsolvenzverwalters oder ein Beschwerderecht gegen die ablehnende Entscheidung des Insolvenzgerichts (vgl. hierzu: Kap. 1 Rdn. 93).[26]

Die Pflicht zur Anspruchsdurchsetzung ist jedoch nicht schrankenlos und stößt an ihre **163** Grenzen, wenn der Anspruch offensichtlich nicht besteht und eine Geltendmachung sittenwidrig ist.[27] Es ist im Grundsatz anerkannt, dass dem Insolvenzverwalter wegen der mit seinem Amt verbundenen vielfältigen und schwierigen Aufgaben bei der Ausübung seiner Tätigkeit im Allgemeinen ein weiter – allerdings durch die Zwecke des Insolvenzverfahrens begrenzter – Ermessens- oder Beurteilungsspielraum zusteht.[28]

Die Insolvenzanfechtung ist für den Insolvenzverwalter im eröffneten Verfahren eine **164** wichtige Möglichkeit, die Insolvenzmasse anzureichern.[29] Es soll etwas, was vorher in der Masse war und was in anfechtbarer Weise gegen den Zweck der gleichmäßigen Befriedigung der Gläubiger weggegeben wurde (sachlich ungerechtfertigte Verschiebungen),[30] in die Masse zurückgegeben werden, um das den Gläubigern haftende Schuldnervermögen wiederherzustellen. Unter Insolvenzanfechtung wird daher allgemein der kraft Gesetzes entstandene Anspruch der Insolvenzmasse auf Rückgängigmachung sachlich nicht gerechtfertigter Vermögensverschiebungen verstanden (vgl. hierzu: Kap. 1 Rdn. 58).[31]

Die Durchsetzung eines Anfechtungsanspruchs beginnt in aller Regel mit der ent- **165** sprechenden Inanspruchnahme des Anfechtungsschuldners durch den Insolvenzverwalter. Es ist relativ selten, dass der Insolvenzverwalter ohne vorherige außergerichtliche Korrespondenz den Anspruch sogleich gerichtlich geltend macht. In diesen Fällen geschieht dies in aller Regel lediglich zur Hemmung der Verjährung oder aus prozesstaktischen Erwägungen, um eine Beweisvereitelung durch den Anfechtungsgegner zu vermeiden, und nicht, um einen außergerichtlichen Dialog abzulehnen. Daneben kommt die Aufrechnung des Insolvenzverwalters mit festgestellten Anfech-

25 Bork, FS für Hans Peter Runkel, S. 243 ff.

26 BGH, 21.07.2016 – IX ZB 58/15, ZInsO 2016, 1746 Rn. 19; BGH, 23.04.2004 – IX ZR 128/03, ZInsO 2004, 676 Rn. 14.

27 BGH, 02.12.2004 – IX ZR 142/03, ZInsO 2005, 146 Rn. 12 f.; BGH, 25.03.2003 – VI ZR 175/02, ZInsO 2003, 657 Rn. 21; BGH, 26.06.2001 – IX ZR 209/98, ZInsO 2001, 703 Rn. 24; Pape, ZInsO 2005, 138, 140.

28 BGH, 10.01.2013 – IX ZR 172/11, ZInsO 2013, 441 Rn. 8; BGH, 25.04.2002 – IX ZR 313/99, ZInsO 2002, 577 Rn. 27.

29 Brinkmann/Luttmann, Massemehrung durch den Verwalter, S. 1 ff.

30 Huber, in: Gottwald/Haas, Insolvenzrechts-Handbuch, § 46 Rn. 3.

31 BGH, 09.06.2005 – IX ZR 152/03, ZInsO 2005, 766 Rn. 15.

tungsansprüchen gegen Ansprüche des Anfechtungsgegners im Insolvenzverfahren in Betracht (vgl. hierzu: Kap. 2 Rdn. 170).

166 Zudem wird der Anfechtungsgegner bei Säumnis durch die außergerichtliche Geltendmachung in Schuldnerverzug gesetzt. Denn gem. § 143 Abs. 1 Satz 3 InsO ist eine Geldschuld nur zu verzinsen, wenn die Voraussetzungen des Schuldnerverzuges oder des § 291 BGB vorliegen; ein darüberhinausgehender Anspruch auf Herausgabe von Nutzung eines erlangten Geldbetrages ist ausgeschlossen.[32] Für die außergerichtliche Geltendmachung des Insolvenzanfechtungsanspruchs gilt insoweit, dass im Interesse der Massemehrung Anfechtungsansprüche frühzeitig ermittelt und auch hinreichend bestimmt geltend gemacht werden müssen, um den Anfechtungsgegner wirksam in Schuldnerverzug zu setzen und die Zinsansprüche zu sichern.[33]

167 Um den Schuldnerverzug wirksam herbeizuführen, ist es erforderlich, dass eine konkret bestimmte Forderung bzw. die einzelnen angefochtenen Rechtshandlungen benannt werden; eine Zuvielforderung kann insoweit genügen, wenn der Anfechtungsgegner erkennen kann, was er schuldet. Bei unklarem Sachverhalt dürfen daher keine ungenauen oder überzogenen Forderungen geltend gemacht werden. Denn bei einer Zuvielforderung oder einer unklaren Bestimmung der anfechtbaren Rechtshandlung besteht die Gefahr, dass die Mahnung unbeachtlich ist, wenn der Gläubiger über die zu tilgende Schuld im Ungewissen bleibt.[34] Nicht erforderlich ist dagegen die explizite Nennung der in Betracht kommenden Anfechtungsnorm ebenso wenig wie ein belegmäßiger Nachweis der Voraussetzungen des schlüssig dargestellten Anspruchs.[35]

II. Die Entstehung des Anfechtungsanspruches

168 Der insolvenzrechtliche Anfechtungsanspruch entsteht nach ganz herrschender Meinung kraft Gesetzes mit Eröffnung des Insolvenzverfahrens und wird zugleich fällig.[36] Das Anfechtungsrecht ist kein Gestaltungsrecht, seine Ausübung also kein rechtsgestaltender Akt, der seinerseits erst die Ansprüche auslöst.[37] Einer gesonderten Erklärung

32 Vor der Einführung von § 143 Abs. 1 Satz 3 InsO waren Prozesszinsen ab Eröffnung des Insolvenzverfahrens zu entrichten (vgl. BGH, 01.02.2007 – IX ZR 96/04, ZInsO 2007, 261 Rn. 12), wobei gem. Art. 103j EGInsO für bereits vor dem 05.04.2017 entstandene Ansprüche auf Zinsen oder Nutzungen für den Zeitraum bis zum 04.04.2017 weiterhin altes Recht gilt, während ab dem 05.04.2017 jedoch auch hier § 143 Abs. 1 Satz 3 InsO Anwendung findet (vgl. hierzu Vorauflage, Kap. 2 Rn. 166 ff.).

33 Thole, ZIP 2017, 401, 409.

34 BGH, 05.10.2005 – X ZR 276/02, NJW 2006, 769 Rn. 24; Grüneberg/Grüneberg, § 286 BGB Rn. 20.

35 OLG Karlsruhe, 30.10.2017 – 3 W 5/17, ZInsO 2017, 2551 Rn. 14.

36 BGH, 29.04.2004 – IX ZB 225/03, ZInsO 2004, 672 Rn. 8; HWF/Schmittmann/Zeeck, § 143 InsO Rn. 11.

37 BGH, 24.03.2011 – IX ZB 36/09, ZInsO 2011, 723 Rn. 6; BGH, 20.03.1997 – IX ZR 71/96, NJW 1997, 1857 Rn. 22.

des zur Anfechtung Berechtigten bedarf es demgemäß nicht.[38] Die Anfechtung muss nicht – geschweige denn ausdrücklich – als solche »erklärt« werden.[39] Der Empfänger einer in anfechtbarer Weise erlangten Leistung ist folglich verpflichtet, mit Eröffnung des Insolvenzverfahrens das Erlangte zur Insolvenzmasse zurückzugewähren, wenn der Anfechtungstatbestand bereits vor Verfahrenseröffnung vollendet ist.[40] Daraus folgt, dass mit Eröffnung des Insolvenzverfahrens ein gesetzliches Schuldverhältnis zwischen dem Insolvenzverwalter und dem jeweiligen Anfechtungsgegner entstanden ist (vgl. hierzu: Kap. 1 Rdn. 35 ff.).[41] Tritt hingegen die benachteiligende Wirkung – vor allem in den Fällen des § 147 InsO – erst nach Verfahrenseröffnung ein, entstehen Anfechtungsrecht und Rückgewähranspruch erst zu diesem Zeitpunkt.[42]

Jedoch macht erst die – nicht formbedürftige – Willensentscheidung des Insolvenz- **169**
verwalters den Rückgewähranspruch (§ 143 InsO) durchsetzbar. Hierfür reicht jedes rechtserhebliche, auch außergerichtliche Berufen des Insolvenzverwalters auf den Rückgewähranspruch aus, also jede erkennbare Willensäußerung, dass der Insolvenzverwalter die Gläubigerbenachteiligung in der Insolvenz nicht hinnimmt, sondern sie zur Masseanreicherung wenigstens wertmäßig auf Kosten des Anfechtungsgegners wieder auszugleichen sucht.[43]

III. Geltendmachung durch Aufrechnung des Insolvenzverwalters

Im Rahmen der Anspruchsgeltendmachung kann sich die Frage stellen, ob der Insolvenz- **170**
verwalter mit festgestellten Anfechtungsansprüchen die Aufrechnung gegen Ansprüche des Anfechtungsgegners im Insolvenzverfahren erklären kann. Hierbei kommt eine Aufrechnung gegen Masseforderungen, Insolvenzforderungen oder Quotenansprüche der Insolvenzgläubiger in Betracht.

Soweit der Insolvenzverwalter selbst die Aufrechnung erklärt, ist er nicht durch die **171**
§§ 94 – 96 InsO eingeschränkt, da diese Normen lediglich die Aufrechnung durch den Insolvenzgläubiger im Blick haben.[44] Vielmehr richtet sich die Aufrechnung des Insolvenzverwalters nach den allgemeinen Vorschriften der § 387 ff. BGB.[45] Ist zugleich über das Vermögen des Insolvenzgläubigers das Insolvenzverfahren eröffnet

---

38 BGH, 01.02.2007 – IX ZR 96/04, ZInsO 2007, 261 Rn. 20; BGH, 11.12.2003 – IX ZR 336/01, ZInsO 2004, 149 Rn. 11; BGH, 20.03.1997 – IX ZR 71/96, NJW 1997, 1857 Rn. 22.

39 BGH, 21.02.2008 – IX ZR 209/06, ZInsO 2008, 508 Rn. 11.

40 K. Schmidt/Büterowe, § 143 InsO Rn. 2.

41 Zu den Theorien zur umstrittenen Rechtsnatur des Anfechtungsanspruchs vgl. HK-InsO/Thole, § 129 Rn. 87 ff.

42 MK-InsO/Freudenberg, § 129 InsO Rn. 233.

43 BGH, 11.12.2003 – IX ZR 336/01, ZInsO 2004, 149 Rn. 11; MK-InsO/Freudenberg, § 129 Rn. 241.

44 HK-InsO/Schmidt, § 94 Rn. 17.

45 Uhlenbruck/Sinz, § 94 InsO Rn. 76.

und handelt es sich deshalb auch bei der aufgerechneten Gegenforderung um eine Insolvenzforderung, sind insoweit jedoch auch die §§ 94 ff. InsO zu beachten.[46]

172 Während der Anspruch des Insolvenzverwalters (Gegenforderung) – also hier der Insolvenzanfechtungsanspruch – gem. § 387 BGB fällig und einredefrei sein muss, muss die Hauptforderung des Anfechtungsgegners lediglich erfüllbar, dagegen nicht vollwirksam und fällig sein. Zudem müssen die beiden zur Aufrechnung gestellten Forderungen gem. § 387 BGB gleichartig und gegenseitig sein, d.h. es muss sich um Geldschulden handeln und Forderungsschuldner und Forderungsgläubiger müssen sich wechselseitig entsprechen. Letztlich darf weder ein gesetzliches noch vertragliches Aufrechnungsverbot einschlägig sein.[47]

173 Der Insolvenzverwalter ist allerdings an das Gebot der Gläubigergleichbehandlung gebunden. Somit endet seine Berechtigung zur Aufrechnung dort, wo offensichtlich einzelne Insolvenzgläubiger bevorzugt befriedigt werden und die Masse durch die Aufrechnung ungerechtfertigt verkürzt wird.[48] Eine dennoch erklärte Aufrechnung kann wegen offensichtlicher Insolvenzzweckwidrigkeit unwirksam sein.[49] Dies ist jeweils im Einzelfall zu beurteilen.[50]

1. Aufrechnung gegen Masseverbindlichkeiten

174 Liegen die allgemeinen Voraussetzungen gem. § 387 BGB vor, so kann der Insolvenzverwalter grundsätzlich Insolvenzanfechtungsansprüche gegen entsprechende Masseforderungen des Anfechtungsgegners aufrechnen. Da Masseverbindlichkeiten vorab aus der Masse zu befriedigen wären, bestehen auch im Hinblick auf die Gläubigergleichbehandlung keine Bedenken, wenn eine entsprechende Masseanreicherung durch den Insolvenzanfechtungsanspruch aufgrund der Aufrechnung unterbleibt. Allenfalls im Fall der Massearmut, bei der den gleichrangigen Massegläubigern nur ein Quotenanspruch zusteht, hat der Insolvenzverwalter die auf den Anfechtungsgegner entfallende Quote zu ermitteln, in Höhe dieses Betrages die Aufrechnung zu erklären und den verbleibenden Rest des Anfechtungsanspruchs einzufordern, um eine Bevorzugung des Anfechtungsgegners vor den weiteren gleichrangigen Massegläubigern zu vermeiden.[51]

2. Aufrechnung gegen den Quotenanspruch

175 Weiterhin besteht für den Insolvenzverwalter die Möglichkeit, einen Insolvenzanfechtungsanspruch gegen den Anspruch eines Insolvenzgläubigers auf Auszahlung der Quotendividende aufzurechnen. Bei dem Quotenanspruch handelt es sich um eine

46 MK-InsO/Reichelt, § 94 Rn. 14.
47 Grüneberg/Grüneberg, § 387 BGB Rn. 4 ff.
48 Peitsch, Die Insolvenzaufrechnung, S. 21.
49 BGH, 25.10.2007 – IX ZR 217/06, NJW 2008, 63 Rn. 42; HambKomm-InsR/Jacoby, Vorb. zu §§ 94 – 96 InsO Rn. 10.
50 BGH, 08.05.2014 – IX ZR 118/12, ZInsO 2014, 1215 Rn. 14.
51 Rost/Lind, ZInsO 2012, 2179; Dobmeier, ZInsO 2007, 1208, 1209.

spezifische Form der Masseverteilung und damit um eine Teilbefriedigung einer festgestellten Insolvenzforderung.[52] Es ist für alle Beteiligten unerheblich, ob die Insolvenzquote im Rahmen der Verteilung durch Auszahlung oder Aufrechnung beglichen wird.[53]

Da die Aufrechnung gegen den Anspruch auf die Insolvenzquote diese in ihrem materiell-rechtlichen Bestand nicht angreift, sondern voraussetzt, bestehen des Weiteren im Hinblick auf § 767 Abs. 2 ZPO keine Bedenken gegen die Aufrechnung nach Feststellung des Anspruchs zur Insolvenztabelle. Rechtsfolge der erklärten Aufrechnung des Insolvenzverwalters ist keine Einwendung gegen die zugrundeliegende Insolvenzforderung, sondern lediglich die Befriedigungsfunktion des Anspruches auf Auszahlung der Quotendividende im Rahmen der Masseverteilung.[54] Da seine Insolvenzforderung im Bestand unangetastet bleibt, ist der Anfechtungsgegner weiterhin Insolvenzgläubiger und Teilnehmer des Insolvenzverfahrens. **176**

Im Rahmen einer vergleichsweisen Einigung bei Aufrechnung gegen eine Quotenforderung empfiehlt sich folgende Regelung: **177**

1. *Der...... (Anfechtungsgegner) hat zur laufenden Nr....... der Insolvenztabelle der Schuldnerin eine Insolvenzforderung in Höhe von insgesamt EUR...... (Insolvenzforderung) angemeldet, die in Höhe von EUR...... uneingeschränkt zur Insolvenztabelle festgestellt wurde.*
2. *Der Insolvenzverwalter macht gegenüber dem...... (Anfechtungsgegner) Anfechtungsansprüche nach §§ 129 ff. InsO in einer Gesamthöhe von EUR...... zzgl. Zinsen geltend.*
3. *Soweit der...... (Anfechtungsgegner) künftig auf die von ihm im Insolvenzverfahren der Schuldnerin zur Insolvenztabelle festgestellten Insolvenzforderungen im Zuge einer Abschlags-, Schluss- oder Nachtragsverteilung (§§ 187 Abs. 2, 196, 203 InsO) eine Zahlung von dem Insolvenzverwalter zu erhalten hat (die Quotenzahlung), wird der Anfechtungsanspruch gegen die jeweilige Quotenzahlung aufgerechnet, ohne dass es hierzu jeweils gesonderter Aufrechnungserklärungen bedarf. Der aufgerechnete Betrag steht somit zur Befriedigung aller Gläubiger zur Verfügung.*

Einer solchen Regelung steht nicht entgegen, dass der der Quotenanspruch erst nach Beendigung des Prüfungstermins und Feststellung der Insolvenzforderung erfüllbar ist (vgl. § 187 Abs. 1 InsO).[55] Die Aufrechnung findet automatisch, d.h. bei Eintritt der aufschiebenden Bedingung, im Zeitpunkt der Feststellung des Quotenanspruchs statt. **178**

3. Aufrechnung gegen eine Insolvenzforderung

Nach materiellem Recht ist eine Aufrechnung gegen eine Insolvenzforderung im Nennwert durch den Insolvenzverwalter sowohl vor als auch nach Feststellung der Insolvenzforderung zulässig, wobei der Insolvenzverwalter nach der Feststellung wegen **179**

52 Dobmeier, ZInsO 2007, 1208, 1209.
53 Kruth, in: Römermann, § 94 InsO Rn. 7.
54 Paulus, ZIP 1997, 569, 571.
55 Eckardt, ZIP 1995, 257, 262.

§ 767 Abs. 2 ZPO i.V.m. § 178 Abs. 3 InsO präkludiert ist, wenn die Aufrechnungslage schon zuvor bestand.[56]

180 Daher ist nach Auffassung des BGH eine Aufrechnung des Insolvenzverwalters gegen eine Insolvenzforderung im Nennbetrag jederzeit möglich, solange sie nicht offensichtlich dem Insolvenzzweck der gleichmäßigen Gläubigerbefriedigung zuwiderläuft. Mit seiner Entscheidung vom 08.05.2014 hat der BGH seine bisherige Rechtsprechung aufgegeben und folgt der herrschenden Meinung in der Literatur in der Annahme, dass eine Aufrechnung gegen eine Insolvenzforderung in voller Höhe vor Feststellung der Forderung zur Insolvenztabelle erklärt werden kann. Folge ist, dass die festgestellte Forderung bei der Verteilung nicht berücksichtigt werden muss.[57]

181 Zuvor hatte der BGH im Urt. v. 19.03.1987[58] vertreten, dass es sich bei der Insolvenzforderung in gleicher Weise wie bei dem Quotenanspruch vor Feststellung zur Tabelle um keinen durch den Insolvenzverwalter erfüllbaren Anspruch handeln würde. Insoweit verneinte der BGH das Vorliegen der Voraussetzungen des § 767 Abs. 2 ZPO mit der Folge, dass der Insolvenzverwalter nach Feststellung der Insolvenzforderung zur Tabelle gegen diese aufrechnen konnte. Mangels Aufrechnungslage war eine Aufrechnung vor der Feststellung ohnehin ausgeschlossen. Gestützt hatte der BGH diese Entscheidung auf den Sinn und Zweck des Feststellungsverfahrens, insb. mit dem Hinweis darauf, dass durch eine vom Insolvenzverwalter zu erklärende Aufrechnung die Insolvenzgläubiger nicht ihres Widerspruchsrechts im Prüfungstermin (§ 176 Satz 2 InsO) beraubt werden dürften. Im Übrigen könnte eine bis zur Feststellung zu erklärende Aufrechnung Probleme im Hinblick auf den Leitgedanken des Insolvenzverfahrens, der gleichmäßigen Befriedigung aller Insolvenzgläubiger, bergen.[59]

182 Die Änderung seiner Rechtsprechung begründet der BGH damit, dass eine Reihe vernünftiger Gründe für Aufrechnungen durch den Insolvenzverwalter gegen Insolvenzforderungen in voller Höhe denkbar sei, so etwa bei Uneinbringlichkeit der eigenen Forderung oder wenn der Aufrechnungsgegner seinerseits ebenfalls hätte aufrechnen können. Unwirksam ist eine solche Verfügung des Insolvenzverwalters nur bei Vorliegen von Insolvenzzweckwidrigkeit. Andernfalls wird die Aufrechnung auch bei fehlerhafter Einschätzung der Auswirkungen der Aufrechnung nicht unwirksam, kann bei Verschulden jedoch eine Haftung des Insolvenzverwalters nach § 60 InsO begründen.[60]

183 Lag die Aufrechnungslage zum Zeitpunkt des Eintritts der Rechtswirkung des § 187 Abs. 3 InsO vor, so ist der Insolvenzverwalter unabhängig von Kenntnis oder Verschulden im Nachhinein gehindert aufzurechnen.[61] Erklärt der Verwalter demnach die Aufrechnung erst nach Feststellung der Insolvenzforderung, so ist er mit dem

56 K/P/B/Lüke, § 94 InsO Rn. 38.
57 BGH, 08.05.2014 – IX ZR 118/12, ZInsO 2014, 1215 Rn. 7.
58 BGH, 19.03.1987 – IX ZR 148/86, NJW 1987, 1691 Rn. 14.
59 Rost/Lind, ZInsO 2012, 2179, 2184.
60 BGH, 08.05.2014 – IX ZR 118/12, ZInsO 2014, 1215 Rn. 13.
61 Zöller/Herget, § 767 ZPO Rn. 14.

Aufrechnungseinwand gem. § 767 Abs. 2 ZPO präkludiert. Im Ergebnis kann der Verwalter somit nur bis zur Feststellung der Forderung des Anfechtungsgegners aufrechnen.[62] Um jedoch dem eigenen Haftungsrisiko zu entgehen, bedarf es hierfür besonderer verfahrenspolitischer Überlegungen, da ggf. durch die Aufrechnung mit einem Masseanspruch die Insolvenzforderung mit einem höheren Betrag als der darauf entfallenden Quote befriedigt wird.

Insoweit kann der Vorwurf erhoben werden, dass der Insolvenzverwalter dem Insolvenzgläubiger einen Sondervorteil zukommen lässt, indem er ihn von der vollständigen Zahlungspflicht seiner Masseforderung entbindet. Der Verwalter muss demnach darstellen, dass die Aufrechnung für die Masse vorteilhaft ist.[63] 184

Für die Masse vorteilhaft stellt sich die Aufrechnung z. B. dann dar, wenn die Masseforderung durch den Verwalter nicht beigetrieben werden kann, da der Forderungsschuldner/Anfechtungsgegner selbst in Zahlungsschwierigkeiten ist, oder aus anderen Gründen der Forderungseinzug mit Problemen behaftet ist. So bietet sich die Aufrechnung in den Fällen an, in denen der Insolvenzgläubiger selbst insolvent ist (sog. »Doppelinsolvenz«).[64] Besteht die Insolvenzforderung des Anfechtungsgegners nicht, so geht die Aufrechnung des Verwalters ins Leere. Der Anfechtungsanspruch bleibt der Masse erhalten und kann weiterhin, sofern der Anspruch nicht verjährt ist, durchgesetzt werden.[65] 185

4. Aufrechnung mit verjährten Insolvenzanfechtungsansprüchen

Ist eine aktive Geltendmachung des Insolvenzanfechtungsanspruches gem. § 146 Abs. 1 InsO aufgrund der Verjährung nicht mehr möglich, so kann die Verwertung des Anfechtungsrechtes noch durch Aufrechnung erfolgen. 186

Anders als nach der Vorgängernorm des § 41 Abs. 1 KO ist die Rechtsfolge des § 146 Abs. 1 InsO nicht das materiell-rechtliche Erlöschen des Anfechtungsanspruches, sondern lediglich die Belastung des Anspruches mit dem Verjährungseinwand.[66] Insoweit finden die §§ 203 bis 206, 209 ff. BGB Anwendung auf Insolvenzanfechtungsansprüche.[67] 187

Dementsprechend bleibt gem. § 215 BGB die Aufrechnung auch nach Eintritt der Verjährung möglich, wenn der Anfechtungsanspruch zu dem Zeitpunkt noch nicht verjährt war, in dem erstmals hätte aufgerechnet werden können. Nur dann, wenn zum Zeitpunkt der Begründung der Aufrechnungslage der Insolvenzanfechtungsanspruch bereits verjährt war, ist dementsprechend die Aufrechnung im Nachhinein unzulässig.[68] 188

62 Schur, EWiR 2014, 489, 490.
63 MK-InsO/Reichelt, § 94 Rn. 16; Dobmeier, ZInsO 2007, 1208, 1210.
64 HambKomm-InsR/Jacoby, Vorb. zu §§ 94–96 InsO Rn. 10.
65 MK-InsO/Reichelt, § 94 Rn. 16; Eckardt, ZIP 1995, 257, 266.
66 Jaeger/Henkel, § 146 InsO Rn. 8.
67 K. Schmidt/Büterowe, § 146 InsO Rn. 9.
68 Grüneberg/Ellenberger, § 215 BGB Rn. 1.

189 Soweit der Insolvenzverwalter gegen den Quotenanspruch aufrechnen möchte, ist der Zeitpunkt der Feststellung zur Insolvenztabelle maßgeblich. Soweit es eine Masseverbindlichkeit oder eine Insolvenzforderung betrifft, kommt es auf den Zeitpunkt deren Begründung im Insolvenzverfahren an.

IV. Der außergerichtliche Vergleich über Anfechtungsansprüche

1. Einleitung

190 Das Thema betrifft einen Ausschnitt aus dem breiten Spektrum der Handlungen des Insolvenzverwalters, die mit einschneidenden Folgen für die am Insolvenzverfahren Beteiligten verbunden sein können; wegen der nicht unerheblichen Haftungsrisiken trifft dies v.a. auf den Insolvenzverwalter zu.

191 Halten Insolvenzgläubiger die vom Insolvenzverwalter getroffene Entscheidung, sich mit einem (potentiellen) Anfechtungsgegner außergerichtlich zu vergleichen und i.H.e. mehr oder weniger großen Teils des (möglichen) Anfechtungsanspruchs von dessen gerichtlicher Geltendmachung abzusehen, für unrichtig, können sie versuchen, beim Insolvenzgericht die Bestellung eines Sonderinsolvenzverwalters zu erwirken,[69] aufgrund eines von diesem zu erstattenden Gutachtens gem. § 59 Abs. 1 InsO die Entlassung des Insolvenzverwalters durchzusetzen und/oder Schadensersatzansprüche gegen diesen geltend zu machen. Unter dem Gesichtspunkt der Unwirksamkeit des Vergleichs wegen Insolvenzzweckwidrigkeit[70] kann der außergerichtlich verglichene Anfechtungsanspruch dennoch von einem (neuen) Insolvenzverwalter oder bei entsprechender Ermächtigung durch den Sonderinsolvenzverwalter eingeklagt werden.[71]

192 Auf diese Weise können das Insolvenzverfahren verzögert, die Masse von zusätzlichen Kosten betroffen und Insolvenzverwalter sowie Gläubiger und sonstige Verfahrensbeteiligte mit einem erheblichen Aufwand an Zeit und Mühe belastet werden. Der Insolvenzverwalter läuft darüber hinaus Gefahr, an Ansehen auch dann zu verlieren, wenn sich sein Handeln am Ende als »ordnungsgemäß« erweist.

193 Diese möglichen Auswirkungen eines Vergleichs über Anfechtungsansprüche lassen es geboten erscheinen, Zulässigkeit und Grenzen einer solchen Einigung näher zu unter-

69 Zur Möglichkeit der Bestellung eines Sonderinsolvenzverwalters: BGH, 21.07.2016 – IX ZB 58/15, ZInsO 2016, 1746 Rn. 19; BGH, 18.06.2009 – IX ZA 13/09, ZInsO 2009, 1393 Rn. 4; BGH, 01.02.2007 – IX ZB 45/05, ZIP 2007, 547 Rn. 5; BGH, 02.03.2006 – IX ZB 225/04, NZI 2006, 474 Rn. 11; BGH, 17.11.2005 – IX ZR 179/04, ZInsO 2006, 27 Rn. 14; Frege, Der Sonderinsolvenzverwalter, Rn. 49 ff.; ders., ZInsO 2008, 1130 ff.; Graeber/Pape, ZIP 2007, 991 ff.; Lüke, ZIP 2004, 1693 ff.

70 BGH, 10.01.2013 – IX ZR 172/11, ZInsO 2013, 441 Rn. 8; BGH, 20.03.2008 – IX ZR 68/06, NJW-RR 2008, 1074 Rn. 4; BGH, 25.04.2002 – IX ZR 313/99, ZInsO 2002, 577 Rn. 27.

71 BGH, 25.04.2002 – IX ZR 313/99, ZInsO 2002, 577 Rn. 27.

suchen, um insb. letztlich erfolglosen Angriffen gegen derartige Vergleiche vorzubeugen und die Verfahrensbeteiligten vor unnötigen Beeinträchtigungen zu bewahren.[72]

Lässt sich der Insolvenzverwalter im Rahmen der außergerichtlichen Geltendmachung 194
von einem Rechtsanwalt vertreten, muss dieser wegen des eigenen Haftungsrisikos bei einem außergerichtlichen Vergleichsvorschlag gewissenhaft die Vor- und Nachteile des Vergleichs gegenüber der Einleitung eines Rechtsstreits abwägen und mit seinem Mandanten erörtern. Im Hinblick auf den meist ungewissen Ausgang eines Rechtsstreits bleibt dem Rechtsanwalt auch bei sorgfältiger Interessenabwägung ein Spielraum für seinen Rat, den Vergleich abzuschließen oder nicht. Im Fall eines eindeutig ungünstigen Vorschlags ist er verpflichtet, von dessen Annahme abzuraten.[73]

Ein Rechtsanwalt ist kraft des Anwaltsvertrages verpflichtet, die Interessen seines Auf- 195
traggebers nach jeder Richtung umfassend wahrzunehmen.[74] Er muss sein Verhalten so einrichten, dass er Schädigungen seines Auftraggebers, mag deren Möglichkeit auch nur von einem Rechtskundigen vorausgesehen werden können, vermeidet.[75] Daher muss der Rechtsanwalt umfassend beraten und belehren vor dem Hintergrund des vom Auftraggeber angestrebten Ziels.[76] Er muss hinsichtlich der materiellen Rechtslage die einschlägigen gesetzlichen Bestimmungen und die dazu ergangene Rechtsprechung beachten. Ferner hat er, wenn mehrere Maßnahmen in Betracht kommen, diejenige zu treffen, die die sicherste und gefahrloseste ist, und von mehreren möglichen diejenige zu wählen, mit der der erstrebte Erfolg am sichersten erreichbar ist. Schließlich hat er den Mandanten auf die bestehenden Risiken hinzuweisen.[77]

Der BGH hat ausgeführt, dass die Pflicht des Rechtsanwalts zur Beratung des Man- 196
danten über die Erfolgsaussichten einer in Aussicht genommenen Rechtsverfolgung unabhängig davon besteht, ob der Mandant rechtsschutzversichert ist oder nicht. Die Pflicht des Rechtsanwalts, den Mandanten über die Erfolgsaussichten einer in Aussicht genommenen Rechtsverfolgung aufzuklären, endet nicht mit deren Einleitung. Verändert sich die rechtliche oder tatsächliche Lage im Laufe des Verfahrens, muss der Rechtsanwalt seinen Mandanten über eine damit verbundene Verschlechterung der Erfolgsaussichten aufklären.[78]

---

72 Kreft, in: FS Schmidt, S. 965, 968.

73 BGH, 10.05.2012 – IX ZR 125/10, ZIP 2012, 1413 Rn. 22; BGH, 22.03.1990 – IX ZR 128/89, WM 1990, 1161 Rn. 26; OLG Düsseldorf, 06.04.2017 – 6 U 164/16 n.v.; OLG Düsseldorf, 18.02.1992 – 24 U 180/91, OLGR Düsseldorf 1992, 337 Rn. 4.

74 BGH, 01.03.2007 – IX ZR 261/03, NJW 2007, 2485 Rn. 9; Vill, in: Fischer/Vill/Fischer/Rinkler/Chab, Hdb. Anwaltshaftung, § 2 Rn. 5 ff.

75 BGH, 07.02.2008 – IX ZR 149/04, NJW 2008, 2041 Rn. 12; Vill, in: Fischer/Vill/Fischer/Rinkler/Chab, Hdb. Anwaltshaftung, § 2 Rn. 124 ff.

76 BGH, 18.03.1993 – IX ZR 120/92, WM 1993, 1376, 1377; Vill, in: Fischer/Vill/Fischer/Rinkler/Chab, Hdb. Anwaltshaftung, § 2 Rn. 51.

77 BGH, 11.04.2013 – IX ZR 94/10, BB 2013, 1345 Rn. 4; BGH, 15.04.2010 – IX ZR 223/07, NJW 2010, 1961 Rn. 18; BGH, 22.03.1990 – IX ZR 128/89, NJW 1990, 2128 Rn. 11.

78 BGH, 16.09.2021 – IX ZR 165/19, NJW 2021, 3324 Rn. 31.

197 Ein Rechtsanwalt, der mit der zwangsweisen Durchsetzung einer Forderung beauftragt worden ist und einen Titel gegen einen Schuldner des Mandanten erwirkt hat, hat zügig die Zwangsvollstreckung zu betreiben, soweit pfändbares Vermögen bekannt ist oder mit den Möglichkeiten, welche die Zivilprozessordnung bietet, ermittelt werden kann. Bestehen Anhaltspunkte dafür, dass eine Verzögerung der Zwangsvollstreckung zum Ausfall des Mandanten führen würde, muss der beauftragte Rechtsanwalt die Zwangsvollstreckung mit besonderer Beschleunigung betreiben. Er muss dann unter den verfügbaren Vollstreckungsmöglichkeiten diejenige auswählen, die am schnellsten zu einem Ergebnis führt. Ein Rechtsanwalt hat seinen Auftrag so zu erledigen, dass Nachteile für den Mandanten möglichst vermieden werden.[79]

2. Der Anfechtungsanspruch als Vergleichsgegenstand

198 Dass der Insolvenzverwalter sich über Anfechtungsansprüche (genauer: anfechtungsrechtliche Rückgewähransprüche nach § 143 Abs. 1 InsO) vergleichen kann, ist in der höchstrichterlichen Rechtsprechung grds. anerkannt.[80] Der Vergleich hat regelmäßig keine Schuld umfassende Wirkung.[81]

199 Es liegt nicht anders als bei sonstigen Ansprüchen der Masse, über die sich der Insolvenzverwalter unzweifelhaft vergleichen kann. Unwirksam ist ein solcher Vergleich – sofern es an Willensmängeln (§§ 116 ff. BGB), einem Verstoß gegen ein gesetzliches Verbot (§ 134 BGB) oder einer Sittenwidrigkeit (§ 138 BGB) fehlt – nur unter den Voraussetzungen einer Insolvenzzweckwidrigkeit.[82] Diese liegt vor, wenn der Widerspruch zum Insolvenzzweck (hier: der gemeinschaftlichen Befriedigung der Gläubiger des insolventen Schuldners, § 1 Satz 1 InsO) unter allen in Betracht kommenden Gesichtspunkten für jeden verständigen Beobachter ohne Weiteres ersichtlich ist und sich dem Geschäftspartner aufgrund der Umstände des Einzelfalls ohne Weiteres begründete Zweifel an der Vereinbarkeit der Handlung mit dem Zweck des Insolvenzverfahrens aufdrängen mussten, ihm also zumindest grobe Fahrlässigkeit vorzuwerfen ist.[83]

200 Bei Vergleichsschluss ist zu berücksichtigen, dass eine Rückzahlung eines bereits entrichteten Entgelts an den Insolvenzverwalter, welche nach Eröffnung des Insolvenzverfahrens und aufgrund einer erfolgreichen Insolvenzanfechtung nach §§ 129 ff. InsO erfolgt, zu einer Berichtigung des Vorsteuerabzugs gem. § 17 Abs. 2 Nr. 1 Satz 2 UStG und somit zu einer Masseverbindlichkeit i.S.v. § 55 Abs. 1 Nr. 1 InsO führt. Diese ist im Zeitpunkt der tatsächlichen Entgeltrückgewähr vorzunehmen und nicht

79 BGH, 19.09.2019 – IX ZR 22/17, ZInsO 2020, 95 Rn. 8; BGH, 07.09.2017 – IX ZR 71/16, ZInsO 2017, 2218, Rn. 11.

80 BGH, 24.06.2003 – IX ZR 228/02, ZInsO 2003, 761 Rn. 13; BAG, 28.11.2007 – 6 AZR 377/07, ZIP 2008, 846 Rn. 12.

81 BGH, 24.06.2003 – IX ZR 228/02, ZInsO 2003, 761, Rn. 23; Grüneberg/Sprau, § 779 BGB Rn. 11.

82 BGH, 10.01.2013 – IX ZR 172/11, ZInsO 2013, 441 Rn. 8, BGH, 20.03.2008 – IX ZR 68/06, ZIP 2008, 884 Rn. 4.

83 BGH, 25.10.2007 – IX ZR 217/06, ZInsO 2007, 1216 Rn. 42.

bereits bei Entstehung des (zivilrechtlichen) Anspruchs auf Rückgewähr. Denn erst mit der Rückzahlung des Entgelts wird dieses nachträglich uneinbringlich, so dass der den Umsatzsteueranspruch begründende Tatbestand erst zu diesem Zeitpunkt eintreten kann.[84] Insofern ist in der Praxis[85] die anteilige Umsatzsteuer (= rückgängig gemachter Vorsteuerabzug), die in den aufgrund der Anfechtung eingegangenen Zahlungen enthalten ist, bei der Insolvenzmasse zu berücksichtigen, d.h. anzumelden und abzuführen.[86] Die umsatzsteuerrechtlichen Konsequenzen dürften durch die aktuelle Rechtsprechung geklärt sein; unionsrechtliche Bedenken hat der BFH mittlerweile abgetan und eine Vorlage an den EuGH ausgeschlossen.[87]

3. Tatsächliche und rechtliche Voraussetzungen für den außergerichtlichen Vergleich

201 Für den Abschluss eines außergerichtlichen Vergleichs kann es die unterschiedlichsten Motive geben. Es können mehrere Beweggründe in Betracht kommen, die einen Vergleich des Insolvenzverwalters mit dem Anfechtungsgegner nahe legen und rechtfertigen können.

a) Einleitung

202 Grundvoraussetzung für einen Vergleichsabschluss ist ein sachlich überzeugender Grund. Die Sach- und Rechtslage muss für die Vermeidung einer gerichtlichen Geltendmachung sprechen. Es dürfen keine sachwidrigen Gründe herangezogen werden, um einen außergerichtlichen Vergleich abzuschließen.

203 Entweder ist der Insolvenzverwalter nicht in der Lage, tatsächliche Nachweise – wie bei der Frage der Zahlungsunfähigkeit (§ 17 Abs. 2 InsO) – zu erbringen, oder aber der Sachverhalt weist eine in der höchstrichterlichen Rechtsprechung nicht geklärte rechtliche Frage auf. Es kann auch vorkommen, dass »verfahrenspolitische Erwägungen« für einen Vergleichsabschluss sprechen. So macht das Führen von streitigen Auseinandersetzungen wenig Sinn, wenn das Insolvenzverfahren abschlussreif und der geltend gemachte Betrag nicht allzu hoch ist, sodass die Quotenverbesserung im Fall des Obsiegens und der Einziehung der Klageforderung unerheblich sein wird. Auch im Fall der mit Vollstreckungsrisiken behafteten Geltendmachung sollten wirtschaftliche und prozessökonomische Erwägungen ausschlaggebend sein, eine einvernehmliche Einigung zu erzielen.[88] Fehlt es an einem solchen Grund, hat der Insolvenzverwalter den Anfechtungsanspruch regelmäßig in vollem Umfang durchzusetzen, will er sich nicht dem haftungsträchtigen Vorwurf aussetzen, die Masse nicht sorgfältig verwertet zu haben.

84 BFH, 29.03.2017 – XI R 5/16, ZInsO 2017, 1328 Rn. 20; BFH, 15.12.2016 – V R 26/16, ZInsO 2017, 549 Rn. 26.

85 Anwendungserlass des BMF vom 03.07.2017, GZ. III C 2 – S 7330/09/10001:004.

86 Eisolt, ZInsO 2017, 630, 634.

87 BFH, 13.11.2018 – V B 60/18, ZInsO 2019, 110 Rn. 4.

88 Pape, ZInsO 2007, 1080.

b) Tatsächliche Risiken

204 Bestehen an der Begründetheit des Anfechtungsanspruches bei objektiver Beurteilung der Sach- und Rechtslage, die von jedem Insolvenzverwalter im Einzelfall sorgfältig zu prüfen ist, aus rechtlichen und tatsächlichen Gründen keine ernsthaften Zweifel, hat er den Anfechtungsanspruch regelmäßig geltend zu machen. Es gibt insb. zwei Gründe, die den Insolvenzverwalter gleichwohl veranlassen können, von der Erwirkung eines Titels abzusehen und einen angemessenen Vergleich anzustreben.

aa) Durchsetzungsschwierigkeiten bei der Vollstreckung

205 Ein Titel ist für die Masse ohne Wert, wenn der Anfechtungsgegner sich finanziell in einer derart beengten Lage befindet, dass eine Zwangsvollstreckung keinen Erfolg verspricht. Dies wird im Allgemeinen nicht zutreffen, wenn der Anfechtungsgegenstand noch zum Vermögen des Anfechtungsgegners gehört.[89] Dann kann – bei Ansprüchen auf Rückgewähr in Natur ggf. nach Ausbringung einer einstweiligen Verfügung[90] – unmittelbar auf ihn zugegriffen werden; im Fall der Insolvenz des Anfechtungsgegners unterliegt er der Aussonderung[91] (vgl. hierzu: Kap. 7 Rdn. 92 f.). Anders ist es jedoch, wenn der Anfechtungsanspruch auf Geld gerichtet ist, etwa weil der Anfechtungsgegner schon im Zeitpunkt der Eröffnung eines Insolvenzverfahrens über sein Vermögen nur Wertersatz zu leisten hätte und ein Aussonderungsrecht nicht bestünde.[92] Zwar kommt hier zur Sicherung grds. ein dinglicher Arrest in Betracht. Doch ist zu bedenken, dass eine schlechte Vermögenslage und die Gefahr, dass andere Gläubiger auf das Vermögen zugreifen, für sich allein einen Arrest nicht rechtfertigen, sondern dass ein Arrestgrund erst zu bejahen ist, wenn befürchtet werden muss, der Anfechtungsgegner werde pfändbare Vermögensgegenstände dem Zugriff der Gesamtheit seiner Gläubiger entziehen.[93] Deswegen kann bei einem auf Geld gerichteten Anfechtungsanspruch und finanziell beengten Vermögensverhältnissen des Anfechtungsgegners ein Vergleich auch bei einem zweifelsfrei bestehenden Anfechtungsanspruch das gebotene Mittel sein, um wenigstens einen Teil des Anfechtungsanspruches für die Masse zu realisieren.

bb) Unzureichende finanzielle Ausstattung der Masse

206 Ein außergerichtlicher Vergleich über einen zweifelsfrei bestehenden Anfechtungsanspruch kann ferner gerechtfertigt oder geboten sein, wenn die Masse finanziell

89 BGH, 26.04.2012 – IX ZR 74/11, ZInsO 2012, 924 Rn. 34: Kein Einwand der Entreicherung beim uneigennützigen Treuhänder.

90 BGH, 14.06.2007 – IX ZR 219/05, ZInsO 2007, 943 Rn. 10.

91 BGH, 23.10.2003 – IX ZR 252/01, ZInsO 2003, 1096 Rn. 24; BGH, 24.06.2003 – IX ZR 228/02, ZInsO 2003, 761 Rn. 30.

92 BGH, 27.04.2017 – IX ZR 198/16, ZInsO 2017, 1481 Rn. 16; BGH, 24.06.2003 – IX ZR 228/02, ZInsO 2003, 761, 763 Rn. 30; OLG Schleswig, 27.07.2016 – 9 U 34/16, ZInsO 2016, 2257 Rn. 13.

93 Zöller/Vollkommer, § 917 ZPO Rn. 4.

derart schlecht gestellt ist, dass sie die Kosten für einen Anfechtungsprozess nicht aufbringen kann.

Allerdings kommt hier grds. die Bewilligung von Prozesskostenhilfe gem. § 116 Satz 1 Nr. 1 ZPO in Betracht (vgl. hierzu ausführlich: Kap. 10 Rdn. 1 ff.).[94] Aber diese ist auch bei augenscheinlicher Begründetheit des Anfechtungsanspruches nicht immer gewährleistet. Denn nach § 116 Satz 1 Nr. 1 ZPO ist neben der Bedürftigkeit der Masse, die bei Masseunzulänglichkeit grds. gegeben ist (vgl. hierzu: Kap. 10 Rdn. 11), weitere Voraussetzung für die Bewilligung von PKH für den Insolvenzverwalter als Partei kraft Amtes, dass den am Gegenstand des Rechtsstreits wirtschaftlich Beteiligten nicht zuzumuten ist, die Kosten aufzubringen.[95] Nur wenn eine solche Unzumutbarkeit eindeutig bejaht werden kann, ist dem Insolvenzverwalter, der die Kosten aus der Insolvenzmasse nicht aufzubringen vermag, bei begründetem Anfechtungsanspruch ohne Weiteres PKH zu gewähren.[96] Der Insolvenzverwalter hat die Voraussetzungen für die Bewilligung darzulegen[97] und auf Verlangen des Gerichts glaubhaft zu machen (§ 118 Abs. 1 Satz 1 ZPO). Dies gilt auch für die Umstände, derentwegen den wirtschaftlich beteiligten Gläubigern eine Prozessfinanzierung nicht zumutbar ist.[98] 207

c) Rechtliche Risiken

Der Bestand eines Anfechtungsanspruchs kann auch aus rechtlichen Gründen mit Risiken behaftet sein. Aus rechtlichen Gründen besteht ein Anfechtungsanspruch zweifelsohne, wenn es zu den durch seine Geltendmachung aufgeworfenen Rechtsfragen eine gefestigte höchstrichterliche Rechtsprechung gibt, die auch in der sonstigen Rechtsprechung anerkannt ist und im Schrifttum geteilt wird. Eine rechtliche Unklarheit kann ferner zu verneinen sein, wenn es zu der (den) Rechtsfrage(n) zwar keine höchstrichterliche Rechtsprechung gibt, sich aber unter den Instanzgerichten und in der Literatur eine übereinstimmende Meinung gebildet hat, die nicht infrage gestellt wird. 208

Dabei kann trotz vorhandener höchstrichterlicher Rechtsprechung eine Rechtsfrage gleichwohl mit Unsicherheiten behaftet sein, etwa wenn es sich um ein vereinzeltes schon längere Zeit zurückliegendes Urteil handelt und das Revisionsgericht in späteren Entscheidungen Vorbehalte zum Ausdruck gebracht hat, die darauf hindeuten, dass es die Rechtsfrage demnächst erneut überprüfen und möglicherweise anders beantworten wird.[99] Ist der Anfechtungsanspruch aus Rechtsgründen zweifelhaft, kommt grds. der Abschluss eines außergerichtlichen Vergleichs in Betracht, und zwar desto 209

---

94 BGH, 14.07.2005 – IX ZB 224/04, ZInsO 2005, 877 Rn. 6.
95 BGH, 09.10.2014 – IX ZA 12/13, ZInsO 2014, 2574 Rn. 2; BGH, 03.05.2012 – V ZB 138/11, ZInsO 2012, 1941 Rn. 8.
96 BGH, 12.03.2008 – XII ZB 4/08, ZIP 2008, 1035 Rn. 6.
97 BGH, 06.12.2010 – II ZB 13/09, ZInsO 2011, 104 Rn. 5.
98 BGH, 04.12.2012 – II ZA 3/12, NZI 2013, 82 Rn. 3.
99 BGH, 25.09.2014 – IX ZR 199/13, NJW 2015, 770 Rn. 12; BGH, 30.09.1993 – IX ZR 211/92, NJW 1993, 3323 Rn. 16; Vill, in: Fischer/Vill/Fischer/Rinkler/Chab, Hdb. Anwaltshaftung, § 2 Rn. 81.

eher, je umstrittener die Beantwortung der aufgeworfenen Rechtsfrage(n) ist und je geringer die Chancen für den Erfolg einer Klage sind.

210 Ähnliches gilt, wenn der Nachweis der tatsächlichen Voraussetzung eines Anfechtungsanspruches zweifelhaft ist. Das kann auf den unterschiedlichsten Gründen beruhen. So kann es an geeigneten Beweismitteln für den beweisbelasteten Insolvenzverwalter fehlen. Zeugen können der Gegenseite nahestehen, sodass auch zugunsten des Insolvenzverwalters sprechende widerlegbare Vermutungen (§ 130 Abs. 3, § 131 Abs. 2 Satz 2, § 132 Abs. 3, § 133 Abs. 4 Satz 2 n.F., jeweils i.V.m. § 138 InsO)[100] oder Indizien für den Benachteiligungsvorsatz des Schuldners und dessen Kenntnis keinen sicheren Erfolg versprechen und mit Zeugenaussagen nicht sicher gerechnet werden kann.[101]

211 Es kann die Einholung von »teuren« Sachverständigengutachten – etwa zur Frage der Insolvenzreife oder eines geeigneten Sanierungskonzeptes[102] – erforderlich und deren Ergebnis kaum vorhersehbar sein. Auch in derartigen Fällen kann sich ein außergerichtlicher Vergleich empfehlen, da eine definitive Prognose über den Ausgang eines streitigen Verfahrens nicht abgegeben werden kann.

d) Ermessensspielraum des Insolvenzverwalters

212 Es ist anerkannt, dass dem Insolvenzverwalter wegen der mit seinem Amt verbundenen vielfältigen und schwierigen Aufgaben bei der Ausübung seiner Tätigkeit grds. ein weiter Ermessensspielraum zusteht.[103] Dies wirkt sich auf seine Haftung aus. Nach § 60 Abs. 1 Satz 1 InsO ist der Insolvenzverwalter allen Beteiligten (hier: Schuldner, Insolvenz- und Massegläubigern) zum Schadensersatz verpflichtet, wenn er die Pflichten verletzt, die ihm nach der InsO obliegen.

213 Nach § 60 Abs. 1 Satz 2 InsO hat er (den Beteiligten) für die Sorgfalt eines ordentlichen und gewissenhaften Insolvenzverwalters einzustehen.[104]

214 Es sind die Besonderheiten zu beachten, die sich aus den Aufgaben des Insolvenzverwalters und aus den Umständen ergeben, unter denen er seine Tätigkeit ausübt. Bei der Fortführung eines insolventen Unternehmens steht der Verwalter regelmäßig vor besonderen Schwierigkeiten. Außer den Problemen, die sich unmittelbar aus der Insolvenz des Unternehmens ergeben, ist z.B. zu berücksichtigen, dass der Verwalter eine Einarbeitungszeit benötigt, wenn er ein fremdes Unternehmen in einem ihm möglicherweise nicht vertrauten Geschäftszweig übernimmt, und dass er häufig keine

100 BGH, 15.11.2012 – IX ZR 205/11, ZInsO 2012, 2335 Rn. 11.
101 BGH, 20.11.2008 – IX ZR 188/07, ZInsO 2009, 145 Rn. 12.
102 BGH, 21.11.2005 – II ZR 277/03, ZInsO 2006, 148 Rn. 17; BGH, 04.12.1997 – IX ZR 47/97, ZIP 1998, 248 Rn. 28.
103 BGH, 16.03.2017 – IX ZR 253/15, ZInsO 2017, 827 Rn. 15; BGH, 25.03.2003 – VI ZR 175/02, ZInsO 2003, 657 Rn. 23.
104 BGH, 26.06.2014 – IX ZR 162/13, ZInsO 2014, 1558 Rn. 16; BGH, 21.10.2010 – IX ZR 220/09, ZInsO 2010, 2323 Rn. 12.

ordnungsmäßige Buchführung vorfindet. Er übt sein Amt also i.d.R. unter erheblich ungünstigeren Bedingungen aus als der Geschäftsleiter eines wirtschaftlich gesunden Unternehmens. Soweit im Verfahren keine Unternehmensfortführung stattfindet, sondern die Verwertung der einzelnen Gegenstände des Schuldnervermögens betrieben wird, kommt ohnehin nur ein besonderer, speziell auf die Verwaltertätigkeit bezogener Sorgfaltsmaßstab in Betracht.[105] Eine Pflichtverletzung ist zu verneinen, wenn der Insolvenzverwalter auf der Grundlage angemessener Informationen und in bestem Gewissen eine Entscheidung zum Wohle der Insolvenzmasse trifft, auch wenn sich ex post zeigt, dass es bessere Optionen gegeben hätte.[106]

Regelmäßig hat daher bei der Entscheidung des Insolvenzverwalters, einen Anfechtungsprozess zu führen oder davon abzusehen und einen Vergleich zu schließen, eine Gesamtabwägung stattzufinden. In diese haben insb. die Erfolgsaussichten, der Grad der Unsicherheit, die Grundlage etwaiger Zweifel und die wirtschaftliche Bedeutung des Streitgegenstandes einzufließen.[107] Stets kommt es auf die konkrete Entscheidungslage an. 215

Es kann Situationen geben, in denen es für die Insolvenzmasse günstiger ist, eine Prozessführung auch bei fraglos bestehender Erfolgsaussicht zu unterlassen und stattdessen einen der Sach- und Rechtslage angemessenen Vergleich zu schließen. Bei zweifelhafter Sach- und/oder Rechtslage kann sich ein Vergleichsabschluss erst recht anbieten. In derartigen Fällen muss dem Insolvenzverwalter ein Entscheidungsermessen zum Ob eines Vergleichs und zur Höhe der Vergleichssumme zustehen, dessen Grenzen nicht kleinlich zu bemessen sind. 216

Zur Bestimmung der dem Insolvenzverwalter im Zusammenhang mit einem Vergleichsabschluss obliegenden Pflichten kann – wenn es sich bei dem Insolvenzverwalter um einen RA handelt (anderenfalls hat der Insolvenzverwalter in derartigen Fällen Rechtsrat einzuholen)[108] – auf die entsprechende Rechtsprechung zur Anwaltshaftung zurückgegriffen werden.[109] So hat der BGH entschieden, dass der anwaltliche Insolvenzverwalter den Beteiligten bei der gerichtlichen Durchsetzung von Masseansprüchen (zu denen auch Anfechtungsansprüche gehören) i.d.R. dieselbe Sorgfalt schuldet wie ein RA seinem Mandanten und im Interesse der Gläubiger den sichersten Weg zu wählen hat.[110] Danach kann von einem Prozess abgesehen werden, wenn dies aus anwaltlicher Sicht vertretbar erscheint. Das trifft zu, wenn der RA vor Abschluss eines Vergleichs alle damit zusammenhängenden Vor- und Nachteile so gewissenhaft bedacht hat, wie es ihm aufgrund seiner Informationen, Kenntnisse und Erfahrungen 217

105 So Begründung des RegE zu § 60 Abs. 1 InsO, BT-Drucks. 12/243, 129.
106 K. Schmidt/Thole, § 60 InsO Rn. 15.
107 Bork, ZIP 2005, 1120, 1121.
108 BGH, 28.10.1993 – IX ZR 21/93, ZIP 1993, 1886 Rn. 25.
109 Dazu: Fischer, in: Fischer/Vill/Fischer/Rinkler/Chab, Hdb. Anwaltshaftung, § 13 Rn. 18.
110 BGH, 28.10.1993 – IX ZR 21/93, ZIP 1993, 1886 Rn. 25; zum Gebot des sichersten Weges: Zugehör, ZInsO 2006, 857, 859.

vorausschauend möglich war.[111] Wegen der Schwierigkeiten und Ungewissheiten bei der Abwägung der Vor- und Nachteile eines Vergleichs steht dem Anwalt zur Vermeidung eines untragbaren Haftungsrisikos ein weiter Ermessensspielraum zu. Innerhalb dieses Spielraums hat der RA eine gewissenhafte Interessenabwägung vorzunehmen. Der Vergleich darf für den Mandanten keine unangemessene Benachteiligung darstellen. Bei der Interessenabwägung sind nicht nur rechtliche, sondern auch wirtschaftliche Interessen zu berücksichtigen. Bei den rechtlichen Gesichtspunkten spielt (in aller Regel) die Bewertung der Prozessaussichten eine wichtige Rolle. Dabei kann insb. darauf abzustellen sein, wie die Rechts- und/oder Beweislage einzuschätzen ist. Aus wirtschaftlicher Sicht kann in Erwägung zu ziehen sein, dass ein außergerichtlicher Vergleich dem Insolvenzverwalter die Möglichkeit bietet, schnell und ohne weiteres Prozessrisiko zu Geld zu kommen.[112] Der Rechtsanwalt hat von einem Vergleich jedoch dann abzuraten, wenn er für die von ihm vertretene Partei eine unangemessene Benachteiligung darstellt und begründete Aussicht besteht, im Falle einer streitigen Entscheidung ein wesentlich günstigeres Ergebnis zu erzielen. Zugleich kann es einen Pflichtverstoß darstellen, wenn der Mandant auf Anraten seines Rechtsanwalts eine günstige Vergleichsmöglichkeit nicht wahrnimmt, wenn im Zeitpunkt der Vergleichsverhandlungen objektive Anhaltspunkte dafür vorhanden waren, die den Vergleich günstiger erscheinen ließen als dessen Ablehnung.[113] Diese Grundsätze gelten auch bei der Bewertung des außergerichtlichen Vergleichs eines Insolvenzverwalters mit dem Anfechtungsgegner über einen Anfechtungsanspruch.

218 Mit Urt. v. 03.03.2016[114] hat der BGH entschieden, dass der Insolvenzverwalter gegenüber den Insolvenzgläubigern auch dann haftet, wenn er seine insolvenzspezifischen Aufgaben auf Dritte, u.a. auch Rechtsanwälte, überträgt. Der Insolvenzverwalter kann sein Amt als solches weder ganz noch teilweise auf eine andere Person übertragen; vielmehr ist er mit diesem höchstpersönlich betraut. Insolvenzverfahrensspezifische Handlungen darf er nur persönlich vornehmen. Dazu gehört auch die Führung eines Anfechtungsprozesses. Die Übertragung von Aufgaben an Mitarbeiter oder Dritte, etwa an einen Rechtsanwalt, wird durch den Grundsatz der Höchstpersönlichkeit des Amtes zwar nicht ausgeschlossen. Die Vorschrift des § 5 InsVV setzt gerade voraus, dass zur Verwaltung gehörende Tätigkeiten einem Rechtsanwalt, einem Wirtschaftsprüfer, einem Steuerberater oder anderen Fachleuten übertragen werden können. Der Verwalter erfüllt die ihm obliegenden insolvenzspezifischen Pflichten jedoch nicht ohne weiteres durch die Einschaltung dieser Fachleute. Bedient er sich bei der Erfüllung insolvenzspezifischer Pflichten einer Hilfsperson, hat er für deren Pflichtverletzung und deren Verschulden grundsätzlich nach § 278 BGB einzustehen. Für die Richtigkeit dieser Annahme spricht nach Ansicht des BGH § 60 Abs. 2 InsO. Nach dieser Vorschrift ist der Verwalter unter bestimmten Voraussetzungen dann, wenn er Angestellte des Schuldners im Rahmen ihrer bisherigen Tätigkeit einsetzt,

111 BGH, 11.03.2010 – IX ZR 104/08, NJW 2010, 1357 Rn. 23.
112 Vill, in: Fischer/Vill/Fischer/Rinkler/Chab, Hdb. Anwaltshaftung, § 2 Rn. 279.
113 BGH, 14.07.2016 – IX ZR 291/14, ZIP 2016, 1834 Rn. 8.
114 BGH, 03.03.2016 – IX ZR 119/15, ZInsO 2016, 687 Rn. 18.

nur für deren Überwachung und für Entscheidungen von besonderer Bedeutung verantwortlich; § 278 BGB ist nicht anwendbar. Im Umkehrschluss bedeutet dies, dass § 278 BGB für sonstige Hilfspersonen grundsätzlich anwendbar ist.[115] Mit der Änderung der Rechtsprechung des BGH ist eine deutliche Ausdehnung der Haftung des Insolvenzverwalters verbunden. Haftete er bisher lediglich für eigenes Verschulden und das Verschulden solcher Hilfskräfte, die er aus eigenen Mitteln bezahlt hat, so wird die Haftung nunmehr auf selbstständig handelnde Experten erstreckt.[116] Bei der Beauftragung von Selbstständigen haftet er damit nicht (mehr) nur für deren sorgfältige Auswahl und nicht mehr nur dann, wenn er erkennt, dass schlecht gearbeitet wird und er dennoch keine Abhilfe schafft, sondern für sämtliche Rechtsfehler eines beauftragten Rechtsanwalts.[117] Eine Haftungsbeschränkung kommt lediglich außerhalb seines Pflichtenkreises, wie etwa bei der Erfüllung steuerlicher Verpflichtungen, in Betracht.[118] Bei der Beauftragung eines RA für die Prozessführung müsste nach den Maßgaben des BGH der Insolvenzverwalter die Einhaltung von Fristen, Wiedervorlagen sowie Bearbeitungszeiten überprüfen und bei Mängeln einschreiten.[119] Insofern muss sich der Insolvenzverwalter auch im Rahmen der außergerichtlichen Verhandlungen über einen Anfechtungsanspruch davon überzeugen, dass der von dem von ihm beauftragten RA ausgehandelte Vergleich unter Berücksichtigung der Prozessrisiken und Abwägung der Vor- und Nachteile des Vergleichs ein vertretbares Ergebnis für die Insolvenzmasse darstellt. Ggf. steht dem Insolvenzverwalter gegen den nachlässig arbeitenden RA ein Schadensersatzanspruch in Verbindung mit dem Anwaltsvertrag zu, der gem. § 35 Abs. 1 Fall 2 InsO Teil der Masse ist und vom Verwalter geltend zu machen ist, wobei die unterlassene Geltendmachung zugleich eine eigene Pflichtverletzung des Insolvenzverwalters darstellt.[120]

▶ Praxistipp:

Zusammenfassend lässt sich feststellen, dass der Insolvenzverwalter außergerichtliche Vergleiche über Anfechtungsansprüche abschließen kann, wenn es tatsächliche oder rechtliche Gründe dafür gibt, einen Anfechtungsanspruch nicht gerichtlich durchzusetzen. Dies ist nach der objektiven Sach- und Rechtslage zu beurteilen. Im Einzelfall – namentlich bei einem aus Rechts- und/oder Sachgründen zweifelhaften Anfechtungsanspruch, bei finanzieller Schwäche des Anfechtungsgegners oder einer Unfähigkeit des Insolvenzverwalters, die Prozesskosten aus der Masse aufzubringen und auch bei einem zweifelsfrei bestehenden Anfechtungsanspruch – kann ein Vergleich nicht nur vertretbar, sondern sogar geboten sein, wenn anderenfalls die nicht nur theoretische Gefahr besteht, dass kein Geld oder erheblich weniger als die Vergleichssumme in die Masse fließt. Dann stellt 219

115 BGH, 03.03.2016 – IX ZR 119/15, ZInsO 2016, 687 Rn. 17.
116 Holzer, NZI 2016, 903, 905.
117 Braun/Baumert, § 60 InsO Rn. 33.
118 BGH, 29.05.1979 – VI ZR 104/78, ZIP 1980, 25, 26; A/G/R-Lind, § 60 InsO Rn. 36.
119 Jacobi, ZInsO 2016, 1353, 1354.
120 Lohmann, ZInsO 2016, 2138, 2140.

der Vergleich die bestmögliche Verwertung des Anspruches zugunsten der Insolvenzmasse dar. Ein Vergleich kann u.U. – selbst bei guten Prozessaussichten – zudem gerechtfertigt sein, wenn mit einem lang andauernden Anfechtungsrechtsstreit zu rechnen ist und durch die Zeitdauer infolge Geldmangels Sanierungschancen trotz eines späteren Prozessgewinns zunichte gemacht werden. Bei der Entscheidung über das Ob und die Höhe eines Vergleichs ist dem Insolvenzverwalter ein weiter Ermessensspielraum einzuräumen, dessen Reichweite sich nach den Besonderheiten des konkreten Falles richtet, der aber nicht kleinlich zu bemessen ist. Von Bedeutung ist daher, dass neben dem Abschluss eines Vergleichs dokumentiert wird, welche rechtlichen und wirtschaftlichen Erwägungen für den Insolvenzverwalter für den Vergleichsabschluss maßgeblich waren, um so mögliche »Haftungsfallen« zu vermeiden.

4. Zustimmungserfordernis des Gläubigerausschusses oder der Gläubigerversammlung

a) Voraussetzungen nach § 160 Abs. 1 InsO

220 Gem. § 160 Abs. 1 InsO hat der Insolvenzverwalter die Zustimmung des Gläubigerausschusses einzuholen, wenn er Rechtshandlungen vornehmen will, die für das Insolvenzverfahren von besonderer Bedeutung sind. Ist ein Gläubigerausschuss nicht bestellt, so ist die Zustimmung der Gläubigerversammlung einzuholen. Ob Rechtshandlungen bedeutsam sind, ergibt sich aus ihren Auswirkungen auf die Verteilungsmasse gem. §§ 187 ff. InsO.[121] Gem. § 160 Abs. 2 Nr. 3 InsO ist die Zustimmung erforderlich, wenn ein Rechtsstreit mit erheblichem Streitwert anhängig gemacht oder aufgenommen, die Aufnahme eines solchen Rechtsstreites abgelehnt oder zur Beilegung oder zur Vermeidung eines solchen Rechtsstreits ein Vergleich oder ein Schiedsvertrag geschlossen werden soll.[122] Die Erheblichkeit ist eine Frage des Einzelfalls. Sie ist abhängig vom Umfang des Verfahrens, dem Bestand der Masse im Verhältnis zu den Kostenerstattungsansprüchen im Falle des Unterliegens und unter Umständen auch vom Streitgegenstand.[123]

221 Wie aus der Formulierung des § 160 Abs. 1 Satz 1 InsO hervorgeht, hat der Insolvenzverwalter die Zustimmung einzuholen, wenn er besonders bedeutsame Rechtshandlungen vornehmen will. Hieraus ergibt sich, dass dem Insolvenzverwalter grds. kein Ermessensspielraum eingeräumt ist. Vielmehr handelt es sich bei der Zustimmung des Gläubigerausschusses bzw. der Gläubigerversammlung dem Wortlaut nach um eine zwingende Voraussetzung.[124]

---

121 HK-InsO/Ries, § 160 Rn. 2.

122 A. A. Wimmer, ZIP 2013, 2038: grundsätzliche Unanwendbarkeit des § 160 InsO bei Anfechtungssachverhalten.

123 K/P/B/Webel, § 160 InsO Rn. 22.

124 HambKomm-InsR/Wolgast, § 160 InsO Rn. 2.

Dennoch wird die Wirksamkeit der Handlung des Insolvenzverwalters von der fehlenden Zustimmung des Gläubigerausschusses bzw. der Gläubigerversammlung nicht berührt (§ 164 InsO).[125] Unwirksam ist eine Rechtshandlung lediglich bei evidenter Insolvenzzweckwidrigkeit; insoweit gelten die Regeln über den Missbrauch der Vertretungsmacht.[126] **222**

§ 160 InsO und § 164 InsO stehen insoweit in einem Spannungsverhältnis. § 164 InsO begrenzt die Konsequenzen eines Verstoßes gegen die §§ 160 ff. InsO auf das Innenverhältnis, da einem außenstehenden Dritten nicht zugemutet werden kann, sich über die Bedeutung der Geschäfte für die Insolvenzmasse und die Ordnungsmäßigkeit der internen Entscheidungsprozesse zu informieren.[127] Am Verfahren unbeteiligte Dritte sollen demnach nicht dem Risiko ausgesetzt werden, dass der Verwalter Rechtshandlungen ohne Zustimmung des Gläubigerausschusses vorgenommen hat, weil der Gläubigerausschuss nicht einberufen wurde oder er seine Zustimmung verweigert hat.[128] Für den Fall, dass § 164 InsO eine absolute Unwirksamkeit der Rechtshandlung des Verwalters statuieren würde, wäre im Rechtsverkehr keine Rechtssicherheit mehr gegeben. § 164 InsO schützt insoweit die Interessen von am Verfahren beteiligten Dritten.[129] **223**

Zwar ist allgemein anerkannt, dass die Wirksamkeit der Rechtshandlung nicht davon abhängig ist, ob der Dritte den Verstoß gegen § 160 InsO kannte oder nicht;[130] zudem kann bei einer durch den Insolvenzverwalter erhobenen Klage der Prozessgegner grds. nicht einwenden, dass der Verwalter nicht zur Führung des Prozesses aufgrund fehlender Zustimmung gem. § 160 InsO aktivlegitimiert ist.[131] **224**

Zugleich hat der Gläubiger aber die Möglichkeit, das Insolvenzgericht anzurufen und Aufsichtsmaßnahmen gem. § 58 InsO zu beantragen, sofern der Verwalter eine Pflichtwidrigkeit begeht und in der Nichteinholung der Zustimmung gem. § 160 InsO eine pflichtwidrige Handlung gesehen werden sollte. **225**

Der in § 160 Abs. 2 Nr. 3 InsO verwendete Begriff Zustimmung ist identisch mit dem Begriff der Zustimmung i.S.d. § 182 BGB,[132] sodass die Zustimmung grds. auch konkludent, d.h. durch schlüssiges Handeln erfolgen kann.[133] Voraussetzung für eine Zustimmung durch schlüssiges Handeln ist, dass der Zustimmungsberechtigte von der Zustimmungsbedürftigkeit des Rechtsgeschäftes wusste oder mit ihr rechnete, wobei **226**

---

125 Noch zur GesO: BGH, 05.01.1995 – IX ZR 241/93, WM 1995, 628 Rn. 5; MK-InsO/Janssen, § 164 InsO Rn. 3.
126 BGH, 25.04.2002 – IX ZR 313/99, ZInsO 2002, 577 Rn. 28; Schmidt/Jungmann, § 164 InsO Rn. 4.
127 MK-InsO/Janssen, § 164 InsO Rn. 1.
128 Uhlenbruck/Deppenkemper, § 164 InsO Rn. 2.
129 HambKomm-InsR/Wolgast, § 164 InsO Rn. 1.
130 MK-InsO/Janssen, § 164 InsO Rn. 3.
131 Balthasar, in: Römermann, § 164 InsO Rn. 4.
132 MK-InsO/Janssen, § 160 InsO Rn. 26.
133 Grüneberg/Ellenberger, § 182 BGB Rn. 3.

selbst bei Fehlen eines solchen Erklärungsbewusstseins eine wirksame Zustimmung vorliegen kann.[134] Dies gilt insb. in Konstellationen, in denen der Handelnde bei Anwendung pflichtgemäßer Sorgfalt erkennen konnte, dass sein Verhalten als Zustimmung aufgefasst werden muss. Die Zustimmung ist i.d.R. dann anzunehmen, wenn der Zustimmungsberechtigte die Rechtshandlung als gültig behandelt.

b) Wirkung der Zustimmung

227 Der BGH hatte bereits mit Urt. v. 22.01.1985[135] zur Konkursordnung ausgeführt, dass die Zustimmung des Gläubigerausschusses bei Bestehen einer Zustimmungsbedürftigkeit zu einer Handlung des Konkursverwalters eine entlastende Wirkung insoweit haben könne, als es darum gehe, ob eine von dem Konkursverwalter vorgeschlagene zustimmungsbedürftige Maßnahme vertretbar sei. Trotz Genehmigung komme jedoch eine persönliche Haftung des Insolvenzverwalters aufgrund besonderer Umstände in Betracht, wenn er die Sach- und Rechtslage ggü. dem Gläubigerausschuss schuldhaft unrichtig bzw. unvollständig dargestellt oder wenn er dem Gläubigerausschuss eine andere, einem oder mehreren Beteiligten vorteilhaftere Entscheidung unmöglich gemacht habe.

228 Eine verbreitete Auffassung in der Literatur lehnt diese Auffassung ab und sieht in der Zustimmung von Gläubigerausschuss oder Gläubigerversammlung im Allgemeinen auch bei umfassender Darstellung der Sach- und Rechtslage nicht mehr als ein Indiz für ein nicht vorwerfbares Verhalten des Insolvenzverwalters.[136]

229 Vermittelnd wird im Hinblick auf die Beschränkung der Haftung der Mitglieder des Gläubigerausschusses auf eine Verantwortlichkeit ggü. den absonderungsberechtigten Gläubigern und den Insolvenzgläubigern (§ 71 InsO) die Meinung vertreten, dass eine Enthaftung des Insolvenzverwalters durch die Zustimmung des Gläubigerausschusses nur in Bezug auf diese Gläubigergruppen in Betracht komme.[137] Den übrigen Beteiligten – namentlich dem Schuldner und den Massegläubigern – soll der Insolvenzverwalter auch bei Zustimmung des Gläubigerausschusses haften.

230 Der Auffassung, die in der Zustimmung von Gläubigerausschuss oder Gläubigerversammlung zu einem Vergleich über einen Anfechtungsanspruch lediglich ein Indiz gegen ein pflichtwidriges Verhalten erachtet, sollte der Vorzug gegeben werden.[138] Eine automatische Entlastung kann dem Insolvenzverwalter durch eine solche Zustimmung in keinem Fall zuteilwerden. Dagegen spricht bereits, dass der Kreis der Beteiligten, denen der Insolvenzverwalter nach § 60 InsO haftet, größer ist als der Kreis derjenigen, denen Mitglieder des Gläubigerausschusses gem. § 71 InsO haften, und, dass die Gläubigerversammlung nach der InsO keiner Haftung unterliegt. Das hätte zur Folge,

134 Grüneberg/Ellenberger, § 133 BGB Rn. 11.
135 BGH, 22.01.1985 – VI ZR 131/83, ZIP 1985, 423 Rn. 31.
136 HK-InsO/Lohmann, § 60 Rn. 37; vgl. dazu: Leibner, KTS 2005, 75; Gundlach/Frenzel/Jahn, ZInsO 2007, 363, 366.
137 MK-InsO/Schoppmeyer, § 60 InsO Rn. 120 ff.; Rein, in: Römermann, § 60 InsO Rn. 74.
138 Uhlenbruck/Sinz, § 60 InsO Rn. 102; HambKomm-InsR/Weitzmann, § 60 InsO Rn. 40.

dass im Fall einer enthaftenden Wirkung der Zustimmung entweder einige (bei der Zustimmung des Gläubigerausschusses) oder sämtliche Beteiligte (bei Zustimmung der Gläubigerversammlung) auch im Fall eines in einem Vergleichsabschluss liegenden pflichtwidrigen und schuldhaften Verhaltens des Insolvenzverwalters ihren Schaden selbst dann nicht ersetzt verlangen könnten, wenn die Zustimmung schuldhaft zu Unrecht erteilt wurde. Eine Begrenzung der mit einer Zustimmung des Gläubigerausschusses verbundenen Enthaftung des Insolvenzverwalters auf diejenigen Gläubiger, denen die Mitglieder des Gläubigerausschusses haften, dürfte sich kaum rechtfertigen lassen, zumal die enthaftende Wirkung einer Zustimmung der Gläubigerversammlung dann konsequenterweise gänzlich entfallen müsste. Gegen eine automatische Haftungsfreistellung des Insolvenzverwalters von einer in dem Abschluss eines Vergleichs über einen Anfechtungsanspruch liegenden schuldhaften Pflichtverletzung dürfte auch der Umstand sprechen, dass Gläubigerausschuss (§ 72 InsO) und Gläubigerversammlung (§ 76 Abs. 2 InsO) jeweils nicht einstimmig, sondern mit Mehrheit über Für und Wider einer Zustimmung entscheiden. Den unterlegenen Gläubigern wäre dann jede Möglichkeit genommen, auf die Geltendmachung eines Schadensersatzanspruchs gegen den Insolvenzverwalter, etwa durch einen Sonderinsolvenzverwalter, hinzuwirken.[139]

Da ein Vergleichsabschluss durch den Insolvenzverwalter jedenfalls bei einem nicht unerheblichen Streitwert des (möglichen) Anfechtungsprozesses gem. § 160 Abs. 2 Nr. 3 InsO der Zustimmung des Gläubigerausschusses und nach § 160 Abs. 1 Satz 2 InsO für den Fall, dass ein Gläubigerausschuss nicht bestellt ist, der Zustimmung der Gläubigerversammlung bedarf, könnte eine Zustimmung durch eines dieser Gremien ggf. dazu führen, dass der Insolvenzverwalter bei einer in dem Vergleichsabschluss liegenden schuldhaften Pflichtverletzung einem Schadensersatzanspruch nach § 60 Abs. 1 InsO allein wegen der fehlenden Zustimmung ausgesetzt wäre.[140] **231**

Ein Handeln des Insolvenzverwalters ohne Zustimmung ist im Hinblick auf § 60 InsO für diesen risikobehaftet.[141] Die Zustimmung des Gläubigerausschusses verpflichtet den Verwalter nicht zur Vornahme der jeweiligen Rechtshandlung; sie enthebt ihn auch nicht von seiner Verantwortlichkeit nach § 60 InsO, besorgt aber daneben die Haftung des Gläubigerausschusses nach § 71 InsO als Gesamtschuldner ggü. den Insolvenzgläubigern und den Absonderungsberechtigten. **232**

Welcher Auffassung der BGH folgt, lässt er weiterhin offen, sieht im Ergebnis jedoch keine wesentlichen Differenzen zwischen den Auffassungen.[142] Ohnehin haben die Beschlüsse des Gläubigerausschusses bzw. der Gläubigerversammlung nur dann eine Auswirkung darauf, ob der Insolvenzverwalter einen Masseschaden pflichtwidrig und schuldhaft herbeigeführt hat, wenn das Gesetz ihnen eine Zustimmungskompetenz einräumt.[143] **233**

139 Jaeger/Gerhardt, § 60 InsO Rn. 144.
140 Zimmermann, ZInsO 2012, 245, 247.
141 BGH, 12.06.2008 – IX ZB 220/07, ZInsO 2008, 735 Rn. 10.
142 BGH, 12.03.2020 – IX ZR 125/17, ZInsO 2020, 1180 Rn. 61.
143 BGH, 12.03.2020 – IX ZR 125/17, ZInsO 2020, 1180 Rn. 62.

234 Darüber hinaus kann sich unabhängig von § 160 InsO nach der höchstrichterlichen Rechtsprechung ein derartiger Beschluss nach den Grundsätzen des Mitverschuldens anspruchsmindernd auf Schadensersatzansprüche des Insolvenzverwalters wegen einer pflichtwidrigen Masseverkürzung auswirken, wenn dem Beschluss nach den Umständen und seinem Gewicht eine Bedeutung für das Handeln des Insolvenzverwalters beizumessen ist, die es rechtfertigt, dass die Gemeinschaft der Insolvenzgläubiger das damit verbundene Risiko ganz oder teilweise mitzutragen hat. Die einfache Zustimmung zu einer vom Insolvenzverwalter beabsichtigten Maßnahme, über die dieser auch ohne Beteiligung der Gläubigerversammlung entscheiden kann, genügt hierfür nicht.[144] Insbesondere bei Prognoseentscheidungen, bei der Chancen und Risiken abzuwägen sind, kommt eine entlastende Wirkung unter der Voraussetzung in Betracht, dass der Insolvenzverwalter das Gläubigerorgan vollständig und richtig informiert und den Beschluss ohne Abweichungen umgesetzt hat.[145]

235 Dies lässt es geboten erscheinen, beim Abschluss eines außergerichtlichen Vergleichs über einen Anfechtungsanspruch auch bei einer Zustimmung von Gläubigerausschuss oder Gläubigerversammlung eine Überprüfbarkeit des Handelns des Insolvenzverwalters auf eine schuldhafte Pflichtverletzung zu bejahen und die Zustimmung lediglich in Grenzfällen, in denen sich die für und gegen eine Pflichtwidrigkeit und/oder ein schuldhaftes Verhalten des Insolvenzverwalters sprechenden Gründe in etwa die Waage halten, als – möglicherweise ausschlaggebendes – Indiz gegen eine Pflichtwidrigkeit oder ein Verschulden zu werten. Dies gilt unabhängig davon, ob die Zustimmung gesetzlich gefordert ist oder nicht.

V. Die Erstattungsfähigkeit der anwaltlichen Kosten als Masseschulden

236 Regelmäßig taucht das Problem in der Schlussrechnung des Insolvenzverwalters auf, ob die Kosten für die Ermittlung und Durchsetzung der Anfechtungsansprüche durch Beauftragung von Rechtsanwälten gerechtfertigt waren und damit als Masseschulden erstattungsfähig, oder aber die dafür aufgewendeten Kosten von der Vergütung des Insolvenzverwalters abzuziehen sind.[146]

237 Es ist anerkannt, dass der Insolvenzverwalter aufgrund seiner aus § 80 InsO folgenden allgemeinen Verwaltungs- und Verfügungsbefugnis Dienstleister beauftragen kann.[147] Da der Insolvenzverwalter verpflichtet ist, nach Insolvenzeröffnung umfassend und unverzüglich die Aussichten einer umfassenden Befriedigung der Gläubiger zu prüfen und daher insb. auch Anfechtungsansprüche zu ermitteln, kann er hierfür nach höchstrichterlicher Rechtsprechung Dritte als Dienstleister beauftragen.[148]

---

144 BGH, 12.03.2020 – IX ZR 125/17, ZInsO 2020, 1180 Rn. 63,03; K/P/B/Lüke, § 60 InsO Rn. 42.
145 Uhlenbruck/Sinz, § 60 InsO Rn. 103.
146 Graeber/Graeber, ZInsO 2013, 1056, 1060.
147 Bork, ZIP 2009, 1747.
148 BGH, 27.07.2023 – IX ZR 138/21, ZInsO 2023, 2259 Rn. 31.

Ebenso kann ein Insolvenzverwalter im Hinblick auf § 5 Abs. 1 InsVV, auch wenn er selbst Volljurist ist, Aufgaben, die ein Insolvenzverwalter ohne volljuristische Ausbildung im Allgemeinen nicht lösen kann, auf einen RA übertragen und die dadurch entstandenen Auslagen aus der Masse entnehmen.[149] So hatte der BGH bereits zum früheren Recht entschieden, dass ein Konkursverwalter, der RA ist, aus der Verwaltervergütung zusätzlich Gebühren nach der Bundesrechtsanwaltsgebührenordnung in Rechnung stellen kann, wenn er in seiner amtlichen Tätigkeit eine Aufgabe wahrgenommen hat, die besonderer rechtlicher Fähigkeiten bedurfte.[150] Dabei wird ein Insolvenzverwalter ohne volljuristische Ausbildung einen Anfechtungsrechtsstreit i.d.R. sogar auf einen RA übertragen müssen.[151] Damit ist die Führung eines Insolvenzanfechtungsprozesses eine Sonderaufgabe mit der Folge, dass bei Beauftragung eines RA die dadurch entstehenden Kosten stets aus der Masse entnommen werden können, unabhängig davon, ob der Insolvenzverwalter selbst RA ist oder nicht.[152] 238

Die Beiordnung eines RA im PKH-Verfahren, selbst wenn der Insolvenzverwalter selbst Volljurist ist, hat der BGH in einem Beschl. v. 23.03.2006[153] mit der nachfolgenden Begründung zugelassen: 239

> »Legt man bei der Prüfung die vom Senat entwickelten Maßstäbe an, ist dem Beiordnungsantrag zu entsprechen. Einen Anfechtungsrechtsstreit wird ein Insolvenzverwalter ohne volljuristische Ausbildung in aller Regel auf einen Rechtsanwalt übertragen und die dadurch entstehenden Auslagen der Masse entnehmen.
>
> Bei der Insolvenzanfechtung handelt es sich um eine rechtliche Spezialmaterie, die sich von der Verfolgung materiell-rechtlicher Ansprüche des Schuldners, die in dessen unternehmerischer Tätigkeit wurzeln, deutlich abhebt. Das Insolvenzanfechtungsrecht ist durch eine Mehrzahl von Anfechtungstatbeständen gekennzeichnet, die im objektiven und subjektiven Bereich unterschiedliche Tatbestandsvoraussetzungen aufweisen, deren Merkmale sich dem Gesetzeswortlaut zudem nicht sämtlich eindeutig entnehmen lassen.
>
> Weitere Kennzeichen des Anfechtungsrechts sind der hohe rechtliche Abstraktionsgrad und die Komplexität der gesetzlichen Regelung. Eine sachgerechte Bearbeitung einer Insolvenzanfechtungsklage erfordert daher eine intensive Befassung mit dem System des Insolvenzanfechtungsrechts und die Kenntnis der hierzu ergangenen höchstrichterlichen Rechtsprechung, insb. auch zu der Verteilung der Darlegungs- und Beweislast. Schon die nicht unerheblichen Haftungsrisiken und die oft nicht von vornherein abschätzbaren Beweisschwierigkeiten des grundsätzlich darlegungs- und beweispflichtigen Insolvenzverwalters lassen es auch im Parteiprozess durchweg als angezeigt erscheinen, einen Rechtsanwalt mit der Klageerhebung und Prozessführung zu beauftragen.«

An dieser Rechtsprechung hält der BGH grds. weiterhin fest.[154] Hinsichtlich der Vergütung des externen Dritten für die Ermittlung und die außergerichtliche Gel- 240

149 BGH, 11.11.2004 – IX ZB 48/04, ZInsO 2004, 1348 Rn. 6.
150 BGH, 17.09.1998 – IX ZR 237/97, ZInsO 1998, 333 Rn. 30.
151 Hölken, jurisPR-InsR 9/2019 Anm. 4.
152 Ganter, ZInsO 2016, 677, 678.
153 BGH, 23.03.2006 – IX ZB 130/05, ZInsO 2006, 427 Rn. 6.
154 BGH, 14.11.2013 – IX ZB 161/11, ZInsO 2013, 2373 Rn. 7.

tendmachung von Anfechtungsansprüchen hat er hierbei jedoch die Differenzierung vorgenommen, dass der Insolvenzverwalter die für die Beauftragung eines externen RA anfallenden Kosten nur dann gem. § 5 InsVV der Masse entnehmen kann, wenn vorprozessual die abschließende Prüfung rechtlich und tatsächlich schwieriger Anfechtungsfragen vorzunehmen ist. Insoweit die Ermittlung von Anfechtungsansprüchen zu den Regelaufgaben jeden Insolvenzverwalters gehört, sind daher im Verhältnis zur Größe des Verfahrens wenige, relativ einfach zu beurteilende Anfechtungsfälle bei außergerichtlicher Erledigung mit der Regelvergütung abgegolten.[155] Ist diese Grenze jedoch überschritten, liegt eine Sonderaufgabe vor. Ob die Ermittlung und Durchsetzung von Anfechtungsansprüchen den Insolvenzverwalter stärker oder schwächer als in entsprechenden Insolvenzverfahren allgemein üblich in Anspruch genommen hat, ist eine Frage des Einzelfalls und hängt nicht zuletzt vom Zuschnitt des jeweiligen Verfahrens ab.[156] Dies wird jedenfalls dann der Fall sein, wenn besonders viele Anfechtungsansprüche zu bearbeiten sind und/oder diese rechtliche oder tatsächliche Schwierigkeiten aufweisen.[157] Der in der Literatur vertretenen Auffassung, dass auch bei schwierigen Ermittlungen eine Regelaufgabe i.S.d. § 4 Abs. 1 Satz 1 InsVV vorliegt,[158] ist der BGH ausdrücklich entgegengetreten.[159]

241 Nicht zu vernachlässigen ist für die Praxis, dass der Insolvenzverwalter im Rahmen seines Vergütungsfestsetzungsantrages gem. § 8 Abs. 2 InsVV verpflichtet ist, aufzuführen, für welche von ihm beauftragten Fachleute er das Entgelt aus der Masse entnommen hat, und das Insolvenzgericht korrespondierend hierzu zur Überprüfung berechtigt und verpflichtet ist, ob die Beauftragung Externer gerechtfertigt war. Nur wenn das Insolvenzgericht zu dem Ergebnis kommt, dass die kostenträchtige Einschaltung externer Dienstleiter nicht erforderlich war, kann es die festzusetzende Vergütung um den zu Unrecht aus der Masse entnommenen Betrag kürzen.[160] Liegt dagegen in Bezug auf die Ermittlung und vorgerichtliche Durchsetzung eine »besondere Aufgabe« i.S.d. § 4 Abs. 1 Satz 3 InsVV vor, kann die angemessene Vergütung der beauftragten Dienstleister aus der Masse gezahlt werden, sodass eine Kürzung der Vergütung des Insolvenzverwalters um die Kosten der Beauftragung nicht gerechtfertigt ist.[161]

242 Der BGH legt bei der Abgrenzung einen dynamischen Regelbegriff zugrunde, insoweit er für die Bejahung einer Sonderaufgabe die stärkere Inanspruchnahme des Insolvenzverwalters als in einem vergleichbaren Verfahren fordert.[162] Demgemäß wird eine solche angenommen, wenn die Grenzen der Regelaufgabe in qualitativer und/

155 BGH, 08.03.2012 – IX ZB 162/11, ZInsO 2012, 753 Rn. 11.
156 BGH, 19.09.2013 – IX ZB 122/11, ZInsO 2013, 2180 Rn. 2; Knapp, ZInsO 2021, 585.
157 Keller, DZWIR 2012, 261, 263.
158 Laubereau, ZInsO 2016, 496, 497; Haarmeyer/Mock, § 5 InsVV Rn. 14.
159 Karrenstein, ZInsO 2021, 1668; Ganter, ZInsO 2016, 677, 678.
160 BGH, 11.11.2004 – IX ZB 48/04, ZInsO 2004, 1348 Rn. 6.
161 LG Hannover, 28.10.2024 – 11 T 5/24, ZInsO 2024, 2353 Rn. 8.
162 Haarmeyer, ZInsO 2024, 865, 868.

oder quantitativer Hinsicht überschritten sind.[163] Maßstab für die Entscheidung ist, ob der Insolvenzverwalter die höchstpersönliche Entscheidung, ob ein Insolvenzanfechtungsanspruch geltend gemacht werden soll, auf eine sichere Tatsachengrundlage und eine zuverlässige rechtliche Einschätzung stützen kann.[164]

Eine qualitative Überschreitung ist anzunehmen, wenn Anfechtungsansprüche rechtlich und tatsächlich schwierig aufzuspüren und durchzusetzen sind. Hierfür kann bei entsprechender Komplexität als Kriterium das Erfordernis des Nachweises der Zahlungsunfähigkeit durch eine Liquiditätsbilanz oder durch Indizien für eine Zahlungseinstellung dienen, wofür eine Auseinandersetzung mit der Buchhaltung des Schuldners, dem Schriftverkehr mit seinen Gläubigern und der Insolvenztabelle erforderlich ist.[165] Dasselbe gilt in Konzernsachverhalten, wenn verbundene Unternehmen als Zahlungsmittler tätig werden.[166] Der pauschale Hinweis auf die schwierige Rechtslage bei Anfechtungsgegenständen nach § 133 InsO genügt zwar nicht,[167] jedoch stellen nur relativ einfach zu beurteilende Anfechtungsfälle Regelaufgaben dar.[168] **243**

In quantitativer Hinsicht kann eine Sonderaufgabe angenommen werden, wenn die Anzahl der ermittelten Anfechtungstatbestände das typischerweise zu erwartende Maß in erheblichem Umfang übersteigt.[169] Dies geht regelmäßig Hand in Hand mit einem besonderen Umfang der Unterlagen und Datensätze der Schuldnerin, sodass im Einzelfall die vom BGH geforderte strukturierte Auswertung[170] unter zeitlichem Gesichtspunkt nicht innerhalb eines im Verhältnis zur Größe des Verfahrens angemessenen Rahmens bewältigt werden kann. **244**

Eine Entnahme der Vergütung für den Dienstleister aus der Masse ist im Ergebnis für solche Tätigkeiten gerechtfertigt, die ein nicht als RA zugelassener Verwalter in angemessener Weise einem RA übertragen hätte, wenn die Beauftragung nach den konkreten Umständen des Einzelfalls erforderlich war.[171] Der Hinweis des Insolvenzverwalters, dass der beauftragte Dienstleister lediglich im Erfolgsfall einen bestimmten Prozentsatz in Rechnung stellt, hat betriebswirtschaftliche, da masseschonende Relevanz, ist für die Frage der Erforderlichkeit der Beauftragung jedoch nicht relevant.[172] **245**

163 LG Hannover, 28.10.2024 – 11 T 5/24, ZInsO 2024, 2353 Rn. 15, 16; Sämisch, ZInsO 2023, 545, 546.
164 Smid, ZInsO 2024, 1569, 1577.
165 Haarmeyer, ZInsO 2024, 865, 874.
166 Fuchs, NZI 2025, 149, 152.
167 LG Hannover, 22.07.2020 – 20 T 11/20, ZVI 2021, 208 Rn. 4.
168 LG Hannover, 28.10.2024 – 11 T 5/24, ZInsO 2024, 2353 Rn. 15.
169 LG Hannover, 28.10.2024 – 11 T 5/24, ZInsO 2024, 2353 Rn. 16 ff.; a.A. AG Hannover, 08.05.2020 – 904 IN 774/16, ZInsO 2020, 2067 Rn. 13.
170 BGH, 27.07.2023 – IX ZR 138/21, ZInsO 2023, 2259 Rn. 32.
171 LG Aachen, 08.05.2007 – 6 T 67/07, ZInsO 2007, 768 Rn. 9; Karrenstein, ZInsO 2021, 1668; Knapp, ZInsO 2021, 585; Ganter, ZInsO 2016, 677; Laubereau, ZInsO 2016, 496.
172 AG Hannover, 08.05.2020 – 904 IN 774/16, ZInsO 2020, 2067 Rn. 13.

246 Dabei wird der Insolvenzverwalter die erste Prüfung (Vorermittlung) anhand der ihm vom Schuldner übergebenen Unterlagen (noch) selbst vorzunehmen haben, kann aber nach Feststellung möglicherweise anfechtbarer Rechtshandlungen die Ermittlung und vorgerichtliche Geltendmachung auf einen Dritten vergütungsneutral dann übertragen, wenn die Ermittlung ersichtlich den Rahmen der Regelaufgabe sprengt, weil der Insolvenzverwalter die Anfechtungssachverhalte nicht mit dem vorhandenen eigenen Personal tatsächlich oder rechtlich bearbeiten kann.[173]

247 Damit das Gericht entscheiden kann, ob es sich bei den delegierten Tätigkeiten um Regel- oder Sonderaufgaben handelt, hat der Insolvenzverwalter das Tätigkeitsspektrum im Vergütungsantrag so darzulegen, dass sich das Gericht ein Bild von seiner konkreten Tätigkeit in dem betreffenden Verfahren machen kann. Erst dann hat das Gericht die notwendigen Informationen, um entscheiden zu können, ob eine Aufgabe im Einzelfall eine Regelaufgabe oder eine Sonderaufgabe darstellt. Entgegen der üblichen Praxis sind also nicht nur die sich aus der Sicht des Insolvenzverwalters ergebenden Erschwernisse vorzutragen. Ohne einen Überblick über die Gesamtheit der zu erbringenden bzw. erbrachten Tätigkeiten kann nicht entschieden werden, ob es sich bei der jeweiligen Tätigkeit um eine Sonder- oder Regelaufgabe handelt. Kommt der Insolvenzverwalter der ihm obliegenden Darlegungspflicht nicht nach, ist davon auszugehen, dass mit der Regelvergütung auch die von ihm erbrachten Tätigkeiten abgegolten sind. Genau an dieser Stelle scheitern die meisten Vergütungsanträge mit Delegationen, weil sich die Darlegungen auf Gemeinplätze und Satzbausteine beschränken, die auf die zentrale Frage der Erforderlichkeit quantitativ oder qualitativ keine Antwort geben.[174]

▶ **Praxistipp:**

248 Der Insolvenzverwalter, der beabsichtigt, für die außergerichtliche Geltendmachung der Anfechtungsansprüche neben der Regelvergütung (für sich oder einen externen RA) nach dem Rechtsanwaltsvergütungsgesetz gesonderte Gebühren abzurechnen, hat im Einzelnen im Rahmen der Berichtserstellung die Tätigkeit und die tatsächlich und rechtlich schwierigen Anfechtungsfragen darzulegen. Sofern der Insolvenzverwalter Anfechtungsansprüche bereits in seinem Gutachten feststellt,[175] besteht zunächst kein Anlass, mit der außergerichtlichen Geltendmachung zusätzlich eine Rechtsanwaltskanzlei zu beauftragen, noch bevor die Anfechtung erklärt und der Anfechtungsgegner mit der Zahlung in Verzug gesetzt worden war oder der Anfechtungsgegner die Zahlung verweigerte.[176] Handelt es sich jedoch um eine vorprozessuale abschließende Prüfung rechtlich und tatsächlich schwieriger Anfechtungsfragen, kann der Insolvenzverwalter die Geltendmachung auf einen Rechtsanwalt übertragen und die dadurch entstehenden Auslagen aus der Masse entnehmen.[177]

173 Haarmeyer/Bograkos, ZInsO 2024, 2590, 2597.
174 Haarmeyer, ZInsO 2020, 2068.
175 BGH, 14.11.2012 – IX ZB 95/10, ZInsO 2013, 152 Rn. 5.
176 OLG Hamm, 08.09.2011 – 27 U 36/11, ZInsO 2013, 512 Rn. 20.
177 BGH, 08.03.2012 – IX ZB 162/11, ZInsO 2012, 753 Rn. 12.

Kapitel 3: Kommentierung der §§ 14, 16 - 19, 129 ff. InsO

§ 14 Antrag eines Gläubigers

(1) Der Antrag eines Gläubigers ist zulässig, wenn der Gläubiger ein rechtliches Interesse an der Eröffnung des Insolvenzverfahrens hat und seine Forderung und den Eröffnungsgrund glaubhaft macht. Der Antrag wird nicht allein dadurch unzulässig, dass die Forderung erfüllt wird.

(2) Ist der Antrag zulässig, so hat das Insolvenzgericht den Schuldner zu hören.

(3) Wird die Forderung des Gläubigers nach Antragstellung erfüllt, so hat der Schuldner die Kosten des Verfahrens zu tragen, wenn der Antrag als unbegründet abgewiesen wird. Der Schuldner hat die Kosten auch dann zu tragen, wenn der Antrag eines Gläubigers wegen einer zum Zeitpunkt der Antragstellung wirksamen nichtöffentlichen Stabilisierungsanordnung nach dem Unternehmensstabilisierungs- und -restrukturierungsgesetz abgewiesen und der Gläubiger von der Stabilisierungsanordnung keine Kenntnis haben konnte.

Übersicht Rdn.

A. Normzweck

§ 14 InsO ergänzt § 13 InsO und regelt die Zulassungsvoraussetzungen eines Gläu- 1
bigerantrages auf Eröffnung des Insolvenzverfahrens. Um den Schuldner vor unberechtigten Eingriffen in die Verfügungsbefugnis über das eigene Vermögen und seine wirtschaftlichen Interessen zu schützen, erlegt § 14 InsO dem antragstellenden Gläubiger die Glaubhaftmachung der von ihm geltend gemachten Forderung und des behaupteten Eröffnungsgrundes auf.[1]

Durch das Haushaltsbegleitgesetz aus dem Jahre 2011 wurde im Rahmen der bislang 2
geltenden Regelung des § 14 Abs. 1 Satz 2, Satz 3 InsO versucht, die weitere Teilnahme insolventer Schuldner am Rechts- und Wirtschaftsverkehr einzuschränken. Damit

1 A/G/R-Kadenbach, § 14 InsO Rn. 1.

wollte der Gesetzgeber verhindern, dass Gläubiger bei einer Erfüllung der fälligen Forderung(en) stets erneut Eröffnungsanträge (sogenannte Stapelanträge) stellen müssen und zugleich Gefahr laufen, dass bei einer Erfüllung der fälligen Forderung(en) die in der Vergangenheit vom Schuldner erbrachten Zahlungen durch eine Anfechtung des Insolvenzverwalters wieder zurückgewährt werden müssen.[2]

3 Durch die Neufassung des § 14 Abs. 1 Satz 2 InsO *»Der Antrag wird nicht allein dadurch unzulässig, dass die Forderung erfüllt wird«*, in Verbindung mit der nun gestrichenen 2-Jahres-Frist, verfolgt der Gesetzgeber das Ziel, die Antragsstellung nochmals zu erleichtern.[3] Die Neuregelung verfolgt das Ziel, eine möglichst frühzeitige Abklärung der Zahlungsunfähigkeit des Schuldners zu fördern, damit insolvente Unternehmen nicht zum Schaden späterer Anfechtungsgegner weiter wirtschaften. Damit soll das Antragsrecht insb. der Sozialversicherungsträger effektiver ausgestaltet werden.[4]

4 Mit Wirkung zum 01.01.2021 hat der Gesetzgeber in § 14 Abs. 3 InsO einen neuen Satz 2 eingefügt. Danach hat der Schuldner die Verfahrenskosten auch dann zu tragen, wenn der Antrag eines Gläubigers infolge einer nicht öffentlichen Stabilisierungsanordnung abgewiesen wird und der Gläubiger von der Stabilisierungsanordnung keine Kenntnis haben konnte.

B. Norminhalt

I. Zulässigkeit eines Gläubigerantrags (§ 14 Abs. 1 InsO)

5 Wie beschrieben stellt § 14 Abs. 1 InsO Kriterien auf, anhand derer die Zulässigkeit eines Gläubigerantrags festgestellt werden kann. Dies sind neben einem rechtlichen Interesse an der Insolvenzeröffnung die Glaubhaftmachung der Forderung und das Vorliegen eines Eröffnungsgrundes.

1. Rechtsschutzinteresse des Gläubigers

6 Der Gläubiger muss ein **rechtliches Interesse** an der Eröffnung des Insolvenzverfahrens haben. Dieses gesetzliche Merkmal hat letztlich nur eine eingeschränkte Bedeutung, da das Rechtsschutzinteresse regelmäßig zu bejahen ist, wenn der Gläubiger die ihm zustehende Forderung und den Eröffnungsgrund **glaubhaft gemacht** hat.[5] Sind diese Voraussetzungen erfüllt, wird das Rechtsschutzinteresse nach einhelliger Ansicht – entgegen dem Gesetzeswortlaut – vermutet.[6]

7 Ein rechtliches Interesse kann ausnahmsweise entfallen, wenn die Eröffnung des Insolvenzverfahrens dem Gläubiger keinerlei Vorteile bringt, beispielsweise dieser auf-

2 MK-InsO/Vuia, § 14 Rn. 48; Begr RegE BT-Drucks. 17/3030, S. 42.
3 Thole, ZIP 2017, 401, 402.
4 BT-Drucks. 18/7054 S. 60.
5 BGH, 05.05.2011 – IX ZB 251/10, ZInsO 2011, 1216; A/G/R-Kadenbach, § 14 InsO Rn. 19.
6 Uhlenbruck/Wegener, § 14 InsO Rn. 68.

grund seines Absonderungsrechts vollständig und zweifelsfrei gesichert ist.[7] Dagegen haben nachrangige Insolvenzgläubiger gem. § 39 InsO gleichwohl ein rechtliches Interesse, selbst wenn diese im eröffneten Verfahren keine Befriedigung erwarten können.[8] Auch ist der Gläubiger nicht gehalten, vor Antragsstellung zunächst im Wege der Einzelzwangsvollstreckung vorzugehen, sofern er den Insolvenzgrund auf andere Weise glaubhaft machen kann.[9]

Ein Rechtsschutzinteresse des Gläubigers ist auch in den Fällen abzulehnen, in denen es ihm erkennbar nur um **verfahrensfremde Zwecke** geht, z.B. wenn mit dem Insolvenzverfahren der ausschließliche Zweck verfolgt wird, einen Konkurrenten aus dem Wettbewerb zu entfernen.[10] Hierher gehören insb. alle Fallgruppen von sogenannten **Druckanträgen**, mithin Anträgen, die den Schuldner beispielsweise zu Teilzahlungen bewegen sollen, oder um ihn zur Anerkennung einer rechtlich zweifelhaften Forderung oder zur Mitwirkung an der notariellen Titulierung zu veranlassen.[11] Hierfür kann z.B. sprechen, wenn der Gläubiger nach Erhalt einer ersten Teilzahlung und anschließender Ratenzahlungsvereinbarung den gestellten Insolvenzantrag zurücknimmt.[12] Hinsichtlich der »Nichtnutzung« der Fortsetzungserklärungsmöglichkeit nach § 14 Abs. 1 Satz 2 InsO durch die Antragstellerin s. nachfolgend Rdn. 19 ff.[13] 8

2. Glaubhaftmachung

Nach § 14 Abs. 1 Satz 1 InsO hat der antragsstellende Gläubiger seine **Forderung und den Eröffnungsgrund glaubhaft zu machen**. Diese hat nach Maßgabe des § 294 ZPO zu erfolgen, so dass sich der Gläubiger aller präsenten Beweismittel bedienen kann.[14] Zur Glaubhaftmachung bedarf es nicht des vollen Beweises, vielmehr genügt es, wenn das Gericht mit einer **überwiegenden Wahrscheinlichkeit** davon überzeugt ist, dass die Behauptung zutreffend ist.[15] Schon die schlüssige Darstellung einer unstreitigen Forderung kann zur Glaubhaftmachung ausreichen, zumal unstreitige Tatsachen wie auch sonst bei § 294 ZPO nicht glaubhaft zu machen sind.[16] 9

Eine Ermittlung von Amts wegen erfolgt nicht. Es ist vielmehr ausschließlich Sache des Gläubigers, die zur Glaubhaftmachung erforderlich passenden Beweise im Eröff- 10

7 BGH, 29.11.2007 – IX ZB 12/07, NZI 2008, 182.
8 BGH, 23.09.2010 – IX ZB 282/09, ZInsO 2010, 2091.
9 HambKomm-InsR/Linker, § 14 InsO Rn. 49; BGH, 05.02.2004 – IX ZB 29/03, NZI 2004, 587.
10 BGH, 19.05.2011 – IX ZB 240/10, NZI 2011, 540.
11 MK-InsO/Vuia, § 14 InsO Rn. 30 m.w.N.
12 AG Duisburg, 18.11.2002 – 62 IN 171/02, NZI 2003, 161; LG Hamburg, 06.12.2001 – 326 T 144/01, NZI 2002, 164.
13 LG Köln, 24.08.2016 – 13 T 87/16, ZInsO 2016, 1997 mit Anm. v. Frind, ZInsO 2016, 2337.
14 A/G/R-Kadenbach, § 14 InsO Rn. 4; BGH, 11.06.2015 – IX ZB 76/13, ZIP 2015, 1445.
15 Braun/Sorg, § 14 InsO Rn. 19.
16 BGH, 11.06.2015 – IX ZB 76/13, ZIP 2015, 1445.

nungsverfahren vorzubringen.[17] Hierbei muss das Gericht mit Hilfe der vorgefundenen Unterlagen in der Lage sein, kurzfristig eine Entscheidung zu treffen.[18] Dies schließt indes nicht aus, dass das Gericht den Antragsteller auf bestehende Mängel aufmerksam macht und ihm die Möglichkeit gibt, diese innerhalb angemessener Frist zu beseitigen.[19]

a) Gläubigerforderung

11 Die Forderung des Gläubigers muss – da auch der Eröffnungsgrund glaubhaft zu machen ist – nicht notwendig tituliert sein. Vielmehr reicht aus, wenn der Gläubiger das Bestehen der Forderung **schlüssig darlegt**. Hierzu hat er den tatsächlichen Sachverhalt darzustellen und zu belegen.[20] Welche Anforderungen an die Darlegung und die Glaubhaftmachung einer Forderung zu stellen sind, richtet sich nach den Umständen des konkreten Einzelfalls.[21] Grundsätzlich ist – wie gesagt – die **überwiegende Wahrscheinlichkeit** des Bestehens der Forderung ausreichend.

12 Soll der **Eröffnungsgrund aus einer einzigen Forderung** des antragstellenden Gläubigers abgeleitet werden und hat der Schuldner diese Forderung ggf. im Zuge seiner Anhörung ernsthaft bestritten, genügt ihre Glaubhaftmachung nicht; sie muss dann für die Eröffnung des Insolvenzverfahrens bewiesen werden.[22] Es gehört nicht zu den Aufgaben des Insolvenzgerichts, den Bestand ernsthaft bestrittener, rechtlich zweifelhafter Forderungen, zu überprüfen. Fällt die tatsächliche oder rechtliche Beurteilung nicht eindeutig aus, ist der Gläubiger schon mit seiner Glaubhaftmachung gescheitert. Die Parteien sind auf den Prozessweg zu verweisen.[23]

13 Den ihm obliegenden **Beweis** für das Bestehen der streitbefangenen Forderung hat der Schuldner allerdings grundsätzlich mit der Vorlage eines **vollstreckbaren Titels** geführt.[24] Einwendungen gegen die Vollstreckbarkeit muss der Schuldner in dem dafür vorgesehenen Verfahren verfolgen.[25] Solange die Vollstreckbarkeit nicht auf diese Weise beseitigt ist, braucht das Insolvenzgericht die Einwendungen des Schuldners nicht zu berücksichtigen.[26] Ist hingegen die Vollstreckung aus dem Titel für unzulässig erklärt

17 BGH, 12.12.2002 – IX ZB 426/02, NZI 2003, 147.
18 K. Schmidt/Gundlach, § 14 InsO Rn. 19.
19 BGH, 12.12.2002 – IX ZB 426/02, NZI 2003, 147.
20 K. Schmidt/Gundlach, § 14 InsO Rn. 20.
21 Heilmaier, in: Beck/Depré, Praxis der Insolvenz, § 4 Rn. 109.
22 BGH, 14.01.2021 – IX ZB 212/20, ZInsO 2021, 377; BGH, 14.12.2005 – IX ZB 207/04, NZI 2006, 174.
23 HambKomm-InsR/Schröder, § 16 InsO Rn. 9; BGH, 14.12.2006 – IX ZB 207/04, ZInsO 2006, 145.
24 BGH, 23.01.2025 – IX ZR 229/22, ZInsO 2025, 577; BGH, 29.06.2006 – IX ZB 245/05.
25 BGH, 29.11.2007 – IX ZB 12/07; BGH, 23.06.2016 – IX ZB 18/15, ZInsO 2016, 576.
26 BGH, 12.09.2009 – IX ZB 26/08, ZInsO 2009, 2072; s. hierzu auch FK-InsO/Schmerbach, § 14 InsO Rn. 129 ff.

oder vorläufig eingestellt, ist die alleinige Vorlage des Titels mangels Vollstreckbarkeit keine Grundlage mehr für einen Insolvenzantrag.[27]

Diese Grundsätze gelten letztlich auch für die Forderungen von **Sozialversicherungsträgern und der Finanzverwaltung.** Allerdings steht ihnen regelmäßig das Recht zur Selbsttitulierung zu.[28] Hierbei sind seitens der Finanzverwaltung zur Glaubhaftmachung mindestens die Steuerbescheide und ggf. die Steuervoranmeldungen vorzulegen; der Kontoauszug des Finanzamts ist als interne Verwaltungshilfe zur Glaubhaftmachung nicht genügend.[29] Zur Glaubhaftmachung des Eröffnungsgrunds der Zahlungsunfähigkeit durch das Finanzamt kann es aber ausreichen, wenn der wegen Nichtabgabe der Vermögensauskunft bereits im Schuldnerverzeichnis eingetragene Schuldner auf rückständige Steuern in fünfstelliger Höhe seit mehreren Jahren keine Zahlung mehr geleistet hat, eine Kontenpfändung nur zu einer geringen Zahlung führt und der Schuldner erklärt, keine Einnahmen zu haben.[30] 14

Sozialversicherungsträger müssen ihre Forderungen durch Aufschlüsselung nach Monaten schlüssig darlegen und zur Glaubhaftmachung Leistungsbescheide oder Beitragsnachweise der Arbeitgeber vorlegen.[31] Entsprechen die vom Gläubiger vorgelegten Datenauszüge als Abbild der Beitragsnachweise den sozialversicherungsrechtlichen Anforderungen (§§ 28b ff. SGX IV), ist eine Aufschlüsselung nach Arbeitnehmern entbehrlich.[32]

Nach der überwiegenden Rechtsprechung ist ein mehrmonatiger, nicht notwendigerweise mindestens sechsmonatiger Rückstand mit Arbeitnehmeranteilen zur Sozialversicherung ein starkes Indiz für die Zahlungsunfähigkeit, das zur Glaubhaftmachung des Insolvenzgrundes ausreicht.[33] Demgegenüber reicht nach der Rechtsprechung des Landgerichts Hamburg ein sechsmonatiger Rückstand mit Sozialversicherungsverbindlichkeiten nicht aus, um einen Gläubigerantrag zu begründen. Vielmehr haben Sozialversicherungsträger das Vorliegen eines Insolvenzgrundes in gleicher Weise glaubhaft zu machen wie andere Gläubiger auch. Bei einem laufenden Geschäftsbetrieb ist zur Glaubhaftmachung der Zahlungsunfähigkeit in der Regel ein Vollstreckungsversuch vor Ort zu unternehmen, dessen Fruchtlosigkeit glaubhaft zu machen ist.[34] (vgl. auch Rdn. 18).

27 HambKomm-InsR/Linker, § 14 InsO Rn. 22.
28 K. Schmidt/Gundlach, § 14 InsO Rn. 22.
29 A/G/R-Kadenbach, § 14 InsO Rn. 9; BGH, 13.06.2006 – IX ZB 214/15, ZIP 2006, 1456.
30 BGH, 19.09.2024 – IX ZB 14/22, ZInsO 2025, 23 m. Anm. Frind.
31 Heilmaier, in: Beck/Depré, Praxis der Insolvenz, § 4 Rn. 112.
32 BGH, 11.06.2015 – IX ZB 76/13, ZIP 2013, 1445; A/G/R-Kadenbach, § 14 InsO Rn. 8.
33 BGH, 28.04.2022 – IX ZR 48/21, ZInsO 2022, 1498; AG Köln, 24.07.2024 – 70a IN 289/23, ZInsO 2025, 142.
34 LG Hamburg, 23.08.2024 – 326 T 54/24, ZInsO 2024, 2001.

15 Erst im Rahmen der Anhörung des Schuldners nach § 14 Abs. 2 InsO wird diesem die Möglichkeit offeriert, etwaige Gegenrechte im Wege der Gegenglaubhaftmachung geltend zu machen, um so der Darstellung des Gläubigers entgegenzutreten.[35]

b) Eröffnungsgrund

16 Der antragstellende Gläubiger hat neben seiner **Forderung** auch den **Eröffnungsgrund** glaubhaft zu machen. Die vorangegangenen Darstellungen zur Glaubhaftmachung gelten entsprechend. Auch im Rahmen der Glaubhaftmachung der Insolvenzreife bedarf es nicht des Vollbeweises, sondern lediglich der Darlegung einer überwiegenden Wahrscheinlichkeit des Vorliegens des Eröffnungsgrundes.[36] Ob tatsächlich ein Eröffnungsgrund gegeben ist, ist anschließend von Amts wegen zu ermitteln (§ 5 Abs. 1 InsO).[37]

17 Zu den Eröffnungsgründen zählen aus Gläubigersicht sowohl die **Zahlungsunfähigkeit** als auch die **Überschuldung**. Allerdings wird es dem Gläubiger im Hinblick auf die Überschuldung nur in seltenen Ausnahmefällen gelingen, eine solche glaubhaft zu machen, da er regelmäßig keine Einblicke in die Vermögensverhältnisse des Schuldners hat.[38] Zwar kann der Gläubiger eine Handelsbilanz vorlegen, aus der sich ein nicht durch Eigenkapital gedeckter Fehlbetrag der Schuldnerin ergibt, da diese ein Indiz für das Vorliegen einer rechnerischen Überschuldung darstellt.[39] Nach der Rechtsprechung des BGH muss jedoch ergänzend dargelegt werden, ob und ggf. in welchem Umfang stille Reserven oder sonstige aus der Bilanz nicht ersichtliche Vermögenswerte vorhanden sind.[40] Hieran wird die Glaubhaftmachung im Regelfall scheitern.

18 Für die Darlegung der **Zahlungsunfähigkeit** gilt zunächst im Grundsatz nichts anderes. Mangels näherer Kenntnisse über die internen Verhältnisse des Schuldners wird der Gläubiger regelmäßig nur äußere Anzeichen für die Zahlungseinstellung im Sinne des § 17 Abs. 2 Satz 2 InsO vortragen können[41] (s. hierzu auch die Erläuterungen zu § 17 InsO). Ein zunächst im Zuge der **Einzelzwangsvollstreckung** erfolgter fruchtloser Vollstreckungsversuch ist **nicht erforderlich.**[42] Ausreichend ist auf jeden Fall die Vorlage eines nicht älter als sechs Monate alten Pfandabstandsprotokolls, eine Unpfändbarkeitsbescheinigung des Gerichtsvollziehers nach § 63 GVGA oder die Vorlage einer eidesstattlich versicherten Vermögensauskunft.[43] Gleiches gilt für einen mehr als sechsmonatigen Rückstand des Schuldners mit Sozialversicherungsbeiträgen[44]

---

35 MK-InsO/Vuia, § 14 InsO Rn. 82.
36 HambKomm-InsR/Linker, § 14 InsO Rn. 24.
37 HambKomm-InsR/Linker, § 14 InsO Rn. 24.
38 Braun/Sorg, § 14 InsO Rn. 29.
39 Vgl. A/G/R-Kadenbach, § 14 InsO Rn. 18.
40 BGH, 19.11.2013 – II ZR 229/11, NZI 2014, 232.
41 FK-InsO/Schmerbach, § 14 InsO Rn. 135.
42 HambKomm-InsR/Linker, § 14 InsO Rn. 25; BGH, 12.07.2012 – IX ZB 264/11, ZInsO 2012, 1418.
43 Heilmaier, in: Beck/Depré, Praxis der Insolvenz, § 4 Rn. 115.
44 BGH, 13.06.2006 – IX ZB 238/05, ZInsO 2006, 827.

oder eine Erklärung der Insolvenzschuldnerin, in der sie zum Ausdruck bringt, dass sie mangels Finanzierungsmöglichkeiten nicht in der Lage ist, die Forderung zu erfüllen.[45]

II. Fortführung des Insolvenzantrages trotz Erfüllung der Forderung (Abs. 1 Satz 2)

Am 05.04.2017 ist das Reformgesetz zur Insolvenzanfechtung in Kraft getreten. Mit dieser Gesetzesnovelle hat der Gesetzgeber die bisherigen Bestimmungen der §§ 14 Abs. 1 Satz 2 und 14 Abs. 1 Satz 3 InsO gestrichen. Nach dieser ursprünglichen Fassung, die durch das Haushaltsbegleitgesetz im Jahre 2011 in Kraft trat, konnte der Gläubiger den Eröffnungsantrag trotz Zahlung durch den Schuldner aufrechterhalten, sofern in einem Zeitraum von zwei Jahren bereits ein Antrag gestellt worden war. In diesem Fall hat der Schuldner – so § 14 Abs. 1 Satz 3 InsO – auch die vorherige Antragstellung glaubhaft zu machen. Damit sollte erreicht werden, dass möglichst frühzeitig – insb. im Interesse der Sozialversicherungsträger und Steuergläubiger als sogenannte öffentlich-rechtliche Zwangsgläubiger – die wirtschaftliche Tätigkeit insolventer Unternehmen eingeschränkt und die Zahlungsfähigkeit des Schuldners abgeklärt wird.[46] 19

Entgegen der Erwartung der Gesetzgebung ist die praktische Bedeutung dieser Vorschrift in der Vergangenheit gering ausgefallen.[47] Ausschlaggebend hierfür war sicherlich auch die aufgekommene Rechtsunsicherheit mit Inkrafttreten der damaligen Bestimmungen, was nicht zuletzt an der Gesetzesbegründung lag.[48] Hiernach sind nach Begleichung der Forderung strenge Anforderungen an das Rechtsschutzinteresse und die Glaubhaftmachung des Insolvenzgerichts zu stellen, so dass ein rechtliches Interesse an einer Verfahrensfortführung regelmäßig nur bei Finanzbehörden und Sozialversicherungsträgern anzuerkennen ist, weil diese öffentlichen Gläubiger nicht verhindern können, dass sie weitere Forderungen gegen den Schuldner erwerben.[49] 20

Folglich herrschte bei Antragsstellern und Gerichten Unsicherheit, ob und unter welchen Voraussetzungen ein Antrag für erledigt erklärt werden oder fortgeführt werden kann.[50] Unter anderem stellte sich die Frage, ob dem antragstellenden Gläubiger nach der Zahlung seiner Forderung nicht zusätzlich die Glaubhaftmachung der »fortbestehenden Zahlungsunfähigkeit« obliegt.[51] Die Folge war eine Fülle gerichtlicher Einzelfallentscheidungen im Bereich der Anwendung des § 14 Abs. 1 Satz 2 InsO a.F. zu Fragen des gültigen »Vorantrages«, des Rechtsschutzbedürfnisses des Antragstellers nach Zahlung und den Glaubhaftmachungsanforderungen.[52] 21

45 Braun/Sorg, § 14 InsO Rn. 25.
46 HambKomm-InsR/Linker, § 14 InsO Rn. 23; RegE BT-Drucks. 17/3030 S. 42.
47 FK-InsO/Schmerbach, § 14 Rn. 89.
48 Vgl. Laroche, ZInsO 2015, 2511; Frind, ZInsO 2016, 2337.
49 BT-Drucks. 17/3030 S. 42.
50 Laroche, ZInsO 2015, 2511.
51 K. Schmidt/Gundlach, § 14 InsO Rn. 16.
52 Frind, NZI 2017, 417 m.w.N.

22 Durch die gesetzliche Neufassung ist ein großer Teil der bisherigen Streitpunkte entfallen.[53] Gleichwohl haben sich die rechtlichen Fragestellungen bei der Anwendung dieser Vorschrift alles andere als erledigt (s. Rdn. 25).

23 Schon zur alten Rechtslage hatte der BGH entschieden, dass der Gläubiger im Falle der Fortführung des Verfahrens nach Erfüllung der Antragsforderung das Fortbestehen des Insolvenzgrundes glaubhaft machen muss.[54] Eine entgegengesetzte sekundäre Darlegungslast des Schuldners hatte der BGH abgelehnt. Er verwies allerdings auf seine im Wesentlichen zum Anfechtungsrecht ergangene Rechtsprechung, nach der eine nach außen getretene und glaubhaft gemachte Zahlungsunfähigkeit nur dadurch beseitigt werden kann, dass der Schuldner darlegt, seine Zahlungen insgesamt wieder aufgenommen zu haben.[55] Hierzu hat das Insolvenzgericht – so ausdrücklich der BGH – nach Anhörung des Schuldners Feststellungen zu treffen.[56] Mit Beschl. v. 18.12.2014[57] konkretisierte der BGH seine Rechtsprechung. Der Vortrag neuer Tatsachen sei für den Gläubiger nicht erforderlich, zumal neuer Vortrag oft selbst Sozialversicherungsträgern überhaupt nicht möglich sei. Die Beurteilung, ob die Zahlungsunfähigkeit des Schuldners auch nach Erfüllung der Antragsforderung wahrscheinlich ist, hat das Insolvenzgericht im Einzelfall unter Berücksichtigung des gesamten Sachvortrags des Gläubigers, der indiziellen Bedeutung bestimmter Tatsachen und der Wirkung gesetzlicher Vermutungen vorzunehmen.[58]

24 In gleicher Weise betonte der BGH, dass ein **rechtliches Interesse** an einer Verfahrensfortführung regelmäßig nur bei Finanzbehörden und Sozialversicherungsträgern anzuerkennen sein wird, weil diese öffentlichen Gläubiger nicht verhindern können, dass sie weitere Forderungen gegen den Schuldner erwerben. Ein derartiges Interesse sei indes abzulehnen, wenn beispielsweise der Schuldner das Arbeitsverhältnis mit dem bei dem Gläubiger versicherten Arbeitnehmer gekündigt und die Betriebsstätte geschlossen habe.[59] Der Gesetzgeber hat in seiner Begründung zur Neufassung des § 14 Abs. 1 Satz 2 InsO diese vorgenannte Rechtsprechung des BGH ausdrücklich aufgegriffen.[60]

25 Wie bereits angesprochen sorgt die Anwendung der geänderten Norm des § 14 Abs. 1 Satz 2 InsO weiterhin für erheblichen Diskussionsstoff.[61] Nach wie vor scheint es, dass in der Praxis die Antragsteller nach Zahlung des Schuldners im Insolvenzantragsverfahren von der geschaffenen Möglichkeit des »Weiterlaufenlassens« keinen

53 Vgl. K. Schmidt/Gundlach, § 14 InsO Rn. 17.
54 BGH, 11.04.2013 – IX ZB 256/11, ZInsO 2013, 1087.
55 BGH, 13.06.2006 – IX ZB 238/05, ZInsO 2006, 827.
56 BGH, 11.04.2013 a.a.O.
57 BGH, 18.12.2014 – IX ZB 34/14, NJW 2015, 1388.
58 BGH, 18.12.2014 a.a.O.; BT-Drucks. 17/3030 S. 42.
59 BGH, 12.07.2012 – IX ZB 18/12, ZInsO 2012, 1565.
60 BT-Drucks. 18/7054 S. 16.
61 Spiekermann, ZIP 2019, 749; Willmer/Berner, NZI 2019, 255; Brzoza, NJW 2019, 335; Frind, NZI 2018, 68, NZI 2017, 417.

Gebrauch machen. Die Gläubiger entschließen sich meist, das Antragsverfahren zu beenden und erklären den Antrag für erledigt.[62]

Diese »Erledigungspraxis« von Sozialversicherungsträgern ist zunehmend bei mehreren Insolvenzgerichten auf Widerstand gestoßen. Diese sehen in § 14 Abs. 1 Satz 2 InsO eine grundsätzliche Pflicht der institutionellen Gläubiger das Verfahren fortzusetzen. Danach führe allein die Erfüllung der dem Insolvenzantrag zugrunde liegenden Forderung nicht mehr zu einer Unzulässigkeit des Antrags und stelle damit kein erledigendes Ereignis dar.[63] Erklärt der Gläubiger gleichwohl seinen Insolvenzantrag für erledigt, obwohl die Möglichkeit bestanden hätte, das Eröffnungsverfahren fortzusetzen, kann dies ein Indiz für einen rechtsmissbräuchlichen Insolvenzantrag sein, sodass der Gläubiger die Kosten des Verfahrens zu tragen hat.[64] 26

Andere Gerichte vertreten hingegen eine gänzlich andere Ansicht. Danach ist die Abgabe der Erledigungserklärung trotz Möglichkeit des Weiterlaufenlassens kein hinreichendes Indiz für einen Druckantrag, der zur Kostentragungspflicht des Gläubigers führt. Vielmehr seien die Kosten in einer solchen Konstellation regelmäßig dem Schuldner aufzuerlegen.[65]

Der BGH hat in seiner Entscheidung vom 24.09.2020 festgestellt, dass eine Erledigungserklärung durch ein Finanzamt oder Sozialversicherungsträger nach Erfüllung der Antragsforderung trotz der Möglichkeit der Fortsetzung kein hinreichendes Indiz für einen Druckantrag darstelle.[66] Danach enthalte § 14 Abs. 1 Satz 2 InsO keine Pflicht des antragstellenden Gläubigers, das Antragsverfahren weiter laufen zu lassen. Der Antragsteller habe keine ordnungspolitische Aufgabe, seine Erledigungserklärung sei Ausfluss der Dispositionsmaxime des kontradiktorischen Verfahrens.[67] Folglich unterliegt es der tatrichterlichen Würdigung, ob die Erledigterklärung eines Gläubigerantrags, der durch Erfüllung der Antragsforderung nicht unzulässig geworden ist, den Schluss auf einen Druckantrag erlaubt, wenn weitere Umstände hinzutreten, die als besondere Anhaltspunkte für einen Druckantrag dienen können.[68]

Mit weiterer Entscheidung vom 23.09.2021 hat der BGH diese Rechtsprechung nochmals explizit bestätigt. Erklärt der Gläubiger seinen Insolvenzantrag nach Erfüllung der

62 Willmer/Berner, NZI 2019, 255.

63 AG Köln, 30.01.2019 – 74 IN 238/18, ZInsO 2019, 1682; AG Köln, 20.10.2017, – 75 IN 309/17, ZInsO 2017, 2702; so auch: HambKomm-InsR/Linker, § 14 InsO Rn. 52; Uhlenbruck/Wegener, § 14 InsO, Rn. 135a.

64 LG Hamburg, 02.05.2019 – 326 T 20/19, ZInsO 2019, 1487.

65 AG Hannover, 28.12.2018 – 908 IN 538/18, ZInsO 2019, 158; AG Göttingen, 09.01.2019 – 74 IN 210/17, ZInsO 2018, 396; LG Leipzig, 05.09.2017 – 403 IN 1109/17, ZInsO 2017, 2704; zustimmend: Willmer/Berner a.a.O.; Schädlich, NZI 2017, 849; Foerste, ZInsO 2017, 1263.

66 BGH, 24.09.2020 – IX ZB 71/19, ZInsO 2020, 2537.

67 Zipperer, ZVI 2018, 299.

68 BGH, 24.09.2020 – IX ZB 71/19, ZInsO 2020, 2537.

Antragsforderung einseitig für erledigt, kann seine Kostentragungspflicht nicht damit begründet werden, dass der Insolvenzantrag trotz der Erfüllung weiterhin zulässig ist.[69]

III. Anhörung des Schuldners (Abs. 2)

27 Hierin kommt das in Art. 103 Abs. 1 GG verbriefte generelle Recht auf **rechtliches** (richterliches) **Gehör** zum Ausdruck.[70] Von praktischer Relevanz ist im Rahmen der Anhörung die Möglichkeit des Schuldners zur Gegenglaubhaftmachung. Er kann – sofern er den Versuch unternimmt – die Glaubhaftmachung des Gläubigers in gleicher Weise mit den Beweismitteln des § 294 ZPO entkräften. Dies setzt indes einen substantiierten, nachvollziehbaren und in sich widerspruchsfreien Sachvortrag des Schuldners voraus.[71]

28 Die Anhörung des Schuldners ist zwingend durchzuführen. Sie kann gem. § 10 InsO unterbleiben, wenn der Aufenthalt des Schuldners unbekannt ist oder dieser sich im Ausland aufhält und hierdurch die Anhörung des Verfahrens übermäßig verzögern würde. Ist eine Gesellschaft führungslos muss das Gericht gem. § 10 Abs. 2 InsO die Gesellschafter hören.

29 Die Form der Anhörung bestimmt das Gericht nach pflichtgemäßem Ermessen, eine mündliche Verhandlung ist nicht vorgeschrieben (§ 5 Abs. 3 InsO).[72] Die **Äußerungsfrist** sollte regelmäßig nicht unter einer Woche liegen[73], im Einzelfall kann auch eine geringere Zahl von Tagen genügen.[74] Die Anhörungsfrist dient nicht dazu, es dem Schuldner zu ermöglichen, die Forderung des Gläubigers zu erfüllen.[75]

IV. Kostentragung bei Erfüllung der Forderung (§ 14 Abs. 3 InsO)

30 § 14 Abs. 3 InsO bestimmt, dass – sofern die Forderung des Gläubigers nach Antragstellung erfüllt wird – der Schuldner die Kosten des Verfahrens zu tragen hat, wenn der Antrag als unbegründet abgewiesen wird. Diese Vorschrift ist durch das Haushaltsbegleitgesetz mit Wirkung zum 01.01.2011 neu eingeführt worden und soll die Sozialkassen von dem Kostenrisiko eines trotz Zahlung gem. § 14 Abs. 1 Satz 2 InsO aufrechterhaltenen Insolvenzantrags entlasten.[76]

31 Wird hingegen der Antrag als unzulässig abgewiesen, verbleibt es bei der Regelung, dass der Antragsteller die Kosten des Antragsverfahrens zu tragen hat.[77] Die Bestimmung des § 14 Abs. 3 InsO kommt damit ausschließlich dem beschränkten Kreis

69 BGH, 23.09.2021 – IX ZB 66/20.
70 MK-InsO/Vuia, § 14 InsO Rn. 121.
71 Uhlenbruck/Wegener, § 14 InsO Rn. 30; AG Göttingen, 03.05.2002 – 74 IN 134/02, ZInsO 2002, 592.
72 A/G/R-Kadenbach, § 14 InsO Rn. 28.
73 MK-InsO/Vuia, § 14 InsO Rn. 135.
74 AG Hamburg, 11.02.2005 – 67 c IN 6/05, ZInsO 2005, 669.
75 BGH, 09.02.2012 – IX ZB 188/11, ZInsO 2012, 593.
76 Uhlenbruck/Wegener, § 14 InsO Rn. 136.
77 Nerlich/Römermann/Mönning, § 14 InsO Rn. 116.

derjenigen Gläubiger zugute, die auch nach Begleichung ihrer aktuellen Forderung im Hinblick auf das für sie nicht zu vermeidende Entstehen künftiger Forderungen ein rechtliches Interesse am Aufrechterhalten des Eröffnungsantrags haben.[78] Folglich beschränkt sich diese Kostenregelung auf die wenigen Ausnahmefälle, in denen sich der trotz Erfüllung der Antragsforderung zulässige Gläubigerantrag nach Fortführung des Verfahrens und weiteren Ermittlungen des Gerichts als unbegründet erweist, weil kein Insolvenzgrund vorliegt.[79] Der neu eingefügte § 14 Abs. 3 InsO stellt keinen krassen Verstoß gegen das aus Art. 3 GG resultierende Willkürverbot dar.[80] Mit dieser Entscheidung hat das Bundesverfassungsgericht einen Vorlagebeschluss des AG Deggendorf[81] als unzulässig zurückgewiesen.

Der zum 01.01.2021 in Kraft getretene § 14 Abs. 3 Satz 2 InsO normiert eine Kos- 32
tentragung des Schuldners, wenn ein Gläubigerantrag infolge einer nicht öffentlichen Stabilisierungsanordnung, §§ 49 ff. StaRUG, abgewiesen wird und der Antragsteller von dieser Stabilisierungsanordnung keine Kenntnis haben konnte.[82] Die Kosten soll in diesem Fall der Schuldner tragen, der die Stabilisierungsanordnung beantragt und damit den Abweisungsgrund herbeigeführt hat.[83]

V. Rechtsmittel

Dem Schuldner steht kein insolvenzrechtliches Rechtsmittel gegen die Antragstellung 33
eines Gläubigers zu.[84] Auch die Zulassung des Antrags durch das Insolvenzgericht ist nicht anfechtbar, da es sich hierbei lediglich um eine vorbereitende Maßnahme handelt.[85] Rechtsmittel stehen dem Schuldner erst gegen die Eröffnung des Insolvenzverfahrens zu (§ 34 InsO). Wird der Gläubigerantrag als unzulässig zurückgewiesen, ist diese Entscheidung des Gerichts in gleicher Weise mit der Beschwerde gem. § 34 InsO anfechtbar.

§ 16 Eröffnungsgrund

Die Eröffnung des Insolvenzverfahrens setzt voraus, daß ein Eröffnungsgrund gegeben ist.

Übersicht

78 A/G/R-Kadenbach, § 14 InsO Rn. 36.
79 Uhlenbruck/Wegener, § 14 InsO Rn. 137.
80 BVerfG, 20.08.2013 – 2 BvL 7/11, NZI 2013, 1000.
81 AG Deggendorf, 03.08.2011, IN 102/11, ZInsO 2011, 1801.
82 HambKomm-InsR/Linker, § 14 Rn. 77.
83 BeckOK/Wolfer, InsO, § 14 Rn. 26a.
84 K. Schmidt/Gundlach, § 14 InsO Rn. 34.
85 Braun/Bußhardt, § 14 InsO Rn. 38.

A. Normzweck

1 Diese Vorschrift besagt, dass die Eröffnung eines Insolvenzverfahrens nur dann möglich ist, wenn ein Eröffnungsgrund vorliegt. Die jeweiligen Eröffnungsgründe sind in den Bestimmungen der §§ 17 bis 19 InsO enthalten. Sonderregelungen finden sich in den Bestimmungen der §§ 320, 332 Abs. 1 InsO für den Nachlass oder das Gesamtgut einer fortgesetzten Gütergemeinschaft.[1]

2 Weitere Voraussetzung für die Verfahrenseröffnung sind ein zulässiger Antrag (§§ 11 ff. InsO) und die voraussichtliche Deckung der Verfahrenskosten (§ 26 InsO).[2]

3 Die Zahlungsunfähigkeit (§ 17 InsO) ist der allgemeine Eröffnungsgrund. Sowohl der Schuldner selbst als auch die Gläubiger können die Eröffnung des Insolvenzverfahrens wegen Zahlungsunfähigkeit beim zuständigen Insolvenzgericht beantragen. Die Zahlungsunfähigkeit ist Eröffnungsgrund innerhalb eines jeden Insolvenzverfahrens.

4 Die drohende Zahlungsunfähigkeit (§ 18 InsO) ist mit Inkrafttreten der InsO neu eingeführt worden. Aufgrund der drohenden Zahlungsunfähigkeit kann nur der Schuldner selbst die Eröffnung des Insolvenzverfahrens beantragen. Eine Antragspflicht besteht hingegen nicht. Dieser Insolvenzgrund berechtigt den Schuldner, sich rechtzeitig unter den Schutz eines gerichtlichen Insolvenzverfahrens zu stellen.[3] Durch die Einführung des SanInsFoG gewinnt diese Vorverlagerung und somit der Eröffnungsgrund der drohenden Zahlungsunfähigkeit nochmals an Bedeutung.[4]

5 Die Überschuldung (§ 19 InsO) stellt nur einen Eröffnungsgrund bei Insolvenzverfahren über das Vermögen juristischer Personen (§ 19 Abs. 1 InsO), von Gesellschaften ohne Rechtspersönlichkeit, bei denen kein persönlich haftender Gesellschafter eine natürliche Person ist (§ 19 Abs. 3 InsO) oder beim Nachlass (§§ 320 Satz 1, 333 Abs. 1 InsO) dar. Auf die Überschuldung als Eröffnungsgrund können sich sowohl Schuldner- als auch Gläubiger in ihren Insolvenzanträgen berufen.

B. Norminhalt

I. Einführung

6 Die Vorschrift der § 16 InsO hat ausschließlich **deklaratorischen Charakter** und besitzt selbst keinen eigenen Regelungsinhalt. Sie stellt lediglich fest, dass für die

1 A/G/R-Kadenbach, § 16 InsO Rn. 4.
2 FK-InsO/Schmerbach, § 16 InsO Rn. 1.
3 Uhlenbruck/Mock, § 16 InsO Rn. 5.
4 Braun/Salm-Hoogstraeten, § 16 InsO Rn. 2.

Eröffnung eines Insolvenzverfahrens ein Insolvenzgrund gegeben sein muss. Wichtig ist jedoch, dass einheitliche Vorgaben über die Prüfung zur Feststellung eines Eröffnungsgrundes vorliegen.

II. Feststellung des Eröffnungsgrundes

In der InsO ist lediglich davon die Rede, dass ein Eröffnungsgrund »gegeben« sein 7 muss, damit ein Insolvenzverfahren eröffnet werden kann. Der Eröffnungsgrund muss zur Überzeugung des Insolvenzgerichts festgestellt werden (§ 4 i.V.m. § 286 ZPO).[5] Insoweit ist ein für das praktische Leben brauchbarer Grad an Gewissheit erforderlich, aber auch ausreichend.[6]

III. Amtsermittlungsgrundsatz

Das Insolvenzgericht hat gem. § 5 Abs. 1 InsO **von Amts wegen** zu ermitteln, ob 8 einer der drei Eröffnungsgründe vorliegt.[7] Zur Amtsermittlung kommt es jedoch erst dann, wenn das Gericht den Eröffnungsantrag für zulässig und die den Antrag tragenden Tatsachen als hinreichend dargelegt erachtet. Da ein Insolvenzverfahren enorme wirtschaftliche Konsequenzen haben kann, müssen diese Ermittlungen besonders sorgfältig und präzise durchgeführt werden. Dabei ist der Schuldner gem. § 20 Abs. 1 Satz 1 InsO zur Auskunft und Mitwirkung verpflichtet.[8] Verschwiegenheitspflichten von Dritten wie Rechtsanwälten, Steuerberatern, Finanzämtern oder Kreditinstituten gelten auch im Insolvenzeröffnungsverfahren. Von ihnen kann nur der Schuldner befreien, der hierzu aufgrund seiner vorgenannten Mitwirkungspflicht nach § 20 InsO verpflichtet ist.[9] Lässt sich der Insolvenzgrund nicht mit der für die richterliche Überzeugung notwendigen Sicherheit feststellen, geht diese Unklarheit immer zu Lasten des Antragsstellers.[10]

Soll der Eröffnungsgrund aus einer **einzigen Forderung des antragstellenden Gläu- 9 bigers abgeleitet werden** und ist diese Forderung bestritten, genügt ihre Glaubhaftmachung nicht; sie muss dann für die Eröffnung des Insolvenzverfahrens bewiesen sein.[11] Die Überzeugung des Insolvenzgerichts vom Eröffnungsgrund kann sich grundsätzlich auch auf nichttitulierte Forderungen stützen, jedoch gehen Zweifel zu Lasten des Antragstellers.[12] Es gehört nicht zu den Aufgaben des Insolvenzgerichts, den Bestand ernsthaft bestrittener, rechtlich zweifelhafter Forderungen zu überprüfen. Fällt die tatsächliche oder rechtliche Beurteilung nicht eindeutig aus, ist der

5 HambKomm-InsR/Schröder, § 16 InsO Rn. 8.
6 A/G/R-Kadenbach, § 16 InsO Rn. 9; BGH, 13.04.2006 – IX ZB 118/04, ZIP 2006, 1056.
7 LG Berlin, 03.05.2004 – 86 T 385/04, ZInsO 2004, 875.
8 A/G/R-Kadenbach, § 16 InsO Rn. 9.
9 HambKomm-InsR/Schröder, § 16 InsO Rn. 13.
10 Uhlenbruck/Mock, § 16 InsO Rn. 18.
11 BGH, 14.01.2021– IX ZB 212/20, ZInsO 2021, 377; BGH, 14.12.2005 – IX ZB 207/04, NZI 2006, 174.
12 HambKomm-InsR/Schröder, § 16 InsO Rn. 9.

Gläubiger schon mit seiner Glaubhaftmachung gescheitert. Die Parteien sind auf den Prozessweg zu verweisen.[13]

10 Den ihm obliegenden **Beweis** für das Bestehen der streitbefangenen Forderung hat der Schuldner grundsätzlich mit der Vorlage eines **vollstreckbaren Titels** geführt.[14] Ist die Forderung des die Eröffnung des Insolvenzverfahrens betreibenden Gläubigers tituliert, muss der Schuldner Einwendungen gegen die Vollstreckbarkeit in dem dafür vorgesehenen Verfahren verfolgen.[15] Solange die Vollstreckbarkeit auf diese Weise nicht beseitigt ist, beispielsweise wenn der Schuldner die für die Einstellung der Zwangsvollstreckung erforderliche Sicherheitsleistung nicht erbracht hat, braucht das Insolvenzgericht die Einwendungen des Schuldners nicht zu berücksichtigen.[16] Die vorgenannten Grundsätze gelten auch für **öffentlich-rechtliche Forderungen**, welche durch Verwaltungsakt tituliert sind.[17] Das Insolvenzgericht hat grundsätzlich von der Wirksamkeit des zugrundeliegenden Bescheides auszugehen, solange dieser nicht durch die zuständige Behörde oder das zuständige Fachgericht aufgehoben oder außer Vollzug gesetzt ist.[18]

11 Wegen des Amtsermittlungsgrundsatzes (§ 5 Abs. 1 InsO) besteht keine Bindung an den vom Antragssteller geltend gemachten Eröffnungsgrund, vielmehr hat das Insolvenzgericht alle in Betracht kommenden Eröffnungsgründe zu prüfen.[19] Anders hingegen, wenn der Schuldner einen Eigenantrag gestellt und diesen auf drohende Zahlungsunfähigkeit (§ 18 InsO) gestützt hat.[20]

12 Bei der **Eröffnung eines Sekundärinsolvenzverfahrens** (Art. 27 EuInsVO, § 356 Abs. 3 InsO) ist das Verfahren ausnahmsweise zu eröffnen, ohne dass ein Eröffnungsgrund festgestellt werden muss, da ein solcher bereits in einem Hauptinsolvenzverfahren in einem anderen Staat festgestellt wurde.[21]

IV. Maßgeblicher Zeitpunkt

13 Der Insolvenzgrund muss **zum Zeitpunkt der Verfahrenseröffnung** vorliegen. Ausreichend ist somit, wenn dieser erst nach Antragsstellung bis zur gerichtlichen Entscheidung entsteht.[22] Der BGH stellt ausdrücklich auf den Zeitpunkt der Eröffnung ab, da nur so für den Schuldner effektiver Rechtsschutz gegen einen ursprünglich

---

13 BGH, 14.01.2021 – IX ZB 212/20, ZInsO 2021, 377, BGH, 14.12.2005 – IX ZB 207/04, NZI 2006, 174.
14 BGH, 29.06.2006 – IX ZB 245/05, ZIP 2006, 1452.
15 BGH, 23.06.2016 – IX ZB 18/15, ZInsO 2016, 1576.
16 BGH, 14.01.2010 – IX ZB 177/09, ZInsO 2010, 331; BGH, 23.01.2025 – IX ZR 229/22, ZInsO 2025, 577.
17 SanR-Kuleisa, § 16 InsO Rn. 18; BGH, 06.05.2010 – IX ZB 176/09, ZInsO 2010, 1091.
18 BGH, a.a.O.; HambKomm-InsR/Schröder, § 16 InsO Rn. 11.
19 A/G/R-Kadenbach, § 16 InsO Rn. 11.
20 FK-InsO/Schmerbach, § 16 InsO Rn. 11.
21 FK-InsO/Schmerbach, § 16 InsO Rn. 13.
22 SanR-Kuleisa, § 16 InsO Rn. 21.

ungerechtfertigten Insolvenzantrag besteht.[23] Lässt sich im Beschwerdeverfahren feststellen, dass im Zeitpunkt der Eröffnung kein Eröffnungsgrund vorlag, ist der Eröffnungsbeschluss aufzuheben und der Antrag abzuweisen.[24] Fällt der Eröffnungsgrund im eröffneten Insolvenzverfahren weg, ist dieses auf Antrag des Schuldners einzustellen (§ 212 InsO).[25]

V. Rechtsmittel

Gegen die gerichtliche Entscheidung über die Ablehnung oder Eröffnung des Insolvenzverfahrens ist das Rechtsmittel der **sofortigen Beschwerde** gem. § 34 InsO eröffnet. Die sofortige Beschwerde kann auf neue Angriffs- und Verteidigungsmittel gestützt werden, da weiterhin der Amtsermittlungsgrundsatz gilt.[26] Beweisanordnungen zu Feststellungen der Eröffnungsgründe, z.B. die Beauftragung eines Sachverständigen, sind als richterliche Vorbereitungshandlungen nicht isoliert anfechtbar.[27] 14

§ 17 Zahlungsunfähigkeit

(1) Allgemeiner Eröffnungsgrund ist die Zahlungsunfähigkeit.

(2) Der Schuldner ist zahlungsunfähig, wenn er nicht in der Lage ist, die fälligen Zahlungspflichten zu erfüllen. Zahlungsunfähigkeit ist in der Regel anzunehmen, wenn der Schuldner seine Zahlungen eingestellt hat.

Übersicht Rdn.

23 BGH, 27.07.2006 – IX ZB 204/04, NZI 2006, 639.
24 FK-InsO/Schmerbach, § 16 InsO Rn. 8.
25 A/G/R-Kadenbach, § 16 InsO Rn. 13.
26 SanR-Kuleisa, § 16 InsO Rn. 23.
27 HambKomm-InsR/Schröder, § 16 InsO Rn. 19.

A. Normzweck

I. Regelungszweck (rechtspolitisch)

1 Die Zahlungsunfähigkeit ist **allgemeiner Eröffnungsgrund**, der sowohl dem Schuldner als auch den Gläubigern die Möglichkeit einräumt, einen Insolvenzantrag zu stellen. Im Wesentlichen entspricht diese Norm § 102 KO und § 1 GesO. Mit der Einfügung einer Legaldefinition der Zahlungsunfähigkeit in Abs. 2 ist der durch die Rechtsprechung und Literatur geprägte Begriff nunmehr gesetzlich verankert und klargestellt worden.[1] Die **Zahlungsunfähigkeit des Schuldners** liegt dann vor, **wenn er nicht mehr in der Lage ist, die fälligen Zahlungsverpflichtungen zu erfüllen.** Nach Abs. 2 Satz 2 wird die Zahlungsunfähigkeit **gesetzlich vermutet**, wenn der Schuldner seine **Zahlungen eingestellt** hat. Somit ist der Begriff der Zahlungsunfähigkeit in der InsO weitaus enger zu verstehen als der Geltungsbereich der in der KO erarbeiteten Definition der Zahlungsunfähigkeit.

2 Insbesondere wird durch die Definition eine klare Abgrenzung zu dem Begriff der **Zahlungsstockung** vorgenommen.[2] Da nun der Insolvenzschuldner bereits bei Zahlungsschwierigkeiten frühzeitig einen Antrag auf die Einleitung des Insolvenzverfahrens stellen kann, können die Chancen der Gläubigerbefriedigung und der Unternehmenssanierung erhöht werden.[3] Weiterhin wird durch eine Vorverlagerung der Verfahrenseröffnung einer weiteren Vermögensverschlechterung des Schuldners entgegengewirkt.[4]

II. Praxisrelevanz (wirtschaftlich)

3 In der Praxis kommt dem Eröffnungsgrund der Zahlungsunfähigkeit eine sehr hohe Bedeutung zu. Er zählt zu den wichtigsten und häufigsten Gründen für die Eröffnung von Insolvenzverfahren. Von insgesamt 19.302 Unternehmensinsolvenzen aus dem Jahr 2018 wurden 10.627 Antragsverfahren auf den Eröffnungsgrund der Zahlungsunfähigkeit, 8.268 Verfahren auf die Gründe der Zahlungsunfähigkeit und Überschuldung gestützt. Auf die Eröffnungsgründe der drohenden Zahlungsunfähigkeit und/oder der Überschuldung entfielen dagegen gerade mal 110 Verfahren, mithin ein prozentualer Anteil in Höhe von 1,04 %.[5] Im Vergleich zu den anderen Eröffnungsgründen kann die Zahlungsunfähigkeit wesentlich leichter glaubhaft gemacht werden.

III. Kernbereich der Regelung und Systematik

4 Wie bereits erwähnt, ist die Zahlungsunfähigkeit allgemeiner Eröffnungsgrund. In Abs. 2 Satz 1 hat der Gesetzgeber eine Legaldefinition angefügt. Hiernach ist der

1 MK-InsO/Eilenberger, § 17 InsO Rn. 1.
2 MK-InsO/Eilenberger, § 17 InsO Rn. 1.
3 HambKomm-InsR/Schröder, § 17 InsO Rn. 1.
4 MK-InsO/Eilenberger, § 17 InsO Rn. 2.
5 Statistisches Bundesamt, Fachserie 2 Reihe 4.1., Unternehmen und Arbeitsstätten, Insolvenzen, Dezember und Jahr 2018, S. 20.

Schuldner zahlungsunfähig, wenn er nicht mehr in der Lage ist, seine fälligen Zahlungspflichten zu erfüllen.

Hat der Schuldner **seine Zahlungen eingestellt**, wird gem. § 17 Abs. 2 Satz 2 InsO eine **gesetzliche Vermutung** für die Zahlungsunfähigkeit begründet. Zahlungseinstellung ist das äußere Verhalten des Schuldners, in dem sich die Zahlungsunfähigkeit typischerweise ausdrückt.[6] 5

Die Zahlungsunfähigkeit ist weiterhin Tatbestandsvoraussetzung für andere Normen, z.B. für die besonderen Anfechtungsnormen gem. §§ 130 – 132 InsO. Auch für den Bereich der Vorsatzanfechtung nach § 133 Abs. 1 InsO hat der Begriff der Zahlungsunfähigkeit maßgebliche Bedeutung. Ein Schuldner, der zahlungsunfähig ist und seine Zahlungsunfähigkeit kennt, handelt in aller Regel mit Benachteiligungsvorsatz. 6

Der Begriff der Zahlungsunfähigkeit beurteilt sich im ganzen Insolvenzrecht und damit auch im Rahmen der Insolvenzanfechtung **einheitlich** nach § 17 InsO.[7] Er gilt ferner für die Feststellung der Antragspflicht nach § 15a InsO sowie für die seit dem 01.01.2021 in Kraft getretene Haftungsnorm nach § 15b InsO. Die bisherigen Erstattungsansprüche außerhalb der InsO, z.B. § 64 GmbHG, § 92 Abs. 3 AktG, §§ 130a Abs. 3, 177a HGB sind mit dem Ablauf des 31.12.2020 außer Kraft getreten.[8]

B. Norminhalt

I. Allgemeiner Eröffnungsgrund (Abs. 1)

Die Zahlungsunfähigkeit ist **allgemeiner Eröffnungsgrund**, d.h. er findet bei allen Rechtsträgern und allen Vermögensmassen Anwendung und er berechtigt sowohl den Schuldner als auch Gläubiger, einen Antrag auf Eröffnung des Insolvenzverfahrens beim zuständigen Gericht zu stellen.[9] Das unterscheidet ihn von den besonderen Eröffnungsgründen nach § 18 und § 19 InsO. Soweit Zahlungsunfähigkeit mit einem oder beiden von diesen sachlich zusammentreffen kann, tritt Zahlungsunfähigkeit ausnahmslos und Überschuldung grundsätzlich vor ihr ein.[10] 7

II. Definition der Zahlungsunfähigkeit (Abs. 2)

Nach § 17 Abs. 2 Satz 1 InsO **ist der Schuldner dann zahlungsunfähig, wenn er nicht in der Lage ist, die fälligen Zahlungspflichten zu erfüllen.** Hat der Schuldner seine Zahlungen eingestellt, wird gem. § 17 Abs. 2 Satz 2 InsO eine gesetzliche Vermutung 8

6 HambKomm-InsR/Schröder, § 17 InsO Rn. 36; BGH, 24.03.2016 – IX ZR 242/13, ZInsO 2016, 910.
7 BGH, 16.06.2016 – IX ZR 23/15, ZInsO 2016, 1427.
8 HambKomm-InsR/Schmidt, § 15b InsO Rn. 5.
9 Braun/Bußhardt, § 17 InsO Rn. 1.
10 A/G/R-Kadenbach § 17 InsO Rn. 2.

für die Zahlungsunfähigkeit begründet. Zahlungseinstellung ist das äußere Verhalten des Schuldners, in dem sich die Zahlungsunfähigkeit typischerweise ausdrückt.[11]

9 Diese Definition weicht in den drei Merkmalen der Wesentlichkeit, der Dauerhaftigkeit und des ernsthaften Einforderns von der Definition vor Inkrafttreten der InsO ab.[12] Die Rechtsprechung hat diese Merkmale indes zum Teil wieder aufgegriffen.[13]

1. Schuldner zur Erfüllung nicht in der Lage (Abs. 2 Satz 1)

10 Generell muss es dem Schuldner unmöglich sein, sich entsprechende Zahlungsmittel zu beschaffen, um die fälligen Zahlungspflichten ausgleichen zu können.[14] Dazu zählen vor allem **Bargeld, vorhandene Kontoguthaben** wie sofort **abrufbare Kredite**, beispielsweise eine noch nicht ausgeschöpfte und ungekündigte Kreditlinie.[15]

11 Zu den aktuell verfügbaren liquiden Mitteln gehören auch solche Mittel, die z.B. aus Forderungseingängen oder der Verwertung sonstiger Vermögensbestandteilen kurzfristig, d.h. innerhalb von drei Wochen, beschafft werden können.[16] Die liquiden Mittel müssen zur freien Verfügung stehen, daran fehlt es, wenn z.B. Geldbestände gepfändet, beschlagnahmt oder arretiert sind.[17] Zur Sicherheit abgetretene Forderungen sind jedoch zu berücksichtigen, wenn der Zessionar die Einziehungsermächtigung noch nicht widerrufen hat und der Schuldner die Erlöse im Rahmen seines laufenden Geschäftsbetriebes einsetzen kann.[18]

12 Verfügbare Zahlungsmittel können sich auch aus einer **Patronatserklärung gegenüber dem Schuldner** ergeben, beispielsweise einer Zusage des Gesellschafters, der Gesellschaft die zur Erfüllung ihrer jeweils fälligen Forderungen benötigten Mittel zur Verfügung zu stellen. Diese vermeidet die Zahlungsunfähigkeit jedoch nur, wenn der Gesellschaft ein ungehinderter Zugriff auf die zugesagten Mittel eröffnet wird oder die Gesellschafter ihrer Ausstattungsverpflichtung tatsächlich nachkommen.[19] Eine Patronatserklärung gegenüber einem Gläubiger begründet für sich genommen keinen Anspruch des Schuldners gegen den Patron. Diese ist nur dann beachtlich, wenn der Patron die gegenüber dem Gläubiger eingegangene Verpflichtung auch erfüllt.[20]

---

11 HambKomm-InsR/Schröder, § 17 InsO Rn. 36; BGH, 06.05.2021 – IX ZR 72/20, ZInsO 2021, 1627.
12 Braun/Salm-Hoogstraeten, § 17 InsO Rn. 3.
13 BGH, 24.05.2005 – IX ZR 123/04, NZI 2005, 547, BGH, 19.07.2007 – IX ZB 36/07, ZInsO 2007, 939 und BGH, 06.05.2021 – IX ZR 72/2020, ZInsO 2021, 1627.
14 MK-InsO/Eilenberger, § 17 InsO Rn. 8.
15 FA-InsR/Hefermehl, Kap. 1, Rn. 182; IDWS 11 ZInsO 2015, S. 1136, Rn. 32.
16 HambKomm-InsR/Schröder, § 17 InsO Rn. 21; BGH, 19.12.2017 – II ZR 88/12.
17 SanR-Kuleisa, § 17 InsO Rn. 26; LG Bielefeld, ZInsO 2010, 1194, 1196.
18 Henkel, in: Vallender/Undritz, Praxis des InsolvenzR, Kap. B, III, Rn. 26.
19 BGH, 19.09.2013 – IX ZR 232/12, ZInsO 2013, 2055; A/G/R-Kadenbach, § 17 InsO, Rn. 16.
20 BGH, 19.05.2011 – IX ZR 9/10, ZInsO 2011, 1115, SanR-Kuleisa, § 17 InsO Rn. 29.

Gehört der Schuldner einem **Cash-Pool** an, können die Forderungen an das den Cash-Pool führende Unternehmen berücksichtigt werden, falls dieses leistungsbereit und – willig ist.[21] Maßgebend kommt es auf die Cash-Pool-Vereinbarung und die Gesamtliquidität des Cash-Pools an.[22] 13

Für die Beurteilung der Zahlungsunfähigkeit ist es ohne Bedeutung, aus welchen Quellen die Zahlungsmittel stammen. Es kommt nach der BGH-Rechtsprechung insb. nicht darauf an, ob der Schuldner sie sich auf redliche oder unredliche Weise beschafft hat, selbst aus Straftaten herrührende illegale Einkünfte sollen als liquide Mittel anzusehen sein.[23] 14

Ferner muss die Zahlungsunfähigkeit von der **Zahlungsunwilligkeit** strikt unterschieden werden. Auf die im Insolvenzrecht unerhebliche Zahlungsunwilligkeit kann sich der Schuldner nur berufen, wenn er tatsächlich zahlungsfähig ist.[24] In diesem Fall hilft die Einzelvollstreckung. Liegt eine Zahlungseinstellung vor, wird gem. § 17 Abs. 2 Satz 2 InsO gesetzlich vermutet, dass nicht lediglich Zahlungsunwilligkeit, sondern Zahlungsunfähigkeit vorliegt. Es ist dann Sache des Prozessgegners, die Zahlungsunfähigkeit zu widerlegen.[25] 15

2. Fällige Zahlungspflichten (Abs. 2 Satz 1)

Die Eröffnung eines Insolvenzverfahrens aufgrund von Zahlungsunfähigkeit setzt voraus, dass der Schuldner seine **fälligen Zahlungspflichten** nicht mehr erfüllen kann. Als Zahlungspflichten i.S.d. § 17 Abs. 2 Satz 1 InsO werden alle Verbindlichkeiten, die in Geld zu leisten sind, angesehen. Sonstige Verpflichtungen wie z.B. Lieferverpflichtungen zählen nicht dazu. Diese können erst dann bedeutsam werden, wenn aus ihnen Zahlungspflichten, z.B. durch Schadensersatz, entstehen.[26] Bei der Feststellung des Eröffnungsgrundes ist auf den Zeitpunkt der gerichtlichen Entscheidung über die Verfahrenseröffnung abzustellen. Folglich können Zahlungspflichten, die erst durch die Verfahrenseröffnung entstehen, bei der vorherigen Prüfung, ob ein Eröffnungsgrund vorliegt, nicht berücksichtigt werden.[27] 16

Nur die Nichterfüllung von fälligen Zahlungspflichten können die Zahlungsunfähigkeit i.S.d. § 17 InsO begründen. Dies ist ein Unterschied zur drohenden Zahlungsunfähigkeit nach § 18 InsO. Die **Fälligkeit** der Zahlungspflichten richtet sich grds. nach den Vorschriften des Bürgerlichen Gesetzbuches, insb. **nach § 271 BGB.**[28] 17

21 HK-InsO/Kirchhof, § 17 InsO Rn. 16.
22 Vgl. IDW S. 11, ZInsO 2015, 1136, Rn. 45 ff.
23 BGH, 16.05.2017 – 2 StR 169/15; ZInsO 2017, 1364; A/G/R-Kadenbach, § 17 InsO Rn. 17.
24 BGH, 10.07.2014 – IX ZR 287/13, ZInsO 2014, 1661.
25 BGH, 15.03.2012 – IX ZR 239/09, ZInsO 2012, 696.
26 HambKomm-InsR/Schröder, § 17 InsO Rn. 5.
27 AG Göttingen, ZInsO 2002, 945.
28 HK-InsO/Kirchhof, § 17 InsO Rn. 7.

Danach ist eine Zahlungspflicht sofort fällig, wenn für die Leistung eine Zeit weder bestimmt noch aus den Umständen zu entnehmen ist.

18 Nach der Rechtsprechung des BGH ist für die Fälligkeit i.S.d. § 17 Abs. 2 Satz 1 InsO nicht allein auf die zivilrechtliche Fälligkeit nach § 271 BGB abzustellen. Vielmehr ist eine Zahlungspflicht danach insolvenzrechtlich nur dann als fällig anzusehen, wenn der Gläubiger die Forderung »**ernsthaft eingefordert**« hat. Hierzu ist eine Gläubigerhandlung erforderlich, aus der sich der Wille, vom Schuldner die Erfüllung zu verlangen, im Allgemeinen ergibt.[29]

19 Doch die Anforderungen an das Merkmal des »ernsthaften Einforderns« sind äußerst gering und stellen keine große Hürde dar. Hierfür genügt bereits die Übersendung einer Rechnung.[30] Nicht erforderlich ist, dass ein Gläubiger eine Zahlungsaufforderung wiederholen oder mahnen muss.[31] Auch bei kalendermäßiger Fälligkeit ist ein Zahlungsverlangen in der Regel entbehrlich.[32] Das Merkmal des »ernsthaften Einforderns« dient damit lediglich dem Zweck, solche Forderungen auszunehmen, die **rein tatsächlich** – also auch ohne rechtlichen Bindungswillen oder erkennbare Erklärung – gestundet sind.[33] Der BGH versucht über das Kriterium des ernsthaften Einforderns solche Verbindlichkeiten aus der Zahlungsunfähigkeitsprüfung auszunehmen, deren Durchsetzung durch den Gläubiger nicht mehr ernsthaft in Erwägung gezogen wird.[34]

▶ Hinweis:

20 Das OLG Celle hat entschieden, der Vortrag des Insolvenzverwalters zu fälligen Forderungen in bestimmter Höhe unter Beifügung einer **Summen- und Saldenliste** beinhalte die Behauptung, die entsprechenden Forderungen seien z.B. durch Stellen einer Rechnung, zumindest einmal geltend gemacht worden. Denn anders wäre es bei lebensnaher Betrachtung nicht erklärlich, wie diese Forderungen Eingang in die Summen- und Saldenliste der Insolvenzschuldnerin hätten finden können;[35] so auch der II. Senat des BGH in seiner Entscheidung vom 19.12.2017 (vgl. hierzu auch Rdn. 51, 52).[36]

21 Darüber hinaus sind bei der Prüfung der Zahlungsunfähigkeit **gestundete Zahlungspflichten** nicht zu berücksichtigen, da sie nicht fällig sind. Jedoch müssen diese Stundungen klar und deutlich vereinbart werden.[37] Im Fall einer stillschweigenden

---

29 BGH, 19.07.2007 – IX ZB 36/07, ZInsO 2007, 939 ff.

30 BGH, 19.07.2007 – IX ZB 36/07, ZInsO 2007, 939 ff.

31 BGH, 19.07.2007 – IX ZB 36/07, ZInsO 2007, 939 ff.

32 BGH, 22.11.2012 – IX ZR 62/10, ZInsO 2013, 76.

33 HambKomm-InsR/Schröder, § 17 InsO Rn. 15, NZI 2007, 579; BGH, 19.07.2007 – IX ZB 36/07.

34 SanR-Kuleisa, § 17 InsO Rn. 22.

35 OLG Celle, 22.05.2008 – 13 U 117/07, OLGR 2009, 703; Henkel, in: Vallender/Undritz, Praxis des InsolvenzR, Kap. B, Rn. 45.

36 BGH, 19.12.2017 – II ZR 88/16, ZInsO 2018, 381.

37 Knolle/Tetzlaff, Zahlungsunfähigkeit und Zahlungsstockung, ZInsO 2005, 897.

Stundung ist Zurückhaltung geboten.[38] Nicht ausreichend sind »**erzwungene Stundungen**« die dadurch zustande kommen, dass die Gläubiger nicht sofort klagen und vollstrecken, weil sie dies für aussichtslos halten oder nicht den sofortigen Zusammenbruch des Schuldners verantworten wollen.[39]

Forderungen, die mit einer **Einwendung** oder einer **Einrede** behaftet sind, begründen keine Zahlungspflicht i.S.d. § 17 Abs. 2 Satz 1 InsO. Wie im allgemeinen Zivilprozess sind allerdings Einreden nur zu beachten, soweit der Schuldner sie tatsächlich auch erhebt.[40] 22

Trotz ihrer großen praktischen Bedeutung ist die Frage, ob und mit welchem Betrag **streitige Zahlungspflichten** bei der Prüfung der Zahlungsunfähigkeit zu berücksichtigen sind, nach wie vor nicht geklärt.[41] Einschlägige Rechtsprechung findet sich zur Glaubhaftmachung einer Forderung im Rahmen der Zulässigkeit von Insolvenzanträgen. Soll danach die bestrittene Forderung die Zahlungsunfähigkeit begründen, ist nach dem BGH für eine Insolvenzeröffnung der volle Beweis der Forderung erforderlich.[42] Da es nicht Aufgabe des Insolvenzgerichts ist, den Bestand ernsthaft bestrittener oder rechtlich zweifelhafter Forderungen zu überprüfen, sind die Parteien grundsätzlich auf den Prozessrechtsweg zu verweisen.[43] 23

In einer weiteren Entscheidung[44] hat der Bundesgerichtshof im Zuge der Feststellung einer drohenden Zahlungsunfähigkeit angesprochen, dass streitbefangene Verbindlichkeiten nur dann in die Prognoseberechnung einzubeziehen sind, wenn aufgrund gegebener Umstände überwiegend wahrscheinlich ist, dass sie im Prognosezeitraum uneingeschränkt durchsetzbar werden. In der Literatur werden mehrere Varianten vertreten. Nach einer verbreiteten Ansicht sind streitige Zahlungspflichten abhängig von der Wahrscheinlichkeit der drohenden oder sofortigen Inanspruchnahme zu berücksichtigen.[45] Nach der Gegenauffassung kommt es darauf an, inwieweit die jeweiligen Zahlungspflichten objektiv bestehen oder nicht.[46] Die Pflicht zum Ansatz streitiger Verbindlichkeiten im Zahlungsfähigkeitsstatus bildet letztlich nur die Einschätzung des Schuldners über das objektive Bestehen oder Nicht-Bestehen der Verbindlichkeit ab. Im Nachhinein wird sich regelmäßig herausstellen, ob die Einschätzung zutreffend 24

38 BGH, 14.02.2008 – IX ZR 38/04, ZIP 2008, 706.
39 HambKomm-InsR/Schröder, § 17 InsO Rn. 10; BGH, 14.02.2008 – IX ZR 38/04, ZIP 2008, 706.
40 A/G/R-Kadenbach, § 17 InsO Rn. 10.
41 Ausführlich hierzu: Kriegel, in: Nickert/Lamberti, Überschuldungs- und Zahlungsunfähigkeitsprüfung, Rn. 20; Leithaus/Wachholtz, ZIP 2019, 649.
42 BGH, 14.12.2005 – IX ZB 207/04, ZInsO 2006, 145.
43 BGH, 14.12.2005 – IX ZB 207/04, ZInsO 2006, 145.
44 BGH, 22.05.2014 – IX ZR 95/13, InsO 2014, 1326 ff.
45 FK-InsO/Schmerbach, § 17 Rn. 10; Braun/Bußhardt, § 17 InsO Rn. 27; Henkel, ZInsO 2011, 1237.
46 K. Schmidt/K. Schmidt, § 17 InsO Rn. 8; HambKomm-InsR/Schröder, § 17 InsO Rn. 6.

war oder nicht, was dann eine Verschuldensfrage in Person des jeweiligen Organs darstellt, soweit eine Pflichtverletzung des handelnden Organs in Rede steht.[47]

25 Im Rahmen seiner aktuellen Rechtsprechung hat der BGH mehrfach ausdrücklich dargelegt, dass die Beurteilung, ob Zahlungsunfähigkeit eingetreten ist, sich allein nach objektiven Umständen beurteilt. Für die Frage, ob eine Verbindlichkeit bei der Feststellung der Zahlungsunfähigkeit zu berücksichtigen ist, komme es auf den materiellen Bestand der Verbindlichkeit an.[48] Ein vorläufig vollstreckbarer Titel über eine streitige Forderung ist bei der Beurteilung der Zahlungsunfähigkeit durch den Schuldner in Höhe des Nennwerts der titulierten Forderung zu berücksichtigen, wenn die Voraussetzungen für eine Vollstreckung aus dem Titel vorliegen und der Titelgläubiger die Vollstreckung eingeleitet hat.[49] Dies folgt – so der BGH – aus der Beweiswirkung des Titels, sodass die Forderung im Liquiditätsstatus in voller Höhe zu passivieren ist. Hat der Titelgläubiger zudem die Vollstreckung eingeleitet, tritt zur Beweiswirkung des vollstreckbaren Titels hinzu, dass der Schuldner zur Abwendung der Vollstreckung liquide Mittel benötigt. Eine nur anteilige Berücksichtigung der streitigen Forderung ist nicht (mehr) gerechtfertigt.[50]

26 Fällige und eingeforderte **Gesellschafterforderungen** sind bei der Zahlungsunfähigkeitsprüfung zu berücksichtigen, da der gesetzliche Nachrang aus § 39 Abs. 1 Nr. 5 InsO erst mit Verfahrenseröffnung eintritt.[51] Dies soll nach der Rechtsprechung des BGH aus Gläubigerschutzgründen auch dann gelten, wenn der Gesellschaft ein Leistungsverweigerungsrecht u. a. aus § 64 Satz 3 GmbHG zusteht.[52]

27 Bei Vereinbarung eines **Rangrücktritts** ist die Auslegung der vereinbarten Regelung entscheidend. Maßgebend ist, ob die Nachrangvereinbarung auch für die Zeit vor Verfahrenseröffnung eine Stundung oder sonstige Durchsetzungssperre enthält.[53] Nicht der Rangrücktritt als solcher, sondern erst eine darin enthaltene Stundungsabrede behebt die Zahlungsunfähigkeit.[54] Der BGH geht für den qualifizierten Rangrücktritt davon aus, dass die mit dem Rangrücktritt belegte Forderung auch außerhalb der Insolvenz nicht getilgt werden darf und für diese eine Durchsetzungssperre gegeben ist.[55] Soll eine Rangrücktrittsvereinbarung die Vermeidung einer Insolvenz sicherstellen, kann eine hierzu dem engen Wortsinne nach unzureichende Vereinbarung dahingehend auszulegen sein, dass der dafür erforderliche umfassende Rangrücktritt gewollt war.[56]

---

47 BeckOK InsO/Wolfer, § 17 Rn. 7; K. Schmidt, a.a.O.
48 BGH, 24.02.2022 – IX ZR 250/20; BGH, 11.03.2025 – II ZR 139/23.
49 BGH, 23.01.2025 – IX ZR 229/22.
50 BGH, 23.01.2025 – IX ZR 229/22.
51 BGH, 09.10.2012 – II ZR 298/11, ZInsO 2012, 2291.
52 BGH a.a.O.; HambKomm-InsR/Schröder, § 17 InsO Rn. 12.
53 SanR-Kuleisa, § 17 InsO Rn. 15.
54 K. Schmidt/K. Schmidt, § 17 InsO Rn. 10; vgl. auch AG Itzehoe, ZInsO 2014, 1106 zur Nachrangklausel bei Genussrechtsbedingungen.
55 BGH, 05.03.2015 – IX ZR 133/14, NZI 2015, 6; Ampferl/Kilper, in: Beck/Depré, Praxis der Insolvenz, § 2 Rn. 42.
56 BGH, 23.01.2025 – IX ZR 229/22.

III. Zahlungseinstellung (Abs. 2 Satz 2)

Hat der Schuldner seine Zahlungen eingestellt, begründet Abs. 2 Satz 2 die **widerlegliche** Vermutung, dass der Schuldner zahlungsunfähig ist.[57] Die Zahlungseinstellung ist dasjenige **äußere Verhalten des Schuldners**, durch das sich typischerweise die Zahlungsunfähigkeit ausdrückt. Für die beteiligten Verkehrskreise muss sich also mindestens der Eindruck ergeben, dass der Schuldner nicht in der Lage ist, seine fälligen Zahlungspflichten zu erfüllen.[58] 28

Die tatsächliche **Nichtzahlung eines erheblichen Teils** der fälligen Verbindlichkeiten reicht für eine Zahlungseinstellung aus.[59] Das gilt selbst dann, wenn tatsächlich noch geleistete Zahlungen beträchtlich sind, aber im Verhältnis zu den fälligen Gesamtschulden nicht den wesentlichen Teil ausmachen.[60] Die **Nichtzahlung einer einzelnen Verbindlichkeit** kann eine Zahlungseinstellung begründen, wenn die Forderung von insgesamt nicht unbeträchtlicher Höhe ist.[61] Haben im fraglichen Zeitpunkt fällige Verbindlichkeiten in erheblichem Umfang bestanden, **welche bis zur Verfahrenseröffnung nicht mehr beglichen wurden**, ist regelmäßig von Zahlungsunfähigkeit infolge Zahlungseinstellung auszugehen.[62] 29

Nach der ständigen Rechtsprechung des BGH kann eine Zahlungseinstellung aus einem einzelnen, aber auch aus einer Gesamtschau mehrerer darauf hindeutender, in der Rechtsprechung entwickelter **Indizien oder Beweisanzeichen** gefolgert werden.[63] Sind derartige Indizien vorhanden, bedarf es einer darüber hinausgehenden Darlegung und Feststellung der genauen Höhe der gegen den Schuldner bestehenden fälligen Verbindlichkeiten oder einer Unterdeckung von mindestens 10 % nicht.[64] Sind mehrere Indizien vorhanden, ist nach der Rechtsprechung des Bundesgerichtshofs eine Gesamtwürdigung der einzelnen Indizien vorzunehmen.[65] 30

Die von der Rechtsprechung entwickelten Beweisanzeichen betreffen sowohl das nach **außen erkennbar gewordene Zahlungsverhalten** des Schuldners als auch dessen **eigene Erklärungen**.[66] 31

57 Grundlegend: BGH, 30.06.2011 – IX ZR 134/10, ZIP 2011, 1416.
58 BGH, 12.10.2006 – IX ZR 228/03, ZInsO 2006, 1211; BGH, 08.01.2015 – IX ZR 203/12, WM 2015, 381.
59 BGH, 07.05.2013 – IX ZR 113/10, WM 213, 1361.
60 BGH, 11.02.2010 – IX ZR 104/17, ZIP 2010, 682.
61 BGH, 30.06.2011 – IX ZR 134/10, ZIP 2011, 1416.
62 BGH, 30.06.2011 – IX ZR 134/10, ZIP 2011, 1416.
63 BGH, 09.06.2016 – IX ZR 174/15, ZInsO 2016, 1357.
64 BGH, 21.01.2016 – IX ZR 32/14, ZInsO 2016, 507; BGH, 08.01.2015 – IX ZR 203/12, WM 2015, 381; a.A. OLG Frankfurt am Main, ZInsO 2010, 1328.
65 BGH, 08.01.2015 – IX ZR 203/12, ZInsO 2015, 396.
66 Zusammenfassung dazu in HambKomm-InsR/Schröder, § 17 InsO Rn. 40 ff.

32 Beweisanzeichen für die Annahme einer Zahlungseinstellung sind insb.:
- Vereinbarung eines Zahlungsaufschubs für Lieferungen bis zur jeweiligen Neubestellung,[67]
- Nichteinhaltung von selbst erteilten Zahlungszusagen,[68]
- verspätete Zahlungen unter dem Druck einer angedrohten Liefersperre,[69]
- monatelanges Schweigen auf Rechnungen und Mahnungen, ohne berechtigte Einwände zu erheben,[70]
- mehrmonatige Rückständigkeit mit Sozialversicherungsbeiträgen[71] (nicht ausreichend sind allerdings verspätete Zahlungen von nur drei-vier Wochen),[72]
- dauerhaft schleppende Zahlungsweise gegenüber einer wichtigen, zur Aufrechterhaltung des Geschäftsbetriebes unentbehrlichen Lieferantin,[73]
- wiederholt bloße Teilzahlungen als sog. strategische Zahlungen,[74]
- Steuerzahlungen nur noch unter Vollstreckungsdruck des Finanzamts,[75]
- sprunghaftes Anwachsen von Zahlungsrückständen trotz einzelner noch erbrachter Zahlungen,[76]
- im maßgeblichen Zeitpunkt haben nicht unerhebliche, fällige Verbindlichkeiten bestanden, die bis zur Eröffnung des Verfahrens nicht beglichen worden sind,[77]
- nicht gedeckte Schecks, zurückgegebene Lastschriften,[78]
- fruchtlose Pfändung oder die Häufung von Vollstreckungsmaßnahmen,[79]
- Nichteinhaltung von Ratenzahlungen.[80]

33 Nach der Rechtsprechung des BGH ist die **Vereinbarung einer Ratenzahlungsvereinbarung** für sich genommen kein zwingendes Indiz für die Annahme einer Zahlungseinstellung.[81] Diese kann auf den verschiedensten Gründen beruhen, etwa der Erzielung von Zinsvorteilen oder der Vermeidung von Kosten und Mühen im Zusammenhang mit der Aufnahme eines ohne Weiteres erlangbaren Darlehens.[82] Etwas anderes gilt

---

67 BGH, 17.11.2016 – IX ZR 65/15, ZInsO, 2016, 2474.
68 BGH, 09.06.2016 – IX ZR 174/15, ZInsO 2016, 1357.
69 BGH, 09.06.2016 – IX ZR 174/15, ZInsO 2016, 1357.
70 BGH, 25.02.2016 – IX ZR 109/15, NZI 2016, 266.
71 BGH, 07.05.2015 – IX ZR 95/14, ZInsO 2015, 1262.
72 BGH, 07.11.2013 – IX ZR 49/13, ZIP 2013, 2318.
73 BGH, 09.06.2016 – IX ZR 174/15, ZInsO 2016, 1357.
74 BGH, 07.05.2015 – IX ZR 95/14, NJW 2015, 2113.
75 BGH, 21.01.2016 – IX ZR 32/14, ZInsO 2016, 507.
76 BGH, 16.06.2016 – IX ZR 23/15, ZInsO 2016, 1427; BGH, 18.07.2013 – IX ZR 143/12, NZI 2013, 9311; BGH, 30.06.2011 – IX ZR 134/10, ZIP 2011, 1416.
77 BGH, 12.10.2006 – IX ZR 228/03, ZIP 2006, 2222.
78 BGH, 21.08.2013 – I StR 265/12, ZInsO 2013, 2107.
79 BGH, 30.01.2003 – 3 StR 437/02, ZInsO 2003, 519; BGH, 08.01.2015 – IX ZR 203/12, ZInsO 2015, 396; BGH, 30.06.2011 – IX ZR 134/10; ZInsO 2011, 1410.
80 BGH, 06.12.2012 – IX ZR 3/12, ZInsO 2013, 190.
81 BGH, 16.04.2015 – IX ZR 6/14, ZInsO 2015, 898; BGH, 14.07.2016 – IX ZR 188/15, ZInsO 2016, 1749.
82 BGH, 18.01.2018 – IX ZR 144/16, ZIP 2018, 432.

jedoch dann, wenn diese Bitte mit der ausdrücklichen Erklärung des Schuldners verbunden wird, seine fälligen Verbindlichkeiten nicht (anders) begleichen zu können.[83]

Nach § 133 Abs. 3 Satz 2 InsO wird vermutet, dass der Anfechtungsgegner zur Zeit der Handlung die Zahlungsunfähigkeit des Schuldners nicht kannte, wenn der andere Teil mit dem Schuldner eine Zahlungsvereinbarung getroffen oder diesem in sonstiger Weise eine Zahlungserleichterung gewährt hat. Diese gesetzliche Vermutung i.S.d. § 292 ZPO kann der Insolvenzverwalter widerlegen, wenn er darlegt, dass der Anfechtungsgegner Umstände kannte, die bereits vor Gewährung der Zahlungserleichterung bestanden und aus denen nach der gewährten Zahlungserleichterung wie schon zuvor zwingend auf eine Zahlungsunfähigkeit des Schuldners zu schließen war.[84] Auch ist im Umkehrschluss zu bedenken, dass die Nichteinhaltung einer getroffenen Ratenzahlungsvereinbarung wiederum ein gewichtiges Indiz für die Kenntnis des Gläubigers von der Zahlungseinstellung darstellt.[85] 34

Mit seiner aktuellen Rechtsprechung hat der BGH die Anforderungen an die Feststellung der Zahlungseinstellung konkretisiert. Danach muss sich mindestens für die beteiligten Verkehrskreise der berechtigte Eindruck aufdrängen, dass der Schuldner außer Stande ist, seinen fälligen Zahlungsverpflichtungen zu genügen. Entscheidend ist die am Beweismaß des § 286 ZPO zu messende, in umfassender und widerspruchsfreier Würdigung des Prozessstoffs zu gewinnende Überzeugung, der Schuldner könne aus Mangel an liquiden Zahlungsmitteln nicht zahlen.[86] Eine besonders aussagekräftige Grundlage hierfür ist die eigene Erklärung des Schuldners, seine fällige und nicht unbeträchtliche Verbindlichkeit binnen drei Wochen nicht bedienen zu können.[87] Fehle es an einer solchen (ausdrücklichen) Erklärung, verlangt der BGH ein entsprechendes Gewicht der weiter heranzuziehenden Tatumstände, welche über eine bloße Zahlungsverzögerung hinausgehen.[88] Konkret verweist der BGH auf entsprechenden Mahn- oder Vollstreckungsdruck des Gläubigers oder die Nichtbegleichung von Gläubigerforderungen, auf deren Leistungserbringung der Schuldner zur Aufrechterhaltung seines Geschäftsbetriebes angewiesen ist.[89] Eine Kenntnis des Anfechtungsgegners von einer Zahlungseinstellung kann vorliegen, wenn er weiß, dass der Schuldner eine titulierte Forderung nicht beglichen hat.[90] 35

Eine **einmal eingetretene Zahlungseinstellung** besteht grundsätzlich fort. Stärke und Dauer dieser Fortdauervermutung hängen jedoch davon ab, in welchem Ausmaß die 36

83 BGH, 25.02.2016 – IX ZR 109/15; ZInsO 2016, 628.
84 BGH, 07.05.2020 – IX ZR 18/19, ZInsO 2020, 1306.
85 Braun/Salm-Hoogstraeten, § 17 InsO Rn. 46.
86 BGH, 06.05.2021 – IX ZR 72/20, ZInsO 2021, 1627; BGH, 06.03.2025 – IX ZR 209/23.
87 BGH, 06.05.2021 – IX ZR 72/20, ZInsO 2021, 1627.
88 BGH, 06.05.2021 – IX ZR 72/20, ZInsO 2021, 1627, Linsenbarth/Kliebisch, ZIP 2022, 512.
89 BGH, 06.05.2021 – IX ZR 72/20, ZInsO 2021, 1627.
90 BGH, 06.03.2025 – IX ZR 209/23.

Zahlungsunfähigkeit zu Tage getreten ist.[91] Beseitigt werden kann die eingetretene Zahlungseinstellung nur unter der Voraussetzung, dass der Schuldner seine Zahlungen an die Gesamtheit der Gläubiger im Allgemeinen wieder aufgenommen hat.[92] (Siehe hierzu auch Rdn. 41, 70.)

IV. Abgrenzung zur Zahlungsstockung

37 Die Zahlungsunfähigkeit ist nicht zu verwechseln mit der vorübergehenden **Zahlungsstockung.** Die bloß vorübergehende Zahlungsstockung soll nach dem Willen des Gesetzgebers noch keine Zahlungsunfähigkeit begründen.[93] Aus diesem Grund ist es notwendig, dass ein bestimmter Zeitraum festgelegt wird, ab dem die vorübergehende Zahlungsstockung in eine endgültige, insolvenzauslösende Zahlungsunfähigkeit übergeht.[94]

38 Nach der Rechtsprechung des BGH ist eine »bloße Zahlungsstockung« dann anzunehmen, wenn der Zeitraum nicht überschritten wird, den eine kreditwürdige Person benötigt, um sich die benötigten finanziellen Mittel zu beschaffen.[95] Diese Beurteilung ist allein anhand objektiver Umstände vorzunehmen.[96] Der BGH geht hier von einem **Zeitraum von 2 bis 3 Wochen** aus. Wenn dieser Zeitraum über 3 Wochen hinausgeht, kann entsprechend der damaligen Wertung des § 64 Abs. 1 GmbHG nicht mehr nur von einer bloßen Zahlungsstockung ausgegangen werden.[97] Eine lediglich vorübergehende Zahlungsunfähigkeit, die sich voraussichtlich innerhalb kurzer Zeit beheben lässt, stellt keinen Eröffnungsgrund dar. Ist der Schuldner jedoch nicht in der Lage, die notwendigen finanziellen Mittel zur Begleichung der fälligen Forderungen innerhalb von 3 Wochen zu beschaffen, handelt es sich nicht mehr um eine rechtlich unerhebliche Zahlungsstockung.[98]

39 **Geringfügige Liquiditätslücken** sind dagegen nicht zu berücksichtigen. Beträgt die Liquiditätslücke, die innerhalb der 3 Wochen nicht beseitigt werden kann, **weniger als 10 % der fälligen Gesamtverbindlichkeiten**, ist i.d.R. noch von Zahlungsfähigkeit auszugehen, es sei denn, es ist vorhersehbar, dass die Liquiditätslücke in geraumer Zeit mehr als 10 % der fälligen Gesamtverbindlichkeiten ausmachen wird.[99]

40 Umgekehrt wird regelmäßig von Zahlungsunfähigkeit ausgegangen, wenn die **Liquiditätslücke 10 % oder mehr der Gesamtverbindlichkeiten beträgt**, sofern nicht mit

---

91 HambKomm-InsR/Schröder, § 17 InsO Rn. 43; BGH, 06.05.2021 – IX ZR 72/20, ZInsO 2021, 1627.

92 BGH, 14.09.2017 – IX ZR 3/16, ZInsO 2017, 2546; BGH, 25.10.2012 – IX ZR 117/11, ZInsO 2012, 2444.

93 Ampferl, in: Beck/Depré, Praxis der Insolvenz, § 2 Rn. 47.

94 Ampferl/Kilper a.a.O.

95 BGH, 24.05.2005 – IX ZR 123/04, ZIP 2005, 1426.

96 BGH, 19.12.2017 – II ZR 88/16, ZInsO 2018, 381.

97 BGH, 24.05.2005 – IX ZR 123/04, ZIP 2005, 1426.

98 BGH, 12.10.2006 – IX ZR 228/03, ZInsO 2006, 1212.

99 BGH, 12.10.2006 – IX ZR 228/03, ZInsO 2006, 1212.

an Sicherheit grenzender Wahrscheinlichkeit zu erwarten ist, dass die Liquiditätslücke demnächst vollständig oder fast vollständig beseitigt werden wird und den Gläubigern ein Zuwarten nach den besonderen Umständen des Einzelfalls zuzumuten ist.[100] Je näher die Unterdeckung dem Schwellenwert von 10 % kommt, desto geringere Anforderungen sind an das Gewicht der besonderen Umstände zu richten, mit denen die jeweiligen Vermutungen entkräftet werden können. Umgekehrt müssen umso schwerer wiegende Umstände vorliegen, je größer der Abstand der Unterdeckung zu dem Schwellenwert von 10 % ist.[101]

Wie vorstehend bereits ausgeführt, setzt die **nachhaltige Beseitigung** einer **eingetretenen Zahlungsunfähigkeit** voraus, dass der Schuldner seine Zahlungen im Allgemeinen wieder aufgenommen hat, also bis auf unwesentliche Ausnahmen alle Zahlungen geleistet werden.[102] Hiervon kann nicht ausgegangen werden, wenn ein Schuldner unmittelbar nach der Befriedigung seiner Gläubiger abermals in Rückstand mit seinen Zahlungen gerät. Denn in diesem Fall war er allenfalls an einem bestimmten Stichtag zur Befriedigung seiner Gläubiger in der Lage, aber nicht auf Dauer zu einer allgemeinen Begleichung seiner alsbald fällig werdenden Verbindlichkeiten im Stande.[103] 41

V. Methoden zur Feststellung der Zahlungsunfähigkeit

Die Methoden zur Feststellung der Zahlungsunfähigkeit sind gesetzlich nicht vorgeschrieben. Die fundierteste Methode zur Ermittlung der Zahlungsunfähigkeit ist die Gegenüberstellung der liquiden Mittel und der fälligen Geldschulden.[104] In seinen grundlegenden Entscheidungen vom 24.05.2005[105] und vom 12.10.2006[106] spricht der Bundesgerichtshof von einer Liquiditätsbilanz. 42

1. Stichtagsbezogene Liquiditätsbilanz

Nach dieser Rechtsprechung des BGH kann die Zahlungsunfähigkeit mit Hilfe einer **stichtagsbezogenen Liquiditätsbilanz** ermittelt werden. In dieser sind die (aktuell und kurzfristig) verfügbaren Zahlungsmittel des Schuldners (wie Bargeld, Schecks, Bankguthaben oder freie Kreditlinien) aufzuführen und den zum Beurteilungsstichtag fälligen Verbindlichkeiten gegenüberzustellen.[107] Weist dieser stichtagsbezogene Status keine Unterdeckung oder nur eine geringfügige Liquiditätslücke aus, ist keine Zahlungsunfähigkeit gegeben.[108] 43

100 BGH, 12.10.2006 – IX ZR 228/03, ZInsO 2006, 1212.
101 BGH, 28.04.2022 – IX ZR 48/21; BGH, 27.03.2012 II ZR 171/10.
102 OLG Düsseldorf, 19.09.2024 – 12 U 57/23.
103 OLG Düsseldorf, 19.09.2024 – 12 U 57/23.
104 Henkel, in: Vallender/Undritz, Praxis des InsolvenzR, Kap. B, III, Rn. 48.
105 BGH, 24.05.2005 IX ZR 123/04, ZInsO 2005, 807.
106 BGH, 12.10.2006 IX ZR 228/03, ZInsO 2006, 1210.
107 FA-InsR/Hefermehl, Kap. 1, Rn. 198; BGH, 12.10.2006 – IX ZR 228/03, ZIP 2006, 2222.
108 HambKomm-InsR/Schröder, § 17 InsO Rn. 48 m.w.N.

44 Reicht die ermittelte Stichtagsliquidität zur Begleichung der fälligen Forderungen nicht aus, ist in einer zweiten Stufe weiter zu prüfen, ob es sich bei der Unterdeckung ggf. nur um eine rechtlich unerhebliche Zahlungsstockung handelt. Hierzu ist nach allgemeiner Ansicht ein Finanz- oder Liquiditätsplan aufzustellen.[109]

2. Finanzplan

45 In diesem **Finanzplan** wird geprüft, ob die festgestellte Liquiditätslücke von Dauer ist oder aber innerhalb von 3 Wochen wieder beseitigt werden kann (Zeitraumilliquidität). Dabei ist zu untersuchen, ob der Schuldner sich die fehlenden liquiden Mittel beschaffen kann, um mindestens eine 90 %ige Verbindlichkeitenabdeckung erreichen zu können.[110] Folglich sind im Rahmen des Liquiditätsplans sodann sämtliche in den drei Wochen tatsächlich zu erwartenden Zahlungseingänge anzugeben.[111]

46 Den zu erwartenden Zahlungseingängen sind neben den im Liquiditätsstatus bereits festgestellten fälligen Verbindlichkeiten nach der überwiegenden Auffassung in der Literatur auch die im Drei-Wochen-Zeitraum fällig werdenden Verbindlichkeiten (sog. Passiva II) gegenüberzustellen.[112] Mit Urt. v. 19.12.2017[113] hat der II. Zivilsenat sich dieser Auffassung angeschlossen und entschieden, dass die Passiva II bei der Feststellung der Zahlungsunfähigkeit i.S.d. § 17 Abs. 2 Satz 1 InsO zu berücksichtigen sind.

47 Nach der neueren Rechtsprechung des BGH ist es zur Darlegung der Zahlungsunfähigkeit ausdrücklich ausreichend, **mehrere tagesgenaue Liquiditätsstatus** in aussagekräftiger Anzahl aufzustellen, in denen ausgehend von dem am Stichtag eine erhebliche Unterdeckung ausweisenden Status an keinem der im Prognosezeitraum liegenden bilanzierten Tag die Liquiditätslücke in relevanter Weise geschlossen werden kann.[114] In diesen Liquiditätsstatus werden tagesgenau Einzahlungen und Auszahlungen gegenübergestellt.[115] Die Begriffe Ein- und Auszahlungen stehen dabei für die liquiden Mittel bzw. fälligen Verbindlichkeiten. Die hierdurch ausgewiesene relevante Unterdeckung zu aufeinanderfolgenden Stichtagen begründet aber ebenfalls nur ein Indiz für die Zahlungsunfähigkeit, das ggf. entkräftet werden kann.[116]

VI. Nachweis der Zahlungsunfähigkeit im Anfechtungsprozess

48 Die Darlegungs- und Beweislast für die Zahlungsunfähigkeit liegt bei der Durchsetzung von Ansprüchen aus Insolvenzanfechtung (§ 129 ff. InsO) beim Insolvenzverwalter oder dem Sachwalter. Die Schwierigkeit besteht darin, rückwirkend nachzuweisen,

109 Henkel, in: Vallender/Undritz a.a.O.
110 Ampferl/Kilper, in: Beck/Depré, Praxis der Insolvenz, § 2 Rn. 66.
111 Henkel, in: Vallender/Undritz, Praxis des InsolvenzR, Kap. B, III, Rn. 48.
112 Z.B. Uhlenbruck-Mock, InsO § 17 InsO, Rn. 84 ff.
113 BGH, 19.12.2017 – II ZR 88/16, ZInsO 2018, 381.
114 BGH, 28.06.2022 – II ZR 112/21, ZInsO 2022, 1793.
115 BGH, 28.06.2022 – II ZR 112/21.
116 HambKomm-InsR/Schröder, § 17 InsO Rn. 28e; s.a. Comtesse, ZInsO 2022, 2329.

dass die Zahlungsunfähigkeit zeitlich schon vor Stellung des Insolvenzantrages, der zur Eröffnung geführt hat, vorlag.[117]

Der Nachweis der Zahlungsunfähigkeit kann im Anfechtungs- als auch im Haftungsprozess entsprechend den vorgenannten Ausführungen mit Hilfe einer **Liquiditätsbilanz** erfolgen, in der die fälligen Verbindlichkeiten und die liquiden Mittel des Schuldners gegenübergestellt werden. Dies ist jedoch mit einem nicht unerheblichen Aufwand verbunden. So setzt die Aufstellung einer stichtagsgenauen Liquiditätsbilanz voraus, dass die vom Insolvenzverwalter im Zeitpunkt seiner Bestellung vorgefundenen Geschäfts- und Buchhaltungsunterlagen des schuldnerischen Unternehmens derart vollständig sind, dass es dem Insolvenzverwalter zu dem jeweils konkreten Stichtag möglich ist, die vorhandenen kurzfristig zu erwartenden liquiden Mittel den fälligen Gesamtverbindlichkeit gegenüberzustellen.[118] In der Praxis ist häufig eine lückenhafte Buchhaltung anzutreffen, die Rechnungsbelege sind – soweit überhaupt vorhanden – unvollständig. 49

Mit der bereits angesprochenen Entscheidung vom 19.12.2017[119] hat der BGH für den Haftungsprozess zusätzliche Beweiserleichterungen für den Insolvenzverwalter bezogen auf den Nachweis der Zahlungsunfähigkeit zugelassen.[120] Danach kann sich der Insolvenzverwalter bei der Aufstellung einer Liquiditätsbilanz grundsätzlich auf die in der Buchhaltung des Schuldners ausgewiesenen Werte und Daten stützen. Eine aus den Buchhaltungsdaten gefertigte tabellarische Aufstellung über liquide Mittel und fällige Verbindlichkeiten reiche hierzu grundsätzlich aus. Die Vorlage von Einzelrechnungen sei dann gerade nicht mehr erforderlich.[121] 50

In dieser Entscheidung hat der BGH den zugrunde liegenden Vortrag des klagenden Insolvenzverwalters explizit aufgegriffen. Zur Darlegung hat dieser die nach seiner Behauptung am Stichtag verfügbaren Mittel und fälligen Verbindlichkeiten in einer Liquiditätsbilanz tabellarisch unter Angabe der der elektronischen Buchhaltung der Schuldnerin hierzu entnommenen Daten (Kontoart, -nummer und -bezeichnung, Buchsaldo sowie Betrag) chronologisch nach Kontonummern aufgelistet. Außerdem hat er zu den Stichtagsverbindlichkeiten Ausdrucke der jeweiligen Einzelbuchhaltungskonten in entsprechender Reihenfolge vorgelegt.[122] 51

Zu den in den folgenden drei Wochen zu verzeichnenden Geldeingängen hat der dortige Kläger unter Darlegung der Bankkonten im Einzelnen vorgetragen. Die innerhalb dieses Zeitraums nach seiner Behauptung fällig werdenden Verbindlichkeiten hat er wiederum in einer auf der Buchhaltung der Schuldnerin basierenden Tabelle nach Kontobezeichnung (jeweils unter Angabe von Kontonummer und -bezeichnung, Belegdatum und -nummer, Buchungstext, Rechnungsbetrag und Fälligkeitsdatum) auf-

117 Henkel, in: Vallender/Undritz, Praxis des InsolvenzR, Kap. B, Rn. 69, NZI 2002, 91.
118 Krüger/Wigand, ZInsO 2011, 314 ff.
119 BGH, 19.12.2017 – II ZR 88/16, ZInsO 2018, 381.
120 Berbuer, NZI 2018, 919.
121 BGH, a.a.O.; a. A.: OLG Brandenburg, 19.06.2019 – 7 U 15/18 zum Anfechtungsprozess.
122 BGH, a.a.O. Rn. 12.

geführt. Zuzüglich wurde eine chronologische Tabelle der täglich werdenden Gesamtbeträge einschließlich der in der Buchhaltung erfassten Konten vorgelegt und hierzu die Vorlage der Einzelbuchhaltungskonten angeboten.[123] Aufgrund der entsprechenden Einbuchung der jeweiligen Verbindlichkeit in der Buchhaltung der Schuldnerin ist danach auch ohne Vorlage einer Rechnung – nach Ansicht des BGH – von einer ernsthaften Einforderung der Gläubiger auszugehen.[124]

52 Kann der Insolvenzverwalter mit diesen in der Buchhaltung hinterlegten Daten die Zahlungsunfähigkeit nachweisen, obliegt dem Geschäftsführer der Gegenbeweis. Ein pauschales Bestreiten oder der Einwand, die Buchhaltung sei nicht ordnungsgemäß geführt worden, ist nicht ausreichend. Vielmehr muss der in Anspruch genommene Geschäftsführer seinerseits darlegen und beweisen, dass die vorgelegten Daten unrichtig sind.[125]

53 Die **Aufstellung einer Liquiditätsbilanz** ist jedoch nach der grundlegenden Entscheidung des BGH vom 12.10.2006 z.B. im Rahmen eines Anfechtungsprozesses **entbehrlich**, wenn auch auf andere Weise festgestellt werden kann, ob der Schuldner einen wesentlichen Teil seiner fälligen Verbindlichkeiten nicht bezahlen konnte.[126] Hat der Schuldner seine Zahlungen eingestellt, begründet dies auch für die Insolvenzanfechtung gem. § 17 Abs. 2 Satz 2 InsO die **gesetzliche Vermutung** der **Zahlungsunfähigkeit**.[127]

54 Haben z.B. im fraglichen Zeitpunkt, d.h. im Zeitpunkt der angefochtenen Zahlung, fällige Verbindlichkeiten in erheblichem Umfang bestanden, **die bis zur Verfahrenseröffnung nicht mehr beglichen worden sind**, kann darin im Hinblick auf die angefochtene Zahlung ein Indiz für eine Zahlungseinstellung zu erkennen sein.[128] Das Beweisanzeichen findet seine Rechtfertigung in dem Umstand, dass eine Zahlungseinstellung naheliegt, wenn der Anfechtungsgegner Zahlung erlangte während gleichzeitig fällige Verbindlichkeiten sonstiger Gläubiger bis zur Verfahrenseröffnung nicht befriedigt wurden.[129] Damit räumt der BGH dem Insolvenzverwalter eine erhebliche Erleichterung hinsichtlich der ihm obliegenden Darlegungslast ein.[130]

55 Bei der Insolvenzanfechtung kann der Insolvenzverwalter bzw. der Sachwalter mit Hilfe der zur Insolvenztabelle angemeldeten Forderungen schon mit relativ geringem Aufwand darlegen, ob zum fraglichen Zeitpunkt bereits Zahlungsunfähigkeit vorgelegen hat.[131] Zur Substantiierung reicht die Auflistung der Verbindlichkeiten nebst Beifügung von Rechnungskopien in geordneter Reihenfolge aus, sofern daraus die

123 BGH, a.a.O. Rn. 13.
124 BGH, a.a.O. Rn. 16.
125 BGH, a.a.O.; Berbuer, NZI 2018, 919.
126 BGH, 12.10.2006 – IX ZR 228/03, ZInsO 2006, 1211.
127 BGH, 20.11.2001 – IX ZR 48/01.
128 BGH, 09.01.2025 – IX ZR 41/23, ZInsO 2025, 752.
129 BGH, 09.06.2015 – IX ZR 174/15, ZInsO 2016, 1357.
130 Ampferl/Kilper, in: Beck/Depré, Praxis der Insolvenz, § 2 Rn. 86.
131 Ampferl/Kilper, in: Beck/Depré, Praxis der Insolvenz, § 2 Rn. 88.

notwendigen Informationen über den jeweiligen Anspruch und seine Fälligkeit entnommen werden können.[132]

Das Oberlandesgericht Frankfurt hat in einem Urt. v. 03.02.2010 die Ansicht vertreten, dass vom klagenden Insolvenzverwalter darzulegen ist, dass die zum Stichtag fälligen Verbindlichkeiten 10 % oder mehr der damals fälligen Gesamtverbindlichkeiten ausmachen. Die Nichtzahlung von fälligen und eingeforderten Verbindlichkeiten könne nur dann als Zahlungseinstellung angesehen werden, wenn es sich um einen Anteil von mindestens 10/100 der Gesamtverbindlichkeiten handele. Dementsprechend habe der Insolvenzverwalter vorzutragen, wie hoch zum selben Zeitpunkt die gesamten Verbindlichkeiten der Schuldnerin waren. 56

Der BGH hat dieser Ansicht eine klare Absage erteilt. Zur Vermutung der Zahlungsunfähigkeit bei Zahlungseinstellung nach § 17 Abs. 2 Satz 2 InsO bedarf es keiner Darlegung und Feststellung der genauen Höhe der gegen den Schuldner bestehenden Verbindlichkeit oder gar einer Unterdeckung von mindestens 10 %. Ausreichend ist, dass der Schuldner einen nicht unbeträchtlichen Teil seiner fälligen Verbindlichkeiten nicht bezahlt.[133] Ob es sich um einen maßgeblichen Teil der offen gebliebenen Verbindlichkeiten des Schuldners handelt, kann möglicherweise aus dem Umfang des Geschäftsbetriebs des Schuldners erschlossen werden. Mittelbar kann auch der gesamte Umfang der zur Insolvenztabelle festgestellten Forderungen einen Hinweis bieten.[134] 57

Erforderlich für eine Zahlungseinstellung ist, wie der BGH regelmäßig betont, die Gesamtschau der darauf hindeutenden Beweisanzeichen. Dafür kommt es nicht allein auf die bloße Höhe der bis zur Verfahrenseröffnung nicht befriedigten Forderungen an. Sie kann ausschlaggebend sein, muss es aber nicht. Maßgeblich sind auch die eingetretene Zeitdauer des Rückstands, die Art der Verbindlichkeiten und die Bedeutung der vom Forderungsgläubiger geschuldete Gegenleistung für den Geschäftsbetrieb des Schuldners. Für eine Zahlungseinstellung spricht es insb., wenn nicht nur ein einzelner Gläubiger nicht mehr befriedigt worden ist, sondern eine Mehrzahl.[135] 58

Diese zum Anfechtungsprozess ergangene Rechtsprechung des BGH gilt auch im Haftungsprozess gegenüber dem Geschäftsführer.[136] 59

▶ Praxistipp:

Hat der Insolvenzverwalter diese fraglichen Verbindlichkeiten zur Tabelle festgestellt, kann der Prozessgegner (Anfechtungsgegner oder Geschäftsführer) ihre Berechtigung trotz des § 178 Abs. 3 InsO wirksam bestreiten.[137] Diese Rechts- 60

132 Ampferl/Kilper a.a.O.; BGH, 12.07.2007 – IX ZR 210/04, ZIP 2007, 1913.
133 BGH, 29.03.2012 – IX ZR 40/10, ZInsO 2012, 976.
134 BGH, 29.03.2012 – IX ZR 40/10, ZInsO 2012, 976; OLG Hamburg, 24.07.2009, ZInsO 2009, 1698.
135 BGH, 09.01.2025 – IX ZR 41/23.
136 BGH, 26.01.2016 – II ZR 394/13, ZInsO 2016, 1119.
137 BGH, 26.01.2016 – II ZR 394/13, ZInsO 2016, 1119.; Henkel, in: Vallender/Undritz, Praxis des InsolvenzR, Kap. B, Rn. 75.

kraftwirkung erstreckt sich nicht auf Dritte wie den Geschäftsführer der Schuldnerin, gleichwohl kann das Verhalten des Geschäftsführers im Anmeldeverfahren eine indizielle Bedeutung haben.[138] Auch vor diesem Hintergrund empfiehlt es sich dringend, dem Geschäftsführer der Schuldnerin vor dem Forderungsprüfungstermin eine detaillierte Liste der angemeldeten Forderungen zur übersenden mit der Bitte um sorgfältige Prüfung und Rückäußerung.

61 Die erleichterte Darlegung der Zahlungseinstellung mit Hilfe der Insolvenztabelle findet jedoch im Strafprozess keine Anwendung, da diese rückblickende Betrachtung im Gegensatz zu der Frage, ob eine Insolvenzantragspflicht gem. § 15a InsO besteht, auf eine prognostische Beurteilung nicht angewiesen ist.[139]

62 Wie bereits angesprochen, ist es nach der jüngeren Rechtsprechung des BGH zur Darlegung der Zahlungsunfähigkeit ausreichend, mehrere **tagesgenaue Liquiditätsstatus** in aussagekräftiger Anzahl aufzustellen. Im maßgeblichen Prognosezeitraum, mithin drei Wochen, genügt es zur Feststellung der Zahlungsunfähigkeit, jeweils mehrfach einen Finanzstatus im Prognosezeitraum zu erstellen. Steht dann zu den jeweiligen Stichtagen die Liquidität fest, die sich bei einem solchen Finanzstatus aus dem Verhältnis der Aktiva I zu dem Passiva I ergibt und wird dies durch die nachfolgenden Stichtagsprüfungen bis zum Ende des Prognosezeitraums wiederum bestätigt, so steht bei der retrograden Betrachtung fest, dass durchgehend Liquidität bestand.[140]

63 Schließlich können auch **wirtschaftskriminalistische Anzeichen**, die im Strafrecht eine Form der Feststellung der Zahlungsunfähigkeit sind, nutzbar gemacht werden. Hierbei wird anhand von Indizien der Schluss auf die Zahlungsunfähigkeit gezogen.

64 Mögliche Indizien sind:[141]
- Steuer- und Sozialversicherungsrückstände,
- Häufung von Mahnbescheiden,
- fruchtlose Pfändungsmaßnahmen,
- Abgabe der eidesstattlichen Versicherung/Vermögensauskunft nach § 802c ZPO,
- Wechsel- und Scheckproteste sowie Lastschriftrückgabe,
- Kündigung und Androhung der Kündigung von Bankkrediten.

C. Prozessuale Hinweise

65 Formell gibt es im **Insolvenzeröffnungsverfahren** aufgrund des Amtsermittlungsgrundsatzes nach § 5 InsO (§ 16 Rdn. 8) keine Beweislast. Wenn die Zahlungsunfähigkeit jedoch nicht nachgewiesen werden kann, geht die Beweislast auf den Antragsteller

138 BGH, 26.01.2016 – II ZR 394/13, ZInsO 2016, 1119.
139 BGH, 21.08.2013 – I StR 665/12, ZInsO 2013, 2107.
140 BGH, 28.06.2022 – II ZR 112/21; Brünkmans/Clev, ZInsO 2022, 2272.
141 H/W/F, Handbuch der vorläufigen Insolvenzverwaltung, § 13 Rn. 55 bis 56.

über.[142] Das Insolvenzgericht kann die Eröffnungsentscheidung auch auf die Vermutung der Zahlungseinstellung stützen.[143]

In **Prozessrechtsstreitigkeiten** muss nach allgemeinen Regeln grundsätzlich derjenige die Zahlungsunfähigkeit darlegen und beweisen, der sich hierauf beruft.[144] Dem Anfechtungsgegner, der nur das Zahlungsverhalten des Schuldners ihm gegenüber kennt, fehlt in der Regel der für die Beurteilung einer drohenden Zahlungsunfähigkeit erforderliche Überblick über die wirtschaftlichen Verhältnisse des Schuldners. Ihm fehlen regelmäßig auch die zur Beurteilung der Zahlungsunfähigkeit anhand eines Liquiditätsstatus erforderlichen Kenntnisse. Auch wenn der Anfechtungsgegner eine nahestehende Person i. S. d. § 138 Abs. 1 Nr. 2 InsO ist, obliegt es der nach § 286 ZPO freien Beweiswürdigung durch den Tatrichter, ob dieser Kenntnis von der (drohenden) Zahlungsunfähigkeit hat und welches Gewicht dabei der Stellung als nahestehende Person zukommt.[145] Maßgebliche Bedeutung kommt hier insb. der gesetzlichen Vermutungsregelung des § 17 Abs. 2 Satz 2 InsO und den hier zu führenden Beweisanzeichen zu (ausführlich III). 66

Die Zahlungseinstellung begründet eine **gesetzliche Vermutung**, die vom Prozessgegner zu widerlegen ist.[146] Hierzu ist in der Regel die Aufstellung einer Liquiditätsbilanz erforderlich.[147] Das Prozessgericht muss einen entsprechenden Beweisantrag auf Einholung eines Sachverständigengutachtens oder Vernehmung von Zeugen nachgehen.[148] 67

Soweit eine solche Bilanz nicht erstellt werden kann, geht dies zulasten des Prozessgegners.[149] 68

Die durch § 17 Abs. 2 Satz 2 InsO widerlegliche Vermutung der Zahlungsunfähigkeit gilt – wie gesagt – auch im Haftungsprozess. Dem Geschäftsführer verbleibt ebenfalls die Möglichkeit, die Zahlungseinstellung durch Vorlage einer Liquiditätsbilanz zu entkräften. Die bloße, unter Sachverständigenbeweis gestellte, Behauptung der Zahlungsfähigkeit genügt jedoch nach der Auffassung des BGH nicht.[150] Vielmehr müsse der Geschäftsführer die zur Erstellung einer Liquiditätsbilanz erforderlichen Tatsachen konkret vortragen. 69

Eine **einmal eingetretene Zahlungseinstellung** und die darauf gem. § 17 Abs. 2 Satz 2 InsO folgende Vermutung der Zahlungsunfähigkeit wirkt nach der Rechtsprechung des BGH fort, bis der Schuldner seine Zahlungen im Allgemeinen wieder aufnimmt.[151] 70

142 HambKomm-InsR/Schröder, § 17 InsO Rn. 39.
143 SanR-Kuleisa, § 17 InsO Rn. 52.
144 HambKomm-InsR/Schröder, § 17 InsO Rn. 39.
145 BGH, 06.03.2025 – IX ZR 209/23; s.a. zur Darlegungslast: BGH, 18.04.2024 – IX ZR 129/22.
146 A/G/R-Kadenbach, § 17 InsO Rn. 19.
147 BGH, 30.06.2011 – IX ZR 134/10, ZIP 2011, 1416.
148 BGH, 23.06.2015 – IX ZR 134/13; BGH, 10.07.2014 – IX ZR 287/13.
149 Ampferl/Kilper, in: Beck/Depré, Praxis der Insolvenz, § 2 Rn. 87.
150 BGH, 26.01.2016 – II ZR 394/13, ZInsO 2016, 1118.
151 BGH, 06.12.2012 – IX ZR 3/12, NZI 2013, 140.

Dies gilt nicht schon dann, wenn die Verbindlichkeit, deren Nichtbedienung die Feststellung der Zahlungseinstellung trägt, wegen Erfüllung oder Stundung nicht mehr herangezogen werden kann. Zusätzlich ist erforderlich, dass der Schuldner (jedenfalls) den wesentlichen Teil seiner übrigen Verbindlichkeiten bedient.[152] Mit dem vorbeschriebenen Urt. v. 06.05.2021 hat der BGH den Anwendungsbereich der Fortdauervermutung beschränkt. Stärke und Dauer der Vermutung hängen nunmehr davon ab, in welchem Ausmaß die Zahlungsunfähigkeit zu Tage getreten ist.[153] Nach der bisherigen Rechtsprechung hatte der Anfechtungsgegner die allgemeine Wiederaufnahme der Zahlungen darzulegen und zu beweisen.[154] Dies sei jedoch – so der IX. Zivilsenat in einer weiteren Entscheidung – zu weitgehend, da sie dem Anfechtungsgegner unmögliches abverlange, wenn dieser nur das Zahlungsverhalten des Schuldners ihm gegenüber kenne. Der für die Entkräftung der Fortdauervermutung erforderliche Vortrag sei daher durch eine sekundäre Darlegungslast des Insolvenzverwalters beschränkt; diesen obliege es, zum Zahlungsverhalten des Schuldners im Übrigen, insb. zu weiterhin nicht bedienten Verbindlichkeiten, vorzutragen. Um diese sekundäre Beweislast auszulösen, müsse der Anfechtungsgegner allerdings einen Umstand beweisen, der eine Wiederaufnahme der Zahlungen im Allgemeinen als möglich erscheinen lässt.[155]

D. Arbeitshilfen

71 Muster Liquiditätsplan zur Zahlungsunfähigkeitsüberprüfung – J.-S. Schröder in: Hamburger Kommentar zum Insolvenzrecht, § 17 InsO Rn. 50.

§ 18 Drohende Zahlungsunfähigkeit

(1) Beantragt der Schuldner die Eröffnung des Insolvenzverfahrens, so ist auch die drohende Zahlungsunfähigkeit Eröffnungsgrund.

(2) Der Schuldner droht zahlungsunfähig zu werden, wenn er voraussichtlich nicht in der Lage sein wird, die bestehenden Zahlungspflichten im Zeitpunkt der Fälligkeit zu erfüllen. In aller Regel ist ein Prognosezeitraum von 24 Monaten zugrunde zu legen.

(3) Wird bei einer juristischen Person oder einer Gesellschaft ohne Rechtspersönlichkeit der Antrag nicht von allen Mitgliedern des Vertretungsorgans, allen persönlich haftenden Gesellschaftern oder allen Abwicklern gestellt, so ist Absatz 1 nur anzuwenden, wenn der oder die Antragsteller zur Vertretung der juristischen Person oder der Gesellschaft berechtigt sind.

---

152 BGH, 24.03.2016 – IX ZR 242/13, ZInsO 2016, 910.
153 BGH, 06.05.2021 – IX ZR 72/20, ZInsO 2016, 910.
154 BGH, 06.12.2012 – IX ZR 3/12, ZInsO 2016, 910.
155 BGH, 10.02.2022 – IX ZR 148/19, NZI 2022, 397 m. Anm. Göb.

Übersicht Rdn.

A. Normzweck

I. Regelungszweck (rechtspolitisch)

Der Eröffnungsgrund der drohenden Zahlungsunfähigkeit ist mit Inkrafttreten der InsO neu eingeführt worden. Mit dieser Regelung sollte bei einer sich abzeichnenden Insolvenz frühzeitig die Möglichkeit für den Schuldner geschaffen werden, verfahrensrechtliche Gegenmaßnahmen einzuleiten.[1] Die drohende Zahlungsunfähigkeit ist lediglich ein Angebot an den Schuldner, rechtzeitig Insolvenzantrag zu stellen,[2] eine Antragspflicht besteht hingegen nicht. 1

Ziel des Gesetzgebers ist es, durch eine frühzeitige Verfahrenseröffnung wesentliche Verbesserung der Sanierungschancen zu erreichen.[3] Noch bedeutsamer als die rechtzeitige Verfahrenseröffnung ist jedoch, dem Schuldner, bei juristischen Personen seinen Organen, Anreize dafür zu bieten, frühzeitig den Insolvenzantrag zu stellten.[4] 2

▶ Beispiele für derartige Anreize sind:

- Die Vollstreckungssperre im Rahmen von Sicherungsmaßnahmen i.S.d. § 21 Abs. 2 Nr. 3 InsO[5] 3
- Die Herausgabesperre im eröffneten Verfahren nach §§ 165, 166 InsO, § 30 d Abs. 1 ZVG[6]
- Die Berechtigung zur Vorlage eines Insolvenzplans bei Antragstellung gem. § 218 Abs. 1 Satz 2 InsO
- Die Möglichkeit zur Eigenverwaltung nach §§ 270 ff. InsO

1 Begr. RegE BT-Drucks. 12/2443, S. 114.
2 SanR-Kuleisa, § 18 InsO Rn. 1.
3 Begr. RegE BT-Drucks. 12/2443, S. 114.
4 Begr. RegE BT-Drucks. 12/2443, S. 114; Uhlenbruck/Mock, § 18 InsO Rn. 2.
5 Braun/Salm-Hoogstraeten, § 18 InsO Rn. 22.
6 Braun/Salm-Hoogstraeten, § 18 InsO Rn. 22.

- Die Option auf die Restschuldbefreiung nach §§ 286 ff. InsO für natürliche Personen
- Die Kündigungssperre für Miet- und Pachtverhältnisse (§ 112 InsO)
- Die Erleichterungen im Bereich des Arbeitsrechts, insb. bei Kündigungen von Mitarbeitern (§§ 133, 125 ff. InsO), Kündigungen von Betriebsvereinbarungen (§ 120 InsO), Begrenzung des Umfangs von Sozialansprüchen (§ 123 InsO)

II. Praxisrelevanz (wirtschaftlich)

4 In der Praxis hat der neu eingeführte Insolvenzgrund der drohenden Zahlungsunfähigkeit jedoch nicht die seitens des Gesetzgebers erhoffte Akzeptanz gefunden. Die liegt zum einen daran, dass auch bei Insolvenzantragsstellung wegen drohender Zahlungsunfähigkeit nicht selten bereits Zahlungsunfähigkeit eingetreten ist oder eintritt, wenn in Folge der Antragsstellung Kredite gekündigt werden.[7] Zum anderen mangelt es an der Akzeptanz der Betroffenen, die sich immer noch der mit der Eröffnung eines Insolvenzverfahrens verbundenen Stigmatisierung und infolge des Gläubiger dominierten Verfahrens dem Verlust von Kontrolle ausgesetzt sehen und daher den frühzeitigen Selbstantrag ablehnen.

5 Mit Einführung des **Schutzschirm-Verfahrens nach nunmehr § 270d InsO** gelangte die drohende Zahlungsunfähigkeit zu neuer Bedeutung, da die Einleitung des Verfahrens u.a. voraussetzt, dass lediglich drohende Zahlungsunfähigkeit gegeben, die endgültige Zahlungsunfähigkeit aber noch nicht eingetreten ist.[8] Voraussetzung hierfür ist die Vorlage einer mit Gründen versehenen Bescheinigung einer insolvenzerfahrenen Person, aus der hervorgeht, dass lediglich drohende Zahlungsunfähigkeit oder Überschuldung, aber keine bestehende Zahlungsunfähigkeit vorliegt und die angestrebte Sanierung nicht offensichtlich aussichtslos ist.

6 Maßgebliche Bedeutung hat die drohende Zahlungsunfähigkeit mit dem zum 01.01.2021 in Kraft getretenen StaRUG erhalten. So ist eine Sanierung mit Hilfe der im StaRUG normierten Instrumente nur bei Vorliegen der drohenden Zahlungsunfähigkeit möglich.[9] Ziel des Stabilisierungs- und Restrukturierungsrahmens in § 29 Abs. 1 InsO ist die nachhaltige Beseitigung der drohenden Zahlungsunfähigkeit. Zugleich bestimmt § 1 StaRUG ganz unabhängig von den in Teil 2 geregelten neuen Stabilisierungs- und Restrukturierungsmaßnahmen allgemeine Pflichten der Geschäftsleitung zur Krisenfrüherkennung und zum Krisenmanagement. Neben der Pflicht zur laufenden Risikoüberwachung und zur Ergreifung geeigneter Gegenmaßnahmen haben die Geschäftsleiter nach Maßgabe der jeweiligen Organisationsverfassung des Unternehmensträgers auch die Aufsichts- und Überwachungsorgane sowie die Gesellschafter in die Krisenbewältigung einzubeziehen.[10]

7 HambKomm-InsR/Schröder, § 18 InsO Rn. 5.
8 Ampferl/Kilper, in: Beck/Depré, Praxis der Insolvenz, § 18 Rn. 95.
9 VID-Empfehlungen zur Ermittlung der drohenden Zahlungsunfähigkeit, ZRI 2024, 606.
10 Morgen/Gerig, StaRUG, § 1 Rn. 3.

III. Kernbereich der Regelung und Systematik

Der Insolvenzgrund der drohenden Zahlungsunfähigkeit kann **nur vom Schuldner**, nicht aber vom Gläubiger gestellt werden. Der Gesetzgeber wollte hiermit den Missbrauch der Gläubiger, den Insolvenzgrund als Druckmittel zu benutzen, vermeiden. Weiterhin besteht für den Schuldner lediglich ein **Antragsrecht**, das er nutzen kann. Die drohende Zahlungsunfähigkeit begründet hingegen **keine Antragspflicht** des Schuldners.[11] 7

Allerdings kann eine drohende Zahlungsunfähigkeit zum Eintritt des Insolvenzgrundes der Überschuldung gem. § 19 InsO führen, wenn zugleich eine rechnerische Überschuldung vorliegt. Hintergrund ist die in § 19 Abs. 2 Satz 1 InsO normierte Fortführungsprognose, die sich im Kern als Zahlungsfähigkeitsprognose versteht[12] (s. § 19 InsO Rdn. 17). Allerdings hat der Gesetzgeber die jeweiligen Prognosezeiträume dieser Normen seit dem 01.01.2021 unterschiedlich eingestuft. Gem. § 18 Abs. 2 Satz 2 InsO ist bei der Prüfung der drohenden Zahlungsunfähigkeit in aller Regel ein Prognosezeitraum von 24 Monaten zugrunde zu legen. Demgegenüber beträgt der Zeitraum für die Fortführungsprognose bei der Überschuldung gem. § 19 Abs. 2 Satz 1 InsO 12 Monate. 8

Bedeutung findet der Begriff der drohenden Zahlungsunfähigkeit zudem im Insolvenzstrafrecht, insb. in §§ 283, 283d StGB. Im Anfechtungsrecht wird bei § 3 Abs. 1 Satz 2 AnfG und bei § 133 Abs. 1 Satz 2 InsO ebenfalls auf den Begriff der drohenden Zahlungsunfähigkeit abgestellt. 9

Nach früherer Rechtsprechung des BGH stellte auch die drohende Zahlungsunfähigkeit ein starkes Beweisanzeichen für den Benachteiligungsvorsatz des Schuldners i.S.d. § 133 Abs. 1 InsO dar, wenn sie ihm bei der Vornahme der Rechtshandlung bekannt war.[13] Mit der Neuausrichtung seiner bisherigen Rechtsprechung hält der IX. Senat des BGH hieran nicht mehr fest. Danach kann auf eine im Zeitpunkt der angefochtenen Rechtshandlung nur drohende Zahlungsunfähigkeit der Gläubigerbenachteiligungsvorsatz des Schuldners in der Regel nicht gestützt werden.[14] Hierzu müssen weitere Umstände hinzutreten, etwa wenn im Zustand der drohenden Zahlungsunfähigkeit und in der sicheren Erwartung des Eintritts der Zahlungsunfähigkeit noch gezielt bestimmte Altgläubiger außerhalb des ordnungsgemäßen Geschäftsgangs befriedigt werden.[15] Gleiches gilt, wenn der Schuldner das Sanierungsrisiko mit einem untauglichen Sanierungsversuch bewusst den künftigen Insolvenzgläubigern auferlegt.[16] 10

Weiterhin ist die drohende Zahlungsunfähigkeit nach § 320 Abs. 1 Satz 2 InsO auch ein Eröffnungsgrund für die Nachlassinsolvenz, nämlich dann, wenn der Erbe, der 11

11 FK-InsO/Schmerbach, § 18 InsO Rn. 1.
12 HambKomm-InsR/Schröder, § 18 InsO Rn. 5.
13 BGH, 22.05.2014 – IX ZR 95/13, ZInsO 2014, 1326.
14 BGH, 06.05.2021 – IX ZR 72/20, ZInsO 2021, 1627.
15 BGH, 06.05.2021 – IX ZR 72/20, ZInsO 2021, 1627.
16 BGH, 03.03.2022 – IX ZR 78/20.

Nachlassverwalter, ein anderer Nachlasspfleger oder ein anderer Testamentsvollstrecker die Eröffnung des Verfahrens beantragt.

B. Norminhalt

I. Eröffnungsgrund bei Schuldnerantrag (Abs. 1)

12 Aus Absatz 1 folgt, dass die drohende Zahlungsunfähigkeit – anders als die übrigen Insolvenzgründe – nur vom Schuldner selbst geltend gemacht werden kann.[17] Dieses Prinzip gilt ausnahmslos mit den Erstreckungen in Abs. 3 auf juristische Personen und Gesellschaften.[18]

II. Definition der drohenden Zahlungsunfähigkeit (Abs. 2)

13 Die Vorschrift des § 18 Abs. 2 InsO enthält eine Legaldefinition des Begriffs der drohenden Zahlungsunfähigkeit. Hiernach droht ein Schuldner dann zahlungsunfähig zu werden, wenn er **voraussichtlich in der Zukunft nicht in der Lage sein wird, seine bestehenden Zahlungspflichten zu erfüllen.** Aus dieser Definition lässt sich ableiten, dass eine Prognoseberechnung notwendig sein wird, um festzustellen, ob ein Zeitpunkt bestimmt werden kann, an dem das Vorliegen der Zahlungsunfähigkeit wahrscheinlich ist.[19]

14 Der Unterschied zur bereits eingetretenen Zahlungsunfähigkeit besteht darin, dass nicht auf die gegenwärtige, sondern auf die **zukünftige Liquiditätssituation** abgestellt wird.[20] Dabei muss nach der Rechtsprechung des BGH die gesamte Finanzlage des Schuldners bis zur Fälligkeit aller bestehenden Verbindlichkeiten einbezogen werden.[21] Anders als im Fall der Zahlungsunfähigkeit wird die Annahme der drohenden Zahlungsunfähigkeit nicht durch eine gesetzliche Vermutung erleichtert.[22]

15 Die prognostische Feststellung der drohenden Zahlungsunfähigkeit ist anhand eines **Liquiditätsplanes** vorzunehmen, der die gesamte Entwicklung der Zahlungspflichten und Zahlungsmittel innerhalb des Prognosezeitraums ausweist.[23] Die tatsächlichen Umstände, auf denen der Liquiditätsplan beruht, liegen teilweise in der Gegenwart (z. B. die bestehenden Zahlungspflichten) und teilweise in der Zukunft (z. B. der Eintritt von Fälligkeiten). Insoweit bringt das gesetzliche Tatbestandsmerkmal der **Voraussichtlichkeit** zum Ausdruck, dass mit Rücksicht auf die Ungewissheit eines jeden zukünftigen Ereignisses nur solche in der Zukunft liegenden tatsächlichen

17 K/P/B/Pape, § 18 InsO Rn. 2.
18 Nerlich/Römermann/Mönning, InsO, § 18 Rn. 18.
19 Pape, in: Haarmeyer/Pape/Stephan/Nickert, Formularbuch Insolvenzrecht, Rn. 57.
20 Ampferl/Kilper, in: Beck/Depré, Praxis der Insolvenz, § 2 III Rn. 100.
21 BGH, 05.03.2013 – IX ZR 93/11, NZI 2014, 259.
22 BGH, 06.03.2025 – IX ZR 209/23.
23 Uhlenbruck/Mock § 18 InsO Rn. 27 ff.

Umstände, deren Eintreffen überwiegend wahrscheinlich ist, in die Liquiditätsprognose einbezogen werden.[24]

1. Bestehende Zahlungspflichten (Abs. 2)

Nach dem Wortlaut des Gesetzes sind die **bestehenden Zahlungspflichten** zu berücksichtigen, auch wenn sie zum Stichtag noch nicht fällig sind.[25] Ansonsten gelten für die anzusetzenden Zahlungspflichten die bereits dargestellten Erläuterungen zu § 17 InsO. Auch muss im Regelfall davon ausgegangen werden, dass künftig fällige Verbindlichkeiten alsbald ernsthaft eingefordert werden, sofern keine konkreten Stundungsaussichten erkennbar sind.[26] Soll die Prognose der drohenden Zahlungsunfähigkeit auf künftig fällig werdende Verbindlichkeiten gestützt werden, setzt dies voraus, dass aufgrund gegebener Umstände eine Fälligstellung im Prognosezeitraum überwiegend wahrscheinlich ist.[27] 16

Entsprechendes gilt für streitbefangene Verbindlichkeiten, sofern die überwiegende Wahrscheinlichkeit besteht, dass sie im Prognosezeitraum uneingeschränkt durchsetzbar werden.[28]

Entgegen dem Wortlaut des § 18 Abs. 2 InsO, der auf bestehende Zahlungspflichten abstellt, sind auch die zum Stichtag noch nicht begründeten aber im Prognosezeitraum **neu hinzukommenden Zahlungspflichten** zu berücksichtigen.[29] Anderenfalls kann die zukünftige Liquiditätsentwicklung eines operativ tätigen Unternehmens nicht zutreffend und umfassend dargestellt werden.[30] Der BGH hat diese Streitfrage noch nicht ausdrücklich entschieden, spricht jedoch selbst davon, dass bei der Prüfung der drohenden Zahlungsunfähigkeit die gesamte Finanzlage des Schuldners bis zur Fälligkeit aller bestehenden Verbindlichkeiten einbezogen werden muss. Neu hinzukommende Verbindlichkeiten sind daher zu berücksichtigen, wenn deren Entstehung wahrscheinlich ist und deren voraussichtliches Fälligkeitsdatum vor dem letzten Fälligkeitsdatum der schon bestehenden Zahlungspflichten liegt.[31] 17

Verbindlichkeiten, für die eine **Rückstellung** gebildet wurden, sind ebenfalls zu berücksichtigen, da die Bildung der Rückstellung schon eine überwiegende Wahrscheinlichkeit der Inanspruchnahme voraussetzt.[32]

---

24 A/G/R-Kadenbach § 18 InsO Rn. 12.
25 FK-InsO/Schmerbach, § 18 InsO Rn. 9.
26 HK-InsO/Kirchhof, § 18 InsO Rn. 7.
27 BGH, 05.02.2015 – IX ZR 211/13, ZInsO 2015, 841.
28 BeckOK-Wolfer, § 18 Rn. 14.
29 MK-InsO/Drukarczyk, § 18 InsO Rn. 54; HambKomm-InsR/Schröder, § 18 InsO Rn. 6; Braun/Bußhardt, § 18 InsO Rn. 10; a.A. FK-InsO/Schmerbach, § 18 InsO Rn. 12.
30 FA-InsR/Hefermehl, Kap. 1 Rn. 210; MK-InsO/Drukarczyk, § 18 InsO Rn. 54.
31 BGH, 05.02.2015 – IX ZR 211/13, ZInsO 2015, 841; Ampferl/Kilper, in: Beck/Depré, Praxis der Insolvenz, § 2 III Rn. 105.
32 Uhlenbruck/Mock, § 18 InsO Rn. 49.

2. Zur Erfüllung voraussichtlich nicht in der Lage (Abs. 2)

18 Nach § 18 Abs. 2 InsO darf der Schuldner voraussichtlich nicht in der Lage sein, die bestehenden Verbindlichkeiten im Zeitpunkt der Fälligkeit zu erfüllen. In die Prognose, die bei der Prüfung drohender Zahlungsunfähigkeit anzustellen ist, muss die **gesamte Finanzlage des Schuldners** bis zur Fälligkeit aller bestehenden Verbindlichkeiten einbezogen werden. Der vorhandenen Liquidität und den Einnahmen, die bis zu diesem Zeitpunkt zu erwarten sind, müssen die Verbindlichkeiten gegenüber gestellt werden, die bereits fällig sind oder die bis zu diesem Zeitpunkt voraussichtlich fällig werden. Voraussichtlich bedeutet, dass der Eintritt der Zahlungsunfähigkeit innerhalb des Prognosezeitraums **überwiegend** wahrscheinlich ist.[33] Ergibt die Prognose, dass der Eintritt der Zahlungsunfähigkeit wahrscheinlicher ist als deren Vermeidung, droht Zahlungsunfähigkeit.[34] Die **Wahrscheinlichkeit des Eintritts der Zahlungsunfähigkeit muss über 50 % liegen.**[35]

III. Prognosezeitraum

19 Seit dem 01.01.2021 ist § 18 Abs. 2 InsO um einen Satz 2 ergänzt worden. Danach beträgt der Prognosezeitraum in aller Regel 24 Monate. Hierdurch sollten nach dem Willen des Gesetzgebers rechtliche Unsicherheiten hinsichtlich der Dauer des Prognosezeitraums beseitigt werden.[36] Es handelt sich hierbei um eine gesetzliche Vermutung, sodass im Einzelfall mit Blick auf die Besonderheiten des Schuldners bzw. den Geschäftsbetrieb auf kürzere oder auf längere Zeiträume abgestellt werden kann.[37]

20 Bis zu diesem Zeitpunkt war die Dauer des Prognosezeitraums umstritten. Die Stimmen in der Literatur reichten von einer eher zufälligen Frist der Fälligkeit der spätestens im Beurteilungszeitraum vorhandenen Verbindlichkeit über starre Fristen von mehreren Monaten bis hin zu mehreren Jahren.[38] Überwiegend wurden ein bis zwei Jahre als prognostizierbarer Zeitraum angesehen.[39] Die Rechtsprechung konnte die Bestimmung des Prognosezeitraums bislang offenlassen.[40]

IV. Antragsbefugnis bei juristischen Personen und Personengesellschaften (Abs. 3)

21 § 18 Abs. 3 InsO sieht eine Einschränkung der Antragsbefugnis des § 15 InsO vor. Bei juristischen Personen und Gesellschaften ohne Rechtspersönlichkeit kann ein auf die drohende Zahlungsunfähigkeit gestützter Antrag nur gestellt werden, wenn alle persönlich haftenden Gesellschafter, alle Mitglieder des Vertretungsorgans und alle

33 HambKomm-InsR/Schröder, § 18 InsO Rn. 15; OLG Hamm, ZInsO 2014, 2275.
34 Begr. RegE BT-Drucks. 12/2443, 115.
35 K. Schmidt/K. Schmidt, § 18 InsO Rn. 21.
36 Begr. RegE BT-Drucks. 19/24181, S. 196.
37 Braun/Salm-Hoogstraeten, § 18 InsO Rn. 9.
38 BeckOK, InsR/Wolfer, InsO, § 18 Rn. 23.
39 HambKomm-InsR/Schröder, § 18 InsO Rn. 18 m.w.N.
40 BGH, 22.05.2014 – IX ZR 95/13, ZInsO 2014, 1326.

Abwickler den Antrag gemeinsam gestellt haben oder wenn der oder die Antragsteller zur Vertretung der juristischen Person oder der Gesellschaft berechtigt sind. Grund für diese Einschränkung ist, dass hiermit vermieden werden sollte, dass Anträge auf Eröffnung eines Insolvenzverfahrens missbräuchlich gestellt werden.[41] Da es für die Antragsberechtigung gerade um die formale Vertretungsbefugnis ankommt, scheidet ein Antragsrecht für das faktische Organ aus.

Sind die antragstellenden Personen zur selbständigen Vertretung der Schuldnerin 22
berechtigt, haben aber nicht alle Mitglieder des Vertretungsorgans, alle persönlich haftenden Gesellschafter oder alle Abwickler den auf drohende Zahlungsunfähigkeit gestützten Eröffnungsantrag gestellt, greift § 15 Abs. 2 InsO ein, wonach der Eröffnungsgrund glaubhaft zu machen ist und die übrigen Vertretungsbefugten zu hören sind.[42]

Haftungsrisiken für die vertretungsberechtigten Personen bestehen nicht nur bei ver- 23
späteten, sondern auch bei zu früh gestellten Insolvenzanträgen.[43] Der Geschäftsführer einer GmbH bedarf im Innenverhältnis eines entsprechenden Gesellschafterbeschlusses, auch wenn dieser Beschluss im Außenverhältnis keine Voraussetzung für die Antragsstellung oder Verfahrenseröffnung ist.[44] Ohne zustimmenden Gesellschafterbeschluss verletzt der Geschäftsführer seine Pflichten und kann sich schadensersatzpflichtig machen.[45] Wird im Fall der drohenden Zahlungsunfähigkeit dem Geschäftsführer der GmbH die Antragstellung nicht gestattet, hat er einen gegen die Gesellschafter gerichteten Anspruch auf Haftungsfreistellung.[46]

Das OLG Stuttgart hat jüngst entschieden, dass es zur **Antragstellung nach dem** 24
StaRUG auch im Innenverhältnis der vorherigen Zustimmung der Gesellschafterversammlung jedenfalls dann nicht bedarf, wenn ein Restrukturierungsplan bzw. ein Restrukturierungsverfahren die einzige hinreichend erfolgsversprechende Alternative zu einem Insolvenzverfahren ist. Zumindest in diesem Fall werden die Vorgaben des Gesellschaftsrechts und der satzungsmäßigen Regeln durch die die Willensbildung betreffenden Regelungen des StaRUG verdrängt.[47]

V. Methoden zur Feststellung der drohenden Zahlungsunfähigkeit

Um eine drohende Zahlungsunfähigkeit ermitteln und belegen zu können, ist die 25
Aufstellung eines Finanzstatus und insb. die eines **Finanzplanes** erforderlich.[48] Im Finanzstatus werden zunächst die zu einem Stichtag verfügbaren liquiden Mittel den

41 Uhlenbruck, in: Uhlenbruck, § 18 InsO Rn. 22.
42 A/G/R-Kadenbach, § 18 InsO Rn. 16.
43 SanR-Kuleisa, § 18 InsO Rn. 28.
44 HambKomm-InsR/Schröder, § 18 InsO Rn. 17; OLG München, 21.03.2013 – 23 U 334/12, NZI 2013, 542.
45 OLG München, 21.03.2013 – 23 U 334/12, NZI 2013, 542.
46 LG München I, 22.05.2015 – 14 HK O 867/14, ZInsO 2015, 1349.
47 OLG Stuttgart, 21.08.2024 – 20 U 30/24 m. Anm. Göb, Gabriel, ZInsO 2024, 2491.
48 MK-InsO/Schüler, § 18 InsO Rn. 23.

fälligen Verbindlichkeiten gegenüber gestellt. Dies ist die Grundlage der künftigen Finanzplanung in der die in die Zukunft gerichteten erwarteten Ein- und Auszahlungen künftiger Perioden abgebildet sind.[49] Diese in der Finanzplanung abgebildete Ein- und Auslagenentwicklung ist auf solche Planannahmen zu stützen, deren Eintritt überwiegend wahrscheinlich zu erwarten ist.[50] Der Finanzplan ist ein Liquiditätsplan, der Teil einer integrierten Unternehmensplanung ist, bestehend aus einer Erfolgs-, Vermögens- und Liquiditätsplanung.[51] Der erforderliche Detaillierungsgrad der Finanzplanungsrechnung hängt vom Einzelfall, insb. dem Ausmaß der Unternehmenskrise, ab.[52]

26 Auch wenn es zur drohenden Zahlungsunfähigkeit keine dem § 17 Abs. 2 Satz 2 InsO entsprechende Vermutungsregel gibt, dürfte sich in einfach gelagerten Fällen die drohende Zahlungsunfähigkeit über Indizien feststellen lassen.[53] Diese sind beispielsweise die Rückgaben von Lastschriften oder die Kündigung der Kredite durch die Hausbank.[54]

C. Prozessuale Hinweise

27 Im Insolvenzeröffnungsverfahren gibt es aufgrund des Amtsermittlungsgrundsatzes nach § 5 InsO keine formelle **Beweislast**. Der Schuldner kann indes vom Gericht aufgefordert werden, einen entsprechenden Liquiditäts- oder Finanzplan einzureichen.[55]

28 In Prozessstreitigkeiten muss nach allgemeinen Grundsätzen derjenige die drohende Zahlungsunfähigkeit darlegen und beweisen, der sich auf sie beruft.[56] Nach aktueller Rechtsprechung zur Vorsatzanfechtung nach § 133 InsO kann der Gläubigerbenachteiligungsvorsatz des Schuldners in der Regel nicht mehr auf eine im Zeitpunkt der angefochtenen Rechtshandlung bestehende drohende Zahlungsunfähigkeit gestützt werden.[57]

§ 19 Überschuldung

(1) Bei einer juristischen Person ist auch die Überschuldung Eröffnungsgrund.

(2) Überschuldung liegt vor, wenn das Vermögen des Schuldners die bestehenden Verbindlichkeiten nicht mehr deckt, es sei denn, die Fortführung des Unternehmens in den nächsten zwölf Monaten ist nach den Umständen überwiegend wahrschein-

49 SanR-Kuleisa, § 18 InsO Rn. 18.
50 HambKomm-InsR/Schröder, § 18 InsO Rn. 17; vgl. auch IDW-Standard S 11, ZInsO 2015 1036 ff.
51 VID-Empfehlung zur Ermittlung der drohenden Zahlungsunfähigkeit, ZRI 2024, 606.
52 HambKomm-InsR/Schröder, § 18 InsO Rn. 26; IDW-Standard S 11 n. f. Rn. 98, 65.
53 HK-InsO/Kirchhof, § 18 Rn. 15; A/G/R-Kadenbach, § 18 InsO Rn. 13.
54 A/G/R-Kadenbach, § 18 InsO Rn. 13.
55 FK-InsO/Schmerbach, § 18 InsO Rn. 23.
56 HambKomm-InsR/Schröder, § 18 InsO Rn. 28.
57 BGH, 06.05.2021 – IX ZR 72/20, ZInsO 2021, 1627.

lich. Forderungen auf Rückgewähr von Gesellschafterdarlehen oder aus Rechtshandlungen, die einem solchen Darlehen wirtschaftlich entsprechen, für die gem. § 39 Abs. 2 zwischen Gläubiger und Schuldner der Nachrang im Insolvenzverfahren hinter den in § 39 Abs. 1 Nr. 1 bis 5 bezeichneten Forderungen vereinbart worden ist, sind nicht bei den Verbindlichkeiten nach Satz 1 zu berücksichtigen.

(3) Ist bei einer rechtsfähigen Personengesellschaft kein persönlich haftender Gesellschafter eine natürliche Person, so gelten die Absätze 1 und 2 entsprechend. Dies gilt nicht, wenn zu den persönlich haftenden Gesellschaftern eine andere Gesellschaft gehört, bei der ein persönlich haftender Gesellschafter eine natürliche Person ist.

Übersicht Rdn.

A. Normzweck

I. Regelungszweck (rechtspolitisch)

In § 19 InsO ist der Eröffnungsgrund der Überschuldung geregelt. Er stellt neben der Zahlungsunfähigkeit nach § 17 InsO und der drohenden Zahlungsunfähigkeit nach § 18 InsO den dritten Eröffnungsgrund dar. Dieser Eröffnungsgrund gilt allein für **juristische Personen** (Abs. 1) und für **Personengesellschaften ohne natürliche Person** als Vollhafter (Abs. 3). Darüber hinaus enthält Abs. 2 eine Legaldefinition des Begriffs der Überschuldung. 1

Die **festgestellte Überschuldung** begründet vor allem bei diesen haftungsbeschränkten Rechtsträgern eine **Insolvenzantragspflicht** (§ 15a InsO).[1] Soweit der Insolvenzgrund der Überschuldung gegeben ist, wurde die Frist zur Antragstellung gem. § 15a Abs. 1 Satz 2 InsO mit Wirkung zum 01.01.2021 von drei auf sechs Wochen ver- 2

1 HambKomm-InsR/Schröder, § 19 InsO Rn. 2.

längert. Der Gesetzgeber will damit den Geschäftsleitern mehr Zeit einräumen, um im Fall der Überschuldung Maßnahmen zu ergreifen, die zur Beseitigung des Insolvenzgrundes führen.[2]

3 Zweck des § 19 InsO ist, dass der Antrag auf Eröffnung eines Insolvenzverfahrens bereits gestellt wird, bevor die Voraussetzungen des § 17 InsO eingetreten sind.[3] So soll verhindert werden, dass eine Gesellschaft, die nicht überlebensfähig ist, die Antragstellung so lange hinauszögert, bis keine Haftungsmasse zur Verwertung verbleibt.[4] Ist ein Zustand erreicht, in dem das Vermögen des haftungsbeschränkten Unternehmens die bestehenden Verbindlichkeiten nicht mehr deckt, ist eine unveränderte Fortführung der Gesellschaft nicht mehr zulässig. Der Gesetzgeber sieht die Regelung als notwendiges Korrelat zur alleinigen Haftung des Gesellschaftsvermögens.[5]

II. Praxisrelevanz (wirtschaftlich)

4 In der Praxis spielt der Eröffnungsgrund der Überschuldung bislang eine eher untergeordnete Rolle. Grund dafür ist, dass für den Gläubiger die Überschuldung in der Regel nicht erkennbar ist und damit im Zuge eines Fremdantrags kaum glaubhaft gemacht werden kann. Für Gläubiger liegt die eigentliche Bedeutung des Insolvenzgrundes der Überschuldung ohnehin nicht in der dadurch auch für sie eröffneten Möglichkeit zur Antragstellung, sondern in der zivil- und gesellschaftsrechtlichen Haftung der nach § 15a InsO Antragspflichtigen.[6] Durch das zum 01.01.2021 in Kraft getretene SanInsFoG ist § 15b InsO in die Insolvenzordnung eingefügt worden. Diese Bestimmung hat als zentrale Haftungsnorm für den Geschäftsleiter die bislang im Gesellschaftsrecht verankerten Haftungsnormen wegen Verletzung der Antragspflicht neu geregelt.

5 Schließlich ist zu berücksichtigen, dass nach Inkrafttreten des Gesetzes zur Fortentwicklung des Sanierungs- und Insolvenzrechts (SanInsFoG) vom 22.12.2020, der dort in § 1 StaRUG geregelten Krisenfrüherkennungspflicht und den Eintrittsvoraussetzungen für Restrukturierungssachen sowie der Festlegung der Prognosezeiträume in §§ 18 und 19 InsO dem Eröffnungsgrund der Überschuldung viel mehr Aufmerksamkeit geschenkt wird.[7]

III. Kernbereich der Regelung und Systematik

6 Durch das **Finanzmarktstabilisierungsgesetz** (FMStG),[8] das am 18.10.2008 in Kraft trat, hat der Gesetzgeber die Definition des Begriffes der Überschuldung in § 19 Abs. 2 InsO, zunächst befristet bis zum 31.12.2010 und anschließend verlängert bis

2 Nerlich/Römermann-Mönning, § 19 InsO Rn. 7.
3 HK-InsO/Kirchhof, § 19 InsO Rn. 2.
4 FK-InsO/Schmerbach, § 19 InsO Rn. 4.
5 MK-InsO/Dukarczyk, § 19 InsO Rn. 1.
6 A/G/R-Kadenbach, § 19 InsO Rn. 11.
7 VID-Empfehlungen zur Ermittlung der Überschuldung, ZInsO 2025, 733.
8 BGBl. I 2008, S. 1982 ff.

zum 31.12.2013, geändert.[9] Dadurch werden die organschaftlichen Vertreter einer juristischen Person oder einer gleichgestellten Gesellschaft (vgl. §§ 15a Abs. 1 Satz 2, 19 Abs. 3 InsO) bei vorliegender rechnerischer Überschuldung zeitlich befristet von ihrer gesetzlichen Insolvenzantragspflicht befreit, wenn die Fortführung des Schuldnerunternehmens nach den Umständen überwiegend wahrscheinlich ist.[10]

Damit hatte der Gesetzgeber versucht, die Folgen der im Jahr 2008 eingetretenen 7
Finanzmarktkrise einzudämmen.[11] Der Gesetzgeber kehrte wieder zu dem vor Inkrafttreten der InsO geltenden modifizierten, zweistufigen Überschuldungsbegriff zurück, hatte aber bereits festgelegt, dass ab dem 01.01.2014 der mit Einführung der InsO eingeführte Überschuldungsbegriff wieder gelten sollte.[12] Nunmehr ist die zeitliche Befristung durch Art. 18 des am 11.12.2012 verkündeten (BGBl. I, S. 2418) Gesetzes zur Einführung einer Rechtsbehelfsbelehrung im Zivilprozess und zur Änderung anderer Vorschriften ab dem 12.12.2012 aufgehoben worden. In der Folge bleibt es bei der Geltung des sog. modifizierten zweitstufigen Überschuldungsbegriffs. Damit wurde einer von der Bundesregierung in Auftrag gegebenen rechtstatsächlichen Untersuchung über die Notwendigkeit einer Verlängerung des neuen Überschuldungsbegriffs bzw. einer Rückkehr zum alten Überschuldungsbegriff Rechnung getragen. Diese kam zu dem Ergebnis, dass sich der alte Überschuldungsbegriff in der Praxis weitgehend als unpraktikabel gezeigt habe. Weiter würden die volkswirtschaftlichen Vorteile insgesamt die Nachteile überwiegen, zumal sich der neue Begriff in der Praxis bewährt habe. Insbesondere sei bei einer Rückkehr zum alten Überschuldensbegriff zu befürchten, dass überlebensfähige Unternehmen vom Markt gedrängt würden.[13]

Für die Insolvenzanfechtung spielt die Überschuldung keine unmittelbare tatbestand- 8
liche Rolle. Nach einer aktuellen Entscheidung des BGH ist die insolvenzrechtliche Überschuldung allerdings ein eigenständiges Beweisanzeichen für den Gläubigerbenachteiligungsvorsatz des Schuldners und die Kenntnis des Anfechtungsgegners.[14] Die Stärke dieses Beweisanzeichens entspricht weitgehend dem Beweisanzeichen der drohenden Zahlungsunfähigkeit. Folglich bedarf es zur Begründung des Gläubigerbenachteiligungsvorsatzes des Schuldners zusätzlicher Umstände. Nach der Ansicht des BGH obliegt dem Insolvenzverwalter im **Anfechtungsprozess** grundsätzlich die Darlegungs- und Beweislast für die tatsächlichen Umstände der insolvenzrechtlichen Überschuldung. Die im **Haftungsprozess** heranzuziehende Rechtsprechung des BGH zur indiziellen Bedeutung der Handelsbilanz und der damit einhergehenden Verteilung der Darlegungslast (s. hierzu Rdn. 25) gelte im Insolvenzanfechtungsprozess jedoch

9 Gesetz zur Erleichterung der Sanierung von Unternehmen v. 24.09.2009 (BGBl. I, S. 3151); s.a. den Entwurf in BT-Drucks. 16/13927 v. 21.08.2009.

10 Schäfer, Insolvenzanfechtung, Rn. 29.

11 HambKomm-InsR/Schröder, § 19 InsO Rn. 3.

12 Uhlenbruck/Gundlach, in: Gottwald Insolvenzrechts-Handbuch, § 6 Rn. 23.

13 Begründung zur Empfehlung des 6. Rechtsausschusses, Drucks. 17/11385 vom 07.11.2012, S. 27.

14 BGH, 03.03.2022 – IX ZR 53/19, ZInsO 2022, 716.

nur eingeschränkt. Diese sei nicht gerechtfertigt, wenn es sich bei dem Anfechtungsgegner – wie im Regelfall – um eine außenstehende Person handelt.[15]

B. Norminhalt

I. Anwendungsbereich (Abs. 1 und Abs. 3)

9 Die Überschuldung nach § 19 InsO ist Eröffnungsgrund für alle **juristischen** Personen. Da der nicht rechtsfähige Verein einer juristischen Person gem. § 11 Abs. 1 Satz 2 InsO gleichgestellt ist, stellt sie auch für diesen einen Eröffnungsgrund dar. Ferner ist sie nach Abs. 3 auch ein Eröffnungsgrund für **Gesellschaften ohne Rechtspersönlichkeit, in denen kein persönlich haftender Gesellschafter eine natürliche Person ist.** Dies betrifft in der Praxis insb. die GmbH & Co. KG.[16] Ebenfalls ist die Überschuldung ein Eröffnungsgrund bei Insolvenzverfahren über einen Nachlass nach § 320 InsO.

II. Definition der Überschuldung

10 Nach § 19 Abs. 2 Satz 1 InsO liegt eine Überschuldung dann vor, wenn das Vermögen des Schuldners die bestehenden Verbindlichkeiten nicht mehr deckt, es sei denn, die Fortführung des Unternehmens ist nach den Umständen überwiegend wahrscheinlich. Eine positive Fortführungsprognose schließt die Annahme rechtlicher Überschuldung somit nach der aktuell geltenden Fassung des Gesetzes per se aus.[17]

11 Bei der in dieser Vorschrift angesprochenen Überschuldung handelt es sich um den **insolvenzrechtlichen Begriff der Überschuldung.** Dieser ist zu unterscheiden von dem Vorliegen einer Unterbilanz und dem Begriff der bilanziellen Überschuldung aus der Handelsbilanz.[18]

12 Eine Unterbilanz ergibt sich aus der Handelsbilanz, wenn das Eigenkapital durch Verlust oder sonstige Eigenkapitalminderungen geschmälert wird, so dass das Reinvermögen (Summe der Aktiva abzüglich Schulden) in der Bilanz die Eigenkapitalziffer nicht mehr erreicht.[19] Der Eintritt der Unterbilanz bzw. der Unterkapitalisierung begründet noch keine Überschuldung, verpflichtet die Geschäftsleitung aber zur unverzüglichen Einberufung einer Haupt- bzw. Gesellschafterversammlung (§ 92 Abs. 1 AktG, § 49 Abs. 3 GmbHG).[20]

13 Die Unterbilanz wird zur bilanziellen Überschuldung, sobald das Vermögen nicht mehr die Schulden deckt.[21] Diese (buchmäßige) Überschuldung wird dadurch in der Bilanz sichtbar, dass gem. § 268 Abs. 3 HGB der über das Eigenkapital hinausgehende

---

15 BGH, 03.03.2022 – IX ZR 53/19, ZInsO 2022, 716.
16 HambKomm-InsR/Schröder, § 19 InsO Rn. 2.
17 Bitter, ZInsO 2010, 1505 – 1524, 1515.
18 FA-InsR/Hefermehl Rn. 224.
19 FA-InsR/Hefermehl a.a.O.; Uhlenbruck/Mock § 19 InsO Rn. 21.
20 FA-InsR/Hefermehl a.a.O.
21 Uhlenbruck/Mock § 19 InsO Rn. 21.

Verlust zum Ausgleich der Bilanz als gesonderter Posten auf der Aktivseite eingestellt wird.[22] Dieser »nicht durch Eigenkapital gedeckte Fehlbetrag« zeigt die buchmäßige Überschuldung des Unternehmens an.[23]

III. Prüfungsreihenfolge

Bei dem seit dem 18.10.2008 geltenden modifizierten **zweistufigen Überschuldungsbegriff** des § 19 Abs. 2 InsO ist die Prüfungsreihenfolge unerheblich, da die beiden Elemente **rechnerische Überschuldung und Fortführungsprognose** gleichwertig nebeneinander stehen.[24] Fehlt eins von beiden ist eine insolvenzrechtliche Überschuldung nicht gegeben.[25] In der Praxis wird der organschaftliche Vertreter diejenige Prüfung vorziehen, die schneller zur Entscheidungsreife führt und nötigenfalls gerichtsfest ist[26], wobei in der Regel die bilanzielle Überschuldung Ausgangspunkt für die gesonderte Überschuldungsprüfung ist. Steht die **positive Fortführungsprognose** außer Frage, ist es auch nicht erforderlich, eine rechnerische Überschuldung festzustellen.[27] Steht die Überschuldungsfrage ernsthaft im Raum, sollte mithin im Fall der Unternehmenskrise, Vermögenslage und Prognose geprüft werden, um die Unternehmensfortführung ohne Insolvenzantrag gerichtsfest zu legitimieren.[28] 14

Mit Urt. v. 26.01.2017[29] ist der BGH von seiner früheren Rechtsprechung[30] abgerückt und hat dem Steuerberater bereits bei Vorliegen einer bilanziellen Überschuldung eine Hinweispflicht auferlegt, diese auf die damit verbundenen Insolvenzrisiken hinzuweisen. Es genügt, wenn offenkundige Anhaltspunkte für einen möglichen Insolvenzgrund vorliegen und der Steuerberater annehmen musste, dass der Mandantin die mögliche Insolvenzreife nicht bewusst ist. Dass die Unterbilanz für den Geschäftsführer aus dem Jahresabschluss ohne Weiteres ersichtlich ist, entlastet den Steuerberater nicht.[31] Zudem gäbe die bilanzielle Überschuldung dem mit der Erstellung des Jahresabschlusses der GmbH beauftragten Steuerberater bereits Anlass, die Fortführungsfähigkeit der Gesellschaft näher zu erläutern. Soweit er Umstände erkennt, die die Fortführungsprognose nach § 252 Abs. 1 Nr. 2 HGB fraglich erscheinen lassen, müsse er entweder prüfen, ob diese Umstände der Fortführung entgegenstehen, oder er müsse darauf hinwirken, dass die Gesellschaft eine explizite Fortführungsprognose 15

22 FA-InsR/Hefermehl Kap. 1, Rn. 225.
23 Baumbach/Hopt-Merkt, § 268 HGB Rn. 3.
24 OLG Hamburg, 13.10.2017 – 11 U 53/17, ZInsO 2017, 2556.
25 A/G/R-Kadenbach, § 19 InsO Rn. 44.
26 K. Schmidt/K. Schmidt § 19 InsO Rn. 14.
27 Uhlenbruck/Mock § 19 InsO Rn. 42.
28 K. Schmidt/K. Schmidt § 19 InsO Rn. 15.
29 BGH, 26.01.2017 – IX ZR 285/14, ZInsO 2017, 432.
30 BGH, 07.03.2013 – IX ZR 64/12, ZIP 2013, 829.
31 BGH, 26.01.2017 – IX ZR 285/14, NZI 2017, 312 m. Anm. Schädlich.

erstellt.[32] Eine Bilanzierung nach Fortführungswerten scheidet aus, wenn feststeht, dass das Unternehmen nicht mehr fortgeführt werden kann.[33]

IV. Fortführungsprognose

1. Fortführungswille

16 Eine zwingende Voraussetzung für eine positive Fortführungsprognose ist, dass ein **Fortführungswille** beim Schuldner, seinem Organen sowie der über die Stilllegung zu befindenden Gesellschafter vorhanden ist.[34] Beim objektiven Vorliegen günstiger Fortführungsaussichten ist im Zweifel vom Fortführungswillen auszugehen.[35]

2. Finanz- und Ertragsplan

17 Gem. § 19 Abs. 2 Satz 1 InsO hat der Schuldner eine positive Fortführungsprognose, wenn die Fortführung des Unternehmens nach den Umständen überwiegend wahrscheinlich ist. Im Kern handelt es sich hierbei um eine **Zahlungsfähigkeitsprognose**, die einer **nachvollziehbaren Vermögens-, Ertrags- und Finanzplanung bedarf**.[36] Dem Geschäftsleiter ist bei der Beantwortung der Frage, ob eine positive Fortführungsprognose gestellt werden kann, ein Beurteilungsspielraum zuzubilligen. Bei der Prüfung, ob der Geschäftsleiter seinen Beurteilungsspielraum überschritten hat, darf die Vermögenssituation der Gesellschaft nicht aus der Rückschau beurteilt werden, sondern es ist auf die Erkenntnismöglichkeiten eines ordentlichen Geschäftsleiters in der konkreten Situation abzustellen.[37]

Gegenstand der Prognose ist deshalb, ob das schuldnerische Unternehmen mit **überwiegender Wahrscheinlichkeit** in der Lage sein wird, seine bestehenden und zukünftigen Verbindlichkeiten zu erfüllen.[38] Hierzu hat der Schuldner ein aussagekräftiges Unternehmenskonzept vorzulegen aus dem hervorgehen muss, dass die Finanzkraft des Unternehmens mittelfristig zur Fortführung ausreicht.[39] Der erforderliche Detailierungsgrad (Quartal/Monat/Woche) wird vom Ausmaß der Unternehmenskrise und der bereits eingetretenen sowie der erwarteten Liquiditätsanspannung bestimmt.[40] Unternehmenskonzept und die Finanzplanung sind miteinander verbunden. Die Finanzplanung ist der Kern der Fortführungsprognose, während das Unternehmenskonzept die Prämisse darstellt, welche in den Finanzplan eingeht.[41] In dieser Prognose dürfen auch Maßnahmen eines Sanierungskonzepts berücksichtigt werden, wenn sie

---

32 BGH, 26.01.2017 – IX ZR 285/14, ZInsO 2017, 432; Wagner, EWiR 2017, 173.
33 BGH, 26.01.2017 – IX ZR 285/14, ZInsO 2017, 432.
34 BGH, 09.10.2006 – II ZR 303/05, NZI 2007, 44.
35 HK-InsO/Kirchhof, § 19 InsO Rn. 9a.
36 OLG Hamburg, 16.03.2018 – 5 U 191/16, ZInsO 2018, 935.
37 BGH, 13.07.2021 – II ZR 84/20, ZInsO 2021, 2297.
38 Ampferl/Kilper, in: Beck/Depré, Praxis der Insolvenz, § 2 Rn. 147.
39 A/G/K-Kadenbach § 19 InsO Rn. 23.
40 IDW S 11, Stand: 13.12.2023, Rz. 65.
41 K. Schmidt/K. Schmidt § 19 InsO Rn. 47; SanR-Kuleisa § 19 InsO Rn. 20.

plausibel und ihre Umsetzung überwiegend wahrscheinlich sind.[42] Hängt die Umsetzung eines vom Schuldner entworfenen Sanierungskonzepts von der Zustimmung eines Gläubigers ab, darf diese nicht bereits verweigert worden sein.[43]

In jüngerer Zeit hat sich der BGH und mehrfach das OLG Düsseldorf mit unver- 18
bindlichen Finanzierungszusagen im Rahmen der Fortführungsprognose auseinandersetzt. Nach der Rechtsprechung des BGH kommt eine weiche Patronatserklärung als Mittel zur Vermeidung der rechnerischen Überschuldung im Regelfall nicht in Betracht. Insbesondere wenn sich in der Ertrags- und Finanzplanung bereits Liquiditätslücken abzeichnen, lässt sich eine positive Fortführungsprognose bei einer bereits in der Krise befindlichen Gesellschaft hiermit nur ausnahmsweise begründen. Nicht ausreichend ist, dass der Gesellschafter in der Vergangenheit erhebliche finanzielle Mittel zur Verfügung gestellt hat.[44] Das OLG Düsseldorf hat jüngst in drei Entscheidungen ausgeführt, dass bei einem **Start-up-Unternehmen** die Grundsätze, die der BGH für eine positive Fortführungsprognose aufgestellt hat, nicht uneingeschränkt anwendbar sind. Solche Unternehmen sind in einer – mehr oder weniger langen – Anfangsphase meist nicht ertragsfähig und von Darlehen abhängig. In diesen Fällen muss daher auf die Zahlungsfähigkeit im Prognosezeitraum abgestellt werden, wobei die erforderlichen Mittel auch von Dritten (Fremdkapitalgeber oder Eigentümer) kurz-mittel- oder langfristig zur Verfügung gestellt werden können. Hiernach reicht eine überwiegende Fortführungswahrscheinlichkeit aus, wenn der Gesellschafter eine unverbindliche Finanzierungszusage gibt, diese in der Vergangenheit eingehalten hat und sich aus einer aktuellen, nachvollziehbaren und realistischen Planung ergibt, dass das Geschäftsmodell des Start-ups in Zukunft ertragsfähig ist.[45]

Mit Wirkung zum 01.01.2021 hat der Gesetzgeber den Prognosezeitraum nach § 19 19
Abs. 2 Satz 1 InsO auf 12 Monate festgelegt. Dies schaffe nach der Gesetzesbegründung mehr Rechtssicherheit. Auch lasse sich ein auf 12 Monate beschränkter Prognosezeitraum von den Beteiligten besser handhaben.[46] Bis dahin betrug der Prognosezeitraum in der Regel maximal zwei Jahre (das laufende und das folgende Geschäftsjahr); Im Einzelfall konnten die nach Art und Branche des Unternehmens auch abweichende Prognosen gewählt werden.[47] Nach § 4 Abs. 1 SanInsKG ist als Prognosezeitraum abweichend von § 19 Abs. 2 Satz 1 InsO im Jahr 2021 an Stelle des Zeitraums von 12 Monaten ein Zeitraum von **vier Monaten** zugrunde zu legen, wenn die Überschuldung des Schuldners auf die COVID-19-Pandemie zurückzuführen ist. Nach der

42 HambKomm-InsR/Schröder, § 19 InsO Rn. 23; Fischer NZI 2016, 665 ff.
43 BGH, 23.02.2004 – II ZR 207/01, ZIP 2004, 1049.
44 BGH, 13.07.2021 – II ZR 84/20, ZInsO 2021, 2297.
45 OLG Düsseldorf 16.08.2023 – 12 U 59/22; Beschl. vom 09.02.2022 – 12 U 54/21 und 20.07.2021 – 12 W 7/21.
46 Begr. RegE BT-Drucks. 19/24181, S. 197.
47 Henkel, in: Vallender/Undritz, Praxis des Insolvenzrechts, § 4 Rn. 107; IDW S 11, ZInsO 2015, 1136; OLG Hamburg a. a. O.

weiteren Regelung nach § 4 Abs. 2 SanInsKG belief sich in der Zeit vom 09.11.2022 bis zum 31.12.2022 der Prognosezeitraum vorübergehend auf vier Monate.[48]

20 Es ist rechtlich nicht erforderlich, dass die Geschäftsleitung eine (schriftliche) Dokumentation der Fortführungsprognose erstellt, da das Gesetz eine solche Verpflichtung nicht vorschreibt.[49] Sie ist jedoch zur Haftungsvermeidung und aus Beweisgründen dringend zu empfehlen.[50]

V. Überschuldungsstatus

1. Grundsätze

21 Zur Feststellung der Überschuldung ist die Aufstellung einer **Überschuldungsbilanz** erforderlich, in der die Vermögenswerte der juristischen Person zu ihrem **tatsächlichen aktuellen Werten** anzusetzen sind, stille Reserven sind aufzudecken, soweit ihnen ein Veräußerungswert zukommt.[51] Der Überschuldungsstatus dient allein dem Zweck, die wirklichen Werte zu ermitteln, die im Insolvenzfall tatsächlich zur Befriedigung der Gläubiger zur Verfügung stünden.[52] Handelsrechtliche Ansatz- und Bewertungsvorschriften gelten dabei nicht. Eine im handelsrechtlichen Jahresüberschuss ausgewiesene sogenannte **bilanzielle Überschuldung** kann allenfalls ein **Indiz** für eine Überschuldung i.S.d. § 19 InsO sein.[53] Auszugehen ist stets von Liquidationswerten, da die positive Fortführungsprognose die Überschuldung stets ausschließt.[54] Der Liquidationswert ist der wahrscheinliche Veräußerungserlös für ein Wirtschaftsgut bei Liquidation des Unternehmens, wobei Verwertungskosten sowie der Umsatz in Abzug zu bringen sind.[55]

48 Zur Erläuterung des schwer verständlichen Gesetzeswortlauts HambKomm-InsR/Morgen, § 2 Abs. 2 SanInsKG; VID-Empfehlungen zur Ermittlung der Überschuldung, ZInsO 2025, 733; s.a. Strandmann zur Praxistauglichkeit der gesetzgeberischen Covid-Regelungen, ZInsO 2025, 66.

49 K. Schmidt/Herchen, § 19 Rn. 50.

50 HambKomm-InsR/Schröder, § 19 InsO Rn. 37.

51 BGH, 26.04.2010 – II ZR 60/09, ZInsO 2010, 1396; HambKomm-InsR/Schröder, § 19 InsO Rn. 19.

52 Henkel, in: Vallender/Undritz InsolvenzR, Kap. D IV Rn. 109; BGH, 13.07.1992 – II ZR 269/91, NJW 1992, 2891.

53 BGH, 08.03.2012 – IX ZR 102/11, ZInsO 2012, 732.

54 FK-InsO/Schmerbach § 19 InsO Rn. 17; OLG Hamburg, 13.12.2017 – 11 U 53/17, ZIP 2017, 2197.

55 SanR-Kuleisa, § 19 InsO Rn. 30; A/G/R-Kadenbach § 19 InsO Rn. 28.

2. Aktiva

Im Rahmen der Überschuldungsbilanz ist zunächst das **Vermögen des Schuldners** zu ermitteln. In Betracht kommen folgende Vermögenswerte:[56] 22

- Immaterielle Werte, z.B. Patente, Warenzeichen und Lizenzen sind zu aktivieren, soweit sie selbständig veräußerbar sind.[57] Bei Unternehmen in der Krise wird die Veräußerbarkeit des Firmen- oder Geschäftswertes indessen unwahrscheinlich sein;[58]
- Grundstücke und andere Sachanlagen sind nach allgemeinen Bewertungsgrundsätzen zu berücksichtigen. Hierbei ist auf stille Reserven zu achten;[59]
- Die Bewertung der Vorräte und halbfertigen Produkte hängt von der Verwertung im Rahmen einer regulären Liquidation ab. Besonderheiten wie z.B. überhöhte, überalterte Bestände oder Entsorgungskosten sind zu berücksichtigen;[60]
- Forderung aus Lieferung und Leistung, sofern und soweit sie durchsetzbar und vollwertig sind;[61]
- Ansprüche auf ausstehende Einlagen der Gesellschafter sowie Erstattungsforderungen aus § 31 GmbHG sind, soweit werthaltig, zu aktivieren. Gleiches gilt für Schadensersatzforderungen wegen Verletzung von Organpflichten nach § 43 GmbHG, § 92 AktG.[62] Voraussetzung ist jedoch, dass diese ernsthaft geltend gemacht werden sollen. Ansprüche aus harten Patronatserklärungen (Erklärung gegenüber dem Schuldner) können ebenfalls aktiviert werden, sofern dem Schuldner daraus ein eigener und realisierbarer Ausstattungsanspruch zusteht;[63]
- Zu aktivieren sind ebenfalls Verlustausgleichsansprüche aus Unternehmensverträgen, z. B. nach § 302 AktG.[64]
- Nicht aktivierbar sind hingegen Ansprüche, die erst nach dem Eintritt der materiellen Insolvenz (Überschuldung oder Zahlungsunfähigkeit) entstehen, insb. Ansprüche aus der Verletzung des § 15a InsO oder Erstattungsansprüche wegen »verbotener Zahlungen« im Sinne von § 93 Abs. 3 Nr. 6 AktG, § 64 GmbHG, § 130a HGB.[65]

3. Passiva

Auf der Passivseite sind sämtliche **gegenwärtig bestehenden Verbindlichkeiten** zu 23
berücksichtigen, die im Fall einer Verfahrenseröffnung Insolvenzforderungen begrün-

56 HambKomm-InsR/Schröder, § 19 InsO Rn. 34.
57 Uhlenbruck-Mock § 19 InsO Rn. 79.
58 SanR-Kuleisa, § 19 InsO Rn. 35.
59 A/G/K-Kadenbach § 19 InsO Rn. 31.
60 HambKomm-InsR/Schröder, § 19 InsO Rn. 43.
61 FK-InsO/Schmerbach § 19 InsO Rn. 18.
62 A/G/R-Kadenbach § 19 InsO Rn. 35.
63 SanR-Kuleisa § 19 InsO Rn. 45.
64 OLG Düsseldorf, 28.10.2024 – 12 U 4/24; Gundlach, in: Gottwald/Haas Insolvenzrechts-Handbuch § 6 Rn. 54.
65 K. Schmidt/K. Schmidt § 19 InsO Rn. 33.

den können.[66] Im Gegensatz zur Zahlungsunfähigkeit ist es unerheblich, ob die Verbindlichkeiten fällig sind oder gestundet wurden.[67] Im Einzelnen gelten folgende Besonderheiten:

- In einer Jahresbilanz ausgewiesene oder auszugsweisende Rückstellungen sind zu passivieren, wenn ernsthaft mit einer Inanspruchnahme der Gesellschaft zu rechnen ist;[68]
- Streitige Verbindlichkeiten sind in gleicher Weise je nach Wahrscheinlichkeit der Inanspruchnahme, insb. unter Berücksichtigung des Prozessrisikos zu passivieren. Einen Grundsatz, wonach eine ernsthaft bestrittene Verbindlichkeit außer Ansatz gelassen werden kann, wenn hiervon die Überschuldung abhängt, gibt es nicht;[69]
- Verbindlichkeiten, die durch Dritte gesichert sind, sind grundsätzlich zu passivieren, zumal der Sicherungsgeber bei Inanspruchnahme regelmäßig einen Rückgriffsanspruch hat;[70]
- Gem. § 19 Abs. 2 Satz 2 InsO sind Forderungen auf Rückgewähr von Gesellschafterdarlehen oder gleichgestellte Rechtshandlungen (nur) dann nicht zu passivieren, wenn für sie gem. § 39 Abs. 2 InsO zwischen Gläubiger und Schuldner der Nachrang im Insolvenzverfahren hinter den in § 39 Abs. 1 Nr. 1 bis 5 InsO bezeichneten Forderungen vereinbart worden ist.[71] Voraussetzung ist nach der Rechtsprechung des BGH ein qualifizierter Rangrücktritt, der den Zeitraum vor und nach Eröffnung des Insolvenzverfahrens umfasst.[72] Dieser führt zu einem rechtsgeschäftlichen Zahlungsverbot und damit einer rechtsgeschäftlichen Durchsetzungssperre, die als Vertrag zugunsten der Gläubigergesamtheit wirkt und ohne deren Mitwirkung nicht aufgehoben werden kann.[73] Dieses gilt in gleicher Weise für qualifizierte Rangrücktritte sonstiger Gläubiger.[74]

C. Prozessuale Hinweise

24 Im **Insolvenzeröffnungsverfahren** gibt es aufgrund des Amtsermittlungsgrundsatzes nach § 5 InsO keine formelle Beweislast. Lässt sich jedoch die Überschuldung nicht beweisen, geht dies zulasten des Antragstellers.[75]

25 Im **Haftungsprozess** – der Begriff der Überschuldung hat praktisch keine Bedeutung im Anfechtungsrechtsstreit – trägt nach den allgemeinen Grundsätzen der Anspruch-

66 Ampferl/Kilper, in: Beck/Depré, Praxis der Insolvenz, § 2 Rn. 180.
67 Uhlenbruck/Mock § 19 InsO Rn. 154.
68 FK-InsO/Schmerbach § 19 Rn. 20; AG Hamburg 20.08.2004 – 67 a 346/04, ZInsO 2004, 991.
69 K. Schmidt/K. Schmidt § 19 InsO Rn. 40.
70 Uhlenbruck/Mock § 19 InsO Rn. 156.
71 A/G/R-Kadenbach § 19 InsO Rn. 40.
72 BGH, 05.03.2015 – IX ZR 133/14, ZInsO 2015, 681.
73 BGH, 05.03.2015 – IX ZR 133/14, ZInsO 2015, 681; HambKomm-InsR/Schröder, § 19 InsO Rn. 43.
74 A/G/R-Kadenbach § 19 InsO Rn. 40.
75 HambKomm-InsR/Schröder, § 19 InsO Rn. 73.

steller die Beweislast für die rechnerische Überschuldung.[76] Diese ist grundsätzlich auf der Grundlage einer Überschuldungsbilanz festzustellen, in der die stillen Reserven aufzudecken und Vermögenswerte der Gesellschaft mit ihren aktuellen Liquidationswerten auszuweisen sind.[77] Dabei besteht allerdings die **Beweiserleichterung**, dass eine in der **Handelsbilanz ausgewiesene bilanzielle Überschuldung** ein Indiz für das Vorliegen einer rechnerischen Überschuldung darstellt.[78] Der Insolvenzverwalter genügt seiner Darlegungslast, wenn er eine Handelsbilanz vorlegt, aus der sich ein nicht durch Eigenkapital gedeckter Fehlbetrag ergibt und zudem erläutert, ob und ggf. in welchem Umfang stille Reserven oder sonstige aus der Bilanz nicht ersichtliche Vermögenswerte vorhanden sind.[79] Dabei muss er nicht jede denkbare Möglichkeit ausschließen, der Insolvenzverwalter hat lediglich naheliegenden Anhaltspunkten nachzugehen, wie z.B. stillen Reserven bei Grundvermögen und ggf. die vom Geschäftsführer aufgestellten Behauptungen widerlegen.[80] Diese Indizwirkung kann der Anspruchsgegner nicht schon dadurch entkräften, indem er lediglich von der Handelsbilanz abweichende Werte behauptet. Der in Anspruch genommene Geschäftsführer hat vielmehr substantiiert zu stillen Reserven oder sonstigen bilanziell nicht abgebildeten Werten vorzutragen.[81]

Steht die rechnerische Überschuldung fest, ggf. durch das Beweisanzeichen bilanzieller 26
Überschuldung, obliegt es dem Vertretungsorgan die positive Fortführungsprognose darzulegen und zu beweisen.[82] Der BGH leitet dies aus dem Regel-Ausnahme-Verhältnis in § 19 Abs. 2 InsO ab. Bei dieser positiven Fortführungsprognose ist dem Geschäftsführer ein gewisser Beurteilungsspielraum zuzubilligen. Maßgeblich ist dabei die ex-ante Sicht eines ordentlichen Geschäftsleiters, auf nachträgliche Erkenntnisse kommt es insoweit nicht an.[83]

Wenn dem Verwalter oder dem Gläubiger der Beweis nur deshalb nicht möglich ist, 27
weil das beklagte Organmitglied die ihm obliegende Pflicht zur Führung und Aufbewahrung von Belegen (§ 257 HGB) verletzt hat, so dass die Erstellung eines Überschuldungsstatus durch den auf Antrag vom Gericht beauftragten Sachverständigen scheitert, so gilt die Insolvenzreife (Überschuldung oder Zahlungsunfähigkeit) nach den Grundsätzen der Beweisvereitelung als bewiesen.[84]

---

76 BGH, 27.04.2009 – II ZR 253/07, ZIP 2009, 1220.

77 BGH, 19.11.2019 – II ZR 53/18; OLG Düsseldorf, 28.10.2024 – 12 U 4/24, ZInsO 2025, 362.

78 Uhlenbruck/Mock, § 19 InsO Rn. 53; BGH, 19.11.2013 – II ZR 229/11, NZI 2014, 232.

79 BGH, 19.11.2013 – II ZR 229/11, NZI 2014, 232.

80 BGH, 19.11.2013 – II ZR 229/11, NZI 2014, 232.

81 BGH, 19.11.2013 – II ZR 229/11, NZI 2014, 232.

82 SanR-Kuleisa § 19 Rn. 67; BGH, 18.10.2010 – II ZR 141/09, ZInsO 2010, 2396.

83 HambKomm-InsR/Schröder, § 19 InsO Rn. 73; BGH, 18.10.2010 – II ZR 141/09, ZInsO 2010, 2396.

84 Henkel, in: Vallender/Undritz, Praxis des InsolvenzR, Kap. D Rn. 161; BGH, 12.03.2007 – II ZR 315/05, ZInsO 2007, 543; BGH, 24.01.2012 – II ZR 119/10, ZInsO 2012, 648 zur Zahlungsunfähigkeit.

D. Arbeitshilfen

28 Muster Überschuldungsstatus – J.-S. Schröder in: Hamburger Kommentar zum Insolvenzrecht, § 19 InsO Rn. 82. VID-Standard zum Insolvenzrecht Empfehlungen zur Ermittlung der Überschuldung, ZInsO 2025, 733

§ 129 Grundsatz

(1) Rechtshandlungen, die vor der Eröffnung des Insolvenzverfahrens vorgenommen worden sind und die Insolvenzgläubiger benachteiligen, kann der Insolvenzverwalter nach Maßgabe der §§ 130 bis 146 anfechten.

(2) Eine Unterlassung steht einer Rechtshandlung gleich.

Übersicht Rdn.

Schrifttum

Bork, Kann der (vorläufige) Insolvenzverwalter auf das Anfechtungsrecht verzichten?, ZIP 2006, 589 ff.; ders., EWiR 2009, 651 f.; *Ede*, Die Vorsatzanfechtung gegenüber dem uneigennützigen Leistungsmittler, ZInsO 35/2012, 1541 ff.; *Heitsch*, Gläubigerbenachteiligung durch Zahlung Dritter, ZInsO 2012, 2088 ff.; *Huber*, Gläubigerbenachteiligung bei Drittzahlungen: Der BGH hat gesprochen, aber das Schwert ist noch nicht scharf genug, ZInsO 2012, 1412, 1414; ders., Es gibt sie nicht, es gibt sie doch, es gibt sie nicht – die Gläubigerbenachteiligung bei Drittleistungen, ZInsO 2012, 1412 ff.; *Gehrlein*, Insolvenzanfechtung von an und durch Banken bewirkten Zahlungen, ZInsO 2010, 1857 ff.; *ders.*, Zu Gläubigerbenachteiligung als Grundvoraussetzung der Insolvenzanfechtung, ZInsO 2017, 128 ff.; ders. Der Begriff der Gläubigerbenachteiligung in der höchstrichterlichen Rechtsprechung, DZWIR 2022, 73 ff.

A. Kernbereich der Regelung und Systematik

§ 129 InsO regelt die allgemeinen Voraussetzungen für die Insolvenzanfechtung, welche unabhängig vom einschlägigen Anfechtungsgrund bei jeder Anfechtungsgeltendmachung erfüllt sein müssen. In der Regelung kommt der insolvenzrechtliche Leitgedanke der par condicio creditorum (vgl. Kap. 1 Rdn. 57 ff.) zum Ausdruck, wonach Vermögensveränderungen vor Insolvenzeröffnung unter bestimmten Voraussetzungen rückgängig gemacht werden können, wenn sie die Insolvenzgläubiger benachteiligt haben. Systematisch steht sie damit in Zusammenhang mit den Regelungen des § 88 InsO[1] (sog. Rückschlagsperre) und des § 96 Abs. 1 Nr. 3 InsO (s. hierzu Kap. 4 Rdn. 45 ff.), welche weiterführend sogar zur Unwirksamkeit von besonderen Vermögensveränderungen vor Insolvenzeröffnung führen. 1

B. Norminhalt

I. Einführung

Den Ausgangspunkt jeder Insolvenzanfechtung bildet die anzufechtende Rechtshandlung, welche mit Ausnahmen von § 147 InsO vor der Verfahrenseröffnung erfolgt sein muss. Den Gegenstand der Insolvenzanfechtung stellt hierbei nicht die »anzufechtende« Rechtshandlung dar, sondern eine oder mehrere Rechtswirkungen, welche im Ergebnis zu einer objektiven Benachteiligung der Gläubiger geführt haben.[2] Zur hinreichenden Konkretisierung des Streitgegenstandes ist es unerlässlich, die der Anfechtung zugrunde gelegte Rechtshandlung konkret zu benennen und deren mittelbare und unmittelbare gläubigerbenachteiligende Rechtswirkungen aufzuzeigen, soweit sie angefochten werden sollen.[3] 2

II. § 129 Abs. 1 InsO

1. Rechtshandlungen

a) Begriff

Beim Begriff der Rechtshandlung handelt es sich um einen spezifischen Begriff des Insolvenzanfechtungsrechts, welcher nach der Rechtsprechung des BGH im weitesten Sinne zu verstehen ist. Erfasst werden demnach nicht nur Rechtsgeschäfte, sondern auch rechtsgeschäftsähnliche Handlungen und Realakte.[4] Ziel ist es, jedes rechtlich bedeutsame Handeln erfassen zu können, welches die Vermögenssituation des Schuldners aus Sicht der Gläubigergemeinschaft nachteilig beeinflusst hat. Dementsprechend 3

---

1 S. hierzu einführend Kreft, in: FS Gero Fischer, S. 303 ff.

2 BGH, 16.03.1995 – IX ZR 72/94, NJW 1995, 1668, 1670.

3 BGH, 11.07.1991 – IX ZR 230/90, NJW 1992, 624, 626.

4 BFH, 18.02.2022 – VII R 39/18, BFHE 268, 391 = ZInsO 2020, 1937, Rn. 35; BGH, 22.10.2009 – IX ZR 147/16, ZInsO 2009, 2334, Rn. 19f.; BGH, 09.07.2009 – IX ZR 86/08, ZInsO 2009, 1585, Rn. 26.

stellt eine Rechtshandlung i.S.d. § 129 Abs. 1 InsO jede bewusste Willensbetätigung dar, die eine oder mehrere rechtliche Wirkungen hervorruft. Erforderlich ist es grundsätzlich nicht, dass die Rechtshandlung die angegriffene rechtliche Wirkung alleine begründet hat. Gegenstand der Anfechtung kann folglich ebenfalls eine Rechtshandlung sein, welche nur mit weiteren Rechtshandlungen zusammen die angefochtene Rechtswirkung eintreten ließ oder gleichzeitig mit ihr vorgenommen wurde.[5] Als Rechtshandlung kommt dabei sowohl ein positives Tun als auch ein bewusstes Unterlassen (Abs. 2) (s. ebenfalls Rdn. 54 ff.) in Betracht. Rechtshandlung ist jede bewusste Willensbetätigung, die eine oder mehrere rechtliche Wirkungen hervorruft.[6]

4 Dabei ist es grds. nicht erforderlich, dass die Rechtshandlung die rechtliche Wirkung alleine begründet hat. Ausgangspunkt der Anfechtung kann ebenfalls eine Rechtshandlung sein, welche nur mit weiteren Rechtshandlungen zusammen die angefochtene Rechtswirkung eintreten ließ und/oder gleichzeitig vorgenommen wurde.[7] Des Weiteren muss eine Rechtshandlung nicht nur aus einem Teilakt bestehen, sondern kann mehrere Teilakte erfassen (s. hierzu § 140 InsO Rdn. 9). Insoweit kann auch dem Werthaltigmachen[8] bzw. der Aufwertung einer bereits im Vermögen des Anfechtungsgegners liegenden geringer wertigen Vermögensposition oder der isolierten Entstehung einer Aufrechnungslage[9] eine anfechtungsrechtliche Bedeutung zukommen. Weiterhin setzt eine ermöglichende Rechtshandlung nicht voraus, dass eine Befriedigung nachfolgend durch den Anfechtungsgegner tatsächlich erlangt wurde.[10] Das Tatbestandsmerkmal ist bewusst weit gefasst, um jedes rechtlich bedeutsame Handeln erfassen zu können, welches die Vermögenssituation des Schuldners aus Sicht der Gläubigergemeinschaft nachteilig beeinflusst hat.[11]

5 Tritt eine Rechtswirkung allein aufgrund einer Veränderung der äußeren Umstände ein, welche nicht einer konkreten Rechtshandlung zugerechnet werden können, so fehlt es für die Anfechtung der Rechtswirkung an der notwendigen Rechtshandlung i.S.d. § 129 Abs. 1 InsO. Insoweit lehnte der BFH die Anfechtbarkeit des Eintritts der Uneinbringlichkeit eines vereinbarten Entgeltes ab, da keine von einem Willen getragene Rechtshandlung zu der vorliegenden Neubewertung konkret geführt habe.[12] Weiterhin fehlt es an einer Rechtshandlung i.S.d. § 129 InsO soweit die maßgebliche Rechtsänderung kraft Gesetzes eingetreten ist.[13] Eine Rechtshandlung unterliegt

5 Vgl. HambKomm-InsR/Rogge/Leptien, § 129 InsO Rn. 3.
6 BGH, 12.02.2004 – IX ZR 98/03, ZInsO 2004, 342, 343.
7 Vgl. HambKomm-InsR/Rogge/Leptien, § 129 InsO Rn. 3.
8 BGH, 20.12.2012 – IX ZR 21/12, ZInsO 2013, 240 Rn. 19; BGH, 26.06.2008 – IX ZR 144/05, ZInsO 2008, 801 Rn. 30.
9 BGH, 24.06.2010 – IX ZR 97/09, NZI 2010, 903 Rn. 8.
10 BGH, 12.01.2017 – IX ZR 130/06, ZInsO 2017, 504 Rn. 13.
11 BGH, 09.07.2009 – IX ZR 86/08, ZInsO 2009, 1585 Rn. 21.
12 BFH, 16.10.2008 – VII B 17/08, ZInsO 2009, 159 Rn. 6.
13 BGH, 28.09.2006 – IX ZR 98/05, ZInsO 2006, 1265 Rn. 7.

ebenfalls nicht der Anfechtung, wenn sie – auch ggf. nur in untrennbaren Teilakten – höchstpersönlicher Natur ist.[14]

Soweit nicht ein Ausnahmefall nach § 147 InsO vorliegt, unterliegt der Insolvenzanfechtung nur eine Rechtshandlung, die vor Verfahrenseröffnung vorgenommen wurde. Hierbei beurteilt sich der maßgebliche Zeitpunkt der Vornahme nach § 140 InsO (s. hierzu § 140 InsO Rdn. 7 ff.). 6

b) Handelnder

Findet sich in den jeweiligen Anfechtungsgründen keine weitere Einschränkung, so ist es unerheblich, wer die Handlung vorgenommen hat, welche die anzufechtende Rechtswirkung auslöste. Anfechtbar nach § 129 InsO sind demnach Handlungen des Schuldners, des Anfechtungsgegners selbst oder eines Dritten. 7

Wird die maßgebliche Handlung durch einen Vertreter vorgenommen, so wird diese dem Vertretenden gem. §§ 164, 166 Abs. 1 BGB zugerechnet, wenn der Vertreter mit Vertretungsmacht handelte oder der Vertretende gem. §§ 177, 180 BGB die Handlung nachträglich genehmigt.[15] Liegt eine nachträgliche Genehmigung vor, so findet anfechtungsrechtlich die Rückwirkungsfunktion nach § 184 BGB jedoch keine Anwendung, sodass zeitlich maßgeblich i.S.d. § 140 InsO der Zeitpunkt der Vornahme der Genehmigung ist.[16] 8

Handlungen, die der Schuldner unter Geltung eines Zustimmungsvorbehaltes mit Zustimmung des vorläufigen Insolvenzverwalters vor Verfahrenseröffnung vorgenommen hat, stellen grds. taugliche Rechtshandlungen i.S.d. § 129 Abs. 1 InsO dar. Lediglich soweit durch den vorläufigen Insolvenzverwalter im Hinblick auf den Empfänger ein schutzwürdiger Vertrauenstatbestand auf den Bestand der erhaltenen Leistung anzunehmen ist, kann die spätere Geltendmachung der Insolvenzanfechtung nach dem Gesichtspunkt von Treu und Glauben gem. § 242 BGB auszuschließen sein (s. weiterführend hierzu auch Kap. 4 Rdn. 596 ff.).[17] 9

Ein mit einem Zustimmungsvorbehalt ausgestatteter vorläufiger Insolvenzverwalter begründet grundsätzlich dann einen anfechtungsausschließenden Tatbestand, wenn er der Erfüllung von Altverbindlichkeiten vorbehaltlos zustimmt, die im Zusammenhang mit noch zu erbringenden Leistungen des Vertragspartners stehen.[18] Erfolgt die Zahlung jedoch unter dem Vorbehalt der Anfechtbarkeit[19] oder steht die Begleichung von 10

14 BGH, 20.12.2012 – IX ZR 56/12, ZInsO 2013, 243 Rn. 5 ff.
15 Vgl. HambKomm-InsR/Rogge/Leptien, § 129 InsO Rn. 23.
16 BGH, 20.09.1978 – VIII ZR 142/77, NJW 1979, 102, 103.
17 BGH, 10.01.2013 – IX ZR 161/11, ZInsO 2013, 551 Rn. 16; BGH, 09.07.2009 – IX ZR 86/08, ZInsO 2009, 1585 Rn. 42; BAG, 27.10.2004 – 10 AZR 123/04, ZInsO 2005, 388 Rn. 24.
18 BGH, 10.01.2013 – IX ZR 161/11, ZInsO 2013, 551 Rn. 16 ff.; BGH, 09.12.2004 – IX ZR 108/04, BGHZ 161, 315 = ZInsO 2005, 88 Rn. 18.
19 BGH, 13.03.2003 – IX ZR 46/02, BGHZ 154, 190, 199 = ZInsO 2003, 417, 420.

Altverbindlichkeiten nicht im Kontext mit einem neuen Vertragsschluss[20], so handelt der spätere Insolvenzverwalter nicht treuwidrig, soweit er sich auf die Anfechtbarkeit beruft. Gibt der vorläufige Insolvenzverwalter den gegen die Zustimmung zunächst erklärten Widerstand i.R.d. weiteren Verhandlungen auf, da eine Fortführung der Geschäftsbeziehung zum Gläubiger aufgrund dessen Marktmacht zur Fortführung des Unternehmens erforderlich war, so ist der spätere Insolvenzverwalter ebenfalls nicht gehindert, die erfolgte Tilgung von Altverbindlichkeiten anzufechten.[21]

11 Liegt kein entsprechender Vertrauenstatbestand vor, so ist die spätere Anfechtung ebenfalls nicht aufgrund eines ausdrücklichen Verzichtes des vorläufigen Verwalters ausgeschlossen, da dieser grundsätzlich keine Dispositionsbefugnis über das mit Verfahrenseröffnung entstehende Anfechtungsrecht hat.[22]

12 Unabhängig von der Frage der Anfechtbarkeit kann eine Rechtshandlung des (vorläufigen) Verwalters dann unwirksam sein, wenn sie sich als evident insolvenzzweckwidrig darstellt.[23]

13 Soll die Anfechtung auf einen Anfechtungsgrund der §§ 132, 133, 134 InsO gestützt werden, so bedarf es einschränkend einer Rechtshandlung des Schuldners (s. hierzu § 133 InsO Rdn. 8 ff.).

14 Nach wertender Betrachtung kann eine Rechtshandlung (des Schuldners) ebenfalls in einer mittelbaren Zuwendung liegen. Hierbei handelt es sich um einen Vorgang, bei dem der Schuldner, ohne mit dem späteren Anfechtungsgegner in unmittelbare Rechtsbeziehung zu treten, Vermögensbestandteile unter Einschaltung einer Mittelsperson an den Anfechtungsgegner verschiebt und es für den Anfechtungsgegner erkennbar ist, dass es sich um eine Leistung des Schuldners gehandelt hat.[24] Nicht erforderlich ist, dass der Leistende einen Anspruch gegen die Mittelsperson auf den über diesen dem Anfechtungsgegner zugewandten Gegenstand haben muss, oder dass sich dieser Gegenstand zuvor im Vermögen des Schuldners befunden hat. Vielmehr reicht es für die Anfechtbarkeit aus, dass der Gegenwert für die Vermögensverschiebung über die Mittelsperson aus dem Vermögen des Schuldners stammte.[25] Typische Konstellation der mittelbaren Zuwendung stellen insofern die sog. Anweisungsfälle[26], die Leistung eines Dritten gem. § 267 BGB als auch ein Vertrag zugunsten Dritter dar. In gleicher Weise kann eine Zahlung ggü. dem ursprünglichen Forderungsinha-

---

20 BGH, 09.12.2004 – IX ZR 108/04, BGHZ 161, 315 = ZInsO 2005, 88 Rn. 22.

21 BGH, 15.12.2005 – IX ZR 156/04, BGHZ 165, 283 = ZInsO 2006, 208 Rn. 16.

22 Vgl. Jaeger/Henckel, § 129 InsO Rn. 37; Bork, ZIP 2006, 589, 594.

23 BGH, 23.03.2008 – IX ZR 68/06, ZIP 2008, 884, Rn. 4; s. weiterführend Graf-Schlicker/Huber, § 129 InsO Rn. 16.

24 BGH, 19.02.2009 – IX ZR 16/08, ZInsO 2009, 768 Rn. 7; BGH, 09.10.2008 – IX ZR 59/07, ZInsO 2008, 1202 Rn. 21.

25 BGH, 16.11.2007 – IX ZR 194/04, BGHZ 174, 228 = ZInsO 2008, 106 Rn. 25; OLG Brandenburg, 23.09.2015 – 7 U 128/14, ZIP 2016, 533.

26 BGH, 20.01.2011 – IX ZR 58/10, ZInsO 2011, 421 Rn. 15; BGH, 29.11.2007 – IX ZR 121/06, BGHZ 174, 314 = ZInsO 2008, 814 Rn. 14.

ber angefochten werden, welche der Schuldner auf eine zum Zweck des Forderungseinzugs treuhänderisch abgetretene Forderung ggü. einem Inkassounternehmen als Forderungszession erbracht hat.[27]

Die mittelbare Zuwendung ist gedanklich von der Rechtsnachfolge i.R.d. sog. »Leistungskette« abzugrenzen, welche sich alleine nach § 145 InsO beurteilt (s. hierzu § 145 InsO Rdn. 1 f.).[28] Nach den Kriterien des bereicherungsrechtlichen Leistungsbegriffes, welche anfechtungsrechtlich i.R.d. Wertung heranzuziehen[29] sind, stellt sich bei der Leistungskette die Vermögensübertragung des Schuldners an die Mittelsperson als erstes eigenständiges Glied der Leistungskette dar, welchem durch eine weitere Leistung der Mittelsperson an den Dritten als zweites Glied angehängt wird.[30] 15

2. Gläubigerbenachteiligung

a) Allgemein

Wird durch die Rechtshandlung entweder die Schuldenmasse vermehrt oder die Aktivmasse verkürzt und somit der Zugriff auf das Schuldnervermögen vereitelt, erschwert oder verzögert, so ist von einer objektiven Gläubigerbenachteiligung auszugehen.[31] Durch die Wirkung der Rechtshandlung muss sich demnach die Befriedigungsmöglichkeit der Insolvenzgläubiger bei wirtschaftlicher Betrachtung schlechter dargestellt haben als wenn die Handlung unterblieben wäre. 16

Hierbei kann sich der Anfechtungsgegner jedoch nicht darauf berufen, dass die Insolvenzmasse ausreichen würde, weil die Feststellung zur Insolvenztabelle zu Unrecht erfolgt wäre. Dem steht die Wirkung der Eintragung in die Insolvenztabelle und die notwendige Berücksichtigung dieser Forderung durch den Verwalter bei der Schlussverteilung entgegen.[32]

Erfolgt die Befriedigung oder Besicherung einer nicht nachrangigen Insolvenzforderung ist dieses insoweit nicht der Fall, wenn die Insolvenzmasse zur Befriedigung dieser Forderungen ausreicht und lediglich nachrangige Forderungen unberücksichtigt bleiben.[33]

Demnach fehlt es an einer Gläubigerbenachteiligung, wenn sich die Rechtshandlung als für die Insolvenzmasse wirtschaftlich neutral darstellt.[34] Dieses kann dann gegeben sein, wenn es sich um die Weggabe oder (weitere) Belastung eines wirtschaftlich wert- 17

27 BGH, 03.04.2014 – IX ZR 201/13, ZInsO 2014, 1004 Rn. 14.
28 S. hierzu weiterführend Kayser, in: FS Ganter, S. 225 ff.
29 BGH, 05.02.2004 – IX ZR 473/00, ZInsO 2004, 499, 500.
30 BGH, 19.02.2009 – IX ZR 16/08, ZInsO 2009, 768 Rn. 8.
31 BGH, 20.01.2011 – IX ZR 58/10, ZInsO 2011, 421 Rn. 12.
32 BGH, 19.12.2014 – IX ZR 120/23, WM 2025, 318, Rn. 21.
33 BGH, 07.02.2013 – IX ZR 146/12, ZInsO 2013, 609 Rn. 3.
34 Vgl. HambKomm-InsR/Rogge/Leptien, § 129 InsO Rn. 63.

losen[35] oder wertausschöpfend[36] besicherten Gegenstandes handelt. In gleicher Weise fehlt es an einer Gläubigerbenachteiligung bei der Veräußerung vom Schuldner lediglich verwaltetem Treugut.[37] Eine Benachteiligung ist außerdem zu verneinen, wenn der Insolvenzverwalter die Befriedigung ebenfalls hätte vornehmen müssen.[38] Weiterhin fehlt es an einer Gläubigerbenachteiligung, wenn der Gläubiger im Umfang der Zahlung insolvenzfest an Schuldnervermögen gesichert war (Sicherheitenverwertung). Dieses trifft auch dann zu, wenn durch eine Rechtshandlung eine wirksame und unanfechtbar bestellte Sicherheit durch eine andere gleichwertige Sicherheit ersetzt wird (Sicherheitentausch).[39] Da ein unpfändbarer Gegenstand nicht zur Insolvenzmasse i.S.d. §§ 35, 36 InsO zu zählen ist, fehlt es grds. an einer Gläubigerbenachteiligung, wenn die Befriedigung durch eine Verfügung hierüber erfolgt ist.[40]

18 Demgegenüber kann sich ein bloßer Passivtausch z.B. bei der Tilgung aus Kreditmitteln als gläubigerbenachteiligend darstellen.[41] Insoweit setzt die Gläubigerbenachteiligung nicht zwingend voraus, dass ein pfändbarer Vermögensgegenstand weggegeben worden ist (s. hierzu auch Rdn. 37 ff.).[42] Jedoch fehlt es an einer Gläubigerbenachteiligung, wenn der Schuldner nur einen möglichen Erwerb unterlässt.[43] Das Unterlassen ist demnach nicht anfechtbar, da es nicht zu einer Minderung des Schuldnervermögens führt, sondern lediglich dessen Mehrung verhindert.[44]

19 Nicht erforderlich ist weiterhin, dass das vom Anfechtungsgegner Erlangte und Zurückzugewährende spiegelbildlich der eingetretenen Gläubigerbenachteiligung entspricht oder wertmäßig äquivalent ist, denn es handelt sich bei der Anfechtung nicht um eine Schadenskompensation.[45]

20 Es muss die Gesamtheit der Insolvenzgläubiger benachteiligt worden sein. Eine Benachteiligung einzelner Gläubiger ist nicht ausreichend. Jedoch genügt die Benachteiligung der nachrangigen Insolvenzgläubiger (§ 39 InsO) ebenfalls.[46] Es reicht des Weiteren, wenn nur ein Insolvenzgläubiger vorhanden ist.[47] Durch den Eintritt der Masseunzulänglichkeit wird eine Gläubigerbenachteiligung nicht ausgeschlossen. Sie fehlt jedoch,

---

35 BGH, 11.12.2003 – IX ZR 336/01, ZInsO 2004, 149, 150.
36 BGH, 15.11.2007 – IX ZR 232/03, JurBüro 2008, 269 Rn. 13.
37 Vgl. Uhlenbruck/Borries/Huber/Hirte, § 129 InsO Rn. 284; BGH, 04.02.2016 – IX ZA 28/15, ZInsO 2016, 702 Rn. 7; OLG München, 06.10.2015 – 5 U 902/15, ZInsO 2016, 1584 Rn. 48.
38 BGH, 07.05.1991 – IX ZR 30/90, BGHZ 114, 315, 322 = NJW 1991, 2147, 2149.
39 BGH, 02.02.2017 – IX ZR 254/14, ZInsO 2017, 533 Rn. 12.
40 BGH, 07.04.2016 – IX ZR 145/15, ZInsO 2016, 1206 Rn. 17.
41 BGH, 03.12.2015 – IX ZR 131/15, ZInsO 2016, 220 Rn. 2; BGH, 07.06.2001 – IX ZR 195/00, NZI 2001, 539, 540.
42 BGH, 06.10.2009 – IX ZR 191/05, BGHZ 182, 317 = ZInsO 2009, 2060 Rn. 15.
43 BGH, 15.11.2018 – IX ZR 229/17, ZInsO 2019, 321 Rn. 11.
44 BGH, 19.07.2018 – IX ZR 307/06, ZInsO 2018, 1841 Rn. 15 m.w.N.
45 Vgl. HambKomm-InsR/Rogge/Leptien, § 129 InsO Rn. 60; Raebel, in: FS Ganter, S. 349.
46 S. hierzu BT-Drucks. 12/2443, S. 157.
47 BGH, 14.02.2019 – IX ZB 25/17, ZInsO 2019, 691 Rn. 10.

wenn die Insolvenzmasse ausreicht, um alle Insolvenzgläubiger zu befriedigen, da es bei einer vollständigen Befriedigung aller Gläubiger im Ergebnis zu keinem dauerhaften Nachteil kommt.[48] Sie fehlt ebenfalls bei der Befriedigung oder Besicherung nicht nachrangiger Insolvenzforderungen, wenn die Insolvenzmasse zur Befriedigung dieser Forderungen ausreicht und lediglich nachrangige Forderungen unbeglichen bleiben.[49]

Wird durch die angefochtene Rechtshandlung eine Forderung, die im Eröffnungsfalle eine bloße Insolvenzforderung gewesen wäre, zur Masseverbindlichkeit aufgewertet, liegt eine (mittelbare) Gläubigerbenachteiligung vor.[50] 21

Die Gläubigerbenachteiligung bestimmt sich allein objektiv und hängt nicht von den Vorstellungen des Schuldners bei Vornahme ab. Demzufolge wird auch durch eine irrige Annahme des Schuldners über die rechtliche Wirkung der Handlung weder eine Gläubigerbenachteiligung begründet noch kann sie hierdurch entfallen. Gem. § 129 Abs. 1 InsO bedarf es zur Annahme einer Gläubigerbenachteiligung insoweit auch nicht eines vorsätzlichen Verhaltens.[51] 22

Eine Gläubigerbenachteiligung liegt auch dann vor, wenn durch die Rechtshandlung der Zugriff auf das Schuldnervermögen vereitelt, erschwert oder verzögert wird.[52] Eine Gläubigerbenachteiligung kann demnach angenommen werden, wenn für einen aufgegebenen Vermögenswert ein anderer wertgleicher Vermögenswert in das Schuldnervermögen gelangt, welcher für die Gläubiger weniger schnell verwertbar ist.[53] Anerkanntermaßen kann auch die gläubigerbenachteiligende Wirkung, die mit der Herstellung einer Aufrechenlage eintritt, selbständig angefochten werden.[54] 23

Dementsprechend stellt sich trotz Herausgabeanspruches die Zahlung an einen Treuhänder des Gläubigers benachteiligend dar, weil der Zugriff und die Auskunftsmöglichkeiten der Gläubiger bereits hierdurch verschlechtert werden.[55] 24

Eine einmal eingetretene Gläubigerbenachteiligung kann nachträglich entfallen, wenn die benachteiligende Rechtswirkung bis zur letzten mündlichen Tatsacheninstanz z.B. durch Rückführung des Erlangten in das Schuldnervermögen oder Befriedigung des 25

48 BGH, 19.07.2001 – IX ZR 36/99, ZInsO 2001, 904, 907.
49 BGH, 07.02.2013 – IX ZR 146/12, ZInsO 2013, 609 Rn. 3; OLG München, 23.10.2014, 5 U 4375/13, ZInsO 2016, 1013.
50 BGH, 26.04.2012 – IX ZR 146/11, ZInsO 2012, 1127 Rn. 26; BGH, 26.04.2012 – IX ZR 73/11, ZInsO 2012, 971 Rn. 4.
51 Vgl. HambKomm-InsR/Rogge/Leptien, § 129 InsO Rn. 37.
52 BGH, 23.09.2010 – IX ZR 212/09, ZInsO 2010, 1929 Rn. 22; BGH, 22.12.2005 – IX ZR 190/02, BGHZ 165, 343 = ZInsO 2006, 140 Rn. 26.
53 BGH, 05.11.1980 – VIII ZR 230/79, BGHZ 78, 318, 328 = NJW 1981, 522, 524.
54 BGH, 05.04.2001 – IX ZR 216/98, BGHZ 147, 233, 236; BGH, 19.10.2023 – IX ZR 249/22, ZInsO 2024, 67, Rn. 10.
55 BGH, 26.04.2012 – IX ZR 74/11, BGHZ 193, 129 = ZInsO 2012, 924 Rn. 12; dazu Ede, ZInsO 2012, 1542.

Rückgewährsanspruches vorab beseitigt wurde.[56] Dieses setzt jedoch voraus, dass die entsprechende Rückgewähr des Anfechtungsgegners eindeutig zum Zweck erfolgt, den entzogenen Vermögenswert wieder zuzuführen und die Verkürzung der Haftungsmasse ungeschehen zu machen.[57] Die Rückgewähr muss aber nicht bewusst zum Anfechtungsausschluss erfolgen.[58]

Tilgt der Schuldner eine gegen ihn gerichtete Darlehensforderung durch Barzahlung, wird die darin liegende Gläubigerbenachteiligung daher beseitigt, wenn der Darlehensgeber dem Schuldner erneut Barmittel zu gleichen Bedingungen wieder zur Verfügung stellt.[59] Liegt die Gläubigerbenachteiligung jedoch in der Überweisung eines Guthabens des Schuldners auf das Konto eines Dritten, entfällt diese grds. nicht dadurch, dass der Dritte den Betrag planmäßig abhebt und dem Schuldner bar zur Verfügung stellt.[60] Verfolgt ein Gesellschafter mit seiner Zahlung den Zweck eine andere Schuld zu tilgen, scheidet ebenfalls eine Beseitigung der Gläubigerbenachteiligung einer vorherigen Darlehensrückzahlung aus.[61]

b) Mittelbare und unmittelbare Gläubigerbenachteiligung

26 Grds. ist zwischen der mittelbaren und der unmittelbaren Gläubigerbenachteiligung zu unterscheiden. Während im Grundsatz nach § 129 Abs. 1 InsO jede Form der Gläubigerbenachteiligung ausreicht, wird nach den Anfechtungsgründen der §§ 132, 133 Abs. 2 InsO einschränkend eine unmittelbare Gläubigerbenachteiligung gefordert.

27 Während für die mittelbare Gläubigerbenachteiligung jeder Nachteil ausreicht, welcher bis zur letzten mündlichen Verhandlung der Tatsacheninstanz eingetreten ist, beurteilt sich die unmittelbare Gläubigerbenachteiligung zum Zeitpunkt der Vornahme der anfechtbaren Rechtshandlung.[62]

28 Unmittelbar ist die Gläubigerbenachteiligung zu diesem Zeitpunkt dann, wenn ohne Hinzutreten späterer Umstände bei Vornahme der Rechtshandlung die benachteiligende Wirkung zu bejahen ist. Neben dem Vorhandensein (weiterer) Insolvenzgläubiger bedarf es eines insofern nach objektiven wirtschaftlichen Maßstäben unausgeglichenen Werteverhältnisses i.R.d. Geschäftsvorfalls.[63]

---

56 BGH, 07.02.2013 – IX ZR 175/12, ZInsO 2013, 670 Rn. 3; BGH, 15.12.2012 – IX ZR 173/09, ZInsO 2013, 78 Rn. 7; BGH, 03.01.2011, IX ZR 13/07, ZInsO 2011, 426 Rn. 12; BGH, 12.07.2007 – IX ZR 235/03, ZInsO 2007, 1107 Rn. 19.

57 BGH, 21.11.2019 – IX ZR 223/18, ZInsO 2020, 89, Rn. 16; BGH, 18.07.2019 – IX ZR 259/18, ZInsO 2019, 1790, Rn. 15; BGH, 02.05.2019 – IX ZR 67/18, ZInsO 2019, 1209 Rn. 14.

58 BGH, 10.11.2022 – IX ZR 160/21, ZInsO 2023, 571, Rn. 11ff.

59 BGH, 25.01.2018 – IX ZR 299/16, ZInsO 2018, 445 Rn. 28.

60 BGH, 10.09.2015 – IX ZR 215/13, ZInsO 2015, 2083 Rn. 14.

61 BGH, 02.05.2019 – IX ZR 67/18, ZInsO 2019, 1209 Rn. 15.

62 BGH, 08.11.2012 – IX ZR 77/11, ZInsO 2012, 2338 Rn. 15 ff.

63 BGH, 12.07.2007 – IX ZR 235/03, ZInsO 2007, 1107 Rn. 9.

29 Eine unmittelbare Gläubigerbenachteiligung liegt z.B. in folgenden Fällen vor:

- Tilgung einer Verbindlichkeit, die mit Einwendungen behaftet ist (z.B. Verjährung);[64]
- Zahlung des Schuldners für ein ihn persönlich bestelltes, unpfändbares, dingliches Wohnrecht;[65]
- Zustimmung oder Mitwirkung des Schuldners als Sicherungsgeber zur Veräußerung von Sicherungsgut unter Wert;[66]
- Gewährung einer unangemessen hohen Sicherheit;[67]
- durch Zwangsvollstreckung begründetes Pfandrecht;[68]
- Gewährung eines langfristigen Darlehens zu niedrigen als marktüblichen Konditionen;[69]
- Veräußerung unter Wert (Verschleuderungsverkäufe);[70]
- Eingehung eines Vertrages, nach dem der Vertragspartner dazu verpflichtet wird, seinerseits einzelne Gläubiger des Verfahrensschuldners zu befriedigen, oder die Auflage an den Schuldner das aus einem Vertrag Erlangte zur Befriedigung eines einzelnen Gläubigers zu verwenden;[71]
- Abtretung künftiger Ruhegeldansprüche,[72]
- im Rahmen der geschäftlichen Tätigkeit die Gewährung einer unentgeltliche Nutzungsüberlassung.[73]

30 An einer unmittelbaren Gläubigerbenachteiligung fehlt es jedoch dann, wenn der Schuldner eine vollwertige Verbindlichkeit tilgt oder eine fachgerechte, gleichwertige Leistung erhält.[74] Des Weiteren fehlt es an einer unmittelbaren Gläubigerbenachteiligung, wenn der Schuldner gegen Gewährung eines neuen Kredites oder zur Ablösung einer gleichwertigen anfechtungsfesten Sicherheit eine dem Umfang nach angemessene (neue) Sicherheit bestellt.[75]

31 Für eine mittelbare Gläubigerbenachteiligung reicht es aus, wenn der die Gläubiger beeinträchtigende Umstand im Zeitpunkt der letzten mündlichen Verhandlung der Tatsacheninstanz des Anfechtungsprozesses gegeben ist.[76] Hierbei kann der Nachteil auf weiteren, hinzutretenden Ursachen beruhen, welche zwar im Ursachenzusam-

---

64 BGH, 06.04.1995 – IX ZR 61/94, BGHZ 129, 236 = ZIP 1995, 1021.
65 BGH, 13.07.1995 – IX ZR 81/94, BGHZ 130, 314, 318 = NJW 1995, 2846, 2847.
66 BGH, 09.01.1997 – IX ZR 1/96, NJW 1997, 1063, 1065.
67 BGH, 28.09.1964 – VIII ZR 21/61, WM 1964, 1166.
68 BGH, 09.09.1997 – IX ZR 14/97, BGHZ 136, 309, 313 = NJW 1993, 3445, 3446.
69 BGH, 21.04.1988 – IX ZR 71/87, NJW 1989, 1037.
70 BGH, 09.02.1955 – IV ZR 173/54, WM 1955, 404.
71 BGH, 23.09.1981 – VIII ZR 245/80, ZIP 1981, 1229, 1231.
72 BGH, 20.12.2012 – IX ZR 130/10, ZInsO 2013, 337 Rn. 28.
73 BGH, 15.11.2018 – IX ZR 229/17, ZInsO 2019, 321 Rn. 20 f.
74 Vgl. HambKomm-InsR/Rogge/Leptien, § 129 InsO Rn. 77.
75 BGH, 17.09.2009 – IX ZR 106/08, BGHZ 182, 264 = ZInsO 2010, 43 Rn. 16; BGH, 21.03.2000 – IX ZR 138/99, ZInsO 2000, 333, 334.
76 BGH, 19.05.2009 – IX ZR 129/06, ZInsO 2009, 1249 Rn. 29.

menhang mit der angefochtenen Rechtshandlung stehen, selbst jedoch nicht durch sie verursacht wurden.[77] Demzufolge benachteiligen Zahlungen des Schuldners auch mittelbar, wenn der zum Zeitpunkt der Zahlungen zahlungsunfähige Schuldner seine Zahlungsfähigkeit vor dem Eintritt der Verfahrenseröffnung führenden Insolvenz vorübergehend wiedererlangt hatte.[78]

32 Eine nur mittelbare Gläubigerbenachteiligung liegt z.B. in folgenden Fällen vor:
- Der im Rahmen eines wertangemessenen Geschäftsvorfalls erzielte Erlös oder die anderweitige Gegenleistung steht für die Befriedigung der Gläubiger im Insolvenzverfahren nicht mehr zur Verfügung, etwa weil diese verbraucht wurde[79] oder verborgen wird;[80]
- die angemessene Gegenleistung ist uneinbringlich, weil der Erwerber zahlungsunfähig ist;[81]
- der Gegenwert der durch den Schuldner erbrachten Leistung kommt der Masse nicht zugute, da der Vertragspartner wirksam mit einer Insolvenzforderung aufrechnen konnte;[82]
- der vom Schuldner zum angemessenen Preis erworbene Gegenstand wird später bei ihm zerstört oder entwertet;[83]
- angemessene Vergütung für Sanierungsmaßnahmen, die letztendlich scheitern;[84]
- der Schuldner veräußerte Wertpapiere zum Zeitwert, deren Wert in der Folgezeit ansteigt;[85]
- Eintritt des Schuldners in einen Mietvertrag;[86]
- Befreiung des Gesellschafters von der übernommenen Sicherheit für Gesellschaftsschuld durch Befriedigung durch die Gesellschaft[87]; dies gilt selbst dann, wenn der Dritte zum Zeitpunkt der Befriedigung seiner Forderung den Gesellschafter nicht mehr aus der Gesellschaftersicherheit hätte in Anspruch nehmen können.[88]

c) Wirtschaftliche Betrachtungsweise

33 Grds. sind die Rechtswirkungen einer Rechtshandlung nicht lediglich formal, sondern im wirtschaftlichen Kontext (wirtschaftliche Betrachtungsweise) zu betrachten.

---

77 BGH, 09.12.1999 – IX ZR 102/97, BGHZ 143, 246, 254.
78 BGH, 20.10.2016 – IX ZR 305/14, ZInsO 2016, 2393 Rn. 13.
79 OLG Hamburg, 26.10.1984 – 11 U 168/83, ZIP 1984, 1373, 1376.
80 RegE zu § 144, BT-Drucks. 12/2443, S. 157.
81 Vgl. MK-InsO/Freudenberg, § 129 InsO Rn. 149.
82 BGHZ 89, 189, 195.
83 Vgl. MK-InsO/Freudenberg, § 129 InsO Rn. 149.
84 BGH, 04.12.1997 – IX ZR 47/97, NJW 1998, 1561, 1564.
85 Vgl. MK-InsO/Freudenberg, § 129 InsO Rn. 149.
86 BGH, 08.11.2012 – IX ZR 77/11, ZInsO 2012, 2338 Rn. 21.
87 BGH, 13.07.2017 – IX ZR 173/16; BGHZ 215, 262 = ZInsO 2017, 1844, Rn. 14.
88 BGH, 09.12.2021 – IX ZR 201/20, ZInsO 2022, 428, Rn. 14.

Hierzu hat die höchstrichterliche Rechtsprechung den Begriff der wirtschaftlichen Betrachtungsweise geprägt.[89]

Die wirtschaftliche Betrachtungsweise führt bei § 129 Abs. 1 InsO für die Insolvenzanfechtung, anders als nach § 1 Abs. 1 AnfG für die Gläubigeranfechtung, außerhalb des Insolvenzverfahrens jedoch nicht dazu, dass, wie im Ausnahmetatbestand des § 142 InsO (Bargeschäft), mehrere Rechtshandlungen verschiedener Beteiligter, selbst dann, wenn sie gleichzeitig vorgenommen wurden oder sich wirtschaftlich ergänzen, zusammen zu beurteilen sind.[90] 34

Der Eintritt der Gläubigerbenachteiligung wird vielmehr auch bei der wirtschaftlichen Betrachtungsweise isoliert mit Bezug auf die konkret angefochtene Minderung des Aktivvermögens oder die Vermehrung des Passivvermögens des Schuldners beurteilt, ohne dass ein Vorteilsausgleich stattfindet.[91] Dieses gilt selbst dann, wenn keine mehraktige, sondern eine einheitliche Rechtshandlung zu beurteilen ist, die mehrere Rechtswirkungen entfaltet.[92] 35

Nachdem im § 142 InsO das Bargeschäft als Ausnahmeregelung normiert wurde, kann eine analoge Anwendung des Rechtsgedankens ähnlich wie zu Zeiten der KO über die wirtschaftliche Betrachtungsweise nicht begründet werden.[93] Folglich sind Grund- und Erfüllungsgeschäft hinsichtlich ihrer Anfechtbarkeit grds. gesondert zu betrachten.[94] 36

d) Zahlung aus geduldeter Überziehung/Zahlung durch Dritte

Während nach früherer höchstrichterlicher Rechtsprechung die Zahlung aus einer geduldeten Überziehung grds. nicht als gläubigerbenachteiligend angesehen wurde[95], stellt nach Rechtsprechungsänderung des BGH[96] nunmehr auch eine Zahlung aus einer geduldeten Kontoüberziehung eine gläubigerbenachteiligende Rechtshandlung dar. 37

Unabhängig von der Rechtsprechungsänderung ergab sich auch vormals eine Gläubigerbenachteiligung bei Zahlung aus der geduldeten Überziehung dann, wenn sich 38

89 BGH, 23.09.2010 – IX ZR 212/09, ZInsO 2010, 1929 Rn. 19; Kayser, in: FS Gero Fischer, 2008, 274.
90 BGH, 11.03.2010 – IX ZR 104/09, ZInsO 2010, 711 Rn. 10; BGH, 12.07.2007 – IX ZR 235/03, ZInsO 2007, 1107 Rn. 11.
91 BGH, 12.07.2007 – IX ZR 235/03, ZInsO 2007, 1107 Rn. 11.
92 BGH, 09.07.2009 – IX ZR 86/08, ZInsO 2009, 1585 Rn. 26.
93 BGH, 23.09.2010 – IX ZR 212/09, ZInsO 2010, 1929 Rn. 35; Kayser, in: FS Gero Fischer, S. 272 ff.
94 Vgl. HambKomm-InsR/Rogge/Leptien, § 129 InsO Rn. 116.
95 BGH, 11.01.2007 – IX ZR 31/05, BGHZ 170, 276 = ZInsO 2007, 269 Rn. 13 f.; BGH, 01.02.2007 – IX ZB 248/05, ZInsO 2007, 323 Rn. 8.
96 BGH, 25.02.2016 – IX ZR 12/14, ZInsO 2016, 700 Rn. 7; BGH, 29.09.2011 – IX ZR 202/10, ZInsO 2012, 138 Rn. 12; BGH, 06.10.2009 – IX ZR 191/05, BGHZ 182, 317 = ZInsO 2009, 2060 Rn. 11 ff.; BGH, 01.07.2010 – IX ZR 70/08, ZInsO 2010, 1598 Rn. 12.

für die geduldete Überziehung eine bessere Besicherung[97] aus dem Vermögen des Schuldners als für die getilgte Forderung ergab oder die geduldete Überziehung im Anschluss aus dem freien Vermögen des Schuldners z.B. durch Zahlungseingänge wieder aufgefüllt wurde.[98] Außerdem stellt die Zahlung aus der geduldeten Überziehung dann eine Gläubigerbenachteiligung dar, wenn das Angebot zur geduldeten Überziehung vom Kreditinstitut erfolgte und durch Einreichung des Überweisungsträgers vom Schuldner angenommen wurde.[99]

39 Erfolgte die Zahlung durch einen (sonstigen) Dritten und nicht durch ein Kreditinstitut, so differenzierte die höchstrichterliche Rechtsprechung für die Frage der Gläubigerbenachteiligung bislang ebenfalls zwischen der Anweisung auf Schuld und der Anweisung auf Kredit. Während es sich aufgrund des Verlustes einer (werthaltigen) Forderung des Schuldners gegen den Angewiesenen bei der Anweisung auf Schuld grds. um eine gläubigerbenachteiligende Anweisung/Zahlung handelt, wird dieses für die Anweisung auf Kredit bislang verneint. Durch die Zahlung bei Anweisung auf Kredit kommt es ähnlich wie bei der Zahlung aus geduldeter Überziehung nicht zum Untergang einer Vermögensposition, welche der Insolvenzmasse zugestanden hätte, sondern sie stellt sich lediglich als ein (faktischer) Passivtausch dar, in welchem der ursprüngliche Gläubiger durch den Angewiesenen ersetzt wird.[100] Dementsprechend löst eine durch Anweisung auf Kredit bewirkte Zahlung auch dann keine Gläubigerbenachteiligung aus, wenn der auftragsrechtliche Erstattungsanspruch des Angewiesenen nachträglich in ein Darlehen umgewandelt wird.[101] Trotz der Rechtsprechungsänderung zur Zahlung aus geduldeter Überziehung hält der Bundesgerichtshof bei Zahlungen durch (andere) Dritte an der Differenzierung Anweisung auf Schuld und Anweisung auf Kredit fest.[102]

e) Kausalität

40 Die gläubigerbenachteiligende Rechtswirkung muss mit der angefochtenen Rechtshandlung im ursächlichen Zusammenhang stehen, wobei auf das reale Geschehen abzustellen ist.[103]

41 Eine Berücksichtigung hypothetischer Geschehensabläufe kann die tatsächlich bestehende Kausalität einer schuldnerischen Handlung grds. nicht in Zweifel ziehen.[104] Eine Gläubigerbenachteiligung ist demnach selbst dann anzunehmen, wenn die Verfügung über den fraglichen Gegenstand oder die Zuwendung an den Anfech-

97 BGH, 11.01.2007 – IX ZR 31/05, BGHZ 170, 276 = ZInsO 2007, 269 Rn. 11.
98 OLG Naumburg, 25.03.2009 – 5 U 157/08, ZInsO 2009, 1596, 1597.
99 BGH, 28.02.2008 – IX ZR 213/06, ZInsO 2008, 374 Rn. 9.
100 BGH, 16.10.2008 – IX ZR 147/07, ZInsO 2008, 1200 Rn. 9.
101 BGH, 28.01.2016 – IX ZR 185/13, ZInsO 2016, 587 Rn. 25.
102 BGH, 21.06.2012 – IX ZR 59/11, ZInsO 2012, 1425 Rn. 12; zust. Huber, ZInsO 2012, 1412 ff.; abl. Henkel, ZInsO 2012, 1933 ff.; Heitsch, ZInsO 2012, 2088 ff.
103 BGH, 30.04.2020 – IX ZR 162/16, ZInsO 2020, 1471, Rn. 30; BGH, 09.07.2009 – IX ZR 86/08, ZInsO 2009, 1585 Rn. 11 f.
104 BGH, 19.04.2007 – IX ZR 199/03, ZInsO 2007, 596 Rn. 19.

tungsgegner in anderer Weise anfechtungsfest hätte erfolgen können.[105] Des Weiteren ist es nicht erforderlich, dass die anzufechtende Rechtshandlung die einzige Ursache für eine (mittelbare) Gläubigerbenachteiligung gewesen ist (s. auch Rdn. 3).

f) Praxisrelevante Einzelfälle

Die Erfüllung einer Verbindlichkeit stellt regelmäßig (nur) eine mittelbare Gläubigerbenachteiligung dar, es sei denn, dass von dem Schuldner mehr oder zu einem früheren Zeitpunkt geleistet wird. Hier kann ebenfalls eine unmittelbare Gläubigerbenachteiligung gegeben sein.[106] Die Erfüllung kann selbst dann eine Gläubigerbenachteiligung darstellen, wenn sie mit darlehensweise zur Verfügung gestellten Mitteln bewirkt wird.[107] Dieses gilt selbst dann, wenn die Mittel zweckgebunden zur Verfügung gestellt wurden oder der Dritte sich nur zur Freistellung von der konkreten Verbindlichkeit verpflichtet hatte.[108] 42

Die Begründung einer nicht einklagbaren Forderung stellt sich regelmäßig nicht als gläubigerbenachteiligend dar; deren Erfüllung jedoch schon. Eine Besonderheit im Hinblick auf die Einführung einer Geldstrafe i.S.d. § 39 Abs. 1 Nr. 3 InsO ist nicht anzunehmen.[109] 43

Eine Gläubigerbenachteiligung kann trotz § 28e Abs. 1 SGB IV grundsätzlich dann vorliegen, wenn der Schuldner als Arbeitgeber den Arbeitnehmeranteil im Rahmen von (rückständigen) Beitragszahlungen an den Sozialversicherungsträger abführt.[110] Ebenfalls kann die Begleichung von Umsatzsteuer und die Lohnsteuerzahlungen an das Finanzamt grds. als gläubigerbenachteiligende Leistung angefochten werden.[111] Macht eine Sozialkasse jedoch den Anspruch auf Erstattung von Urlaubsvergütungen vom Ausgleich des Beitragskontos abhängig, so fehlt es bei der Entstehung der Aufrechenmöglichkeit an einer objektiven Gläubigerbenachteiligung soweit Rückstände vorliegen.[112] 44

Grds. kann auch eine in einem ansonsten ausgewogenen Vertrag enthaltende Lösungsklausel auf den Insolvenzfall gläubigerbenachteiligend sein.[113] Da jedoch der Eintritt der Gläubigerbenachteiligung isoliert in Bezug auf die konkret bewirkte Minderung des Aktivvermögens oder die Vermehrung der Passiva des Schuldners zu beurteilen ist, fehlt es an einer gläubigerbenachteiligenden Wirkung, wenn das Rücktrittsrecht 45

105 BGH, 13.07.1995 – IX ZR 81/94, BGHZ 130, 314, 318 = ZIP 1995, 1364, 1365.
106 BGH, 13.03.1997 – IX ZR 93/96, ZIP 1997, 853, 854.
107 BGH, 07.02.2002 – IX ZR 115/99, ZInsO 2002, 276.
108 BGH, 17.03.2011 – IX ZR 166/08, ZInsO 2011, 782 Rn. 16; BGH, 28.02.2008 – IX ZR 213/06, ZInsO 2008, 374 Rn. 9; BGH, 07.06.2001 – IX ZR 195/00, ZInsO 2001, 661, 662.
109 BGH, 14.10.2010 – IX ZR 16/10, ZInsO 2010, 2295 Rn. 6.
110 BGH, 05.11.2009 – IX ZR 233/08, ZInsO 2009, 2293 Rn. 12 ff.
111 BGH, 22.10.2015 – IX ZR 74/15, ZInsO 2016, 341 Rn. 2.
112 BGH, 03.05.2018 – IX ZR 150/16, ZInsO 2018, 1363 Rn. 6.
113 Vgl. HambKomm-InsR/Rogge/Leptien, § 129 InsO Rn. 80.

von vorneherein Bestandteil des gegenseitigen Vertrages ist, der Schuldner Rechte an der Sache ausschließlich aufgrund dieses Vertrages erworben hat, die Rücktrittsklausel den Berechtigten in den Stand setzt, einen Zugriff der Gläubiger auf die Sache jederzeit abwehren zu können und die Rücktrittklausel freie Verfügungen des Schuldners zugunsten einzelner Gläubiger ausschließt.[114]

46 Zahlt der Schuldner per Lastschrift im Wege des Einzugsermächtigungsverfahrens, so stellt die konkludente Genehmigung eine Rechtshandlung des Schuldners dar, welcher eine gläubigerbenachteiligende Wirkung zukommen kann.[115]

47 Eine gläubigerbenachteiligende Rechtshandlung (des Schuldners) kann sich auch daraus ergeben, dass Zahlungen auf einem debitorischen Girokonto eingehen und, aufgrund der Generalabsprache mit dem Schuldner aus dem Giro- und Kontokorrentvertrag, in die laufende Kontokorrentverrechnung eingestellt werden. Der dadurch entstehenden Kontokorrentbindung kommt eine Sicherungsfunktion für das Kreditinstitut zu, welche (nur) mit Zustimmung des Schuldners aus dem Giro- und Kontokorrentvertrag zu begründen ist.[116] Erfolgt nach einer Sicherungsabtretung eine Vollabtretung, so ergibt sich die Gläubigerbenachteiligung aus dem Entzug des zunächst in der künftigen Insolvenzmasse verbliebenen Vermögenskerns.[117]

48 Verfügt der Schuldner über ein zugunsten des Anfechtungsgegners gepfändetes Konto, so kann grundsätzlich eine Gläubigerbenachteiligung dann (wieder) angenommen werden, wenn der Anfechtungsgegner vor der Verfügung die Aussetzung der Pfändungs- und Einziehungsverfügung (generell) erklärt hat.[118]

49 Grds. kann sich die Aufgabe oder die Übertragung des Besitzes an einer Sache durch den Schuldner ebenfalls als gläubigerbenachteiligend darstellen. Führt dieses jedoch lediglich dazu, dass Kostenpauschalen i.R.d. Insolvenzverfahrens nicht mehr erlangt werden können, so ist hierin keine hinreichende Gläubigerbenachteiligung zu sehen.[119]

50 Eine (mittelbare) gläubigerbenachteiligende Beeinträchtigung des Vermögens der Muttergesellschaft im Konzern kann auch dann gegeben sein, wenn Rechtshandlungen auf der Ebene der Tochtergesellschaft vorgenommen werden.[120] Wird das Vermögen der Tochtergesellschaft gemindert, kann sich insofern der Wert der Beteiligung bei der Muttergesellschaft verringern.

114 BGH, 12.10.2017 – IX ZR 288/14, BGHZ 2016, 136 = ZInsO 2017, 2539 Rn. 23.
115 BGH, 19.12.2002 – IX ZR 377/99, ZInsO 2003, 324, 329.
116 Vgl. Schimansky/Bunte/Lwowski, § 47 Rn. 36a; Kayser, ZInsO 2019, 1593, 1601.
117 BGH, 20.12.2012 – IX ZR 130/10, ZInsO 2013, 337 Rn. 29; BGH, 29.03.2007 – IX ZR 27/06, ZInsO 2007, 605 Rn. 26.
118 BGH, 20.11.2008 – IX ZR 130/07, ZInsO 2009, 31 Rn. 10.
119 BGH, 20.11.2003 – IX ZR 259/02, ZInsO 2003, 1137, 1138.
120 Vgl. Uhlenbruck/Borries/Huber/Hirte, § 129 InsO Rn. 402.

Die gesamtschuldnerische Haftung einer vom Schuldner abgespaltenen Gesellschaft nach § 133 UmwG steht der gläubigerbenachteiligenden Wirkung von Zahlungen durch den Schuldner nicht entgegen.[121] 51

In der Insolvenz des Gesellschafters kann sich die Einbringung der Gesellschaftereinlage oder die Einzahlung des Stammkapitals insoweit als gläubigerbenachteiligend darstellen, als dass nunmehr der Geschäftsanteil verwertet werden muss.[122] 52

Im Aktienrecht wird die Anfechtung nach § 129ff. InsO nicht durch den Schutz des § 62 Abs. 1 Satz 2 AktG ausgeschlossen.[123]

Entrichtet eine drohend zahlungsunfähige Gesellschaft die Prämien für eine Direktversicherung ihres Geschäftsführers weiter, auf welche dieser nach seinem Anstellungsvertrag Anspruch hat, stellt dieses trotz dessen weiterer Dienste eine Gläubigerbenachteiligung dar.[124] 53

Eine Gläubigerbenachteiligung fehlt, wenn es zu einem Austausch von gleichwertigen Rechten oder einer Sicherheitenverwertung kommt (s. hierzu Kap. 5 Rdn. 13 ff.). Die Gläubigerbenachteiligung ist des Weiteren abzulehnen, soweit Gegenstände weggegeben werden, welche völlig wertlos oder unpfändbar oder wertausschüttend belastet sind (vgl. Rdn. 17). 54

Jedoch selbst wenn mit dem Brauvorgang eine übersteigende Wertschöpfung zugunsten des Schuldnervermögens erzielt wurde, mindert dieses nicht die Annahme einer objektiven Gläubigerbenachteiligung im Hinblick auf die entstehende Sachhaftung zur Sicherung der dadurch begründeten Steuerschuld.[125]

Ebenfalls stellt die Annahme einer mittelbaren Gläubigerbenachteiligung durch Zahlung von Einfuhrumsatzsteuer weder das von der Entstehung der Steuer abhängige Recht zum Vorsteuerabzug noch eine (unterstellte) Pflicht zur Vorsteuerberichtigung entgegen.[126]

Die Forderungsabtretung, welche sich aus einem verlängerten oder erweiterten Eigentumsvorbehalt ergibt, stellt sich regelmäßig dann nicht als gläubigerbenachteiligend dar, wenn der Wert der Forderung den Wert der Vorbehaltsware nicht wesentlich übersteigt.[127] Auch eine Treuhandabrede, welche zum Zahlungseingang des Kaufpreises auf ein im Soll geführtes Kontokorrentkonto des Schuldners beim Sicherungsgeber führt, kann zu einer Verneinung einer Gläubigerbenachteiligung führen (s. auch Kap. 5 Rdn. 18).[128] 55

---

121 BGH, 17.10.2019 – IX ZR 215/16, ZInsO 2019, 2458, Rn. 8.
122 Vgl. HambKomm-InsR/Rogge/Leptien, § 129 InsO Rn. 106.
123 BGH, 30.03.2023 – IX ZR 121/22, ZInsO 2023, 1271, Rn. 37.
124 BGH, 12.01.2012 – IX ZR 95/11, ZInsO 2012, 1131 Rn. 6.
125 BGH, 09.07.2009 – IX ZR 86/88, ZInsO 2009, 1750, Rn. 26.
126 BGH, 08.02.2024 – IX ZR 194/22, ZInsO 2024, 601, Rn. 16.
127 BGH, 17.03.2011 – IX ZR 63/10, ZInsO 2011, 778 Rn. 32; BGH, 06.04.2000 – IX ZR 122/99, ZIP 2000, 932, 934.
128 BGH, 26.04.2012 – IX ZR 67/09, ZInsO 2012, 1429 Rn. 24.

56 Wirkt der Schuldner an der Änderung eines für ihn wirtschaftlich ungünstigen Vertrages mit und wird der veränderte Vertrag durch den anderen Vertragspartner erfüllt, so begründet die Möglichkeit, dass andernfalls der Anfechtungsgegner vom Vertrag zurückgetreten wäre, keine objektive Gläubigerbenachteiligung.[129] Wird jedoch ein unverzinsliches Darlehen wegen Vermögensverfalls gekündigt, liegt im Wegfall der gesetzlichen Abzinsung eine objektive Gläubigerbenachteiligung.[130]

57 Als höchstpersönliches Recht unterliegt sowohl die Entscheidung über die Erbannahme als auch die Vermächtnisannahme nicht der Insolvenzanfechtung.[131] Eine wertende Einschränkung der anfechtungsrechtlichen Folgen der Einräumung eines Bezugsrechts einer Risikolebensversicherung auf den Todesfall ist jedoch abzulehnen.[132]

III. § 129 Abs. 2 InsO

58 Gem. Abs. 2 kann auch ein Unterlassen eine Rechtshandlung i.S.d. Abs. 1 darstellen. Das Unterlassen muss jedoch wissentlich und willentlich geschehen.[133] Unbeachtlich ist es jedoch, wenn das Unterlassen irrtümlich unter Verkennung ihrer rechtlichen Konsequenzen erfolgte.[134] Für die Annahme des Unterlassens ist des Weiteren nicht erforderlich, dass eine spezielle Handlungspflicht zur Vornahme der Handlung bestand.[135]

59 Da in den Anfechtungsgründen der §§ 132 Abs. 1, 133 Abs. 2 InsO eine Einschränkung im Hinblick auf das Unterlassen vorliegt, reicht ein Unterlassen i.S.d. § 129 Abs. 2 InsO für die spezielle Anfechtungsgeltendmachung nicht aus.

60 Materiell-rechtlich kann eine anfechtbare Rechtshandlung in Form des Unterlassens insb. in folgenden Fällen angenommen werden:
- das Unterlassen oder die Ablehnung eines Erwerbs;[136]
- das Nichtberufen auf den Wegfall der Geschäftsgrundlage;[137]
- das Unterlassen einer Irrtumsanfechtung i.S.d. § 142 BGB;[138]
- das Verstreichenlassen einer Verjährungs-/oder Ersetzungsfrist;[139]
- die Nichtgeltendmachung höherer Zinsen bei einem langfristigen Darlehen;[140]
- das Unterlassen der Erhebung eines Wechselprotestes;[141]

---

129 BGH, 19.04.2007 – IX ZR 199/03, ZInsO 2007, 596 Rn. 10.
130 BGH, 12.01.2017 – IX ZR 130/06, ZInsO 2017, 504 Rn. 9.
131 BGH, 20.12.2012 – IX ZR 56/12, ZInsO 2013, 243 Rn. 12 ff.
132 BGH, 22.10.2015 – IX ZR 248/14, ZInsO 2015, 2374 Rn. 11.
133 BGH, 03.02.2011 – IX ZR 213/09, ZInsO 2011, 574 Rn. 5; BGH, 10.02.2005 – IX ZR 211/02, BGHZ 162, 143, 154 = ZInsO 2005, 260, 263.
134 Vgl. HambKomm-InsR/Rogge/Leptien, § 129 InsO Rn. 15.
135 Vgl. Uhlenbruck/Borries/Huber/Hirte, § 129 InsO Rn. 129.
136 Vgl. Jaeger/Henckel, § 129 InsO Rn. 24.
137 S. hierzu Uhlenbruck/Borries/Huber/Hirte, § 129 InsO Rn. 123.
138 S. MK-InsO/Freudenberg, § 129 InsO Rn. 25.
139 Vgl. Uhlenbruck/Borries/Huber/Hirte, § 129 InsO Rn. 123.
140 BGH, 21.04.1988 – IX ZR 71/87, ZIP 1988, 725.
141 Vgl. Uhlenbruck/Borries/Huber/Hirte, § 129 InsO Rn. 123.

- das Stehenlassen eines Darlehens;[142]
- die fehlende Beitreibung von Leistungen, welche ein Gesellschafter an seine Gesellschaft erbracht hat;[143]

Aus prozessualer Sicht können insb. folgende Unterlassungen als anfechtbare Rechtshandlungen qualifiziert werden: 61
- die Unterlassung des Widerspruches gegen einen Mahnbescheid oder gegen einen Arrestbefehl;[144]
- das Unterlassen des Einspruches gegen ein Versäumnisurteil;[145]
- das Ermöglichen eines Versäumnisurteils;[146]
- das Unterlassen oder verspätete Vorbringen vom Sachvortrag im Prozess;[147]
- die unterlassene oder verspätete Erhebung bestehender Einreden und Einwendungen;[148]
- das (bewusste) Nichtbestehen auf eine richterliche Anordnung der Durchsuchung nach §§ 758, 758a ZPO.[149]

Keine anfechtbaren Rechtshandlungen stellen demgegenüber die Einstellung der Zahlung durch den Schuldner sowie die Nichtstellung des Insolvenzantrages dar. Unterlässt es der Schuldner, Zahlungen auf ein neu eröffnetes, freies (Guthaben) Konto umzuleiten, so steht dieses Unterlassen einer Rechtshandlung nicht gleich.[150] 62

C. Darlegungs- und Beweislast

Die Darlegungs- und Beweislast im Hinblick auf die Rechtshandlung und die objektive (unmittelbare) Gläubigerbenachteiligung liegt grds. vollständig beim anfechtenden Insolvenzverwalter.[151] Insofern ist der Insolvenzverwalter auch grds. zum Nachweis verpflichtet, dass die angefochtene Zahlung aus dem pfändbaren Vermögen des Schuldners erfolgte.[152] 63

Wurde das Insolvenzverfahren aufgrund von Zahlungsunfähigkeit oder Überschuldung eröffnet, so ist dieses grds. als Anscheinsbeweis dafür zu werten, dass die Insolvenzmasse nicht zur Erfüllung sämtlicher bestehender Forderungen ausreicht.[153] Insoweit ist davon auszugehen, dass eine Vermögensbeeinträchtigung der potenziellen 64

142 BGH, 02.04.2009 – IX ZR 236/07, ZInsO 2009, 1060 Rn. 20.
143 S. Uhlenbruck/Borries/Huber/Hirte, § 129 InsO Rn. 124.
144 Vgl. K/P/B/Ehricke, § 129 InsO Rn. 54.
145 S. Graf-Schlicker/Huber, § 129 InsO Rn. 3.
146 Vgl. Uhlenbruck/Borries/Huber/Hirte, § 129 InsO Rn. 127.
147 Vgl. HambKomm-InsR/Rogge/Leptien, § 129 InsO Rn. 17.
148 S. Uhlenbruck/Borries/Huber/Hirte, § 129 InsO Rn. 127.
149 BGH, 03.02.2011 – IX ZR 213/09, ZInsO 2011, 574 Rn. 12.
150 BGH, 16.01.2014 – IX ZR 31/12, ZInsO 2014, 293 Rn. 11.
151 BGH, 17.12.1998 – IX ZR 196/97, NJW 1999, 1395, 1397.
152 BGH, 01.02.2007 – IX ZB 248/05, ZInsO 2007, 323 Rn. 13.
153 BGH, 06.02.2020 – IX ZR 5/19, ZInsO 2020, 657, Rn. 4; BGH, 20.02.2014 – IX ZR 164/13, BGHZ 200, 2010 = ZInsO 2014, 598 Rn. 19.

Insolvenzmasse auch tatsächlich die Gläubiger (mittelbar) benachteiligt hat. Dieser Anscheinsbeweis greift auch im Nachlassinsolvenzverfahren ein.[154]

Für den Anscheinsbeweis sind hierbei auch die Forderungen einzubeziehen, deren Anmeldung zur Tabelle zurückgenommen worden ist, solange nicht festgestellt ist, dass der angemeldete Gläubiger endgültig auf eine Teilnahme am Verfahren verzichtet hat oder Forderung erlassen bzw. sonst nicht durchsetzbar ist.[155]

Liegen die Voraussetzungen des Anscheinsbeweises vor, kann der Anfechtungsgegner diesen jedoch erschüttern oder nach allgemeinen Beweisgrundsätzen entkräften.[156]

65 Soweit sich der Anfechtungsgegner damit verteidigt, dass eine objektive Gläubigerbenachteiligung deswegen nicht vorliegt, weil am Erlangten zu seinen Gunsten Sicherungsrechte bestanden, ist der Anfechtungsgegner darlegungs- und beweisbelastet.[157] Den Insolvenzverwalter trifft demgegenüber jedoch bei Gelingen des Nachweises grds. dann wieder die Beweislast, dass die Begründung der Sicherungsrechte ebenfalls anfechtbar oder die Belastung nicht wertausschöpfend war.[158] In gleicher Weise muss er bei einer anfechtungsfest begründeten abgetretenen Forderung eine nachträgliche Wertschöpfung, die erst zur Werthaltigkeit des Absonderungsrechts geführt hat, darlegen und beweisen.[159]

66 Soweit der Geschäftsführer gem. § 64 GmbHG Zahlungen erstattet, welche ggü. dem jeweiligen Zahlungsempfänger der Anfechtung unterliegen würden, sind nach Anspruchsausgleich durch den Geschäftsführer etwaige Insolvenzanfechtungsansprüche grundsätzlich an diesen abzutreten[160] (zur Frage der Abtretbarkeit s. Kap. 1 Rdn. 81). Prozessual kann eine solche Abtretung Teil einer Zug-um-Zug-Verurteilung des Geschäftsführers sein.[161]

67 Die Bewertung, ob eine zusätzliche dingliche Belastung eines Grundstücks eine Gläubigerbenachteiligung auslöst, kann im Falle des Erfordernisses einer nur mittelbaren Benachteiligung nach dem Erlös beurteilt werden, welcher bei einer unter Umständen freihändigen Veräußerung erzielt werden könnte.[162]

§ 130 Kongruente Deckung

(1) Anfechtbar ist eine Rechtshandlung, die einem Insolvenzgläubiger eine Sicherung oder Befriedigung gewährt oder ermöglicht hat,

---

154 BGH, 19.12.2024 – IX ZR 120/23, WM 2025, 318, Rn. 19.
155 BGH, 07.12.2023 – IX ZR 36/22, ZInsO 2024, 195, Rn. 34ff.
156 BGH, 19.12.2024 – IX ZR 120/23, WM 2025, 319, Rn. 19.
157 BGH, 17.12.1998 – IX ZR 196/97, NJW 1999, 1395, 1397.
158 BGH, 20.10.2005 – IX ZR 276/02, ZInsO 2006, 151 Rn. 9.
159 BGH, 11.06.2015 – IX ZR 110/13, ZInsO 2015, 1497 Rn. 24.
160 BGH, 17.02.2011 – IX ZR 91/10, ZInsO 2011, 1154.
161 BGH, 08.01.2001 – II ZR 88/99, BGHZ 146, 264, 278 = ZInsO 2001, 260, 263.
162 OLG Karlsruhe, 19.12.2016 – 1 U 166/16, ZIP 2017, 290; differenziert aber BGH, 09.06.2016 – IX ZR 153/15, ZInsO 2016, 1578 Rn. 19.

1. wenn sie in den letzten drei Monaten vor dem Antrag auf Eröffnung des Insolvenzverfahrens vorgenommen worden ist, wenn zur Zeit der Handlung der Schuldner zahlungsunfähig war und wenn der Gläubiger zu dieser Zeit die Zahlungsunfähigkeit kannte oder
2. wenn sie nach dem Eröffnungsantrag vorgenommen worden ist und wenn der Gläubiger zur Zeit der Handlung die Zahlungsunfähigkeit oder den Eröffnungsantrag kannte.

Dies gilt nicht, soweit die Rechtshandlung auf einer Sicherungsvereinbarung beruht, die die Verpflichtung enthält, eine Finanzsicherheit, eine andere oder eine zusätzliche Finanzsicherheit im Sinne des § 1 Abs. 17 des Kreditwesengesetzes zu bestellen, um das in der Sicherungsvereinbarung festgelegte Verhältnis zwischen dem Wert der gesicherten Verbindlichkeiten und dem Wert der geleisteten Sicherheiten wiederherzustellen (Margensicherheit).

(2) Der Kenntnis der Zahlungsunfähigkeit oder des Eröffnungsantrags steht die Kenntnis von Umständen gleich, die zwingend auf die Zahlungsunfähigkeit oder den Eröffnungsantrag schließen lassen.

(3) Gegenüber einer Person, die dem Schuldner zur Zeit der Handlung nahestand (§ 138), wird vermutet, daß sie die Zahlungsunfähigkeit oder den Eröffnungsantrag kannte.

Übersicht Rdn.

Schrifttum

Ahrens, Der Ursachenzusammenhang zwischen Zahlungsunfähigkeit und eröffnetem Verfahren bei der Anfechtung von Deckungshandlungen, ZIP 2017, 58 ff.; *Ganter*, Das Abstandsgebot zwischen der Anfechtung kongruenter Deckungen (§ 130 InsO) und der Vorsatzanfechtung (§ 133 InsO): Ausgebliebene Neuorientierung, NZI 2021, 945; *Gehrlein*, Aktuelle Rechtsprechung zur Insolvenzanfechtung, ZRI 2024, 457 ff.; *ders.*, Die Deckungsanfechtung in der höchstrichterlichen Rechtsprechung, DZWIR 2022, 441 ff.; *ders.*, Der Begriff der Zahlungsunfähigkeit, ZInsO 2018, 354 ff.; *ders.*, Aktuelle Rechtsprechung des BGH zur Insolvenzanfechtung, DB 2018, 425 ff.; *ders.*, Zur Gläubigerbenachteiligung als Grundvoraussetzung der Insolvenzanfechtung, ZInsO 2017, 128 ff.; *Geißler*, Die Zahlungsunfähigkeit und die diesbezügliche Kenntnis des Leistungsempfängers innerhalb der Deckungsanfechtung des § 130 InsO, ZInsO 2017, 297 ff.; *Huber*, Insolvenzanfechtung rückständiger Lohnzahlungen an Arbeitnehmer, NJW 2009, 1928 ff.; *ders.*, Forderungssicherungsgesetz – Neues aus der zivilrechtlichen Reformküche des Gesetzgebers, JuS 2009, 23 ff.; *Kieper*, Die Finanzsicherheiten-Richtlinie und ihre Umsetzung, ZInsO 2003, 1109 ff.; *Klinck*, 25 Jahre besondere Insolvenzanfechtung, ZIP 2024, 2053 ff.; *Mylich*, Zur Abgrenzung von Zahlungsstockung und Zahlungsunfähigkeit, ZIP 2018, 514 ff.; *Obermüller*, Insolvenzfestigkeit revolvierender Kreditsicherheiten, ZInsO 2016, 491 ff.; *ders.*, Anglerlatein oder: Der Widerstand gegen die Umsetzung der Finanzsicherheitenrichtlinie, ZIP 2003, 2336 ff.; *Obermüller/Obermüller*, Anfechtung und Insolvenzfestigkeit von Sicherungsabtretungen, ZInsO 2018, 233; *Pape*, Vermeidung der besonderen Insolvenzanfechtung durch Annahme kongruenter Deckungen, ZInsO 2023, 411 ff.; *ders.*, Insolvenzrechtliche Anfechtung von Mieterleistungen, NZM 2015, 313 ff.; *Ponseck/Swierczok*, Anfechtbarkeit von Kongruenzvereinbarungen bei Dauerschuldverhältnissen, ZInsO 2017, 420 ff.; *Raabe*, Das neue Insolvenzanfechtungsrecht, InsbürO 2017, 182 ff.; *Schoppmeyer*, Rechtssystematische Überlegungen zum Insolvenzanfechtungsrecht nach der Reform, WM 2018, 301 ff.; *Schultz*, Der Warenkredit im Insolvenzanfechtungsprozess, ZIP 2018, 1527 ff.

A. Kernbereich der Regelung und Systematik

1 Die Norm erfasst anfechtbare Rechtshandlungen, die innerhalb der letzten drei Monate vor dem Antrag auf Eröffnung des Insolvenzverfahrens und danach (gesetzliche Krise) vorgenommen worden sind (vgl. zu dem allgemeinen Begriff der Krise Kap. 4 Rdn. 137 ff.). Zusammen mit den §§ 131, 132 InsO bildet der § 130 InsO die sog. besondere Insolvenzanfechtung, welche sich nur in der InsO und nicht im AnfG findet. Normzweck ist, den Rechtsgedanken der Gläubigergleichbehandlung (par conditio creditorum) auf den Zeitraum der gesetzlichen Krise innerhalb der letzten drei Monate vor dem Antrag auf Eröffnung des Insolvenzverfahrens auszudehnen.[1] Die erhöhten subjektiven Anfechtungsvoraussetzungen des § 130 InsO ggü. der Anfechtung nach § 131 InsO sind Ausfluss des Rechtsgedankens des Verkehrsschutzes bei kongruenten Deckungen.

2 Der BGH hat in einem Urteil[2] in Abgrenzung zu § 133 InsO ausgeführt, dass der Schluss von der erkannten Zahlungsunfähigkeit auf die subjektiven Voraussetzungen

1 Jaeger/Henckel, § 130 InsO Rn. 7.
2 BGH, 06.05.2021 – IX ZR 72/20, ZInsO 2021, 1627 Rn. 33.

der Vorsatzanfechtung im Falle der Gewährung kongruenter Deckungen zu einem weitgehenden Gleichlauf mit den Voraussetzungen der Deckungsanfechtung nach § 130 Abs. 1 Satz 1 Nr. 1 InsO und damit faktisch zu einer Verlängerung des nach dieser Vorschrift maßgeblichen Anfechtungszeitraums von drei Monaten auf zehn Jahre nach altem Recht (§ 133 Abs. 1 Satz 1 InsO a.F.) und auf vier Jahre nach neuem Recht (§ 133 Abs. 1 Satz 1, Abs. 2 InsO) führt. Das stößt nicht nur auf gesetzessystematische Bedenken. Auch ein entsprechender Wille des Gesetzgebers erscheint zweifelhaft. Die Regelung des § 130 Abs. 1 Satz 1 Nr. 1 InsO beruht auf dem Gedanken, dass ein Gläubiger, der eine kongruente Deckung erhalten hat, grundsätzlich darauf vertrauen können soll, die ihm zustehende Leistung behalten zu dürfen. Dieses Vertrauen soll zwar dann keinen Schutz verdienen, wenn der Gläubiger wusste, dass die Zahlungsunfähigkeit eingetreten war. Das Risiko, dass er die empfangene Leistung zur Insolvenzmasse zurückgewähren muss, soll der Gläubiger indes auch in diesem Fall im Grundsatz nur dann tragen, wenn das Insolvenzverfahren innerhalb einer begrenzten Zeit nach Erhalt der Leistung eröffnet wird. Dieses Ansinnen wird verfehlt, wenn man die Anfechtung einer kongruenten Deckung nach § 133 Abs. 1 InsO schon dann für möglich hält, wenn der Schuldner erkanntermaßen zahlungsunfähig war.[3]

B. Norminhalt

Im Mittelpunkt der Regelung stehen Rechtshandlungen, die einem Insolvenzgläubiger eine kongruente Deckung oder Sicherung bei bestehender Zahlungsunfähigkeit gewährt oder ermöglicht haben. Zum Schutze des Vertrauens des Gläubigers bedarf es hier der Kenntnis der objektiv eingetretenen Zahlungsunfähigkeit i.S.d. § 17 InsO (vgl. zur Zahlungsunfähigkeit Kap. 3 § 17 InsO Rdn. 13 ff.) oder des Antrages auf Eröffnung des Insolvenzverfahrens (§ 13 InsO). Die Kenntnis der Überschuldung i.S.d. § 19 InsO (s. zur Überschuldung Kap. 3 § 19 InsO Rdn. 10 ff.) genügt insoweit nicht. Der Abs. 1 unterscheidet zwischen dem Zeitraum der letzten drei Monate vor Insolvenzantrag (Nr. 1) und der Zeit nach Stellung des Insolvenzantrages (Nr. 2). 3

Entsprechend Abs. 2 reicht die Kenntnis von Umständen aus, die zwingend auf die Zahlungsunfähigkeit oder auf den Insolvenzantrag schließen lassen (unwiderlegliche Rechtsvermutung). Die Bestimmung findet ihren Ursprung in einem Bericht des Rechtsausschusses zum Entwurf der InsO.[4] Insoweit kann § 130 Abs. 2 InsO als Normierung des Indizienbeweises verstanden werden und stellt eine gesetzliche unwiderlegliche Beweiserleichterung dar. Durch § 130 Abs. 3 InsO wird dagegen eine widerlegliche Beweislastumkehr zulasten einer nahestehenden Person geschaffen. Die Vermutung bezieht sich ausschließlich auf die Kenntnis, nicht auf die objektiven Anfechtungsvoraussetzungen.[5] Danach wird ggü. einer dem Schuldner nahestehenden 4

3 Ganter, NZI 2021, 945.
4 BT-Drucks. 12/7302, S. 54, 173.
5 BGH, 22.02.2024 – IX ZR 106/21, ZInsO 2024, 788 Rn. 21.

Person (§ 138 InsO) vermutet, dass sie die Zahlungsunfähigkeit oder den Eröffnungsantrag kannte. Der Entlastungsbeweis wird zugelassen.[6]

5 Gem. Abs. 1 Satz 2 sind bei Vorlage einer entsprechenden Sicherungsvereinbarung Finanzsicherheiten in Form von Margensicherheiten oder zusätzlich hierzu gestellte Sicherheiten von der Regelung des Abs. 1 Satz 2 ausgeschlossen. Eine Legaldefinition des Begriffs der Finanzsicherheiten findet sich in § 1 Abs. 17 KWG. Das Sicherungseigentum[7] und die Globalzession[8] sind keine Finanzsicherheiten in diesem Sinne. Es handelt sich bei dieser Tatbestandseinschränkung um die Umsetzung einer europarechtlichen Vorgabe.[9] Als Ausnahmeregelung für eingegrenzte Spezialfälle von Finanzmarkttransaktionen ist die Regelung nicht analogiefähig.[10] Eine derartige Vereinbarung kann auch mit einer natürlichen Person abgeschlossen werden, wenn beide Vertragsparteien Kaufleute sind.[11]

I. Einführung

6 Zu den Merkmalen der Rechtshandlung, die keine eigene des Schuldners voraussetzt (vgl. Kap. 3 § 129 InsO Rdn. 3 ff.), und der hier ausreichenden mittelbaren Gläubigerbenachteiligung (s. Kap. 3 § 129 InsO Rdn. 13 ff.) wird auf die Kommentierung zu § 129 InsO verwiesen. Die Voraussetzungen müssen kumulativ zu denen des § 130 InsO vorliegen.[12]

7 Obwohl entgegen § 131 InsO der Tatbestand des § 130 InsO nicht zwischen Kongruenz und Inkongruenz unterscheidet, wird in der Praxis § 130 InsO i.d.R. auf kongruente Deckungen angewendet und bei inkongruenten Deckungen § 131 InsO geltend gemacht. Da § 130 InsO jedoch nicht zwingend eine kongruente Deckung voraussetzt und insofern ebenfalls auf inkongruente Deckungen Anwendung finden kann, empfiehlt es sich in Fallkonstellationen, bei denen die Inkongruenz zweifelhaft ist, neben § 131 InsO ebenfalls die Voraussetzungen des § 130 InsO zu prüfen.[13]

8 Die Privilegierung des Bargeschäfts i.S.d. § 142 InsO (vgl. Kap. 3 § 142 InsO Rdn. 7 ff.) findet im Rahmen von § 130 InsO bei kongruenten Deckungen Berücksichtigung. Die vom Schuldner vorgenommene Rechtshandlung unterliegt nicht der Deckungsanfechtung nach § 130 InsO, wenn die Voraussetzungen eines Bargeschäfts vorlie-

6 BGH, 06.03.2025 – IX ZR 209/23, BB 2025, 962 Rn. 26; BGH, 15.11.2012 – IX ZR 250/11, ZInsO 2012, 2335 Rn. 11.
7 Obermüller, ZIP 2003, 2336.
8 Kieper, ZInsO 2003, 1109, 1111
9 Richtlinie 2002/47/EG des Europäischen Parlaments und des Rates v. 06.06.2002 über Finanzsicherheiten, ABl. Nr. L 168 v. 27.06.2002, 43.
10 HambKomm-InsR/Rogge/Leptien, § 130 InsO Rn. 59.
11 Geißler, ZInsO 2017, 297, 300.
12 Schoppmeyer, WM 2018, 301, 305.
13 OLG Brandenburg, 23.10.2019 – 7 U 8/18, ZInsO 2020, 720, Rn. 60; HambKomm-InsR/Rogge/Leptien, § 130 InsO Rn. 62.

gen.[14] Der für die Bestimmung der Rechtshandlung maßgebliche Zeitpunkt wird durch § 140 InsO definiert (vgl. Kap. 3 § 140 InsO Rdn. 7 ff.). Bei der Berechnung der Fristen ist § 139 InsO zu beachten (s. hierzu Kap. 3 § 139 InsO Rdn. 9 ff.).

II. § 130 Abs. 1 InsO

1. Insolvenzgläubiger

Anfechtungsgegner kann nur sein, wer zum Zeitpunkt der angefochtenen Rechtshandlung Insolvenzgläubiger ist.[15] Auch nachrangige Gläubiger sind Insolvenzgläubiger.[16] Gläubiger, die ohne die erlangte Deckung an dem anschließenden Insolvenzverfahren in Bezug auf die befriedigte Forderung nur im Rang der §§ 38, 39 InsO teilgenommen hätten, sind demnach Insolvenzgläubiger.[17] Entscheidend ist insofern, ob der besicherte oder befriedigte Anspruch des Anfechtungsgegners (auch) gegen den Schuldner gerichtet ist. Keine Anfechtungsgegner sind damit im Grundsatz (Ersatz-) Aussonderungsgläubiger und Massegläubiger, während (Ersatz-) Absonderungsberechtigte, je nachdem, ob sie gem. § 52 Satz 1 InsO auch persönliche Gläubiger des Schuldners sind, als Insolvenzgläubiger anzusehen sind.[18] 9

Sichert oder befriedigt der Schuldner im Rahmen einer mittelbaren Zuwendung die Schuld eines Dritten, so ist in der Insolvenz des Schuldners der Zahlungsempfänger kein Insolvenzgläubiger.[19] Fraglich ist, ob bei einer mittelbaren Zuwendung i.R.d. (umsatz-) steuerlichen Organschaft dieses auch für eine Direktzahlung der Organgesellschaft an das FA in der Insolvenz über das Vermögen der Organgesellschaft gilt. Aufgrund des potenziellen Haftungsanspruches nach §§ 73, 219 AO gegenüber der Organgesellschaft könnte dies anders zu beurteilen sein. Bereits wegen der möglichen Inanspruchnahme wird das FA teilweise als Insolvenzgläubiger (auch) der Organgesellschaft angesehen.[20] 10

In gleicher Weise ist der Bürgschaftsgläubiger als Insolvenzgläubiger des Bürgen anzusehen, soweit dieser ggf. unter Verzicht auf die Einrede der Vorausklage (§ 771 BGB) freiwillig vor Eröffnung Zahlungen geleistet hat.[21] Anders als bei Pflichtversicherten ist eine Einzugsstelle bei freiwilligen Mitgliedern der gesetzlichen Kranken- und Pfle- 11

14 Gehrlein, ZInsO 2017, 128, 132.
15 BGH, 09.10.2008 – IX ZR 59/07, ZInsO 2008, 1202 Rn. 15; HambKomm-InsR/Rogge/Leptien, § 130 InsO Rn. 3.
16 BGH, 09.10.2008 – IX ZR 59/07, ZInsO 2008, 1202 Rn. 15; BGH, 20.07.2006 – IX ZR 44/05, ZVI 2006, 401 Rn. 10.
17 Gehrlein, DZWIR 2022, 441.
18 Uhlenbruck/Borries/Huber/Hirte, § 130 InsO Rn. 28, 31.
19 BGH, 29.11.2007 – IX ZR 121/06, ZInsO 2008, 814 Rn. 14; BGH, 16.09.1999 – IX ZR 204/98, ZInsO 1999, 640 Rn. 14.
20 BGH, 22.10.2015 – IX ZR 74/15, ZInsO 2016, 341 Rn. 2; Insolvenzgläubigereigenschaft des FA bejahend: BGH, 19.01.2012 – IX ZR 2/11, ZInsO 2012, 264 Rn. 13; abl.: BFH, 23.09.2009 – VII R 43/08, ZInsO 2010, 141 Rn. 20.
21 BGH, 19.01.2012 – IX ZR 2/11, ZInsO 2012, 264 Rn. 16.

geversicherungen nicht Insolvenzgläubiger.[22] Mit der Einfuhrumsatzsteuerforderung ist das beklagte Land Insolvenzgläubiger.[23]

2. Befriedigung

12 Der Begriff der Befriedigung ist gleichbedeutend mit der vollständigen oder teilweisen Anspruchserfüllung. Insoweit stellt auch die Vereinnahmung der Vergütung durch den vorläufigen Insolvenzverwalter in einem nicht zur Eröffnung gelangten Verfahren eine taugliche Deckungshandlung dar.[24] Erfasst sind neben der Befriedigung durch Leistung auch Leistungssurrogate. Neben der Erfüllung (§ 362 BGB) stellen damit typischerweise die Leistung an Erfüllungs statt (§ 364 Abs. 1 BGB), die Hinterlegung (§§ 372 ff. BGB) sowie die Auf- oder Verrechnung Befriedigungen dar. Soweit die Leistung durch eine Auf- oder Verrechnung erfolgt, sind allerdings die besonderen Bestimmungen der §§ 94 und 96 InsO zu beachten (zur Anfechtbarkeit bei Auf- oder Verrechnung s. auch Kap. 4 Rdn. 45). Die Nichtzahlung von Aufwendungshilfen zur Wohnbauförderung wegen Insolvenzantrag des Begünstigten stellt keine Deckungshandlung dar.[25]

3. Sicherung

13 Eine Sicherung ist kongruent, wenn der Insolvenzgläubiger einen Anspruch auf die gewährte oder ermöglichte Sicherheit hatte. Die Sicherung stellt einen Unterfall der Befriedigung dar. Erfasst werden sowohl gesetzliche als auch vertraglich gewährte Sicherheiten.[26] In Betracht kommen somit z.B. Sicherungsübereignung, Sicherungszession, Pfand- und Zurückbehaltungsrecht, Bürgschaft oder Patronatserklärung, Vormerkung, Grundschuld oder Hypothek sowie die Herstellung einer Aufrechnungs- oder Verrechnungslage[27] (zur Anfechtung von Sicherheiten weiterführend Kap. 5 Rdn. 1 ff.). Die Sachhaftung an einfuhrabgabenpflichtiger Ware ist im Grundsatz eine kongruente Sicherung.[28]

4. Ermöglichung der Sicherung als Befriedigung

14 Die Ermöglichung der Sicherung oder Befriedigung ist für § 130 Abs. 1 InsO bereits ausreichend. Dementsprechend kann auch die Rechtshandlung angefochten werden, die selbst noch keine Deckung bewirkt hat.[29] Als Ermöglichung sind vorbereitende Rechtshandlungen zu verstehen, welche geeignet sind, den Insolvenzgläubiger in die Lage zu versetzen, eine Befriedigung oder Besicherung zu erhalten.[30] Die Tat-

22 BGH, 29.03.2012 – IX ZR 26/10, NZS 2012, 581 Rn. 3.
23 BGH, 08.02.2024 – IR ZR 194/22, ZInsO 2024, 601 Rn. 16.
24 BGH, 15.11.2011 – IX ZR 118/11, ZInsO 2012, 241 Rn. 8.
25 BGH, 15.03.2012 – IX ZA 107/11, ZInsO 2012, 692 Rn. 12.
26 HambKomm-InsR/Rogge/Leptien, § 130 InsO Rn. 9.
27 Obermüller/Obermüller, ZInsO 2018, 2333.
28 BGH, 08.02.2024 – IX ZR 107/22, ZInsO 2024, 683 Rn. 23.
29 BGH, 12.01.2017 – IX ZR 130/16, ZInsO 2017, 504 Rn. 8.
30 HambKomm-InsR/Rogge/Leptien, § 130 InsO Rn. 11.

bestandsalternative des Ermöglichens einer Befriedigung in den §§ 130, 131 InsO setzt aber nicht voraus, dass der Anfechtungsgegner eine Befriedigung nachfolgend tatsächlich erlangt hat. Rechtshandlungen, die eine Befriedigung lediglich ermöglichen, sind erst durch die Insolvenzordnung in die Tatbestände der besonderen Insolvenzanfechtung einbezogen worden. Zur Begründung wurde ausgeführt, es erscheine nicht gerechtfertigt, dass in solchen Fällen nur eine Anfechtung wegen vorsätzlicher Benachteiligung möglich sei – gedacht sei vor allem an Prozesshandlungen, die – wie z.B. ein Anerkenntnis – selbst zwar keine Deckung gewähren, jedoch zu einer solchen führen können.[31] Vorbereitende Rechtshandlungen werden häufig nicht zu der in § 129 Abs. 1 InsO für jede Insolvenzanfechtung vorausgesetzten Benachteiligung der Insolvenzgläubiger führen, wenn es nicht anschließend zu einer Befriedigung oder Sicherung i.S.d. § 130 InsO kommt.[32] Eine tatbestandliche Voraussetzung des Ermöglichens ist die nachfolgende Deckung aber nicht. Es genügt vielmehr, dass die angefochtene Rechtshandlung die Möglichkeit einer Deckung geschaffen hat. Der Bundesgerichtshof hat die Anfechtbarkeit der Darlehenskündigung als eine ausreichende Möglichkeit der Deckung erachtet. Die Kündigung führt zur Fälligkeit des Rückzahlungsanspruches, wodurch das Kreditinstitut in die Lage versetzt wird, diesen Anspruch ab dem Zeitpunkt des Wirksamwerdens der Kündigung einzufordern, mithin eine Deckung zu erlangen, die es je nach Vorliegen der vertraglichen Vereinbarungen ohne die Kündigung erst viele Jahre später hätte beanspruchen können.[33]

In Betracht kommt als ermöglichende Rechtshandlung z.B. die Wertauffüllung **15**
durch Leistungserbringung, die Kündigung eines Darlehens, die Kontosperre,[34] das Anerkenntnis,[35] das Einlagern von Sicherungsgut bei Raumsicherung oder das Verbringen von Vermögenswerten in den Machtbereich der Bank, soweit diese dann vom AGB-Pfandrecht (Nr. 14 AGB-Banken) erfasst werden, sowie die Aufwertung eines Grundstücks, für welches eine dingliche Sicherheit bestellt wurde. Für die Anfechtung ist nur auf den Zeitpunkt der ermöglichenden Rechtshandlung und nicht auf den Zeitpunkt der späteren Deckung abzustellen, soweit durch das Ermöglichen der Anfechtungsgegner bereits eine gesicherte Rechtsposition erlangt hat (vgl. Kap. 3 § 140 InsO Rdn. 9 ff.).[36] Die Anfechtung einer Rechtshandlung, welche eine Befriedigung ermöglicht, setzt nicht voraus, dass der Insolvenzgläubiger die Befriedigung außerhalb des Insolvenzverfahrens erlangt.[37]

31 BT-Drucks. 12/2443, S. 157; BGH, 14.09.2017 – IX ZR 108,16, ZInsO 2017, 2212 Rn. 36.
32 BGH, 12.01.2007 – IX ZR 130/16, ZInsO 2017, 504 Rn. 13.
33 BGH, 12.01.2007 – IX ZR 130/16, ZInsO 2017, 504 Rn. 14.
34 BGH, 12.02.2004 – IX ZR 98/03, ZInsO 2004, 342 Rn. 12.
35 BGH, 14.09.2017 – IX ZR 108,16, ZInsO 2017, 2212 Rn. 33.
36 BGH, 03.02.2011 – IX ZR 213/09, ZInsO 2011, 574 Rn. 14; BGH, 11.12.2008 – IX ZR 194/07, ZInsO 2009, 143 Rn. 12.
37 BGH, 12.01.2017 – IX ZR 130/16, ZInsO 2017, 489 Rn. 13.

5. Zahlungsunfähigkeit oder Eröffnungsantrag

16 Notwendiges objektives Tatbestandsmerkmal ist gem. § 130 Abs. 1 InsO entweder die zum maßgeblichen Zeitpunkt des § 140 InsO (vgl. Kap. 3 § 140 InsO Rdn. 7 ff.) eingetretene Zahlungsunfähigkeit (Nr. 1)[38] oder das Vorliegen eines Eröffnungsantrages (Nr. 2). Der Begriff der Zahlungsunfähigkeit des § 130 Abs. 1 Nr. 1 InsO deckt sich mit dem Begriff der Zahlungsunfähigkeit des § 17 Abs. 2 InsO (s. Kap. 3 § 17 InsO Rdn. 13 ff.). Neben der Notwendigkeit der Abgrenzung zur Zahlungsstockung (vgl. Kap. 3 § 17 InsO Rdn. 46 ff.) ist ebenso wie nach § 17 Abs. 2 Nr. 2 InsO die Zahlungseinstellung (vgl. Kap. 3 § 17 InsO Rdn. 34 ff.) tatbestandlich zu berücksichtigen.[39] Maßgeblich für den Zeitpunkt des Eröffnungsantrages ist der Zeitpunkt, in dem der i.S.d. § 139 Abs. 2 InsO erste zulässige und begründete Eröffnungsantrag beim Insolvenzgericht eingegangen ist (vgl. ebenfalls Kap. 3 § 139 InsO Rdn. 22 ff.).

6. Kongruente Deckung

17 Unter kongruenter Sicherung oder Befriedigung werden Deckungen verstanden, auf die der Insolvenzgläubiger z.Zt. der Rechtshandlung einen Anspruch hatte.[40] Kongruenz setzt voraus, dass die erlangte Leistung der Parteivereinbarung entspricht.[41] Ob etwas noch der Parteivereinbarung entspricht, unterliegt im Zweifel einer wertenden Betrachtung (vgl. zur Inkongruenz als Gegenbegriff Kap. 3 § 131 InsO Rdn. 8 ff.). Eine von den Vertragsparteien in kritischer Zeit zur Kongruenzvereinbarung modifizierte Vereinbarung, nach der fortan bargeschäftlich erfüllt werden soll, sperrt die Anwendung der §§ 130, 131 InsO.[42] Nicht ausreichend ist, dass der Vertragspartner nur eine erste Leistungshandlung vorgenommen hat. Vielmehr muss der Vertragspartner einen ersten Leistungserfolg herbeigeführt haben.[43]

18 Geringfügige Abweichungen von den Parteivereinbarungen, welche der Verkehrssitte (§§ 157, 242 BGB) oder Handelsbräuchen (§ 346 HGB) entsprechen, führen nicht zur Inkongruenz.[44] Erbringt der Schuldner Teilleistungen i.S.d. § 266 BGB, welche vom Gläubiger angenommen werden, so ist ebenfalls von einer kongruenten Deckung auszugehen.[45] Zur Einordnung von Zahlungen unter Druck als kongruente oder inkongruente Deckung vgl. Kap. 3 § 131 InsO Rdn. 21.

38 Gehrlein, ZInsO 2018, 354.
39 Gehrlein, DB 2018, 428.
40 OLG Stuttgart, 24.07.2002 – 3 U 14/02, ZInsO 2002, 986 Rn. 43.
41 BGH, 23.09.2010 – IX ZR 212/09, ZInsO 2010, 1929 Rn. 26; Pape, ZInsO 2023, 411; Schultz, ZIP 2018, 1527.
42 Ponseck/Swierczok, ZInsO 2017, 420, 421.
43 BGH, 17.12.2015 – IX ZR 287/14, ZInsO 2016, 326 Rn. 11.
44 BGH, 09.06.2005 – IX ZR 152/03, ZInsO 2005, 766 Rn. 12.
45 OLG Saarbrücken, 24.06.2008 – 4 U 324/07, ZIP 2008, 2430 Rn. 25.

Eine kongruente Deckung ist insb. in folgenden Fällen anzunehmen: 19

- Tilgung einer eigenen Schuld durch Barzahlungen, bargeldlose Überweisungen, Abbuchungen im Lastschriftverfahren[46] oder durch Hingabe eines eigenen Schecks,[47] Verrechnung von Gutschriften im Kontokorrent, soweit ein fälliger Rückführungsanspruch der Bank bestand (s. Kap. 4 Rdn. 103 u. 108),
- Bestellung einer konkret geschuldeten Sicherheit,[48]
- Erwerb eines gesetzlichen Pfandrechtes (§ 562 Abs. 1 BGB, § 581 Abs. 2 BGB, §§ 592, 647 BGB), soweit dieses auf konnexen Forderungen des aktuellen Vertrages beruht,[49]
- Erwerb eines Frachtführerpfandrechtes (§ 441 HGB),[50]
- Gewährung einer Bauhandwerkersicherung auf Verlangen nach § 648a Abs. 1 BGB,[51]
- Lohnzahlungen an Arbeitnehmer (vgl. Kap. 4 Rdn. 809 ff.),[52]
- Mietzahlungen an den Vermieter aus dem pfändbaren Vermögen des Mieters.[53]

Grundsätzlich kongruent und nicht unbestimmt ist des Weiteren eine Globalzession, 20
selbst wenn diese sich auf alle bestehenden und künftigen Forderungen aus Lieferungen und Leistungen hinsichtlich aller Schuldner von A – Z bezieht.[54] Gleichwohl muss hinreichend bestimmt sein, welche Ansprüche die Globalzession absichern soll. Ein Anspruch auf Sicherung kann die Kongruenz nur begründen, wenn er im maßgeblichen Zeitpunkt hinreichend bestimmt war; dies gilt hinsichtlich des zu sichernden Anspruchs, des Sicherungsmittels und der Zeit der Absicherung. Eine schuldrechtliche Sicherungsvereinbarung muss soweit konkretisiert sein, dass daraus auf Bestellung individueller Sicherheiten geklagt werden könnte.[55] Da der Anspruch auf die Hauptleistung kein automatisches Recht auf eine Sicherung gibt,[56] ist eine Sicherung durch den Gläubiger nur dann zu beanspruchen, wenn sie vertraglich, ggf. auch durch Vertrag zugunsten Dritter, hinreichend bestimmt und besonders vereinbart worden ist,[57] oder kraft Gesetzes ein Sicherungsanspruch besteht.

Wurde dem Gläubiger zwar ein Anspruch auf Sicherung eingeräumt, ist dieser jedoch im 21
maßgeblichen Zeitpunkt (§ 140 InsO) nicht hinreichend bestimmt, so ist die Gewäh-

46 BGH, 13.12.2012 – IX ZR 1/12, ZInsO 2013, 245 Rn. 12.
47 BGH, 02.02.2006 – IX ZR 67/02, ZInsO 2006, 322 Rn. 46.
48 BGH, 07.03.2002 – IX ZR 223/01, ZInsO 2002, 426 Rn. 24.
49 Graf-Schlicker/Huber, § 130 InsO Rn. 8.
50 BGH, 21.04.2005 – IX ZR 24/04, ZInsO 2005, 648 Rn. 12; BGH, 18.04.2002 – IX ZR 219/01, ZInsO 2002, 670 Rn. 13.
51 Huber, JuS 2009, 23.
52 Huber, NJW 2009, 1928.
53 Pape, NZM 2015, 313, 317.
54 BGH, 02.02.2017 – IX ZR 245/14, ZInsO 2017, 494 Rn. 12; BGH, 29.11.2007 – IX ZR 30/07, ZInsO 2008, 91 Rn. 35, 38; BGH, 29.11.2007 – IX ZR 165/05, ZInsO 2008, 209 Rn. 15.
55 BGH, 29.11.2007 – IX ZR 30/07, ZInsO 2008, 91 Rn. 35.
56 BGH, 10.01.2013 – IX ZR 13/12, ZInsO 2013, 179 Rn. 21.
57 BGH, 07.06.2001 – IX ZR 134/00, ZInsO 2001, 465 Rn. 16.

rung der Sicherung ebenfalls inkongruent.[58] Kongruenz besteht nur, wenn die gesicherte Forderung und das dafür einzuräumende Sicherungsgut soweit konkretisiert sind, dass aus der Sicherungsabrede auf Einräumung des Sicherungsrechts geklagt werden könnte.[59] Eine schuldrechtliche Verpflichtung zur Übertragung von Sicherungseigentum muss allerdings nicht schon soweit konkretisiert sein wie die dingliche Einigung. Erforderlich ist jedoch, dass die Vereinbarung Umfang und Art der Sicherheit bzw. die Auswahl der Sicherheiten genau festlegt.[60] Für die Annahme einer Kongruenz genügen Absprachen, die es dem Ermessen eines Beteiligten oder dem Zufall überlassen, welche konkrete Sicherheit erfasst werden; demgemäß reichen z.B. Nr. 13, 14 Abs. 1 AGB-Banken, die einen Anspruch auf Bestellung schuldnerseitiger Sicherheiten für alle Ansprüche aus der bankmäßigen Geschäftsverbindung vorsehen, nicht aus, um eine aufgrund dieser Bestimmung begründete Sicherheit als kongruent anzusehen.[61] Ein solcher Nachbesicherungsanspruch begründet mangels vorheriger Festlegung des Sicherungsgutes keine Kongruenz. Das gilt auch dann, wenn dem Sicherungsgeber letztlich nur noch ein werthaltiges Objekt verbleibt, das sicherheitstauglich wäre.[62] Auch das Werthaltigmachen einer global zedierten Forderung durch Leistungserbringung wird als kongruent angesehen.[63] Dagegen sind Mantelzessionen i.d.R. als inkongruente Deckungen nach § 131 InsO anfechtbar, da der Kreditnehmer entscheiden muss, welche Forderungen er zur Deckung der Ansprüche der Bank verwendet und ob die Forderungen den Ansprüchen der Bank wertmäßig entsprechen.[64]

7. Kenntnis von der Zahlungsunfähigkeit oder dem Eröffnungsantrag

22 Subjektiv setzt § 130 Abs. 1 InsO die Kenntnis des Anfechtungsgegners von der Zahlungsunfähigkeit oder dem Eröffnungsantrag des Schuldners voraus. Der Begriff der Zahlungsunfähigkeit entspricht dem Begriff der Zahlungsunfähigkeit nach § 17 Abs. 2 InsO.[65]

23 Der Kenntnis des Anfechtungsgegners steht die Kenntnis seines Vertreters gleich, der die Rechtshandlung vorgenommen hat. Die Grundsätze des § 166 Abs. 1 BGB finden insoweit entsprechend Anwendung.[66] In engen Grenzen hat der BGH auch die Anwendbarkeit des § 166 Abs. 2 BGB bejaht. So wurde einer GmbH in Ansehung

58 BGH, 11.12.1997 – IX ZR 341/95, ZIP 1998, 257 Rn. 42.
59 BGH, 17.07.2008 – IX ZR 148/07, ZInsO 2008, 913 Rn. 16; Gehrlein, ZRI 2024, 457.
60 BGH, 04.12.1997 – IX ZR 47/97, ZIP 1998, 248 Rn. 20.
61 BGH, 17.07.2008 – IX ZR 148/07, ZInsO 2008, 913 Rn. 24; BGH, 07.03.2002 – IX ZR 223/01, ZInsO 2002, 426 Rn. 12.
62 BGH, 03.12.1998 – IX ZR 313/97, ZInsO 1999, 107 Rn. 17; LG Dresden, 14.06.2001 – 14 O 853/01, ZIP 2001, 1428 Rn. 14.
63 BGH, 11.02.2010 – IX ZR 104/07, ZInsO 2010, 673 Rn. 27; Obermüller, ZInsO 2018, 2333.
64 Obermüller, ZInsO 2016, 491, 494.
65 Uhlenbruck/Borries/Huber/Hirte, § 130 InsO Rn. 39; Klinck, ZIP 2024, 2053.
66 BGH, 10.01.2013 – IX ZR 13/12, ZInsO 2013, 179 Rn. 26; BGH, 01.03.1984 – IX ZR 34/83, ZIP 1984, 809 Rn. 18; BGH, 15.01.1964 – VIII ZR 236/62, NJW 1964, 1277 Rn. 17.

einer auf Weisung des nicht geschäftsführenden Alleingesellschafters vorgenommenen Rechtshandlung die Kenntnis dieses Gesellschafters zugerechnet.[67]

Kenntnis bedeutet positives, für sicher gehaltenes Wissen.[68] Diese Kenntnis muss bei Eintritt der Rechtswirkungen der vorgenommenen Rechtshandlung bereits vorliegen und noch vorhanden sein.[69] Da die Kenntnis in der Praxis nur in Ausnahmefällen nachweisbar ist, erfolgt deren Darlegung und Beweis im Prozess fast ausschließlich über die unwiderlegliche Rechtsvermutung des § 130 Abs. 2 InsO. Lediglich eigene Erklärungen des Schuldners gegenüber dem Anfechtungsgegner, in welchen dieser seine Zahlungsunfähigkeit einräumt, sind geeignet, dessen Kenntnis zu begründen. Deshalb ist ihnen eine besonders hohe Bedeutung in der Praxis beizumessen.[70] Vor diesem Hintergrund stellt es eine Verletzung des Anspruchs auf rechtliches Gehör dar, wenn das Gericht eine eigene Erklärung des Schuldners dahingehend, dass er fällige Verbindlichkeiten nicht begleichen kann, nicht berücksichtigt. Der Anspruch auf rechtliches Gehör verpflichtet das Gericht, das tatsächliche und rechtliche Vorbringen der Prozessbeteiligten zur Kenntnis zu nehmen und bei seiner Entscheidung in Erwägung zu ziehen. Das Gericht kommt dieser Verpflichtung dann nicht nach, wenn es entscheidungserheblichen Vortrag des Insolvenzverwalters zur Zahlungsunfähigkeit des Schuldners nicht berücksichtigt. Denn eigene Erklärungen des Schuldners dahingehend, dass er fällige Verbindlichkeiten nicht begleichen kann, deuten auch dann auf eine Zahlungseinstellung hin, wenn sie mit einer Stundungsbitte versehen sind.[71] 24

Die einmal erlangte Kenntnis des Gläubigers kann wieder entfallen, wenn er aufgrund neuer, objektiv geeigneter Tatsachen zu der Ansicht gelangt ist, der Schuldner sei nun wieder dauerhaft zahlungsfähig. Die Beweislast trifft den Gläubiger.[72] Er muss den Nachweis für neue Tatsachen erbringen, die zu ernsthaften Zweifeln am Fortbestand der Zahlungsunfähigkeit geführt haben.[73] Für den nachträglichen Wegfall der subjektiven Anfechtungsvoraussetzung der Kenntnis der Zahlungsunfähigkeit gilt Entsprechendes.[74] Ein Gläubiger, der von der einmal eingetretenen Zahlungsunfähigkeit des Schuldners wusste, hat darzulegen und zu beweisen, warum er später davon ausging, der Schuldner habe seine Zahlungen allgemein wieder aufgenommen.[75] Die Schlussfolgerung des Anfechtungsgegners, wonach die Zahlungsunfähigkeit des Schuldners 25

67 BGH, 01.04.2004 – IX ZR 305/00, ZInsO 2004, 548 Rn. 31.

68 BGH, 15.10.2009 – IX ZR 201/08, ZInsO 2009, 2244 Rn. 6.

69 BGH, 17.11.2016 – IX ZR 65/15, ZInsO 2016, 2474 Rn. 18; BGH, 27.03.2008 – IX ZR 98/07, NJW 2008, 2190 Rn. 13.

70 BGH, 20.12.2007 – IX ZR 93/06, ZInsO 2008, 273 Rn. 21; BGH, 12.10.2006 – IX ZR 228/03, ZInsO 2006, 1210 Rn. 15.

71 BGH, 05.03.2020 – IX ZR 171/18, ZInsO 2021, 893 Rn. 7.

72 BGH, 17.11.2016 – IX ZR 65/15, ZInsO 2016, 2474 Rn. 18.

73 BGH, 27.03.2008 – IX ZR 98/07, NJW 2008, 2190 Rn. 14.

74 Ahrens, ZIP 2017, 58.

75 BGH, 17.12.2015 – IX ZR 61/14, ZInsO 2016, 214 Rn. 27; BGH, 06.12.2012 – IX ZR 3/12, ZInsO 2013, 190 Rn. 33; BGH, 25.10.2012 – IX ZR 117/11, ZInsO 2012, 2244 Rn. 19.

zwischenzeitlich behoben ist, muss von einer ihm nachträglich bekannt gewordenen Veränderung der Tatsachengrundlage und nicht von einem bloßen »Gesinnungswandel« getragen sein. Als erstes dürfen die Umstände, welche die Kenntnis des Anfechtungsgegners begründen, nicht mehr gegeben sein. Dies allein bewirkt jedoch nicht zwingend den Verlust der Kenntnis. Vielmehr ist auf der Grundlage aller von den Parteien vorgetragenen Umstände des Einzelfalls zu würdigen, ob eine Kenntnis der Zahlungsunfähigkeit bei Vornahme der Rechtshandlung nicht mehr bestand.[76]

26 Eine an den Gläubiger gerichtete harte Patronatserklärung der Muttergesellschaft ist nicht ausreichend, um die objektive Zahlungsunfähigkeit der Tochtergesellschaft oder die darauf bezogene Kenntnis des Gläubigers nachträglich entfallen zu lassen.[77] Entäußert sich der Schuldner derjenigen Mittel, die er zur Begleichung seiner künftigen alsbald fällig werdenden Verbindlichkeiten benötigt, kann ebenfalls von einer (dauerhaften) Wiederherstellung der Zahlungsfähigkeit nicht ausgegangen werden.[78] Des Weiteren entfällt die Kenntnis von einer bestehenden Zahlungsunfähigkeit nicht durch den Abschluss einer von dem Schuldner vereinbarungsgemäß bedienten Ratenzahlungsvereinbarung, wenn bei dem gewerblich tätigen Schuldner mit weiteren Gläubigern zu rechnen ist, die keinen vergleichbaren Druck zur Beitreibung ihrer Forderungen ausüben.[79]

III. § 130 Abs. 2 InsO

27 Die Regelung des § 130 Abs. 2 InsO stellt die Kenntnis von der Zahlungsunfähigkeit bzw. des Eröffnungsantrages der Kenntnis von solchen Umständen gleich, die zwingend auf diese Merkmale schließen lassen.

1. Grundsätze und Regelungsgehalt

28 Im Rahmen der Frage, ob entsprechende zwingende Umstände vorliegen, hat das Gericht gem. § 286 Abs. 1 ZPO sämtliche Umstände des Einzelfalles in einer umfassenden tatrichterlichen Würdigung zu erfassen. Hiernach muss sich der zwingende Schluss aus den Indiztatsachen auf die Zahlungsunfähigkeit ergeben. Es genügt nicht, wenn aus Sicht des Anfechtungsgegners die Zahlungsunfähigkeit lediglich droht.[80] Ob der Anfechtungsgegner zwingend auf die Zahlungsunfähigkeit der Schuldnerin schließen musste, ist nach dem objektivierten Maßstab eines mit der Person des Anfechtungsgegners vergleichbaren Dritten zu bestimmen.[81] Es genügt daher, dass der Anfechtungsgegner die tatsächlichen Umstände kennt, aus denen bei zutreffender rechtlicher Bewertung die Zahlungsunfähigkeit zweifelsfrei folgt. Bewertet der

---

76 BGH, 27.03.2008 – IX ZR 98/07, NJW 2008, 2190 Rn. 13.
77 BGH, 19.05.2011 – IX ZR 9/10, ZInsO 2011, 1115 Rn. 23.
78 BGH, 25.10.2012 – IX ZR 117/11, ZInsO 2012, 2244 Rn. 21.
79 BGH, 06.12.2012 – IX ZR 3/12, ZInsO 2013, 190 Rn. 33.
80 BGH, 19.02.2009 – IX ZR 62/08, ZInsO 2009, 515 Rn. 14.
81 BGH, 06.12.2012 – IX ZR 3/12, ZInsO 2013, 190 Rn. 33.

Gläubiger das ihm vollständig bekannte Tatsachenbild falsch, kann er sich nicht mit Erfolg darauf berufen, dass er diesen Schluss nicht gezogen hat.[82]

Eine Obliegenheit zur eigenen Ermittlung oder weiteren Nachforschung bei ersten Anzeichen einer Zahlungsunfähigkeit trifft den Anfechtungsgegner in Abgrenzung zur groben Fahrlässigkeit regelmäßig nicht.[83] 29

Bewertet der Anfechtungsgegner die ihm bekannten Umstände falsch (Rechtsirrtum), kann er sich nicht mit Erfolg darauf berufen, dass er den an und für sich zwingenden Schluss tatsächlich nicht gezogen hat. Irrt sich der Anfechtungsgegner im Gegenzug jedoch nachweislich über die zugrunde liegenden Tatsachen (Tatsachenirrtum) und nimmt Umstände an, die keinen zwingenden Schluss auf die Zahlungsunfähigkeit rechtfertigen, so fehlt ihm die nach § 130 Abs. 2 InsO notwendige Kenntnis.[84] 30

2. Kenntnis von der die Zahlungsunfähigkeit indizierenden Umständen

Waren dem Anfechtungsgegner Umstände bekannt, die den Tatbestand der Zahlungseinstellung (§ 17 Abs. 2 InsO) ausfüllen, so kannte er Umstände, die den zwingenden Schluss auf die Zahlungsunfähigkeit des Schuldners zuließen (Definition und Umständen der Zahlungsunfähigkeit s. auch Kap. 3 § 17 InsO Rdn. 13 ff.).[85] Die Vermutung des § 17 Abs. 2 Satz 2 InsO gilt auch für § 130 Abs. 2 InsO.[86] Insoweit kann die Kenntnis von der Zahlungseinstellung (s. hierzu Kap. 3 § 17 InsO Rdn. 34 ff.), d.h. die Kenntnis von dem nach außen hervortretenden Verhalten des Schuldners, in dem sich typischerweise ausdrückt, dass er wegen eines voraussichtlich andauernden Mangels an Zahlungsmitteln seine fälligen Verbindlichkeiten nicht mehr erfüllen kann,[87] nach § 130 Abs. 2 InsO genügen. 31

---

82 BGH, 25.05.2023 – IX ZR 116/21, ZInsO 2023, 1703 Rn. 14; BGH, 15.11.2018 – IX ZR 81/18, ZInsO 2019, 192 Rn. 5; BGH, 08.01.2015 – IX ZR 203/12 Rn. 25, ZInsO 2015, 396; BGH, 18.07.2013 – IX ZR 143/12, ZInsO 2013, 2109 Rn. 17; OLG Thüringen, 13.11.2024 – 2 U 660/23, ZRI 2024, 1139 Rn. 79; OLG Schleswig, 23.06.2021 – 9 U 109/20, ZInsO 2021, 1805 Rn. 39; Schultz, ZIP 2018, 1527.

83 BGH, 08.02.2024 – IX ZR 177/22, ZInsO 2024, 683 Rn. 32; BGH, 19.02.2009 – IX ZR 62/08, ZInsO 2009, 515 Rn. 13.

84 Zur Frage des Irrtums hinsichtlich der Fälligkeit: BGH, 23.01.2025 – IX ZR 229/22, ZInsO 2025, 577 Rn. 25; BGH, 24.02.2022 – IX ZR 250/20, ZInsO 2022, 757 Rn. 24; BGH, 19.02.2009 – IX ZR 62/08, ZInsO 2009, 515 Rn. 14.

85 BGH, 10.07.2003 – IX ZR 89/02, ZInsO 2003, 755 Rn. 17.

86 BGH, 09.01.2003 – IX ZR 175/02, ZInsO 2003, 180 Rn. 30.

87 BGH, 17.11.2016 – IX ZR 65/15, ZInsO 2016, 2474 Rn. 18; BGH, 14.07.2016 – IX ZR 188/15, ZInsO 2016, 1749, Rn. 14; BGH, 16.06.2016 – IX ZR 23/15, ZInsO 2016, 1427 Rn. 11; BGH, 09.06.2016 – IX ZR 174/15, ZInsO 2016, 1357 Rn. 27; BGH, 12.05.2016 – IX ZR 65/14, ZInsO 2016, 1251 Rn. 30; BGH, 24.03.2016 – IX ZR 242/13, ZInsO 2016, 910 Rn. 7; BGH, 25.02.2016 – IX ZR 109/15, ZInsO 2016, 628 Rn. 12; BGH, 21.01.2016 – IX ZR 32/14, ZInsO 2016, 507 Rn. 12; BGH, 30.04.2015 – IX ZR 149/14, ZInsO 2015, 1441 Rn. 9; BGH, 08.01.2015 – IX ZR 203/12, ZInsO 2015, 396 Rn. 13; BGH, 19.09.2013 – IX ZR 232/12, ZInsO 2013, 2055 Rn. 6; BGH, 18.07.2013 – IX ZR 143/12, ZInsO 2013, 2109 Rn. 10; BGH, 07.05.2013 – IX ZR

32 Für den zwingenden Rückschluss auf die Zahlungsunfähigkeit kann es demnach grds. genügen, wenn der Anfechtungsgegner weiß, dass der Schuldner einen nicht unwesentlichen Teil (10 %) der fälligen Forderungen des Anfechtungsgegners derzeit nicht erfüllen kann und auch keine konkrete Aussicht besteht, dass in einem Zeitraum von drei Wochen hierfür ausreichende und verwendbare Geldmittel erlangt werden.[88] Die Nichtzahlung gegenüber einem einzigen Gläubiger kann den Schluss auf die Zahlungsunfähigkeit zwingend erscheinen lassen, wenn dessen Forderung von insgesamt nicht unerheblicher Höhe ist. Als nicht unerheblich kann bei einem mittelständischen Unternehmen ein Rückstand i.H.v. 25.000,00 – 30.000,00 € angesehen werden.[89] Es kann daher ausreichen, dass der Gläubiger vor oder zum Zeitpunkt der angefochtenen Rechtshandlung seine Ansprüche vergeblich eingefordert hat, diese verhältnismäßig hoch sind und er keine greifbare Grundlage für die Erwartung hat, dass der Schuldner über genügend flüssige Geldmittel verfügt, um die Forderung spätestens drei Wochen nach deren Fälligkeit erfüllen zu können.[90] Ein Lieferant kennt unter Berücksichtigung der Umstände des Einzelfalls die Zahlungsunfähigkeit eines Schuldners bereits dann, wenn dieser über einen Zeitraum von sechs Monaten hinweg keine fälligkeitsnahen Rechnungsbegleichungen mehr vorgenommen hat. Dann verfestigte sich über mehrere Monate eine Entwicklung, die anhaltend davon geprägt ist, dass Zahlungen erst unmittelbar mit oder nach Ablauf der 3-Wochen-Frist erfolgen. Damit ist eine Verdichtung der Anzeichen dafür anzunehmen, dass der Schuldner in Folge ständig verspäteter Rechnungsbegleichungen einen Forderungsrückstand vor sich herschiebt und somit nicht mehr zahlungsfähig ist.[91]

33 Auch redaktionelle Presseberichte, die keine amtlichen Verlautbarungen enthalten, können Umstände i.S.d. § 130 Abs. 2 InsO darstellen.[92] Derartige Berichte können für einen Großgläubiger wie das FA sogar eine Beobachtungs- und Erkundigungspflicht begründen, um die bereits erworbene Kenntnis zu entkräften.[93] Die Beobachtungs-

113/10, ZInsO 2013, 1419 Rn. 15; BGH, 25.01.2001 – IX ZR 6/00, ZInsO 2001, 318 Rn. 30; OLG Frankfurt, 31.03.2017 – 8 U 148/16 n. v. Rn. 51; OLG Celle, 01.12.2016 – 16 U 127/16, ZInsO 2017, 278 Rn. 46.

88 BGH, 23.01.2025 – IX ZR 229/22, ZInsO 2025, 577 Rn. 25; BGH, 24.02.2022 – IX ZR 250/20, ZInsO 2022, 757 Rn. 24; OLG Celle, 30.10.2009 – 13 U 130/08, ZInsO 2009, 386 Rn. 14.

89 BGH, 17.11.2016 – IX ZR 65/15, ZInsO 2016, 2474 Rn. 28; BGH, 01.07.2010 – IX ZR 70/08, ZInsO 2010, 1598 Rn. 10; OLG Brandenburg, 16.01.2008 – 7 U 95/07, IRB 2010, 391 Rn. 17.

90 BGH, 10.01.2013 – IX ZR 13/12, ZInsO 2013, 179 Rn. 16; BGH, 25.10.2012 – IX ZR 117/11, ZInsO 2012, 2244 Rn. 19.

91 OLG Dresden, 12.11.2013 – 13 U 922/14 n. v.

92 BGH, 08.02.2024 – IX ZR 107/22, ZInsO 2024, 683 Rn. 34; BGH, 19.07.2001 – IX ZR 36/99, ZInsO 2001, 904 Rn. 21; OLG Oldenburg, 23.07.2015 – 1 U 94/14, ZInsO 2015, 2025 Rn. 67.

93 BGH, 06.05.2021 – IX ZR 72/20, ZInsO 2021, 1627 Rn. 18; BGH, 19.02.2009 – IX ZR 62/08, ZInsO 2009, 515 Rn. 21; anders für sonstige Gläubiger: LG Hamburg, 06.02.2009 – 332 O 291/07, VersR 2009, 1073 Rn. 14.

und Erkundungspflicht muss an besondere Umstände anknüpfen. Grob fahrlässige Unkenntnis – auch infolge einer Verletzung der Beobachtungs- und Erkundungsobliegenheit – reicht nicht.[94] Gerät ein Schuldner mit seinen laufenden (Steuer) Verbindlichkeiten über einen Zeitraum von mehreren Monaten zunehmend in Rückstand und leistet lediglich Teilzahlungen, ist dieses geeignet, Kenntnis von Umständen, die zwingend auf die Zahlungsunfähigkeit schließen lassen, anzunehmen. Das gilt insb., wenn keine konkreten Anhaltspunkte dafür bestehen, dass der Schuldner in Zukunft seine fälligen Forderungen alsbald erfüllen wird.[95]

Die zeitliche Grenze von der Zahlungsstockung zur nach außen erkennbaren Zahlungseinstellung ist auch i.R.d. subjektiven Beurteilung parallel zur Definition der Zahlungsunfähigkeit nach § 17 Abs. 2 InsO (s. Kap. 3 § 17 InsO Rdn. 46 ff.) nach Ablauf von drei Wochen bis einem Monat überschritten. Soweit der Schuldner bei einer Ratenzahlungsvereinbarung die Vereinbarung fristgemäß einhält, liegt noch keine Kenntnis von zwingenden Umständen vor.[96] Beträgt der Stundungszeitraum jedoch mehr als drei Wochen, ist von einer Zahlungsstockung nur auszugehen, wenn der gestundete Betrag die Grenze der Erheblichkeit nicht überschreitet.[97] 34

Die Kenntnis des Anfechtungsgegners von einer deckungsbedingten Rücklastschrift stellt schon für sich genommen ein erhebliches Indiz für die Kenntnis von der Zahlungsunfähigkeit des Schuldners dar.[98] Zusammen mit weiteren Umständen – etwa nicht eingehaltenen Ratenzahlungsvereinbarungen, weiteren deckungsbedingten Rücklastschriften, eigenen Erklärungen des Schuldners – kann sich für den Anfechtungsgegner das Gesamtbild der Zahlungsunfähigkeit ergeben. Des Weiteren kann ein relevanter Umstand darin liegen, dass nach vorheriger (teilweiser) Befriedigung von Rückständen erneut nicht unwesentliche Rückstände bei einem Anfechtungsgegner entstehen.[99] 35

a) Arbeitnehmer

Im Fall der Nichtzahlung von Löhnen über einen langen Zeitraum kommt es auf den Einblick des Anfechtungsgegners in den Geschäftsbetrieb des Schuldners an. Maßgeblich sind insoweit die konkrete Position und die damit verbundenen Aufgaben des jeweiligen Arbeitnehmers (vgl. weiterführend Kap. 4 Rdn. 830 ff.). Für Lohnzahlungen des insolventen Arbeitgebers innerhalb von 30 Tagen nach Fälligkeit galt bislang das Bargeschäftsprivileg, wenn der Arbeitnehmer vorleistungspflichtig war.[100] Nunmehr hat der Gesetzgeber in der ab dem 05.04.2017 geltenden Fassung des § 142 Abs. 2 Satz 2 InsO das Bargeschäftsprivileg dahingehend erweitert, dass 36

94 BGH, 08.02.2024 – IX ZR 107/22, ZInsO 2024, 683 Rn. 34; BGH, 06.05.2021 – IX ZR 72/20, ZInsO 2021, 1627 Rn. 21; BGH, 30.06.2011 – IX ZR 155/08, ZInsO 2011, 1454 Rn. 21.
95 BGH, 09.01.2003 – IX ZR 175/02, ZInsO 2003, 180 Rn. 30.
96 BGH, 14.07.2016 – IX ZR 188/15, ZInsO 2016, 1749 Rn. 17.
97 BGH, 01.07.2010 – IX ZR 70/08, ZInsO 2010, 1598 Rn. 10.
98 BGH, 01.07.2010 – IX ZR 70/08, ZInsO 2010, 1598 Rn. 10.
99 Graf-Schlicker/Huber, § 130 InsO Rn. 20.
100 BGH, 10.07.2014 – IX ZR 192/13, ZInsO 2014, 1602 Rn. 15.

der Zeitraum zwischen Arbeitsleistung und Zahlung des Arbeitsentgelts drei Monate nicht übersteigen darf.[101]

b) Finanzämter und Sozialversicherungsträger

37 Als Teil der Gruppe der institutionellen Gläubiger sind die Anforderungen, die an die Kenntnis der Finanzverwaltung zu stellen sind, generell niedriger als bei sonstigen Gläubigern (zu den Besonderheiten der Anfechtung im Hinblick auf Finanzämter und Sozialversicherungsträger s. weiterführend Kap. 4 Rdn. 148 ff.).[102] Die dort getroffenen allgemeinen Feststellungen für institutionelle Gläubiger gelten hier gleichermaßen.[103]

38 Des Weiteren ist davon auszugehen, dass gerade die Nichtzahlung von Steuerverbindlichkeiten und Sozialversicherungsbeiträgen deutliche Indizien für die bereits eingetretene Zahlungsunfähigkeit des Schuldners sind.[104] Diese Verbindlichkeiten werden typischerweise nur dann nicht bei Fälligkeit beglichen, wenn die erforderlichen Geldmittel hierfür nicht vorhanden sind. Diese Annahme beruht auf den Folgen, die die Nichtzahlung solcher Verbindlichkeiten nach sich ziehen:
- Strafbarkeit nach § 266a StGB,[105]
- vollständiger oder teilweiser Entzug der Gewerbeerlaubnis nach § 35 GewO,
- beschleunigtes Zwangsvollstreckungsverfahren.

39 Zahlt der Schuldner die monatlich fälligen Sozialversicherungsbeiträge in einem Zeitraum von 12 – 18 Monaten nicht bei Fälligkeit, sondern lässt regelmäßig mehrere Monatsbeiträge unbeglichen, so zeigen sich allein hieraus dem Anfechtungsgegner Umstände, die den Schluss auf die Zahlungsunfähigkeit zwingend erscheinen lassen können.[106] Jedenfalls ist eine sechsmonatige Nichtabführung von Sozialversicherungsbeiträgen nicht erforderlich.[107]

c) Banken

40 Hält eine Bank den Schuldner nicht mehr für kreditwürdig und kündigt sie deshalb einen Kredit von erheblicher Höhe, verbunden mit der sofortigen Fälligstellung unter Androhung von Zwangsmitteln, hat sie Kenntnis von der Zahlungseinstellung (§ 17 Abs. 2 Satz 2 InsO). Die lediglich theoretische Möglichkeit, der Schuldner erhalte noch irgendwoher Kredit, steht der Kenntnis der Gläubigerbank von der Zahlungs-

101 Raabe, InsbürO 2017, 182, 185.
102 BGH, 19.07.2001 – IX ZR 36/99, ZInsO 2001, 904 Rn. 21.
103 BGH, 06.05.2021 – IX ZR 72/20, ZInsO 2021, 1627 Rn. 19.
104 BGH, 07.05.2015 – IX ZR 95/14, ZInsO 2015, 1262 Rn. 20; BGH, 07.11.2013 – IX ZR 49/13, ZInsO 2013, 2434 Rn. 13; BGH, 19.02.2009 – IX ZR 62/08, ZInsO 2009, 515 Rn. 16.
105 OLG Rostock, 10.07.2006 – 3 U 158/05, ZInsO 2006, 1109 Rn. 28.
106 OLG Hamburg, 26.08.2016 – 1 U 207/14, NZI 2016, 1003 Rn. 22; OLG Rostock, 10.07.2006 – 3 U 158/05, ZInsO 2006, 1109; OLG Celle, 09.02.2000 – 2 W 101/99, ZIP 2000, 1675 Rn. 14.
107 BGH, 07.05.2015 – IX ZR 95/15, ZInsO 2015, 1262 Rn. 20.

einstellung nicht entgegen. Ausreichend ist bereits eine einzige ernsthafte Zahlungsaufforderung.[108]

41 Für die Beurteilung der Kenntnis der Banken ist des Weiteren zu berücksichtigen, dass bei laufenden Krediten diese nach den bankrechtlichen Auflagen gemäß KWG, SolvV und MaRisk zur weitgehenden Risikoüberwachung und zeitnahen Informationseinholung über die wirtschaftlichen Belange des Schuldners verpflichtet sind (s. weiterführend Kap. 4 Rdn. 83 ff.).

42 Ein grundsätzlich anfechtungsfestes Absonderungsrecht der Bank kann anfechtbar sein, wenn die Wertschöpfung, die zur Werthaltigkeit des Absonderungsrechts geführt hat, in den letzten drei Monaten vor dem Eröffnungsantrag stattgefunden hat. Die Beweislast für die Voraussetzungen des Werthaltigmachens des Absonderungsrechts liegt beim Insolvenzverwalter.[109]

d) Sonstige Gläubiger

43 Die Voraussetzungen des § 130 Abs. 2 InsO sind erfüllt, wenn der Anfechtungsgegner die tatsächlichen Umstände kennt, aus denen bei zutreffender rechtlicher Bewertung die Zahlungsunfähigkeit zweifelsfrei folgt. Da außenstehende Dritte selten über entsprechende Kenntnisse im Hinblick auf die Zahlungsmittel oder das allgemeine Zahlungsverhalten des Schuldners verfügen, ist auf die aus eigener Anschauung gewonnenen Erkenntnisse abzustellen. Wenn der Anfechtungsgegner selbst eine verhältnismäßig hohe Forderung vergeblich eingefordert und keine konkrete Aussicht auf eine fristgerechte Zahlung durch den Schuldner besteht, hat der Anfechtungsgegner Kenntnis von der Zahlungseinstellung.[110] Ein Lieferant muss jedoch allein wegen Zahlungsverzögerungen und der Nichteinlösung eines Schecks bei einer dann folgenden freiwilligen Zahlung des Schuldners noch nicht zwingend von der Zahlungsunfähigkeit nach § 130 Abs. 2 InsO ausgehen.[111]

44 Umstände i.S.v. § 130 Abs. 2 InsO, die zwingend auf die Zahlungsunfähigkeit schließen lassen, können insb. dann vorliegen, wenn ein Steuerberater (zur Anfechtung ggü. Steuerberatern, Wirtschaftsprüfern und Rechtsanwälten, Kap. 4 Rdn. 630 ff.) die Finanzbuchhaltung des Schuldners bearbeitet und sich ihm erhebliche Verluste zeigen. Der Einblick in sämtliche Daten, die Kreditoren, Debitoren, Kasse und Bank betreffen, kann demnach bei objektiv bestehender Zahlungsunfähigkeit ausreichend sein.[112]

108 BGH, 27.04.1995 – IX ZR 147/94, ZIP 1995, 929 Rn. 31.
109 BGH, 11.06.2015 – IX ZR 110/13, ZInsO 2015, 1500 Rn. 25.
110 BGH, 11.02.2010 – IX ZR 104/07, ZInsO 2010, 673 Rn. 39.
111 OLG Düsseldorf, 12.12.2002 – 12 U 122/02, ZIP 2003, 1163 Rn. 31.
112 LG Essen, 08.03.2006 – 13 S 213/05, ZInsO 2006, 836 Rn. 6.

3. Kenntnis von Umständen, die den zwingenden Schluss auf den Eröffnungsantrag zulassen

45 Grds. kommt es für die Kenntnis von Umständen, die den zwingenden Schluss auf den Eröffnungsantrag zulassen (§ 130 Abs. 2 InsO), auf den zur Verfahrenseröffnung führenden Antrag an. Ausreichend kann jedoch in Anlehnung an § 139 Abs. 2 InsO die Kenntnis von einem zulässigen und begründeten Antrag, der nicht für erledigt erklärt wurde, selbst wenn dieser nicht zur Verfahrenseröffnung geführt hat, sein.[113] Ob Zahlungsunfähigkeit zum Zeitpunkt des Insolvenzantrages vorlag, kann dahinstehen.

46 Da die Bestellung eines vorläufigen Verwalters einen Eröffnungsantrag voraussetzt, stellt die Kenntnis über die Bestellung eines vorläufigen Verwalters einen hinreichenden Umstand dar. Aus der öffentlichen Bekanntmachung (§ 9 Abs. 1 Satz 3 InsO) der Bestellung eines vorläufigen Insolvenzverwalters ergibt sich jedoch nicht die Kenntnis des Anfechtungsgegners vom Eröffnungsantrag gegen den Schuldner.[114]

IV. Darlegungs- und Beweislast

47 Für sämtliche objektiven und subjektiven Tatbestandsmerkmale des Abs. 1 Satz 1 und Abs. 2 trägt der Insolvenzverwalter die Darlegungs- und Beweislast.[115] Bei der gerichtlichen Geltendmachung dürfen jedoch keine zu hohen Anforderungen an die Substantiierungslast gestellt werden. Ist die Zahlungsunfähigkeit zu einem bestimmten Zeitpunkt darzulegen, genügt deshalb die Vorlage von Listen für die bestehenden Verbindlichkeiten des Schuldners mit Angabe der Gründe, aus denen sie resultieren und aus denen sich deren Fälligkeit ergibt.[116] I.R.d. Anfechtungsprozesses obliegt es dem Richter, sämtliche aufgezeigten Indizien und Beweisanzeichen im Kontext zu beurteilen und seiner richterlichen Überzeugung i.S.d. § 286 ZPO zugrunde zu legen (s. weiterführend Kap. 7 Rdn. 72 ff.).

48 Ist der Insolvenzverwalter seiner Darlegungs- und Beweislast hinsichtlich der objektiven Zahlungsunfähigkeit nachgekommen, obliegt es dem Anfechtungsgegner darzulegen und zu beweisen, dass die objektive Zahlungsunfähigkeit nachträglich wieder entfallen ist. Für eine solche Wiederherstellung der Zahlungsfähigkeit sind nicht nur die vereinbarten Zahlungen gegenüber dem Gläubiger zu erbringen, sondern der Schuldner muss zumindest auch den wesentlichen Teil seiner übrigen Verbindlichkeiten gegenüber allen Gläubigern bedienen.[117]

---

113 BGH, 20.11.2001 – IX ZR 48/01, ZInsO 2002, 29 Rn. 11.

114 BGH, 10.11.2011 – IX ZA 1/10 Rn. 4, n.v.; BGH, 21.10.2010 – IX ZR 240/09, ZInsO 2010, 2293 Rn. 14; BGH, 07.10.2010 – IX ZR 209/09, ZInsO 2010, 2296 Rn. 19.

115 Uhlenbruck/Borries/Huber/Hirte, § 130 InsO Rn. 105; Graf-Schlicker/Huber, § 130 InsO Rn. 20.

116 BGH, 19.12.2017 – II ZR 88/16, ZInsO 2018, 381; BGH, 12.07.2007 – IX ZR 210/04, ZInsO 2007, 1046 Rn. 5; Mylich, ZIP 2018, 514.

117 BGH, 17.11.2016 – IX ZR 65/15, ZInsO 2016, 2474 Rn. 25; BGH, 24.03.2016 – IX ZR 242/13, ZInsO 2016, 910 Rn. 12: Frage der sekundären Behauptungslast des Insolvenzverwalters wegen fehlender Entscheidungserheblichkeit offengelassen; BGH,

Für den nachträglichen Wegfall der subjektiven Anfechtungsvoraussetzung der Kenntnis der Zahlungsunfähigkeit gilt Entsprechendes. Ein Gläubiger, der von der einmal eingetretenen Zahlungsunfähigkeit des Schuldners wusste, hat darzulegen und zu beweisen, warum er später davon ausging, der Schuldner habe seine Zahlungen möglicherweise allgemein wiederaufgenommen. Die Schlussfolgerung des Anfechtungsgegners, wonach die Zahlungsunfähigkeit des Schuldners zwischenzeitlich behoben ist, muss von einer ihm nachträglich bekannt gewordenen Veränderung der Tatsachengrundlage und nicht von einem bloßen »Gesinnungswandel« getragen sein. So dürfen die Umstände, welche die Kenntnis des Anfechtungsgegners begründen, nicht mehr gegeben sein. Der Fortfall der Umstände allein bewirkt jedoch nicht zwingend den Verlust der Kenntnis. Vielmehr ist auf der Grundlage aller von den Parteien vorgetragenen Umstände des Einzelfalls zu würdigen, ob eine Kenntnis der Zahlungsunfähigkeit bei Vornahme der Rechtshandlung nicht mehr bestand.[118] 49

Hinsichtlich etwaiger Gegenrechte trifft den Anfechtungsgegner eine sekundäre Darlegungslast. Trägt der Anfechtungsgegner solche Rechte vor, muss der Insolvenzverwalter beweisen, dass diese Rechte nicht bestehen.[119] 50

Gem. Abs. 3 wird die notwendige Kenntnis für nahestehende Personen (§ 138 InsO) widerleglich vermutet, sodass aufgrund der gesetzlichen Beweislastumkehr diese das Fehlen der Kenntnis zum Zeitpunkt der angefochtenen Rechtshandlung darzulegen und zu beweisen haben.[120] Die Vermutung bezieht sich nur auf die subjektiven Anfechtungsvoraussetzungen.[121] 51

§ 131 Inkongruente Deckung

(1) Anfechtbar ist eine Rechtshandlung, die einem Insolvenzgläubiger eine Sicherung oder Befriedigung gewährt oder ermöglicht hat, die er nicht oder nicht in der Art oder nicht zu der Zeit zu beanspruchen hatte,

1. **wenn die Handlung im letzten Monat vor dem Antrag auf Eröffnung des Insolvenzverfahrens oder nach diesem Antrag vorgenommen worden ist,**
2. **wenn die Handlung innerhalb des zweiten oder dritten Monats vor dem Eröffnungsantrag vorgenommen worden ist und der Schuldner zur Zeit der Handlung zahlungsunfähig war oder**
3. **wenn die Handlung innerhalb des zweiten oder dritten Monats vor dem Eröffnungsantrag vorgenommen worden ist und dem Gläubiger zur Zeit der Handlung bekannt war, daß sie die Insolvenzgläubiger benachteiligte.**

25.02.2016 – IX ZR 109/15, ZInsO 2016, 628 Rn. 24; BGH, 17.12.2015 – IX ZR 61/14, ZInsO 2016, 214 Rn. 27; BGH, 06.12.2012 – IX ZR 3/12, ZInsO 2013, 190 Rn. 33.

118 BGH, 17.12.2015 – IX ZR 61/14, ZInsO 2016, 214 Rn. 27.

119 BGH, 11.06.2015 – IX ZR 110/13, ZInsO 2015, 1499 Rn. 24.

120 BGH, 03.03.2022, IX ZR 78/20, ZInsO 2022, 640 Rn. 99; BGH, 15.11.2012 – IX ZR 205/11, ZInsO 2012, 2335 Rn. 11; K/P/B/Schoppmeyer, § 130 InsO Rn. 162.

121 BGH, 22.02.2024 – IX ZR 106/21, ZInsO 2024, 788 Rn. 21.

(2) Für die Anwendung des Absatzes 1 Nr. 3 steht der Kenntnis der Benachteiligung der Insolvenzgläubiger die Kenntnis von Umständen gleich, die zwingend auf die Benachteiligung schließen lassen. Gegenüber einer Person, die dem Schuldner zur Zeit der Handlung nahestand (§ 138), wird vermutet, daß sie die Benachteiligung der Insolvenzgläubiger kannte.

Übersicht Rdn.

Schrifttum

Gehrlein, Aktuelle Rechtsprechung zur Insolvenzanfechtung, ZRI 2024, 457 ff.; *ders.*, Rechtsprechungsreport zur Unternehmensinsolvenz 2022/2023, BB 2023, 2307; *ders.*, Die Deckungsanfechtung in der höchstrichterlichen Rechtsprechung, DZWIR 2022, 441 ff.; *ders.*, Der Begriff der Zahlungsunfähigkeit, ZInsO 2018, 354 ff.; *ders.*, Aktuelle Rechtsprechung des BGH zur Insolvenzanfechtung, DB 2018, 425 ff.; *ders.*, Zur Gläubigerbenachteiligung als Grundvoraussetzung der Insolvenzanfechtung, ZInsO 2017, 128 ff.; *Häger/Harig*, Subjektive Elemente bei § 131 InsO sowie § 133 InsO – Zur Frage der Kenntnis von Inkongruenz bzw. Rechtshandlung, ZInsO 2013, 1677 ff.; *Obermüller/Obermüller*, Anfechtung und Insolvenzfestigkeit von Sicherungsabtretungen, ZInsO 2018, 233 ff.; *Ponseck/Swierczok*, Thema: Anfechtbarkeit von Kongruenzvereinbarungen bei Dauerschuldverhältnissen, ZInsO 2017, 420 ff.; *Raebel*, Die Rückschlagsperre im System der Verfügungshindernisse und Verfügungsbeschränkungen, ZInsO 2003, 1124 ff.; *Schoppmeyer*, Rechtssystematische Überlegungen zum Insolvenzanfechtungsrecht nach der Reform, WM 2018, 301 ff.; *Schultz*, Der Warenkredit im Insolvenzanfechtungsprozess, ZIP 2018, 1527 ff.; *Urlaub/Rebel*, Thema: Vermeidung von Anfechtungsrisiken nach Inkrafttreten des Gesetzes zur Verbesserung der Rechtssicherheit bei Anfechtung nach der Insolvenzordnung und nach dem Anfechtungsgesetz, ZInsO 2017, 1136 ff.

A. Kernbereich der Regelung und Systematik

1 Wie § 130 InsO erfasst § 131 InsO zeitlich anfechtbare Rechtshandlungen in den letzten drei Monaten vor dem Antrag auf Eröffnung des Insolvenzverfahrens und

danach (gesetzliche Krise) und bildet zusammen mit den §§ 130, 132 InsO die sog. besondere Insolvenzanfechtung. Diese dient dazu, den Grundsatz der Gläubigergleichbehandlung (par condicio creditorum) schon auf die Zeitspanne der gesetzlichen Krise vorzuverlagern.[1]

Gem. § 131 InsO sind in diesem Zeitraum inkongruente Deckungen im Gegensatz zu § 130 InsO nach erleichterten Voraussetzungen anfechtbar.[2] Die Inkongruenz dient rechtstechnisch insofern im Zeitraum der gesetzlichen Krise als (wesentliches) Indiz für die unwiderlegliche Vermutung der notwendigen Kenntnis und lässt demnach z.T. die Schutzwürdigkeit des Anfechtungsgegners entfallen. Für den Zeitraum des letzten Monats vor Antragstellung und danach reicht ihr Vorliegen alleine zur Überwindung der Schutzwürdigkeit der erlangten Deckung aus. Insoweit besteht hier eine systematische Parallele der Inkongruenz zur Rückschlagsperre nach § 88 InsO,[3] welche nur Sicherungen durch Zwangsvollstreckungshandlungen im letzten Monat vor Antragstellung für unwirksam erklärt. Neben der zeitlichen Trennung nach Nr. 1 sowie Nr. 2 und Nr. 3 ergeben sich zwei alternative Anfechtungsmöglichkeiten (Nr. 2 und Nr. 3) im zweiten und dritten Monat vor Antragstellung, nach denen eine inkongruente Deckung angefochten werden kann. 2

B. Norminhalt

Erfasst werden Rechtshandlungen in der gesetzlichen Krise, die einem Insolvenzgläubiger eine inkongruente Befriedigung oder Sicherung gewährt oder ermöglicht haben. 3

I. Einführung

Zu den Merkmalen der Rechtshandlung (vgl. Kap. 3 § 129 InsO Rdn. 3 ff.), die keine eigene des Schuldners sein muss, und der hier ausreichenden mittelbaren Gläubigerbenachteiligung (s. Kap. 3 § 129 InsO Rdn. 13 ff.) wird auf die Kommentierung zu § 129 InsO verwiesen.[4] Die Tatbestandsvoraussetzungen der Gewährung oder der Ermöglichung (vgl. hierzu Kap. 3 § 130 InsO Rdn. 14 f.) einer Sicherung (s. hierzu Kap. 3 § 130 InsO Rdn. 13) oder Befriedigung (vgl. Kap. 3 § 130 InsO Rdn. 12) decken sich mit denen des § 130 Abs. 1 InsO. Auch der Begriff des Insolvenzgläubigers in § 131 InsO entspricht dem des § 130 Abs. 1 InsO (s. Kap. 3 § 130 InsO Rdn. 9 ff.). 4

Während der Regierungsentwurf zur Reform des Anfechtungsrechtes noch eine Gesetzesänderung zur Privilegierung von Zwangsvollstreckungsmaßnahmen enthielt,[5] wurde darauf – nach heftiger Kritik an der damit verbundenen verdeckten Wiedereinführung des sog. »Fiskusprivilegs« – schließlich verzichtet.[6] 5

1 BGH, 06.05.2021 – IX ZR 72/20, ZInsO 2021, 1627 Rn. 33.
2 BGH, 09.01.2025 – IX ZR 41/23, ZInsO 2025, 752 Rn. 22.
3 Raebel, ZInsO 2003, 1124, 1126.
4 Gehrlein, ZInsO 2017, 128; Schoppmeyer, WM 2018, 301.
5 BT-Drucks. 18/7054, S. 12.
6 Urlaub/Rebel, ZInsO 2017, 1136, 1137.

II. § 131 Abs. 1 InsO

6 Der Gesetzgeber hat – abhängig vom Zeitpunkt der Rechtshandlung – unterschiedliche Anforderungen an die Anfechtbarkeit nach § 131 Abs. 1 InsO gestellt. Im letzten Monat vor Antragstellung und danach (§ 131 Abs. 1 Nr. 1 InsO) sind neben der Inkongruenz keine weiteren Voraussetzungen erforderlich. Wenn die Handlung innerhalb des zweiten oder dritten Monats vor Antragstellung vorgenommen wurde, ist die Anfechtbarkeit nur unter der zusätzlichen Voraussetzung der bereits eingetretenen Zahlungsunfähigkeit (§ 131 Abs. 1 Nr. 2 InsO) oder der Kenntnis des Gläubigers von der gläubigerbenachteiligenden Wirkung der Rechtshandlung (§ 131 Abs. 1 Nr. 3 InsO) gegeben.[7]

7 Die Privilegierung des Bargeschäfts i.S.d. § 142 Abs. 1 InsO (vgl. hierzu Kap. 3 § 142 InsO Rdn. 7 ff.) findet im Gefüge des § 131 InsO keine Berücksichtigung, da dem Bargeschäft die Kongruenz immanent ist.[8]

1. Inkongruenz

8 Eine Deckungshandlung ist grds. inkongruent, wenn der Gläubiger auf die ermöglichte oder gewährte Deckung nach dem Inhalt des Schuldverhältnisses einen Anspruch nicht, nicht in der Art oder nicht zu der Zeit hatte.[9] Die Inkongruenz stellt somit den Gegenbegriff zur Kongruenz (s. Kap. 3 § 130 InsO Rdn. 17 ff.) dar. Die subjektiven Vorstellungen der Beteiligten sind für die Abgrenzung nicht beachtlich, da die Berücksichtigung solcher Partikularinteressen dem Grundgedanken der Gläubigergleichbehandlung (§ 1 InsO) zuwiderliefe.[10] Die Kenntnis des Anfechtungsgegners von der Inkongruenz ist nach dem Gesetzeswortlaut nicht erforderlich.[11] Es kommt nur auf die objektive Sichtweise an.

9 Spätere Inhaltsänderungen eines bestehenden Schuldverhältnisses (§ 311 Abs. 1, 2. Alt. BGB) können die Inkongruenz entfallen lassen. Erforderlich ist aber, dass die der Änderung zugrunde liegende Rechtshandlung nicht ihrerseits der Anfechtbarkeit unterliegt.[12] Eine Kongruenzvereinbarung ist allerdings nur dann gem. §§ 130, 131 InsO anfechtbar, wenn dadurch die Kongruenz einer Deckung hergestellt werden soll, die nicht auf der Grundlage eines privilegierten Bargeschäfts stattfindet.[13] Lediglich geringfügige Abweichungen von der nach dem Inhalt des Anspruchs typischen und

7 Gehrlein, DB 2018, 425.
8 BGH, 17.12.2015 – IX ZR 287/14, ZInsO 2016, 326 Rn. 21; BGH, 13.04.2006 – IX ZR 158/05, ZInsO 2006, 712 Rn. 28; BGH, 17.06.2004 – IX ZR 124/03, ZInsO 2004, 856 Rn. 13.
9 Uhlenbruck/Borries/Huber/Hirte, § 131 InsO Rn. 3.
10 BT-Drucks. 12/2443, S. 90; BGH, 02.04.2009 – IX ZB 182/08, ZInsO 2009, 820 Rn. 29.
11 Hierzu kritisch: Häger/Harig, ZInsO 2013, 1677, 1678 ff.
12 BGH, 17.07.2014 – IX ZR 240/13, ZInsO 2014, 1655 Rn. 19; HambKomm-InsR/Rogge/Leptien, § 131 InsO Rn. 3.
13 BGH, 17.12.2015 – IX ZR 287/14, ZInsO 2016, 326 Rn. 19; Ponseck/Swierczok, ZInsO 2017, 420, 421.

gesetzmäßigen Erfüllung, die der Verkehrssitte oder Handelsbräuchen entsprechen, führen jedoch noch nicht zur Inkongruenz (vgl. hierzu Kap. 3 § 130 InsO Rdn. 18).[14]

Da sich die Inkongruenz nach dem Inhalt des Schuldverhältnisses bestimmt, war unter Geltung der Konkursordnung eine Anfechtbarkeit nach § 131 InsO ausgeschlossen, wenn die Erfüllungsmodalitäten bewusst offen gehalten wurden (Wahlschuld, Ersetzungsbefugnis).[15] Im Hinblick auf die nachfolgend ergangene Rechtsprechung zur Inkongruenz bei nicht hinreichend bestimmten Sicherungsrechten nach den Banken-AGBs (vgl. hierzu Rdn. 33 ff.) ist jedoch zweifelhaft, ob hieran festgehalten werden kann. 10

Eine unteilbare Leistung, welche lediglich z.T. als inkongruent anzusehen ist, gilt insgesamt als inkongruent.[16] 11

a) Nicht zu beanspruchende Deckung

Inkongruent sind Deckungen, auf die kein (rechtlicher) Anspruch bestand oder welche mit einer dauerhaften Einrede behaftet sind (z.B. Verjährung).[17] Als inkongruente Deckung ist des Weiteren die Befriedigung aufschiebend bedingter Ansprüche vor Eintritt der Bedingung[18] sowie die Vergütung einer Leistung anzusehen, welche unentgeltlich zu erbringen war.[19] 12

Inkongruent sind demnach z.B. der (vergleichsweise) Verzicht auf Ansprüche,[20] die Einräumung einer nicht geschuldeten Sicherheit[21] oder die heilende Erfüllung formnichtiger Verträge (§ 313b Abs. 1 Satz 2 BGB).[22] 13

b) Nicht in der Art zu beanspruchende Deckung

Der Gläubiger hat eine Befriedigung nicht in der Art zu beanspruchen, die nach dem Inhalt des Schuldverhältnisses von der tatsächlich geschuldeten Befriedigung abweicht.[23] Der Gesetzgeber ging seinerzeit davon aus, dass es wegen der besonderen Verdächtigkeit des inkongruenten Erwerbs gerechtfertigt sei, für einen Zeitraum von bis zu einem Monat vor dem Eröffnungsantrag auf subjektive Voraussetzungen in der Person des Anfechtungsgegners ganz zu verzichten. Ausgehend vom Zweck der Insolvenzanfechtung, Schmälerungen der Insolvenzmasse rückgängig zu machen, 14

---

14 BGH, 09.06.2005 – IX ZR 152/03, ZInsO, 2005, 766 Rn 12.
15 BGH, 21.12.1977 – VIII ZR 255/76, NJW 1978, 758 Rn. 31.
16 OLG Düsseldorf, 11.05.2017 – 12 U 55/16, ZInsO 2017, 1680 Rn. 6; HambKomm-InsR/Rogge/Leptien, § 131 InsO Rn. 3.
17 Uhlenbruck/Borries/Huber/Hirte, § 131 InsO Rn. 5.
18 Braun/de Bra, § 131 InsO Rn. 6.
19 BGH, 15.12.1994 – IX ZR 18/94, ZIP 1995, 297 Rn. 34.
20 BGH, 13.05.2004 – IX ZR 128/01, ZInsO 2004, 803 Rn. 27.
21 BGH, 18.03.2010 – IX ZR 57/09, ZInsO 2010, 807 Rn. 11.
22 Uhlenbruck/Borries/Huber/Hirte, § 131 InsO Rn. 5; Graf-Schlicker/Huber, § 131 InsO Rn. 4; Schultz, ZIP 2018, 1527.
23 HambKomm-InsR/Rogge/Leptien, § 131 InsO Rn. 3.

ist ein strenger Maßstab anzulegen. Lediglich geringfügige Abweichungen von der geschuldeten Leistung, die Verkehrssitte (§§ 157, 242 BGB) oder Handelsbräuchen (§ 346 HGB) entsprechen, sind unerheblich.[24]

15 Die Inkongruenz ist zu dem Zeitpunkt zu beurteilen, in dem die Rechtshandlung vorgenommen wurde (§ 140 InsO).[25] Dabei unterscheidet gerade das Recht des Gläubigers, die Leistung zu fordern, kongruente und inkongruente Rechtshandlungen.[26] Was ein Gläubiger beanspruchen kann und wozu der Schuldner verpflichtet ist, ist keine spezifisch insolvenzrechtliche, sondern zuvörderst eine materiell-rechtliche Frage.[27] Folgt der Anspruch aus einer vertraglichen Vereinbarung, kommt es darauf an, was vertraglich vereinbart worden ist. Haben die Vertragsparteien nicht alle Fragen rechtsgeschäftlich geregelt, ist auf die entsprechenden gesetzlichen Regeln zurückzugreifen. Soweit rechtsgeschäftliche Regelungen möglich sind, ist immer nur maßgeblich, was die Vertragsparteien tatsächlich – ausdrücklich oder konkludent – vereinbart haben, nicht was sie hätten vereinbaren können.[28] Maßstab ist allein die objektive Rechtslage. Es kommt nicht darauf an, welche Vorstellungen die Parteien hatten, insb. müssen sie die Inkongruenz weder erkannt noch fahrlässig nicht erkannt haben. Daher ist auch der gute Glaube beider Parteien, dass die Deckung in vollem Umfang dem Schuldverhältnis entspreche, unerheblich.[29] Nicht in der Art geschuldet sind sämtliche Befriedigungen, die mit dem geschuldeten Leistungsprogramm nicht im Einklang stehen, also nach dem Inhalt des Schuldverhältnisses von der tatsächlich geschuldeten Leistung abweichen.[30]

16 Die insolvenzgläubigerbenachteiligende nicht geschuldete Direktzahlung, die auch ein Dritter auf Anweisung des Schuldners erbringt, ist dem Empfänger gegenüber als inkongruente Deckung anfechtbar.[31] Erfüllt ein Dritter auf Anweisung des Schuldners dessen Verbindlichkeit, ohne dass eine insolvenzfeste Vereinbarung zwischen Gläubiger und Schuldner zugrunde lag, ist die Befriedigung inkongruent.[32] Leistet ein Dritter, der nach dem Inhalt seiner Rechtsbeziehungen zu dem Schuldner an sich nichts mit der Erfüllung von dessen Verbindlichkeiten zu tun hat, nicht an den Schuldner, sondern auf dessen Anweisung an einen seiner Gläubiger, so handelt es sich nicht um eine verkehrsübliche Zahlungsweise, sondern im Verhältnis zwischen Gläubiger und Schuldner um eine der Art nach inkongruente Deckung, unabhängig davon, ob ein eigenes Forderungsrecht des Insolvenzgläubigers begründet wurde.[33] Die Beteiligten können von Anfang an oder nachträglich vereinbaren, dass die vom

24 Gehrlein, BB 2023, 2307; ders., DB 2018, 428.
25 Gehrlein, ZRI 2024, 457; ders., DZWIR 2022, 441, 446.
26 BGH, 06.12.2018 – IX ZR 143/17, ZInsO 2019, 723 Rn. 19.
27 BGH, 23.06.2022 – IX ZR 75/21, ZInsO 2022, 1734 Rn. 43.
28 BGH, 12.09.2019 – IX ZR 16/18, ZInsO 2019, 2164 Rn. 25.
29 BGH, 12.09.2019 – IX ZR 16/18, ZInsO 2019, 2164 Rn. 25.
30 BGH, 12.09.2019 – IX ZR 16/18, ZInsO 2019, 2164 Rn. 25.
31 BGH, 09.11.2017 – IX ZR 319/16, ZInsO 2018, 452 Rn. 8.
32 BGH, 10.05.2007 – IX ZR 146/05, ZInsO 2007, 662 Rn. 14.
33 BGH, 17.12.2015 – IX ZR 287/14, ZInsO 2016, 326 Rn. 16.

Schuldner geschuldete Leistung durch einen Dritten bewirkt werden soll. Das kann durch eine zweiseitige oder dreiseitige, ausdrückliche oder konkludente Vereinbarung geschehen.[34] Einer dreiseitigen Vereinbarung bedarf es nur, wenn der Gläubiger verlangt, dass durch die Kongruenzvereinbarung in seiner Person ein selbstständiges Forderungsrecht gegen den Dritten erzeugt wird. Begnügt er sich hingegen mit einer Drittzahlung aufgrund einer vorweggenommenen Zahlungsanweisung an den Dritten, ohne dass für ihn ein eigenes Forderungsrecht gegen den Dritten geschaffen wird, bedarf es lediglich des Abschlusses einer Kongruenzvereinbarung zwischen ihm und dem Schuldner.[35] Auch bei der dreiseitigen Vereinbarung kommt es für die Frage der Kongruenz allein darauf an, ob Direktzahlungen des Dritten von dem Schuldner in dieser Weise geschuldet waren.[36] Der Gläubiger hat eine Befriedigung nicht in der Art zu beanspruchen, wenn sie nach dem Inhalt der zwischen den Vertragsparteien vereinbarten Leistung von der tatsächlich geschuldeten Erfüllungshandlung abweicht.[37] Erfüllungshandlungen, die nach dem Inhalt des Anspruchs der typischen und gesetzmäßigen Erfüllung entsprechen, sind hingegen kongruent.[38] Die Frage, ob die Erfüllung in der Art zu beanspruchen war, ist nach wertender Betrachtung unter Berücksichtigung der Verkehrsüblichkeit der Deckungshandlung zu beantworten.[39] Das trifft bei einem Zahlungsanspruch auch auf den Ausgleich per Überweisung vom Schuldnerkonto oder mittels Lastschrift zu.[40] Auch die Ersetzung einer üblichen durch eine andere übliche Zahlungsweise führt nicht zur Inkongruenz.[41]

Inkongruent sind z.B. Befriedigungen bei Gewährung an Erfüllung statt oder erfül- 17
lungshalber (§ 364 BGB),[42] Zahlungen durch einen Dritten auf Anweisung,[43] Aufrechnung,[44] Schuldübernahme,[45] Forderungsabtretung,[46] soweit nicht ausdrücklich vertraglich vereinbart, oder die Bestellung einer anderen als der vertraglich geschuldeten Sicherheit.[47]

---

34 OLG Karlsruhe, 19.05.2017 – 14 U 165/16, n.v.; die Nichtzulassungsbeschwerde wurde mit Beschl. des BGH v. 22.02.2018 – IX ZR 157/17 zurückgewiesen.
35 BGH, 17.12.2015 – IX ZR 287/14, ZInsO 2016, 326 Rn. 17.
36 BGH, 17.07.2014 – IX ZR 240/13, ZInsO 2014, 1655 Rn. 17.
37 Uhlenbruck/Borries/Huber/Hirte, § 131 InsO Rn. 7.
38 BGH, 21.12.1960 – VIII ZR 204/59, WM 1961, 174 Rn. 8.
39 K/P/B/Schoppmeyer, § 131 InsO Rn. 40 f.
40 MK-InsO/Freudenberg, § 131 InsO Rn. 11.
41 BGH, 02.02.2006 – IX ZR 67/02, ZInsO 2006, 322 Rn. 47.
42 BGH, 19.12.2013 – IX ZR 127/11, ZInsO 2014, 195 Rn. 18; BGH, 03.04.1968 – VIII ZR 23/66, WM 1968, 683, 684.
43 BGH, 20.01.2011 – IX ZR 58/10, ZInsO 2011, 371 Rn. 17.
44 BGH, 19.10.2023 – IX ZR 249/22, ZInsO 2024, 67 Rn. 10; BGH, 27.04.2010 – IX ZR 202/08, ZInsO 2010, 1093 Rn. 5.
45 BGH, 05.07.2007 – IX ZR 256/06, ZInsO 2007, 989 Rn. 50.
46 BGH, 12.07.2007 – IX ZR 235/03, ZInsO 2007, 1107 Rn. 13.
47 Uhlenbruck/Borries/Huber/Hirte, § 131 InsO Rn. 11; Graf-Schlicker/Huber, § 131 InsO Rn. 5.

c) Nicht zu der Zeit zu beanspruchende Deckung

18 Hierunter werden die Fälle zusammengefasst, in denen der Gläubiger Deckung zu einer nach dem Inhalt des Schuldverhältnisses nicht vorgesehenen Zeit erlangt. Diesem Regelungskomplex unterliegen daher Forderungen, die noch nicht fällig, betagt oder aufschiebend bedingt sind.[48] Entscheidend kommt es nicht auf das Recht des Schuldners, seine Verbindlichkeit bereits erfüllen zu dürfen, sondern auf das Recht des Gläubigers, seinen Anspruch bereits einfordern zu können, an.[49] Insoweit stellt sich die Zahlung eines Vorschusses ohne Verpflichtung oder die Befriedigung einer nicht fälligen oder aufschiebend bedingten Forderung grds. als inkongruent dar.[50] Eine Anweisung der BaFin an die Geschäftsleitung nach § 46 Abs. 1 Satz 2 Nr. 1 KWG, keine gläubiger- bzw. insolvenzmasseschädlichen Auszahlungen vorzunehmen, begründet ein vorübergehendes Leistungsverweigerungsrecht nach § 275 Abs. 2 BGB. Unter Verstoß gegen eine solche Anweisung vorgenommene Auszahlungen können daher als inkongruente Leistungen angefochten werden. Sie gewähren dem Empfänger eine Befriedigung, die er nicht zu der Zeit zu beanspruchen hatte.[51]

19 Da nicht nur die Gewährung, sondern auch die Ermöglichung einer Sicherung oder Befriedigung der Anfechtung unterliegt, kommt auch die Anfechtung von ausgeübten oder nicht ausgeübten Gestaltungsrechten in Betracht. So ist die einseitige Kündigung selbst eine anfechtbare, die Befriedigung erst ermöglichende inkongruente Rechtshandlung,[52] soweit nicht ein wirksamer Kündigungsgrund bestanden hat. Anfechtbare Rechtshandlung ist die Kündigung des Darlehensvertrages. Durch die Kündigung des Darlehens wird der Rückzahlungsanspruch fällig und die Aufrechnungslage begründet. Im Wege der Aufrechnung ermöglicht die Kündigung dem Anfechtungsgegner die Befriedigung des Anspruchs auf Rückzahlung des Darlehens.[53] Die Kongruenz kann auch nicht dadurch hergestellt werden, dass die Parteien übereinstimmend das Vertragsverhältnis auflösen; denn auch diese Vereinbarung oder Inhaltsänderung (§ 311 Abs. 1, 2. Alt. BGB) unterliegt der Anfechtung, soweit die Fristen des § 131 Abs. 1 InsO gewahrt sind.[54]

20 Eine Zahlung durch Banküberweisung, die beim Gläubiger früher als fünf Bankgeschäftstage vor Fälligkeit eingeht, ist inkongruent.[55] Der Bundesgerichtshof hat entschieden, dass im Rahmen der Inkongruenzanfechtung die verfrühte Leistung im Ganzen zurückzugewähren ist und nicht nur in Höhe des Nutzungsvorteils.[56] Somit unterliegt die verfrühte Leistung – auch Geldzahlung – insgesamt der Anfechtung. Rechtsfolge des § 131 Abs. 1 InsO ist die Anfechtbarkeit der Rechtshandlung. Eine

48 Uhlenbruck/Borries/Huber/Hirte, § 131 InsO Rn. 8.
49 BGH, 17.06.1999 – IX ZR 62/98, ZInsO 1999, 467 Rn. 14.
50 Graf-Schlicker/Huber, § 131 InsO Rn. 6.
51 OLG Nürnberg, 16.05.2025 – 15 U 1767/24, ZIP 2025, 1681 Rn. 33, 34.
52 BGH, 14.05.2009 – IX ZR 63/08, ZInsO 2009, 1254 Rn. 14.
53 BGH, 12.01.2017 – IX ZR 130/16, ZInsO 2017, 504 Rn. 14.
54 Graf-Schlicker/Huber, § 131 InsO Rn. 6.
55 BGH, 09.06.2005 – IX ZR 152/03, ZInsO 2005, 766 Rn. 15.
56 BGH, 14.11.2024 – IX ZR 13/24, ZInsO 2025, 323 Rn. 9.

Unterscheidung nach der Art der Inkongruenz sieht das Gesetz nicht vor. Was durch die anfechtbare Handlung aus dem Vermögen des Schuldners weggegeben ist, muss gem. § 143 Abs. 1 InsO zur Insolvenzmasse zurückgewährt werden. Die Inkongruenzanfechtung einer verfrühten, nicht zu der zu beanspruchenden Leistung zielt darauf ab, einem so bevorzugten Gläubiger den Vorteil wieder zu nehmen und dadurch die Gläubigergleichbehandlung herbeizuführen. Der Vorteil für den Gläubiger aber besteht in der ganzen Leistung. Der Abzug des Zwischenzinses behebt für sich allein die Inkongruenz der verfrühten Zahlung nicht.[57] Vereinbart ein Darlehensschuldner in einem Änderungsvertrag zu dem bestehenden Darlehensvertrag eine vorzeitige Fälligstellung des Darlehens, so stellt der Abänderungsvertrag keine wirksame Kongruenzvereinbarung für die spätere Zahlung dar, wenn der Darlehensnehmer zum Zeitpunkt ihrer Vereinbarung bereits zahlungsunfähig und deshalb die Abänderungsvereinbarung selbst gem. § 131 Abs. 1 Nr. 2 InsO anfechtbar war.[58] Erhält ein Altgläubiger vor Fälligkeit des Insolvenzplananspruchs innerhalb der Monatsfrist vor dem Insolvenzantrag eine Zahlung auf die Insolvenzplanquote, stellt dies eine nach § 131 Abs. 1 Nr. 1 InsO anfechtbare inkongruente Deckung dar. Die Zahlung benachteiligt die Gläubiger in voller Höhe, wenn noch vor Eintritt der Fälligkeit ein vorläufiger Insolvenzverwalter mit Zustimmungsvorbehalt bestellt worden ist.[59]

d) Besondere Praxisfälle

Während eine Befriedigung im Rahmen der Zwangsvollstreckung lediglich im Zeitraum 21
der gesetzlichen Krise eine inkongruente Deckung darstellt,[60] ist die Deckung wegen eines angedrohten oder gestellten Insolvenzantrages aufgrund fehlender Zweck-Mittel-Relation stets als inkongruent anzusehen.[61] Im Falle einer Zwangsvollstreckung ist das Zahlungsverhalten des Schuldners gegenüber dem späteren Anfechtungsgegner in gleicher Weise bei der Prüfung des § 131 Abs. 1 Nr. 2 InsO zu berücksichtigen.[62] Für eine hinreichende Drohung kann es bereits ausreichen, wenn die Möglichkeit eines solchen Vorgehens im Mahnschreiben nur »zwischen den Zeilen« deutlich gemacht, aber dem Schuldner das damit verbundene Risiko vor Augen geführt wurde.[63] Der erforderliche Kausalzusammenhang ergibt sich dementsprechend dann, wenn zum

57 BGH, 14.11.2024 – IX ZR 13/24, ZInsO 2025, 323 Rn. 10.
58 BGH, 07.05.2013 – IX ZR 113/10, ZInsO 2013, 2323 Rn. 13.
59 OLG Düsseldorf, 17.12.2020 – 12 U 27/20, ZInsO 2021, 1509 Rn. 16.
60 BGH, 09.01.2025 – IX ZR 41/23, ZInsO 2025, 752 Rn. 12; BGH, 28.04.2022 – IX ZR 48/21, ZInsO 1498 Rn. 48; BGH, 13.05.2004 – IX ZR 190/03, ZInsO 2004, 859 Rn. 13; BGH, 17.07.2003 – IX ZR 215/02, ZIP 2003, 1900 Rn. 17; Gehrlein, ZRI 2024, 457.
61 BGH, 25.10.2012 – IX ZR 177/11, ZInsO 2012, 2244 Rn. 10; BGH, 18.06.2009 – IX ZR 7/07, ZInsO 2009, 1394 Rn. 5; BGH, 18.12.2003 – IX ZR 199/02, ZInsO 2004, 145 Rn. 10.
62 BGH, 09.01.2025 – IX ZR 41/23, ZInsO 2025, 752 Rn. 23.
63 BGH, 07.03.2013 – IX ZR 216/12, ZInsO 2013, 778 Rn. 13.

Zeitpunkt der Zahlung aus objektiver Sicht die Wirkung der Antragsdrohung noch angedauert hat.[64]

22 Ebenfalls inkongruent sind vom Schuldner geleistete Druckzahlungen. Eine sog. Druckzahlung ist anzunehmen, wenn eine Deckung unter dem Druck unmittelbar bevorstehender Zwangsvollstreckung gewährt wurde.[65] Ein hinreichender Druck einer unmittelbar bevorstehenden Zwangsvollstreckung ist noch nicht anzunehmen, wenn der Schuldner nach Zustellung eines Vollstreckungsbescheides die titulierte Forderung erfüllt, ohne dass der Gläubiger die Zwangsvollstreckung zuvor eingeleitet oder angedroht hat.[66] Er ist jedoch bereits dann anzunehmen, wenn der Gläubiger unter Ankündigung der Zwangsvollstreckung zur umgehenden Leistung auffordert, ohne eine letzte konkrete Frist zu setzen.[67] Ob eine Druckzahlung vorliegt, ist dementsprechend nach den Umständen des Einzelfalles zu beurteilen. Maßgeblich ist folglich, ob aus objektivierter Sicht des Schuldners die Zwangsvollstreckung seines Gläubigers alsbald einsetzen würde, sofern er die Forderung nicht umgehend erfüllt.[68] Der BGH hat bestätigt, dass die während des Anfechtungszeitraums von drei Monaten vor Antragstellung im Wege der Zwangsvollstreckung erlangte Sicherheit oder Befriedigung als inkongruent anzusehen ist. Eine inkongruente Deckung liegt auch dann vor, wenn der Schuldner in der Krise zur Vermeidung einer unmittelbar bevorstehenden Zwangsvollstreckung geleistet hat.[69] Eine Zahlung des Schuldners an einen Sozialversicherungsträger in dem Zeitraum von drei Monaten vor Insolvenzantragstellung erfolgt nach seiner objektivierten Sicht unter dem Druck einer unmittelbar bevorstehenden Zwangsvollstreckung und ist damit inkongruent, wenn der Gläubiger zuvor eine Frist zur Zahlung des fälligen Beitrags gesetzt und für den Fall nicht fristgemäßer Zahlung die ohne weiteres mögliche Zwangsvollstreckung angekündigt hat, auch wenn die Zahlungsaufforderung insgesamt in einem »freundlichen« Tonfall abgefasst ist. Der Schuldner leistet in diesem Sinne unter dem Druck einer unmittelbar bevorstehenden Zwangsvollstreckung, wenn der Gläubiger zum Ausdruck gebracht hat, dass er alsbald die Mittel der Zwangsvollstreckung einsetzen werde, sofern der Schuldner die Forderung nicht erfülle. Dies beurteilt sich aus der objektivierten Sicht des Schuldners.[70] Hierfür ist Voraussetzung, dass der Schuldner damit rechnen muss, der Gläubiger werde nach dem kurz bevorstehenden Ablauf einer letzten Zahlungs-

---

64 BGH, 07.03.2013 – IX ZR 216/12, ZInsO 2013 Rn. 17; BGH, 24.05.2012 – IX ZR 96/11, NZI 2012, 561 Rn. 2.

65 BGH, 20.01.2011 – IX ZR 8/10, ZInsO 2011, 423 Rn. 6; BGH, 07.12.2006 – IX ZR 157/05, ZInsO 2007, 99 Rn. 8.

66 BGH, 07.12.2006 – IX ZR 157/05, ZInsO 2007, 99 Rn. 10.

67 BGH, 20.01.2011 – IX ZR 8/10, ZInsO 2011, 423 Rn. 10.

68 BGH, 24.05.2012 – IX ZR 96/11, NZI 2012, 561 Rn. 2; BGH, 20.01.2011 – IX ZR 8/10, ZInsO 2011, 423 Rn. 10; BGH, 07.12.2006 – IX ZR 157/05, ZInsO 2007, 99 Rn. 9.

69 BGH, 10.12.2020 – IX ZR 80/20, ZInsO 2021, 400 Rn. 23.

70 BGH, 22.05.2025 – IX ZR 80/24, ZInsO 2025, 1750 Rn. 14; BGH, 28.04.2022 – IX ZR 48/21, ZInsO 2022, 1498 Rn. 48; BGH, 07.12.2006 – IX ZR 157/05, ZInsO 2007, 99 Rn. 8.

frist mit der ohne weiteres zulässigen Zwangsvollstreckung sofort beginnen.[71] Dabei kann selbst eine Formulierung genügen, die dies zwar nicht ausdrücklich androht, ein derart geplantes Vorgehen aber »zwischen den Zeilen« deutlich werden lässt.[72]

Zwischenzeitlich entschieden ist die Frage, ob sich die Erfüllung eines zivilrechtlich anfechtbaren Rechtsgeschäfts (§ 142 BGB) ebenfalls als inkongruente Deckung darstellt und ob die auf Erfüllung eines nichtigen, aber durch Erfüllung heilbaren Rechtsgeschäfts gerichtete Rechtshandlung der Anfechtbarkeit nach § 131 Abs. 1 InsO unterliegt.[73] Das Unterlassen einer möglichen Anfechtung nach §§ 119 ff. BGB ist rechtlich nicht einforderbar und kann selbst eine taugliche, anfechtbare Rechtshandlung darstellen (s. Kap. 3 § 129 InsO Rdn. 58 ff.). Es ist daher als inkongruent zu klassifizieren, wenn dem Schuldner ein Anfechtungsrecht gem. § 123 BGB zusteht. Im Fall der erst durch Erfüllung geheilten, ursprünglich nichtigen Rechtsgeschäfte ist eine Anwendung des § 131 Abs. 1 InsO zu bejahen. Denn die durch die Erfüllung hergestellte Wirksamkeit ist rechtlich nicht zu beanspruchen und macht den Anfechtungsgegner zum Insolvenzgläubiger und damit grds. zum Adressaten des § 131 Abs. 1 InsO. 23

Erhält ein Anwalt Vorschusszahlungen in einer abgeschlossenen Angelegenheit[74] oder erlangt er eine Deckung i.R.d. Aufrechnung seiner Honorarforderungen gegen den Anspruch des Mandanten auf Herausgabe eingezogener Gelder,[75] so handelt es sich um inkongruente Deckungen (s. weiterführend zur Anfechtung ggü. Wirtschaftsprüfern, Steuerberatern und Rechtsanwälten, Kap. 4 Rdn. 714 ff.). Bei Vorschusszahlungen ist des Weiteren zu beachten, dass diese zumindest kein Bargeschäft darstellen, soweit sie für einen Zeitraum von mehr als dreißig Tagen gewährt werden (vgl. Kap. 3 § 142 InsO Rdn. 31).[76] 24

Ebenso unterfällt die Erfüllung von nicht einklagbaren, unvollkommenen Verbindlichkeiten wie Spiel und Wette (§ 762 BGB) oder das Differenzgeschäft (§ 764 BGB) der Anfechtung als inkongruente Deckung.[77] 25

Erfolgt eine Befriedigung einer Forderung durch Auf- oder Verrechnung, so kommt es für die Beurteilung der Inkongruenz darauf an, ob der Anfechtungsgegner bei Entstehung der Aufrechnungs- bzw. Verrechnungslage einen Anspruch auf eine Deckung 26

---

71 BGH, 22.05.2025 – IX ZR 80/24, ZInsO 2025, 1750 Rn. 14; BGH, 28.04.2022 – IX ZR 48/21, ZInsO 2022, 1498 Rn. 48; BGH, 17.06.2010 – IX ZR 134/09, ZInsO 2010, 1324 Rn. 8.

72 BGH, 22.05.2025 – IX ZR 80/24, ZInsO 2025, 1750 Rn. 14; BGH, 07.03.2013 – IX ZR 216/12, ZInsO 2013, 778 Rn. 13 zur Androhung eines Insolvenzantrags.

73 BGH, 06.12.2018 – IX ZR 143/17, ZInsO 2019, 723 Rn. 19.

74 BGH, 13.04.2006 – IX ZR 158/05, ZInsO 2006, 712 Rn. 20.

75 BGH, 14.06.2007 – IX ZR 56/06, ZIP 2007, 1507 Rn. 21.

76 BGH, 18.09.2008 – IX ZR 134/05, NZG 2008, 902 Rn. 2; BGH, 13.04.2006 – IX ZR 158/05, ZInsO 2006, 712 Rn. 30.

77 HambKomm-InsR/Rogge/Leptien, § 131 InsO Rn. 5.

in dieser Form hatte.[78] Die Herstellung einer Anfechtungslage ist nicht allein deshalb inkongruent, weil die Aufrechnungsbefugnis in den letzten drei Monaten vor dem Antrag auf Eröffnung des Insolvenzverfahrens begründet worden ist.[79] Die bloße rechtliche Möglichkeit der Aufrechnung nach §§ 387 ff. BGB begründet keine Kongruenz.[80] I.R.d. Anfechtungsprüfung von Auf- oder Verrechnung sind die §§ 94 ff. InsO zu beachten (vgl. Kap. 4 Rdn. 45).

27 Differenziert zu beurteilen ist die Frage der Inkongruenz bei der Bezahlung mit Scheck. Nicht zwingend inkongruent ist die erfolgte Bezahlung mit einem Kundenscheck, soweit die diesem zugrunde liegende Kausalforderung unanfechtbar an den Gläubiger abgetreten wurde und die unverzügliche Weitergabe des Kundenschecks vereinbart war. I.Ü. ist die Weitergabe eines fremden Schecks als inkongruent anzusehen, soweit dieses nicht vorab vertraglich als mögliche Erfüllungsleistung vereinbart war. Die Bezahlung mit einem eigenen Scheck ist i.d.R. kongruent.[81]

28 Inkongruent ist des Weiteren grds. die Direktzahlung des Auftraggebers an einen Nachunternehmer. Denn der Nachunternehmer hatte die erlangte Erfüllung nicht in der Art zu beanspruchen, da dem Nachunternehmer ggü. grds. nur dessen Auftraggeber zur Zahlung verpflichtet ist (zur Inkongruenz bei Bauverträgen s. weiterführend Kap. 4 Rdn. 838 ff.).[82] Die Zahlung eines Schwesterunternehmens auf Anweisung des Schuldners ist inkongruent, sofern sie nicht ausnahmsweise auf einer ausdrücklichen dreiseitigen Abrede beruht, welche als solche auch durch eine lange Praxis stillschweigend vereinbart werden kann.[83] Die Zahlung über ein schuldnerfremdes Konto ist regelmäßig inkongruent.[84] Kongruenz kann sich jedoch dadurch ergeben, dass der Schuldner, welcher formal kein Kontoinhaber ist, das Fremdkonto ausschließlich allein und für den gesamten Geschäftsverkehr nutzt und es ihm daher »wirtschaftlich zuzuordnen« ist.[85]

29 Bei atypischen Cash Management-Systemen, bei denen fällige Verbindlichkeiten jeweils von dem Unternehmen beglichen werden, das gerade über die erforderliche Liquidität verfügt, sind Drittzahlungen grundsätzlich inkongruent.[86] Demgegenüber kann es sich bei der Begleichung von Mietzinsverbindlichkeiten der Schuldnerin durch die Muttergesellschaft im Rahmen eines Cash Pools um eine kongruente Deckung handeln, wenn eine insolvenzfeste Vereinbarung zwischen Gläubiger und Schuldner über diese Art der Befriedigung vorliegt. Nicht erforderlich ist, dass dem Gläubi-

78 BGH, 12.03.2015 – IX ZR 5/13, ZAP EN-Nr. 396/2015 Rn. 9; BGH, 11.02.2010 – IX ZR 104/07, ZInsO 2010, 673 Rn. 27.
79 BGH, 08.12.2022 – IX ZR 175/21, ZInsO 2023, 372 Rn. 12.
80 OLG Brandenburg, 17.06.2020 – 7 U 146/17, ZInsO 2020, 2328 Rn. 87.
81 BGH, 14.05.2009 – IX ZR 63/08, ZInsO 2009, 1254 Rn. 11.
82 BGH, 17.07.2014 – IX ZR 240/13, ZInsO 2014, 1665 Rn. 17; BGH, 16.10.2008 – IX ZR 2/05, ZInsO 2008, 1322 Rn. 13.
83 BAG, 21.11.2013 – 6 AZR 159/12, ZInsO 2014, 238 Rn. 14.
84 BAG, 13.11.2014 – 6 AZR 869/13, ZInsO 2015, 306 Rn. 15.
85 BAG, 22.10.2015 – 6 AZR 538/14, ZInsO 2016, 97 Rn. 16.
86 BGH, 12.09.2019 – IX ZR 16/18, ZInsO 2019, 2164 Rn. 27.

ger ein eigenes Forderungsrecht gegen den Dritten eingeräumt wird. Eine derartige Kongruenzvereinbarung zwischen Gläubiger und Schuldner kann auch konkludent dadurch zustande kommen, dass der Gläubiger die langjährig praktizierte Zahlung der Verbindlichkeiten des Schuldners durch ein konzernangehöriges Unternehmen widerspruchslos hinnimmt und damit auch für den Schuldner erkennbar sein Einverständnis mit dieser Art der Befriedigung zum Ausdruck bringt.[87]

Ebenso liegt keine inkongruente Deckung vor, wenn in einem Konzern in gesunden 30 wirtschaftlichen Verhältnissen ein externes Cash Management-System in einer Weise eingerichtet und über zehn Jahre ohne Beanstandungen durchgeführt worden ist, dass eine Konzerngesellschaft über die ganze Zeit die bei den anderen Konzerngesellschaften eingehenden Gelder gesammelt und die an die Konzerngesellschaften gerichteten Rechnungen vereinbarungsgemäß auch dann beglichen hat, wenn die internen Verrechnungskonten der Konzerngesellschaften bei der die Zahlungen vornehmenden Gesellschaft im Soll standen. Dann weicht die Überweisung eines von einer anderen Konzerngesellschaft geschuldeten Geldbetrags durch jene Gesellschaft nur geringfügig von der vereinbarten Zahlungsweise ab. Die Zahlung über die Schuldnerin als Leistungsmittlerin ist dann als gleichwertig mit der geschuldeten Deckung anzusehen.[88] Zwar sind nach allgemeiner Erfahrung im Geschäftsverkehr Schuldner regelmäßig nicht bereit, anderes oder gar mehr zu leisten als sie schulden. Tun sie das dennoch, so müssen dafür im Allgemeinen besondere Beweggründe vorliegen. Besondere Beweggründe für die Drittzahlung können in einer anfechtungsrechtlich unverdächtigen Cash Pool-Vereinbarung liegen, wenn durch das Cash Pool-Management der Eintritt der endgültigen Insolvenz des Konzerns nicht beschleunigt worden ist.[89]

Der Bundesgerichtshof hat entschieden, dass eine erst nach der angefochtenen Rechts- 31 handlung ausgesprochene materiell-rechtliche Anfechtung eines Vertrags nicht zur Inkongruenz der Leistung führt.[90] Die Frage, ob eine inkongruente Deckung vorliegt, richtet sich grundsätzlich nach den rechtlichen und tatsächlichen Verhältnissen zum Zeitpunkt der angefochtenen Rechtshandlung. Wird eine Deckungshandlung angefordert, kommt es auf die materielle Rechtslage, den Anspruch des Gläubigers zum Zeitpunkt der Leistung (§ 140 InsO) an.[91] Die Inkongruenz ist zu dem Zeitpunkt zu beurteilen, in dem die Rechtshandlung vorgenommen wurde. Dabei unterscheidet gerade das Recht des Gläubigers, die Leistung zu fordern, kongruente und inkongruente Rechtshandlungen.[92] Nach diesen Maßstäben berührt eine erst nach der angesprochenen Rechtshandlung ausgesprochene materiell-rechtliche Anfechtung des Vertrages nicht das dem Zeitpunkt der Rechtshandlung rechtliche und tatsächlich

87 BGH, 12.09.2019 – IX ZR 16/18, ZInsO 2019, 2164 Rn. 27.
88 BGH, 12.09.2019 – IX ZR 16/18, ZInsO 2019, 2164 Rn. 32.
89 BGH, 08.10.1998 – IX ZR 337/97, ZInsO 1998, 395 Rn. 29.
90 BGH, 06.12.2018 – IX ZR 143/17, ZInsO 2019, 723 Rn. 19.
91 BGH, 03.03.1959 – VIII ZR 176/58, WM 1959, 470; K/P/B/Schoppmeyer, § 131 Rn. 31.
92 BGH, 14.05.2009 – IX ZR 63/08, ZInsO 2009, 1254 Rn. 14; BGH, 09.06.2005 – IX ZR 152/03, ZInsO 2005, 766 Rn. 12; BGH, 17.06.1999 – IX ZR 62/98, ZInsO 1999, 467 Rn. 14.

bestehende Recht des Gläubigers, die entsprechende Leistung zu fordern. Die von § 142 Abs. 1 BGB angeordnete Rückwirkung genügt hierfür im Allgemeinen nicht. Solange das anfechtbare Rechtsgeschäft nicht angefochten wird, ist es gültig. Hierfür spricht auch der vergleichbare Fall einer Leistung des Schuldners auf eine zum Zeitpunkt der Rechtshandlung auflösend bedienten Anspruch. Dieser ist – solange die Bedingung nicht eingetreten ist – voll wirksam (§ 148 Abs. 2 BGB). Die Leistung auf einen auflösend bedingten Anspruch ist daher kongruent.[93] Ebenso wenig führt die im Zeitpunkt der Rechtshandlung bestehende materiell-rechtliche Anfechtbarkeit eines Darlehensvertrages zur Inkongruenz. Allerdings liegt eine inkongruente Deckung vor, sofern der Schuldner auf einen im Zeitpunkt der Rechtshandlung anfechtbaren Vertrag leistet.[94] Dies setzt jedoch voraus, dass gerade dem Schuldner ein Anfechtungsrecht nach §§ 119, 123 BGB zusteht; hingegen genügt es nicht, wenn nur der Insolvenzgläubiger anfechten kann.

32 Aufgrund ihrer Unbestimmtheit in Hinblick auf den Pfandgegenstand stellt ein Pfandrecht nach Nr. 14 Abs. 1 AGB-Banken[95] (zur Anfechtung des sog. AGB-Pfandrechts s. Kap. 5 Rdn. 26 ff.) sowie nach Nr. 15 Abs. 2 AGB-Banken[96] eine inkongruente Sicherheit dar. Ein in den letzten drei Monaten vor dem Antrag auf Eröffnung des Insolvenzverfahrens oder nach diesem Antrag an einem Kontoguthaben entstandenes AGB-Pfandrecht ist als inkongruente Sicherung nach § 131 InsO anfechtbar.[97] Maßgeblich ist für die Inkongruenz allein, ob das Pfandrecht an dem Guthaben im von § 131 Abs. 1 InsO erfassten Zeitraum entsteht. Irrelevant ist, ob der nächste im Kontokorrent vorzunehmende Rechnungsabschluss erst später und damit während des von § 131 Abs. 1 InsO erfassten Zeitraums ansteht, wenn das Pfandrecht anfechtungsfest entstanden ist.[98] Die Eintragung einer Arrest- oder Sicherungshypothek sowie die Vornahme einer Sicherungsvollstreckung zur Sicherung einer vorläufig vollstreckbaren, titulierten Forderung stellen sich ebenfalls als inkongruent dar (s. hierzu ebenfalls Kap. 5 Rdn. 50 ff.).[99]

33 Eine nicht bargeschäftliche Rückführung der Kontokorrentlinie durch eingehende Gutschriften vor Kündigung stellt eine inkongruente Deckung dar.[100] Die Rückführung eines fälligen Kredites, z.B. bei einer geduldeten Überziehung oder nach Auslaufen sowie Kündigung, ist jedoch grds. als kongruent anzusehen (s. weiterführend Kap. 4 Rdn. 101 ff.).

---

93 BGH, 06.12.2018 – IX ZR 143/17, ZInsO 2019, 723 Rn. 19.
94 MK-InsO/Freudenberg, § 131 Rn. 15.
95 BGH, 07.03.2002 – IX ZR 223/01, ZInsO 2002, 426 Rn. 19.
96 BGH, 08.03.2007 – IX ZR 127/05, DZWIR 2007, 381 Rn. 17.
97 BGH, 24.09.2020 – IX ZR 289/18, ZInsO 2020, 2262 Rn. 33; BGH, 29.11.2007 – IX ZR 30/07, ZInsO 2008, 91 Rn. 17; BGH, 07.03.2002 – IX ZR 223/01, ZInsO 2002, 426 Rn. 9.
98 BGH, 18.03.2010 – IX ZR 111/08, ZInsO 2010, 710 Rn. 4; BGH, 25.06.2009 – IX ZR 98/08, ZInsO 2009, 1492 Rn. 9.
99 Uhlenbruck/Borries/Huber/Hirte, § 131 InsO Rn. 61.
100 BGH, 07.05.2008 – IX ZR 140/08, ZInsO 2009, 1054 Rn. 9.

Ein Anspruch auf Sicherung des Gläubigers besteht nur, wenn dieser einen unanfechtbaren Anspruch auf eine Sicherheit hat (zur Anfechtbarkeit von Sicherheiten vgl. auch Kap. 5 Rdn. 1 ff.).[101] Allein aus dem Anspruch auf Befriedigung ist ein Sicherungsanspruch nicht herzuleiten.[102] Die Sicherheit muss zudem wirksam vereinbart worden sein. An der Wirksamkeit fehlt es, soweit diese nicht hinreichend bestimmt ist. Unbestimmte AGB können dazu führen, dass ein Sicherungsanspruch nicht oder nicht in der Art besteht. Vertragliche Sicherungsvereinbarungen stellen sich dementsprechend nur als kongruent dar, soweit sie sich auf bestimmte identifizierbare Gegenstände beziehen.[103] 34

Von einer inkongruenten Deckung ist insb. auszugehen, wenn der Gläubiger anstelle des eigentlich zu fordernden Gegenstandes einen anderen Gegenstand erhalten hat. Insb. die an Erfüllung statt oder erfüllungshalber erlangte Deckung ist hiervon erfasst.[104] Tilgt ein Dritter für den Schuldner eine Verbindlichkeit, ohne selbst neben oder für den Schuldner zur Leistung verpflichtet zu sein, so ist die Deckung als inkongruent anzusehen.[105] Eine Sicherheit ist nicht in der Art zu beanspruchen, wenn der Schuldner eine von der Vereinbarung oder gesetzlichen Regelung abweichende Sicherheit gewährt. Wird eine kongruente durch eine inkongruente Sicherheit ersetzt, kann jedoch ein anfechtungsfester Sicherheitentausch (vgl. hierzu Kap. 5 Rdn. 13) vorliegen.[106] 35

Insgesamt inkongruent ist auch eine Sicherheit, die, z.B. bei einer Erhöhung der Kreditlinie, ältere und neue Ansprüche des Gläubigers gleichzeitig absichert, wenn für die älteren Ansprüche kein konkretes Recht auf Sicherheit bestand (vgl. zur Nachbesicherung Kap. 5 Rdn. 10 ff.).[107] Bei revolvierenden Sicherheiten (z.B. Globalzession oder Raumsicherungsübereignung) stellt sich jedoch sowohl die (planmäßige) Verbringung, Forderungsentstehung sowie das Werthaltigmachen grds. als kongruent dar (vgl. Kap. 3 § 130 InsO Rdn. 20 sowie Kap. 4 Rdn. 47 ff.). 36

▶ Praxistipp:

Der Bundesgerichtshof hat die Haftung des Rechtsanwalts bejaht, wenn dieser mit der Durchsetzung einer Forderung beauftragt war und es unterlässt, den Mandanten auf die mögliche insolvenzrechtliche Anfechtbarkeit freiwilliger Zah- 37

101 BGH, 02.04.1998 – IX ZR 232/96, NJW-RR 1998, 1057 Rn. 28; BGH, 18.04.1991 – IX ZR 149/90, ZIP 1991, 807 Rn. 32.

102 BGH, 08.10.1998 – IX ZR 337/97, ZInsO 1998, 395 Rn. 28.

103 BGH, 17.07.2008 – IX ZR 148/07, ZInsO 2008, 913 Rn. 16.

104 BGH, 19.12.2013 – IX ZR 127/11, ZInsO 2014, 195 Rn. 18; OLG Frankfurt am Main, 07.02.1997 – 24 U 68/95, ZIP 1997, 598 Rn. 56.

105 BGH, 29.11.2007 – IX ZR 121/06, ZInsO 2008, 814 Rn. 35; BGH, 10.05.2007 – IX ZR 146/05, ZInsO 2007, 662 Rn. 8; BGH, 21.04.2005 – IX ZR 24/04, ZInsO 2005, 648 Rn. 10.

106 BGH, 18.09.2008 – IX ZR 62/05, NZG 2008, 902 Rn. 2.

107 BGH, 08.12.2011 – IX ZR 57/08, NZI 2012, 81 Rn. 3; BGH, 18.03.2010 – IX ZR 57/09, ZInsO 2010, 807 Rn. 16; BGH, 12.11.1992 – IX ZR 236/91, ZIP 1993, 276 Rn. 19.

lungen des Schuldners und das hiermit verbundene Auswahlrisiko hinzuweisen.[108] Ein Rechtsanwalt hat seinen Auftrag so zu erledigen, dass Nachteile für den Mandanten möglichst vermieden werden.[109] Ein Rechtsanwalt, der mit der zwangsweisen Durchsetzung einer Forderung beauftragt worden ist, und einen Titel gegen einen Schuldner des Mandaten erwirkt hat, hat zügig die Zwangsvollstreckung zu betreiben.[110] Gibt es Anhaltspunkte dafür, dass der insolvente Schuldner des Mandaten bevorsteht, muss der Anwalt den Mandaten über das Risiko der fehlenden Insolvenzfestigkeit der im letzten Monat vor dem Antrag auf Eröffnung des Insolvenzverfahrens oder nach diesem Antrag durch Zwangsvollstreckung erlangte Sicherheit gem. § 88 InsO ebenso hinweisen, wie auf die Anfechtbarkeit erhaltener Sicherheiten und Zahlungen gem. §§ 130, 131 InsO.[111] Die Anfechtbarkeit von Rechtshandlungen des Schuldners einerseits und von Maßnahmen der Zwangsvollstreckung andererseits hat der Anwalt zu kennen.[112] Zwar kann der Anwalt seinem Mandanten das mit der Insolvenz des Schuldners verbundene Risiko der Uneinbringlichkeit der Forderung nicht abnehmen. Für Entwicklungen, die nicht vorhersehbar waren, haftet er auch nicht. Jedoch muss er den Mandanten soweit belehren, dass dieser – wie auch in anderen Fällen – in Kenntnis der absehbaren Chancen und Risiken eine eigenverantwortliche Entscheidung über das weitere Vorgehen treffen kann.[113]

2. Deckung im letzten Monat vor oder nach dem Antrag (§ 131 Abs. 1 Nr. 1 InsO)

38 Im letzten Monat vor Antragstellung sowie danach sind neben der Inkongruenz keine weiteren objektiven oder subjektiven Tatbestandsvoraussetzungen erforderlich.[114]

3. Deckung innerhalb des zweiten oder dritten Monats vor dem Antrag (§ 131 Abs. 1 Nr. 2 InsO)

39 Für § 131 Abs. 1 Nr. 2 InsO gelten die Voraussetzungen des § 131 Abs. 1 Nr. 1 InsO gleichermaßen. Daneben muss der Schuldner z.Zt. der angefochtenen Rechtshandlung bereits zahlungsunfähig (§ 17 Abs. 2 InsO) gewesen sein.[115] Erbringt der Schuldner eine inkongruente Deckung im zweiten oder dritten Monat vor dem Antrag auf Eröffnung des Insolvenzverfahrens, ist auch die in inkongruenter Weise befriedigte

108 BGH, 07.09.2017 – IX ZR 71/16, ZInsO 2017, 2218 Rn. 11.
109 BGH, 17.03.2016 – IX ZR 142/14, WM 2016, 2091 Rn. 9.
110 BGH, 03.03.2016 – IX ZR 119/15, ZInsO 2016, 687 Rn. 23; Vill, in: Fischer/Vill/Fischer/Rinkler/Chab, Handbuch der Anwaltshaftung, 4. Aufl., § 2 Rn. 258.
111 BGH, 08.01.2004 – IX ZR 30/03, WM 2004, 481 Rn. 12.
112 BGH, 09.07.2017 – IX ZR 71/16, ZInsO 2017, 2218 Rn. 11.
113 BGH, 09.07.2009 – IX ZR 88/08, NJW 2009, 3025 Rn. 12; BGH, 15.01.2009 – IX ZR 166/07, NJW 2009, 1589 Rn. 8; BGH, 01.03.2007 – IX ZR 261/03, ZIP 2007, 1410 Rn. 10.
114 BGH, 11.11.2021 – IX ZR 240/20, ZRI 2022, 74 Rn. 24.
115 Gehrlein, ZInsO 2018, 354.

Forderung bei der Prüfung zu berücksichtigen, ob der Schuldner im Zeitpunkt der angefochtenen Rechtshandlung objektiv zahlungsunfähig war.[116] Das Zahlungsverhalten des Schuldners gegenüber dem späteren Anfechtungsgegner ist zu berücksichtigen.[117] Für die Tatbestandsvoraussetzung der Zahlungsunfähigkeit und deren Nachweis i.R.d. Anfechtung wird auf die Kommentierungen zu § 17 InsO (s. Kap. 3 § 17 InsO Rdn. 13 ff.) sowie zu § 130 (s. Kap. 3 § 130 InsO Rdn. 16) verwiesen.

4. Auffangtatbestand (§ 131 Abs. 1 Nr. 3 InsO i. V. m. Abs. 2)

Inkongruente Deckungen innerhalb des zweiten und dritten Monats vor dem Antrag 40 unterliegen ebenfalls nach den Voraussetzungen des § 131 Abs. 1 Nr. 3 InsO der Anfechtung. Hiernach muss dem Gläubiger z.Zt. der Handlung bekannt gewesen sein, dass die Handlung die Insolvenzgläubiger benachteiligt. Neben den objektiven Voraussetzungen des § 131 Abs. 1 Nr. 1 InsO wird Nr. 3 insoweit um ein subjektives Element – nämlich die Kenntnis des Anfechtungsgegners von der objektiven Gläubigerbenachteiligung – ergänzt.[118] Der Auffangtatbestand der Nr. 3 stellt im Unterschied zu Nr. 2 nicht auf das objektive Merkmal der Zahlungsunfähigkeit des Schuldners ab, sondern auf den subjektiven Moment der Kenntnis des Gläubigers davon, dass die Rechtshandlung die Insolvenzgläubiger benachteiligt. Diese Kenntnis liegt dann vor, wenn die Benachteiligung zunächst auch objektiv eingetreten ist. Die Insolvenzgläubiger werden durch die angefochtene Handlung benachteiligt, wenn die anderen Gläubiger keine volle Erfüllung ihrer Ansprüche erhalten. Der Gläubiger muss die Kenntnis von der Gläubigerbenachteiligung zum Zeitpunkt der Handlung gehabt haben. Diese Kenntnis hat der Gläubiger dann, wenn er weiß, dass der Schuldner wegen seiner finanziell beengten Lage in absehbarer Zeit nicht mehr in der Lage ist, sämtliche Gläubiger zu befriedigen.[119] Die Kenntnis fehlt indes, wenn der Gläubiger im Zeitpunkt des Wirksamwerdens der angefochtenen Rechtshandlung der sicheren Überzeugung gewesen ist, das Vermögen des Schuldners werde zur vollen Befriedigung aller seiner Gläubiger ausreichen oder der Schuldner werde die dafür erforderlichen Mittel in absehbarer Zeit erhalten.[120]

Allein aus der Kenntnis der Inkongruenz der Deckung kann die Kenntnis von der 41 Benachteiligung der Insolvenzgläubiger nicht gefolgert werden. Die Inkongruenz wird gem. § 286 ZPO jedoch als Beweisanzeichen für die Kenntnis berücksichtigt,

116 BGH, 09.01.2025 – IX ZR 41/23, ZInsO 2025, 752 Rn. 22.

117 BGH, 09.01.2025 – IX ZR 41/23, ZInsO 2025, 752 Rn. 23.

118 BGH, 18.12.2003 – IX ZR 199/02, ZInsO 2004, 195 Rn. 19; Uhlenbruck/Borries/Huber/Hirte, § 131 InsO Rn. 19 f.

119 BGH, 22.07.2004 – IX ZR 183/03, ZInsO 2004, 967 Rn. 29; BGH, 18.12.2003 – IX ZR 199/02, ZInsO 2004, 145 Rn. 37; BGH, 05.04.2001 – IX ZR 216/98, ZInsO 2001, 464 Rn. 29.

120 BGH, 13.01.2005 – IX ZR 457/00, ZIP 2005, 587 Rn. 23 (so § 30 Nr. 2 Konkursordnung).

wenn der Anfechtungsgegner bei Vornahme der Rechtshandlung von der finanziell beengten Lage des Schuldners wusste.[121]

III. § 131 Abs. 2 InsO

42 Mit § 131 Abs. 2 Satz 1 InsO hat der Gesetzgeber eine Beweiserleichterung geschaffen, die strukturell dem § 130 Abs. 2 InsO (vgl. hierzu Kap. 3 § 130 InsO Rdn. 27 ff.) entspricht. Dementsprechend ist es für die Kenntnis der Benachteiligung der Gläubiger ausreichend, wenn der Gläubiger Tatsachen kennt, aus denen sich bei zutreffender rechtlicher Beurteilung zweifelsfrei ergibt, dass der Schuldner infolge seiner Liquiditäts- und Vermögenslage in absehbarer Zeit seine Zahlungspflichten nicht mehr vollständig erfüllen kann und wenigstens ein Teil der Insolvenzgläubiger insoweit keine vollständige Befriedigung mehr erfahren wird.[122] Beurteilungsgrundlage ist hier der normative Maßstab des redlichen Verkehrs.

43 Für nahestehende Personen i.S.d. § 138 InsO (vgl. Kap. 3 § 138 InsO Rdn. 4 ff.) findet sich in Abs. 2 Satz 2 eine dem § 130 Abs. 3 InsO entsprechende widerlegliche Beweislastumkehr im Hinblick auf die Kenntnis von der Gläubigerbenachteiligung des Abs. 1 Nr. 3.[123]

IV. Darlegungs- und Beweislast

44 Soweit nicht Abs. 2 Satz 2 greift, trifft den Insolvenzverwalter für alle Tatbestandsvoraussetzungen die Darlegungs- und Beweislast.[124] Bei der gerichtlichen Geltendmachung dürfen jedoch keine zu hohen Anforderungen an die Substantiierung gestellt werden.[125] Ist die Zahlungsunfähigkeit zu einem bestimmten Zeitpunkt darzulegen, genügt zur Substantiierung deshalb die Vorlage von Listen für die bestehenden Verbindlichkeiten des Schuldners in Verbindung mit ergänzenden Anlagen, insb. den Rechnungen der Gläubiger, wenn sich hieraus die notwendigen Informationen über den jeweiligen Anspruch und seine Fälligkeit entnehmen lassen.[126] Im Hinblick auf die Inkongruenz ist es ausreichend, wenn der Insolvenzverwalter die Behauptung, auf welche der Anfechtungsgegner die Kongruenz der Deckungshandlung stützt, widerlegt.[127] I.R.d. Anfechtungsprozesses obliegt es dem Richter, sämtliche aufgezeigten Indizien und Beweisanzeichen im Kontext zu beurteilen und seiner richterlichen Überzeugung i.S.d. § 286 ZPO zugrunde zu legen (s. weiterführend Kap. 7 Rdn. 89 ff.).[128]

---

121 BGH, 18.03.2010 – IX ZR 57/09, ZInsO 2010, 807 Rn. 15; BGH, 18.12.2003 – IX ZR 199/02, ZInsO 2004, 145 Rn. 33.

122 BGH, 18.12.2003 – IX ZR 199/02, ZInsO 2004, 145 Rn. 33; OLG Köln, 20.07.2011 – 2 U 159/10, ZInsO 2011, 1701 Rn. 39.

123 BGH, 15.11.2012 – IX ZR 205/11, ZInsO 2012, 2335 Rn. 14.

124 HambKomm-InsR/Rogge/Leptien, § 131 InsO Rn. 49.

125 OLG Koblenz, 05.10.2012 – 2 W 522/12, ZInsO 2012, 2342 Rn. 8.

126 BGH, 12.07.2007 – IX ZR 210/04, ZInsO 2007, 1046 Rn. 5.

127 BGH, 30.09.1993 – IX ZR 227/92, ZIP 1993, 1653 Rn. 31.

128 BGH, 09.01.2025 – ZInsO 2025, 752 Rn. 22; BGH, 22.02.2024 – IX ZR 106/21, ZInsO 2024, 788 Rn. 21.

Gem. Abs. 2 Satz 2 wird die notwendige Kenntnis für nahestehende Personen i.S.d. § 138 InsO (vgl. hierzu Kap. 3 § 138 InsO Rdn. 4 ff.) vermutet, sodass aufgrund der gesetzlichen Beweislastumkehr diese die fehlende Kenntnis (i.S.d. Abs. 1 Nr. 3) zum Zeitpunkt der anzufechtenden Rechtshandlung darzulegen und zu beweisen haben.[129] 45

§ 132 Unmittelbar nachteilige Rechtshandlungen

(1) Anfechtbar ist ein Rechtsgeschäft des Schuldners, das die Insolvenzgläubiger unmittelbar benachteiligt,

1. **wenn es in den letzten drei Monaten vor dem Antrag auf Eröffnung des Insolvenzverfahrens vorgenommen worden ist, wenn zur Zeit des Rechtsgeschäfts der Schuldner zahlungsunfähig war und wenn der andere Teil zu dieser Zeit die Zahlungsunfähigkeit kannte oder**
2. **wenn es nach dem Eröffnungsantrag vorgenommen worden ist und wenn der andere Teil zur Zeit des Rechtsgeschäfts die Zahlungsunfähigkeit oder den Eröffnungsantrag kannte.**

(2) Einem Rechtsgeschäft, das die Insolvenzgläubiger unmittelbar benachteiligt, steht eine andere Rechtshandlung des Schuldners gleich, durch die der Schuldner ein Recht verliert oder nicht mehr geltend machen kann oder durch die ein vermögensrechtlicher Anspruch gegen ihn erhalten oder durchsetzbar wird.

(3) § 130 Abs. 2 und 3 gilt entsprechend.

Übersicht Rdn.

Schrifttum

Biernat, Anfechtung bei Rechtsberatung vor Insolvenzantrag, ZVI 2004, 276 ff.; *Gehrlein/Thole*, Aktuelle Probleme der Insolvenzanfechtung, 16. Aufl., 2024; *Ganter*, Die Rechtspre-

129 K/P/B/Schoppmeyer, § 130 InsO Rn. 162; Graf-Schlicker/Huber, § 130 InsO Rn. 25.

chung des BGH zum Insolvenzrecht im Jahre 2009, NZI 2010, 361 ff.; *ders.*, Die Rechtsprechung des BGH zum Insolvenzrecht im Jahre 2010, NZI 2011, 209 ff.; *Gehrlein*, Der Begriff der Gläubigerbenachteiligung in der höchstrichterlichen Rechtsprechung, DZWIR 2022, 73 ff.; *ders.*, Höchstrichterliche Rechtsprechung zum Insolvenzanfechtungsrecht der Jahre 2021/2022, ZRI 2022, 621 ff.; *Huber*, Insolvenzanfechtung im Dreiecksverhältnis – vier Fallstudien für eine Erfolg versprechende Anfechtungsklage des Insolvenzverwalters nach Tilgung fremder Schuld, ZInsO 2010, 977 ff.; *Huber*, Keine Unschuldsvermutung im Anfechtungsrecht, ZInsO 2008, 929 ff.; *Kemperdick*, Anfechtung der Umwandlung einer Lebensversicherung, ZInsO 2012, 2193 ff.; *Kubis*, Zur Anfechtung von Geschäften, die mit Zustimmung eines schwachen vorläufigen Insolvenzverwalters vorgenommen wurden, KTS 2007, 237 ff.; *Lwowski/Wunderlich*, Insolvenzanfechtung von Kapitalerhöhungsmaßnahmen, NZI 2008, 129 ff.; *Muscheler*, Das Vor- und Nachvermächtnis, AcP 2008, 69 ff.; *Primozic/Doetsch*, Der Unternehmenskauf und die aktuelle Rechtsprechung zur Insolvenzanfechtung, NJW 2010, 2922 ff.; *Schmittmann*, Finanzierung eines Sanierungs- und Insolvenzberaters durch Insolvenzgeld?, Existenz Magazin 40/2022, 44 f.; *Thole*, Die tatbestandlichen Wertungen der Gläubigeranfechtung, ZZP (2008) 121, 67 ff.; *von Wilmowsky*, Lösungsklauseln für den Insolvenzfall – Wirksamkeit, Anfechtbarkeit, Reform, ZIP 2007, 553 ff.; *Wollmann*, Insolvenzanfechtung der Umwandlung gem. § 167 VVG?, ZInsO 2012, 2061 ff.

A. Normzweck

1 Die Regelung des § 132 InsO schafft einen **Auffangtatbestand**,[1] der eingreift, wenn Rechtsgeschäfte des Schuldners in der Krise[2] die Insolvenzgläubiger unmittelbar benachteiligen und nicht schon unter die Deckungsanfechtung der §§ 130 und 131 InsO fallen.[3] Der Tatbestand soll verhindern, dass der Insolvenzverwalter Forderungen zur Insolvenztabelle feststellen muss, die aus nach § 132 InsO anfechtbaren Rechtsgeschäften entstanden sind.[4]

B. Norminhalt

I. Einführung

2 Die Norm kommt zur Anwendung, wenn durch die **Rechtshandlung** des Schuldners dem anderen Teil **keine Deckung**, d.h. keine Sicherung oder Befriedigung gewährt wird. Sie greift daher bei **schuldrechtlichen Rechtsgeschäften**, also Verträgen und einseitigen Rechtsgeschäften, die den späteren Schuldner verpflichten oder sein Vermögen in anderer Weise als durch Befriedigung oder Sicherung eines Insolvenzgläu-

1 So A/G/R-Gehrlein, § 132 Rn. 1; Pape/Uhländer-Bornheimer, § 132 InsO Rn. 2; kritisch: HK-InsO/Thole, § 132 InsO Rn. 2.

2 So Graf-Schlicker/Huber, § 132 InsO Rn. 1; Gehrlein/Thole, Aktuelle Probleme der Insolvenzanfechtung, Rn. 555.

3 So K. Schmidt/Ganter/Weinland, § 132 InsO Rn. 7; HambKomm-InsR/Rogge/Leptien, § 132 InsO Rn. 1; HWF/Schmittmann/Zeeck, § 132 InsO Rn. 5.

4 So Gehrlein/Thole, Aktuelle Probleme der Insolvenzanfechtung, Rn. 555.

bigers beeinträchtigen.[5] Der Anfechtungstatbestand des § 132 InsO wird auch als **Verschleuderungsanfechtung** bezeichnet.[6]

II. § 132 Abs. 1 InsO

1. Rechtsgeschäft des Schuldners

Die Regelung erfasst lediglich **Rechtsgeschäfte des Schuldners**, also keine Rechtsgeschäfte oder Rechtshandlungen von Gläubigern oder Dritten.[7] Der Begriff des Rechtsgeschäfts ist zivilrechtlich zu verstehen. Er umfasst grds. mindestens eine **Willenserklärung.**[8] Sofern ausnahmsweise auch von der Rechtsordnung an **Schweigen** rechtsgeschäftliche Folgen geknüpft werden, kommt eine Anwendung von § 132 Abs. 1 InsO in Betracht.[9] 3

a) Einseitige Rechtsgeschäfte

Über § 132 Abs. 1 InsO kann insb. die Ausübung von **Gestaltungsrechten** angefochten werden.[10] 4

Dies betrifft insb. die **Kündigung** eines für den Schuldner günstigen Vertrags.[11] Hat der Schuldner einen **Mietvertrag** über Räume abgeschlossen, die er für seinen Geschäftsbetrieb benötigt und liegt der Preis – aus welchen Gründen auch immer – unter dem Marktpreis, so fällt die Kündigung des Schuldners unter § 132 Abs. 1 InsO, was dem Insolvenzverwalter indes lediglich dann nützt, wenn bei Eröffnung des Insolvenzverfahrens noch keine Räumung stattgefunden hat. 5

Weiterhin ist der **Rücktritt** von einem günstigen Vertrag oder der Widerruf eines günstigen Vertrages gem. § 132 Abs. 1 InsO anfechtbar.[12] 6

Auch das **Einverständnis** des Schuldners mit einer vom Sicherungsgeber vorgeschlagenen **Art der Verwertung des Sicherungsgutes** kann unter § 132 InsO fallen, wenn dies die Gläubiger insgesamt benachteiligt.[13] 7

---

5 So Jaeger/Henckel, § 132 InsO Rn. 5.

6 So HWF/Schmittmann/Zeeck, § 132 InsO Rn. 6.

7 So Pape/Uhländer-Bornheimer, § 132 InsO Rn. 5.

8 So HK-InsO/Thole, § 132 InsO Rn. 6; HWF/Schmittmann/Zeeck, § 132 InsO Rn. 8.

9 So K/P/B/Schoppmeyer, § 132 InsO Rn. 19.

10 So K. Schmidt/Ganter/Weinland, § 132 InsO Rn. 12; Laskos in: Cranshaw/Hinkel, Praxiskommentar zum Anfechtungsrecht, § 132 InsO Rn. 15; K/P/B/Schoppmeyer, § 132 InsO Rn. 22; HWF/Schmittmann/Zeeck, § 132 InsO Rn. 9.

11 So bereits BT-Drucks. 12/2443, S. 159; Graf-Schlicker/Huber, § 132 InsO Rn. 5; Pape/Uhländer-Bornheimer, § 132 Rn. 5; MK-InsO/Kayser, § 132 InsO Rn. 9; K/P/B/Schoppmeyer, § 132 InsO Rn. 22.

12 So Uhlenbruck/Borries/Huber/Hirte, § 132 InsO Rn. 5; Graf-Schlicker/Huber, § 132 InsO Rn. 5.

13 So BGH, 09.01.1997 – IX ZR 1/96, ZIP 1997, 367 ff. = KTS 1997, 264 – zu § 30 Nr. 1, 1. Alt. KO.

8 Auch die Ausstellung und Begebung eines **Wechsels** oder **Schecks** kommt als unmittelbar nachteilige Rechtshandlung i.S.v. § 132 InsO in Betracht, da sie die Haftung des Ausstellers nach Art. 9 Wechselgesetz und Art. 12 Scheckgesetz begründet.[14]

b) Zweiseitige Rechtsgeschäfte

9 Weiterhin können **zweiseitige Rechtsgeschäfte** angefochten werden.[15] Bei solchen handelt es sich insb. um Verträge, z.B. **Kaufverträge**, bei denen Ware unter Wert verkauft wird oder Sachen über Marktpreis eingekauft werden.[16] Zudem kommen **Arbeitsverträge** in Betracht, z.B. mit einem Turnaround Manager, die in den **Bezugszeitraum des Insolvenzgelds** fallen.[17]

10 Auch Kaufverträge, die dem Käufer eine **Aufrechnungsmöglichkeit** eröffnen, können gem. § 132 Abs. 1 InsO angefochten werden.[18]

11 Die Hingabe oder Aufnahme von **Darlehen zu ungünstigen Bedingungen**,[19] die **Übernahme einer Bürgschaft** und der **Verleih einer Sache auf längere Zeit**[20] sind ebenfalls umfasst.

12 Anfechtbar nach § 132 Abs. 1 InsO ist darüber hinaus der Abschluss von **Verträgen zugunsten Dritter**,[21] sofern hier nicht eine Anfechtung gem. § 134 InsO in Betracht kommt. Die Umwandlung einer Lebensversicherung in eine pfändungsgeschützte Versicherung nach § 167 VVG stellt eine unmittelbare Gläubigerbenachteiligung im Sinne von § 132 InsO dar, weil der zunächst massezugehörige Rückkaufswert der Versicherung der Masse durch die Umwandlung entzogen wird.[22] Veranlasst der künftige Insolvenzschuldner die **Umwandlung einer Lebensversicherung** in eine Altersrentenversicherung, kommt der Anfechtungstatbestand des § 132 Abs. 1 InsO in Betracht, weil den (künftigen) Insolvenzgläubigern durch die Umwandlung der Lebensversicherung in eine Altersrentenversicherung (§ 851c ZPO) deren **Rückkaufswert** entzogen

14 So Jaeger/Henckel, § 132 InsO Rn. 24.

15 So Gehrlein/Thole, Aktuelle Probleme der Insolvenzanfechtung, Rn. 557.

16 So HK-InsO/Thole, § 132 InsO Rn. 2; Jaeger/Henckel, § 132 InsO Rn. 13; Uhlenbruck/Borries/Huber/Hirte, § 132 InsO Rn. 2.

17 Vgl. LSG Schleswig-Holstein, 17.06.2022 – L 3 AL 24/20, BeckRS 2022, 28592; vgl. dazu Schmittmann, Existenz Magazin 40/2023, S. 44 f.

18 So BGH, 26.05.1971 – VIII ZR 61/70, WM 1971, 908, 909.

19 So BGH, 21.04.1988 – IX ZR 71/87, WM 1988, 952, 953 = KTS 1988, 519, 521 = ZIP 1988, 725, 726.

20 S. Graf-Schlicker/Huber, § 132 InsO Rn. 4.

21 So BGH, 09.02.1955 – IX ZR 173/54, WM 1955, 404, 406 – zu § 30 Nr. 1 KO.

22 So AG Köln, 31.05.2012 – 130 C 25/12, ZIP 2012, 1976 f. = ZVI 2012, 385 f. Rn. 23; vgl. dazu Wollmann, ZInsO 2012, 2061 ff.; Kemperdick, ZInsO 2012, 2193.

worden ist.[23] Dem tritt das OLG Karlsruhe mit dem Argument entgegen, dass es an einem tauglichen **Anfechtungsgegner** fehlt.[24]

Einer genaueren Überprüfung wird der Insolvenzverwalter auch **Verträgen mit nachteiligen Klauseln** gerade für den Insolvenzfall unterziehen.[25] 13

Der Anwendungsbereich des § 132 Abs. 1 InsO ist i.Ü. auch bei einer Abrede eröffnet, nach der einfache Insolvenzforderungen i.S.v. § 38 InsO befriedigt werden müssen, weil der Gläubiger anderenfalls eine für die Fortführung des Unternehmens des Schuldners notwendige Leistung nicht erbringt.[26] 14

Zudem ist auch der Abschluss von Verträgen mit **Sanierungsberatern** bei unangemessen hohem Honorar oder ersichtlicher Nutzlosigkeit ein Fall von § 132 Abs. 1 InsO.[27] Ein von vornherein nicht aussichtsloser Sanierungsversuch setzt ein schlüssiges, von den tatsächlichen Gegebenheiten ausgehendes Sanierungskonzept voraus, das mindestens in den Anfängen schon in die Tat umgesetzt worden ist und beim Schuldner die ernsthafte und begründete Aussicht auf Erfolg rechtfertigt.[28] Ob ein erfolgversprechendes **Sanierungskonzept** vorliegt, hat sich an den zur Zeit der Umsetzung tatsächlich bestehenden Rechtsauffassungen auszurichten. Ob die für den Schuldner günstige Antwort rechtlich vertretbar ist und der Sanierungsversuch voraussichtlich nicht aus Rechtsgründen scheitern wird, ist bei neuen gesetzlichen Regelungen angesichts der mit ihnen verbundenen Unsicherheiten nach einem großzügigen Maßstab zu beurteilen.[29] 15

Streitig ist bei der Anfechtung einer Vergütungsvereinbarung, ob bei der Vereinbarung eines unangemessen hohen Honorars eine Teilanfechtung bis zur Grenze des angemessenen Honorars möglich ist oder aber ob eine vollständige Anfechtung gelingt.[30] Nach zutreffender Auffassung ist ein **überhöhtes Honorar** im Wege der Anfechtung auf das angemessene Maß zurückzuführen.[31] 16

---

23 So BGH, 13.10.2011 – IX ZR 80/11, NZI 2011, 937 = Verbraucherinsolvenz aktuell 2012, 11 Rn. 3; OLG Karlsruhe, 10.01.2022 – 3 U 30/21, NZI 2022, 332 ff. = ZIP 2022, 337 ff. = EWiR 2022, 118 f [Thole].

24 S. OLG Karlsruhe, 10.01.2022 – 3 U 30/21, NZI 2022, 332 ff. = ZIP 2022, 337 ff. = EWiR 2022, 118 f (Thole).

25 Vgl. HWF/Schmittmann/Zeeck, § 132 InsO Rn. 10.

26 So BGH, 13.03.2003 – IX ZR 64/02, BGHZ 154, 190, 194 Rn. 16 ff. = ZInsO 2003, 417, 419 = EWiR 2003, 719 f. [Huber].

27 So K. Schmidt/Ganter/Weinland, § 132 InsO Rn. 30; MK-InsO/Kayser, § 132 InsO Rn. 14; K/P/B/Schoppmeyer, § 132 InsO Rn. 34.

28 So BGH, 08.12.2011 – IX ZR 156/09, ZIP 2012, 137 ff. Rn. 11; BGH, 04.12.1997 – IX ZR 47/97, ZIP 1998, 248, 251; BGH, 26.03.1984 – II ZR 171/83, ZIP 1984, 572, 580.

29 So BGH, 03.03.2022 – IX ZR 78/20, ZRI 2022, 267 ff. = NZI 2022, 385 ff. mit Anm. Hacker = WM 2022, 527 ff. = BB 2022, 778 ff. mit Anm. Schubert.

30 Vgl. Uhlenbruck/Borries/Huber/Hirte, § 132 InsO Rn. 9; Laskos in: Cranshaw/Hinkel, Praxiskommentar zum Anfechtungsrecht, § 132 InsO Rn. 20.

31 So K. Schmidt/Ganter/Weinland, § 132 InsO Rn. 31.

17 Während eine **Betriebsvereinbarung** nach § 88 BetrVG als Rechtsgeschäft i.S.v. § 132 InsO angefochten werden kann,[32] enthält § 124 InsO für Sozialpläne,[33] die innerhalb der letzten 3 Monate vor dem Insolvenzantrag aufgestellt wurden, eine speziellere Regelung, durch die der Sozialplan widerrufen werden kann.[34] Zwar schließt die Regelung des § 124 InsO eine Anfechtung nach § 132 InsO nicht grds. aus, jedoch wird dafür in der Praxis regelmäßig kein Bedürfnis bestehen.[35]

2. Unmittelbare Gläubigerbenachteiligung

18 Während bei §§ 130, 131 InsO eine Gläubigerbenachteiligung ausreicht, ist bei § 132 Abs. 1 InsO eine **unmittelbare Benachteiligung** der Insolvenzgläubiger schon nach dem Wortlaut des Gesetzes erforderlich.[36]

19 Das **Rechtsgeschäft** als solches – und **nicht** etwa eine **Erfüllungshandlung** – muss die Gläubiger benachteiligen.[37] Der Eintritt einer unmittelbaren Gläubigerbenachteiligung ist i.R.d. § 132 Abs. 1 InsO ausschließlich mit Bezug auf das **Wertverhältnis** zwischen den konkret ausgetauschten Leistungen zu beurteilen.[38] Zu berücksichtigen sind lediglich solche Folgen, die an die anzufechtende Rechtshandlung selbst anknüpfen.[39] Das Vorliegen einer unmittelbaren Gläubigerbenachteiligung ist ausschließlich mit Bezug auf das Wertverhältnis zwischen den konkret ausgetauschten Leistungen zu beurteilen.[40] Erhält der Schuldner für das, was er aus seinem Vermögen weggibt, unmittelbar eine **vollwertige Gegenleistung**, liegt keine unmittelbare Gläubigerbenachteiligung vor.[41] Erhält der Schuldner etwas, das zwar keine Gegenleistung darstellt, sich aber in anderer Weise als – zumindest gleichwertiger – Vorteil erweist, kommt es darauf an, ob der Vorteil unmittelbar mit dem **Vermögensopfer** zusammenhängt. Das ist nicht schon dann der Fall, wenn das Vermögensopfer gezielt eingesetzt wird, um den Vorteil zu erreichen. Vielmehr muss sich der Vorteil unmittelbar in einer –

32 So LAG München, 05.09.1986 – 3 Sa 146/88, ZIP 1987, 589 ff. = NZA 1987, 464 f.
33 Vgl. K. Schmidt/Ganter/Weinland, § 132 InsO Rn. 17.
34 So Uhlenbruck/Borries/Huber/Hirte, § 132 InsO Rn. 2; K/P/B/Paulus, § 132 InsO Rn. 6; K. Schmidt/Ganter/Weinland, § 132 InsO Rn. 24; HWF/Schmittmann/Zeeck, § 132 InsO Rn. 24.
35 So Uhlenbruck/Borries/Huber/Hirte, § 132 InsO Rn. 2.
36 Vgl. Gehrlein, DZWIR 2022, 73 ff.
37 So Uhlenbruck/Borries/Huber/Hirte, § 132 InsO Rn. 4 und 9; Jaeger/Henckel, § 132 InsO Rn. 9.
38 So BGH, 13.03.2003 – IX ZR 64/02, BGHZ 154, 190 ff. Rn. 15 = ZInsO 2003, 417 ff. = EWiR 2003, 719 f. [Huber]; Pape/Uhländer-Bornheimer, § 132 InsO Rn. 8.
39 So MK-InsO/Kayser, § 132 InsO Rn. 12; HK-InsO/Thole, § 132 InsO Rn. 5.
40 So BGH, 13.03.2003 – IX ZR 56/02, ZIP 2003, 855 ff. = KTS 2003, 583 ff. Rn. 10; BGH, 13.03.2003 – IX ZR 64/02, BGHZ 154, 190 ff. = BB 2003, 979 ff. Rn. 15.
41 Vgl. BGH, 30.04.1992 – IX ZR 176/91, BGHZ 118, 171 ff. = ZIP 1992, 778 ff.; BGH, 15.12.1994 – IX ZR 153/93, BGHZ 128, 184 ff. = ZIP 1995, 134 ff.; BGH, 06.04.1995 – IX ZR 61/94, BGHZ 129, 236 ff. = ZIP 1995, 1021 ff.; BGH, 13.03.1997 – IX ZR 93/96, ZIP 1997, 853, 854; BGH, 10.12.1998 – IX ZR 302/97, ZIP 1999, 146, 147.

den anderweitigen Nachteil zumindest ausgleichenden – Mehrung des Schuldnervermögens niederschlagen.[42]

3. Anfechtungszeitraum

Hinsichtlich des **Anfechtungszeitraums** kommt es gem. § 132 Abs. 1 Nr. 1 InsO auf die letzten 3 Monate **vor dem Antrag auf Eröffnung des Insolvenzverfahrens** an, während § 132 Abs. 1 Nr. 2 InsO auf die Zeit **nach dem Eröffnungsantrag** abstellt. Diesbezüglich kann auf die Kommentierung zu §§ 130, 131 InsO verwiesen werden. 20

III. § 132 Abs. 2 InsO

Mit § 132 Abs. 2 InsO wird eine **Auffangnorm** für den Fall geschaffen, dass eine Deckungsanfechtung gem. §§ 130, 131 InsO oder eine Anfechtung wegen unmittelbarer Benachteiligung nach § 132 Abs. 1 InsO nicht in Betracht kommt.[43] Die Regelung schließt damit v.a. Lücken, die im früheren Konkursrecht bei der **Anfechtung von Unterlassungen** im Bereich der besonderen Konkursanfechtung bestanden.[44] 21

Als Rechtshandlungen des Schuldners, durch die der Schuldner ein **Recht verliert**, kommen z.B. die Unterlassung eines Protestes nach Wechsel- oder Scheckrecht, die den Verlust von Rechten bewirkt,[45] die unterlassene Unterbrechung einer Ersitzungsfrist mit der Folge des Eigentumsverlustes[46] oder rechtswirksames Schweigen[47] in Betracht. 22

Der Schuldner kann ein **Recht nicht mehr geltend machen** (§ 132 Abs. 2, 2. Alt. InsO), wenn er **verjährungshemmende Maßnahmen** unterlässt,[48] das **Einlegen von Rechtsbehelfen** mit der Folge des Prozessverlustes unterlässt,[49] eine ungünstige, aber **anfechtbare Willenserklärung** nach §§ 119 BGB nicht anficht[50] oder eine **Mängelrüge** mit der Folge des § 377 Abs. 2 HGB unterlässt.[51] 23

Ein vermögensrechtlicher **Anspruch** gegen den Schuldner wird **erhalten** oder **durchsetzbar** (§ 132 Abs. 2, 3. Alt. InsO), wenn der Schuldner eine rechtzeitige Irrtumsan- 24

42 So BGH, 13.03.2003 – IX ZR 64/02, BGHZ 154, 190 ff. Rn. 15 = ZIP 2003, 810 ff. = EWiR 2003, 719 f. [Huber].
43 S. K. Schmidt/Ganter/Weinland, § 132 InsO Rn. 39.
44 So Uhlenbruck/Borries/Huber/Hirte, § 132 InsO Rn. 12; HK-InsO/Thole, § 132 InsO Rn. 1.
45 So Uhlenbruck/Borries/Huber/Hirte, § 132 InsO Rn. 13.
46 So Uhlenbruck/Borries/Huber/Hirte, § 132 InsO Rn. 13; HK-InsO/Thole, § 132 InsO Rn. 9.
47 So Uhlenbruck/Borries/Huber/Hirte, § 132 InsO Rn. 13.
48 So HWF/Schmittmann/Zeeck, § 132 InsO Rn. 24.
49 So Uhlenbruck/Borries/Huber/Hirte, § 132 InsO Rn. 13.
50 So Pape/Uhländer-Bornheimer, § 132 InsO Rn. 13.
51 So HK-InsO/Thole, § 132 InsO Rn. 9.

fechtung nach bürgerlichem Recht unterlässt[52] oder wenn der Schuldner die **Erhebung der Einrede der Verjährung** in einem Passivprozess **unterlässt.**[53]

25 Kein Fall des § 132 Abs. 2 InsO liegt vor, wenn der Schuldner die Geltendmachung eines **Pflichtteilsanspruches** unterlässt, da dem Schuldner hier eine eigene Entscheidungsfreiheit zusteht.[54]

IV. § 132 Abs. 3 InsO

26 Aufgrund der Vorschrift des § 132 Abs. 3 InsO gelten § 130 Abs. 2 und 3 InsO entsprechend.[55] Auf die dortige Kommentierung wird verwiesen.

C. Rechtsfolgen

27 Die **Rechtsfolgen** der Anfechtung gem. § 132 Abs. 1 InsO ergeben sich aus § 143 Abs. 1 Satz 1 InsO, wonach was durch die anfechtbare Handlung aus dem Vermögen des Schuldners veräußert, weggegeben oder aufgegeben ist, zur Insolvenzmasse zurückgewährt werden muss.

28 Hier gilt die Besonderheit, dass in aller Regel die **schuldrechtliche Verpflichtung** der Anfechtung unterliegt. Ist der Schuldner in anfechtbarer Weise eine Verbindlichkeit eingegangen, so kann dem **Erfüllungsverlangen** des Gläubigers gem. § 146 Abs. 2 InsO unbefristet die Einrede der Anfechtbarkeit entgegengehalten werden.

29 Die Anfechtung der Begründung der Verbindlichkeit führt zur **Inkongruenz** der auf die Schuld erfolgten **Leistung** bzw. Sicherung.[56] Der Insolvenzmasse entsteht ein **Bereicherungsanspruch**, wenn die auf die anfechtbar eingegangene Verbindlichkeit erbrachte Leistung nicht selbstständig anfechtbar ist, da der Erfüllung infolge der Anfechtung des Kausalverhältnisses der Rechtsgrund fehlt.[57]

30 Bei der Anfechtung von **Dauernutzungsverträgen** hängt die Art der Rückgewähr davon ab, ob die **Nutzungsüberlassung selbst** oder nur eine **zu geringe Vergütung** angefochten wird. Wird die zu geringe Vergütung angefochten, ist eine angemessene Nutzungsentschädigung nachzufordern, während im Fall der Anfechtung der Nutzungsüberlassung selbst eine Rückgabe des Gegenstandes verlangt werden kann.[58]

---

52 So Uhlenbruck/Borries/Huber/Hirte, § 132 InsO Rn. 13; FK-InsO/Dauernheim, § 132 InsO Rn. 7.

53 So Pape/Uhländer-Bornheimer, § 132 Rn. 14; Uhlenbruck/Borries/Huber/Hirte, § 132 InsO Rn. 13.

54 So BGH, 06.05.1997 – IX ZR 147/96, ZIP 1997, 1302 f. = WM 1997, 1407 ff.; A/G/R-Gehrlein, § 132 Rn. 4; HWF/Schmittmann/Zeeck, § 132 InsO Rn. 24.

55 So Gehrlein/Thole, Aktuelle Probleme der Insolvenzanfechtung, Rn. 562.

56 So HambKomm-InsR/Rogge/Leptien, § 143 InsO Rn. 40; BGH, 16.03.1995 – IX ZR 72/94, ZIP 1995, 630 ff. = NJW 1995, 1668 ff.

57 So HambKomm-InsR/Rogge/Leptien, § 143 InsO Rn. 40.

58 So HambKomm-InsR/Rogge/Leptien, § 143 InsO Rn. 60.

D. Beweislast

Den Insolvenzverwalter trifft nach allgemeinen Grundsätzen die **Beweislast** für die Anfechtungsvoraussetzungen, also die unmittelbare Benachteiligung der Insolvenzgläubiger, die Zahlungsunfähigkeit des Schuldners und die Kenntnis des anderen Teils von der Zahlungsunfähigkeit bzw. dem Eröffnungsantrag.[59] 31

Aufgrund der Regelung in § 132 Abs. 3 InsO kommt dem Insolvenzverwalter die **Beweiserleichterung** gem. § 130 Abs. 2 und 3 InsO zugute.[60] 32

E. Anspruchskonkurrenzen

Grds. sind **alle Anfechtungstatbestände** nebeneinander zu prüfen. Bei §§ 130, 131 InsO geht es um die kongruente (§ 130 InsO) oder inkongruente (§ 131 InsO) Erfüllung von bereits vor der kritischen Zeit eingegangenen Verbindlichkeiten, während bei § 132 InsO die Rechtsbeziehung zum späteren Schuldner erst durch die Vornahme des anfechtbaren **Rechtsgeschäfts** entsteht.[61] 33

Die Vorschrift des § 132 InsO verdrängt bei **Abschluss einer Kongruenzvereinbarung** die Regelung des § 131 InsO, wenn hierdurch eine Sicherung oder Befriedigung auf der Grundlage eines privilegierten Bargeschäfts ermöglicht wird. Nach Sinn und Zweck der §§ 132, 142 InsO ist eine abändernde Kongruenzvereinbarung, durch die ein Bargeschäft erst möglich wird, mithin der Deckungsanfechtung entzogen. Die nachträgliche Kongruenzvereinbarung unterfällt regelmäßig auch nicht der Anfechtung nach § 132 InsO, weil sie infolge der damit verbundenen Leistungserbringung durch den späteren Anfechtungsgegner die Forderung des Schuldners gegen seinen Vertragspartner erst werthaltig machte und deshalb die Gläubiger nicht unmittelbar benachteiligte.[62] 34

F. Arbeitshilfen

▶ Checkliste

- ☐ Vorliegen eines Rechtsgeschäfts des Schuldners 35
- ☐ Unmittelbarkeit der Gläubigerbenachteiligung
- ☐ Vornahme des Rechtsgeschäfts in der Krise
- ☐ Kenntnis des Anfechtungsgegners von der Krise
- ☐ Möglichkeit der Beweiserleichterung durch § 132 Abs. 3 InsO

59 So A/G/R-Gehrlein, § 132 Rn. 5.
60 Vgl. Uhlenbruck/Borries/Huber/Hirte, § 132 InsO Rn. 18.
61 Vgl. HK-InsO/Thole, § 132 InsO Rn. 2; Laskos, in: Cranshaw/Hinkel, Praxiskommentar zum Anfechtungsrecht, § 132 InsO Rn. 7; HWF/Schmittmann/Zeeck, § 132 InsO Rn. 8.
62 So BGH, 17.12.2015 – IX ZR 287/14, ZIP 2016, 279 ff. = WM 2016, 282 ff. Rn. 19; BGH, 17.07.2014 – IX ZR 240/13, ZIP 2014, 1595 ff. = KTS 2015, 87 ff. Rn. 21.

§ 133 Vorsätzliche Benachteiligung

(1) Anfechtbar ist eine Rechtshandlung, die der Schuldner in den letzten zehn Jahren vor dem Antrag auf Eröffnung des Insolvenzverfahrens oder nach diesem Antrag mit dem Vorsatz, seine Gläubiger zu benachteiligen, vorgenommen hat, wenn der andere Teil zur Zeit der Handlung den Vorsatz des Schuldners kannte. Diese Kenntnis wird vermutet, wenn der andere Teil wußte, daß die Zahlungsunfähigkeit des Schuldners drohte und daß die Handlung die Gläubiger benachteiligte.

(2) Hat die Rechtshandlung dem anderen Teil eine Sicherung oder Befriedigung gewährt oder ermöglicht, beträgt der Zeitraum nach Absatz 1 Satz 1 vier Jahre.

(3) Hat die Rechtshandlung dem anderen Teil eine Sicherung oder Befriedigung gewährt oder ermöglicht, welche dieser in der Art und zu der Zeit beanspruchen konnte, tritt an die Stelle der drohenden Zahlungsunfähigkeit des Schuldners nach Absatz 1 Satz 2 die eingetretene. Hatte der andere Teil mit dem Schuldner eine Zahlungsvereinbarung getroffen oder diesem in sonstiger Weise eine Zahlungserleichterung gewährt, wird vermutet, dass er zur Zeit der Handlung die Zahlungsunfähigkeit des Schuldners nicht kannte.

(4) Anfechtbar ist ein vom Schuldner mit einer nahestehenden Person (§ 138) geschlossener entgeltlicher Vertrag, durch den die Insolvenzgläubiger unmittelbar benachteiligt werden. Die Anfechtung ist ausgeschlossen, wenn der Vertrag früher als zwei Jahre vor dem Eröffnungsantrag geschlossen worden ist oder wenn dem anderen Teil zur Zeit des Vertragsschlusses ein Vorsatz des Schuldners, die Gläubiger zu benachteiligen, nicht bekannt war.

Übersicht Rdn.

Schrifttum

Berbuer, Inkongruenz durch Drohung des Gläubigers nicht nur bei Drohung mit Zwangsvollstreckung oder Insolvenzantrag?, NZI 2016, 717 ff.; *Bork*, Vom derzeitigen Stand des Insolvenzanfechtungsrechts, ZRI 2021, 1033 ff.; *Dahl/Schmitz*, Das neue Insolvenzanfechtungsrecht, NJW 2017, 1505 ff.; *Ede*, Die Vorsatzanfechtung gegenüber dem uneigennützigen

Leistungsmittler, ZInsO 2012, 1541 ff.; *Ehmann*, Vorsatzanfechtung bei marktüblichen Austauschgeschäften nach der Reform der Insolvenzanfechtung – Erläuterung der verbleibenden Risiken und Vorschläge zur Anfechtungsprophylaxe, GWR 2018, 81 ff.; *Ellers*, Zur Neuausrichtung der Vorsatzanfechtung (§ 133 InsO) und ihren Folgen für die Praxis, DB 2021, 2678 ff.; *Flaig*, Regierungsentwurf eines Gesetzes zur Verbesserung der Rechtssicherheit bei Anfechtungen nach der InsO, GWR 2016, 71 ff.; *Foerste*, Vorsatzanfechtung kongruenter Deckungen im Lichte der BGH-Entscheidung vom 6.5.2021, ZInsO 2022, 2053 ff.; *ders.*, Schranken des § 133 Abs. 1 – Abs. 3 InsO kraft alter Rechtsprechung zum Benachteiligungsvorsatz?, ZInsO 2019, 1778 ff.; *Frind*, Die Folgen der anfechtungsrechtlichen »Neuorientierung« des BGH für die Insolvenz(gerichtspraxis), ZInsO 2022, 1885 ff.; *Ganter*, Das »Abstandsgebot« zwischen der Anfechtung kongruenter Deckungen (§ 130 InsO InsO) und der Vorsatzanfechtung (§ 133 InsO): Ausgebliebene »Neuorientierung«?, NZI 2021, 945 ff.; *ders.*, Zur verkürzten Suspektfrist nach § 133 Abs. 2 InsO n. F., ZRI 2020, 109 ff.; *ders.*, Zwischenbilanz zur Insolvenzanfechtungsreform 2017, NZI 2019, 481 ff.; *ders.*, Vorsatzanfechtung nach fehlgeschlagener Sanierung, WM 2009, 1441 ff.; *Gehrlein*, Vorsatzanfechtung – Auswege aus der Sackgasse?, NZI 2025, 1 ff.; *ders.*, Das Ärgernis der Insolvenzverschleppung, ZInsO 2022, 1481 ff.; *ders.*, Der Sanierungsgedanke als begrenzendes Merkmal der Insolvenzanfechtung, ZInsO 2022, 1387 ff.; *ders.*, Die Neujustierung der Vorsatzanfechtung (§ 133 InsO), ZInsO 2022, 905 ff.; *ders.*, Zur Vorsatzanfechtung gegen einen Treuhänder, ZInsO 2022, 173 ff.; *ders.*, Das Indiz der Zahlungsunfähigkeit zum Nachweis der subjektiven Voraussetzungen: Eine unendliche Geschichte, ZInsO 2021, 2061 ff.; *ders.*, Die Rechtsprechung des BGH zum Insolvenzanfechtungsrecht 2020/2021, DB 2021, 1181 ff.; *ders.*, Neuere Rechtsprechung zur Vorsatzanfechtung, ZInsO 2018, 2557 ff.; *ders.*, Aktuelle Rechtsprechung zur Insolvenzanfechtung in systematischer Darstellung, WM 2009, Sonderbeil. Nr. 1, 40 ff.; *ders.*, in: Festschrift für Ganter, Subjektive Merkmale der Insolvenzanfechtung, 169 ff.; *Gehrlein/Pape*, Das Indiz der Zahlungsunfähigkeit zum Nachweis der subjektiven Voraussetzungen der Vorsatzanfechtung: Eine unendliche Geschichte, ZInsO 2021, 2061 ff.; *Greger*, Rechtsverlust im Rechtsstreit – Das fatale Wechselspiel der Substanziierung, ZInsO 2022, 1997 ff.; *Hacker*, Verabschiedung des Gesetzes zur Reform des Anfechtungsrechts, NZI 2017, 148 ff.; *Hageböke/Springer/Schade*, Die »Neukonturierung« der subjektiven Voraussetzungen der Vorsatzanfechtung (§ 133 InsO), DZWIR 2023, 62 ff.; *Hiebert*, Insolvenzanfechtung nach § 133 InsO, ZInsO 2022, 1660 ff.; *Huber*, Neues zur Vorsatzanfechtung nach AnfG und InsO im Anschluss an die Anfechtungsreform 2017, ZInsO 2021, 2649 ff.; *ders.*, in: Festschrift für Ganter, Der anfechtungsrechtliche Indizienprozess, 203 ff.; *ders.*, Neues Anfechtungsrecht 2017 in InsO und AnfG, ZInsO 2017, 517 ff.; *Jacoby*, Zur Bedeutung des § 133 InsO im System der Insolvenzanfechtungsgründe, KTS 2009, 3 ff.; *Jakobs/Kruth*, Die Vorsatzanfechtung gem. § 133 InsO – eine aktualisierte Bestandsaufnahme der neueren BGH-Rechtsprechung, DStR 2024, 2490; *ders.*, Der Bedeutungsverlust der Vorsatzanfechtung gem. § 133 InsO infolge der jüngsten BGH-Rechtsprechung – Eine Bestandsaufnahme, DStR 2022, 1385 ff.; *Kayser*, Konsequenzen des neuen Anfechtungsrechts für die Rechtsprechung des BGH – Viel Lärm um nichts?, ZIP 2018, 1153 ff.; *ders.*, Vorsatzanfechtung im Spannungsverhältnis von Gläubigergleichbehandlung und Sanierungschancen, NJW 2014, 422 ff.; *ders.*, Die Entkräftung der die Insolvenzanfechtung begründenden Vermutung und Indizien, WM 2013, 293 ff.; *Karrenstein/Sämisch*, Kritik an der jüngeren Rechtsprechung des Bundesgerichtshofs zur Neuausrichtung der Vorsatzanfechtung, ZRI 2024, 534 ff.; *Klinck*, Die Vorsatzanfechtung im Wertungssystem der Insolvenzanfechtung, ZIP 2022, 1357 ff.; *Körner/Rendels*, Überschuldung als Beweisanzeichen bei Vorsatzanfechtung?, ZRI 2022, 301 ff.; *Kreft*, Zum Verhältnis von Judikative und Legislative am Beispiel des Insolvenzrechts, KTS 2004, 205 ff.; *Lau*, Vorsatzanfechtung – Zum Nachweis des Gläubigerbenachteiligungsvorsatzes und der Kenntnis des Anfechtungsgegners,

DB 2013, 1219 ff.; *Linsenbarth/Kliebisch*, Nichts Neues zur Anfechtung im Insolvenzecht: Anwendbarkeit der Indiz- und Vermutungswirkung bei Anfechtung wegen vorsätzlicher Gläubigerbenachteiligung?, ZIP 2022, 512 ff.; *Lütcke*, Der Begriff der Rechtshandlung im Rahmen der Vorsatzanfechtung, NZI 2017, 701 ff.; *Maier*, Erste praktische Anmerkungen zur Neuausrichtung der Rechtsprechung des IX. Senats, ZInsO 2021, 2005 ff.; *Menn*, Der Nachweis der Kenntnis des Anfechtungsgegners vom Gläubigerbenachteiligungsvorsatz des Schuldners durch den Insolvenzverwalter – ein hoffnungsloses Unterfangen?, ZInsO 2011, 1245 ff.; *Möhlenkamp*, Insolvenzanfechtung – Neues für die steuerrechtliche Beratungspraxis und für Honoraransprüche in Krisenmandaten, DStR 2017, 987 ff.; *Nissen/Elzer*, Der willkürliche Beweisantritt, MDR 2022, 1313 ff.; *Pape*, Die unterschiedlichen Voraussetzungen für den Nachweis des Benachteiligungsvorsatzes des Schuldners in § 133 Abs. 1 Satz 1 und 2 InsO, DZWIR 2024, 621 ff.; *ders.*, Anfechtungsrecht 2017, Abschied von der Insolvenzreform in Raten, ZInsO 2018, 296 ff.; *Pießkalla*, Anfechtbare Rechtshandlungen nach § 133 Abs. 1 InsO bei erfolgreicher Zwangsvollstreckung in Bankkonten?, ZInsO 2018, 501 ff.; *Prade*, Die Nichtreform des 133 und der Fiskus, ZInsO 2018, 16 ff.; *Prütting*, Die Darlegungslast im Rahmen der Insolvenzanfechtung, ZRI 2024, 991 ff.; *Rendels*, Wann ist eine Vollstreckungshandlung als Rechtshandlung des Schuldners nach § 133 Abs. 1 InsO anfechtbar?, ZIP 2004, 1289 ff.; *Rodi*, Die Vermögensauskunft des Schuldners als eine die Vorsatzanfechtung legitimierende Mitwirkungshandlung, NZI 2020, 822 ff.; *Schädlich*, BGH stellt die Insolvenzanfechtung auf dogmatisch neue Füße, NWB 2021, 3198 ff.; *Schäfer*, Die Anfechtbarkeit von Handlungen des Insolvenzschuldners im Rahmen einer (drohenden oder laufenden) Zwangsvollstreckung nach § 133 I InsO, ZInsO 2018, 917 ff.; *ders.*, Die Anfechtbarkeit von Ratenzahlungen des Schuldners nach § 133 Abs. 1 InsO, ZInsO 2016, 2467 ff.; *Schneider*, Weitere Konturierung der BGH-Rechtsprechung zur Vorsatzanfechtung, DB 2022, 1061 ff.; *Schoppmeyer*, Rechtssystematische Überlegungen zum Insolvenzanfechtungsrecht nach der Reform, WM 2018, 301 ff.; *Schulte-Kaubrügger*, Vorsatzanfechtung möglich, wenn trotz Zahlungsfähigkeit demnächst voraussichtlich die drohende Zahlungsunfähigkeit eintritt, ZInsO 2016, 1050 ff.; *Schultz*, Die Neuausrichtung der Rechtsprechung zur Vorsatzanfechtung – eine Zwischenbilanz, ZInsO 2022, 1434 ff.; *Smid*, Struktur und System des deutschen Insolvenzrechts im Spiegel der Rechtsprechung (XXIII, Teil 1), DZWIR 2025, 171 ff.; *ders.*, Struktur und System des deutschen Insolvenzrechts im Spiegel der Rechtsprechung, DZWIR 2022, 1 ff.; *Strandmann*, Ein erster Schritt zur Heilung des gequälten § 133 InsO, ZInsO 2021, 1539 ff.; *ders.*, Der gequälte § 133 InsO oder: Grenzfälle der Abgrenzung zwischen Vermögensverschiebung und Deckungshandlung im § 133 Abs. 1 und 2 InsO, ZInsO 2021, 1045 ff.; *Taras*, Die Reform des Insolvenzanfechtungsrechts – ein Überblick, NJW-Spezial 2017, 405 ff.; *Thole*, Die »neue« Ausrichtung der Vorsatzanfechtung durch den BGH, ZRI 2021, 609 ff.; *ders.*, Aktuelle Entwicklungen im Insolvenzrecht, GmbHR 2018, 15 ff.; *ders.*, Das Reformgesetz zur Insolvenzanfechtung, ZIP 2017, 401 ff.; *Tolani*, Richterliche Beweiswürdigung und Beweislastprobleme in Ansehung der reformierten Vorsatzanfechtung gem. § 133 InsO, JZ 2018, 652 ff.; *dies.*, Insolvenzanfechtung gegenüber Dienstleistern mit besonderem Augenmerk auf die Auswirkungen des reformierten Bargeschäftsprivilegs gem. § 142 InsO, ZIP 2018, 1997 ff.; *Weinland*, Neue Ausrichtung der höchstrichterlichen Rechtsprechung zur Vorsatzanfechtung, DGVZ 2022, 205 ff.; *Wimmer*, Das Gesetz zur Verbesserung der Rechtssicherheit bei Anfechtungen nach der InsO und nach dem AnfG, jurisPR-InsR 5/2017; *Zivkovic*, Die reformierte Vorsatzanfechtung. Es darf »vermutet« werden, ZVI 2017, 369 ff.

A. Allgemeines

I. Reform des Anfechtungsrechts 2017

1 Mit Gesetz vom 29.03.2017 ist mit Wirkung zum 05.04.2017 die Vorschrift des § 133 InsO teilweise geändert worden. Gem. der Überleitungsvorschrift des Art. 103j Abs. 1 EGInsO finden die gesetzlichen Neuregelungen des § 133 InsO n.F. nur auf solche Insolvenzverfahren Anwendung, die am Tag des Inkrafttretens der Reform, dem 05.04.2017, eröffnet worden sind oder später eröffnet werden. Auf die vor dem Stichtag eröffneten Insolvenzverfahren ist damit weiterhin das alte Recht anzuwenden.

2 Die Vorschrift des § 133 Abs. 1 InsO blieb hierbei unverändert. Jedoch wurden zwei neue Absätze eingefügt, die den Anwendungsbereich der Vorsatzanfechtung in der Praxis kaum eingeschränkt haben.[1] Der bisherige Abs. 2 wird zu Abs. 4. In § 133 Abs. 2 InsO erfolgt nunmehr eine Differenzierung zwischen Deckungshandlung und sonstiger Vermögensverschiebung. Die Anfechtungsfrist wird für die Deckungshandlungen – und zwar unabhängig davon, ob diese kongruent oder inkongruent sind – in § 133 Abs. 2 InsO von zehn Jahren auf vier Jahre verkürzt, um bei diesen für den Rechtsverkehr besonders bedeutsamen Rechtshandlungen für mehr Verhandlungssicherheit zu sorgen.[2] Weiterhin greift bei kongruenten Deckungen gem. § 133 Abs. 3 Satz 1 InsO die Vermutungsregel des § 133 Abs. 1 Satz 2 InsO fortan nur noch bei Kenntnis des Anfechtungsgegners von der tatsächlich eingetretenen Zahlungsunfähigkeit des Schuldners. Hatte der Gläubiger dem Schuldner Zahlungserleichterungen gewährt, enthält § 133 Abs. 3 Satz 2 InsO darüber hinaus die Vermutung, dass er zur Zeit der Handlung die Zahlungsunfähigkeit des Schuldners nicht kannte.

II. Schutzzweck der Norm und Systematik

3 Die Vorsatzanfechtung beruht nicht auf dem Grundsatz der Gläubigergleichbehandlung, sondern schützt das Interesse der Gläubiger, dass der Schuldner ihre prinzipiell gleichen Befriedigungschancen nicht beeinträchtigt.[3] Im Falle der Anfechtung kongruenter Deckungen sind insb. die Systematik der Anfechtungstatbestände sowie die Systematik des § 133 Abs. 1 InsO selbst zu berücksichtigen.[4] Dies betrifft zum einen

1 Huber, ZInsO 2017, 517, 519; Taras, NJW-Spezial 2017, 405.

2 Foerste, ZInsO 2019, 1778; Ehmann, GWR 2018, 81; Thole, GmbHR 2018, 15; Pape, ZInsO 2018, 296 ff.; Prade, ZInsO 2018, 16 ff.

3 BGH, 05.12.2024 – IX ZR 122/23, ZInsO 2025, 318 Rn. 34; BGH, 17.10.2024 – IX ZR 244/22, ZInsO 2024, 2478 Rn. 21; BGH, 18.01.2024 – IX ZR 6/22, ZInsO 2024, 1430 Rn. 10; BGH, 03.03.2022 – IX ZR 78/20, ZInsO 2022, 640 Rn. 18; BGH, 17.09.2020 – IX ZR 174/19, ZInsO 2020, 2274 Rn. 16; BGH, 06.07.2017 – IX ZR 178/16, ZInsO 2017, 1881 Rn. 17; BGH, 22.06.2017 – IX ZR 111/14, ZInsO 2017, 1616 Rn. 20; BGH, 16.01.2014 – IX ZR 31/12, ZInsO 2014, 293 Rn. 17; BGH, 10.02.2005 – IX ZR 211/02, ZInsO 2005, 260 Rn. 19.

4 BGH, 07.12.2023 – IX ZR 36/22, ZInsO 2024, 195 Rn. 40; BGH, 06.05.2021 – IX ZR 72/20, ZInsO 2021, 1627 Rn. 31.

die gesetzlichen Wertungen der Deckungsanfechtung (§§ 130 bis 132 InsO)[5] und zum anderen Sinn und Zweck der gesetzlichen Vermutung des § 133 Abs. 1 Satz 2 InsO.[6]

Das vorwerfbare Verhalten des Schuldners außerhalb der letzten drei Monate vor dem Antrag auf Eröffnung des Insolvenzverfahrens liegt in der Bevorzugung einzelner Gläubiger unter Inkaufnahme der Benachteiligung anderer Gläubiger.[7] Ein solches Verhalten wird innerhalb des von § 133 Abs. 1 InsO umfassten Zehn-Jahres-Zeitraumes bzw. des nach § 133 Abs. 2 InsO umfassten Vier-Jahres-Zeitraumes missbilligt. Der Schuldner ist jedoch nicht dazu verpflichtet, Maßnahmen zum Schutz einer gleichen Befriedigungsmöglichkeit aller Gläubiger einzuleiten. So steht z.B. das Unterlassen eines Insolvenzantrags mangels einer Garantenpflicht nicht gem. § 129 Abs. 2 InsO einer Rechtshandlung gleich.[8] Aufgrund der unterschiedlichen Schutzrichtungen stehen die Anfechtungsgründe der Deckungsanfechtung (§§ 130 bis 132 InsO) und der Vorsatzanfechtung des § 133 InsO eigenständig nebeneinander, sodass weder ein Ausschlussverhältnis noch ein Über-/Unterordnungsverhältnis zwischen ihnen anzunehmen ist.[9] 4

Nach der seit 05.04.2017 gültigen Neufassung des § 142 Abs. 1 InsO unterliegen Bargeschäfte nur noch dann der Vorsatzanfechtung, wenn der Schuldner unlauter gehandelt und der Anfechtungsgegner dies erkannt hat, während ein bargeschäftsähnlicher Leistungsaustausch – nach der bis zum 05.04.2017 geltenden Rechtslage – uneingeschränkt nach § 133 InsO angefochten werden kann.[10] 5

B. Grundtatbestand des § 133 Abs. 1 bis 3 InsO

I. Einleitung

§ 133 InsO setzt wie jede Anfechtung zunächst das Vorliegen der allgemeinen Insolvenzanfechtungsvoraussetzungen nach § 129 Abs. 1 InsO voraus. Es wird eine eigene, die Gläubiger benachteiligende Rechtshandlung des Schuldners gefordert. Auf subjektiver Ebene verlangt § 133 Abs. 1 InsO zum einen, dass der Schuldner mit Gläubigerbenachteiligungsvorsatz handelte und zum anderen, dass der Anfechtungsgegner Kenntnis von dem Vorsatz, die Gläubiger zu benachteiligen, hatte. Der Kenntnis selbst stehen zwingende Umstände gleich, die hierauf hindeuten.[11] Der maßgebliche Zeit- 6

5 BGH, 06.05.2021 – IX ZR 72/20, ZInsO 2021, 1627 Rn. 33.

6 BGH, 03.03.2022 – IX ZR 78/20, ZInsO 2022, 640 Rn. 18; BGH, 06.05.2021 – IX ZR 72/20, ZInsO 2021, 1627 Rn. 35.

7 BGH, 16.01.2014 – IX ZR 31/12, ZInsO 2014, 293 Rn. 16.

8 BGH, 16.01.2014 – IX ZR 31/12, ZInsO 2014, 293 Rn. 17.

9 Jacoby, KTS 2009, 12 ff.; Gehrlein, WM 2009, 40 ff.

10 BGH, 05.12.2024 – IX ZR 122/23, ZInsO 2025, 318 Rn. 23; Uhlenbruck/Borries/Huber/Hirte, § 133 InsO Rn. 6.

11 BGH, 24.02.2022 – IX ZR 250/19, ZInsO 2022, 757; BGH, 14.07.2016 – IX ZR 188/16, ZInsO 2016, 1749 Rn. 20; BGH, 08.10.2009 – IX ZR 173/07, ZInsO 2009, 2148 Rn. 10.

punkt, in welchem sämtliche Tatbestandsvoraussetzungen vorliegen müssen, richtet sich nach § 140 InsO.[12]

7 Der Anfechtungsgrund des § 133 InsO setzt nicht voraus, dass der Anfechtungsgegner Gläubiger des Schuldners ist.[13] Insoweit kann eine entsprechende Anfechtung auch gegenüber dem Angewiesenen,[14] einem uneigennützigen Treuhänder[15] oder einer Zahlstelle[16] geltend gemacht werden.[17] Soweit in Fällen einer Drittzahlung eine Anfechtung nach § 134 Abs. 1 InsO in Betracht kommt, steht dies einer Anwendbarkeit des § 133 InsO nicht entgegen.[18]

II. Rechtshandlung des Schuldners

1. Allgemeines

8 Das Tatbestandsmerkmal der Rechtshandlung des Schuldners ist weit gefasst, da es nicht nur tatsächliche durch den Schuldner vorgenommene Handlungen erfasst, sondern auch Handlungen Dritter, die lediglich durch den Schuldner unterstützt worden sind, genügen lässt.[19] Eine Rechtshandlung des Schuldners kann damit auch eine mittelbare Zuwendung darstellen (s. hierzu § 129 InsO Rdn. 14). I.d.R. nicht ausreichend ist jedoch eine Zwangsvollstreckungshandlung eines Gläubigers.[20]

9 Ob eine eigene Rechtshandlung des Schuldners vorliegt, unterliegt einer wertenden Betrachtung der Gesamtumstände. Hat der Schuldner nur noch die Wahl, eine geforderte Zahlung sofort zu leisten oder die Vollstreckung durch die bereits anwesende, vollstreckungsbereite Vollziehungsperson zu dulden, ist jede Möglichkeit zu einem selbstbestimmten Handeln ausgeschlossen, sodass es an einer willensgeleiteten Rechtshandlung des Schuldners fehlt.[21] Entscheidendes Kriterium für die Abgrenzung einer Zwangsvollstreckungshandlung des Gläubigers von einer unter Vollstreckungsdruck »freiwillig« erfolgten Leistung des Schuldners ist folglich das Kriterium des selbstbestimmten Schuldnerhandelns.[22] Die Prüfung der Rechtshandlung richtet

12 BGH, 28.01.2021 – IX ZR 64/20, ZInsO 2021, 554 Rn. 22.

13 BGH, 24.05.2012 – IX ZR 142/11, NZI 2012, 713 Rn. 2.

14 BGH, 14.09.2017 – IX ZR 3/16, ZInsO 2017, 2546 Rn. 21; BGH, 29.11.2007 – IX ZR 121/06, ZInsO 2008, 814 Rn. 15.

15 BGH, 26.04.2012 – IX ZR 74/11, ZInsO 2012, 924 Rn. 15; Gehrlein, ZInsO 2022, 173 ff.

16 BGH, 14.09.2017 – IX ZR 3/16, ZInsO 2017, 2546 Rn. 21; BGH, 24.01.2013 – IX ZR 11/12, ZInsO 2013, 384 Rn. 21.

17 BGH, 22.11.2012 – IX ZR 22/12, ZInsO 2013, 73 Rn. 11; Ede, ZInsO 2012, 154 ff.

18 BGH, 06.12.2012 – IX ZR 3/12, ZInsO 2013, 190 Rn. 47; BGH, 22.11.2012 – IX ZR 142/11, ZInsO 2013, 247 Rn. 13; Schäfer, ZInsO 2018, 917 ff.

19 BGH, 03.02.2011 – IX ZR 213/09, ZInsO 2011, 574 Rn. 12.

20 BGH, 12.02.2005 – IX ZR 211/02, ZInsO 2005, 260 Rn. 29; a.A. Lütcke, NZI 2017, 701 ff.; Schäfer, ZInsO 2016, 2467 ff.; Kreft, KTS 2004, 216 ff.; Rendels, ZIP 2004, 1294 ff.

21 BGH, 03.02.2011 – IX ZR 213/09, ZInsO 2011, 574 Rn. 5.

22 BGH, 13.06.2024 – IX ZR 100/23, ZInsO 2024, 1494 Rn. 13; BGH, 19.09.2019 – IX ZR 22/17, ZInsO 2020, 95 Rn. 21; BGH, 01.06.2017 – IX ZR 114/16, ZInsO

sich einzig nach den objektiven Umständen. Ohne Bedeutung ist, ob die Umstände dem Anfechtungsgegner zur Kenntnis gelangt sind. Bestreitet der Anfechtungsgegner, von einer die Gesamtheit der Gläubiger benachteiligenden Rechtshandlungen des Schuldners Kenntnis erlangt zu haben, obwohl eine solche nach den objektiven Umständen feststeht, steht in Fällen der Vorsatzanfechtung damit allein die Kenntnis vom Gläubigerbenachteiligungsvorsatz des Schuldners in Frage.[23]

2. Zwangsvollstreckungsmaßnahmen

Nach der Rechtsprechung des BGH kann eine im Rahmen oder aus Anlass einer Zwangsvollstreckung erfolgte Vermögensverlagerung dann anfechtbar sein, wenn dazu zumindest auch eine selbstbestimmte Rechtshandlung des Schuldners beigetragen hat. Fördert der Schuldner eine Vollstreckungsmaßnahme, kann dies die Qualifizierung der Vermögensverlagerung als Rechtshandlung des Schuldners rechtfertigen.[24] Eine wegen Zwangsvollstreckungsmaßnahmen des Gläubigers erlangte Zahlung kann daher der Vorsatzanfechtung unterliegen, wenn eine Schuldnerhandlung oder eine der Handlung gleichstehende Unterlassung zum Erfolg der Vollstreckungsmaßnahme beigetragen hat. Ausreichend ist eine mitwirkende Rechtshandlung des Schuldners, ohne dass sie die einzige Ursache für die Gläubigerbenachteiligung bilden muss.[25] Eine solche Gleichstellung setzt voraus, dass der Beitrag des Schuldners bei wertender Betrachtung dazu führt, dass die Vollstreckungstätigkeit zumindest auch als eigene, willensgeleitete Entscheidung des Schuldners anzusehen ist.[26] 10

In dieser Hinsicht muss der Beitrag des Schuldners ein der Vollstreckungstätigkeit des Gläubigers zumindest vergleichbares Gewicht erreichen.[27] Bei Anweisungen des Schuldners an die kontoführende Bank, den in Rede stehenden Betrag an den Vollstreckungsgläubiger zu überweisen, liegt eine eigene Rechtshandlung vor. Ein Schuldner, der eine Überweisung von seinem Bankkonto veranlasst, nimmt eine eigene Rechtshandlung vor, selbst wenn zuvor Ansprüche auf Auszahlung von diesem Konto 11

2017, 1479 Rn. 7; BGH, 10.12.2009 – IX ZR 128/08, ZInsO 2010, 226 Rn. 10; BGH, 06.10.2009 – IX ZR 191/05, ZInsO 2009, 2060 Rn. 8; BGH, 18.06.2009 – IX ZR 7/07, ZInsO 2009, 1394 Rn. 8; BGH, 19.02.2009 – IX ZR 22/07, ZInsO 2009, 717 Rn. 5; BGH, 25.10.2007 – IX ZR 157/06, ZInsO 2008, 161 Rn. 16; BGH, 10.02.2005 – IX ZR 211/02, ZInsO 2005, 260 Rn. 29.

23 BGH, 28.01.2021 – IX ZR 64/20, ZInsO 2021, 554 Rn. 8.

24 BGH, 01.06.2017 – IX ZR 48/15, ZInsO 2017, 1422 Rn. 15; BGH, 16.01.2014 – IX ZR 31/12, ZInsO 2014, 272 Rn. 7; BGH, 21.11.2013 – IX ZR 128/13, ZInsO 2014, 31 Rn. 7; BGH, 19.09.2013 – IX ZR 4/13, ZInsO 2013, 2213 Rn. 9; BGH, 03.02.2011 – IX ZR 213/09, ZInsO 2011, 574 Rn. 5; BGH, 10.02.2005 – IX ZR 211/02, ZInsO 2005, 260 Rn. 12; BGH, 27.05.2003 – IX ZR 169/02, ZInsO 2003, 1506 Rn. 11.

25 BGH, 16.01.2014 – IX ZR 31/12, ZInsO 2014, 272 Rn. 7.

26 BGH, 09.01.2025 – IX ZR 41/23, ZInsO 2025, 752 Rn. 12; BGH, 14.09.2017 – IX ZR 108/16, ZInsO 2017, 2212 Rn. 33.

27 BGH, 01.06.2017 – IX ZR 48/15, ZInsO 2017, 1422 Rn. 17.

zugunsten des Zahlungsempfängers gepfändet wurden.[28] Dies gilt erst recht für Fälle, in denen lediglich eine Vorpfändung gem. § 845 ZPO ausgebracht wurde.[29]

12 Demgegenüber fehlt es an einer Rechtshandlung des Schuldners, wenn dieser im Rahmen einer laufenden Vollstreckung vor Ort an die anwesende Vollziehungsperson Barzahlungen aus vorhandenen, nicht verborgenen Mitteln leistet, auf welche die Vollziehungsperson auch zwangsweise hätte zugreifen können.[30] Schafft der Schuldner jedoch durch bewusstes Auffüllen der Barkasse die notwendigen Voraussetzungen dafür, dass eine spätere Barzahlung an die anwesende Vollziehungsperson geleistet werden kann, so rechtfertigt das aktive Fördern des Schuldners im Rahmen der Vollstreckungsmaßnahme des Gläubigers die Annahme einer Rechtshandlung des Schuldners.[31] In ähnlicher Weise kann es nach wertender Betrachtung ausreichen, wenn der Schuldner zur Ermöglichung einer Vollstreckung des Gläubigers durch Hinweise oder sonstige fördernde Handlungen die Voraussetzungen für eine erfolgreiche Vollstreckung geschaffen hat.[32]

13 Überreicht der Schuldner lediglich einen Scheck oder zahlt im Nachhinein durch Überweisung, liegt trotz Vollstreckung eine eigene Rechtshandlung des Schuldners vor, da weder die Scheckausstellung noch die Überweisung von einer anwesenden Vollziehungsperson zwangsweise verlangt werden kann.[33] Pfändet der Gläubiger in eine dem Schuldner eröffnete Kreditlinie, so entsteht ein Pfandrecht erst mit dem Abruf der Kreditmittel als eigene Rechtshandlung des Schuldners.[34]

14 Dagegen kann es an einer Rechtshandlung des Schuldners fehlen, wenn dieser nach der Pfändung seines Geschäftskontos in gleicher Weise wie zuvor Leistungen an seine Kunden erbringt und er sich zum Einzug der ihm daraus erwachsenen Forderungen des auch in der Vergangenheit hierfür verwendeten, nunmehr gepfändeten Kontos bedient.[35]

15 Nicht jeder auch nur entfernte Mitwirkungsbeitrag des Schuldners rechtfertigt es, die vom Gläubiger durch eine Vollstreckungsmaßnahme erwirkte Vermögensverlagerung auch als Rechtshandlung des Schuldners zu werten. So soll keine der Vollstreckungstätigkeit des Gläubigers vergleichbare Mitwirkungshandlung des Schuldners vorliegen,

---

28 BGH, 01.06.2017 – IX ZR 48/15, ZInsO 2017, 1422 Rn. 20; BGH, 21.11.2013 – IX ZR 128/13, ZInsO 2014, 31 Rn. 7; BGH, 10.12.2009 – IX ZR 128/08, ZInsO 2010, 226 Rn. 8.

29 BGH, 22.06.2017 – IX ZR 111/14, ZInsO 2017, 1616 Rn. 11.

30 BGH, 10.02.2005 – IX ZR 211/02, ZInsO 2005, 260 Rn. 24.

31 BGH, 14.06.2012 – IX ZR 145/09, ZInsO 2012, 1318 Rn. 9; BGH, 03.02.2011 – IX ZR 213/09, ZInsO 2011, 574 Rn. 12.

32 BGH, 03.02.2011 – IX ZR 213/09, ZInsO 2011, 574 Rn. 12.

33 BGH, 10.12.2009 – IX ZR 128/08, ZInsO 2010, 226 Rn. 13; BGH, 06.10.2009 – IX ZR 191/05, ZInsO 2009, 2060 Rn. 8.

34 BGH, 09.06.2011 – IX ZR 179/08, ZInsO 2011, 1350 Rn. 13; BGH, 25.10.2007 – IX ZR 157/06, ZInsO 2008, 161 Rn. 15; Pießkalla, ZInsO 2018, 501 ff.

35 BGH, 16.01.2014 – IX ZR 31/12, ZInsO 2014, 293 Rn. 12.

wenn dieser die Vermögensauskunft nach § 802c ZPO erteilt und dem Gläubiger dadurch den Zugriff auf das Vermögen des Schuldners ermöglicht.[36]

Die regelmäßige Einreichung von Umsatzsteuervoranmeldungen durch den Schuldner, aufgrund derer das Finanzamt vollstreckbare Steuerbescheide erlässt, hat kein mit der sich anschließenden Vollstreckungstätigkeit des Finanzamts zumindest gleichwertiges Gewicht, das zur Annahme einer Rechtshandlung des Schuldners i.S.d. § 129 Abs. 1 InsO führt. Der Schuldner kommt damit lediglich seiner sich aus § 18 Abs. 1, Abs. 2 UStG ergebenden gesetzlichen Pflicht nach. Die sich daran anschließende Nichtzahlung der Steuerverbindlichkeiten bei Fälligkeit erfüllt auch nicht die Anforderungen an ein anfechtungsrechtlich relevantes Unterlassen i.S.d. § 129 Abs. 2 InsO.[37] 16

Vollstreckt ein Gläubiger aus einem Anerkenntnisurteil, führt das Anerkenntnis durch den Schuldner zu keiner eigenen mitwirkenden Rechtshandlung, wenn die anerkannte Forderung bestand und eingefordert werden konnte und der Schuldner dem Gläubiger durch das Anerkenntnis nicht beschleunigt einen Titel verschaffen wollte. Vollstreckt dagegen ein Gläubiger aus einem Anerkenntnisurteil, das auf einem Vergleich beruht, kann in einem Vergleichsschluss nur dann eine mitwirkende Rechtshandlung des Schuldners liegen, wenn der Vergleichsinhalt den Bereich verlässt, der bei wertender objektiver Beurteilung ernstlich zweifelhaft sein kann.[38] 17

3. Beweislast

Grds. trifft den Insolvenzverwalter die Darlegungs- und Beweislast für sämtliche objektiven Tatbestandsmerkmale des § 133 Abs. 1 InsO.[39] Daher hat der klagende Insolvenzverwalter die benachteiligende Rechtshandlung des Schuldners bzw. bei Vornahme der Rechtshandlung durch einen Dritten die Mitwirkung des Schuldners zu beweisen.[40] 18

III. Anfechtungszeitraum

In zeitlicher Hinsicht ist es nach § 133 Abs. 1 InsO erforderlich, dass die anzufechtende Rechtshandlung des Schuldners innerhalb von 10 Jahren vor Antragstellung vorgenommen wurde, wobei sich der maßgebliche Zeitpunkt der Antragstellung aus § 139 InsO ergibt. 19

36 OLG Jena, 14.11.2019 – 2 U 917/19, ZInsO 2020, 2319 Rn. 35; im Ergebnis zustimmend: Rodi, NZI 2020, 822.
37 OLG Düsseldorf, 14.11.2019 – 12 U 17/19, ZInsO 2020, 413 Rn. 25, 27.
38 BGH, 14.09.2017 – IX ZR 108/16, ZInsO 2017, 2212 Rn. 36.
39 BGH, 17.07.2003 – IX ZR 272/02, ZInsO 2003, 850 Rn. 10; HambKomm-InsR/Rogge/Leptien, § 133 InsO Rn. 39.
40 Uhlenbruck/Borries/Huber/Hirte, § 133 InsO Rn. 59.

20 Der Anfechtungszeitraum beträgt für Deckungshandlungen – und zwar unabhängig davon, ob diese kongruent oder inkongruent sind[41] – gem. Abs. 2 vier Jahre, um für mehr Planungssicherheit im Rechtsverkehr zu sorgen.[42]

21 Der Wortlaut des § 133 Abs. 2 InsO fordert anders als §§ 130, 131 InsO nicht, dass einem Insolvenzgläubiger eine Sicherung oder Befriedigung gewährt wird, sondern es wird von dem »anderen Teil« gesprochen. Damit wird die Fortführung des Wortlautes in § 133 Abs. 1 Satz 1 InsO bestätigt, denn die Vorsatzanfechtung als Generalklausel erfasst Leistungen auch an Personen, die gerade keine Gläubiger des Schuldners sind. Eine Vorsatzanfechtung ist insoweit neben § 134 InsO möglich.[43]

1. Abgrenzung zwischen Deckungshandlung und Vermögensverschiebung

22 Es erfolgt bei § 133 Abs. 2 InsO eine Trennung zwischen Deckungshandlungen und sonstigen Vermögensverschiebungen.[44] Die Abgrenzung fällt schwer, denn jede Deckungshandlung stellt auch eine Vermögensverschiebung dar.[45] Überträgt der Schuldner z.B. sein Grundstück seiner Ehefrau schenkweise und schließen die Parteien darüber einen notariellen Schenkungsvertrag, dann ergibt sich daraus ein Anspruch auf Eintragung. Es handelt sich folglich um eine Deckung, jedoch zugleich um eine Vermögensverschiebung,[46] womit das Problem entsteht, dass § 133 Abs. 2 InsO inkongruente Deckungen erfasst, die aber zugleich von den von § 133 Abs. 1 InsO erfassten Vermögensverschiebungen abzugrenzen sind.[47]

23 Unabhängig von der praktischen Relevanz der Neuregelung wird in der Literatur vielfach kritisiert,[48] dass diese nicht nur für kongruente, sondern auch für alle inkongruenten Deckungen gelten soll.[49] In Fällen, in denen der Gläubiger einen Anspruch hat und sich die Inkongruenz lediglich daraus ergibt, dass der Schuldner vorzeitig leistet, ist dies stimmig. Hatte der Gläubiger hingegen überhaupt keinen Anspruch gegen den Schuldner, erhält er also eine rechtsgrundlose Leistung,[50] oder trifft der Schuldner Vorsorge für den noch ungewissen Insolvenzfall, so erscheint diese Privilegierung nicht gerechtfertigt.[51] Insoweit wird in solchen Fällen eine einschränkende Auslegung des neuen § 133 Abs. 2 InsO vorgenommen, da nach den Motiven des Gesetzgebers

41 BGH, 25.03.2021 – IX ZR 70/20, ZInsO 2021, 1077 Rn. 48; OLG München, 09.02.2021 – 5 U 6404/20, ZInsO 2021, 662 Rn. 25, bestätigt durch BGH, 12.05.2022 – IX ZR 33/21, ZInsO 2022, 1631 Rn. 2.
42 Wimmer, jurisPR-InsR 5/2017 Anm. 1; Huber, ZInsO 2017, 517, 519.
43 BGH, 22.11.2012 – IX ZR 22/12, ZInsO 2013, 73 Rn. 8; OLG Frankfurt am Main, 23.05.2024 – 4 U 2/23, ZInsO 2024, 2636 Rn. 42.
44 BT-Drucks. 18/7054, 18; BR-Drucks. 495/15, 13.
45 Ganter, NZI 2019, 481, 482.
46 Thole, ZIP 2017, 401, 404.
47 Ganter, ZRI 2020, 109, 110.
48 Vgl. zum Streitstand: Strandmann, ZInsO 2021, 1045 ff.
49 BT-Drucks. 18/7054, 18; Hacker, NZI 2017, 148; kritisch auch Flaig, GWR 2016, 71.
50 BGH, 19.01.2012 – IX ZR 2/11, ZInsO 2012, 264 Rn. 12.
51 Ganter, NZI 2019, 481, 482.

gerade kongruente Deckungsgeschäfte privilegiert und diejenigen geschützt werden sollten, die das erhalten, worauf sie Anspruch haben.[52]

24 Im Hinblick auf den Willen des Gesetzgebers, die paradigmatischen Fälle der Vorsatzanfechtung unverändert der zehnjährigen Anfechtungsfrist zu unterwerfen,[53] hat der BGH bei der Anfechtung einer Sicherung als maßgeblich erachtet, ob der Rechtsgrund der gewährten Sicherung seinerseits in einer die Voraussetzungen der Vorsatzanfechtung erfüllenden Weise begründet worden ist. Daher ist der Anwendungsbereich des § 133 Abs. 1 InsO hinsichtlich der gewährten Deckung auch jenseits des Vierjahreszeitraumes jedenfalls dann eröffnet, wenn das der angefochtenen Leistung zugrundeliegende Grundgeschäft die subjektiven Voraussetzungen der Vorsatzanfechtung nach § 133 Abs. 1 InsO erfüllt.[54]

25 Die Änderung des Anfechtungszeitraums dürfte jedoch weiterhin nur im Einzelfall praktische Relevanz entfalten, da eher selten Rechtshandlungen angefochten werden, die mehr als vier Jahre vor dem verfahrensgegenständlichen Insolvenzantrag liegen.[55] Die verkürzte Anfechtungsfrist wirkt sich daher eher symbolisch aus.[56]

2. Beweislast

26 Der Insolvenzverwalter hat die Vornahme der gläubigerbenachteiligenden Rechtshandlung innerhalb des relevanten Anfechtungszeitraums (von zehn oder vier Jahren vor Antragstellung oder danach) zu beweisen.[57]

IV. Gläubigerbenachteiligung

1. Allgemeines

27 Die Feststellung einer objektiven Benachteiligung nach § 129 Abs. 1 InsO setzt im Rahmen der Vorsatzanfechtung ebenso wenig wie die Feststellung eines Gläubigerbenachteiligungsvorsatzes des Schuldners voraus, dass zum Zeitpunkt der angefochtenen Rechtshandlung andere Gläubiger vorhanden waren, deren Forderungen in Folge der angefochtenen Rechtshandlung nicht vollständig befriedigt werden konnten. Im Falle der Vorsatzanfechtung nach § 133 Abs. 1 bis 3 InsO genügt vielmehr eine mittelbare, erst künftig eingetretene Gläubigerbenachteiligung, die bis zum Schluss der letzten mündlichen Tatsachenverhandlung eintreten kann.[58] Eine Vorsatzanfechtung ist selbst

52 BT-Drucks. 18/7054, 18; BR-Drucks. 495/15, 13.
53 BT-Drucks. 18/7054, 13.
54 BGH, 12.05.2022 – IX ZR 33/21, ZInsO 2022, 1631 Rn. 2; BGH, 25.03.2021 – IX ZR 70/20, ZInsO 2021, 1077, 50 (zu § 3 AnfG); zust.: Gehrlein, DB 2021, 1181, 1184; Strandmann, ZInsO 2021, 1539.
55 Möhlenkamp, DStR 2017, 987, 988.
56 Möhlenkamp, DStR 2017, 987, 988.
57 Uhlenbruck/Borries/Huber/Hirte, § 133 InsO Rn. 59.
58 BGH, 28.01.2021 – IX ZR 64/20, ZInsO 2021, 554 Rn. 26.

dann nicht ausgeschlossen, wenn der Schuldner zum Zeitpunkt der angefochtenen Rechtshandlung noch gar keine Gläubiger hatte.[59]

28 Die Rechtshandlung muss kausal die Gläubigerbenachteiligung herbeigeführt haben. Vorausgesetzt wird dabei aber lediglich ein ursächlicher Zusammenhang im natürlichen Sinne: Wird die Rechtshandlung weggedacht, so müsste ein entäußertes Vermögensobjekt noch uneingeschränkt den Insolvenzgläubigern haften, oder diese müssten mit einer geringeren Schuldsumme belastet sein.[60] Bei Überweisungen steht die hierfür verwendete Liquidität, namentlich ein Bankguthaben, für den Zugriff aller Insolvenzgläubiger zur Verfügung, und zwar unabhängig davon, ob die Insolvenzgläubiger ihre Forderungen vor oder nach den angefochtenen Überweisungen erworben haben.

29 Der Bundesgerichtshof hat entschieden, dass die rechtlichen Wirkungen einer Rechtshandlung dann eintreten, wenn eine Rechtsposition begründet wird, die ohne Anfechtung bei Eröffnung des Insolvenzverfahrens beachtet werden müsste. Auf den Eintritt der Benachteiligung der Gläubigergesamtheit kommt es nicht an. Wird eine mittelbare Zuwendung gegenüber dem Leistungsempfänger angefochten, die in der Weise bewirkt worden ist, dass ein Geldbetrag auf das Konto einer Zwischenperson überwiesen wurde und diese den Betrag an den Leistungsempfänger durch Überweisung weitergeleitet hat, ist die Wertstellung auf dem Konto des Leistungsempfängers der für die Beurteilung der subjektiven Voraussetzungen der Vorsatzanfechtung maßgebliche Zeitpunkt, während die Gläubigerbenachteiligung bereits durch die Überweisung an die Zwischenperson eintritt.[61]

2. Beweislast

30 Die Beweislast für die (mittelbare) Gläubigerbenachteiligung und die Kausalität zwischen Rechtshandlung und Gläubigerbenachteiligung trägt – wie für alle objektiven Umstände – der Insolvenzverwalter.[62]

V. Gläubigerbenachteiligungsvorsatz

1. Anforderungen

31 Der Benachteiligungsvorsatz ist gegeben, wenn der Schuldner bei Vornahme der Rechtshandlung wusste, dass sein Vermögen nicht ausreicht, um über Teilzahlungen an einzelne Gläubiger hinaus alle Gläubiger befriedigen zu können[63] und der Schuldner die Benachteiligung der Gläubiger im Allgemeinen als Erfolg seiner Rechtshandlung gewollt oder als deren mutmaßliche Folge – sei es auch als unvermeidliche Neben-

---

59 BGH, 21.01.2016 – IX ZR 84/13, ZInsO 2016, 1050 Rn. 7; BGH, 13.08.2009 – IX ZR 159/06, ZInsO 2009, 1901 Rn. 5; Schulte-Kaubrügger, ZInsO 2016, 1050.

60 BGH, 28.01.2016 – IX ZR 135/13, ZInsO 2016, 444 Rn. 17.

61 BGH, 28.01.2021 – IX ZR 64/20, ZInsO 2021, 554 Rn. 14, 25, 28; OLG Frankfurt am Main, 23.05.2024 – 4 U 2/23, ZInsO 2024, 2636 Rn. 43.

62 Uhlenbruck/Borries/Huber/Hirte, § 133 InsO Rn. 59.

63 BGH, 06.12.2012 – IX ZR 3/12, ZInsO 2013, 190 Rn. 31.

folge eines an sich erstrebten anderen Vorteils – erkannt und gebilligt hat;[64] bedingter Vorsatz genügt insoweit.[65]

Ein bedingter Vorsatz ist anzunehmen, wenn der Schuldner bei Vornahme seiner Rechtshandlung das Bewusstsein hat, dass seine Handlung sich zum Nachteil der Gläubiger in ihrer Gesamtheit auswirken könnte und er diese Auswirkung zumindest als notwendige Neben- oder Durchgangsfolge billigend mit in Kauf genommen hat. Sein Handeln muss insofern nicht auf die Benachteiligung abzielen. Der Schuldner kann die Handlung zu einem anderen Zweck oder persönlichen Vorteil verfolgen.[66] 32

Der Vorsatz muss sich nicht auf die tatsächlich eingetretene Benachteiligung bezogen haben.[67] Da eine mittelbare, erst künftig eintretende Gläubigerbenachteiligung genügt, setzt der Gläubigerbenachteiligungsvorsatz nicht voraus, dass der Schuldner zum Zeitpunkt der Rechtshandlung über (weitere) Gläubiger verfügt. Die Annahme, dass spätere Gläubiger benachteiligt werden könnten, reicht aus.[68] Ein konkreter Benachteiligungsvorsatz ist nicht erforderlich.[69] 33

2. Nachweis (Vollbeweis) durch Beweisanzeichen (§ 133 Abs. 1 Satz 1 InsO)

Da es sich beim Gläubigerbenachteiligungsvorsatz um ein subjektives Tatbestandsmerkmal handelt, welches als innere Tatsache dem Beweis nur eingeschränkt zugänglich ist, erfordert dessen Darlegung und Nachweis meist die Herleitung aus mittelbaren objektiven Anknüpfungstatsachen (zum Indizienbeweis s. weiterführend Kap. 7 Rdn. 84 ff.). Hierzu hat die Rechtsprechung verschiedene Fallgruppen entwickelt, bei deren Vorliegen von einem Gläubigerbenachteiligungsvorsatz ausgegangen werden kann.[70] Diese Anknüpfungstatsachen stellen jedoch lediglich mehr oder weniger gewichtige Beweisanzeichen dar, welche eine Gesamtwürdigung nicht entbehrlich machen und folglich nicht schematisch i.S.e. widerleglichen Vermutung wirken.[71] 34

---

64 BGH, 06.12.2012 – IX ZR 3/12, ZInsO 2013, 190 Rn. 15; BGH, 22.11.2012 – IX ZR 62/10, ZInsO 2013, 76 Rn. 7; BGH, 30.06.2011 – IX ZR 134/10, ZInsO 2011, 1410 Rn. 8.

65 BGH, 23.06.2022 – IX ZR 75/21, ZInsO 2022, 1734 Rn. 17; BGH, 12.09.2019 – IX ZR 264/18, ZInsO 2019, 2159, Rn. 27; BGH, 12.10.2017 – IX ZR 50/15, ZInsO 2017, 2612 Rn. 21; Gehrlein, ZInsO 2018, 2557 f.; Lau, DB 2013, 1219 ff.

66 BGH, 05.03.2009 – IX ZR 85/07, ZInsO 2009, 873 Rn. 10; BGH, 24.05.2007 – IX ZR 97/06, ZInsO 2007, 819 Rn. 8.

67 BGH, 24.10.2013 – IX ZR 104/13, ZInsO 2013, 2378 Rn. 14.

68 BGH, 13.08.2009 – IX ZR 159/06, ZInsO 2009, 1901 Rn. 5; Gehrlein, in: FS Ganter, S. 181 ff.

69 BGH, 22.02.2024 – IX ZR 226/20, ZInsO 2024, 1011 Rn. 17.

70 Berbuer, NZI 2016, 717; Kayser, WM 2013, 293 ff.; Menn, ZInsO 2011, 1245 ff.; Gehrlein, in: FS Ganter, S. 181 ff.; ders., WM 2009, Sonderbeilage Nr. 1, 41 ff.

71 BGH, 23.01.2025 – IX ZR 229/22, ZInsO 2025, 577 Rn. 11; BGH, 18.04.2024 – IX ZR 239/22, ZInsO 2024, 1156 Rn. 13; BGH, 22.02.2024 – IX ZR 226/20, ZInsO 2024, 1011 Rn. 24; BGH, 23.06.2022 – IX ZR 75/21, ZInsO 2022, 1734 Rn. 18; BGH, 07.05.2020 – IX ZR 18/19, ZInsO 2020, 1306 Rn. 10; Gehrlein, in: FS Ganter, S. 181 ff.

Es bedarf einer umfassenden Bewertung alles Umstände des Einzelfalles. Insbesondere sind hierbei auch gegenläufige Indizien wie ein ernsthafter, aber gescheiterter Sanierungsversuch bzw. ein bargeschäftlicher Leistungsaustausch (bei § 133 Abs. 1 InsO a.F.) zu berücksichtigen.[72] Alle dargelegten relevanten Umstände sind folglich vom Tatrichter gem. § 286 Abs. 1 Satz 1 ZPO zu würdigen und im Zweifel mittels Beweiserhebung zu klären.[73] Eine Tatsache liegt nach der freien Überzeugung des Gerichts vor, wenn es die persönliche Gewissheit erlangt hat, die Zweifeln Schweigen gebietet, ohne sie völlig auszuschließen.[74]

35 Der Vollbeweis verlangt entsprechend dem in § 286 Abs. 1 Satz 1 ZPO festgelegten Regelbeweismaß die volle Überzeugung des Gerichts vom Vorliegen der behaupteten Tatsache. Das Gericht darf eine schlüssige, aber streitige Behauptung nur dann seiner Entscheidung zugrunde legen, wenn es sich von ihrer Wahrscheinlichkeit überzeugt hat. Dies geschieht durch Beweis. Es handelt sich also um den prozessualen Vorgang, der dem Gericht eine auf objektive Gründe gestützte Überzeugung von der Wahrheit tatsächlicher Behauptungen verschaffen soll.[75] Diese Überzeugung ist Voraussetzung für die richterliche Rechtsanwendung im Sinne der Subsumtion des konkreten Sachverhalts unter die jeweilige Rechtsnorm und damit die Streitentscheidung selbst.[76]

36 Der mittelbare Beweis bezieht sich als Indizienbeweis auf tatbestandsfremde Tatsachen, die den Schluss auf das Vorliegen oder das Nichtvorliegen des bestrittenen Tatbestandsmerkmals (Haupttatsache) rechtfertigen.[77] Diese sogenannten Hilfstatsachen bezeichnet man auch als Indizien, Indiztatsachen oder Beweisanzeichen. Der Indizienbeweis ist überzeugungskräftig, wenn ein anderer Schluss als das Vorliegen der Haupttatsache aus den Hilfstatsachen ernstlich nicht in Betracht kommt.[78]

37 Insoweit hat der Tatrichter neben den wirtschaftlichen Verhältnissen des Schuldners auch die Umstände in seine Würdigung einzubeziehen, unter denen die angefochtene Rechtshandlung vorgenommen worden ist. Zu diesen Umständen zählen etwa die Gewährung einer inkongruenten Deckung, die Bewirkung einer unmittelbaren Gläubigerbenachteiligung und die Übertragung von Vermögensgegenständen an nahestehende Dritte.[79] Auch die Gewährung eines Sondervorteils für den Fall der Insolvenz spricht für einen Gläubigerbenachteiligungsvorsatz.[80] Der Katalog der vom

72 BGH, 03.03.2022 – IX ZR 53/19, ZInsO 2022, 716 Rn. 10; Thole, ZIP 2017, 401, 407.
73 BGH, 28.03.2019 – IX ZR 7/18, ZInsO 2019, 1060 Rn. 6; BGH, 08.10.2009 – IX ZR 173/07, ZInsO 2009, 2148 Rn. 8; BGH, 13.08.2009 – IX ZR 159/06, ZInsO 2009, 1901 Rn. 8.
74 BGH, 29.09.2021 – VIII ZR 111/20, NJW 2022, 463 Rn. 35; Prütting, ZRI 2024, 991; Nissen/Elzer, MDR 2022, 1313.
75 Baumgärtel/Laumen, Handbuch der Beweislast, Kap. 2 Rn. 1.
76 Baumgärtel/Laumen, Handbuch der Beweislast, Kap. 2 Rn. 1.
77 Baumgärtel/Laumen, Handbuch der Beweislast, Kap. 2 Rn. 21.
78 Baumgärtel/Laumen, Handbuch der Beweislast, Kap. 2 Rn. 21, Greger, ZInsO 2022, 1977.
79 BGH, 17.09.2020 – IX ZR 174/19, ZIP 2020, 2135 Rn. 18, 38.
80 BGH, 03.03.2022 – IX ZR 53/19, ZInsO 2022, 716 Rn. 11; BGH, 12.10.2017 – IX ZR 288/14, ZInsO 2017, 2539 Rn. 53.

Bundesgerichtshof herausgebildeten Beweisanzeichen ist nicht abschließend. Weitere für die subjektiven Voraussetzungen der Vorsatzanfechtung sprechende Umstände sind denkbar und vom Tatrichter in die in jedem Einzelfall vorzunehmende Gesamtwürdigung einzubeziehen. Die in Betracht kommenden Beweisanzeichen betreffen zum einen die wirtschaftliche Lage des Schuldners im Zeitpunkt der angefochtenen Rechtshandlung. Erkennt ein Schuldner, dass er aufgrund seiner wirtschaftlichen Lage nicht mehr alle seine Gläubiger wird befriedigen können, kann die Erfüllung einzelner Gläubigerforderungen mit Gläubigerbenachteiligungsvorsatz vorgenommen sein. Es ist aber nicht nur die wirtschaftliche Lage des Schuldners in den Blick zu nehmen. Auch Art und Weise der angefochtenen Rechtshandlung können für den Gläubigerbenachteiligungsvorsatz i.S.d. § 133 Abs. 1 InsO sprechen. Insbesondere zu Vermögensverschiebungen, die zur Benachteiligung der Gläubigergesamtheit vorgenommen werden, kann es bereits im Vorfeld einer wirtschaftlichen Krise kommen. Deshalb hat der Tatrichter neben den wirtschaftlichen Verhältnissen des Schuldners auch die Umstände in seine Würdigung einzubeziehen, unter denen die angefochtene Rechtshandlung vorgenommen worden ist.[81]

Die Rechtsprechung hat u.a. nachfolgende gewichtige Indizien, die den Schluss auf den Benachteiligungsvorsatz des Schuldners rechtfertigen, entwickelt: 38

a) Kenntnis des Schuldners von der eingetretenen Zahlungsunfähigkeit

Das in der Praxis bedeutsamste Indiz bildete bislang bei kongruenten Deckungen die Kenntnis des Schuldners von der eingetretenen Zahlungsunfähigkeit.[82] Auch wenn der BGH nunmehr nach eigenem Kundtun die Vorsatzanfechtung bei kongruenten Deckungen neu ausgerichtet hat, ist nicht zu erwarten, dass dieses Beweisanzeichen an Bedeutung verliert. Die Literatur spricht von der aktuell fehlenden Schuldendeckungsfähigkeit.[83] 39

aa) Bisherige Rechtsprechung

Kannte der Schuldner seine Zahlungsunfähigkeit, konnte nach der bisherigen Rechtsprechung daraus i.d.R. auf einen Benachteiligungsvorsatz geschlossen werden.[84] In diesem Fall handelte der Schuldner nur dann nicht mit Benachteiligungsvorsatz, wenn er auf Grund konkreter Umstände – etwa der sicheren Aussicht, demnächst Kredit zu erhalten oder Forderungen realisieren zu können – mit einer baldigen Überwindung 40

81 BGH, 22.02.2024 – IX ZR 226/20, ZInsO 2024, 1011 Rn. 21; Smid, DZWIR 2025, 171.

82 Pape, DZWIR 2024, 621; Gehrlein/Pape, ZInsO 2021, 2061, die keine wesentliche Neuausrichtung der Rechtsprechung zur Vorsatzanfechtung erkennen wollen.

83 Gehrlein, NZI 2025, 1.

84 BGH, 05.03.2020 – IX ZR 171/18, ZInsO 2020, 893 Rn. 10; BGH, 14.09.2017 – IX ZR 3/16, ZInsO 2017, 2546 Rn. 8.

der (Liquiditäts-)Krise rechnen konnte. Diese Grundsätze galten auch dann, wenn der Schuldner seinem Gläubiger eine kongruente Deckung gewährte.[85]

41 Diesem Verständnis lag die Überlegung zugrunde, dass der zahlungsunfähige Schuldner um die möglicherweise zeitlich verzögerte, letztlich aber unabwendbare Insolvenzeröffnung weiß und deshalb bei der Begleichung einer Forderung notwendigerweise mit Benachteiligungsvorsatz handelt. Dem Schuldner ist dann geläufig, dass er seine Gläubiger nicht insgesamt voll befriedigen kann.[86]

bb) Neujustierung der BGH-Rechtsprechung

42 Mit der Grundsatzentscheidung vom 06.05.2021[87], die in der insolvenzrechtlichen Literatur große Beachtung gefunden hat,[88] hat der BGH statuiert, dass der Vollbeweis des gem. § 133 Abs. 1 Satz 1 InsO erforderlichen Benachteiligungsvorsatzes nicht allein deshalb angenommen werden kann, weil ein Schuldner, der zahlungsunfähig ist, seine Zahlungsunfähigkeit kennt. Der BGH hält es bei kongruenten Deckungen für erforderlich, den Bezugspunkt des Gläubigerbenachteiligungsvorsatzes zu erweitern. Der Gläubigerbenachteiligungsvorsatz kann nicht allein daraus abgeleitet werden, dass der Schuldner im Zeitpunkt der Rechtshandlung nicht in der Lage ist, sämtliche Gläubiger zu befriedigen. **Von entscheidender Bedeutung für den Gläubigerbenachteiligungsvorsatz ist vielmehr, dass der Schuldner weiß oder jedenfalls billigend in Kauf nimmt, dass er seine (übrigen) Gläubiger auch zu einem späteren Zeitpunkt nicht vollständig befriedigen können wird.** Dies kann aus der im Moment der Rechtshandlung gegebenen Liquiditätslage nicht in jedem Fall mit hinreichender Gewissheit abgeleitet werden. Dies soll ausdrücklich auch für § 133 InsO in der derzeit geltenden Fassung gelten.[89] Diese Rechtsgrundsätze sind mehrfach bestätigt worden.[90]

43 Die vorgenommene Neuausrichtung begründet der BGH insb. damit, dass sich der Schluss von der erkannten Zahlungsunfähigkeit auf den Gläubigerbenachteiligungsvorsatz und auf die Kenntnis von diesem nicht ohne Bruch in die Systematik der

---

85 BGH, 17.12.2015 – IX ZR 61/14, ZInsO 2016, 214 Rn. 16; BGH, 18.12.2008 – IX ZR 79/07, ZInsO 2009, 518 Rn. 13; BGH, 24.05.2007 – IX ZR 97/06, ZInsO 2007, 819 Rn. 8.

86 Gehrlein/Pape, ZInsO 2021, 2061, 2062.

87 BGH, 06.05.2021 – IX ZR 72/20, ZInsO 2021, 1627.

88 Hageböke/Springer/Schade, DZWIR 2023, 62; Foerste, ZInsO 2022, 2053; Frind, ZInsO 2022, 1885; Schultz, ZInsO 2022, 1434; Smid, DZWIR 2022, 1; Weinland, DGVZ 2022, 205; Thole, ZRI 2021, 609; Schneider, KTS 2021, 562; Maier, ZInsO 2021, 2005; Ganter, NZI 2021, 945; Huber, ZInsO 2021, 2649; Gehrlein/Pape, ZInsO 2021, 2061.

89 Gehrlein/Pape, ZInsO 2021, 2061, 2062.

90 BGH, 24.07.2025 – IX ZR 134/23, WM 2025, 1521 Rn. 32; BGH, 23.01.2025 – IX ZR 229/22, ZInsO 2025, 577 Rn. 12; BGH, 17.10.2024 – IX ZR 244/22, ZInsO 2024, 2478 Rn. 15; BGH, 18.04.2024 – IX ZR 192/22, ZInsO 2024, 1320 Rn. 20; BGH, 18.04.2024 – IX ZR 239/22, ZInsO 2024, 1156 Rn. 13; BGH, 22.02.2024 – IX ZR 226/20, ZInsO 2024, 1011 Rn. 19; BGH, 07.12.2023 – IX ZR 36/22, ZInsO 2024, 195 Rn. 42; BGH, 13.10.2022 – IX ZR 130/21, ZInsO 2022, 1012 Rn. 24.

Anfechtungstatbestände eingefügt habe. Entsprechendes gelte für die Systematik des § 133 Abs. 1 InsO selbst. Es komme hinzu, dass die erkannte Zahlungsunfähigkeit für sich genommen in einer nicht zu vernachlässigenden Zahl der Fälle nicht mit hinreichender Gewissheit (§ 286 ZPO) auf die subjektiven Voraussetzungen der Vorsatzanfechtung schließen lasse. Dies sei insb. dann anzunehmen, wenn der Schuldner aus der maßgeblichen Sicht ex ante trotz eingetretener Zahlungsunfähigkeit berechtigterweise davon ausgehen durfte, noch alle seine Gläubiger befriedigen zu können.[91] Darin liege der eigentliche Anwendungsbereich dieses Beweisanzeichens.[92] Der Schluss von der erkannten Zahlungsunfähigkeit auf die subjektiven Voraussetzungen der Vorsatzanfechtung führe im Fall der Gewährung kongruenter Deckungen zu einem weitgehenden Gleichlauf mit den Voraussetzungen der Deckungsanfechtung nach § 130 Abs. 1 Satz 1 Nr. 1 InsO und damit faktisch zu einer Verlängerung des nach dieser Vorschrift maßgeblichen Anfechtungszeitraums von drei Monaten auf zehn Jahre nach altem Recht (§ 133 Abs. 1 Satz 1 InsO a.F.) und auf vier Jahre nach neuem Recht (§ 133 Abs. 1 Satz 1, Abs. 2 InsO). Die Regelung des § 130 Abs. 1 Satz 1 Nr. 1 InsO beruhe dagegen auf dem Gedanken, dass ein Gläubiger, der eine kongruente Deckung erhalten hat, grds. darauf vertrauen können solle, die ihm zustehende Leistung behalten zu dürfen. Dieses Vertrauen solle zwar dann keinen Schutz verdienen, wenn der Gläubiger wusste, dass die Krise eingetreten war. Das Risiko, dass er die empfangene Leistung zur Insolvenzmasse zurückgewähren muss, solle der Gläubiger indes auch in diesem Fall im Grundsatz nur dann tragen, wenn das Insolvenzverfahren innerhalb einer begrenzten Zeit nach Erhalt der Leistung eröffnet wird.[93] Dieses Ansinnen würde verfehlt, wenn man die Anfechtung einer kongruenten Deckung nach § 133 Abs. 1 InsO schon dann für möglich hält, wenn der Schuldner erkanntermaßen zahlungsunfähig war.[94]

Den Rechtssatz, dass aus der erkannten Zahlungsunfähigkeit auf den Benachteili- 44
gungsvorsatz des Schuldners geschlossen werden konnte, leitete der BGH mittelbar aus der Vorschrift des § 133 Abs. 1 Satz 2 InsO ab. Da hiernach für den anderen Teil die Kenntnis vom Gläubigerbenachteiligungsvorsatz des Schuldners vermutet wird, wenn er wusste, dass dessen Zahlungsunfähigkeit drohte, konnten nach Auffassung des BGH für den Schuldner selbst keine strengeren Anforderungen gelten.[95] Die Kenntnis der Zahlungsunfähigkeit des Schuldners soll dagegen nach der neuen Rechtsprechung des BGH nur ein Indiz im Blick auf die Kenntnis des Benachteiligungsvorsatzes beim Anfechtungsgegner, aber nicht auch hinsichtlich des Benachteiligungsvorsatzes des Schuldners darstellen. Die Indizwirkung des Wissens um die Zahlungsunfähigkeit ist auf Seiten des Schuldners beseitigt.[96]

91 BGH, 06.05.2021 – IX ZR 72/20, ZInsO 2021, 1627 Rn. 31.
92 BGH, 06.05.2021 – IX ZR 72/20, ZInsO 2021, 1627 Rn. 32.
93 BT-Drucks. 12/2443, 158.
94 BGH, 06.05.2021 – IX ZR 72/20, ZInsO 2021, 1627 Rn. 33.
95 BGH, 13.04.2006 – IX ZR 158/05, ZInsO 2006, 712 Rn. 14.
96 Gehrlein, WuB 2021, 362, 365.

45 Die Vermutungsregelung in § 133 Abs. 1 Satz 2 InsO ist mit dem Ziel geschaffen worden, dem Insolvenzverwalter die schwierige Beweisführung im Blick auf die Kenntnis des Anfechtungsgegners vom Gläubigerbenachteiligungsvorsatz und damit die praktische Durchsetzung des Anfechtungsanspruchs zu erleichtern.[97] Die bezweckte Erleichterung kommt nach aktueller Auffassung des BGH jedoch nicht zum Tragen, wenn der Vollbeweis des Gläubigerbenachteiligungsvorsatzes des Schuldners – so wie zuvor[98] – allein aus der von ihm erkannten Zahlungsunfähigkeit abgeleitet wird. Für die Kenntnis des Anfechtungsgegners von diesem Vorsatz gelten nämlich keine weitergehenden Anforderungen. Knüpfe man den Gläubigerbenachteiligungsvorsatz – und damit auch den Vollbeweis der Kenntnis des Anfechtungsgegners von diesem – nicht mehr allein an die erkannte Zahlungsunfähigkeit, komme ein eigenständiger, die Beweisführung erleichternder Anwendungsbereich der Vermutungsregelung des § 133 Abs. 1 Satz 2 InsO überhaupt erst in Betracht.[99]

aaa) Kenntnis des Schuldners von der eingetretenen Zahlungsunfähigkeit

46 Ausgangspunkt der Prüfung ist weiterhin die bereits eingetretene Zahlungsunfähigkeit (§ 17 Abs. 2 InsO). Wer im Zeitpunkt der Rechtshandlung alle seine Gläubiger befriedigen kann, handelt in aller Regel nicht mit Gläubigerbenachteiligungsvorsatz.[100] Für die Feststellung der eingetretenen Zahlungsunfähigkeit gelten auch nach der neuesten Rechtsprechung die hergebrachten Grundsätze. Insbesondere kann weiterhin von der erkannten Zahlungseinstellung auf die erkannte Zahlungsunfähigkeit geschlossen werden.[101]

47 Die Zahlungseinstellung kann aus einem einzigen Indiz gefolgert werden, wenn dieses Indiz eine hinreichende Aussagekraft hat.[102] Ein besonders aussagekräftiges Indiz für die Zahlungseinstellung bildet – wie bereits nach der bisherigen Rechtsprechung[103] – die eigene Erklärung des Schuldners. Erklärt der Schuldner, eine fällige und nicht unbeträchtliche Verbindlichkeit binnen drei Wochen nicht – und zwar auch nicht nur ratenweise – begleichen zu können, wird in aller Regel von einer Zahlungseinstellung des Schuldners im Zeitpunkt der Abgabe der Erklärung auszugehen sein. Dies gilt erst recht, wenn der Schuldner darüber hinaus ausdrücklich erklärt, zahlungsunfähig zu sein.[104]

---

97 BT-Drucks. 12/2443, 160, 265 ff.

98 BGH, 12.01.2023 – IX ZR 71/22, ZInsO 2023, 785 Rn. 2; BGH, 21.01.2016 – IX ZR 84/13, ZInsO 2016, 448 Rn. 15; BGH, 08.01.2015 – IX ZR 198/13, ZInsO 2015, 299 Rn. 10.

99 BGH, 06.05.2021 – IX ZR 72/20, ZInsO 2021, 1627 Rn. 35.

100 BGH, 03.03.2022 – IX ZR 78/20, ZInsO 2022, 640 Rn. 101; BGH, 06.05.2021 – IX ZR 72/20, ZInsO 2021, 1627 Rn. 38.

101 BGH, 06.05.2021 – IX ZR 72/20, ZInsO 2021, 1627 Rn. 41.

102 BGH, 28.04.2022 – IX ZR 48/21, ZInsO 2022, 1498 Rn. 28.

103 BGH, 09.06.2016 – IX ZR 174/15, ZInsO 2016, 1357 Rn. 27.

104 BGH, 09.01.2025 – IX ZR 41/23, ZInsO 2025, 752 Rn. 16; BGH, 06.05.2021 – IX ZR 72/20, ZInsO 2021, 1627 Rn. 41.

48 Fehlt es an einer (ausdrücklichen) Erklärung des Schuldners, müssen die für eine Zahlungseinstellung sprechenden Umstände ein der Erklärung entsprechendes Gewicht erreichen. Zahlungsverzögerungen allein, auch wenn sie wiederholt auftreten, reichen dafür häufig nicht.[105] Es müssen dann Umstände hinzutreten, die mit hinreichender Gewissheit dafürsprechen, dass die Zahlungsverzögerung auf der fehlenden Liquidität des Schuldners beruht.[106] Die zusätzlich erforderlichen Umstände können darin zu sehen sein, dass der Schuldner Forderungen solcher Gläubiger nicht begleicht, auf deren (weitere) Leistungserbringung er zur Aufrechterhaltung seines Geschäftsbetriebs angewiesen ist.[107] Ferner kann der Mahn- und/oder Vollstreckungsdruck des Gläubigers der Zahlungsverzögerung ein größeres Gewicht verleihen.[108] Fehlt es an einem hinreichend aussagekräftigen einzelnen Indiz, kommt der Schluss auf eine Zahlungseinstellung nur in Betracht, wenn die Gesamtheit der Indizien die volle richterliche Überzeugung einer Zahlungseinstellung rechtfertigt.[109]

49 Im Grundsatz hält der BGH auch an seinem Judikat fest, dass die Fortdauer der einmal eingetretenen Zahlungseinstellung zu vermuten ist.[110] Nach der ständigen Rechtsprechung wirkt eine einmal eingetretene Zahlungseinstellung fort, bis der Schuldner seine Zahlungen im Allgemeinen wiederaufnimmt.[111] Im Allgemeinen wiederaufgenommen sind die Zahlungen nicht schon dann, wenn die Verbindlichkeit, deren Nichtbedienung die Feststellung der Zahlungseinstellung trägt, nicht mehr herangezogen werden kann, weil sie etwa erfüllt oder gestundet worden ist. Zusätzlich erforderlich ist, dass der Schuldner (jedenfalls) den wesentlichen Teil seiner übrigen Verbindlichkeiten bedient.[112]

50 Jedoch hat der BGH den Anwendungsbereich der Fortdauervermutung beschränkt, da aus seiner Warte die Vermutung in der Vergangenheit zu undifferenziert angewandt worden sei. Stärke und Dauer der Vermutung hängen nunmehr davon ab, in welchem

---

105 BGH, 18.04.2024 – IX ZR 239/22, ZInsO 2024, 1156 Rn. 29; BGH, 06.05.2021 – IX ZR 72/20, ZInsO 2021, 1627 Rn. 41.

106 BGH, 10.02.2022 – IX ZR 148/19, ZInsO 2022, 762 Rn. 22; OLG Düsseldorf, 19.09.2024 – 12 U 57/23, ZInsO 2024, 2560 Rn. 16; OLG Düsseldorf, 07.02.2024 – 12 U 33/23, ZInsO 2024, 1881 Rn. 39.

107 BGH, 09.06.2016 – IX ZR 174/15, ZInsO 2016, 1357 Rn. 27.

108 BGH, 21.01.2016 – IX ZR 32/14, ZInsO 2016, 507 Rn. 15.

109 BGH, 18.04.2024 – IX ZR 239/22, ZInsO 2024, 1156 Rn. 13; BGH, 18.01.2024 – IX ZR 6/22, ZInsO 2024, 1430 Rn. 18; BGH, 28.04.2022 – IX ZR 48/21, ZInsO 2022, 1498 Rn. 28; Gehrlein/Pape, ZInsO 2021, 2061, 2064.

110 BGH, 06.05.2021 – IX ZR 72/20, ZInsO 2021, 1627 Rn. 43; BGH, 25.02.2016 – IX ZR 109/05, ZInsO 2016, 628 Rn. 24; BGH, 06.12.2012 – IX ZR 3/12, ZInsO 2013, 190 Rn. 33.

111 BGH, 24.03.2016 – IX ZR 242/13, ZInsO 2016, 910 Rn. 11; BGH, 25.02.2016 – IX ZR 109/15, ZInsO 2016, 628 Rn. 24; BGH, 06.12.2012 – IX ZR 3/12, ZInsO 2013, 190 Rn. 33.

112 BGH, 24.03.2016 – IX ZR 242/13, ZInsO 2016, 910 Rn. 11.

Ausmaß die Zahlungsunfähigkeit zutage getreten ist.[113] Von einer zeitlich mehr oder minder begrenzten Fortdauervermutung ist auszugehen, wenn die Zahlungseinstellung nur bezogen auf eine einzige Forderung, die verhältnismäßig geringfügig war, offenbar geworden ist, weil eine derartige Deckungslücke erfahrungsgemäß im laufenden Geschäftsbetrieb ohne tiefgreifende Sanierungsbemühungen beseitigt werden kann. Anders liegt der Fall, wenn auf Liquiditätsschwierigkeiten in einem Ausmaß zu schließen ist, das aus objektiver Sicht eine Sanierung außerhalb eines Insolvenzverfahrens ausgeschlossen oder ein Insolvenzverfahren unabwendbar erscheinen lässt.[114]

51 Die Zahlungsunfähigkeit bildet jedoch nur dann ein Indiz für den Gläubigerbenachteiligungsvorsatz, wenn der Schuldner seine eingetretene Zahlungsunfähigkeit erkannt hat. Ob der Schuldner seine Zahlungsunfähigkeit erkannt hat, hängt in erster Linie davon ab, ob er die Tatsachen kennt, welche die Zahlungsunfähigkeit begründen, und ob die gesamten Umstände zwingend auf eine eingetretene Zahlungsunfähigkeit hinweisen. Hierzu muss der Schuldner nicht nur die die Zahlungsunfähigkeit begründenden Forderungen kennen, sondern auch deren Fälligkeit im Sinne des § 17 Abs. 2 Satz 1 InsO. Hält der Schuldner eine Forderung, mit welche die Zahlungsunfähigkeit begründet wird, aus Rechtsgründen für nicht durchsetzbar oder nicht fällig, steht dies seiner Kenntnis entgegen, sofern bei einer Gesamtwürdigung der Schluss auf die Zahlungsunfähigkeit nicht zwingend naheliegt. Der Schluss liegt zwingend nahe, wenn sich ein redlich Denkender, der vom Gedanken auf den eigenen Vorteil nicht beeinflusst ist, angesichts der ihm bekannten Tatsachen der Einsicht nicht verschließen kann, der Schuldner sei zahlungsunfähig.[115]

bbb) Billigende Inkaufnahme des Schuldners, seine (übrigen) Gläubiger auch künftig nicht vollständig befriedigen zu können

52 Knackpunkt der neueren Rechtsprechung ist die Prognose des Schuldners, ob er künftig seine (übrigen) Gläubiger wird vollständig befriedigen können. Ist der Schuldner im Zeitpunkt der angefochtenen Rechtshandlung erkanntermaßen zahlungsunfähig, kommt es nun zusätzlich darauf an, ob er wusste oder jedenfalls billigend in Kauf nahm, seine anderen Gläubiger auch zu einem späteren Zeitpunkt nicht vollständig befriedigen zu können.[116] Von Bedeutung ist in diesem Zusammenhang die im Moment der angefochtenen Rechtshandlung bestehende Deckungslücke zwischen dem liquiden Vermögen des Schuldners und seinen Verbindlichkeiten. Hatte die Deckungslücke ein Ausmaß erreicht, das selbst bei optimistischer Einschätzung der zukünftigen Entwicklung in absehbarer Zeit keine vollständige Befriedigung der bereits vorhandenen und der absehbar hinzutretenden Gläubiger erwarten ließ, musste dem Schuldner klar sein, dass er nicht einzelne Gläubiger befriedigen konnte, ohne andere

113 BGH, 10.02.2022 – IX ZR 148/19, ZInsO 2022, 762 Rn. 17; BGH, 06.05.2021 – IX ZR 72/20, ZInsO 2021, 1627 Rn. 43.
114 BGH, 06.05.2021 – IX ZR 72/20, ZInsO 2021, 1627 Rn. 45.
115 BGH, 24.02.2022 – IX ZR 250/20, ZInsO 2022, 757 Rn. 24; BGH, 19.02.2009 – IX ZR 62/08, ZInsO 2009, 515 Rn. 14.
116 BGH, 06.05.2021 – IX ZR 72/20, ZInsO 2021, 1627 Rn. 36, 46.

zu benachteiligen.[117] Befriedigt er in dieser Lage einzelne Gläubiger, handelt er deshalb mit Gläubigerbenachteiligungsvorsatz.[118] Die Literatur spricht in diesem Fall von der künftigen fehlenden Schuldendeckungsfähigkeit.[119]

Der nicht faktenbasierte bloße Hoffnungsschimmer auf eine Besserung der Liquidi- 53
tätslage genügt richtigerweise also nicht. Es muss in der Zukunft konkret mit Forderungseingängen oder einem Liquiditätsgewinn aus dem Erlös des Verkaufs von Vermögenswerten gerechnet werden. Scheidet eine Besserung der Liquiditätslage nach den tatsächlichen Umständen aus, handelt der Schuldner bei Wissen um die eingetretene Zahlungsunfähigkeit weiterhin mit Benachteiligungsvorsatz.[120]

Bedeutung für die Vorstellung des Schuldners, seine übrigen Gläubiger auch zukünftig 54
nicht befriedigen zu können, hat zudem die Krisenursache. Maßgeblich ist, ob der Schuldner aufgrund der ihm bekannten Krisenursachen nach den objektiven Umständen erkannt hat, dass ein Insolvenzverfahren unvermeidlich ist und er tatsächlich keine Aussichten mehr hat, seine Gläubiger zukünftig zu befriedigen. Daran fehlt es, wenn der Schuldner nach den objektiven Umständen noch annehmen konnte, dass die Krise nur vorübergehend ist oder die von ihm eingeleiteten Schritte zur Überwindung der Krise oder die begonnenen Sanierungsmaßnahmen Erfolg haben werden. Dabei ist auch zu berücksichtigen, ob der Schuldner damit rechnet, dass alsbald ein anderer Gläubiger einen zulässigen und begründeten Insolvenzantrag stellen wird.[121] Maßgeblich sind die Verhältnisse im Zeitpunkt der jeweils angefochtenen Rechtshandlung. Die spätere Entwicklung nach der angefochtenen Rechtshandlung darf nur in die Würdigung einbezogen werden, soweit die Tatsachen ihrer Art nach ohne Rückschaufehler einen verlässlichen Schluss auf die Verhältnisse zum Zeitpunkt der Rechtshandlung erlauben. So stellt es nach der Rechtsprechung des BGH ein deutliches Indiz für eine Zahlungseinstellung dar, wenn im fraglichen Zeitpunkt fällige Verbindlichkeiten erheblichen Umfangs bestanden haben, die bis zur Verfahrenseröffnung nicht mehr beglichen worden sind. Wenn solche Verbindlichkeiten nach Art, Gesamthöhe, Anzahl und Bedeutung den Schluss zulassen, dass der Schuldner bereits zum Zeitpunkt der Rechtshandlung erkannt oder billigend in Kauf genommen hat, sie nicht mehr vollständig befriedigen zu können, spricht dies für einen Benachteiligungsvorsatz.[122]

117 BGH, 18.04.2024 – IX ZR 239/22, ZInsO 2024, 1156 Rn. 15; BGH, 03.03.2022 – IX ZR 72/20, ZInsO 2022, 640 Rn. 23; BGH, 12.10.2017 – IX ZR 50/15, ZInsO 2017, 2612 Rn. 19.
118 BGH, 03.03.2022 – IX ZR 72/20, ZInsO 2022, 640 Rn. 23; BGH, 06.05.2021 – IX ZR 72/20, ZInsO 2021, 1627 Rn. 46.
119 Gehrlein, NZI 2025, 1; Karrenstein/Sämisch, ZRI 2024, 534; Jakobs/Kruth, DStR 2024, 2490.
120 Gehrlein/Pape, ZInsO 2021, 2061, 2065.
121 BGH, 03.03.2022 – IX ZR 78/20, ZInsO 2022, 640 Rn. 26.
122 BGH, 28.04.2022 – IX ZR 48/21, ZInsO 2022, 1498 Rn. 41.

55 Der BGH hat die Anforderungen an den Nachweis des Gläubigerbenachteiligungsvorsatzes in den letzten Jahren konkretisiert.[123] Er hat sich mit der Frage befasst, anhand welcher Kriterien festgestellt werden kann, dass der Schuldner zumindest billigend in Kauf nahm, andere Gläubiger auch zu einem späteren Zeitpunkt nicht vollständig befriedigen zu können. Dies könne z. B. anhand der im Zeitpunkt der Rechtshandlung objektiv bestehenden Deckungslücke beurteilt werden. Die bloße Deckungslücke kann nur im Ausnahmefall ausreichen.[124]

Um die billigende Inkaufnahme festzustellen, muss die Deckungslücke dafür ein Ausmaß erreichen, das selbst bei optimistischer Einschätzung der zukünftigen Entwicklung in absehbarer Zeit keine vollständige Befriedigung der bereits vorhandenen und der absehbar hinzutretenden Gläubiger erwarten ließ. Dem Schuldner muss klar sein, dass er nicht einzelne Gläubiger befriedigen konnte, ohne andere zu benachteiligen. Befriedigt er in dieser Lage einzelne Gläubiger, handelt er deshalb mit Gläubigerbenachteiligungsvorsatz.[125] Beachtenswert ist allerdings, dass der BGH es für unzureichend gehalten hat, lediglich auf die Verbindlichkeiten zu verweisen, anhand derer die Zahlungseinstellung begründet wurde, sondern faktisch die Feststellung zur erhöhten Deckungslücke anhand einer Liquiditätsbilanz gefordert hat. Eine solche Deckungslücke kann aber in der Regel nicht allein aus den zur Begründung einer Zahlungseinstellung herangezogenen Verbindlichkeiten des Schuldners abgeleitet werden.[126]

Das Berufungsgericht hatte in diesem Fall keine Deckungslücke zwischen dem liquiden Vermögen der Schuldnerin und ihren Verbindlichkeiten festgestellt, sondern lediglich auf die Verbindlichkeiten verwiesen, anhand derer es die von der Schuldnerin erkannte Zahlungseinstellung begründet hat. Das kann nur im Ausnahmefall ausreichen.[127]

Für diesen Ausnahmefall müssen die Verbindlichkeiten nach Art, (Gesamt-)höhe, Anzahl und Bedeutung so beschaffen sein, dass aus der Sicht ex ante für jeden objektiven Betrag in der Position des Schuldners selbst bei optimistischer Betrachtung unzweifelhaft klar sein muss, diese würden nicht mehr vollständig befriedigt. Das kommt etwa in Betracht, wenn es sich um Verbindlichkeiten handelt, welche die erwartbare Schuldendeckungsfähigkeit des Schuldners offensichtlich bei Weitem übersteigen.

Für die Annahme derartiger Verbindlichkeiten kann es daher sprechen, dass diese bis zur Eröffnung des Insolvenzverfahrens nicht mehr beglichen worden sind. Für sich genommen ausreichend ist dies jedoch nicht. Es muss sich vielmehr um Verbindlichkeiten handeln, welche aus der Sicht ex ante für sich genommen und ohne nähere Betrachtung des liquiden Vermögens sowie der künftigen Geschäftsentwicklung einen

---

123 BGH, 18.04.2024 – IX ZR 239/22, ZInsO 2024, 1156 Rn. 22.
124 BGH, 06.05.2021 – IX ZR 72/20, ZInsO 2021, 1627 Rn. 33.
125 BGH, 18.04.2024 – IX ZR 239/22, ZInsO 2024, 1156 Rn. 22.
126 BGH, 17.10.2024 – IX ZR 244/22, ZInsO 2024, 2478 Rn. 21; BGH, 18.04.2024 – IX ZR 239/22, ZInsO 2024, 1156 Rn. 22.
127 BGH, 18.04.2024 – IX ZR 239/22, ZInsO 2024, 1156 Rn. 22.

wirtschaftlichen Zusammenbruch des Schuldners zur Folge haben und diesen in ein Insolvenzverfahren führen mussten.[128]

Fehlt es an Verbindlichkeiten, aus denen für sich genommen die notwendigen Schlüsse gezogen werden können, bedarf es näherer Feststellungen zur Höhe der Deckungslücke. Dazu ist, entsprechend den Grundsätzen zur Feststellung der Zahlungsunfähigkeit anhand einer Liquiditätsbilanz, den Verbindlichkeiten das liquide Vermögen des Schuldners gegenüberzustellen. Außerdem ist die bei optimistischer Betrachtung erwartbare Entwicklung der Vermögenslage in den Blick zu nehmen. Dabei ist zu berücksichtigen, dass insb. Gläubiger hoher Forderungen nicht selten zu Zugeständnissen (Stundungen, Ratenzahlungsvereinbarungen, Teilerlasse) bereit sind, um jedenfalls eine teilweise Realisierung ihrer Forderungen außerhalb des Insolvenzverfahrens zu erreichen. Die Darlegungs- und Beweislast für die Deckungslücke und den Umstand, dass die erwartbare Entwicklung der Vermögenslage keine vollständige Befriedigung erwarten ließ, trägt der Insolvenzverwalter.[129]

Besteht – abhängig vom Ausmaß der bestehenden Deckungslücke und der aus objektiver Sicht erwartbaren und vom Schuldner erkannten Entwicklung – Aussicht auf nachhaltige Beseitigung der gegenwärtigen Zahlungsunfähigkeit, rückt der hierfür erforderliche Zeitraum in den Mittelpunkt der Betrachtung.[130] Der Schuldner muss davon ausgehen dürfen, dass ihm dieser Zeitraum verbleibt. Das hängt vom Verhalten der (übrigen) Gläubiger ab. Sieht sich der Schuldner im Zeitpunkt der angefochtenen Rechtshandlung erheblichem Mahn- und/oder Vollstreckungsdruck ausgesetzt, begrenzt dies den für eine Beseitigung der vorhandenen Deckungslücke zur Verfügung stehenden Zeitraum. Der Schuldner handelt mit Gläubigerbenachteiligungsvorsatz, wenn er einen Zeitraum in seine Überlegungen einbezieht, der ihm unter Berücksichtigung des Verhaltens seiner übrigen Gläubiger ersichtlich nicht zur Verfügung steht.[131] 56

Der BGH hat trotz einer Vielzahl entgegenstehender Meinungen[132] zwischenzeitlich entschieden, dass sich aus der Insolvenzantragspflicht nach § 15a InsO und dem Zahlungsverbot nach § 15b InsO keine Begrenzung des Zeitraums ergibt, den der Schuldner, der seine Zahlungsunfähigkeit erkannt hat, für eine künftige Befriedigung seiner Gläubiger in Betracht ziehen darf.[133] Die hiergegen gerichtete dogmatische Kritik weist er mit der Begründung zurück, dass auf einen Benachteiligungsvorsatz des Schuldners nicht allein deshalb zu schließen sei, weil die Organe des Schuldners die nach § 15a InsO bestehende Insolvenzantragspflicht verletzten. Ein Verstoß gegen 57

128 BGH, 18.04.2024 – IX ZR 239/22, ZInsO 2024, 1156 Rn. 24.

129 BGH, 18.04.2024 – IX ZR 239/22, ZInsO 2024, 1156 Rn. 24.

130 BGH, 06.05.2021 – IX ZR 72/20, ZInsO 2021, 1627 Rn. 47.

131 BGH, 03.03.2022 – IX ZR 78/20, ZInsO 2022, 640 Rn. 26.

132 Jakobs/Kruth, DStR 2022, 1385, 1392; Gehrlein, ZInsO 2022, 1481, 1482; Bork, ZRI 2021, 1033, 1042; Ganter, NZI 2021, 945, 950; Gehrlein, WuB 2021, 362, 364 ff.; Gehrlein/Pape, ZInsO 2021, 2061, 2069; Schmidt, ZInsO 2021, 1714, 1716; Thole, ZRI 2021, 609, 612; Ellers, DB 2021, 2678, 2681 ff.

133 BGH, 05.12.2024 – IX ZR 122/23, ZInsO 2025, 318 Rn. 34; BGH, 03.03.2022 – IX ZR 78/20, ZInsO 2022, 640 Rn. 27.

das Zahlungsverbot des § 15b InsO habe ebenso wenig Bedeutung.[134] Die genannten Pflichten richteten sich im Interesse der Gläubigergemeinschaft an die Organe, die Nichtbeachtung habe bei Vorliegen einfacher Fahrlässigkeit Haftungsfolgen für dieselben. Der von der Insolvenzanfechtung betroffene einzelne Gläubiger könne indes zur Gläubigergemeinschaft gegenläufige Interessen haben. Das von §§ 15a, 15b InsO verfolgte Schutzkonzept zugunsten der Gesamtheit der Gläubiger bestimme deshalb nicht darüber, wann ein Eingriff in die Interessen eines einzelnen Gläubigers zulässig sei.[135] Hierfür sei vielmehr maßgebend, ob der Schuldner die hinsichtlich der Zugriffsmöglichkeiten bestehende Chancengleichheit zwischen den Gläubigern beeinträchtige.[136]

58 Offen gelassen hat der BGH bislang, wie lange der Zeitraum sein kann, den der Schuldner für seinen Sanierungsversuch in den Blick nehmen darf. Die Dauer dürfte von den Umständen des jeweiligen Einzelfalls abhängen, weshalb sich eine abstrakte starre Obergrenze verbietet. Die in der Literatur vorgeschlagene Begrenzung des Zeitraums auf regelmäßig 3 bis 6 Monate kann eine Orientierung bieten und lässt zugleich Spielraum für Sonderfälle.[137]

ccc) Auswirkung auf die Praxis

59 Diese Prognoseentscheidung wird Insolvenzverwaltern und Instanzgerichten noch erhebliches Kopfzerbrechen bereiten,[138] wobei die obergerichtliche Rechtsprechung bereits Anfechtungsfälle unter Berücksichtigung der Neujustierung vertretbar bewertet hat.[139]

Die Zeitraumbetrachtung bzw. perspektivische Zahlungsunfähigkeit, welche neben die eingetretene Zahlungsunfähigkeit im Zeitpunkt der angefochtenen Rechtshand-

---

134 BGH, 03.03.2022 – IX ZR 78/20, ZInsO 2022, 640 Rn. 29.

135 BGH, 03.03.2022 – IX ZR 78/20, ZInsO 2022, 640 Rn. 30.

136 BGH, 03.03.2022 – IX ZR 78/20, ZInsO 2022, 640 Rn. 32.

137 Schneider, DB 2021, 1051, 1055.

138 Bork, ZRI 2021, 1033, 1042.

139 OLG Schleswig, 15.01.2025 – 9 U 15/24, n. v.; OLG Thüringen, 13.11.2024 – 2 U 660/23, ZRI 2024, 1139; LG Cottbus, 31.07.2024 – 3 O 35/18, ZInsO 2025, 145; OLG Karlsruhe, 24.07.2024 – 3 U 28/21, ZInsO 2025, 251; KG Berlin, 14.05.2024 – 14 U 90/23, ZIP 2024, 2609; OLG Düsseldorf, 07.02.2024 – 12 U 33/23, ZInsO 2024, 1775; OLG Köln, 06.11.2023 – 2 U 40/23, ZInsO 2024, 155; OLG Frankfurt, 26.07.2023 – 4 U 266/22, ZInsO 2024, 950; OLG Schleswig, 30.11.2022 – 9 U 56/22, ZInsO 23,427; OLG Brandenburg, 01.06.2022 – 7 U 61/20, ZInsO 2022, 1515; OLG Braunschweig, 27.04.2022 – 9 U 40/21, ZInsO 2022, 1574; OLG Celle, 02.02.2022 – 16 U 36/18, ZInsO 2022, 721; OLG Schleswig-Holstein, 08.12.2021 – 9 U 135/20, ZInsO 2022, 1201; OLG Hamburg, 15.10.2021 – 11 U 207/20, ZInsO 2021, 2695; OLG Köln, 13.10.2021 – 2 U 23/21, ZInsO 2021, 2495; OLG Frankfurt, 12.10.2021 – 4 U 74/21, ZInsO 2022, 13; OLG Schleswig-Holstein, 11.08.2021 – 9 U 14/21, ZInsO 2021, 2255; OLG Karlsruhe, 22.07.2021 – 3 U 8/20, ZInsO 2021, 1951; OLG Saarbrücken, 15.07.2021 – 4 U 67/18, ZInsO 2021, 1063; OLG Düsseldorf, 12.07.2021 – 12 U 10/21, ZInsO 2021, 1642.

lung treten soll, erschwert im Wesentlichen für die Insolvenzverwalter die Vorsatzanfechtung. Daher ist es unerlässlich, eine vollständige und abschließende Prüfung der tatbestandsbegründenden Umstände im Rahmen der Aufarbeitung und Feststellung von Anfechtungsansprüchen vorzunehmen.[140] Denn mit den neuen Vorgaben wird es in Zukunft im Klageverfahren erforderlich sein, nach erstmaliger Feststellung der Zahlungsunfähigkeit bzw. Zahlungseinstellung für die Fortdauervermutung Indizvortrag zu späteren Zeiträumen bzw. Liquiditätsbilanzen zu späteren Zeitpunkten einzuführen. Ebenso dürfte im Hinblick auf die Prognoseentscheidung Vortrag zur wirtschaftlichen Lage des Schuldners sowie ihrer Entwicklung im Anfechtungszeitraum unerlässlich sein.[141]

Im Ergebnis dürfte die »neue« Rechtsprechung weitgehend auf die Fortführung der 60
bisherigen Rechtsprechung mit umgekehrter Darlegungslast hinauslaufen.

b) Kenntnis des Schuldners von der drohenden Zahlungsunfähigkeit

Nach der Gesetzesnovelle sowie der neuesten Rechtsprechung des BGH kann bei 61
kongruenten Deckungen allein aus der drohenden Zahlungsunfähigkeit i.d.R. nicht (mehr) auf einen Benachteiligungsvorsatz geschlossen werden. Es müssen weitere Umstände hinzukommen, die die Art und Weise der angefochtenen Rechtshandlung betreffen. Für einen Benachteiligungsvorsatz bei drohender Zahlungsunfähigkeit kann daher sprechen, dass der Eintritt der Zahlungsunfähigkeit sicher zu erwarten ist und alsbald bevorsteht, der Schuldner sich mithin bewusst ist, dass er kurzfristig einen Insolvenzantrag stellen wird, und er gleichwohl Gläubiger in der verbleibenden Zeit bis zum ohnehin beabsichtigten Insolvenzantrag gezielt befriedigt.[142]

Weiterhin kann es zur Vorsatzanfechtung führen, wenn im Zustand der nur drohenden 62
Zahlungsunfähigkeit und in der sicheren Erwartung des Eintritts der Zahlungsunfähigkeit mit den noch vorhandenen Mitteln gezielt bestimmte (womöglich nahestehende) Altgläubiger außerhalb des ordnungsgemäßen Geschäftsgangs befriedigt werden.[143] Der Benachteiligungsvorsatz liegt in diesen Fällen insb. im Motiv des Schuldners.[144] Diese Voraussetzungen können gegeben sein, wenn der Schuldner Leistungen erbringt, nachdem der Sanierungsversuch gescheitert ist. Ein Benachteiligungsvorsatz kann weiter gegeben sein, wenn der Schuldner das Sanierungsrisiko mit einem untauglichen Sanierungsversuch bewusst den künftigen Insolvenzgläubigern auferlegt.[145]

---

140 Hiebert, ZInsO 2022, 1660, 1662 ff.; Schädlich, NWB 2021, 3198, 3205.

141 Maier, ZInsO 2021, 2005, 2009.

142 BGH, 23.06.2022 – IX ZR 75/21, ZInsO 2022, 1734 Rn. 23; BGH, 03.03.2022 – IX ZR 78/20, ZInsO 2022, 640 Rn. 102; Schneider, DB 2022, 1051, 1054.

143 BGH, 18.01.2024 – IX ZR 6/22, ZInsO 2024, 1430 Rn. 17; BGH, 23.06.2022 – IX ZR 75/21, ZInsO 2022, 1734 Rn. 23; BGH, 06.05.2021 – IX ZR 72/20, ZInsO 2021, 1627 Rn. 40.

144 BGH, 23.06.2022 – IX ZR 75/21, ZInsO 2022, 1734 Rn. 23; BGH, 03.03.2022 – IX ZR 78/20, ZInsO 2022, 640 Rn. 57.

145 BGH, 23.06.2022 – IX ZR 75/21, ZInsO 2022, 1734 Rn. 23; BGH, 03.03.2022 – IX ZR 78/20, ZInsO 2022, 640 Rn. 105.

c) Kenntnis des Schuldners von der Überschuldung

63 Die Überschuldung i.S.d. § 19 Abs. 2 InsO ist nicht nur Hinweis auf eine drohende Zahlungsunfähigkeit, sondern ein eigenständiges Beweisanzeichen für die subjektiven Voraussetzungen der Vorsatzanfechtung nach § 133 Abs. 1 Satz 1 InsO.[146] Die Stärke des Beweisanzeichens entspricht allerdings weitgehend dem der drohenden Zahlungsunfähigkeit. Daran ändert nichts, dass aus der insolvenzrechtlichen Überschuldung, anders als im Falle der drohenden Zahlungsunfähigkeit, eine Insolvenzantragspflicht gem. § 15a InsO erwächst. Maßgeblicher Gesichtspunkt für die Beurteilung der Überzeugungskraft des Beweisanzeichens sind sowohl im Falle der drohenden Zahlungsunfähigkeit als auch im Blick auf die Überschuldung i.S.d. § 19 Abs. 2 InsO die Wahrscheinlichkeit des Eintritts der Zahlungsunfähigkeit und die zeitliche Nähe ihres Eintritts.[147]

64 Ein Rechtsträger, der insolvenzrechtlich überschuldet ist, verfügt nicht über ausreichend Vermögen, um seine bestehenden Verbindlichkeiten zu decken. Überdies ist die Fortführung seines Unternehmens bis zum Ende des Prognosezeitraumes nicht überwiegend wahrscheinlich. Die negative Fortführungsprognose macht den späteren Eintritt der Zahlungsunfähigkeit wahrscheinlich. Es bedarf – wie bei der drohenden Zahlungsunfähigkeit – zusätzlicher, in der Art und Weise der Rechtshandlung liegender Umstände, um den Gläubigerbenachteiligungsvorsatz des Schuldners zu begründen.[148]

65 Anders als im Haftungsprozess des Geschäftsleiters nach § 15b InsO[149] kommt der handelsbilanziellen Überschuldung im Rahmen des § 133 Abs. 1 InsO keine indizielle Bedeutung für die Frage zu, ob die Gesellschaft insolvenzrechtlich überschuldet ist.[150] Will der nach § 133 Abs. 1 InsO anfechtende Insolvenzverwalter den Gläubigerbenachteiligungsvorsatz auf eine insolvenzrechtliche Überschuldung stützen, muss er deshalb die rechnerische Überschuldung und die negative Fortführungsprognose darlegen,[151] wenn der Anfechtungsgegner nicht zu den nach § 15a InsO antragspflichtigen Personen gehört und er den für die Beurteilung der insolvenzrechtlichen Überschuldung maßgeblichen Geschehensabläufen auch nicht aus anderen Gründen so nahe steht wie eine antragspflichtige Person.[152] Die objektiv vorliegende insolvenzrechtliche Überschuldung muss zudem zur Kenntnis des Schuldners gelangt sein.[153]

146 BGH, 03.03.2022 – IX ZR 53/19, ZInsO 2022, 716 Rn. 15; BGH, 13.05.2004 – IX ZR 190/03, ZInsO 2004, 859 Rn. 15; Gehrlein, ZInsO 2022, 905, 908.
147 BGH, 03.03.2022 – IX ZR 53/19, ZInsO 2022, 716 Rn. 16.
148 BGH, 03.03.2022 – IX ZR 53/19, ZInsO 2022, 716 Rn. 18.
149 BGH, 15.03.2011 – II ZR 204/09, ZInsO 2011, 970 Rn. 33; BGH, 27.04.2009 – II ZR 253/07, ZInsO 2009, 1159 Rn. 9.
150 BGH, 08.03.2012 – IX ZR 102/11, ZInsO 2012, 732 Rn. 5.
151 BGH, 03.03.2022 – IX ZR 53/19, ZInsO 2022, 716 Rn. 23; Körner/Rendels, ZRI 2022, 301, 306.
152 BGH, 03.03.2022 – IX ZR 53/19, ZInsO 2022, 716 Rn. 2.
153 BGH, 03.03.2022 – IX ZR 53/19, ZInsO 2022, 716 Rn. 24.

d) Unmittelbare Benachteiligung

66 Ein anderes Indiz, das zusammen mit der drohenden Zahlungsunfähigkeit auf einen Benachteiligungsvorsatz schließen lässt, kann in dem Ausmaß der erkannten Gläubigerbenachteiligung liegen. Dieses Beweisanzeichen kommt vor allem für eine mit der Vollendung der Rechtshandlung verwirklichte unmittelbare Gläubigerbenachteiligung in Betracht.[154] Unmittelbar ist eine Benachteiligung, die ohne Hinzukommen späterer Umstände schon mit der Vornahme der angefochtenen Rechtshandlung selbst eintritt.[155] So benachteiligen Dienst- oder Geschäftsbesorgungsverträge, die der Schuldner mit Dritten abschließt, die Gläubiger unmittelbar, wenn die vergüteten Dienste objektiv schon bei Abschluss des Vertrags keinen gleichwertigen Nutzen bringen konnten. Dies gilt auch für Sanierungsversuche, wenn die versprochene Leistung des Sanierungsberaters objektiv nach ihrer Art von vornherein untauglich ist.[156] Dennoch wird die unmittelbare Benachteiligung von der Rechtsprechung als Beweisanzeichen nur zögerlich herangezogen und in der Literatur als Beweisanzeichen von geringerem Wert betrachtet.[157]

e) Inkongruenz

67 Die Inkongruenz stellt i.R.d. § 133 Abs. 1 InsO ein starkes Beweisanzeichen für den Gläubigerbenachteiligungsvorsatz dar.[158] Hieran hat auch die Neujustierung der Vorsatzanfechtung durch den BGH nichts geändert.[159] Maßgeblich hierfür ist der Umstand, dass der Schuldner regelmäßig nicht ohne Grund bereit ist, etwas anderes oder mehr zu leisten, als er schuldet. Tut er das dennoch zu Gunsten eines bestimmten Gläubigers, liegt der Verdacht nahe, dieser solle zum Nachteil der anderen Gläubiger bevorzugt werden.[160] Der Beweiswert der Inkongruenz entfällt nur dann, wenn der Schuldner aufgrund konkreter Vorstellungen mit Sicherheit davon ausging, sämtliche Gläubiger befriedigen zu können[161] oder wenn die Rechtswirkung zu einem Zeitpunkt eintrat, in dem keine ernsthaften Zweifel an der wirtschaftlichen Situation und der Liquidität des Schuldners bestanden.[162]

---

154 BGH, 22.02.2024 – IX ZR 226/20, ZInsO 2024, 1011 Rn. 34; BGH, 23.06.2022 – IX ZR 75/21, ZInsO 2022, 1734 Rn. 23; BGH, 03.03.2022 – IX ZR 78/20, ZInsO 2022, 640 Rn. 104.

155 BGH, 17.09.2020 – IX ZR 174/19, ZInsO 2020, 2274 Rn. 41.

156 BGH, 03.03.2022 – IX ZR 78/20, ZInsO 2022, 640 Rn. 105.

157 HK/Thole, § 133 InsO Rn. 25.

158 BGH, 06.12.2012 – IX ZR 3/12, ZInsO 2013, 190 Rn. 46.

159 BGH, 24.07.2025 – IX ZR 134/23, WM 2025, 1521 Rn. 44, 45; BGH, 23.06.2022 – IX ZR 75/21, ZInsO 2022, 1734 Rn. 40; BGH, 06.05.2021 – IX ZR 72/20, ZInsO 2021, 1627 Rn. 32.

160 BGH, 18.01.2024 – IX ZR 6/22, ZInsO 2024, 1430 Rn. 19; BGH, 17.09.2020 – IX ZR 174/19, ZInsO 2020, 2274 Rn. 23; K/P/B/Bork, § 133 InsO Rn. 30; MK-InsO/Freudenberg, § 133 Rn. 29.

161 BGH, 17.09.2020 – IX ZR 174/19, ZInsO 2020, 2274 Rn. 24.

162 BGH, 18.01.2024 – IX ZR 6/22, ZInsO 2024, 1430 Rn. 19; BGH, 23.06.2022 – IX ZR 75/21, ZInsO 2022, 1734 Rn. 57; BGH, 07.11.2013 – IX ZR 248/12, ZInsO

68 Die Beweiserleichterung des Indizes der inkongruenten Deckung setzt lediglich eine Liquiditätskrise des Schuldners voraus, nicht aber Zahlungsunfähigkeit nach § 17 Abs. 2 InsO oder drohende Zahlungsunfähigkeit (§ 18 Abs. 2 InsO). Ernsthafte Zweifel an der Liquiditätslage des Schuldners können ausreichen.[163] Es genügt die ernsthafte Besorgnis bevorstehender Zahlungskürzungen oder -stockungen des Schuldners, weil sich damit die Gefährdung der anderen, nicht in gleicher Weise begünstigten Gläubiger aufdrängt.[164]

69 Gewährt der Schuldner eine inkongruente Deckung, mit der er nahezu seine gesamte Liquidität einem beherrschenden Unternehmen überträgt, liegen finanziell beengte Verhältnisse vor, die ernsthafte Zweifel an der Liquiditätslage des Schuldners begründen, wenn der Schuldner aufgrund der Rechtshandlung nicht mehr in der Lage ist, bestehende Verpflichtungen zu erfüllen.[165]

70 Die Bedeutung der Inkongruenz als Beweisanzeichen hängt von deren Art und Ausmaß ab.[166] Befindet sich der Schuldner innerhalb eines ernsthaften Sanierungsversuches[167] (s. hierzu Kap. 4 Rdn. 933 ff.), stellt die inkongruente Deckung ein in der Praxis häufig zu beobachtendes Aliud dar. Erfolgte sie zeitlich in einem weiten Abstand vor der Insolvenzantragstellung und gesetzlichen Krise, so kann die lediglich rein formelle Inkongruenz ein abgeschwächtes Beweisanzeichen darstellen und aus den Gesamtumständen entkräftet sein. Ob die Indizwirkung einer inkongruenten Deckung gemindert ist, weil die Rechtshandlung längere Zeit vor dem Insolvenzantrag liegt, hängt davon ab, inwieweit der Schuldner nach der Rechtshandlung weiter geschäftlich tätig gewesen ist und regelmäßig Einnahmen und Ausgaben zu verbuchen hatte.[168]

71 Die Indizwirkung einer inkongruenten Deckung für den Benachteiligungsvorsatz setzt nicht voraus, dass der Schuldner bei der Rechtshandlung bereits drohend zahlungsunfähig war.[169] Hat sich der Schuldner im Zeitpunkt der angefochtenen Rechtshandlung in finanziell beengten Verhältnissen befunden, so verlangt der BGH, dass zum Zeitpunkt der Rechtshandlung mit einer hinreichenden Wahrscheinlichkeit zu erwarten ist, dass der Schuldner seine bestehenden und zukünftig entstehenden Ver-

---

2013, 2376 Rn. 12; BGH, 06.12.2012 – IX ZR 3/12, ZInsO 2013, 190 Rn. 46; BGH, 13.01.2011 – IX ZR 227/08, n.v.; BGH, 05.06.2008 – IX ZR 163/07, ZInsO 2008, 811 Rn. 19; BGH, 18.12.2003 – IX ZR 199/02, ZInsO 2004, 145 Rn. 26.

163 BGH, 17.09.2020 – IX ZR 174/19, ZInsO 2020, 2274 Rn. 23; BGH, 20.04.2017 – IX ZR 252/16, ZInsO 2017, 1367 Rn. 24; BGH, 07.11.2013 – IX ZR 248/12, ZInsO 2013, 2376 Rn. 12; BGH, 07.02.2008 – IX ZR 168/05, n.v.

164 BGH, 17.09.2020 – IX ZR 174/19, ZInsO 2020, 2274 Rn. 23; BGH, 07.11.2013 – IX ZR 248/12, ZInsO 2013, 2376 Rn. 12.

165 BGH, 24.07.2025 – IX ZR 134/23, WM 2025, 1521 Rn. 44, 45; BGH, 17.09.2020 – IX ZR 174/19, ZInsO 2020, 2274 Rn. 25.

166 BGH, 16.10.2008 – IX ZR 183/06, ZInsO 2009, 87 Rn. 52; BGH, 18.12.2003 – IX ZR 199/02, ZInsO 2004, 145 Rn. 30.

167 BGH, 05.03.2009 – IX ZR 85/07, ZInsO 2009, 873 Rn. 17.

168 BGH, 17.09.2020 – IX ZR 174/19, ZInsO 2020, 2274 Rn. 36.

169 BGH, 17.09.2020 – IX ZR 174/19, ZInsO 2020, 2274 Rn. 23.

bindlichkeiten nicht vollständig wird erfüllen können.[170] Ausdrücklich ausgeschlossen hat der BGH, dass es für die Anfechtung einer inkongruenten Deckung wie bei der Anfechtung von kongruenten Deckungen der billigenden Inkaufnahme durch den Schuldner, (übrige) Gläubiger auch künftig nicht befriedigen zu können, bedarf.[171]

f) Gegenindiz: Ernsthafter, aber gescheiterter Sanierungsversuch

Der BGH hält an seiner bisherigen Rechtsprechung fest, wonach Indizien für einen Benachteiligungsvorsatz im Falle bestimmter Gegenindizien zurücktreten.[172] 72

Rechtshandlungen, die im Rahmen eines ernsthaften Sanierungsversuchs vorgenommen werden, können ohne Benachteiligungsvorsatz erfolgen. Vertraut der Schuldner auf den Erfolg eines Sanierungsversuchs, spricht dies gegen den Benachteiligungsvorsatz, wenn eine begründete Aussicht auf Beseitigung der Deckungslücke bestand. Dies ist insb. dann der Fall, wenn aus der Sicht ex ante das Sanierungskonzept objektiv die Ausgangslage des Schuldners zutreffend erfasste und dem Schuldner eine tragfähige Prognose eines unvoreingenommenen branchenkundigen Fachmanns vorlag, die bei objektiver Betrachtung die ernsthafte und begründete Aussicht auf Erfolg rechtfertigte.[173] Gewährt der Schuldner dem Anfechtungsgegner im Zustand der drohenden Zahlungsunfähigkeit eine inkongruente Deckung und hat die Inkongruenz ein erhebliches Gewicht, obliegt dem Anfechtungsgegner der Gegenbeweis, dass die angefochtene Rechtshandlung Bestandteil eines ernsthaften, wenn auch letztlich fehlgeschlagenen Sanierungsversuchs war.[174] Ist der Anfechtungsgegner im Zeitpunkt der Vornahme der angefochtenen Rechtshandlung z. B. nur zu einer kürzeren als der von ihm nach dem Sanierungsgutachten geforderten Prolongation der gewährten Darlehen bereit, kann dies Zweifel am Vertrauen auf einen ernsthaften und erfolgversprechenden Sanierungsversuch begründen.[175] 73

Um den Benachteiligungsvorsatz zu widerlegen, ist Voraussetzung auf Schuldnerseite, dass zu der Zeit der angefochtenen Handlung ein schlüssiges, von den tatsächlichen Gegebenheiten ausgehendes Sanierungskonzept vorlag, das im Grundsatz mindestens in den Anfängen schon in die Tat umgesetzt war und die ernsthafte und begründete Aussicht auf Erfolg rechtfertigte; die bloße Hoffnung des Schuldners auf eine Sanierung räumt seinen Benachteiligungsvorsatz nicht aus.[176] Dem liegt zugrunde, dass ein Schuldner, der Rechtshandlungen unter dem Deckmantel eines nur beabsichtigten oder vorgespiegelten Sanierungsversuchs vornimmt, nicht allein deswegen auf die zukünf- 74

170 BGH, 17.09.2020 – IX ZR 174/19, ZInsO 2020, 2274 Rn. 23.
171 BGH, 18.01.2024 – IX ZR 6/22, ZInsO 2024, 1430 Rn. 21; BGH, 23.06.2022 – IX ZR 75/21, ZInsO 2022, 1734 Rn. 40.
172 BGH, 23.06.2022 – IX ZR 75/21, ZInsO 2022, 1734 Rn. 18; Gehrlein, ZInsO 2022, 905, 909.
173 BGH, 18.01.2024 – IX ZR 6/22, ZInsO 2024, 1430 Rn. 23; BGH, 03.03.2022 – IX ZR 78/20, ZInsO 2022, 640 Rn. 76.
174 BGH, 18.01.2024 – IX ZR 6/22, ZInsO 2024, 1430 Rn. 19.
175 BGH, 18.01.2024 – IX ZR 6/22, ZInsO 2024, 1430 Rn. 21.
176 BGH, 14.06.2018 – IX ZR 22/15, ZInsO 2018, 2017 Rn. 10.

tige Befriedigung seiner Gläubiger vertrauen kann. Hingegen folgt daraus nicht, dass ein Schuldner, der einen als notwendig erkannten Insolvenzantrag vermeiden will, indem er eine Sanierung versucht, zunächst jede Rechtshandlung zu unterlassen hat, solange nicht das Sanierungskonzept in ersten Schritten umgesetzt werden kann.[177] Danach soll jedenfalls bei Zahlungen an den Sanierungsberater unerheblich sein, ob das Sanierungskonzept schon in den Anfängen umgesetzt ist, wenn der Sanierungsversuch nicht von vornherein aussichtslos erscheint und der Schuldner mit der Vorstellung handelt, dass eine Vergütung dieser Beratungsleistungen erforderlich ist, um die Erfolgsaussichten einer Sanierung prüfen oder eine Sanierung beginnen zu können.[178]

75 Sofern das Sanierungskonzept bei objektiver Betrachtung aus der Sicht ex ante nicht (weiter) erfolgversprechend war, kommt es für den Benachteiligungsvorsatz darauf an, ob der Schuldner dies erkannt oder billigend in Kauf genommen hat. Nimmt der Schuldner für seinen Sanierungsversuch die Beratung eines unvoreingenommenen, fachlich ausgewiesenen Experten in Anspruch, darf er auf ihre Richtigkeit grundsätzlich vertrauen, sofern nicht hinreichende Anhaltspunkte bestehen, dass die Beratung den Anforderungen an ein erfolgversprechendes Sanierungskonzept nicht genügt. Dies kann der Fall sein, wenn während des Sanierungsversuchs für den Schuldner nachteilige Entwicklungen eintreten und der Schuldner erkennt oder billigend in Kauf nimmt, dass eine Fortführung des Sanierungsversuchs keine ausreichende Aussicht auf Erfolg mehr hat. Dabei ist zu berücksichtigen, ob die Reaktion des Beraters auf die von seiner Prognose abweichende tatsächliche Entwicklung ein weiteres Vertrauen des Schuldners rechtfertigt.[179]

3. Beweislast

76 Die Beweislast für den Benachteiligungsvorsatz des Schuldners liegt beim anfechtenden Insolvenzverwalter.[180]

a) Kenntnis des Schuldners von der eingetretenen Zahlungsunfähigkeit bei billigender Inkaufnahme, (weitere) Gläubiger zukünftig nicht befriedigen zu können

77 Der Vollbeweis des Benachteiligungsvorsatzes ist geführt, wenn die Zahlungsunfähigkeit des Schuldners und seine fehlende Schuldendeckungsfähigkeit ihm selbst bekannt sind.[181]

---

177 BGH, 03.03.2022 – IX ZR 78/20, ZInsO 2022, 640 Rn. 79; Gehrlein, ZInsO 2022, 1387, 1392 ff.

178 BGH, 03.03.2022 – IX ZR 78/20, ZInsO 2022, 640 Rn. 80.

179 BGH, 03.03.2022 – IX ZR 78/20, ZInsO 2022, 640 Rn. 71.

180 BGH, 19.09.2020 – IX ZR 174/19, ZInsO 2020, 2274 Rn. 17.

181 BGH, 06.05.2021 – IX ZR 72/20, ZInsO 2021, 1627 Rn. 36.

aa) Eingetretene Zahlungsunfähigkeit und Fortdauervermutung

Der Insolvenzverwalter muss zunächst die erkannte Zahlungsunfähigkeit des Schuldners darlegen und beweisen. Der Begriff der Zahlungsunfähigkeit ist im Insolvenzrecht einheitlich zu verstehen. Nach ständiger Rechtsprechung des Bundesgerichtshofs unterliegt deshalb die Feststellung der Zahlungsunfähigkeit im Insolvenzanfechtungsrecht keinen anderen Anforderungen als im sonstigen Insolvenzrecht.[182] Die Zahlungsunfähigkeit kann der Insolvenzverwalter entweder durch das Aufstellen einer Liquiditätsbilanz gem. § 17 Abs. 2 Satz 1 InsO darlegen[183] oder sich auf den Vortrag von Beweisanzeichen beschränken, aus denen sich die Zahlungseinstellung des Schuldners ergibt. Die Zahlungsunfähigkeit wird sodann gem. § 17 Abs. 2 Satz 2 InsO widerleglich vermutet. 78

Ausschlaggebend ist bei § 17 Abs. 2 Satz 2 InsO der nach außen hervortretende, objektive Eindruck. Lässt dieser Eindruck auf eine Zahlungseinstellung schließen, wird gesetzlich vermutet, dass nicht lediglich Zahlungsunwilligkeit, sondern Zahlungsunfähigkeit vorlag.[184] Diese Vermutung ist durch den Anfechtungsgegner zu widerlegen. Im Falle einer nach den objektiven Umständen anzunehmenden Zahlungseinstellung hilft deshalb der Einwand, der Schuldner sei lediglich zahlungsunwillig gewesen, nur weiter, wenn der Anfechtungsgegner den Nachweis führt (§ 292 ZPO), dass der Schuldner zahlungsfähig war.[185] Die Vermutung der Zahlungsunfähigkeit kann durch einen Vortrag widerlegt werden, durch den konkret dargelegt und bewiesen wird, dass eine Liquiditätsbilanz zum maßgeblichen Zeitraum für den Schuldner eine Deckungslücke von weniger als 10 % ausgewiesen hat.[186] 79

Die in ständiger Rechtsprechung angenommene Vermutung, dass eine Zahlungseinstellung fortdauert, knüpft an das tatbestandliche Merkmal der Zahlungseinstellung an. Die Zahlungseinstellung ist in diesem Verständnis ein Dauerzustand, wenn nicht die Zahlungen wieder allgemein aufgenommen werden.[187] Greift die Fortdauervermutung ein, hatte nach der bisherigen Rechtsprechung des Bundesgerichtshofs der Anfechtungsgegner die allgemeine Wiederaufnahme der Zahlungen darzulegen und zu beweisen.[188] Dabei ist zwar unterschieden worden zwischen der objektiven Zah- 80

182 BGH, 08.01.2015 – IX ZR 203/12, ZInsO 2015, 396 Rn. 13; BGH, 18.07.2013 – IX ZR 143/12, ZInsO 2013, 2109 Rn. 7.

183 BGH, 18.04.2024 – IX ZR 129/22, ZInsO 2024, 1320 Rn. 23.

184 BGH, 06.05.2021 – IX ZR 72/20, ZInsO 2021, 1627 Rn. 24; BGH, 12.10.2017 – IX ZR 50/15, ZInsO 2017, 2612 Rn. 13.

185 BGH, 06.05.2021 – IX ZR 72/20, ZInsO 2021, 1627 Rn. 24; BGH, 15.03.2012 – IX ZR 239/09, ZInsO 2012, 696 Rn. 18.

186 BGH, 09.06.2016 – IX ZR 174/15, ZInsO 2016, 1357 Rn. 36; BGH, 26.03.2015 – IX ZR 134/13, ZInsO 2015, 1056 Rn. 6; BGH, 26.02.2013 – II ZR 54/12, GmbHR 2013, 482 Rn. 14; BGH, 15.03.2012 – IX ZR 239/09, ZInsO 2012, 696 Rn. 28; BGH, 30.06.2011 – IX ZR 134/10, ZInsO 2011, 1410 Rn. 20.

187 Thole, ZRI 2021, 609, 614.

188 BGH, 14.09.2017 – IX ZR 108/16, ZInsO 2017, 2212 Rn. 23; BGH, 24.03.2016 – IX ZR 242/13, ZInsO 2016, 910 Rn. 11; BGH, 25.02.2016 – IX ZR 109/15, ZInsO 2016,

lungsunfähigkeit und der Kenntnis des Anfechtungsgegners,[189] voneinander abweichende Anforderungen an den zu führenden Beweis wurden in der Praxis damit jedoch nicht verbunden.[190] Damit wurde dem Anfechtungsgegner in vielen Fällen Unmögliches abverlangt, da der Anfechtungsgegner häufig nur das Zahlungsverhalten des Schuldners ihm gegenüber kennt. Fehlen ihm weitergehende Erkenntnisse über die wirtschaftliche Lage des Schuldners, weiß der Anfechtungsgegner nicht, ob der Schuldner auch den wesentlichen Teil seiner übrigen Verbindlichkeiten wieder bedient hat. Dem Anfechtungsgegner ist dann schon die Darlegung der allgemeinen Wiederaufnahme der Zahlungen unmöglich.[191]

81 Vor diesem Hintergrund hat der BGH nunmehr die Anforderungen an den für die Entkräftung der Fortdauervermutung erforderlichen Vortrag durch eine sekundäre Darlegungslast des Insolvenzverwalters beschränkt.[192] Eine sekundäre Darlegungslast trifft den Prozessgegner der primär darlegungsbelasteten Partei, wenn diese keine nähere Kenntnis der maßgeblichen Umstände und auch keine Möglichkeit zur weiteren Sachaufklärung hat, während der Bestreitende alle wesentlichen Tatsachen kennt und es ihm unschwer möglich und zumutbar ist, nähere Angaben zu machen.[193] Unter diesen Voraussetzungen obliegt es danach dem Verwalter, zum Zahlungsverhalten des Schuldners im Übrigen, insb. zu weiterhin nicht bedienten Verbindlichkeiten des Schuldners vorzutragen. Hierfür genügt es jedoch nicht schon, dass der Anfechtungsgegner sich auf eine allgemeine Wiederaufnahme der Zahlungen beruft. Erforderlich, um eine sekundäre Darlegungslast auszulösen, ist vielmehr, dass der Anfechtungsgegner einen Umstand beweist oder ein solcher unstreitig ist, der eine Wiederaufnahme der Zahlungen im Allgemeinen als möglich erscheinen lässt. Dies ist etwa anzunehmen, wenn die Verbindlichkeit, deren Nichtbedienung die Feststellung der Zahlungseinstellung trägt, nicht mehr herangezogen werden kann und dem Anfechtungsgegner Kenntnisse über das Zahlungsverhalten des Schuldners im Übrigen fehlen. Dem Verwalter obliegt es dann regelmäßig, zum Zahlungsverhalten des Schuldners im Übrigen vorzutragen. Dies betrifft jedoch nur den Zeitraum, in dem die Wiederaufnahme der Zahlungen erfolgt sein soll.[194]

---

628 Rn. 24; BGH, 06.12.2012 – IX ZR 3/12, ZInsO 2013, 190 Rn. 33.

189 BGH, 24.03.2016 – IX ZR 242/13, ZInsO 2016, 910 Rn. 11; BGH, 25.02.2016 – IX ZR 109/15, ZInsO 2016, 628 Rn. 24; BGH, 06.12.2012 – IX ZR 3/12, ZInsO 2013, 190 Rn. 33.

190 BGH, 17.12.2015 – IX ZR 61/14, ZInsO 2016, 214 Rn. 30.

191 BGH, 18.04.2024 – IX ZR 129/22, ZInsO 2024, 1320 Rn. 23; BGH, 06.05.2021 – IX ZR 72/20, ZInsO 2021, 1627 Rn. 32; LG Cottbus, 31.07.2024 – 3 O 35/18, ZInsO 2025, 145 Rn. 92.

192 BGH, 10.02.2022 – IX ZR 148/19, ZInsO 2022, 762 Rn. 19.

193 BGH, 08.03.2021 – VI ZR 505/19, ZInsO 2021, 1740 Rn. 27.

194 BGH, 10.02.2022 – IX ZR 148/19, ZInsO 2022, 762 Rn. 19.

bb) Billigende Inkaufnahme

82 Darlegungs- und beweisbelastet für die tatsächlichen Umstände, die über die erkannte Zahlungsunfähigkeit hinaus für den Gläubigerbenachteiligungsvorsatz und die Kenntnis von diesem erforderlich sind, ist der Insolvenzverwalter. Dies gilt auch, soweit es sich – wie bei dem Umstand, dass keine begründete Aussicht auf Beseitigung der Illiquidität bestand – um negative Tatsachen handelt. Die Darlegungs- und Beweislast für die Deckungslücke und den Umstand, dass die erwartbare Entwicklung der Vermögenslage keine vollständige Befriedigung erwarten ließ, trägt der Insolvenzverwalter.[195] Dass keine begründete Aussicht auf Beseitigung der Deckungslücke bestand, ist allerdings regelmäßig anzunehmen, wenn die Ursache für die Entstehung der Zahlungsunfähigkeit nicht beseitigt war oder absehbar beseitigt werden würde. Der Insolvenzverwalter genügt seiner Beweislast, wenn aufgrund der objektiven Umstände aus der Sicht ex ante die zukünftige Befriedigung der Gläubiger fernlag oder unrealistisch war. Zweifel gehen zu seinen Lasten.[196] Es muss den objektiven Umständen nach feststehen, dass aus der Sicht ex ante ein Vertrauen auf die zukünftige Befriedigung der Gläubiger nicht gerechtfertigt war. Die objektiven Umständen nach möglichen zukünftigen Entwicklungen darf der Schuldner zugrunde legen, wenn hierfür eine begründete Aussicht bestand.[197] Für das Vorliegen einer schlüssigen Klage ist Tatsachenvortrag zu der Frage, ob der Schuldner zumindest billigend in Kauf genommen hat, seine übrigen Gläubiger auch zu einem späteren Zeitpunkt nicht vollständig befriedigen zu können, unverzichtbar.[198]

83 In den Fällen einer gescheiterten Sanierung muss der Insolvenzverwalter aufgrund seiner Wahrheitspflicht, die sich aus § 138 Abs. 1 ZPO ergibt, von sich aus das Sanierungskonzept darlegen, obwohl dies Tatsachen sind, die zunächst nachteilig erscheinen.[199] Da der Insolvenzverwalter die Darlegungs- und Beweislast auch für die negative Tatsache, dass der Schuldner keine begründete Aussicht auf Beseitigung der Illiquidität hatte, trägt, muss er dann darlegen und beweisen, dass der Sanierungsversuch untauglich gewesen ist und der Schuldner dies erkannt oder billigend in Kauf genommen hat. Gleiches gilt, wenn der ursprüngliche Erfolg versprechende Sanierungsversuch gescheitert oder seine Fortführung nachträglich aussichtslos geworden ist.[200]

84 Indem der BGH nunmehr auf den Erkenntnishorizont des Schuldners abstellt, kehrt er von seiner bisherigen Rechtsprechung ab, wonach der Benachteiligungsvorsatz nur ausgeschlossen war, wenn aus der Sicht ex ante das Sanierungskonzept objektiv die Ausgangslage des Schuldners zutreffend erfasste und dem Schuldner eine tragfähige

---

195 BGH, 18.04.2024 – IX ZR 239/22, ZInsO 2024, 1156 Rn. 24; BGH, 03.03.2022 – IX ZR 78/20, ZInsO 2022, 640 Rn. 74.

196 BGH, 03.03.2022 – IX ZR 78/70, ZInsO 2022, 640 Rn. 74; Schneider, DB 2022, 1051, 1054.

197 BGH, 03.03.2022 – IX ZR 78/20, ZInsO 2022, 640 Rn. 76–78.

198 Schultz, ZInsO 2022, 1434, 1441.

199 Klinck, ZIP 2022, 1357, 1360.

200 BGH, 03.03.2022 – IX ZR 78/20, ZInsO 2022, 640 Rn. 71.

Prognose eines unvoreingenommenen branchenkundigen Fachmannes vorlag, die bei objektiver Betrachtung die ernsthafte und begründete Aussicht auf Erfolg rechtfertigte.[201] War das Sanierungskonzept aber bei objektiver Betrachtung aus der Sicht ex ante nicht (weiter) Erfolg versprechend, konnte der Anfechtungsgegner das in der Kenntnis der Zahlungsunfähigkeit liegende gewichtige Indiz für den Vorsatz nicht entkräften. Da dieses faktisch einer Beweislastumkehr gleichkam, trug er das Beweisrisiko.[202]

b) Kenntnis des Schuldners von der drohenden Zahlungsunfähigkeit

85 Gem. § 18 Abs. 2 InsO droht der Schuldner zahlungsunfähig zu werden, wenn er in einem Prognosezeitraum von 24 Monaten voraussichtlich nicht in der Lage sein wird, die Zahlungspflichten im Zeitpunkt der Fälligkeit zu erfüllen. Erforderlich ist danach eine in die Zukunft gerichtete Prognose, in welche die gesamte Finanzlage des Schuldners bis zur Fälligkeit aller im Prognosezeitraum fällig werdenden Verbindlichkeiten einzubeziehen ist. Der vorhandenen Liquidität und den Einnahmen, die bis zum Ende des Prognosezeitraums zu erwarten sind, müssen die Verbindlichkeiten gegenübergestellt werden, die bereits fällig sind oder bis zum Ende des Prognosezeitraums voraussichtlich fällig werden. Anders als im Falle der Zahlungsunfähigkeit wird die Annahme der drohenden Zahlungsunfähigkeit auch nicht durch eine gesetzliche Vermutung erleichtert.[203] Der Benachteiligungsvorsatz liegt in diesen Fällen insb. im Motiv des Schuldners, das der Insolvenzverwalter ebenso wie den Eintritt der drohenden Zahlungsunfähigkeit zu beweisen hat.[204]

c) Kenntnis des Schuldners von der Überschuldung

86 Die Darlegungs- und Beweislast für die tatsächlichen Umstände, aus denen die insolvenzrechtliche Überschuldung des Schuldners folgt, sowie für die Kenntnis des Schuldners hiervon trägt im Insolvenzanfechtungsprozess der Insolvenzverwalter.[205] Für die Annahme einer Überschuldung i.S.d. § 19 InsO fehlt es an einer in § 17 Abs. 2 Satz 2 InsO entsprechenden gesetzlichen Vermutung. Der nach § 133 Abs. 1 InsO anfechtende Insolvenzverwalter muss daher im Ausgangspunkt sowohl die rechnerische Überschuldung i.S.d. § 19 Abs. 2 Satz 1 InsO als auch die negative Fortführungsprognose darlegen und beweisen. Der insoweit für eine abweichende Verteilung der Darlegungs- und Beweislast streitende Wortlaut des § 19 Abs. 2 Satz 1 InsO steht dem nicht entgegen. Es ist nicht ersichtlich, dass der Gesetzgeber damit eine Beweislastregelung für den Insolvenzanfechtungsprozess treffen wollte.[206]

---

201 BGH, 14.06.2018 – IX ZR 22/15, ZInsO 2018, 2017 Rn. 10.

202 Schneider, DB 2022, 1051, 1054.

203 BGH, 10.02.2022 – IX ZR 148/19, ZInsO 2022, 762 Rn. 30; BGH, 05.12.2013 – IX ZR 93/11, ZInsO 2014, 77 Rn. 10.

204 BGH, 03.03.2022 – IX ZR 78/70, ZInsO 2022, 640 Rn. 107.

205 BGH, 03.03.2022 – IX ZR 53/19, ZInsO 2022, 716 Rn. 24.

206 BGH, 03.03.2022 – IX ZR 53/19, ZInsO 2022, 716 Rn. 23.

Will der nach § 133 Abs. 1 InsO anfechtende Insolvenzverwalter den Gläubigerbenachteiligungsvorsatz oder die Kenntnis von diesem auf eine insolvenzrechtliche Überschuldung stützen, muss er deshalb den Eintritt im Grundsatz voll beweisen. Der Nachweis der objektiv vorliegenden insolvenzrechtlichen Überschuldung wird im Insolvenzanfechtungsprozess grundsätzlich nicht durch eine Handelsbilanz erleichtert, die einen nicht durch Eigenkapital gedeckten Fehlbetrag ausweist.[207] Daraus folgt, dass im Insolvenzanfechtungsprozess der Insolvenzverwalter seiner Darlegungslast im Blick auf eine rechnerische Überschuldung i. S. d. § 19 Abs. 2 Satz 1 InsO grundsätzlich nicht genügt, wenn er auf einen nicht durch Eigenkapital gedeckten Fehlbetrag in der Handelsbilanz verweist und nach entsprechender Überprüfung erläutert, ob und ggf. in welchem Umfang stille Reserven oder sonstige aus der Bilanz nicht ersichtliche Vermögenswerte vorhanden sind. Eine derartige Verteilung der Darlegungslast ist im Insolvenzanfechtungsprozess nicht gerechtfertigt, wenn es sich bei dem Anfechtungsgegner um eine außenstehende Person handelt.[208] 87

Vielmehr ist grundsätzlich der Insolvenzverwalter gehalten, zur negativen Fortführungsprognose vorzutragen. Erst dann kann auch die Stärke des Beweisanzeichens beurteilt werden, die davon abhängt, ob, mit welcher Wahrscheinlichkeit und wann der Eintritt der Zahlungsunfähigkeit zu erwarten war. Von einem außenstehenden Anfechtungsgegner kann nicht erwartet werden, dass er Umstände darlegt, die es aus damaliger Sicht rechtfertigten, das schuldnerische Unternehmen fortzuführen.[209] 88

VI. Kenntnis des Anfechtungsgegners vom Gläubigerbenachteiligungsvorsatz

Weitere Voraussetzung des § 133 Abs. 1 InsO für die Anfechtbarkeit einer Rechtshandlung des Schuldners ist das Wissen des Anfechtungsgegners vom Gläubigerbenachteiligungsvorsatz des Schuldners. Der Anfechtungsgegner muss weder einen eigenen Gläubigerbenachteiligungsvorsatz haben, noch bedarf es eines kollusiven Zusammenwirkens des Schuldners mit dem Anfechtungsgegner.[210] Eine Benachteiligungsabsicht ist nicht notwendig.[211] Erforderlich ist die positive Kenntnis; selbst grob fahrlässige Unkenntnis steht der positiven Kenntnis nicht gleich.[212] 89

Die Kenntnis des Anfechtungsgegners vom Gläubigerbenachteiligungsvorsatz des Schuldners ist ebenso wie der Vorsatz selbst eine innere, dem Beweis nur eingeschränkt zugängliche Tatsache. Die subjektiven Voraussetzungen der Vorsatzanfechtung können daher in aller Regel nur mittelbar aus objektiven (Hilfs-)Tatsachen hergeleitet 90

207 BGH, 03.03.2022 – IX ZR 53/19, ZInsO 2022, 716 Rn. 25.
208 BGH, 03.03.2022 – IX ZR 53/19, ZInsO 2022, 716 Rn. 28.
209 BGH, 03.03.2022 – IX ZR 53/19, ZInsO 2022, 716 Rn. 29.
210 BGH, 17.07.2003 – IX ZR 272/02, ZInsO 2003, 850 Rn. 17.
211 BGH, 06.05.2021 – IX ZR 72/20, ZInsO 2021, 1627 Rn. 26; K. Schmidt/Ganter/Weinland, § 133 InsO Rn. 31.
212 BGH, 30.06.2011 – IX ZR 155/08, ZInsO 2011, 1454 Rn. 21; MK-InsO/Freudenberg, § 133 Rn. 19a.

werden.[213] Es genügt, dass der Anfechtungsgegner die tatsächlichen Umstände kennt, aus denen bei zutreffender rechtlicher Bewertung die (drohende) Zahlungsunfähigkeit folgt. Der Anfechtungsgegner kann sich nicht darauf berufen, er habe von den ihm bekannten Umständen nicht auf die (drohende) Zahlungsunfähigkeit geschlossen.[214]

91 Der darlegungs- und beweisbelastete Insolvenzverwalter hat zwei Möglichkeiten, die Kenntnis des Anfechtungsgegners vom Benachteiligungsvorsatz des Schuldners nachzuweisen. Er kann den Vollbeweis führen oder sich von vornherein mit der Darlegung und dem Nachweis des Vermutungstatbestandes des § 133 Abs. 1 Satz 2 InsO begnügen.[215] Das Gericht wird die gesetzliche Vermutung dann in den Blick nehmen müssen, wenn es den Vollbeweis einer Kenntnis vom Benachteiligungsvorsatz nicht als geführt ansieht. Die Vermutungsregelung ist mit dem Ziel geschaffen worden, dem Insolvenzverwalter die schwierige Beweisführung beim Vollbeweis im Blick auf die Kenntnis des Anfechtungsgegners vom Gläubigerbenachteiligungsvorsatz und damit die praktische Durchsetzung des Anfechtungsanspruchs zu erleichtern.[216] Andererseits ist – falls lediglich die gesetzliche Vermutung reicht – für den Insolvenzverwalter nachteilig, dass dem Anfechtungsgegner nach § 292 ZPO der Beweis des Gegenteils offen steht.[217]

1. Vollbeweis der Vorsatzkenntnis (§ 133 Abs. 1 Satz 1 InsO)

92 Der Anfechtungsgegner weiß im Rahmen des Vollbeweises um den Benachteiligungsvorsatz des Schuldners, wenn er die zu dessen Annahme führenden Umstände kennt.

a) Bei eingetretener Zahlungsunfähigkeit

93 Für den Vollbeweis der Kenntnis vom Gläubigerbenachteiligungsvorsatz des Schuldners muss der Anfechtungsgegner bei der Anfechtung kongruenter Deckungen im Fall der erkannten Zahlungsunfähigkeit des Schuldners im maßgeblichen Zeitpunkt zusätzlich wissen, dass der Schuldner seine übrigen Gläubiger auch künftig nicht wird befriedigen können; dies richtet sich nach den ihm bekannten objektiven Umständen.[218]

94 Insb. in folgenden Fallkonstellationen ist eine Vorsatzanfechtung unter diesem Gesichtspunkt denkbar:
- gegenüber nahestehenden Personen i.S.d. § 138 InsO,
- gegenüber Kreditinstituten,

---

213 BGH, 18.01.2018 – IX ZR 144/16, ZInsO 2018, 511 Rn. 10; BGH, 14.07.2016 – IX ZR 188/15, ZInsO 2016, 1749 Rn. 12.

214 BGH, 24.02.2022 – IX ZR 250/20, ZInsO 2022, 757 Rn. 20; BGH, 14.07.2016 – IX ZR 188/16, ZInsO 2016, 1749 Rn. 20; BGH, 08.10.2009 – IX ZR 173/07, ZInsO 2009, 2148 Rn. 10.

215 BGH, 03.03.2022 – IX ZR 53/19, ZInsO 2022, 716 Rn. 28.

216 BGH, 06.05.2021 – IX ZR 72/20, ZInsO 2021, 1627 Rn. 35.

217 BGH, 26.10.2023 – IX ZR 112/22, ZInsO 2024, 190 Rn. 12; BGH, 12.01.2023 – IX ZR 71/22, ZInsO 23, 785 Rn. 2; BGH, 06.05.2021 – IX ZR 72/20, ZInsO 2021, 1627 Rn. 9.

218 BGH, 06.05.2021 – IX ZR 72/20, ZInsO 2021, 1627 Rn. 27.

- gegenüber Sanierungsberatern,
- gegenüber Steuerberatern,
- somit Anfechtungsgegnern, die vollumfängliche Informationen über die Liquiditätslage des Schuldners haben.

b) Bei drohender Zahlungsunfähigkeit

Für die Kenntnis des Anfechtungsgegners vom Gläubigerbenachteiligungsvorsatz des Schuldners genügt es auch bei kongruenten Deckungen grds., dass der Anfechtungsgegner neben der gläubigerbenachteiligenden Wirkung der Rechtshandlung die drohende Zahlungsunfähigkeit des Schuldners kennt. Da aber die Feststellung einer drohenden Zahlungsunfähigkeit i.S.v. § 18 Abs. 2 InsO eine in die Zukunft gerichtete Prognose erfordert, kann eine solche Kenntnis regelmäßig nur derjenige haben, der einen Überblick über die Vermögensverhältnisse des Schuldners hat, nicht aber derjenige, der nur das Zahlungsverhalten des Schuldners ihm gegenüber kennt. Es fehlt an dem notwendigen, in die Zukunft gerichteten Überblick über die Vermögensverhältnisse des Schuldners.[219] Überdies muss der Anfechtungsgegner, da der Benachteiligungsvorsatz nicht allein auf das Indiz der drohenden Zahlungsunfähigkeit gestützt werden kann, im Rahmen des Vollbeweises Kenntnis von dem weiteren Unwertmerkmal haben.[220] 95

Eine drohende Zahlungsunfähigkeit können also nur diejenigen Gläubiger kennen, die einen Gesamtüberblick über die Liquiditäts- oder Zahlungslage des Schuldners haben, also Personen mit »Insiderwissen«, die etwa den Schuldner während seiner wirtschaftlichen Krise oder bei einer vorgerichtlichen Schuldenregulierung beraten haben, ferner »Firmenbestatter«, die ein gescheitertes Unternehmen ohne ordnungsmäßige Liquidation möglichst unauffällig »beseitigen« sollen, aber auch vorläufige Insolvenzverwalter nach Abweisung oder Rücknahme eines Eröffnungsantrags im Fall späterer Eröffnung.[221] 96

c) Bei Überschuldung

Die insolvenzrechtliche Überschuldung ist ein eigenständiges Beweisanzeichen für den Gläubigerbenachteiligungsvorsatz des Schuldners und den Vollbeweis für die Kenntnis des Anfechtungsgegners von diesem Vorsatz. Der nach § 133 Abs. 1 InsO anfechtende Insolvenzverwalter muss dabei sowohl die rechnerische Überschuldung i.S.d. § 19 Abs. 2 Satz 1 InsO darlegen und beweisen als auch die negative Fortführungsprognose. Die objektiv vorliegende insolvenzrechtliche Überschuldung muss zur Kenntnis des Schuldners gelangt und – weil es hier um den Vollbeweis der Kenntnis vom Benachteiligungsvorsatz geht – auch dem Anfechtungsgegner bekannt geworden sein. Auch dies muss im Grundsatz der Insolvenzverwalter darlegen und beweisen.[222] 97

---

219 BGH, 10.02.2022 – IX ZR 148/19, ZInsO 2022, 762 Rn. 30.
220 Gehrlein, ZInsO 2022, 905, 909.
221 MK-InsO/Freudenberg, § 133 Rn. 24c.
222 BGH, 03.03.2022 – IX ZR 53/19, ZInsO 2022, 716 Rn. 24.

98 Dabei ist die Prüfung der insolvenzrechtlichen Überschuldung i. S. d. § 19 Abs. 2 Satz 1 InsO praktisch regelmäßig so komplex, dass ein Außenstehender (ohne detaillierte Kennnisse der zutreffenden Unternehmensplanung und zu den Verkehrswerten von Aktiva/Passiva) faktisch wohl nie eine insolvenzrechtliche Überschuldung erkennen kann. Im Ergebnis dürfte damit die insolvenzrechtliche Überschuldung dem (außenstehenden) Anfechtungsgegner unbekannt sein, womit der Anwendungsbereich von § 133 Abs. 1 Satz 1 InsO nur im Ausnahmefall eröffnet sein wird. Das mag einzelfallbezogen bei Insidern oder verbundenen Unternehmen anders sein.[223] Selbst bei institutionellen Gläubigern liegt in der Übermittlung eines Jahresabschlusses, dem sich ein nicht durch Eigenkapital gedeckter Fehlbetrag entnehmen lässt, jedenfalls kein Umstand, der eine Beobachtungs- und Erkundigungsobliegenheit der Finanzverwaltung im Blick auf eine mögliche insolvenzrechtliche Überschuldung auslöst.[224]

d) Unmittelbare Benachteiligung

99 Die ganz unübliche, auf die Interessen der beiden Vertragspartner zentrierte, Gläubiger des Schuldners unmittelbar benachteiligende Vertragsgestaltung bildet ein Indiz dafür, dass dem Anfechtungsgegner der Benachteiligungsvorsatz des Schuldners bekannt war. Die in dieser Gestaltung liegende unmittelbare Gläubigerbenachteiligung bildet ein gewisses Beweisanzeichen für die Kenntnis des Anfechtungsgegners von dem Benachteiligungsvorsatz des Schuldners.[225]

e) Bei Inkongruenz

100 Bei der vorzunehmenden Gesamtwürdigung stellt die Inkongruenz i.R.d. § 133 Abs. 1 InsO ein starkes Beweisanzeichen für den Gläubigerbenachteiligungsvorsatz sowie die Kenntnis des anderen Teils davon dar.[226] Eine inkongruente Deckung bildet nach der Rechtsprechung des Bundesgerichtshofs nur dann ein Beweisanzeichen für den Benachteiligungsvorsatz des Schuldners und für die Kenntnis des Gläubigers von diesem Vorsatz, wenn die Wirkungen der Rechtshandlung zu einem Zeitpunkt eintraten, als zumindest aus der Sicht des Empfängers der Leistung Anlass bestand, an der Liquidität des Schuldners zu zweifeln.[227]

101 Voraussetzung ist, dass der Anfechtungsgegner die Inkongruenz erkannt hat. Da die Inkongruenz ein Rechtsbegriff ist, genügt es, dass der Anfechtungsgegner die

223 Körner/Rendels, ZRI 2022, 301, 306.
224 BGH, 03.03.2022 – IX ZR 53/19, ZInsO 2022, 716 Rn. 31.
225 BGH, 18.12.2008 – IX ZR 79/07, ZInsO 2019, 518 Rn. 17.
226 BGH, 06.12.2012 – IX ZR 3/12, ZInsO 2013, 190 Rn. 46.
227 BGH, 18.01.2024 – IX ZR 6/22, ZInsO 2024, 1430 Rn. 21; BGH, 18.07.2013 – IX ZR 143/12, ZInsO 2013, 2109 Rn. 33; BGH, 06.12.2012 – IX ZR 3/12, ZInsO 2013, 190 Rn. 46; BGH, 25.10.2012 – IX ZR 117/11, ZInsO 2012, 2244 Rn. 13; BGH, 05.06.2008 – IX ZR 163/07, ZInsO 2008, 811 Rn. 19; BGH, 18.12.2003 – IX ZR 199/02, ZInsO 2004, 145 Rn. 26.

Umstände kennt, aus denen die Inkongruenz folgt. Rechtlich richtig werten muss er die ihm bekannten Tatsachen nicht.[228]

2. Gesetzliche Vermutung des § 133 Abs. 1 Satz 2 InsO i.V.m. § 133 Abs. 3 Satz 1 InsO

Gem. Abs. 1 Satz 2 wird die Kenntnis vom Gläubigerbenachteiligungsvorsatz vermutet, wenn der Anfechtungsgegner die drohende Zahlungsunfähigkeit kannte und wusste, dass die Handlung die Gläubiger benachteiligte. Für die Kenntnis der drohenden Zahlungsunfähigkeit reicht die Kenntnis von Umständen, die zwingend auf die drohende Zahlungsunfähigkeit schließen lassen, aus.[229] 102

Der BGH schreibt der Vermutungsregel des § 133 Abs. 1 Satz 2, Abs. 3 Satz 1 InsO innerhalb seiner Rechtsprechungs-Neuausrichtung einen deutlichen Bedeutungsgewinn zu und wendet diese nur noch isoliert auf die Kenntnis vom Benachteiligungsvorsatz des Anfechtungsgegners an. Die für den Anfechtungsgegner geltenden Regeln des § 133 Abs. 1 Satz 2, Abs. 3 Satz 1 InsO gelten nun nicht mehr für den Schuldner. Kann der Insolvenzverwalter nicht den Vollbeweis der Vorsatzkenntnis führen, so kommt die Vermutung zur Anwendung, wenn er darlegen und beweisen kann, dass der Anfechtungsgegner die Zahlungsunfähigkeit bzw. zwingend dafür sprechende Umstände kannte. Der Anfechtungsgegner hat dann die Möglichkeit, den Beweis des Gegenteils, zu führen.[230] Obwohl der BGH darauf hingewiesen hat, dass für die Kenntnis des Anfechtungsgegners die Vermutung des § 133 Abs. 1 Satz 2 InsO gelte, hat dies in der Praxis zu einer Verunsicherung im Hinblick auf die Beweislast des Insolvenzverwalters für die Kenntnis des Anfechtungsgegners geführt.[231] Der Senat hat betont, dass die Voraussetzungen des § 133 Abs. 1 Satz 2 InsO durch die Grundsatzentscheidung nicht modifiziert worden sind.[232] 103

So wird der Nachweis der Kenntnis vom Gläubigerbenachteiligungsvorsatz durch die gesetzliche Vermutung des § 133 Abs. 1 Satz 2 InsO erleichtert. Die Voraussetzungen des Vermutungstatbestands sind von der Neuausrichtung des Senats nicht betroffen. Für das Eingreifen der gesetzlichen Vermutung der Kenntnis vom Gläubigerbenachteiligungsvorsatz muss der Anfechtungsgegner demnach nicht wissen, dass der Schuldner seine übrigen Gläubiger auch künftig nicht wird befriedigen können.[233]

Eine erneute Klarstellung des Verhältnisses des dem Insolvenzverwalter obliegenden Vollbeweises zu der Vermutungswirkung des § 133 Abs. 1 Satz 2 InsO ist mit einem

228 BGH, 23.06.2022 – IX ZR 75/21, ZInsO 2022, 1734 Rn. 58; BGH, 11.03.2004 – IX ZR 160/02, ZInsO 2004, 616 Rn. 29.
229 BGH, 22.11.2012 – IX ZR 62/10, ZInsO 2013, 79 Rn. 7; OLG Karlsruhe, 24.07.2024 – 3 U 28/21, ZInsO 2025, 251 Rn. 106.
230 Linsenbarth/Kliebisch, ZIP 2022, 512, 517.
231 BGH, 06.05.2021 – IX ZR 72/20, ZInsO 2021, 1627 Rn. 49.
232 BGH, 12.01.2023 – IX ZR 71/22, ZInsO 2023, 785 Rn. 2.
233 BGH, 12.01.2023 – IX ZR 71/22, ZInsO 2023, 785 Rn. 2.

weiteren richtungsweisenden Urteil erfolgt.[234] Der BGH hat ausdrücklich festgestellt, dass der Anfechtungsgegner den Beweis des Gegenteils führen muss, wenn die Kenntnis vom Gläubigerbenachteiligungsvorsatz vermutet wird. Gelingt es also dem Insolvenzverwalter nachzuweisen, dass der Anfechtungsgegner von der drohenden oder bereits eingetretenen Zahlungsunfähigkeit des Schuldners zum Zeitpunkt der angefochtenen Rechtshandlung und der objektiven Gläubigerbenachteiligung wusste, muss der Anfechtungsgegner beweisen, dass er den Vorsatz des Schuldners, andere Gläubiger zu benachteiligen, nicht kannte. Ergänzend hat der BGH ausgeführt, dass der Beweis des Gegenteils erbracht ist, wenn der Anfechtungsgegner zur Überzeugung des Tatrichters annehmen durfte, der Schuldner werde seine übrigen, bereits vorhandenen und die absehbar hinzutretenden Gläubiger in der dafür zur Verfügung stehenden Zeit vollständig befriedigen.[235]

Die bloße Hoffnung des Schuldners auf Befriedigung der übrigen Gläubiger ist nicht geeignet, die Vermutung der Kenntnis des Anfechtungsgegners vom Gläubigerbenachteiligungsvorsatz zu widerlegen. Es müsse sich um eine aus objektiver Sicht gerechtfertigte Annahme handeln, die auf einer ausreichenden Tatsachengrundlage beruhe.[236]

104 Das Wissen um die Benachteiligung der (übrigen) Gläubiger, die zweite Voraussetzung des Vermutungstatbestands, wird durch die Kenntnis von drohender oder bereits eingetretener Zahlungsunfähigkeit indiziert, wenn der Anfechtungsgegner weiß, dass es noch andere Gläubiger gibt, deren Forderungen vom Schuldner nicht vollständig bedient werden.[237] Mit letzterem muss ein Gläubiger rechnen, wenn der Schuldner unternehmerisch tätig ist.[238] Dann weiß der Gläubiger regelmäßig auch, dass Leistungen aus dem Vermögen des Schuldners an ihn die Befriedigungsmöglichkeiten anderer Gläubiger beeinträchtigen. Deshalb ist der Anfechtungsgegner dann regelmäßig auch über den Benachteiligungsvorsatz im Bilde.[239]

a) Eingetretene Zahlungsunfähigkeit bei kongruenten Deckungen (§ 133 Abs. 3 Satz 1 InsO)

105 Gem. § 133 Abs. 3 Satz 1 InsO muss der Anfechtungsgegner im Rahmen der Vermutungsregelung bei kongruenten Deckungen Kenntnis von der eingetretenen Zahlungsunfähigkeit des Schuldners haben. Es ist weiterhin möglich, die Kenntnis der Zahlungsunfähigkeit mit der Kenntnis von Umständen zu begründen, die zwingend

234 BGH, 26.10.2023 – IX ZR 112/22, ZInsO 2024, 190 Rn. 11.
235 BGH, 26.10.2023 – IX ZR 112/22, ZInsO 2024, 190 Rn. 13.
236 BGH, 26.10.2023 – IX ZR 112/22, ZInsO 2024, 190 Rn. 18.
237 BGH, 06.05.2021 – IX ZR 72/20, ZInsO 2021, 1627 Rn. 51; BGH, 22.06.2017 – IX ZR 111/14, ZInsO 2017, 1616 Rn. 30; BGH, 04.05.2017 – IX ZR 285/16, ZInsO 2017, 1232 Rn. 8.
238 BGH, 07.05.2020 – IX ZR 18/19, ZInsO 2020, 1306 Rn. 21; BGH, 22.06.2017 – IX ZR 111/14, ZInsO 2017, 1616 Rn. 30.
239 BGH, 07.05.2020 – IX ZR 18/19, ZInsO 2020, 1306 Rn. 21; BGH, 22.06.2017 – IX ZR 111/14, ZInsO 2017, 1616 Rn. 30; BGH, 04.05.2017 – IX ZR 285/16, ZInsO 2017, 1366 Rn. 8.

auf die Zahlungsunfähigkeit – nur eben die eingetretene – schließen lassen. Diese Wertung von § 130 Abs. 2 InsO kann insoweit auch weiterhin auf die Kenntnisfeststellung bei § 133 InsO übertragen werden. Zudem bleibt auch § 17 Abs. 2 Satz 2 InsO anwendbar.[240] Ein Anfechtungsgegner kann sich daher nicht darauf berufen, er habe von der ihm bekannten Zahlungseinstellung nicht auf die Zahlungsunfähigkeit geschlossen.[241]

b) Zahlungserleichterungen (§ 133 Abs. 3 Satz 2 InsO)

Zu Gunsten des Anfechtungsgegners wird bei Gewährung einer Zahlungserleichterung gem. § 133 Abs. 3 Satz 2 InsO widerleglich vermutet, dass er die bereits eingetretene Zahlungsunfähigkeit des Schuldners nicht kannte. Es handelt sich insoweit um eine gesetzliche Vermutung i.S.d. § 292 ZPO,[242] bei der der Beweis des Gegenteils zulässig ist.[243] 106

Zahlungsvereinbarungen i.S.d. Abs. 3 Satz 2 sind insb. Zahlungsvergleiche (§ 779 BGB, § 278 Abs. 6 ZPO) zur gütlichen Streitbeilegung und Ratenzahlungsvereinbarungen, bei denen dem Schuldner einer Leistung nachgelassen wird, diese trotz vollumfänglich eingetretener Fälligkeit in zeitlich gestaffelten Teilleistungen zu erbringen. Zahlungserleichterungen sind insb. Stundungsabreden, wie die in §§ 222, 258 AO, § 76 Abs. 2 Nr. 1 SGB IV, § 42 StGB i.V.m. § 459a StPO vorgesehenen Maßnahmen.[244] Bei der im Rahmen der Zwangsvollstreckung vereinbarten Ratenzahlung gem. § 802b ZPO handelt es sich um eine Zahlungsvereinbarung i.S.d. des § 133 Abs. 3 Satz 2 InsO. Hierfür spricht nicht nur der Wortlaut der Norm, der für einen Ausschluss von Zahlungsvereinbarungen, die Rahmen der Zwangsvollstreckung erfolgen, keinen Anhalt bietet, sondern auch die Intention des Gesetzgebers, vollstreckende Gläubiger besser davor zu schützen, einen errungenen Vollstreckungserfolg wieder herausgeben zu müssen.[245] Der Regierungsentwurf zur Insolvenzanfechtungsreform 2017 weist in Bezug auf § 133 Abs. 3 Satz 2 InsO sogar explizit auf § 802b ZPO hin. Hier heißt es, dass mit der Vorschrift denjenigen Gläubigern Rechtssicherheit verschafft werden soll, die im Rahmen der Durchsetzung ihrer Forderung auf eine gütliche Erledigung bedacht sind und auf der Grundlage gesetzlicher Regelungen (§ 802b ZPO, §§ 222, 258 AO, § 76 SGB IV, § 42 StGB, § 459a StPO) mit dem Schuldner Zahlungsvereinbarungen treffen oder diesem in anderer Weise Zahlungserleichterungen gewähren.[246] 107

Die Funktion des neuen Abs. 3 Satz 2 im Gefüge des § 133 InsO wird nicht einheitlich beurteilt. Manche Autoren halten die Norm für regelungstechnisch missglückt 108

240 Thole, ZIP 2017, 401, 404; Schoppmeyer, WM 2018, 301 ff.
241 BGH, 15.03.2012 – IX ZR 239/09, ZInsO 2012, 696 Rn. 17.
242 Kayser, ZIP 2018, 1153; Zivkovic, ZVI 2017, 369.
243 HambKomm-InsR/Rogge/Leptien, § 133 InsO Rn. 75.
244 HambKomm-InsR/Rogge/Leptien, § 133 InsO Rn. 76.
245 LG Aachen, 19.07.2018 – 9 O 16/18, ZInsO 2018, 2413 Rn. 38.
246 BT-Drucks. 18/7054, 18.

und sprechen ihr einen wirklichen Anwendungsbereich ab, weil die Beweislast für die im Vermutungstatbestand des § 133 Abs. 1 Satz 2 InsO vorausgesetzte Kenntnis des Anfechtungsgegners von der Zahlungsunfähigkeit des Schuldners ohnehin beim anfechtenden Insolvenzverwalter liegt und es der Gegenvermutung des § 133 Abs. 3 Satz 2 InsO deshalb gar nicht bedurft hätte.[247] Ein erheblicher Unterschied zur bisherigen Rechtslage wird auch deswegen in Abrede gestellt, weil nach der Rechtsprechung des BGH die Bitte des Schuldners um eine Ratenzahlungsvereinbarung als solche kein Indiz über eine Zahlungseinstellung oder Zahlungsunfähigkeit ist, wenn sie sich im Rahmen der Gepflogenheiten des Geschäftsverkehrs hält. Ein Beweisanzeichen für Zahlungsunfähigkeit ist eine solche Bitte nur, wenn sie vom Schuldner mit der Erklärung verbunden wird, seine fälligen Verbindlichkeiten (anders) nicht begleichen zu können.[248] Die Bedeutung der neuen Regelung in § 133 Abs. 3 Satz 2 InsO wird vor diesem Hintergrund überwiegend in der Klarstellung gesehen, dass der Insolvenzverwalter den Nachweis einer Kenntnis des Anfechtungsgegners von der eingetretenen Zahlungsunfähigkeit des Schuldners weder auf die Gewährung der Zahlungserleichterung noch auf die der Gewährung typischerweise zugrundeliegende Bitte des Schuldners stützen kann.[249]

109 Vermutungstatbestand ist der Abschluss einer Zahlungsvereinbarung oder die Gewährung einer sonstigen Zahlungserleichterung, Vermutungsfolge die Nichtkenntnis der Zahlungsunfähigkeit des Schuldners zur Zeit der angefochtenen Rechtshandlung. Um die Vermutungsfolge zu widerlegen, kann sich der Insolvenzverwalter auf sämtliche Umstände berufen mit Ausnahme der den Vermutungstatbestand bildenden Umstände.[250] Die Vermutung hat vor diesem Hintergrund die Wirkung, dass der Insolvenzverwalter den ihm ohnehin obliegenden Beweis der Kenntnis des Anfechtungsgegners von der Zahlungsunfähigkeit des Schuldners weder auf die Gewährung der Zahlungserleichterung noch auf die dieser Gewährung typischerweise zugrundeliegende Bitte des Schuldners stützen kann. Umstände, die hierüber hinausgehen, kann der Verwalter entgegen uneingeschränkt geltend machen.[251]

110 Dem Anfechtungsgegner bekannt gewordene Umstände aus der Zeit vor der Zahlungsvereinbarung können ebenso wie die nach der getroffenen Ratenzahlungsvereinbarung festgestellten Umstände den Beweis von der Kenntnis der eingetretenen Zahlungsunfähigkeit erbringen. War dem Anfechtungsgegner zum Zeitpunkt einer Zahlungsvereinbarung oder einer sonstigen Zahlungserleichterung bereits aus anderen Gründen bekannt, dass der Schuldner zahlungsunfähig war, beseitigt die Verein-

247 Kayser, ZIP 2018, 1153, 1159 f.; Tolani, JZ 2018, 652, 659 f.; Thole, ZIP 2017, 401, 405; Dahl/Schmitz, NJW 2017, 1505, 1507.

248 BGH, 18.01.2018 – IX ZR 144/16, ZInsO 2018, 511 Rn. 20; vgl. Ganter, NZI 2019, 481, 484.

249 K/P/B/Bork, § 133 InsO Rn. 69; Uhlenbruck/Borries/Huber/Hirte, § 133 InsO Rn. 82b; Gehrlein, ZInsO 2018, 2557, 2565.

250 BGH, 07.05.2020 – IX ZR 18/19, ZInsO 2020, 1306 Rn. 17.

251 BGH, 07.05.2020 – IX ZR 18/19, ZInsO 2020, 1306 Rn. 17; BGH, 18.01.2018 – IX ZR 144/16, ZInsO 2018, 511 Rn. 22; BT-Drucks. 18/7054, 18.

barung einer Zahlungserleichterung diese Kenntnis i.d.R. nicht. Der Abschluss einer Ratenzahlungsvereinbarung über die Verbindlichkeit des Schuldners gegenüber dem Anfechtungsgegner lässt dessen Kenntnis von der Zahlungsunfähigkeit des Schuldners nur dann entfallen, wenn die Zahlungsunfähigkeit des Schuldners auf dieser Verbindlichkeit beruhte.[252]

Zahlungsvereinbarung oder Zahlungserleichterung müssen – damit der Anfechtungsgegner die gesetzliche Vermutung des Abs. 3 Satz 2 für sich in Anspruch nehmen kann – zeitlich vor der angefochtenen Rechtshandlung und vor allem vor einer tatsächlich doch erlangten Kenntnis des Anfechtungsgegners von der eingetretenen Zahlungsunfähigkeit des Schuldners getroffen oder gewährt worden sein.[253] Hierfür spricht schon die Formulierung des Gesetzestextes. 111

Folgende Beweisanzeichen können auch bei der Gewährung einer Zahlungserleichterung für die Kenntnis sprechen: 112
- Nichteinhaltung der geschlossenen Ratenzahlungsvereinbarung,
- erheblicher Rückstand mit weiteren Zahlungen,
- Kenntnis von erheblichen fälligen Verbindlichkeiten gegenüber anderen Gläubigern,
- eigene Erklärungen des Schuldners, fällige Zahlungspflichten nicht erfüllen zu können.

3. Kenntnis von der Gläubigerbenachteiligung

Die Kenntnis des Benachteiligungsvorsatzes wird widerleglich gem. § 133 Abs. 1 Satz 2 InsO vermutet, wenn der andere Teil wusste, dass die Zahlungsunfähigkeit des Schuldners drohte und die Handlung die Gläubiger benachteiligte. Kennt der Anfechtungsgegner die Zahlungsunfähigkeit des Schuldners, so weiß er auch, dass Leistungen aus dem Vermögen die Befriedigungsmöglichkeiten anderer Gläubiger i.d.R. vereiteln oder zumindest erschweren und verzögern.[254] Die Kenntnis von der drohenden Zahlungsunfähigkeit indiziert deshalb regelmäßig das im Rahmen des § 133 Abs. 1 Satz 2 InsO geforderte Wissen von der Benachteiligung anderer Gläubiger. Mit dem Vorhandensein weiterer Gläubiger mit ungedeckten Ansprüchen muss ein Gläubiger jedenfalls dann rechnen, wenn der Schuldner gewerblich tätig ist.[255] 113

Weitere Gläubiger mit ungedeckten Ansprüchen werden, wenn der Schuldner gewerblich tätig war, unterstellt.[256] Es ist zumindest erforderlich, dass der Anfechtungsgegner weiß, es mit einem unternehmerisch tätigen Schuldner zu tun zu haben, bei dem das Entstehen von Verbindlichkeiten, die er nicht im selben Maße bedienen kann (wobei künftige Verbindlichkeiten ebenfalls in Betracht kommen), auch gegenüber anderen 114

252 BGH, 07.05.2020 – IX ZR 18/19, ZInsO 2020, 1306 Rn. 18.
253 HambKomm-InsR/Rogge/Leptien, § 133 InsO Rn. 75.
254 BGH, 06.07.2017 – IX ZR 178/16, ZInsO 2017, 1881 Rn. 14.
255 BGH, 04.05.2017 – IX ZR 285/16, ZInsO 2017 1232 Rn. 8; BGH, 13.08.2009 – IX ZR 159/06, ZInsO 2009, 1901 Rn. 14.
256 BGH, 15.03.2012 – IX ZR 239/09, ZInsO 2012, 696 Rn. 12.

Gläubigern unvermeidlich ist.[257] Der zweite Teil der Vermutungsgrundlage folgt bei lebensnaher Betrachtung regelmäßig aus dem ersten, wenn – was allerdings positiv festzustellen ist – der Schuldner gewerblich tätig ist.[258] Sofern der Anfechtungsgegner von einer umfassenden, insolvenzfesten Sicherung seiner Forderung ausgehen und auf dieser Grundlage eine Gläubigerbenachteiligung ausschließen kann, ist ihm der Benachteiligungsvorsatz des Schuldners nicht bekannt.[259]

4. Kenntnis von der Rechtshandlung

115 Nach der Rechtsprechung des BGH[260] muss die Kenntnis des Anfechtungsgegners vom Benachteiligungsvorsatz des Schuldners zum Zeitpunkt der angefochtenen Rechtshandlung vorliegen. Die Kenntnis des Anfechtungsgegners ist mithin auf die gläubigerbenachteiligende Rechtshandlung des Schuldners bezogen, weshalb der Anfechtungsgegner neben der Willensrichtung des Schuldners auch die von diesem ausgehende Rechtshandlung nebst der dadurch hervorgerufenen Gläubigerbenachteiligung im Allgemeinen erkannt haben muss.[261] Die Anforderungen an die subjektiven Voraussetzungen der Vorschrift dürfen nicht überspannt werden. Deshalb muss sich der Gläubigerbenachteiligungsvorsatz des Schuldners nicht auf die später tatsächlich eingetretene Benachteiligung bezogen haben. Ebenso ist es nicht erforderlich, dass der Anfechtungsgegner alle Umstände, aus denen sich der Benachteiligungsvorsatz des Schuldners ergibt, im Einzelnen kennt. Vielmehr reicht es aus, wenn er im Allgemeinen von dem Benachteiligungsvorsatz gewusst hat. Deshalb muss der Anfechtungsgegner auch die Rechtshandlung, welche die Gläubigerbenachteiligung ausgelöst hat, nicht in allen Einzelheiten kennen.[262]

116 Der Anfechtungsgegner muss bei einer Zahlung an den Vollziehungsbeamten oder einer bargeldlosen Überweisung keine Kenntnis von der Rechtshandlung haben. Der Empfänger einer Überweisung erlangt vom Zahlungseingang und den weiteren Einzelheiten regelmäßig Kenntnis durch die nachfolgende Gutschrift auf sein Konto.[263] Würde man für eine Anfechtung nach § 133 InsO verlangen, dass der Anfechtungsgegner positive Kenntnis von der konkreten dem Schuldner zurechenbaren Handlung zum Zeitpunkt der Vornahme hat, so wäre eine Anfechtung von Zahlungen,

257 BGH, 12.10.2017 – IX ZR 50/15, ZInsO 2017, 2612 Rn. 22; Ganter, WM 2009, 1441, 1445.

258 BGH, 22.06.2017 – IX ZR 111/14, ZInsO 2017, 1616 Rn. 30; Kayser, NJW 2014, 422, 425.

259 BGH, 03.04.2014 – IX ZR 233/12, n.v.; BGH, 09.02.2012 – IX ZR 48/11, ZInsO 2012, 1264 Rn. 5; OLG Düsseldorf, 06.12.2018 – I-12 U 12/18, ZVI 2019, 239 Rn. 17.

260 BGH, 06.02.2014 – IX ZR 148/13, ZInsO 2014, 495 Rn. 2.

261 BGH, 28.01.2021 – IX ZR 64/20, ZInsO 2021, 554 Rn. 10; BGH, 12.04.2018 – IX ZR 88/17, ZInsO 2018, 1210 Rn. 9.

262 BGH, 19.09.2013 – IX ZR 4/13, ZInsO 2013, 2213 Rn. 19; differenziert: OLG Düsseldorf, 24.10.2022 – 12 W 14/22, ZInsO 2023, 531 Rn. 18; OLG Düsseldorf, 14.11.2019 – 12 U 17/19, ZInsO 2020, 413 Rn. 37.

263 OLG Hamburg, 07.10.2016 – 1 U 292/15, ZInsO 2016, 2398 Rn. 24.

die nicht mittels Bargeldübergabe an den Anfechtungsgegner vorgenommen worden sind, ausgeschlossen.

Jedenfalls dann, wenn der Zahlungsempfänger sich der Kenntnis nicht verschließen kann, dass die an ihn mit Benachteiligungsvorsatz bewirkten Zahlungen auf einer die Gläubigergesamtheit benachteiligenden Rechtshandlung des Schuldners beruhten, ist eine Anfechtung nach § 133 Abs. 1 InsO auch dann möglich, wenn zum Zeitpunkt der Vornahme der Rechtshandlung keine positive Kenntnis von einer Rechtshandlung des Schuldners beim Zahlungsempfänger vorlag.[264] 117

Allein der Umstand, dass Sachverhaltsvarianten denkbar sind, nach der die Zahlungen nicht auf Rechtshandlungen des Schuldners beruhen, steht der Kenntnis von der Rechtshandlung und der durch sie bewirkten Gläubigerbenachteiligung nicht entgegen. Selbst der geschäftlich ungewandte, über den konkreten Zahlungsfluss nicht näher unterrichtete Anfechtungsgegner geht mangels ihm bekannter gegenteiliger Anhaltspunkte von dem Regelfall aus, dass er außerhalb einer Zwangsvollstreckung die empfangene Zahlung einer die Gläubigergesamtheit benachteiligenden Rechtshandlung seines Schuldners und nicht dem uneigennützigen Dazwischentreten eines Dritten verdankt. Im Interesse der Erfüllung seiner Forderung ist der Anfechtungsgegner grundsätzlich mit jeder möglichen und gerade auch mit einer auf einer Rechtshandlung des Schuldners beruhenden Befriedigung einverstanden, welche als Kehrseite die Gläubigergesamtheit benachteiligt.[265] 118

Angesichts dieses tatsächlichen Befunds hat derjenige allgemeine Kenntnis von dem Benachteiligungsvorsatz des Schuldners, der im Wissen um die Willensrichtung des Schuldners auf der Grundlage einer von diesem tatsächlich veranlassten Rechtshandlung befriedigt wird, die unter den äußerlich zu Tage getretenen Gegebenheiten nach allgemeiner Erfahrung auf den Schuldner zurückgeht. Eine fehlende Kenntnis kann nur in besonders gelagerten Ausnahmefällen anerkannt werden, in denen der Anfechtungsgegner über den maßgeblichen Geschehensablauf im Ansatz unterrichtet ist, aber auf der Grundlage des für ihn nicht vollständig erkennbaren Sachverhalts – etwa im berechtigten Vertrauen auf einen ihm mitgeteilten Zahlungsweg – bei unvoreingenommener Betrachtung eine Rechtshandlung des Schuldners zuverlässig ausschließen darf.[266] 119

5. Beweislast

Der für die subjektiven Voraussetzungen der Vorsatzanfechtung darlegungs- und beweisbelastete Insolvenzverwalter hat zwei Möglichkeiten, die Kenntnis des Anfechtungsgegners vom Gläubigerbenachteiligungsvorsatz des Schuldners nachzuweisen. Er kann den Vollbeweis führen oder sich mit der Darlegung und dem Nachweis des 120

264 BGH, 24.10.2013 – IX ZR 104/13, ZInsO 2013, 2378 Rn. 13.

265 BGH, 12.04.2018 – IX ZR 88/17, ZInsO 2018, 1210 Rn. 12; BGH, 24.10.2013 – IX ZR 104/13, ZInsO 2013, 2378 Rn. 23; BGH, 19.09.2013 – IX ZR 4/13, ZInsO 2013, 2213 Rn. 22; Gehrlein, FS Ganter, 2010, 169, 186 f.

266 BGH, 19.09.2013 – IX ZR 4/13, ZInsO 2013, 2213 Rn. 18.

Vermutungstatbestands des § 133 Abs. 1 Satz 2, Abs. 3 Satz 1 InsO begnügen. Greift lediglich die gesetzliche Vermutung, steht dem Anfechtungsgegner der Beweis des Gegenteils offen (§ 292 ZPO).[267]

a) Vollbeweis

121 Der Insolvenzverwalter ist bei der Führung des Vollbeweises darlegungs- und beweisbelastet für die tatsächlichen Umstände der subjektiven Voraussetzungen.[268] Dies gilt insb. für die tatsächlichen Umstände, die über die erkannte (drohende) Zahlungsunfähigkeit hinaus für den Gläubigerbenachteiligungsvorsatz und die Kenntnis von diesem erforderlich sind.[269] Für den Vollbeweis muss der Insolvenzverwalter den Nachweis führen, dass der Anfechtungsgegner zusätzlich zu der Kenntnis der bereits eingetretenen Zahlungsunfähigkeit des Schuldners auch Kenntnis von dessen Bewusstsein, seine Gläubiger auch in absehbarer Zeit nicht befriedigen zu können, hatte.[270]

122 Falls im Ausnahmefall bei drohender Zahlungsunfähigkeit ein Benachteiligungsvorsatz des Schuldners gegeben ist, muss der Insolvenzverwalter neben der Kenntnis des Anfechtungsgegners von der drohenden Zahlungsunfähigkeit des Schuldners auch sein Wissen von den erforderlichen zusätzlichen Indizien nachweisen.[271]

123 Der nach § 133 Abs. 1 InsO anfechtende Insolvenzverwalter muss bei einer Überschuldung des Schuldners – weil es hier um den Vollbeweis der Kenntnis vom Benachteiligungsvorsatz geht – darlegen und beweisen, dass dem Anfechtungsgegner die objektiv vorliegende insolvenzrechtliche Überschuldung, also sowohl die rechnerische Überschuldung im Sinne des § 19 Abs. 2 Satz 1 InsO als auch die negative Fortführungsprognose bekannt geworden ist.[272]

b) Gesetzliche Vermutung des § 133 Abs. 1 Satz 2, Abs. 3 Satz 1 InsO

124 Greift die Vermutung des § 133 Abs. 1 Satz 2 InsO ein, bewirkt dies eine Umkehr der Beweislast. Es obliegt dann dem Anfechtungsgegner, darzulegen und zu beweisen, dass er nichts von einem Benachteiligungsvorsatz des Schuldners wusste.[273] Den Gläubiger, der über die (drohende) Zahlungsunfähigkeit des Schuldners und die Gläubigerbenachteiligung unterrichtet ist, trifft deshalb auch die Darlegungs- und Beweislast dafür,

---

267 BGH, 26.10.2023 – IX ZR 112/22, ZInsO 2024, 190 Rn. 13; BGH, 12.01.2023 – IX ZR 71/22, ZInsO 2023, 785 Rn. 2; BGH, 06.05.2021 – IX ZR 72/20, ZInsO 2021, 1627 Rn. 9.

268 Thole, ZRI 2021, 609, 609 f.

269 BGH, 06.05.2021 – IX ZR 72/20, ZInsO 2021, 1627 Rn. 48.

270 BGH, 06.05.2021 – IX ZR 72/20, ZInsO 2021, 1627 Rn. 36.

271 BGH, 03.03.2022 – IX ZR 78/20, ZInsO 2022, 640 Rn. 107.

272 BGH, 03.03.2022 – IX ZR 53/19, ZInsO 2022, 716 Rn. 24.

273 BGH, 26.10.2023 – IX ZR 112/22, ZInsO 2024, 190 Rn. 12; BGH, 03.03.2022 – IX ZR 78/20, ZInsO 2022, 640 Rn. 109; BGH, 12.05.2016 – IX ZR 65/14, ZInsO 2016, 1251 Rn. 23; BGH, 21.01.2016 – IX ZR 84/13, ZInsO 2016, 448 Rn. 8.

dass er spätere Zahlungen auf der Grundlage eines schlüssigen Sanierungskonzepts erlangt hat.[274] Zur Widerlegung der Vermutung genügt es, wenn der Anfechtungsgegner konkrete Umstände darlegt und beweist, die es naheliegend erscheinen lassen, dass ihm im Hinblick auf den Sanierungsversuch der Gläubigerbenachteiligungsvorsatz des Schuldners unbekannt geblieben war.[275]

Es handelt sich bei § 133 Abs. 1 Satz 2 InsO um eine widerlegliche (Tatsachen-) Vermutung im Sinne des § 292 ZPO. Der Gesetzgeber hat gesehen, dass der Vollbeweis der Kenntnis des Anfechtungsgegners vom Gläubigerbenachteiligungsvorsatz des Schuldners für den Insolvenzverwalter schwer zu führen sein kann. Er hat deshalb mit § 133 Abs. 1 Satz 2 InsO einen Vermutungstatbestand geschaffen, der dem Verwalter die Durchsetzung des Anfechtungsanspruchs erleichtern soll. Die Wirkung der gesetzlichen Vermutung besteht in der Umkehr der Beweislast. Greift die gesetzliche Vermutung ein, kommt es zu einer Umkehr der objektiven Beweislast zum Nachteil des Anfechtungsgegners. Dieser muss den vollen Beweis des Gegenteils, also der Sache nach den Hauptbeweis führen. Es reicht also nicht aus, dass die Überzeugung des Gerichts vom Vorliegen der gesetzlichen Vermutung lediglich erschüttert wird; vielmehr muss das Gericht davon überzeugt sein, dass die vermutete Tatsache oder das hier vermutete Recht nicht vorliegt (§ 292 ZPO).[276] Verbleibende Zweifel im Sinne eines non liquet gehen zu seinen Lasten.[277] 125

Hat der Insolvenzverwalter Tatsachen vorgetragen, welche zwingend auf die (drohende) Zahlungsunfähigkeit hinweisen und konnte der Anfechtungsgegner diese Tatsachen nicht erschüttern, so greift die Vermutung, dass der Anfechtungsgegner die (drohende) Zahlungsunfähigkeit kannte. In diesem Falle kann der Anfechtungsgegner lediglich noch den vollen Beweis des Gegenteils führen, dass er zum Zeitpunkt der angefochtenen Rechtshandlung tatsächlich keine Kenntnis (mehr) hatte, weil z.B. der Schuldner seine Zahlungen gegenüber allen Gläubigern – nicht nur gegenüber dem Anfechtungsgegner – vollständig wieder aufgenommen hatte.[278] Es reicht also nicht aus, dass die Überzeugung des Gerichts vom Vorliegen der gesetzlichen Vermutung lediglich erschüttert wird; vielmehr muss das Gericht davon überzeugt sein, dass die vermutete Tatsache oder das vermutete Recht nicht besteht.[279] 126

Wenn der anfechtende Verwalter für einen bestimmten Zeitpunkt den ihm obliegenden Beweis der Zahlungseinstellung des Schuldners geführt hat, muss der Anfechtungsgegner grundsätzlich beweisen, dass diese Voraussetzung zwischenzeitlich wieder 127

274 BGH, 03.03.2022 – IX ZR 78/20, ZInsO 2022, 640 Rn. 109; BGH, 12.05.2016 – IX ZR 65/14, ZInsO 2016, 1251 Rn. 23; BGH, 03.04.2014 – IX ZR 201/13, ZInsO 2014, 1004 Rn. 40.

275 BGH, 23.06.2022 – IX ZR 75/21, ZInsO 2022, 1734 Rn. 32.

276 BGH, 26.10.2023 – IX ZR 112/22, ZInsO 2024, 190 Rn. 11, 12; Kayser, WM 2013, 293, 295.

277 Thole, ZRI 2021, 609, 610.

278 BGH, 06.12.2012 – IX ZR 3/12, ZInsO 2013, 190 Rn. 39; BGH, 19.05.2011 – IX ZR 9/10, WM 2011, 1085 Rn. 15; BGH, 27.03.2008 – IX ZR 98/07, WM 2008, 840 Rn. 10.

279 Prütting/Gehrlein/Laumen, § 284 ZPO Rn. 14 ff.; Huber, in FS Ganter, 203 ff.

entfallen ist. Für den nachträglichen Wegfall der subjektiven Anfechtungsvoraussetzung der Kenntnis der Zahlungsunfähigkeit gilt Entsprechendes. Ein Gläubiger, der von der einmal eingetretenen Zahlungsunfähigkeit des Schuldners wusste, hat darzulegen und zu beweisen, warum er später davon ausging, der Schuldner habe seine Zahlungen möglicherweise allgemein wieder aufgenommen.[280] Die Schlussfolgerung des Anfechtungsgegners, wonach die Zahlungsunfähigkeit des Schuldners zwischenzeitlich behoben ist, muss von einer ihm nachträglich bekanntgewordenen Veränderung der Tatsachengrundlage und nicht von einem bloßen »Gesinnungswandel« getragen sein. So dürfen die Umstände, welche die Kenntnis des Anfechtungsgegners begründen, nicht mehr gegeben sein. Der Fortfall der Umstände allein bewirkt nicht zwingend den Verlust der Kenntnis. Vielmehr ist auf der Grundlage aller von den Parteien vorgetragenen Umstände des Einzelfalls zu würdigen, ob eine Kenntnis der Zahlungsunfähigkeit bei Vornahme der Rechtshandlung nicht mehr bestanden hat.[281] Der Anfechtungsgegner muss zur Überzeugung des Tatrichters davon ausgehen dürfen, der Schuldner werde in der dafür zur Verfügung stehenden Zeit seine übrigen, bereits vorhandenen und absehbar hinzutretenden Gläubiger vollständig befriedigen.[282]

C. Entgeltlicher Vertrag (§ 133 Abs. 4 InsO)

128 Gem. § 133 Abs. 4 InsO werden der Gläubigerbenachteiligungsvorsatz und die Kenntnis des Anfechtungsgegners vermutet, wenn ein entgeltlicher Vertrag mit einer nahestehenden Person i.S.d. § 138 InsO vorliegt, der die Insolvenzgläubiger benachteiligt. Abs. 4 ist kein eigenständiger Anfechtungstatbestand, sondern stellt eine besondere Fallkonstellation in einem zeitlich begrenzten Rahmen dar, welche wie eine teilweise Beweislastumkehr wirkt.[283] Sind die Voraussetzungen hierfür nicht nachweisbar, kann § 133 Abs. 1 InsO als Auffangtatbestand eingreifen.[284]

I. Entgeltlicher Vertrag

129 Als Vertrag i.S.d. Abs. 4 sind sämtliche schuld- und sachenrechtlichen, zwei- oder mehrseitigen rechtserheblichen Absprachen anzusehen, welche auf wechselseitiger Willensübereinstimmung beruhen.[285] Hierunter fällt u.a. das Geben und Nehmen einer Leistung als Erfüllung oder die Mitwirkung des Schuldners i.R.d. Aufrechnung durch den Anfechtungsgegner.[286] Wirkt der Schuldner an Rechtshandlungen Dritter mit, die eine vertragliche Absprache in oben genannter Weise darstellen, so kann dies

280 BGH, 17.12.2015 – IX ZR 61/14, ZInsO 2016, 214 Rn. 27; BGH, 06.12.2012 – IX ZR 3/12, ZInsO 2013, 190 Rn. 33.
281 BGH, 19.05.2011 – IX ZR 09/10, ZInsO 2011, 1115 Rn. 12.
282 BGH, 18.01.2024 – IX ZR 6/22, ZInsO 2024, 1430 Rn. 37; BGH, 26.10.2023 – IX ZR 112/22, ZInsO 2024, 190 Rn. 14.
283 Uhlenbruck/Borries/Huber/Hirte, § 133 InsO Rn. 183a.
284 K. Schmidt/Ganter/Weinland, § 133 InsO Rn. 92.
285 MK-InsO/Freudenberg, § 133 Rn. 40.
286 Jaeger/Henckel, § 133 InsO Rn. 59.

ebenfalls ausreichen.[287] Der Vertragsbegriff des § 133 Abs. 4 InsO ist demnach weit auszulegen und erfasst insoweit auch güterrechtliche Verträge des Schuldners mit Nahestehenden.[288] Als entgeltlicher Vertrag kann des Weiteren eine Verrechnungsabrede anfechtbar sein.[289]

130 Entgeltlichkeit ist immer dann anzunehmen, wenn dem Schuldner eine irgendwie geartete Gegenleistung gewährt wird. Hierunter fällt jeder mit dem Vertrag im Zusammenhang stehende wirtschaftliche Vorteil für den Schuldner. In Betracht kommen daher Kreditgewährungen, Stundungen oder sonstige (faktische) Zahlungserleichterungen.[290] Bei der Erfüllung einer Schuld, die durch ein entgeltliches Rechtsgeschäft begründet wurde, besteht das Entgelt in der Befreiung von der Verbindlichkeit.[291]

II. Nahestehende Person

131 Der Vertrag muss mit einer Person i.S.d. § 138 InsO oder dessen Stellvertreter geschlossen sein (s. hierzu Kap. 3 § 138 InsO Rdn. 4 ff.). Verträge mit Dritten fallen grundsätzlich nicht unter diese Norm. Das gilt auch dann, wenn der Vertrag sowohl mit einer nahestehenden Person als auch mit dem Dritten geschlossen wird. In diesem Fall ist der Vertrag nur gegenüber dem Nahestehenden anfechtbar mit der Folge, dass er das ihm Geleistete herauszugeben hat, während sich Auswirkungen auf den Dritten nur aus dem materiellen Recht ergeben können. Gleichzustellen sind allerdings Drittverträge, mit denen die unmittelbare Zuwendung an eine nahestehende Person umgangen werden soll.[292]

III. Unmittelbare Gläubigerbenachteiligung

132 Gem. Abs. 4 reicht nicht jede Gläubigerbenachteiligung i.S.d. § 129 Abs. 1 InsO aus, sondern es muss sich um eine unmittelbare Benachteiligung der Gläubigergesamtheit durch den Vertragsschluss handeln (s. hierzu Kap. 3 § 129 InsO Rdn. 28 ff.). Unmittelbar ist eine Benachteiligung, die ohne Hinzukommen späterer Umstände schon mit der Vornahme der angefochtenen Rechtshandlung selbst eintritt.[293] Bei reinen Erfüllungshandlungen kann sich die unmittelbare Gläubigerbenachteiligung aus einer nicht gleichwertigen Gegenleistung oder der fehlenden Durchsetzbarkeit des erfüllten Anspruchs ergeben.[294]

133 Da entgeltliche Verträge zwischen nahestehenden Personen ihr besonderes, eine Anfechtung rechtfertigendes Gepräge erst durch eine unmittelbare Gläubigerbenachteili-

---

287 HK/Thole, § 133 InsO Rn. 47.
288 BGH, 01.07.2010 – IX ZR 58/09, ZInsO 2010, 1489 Rn. 9.
289 BGH, 22.07.2004 – IX ZR 270/03, ZInsO 2004, 1028 Rn. 24.
290 BGH, 19.07.2018 – IX ZR 206/17, ZInsO 2018, 1898 Rn. 17.
291 Graf-Schlicker/Huber, § 129 InsO Rn. 25.
292 K/P/B/Bork, § 133 InsO Rn. 75.
293 BGH, 27.06.2019 – IX ZR 167/18, ZInsO 2019, 1734 Rn. 71.
294 BGH, 03.03.2022 – IX ZR 78/20, ZInsO 2022, 640 Rn. 98.

gung erfahren, muss dieses Erfordernis strikt beachtet werden. Eine nur mittelbare Gläubigerbenachteiligung füllt den Tatbestand nicht aus.[295] Die Abtretung künftiger Ruhegeldansprüche kann die Gläubiger unmittelbar benachteiligen.[296]

IV. Beweislast

134 Hat der Insolvenzverwalter die Voraussetzungen nach Abs. 4 Satz 1 (den unmittelbar die Insolvenzgläubiger benachteiligenden Vertragsschluss, die Eigenschaft des Vertragspartners als »nahestehende Person« und die Kausalität zwischen Vertragsschluss und Schädigung) vorgetragen und bewiesen,[297] werden der Gläubigerbenachteiligungsvorsatz des Schuldners und die Kenntnis des Anfechtungsgegners hiervon widerleglich vermutet. Liegen die Tatbestandsvoraussetzungen des Abs. 4 Satz 1 vor, so hat der Anfechtungsgegner den Entlastungsbeweis zu führen.[298] Der Anfechtungsgegner muss das Fehlen des Benachteiligungsvorsatzes oder die Unkenntnis hiervon beweisen, weil bei nahestehenden Personen davon ausgegangen werden kann, dass sie die wirtschaftlichen Schwierigkeiten des Schuldners kennen.

135 Einerseits kann er sich darauf berufen, dass der Vertragsschluss mehr als 2 Jahre vor der Stellung des Insolvenzantrages vorgenommen wurde, wobei sich der maßgebliche Zeitpunkt des Eröffnungsantrages nach § 139 InsO richtet. Zum anderen kann er wie bei der Beweislastumkehr nach Abs. 1 Satz 2 nachweisen, dass er keine Kenntnis von einem etwaigen Gläubigerbenachteiligungsvorsatz des Schuldners zum Zeitpunkt des Vertragsschlusses hatte. Dies kann notfalls durch das Zeugnis des Schuldners erfolgen.[299] Kann der Anfechtungsgegner den Beweis weder in der einen noch in der anderen Richtung führen, hat die Anfechtung ohne Weiteres Erfolg. Beweist der Anfechtungsgegner nur, dass der Vertrag früher als zwei Jahre vor dem Antrag auf Eröffnung des Insolvenzverfahrens geschlossen wurde, bleibt eine Anfechtung nach Abs. 1 grds. möglich.[300]

§ 134 Unentgeltliche Leistung

(1) Anfechtbar ist eine unentgeltliche Leistung des Schuldners, es sei denn, sie ist früher als vier Jahre vor dem Antrag auf Eröffnung des Insolvenzverfahrens vorgenommen worden.

(2) Richtet sich die Leistung auf ein gebräuchliches Gelegenheitsgeschenk geringen Wertes, so ist sie nicht anfechtbar.

295 BGH, 09.06.2016 – IX ZR 153/15, ZInsO 2016, 1578 Rn. 33.
296 BGH, 20.12.2012 – IX ZR 130/10, ZInsO 2013, 337 Rn. 28.
297 Uhlenbruck/Borries/Huber/Hirte, § 133 InsO Rn. 195.
298 BGH, 01.07.2010 – IX ZR 58/09, ZInsO 2010, 1489 Rn. 16.
299 HambKomm-InsR/Rogge/Leptien, § 133 InsO Rn. 74.
300 HK/Thole, § 133 InsO Rn. 51.

Übersicht Rdn.

Schrifttum

Bartels, Von uneigennützig dazwischentretenden Dritten und freigiebigen Schuldner: Neue Schlagwörter in der Rechtsprechung zum Insolvenzanfechtungsrecht, ZIP 2019, 789 ff.; *Baumert*, Strukturfragen der Anfechtung wegen unentgeltlicher Leistung – Insolvenzrecht trifft auf Bereicherungsrecht, ZIP 2010, 212 ff.; *Baumert/Schmitt*, Phoenix Kapitaldienst – Ein Verfahren schreibt BGH-Rechtsprechung, NZI 2012, 394 ff.; *Beck*, Insolvenzanfechtung unentgeltlicher Leistungen nach § 134 Abs. 1 InsO, ZInsO 2002, 516 f.; *Bitter*, Insolvenzanfechtung nach § 135 InsO bei freiwilligem Rangrücktritt?, ZIP 2013, 2 ff.; *Bitter*, Insolvenzanfechtung von Dividendenzahlungen nach § 134 InsO bei Nichtigkeit des Jahresabschlusses, ZRI 2023, 837 ff.; *Bitter/Heim*, Schenkungsanfechtung bei Auszahlungen im verdeckten Schneeballsystem – Der Fall Phoenix, ZIP 2010, 1569 ff.; *Bitter/Heim*, Zur Abgrenzung der entgeltlichen von der unentgeltlichen Verfügung, ZInsO 2011, 483 ff.; *Bork*, Anfechtung bei Rücktritt in den Rang des § 39 Abs. 1 Nr. 4 1/2 InsO, ZIP 2012, 2277 ff.; *Gehrlein/Thole*, Aktuelle Probleme der Insolvenzanfechtung, 16. Aufl., 2024; *Bruschke*, Die Haftung der Organgesellschaft für Steuerschulden des Organträgers, StB 2009, 201 ff.; *Büchter-Hole*, Umsatzsteuerrechtliche Organschaft und Insolvenzanfechtung, EFG 2008, 482 f.; *Busch/Fensch*, Zur Insolvenzanfechtung unentgeltlicher Leistungen des Schuldners, ZInsO 2008, 1212 f.; *Fiala*, Die Anfechtung unentgeltlicher Leistungen nach der Insolvenzordnung, ZInsO 2017, 1409 ff.; *Fischer*, Drittsicherheiten sind auch bei reiner Nachsicherung nicht immer unentgeltlich, ZInsO 2011, 1042 ff.; *Ganter*, Die Rechtsprechung des BGH zum Insolvenzrecht im Jahre 2009, NZI 2010, 361 ff.; *Ganter*, Die Rechtsprechung des BGH zum Insolvenzrecht im Jahre 2010, NZI 2011, 209 ff.; *Ganter*, Die Rechtsprechung des BGH zum Insolvenzrecht im Jahre 2011, NZI 2012, 201 ff.; *Ganter*, Zum Begriff der »Unentgeltlichkeit« nach § 134 InsO in Zwei-Personen-Verhältnissen, NZI 2015, 249 ff.; *Ganter*, Neues zum Bargeschäft, ZIP 2019, 1141 ff.; *Ganter*, Die Unentgeltlichkeit einer Besicherung i.S.d. § 134 InsO, NZI 2025, 153 ff.; *Gehrlein*, Die Schenkungsanfechtung (§ 134 InsO) im Drei-Personen-Verhältnis, Festschrift für Gerhard Pape, Köln, 2019, S. 91 ff.; *Gehrlein*, Schenkungsanfechtung bei unentgeltlichen Zuwendungen an Kirchen, ZInsO 2016, 2123 ff.; *Gehrlein*, Insolvenzanfechtung von an und durch Banken bewirkten Zahlungen, ZInsO 2010, 1857 ff.; *Gehrlein*, § 134 InsO – Schenkungsanfechtung oder Anfechtung unentgeltlicher Leistungen?, ZInsO 2021, 71 ff.; *Gehrlein*, Reichweite einer Rangrücktrittsvereinbarung, ZInsO 2022, 1 ff.; *Gehrlein*, Höchstrichterliche Rechtsprechung zum Insolvenzanfechtungsrecht der Jahre 2021/2022, ZRI 2022, 621 ff.; *Geißler*, Dogmatische und fallspezifische Anwendungsfragen zur unentgeltlichen Leistung in § 134

Abs. 1 InsO, ZInsO 2015, 2349 ff.; *Gleim*, Ist die Übertragung von Vermögensgegenständen (assets) durch eine Gesellschafterin auf ihre (Tochter-)GmbH nach § 134 InsO anfechtbar?, ZIP 2017, 1000 ff.; *Grüneberg*, Zur Anlegerentschädigung nach dem Einlagensicherungs- und Anlegerentschädigungsgesetz – Der Fall »Phoenix«, WM 2012, 1365 ff.; *Hain*, Die Anfechtung der teilweise unentgeltlichen Leistung und deren Rückabwicklung in der aktuellen Rechtsprechung des IX. Zivilsenats, NZI 2021, 309 ff.; *Huber*, Insolvenzanfechtung im Dreiecksverhältnis – Vier Fallstudien für eine Erfolg versprechende Anfechtungsklage des Insolvenzverwalters nach Tilgung fremder Schuld, ZInsO 2010, 977 ff.; *Kayser*, Die Insolvenzanfechtung nach § 134 InsO – Ausweitung der Anfechtbarkeit von Drittleistungen?, WM 2007, 1 ff.; *Kayser*, Die Anfechtung als unentgeltliche Leistung – eine Allzweckwaffe des Insolvenzverwalters zur Massegenerierung?, ZIP 2019, 293 ff.; *Keller/Klett*, Die sanierende Verschmelzung, DB 2010, 1220 ff.; *Kesseler*, Zur Schenkungsanfechtung bei einer Drittzuwendung, MittBayNot 2007, 238 ff.; *Klühs*, Anfechtbarkeit ehevertraglicher Vereinbarungen wegen Unentgeltlichkeit, NotBZ 2010, 286 ff.; *Klühs*, Vorsatzanfechtung von Güterstandsvereinbarungen im Lichte der Rechtsprechung des BGH, NZI 2010, 921 ff.; *Koss*, Insolvenzanfechtung von Spenden an die Kirche, ZInsO 2016, 739 f.; *Kurzberg*, Rückführungsvereinbarungen und Insolvenzrecht, ZInsO 2011, 793 ff.; *Lind/Stegmann*, Die insolvenzrechtliche Anfechtung der Bezugsrechtseinräumung bei der Lebensversicherung, ZInsO 2004, 413 ff.; *Ludwig*, Anfechtung geleisteter Bearbeitungsentgelte in Verbraucherdarlehensverträgen, ZInsO 2016, 891 ff.; *Lütcke*, Schenkungsanfechtung im Drei-Personen-Verhältnis – auch in einem fortgesetzten Dauerschuldverhältnis?, ZIP 2014, 1769 ff.; *Lütcke*, Tilgung fremder Schuld bei Verlust der werthaltigen Forderung gegen den Forderungsschuldner nicht nach § 134 InsO durch Insolvenzschuldner anfechtbar, NZI 2015, 452 ff.; *Mylich*, Rückgewähransprüche einer AG nach Ausschüttung oder Abführung von Scheingewinnen, AG 2011, 765 ff.; *Onusseit*, Anfechtung nach Tilgung fremder Schulden in der Doppelinsolvenz, in: Festschrift für Gerhard Pape, Köln, 2019, S. 295 ff.; *Pape/Pape*, Ausgewählte Entscheidungen zur Unternehmensinsolvenz, ZInsO 2010, 1345 ff.; *Paulus*, Das Recht der Insolvenzanfechtung und Gläubigerschutz, in: Lutter, Das Kapital der Aktiengesellschaft in Deutschland, Berlin, 2006, S. 434 ff.; *Paulus*, Beurteilung von Scheingewinnen im Insolvenzrecht, ZInsO 2010, 315 ff.; *Prütting*, Insolvenzanfechtung wegen Unentgeltlichkeit bei Erfüllungshandlungen, KTS 2005, 253 ff.; *Prütting*, Insolvenzanfechtung wegen Unentgeltlichkeit bei Erfüllungshandlungen, KTS 2005, 253 ff.; *Riesenkampff/Schuber*, Wie sicher sind die Auszahlungen des Schneeballsystems an seine Anleger?, NJW 2010, 571 ff.; *Roth*, Wie gewonnen so zerronnen – Zum Schicksal von Spenden in der Insolvenz, ZInsO 2010, 1617 ff.; *Schäfer*, § 134 InsO – Anfechtbarkeit unentgeltlicher Leistungen des Schuldners, ZInsO 2014, 973 ff.; *Schlinkmann*, Der Begriff der Unentgeltlichkeit im Insolvenzrecht, Diss. iur., Bonn, 2015; *Schmittmann*, Steuerliche Konsequenzen für Anfechtungsgegner und Insolvenzverwalter nach der erfolgreichen Anfechtung gem. § 134 InsO bei Scheingewinnen und ähnlichen Gestaltungen, ZRI 2022, 51 ff.; *Sick*, Schuldnervermögen und Schuldnerhandlungen im Sinne des Anfechtungsgesetzes, NJ 2013, 50 ff.; *Thole*, Analoge Anwendung von § 62 Abs. 1 Satz 2 AktG auf § 134 InsO beim gutgläubigen Gewinnbezug des Aktionärs?, ZRI 2023, 49 ff.; *Thole*, Steuerliche Organschaft und Insolvenzanfechtung, ZIP 2019, 1353 ff.; *Wazlawik*, Dreiecksverhältnis und Doppelinsolvenz – Jeder gegen jeden?, NZI 2010, 881 ff.; *Wiester/Kranz*, Grenzen der Schenkungsanfechtung von Drittzahlungen, NZI 2012, 541 ff.; *Wilk*, Die Schenkungsanfechtung gem. § 134 InsO bei Tilgung oder Besicherung fremder Verbindlichkeiten, NZI 2008, 407 ff.; *Wittig*, Die Bedeutung der Schenkungsanfechtung (§ 134 InsO) für das Kreditgeschäft, NZI 2005, 606 ff.

A. Normzweck

Die Regelung des § 134 InsO ist eine **Billigkeitsnorm**,[1] die dem Insolvenzverwalter die Möglichkeit geben will, **freigiebige**[2] **bzw. freigebige**[3] **Zuwendungen**,[4] die der Schuldner in den letzten vier Jahren vor Insolvenzeröffnung gemacht hat, zugunsten der Gläubiger rückgängig zu machen.[5] Die lateinische Regel »nemo liberalis nisi liberatus« wird Cicero zugeschrieben und beschreibt den Grundsatz, dass niemand auf Kosten seiner Gläubiger freigebig sein soll.[6] 1

Der Anfechtungstatbestand des § 134 InsO dient damit nicht der Durchsetzung des Prinzips der Gläubigergleichbehandlung.[7] Die Regelung geht davon aus, dass der Empfänger von unentgeltlichen Leistungen billigerweise diese nicht **auf Kosten der Allgemeinheit der Gläubiger** behalten können soll.[8] Der Empfänger einer freigebigen Zuwendung ist nach § 134 InsO weniger schutzwürdig als derjenige, der für die erhaltene Leistung oder durch diese eine eigene Rechtsposition aufgibt.[9] Die früher – und teilweise noch heute – verwendete Bezeichnung »**Schenkungsanfechtung**« ist 2

---

1 S. K. Schmidt/Ganter/Weinland, § 134 InsO Rn. 4; Graf-Schlicker/Huber, § 134 InsO Rn. 1; HK-InsO/Thole, § 134 InsO Rn. 2; HWF/Schmittmann/Zeeck, § 134 InsO Rn. 5; Gehrlein/Thole, Aktuelle Probleme der Insolvenzanfechtung, Rn. 982o.

2 Der Begriff der »Freigebigkeit« wird in § 7 Abs. 1 Nr. 1 ErbStG verwendet (vgl. BFH, 21.08.20214 – II R 11/21, DStR 2024, 2752 mit Anm. Kugelmüller-Pugh; BFH, 19.06.2024 – II R 40/21, DStR 2024, 2319 mit Anm. Kugelmüller-Pugh; BFH, 19.06.2024 – II R 41/21, DStRE 2024, 1311); in der insolvenzrechtlichen Literatur (vgl. Bartels, ZIP 2019, 789 ff.; Gehrlein, in: FS Gerhard Pape, S. 91 ff.) und Rechtsprechung (vgl. zuletzt BGH, 06.12.2018 – IX ZR 143/17, WM 2019, 592 ff. = ZIP 2019, 679 ff. = ZInsO 2019, 723 ff. Rn. 10; BGH, 19.07.2018 – IX ZR 307/16, WM 2018, 1560 ff. = ZIP 2018, 1601 ff. = ZInsO 2018, 1841 ff. Rn. 31) wird in der Regel »Freigiebigkeit« formuliert. Etymologisch zutreffender dürfte »Freigebigkeit« sein, da sich sprachlich aus dem Substantiv »Gabe« das heute nicht mehr gebräuchliche Adjektiv »gäbig«/»gebig« entwickelt hat.

3 Vgl. Duden, Die deutsche Rechtschreibung, 25. Aufl. 2009, S. 452.

4 Vgl. zur Freigebigkeit: LG Köln, 19.01.2006 – 5 O 289/05, n.v. Im Steuerrecht ist das Bewusstsein im Hinblick auf die Unentgeltlichkeit der Leistung erforderlich, so FG Münster, 23.05.2024 – 3 K 2585/21 Erb, BB 2024, 1890 ff.

5 So BGH, 15.03.1972 – VIII ZR 159/70, BGHZ 58, 240 ff. = WM 1972, 471 f. – Die Entscheidung bezieht sich auf die seinerzeitige Norm des § 32 Nr. 1 KO, der Anfechtungsfristen von einem Jahr bzw. 2 Jahren bei Ehegatten vorsah.

6 S. Paulus, Das Recht der Insolvenzanfechtung und Gläubigerschutz, in: Lutter, Das Kapital der Aktiengesellschaft in Deutschland, S. 434, 439; Medicus, Bürgerliches Recht, 15. Aufl. 1991, Rn. 389; BGH, 13.03.2008 – IX ZR 117/07, ZIP 2008, 975 ff. Rn. 10.

7 So Cranshaw in: Cranshaw/Hinkel, Praxiskommentar zum Anfechtungsrecht, § 134 InsO Rn. 1.

8 So A/G/R-Gehrlein, § 134 Rn. 1; K. Schmidt/Ganter/Weinland, § 134 InsO Rn. 3; HWF/Schmittmann/Zeeck, § 134 InsO Rn. 5.

9 So BGH, 26.04.2012 – IX ZR 146/11, ZIP 2012, 1183 ff. = NZI 2012, 562 ff. Rn. 39; BGH, 05.06.2008 – IX ZR 17/07, ZIP 2008, 1291 ff. = NZI 2008, 488 ff. Rn. 13.

für die heutige Regelung zu eng, da alle unentgeltlichen Leistungen des Schuldners nach dieser Norm anfechtbar sind.[10]

3 Der Volksmund sagt: »Einem geschenkten Gaul schaut man nicht ins Maul«. Daher sieht das bürgerliche Recht zahlreiche Vorschriften vor, in denen der **unentgeltliche Erwerb** schwächer als ein sonstiger Erwerb ausgestaltet ist, z.B. §§ 528, 816 Abs. 1 Satz 2, 822, 988, 2287, 2329 BGB.[11] Die Regelung schränkt allerdings die **Privatautonomie** erheblich ein, was zu **verfassungsrechtlichen Bedenken** hinsichtlich der Reichweite der Norm führt.[12]

4 Eine Anfechtung nach § 134 InsO kommt auch dann in Betracht, wenn das Insolvenzverfahren in Deutschland eröffnet worden ist und der Schuldner ein in Österreich belegenes **Grundstück** verschenkt hat; allenfalls ist zu prüfen, ob die Anfechtung nach dem österreichischen Recht ausgeschlossen ist.[13]

B. Norminhalt

I. Einführung

5 Die Norm bietet dem Insolvenzverwalter **besondere Chancen** einer erfolgreichen Anfechtung, da sie ausschließlich an **objektive Voraussetzungen** anknüpft. Es ist allein darauf abzustellen, ob die unentgeltliche Leistung des Schuldners **in den letzten 4 Jahren vor dem Antrag auf Eröffnung des Insolvenzverfahrens** vorgenommen worden ist. Wer etwas unentgeltlich erhält, darf nicht darauf vertrauen, dass er den Gegenstand behalten darf. Dies gilt zwar für eine **nicht unbeträchtliche Zeitspanne**, andererseits aber wird der Anfechtungsgegner dadurch geschützt, dass er sich auf **Entreicherung** (§ 143 Abs. 2 InsO) berufen kann.[14]

6 Soll eine unentgeltliche Leistung angefochten werden, die der Schuldner vor Beginn der Frist vorgenommen hat, kann § 133 Abs. 1 InsO anwendbar sein.[15] I.Ü. sind die Vorschriften des **§ 132 InsO** und **§ 134 InsO nebeneinander** anwendbar, wobei § 132 InsO auch unentgeltliche schuldrechtliche Verträge, also insb. **Schenkungsverträge**, erfasst. Die Anfechtung gem. § 132 InsO kann für die Insolvenzmasse vorteilhaft sein, da eine Berufung auf den **Wegfall der Bereicherung** wie bei § 134 InsO nicht möglich ist.[16]

10 Vgl. HK-InsO/Thole, § 134 InsO Rn. 1.

11 So BGH, 13.03.2008 – IX ZR 117/07, ZInsO 2008, 505 Rn. 10; Uhlenbruck/Borries/Huber/Hirte, § 134 InsO Rn. 2; HWF/Schmittmann/Zeeck, § 134 InsO Rn. 6; Prütting, KTS 2005, 253, 254.

12 So Paulus, ZInsO 1999, 242, 245.

13 S. OLG Koblenz, 10.12.2010 – 8 U 1112/09, NZI 2011, 448, 449.

14 So Uhlenbruck/Borries/Huber/Hirte, § 134 InsO Rn. 2.

15 So Uhlenbruck/Borries/Huber/Hirte, § 134 InsO Rn. 8.

16 So Jaeger/Henckel, § 134 InsO Rn. 5.

II. § 134 Abs. 1 InsO

1. Leistung des Schuldners in den letzten 4 Jahren vor dem Eröffnungsantrag

7 Der **Begriff der Leistung** ist weit zu verstehen.[17] Er umfasst nicht nur Leistungen i.S.d. bürgerlichen Rechts, sondern auch Zwangsverfügungen zur Durchsetzung eines Anspruchs aus unentgeltlichem Geschäft.[18]

8 Zu »Leistungen« des Schuldners gehören daher nicht nur **Rechtsgeschäfte**, durch die bestehende Rechte mit unmittelbarer Wirkung aufgehoben, übertragen, belastet oder verändert werden, sondern auch verpflichtende Rechtsgeschäfte und bloße **Rechtshandlungen**[19] sowie die **Auftrags- und Vollmachtserteilung.**[20] Weiterhin ist auch die **Aufgabe des Eigentums** mit dem Zweck, einem anderen die Aneignung zu ermöglichen, als Leistung des Schuldners anzusehen. Auch der **Verzicht** des Schuldners z.B. auf ein Pfandrecht, einen Nießbrauch, eine Forderung etc. stellen als einseitige Vermögensentäußerungen Leistungen i.S.d. § 134 InsO dar.[21] Die **Übertragung des Besitzes** zum Zwecke der Verleihung, §§ 598 ff. BGB,[22] ist ebenfalls Leistung i.S.v. § 134 InsO.[23] Eine **Vertragsübernahme** kann ebenfalls als unentgeltliche Leistung anfechtbar sein.[24]

9 Besonderheiten gelten bei **Unterlassungen**, die gem. § 129 Abs. 2 InsO grundsätzlich Rechtshandlungen gleichstehen: Die **Nichtkündigung einer Lebensversicherung** durch den Versicherungsnehmer selbst ist keine anfechtbare Rechtshandlung.[25]

10 Bei den **nicht rechtsgeschäftlichen Handlungen**, die ebenfalls als Leistung des Schuldners anzusehen sind, sind insb. auch die zum gesetzlichen Eigentumserwerb eines anderen führende unentgeltliche **Sachverbindung, -vermischung oder -verarbeitung,** §§ 946 ff. BGB, zu beachten, wobei gleichgültig ist, ob der Schuldner selbst die eigentumsändernde Handlung vornimmt oder der Begünstigte, sofern dieser nur im **Einverständnis** mit dem Schuldner handelt.[26] Demgegenüber reicht eine **eigenmächtige Verbindung, Vermischung oder Verarbeitung** durch den Begünstigten **nicht** aus.[27]

---

17 So Uhlenbruck/Borries/Huber/Hirte, § 134 InsO Rn. 14; Graf-Schlicker/Huber, § 134 InsO Rn. 3.
18 So Jaeger/Henckel, § 134 InsO Rn. 32.
19 Vgl. BGH, 13.03.1978 – VIII ZR 241/76, BGHZ 71, 61 ff.; BGH, 28.02.1991 – IX ZR 74/90, BGHZ 113, 393, 396; K. Schmidt/Ganter/Weinland, § 134 InsO Rn. 7.
20 Vgl. Uhlenbruck/Borries/Huber/Hirte, § 134 InsO Rn. 14.
21 So RG, 07.02.1908 – VII 466/07, RGZ 67, 390, 392.
22 So HWF/Schmittmann/Zeeck, § 134 InsO Rn. 35.
23 So OLG Stuttgart, 22.09.1986 – 5 U 19/86, NJW-RR 1987, 570.
24 So BGH, 26.04.2012 – IX ZR 146/11, ZIP 2012, 1183 ff. = NZI 2012, 562 ff. Rn. 38.
25 So OLG Frankfurt am Main, 11.01.2012 – 13 U 90/11, ZVI 2012, 112 ff. Rn. 34.
26 So Jaeger/Henckel, § 134 InsO Rn. 40.
27 So Jaeger/Henckel, § 134 InsO Rn. 40.

11 Die Leistung des Schuldners ist anfechtbar, es sei denn, sie ist früher als **4 Jahre vor dem Antrag auf Eröffnung des Insolvenzverfahrens** vorgenommen worden. Die **Fristberechnung** richtet sich nach § 139 InsO.

12 Auch **mittelbare Leistungen des Schuldners** sind dem Zuwendungsempfänger ggü. anfechtbar.[28] Hat der Schuldner vor Eröffnung des Verfahrens Bestandteile seines Vermögens mithilfe einer Mittelsperson einem Dritten zugewendet, ohne zu dem Dritten in unmittelbare Rechtsbeziehung zu treten, so ist der mittelbare Empfänger der anfechtbaren Leistung zur Rückgewähr verpflichtet.[29]

13 Eine **mittelbare Zuwendung** liegt auch vor, wenn der spätere Schuldner ein **Grundstück** kauft und den Verkäufer anweist, es an seine Ehefrau aufzulassen. Zahlt der Schuldner selbst den Kaufpreis und erklärt der Verkäufer die Auflassung zugunsten der Ehefrau des späteren Schuldners, die sodann als Eigentümerin eingetragen wird, handelt es sich um eine vom Schuldner an seine Ehefrau veranlasste Leistung.[30] Sachenrechtlich hat die Ehefrau das Grundstück nicht vom Schuldner, sondern von dem Dritten erworben. Gleichwohl wird aufgrund wirtschaftlicher Betrachtungsweise angenommen, dass die Vermögensminderung beim Schuldner der Entziehung des Grundstücks gleichkomme.[31]

14 Auch **Verträge zugunsten Dritter**, mit denen der spätere Schuldner dem Dritten unentgeltlich eine Zuwendung macht, sind nach § 134 InsO dem Dritten ggü. in der Weise anfechtbar, dass er entweder den Anspruch oder das daraus Erlangte an die Insolvenzmasse herausgeben muss.[32] Dies gilt insb. bei Einzahlungen auf ein auf den Namen des Begünstigten errichtete **Sparbuch** sowie **Zuwendungen von Todes** wegen.[33]

2. Leistungsempfänger

15 Der Kreis der potenziellen **Leistungsempfänger** ist nicht eingeschränkt. Während die Regelung des § 32 KO hinsichtlich der Anfechtung zwischen Verfügungen zugunsten des Ehegatten (§ 32 Nr. 2 KO) und Verfügungen ggü. Dritten (§ 32 Nr. 1 KO) unterschied, finden wir heute eine **einheitliche Regelung.**

16 Der **Grundpfandrechtsgläubiger** ist nicht als Empfänger der Leistung von Dritten an den Zwangsverwalter i.S.d. § 134 Abs. 1 InsO anzusehen, sodass die Zahlungen nicht ihm gegenüber nach den §§ 131, 134 Abs. 1 InsO anfechtbar sind. Die Stellung des Zwangsverwalters ist nicht der eines Leistungsmittlers, sondern in wesent-

28 So HambKomm-InsR/Rogge/Leptien, § 134 InsO Rn. 6; HWF/Schmittmann/Zeeck, § 134 InsO Rn. 8.

29 So BGH, 04.03.1999 – IX ZR 63/98, ZInsO 1999, 286; BGH, 16.09.1999 – IX ZR 204/98, ZInsO 1999, 640.

30 So HWF/Schmittmann/Zeeck, § 134 InsO Rn. 9.

31 So RG, 08.02.1899 – Rep. II 369/98, RGZ 43, 83, 84; RG, 02.04.1909 – VII 258/08, LZ 1909, 693 Nr. 13.

32 So HWF/Schmittmann/Zeeck, § 134 InsO Rn. 10.

33 So RG, 08.02.1923 – IV 86/22, RGZ 106, 1.

lichen Elementen derjenigen von Einzugsstellen für Gesamtsozialversicherungsbeiträgen vergleichbar.[34]

3. Unentgeltlichkeit der Leistung

Eine **unentgeltliche Leistung** (früher: Verfügung) liegt vor, wenn ein Vermögenswert des Leistenden (früher: Verfügenden) zugunsten einer anderen Person aufgegeben wird, **ohne** dass dem Leistenden ein **entsprechender Gegenwert zufließen** soll.[35] Die **Unentgeltlichkeit** einer Leistung ist nach den rechtlichen und tatsächlichen Verhältnissen in dem Zeitpunkt zu beurteilen, in dem die jeweilige Leistung vorgenommen wurde.[36] In einem **Zwei-Personen-Verhältnis** ist eine Leistung als unentgeltlich anzusehen, wenn ein Vermögenswert des Verfügenden zugunsten einer anderen Person aufgegeben wird, ohne dass dem Verfügenden ein entsprechender Vermögenswert vereinbarungsgemäß zufließen soll.[37] Die **Erfüllung eines Vermächtnisanspruchs** ist nicht unentgeltlich.[38] 17

Eine unentgeltliche Leistung scheidet im **Zwei-Personen-Verhältnis** aus, wenn nicht der Empfänger, sondern ein Dritter die **ausgleichende Gegenleistung** erbringt, sofern zwischen der Leistung des Schuldners und der ausgleichenden Gegenleistung des Dritten ein ausreichender rechtlicher Zusammenhang besteht.[39] 18

In einem **Zwei-Personen-Verhältnis** ist eine Leistung dann als unentgeltlich anzusehen, wenn ein Vermögenswert des Verfügenden zugunsten einer anderen Person aufgegeben wird, ohne dass dem Verfügenden ein entsprechender Vermögenswert vereinbarungsgemäß zufließen soll. Wird eine dritte Person in den **Zuwendungsvorgang** einbezogen, kommt es für die Beurteilung der Unentgeltlichkeit der Leistung nicht entscheidend darauf an, ob der Verfügende einen Ausgleich erhalten hat. Zu fragen ist vielmehr, ob der Empfänger eine Gegenleistung zu erbringen hat.[40]

---

34 So BGH, 19.10.2017 – IX ZR 289/14, BGHZ 216, 260 ff. = ZIP 2018, 290 ff. = ZInsO 2018, 319 ff. = KTS 2018, 277 ff. Ebenso die Vorinstanz: OLG Dresden, 05.11.2014 – 13 U 408/14, NZI 2015, 92 ff. = IGZ-Info 2015, 30 ff. = ZInsO 2014, 2435 ff.

35 So Pape/Uhländer-Bornheimer, § 134 InsO Rn. 6; Cranshaw in: Cranshaw/Hinkel, Praxiskommentar zum Anfechtungsrecht, § 134 InsO Rn. 10; Gehrlein/Thole, Aktuelle Probleme der Insolvenzanfechtung, Rn. 991; vgl. zur Unentgeltlichkeit einer Schuldnerzahlung für einen Dritten bei Finanzierungsleasingvertrag: BGH, 14.02.2013 – IX ZR 41/12, ZInsO 2013, 549.

36 So BGH, 06.12.2018 – IX ZR 143/17, ZIP 2019, 679 ff. = EWiR 2019, 307 f. [Lau/Forster].

37 So BGH, 02.12.2021 – IX ZR 110/20, ZRI 2022, 58 ff. Rn. 10; BGH, 02.12.2021 – IX ZR 111/20, ZInsO 2022, 309 ff. Rn. 10; BGH, 02.12.2021 – IX ZR 112/20, Rn. 10.

38 So OLG Düsseldorf, 21.11.2024 – 12 U 14/24, NZI 2025, 189 ff. Rn. 33.

39 So BGH, 19.07.2018 – IX ZR 307/16, ZIP 2018, 1601 ff. = WM 2018, 1560 ff. = ZInsO 2018, 1841 ff. = ZVI 2018, 409 ff. = NZI 2018, 800 ff. = DZWIR 2019, 123 ff.

40 So BGH, 23.02.2023 – IX ZR 136/22, ZRI 2023, 359 ff.

Die Norm des § 62 Abs. 1 Satz 2 AktG steht einer Anfechtbarkeit nach § 134 Abs. 1 InsO nicht entgegen.[41] Der **aktienrechtliche Schutz des gutgläubigen Dividendenempfängers** schließt eine Insolvenzanfechtung nicht aus. Eine **Dividendenzahlung** an den Aktionär ist nicht deshalb unentgeltlich, weil der zugrunde liegende Gewinnverwendungsbeschluss infolge der (späteren) Ersetzung des Jahresabschlusses seine Wirkung verliert.[42]

19 Zahlt ein Schuldner vereinbarungsgemäß **Maklerlohn** für die Vermittlung von Verträgen, stellt die Zahlung der sich an der Höhe der in den Hauptverträgen vereinbarten Vergütung orientierenden Provision keine unentgeltliche Leistung dar, auch wenn die Hauptverträge zivilrechtlich anfechtbar sind oder die Kunden des Schuldners verlangen könnten, schadensersatzrechtlich so gestellt zu werden, als ob die Verträge nicht geschlossen worden seien, weil der Schuldner sie bei Abschluss der Verträge betrogen hat.[43]

20 **Entgeltlich** ist eine Verfügung, wenn der Schuldner für seine Leistung etwas erhalten hat, was objektiv ein **Ausgleich für seine Leistungen** war oder jedenfalls subjektiv nach dem Willen der Beteiligten sein sollte.[44] Eine nachträgliche Besicherung einer Drittschuld ist nicht unentgeltlich, wenn der Sicherungsgeber zur Bestellung der Sicherheit aufgrund einer entgeltlich begründeten Verpflichtung gehalten war.[45] Die Entgeltlichkeit einer **neu bestellten Sicherheit** ergibt sich nicht allein daraus, dass eine zuvor für die gleichen Verbindlichkeiten bestellte Sicherheit eine entgeltliche Leistung darstellte. Bei der Besicherung einer fremden Verbindlichkeit[46] kommt es vielmehr darauf an, ob der Gläubiger eine **ausgleichende Gegenleistung** erbringt.[47] Entgeltlichkeit liegt ebenfalls vor, wenn Zug-um-Zug oder nach Abtretung von Ansprüchen aus einer Lebensversicherung und Weiterzahlung der Beiträge einem Dritten ein Darlehen ausgereicht wird,[48] oder wenn der Schuldner die gegen einen Dritten gerichtete Forderung des Anfechtungsgegners begleicht, wenn der Zahlungsempfänger sich gegenüber seinem Schuldner durch Aufrechnung Befriedigung hätte verschaffen können.[49]

Bewirkt der Schuldner die ihm bei einem gegenseitigen Vertrag obliegende **Gegenleistung**, obwohl der Anspruch des Gläubigers auf die Gegenleistung entfallen ist, weil die dem Gläubiger obliegende Leistung unmöglich ist, kann der Schuldner das

41 So BGH, 30.03.2023 – IX ZR 122/22, ZRI 2023, 445 ff.; vgl. dazu Bitter, ZRI 2023, 837 ff.; Thole, ZRI 2023, 49 ff.

42 So BGH, 30.03.2023 – IX ZR 121/22, ZRI 2023, 400 ff. = ZIP 2023, 1031 ff. = EWiR 2023, 374 f. [*Jacoby*] = DStR 2023, 1270 ff. = NZI 2023, 543 ff. mit Anm. Lütcke.

43 So BGH, 10.06.2021 – IX ZR 157/20, ZRI 2021, 642 ff.

44 So BGH, 10.05.1978 – VIII ZR 32/77, WM 1978, 671, 674; BGH, 29.11.1990 – IX ZR 29/90, BGHZ 113, 98 ff.; BGH, 02.12.2021 – IX ZR 110/20, ZRI 2022, 58 ff. Rn. 10.

45 So BGH, 06.12.2012 – IX ZR 105/12, NZI 2013, 81, 82.

46 Vgl. umfassend Ganter, NZI 2025, 153, 154 ff.

47 So BGH, 19.09.2024 – IX ZR 217/22, Rn. 23, NZI 2024, 981 mit Anm. Bangha-Szabo = EWiR 2025, 19 f. [d'Avoine].

48 So BGH, 20.12.2012 – IX ZR 21/12, ZIP 2013, 223 ff. Rn. 23.

49 So BGH, 18.04.2013 – IX ZR 90/10, DB 2013, 1295 ff. Rn. 8.

Geleistete auch dann nach **Rücktrittsrecht** zurückverlangen, wenn die **Gegenleistungspflicht** bereits zum Zeitpunkt der Rechtshandlung des Schuldners entfallen war. Steht dem Schuldner bei einem gegenseitigen Vertrag hinsichtlich der von ihm erbrachten Gegenleistung ein **Rückgewähranspruch** nach Rücktrittsrecht zu, ist die von ihm erbrachte Gegenleistung auch dann nicht als unentgeltliche Leistung anfechtbar, wenn der Schuldner wusste, dass die Leistung des anderen Teils unmöglich war.[50]

Die Übertragung von Geldern durch den Schuldner auf einen **Treuhänder** zum Zweck der Befriedigung seiner Gläubiger stellt auch dann keine unentgeltliche Leistung dar, wenn die Treuhandvereinbarung wegen eines Vertretungsmangels unwirksam ist. Ein Bereicherungsanspruch ist auch bei bewusster Zahlung auf eine unwirksame Treuhandvereinbarung gegeben, weil der Leistungsempfänger nicht darauf vertrauen kann, die Mittel behalten zu dürfen.[51]

Die **Erfüllung einer einredebehafteten Forderung** stellt keine unentgeltliche Leistung 21
dar, wenn die Forderung entgeltlich begründet worden ist.[52]

Zahlungen des Inhabers eines Handelsgewerbes an einen **stillen Gesellschafter**, denen 22
ein gewinnunabhängiges Zahlungsversprechen im Gesellschaftsvertrag zugrunde liegt, sind **entgeltliche Leistungen**, wenn sie die Gegenleistung für die erbrachte Einlage darstellen.[53] Eine **Zahlung** an einen stillen Gesellschafter, die erfolgt, obwohl kein Gewinn entstanden ist,[54] ist ebenso entgeltlich wie eine **Vorabvergütung**, die an einen stillen Gesellschafter gezahlt worden ist, obwohl kein Gewinn erzielt worden ist.[55]

Die **Auszahlung eines Gesellschafterdarlehens** an die Gesellschaft kann in der Insol- 23
venz des Gesellschafters nicht als unentgeltliche Leistung des Gesellschafters angefochten werden. Der Insolvenzverwalter über das Vermögen eines Gesellschafters, welcher der Gesellschaft ein Darlehen gewährt hat, kann dem Nachrangeinwand des Insolvenzverwalters über das Vermögen der Gesellschaft nicht den Gegeneinwand entgegenhalten, die Gewährung eines Gesellschafterdarlehens sei als unentgeltliche Leistung anfechtbar.[56]

Erhält der Darlehensnehmer die **Darlehensvaluta** nicht vom Darlehensgeber als sei- 24
nem Vertragspartner, sondern vom späteren Insolvenzschuldner, handelt es sich bei der Auszahlung der Darlehensvaluta jedenfalls dann nicht um eine unentgeltliche Leistung des späteren Insolvenzschuldners an den Darlehensnehmer, soweit der **Dar-**

---

50 So BGH, 26.01.2023 – IX ZR 17/22, ZRI 2023, 254 ff. = NZI 223, 332 ff. mit Anm. Borries/Thormann.

51 So BGH, 07.09.2017 – IX ZR 224/16, ZIP 2017, 1863 ff. = NZI 2017, 854 ff. = NJW 2017, 3516 ff. = DZWIR 2018, 171 ff.

52 So BGH, 27.06.2019 – IX ZR 167/18, ZIP 2019, 1577 ff. = ZInsO 2019, 1734 ff.

53 So BGH, 05.07.2018 – IX ZR 139/17, ZIP 2018, 1746 ff. = NZI 2018, 804 ff.

54 So OLG Hamm, 12.12.2016 – 8 U 44/16, ZIP 2017, 1123 ff. = EWiR 2017, 437 f. [Stefani] = NZI 2017, 306 ff. mit Anm. Baumert = ZInsO 2017, 321 ff.

55 So OLG Oldenburg, 24.05.2017 – 1 U 25/16, ZIP 2017, 1286 ff.

56 So BGH, 13.10.2016 – IX ZR 184/14, ZIP 2016, 2483 ff. = NJW 2017, 1235 ff. = ZInsO 2016, 2479 ff.

lehensnehmer (Zuwendungsempfänger) zur Rückzahlung des Darlehens an seinen **Vertragspartner** verpflichtet ist und das Darlehen zurückgezahlt wird.

25 Die Zahlung einer KG an ihren Kommanditisten, der ein **gewinnabhängiges Zahlungsversprechen** im Gesellschaftsvertrag zugrunde liegt, ist nicht schon deswegen unentgeltlich, weil die Zahlung nicht durch Gewinne der KG gedeckt ist.[57] Die mit der zinslosen Überlassung eines Darlehens eingeräumte **Kapitalnutzung** stellt eine unentgeltliche Leistung des Schuldners dar.[58] Vertraglich vereinbarte, von Jahresüberschüssen abhängige **Gewinnausschüttungen** sind unentgeltlich, wenn die Jahresabschlüsse fehlerhaft sind, fehlerfrei erstellte Jahresabschlüsse keine Gewinne ausgewiesen hätten und der Schuldner aufgrund einer **Parallelwertung in der Laiensphäre** darum wusste.[59]

26 Die Ausschüttung von **Dividenden** und **Übergewinn an Genussrechtsinhaber** sind nicht nach § 134 InsO anfechtbar, wenn der spätere Insolvenzschuldner diese Zahlungen ohne Rechtsgrund vorgenommen und ihm deswegen ein **Bereicherungsanspruch** gegen den Empfänger der Dividenden und des Übergewinns zugestanden hat, wenn dieser also keinen Anspruch auf die Ausschüttungen gegen den Schuldner gehabt hat und er einem Bereicherungsanspruch des Schuldners nicht § 814 BGB entgegenhalten könnte.[60]

27 Eine erst nach der angefochtenen Rechtshandlung ausgesprochene **materiell-rechtliche Anfechtung eines Vertrags** führt nicht zur Inkongruenz der Leistung. Eine im Zeitpunkt der Rechtshandlung bestehende materiell-rechtliche Anfechtbarkeit eines Vertrags begründet die Inkongruenz der Leistung nur dann, wenn dem Schuldner ein materiell-rechtliches Anfechtungsrecht zustand; es genügt nicht, wenn nur der Insolvenzgläubiger anfechten kann.[61]

28 Eine **qualifizierte Rangrücktrittsvereinbarung** stellt einen Schuld- oder Schuldänderungsvertrag dar, nach dessen Inhalt die Forderung des Gläubigers nicht mehr passiviert wird und nur im Falle eines die Verbindlichkeiten übersteigenden Aktivvermögens befriedigt werden darf. Als **Vertrag zugunsten der Gläubigergesamtheit** kann die Vereinbarung ab Eintritt der Insolvenzreife nicht durch eine Abrede des Schuldners mit dem Gläubiger der Forderung aufgehoben werden. Wird eine mit einem qualifizierten Rangrücktritt versehene Verbindlichkeit trotz Insolvenzreife beglichen, kann die Zahlung mangels eines Rechtsgrundes kondiziert werden. Eine trotz eines qualifizierten Rangrücktritts im Stadium der Insolvenzreife bewirkte Zahlung kann als **unentgeltliche Leistung** angefochten werden.[62] Eine in den AGB eines Nachrang-

---

57 So BGH, 20.04.2017 – IX ZR 189/16, ZIP 2017, 1284 ff.

58 So BGH, 15.11.2018 – IX ZR 229/17, ZIP 2019, 233 ff. = NZI 2019, 333 ff. = EWiR 2019, 343 f. [Mordhorst].

59 So BGH, 22.07.2021 – IX ZR 26/20, NZI 2021, 973 ff. mit Anm. Lütcke = ZRI 2021, 769 ff.

60 So BGH, 22.07.2021 – IX ZR 81/20, ZInsO 2021, 2154 ff. = AG 2021, 844 ff. Rn. 8.

61 So BGH, 06.12.2018 – IX ZR 143/17, ZIP 2019, 679 ff. = EWiR 2019, 307 f. [Lau/Forster].

62 So BGH, 05.03.2015 – IX ZR 133/14, ZIP 2015, 638 ff. = WM 2015, 623 ff. = NZI 2015, 315 ff. = ZInsO 2015, 681 ff.

darlehens geregelte **vorinsolvenzliche Durchsetzungssperre** (qualifizierter Rangrücktritt), nach welcher Rückzahlungs- und Zinsansprüche des Darlehensgebers insb. bei einem Vermögensverfall des Darlehensnehmers bereits außerhalb eines Insolvenzverfahrens eingeschränkt sind, ist als Abrede über den unmittelbaren Gegenstand der Hauptleistung des Nachrangdarlehens der Inhaltskontrolle entzogen. In AGB gegenüber Verbrauchern ist eine qualifizierte Nachrangvereinbarung nur dann hinreichend transparent, wenn aus ihr die Rangtiefe, die vorinsolvenzliche Durchsetzungssperre, deren Dauer und die Erstreckung auf die Zinsen klar und unmissverständlich hervorgehen. Knüpft eine solche Klausel die vorinsolvenzliche Durchsetzungssperre an das Entstehen von Insolvenzeröffnungsgründen, muss sie die erfassten Insolvenzeröffnungsgründe klar und unmissverständlich bezeichnen.[63]

Befriedigt ein persönlich haftender Gesellschafter die **Forderung eines Gläubigers** 29
gegen die Gesellschaft und erlischt dadurch die Haftungsverbindlichkeit des Gesellschafters, ist seine Leistung im Insolvenzverfahren über sein Vermögen nicht als unentgeltliche Leistung anfechtbar.[64]

Auf die subjektiven Vorstellungen ist in der Rechtsprechung früher namentlich dann 30
maßgeblich abgestellt worden, wenn es sich darum handelte, ob die Beteiligten einen Gegenwert als (volles) **Entgelt** für eine Zuwendung angesehen haben[65] oder wenn sie irrtümlich von dem Bestehen einer (entgeltlich begründeten) Verbindlichkeit ausgingen. Der BGH hat aber ebenfalls hervorgehoben, dass dafür, ob ein Gegenwert in das Vermögen des Schuldners geflossen sei, in erster Linie der **objektive Sachverhalt** maßgebend sei. Erst wenn feststehe, dass der Schuldner einen Gegenwert für seine Zuwendungen erhalten habe, sei zu prüfen, ob die Beteiligten den Gegenwert als Entgelt angesehen haben oder ob gleichwohl der Hauptzweck des Geschäfts die Freigebigkeit gewesen sei.[66] Es ist bei der Schenkungsanfechtung nach **objektiven Maßstäben aus der Sicht des Empfängers** zu beurteilen, ob er eine Leistung des Schuldners erhalten hat.[67]

Eine **Einigung** über die **Unentgeltlichkeit** wird **nicht verlangt.**[68] Eine Leistung wird 31
als unentgeltlich angesehen, wenn ihr nach dem Inhalt des Rechtsgeschäfts **keine Leistung des Empfängers** gegenübersteht, die dem aufgegebenen **Vermögenswert**

---

63 So BGH, 06.12.2018 – IX ZR 143/17, ZIP 2019, 679 ff. = EWiR 2019, 307 f. [Lau/Forster].

64 So BGH, 29.10.2015 – IX ZR 123/13, ZIP 2015, 2484 ff. = ZInsO 2016, 36 f.

65 Vgl. RG, 30.11.1892 – I 282/92, RGZ 30, 33, 36; BGH, 15.02.1956 – IV ZR 266/55, WM 1956, 703, 705; BGH, 20.10.1971 – VIII ZR 212/69, WM 1971, 1435, 1436; BGH, 13.03.1978 – VIII ZR 241/76, BGHZ 71, 61, 66.

66 So BGH, 10.05.1978 – VIII ZR 32/77, WM 1978, 671, 674; vgl. BGH, 24.09.1971 – V ZB 6/71, BGHZ 57, 84, 89.

67 So BGH, 05.07.2018 – IX ZR 126/17, ZIP 2018, 1505 ff. = BB 2018, 1811 ff. = NZI 2018, 699 ff.

68 So BGH, 29.11.1990 – IX ZR 29/90, BGHZ 113, 98 ff.; BGH, 13.03.1978 – VIII ZR 241/76, BGHZ 71, 61, 69.

entspricht.[69] Hierüber entscheidet grds. das **objektive Verhältnis** der ausgetauschten Werte[70], da die Beteiligten anderenfalls allein dadurch, dass sie einer für den Schuldner **objektiv wertlosen Leistung** in ihren rechtsgeschäftlichen Erklärungen einen subjektiven Wert zumessen, den Zweck des Gesetzes vereiteln.[71]

32 Veräußert der Schuldner einen Vermögensgegenstand, dessen **objektiver Wert** denjenigen der vereinbarten Gegenleistung erheblich übersteigt, scheidet eine Anfechtung wegen einer teilweise unentgeltlichen Leistung aus, wenn beide Teile nach den objektiven Umständen der Vertragsanbahnung, der Vorüberlegungen der Parteien und des Vertragsschlusses selbst von einem **Austauschgeschäft** ausgehen und zudem von der Gleichwertigkeit der ausgetauschten Leistungen überzeugt sind.[72] Damit hat der BGH über die objektiven Anforderungen auch ein **subjektives Element** in § 134 Abs. 1 InsO hineininterpretiert.

33 Zahlungen eines willkürlich, ohne konkreten Bezug zur Tätigkeit festgesetzten **Honorars für Beratungsleistungen** im Rahmen einer Restrukturierung unterliegen der Schenkungsanfechtung gem. § 134 Abs. 1 InsO.[73]

34 Der **Rückzug ins Kloster** unter **Übertragung des Vermögens an den Orden** oder dessen Träger führt zur Anfechtbarkeit der Vermögensübertragung, da es an der Entgeltlichkeit fehlt.[74] Problematisch ist die Beurteilung von Leistungen, die der Schuldner mit dem Ziel einer **Verfahrenseinstellung im Strafverfahren** gegen Erfüllung einer Auflage gem. § 153a Abs. 1 StPO erbringt. Dies wird z.T. als unentgeltliche Leistung beurteilt.[75] Der BGH geht allerdings davon aus, dass der Angeschuldigte durch die Erfüllung der Auflage erreicht, dass die Tat nicht mehr verfolgt werden kann.[76] Der Staat verzichtet damit auf die Durchsetzung seines Strafanspruchs. Hierbei handelt es sich zwar **nicht** um einen rechtsgeschäftlich vereinbarten **Leistungsaustausch**, sondern um eine Rechtsfolge des gerichtlichen Einstellungsbeschlusses. Leistung und Gegenleistung müssen aber, um die Anwendung von § 134 InsO auszuschließen, **nicht** durch

69 So BGH, 11.11.2021 – IX ZR 237/20, ZIP 2021, 2655 ff. = EWiR 2022, 55 f. [Bork] = ZRI 2021, 1051 ff. Rn. 50; BGH, 15.09.2016 – IX ZR 250/15, WM 2016, 2312 ff. Rn. 20; BGH, 05.06.2008 – IX ZR 17/07, ZInsO 2008, 738, 739 Rn. 13 ff.; BGH, 30.03.2006 – IX ZR 84/05, WM 2006, 1156, 1157 Rn. 10; BGH, 20.07.2006 – IX ZR 226/03, WM 2006, 1731, 1732 Rn. 7; BGH, 09.11.2006 – IX ZR 285/03, WM 2007, 708, 709 Rn. 15; BGH, 19.04.2007 – IX ZR 79/05, ZIP 2007, 1118, 1120 Rn. 16; BGH, 16.11.2007 – IX ZR 194/04, WM 2008, 173, 174 Rn. 25; BGH, 13.03.2008 – IX ZR 117/07, ZIP 2008, 975, 976 Rn. 7.

70 So BGH, 29.11.1990 – IX ZR 29/90, BGHZ 113, 98, 102 Rn. 11 ff.

71 So BGH, 11.11.2021 – IX ZR 237/20, ZRI 2021, 1051 ff. Rn. 50; BGH, 15.09.2016 – IX ZR 250/15, WM 2016, 2312 ff. Rn. 21.

72 So BGH, 22.10.2020 – IX ZR 208/18, DZWIR 2021, 402 ff. = NZI 2021, 26 ff. mit Anm. d'Avoine; BGH, 15.09.2016 – IX ZR 250/15, WM 2016, 2312 ff.

73 So LG Dessau-Roßlau, 24.07.2015 – 2 C 480/14, ZIP 2015, 2034 f.

74 So Koss, Insolvenzanfechtung von Spenden an die Kirche, ZInsO 2016, 739, 740.

75 So Brömmekamp, ZIP 2001, 951, 953.

76 Ebenso K. Schmidt/Ganter/Weinland, § 134 InsO Rn. 47.

ein vertragliches **Synallagma** verknüpft sein. Es genügt für die Entgeltlichkeit auch eine freiwillige Leistung, die aufschiebende Rechtsbedingung einer Gegenleistung, hier der endgültigen Einstellung des Strafverfahrens, ist.[77] Denn nur der Empfänger einer freigiebigen Zuwendung[78] ist nach § 134 InsO weniger schutzwürdig als derjenige, der für die erhaltene Leistung oder durch diese eine eigene Rechtsposition aufgibt.[79] Anders liegt dies bei der Zahlung einer Geldstrafe. Der Verurteilte kann nicht zwischen der **Zahlung der Geldstrafe** und der **Durchsetzung der Ersatzfreiheitsstrafe** disponieren. Die Zahlung ist daher unentgeltlich.[80]

Steht dem **Leistungsempfänger** ein **eigener Anspruch gegen den leistenden Schuldner** zu, richtet sich die Frage nach der Unentgeltlichkeit der Leistung nach den Grundsätzen im Zwei-Personen-Verhältnis.[81] Nach Auffassung des BGH hängt die Entgeltlichkeit einer Leistung im **Zwei-Personen-Verhältnis** auch nicht davon ab, ob ihre Gegenleistung – wie bei den meisten Austauschverträgen – dem Vermögen des Leistenden zufließt, wenn sie ihm in anderer Weise zugutekommt. Das geschieht insb., wenn der leistende Schuldner Geld aufwendet, um sich eigene Rechtsgüter zu erhalten, so etwa in der Absicht, Gefahren für seine Gesundheit, seine Freiheit oder sein Eigentum durch Dienstleistungen eines Arztes oder RA abzuwenden.[82] Erbringt der spätere **Insolvenzschuldner als Dritter** zur **Abwendung der Zwangsvollstreckung** des Gläubigers gegen seinen Forderungsschuldner aus einem vorläufig vollstreckbaren Urteil die von jenem geschuldete Leistung, stellt der Verlust des Rechts, eine geleistete Sicherheit zurückzuverlangen, kein die Entgeltlichkeit der empfangenen Leistung begründendes Vermögensopfer des Gläubigers dar.[83] 35

Bei der gerichtlichen Einstellung eines Strafverfahrens gem. § 153a Abs. 2 StPO ist vorauszusetzen, dass das **Verurteilungsrisiko des Angeschuldigten** und das öffentliche Interesse an der Durchsetzung des staatlichen Strafanspruchs auf der einen Seite mit den erteilten Einstellungsauflagen auf der anderen Seite in einem **ausgewogenen Verhältnis** stehen.[84] 36

Weiterhin stellt sich die Frage, ob bei der **Zahlung einer Auflage** nach § 153a StPO eine **Anfechtung gem. § 133 InsO** in Betracht kommt. Dies soll dann der Fall sein, wenn der Schuldner bei der Erbringung der Zahlungen an die Staatskasse die Benachteiligung seiner Gläubiger billigend in Kauf genommen hat, um durch die Erfüllung einer entsprechenden Auflage die Einstellung eines gegen ihn laufenden 37

77 So BGH, 05.06.2008 – IX ZR 17/07, ZInsO 2008, 738, 739 Rn. 19.
78 Vgl. Duden, Die deutsche Rechtschreibung, 25. Aufl. 2009, S. 452.
79 Vgl. BGH, 15.04.1964 – VIII ZR 232/62, BGHZ 41, 298, 301.
80 So LG Rostock, 17.12.2021 – 1 S 146/20, NZI 2022, 174 f. Rn. 9 f.
81 So BGH, 19.07.2018 – IX ZR 307/16, ZIP 2018, 1601 ff. = WM 2018, 1560 ff. = ZInsO 2018, 1841 ff. = ZVI 2018, 409 ff. = NZI 2018, 800 ff. = DZWIR 2019, 123 ff.
82 So BGH, 05.06.2008 – IX ZR 17/07, ZInsO 2008, 738, 739 Rn. 14; BGH, 19.11.2009 – IX ZR 163/07, ZInsO 2010, 36, 37 Rn. 11; ebenso OLG Hamm, 25.08.2010 – I-8 U 129/09, ZInsO 2010, 2189, 2190.
83 So BGH, 10.09.2015 – IX ZR 220/14, ZIP 2015, 2135 ff. = EWiR 2015, 741 f. [Huber].
84 So BGH, 05.06.2008 – IX ZR 17/07, ZInsO 2008, 738, 739 Rn. 15.

Strafverfahrens zu erreichen, während die **StA** wusste, dass die Zahlungsunfähigkeit des Schuldners zumindest drohte und die geleisteten Zahlungen seine Gläubiger benachteiligten. I.Ü. kommt bei der Zahlung einer Geldstrafe auch eine Anfechtung nach § 131 Abs. 1 Nr. 1 InsO in Betracht, wenn die StA dem Schuldner Vollstreckungsaufschub nicht gewährt und stattdessen auf die Möglichkeit einer Ersatzfreiheitsstrafe hingewiesen hat.[85]

38 Die **Zahlung der Geldstrafe durch einen Dritten** hindert die Anfechtung nicht, wenn der Schuldner dem Dritten die finanziellen Mittel zur Verfügung gestellt hat, den Betrag an die Justizkasse zu zahlen.[86]

39 Der Insolvenzverwalter ist nicht zur Anfechtung der Zahlung im Gesellschaftsvertrag einer stillen Gesellschaft vereinbarter »Vorabvergütungen« berechtigt, auch wenn diese ausgeführt wurden, ohne dass ein Gewinn erzielt wurde. Insbesondere handelt es sich nicht um eine unentgeltliche Leistung, da die Zahlungen nicht ohne Rechtsgrund erfolgten.[87]

40 Die **Werthaltigkeit des Geschäftsführergehalts einer Komplementär-GmbH** bestimmt sich nach der Rechtsprechung des OLG Hamm danach, ob die Leistung einem Rückgriffsanspruch gegen die GmbH & Co. KG gem. §§ 161 Abs. 2, 110 HGB als Aufwendungen in Gesellschaftsangelegenheiten, die diese für erforderlich halten durfte, ausgesetzt ist. Wenn zum Zeitpunkt der Leistungserbringung noch keine Insolvenzreife vorliegt, ist der Rückgriffsanspruch werthaltig.[88]

41 Unentgeltlich ist im **Zwei-Personen-Verhältnis** (vgl. zur Anfechtung im Mehr-Personen-Verhältnis: Kap. 1 Rdn. 85 ff.) eine Leistung, wenn ein Vermögenswert des Verfügenden zugunsten einer anderen Person aufgegeben wird, ohne dass dem Verfügenden ein entsprechender Vermögenswert vereinbarungsgemäß zufließen soll.[89] Auch ohne eine vertragliche Vereinbarung einer Gegenleistung fehlt es an einer für die Unentgeltlichkeit erforderlichen **kompensationslosen Minderung des schuldnerischen Vermögens**, wenn der Empfänger die Leistung des Schuldners auf andere Art und Weise auszugleichen hat.[90] Leistet der Schuldner, weil er sich irrtümlich hierzu verpflichtet hält, steht ihm hinsichtlich der Leistung ein Bereicherungsanspruch nach § 812 Abs. 1 Satz 1 BGB zu. Der Empfänger ist von vornherein diesem Bereicherungsanspruch ausgesetzt. Insoweit fehlt es bei einer solchen Leistung an einem endgültigen, vom Empfänger nicht auszugleichenden, freigiebigen Vermögensverlust des Schuldners.

---

85 So BGH, 14.10.2010 – IX ZR 16/10, NZI 2011, 189, 190 Rn. 8 = ZInsO 2010, 2295, 2296.

86 So BGH, 14.10.2010 – IX ZR 16/10, NZI 2011, 189, 190 Rn. 8 = ZInsO 2010, 2295, 2296.

87 So OLG Hamm, 12.12.2016 – 8 U 44/16, ZIP 2017, 1123 ff. = NZI 2017, 306 ff. mit Anm. Baumert = ZInsO 2017, 321 ff.

88 So OLG Hamm, 25.08.2010 – 8 U 129/09, NZI 2010, 904, 905.

89 So BGH, 06.12.2018 – IX ZR 143/17, WM 2019, 592 ff. = ZIP 2019, 679 ff. = ZInsO 2019, 723 ff. Rn. 10; BGH, 20.04.2017 – IX ZR 252/16, BGHZ 214, 350 Rn. 10; vgl. K. Schmidt/Ganter/Weinland, § 134 InsO Rn. 23.

90 So BGH, 06.12.2018 – IX ZR 143/17, WM 2019, 592 ff. = ZIP 2019, 679 ff. = ZInsO 2019, 723 ff. Rn. 10; BGH, 20.04.2017 – IX ZR 252/16, BGHZ 214, 350 Rn. 12.

Daher ist eine Leistung des Schuldners, wenn dieser irrtümlich annimmt, zu einer entgeltlichen Leistung verpflichtet zu sein, nicht nach § 134 Abs. 1 InsO anfechtbar.[91]

Eine Leistung des Schuldners im **Zwei-Personen-Verhältnis** ist nicht schon deshalb als unentgeltlich anzusehen, weil objektiv zweifelhaft ist, ob der zur Rückzahlung verpflichtete Empfänger wirtschaftlich leistungsfähig ist, wenn die rechtlich geschuldete und vereinbarte ausgleichende Gegenleistung später tatsächlich erbracht wird.[92] 42

Ein Schuldner, der im **Zwei-Personen-Verhältnis** auf eine nicht bestehende Schuld leistet, nimmt eine **entgeltliche Leistung** vor, wenn nur der Empfänger durch die Annahme der Leistung gegen die guten Sitten verstößt.[93] Ein Schuldner, der im Zwei-Personen-Verhältnis auf eine nicht bestehende Schuld leistet, nimmt eine **unentgeltliche Leistung** vor, wenn die Rückforderung der Leistung ausgeschlossen ist, weil dem leistenden Schuldner ein Verstoß gegen die guten Sitten zur Last fällt; die Leistung ist jedoch entgeltlich, wenn dem Schuldner im rechtlichen Zusammenhang mit seiner Leistung eine ausgleichende Gegenleistung zugeflossen ist.[94] 43

Wird eine **dritte Person** in den Zuwendungsvorgang eingeschaltet, kommt es nicht entscheidend darauf an, ob der Verfügende selbst einen Ausgleich für seine Verfügung erhalten hat. Vielmehr ist nach der Rechtsprechung des BGH maßgebend, ob der Zuwendungsempfänger seinerseits eine Gegenleistung zu erbringen hat. Denn es entspricht der Wertung des § 134 InsO, dass der Empfänger einer Leistung dann einen geringeren Schutz verdient, wenn er keine ausgleichende Gegenleistung zu erbringen hat.[95] Da die Schenkungsanfechtung im Zwei-Personen-Verhältnis eine Freigiebigkeit des Schuldners verlangt, ist dies auch im **Drei-Personen-Verhältnis**[96] zu fordern. Eine Schenkungsanfechtung ist daher durch die schlichte Begleichung einer wertlosen Forderung nicht begründet; die Freigiebigkeit des Schuldners gegenüber dem Forderungsgläubiger oder dem Forderungsschuldner muss zudem feststellbar sein.[97] 44

Der Insolvenzverwalter kann die Auszahlung von in »Schnellballsystemen«[98] erzielten **Scheingewinnen** durch den späteren Insolvenzschuldner als objektiv unentgelt- 45

---

91 So BGH, 06.12.2018 – IX ZR 143/17, WM 2019, 592 ff. = ZIP 2019, 679 ff. = ZInsO 2019, 723 ff. Rn. 10; BGH, 20.04.2017 – IX ZR 252/16, BGHZ 214, 350 Rn. 13 f.

92 So BGH, 27.06.2019 – IX ZR 167/18, ZIP 2019, 1577 ff. = ZInsO 2019, 1734 ff.

93 So BGH, 27.06.2019 – IX ZR 167/18, ZIP 2019, 1577 ff. = ZInsO 2019, 1734 ff.

94 So BGH, 27.06.2019 – IX ZR 167/18, ZIP 2019, 1577 ff. = ZInsO 2019, 1734 ff.

95 So BGH, 05.06.2008 – IX ZR 163/07, ZInsO 2008, 811, 812 Rn. 11; BGH, 30.03.2006 – IX ZR 84/05, ZIP 2006, 957, 958 Rn. 10; BGH, 01.06.2006 – IX ZR 159/04, ZIP 2006, 1362, 1363 Rn. 10; BGH, 20.07.2006 – IX ZR 226/03, ZIP 2006, 1639, 1640 Rn. 7; BGH, 09.11.2006 – IX ZR 285/03, ZIP 2006, 2391, 2392 Rn. 15; BGH, 16.11.2007 – IX ZR 194/04, ZIP 2008, 125, 126 Rn. 18.

96 Vgl. dazu: Uhlenbruck/Borries/Huber/Hirte, § 134 Rn. 57 ff.

97 So Gehrlein, in: FS Pape, S. 91, 101 f.

98 Vgl. Gehrlein/Thole, Aktuelle Probleme der Insolvenzanfechtung, Rn. 1007 ff.; HK-InsO/Thole, § 134 InsO Rn. 20.

liche Leistung nach § 134 Abs. 1 InsO anfechten.[99] Auszahlungen, mit denen – etwa nach einer Kündigung der Mitgliedschaft in der Anlegergemeinschaft – vom Anleger erbrachte Einlagen zurückgewährt worden sind, sind dagegen als entgeltliche Leistungen nicht nach § 134 InsO anfechtbar.[100] Anfechtbar ist allerdings die Auszahlung von Scheinauseinandersetzungsguthaben, wenn diese nur durch die in einem Schneeballsystem gewonnenen Einlagen möglich war.[101]

46 Maßgebender **Zeitpunkt** für die Beurteilung der Frage, ob in diesem Sinne Unentgeltlichkeit vorliegt, ist der Zeitpunkt des Rechtserwerbs des Anfechtungsgegners infolge der Leistung des Schuldners, also z.B. der Erhalt der Zahlung.[102]

47 Ein häufiger Problemfall liegt in der Zuwendung von **Ansprüchen aus einer Kapitallebensversicherung.**[103] Hat der Schuldner für eine von ihm abgeschlossene Lebensversicherung einem Dritten ein **widerrufliches Bezugsrecht** eingeräumt, richtet sich nach Eintritt des Versicherungsfalles der Anfechtungsanspruch gegen den Dritten auf Auszahlung der vom Versicherer geschuldeten Versicherungssumme, nicht auf Rückgewähr der vom Schuldner geleisteten Prämien.[104]

48 Bei Erteilung einer **widerruflichen Bezugsberechtigung** an einen Dritten gilt die anfechtbare Rechtshandlung erst dann als vorgenommen, wenn der **Versicherungsfall eingetreten ist.**[105]

49 Durch die Erteilung einer lediglich **widerruflichen Bezugsberechtigung** hat der Dritte vor Eintritt des Versicherungsfalles weder einen Anspruch aus dem Versicherungsvertrag noch eine sonstige gesicherte Rechtsposition – etwa ein Anwartschaftsrecht –

99 So BGH, 29.03.2012 – IX ZR 207/10, ZIP 2012, 931 ff. = NJW 2012, 2195 ff. Rn. 8; BGH, 11.12.2008 – IX ZR 195/07, BGHZ 179, 137 ff. = ZIP 2009, 186 ff. Rn. 6; BGH, 22.04.2010 – IX ZR 163/09, ZIP 2010, 1253 ff. = NZI 2010, 605 ff. Rn. 6; BGH, 22.04.2010 – IX ZR 225/09, ZIP 2010, 1455 ff. = NZI 2010, 764 ff. Rn. 7; BGH, 09.12.2010 – IX ZR 60/10, ZIP 2011, 390 ff. = NJW 2011, 1732 ff. Rn. 6; BGH, Urt. v. 10.02.2011 – IX ZR 18/10, ZIP 2011, 674 ff. = NZI 2011, 324 ff. Rn. 8.

100 So BGH, 29.03.2012 – IX ZR 207/10, ZIP 2012, 931 ff. = NJW 2012, 2195 ff. Rn. 8; BGH, 22.04.2010 – IX ZR 225/09, ZIP 2010, 1455 ff. = NZI 2010, 764 ff. Rn. 11 ff.; HK-InsO/Thole, § 134 InsO Rn. 20.

101 So BGH, 18.07.2013 – IX ZR 198/10, ZIP 2013, 1533 ff. = NZI 2013, 841 ff. = EWiR 2013, 587 f. [H.-F. Müller].

102 So BGH, 05.06.2008 – IX ZR 163/07, ZInsO 2008, 811, 812 Rn. 12; BGH, 30.03.2006 – IX ZR 84/05, ZIP 2006, 957, 958 Rn. 11.

103 So Pape/Uhländer-Bornheimer, § 134 InsO Rn. 11 ff.

104 So BGH, 23.10.2003 – IX ZR 252/01, BGHZ 156, 350 ff. Rn. 18 unter ausdrücklicher Aufgabe vom RG, 03.06.1902 – VII 127/02, RGZ 51, 403; RG, 08.07.1904 – VII 68/04, RGZ 61, 217; RG, 10.11.1905 – VII 418/05, RGZ 62, 46; RG, 24.05.1907 – VII 412/06, RGZ 66, 158.

105 So BGH, 23.10.2003 – IX ZR 252/01, BGHZ 156, 350 ff. Rn. 20 unter ausdrücklicher Aufgabe vom BGH, 10.05.1978 – VIII ZR 32/77, BGHZ 71, 296; BGH, 11.01.1990 – IX ZR 27/89, NJW 1990, 990.

erworben. Vielmehr besitzt er lediglich eine mehr oder weniger starke tatsächliche **Aussicht auf den Erwerb** eines zukünftigen Anspruchs.[106]

Da der **Versicherungsnehmer** sich allein durch die **widerrufliche Benennung des Dritten** keiner Rechte aus dem Vertrag begeben hat, also jederzeit die Bezugsberechtigung durch einseitige Erklärung auf sich selbst oder eine andere Person umleiten kann, verbleiben **vor dem Eintritt des Versicherungsfalles** alle vertraglichen Rechte bei ihm. Jeder Dritte, den er als bezugsberechtigt im Fall seines Todes bestimmt, erhält erst mit diesem Ereignis einen rechtlich gesicherten Anspruch, mag er im Versicherungsvertrag sogleich oder erst später als Bezugsberechtigter benannt worden sein. Dasselbe trifft erst recht für alle Personen zu, denen der Versicherungsnehmer in Abänderung seiner ursprünglichen Verfügung die Bezugsberechtigung nachträglich zugewandt hat.[107] 50

Räumt der Schuldner einer dritten Person ein **unwiderrufliches Bezugsrecht** ein, ist die Einräumung grds. als unentgeltliche Leistung anfechtbar, allerdings nur dann, wenn sie innerhalb der letzten 4 Jahre vor dem Antrag auf Eröffnung des Insolvenzverfahrens erfolgt ist. Liegt die **Einräumung des Bezugsrechts vor diesem Zeitraum**, scheidet eine Anfechtung aus.[108] Ggü. dem Bezugsberechtigten bleibt die **Prämienzahlung** im kritischen Zeitraum allerdings anfechtbar, da sich das Vermögen des Schuldners durch die **Prämienzahlung** weiter verringert und der Bezugsberechtigte insofern fortlaufend steigende Ansprüche erhält.[109] 51

Wenn ein (später insolvent gewordener) **Arbeitgeber** das unwiderrufliche Bezugsrecht für Leistungen aus einer **Direktversicherung** i.R.d. betrieblichen Altersvorsorge nachträglich auf seine Mitarbeiter überträgt, kann es sich um eine unentgeltliche Leistung i.S.d. § 134 InsO handeln, sodass der Insolvenzverwalter die Erklärung des Arbeitgebers anfechten und die **Zahlung des Rückkaufswertes** von den Arbeitnehmern verlangen kann.[110] 52

Hat der spätere Insolvenzschuldner seinem **Ehegatten** zur Sicherung von dessen Altersvorsorge einen Geldbetrag unentgeltlich zugewandt, den er in der Folgezeit gegen die **Übertragung der Bezugsberechtigung** an einer Lebensversicherung zurückerhalten hat, steht § 143 Abs. 1 Satz 2 InsO einer Rückforderung der gem. § 134 Abs. 1 InsO wirksam angefochtenen Zuwendung nicht entgegen. Auch bei einer unentgeltlichen Zuwendung erstreckt sich die bereicherungsrechtliche Haftung auf das Surrogat des Erlangten, sodass der Ehegatte auf die Anfechtung hin die Bezugsberechtigung zurückzugewähren hat.[111] 53

---

106 So bereits BGH, 04.03.1993 – IX ZR 169/92, ZIP 1993, 600, 602; BGH, 18.07.2002 – IX ZR 264/01, ZIP 2002, 1696, 1697 Rn. 11.

107 So BGH, 23.10.2003 – IX ZR 252/01, BGHZ 156, 350 ff. Rn. 20.

108 So Uhlenbruck/Borries/Huber/Hirte, § 134 InsO Rn. 89.

109 So HWF/Schmittmann/Zeeck, § 134 InsO Rn. 30; Armbrüster/Pilz, KTS 2004, 481, 500; Lind/Stegmann, ZInsO 2004, 413, 418.

110 So LG Görlitz, 19.04.2002 – 1 O 315/01, ZInsO 2003, 808, 809.

111 So OLG München, 06.12.2006 – 20 U 4034/06, n.v.

54 Die **Tilgung einer fremden Schuld** ist ebenfalls differenziert zu betrachten.[112] Zahlt der Schuldner an den Gläubiger eines Dritten, **verliert** dieser durch die Zahlung **seine Forderung**. Er darf die Leistung gem. § 267 Abs. 2 BGB nur ablehnen, wenn sein Schuldner widerspricht. War die **Forderung** des Gläubigers gegen seinen Schuldner **werthaltig**, so hat er eine ausgleichende Gegenleistung erbracht, da er seine Forderung verloren hat.[113] Ist hingegen die getilgte **Forderung wirtschaftlich wertlos**, hat der Gläubiger nach wirtschaftlicher Betrachtungsweise nichts verloren und ist damit Anfechtungsgegner. Die Tilgung einer fremden Schuld ist dann als unentgeltliche Leistung anfechtbar. Der Zuwendungsempfänger ist ggü. den Insolvenzgläubigern des Verfügenden nicht **schutzwürdig**; denn er hätte ohne dessen Leistung, auf die er keinen Anspruch hatte, seine Forderung nicht durchsetzen können.[114] Begleicht der Schuldner eine gegen einen Dritten gerichtete wertlose Forderung, scheidet eine Schenkungsanfechtung aus, wenn eine weitere Person für die Forderung eine **werthaltige Sicherheit** gestellt hatte, die der durch die Zahlung befriedigte Gläubiger verliert.[115]

55 Für die Frage der Entgeltlichkeit ist also nicht darauf abzustellen, ob der Insolvenzschuldner für seine Leistung eine Gegenleistung oder einen Vorteil erhält, sondern ob der Empfänger der Leistung im maßgeblichen Zeitraum für diese ein **Vermögensopfer** erbringen musste, sei es an den Insolvenzschuldner, sei es an den Dritten.[116]

56 Die **Leistung auf eine fremde Schuld** kommt häufig bei der **umsatzsteuerlichen Organschaft** vor (Kap. 4 Rdn. 355).[117] Aufgrund der Regelung des § 2 Abs. 2 Nr. 2 UStG entfällt die Unternehmereigenschaft, wenn eine juristische Person nach dem Gesamtbild der tatsächlichen Verhältnisse finanziell, wirtschaftlich und organisatorisch in das Unternehmen des Organträgers eingegliedert ist (Organschaft). Im Fall der Organschaft ist lediglich der Organträger, nicht aber die Organgesellschaft Unternehmer.[118]

57 Bezahlt in einer umsatzsteuerlichen Organschaft die **Organgesellschaft** in den letzten vier Jahren vor dem Antrag auf Eröffnung des Insolvenzverfahrens über ihr Vermögen die Steuerschuld des Organträgers, so ist die Zahlung nach § 134 InsO anfechtbar, wenn die Steuerforderung gegenüber dem Organträger nicht werthaltig (uneinbringlich) war.[119]

---

112 Vgl. HWF/Schmittmann/Zeeck, § 134 InsO Rn. 24.

113 So Uhlenbruck/Borries/Huber/Hirte, § 134 InsO Rn. 66.

114 So BGH, 06.12.2007 – IX ZR 113/06, ZInsO 2008, 101, 103 Rn. 14; BGH, 30.03.2006 – IX ZR 84/05, WM 2006, 1156, 1157 Rn. 11; BGH, 15.11.2007 – IX ZR 194/04, BGHZ 174, 228 ff. Rn. 8.

115 So BGH, 03.04.2014 – IX ZR 236/13, ZIP 2014, 977 ff. = ZInsO 2014, 1057 ff. = BB 2014, 1620 mit Anm. Skauradszun = NZI 2014, 564 ff.

116 So HWF/Schmittmann/Zeeck, § 134 InsO Rn. 12.

117 Vgl. Graf-Schlicker/Huber, § 134 InsO Rn. 13; Thole, ZIP 2019, 1353 ff.

118 Vgl. Hölzle, DStR 2006, 1210 ff.; Lemken, InsbürO 2012, 417 ff.; Schmittmann, StuB 2009, 71 f.; Thole, ZIP 2019, 1353 ff.; Trinks, UVR 2010, 12 ff.; Zeeck, KTS 2006, 407 ff.

119 So BFH, 23.09.2009 – VII R 43/08, BStBl. II 2010, 215 ff. = DStR 2009, 2670 ff. = ZIP 2009, 2455 ff. = EWiR 2010, 367 f. [Weiß].

Hat die Organgesellschaft die **Steuerschuld des Organträgers** vor Fälligkeit bezahlt, obwohl der Organträger leistungsfähig war, ist diese Zahlung gegenüber dem Finanzamt nicht gem. § 131 Abs. 1 Nr. 1 InsO anfechtbar, weil das Finanzamt nicht Insolvenzgläubiger ist.[120] 58

Zieht das Finanzamt in Fällen einer umsatzsteuerlichen Organschaft der **Steuerschuld des Organträgers** entsprechende Beträge aufgrund einer Lastschriftermächtigung vom Konto der Organgesellschaft ein, so macht es den steuerrechtlichen Haftungsanspruch aus § 73 AO gegen die Organgesellschaft geltend. Gerät diese in Insolvenz, erlangt das Finanzamt die Zahlung als deren Insolvenzgläubiger.[121] 59

Erbringt der Schuldner einer noch nicht durchsetzbaren steuerrechtlichen **Haftungsverbindlichkeit** eine Zahlung an das Finanzamt, ist davon auszugehen, dass er dadurch seine Haftungsverbindlichkeit und nicht die ihr zugrundeliegende Steuerschuld des Dritten tilgen will.[122] 60

Kommt der Zahlung des Schuldners an einen Insolvenzgläubiger eine **Doppelwirkung** zu, weil dadurch neben der Forderung des Empfängers zugleich der gegen den Schuldner gerichtete Anspruch des mithaftenden Dritten auf Befreiung von dieser Verbindlichkeit erfüllt wird, kann die Leistung nach Wahl des Insolvenzverwalters sowohl gegenüber dem Leistungsempfänger als auch gegenüber dem Dritten als Gesamtschuldner angefochten werden.[123] 61

Eine Organgesellschaft haftet gem. § 73 Satz 1 AO allerdings für solche Steuern des Organträgers, für welche die Organschaft zwischen ihnen steuerlich von Bedeutung ist. Zieht das Finanzamt im Fall einer umsatzsteuerlichen Organschaft der Steuerschuld des Organträgers entsprechende Beträge aufgrund einer **Lastschriftermächtigung** vom Konto der Organgesellschaft ein, so macht es nach Auffassung des BGH den steuerrechtlichen Haftungsanspruch aus § 73 AO gegen die Organgesellschaft geltend. Gerät diese in Insolvenz, erlangt das Finanzamt die Zahlung als deren Insolvenzgläubiger. Erbringt der Schuldner einer noch nicht durchsetzbaren steuerrechtlichen Haftungsverbindlichkeit eine Zahlung an das Finanzamt, ist davon auszugehen, dass er dadurch seine **Haftungsverbindlichkeit** und nicht die ihr zugrunde liegende Steuerschuld des Dritten tilgen will.[124] Die Auffassung des BGH verkennt m.E., dass jeder Haftung gegenüber der Finanzverwaltung zunächst eine Ermessensentscheidung vorausgehen muss.[125] Darüber hinaus hat die Zahlung durch die Organgesellschaft in der Regel den praktischen Hintergrund, dass die Organgesellschaft das operative Geschäft betreibt und daher – anders als der Organträger, der regelmäßig lediglich 62

120 So BFH, 23.09.2009 – VII R 43/08, BStBl. II 2010, 215 ff. = DStR 2009, 2670 ff. = ZIP 2009, 2455 ff. = EWiR 2010, 367 f. [Weiß].

121 So BGH, 19.01.2012 – IX ZR 2/11, NZI 2012, 177 ff. mit Anm. Kruth.

122 So BGH, 19.01.2012 – IX ZR 2/11, NZI 2012, 177 ff. mit Anm. Kruth.

123 So BGH, 19.01.2012 – IX ZR 2/11, NZI 2012, 177 ff. mit Anm. Kruth.

124 So BGH, 19.01.2012 – IX ZR 2/11, BGHZ 192, 221 ff. = ZIP 2012, 280 ff. Rn. 16 ff.

125 Vgl. Schmittmann in: Jesgarzewski/Schmittmann, Steuerrecht, 3. Aufl., Stuttgart, 2020, Steuerhaftungsrecht Abschn. 15.6.

Einkünfte aus der Vermietung oder Verpachtung der Betriebsimmobilie oder der Betriebs- und Geschäftsausstattung hat – über hinreichende Liquiditätszuflüsse verfügt, um die USt zahlen zu können.

63 Nach der Rechtsprechung des BGH hat der Insolvenzverwalter die **Wahl**, ob er gegenüber der Finanzverwaltung oder gegenüber dem mithaftenden Organträger anfechten will. Kommt der Zahlung des Schuldners an einen Insolvenzgläubiger eine Doppelwirkung zu, weil dadurch neben der Forderung des Empfängers zugleich der gegen den Schuldner gerichtete Anspruch eines mithaftenden Dritten auf Befreiung von dieser Verbindlichkeit erfüllt wird, kann die Leistung sowohl gegenüber dem Leistungsempfänger als auch gegenüber dem Dritten als Gesamtschuldner angefochten werden.[126]

64 Die Sicht des BGH weicht von der Auffassung des BFH hinsichtlich der Insolvenzanfechtung von **Zahlungen der Organgesellschaft** auf die Steuerschuld des Organträgers erheblich ab. Bezahlt in einer umsatzsteuerlichen Organschaft die Organgesellschaft in den letzten vier Jahren vor dem Antrag auf Eröffnung des Insolvenzverfahrens über ihr Vermögen die Steuerschuld des Organträgers, ist die Zahlung nach Auffassung des BFH nach § 134 InsO anfechtbar, wenn die Steuerforderung gegenüber dem Organträger nicht werthaltig (uneinbringlich) war. Hat die Organgesellschaft die Steuerschuld des Organträgers vor Fälligkeit bezahlt, obwohl der Organträger leistungsfähig war, ist diese Zahlung gegenüber dem Finanzamt nicht gem. § 131 Abs. 1 Nr. 1 InsO anfechtbar, weil das Finanzamt nicht Insolvenzgläubiger ist.[127] Die Auffassung des BFH ist vorzugswürdig, da die Organgesellschaft erst dann gegenüber der Finanzverwaltung schuldet, wenn gegen sie ein Haftungsbescheid durch die Finanzverwaltung ergangen ist. Die Auffassung des BGH, dass allein die Norm des § 73 AO schon zu einer Haftungsschuld führt, ist nicht überzeugend.[128]

65 Kommt es im Vorfeld der **Insolvenz der Organgesellschaft** zu Zahlungen auf eine Umsatzsteuerschuld der Organträgerin aus Mitteln der Organgesellschaft, so steht dem Insolvenzverwalter der Organgesellschaft insoweit ein Anfechtungsrecht nicht zu. Daher ist das Finanzamt nicht verpflichtet, die Zahlungen zur Insolvenzmasse zurückzugewähren. Erfolgt eine Rückgewähr gleichwohl, so stellt sich die Frage, ob die Anfechtungsvorschriften der InsO gleichwohl eingreifen oder ob es für den Eintritt der Rechtsfolgen des § 144 Abs. 1 InsO nicht ausreicht, dass das Finanzamt den Anfechtungsanspruch des Insolvenzverwalters anerkennt und den streitigen Betrag an die Insolvenzmasse ausgekehrt hat. Dies kann dahinstehen, wenn die Organträgerin im Verhältnis zur Organgesellschaft verpflichtet gewesen wäre, diesen Betrag gleich an diese weiterzuleiten. In diesem Falle ist durch die Rückzahlung des Finanzamtes in die Insolvenzmasse genau das Ergebnis eingetreten, das auch ohne die Anfechtung eingetreten wäre.[129]

126 So BGH, 19.01.2012 – IX ZR 2/11, BGHZ 192, 221 ff. = ZIP 2012, 280 ff. Rn. 33.
127 So BFH, 23.09.2009 – VII R 43/08, BStBl. II 2010, 215 ff. = ZIP 2009, 2455 ff. Rn. 20 ff.
128 A.A. OLG Köln, 14.12.2005 – 2 U 89/05, ZInsO 2006, 1329, 1330; OLG Nürnberg, 09.03.2009 – 4 U 2506/08, ZInsO 2010, 207.
129 So BFH, 26.08.2014 – VII R 16/13, ZInsO 2015, 321 f. = BFH/NV 2015, 8 ff. Rn. 23.

Die ordentlichen Gerichte berücksichtigen nicht hinreichend, dass der **Haftungsanspruch nach § 73 AO** gegenüber dem Steueranspruch subsidiär ist, wenn feststeht, dass der Steuerschuldner zur Zahlung in der Lage ist. Der Tatbestand des § 73 AO werde durch die Regelungen in § 191 Abs. 1 Satz 1 i.V.m. § 5 AO ergänzt. 66

Der **Haftungsanspruch** setzt voraus, dass die Finanzverwaltung von ihrem **Ermessen** Gebrauch macht, sodass der Haftungsanspruch erst entsteht, wenn die Finanzverwaltung ihr Ermessen ausgeübt hat.[130] Dieser Argumentation ist entgegenzuhalten, dass die Haftungsinanspruchnahme nach § 73 AO faktisch einen Automatismus darstellt, zumal nicht ersichtlich ist, aus welchen Ermessensgründen von einer Haftungsinanspruchnahme der Organgesellschaft Abstand genommen werden sollte. 67

Über **Rückgewähransprüche** des Insolvenzverwalters aus § 143 InsO sowie über Ansprüche des Finanzamtes auf Rückzahlung (vermeintlich) zu Unrecht an den Insolvenzverwalter ausgekehrter Geldbeträge kann nicht durch Erlass eines **Abrechnungsbescheids** i.S.v. § 218 Abs. 2 AO entschieden werden.[131] 68

Zur Durchsetzung der Forderungen muss ggf. der **Zivilrechtsweg** beschritten werden. In einem **Zwei-Personen-Verhältnis** (bestehend aus dem Insolvenzverwalter und dem Finanzamt) fehlt im Umfang der insolvenzrechtlichen Anfechtung die Kompetenz des FA zum Erlass eines Abrechnungsbescheids.[132] Für ein sog. **Drei-Personen-Verhältnis** kann nichts anderes gelten. Für den Eintritt der Rechtsfolgen des § 144 InsO genügt es im Drei-Personen-Verhältnis nicht, dass das Finanzamt einen Anfechtungsanspruch des Sachwalters (Insolvenzverwalters) – ohne dass ein Anfechtungsrecht bestand – anerkannt und den Betrag an die Insolvenzmasse ausgekehrt hat.[133] Die Rückgewähr einer nicht anfechtbaren, aber gleichwohl angefochtenen Leistung hat kein Wiederaufleben der Forderung zur Folge.[134] 69

Bei einer **Doppelinsolvenz** von Leistendem und Leistungsmittler ist ausnahmsweise auch bei Unentgeltlichkeit im Zuwendungsverhältnis das **Valuta**- und nicht das Zuwendungsverhältnis maßgeblich.[135] Veranlasst ein Schuldner einen Mittler zur Erbringung von Leistungen, die aus seinem Vermögen stammen, an seinen Gläubiger, und fechten, nachdem sowohl der Schuldner als auch der Mittler in die Insolvenz geraten sind, beide Insolvenzverwalter die Leistungen an, schließt die auf die mittelbare Zuwendung gestützte Deckungsanfechtung durch den Insolvenzverwalter des Schuldners 70

---

130 So BFH, 23.09.2009 – VII R 43/08, BFHE 226, 391 ff. = BStBl. II 2010, S. 215 ff. Rn. 27.

131 So FG Berlin-Brandenburg, 13.12.2018 – 9 K 9117/16, EFG 2019, 674 ff. = ZInsO 2019, 1229 ff. Revision eingelegt: BFH – VII R 15/19.

132 So FG Berlin-Brandenburg, 13.12.2018 – 9 K 9117/16, EFG 2019, 674 ff. = ZInsO 2019, 1229 ff. Revision eingelegt: BFH – VII R 15/19.

133 So FG Berlin-Brandenburg, 13.12.2018 – 9 K 9117/16, EFG 2019, 674 ff. = ZInsO 2019, 1229 ff. Revision eingelegt: BFH – VII R 15/19.

134 So FG Berlin-Brandenburg, 13.12.2018 – 9 K 9117/16, EFG 2019, 674 ff. = ZInsO 2019, 1229 ff. Revision eingelegt: BFH – VII R 15/19; FG Sachsen, 10.09.2015 – 2 K 195/15.

135 So BGH, 16.11.2007 – IX ZR 194/04, BGHZ 174, 228 ff. Rn. 39; Uhlenbruck/Borries/Huber/Hirte, § 134 InsO Rn. 18; vgl. umfassend: Onusseit, in: FS Pape, S. 295 ff.

eine **Schenkungsanfechtung** durch den Insolvenzverwalter des Mittlers nur insoweit aus, als der Anfechtungsgegner das anfechtbar erlangte tatsächlich an den Insolvenzverwalter, der die **Deckungsanfechtung** geltend macht, zurückgewährt.[136]

71 Hinsichtlich der Anfechtbarkeit der **Sicherung einer fremden Schuld** ist das Zuwendungsverhältnis zwischen späterem Verfahrensschuldner (Sicherungsgeber) und Sicherungsnehmer maßgeblich.[137] Die Sicherung einer fremden Schuld in der Insolvenz des Sicherungsgebers ist regelmäßig eine **unentgeltliche Leistung zugunsten des Sicherungsnehmers**, also des Gläubigers der zu sichernden Forderung, und daher diesem ggü. anfechtbar, wenn der Sicherungsgeber dem Sicherungsnehmer ggü. zur Bestellung der Sicherheit nicht verpflichtet war und keinen Gegenwert erlangt.[138] Die Besicherung einer fremden Forderung ist nicht deswegen entgeltlich, weil der Sicherungsgeber mit der Gewährung der Sicherheit ein **eigenes wirtschaftliches Interesse** verfolgt.[139] Die Hinterlegung einer Sicherheit stellt keine unentgeltliche Leistung dar.[140]

72 Ebenfalls als unentgeltliche Leistungen sind **Parteispenden** anfechtbar,[141] sofern es sich nicht um ein Gelegenheitsgeschenk i.S. von § 134 Abs. 2 InsO handelt.[142]

73 Eine Unentgeltlichkeit kann auch vorliegen, wenn **Vermittlungsprovisionen** an Vermittler gezahlt worden sind und diese Kapitalanlagen vermittelt hatten, aufgrund deren an die Kunden **Scheingewinne**[143] ausgezahlt worden sind.[144] Nach anderer Auffassung sind allerdings sowohl Abschluss- als auch Bestandsprovisionen als entgeltliche Leistungen anzusehen, da sie Gegenleistung für die Kundenwerbung und Kundenpflege durch den Handelsvertreter sind, selbst wenn es sich um ein sog. »Schneeballsystem« gehandelt hat.[145] Die Auszahlung von Scheingewinnen ist unentgeltlich und

---

136 So BGH, 04.02.2016 – IX ZR 42/14, ZIP 2016, 478 ff. = ZInsO 2016, 572 ff.

137 So HK-InsO/Thole, § 134 InsO Rn. 16; Uhlenbruck/Borries/Huber/Hirte, § 134 InsO Rn. 104.

138 So BGH, 23.11.1981 – VIII ZR 190/80, ZIP 1982, 76, 77; BGH, 01.06.2006 – IX ZR 159/04, NZI 2006, 524, 525 Rn. 14.

139 So BGH, 01.06.2006 – IX ZR 159/04, NZI 2006, 524, 525 Rn. 14.

140 So LG Gera, 16.04.2021 – 4 O 1999/18, ZInsO 2021, 2749, 2750.

141 So OLG Celle, 09.07.2009 – 13 U 18/09, ZIP 2009, 1531; HWF/Schmittmann/Zeeck, § 134 InsO Rn. 20; MK-InsO/Kayser, § 134 InsO Rn. 46; HK-InsO/Thole, § 134 InsO Rn. 16; HambKomm-InsR/Rogge/Leptien, § 134 InsO Rn. 43.

142 So K. Schmidt/Ganter/Weinland, § 134 InsO Rn. 68; Pape/Uhländer-Bornheimer, § 134 Rn. 26; Cranshaw in: Cranshaw/Hinkel, Praxiskommentar zum Anfechtungsrecht, § 134 InsO Rn. 72.

143 Vgl. dazu: BGH, 09.12.2010 – IX ZR 60/10, ZInsO 2011, 428 ff. = DB 2011, 466 ff.; Bitter/Heim, ZInsO 2011, 483 ff.; vgl. zu Billigkeitsmaßnahmen im Zusammenhang mit der Besteuerung von Scheinrenditen: OFD Rheinland, Kurzinformation vom 06.09.2010, Kurzinformation ESt Nr. 37/2010, DStR 2011, 176.

144 Vgl. Graf-Schlicker/Huber, § 134 InsO Rn. 20; OLG Frankfurt am Main, 23.09.2010 – 16 U 180/09, NZI 2010, 945, 946 m. Anm. Baumert.

145 So OLG München, 19.10.2010 – 5 U 5250/09, ZInsO 2011, 98, 99 = NZI 2011, 108, 109; umfassend: Cranshaw in: Cranshaw/Hinkel, Praxiskommentar zum Anfechtungsrecht, § 134 InsO Rn. 18 ff.

damit anfechtbar, unabhängig von der Vorstellung des Leistungsempfängers.[146] Die Umbuchung von Scheingewinnen, die in einem »Schneeballsystem« erzielt worden sind, auf ein anderes Anlagekonto desselben Anlegers begründet keinen anfechtungsrechtlichen Rückgewähranspruch.[147]

Die Zahlung einer **Provision für die Vermittlung von Kapitalanlagen**, die auf der Einbeziehung von Scheingewinnen beruht, ist ebenso wie die Leistung einer hierauf bezogenen Folgeprovision unentgeltlich.[148] 74

Im **Arbeitsrecht** stellen sich Sonderprobleme (vgl. dazu im Einzelnen: Kap. 4 Rdn. 1 ff.): Gewährt ein Dritter dem Arbeitnehmer Arbeitsentgelt, unterfällt die Schenkungsanfechtung in der Insolvenz des Dritten nicht dem Bargeschäftsprivileg des § 142 InsO.[149] Schließt der Arbeitgeber eine **Direktversicherung** ab, so scheidet bei wirksamer Vereinbarung im Arbeitsvertrag die Unentgeltlichkeit aus, da es sich dann um einen Teil des Arbeitsentgelts handelt.[150] Auch dem Arbeitnehmer versprochene oder gewährte **Betriebsrenten** sind nicht als unentgeltlich anzusehen, selbst wenn sie erst nach Beendigung des Arbeitsverhältnisses oder ggü. der Witwe des Arbeitnehmers geleistet werden.[151] Auch **Sozialplanleistungen** sind entgeltlich, da sie der Fürsorgepflicht des Arbeitgebers entsprechen.[152] Anfechtbar können aber überhöhte **Kündigungsabfindungen**,[153] insb. an nahestehende Personen, sowie andere atypische Leistungen sein.[154] Im Falle eines **Scheinarbeitsverhältnisses** kann eine Insolvenzanfechtung auf § 134 InsO gestützt werden.[155] Die Zuständigkeit liegt hier nach Auffassung des BAG bei den Arbeitsgerichten.[156] Nach der zutreffenden Gegenauffassung sind die ordentlichen Gerichte zuständig.[157] Wird eine Verbindlichkeit unentgeltlich begründet, sind alle zur Erfüllung dieser Verbindlichkeit erfolgten Zahlungen unentgeltlich im Sinne von § 134 InsO. Darum können Entgeltzahlungen, die in Erfüllung einer 75

---

146 So BGH, 21.12.2010 – IX ZR 199/10, NZI 2011, 107 Rn. 10; Graf-Schlicker/Huber, § 134 InsO Rn. 20.
147 So BGH, 29.03.2012 – IX ZR 207/10, ZIP 2012, 931 ff. = NJW 2012, 2193 ff. Rn. 8.
148 So BGH, 22.09.2010 – IX ZR 209/10, ZIP 2011, 2264 ff. = NZI 2011, 976 ff. Rn. 14; BGH, 21.12.2010 – IX ZR 199/10, ZIP 2011, 484 f. = NZI 2011, 107 f. Rn. 3 ff.
149 So BGH, 10.03.2022 – IX ZR 4/21, ZRI 2022, 328 ff. = WM 2022, 630 ff. = ZIP 2022, 650 ff.
150 So Kayser, ZInsO 2004, 1321, 1325.
151 So HambKomm-InsR/Rogge/Leptien, § 134 InsO Rn. 38; RAG, 25.11.1933 – RAG 219/33, JW 1934, 377.
152 So MK-InsO/Kayser, § 134 Rn. 35; HWF/Schmittmann/Zeeck, § 134 InsO Rn. 26; HambKomm-InsR/Rogge/Leptien, § 134 InsO Rn. 38.
153 Vgl. OLG Düsseldorf, 13.04.1989 – 12 U 81/88, ZIP 1989, 1072 ff.
154 Vgl. Uhlenbruck/Borries/Huber/Hirte, § 134 InsO Rn. 49.
155 Vgl. BAG, 18.09.2014 – 6 AZR 145/13, ZInsO 2015, 47 ff.
156 So BAG, 25.11.2014 – 10 AZB 52/14, NJW 2015, 976 = ZIP 2015, 341 f. = EWiR 2015, 295 f. [Grimm].
157 So LAG Rheinland-Pfalz, 26.06.2014 – 4 Ta 121/14, BeckRS 2014, 72141; LAG Hessen, 26.02.2014 – 16 Ta 497/13, Verbraucherinsolvenz aktuell 2014, 55 f. mit Anm. Schmittmann.

wirksam geschlossenen **Freistellungsvereinbarung** erfolgen, unentgeltlich sein. Erfolgt die Freistellung im Wege eines Vergleichs, ist allerdings in der Regel davon auszugehen, dass dies seinen Grund in der ungewissen Sach- und Rechtslage hat, was zur Entgeltlichkeit der in Erfüllung des Vergleichs für die Zeit der Freistellung geleisteten Zahlungen führt. Entgeltlich und damit nicht nach § 134 InsO anfechtbar sind auch Zahlungen, die aufgrund gesetzlicher oder tariflicher Bestimmungen erfolgen, die unter Durchbrechung des Grundsatzes »kein Entgelt ohne Arbeit« eine Entgeltzahlungspflicht ohne Arbeitsleistung des Arbeitnehmers vorsehen.[158]

76 Für die Behauptung, es habe sich bei einem **Arbeitsvertrag** um ein Scheingeschäft gehandelt, trägt der anfechtende Insolvenzverwalter die Darlegungs- und Beweislast.[159]

77 Im **Familienrecht** stellen sog. unbenannte Zuwendungen[160] unentgeltliche Leistungen dar.[161] Nach Auffassung des BGH kann sich die Vermutung einer verdeckten Schenkung auch aufdrängen, wenn nach einem einheitlichen Plan zunächst Gütergemeinschaft und nach einiger – auch längerer – Zeit ein anderer Güterstand vereinbart wird[162] oder wenn es sich etwa um eine nachträgliche Verschiebung wertvoller Gegenstände aus dem Vorbehaltsgut eines Ehegatten in das des anderen Ehegatten oder in das Gesamtgut oder um eine solche aus dem Gesamtgut in das Vorbehaltsgut handelt.[163]

78 Im **Erbrecht** ist der Verzicht auf den Pflichtteil in aller Regel keine Gegenleistung, die die Verfügung des Schuldners zu einer entgeltlichen macht.[164] Bei einer Lebensversicherung zugunsten eines Dritten sind i.R.d. Pflichtteilsergänzung nicht die Versicherungssumme, sondern die gezahlten Prämien als Gegenstand der Schenkung anzusehen.[165] Die Vermögensübertragung im Wege einer **vorweggenommenen Erbauseinandersetzung** erfolgt regelmäßig unentgeltlich.[166]

4. Teilentgeltlichkeit der Leistung

79 Von einer **Teilentgeltlichkeit** ist auszugehen, wenn das Rechtsgeschäft seinem Inhalt nach sowohl entgeltlich als auch unentgeltlich ist, also der Wert der Leistung des einen den der Gegenleistung des anderen übersteigen soll.[167]

158 So BAG, 17.12.2015 – 6 AZR 186/14, ZIP 2016, 377 ff. = InsbürO 2016, 305 f.
159 So BAG, 18.09.2014 – 6 AZR 145/13, ZIP 2014, 2519 ff. = BB 2015, 442 ff. Rn. 23.
160 Vgl. BGH, 27.11.1991 – IV ZR 266/90, BGHZ 116, 178 ff.; BGH, 10.07.1991 – XII ZR 114/89, BGHZ 115, 132 ff.
161 So BGH, 21.01.1999 – IX ZR 429/97, ZInsO 1999, 163, 164.
162 Vgl. zur Vorsatzanfechtung in diesen Fällen: Klühs, NZI 2010, 921 ff.
163 So BGH, 27.11.1991 – IV ZR 266/90, BGHZ 116, 178 ff. unter Hinweis auf RG, 22.11.1915 – IV 176/15, RGZ 87, 301; RG, 27.05.1908 – IV 526/07, Recht 1908, Nr. 2550.
164 So BGH, 28.02.1991 – IX ZR 74/90, BGHZ 113, 393 ff.
165 So OLG Stuttgart, 13.12.2007 – 19 U 140/07, FamRZ 2008, 822, 823.
166 So BFH, 08.08.1978 – VII R 125/74, BFHE 125, 500, 507 = BStBl. II 1978, S. 663, 665.
167 So Jaeger/Henckel, § 134 InsO Rn. 28.

Eine **gesetzliche Regelung** hinsichtlich der gemischten unentgeltlichen Leistung **fehlt.**[168] Zu berücksichtigen ist allerdings auch, dass den Parteien bei der Bemessung des Entgelts ein **Bewertungsspielraum** zusteht.[169] Das Insolvenzanfechtungsrecht verfolgt den Zweck, im Interesse der Gläubiger den **Wertüberschuss der Leistung** des Schuldners der Masse zuzuführen.[170] Ist die Leistung des Schuldners teilbar, so bleibt die Rechtsfolge der Anfechtung auf den überschießenden Teil beschränkt, der als unentgeltlicher gewollt war.[171] 80

Der Anfechtungsgläubiger hat gegen den Empfänger einer teils entgeltlichen, teils unentgeltlichen Leistung des Schuldners einen **Anspruch auf Duldung der Zwangsvollstreckung** in den zugewandten Gegenstand. Der gutgläubige Empfänger einer teils entgeltlichen, teils unentgeltlichen Leistung, der eine Gegenleistung erbracht hat, kann bevorzugte Befriedigung seines Anspruchs auf Rückgewähr der Gegenleistung aus dem Verwertungserlös verlangen.[172] 81

Von der teilentgeltlichen Leistung ist die **verschleierte unentgeltliche Leistung** zu unterscheiden. Eine verschleierte unentgeltliche Leistung liegt vor, wenn ein Geschäft nur zum Schein als entgeltliches abgeschlossen worden ist, um die Freigebigkeit zu verdecken, also z.B. ein lastenfreies **Grundstück** zu einem **symbolischen Preis** oder ein geringfügig belastetes Grundstück mit der Abrede, der Kaufpreis solle durch die Übernahme der Grundpfandrechte getilgt sein, verkauft wird.[173] Eine selbständige Anfechtung der **Ablösung des Grundpfandrechts** nach § 134 InsO ist auch möglich, wenn sich der spätere Insolvenzschuldner zur unentgeltlichen lastenfreien Übertragung eines Grundstücks verpflichtet und innerhalb der Frist von vier Jahren vor dem Insolvenzantrag ein bei der Übertragung des Grundstücks bestehen gebliebenes Grundpfandrecht ablöst.[174] 82

Auch umgekehrt kann eine verschleierte unentgeltliche Leistung vorliegen, wenn z.B. der Schuldner eine **uneinbringliche Forderung** zu einem am **Nominalwert** orientierten Preis erwirbt.[175] Es ist in diesen Fällen auch die Nichtigkeit nach § 117 Abs. 2 BGB wegen **Scheingeschäfts** zu prüfen.[176] 83

Derartige Gestaltungen sind für den Insolvenzverwalter leider häufig nicht erkennbar, insb. wenn der Schuldner mit seinen Beratern eine **Konstruktion** gefunden hat, die 84

168 So Jaeger/Henckel, § 134 InsO Rn. 29.
169 So BGH, 02.04.1998 – IX ZR 232/96, ZIP 1998, 830, 836.
170 So Jaeger/Henckel, § 134 InsO Rn. 29.
171 So BGH, 25.06.1992 – IX ZR 4/91, NJW 1992, 2421, 2422.
172 So BGH, 15.12.2016 – IX ZR 113/15, ZIP 2017, 185 ff. = NZI 2017, 151 ff. = EWiR 2017, 277 f. [Lau/Breitenströter-Brüggemann].
173 So Jaeger/Henckel, § 134 InsO Rn. 30.
174 So BGH, 13.02.2014 – IX ZR 133/14, ZIP 2014, 528 ff. = EWiR 2014, 325 f. [Baumert] = ZInsO 2014, 493 ff.
175 So Jaeger/Henckel, § 134 InsO Rn. 30.
176 So HWF/Schmittmann/Zeeck, § 134 InsO Rn. 19.

die **Unentgeltlichkeit** verdeckt. Z.T. wird die unentgeltliche Leistung in die Form eines (gerichtlichen) **Vergleichs** gegossen, um Argwohn zu vermeiden.

85 Eine Teilentgeltlichkeit kann auch vorliegen, wenn **Vermittlungsprovisionen** an Vermittler gezahlt worden sind und diese Kapitalanlagen vermittelt hatten, aufgrund deren an die Kunden Scheingewinne ausgezahlt worden sind. Die **Höhe der Überzahlung** ist in diesen Fällen durch Vergleich von tatsächlich erfolgter Provisionsabrechnung und der Berechnung der Provision auf Grundlage von zutreffendem Kontostand des Endkunden zu ermitteln.[177]

5. Gläubigerbenachteiligung

86 Das Tatbestandsmerkmal der **Gläubigerbenachteiligung** muss stets gegeben sein. Der Empfänger einer unentgeltlichen Leistung muss den Umständen nach wissen, dass diese die Gläubiger benachteiligt, wenn ihm Umstände bekannt sind, die mit auffallender Deutlichkeit dafürsprechen und deren Kenntnis auch einem **Empfänger mit durchschnittlichem Erkenntnisvermögen** ohne gründliche Überlegung die Annahme nahelegt, dass die Befriedigung der Gläubiger infolge der Freigiebigkeit verkürzt wird.[178]

87 Für die Anwendung des § 134 InsO genügt bereits eine **mittelbare Gläubigerbenachteiligung**. Es ist also ausreichend, dass keine Gegenleistungen ins Vermögen des Schuldners gelangt sind und sich die Insolvenzgläubiger nicht aus anderem Vermögen des Schuldners befriedigen konnten (s. im Einzelnen die Kommentierung zu § 129 InsO).[179]

88 Erbringt eine von mehreren verbundenen **Gesellschaften**, denen die Bank eine **gemeinschaftliche Kreditlinie** eingeräumt hatte, eine Zahlung durch eine geduldete Überziehung ihres Kontos, benachteiligt dies ihre Gläubiger, auch wenn mit der Zahlung die Verbindlichkeit einer verbundenen Gesellschaft getilgt wird.[180] Überlässt der Schuldner ein ihm gehörendes Grundstück einem Dritten zur Nutzung, kann dies gläubigerbenachteiligend sein, wenn der Schuldner geschäftlich tätig ist, die **Nutzungsmöglichkeit** einen eigenen wirtschaftlichen Wert darstellt, der im Geschäftsverkehr üblicherweise nur gegen Entgelt überlassen wird, und dem Schuldner eine **wirtschaftliche Nutzung des Grundstücks** zum **Vorteil der Gläubiger** rechtlich und tatsächlich möglich war.[181] Ist eine **Vermietung** einer Sache nur mit behördlicher Genehmigung zulässig, benachteiligt die Gebrauchsübertragung und -überlassung zur unentgeltlichen Nutzung die Gläubiger, wenn die zuständige Behörde die erforderliche Genehmigung

177 Vgl. OLG Frankfurt am Main, 23.09.2010 – 16 U 180/09, NZI 2010, 945, 946 m. Anm. Baumert.

178 So BGH, 24.03.2016 – IX ZR 159/15, ZIP 2016, 1034 ff. = NZI 2016, 690 ff. m. Anm. Leithaus.

179 So Uhlenbruck/Borries/Huber/Hirte, § 134 InsO Rn. 25.

180 So BGH, 15.02.2016 – IX ZR 12/14, ZIP 2016, 581 ff. = EWiR 2016, 567 f. [Henkel] = NZI 2016, 398 ff. mit Anm. Wazlawik.

181 So BGH, 19.07.2018 – IX ZR 307/16, ZIP 2018, 1601 ff. = WM 2018, 1560 ff. = ZInsO 2018, 1841 ff. = ZVI 2018, 409 ff. = NZI 2018, 800 ff. = DZWIR 2019, 123 ff.

tatsächlich erteilt hätte oder hätte erteilen müssen.[182] Gewährt der Schuldner ein Darlehen, führt die dem Darlehensnehmer verschaffte **Kapitalnutzung** nur zu einer Gläubigerbenachteiligung, wenn die Nutzungsüberlassung das Aktivvermögen des Schuldners verkürzt.[183] Sind die dem Anfechtungsgegner zur Nutzung überlassenen Gegenstände der geschäftlichen Tätigkeit des Schuldners zuzuordnen, genügt in der Regel die Feststellung, dass dem Schuldner eine **wirtschaftliche Nutzung des Gegenstands** zum **Vorteil der Gläubiger** rechtlich und tatsächlich möglich war.[184]

Überträgt der Schuldner ein von ihm durch einen notariell beurkundeten Vertrag mithilfe von **Treuhandmitteln** gekauftes **Grundstück ohne Zwischenauflassung** kraft einer ihm von dem Veräußerer eingeräumten Auflassungsvollmacht auf einen Dritten, liegt eine Gläubigerbenachteiligung nicht vor.[185] 89

III. § 134 Abs. 2 InsO

Die Anfechtung ist gem. § 134 Abs. 2 InsO ausgeschlossen, wenn sich die Leistung auf ein **gebräuchliches Gelegenheitsgeschenk geringen Werts** richtet. Die Bestimmung schließt eine Anfechtung nach §§ 130 bis 133 Abs. 1 InsO allerdings nicht aus.[186] 90

Darunter sind unentgeltliche **Zuwendungen** zu verstehen, die der **Verkehrssitte** gemäß aus bestimmten **Anlässen**, wie Weihnachten, Neujahr, Ostern, Geburts- und Namenstag, Besuch, Jubiläum, Taufe, Kommunion, Konfirmation, Jugendweihe, Verlobung, Hochzeit, Bestehen einer Prüfung etc. üblich sind.[187] Die Motivation für die Hingabe kann im Brauchtum, in einer Sozialadäquanz oder in Kultur und Religion begründet sein.[188] Es muss sich um ein »gebräuchliches« Gelegenheitsgeschenk handeln, es darf also zum einen die individuellen **Verhältnisse des Gebers** nicht übersteigen[189] und zum anderen muss es zum **Schenkungsanlass** in einem vertretbaren Verhältnis stehen.[190] Der BGH hat zudem eine **Wertgrenze** festgelegt.[191] 91

182 So BGH, 19.07.2018 – IX ZR 307/16, ZIP 2018, 1601 ff. = WM 2018, 1560 ff. = ZInsO 2018, 1841 ff. = ZVI 2018, 409 ff. = NZI 2018, 800 ff. = DZWIR 2019, 123 ff.

183 So BGH, 15.11.2018 – IX ZR 229/17, ZIP 2019, 233 ff. = NZI 2019, 333 ff. = EWiR 2019, 343 f. [Mordhorst].

184 So BGH, 15.11.2018 – IX ZR 229/17, ZIP 2019, 233 ff. = NZI 2019, 333 ff. = EWiR 2019, 343 f. [Mordhorst].

185 So BGH, 04.02.2016 – IX ZA 28/15, ZAP – EN Nr. 371/16.

186 Vgl. Gehrlein/Thole, Aktuelle Probleme der Insolvenzanfechtung, Rn. 1127 f.; Pape/Uhländer-Bornheimer, § 134 InsO Rn. 27.

187 So Uhlenbruck/Borries/Huber/Hirte, § 134 InsO Rn. 159; Pape/Uhländer-Bornheimer, § 134 InsO Rn. 26; HK-InsO/Thole, § 134 InsO Rn. 23; HWF/Schmittmann/Zeeck, § 134 InsO Rn. 20; HambKomm-InsR/Rogge/Leptien, § 134 InsO Rn. 48.

188 So Cranshaw in: Cranshaw/Hinkel, Praxiskommentar zum Anfechtungsrecht, § 134 InsO Rn. 65.

189 So HK-InsO/Thole, § 134 InsO Rn. 24; MK-InsO/Kayser, § 134 Rn. 47.

190 So Aden, Gebräuchliches Gelegenheitsgeschenk und Schenkungsanfechtung im Konkurs, BB 1985, 366, 367; Uhlenbruck/Borries/Huber/Hirte, § 134 InsO Rn. 160.

191 So BGH, 04.02.2016 – IX ZR 77/15, ZInsO 2016, 632 ff. = ZIP 2016, 583 ff.

92 Der Gesetzgeber will ausdrücklich lediglich Gelegenheitsgeschenke **»geringen Wertes«** freistellen, sodass bspw. die Schenkung von Häusern, auch bei gehobenen wirtschaftlichen Verhältnissen, nicht unter die Ausnahme des § 134 Abs. 2 InsO fällt.[192] Nach der Rechtsprechung des BGH sind **gebräuchliche Gelegenheitsgeschenke** an eine Person von geringem Wert, wenn sie zu der einzelnen Gelegenheit den Wert von 200,00 € und im Kalenderjahr den Wert von 500,00 € nicht übersteigen.[193]

93 Die Anfechtung wegen unentgeltlicher Leistung findet gegenüber **Religionsgesellschaften** in der Rechtsform von Körperschaften des öffentlichen Rechts wegen freiwilliger Spenden auch dann statt, wenn die Religionsgesellschaft an sich befugt wäre, gleich hohe Beträge als Kirchensteuer einzuziehen; das kirchliche Selbstbestimmungsrecht wird dadurch nicht in verfassungswidriger Weise verletzt.[194]

94 Setzt der letzte Empfänger einer unentgeltlichen Zuwendung das erhaltene Geld zur **Tilgung bestehender Verbindlichkeiten** ein, kann er sich nur auf Entreicherung berufen, wenn er darlegt und beweist, dass und wofür er seine durch die Verwendung der unentgeltlichen Zuwendung zur Schuldtilgung freigewordenen Mitteln anderweitig ausgegeben hat, er hierdurch keinen bleibenden Vorteil erlangt hat und diese anderweitige Verwendung der freigewordenen Mittel ohne die – nunmehr angefochtene – unentgeltliche Leistung des Schuldners unterblieben wäre. Begründet der Empfänger einer unentgeltlichen Zuwendung neue Verbindlichkeiten, die er mit dem erhaltenen Geld erfüllt, kann er sich nur auf Entreicherung berufen, wenn er darlegt und beweist, dass dies zu keinem die Herausgabe rechtfertigenden Vermögensvorteil bei ihm geführt hat, und nicht anzunehmen ist, dass die Ausgaben ansonsten mit anderen verfügbaren Mitteln bestritten worden wären.[195]

95 Die **Wertgrenze** gilt pro Kalenderjahr. Bei einmaligen Sonderanlässen kann ggfs. ein zusätzlicher Betrag berücksichtigt werden.[196]

96 Insb. im Bereich der **Handschenkungen** ist von einer erheblichen **Dunkelziffer** auszugehen, da Schenkungen oftmals nicht dokumentiert werden[197] und daher relevante Sachverhalte nicht verfolgt werden können, zumal Schuldner regelmäßig die Vornahme von unentgeltlichen Leistungen trotz ausdrücklicher Frage verneinen. Auch die Formblätter zum Vermögensverzeichnis bei der Angabe der Eidesstattlichen Versicherung sowie der Anhörungsfragebogen des Insolvenzgerichts sehen entsprechende Fragen vor, die aber regelmäßig mit »nein« beantwortet werden, was sicherlich z.T. damit zusammenhängt, dass nicht jeder Schuldner den juristischen Begriff »unentgeltliche Leistung« mit dem dazugehörigen Lebenssachverhalt in Übereinstimmung zu bringen vermag.

---

192 So Uhlenbruck/Borries/Huber/Hirte, § 134 InsO Rn. 160.
193 So BGH, 04.02.2016 – IX ZR 77/15, ZInsO 2016, 632 ff. = ZIP 2016, 583 ff.
194 So BGH, 04.02.2016 – IX ZR 77/15, ZInsO 2016, 632 ff. = ZIP 2016, 583 ff.
195 So BGH, 27.10.2016 – IX ZR 160/14, ZIP 2016, 2326 ff. = ZInsO 2016, 2388 ff.
196 So Gehrlein/Thole, Aktuelle Probleme der Insolvenzanfechtung, Rn. 1144.
197 So HWF/Schmittmann/Zeeck, § 134 InsO Rn. 20.

C. Rechtsfolgen

Die **Rechtsfolgen** der Anfechtung gem. § 134 Abs. 1 InsO ergeben sich aus § 143 Abs. 1 Satz 1 InsO, wonach was durch die anfechtbare Handlung aus dem Vermögen des Schuldners veräußert, weggegeben oder aufgegeben ist, zur Insolvenzmasse zurückgewährt werden muss. 97

Gem. § 143 Abs. 2 Satz 1 InsO hat der Empfänger einer unentgeltlichen Leistung diese nur zurückzugewähren, soweit er durch sie **bereichert** ist. Dies gilt nicht, sobald er weiß oder den Umständen nach wissen muss, dass die unentgeltliche Leistung die Gläubiger benachteiligt, § 143 Abs. 2 Satz 2 InsO. 98

Der Empfänger, der die Leistung zurückgewährt, hat dadurch **negative Einnahmen** im steuerlichen Sinne. Diese sind, sofern **Kapitaleinkünfte** vorliegen, nach § 20 EStG zu berücksichtigen. Sofern es sind um negative **Einkünfte aus Gewerbebetrieb** gehandelt hat, erfolgt die Berücksichtigung im Rahmen von § 15 EStG.[198] 99

Die **Insolvenzmasse** erzielt im Rahmen der erfolgreichen Geltendmachung der insolvenzanfechtungsrechtlichen Rückgewähransprüche steuerpflichtige **Betriebseinnahmen**, die in aller Regel allerdings bei bilanzierenden Schuldnern dadurch neutralisiert werden, dass dem Insolvenzanfechtungsgegner ein Anspruch gegen die Insolvenzmasse zusteht, der zu passivieren ist.[199] Somit führt dies lediglich zu einer Bilanzverlängerung, aber nicht zu steuerpflichtigem Ertrag.[200] Bei einem Schuldner, der seine Einkünfte durch Einnahme-Überschuss-Rechnung nach § 4 Abs. 3 EStG ermittelt, kommt es wegen des Zuflussprinzips zu einem steuerlich relevanten Vorgang.[201] 100

D. Beweislast

Den Insolvenzverwalter trifft die Darlegungs- und Beweislast für die tatbestandlichen Voraussetzungen der Anfechtung gem. § 134 InsO.[202] 101

Der Insolvenzverwalter muss demnach beweisen, dass der Schuldner eine **unentgeltliche Leistung** an den Anfechtungsgegner erbracht hat und diese Leistung **kausal** für eine Benachteiligung der Gläubigergesamtheit geworden ist.[203] 102

---

198 Vgl. Schmittmann, ZRI 2022, 51, 58.

199 So BFH, 31.10.2018 – III B 77/18, ZIP 2019, 133 ff. = EWiR 2019, 113 f. [Schmittmann] = NZI 2019, 300 ff. = Verbraucherinsolvenz aktuell 2019, 21 f. mit Anm. Böhme.

200 Vgl. Schmittmann, ZRI 2022, 51, 58.

201 So BFH, 31.10.2018 – III B 77/18, ZIP 2019, 133 ff. = EWiR 2019, 113 f. [Schmittmann] = NZI 2019, 300 ff. = Verbraucherinsolvenz aktuell 2019, 21 f. mit Anm. Böhme.

202 So BGH, 09.03.2017 – IX ZA 16/16, Rn. 8, NZI 2017, 393 f. mit Anm. Budnik; BGH, 09.10.2014 – IX ZR 294/13, ZInsO 2015, 305 Rn. 2; BGH, 19.11.2009 – IX ZR 9/08, WM 2010, 129 ff. Rn. 17.

203 So HWF/Schmittmann/Zeeck, § 134 InsO Rn. 23; Uhlenbruck/Borries/Huber/Hirte, § 135 InsO Rn. 163.

103 Soweit die Unentgeltlichkeit von der **Wertlosigkeit einer Forderung** abhängt, muss der Insolvenzverwalter auch diese beweisen.[204] Beruft sich der Anfechtungsgegner einer Schenkungsanfechtung darauf, die Vertragsparteien seien von einem gleichwertigen Leistungsaustausch ausgegangen, muss der Insolvenzverwalter beweisen, dass die Fehlvorstellung keine Grundlage in den objektiven Umständen des Vertragsschlusses hatte. Nach den Grundsätzen der sekundären Darlegungslast muss jedoch der Anfechtungsgegner solche Umstände substantiiert darlegen.[205]

104 Der **Insolvenzverwalter** braucht demgegenüber nicht vorzutragen und zu beweisen, dass die Leistung innerhalb des Zeitraums von 4 Jahren vor dem Antrag auf Eröffnung des Insolvenzverfahrens erfolgt ist,[206] da die Formulierung von § 134 Abs. 1 InsO erkennen lässt, dass es sich bei der **Frist** um eine Ausnahme handelt, für die der Anfechtungsgegner beweispflichtig ist.[207]

105 Der **Anfechtungsgegner** ist somit beweisbelastet dafür, dass die Leistung mehr als 4 Jahre vor Antragstellung erfolgte. Durch diese Beweislastumkehr soll der Gefahr der Rückdatierung von Urkunden entgegengewirkt werden.[208]

E. Anspruchskonkurrenzen

106 Alle Anfechtungstatbestände können miteinander **konkurrieren**, sodass neben § 134 InsO auch die §§ 130 ff. InsO zur Anwendung kommen können.[209] Die Regelung greift nur dann nicht ein, wenn § 133 Abs. 2 InsO zur Anwendung kommt.

F. Arbeitshilfen

▶ Checkliste

107
- ☐ Leistung des Schuldners
- ☐ Unentgeltlichkeit der Leistung
- ☐ Vornahme innerhalb von 4 Jahren vor dem Eröffnungsantrag

---

204 So BGH, 30.03.2006 – IX ZR 84/05, NZI 2006, 399 Rn. 15; LG Heilbronn, 30.12.2016 – Si 10 O 126/16, ZInsO 2017, 608, 609; Pape/Uhländer-Bornheimer, § 134 InsO Rn. 28.

205 So BGH, 22.10.2020 – IX ZR 208/18, DZWIR 2021, 402 ff. = NZI 2021, 26 ff. mit Anm. d'Avoine.

206 So HWF/Schmittmann/Zeeck, § 134 InsO Rn. 23.

207 So Uhlenbruck/Borries/Huber/Hirte, § 134 InsO Rn. 163; a.A. Jaeger/Henckel, § 134 InsO Rn. 66, wonach der Insolvenzverwalter für die Vornahmen innerhalb der kritischen Zeit beweisverpflichtet sein soll.

208 So HambKomm-InsR/Rogge/Leptien, § 134 InsO Rn. 53; Pape/Uhländer-Bornheimer, § 134 InsO Rn. 28.

209 So HambKomm-InsR/Rogge/Leptien, § 134 InsO Rn. 1; umfassend: Cranshaw in: Cranshaw/Hinkel, Praxiskommentar zum Anfechtungsrecht, § 134 InsO Rn. 46 ff.

§ 135 Gesellschafterdarlehen

(1) Anfechtbar ist eine Rechtshandlung, die für die Forderung eines Gesellschafters auf Rückgewähr eines Darlehens im Sinne des § 39 Abs. 1 Nr. 5 oder für eine gleichgestellte Forderung

1. Sicherung gewährt hat, wenn die Handlung in den letzten zehn Jahren vor dem Antrag auf Eröffnung des Insolvenzverfahrens oder nach diesem Antrag vorgenommen worden ist, oder
2. Befriedigung gewährt hat, wenn die Handlung im letzten Jahr vor dem Eröffnungsantrag oder nach diesem Antrag vorgenommen worden ist.

(2) Anfechtbar ist eine Rechtshandlung, mit der eine Gesellschaft einem Dritten für eine Forderung auf Rückgewähr eines Darlehens innerhalb der in Abs. 1 Nr. 2 genannten Fristen Befriedigung gewährt hat, wenn ein Gesellschafter für die Forderung eine Sicherheit bestellt hatte oder als Bürge haftete; dies gilt sinngemäß für Leistungen auf Forderungen, die einem Darlehen wirtschaftlich entsprechen.

(3) Wurde dem Schuldner von einem Gesellschafter ein Gegenstand zum Gebrauch oder zur Ausübung überlassen, so kann der Aussonderungsanspruch während der Dauer des Insolvenzverfahrens, höchstens aber für eine Zeit von einem Jahr ab der Eröffnung des Insolvenzverfahrens nicht geltend gemacht werden, wenn der Gegenstand für die Fortführung des Unternehmens des Schuldners von erheblicher Bedeutung ist. Für den Gebrauch oder die Ausübung des Gegenstandes gebührt dem Gesellschafter ein Ausgleich; bei der Berechnung ist der Durchschnitt der im letzten Jahr vor Verfahrenseröffnung geleisteten Vergütung in Ansatz zu bringen, bei kürzerer Dauer der Überlassung ist der Durchschnitt während dieses Zeitraums maßgebend.

(4) § 39 Abs. 4 und 5 gilt entsprechend.

Übersicht Rdn.

Schrifttum

Altmeppen, Überflüssigkeit der Anfechtung von Sicherheiten für Gesellschafterdarlehen, NZG 2013, 441 ff.; *ders.*, Cash Pooling und Kapitalerhaltung im faktischen Konzern, NZG 2010, 401 ff.; *ders.*, Das neue Recht der Gesellschafterdarlehen in der Praxis, NJW 2008, 3601 ff.; *ders.*, Zur Anfechtung einer Gesellschaftersicherheit bei Doppelsicherung, ZIP 2011, 741 ff.; *d'Avoine*, Gesellschafterdarlehen und vergleichbare Rechtsgeschäfte gem. § 39 I Nr. 5 InsO – Rangverbesserung in der Insolvenz durch Verkauf und Übertragung der Anteile, NZI 2013, 321 ff.; *Bangha-Szabo/Keller*, Gesellschafterdarlehen und Rechtswahl, NZI 2025, 297; *Berger*, Rangrücktrittsvereinbarungen zwischen Zivil- und Insolvenzrecht, ZInsO 2015, 1938 ff.; *Berner/Keller/Trompertz*, Zur Anwendbarkeit des Gesellschafterdarlehensrechts bei Eigenkapitalfinanzierungen, ZRI 2022, 145 ff.; *Bischoff/Schmittmann*, De facto director, shadow director und dissolved companies: Aktuelle Rechtsfragen der scheinausländischen Limited, ZInsO 2009, 1561 ff.; *Bitter*, Die Nutzungsüberlassung in der Insolvenz nach dem MoMiG (§ 135 Abs. 3 InsO), ZIP 2010, 1 ff.; *ders.*, Sanierung in der Insolvenz – Der Beitrag von Treue- und Aufopferungspflichten zum Sanierungserfolg, ZGR 2010, 147 ff.; *ders.* Insolvenzanfechtung nach § 135 InsO bei freiwilligem Rangrücktritt?, ZIP 2012, 2 ff.; *ders.*, Die typische und atypische stille Gesellschaft im Recht der Gesellschafterdarlehen, ZIP 2019, 146 ff.; *ders.*, Anfechtbarkeit ursprünglicher Sicherheiten für Gesellschafterdarlehen: Es lebe die Betriebsaufspaltung, ZIP 2019, 737 ff.; *Blöse*, Zur Frage der eigenkapitalersetzenden Nutzungsüberlassung eines Grundstücks, GmbHR 2006, 491 ff.; *Bork*, Anfechtung bei Rücktritt in den Rang des § 39 Abs. 1 Nr. 4 1/2 InsO, ZIP 2012, 2277 ff.; *ders.*, Anfechtung bei Rücktritt in den Rang des § 39 Abs. 1 Nr. 4 1/2 InsO, ZIP 2012, 2277 ff.; *Bork/Vogelsang*, Die Anfechtung vorinsolvenzlicher Gesellschafterleistungen in der Insolvenz der Gesellschaft, ZIP 2014, 2313 ff.; *Brand*, Die insolvenzstrafrechtlichen Risiken der Rückzahlung von Gesellschafterdarlehen in der Krise, NZI 2017, 518 ff.; *Burg/Blasche*, Eigenkapitalersetzende Nutzungsüberlassung nach dem MoMiG, GmbHR 2008, 1250 ff.; *Burg/Westerheide*, Praktische Auswirkungen des MoMiG auf die Finanzierung von Konzernen, BB 2008, 62 ff.; *Burmeister/Nohlen*, Insolvenzanfechtung des »Stehenlassens« einer Gesellschafterleistung in der Doppelinsolvenz – Fortgeltung der BGH-Rechtsprechung auch nach MoMiG?, NZI 2010, 41 ff.; *Büscher*, Ablösung der Rechtsprechungsregeln zum Eigenkapitalersatz durch die Insolvenzanfechtung, GmbHR 2009, 800 ff.; *Cahn*, Gesellschafterfremdfinanzierung und Eigenkapitalersatz, AG 2005, 217 ff.; *Dahl/Schmitz*, Eigenkapitalersatz nach dem MoMiG aus insolvenzrechtlicher Sicht, NZG 2009, 325 ff.; *Dietrich*, Einmal kapitalersetzend – immer kapitalersetzend, DZWIR 2004,

388 f.; *Ede*, Die Doppelbesicherung einer Gesellschaftsschuld und der Verzicht auf die Gesellschaftersicherheit, ZInsO 2012, 853 ff.; *Ekkenga*, Sachkapitalerhöhung gegen Schuldbefreiung, ZGR 2009, 581 ff.; *Fischer*, Der Zwangsverwalter und § 135 Abs. 3 InsO – Gesellschaftsinterne Nutzungsverhältnisse, ZfIR 2010, 312 ff.; *Fischer/Knees*, Zum Umgang des Grundpfandrechtsgläubigers mit § 135 Abs. 3 InsO, ZInsO 2009, 745 ff.; *Frege/Nicht/Schildt*, Die Anwendung von § 44a InsO bei Doppelbesicherung in der Konzerninsolvenz, ZInsO 2012, 1961 ff.; *Frystatzki*, Insolvenzrechtliche Anforderungen an Rangrücktrittsvereinbarungen, NZI 2013, 609 ff.; *Ganter*, Die Rechtsprechung des BGH zum Insolvenzrecht im Jahre 2009, NZI 2010, 361 ff.; *ders.*, Die Rechtsprechung des BGH zum Insolvenzrecht im Jahre 2010, NZI 2011, 209 ff.; *ders.*, Neues zum Bargeschäft, ZIP 2019, 1141 ff.; *ders.*, Erweiterungen und Einschränkungen des Anwendungsbereichs von § 39 I Nr. 5 InsO, NZI 2021, 1 ff.; *Gehrlein*, Die Behandlung von Gesellschafterdarlehen durch das MoMiG, BB 2008, 846 ff.; *ders.*, Das Eigenkapitalrecht im Wandel seiner gesetzlichen Kodifikationen, BB 2011, 3 ff.; *ders.*, Anfechtung versus Sanierung – Anfechtungsgefahren für Sanierungszahlungen, WM 2011, 577 ff.; *ders.*, Aktuelle Rechtsprechung zur Insolvenzanfechtung, WM 2012, 965 ff.; *ders.*, 10 Jahre neues Gesellschafterdarlehensrecht – Meilensteine der Rechtsprechung, ZInsO 2019, 2133 ff.; *ders.*, Unanfechtbarkeit der Rückzahlung von für eine Gesellschafterfinanzierung eingesetzten Drittmittel?, WM 2021, 1576 ff.; *ders.*, Auszahlungen stehen gelassener Gewinne als Tilgung einer darlehensgleichen Forderung, NZI 2021, 165 ff.; *ders.*, Höchstrichterliche Rechtsprechung zum Insolvenzanfechtungsrecht der Jahre 2021/2022, ZRI 2022, 621 ff.; *ders.*, Gesellschafterfinanzierungen, NZI 7/2025, Editorial; *Gehrlein/Thole*, Aktuelle Probleme der Insolvenzanfechtung, 16. Aufl., 2024; *Gessner*, Die Gesellschafterinanspruchnahme bei Doppelbesicherungen in der Gesellschaftsinsolvenz, NZI 2012, 350 ff.; *Göb*, Aktuelle gesellschaftsrechtliche Fragen in Krise und Insolvenz, NZI 2010, 214 ff.; *ders.*, Aktuelle gesellschaftsrechtliche Fragen in Krise und Insolvenz, NZI 2012, 243 ff.; *ders.*, Aktuelle gesellschaftsrechtliche Fragen in Krise und Insolvenz, NZI 2012, 402 ff.; *Göcke/Rittscher*, Cash-Pooling in Krise und Insolvenz, DZWIR 2012, 355 ff.; *Goette*, Zur Frage der Haftung auf Rückgewähr von Leistungen auf eine eigenkapitalersetzende Gesellschafterhilfe nach den Novellenregeln, DStR 2006, 479 ff.; *Grunewald*, Plädoyer für eine Abschaffung der Rechtsregeln für eigenkapitalersetzende Gesellschafterdarlehen, GmbHR 1997, 7 ff.; *Gruschinske*, Beendigung »kapitalersetzender« Nutzungsverhältnisse vor Insolvenzeröffnung, GmbHR 2010, 179 ff.; *Gutmann/Nawroth*, Der zeitliche Anwendungsbereich des MoMiG aus insolvenzrechtlicher Sicht – oder das Ende von Ansprüchen aus Eigenkapitalersatzrecht?, ZInsO 2009, 174 ff.; *Haas*, Das Verhältnis des »Kapitalersatzrechts« zu den allgemeinen Anfechtungsvorschriften, insb. § 142 InsO, NZI 17/2010, S. V f.; *ders.*, Allgemeines Anfechtungsrecht und das Recht der subordinierten Gesellschafterdarlehen, ZIP 2017, 545 ff.; *Hamann*, Aufsteigende Darlehen im Cash Pool im System des § 135 InsO, NZI 2008, 667 ff.; *ders.*, Die Jahresfrist in § 135 Abs. 1 Nr. 2 InsO – auf dem Prüfstand des MoMiG übersehen?, ZInsO 2009, 264 ff.; *Henkel*, Das Bargeschäftsprivileg gilt nicht im Rahmen von § 135 Abs. 1 InsO, ZInsO 2009, 1577 ff.; *ders.*, Die Insolvenzanfechtung fristgemäß gezahlter Nutzungsentgelte nach § 135 Abs. 1 Nr. 2 InsO, ZInsO 2010, 2209 ff.; *Hirte*, Die »große GmbH-Reform« – Ein Überblick über das Gesetz zur Modernisierung des GmbH-Rechts und zur Bekämpfung von Mißbräuchen (MoMiG), NZG 2008, 761 ff.; *ders.*, Die Entwicklung des Insolvenz-Gesellschaftsrechts in Deutschland in den Jahren 2012–2015, ZInsO 2016, 1125 ff.; *Hirte/Knof*, Das »neue« Sanierungsprivileg nach § 39 Abs. 4 Satz 2 InsO, WM 2009, 1961 ff.; *Holzer*, Insolvenzrechtliche Überleitungsvorschriften des MoMiG in der Praxis, ZIP 2009, 206 ff.; *ders.*, Nutzungsüberlassung im Insolvenzverfahren, ZVI 2008, 369 ff.; *Hölzle*, Die Legitimation des Gesellschaftersonderopfers in der insolvenzrechtlichen Finanzierungsverstrickung, ZIP 2010, 913 ff.; *ders.*, Bindung von Gesellschafterhilfen in der Krise der GmbH durch Richterrecht, ZIP 2011,

650 ff.; *Huber*, Zur Frage der eigenkapitalersetzenden Nutzungsüberlassung bei Grundstücksübernahme durch einen Dritten, NZI 2006, 291 ff.; *Kahlert/Gehrke*, Der Rangrücktritt nach MoMiG im GmbH-Recht: Insolvenz- und steuerrechtliche Aspekte, DStR 2010, 227 ff.; *Kayser*, Gesellschafterfinanzierung in der Insolvenz – Tilgung, Besicherung, Abtretung, Rangrücktritt, Nutzungsüberlassung, WM 2015, 1973 ff.; *Kleindiek*, Krisenvermeidung in der GmbH: Gesetzliches Mindestkapital, Kapitalschutz und Eigenkapitalersatz, ZGR 2006, 335 ff.; *Klinck/Gärtner*, Versetzt das MoMiG dem Cash-Pooling den Todesstoß?, NZI 2008, 457 ff.; *Kubik/Münch*, Bilanzielle Auswirkungen eines Forderungsverzichts auf Gesellschafterdarlehen bei Personengesellschaften nach Handels- und Steuerrecht, BB 2022, 555 ff.; *Lingl*, Eigenkapitalersetzende Finanzierungshilfen in der Insolvenz, DZWIR 2006, 276 ff.; *Marotzke*, Im Überblick: Gesellschaftsinterne Nutzungsverhältnisse im Spiegel der §§ 39 Abs. 1 Nr. 5, 103, 108 ff., 135 Abs. 1 und Abs. 3 InsO, ZInsO 2009, 2073 ff.; *ders.*, Grenzen typisierender Generalisierung im Recht der Gesellschafterdarlehen, KTS 2016, 19 ff.; *Müller/Rautmann*, Die Doppelsicherung in der Insolvenz – Die Rechtsprechung muss nachsteuern, DZWIR 2012, 190 ff.; *Mylich*, Der Zugriff Dritter auf ein zur eigenkapitalersetzenden Nutzung überlassenes Grundstück, KTS 2006, 385 ff.; *ders.*, Kreditsicherheiten für Gesellschafterdarlehen, ZHR 176 (2012), 547 ff.; *Nassall*, Kapitalersatz bei der GmbH – Abschied für immer oder Wiederkehr in anderer Gestalt?, NJW 2010, 2305 ff.; *Neuberger*, Haften oder nicht haften? Bürgen oder erwerben?, Zum Verhältnis der Erfüllungswahl zu § 135 Abs. 2 InsO analog bei durch Gesellschafter-Bürgschaft gesicherten Zahlungsansprüchen, ZInsO 2019, 1141 ff.; *Neve*, Ausgewählte Problembereiche im Rahmen des § 135 InsO, InsbürO 2013, 305 ff. *Ordejón Zuckermaier/Michels*, Keine Anwendung des Gesellschafterdarlehensrechts auf den Gesellschafter einer Komplementär GmbH ohne Kapitalbeteiligung an der GmbH & Co. KG, NZI 2025, 113 ff.; *Paulus*, Grundlagen des neuen Insolvenzrechts – Anfechtung, Prüfungs- und Berichtstermin, DStR 2004, 605 ff.; *Preuß*, Die Folgen insolvenzrechtlicher »Verstrickung« von Gesellschafterdarlehen bei Abtretung des Darlehensrückzahlungsanspruchs an einen außenstehenden Dritten, ZIP 2013, 1145 ff.; *Real*, Betriebsaufspaltung ade? – Gestalterische Überlegungen nach den Lagergrundstück-Urteilen III und IV des BGH, GmbHR 1994, 777 ff.; *Rellermeyer/Gröblinghoff*, Keine Ewigkeitsgeltung der Rechtsprechungsregeln zum Eigenkapitalersatz, ZIP 2009, 1933 ff.; *Rühle*, Die Nutzungsüberlassung durch Gesellschafter in Zeiten des MoMiG, ZIP 2009, 1358 ff.; *Schäfer*, Eigenkapitalersatz nach »MoMiG« – Was bleibt von der Finanzierungsfolgenverantwortung?, ZInsO 2010, 1311 ff.; *ders.*, § 135 III InsO – Nutzungsüberlassungen im Spannungsfeld zwischen Gesellschafts- und Insolvenzrecht, NZI 2010, 505 ff.; *Schmidt*, Normzwecke und Zurechnungsfragen im Recht der Gesellschafter-Fremdfinanzierung, GmbHR 2009, 1009 ff.; *ders.*, Nutzungsüberlassung nach der GmbH-Reform, DB 2008, 1727 ff.; *ders.*, Vom Eigenkapitalersatz in der Krise zur Krise des Eigenkapitalersatzrechts?, GmbHR 2005, 797 ff.; *Schmittmann*, Gesellschafterbeiträge in Krise und Insolvenz, StuB 2018, 824 f.; *ders.*, Gesellschafterbeiträge in Krise und Insolvenz – Steuerliche Wiedereinführung des Eigenkapitalrechts durch das JStG 2019, DZWIR 2019, 151 ff.; *Schoß/Hoffstadt*, Entsperrung contra unwiderlegliche Vermutung – Die Behandlung kapitalersetzender Darlehen in der Insolvenz, ZInsO 2005, 571 ff.; *Schultz*, Angriff und Verteidigung im Gesellschaftsrecht, ZRI 2024, 887 ff.; *Schröder*, Die Reform des Eigenkapitalersatzrechts durch das MoMiG, Köln, 2012 [zugleich Diss. iur. Hamburg 2011/12]; *Spliedt*, MoMiG in der Insolvenz – Ein Sanierungsversuch, ZIP 2009, 149 ff.; *Tettinger*, Gesellschafterdarlehen in der Insolvenz – Maßgeblicher Beurteilungszeitpunkt für das Kleinbeteiligtenprivileg, NZI 2010, 248 ff.; *Thole*, Umgehung der Anfechtung nach § 135 InsO durch Abtretung?, ZInsO 2012, 661 ff.; *ders.*, Gesellschafterbesicherte Kredite und die Anfechtung nach § 135 Abs. 2 InsO, ZIP 2015, 1609 ff.; *Undritz*, Die doppelnützige Treuhand in der Restrukturierungspraxis – Chancen und Risiken, ZIP 2012, 1153 ff.; *von der Linden*, Eigenkapitalersatzrecht in der

gesetzestypischen KG, DZWIR 2007, 5 ff.; *Weber*, M&A-Transaktionen im Lichte der Insolvenzanfechtung nach § 135 InsO, BB 2022, 137 ff.; *Weng*, Neuerungen bei Gesellschafterdarlehen, StuB 2012, 233 ff.; *Willemsen/Rechel*, Cash-Pooling und die insolvenzrechtliche Anfechtbarkeit absteigender Darlehen – Unterschätzte Risiken für Gesellschafter, BB 2009, 2215 ff.; *Willemsen/Müller*, Kleinbeteiligtenprivileg und Insolvenzanfechtung: Zum Zeitpunkt der Voraussetzungen und zum Anwendungsausschluss, KSI 2024, 117 ff.; *Zahrte*, Die insolvenzrechtliche Anfechtung im Cash Pool, NZI 2010, 596 ff.

A. Normzweck

I. Sinn und Zweck der Vorschrift

Die Regelung des § 135 InsO ist vor dem Hintergrund zu verstehen, dass ein **Gesellschafter** der Gesellschaft **neben dem statutarischen Eigenkapital** auch **Fremdkapital**, insb. in Form von Darlehen, zur Verfügung stellen kann. Forderungen auf Rückgewähr eines Gesellschafterdarlehens oder Forderungen aus Rechtshandlungen, die einem solchen Darlehen wirtschaftlich entsprechen, werden gem. § 39 Abs. 1 Nr. 5 InsO nach Maßgabe des § 39 Abs. 4 und Abs. 5 InsO zurückgestuft.[1] 1

Die **Rechtfertigung** für die Anfechtungsvorschriften des § 135 InsO werden zum einen als Ausgleich dafür gesehen, dass der Gesellschafter für seine unternehmerische Tätigkeit das **Privileg der Haftungsbeschränkung** in Anspruch nehme. Es müsse einer missbräuchlichen Ausnutzung dieser Haftungsbeschränkung entgegengetreten werden.[2] Zudem wird der **insolvenzrechtliche Nachrang** aus § 39 Abs. 1 Nr. 5 InsO über die Anfechtung nach § 135 Abs. 1 InsO auch in der Zeit vor der Insolvenzeröffnung sichergestellt.[3] Nach anderer Auffassung liegt die dogmatische Grundlage der Regelungen des § 135 InsO in der **Finanzierungsfolgenverantwortung.**[4] Die Krise werde in den relevanten Zeiträumen aus Vereinfachungsgründen unwiderleglich gesetzlich vermutet.[5] Zu favorisieren ist die Auffassung, die an die Finanzierungsfolgenverantwortung anknüpft, da dies insb. der historischen Entwicklung entspricht.[6] **Drittgläubiger** sollen nicht mit den Gesellschaftern, die Fremdkapital gegeben haben, konkurrieren müssen.[7] Die **gesellschaftsrechtliche Treuepflicht** der Gesellschafter dient freilich nach der Rechtsprechung des BGH weder dem Schutz 2

1 Vgl. A/G/R-Gehrlein, § 135 InsO Rn. 1.
2 Vgl. Huber/Habersack, BB 2006, 1 ff.; Habersack, ZIP 2007, 2145, 2147; Haas, ZIP 2017, 545, 546; Graf-Schlicker/Neußner, § 135 InsO Rn. 1.
3 Vgl. Gehrlein/Thole, Aktuelle Probleme der Insolvenzanfechtung, Rn. 1147.
4 So BGH, 21.02.2013 – IX ZR 32/12, ZInsO 2013, 543 Rn. 18; Flitsch in: Cranshaw/Hinkel, Praxiskommentar zum Anfechtungsrecht, § 135 InsO Rn. 6.
5 So Bork, ZGR 2007, 250, 268; Altmeppen, NJW 2008, 3601, 3602; Spliedt, ZIP 2009, 149, 153; HambKomm-InsR/Schröder, § 135 InsO Rn. 11.
6 Ablehnend: A/G/R-Gehrlein, § 135 InsO Rn. 1; MK-InsO/Gehrlein, § 135 InsO Rn. 7, der den Gesichtspunkt des Rechtsmissbrauchs in den Vordergrund stellt, so MK-InsO/Gehrlein, § 135 InsO Rn. 10.
7 So Kayser/Thole-Kleindiek, § 135 Rn. 14.

der Insolvenzgläubiger noch dem der Masse.[8] Marotzke beklagt gravierende **Legitimationsdefizite** des § 135 Abs. 1 InsO und schlägt eine differenzierende Reduktion vor.[9] Schultz sieht das Gesellschafterdarlehensrecht als im »Grundsatz angriffsfreundliches Rechtsinstitut«[10] an.

3 Der BGH[11] hat dem EuGH verschiedene Fragen zur **Nachrangigkeit von gesicherten Forderungen** aus Gesellschafterdarlehen im Insolvenzanfechtungsrecht vorgelegt:

1. Ist Art. 13 VO (EG) Nr. 1346/2000 des Rates vom 29.05.2000 über Insolvenzverfahren (ABl. EG L 160, S. 1 – EuInsVO a. F.) dahingehend auszulegen, dass sich die durch eine die Gesamtheit der Gläubiger benachteiligende Handlung begünstigte Person gegenüber einem Rückforderungsverlangen des Insolvenzverwalters auch dann auf die Wirkungen dieser Bestimmung berufen kann, wenn das Rückforderungsverlangen dazu dient, den nach dem anwendbaren Recht des Staates der Verfahrenseröffnung geltenden Nachrang (Art. 4 Abs. 2 Satz 2 Buchst. i EuInsVO a. F.) durchzusetzen?
2. Sofern Frage 1 bejaht wird: Ist Art. 13 EuInsVO a. F. dahingehend auszulegen, dass die Bestimmung auch gegenüber Anfechtungstatbeständen gilt, welche dazu dienen, die von einem Gesellschafter einer Kapitalgesellschaft gewährten Darlehen im Vorfeld der Insolvenz zur Sicherung der Kapitalausstattung der Gesellschaft dem haftenden Eigenkapital weitgehend gleichzustellen?
3. Sofern Frage 2 bejaht wird: Ist Art. 13 EuInsVO a. F. dahingehend auszulegen, dass sich das auf ein von einem Gesellschafter einer Kapitalgesellschaft der Gesellschaft gewährte Darlehen anwendbare Recht nach dem Gesellschaftsstatut richtet?
4. Sofern Frage 3 verneint wird: Ist Art. 9 Abs. 1 VO (EG) Nr. 593/2008 des Europäischen Parlaments und des Rates vom 17.06.2008 über das auf vertragliche Schuldverhältnisse anzuwendende Recht (ABl. EU L 177, S. 6 – Rom I-VO) für das nach Art. 13 Buchst. a EuInsVO a. F. zu bestimmende maßgebliche Recht anwendbar und dahingehend auszulegen, dass Eingriffsnormen auch in vertragsrechtlichen Regelungen in nationalen Insolvenzvorschriften – wie solchen über den Nachrang von Gesellschafterdarlehen und die Rechtsfolgen des Nachrangs – enthalten sein können?

II. Entwicklung der Vorschrift

4 Von jeher war die Rechtsprechung der Auffassung, dass Gesellschafter in der Insolvenz der Gesellschaft ihre **Darlehensforderungen** erst **nach den übrigen Gläubigern** geltend machen können.[12] Der Gesellschafter einer unterkapitalisierten GmbH, der

8 So BGH, 14.02.2019 – IX ZR 149/16, ZIP 2019, 666 ff. = NZI 2019, 460 ff. mit Anm. Bangha-Szabo = EWiR 2019, 241 f. [Bork]; vgl. dazu krit.: Bitter, ZIP 2019, 737, 748.

9 So Marotzke, KTS 2016, 19, 39 ff.

10 So Schultz, ZRI 2024, 887, 894.

11 So BGH, 16.01.2025 – IX ZR 229/23, NZI 2025, 348 ff. = ZRI 2025, 348 ff. mit Anm. Bork.

12 Vgl. zur historischen Entwicklung: HK-InsO/Kleindiek, § 135 InsO Rn. 5; MK-InsO/Gehrlein, § 135 InsO Rn. 8.

der Gesellschaft zur Abwendung der Insolvenzantragspflicht (seinerzeit: Konkursantragspflicht) Gelder darlehensweise zur Verfügung gestellt hat, muss diese Gelder, solange dieser Zweck noch nicht nachhaltig erreicht ist, **wie haftendes Kapital** behandeln lassen und der Gesellschaft etwaige »Darlehensrückzahlungen«, die nach dem § 30 GmbHG zuwider geleistet sind, nach § 31 Abs. 1 GmbHG erstatten. Kann der Gesellschafter nach Lage der Dinge die Antragspflicht von der Gesellschaft nur abwenden, wenn seine als Darlehen gegebenen Gelder wie haftendes Kapital behandelt wurden und er sich hierzu nicht in einer gegen Treu und Glauben, § 242 BGB, verstoßenden Weise in Widerspruch setzen durfte, muss er sich gefallen lassen, dass auf die **Darlehensrückzahlung** § 31 Abs. 1 GmbH angewendet wird.[13]

Diese Rechtsprechung hat der BGH weiterentwickelt. In einer GmbH können Gesell- 5
schafterdarlehen und ähnliche Leistungen auch dann als **Ersatz für Eigenkapital** zu betrachten sein, wenn die Gesellschaft bei ihrer Hergabe weder überschuldet war noch ihr Stammkapital eingebüßt hatte, aber von dritter Seite keinen **Kredit zu marktüblichen Bedingungen** hätte erhalten können.

Das **Auszahlungsverbot** des § 31 Abs. 1 GmbHG greift jedoch nur dann ein, wenn 6
und soweit die Leistung verlorenes Stammkapital oder eine über den Verlust hinausgehende Überschuldung abdeckt.[14] Soweit und solange ein Gesellschafterdarlehen **verlorenes Stammkapital** ersetzt, ist es nach der Rechtsprechung des BGH als **Haftungsfond** für alle gegenwärtigen und künftigen Gläubiger ohne Rücksicht darauf zur Verfügung zu halten, ob zwischen deren Forderungen und der Kredithergabe des Gesellschafters ein ursächlicher Zusammenhang besteht.[15]

Die Rechtsprechung des BGH wurde dahin fortgeschrieben, dass eine **Gesellschaft** 7
nicht mehr lebensfähig ist, wenn sie sich im Zustand der Insolvenzantragspflicht befindet, sondern schon dann, wenn sich mit dem vorhandenen Kapital der **Zusammenbruch nicht vermeiden** lässt und die Gesellschaft außerstande ist, **von dritter Seite Kredit zu marktüblichen Bedingungen** zu beschaffen. Es genügt, dass der Gesellschafter in der Notsituation **Darlehen stehen lässt**, die er zu einer Zeit gewährt hat, als die Gesellschaft noch wirtschaftlich gesund war.[16] Unter diesen Voraussetzungen gewährte Kredite sind der Gesellschaft **wie haftendes Kapital** solange zu belassen, bis deren Stammkapital wieder auf andere Weise gedeckt ist.[17]

Ein der **GmbH** gewährtes Darlehen, das fehlendes Eigenkapital ersetzt, unterliegt auch 8
dann der Bindung des § 30 GmbHG, wenn der Darlehensgeber nicht unmittelbar an der GmbH beteiligt ist, sondern ein mit ihr oder einem anderen Gesellschafter

13 So BGH, 14.12.1959 – II ZR 187/57, BGHZ 31, 258, 268; vgl. Schröder, Die Reform des Eigenkapitalersatzrechts durch das MoMiG, Rn. 615.

14 So BGH, 24.03.1980 – II ZR 213/77, BGHZ 76, 326, 328.

15 So BGH, 21.09.1981 – II ZR 104/80, BGHZ 81, 311, 314.

16 Vgl. BGH, 26.11.1979 – II ZR 104/77, BGHZ 75, 334 ff.

17 So BGH, 13.07.1981 – II ZR 256/79, BGHZ 81, 252 ff., BGH, 28.09.1981 – II ZR 223/80, BGHZ 81, 365 ff.

verbundenes Unternehmen darstellt.[18] Die Darlehensforderung eines Unternehmens kann einem **Gesellschafterdarlehen** auch dann gleichzustellen sein, wenn ein an der darlehensnehmenden Gesellschaft lediglich mittelbar beteiligter Gesellschafter an der darlehensgewährenden Gesellschaft maßgeblich beteiligt ist.[19]

9 Diese Rechtsprechung wurde dahin modifiziert, dass aus **Sicherheiten**, die für ein »kapitalersetzendes« Gesellschafterdarlehen **von der Gesellschaft gestellt** worden sind, dem Gesellschafter die Befriedigung verwehrt wird.

10 Die **Bürgschaft eines Gesellschafters** kann eine eigenkapitalersetzende Leistung sein, wenn sie für einen Bankkredit der Gesellschaft in einer Lage übernommen oder aufrechterhalten wird, in der die Gesellschaft **Kredit zu marktüblichen Bedingungen** sonst **nicht mehr** hätte erhalten können. Zahlt die Gesellschaft den so verbürgten Kredit zurück, bevor ihr Stammkapital wieder durch Eigenmittel gedeckt ist, muss ihr der dadurch **von seiner Bürgschaft frei gewordene Gesellschafter** das Geleistete erstatten.[20] Weiterhin schloss der BGH eine **Aufrechnung** mit der Forderung des Gesellschafters gegen eine zur Insolvenzmasse gehörende Forderung aus.[21]

11 Aus dieser überzeugenden Rechtsprechung formte der Gesetzgeber i.R.d. GmbH-Novelle 1980 die Bestimmungen der §§ 32a, 32b GmbHG und § 32a KO.[22] Nach der Rechtsprechung des BGH sind die §§ 32a, 32b GmbHG (die »**Novellenregeln**«) neben den »**Rechtsprechungsregeln**« (§§ 30, 31 GmbHG analog) anwendbar gewesen.[23] Zu den bis zum 31.10.2008 geltenden Vorschriften über die Anfechtung von Rechtshandlungen gehören neben § 39 Abs. 1 Nr. 5, § 135 InsO a. F. auch die Novellenregeln der §§ 32a, 32b GmbHG, § 32a KO und die Rechtsprechungsregeln analog §§ 30, 31 GmbHG a. F.[24] Das österreichische Recht kennt eine vergleichbare Ausschüttungssperre samt Erstattungsanspruch gem. §§ 82 f. öGmbHG.[25]

12 Durch das Gesetz zur Modernisierung des GmbH-Rechts und zur Bekämpfung von Missbräuchen (**MoMiG**) hat der Gesetzgeber die »Rechtsprechungsregeln« ausdrücklich abgeschafft, sich aber zu den »Novellenregeln« bekannt.[26]

---

18 So BGH, 10.10.1983 – II ZR 233/82, ZIP 1983, 1448, 1449.

19 So BGH, 15.11.2018 – IX ZR 39/18, NZI 2019, 169 ff. m. Anm. Haas = ZIP 2019, 182 ff. = EWiR 2019, 81 f. [Bork].

20 So BGH, 13.07.1981 – II ZR 256/79, BGHZ 81, 252, 262.

21 So BGH, 26.03.1984 – II ZR 14/84, BGHZ 90, 370, 374.

22 Vgl. Uhlenbruck/Hirte, § 135 InsO Rn. 3.

23 So BGH, 26.03.1984 – II ZR 14/84, BGHZ 90, 370, 380.

24 So BGH, 14.02.2019 – IX ZR 149/16, ZIP 2019, 666 ff. = NZI 2019, 460 ff. mit Anm. Bangha-Szabo = EWiR 2019, 241 f. [Bork]; vgl. dazu krit.: Bitter, ZIP 2019, 737, 748.

25 Vgl. BGH, 11.01.2011 – II ZR 157/09, NZI 2011, 198 Rn. 16.

26 Vgl. umfassend: Schröder, Die Reform des Eigenkapitalersatzrechts durch das MoMiG, Rn. 112 ff.; Uhlenbruck/Hirte, § 135 InsO Rn. 4.

▶ Exkurs:

Durch das Gesetz zur Modernisierung des GmbH-Rechts und zur Bekämpfung von Mißbräuchen (MoMiG) aus dem Jahre 2008 ist das **Eigenkapitalersatzrecht** aufgehoben worden. Es wurde durch den gesetzlichen **Nachrang** sämtlicher **Gesellschafterfinanzierungen** im Insolvenzfall ersetzt, was auch zu **steuerlichen Konsequenzen** führt. Forderungen des Gesellschafters aus **Gesellschafterdarlehen** und **vergleichbaren Finanzierungshilfen** erfahren eine Sonderbehandlung im Insolvenz- und Anfechtungsrecht (vgl. zu den steuerlichen Auswirkungen: Kubik/ Münch, BB 2022, 555 ff.). Sie werden aber nicht mehr gesellschaftsrechtlich verstrickt und außerhalb des Insolvenzverfahrens nicht mehr wie haftendes Eigenkapital behandelt (so BFH, 11.07.2017 – IX R 36/15, Rn. 23, BFHE 258, 427 ff. = BFH/NV 2017, 1501 ff. = NZG 2017, 37 ff. = ZIP 2017, 1905 ff. = NZI 2017, 906 ff. = StuB 2017, 755 [Ls.] mit Anm. jh; unter Hinweis auf: K. Schmidt/ Herchen in K. Schmidt, Insolvenzordnung, 20. Aufl., 2023, § 39 Rn. 27, 31; Groh, FR 2008, 264, 267; Bode, DStR 2009, 1781, 1782; Moritz, DStR 2014, 1636, 1638; vgl. auch Begründung zum Entwurf des MoMiG, BT-Drucks. 16/6140, S. 42). Zu Fällen vor Inkrafttreten des MoMiG hat der BFH u.a. entschieden: Der **fehlende Ausschluss der Kündigungsmöglichkeit** spricht indiziell gegen ein krisenbestimmtes Darlehen oder ein Finanzplandarlehen. Etwas anderes kann sich aber unter besonderen Umständen auch bei unklarem Ausschluss der Kündigungsmöglichkeit oder bei klar vereinbarter Kündigungsmöglichkeit ergeben (so BFH, 11.10.2017 – IX R 29/16, BFH/NV 2018, 451 ff. = GmbHR 2018, 390 ff. = HFR 2018, 307 ff.). Die **überhöhte Verzinsung** eines Gesellschafterdarlehens als Kompensation der fehlenden Besicherung ist führt nicht zu einer verhinderten Vermögensmehrung i.S. einer **verdeckten Gewinnausschüttung** nach § 8 Abs. 3 KStG (so BFH, 18.05.2021 – I R 62/17, ZRI 2021, 1010 ff.). Ergibt sich die **buchmäßige Überschuldung der Betriebskapitalgesellschaft** vor allem aus der Aufspaltung des Betriebs in zwei rechtlich selbständige Unternehmen, so ist es nicht zu beanstanden, wenn eine Krise des Betriebsunternehmens verneint wird, solange das Besitzunternehmen noch kreditwürdig ist und seinen Kredit vereinbarungsgemäß und nach Bedarf dem Betriebsunternehmen zur Verfügung stellt (so BFH, 11.10.2017 – IX R 51/15, BFH/NV 2018, 329 ff. = GmbHR 2018, 334 ff.). Zudem ist zu berücksichtigen, dass ein **Verzicht** des Gesellschafters auf ein **Gesellschafterdarlehen gegen Besserungsschein** für Schuldzinsen, die auf ein Refinanzierungsdarlehen gezahlt werden, bis zum Eintritt des Besserungsfalls zu einem Wechsel des Veranlassungszusammenhangs der Aufwendungen hin zu den **Beteiligungserträgen** gem. § 20 Abs. 1 Nr. 1 EStG führen kann. Ein Wechsel des Veranlassungszusammenhangs tritt insb. ein, wenn der Gesellschafter durch den Verzicht auf Zins- und Tilgungsansprüche aus dem Gesellschafterdarlehen die **Eigenkapitalbildung** und Ertragskraft der Gesellschaft stärken will (so BFH, 24.10.2017 – VIII R 19/16, BFHE 262, 1 ff. = BStBl II 2019, 34 ff. = BFH/NV 2018, 1309 ff.). Aufwendungen des Gesellschafters aus seiner **Inanspruchnahme als Bürge** für Verbindlichkeiten der Gesellschaft nicht mehr zu nachträglichen Anschaffungskosten auf seine Beteiligung führen (so 13

BFH, 11.07.2017 – IX R 36/15, BFHE 258, 427 ff.). Diese neue Rechtsprechung wird allerdings noch nicht ab 2008 angewendet, sondern erst ab 2017. Die bisherigen Grundsätze zur Berücksichtigung von nachträglichen Anschaffungskosten aus eigenkapitalersetzenden **Finanzierungshilfen** sind weiter anzuwenden, wenn der Gesellschafter eine eigenkapitalersetzende Finanzierungshilfe bis zum Tag der Veröffentlichung dieses Urteils geleistet hat oder wenn eine Finanzierungshilfe des Gesellschafters bis zu diesem Tag eigenkapitalersetzend geworden ist (so BFH, 11.07.2017 – IX R 36/15, BFHE 258, 427 ff.; vgl. dazu: OFD Nordrhein-Westfalen, Kurzinformation vom 20.03.2018 – ESt 35/2017, StuB 2018, 304 f.). Das Urteil ist am 27.09.2017 veröffentlicht worden. Die Rechtsprechung zur steuerlichen Berücksichtigung von **Aufwendungen für eigenkapitalersetzende Finanzierungshilfen** des Gesellschafters als nachträgliche Anschaffungskosten der Beteiligung im Rahmen des § 17 Abs. 2 und 4 EStG war eine Reaktion auf die Rechtsfolgen des Eigenkapitalersatzrechts. Sie stellte eine Ausnahme von dem Grundsatz dar, dass eine im Privatvermögen gehaltene Kapitalforderung des Gesellschafters aus einem Gesellschafterdarlehen oder einer zugunsten der Gesellschaft übernommenen Bürgschaft dem Anwendungsbereich des § 20 EStG und nicht dem des § 17 EStG unterfällt, und führte zu einer **Durchbrechung der Trennung von steuerlich unbeachtlicher Vermögens- und steuerbarer Erwerbssphäre.** Dafür fehlt nach der Aufhebung des Eigenkapitalersatzrechts die rechtliche Grundlage (so BFH, 11.07.2017 – IX R 36/15, Rn. 33, BFHE 258, 427 ff.; vgl. Schmittmann, StuB 2018, 824 f.; Schmittmann, DZWIR 2019, 101 ff.).

Mit dem Gesetz zur weiteren Förderung der Elektromobilität und zur Änderung weiterer steuerlicher Vorschriften wurde ein Wahlrecht des Steuerpflichtigen geschaffen, auch für Veräußerungen vor dem 31.07.2019 rückwirkend die **Neuregelung des § 17 Abs. 2a EStG** in Anspruch zu nehmen (§ 52 Abs. 25a Satz 2 EStG). Dieses Wahlrecht lässt die im Senatsurteil vom 11.07.2017 – IX R 36/15 (BFHE 258, 427, BStBl. II 2019, 208, Rz. 41) angeordnete befristete Fortgeltung der herkömmlichen Rechtsgrundsätze zur **Behandlung von (ehemals) eigenkapitalersetzenden Finanzierungshilfen** im Rahmen des § 17 EStG nicht entfallen. Steuerpflichtige können im Fall der Nichtausübung des Wahlrechts nach § 52 Abs. 25a Satz 2 EStG nicht auf die Anwendung dieser Fortgeltungsanordnung verzichten (so BFH, 20.02.2024 – IX R 12/23, BStBl. II 2025, 13 ff. = NZG 2024, 1289 ff. GmbHR 2024, 1106 ff. mit Anm. *Levedag* = DStR 2024, 1712 ff.).

B. Norminhalt

I. Einführung

14 Die Norm bietet dem Insolvenzverwalter besondere Chancen einer erfolgreichen Anfechtung, da sie **allein an bestimmte Fristen** vor dem Antrag auf Eröffnung des Insolvenzverfahrens anknüpft, es also **weder auf das Vorliegen einer Krise noch eine**

eventuelle Kenntnis des Anfechtungsgegners von dieser ankommt. Der Gesetzgeber hat durch das MoMiG bewusst auf das Merkmal des »kapitalersetzend« verzichtet.[27]

Die Regelung des § 135 InsO ist ebenso wie ihre Vorgängerin Teil der sog. »**Novellenregelung**«. Gläubiger eines Gesellschafterdarlehens oder einer Forderung aus einer wirtschaftlich entsprechenden Rechtshandlung sind in der Insolvenz **nachrangige Insolvenzgläubiger**, sodass diese erst dann befriedigt werden dürfen, wenn alle anderen Gläubiger der Gesellschaft bezahlt sind. Solche nachrangigen Insolvenzgläubiger sollen sich nicht dadurch **Sondervorteile** verschaffen können, dass sie Sicherungen, die ihnen in den letzten 10 Jahren vor dem Eröffnungsantrag oder nach diesem Antrag, oder Befriedigungen, die ihnen im letzten Jahr vor dem Eröffnungsantrag oder nach diesem Antrag gewährt worden sind, behalten sollen.[28] Hat ein Gesellschafter im laufenden Insolvenzverfahren aus von der Gesellschaft emittierten **Schuldverschreibungen** bestehende Forderungen, welche der Insolvenzverwalter in den Nachrang verweisen und deren Sicherheiten er anfechten kann, ist er diesem gegenüber zur **Auskunft** darüber verpflichtet, ob und an wen er die Schuldverschreibungen nach Insolvenzeröffnung veräußert hat.[29] 15

Von der Neuregelung werden auch Rechtshandlungen Dritter erfasst, welche der **Darlehensgewährung** durch einen Gesellschafter wirtschaftlich entsprechen.[30] Dies gilt insb. für Darlehen verbundener Unternehmen.[31] 16

Auf **Insolvenzverfahren**, die **vor dem 01.11.2008** (Inkrafttreten des MoMiG) eröffnet worden sind, sind die bis dahin geltenden gesetzlichen Vorschriften gem. Art. 103d Satz 1 EGInsO weiterhin anzuwenden. Im Rahmen von **ab dem 01.11.2008** eröffneten Insolvenzverfahren sind auf vor dem 01.11.2008 vorgenommene Rechtshandlungen die bis dahin geltenden Vorschriften der InsO über die Anfechtung von Rechtshandlungen anzuwenden, soweit die Rechtshandlungen nach dem bisherigen Recht der Anfechtung entzogen oder in geringerem Umfang unterworfen sind, Art. 103d Satz 2 EGInsO. 17

II. § 135 Abs. 1 InsO

1. Reichweite hinsichtlich der Gesellschaftsformen

Die Regelung des § 135 InsO ist **rechtsformneutral** ausgestaltet[32] und gilt daher für alle **haftungsbeschränkten Gesellschaften**, die weder eine natürliche Person noch eine Gesellschaft als persönlich haftenden Gesellschafter haben, bei der ein persönlich haf- 18

27 So BGH, 07.03.2013 – IX ZR 7/12, ZIP 2013, 734 Rn. 14 = NZI 2013, 483 mit Anm. Bangha-Szabo; Marotzke, KTS 2016, 19, 26.
28 Vgl. Uhlenbruck/Hirte, § 135 InsO Rn. 5.
29 So BGH, 14.02.2019 – IX ZR 149/16, ZIP 2019, 666 ff. = NZI 2019, 460 ff. mit Anm. Bangha-Szabo = EWiR 2019, 241 f. [Bork]; vgl. dazu krit.: Bitter, ZIP 2019, 737, 748.
30 So BGH, 21.02.2013 – IX ZR 32/12, ZIP 2013, 582 ff. = NZI 2013, 308 ff. Rn. 15.
31 So BGH, 17.02.2011 – IX ZR 131/10, BGHZ 188, 363 ff. = ZIP 2011, 575 ff. Rn. 10.
32 So A/G/R-Gehrlein, § 135 InsO Rn. 14.

tender Gesellschafter eine natürliche Person ist.[33] Im Gegensatz zum früheren Recht wird damit der Anwendungsbereich der Norm erheblich erweitert, was insb. dazu dient, neben der **GmbH** und ihrer Sonderform **Unternehmergesellschaft (haftungsbeschränkt)** auch die **AG** und **KG auf Aktien** sowie die **Europäische Gesellschaft** (SE – Societas Europaea) einzubeziehen.[34] Darüber hinaus umfasst die Regelung des § 135 InsO nunmehr auch die **haftungsbeschränkten Personengesellschaften**, bei denen kein Vollhafter eine natürliche Person ist.[35] Nach Einführung der **Europäischen Privatgesellschaft** (SPE – Societas Privata Europaea) wird § 135 InsO auch auf diese Rechtsform anzuwenden sein.

19 Nach der Gesetzesbegründung ist auch die **Genossenschaft** »Gesellschaft« in diesem Sinne.[36] Es wird jedoch vertreten, dass nach dem Prinzip der Haftungsbeschränkung der Anwendungsbereich auf solche Genossenschaften begrenzt wird, bei denen für den Fall der Insolvenz nach §§ 6 Nr. 3, 105 Abs. 1 GenG keine unbeschränkte Nachschusspflicht der Genossen besteht. Weiterhin kommt eine entsprechende Anwendung für die **Europäische Genossenschaft** (SCE – Societas Cooperativa Europaea) in Betracht.[37]

20 Eine Einbeziehung von **Verein** und **Stiftung** in den Regelungsbereich wird weitgehend zu Recht abgelehnt, da es eine vermögensmäßige Beteiligung von Mitgliedern am »Haftkapital« bei diesen Rechtsformen nicht gibt[38] oder das **Kleinbeteiligtenprivileg** eingreift.[39] Gleichwohl können einzelne Personen in **Sonderkonstellationen** in den Anwendungsbereich einbezogen sein.[40]

21 **Scheinauslandsgesellschaften mit Verwaltungssitz im Inland** fallen aufgrund der insolvenz- und nicht gesellschaftsrechtlichen Anknüpfung[41] in den Anwendungsbereich,[42] sofern ihre Haftungsbeschränkung aufgrund europäischen Rechts, z.B. bei der Limited,[43] oder aufgrund Staatsvertrages[44] als solche anerkannt wird und das Insolvenzverfahren nach deutschem Recht durchgeführt wird.[45] Sofern die Scheinauslandsgesellschaften aus sonstigen Drittstaaten stammen, z.B. aus der Schweiz,

33 Vgl. BT-Drucks. 16/6140, S. 56 f.
34 So A/G/R-Gehrlein, § 135 InsO Rn. 14.
35 So Schmidt in: Schmidt, § 135 InsO Rn. 11; HambKomm-InsR/Schröder, § 135 InsO Rn. 15; Flitsch in: Cranshaw/Hinkel, Praxiskommentar zum Anfechtungsrecht, § 135 InsO Rn. 8.
36 Vgl. A/G/R-Gehrlein, § 135 InsO Rn. 14.
37 So A/G/R-Gehrlein, § 135 InsO Rn. 14; HambKomm-InsR/Lüdtke, § 39 InsO Rn. 25.
38 So Haas, ZInsO 2007, 617, 628; Habersack, ZIP 2007, 2145, 2147; HambKomm-InsR/Lüdtke, § 39 InsO Rn. 30.
39 So A/G/R-Gehrlein, § 135 InsO Rn. 14.
40 Vgl. Hirte, ZInsO 2008, 689, 694.
41 S. A/G/R-Gehrlein, § 135 InsO Rn. 14.
42 Vgl. Graf-Schlicker/Neußner, § 135 InsO Rn. 6.
43 So A/G/R-Gehrlein, § 135 InsO Rn. 14.
44 Vgl. BGH, 29.01.2003 – VIII ZR 155/02, BGHZ 153, 353 ff. Rn. 9 ff. zum deutsch-amerikanischen Freundschafts-, Handels- und Schifffahrtsvertrag v. 29.10.1954.
45 So BT-Drucks. 16/6140, S. 57; HambKomm-InsR/Schröder, § 135 InsO Rn. 16.

hält der BGH an der Sitztheorie fest und behandelt diese Gesellschaften, sofern sie ihren Verwaltungssitz im Inland haben, als rechtsfähige Personengesellschaften oder Personenhandelsgesellschaften.[46]

2. Gesellschafterdarlehen

a) Gesellschafter

22 Eine Anfechtung nach § 135 Abs. 1 InsO kommt nur in Betracht, wenn ein **Gesellschafter** innerhalb der gesetzlichen Frist **Sicherung** oder **Befriedigung** erhalten hat. Ein Gesellschafterdarlehen kommt grundsätzlich mit Rücksicht auf das gesellschaftsrechtliche Band zwischen dem Gesellschafter und seiner Gesellschaft zustande und dient dem Zweck, die Belange der Gesellschaft zu fördern. Die neben dem Kreditverhältnis bestehende gesellschaftsrechtliche Treuepflicht kann einem Gesellschafter verbieten, gegenüber seiner GmbH einen Anspruch auf Rückgewähr eines Gesellschafterdarlehens durchzusetzen, wenn die Gesellschaft dadurch in eine Krise geraten würde.[47]

23 Beschließt der Alleingesellschafter einer GmbH, einen festgestellten Gewinn auf neue Rechnung vorzutragen, kann der aus einem später gefassten, auf Ausschüttung des Gewinnvortrags gerichteten Gewinnverwendungsbeschluss folgende Zahlungsanspruch eine wirtschaftlich einem Darlehen entsprechende Forderung darstellen.[48]

24 Erklärt ein Nichtgesellschafter einen **Rangrücktritt**, so führt dies nicht zur Anwendbarkeit des § 135 Abs. 1 InsO.[49] Eine **qualifizierte Rangrücktrittsvereinbarung** stellt einen Schuld- oder Schuldänderungsvertrag dar, nach dessen Inhalt die Forderung des Gläubigers nicht mehr passiviert wird und nur im Falle eines die Verbindlichkeiten übersteigenden Aktivvermögens befriedigt werden darf. Als **Vertrag zugunsten der Gläubigergesamtheit** kann die Vereinbarung ab Eintritt der Insolvenzreife nicht durch eine Abrede des Schuldners mit dem Gläubiger der Forderung aufgehoben werden. Wird eine mit einem qualifizierten Rangrücktritt versehene Verbindlichkeit trotz Insolvenzreife beglichen, kann die Zahlung mangels eines Rechtsgrundes kondiziert werden. Eine trotz eines qualifizierten Rangrücktritts im Stadium der Insolvenzreife bewirkte Zahlung kann als **unentgeltliche Leistung** angefochten werden.[50]

25 Die Norm ist immer anwendbar, wenn der Empfänger **im Zeitpunkt der Sicherung oder Befriedigung** Gesellschafter war.[51] Gewährt ein **außenstehender Dritter** einem Gesellschafter der späteren Insolvenzschuldnerin und dessen Ehefrau ein Darlehen, welches der Gesellschafter zur Gewährung eines Darlehens an die Gesellschaft verwen-

---

46 So BGH, 27.10.2008 – II ZR 158/06, BGHZ 178, 192 ff. Rn. 23 – Trabrennbahn.
47 So BGH, 07.03.2013 – IX ZR 7/12, ZIP 2013, 734 ff. Rn. 24.
48 So BGH, 22.07.2021 – IX ZR 195/20, BGHZ 230, 335 ff. = ZRI 2021, 775 ff. = NZI 2021, 980 ff. mit Anm. Primozic/Ruf = BB 2021, 2320 ff. mit Anm. Wilhelm.
49 Vgl. umfassend: Bork, ZIP 2012, 2277, 2280; Bitter, ZIP 2013, 2, 4.
50 So BGH, 05.03.2015 – IX ZR 133/14, ZIP 2015, 638 ff. = WM 2015, 623 ff. = NZI 2015, 315 ff. = ZInsO 2015, 681 ff.
51 Vgl. Bork, ZIP 2012, 2277, 2278.

det, ist die **Rückzahlung des Darlehens an den Dritten** durch die Gesellschaft dem Dritten gegenüber nicht als Rückgewähr eines Gesellschafterdarlehens anfechtbar.[52]

26 Die Auszahlung eines Gesellschafterdarlehens an die Gesellschaft kann in der **Insolvenz des Gesellschafters** nicht als unentgeltliche Leistung des Gesellschafters angefochten werden. Der Insolvenzverwalter über das Vermögen eines Gesellschafters, welcher der Gesellschaft ein Darlehen gewährt hat, kann dem Nachrangeinwand des Insolvenzverwalters über das Vermögen der Gesellschaft nicht den Gegeneinwand entgegenhalten, die Gewährung eines Gesellschafterdarlehens sei als unentgeltliche Leistung anfechtbar.[53]

27 Eine Ausnahme gilt gem. § 24 UBGG. Hat die **Unternehmensbeteiligungsgesellschaft** oder ein an ihr beteiligter Gesellschafter einem Unternehmen, an dem die Unternehmensbeteiligungsgesellschaft beteiligt ist, ein Darlehen gewährt oder eine andere einer Darlehensgewährung wirtschaftlich entsprechende Rechtshandlung vorgenommen, ist § 39 Abs. 1 Nr. 5 InsO nicht anzuwenden. Daher kommt auch eine Anwendung von § 135 InsO nicht in Betracht.

28 Problematisch sind die Fälle eines **Gesellschafterwechsels.** Wird ein Darlehensgeber, der zunächst Dritter ist, Gesellschafter zu einem Zeitpunkt, in dem die Darlehensforderung noch besteht, unterfällt das Darlehen dem Nachrang des § 39 Abs. 1 Nr. 5, sodass § 135 Abs. 1 InsO anwendbar ist. Endet die Gesellschafterstellung **innerhalb** der gesetzlichen **Anfechtungsfristen** und erhält der ehemalige Gesellschafter danach Sicherung oder Befriedigung, ändert dies an der Anwendbarkeit des § 135 InsO nichts.[54] Endete die Gesellschafterstellung **außerhalb** der **Anfechtungsfristen**, so ist der ehemalige Gesellschafter wie ein Dritter zu behandeln.[55]

29 Tritt kein Wechsel in der Beteiligung ein, sondern tritt der Gesellschafter innerhalb der gesetzlichen Frist die **Darlehensforderung** an einen Nichtgesellschafter ab, so gilt für den Zessionar die Regelung des § 404 BGB. Nach dieser Norm kann der Schuldner dem neuen Gläubiger die Einwendungen entgegensetzen, die z.Zt. der **Abtretung** der Forderung gegen den bisherigen Gläubiger begründet waren. Daraus folgt, dass auch dem Zessionar ggü. Sicherungs- bzw. Tilgungsleistungen nach § 135 Abs. 1 InsO anfechtbar sind, es sei denn, die Forderungsabtretung lag außerhalb der gesetzlichen Anfechtungsfristen.[56]

30 Besonderheiten gelten, wenn **Gesellschafterstellung** und **Darlehensgläubigerschaft** nachträglich auseinanderfallen.[57] Tritt der Gesellschafter eine gegen die Gesellschaft

---

52 So BGH, Urt. v. 27. Februar 2020 – IX ZR 337/18, ZIP 2020, 723 ff. = ZRI 2020, 266 ff. = NZI 2020, 422 ff. mit Anm. Bangha-Szabo = ZInsO 2020, 834 ff.

53 So BGH, 13.10.2016 – IX ZR 184/14, NZI 2017, 24 ff. mit Anm. Bangha-Szabo = ZInsO 2016, 2479 ff.

54 Vgl. Gehrlein, WM 2008, 846, 850; Altmeppen, NJW 2008, 3601, 3603.

55 So HambKomm-InsR/Schröder, § 135 InsO Rn. 19.

56 So Altmeppen, NJW 2008, 3601, 3604; Gehrlein, WM 2008, 846, 850; HambKomm-InsR/Schröder, § 135 InsO Rn. 19.

57 S. Preuß, ZIP 2013, 1145, 1146 ff.

gerichtete Darlehensforderung binnen eines Jahres vor Antragstellung ab und tilgt die Gesellschaft anschließend die Verbindlichkeit gegenüber dem Zessionar, unterliegt nach Verfahrenseröffnung neben dem Zessionar auch der Gesellschafter der Anfechtung.[58]

b) Darlehen

Der **Begriff des Darlehens** ergibt sich aus §§ 488, 607 BGB. Das Gesellschafterdarlehen ist der Grundfall des § 135 Abs. 1 InsO. Es werden alle Arten von Darlehen erfasst.[59] Auch ein **kurzfristiges Darlehen** zur Überbrückung ist ein Darlehen.[60] Auch **Zinsen** und sonstige **Nebenforderungen** sind subordiniert, ohne dass es darauf ankommt, ob eine Stundung vereinbart worden ist oder der Gesellschafter die Forderung stehen gelassen hat.[61] 31

Der **Lieferantenkredit** ist kein Darlehen i.S.d. Gesellschafterdarlehens, sondern eine **gleichgestellte Forderung** gem. § 39 Abs. 1 Nr. 5 InsO, sofern der Lieferant Gesellschafter ist.[62] 32

Gewährt ein Gesellschafter seiner Gesellschaft fortlaufend zur **Vorfinanzierung** der von ihr abzuführenden Sozialversicherungsbeiträge Kredite, die in der Art eines Kontokorrentkredits jeweils vor Erhalt des Nachfolgedarlehens mithilfe öffentlicher Beihilfen abgelöst werden, ist die Anfechtung wie bei einem Kontokorrentkredit auf die Verringerung des Schuldsaldos im Anfechtungszeitraum beschränkt.[63] 33

Entnimmt ein **Kommanditist** Gelder aus dem Vermögen der Gesellschaft und sind die Entnahmen durch ein Guthaben auf einem Kapitalkonto gedeckt, scheidet eine Anfechtung nach § 135 Abs. 1 Nr. 2 InsO aus, wenn das **Guthaben** eine Beteiligung am Eigenkapital der Gesellschaft ausweist und damit keine Forderung des Gesellschafters darstellt.[64] 34

c) Gleichgestellte Forderungen

Mit der Formulierung »eine gleichgestellte Forderung« rekurriert der Gesetzgeber auf die bisherige Regelung des § 32a Abs. 3 Satz 1 GmbHG. Es kann eine Gleichstellung in **personeller** oder **sachlicher Hinsicht** vorliegen.[65] 35

---

58 So BGH, 21.02.2013 – IX ZR 32/12, ZIP 2013, 582 ff. = NZI 2013, 308 ff.

59 So A/G/R-Gehrlein, § 135 InsO Rn. 3.

60 So BGH, 07.05.2013 – IX ZR 203/11, BGH, 07.05.2013 – IX ZR 271/13, NZI 2013, 816; BGH, 07.03.2013 – IX ZR 7/12, ZIP 2013, 734 ff. = WM 2013, 708 ff.; HambKomm-InsR/Schröder, § 135 InsO Rn. 22.

61 So Habersack, ZIP 2007, 2145, 2150.

62 So HambKomm-InsR/Schröder, 135 InsO Rn. 21.

63 So BGH, 07.03.2013 – IX ZR 7/12, ZIP 2013, 734 Rn. 21.

64 So OLG Schleswig, 08.02.2017 – 9 U 84/16, ZIP 2017, 622 ff. = NZI 2017, 452 ff. mit Anm. Primozic.

65 So BT-Drucks. 61/6140, S. 56.

aa) Sachliche Gleichstellung

36 Eine **sachliche** Gleichstellung liegt vor, wenn die Rechtshandlung eine **Kreditierungswirkung** für den Schuldner hat.[66] Zu den gleichgestellten Forderungen gehören grundsätzlich auch Darlehensforderungen von Unternehmen, die mit dem Gesellschafter horizontal oder vertikal verbunden sind.[67] Die Gesellschafterleistung muss nach ihrer **wirtschaftlichen Funktion** einer Leistung von Eigenkapital vergleichbar sein.[68] Einer Beteiligung der Komplementär-GmbH am Kapital der darlehensnehmenden GmbH & Co. KG bedarf es zur Anwendung des Gesellschafterdarlehensrechts nicht.[69]

37 Jede **Forderung eines Gesellschafters auf Rückzahlung** eines vom Gesellschafter aus seinem Vermögen der Gesellschaft zur Verfügung gestellten Geldbetrags ist darlehensgleich, sofern ein solcher Rückzahlungsanspruch durchgängig seit der Überlassung des Geldes bestand und sich Gesellschafter und Gesellschaft von vornherein einig waren, dass die Gesellschaft das Geld zurückzuzahlen habe.[70] Wird die aus einem üblichen Austauschgeschäft herrührende Forderung eines Gesellschafters über einen Zeitraum von mehr als drei Monaten rechtsgeschäftlich oder faktisch zugunsten seiner Gesellschaft **gestundet**, handelt es sich grundsätzlich um eine **darlehensgleiche Forderung.**[71] Ob die aus einem **Lizenzvertrag** herrührende Forderung eines Gesellschafters auf Bezahlung von Lizenzgebühren wirtschaftlich einem Gesellschafterdarlehen entspricht, richtet sich im Rahmen einer **Gesamtwürdigung nach Art, Inhalt und Umständen** des tatsächlich gewährten Zahlungszeitraums und der marktüblichen Konditionen, bei der die Auswirkungen von Fälligkeitsvereinbarung und Stehenlassen zusammen zu betrachten sind.[72]

38 Hat ein Gesellschafter zusätzlich zu seiner Beteiligung als Gesellschafter eine (typische) stille Beteiligung übernommen, stellt der Anspruch auf Rückgewähr der stillen Einlage eine einem Darlehen gleichgestellte Forderung dar.[73]

39 Eine Behandlung als wirtschaftlich einem Darlehen entsprechende Forderung scheidet aus, wenn bereits zum Zeitpunkt des ersten, auf einen Vortrag des Gewinns auf neue Rechnung gerichteten Gesellschafterbeschlusses eine **Gewinnausschüttung** nicht

---

66 So HambKomm-InsR/Schröder, § 135 InsO Rn. 25.

67 So BGH, 21.02.2013 – IX ZR 32/12, ZIP 2013, 582 ff. = NZI 2013, 308 ff. Rn. 15.

68 So BGH, 24.02.2022 – IX ZR 250/20, ZRI 2022, 280 ff. = WM 2022, 522 ff. Rn. 43; BGH, 25.06.2020 – IX ZR 243/18, BGHZ 226, 125 ff. Rn. 27.

69 So BGH, 07.11.2024 – IX ZR 216/22, ZRI 2024, 1127 ff. = DStR 2025, 54 ff. Rn. 18. Vgl. dazu: Ordejón-Zuckermaier/Michels, NZI 2025, 113 ff.; Gehrlein, NZI 7/2025, Editorial.

70 So BGH, 27.06.2019 – IX ZR 167/18, ZIP 2019, 1577 ff. = ZInsO 2019, 1734 ff.; vgl. dazu Ganter, NZI 2021, 1 ff.

71 So BGH, 11.07.2019 – IX ZR 210/18, BB 2019, 2257 ff. = ZInsO 2019, 1732 ff.; vgl. dazu Weber, BB 2022, 137, 138.

72 BGH, 24.02.2022 – IX ZR 250/20, ZRI 2022, 280 ff. = NZI 2022, 425 ff. mit Anm. Fehl-Weileder = ZInsO 2022, 757 ff.

73 So BGH, 23.11.2017 – IX ZR 218/16, WM 2017, 2399 f. = NZI 2018, 71 f.= DZWIR 2018, 192 f. Rn. 6.

vorgenommen werden durfte, weil und soweit die Auszahlung zu diesem Zeitpunkt eine Unterbilanz herbeigeführt oder vertieft hätte.[74]

Nehmen Gesellschafter und Gesellschaft **taggleiche Hin- und Herzahlungen** im Rahmen des gleichen darlehensähnlichen Verhältnisses ohne wirksamen anderen Rechtsgrund vor, kommt eine darlehensgleiche Forderung nur in **Höhe des Saldos** in Betracht.[75] 40

Auch gleichgestellte Forderungen sind zu beachten, wobei allerdings nicht jede geringfügige Überschreitung der marktüblichen oder vereinbarten Zahlungsfrist oder des für einen Baraustausch unschädlichen Zeitraums genügt.[76] Als gleichgestellte Forderungen kommen insb. in Betracht: 41
- **Stundung,**[77]
- **Stehenlassen** einer Forderung,[78]
- Forderungen aus **Warenlieferungen,**[79]
- nicht ausgeschüttete **Gewinne,**[80]
- Stehen gelassene **Miet- und Pachtzinsansprüche,**[81]
- Stehen gelassene **Gehaltsansprüche,**[82]
- Stehen gelassene **Spesen** und **Tantiemen,**[83]
- Stehen gelassene **Provisionen.**[84]

Vertragliche Ansprüche eines Gesellschafters auf **marktübliche Zinsen** für das von ihm gewährte Gesellschafterdarlehen stellen keine einem Gesellschafterdarlehen gleich- 42

74 So BGH, 22.07.2021 – IX ZR 195/20, BGHZ 230, 335 ff. = ZRI 2021, 775 ff. = NZI 2021, 980 ff. mit Anm. Primozic/Ruf = BB 2021, 2320 ff. mit Anm. Wilhelm.

75 So BGH, 27.06.2019 – IX ZR 167/18, ZIP 2019, 1577 ff. = ZInsO 2019, 1734 ff.

76 So BGH, 24.02.2022 – IX ZR 250/20, ZRI 2022, 280 ff. Rn. 44; BGH, 22.10.2020 – IX ZR 231/19, ZIP 2020, 2409 ff. Rn. 13.

77 So A/G/R-Gehrlein, § 135 InsO Rn. 4; HWF/Schmittmann/Zeeck, § 135 InsO Rn. 16; Gehrlein, WM 2008, 846, 853; Haas, ZIP 2017, 545, 549.

78 So BGH, 26.11.1979 – II ZR 104/77, BGHZ 75, 334, 337.

79 So BGH, 13.07.1981 – II ZR 256/79, BGHZ 81, 252, 262; HWF/Schmittmann/Zeeck, § 135 InsO Rn. 16.

80 So BGH, 22.07.2021 – IX ZR 195/20, BGHZ 230, 335 ff. = ZRI 2021, 775 ff. = NZI 2021, 980 ff. mit Anm. Primozic/Ruf = BB 2021, 2320 ff. mit Anm. Wilhelm; BGH, 26.11.1979 – II ZR 104/77, BGHZ 75, 334, 338.

81 So Graf-Schlicker/Neußner, § 135 InsO Rn. 8.

82 So BGH, 24.03.1980 – II ZR 213/77, BGHZ 76, 326, 332; OLG Karlsruhe, 23.07.2003 – 6 U 203/01, ZInsO 2003, 856, 857; HWF/Schmittmann/Zeeck, § 135 InsO Rn. 16; eine Deckung einer Gehaltsforderung eines Gesellschafters nach den Grundsätzen des Bargeschäfts stellt keine einem Gesellschafterdarlehen wirtschaftlich entsprechende Forderung dar, so BGH, 10.07.2014 – IX ZR 192/13, ZIP 2014, 1491 ff. = DB 2014, 1731 ff. = ZInsO 2014, 1602 ff.

83 So BGH, 28.09.1981 – II ZR 223/80, BGHZ 81, 365, 367.

84 So BGH, 02.04.2001 – II ZR 261/99, ZIP 2001, 839, 840 Rn. 10 = ZInsO 2001, 467, 468; HWF/Schmittmann/Zeeck, § 135 InsO Rn. 16.

gestellte Forderung dar, sofern sie nicht erst zu außerhalb jeder verkehrsüblichen Handhabung liegenden Zinsterminen gezahlt werden.[85]

43 Ob die aus einem Lizenzvertrag herrührende Forderung eines Gesellschafters auf Bezahlung von **Lizenzgebühren** wirtschaftlich einem Gesellschafterdarlehen entspricht, richtet sich im Rahmen einer Gesamtwürdigung nach Art, Inhalt und Umständen des tatsächlich gewährten Zahlungszeitraums und der marktüblichen Konditionen, bei der die Auswirkungen von Fälligkeitsvereinbarung und Stehenlassen zusammen zu betrachten sind.[86]

44 Zu den gleichgestellten Forderungen gehörten früher insb. auch **Forderungen aus Miet- und Pachtverhältnissen** zwischen Gesellschafter und Gesellschaft und zwar unabhängig davon, ob die Zahlung des Miet- oder Pachtzinses fristgemäß oder verspätet erfolgte. Auch pünktlich geleistete Miet- und Pachtzinsen unterliegen der Anfechtung.[87]

45 Zu **Miet- und Pachtzinsansprüchen** für die Zeit ab Eröffnung des Verfahrens liegt allerdings nunmehr i.Ü. eine gesetzliche Regelung in § 135 Abs. 3 InsO vor (s. unten Rdn. 80 ff.).

bb) Persönliche Gleichstellung

46 Eine **persönliche** Gleichstellung liegt vor, wenn entweder eine Person mit gesellschaftergleichem Vermögensinteresse oder eine Mittelsperson auf Rechnung des Gesellschafters oder mit Mitteln des Gesellschafters der Gesellschaft Kredit gewährt.[88]

47 Eine Person mit gesellschaftergleichem Vermögensinteresse ist bspw. ein **Nießbraucher**,[89] jedenfalls dann, wenn der Nießbrauch den gesamten Gesellschaftsanteil bzw. dessen Ertrag umfasst,[90] ein **Pfandgläubiger**, wenn ihm Gewinnbezugsrechte und Ansprüche auf Abfindung aus dem Liquidationserlös zustehen[91] oder ein **atypischer stiller Gesellschafter**.[92] Ein stiller Gesellschafter ist in Bezug auf die Kapitalerhaltungsregeln einem Gesellschafter einer GmbH gleichzustellen und fällt somit in den Anwendungsbereich des § 39 Abs. 1 Nr. 5 InsO, wenn seine Rechte im Beteiligungsvertrag sowohl hinsichtlich der vermögensmäßigen Beteiligung als auch hinsichtlich des Einflusses auf die Geschicke der GmbH weitgehend denen eines GmbH-Gesell-

85 So BGH, 27.06.2019 – IX ZR 167/18, ZIP 2019, 1577 ff. = ZInsO 2019, 1734 ff.
86 So BGH, 24.02.2022 – IX ZR 250/20, ZRI 2022, 280 ff.
87 So Henkel, ZInsO 2010, 2209, 2210; Hölzle, ZIP 2010, 913, 914; Marotzke, ZInsO 2008, 1281, 1284; a.A. Bitter, ZIP 2010, 1, 6; Dahl/Schmitz, NZG 2009, 325, 328.
88 Vgl. Graf-Schlicker/Neußner, § 135 InsO Rn. 7; HambKomm-InsR/Schröder, § 135 InsO Rn. 34.
89 Vgl. Habersack, ZIP 2007, 2145, 2148 f.; A/G/R-Gehrlein, § 135 InsO Rn. 5; HambKomm-InsR/Schröder, § 135 InsO Rn. 30.
90 So Jaeger/Henckel, § 39 InsO Rn. 85; A/G/R-Gehrlein, § 135 InsO Rn. 5.
91 Vgl. BGH, 13.07.1992 – II ZR 251/91, BGHZ 119, 191, 198.
92 So BGH, 01.03.1982 – II ZR 23/81, BGHZ 83, 341, 345; Jaeger/Henckel, § 39 InsO Rn. 85; A/G/R-Gehrlein, § 135 InsO Rn. 5.

schafters entsprechen. Dies hat sich auch durch die Neufassung des Kapitalersatzrechts durch das MoMiG nicht geändert.[93]

Der **atypische stille Gesellschafter** einer GmbH & Co. KG steht mit seinen Ansprüchen wirtschaftlich dem Gläubiger eines Gesellschafterdarlehens insolvenzrechtlich gleich, wenn in einer Gesamtbetrachtung seine Rechtsposition nach dem Beteiligungsvertrag der eines Kommanditisten im Innenverhältnis weitgehend angenähert ist.[94] 48

Als gleichgestellte Personen kommen i.Ü. Personen in Betracht, die als **Treugeber** über Strohleute und/oder nahe Angehörige Einfluss auf die Gesellschaft ausüben.[95] Da der Treugeber seine wirtschaftlichen Interessen an der Gesellschaft über den **Strohmann** ausübt, ist er als Gesellschafter anzusehen.[96] Ob es sich um eine eigennützige (Sicherungs-) oder fremdnützige (Verwaltungs-) Treuhand handelt, ist unbeachtlich.[97] 49

Ein **Dritter** wird einem Gesellschafter auch dann gleichgestellt, wenn er der Gesellschaft mit Mitteln oder für Rechnung eines Gesellschafters Leistungen gewährt.[98] 50

Eine Gleichstellung ist auch dann anzunehmen, wenn maßgeblich beteiligte Gesellschafter Leistungen der **Muttergesellschaft** an die **Tochtergesellschaft**[99] oder an eine **Enkelgesellschaft**[100] gewähren.[101] 51

3. Anfechtbare Rechtshandlungen

Als anfechtbare Rechtshandlungen kommen Rechtshandlungen in Betracht, die eine **Sicherung** oder **Befriedigung** gewähren. Der Begriff der Rechtshandlung umfasst jede bewusste Willensbetätigung, die eine rechtliche Wirkung auslöst (vgl. § 129 InsO Rdn. 3 ff.). 52

a) Sicherung

Eine **Sicherung** i.S.v. § 135 InsO umfasst jede Form der Sicherheitenbestellung, z.B. Sicherungsübereignungen, Sicherungsabtretungen, Bestellung von Pfandrechten an beweglichen und unbeweglichen Gegenständen.[102] Besonderheiten ergeben sich, wenn 53

---

93 So OLG Köln, 27.10.2011 – 18 U 34/11, ZIP 2011, 2208 ff.

94 So BGH, 28.06.2012 – IX ZR 191/11, BGHZ 193, 378 ff. = ZIP 2012, 1869 ff. Rn. 17.

95 So A/G/R-Gehrlein, § 135 InsO Rn. 5.

96 So BGH, 14.12.1959 – II ZR 187/57, BGHZ 31, 258, 265; BGH, 26.11.1979 – II ZR 104/77, BGHZ 75, 334, 335; Jaeger/Henckel, § 39 InsO Rn. 87.

97 So BGH, 26.11.1979 – II ZR 104/77, BGHZ 75, 334, 335; Jaeger/Henckel, § 39 InsO Rn. 87.

98 So Jaeger/Henckel, § 39 InsO Rn. 88; A/G/R-Gehrlein, § 135 InsO Rn. 5; vgl. OLG Schleswig, 19.10.2000 – 5 U 138/99, NZG 2001, 273 ff. zu einem Fall der früheren eigenkapitalersetzenden Gebrauchsüberlassung.

99 So BGH, 24.09.1990 – II ZR 194/89, ZIP 1990, 1467, 1468.

100 So OLG Hamm, 28.09.1989 – 27 U 81/88, ZIP 1989, 1398, 1399.

101 So HambKomm-InsR/Schröder, § 135 InsO Rn. 30.

102 So K/P/B, § 135 InsO Rn. 16; HambKomm-InsR/Schröder, § 135 InsO Rn. 38; A/G/R-Gehrlein, § 135 InsO Rn. 15.

eine Forderung eines Darlehensgläubigers sowohl durch das Gesellschaftsvermögen, z.B. durch eine Globalzession, und durch das Vermögen eines Gesellschafters, z.B. eine Bürgschaft, gesichert wird (»Doppelbesicherung«).[103] Wird die am Gesellschaftsvermögen und am Vermögen eines Gesellschafters gesicherte Forderung eines Darlehensgläubigers nach der Eröffnung des Insolvenzverfahrens über das Vermögen der Gesellschaft durch Verwertung der Gesellschaftssicherheit befriedigt, ist der Gesellschafter nach der Rechtsprechung des BGH zur Erstattung des an den Gläubiger ausgekehrten Betrages zur Insolvenzmasse verpflichtet.[104] Bis zum Inkrafttreten des MoMiG wurde der Ausgleichsanspruch der Insolvenzmasse gegen den befreiten Gesellschafter nicht anfechtungsrechtlich, sondern gesellschaftsrechtlich gegründet.[105] Der BGH sieht keinen Anlass, nach dem Inkrafttreten des MoMiG eine andere Position einzunehmen. Es handelt sich nach wie vor nicht um einen insolvenzrechtlichen Anspruch, sondern um die analoge Anwendung eines Insolvenzanfechtungstatbestandes. Ausgangspunkt ist die Masse schmälernde Verfügung nach Eröffnung des Insolvenzverfahrens, die auf gesellschaftsrechtliche Ebene korrigiert werden muss.

54 Das **Bargeschäftsprivileg** nach § 142 Abs. 1 InsO gilt nicht bei der Anfechtung der Besicherung eines Gesellschafterdarlehens.[106]

55 Früher wurde z.T. vertreten, im Fall der **Doppelbesicherung** die Regelung des § 44a InsO anzuwenden und dem Gläubiger das Wahlrecht zwischen einer Inanspruchnahme der Gesellschaft und des Gesellschafters zu versagen.[107] Zum Teil wurde auch vertreten, dass der Gesellschafter zur **Freistellung** und **Erstattung** verpflichtet ist, sei es aufgrund einer analogen Anwendung der §§ 135 Abs. 1 Nr. 1, 143 Abs. 3 InsO sei es aufgrund einer Anwendung der Grundsätze der Gesamtschuldnerschaft gem. § 426 Abs. 1 BGB analog.[108]

56 Aus Sicht des Insolvenzverwalters ist es wirtschaftlich am günstigsten, wenn sich die Bank unmittelbar an den Gesellschafter hält und daher nur noch einen geringeren Betrag gegenüber der Insolvenzmasse geltend macht. Nimmt die Bank i.H.d. Ausfalls weiterhin am Verfahren teil, so hat der Insolvenzverwalter, sofern sich der Befriedigungsanspruch aus Sicherheiten ergibt, die seitens der Gesellschaft gestellt worden sind, dafür zu sorgen, dass der Ausgleichsanspruch gegen den Gesellschafter auch tatsächlich geltend gemacht wird, wobei hier das Risiko der erfolgreichen Geltendmachung bei der Insolvenzmasse liegt.

---

103 S. A/G/R-Gehrlein, § 135 InsO Rn. 15.

104 So BGH, 01.12.2011 – IX ZR 111/11, BGHZ 192, 9 ff. = ZIP 2011, 2417 ff. Rn. 16.

105 So BGH, 13.07.1981 – IX ZR 256/79, BGHZ 81, 252, 259 ff.

106 So BGH, 14.02.2019 – IX ZR 149/16, ZIP 2019, 666 ff. = NZI 2019, 460 ff. mit Anm. Bangha-Szabo = EWiR 2019, 241 f. [Bork]; vgl. dazu krit.: Bitter, ZIP 2019, 737, 748.

107 Vgl. K. Schmidt, BB 2008, 1970 ff.; Schönfelder, WM 2009, 1407 ff.; N. Schmidt, ZInsO 2010, 72 ff.

108 Vgl. Dahl/Schmitz, NZG 2009, 328 ff.; Altmeppen, ZIP 2011, 748 ff.; Uhlenbruck/Hirte, § 44a InsO Rn. 7; Bork in: FS Ganter, S. 147 ff.; vgl. zum Ganzen umfassend Kirstein in: Haarmeyer/Huber/Schmittmann, Praxis der Insolvenzanfechtung, 1. Aufl., Teil V.F Rn. 68 ff.

b) Befriedigung

Eine **Befriedigung** i.S.v. § 135 InsO umfasst jede Form des Erlöschens der Schuld,[109] insb. durch Zahlung, aber auch im Wege der Zwangsvollstreckung, der Aufrechnung, der befreienden Hinterlegung, der Befriedigung aus einer Sicherheit oder der Leistung an Erfüllungs statt oder erfüllungshalber.[110] Auch die Aufhebung einer »harten« Patronatserklärung ist eine Befriedigung.[111] 57

Wird eine für ein Gesellschafterdarlehen anfechtbar bestellte Sicherung verwertet, greift die Anfechtung mangels einer **Sperrwirkung des Befriedigungstatbestandes** auch dann durch, wenn die Verwertung länger als ein Jahr vor der Antragstellung erfolgte.[112] 58

Eine von der Schuldnerin zur **Sicherung eines Darlehens** gewährte Forderungsabtretung ist anfechtbar, wenn der Gesellschafter der Schuldnerin mit 50 % an der darlehensgebenden Gesellschaft beteiligt ist und zugleich deren alleinvertretungsberechtigter Geschäftsführer ist.[113] Im **Rahmen eines kontokorrentähnlichen Gesellschafterdarlehensverhältnisses** ist eine Befriedigung des Darlehensrückzahlungsanspruchs gegenüber dem Gesellschafter nur anfechtbar, soweit der im Anfechtungszeitraum bestehende **höchste Saldo** bis zum Zeitpunkt der Eröffnung des Insolvenzverfahrens endgültig zurückgeführt worden ist.[114] 59

Die **Entnahme** von Guthaben auf einem **Kapitalkonto des Kommanditisten** ist wie die Rückgewähr eines Gesellschafterdarlehens anfechtbar, wenn die Auslegung des Gesellschaftsvertrags ergibt, dass das Guthaben keine Beteiligung des Kommanditisten, sondern schuldrechtliche Forderungen ausweist.[115] Dabei kommt es entscheidend darauf an, ob das Guthaben auf einem Kapitalkonto eines Kommanditisten als Ausweis einer Beteiligung oder eines Forderungsrechts anzusehen ist. Dies hängt davon ab, ob Verluste das Konto belasten dürfen oder ob sie von einem anderen Kapitalkonto abzusetzen oder einem Verlustsonderkonto zuzuschreiben sind.[116] 60

---

109 Vgl. A/G/R-Gehrlein, § 135 InsO Rn. 15.

110 Vgl. K/P/B, § 135 InsO Rn. 17; Graf-Schlicker/Neußner, § 135 InsO Rn. 17; HambKomm-InsR/Schröder, § 135 InsO Rn. 40; Jaeger/Henckel, § 135 InsO Rn. 11.

111 So Uhlenbruck/Hirte, § 135 InsO Rn. 11; OLG München, 22.07.2004 – 19 U 1867/04, ZInsO 2004, 1044 ff.

112 So BGH, 18.07.2013 – IX ZR 219/11, ZIP 2013, 1579 ff. = WM 2013, 1565 ff. = NZI 2013, 742 ff.

113 So BGH, 18.07.2013 – IX ZR 219/11, ZIP 2013, 1579 ff. = WM 2013, 1565 ff. = NZI 2013, 742 ff.

114 So BGH, 27.06.2019 – IX ZR 167/18, ZIP 2019, 1577 ff. = ZInsO 2019, 1734 ff.

115 So BGH, 17.12.2020 – IX ZR 122/19, WM 2021, 93 ff. = ZRI 2021, 180 ff. = DZWIR 2021, 456 ff. = EWiR 2021, 151 f. [Ruhe-Schweigel].

116 So BGH, 17.12.2020 – IX ZR 122/19, WM 2021, 93 ff. Rn. 18.

4. Gläubigerbenachteiligung

61 Für eine Anfechtung gem. § 135 InsO ist wiederum eine **Gläubigerbenachteiligung** erforderlich (s. im Einzelnen die Kommentierung zu § 129 InsO).[117]

62 Gewährt der Schuldner ein Darlehen, kommt eine unmittelbare Gläubigerbenachteiligung in Betracht, wenn die **Forderung gegen den Darlehensnehmer** im Zeitpunkt der Vornahme der Rechtshandlung für einen Pfändungsgläubiger aus Rechtsgründen nicht durchsetzbar ist oder aus rechtlichen oder tatsächlichen Gründen **nicht als gleichwertige Gegenleistung** für den Verlust der Darlehensvaluta anzusehen ist. Der im Insolvenzfall eintretende Nachrang einer Forderung auf Rückgewähr eines Gesellschafterdarlehens genügt hierfür nicht.[118]

63 Die in der Rückzahlung eines Gesellschafterdarlehens liegende Gläubigerbenachteiligung wird nicht beseitigt, indem der Gesellschafter die empfangenen Darlehensmittel zwecks Erfüllung einer von ihm übernommenen Kommanditeinlagepflicht an die Muttergesellschaft der Schuldnerin weiterleitet, welche der Schuldnerin anschließend Gelder in gleicher Höhe auf der Grundlage einer von ihr übernommenen **Verlustdeckungspflicht** zur Verfügung stellt.[119]

64 Im Fall der **Doppelinsolvenz von Gesellschafter und Gesellschaft** stellt die anfechtbare Hingabe des Gesellschafterdarlehens eine Einrede gegen den Anfechtungsanspruch aufgrund der Befriedigung des Anspruchs auf Rückgewähr dieses Darlehens dar.[120]

III. § 135 Abs. 2 InsO

65 Die Regelung des § 135 Abs. 2 InsO greift die früher in **§ 32b GmbHG** enthaltene Regelung in **rechtsformneutraler** Form auf, bei der es sich der Sache nach um einen Anfechtungstatbestand gehandelt hat.[121] Eine Krise bei § 135 Abs. 2 InsO ist nicht erforderlich.[122]

66 Die Vorschrift betrifft **Darlehen** oder **gleichgestellte Forderungen eines Dritten**, dessen Forderungen **durch einen Gesellschafter** oder einen diesem gleichgestellten Dritten **abgesichert** worden sind.[123] In dem Insolvenzverfahren über das Vermögen der Gesellschaft kann ein solcher Gläubiger gem. § 44a InsO nur anteilsmäßige Befriedigung aus der Insolvenzmasse verlangen, soweit er bei der **Inanspruchnahme** der Sicherheit oder des Bürgen **ausgefallen** ist.[124]

---

117 So Uhlenbruck/Hirte, § 135 InsO Rn. 10.
118 So BGH, 27.06.2019 – IX ZR 167/18, ZIP 2019, 1577 ff. = ZInsO 2019, 1734 ff.
119 So BGH, 02.05.2019 – IX ZR 67/18, ZIP 2019, 1128 ff.
120 So BGH, 27.06.2019 – IX ZR 167/18, ZIP 2019, 1577 ff. = ZInsO 2019, 1734 ff.
121 So BT-Drucks. 16/6140, S. 57; A/G/R-Gehrlein, § 135 InsO Rn. 18.
122 So BGH, 30.04.2015 – IX ZR 196/13, ZIP 2015, 1130 f. = WM 2015, 1119 ff. = ZInsO 2015, 1149 f.
123 Vgl. ausführlich: Thole, ZIP 2015, 1609 ff.; Weber, BB 2022, 137, 142.
124 Vgl. umfassend: Frege/Nicht/Schildt, ZInsO 2012, 1961, 1963 ff.; OLG Stuttgart, 26.09.2012 – 9 U 65/12, ZInsO 2012, 2051, 2054.

Die Vorschrift gilt nur gegenüber dem **Sicherungsgeber**, nicht gegenüber an ihm maßgeblich beteiligten Gesellschaftern. Eine Rechtshandlung, mit der eine Schuldnerin für eine Forderung einer GmbH auf Rückgewähr eines Darlehens Befriedigung gewährt, ist nicht allein deswegen gegenüber dem Gesellschafter der Schuldnerin anfechtbar, weil dieser zugleich maßgeblich an der das Darlehen gewährenden Gesellschaft beteiligt ist und deswegen die **Gewährung der Finanzierungshilfe** veranlassen konnte.[125]

Verwertet der Insolvenzverwalter eine **Gesellschaftssicherheit** nach Eröffnung des Insolvenzverfahrens zugunsten einer Forderung eines Dritten auf Rückgewähr eines Darlehens, für die der Gesellschafter eine Sicherheit bestellt hat, beginnt die Verjährung des Anfechtungsanspruchs gegen den Gesellschafter frühestens mit der Befriedigung des Dritten.[126] 67

Während die Regelung des **§ 135 Abs. 1 InsO** an eine **Leistung der Gesellschaft** anknüpft, die das **Gesellschaftsvermögen** schmälert, liegt der Anfechtungsgrund des **§ 135 Abs. 2 InsO** darin begründet, dass der **Gesellschafter** aus der von ihm gestellten Sicherheit **durch die Leistung der Gesellschaft befreit** wird.[127] Die Vorschrift ist auf gleichgestellte Personen analog anwendbar.[128] Die mittelbare Gläubigerbenachteiligung reicht aus.[129] 68

Neben der im Gesetz ausdrücklich genannten Bürgschaft kommen als Gesellschaftersicherheiten sämtliche **Personalsicherheiten**, z.B. Schuldbeitritte[130] und »harte« Patronatserklärungen,[131] sowie **Realsicherheiten** (Mobiliar- und Immobiliarsicherheiten), insb. Grundschulden,[132] in Betracht.[133] Erfüllt der Schuldner einen Werkvertrag, für den ein Dritter eine **Anzahlungsbürgschaft** übernommen hat, liegt darin gegenüber dem Gesellschafter, der dem Dritten für die Bürgschaft eine Sicherheit gestellt hat, keine Rückgewähr einer gleichgestellten Forderung.[134] 69

Der – misslungene[135] – Wortlaut des § 135 Abs. 2 InsO deutet darauf hin, dass **Anfechtungsgegner** der Empfänger der Befriedigung ist. Dies trifft allerdings nicht zu, 70

125 So BGH, 19.09.2024 – IX ZR 173/23, Rn. 26, ZRI 2024, 903 ff. = NZI 2024, 985 mit Anm. Schubert.

126 So BGH, 09.12.2021 – IX ZR 201/20, ZRI 2022, 125 ff. = ZIP 2022, 229 ff. = EWiR 2022, 278 f. [Jakobs] = BB 2022, 398 ff. mit Komm. Swierczok = DB 2022, 450 mit Anm. Gehrlein.

127 Vgl. Uhlenbruck/Hirte, § 135 InsO Rn. 16; Altmeppen, NJW 2008, 3601, 3607.

128 So HambKomm-InsR/Schröder, § 135 InsO Rn. 55.

129 So ausdrücklich BGH, 09.12.2021 – IX ZR 201/20, ZRI 2022, 125 ff. = ZIP 2022, 229 ff. Rn. 13.

130 So OLG München, 22.03.2006 – 7 U 5152/05, GmbHR 2006, 814.

131 So OLG Celle, 18.06.2008 – 9 U 14/08, ZIP 2008, 2416.

132 So BGH, 27.11.1989 – II ZR 310/88, ZIP 1990, 95.

133 So K/P/B, § 135 InsO Rn. 22.

134 So BGH, 26.01.2017 – IX ZR 125/15, ZIP 2017, 441 ff. = DB 2017, 486 ff. = NZI 2017, 305 ff. mit Anm. Froehner.

135 So ausdrücklich BGH, 09.12.2021 – IX ZR 201/20, ZRI 2022, 125 ff. = ZIP 2022, 229 ff. Rn. 19.

da nicht die Tilgung in anfechtbarer Weise erlangt worden ist, sondern die Befreiung des Gesellschafters aus der Position des Sicherungsgebers. Der **Gesellschafter**, der die Sicherheit gestellt und durch die Zahlung aus der Sicherheit befreit worden ist, ist daher richtiger Anfechtungsgegner.[136] Sind zugunsten des Gläubigers einer GmbH **Sicherungsrechte** an Vermögensgegenständen der Gesellschaft und wegen derselben Forderung Sicherheiten durch einen Gesellschafter bestellt worden, kann der Insolvenzverwalter über das Vermögen der Gesellschaft nach Verwertung der dem **Absonderungsrecht** unterliegenden Gegenstände und Auskehr des Erlöses an den Gläubiger nicht mit Erfolg die Insolvenzanfechtung gegenüber dem Gesellschafter mit der Begründung geltend machen, durch die Tilgung der Gesellschaftsschuld sei die Sicherheit entsprechend frei geworden.[137]

71 Erhöht sich die Forderung des Dritten – etwa aufgrund laufender Zinsen – nach der Eröffnung des Insolvenzverfahrens und erhält der Dritte hierfür eine Befriedigung aus der Verwertung einer Gesellschaftssicherheit, umfasst der Anfechtungsanspruch gegen den Gesellschafter auch die erst nach Eröffnung des Insolvenzverfahrens entstandenen Ansprüche des Dritten, wenn sich sowohl die Gesellschaftssicherheit als auch die Gesellschaftersicherheit auf diese Ansprüche erstrecken.[138]

72 Zahlt ein Gesellschafter, dem im letzten Jahr vor dem Eröffnungsantrag von der Gesellschaft **Darlehen** zurückgewährt worden sind, die erhaltenen Beträge an die Gesellschaft zurück, um die ursprüngliche Vermögenslage der Gesellschaft wiederherzustellen, entfällt die mit der **Rückführung** eingetretene objektive **Gläubigerbenachteiligung**; erfolgt die Rückzahlung auf ein im Soll geführtes Konto der Gesellschaft bei einer Bank, für das der Gesellschafter eine Sicherheit bestellt hat oder als Bürge haftet, kann die Rückführung des Saldos gem. § 135 Abs. 2 InsO anfechtbar sein. Führt die Gesellschaft durch die Zahlung des Gesellschafters auf das debitorische Konto das besicherte **Drittdarlehen** nur teilweise zurück und kann der Gesellschafter weiterhin aus der von ihm bestellten Sicherheit von der Bank in Anspruch genommen werden, darf die Summe aus dem Anfechtungsanspruch nach § 135 Abs. 2 InsO und der fortbestehenden Verpflichtung des Gesellschafters aus der Sicherheit den Höchstbetrag der eingegangenen Sicherheitsverpflichtungen des Gesellschafters nicht übersteigen.[139]

---

136 So BGH, 09.12.2021 – IX ZR 201/20, ZRI 2022, 125 ff. = ZIP 2022, 229 ff. Rn. 13; BGH, 13.07.2017 – IX ZR 173/16, BGHZ 215, 262 Rn. 14; BGH, 01.12.2011 – IX ZR 11/11, BGHZ 192, 9 ff. Rn. 7; Altmeppen, NJW 2008, 3601, 3607; Gehrlein, BB 2008, 846, 853; Schmidt, BB 2008, 1966, 1969; Spliedt, ZIP 2009, 149, 155; K/P/B, § 135 InsO Rn. 23; HWF/Schmittmann/Zeeck, § 135 InsO Rn. 19.

137 So OLG Hamm, 29.12.2010 – I-8 U 85/10, NZI 2011, 251, 252, m. Anm. Lenger.

138 So BGH, 09.12.2021 – IX ZR 201/20, ZRI 2022, 125 ff. = ZIP 2022, 229 ff. = EWiR 2022, 278 f. [Jakobs] = BB 2022, 398 ff. mit Anm. Swierczok = DB 2022, 450 mit Anm. Gehrlein.

139 So BGH, 04.07.2013 – IX ZR 229/12, ZIP 2013, 1629 ff. = WM 2013, 1615 ff. = NZI 2013, 804 ff. Vgl. dazu: Thole, ZIP 2015, 1609, 1614.

Die Befreiung des Gesellschafters von der übernommenen Sicherung benachteiligt die Gesellschaftsgläubiger, wenn das durch den Gesellschafter besicherte Darlehen entgegen der Vorstellung des Gesetzes aus **Mitteln der Gesellschaft** getilgt wird.[140] 73

Ein Anspruch gem. § 135 Abs. 2 InsO kommt in Betracht, wenn die am Gesellschaftsvermögen und am Vermögen eines Gesellschafters gesicherte Forderung eines Darlehensgläubigers nach der Eröffnung des Insolvenzverfahrens über das Vermögen der Gesellschaft durch **Verwertung der Gesellschaftssicherheit** befriedigt wird. Hat der Bürge seine **Gesellschafterstellung** im letzten Jahr vor Insolvenzantragstellung verloren, setzt der Anspruch voraus, dass die Bürgschaft eigenkapitalersetzenden Charakter hatte. Der Verzicht des Gläubigers auf die Rechte aus der Bürgschaft innerhalb eines Jahres vor Insolvenzantragstellung oder nach Insolvenzantragstellung steht auch nach Inkrafttreten des Gesetzes zur Modernisierung des GmbH-Rechts und zur Bekämpfung von Missbräuchen (MoMiG) einer Inanspruchnahme des Gesellschafter-Bürgen analog § 143 Abs. 3 InsO nicht entgegen.[141] 74

Weiterhin steht der Anfechtung nach § 135 Abs. 2 InsO nicht entgegen, dass der Gesellschafter gegenüber dem Darlehensgeber von seiner **Sicherheit** aus anderen Gründen als durch eine Befriedigung des Darlehensanspruchs des Dritten befreit worden ist.[142] 75

Ein Anspruch aus §§ 135 Abs. 2, 143 Abs. 3 InsO gegen den Gesellschafter, der für eine Gesellschaftsschuld eine Sicherheit bestellt hat, besteht nur insoweit, als die **Bürgschaftsverpflichtung** des Gesellschafters sich durch die Rückzahlung der Gesellschaftsschuld reduziert hat. Im Fall einer Höchstbetragsbürgschaft und einer nur teilweisen **Tilgung der Gesellschaftsschuld** besteht ein Anspruch deshalb i.H.d. Differenz zwischen der ursprünglichen Höhe der Bürgschaft und der nach der teilweisen Tilgung verbliebenen Gesellschafts- und damit Bürgschaftsverpflichtung.[143] 76

Ein Anspruch aus §§ 135 Abs. 2, 143 Abs. 3 InsO gegen den Gesellschafter besteht auch dann, wenn der Gläubiger in Absprache mit dem Gesellschafter vor **Rückführung der Gesellschaftsschuld** durch die Insolvenzschuldnerin innerhalb eines Jahres vor dem Insolvenzeröffnungsantrag oder nach diesem Antrag auf die weitere Inanspruchnahme des Gesellschafters aus der Gesellschaftersicherheit verzichtet. Dieser Erlassvertrag hat nur im Verhältnis zwischen Gläubiger und Gesellschafter Wirkung und lässt den Anspruch der Insolvenzschuldnerin gegen den Gesellschafter aus §§ 135 Abs. 2, 143 Abs. 3 InsO unberührt.[144] 77

Wird die am Gesellschaftsvermögen und am Vermögen eines Gesellschafters gesicherte Forderung eines Darlehensgläubigers nach der Eröffnung des Insolvenzverfahrens 78

140 So BGH, 09.12.2021 – IX ZR 201/20, ZRI 2022, 125 ff. = ZIP 2022, 229 ff. Rn. 14; BGH, 13.07.2017 – IX ZR 173/16, BGHZ 215, 262 ff. Rn. 14.

141 So OLG Düsseldorf, 17.12.2015 – I-12 U 13/15, ZInsO 2016, 971 f.

142 So ausdrücklich BGH, 09.12.2021 – IX ZR 201/20, ZRI 2022, 125 ff. = ZIP 2022, 229 ff. Rn. 18.

143 So OLG Stuttgart, 14.03.2012 – 14 U 28/11, ZIP 2012, 834 ff. = ZInsO 2012, 885 ff.

144 So OLG Stuttgart, 14.03.2012 – 14 U 28/11, ZIP 2012, 834 ff. = ZInsO 2012, 885 ff.

über das Vermögen der Gesellschaft durch Verwertung der Gesellschaftssicherheit befriedigt, ist der Gesellschafter zur Erstattung des an den Gläubiger ausgekehrten Betrages zur Insolvenzmasse verpflichtet.[145]

79 Hat der Gesellschafter für eine Forderung eines Dritten auf Rückgewähr eines Darlehens eine Sicherheit bestellt oder eine Bürgschaft übernommen, benachteiligt die Befriedigung des Dritten aus der Verwertung einer Gesellschaftssicherheit die Gläubiger auch dann, wenn der Dritte zum Zeitpunkt der Befriedigung seiner Forderung den Gesellschafter nicht mehr aus der Gesellschaftersicherheit hätte in Anspruch nehmen können. Dies gilt ebenso, wenn der Anspruch aus der Bürgschaft bereits verjährt gewesen ist.[146]

IV. § 135 Abs. 3 InsO

80 Die der Bestimmung des § 26a IO (Österreich) angelehnte Regelung[147] des § 135 Abs. 3 InsO stellt **keine Insolvenzanfechtungsnorm** dar,[148] sodass sie in systematischer Hinsicht verwundert[149] und zu Recht als Fremdkörper betrachtet wird.[150] In Wahrheit modifiziert § 135 Abs. 3 InsO die Vorschriften der §§ 103 ff. InsO und ordnet eine zeitlich begrenzte **Aussonderungssperre** an.[151] Die Regelung ist zwingend und nicht abdingbar.[152]

81 Grds. kann der Eigentümer einer Sache (nach Beendigung des Besitzrechts des Mieters oder Pächters) im Wege der **Aussonderung** gem. § 47 InsO die Herausgabe des Gegenstandes verlangen. Dies gilt dem Grundsatz nach auch dann, wenn ein Gesellschafter der Gesellschaft einen Gegenstand zum Gebrauch oder zur Ausübung überlassen hat, z.B. ein Grundstück, eine Maschine oder ein Recht. Vermietet oder verpachtet ein Gesellschafter seiner Gesellschaft das gesamte für deren Unternehmen benötigte **Anlagevermögen**, so lag darin nach altem Recht eine eigenkapitalersetzende Leistung, wenn die Gesellschaft weder selbst über die zur Anschaffung einer solchen Betriebseinrichtung erforderlichen Mittel verfügte noch sich diese aus eigener Kraft auf dem Kapitalmarkt zu üblichen Bedingungen verschaffen konnte und ein vernünftig handelnder Vermieter oder Verpächter, der nicht an der Gesellschaft beteiligt ist und sich auch nicht an ihr beteiligen will, mit dieser einen entsprechenden **Nutzungsüberlassungsvertrag** über die komplette Betriebseinrichtung unter den gegebenen Umständen nicht schließen würde.

---

145 So BGH, 01.12.2011 – IX ZR 11/11, BGHZ 192, 9 ff. = ZIP 2011, 2417 ff. = NJW 2012, 156 ff., vgl. dazu: Thole, ZIP 2015, 1609, 1612.

146 So BGH, 09.12.2021 – IX ZR 201/20, ZRI 2022, 125 ff. = ZIP 2022, 229 ff. = EWiR 2022, 278 f. [Jakobs] = BB 2022, 398 ff. = DB 2022, 450 mit Anm. Gehrlein.

147 Vgl. Graf-Schlicker/Neußner, § 135 InsO Rn. 34.

148 So Schäfer, NZI 2010, 505, 506.

149 Vgl. Schmidt, BB 2008, 1727, 1732; HWF/Schmittmann/Zeeck, § 135 InsO Rn. 20.

150 So K. Schmidt/Schmidt, § 135 InsO Rn. 2.

151 So K/P/B, § 135 InsO Rn. 28; HWF/Schmittmann/Zeeck, § 135 InsO Rn. 20.

152 So K. Schmidt/Schmidt, § 135 InsO Rn. 33.

Ersetzt die **Gebrauchsüberlassung** von vornherein **Stammkapital**, dann durfte entsprechend §§ 30, 31 GmbHG der Anspruch auf Zahlung des Miet- oder Pachtzinses nicht aus dem zur Deckung des Stammkapitals erforderlichen Vermögen erfüllt werden. Für die Geltendmachung von solchen Ansprüchen in der Insolvenz (früher: im Konkurs) und für die Rückforderung von Miet- und Pachtzinsen aus dem letzten Jahr vor Verfahrenseröffnung galten § 32a GmbHG, § 32b GmbHG, ohne dass es insoweit auf die **Beeinträchtigung des Stammkapitals** ankam.[153] 82

Die **eigenkapitalersetzende Nutzungsüberlassung** eines Betriebsgrundstücks begründete zwar in der Insolvenz der Gesellschaft keinen Anspruch der Insolvenz- bzw. Konkursmasse auf **Übertragung des Eigentums** oder **Herausgabe an den Insolvenzverwalter** (früher: Konkursverwalter) zum Zwecke der Verwertung durch Veräußerung.[154] Der Insolvenzverwalter (früher: Konkursverwalter) war jedoch berechtigt, das dem Schuldner in eigenkapitalersetzender Weise überlassene oder belassene Grundstück zugunsten der Insolvenzmasse durch **Weiternutzung** innerhalb des Gesellschaftsunternehmens oder durch anderweitige **Vermietung** oder Verpachtung weiter zu verwerten.[155] Diese Rechtsprechung wurde vielfach als nicht sachgerecht angesehen. 83

Das neue Recht sieht vor, dass eine **Aussonderungssperre** für die Zeit von einem Jahr ab Eröffnung des Insolvenzverfahrens gilt, wenn der **Gegenstand für die Fortführung des Unternehmens von erheblicher Bedeutung** ist.[156] 84

Umstritten ist, ob lediglich der **Gesellschafter** einer solchen **Aussonderungssperre** unterliegt[157] oder ob die Norm auch auf eine mit einem Gesellschafter verbundene oder ihm nahestehende Person angewandt werden kann.[158] Im Hinblick auf die **systematische Stellung** des § 135 InsO sowie im Hinblick darauf, dass der Gesellschafter nunmehr lediglich innerhalb der Jahresfrist einer Aussonderungssperre unterliegt und ihm dafür auch ein wirtschaftlicher Ausgleich gebührt, spricht meines Erachtens einiges dafür, die Norm auch auf mit dem Gesellschafter **verbundene** oder ihm **nahestehende Personen** zu erstrecken. Eine **Aussonderungssperre** kann in der Insolvenz einer Gesellschaft auch gegenüber einem mittelbaren Gesellschafter geltend gemacht werden.[159] Das hierfür zu entrichtende Nutzungsentgelt bemisst sich nach dem Durchschnitt des im letzten Jahr vor Stellung des Insolvenzantrages anfechtungsfrei tatsächlich Geleisteten. Eine Aussonderungssperre scheidet aus, wenn der **Überlassungsvertrag** fortwirkt und der Gesellschafter gegenüber dem Insolvenzverwalter keine Aussonderung verlangen kann. Die Zahlung eines Nutzungsentgelts kann gegenüber dem Gesellschafter nicht als Befriedigung eines Darlehens, sondern nur als Befrie- 85

---

153 So BGH, 14.12.1997 – II ZR 298/91, BGHZ 121, 31 ff.; BGH, 16.10.1989 – II ZR 307/88, BGHZ 109, 55 ff. – Lagergrundstück I.
154 So HK-InsO/Kleindiek, § 135 InsO Rn. 48.
155 So BGH, 11.07.1994 – II ZR 162/92, BGHZ 127, 17 ff.
156 Vgl. HK-InsO/Kleindiek, § 135 InsO Rn. 55.
157 So Dahl/Schmitz, NZG 2009, 325, 329; Spliedt, ZIP 2009, 149, 156.
158 So Uhlenbruck/Hirte, § 135 InsO Rn. 21.
159 S. A/G/R-Gehrlein, § 135 InsO Rn. 22.

digung einer darlehensgleichen Forderung angefochten werden. Weist der Vermieter bei einem nach Verfahrenseröffnung beendeten Mietverhältnis die Rücknahme der Mietsache wegen eines ungeräumten oder vertragswidrigen Zustands zurück, besteht kein Entschädigungsanspruch gegen den Insolvenzverwalter wegen Vorenthaltung der Mietsache, wenn dieser nach Verfahrenseröffnung keine Veränderungen an der Mietsache vorgenommen hat.[160]

86 Ebenso wie nach altem Recht endet die **Wirkung einer eigenkapitalersetzenden Gebrauchsüberlassung**, dass nämlich die Gesellschaft bzw. der Insolvenzverwalter das Grundstück nutzen darf, sofern das überlassene Grundstück mit einem **Grundpfandrecht** belastet war, in entsprechender Anwendung von §§ 146 ff. ZVG, §§ 1123, 1124 Abs. 2 BGB mit dem Wirksamwerden des im Wege der **Zwangsverwaltung** erlassenen Beschlagnahmebeschlusses, ohne dass es eines weiteren Tätigwerdens des Zwangsverwalters bedarf.[161]

87 Ein dinglich gesicherter Gläubiger hat daher die Möglichkeit, vom Insolvenzverwalter über den **Zwangsverwalter** die **Zahlung** des vollen Miet-/Pachtzinses zu **verlangen.**[162] Nach altem Recht galt, dass für den Fall, dass dem Insolvenzverwalter das Recht zur unentgeltlichen Nutzung entzogen worden ist, z.B. durch eine Beschlagnahme des Grundstücks im Rahmen einer Zwangsverwaltung, der **Gesellschafter** den Wert des **Nutzungsrechts** zu ersetzen hatte.[163] Dies galt auch dann, wenn der Insolvenzverwalter das Grundstück an den Zwangsverwalter vor Ablauf der Mietzeit herausgab. Voraussetzung des **Ersatzanspruchs** war aber, dass der Insolvenzverwalter das Grundstück, hätte er es nicht herausgegeben, tatsächlich hätte nutzen können, etwa im Wege der Untervermietung.[164]

88 Diese Regelung soll auch im neuen Recht anwendbar sein, wobei allerdings zu berücksichtigen ist, dass gem. § 135 Abs. 3 Satz 2 InsO für den **Gebrauch** oder die **Ausübung** ein **Ausgleich** zu zahlen ist.

89 Die **Aussonderungssperre** greift nur dann, wenn die Nutzung bzw. die Ausübung des Gegenstandes **erhebliche Bedeutung** für die Fortführung des Unternehmens haben, sodass sie im Fall einer **Einstellung des Betriebes** ohnehin **nicht** greift.[165] Das Merkmal der erheblichen Bedeutung erinnert sprachlich an § 21 Abs. 2 Satz 1 Nr. 5 InsO, ist damit aber kaum zu vergleichen, da die Aussonderungssperre nach § 21 Abs. 2 Satz 1 Nr. 5 InsO keinerlei gesellschaftsrechtliche Anknüpfung hat.[166]

---

160 So BGH, 29.01.2015 – IX ZR 279/13, ZIP 2015, 589 ff.
161 So BGH, 07.12.1998 – II ZR 382/96, BGHZ 140, 147 ff.
162 So Uhlenbruck/Hirte, § 135 InsO Rn. 22; HK-InsO/Kleindiek, § 135 InsO Rn. 62.
163 Vgl. BGH, 11.07.1994 – II ZR 146/92, BGHZ 127, 11 ff.; BGH, 11.07.1994 – II ZR 162/92, BGHZ 127, 17 ff.
164 So BGH, 31.01.2005 – II ZR 240/02, ZIP 2005, 484, 485 Rn. 15 = ZInsO 2005, 490, 491.
165 So K/P/B, § 135 InsO Rn. 36.
166 So K/P/B, § 135 InsO Rn. 36.

Im Hinblick darauf, dass in eine **Eigentumsposition** des Gesellschafters eingegriffen wird, darf die **Erheblichkeitsschwelle** nicht zu niedrig angesetzt werden. Eine Aussonderungssperre kommt daher nur dann in Betracht, wenn ohne die Nutzung des Gegenstandes der **Betriebsablauf** tatsächlich oder wirtschaftlich erheblich beeinträchtigt oder sogar unmöglich gemacht würde.[167] Andererseits darf auch nicht unbeachtet gelassen werden, dass der Gesellschafter nach früherem Recht den Gegenstand der Insolvenzmasse unentgeltlich für eine angemessene Frist belassen musste.[168] 90

Die Formulierung der Norm ist als missglückt anzusehen, da es die »Ausübung eines Gegenstandes« nicht gibt, sondern lediglich die **»Ausübung« eines Rechtes.**[169] 91

Gem. § 135 Abs. 3 Satz 2 Halbs. 2 InsO ist bei der **Berechnung des Ausgleichs** der Durchschnitt der **im letzten Jahr** vor Verfahrenseröffnung geleisteten Vergütung in Ansatz zu bringen. Bei **kürzerer Dauer** der Überlassung ist der Durchschnitt während dieses Zeitraums maßgebend. Zum Teil wird entgegen dem Wortlaut des Gesetzes im Hinblick auf das nach Antragstellung geänderte Zahlungsverhalten nicht auf die Verfahrenseröffnung, sondern die Antragstellung abgestellt.[170] 92

Der Ausgleichsanspruch ist **Masseverbindlichkeit** i.S.v. § 55 Abs. 1 Nr. 1 InsO.[171] **Mietzahlungen**, die **anfechtbar** sind, sind für die Festlegung der Vergütungshöhe nicht zu berücksichtigen.[172] Dies ist zutreffend, da es ansonsten der Gesellschafter in der Krise in der Hand hätte, durch entsprechend **hohe Mietzinszahlungen** die Insolvenzmasse mit hohen Masseverbindlichkeiten, freilich mit dem Risiko der **Masseinsuffizienz**, zu belasten. 93

Wird der **Nutzungsüberlassungsvertrag** in der kritischen Zeit **gekündigt**, so kommt eine Anfechtung nach §§ 130, 131 InsO wegen **Ermöglichung einer Befriedigung** in Betracht.[173] Die praktischen Auswirkungen dürften allerdings von geringer Bedeutung sein, da das Unternehmen seinen Geschäftsbetrieb auf dem Grundstück unterhält oder aber den überlassenen Gegenstand, z.B. ein Lizenzrecht etc., zur Fortführung seines Geschäftsbetriebs benötigt, sodass die **Kündigung** durch den überlassenen Gesellschafter zu einer **Betriebseinstellung** führen muss. 94

Während das Insolvenzanfechtungsrecht grds. an den Zeitpunkt der **Antragstellung** anknüpft, sieht das Gesetz in § 135 Abs. 3 Satz 2 InsO einen Referenzzeitraum vor, der an die **Verfahrenseröffnung** anknüpft, sodass es von der Länge des vorläufigen Insolvenzverfahrens abhängen kann, wie hoch die geschuldete Ausgleichszahlung ist. 95

---

167 So Burg/Blasche, GmbHG 2008, 1250, 1252; vgl. auch Spliedt, ZIP 2009, 149, 157.

168 So Uhlenbruck/Hirte, § 135 InsO Rn. 22.

169 So Uhlenbruck/Hirte, § 135 InsO Rn. 23.

170 So Flitsch in: Cranshaw/Hinkel, Praxiskommentar zum Anfechtungsrecht, § 135 InsO Rn. 32.

171 So Hirte, WM 2008, 1429, 1432; Burg/Blasche, GmbHR 2008, 1250, 1253; A/G/R-Gehrlein, § 135 InsO Rn. 25; K/P/B, § 135 InsO Rn. 39.

172 So Dahl/Schmitz, NZG 2009, 325, 330; Marotzke, ZInsO 2008, 1281, 1284; Uhlenbruck/Hirte, § 135 InsO Rn. 23.

173 So Schmidt, DB 2008, 1727, 1734; Uhlenbruck/Hirte, § 135 InsO Rn. 23.

Daher kann der Insolvenzverwalter, wenn man dem Wortlaut des Gesetzes folgt, durch eine **Verzögerung der Verfahrenseröffnung** eine Verminderung erreichen. Entgegen dem eindeutigen Wortlaut wird daher z.T. – meines Erachtens zu weitreichend – für die Berechnung nicht auf den Zeitpunkt der Verfahrenseröffnung, sondern auf den der Antragstellung abgestellt.[174]

96 Der Wortlaut des Gesetzes stellt ausdrücklich auf die **geleistete** und nicht auf die geschuldete **Nutzungsentschädigung** ab, sodass der Gesellschafter den Gegenstand auch während des Laufs der Aussonderungssperre zu einem geringeren Betrag oder gar unentgeltlich zur Nutzung überlassen muss.[175] Dies wird z.T. als »Zumutung« kritisiert,[176] was aber im Hinblick auf die **gesellschaftsrechtliche Treuepflicht**[177] konsequent und damit hinzunehmen ist.

97 Kann das Nutzungsverhältnis hinsichtlich des in der Masse befindlichen Gegenstandes, z.B. **mangels Kündigungsmöglichkeit** der Beteiligten, gar nicht ausgesondert werden, scheidet ein Ausgleichsanspruch aus.[178]

98 Benötigt der Insolvenzverwalter den Gegenstand für **länger als ein Jahr nach Verfahrenseröffnung**, muss er sich mit den Gesellschaftern einigen. Er hat – anders als nach früherem Recht – keine Möglichkeit, eine längere Nutzung zu erzwingen.[179]

V. § 135 Abs. 4 InsO

99 Die Vorschrift des § 135 Abs. 4 InsO regelt die entsprechende Anwendung der Bestimmungen aus § 39 Abs. 4 und § 39 Abs. 5 InsO.

1. Sanierungsprivileg, § 39 Abs. 4 InsO

100 Aus der Regelung des § 39 Abs. 4 InsO ergibt sich insb. das **Sanierungsprivileg** (§ 39 Abs. 4 Satz 2 InsO), aber auch der Anwendungsbereich der Regelung aus § 39 Abs. 1 Nr. 5 InsO.[180] Diese Regelung gilt für Gesellschaften, die weder eine natürliche Person noch eine Gesellschaft als persönlich haftenden Gesellschafter haben, bei der ein persönlich haftender Gesellschafter eine natürliche Person ist, § 39 Abs. 4 Satz 1 InsO.

101 Im Ergebnis soll durch diese Regelung angeordnet werden, dass die Vorschrift nur in Insolvenzverfahren über das Vermögen von Gesellschaften anwendbar ist, bei denen es weder auf der **ersten** noch auf der **zweiten Gesellschafterebene** eine natürliche

---

174 So Dahl/Schmitz, NZG 2009, 325, 330; Spliedt, ZIP 2009, 149, 157; Uhlenbruck/Hirte, § 135 InsO Rn. 23.
175 Vgl. BT-Drucks. 16/9737, S. 59.
176 So K/P/B, § 135 Rn. 40.
177 Vgl. Schäfer, NZI 2010, 505, 508.
178 So Marotzke, ZInsO 2008, 1281, 1288; Uhlenbruck/Hirte, § 135 InsO Rn. 23.
179 So Uhlenbruck/Hirte, § 135 InsO Rn. 26.
180 So A/G/R-Gehrlein, § 135 InsO Rn. 8 ff.

Person als Vollhafter gibt.[181] Die Formulierung der Norm ist allerdings sprachlich missglückt, da sie suggeriert, dass die Vorschrift nur für Gesellschaften gilt, die einen persönlich haftenden Gesellschafter haben,[182] was ersichtlich nicht gewollt ist, da die Vorschrift zuvörderst auf **Kapitalgesellschaften** zugeschnitten ist, denen ein persönlich haftender Gesellschafter ohnehin fehlt.

Die Regelung ist **rechtsformneutral** gefasst, sodass sie auch auf Gesellschaften aus- 102
ländischen Rechts angewandt werden kann, insb. auf die englische **Limited**, sofern das Insolvenzverfahren in Deutschland durchgeführt wird.[183]

Durch das **Sanierungsprivileg**[184] aus § 39 Abs. 4 Satz 2 InsO soll die angebliche Sanie- 103
rungsfeindlichkeit des deutschen Eigenkapitalersatzrechts relativiert werden.[185] Mit der Regelung des früheren § 32a Abs. 3 Satz 1 GmbHG a.F. wurde insb. für **Kreditinstitute** ausdrücklich ein vom Insolvenzverfahren unabhängiges Sanierungsprivileg geschaffen.[186] Diese Regelung wurde i.R.d. MoMiG in § 39 Abs. 4 Satz 2 InsO dahin eingeführt, dass die **Subordination** aus § 39 Abs. 1 Nr. 5 InsO auf Forderungen aus bestehenden oder neu gewährten Darlehen oder auf Forderungen aus Rechtshandlungen, die einem solchen Darlehen wirtschaftlich entsprechen, nicht greift, wenn die Anteile zum **Zwecke der Sanierung** und zu einem Zeitpunkt, bei dem **Insolvenzreife** bereits eingetreten war, erworben worden sind.

Der Anteilserwerb muss im **Zeitpunkt** der drohenden Zahlungsunfähigkeit (§ 18 104
InsO), der eingetretenen Zahlungsunfähigkeit (§ 17 InsO) oder der Überschuldung (§ 19 InsO) erfolgt sein.

Weiterhin muss der Anteilserwerb zum **Zwecke der Sanierung** erfolgt sein, wobei es 105
nicht auf die subjektive **Sanierungsabsicht** ankommt.[187] Dies setzt die **Sanierungsfähigkeit** des Unternehmens voraus. Nach der Auffassung des Instituts deutscher Wirtschaftsprüfer ist ein erwerbswirtschaftliches Unternehmen nur dann sanierungsfähig, wenn es nicht nur die Fortführungsfähigkeit i.S.d. § 252 Abs. 1 Nr. 2 InsO sichert, indem es durch geeignete Maßnahmen etwaige tatsächliche und rechtliche Gegebenheiten beseitigt, die einer Fortführung entgegenstehen, sondern wenn es darüber hinaus durch geeignete Maßnahmen auch nachhaltig sowohl die **Wettbewerbsfähigkeit** als auch die **Renditefähigkeit** wiedererlangen kann, und es damit nachhaltig fortführungsfähig ist.[188]

---

181 So RegE MoMiG, BT-Drucks. 16/6140, S. 56 f.; Hirte, ZInsO 2008, 689, 694; Haas, ZInsO 2007, 617, 628.
182 Vgl. HambKomm-InsR/Lüdtke, § 39 InsO Rn. 24.
183 So Bischoff/Schmittmann, ZInsO 2009, 1561 ff.
184 Vgl. Gehrlein, WM 2011, 577 ff.; Flitsch in: Cranshaw/Hinkel, Praxiskommentar zum Anfechtungsrecht, § 135 InsO Rn. 34.
185 So HambKomm-InsR/Lüdtke, § 39 InsO Rn. 52.
186 So Uhlenbruck/Hirte, § 39 InsO Rn. 64.
187 S. MK-InsO/Gehrlein, § 135 InsO Rn. 27.
188 So IDW Standard: Anforderungen an die Erstellung von Sanierungskonzepten, IDW S 6, Rn. 9; Becker/Bieckmann/Wechsung/Müller, Konkretisierung der Anforderungen

106 Sachwidrig umfasst das **Sanierungsprivileg** nicht nur neue Darlehen des Sanierungsgesellschafters, sondern auch dessen **Altkredite**.[189] Entscheidend ist die Zweckbindung der Sanierungsbeteiligung und nicht des Sanierungskredits.[190]

107 Das Sanierungsprivileg gilt nur **temporär** und endet mit der nachhaltigen Sanierung. In diesem Zeitpunkt muss sich der **Sanierungsgesellschafter** entscheiden, das Darlehen abzuziehen, was freilich der Anfechtung gem. § 139 Abs. 1 Nr. 2 InsO unterliegen kann, oder aber hinnehmen, dass der Nachrang aus § 39 Abs. 1 Nr. 5 InsO gilt.[191] Wird das Insolvenzverfahren eröffnet, so ist daraus zu folgern, dass die Sanierung gescheitert ist. Die **Freistellungswirkung des Sanierungsprivilegs** bleibt allerdings bestehen.[192]

108 Der Anteilserwerb kann aus der **Übernahme bestehender Anteile** oder aus einer **Kapitalerhöhung** resultieren. Aus der Vorschrift lässt sich nicht entnehmen, dass der Anteilserwerb einen **Mindestbetrag** erreichen muss.

2. Kleinbeteiligten- oder Zwerganteilsprivileg, § 39 Abs. 5 InsO

109 Die Regelung des § 39 Abs. 1 Nr. 5 InsO gilt nicht für den **nicht geschäftsführenden Gesellschafter**, der mit **10 % oder weniger am Haftkapital beteiligt** ist.[193] Eine **Beteiligung am Haftkapital i. H. v. 10 %** (und nicht von weniger als 10 %) steht der Anwendung des Kleinbeteiligtenprivilegs nicht entgegen; eine einschränkende Auslegung der Vorschriften über das Kleinbeteiligtenprivileg scheidet aus. Eine **koordinierte Finanzierung** durch mehrere Gesellschafter kann unabhängig von einer Krise der Gesellschaft und auch außerhalb des Anfechtungszeitraums des § 135 Abs. 1 Nr. 2 InsO dazu führen, dass die Beteiligungen der an der Finanzierung beteiligten

---

an ein Sanierungskonzept nach IDW S 6 – Grundsachverhalte und Implikationen der Sanierungspraxis, DStR 2017, 2506 ff.; Brodhäcker/Schilling, Anforderungen an die Erstellung von Sanierungskonzepten, StuB 2010, 647 ff.; Hillebrand, Anforderungen an Sanierungskonzepte nach IDW ES 6 – kommt jetzt die von der Praxis geforderte Lightversion?, ZInsO 2018, 80 ff.; Krystek/Klein, Erstellung von Sanierungskonzepten (Teil 1): Kritische Würdigung bestehender Standards, speziell IDW S 6, DB 2010, 1769 ff.; Krystek/Klein, Erstellung von Sanierungskonzepten (Teil 2): Leitfaden zur zukünftigen Ausgestaltung von Sanierungskonzepten, DB 2010, 1837 ff.; Steffan, BGH- und EU-konform: Der IDW S 6 in der Fassung 2018, ZIP 2018, 1767 ff.; Steffan/Solmecke, Neufassung IDW S 6 – Maßgeblichkeit der marktüblichen Rendite und des bilanziellen Eigenkapitals, KSI 2018, 5 ff.; Willeke, Ausgewählte Anforderungen an die Erstellung von Sanierungskonzepten, StuB 2010, 12 ff.

189 So HambKomm-InsR/Lüdtke, § 39 InsO Rn. 56.

190 So Uhlenbruck/Hirte, § 39 InsO Rn. 69.

191 So Uhlenbruck/Hirte, § 39 InsO Rn. 67; Altmeppen, NJW 2008, 3601, 3605 f.

192 So HambKomm-InsR/Lüdtke, § 39 InsO Rn. 58; Uhlenbruck/Hirte, § 39 InsO Rn. 67.

193 S. A/G/R-Gehrlein, § 135 InsO Rn. 13 ff.

Gesellschafter am Haftkapital der Gesellschaft zusammenzurechnen sind; maßgeblich ist, ob eine **überschießende unternehmerische Verantwortung** übernommen wird.[194]

110 Das Zwerganteils- oder Kleinbeteiligtenprivileg, auch »Witwen- und Erbtantenprivileg« genannt, stammt aus der früheren Regelung des § 32a Abs. 3 Satz 2 GmbHG a.F. Zu Recht wird beklagt, dass die **Rückstufung** von Gesellschafterforderungen in der Insolvenz willkürlich und schematisch an einen bestimmten Umfang der Beteiligung am Haftkapital anknüpft, da dieser für die Finanzierung durch Ersatzkapital nur von untergeordneter Bedeutung ist.[195] Maßgeblich ist, auf die **Kapitalbeteiligung** und **nicht** auf die davon möglicherweise abweichenden **Stimmrechte** abzustellen.[196]

111 Die Regelung ist von der **Rechtsform** unabhängig.[197] Bei Gesellschaften ausländischen Rechts ist die **Beteiligungsquote** nach dem **Heimatrecht** zu bestimmen, z.B. bei einer Limited ist anhand der ausgegebenen Shares bzw. bei einer Company Limited by Guarantee auf die Summe der Garantien abzustellen, die die Gesellschafter übernommen haben.[198]

112 Die **Privilegierung** kommt i.Ü. nur dann in Betracht, wenn der Gesellschafter **keine geschäftsführende Funktion** wahrnimmt. Dies sind in erster Linie Geschäftsführer und Vorstände von Kapitalgesellschaften, nicht aber Aufsichtsräte.[199] **Faktische Geschäftsführer**[200] stehen den im Handelsregister eingetragenen Geschäftsführern gleich.[201]

113 Für die Anwendung von § 39 Abs. 5 InsO ist auf den **Zeitpunkt der Darlehensgewährung** abzustellen. Das Privileg kann nicht dadurch erreicht werden, dass die Geschäftsführung aufgegeben oder die Beteiligung später verringert wird.[202] Das Privileg geht verloren, wenn der Gesellschafter weitere Anteile übernimmt und damit die Schwelle des § 39 Abs. 5 InsO überschreitet oder die Geschäftsführung übernimmt, ohne dass es auf ein »Stehenlassen in der Krise« ankommt.[203]

114 Für das **Kleinbeteiligtenprivileg** im Fall der Anfechtung der Rückzahlung eines Darlehens oder einer darlehensgleichen Finanzierungsleistung des Gesellschafters genügt es, dass seine Voraussetzungen in dem Zeitraum von einem Jahr vor Beantragung des Insolvenzverfahrens vorliegen. Auf die Verhältnisse in der Zeit davor, insb. zum **Zeit-**

194 BGH, 26.01.2023 – IX ZR 85/21, DStR 2023, 1144 ff. = WM 2023, 574 ff. = ZRI 2023, 292 ff. = NZI 2023, 383 ff. mit Anm. Wazlawik.

195 So Uhlenbruck/Hirte, § 39 InsO Rn. 72; Hirte, ZInsO 1998, 147, 153; Schmidt, ZIP 1996, 1586, 1588.

196 So HambKomm-InsR/Lüdtke, § 39 InsO Rn. 56; MK-InsO/Gehrlein, § 135 InsO Rn. 30; Uhlenbruck/Hirte, § 39 InsO Rn. 73; Habersack, ZIP 2007, 2145, 2149; Gehrlein, BB 2008, 846, 851.

197 A/G/R-Gehrlein, § 135 InsO Rn. 14; MK-InsO/Gehrlein, § 135 Rn. 32.

198 So Habersack, ZIP 2007, 2145, 2149.

199 Vgl. Tillmann, GmbHR 2006, 1289, 1293.

200 Vgl. dazu Himmelskamp/Schmittmann, StuB 2006, 326 ff.

201 So HambKomm-InsR/Lüdtke, § 39 Rn. 65; MK-InsO/Gehrlein, § 135 Rn. 29.

202 Vgl. Haas, ZInsO 2007, 617, 619; Habersack, ZIP 2007, 2145, 2150.

203 So HambKomm-InsR/Lüdtke, § 39 Rn. 66.

punkt der Finanzierungsentscheidung des Gesellschafters, kommt es grundsätzlich nicht an. Für die Annahme einer der Anwendbarkeit des Kleinbeteiligtenprivilegs entgegenstehenden **koordinierten Finanzierung** genügt es nicht, dass der geringfügig beteiligte Gesellschafter einer darlehensgleichen Finanzierungsleistung an den Schuldner in der Gesellschafterversammlung nur zustimmt, ohne damit zugleich eine über seine Rolle hinausgehende unternehmerische Verantwortung zu übernehmen.[204]

C. Rechtsfolgen

115 Die **Rechtsfolgen** der Regelung in § 135 InsO richten sich grds. nach der Vorschrift des § 143 InsO.[205]

116 Im Fall des § 135 Abs. 1 Nr. 1 InsO ist die **Sicherung** zurückzugeben.[206] Der Anfechtungsgegner hat auf das Pfandrecht oder das Sicherungsrecht zu **verzichten** oder es zurückabzutreten. Pfand- und Sicherungsgut hat er **herauszugeben.**[207]

117 Im Fall des § 135 Abs. 1 Nr. 2 InsO ist die **Befriedigung**, also im Regelfall das geleistete Geld, zurückzugeben. Der **Rückgewähranspruch** umfasst nach §§ 990 Abs. 1, 987 Abs. 2 BGB auch die marktüblichen Zinsen als Nutzungen.[208] Für die Zeit ab Verfahrenseröffnung sind Zinsen i.H.v. fünf Prozentpunkten über dem Basiszinssatz nach §§ 819 Abs. 1, 818 Abs. 4, 291, 288 Abs. 1 Satz 2 BGB zu zahlen.[209]

118 Dies gilt auch im Fall des **§ 135 Abs. 2 InsO**, also in den Fällen der **Befriedigung durch die Gesellschaft.** Bei dem **Regressanspruch des Gesellschafters** gegen die Gesellschaft aus der Besicherung einer Verbindlichkeit der Gesellschaft gegenüber einem Dritten handelt es sich um eine Forderung, die einer Forderung auf Rückgewähr eines Gesellschafterdarlehens gleichgestellt ist; eine Sicherung des Regressanspruchs durch die Gesellschaft kann daher der Anfechtung unterliegen.[210]

119 Die Regelung des **§ 135 Abs. 3** InsO stellt keine insolvenzanfechtungsrechtliche Vorschrift dar, sodass sich die Rechtsfolgen nicht aus § 143 InsO ergeben, sondern vielmehr aus dem Wortlaut der Norm selbst.

D. Beweislast

120 Den Insolvenzverwalter trifft nach allgemeinen Grundsätzen die **Beweislast** für die Anfechtungsvoraussetzungen, sodass er die Gewährung eines Gesellschafterdarlehens

---

204 So BGH, 20.04.2023 – IX ZR 44/22, ZRI 2023, 483 ff. = NZI 2023, 663 ff. mit Anm. Wazlawik = BB 2023, 1617 ff. mit Anm. Schmittmann; vgl. dazu Willemsen/Müller, KSI 2024, 117 ff.

205 So HWF/Schmittmann/Zeeck, § 135 Rn. 9.

206 So HK-InsO/Kleindiek, § 135 InsO Rn. 23.

207 So Uhlenbruck/Hirte, § 143 Rn. 12.

208 So BGH, 01.02.2007 – IX ZR 96/04, BGHZ 171, 38 ff. Rn. 22 = ZInsO 2007, 261 ff.

209 So BGH, 13.12.2007 – IX ZR 116/06, ZIP 2008, 455, 456 Rn. 13.

210 BGH, 26.01.2023 – IX ZR 85/21, DStR 2023, 1144 ff. = WM 2023, 574 ff. = ZRI 2023, 292 ff. = NZI 2023, 383 ff. mit Anm. Wazlawik.

bzw. einer wirtschaftlich entsprechenden Forderung zu beweisen hat.[211] Der Insolvenzverwalter ist weiterhin für die **Sicherung** oder **Befriedigung** innerhalb der genannten Fristen sowie das Vorliegen der Gläubigerbenachteiligung beweisverpflichtet.[212]

Der **Anfechtungsgegner** trägt die Darlegungs- und Beweislast für einen möglichen Wegfall der Anspruchsvoraussetzungen sowie für das Vorliegen des **Sanierungsprivilegs** (§§ 135 Abs. 4, 39 Abs. 4 Satz 2 InsO) oder des **Kleinbeteiligtenprivilegs** (§§ 135 Abs. 4, 39 Abs. 4 InsO).[213] 121

E. Anspruchskonkurrenzen

Alle Anfechtungstatbestände können miteinander **konkurrieren**, sodass neben der Anfechtung gem. § 135 Abs. 1 und Abs. 2 InsO auch die übrigen Tatbestände gem. §§ 130 ff. InsO zur Anwendung kommen können.[214] 122

Insb. die Norm des § 133 Abs. 2 InsO ist hier von erheblicher Bedeutung, da durch dessen Anwendung die Streitigkeit hinsichtlich der Anwendbarkeit des **Bargeschäftsprivilegs** aus § 142 InsO[215] ausgeschlossen wird (vgl. § 142 InsO Rdn. 54) und darüber hinaus Befriedigungen aus den letzten 10 Jahren und nicht nur aus dem letzten Jahr vor Insolvenzantragstellung angefochten werden können. Die Rückzahlung eines Darlehens stellt keine unmittelbare Gegenleistung für die Darlehensgewährung im Sinne von § 142 InsO dar,[216] sodass der Bargeschäftseinwand nicht greifen kann. Freilich ist zu berücksichtigen, dass bei der Anwendung von § 133 InsO weitere Tatbestandsmerkmale erforderlich sind. 123

F. Arbeitshilfen

▶ Checkliste

- ☐ Forderung des Gesellschafters auf Rückgewähr eines Darlehens i.S.d. § 39 Abs. 1 Nr. 5 InsO oder für eine gleichgestellte Forderung; 124
- ☐ Sicherung dieser Forderung innerhalb der letzten 10 Jahre vor dem Insolvenzeröffnungsantrag oder nach diesem Antrag;
- ☐ Befriedigung dieser Forderung innerhalb des letzten Jahres vor dem Eröffnungsantrag oder nach diesem Antrag;
- ☐ Befriedigungshandlung der Gesellschaft hinsichtlich einer Forderung, für die ein Gesellschafter eine Sicherheit bestellt hatte oder als Bürge haftete.

---

211 So BGH, 14.11.1988 – II ZR 115/88, NJW 1989, 1219, 1220; BGH, 28.02.2005 – II ZR 103/02, ZIP 2005, 660, 661 Rn. 10.

212 So Uhlenbruck/Hirte, § 135 InsO Rn. 20.

213 So HambKomm-InsR/Schröder, § 135 InsO Rn. 90.

214 So Uhlenbruck/Hirte, § 135 InsO Rn. 6; HambKomm-InsR/Schröder, § 135 InsO Rn. 93.

215 Vgl. Henkel, ZInsO 2001, 2209, 2212 f.; Haas, NZI 15/2010, S. V f.; Huber/Habersack, BB 2006, 1, 2; Haas, ZIP 2017, 545, 549; Ganter, ZIP 2019, 1141, 1145; Flitsch in: Cranshaw/Hinkel, Praxiskommentar zum Anfechtungsrecht, § 135 InsO Rn. 12.

216 So OLG Celle, 08.10.2012 – 13 U 95/12, ZIP 2012, 2114 f. = NZI 2012, 890 f.

G. Anhang: § 135 InsO a.F.

125 Bis zum Inkrafttreten des Gesetzes zur Modernisierung des GmbH-Rechts und zur Bekämpfung von Missbräuchen am 01.11.2008 (**MoMiG**) galt die frühere Fassung des § 135 InsO.[217]

126 Gem. Art. 103d Satz 1 InsO sind auf Insolvenzverfahren, die vor dem Inkrafttreten des MoMiG eröffnet worden sind, die bis dahin geltenden gesetzlichen Vorschriften weiter anzuwenden. Im Rahmen von **nach dem 01.11.2008** eröffneten Insolvenzverfahren sind auf **vor dem 01.11.2008** vorgenommene Rechtshandlungen die bis dahin geltenden Vorschriften der InsO über die Anfechtung von Rechtshandlungen anzuwenden, soweit die Rechtshandlungen nach dem bisherigen Recht der Anfechtung entzogen oder in geringerem Umfang unterworfen sind. Es ist also eine »**Günstigerprüfung**« vorzunehmen.[218] Die Anfechtung ist somit ausgeschlossen, wenn die Rechtshandlung bei unveränderter Rechtslage über den 01.11.2008 hinaus der Anfechtung entzogen wäre.[219]

127 **§ 135 InsO a.F.**

Anfechtbar ist eine Rechtshandlung, die für die Forderung eines Gesellschafters auf Rückgewähr eines eigenkapitalersetzenden Darlehens oder für eine gleichgestellte Forderung

1. Sicherung gewährt hat, wenn die Handlung in den letzten zehn Jahren vor dem Antrag auf Eröffnung des Insolvenzverfahrens oder nach diesem Antrag vorgenommen worden ist;
2. Befriedigung gewährt hat, wenn die Handlung im letzten Jahr vor dem Eröffnungsantrag oder nach diesem Antrag vorgenommen worden ist.

128 Die frühere Regelung wird im Hinblick auf Art. 103d EGInsO noch auf Jahre hinaus von Bedeutung sein, sodass nachstehende Kommentierung gegeben wird:

I. Grundlagen

129 Der Anfechtungstatbestand des § 135 InsO a.F. bezieht sich auf die **Rückgewähr kapitalersetzender Darlehen** oder **gleichgestellter Forderungen**. Bei GmbH regelte §§ 32a, 32b GmbHG a.F. bzw. §§ 129a, 172a HGB bei haftungsbeschränkten Personenhandelsgesellschaften, dass ein Gesellschafter seinen Anspruch auf Rückgewähr eines Darlehens im Insolvenzverfahren nur als nachrangiger Insolvenzgläubiger geltend machen kann, wenn er der Gesellschaft in einem Zeitpunkt, in dem ihr die **Gesellschafter als ordentliche Kaufleute** Eigenkapital zugeführt hätten (**Krise der Gesellschaft**), stattdessen ein Darlehen gewährt hat (§ 32a Abs. 1 GmbHG) oder eine Rechtshandlung vorgenommen hat, die dem wirtschaftlich entsprechen (§ 32a Abs. 3 GmbHG a.F.).[220]

---

217 S. BGH, 11.01.2011 – II ZR 157/09, NZI 2011, 198 Rn. 20.

218 Vgl. HambKomm-InsR/Schröder, § 135 InsO Rn. 99.

219 So BGH, 14.02.2019 – IX ZR 149/16, ZIP 2019, 666 ff. = NZI 2019, 460 ff. mit Anm. Bangha-Szabo = EWiR 2019, 241 f. [Bork]; vgl. dazu krit.: Bitter, ZIP 2019, 737, 748.

220 S. HK-InsO/Kleindiek, § 135 InsO Rn. 7.

Die **Haftung für zurückgezahlte Darlehen** ergab sich aus § 32b GmbHG a.F. bzw. aus § 129a HGB und § 172a HGB für haftungsbeschränkte Personenhandelsgesellschaften. Zu den bis zum 31.10.2008 geltenden Vorschriften über die Anfechtung von Rechtshandlungen gehören neben § 39 Abs. 1 Nr. 5, § 135 InsO a. F. auch die **Novellenregeln** der §§ 32a, 32b GmbHG, § 32a KO und die **Rechtsprechungsregeln** analog §§ 30, 31 GmbHG a. F.[221] 130

II. Anfechtungstatbestände

1. Anfechtung gem. § 135 InsO a.F.

Gegenstand des § 135 InsO a.F. waren **kapitalersetzende Darlehen** oder gleichgestellte Forderungen. Das Gesellschafterdarlehen ist der Ausgangspunkt des alten Eigenkapitalersatzrechts und wurde aus der sog. »Lufttaxi«-Entscheidung des BGH entwickelt.[222] Zu unterscheiden ist zwischen Darlehen, die **von Anfang an eigenkapitalersetzend** sind und solchen, die durch »**Stehenlassen**« eigenkapitalersetzend werden. 131

Nach der Rechtsprechung des BGH können **Darlehen** und **ähnliche Leistungen**, die ein Gesellschafter der sonst nicht mehr lebensfähigen GmbH anstelle von Eigenkapital zuführt oder belässt, **wie gebundenes Stammkapital** nach den Vorschriften der §§ 30, 31 GmbHG zu behandeln sein; das gilt entsprechend auch für Leistungen an eine vor dem Zusammenbruch stehende GmbH & Co. KG, soweit die Rückgewähr zulasten des Stammkapitals der Komplementär-GmbH geht oder deren Überschuldung noch verschärft.[223] Dies setzt voraus, dass die **Leistung** bei ihrer Hergabe oder Stundung **Eigenkapitalersatzcharakter** hat und dass ihre Rückgewähr zulasten des nach §§ 30, 31 GmbHG geschützten Stammkapitals der GmbH geht.[224] 132

Die Rechtsprechung des BGH basiert darauf, dass ein **Gesellschafter**, der die notleidende Gesellschaft durch die Zufuhr anderer Mittel als des sonst dringend benötigten Eigenkapitals vor dem Zusammenbruch zu bewahren sucht, das damit einhergehende **Finanzierungsrisiko** nicht auf die Gläubiger abwälzen darf, sondern i.R.d. gesetzlichen Kapitalerhaltungsvorschriften selber tragen muss. Dieser Gedanke kann nach Auffassung des BGH auch dann zutreffen, wenn die Leistung der Gesellschaft in einem Augenblick zufließt, in dem sie, ohne bereits in einer Konkurs- bzw. Insolvenzlage zu sein, mit dem vorhandenen Kapital **nicht existenzfähig**, insb. außerstande ist, ihren **Kapitalbedarf** durch **Fremdkredite** zu befriedigen.[225] 133

221 So BGH, 14.02.2019 – IX ZR 149/16, ZIP 2019, 666 ff. = NZI 2019, 460 ff. mit Anm. Bangha-Szabo = EWiR 2019, 241 f. [Bork]; vgl. dazu krit.: Bitter, ZIP 2019, 737, 748.

222 So BGH, 14.12.1959 – II ZR 187/57, BGHZ 31, 258 ff.

223 So BGH, 27.09.1976 – II ZR 162/75, BGHZ 67, 171 ff.; BGH, 26.11.1979 – II ZR 104/77, BGHZ 75, 334 ff.

224 So BGH, 24.03.1980 – II ZR 213/77, BGHZ 76, 326, 330.

225 So BGH, 29.11.1971 – II ZR 121/69, WM 1972, 74, 75.

134 Später hat der BGH herausgearbeitet, dass die **Eigenkapitalersatzregeln** stets greifen, wenn der Gesellschafter der Gesellschaft in der Krise eine **Gesellschafterhilfe** erstmals gewährt oder die früher gegebene Hilfe belässt.

135 Eine **Krise** ist außer bei Insolvenzreife der Gesellschaft in Vorverlagerung[226] der den Gesellschaftern abverlangten Entscheidung auch dann gegeben, wenn die Gesellschaft **kreditunwürdig** bzw. **überlassungsunwürdig** ist.[227] Nach dieser Rechtsprechung waren Insolvenzreife und Kredit- bzw. Überlassungsunwürdigkeit eigenständige, in ihren Anwendungsvoraussetzungen voneinander unabhängige Tatbestände des Eigenkapitalersatzrechts.[228]

136 Die **Insolvenzreife** ergibt sich aus den einschlägigen Insolvenzgründen aus §§ 17 ff. InsO (vgl. die Kommentierung zu §§ 17 ff.).

137 Die **Kreditunwürdigkeit**, also die Unfähigkeit der Gesellschaft, von dritter Seite einen Kredit zu marktüblichen Bedingungen zu erhalten, wird i.d.R. anhand von **Indizien** ermittelt. Hierbei kommt der Verlust der Hälfte des satzungsmäßigen Kapitals, die Nichtbegleichung fälliger Verbindlichkeiten in erheblichem Ausmaß, die Nichtzahlung von Löhnen und Gehältern, Sozialversicherungsbeiträgen und Steuern, die Höhe der Überschuldung bei Eröffnung des Insolvenzverfahrens, das Aussetzen der Mietzahlungen, die Versendung von Stundungsschreiben etc. in Betracht.[229]

138 Bei **kapitalersetzender Nutzungsüberlassung** ist anstatt auf die Kreditunwürdigkeit auf die **Überlassungsunwürdigkeit** abzustellen, die vorliegt, wenn ein als ordentlicher Kaufmann handelnder Gesellschafter der Gesellschaft den Gebrauch des Mietobjektes nicht oder nicht weiter überlassen hätte. Dies war nach der Rechtsprechung des BGH dann der Fall, wenn der Gesellschafter der Gesellschaft zu einem Zeitpunkt, zu dem ein außenstehender Dritter nicht bereit gewesen wäre, dieser die Geschäftsräume mietweise zu überlassen, ihr weiter die Nutzung eingeräumt hat, statt den Mietvertrag zu kündigen.[230]

139 Eine ursprünglich nicht als Kapitalersatz dienende **Gebrauchsüberlassung** wird **nachträglich** u.a. dann zum Kapitalersatz, wenn der Gesellschafter sie bei Eintritt der Krise **nicht abzieht**, obwohl ihm dies zumindest objektiv möglich wäre[231] oder die Gesellschaft nicht auflöst. Dem liegt der Gedanke zugrunde, dass – ebenso wie bei einer Mittelzuführung in der schon bestehenden Krise – der Gesellschafter wegen seiner Ver-

226 Vgl. BGH, 23.02.2004 – II ZR 207/01, ZIP 2004, 1049, 1052 Rn. 14; BGH, 22.12.2005 – IX ZR 190/02, BGHZ 165, 343, 346 Rn. 20.

227 S. HambKomm-InsR/Schröder, § 135 InsO Rn. 5.

228 So BGH, 03.04.2006 – II ZR 332/05, ZInsO 2006, 548, 549 Rn. 7; BGH, 16.10.1989 – II ZR 307/88, BGHZ 109, 55 ff.; BGH, 14.06.1993 – II ZR 252/92, ZIP 1993, 1072, 1073.

229 Vgl. im Einzelnen mit Nachweisen: HambKomm-InsR/Schröder, 4. Aufl., 2012, § 135 InsO Rn. 158.

230 So BGH, 05.12.2007 – XII ZR 183/05, ZInsO 2008, 35, 36 Rn. 26.

231 So BGH, 17.12.1992 – II ZR 298/91, BGHZ 121, 31, 35.

antwortung für eine ordnungsgemäße **Finanzierung** eine liquidationsreife Gesellschaft nur dann fortführen darf, wenn ihr haftendes Kapital zur Verfügung gestellt wird.[232]

2. Insolvenzanfechtung gem. § 32b GmbHG a.F.

Eine besondere **Insolvenzanfechtungsnorm**[233] enthielt § 32b GmbHG a.F. für gesellschafterbesicherte Drittdarlehen und bezog sich auf den Zeitraum des letzten Jahres vor dem Antrag auf Eröffnung des Insolvenzverfahrens oder nach diesem Antrag.[234] 140

Voraussetzung der Insolvenzanfechtung nach § 32b GmbHG a.F. war, dass **im letzten Jahr vor dem Antrag auf Eröffnung** des Insolvenzverfahrens oder **nach diesem Antrag** ein eigenkapitalersetzendes verbürgtes oder in anderer Weise eigenkapitalersetzend besichertes (z.B. durch Sicherungsübereignung, Sicherungsabtretung, Pfandrecht oder Grundpfandrecht) **Drittdarlehen** von der Gesellschaft **zurückgezahlt** worden ist.[235] 141

Rückzahlung i.S.d. § 32b GmbHG a.F. war jede Rechtshandlung, die zur **Befriedigung des Gläubigers** und zum **Freiwerden des Gesellschafters** von seiner Bürgschaft oder der sonstigen Sicherheit geführt hat, z.B. auch durch die Aufrechnung oder Verwertung einer von der Gesellschaft gestellten Sicherheit. Bei der sog. **Doppelsicherung** aus dem Gesellschafts- und dem Gesellschaftervermögen hatte der Gläubiger ein **Wahlrecht**, auch zuerst die Gesellschaftssicherheit in Anspruch zu nehmen.[236] 142

Tilgte der **Gesellschafter** eine gegen ihn bestehende Darlehensforderung der Gesellschaft durch Überweisung auf ein **im Soll geführtes Gesellschaftskonto**, für das er sich eigenkapitalersetzenderweise verbürgt hatte, so lag in der mit dem Zahlungsvorgang verbundenen Verminderung seiner Bürgschaftsschuld eine **verbotene Einlagenrückgewähr** an den Gesellschafter.[237] 143

III. Günstigerprüfung

Im Hinblick auf die erforderliche »**Günstigerprüfung**« (s.o. Rdn. 126) sind auch die aufgehobenen Vorschriften noch temporär von Bedeutung. 144

232 So BGH, 05.12.2007 – XII ZR 183/05, ZInsO 2008, 35, 36 Rn. 22.

233 S. HK-InsO/Kleindiek, § 135 InsO Rn. 6.

234 Es handelt sich um eine insolvenzrechtliche Norm, sodass sie auch auf ein im Inland durchgeführtes Verfahren einer Gesellschaft mit Satzungssitz in einem anderen Mitgliedstaat der EU Anwendung finden kann, so OLG Köln, 28.09.2010 – 18 U 3/10, NZI 2010, 1001, 1002 mit im Ergebnis zustimmender Anm. Mankowski – Société anonyme nach luxemburgischem Recht. Vgl. zum Verhältnis anfechtungs- und gesellschaftsrechtlicher Ansprüche aus dem Verkauf von Vermögensgegenständen der späteren Schuldnerin an eine einem Gesellschafter nahestehende Person: BGH, 21.02.2013 – IX ZR 52/10, NZI 2013, 500 ff. mit Anm. Haas/Keller.

235 So HambKomm-InsR/Schröder, 4. Aufl., 2012, § 135 InsO Rn. 201.

236 So HambKomm-InsR/Schröder, 4. Aufl., 2012, § 135 InsO Rn. 202.

237 So BGH, 14.03.2005 – II ZR 129/03, ZIP 2005, 659, 660 Rn. 7.

§ 136 Stille Gesellschaft

(1) Anfechtbar ist eine Rechtshandlung, durch die einem stillen Gesellschafter die Einlage ganz oder teilweise zurückgewährt oder sein Anteil an dem entstandenen Verlust ganz oder teilweise erlassen wird, wenn die zugrundeliegende Vereinbarung im letzten Jahr vor dem Antrag auf Eröffnung des Insolvenzverfahrens über das Vermögen des Inhabers des Handelsgeschäfts oder nach diesem Antrag getroffen worden ist. Dies gilt auch dann, wenn im Zusammenhang mit der Vereinbarung die stille Gesellschaft aufgelöst worden ist.

(2) Die Anfechtung ist ausgeschlossen, wenn ein Eröffnungsgrund erst nach der Vereinbarung eingetreten ist.

Übersicht Rdn.

Schrifttum

Bitter, Die typische und atypische stille Gesellschaft im Recht der Gesellschafterdarlehen, ZIP 2019, 146 ff.; *Burg/Westerheide*, Praktische Auswirkungen des MoMiG auf die Finanzierung von Konzernen, BB 2008, 62 ff.; *Czisz/Krane*, Die Besteuerung von Einkünften aus typisch stillen Gesellschaften unter der Abgeltungsteuer, DStR 2010, 2226 ff.; *Ganter*, Die Rechtsprechung des BGH zum Insolvenzrecht im Jahre 2009, NZI 2010, 361 ff.; *ders.*, Die Rechtsprechung des BGH zum Insolvenzrecht im Jahre 2009, NZI 2010, 361 ff.; *ders.*, Die Rechtsprechung des BGH zum Insolvenzrecht im Jahre 2010, NZI 2011, 209 ff.; *Gehrlein*, Aktuelle Rechtsprechung zur Insolvenzanfechtung, WM 2012, 965 ff.; *ders.*, Höchstrichterliche Rechtsprechung zum Insolvenzanfechtungsrecht der Jahre 2021/2022, ZRI 2022, 621 ff.; *Haas/Vogel*, Der atypische stille Gesellschafter als nachrangiger Insolvenzgläubiger, NZI 2012, 875 ff.; *Hölzle*, Bindung von Gesellschafterhilfen in der Krise der GmbH durch Richterrecht, ZIP 2011, 650 ff.; *Kauffeld/Mock*, Stille Publikumsgesellschaften – ein Regelungsvorschlag, ZIP 2019, 1411 ff.; *Krolop*, Zur Anwendung der MoMiG-Regelungen zu Gesellschafterdarlehen auf gesellschaftsfremde Dritte, GmbHR 2009, 397 ff.; *Kurzberg*, Rückführungsvereinbarungen und Insolvenzanfechtung, ZInsO 2011, 793 ff.; *Manz/Lammel*, Stille Beteiligungen an Kapitalgesellschaften: Eigenkapitalcharakter und Rang in der Insolvenz nach Inkrafttreten des MoMiG, GmbHR 2009, 1121 ff.; *Middendorf/Engel*, GmbH & typisch still als steuerliches Gestaltungsinstrument unter der Abgeltungsteuer?, StuB 2010, 738 ff.; *Paulus*, Wege zu einem

Konzerninsolvenzrecht, ZGR 2010, 270 ff.; *Schmidt*, Normzwecke und Zurechnungsfragen im Recht der Gesellschafter-Fremdfinanzierung, GmbHR 2009, 1009 ff.; *ders.*, Vom Eigenkapitalersatz in der Krise zur Krise des Eigenkapitalersatzrechts?, GmbHR 2005, 797 ff.; *Schmittmann*, Zwischenruf: Unsystematische Anfechtungsausschlüsse außerhalb der Insolvenzordnung auf dem Vormarsch, ZInsO 2011, 1941 f.; *Schönfelder*, Gesellschafterdarlehen in der Insolvenz – Auch ohne Krise in die Krise?, WM 2009, 1401 ff.; *Smid*, Das neue Insolvenzrecht – Probleme, Widersprüche, Chancen, BB 1999, 1 ff.; *Stöber*, Die stille Gesellschaft in der Insolvenz, in: FS Pannen, München, 2017, S. 713 ff.; *Zeuner*, Anfechtung in der Insolvenz – Bedienungsanleitung für die Praxis, BB 1999, 2619.

A. Normzweck

Die Regelung des § 136 InsO schafft einen Anfechtungstatbestand mit **rein objektiven Voraussetzungen.** Die Vorschrift regelt in Anlehnung an die Vorgängernorm § 237 HGB a.F. (früher: § 342 HGB a.F. und Art. 259 ADHGB[1]) die Anfechtbarkeit einer Vereinbarung, durch die einem **stillen Gesellschafter** die **Einlage** ganz oder teilweise zurückgewährt oder sein **Anteil am Verlust** ganz oder teilweise erlassen wird. Die rein objektiven Anfechtungsvoraussetzungen rechtfertigen sich aus den **besonderen gesellschaftsrechtlichen Beziehungen** zwischen dem Inhaber des Handelsgeschäfts und dem stillen Gesellschafter,[2] der als »Insider« angesehen wird.[3] Die Bestimmung des § 237 HGB traf folgende Regelung: 1

»Ist aufgrund einer in dem letzten Jahr vor der Eröffnung des Konkurses zwischen dem Inhaber des Handelsgeschäfts und dem stillen Gesellschafter getroffenen Vereinbarung diesem die Einlage ganz oder teilweise zurückgewährt oder sein Anteil an dem entstandenen Verlust ganz oder teilweise erlassen worden, so kann die Rückgewähr oder der Erlaß von dem Konkursverwalter angefochten werden. Es begründet keinen Unterschied, ob die Rückgewähr oder der Erlaß unter Auflösung der Gesellschaft stattgefunden hat oder nicht. 2

Die Anfechtung ist ausgeschlossen, wenn der Konkurs in Umständen seinen Grund hat, die erst nach der Vereinbarung der Rückgewähr oder des Erlasses eingetreten sind.

Die Vorschriften der Konkursordnung über die Geltendmachung der Anfechtung und deren Wirkung finden Anwendung.«

Die Regelung stellt sich als **Sonderfall** der Anfechtung wegen **inkongruenter Deckung** dar.[4] Da es sich um eine Bestimmung handelt, die dem **Schutz der Gläubiger** der Gesellschaft dient, kann sie weder abbedungen noch eingeschränkt werden.[5] 3

1 So HK-InsO/Thole, § 136 InsO Rn. 1.

2 Vgl. RefE Gesetz zur Reform des Insolvenzrechts, Begründung zu § 141 InsO (stille Gesellschaft).

3 So MK-InsO/Gehrlein, § 136 InsO Rn. 1; Ottinger in: Cranshaw/Hinkel, Praxiskommentar zum Anfechtungsrecht, § 136 InsO Rn. 8.

4 So A/G/R-Gehrlein, § 136 Rn. 1; HambKomm-InsR/Schröder, § 136 InsO Rn. 1.

5 So RG, 10.10.1890 – II 155/90, RGZ 27, 13, 19.

B. Norminhalt

I. Einführung

4 Die Norm bietet dem Insolvenzverwalter besondere Chancen einer erfolgreichen Anfechtung, da sie allein an **objektive Voraussetzungen** anknüpft. Es ist daher unerheblich, wenn die Gesellschafter aus durchaus billigenswerten Motiven gehandelt haben.[6] Diese objektive Anknüpfung ist zum einen daraus gerechtfertigt, dass zwischen dem Inhaber des Handelsgeschäfts und dem stillen Gesellschafter **besondere gesellschaftsrechtliche Beziehungen** bestehen, die den stillen Gesellschafter zum »Insider« machen;[7] aber auch daraus, dass der stille Gesellschafter **Kontrollrechte** hat, die bei konsequenter Verfolgung zu Insiderkenntnissen führen.[8]

5 Den Anfechtungen sowohl nach der InsO als auch nach dem Anfechtungsgesetz sind gem. § 18 Abs. 1 **Finanzmarktstabilisierungsgesetz** (FMStG)[9] Rechtshandlungen entzogen, die im Zusammenhang mit **Stabilisierungsmaßnahmen** stehen, wenn die Anfechtung zulasten des **Fonds**, des **Bundes** und der von ihnen errichteten **Körperschaften**, **Anstalten** oder **Sondervermögen** sowie der ihnen nahestehenden Personen und sonstigen von ihnen mittelbar oder unmittelbar abhängigen Unternehmen erfolgen soll. Sonderregelungen gelten auch für die Beteiligung des Bundes aufgrund der **Energiekrise.** Hier wurden das **EnSiG**, **EnWG** sowie das **WStBG** geändert.[10]

6 Insb. im Zusammenhang mit der **Stabilisierung von Banken**, aber auch von **Energieunternehmen** hat sich der **Bund** an diesen mittelbar als stiller Gesellschafter beteiligt. Es liegt auf der Hand, dass er sich hier ein Privileg vor den anderen Gläubigern verschaffen will.

7 Durch die Vorschrift des § 18 Abs. 1 **FMStG** entsteht ein **insolvenzanfechtungsfreier Raum.**[11] Diese Regelung außerhalb der InsO ist nicht nur unsystematisch, sondern lässt auch vermuten, dass der Gesetzgeber gerade verhindern wollte, dass eine Diskussion um diese Bestimmung in der insolvenzrechtlichen Fachwelt stattfindet, was auch weitestgehend gelungen sein dürfte. Der BGH hat inzwischen den dreisten Versuch der Sozialversicherungsträger, die Insolvenzanfechtung durch § 28e Abs. 1 Satz 2 SGB IV auszuhebeln, in die gebotenen Schranken verwiesen.[12] Es wird mit Spannung zu erwarten sein, ob der BGH der Bestimmung des § 18 Abs. 1 FMStG **anfechtungsausschließende Wirkung** beimessen wird.

---

6 Vgl. RG, JW 1900, 621.

7 Vgl. HambKomm-InsR/Schröder, § 136 InsO Rn. 1; MK-InsO/Gehrlein, § 136 InsO Rn. 1.

8 So Schmidt, KTS 1977, 1, 68.

9 So FMStG i.d.F. des FMStErgG v. 07.04.2009, BGBl. I 2009, S. 725 ff.

10 Kritisch: Schmittmann, Wie viel Insolvenzrecht braucht die Energiesicherung? – Das neue Energierecht führt zu unsystematischen Eingriffen in das Insolvenz- und Gesellschaftsrecht, BB 33–34/2022, Editorial, S. I.

11 Vgl. HWF/Schmittmann/Zeeck, § 130 InsO Rn. 5; Schmittmann, ZInsO 2011, 1941 f.

12 Vgl. BGH, 05.11.2009 – IX ZR 233/09, BGHZ 183, 86 ff. Rn. 10 ff.

II. § 136 Abs. 1 InsO

1. Stille Gesellschaft

8 Die **stille Gesellschaft** ist in § 230 bis § 237 HGB geregelt und zeichnet sich dadurch aus, dass sich der stille Gesellschafter[13] am **Handelsgewerbe** eines anderen mit einer **Vermögenseinlage** beteiligt.[14] Die **Erscheinungsformen** der stillen Gesellschaft sind vielfältig.[15] Die stille Gesellschaft kann der Kreditaufnahme dienen und im Wesentlichen dem **Darlehen** angenähert sein, sodass vom sog. »partiarischen« Darlehen abzugrenzen ist.[16] Bei einer echten stillen Gesellschaft steht dem stillen Gesellschafter ein echtes **Mitgliedschaftsrecht** zu, sodass die Einlage des stillen Gesellschafters kein Leihkapital ist, sondern **verantwortliches Kapital**.[17]

9 Die Anwendung des § 136 InsO setzt voraus, dass eine stille Gesellschaft und kein Darlehen vorliegt.[18] Ein **Gesellschaftsverhältnis** liegt vor, wenn die Vertragsparteien für den gemeinsam verfolgten Zweck gemeinsam verantwortlich für gemeinsame Rechnung tätig werden sollen; während eine **bloße Darlehensgewährung** dann gegeben ist, wenn sich die Mitwirkung des einen Vertragsbeteiligten in der Kapitalhingabe erschöpft und ihm allenfalls Kontrollrechte eingeräumt sind. Auch die Bezeichnung eines Darlehensverhältnisses als »stille Gesellschaft« führt nicht dazu, eine solche anzunehmen, wenn nach dem Vertrag selbst das Interesse des »stillen Gesellschafters« (Darlehensgeber) an einer rentierlichen und garantierten **Kapitalverzinsung** im Vordergrund steht.[19]

10 Für die Frage der Abgrenzung ist die Bezeichnung, die die Vertragsschließenden für ihre Vereinbarung gewählt haben, nur ein Anhaltspunkt. Maßgeblich ist der materielle Gehalt der Vereinbarung. Es kommt darauf an, ob sich die Vertragspartner gesellschaftsrechtlich zur **Förderung eines gemeinsamen Zieles** verpflichten wollen (stille Gesellschaft) oder ob ein Vertragspartner im Rahmen eines Austauschverhältnisses am Gewinn des anderen nur deshalb interessiert ist, weil er an diesem partizipieren

13 Vgl. zur Wirksamkeit eines freiwilligen Sonderzahlungsversprechens zugunsten stiller Gesellschafter: BGH, 18.09.2012 – II ZR 50/11, ZIP 2013, 19 ff.

14 Vgl. umfassend zu den steuerlichen Konsequenzen: OFD Frankfurt am Main, Vfg. vom 30.01.2013 – S 2770 A – 53 – St 51, StuB 2013, 270 f.; Finanzministerium Schleswig-Holstein, Erlass vom 04.03.2013 – VI 3011 – S 2770 – 080; Middendorf/Engel, StuB 2010, 738 ff.; Czisz/Krane, DStR 2010, 2226 ff. Hat ein typisch stiller Gesellschafter Scheingutschriften erhalten und diese Beträge »stehenlassen«, so können diese im Zeitpunkt der Insolvenzeröffnung aus sachlichen Billigkeitsgründen als negative Einkünfte zu berücksichtigen sein (so OFD Rheinland, Kurzinformation ESt Nr. 37/2010 v. 06.09.2010, DStR 2011, 176 – Phoenix Kapitaldienst GmbH).

15 Vgl. MK-InsO/Gehrlein, § 136 InsO Rn. 3.

16 Vgl. Hopt, § 230 HGB Rn. 4.

17 So BGH, 24.02.1969 – II ZR 123/67, BGHZ 51, 350, 353; BGH, 30.01.1952 – II ZR 200/51, BGHZ 4, 364, 368; RG, 29.01.1942 – II 118/41, RGZ 168, 284, 286.

18 So Graf-Schlicker/Huber, § 136 InsO Rn. 2.

19 So OLG Hamm, 04.04.2000 – 27 U 154/99, NZI 2000, 544 f. – zu § 237 Abs. 1 HGB a.F.

will (»partiarisches Darlehen«). Wenn der sich Beteiligende am **Verlust** des Geschäftsinhabers teilnehmen soll, liegt unzweifelhaft eine stille Gesellschaft vor.[20] Ein **atypischer stiller Gesellschafter**, der im Gesellschaftsvertrag hinsichtlich seiner Rechte und Pflichten einem Kommanditisten gleichgestellt ist, haftet allein deswegen noch nicht für Verbindlichkeiten des Inhabers des Handelsgeschäfts; eine solche Außenhaftung erfordert einen darüber hinausgehenden besonderen Haftungsgrund.[21] Der **atypisch stille Gesellschafter** einer GmbH & Co. KG steht mit seinen Ansprüchen wirtschaftlich dem Gläubiger eines Gesellschafterdarlehens insolvenzrechtlich gleicht, wenn in einer Gesamtbetrachtung seine Rechtsposition nach dem Vertrag der eines Kommanditisten im Innenverhältnis weitgehend angenähert ist.[22]

11 Eine Anfechtung gem. § 136 Abs. 1 InsO kommt nur dann in Betracht, wenn ein wirksamer **Gesellschaftsvertrag** geschlossen worden ist.[23] Die Gründung einer stillen Gesellschaft mit einer **AG** als Geschäftsinhaberin stellt sich aus der Sicht der AG als ein formbedürftiger **Teilgewinnabführungsvertrag** dar, weil sich die AG verpflichtet, einen Teil ihres Gewinns ganz oder z.T. an einen anderen abzuführen. Ist der Gesellschaftsvertrag der stillen Gesellschaft formunwirksam, so finden die Grundsätze der fehlerhaften Gesellschaft[24] mit der Folge Anwendung, dass die AG als Geschäftsinhaberin berechtigt ist, sich jederzeit für die Zukunft durch Kündigung von der stillen Gesellschaft zu trennen. In diesen Fällen besteht ein Anfechtungsrecht des Konkursverwalters nicht.[25]

12 Auf die **atypische stille Gesellschaft** sind die Regeln über die Behandlung von Gesellschaften auf fehlerhafter Vertragsgrundlage anzuwenden.[26] Daher kann eine Anfechtung des Gesellschaftsvertrages wegen **arglistiger Täuschung** nicht zurückwirken, sodass bis zu einer **außerordentlichen Kündigung** die Anfechtung gem. § 136 InsO in Betracht kommt.[27]

13 Wird über das Vermögen des **Inhabers des Handelsgeschäfts** das Insolvenzverfahren eröffnet, so kann der stille Gesellschafter gem. § 236 Abs. 1 HGB wegen der Einlage, soweit sie den Betrag des auf ihn fallenden Anteils am Verlust übersteigt, seine **Forderung als Insolvenzgläubiger** geltend machen. Ist die **Einlage** rückständig, so hat

---

20 So OLG Schleswig, 18.02.2000 – 1 U 97/99, NZG 2000, 1176 f. – zu § 237 HGB a.F.; bestätigt durch BGH, 27.11.2000 – II ZR 218/00, NZI 2001, 201 f. Rn. 6 = ZIP 2001, 243 ff.

21 So BGH, 01.03.2010 – II ZR 249/08, DStR 2010, 1489, 1490 Rn. 2 = ZInsO 2010, 1285.

22 So BGH, 28.06.2012 – IX ZR 191/11, ZIP 2012, 1869 ff. = EWiR 2012, 669 f. (Spliedt) = NZI 2012, 860 Rn. 17; vgl. Haas/Vogel, NZI 2012, 875 ff.

23 Vgl. zur fehlerhaften Gesellschaft: MK-InsO/Gehrlein, § 136 InsO Rn. 5; Pape/Uhländer-Bornheimer, § 136 InsO Rn. 5.

24 Vgl. K. Schmidt/Schmidt, § 136 InsO Rn. 9; Graf-Schlicker/Huber, § 136 InsO Rn. 2.

25 So OLG Celle, 22.09.1999 – 9 U 1/99, NZG 2000, 85 ff.

26 S. MK-InsO/Gehrlein, § 136 InsO Rn. 5; Bornheimer in: Pape/Uhländer, § 136 InsO Rn. 5.

27 So OLG Hamm, 02.03.1999 – 27 U 257/98, ZIP 1999, 1530 ff. = NZI 1999, 271 ff. – zu § 237 HGB a.F.

sie der stille Gesellschafter gem. § 236 Abs. 2 HGB bis zu dem Betrag, welcher zur Deckung seines Anteils am Verlust erforderlich ist, zur **Insolvenzmasse** einzuzahlen.

Auch an einer GmbH ist eine stille Gesellschaft möglich, sodass eine sog. »**GmbH & Still**« entsteht und zwar i.d.R. aus steuerrechtlicher Motivation.[28] Es ist auch nicht ausgeschlossen, dass ein und dieselbe juristische oder natürliche Person **sowohl Gesellschafter als auch stiller Gesellschafter** ist. In diesen Fällen ist hinsichtlich der Beteiligungen zu differenzieren und zunächst zu prüfen, ob § 136 InsO anwendbar ist, nämlich wenn und soweit die stille Gesellschafterstellung betroffen ist, oder § 135 InsO, wenn und soweit die Gesellschafterstellung betroffen ist. Hat ein Gesellschafter zusätzlich zu seiner Beteiligung als Gesellschafter eine (typische) stille Beteiligung übernommen, stellt der Anspruch auf Rückgewähr der stillen Einlage eine einem Darlehen gleichgestellte Forderung dar.[29] 14

Das einem stillen Gesellschafter vertraglich eingeräumte **Kündigungsrecht** kann auch ohne ausdrückliche Berufung hierauf ausgeübt werden und schließt die Insolvenzanfechtung einer Einlagenrückgewähr gem. § 136 InsO (früher: § 237 HGB) auch dann aus, wenn es nach der Kündigung zu einer Auflösungsvereinbarung kommt, die lediglich das konkretisiert, was der stille Gesellschafter auch ohne sie aufgrund der Kündigungsregelung im ursprünglichen Vertrag hätte verlangen können.[30] 15

2. Rückgewähr der Einlage

Als **Rückgewähr** der Einlage kommt nicht lediglich eine **Rückzahlung** an den stillen Gesellschafter in Betracht, sondern auch **Erfüllungssurrogate**, **Leistungen an Dritte** (§ 362 Abs. 2 BGB), **Leistungen an Erfüllungs Statt** (§ 364 Abs. 1 BGB), **Aufrechnungen** (§ 389 BGB), die Bestellung von zur Absonderung berechtigenden **Sicherheiten** und die **Auszahlung von Gewinnanteilen**, die gem. § 232 Abs. 2 Satz 2 HGB zur Deckung eines Verlustes hätten verwendet werden müssen.[31] 16

In den Fällen des § 96 Abs. 1 Nr. 3 InsO bedarf es bei der **Aufrechnung** keiner Anfechtung.[32] 17

Die **Einlagenrückgewähr** unterliegt nicht nur mit dem Teil, der zur Verlustdeckung benötigt wird, der Insolvenzanfechtung, sondern in voller Höhe.[33] Bei Beendigung einer atypisch stillen Gesellschaft wird der Anspruch des stillen Gesellschafters auf Auszahlung des Auseinandersetzungsguthabens – ebenso wie ein eventueller Verlust- 18

---

28 Vgl. Schmidt, K., in: Scholz, Vor § 64 GmbHG Rn. 126.

29 So BGH, 23.11.2017 – IX ZR 218/16, WM 2017, 2399 f. = NZI 2018, 71 f.= DZWIR 2018, 192 f. Rn. 6.

30 So BGH, 27.11.2000 – II ZR 218/00, ZIP 2001, 243 ff. = NZI 2001, 201 f.

31 Vgl. A/G/R-Gehrlein, § 136 Rn. 8; MK-InsO/Gehrlein, § 136 InsO Rn. 17; HambKomm-InsR/Schröder, § 136 InsO Rn. 9; Graf-Schlicker/Huber, § 136 InsO Rn. 3; Ottinger in: Cranshaw/Hinkel, Praxiskommentar zum Anfechtungsrecht, § 136 InsO Rn. 32.

32 So HambKomm-InsR/Schröder, § 136 InsO Rn. 9; Bornheimer in: Pape/Uhländer, § 136 InsO Rn. 8.

33 So HambKomm-InsR/Schröder, § 136 InsO Rn. 9.

ausgleichsanspruch des Geschäftsinhabers – regelmäßig erst nach der Auseinandersetzung gem. § 235 Abs. 1 HGB in Form der Durchführung einer Gesamtabrechnung fällig, die der Geschäftsinhaber allerdings nicht ungebührlich hinauszögern darf.[34] Die **Umwandlung** der stillen Beteiligung in ein **Darlehen** ist keine Einlagenrückgewähr.[35] Es ist aber ggf. die **Darlehensrückzahlung** anfechtbar.[36] Die Rückgabe von Gegenständen, die der stille Gesellschafter dem Geschäftsinhaber als sonstigen Gesellschafterbeitrag zur Verfügung gestellt hatte, ist ebenfalls keine Einlagenrückgewähr.[37]

Die vollumfängliche **Rückzahlung einer Einlage** an einen stillen Gesellschafter stellt insoweit eine unentgeltliche Leistung dar, als die Einlage durch Verluste vermindert war und es im Zeitpunkt der angefochtenen Rechtshandlung keine weiteren Ansprüche auf den dem **Verlust** entsprechenden Betrag gab.[38]

19 Zahlungen des Inhabers eines Handelsgewerbes an einen stillen Gesellschafter, denen ein **gewinnunabhängiges Zahlungsversprechen** im Gesellschaftsvertrag zugrunde liegt, sind entgeltliche Leistungen, wenn sie die **Gegenleistung** für die erbrachte Einlage darstellen.[39]

20 War dem stillen Gesellschafter schon im Gesellschaftsvertrag ein Recht zur Kündigung eingeräumt, kann die Rückgewähr der Einlage nach § 136 InsO selbst dann nicht angefochten werden, wenn die **Kündigung in kritischer Zeit** erfolgte.[40]

21 Der Insolvenzverwalter ist nicht zur Anfechtung der Zahlung im Gesellschaftsvertrag einer stillen Gesellschaft vereinbarter »**Vorabvergütungen**« berechtigt, auch wenn diese ausgeführt wurden, ohne dass ein Gewinn erzielt wurde. Insbesondere handelt es sich nicht um eine unentgeltliche Leistung, da die Zahlungen nicht ohne Rechtsgrund erfolgten.[41]

3. Erlass des Verlustanteils

22 Weiterhin anfechtbar ist der **Erlass** des Anteils des stillen Gesellschafters an entstandenen **Verlusten**, während der Erlass des Anteils an künftigen Verlusten nicht gem. § 136 InsO anfechtbar ist, ggf. aber gem. § 130 bis § 134 InsO.[42]

---

34 So BGH, 06.12.2016 – II ZR 140/15, ZIP 2017, 517 ff. = NZG 2017, 339 ff. = EWiR 2017, 327 f [Wertenbruch].

35 So MK-InsO/Gehrlein, § 136 InsO Rn. 17; Bornheimer in: Pape/Uhländer, § 136 InsO Rn. 8.

36 So HambKomm-InsR/Schröder, § 136 InsO Rn. 10.

37 So HambKomm-InsR/Schröder, § 136 InsO Rn. 10.

38 So BGH, 14.12.2023 – IX ZR 10/23, ZRI 2024, 193 ff. = NZI 2024, 215 ff.

39 So BGH, 05.07.2018 – IX ZR 139/17, ZIP 2018, 1746 ff. = BB 2018, 2384 ff. = NZI 2018, 804 ff.

40 So BGH, 22.09.2015 – II ZR 310/14, ZIP 2016, 266 ff.

41 So OLG Hamm, 12.12.2016 – 8 U 44/16, ZIP 2017, 1123 ff. = NZI 2017, 306 ff. mit Anm. Baumert = ZInsO 2017, 321 ff.

42 So HambKomm-InsR/Schröder, § 136 InsO Rn. 11; MK-InsO/Gehrlein, § 136 InsO Rn. 21; Ottinger in: Cranshaw/Hinkel, Praxiskommentar zum Anfechtungsrecht, § 136 InsO Rn. 45.

Für die **Berechnung des Verlustanteils** ist gem. § 140 Abs. 1 InsO auf den Zeitpunkt abzustellen, an dem die rechtlichen Wirkungen des Erlasses eintreten. Zu diesem Zweck ist grds. ein **Zwischenabschluss** für das Handelsgeschäft des Geschäftsinhabers analog § 232 HGB aufzustellen, worauf freilich verzichtet werden kann, wenn – z.B. bei einer Publikumsgesellschaft – dafür ein unzumutbarer Aufwand betrieben werden müsste. In diesen Fällen kann eine **zeitanteilige Aufteilung** auf Basis des nächsten Jahresabschlusses möglich sein.[43] 23

4. Vereinbarung innerhalb des letzten Jahres vor Antragstellung oder danach

Die sachlichen Voraussetzungen des § 136 Abs. 1 Satz 1 InsO sind nur dann erfüllt, wenn die **Rückgewähr** der Einlage aufgrund einer zwischen dem Geschäftsinhaber und dem stillen Gesellschafter getroffenen **Vereinbarung** erfolgt ist.[44] Dies ist nicht der Fall, wenn es nicht vom freien Willen des Geschäftsinhabers abhängt, ob er die Einlage zurückzahlen will. Eine **freiwillige Rückgewähr** liegt deshalb nicht vor, wenn ein gesetzliches Kündigungsrecht, v.a. das Recht zur fristlosen Kündigung aus wichtigem Grunde, ausgeübt ist und aus diesem Grunde die Rückzahlung erfolgen muss. Dies gilt ebenso, wenn eine Vereinbarung über eine Sicherungsübereignung getroffen wird.[45] Anfechtbarkeit gem. § 131 Abs. 1 InsO kann aber in der **Hinnahme** einer unwirksamen **Kündigung** des stillen Gesellschafters durch den Geschäftsinhaber liegen.[46] War dem stillen Gesellschafter allerdings schon im Gesellschaftsvertrag ein **Recht zur Kündigung** eingeräumt, kann die Rückgewähr der Einlage nach § 136 InsO selbst dann nicht angefochten werden, wenn die Kündigung in kritischer Zeit erfolgte.[47] 24

Eine **Vereinbarung** i.S.v. § 136 BGB liegt nicht vor, wenn sich der Inhaber und der stille Gesellschafter im Rahmen eines **Aufhebungsvertrages**, **Prozessvergleiches** etc. einigen und der stille Gesellschafter die Leistung etwa aufgrund Anfechtung oder fristloser Kündigung ohnehin hätte verlangen können.[48] Unschädlich ist, wenn der Vergleich den Anspruch erst konkretisiert hat oder der **Gesellschaftsvertrag** innerhalb der Frist geschlossen worden ist.[49] 25

Die **Fristberechnung** erfolgt gem. § 139 InsO, der ausdrücklich auf § 136 InsO verweist.[50] Danach beginnt die Frist mit dem Anfang des Tages, der durch seine Zahl dem Tag entspricht, an dem der Antrag auf Eröffnung des Insolvenzverfahrens beim Insolvenzgericht eingegangen ist. Fehlt ein solcher Tag, so beginnt die Frist mit dem Anfang des folgenden Tages. Seit § 136 InsO kommt es, anders als bei § 130 bis 26

43 So HambKomm-InsR/Schröder, § 136 InsO Rn. 11.
44 S. MK-InsO/Gehrlein, § 136 InsO Rn. 9.
45 Vgl. BGH, 29.06.1970 – II ZR 158/69, BGHZ 55, 5, 10 = NJW 1971, 375, 377.
46 Vgl. HambKomm-InsR/Schröder, § 136 InsO Rn. 6.
47 So BGH, 22.09.2015 – II ZR 30/14, ZIP 2016, 266, 268.
48 So HK-InsO/Thole, § 136 InsO Rn. 7.
49 So RG, 01.05.1914 – II 21/14, RGZ 84, 434, 438; FK-InsO/Dauernheim, § 136 InsO Rn. 8; HambKomm-InsR/Schröder, § 136 InsO Rn. 7.
50 So MK-InsO/Gehrlein, § 136 InsO Rn. 14.

§ 135 InsO, nicht auf die Masse schmälernde und anzufechtende Rechtshandlung an, sondern auf die zugrunde liegende Vereinbarung. Demnach ist eine Rechtshandlung, die auf einer Vereinbarung beruht, die vor der Jahresfrist rechtsverbindlich wurde, nicht nach § 136 InsO anfechtbar.[51] Eine Anfechtung gem. § 136 InsO setzt wie alle anderen Anfechtungstatbestände eine Gläubigerbenachteiligung i.S.v. § 129 Abs. 1 InsO voraus, wobei die **mittelbare Benachteiligung** ausreicht.[52]

27 Die **Bargeschäftsregel** aus § 142 InsO ist auch bei einer Anfechtung gem. § 136 InsO anwendbar (vgl. Kap. 3 § 142 InsO Rdn. 57).[53]

5. Auflösung der stillen Gesellschaft

28 Die stille Gesellschaft kann gemäß Vereinbarung durch Ablauf ihrer vereinbarten **Dauer** oder **Eintritt** vereinbarter auflösender **Bedingungen** enden. Weiterhin kommt eine Auflösung durch **Erreichen des vereinbarten Zwecks** oder **Unmöglichwerden der Erreichung dieses Zwecks** in Betracht, wobei die Unmöglichkeit der Zweckerreichung **dauernd** und **offenbar**, also nicht nur vorübergehend sein muss.[54] Das einem stillen Gesellschafter vertraglich eingeräumte Kündigungsrecht kann auch ohne ausdrückliche Berufung hierauf ausgeübt werden und schließt die Insolvenzanfechtung einer **Einlagenrückgewähr** gem. § 136 InsO (früher: § 237 HGB) auch dann aus, wenn es nach der Kündigung zu einer Auflösungsvereinbarung kommt, die lediglich das konkretisiert, was der stille Gesellschafter auch ohne sie aufgrund der Kündigungsregelung im ursprünglichen Vertrag hätte verlangen können.[55]

29 Ebenso wird die stille Gesellschaft durch den **Tod des Inhabers** aufgelöst, während die Gesellschaft beim Tod des stillen Gesellschafters im Zweifel mit den Erben fortgeführt wird.[56]

30 Die Eröffnung des **Insolvenzverfahrens** über das Vermögen des **Inhabers** löst die stille Gesellschaft zwingend auf.[57]

III. § 136 Abs. 2 InsO (Ausschluss der Anfechtung)

31 Die Anfechtung ist gem. § 136 Abs. 2 InsO ausgeschlossen, wenn ein **Eröffnungsgrund** erst **nach der Vereinbarung** eingetreten ist.[58] Allgemeiner Eröffnungsgrund gem. § 17 Abs. 1 InsO ist die **Zahlungsunfähigkeit**. Der Schuldner ist gem. § 17 Abs. 2 Satz 1 InsO zahlungsunfähig, wenn er nicht in der Lage ist, die fälligen Zahlungs-

51 So HK-InsO/Thole, § 136 InsO Rn. 7.
52 So HambKomm-InsR/Schröder, § 136 InsO Rn. 13.
53 So MK-InsO/Gehrlein, § 136 InsO Rn. 22; HambKomm-InsR/Schröder, § 136 InsO Rn. 13.
54 Vgl. Hopt, § 234 HGB Rn. 3.
55 So BGH, 27.11.2000 – II ZR 218/00, ZIP 2001, 243 ff. = NZI 2001, 201 f.
56 Vgl. Hopt, § 234 HGB Rn. 4.
57 So BGH, 24.02.1969 – II ZR 123/67, BGHZ 51, 350, 352.
58 S. A/G/R-Gehrlein, § 136 Rn. 10; MK-InsO/Gehrlein, § 136 InsO Rn. 24; Pape/Uhländer-Bornheimer, § 136 InsO Rn. 11.

pflichten zu erfüllen. Zahlungsunfähigkeit ist gem. § 17 Abs. 2 Satz 2 InsO i.d.R. anzunehmen, wenn der Schuldner seine Zahlungen eingestellt hat.

Beantragt der Schuldner die Eröffnung des Insolvenzverfahrens, so ist auch die **drohende Zahlungsunfähigkeit** gem. § 18 Abs. 1 InsO Eröffnungsgrund. Der Schuldner droht zahlungsunfähig zu werden, wenn er voraussichtlich nicht in der Lage sein wird, die bestehenden Zahlungspflichten im Zeitpunkt der Fälligkeit zu erfüllen, § 18 Abs. 2 InsO. 32

Handelt es sich bei dem Geschäftsinhaber um eine juristische Person oder eine haftungsbeschränkte Personengesellschaft, ist auch die **Überschuldung** gem. § 19 Abs. 1 InsO Eröffnungsgrund. 33

Hinsichtlich der Eröffnungsgründe wird im Einzelnen auf die dortigen Kommentierungen verwiesen (vgl. die Kommentierung von Josephs zu §§ 16 ff. InsO). 34

C. Rechtsfolgen

Die **Rechtsfolgen** der Anfechtung gem. § 136 Abs. 1 InsO ergeben sich aus § 143 Abs. 1 Satz 1 InsO, wonach was durch die anfechtbare Handlung aus dem Vermögen des Schuldners veräußert, weggegeben oder aufgegeben ist, zur Insolvenzmasse **zurückgewährt** werden muss. Dies bedeutet, dass der stille Gesellschafter die zurückgewährte **Einlage** an die Insolvenzmasse erstatten muss. Ein erlassener **Verlustanteil** lebt wieder auf. 35

Soweit der stille Gesellschafter gem. § 143 Abs. 1 InsO an die Insolvenzmasse gezahlt hat, so lebt seine **Forderung** gegen die Insolvenzmasse wieder auf, § 144 Abs. 1 InsO, und kann gem. § 136 Abs. 1 HGB zur Insolvenztabelle angemeldet werden. 36

D. Beweislast

Den **Insolvenzverwalter** trifft nach allgemeinen Grundsätzen die **Beweislast** für die Anfechtungsvoraussetzungen, also das Vorliegen einer stillen Gesellschaft sowie die Vereinbarung über die Einlagenrückgewähr oder den Erlass des Verlustanteils.[59] 37

Den **stillen Gesellschafter** trifft die Darlegungs- und Beweislast dafür, dass der Eröffnungsgrund erst nach der Vereinbarung eingetreten ist, § 136 Abs. 2 InsO. 38

Fraglich ist, wer die Darlegungs- und Beweislast dafür trägt, dass die **Vereinbarung** zwischen dem Inhaber und dem stillen Gesellschafter **innerhalb des letzten Jahres** vor dem Insolvenzantrag geschlossen worden ist. Der Insolvenzverwalter trägt die Darlegungs- und Beweislast, wobei ihm ggf. Darlegungs- und Beweiserleichterungen zur Seite stehen können, wenn er darüber keine Kenntnis hat und sich diese auch nicht in zumutbarer Weise beschaffen kann.[60] 39

59 So MK-InsO/Gehrlein, § 136 InsO Rn. 23; Pape/Uhländer-Bornheimer, § 136 InsO Rn. 12; Ottinger in: Cranshaw/Hinkel, Praxiskommentar zum Anfechtungsrecht, § 136 InsO Rn. 51; Graf-Schlicker/Huber, § 136 InsO Rn. 8.

60 So HambKomm-InsR/Schröder, § 136 InsO Rn. 17; MK-InsO/Gehrlein, § 136 InsO Rn. 23.

40 Nach anderer Auffassung obliegt der **Beweis**, dass die Vereinbarung vor der Jahresfrist geschlossen worden ist, dem stillen Gesellschafter, da bei Rechtsgrundlosigkeit ohnehin eine Masseforderung hinsichtlich des Erlangten begründet worden wäre.[61] Diese Auffassung ist vorzugswürdig, da ansonsten **Manipulationen** Tür und Tor geöffnet würden. Das Insolvenzanfechtungsrecht soll dazu führen, dass die Insolvenzmasse angereichert wird, sodass hinsichtlich der Beweislast der stille Gesellschafter belastet ist, wenn er sich darauf beruft, dass die Vereinbarung gerade nicht im letzten Jahr vor der Insolvenzantragsstellung getroffen worden ist. Darin liegt auch kein Widerspruch zur Beweislastverteilung bei anderen Insolvenzanfechtungstatbeständen. Während bei Überweisungen, Zahlungen in der Zwangsvollstreckung oder Grundstücksübertragungen i.d.R. belastbare Beweismittel in Form von Kontoauszügen, Quittungen der Vollziehungsbeamten oder notariellen Urkunden zur Verfügung stehen, ist bei der Vereinbarung i.S.v. § 136 Abs. 1 Satz 1 InsO keine bestimmte Form vorgesehen, sodass es aus Gründen der **Manipulationsresistenz** erforderlich ist, dem stillen Gesellschafter die Beweislast aufzuerlegen.

E. Anspruchskonkurrenzen

41 Alle **Anfechtungstatbestände** können miteinander **konkurrieren**, sodass neben § 136 InsO auch die §§ 130 ff. InsO zur Anwendung kommen können.[62] Im Verhältnis zu § 134 InsO ist die aktuelle Rechtsprechung zu berücksichtigen: Zahlungen des Inhabers eines Handelsgewerbes an einen **stillen Gesellschafter**, denen ein gewinnunabhängiges Zahlungsversprechen im Gesellschaftsvertrag zugrunde liegt, sind **entgeltliche Leistungen**, wenn sie die Gegenleistung für die erbrachte Einlage darstellen.[63] Eine **Zahlung** an einen stillen Gesellschafter, die erfolgt, obwohl kein Gewinn entstanden ist,[64] ist ebenso entgeltlich wie eine **Vorabvergütung**, die an einen stillen Gesellschafter gezahlt worden ist, obwohl kein Gewinn erzielt worden ist.[65]

F. Arbeitshilfen

▶ Checkliste

42
- ☐ Vorliegen einer stillen Gesellschaft (Abgrenzung zum [partiarischen] Darlehen)
- ☐ Rückgewähr der Einlage oder Erlass des Verlustanteils
- ☐ Gläubigerbenachteiligung
- ☐ Abschluss der Vereinbarung im letzten Jahr vor dem Antrag auf Eröffnung des Insolvenzverfahrens oder nach diesem Antrag
- ☐ Eintritt des Eröffnungsgrundes nach der Vereinbarung

61 So HK-InsO/Thole, § 136 InsO Rn. 11.

62 So HambKomm-InsR/Schröder, § 136 InsO Rn. 18; Graf-Schlicker/Huber, § 136 InsO Rn. 9; Pape/Uhländer-Bornheimer, § 136 InsO Rn. 14.

63 So BGH, 05.07.2018 – IX ZR 139/17, ZIP 2018, 1746 ff. = NZI 2018, 804 ff.

64 So OLG Hamm, 12.12.2016 – 8 U 44/16, ZIP 2017, 1123 ff. = EWiR 2017, 437 f. [Stefani] = NZI 2017, 306 ff. mit Anm. Baumert = ZInsO 2017, 321 ff.

65 So OLG Oldenburg, 24.05.2017 – 1 U 25/16, ZIP 2017, 1286 ff.

§ 137 Wechsel- und Scheckzahlungen

(1) Wechselzahlungen des Schuldners können nicht auf Grund des § 130 vom Empfänger zurückgefordert werden, wenn nach Wechselrecht der Empfänger bei einer Verweigerung der Annahme der Zahlung den Wechselanspruch gegen andere Wechselverpflichtete verloren hätte.

(2) Die gezahlte Wechselsumme ist jedoch vom letzten Rückgriffsverpflichteten oder, wenn dieser den Wechsel für Rechnung eines Dritten begeben hatte, von dem Dritten zu erstatten, wenn der letzte Rückgriffsverpflichtete oder der Dritte zu der Zeit, als er den Wechsel begab oder begeben ließ, die Zahlungsunfähigkeit des Schuldners oder den Eröffnungsantrag kannte. § 130 Abs. 2 und Abs. 3 gilt entsprechend.

(3) Die Absätze 1 und 2 gelten entsprechend für Scheckzahlungen des Schuldners.

Übersicht Rdn.

Schrifttum

Baumbach/Hefermehl/Casper, Wechselgesetz – Scheckgesetz – Recht der kartengestützten Zahlungen, 24. Aufl., München 2020; *Ganter*, Die Rechtsprechung des BGH zum Insolvenzrecht im Jahre 2009, NZI 2010, 361 ff.; *ders.*, Die Rechtsprechung des BGH zum Insolvenzrecht im Jahre 2010, NZI 2011, 209 ff.; *Gehrlein*, Aktuelle Rechtsprechung zur Insolvenzanfechtung in systematischer Darstellung, WM 2009, Sonderbeilage Nr. 1, 40 ff.; *ders.*, Höchstrichterliche Rechtsprechung zum Insolvenzanfechtungsrecht der Jahre 2021/2022, ZRI 2022, 621 ff.; *Gehrlein/Thole*, Aktuelle Probleme der Insolvenzanfechtung, 16. Aufl., Köln, 2024; *Kirchhof*, Die Rechtsprechung des Bundesgerichtshofs zum Insolvenzrecht, WM 2008, Sonderbeilage Nr. 1, 1 ff.

A. Normzweck

Die Regelung des § 137 InsO, die der früheren Regelung des § 34 KO entspricht 1
und international keine Besonderheit darstellt wie Art. L. 632–3 Code de Commerce zeigt, stellt **keinen** eigenen **Anfechtungstatbestand** dar, sondern schließt aus Billig-

keitsgründen eine Rückforderung aufgrund des § 130 InsO unter Berücksichtigung der **Besonderheiten** des **Wechsel- und Scheckrechts** aus.[1]

2 Die **Zahlung mit Wechseln** ist eine Schöpfung des 12. Jahrhunderts und diente zunächst der Einwechselung fremden Geldes in die eigene Währung.[2] Der Wechsel hat allerdings nicht erst in den letzten Jahren an Bedeutung verloren. Er dient heute dem **Hinausschieben des Zahlungstermins**, indem der Gläubiger dem Schuldner die Forderung aus dem Grundverhältnis, z.B. dem Kaufvertrag, stundet, allerdings im Gegenzug den Wechsel erhält, den er entweder vorzeitig zu Geld machen kann, indem er ihn unmittelbar bei seiner Bank einreicht und sich den diskontierten Betrag auszahlen lässt oder aber den Wechsel zur Bezahlung einer eigenen Schuld weitergibt. Die Vorschrift hat ihren Anwendungsbereich in der Praxis weitgehend verloren.[3]

3 Liegt eine Lieferungs- oder Leistungsbeziehung zugrunde, so spricht man i.d.R. von einem sog. **Warenwechsel**. Dient der Wechsel der Kreditbeschaffung, so handelt es sich um einen sog. **Finanzwechsel**. Die Begebung lediglich zu Kreditzwecken geschaffener Wechsel, die nicht mit einem Warengeschäft oder Dienstleistungsgeschäft in Zusammenhang stehen, und die ihr zugrunde liegende Vereinbarung sind nicht grds. sittenwidrig.[4] Eine sittenwidrige »**Wechselreiterei**« kann allerdings bei einem planmäßigen, gegenseitigen Austausch von Wechseln und Schecks zwischen kreditschwachen Personen vorliegen, wenn dieser unter missbräuchlicher Verwendung von Wechsel und Scheck der **verdeckten Kreditbeschaffung** beider Beteiligter dient.[5]

4 Dem Wechselgeschäft liegt ein **Dreiecksverhältnis** zugrunde, indem der Aussteller einen bestimmten Geldbetrag anweist und der **Bezogene** zur Zahlung angewiesen wird.[6] Der erste Wechselnehmer (**Remittent**) soll die Zahlung erhalten.[7] Akzeptiert der Bezogene seine Zahlungspflicht mit seiner Unterschrift (»Akzept«), wird er als »**Akzeptant**« bezeichnet.

5 Die **wechselmäßige Haftung** lässt sich wie folgt überblicksmäßig darstellen:

Haftung des Ausstellers	Art. 9 WG
Haftung des Akzeptanten	Art. 28 WG
Haftung des Indossanten	Art. 15 WG
Haftung des Wechselbürgen	Art. 32 WG
Bereicherungshaftung des Ausstellers	Art. 89 WG
Bereicherungshaftung des Akzeptanten	Art. 89 WG

1 So MK-InsO/Kirchhof, § 137 InsO Rn. 1.
2 Vgl. Baumbach/Hefermehl/Casper, WG, Einl. Rn. 1.
3 So K/P/B/Schoppmeyer, § 134 InsO Rn. 2.
4 So BGH, 17.12.1979 – II ZR 129/79, ZIP 1980, 111, 112.
5 So BGH, 27.01.1969 – II ZR 222/66, WM 1969, 334, 335.
6 Vgl. Baumbach/Hefermehl/Casper, WG, Einl. Rn. 8.
7 So Klunzinger, Grundzüge des Handelsrechts, S. 214.

Im Gegensatz zum Wechsel stellt der **Scheck** kein Kreditmittel dar, sondern ein **Zahlungsmittel**, wobei er gem. Art. 28 ScheckG grds. »bei Sicht« zahlbar ist, sodass selbst durch Manipulation des Unterschriftsdatums **keine Hinausschiebung der Fälligkeit** gelingen kann. Die Übergabe mehrerer Schecks durch den Schuldner an den Gerichtsvollzieher zur Leistung von Teilzahlungen auf Beitragsforderungen einer Berufsgenossenschaft stellt eine Rechtshandlung i.S.d. § 133 InsO dar.[8] 6

Die scheckrechtliche **Haftung** ergibt sich aus nachstehender Übersicht: 7

Haftung des Ausstellers	Art. 12 ScheckG
Haftung des Indossanten	Art. 18 ScheckG
Haftung des Scheckbürgen	Art. 28 ScheckG

Den **Besonderheiten** des Wechsel- und Scheckrechts trägt die Norm des § 137 InsO Rechnung. Ein Wechselgläubiger, der sich weigert, die ihm rechtzeitig angebotene Zahlung anzunehmen, darf keinen **Wechselprotest** erheben und verliert mangels **Protesterhebung** das **Rückgriffsrecht**.[9] 8

B. Norminhalt

I. Einführung

Die Norm stellt **keinen Anfechtungstatbestand** dar, sondern den Ausschluss des Anfechtungsanspruchs aus § 130 InsO unter bestimmten Bedingungen. Eine Anfechtung des Erfüllungsgeschäfts kommt unter dem Gesichtspunkt des § 132 InsO in Betracht.[10] 9

II. § 137 Abs. 1 InsO

1. Wechselrecht

Die Regelung ist anwendbar, sofern der spätere Schuldner durch die wechselmäßige Leistung einen Insolvenzgläubiger befriedigt hat. Die Norm ist nur einschlägig, wenn der Schuldner den Wechsel nicht als **Aussteller** des gezogenen Wechsels eingelöst hat, sondern als **Verpflichteter** aus dem Wechsel.[11] Hat der Aussteller des auf den Schuldner bezogenen und von ihm akzeptierten Wechsels nach Wechselrecht keinen Wechselanspruch gegen andere Wechselverpflichtete, die er durch Verweigerung der Annahme der Wechselzahlung verlieren konnte (Art. 47 WG), so steht § 137 InsO einer Anfechtung nicht entgegen.[12] 10

8 So OLG Koblenz, 25.10.2010 – 10 U 924/09, UV-Recht Aktuell 2010, 851 ff.
9 So Uhlenbruck/Hirte, § 137 InsO Rn. 1; HWF/Schmittmann/Zeeck, § 137 InsO Rn. 6; HK-InsO/Thole, § 137 InsO Rn. 2; Bornheimer, in: Pape/Uhländer, § 137 InsO Rn. 1.
10 So K. Schmidt/Ganter, § 137 InsO Rn. 3.
11 So MK-InsO/Kirchhof, § 137 InsO Rn. 5.
12 So BGH, 21.06.2007 – IX ZR 231/04, NZI 2007, 517, 518 Rn. 21; HK-InsO/Thole, § 137 InsO Rn. 7.

11 Die Bestimmung des § 137 InsO gilt auch nicht für Zahlungen nach **Protesterhebung**, da in diesem Fall das Rückgriffsrecht bereits gesichert ist.[13] Die **Zahlungsannahme** muss »nach Wechselrecht«, also von Gesetzes wegen und nicht lediglich infolge besonderer Vereinbarung erforderlich »**notgedrungen**« sein.[14] Als notgedrungen gilt v.a. die Annahme wechselmäßiger Zahlungen, die der spätere Schuldner als Bezogener, insb. als **Akzeptant**, oder als **Aussteller des eigenen Wechsels** (Art. 75 WG) angeboten hat, weil hier der Protest mangels Zahlung Voraussetzung des Rückgriffs ist (Art. 43, 77 WG). Notgedrungen ist auch die Annahme der **Ehrenzahlung**.[15]

12 Nach **Ablauf der Protestfrist** ist die Annahme der Zahlung nicht mehr notgedrungen, da der Rückgriffsanspruch dann bereits verloren ist.[16] Ist der Verfahrensschuldner der einzige Rückgriffsverpflichtete, gilt die Vorschrift ebenfalls nicht, da dann ein **Rückgriffsrecht** gar nicht erst in Betracht kommt.[17]

2. Reichweite

13 Lediglich die Wechselzahlung wird durch § 137 InsO geregelt. Die Vorschrift kann **nicht** durch Analogie **ausgedehnt** werden,[18] insb. nicht auf andere indossable **Wertpapiere** wie Lade- und Lagerscheine oder Konnossemente, da deren **Indossament** der Garantiefunktion entbehrt.[19]

14 Durch die Bestimmung des § 137 InsO ist lediglich die **Anfechtung** des reinen **Erfüllungsgeschäfts** ausgeschlossen, sodass sowohl die Anfechtung des **Verpflichtungsgeschäfts** als auch die Anfechtung der **Begründung der Wechselverbindlichkeit** möglich ist, sofern die Anfechtungsvoraussetzungen diesbezüglich gegeben sind.[20]

III. § 137 Abs. 2 InsO

15 Mit der Vorschrift des § 137 Abs. 2 InsO wird dem Insolvenzverwalter zur **Vermeidung von Missbrauchsmöglichkeiten**[21] die Chance gegeben, gegen den, der bei Protesterhebung mangels Zahlung letzten Endes hätte zahlen müssen, einen Anspruch auf Erstattung der Wechselsumme nebst Zinsen und Kosten geltend zu machen, wenn dem **Rückgriffsschuldner** zu der Zeit, als er den Wechsel begab, die Zahlungsunfähig-

13 So MK-InsO/Kirchhof, § 137 InsO Rn. 8; Uhlenbruck/Hirte, § 137 InsO Rn. 2.
14 So A/G/R-Gehrlein, § 137 Rn. 5; K. Schmidt/Ganter, § 137 InsO Rn. 9.
15 So Jaeger/Henckel, § 137 InsO Rn. 7; Graf-Schlicker/Huber, § 137 InsO Rn. 2.
16 So Uhlenbruck/Hirte, § 137 InsO Rn. 2; Ottinger, in: Cranshaw/Hinkel, Praxiskommentar zum Anfechtungsrecht, § 137 InsO Rn. 10.
17 So RG, 15.10.1897 – Rep. III 177/97, RGZ 40, 40, 41; HK-InsO/Thole, § 137 InsO Rn. 9.
18 So MK-InsO/Kirchhof, § 137 InsO Rn. 4; HK-InsO/Thole, § 137 InsO Rn. 4.
19 So Jaeger/Henckel, § 137 InsO Rn. 17.
20 So Uhlenbruck/Hirte, § 137 InsO Rn. 3.
21 So K. Schmidt/Ganter, § 137 InsO Rn. 10; Ottinger in: Cranshaw/Hinkel, Praxiskommentar zum Anfechtungsrecht, § 137 InsO Rn. 25.

keit des Schuldners oder der Eröffnungsantrag bekannt waren.[22] Die Regelung schafft einen selbständigen Anspruch gegen Ersatzrückgewährpflichtige.[23]

16 Die Zahlung kommt letztlich dem letzten **Regressschuldner** zugute, da er aufgrund der Zahlung des Schuldners nicht mehr haftet.[24] Der Regresspflichtige muss nur dann aufgrund der Anfechtung leisten, wenn er sich für seine Forderung gegen den Schuldner Deckung verschafft hat, also entweder durch den Verkauf der Wechselforderung oder der Übertragung zur Erfüllung einer eigenen Schuld.[25] Ist der Wechsel für **Rechnung eines Dritten** begeben worden, so besteht der Ersatzanspruch gegen ihn.[26]

17 Da die Regelung des § 137 Abs. 2 InsO Missbrauchsmöglichkeiten ausschließen soll, ist **Kenntnis** des letzten Rückgriffsverpflichteten oder des Dritten zu der Zeit, als er den Wechsel begab oder begeben ließ, von der **Zahlungsunfähigkeit** des Schuldners oder des **Eröffnungsantrags** erforderlich.[27] Die Kenntnis des letzten Rückgriffsverpflichteten wird dem Dritten entsprechend § 166 Abs. 1 BGB zugerechnet.[28]

18 Der **Beweis der Kenntnis** des Rückgriffsschuldners von der Zahlungsunfähigkeit oder dem Eröffnungsantrag wird durch die Verweisung des § 137 Abs. 2 Satz 2 InsO auf § 130 Abs. 2 und Abs. 3 InsO erleichtert.[29]

IV. § 137 Abs. 3 InsO

19 Aufgrund der Vorschrift des § 137 Abs. 3 InsO gelten die Abs. 1 und 2 entsprechend für **Scheckzahlungen** des Schuldners. Die entsprechende Anwendung ist geboten, da der **Scheckregress** im Wesentlichen den gleichen Grundsätzen folgt wie der Wechselregress (Art. 40 ff. ScheckG).[30] Eine entsprechende Anwendung kommt nur dann in Betracht, wenn der Schuldner als Bezogener den Scheck eingelöst hatte, was nur bei einer Bank (Art. 3, 54 ScheckG) der Fall sein dürfte.[31]

20 Die Bestimmung ist auch unter Berücksichtigung von § 366 BGB im Hinblick auf Art. 34 Abs. 2 ScheckG bei **Teilzahlungen** anwendbar.[32]

21 Die Unanfechtbarkeit tritt nur dann ein, wenn der Inhaber des Schecks bei Verweigerung der Annahme seine **Rückgriffsansprüche** verlieren würde, weil der **Protest** als

22 So PK-HWF/Schmittmann/Zeeck, § 137 InsO Rn. 14; Uhlenbruck/Hirte, § 137 InsO Rn. 6; Graf-Schlicker/Huber, § 137 InsO Rn. 6.

23 So A/G/R-Gehrlein, § 137 Rn. 6.

24 So Jaeger/Henckel, § 137 InsO Rn. 18; MK-InsO/Kirchhof, § 137 InsO Rn. 13.

25 So Jaeger/Henckel, § 137 InsO Rn. 18.

26 So Uhlenbruck/Hirte, § 137 InsO Rn. 7.

27 So MK-InsO/Kirchhof, § 137 InsO Rn. 16; Bornheimer, in: Pape/Uhländer, § 137 InsO Rn. 10.

28 So Uhlenbruck/Hirte, § 137 Rn. 7; PK-HWF/Schmittmann/Zeeck, § 137 InsO Rn. 20; MK-InsO/Kirchhof, § 137 InsO Rn. 17.

29 So PK-HWF/Schmittmann/Zeeck, § 137 InsO Rn. 15; Uhlenbruck/Hirte, § 137 InsO Rn. 6.

30 So Jaeger/Henckel, § 137 InsO Rn. 25; Bornheimer, in: Pape/Uhländer, § 137 InsO Rn. 12.

31 So Jaeger/Henckel, § 137 InsO Rn. 25.

32 So MK-InsO/Kirchhof, § 137 InsO Rn. 20.

Rückgriffsvoraussetzung nur möglich ist, wenn der Bezogene die Leistung verweigert. Durch die Ablehnung der Zahlung eines Rückgriffspflichtigen droht dagegen dem Inhaber nicht der Verlust seiner weiteren Rückgriffsansprüche.[33] Nicht anwendbar ist die Vorschrift, wenn eine **Einlösungspflicht der Bank** aus anderem als einem scheckrechtlichen Grund besteht, z.B. beim bestätigten Bundesbankscheck.[34]

C. Rechtsfolgen

22 Die **Rechtsfolgen** der Norm sind nach den einzelnen Absätzen differenziert zu betrachten.

23 Bei § 137 Abs. 1 InsO führt das Vorliegen der Voraussetzungen dazu, dass die Zahlung nicht nach § 130 InsO angefochten werden kann.[35] Bei § 137 Abs. 2 InsO handelt es sich um einen eigenen **Anfechtungstatbestand**, der zu einer Erstattungspflicht gegen den letzten Rückgriffsverpflichteten oder den Dritten führt. Der letzte Rückgriffsverpflichtete ist derjenige, der bei wirksamer **Protesterhebung** im Ergebnis hätte zahlen müssen.[36]

24 Bei § 137 Abs. 3 InsO ist die »Schecksumme« von dem letzten Regresspflichtigen zu erstatten, wenn ihm im **Zeitpunkt der Scheckbegebung** die **Zahlungsunfähigkeit** des Bezogenen oder der gegen ihn gerichtete **Eröffnungsantrag** bekannt war.[37] Die Norm ist lediglich von geringer praktischer Bedeutung.[38]

D. Beweislast

25 Den **Insolvenzverwalter** trifft nach allgemeinen Grundsätzen die **Beweislast** für die Anfechtungsvoraussetzungen, also die unmittelbare Benachteiligung der Insolvenzgläubiger, die Zahlungsunfähigkeit des Schuldners und die Kenntnis des anderen Teils von der Zahlungsunfähigkeit bzw. dem Eröffnungsantrag.[39]

26 Aufgrund der Regelung in § 137 Abs. 2 Satz 2 InsO kommt dem Insolvenzverwalter die **Beweiserleichterung** gem. § 130 Abs. 2 und 3 InsO zugute.[40]

27 Der **Anfechtungsgegner** kann sich der Anfechtung entziehen, wenn er die Voraussetzungen von § 137 Abs. 1 InsO vorträgt und ggf. beweist.[41]

---

33 So Jaeger/Henckel, § 137 InsO Rn. 25; Uhlenbruck/Hirte, § 138 InsO Rn. 8.
34 So Uhlenbruck/Hirte, § 138 InsO Rn. 10.
35 So HambKomm-InsR/Rogge/Leptien, § 137 InsO Rn. 4; Jaeger/Henckel, § 137 InsO Rn. 2.
36 So HambKomm-InsR/Rogge/Leptien, § 137 InsO Rn. 6.
37 So Jaeger/Henckel, § 137 InsO Rn. 28.
38 So A/G/R-Gehrlein, § 137 Rn. 9.
39 S. HK-InsO/Thole, § 137 InsO Rn. 14.
40 Vgl. Uhlenbruck/Hirte, § 137 InsO Rn. 11; Bornheimer, in: Pape/Uhländer, § 137 InsO Rn. 14.
41 So Uhlenbruck/Hirte, § 138 InsO Rn. 11; K. Schmidt/Ganter, § 137 InsO Rn. 19; MK-InsO/Kirchhof, § 137 InsO Rn. 23; HambKomm-InsR/Rogge/Leptien, § 137 InsO Rn. 14.

E. Anspruchskonkurrenzen

Grds. sind alle Anfechtungsansprüche nebeneinander anwendbar. Ist die Anfechtung nach § 130 InsO wegen der Ausnahme des § 137 Abs. 1 InsO nicht möglich, kommt eine **Anfechtung der Wechselzahlung** bei Vorliegen der Voraussetzungen aber noch nach §§ 133, 134 InsO in Betracht.[42] Auch eine Anfechtung aus § 131 InsO, z.B. bei Zahlung vor Fälligkeit oder an Erfüllungs statt, ist nicht ausgeschlossen.[43] I.Ü. kommt eine Anfechtung der **Wechselbegebung** oder **Scheckausstellung** nach allgemeinen Grundsätzen in Betracht. 28

F. Arbeitshilfen

▶ Checkliste

- ☐ Vorliegen einer Wechsel- oder Scheckzahlung 29
- ☐ Zahlungsannahme von Gesetzes wegen zur Vermeidung des Verlustes von Regressansprüchen
- ☐ Anfechtungsanspruch gegen den letzten Rückgriffsverpflichteten oder den Dritten gem. § 137 Abs. 2 InsO
- ☐ Kenntnis des letzten Rückgriffsverpflichteten oder Dritten von der Zahlungsunfähigkeit des Schuldners oder dem Eröffnungsantrag

§ 138 Nahestehende Personen

(1) Ist der Schuldner eine natürliche Person, so sind nahe stehende Personen:

1. der Ehegatte des Schuldners, auch wenn die Ehe erst nach der Rechtshandlung geschlossen oder im letzten Jahr vor der Handlung aufgelöst worden ist;

1a. der Lebenspartner des Schuldners, auch wenn die Lebenspartnerschaft erst nach der Rechtshandlung eingegangen oder im letzten Jahr vor der Handlung aufgelöst worden ist;

2. Verwandte des Schuldners oder des in Nummer 1 bezeichneten Ehegatten oder des in Nummer 1a bezeichneten Lebenspartners in auf- und absteigender Linie und voll- und halbbürtige Geschwister des Schuldners oder des in Nummer 1 bezeichneten Ehegatten oder des in Nummer 1a bezeichneten Lebenspartners sowie die Ehegatten oder Lebenspartner dieser Personen;

3. Personen, die in häuslicher Gemeinschaft mit dem Schuldner leben oder im letzten Jahr vor der Handlung in häuslicher Gemeinschaft mit dem Schuldner gelebt haben sowie Personen, die sich auf Grund einer dienstvertraglichen Verbindung zum Schuldner über dessen wirtschaftliche Verhältnisse unterrichten können;

4. eine juristische Person oder eine rechtsfähige Personengesellschaft, wenn der Schuldner oder eine der in den Nummern 1 bis 3 genannten Personen Mitglied des Vertretungs- oder Aufsichtsorgans, persönlich haftender Gesellschafter oder zu mehr

---

42 So Jaeger/Henckel, § 137 InsO Rn. 15.

43 So Uhlenbruck/Hirte, § 137 InsO Rn. 2; HambKomm-InsR/Rogge/Leptien, § 137 InsO Rn. 5.

als einem Viertel an deren Kapital beteiligt ist oder auf Grund einer vergleichbaren gesellschaftsrechtlichen oder dienstvertraglichen Verbindung die Möglichkeit hat, sich über die wirtschaftlichen Verhältnisse des Schuldners zu unterrichten.

(2) Ist der Schuldner eine juristische Person oder eine rechtsfähige Personengesellschaft, so sind nahe stehende Personen:

1. die Mitglieder des Vertretungs- oder Aufsichtsorgans und persönlich haftende Gesellschafter des Schuldners sowie Personen, die zu mehr als einem Viertel am Kapital des Schuldners beteiligt sind;

2. eine Person oder eine Gesellschaft, die auf Grund einer vergleichbaren gesellschaftsrechtlichen oder dienstvertraglichen Verbindung zum Schuldner die Möglichkeit haben, sich über dessen wirtschaftliche Verhältnisse zu unterrichten;

3. eine Person, die zu einer der in Nummer 1 oder 2 bezeichneten Personen in einer in Absatz 1 bezeichneten persönlichen Verbindung steht; dies gilt nicht, soweit die in Nummer 1 oder 2 bezeichneten Personen kraft Gesetzes in den Angelegenheiten des Schuldners zur Verschwiegenheit verpflichtet sind.

Übersicht

Schrifttum

App, »Nahestehende Personen« im Sinne des neuen Insolvenzrechts und ihre Stellung im Insolvenzrecht und Gläubigeranfechtungsrecht, FamRZ 1996, 1523; *Biehl*, Insider im Insolvenzverfahren, 2000; *ders.*, § 138 InsO n.F. – Änderungsvorschläge zum DiskE des BMJ, ZInsO 2003, 543; *Bork*, Das Anfechtungsrecht in den Nordic Baltic Recommendations on Insolvency Law, in: Festschrift für Markus Gehrlein, 2022, S. 67; *Ehricke*, Insolvenzrechtliche Anfechtung gegen Insider – Zur Bestimmung nahestehender Personen von GmbH und AG, KTS 1996, 209; *Fölsing*, Beweislastumkehr und Beweiserleichterungen bei Nahestehenden des Steuerberaters, NZI 2013, 39 ff.; *Fridgen*, Die Zurechnung der Eigenschaft »nahestehende Person« über § 166 BGB, ZInsO 2004, 548; *Gehrlein*, 10 Jahre neues Gesellschafterdarlehensrecht, ZInsO 2019, 2133; *Helm*, Eltern des nichtehelichen Lebenspartners als nahestehende Person?, KTS 2011, 506; *Hirte*, Nahestehende Personen (§ 138 InsO) – Klarheit oder Rückschritt, ZInsO 1999, 429; *Kindler/Bitzer*, Die Insolvenzanfechtung im Visier des europäischen Gesetzgebers, NZI 2023, 569; *Kirchhof*, Die neue Rechtsprechung des BGH in Insolvenzsachen – insb. zu Anfechtungsfragen gegenüber Gesellschaftern und nahen Angehörigen i.S.d. § 138 InsO, ZInsO 2001, 825; *Klene*, Nahestehende Personen im Insolvenzrecht, NZI 2017, 340 ff.; *Köchling*, Informationsasymmetrien bei übertragenden Sanierungen an Insider des Insolvenzverfahrens, ZInsO 2007, 691; *Mock*, Die Vergütung des vorinsolvenzrechtlichen Sanierungsberaters, ZIP 2014, 445; *Pape*, Die Familie des Schuldners im Insolvenzverfahren, InsbürO 2009, 174; *Pfündl*, Ratio legis des § 138 InsO – Ein Plädoyer für eine insolvenzrechtliche Gesamtbetrachtung (§ 138 InsO), ZRI 2023, 548; *ders.*, Insider im Insolvenzanfechtungsrecht, 2023; *Ropohl*, Bestimmung der gesellschaftsrechtlich nahe stehenden Personen nach § 138 II InsO, NZI 2006, 425; *ders.*, Bestimmung der gesellschaftsrechtlich nahe stehenden Personen nach § 138 II InsO, NZI 2006, 425; *Spindler*, Wissenszurechnung in der GmbH, der AG und im Konzern, ZHR 181 (2017), 311; *Thole*, Die Vorsatzanfechtung als Instrument des Gläubigerschutzes, KTS 2007, 294; *Tillmann*, Anm. zu BGH v. 22.12.2016 – IX ZR 94/14, ZInsO 2017, 546 in: EWiR 2017, 309; *Wellkamp*, Verfahrensprobleme bei der Insolvenz der Gesellschaft bürgerlichen Rechts, KTS 2000, 331; *Wischemeyer*, Zur Benachteiligung der Insolvenzgläubiger bei Zahlungen nahe stehender Dritter auf Verbindlichkeiten des Schuldners, ZInsO 2008, 1122; *Wolf*, Der Dritte in der Pflicht, Kapitalerhaltung und Insolvenzanfechtung unter Berücksichtigung des § 138 InsO, 2015.

A. Kernbereich der Regelung und Systematik

Das Insolvenzanfechtungsrecht erleichtert in verschiedenen Bestimmungen (§ 130 1
Abs. 3, § 131 Abs. 2 Satz 2, § 132 Abs. 3, § 133 Abs. 2, § 137 Abs. 2 Satz 2 InsO) die Anfechtung gegenüber Personen, die dem Schuldner nahestehen, unabhängig davon, ob es sich um persönliche oder gesellschaftsrechtlich nahestehende Personen handelt. Dem liegt die Annahme zugrunde, dass solche Personen aus persönlichen, gesellschaftsrechtlichen oder ähnlichen Gründen besondere Informationsmöglichkeiten über die wirtschaftlichen Verhältnisse des Schuldners haben (BT-Drucks. 12/2443 S. 161 f. zu § 153 RegE-InsO). Sie können in der Regel die Absichten des Schuldners leichter durchschauen und sind wegen ihrer persönlichen und/oder wirtschaftlichen Verbundenheit eher bereit und in der Lage, auf ihn Einfluss zu nehmen und mit ihm Verträge zum Schaden seiner Gläubiger abzuschließen, um damit z.B. Vermögensverschiebungen und insb. Deckungen von eigenen Forderungen zu veranlassen.[1] Ob die nahestehende Person tatsächlich von den erleichterten Informationsmöglichkeiten Gebrauch macht, hat für die Anwendbarkeit des § 138 keine Bedeutung, vielmehr knüpft die Regelung an die Nähebeziehung ein besonderes Misstrauen gegenüber Vermögensverschiebungen zu deren Gunsten und erleichtert die Anfechtung. In solchen Konstellationen knüpft die InsO an eine Nähebeziehung Dritter verschiedene »negative« Rechtsfolgen. Insbesondere kommen dem Insolvenzverwalter bei der Geltendmachung von Anfechtungsansprüchen gegenüber nahestehenden Personen Beweiserleichterungen zugute, deren bedeutendste die Beweislastumkehr für die subjektiven Voraussetzungen der §§ 130, 131, 132, 137 sowie für § 145 Abs. 2 Nr. 2 ist. Diese Beweiserleichterungen bergen gerade auch für Sanierungsberater in der Krise

1 Vgl. BGH, 27.06.2019 – IX ZR 167/18, ZInsO 2019, 1734; BGH, Urt. v. 22.12.2016 – IX ZR 94/14, ZInsO 2017, 582; zu § 10 Abs. 1 Nr. 2 GesO: BGH, Urt. v. 06.04.1995 – IX ZR 61/94, BGHZ 129, 236, 246 m.w.N.

des Unternehmens erhebliche Risiken, denn mit der Entscheidung des BGH vom 03.03.2022[2] hat der BGH klargestellt, dass dem Sanierungsberater dann die Stellung einer nahestehenden Person zugerechnet werden kann, wenn er im Rahmen seines Mandats den typischen Wissensvorsprung über die wirtschaftliche Lage des Mandanten erlangt, was denknotwendig die Voraussetzung für sein Tätigwerden in der Krise ist.

2 In Übereinstimmung mit den allgemeinen Regeln trifft den Insolvenzverwalter im Anfechtungsprozess grundsätzlich die Beweislast in Ansehung der objektiven und subjektiven Voraussetzungen eines Anfechtungstatbestands. Bei einer Anfechtung gegenüber dem Schuldner »nahestehenden Personen« enthalten einige Vorschriften des Gesetzes (§ 130 Abs. 3, § 131 Abs. 2 Satz 2, § 132 Abs. 3, § 137 Abs. 2 Satz 2) eine **Umkehr der Beweislast** für die subjektiven Voraussetzungen. Der Zweck von § 138 InsO liegt im Kern darin, eine Anfechtung ggü. dem Schuldner »nahestehenden Personen« – den sog. Insidern – zu erleichtern, sodass dies auch bei der Auslegung von § 138 zu berücksichtigen ist. Solche Personen gelten insolvenzrechtlich als »verdächtig«, v.a., wenn Vermögensverschiebungen zu ihren Gunsten stattgefunden haben. Die Norm stellt eine widerlegliche Vermutung auf, dass diese Personen aufgrund persönlicher und/oder wirtschaftlicher Verbundenheit mit dem Schuldner über die realen wirtschaftlichen Verhältnisse informiert und auch eher dazu bereit sind, sich an Vermögensverschiebungen des Schuldners zu beteiligen oder zum Schaden der allgemeinen Gläubiger mit dem Schuldner Verträge abzuschließen.[3] Deshalb wird diesen Personen ggü. die Anfechtung erleichtert und die Beweislast umgekehrt. Ob die nahestehende Person tatsächlich von den erleichterten Informationsmöglichkeiten und dem Näheverhältnis Gebrauch macht, hat für die Anwendbarkeit des § 138 keine Bedeutung.[4]

3 § 138 InsO enthält vor diesem Hintergrund eine Legaldefinition für den Begriff der »nahestehenden Personen«. Dieser Begriff findet sich in vielen Vorschriften der InsO, die ihrerseits dann wieder auf § 138 InsO verweisen (z.B. § 133 Abs. 2, 162 Abs. 1 Nr. 1 InsO aber auch § 3 Abs. 2 AnfG). Darüber hinaus ist die Regelung auch für die Begriffsbestimmung in anderen Gesetzen, insb. im Gesellschaftsrecht, heranzuziehen. Neben der Nähebeziehung i.S.d. § 138 InsO können Nähebeziehungen zum Schuldner als Verdacht erregender Umstand im Rahmen von § 286 ZPO berücksichtigt werden.[5] Im Gegensatz zur vormaligen Regelung in § 31 Nr. 2 KO sind nicht nur die Anfechtungstatbestände deutlich erweitert worden, sondern auch der Kreis der »suspekten« Personen. Nicht anwendbar hingegen ist die Regelung im Anwendungsbereich des § 39 Abs. 1 Nr. 5 InsO, da diese Vorschrift auf einen anderen Regelungsbereich zugeschnitten ist,[6] sodass die anfechtungsrechtlich determinierte Norm des § 138 InsO auch bei

2 BGH, 03.03.2022 – IX ZR 78/20, ZInsO 2022, 640.

3 BGH, 27.06.2019 – IX ZR 167/18, ZInsO 2019, 1734; BGH, Urt. v. 22.12.2016 – IX ZR 94/14, ZInsO 2017, 582; BGH, 12.12.1985 – IX ZR 1/85, NJW 1986, 1047, 1049; HambKomm-InsR/Rogge, § 138 InsO Rn. 1 m.w.N.

4 So u.a. auch KPB-Ehricke, § 138 Rn. 1.

5 Vgl. z.B. BGH, 15.11.2012 – IX ZR 205/11, ZInsO 2012, 2335; Kirchhof, ZInsO 2001, 825, 826.

6 BGH, 17.02.2011 – IX ZR 131/10, ZInsO 2011, 626.

Beteiligung nahestehender Personen nicht zur Abgrenzung zwischen einfachen und nachrangigen Insolvenzforderungen herangezogen werden kann.

B. Norminhalt

Für die Anwendung von § 138 InsO muss zunächst immer die Vorfrage geklärt werden, ob der Schuldner eine natürliche Person ist oder nicht, da insoweit unterschiedliche Tatbestandsvoraussetzungen normiert sind. § 138 Abs. 1 InsO erfasst diejenigen Fälle, in denen der Schuldner eine natürliche Person ist, sein Abs. 2 hingegen Fallgruppen, in denen der Schuldner eine juristische Person oder eine Gesellschaft ohne Rechtspersönlichkeit ist. 4

I. Der Schuldner als natürlich Person

1. Ehegatte und sonstiger Lebenspartner (Nr. 1 und 1a)

Nach § 138 Abs. 1 InsO stehen alle diejenigen Personen dem Insolvenzschuldner nahe, die in häuslicher Gemeinschaft leben oder bis vor einem Jahr gelebt haben und die aufgrund enger sozialer Bindung besondere Informations- und Kenntnismöglichkeiten über den Insolvenzschuldner haben. Erfasst werden damit in erster Linie Ehegatten und Lebenspartner. Gerade aufgrund enger persönlicher Bindung und häuslicher Gemeinschaft wird eine gesteigerte Einblicks- und Informationsmöglichkeit über die wirtschaftliche Situation des Schuldners angenommen. 5

Den Prototyp der nahestehenden Personen stellt gewissermaßen der Ehegatte dar, unabhängig ob die Eheleute zusammen oder getrennt leben. Die Tatsache der Ehe allein ist notwendiges und hinreichendes Tatbestandsmerkmal. Maßgeblich ist die Ehe i.S.d. Ehegesetzes, da § 138 Abs. 1 InsO eine gesonderte Regelung für nicht eheliche Partner vorhält, vgl. Nr. 1a und 3. Ob eine wirksame Ehe vorliegt, richtet sich nach §§ 1310 ff. BGB oder nach den einschlägigen ausländischen Normen. Auf die Aufhebbarkeit der Ehe kommt es nicht an. Im Gegensatz zur Nichtehe, bei der Abs. 1 Nr. 1 schon tatbestandlich nicht gegeben ist, ggf. aber Abs. 1 Nr. 3, eingreift, besteht die aufhebbare Ehe bis zur Rechtskraft der Entscheidung, die die Ehe aufhebt. Das Aufhebungsurteil hat gestaltende Wirkung, § 1313 Satz 2 BGB. Hinsichtlich ihres Beginns genügt es, wenn die Ehe bis zum Zeitpunkt der letzten mündlichen Verhandlung in der Tatsacheninstanz geschlossen wurde, sie muss also nicht bereits bei der Vornahme der Rechtshandlung bestanden haben. 6

Bei Ehen mit Auslandsbezug muss die Frage nach der Wirksamkeit der Ehe nach dem auf diese Ehe anwendbaren Recht bestimmt werden. Auch Geschiedene bzw. frühere Ehegatten sind nach ausdrücklicher Anordnung in Nr. 1 nahestehende Personen, wenn die Ehe im letzten Jahr vor der Rechtshandlung aufgelöst wurde, ein bloßes Getrenntleben genügt nicht.[7] Die Jahresfrist ist entsprechend § 139 Abs. 1 InsO zu bestimmen. Für die Frage nach dem Zeitpunkt der Rechtshandlung gilt § 140 InsO. 7

7 HambKomm-InsR/Rogge, § 138 InsO Rn. 4.

8 Auch der eingetragene Lebenspartner nach § 1 Abs. 1 LPartG, egal ob gleichgeschlechtlich oder unterschiedlich, ist eine dem Schuldner nahestehende Person. Für die i.Ü. wortgleiche Vorschrift gilt das zu Nr. 1 Gesagte. Es reicht aus, wenn die Lebenspartnerschaft nach der angefochtenen Rechtshandlung begründet worden ist. Auch für vor dem Inkrafttreten des LPartG erfolgte, der Eheschließung vergleichbare Registrierungsverfahren im Ausland, ist Abs. 1 Nr. 1 entsprechend anwendbar.[8] Eine bloß faktische nichteheliche Lebensgemeinschaft hingegen kann schon vom Wortlaut der Regelung nicht erfasst sein.[9]

2. Verwandte des Schuldners und des Ehegatten des Schuldners (Nr. 2)

9 Die Frage danach, ob ein Verwandtschaftsverhältnis i.S.d. Nr. 2 vorliegt, wird nach den Vorschriften des § 1589 Satz 1 BGB beantwortet. Die aufgeführten Verwandten sowie die voll- und halbblütigen Geschwister des Ehegatten sind unter den gleichen Voraussetzungen als dem Schuldner nahestehend anzusehen, wie dessen Ehegatte selbst. Durch den Begriff »in auf- und absteigender Linie« wird klargestellt, dass sowohl Eltern und Großeltern (aufsteigend) aber auch Kinder und Enkel (absteigend) erfasst werden. Seitenverwandte wie Onkel und Tanten hingegen sind als nicht persönlich nahe stehend eingeordnet worden. Das nicht eheliche Kind ist gem. § 1589 BGB sowohl mit seiner Mutter als auch mit seinem Vater und deren Eltern und Großeltern in direkter Linie verwandt. Auch die Adoption eines minderjährigen Kindes begründet die Verwandtschaft, während die Adoption eines Volljährigen lediglich eine Verwandtschaft zu dem Annehmenden begründet (§ 1770 BGB). Anders als die eheliche Beziehung muss die verwandtschaftliche bereits im Zeitpunkt der Vornahme der anfechtbaren Rechtshandlung bestehen.[10] Die gleichen Regelungen erfassen auch die Verwandten des Ehegatten des Schuldners, die Verwandtschaft mit dem Ehegatten muss aber bereits z.Zt. der Handlung i.S.d. § 140 InsO bestanden haben. Ist sie innerhalb des letzten Jahres vor der Handlung aufgelöst worden, ist der Verwandte des Ehegatten noch nahestehend. Nicht einbezogen sind Verlobte von Verwandten des Schuldners oder dessen Ehegatten. Deshalb scheidet z.B. der Vertragsschluss des Schuldners mit seinem künftigen Schwiegersohn aus. Nahestehend sind auch Verwandte des o.a. Lebenspartners des Schuldners in auf- und absteigender Linie.

3. Häusliche Gemeinschaft und dienstvertragliche Verbindung (Nr. 3)

10 Schließlich werden gem. Abs. 1 Nr. 3 alle weiteren Personen als nahestehend beurteilt, die nicht den Nummern 1 – 2 unterfallen, aber dennoch in häuslicher Gemeinschaft mit dem Insolvenzschuldner leben. Im Kern handelt es sich hierbei um einen Auffangtatbestand zu den ersten drei Nummern.

11 Auch Personen, die mit dem Schuldner in einer häuslichen Gemeinschaft leben oder im letzten Jahr vor der Handlung gelebt haben, gelten nach Nr. 3 erste Alt. als ver-

8 Uhlenbruck/Hirte, § 138 InsO Rn. 6.
9 So auch BGH, 17.03.2011 – IX ZA 3/11 = ZInsO 2011, 784.
10 Näher dazu Jaeger/Henckel, § 138 InsO Rn. 7.

dächtig und damit nahestehend. Hauptanwendungsfall ist die nicht eheliche, auch gleichgeschlechtliche Lebensgemeinschaft. Nicht dazu hingegen gehören die Mitglieder einer Wohngemeinschaft, wenn diese nicht die Möglichkeit gehabt haben eine besondere Informationsmöglichkeit über die wirtschaftlichen Verhältnisse des Schuldners zu erlangen. Der unterschiedliche Zweck der Regelung des § 138 InsO verbietet es auch auf die Regelungen zur häuslichen Gemeinschaft in den §§ 1567, 2028 BGB zurückzugreifen.[11] Um jedoch die tatbestandliche Weite der Vorschrift einzugrenzen, sollte darauf abgestellt werden, ob gerade aufgrund der Art und Weise der häuslichen Gemeinschaft die Möglichkeit eröffnet worden ist, ihren Mitgliedern einen Wissens- und Informationsvorsprung gegenüber Außenstehenden zu verschaffen.[12]

Zum Kreis der nahestehenden **dienstvertraglich Verbundenen** (Nr. 3 zweite Alt.) 12
gehören z.B. alle Vermögensverwalter sowie die Steuerberater[13] des Schuldners und andere dienstvertragliche gebundene Personen, die aufgrund ihrer besonderen Stellung in der Lage gewesen sind, sich über die wirtschaftlichen Verhältnisse des Schuldners zu unterrichten, es ist nicht gefordert, dass sich die Person informiert hat oder informiert ist. »Einfache« Hausangestellte dürfte daher auch dem Anwendungsbereich nicht unterfallen. Anders als nach der herrschenden Meinung hat *Hirte*[14] überzeugend dargelegt, dass aber auch die aufgrund eines Geschäftsbesorgungsvertrags für den Schuldner tätigen Selbstständigen unter die Regelung fallen und daher auch als nahestehend angesehen werden können. Die Rechtsprechung[15] und die Literatur[16] sind hier weitgehend anderer Auffassung, indem sie sich formal auf die gesetzliche Formulierung zurückziehen, nicht aber Sinn und Zweck der Regelung sowie die tägliche Praxis der Einbindung von »Beratern« im weitesten Sinne in die Überlegungen einbeziehen. Mit seiner Entscheidung vom 03.03.2022[17] hat der BGH insoweit einen Lückenschluss vollzogen, als nunmehr auch der Sanierungsberater als eine mögliche nahestehende Person in den Schutzbereich der Norm einbezogen worden ist. Im Ergebnis sollte es entscheidend darauf ankommen, ob eine im Nahbereich der Schuldners agierende und für ihn tätige Person sich durch diese Nähe nicht öffentlich zugängliche Informationen verschaffen kann. In diese Richtung bewegt sich auch der **Vorschlag der Europäischen Kommission** für eine Richtlinie zur Harmonisierung bestimmter Aspekte des Insolvenzrechts[18] und es sollte stets bedacht werden, dass es gerade um

11 MK-InsO/Stodolkowitz, 4. Aufl., § 138 Rn. 7.
12 So auch FK-InsO/Jungclaus/Chr. Keller, § 138 Rn. 10.
13 BGH, Urt. v. 15.11.2012 – IX ZR 205/11, Rn. 10 m.w.N., ZInsO 2012, 2335; wie hier auch AG Viersen, 05.02.2008 – 32 C 233/07, ZInsO 2009, 1452; vgl. aber auch die Abgrenzung in OLG Düsseldorf v. 17.01.2019 – I-12 U 24/18, ZInsO 2019, 502.
14 ZInsO 1999, 429, 434; ebenso Braun/Riggert, § 138 InsO Rn. 15.
15 Vgl. BGH, 30.01.1997 – IX ZR 89/96, ZIP 1997, 513 und 11.12.1997 – IX ZR 278/96, ZIP 1998, 247; OLG Düsseldorf v. 17.01.2019 – I-12 U 24/18, ZInsO 2019, 502.
16 Vgl. für alle MK-InsO/Stodolkowitz, 4. Aufl., § 138 Rn. 21.
17 BGH, Urt. v. 03.03.2022 – IX ZR 78/20, ZInsO 2022, 640.
18 Vgl. den Abdruck des Vorschlags in ZInsO 2025, 289 ff. sowie den Beitrag von Chr. Keller, ZInsO 2023, 2445 zur Dissertation von Pfündl zu Insidern im Insolvenzanfechtungsrecht.

den Aspekt eines erlangten Informationsvorsprungs vor den übrigen Gläubiger geht, der letztlich durch § 138 ausgeglichen bzw. verhindert werden soll.[19]

4. Gesellschaften

13 Bis zum Jahr 2007 fehlte eine Regelung für den Fall, dass eine natürliche Person als Schuldner Vermögen an eine juristische Person überträgt, an der er selbst oder eine im nahestehende Person beteiligt ist, diese Lücke wurde sodann durch die Einführung der Ziffer 4 in § 138 Abs. 1 InsO geschlossen. Seitdem ist eine der natürlichen Person des Schuldners nahestehende juristische Person oder eine Gesellschaft ohne Rechtspersönlichkeit, wenn diese aus den in Ziffer 4 genannten Gründen eine besondere Möglichkeit hatte, sich über die wirtschaftlichen Verhältnisse des Schuldners zu unterrichten, ebenfalls von der Regelung umfasst. Erforderlich ist, dass der Schuldner Mitglied ihres Vertretungs- und Aufsichtsorgans, ihr persönlich haftender Gesellschafter oder zu mehr als einem Viertel an ihrem Kapital beteiligt ist. Da die juristische Person selbst nicht Kenntnisträger sein kann, sind Adressaten der Norm nicht nur die Mitglieder der Vertretungsorgane und die persönlich haftenden Gesellschafter der Personengesellschaften, sondern auch diejenigen Mitglieder dieser Gesellschaften, die, ohne Organstellung zu haben, z.B. an Verhandlungen maßgebend oder verantwortlich beteiligt waren, wenn es dabei auch um die wirtschaftlichen Verhältnisse des Schuldners ging. Eine vergleichbare gesellschaftsrechtliche Bindung liegt fraglos vor, wenn der Schuldner faktisch auf die Geschäftsführung Einfluss nimmt oder mittelbar, z.B. durch einen Treuhänder, an der Gesellschaft beteiligt ist.[20] Jedenfalls nahestehend ist eine Gesellschaft auch dann, wenn der Schuldner, ohne Gesellschafter zu sein, in ihr als leitender Angestellter tätig und mithin dienstvertraglich verbunden ist. Eine Person kann einer juristischen Person oder Gesellschaft ohne Rechtspersönlichkeit auch nahestehen, wenn ihr als freiberuflicher oder gewerblicher Dienstleister alle über die wirtschaftliche Lage des Auftraggebers erheblichen Daten üblicherweise im normalen Geschäftsgang zufließen, sodass sie über den gleichen Wissensvorsprung verfügt, den sonst ein mit der Aufgabe befasster leitender Angestellter des Schuldnerunternehmens hätte (ausgelagerte Buchhaltung).[21]

---

19 So u.a. Thole, ZHR 176 [2012], 513, 521 ff., 524 ff.; ders., Gläubigerschutz durch Insolvenzrecht, 2010, S. 390 ff.; ähnlich bereits Eidenmüller, FS Canaris, 2007, Bd. II, S. 49, 61 ff. zu § 135 InsO; BT-Drucks. 12/2443, S. 161; Häsemeyer, InsO, 4. Aufl. 2007, Rn. 31.54; Könen, in: Kübler/Prütting/Bork/Jacoby, InsO, 97. Lfg., September 2023, § 136 Rn. 2; HambKomm-InsO/Schröder, 9. Aufl. 2023, § 136 Rn. 1; Hopt/Roth, HGB, 42. Aufl. 2023, § 236 Rn. 6; K. Schmidt/ders., InsO, 20. Aufl. 2023, § 136 Rn. 3; HK-InsO/Thole, 11. Aufl. 2023, § 136 Rn. 2 zu § 136 InsO.

20 Jaeger/Henckel, § 138 InsO Rn. 18.

21 BGH, 15.11.2012 – IX ZR 205/11, ZInsO 2012, 2335.

II. Der Schuldner als juristische Person oder als Gesellschaft ohne Rechtspersönlichkeit (Abs. 2)

14 Anders als Abs. 1 erfasst die Regelung in Abs. 2 diejenigen Fälle, in denen der Schuldner selbst eine juristische Person oder eine Gesellschaft ohne Rechtspersönlichkeit ist und – kumulativ – die Nähebeziehung im Zeitpunkt der Vornahme der anzufechtenden Rechtshandlung bestanden hat. Juristische Personen sind insb. die GmbH, die AG, die KGaA, die eingetragene Genossenschaft und der eingetragene Verein. Der nicht rechtsfähige Verein steht nach § 11 Abs. 1 Satz 2 im Insolvenzverfahren einer juristischen Person gleich. Gesellschaften ohne Rechtspersönlichkeit sind die in § 11 Abs. 2 Nr. 1 InsO genannten Gesellschaften, darunter insb. die OHG und die KG. Die rechtliche oder tatsächliche Beziehung, die in Abs. 2 vorausgesetzt wird, muss stets in dem Zeitpunkt bestanden haben, in dem die anfechtbare Handlung vorgenommen worden ist (§ 140 InsO). Ist das Gesellschafts- oder Dienstverhältnis zu diesem Zeitpunkt bereits gelöst, so wird eine Person oder eine Vereinigung – anders als nach Abs. 1 – nicht mehr als nahestehend angesehen.[22]

1. Organmitglieder und Gesellschafter (Nr. 1)

15 Abs. 2 Nr. 1 erfasst diejenigen Personen, die der Insolvenzschuldnerin gesellschaftsrechtlich nahe stehen: ihre Vertretungs- und Aufsichtsorgane sowie Gesellschafter. Letztere allerdings nur, wenn sie persönlich haften oder zu mehr als einem Viertel am Kapital beteiligt sind, nicht jedoch die Gesellschafterversammlung. Damit wird z.B. die GmbH erfasst, die persönlich haftende Gesellschafterin einer KG ist, und ebenso stehen dieser ihre maßgeblich beteiligten Kommanditisten nahe. Aber auch diejenigen natürlichen Personen, welche für die GmbH als Geschäftsführer tätig sind, stehen der KG nahe. Die Bestimmung umfasst auch **mittelbare Beteiligungen.**[23] Für die eine mittelbare Beteiligung begründende Abhängigkeit ausreichend ist der Mehrheitsbesitz der Anteile (§ 16 AktG), auf die Unternehmenseigenschaft des Inhabers kommt es dabei nicht an.[24]

Von Nr. 1 erfasst sind auch etwaige »stellvertretende« Geschäftsführer oder Vorstandsmitglieder, ebenso »faktische« Organe, da es nicht auf die Wirksamkeit der Organbestellung, sondern allein darauf ankommt, dass die Tätigkeit tatsächlich ausgeübt wurde[25] und somit Informationen über die wirtschaftliche Situation der Schuldnerin erleichtert erlangt werden konnten. Aus diesem Grund ist die Anwendung von Nr. 1 auch auf einen freiwilligen Aufsichtsrat oder ein anderes mit Aufsichtsbefugnissen

22 Vgl. dazu OLG Hamm, 18.10.2007 – 27 U 213/06, ZInsO 2008, 457; Uhlenbruck/Hirte, § 138 InsO Rn. 13.

23 BGH, 22.02.2024 – IX ZR 106/21, ZInsO 2024,788; HK-InsO/Thole, 11. Aufl. § 138 Rn. 14; HambKomm-InsO, Rogge/Leptien, § 138 Rn. 19; Uhlenbruck/Hirte, InsO, 15. Aufl. § 138 Rn. 30.

24 BT-Drucks. 12/2443, S. 162; HambKomm-InsO/Rogge/Leptien, 9. Aufl., § 138 Rn. 18.

25 K/P/B, § 138 InsO Rn. 17.

ausgestattetes Kontrollgremium (Beirat, Verwaltungsrat) geboten.[26] Besteht bei einer Gesellschaft ohne Rechtspersönlichkeit auf gesellschaftsvertraglicher Grundlage ein Aufsichtsgremium, so insb. bei Publikums-Kommanditgesellschaften, ist auch dieses von Nr. 1 erfasst, zumal auch fakultative Organe wie Beiräte oder Verwaltungsräte denen Aufsichtsbefugnisse übertragen wurden, erfasst sind.[27]

16 Ist ein persönlich haftender Gesellschafter einer Gesellschaft ohne Rechtspersönlichkeit selbst eine juristische Person (z.B. bei der GmbH & Co. KG die GmbH), sind auch die Mitglieder des Vertretungs- oder Aufsichtsorgans dieser juristischen Person sowie die an deren Kapital mit mehr als einem Viertel beteiligten Gesellschafter im Verhältnis zur Gesellschaft ohne Rechtspersönlichkeit als nahestehend anzusehen.[28]

17 Probleme bereitet in der Praxis v.a. die Begrenzung auf Gesellschafter mit einem Anteil von mehr als 25 %. In Betracht kommen insb. Gesellschafter einer GmbH, Aktionäre, Kommanditaktionäre und Kommanditisten. Bei der Errechnung der relevanten Beteiligungsschwelle ist allein auf den Anteil am Grund- bzw. Stammkapital abzustellen; Gesellschafterdarlehen oder sonstige Gesellschafterleistungen mit Kapitalersatzcharakter sind nicht berücksichtigungsfähig.[29] Auch mittelbare Beteiligungen des Anfechtungsgegners sind bei der Ermittlung der Beteiligung an der Schuldnerin mit zu berücksichtigen.[30] Mittelbare Beteiligung liegt ferner z.B. auch dann vor, wenn ein Treuhänder Anteile für den Insider hält. Wenn mehrere nahe Angehörige i.S.d. Abs. 1 Nr. 1, 1a und 2 (Familienverbund) gemeinsam eine Beteiligungsquote von über 25 % an dem insolventen Unternehmen erreichen, sind sie ebenfalls jeweils als nahestehende Personen i.S.d. Nr. 1 anzusehen.[31] Das folgt schon daraus, dass die mit einer Sperrminorität ausgestatteten Beteiligten, erweiterte Informationsmöglichkeiten gegenüber den jedem Aktionär zustehenden Auskunftsrechten nach § 131 AktG haben und auch verwirklichen können, insoweit reicht dann auch eine mittelbare Beteiligung aus.[32]

2. Vergleichbare gesellschaftsrechtliche oder dienstvertragliche Verbindung (Nr. 2)

18 Während bei den in Nr. 1 genannten Personen die Insiderstellung ohne weitere Prüfung »kraft Amtes« vermutet wird, fordert § 138 Abs. 2 Nr. 2 für die Befürwortung einer solchen Stellung zusätzlich, dass sich die betreffende Person oder Gesellschaft aufgrund einer gesellschaftsrechtlichen oder dienstvertraglichen Stellung zum Schuldner über dessen wirtschaftliche Verhältnisse unterrichten kann, nicht jedoch, dass er dies auch getan hat, denn insoweit reicht allein die Möglichkeit aus.[33] Die Begriffe

---

26 Begr. RegE zu § 154 BT-Drucks. 12/2443, S. 162.
27 FK-InsO/Jungclaus/Chr. Keller, § 138 Rn. 12.
28 HambKomm-InsR/Rogge, § 138 InsO Rn. 13.
29 MK-InsO/Stodolkowitz/Bergmann, 4. Aufl., § 138 Rn. 23.
30 BGH, 22.02.2024 – IX ZR 106/21, ZInsO 2024,788.
31 Kirchhof, ZInsO 2001, 825.
32 BGH, 22.02.2024 – IX ZR 106/21, ZInsO 2024, 788; K. Schmidt/Ganter § 138 Rn. 23.
33 FK-InsO/Jungclaus/Chr. Keller, § 138 Rn. 14.

»Personen« und »Gesellschaft« erfassen zusammen natürliche und juristische Personen sowie nicht rechtsfähige Personenvereinigungen. Abs. 2 Nr. 2 stellt mithin auf die Informationsmöglichkeit ab. Sie muss also in tatsächlicher Hinsicht festgestellt werden; nicht nötig ist hingegen der Nachweis, dass im Einzelfall tatsächlich Informationen ausgetauscht wurden.[34] Allerdings muss die Möglichkeit zur Unterrichtung gerade »aufgrund« der gesellschaftsrechtlichen und dienstvertraglichen Verbindungen zum Schuldner bestanden haben; bloß zufällige Informationsmöglichkeiten oder tatsächlich erlangte Kenntnisse genügen hingegen nicht, denn sonst würde der Tatbestand jeder Typisierung entkleidet und uferlos.[35] Die Beweislast für das Vorliegen einer Unterrichtungsmöglichkeit im o.g. Sinne trägt der Insolvenzverwalter. Das tatsächliche Wissen aller Vertreter wird ggf. nach allgemeinen Regeln zugerechnet (§ 166 Abs. 1 BGB). Nach § 138 Abs. 2 Nr. 2 InsO muss die Informationsmöglichkeit zusätzlich auf einer von zwei denkbaren Grundlagen beruhen:

Es muss eine vergleichbare gesellschaftsrechtliche Verbindung bestehen. Eine solche 19
Verbindung besteht nicht nur im Verhältnis zu einem »**herrschenden**« Unternehmen, von dem der Schuldner abhängig ist, sondern auch in dem umgekehrten Fall des vom Schuldner »**beherrschten**« Unternehmens. Die in Abs. 2 Nr. 2 vorausgesetzte und vom Insolvenzverwalter zu beweisende Möglichkeit des Unternehmens, sich aufgrund seiner gesellschaftsrechtlichen Verbindung zum Schuldner über dessen wirtschaftliche Verhältnisse zu unterrichten, kann daher sowohl im Verhältnis vom herrschenden zum abhängigen als auch im Verhältnis vom abhängigen zum herrschenden Unternehmen gegeben sein. Der Tatbestand der Abhängigkeit richtet sich nach § 17 AktG. Es reicht mithin eine **gesellschaftsrechtliche Verbindung** zur Schuldnerin aus, die mit den Fällen der o.a. Nr. 1 vergleichbar ist. Insoweit kommen auch gesellschaftsrechtliche Verflechtungen in Betracht, weil als nahestehend i.S.v. Abs. 2 nicht nur natürliche Personen, sondern auch Gesellschaften gelten. Da Nr. 2 nicht auf eine mit Nr. 1 identische, sondern nur auf eine vergleichbare Stellung abhebt, wird überwiegend angenommen, dass hier jede gesellschaftsrechtliche Abhängigkeit oder Beherrschung als Grundlage ausreicht.[36] Das Zurückbleiben der Voraussetzungen hinter denjenigen der Nr. 1 wird dadurch kompensiert, dass gem. Nr. 2 stets zusätzlich die Informationsmöglichkeit festgestellt werden muss, insoweit reicht eine gesetzliche Vermutung nicht aus.[37] Als nahestehend betrachtet werden ganz überwiegend auch **Schwestergesellschaften der Schuldnerin,** die in der Praxis häufig als Gehilfen bei gläubigerbenachteiligenden Rechtshandlungen in Erscheinung treten und schon aus diesem Grund vom Schutzzweck des § 138 erfasst sind.[38]

---

34 So schon BGHZ 129, 236, 246.

35 Pape/Uhländer-Bornheimer, § 138 Rn. 16; Uhlenbruck/Hirte, § 138 InsO Rn. 37.

36 BGH, 23.11.1995 – IX ZR 18/95, KTS 1996, 151; A/G/R/Gehrlein, § 138 Rn. 12.

37 BGH, 18.12.2003 – IX ZR 45/03, NZI 2004, 449 (zu § 10 Abs. 1 Nr. 2 GesO); Kirchhof, ZInsO 2001, 829.

38 So im Ergebnis auch HK-InsO/Thole, § 138 Rn. 17 unter Verweis auf BGHZ 58, 25 = WM 1972, 134 und BGH 12.07.2005 – IX ZR 120/04, ZInsO 2007, 813 = ZIP 2007, 1469; ebenso Ehricke, KTS 1996, 219ff.; MK-InsO/Gehrlein § 138 Rn. 32; a.A. Ropohl, NZI 2000, 430.

20 Die zweite Informationsgrundlage, die für eine Anwendung der Nr. 2 genügt, ist **dienstvertraglicher Art.** Auch Dienstleistungen für die schuldende Gesellschaft können also die Stellung als eine dieser nahestehenden Person vermitteln, wenn der Dienstleistende sich, anders als die allgemeinen Gläubiger, infolgedessen über die wirtschaftlichen Verhältnisse der Schuldnerin zu unterrichten vermag. Dazu ist eine herausgehobene Position gerade innerhalb des Schuldnerunternehmens nötig. Dies folgt daraus, dass die Verbindung des Dienstleistenden mit derjenigen von Mitgliedern des Vertretungs- oder Aufsichtsorgans des Schuldners »vergleichbar« sein muss. Als Beispiel nennt die amtliche Begründung den Prokuristen. Zur Verdeutlichung des erfassten Personenkreises kann die Rechtsprechung des BGH zu § 10 Abs. 1 Nr. 2 GesO dienen. Diese Norm verwendete zur Absichtsanfechtung ausdrücklich bereits den Begriff der »dem Schuldner nahestehenden Person«. Sie ist schon in Anlehnung an den späteren § 138 InsO gefasst worden. Dazu hat der BGH einerseits entschieden, dass zu den nahestehenden Personen einer GmbH gehört, wer aufgrund eines dienstvertraglich zu qualifizierenden Betriebsführervertrages mit dieser die Möglichkeit hat, sich über ihre wirtschaftlichen Verhältnisse umfassend zu unterrichten.[39] Andererseits soll eine bloße geschäftliche Beziehung oder das Verhältnis zu einem Wirtschaftsberater oder RA und Steuerberater für sich genommen nicht hinreichend sein.[40] Anders kann jedoch zu entscheiden sein, wenn auf den Steuerberater zugleich die Buchhaltung des Schuldners ausgelagert worden ist, da dieser dann dem Leiter einer eigenen Buchhaltung vergleichbar ist oder wenn sich mit der konkreten Tätigkeit die Möglichkeit verbindet, sich jederzeit über die wirtschaftlichen Verhältnisse des Schuldners zu informieren.[41] Eine Person kann nach der neueren Rechtsprechung des BGH einer juristischen Person oder Gesellschaft ohne Rechtspersönlichkeit auch nahestehen, wenn ihr als freiberuflicher oder gewerblicher Dienstleister alle über die wirtschaftliche Lage des Auftraggebers erheblichen Daten üblicherweise im normalen Geschäftsgang zufließen, sodass sie über den gleichen Wissensvorsprung verfügt, den sonst ein mit der Aufgabe befasster leitender Angestellter des Schuldnerunternehmens hätte (ausgelagerte Buchhaltung).[42] Typischerweise gehört zu diesem Personenkreis auch ein mandatierter Sanierungsberater, der ohne vertiefte Kenntnis über die wirtschaftliche Lage des Unternehmen nicht in der Lage wäre, sein Mandat sachgerecht zu erfüllen und z.B. ein Sanierungskonzept zu entwickeln.[43] Gerade ein Sanierungskonzept muss sich zwingend mit den Krisenursachen beschäftigen, muss eine Verlustanalyse beinhalten und darf sich nicht auf die finanzwirtschaftliche Seite beschränken. Ist der Anfechtungsgegner von dem Insolvenzschuldner lediglich als externer Helfer mit der Führung seiner Bücher und internen Konten beauftragt, kann er nicht (mehr) als nahestehende Person angesehen werden, wenn zum Vornahmezeitpunkt der angefochtenen Rechtshandlung

39 BGH, 21.06.2007 – IX ZR 231/04, ZInsO 2007, 816.

40 BGH, 30.01.1997 – IX ZR 89/96, ZIP 1997, 516 und 11.12.1997 – IX ZR 278/96, ZIP 1998, 248.

41 BGH, 03.03.2022 – IX ZR 78/20, ZInsO 2022, 640 Rn. 68 (Sanierungsberater); vgl. aber auch BGH, 15.11.2012 – IX ZR 205/11; MK-InsO/Gehrlein § 138 Rn. 34.

42 BGH, 03.03.2022 – IX ZR 78/20, ZInsO 2022, 640 Rn. 68 (Sanierungsberater); BGH, 15.11.2012 – IX ZR 205/11, ZInsO 2012, 2335.

43 So auch zutreffend BGH, Urt. v. 03.03.2022 – IX ZR 78/20, ZInsO 2022, 640.

der Zufluss von Buchungsunterlagen aus dem betreuten Unternehmen bereits länger als ein Vierteljahr stockte, denn dann ist nach Abreißen des Informationsflusses der allgemeine Wissensvorsprung und damit auch die Umkehr der Beweislast entfallen.[44]

3. Persönliche Verbindung (Nr. 3)

Über die Regelung des § 138 Abs. 2 Nr. 3 können nahestehende Personen des Insiders selbst zu Insidern des Schuldners werden, da es in diesem Verhältnis um Informationsmöglichkeiten geht, die über andere nahestehende Personen vermittelt werden. Seit der Einführung von Abs. 1 Nr. 4, auf den Abs. 2 Nr. 3 Bezug nimmt, gilt die Regelung nicht mehr – wie vor 2007 – nur für natürliche Personen, sondern diese können auch juristische Personen oder Gesellschaften ohne Rechtspersönlichkeit sein, sofern bei diesen die Voraussetzungen für ein Näheverhältnis zu den in Abs. 2 Nr. 1 und 2 bezeichneten Personen vorlagen. 21

Der Sinn der Vorschrift des § 138 Abs. 2 Nr. 3 InsO ist es, eine Verbindung zwischen den schuldenden Gesellschaften einerseits und den nahen Angehörigen ihrer Gesellschafter andererseits zu schaffen: Insolvenzschuldnerin ist also eine Gesellschaft, begünstigt wird eine natürliche Person. Wer solchen natürlichen Personen nahe steht, ist für den umgekehrten Fall ihrer eigenen Insolvenz gesondert im 1. Abs. des § 138 geregelt. Dieser Absatz wird nun spiegelbildlich auf eine Gesellschaftsinsolvenz angewendet. Das geschieht in der Weise, dass die begünstigte natürliche Person einer anderen nahestehen muss, welche ihrerseits wieder der insolventen Gesellschaft nach näherer Maßgabe des Abs. 2 Nr. 1 oder 2 nahesteht. Ist der Schuldner eine juristische Person, steht ihm deshalb eine andere juristische Person nahe, wenn der Geschäftsführer des Schuldners zugleich Geschäftsführer des Anfechtungsgegners ist oder wenn zwischen den personenverschiedenen Geschäftsführern ein Näheverhältnis i.S.v. § 138 Abs. 1 Nr. 1 bis 3 InsO besteht.[45] Entsprechendes hat zu gelten, wenn die persönliche Verbindung über die Geschäftsführerin der Komplementär-GmbH als der persönlich haftenden Gesellschafterin einer Kommanditgesellschaft hergestellt wird. Es handelt sich dabei zumindest um eine vergleichbare gesellschaftsrechtliche Verbindung, die dem Anfechtungsgegner die Möglichkeit gegeben hat, sich über die wirtschaftlichen Verhältnisse der Schuldnerin zu unterrichten, und nach der letzten Alternative des § 138 Abs. 1 Nr. 4 InsO ebenfalls das Näheverhältnis begründet.[46]

Von Personen, die zu einer der in Nr. 1 und 2 genannten Personen in einer der in Abs. 1 genannten Verbindungen stehen, wird vermutet, dass sie aufgrund dieser Verbindung ebenfalls erweiterte Informationsmöglichkeiten hinsichtlich der wirtschaftlichen Situation haben und ausnutzen. Auch sie sind daher in Abs. 2 Nr. 3 als Insider erfasst. 22

44 BGHZ 195, 358 = BGH, 15.11.2012 – IX ZR 205/11, ZInsO 2012, 2335 Rn. 13; Fölsing, NZI 2013, 41; H-F Müller, EWiR 2013,55.

45 BGH, 22.12.2016 – IX ZR 94,14, ZInsO 2017, 546 = ZIP 2017, 582; BGH, 17.02.2011 – IX ZR 131/10, BGHZ 188, 363 Rn. 2.

46 So ausdrücklich BGH, 22.12.2016 – IX ZR 94/14 Rn. 12, ZInsO 2017, 546 = ZIP 2017, 582.

23 Voraussetzung dafür, ein »Näheverhältnis« zwischen dem Schuldner und der nicht direkt, sondern nur über einen Dritten mit ihm verbundenen Person annehmen zu dürfen, ist jedoch, dass diejenige Person, die die Informationen vermitteln könnte, zur Weitergabe ihres Wissens auch berechtigt ist, nicht jedoch wenn sie gesetzlich zur Verschwiegenheit verpflichtet ist. Derartige gesetzliche Verschwiegenheitspflichten ergeben sich insb. für Vorstands- und Aufsichtsratsmitglieder, Abwickler und Prüfer einer AG aus §§ 93 Abs. 1 Satz 2, 116, 404 AktG sowie für Geschäftsführer, Mitglieder des Aufsichtsrates und Liquidatoren einer GmbH aus § 85 GmbHG. In diesen Fällen wird den betreffenden Personen nicht unterstellt, dass sie ihre Verschwiegenheitspflicht durch Weitergabe von Kenntnissen verletzt haben, die auf ihrer besonderen Informationsmöglichkeit beruhen und der Verschwiegenheit unterliegen (BT-Drucks. 12/2443, S. 163 zu § 155 RegE-InsO). Wurde die gesetzliche Verschwiegenheitspflicht jedoch nicht eingehalten, so findet die Ausnahme keine Anwendung.[47]

24 Diese Einschränkung greift jedoch jedenfalls dann nicht ein, wenn die in Abs. 2 Nr. 1 oder 2 genannte Person sowohl alleiniger Geschäftsführer als auch einziger Gesellschafter des Schuldners ist, da es in diesem Fall allein von seinem Willen abhängig ist, ob die fragliche Tatsache überhaupt ein Geheimnis darstellt oder ob sie offenbart werden soll. Allein die Annahme, die in Abs. 2 Nr. 1 oder 2 genannte Person werde wegen der strafbewehrten Verschwiegenheitspflicht die Informationen auch nicht an nahestehende i.S.d. Abs. 1 weitergeben, würde jedoch deren Herausnahme aus dem Kreis der Insider rechtfertigen.[48] Abs. 2 Nr. 3 soll aber dann anwendbar sein, wenn zwei juristische Personen miteinander einen Vertrag schließen, deren jeweilige Geschäftsführer im Zeitpunkt des Abschlusses miteinander verheiratet oder verpartnert waren; ebenso wie dies der BGH für den Fall einer GmbH & Co. KG im Verhältnis zwischen der GmbH und der KG angenommen hat.[49]

25 Ehemalige Insider, d.h. solche Personen, die ihre in den Nr. 1 und 2 genannte Stellung im maßgeblichen Zeitpunkt nicht mehr innehaben, sind keine nahestehenden Personen i.S.d. § 138. Eine Regelung für Personen, deren in Nr. 1 oder 2 genannte Beziehung zum Schuldner innerhalb des letzten Jahres vor der Rechtshandlung beendet worden ist, war in § 155 Nr. 2 RegE noch vorgesehen, wurde jedoch vom Rechtsausschuss als zu weitgehend abgelehnt.[50]

C. Maßgeblicher Zeitpunkt, Rechtsfolgen und Beweislast

26 Die Nähebeziehung muss zu der Zeit bestanden haben, die für die Anfechtbarkeit der Rechtshandlung maßgeblich ist. Grundsätzlich ist dies nach der Wertung des § 140 InsO der Zeitpunkt der Vornahme der Handlung. Die Nähebeziehung muss

47 OLG Düsseldorf, 18.11.2004 – J-12 U 45/04, ZInsO 2005, 215, 216; Uhlenbruck/Hirte § 138 Rn. 51.

48 BGH, 22.12.2016 – IX ZR 94/14 Rn. 15 ZInsO 2017, 546 = ZIP 2017, 582. So auch schon OLG Düsseldorf, 18.11.2004 – J-12 U 45/04, ZInsO 2005, 215.

49 BGH, 22.12.2016 – IX ZR 94/14, ZInsO 2017, 546.

50 HambKomm-InsR/Rogge, § 138 InsO Rn. 28.

allerdings noch bestehen, wenn die Rechtswirkungen der Handlung eintreten (§ 140 Abs. 1 InsO). Bei mehraktigem Rechtserwerb ist auf den letzten, zum endgültigen Rechtserwerb führenden Teilakt abzustellen.[51] Die aus der Stellung als nahestehende Person abzuleitende Kenntnis von der (drohenden) Zahlungsunfähigkeit unterliegt der freien Beweiswürdigung durch den Tatrichter.[52]

§ 138 InsO normiert die Erleichterung einer Anfechtung ggü. solchen Personen an, die dem Schuldner nahestehen. Ihnen ggü. wird im Fall der besonderen Insolvenzanfechtung – § 130 Abs. 3, § 131 Abs. 2 Satz 2, § 132 Abs. 3 InsO – vermutet, dass sie die Zahlungsunfähigkeit oder den Eröffnungsantrag oder eine Gläubigerbenachteiligung kannten. Für die Vorsatzanfechtung gibt es einen besonderen Tatbestand, § 133 Abs. 2 InsO, wenn ein Vertrag mit einer nahestehenden Person die Insolvenzgläubiger sogar unmittelbar benachteiligte; dann muss sich der Begünstigte umfassend entlasten. Benachteiligte die Zuwendung die Insolvenzgläubiger allerdings nur mittelbar – etwa die Tilgung einer rechtswirksamen Insolvenzforderung –, dann gibt es auch ggü. Nahestehenden keine besondere gesetzliche Erleichterung der Vorsatzanfechtung. Gewährt eine nahe stehende Person dem Schuldner ein ungesichertes Darlehen, so begründet dies keinen ersten Anschein für eine wirtschaftliche Gleichstellung mit einem Gesellschafterdarlehen.[53] 27

Gerade von der Verteilung der Beweislast hängt auch nach praktischer Erfahrung sehr oft der Ausgang von Anfechtungsprozessen ab. Genau an dieser Hürde setzt die Erleichterung einer Anfechtung ggü. solchen Personen an, die dem Schuldner i.S.d. § 138 InsO nahestehen. Das über die Anfechtung entscheidende Gericht darf in diesem Kontext i.R.d. umfassenden Beweiswürdigung, § 286 ZPO, rein tatsächlich das Näheverhältnis zum Begünstigten als einen verdachterregenden Umstand neben anderem mitberücksichtigen. Ein möglichst umfassender Vortrag zu den tatsächlichen Informationssträngen im Einzelfall kann bei der Auslegung helfen oder sogar eine lebensnahe Beweiswürdigung eröffnen, die nicht auf die Beweislast zurückgreifen muss.[54] Vgl. zur Klagebegründung sowie zur Einführung und Bewertung von Indizien im Anfechtungsprozess Kap. 7 Rdn. 79 ff. Die Darlegungs- und Beweislast für das Erlöschen eines Näheverhältnisses liegt beim Anfechtungsgegner. Hat z.B. ein externer Dienstleister seine Stellung i.S.d. § 138 Abs. 2 Nr. 2 InsO erlangt, so kann er sie durch Kündigung oder Änderung des Dienstvertrages wieder verlieren. Vergleichbares gilt aber auch für die Einwendung, der Informationsfluss sei ab einem bestimmten Zeitpunkt abgerissen und auch nicht mehr aufgenommen worden, sodass ein Aktualitätsverlust nachvollziehbar belegt werden kann, denn auch für diesen Fall könnte die Grundlage für die Beweislastumkehr entfallen sein.[55] 28

51 K/P/B/Ehricke, § 138 Rn. 28; ebenso Jaeger/Henckel, § 138 Rn. 5.

52 BGH, 06.03.2025 – IX ZR 209/23, ZIP 2025, 1036.

53 Umfassend dazu Marotzke, ZInsO 2013, 641; BGH, 17.02.2011 – IX ZR 131/10 = ZInsO 2011, 626.

54 Huber, ZInsO 2012, 53 ff.; Kirchhof, ZInsO 2001, 829.

55 BGH, 15.11.2012 – IX ZR 205/11, ZInsO 2012, 2335.

§ 139 Berechnung der Fristen vor dem Eröffnungsantrag

(1) Die in den §§ 88, 130 bis 136 bestimmten Fristen beginnen mit dem Anfang des Tages, der durch seine Zahl dem Tag entspricht, an dem der Antrag auf Eröffnung des Insolvenzverfahrens beim Insolvenzgericht eingegangen ist. Fehlt ein solcher Tag, so beginnt die Frist mit dem Anfang des folgenden Tages.

(2) Sind mehrere Eröffnungsanträge gestellt worden, so ist der erste zulässige und begründete Antrag maßgeblich, auch wenn das Verfahren auf Grund eines späteren Antrags eröffnet worden ist. Ein rechtskräftig abgewiesener Antrag wird nur berücksichtigt, wenn er mangels Masse abgewiesen worden ist.

Übersicht Rdn.

Schrifttum

Biebinger, Maßgeblichkeit eines zurückgenommenen/für erledigt erklärten Insolvenzantrages gem. § 139 Abs. 2 InsO, ZInsO 2008, 1188 ff.; *Haarmeyer*, Zu Problemen der Fristberechnung im Rahmen der Rückschlagsperre nach §§ 88, 139 InsO, ZInsO 1999, 275 ff.; *Kuleisa*, Anfechtung im Zweit- und Folgeinsolvenzverfahren, ZVI 2021, 52 ff.; 93 ff.; *Martini*, Berechnung der Anfechtungsfrist bei prozessualer Überholung des ersten von mehreren begründeten Insolvenzanträgen, zugleich Anmerkung zu: BGH, 02.02.2009 – IX ZR 145/08, jurisPR-InsR 10/2009 Anmerkung 2; *Meyer-Löffler*, Die Auswirkung mehrerer bzw. vorangegangener Insolvenzanträge auf die Insolvenzanfechtung – Fallgruppen und Formulierungsvorschläge, InsbürO 2019, 333 ff.; *Schmücker*, Auslösen der Rückschlagsperre auch bei zunächst unzulässigem Insolvenzantrag, zugl. Anm. zu BGH, 19.05.2011 – IX ZB 284/09, jurisPR-InsR 25/2011 Anm. 2; *Wazlawik*, Anfechtungsfrist bei mehreren Insolvenzanträgen, NZI 2009, 368 ff.; *Zeuner*, Verjährung eines erst in einem zweiten Insolvenzverfahren geltend gemachten Anfechtungsanspruchs, zugl. Anm. zu LG Düsseldorf, 02.05.2011 – 2b O 13/10, jurisPR-InsR 13/2011 Anm. 3.

A. Normzweck

1 § 139 **Abs. 1** InsO trägt dem Umstand Rechnung, dass die maßgeblichen Fristen ausgehend vom Zeitpunkt des Insolvenzantrags rückwärts und damit nicht – wie bei der Fristberechnung nach §§ 187 ff. BGB – in die Zukunft gerichtet berechnet werden. In Abs. 1 ist geregelt, wie die jeweilige Frist **rückwärts** zu berechnen ist.[1] In **Abs. 2** stellt

1 BT-Drucks. 1/91 unter 156, S. 163.

der Gesetzgeber weiter klar, welcher von mehreren möglichen, nicht am selben Tag gestellten Anträgen maßgeblich ist.[2]

Während nach § 139 InsO der Zeitraum berechnet wird, in dem die anfechtbare oder die der Rückschlagsperre[3] unterliegende Handlung vorgenommen sein muss, ist nach § 140 InsO zu beurteilen, wann die Handlung, an die angeknüpft wird, i.S.d. InsO vorgenommen ist. 2

B. Anwendungsbereich

§ 139 **Abs. 1** InsO bestimmt, wie die Anfechtungsfrist berechnet wird, wenn **nur ein Insolvenzantrag** gestellt wurde und dieser zur Verfahrenseröffnung geführt hat. 3

§ 139 **Abs. 2** InsO regelt die Fristberechnung für den Fall, dass an verschiedenen Tagen **mehrere Eröffnungsanträge** beim Insolvenzgericht eingegangen sind und das Insolvenzverfahren erst aufgrund eines späteren Antrags eröffnet wird. Hier knüpft der Gesetzgeber an den ersten zulässigen und begründeten Antrag an und verlegt so die Anfechtbarkeit vor. Für Anträge, die zur Eröffnung zeitlich aufeinander folgender Insolvenzverfahren führen, gilt § 139 Abs. 2 InsO nicht.[4] 4

Die Vorgaben für die Rückrechnung der Fristen gelten nach § 139 Abs. 1 InsO zum einen für alle **Anfechtungstatbestände.** Zum anderen auch für die **Rückschlagsperre** des § 88 InsO, der ein verdinglichtes Anfechtungsrecht von Sicherheiten durch Zwangsvollstreckung enthält. Sie finden weiterhin über § 88 InsO Anwendung auf die dreimonatige Frist der Rückschlagsperre im Verbraucherinsolvenzverfahren.[5] 5

Auf **andere Fristen**, die – wie etwa § 138 Abs. 1 Nr. 1, 1a und 3 InsO – ebenfalls eine **Rückrechnung** vorsehen, ist § 139 InsO entsprechend anzuwenden.[6] 6

Im Fall der **Insolvenz eines Kreditinstitutes** sieht **§ 46c Abs. 1 KWG** abweichend dazu vor, dass die Anfechtungsfristen nicht vom Zeitpunkt der Stellung eines Insolvenzantrags, sondern vom Tage des Erlasses sichernder Maßnahmen i.S.d. § 46 Abs. 1 KWG zurückzurechnen sind.[7] 7

Bei einer **Doppelinsolvenz von Gesellschaft und Gesellschafter** steht das Recht zur Insolvenzanfechtung dem Insolvenzverwalter über das Vermögen des Gesellschafters zu, der von dem Gesellschaftsgläubiger in Anspruch genommen worden ist. Der Anfechtungszeitraum errechnet sich in diesem Fall nach dem früher gestellten Insol- 8

2 Uhlenbruck/Hirte/Borries/Huber, § 139 InsO Rn. 1.
3 BGH, 12.07.2012 – V ZB 219/11, ZInsO 2012, 1633, 1634.
4 LG Düsseldorf, 02.05.2011 – 2b O 13/10, ZIP 2011, 1431, 1433 m. Anm. Zeuner, jurisPR-InsR 13/2011 Anm. 3; ausf. zur Frage einer analogen Anwendung des § 139 Abs. 2 Satz 2 InsO bei Zweit- oder Folgeinsolvenz Kuleisa, ZVI 2021, 52, 54 f.; 93, 95 ff.
5 BGH, 19.05.2011 – IX ZB 284/09, ZInsO 2011, 1413, 1414 m. Anm. Schmücker, jurisPR-InsR 25/2011 Anm. 2; OLG Brandenburg, 09.09.2010 – 5 Wx 19/10, ZInsO 2010, 2097, 2098.
6 HambKomm-InsR/Rogge/Leptien, § 139 InsO Rn. 2; A/G/R-Gehrlein, § 139 InsO Rn. 1.
7 HambKomm-InsR/Rogge/Leptien, Vorb. zu §§ 129 ff. InsO Rn. 19.

venzantrag, um zu verhindern, dass ein Insolvenzantrag betreffend das Vermögen des Gesellschafters verschleppt wird.[8]

C. Norminhalt

I. Fristbeginn, § 139 Abs. 1 InsO

1. Eingang des Eröffnungsantrags beim Insolvenzgericht

9 Der Anknüpfungspunkt für die Berechnung der Fristen ist der Tag des Eingangs des Eröffnungsantrags beim Insolvenzgericht, wie er sich aus dem Eingangsstempel des Gerichtes ergibt.[9] Enthält der Eröffnungsantrag mehrere Eingangsstempel unterschiedlichen Datums, ist der erste maßgeblich. Fehlt der Eingangsstempel, beginnt die Frist mit dem Anfang des folgenden Tages zu laufen.[10]

10 Unbeachtlich ist es, wenn das Insolvenzgericht die Bearbeitung des Insolvenzantrags im Einvernehmen mit dem Antragsteller für kurze Zeit zurückstellt; dies wirkt sich auf die Fristberechnung nach § 139 Abs. 1 InsO nicht aus.[11]

11 Der Eröffnungsantrag, an den angeknüpft wird, muss – wie sich aus § 139 Abs. 2 Satz 1 InsO ergibt – zulässig (§§ 11 ff. InsO) und begründet (§§ 16 ff. InsO) sein. Darauf, ob dies der Fall war, kommt es allerdings nicht mehr an, wenn die Eröffnung des Insolvenzverfahrens rechtskräftig ist.

12 Nach ganz herrschender Meinung ist das Prozessgericht im Anfechtungsstreit an den rechtskräftigen Beschluss des Insolvenzgerichts gebunden, so dass seine Zulässigkeit und Begründetheit nicht mehr überprüft wird.[12] Aus Gründen der Rechtssicherheit und -klarheit kann ein im Insolvenzverfahren ergangener Beschluss nur ganz ausnahmsweise als unwirksam behandelt werden. Die Unzulässigkeit der Verfahrenseröffnung kann daher mit Erfolg nur geltend gemacht werden, wenn ein Mangel vorliegt, der zur Nichtigkeit des Eröffnungsbeschlusses führt.[13]

13 Wurde der Antrag beim unzuständigen Gericht gestellt und hat der Antragsteller – ggf. nach richterlichem Hinweis – die Verweisung an das zuständige Gericht beantragt,

---

8 BGH, 09.10.2008 – IX ZR 139/06, ZInsO 2008, 1275 Rn. 13 ff.
9 MK-InsO/Piekenbrock, § 139 InsO Rn. 5.
10 Hess/Weis/Wienberg/Weis, § 139 InsO Rn. 9.
11 BGH, 13.04.2006 – IX ZR 158/05, BGHZ 167, 190 Rn. 12.
12 BGH, 03.04.2017 – IX ZR 74/16 Rn. 1; 23.01.2016 – IX ZR 158/15, ZInsO 2016, 1752 Rn. 24; 05.03.2015- IX ZB 27/14, ZInsO 2015, 949 Rn. 9; 22.01.1998 – IX ZR 99/97, BGHZ 138, 40 Rn. 12 ff.; OLG Köln, 31.08.2011 – 2 U 20/11, NZI 2011, 812 Rn. 16; MK-InsO/Piekenbrock, § 139 InsO Rn. 12.
13 BGH, 23.01.2016 – IX ZR 158/15, ZInsO 2016, 1752 Rn. 24; 05.03.2015- IX ZB 27/14, ZInsO 2015, 949 Rn. 9; 22.01.1998 – IX ZR 99/97, BGHZ 138, 140 Rn. 12 ff.

das das Insolvenzverfahren eröffnet, kommt es für die Fristberechnung auf seinen Eingang beim unzuständigen Gericht (§§ 4 InsO, 281, 495 ZPO) an.[14]

Wird ein eröffnetes Insolvenzverfahren aufgehoben oder eingestellt und sodann ein neues Insolvenzverfahren eröffnet, sind die früheren Anträge überholt und daher für die Fristberechnung nicht zu berücksichtigen; es ist dann nur der für das letzte Insolvenzverfahren maßgebliche Antrag beachtlich.[15] 14

Verstirbt der Schuldner und wird daher kein Regel-, sondern ein Nachlassinsolvenzverfahren oder die Nachtragsverteilung gem. § 203 Abs. 1 Nr. 3 InsO angeordnet, hat dies auf die Fristberechnung keinen Einfluss, da der ursprüngliche Antrag maßgeblich bleibt.[16] 15

Ein Insolvenzantrag, der im Ausland gestellt wird und dort zur Eröffnung eines Insolvenzverfahrens führt, ist dann zu berücksichtigen, wenn das ausländische Insolvenzverfahren gem. § 343 InsO anerkennungsfähig ist oder nach den Art. 16, 26 EuInsVO anerkannt wird.[17] 16

2. Fristberechnung

Die Fristberechnung erfolgt **rückwärts.** Daher enden die in §§ 88, 130 bis 136 InsO genannten Monats- oder Jahresfristen am Tag des Antragseingangs um 0.00 Uhr (§ 139 Abs. 1 Satz 1 InsO).[18] Sie beginnen an dem Tag, der sich ergibt, wenn von diesem Tag die maßgebliche Anzahl von Monaten oder Jahren zurückgerechnet wird. Geht der Eröffnungsantrag also am 15.04. ein, beginnt die Monatsfrist am 15.03., die Drei-Monatsfrist am 15.01. und die Jahresfrist am 15.04. des Vorjahres. 17

§ 187 Abs. 1 BGB gilt nicht; auch §§ 193 BGB, 222 Abs. 2 ZPO finden keine Anwendung, so dass es unbeachtlich ist, wenn der Fristbeginn auf einen Samstag, Sonntag oder Feiertag fällt.[19] Auch eine Hemmung, ein Neubeginn oder eine Wiedereinsetzung in den vorigen Stand kommen nicht in Betracht.[20] 18

Satz 2 trägt dem Umstand Rechnung, dass der maßgebliche Tag für den Fristbeginn im konkreten **Vormonat keine Entsprechung** haben kann. In einem solchen Fall beginnt die Frist mit dem nachfolgenden Tag. Bei einem Eingang am 31.05. beginnt die Monatsfrist folglich am 01.05. und die Drei-Monatsfrist am 01.03. Geht der 19

14 LG Bonn, 30.11.2005 – 1 O 324/05, NZI 2006, 110 Rn. 12; FK-InsO/Jungclaus/Keller, § 139 InsO Rn. 5; MK-InsO/Piekenbrock, § 139 InsO Rn. 15; Uhlenbruck/Hirte/Borries/Huber, § 139 InsO Rn. 4.

15 HambKomm-InsR/Rogge/Leptien, § 139 InsO Rn. 5; MK-InsO/Piekenbrock, § 139 InsO Rn. 6.

16 BGH, 22.01.2004 – IX ZR 39/03, BGHZ 157, 350 Rn. 13 ff.

17 MK-InsO/Piekenbrock, § 139 InsO Rn. 8.

18 MK-InsO/Piekenbrock, § 139 InsO Rn. 9.

19 A/G/R-Gehrlein, § 139 InsO Rn. 4.

20 MK-InsO/Piekenbrock, § 139 InsO Rn. 11.

Eröffnungsantrag am 29.03. ein, beginnt die Monatsfrist in Schaltjahren am 29.02. In allen anderen Jahren beginnt die Monatsfrist am 01.03.[21]

20 Bei der Rückführung eines Kontokorrentkredits ist bei der Berechnung des Anfechtungszeitraums nach der Rechtsprechung des BGH auf den durch Tagessaldo gebildeten Kontostand des Tages abzustellen, der seiner Zahl nach dem Tag des Vormonats entspricht, an dem der Insolvenzantrag gestellt wurde.[22] Sofern der Buchungsschnitt und damit auch die Ermittlung des Tagessaldos erst im Laufe des Tages zu einem ungeklärten Zeitpunkt erfolgt, und eine rückwirkende Bildung eines Tagessaldos nicht mehr möglich ist, gilt nach OLG Frankfurt der Vortagessaldo bis zur Bildung eines neuen Tagessaldos.[23]

21 Bei einem **vorgeschalteten Restrukturierungsverfahren** bewirkt **§ 91 StaRUG**, dass die Zeit der Rechtshängigkeit der Restrukturierungssache in die Fristen der §§ 88, 130–136 InsO nicht eingerechnet wird, so dass für alle potentiellen Anfechtungsgegner der Beginn des Anfechtungszeitraums bzw. der Rückschlagsperre im Ergebnis vorverlagert wird.[24] Zu den Einzelheiten s. Kap. 1 Rdn. 197 f.

II. Maßgeblicher Antrag bei mehreren Eröffnungsanträgen, § 139 Abs. 2 InsO

22 § 139 Abs. 2 InsO regelt den Fall, dass das Verfahren nicht aufgrund des ersten, sondern aufgrund eines später gestellten weiteren Insolvenzantrags eröffnet wird. Die Regelung kommt daher nicht zur Anwendung, wenn das Insolvenzgericht auf den frühesten gestellten Antrag hin eröffnet und das Prozessgericht an diesen Eröffnungsbeschluss gebunden ist.[25]

23 § 139 Abs. 2 **Satz 1** InsO legt insoweit fest, dass schon der **erste Antrag** für die Fristberechnung maßgeblich ist,[26] sofern er **zulässig und begründet** war. Dann kommt es nicht mehr darauf an, dass das Insolvenzverfahren erst aufgrund eines späteren Insolvenzantrags eröffnet wird. Praktische Bedeutung hat diese Regelung, weil Insolvenzverfahren nicht selten aufgrund eines späteren, ohne weitere Ermittlungen entscheidungsreifen Insolvenzantrags eröffnet werden.[27] Da die Anfechtbarkeit weiter zurückgereicht hätte, wenn das Verfahren aufgrund eines früheren zulässigen und begründeten Insolvenzantrags eröffnet worden wäre, wird die Anfechtbarkeit so zeitlich vorverlagert. Auf diese Weise können insb. solche Deckungshandlungen des Schuldners von der Insolvenzanfechtung nach §§ 130, 131 InsO erfasst werden, die

21 HK-InsO/Thole, § 139 InsO Rn. 8.
22 BGH, 15.11.2007 – IX ZR 212/06, ZInsO 2008, 159 Rn. 10 f.
23 OLG Frankfurt, 17.11.2010 – 9 U 7/10, ZInsO 2010, 2402 Rn. 16 ff.
24 HambKomm-RestR/Henkel, § 91 StaRUG Rn. 2; BeckOK StaRUG/Fridgen, § 91 StaRUG Rn. 12 ff.; Pannen/Riedemann/Smid/Pannen, § 91 StaRUG Rn. 5 ff.; HambKomm-InsR/Rogge/Leptien, § 139 InsO Rn. 10 ff.; Schoppmeyer, ZIP 2021, 869, 881 ff.
25 BAG, 26.10.2017 – 6 AZR 511/16, BAGE 161, 21 Rn. 17 ff.
26 FK-InsO/Jungclaus/Keller, § 139 InsO Rn. 7.
27 BT-Drucks. 12/2443, S. 163.

er in den letzten drei Monaten vor einem Insolvenzantrag vorgenommen hat, der allein mangels Masse zurückgewiesen worden ist.

Nur zulässige und begründete Anträge können berücksichtigt werden. Ausreichend, aber auch erforderlich ist es, dass Zulässigkeit i.S.d. §§ 2, 3, 11 ff. InsO und Begründetheit i.S.d. §§ 16 ff. InsO im Zeitpunkt des Eröffnungsbeschlusses vorliegen. Daher reicht es nicht aus, dass ursprünglich ein zulässiger und begründeter Insolvenzantrag gestellt wurde, wenn die Anforderungen dann bei Eröffnung nicht mehr vorliegen.[28] 24

§ 139 Abs. 2 InsO ist **einschränkend** dahin **auszulegen**, dass die Regelung **nur innerhalb derselben (materiellen) Insolvenz** des Schuldners gilt. Daher ist ein früher gestellter, zulässiger und begründeter Insolvenzantrag für die Fristberechnung nicht maßgeblich, wenn zwischen diesem und dem zur Insolvenzeröffnung führenden Insolvenzantrag der Insolvenzgrund entfallen war.[29] Eine zeitliche Schranke greift grundsätzlich nicht ein. Ob in Ausnahmefällen etwas anderes gelten kann, hat der Bundesgerichtshof bislang nicht entschieden; ein Zeitraum von drei bis vier Jahren zwischen den beiden Insolvenzanträgen wird jedenfalls von der Vorschrift eindeutig noch erfasst.[30] 25

§ 139 Abs. 2 **Satz 2** InsO regelt weiter, dass ein **rechtskräftig abgewiesener Antrag** nur berücksichtigt werden kann, wenn er **mangels Masse** (§ 26 Abs. 1 InsO) abgewiesen wurde. Aus anderen Gründen rechtskräftig abgewiesene Anträge können kein Anknüpfungspunkt für die Fristberechnung sein, selbst dann nicht, wenn die Zurückweisung zu Unrecht oder erst in höherer Instanz erfolgt ist.[31] Dass der nach § 26 InsO mangels Masse abgewiesene Insolvenzantrag bei der Fristberechnung zu berücksichtigen ist, folgt daraus, dass die Unzulänglichkeit der Masse mindestens in gleicher Weise eine Vermögenskrise indiziert wie die Zahlungsunfähigkeit oder die Überschuldung. 26

Allerdings ist das Prozessgericht, das mit der Insolvenzanfechtung befasst ist, an die Würdigung des Insolvenzgerichts nicht gebunden. Es hat daher selbständig zu prüfen, ob der Antrag tatsächlich allein an der Masselosigkeit gescheitert ist, der Antrag also zulässig und begründet und daher geeignet war, eine Verfahrenseröffnung zu bewirken.[32] Auch hier gilt ebenfalls, dass der Eröffnungsgrund bis zum späteren Eröffnungsantrag, aufgrund dessen dann eröffnet wurde, nicht weggefallen sein darf; also eine sog. »einheitliche Insolvenz« vorliegen muss.[33] 27

Ein **zurückgenommener** oder rechtswirksam für **erledigt erklärter** Eröffnungsantrag kann grundsätzlich nicht Anknüpfungspunkt für die Fristberechnung nach § 139 28

28 BGH, 15.11.2007 – IX ZR 212/06, ZInsO 2008, 159 Rn. 11 ff.
29 BGH, 18.09.2014 – IX ZA 9/14, ZInsO 2014, 2166 Rn. 12.
30 BGH, 20.03.2008 – IX ZR 2/07, ZInsO 2008, 451 Rn. 6; 15.11.2007 – IX ZR 212/06, ZInsO 2008, 159 Rn. 13; LAG Hamm, 08.04.2016 – 16 Sa 944/15, ZInsO 2016, 1988 Rn. 37 f.; Zeitraum von > 6 Jahren LG Stendal, 21.01.2019 – 22 S 73/18, ZInsO 2019, 805 Rn. 14 ff.
31 BT-Drucks. 12/2443, S. 163, BGH, 27.07.2006 – IX ZB 204/04, BGHZ 169, 17 Rn. 28.
32 OLG Schleswig, 03.11.2006 – 1 U 120/06, ZInsO 2006, 1224 Rn. 39 ff.
33 BGH, 15.11.2007 – IX ZR 212/06, ZInsO 2008, 159 Rn. 10 f.

InsO sein, weil er nicht zur Eröffnung des Insolvenzverfahrens führen kann.[34] Dies gilt selbst dann, wenn der Eröffnungsgrund bis zum nachfolgenden Antrag, aufgrund dessen dann eröffnet wird, fortbesteht.[35] Anderes gilt allerdings dann, wenn der Insolvenzantrag nur **wegen prozessualer Überholung für erledigt erklärt** wurde, also weil das Insolvenzverfahren mittlerweile aufgrund eines anderen zulässigen und begründeten Antrages eröffnet worden ist. Dann ist der erste Antrag Anknüpfungspunkt für die Fristberechnung nach § 139 InsO, wenn er bei Verfahrenseröffnung zulässig und begründet war.[36]

29 Die Prüfung der Zulässigkeit eines Eröffnungsantrags als Anknüpfungspunkt für die Rückschlagsperre nach § 88 InsO muss nur dann gesondert erfolgen, wenn das Insolvenzverfahren aufgrund eines anderen Antrags als dem gem. § 139 Abs. 2 InsO maßgeblichen ersten zulässigen und begründeten Antrag eröffnet wird.[37]

30 Die **Beweislast** dafür, dass ein früherer als der vom Insolvenzgericht zugrunde gelegte Antrag maßgeblich ist, trägt der **Insolvenzverwalter.**[38] Der **Anfechtungsgegner** ist sodann darlegungs- und beweisbelastet dafür, dass der beim ersten Insolvenzeröffnungsantrag vorliegende **Insolvenzgrund nachträglich entfallen** ist. Dabei trifft den Insolvenzverwalter allerdings eine sekundäre Darlegungslast.[39]

31 Die Beweislast dafür, dass die Anfechtungsfrist oder die Rückschlagsperre gem. **§ 91 StaRUG** durch die Rechtshängigkeit der Restrukturierungssache verlängert wird, trifft den sich darauf berufenden Insolvenzverwalter, Sachwalter oder Gläubiger.[40]

32 Der grundbuchverfahrensrechtlich in der Form des § 29 GBO zu führende Nachweis, dass das von der Rückschlagsperre erfasste Recht innerhalb der Frist des § 88 InsO eingetragen wurde, wird nicht schon durch den Eröffnungsbeschluss des Insolvenzgerichts erbracht, auch wenn in dessen Gründen der Zeitpunkt des maßgeblichen Antrags aufgeführt ist.[41]

---

34 Vgl. für die Erledigungserklärung BGH, 02.04.2009 – IX ZR 145/08, ZInsO 2009, 870 Rn. 10 f., m. Anm. Martini, jurisPR-InsR 10/2009 Anm. 2; BGH, 22.01.2004 – IX ZR 39/03, BGHZ 157, 350 Rn. 14; 20.11.2001 – IX ZR 48/01, BGHZ 149, 178 Rn. 11 f.; OLG Dresden, 19.07.2001 – 13 U 1058/01, ZInsO 2001, 910 Rn. 52 ff.; LG Bonn, 11.02.2020 – 5 S 128/19, ZInsO 2020, 1256 Rn. 8.

35 BGH, 02.04.2009 – IX ZR 145/08, ZInsO 2009, 870 Rn. 11; 08.12.2005 – IX ZR 182/01, ZInsO 2006, 94 Rn. 6.

36 BGH, 02.04.2009 – IX ZR 145/08, ZInsO 2009, 870 Rn. 11.

37 BGH, 19.05.2011 – IX ZB 284/09, ZInsO 2011, 1413 Rn. 9.

38 HambKomm-InsR/Rogge/Leptien, § 139 InsO Rn. 17.

39 OLG Schleswig, 03.11.2006 – 1 U 120/06, ZInsO 2006, 1224 Rn. 44.

40 HambKomm-RestR/Henkel, § 91 StaRUG Rn. 5; BeckOK StaRUG/Fridgen, § 91 StaRUG Rn. 26.

41 OLG München, 14.08.2014 – 34 Wx 328/14, ZInsO 2014, 1952 Rn. 10; OLG Hamm, 21.08.2013 – I-15 W 392/12, ZInsO 2014, 150 Rn. 11; a.A. OLG Stuttgart, 16.11.2018 – 8 W 218/17, ZInsO 2019, 575 Rn. 20.

D. Arbeitshilfen

▶ Checkliste

- □ Antragseingang ausweislich gerichtlichem Eingangsstempel entscheidend 33
- □ Erster zulässiger und begründeter Antrag maßgeblich
- □ Fristberechnung mit den insolvenzrechtlichen Besonderheiten
- □ Keine Anknüpfung an erledigte oder zurückgenommene Anträge, sowie an Anträge, auf die das Verfahren eingestellt oder aufgehoben wurde
- □ Anknüpfung – nur – an mangels Masse zurückgewiesene Anträge zulässig

§ 140 Zeitpunkt der Vornahme einer Rechtshandlung

(1) Eine Rechtshandlung gilt als in dem Zeitpunkt vorgenommen, in dem ihre rechtlichen Wirkungen eintreten.

(2) Ist für das Wirksamwerden eines Rechtsgeschäfts eine Eintragung im Grundbuch, im Schiffsregister, im Schiffsbauregister oder im Register für Pfandrechte an Luftfahrzeugen erforderlich, so gilt das Rechtsgeschäft als vorgenommen, sobald die übrigen Voraussetzungen für das Wirksamwerden erfüllt sind, die Willenserklärung des Schuldners für ihn bindend geworden ist und der andere Teil den Antrag auf Eintragung der Rechtsänderung gestellt hat. Ist der Antrag auf Eintragung einer Vormerkung zur Sicherung des Anspruchs auf die Rechtsänderung gestellt worden, so gilt Satz 1 mit der Maßgabe, daß dieser Antrag an die Stelle des Antrags auf Eintragung der Rechtsänderung tritt.

(3) Bei einer bedingten oder befristeten Rechtshandlung bleibt der Eintritt der Bedingung oder des Termins außer Betracht.

Übersicht Rdn.

Schrifttum

Bollwerk, Bestimmtheitsgrundsatz bei der Sicherungsübereignung von Warenlagern mit wechselndem Bestand, ZInsO 2015, 2062 ff.; *Eckert*, Probleme der Bestimmung des für die Insolvenzanfechtung relevanten Zeitpunkts nach § 140 InsO, 2003; *Fischer*, Der maßgebliche Zeitpunkt der anfechtbaren Rechtshandlung, ZIP 2004, 1679 ff.; *Gattringer*, Verpfändung von Gewinnforderungen, ZInsO 2010, 802 ff.; *Gehrlein*, Der Zeitpunkt der Vornahme der Rechtshandlung bei der Anfechtung einer Forderungsabtretung, ZInsO 2013, 1169 ff.; *Gerhardt*, Zum maßgeblichen Zeitpunkt bei mehraktigem Rechtserwerb, FS Greiner, 2005, S. 31 ff.; *Kremer/Jürgens*, Wann entsteht insolvenzrechtlich der Anspruch des Kassenarztes? ZInsO 2016, 895 ff.; *Scherer*, Insolvenzanfechtung bei eintragungspflichtigen Rechtsgeschäften, ZIP 2002, 341 ff.; *Stapper/Schädlich*, Maßgeblicher Zeitpunkt für die Anfechtung rechtsgeschäftlich bestellter Pfandrechte, NZI 2010, 217 ff.; *v. Olshausen*, Die erstaunliche Karriere des § 140 Abs. 3 InsO in der Rechtsprechung des Bundesgerichtshofes, KTS 2009, 481 ff.; *Voß*, Die Vorausabtretung in der Insolvenz (Zum Werthaltigmachen von Forderungen), 2010.

A. Normzweck

1 § 140 InsO bestimmt den Zeitpunkt, in dem eine Rechtshandlung anfechtungsrechtlich als vorgenommen gilt.[1] Maßgeblich ist der Zeitpunkt, in dem die gesamten Erfordernisse vorliegen, an welche die Rechtsordnung die Entstehung, Aufhebung oder Veränderung eines Rechtsverhältnisses knüpft.[2] Auf den Zeitpunkt der Handlung des Schuldners oder des Anfechtungsgegners kommt es nicht an.[3] Nach dem gemeinsamen Grundgedanken der Regelungen ist der Zeitpunkt maßgeblich, in dem der Anfechtungsgegner durch die Rechtshandlung eine **Rechtsposition** erlangt hat, die bei Eröffnung des Insolvenzverfahrens ohne Anfechtung beachtet werden müsste.[4] Durch diese der **Rechtssicherheit** dienende Klarstellung wird der Begriff der Rechtshandlung i.S.v. § 129 InsO ergänzt.[5] Bedeutung erlangt der damit konkretisierte Zeitpunkt für verschiedene Fragen. So für die Beurteilung, ob eine Rechtshandlung innerhalb der Anfechtungsfrist, vor oder nach Stellung des Insolvenzantrags oder der Insolvenzeröffnung vorgenommen ist, eine Person im Zeitpunkt der Handlung »nahestehend« i.S.d. § 138 InsO war und der Anfechtungsgegner Kenntnis von bestimmten Umständen hatte.[6]

2 Eine wortgleiche Regelung enthält § 8 AnfG für die Anfechtung im Rahmen des AnfG.

1 Uhlenbruck/Borries/Huber/Hirte, § 140 InsO Rn. 1.
2 BGH, 17.12.2020 – IX ZR 205/19, ZInsO 2021, 396 Rn. 12; 12.10.2017 – IX ZR 288/14, BGHZ 216, 136 Rn. 51; 27.09.2012 – IX ZR 15/12, ZIP 2012, 2409 Rn. 8.
3 BGH, 13.10.2022 – IX ZR 70/21, ZInsO 2022, 2687 Rn. 8.
4 BT-Drucks. 12/2443, S. 166; BGH, 28.01.2021 – IX ZR 64/20, ZInsO 2021, 554 Rn. 25; 12.10.2017 – IX ZR 288/14, BGHZ 216, 136 Rn. 51; Gehrlein, ZInsO 2013, 1169, 1170.
5 BGH, 22.01.2004 – IX ZR 39/03, ZInsO 2004, 270 ff.; MK-InsO/Freudenberg, vor §§ 129 bis 147 InsO Rn. 2 ff.
6 A/G/R-Gehrlein, § 140 InsO Rn. 1.

Während § 140 **Abs. 1** InsO den Grundsatz aufstellt, dass eine Rechtshandlung i.S.d. §§ 129 ff. InsO als vorgenommen gilt, wenn ihre rechtlichen Wirkungen eintreten,[7] ergänzen Abs. 2 und Abs. 3 diese Regelung für besondere Rechtsgeschäfte. 3

§ 140 **Abs. 2** InsO regelt für mehraktige Rechtsgeschäfte, bei denen für die Wirksamkeit eines Rechtsgeschäftes nur noch die Eintragung in das Grundbuch oder in ein vergleichsweises Register erforderlich ist, dass die Einreichung dieses Antrages bei dem Register maßgeblich ist.[8] 4

§ 140 **Abs. 3** InsO bestimmt bei bedingten und befristeten Rechtsgeschäften, dass es auf den »Abschluss der rechtsbegründenden Tatumstände« und nicht auf den späteren Eintritt der Bedingung oder des Termins ankommt.[9] 5

B. Norminhalt

I. Einführung

Die Anwendung der Norm setzt zunächst voraus, dass die anzufechtende Rechtshandlung bestimmt wird. Liegen mehrere Rechtshandlungen vor, sind diese grds. getrennt voneinander auf ihre Anfechtbarkeit hin zu untersuchen.[10] Grund- und Erfüllungsgeschäft sind auch anfechtungsrechtlich selbständige Rechtshandlungen.[11] Stehen die in Betracht kommenden Rechtshandlungen fest, ist im nächsten Schritt zu ermitteln, wann diese i.S.v. § 140 Abs. 1 InsO vorgenommen sind. 6

II. § 140 Abs. 1 InsO

1. Einaktige Rechtshandlungen

Rechtshandlungen, die nur aus einem **einzigen Akt** bestehen,[12] sind dann vorgenommen, wenn dieser eine Akt abgeschlossen ist.[13] Dies sind etwa die Dereliktion oder der Verzicht auf eine Hypothek. Auch einaktige Gestaltungserklärungen, wie die Anfechtung (§ 142 BGB) oder die Genehmigung (§ 182 BGB), gelten mit ihrer 7

7 BGH, 19.03.1998 – IX ZR 22/97, ZIP 1998, 793 ff.; HambKomm-InsR/Rogge/Leptien, § 140 Rn. 1; MK-InsO/Piekenbrock, § 140 InsO Rn. 5; Uhlenbruck/Borries/Huber/Hirte, § 140 InsO Rn. 2; Fischer, ZIP 2004, 967 ff.

8 MK-InsO/Piekenbrock, § 140 InsO Rn. 33.

9 BT-Drucks. 12/2443, S. 167; BGH, 14.06.2007 – IX ZR 56/06, NZI 2007, 515 Rn. 9; 14.12.2006 – IX ZR 102/03, BGHZ 170, 196 Rn. 13 f.; 17.11.2005 – IX ZR 162/04, ZInsO 2006, 35 Rn. 13; 29.06.2004 – IX ZR 195/03, ZInsO 2004, 852 f.

10 BGH, 22.02.2024 – IX ZR 226/20, ZInsO 2024, 1011 Rn. 50; HambKomm-InsR/Rogge/Leptien, § 140 InsO Rn. 2.

11 BGH, 26.01.2012 – IX ZR 99/11, ZInsO 2012, 485 Rn. 7; 24.05.2007 – IX ZR 105/05, ZInsO 2007, 658 Rn. 27.

12 HambKomm-InsR/Rogge/Leptien, § 140 InsO Rn. 3; MK-InsO/Piekenbrock, § 140 InsO Rn. 6; Uhlenbruck/Borries/Huber/Hirte, § 140 InsO Rn. 4.

13 HambKomm-InsR/Rogge/Leptien, § 140 InsO Rn. 3; MK-InsO/Piekenbrock, § 140 InsO Rn. 6; Uhlenbruck/Borries/Huber/Hirte, § 140 InsO Rn. 4.

wirksamen Abgabe als vorgenommen, obwohl sie Rückwirkung entfalten.[14] Mehrere **selbstständige** einaktige Rechtshandlungen bilden keine mehraktige Rechtshandlung. Sie sind auch dann anfechtungsrechtlich selbstständig zu betrachten, wenn sie gleichzeitig vorgenommen worden sind oder sich wirtschaftlich ergänzen.[15] Dies gilt etwa für die Pfändung und Überweisung einer Forderung auf der einen und die Zahlung des Drittschuldners auf der anderen Seite, oder Ratenzahlungen auf einen Zahlungsanspruch.[16]

8 Die rechtlichen Folgen einer **Unterlassung** treten frühestens in dem Zeitpunkt ein, in dem ihre Rechtsfolgen nicht mehr durch eine positive Handlung abgewandt werden können.[17] Folglich kommt es auf den Zeitpunkt des Fristablaufs an, wenn das Unterlassen im Verstreichenlassen einer Verjährungs-, Anfechtungs- oder Rechtsmittelfrist liegt.[18]

2. Mehraktige Rechtshandlungen

9 Demgegenüber gilt eine Rechtshandlung, die – wie etwa die Übereignung einer beweglichen Sache – aus **mehreren Teilakten** besteht,[19] erst dann als vorgenommen, wenn der **letzte Teilakt** erfolgt ist.[20] Fällt dieser letzte Teilakt in die Anfechtungsfrist, unterliegt die gesamte Rechtshandlung der Anfechtung.

10 Sofern ein Rechtsgeschäft von der **Zustimmung eines Dritten** (§§ 182 ff. BGB) abhängt, gilt es erst mit ihrer Erteilung als vorgenommen. Auch ein erst nachträglich genehmigtes Rechtsgeschäft gilt trotz der Rückwirkung der **Genehmigung** (§ 184 Abs. 1 BGB) erst mit dieser als vorgenommen.[21] Das Erfordernis einer **öffentlich-rechtlichen Genehmigung** hingegen hat keinen Einfluss auf den Zeitpunkt des Wirksamwerdens der Rechtshandlung.[22]

3. Einzelfälle

11 **Ein schuldrechtliches Verpflichtungsgeschäft** ist dann wirksam und damit vorgenommen i.S.v. § 140 Abs. 1 InsO, wenn das Vertragsangebot angenommen ist. Wird bei

---

14 MK-InsO/Piekenbrock, § 140 InsO Rn. 8; Uhlenbruck/Borries/Huber/Hirte, § 140 InsO Rn. 9; Gehrlein, ZInsO 2013, 1169.

15 BGH, 20.07.2006 – IX ZR 227/03, Rn. 14 zit. nach juris; 02.06.2005 – IX ZR 263/03, ZInsO 2005, 884 Rn. 20; 09.10.2003 – IX ZR 28/03, ZInsO 2003, 1101 Rn. 14; 07.02.2002 – IX ZR 115/99, ZInsO 2002, 276 Rn. 15.

16 BGH, 20.03.2003 – IX ZR 166/02, ZInsO 2003, 372 Rn. 14; OLG Karlsruhe, 17.09.2003 – 1 U 167/02, ZInsO 2003, 999.

17 BT-Drucks. 12/2443, S. 166.

18 Uhlenbruck/Borries/Huber/Hirte, § 140 InsO Rn. 11; A/G/R-Gehrlein, § 140 InsO Rn. 6.

19 HambKomm-InsR/Rogge/Leptien, § 140 InsO Rn. 4.

20 BGH, 17.12.2020 – IX ZR 205/19, ZInsO 2021, 396 Rn. 12; 18.03.2010 – IX ZR 111/08, ZInsO 2010, 710 Rn. 6; 14.12.2006 – IX ZR 102/03, BGHZ 170, 196 Rn. 14; 22.07.2004 – IX ZR 183/03, ZInsO 2004, 967 f.

21 BGH, 30.09.2010 – IX ZR 177/07, ZInsO 2010, 2133 Rn. 8 ff.

22 BGH, 09.10.1958 – II ZR 229/57, WM 1958, 1417 Rn. 11 ff.

einem **Vertrag zugunsten Dritter** der Begünstigte erst nachträglich benannt, wird die Rechtshandlung erst damit abgeschlossen.[23]

Ist einem Dritten (nur) ein **widerrufliches Bezugsrecht** aus einer **Lebensversicherung** eingeräumt worden, so ist die anfechtbare Rechtshandlung erst dann i.S.v. § 140 Abs. 1 InsO vorgenommen, wenn der Versicherungsfall eingetreten ist,[24] also mit dem Ableben der versicherten Person. Vorher hatte der Bezugsberechtigte noch keine gesicherte Rechtsposition, sondern lediglich eine ungesicherte Erwerbsaussicht.[25] 12

Wird dem Dritten dagegen ein **unwiderrufliches Bezugsrecht** eingeräumt, erwirbt er den Anspruch auf die Versicherungsleistung in der Regel sofort.[26] Anfechtungsrechtlich ist insoweit der Zeitpunkt seiner Bezeichnung als Bezugsberechtigter maßgeblich, da die Rechte aus der Lebensversicherung zu diesem Zeitpunkt auf ihn übergehen sollen.[27] 13

Erfüllungsgeschäfte sind nicht bereits mit der Begründung der Verpflichtung, sondern erst mit dem letzten Übertragungsakt abgeschlossen,[28] bei der Übereignung eines beweglichen Gegenstandes folglich erst mit Abschluss der dinglichen Einigung und der Übergabe oder des Übergabesurrogates nach den §§ 930 ff. BGB. 14

Bei der **Erfüllung von Entgeltforderungen** ist zu differenzieren: Barzahlungen sind mit der Übereignung des Geldes nach § 929 Satz 1 BGB vorgenommen,[29] bei Teilzahlungen ist auf jede einzelne Teilzahlung abzustellen.[30] 15

Bei der **Überweisung**[31] ist nicht der Zeitpunkt der Auftragserteilung maßgeblich, sondern es kommt darauf an, wann der **Anspruch auf die Gutschrift** bei der Empfängerbank entsteht.[32] Die Gutschrift selbst ist – als rein deklaratorische Vollziehung – zugunsten des Empfängerkontos nicht maßgeblich. Bei der Überweisung im elektronischen Datenverkehr (**Online-Banking**) werden die Daten ohne vorherige Überprüfungsmöglichkeit der Bank in deren Datenbestand übertragen, so dass die elektronische Gutschrift regelmäßig unter dem Vorbehalt der sog. Nachdisposition steht. Dies setzt neben dem Zustandekommen des Überweisungsvertrags eine konkludente Äußerung des Kreditinstituts voraus, die Kontobelastung zuzulassen.[33] 16

---

23 OLG Karlsruhe, 03.01.1984 – 10 U 388/82, WM 1984, 1193, 1194.

24 BGH, 23.10.2003 – IX ZR 252/01, BGHZ 156, 350; OLG Hamm, 09.02.2017 – 27 U 6/16, InsbürO 2018, 42 Rn. 34.

25 BGH, 22.10.2015 – IX ZR 248/14, ZInsO 2015, 2374 Rn. 18 ff.; 26.01.2012 – IX ZR 99/11, ZInsO 2012, 485 Rn. 8; 23.10.2003 – IX ZR 252/01, BGHZ 156, 350 Rn. 12 ff.

26 BGH, 27.09.2012 – IX ZR 15/12, ZInsO 2012, 2294 Rn. 8 ff.; BGH, 26.01.2012 – IX ZR 99/11, ZInsO 2012, 485 Rn. 8; 23.10.2003 – IX ZR 252/01, BGHZ 156, 350 Rn. 12 ff.

27 BGH, 27.09.2012 – IX ZR 15/12, ZInsO 2012, 2294 Rn. 8 ff.

28 MK-InsO/Piekenbrock, § 140 InsO Rn. 16.

29 BGH, 01.03.1984 – IX ZR 34/83, ZIP 1984, 809 Rn. 17.

30 BGH, 20.07.2006 – IX ZR 227/03, Rn. 14, zit. nach juris.

31 Dazu grds. auch Obermüller/Obermüller, ZInsO 2011, 697 ff.

32 BGH, 03.03.2022 – IX ZR 78/20, ZInsO 2022, 640 Rn. 50; 28.01.2021 – IX ZR 64/20, ZInsO 2021, 554 Rn. 28; 18.07.2002 – IX ZR 480/00, ZInsO 2002, 876 Rn. 18.

33 BGH, 15.03.2005 – XI ZR 338/03, ZIP 2005, 894 Rn. 21.

17 Im **Lastschriftverfahren** ist zwischen dem üblicherweise praktizierten Einzugsermächtigungsverfahren und dem in der Praxis eher seltenen Abbuchungsverfahren zu unterscheiden:

18 Bei einer Lastschrift im **Abbuchungsverfahren**[34] erteilt der Schuldner seinem Kreditinstitut den **Auftrag**, Lastschriften seines Gläubigers von seinem Girokonto abzubuchen. Die Abbuchung ist nicht schon mit der – unter Vorbehalt des Eingangs vorläufig erfolgten – Gutschrift auf dem Gläubigerkonto, sondern erst mit der Einlösung der Lastschrift durch die Schuldnerbank vorgenommen.[35] Die bloße Belastung des Schuldnerkontos reicht nur aus, wenn darin auch der Einlösungswille der Bank zum Ausdruck kommt.[36] Nach Maßgabe der Allg. Geschäftsbedingungen der Kreditinstitute war dies erst dann der Fall, wenn sie nicht innerhalb von zwei Bankarbeitstagen widerrufen worden ist (Nr. 9 Abs. 2 AGB-Banken/AGB-Sparkassen a.F.).[37]

19 Das **Einzugsermächtigungsverfahren** zeichnet sich dadurch aus, dass der Schuldner den **Gläubiger ermächtigt**, den geschuldeten Betrag im Wege der Lastschrift von seinem Konto einzuziehen. Zu unterscheiden ist hier, ob auf das Einzugslastschriftverfahren die alten, bis zum 08.07.2012 geltenden oder die neuen, ab dem 09.07.2012 geltenden **Sonderbedingungen** für die Einzugsermächtigungslastschrift anzuwenden sind. Soweit der Schuldner nach Maßgabe der alten Sonderbedingungen die Möglichkeit hatte, der Lastschrift zu widersprechen, solange er sie nicht ausdrücklich oder konkludent genehmigt hat, war die Rechtshandlung erst im Zeitpunkt der Genehmigung vorgenommen, denn sie kann zuvor noch widerrufen werden, so dass das Schuldnervermögen noch nicht endgültig verkürzt worden ist.[38] Erst nach der **Genehmigung durch den Schuldner** kann daher die Anfechtung erfolgen; ihre Voraussetzungen müssen daher – erst oder noch – im Zeitpunkt der Genehmigung vorliegen.[39] Der ausdrücklichen Genehmigung war der Eintritt der **Genehmigungsfiktion** sechs Wochen nach Rechnungsabschluss gem. Nr. 7 Abs. 3 AGB-Banken und Nr. 7 Abs. 4 AGB-Sparkassen gleichzustellen. Wird innerhalb dieser sechs Wochen nicht widerrufen, gilt die Abbuchung als genehmigt.[40] Daneben kam eine **konkludente** Genehmigung insb. im **unternehmerischen Geschäftsverkehr** dann in Betracht, wenn es sich für die

---

34 BGH, 13.12.2012 – IX ZR 1/12, ZInsO 2013, 245 Rn. 12.

35 BGH, 21.01.2016 – IX ZR 84/13, ZInsO 2016, 448 Rn. 14: 17.01.2013 – IX ZR 184/10, ZInsO 2013, 335 Rn. 8; 19.12.2002 – IX ZR 377/99, ZInsO 2003, 324.

36 BGH, 17.01.2013 – IX ZR 184/10, ZInsO 2013, 335 Rn. 7 f.

37 BGH, 19.12.2002 – IX ZR 377/99, ZInsO 2003, 324 ff., OLG Düsseldorf, 10.03.2016 – I-12 U 36/15, ZInsO 2016, 968 ff.

38 BGH, 14.09.2017 – IX ZR 3/16, ZInsO 2017, 2546 Rn. 26; 25.10.2007 – IX ZR 217/06, ZInsO 2007, 1216 Rn. 12; BGH, 04.11.2004 – IX ZR 22/03, BGHZ 161, 49 Rn. 13 ff.

39 BGH, 19.01.2012 – IX ZR 2/11, BGHZ 192, 221 Rn. 23 f.; BGH, 30.09.2010 – IX ZR 177/07, ZInsO 2010, 2133 Rn. 8 ff.; 10.06.2008 – XI ZR 283/07, ZInsO 2008, 1076 Rn. 15; BGH, 25.10.2007 – IX ZR 217/06, ZInsO 2007, 1216 Rn. 12; vgl. auch OLG Hamm, 12.01.2012 – I-27 U 99/10, zit. nach juris.

40 BGH, 14.09.2017 – IX ZR 3/16, ZInsO 2017, 2546 Rn. 26; 10.06.2008 – XI ZR 283/07, ZInsO 2008, 1076 Rn. 15; BGH, 25.10.2007 – IX ZR 217/05, ZInsO 2007, 12 Rn. 12; BGH, 06.06.2000 – XI ZR 258/99, BGHZ 144, 349 Rn. 17 ff.

Zahlstelle erkennbar um regelmäßig wiederkehrende Lastschriften (selbst angemeldete Sozialversicherungsbeiträge oder Steuern) handelt, und der Schuldner innerhalb einer angemessenen Prüffrist keine Einwendungen erhebt.[41] Die Dauer der Prüffrist ist eine Frage des Einzelfalls. Bei wiederkehrenden Lastschriftbuchungen im unternehmerischen Geschäftsverkehr beträgt sie in der Regel 14 Tage,[42] der Bundesgerichtshof hat aber auch drei Bankarbeitstage schon ausreichend sein lassen.[43]

Nach Maßgabe der ab dem **09.07.2012** geltenden **Sonderbedingungen** wird bereits der Zahlungsauftrag zu einer autorisierten Zahlung, so dass die Wirksamkeit der Kontobelastung schon mit der **Belastung auf dem Schuldnerkonto** – und Ablauf der Zweitagesfrist – und nicht erst nach einer gesonderten Genehmigung eintritt. Damit ist die Widerspruchsmöglichkeit des Zahlers erloschen.[44] 20

Bei der Frage, ob ein **Bargeschäft** (§ 142 InsO) vorliegt, ist nicht auf den Zeitpunkt der Genehmigung, sondern des Lastschrifteinzugs abzustellen.[45] 21

Beim **SEPA-Lastschriftverfahren**[46] wird mit der Erteilung des SEPA-Lastschriftmandats der **Zahlungsvorgang selbst autorisiert**, so dass es nicht der nachträglichen Genehmigung bedarf. Die rechtlichen Wirkungen des Forderungseinzugs nach dem SEPA-Lastschriftverfahren im Verhältnis Lastschriftschuldner zum Lastschriftgläubiger treten mit der vorbehaltlosen Einlösung der Lastschrift durch die Schuldnerbank ein. Dies ist der 2. Bankarbeitstag nach der Belastungsbuchung.[47] Bereits durch die vorbehaltlose Gutschrift auf dem Gläubigerkonto kommt es hier zur Erfüllung, sie erfolgt nach Nr. 9 Abs. 2 AGB-Banken/AGB-Sparkassen, wenn die Belastung nicht spätestens am zweiten Bankarbeitstag rückgängig gemacht wird. Mit Zahlungseingang bei der Empfängerbank ist daher die Rechtshandlung vollendet. 22

Bei **Sicherungsverträgen**, wie Sicherungsübereignungen und Sicherungsabtretungen ist zu differenzieren. Eine **Sicherungsübereignung** ist grds. nach Einigung und Übergabe des Sicherungsguts wirksam, wobei in der Praxis häufig ein Besitzkonstitut vereinbart wird. Die **Abtretung einer – bestehenden – Forderung** ist mit der Annahme des Abtretungsangebotes nach § 934 BGB wirksam und damit vorgenommen i.S.v. 23

41 BGH, 14.10.2010 – IX ZR 240/09, ZInsO 2010, 2293 Rn. 8; 20.07.2010 – XI ZR 236/07, BGHZ 186, 269 Rn. 48.

42 BGH, 01.12.2011 – IX ZR 58/11, ZInsO 2012, 135 Rn. 15.

43 BGH, 03.04.2012 – XI ZR 39/11, ZInsO 2012, 931 Rn. 44.

44 BGH, 20.07.2010 – XI ZR 236/07, ZInsO 2010, 1538 Rn. 35 ff.; Uhlenbruck/Borries/Huber/Hirte, § 140 InsO Rn. 76.

45 BGH, 29.05.2008 – IX ZR 42/07, ZInsO 2008, 749 Rn. 13; für das SEPA-Lastschriftverfahren BGH, 20.07.2010 – XI ZR 236/07, BGHZ 186, 269 Rn. 34.

46 BGH, 13.10.2022 – IX ZR 70/21, ZInsO 2022, 2687 Rn. 9 ff.; 20.07.2010 – XI ZR 236/07, ZInsO 2010, 1538 Rn. 18 ff.; zum SEPA-Lastschriftverfahren s.a. Hadding, ZBB 2012, 149 ff.; Werner, BKR 2012, 221 ff.

47 BGH, 13.10.2022 – IX ZR 70/21, ZInsO 2022, 2687 Rn. 9 ff.

§ 140 InsO.[48] Dies gilt auch, wenn eine nur aufschiebend bedingte Forderung abgetreten wird.[49]

24 Sollen allerdings erst **zukünftig zu erwerbende Sachen** – wie bei einer Raumsicherungsübereignung – von der Sicherungsübereignung erfasst werden, vollendet sich der Rechtserwerb daher erst mit dem **Abschluss des Erwerbsvorgangs**, also der Einbringung der Sachen in die Sicherungsräume.[50] Der Nachweis ihres Eingangs wird in der Praxis durch Warenwirtschaftssysteme, lieferantenbezogene Wareneingangsstempel oder Lieferscheine erbracht. Im Falle der Betriebsfortführung kann bei fehlendem Warenwirtschaftssystem durch getrennte Warenlager oder verschiedenfarbige Markierung der Gegenstände eine klare Abgrenzung zwischen solchen Waren und Vorräten vorgenommen werden, die von der Sicherungsübereignung zugunsten des Gläubigers erfasst sind, und solchen, die nicht der Sicherungsübereignung des Gläubigers unterfallen, weil sie der vorläufige Insolvenzverwalter i.R.d. Betriebsfortführung bestellt hat.[51]

25 Wird eine **künftige Forderung** abgetreten, verpfändet oder gepfändet, ist ebenfalls erst der Zeitpunkt maßgeblich, in dem sie entsteht; § 140 Abs. 3 InsO ist nicht einschlägig.[52] Gleiches gilt für die Vorausabtretung der Abverkaufsforderung beim **verlängerten Eigentumsvorbehalt.**[53]

26 Soweit das **Werthaltigmachen** einer abgetretenen Forderung selbstständig anfechtbar ist, ist für die Anfechtbarkeit gem. § 140 Abs. 1 InsO auf das Bewirken der Werthaltigkeit, Wertsteigerung oder des Werterhalts abzustellen.[54]

27 Wurde der **Schlusssaldo** kontokorrentgebundener Forderungen im Voraus abgetreten, ist anfechtungsrechtlicher Anknüpfungspunkt nur dieser, nicht die einzelne in das Kontokorrent eingestellte Forderung.[55]

28 Im Falle der Abtretung **laufender Rentenansprüche** durch einen Rentenberechtigten, der das Rentenalter schon erreicht hat, kommt es nicht auf die späteren einzelnen Bezugszeitpunkte an. Vielmehr ist die Abtretung bereits mit ihrem Wirksamwerden

---

48 BGH, 22.07.2004 – IX ZR 183/03, ZInsO 2004, 967 f.; 20.03.2003 – IX ZR 166/02, ZInsO 2003, 372; 06.04.2000 – IX ZR 122/99, ZIP 2000, 932 Rn. 7 ff.; OLG Hamm, 30.04.2002 – 27 U 27/02, WM 2002, 2204 f.

49 BGH, 17.12.2020 – IX ZR 205/19, ZInsO 2021, 396 Rn. 14; 19.07.2018 – IX ZR 296/17, ZInsO 2018, 1898 Rn. 9 ff.

50 BGH, 18.04.1991 – IX ZR 149/90, ZIP 1991, 807 Rn. 31 ff.

51 Bollwerk, ZInsO 2015, 2062 ff.

52 BGH, 17.12.2020 – IX ZR 205/19, ZInsO 2021, 396 Rn. 13; 18.03.2010 – IX ZR 111/08, ZInsO 2010, 710 Rn. 6; FK-InsO/Jungclaus/Keller, § 140 InsO Rn. 7; MK-InsO/Piekenbrock, § 140 InsO Rn. 24.

53 MK-InsO/Piekenbrock, § 140 InsO Rn. 24; BGH, 14.05.1975 – VIII ZR 254/73, BGHZ 64, 312 Rn. 21 ff.; 30.06.1959 – VIII ZR 11/59, BGHZ 30, 238 Rn. 8 ff.

54 BGH, 20.12.2012 – IX ZR 21/12, ZInsO 2013, 240 Rn. 19.

55 BGH, 18.03.2010 – IX ZR 111/08, ZInsO 2010, 710 Rn. 6.

vorgenommen, denn die Zahlung der Altersbezüge ist nicht von einer Gegenleistung abhängig.[56]

Sofern die **Anzeige** der Abtretung an den Drittschuldner **Wirksamkeitsvoraussetzung** für die Abtretung oder Verpfändung einer Forderung ist,[57] wird diese allerdings erst mit Zugang der Abtretungsanzeige beim Drittschuldner wirksam.[58] So liegt der Fall bei der Abtretung oder Verpfändung von Lebensversicherungen. Sie sind nach § 13 Abs. 4 ALB 1994 nur dann wirksam abgetreten, wenn die Verpfändung/Abtretung der Versicherungsgesellschaft angezeigt wird.[59] Eine nachträgliche Heilung ist ausgeschlossen. Fehlt es an der Abtretungsanzeige, hat der Sicherungsgläubiger keine Sicherheit erlangt, der Versicherungsbetrag fällt in die Masse.[60] 29

Auch die Abtretung von **Steuererstattungsansprüchen** wird nach § 46 Abs. 2 AO erst wirksam, wenn die Abtretungsanzeige dem Drittschuldner zugegangen ist.[61] 30

Die **Verpfändung** einer **Sache** ist gem. § 1205 BGB mit Einigung und Übergabe vorgenommen. Die **Verpfändung** einer bestehenden **Forderung** setzt die Zustellung des Pfändungs- und Überweisungsbeschlusses an den Drittschuldner voraus, durch die das Pfandrecht entsteht.[62] Gleiches gilt für die Zustellung einer Pfändungs- und Einziehungsverfügung des Finanzamtes, § 309 Abs. 2 Satz 1 AO.[63] Wird jedoch ein **künftiges Kontoguthaben** gepfändet, so erstreckt sich die Pfändung folgerichtig erst mit Eingang des gutgeschriebenen Betrages auf dem Konto auf diesen.[64] Der Zeitpunkt der Zahlung durch den Drittschuldner ist dabei unbeachtlich.[65] Wird ein Anspruch des Schuldners gegen ein Kreditinstitut aus einem vereinbarten Dispositionskredit (**offene Kreditlinie**) gepfändet, entsteht das Pfandrecht erst mit dem Abruf der Kreditmittel als Rechtshandlung des Schuldners.[66] 31

Sofern der Schuldner eine Barzahlung im Rahmen der **Zwangsvollstreckung** an den Gerichtsvollzieher vornimmt, ist gem. § 140 Abs. 1 InsO auf den Zeitpunkt der Geldübergabe an das Vollstreckungsorgan und nicht auf den späteren Zeitpunkt der Weiterleitung bzw. der Gutschrift des Geldbetrages auf dem Konto des Gläubigers abzustellen.[67] 32

56 BGH, 14.01.2010 – IX ZR 78/09, ZInsO 2010, 327 Rn. 21; 19.05.2009 – IX ZR 37/06, ZInsO 2009, 1395 Rn. 24.
57 FK-InsO/Jungclaus/Keller, § 140 InsO Rn. 7.
58 RG, 30.04.1912 – VII 484/11, RGZ 79, 306.
59 OLG Hamm, 25.01.2008 – 20 U 89/07, VersR 2008, 908.
60 BGH, 31.10.1990 – IV ZR 24/90, BGHZ 112, 387, 388 f.; 19.02.1992 – IV ZR 111/91, VersR 1992, 561, 562.
61 BFH, 08.06.2010 – VII R 39/09, BFHE 229, 482 Rn. 13.
62 BGH, 10.02.2005 – IX ZR 211/02, BGHZ 162, 143 Rn. 10.
63 BGH, 26.06.2008 – IX ZR 87/07, ZInsO 2008, 806 Rn. 9 ff.
64 BGH, 30.03.1997 – IX ZR 71/96, BGHZ 135, 140 Rn. 20 f.
65 BGH, 21.03.2000 – IX ZR 138/99, ZInsO 2000, 333 Rn. 11.
66 BGH, 09.06.2011 – IX ZR 179/08, ZInsO 2011, 1350 Rn. 10.
67 AG Bremen, 19.04.2012 – 9 C 344/11, VuR 2012, 410 Rn. 5.

33 Das gesetzliche **Vermieterpfandrecht** an dem Schuldner gehörenden Gegenständen entsteht mit **Einbringung** der Gegenstände in die gemieteten Räumlichkeiten, § 562 BGB und gibt dem Vermieter an ihnen ein anfechtungsfestes Absonderungsrecht.[68] Dies gilt nicht nur für die Sicherung bereits bestehender, sondern auch für künftige Ansprüche aus dem Mietverhältnis.[69]

34 Die rechtsgeschäftliche Verpfändung einer **künftigen** Forderung wird erst wirksam, wenn die verpfändete Forderung tatsächlich entstanden ist.[70]

35 Bei der **Abtretung künftigen Arbeitsentgelts** des Schuldners ist daher nicht der Zeitpunkt des Vertragsschlusses maßgeblich, sondern es kommt auf den jeweiligen Entstehungszeitpunkt der periodisch zu entrichtenden Vergütung an.[71] Nichts anderes gilt für den – abgetretenen oder verpfändeten – Anspruch auf eine **dienstvertragliche** Vergütung, denn auch dieser entsteht nicht vor der Ableistung der Dienste.[72]

36 Da eine **Werklohnforderung** bereits mit Abschluss des Werkvertrags entsteht, kommt es bei der Abtretung eines Werklohnanspruchs auf diesen Zeitpunkt und nicht etwa auf die Erbringung der Werkleistung oder die Abnahme des Werks an.[73]

37 Für die Abtretung, Pfändung oder Verpfändung **künftiger Mietzinsforderungen** gilt, dass diese erst mit ihrer Entstehung für den jeweiligen Nutzungszeitraum[74] der Abtretung unterfallen. Erst wenn der Nutzungszeitraum erreicht wird, für den die Mietrate geschuldet ist, ist der insofern **befristete** Anspruch (§ 140 Abs. 3 InsO) auf die Mietzahlung werthaltig geworden.[75] Etwas anderes gilt nur dann, wenn der Mietzinsanspruch als betagte Forderung bereits zu Beginn des Mietverhältnisses vollständig festgelegt ist, weil etwa der Vermieter seine wesentlichen Vertragspflichten, für die die monatliche Miete zu erbringen ist, schon bei Beginn des Mietverhältnisses erbracht hat.[76]

38 Ansprüche auf (**künftige**) **Leasingraten** entstehen dagegen grds. bereits mit **Abschluss** des Leasingvertrags als **betagte Forderungen**, da sie **auch** ein **Entgelt** für die vom Leasinggeber vorweg erbrachte **Finanzierungsleistung** darstellen und damit rechtlich gebunden sind. Um den Finanzierungszweck zu gewährleisten, wird vertraglich eine feste Dauer der Mietzeit sowie die Fälligkeit und Höhe der Leasingraten bestimmt und Kündigungsmöglichkeiten während der Grundmietzeit ausgeschlossen. Diese recht-

68 BGH, 14.12.2006 – IX ZR 102/03, BGHZ 170, 196 Rn. 11 ff.; HambKomm-InsR/Rogge/Leptien, § 140 InsO Rn. 13.

69 BGH, 14.12.2006 – IX ZR 102/03, BGHZ 170, 196 Rn. 11 ff.

70 BGH, 18.03.2010 – IX ZR 111/08, ZInsO 2010, 710 Rn. 6.

71 BAG, 17.02.1993 – 4 AZR 161/92, BAGE 72, 238 Rn. 22 ff.; BGH, 17.09.2009 – IX ZR 106/08, BGHZ 182, 264 Rn. 8 ff.; 26.06.2008 – IX ZR 87/07, ZInsO 2008, 806 Rn. 13.

72 BGH, 11.05.2006 – IX ZR 247/03, BGHZ 167, 363 Rn. 7.

73 BGH, 06.04.2000 – IX ZR 122/99, ZIP 2000, 932 Rn. 21.

74 BGH, 17.09.2009 – IX ZR 106/08, BGHZ 182, 264 Rn. 8 ff.; 14.12.1989 – IX ZR 283/88, BGHZ 109, 368 Rn. 20 ff.

75 BGH, 30.04.2020 – IX ZR 162/16, ZInsO 2020, 1471 Rn. 41; 17.09.2009 – IX ZR 106/08, BGHZ 182, 264 Rn. 8 ff.; Uhlenbruck/Borries/Huber/Hirte, § 140 InsO Rn. 16 ff.

76 BGH, 14.12.1989 – IX ZR 283/88, BGHZ 109, 368 Rn. 20 ff.

liche Festlegung rechtfertigt es, die künftigen Leasingraten als betagte Forderungen anzusehen und daher nach Maßgabe des § 140 Abs. 1 InsO auf den Abschluss des Leasingvertrages abzustellen.[77] Etwas anderes gilt nur dann, wenn der **Leasingvertrag** über die ursprüngliche Vertragsdauer hinaus **verlängert** wird, denn dann entfällt der übergeordnete Finanzierungsaspekt mit der Folge, dass die dann gezahlten Leasingraten wie Mietzinsansprüche befristete Forderungen sind.[78] Anknüpfungspunkt für ihre Anfechtung ist dann die Entstehung der jeweiligen Leasingrate. Sofern Miet- oder Leasingverträge eine Kaufoption enthalten, gelten diese erst mit der Ausübung des Optionsrechtes als vorgenommen i.S.v. § 140 Abs. 1 InsO.[79]

Bei einer **Aufrechnung**, handelt es sich um eine mehraktige Rechtshandlung, so dass der letzte Teilakt, auf den abzustellen ist, die **Herstellung der Aufrechnungslage** ist.[80] Diese liegt dann vor, wenn die Hauptforderung erfüllbar und die Gegenforderung wirksam und fällig ist, § 387 BGB.[81] Dieser Moment ist für die Frage der Anfechtbarkeit der Aufrechnung maßgeblich.[82] Auf den Zeitpunkt der Aufrechnungserklärung kommt es nicht an; unbeachtlich ist auch, ob die Forderung des Schuldners oder die des Insolvenzgläubigers früher entstanden oder fällig geworden ist. Ist eine der beiden Forderungen befristet oder bedingt, so kommt es i.R.d. § 96 Abs. 1 Nr. 3 InsO i.S.v. § 140 Abs. 3 InsO darauf an, wann die spätere Forderung entstanden (und werthaltig geworden) ist und damit das Gegenseitigkeitsverhältnis begründet wurde.[83] Auf den Zeitpunkt der Vereinbarung ist abzustellen, wenn eine streitige Forderung nachträglich unter Einbeziehung neuer, nicht (teil-)identischer Forderungen auf eine völlig neue Grundlage gestellt und zugleich die Aufrechenbarkeit dieser neuen Forderung mit einer fälligen Gegenforderung vereinbart wird.[84] 39

Das Pfandrecht an einer Gewinnbezugsforderung wird erst mit der Entstehung der Forderung begründet.[85] 40

Die vermögensändernden Wirkungen eines **Erlass**vertrags treten bereits mit seinem Abschluss ein. Dies gilt auch für den Erlass einer künftigen Verbindlichkeit, denn durch den vorweggenommenen Erlass entsteht die erst in der Zukunft geschuldete Forderung nicht.[86] 41

---

77 BGH, 14.12.1989 – IX ZR 283/88, BGHZ 109, 368 Rn. 20 ff.
78 Uhlenbruck/Borries/Huber/Hirte, § 140 InsO Rn. 92.
79 BGH, 14.12.1989 – IX ZR 283/88, BGHZ 109, 368 Rn. 20 ff.
80 BGH, 17.07.2008 – IX ZR 148/07, ZInsO 2008, 913 Rn. 10; 26.06.2008 – IX ZR 47/05, ZInsO 2008, 803 Rn. 17; Uhlenbruck/Borries/Huber/Hirte, § 140 InsO Rn. 56 ff.
81 Grüneberg/Grüneberg, § 387 BGB Rn. 11.
82 BGH, 02.02.2017 – IX ZR 245/14, ZInsO 2017, 494 Rn. 8; 20.07.2010 – IX ZR 37/09, ZInsO 2010, 1534, 1535; BFH, 18.02.2020 – VII R 39/18, ZInsO 2020, 1937 Rn. 47; FK-InsO/Dauernheim, § 140 InsO Rn. 10.
83 BGH, 01.02.2010 – IX ZR 104/07, ZInsO 2010, 673, 674; BFH, 18.02.2020 – VII R 39/18, ZInsO 2020, 1937 Rn. 47; s. dazu auch unten Rdn. 58.
84 OLG Düsseldorf, 11.05.2020 – I-12 U 49/19, ZInsO 2020, 2161 Rn. 29.
85 BGH, 14.01.2010 – IX ZR 78/09, ZInsO 2010, 327 Rn. 25.
86 BGH, 17.12.2020 – IX ZR 205/19, ZInsO 2021, 396 Rn. 32.

III. § 140 Abs. 2 InsO

1. Mehraktige Registergeschäfte

42 § 140 Abs. 2 InsO enthält für **mehraktige, eintragungspflichtige Rechtsgeschäfte** eine Sonderregelung. Sie sind nicht erst mit der Eintragung der Rechtsänderung in das Grundbuch oder das vergleichbare Register (SchiffRG bzw. LuftRG) wirksam, sondern bereits **mit Eingang des Antrags** auf Rechtsänderung bei diesem Register oder des Antrags auf Eintragung einer Vormerkung.[87] Sind alle sonstigen Voraussetzungen für die Wirksamkeit des Rechtsgeschäfts gegeben und kann der Schuldner den vom anderen Teil – dem Anfechtungsgegner – gestellten Eintragungsantrag nicht mehr zurücknehmen, hat letzterer bereits eine **gesicherte Rechtsposition** erlangt, die auch durch die Eröffnung des Insolvenzverfahrens nicht mehr beeinträchtigt werden kann. So wird der Tatsache Rechnung getragen, dass der Antragstellende alles getan hat, was in seiner Macht steht, um die Eintragung der Rechtsänderung zu seinen Gunsten zu veranlassen und er keinen Einfluss auf die Dauer bis zur endgültigen Eintragung hat.[88] Dies gilt auch dann, wenn mit der Vormerkung lediglich ein künftiger, auf einem unentgeltlichen Grundgeschäft beruhender Auflassungsanspruch gesichert wird.[89]

43 § 140 Abs. 2 InsO ist nur auf den **rechtsgeschäftlichen Erwerb** anwendbar. Bei einem Rechtserwerb im Wege der Zwangsvollstreckung oder Erbfolge greift § 140 Abs. 2 InsO nicht, so dass es für die Vollendung des nicht-rechtsgeschäftlichen Erwerbs allein auf die Regelung in Abs. 1 ankommt. Bei Zwangseintragungen im Wege der Zwangs-, Arresthypothek oder Zwangsvormerkung ist der maßgebliche Zeitpunkt daher die Eintragung in dem betreffenden Register.[90]

2. Erfasste Rechtsgeschäfte

44 § 140 Abs. 2 Satz 1 InsO betrifft **mehraktige** Rechtsgeschäfte, deren **Wirksamkeit** die **Eintragung** in das Grundbuch oder ein sonstiges **Register** voraussetzt. Er erstreckt sich daher insb. auf den rechtsgeschäftlichen Erwerb eines Grundstücks oder grundstücksgleichen Rechts (z.B. Erbbaurechts). Erfasst wird ferner die Bestellung, Übertragung, Inhalts- und Rangänderung eines dinglichen Rechts an einem Grundstück oder grundstücksgleichen Rechts. Für eingetragene Schiffe und Schiffsbauwerke ergeben sich die Eintragungspflichten aus dem SchiffRG und für Luftfahrzeuge aus dem LuftRG.

45 Voraussetzung für die Anwendbarkeit von § 140 Abs. 2 InsO ist zunächst, dass der **Rechtserwerb** erst **durch** die **Registereintragung vollendet** und das Recht oder die Rechtsänderung später auch in das Grundbuch oder das vergleichbare Register eingetragen wird. Ist dies nicht vorgesehen – wie bspw. bei einer Briefgrundschuld oder -hypothek – scheidet die Anwendung von § 140 Abs. 2 InsO von vornherein aus.

87 FK-InsO/Jungclaus/Keller, § 140 InsO Rn. 14.
88 BT-Drucks. 12/2443, S. 166; HambKomm-InsR/Rogge/Leptien, § 140 InsO Rn. 24.
89 BGH, 25.03.2021 – IX ZR 70/20, ZInsO 2021, 1077.
90 FK-InsO/Jungclaus/Keller, § 140 InsO Rn. 13.

Die erforderliche **gesicherte Rechtsposition** des Gläubigers, auf die es gem. § 140 Abs. 2 InsO ankommt, liegt erst dann vor, wenn **bis auf die Eintragung sämtliche erforderlichen Voraussetzungen** für das Wirksamwerden des Rechtsgeschäfts erfüllt sind. Die dingliche Einigung muss formgerecht erfolgt sein. Die Voraussetzungen für den Eintritt der Bindungswirkung sind im BGB in § 873 Abs. 2 BGB, §§ 875 ff. BGB geregelt; für das Pfandrecht an Schiffen (§ 3 Abs. 2, 8, 9 SchiffRG) und an Schiffsbauwerken (§§ 77, 78 SchiffRG) sowie an Luftfahrzeugen (§ 5 Abs. 2 LuftRG) gilt hinsichtlich der eintragungspflichtigen Rechte entsprechendes. Im Fall der Eigentumsübertragung bedeutet das also etwa, dass neben der notariellen Beurkundung der schuldnerischen Willenserklärung (§ 873 Abs. 2 BGB), der Antrag auf Eintragung des Veräußerers (§ 13 GBO) sowie etwaige weitere behördlichen Genehmigungen vorliegen müssen, damit die Ausnahme des § 140 Abs. 2 InsO greift. Bindend ist die Willenserklärung des Schuldners erst dann, wenn er sie nicht mehr widerrufen kann und (auch) der Insolvenzverwalter nicht in der Lage ist, die Rechtsänderung zu verhindern. Liegt ein Formmangel vor, der durch die vollzogene Eintragung geheilt wird, ist der Eintragungszeitpunkt entsprechend § 140 Abs. 1 InsO maßgeblich. Bei einer Verfügung eines ohne die Einwilligung des Berechtigten Handelnden tritt die materiell-rechtliche Bindung des Berechtigten erst durch seine nachträgliche Zustimmung ein. Erteilt er sie erst nach dem Eintragungsantrag, ist der Zeitpunkt der nachträglichen Zustimmung entsprechend § 140 Abs. 1 InsO maßgeblich.[91] Nichts anderes gilt, wenn privatrechtliche Zustimmungen Dritter oder behördliche oder gerichtliche Genehmigungen erforderlich sind.[92] 46

Für den Fall, dass die Rechtsänderung durch eine **Vormerkung** gesichert ist, wird der Zeitpunkt, auf den anfechtungsrechtlich abzustellen ist, nach § 140 Abs. 2 Satz 2 InsO noch weiter vorverlagert. Maßgeblich ist dann, dass der durch die Vormerkung gesicherte Anspruch insolvenzfest besteht, § 883 Abs. 2 BGB, der Schuldner die Vormerkung wirksam (bindend) bewilligt und der Erwerber ihre Eintragung beantragt hat.[93] Auch hier wird nur die **rechtsgeschäftliche Vormerkungsbewilligung** erfasst, zu der auch die Fiktion nach § 894 ZPO gehört; in allen anderen Fällen, wie etwa denen nach § 885 Abs. 1 Satz 1 1. Alt. BGB, § 895 ZPO, entfaltet die Vormerkung ihre Wirkung erst nach der Eintragung ins Grundbuch. 47

3. Eintragungsantrag

Der Eintragungsantrag beim Grundbuch oder vergleichbaren Register muss **bindend** sein. Weder der antragstellende Gläubiger noch der spätere Insolvenzverwalter dürfen in der Lage sein, sich einseitig zu lösen. Daher erlangt der Gläubiger die erforderliche **gesicherte Rechtsposition** nur dann, wenn (auch) er selbst – und nicht (allein) der 48

91 OLG Düsseldorf, 23.04.2015 – I-12 U 39/14, ZInsO 2015, 1164 Rn. 21 ff.; A/G/R-Gehrlein, § 140 InsO Rn. 17; Grüneberg/Herrler, § 878 BGB Rn. 7.

92 Grüneberg/Herrler, § 878 BGB Rn. 15.

93 BGH, 10.12.2009 – IX ZR 203/06, ZInsO 2010, 225 Rn. 7; 02.02.2006 – IX ZR 67/02, ZInsO 2006, 322 Rn. 23.

zur Rücknahme berechtigte Schuldner – diesen Antrag gestellt hat.[94] Grundsätzlich reicht es aus, wenn der Antrag vom Notar im Namen des anderen Teils oder auch im Namen beider Beteiligter gestellt wurde.[95] Hat der Notar allerdings den Antrag im eigenen Namen auf der Grundlage des § 15 GBO gestellt, erlangt der Gläubiger keine gesicherte Rechtsposition, da der Notar den Antrag ohne seine Zustimmung zurücknehmen kann (§ 24 Abs. 3 Satz 1 BNotO).[96]

49 Der Antrag beim Registergericht muss dem dinglichen Rechtsgeschäft entsprechen und geeignet sein, zu der beantragten Eintragung zu führen. Nach Rücknahme des Antrags oder seiner rechtskräftigen Zurückweisung ist dies ausgeschlossen.

50 Erfolgt die Eintragung erst **nach** der **Insolvenzeröffnung**, gilt gem. § 91 Abs. 2 InsO, § 878 BGB die Regelung des § 147 InsO.

IV. § 140 Abs. 3 InsO

51 § 140 Abs. 3 InsO bestimmt für bedingte und befristete Rechtsgeschäfte, dass es auf den **Zeitpunkt des Rechtsgeschäfts** und nicht auf den Eintritt der Bedingung und Befristung ankommt. Die Vorschrift des § 140 Abs. 3 InsO knüpft daran an, dass aufschiebend und auflösend bedingte oder befristete, d.h. mit einem Anfangs- oder Endtermin versehene Rechtsgeschäfte (§§ 158 ff. BGB) gem. §§ 161 Abs. 1, Abs. 2, 163 BGB während des Schwebezustandes gegen Verfügungen, auch gegen solche des Insolvenzverwalters, geschützt sind. Sie werden deshalb unabhängig von der Eröffnung des Insolvenzverfahrens mit Eintritt der Bedingung oder des Termins wirksam oder unwirksam, denn § 91 Abs. 1 InsO findet insoweit keine Anwendung. § 140 Abs. 3 InsO stellt in diesem Zusammenhang klar, dass die genannten Rechtshandlungen ohne Rücksicht auf den Eintritt der Bedingung oder des Termins schon mit Abschluss der rechtsbegründenden Tatsachen als vorgenommen gelten. Sie setzt somit voraus, dass die Rechtshandlung des Schuldners, an die angeknüpft werden soll, dem Gläubiger bereits eine **gesicherte Rechtsstellung** verschafft hat.[97]

52 Rechtshandlung i.S.d. Abs. 3 sind **allein Rechtsgeschäfte**, da andere Rechtshandlungen weder bedingt noch befristet werden können.[98] Abs. 3 gilt daher nicht für gesetzlich geforderte Entstehungs- oder Fälligkeitsvoraussetzungen.[99] Befristet sind solche Rechtshandlungen i.S.d. § 163 BGB, für deren Wirkung schon bei ihrer Vornahme ein Anfangs- oder Endtermin bestimmt worden ist.

---

94 BGH, 19.05.2009 – IX ZR 129/06, ZInsO 2009, 1249 Rn. 21 f.; 26.01.2006 – III ZB 63/05, BGHZ 166, 123 Rn. 23; 26.04.2001 – IX ZR 53/00, ZInsO 2001, 508 Rn. 22 f.; OLG Düsseldorf, 11.04.2024 – I-12 U 10/24, ZInsO 2024, 1327 Rn. 21 ff.

95 BT-Drucks. 12/2443, S. 166.

96 BGH, 26.04.2001 – IX ZR 53/00, ZInsO 2001, 508 Rn. 22 f.

97 BGH, 14.06.2007 – IX ZR 56/06, NZI 2007, 515 Rn. 17.

98 BGH, 14.12.2006 – IX ZR 102/03, BGHZ 170, 196 Rn. 15 ff.; a.A. BFH, 02.11.2010 – VII R 6/10, BFHE 231, 488 Rn. 34.

99 BGH, 30.06.2011 – IX ZR 155/08, BGHZ 190, 201 Rn. 10; 17.09.2009 – IX ZR 106/08, BGHZ 182, 264 Rn. 14.

Die Entstehung einer künftigen Forderung ist keine Bedingung der Abtretung oder Pfändung.[100] § 140 Abs. 3 InsO findet daher weder auf die Abtretung oder Pfändung **künftiger** Forderungen (s. hierzu Kap. 3 § 140 InsO Rdn. 25) noch auf die Genehmigung einer Lastschrift im Einziehungsermächtigungsverfahren Anwendung (s. hierzu Kap. 3 § 140 InsO Rdn. 17). 53

Abs. 3 erfasst den Eintritt der – aufschiebenden – Bedingung im Fall des **Eigentumsvorbehaltskaufs,**[101] bei dem es anfechtungsrechtlich daher auf den Zeitpunkt von Einigung und Übergabe ankommt. Lag dieser Zeitpunkt außerhalb der Anfechtungsfrist, ist der innerhalb der Frist durch Zahlung bewirkte Eigentumsübergang nicht anfechtbar.[102] 54

Der **Eintritt des Insolvenzfalls** ist keine Bedingung i.S.d. § 140 Abs. 3 InsO, da dies zu einer Umgehung der Insolvenzanfechtung führen könnte. Der Schuldner hätte so die Möglichkeit, im Voraus bedingt für den Fall der Insolvenz über Vermögensgegenstände zu verfügen und könnte sie der künftigen Insolvenzmasse entziehen.[103] 55

Dem Sinn nach findet § 140 Abs. 3 InsO auch auf **vertragsärztliche Honoraransprüche** Anwendung.[104] Maßgeblich für die Anfechtbarkeit der Rechtshandlung ist dabei nicht die Wirksamkeit des Honorarbescheides, abzustellen ist auf die Abrechnung des Vertragsarztes und den Abschluss des jeweiligen Quartals der Leistungserbringung.[105] 56

Eine **Kündigung** zu einem in der Zukunft liegenden Zeitpunkt wird von Abs. 3 erfasst, da es sich hierbei um eine befristete Rechtshandlung handelt, sie ist daher mit ihrem Zugang vorgenommen.[106] 57

§ 140 Abs. 3 InsO ist weiter im Rahmen von § 96 Abs. 1 Nr. 3 InsO und damit für die Frage der Unzulässigkeit von Auf- und Verrechnungen von Bedeutung.[107] Ist eine der beiden rechtsgeschäftlichen Forderungen befristet oder hängt sie von einer Bedingung ab, ist für die Anfechtbarkeit des Erwerbs der **Aufrechnungslage** entscheidend, wann das Gegenseitigkeitsverhältnis begründet wurde, also wann die spätere Forderung **entstanden** und **werthaltig** geworden ist.[108] Unberücksichtigt bleibt nach 58

100 BGH, 20.03.2003 – IX ZR 166/02, ZInsO 2003, 372.
101 MK-InsO/Piekenbrock, § 140 InsO Rn. 65.
102 A/G/R-Gehrlein, § 140 InsO Rn. 21.
103 A/G/R-Gehrlein, § 140 InsO Rn. 23; BAG, 19.01.2006 – 6 AZR 529/04, BAGE 117, 1 Rn. 36.
104 BSG, 03.02.2010 – B 6 KA 30/08 R, BSGE 105, 224 Rn. 30.
105 BGH, 21.02.2019 – IX ZR 246/17, ZInsO 2019, 678, Rn. 36 f.; BSG, 10.12.2014 – B KA 45/13 R, BSGE 118, 30 Rn. 31 f.; 03.02.2010 – B 6 KA 30/08 R, BSGE 105, 224 Rn. 31; OLG Hamm, 02.03.2017 – I-27 U 31/16, ZInsO 2017, 972 Rn. 46; Kayser, ZIP 2015, 1083; Kremer/Jürgens, ZInsO 2016, 895 ff.
106 BGH, 11.02.2010 – IX ZR 104/07, ZInsO 2010, 673 Rn. 13.
107 BGH, 11.02.2010 – IX ZR 104/07, ZInsO 2010, 673 Rn. 13; 14.06.2007 – IX ZR 56/06, NZI 2007, 515; 29.06.2004 – IX ZR 195/03, BGHZ 159, 395 Rn. 9.
108 BGH, 11.02.2010 – IX ZR 104/07, ZInsO 2010, 673 Rn 13 ff.; BFH, 18.02.2020 – VII R 39/18, ZInsO 2020, 1937 Rn. 47; OLG Düsseldorf, 11.05.2020 – I-12 U 49/19, ZInsO 2020, 2161 Rn. 29; 11.04.2019 – I-12 U 44/18, ZInsO 2019, 1263 Rn. 43.

Abs. 3, wann die Bedingung eintritt, unter der eine der Forderungen steht.[109] Bei – aufschiebend befristeten – **Mietzinsforderungen** kommt es auf den Anfangstermin des Nutzungszeitraums an, für den die Miete geschuldet ist.[110] Auch bei **Dienstforderungen** ist darauf abzustellen, dass der Schuldner etwas geleistet hat, für das der Gläubiger eine Vergütung schuldet, denn anderenfalls fehlt es an der **Werthaltigkeit** der Dienstforderung und damit an einer Befriedigungsmöglichkeit mittels Aufrechnung.[111] Ebenso hat der BGH für die Aufrechnung **werkvertraglicher** Forderungen entschieden.[112] Allein die mit Abschluss eines Vertrages entstandene Aufrechnungslage bringt dem Gegner noch keinen unmittelbaren wirtschaftlichen Nutzen, erst die erbrachte Werkleistung verschafft ihm die Möglichkeit, sich durch Aufrechnung zu befriedigen.[113] Erst wenn diese erbracht wurde, ist die Werklohnforderung werthaltig.[114]

C. Beweislast

59 Den **Insolvenzverwalter** trifft nach allgemeinen Grundsätzen die **Beweislast** dafür, dass die anspruchsbegründenden Voraussetzungen vorliegen, also die rechtlichen Wirkungen einer Rechtshandlung gem. § 140 Abs. 1 InsO innerhalb des Anfechtungszeitraums eingetreten sind.[115] Beruft sich der Anfechtungsgegner auf eine Vorverlagerung der Rechtshandlung nach § 140 Abs. 2 oder Abs. 3 InsO, hat er die Voraussetzungen für den ihm günstigen Ausnahmetatbestand darzulegen und zu beweisen.[116]

D. Arbeitshilfen

▶ Checkliste

60
- □ Vornahme der Rechtshandlung mit Eintritt ihrer rechtlichen Wirkungen
- □ Maßgeblichkeit des letzten Teilaktes bei mehraktigen Rechtshandlungen
- □ Bestehen der übrigen materiell-rechtl. Voraussetzungen des Rechtsgeschäfts
- □ Maßgeblichkeit des Eintragungsantrags bei mehraktigen Registergeschäften
- □ Vorliegen der übrigen erforderlichen Voraussetzungen für das Wirksamwerden des Rechtsgeschäfts
- □ Maßgeblichkeit der Vornahme des Rechtsgeschäftes bei bedingten und befristeten Rechtsgeschäften

109 BGH, 11.02.2010 – IX ZR 104/07, ZInsO 2010, 673 Rn. 13 ff.; BFH, 18.02.2020 – VII R 39/18, ZInsO 2020, 1937 Rn. 47.
110 BGH, 17.09.2009 – IX ZR 106/08, BGHZ 182, 264.
111 BGH, 11.02.2010 – IX ZR 104/07, ZInsO 2010, 673 Rn. 13 ff.
112 BGH, 30.06.2011 – IX ZR 155/08, BGHZ 190, 201 Rn. 12.
113 BGH, 30.06.2011 – IX ZR 155/08, BGHZ 190, 201 Rn. 12.
114 BGH, 30.06.2011 – IX ZR 155/08, BGHZ 190, 201 Rn. 12.
115 MK-InsO/Piekenbrock, § 140 InsO Rn. 69.
116 BGH, 19.05.2009 – IX ZR 129/06, ZInsO 2009, 1285 Rn. 22; 05.02.1998 – IX ZR 43/97, ZIP 1998, 513 Rn. 8; OLG Düsseldorf, 11.04.2024 – I-12 U 10/24, ZInsO 2024, 1327 Rn. 21 ff.; Uhlenbruck/Borries/Huber/Hirte, § 140 InsO Rn. 51.

§ 141 Vollstreckbarer Titel

Die Anfechtung wird nicht dadurch ausgeschlossen, daß für die Rechtshandlung ein vollstreckbarer Schuldtitel erlangt oder daß die Handlung durch Zwangsvollstreckung erwirkt worden ist.

Übersicht

A. Normzweck

Mit § 141 InsO wird lediglich klargestellt, dass die **Anfechtbarkeit auch bei Mitwirkung eines staatlichen Organs** – Gericht, Behörde, Notar – nicht ausgeschlossen ist. Der Anfechtung steht daher weder ein Vollstreckungstitel entgegen noch, dass die Rechtshandlung mit Hilfe der staatlichen Vollstreckungsorgane vorgenommen worden ist.[1] 1

Der Anfechtungsgegner kann der Anfechtung also nicht entgegenhalten, dass er für die angefochtene Rechtshandlung einen Vollstreckungstitel erlangt hatte oder diese durch Vollziehung des Vollstreckungstitels erwirkt hat.[2] 2

Während die den Titeln und Vollstreckungsmaßnahmen zugrunde liegenden Rechtshandlungen ebenso wie nicht titulierte und nicht zwangsvollstreckte Rechtshandlungen nach §§ 130 bis 136 InsO anfechtbar sind, sind die Titel und Vollstreckungsmaßnahmen selbst indes ausschließlich mit den einschlägigen Rechtsmitteln und Rechtsbehelfen angreifbar.[3] 3

Hat also der Schuldner auf der Grundlage eines Zahlungstitels freiwillig an den späteren Anfechtungsgegner geleistet, so kann der Insolvenzverwalter diese masseminderade Zahlung anfechten, wenn die Voraussetzungen der §§ 130 ff. InsO vorliegen. Sofern der Zahlungstitel bei Verfahrenseröffnung noch nicht rechtskräftig war, obliegt es dem Insolvenzverwalter ferner gegen diesen mit den nach der ZPO zulässigen Rechtsmitteln vorzugehen. 4

1 BT-Drucks. 12/2443, S. 167; BAG, 18.10.2018 – 6 AZR 506/17, ZInsO 2019, 272 Rn. 13.

2 FK-InsO/Jungclaus/Keller, § 141 InsO Rn. 3; Uhlenbruck/Hirte/Borries/Huber, § 141 InsO Rn. 1.

3 HambKomm-InsR/Rogge/Leptien, § 141 InsO Rn. 5; MK-InsO/Piekenbrock, § 141 InsO Rn. 6.

5 Legt der Verwalter Rechtsmittel/Rechtsbehelf ein, so wird dadurch allerdings die Anfechtungsfrist des § 146 InsO nicht gewahrt.[4]

B. Norminhalt

I. Einleitung

6 § 141 1. **Fall** InsO betrifft **freiwillig** vorgenommene Leistungen, denen ein Titel zugrunde liegt.[5]

7 § 141 2. **Fall** InsO solche, die im Wege der **Zwangsvollstreckung** erwirkt wurden.

II. Vollstreckbarer Schuldtitel für angefochtene Rechtshandlung (§ 141 1. Fall InsO)

8 Vollstreckbare Schuldtitel i.S.v. § 141 InsO sind etwa rechtskräftige oder für vorläufig vollstreckbar erklärte Urteile (§ 704 ZPO), sämtliche Titel i.S.d. § 794 Abs. 1 ZPO, Arrestbefehle und einstweilige Verfügungen (§§ 928, 936, 940 ZPO), vorläufig vollstreckbare Schiedssprüche (§ 1060 ZPO), der Auszug aus der Insolvenztabelle über eine festgestellte Forderung (§ 201 Abs. 2 InsO), ein Insolvenzplan (§ 257 InsO), der Zuschlagbeschluss im Zwangsversteigerungsverfahren (§ 93 ZVG), Notarkostenrechnungen (§ 89 GNotKG), Vergütungsfestsetzungsbeschlüsse für Rechtsanwälte (§ 11 Abs. 1 RVG) und vollziehbare Verwaltungsakte.[6]

III. Angefochtene Rechtshandlung durch Zwangsvollstreckung erwirkt (§ 141 2. Fall InsO)

9 Zwangsvollstreckung i.S.v. § 141 InsO ist insb. die Pfändung von beweglichen Sachen und Forderungen, die Begründung von Zwangshypotheken, die Anordnung der Zwangsversteigerung eines Grundstücks sowie die Vollziehung von **Arrest** und **einstweiliger Verfügung.**[7] Auf solche Vollstreckungsmaßnahmen wird die Anfechtbarkeit nicht ausgedehnt, sondern nur klargestellt, dass der Vollstreckungszwang der Anfechtbarkeit der Rechtshandlung nicht entgegensteht, da die Anfechtung sich **gegen die massemindernde Wirkung** der Vollstreckungshandlung richtet.[8] An einer Gläubigerbenachteiligung durch die Vollstreckungshandlung fehlt es allerdings dann, wenn das Pfändungspfandrecht unanfechtbar erlangt wurde.[9]

---

4 MK-InsO/Piekenbrock, § 141 InsO Rn. 4.
5 A/G/R-Gehrlein, § 141 InsO Rn. 1; HK-InsO/Thole, § 141 InsO Rn. 2; HambKomm-InsR/Rogge/Leptien, § 141 InsO Rn. 2.
6 Vgl. nur: MK-ZPO/Wolfsteiner, § 794 ZPO Rn. 3.
7 MK-InsO/Piekenbrock, § 141 InsO Rn. 9.
8 BAG, 18.10.2018 – 6 AZR 506/17, ZInsO 2019, 272 Rn. 13.
9 Uhlenbruck/Hirte/Borries/Huber, § 141 InsO Rn. 6.

C. Arbeitshilfen

▶ Checkliste

- □ Rechtshandlung auf Grundlage eines vollstreckbaren Titels freiwillig erlangt oder möglich 10
- □ Rechtshandlung durch Zwangsvollstreckung erwirkt

Beides schließt Anfechtung der Rechtshandlung nach den §§ 130 bis 136 InsO nicht aus. 11

§ 142 Bargeschäft

(1) Eine Leistung des Schuldners, für die unmittelbar eine gleichwertige Gegenleistung in sein Vermögen gelangt, ist nur anfechtbar, wenn die Voraussetzungen des § 133 Absatz 1 bis 3 gegeben sind und der andere Teil erkannt hat, dass der Schuldner unlauter handelte.

(2) Der Austausch von Leistung und Gegenleistung ist unmittelbar, wenn er nach Art der ausgetauschten Leistungen und unter Berücksichtigung der Gepflogenheiten des Geschäftsverkehrs in einem engen zeitlichen Zusammenhang erfolgt. Gewährt der Schuldner seinem Arbeitnehmer Arbeitsentgelt, ist ein enger zeitlicher Zusammenhang gegeben, wenn der Zeitraum zwischen Arbeitsleistung und Gewährung des Arbeitsentgelts drei Monate nicht übersteigt. Der Gewährung des Arbeitsentgelts durch den Schuldner steht die Gewährung dieses Arbeitsentgelts durch einen Dritten nach § 267 des Bürgerlichen Gesetzbuchs gleich, wenn für den Arbeitnehmer nicht erkennbar war, dass ein Dritter die Leistung bewirkt hat.

Übersicht Rdn.

Schrifttum

Becker, Arbeitnehmervorzug in der Krise?, DZWIR 2016, 1 ff.; *Behrens*, Anfechtbarkeit von Vorauszahlungen an Energielieferanten, ZInsO 2019, 1761 ff.; *Bitter*, Die Insolvenzanfechtung im System des Zivilrechts –Bargeschäft, fehlende Gläubigerbenachteiligung/Masseschmälerung; Saldotheorie und Vorteilsausgleichung –Alles Holz vom selben Stamm?, KTS 2016, 455 ff.; *ders.*, Anfechtbarkeit ursprünglicher Sicherheiten für Gesellschafterdarlehen: Es lebe die Betriebsaufspaltung!, ZIP 2019, 737 ff.; *Blank*, Insolvenzanfechtung gegenüber Arbeitnehmern: Eine rechtsdogmatische Untersuchung unter besonderer Berücksichtigung des Bargeschäftsprivilegs gem. § 142 InsO de lege lata et ferenda, 2016; *Bograkos/Rissmann*, Verschärfung des Bargeschäfts und das Ende des Branchenüblichkeitseinwands, ZInsO 2014, 2213 ff.; *Dahl/Schmitz/Taras*, Der aktuelle Stand der Reform des Insolvenzanfechtungsrechts, ZInsO 2016, 20 ff.; *Ehmann*, Vorsatzanfechtung bei marktüblichen Austauschgeschäften nach der Reform der Insolvenzanfechtung – Erläuterung der verbleibenden Risiken und Vorschläge zur Anfechtungsprophylaxe, GWR 2018, 81 ff.; *Erkis/Schneider*, Anfechtbarkeit von Lohnsteuerzahlungen in der Insolvenz des Arbeitgebers, DStZ 2015, 167 ff.; *Foerste*, Zwischenruf: Künftig Selektion der Bargeschäfte, ZInsO 2015, 832 ff.; *Ganter*, Bargeschäfte (§ 142 InsO) von Dienstleistern, ZIP 2012, 2037 ff.; *ders.*, Zwischenbilanz zur Insolvenzanfechtungsreform 2017, NZI 2019, 481 ff.; *ders.*, Neues zum Bargeschäft, ZIP 2019, 1141 ff.; *ders.*, Bargeschäfte (§ 142 InsO) im »Drei-Personen-Verhältnis«, NZI 2025, 489 ff.; *Gehrlein*, Verbindungslinien zwischen Eigenkapitalersatz, Insolvenzanfechtung und Deliktshaftung, FS Kübler, 2015, S. 181 ff.; *ders.*, Kein Bargeschäft bei Tilgung hoheitlicher Forderungen, ZInsO 2020, 1505 ff.; *ders.*, Sanierungskredite – Insolvenzfestigkeit von Sanierungskrediten und Gebührenabreden, ZInsO 2020, 213 ff.; *Gilgan*, Honorarrecht: Den Honoraranspruch durch Bargeschäft sichern, KP 2024, 225 f.; *Göcke/Rittscher*, Cash-Pooling in Krise und Insolvenz, DZWIR 2012, 355 ff.; *Harig*, Zur insolvenzrechtlichen Anfechtbarkeit von Direktzahlungen im Dreiecksverhältnis, DZWIR, 2014, 533 ff.; *Habersack/Foerster*, Debitorische Konten und Massezuflüsse im Recht der Zahlungsverbote, ZGR 2016, 153 ff.; *Heil/Schmitt*, Sanierungsberatung und Vorsatzanfechtung nach § 133 InsO n.F., ZIP 2018, 714 ff.; *Hiebert*, Die anfängliche Besicherung eines Gesellschafterdarlehens in der Insolvenz, ZInsO 2016, 1679 ff.; *ders.*, Insolvenzanfechtung: Der Begriff der Unlauterkeit im Sinne des § 142 InsO n.F., ZInsO 2018, 1657 ff.; *Hirte*, Erstreckung der Bargeschäftsausnahme des § 142 InsO auf den »Bruttolohn«?, ZInsO 2016, 2027 ff.; *Huber*, Das anfechtungsrechtlich privilegierte, aber janusköpfige Bargeschäft nach § 142 InsO, ZInsO 2013, 1049 ff.; *ders.*, Neues Anfechtungsrecht 2017 in InsO und AnfG, ZInsO 2017, 517 ff.; *ders.*, Für eine pragmatische Lösung zur Vorsatzanfechtung bei Kongruenz der Deckung (§ 133 InsO), FS Pape, 2019, S. 169 ff.; *ders.*, Auf der Hochebene des Anfechtungsrechts, ZIP 2020, 15 ff.; *Jacobi/Böhme*, Praxistest zu den geplanten Änderungen des Anfechtungsrechts gemäß Referentenentwurf des BMJV v. 16.03.2015, ZInsO 2015, 721 ff.; *Kayser*, Insolvenzrechtliche Bargeschäfte (§ 142 InsO) bei der Erfüllung gesetzlicher Ansprüche?, ZIP 2007, 49 ff.; *ders.*, Der Rechtsgedanke des Bargeschäfts – Ein Beitrag zu den Grenzen des Anwendungsbereichs des § 142 InsO, FS G. Fischer, 2008, S. 267 ff.; *ders.*, Die Entkräftung der die Insolvenzanfechtung begründenden Vermutungen und Indizien, WM 2013, 293 ff.; *ders.*, Vorsatzanfechtung im Spannungsverhältnis von Gläubigergleichbehandlung und Sanierungschancen, NJW 2014, 422 ff.; *ders.*, Vorsatzanfechtung von Zahlungen nach Stundungsbitte, Quotenvergleich und Sanierungsplan, ZInsO 2016, 2134 ff.; *ders.*, Konsequenzen des neuen Anfechtungsrechts für die Rechtsprechung des BGH – Viel Lärm um nichts?, ZIP 2018, 1153 ff.; *Kindler/Bitzer*, Die Reform der Insolvenzanfechtung, NZI 2017, 369 ff.; *Kirchhof*, Fraudulös, betrüglich, unlauter – Versuche zur Einschränkung des Vorsatzbegriffs im Sinne von § 133 InsO, FS Fischer, 2008, S. 285 ff.; *Kollrus*, Das Darlehen als Gegenstand der Deckungsanfechtung nach §§ 130, 131 InsO, MDR 2010, 1289 ff.; *Lägler/Urlaub*, Zur Insolvenzanfechtung der Besicherung von Gesellschafterdarlehen unter besonderer

Berücksichtigung der Entscheidung des BGH v. 14.2.2019 – IX ZR 149/16, ZInsO 2019, 1642 ff.; *Lwowski/Wunderlich*, Aktuelle Probleme des insolvenzrechtlichen Bargeschäfts, WM 2004, 1511 ff.; *dies.*, Neues zum Bargeschäft, FS Kirchhof, 2003, S. 301 ff.; *Maier*, Varianten des Bargeschäfts gem. § 142 InsO und korrespondierende wirtschaftliche und taktische Überlegungen, ZInsO 2024, 234 ff.; *Marotzke*, Gläubigerbenachteiligung und Bargeschäftsprivileg bei Gesellschafterdarlehen und vergleichbaren Transaktionen, ZInsO 2013, 641 ff.; *Möhlenkamp*, Insolvenzanfechtung –Neues für die (steuerliche) Beratungspraxis und für Honoraransprüche in Krisenmandaten, DStR 2017, 987 ff.; *Neu/Ljumani*, Die Praktikabilität des Arbeitnehmerprivilegs nach § 142 Abs. 2 InsO, ZInsO 2022, 1155 ff.; *Neuberger*, Vorsatzanfechtung und Fortbestehensprognose: Wann wächst zusammen, was zusammengehört?, ZInsO 2018, 1242 ff.; *Pape*, Anfechtungsrecht 2017 – Abschied von der Insolvenzrechtsreform auf Raten, ZInsO 2018, 296 ff.; *Priebe*, Risiko Sanierung, ZInsO 2012, 1589 ff.; *Ries*, Anfechtung der Zahlung von Arbeitnehmerlöhnen, ZInsO 2007, 1037 ff.; *Roth*, Die aktuelle Reform der Insolvenzanfechtung, DZWIR 2016, 113 ff.; *Sämisch*, Der Regierungsentwurf eines Gesetzes zur Reform des Insolvenzanfechtungsrechts – Privilegien für Fiskus und Kassen im Deckmantel des Arbeitnehmerschutzes, ZInsO 2016, 1349 ff.; *Sämisch/Deichgräber*, Von der (Un-)Lauterkeit des »Weiterwirtschaftens« trotz erkannter Zahlungsunfähigkeit und Verlustträchtigkeit des eigenen Unternehmens, ZInsO 2018, 773 ff.; *Schoppmeyer*, Rechtssystematische Überlegungen zum Insolvenzanfechtungsrecht nach der Reform – 11 Thesen und eine Schlussfolgerung, WM 2018, 301 ff., 353 ff.; *Schubert*, Die Voraussetzungen und der geringe Anwendungsbereich der Regelung des § 142 II 3 InsO, NZI 2022, 509 ff.; *Schuhmann*, Das Bargeschäftsprivileg nach § 142 InsO im Rahmen des Cash-Pooling, GmbHR 2014, 519 ff.; *Schulte-Kaubrügger/Bograkos/Joos*, Das Tatbestandsmerkmal der Kenntnis von der Unrentabilität beim Anfechtungsgegner innerhalb eines bargeschäftsähnlichen Leistungsaustauschs, ZInsO 2019, 817 ff.; *Sodemann*, Unmittelbarkeit von Leistung und Gegenleistung nach § 142 I, II 1 InsO, NZI 2024, 393 ff.; *Stefanink*, Vorsatzanfechtung von Rechtsanwalts- und Steuerberaterhonoraren bei der Beratung von Unternehmen in der Krise, ZIP 2019, 1557 ff.; *Thiessen*, Gesellschafterfremdfinanzierung nach dem MoMiG, ZGR 2015, 396 ff.; *Thole*, Die Vorsatzanfechtung von Beraterhonoraren für Sanierungskonzepte, ZIP 2015, 2145 ff.; *ders.*, Das Reformgesetz zur Insolvenzanfechtung, ZIP 2017, 401 ff.; *ders.*, M&A-Transaktionen und ihre Bezüge zum Insolvenz- und Restrukturierungsrecht – ein Update, NZG 2023, 1391 ff.; *Tolani*, Insolvenzanfechtung gegenüber Dienstleistern mit besonderem Augenmerk auf die Auswirkungen des reformierten Bargeschäftsprivilegs gem. § 142 InsO, ZIP 2018, 1997 ff.; *Urlaub/Rebel*, Vermeidung von Anfechtungsrisiken nach Inkrafttreten des Gesetzes zur Verbesserung der Rechtssicherheit bei Anfechtung nach der Insolvenzordnung und nach dem Anfechtungsgesetz, ZInsO 2017, 1136 ff.; *Utsch*, Anfechtbarkeit von Honorarzahlungen an Sanierungsberater, DZWIR 2013, 353 ff.; *Willemsen/Kühn*, Regierungsentwurf zur Anfechtung – ein versteckter Segen für den Fiskus? BB 2015, 3011 ff.; *dies.*, Gesetz zur Verbesserung der Rechtssicherheit bei Anfechtungen – Ende gut alles gut?, BB 2017, 649 ff.; *Wimmer*, Das Gesetz zur Verbesserung der Rechtssicherheit bei Anfechtungen nach der Insolvenzordnung und nach dem Anfechtungsgesetz, jurisPR-InsR 5/2017 Anm. 1; *Wroblewski*, Bargeschäftseinwand gegen Lohnanfechtung, NJW 2012, 894 ff.

A. Normzweck

Die Regelung des § 142 InsO schafft einen **Ausnahmetatbestand.**[1] Die Anfechtung 1
von Rechtshandlungen ist ausgeschlossen, wenn der Schuldner mit einem Vertrags-

1 MK-InsO/Piekenbrock, § 142 InsO Rn. 4.

partner vereinbarungsgemäß eine wertäquivalente Leistung und Gegenleistung austauscht.[2] Wegen des ausgleichenden Vermögenswerts findet keine Vermögensverschiebung zulasten des Schuldners, sondern eine **bloße Vermögensumschichtung** statt, so dass es an einer unmittelbaren Benachteiligung der Insolvenzgläubiger fehlt.[3] Da für die meisten Anfechtungstatbestände (§§ 130, 131, 132 Abs. 2 InsO) jedoch schon eine mittelbare Gläubigerbenachteiligung ausreicht, hatte der Gesetzgeber schon durch die Regelung des § 142 InsO a.F. sichergestellt, dass eine solche Rechtshandlung bis zur Grenze vorsätzlicher Benachteiligung i.S.d. § 133 InsO privilegiert wird. Damit soll der Schuldner auch nach Eintritt der wirtschaftlichen Krise und trotz Kenntnis seiner Vertragspartner von dieser die Möglichkeit haben, weiter am Geschäftsverkehr teilzunehmen.[4] Die Vorschrift dient dem Schutz des Geschäftsgegners, der dem Schuldner eine Gegenleistung erbringt, und ungeachtet der Anfechtungstatbestände und jenseits der Vorsatzanfechtung in seinem Vertrauen geschützt werden soll, die Gegenleistung des Schuldners behalten zu dürfen.[5]

2 Dieser Ausnahmeregelung liegt der wirtschaftliche Gedanke zugrunde, dass der Schuldner in der Krise »praktisch vom Geschäftsverkehr ausgeschlossen würde, wenn selbst die von ihm abgeschlossenen wertäquivalenten Bargeschäfte der Anfechtung unterlägen«.[6] Als solche kann sie nicht über ihren Tatbestand hinaus ausgelegt werden.[7] So muss auch eine analoge Anwendung des Bargeschäftsprivilegs des § 142 InsO auf die Organhaftung nach § 15b InsO (§ 64 Satz 1 GmbHG a.F.) mit Blick auf die unterschiedlichen Schutzzwecke und die dogmatischen Unterschiede zwischen dem gesellschaftsrechtlichen Erstattungsanspruch nach § 15b InsO (§ 64 Satz 1 GmbHG a.F.) und der Insolvenzanfechtung ausscheiden und kann die Haftung des Geschäftsführers einer GmbH daher nicht entfallen lassen.[8]

3 Mit der am 05.04.2017 in Kraft getretenen **Neuregelung** des § 142 InsO hat der Gesetzgeber die Anfechtung eines Bargeschäfts nach § 133 InsO weiter eingeschränkt, da nun nicht nur die Voraussetzungen des § 133 Abs. 1 bis 3 InsO vorliegen müssen, sondern darüber hinaus der Schuldner unlauter gehandelt und der Gläubiger dies erkannt haben muss (§ 142 Abs. 1 InsO). Zudem hat der Gesetzgeber vor dem Hintergrund der divergierenden Rechtsprechung des Bundesgerichtshofs und des Bundesarbeitsgerichts eine **Sonderregelung** für das Arbeitsentgelt von Arbeitnehmern getroffen,

---

2 HambKomm-InsR/Rogge/Leptien, § 142 InsO Rn. 1.

3 BGH, 23.09.2010 – IX ZR 212/09, ZInsO 2010, 1929 Rn. 24; 30.09.1993 – IX ZR 227/92, BGHZ 123, 320 Rn. 13.

4 MK-InsO/Piekenbrock, § 142 InsO Rn. 2; Uhlenbruck/Borries/Huber/Hirte, § 142 InsO Rn. 2.

5 BGH, 04.07.2017 – II ZR 319/15, ZInsO 2017, 1847 Rn. 14.

6 BT-Drucks. 12/2443, S. 167; BGH, 04.07.2017 – II ZR 319/15, ZInsO 2017, 1847 Rn. 15; 23.09.2010 – IX ZR 212/09, ZInsO 2010, 1929 Rn. 24; 13.04.2006 – IX ZR 158/05, BGHZ 167, 190 Rn. 30.

7 BGH, 04.07.2017 – II ZR 319/15, ZInsO 2017, 1847 Rn. 12 ff.; 23.09.2010 – IX ZR 212/09, ZInsO 2010, 1929 Rn. 35; Kayser ZIP 2007, 49, 50.

8 BGH, 04.07.2017 – II ZR 319/15, ZInsO 2017, 1847 Rn. 12 ff.

nach der bei einem Bargeschäft die Unmittelbarkeit des Leistungsaustauschs dann vorliegt, wenn der Zeitraum zwischen Arbeitsleistung und Auszahlung des Arbeitsentgelts drei Monate nicht übersteigt (§ 142 Abs. 2 Satz 2 InsO). Weiter hat er geregelt, dass auch Drittzahlungen des Arbeitsentgelts dem Bargeschäftsprivileg unterfallen können (§ 142 Abs. 2 Satz 3 InsO). Bedarf für die gesetzgeberischen Korrekturen hatte der Gesetzgeber angesichts der nicht nur von Wirtschaftsverbänden, sondern auch von wissenschaftlicher Seite geäußerten Kritik am geltenden Insolvenzanfechtungsrecht gesehen, das zu Fehlentwicklungen und Rechtsunsicherheit geführt habe.[9] Mit der Neuregelung des § 142 InsO sollen Rechtsunsicherheiten beseitigt werden, die insb. bei der Reichweite und Auslegung des Bargeschäftsprivilegs bestehen.[10]

Der früheren Rechtsprechung des BGH zur sog. **bargeschäftsähnlichen Lage**[11] kommt 4
nach Inkrafttreten der Neuregelung des § 142 InsO keine Bedeutung mehr zu.[12]

B. Norminhalt

I. Einführung

Die Norm kommt zur Anwendung, wenn der Schuldner aufgrund einer Vereinbarung 5
mit dem Anfechtungsgegner in unmittelbarem zeitlichem Zusammenhang mit seiner Leistung von diesem eine gleichwertige Gegenleistung erhalten hat.[13]

Nach der Überleitungsvorschrift des Art. 103j Abs. 1 EGInsO finden die **gesetzlichen** 6
Neuregelungen des § 142 InsO nur auf solche Insolvenzverfahren Anwendung, die am Tag des Inkrafttretens der Reform, dem **05.04.2017 oder später** eröffnet werden. Auf die vor dem Stichtag eröffneten Insolvenzverfahren ist damit weiterhin das alte Recht anzuwenden.

II. Voraussetzungen der Norm

1. Leistungsverknüpfung durch Parteivereinbarung

§ 142 InsO setzt voraus, dass Leistung und Gegenleistung **durch Parteivereinbarung** 7
unmittelbar miteinander **verknüpft** sind. Der Gesetzgeber hat dies durch die Worte **»für die«** zum Ausdruck gebracht.[14] Dass der Vermögenswert im schuldnerischen Vermögen verbleibt, ist nicht erforderlich. Die Norm erfasst daher keine unentgelt-

9 BT-Drucks. 18/7054, S. 10 f. m.w.N.

10 BT-Drucks. 18/7054, S. 13.

11 S. dazu 4. Auflage § 142 Rn. 55.

12 OLG Düsseldorf, 27.02.2020 – I-12 U 31/19, ZInsO 2020, 1250 Rn. 23; HambKomm-InsR/Rogge/Leptien, § 142 InsO Rn. 1.

13 BGH, 23.09.2010 – IX ZR 212/09, ZInsO 2010, 1929 Rn. 24; 29.11.2007 – IX ZR 30/07, BGHZ 174, 297 Rn. 41.

14 BT-Drucks. 12/2443, S. 167.

lichen Leistungen,[15] bloße Verringerungen der schuldnerischen Verbindlichkeiten oder Aufrechnungen.[16]

8 Grundlage des Leistungsaustausches muss eine Parteivereinbarung sein,[17] so dass nach der Rechtsprechung des BGH **inkongruente Deckungen oder Sicherungen ausgeschlossen** sind.[18] Diese Parteivereinbarung kann in einem gegenseitigen Vertrag[19] aber auch in einer ähnlichen vertraglichen Absprache, wie z.B. der Deckungs- und Valutabeziehung eines Dreiecksverhältnisses, liegen.[20]

9 Die Verknüpfung durch eine Parteivereinbarung liegt typischerweise bei **Austauschverträgen** wie Kauf-, Miet- und Werkverträgen sowie bei Dienst- und Geschäftsbesorgungsverträgen vor. Allerdings ist bei länger dauernden Vertragsbeziehungen ein unmittelbarer Zusammenhang zwischen Leistung und Gegenleistung nur gegeben, wenn diese zeitlich oder gegenständlich teilbar sind und zeitnah – entweder in Teilen oder abschnittsweise – ausgetauscht werden (s.u. Rdn. 40). Bei Zahlungen im Rahmen eines **vertraglichen Abwicklungsverhältnis**ses kommt es entscheidend darauf an, ob diese einen unmittelbaren Bezug zum Vertragsverhältnis haben und jdfs. stillschweigend von der Parteivereinbarung umfasst sind. So tritt etwa im Falle der Kündigung des Mietvertrags der Anspruch auf Nutzungsentschädigung des Vermieters gegen den Mieter aus § 546a BGB als »vertragsähnlicher« Anspruch eigener Art an die Stelle der Forderung auf Mietzahlung und ist mangels anderer Vereinbarungen stillschweigend in die ursprüngliche Parteivereinbarung miteinbezogen.[21]

10 Eine **Kongruenzvereinbarung** kann auch **nachträglich** anfechtungsfest getroffen bzw. abgeändert werden und zwar bis zu dem Zeitpunkt, zu dem einer der Vertragspartner nicht nur eine erste Leistungshandlung vorgenommen, sondern einen **ersten Leistungserfolg** herbeigeführt hat.[22] Auf diese Weise kann etwa der Auftraggeber durch eine dreiseitige Regelung noch nachträglich Direktzahlungen an Subunternehmer oder Lieferanten vereinbaren. Bei der Prüfung, ob eine Kongruenzvereinbarung **rechtzeitig** geschlossen wurde, ist abhängig von der Vertragsart und den im Einzelfall vereinbarten Pflichten auf den Eintritt des ersten von einem Vertragsteil bewirkten Leistungserfolgs abzustellen. Zeitliche Grenze ist daher bei einem Kaufvertrag die Übergabe der

---

15 MK-InsO/Piekenbrock, § 142 InsO Rn. 5.

16 OLG Dresden, 30.08.2001 – 13 U 953/01, DZWIR 2001, 470 Rn. 4.

17 BGH, 06.04.2006 – IX ZR 185/04, ZInsO 2006, 544 Rn. 29; HambKomm-InsR/Rogge/Leptien, § 142 InsO Rn. 3; MK-InsO/Piekenbrock, § 142 InsO Rn. 7 ff. m.w.N.

18 BGH, 17.10.2024 – IX ZR 244/22, ZInsO 2024, 2478 Rn. 27; 10.03.2022 – IX ZR 4/21, ZInsO 2022, 886 Rn. 18; 20.01.2011 – IX ZR 58/10, ZInsO 2011, 421 Rn. 18; 10.05.2007 – IX ZR 146/05, ZInsO 2007, 662 Rn. 10; FK-InsO/Jungclaus/Keller, § 142 InsO Rn. 7 m.w.N.; kritisch MK-InsO/Piekenbrock, § 142 InsO Rn. 11 f.

19 FK-InsO/Jungclaus/Keller, § 142 InsO Rn. 12; zur Anfechtung des Erwerbs einer Aufrechnungslage vgl. auch BGH, 11.02.2010 – IX ZR 104/07, ZInsO 2010, 673 Rn. 30 ff.

20 MK-InsO/Piekenbrock, § 142 InsO Rn. 7.

21 BGH, 17.10.2024 – IX ZR 244/22, ZInsO 2024, 2478 Rn. 29 f.

22 BGH, 17.12.2015 – IX ZR 287/14, ZInsO 2016, 326 Rn. 22; OLG Bamberg, 13.12.2016 – 5 U 209/13, CuR 2016, 155, 156; Behrens, ZInsO 2019, 1761, 1762, 1767.

Kaufsache, bei einem Mietvertrag die Gebrauchsüberlassung durch den Vermieter für den maßgeblichen Zeitabschnitt, bei einem Dienstvertrag die Aufnahme der Tätigkeit durch den Dienstverpflichteten und bei einem Werkvertrag, wenn der Unternehmer eine erste Werkleistung geschaffen hat.[23] Hat eine der Parteien schon vorgeleistet, erscheint jede nachträgliche Änderung nur der Art der Gegenleistung mit Blick auf die Gleichbehandlung aller Gläubiger als verdächtig.

Bei **Verrechnungen im Kontokorrent** ist auf den Kontokorrentvertrag abzustellen.[24] 11
Gegenleistungen, die ohne Parteivereinbarung erfolgt sind oder dieser nicht entsprechen, können nicht Gegenstand eines Bargeschäftes sein. Rein wirtschaftliche Zusammenhänge genügen ebenso wenig.[25]

Wird die Leistung aufgrund einer einseitigen gesetzlichen Pflicht erbracht, liegt kein 12
Bargeschäft vor.[26] Die Abführung von Lohnsteuer und anderer öffentlicher Abgaben durch den Arbeitgeber kann daher nicht Teil eines Bargeschäfts sein, weil dies nicht aufgrund einer privatgeschäftlichen Vereinbarung erfolgt, sondern aufgrund einer gesetzlichen Verpflichtung.[27] Auch für die Umsatzsteuer erbringt der Staat keine Gegenleistung.[28] Dass der Vertragspartner ggf. den Vorsteuerabzug geltend machen kann (§ 15 Abs. 1 Nr. 1 UStG), führt ebenfalls nicht zur Bardeckung der abgeführten Umsatzsteuer.

Erbringt der Schuldner Leistungen, zu denen er ohne das angefochtene Rechtsgeschäft 13
nicht verpflichtet gewesen wäre – wie z.B. der gleichzeitige Ausgleich rückständiger Verbindlichkeiten mit laufenden oder die Sicherheitenbestellung für einen neuen und gleichzeitig für einen bereits laufenden Kredit – kann dies die Voraussetzungen eines Bargeschäftes nicht erfüllen.[29]

2. Gleichwertigkeit von Leistung und Gegenleistung

a) Allgemeines

Die gegenseitig erbrachten Leistungen müssen gleichwertig sein, denn nur dann tritt 14
bei dem Schuldner keine Vermögensverschiebung zu Lasten seiner Gläubiger, sondern nur eine **Vermögensumschichtung** ein.[30] Entscheidend ist die **wirtschaftliche Neutralität** von Leistung und Gegenleistung für die Insolvenzmasse und damit der

23 BGH, 17.12.2015 – IX ZR 287/14, ZInsO 2016, 326 Rn. 24.
24 HambKomm-InsR/Rogge/Leptien, § 142 InsO Rn. 26.
25 BGH, 11.02.2010 – IX ZR 104/07, ZInsO 2010, 673 Rn. 30.
26 MK-InsO/Piekenbrock, § 142 InsO Rn. 9.
27 BGH, 23.09.2010 – IX ZR 212/09, ZInsO 2010, 1929 Rn. 33; 05.11.2009 – IX ZR 233/08, ZInsO 2009, 2293 Rn. 19; 22.01.2004 – IX ZR 39/03, BGHZ 157, 350 Rn. 36; Gehrlein, ZInsO 2020, 1505, 1509 f.
28 MK-InsO/Piekenbrock, § 142 InsO Rn. 9; Gehrlein, ZInsO 2020, 1505, 1509.
29 MK-InsO/Piekenbrock, § 142 InsO Rn. 10.
30 MK-InsO/Piekenbrock, § 142 InsO Rn. 13.

objektive Gegenwert, so dass subjektive Einschätzungen der Parteien außer Betracht bleiben müssen.[31]

15 Wenn die Gegenleistung des Gläubigers höherwertiger ist, ist dies unschädlich.[32] Erbringt der Schuldner nur eine **Teilleistung**, steht dies dem Vorliegen eines Bargeschäfts daher nicht entgegen.[33] Dies gilt unabhängig davon, ob und wann noch weitere Teilleistungen erbracht werden. Ist hingegen die Leistung des Schuldners höherwertiger, kommt eine Aufspaltung in ein teilweise unanfechtbares Bargeschäft und einen anfechtbaren Teil grundsätzlich nicht in Betracht.[34] Etwas anderes kann aber dann gelten, wenn sich das Rechtsgeschäft in teilbare Leistungen zerlegen lässt.[35]

16 Die Gleichwertigkeit der Leistungen muss **im Zeitpunkt des Leistungsaustauschs**, bei Auseinanderfallen von Leistung und Gegenleistung im Zeitpunkt der Vornahme der ersten Vertragsleistung vorliegen.[36] Spätere Änderungen sind nur dann beachtlich, wenn die Geltung von Tagespreisen vereinbart ist oder der Verkehrssitte entspricht.[37] Unvorhergesehene Wertveränderungen, die erst nachträglich eintreten, stellen lediglich eine mittelbare Gläubigerbenachteiligung dar, die die Anwendung der Norm nicht ausschließt.

b) Einzelfälle

17 Nicht gleichwertig ist die Bezahlung eines **überhöhten Kaufpreises** durch den Schuldner. Gleiches gilt für den **Ausgleich** von **Altverbindlichkeiten**, sofern diese Voraussetzung des Vertragspartners des Schuldners für dessen Weiterbelieferung ist.[38]

18 Der Verkauf von Forderungen in Form eines echten oder unechten **Factorings** zu marktüblichen Bedingungen ist ein Bargeschäft.[39] Beziehen sich die Verrechnungen des Faktors allerdings nicht auf die jeweils gekauften und abgetretenen Forderungen, sondern sollen sie rückständige Verbindlichkeiten ausgleichen, die bereits früher durch den Ankauf anderer Forderungen entstanden waren, können sie nicht als Bargeschäft privilegiert sein.[40]

19 Die Befriedigung von weiteren Forderungen des Gläubigers, die Gegenstand eines **erweiterten Eigentumsvorbehaltes** sind, stellt keine Bardeckung dar, da der Schuld-

31 Uhlenbruck/Borries/Huber/Hirte, § 142 InsO Rn. 23.
32 BGH, 10.07.2014 – IX ZR 192/13, BGHZ 202, 59 Rn. 13.
33 BGH, 10.07.2014 – IX ZR 192/13, BGHZ 202, 59 Rn. 13.
34 HambKomm-InsR/Rogge/Leptien, § 142 Rn. 14.
35 MK-InsO/Piekenbrock, § 142 InsO Rn. 17.
36 BGH, 10.05.2007 – IX ZR 146/05, ZInsO 2007, 662 Rn. 14; HambKomm-InsR/Rogge/Leptien, § 142 InsO Rn. 16; a.A. K. Schmidt/Ganter/Weinland, § 142 InsO Rn. 65.
37 MK-InsO/Piekenbrock, § 142 InsO Rn. 15.
38 BGH, 13.03.2003 – IX ZR 64/02, BGHZ 154, 190 Rn. 15 f.; OLG Stuttgart, 24.07.2002 – 3 U 14/02, ZInsO 2002, 986 Rn. 45 f.; MK-InsO/Piekenbrock, § 142 InsO Rn. 18.
39 HambKomm-InsR/Rogge/Leptien, § 142 InsO Rn. 33; Uhlenbruck/Borries/Hirte, § 142 InsO Rn. 60.
40 OLG Düsseldorf, 11.04.2019 – I-12 U 44/18, ZInsO 2019, 1263, 1269.

ner das Eigentum an dem erworbenen Gegenstand erst erlangt, wenn er neben dem Kaufpreis bestehende Ansprüche des Vertragspartners befriedigt.[41]

Wird der vorläufige Insolvenzverwalter i.R.d. Betriebsfortführung von Lieferanten derart unter Druck gesetzt, dass sie betriebsnotwendige Weiterbelieferungen an die Einräumung von Sicherheiten knüpfen, und sichert er mit entsprechender Einzelfallermächtigung des Insolvenzgerichtes[42] die Lieferantenforderung[43] durch **Errichtung eines Treuhandkontos,**[44] so stellt letzteres keine unmittelbare Leistung des Schuldners an den Gläubiger und damit kein Bargeschäft dar.[45] Dies gilt jedenfalls dann, wenn sich der vorläufige Verwalter die Anfechtung vorbehält.[46] Denn der vorläufige Insolvenzverwalter hätte die Gläubiger alternativ gerade nicht durch Barzahlung befriedigen können. 20

Verrechnet die Bank Zahlungseingänge auf das debitorisch geführte Schuldnerkonto und lässt sie gleichzeitig – zumindest – einzelne Verfügungen des Schuldners über sein im Soll geführtes Konto im Ausgleich gegen die verrechneten Eingänge zu, indem sie sie in das **Kontokorrent** einstellt, kann dies eine Bardeckung darstellen.[47] Dabei ist die eingehende Gutschrift die Leistung; die dem Schuldner eingeräumte Möglichkeit, über den eingeräumten Kredit frei zu verfügen, stellt die Gegenleistung dar.[48] Diese sind gleichwertig, wenn die Bank den Kunden im **vereinbarten Kreditrahmen** verfügen lässt.[49] Nicht erforderlich ist, dass zum Ausdruck kommt, die Bank wolle den Kunden nur über die tatsächlichen und bevorstehenden Eingänge verfügen lassen und damit lediglich als »Zahlstelle« ihres Kunden fungieren. Gleichfalls nicht erforderlich ist, dass die Bank bewusst auf den Widerruf ihres Kreditversprechens verzichtet oder zu einem Widerruf auch nur berechtigt gewesen wäre. Denn es darf der Bank nicht zum Nachteil gereichen, wenn sie dem Schuldner die versprochene Liquidität auch noch in der Krise zur Verfügung stellt.[50] Dem steht nicht entgegen, dass die Bank nur noch ausgewählte Verfügungen zulässt und gleichfalls Eingänge mit dem Debet verrechnet.[51] 21

Entscheidend für die Frage, ob ein Bargeschäft vorliegt, ist, dass der **Gesamteindruck eines laufend wiederkehrenden Zahlungsverkehrs** entsteht.[52] In zeitlicher Hinsicht 22

41 HambKomm-InsR/Rogge/Leptien, § 142 InsO Rn. 32.
42 BGH, 18.07.2002 – IX ZR 195/01, BGHZ 151, 353 Rn. 48.
43 Frind/Rüther/Schmidt/Wendler, ZInsO 2004, 24, 25.
44 Frind, ZInsO 2004, 471.
45 HambKomm-InsR/Rogge/Leptien, § 142 InsO Rn. 31.
46 Frind, ZInsO 2004, 471.
47 BGH, 07.03.2002 – IX ZR 223/01, BGHZ 150, 122 Rn. 22 ff.; Uhlenbruck/Borries/Huber/Hirte, § 142 InsO Rn. 50 ff.
48 Uhlenbruck/Borries/Huber/Hirte, § 142 InsO Rn. 50 ff.
49 Uhlenbruck/Borries/Huber/Hirte, § 142 InsO Rn. 50 ff.
50 BGH, 17.06.2004 – IX ZR 124/03, ZInsO 2004, 856 Rn. 12; 07.03.2002 – IX ZR 223/01, BGHZ 150, 122 Rn. 23 ff.
51 BGH, 01.10.2002 – IX ZR 360/99, ZInsO 2002, 1136 Rn. 22.
52 MK-InsO/Piekenbrock, § 142 InsO Rn. 30.

wird dies jedenfalls angenommen, wenn zwischen Soll- und Habenbuchung nicht mehr als 2 Wochen vergehen,[53] wobei die zeitliche Reihenfolge der Gutschriften und Belastungsbuchungen irrelevant ist,[54] solange auf die Verrechnung durch die Bank noch weitere Verfügungen zugelassen werden und die Bank das Konto nicht unmittelbar nach erfolgter Verrechnung schließt.[55] Die **Obergrenze** liegt bei einem Zeitraum von einem Monat zwischen den Buchungen,[56] ein Abstand von 3 Monaten zwischen den Buchungen ist zu lang.[57] Irrelevant ist regelmäßig, ob die Kreditlinie ohne die Gutschriften überschritten wird.[58] Bei Überziehungen sind – jedenfalls konkludente –Absprachen erforderlich.[59] Verrechnet die Bank **gegen den Willen** des Kontoinhabers, liegt keine unanfechtbare Bardeckung vor.[60] Führt die Bank lediglich **eigene Forderungen** gegen den Schuldner zurück, fehlt es bereits an einer für die Annahme eines Bargeschäftes erforderlichen Gegenleistung.[61] Dies gilt jedoch nicht für die zurückgeführten Kosten und Zinsen für die Kontoführung, da diesen eine Leistung der Bank gegenübersteht.[62] Bei Konten auf Guthabenbasis scheidet eine Bardeckung aus, weil das Kreditinstitut bis auf die Zurverfügungstellung des Kontos keine Leistung erbringt.[63] Allein der Umstand, dass es den Schuldner über sein eigenes Konto verfügen lässt, genügt nicht.

23 Nehmen mehrere als **Gesamtschuldner** einen Kontokorrentkredit in Anspruch und führt der spätere Insolvenzschuldner den Kredit vorzeitig zurück, während der Mitschuldner ihn weiter in Anspruch nimmt, setzt die Annahme eines Bargeschäftes voraus, dass der spätere Insolvenzschuldner unmittelbar in zeitlichem Zusammenhang eine gleichwertige Gegenleistung erhält.[64]

---

53 BGH, 17.06.2004 – IX ZR 2/01, ZInsO 2004, 854 Rn. 10.

54 BGH, 25.01.2001 – IX ZR 6/00, ZInsO 2001, 318 Rn. 26 ff.; 14.01.2010 – IX ZR 153/07, DZWIR 2010, 290 Rn. 2.

55 BGH, 14.01.2010 – IX ZR 153/07, DZWIR 2010, 290 Rn. 2.

56 Uhlenbruck/Borries/Huber/Hirte, § 142 InsO Rn. 55.

57 BGH, 25.01.2001 – IX ZR 6/00, ZInsO 2001, 318 Rn. 28 ff.

58 BGH, 07.03.2002 – IX ZR 223/01, BGHZ 150, 122 Rn. 23 ff.; 01.10.2002 – IX ZR 360/99, ZInsO 2002, 1136 Rn. 29 ff.; a.A. OLG Hamm, ZIP 2001, 1683, 1686 f.

59 OLG Rostock, 21.08.2003 – 1 U 197/01, ZIP 2003, 1805 Rn. 34 f.; HambKomm-InsR/Rogge/Leptien, § 142 InsO Rn. 26.

60 BGH, 16.11.2007 – IX ZR 194/04, ZInsO 2008, 163 Rn. 8.

61 BGH, 07.05.2009 – IX ZR 140/08, ZInsO 2009, 1124 Rn. 13; 11.10.2007 – IX ZR 195/04, ZInsO 2008, 163 Rn. 6; 24.05.2005 – IX ZR 46/02, NZI 2005, 630 Rn. 1.

62 BGH, 17.06.2004 – IX ZR 124/03, ZInsO 2004, 854 Rn. 12 f.; a.A. OLG München, 21.12.2001 – 23 U 4002/01, ZIP 2002, 608, 611; Stiller, ZInsO 2002, 651, 659.

63 MK-InsO/Piekenbrock, § 142 InsO Rn. 20, a.A. OLG Rostock, ZIP 2003, 1895, 1808; bislang noch offen BGH, 12.02.2004 – IX ZR 98/03, ZInsO 2004, 342 Rn. 26.

64 KG Berlin, 15.11.2010 – 24 U 103/09, ZInsO 2011, 486, 488. Anders Obermüller/Büchel, Insolvenzrecht in der Bankpraxis, Rn. 3.193 f., nach dem bei mehreren gesamtschuldnerisch haftenden Kreditnehmern – insb. Konzernunternehmen – der beim Bargeschäft erforderliche enge wirtschaftliche und rechtliche Zusammenhang zwischen Gut- und Lastschriften – auch bei getrennter Kontoführung – gegeben sei, mit der Folge, dass eine Anfechtung der Verrechnung nicht in Betracht komme.

Beim **Lastschrifteinzug** ist auf den Zeitpunkt des Lastschrifteinzugs abzustellen, da die Abbuchung damit bereits faktisch abgeschlossen ist. Dies gilt unabhängig davon, ob für den Lastschrifteinzug das alte Einzugsermächtigungsverfahren, das Sepa-Lastschriftverfahren oder die zum 09.07.2012 geänderten Bedingungen für die Einzugsermächtigungslastschrift maßgeblich ist (s. § 140 Rdn. 17 ff.). Die spätere Genehmigung(sfiktion), die auch zur rechtlichen Vollendung der Abbuchung führt, ist für die Frage, ob ein Bargeschäft vorliegt, ohne Belang[65] und zwar ungeachtet dessen, ob die Abbuchung einen Kauf- oder einen Leasingvertrag betrifft.[66] 24

Die **Gewährung eines Darlehens** gegen Zinszahlung und Sicherheitsleistung ist bei Gleichwertigkeit unabhängig davon, ob der zur Verfügung gestellte Geldbetrag objektiv für die Sanierung geeignet ist oder nicht, nicht gläubigerbenachteiligend und stellt damit ein Bargeschäft dar.[67] Werden Sicherheiten an beweglichen Gegenständen für einen sonst nicht zu erlangenden neuen **Sanierungskredit** bestellt, ist ein Risikoaufschlag von 50 % auf den Nennwert des Darlehens noch als angemessen anzusehen.[68] Sofern die für den neuen Kredit gestellten Sicherheiten auch Altdarlehensverbindlichkeiten sichern sollen, ist die Sicherheitengewährung als Ganzes anfechtbar.[69] Demgegenüber kann ein Bargeschäft für die Besicherung des neuen Kredites angenommen werden, wenn diese deutlich von der Nachbesicherung abgrenzbar ist.[70] Beim bloßen Stehenlassen eines Darlehens fehlt es bereits an der für § 142 InsO erforderlichen Gegenleistung.[71] Sofern eine **Globalzession** als gleichwertige Gegenleistung zur Sicherheit für ein neu auszureichendes Darlehen bestellt wird, ist diese zwar ein Bargeschäft; diese Privilegierung gilt allerdings nur für die Vereinbarung der Globalzession als solche, und nicht auch für das spätere Werthaltigmachen der abgetretenen künftigen Forderungen, die selbständig anfechtbare Rechtshandlungen sind.[72] 25

An einer gleichwertigen Gegenleistung fehlt es auch, wenn die Leistung, die der Anfechtungsgegner erbracht hat, **nutzlos** war.[73] Dies kann bei Sanierungs- oder sonstigen Beratungsleistungen der Fall sein, wenn diese Leistung **von Anfang an** erkennbar 26

65 BGH, 10.06.2008 – IX ZR 283/07, ZInsO 2008, 1076 Rn. 43 f.; 29.05.2008 – IX ZR 42/07, ZInsO 2008, 749 Rn. 16 f.

66 BGH, 02.04.2001 – IX ZR 171/07, ZInsO 2009, 869 Rn. 10 f.

67 OLG Karlsruhe, 29.05.2018 – 9 U 94/16, MK-InsO/Piekenbrock, § 142 InsO Rn. 24 f.; Uhlenbruck/Borries/Huber/Hirte, § 142 Rn. 47; a.A. Nerlich/Römermann/Nerlich, § 142 InsO Rn. 7.

68 BGH, 27.11.1997 – GSZ 1/97, GSZ 2/97, BGHZ 137, 212 Rn. 96 f.; MK-InsO/Piekenbrock, § 142 InsO Rn. 21.

69 HambKomm-InsR/Rogge/Leptien, § 142 InsO Rn. 28.

70 HambKomm-InsR/Rogge/Leptien, § 142 InsO Rn. 28.

71 BGH, 07.05.2009 – IX ZR 140/08, ZInsO 2009, 1124 Rn. 13; MK-InsO/Piekenbrock, § 142 InsO Rn. 21.

72 OLG Karlsruhe, 29.05.2018 – 9 U 94/16, ZInsO 2018, 2469 Rn. 24.

73 BGH, 06.12.2007 – IX ZR 113/06, ZInsO 2008, 101 Rn. 20; 18.07.2002 – IX ZR 480/00, NJW 2002, 3252 Rn. 13 f.

wertlos war.[74] Allerdings ist dies nicht schon dann anzunehmen, wenn bei Vornahme der **Sanierungsberatung** bereits ein Eröffnungsgrund vorliegt, da die InsO nicht darauf abzielt, mögliche Sanierungen zu verhindern.[75] Entscheidend ist dabei auch der Gegenstand der Beratungsleistung: schuldete der Sanierungsberater die Erstellung eines Sanierungskonzepts oder war sein Auftrag darauf beschränkt, die Möglichkeiten eines Sanierungskonzepts zu prüfen. Sofern die Leistung des Sanierungsberaters werthaltig war, die dafür aus der Masse bezahlte Vergütung oder gewährte Sicherheit hingegen überhöht, kann die objektiv angemessene Vergütung als Bargeschäft abgeteilt werden.[76] (S.a. Kap. 4 D. Rdn. 747 ff.)

27 Bei der Beurteilung der Anfechtbarkeit einer **Aufrechnungslage** kommt es darauf an, wann das Gegenseitigkeitsverhältnis, also die spätere Forderung entstanden ist.[77] Ist zumindest eine der gegenseitigen durch Rechtsgeschäft entstandenen Forderungen bedingt oder befristet, kommt es für die Anfechtbarkeit des Erwerbs der Aufrechnungslage auf den Zeitpunkt an, zu dem die spätere Forderung entstanden und damit das Gegenseitigkeitsverhältnis begründet worden ist. Die mit Abschluss eines Vertrages entstandene Forderung ist erst ab dem Zeitpunkt und nur insoweit zu berücksichtigen, als sie – etwa durch Erbringung der versprochenen Leistung – werthaltig geworden ist und dem Gläubiger durch die Aufrechnung eine tatsächliche Befriedigung seiner Forderung ermöglicht.[78]

28 Die Provisionen eines **Handelsvertreters** sind die Gegenleistung für seine Mitwirkung beim Abschluss des Geschäfts. Sie sind jedoch keine Gegenleistung für die von ihm vereinnahmten Gelder, die er weiterleitet.[79]

29 Führt der (später insolvente) Arbeitgeber **Arbeitnehmeranteile** an einen **Sozialversicherungsträger** ab, fehlt es an einer gleichwertigen Gegenleistung, da von den Sozialversicherungsträgern keine Leistung in das Vermögen der Arbeitgeber gelangt und die Arbeitsleistung der Arbeitnehmer nicht von dem Sozialversicherungsträger als Anfechtungsgegner stammt.[80]

---

74 Vgl. dazu BGH, 03.03.2022 – IX ZR 78/20, ZInsO 2022, 640 Rn. 47; 06.12.2007 – IX ZR 113/06, ZInsO 2008, 101 Rn. 20; OLG Düsseldorf, 09.07.2020 – I-12 U 55/19, ZInsO 2020, 2389 Rn. 24; Thole, ZIP 2015, 2145, 2152 f.; Stefanink, ZIP 2019, 1557, 1559 ff.

75 MK-InsO/Piekenbrock, § 142 InsO Rn. 25.

76 BGH, 15.12.1994 – IX ZR 18/94, NJW 1995, 1093 Rn. 19 ff.; 11.06.1980 – VIII ZR 62/79, BGHZ 77, 250 Rn. 28; offen gelassen von BGH, 06.12.2007 – IX ZR 113/06, ZInsO 2008, 101 Rn. 26; Utsch, DZWIR 2013, 353, 354 f.

77 BGH, 11.02.2010 – IX ZR 104/07, ZInsO 2010, 673 Rn. 30.

78 BGH, 11.02.2010 – IX ZR 104/07, ZInsO 2010, 673 Rn. 31.

79 BGH, 23.09.2010 – IX ZR 212/09, ZInsO 2010, 1929 Rn. 32.

80 BGH, 05.11.2009 – IX ZR 233/08, BGHZ 183, 86 Rn. 13 ff.; 08.12.2005 – IX ZR 182/01, ZInsO 2006, 94 Rn. 17; 09.06.2005 – IX ZR 152/03, ZInsO 2005, 766 Rn. 22.

3. Unmittelbarer Leistungsaustausch – Abs. 2

a) Konkretisierung des Unmittelbarkeitserfordernis (Satz 1)

Durch den neu eingefügten § 142 **Abs. 2** InsO **konkretisiert** der Gesetzgeber das **Unmittelbarkeitserfordernis**, indem er in **Satz 1** zunächst bestimmt, dass der Austausch von Leistung und Gegenleistung dann unmittelbar ist, wenn er nach **Art der ausgetauschten Leistungen** und unter **Berücksichtigung der Gepflogenheiten des Geschäftsverkehrs** in einem **engen zeitlichen Zusammenhang** erfolgt. Mit dieser Konkretisierung knüpft der Gesetzgeber lediglich an die Voraussetzungen an, die die Rechtsprechung schon zur zeitlichen Eingrenzung des Leistungsaustauschs und Abgrenzung zum Kreditgeschäft aufgestellt hatte, sie entspricht damit den von der Rechtsprechung aufgestellten Grundsätzen.[81] Nach wie vor ist es daher eine Frage des **Einzelfalls**, ob der maßgebliche enge zeitliche Zusammenhang gegeben ist. Entscheidend sind die im jeweiligen Geschäftsverkehr üblichen Zahlungsbräuche und eine wirtschaftliche Einheitsbetrachtung, wobei stets die Abgrenzung zu einer nicht von § 142 InsO erfassten Kreditgewährung in den Blick genommen werden muss.[82] 30

Leistung und Gegenleistung müssen unmittelbar ausgetauscht werden, denn nur bei einem Leistungsaustausch, der in einem **engen zeitlichen Zusammenhang** erbracht wird, kann eine **bloße Vermögensumschichtung** vorliegen.[83] Auf die Reihenfolge der Leistung kommt es grundsätzlich nicht an, so dass auch eine etwaige Vorleistungspflicht des Schuldners ein Bargeschäft nicht ausschließt.[84] Ob der maßgebliche enge Zusammenhang gegeben ist, ist eine Frage des **Einzelfalls.** Eine »gewisse Zeitspanne« zwischen den beiden Leistungen schadet nicht, sie darf aber nicht so lang sein, dass es sich um eine Kreditgewährung handelt.[85] Die Bemessung hängt – was der Gesetzgeber mit der Neuregelung des § 142 Abs. 2 Satz 1 InsO aufgegriffen hat – wesentlich von der **Art der ausgetauschten Leistungen** und davon ab, in welcher Zeitspanne sich der Austausch nach den **Gepflogenheiten des Geschäftsverkehrs** vollzieht.[86] Die Leistungen müssen daher **nicht Zug um Zug** ausgetauscht werden.[87] **Verzögerungen** des Leistungsaustauschs sind nur bis zur Grenze der Kreditgewährung unschädlich.[88] 31

---

81 BT-Drucks. 18/7054, S. 20; BGH, 10.07.2014 – IX ZR 192/13, BGHZ 202, 59 Rn. 15; 13.04.2006 – IX ZR 158/05, BGHZ 167, 190 Rn. 31; Kayser, ZIP 2018, 1153, 1155.

82 BGH, 10.07.2014 – IX ZR 192/13, BGHZ 202, 59 Rn. 15; 11.02.2010 – IX ZR 104/07, ZInsO 2010, 673 Rn. 30; 13.04.2006 – IX ZR 158/05, BGHZ 167, 190 Rn. 31; Uhlenbruck/Borries/Huber/Hirte, § 142 InsO Rn. 27 ff.; HambKomm-InsR/Rogge/Leptien, § 142 InsO Rn. 13.

83 BGH, 10.07.2014 – IX ZR 192/13, BGHZ 202, 59 Rn. 15; HambKomm-InsR/Rogge/Leptien, § 142 InsO Rn. 6.

84 BGH, 11.02.2010 – IX ZR 104/07, ZInsO 2010, 673 Rn. 31.

85 BT-Drucks. 12/2443, S. 167.

86 BGH, 10.07.2014 – IX ZR 192/13, BGHZ 202, 59 Rn. 15; 13.04.2006 – IX ZR 158/05, BGHZ 167, 190 Rn. 31.

87 BGH, 13.04.2006 – IX ZR 158/05, BGHZ 167, 190 Rn. 31.

88 BGH, 13.04.2006 – IX ZR 158/05, BGHZ 167, 190 Rn. 33.

Eine **Stundung** der Gegenleistung – auch nur um eine Woche – schließt ein Bargeschäft daher aus, wenn sie darauf beruht, dass der Schuldner im Zeitpunkt der Fälligkeit nicht zahlen kann.[89] Auch Ratenzahlungsvereinbarungen, die unter dem Druck von Zwangsvollstreckungsmaßnahmen, der Einschaltung von Inkassounternehmen oder Rechtsanwälten zustande kommen, entsprechen nicht den Gepflogenheiten des Geschäftsverkehrs.[90] Wird eine Leistung zwangsweise beigetrieben, scheidet eine unmittelbare Gegenleistung ebenfalls aus.[91]

b) Einzelfälle

32 Bei einem **Kaufvertrag über bewegliche Sachen** dürfen zwischen Leistung und Gegenleistung nicht mehr als 30 Tage liegen (s.a. § 286 Abs. 3 BGB).[92]

33 Zieht der Verkäufer im unmittelbaren Anschluss an eine von ihm erbrachte Lieferung den Kaufpreis aufgrund einer **Einziehungsermächtigung** von dem Konto des Schuldners ein und wird der Lastschrifteinzug vom Schuldner oder dem Insolvenzverwalter nachfolgend genehmigt, ist mit Blick auf die Rückwirkung der Genehmigung und die verkehrsüblichen Gepflogenheiten bei der Beurteilung, ob ein Bargeschäft vorliegt, auf den – früheren – Zeitpunkt des Lastschrifteinzugs abzustellen[93] (s.a. § 140 Rdn. 17 ff.). Bei der Zahlung mittels **Scheck** kommt es auf dessen Begebung und nicht auf die Gutschrift an.[94]

34 Anknüpfungspunkt für die Unmittelbarkeit ist bei **Grundstücksgeschäften** nach Maßgabe des § 140 Abs. 2 InsO nicht die Eintragung der Rechtsänderung im Grundbuch, sondern der Zeitpunkt, in dem der Eintragungsantrag beim Registergericht eingeht. Maßgeblich ist daher, ob die Gegenleistung des Gläubigers in einem Abstand von nicht mehr als 30 Tagen vor Stellung des Eintragungsantrages erfolgt ist.[95] Ein Zeitraum von einem bzw. zweieinhalb Monaten zwischen der Darlehensgewährung und der Eintragung einer Hypothek oder einer Grundschuld kann daher der Annahme eines Bargeschäfts nicht entgegenstehen, wenn der Schuldner die Bestellung der Sicherung für die Darlehensforderung vereinbarungsgemäß unverzüglich in die Wege geleitet hat.[96]

35 Bei **Dauerschuldverhältnissen** ist darauf abzustellen, ob die vertraglich festgelegten Termine für Leistung und Gegenleistung eingehalten werden.[97]

---

89 BGH, 19.12.2002 – IX ZR 377/99, ZInsO 2003, 324 Rn. 35; Kayser, ZInsO 2016, 2134 f.
90 BGH, 21.01.2016 – IX ZR 32/14, ZInsO 2016, 507 Rn. 18; Kayser, ZInsO 2016, 2134 f.
91 MK-InsO/Piekenbrock, § 142 InsO Rn. 26.
92 BGH, 21.06.2007 – IX ZR 231/04, ZInsO 2007, 816 Rn. 51; 13.04.2006 – IX ZR 158/05, BGHZ 167, 190 Rn. 34.
93 BGH, 29.05.2008 – IX ZR 42/07, ZInsO 2008, 749 Rn. 13 ff.
94 Lwowski/Wunderlich, WM 2004, 1511, 1514.
95 HambKomm-InsR/Rogge/Leptien, § 142 InsO Rn. 12.
96 BGH, 21.05.1980 – VIII ZR 40/79, ZIP 1980, 518 Rn. 8.
97 BGH, 18.07.2002 – IX ZR 195/01, BGHZ 151, 353 Rn. 48; OLG Stuttgart, 23.01.2005 – 5 U 144/05, ZInsO 2006, 274 Rn. 28.

Lohn- und Gehaltszahlungen erfolgen vertragsgemäß nach Erbringung der geschuldeten Arbeits- oder Dienstleistung pro rata temporis, § 614 Satz 2 BGB. Bei monatlicher Vergütung ist der Fälligkeitszeitpunkt grundsätzlich der erste Tag des Folgemonats. Für die Beurteilung als Bargeschäft ist es unschädlich, wenn er entsprechend den tarifvertraglichen Übungen bis zum fünfzehnten Tag des Folgemonats hinausgeschoben wird. Der für ein Bargeschäft erforderliche Unmittelbarkeitszusammenhang war nach der Rechtsprechung des **Bundesgerichtshofs** nur gegeben, wenn die Entgeltzahlung im Falle einer monatlichen Vorleistungspflicht binnen 30 Tagen nach Fälligkeit vorgenommen wird. Ist die Vergütung nach kürzeren Zeitabschnitten zu leisten, schied ein Bargeschäft daher bereits aus, wenn zum Zeitpunkt der Zahlung schon der Lohn für den nächsten Zeitabschnitt fällig war.[98] Demgegenüber privilegierte das **Bundesarbeitsgericht** Lohn- und Gehaltszahlungen, die der Arbeitgeber in der Krise für Arbeitsleistungen zahlt, die der Arbeitnehmer in den vorhergehenden **drei Monaten** erbracht hat.[99] Zu der dies nun berücksichtigenden Neuregelung des § 142 Abs. 2 Satz 2 InsO s.u. Rdn. 48. 36

Bei zeitnaher Zahlung von **Miet-** oder **Pachtzinsen** liegt ein Bargeschäft vor.[100] Gleiches gilt für die Zahlung von **Leasingraten**, die Miet- und Pachtzahlungen vergleichbar sind.[101] 37

Bei der Begleichung rückständiger Verbindlichkeiten scheidet ein Bargeschäft aus.[102] 38

Bei einer **Abtretung künftiger Forderungen** soll ein Bargeschäft nur dann vorliegen, wenn die Forderungen innerhalb von zwei Wochen entstehen.[103] 39

Bei **länger dauernden Vertragsbeziehungen** ist die Unmittelbarkeit nur anzunehmen, wenn Leistung und Gegenleistung zeitlich oder gegenständlich teilbar sind und zeitnah – entweder in Teilen oder abschnittsweise – ausgetauscht werden.[104] Da über längere Zeit vorgeleistet wird, kann hier nicht der Zeitraum zwischen dem Beginn der Tätigkeit oder der Annahme des Auftrags und der Gegenleistung maßgeblich sein. Darunter fallen etwa sog. »Dauermandate« von Rechtsanwälten, Steuerberatern oder 40

98 BGH, 10.07.2014 – IX ZR 192/13, BGHZ 202, 59 Rn. 34 ff.; dazu Fischermeier, ZInsO 2015, 1237 ff.

99 BAG, 29.01.2014 – 6 AZR 345/12, BAGE 147, 172 Rn. 49 ff.; 06.10.2011 – 6 AZR 262/10, BAGE 139, 235 Rn. 16 ff.; kritisch dazu: Huber, EWiR 2011, 817; ders., ZInsO 2013, 1049 ff.; Ganter, ZIP 2012, 2037 ff.; Plathner/Sajogo, ZInsO 2012, 581 ff.; Jacobs/Doebert, ZInsO 2012, 618 ff.; Brinkmann, ZZP 125 (2012), 197, 208 f.; Smid, DZWIR 2013, 89, 110 f.

100 BGH, 10.06.2008 – XI ZR 283/07, BGHZ 177, 69 Rn. 44.

101 BGH, 10.06.2008 – XI ZR 283/07, BGHZ 177, 69 Rn. 44; 01.03.2007 – IX ZR 81/05, WM 2007, 840 Rn 9.

102 BGH, 30.01.1986 – IX ZR 79/85, BGHZ 97, 87 Rn. 32; OLG Düsseldorf, 08.04.2019 – I-12 W 9/19, ZInsO 2019, 1751 Rn. 17 f.

103 OLG Hamm, 14.06.2005 – 27 U 85/04, ZInsO 2006, 776 Rn. 18 f.; nachfolgend BGH, 09.11.2006 – IX ZR 133/05, ZInsO 2006, 1321.

104 BGH, 06.12.2007 – IX ZR 113/06, ZInsO 2008, 101 Rn. 20.

ähnlichen Berufsgruppen,[105] aber auch die Durchführung von Bauverträgen oder des Zahlungsverkehrs nach Maßgabe von Girovertrag und Kontokorrentabrede.

41 Zahlungen, mit denen ein Bauunternehmer **nach Baufortschritt** entlohnt wird, können Bargeschäfte sein, falls der Abstand zwischen den einzelnen Raten nicht zu groß wird. Lässt sich der Bauunternehmer dagegen darauf ein, dass der Werklohn insgesamt erst nach Abschluss der Bauarbeiten zu entrichten ist, kann er sich nicht darauf berufen, dass der Bauvertrag ein Bargeschäft sei.[106]

42 Bei der Saldierung von Soll- und Habenbuchungen im Rahmen eines debitorisch geführten **Kontos** ist der erforderliche unmittelbare Leistungsaustausch nur gegeben, wenn zwischen den Buchungen weniger als zwei Wochen vergehen; die Abrechnungsperiode des Kontokorrents ist zu lang.[107]

43 Die Unmittelbarkeit des Leistungsaustausches für eine **anwaltliche Tätigkeit** ist nach der gesetzlichen Wertung des § 286 Abs. 3 BGB nicht mehr gegeben, wenn zwischen ihrem Beginn und der Gegenleistung mehr als **30 Tage** liegen.[108] Überschreitet die Höhe des geltend gemachten **Vorschusses** die wertäquivalente Vergütung für die nächsten 30 Tage, sind die Voraussetzungen für ein Bargeschäft ebenfalls nicht erfüllt. Der Rechtsanwalt muss daher entweder in regelmäßigen Abständen Vorschüsse einfordern, die in etwa dem Wert seiner inzwischen entfalteten oder in den nächsten 30 Tagen noch zu erbringenden Tätigkeit entsprechen oder eine Vereinbarung treffen, dass er Teilleistungen nur gegen entsprechende Vergütung erbringt. Gleiches gilt für die Tätigkeit von **Wirtschaftsprüfern,**[109] **Steuerberatern**[110] und **vorläufigen Insolvenzverwaltern.**[111] Bei ersteren kann ein Bargeschäft allerdings daran scheitern, dass es an einer werthaltigen Gegenleistung für das Schuldnervermögen und damit an einer schlichten Vermögensumschichtung fehlt.[112] Die Vereinnahmung der Vergütung durch einen vorläufigen Insolvenzverwalter ist grundsätzlich als kongruente Deckung anfechtbar.[113] Auch der vorläufige Insolvenzverwalter, der seine Vergütung für ein vorangehendes, nicht zur Eröffnung gelangtes Verfahren erhalten hat, kann sich auf das Bargeschäftsprivileg nur dann erfolgreich berufen, wenn zwischen dem Beginn seiner Tätigkeit und der erstmaligen Geltendmachung seines Vergütungsanspruchs gegenüber dem Insolvenzgericht die 30-Tagesfrist gewahrt ist.[114]

105 BGH, 13.04.2006 – IX ZR 158/05, ZInsO 2006, 712 Rn. 39.
106 BGH, 13.04.2006 – IX ZR 158/05, ZInsO 2006, 712 Rn. 34.
107 BGH, 13.04.2006 – IX ZR 158/05, ZInsO 2006, 712 Rn. 34.
108 BGH, 06.12.2007 – IX ZR 113/06, ZInsO 2008, 101 Rn. 20; 13.04.2006 – IX ZR 158/05, ZInsO 2006, 712 Rn. 39; s.a. Kap. 4 D. Rdn. 736 ff.
109 BGH, 12.10.2006 – IX ZR 228/03, ZInsO 2006, 1210 Rn. 10 f.; s.a. Kap. 4 D. Rdn. 743 ff.
110 BGH, 06.12.2007 – IX ZR 113/06, ZInsO 2008, 101 Rn. 20; OLG Düsseldorf, 11.05.2017 – I-12 U 55/16, ZInsO 2017, 1680 Rn. 8; s.a. Kap. 4 D. Rdn. 740 ff.
111 BGH, 15.12.2011 – IX ZR 118/11, ZInsO 2012, 241 Rn. 24 ff.
112 OLG Düsseldorf, 11.05.2017 – I-12 U 55/16, ZInsO 2017, 1680 Rn. 8; s.a. Kap. 4 D. Rdn. 740 ff., 743 ff.
113 BGH, 15.12.2011 – IX ZR 118/11, ZInsO 2012, 241 Rn. 24 ff.
114 BGH, 15.12.2011 – IX ZR 118/11, ZInsO 2012, 241 Rn. 24 ff.

Wird eine **Grundschuld** zu Kreditsicherungszwecken erst sechs Monate nach der Darlehensgewährung abgetreten, sind die Voraussetzungen einer Bardeckung nicht mehr erfüllt.[115] 44

Die Rückzahlung eines **Darlehens** ist keine unmittelbare Gegenleistung für seine Gewährung, denn beim Darlehen steht die Verzinsung, nicht aber die Darlehensrückzahlung im Gegenseitigkeitsverhältnis mit der Darlehensgewährung.[116] 45

Bei Verrechnungen im **Kontokorrentverhältnis** setzt ein unanfechtbares Bargeschäft voraus, dass die Bank ihrem Kunden gestattet, den durch Zahlungseingänge eröffneten Liquiditätsspielraum wieder auszuschöpfen, indem sie die vereinbarte Kreditlinie offen hält und vom Kunden nach eigenem Ermessen erteilte Zahlungsaufträge ausführt.[117] Setzt die Bank auf diese Weise den Girovertrag fort, handelt sie kongruent, so dass die Möglichkeit des Bargeschäftseinwands eröffnet wird.[118] Ein enger zeitlicher Zusammenhang zwischen Zahlungseingängen und -ausgängen liegt dann nur vor, wenn zwischen den Buchungen weniger als zwei Wochen liegen.[119] 46

c) Sonderregelung für Arbeitsentgelt (Sätze 2 und 3)

Satz 2 schreibt fest, dass bei der Gewährung von **Arbeitsentgelt an** einen **Arbeitnehmer** ein unmittelbarer Leistungsaustausch dann vorliegt, wenn der Zeitraum zwischen Arbeitsleistung und Gewährung des Arbeitsentgelts drei Monate nicht übersteigt. Nach **Satz 3** sollen auch nicht erkennbare Drittzahlungen des Arbeitsentgelts unter das Bargeschäftsprivileg fallen. Auf diese Weise soll die Rechtssicherheit für Arbeitnehmer erhöht werden, weil sie nun davon ausgehen können, dass sie das Arbeitsentgelt, das sie spätestens drei Monate nach Erbringung der Arbeitsleistung erhalten haben, behalten dürfen. 47

Damit enthält **Satz 2** eine **Sonderregelung** für das Arbeitsentgelt von Arbeitnehmern. Nur für dieses erstreckt der Gesetzgeber – allein – das Merkmal der Unmittelbarkeit auf einen Zeitraum von bis zu drei Monaten.[120] Die uneinheitliche Handhabung dieser Frage durch den IX. Zivilsenat des Bundesgerichtshofs und den 6. Senat des Bundesarbeitsgerichts ist damit entschieden.[121] Der Gesetzgeber schreibt mit dem Drei- 48

115 MK-InsO/Piekenbrock, § 142 InsO Rn. 29.

116 OLG Celle, 08.10.2012 – 13 U 95/12, ZIP 2012, 2114 Rn. 18.

117 BGH, 26.04.2012 – IX ZR 67/09, ZInsO 2012, 1429 Rn. 13; Kayser, FS G. Fischer, S. 267, 277.

118 BGH, 26.04.2012 – IX ZR 67/09, ZInsO 2012, 1429 Rn. 13; 07.07.2011 – IX ZR 100/10, ZInsO 2011, 1500 Rn. 6, 8; 11.10.2007 – IX ZR 195/04, ZInsO 2008, 163 Rn. 6, 9; 17.06.2004 – IX ZR 124/03, ZInsO 2004, 856 Rn. 12 f.

119 BGH, 13.04.2006 – IX ZR 158/05, BGHZ 167, 190 Rn. 30 ff.

120 Krit. zu dieser Privilegierung: Kayser, ZIP 2018, 1153, 1155; Schoppmeyer, WM 2018, 301, 306; Pape, ZInsO 2018, 296, 305; Huber, FS Pape, S. 169, 175.

121 BGH, 10.07.2014 – IX ZR 192/13, BGHZ 202, 59 Rn. 34 ff.; BAG, 29.01.2014 – 6 AZR 345/12, BAGE 147, 172 Rn. 49 ff.; 06.10.2011 – 6 AZR 262/10, BAGE 139, 235 Rn. 16 ff.; s.a. Rdn. 36.

Monats-Zeitraum die Rechtsprechung des Bundesarbeitsgerichts fest. Er begründet dies mit dem Insolvenzgeldzeitraum, der ebenfalls drei Monate betragen kann. Der Begriff des **Arbeitsentgelts** ist im sozialversicherungsrechtlichen Sinn (§ 14 Abs. 1 Satz 1 SGB IV) zu verstehen.[122] Er umfasst daher alle laufenden oder einmaligen Einnahmen aus einer **abhängigen Beschäftigung**, somit auch Fälle der Entgeltfortzahlung etwa bei Krankheit oder Urlaub. Erfasst wird **nur** der an den Arbeitnehmer gezahlte **Nettolohn**, nicht auch die Teile des (Brutto-) Arbeitslohns, die der Arbeitgeber aufgrund gesetzlicher Verpflichtungen – wie Lohnsteuer und die Arbeitnehmeranteile zur Sozialversicherung – an Dritte abführt. Den dahingehenden Vorschlag des Bundesrats hat die Bundesregierung abgelehnt.[123]

49 **Satz 3** erweitert den Anfechtungsschutz von Arbeitsentgelten auf **Drittzahlungsvorgänge** i.S.d. § 267 BGB. Auch insoweit handelt es sich um eine Sonderregelung, die nur den Arbeitnehmerlohn erfasst. Eine **nicht erkennbare Drittzahlung** wird trotz Inkongruenz – der Zahlung eines Dritten – in den Schutzbereich des privilegierten Bargeschäfts miteinbezogen. Der BT-Ausschuss für Recht und Verbraucherschutz hat mit der Gesetz gewordenen Empfehlung der von Seiten der Sachverständigen in der öffentlichen Anhörung geäußerten Kritik Rechnung getragen, dass für den Arbeitnehmer nicht erkennbare Drittzahlungen auf das Arbeitsentgelt in gleichem Umfang wie Zahlungen des Arbeitgebers selbst von der Anfechtung ausgenommen werden sollten.[124] Solche privilegierten Drittzahlungen sind insb. bei der Beschäftigung in **konzernverbundenen Unternehmen** denkbar. Gegenüber dem leistenden Dritten darf **kein eigenes Forderungsrecht des Arbeitnehmers** bestanden haben, dieser muss mit dem Willen geleistet haben, mit einer eigenen Leistung eine fremde Schuld zu tilgen.[125] Ob Anweisungsfälle unter § 142 Abs. 2 Satz 3 InsO fallen, ist bislang in der Rechtsprechung nicht geklärt.[126]

50 § 142 Abs. 2 Satz 3 InsO findet **nur** Anwendung auf Drittzahlungsvorgänge **in der Insolvenz des Arbeitgebers** (§§ 130, 131 InsO), nicht aber auf die Fälle der Schenkungsanfechtung in der Insolvenz des das Arbeitsentgelt gewährenden Dritten (§ 134 InsO).[127] Fehlt es im Verhältnis zu diesem an der von § 142 InsO vorausgesetzten rechtsgeschäftlichen Verknüpfung von Leistung und Gegenleistung, liegt eine unentgeltliche Leistung vor, die aber nicht Teil eines Bargeschäfts gem. § 142 InsO sein kann.[128] Es ist dann eine Frage der fortbestehenden Bereicherung (§ 143 Abs. 2 Satz 1 InsO), der allerdings entgegenstehen kann, dass der Arbeitnehmer das Arbeitsentgelt

122 BT-Drucks. 18/7054, S. 19; HambKomm-InsR/Rogge/Leptien, § 142 InsO Rn. 7.
123 BT-Drucks. 18/7054, S. 30 f., 33.
124 BT-Drucks. 18/11199, S. 11.
125 BGH, 10.03.2022 – IX ZR 4/21, ZInsO 2022, 886 Rn. 27 m Anm Cranshaw, jurisPR-InsR 10/2022 Anm. 1; Neu/Ljumani, ZInsO 2022, 1155, 1158; Thole, ZIP 2017, 401, 409; Uhlenbruck/Borries/Huber/Hirte, § 142 InsO Rn. 35c.
126 BGH, 10.03.2022 – IX ZR 4/21, ZInsO 2022, 886 Rn. 27; Schubert, NZI 2022, 509, 511; Neu/Ljumani, ZInsO 2022, 1155, 1158.
127 BGH, 10.03.2022 – IX ZR 4/21, ZInsO 2022, 886 Rn. 16 ff.
128 BGH, 10.03.2022 – IX ZR 4/21, ZInsO 2022, 886 Rn. 22 ff.

für den allgemeinen Lebensunterhalt verwendet hat und er den Unterhalt nicht durch Einsatz anderer Mittel hätte bestreiten können.[129]

Dabei trifft den **Arbeitnehmer** die **Darlegungs- und Beweislast** dafür, dass aus der erfolgten Zahlung **nicht zu erkennen** war, dass es sich um eine **Drittleistung** handelte.[130] Nach der Rechtsprechung des BGH soll insoweit ein **objektiver, am durchschnittlichen Arbeitnehmer orientierter Maßstab** gelten. Entscheidend ist danach, ob ein objektiver Betrachter aus der Sicht des Arbeitnehmers anhand der diesem zur Kenntnis gelangten Umstände erkennen konnte, dass ein Dritter leistet. Erforderlich, aber auch ausreichend ist die **Erkennbarkeit der Drittleistung an sich**, so dass der Dritte nicht identifizierbar sein muss.[131] Erhält der Arbeitnehmer etwa eine Zahlung per Überweisung und ergibt sich aus dem entsprechenden Kontoauszug, dass die Zahlung von einem Zahler stammt, dessen Bezeichnung nicht mit der von seinem Arbeitgeber verwandten identisch ist, wird regelmäßig eine darin liegende Drittleistung erkennbar.[132] Eine (hypothetische) Erkundigungs- oder Nachforschungspflicht des Arbeitnehmers besteht nicht.[133] 51

III. Anfechtbarkeit des Bargeschäfts

§ 142 **Abs. 1** InsO schränkt die Anfechtbarkeit eines Bargeschäfts, also einer Leistung des Schuldners, für die unmittelbar eine gleichwertige Gegenleistung in sein Vermögen gelangt, stark ein. Nach dem Willen des Gesetzgebers werden bargeschäftliche Austausche grundsätzlich vom Bargeschäftsprivileg erfasst und sind nur dann anfechtbar, wenn die Voraussetzungen des § 133 Abs. 1 bis 3 InsO vorliegen und der Gläubiger ein unlauteres Handeln des Schuldners erkennt. Während das Bargeschäft bislang (nur) unter den Voraussetzungen des § 133 Abs. 1 InsO a.F. anfechtbar war, erstreckt sich das Bargeschäftsprivileg nun ausdrücklich auch auf die Vorsatzanfechtung. Eine **Ausnahme** gilt nur dann, wenn der **Schuldner unlauter handelte** und der **Gläubiger dies erkannt** hat. Damit kommt es nicht mehr darauf an, ob die Gegenleistung des Gläubigers den übrigen Gläubigern **konkreten Nutzen** verspricht.[134] Die Rechtsprechung des Bundesgerichtshofs zu §§ 133, 142 InsO a.F. ermöglichte dagegen die Anfechtung eines Bargeschäfts auch dann, wenn die Beteiligten – Schuldner und Anfechtungsgegner – wissen, dass der Schuldner unrentabel arbeitet und bei der Fortführung seines Geschäfts weitere Verluste erwirtschaftet, sodass der bargeschäftsähnliche Leistungsaustausch den übrigen Gläubigern nicht nutzt, sondern ihnen vielmehr 52

129 BGH, 10.03.2022 – IX ZR 4/21, ZInsO 2022, 886 Rn. 25.

130 BGH, 10.03.2022 – IX ZR 4/21, ZInsO 2022, 886 Rn. 32; Sächs. LAG, 21.03.2022 – 1 Sa 377/21, ZInsO 2022, 1981 Rn. 29; Thole, ZIP 2017, 401, 409; Uhlenbruck/Borries/Huber/Hirte, § 142 InsO Rn. 35c.

131 BGH, 10.03.2022 – IX ZR 4/21, ZInsO 2022, 886 Rn. 29; BAG, 25.05.2022 – 6 AZR 497/21, ZInsO 2022, 1930 Rn. 27; Thole, ZIP 2017, 401, 409.

132 BGH, 10.03.2022 – IX ZR 4/21, ZInsO 2022, 886 Rn. 31.

133 BGH, 10.03.2022 – IX ZR 4/21, ZInsO 2022, 886 Rn. 30.

134 BT-Drucks. 18/7054, S. 19.

infolge der an den Anfechtungsgegner fließenden Zahlungen Nachteile bringt (s.a. Vorauflage § 142 Rn. 55).[135]

53 **Unlauteres Handeln des Schuldners** liegt (erst) dann vor, wenn eine **gezielte Gläubigerbenachteiligung** gegeben ist, dieser also durch die Befriedigung des Gläubigers in erster Linie andere schädigen möchte.[136] Der Begriff der Unlauterkeit wird nicht legal definiert; der Gesetzgeber knüpft mit dem Kriterium der »erkannten Unlauterkeit« vielmehr an den Unlauterkeitsbegriff in der früheren Rechtsprechung des Bundesgerichtshofs[137] zur Vorsatzanfechtung von kongruenten Deckungshandlungen im Rahmen des § 31 KO an.[138] Beispielhaft nennt der Gesetzgeber Konstellationen, in denen eine Unlauterkeit des Schuldners vorliegt. So kann unlauter kann ein bargeschäftlicher Leistungsaustausch für Gegenleistungen sein, die nicht zur Fortführung des Geschäftsbetriebs erforderlich sind. Dies kommt etwa wegen einer gezielten Benachteiligung der Gläubigergesamtheit insb. bei einem bargeschäftlichen Einsatz von Vermögen für Leistungen in Betracht, die den Gläubigern unter keinem erdenklichen Gesichtspunkt nutzen können. Dies ist etwa der Fall, wenn der Schuldner sein **Vermögen** für Leistungen **verschleudert**, die den Gläubigern unter keinen erdenklichen Umständen nutzen können, wie z.B. Ausgaben für flüchtige **Luxusgüter.**[139] Unlauter handelt auch der Schuldner, der **betriebsnotwendiges Vermögen** mit der Zielsetzung veräußert, den vereinnahmten Gegenwert den Gläubigern zu **entziehen.**[140] Eine gezielte Benachteiligung von Gläubigern und damit unlauteres Handeln kann ferner vorliegen, wenn es dem Schuldner (statt auf die Erfüllung einer bestehenden vertraglichen Pflicht aus dem Bargeschäft) auf die **Bevorzugung eines einzelnen Gläubigers** ankommt, etwa wenn ein Schuldner zahlt, um den Gläubiger von der Stellung eines Insolvenzantrags abzuhalten.[141] Gleiches kann gelten, wenn ein bargeschäftlicher Leistungsaustausch im Vorfeld eines als unabwendbar erkannten und vom Schuldner beabsichtigten Insolvenzantrags erfolgt.[142] Schließlich kann ein bargeschäftlicher Leistungsaustausch für eine

135 BGH, 04.05.2017 – IX ZR 285/16, ZInsO 2017, 1366 Rn. 9 f.

136 BGH, 05.12.2024 – IX ZR 122/23, ZInsO 2025, 318 Rn. 23; HambKomm-InsR/Rogge/Leptien, § 142 InsO Rn. 20; Uhlenbruck/Borries/Huber/Hirte, § 133 InsO Rn. 143a f.; MK-InsO/Piekenbrock, § 142 InsO Rn. 40.

137 Vgl. insoweit nur: BGH, 18.02.1993 – IX ZR 129/92, ZIP 1993, 521 Rn. 19; 21.01.1993 – IX ZR 275/91, BGHZ 121, 179 Rn. 23; 18.04.1991 – IX ZR 149/90, ZIP 1991, 807 Rn. 24; 25.11.1964 – VIII ZR 289/62, WM 1965, 14 Rn. 7; 04.02.1954 – IV ZR 164/53, BGHZ 12, 232, 238; aufgegeben mit BGH, 17.07.2003 – IX ZR 272/02, ZInsO 2003, 850 Rn. 15; eingehend dazu Kirchhof, FS G. Fischer, S. 285, 286 ff.

138 BT-Drucks. 18/7054, S. 32; BGH, 05.12.2024 – IX ZR 122/23, ZInsO 2025, 318 Rn. 25; HambKomm-InsR/Rogge/Leptien, § 142 InsO Rn. 18 ff.

139 BGH, 05.12.2024 – IX ZR 122/23, ZInsO 2025, 318 Rn. 28.

140 BGH, 05.12.2024 – IX ZR 122/23, ZInsO 2025, 318 Rn. 28; BT-Drucks. 18/7054, S. 19; zur Diskussion um den Begriff der Unlauterkeit vgl. Ganter, NZI 2018, 585 ff.

141 BGH, 05.12.2024 – IX ZR 122/23, ZInsO 2025, 318 Rn. 29; 27.05.2003 – IX ZR 169/02, BGHZ 155, 75, 84 zu § 133 InsO.

142 BGH, 05.12.2024 – IX ZR 122/23, ZInsO 2025, 318 Rn. 29; 03.03.2022 – IX ZR 78/20, BGHZ 233, 70 Rn. 56.

Sanierungsberatung für einen untauglichen Sanierungsversuch ein unlauteres Handeln des Schuldners erfüllen.[143] Ein unlauteres Verhalten kommt weiter in Betracht, wenn der Schuldner **Bargeschäfte mit nahestehenden Personen** (§ 138 InsO) vornimmt und der Schuldner diese nahestehenden Personen insoweit **anders behandelt** als andere Gläubiger. Dann sprechen die objektiven Umstände dafür, dass bestimmendes Motiv für die Erfüllung der Forderung das persönliche oder gesellschaftsrechtliche Näheverhältnis ist.[144] Eine gezielte Bevorzugung eines Gläubigers zum Schaden der anderen Gläubiger kann ferner dann vorliegen, wenn diesem **gezielt letzte Vermögenswerte übertragen** werden.[145] So etwa, wenn der Schuldner ein Verschiebekonto einrichtet, um gezielt nur ausgewählte Gläubiger zu befriedigen.[146] Denkbar ist ein unlauteres Handeln des Schuldners schließlich, wenn der bargeschäftliche Leistungsaustausch zwischen verbundenen Unternehmen dazu eingesetzt wird, Waren und Leistungen an den Schuldner abzusetzen, um dessen verbleibende Vermögenswerte auf das liefernde Unternehmen überzuleiten.[147] **Nicht ausreichend** ist es dagegen, wenn der Schuldner lediglich in dem Bewusstsein handelt, nicht alle Gläubiger befriedigen zu können, er also nur seine Geschäfte fortführt, obwohl ihm bewusst ist, dass dies **verlustträchtig** ist, oder dass sein Handeln § 15a InsO oder § 15b InsO verletzt.[148] Aus § 15a InsO oder § 15b InsO ergeben sich keine ausreichenden Gründe, einen bargeschäftlichen Leistungsaustausch als unlauteres Handeln anzusehen, schon weil das von §§ 15a, 15b InsO verfolgte, anderen Voraussetzungen unterliegende Schutzkonzept zugunsten der Gesamtheit der Gläubiger nicht darüber bestimmt, wann ein Eingriff in die Interessen eines einzelnen Gläubigers zulässig ist.[149] Nicht anderes kann im Rahmen des § 142 InsO gelten, der die Anfechtbarkeit des (ebenfalls kongruenten) Bargeschäfts nur unter den Voraussetzungen der Vorsatzanfechtung erlaubt und sie zudem zusätzlich von unlauterem Verhalten des Schuldners abhängig macht.[150]

Das unlautere Handeln des Schuldners muss der **Anfechtungsgegner erkannt** haben. 54
Soweit sich die Unlauterkeit aus objektiven Umständen ergibt, muss er von ihnen positive Kenntnis haben; bei subjektiven Merkmalen des Schuldners ist es ausreichend, wenn der Anfechtungsgegner Kenntnis von Umständen hat, die auf diese hindeuten.

143 BGH, 05.12.2024 – IX ZR 122/23, ZInsO 2025, 318 Rn. 29; 03.03.2022 – IX ZR 78/20, BGHZ 233, 70 Rn. 47 ff.

144 BGH, 05.12.2024 – IX ZR 122/23, ZInsO 2025, 318 Rn. 30.

145 BGH, 05.12.2024 – IX ZR 122/23, ZInsO 2025, 318 Rn. 30.

146 OLG Frankfurt, 23.05.2024 – 4 U 2/23, ZRI 2024, 588 Rn. 67.

147 BGH, 05.12.2024 – IX ZR 122/23, ZInsO 2025, 318 Rn. 30.

148 BGH, 05.12.2024 – IX ZR 122/23, ZInsO 2025, 318 Rn. 31 ff.; BT-Drucks. 18/7054, S. 19; OLG Düsseldorf, 27.02.2020 – I-12 U 31/19, ZInsO 2020, 1250 Rn. 32; Gehrlein, ZInsO 2020, 213, 221, 224; Schoppmeyer, WM 2018, 301, 306; kritisch: Pape, ZInsO 2018, 296, 303 f.; Sämisch/Deichgräber, ZInsO 2018, 773 ff.

149 BGH, 05.12.2024 – IX ZR 122/23, ZInsO 2025, 318 Rn. 31 ff.; 03.03.2022 – IX ZR 78/20, BGHZ 233, 70 Rn. 29 ff.

150 BGH, 05.12.2024 – IX ZR 122/23, ZInsO 2025, 318 Rn. 31 ff.

C. Beweislast

55 Die Beweislast für die Ausnahmeregelung und damit das Vorliegen sämtlicher Voraussetzungen eines Bargeschäfts trägt der **Anfechtungsgegner.**[151] Er muss daher insb. darlegen und beweisen, dass seine Gegenleistung gleichwertig war, sie der Parteivereinbarung entsprach und er sie in dem erforderlichen engen zeitlichen Zusammenhang erbracht hat.[152] Dies gilt auch für die Lohnzahlungen an Arbeitnehmer i.S.d. § 142 Abs. 2 Satz 2, Satz 3 InsO und dabei insb. im Falle einer Drittleistung dafür, dass für den Arbeitnehmer aus der erfolgten Zahlung nicht zu erkennen war, dass es sich um eine solche handelte.[153]

56 Der Insolvenzverwalter, der dem Einwand die Anfechtbarkeit nach § 133 InsO entgegensetzen will, ist dafür nicht nur beweisbelastet, ihn trifft vielmehr eine erhöhte Darlegungslast.[154] Er hat auch zu beweisen, dass der Schuldner unlauter handelte und daher § 133 InsO eingreift.

D. Anspruchskonkurrenzen

57 Das Vorliegen eines Bargeschäfts schließt seine Anfechtung nach §§ 130, 132, 133 Abs. 4 oder § 136 InsO grundsätzlich aus.[155] Bei der Schenkungsanfechtung nach **§ 134 InsO** ist für die Anwendung des Bargeschäftsprivilegs schon deshalb kein Raum, weil sie eine unentgeltliche und damit nicht durch eine Gegenleistung ausgeglichene Leistung des Schuldners voraussetzt.[156] Auch bei der Anfechtung nach **§ 131 InsO** wegen Inkongruenz scheidet das Bargeschäftsprivileg nach der Rechtsprechung grds. aus, weil eine anerkennenswerte Verknüpfung von Leistung und Gegenleistung nur bei einer kongruenten und nicht auch bei einer inkongruenten Deckung vorliegt.[157] Für die Beweiserleichterungen nach **§ 132 Abs. 1** und **§ 133 Abs. 4 InsO**, hat § 142 im Ergebnis keine Bedeutung, da sie eine unmittelbare Gläubigerbenachteiligung zwingend voraussetzen, so dass ein Bargeschäft von vornherein ausgeschlossen ist.[158]

58 Für die ab dem 05.04.2017 eröffneten Insolvenzverfahren kommt nach **§ 142 Abs. 1 InsO** eine Anfechtung nach § 133 InsO nur noch in Betracht, wenn der Anfech-

---

151 BGH, 17.12.2015 – IX ZR 61/14, ZInsO 2016, 214 Rn. 39; 26.04.2012 – IX ZR 67/09, ZInsO 2012, 1429 Rn. 41; 21.01.2010 – IX ZR 65/09, BGHZ 184, 101 Rn. 15; 29.11.2007 – IX ZR 30/07, BGHZ 174, 297 Rn. 42.

152 HambKomm-InsR/Rogge/Leptien, § 142 InsO Rn. 36.

153 BGH, 10.03.2022 – IX ZR 4/21, ZInsO 2022, 886 Rn. 32.

154 MK-InsO/Piekenbrock, § 142 InsO Rn. 42.

155 HambKomm-InsR/Rogge/Leptien, § 142 InsO Rn. 22.

156 BGH, 10.03.2022 – IX ZR 4/21, ZInsO 2022, 886 Rn. 22; Ganter, NZI 2025, 489, 496 ff.

157 BGH, 10.03.2022 – IX ZR 4/21, ZInsO 2022, 886 Rn. 18; 17.12.2015 – IX ZR 287/14, BGHZ 208, 243 Rn. 21; 24.10.2011 – IX ZR 244/09, NZI 2011, 937 Rn. 15; 07.05.2009 – IX ZR 140/08, ZInsO 2009, 1124 Rn. 13; 17.06.2004 – IX ZR 124/03, ZInsO 2004, 856 Rn. 12 ff.; BAG, 25.05.2022 – 6 AZR 497/21, ZInsO 2022, 1930 Rn. 27; a.A. MK-InsO/Piekenbrock, § 142 InsO Rn. 11 f.

158 BGH, 10.07.2014 – IX ZR 192/13, BGHZ 202, 59 Rn. 48; MK-InsO/Freudenberg, § 133 InsO Rn. 76; A/G/R-Gehrlein, § 133 InsO Rn. 48.

tungsgegner erkannt hat, dass der Schuldner unlauter handelte (s. dazu oben unter Rdn. 52 ff.).[159]

Das Bargeschäftsprivileg kann im Rahmen des **§ 135 InsO** keine Anwendung fin- 59
den. Bei Darlehensrückzahlungen bzw. der Erfüllung gleichgestellter stehengelassener Forderungen fehlt es schon an einer unmittelbaren Gegenleistung, da die Darlehensrückgewähr keine Gegenleistung für die ursprüngliche Darlehensgewährung ist.[160] Soweit es um die Anfechtung von Sicherheiten für Gesellschafterdarlehen oder ihnen gleichgestellten Rechtshandlungen geht, sprechen Sinn und Zweck des § 135 Abs. 1 Nr. 1 InsO wie auch des § 142 InsO gegen die Anwendung des Bargeschäftsprivilegs.[161] Das Bargeschäftsprivileg soll es dem krisenbefallenen Schuldner ermöglichen, seine Handlungsfähigkeit trotz Krise aufrechtzuerhalten. Um diesem Schutzzweck zu genügen, ist es ausreichend, dass die Gesellschaft in der Krise unanfechtbare Geschäfte mit neutralen Dritten tätigen kann.[162] Die Besicherung eines Gesellschafterdarlehens ist dagegen nicht als übliches Umsatzgeschäft des allgemeinen Geschäftsverkehrs anzusehen, denn es kommt es dadurch zum Abfluss letzter, womöglich noch werthaltiger Sicherheiten aus dem Gesellschaftsvermögen, ohne dass das operative Geschäft unmittelbar befördert wird.[163]

E. Arbeitshilfen

▶ Checkliste

- □ Verknüpfung von Leistung und Gegenleistung durch Parteivereinbarung 60
- □ Gleichwertigkeit von Leistung und Gegenleistung
- □ Unmittelbarer Leistungsaustausch
- □ ab dem 05.04.2017 eröffnete Insolvenzverfahren: Anwendung des § 142 n.F.
- □ Ausnahme vom Bargeschäftsprivileg nur bei vom Gläubiger erkannter Unlauterkeit des Schuldners, Abs. 1
- □ Sonderregelung für Arbeitsentgelt, Abs. 2 Sätze 2 und 3

---

159 Zur früheren Rechtslage vgl. 4. Auflage § 142 Rn. 55.

160 BGH, 07.05.2013 – IX ZR 271/12, NZI 2013, 816 Rn. 2; Gehrlein, FS Kübler, S. 181, 186 f.

161 BGH, 14.02.2019 – IX ZR 149/16, ZInsO 2019, 781 Rn. 49; best. BGH, 20.04.2021 – II ZR 387/19, ZInsO 2021, 1277 Rn. 27; OLG Düsseldorf, 10.10.2019 – I-12 U 8/19, ZInsO 2019, 2628, 2630 zu § 142 InsO n.F.; MK-InsO/Gehrlein, § 135 InsO Rn. 19; ders., FS Kübler, S. 181, 187 f.; Graf-Schlicker/Neußner, § 135 InsO Rn. 48 f.; HK-InsO/Kleindiek, § 135 InsO Rn. 17, 30, 42; Lägler/Urlaub, ZInsO 2019, 1642 ff.; krit. Bitter, ZIP 2019, 737.

162 Henkel, ZInsO 2009, 1577, 1578; Habersack, ZIP 2007, 2145, 2150; Hiebert, ZInsO 2016, 1679 ff.

163 BGH, 14.02.2019 – IX ZR 149/16, ZInsO 2019, 781 Rn. 53; Altmeppen, ZIP 2013, 1745, 1749; krit. Bitter, ZIP 2019, 737 ff.

§ 143 Rechtsfolgen

(1) Was durch die anfechtbare Handlung aus dem Vermögen des Schuldners veräußert, weggegeben oder aufgegeben ist, muß zur Insolvenzmasse zurückgewährt werden. Die Vorschriften über die Rechtsfolgen einer ungerechtfertigten Bereicherung, bei der dem Empfänger der Mangel des rechtlichen Grundes bekannt ist, gelten entsprechend. Eine Geldschuld ist nur zu verzinsen, wenn die Voraussetzungen des Schuldnerverzugs oder des § 291 des Bürgerlichen Gesetzbuchs vorliegen; ein darüberhinausgehender Anspruch auf Herausgabe von Nutzungen eines erlangten Geldbetrags ist ausgeschlossen.

(2) Der Empfänger einer unentgeltlichen Leistung hat diese nur zurückzugewähren, soweit er durch sie bereichert ist. Dies gilt nicht, sobald er weiß oder den Umständen nach wissen muß, daß die unentgeltliche Leistung die Gläubiger benachteiligt.

(3) Im Fall der Anfechtung nach § 135 Abs. 2 hat der Gesellschafter, der die Sicherheit bestellt hatte oder als Bürge haftete, die dem Dritten gewährte Leistung zur Insolvenzmasse zu erstatten. Die Verpflichtung besteht nur bis zur Höhe des Betrags, mit dem der Gesellschafter als Bürge haftete oder der dem Wert der von ihm bestellten Sicherheit im Zeitpunkt der Rückgewähr des Darlehens oder der Leistung auf die gleichgestellte Forderung entspricht. Der Gesellschafter wird von der Verpflichtung frei, wenn er die Gegenstände, die dem Gläubiger als Sicherheit gedient hatten, der Insolvenzmasse zur Verfügung stellt.

Übersicht Rdn.

Schrifttum

Baumert, Strukturfragen der Anfechtung wegen unentgeltlicher Leistung; Insolvenzrecht trifft auf Bereicherungsrecht, ZIP 2010, 212 ff.; *Cymutta*, Die Übergangsvorschriften in der Anfechtungsreform, NZI 2017, 471 ff.; *Dahl/Schmitz/Taras*, Der aktuelle Stand der Reform des Insolvenzanfechtungsrechts, ZInsO 2016, 20 ff.; *Ede*, Die Doppelbesicherung einer Gesellschaftsschuld und der Verzicht auf die Gesellschaftersicherheit, ZInsO 2012, 853 ff.; *Fischer*, Der Grundschuldgläubiger und seine Pflicht, die Rechtsprechung des BGH ständig zu überwachen; ZInsO 2012, 1493 ff.; *Gehrlein*, Insolvenzanfechtung im Mehrpersonenverhältnis, DB 2017, 1761 ff.; *Gessner*, Die Gesellschafterinanspruchnahme bei Doppelbesicherungen in der Gesellschaftsinsolvenz, NZI 2012, 350 ff.; *Grünewald/Thomas*, Auskunftsansprüche nach Informationsfreiheits- und Transparenzgesetzen – Verwaltungstransparenz als Mittel der Aufklärung insolvenzzweckwidriger Vermögensverschiebungen (Teil 1), InsbürO 2022, 273 ff.; *Hill*, Das Wahlrecht des doppelt gesicherten Gläubigers in der Rechtsprechung des Bundesgerichtshofs, ZInsO 2012, 910 ff.; *Huber*, Neues Anfechtungsrecht 2017 in InsO und AnfG, ZInsO 2017, 517 ff.; *Jacobi/Böhme*, Praxistest zu den geplanten Änderungen des Anfechtungsrechts gemäß Referentenentwurf des BMJV v. 16.03.2015, ZInsO 2015, 721 ff.; *Kayser*, Rechtsfolgen der Insolvenzanfechtung, ZIP 2015, 449 ff.; *Kemperdick*, Zur Zulässigkeit der Vollstreckung der Ersatzfreiheitsstrafe bei insolvenzrechtlicher Anfechtung der Zahlung der Geldstrafe, ZInsO 2010, 1307 ff.; *Kindler/Bitzer*, Die Reform der Insolvenzanfechtung, NZI 2017, 369 ff.; *Kreft*, Der Rechtsweg für Insolvenzanfechtungsklagen, ZIP 2013, 241 ff.; *Lütcke*, Zahlungsanfechtung bei Tilgung einer treuhänderisch abgetretenen Forderung, NZI 2014, 641 ff.; *ders.* Richtiger Gegner der Insolvenzanfechtung bei Inkassozession, NZI 2016, 72 ff.; *Möhlenkamp*, Insolvenzanfechtung –Neues für die (steuerliche) Beratungspraxis und für Honoraransprüche in Krisenmandaten, DStR 2017, 987 ff.; *Müller/Rautmann*, Die Doppelsicherung in der Insolvenz – die Rechtsprechung muss nachsteuern, DZWIR 2012, 190 ff.; *Nachmann/Blank*, Gesellschaftersicherheiten in der Insolvenz –Wann haftet der Gesellschafter für doppelbesicherte Drittdarlehen? GWR 2012, 198 ff.; *Primozic*, Darlegungslast des Anfechtungsgegners bei einer unentgeltlichen Leistung, zugleich Anmerkung zu BGH vom 17.12.2009 – IX ZR 16/09, NZI 2010, 297 ff.; *Roth*, Die aktuelle Reform der Insolvenzanfechtung, DZWIR 2016, 113 ff.; *Schäfer*, Die Verwertung von Doppelsicherheiten in der Insolvenz, NZI 2016, 11 ff.; *Sämisch*, Der Regierungsentwurf eines Gesetzes zur Reform des Insolvenzanfechtungsrechts – Privilegien für Fiskus und Kassen im Deckmantel des Arbeitnehmerschutzes, ZInsO 2016, 1349 ff.; *Schmittmann*, Steuerrechtliche Folgen einer Insolvenzanfechtung, NZI 2014, 638 ff.; *Thole*, Das Reformgesetz zur Insolvenzanfechtung, ZIP 2017, 401 ff.; *ders.* Insolvenzanfechtung: Zur Frage der gesamtschuldnerischen Haftung von Gesellschafter und Zessionar bezüglich der Rückgewähr eines innerhalb der insolvenzrechtlichen Jahresfrist abgetretenen und an den Zessionar zurückgezahlten Gesellschafterdarlehens nach Anfechtung, ZInsO 2012, 583 ff.; *Urlaub/Rebel*, Vermeidung von Anfechtungsrisiken nach Inkrafttreten des Gesetzes zur Verbesserung der Rechtssicherheit bei Anfechtung nach der Insolvenzordnung und nach dem Anfechtungsgesetz, ZInsO 2017, 1136 ff.; *Willemsen/Kühn*, Gesetz zur Verbesserung der Rechtssicherheit bei Anfechtungen – Ende gut alles gut?, BB 2017, 649 ff.; *dies.* Regierungsentwurf zur Anfechtung – ein versteckter Segen für den Fiskus?, BB 2015, 3011 ff.; *Wimmer*, Das Gesetz zur Verbesserung der Rechtssicherheit bei Anfechtungen nach der Insolvenzordnung und nach dem Anfechtungsgesetz, jurisPR-InsR 5/2017 Anm. 1.

A. Normzweck

1 Die Norm regelt die **Rechtsfolgen** einer **erfolgreichen Anfechtung.** Es soll ein Ausgleich zwischen den Belangen der Insolvenzgläubiger einerseits und den Interessen des Anfechtungsgegners andererseits hergestellt werden.[1]

2 Zu diesem Zweck hat der Empfänger zur Insolvenzmasse **grundsätzlich in natura** zurückzugewähren, was durch die anfechtbare Handlung aus dem Vermögen des Schuldners veräußert, weggegeben oder aufgegeben ist (Abs. 1 Satz 1).[2] Ist die Rückgabe nicht möglich oder erleidet der anfechtbar erworbene Gegenstand eine Verschlechterung, hat er nur für eine **schuldhafte Unmöglichkeit** der Herausgabe oder eine schuldhafte Verschlechterung einzustehen (Abs. 1 Satz 2).[3] Nach der am 05.04.2017 in Kraft getretenen Neuregelung des § 143 Abs. 1 Satz 3 InsO ist eine auf Geldleistung gerichtete Rückgewährschuld nur noch unter den Voraussetzungen des Schuldnerverzugs oder ab Rechtshängigkeit der Anfechtungsklage entsprechend § 291 BGB zu verzinsen.

3 Da bei einer **unentgeltlichen Leistung** nicht zwingend die Bösgläubigkeit des Empfängers unterstellt werden kann,[4] haftet der Anfechtungsgegner nach Abs. 2 Satz 1 entsprechend § 818 Abs. 1 –Abs. 3 BGB nur für die **noch vorhandene Bereicherung.** Der Anfechtungsgegner kann sich also auf Entreicherung berufen und schuldet keinen Ersatz für nicht gezogene Nutzungen. Anderes gilt nach Satz 2 allerdings dann, wenn der Anfechtungsgegner weiß oder wissen muss, dass die Insolvenzgläubiger durch die unentgeltliche Leistung benachteiligt werden, er also bösgläubig ist.[5]

4 § 143 Abs. 3 InsO normiert die Rechtsfolgen der Anfechtung nach § 135 Abs. 2 InsO. Die durch das MoMiG mit Wirkung zum 01.11.2008 eingeführte Vorschrift entspricht weitgehend § 32b GmbHG a.F. und damit dem bereits zuvor von der Rechtsprechung und Literatur festgelegten Erstattungsumfang.[6]

B. Norminhalt

I. Einführung

5 Nach § 143 Abs. 1 Satz 1 InsO muss der Anfechtungsgegner das an die Insolvenzmasse zurückgewähren, was dem Vermögen des Schuldners durch die anfechtbare Rechtshandlung entzogen wurde.[7] Die Insolvenzanfechtung ist anders als die in §§ 119 ff. BGB geregelte zivilrechtliche Anfechtung kein Gestaltungsrecht, sondern ein **schuld-**

1 MK-InsO/Piekenbrock, § 143 InsO Rn. 1.
2 MK-InsO/Piekenbrock, § 143 InsO Rn. 2.
3 MK-InsO/Piekenbrock, § 143 InsO Rn. 2, 101.
4 MK-InsO/Piekenbrock, § 143 InsO Rn. 3, 141.
5 Kayser, ZIP 2015, 449, 450.
6 FK-InsO/Jungclaus/Keller, § 143 InsO Rn. 3.
7 MK-InsO/Piekenbrock, § 143 InsO Rn. 2.

rechtlicher Anspruch, der außergerichtlich oder gerichtlich geltend gemacht werden muss.[8] Die angefochtene Rechtshandlung ist weder absolut noch relativ unwirksam.[9]

II. § 143 Abs. 1 InsO

1. Rückgewährschuldverhältnis

Da der Anspruch aus § 143 Abs. 1 Satz 1 InsO als schuldrechtlicher Rückgewähranspruch ausgestaltet ist,[10] finden die Vorschriften des BGB über den **Gläubiger- und Schuldnerverzug**, die Erfüllung etc. Anwendung.[11] 6

Der Anspruch **entsteht mit der Eröffnung** des Insolvenzverfahrens.[12] Wird ein weiteres Insolvenzverfahren eröffnet, entstehen Ansprüche aus § 143 Abs. 1 InsO vollständig neu, mit der Folge, dass sie einer eigenen Verjährung unterliegen.[13] 7

Der Anspruch wird – ohne dass es dafür einer Geltendmachung durch den Insolvenzverwalter bedarf[14] – grundsätzlich **gleichzeitig fällig**.[15] Nur ausnahmsweise ist auf einen späteren, nach der Eröffnung des Insolvenzverfahrens liegenden Zeitpunkt abzustellen, wenn erst zu diesem die gläubigerbenachteiligende Wirkung eintritt.[16] 8

Da der Insolvenzverwalter die Verfügungsbefugnis auch über den Anfechtungsanspruch hat (§ 80 InsO), kann er auf diesen **verzichten, ihn erlassen,**[17] sich mit dem Rückgewährschuldner über diesen **vergleichen**[18] und ihn **abtreten**[19] (s.a. § 143 Rdn. 56). Er kann auch den Schuldner ermächtigen, ihn als Prozessstandschafter einzuklagen.[20] Entsprechende Rechtshandlungen des vorläufigen Insolvenzverwalters sind indessen unzulässig.[21] 9

8 BGH, 16.10.2014 – IX ZR 282/13, ZInsO 2014, 2318 Rn. 10.
9 BGH, 16.10.2014 – IX ZR 282/13, ZInsO 2014, 2318 Rn. 10; 21.09.2006 – IX ZR 235/04, ZInsO 2006, 1217 Rn. 10, 14 f.
10 BGH, 16.10.2014 – IX ZR 282/13, ZInsO 2014, 2318 Rn. 10; 17.02.2011 – IX ZR 91/10, ZInsO 2011, 1154 Rn. 7 f.; 21.09.2006 – IX ZR 235/04, ZInsO 2006, 1217 Rn. 10, 14 f.
11 HambKomm-InsR/Rogge/Leptien, § 143 InsO Rn. 2.
12 BGH, 22.10.2015 – IX ZR 171/14, ZInsO 2015, 2372 Rn. 11; 01.02.2007 – IX ZR 96/04, BGHZ 171, 38 Rn. 20; 18.05.1995 – IX ZR 189/94, BGHZ 130, 38 Rn. 19 ff.
13 LG Düsseldorf, 02.05.2011 – 2b O13/10, ZInsO 2011, 1156, 1157.
14 BGH, 01.02.2007 – IX ZR 96/04, BGHZ 171, 38 Rn. 20.
15 BGH, 01.02.2007 – IX ZR 96/04, BGHZ 171, 38 Rn. 20.
16 A/G/R-Gehrlein, § 143 InsO Rn. 2.
17 BGH, 17.02.2011 – IX ZR 91/10, ZInsO 2011, 1154 Rn. 7.
18 BGH, 17.12.2015 – IX ZR 143/13, BGHZ 208, 227 Rn. 22 ff.
19 BGH, 12.09.2019 – IX ZR 16/18, ZInsO 2019, 2164 Rn. 10 ff.; 17.02.2011 – IX ZR 91/10, ZInsO 2011, 1154 Rn. 8.
20 BGH, 17.02.2011 – IX ZR 91/10, ZInsO 2011, 1154 Rn. 7.
21 LG Bremen, 01.02.1991 – 9 O 1371/90, ZIP 1991, 1224, 1225.

10 In der **Insolvenz des Anfechtungsgegners** gewährt der anfechtungsrechtliche Rückforderungsanspruch ein (Ersatz-) **Aussonderungsrecht**,[22] soweit der anfechtbar weggegebene Gegenstand oder das dafür erlangte Surrogat im Vermögen des Anfechtungsgegners noch unterscheidbar vorhanden ist. Der lediglich auf Wertersatz gerichtete Zahlungsanspruch ist dagegen einfache Insolvenzforderung.[23]

11 **§ 242 BGB** hindert die Geltendmachung eines Rückgewähranspruchs aus § 143 Abs. 1 Satz 1 InsO nur in Extremfällen.[24]

2. Gegenstand der Rückgewährpflicht

a) Grundsatz

12 Infolge der Anfechtung soll die Masse in den Zustand versetzt werden, in dem sie sich befände, wenn die anfechtbare Rechtshandlung unterblieben wäre.[25] Angefochten und im Interesse der Gläubigergesamtheit **rückgängig zu machen** sind die durch die Rechtshandlung ausgelösten **gläubigerbenachteiligenden Rechtswirkungen**. Gegenstand der Rückgewähr ist das, was aus der Masse herausgegeben wurde; ob der Anfechtungsgegner bei Realisierung des Anfechtungsanspruchs noch bereichert ist, ist grds. irrelevant.[26]

13 Auch **Masseunzulänglichkeit** steht der Rechtsverfolgung des insolvenzrechtlichen Rückgewähranspruchs nach § 143 InsO nicht entgegen.[27] Der Insolvenzverwalter ist jedoch nach Eintritt der Massekostenarmut nicht mehr verpflichtet, noch Anfechtungsansprüche durchzusetzen, was sich bereits aus § 207 Abs. 3 Satz 2 InsO ergibt.[28]

14 Ist der Anfechtungsschuldner **vor** der Eröffnung des Insolvenzverfahrens aufgrund von Vorschriften des **Anfechtungsgesetzes** in Anspruch genommen worden, scheidet ein Anspruch auf Rückgewähr zur Insolvenzmasse im Umfang der Erfüllung des Insolvenzanspruchs aus.[29]

15 Wer in anfechtbarer Weise das **Eigentum** oder den **Besitz** an einer **beweglichen Sache** des schuldnerischen Vermögens erlangt hat, hat der Insolvenzmasse dies durch Rückübereignung und Besitzeinräumung zurückzugewähren.[30] Handelt es sich bei der

22 BGH, 02.04.2009 – IX ZR 236/07, ZInsO 2009, 1060 Rn. 42; 23.10.2003 – IX ZR 252/01, BGHZ 156, 350 Rn. 24 ff.
23 BGH, 16.11.2007 – IX ZR 194/04, BGHZ 174, 228 Rn. 44; 24.06.2003 – IX ZR 228/02, BGHZ 155, 199 Rn. 26.
24 BGH, 27.06.2019 – IX ZR 167/18, ZIP 2019, 1577 Rn. 96; OLG Hamm, 15.06.2021 – 27 U 105/20, ZInsO 2021, 1755 Rn. 18.
25 Uhlenbruck/Borries/Huber/Hirte, § 143 InsO Rn. 20 f.
26 MK-InsO/Piekenbrock, § 143 InsO Rn. 37.
27 BAG, 08.05.2014 – 6 AZR 722/12, ZInsO 2014, 1758 Rn 28.
28 LAG Nürnberg, 16.05.2012 – 2 Sa 566/11, ZInsO 2013, 94 Rn. 66.
29 BGH, 15.11.2012 – IX ZR 173/09, ZInsO 2013, 78 Rn. 15 ff.
30 HambKomm-InsR/Rogge/Leptien, § 143 InsO Rn. 21.

anfechtbar weggegebenen Sache um **Geld**, ist der entsprechende Geldbetrag zuzüglich Zinsen in die Masse zurückzugewähren.[31]

Ist ein **Grundstück** zurückzugewähren, hat der Anfechtungsgegner dieses durch **Rückauflassung** und **Eintragung** zurückzuübertragen.[32] Stattdessen ist auch die Duldung der Zwangsvollstreckung in das Grundstück möglich.[33] Der (Rück-) Übereignungsanspruch umfasst die Verpflichtung des Anfechtungsgegners, zwischenzeitlich vorgenommene Belastungen auf seine Kosten zu beseitigen.[34] Ist eine Beseitigung nicht möglich, so ist Wertersatz zu leisten.[35] Ist das Grundstück jedoch vor oder nach Veräußerung durch den Schuldner belastet worden, ist es nur mit diesen Belastungen zurückzuübertragen. 16

Ist der Erwerber noch nicht eingetragen, kann der Insolvenzverwalter den **Verzicht** auf die Rechte aus der Auflassung und die Rücknahme des Eintragungsantrags verlangen. Wenn bereits eine – anfechtbare – Auflassungsvormerkung eingetragen worden war, kann er den Verzicht auf die daraus resultierenden Rechte und die Bewilligung ihrer Löschung beanspruchen.[36] 17

Im Falle der anfechtbaren Begründung oder Übertragung eines **Grundpfandrechts** kann der Insolvenzverwalter entweder die Einwilligung in die Löschung der Belastung (§ 1183 BGB) oder, um ein Aufrücken nachrangiger Belastungen zu vermeiden, die Übertragung des Grundpfandrechts an die Masse beanspruchen.[37] Letzterenfalls ist ein Grundpfandbrief zu übergeben.[38] 18

Der auf Rückübertragung gerichtete insolvenzrechtliche Anfechtungsanspruch kann – auch im Wege des vorläufigen Rechtsschutzes – durch Eintragung einer Vormerkung (§ 885 BGB) gesichert werden.[39] 19

Eine **Forderung** muss vom Anfechtungsgegner einschließlich der zum Beweis dienenden Urkunde zurückübertragen werden (§ 398 BGB).[40] Erst nach erfolgter Rückabtretung (§ 894 ZPO) kann der Insolvenzverwalter die Forderung verwerten.[41] Leistet der Drittschuldner gleichwohl an den Insolvenzverwalter, kann dieser dem Gläubiger 20

31 HambKomm-InsR/Rogge/Leptien, § 143 InsO Rn. 23.
32 BGH, 09.06.2016 – IX ZR 153/15, ZInsO 2016, 1578 Rn. 24; 29.04.1986 – IX ZR 145/85, ZIP 1986, 787 Rn. 44 ff.; eingehend dazu: KG Berlin, 26.04.2012 – 1 W 96/12, ZInsO 2012, 1170 Rn. 14 ff.
33 HambKomm-InsR/Rogge/Leptien, § 143 InsO Rn. 19.
34 BGH, 29.04.1986 – IX ZR 145/85, ZIP 1986, 787 Rn. 44 ff.
35 BGH, 29.04.1986 – IX ZR 145/85, ZIP 1986, 787 Rn. 45.
36 A/G/R-Gehrlein, § 143 InsO Rn. 8.
37 BGH, 09.06.2016 – IX ZR 153/15, ZInsO 2016, 1578 Rn. 24.
38 MK-InsO/Piekenbrock, § 143 InsO Rn. 53.
39 OLG Düsseldorf, 31.10.2023 – I-12 U 43/23, ZInsO 2024, 39 Rn. 2; OLG Karlsruhe, 19.12.2016 – 1 U 166/16, ZIP 2017, 290 Rn. 40 ff.
40 BGH, 16.10.2014 – IX ZR 282/13, ZInsO 2014, 2318 Rn. 10.
41 BGH, 01.12.1988 – IX ZR 112/88, BGHZ 106, 127 Rn. 15.

aber die Einrede der Anfechtbarkeit nach § 146 Abs. 2 InsO entgegenhalten.[42] Eine wegen der Abtretung ins Leere gegangene Pfändung wird mit der Anfechtung nicht wirksam.[43] Eine nur **sicherungsabgetretene** Forderung kann der Verwalter auch ohne Anfechtung nach § 166 Abs. 2 InsO einziehen. Hatte der Anfechtungsgegner die Forderung bereits eingezogen oder ist sie durch seine Aufrechnung erloschen, muss er Wertersatz leisten;[44] ist die Forderung durch Aufrechnung erloschen, beläuft sich der Wertersatz auf den Nominalbetrag.

21 Wird eine auf Abschluss oder Änderung eines **gegenseitigen Vertrags** gerichtete Willenserklärung angefochten, kann sich der Anfechtungsgegner nicht auf die angefochtene Erklärung berufen, so dass diese in diesem Verhältnis keine rechtliche Wirkung hat.[45] Der Insolvenzverwalter kann selbst nach Verjährung des Anfechtungsanspruchs die Anfechtbarkeit einwenden, wenn er auf Erfüllung des Vertrags in Anspruch genommen wird.[46] Diese Rechtswirkung tritt allerdings ausschließlich im Verhältnis zur Insolvenzmasse ein, also **nicht im Verhältnis zu Dritten**. Eine Wirkung der Anfechtung auch gegenüber Dritten kommt allenfalls dann in Betracht, wenn der Vertrag nach erklärter oder gerichtlich geltend gemachter Anfechtung mit Zustimmung oder infolge einer entsprechenden Verurteilung des Anfechtungsgegners aufgehoben wird.[47]

22 Eine anfechtbar gewährte **Sicherheit** ist zurückzugewähren, so dass der Insolvenzverwalter Freigabe der Sicherheit verlangen kann. Ist sie bereits verwertet worden, tritt an die Stelle des Freigabeanspruchs ein Wertersatzanspruch nach § 143 Abs. 1 Satz 2 InsO i.V.m. § 818 Abs. 2, Abs. 4 BGB.[48]

23 Ist ein **kaufmännisches Unternehmen** anfechtbar veräußert worden (asset deal), ist das gesamte Unternehmen zurückzugewähren. Mit Blick auf den sachenrechtlichen Bestimmtheitsgrundsatz hat die Rückgewähr durch Übertragung der einzelnen Bestandteile zu erfolgen.[49] Wird der Anspruch klagweise geltend gemacht, muss der Verwalter den Klageantrag hinreichend konkret fassen.[50] Bei der Rückgewähr des kaufmännischen Unternehmens können auch Arbeitsverhältnisse gem. **§ 613a BGB** auf die Insolvenzmasse mit übergehen.[51]

---

42 BGH, 01.12.1988 – IX ZR 112/88, BGHZ 106, 127 Rn. 15.

43 BGH, 21.09.2006 – IX ZR 235/04, ZInsO 2006, 1217 Rn. 18 ff.

44 BGH, 18.07.2013 – IX ZR 219/11, BGHZ 198, 64 Rn. 26; 12.07.2007 – IX ZR 235/03, ZInsO 2007, 1107 Rn. 23; 21.09.2006 – IX ZR 235/04, ZInsO 2006, 1217 Rn. 18 ff.; HambKomm-InsR/Rogge/Leptien, § 143 InsO Rn. 32.

45 BGH, 12.01.2017 – IX ZR 130/16, ZInsO 2017, 504 Rn. 15; 16.10.2014 – IX ZR 282/13, ZInsO 2014, 2318 Rn. 11.

46 BGH, 16.10.2014 – IX ZR 282/13, ZInsO 2014, 2318 Rn. 11; 08.11.2012 – IX ZR 77/11, ZInsO 2012, 2338 Rn. 24; 26.04.2012 – IX ZR 146/11, ZInsO 2012, 1127 Rn. 32.

47 BGH, 16.10.2014 – IX ZR 282/13, ZInsO 2014, 2318 Rn. 14.

48 BGH, 18.07.2013 – IX ZR 219/11, BGHZ 198, 64 Rn. 26.

49 MK-InsO/Piekenbrock, § 143 InsO Rn. 62 f.

50 Uhlenbruck/Borries/Huber/Hirte, § 143 InsO Rn. 225.

51 MK-InsO/Piekenbrock, § 143 InsO Rn. 62.

Anfechtbar übertragene **Gesellschaftsanteile** sind an den Schuldner zurückzuübertragen, ohne dass es der Zustimmung der Mitgesellschafter bedarf. 24

Bei einer Anfechtung von **Entgeltzahlungen** gegenüber einem Arbeitnehmer des Schuldners wird grds. die Rückgewähr dessen geschuldet, was infolge der angefochtenen Handlung aus dem Vermögen des Schuldners an den Arbeitnehmer geflossen ist. In der Regel hat der Arbeitnehmer nur den **Nettolohn** erhalten, den er zurückzahlen muss. Hat der Schuldner allerdings – entgegen §§ 28g, 28h SGB IV bzw. § 38 EStG – weder den Arbeitnehmeranteil des Gesamtsozialversicherungsbeitrags noch die Einkommenssteuer abgeführt, sondern dem Arbeitnehmer das Bruttoentgelt ausgezahlt, hat dieser dieses zurückzuzahlen. Dies gilt auch dann, wenn er seinen Sozialversicherungsbeitrag und/oder die Einkommenssteuer selbst abgeführt hat.[52] 25

Liegen die Voraussetzungen des § 96 Abs. 1 Nr. 3 InsO vor, sind **Aufrechnungen** nach Verfahrenseröffnung unzulässig. Ist die Aufrechnung bereits vor Verfahrenseröffnung erklärt worden, so wird die Erklärung mit der Eröffnung rückwirkend insolvenzrechtlich unwirksam.[53] Es bedarf weder einer Anfechtungserklärung noch muss der Insolvenzverwalter die Anfechtung im Wege der Klage nach § 143 Abs. 1 InsO geltend machen[54] (s.a. Kap. 1 B. Rdn. 45 ff.). Er kann vielmehr die Forderung des Schuldners einklagen und dem Einwand der Aufrechnung die Einrede der Anfechtbarkeit nach § 146 InsO entgegenhalten.[55] Dies gilt auch für bereits vor Verfahrenseröffnung erfolgte Aufrechnungen, wenn die Aufrechnungslage nach §§ 130 ff. InsO anfechtbar erworben ist.[56] Wird durch den Unternehmer mit Blick auf den Insolvenzantrag des Vertragshändlers die Kündigung des Vertragshändlervertrags ausgesprochen, ist seine nach der Eröffnung gegen den **Ausgleichsanspruch nach § 89b HGB** erklärte Aufrechnung mit Insolvenzforderungen daher bei Vorliegen der Anfechtungsvoraussetzungen insolvenzrechtlich unwirksam.[57] 26

Auch bei **mittelbaren Zuwendungen** kommt es entscheidend darauf an, was aus dem schuldnerischen Vermögen weggegeben wurde.[58] Hatte der Schuldner selbst keinen Anspruch auf den Gegenstand, den der Anfechtungsgegner erhalten hat, ist nur Wertersatz in die Masse zu leisten.[59] Bei einem **Vertrag zugunsten Dritter** ist die dem Dritten gewährte Leistung eine durch Einschaltung des Versprechenden gewährte **mittelbare** Leistung. Hatte der Schuldner für eine von ihm abgeschlossene Lebens- 27

---

52 BAG, 18.10.2018 – 6 AZR 506/17, ZInsO 2019, 272 Rn. 32 ff.

53 BGH, 30.04.2020 – IX ZR 162/16, ZInsO 2020, 1471 Rn. 19.

54 MK-InsO/Reichelt, § 96 InsO Rn. 59; MK-InsO/Piekenbrock, § 143 InsO Rn. 75.

55 BGH, 30.04.2020 – IX ZR 162/16, ZInsO 2020, 1471 Rn. 19; 02.06.2005 – IX ZB 235/04, ZInsO 2005, 707 Rn. 9; 29.06.2004 – IV ZR 195/03, BGHZ 159, 388 Rn. 21 f.

56 BGH, 05.02.2009 – IX ZR 78/07, ZInsO 2009, 659 Rn. 16; 26.06.2008 – IX ZR 144/05, ZInsO 2008, 801 Rn. 10 ff.; 28.02.2008 – IX ZR 177/05, ZInsO 2008, 375 Rn. 10; 28.09.2006 – IX ZR 136/05, ZInsO 2006, 1215 Rn. 11, 12 f.; 11.11.2004 – IX ZR 237/03, ZInsO 2005, 181 Rn. 5 ff.

57 BGH, 07.05.2013 – IX ZR 191/12, ZInsO 2013, 1143 Rn. 5 ff.

58 HambKomm-InsR/Rogge/Leptien, § 143 InsO Rn. 16.

59 BGH, 14.06.1978 – VIII ZR 149/77, BGHZ 72, 39 Rn. 30 ff.

versicherung einem Dritten ein **widerrufliches Bezugsrecht** eingeräumt, richtet sich der Anfechtungsanspruch nach Eintritt des Versicherungsfalls nicht auf Rückgewähr der vom Schuldner (Versprechensempfänger) aufgewendeten Prämien, sondern gegen den **Dritten** (Begünstigten) auf Rückgewähr der ihm zugewandten Versicherungssumme, die der Schuldner mit den Prämien zu Lasten der Masse »erkauft« hat.[60] Bei Verfahrenseröffnung vor dem Todesfall kann der Insolvenzverwalter die Wirkungen der Bezugsberechtigung beseitigen, indem er das auf ihn übergegangene Widerrufsrecht des Schuldners ausübt.[61] Wird eine Lebensversicherung in eine pfändungsgeschützte Versicherung nach § 167 VVG umgewandelt, so handelt es sich dabei um eine unmittelbare Gläubigerbenachteiligung i.S.v. § 132 InsO, weil der zunächst massezugehörige Rückkaufswert der Versicherung der Masse durch die Umwandlung entzogen wird.[62] Da das, was durch eine anfechtbare Handlung dem Zugriff der Insolvenzgläubiger entzogen wurde, an die Insolvenzmasse zurückzugewähren ist,[63] schuldet der Anfechtungsgegner nach § 143 Abs. 1 InsO den Rückkaufswert der Rentenversicherung, weil die Versicherung gem. § 851c ZPO unpfändbar geworden ist und dadurch gem. § 36 InsO der Insolvenzmasse nach § 35 InsO nicht mehr angehört.[64]

28 Da eine **Unterlassung** gem. § 129 Abs. 2 InsO einer Rechtshandlung gleichsteht, muss sich der Anfechtungsgegner so behandeln lassen, als hätte der Schuldner die Handlung vorgenommen. Hat der Schuldner also durch die anfechtbare Unterlassung ein Recht verloren, so ist dieser Verlust als gegenüber der Masse unwirksam zu behandeln. Der Insolvenzverwalter kann daher das Recht geltend machen und Einwänden des Anfechtungsgegners mit dem Einwand der Anfechtbarkeit begegnen.[65]

29 Liegen anfechtbare **Prozesshandlungen** vor, ergreift die Anfechtbarkeit nicht die ergangene gerichtliche Entscheidung, sondern nur deren **materiell-rechtliche,** gläubigerbenachteiligende **Wirkungen.**[66] Ein dem Schuldner aberkanntes Recht gilt also als zugunsten der Insolvenzmasse fortbestehend. Der Geltendmachung eines gegen den Schuldner festgestellten Rechts kann der Insolvenzverwalter die Einrede der Anfechtbarkeit entgegenhalten.[67]

30 Die **Kosten des Vollzugs** der Rückgewähr einschließlich etwaiger Vollstreckungskosten hat der Anfechtungsgegner zu tragen.[68]

---

60 BGH, 27.04.2010 – IX ZR 245/09, ZInsO 2010, 997 Rn. 3; 23.10.2003 – IX ZR 252/01, BGHZ 156, 350 Rn. 12 ff.; HambKomm-InsR/Rogge/Leptien, § 143 InsO Rn. 16.
61 BGH, 04.03.1993 – IX ZR 169/92, ZIP 1993, 600 Rn. 13.
62 AG Köln, 31.05.2012 – 130 C 25/12, ZInsO 2012, 1998 Rn. 23 f.
63 MK-InsO/Piekenbrock, § 143 InsO Rn. 37.
64 AG Köln, 31.05.2012 – 130 C 25/12, ZInsO 2012, 1998 Rn. 27.
65 K/S/W/Kummer, § 143 InsO Rn. P85.
66 MK-InsO/Piekenbrock, § 143 InsO Rn. 81.
67 HambKomm-InsR/Rogge/Leptien, § 143 InsO Rn. 53.
68 HambKomm-InsR/Rogge/Leptien, § 143 InsO Rn. 20.

b) Konkretisierung der Rückgabepflicht über die Rechtsfolgen des Bereicherungsrechtes, § 143 Abs. 1 Satz 2 InsO

Besteht dem Grunde nach ein Rückgewähranspruch, so konkretisiert § 143 Abs. 1 Satz 2 InsO das an die Masse Zurückzugewährende. § 143 Abs. 1 Satz 2 InsO bestimmt, dass die Rechtsfolgen[69] der ungerechtfertigten Bereicherung anwendbar sind. 31

Ist die Rückgewähr in natura rechtlich oder tatsächlich unmöglich, kann der Insolvenzverwalter daher stattdessen das Surrogat, Wert- oder Schadensersatz verlangen. Ein erlangtes **Surrogat** muss der Anfechtungsgegner nach § 143 Abs. 1 Satz 2 InsO i.V.m. § 818 Abs. 1 BGB herausgeben. Dazu gehören nur ein gesetzliches, nicht aber ein »rechtsgeschäftliches« Surrogat, weil der Anfechtungsgegner letzteres erst durch einen besonderen Vertrag an Stelle des ursprünglich Erlangten einhandelt.[70] **Wertersatz** für die unmögliche Rückgewähr schuldet er gem. § 818 Abs. 2 BGB, wobei der Wert der Sache im unversehrten Zustand im Zeitpunkt der letzten mündlichen Verhandlung maßgeblich ist.[71] **Unmöglich** ist die Rückgewähr, wenn eine Sache ihrer Substanz nach untergegangen oder ein Recht erloschen ist. Typische Fälle sind Verbrauch, Zerstörung, Vermischung, Weiterveräußerung oder Entzug durch Dritte, auch im Wege der Zwangsvollstreckung. Für eine Unmöglichkeit genügt es, wenn die Rückgewähr in Natur für eine der Parteien mit unzumutbaren oder unverhältnismäßigen Schwierigkeiten verbunden wäre.[72] 32

Daneben muss der Anfechtungsgegner die tatsächlich gezogenen und noch vorhandenen **Nutzungen**, insb. Sach- und Rechtsfrüchte sowie Gebrauchsvorteile an die Masse herausgeben, §§ 143 Abs. 1 Satz 2 InsO, 818 Abs. 1 BGB; können diese nicht herausgegeben werden, ist Wertersatz zu leisten.[73] Gleiches gilt für **schuldhaft nicht gezogene Nutzungen**, § 987 Abs. 2 BGB.[74] Wird ein Kaufvertrag als unentgeltliche Leistung i.S.d. § 143 InsO angefochten, bemisst sich der für die zwischenzeitliche Nutzung der Sache zu leistende Ersatz grds. nicht nach dem fiktiven Mietzins für eine gleichartige Sache, sondern durch **Schätzung der zeitanteiligen linearen Wertminderung** im Vergleich zwischen tatsächlichem Gebrauch und voraussichtlicher Gesamtnutzungsdauer, denn die (Investitions-)Entscheidung des Käufers zu kaufen und nicht zu mieten schließt eine Bestimmung des Werts der Gebrauchsvorteile nach dem fiktiven Mietzins aus.[75] Dabei ist nicht der vereinbarte (zu niedrige) Kaufpreis maßgeblich, sondern der **objektive Wert** des Kaufgegenstands.[76] Etwas anderes kann dann gelten, wenn es an einer **echten Investitionsentscheidung des Käufers fehlt**, 33

69 BGH, 13.12.2007 – IX ZR 116/06, ZInsO 2008, 276 Rn. 7; 01.02.2007 – IX ZR 96/04, BGHZ 171, 38 Rn. 14.
70 BGH, 14.02.2019 – IX ZR 149/16, ZInsO 2019, 781 Rn. 96 ff.
71 BGH, 14.12.1983 – VIII ZR 352/82, BGHZ 89, 189 Rn. 22.
72 A/G/R-Gehrlein, § 143 InsO Rn. 22.
73 HambKomm-InsR/Rogge/Leptien, § 143 InsO Rn. 96.
74 BGH, 22.09.2005 – IX ZR 271/01, ZIP 2005, 1888 Rn. 5.
75 BGH, 26.10.2023 – IX ZR 250/22, ZInsO 2024, 192 Rn. 28.
76 BGH, 26.10.2023 – IX ZR 250/22, ZInsO 2024, 192 Rn. 28, 30.

etwa deshalb, weil der Käufer in das Beiseiteschaffen von haftendem Schuldnervermögen eingebunden ist.[77]

Gegenüber einem Anspruch der Masse auf Herausgabe vereinnahmter Mieten oder auf Wertersatz für diese Früchte kann der Anfechtungsgegner mit einem Anspruch auf Erstattung von Fruchtgewinnungskosten (§ 102 BGB; Kosten der Immobilienverwaltungstätigkeit) aufrechnen, nicht aber gegenüber dem Wertersatzanspruch der Masse wegen einer unmöglich gewordenen Herausgabe der Immobilie.[78] Zur Herausgabe von Nutzungen eines erlangten Geldbetrags s.u. Rdn. 36 ff.

34 Dem Anfechtungsgegner sind **notwendige Verwendungen** und Lasten der anfechtbar erlangten Sache zu ersetzen, §§ 994 Abs. 2, 995, 683, 684 Satz 2, 670 BGB, sofern diese seinem Interesse und dem wirklichen oder mutmaßlichen Willen des Verwalters bzw. der Masse entsprechen. Darunter fallen z.B. Versicherungsbeiträge und Instandhaltungskosten für die anfechtbar erhaltene Sache.[79] Liegen die Voraussetzungen nicht vor, hat der Anfechtungsgegner lediglich einen Anspruch auf Herausgabe der bei der Masse verbliebenen Bereicherung (§§ 684 Satz 1, 812 BGB).[80] Für **nützliche Verwendungen** steht dem Anfechtungsgegner ein Bereicherungsanspruch insoweit zu, als der Anfechtungsgegenstand bei einem Vergleich zwischen dem Zeitpunkt der Rück- und dem der Weggabe eine Wertsteigerung erfahren hat. Beruht die Wertsteigerung indessen nicht auf Verwendungen des Anfechtungsgegners, ist sie auch nicht auszugleichen.[81]

35 Der Anfechtungsgegner hat wegen des Verwendungsersatzanspruchs ein **Zurückbehaltungsrecht** nach §§ 273, 1000 BGB,[82] es sei denn, die anfechtbare Rechtshandlung stellt eine vorsätzlich begangene unerlaubte Handlung dar.[83]

c) Verzinsung von Geldschulden und Herausgabe von Nutzungen eines erlangten Geldbetrags, § 143 Abs. 1 Satz 3 InsO

36 Mit der am 05.04.2017 in Kraft getretenen Neuregelung sollen Fehlanreize zu einer verzögerten Geltendmachung begründeter Anfechtungsansprüche beseitigt und der Anfechtungsgegner vor einer übermäßigen Zinsbelastung geschützt werden.[84] Nach alter Rechtslage war der Rückgewähranspruch ab seiner Fälligkeit, die mit Eröffnung des Insolvenzverfahrens eintritt, mit dem Verzugszinssatz des § 288 Abs. 1 Satz 2 BGB zu verzinsen.[85] Damit bestand für den Insolvenzverwalter der Anreiz, Anfechtungs-

77 BGH, 26.10.2023 – IX ZR 250/22, ZInsO 2024, 192 Rn. 29.
78 BGH, 24.01.2019 – IX ZR 121/16, ZInsO 2019, 683 Rn. 13 ff.
79 HambKomm-InsR/Rogge/Leptien, § 143 InsO Rn. 65.
80 FK-InsO/Jungclaus/Keller, § 143 InsO Rn. 27.
81 BGH, 24.09.1996 – IX ZR 190/95, NJW 1996, 3341 Rn. 7.
82 BGH, 23.11.1995 – IX ZR 18/95, BGHZ 131, 189 Rn. 38.
83 FK-InsO/Jungclaus/Keller, § 143 InsO Rn. 29.
84 BT-Drucks. 18/7054, S. 20; BT-Drucks. 18/11199, S. 11 f.
85 BGH, 10.02.2011 – IX ZR 18/10, ZInsO 2011, 728 Rn. 16; 01.02.2007 – IX ZR 96/04, BGHZ 171, 38 Rn. 14 ff.

ansprüche insb. gegen solvente Anfechtungsgegner erst verzögert geltend zu machen, weil er so in den Genuss hoher Zinszahlungen kommen konnte. Zudem bot der Verzugszinssatz mit dem absoluten Zuschlag von 5 Prozentpunkten auf den jeweiligen Basiszinssatz bei dem derzeitigen Niedrigzinsniveau eine attraktive Verzinsung des Rückgewähranspruchs.[86]

Die **Neuregelung** sieht vor, dass der Anfechtungsgegner die gesetzlichen Verzugszinsen des § 288 Abs. 1 Satz 2 BGB für die auf eine Geldleistung gerichtete Rückgewährschuld nunmehr **nur noch** im Falle des **Verzugs** oder der **Rechtshängigkeit** schuldet. Gem. § 286 Abs. 1 Satz 1 BGB bedarf es daher grundsätzlich einer verzugsbegründenden **Mahnung** durch den Insolvenzverwalter. Schon gem. § 286 Abs. 1 Satz 2 BGB ist die **Erhebung der Klage** oder die **Zustellung eines Mahnbescheids** dem gleichgestellt, so dass der ergänzende Verweis auf die in § 291 BGB geregelte Zinspflicht als materiellrechtliche Folge der Rechtshängigkeit praktisch kaum Relevanz haben dürfte. 37

Da der Rückgewähranspruch bereits mit der Eröffnung des Insolvenzverfahrens fällig wird und es dafür keiner ausdrücklichen Erklärung bedarf,[87] kann das (erste) Anforderungsschreiben des Insolvenzverwalters nur dann als **Mahnung i.S.d. § 286 Abs. 1 BGB** qualifiziert werden, wenn die anfechtungsrelevanten Tatsachen so dargelegt sind, dass dem Anfechtungsgegner die Prüfung des geltend gemachten Anspruchs ermöglicht wird.[88] 38

Der Höhe nach werden – nur – Verzugszinsen in Höhe von 5 Prozentpunkten über dem Basiszinssatz geschuldet, § 288 Abs. 1 Satz 2 BGB. Diese Regelung ist – wie schon das Wort »nur« zeigt – abschließend. § 288 Abs. 2 BGB mit dem Zinssatz von 9 % findet keine Anwendung, zumal es sich bei der Rückgewährforderung nicht um eine Entgeltforderung handelt. Eine solche liegt nur dann vor, wenn die Forderung auf Zahlung eines Entgelts als Gegenleistung für eine vom Gläubiger erbrachte oder zu erbringende Leistung gerichtet ist, die in der Lieferung von Gütern oder der Erbringung von Dienstleistungen besteht.[89] Auch können zukünftig darüber hinaus Zinsen nicht mehr als gezogene oder schuldhaft nicht gezogene Nutzungen verlangt werden.[90] 39

Nach der **Überleitungsvorschrift** des **Art. 103j Abs. 2 Satz 2 EGInsO** ist § 143 Abs. 1 Satz 3 InsO **bereits mit dem Inkrafttreten** des Gesetzes, d.h. ab dem 05.04.2017 **anzuwenden.**[91] Die Regelung gilt folglich auch für schon laufende Insolvenzverfahren, also für solche, die vor dem 05.04.2017 – dem Inkrafttreten des Gesetzes – eröffnet wurden. 40

Für die Zeit vor dem Inkrafttreten des Gesetzes können Zinsansprüche sowie Ansprüche auf gezogene oder schuldhaft nicht gezogene Nutzungen, die bis dahin auf der 41

86 BT-Drucks. 18/7054, S. 21 f.; BT-Drucks. 18/11199, S. 12, Abdruck s. 4. Auflage.
87 BGH, 01.02.2007 – IX ZR 96/04, BGHZ 171, 38 Rn. 20.
88 Cymutta, NZI 2017, 471, 472; HambKomm-InsR/Rogge/Leptien, § 143 InsO Rn. 57.
89 BGH, 12.04.2018 – IX ZR 88/17, ZInsO 2018, 1210 Rn. 33.
90 BT-Drucks. 18/7054, S. 21 f.; BT-Drucks. 18/11199, S. 12.
91 Zur Frage der Verfassungsmäßigkeit einer solchen unechten Rückwirkung Wimmer, jurisPR 5/2017 Anm. 1.

Grundlage des geltenden Rechts verlangt werden konnten,[92] indessen weiterhin beansprucht werden, Art. 103j Abs. 2 Satz 1 EGInsO.

42 Nach **alter Rechtslage** waren Geldzahlungsansprüche bereits ab Verfahrenseröffnung in Höhe der Prozesszinsen zu verzinsen.[93] Daneben hatte der Anfechtungsgegner die ab dem Zeitpunkt der Vornahme der angefochtenen Rechtshandlung gezogenen und schuldhaft nicht gezogenen Zinsen als Nutzungen an die Masse herauszugeben.[94] Hatte sich der Gläubiger durch Auf- oder Verrechnung in anfechtbarer Weise eine Befriedigung seiner Forderung verschafft, waren hierauf **Prozesszinsen ab Verfahrenseröffnung** zu entrichten.[95]

43 Damit wirkt sich die Änderung nach Maßgabe der Überleitungsvorschrift auf den Zinsanspruch wie folgt aus:

44 Hatte der Insolvenzverwalter den **Rückforderungsanspruch** im Zeitpunkt des Inkrafttretens des Gesetzes **schon rechtshängig** gemacht, so kann er – im Ergebnis – nach wie vor Zinsen jedenfalls ab Insolvenzeröffnung i.H.v. 5 Prozentpunkten über dem jeweiligen Basiszinssatz verlangen. Für die Zeit vor dem Inkrafttreten des Gesetzes folgt dies aus Satz 1 der Übergangsregelung des Art. 103j Abs. 2 EGInsO, nach der die alte Rechtslage maßgeblich ist; für die Zeit ab dem Inkrafttreten folgt die Zinspflicht aus § 143 Abs. 1 Satz 3 InsO i.V.m. der Übergangsregelung des Art. 103j Abs. 2 Satz 2 EGInsO.

45 War die **Anfechtungsklage** jedoch **noch nicht erhoben**, kann er von dem Zeitpunkt des Inkrafttretens des Gesetzes an Zinsen i.H.v. 5 Prozentpunkten über dem Basiszins nur bzw. erst verlangen, wenn die gesetzlichen Voraussetzungen des § 143 Abs. 1 Satz 3 InsO vorliegen, also der Anfechtungsgegner sich im Verzug befindet oder Rechtshängigkeit eintritt.[96]

III. Rückgewähr unentgeltlicher Leistung, § 143 Abs. 2 InsO

46 Auch der Empfänger einer unentgeltlichen Leistung hat diese an die Masse zurückzugeben. Er ist jedoch im Verhältnis zu anderen Anfechtungsgegnern **privilegiert**, da er grds. nur die Bereicherung herauszugeben hat, die noch in seinem Vermögen vorhanden ist, § 143 Abs. 2 Satz 1 InsO, § 818 Abs. 3 BGB.[97] Bei ihm kann, anders als bei den sonstigen Anfechtungsgegnern, nicht von vorneherein der böse Glaube vermutet werden. Daher entfällt die Haftungsmilderung des Satz 1 auch, sobald er den guten Glauben verliert. Der gute Glaube muss bis zum Zeitpunkt des Wegfalls

92 BGH, 01.02.2007 – IX ZR 96/04, BGHZ 171, 38 Rn. 21, 22.
93 BGH, 12.04.2018 – IX ZR 88/17, ZInsO 2018, 1210 Rn. 32; 10.02.2011 – IX ZR 18/10, ZInsO 2011, 728 Rn. 16; 01.02.2007 – IX ZR 96/04, BGHZ 171, 38 Rn. 14 ff.; FK-InsO/Jungclaus/Keller, § 143 InsO Rn. 20.
94 BGH, 01.02.2007 – IX ZR 96/04, BGHZ 171, 38 Rn. 21, 22.
95 BGH, 24.09.2015 – IX ZR 55/15, ZInsO 2016, 94 Rn. 14.
96 BGH, 10.12.2020 – IX ZR 80/20, ZInsO 2021, 400 Rn. 24.
97 MK-InsO/Piekenbrock, § 143 InsO Rn. 136.

der Bereicherung fortbestanden haben.[98] Die Privilegierung greift nicht, wenn gleichzeitig die Voraussetzung einer weiteren Anfechtungsnorm erfüllt ist.[99]

47 Ist das Empfangene noch in natura vorhanden, hat der **gutgläubige** Empfänger es zurückzugeben, andernfalls das Surrogat. Als **noch bereichert** gilt er nach § 818 Abs. 3 BGB, wenn er durch die Weggabe des Empfangenen notwendige Ausgaben aus seinem eigenem Vermögen erspart[100] oder eigene Schulden getilgt hat.[101] Sein Einwand des Wegfalls der Bereicherung kann sich daher grds. nur auf Kosten beziehen, die im Zusammenhang mit der anfechtbaren Rechtshandlung stehen.[102] Die Bereicherung fehlt etwa, wenn der ursprünglich erhaltene Gegenstand aus dem Vermögen des Anfechtungsgegners verschenkt wurde.[103] Setzt der Empfänger einer unentgeltlichen Zuwendung das erhaltene Geld zur Tilgung *bestehender* Verbindlichkeiten ein, kann er sich nur dann auf Entreicherung berufen, wenn er darlegt und beweist, dass und wofür er die durch diese Schuldtilgung freigewordenen Mittel anderweitig ausgegeben hat, er hierdurch keinen bleibenden Vorteil erlangt hat und diese anderweitige Verwendung der freigewordenen Mittel ohne die – nunmehr angefochtene – unentgeltliche Leistung des Schuldners unterblieben wäre.[104] Begründet er *neue* Verbindlichkeiten, die er mit dem erhaltenen Geld erfüllt, kann er sich nur auf Entreicherung berufen, wenn er darlegt und beweist, dass dies zu keinem die Herausgabe rechtfertigenden Vermögensvorteil bei ihm geführt hat, und nicht anzunehmen ist, dass er die Ausgaben ansonsten mit anderen verfügbaren Mitteln bestritten hätte (sog. Luxusausgaben).[105] Die Herausgabepflicht erstreckt sich weiter nur auf **Nutzungen**, die er tatsächlich selbst gezogen hat und die sich noch in seinem Vermögen befinden. Verwendungen jeder Art vermindern dagegen seine Bereicherung.[106]

48 Ist der Anfechtungsgegner **bösgläubig**, weil er weiß oder den Umständen nach wissen muss, dass die unentgeltliche Leistung die Gläubiger benachteiligt, wird er nicht mehr privilegiert, sondern haftet wie der Empfänger einer entgeltlichen Leistung (§ 143 Abs. 2 Satz 2 InsO). Dafür muss er die Umstände kennen, die auf eine Benachteiligung der Gläubiger schließen lassen. Da die Vorschrift – anders als § 130 Abs. 2 InsO – insoweit auf das Merkmal »zwingend« verzichtet, reicht es aus, wenn dem Empfänger einer unentgeltlichen Leistung Tatsachen bekannt sind, die mit auffallender Deutlichkeit dafür sprechen und deren Kenntnis auch einem Empfänger mit durchschnitt-

98 BGH, 15.11.2012 – IX ZR 173/09, ZInsO 2013, 78 Rn. 11.
99 BGH, 15.11.2012 – IX ZR 173/09, ZInsO 2013, 78 Rn. 13.
100 BGH, 04.02.2016 – IX ZR 77/15, BGHZ 209, 8 Rn. 41; HambKomm-InsR/Rogge/Leptien, § 143 InsO Rn. 99.
101 BGH, 17.06.1992 – XII ZR 119/91, BGHZ 118, 383 Rn. 9.
102 BGH, 22.04.2010 – IX ZR 163/09, ZInsO 2010, 1158 Rn. 8 ff.; 22.04.2010 – IX ZR 225/09, ZInsO 2010, 1454 Rn. 8; 22.04.2010 – IX ZR 160/09, ZInsO 2010, 998 Rn. 17.
103 MK-InsO/Piekenbrock, § 143 InsO Rn. 137.
104 BGH, 27.10.2016 – IX ZR 160/14, ZInsO 2016, 2388 Rn. 18; 04.02.2016 – IX ZR 77/15, BGHZ 209, 8 Rn. 41.
105 BGH, 27.10.2016 – IX ZR 160/14, ZInsO 2016, 2388 Rn. 21.
106 Uhlenbruck/Borries/Huber/Hirte, § 143 InsO Rn. 51 ff.

lichem Erkenntnisvermögen ohne gründliche Überlegung die Annahme nahe legt, dass die Befriedigung der Gläubiger infolge der Freigiebigkeit verkürzt wird. In einem solchen Fall weiß er den Umständen nach um die Gläubigerbenachteiligung.[107] Über die Zugehörigkeit der empfangenen unentgeltlichen Leistung zu der den Gläubigern haftenden Vermögensmasse hinaus muss sich die Kenntnis des Anfechtungsgegners nicht auf weitere Umstände erstrecken. Das gilt insb., wenn die Entreicherung durch die Erfüllung eines vermeintlichen Anfechtungsanspruchs im Deckungsverhältnis eingetreten ist. Auch in diesem Fall kommt es allein auf die Kenntnis davon an, dass die empfangenen Mittel aus dem den Gläubigern des Zuwendenden haftenden Vermögen stammen.[108] Umstritten und höchstrichterlich noch nicht geklärt ist die Frage, ob die Privilegierung erst bei **grober** Fahrlässigkeit entfällt[109] oder **einfache Fahrlässigkeit** ausreichen kann.[110] Der böse Glaube kann nicht wieder entfallen, so dass es unbeachtlich ist, wenn der Anfechtungsgegner nachträglich die Überzeugung gewonnen hat, der Schuldner könne nunmehr seine Gläubiger befriedigen.[111]

49 Die **Saldotheorie** nach § 818 Abs. 3 BGB gilt im Rahmen des § 143 InsO nur sehr eingeschränkt.[112] Sie kann keine Grundlage dafür bilden, bloße Insolvenzforderungen zu »verdinglichen« oder etwa in den Rang von Masseforderungen zu erheben. Daher kann der aus der Anfechtung der Auszahlung von Scheingewinnen resultierende Rückgewähranspruch des Insolvenzverwalters auch nicht mit den als Einlage des Anlegers erbrachten Zahlungen saldiert werden.[113]

50 Mit Eintritt der Rechtshängigkeit des Anfechtungsanspruchs haftet der Anfechtungsgegner verschärft nach § 818 Abs. 4 BGB.[114]

IV. Rückgewähr bei gesellschafterbesicherten Darlehen Dritter, § 143 Abs. 3 InsO

51 Die Regelung knüpft an die Anfechtung aus § 135 Abs. 2 InsO an und regelt allein für diesen Fall Inhalt und Art der Rückgewähr. Sie gilt nach der Übergangsvorschrift in Art. 103d EGInsO für alle Insolvenzverfahren, die ab dem 01.11.2008 eröffnet worden sind.

---

107 BGH, 08.09.2016 – IX ZR 151/14, ZInsO 2016, 2395 Rn. 15; 24.03.2016 – IX ZR 159/15, ZInsO 2016, 1069 Rn. 18.

108 BGH, 08.09.2016 – IX ZR 151/14, ZInsO 2016, 2395 Rn. 14.

109 HK-InsO/Thole/Kleindiek, § 143 InsO Rn. 32; HambKomm-InsR/Rogge/Leptien, § 143 InsO Rn. 100; Uhlenbruck/Borries/Huber/Hirte, § 143 Rn. 59 f.

110 A/G/R-Gehrlein, § 143 InsO Rn. 31; MK-InsO/Piekenbrock, § 143 InsO Rn. 142; offengelassen von BGH, 24.03.2016 – IX ZR 159/15, ZInsO 2016, 1069 Rn. 17; zu § 10 Abs. 1 Nr. 4 GesO: BGH, 08.10.1998 – IX ZR 337/97, ZIP 1998, 2008; 14.10.1999 – IX ZR 142/98, ZIP 1999, 1977.

111 BGH, 15.11.2012 – IX ZR 173/09, ZInsO 2013, 78 Rn. 11 f.

112 BGH, 22.04.2010 – IX ZR 163/09, ZInsO 2010, 1158 Rn. 8 ff.

113 BGH, 22.04.2010 – IX ZR 225/09, ZInsO 2010, 1454 Rn. 8.

114 HambKomm-InsR/Rogge/Leptien, § 143 InsO Rn. 100.

Hat ein Gesellschafter das Darlehen eines Dritten an die Gesellschaft durch eine Sicherheit aus seinem Vermögen abgesichert (sog. **gesellschafterbesichertes** Drittdarlehen) und zahlt die Gesellschaft dieses Darlehen in der Krise an den Dritten zurück, hat der Gesellschafter an die Masse den Betrag (zuzüglich Kosten und Zinsen) zurückzugewähren,[115] durch den er von seiner Sicherung befreit wird.[116] Hintergrund dieser Sonderregelung ist, dass bei der Anfechtung nach § 135 Abs. 2 InsO der Empfänger der Leistung und der Anfechtungsgegner auseinanderfallen, denn der Insolvenzverwalter ficht gegenüber dem Gesellschafter an, an den Darlehensgläubiger hat aber die Gesellschaft gezahlt. Die Befreiung des Gesellschafters von der (potentiellen) Haftung, die durch die Leistung der Gesellschaft an den Dritten erfolgt, wird so rückgängig gemacht. Der Darlehensrückzahlung **gleichgestellt** sind Leistungen der Gesellschaft auf Forderungen, die einem Darlehen wirtschaftlich entsprechen, etwa gestundete Forderungen und Leasingraten beim Finanzierungsleasing.[117] Den Gesellschaftern gleichzustellen sind Mittelspersonen (mittelbare Stellvertreter, verbundene Unternehmen) und gesellschaftergleiche Dritte (wie Treugeber, Unterbeteiligte und Nießbraucher).[118] **Zeitlich** ist der Anspruch schon nach § 135 Abs. 2 InsO auf solche Leistungen der Gesellschaft beschränkt, mit der der Darlehensgeber im letzten Jahr vor dem Insolvenzantrag oder nach diesem bis zur Insolvenzeröffnung befriedigt worden ist. Dem **Umfang** nach ist der Anspruch auf die Höhe des Betrags beschränkt, mit der der Gesellschafter als Bürge haftete oder dem der Wert der Sicherheit im Zeitpunkt der Rückzahlung des Darlehens entsprach (§ 143 Abs. 3 Satz 2 InsO). Dies kann zur Folge haben, dass Kosten und Zinsen nur reduziert oder gar nicht erstattet werden. 52

Nach § 143 Abs. 3 Satz 3 InsO kann der Gesellschafter der Masse die Sicherungsgegenstände zur Befriedigung zur Verfügung stellen und sich so von der Haftung befreien. Die Regelung begründet eine im Ermessen des Gesellschafters stehende **Ersetzungsbefugnis**; ein Anspruch besteht also nicht.[119] 53

Hat die Gesellschaft dem dritten Kreditgeber neben der Gesellschaftersicherheit insolvenzfest auch eigene Sicherheiten gestellt (**Doppelbesicherung**) und werden letztere nach Verfahrenseröffnung verwertet, ist der Gesellschafter in analoger Anwendung der §§ 135 Abs. 2, 143 Abs. 3 InsO zur Erstattung des an den Gläubiger ausgekehrten Betrages zur Insolvenzmasse verpflichtet.[120] Ein Verzicht auf die Gesellschaftersicherheit kann in einem solchen Fall nicht zum Ausschluss der Insolvenzanfechtung gegen den Gesellschafter führen, auch dann hat der Insolvenzverwalter einen Regressanspruch gegen den Gesellschafter.[121] Der Verzicht des Gläubigers auf die Rechte aus 54

115 S. hierzu Kap. 3 § 135 Rdn. 115 ff. m.w.N.
116 Uhlenbruck/Borries/Huber/Hirte, § 143 InsO Rn. 115, 118.
117 BGH, 22.10.1990 – II ZR 238/89, ZIP 1990, 1593 Rn. 18 ff.
118 K/S/W/Kummer, § 143 InsO Rn. P 155.
119 BGH, 14.10.1985 – II ZR 280/84, NJW 1986, 429 Rn. 7.
120 BGH, 01.12.2011 – IX ZR 11/11, BGHZ 192, 9 Rn. 6.
121 OLG Düsseldorf, 17.12.2015 – I-12 U 13/15, ZInsO 2016, 971; OLG Stuttgart, 14.03.2012 – 14 U 28/11, GWR 2012, 160, 163 m. Anm. Huber/Hirte/Ede, EWiR 2012, 393 ff.; Raab, jurisPR-InsR 7/2012; Undritz, BB 2012, 1438 ff.; sowie Ede, ZInsO

der Bürgschaft innerhalb eines Jahres vor Insolvenzantragstellung oder nach Insolvenzantragstellung hindert auch nach Inkrafttreten des MoMiG eine Inanspruchnahme des Gesellschafter-Bürgen analog § 143 Abs. 3 InsO nicht. Hatte die Bürgschaft eigenkapitalersetzenden Charakter, steht es der Haftung des Gesellschafter-Bürgen schließlich auch nicht entgegen, dass er seine Gesellschafterposition noch vor Inkrafttreten des MoMiG zum 01.11.2008 innerhalb der Jahresfrist des § 135 Abs. 1 Nr. 2 InsO aufgegeben hatte (Art. 103d Satz 2 EGInsO, § 143 Abs. 3 InsO analog).[122]

Die Anfechtung greift in dem Umfang durch, in dem der vom Gesellschafter besicherte Darlehensanspruch des Dritten durch eine Leistung der Gesellschaft befriedigt worden ist. Der **Höhe** nach ist der Anfechtungsanspruch durch § 143 Abs. 2 Satz 2 InsO auf den **Betrag** begrenzt, **mit dem der Gesellschafter als Bürge haftete** oder der dem **Wert der von ihm bestellten Sicherheit** im Zeitpunkt der Rückgewähr des Darlehens oder der Leistung auf die gleichgestellte Forderung entspricht. Eine weitere Begrenzung des Anfechtungsanspruchs sieht das Gesetz nicht vor; insb. ist für den Umfang der Anfechtung nach § 143 Abs. 3 Satz 1 InsO unerheblich, aus welchen Umständen sich die Höhe der dem Dritten zustehenden Darlehensforderung ergibt.[123]

Der Anspruch ist auch **nicht auf die Höhe der zum Zeitpunkt der Eröffnung des Insolvenzverfahrens bestehenden Darlehensforderung des Dritten begrenzt.** Erhöht sich die Forderung des Dritten – etwa aufgrund laufender Zinsen – nach der Eröffnung des Insolvenzverfahrens, weil sich die Befriedigung aus der Gesellschaftssicherheit verzögert, erstreckt sich der Anfechtungsanspruch gegen den Gesellschafter auch auf solche Forderungen. Entscheidend ist, in welchem Umfang die Verwertung der Gesellschaftssicherheit nach Eröffnung des Insolvenzverfahrens dazu führt, dass die am Vermögen des Gesellschafters gesicherte Forderung des Darlehensgläubigers befriedigt wird.[124]

C. Verfahrensrechtliches

55 Der Rückgewähranspruch wird durch Ausübung des Anfechtungsrechtes geltend gemacht. Er ist ein originärer gesetzlicher Anspruch, der mit Verfahrenseröffnung entsteht und von den Ansprüchen aus den zugrunde liegenden Rechtsverhältnissen wesensverschieden ist und daher eigenen Regeln folgt.[125] Das Anfechtungsrecht übt der Insolvenzverwalter schon dadurch aus, dass er erkennen lässt, eine Gläubigerbenachteiligung in der Insolvenz auf Kosten des Anfechtungsgegners wieder ausglei-

---

2012, 853 ff.; Nachmann/Blank, GWR 2012, 198 ff.; s.a. hierzu ausführlich die Kommentierung zu § 135 InsO.

122 OLG Düsseldorf, 17.12.2015 – I-12 U 13/15, ZInsO 2016, 971 Rn. 9 f.

123 BGH, 09.12.2021 – IX ZR 201/20, ZInsO 2022, 424 Rn. 28.

124 BGH, 09.12.2021 – IX ZR 201/20, ZInsO 2022, 424 Rn. 29.

125 Kayser, ZIP 2015, 449, 451.

chen zu wollen, er muss die Anfechtung einer Rechtshandlung nicht ausdrücklich als solche erklären.[126]

I. Anspruchsinhaberschaft und Geltendmachung des Anspruchs

Inhaber des Anspruches auf Rückgewähr ist das den Insolvenzgläubigern dienende »Sondervermögen des Schuldners«, die **Insolvenzmasse.**[127] Im Regelinsolvenzverfahren wird der Anspruch vom Insolvenzverwalter als Partei kraft Amtes geltend gemacht. Über die Insolvenzmasse und die daraus folgenden einzelnen Rückgewähransprüche darf der Insolvenzverwalter bis zur Grenze der Insolvenzzweckwidrigkeit, auch durch **Abtretung**, verfügen.[128] Da ihm bei der Ausübung seines Amtes grds. ein weiter Ermessensspielraum zusteht, sind Rechtshandlungen des Verwalters nur dann unwirksam, wenn sie dem Zweck des Insolvenzverfahrens – der gleichmäßigen und größtmöglichen Befriedigung aller Insolvenzgläubiger – klar und eindeutig zuwiderlaufen. Mit der Nichtigkeitssanktion können nur Maßnahmen belegt werden, bei denen ein Verstoß gegen die Aufgaben des Insolvenzverwalters offensichtlich und ohne weiteres erkennbar ist.[129] Dazu gehören etwa Schenkungen aus der Masse, die Anerkennung nicht bestehender Aus- oder Absonderungsrechte oder die entgeltliche Ablösung einer offensichtlich wertlosen Grundschuld. Verfügungen des Insolvenzverwalters, die nur unzweckmäßig oder sogar unrichtig sind, sind dagegen wirksam. Nach Maßgabe dieser Grundsätze wird die Abtretung eines Anfechtungsanspruchs ohne Gegenleistung in der Regel **insolvenzzweckwidrig** und damit nichtig sein. Dagegen wird die Frage, ob die Gegenleistung gleichwertig und damit die Abtretung wirtschaftlich sinnvoll oder zweckmäßig ist, grds. nicht zur Nichtigkeit führen. Sie kann sich aber haftungsrechtlich auswirken,[130] denn im Fall schuldhafter Pflichtverletzung kann der Insolvenzverwalter nach § 60 InsO haftbar gemacht werden. Vor dem Hintergrund kann es sachdienlich sein, wenn der Verwalter über die in § 160 InsO geregelten Fälle hinaus, in besonders gelagerten Fällen die Zustimmung der Gläubigerversammlung zur Geltendmachung einzelner Anfechtungsansprüche einholt. 56

Wird nach Aufhebung eines Insolvenzverfahrens ein neues, weiteres Insolvenzverfahren eröffnet, stellt dies einen neuen Entstehungsgrund für Anfechtungsansprüche dar und lässt Ansprüche gem. § 143 Abs. 1 InsO – unabhängig davon, ob die damaligen Ansprüche aus Insolvenzanfechtung – etwa wegen Verjährung – bereits erloschen sind, 57

126 BGH, 28.02.2012 – II ZR 115/11, ZInsO 2012, 790 Rn. 25; 05.06.2008 – IX ZR 17/07, ZInsO 2008, 738 Rn. 17.

127 So noch MK-InsO/Kirchhof, 3. A., § 143 InsO Rn. 4; krit. MK-InsO/Piekenbrock, § 143 InsO Rn. 5.

128 BGH, 12.09.2019 – IX ZR 16/18, ZInsO 2019, 2164 Rn. 10 ff.; 17.02.2011 – IX ZR 91/10, ZInsO 2011, 1154 Rn. 8.

129 BGH, 12.09.2019 – IX ZR 16/18, ZInsO 2019, 2164 Rn. 11 ff.; 10.01.2013 – IX ZR 172/11, ZInsO 2013, 441 Rn. 8 ff.

130 BGH, 12.09.2019 – IX ZR 16/18, ZInsO 2019, 2164 Rn. 11 ff.; 10.01.2013 – IX ZR 172/11, ZInsO 2013, 441 Rn. 8 ff.

nicht wiederaufleben.[131] Infolgedessen unterliegen diese neuen Anfechtungsansprüche einer eigenständigen Verjährung, für den Lauf der Verjährungsfrist kommt es wegen § 139 Abs. 2 InsO gerade nicht auf den ersten Insolvenzantrag an.[132]

58 Im Fall der Eigenverwaltung ist der Sachwalter zur Anfechtung befugt, § 280 InsO.[133] In Verbraucherinsolvenzverfahren ist grds. jeder Gläubiger anfechtungsbefugt, § 313 Abs. 2 Satz 1 InsO. Jedoch kann die Gläubigerversammlung den Treuhänder oder einen bestimmten Gläubiger mit der Anfechtung beauftragen, § 313 Abs. 2 Satz 3 InsO.

59 Sofern der Anfechtungsgegner bereits vor der Eröffnung des Insolvenzverfahrens über das Vermögen des Schuldners von einem anderen Gläubiger erfolgreich nach den Vorschriften des Anfechtungsgesetzes in Anspruch genommen worden ist, kommt eine Insolvenzanfechtung nicht mehr in Betracht.[134] Der Empfänger einer anfechtbar erlangten unentgeltlichen Leistung muss diese in der Insolvenz des Schuldners nicht nochmals nach § 134 Abs. 1 InsO zurückgewähren.[135]

II. Auskunftsanspruch

60 Dem Insolvenzverwalter stehen primär die Informationsansprüche nach §§ 5 Abs. 1, 97 –99, 101 InsO gegenüber dem **Schuldner** bzw. dessen organschaftlichen Vertreter und Angestellten zu.

61 Daneben können sich Informationspflichten institutioneller Gläubiger aus den **Informationszugangsgesetzen** des Bundes oder der Länder ergeben, die allerdings zunächst ein Verwaltungsverfahren vorsehen.[136] Daher ist für einen solchen, auf § 1 Abs. 1 Satz 1 IFG – oder der entsprechenden Landesvorschrift – gestützten Auskunftsanspruch des Insolvenzverwalters gegen ein **Finanzamt** oder eine gesetzliche **Krankenkasse** der **Verwaltungsrechtsweg** gegeben.[137] Diesem Informationsrecht steht nicht entgegen, dass der Insolvenzverwalter später Ersatzansprüche gegen die Behörde geltend machen und mit der Auskunft seine Chance für eine zivilrechtliche Auseinandersetzung verbessern will.[138]

62 S. dazu differenziert Kap. 7 Rdn. 41 ff.

---

131 OLG Düsseldorf, 22.12.2011 – I-12 U 86/11, ZIP 2012, 482 Rn. 19 ff.
132 OLG Düsseldorf, 22.12.2011 – I-12 U 86/11, ZIP 2012, 482 Rn. 19 ff.
133 MK-InsO/Piekenbrock, § 143 InsO Rn. 5.
134 BGH, 15.11.2012 – IX ZR 173/09, ZInsO 2013, 78.
135 BGH, 15.11.2012 – IX ZR 173/09, ZInsO 2013, 78.
136 Grünewald/Thomas, InsbürO 2022, 273 ff.
137 BGH, 18.02.2016 – IX ZR 45/14, ZInsO 2016, 597 Rn. 1; BVerwG, 17.04.2013 – 7 B 6/13, ZIP 2013, 1252 Rn. 2; 09.11.2010 – 7 B 43/10, ZInsO 2011, 49 Rn. 6 f.; BFH, 16.06.2020 – II B 65/19, BFHE 268, 524 = ZInsO 2020, 1930 Rn. 8 ff.; 08.01.2013 – VII ER-S 1/12, ZIP 2013, 1552 Rn. 1; BSG, 04.04.2012 – B 12 SF 1/10 R, ZInsO 2012, 1789 Rn. 21. ff.
138 Vgl. nur: BVerwG, 09.11.2010 – 7 B 43/10, ZInsO 2011, 49 Rn. 6 ff.

Gegenüber **Dritten** kann der Insolvenzverwalter dagegen Auskunft nur auf der Grundlage des **§ 242 BGB** verlangen, so dass eine Sonderbeziehung bestehen muss. Daher ist der Anfechtungsgegner zur Auskunft erst dann verpflichtet, wenn der anfechtungsrechtliche Rückforderungs-, Wert- oder Schadensersatzanspruch **dem Grunde nach** schon feststeht und es allein noch um Art und Umfang geht oder die Existenz eines Rechts des Auskunftsfordernden (im vertraglichen Bereich) zumindest sehr wahrscheinlich ist.[139] Der bloße Verdacht einer anfechtbaren Rechtshandlung reicht daher nicht.[140] Das soll nach Ansicht des BGH selbst dann gelten, wenn bereits eine konkrete Vermögensverschiebung festgestellt worden ist.[141] 63

III. Anspruchsgegner

Der Anfechtungsanspruch richtet sich gegen denjenigen, der etwas aus dem schuldnerischen Vermögen erlangt hat oder gegen seinen Rechtsnachfolger, § 145 InsO.[142] Die Person des zur Rückgewähr verpflichteten Anfechtungsgegners bestimmt sich daher – auch in Mehrpersonenverhältnissen – maßgeblich danach, wessen Vermögen einen Vorteil erlangt hat, der der eingetretenen Vermögensminderung beim Insolvenzschuldner entspricht.[143] Anfechtungsgegner ist damit der Empfänger des nach § 143 InsO zurückzugewährenden Vermögenswertes, unabhängig davon, ob es sich hierbei um einen Vertragspartner oder Insolvenzgläubiger des Schuldners handelt.[144] Hat der Anfechtungsgegner eine anfechtbar erhaltene Zahlung an einen Dritten weitergeleitet, befreit ihn dies nicht von seiner Rückgewährpflicht, da er gem. § 143 Abs. 1 Satz 2 InsO der verschärften Haftung eines Bereicherungsschuldners unterliegt, der den Mangel des rechtlichen Grundes kennt.[145] Bei der **Doppelwirkung** einer Leistung hat der Insolvenzverwalter die Wahl, welchen Leistungsempfänger er in Anspruch nimmt, sofern die übrigen Anfechtungsvoraussetzungen vorliegen.[146] Erfüllt der Schuldner die von einer Bürgschaft gesicherte Hauptschuld und wird der Bürge dadurch von seiner Bürgschaftsverpflichtung frei, ist diese Befreiung von der Bürgschaftsverbindlichkeit gegenüber dem Bürgen grds. nicht anfechtbar.[147] 64

Bei **mittelbaren Zuwendungen** ist der Anfechtungsgegner grds. derjenige, der die mittelbare Zuwendung erhalten hat.[148] Der Rückgewähranspruch richtet sich in sol- 65

139 BGH, 14.02.2019 – IX ZR 149/16, ZInsO 2019, 781 Rn. 91.
140 BGH, 21.01.1999 – IX ZR 429/97, ZInsO 1999, 163 Rn. 14.
141 BGH, 15.01.1987 – IX ZR 4/86, NJW 1987, 1812 Rn. 7 ff.
142 Uhlenbruck/Borries/Huber/Hirte, § 143 InsO Rn. 69.
143 BGH, 07.12.2023 – IX ZR 36/22, ZInsO 2024, 195 Rn. 13; 12.09.2019 – IX ZR 264/18, ZInsO 2019, 2159 Rn. 5; 19.10.2017 – IX ZR 289/14, BGHZ 216, 260 Rn. 14 f.
144 BGH, 12.09.2019 – IX ZR 264/18, ZInsO 2019, 2159 Rn. 5; 24.05.2012 – IX ZR 142/11, ZInsO 2013, 247 Rn. 2; 29.11.2007 – IX ZR 121/06, BGHZ 174, 314 Rn. 17 ff.
145 BGH, 24.05.2012 – IX ZR 142/11, ZInsO 2013, 247 Rn. 2.
146 BGH, 07.12.2023 – IX ZR 36/22, ZInsO 2024, 195 Rn. 14.
147 BGH, 07.12.2023 – IX ZR 36/22, ZInsO 2024, 195 Rn. 17 ff.
148 BGH, 12.09.2019 – IX ZR 264/18, ZInsO 2019, 2159 Rn. 9; HambKomm-InsR/Rogge/Leptien, § 143 InsO Rn. 13; Gehrlein, DB 2017, 1761, 1763 f.

chen Fällen grds. gegen den, der infolge der anfechtbaren Handlung den Gegenstand aus dem Vermögen des Schuldners erhalten hat; die Anfechtung einer mittelbaren Zuwendung an den Leistungsempfänger schließt die Anfechtung gegen den Leistungsmittler aus, sofern dieser – für den Leistungsempfänger erkennbar – für den Leistenden gehandelt hat.[149] So sind vom Arbeitgeber an die Sozialversicherungsträger abgeführte Arbeitnehmeranteile zur Sozialversicherung mittelbare Zuwendungen des Arbeitgebers und damit in der Insolvenz über dessen Vermögen der Einzugsstelle gegenüber anfechtbar.[150]

66 Tilgt der Schuldner eine zum Zwecke des Forderungseinzugs **treuhänderisch abgetretene** Forderung gegenüber einem **Inkassounternehmen** als Forderungszessionar, kann die Zahlung nach Weiterleitung an den ursprünglichen Forderungsinhaber nur diesem gegenüber und nicht gegenüber dem Inkassounternehmen angefochten werden.[151] Das Inkassounternehmen fungiert lediglich als Zahlungsmittler, als reine Zahlstelle, denn es ist treuhänderisch zur Weiterleitung der vereinnahmten Mittel an den Treugeber als Gläubiger verpflichtet. Den maßgeblichen Wertungsgesichtspunkt dafür bildet die Pflicht des Empfangsbeauftragten oder Zessionars zur Auskehr der empfangenen Beträge. Nicht entscheidend sind die dingliche Zuordnung des eingezogenen Erlöses und die Frage, ob die Zahlungen des Schuldners über ein Treuhandkonto eingezogen wurden.[152]

67 Bei der Zahlung von Gesamtsozialversicherungsbeiträgen und Steuern ist die **Einzugsstelle** hingegen auch insoweit Anfechtungsgegner, als die Mittel von ihr im Innenverhältnis an einen anderen Rechtsträger abzuführen sind. Maßgeblich dafür ist, dass der Beitragsschuldner im Außenverhältnis der Einzugsstelle zu ihm mit **befreiender Wirkung** nur an die Einzugsstelle leisten kann, so dass sie wie eine Vollrechtsinhaberin anzusehen ist.[153] Dies gilt auch für Einzugsstellen kraft Tarifvertrags[154] oder das Land, das Umsatzsteuerforderungen beitreibt, von denen ein Teil dem Bund zusteht und daher an ihn abzuführen ist,[155] wie auch für die Betreiberin eines Systems zur Erhebung der Lkw-Maut im Guthabenabrechnungsverfahren.[156] Ist der Arbeitgeber zur Abführung der Winterbeschäftigungsumlage über die gemeinsame Einrichtung seines

149 BGH, 12.09.2019 – IX ZR 264/18, ZInsO 2019, 2159 Rn. 9.

150 BGH, 16.06.2016 – IX ZR 114/15, BGHZ 210, 372 Rn. 26; 07.04.2011 – IX ZR 118/10, ZInsO 2011, 916 Rn. 3; 05.11.2009 – IX ZR 233/08, BGHZ 183, 86 Rn. 15 f.; BAG, 18.10.2018 – 6 AZR 506/17, ZInsO 2019, 272 Rn. 33.

151 BGH, 24.09.2015 – IX ZR 308/14, NZI 2016, 82 Rn. 5; 03.04.2014 – IX ZR 201/13, ZInsO 2014, 1004 Rn. 24; Lütcke, NZI 2016, 72.

152 BGH, 12.09.2019 – IX ZR 264/18, ZInsO 2019, 2159 Rn. 11.

153 BGH, 12.09.2019 – IX ZR 264/18, ZInsO 2019, 2159 Rn. 12; 24.09.2015 – IX ZR 308/14, NZI 2016, 82 Rn. 5.

154 BGH, 12.02.2004 – IX ZR 70/03, ZInsO 2004, 441 Rn. 11 ff.

155 BGH, 24.05.2012 – IX ZR 125/11, ZInsO 2012, 1168 Rn. 13; 11.10.2007 – IX ZR 87/06, ZInsO 2007, 1223 Rn. 4.

156 BGH, 10.10.2013 – IX ZR 319/12, ZInsO 2013, 2271 Rn. 26 ff.; MK-InsO/Piekenbrock, § 143 InsO Rn. 9.

Wirtschaftszweigs oder über eine Ausgleichskasse verpflichtet, so ist in der Insolvenz des Arbeitgebers die gemeinsame Einrichtung oder Ausgleichskasse zur Rückgewähr einer in anfechtbarer Weise erlangten Zahlung der Umlage verpflichtet.[157] Ebenso ist der **Zwangsverwalter,** der als Vermieter die schuldnerischen Mietzahlungen einnimmt, im Falle erfolgreicher Anfechtung während des Zwangsverwaltungsverfahrens zur Rückgewähr verpflichtet; nach unbeschränkter Aufhebung des Zwangsverwaltungsverfahrens infolge Antragsrücknahme sind Rückgewähransprüche grundsätzlich gegen den Vollstreckungsschuldner geltend zu machen.[158]

Schuldet der Anfechtungsgegner den Rückkaufswert einer Rentenversicherung, weil die Versicherung gem. § 851c ZPO unpfändbar geworden ist und dadurch gem. § 36 InsO der Insolvenzmasse nach § 35 InsO nicht mehr angehört,[159] richtet sich der Rückgewähranspruch gegen denjenigen, der bei Pfändbarkeit der Versicherung die Zahlung des Rückkaufwertes schuldet; ob der Rückkaufswert tatsächlich in dessen Vermögen gelangt ist, ist irrelevant.[160] 68

Tritt der Gesellschafter eine gegen die Gesellschaft gerichtete Darlehensforderung binnen eines Jahres vor Antragstellung ab und tilgt die Gesellschaft anschließend die Verbindlichkeit gegenüber dem Zessionar, unterliegt nach Verfahrenseröffnung neben dem Zessionar auch der Gesellschafter der Anfechtung.[161] 69

Strittig ist, ob der Insolvenzverwalter einer Organgesellschaft, sofern diese in einer umsatzsteuerlichen Organschaft vorinsolvenzlich die Steuerschuld des Organträgers bezahlt hat, sowohl den Organträger als auch den Gläubiger der Steuerschuld als Gesamtschuldner des Anfechtungsanspruchs nach §§ 131 Abs. 1 Nr. 1, 143 Abs. 1 Satz 1 InsO in Anspruch nehmen kann.[162] 70

IV. Rechtsweg

Für die Bestimmung des Rechtswegs ist die Natur des Rechtsverhältnisses entscheidend, aus dem der Klageanspruch hergeleitet wird. Die Klage auf Rückgewähr und Wertersatz ist daher eine bürgerlich-rechtliche Rechtsstreitigkeit, für die der Rechtsweg zu den **ordentlichen Gerichten** eröffnet ist, § 13 GVG.[163] Daher ist auch für eine Klage des Insolvenzverwalters auf Rückerstattung einer freiwillig erbrachten, rechtlich 71

157 BGH, 10.12.2020 – IX ZR 80/20, ZInsO 2021, 400 Rn. 22.
158 BGH, 19.10.2017 – IX ZR 289/14, BGHZ 216, 260 Rn. 13 ff.; OLG Dresden, 30.07.2014 – 13 U 461/14, ZIP 2014, 1642 Rn. 26 ff.
159 AG Köln, 31.05.2012 – 130 C 25/12, NZI 2012, 615, 617.
160 AG Köln, 31.05.2012 – 130 C 25/12, NZI 2012, 615, 617.
161 BGH, 21.02.2013 – IX ZR 32/12, BGHZ 196, 220 Rn. 28.
162 BGH, 22.10.2015 – IX ZR 74/15, ZInsO 2016, 341 Rn. 2; 19.01.2012 – IX ZR 2/11, BGHZ 192, 221 Rn. 26 ff. in Anlehnung an BGH, 29.11.2007 – IX ZR 165/05, ZInsO 2008, 209 Rn. 14 ff.; a.A. BFH, 23.09.2009 – VII R 43/08, ZInsO 2010, 141 Rn. 20 ff., der das Finanzamt nicht als Insolvenzgläubiger ansieht.
163 BGH, 02.06.2005 – IX ZB 235/04, ZInsO 2005, 707 Rn. 9. S. hierzu auch Kap. 7 Rdn. 54 ff.

nicht geschuldeten unentgeltlichen Leistung i.S.d. § 134 InsO der Rechtsweg zu den ordentlichen Gerichten gegeben.[164]

72 Dies gilt auch, wenn die Anfechtung gegenüber besonderen Anfechtungsgegnern, wie dem Finanzamt oder Sozialversicherungsträgern geltend gemacht wird. Dadurch wird der Rechtsweg zu den Finanz-[165] oder Sozialgerichten[166] nicht eröffnet.[167]

73 Der Anspruch auf Rückgewähr in anfechtbarer Weise geleisteter **Steuern** nach § 143 Abs. 1 InsO ist daher kein Anspruch aus dem Steuerschuldverhältnis i.S.d. § 37 Abs. 1 AO, sondern ein bürgerlich-rechtlicher Anspruch.[168] Nur in diesem zivilrechtlichen Rechtsverhältnis kann die Rückforderung einer auf einer (vermeintlich) unberechtigten Insolvenzanfechtung beruhenden Leistung des Finanzamts abgewickelt werden, da ein Anspruch auf Rückgewähr einer Leistung die Rechtsnatur des Anspruchs teilt, auf den jene Leistung erbracht worden ist. Daher kann sich das Finanzamt mangels Anwendbarkeit des § 218 Abs. 2 Satz 2 AO oder einer sonstigen Rechtsgrundlage **nicht** eines **Rückforderungsbescheids** bedienen, sondern muss den Zivilrechtsweg beschreiten.[169] Die erfolgreiche Anfechtung und Rückgewähr nach § 143 InsO bewirkt gem. § 144 InsO, dass die Steuerschuld rückwirkend wieder auflebt; die Beendigung des Steuerschuldverhältnisses ist insoweit auflösend bedingt,[170] s.a. § 144 Rdn. 16.

74 Dagegen ist die **Arbeitsgerichtsbarkeit** für Klagen des Insolvenzverwalters gegen einen **Arbeitnehmer** des Schuldners auf Rückgewähr der geleisteten Vergütungen zuständig. Mit der Entscheidung des Gemeinsamen Senats der obersten Gerichtshöfe des Bundes durch Beschl. v. 27.09.2010[171] wurde der **Zuständigkeitskonflikt** zwischen dem Bundesgerichthof und dem Bundesarbeitsgericht beendet. Danach ist maßgeblich, dass der insolvenzrechtliche Rückgewähranspruch auf die Rückabwicklung einer arbeitsrechtlichen Leistungsbeziehung gerichtet ist, so dass eine Rechtsstreitigkeit »aus dem Arbeitsverhältnis« i.S.d. § 2 Abs. 1 Nr. 3a ArbGG vorliegt, da insoweit eine enge Verknüpfung mit dem Arbeitsverhältnis ausreichend ist. Nicht entscheidend ist, auf welche materiell-rechtliche Anspruchsgrundlage der Klageanspruch gestützt wird.[172]

---

164 LAG Hessen, 26.02.2014 – 16 Ta 497/13, ZIP 2014, 1147 Rn. 18; 11.08.2014 – 16 Ta 455/14, ZInsO 2015, 2190 Rn. 17.

165 OLG Hamm, 12.01.2012 – I-27 U 99/10, WKRS 2012, 16131.

166 BGH, 24.03.2011 – IX ZB 36/09, ZInsO 2011, 723 Rn. 5 ff.

167 Uhlenbruck/Borries/Huber/Hirte, § 143 InsO Rn. 139 ff.

168 BAG, 17.09.2014 – 10 AZB 4/14, BAGE 149, 117 Rn. 12 ff.; BFH 05.09.2012 – VII B 95/12, BFHE 238, 325 Rn. 8 ff.; vgl. dazu auch Anm. Kahlert, ZIP 2012, 2075 ff.; Anm. Schmittmann, EWiR 2012, 701 ff.; Anm. Tillmann, AO-StB 2012, 327 ff.

169 BFH, 12.11.2013 – VII R 15/13, BFHE 243, 309 Rn. 6 ff.; vgl. dazu auch Anm. Schmittmann, EWiR 2014, 357 f.; Krüger, ZInsO 2015, 613 ff.; für das Drei-Personen-Verhältnis: FG Berlin-Brandenburg, 13.12.2018 – 9 K 9117/16, ZInsO 2019, 1229 Rn. 46.

170 BFH, 12.11.2013 – VII R 15/13, BFHE 243, 309 Rn. 8; 11.11.2008 – VII R 19/08, BFHE 223, 303 Rn. 13; vgl. dazu auch Anm. Jäger, jurisPR-SteuerR 15/09 Anm. 1; Krüger, ZInsO 2015, 613 ff.

171 GmS-OGB, 27.09.2010 – GmS-OGB 1/09 – BGHZ 187, 105.

172 GmS-OGB, 27.09.2010 – GmS-OGB 1/09 – BGHZ 187, 105 Rn. 10 ff.

Entrichtet allerdings ein **Dritter anstelle des Arbeitgebers** die dem Arbeitnehmer geschuldete Arbeitsvergütung (§ 267 BGB), ist für eine Insolvenzanfechtung dieser Zahlung der Rechtsweg zu den ordentlichen Gerichten gegeben, da er mangels eines zwischen ihm und dem Arbeitnehmer bestehenden Arbeitsverhältnisses nicht zur Zahlung von Arbeitslohn verpflichtet ist.[173] 75

Die Eröffnung des Rechtswegs zu den Arbeitsgerichten für Anfechtungsansprüche gegen die schuldnerischen Arbeitnehmer führt nicht zur Anwendung der tarifvertraglichen Ausschlussfristen auf den insolvenzrechtlichen Rückgewähranspruch, denn es besteht keine Regelungszuständigkeit der Tarifvertragsparteien für das durch § 143 InsO begründete Schuldverhältnis.[174] 76

Ist Streitgegenstand nicht der insolvenzrechtliche Rückgewähranspruch, sondern die in anfechtbarer Weise hergestellte **Aufrechnungslage** (§ 96 Abs. 1 Nr. 3 InsO), ist die ursprüngliche Forderung rechtswegbestimmend.[175] 77

Zur sachlichen, örtlichen und funktionalen Zuständigkeit s. i.Ü. Kap. 7 Rdn. 61 ff. 78

International sind die Gerichte des Mitgliedstaates, in dessen Gebiet das Insolvenzverfahren eröffnet worden ist, auch dann für eine Insolvenzanfechtungsklage gegen einen Anfechtungsgegner zuständig, wenn dieser seinen Wohnsitz nicht im Gebiet eines Mitgliedstaates hat, Art. 3 Abs. 1 EuInsVO.[176] In der zum 26.06.2017 in Kraft getretenen Neufassung der EuInsVO ist insoweit mit Art. 6 eine Bestimmung zur internationalen Zuständigkeit für insolvenznahe Klageverfahren aufgenommen worden, nach der die Gerichte des Mitgliedstaats, in dessen Hoheitsgebiet das Insolvenzverfahren nach Art. 3 EuInsVO eröffnet worden ist, für alle Klagen, die unmittelbar aus dem Insolvenzverfahren hervorgehen und in engem Zusammenhang damit stehen, wie beispielsweise Anfechtungsklagen, zuständig sind.[177] 79

Der Insolvenzmasse kann unter den Voraussetzungen der §§ 114 ff. InsO für den Anfechtungsprozess **Prozesskostenhilfe** gewährt werden.[178] Zu berücksichtigen ist, dass wirtschaftlich Beteiligter i.S.v. § 116 Satz 1 Nr. 1 ZPO zwar jeder ist, dessen Befriedigungsaussichten sich im Fall des Unterliegens des Anfechtungsgegners verbessern.[179] Da der **Insolvenzverwalter** seine Tätigkeit jedoch im öffentlichen Interesse – 80

173 BGH, 10.03.2022 – IX ZR 4/21, ZInsO 2022, 886 Rn. 8; 27.09.2012 – IX ZB 15/12, ZInsO 2012, 2302 Rn. 8; 19.07.2012 – IX ZB 27/12, ZInsO 2012, 1538 Rn. 12.

174 BAG, 08.05.2014 – 6 AZR 722/12, ZInsO 2014, 1758 Rn. 29; 07.02.2014 – 6 AZR 367/13, ZInsO 2014, 1108 Rn. 35 ff.; 24.10.2013 – 6 AZR 466/12, ZInsO 2014, 141 Rn. 18 ff.

175 BGH, 28.09.2006 – IX ZR 136/05, BGHZ 169, 158 Rn. 26.

176 BGH, 27.03.2014 – IX ZR 2/12, ZInsO 2014, 1176 Rn. 9; EuGH, 16.01.2014 – C-328/12, ZInsO 2014, 192.

177 Ausf. dazu MK-InsO/Piekenbrock, § 143 InsO Rn. 152; FK-InsO/Wimmer, Art. 6 EuInsVO 2017 Rn. 1 ff.

178 S. hierzu Kap. 10.

179 BGH, 28.02.2007 – IV ZR 320/04, NZI 2007, 410 Rn. 7; 09.07.1998 – IX ZA 4/98, ZInsO 1998, 283.

zur Abwicklung eines geordneten Insolvenzverfahrens – wahrnimmt,[180] ist er wegen seines Vergütungsanspruchs **nicht** im Prozess der Insolvenzmasse **wirtschaftlich beteiligt** i.S.v. § 116 Satz 1 Nr. 1 InsO.[181] **Vorschüsse auf die Prozesskosten** sind solchen Beteiligten **zuzumuten**, welche die erforderlichen Mittel unschwer aufbringen können und für die der zu erwartende Nutzen bei vernünftiger, auch das Eigeninteresse sowie das Verfahrenskostenrisiko angemessen berücksichtigender Betrachtungsweise bei dem Erfolg der Rechtsverfolgung deutlich größer sein wird, als die von ihnen als Vorschuss zu erbringenden Kosten. Bei dieser **wertenden Abwägung** sind insb. eine **zu erwartende Quotenverbesserung** im Falle des Obsiegens, das **Verfahrens- und Vollstreckungsrisiko** sowie die **Gläubigerstruktur** zu berücksichtigen. Eine feste und starre Grenze hinsichtlich der Anzahl der heranzuziehenden Insolvenzgläubiger, die wegen des durch die Gläubigerstruktur bedingten Koordinierungsaufwands von vorneherein die Aufbringung der Kosten durch die wirtschaftlich am Gegenstand des Rechtsstreits Beteiligten als unzumutbar erscheinen ließe, gibt es nicht. Auch die Abgrenzung der sog. Kleingläubiger von den sog. Großgläubigern und eine dabei etwa zu erfüllende Quote kann nur aufgrund einer wertenden Abwägung aller Gesamtumstände des Einzelfalles erfolgen. Eine Vorschusspflicht setzt einen deutlichen Mehrertrag gegenüber den aufzuwendenden Kosten voraus. Dabei verbietet es sich, für die zu erwartende Verbesserung eine Mindestquote festzulegen, regelmäßig wird sie allerdings erst bei einem im Falle des Prozesserfolgs erzielbaren Ertrag von deutlich mehr als dem Doppelten des aufzubringenden Vorschusses vorliegen.[182] Gläubigern, die nur eine geringe Quotenerwartung haben oder deren Forderungen bestritten sind, ist es daher nicht zuzumuten, Mittel zur Finanzierung des Anfechtungsprozesses aufzuwenden.[183] PKH kann bereits dann bewilligt werden, wenn sie allein oder zumindest vorwiegend der Realisierung des Vergütungsanspruchs des Insolvenzverwalters oder der Verfahrenskosten dient. Ist die Durchsetzung des mit der beabsichtigten Anfechtungsklage verfolgten Anspruchs jedoch nicht dazu geeignet, die eingetretene Massekostenarmut zu beheben, muss dem Insolvenzverwalter Prozesskostenhilfe versagt werden.[184] Die Forderungen der Insolvenzgläubiger muss der Insolvenzverwalter dem Prozessgericht nach Art und Höhe vortragen, um diesem die Beurteilung der Zumutbarkeit[185] zu ermöglichen.[186] Begehrt der Insolvenzverwalter **PKH für ein Rechtsmittel**, muss er

180 OLG Hamm, 02.11.2005 – 27 W 44/04, ZInsO 2005, 217.

181 BGH, 18.09.2003 – IX ZB 460/02, ZInsO 2003, 941 f.; 15.01.1998 – IX ZB 122/97, ZIP 1998, 297, 298.

182 BGH, 28.01.2022 – IX ZR 145/21, ZInsO 2022, 590 Rn. 6; 04.03.2021 – IX ZB 17/20, ZInsO 2021, 1745 Rn. 16; 18.07.2019 – IX ZB 57/18, ZInsO 2019, 1793 Rn. 7 ff. m.w.N.

183 OLG Hamm, 21.06.2005 – 27 W 17/05, ZIP 2005, 1711 ff.; OLG Naumburg, 02.02.1994 – 7 W 1/94, ZIP 1994, 383, 384.

184 BGH, 12.11.2015 – IX ZB 82/14, ZInsO 2016, 270 Rn. 4; OLG Düsseldorf, 06.01.2022 – I-12 W 16/21, ZInsO 2022, 1013.

185 BGH, 06.03.2006 – II ZB 11/05, ZInsO 2006, 369 Rn. 10 ff.

186 BGH, 19.05.2015 – II ZR 263/14, ZInsO 2015, 1465 Rn. 3 ff.; 25.03.2015 – IX ZR 244/14, ZInsO 2015, 898 Rn. 2; 04.12.2012 – II ZA 3/12, NZI 2013, 82 Rn. 3 ff.; 09.07.1998 – IX ZA 4/98, ZInsO 1998, 283 f.

innerhalb der Rechtsmittelfrist einen vollständigen PKH-Antrag einreichen, der auch Vortrag dazu enthalten muss, warum es den Insolvenz- und Massegläubigern nicht zuzumuten sei, die Kosten des Rechtsmittelverfahrens aufzubringen.[187]

Wegen der weiteren Einzelheiten wird auf Kap. 10 – PKH im Anfechtungsprozess verwiesen.

D. Beweislast

Im Rahmen des § 143 **Abs. 1** InsO trifft den anfechtenden **Insolvenzverwalter** nach allgemeinen Grundsätzen die Beweislast für die anfechtbare Leistung, die der Anfechtungsgegner aus dem schuldnerischen Vermögen erhalten hat.[188] Ist Wertersatz zu leisten, trifft ihn die Beweislast hinsichtlich der Höhe des Wertersatzes und die Verzugsvoraussetzungen sowie dafür, dass Nutzungen gezogen oder schuldhaft nicht gezogen wurden.[189] Die Beweislast, dass der Anfechtungsgegner ein gesetzliches Surrogat erlangt hat, liegt ebenfalls beim anfechtenden Insolvenzverwalter. Den **Anfechtungsgegner** trifft dagegen die Beweislast dafür, dass er zu berücksichtigende Verwendungen getätigt hat.[190] 81

Im Rahmen des § 143 **Abs. 2** InsO liegt die Beweislast dafür, dass der Anfechtungsgegner in der kritischen Zeit eine unentgeltliche Leistung erhalten hat, beim Insolvenzverwalter. Gleichfalls obliegt es dem Verwalter, den Beweis für die Bösgläubigkeit und deren Beginn zu führen.[191] Dabei kann ein Näheverhältnis i.S.d. § 138 Abs. 2 InsO in die Beweiswürdigung einfließen.[192] 82

Dagegen hat der **Anfechtungsgegner** im Rahmen § 143 Abs. 2 Satz 1 InsO zu beweisen, dass ihm die Rückgewähr in Natur nicht möglich ist und ihn kein Verschulden an der Unmöglichkeit oder der Verschlechterung und ggf. an einem Verzug trifft.[193] Daneben trifft ihn auch hier die Nachweispflicht für berücksichtigungsfähige Verwendungen und den geltend gemachten Wegfall der Bereicherung.[194] 83

187 BGH, 28.03.2019 – IX ZA 8/18, ZInsO 2019, 1261 Rn. 4 ff.

188 MK-InsO/Piekenbrock, § 143 InsO Rn. 171.

189 MK-InsO/Piekenbrock, § 143 InsO Rn. 171.

190 HambKomm-InsR/Rogge/Leptien, § 143 InsO Rn. 113.

191 BGH, 15.11.2012 – IX ZR 173/09, ZInsO 2013, 78 Rn. 12; OLG Rostock, 17.12.2007 – 3 U 99/07, NZI 2008, 438, 439.

192 BGH, 24.03.2016 – IX ZR 159/15, ZInsO 2016, 1069 Rn. 13; HambKomm-InsR/Rogge/Leptien, § 143 InsO Rn. 109.

193 BGH, 17.12.2009 – IX ZR 16/09, ZInsO 2010, 521 Rn. 17; 20.07.2006 – IX ZR 226/03, ZIP 2006, 1639 Rn. 15; FK-InsO/Jungclaus/Keller, § 143 InsO Rn. 39; HambKomm-InsR/Rogge/Leptien, § 143 InsO Rn. 113; MK-InsO/Piekenbrock, § 143 InsO Rn. 173 f.; Uhlenbruck/Borries/Huber/Hirte, § 143 InsO Rn. 68.

194 BGH, 27.10.2016 – IX ZR 160/14, ZInsO 2016, 2388 Rn. 18 ff.; 04.02.2016 – IX ZR 77/15, BGHZ 209, 8 Rn. 38.

E. Arbeitshilfen

▶ Checkliste

84
- ☐ Rückgewähr des tatsächlich Erlangten in natura in die Masse, § 143 Abs. 1 Satz 1 InsO – auch bei unentgeltlicher Leistung, § 143 Abs. 2 Satz 1 InsO –
- ☐ Haftung des Anfechtungsgegners für Wertersatz und Nutzungen entsprechend der verschärften bereicherungsrechtlichen Haftung, § 143 Abs. 1 Satz 2 InsO
- ☐ Verzinsung von Geldschulden: ab dem 05.04.2017 nur bei Schuldnerverzug oder Rechtshängigkeit und keine (weitergehende) Herausgabe von Nutzungen eines erlangten Geldbetrags, § 143 Abs. 1 Satz 3 InsO
- ☐ Haftung des Anfechtungsgegners bei Erhalt einer unentgeltlichen Leistung für Wertersatz und Nutzungen wie »normaler« Bereicherungsschuldner, § 143 Abs. 2 InsO
- ☐ Gesellschaftssicherheit für Drittdarlehen ist i.H.d. Befreiung des Gesellschafters von der Sicherheit zur Masse zurückzugewähren, § 143 Abs. 3 InsO

§ 144 Ansprüche des Anfechtungsgegners

(1) Gewährt der Empfänger einer anfechtbaren Leistung das Erlangte zurück, so lebt seine Forderung wieder auf.

(2) Eine Gegenleistung ist aus der Insolvenzmasse zu erstatten, soweit sie in dieser noch unterscheidbar vorhanden ist oder soweit die Masse um ihren Wert bereichert ist. Darüber hinaus kann der Empfänger der anfechtbaren Leistung die Forderung auf Rückgewähr der Gegenleistung nur als Insolvenzgläubiger geltend machen.

Übersicht Rdn.

Schrifttum

Bork, Wiederaufleben von Sicherheiten nach Anfechtung der Erfüllungsleistung, FS Kreft, 2004, S. 229 ff.; *Fuchs*, Das Wiederaufleben von Forderungen nach einer Insolvenzanfechtung, NZI 2019, 653 ff.; *Ganter*, Wiederaufleben von Sicherheiten nach Tilgung der gesicherten Hauptforderung durch Anfechtung, WM 2011, 245 ff.; *Heidbrink*, Zum Wiederaufleben von Sicherheiten nach Insolvenzanfechtung, NZI 2005, 363 ff.; *Jäger*, Haftung wegen einer nach Insolvenzanfechtung wiederaufgelebten Steuerschuld, zugleich Anmerkung zu BFH, 11.11.2008 –VII R 19/08, jurisPR-SteuerR15/2009 Anm. 1; *Kayser*, Rechtsfolgen der Insolvenzanfechtung, ZIP 2015, 449 ff.; *Krüger*, Insolvenzsteuerrecht Update 2019, ZInsO 2019, 826 ff.; Insolvenzsteuerrecht Update 2015, ZInsO 2015, 613 ff.; *Maier/Mager*, § 144 InsO: Wiedererstehung einer vorsätzlich deliktischen Forderung nach erfolgreicher Anfechtung und Forderungsanmeldung und ihre praktischen Folgen, ZInsO 2015, 238 ff.

A. Normzweck

1 § 144 InsO ergänzt § 143 InsO, indem er die Ansprüche des Anfechtungsgegners nach Rückgewähr des anfechtbar Erlangten und damit die rechtlichen Folgen der erfolgreichen Anfechtung weiter regelt.[1] Die Norm verfolgt das Ziel, eine ungerechtfertigte Bereicherung der Masse zu vermeiden.[2] Da die Insolvenzmasse nicht besser gestellt werden soll, als sie ohne die anfechtbare Rechtshandlung gestanden hätte, soll der Anfechtungsgegner einen angemessenen Ausgleich für die eingetretene Benachteiligung erhalten.

B. Norminhalt

I. Einführung

2 Die Regelung setzt voraus, dass eine **eigene Leistung** des Anfechtungsgegners in das Vermögen des Schuldners gelangt ist und der Insolvenzverwalter die **Anfechtung** nicht nur geltend gemacht, sondern auch **erfolgreich durchgesetzt** hat.[3]

3 § 144 **Abs. 1** InsO betrifft die Anfechtung allein des **Erfüllungsgeschäfts**[4], das auf einem seinerseits unanfechtbaren Verpflichtungsgeschäft beruht.[5] § 144 **Abs. 2** InsO regelt dagegen das Schicksal der Gegenleistung des Anfechtungsgegners, wenn das **Verpflichtungsgeschäft** angefochten wurde.[6] § 144 Abs. 1 und Abs. 2 InsO schließen sich daher gegenseitig aus.[7]

II. § 144 Abs. 1 InsO

1. Anwendungsbereich

4 § 144 Abs. 1 InsO setzt voraus, dass eine Schuld auf der Grundlage eines anfechtbaren **Erfüllungsgeschäftes** getilgt wurde. Ist auch das zugrunde liegende Verpflichtungsgeschäft anfechtbar, ist hingegen der Anwendungsbereich des Abs. 2 eröffnet. Berechtigter i.S.v. § 144 Abs. 1 InsO ist derjenige, der das, was er infolge des angefochtenen Erfüllungsgeschäftes erlangt hat, an die Masse zurückgewährt hat, oder dessen Gesamtrechtsnachfolger.[8]

1 MK-InsO/ Piekenbrock, § 144 InsO Rn. 1.
2 MK-InsO/Piekenbrock, § 144 InsO Rn. 1.
3 MK-InsO/Piekenbrock, § 144 InsO Rn. 3.
4 HambKomm-InsR/Rogge/Leptien, § 144 InsO Rn. 1.
5 MK-InsO/Piekenbrock, § 144 InsO Rn. 3.
6 Uhlenbruck/Hirte/Borries/Huber, § 144 InsO Rn. 8.
7 FK-InsO/Jungclaus/Keller, § 144 InsO Rn. 2.
8 HambKomm-InsR/Rogge/Leptien, § 144 InsO Rn. 3.

5 Abs. 1 ist auch dann anzuwenden, wenn der Schuldner seine Leistung über eine **Mittelsperson** erbracht hat,[9] sie durch **Aufrechnung** erloschen ist,[10] an Erfüllung statt[11] oder durch Hinterlegung erbracht wurde oder auch dann, wenn seine Leistung im Vollstreckungsweg erzwungen wurde.[12] Aufgrund welchen Anfechtungsgrundes angefochten wurde, ist irrelevant.[13]

6 Gem. § 12 AnfG ist Abs. 1 auch dann anwendbar, wenn bei Verfahrenseröffnung ein Verfahren nach dem AnfG noch nicht abgeschlossen ist.

2. Rechtsfolgen

7 Sobald und soweit der Anfechtungsgegner das Erlangte **tatsächlich** in die Masse zurückgewährt hat, lebt die getilgte Forderung – rückwirkend – in der Höhe und derselben Form wieder auf, wie sie vor ihrer Erfüllung bestanden hatte.[14] Dies gilt insb., wenn die Forderung bereits **verjährt**, bedingt oder befristet war oder ihr Gegenrechte entgegengesetzt werden konnten. Voraussetzung für das Wiederaufleben der Forderung ist die tatsächliche Rückgewähr des Empfangenen, allein die Geltendmachung des Rückforderungsanspruchs oder der Abschluss eines Vergleichs über den Rückforderungsanspruch reichen dagegen nicht aus.[15] Ein Grundstücksverkäufer, dessen Kaufpreisforderung durch Zahlungen eines Dritten – des späteren Insolvenzschuldners – erfüllt worden ist, kann dem Grundstückskäufer daher nach erfolgreicher Anfechtung der Zahlungen erst dann eine Frist zur Erfüllung der wieder aufgelebten Kaufpreisforderung setzen und den Rücktritt vom Vertrag androhen, wenn der insolvenzrechtliche Rückgewähranspruch erfüllt ist.[16] Für die Dauer der Erfüllung, also ab der Erfüllungshandlung bis längstens zur Rechtskraft des Anfechtungsurteils, gilt die **Verjährung** der Forderung als **gehemmt** (§§ 205, 206, 209 BGB). Bei **Versicherungen** lebt ein etwaiges Leistungsverweigerungs- oder Kündigungsrecht des Versicherers nach § 38 VVG wieder auf.[17]

8 Da sich die wiederauflebende Forderung nicht gegen den Schuldner richten muss, ist die Vorschrift auch im anfechtungsrechtlichen **Drei-Personen-Verhältnis** anzuwenden.[18] Höchstrichterlich ungeklärt ist die Frage, ob das Zivilgericht als Vorfrage das Vorliegen der Voraussetzungen einer Insolvenzanfechtung zu prüfen hat.[19]

---

9 BGH, 14.10.2010 – IX ZR 16/10, ZInsO 2010, 2295 Rn. 7; MK-InsO/Piekenbrock, § 144 InsO Rn. 10.
10 BGH, 14.10.2010 – IX ZR 16/10, ZInsO 2010, 2295 Rn. 7.
11 K/P/B/Jacoby, § 144 InsO Rn. 4.
12 HambKomm-InsR/Rogge/Leptien, § 144 InsO Rn. 5.
13 MK-InsO/Piekenbrock, § 144 InsO Rn. 6; A/G/R-Gehrlein, § 144 InsO Rn. 3.
14 BFH, 05.09.2012 – VII B 95/12, BFHE 238, 325 Rn. 9; OLG Brandenburg, 09.03.2004 – 11 U 95/03, ZInsO 2004, 504 Rn. 47 f.
15 BGH, 08.01.2015 – IX ZR 300/13, ZInsO 2015, 446 Rn. 17.
16 BGH, 08.01.2015 – IX ZR 300/13, ZInsO 2015, 446 Rn. 17.
17 Uhlenbruck/Hirte/Borries/Huber, § 144 InsO Rn. 3a.
18 BGH, 22.11.2012 – IX ZR 22/12, ZInsO 2013, 73 Rn. 12 m.w.N.; Uhlenbruck/Hirte/Borries/Huber, § 144 InsO Rn. 4.
19 Fuchs, NZI 2019, 653.

Sofern es sich um eine **mittelbare Zuwendung** des (späteren) Insolvenzschuldners handelt, weil dieser seinen Schuldner angewiesen hat, unmittelbar an seinen Gläubiger zu leisten, lebt mit der Rückgewähr der Leistung die Forderung des Gläubigers gegen den Insolvenzschuldner gleichfalls wieder auf.[20] Fechten in einem solchen Fall nicht nur der Insolvenzverwalter des Schuldners, sondern auch der des Leistungsmittlers die Leistungen an, schließt die auf die mittelbare Zuwendung gestützte Deckungsanfechtung durch den Insolvenzverwalter des Schuldners die Schenkungsanfechtung durch den Insolvenzverwalter des Mittlers nur insoweit aus, als der Anfechtungsgegner das anfechtbar Erlangte tatsächlich an den die Deckungsanfechtung geltend machenden Insolvenzverwalter des Schuldners zurückgewährt.[21] 9

Hat der (spätere) Insolvenzschuldner eine Schuld auf Anweisung eines Dritten anfechtbar beglichen, lebt mit der Rückgewähr seiner Leistung die Forderung gegen den Anweisenden wieder auf, auch wenn dieser im Drei-Personen-Verhältnis mit dem Insolvenzschuldner nicht identisch ist.[22] So lebt etwa die Forderung der Krankenkasse auf Zahlung der Versicherungsbeiträge gegen die freiwillig gesetzlich krankenversicherten Arbeitnehmer wieder auf, wenn der diese Beiträge vorinsolvenzlich zahlende Arbeitgeber in Insolvenz gerät und die Krankenkasse die Beiträge zur Kranken- und Pflegeversicherung nach erfolgreicher Anfechtung an die Insolvenzmasse zurückgewährt.[23] Daher ist es gerechtfertigt, entsprechend § 144 Abs. 1 InsO auch deren Forderungen gegen das schuldnerische Unternehmen wieder aufleben zu lassen.[24] 10

Hat der Insolvenzschuldner eine Forderung als **Bürge oder Mitschuldner** erfüllt, so lebt mit der Rückgewähr der Leistung die Forderung des Gläubigers auch gegen den Hauptschuldner bzw. den Mitschuldner wieder auf.[25] Dies gilt auch für die Bürgschaftsforderung.[26] Die Voraussetzungen für einen Verzug mit der Begleichung der Bürgschaftsforderung entstehen jedoch nicht rückwirkend auf den Zeitpunkt der Insolvenzanfechtung.[27] 11

Die Forderung kann dann **zur Insolvenztabelle** (nach-)gemeldet werden, wenn sie ohne ihr Erlöschen als (ggf. nachrangige) Forderung zur Tabelle hätte angemeldet werden können.[28] Die Aufrechnung mit dem Rückgewähranspruch ist nach § 96 Abs. 1 Nr. 1 InsO ausgeschlossen; auch ein Zurückbehaltungsrecht kommt grds. nicht in Betracht.[29] 12

20 HambKomm-InsR/Rogge/Leptien, § 144 InsO Rn. 9.
21 BGH, 04.02.2016 – IX ZR 42/14, ZInsO 2016, 572 Rn. 29 ff.
22 BGH, 22.11.2012 – IX ZR 22/12, ZInsO 2013, 73 Rn. 12 f.; MK-InsO/Piekenbrock, § 144 InsO Rn. 10.
23 BGH, 22.11.2012 – IX ZR 22/12, ZInsO 2013, 73 Rn. 12 f.
24 Kayser, ZIP 2015, 449, 450.
25 OLG München, 17.03.2009 – 5 U 4355/08, ZIP 2009, 1310 Rn. 32; K/P/B/Jacoby, § 144 InsO Rn. 10.
26 OLG Schleswig, 05.07.2007 – 5 U 48/07, ZIP 2008, 68 Rn. 22.
27 OLG Schleswig, 05.07.2007 – 5 U 48/07, ZIP 2008, 68 Rn. 22.
28 BFH, 05.09.2012 – VII B 95/12, BFHE 238, 325 Rn. 9; HambKomm-InsR/Rogge/Leptien, § 144 InsO Rn. 5.
29 MK-InsO/Piekenbrock, § 144 InsO Rn. 14.

13 Neben der getilgten Forderung leben auch für sie bestellte, unanfechtbare akzessorische[30] **Sicherheiten**, wie etwa Bürgschaften, Hypotheken oder Pfandrechte wieder auf.[31] **Auch eine** nicht akzessorische Sicherheit des Schuldners[32] – wie etwa eine Sicherungsabtretung, -übereignung oder -grundschuld – wird wieder begründet, da das Anfechtungsurteil entsprechend § 894 ZPO die entsprechenden Willenserklärungen fingiert. Der Anfechtungsgegner ist dann ggf. zur Absonderung nach §§ 49 ff. InsO berechtigt, wobei allerdings zu prüfen ist, ob auch die Sicherheitenbestellung selbst anfechtbar war. **Nebenrechte**, die für die getilgte Forderung begeben wurden – wie z.B. Schecks, Wechsel oder Vertragsstrafeversprechen – leben ebenfalls rückwirkend wieder auf.[33]

14 Die Verpflichtung aus einer **Patronatserklärung** besteht nach Anfechtung einer zugunsten des patronierten Unternehmens erbrachten Zahlung fort, gleich ob eine Patronatserklärung als akzessorisches oder als nichtakzessorisches Sicherungsrecht zu bewerten ist. Die ihm aus der Patronatserklärung zustehenden Rechte kann der Gläubiger insoweit gegenüber dem Patron direkt geltend machen.[34]

15 Ist die akzessorische **Sicherheit** für die Verbindlichkeit des Schuldners **durch einen Dritten** gestellt, tritt auch insoweit die gesetzliche Folge des Wiederauflebens ein.[35] Anderes gilt jedoch für nichtakzessorische Sicherheiten eines Dritten. Das Anfechtungsurteil kann hier – anders als bei nichtakzessorischen Sicherheiten aus dem Vermögen des Schuldners – nicht entsprechend § 894 ZPO die Abgabe der rechtsbegründenden Willenserklärung fingieren, da der Dritte am Anfechtungsprozess nicht beteiligt ist. Das Sicherungsrecht muss folglich neu begründet werden, wozu der Sicherungsgeber allerdings nach der ursprünglich getroffenen Sicherungsabrede verpflichtet ist.[36] Durch die nur vorübergehende, nicht dauerhafte Tilgung der Hauptforderung ist der Sicherungsgeber von seiner Pflicht zur Stellung der Sicherheit nicht entbunden worden. Da er zudem kein schützenswertes Interesse daran hat, durch eine anfechtbare Leistung des Schuldners von seiner Sicherung befreit zu werden, ist er aufgrund der ursprünglichen Sicherungsabrede zur Wiederbestellung der ohne rechtlichen Grund untergegangenen Sicherung verpflichtet. Daher kann er sich im Falle seiner Inanspruchnahme aus der Sicherung nach den Grundsätzen von Treu und Glauben nicht

---

30 BGH, 15.04.2010 – IX ZR 86/09, WKRS 2010, 15395 Rn. 2.

31 BGH, 13.10.2022 – IX ZR 130/21, ZInsO 2022, 2683 Rn. 16; 12.01.2017 – IX ZR 95/16, ZInsO 2017, 318 Rn. 11.

32 OLG Sachsen-Anhalt, 19.03.2009 – 2 U 142/08, NZI 2009, 558 Rn. 40 ff.; OLG Hamm, 04.03.2009 – 31 U 36/08, WKRS 2009, 34325; MK-InsO/Piekenbrock, § 144 InsO Rn. 19.

33 OLG Hamm, 04.03.2009 – 31 U 36/08, WKRS 2009, 34325; MK-InsO/Piekenbrock, § 144 InsO Rn. 15.

34 BGH, 12.01.2017 – IX ZR 95/16, ZInsO 2017, 318 Rn. 10 ff.

35 BGH, 12.01.2017 – IX ZR 95/16, ZInsO 2017, 318 Rn. 11; OLG Frankfurt, 25.11.2003 – 9 U 127/02, ZInsO 2004, 211 Rn. 6 ff.

36 BGH, 12.01.2017 – IX ZR 95/16, ZInsO 2017, 318 Rn. 14; OLG Sachsen-Anhalt, 19.03.2009 – 2 U 142/08, NZI 2009, 558 Rn. 40 ff.; OLG Frankfurt, 25.11.2003 – 9 U 127/02, ZInsO 2004, 211 Rn. 6 ff.

auf das Nichtbestehen des Sicherungsrechts berufen, sondern ist so zu behandeln, als wäre er seiner Verpflichtung zur Neubestellung nachgekommen.[37]

Bei **Steuerfälligkeiten**, die in die insolvenzreife Zeit fallen, bleibt das Steuerschuldverhältnis selbst bei fristgerechter Zahlung wegen der gesetzlich vorgesehenen Anfechtungsmöglichkeiten des Insolvenzverwalters zunächst in der Schwebe. Die erfolgreiche Anfechtung und Rückgewähr nach § 143 InsO bewirkt sodann gem. § 144 InsO, dass die Steuerschuld rückwirkend wieder auflebt.[38] Die Beendigung des Steuerschuldverhältnisses ist insoweit auflösend bedingt.[39] Erst wenn rechtsverbindlich feststeht, dass die Anfechtungsvoraussetzungen nach §§ 129 ff. InsO nicht vorliegen oder nicht wirksam angefochten ist, hat das Finanzamt daher einen gesicherten Anspruch auf die entrichtete Steuer mit der Folge, dass das Steuerschuldverhältnis endgültig erlischt.[40] Die Streitigkeit darüber, ob eine zunächst erloschene Steuerschuld gem. § 144 Abs. 1 InsO rückwirkend wieder auflebt, ob also der auflösend bedingte Grund für die Beendigung des Steuerschuldverhältnisses weggefallen ist, ist eine Streitigkeit über die Verwirklichung eines Steueranspruchs i.S.d. § 218 Abs. 2 AO, über die – auch in anfechtungsrechtlichen Drei-Personen-Verhältnissen – durch Abrechnungsbescheid zu entscheiden ist.[41] Löst die Rückzahlung aufgrund der Anfechtung die Berichtigung des Vorsteuerabzugs aus, ist der sich hieraus ergebende Steueranspruch nach § 55 Abs. 1 Nr. 1 InsO Masseverbindlichkeit und nicht Insolvenzforderung.[42] Werden aufgrund der Anfechtung Steuern zurückgewährt, die bis zum Ablauf des Fälligkeitstages vom Schuldner gezahlt worden sind, entstehen Säumniszuschläge nicht.[43] 16

III. § 144 Abs. 2 InsO

Nach § 144 Abs. 2 InsO kann der Anfechtungsgegner Erstattung der Gegenleistung als Masseverbindlichkeit verlangen, wenn diese noch unterscheidbar in der Masse vorhanden oder die Masse noch um ihren Wert bereichert ist. Die Norm setzt voraus, dass der Anspruch des Schuldners auf die Gegenleistung gerade infolge der Anfechtung und nicht aus anderen Gründen erloschen ist.[44] 17

37 BGH, 12.01.2017 – IX ZR 95/16, ZInsO 2017, 318 Rn. 14.

38 BGH, 08.02.2024 – IX ZR 2/22, ZInsO 2024, 603 Rn. 28.

39 BFH, 14.12.2021 – VII R 61/20, ZInsO 2022, 1001 Rn. 29 ff.; 14.12.2021 – VII R 15/19, ZInsO 2022, 1088 Rn. 35; 11.11.2008 – VII R 19/08, BFHE 223, 303 Rn. 13; vgl. dazu Jäger, jurisPR-SteuerR 15/09 Anm. 1; Krüger, ZInsO 2015, 613 ff.

40 BFH, 12.11.2013 – VII R 15/13, BFHE 243, 309 Rn. 8; vgl. dazu Schmittmann, EWiR 2014, 357 f.; Krüger a.a.O.

41 BFH, 14.12.2021 – VII R 61/20, ZInsO 2022, 1001 Rn. 29 ff.; 14.12.2021 – VII R 15/19, ZInsO 2022, 1088 Rn. 35.

42 BFH, 15.12.2016 – V R 26/16, BFHE 256, 571 Rn. 9 ff.

43 BFH, 22.11.2017 – XI R 14/16, BFHE 260, 300 Rn. 29; dazu Schmittmann, EWiR 2018, 403; Mitlehner, NZI 2018, 550, 553.

44 HambKomm-InsR/Rogge/Leptien, § 144 InsO Rn. 18.

18 **Gegenleistung** ist all das, was der Anfechtungsgegner aufgrund des angefochtenen schuldrechtlichen Vertrages geleistet hat.[45] Aufwendungen des Anfechtungsgegners auf den Vertragsgegenstand oder zur Vertragserfüllung sind nicht erstattungsfähig.[46] Bei einer Anfechtung nach § 134 InsO kommt – sofern es sich nicht um eine gemischte Schenkung handelt[47] –§ 144 Abs. 2 InsO mangels Gegenleistung nicht in Betracht.[48] Wird allein die Besicherung eines Darlehens angefochten, stellt die Hingabe des Darlehens keine Gegenleistung dar.

19 **Berechtigter** i.S.v. § 144 Abs. 2 InsO ist derjenige, der die Gegenleistung erbracht hat sowie sein Gesamtrechtsnachfolger.

1. Gegenleistung als Masseforderung

20 Soweit die Gegenleistung noch **unterscheidbar in der Masse** vorhanden ist, ist sie nach § 144 Abs. 2 Satz 1 1. Fall InsO in natura herauszugeben.[49] Dies ist bei Gutschriften auf einem Konto dann der Fall, wenn ihr Eingang durch Buchungen belegt und der positive Saldo durch zwischenzeitliche Belastungen nicht unter den Betrag der beanspruchten Gegenleistung gesunken ist.[50] Bei dem Herausgabeanspruch handelt es sich um einen Masseanspruch nach § 55 Abs. 1 Nr. 3 InsO.[51]

21 Sofern ein **gesetzliches Surrogat** für die Gegenleistung erlangt ist, tritt dieses an seine Stelle.[52] Ist die Herausgabe des in die Masse Gelangten unmöglich, ist **Wertersatz** in dem Umfang zu leisten, in dem die Masse noch um den Wert des Gegenstandes bereichert ist oder der Verwalter den Untergang verschuldet hat, § 144 Abs. 2 2. Fall InsO.[53] Die Frage der Bereicherung ist nach Maßgabe des § 818 Abs. 3 BGB festzustellen.[54]

22 Der Anfechtungsgegner kann seine Leistung zur Masse nach § 143 InsO bis zur Erfüllung seines Anspruchs auf die Gegenleistung **zurückbehalten**, da diese Ansprüche in einem rechtlichen Zusammenhang i.S.d. § 273 BGB stehen.[55] Sofern der Masseanspruch des Anfechtungsgegners und das infolge Anfechtung zur Masse Zurückzugewährende gleichartig sind, ist (nur) eine Aufrechnung möglich, eine Saldierung scheidet aus.[56]

---

45 FK-InsO/Jungclaus/Keller, § 144 InsO Rn. 18.
46 HambKomm-InsR/Rogge/Leptien, § 144 InsO Rn. 20; A/G/R-Gehrlein, § 144 InsO Rn. 8.
47 A/G/R-Gehrlein, § 144 InsO Rn. 8.
48 MK-InsO/Piekenbrock, § 144 InsO Rn. 25.
49 MK-InsO/Piekenbrock, § 144 InsO Rn. 29.
50 BGH, 18.04.2002 – IX ZR 219/01, BGHZ 150, 326, 328.
51 K/P/B/Jacoby, § 144 InsO Rn. 32.
52 BGH, 29.04.1986 – IX ZR 145/85, ZIP 1986, 787 Rn. 42.
53 MK-InsO/Piekenbrock, § 144 InsO Rn. 30.
54 HambKomm-InsR/Rogge/Leptien, § 144 InsO Rn. 22.
55 BGH, 11.05.2000 – IX ZR 262/98, ZIP 2000, 1061 Rn. 35 f.
56 BGH, 22.04.2010 – IX ZR 163/09, ZInsO 2010, 1185 Rn. 8, 9; BGH, 22.04.2010 – IX ZR 225/09, ZInsO 2010, 1454 Rn. 6; MK-InsO/Piekenbrock, § 144 InsO Rn. 27, 31; Uhlenbruck/Hirte/Borries/Huber, § 144 InsO Rn. 13; HK-InsO/Thole, § 144 InsO Rn. 6.

2. Gegenleistung als Insolvenzforderung

23 Ist die Gegenleistung des Anfechtungsgegners weder in natura noch als Surrogat oder dem Wert nach unterscheidbar in der Masse vorhanden und lässt sich auch eine Bereicherung der Masse um ihren Wert nicht feststellen, kann der Anfechtungsgegner seine Forderung nur als bloße Insolvenzforderung zur Tabelle anmelden, § 144 Abs. 2 Satz 2 InsO.

24 Der Anfechtungsgegner kann wegen dieses Anspruchs weder ein Zurückbehaltungsrecht[57] gegenüber dem Anspruch auf Rückgabe der angefochtenen Leistung an die Masse geltend machen, noch berechtigt der Anspruch ihn zur Aufrechnung.[58]

25 Da der Erstattungsanspruch nach § 144 Abs. 2 Satz 2 InsO als Insolvenzforderung erst mit dem Vollzug der Rückgewähr entsteht, kann der Insolvenzverwalter eine bereits zuvor – schon vorsorglich – angemeldete Forderung noch bis zum Angebot der Rückgewähr durch den Anfechtungsgegner bestreiten.[59]

C. Beweislast

26 Den Gläubiger trifft grds. die Darlegungs- und Beweislast für die Anfechtbarkeit der Leistung i.S.d. § 144 Abs. 1 InsO, insb. für den Gläubigerbenachteiligungsvorsatz des Schuldners.[60] Anfechtungsgegner trifft die Beweislast, wenn er im Rahmen des § 144 Abs. 1 InsO geltend macht, dass für seine Forderung Sicherheiten bestellt waren.[61] Im Rahmen des § 144 Abs. 2 InsO trägt er die Beweislast dafür, dass er die Gegenleistung erbracht hat. Dem Insolvenzverwalter obliegt es sodann, den Wegfall der Bereicherung der Masse zu beweisen und dass er diesen nicht zu vertreten hat.

D. Arbeitshilfen

▶ Checkliste

27
- ☐ Herausgabe des Erlangten bei allein angefochtenem Erfüllungsgeschäft, § 144 Abs. 1 InsO
- ☐ Herausgabe der Gegenleistung bei angefochtenem Verpflichtungsgeschäft, § 144 Abs. 2 InsO
- ☐ Masseforderung, sofern Gegenleistung unterscheidbar in der Masse vorhanden oder Bereicherung fortbesteht
- ☐ anderenfalls als reine Insolvenzforderung

57 BGH, 29.04.1986 – IX ZR 145/85, ZIP 1986, 787.
58 K/P/B/Jacoby, § 144 InsO Rn. 37.
59 MK-InsO/Piekenbrock, § 144 InsO Rn. 33.
60 BGH, 13.10.2022 – IX ZR 130/21, ZInsO 2022, 1012 Rn. 13.
61 HambKomm-InsR/Rogge/Leptien, § 144 InsO Rn. 25.

§ 145 Anfechtung gegen Rechtsnachfolger

(1) Die Anfechtbarkeit kann gegen den Erben oder einen anderen Gesamtrechtsnachfolger des Anfechtungsgegners geltend gemacht werden.

(2) Gegen einen sonstigen Rechtsnachfolger kann die Anfechtbarkeit geltend gemacht werden:
1. wenn dem Rechtsnachfolger zur Zeit seines Erwerbs die Umstände bekannt waren, welche die Anfechtbarkeit des Erwerbs seines Rechtsvorgängers begründen;
2. wenn der Rechtsnachfolger zur Zeit seines Erwerbs zu den Personen gehörte, die dem Schuldner nahestehen (§ 138), es sei denn, daß ihm zu dieser Zeit die Umstände unbekannt waren, welche die Anfechtbarkeit des Erwerbs seines Rechtsvorgängers begründen;
3. wenn dem Rechtsnachfolger das Erlangte unentgeltlich zugewendet worden ist.

Übersicht Rdn.

Schrifttum

Bartels, Insolvenzanfechtung und Leistung Dritter, 2015, 322ff.; *Brinkmann*, in: Bork (Hrsg.), Handbuch des Insolvenzanfechtungsrechts (2006), Kap. 17, 531 ff.; *Gerhardt*, Die Anfechtung gegen den Rechtsnachfolger, in: Insolvenzrecht im Wandel der Zeit, FS Hans-Peter Kirchhof, 2003, S. 121 ff.; *Kayser*, Von mittelbaren Zuwendungen, Leistungsketten und Empfangsberechtigten in: Sanierung, Insolvenz, Berufsrecht der Rechtsanwälte und Notare, FS Hans Gerhard Ganter 2010, S. 221 ff.; *Lüke*, Anfechtungsrechtliche Probleme bei Dreiecksverhältnissen am Beispiel der Erfüllung durch Dritte, ZIP 2001, 1ff.; *Neyes*, Die Insolvenzanfechtung in Mehrpersonenverhältnissen, 2012; *Pießkalla*, Zu den Voraussetzungen der Anfechtbarkeit von Rechtshandlungen in der Insolvenz des Rechtsvorgängers im Insolvenzverfahren des Rechtsnachfolgers, ZInsO 2010, 2052.

A. Kernbereich der Regelung und Systematik

1 Während das Leitbild der Insolvenzanfechtungsnormen im Grundsatz das Zweipersonenverhältnis betrifft, stellt § 145 InsO eine Regelung dar, welche von mehr als zwei Beteiligten ausgeht. Die Norm enthält Regelungen dazu, wann eine Anfechtung ggü. dem Rechtsnachfolger nach anfechtbarem Ersterwerb möglich ist. Dadurch soll eine Rückführung von Massegegenständen auch dann ermöglicht werden, wenn der unmittelbare Empfänger die anfechtbare Leistung an andere Vermögensträger weiter-

gegeben hat. Dabei gilt die Regelung nicht nur gegenüber dem Ersten, sondern auch gegen jeden weiteren Rechtsnachfolger, wenn auch in der Kette die Anfechtungsvoraussetzungen jeweils gegeben sind.[1] Hat also nur einer der Rechtsnachfolger den Gegenstand unanfechtbar erworben, scheidet eine Anfechtbarkeit nach § 145 InsO gegen dessen Rechtsnachfolger selbst dann aus, wenn diese die anfechtbaren Voraussetzungen kannten.[2] Während Abs. 1 eine (klarstellende) Regelung für die Gesamtrechtsnachfolge enthält, finden sich in Abs. 2 verschiedene Regelungskomplexe für die Einzelrechtsnachfolge. Eine Anfechtung bei der Einzelrechtsnachfolge kann sich demnach nach den Aspekten Kenntnis (Nr. 1), Verhältnis zum Schuldner (Nr. 2) und Unentgeltlichkeit (Nr. 3) ergeben.

Während man § 145 InsO als abschließende Regelung zu Anfechtungskonstellationen mit Rechtsnachfolge zu verstehen hat[3], finden sich in der Norm keinerlei Aussagen zu der systematischen Beurteilung von anderen Konstellationen von Mehrpersonenverhältnissen wie z.B. der mittelbaren Zuwendung.[4] Aufgrund der in der Einzelrechtsnachfolge teilweise erheblichen subjektiven Tatbestandsvoraussetzungen stellt die Norm in der Praxis eine Schutzfunktion für den gutgläubigen Rechtsnachfolger dar und erhöht die Rechtssicherheit im Hinblick auf das Insolvenzanfechtungsrisiko im Wirtschaftsverkehr. 2

§ 145 InsO schützt aus dogmatischer Sicht lediglich den schuldnerischen Anspruch auf Naturalrestitution und zielt daher nicht darauf ab, der Insolvenzmasse bei Vermögenslosigkeit des Rechtsvorgängers durch Erstreckung der Anfechtung auf Dritte eine weitere allgemeine Befriedigungsmöglichkeit zu eröffnen. Aufgrund der Übereinstimmung mit § 15 Abs. 1 und 2 AnfG sowie § 40 KO kann auf die zu diesen Regelungen ergangene Rechtsprechung zurückgegriffen werden. 3

B. Norminhalt

I. Einführung

Sinn und Zweck des § 145 InsO ist es, in bestimmten Sachverhaltskonstellationen die festgestellte Anfechtbarkeit ggü. dem Ersterwerber auf den Rechtsnachfolger zu erstrecken. Hierdurch soll verhindert werden, dass durch gezielten Einsatz der Weitergabe der anfechtbaren Leistungen die Rückführung von Massegegenständen im Wege der Naturalrestitution vereitelt wird.[5] 4

§ 145 InsO ist als eigenständiger Anfechtungstatbestand anzusehen, welcher einen selbstständigen Anfechtungsanspruch ggü. dem Rechtsnachfolger begründet.[6] Grds. 5

1 BGH, 24.06.2003 – IX ZR 228/02, BGHZ 155, 199, 204 = ZInsO 2003, 761, 763.
2 MK-InsO/Piekenbrock, § 145 InsO Rn. 6.
3 Kayser, in FS Ganter, S. 226.
4 S. hierzu § 129 Rdn. 10 f.
5 HambKomm-InsR/Rogge/Leptien, § 145 InsO Rn. 1.
6 BGH, 10.01.2002 – IX ZR 61/99, ZInsO 2002, 223, 224; Neyes, Die Insolvenzanfechtung in Mehrpersonenverhältnissen, S. 113 f.

steht daher der Anfechtungsanspruch gegen den unmittelbaren Erwerber und den Rechtsnachfolger parallel nebeneinander. Wird durch den Rechtsvorgänger oder den Rechtsnachfolger der Anspruch erfüllt, kann ggü. dem jeweils anderen nichts mehr gefordert werden, soweit sich die geforderte Leistung und die erhaltene Leistung wertmäßig entsprechen.[7]

6 Da § 145 InsO die Rechtsnachfolge voraussetzt, ist dessen Anwendungsbereich nur dann eröffnet, wenn der Anfechtungsanspruch gegen den unmittelbaren Erwerber gem. § 143 Abs. 1 Satz 1 InsO bei Weitergabe (noch) auf die Naturalrestitution gerichtet war. Ergibt sich bereits von Beginn an ggü. dem unmittelbaren Erwerber lediglich ein Anspruch auf Wertersatz gem. § 143 Abs. 1 Satz 2 InsO, so ist eine Anfechtung nach § 145 InsO gegen den Rechtsnachfolger ausgeschlossen.[8] Da es sich hierbei um eine spezialgesetzliche Regelung handelt, die abschließend ist, findet auch der § 822 BGB daneben keine Anwendung.[9] Allerdings kann die Wertersatzpflicht des Erstempfängers nach den allgemeinen Grundsätzen z.B. des § 1967 BGB oder § 25 HGB auf den Gesamtrechtsnachfolger übergehen.

7 Für § 145 InsO ist es unerheblich, ob die Gesamt- oder Einzelrechtsnachfolge vor oder nach Verfahrenseröffnung eintrat.[10]

8 Eine Rechtsnachfolge i.S.d. § 145 InsO kann auch bei Teilerwerb vorliegen. Dies ist z.B. dann der Fall, wenn aus dem anfechtbar weggegebenen Gegenstand ein neues Recht geschaffen, abgespalten oder das anfechtbar übertragene Vollrecht mit Sicherungsrechten belastet wird.[11] Wird ein anfechtbarer erworbener Geschäftsanteil an einer GmbH geteilt und die neuen Geschäftsanteile abgetreten, so ist eine Rechtsnachfolge im anfechtungsrechtlichen Sinne ausgeschlossen, da die neuen Anteile nicht aus dem untergegangenen ursprünglichen Geschäftsanteil abgeleitet sind.[12] Anders ist dieses bei Übertragung neu aufgeteilten Wohneigentums, da gem. § 8 WEG die entstehenden Miteigentumsbruchteile vom bisherigen Eigentum abgeleitete Teilrechte darstellen.[13]

9 Eine Rechtsnachfolge i.S.d. § 145 InsO stellt auch ein im Wege von Zwangsvollstreckungsmaßnahmen erlangtes Pfandrecht anhand von weggegebenen Gegenständen oder die Pfändung und Überweisung zur Einziehung von einer anfechtbaren Forderung dar.[14] Ebenso kann die bloße Besitzerlangung aufgrund schuldrechtlichen Vertrages eine Rechtsnachfolge sein.[15] Keine Rechtsnachfolge i. S. d. § 145 InsO

7 Vgl. Jaeger/Henckel, § 145 InsO Rn. 70.
8 BGH, 24.06.2003 – IX ZR 228/02, BGHZ 155, 199, 204 = ZInsO 2003, 761, 763.
9 BGH, 28.06.2012 – IX ZR 98/11, ZInsO 2012, 1522 Rn. 2.
10 S. hierzu MK-InsO/Piekenbrock, § 145 InsO Rn. 5 bzw. 17.
11 S. hierzu MK-InsO/Piekenbrock, § 145 InsO Rn. 23; LG Bad Kreuznach, 16.11.2016 – 3 O 105/16, juris 27; OLG Düsseldorf, 26.05.2021 – 12 W 3/21, ZInsO 2021, 1426, Rn. 17.
12 OLG Düsseldorf, 20.05.2014 – 12 U 96/12, ZInsO 2015, 99.
13 S. hierzu MK-InsO/Piekenbrock, § 145 InsO Rn 23.
14 S. HambKomm-InsR/Rogge/Leptien, § 145 Rn. 13.
15 Vgl. MK-InsO/Piekenbrock, § 145 Rn. 25.

liegt bei einem originären Erwerb wie beim Eigentumserwerb nach Ersitzung nach §§ 937, 945 BGB vor.[16]

Ist dem Rechtsnachfolger die Herausgabe des Erlangten nicht mehr möglich, so haftet er ebenfalls, wie sein Rechtsvorgänger nach § 143 Abs. 1 Satz 2 InsO, § 818 Abs. 2 BGB, soweit er die anfechtbare Rechtsposition selbst erlangt hatte.[17] 10

II. Gesamtrechtsnachfolge (Abs. 1)

Gesamtrechtsnachfolger ist, wer aufgrund gesetzlicher Grundlage in sämtliche Verbindlichkeiten seines Rechtsvorgängers eintritt, wobei es genügt, wenn er nunmehr lediglich neben dem Rechtsvorgänger haftet.[18] Klassischer Anwendungsfall der Gesamtrechtsnachfolge ist die Erbschaft als gesetzliche Universalsukzession, wobei sich die Frage, wer Erbe des Anfechtungsgegners ist, nach bürgerlichen Recht bestimmt. Neben dem in Abs. 1 ausdrücklich benannten Erbfall (§ 1922 BGB) kommen als sonstige Formen der Gesamtrechtsnachfolge z.B. die Verschmelzung (§§ 20, 36 UmwG), die Spaltung (§ 131 UmwG) und die Vereinigung aller Anteile einer Personengesellschaft in einer Hand in Betracht.[19] Als Gesamtrechtsnachfolger ist auch der Insolvenzverwalter nach Eröffnung anzusehen, wenn über das Vermögen des Leistungsempfängers das Insolvenzverfahren eröffnet wurde.[20] Der Anspruch nach § 145 Abs. 1 InsO kann dann im Insolvenzverfahren als (Ersatz-) Aussonderungsanspruch geltend gemacht werden, soweit er auf die Primärleistung gerichtet ist.[21] 11

Gem. § 145 Abs. 1 InsO hat der anfechtende Insolvenzverwalter neben dem Nachweis über die Gesamtrechtsnachfolge vollständig darzulegen, dass der Rechtserwerb ggü. dem Rechtsvorgänger anfechtbar war und dass der Rechtsnachfolger die anfechtbar weggegebene Rechtsposition selbst erlangt hat.[22] 12

III. Einzelrechtsnachfolge (Abs. 2)

1. Allgemein

Die Einzelrechtsnachfolge nach Abs. 2 setzt voraus, dass der Rechtsnachfolger den anfechtbar weggegebenen Gegenstand in derselben Gestalt und mit demselben Inhalt oder ein aus diesem geschaffenes, beschränktes Recht bzw. eine abgeleitete, besondere Befugnis aber kein Surrogat erlangt hat, welcher aufgrund der Anfechtung heraus- 13

16 BFH, 10.11.2020 – VII R 55/18, ZInsO 2021, 1289, Rn. 73; Jaeger/Henkel, § 145 InsO, Rn. 43.
17 Vgl. HambKomm-InsR/Rogge/Leptien, § 145 InsO Rn. 22.
18 S. BT-Drucks. 2443/12, S. 168.
19 Vgl. HambKomm-InsR/Rogge/Leptien, § 145 InsO Rn. 7.
20 BGH, 24.06.2003 – IX ZR 228/02, BGHZ 155, 199, 204 = ZInsO 2003, 761, 763.
21 BGH, 23.10.2003 – IX ZR 252/01, BGHZ 156, 350, 359 f. = ZInsO 2003, 1096, 1099.
22 S. hierzu MK-InsO/Piekenbrock, § 145 InsO Rn. 47; BFH, 10.11.2020 – VII R 55/18, ZInsO 2021, 1289, Rn. 73.

gegeben werden soll.[23] Geht also die anfechtbar weggegebene Rechtsposition vom ursprünglichen Erwerber in anderer Weise als durch Gesamtrechtsnachfolge über, so liegt Einzelrechts- oder Sonderrechtsnachfolge vor.[24] Geht es um die Zahlung einer Geldsumme, kann eine Rechtsnachfolge lediglich an einzelnen Geldscheinen oder Münzen vorliegen, jedoch nicht an weitergeleiteten Buchgeldpositionen im unbaren Geldverkehr.[25] Übereignet der Rechtsvorgänger einen Scheck nicht direkt, sondern reicht diesen bei der Bank eines Dritten ein, so kann eine Rechtsnachfolge angenommen werden, da der Dritte bereits vor Einlösung des Schecks aus dem bankrechtlichen Geschäftsbeziehungsvertrag einen Anspruch auf Herausgabe des Erlöses gegen sein Kreditinstitut zusteht.[26] Unerheblich ist, in welcher Form der dingliche Erwerb vorgenommen wurde, ob z.B. durch rechtsgeschäftliche Verfügung, hoheitliche Anordnung oder unmittelbar durch Gesetz.[27] Neben der Tatsache der Einzelrechtsnachfolge hat der anfechtende Insolvenzverwalter gem. Abs. 1 die Anfechtbarkeit des Erwerbs des Rechtsvorgängers darzulegen.[28] Des Weiteren muss zusätzlich mindestens eine der drei Alternativen des Abs. 2 vorliegen, wobei eine Eingrenzung oder Abhängigkeit zu dem ggü. dem Rechtsvorgänger bestehenden Anfechtungsgrund nicht besteht.[29] Rechtsnachfolge setzt jedoch nicht immer und allein die Vollrechtsübertragung des anfechtbar Erlangten voraus, sondern kann auch vorliegen, wenn aus dem anfechtbar Übertragenen eine besondere Befugnis oder ein beschränktes Recht entstanden oder bestellt worden ist.[30]

2. Kenntnis von der Anfechtbarkeit des Vorerwerbs (Nr. 1)

14 Gem. der Nr. 1 des Abs. 2 kann sich die Anfechtbarkeit ggü. dem Einzelrechtsnachfolger dann ergeben, wenn er die Anfechtbarkeit des Erwerbs seines (unmittelbaren) Rechtsvorgängers kannte.[31] Hierbei kommt es nicht darauf an, dass er sich der Anfechtungsfolgen bewusst war, sondern dass er Kenntnis von Umständen hatte, die die Anfechtbarkeit ggü. seinem Rechtsvorgänger begründen.[32]

15 Maßgeblicher Zeitpunkt i.S.d. § 140 Abs. 1 InsO ist der Zeitpunkt der Vollendung des Rechtserwerbs durch den Rechtsnachfolger.[33]

23 BGH, 09.10.2008 – IX ZR 59/07, ZInsO 2008, 1202 Rn. 11; BGH, 05.02.1987 – IX ZR 161/85, BGHZ 100, 36, 41; BGH, 24.06.2003 – IX ZR 228/02, BGHZ 155, 199, 204 = ZInsO 2003, 761, 763.

24 Vgl. MK-InsO/Piekenbrock, § 145 InsO Rn. 17.

25 BGH, 19.02.2009 – IX ZR 16/08, ZInsO 2009, 768, 769; BGH, 05.02.1987 – IX ZR 161/85, BGHZ 100, 36, 41.

26 HK-InsO/Thole § 145 InsO Rn. 6.

27 S. HambKomm-InsR/Rogge/Leptien, § 145 InsO Rn. 9.

28 S. Uhlenbruck/Hirte, § 145 InsO Rn. 23.

29 S. HambKomm-InsR/Rogge/Leptien, § 145 InsO Rn. 15.

30 So schon BGH, 05.02.1987 – IX ZR 161/85, BGHZ 100, 36, 40; ausführlich dazu HK-InsO/Thole, § 145 InsO Rn. 5 ff.

31 BGH, 02.02.2006 – IX ZR 67/02, BGHZ 166, 125, 133 f. = ZInsO 2006, 322 Rn. 24 – 27.

32 Vgl. HK-InsO/Thole, § 145 InsO Rn. 10.

33 S. HambKomm-InsR/Rogge/Leptien, § 145 InsO Rn. 18.

Hat der Anfechtungsgegner von einem Zwischenerwerber erworben, ggü. dem ebenfalls die Anfechtungsvoraussetzungen des § 145 Abs. 2 Nr. 1 InsO vorlagen, so muss der Anfechtungsgegner nicht nur Kenntnis von Umständen haben, nach welchen der Ersterwerb anfechtbar war, sondern neben der Kenntnis von Umständen, die die Anfechtbarkeit des Zwischenerwerbes begründeten, die Kenntnis davon haben, dass dem Zwischenerwerber die Anfechtbarkeit gegen den Ersterwerber bekannt war.[34] 16

3. Rechtsnachfolge als nahestehende Person des Schuldners (Nr. 2)

Gem. der Nr. 2 des Abs. 2 wird die Kenntnis entsprechend Nr. 1 vermutet, wenn der Rechtsnachfolger zu dem Personenkreis i.S.d. § 138 InsO (vgl. hierzu Kap. 3 § 138 InsO Rdn. 4 ff.) zu zählen ist. Mithin obliegt in diesem Fall der Beweis für seine Unkenntnis dem Rechtsnachfolger.[35] In welcher Beziehung der Anfechtungsgegner zu seinem Rechtsvorgänger stand, ist unerheblich.[36] 17

4. Unentgeltlicher Erwerb des Rechtsnachfolgers (Nr. 3)

Gem. der Nr. 3 kann sich die Anfechtbarkeit der Rechtsnachfolge schon allein dadurch ergeben, dass der Rechtsnachfolger seinerseits unentgeltlich erwirbt. Nach Nr. 3 kommt es lediglich darauf an, dass der Rechtserwerb des Rechtsnachfolgers unentgeltlich ist und nicht, ob sämtliche Vorerwerbe ebenfalls unentgeltlich erfolgten.[37] Der Begriff der Unentgeltlichkeit nach § 145 Abs. 2 Nr. 3 entspricht der entsprechenden Tatbestandsvoraussetzung des § 134 Abs. 1 InsO (vgl. hierzu Kap. 3 § 134 InsO Rdn. 17 ff.).[38] Nach h.M. finden die Einschränkungen des § 134 Abs. 2 InsO und des § 143 Abs. 2 InsO auf § 145 Abs. 2 Nr. 3 InsO ebenfalls Anwendung.[39] 18

IV. Prozessuales

Macht der Insolvenzverwalter Ansprüche gem. § 145 InsO geltend, so trifft ihn neben den besonderen Tatbestandsvoraussetzungen nach Abs. 2 die Beweislast dafür, dass eine Rechtsnachfolge vorliegt und die Anfechtbarkeit ggü. jedem Rechtsvorgänger des Anfechtungsgegners gegeben ist.[40] Lediglich in den Fällen des Abs. 2 Nr. 2 ist es an dem Anfechtungsgegner, seine Unkenntnis im Erwerbszeitpunkt darzulegen und zu beweisen.[41] 19

34 Vgl. Uhlenbruck/Hirte, § 145 InsO Rn. 34.
35 BGH, 10.01.2002 – IX ZR 61/99, ZInsO 2002, 223, 226.
36 Vgl. MK-InsO/Piekenbrock § 145 InsO Rn. 31.
37 S. HambKomm-InsR/Rogge/Leptien, § 145 InsO Rn. 20.
38 Vgl. Jaeger/Henckel, § 145 InsO Rn. 63; OLG Frankfurt, Urt. v. 02.02.2016 – 16 U 19/16, juris Rn. 90.
39 S. hierzu MK-InsO/Kirchhof/Piekenbrock, § 145 InsO Rn. 32 bzw. Rn. 29; Jaeger/Henckel, § 145 InsO Rn. 63; HambKomm-InsR/Rogge/Leptien, § 145 InsO Rn. 20 f.
40 S. HambKomm-InsR/Rogge/Leptien, § 145 InsO Rn. 28.
41 Vgl. MK-InsO/Piekenbrock, § 145 InsO Rn. 49.

20 Da Rechtsvorgänger und Rechtsnachfolger keine notwendigen Streitgenossen (§ 62 ZPO) sind, können sie getrennt voneinander verklagt werden.[42] Wurde die ursprünglich anfechtbar weggegebene Rechtsposition mehrfach weitergegeben, so ist eine Anfechtung ggü. jedem Zwischenerwerber möglich und für die Anfechtung ggü. dem Letzterwerber für jeden Zwischenerwerb vollständig darzulegen und zu beweisen.[43]

21 Der Anfechtungsanspruch nach § 145 InsO unterliegt der Verjährungsregelung des § 146 InsO und ist unabhängig von der Verjährung der Anfechtungsansprüche von Rechtsvorgängern zu beurteilen.[44]

▶ Checkliste

22
- □ Liegt eine Rechtsnachfolge vor?
- □ Handelt es sich um Einzel- oder Gesamtrechtsnachfolge?
- □ Wenn es sich um Einzelrechtsnachfolge handelt: Ist eine der drei Varianten des Abs. 2 gegeben?
- □ Soweit eine mehrfache Leistungskette vorliegt: Sind die Voraussetzungen des § 145 InsO für jedes Kettenmitglied erfüllt?

§ 146 Verjährung des Anfechtungsanspruchs

(1) Die Verjährung des Anfechtungsanspruchs richtet sich nach den Regelungen über die regelmäßige Verjährung nach dem Bürgerlichen Gesetzbuch.

(2) Auch wenn der Anfechtungsanspruch verjährt ist, kann der Insolvenzverwalter die Erfüllung einer Leistungspflicht verweigern, die auf einer anfechtbaren Handlung beruht.

Übersicht Rdn.

42 S. HambKomm-InsR/Rogge/Leptien, § 145 InsO Rn. 26.

43 Vgl. Jaeger/Henckel, § 145 InsO Rn. 58.

44 S. Uhlenbruck/Hirte/Borries/Huber, § 145 InsO Rn. 25; Gerhardt, in: FS Kirchhof, S. 128.

Schrifttum

Bork, Grundtendenzen des Insolvenzanfechtungsrechts, ZIP 2008, 1041 ff.; *Drilling*, Zur Gültigkeit der Aufrechnung nach Ablauf der Anfechtungsfrist, KTS 2008, 205 ff.; *Ganter*, Die Rechtsprechung des BGH zum Insolvenzrecht im Jahre 2010, NZI 2011, 209 ff.; *Gehrlein*, Aktuelle Rechtsprechung zur Insolvenzanfechtung in systematischer Darstellung, WM 2009, Sonderbeilage Nr. 1, 40 ff.; *ders.*, Höchstrichterliche Rechtsprechung zum Insolvenzanfechtungsrecht der Jahre 2021/2022, ZRI 2022, 621 ff.; *Gehrlein/Thole*, Aktuelle Probleme der Insolvenzanfechtung, 16. Aufl., 2024; *Huber*, Die insolvenzrechtlich unzulässige Aufrechnung nach § 96 Abs. 1 Nr. 3 InsO, ZInsO 2009, 566 ff.; *ders.*, Neues Verjährungsrecht für Insolvenzanfechtungsanspruch, ZInsO 2005, 190 ff.; *ders.*, Schon fehlgeschlagener Versuch eines Gesetzes zur Anpassung des Rechts der Insolvenzanfechtung? oder: Wie höchstrichterliche Rechtsprechung durch berichtigende Worte des Gesetzgebers Makulatur werden soll(te), ZIP 2007, 501 ff.; *Kayser*, Wirksame und unwirksame Aufrechnungen und Verrechnungen in der Insolvenz (§§ 94 bis 96 InsO), WM 2008, 1477 ff.; *Kellner/Lind*, Zur Verjährung des Anspruchs aus § 32b GmbHG, ZInsO 2006, 413 ff.; *Kirchhof*, Einfluss des neuen Verjährungsrechts auf die Insolvenzanfechtung, WM 2002, 2037 ff.; *ders.*, Nochmals: Zuständigkeit der Arbeitsgerichte für Anfechtungsklagen?, ZInsO 2009, 1791 f.; *Munz*, Wann verjähren die Anfechtungsansprüche der §§ 129 ff. InsO?, ZInsO 2003, 602 f.; *Onusseit*, Der auf 00:00 Uhr (vor-)datierte Insolvenzeröffnungsbeschluss und die Verjährung des Anfechtungsanspruchs, ZInsO 2003, 405 f.; *Peters*, Verjährungsfragen bei der anfechtbaren Schmälerung der Masse um Forderungen, KTS 2008, 295 ff.; *Ringstmeier/Homann*, Die Auswirkung der Schuldrechtsreform auf die Insolvenzverwaltung, ZIP 2002, 505 ff.; *Schmittmann*, Der Auskunftsanspruch des Insolvenzverwalters gegenüber der Finanzverwaltung: Luxemburg hat das letzte Wort, DSB 2019, 189 ff.; *Schmittmann*, Pflichten des Insolvenzverwalters bei der Geltendmachung insolvenzanfechtungsrechtlicher Rückgewähransprüche, InsA 2024, 19 ff.; *Wagner*, Neues Verjährungsrecht in der zivilrechtlichen Beratungspraxis, ZIP 2005, 558 ff.; *Zenker*, Geltendmachung der Insolvenz- und der Gläubigeranfechtung, NJW 2008, 1038 ff.; *Zenker*, Rückwirkung der Insolvenz auf anfechtbare Aufrechnungen, ZInsO 2007, 142 ff.; *Zistler*, Anfechtungsfrist bei Antragstellung in falscher Verfahrensart, InsbürO 2019, 337 ff.

A. Normzweck

Die Norm des § 146 InsO regelt die Verjährung, die der **Sicherheit des Verkehrs** und dem **Rechtsfrieden** dient.[1] Ansprüche, die jahrelang nicht geltend gemacht werden, sind nach Auffassung des BGH nicht oder nicht mehr gerechtfertigt, sodass der Schuldner vor **Inanspruchnahme** zu schützen ist.[2] Die Geltendmachung der Verjährung ist ein Recht des Schuldners, das nicht aus seinem, sondern aus dem **Verhalten des Gläubigers** erwächst.[3] 1

Die **KO** sah vor, dass die Anfechtung nur binnen **Jahresfrist** seit der Eröffnung des Verfahrens erfolgen kann, § 41 Abs. 1 Satz 1 KO.[4] Die **InsO** regelte zunächst zur 2

1 So A/G/R-Gehrlein, § 146 Rn. 1.

2 So BGH, 16.06.1972 – I ZR 154/70, BGHZ 59, 72, 74.

3 Vgl. RG, 08.06.1928 – III 426/27, RGZ 120, 355, 358; BGH, 09.05.1955 – II ZR 31/54, BGHZ 17, 199, 206.

4 S. zur Entstehungsgeschichte: MK-InsO/Kirchhof, § 146 InsO Rn. 2; vgl. Schmittmann, InsA 2024, 19.

Verjährung des Anfechtungsanspruchs, dass dieser mit Ablauf von **2 Jahren** seit der Eröffnung des Insolvenzverfahrens verjährt, § 146 Abs. 1 InsO a.F.[5] Der zeitliche Anwendungsbereich der **Neuregelung** ist Art. 229 § 12 EGBGB zu entnehmen (s. im Einzelnen: Anhang zu § 146 InsO).

Das **Leistungsverweigerungsrecht** des Insolvenzverwalters aus § 146 Abs. 2 InsO dient dem Schutz der Insolvenzmasse.[6]

3 Die **KO** von 1877 kannte eine entsprechende Vorschrift nicht; sie wurde erst durch die Novelle 1900 eingeführt. Die frühere Regelung des § 41 Abs. 2 KO wollte dem Insolvenzverwalter ein Leistungsverweigerungsrecht geben, da er nicht in die Situation kommen sollte, einen anfechtbar begründeten Anspruch des Anfechtungsgegners erfüllen zu müssen.[7] Nach heutiger Auffassung kann der Insolvenzverwalter mit § 146 Abs. 2 InsO die Masse mit dem **Einwand der haftungsrechtlichen Unwirksamkeit** verteidigen. Die haftungsrechtliche Unwirksamkeit verjährt nicht und kann vom Insolvenzverwalter daher **zeitlich unbegrenzt** geltend gemacht werden.[8]

B. Norminhalt

I. Einführung

4 Die Norm regelt die **Ausübungsfrist** für den Insolvenzanfechtungsanspruch, während die Anfechtungsfristen sich aus den einzelnen Insolvenztatbeständen ergeben und bis zu 10 Jahren vor dem Insolvenzantrag zurückreichen können.[9]

5 Die Regelung des § 146 Abs. 2 InsO berechtigt den Insolvenzverwalter zur **Verweigerung** der Erfüllung einer **Leistungspflicht.**[10] Erfasst sind Leistungspflichten jeder Art, neben schuldrechtlichen Leistungspflichten auch Aus- und Absonderungsansprüche.[11]

II. § 146 Abs. 1 InsO

1. Beginn der Verjährung

6 Die Regelung des § 146 Abs. 1 InsO verweist deklaratorisch auf die Regelungen über die **regelmäßige Verjährung** nach dem **BGB.**[12] Die regelmäßige Verjährungsfrist beginnt gem. § 199 Abs. 1 BGB, soweit nicht ein anderer Verjährungsbeginn bestimmt ist, mit dem Schluss des Jahres, in dem

– der **Anspruch entstanden** ist und

---

5 S. Graf-Schlicker/Huber, § 146 InsO Rn. 4.
6 S. A/G/R-Gehrlein, § 146 Rn. 1; Bornheimer in: Pape/Uhländer, § 146 InsO Rn. 1.
7 Vgl. im Einzelnen: Jaeger/Henckel, § 146 InsO Rn. 61.
8 So Jaeger/Henckel, § 146 InsO Rn. 63.
9 So Huber, ZIP 2007, 501, 503.
10 S. MK-InsO/Kirchhof, § 146 InsO Rn. 10; Graf-Schlicker/Huber, § 146 InsO Rn. 16.
11 Vgl. HambKomm-InsR/Rogge/Leptien, § 146 InsO Rn. 13.
12 So Hörmann/Sußner in: Cranshaw/Hinkel, Praxiskommentar zum Anfechtungsrecht, § 146 InsO Rn. 8.

– der Gläubiger von den den Anspruch begründenden **Umständen** und der **Person** des Schuldners **Kenntnis** erlangt oder ohne grobe Fahrlässigkeit erlangen müsste.[13]

Der Insolvenzanfechtungsanspruch **entsteht** mit der **Eröffnung** des Insolvenzverfahrens,[14] wobei *Kirchhof* zu Recht darauf hinweist, dass die Ausübung des Anfechtungsrechts nicht immer einen Anspruch zur Folge hat; vielmehr kann die Geltendmachung der Insolvenzanfechtung auch unmittelbar gestaltend **Rechtsveränderungen** auslösen.[15] Für die Frage der **Verjährung** des insolvenzanfechtungsrechtlichen Rückgewähranspruchs gilt das auf die Anfechtbarkeit nach Art. 4 Abs. 2 Satz 2 lit. m EuInsVO a.F. anzuwendende Recht.[16] 7

Der Insolvenzverwalter wird im **Eröffnungsbeschluss** gem. § 27 Abs. 1 InsO ernannt, sodass die Verjährung frühestens mit Erlass des Eröffnungsbeschlusses beginnt. Die Anfechtungsfrist wird durch einen **nicht richterlich unterschriebenen** oder verkündeten **Beschluss** über die Verfahrenseröffnung auch dann **nicht in Gang gesetzt**, wenn der Beschluss zugestellt und öffentlich bekannt gemacht ist.[17] 8

Für die **Fristberechnung** entscheidend ist der im Eröffnungsbeschluss bezeichnete Tag.[18] Die **Vordatierung** von Insolvenzeröffnungsbeschlüssen ist rechtswidrig. Die z.T. anzutreffende gerichtliche Praxis, den Eröffnungsbeschluss auf einen späteren Zeitpunkt als den der Unterzeichnung des Eröffnungsbeschlusses durch den Richter zu datieren, führt allerdings für Beschlüsse, die vor der Entscheidung des BGH v. 17.02.2004 ergangen sind, nicht zu einer Nichtigkeit, sodass solche Beschlüsse wirksam bleiben.[19] 9

Wenn das Insolvenzverfahren um **00:00 Uhr** eines bestimmten Tages **eröffnet** worden ist, berechnet sich die Verjährungsfrist nach § 187 Abs. 1, § 188 Abs. 2, 1. Alt. BGB, sodass auf die jeweilige **Tagesangabe** abzustellen ist.[20] 10

Auf die **Rechtskraft** des Eröffnungsbeschlusses kommt es nicht an.[21]

Verwertet der Insolvenzverwalter eine **Gesellschaftssicherheit** nach Eröffnung des Insolvenzverfahrens zugunsten einer Forderung eines Dritten auf Rückgewähr eines 11

---

13 So BGH, 17.12.2015 – IX ZR 61/14, WM 2016, 172 Rn. 41; A/G/R-Gehrlein, § 146 Rn. 5.
14 So BGH, 03.12.1954 – V ZR 96/53, BGHZ 15, 333, 337; BGH, 09.07.1987 – IX ZR 167/86, BGHZ 101, 286, 288; BGH, 18.05.1995 – IX ZR 189/94, BGHZ 130, 38, 44; OLG Hamm, 18.03.1999 – 27 U 140/98, ZIP 1999, 1101, 1103; Bornheimer in: Pape/Uhländer, § 146 InsO Rn. 5; diff.: Jaeger/Henckel, § 143 InsO Rn. 103.
15 So MK-InsO/Kirchhof, § 146 InsO Rn. 10.
16 So BGH, 29.07.2021 – IX ZR 94/19, ZRI 2021, 761 ff. = NZI 2022, 990 ff. mit Anm. Thole.
17 So BGH, 23.10.1997 – IX ZR 249/96, BGHZ 137, 49, 51.
18 So BGH, 17.02.2004 – IX ZR 135/03, ZInsO 2004, 387, 388 Rn. 9 = KTS 2004, 403, 405; HK-InsO/Thole, § 146 InsO Rn. 6; MK-InsO/Kirchhof, § 146 InsO Rn. 8.
19 So BGH, 17.02.2004 – IX ZR 135/03, ZInsO 2004, 387, 388 Rn. 24 = KTS 2004, 403, 405.
20 So BGH, 13.01.2005 – IX ZR 33/04, ZInsO 2005, 204, 205 Rn. 9 = NZI 2005, 225.
21 So Hirte/Borries/Huber, in: Uhlenbruck, § 146 InsO Rn. 2a.

Darlehens, für die der Gesellschafter eine Sicherheit bestellt hat, beginnt die **Verjährung** des Anfechtungsanspruchs gegen den Gesellschafter frühestens mit der **Befriedigung des Dritten.**[22]

12 Bei einem **Wechsel in der Person des Insolvenzverwalters** beginnt die Frist nicht neu, sondern endet entsprechend §§ 210 ff. BGB frühestens nach Ablauf von 6 Monaten seit Bestellung des neuen Insolvenzverwalters.[23] Diese Regelung ist insb. von Bedeutung, wenn der Insolvenzverwalter im laufenden Insolvenzverfahren abbestellt und ein **neuer Insolvenzverwalter bestellt** wird oder der Insolvenzverwalter aufgrund eigenen Todes ausgetauscht werden muss.

13 Für die **Verjährung der Anfechtungsansprüche** nach § 146 InsO ist allein der Zeitpunkt maßgeblich, in dem die dem Insolvenzverwalter zustehenden Ansprüche entstehen, also der Zeitpunkt der Eröffnung des neuerlichen Insolvenzverfahrens; die Verjährung beginnt somit frühestens mit Ablauf des Jahres, in dem der (neue) Eröffnungsantrag gestellt wurde.[24] Ist das Anfechtungsrecht in einem **ersten** Konkurs-, Gesamtvollstreckungs- oder **Insolvenzverfahren** verjährt, hindert dies die Geltendmachung des Rückgewähranspruchs in einem **zweiten Verfahren** nicht.[25]

14 Weiterhin muss der Gläubiger, also der Insolvenzverwalter, von den Anspruch begründenden **Umständen** und der Person des Schuldners (des Anfechtungsanspruchs) **Kenntnis erlangt** oder **ohne grobe Fahrlässigkeit erlangt haben müssen.**

15 Hinsichtlich des Beginns der Verjährungsfrist hat sich der Insolvenzverwalter nach der Rechtsprechung des BGH die bereits vor Eröffnung des Insolvenzverfahrens erlangte **Kenntnis des Insolvenzschuldners** von den den Anspruch begründenden Umständen und der **Person des Drittschuldners** grundsätzlich zurechnen zu lassen.[26]

Der Insolvenzverwalter muss sich nach Auffassung gewichtiger und zutreffender Stimmen in der Literatur indes **Kenntnisse des Schuldners** nicht zurechnen lassen. Auf die Rechtsprechung des BGH zur Zurechnung der Kenntnis des Rechtsvorgängers bei Rechtsnachfolge[27] kommt es nicht an. Nach zutreffender Auffassung ist die **Kenntnis des Insolvenzschuldners** für den Insolvenzverwalter **unbeachtlich**, da eine Wissenszurechnung nicht erfolgt.[28] Dafür spricht i.Ü. auch, dass der Schuldner nie-

22 So BGH, 09.12.2021 – IX ZR 201/20, ZRI 2022, 125 ff. = ZIP 2022, 229 ff. = EWiR 2022, 278 f. [Jakobs] = BB 2022, 398 ff. = DB 2022, 450 mit Anm. Gehrlein.

23 So BGH, 30.04.2015 – IX ZR 1/13, ZIP 2015, 1303 Rn. 12; A/G/R-Gehrlein, § 146 Rn. 5; HambKomm-InsR/Rogge/Leptien, § 146 InsO Rn. 5; Bornheimer in: Pape/Uhländer, § 146 InsO Rn. 17.

24 So OLG Düsseldorf, 22.12.2011 – I-12 U 46/11, ZIP 2012, 482 ff. Rn. 15.

25 So BGH, 11.04.2013 – IX ZR 268/12, Rn. 8, NZI 2013, 537 mit Anm. Jungclaus.

26 BGH, 07.04.2022 – IX ZR 107/20, ZRI 2022, 452 ff. = NZI 2022, 563 ff.

27 So BGH, 17.10.1995 – VI ZR 246/94, NJW 1996, 117 ff.

28 So HK-InsO/Thole, § 146 InsO Rn. 6; Hirte/Borries/Huber, in: Uhlenbruck, § 146 InsO Rn. 2e; Jaeger/Henckel, § 146 InsO Rn. 11.

mals anfechtungsberechtigt war, sodass eine Rechtsnachfolge ersichtlich ausscheidet.[29] Weiterhin mangelt es auch an einer **Schutzbedürftigkeit des Anfechtungsgegners.**[30]

Zugerechnet wird dem **Insolvenzverwalter** allerdings die Kenntnis einer von ihm eingesetzte **Hilfsperson**, wenn diese Einfluss auf die Wahrung der Verjährungsfrist nehmen kann,[31] z.B. ein Insolvenzsachbearbeiter oder RA, der vom Insolvenzverwalter beauftragt worden ist, Geschäftsunterlagen des Schuldners auszuwerten. Die **Unkenntnis** eines Insolvenzverwalters in einem umfangreichen Verfahren von einem Anfechtungsanspruch ist nicht allein deswegen grob fahrlässig, weil der Verwalter Zugriff auf die Buchhaltung des Schuldners hatte.[32] 16

In diesem Zusammenhang stellt sich die Frage, in welchem Umfang der Insolvenzverwaltung zur **Sachaufklärung** durch eigene **Ermittlungen** verpflichtet ist. Der Insolvenzverwalter hat nach der Rechtsprechung des BGH die ihm bekannten Konten der Hausbank des Schuldners innerhalb eines angemessenen Zeitraums darauf zu überprüfen, ob ihm die **Kontounterlagen** vollständig vorliegen und die Kontounterlagen Anhaltspunkte für anfechtungsrelevante Vorgänge enthalten.[33] 17

Die **Ermittlungsobliegenheit** besteht nicht im Interesse des Anfechtungsgegners an einem möglichst frühzeitigen Beginn der Verjährung, sondern im Interesse der Masse an der rechtzeitigen und erfolgreichen Durchsetzung von Anfechtungsansprüchen.[34]

Der Insolvenzverwalter darf sich der **Kenntnis** von den den Anspruch begründenden Umständen allerdings auch **nicht verschließen.** Für ihn gelten die höheren, berufsbezogenen Standards bzgl. der Ermittlung möglicher Ansprüche.[35] Dem Insolvenzverwalter obliegt es, sich um die Anfechtungsansprüche zu kümmern.[36] Er muss also die **Tatsachen ermitteln,** aus denen die Anfechtbarkeit von Rechtshandlungen abgeleitet werden kann. Einem sich aufdrängenden **Verdacht** muss er nachgehen und auf der Hand liegende, Erfolg versprechende **Erkenntnismöglichkeiten** muss er ausnutzen.[37] Das **Maß der Sorgfalt** richtet sich nach der Größe und Komplexität des Verfahrens.[38] In einem umfangreichen Verfahren genügt der Verwalter seinen Sorgfaltsanforderungen, wenn er die Suche nach etwaigen Anfechtungsansprüchen strukturiert, indem 18

29 So Jaeger/Henckel, § 146 InsO Rn. 11; MK-InsO/Kirchhof, § 146 InsO Rn. 8c; Hörmann/Sußner in: Cranshaw/Hinkel, Praxiskommentar zum Anfechtungsrecht, § 146 InsO Rn. 15.

30 So MK-InsO/Kirchhof, § 146 InsO Rn. 8c.

31 So Jaeger/Henckel, § 146 InsO Rn. 11.

32 So BGH, 15.12.2016 – IX ZR 224/15, ZIP 2017, 139 ff. = EWiR 2017, 147 f. [Baumert] = NZI 2017, 102 ff. mit Anm. Fuchs = NJW-Spezial 2017, 86 f. = ZInsO 2017, 79 ff.; ebenso OLG Brandenburg, 21.07.2021 – 7 U 134/19, ZRI 2021, 1014 ff.

33 So BGH, 27.07.2023 – IX ZR 138/21, ZRI 2023, 856 ff. = DStR 2023, 2352 ff.; vgl. Schmittmann, InsA 2024, 19 ff.

34 BGH, 13.06.2024 – IX ZR 100/23, ZRI 2024, 540 ff. = ZVI 2024, 354 ff. = NZI 2024, 771 ff. mit Anm. *Kalisz.*

35 So Peters, KTS 2008, 295, 302.

36 So Schmittmann, ZInsO 2010, 64 ff.

37 So A/G/R-Gehrlein, § 146 Rn. 5.

38 So Jaeger/Henckel, § 146 InsO Rn. 12.

er zunächst die **Buchhaltung** der Schuldnerin nach inkongruenten Zahlungen im letzten Monat vor Antragstellung insb. an die institutionellen Gläubiger durchforstet, sodann die Prüfung auf Zahlungen in den letzten drei Monaten vor Antragstellung ausweitet und anschließend immer weiter **in der Prüfung zeitlich zurückgeht.** Unterlässt er dies, so handelt er grob fahrlässig i. S. d. § 199 Abs. 1 Nr. 2 BGB.[39] Der **Insolvenzverwalter** muss **dokumentieren**, wie er seine Organisation und Arbeitsweise den Besonderheiten des konkreten Verfahrens angepasst hat.[40] Wenn der Insolvenzverwalter Ermittlungen unterlässt, die auf der Hand liegen und deren Notwendigkeit jedem Verwalter einleuchten, handelt er grob fahrlässig.[41]

19 **Grob fahrlässige Unkenntnis** von den tatsächlichen Voraussetzungen eines Insolvenzanfechtungsanspruchs setzt voraus, dass der Insolvenzverwalter seine Ermittlungspflichten in besonders schwerer, auch subjektiv vorwerfbarer Weise vernachlässigt hat.[42]

Hinsichtlich eines in den Drei-Monats-Zeitraums der Deckungsanfechtung fallenden Anfechtungstatbestandes liegt regelmäßig **grob fahrlässige Unkenntnis** vor, wenn der Insolvenzverwalter die Überprüfung der ihm bekannten von der Hausbank des Schuldners geführten Konten für mehr als drei Jahre ab Eröffnung des Insolvenzverfahrens unterlässt und sich ihm aufgrund der aus den Kontounterlagen erkennbaren Zahlungsvorgänge und der ihm bekannten sonstigen Tatsachen weitere Ermittlungen hätten aufdrängen müssen.[43]

20 Geht der Insolvenzverwalter einem sich aufdrängenden **Verdacht** nicht nach oder nutzt auf der Hand liegende, erfolgversprechende **Erkenntnismöglichkeiten** nicht aus und verschafft sich die Kenntnis auch nicht in zumutbarer Weise ohne nennenswerte Mühen und Kosten, so handelt er grob fahrlässig, sodass die Verjährungsfrist mit dem Ende des Jahres beginnt, in dem dem Verwalter die Kenntniserlangung möglich und zumutbar gewesen wäre.[44]

21 Schuldner neigen insb. in der Krise dazu, **Geschäftsunterlagen** nicht mehr oder nicht mehr in nachvollziehbarer Weise aufzubewahren, sodass es dem Insolvenzverwalter nicht möglich ist, sich eine Übersicht über die Geschäftsvorfälle zu verschaffen. Weiterhin kommen Schuldner ihren Verpflichtungen zur Auskunftserteilung und Mitwirkung nicht oder nur schleppend und unvollständig nach.[45] Ggü. den öffentlich-rechtlichen Gläubigern kann der Insolvenzverwalter **Auskunftsansprüche** nach

39 So OLG Brandenburg, 21.07.2021 – 7 U 134/19, ZRI 2021, 1014 ff.
40 So Jaeger/Henckel, § 146 InsO Rn. 12.
41 So Jaeger/Henckel, § 146 InsO Rn. 12.
42 So BGH, 27.07.2023 – IX ZR 138/21, ZRI 2023, 856 ff. = DStR 2023, 2352 ff.; vgl. Schmittmann, InsA 2024, 19 ff.
43 So BGH, 27.07.2023 – IX ZR 138/21, ZRI 2023, 856 ff. = DStR 2023, 2352 ff.; vgl. Schmittmann, InsA 2024, 19 ff.
44 So AG Nürnberg, 06.12.2017 – 19 C 5916/17, ZIP 2018, 2037 ff. = ZInsO 2018, 1931 ff.
45 Vgl. MK-InsO/Kirchhof, § 146 InsO Rn. 8c.

der **Abgabenordnung**, dem **Informationsfreiheitsgesetz** sowie dem **Sozialgesetzbuch** (vgl. im Einzelnen: Kap. 4 Rdn. 243) geltend machen.[46]

Ein qualitätsorientierter Insolvenzverwalter wird diese Informationsmöglichkeiten auch nutzen, da es zu den **Sorgfaltspflichten** eines Insolvenzverwalters gehört, über die bloße **Befragung des Insolvenzschuldners** hinaus alle Möglichkeiten, insb. auch **Ermittlungen** bei Körperschaften des öffentlichen Rechts zu nutzen, die die Durchsetzung eventueller Ansprüche der Gläubiger vereinfachen bzw. erleichtern.[47] 22

Erlangt der Insolvenzverwalter erst aufgrund der von den öffentlich-rechtlichen Gläubigern erteilten Auskünfte Kenntnis von anfechtbaren Sachverhalten, kann die **Anfechtungsfrist** auch erst mit **Kenntnis der erteilten Auskunft** beginnen. Dies ist insb. in den Fällen von Bedeutung, in denen die öffentlich-rechtlichen Gläubiger erst im Klageverfahren oder nach Titulierung Auskunft erteilen. Dieses, nicht seltene Verhalten führt für den Insolvenzverwalter zwar zu einer erheblichen Mehrarbeit, andererseits aber auch aufgrund der gesetzlichen Verzinsung zu einem erheblichen Massezufluss. 23

Die **regelmäßige Verjährungsfrist** beträgt gem. § 195 BGB drei Jahre. Schadensersatzansprüche, die auf der Verletzung des Lebens, des Körpers, der Gesundheit oder der Freiheit beruhen, verjähren ohne Rücksicht auf ihre Entstehung und die Kenntnis oder grob fahrlässige Unkenntnis in dreißig Jahren von der Begehung der Handlung, der Pflichtverletzung oder dem sonstigen, den Schaden auslösenden Ereignis an, § 199 Abs. 2 BGB. Da es sich bei der Insolvenzanfechtung nicht um einen Schadensersatzanspruch handelt, findet diese Norm keine Anwendung. Auch § 199 Abs. 3 BGB ist nicht anwendbar. 24

Anwendbar ist allerdings die **absolute Verjährung** gem. § 199 Abs. 4 BGB, die 10 Jahre beträgt. Dauert das Insolvenzverfahren übermäßig lange und erhält der Insolvenzverwalter erst nach mehr als 10 Jahren Kenntnis des insolvenzrechtlich anfechtbaren Sachverhalts, so greift § 199 Abs. 4 BGB ein.[48] 25

Die Bestimmung des § 146 InsO ist eine insolvenzrechtliche **Sondervorschrift**, die **tarifvertragliche Ausschlussfristen** verdrängt.[49] Es ist lange anerkannten Rechts, dass tarifvertragliche Ausschlussfristen nicht für Insolvenzanfechtungsansprüche gelten.[50] Auch aus der Entscheidung des Gemeinsamen Senats der obersten Gerichtshöfe des Bundes[51] zur Frage des Rechtswegs bei Klagen des Insolvenzverwalters gegen Arbeitnehmer des Schuldners auf Rückgewähr von geleisteten Vergütungen gem. § 143 26

46 Vgl. Schmittmann, DSB 2019, 183 ff.; Schmittmann, ZInsO 2010, 1469 ff.; Böing/Schmittmann, InsbürO 2010, 15 ff.

47 So VG Minden, 12.08.2010 – 7 K 23/10, ZInsO 2010, 1839, 1841.

48 Vgl. Hirte/Borries/Huber, in: Uhlenbruck, § 146 InsO Rn. 4.

49 Vgl. Bornheimer in: Pape/Uhländer, § 146 InsO Rn. 11; Stiller, ZInsO 2012, 869 ff.; Fröhner, NZI 2012, 833 ff.

50 So BAG, 19.11.2003 – 10 AZR 110/03, BAGE 108, 367 ff. = ZIP 2004, 229 ff. = NZI 2004, 335 ff.

51 S. GmS – OGB, 27.09.2010 – GmS OGB 1/09, BGHZ 187, 105 ff. = ZIP 2010, 2418 ff. EWiR 2010, 765 f. [Bork].

Abs. 1 InsO lässt sich nichts anderes herleiten.[52] Ein Sonderrecht hinsichtlich der Anfechtung gegen Arbeitnehmer ist nicht ersichtlich, sodass es verfehlt ist, dem Insolvenzverwalter aufzuerlegen, den Besonderheiten eines Arbeitsverhältnisses Rechnung zu tragen und in Eigenem sowie im Interesse des Arbeitnehmers, das insb. darin liegt, seine Ansprüche auf Insolvenzgeld rechtzeitig geltend zu machen und die tarifvertraglichen Ausschlussfristen zu beachten.[53] Schon aus Gründen der **Effektivität der Durchführung des Insolvenzverfahrens** und der Erreichung des Verfahrensziels einer gleichmäßigen Gläubigerbefriedigung gem. § 1 Satz 1 InsO kann der Auffassung des LAG Nürnberg nicht gefolgt werden, wonach der Rückgewähranspruch gem. § 143 InsO einer tariflichen Ausschlussfrist unterliegen kann.[54]

27 Zu Zeiten der **KO** wurde seitens der **Sicherungsgläubiger** häufig versucht, Anfechtungsmöglichkeiten des Insolvenzverwalters (früher: Konkursverwalter) dadurch entgegenzutreten, dass Sicherungsrechte bis zum Ablauf der Anfechtungsfrist ggü. dem Insolvenzverwalter verschwiegen wurden, um alsdann nach der Aufdeckung der Anfechtung den Fristablauf entgegenzuhalten.[55] Ein derartiges Vorgehen verstößt nicht nur gegen **Treu und Glauben**, sondern ist nach den Vorschriften der InsO auch nicht Erfolg versprechend. Ein Gläubiger, der sich in dieser Weise verhält, verstößt gegen die **Anmeldepflicht** aus § 28 Abs. 2 InsO und macht sich schadensersatzpflichtig. Darüber hinaus kann der Insolvenzverwalter dem gesicherten Gläubiger bei der Auskehrung des Erlöses die Anfechtungseinrede gem. § 146 Abs. 2 InsO entgegenhalten.[56]

28 Es handelt sich um eine **Jahresendverjährung**, sodass der Anspruch jeweils mit Ablauf des 31. Dezember des entsprechenden Jahres abläuft.

2. Ende der Verjährung

29 Der Anfechtungsanspruch verjährt in der Frist von drei Jahren gem. § 195 BGB. Für jede anfechtbare **Rechtshandlung** ist die Anfechtungsfrist gesondert zu berechnen. Sie läuft gegen jeden **Anfechtungsgegner** gesondert.[57]

52 So LAG Berlin-Brandenburg, 12.09.2012 – 4 Sa 1166/12, ZIP 2012, 2261 ff. = NZI 2013, 100 ff. Rn. 31; LAG Niedersachsen, 22.03.2012 – 7 Sa 1052/11, ZIP 2012, 1977 ff. = NZI 2012, 862 ff. Rn. 32.

53 So aber LAG Niedersachsen, 22.03.2012 – 7 Sa 1052/11, ZIP 2012, 1977 ff. = NZI 2012, 862 ff. Rn. 32.

54 So LAG Nürnberg, 30.04.2012 – 7 Sa 557/11, ZIP 2012, 2263 ff. Rn. 39.

55 So HambKomm-InsR/Rogge/Leptien, § 146 InsO Rn. 13; Jaeger/Henckel, § 146 InsO Rn. 60.

56 So Jaeger/Henckel, § 146 InsO Rn. 60.

57 So BGH, 16.03.1995 – IX ZR 72/94, ZIP 1995, 630 ff.

3. Hemmung und Neubeginn der Verjährung

Hinsichtlich der **Hemmung** und des **Neubeginns** (früher: Unterbrechung)[58] sind die Regelungen des BGB unmittelbar anwendbar.[59] Hinsichtlich des Neubeginns der Verjährung regelt § 212 Abs. 1 BGB, dass die Verjährung neu beginnt, wenn 30

- der Schuldner dem Gläubiger ggü. den Anspruch durch Abschlagszahlung, Zinszahlung, Sicherheitsleistung oder in sonstiger Weise anerkennt (§ 212 Abs. 1 Nr. 1 BGB) oder
- eine gerichtliche oder behördliche Vollstreckungshandlung vorgenommen oder beantragt wird (§ 212 Abs. 1 Nr. 2 BGB).

Bedeutsamer für die Praxis sind die Vorschriften über die Hemmung, insb. über die Hemmung der Verjährung bei **Verhandlungen** (§ 203 BGB) oder durch **Rechtsverfolgung** (§ 204 BGB). 31

Die einzige Möglichkeit neben einem Anerkenntnis, zu einer außergerichtlichen Hemmung der Verjährung zu kommen, ist das **Schweben von Verhandlungen** über den Anspruch oder die den Anspruch begründenden Umstände, § 203 Satz 1 BGB. Voraussetzung der Hemmung ist ein Meinungsaustausch, bei dem der Insolvenzverwalter den Eindruck gewinnen muss, dass der Anspruch von der Gegenseite noch nicht endgültig abgelehnt wird.[60] Einseitige Hinweise des Verwalters auf die Anfechtbarkeit reichen ebenso wenig aus, wie die Aufforderung zur Rückgewähr. Es genügt, dass der Schuldner (Anfechtungsgegner) den Anspruch zwar ablehnt, aber Umstände gegeben sind, aus denen geschlossen werden kann, dass es sich nicht um eine endgültige Ablehnung handelt, z.B. wenn ein Gespräch angeboten oder eine Erläuterung des Anspruchs noch entgegengenommen wird.[61] Will der Insolvenzverwalter mit dem Anfechtungsgegner in **verjährungshemmende Verhandlungen** eintreten, setzt dies voraus, dass in der Anfechtungserklärung konkret auf den Einzelfall eingegangen wird und Umstände dargetan werden, die den Anfechtungsgegner in die Lage versetzen, auf dieser Grundlage eine Rückzahlungsverpflichtung zu prüfen.[62] Die Berufung auf § 203 BGB ist riskant, insb. ist für den Insolvenzverwalter oftmals nicht absehbar, ob das Gericht seiner Einschätzung, dass die Ablehnung der Gegenseite nicht endgültig war, nicht folgt. Im Hinblick darauf, dass die Verjährungsfrist nunmehr mindestens 3 Jahre beträgt, sollte es dem Insolvenzverwalter möglich sein, rechtzeitig Maßnahmen zu treffen, die die Verjährung sicher hemmen. 32

Gem. § 204 Abs. 1 Nr. 1 BGB wird die Verjährung durch die **Erhebung der Klage** auf Leistung oder auf Feststellung des Anspruchs, auf Erteilung der **Vollstreckungsklausel** oder auf Erlass des **Vollstreckungsurteils** gehemmt (vgl. zur gerichtlichen 33

---

58 S. A/G/R-Gehrlein, § 146 Rn. 8.

59 So BGH, 08.02.1996 – IX ZR 107/95, ZIP 1996, 552, 553; Hirte/Borries/Huber, in: Uhlenbruck, § 146 InsO Rn. 5; Graf-Schlicker/Huber, § 146 InsO Rn. 9; Hörmann/Sußner in: Cranshaw/Hinkel, Praxiskommentar zum Anfechtungsrecht, § 146 InsO Rn. 20.

60 So MK-InsO/Kirchhof, § 146 InsO Rn. 13.

61 So Jaeger/Henckel, § 146 InsO Rn. 18.

62 So LG Dresden, 15.01.2016 – 10 O 1225/15, ZVI 2016, 199, 202.

Geltendmachung des Anspruchs insb.: Kap. 7 Rdn. 38 ff.). Für die Fälle der Insolvenzanfechtung bietet sich insb. die rechtzeitige **Klageerhebung** an;[63] ggf. auch als **Widerklage.**[64] Die Frist ist bereits gewahrt, wenn die Klage innerhalb der Frist eingereicht und die Zustellung demnächst erfolgt ist (§ 167 ZPO). Eine **Zustellung** der Klageschrift vor Fristablauf an den Gegner ist nicht erforderlich.[65]

34 Der Anfechtungsanspruch ist als **Streitgegenstand** zu individualisieren, sodass die Klageschrift die Tatsachen nennen muss, aus denen die Anfechtung hergeleitet werden soll.[66] Nicht erforderlich ist die ausdrückliche Erklärung der Anfechtung. Es reicht aus, wenn der Insolvenzverwalter innerhalb der Anfechtungsfrist einen Anspruch rechtshängig macht, der seinem Inhalt nach im Wege der Anfechtung durchsetzbar ist und auf einen Sachverhalt gestützt wird, der geeignet sein kann, die Anspruchsvoraussetzungen zu erfüllen.[67] Auf eine schlüssige Darlegung der Tatbestandsmerkmale des Anfechtungsgrundes kommt es nicht an.[68] Es genügt allerdings ein **Antrag**, mit dem eine anfechtungsrechtliche Rechtsfolge geltend gemacht werden kann und ein **Sachvortrag**, der sich unter irgendeine **Norm** des Anfechtungsrechts subsumieren lässt.[69]

35 Nach Auffassung des BGH wird eine **Klagefrist** auch durch eine Klage vor einem **örtlich unzuständigen Gericht** gewahrt, selbst wenn der Rechtsstreit nach § 281 ZPO erst nach Fristablauf an das zuständige Gericht verwiesen wird.[70] Dies soll selbst dann gelten, wenn das unzuständige Gericht die Klage nicht zugestellt, sondern nach Fristablauf an das zuständige Gericht abgegeben hat.[71] Dies hat insb. Bedeutung in den Fällen, in denen der Insolvenzverwalter **Anfechtungsklagen gegen Arbeitnehmer** des Schuldners bei den ordentlichen Gerichten geltend gemacht hat, dann aber zur Kenntnis nehmen musste, dass der Gemeinsame Senat der obersten Gerichte des Bundes den Rechtsweg zu den ArbG für gegeben gehalten hat.[72] Bei ordnungsgemäßer Bearbeitung von Insolvenzanfechtungssachverhalten dürfte es dem Insolvenzverwalter möglich sein, innerhalb der mindestens 3-jährigen Anfechtungsfrist das zuständige Gericht zuverlässig zu ermitteln.

63 So HK-InsO/Thole, § 146 InsO Rn. 9; HambKomm-InsR/Rogge/Leptien, § 146 Rn. 10; Jaeger/Henckel, § 146 InsO Rn. 20.
64 So MK-InsO/Kirchhof, § 146 InsO Rn. 15.
65 So MK-InsO/Kirchhof, § 146 InsO Rn. 15b.
66 So HambKomm-InsR/Rogge/Leptien, § 146 InsO Rn. 10.
67 S. HK-InsO/Thole, § 146 InsO Rn. 9.
68 So BGH, 26.10.2000 – IX ZR 289/99, ZInsO 2001, 72, 73 Rn. 25; BGH, 20.03.1997 – IX ZR 71/96, BGHZ 135, 140 ff.
69 So Jaeger/Henckel, § 146 InsO Rn. 50.
70 So BGH, 20.02.1986 – III ZR 232/84, BGHZ 97, 155, 161.
71 So Jaeger/Henckel, § 146 InsO Rn. 20.
72 So GmS-OGB, 27.09.2010 – GmS-OGB 1/09, BGHZ 187, 105 ff. = ZIP 2010, 2418 ff. = EWiR 2010, 765 f. [Bork] = ZVI 2010, 463 ff. = DZWIR 2011, 56 ff. = ZInsO 2010, 2400 ff. Rn. 5 ff. m. abl. Besprechungsaufsatz Ries, ZInsO 2010, 2382 ff. Vgl. dazu Gossak, Kap. 4 Rdn. 807.

Weiterhin wird die Verjährung gem. § 204 Abs. 1 Nr. 3 BGB durch die **Zustellung des Mahnbescheids** im Mahnverfahren oder des **Europäischen Zahlungsbefehls** im Europäischen Mahnverfahren nach der Verordnung (EG) Nr. 1896/2006 des Europäischen Parlaments und des Rates v. 12.12.2006 zur Einführung eines Europäischen Mahnverfahrens (ABL. EU Nr. L 399, S. 1) gehemmt. Auch bei der Hemmung durch Zustellung eines Mahnbescheids ist eine individualisierbare Bezeichnung des Anfechtungsanspruchs i.R.d. § 690 Abs. 1 Nr. 3 ZPO zwecks hinreichend präziser **Streitgegenstandsbestimmung** erforderlich.[73] I.d.R. wird der Insolvenzanfechtungsanspruch zunächst durch ein Schreiben des Insolvenzverwalters oder ggf. durch Anwaltsschreiben geltend gemacht. Dieses Schreiben muss so hinreichend präzise sein, dass darauf im Mahnbescheidsantrag verwiesen werden kann. 36

Gem. § 204 Abs. 1 Nr. 10 BGB wird die Verjährung auch durch die **Anmeldung** des Anspruchs im **Insolvenzverfahren** oder im **schifffahrtsrechtlichen Verteilungsverfahren** gehemmt. Auch hierbei ist darauf zu achten, dass eine hinreichende Präzisierung des Anspruchs stattfindet.[74] Für den Anspruch auf Rückgewähr kommt eine Hemmung gem. § 204 Abs. 1 Nr. 10 BGB nicht in Betracht, da der Anspruch zur Aussonderung berechtigt und deshalb keine anmeldbare Insolvenzforderung ist.[75] 37

Schließlich wird die Verjährung durch die Veranlassung der Bekanntgabe des erstmaligen **Antrags auf Gewährung von PKH** oder Verfahrenskostenhilfe gehemmt. Wird die Bekanntgabe demnächst nach der Einreichung des Antrags veranlasst, so tritt die Hemmung der Verjährung bereits mit der Einreichung ein. Dieser Fall ist insb. von Bedeutung, wenn der Insolvenzverwalter für die gerichtliche Durchsetzung des Insolvenzanfechtungsanspruchs der PKH bedarf.[76] 38

Die übrigen Möglichkeiten der **Hemmung durch Rechtsverfolgung** gem. § 204 BGB spielen im Insolvenzanfechtungsrecht eine lediglich untergeordnete Rolle und werden daher hier nicht dargestellt.[77] 39

Der Umfang der Hemmung richtet sich danach, welcher **Streitgegenstand** sich aus der Maßnahme der Rechtsverfolgung ergibt. Die Verjährung wird nur für den zum Gegenstand des Prozesses erhobenen Anfechtungsanspruch gehemmt.[78] Es ist daher aus haftungsrechtlichen Gründen gefährlich, eine **Teilklage** zu erheben.[79] 40

73 So Huber, ZInsO 2005, 190, 191; OLG Stuttgart, 14.03.2007 – 14 U 25/06, GmbHR 2007, 651 ff.
74 So OLG Stuttgart, 14.03.2007 – 14 U 25/06, GmbHR 2007, 651 ff.
75 So Jaeger/Henckel, § 146 InsO Rn. 32.
76 S. HK-InsO/Thole, § 146 InsO Rn. 8.
77 Vgl. dazu aber Jaeger/Henckel, § 146 InsO Rn. 25 ff.
78 So Jaeger/Henckel, § 146 InsO Rn. 45; MK-InsO/Kirchhof, § 146 InsO Rn. 15.
79 Vgl. zur Geltendmachung von Teilansprüchen: HK-InsO/Thole, § 146 InsO Rn. 10.

III. § 146 Abs. 2 InsO

41 Die Regelung des § 146 Abs. 2 InsO begründet für den Insolvenzverwalter ein unverjährbares **Leistungsverweigerungsrecht** auch dann, wenn sein Anfechtungsanspruch nach § 146 Abs. 1 InsO verjährt ist.[80]

42 Die **Einrede** steht dem Insolvenzverwalter gegen jeden Anspruch zu, der auf der anfechtbaren Handlung beruht. Erfasst sind Leistungspflichten jeder Art, also schuldrechtliche **Leistungspflichten**, aber auch **Aus- und Absonderungsansprüche**[81] oder sonstige **Ersatz- und Herausgabeansprüche.**[82]

43 Der Insolvenzverwalter ist berechtigt, die Freigabe von Anwartschaften eines Arbeitnehmers des Schuldners aus einem unwiderruflichen Bezugsrecht an einer i.R.d. betrieblichen Altersversorgung geschlossenen **Lebensversicherung** zu verweigern, wenn diese anfechtbar erlangt ist.[83]

44 Die Erfüllung von **Aus- und Absonderungsansprüchen** kann verweigert werden.[84] Hat der Insolvenzverwalter aufgrund anfechtbarer **Sicherungsabtretung** oder **Sicherungsübereignung** Beträge eingezogen, so kann er dem Anspruch des vermeintlich gesicherten Gläubigers ebenfalls die Anfechtung nach Ablauf der Verjährung noch entgegenhalten.[85] Gleiches gilt für den Erlös aus der **Verwertung eines Pfandes.**[86]

45 Es kann lediglich die **Erfüllung einer Leistungspflicht** verweigert werden, die auf einer anfechtbaren Handlung beruht. Dazu reicht aus, dass die anfechtbare Handlung ein Tatbestandsmerkmal des gegen den Insolvenzverwalter erhobenen Anspruchs ist.[87] Hat der Anspruch des Anfechtungsgegners eine andere Rechtsgrundlage als die anfechtbare Handlung, scheidet eine Berufung des Verwalters auf § 146 Abs. 2 InsO aus.[88]

46 Die **Einrede der Anfechtbarkeit** gem. § 146 Abs. 2 InsO ist **formfrei** geltend zu machen.[89] Wird die Einrede im Rechtsstreit erhoben, so muss der Insolvenzverwal-

---

80 S. A/G/R-Gehrlein, § 146 Rn. 17; HK-InsO/Thole, § 146 InsO Rn. 13; Hörmann/Sußner in: Cranshaw/Hinkel, Praxiskommentar zum Anfechtungsrecht, § 146 InsO Rn. 31.
81 So Hirte/Borries/Huber, in: Uhlenbruck, § 146 InsO Rn. 10; HambKomm-InsR/Rogge/Leptien, § 146 InsO Rn. 13.
82 S. MK-InsO/Kirchhof, § 146 InsO Rn. 49.
83 So OLG Düsseldorf, 05.07.1996 – 16 W 25/96, ZIP 1996, 1476, 1477.
84 So RG, 22.12.1905 – II 211/05, RGZ 62, 197, 200; RG, 29.03.1919 – V 364/18, RGZ 95, 224, 226; BGH, 17.07.2008 – IX ZR 148/07, ZInsO 2008, 913, 914 Rn. 30; vgl. MK-InsO/Kirchhof, § 146 InsO Rn. 53a.
85 So BGH, 30.06.1959 – VIII ZR 11/59, BGHZ 30, 238 ff.; BGH, 05.11.1964 – VII ZR 2/63, WM 1965, 84, 86.
86 So RG, 20.02.1914 – VII 454/13, RGZ 84, 225, 227; vgl. MK-InsO/Kirchhof, § 146 InsO Rn. 53a.
87 So RG, 20.02.1914 – VII 454/13, RGZ 84, 224, 225; BGH, 30.06.1959 – VIII ZR 11/59, BGHZ 30, 238, 239.
88 So BGH, 02.07.1959 – VIII ZR 194/58, BGHZ 30, 248, 254.
89 So HambKomm-InsR/Rogge/Leptien, § 146 InsO Rn. 15.

ter selbst Partei sein. Die Beteiligung als **Nebenintervenient** reicht nicht aus.[90] Der Nebenintervenient ist nur berechtigt diejenigen Verteidigungsmittel vorzubringen, die auch der von ihm unterstützten Partei zustehen.[91] Dies kann denknotwendigerweise nicht der Insolvenzverwalter selbst sein.

C. Rechtsfolgen

Die **Rechtsfolgen** sind differenzierend zu betrachten: 47

Lässt der Insolvenzverwalter die Insolvenzanfechtungsfrist gem. § 146 Abs. 1 InsO verstreichen, ohne dass er verjährungshemmende Maßnahmen ergreift, so kann der Anfechtungsgegner die Verjährung als **Einrede** erfolgreich geltend machen.[92] Lediglich dann, wenn der Anfechtungsgegner – ggf. befristet – auf die **Einrede** der Verjährung **verzichtet** hat oder den Insolvenzverwalter in anderer Weise von der rechtzeitigen Hemmung der Verjährung abgehalten hat, kann der Anspruch noch geltend gemacht werden.[93] 48

Die Rechtsfolge bei § 146 Abs. 2 InsO besteht darin, dass der Insolvenzverwalter dem Anspruch des Gläubigers die **Insolvenzanfechtung** noch **entgegenhalten** kann, obwohl die Anfechtungsfrist verjährt ist.[94] 49

D. Beweislast

Den **Insolvenzverwalter** trifft nach allgemeinen Grundsätzen die **Beweislast** für die Anfechtungsvoraussetzungen. Sofern der Anfechtungsgegner die Einrede der Anfechtbarkeit erhebt, so hat er die Darlegungs- und Beweislast für **Beginn** und **Ablauf** der Verjährungsfrist, während der Insolvenzverwalter die Darlegungs- und Beweislast für die Tatsachen hat, aus denen sich **Hemmung** oder **Neubeginn** der Verjährung ergibt.[95] Weiterhin hat er ggf. die Voraussetzungen von § 242 BGB vorzutragen und zu beweisen.[96] 50

E. Anspruchskonkurrenzen

Die Frage der Anspruchskonkurrenzen stellt sich im Rahmen von § 146 InsO nicht, da es sich nicht um einen Anfechtungstatbestand handelt, sondern um eine Verjährungsregelung (§ 146 Abs. 1 InsO) bzw. ein Leistungsverweigerungsrecht (§ 146 Abs. 2 InsO). Die **Verjährungsfrist** des § 146 Abs. 1 InsO wird durch andere Ver- 51

90 So HambKomm-InsR/Rogge/Leptien, § 146 InsO Rn. 16.
91 So BGH, 01.12.1988 – IX ZR 112/88, BGHZ 106, 127, 129.
92 So HambKomm-InsR/Rogge/Leptien, § 146 InsO Rn. 7.
93 So Jaeger/Henckel, § 146 InsO Rn. 60.
94 So HambKomm-InsR/Rogge/Leptien, § 146 InsO Rn. 17.
95 So MK-InsO/Kirchhof, § 146 InsO Rn. 58; Hörmann/Sußner in: Cranshaw/Hinkel, Praxiskommentar zum Anfechtungsrecht, § 146 InsO Rn. 45.
96 So HambKomm-InsR/Rogge/Leptien, § 146 InsO Rn. 21; MK-InsO/Kirchhof, § 146 InsO Rn. 58.

jährungsfristen, die in dem Rechtsverhältnis der anfechtbaren Rechtshandlung gelten, nicht verdrängt.[97]

52 Der Anspruch auf Erstattung des Wertes einer Gesellschaftersicherheit nach den sog. Rechtsprechungsregeln verjährt gem. § 31 Abs. 5 GmbHG in fünf Jahren. Auf diesen Anspruch ist § 146 InsO auch dann nicht anwendbar, wenn zugleich der Tatbestand des § 32b GmbHG a.F. erfüllt ist.[98]

F. Arbeitshilfen

▶ Checkliste

53
- □ Beginn der Verjährungsfrist (§ 146 Abs. 1 InsO)
- □ Ende der Verjährungsfrist (§ 146 Abs. 1 InsO)
- □ Hemmung und Neubeginn der Verjährungsfrist (§§ 203 ff. BGB)
- □ Leistungsverweigerungsrecht bei in anfechtbarer Weise begründeter Leistungspflicht (§ 146 Abs. 2 InsO)

G. Anhang: § 146 InsO a.F.

54 Bis zur **Neufassung** durch das Gesetz zur Anpassung von Verjährungsvorschriften an das Gesetz zur Modernisierung des Schuldrechts v. 09.12.2004 (BGBl. I 2004, S. 3214) mit Wirkung v. 15.12.2004 hatte § 146 InsO folgende Fassung:[99]

55 **§ 146 InsO a.F.**

(1) Der Anfechtungsanspruch verjährt in zwei Jahren seit der Eröffnung des Insolvenzverfahrens.

(2) Auch wenn der Anfechtungsanspruch verjährt ist, kann der Insolvenzverwalter die Erfüllung einer Leistungspflicht verweigern, die auf einer anfechtbaren Handlung beruht.

56 Die frühere Regelung wird im Hinblick auf die komplexe **Überleitungsvorschrift** noch von Bedeutung sein,[100] sodass hier eine Kurzkommentierung stattfindet.

57 *Henckel* hat folgende Grundsätze entwickelt:

1. Die am 15.12.2004 noch laufenden Verjährungsfristen, die nach dem 31.12.2001 ihren Lauf begonnen haben, enden nach altem Insolvenzrecht und neuem Verjährungsrecht des BGB, also mit Ablauf von zwei Jahren seit der Entstehung des Anspruchs und der Kenntnis bzw. grob fahrlässiger Unkenntnis des Insolvenzverwalters, spätestens mit Ablauf von zehn Jahren seit der Entstehung des Anspruchs.
2. Verjährungsfristen, deren Lauf vor dem 01.01.2002 begonnen hat, enden nach altem Verjährungsrecht des BGB und ursprünglicher Fassung der InsO, also zwei Jahre nach Entstehung des Anspruchs.

---

97 So HK-InsO/Thole, § 146 InsO Rn. 2; Gehrlein/Thole, Aktuelle Fragen der Insolvenzanfechtung, Rn. 1407.

98 So BGH, 31.05.2011 – II ZR 106/10, ZIP 2011, 1410 f. = NZI 2011, 601 f. Rn. 13.

99 Vgl. BGH, 21.02.2013 – IX ZR 52/10, ZIP 2013, 894 = DB 2013, 866 Rn. 15.

100 So Graf-Schlicker/Huber, § 146 InsO Rn. 8.

3. Hemmung und Ablaufhemmung von Verjährungsfristen, die vor dem 01.01.2002 eingetreten sind, werden nach dem BGB in der bis zum 31.12.2001 geltenden Fassung beurteilt.
4. Am 01.01.2002 noch bestehende Unterbrechungen von Verjährungsfristen werden als Hemmungen neuen Rechts behandelt, die am 01.01.2002 begonnen haben.
5. Hemmung, Ablaufhemmung und Neubeginn der Verjährung, die nach Beginn des 01.01.2002 eingetreten sind, werden nach dem Bürgerlichen Gesetzbuch in der seit diesem Tag geltenden Fassung beurteilt unter Berücksichtigung der 2-jährigen Verjährungsfrist des § 146 InsO in der bis zum 14.12.2004 geltenden Fassung.«[101]

Ebenso wie die KO stellte die Regelung des § 146 Abs. 1 InsO a.F. auf den **Tag der Insolvenzeröffnung** ab.[102]

58 Nach altem Recht kam es daher nicht darauf an, wann der Insolvenzverwalter von den Anspruch begründenden Umständen und der Person des Schuldners **Kenntnis** erlangte oder ohne grobe Fahrlässigkeit erlangen müsste. Der Beginn der Verjährungsfrist war ausschließlich **objektiv** zu ermitteln.

59 Auch nach früherem Recht war allerdings die Erhebung der **Einrede** der Verjährung gem. § 242 BGB **treuwidrig** und damit unbeachtlich, wenn der Anfechtungsgegner den Insolvenzverwalter objektiv von der rechtzeitigen **Hemmung** der Verjährung **abgehalten** hat. Dies war insb. dann der Fall, wenn er die **Aufklärung** des zugrunde liegenden Sachverhalts in unzulässiger Weise erheblich **verzögert** hat, z.B. indem er ein in anfechtbarer Weise erlangtes Sicherungsrecht entgegen § 28 Abs. 2 InsO nicht angezeigt hat, um Rechte daraus erst nach Ablauf der Verjährungsfrist geltend zu machen.[103]

§ 147 Rechtshandlungen nach Verfahrenseröffnung

Eine Rechtshandlung, die nach der Eröffnung des Insolvenzverfahrens vorgenommen worden ist und die nach § 81 Abs. 3 Satz 2, §§ 892, 893 des Bürgerlichen Gesetzbuchs, §§ 16, 17 des Gesetzes über Rechte an eingetragenen Schiffen und Schiffsbauwerken und §§ 16, 17 des Gesetzes über Rechte an Luftfahrzeugen wirksam ist, kann nach den Vorschriften angefochten werden, die für die Anfechtung einer vor der Verfahrenseröffnung vorgenommenen Rechtshandlung gelten. Satz 1 findet auf die den in § 96 Abs. 2 genannten Ansprüchen und Leistungen zugrunde liegenden Rechtshandlungen mit der Maßgabe Anwendung, dass durch die Anfechtung nicht die Verrechnung einschließlich des Saldenausgleichs rückgängig gemacht wird oder die betreffenden Zahlungsaufträge, Aufträge zwischen Zahlungsdienstleistern oder zwischengeschalteten Stellen oder Aufträge zur Übertragung von Wertpapieren unwirksam werden.

101 So Jaeger/Henckel, § 146 InsO Rn. 5.
102 Vgl. Hirte/Borries/Huber, in: Uhlenbruck, § 146 InsO Rn. 2a; KG, 06.09.2002 – 7 U 336/01, ZInsO 2002, 973, 974.
103 So HambKomm-InsR/Rogge/Leptien, § 146 InsO Rn. 9.

Übersicht Rdn.

Schrifttum

Altmeppen, Der Verzicht des Gläubigers auf eine Gesellschaftersicherheit und der »Richtigkeitsgedanke« im Recht der Gesellschafterdarlehen, ZIP 2016, 2089; *Berges*, Die Anfechtung mittelbarer Zuwendungen, KTS 1961, 65; *Breutigam/Tanz*, Einzelprobleme des neuen Insolvenzanfechtungsrechts, ZIP 1998, 717; *Ehricke*, Finanztermingeschäfte im Insolvenzverfahren, ZIP 2003, 273; *Gerhardt*, Zum maßgeblichen Zeitpunkt bei mehraktigem Rechtserwerb, in: Piepenburg (Hrsg.), Festschrift Greiner, 2005, S. 31; *Gehrlein*, Der Zeitpunkt der Vornahme einer Rechtshandlung bei der Anfechtung einer Forderungsabtretung, ZInsO 2015, 1169; *Hasselbach*, Insolvenzprivilegien für Kreditinstitute bei Zahlungssystemen, ZIP 1997, 1491; *Jauernig*, Versuch, einige Dunkelheiten der Insolvenzordnung aufzuhellen, in: Prütting/Vallender (Hrsg.), Festschrift Uhlenbruck, Köln 2000, S. 3, 14 f.; *Kieper*, Abrechnungssysteme in der Insolvenz, 2004; *Obermüller*, Die Insolvenz des Teilnehmers an einem Zahlungsverkehrssystem nach der Finalitätsrichtlinie, in: Prütting/Vallender (Hrsg.), Festschrift Uhlenbruck, Köln 2000, S. 365 ff.; *Thole*, Gesellschafterbesicherte Kredite und die Anfechtung nach § 135 Abs. 2 InsO, ZIP 2015, 1609; *Venjakob*, Der Eintragungsantrag des Veräußerers und § 878 BGB, Rpfleger 1991, 284

A. Kernbereich der Regelung und Systematik

1 § 147 Satz 1 ist kein eigener Anfechtungsgrund, sondern dehnt allein den zeitlichen Anwendungsbereich der Insolvenzanfechtung aus. Das Tatbestandsmerkmal der vor der Verfahrenseröffnung vorgenommenen Rechtshandlung wird so in bestimmten Ausnahmefällen modifiziert. § 147 Satz 1 stellt dadurch zugleich klar, dass der öffentliche Glaube an die Richtigkeit und Vollständigkeit des Grundbuchs geschützt ist, dieser Schutz aber nicht so weit geht, dass er die Insolvenzanfechtung ausschlösse. Die Vorschrift regelt die Anfechtbarkeit von Rechtshandlungen vor allem des Insolvenzschuldners, die aufgrund des öffentlichen Glaubens des Grundbuchs, des Schiffsregisters und der Luftfahrzeugrolle wirksam sind. Sie zeigt, dass § 129 Abs. 1 InsO mit dem Bezug auf Rechtshandlungen vor der Eröffnung des Insolvenzverfahrens keine für das Anfechtungsrecht schlechthin unentbehrliche Voraussetzung bezeichnet, die jede Durchbrechung ausschließt. Obwohl nach Verfahrenseröffnung vorgenommene Rechtshandlungen grds. nach den §§ 81, 82, 89 und 91 Abs. 1 unwirksam sind, können einzelne Rechtshandlungen wegen des öffentlichen Glaubens vieler Register noch nach Verfahrenseröffnung wirksam werden.[1] Zweck der Regelung in § 147 Abs. 1

1 So auch BGH, 01.12.2011 – IX ZR 11/11, ZInsO 2012, 1146 Rn. 20 »Sie (Verf.: gemeint ist § 147 InsO) zeigt, dass § 129 Abs. 1 InsO mit dem Bezug auf Rechtshandlungen vor

InsO ist es daher, die eigentlich auf vorinsolvenzliche Rechtshandlungen beschränkte Anfechtung nach den §§ 129 ff. InsO auch auf solche Rechtshandlungen zu erstrecken, die wegen des öffentlichen Glaubens des Grundbuchs, des Schiffsregisters, des Schiffbauregisters und des Luftfahrzeugregisters nach der Eröffnung des Insolvenzverfahrens wirksam werden. Insoweit durchbricht § 147 InsO in den genannten Regelungsbereichen den Gutglaubensschutz des § 81 Abs. 1 InsO und begründet bei Vorliegen der tatbestandlichen Voraussetzungen einen Rückübertragungsanspruch nach Anfechtungsrecht auch gegenüber dem an sich gutgläubigen Erwerber, der ohne diese Regelung sonst den Vermögensgegenstand behalten dürfte.

§ 147 InsO überträgt zu diesem Zweck Regeln, die für die Anfechtbarkeit einer vor 2
der Verfahrenseröffnung vorgenommenen Handlung aufgestellt sind, auf Rechtshandlungen, die erst während des Verfahrens vorgenommen wurden aber aufgrund anderer Vorschriften wie z.B. § 81 Abs. 1 Satz 2, 91 Abs. 2 InsO gleichwohl wirksam werden, da der gute Glaube geschützt ist, solange die Eröffnung im entsprechenden Register nicht eingetragen ist. Deshalb sind unter den Voraussetzungen des § 147 InsO auch solche Rechtshandlungen anfechtbar, die einerseits der Vorsatzanfechtung nach § 133 Abs. 2 ausgesetzt und andererseits erst nach der Eröffnung des Verfahrens vorgenommen worden sind. Dasselbe gilt für unentgeltliche Verfügungen, die der Anfechtung nach § 134 InsO unterliegen. Wenn Veräußerungen an nahestehende Personen vor der Verfahrenseröffnung zur Insolvenzmasse zurückgefordert werden können, so müssen entsprechende Rechtshandlungen, die erst während des Insolvenzverfahrens vollzogen worden, aber durch § 81 Abs. 1 Satz 2 InsO i.V.m. § 892 BGB gedeckt sind, ebenfalls der Rückgewähr unterliegen.[2] Nicht erfasst werden Lohnzahlungen, während die Anwendung auf Gesellschaftersicherheiten einzelfallbezogen streitig sein kann.[3]

§ 147 Satz 2 will Verrechnungen in den in § 96 Abs. 2 genannten Finanzsyste- 3
men aufrechterhalten, um eine rückwirkende Neuberechnung zu verhindern und so das Vertrauen der Beteiligten in deren Bestand schützen. Die Sonderregelung soll die Beständigkeit laufender oder täglicher Verrechnungen in bestimmten Finanzsystemen sichern und so das Vertrauen der Finanzmärkte darin schützen, dass Verrechnungen nicht rückwirkend infrage gestellt werden können.[4]

B. Norminhalt

§ 147 Abs. 1 InsO führt zu einer Überwindung des Gutglaubensschutzes in sol- 4
chen Fällen, in denen der Anfechtungsgegner zwar keine Kenntnis von der Verfahrenseröffnung hatte, aber i.Ü. alle Voraussetzungen eines Anfechtungstatbestandes erfüllt sind. Damit schließt diese Vorschrift den durch den gutgläubigen Erwerb zu Lasten des Gleichbehandlungsgrundsatzes entstandenen Wertungswiderspruch und

der Eröffnung des Insolvenzverfahrens keine für das Anfechtungsrecht schlechthin unentbehrliche Voraussetzung bezeichnet, die jede Durchbrechung ausschließt.«.

2 Jaeger/Henckel, § 147 InsO Rn. 5.

3 BGH, 01.12.2011 – IX ZR 11/11, ZInsO 2012, 81, 82 Rn. 20.

4 BT-Drucks. 14/1539, 11.

erstreckt den Anwendungsbereich der Anfechtungsregeln auf die Zeit nach Eröffnung des Insolvenzverfahrens.

5 Die Sonderregelung in § 147 Satz 2 InsO dient dem Schutz bestimmter Finanzsysteme, darunter z.B. Nettingvereinbarungen zwischen Banken. Diese Sonderregelung ergänzt den Schutz bestimmter Finanzsysteme in § 96 Abs. 2 InsO und ist gedacht, um das Vertrauen der Finanzmärkte zu schützen, dass das Ergebnis oft vielseitiger und weit verzweigter Verrechnungen nicht insgesamt rückwirkend für die Zeit bis zur Verfahrenseröffnung in Frage gestellt werden kann.[5]

I. Anwendungsbereich

1. Anfechtbarkeit nach § 147 Satz 1 InsO

6 Über Satz 1 sind nach Verfahrenseröffnung vorgenommene und nach den zivilrechtlichen Vorgaben wirksame Rechtshandlungen, die zu einem Nachteil für die Gläubigergesamtheit geführt haben, nach den Vorschriften der §§ 129 ff. anfechtbar. Es sind aber nur bestimmte nach Verfahrenseröffnung vorgenommene Rechtshandlungen über die Erweiterungsnorm des § 147 Satz 1 anfechtbar. Denn eine die Gläubiger benachteiligende Rechtshandlung ist grundsätzlich allein dann anfechtbar, wenn sie vor Verfahrenseröffnung vorgenommen wurde. Ob die Rechtshandlung nach Verfahrenseröffnung vorgenommen wurde, bestimmt sich nach § 140.

7 Grundsätzlich gilt – was deklaratorisch erklärt wird – nach § 140 Abs. 1 eine Rechtshandlung dann als vorgenommen, wenn ihre rechtlichen Wirkungen eintreten, mithin alle Voraussetzungen eines zivilrechtlichen Tatbestands erfüllt sind. § 140 Abs. 2 hingegen ist teleologisch zu reduzieren, sodass es für einen Erwerb, dem wegen Verzögerungen im Eintragungsverfahren nicht die Wirksamkeit genommen werden soll, nicht auf den Verweis in § 147 Satz 1 ankommt, sondern entweder der Erwerb unwirksam oder unmittelbar nach den §§ 129 ff. anfechtbar ist.[6] Mit »Rechtshandlung« meint Satz 1 nur Verfügungs-, nicht aber auch Verpflichtungsgeschäfte. Denn nach Verfahrenseröffnung vermag sich der Insolvenzschuldner nur hinsichtlich seines nicht insolvenzbefangenen Vermögens zu verpflichten, was aber die Insolvenzgläubiger nicht zu benachteiligen vermag.[7]

8 § 147 Satz 1 InsO erfasst unmittelbar ausschließlich Rechtshandlungen i.S.d. § 129 InsO, die **Immobilien** des Schuldners oder von ihm gestellte **Finanzsicherheiten** betreffen und **nach der Eröffnung** i.S.v. § 140 InsO vorgenommen wurden. Dabei ist es unerheblich, ob der Schuldner diese Rechtshandlung vorgenommen hat oder ein Dritter, insb. der Begünstigte wie z.B. der Erwerber eines Grundstücks.[8] Bei den

5 Vgl. BT-Drucks. 14/1539, S. 5 ff.; so auch K/P/B/Bartels, § 147 Rn. 1; HK-InsO/Thole § 147 InsO Rn. 3 sowie HambKomm-InsR/Rogge, § 147 InsO Rn. 3 ff.

6 K/P/B/Bartels, § 147 Rn. 7.

7 Vgl. Jaeger/Henckel, InsO, § 38 Rn. 83; Jaeger/Windel, InsO, § 81 Rn. 7; KPB/Holzer, § 38 Rn. 13; KPB/Lüke, § 80 Rn. 11.

8 MK-InsO/Kirchhof, § 147 InsO Rn. 3 ff.

erfassten Rechtshandlungen kann es sich daher um solche des Schuldners und um solche des Anfechtungsgegners handeln, so z.B. bei einem Antrag auf Eigentumsumschreibung im Grundbuch, den der Anfechtungsgegner stellt. Bei Rechtshandlungen des Schuldners nach Eröffnung kann und wird aber regelmäßig bereits § 81 Abs. 1 Satz 1 greifen, sodass es dann auch nicht auf § 147 ankommt. Allerdings soll der nach Eröffnung des Insolvenzverfahrens entstandene **gesetzliche Löschungsanspruch** des nachrangigen Gläubigers gem. § 1179a BGG nicht nach § 147 angefochten werden können, sondern dieser wird vom BGH als **insolvenzfest** angesehen.[9]

Entsprechend anwendbar ist die Regelung auch auf Leistungen an den Schuldner, 9
die nach § 82 Satz 1 InsO Erfüllungswirkung haben, denn auch deren Annahme stellt eine rechtsgeschäftliche Verfügung des Schuldners dar. Daneben gilt natürlich insoweit auch die Anfechtbarkeit an den allgemeinen Regeln. Erhält ein Dritter nach Insolvenzeröffnung bewegliche Sachen vom Insolvenzschuldner, so bedarf es keiner Anwendung von § 147 InsO, da ein derartiger Erwerb ohnehin stets unwirksam ist, vgl. § 81 Abs. 1 Satz 1 InsO.

§ 147 Satz 1 InsO erfasst zwar nach seinem Wortlaut nicht die Fälle des Erwerbs nach 10
§ 878 BGB. Gleichwohl wird die Regelung in Satz 1 nach überwiegender und zutreffender Ansicht auch auf diese Fälle erstreckt.[10] Die Anfechtungsfristen der §§ 129 ff. InsO gelten im Rahmen des § 147 InsO nicht, denn hier geht es um Rechtshandlungen, die erst nach Insolvenzeröffnung vorgenommen worden sind, jedoch auf einem Verhalten von Schuldner oder Erwerber vor Verfahrenseröffnung beruhen. Nur auf diese Weise kann auch sichergestellt werden, dass einer vor Insolvenzeröffnung unanfechtbar erworbenen Anwartschaft auch ein nach Eröffnung insolvenzfester Rechtserwerb nachfolgt.[11]

2. Anfechtbarkeit nach § 147 Satz 2 InsO

Durch die Vorschrift des § 147 Satz 2 InsO ist in Umsetzung der Richtlinie 98/26/ 11
EG eine umfassende Privilegierung von Abrechnungen in sog. Zahlungssystemen bezweckt worden. Abrechnung ist dabei der Oberbegriff für Aufrechnung, Verrechnung und Skontration sowie weitere Aufrechnungsverträge. Erfasst werden soll jede Form wechselseitiger Saldierung (sog. »Netting«). Ein derartiges »Netting« in Zahlungssystemen soll nicht durch rückwirkendes Erlöschen der ihm zugrunde liegenden Verrechnungsabrede in Frage gestellt werden.[12]

---

9 BGH, 27.04.2012 – V ZR 270/10 = BGHZ 193, 144 ff. = ZInsO 2013, 853 unter Aufgabe abweichender vormaliger Entscheidungen mit Zustimmung der jeweiligen Senate; vgl. dazu u.a. BGHZ 166, 319 und BGHZ 160, 168 ff.

10 Vgl. m.w.N. und den Einzelheiten MK-InsO/Kirchhof, 4. Aufl., § 147 InsO Rn. 9, Rn. 7 f.; HambKomm-InsR/Rogge, § 129 InsO Rn. 36, 6. Nicht gefolgt werden sollte Gerhardt, in: FS Greiner, S. 31, 39.

11 So zutreffend Graf-Schlicker/Huber § 147 InsO Rn. 5.

12 Begründung zum Regierungsentwurf eines Gesetzes zur Änderung insolvenzrechtlicher und kreditwesenrechtlicher Vorschriften, BT-Drucks. 14/1539, S. 11; HK-InsO/Thole, § 147 Rn. 3.

12 § 147 Satz 2 InsO daher erfasst in erster Linie Ansprüche zwischen Kredit- und ähnlichen Instituten, da nach der dieser Sonderregelung zugrunde liegenden EG-Richtlinie nur solche Institute an den begünstigten Finanzsystemen und deren Verrechnungen teilnehmen können. Rechtsfolge einer Anfechtung unter Anwendung von Satz 2 ist lediglich ein Anspruch auf Wertersatz, der die Rückgewähr der Verrechnungen in Natur ersetzt. Die erfassten Auf- und Verrechnungen, die vor der Eröffnung des Insolvenzverfahrens über einen Beteiligten in das bestimmte System eingebracht wurden, dürfen am Eröffnungstag auch noch nach dem Zeitpunkt der Eröffnung noch insolvenzrechtlich wirksam ausgeführt werden. Insoweit bezieht § 147 Satz 2 InsO auch die Regelung des § 96 Abs. 2 InsO ein. Die damit einhergehende Ungleichbehandlung gegenüber anderen, außerhalb des Systems stehenden Gläubigern, wird mit erheblichen Gefahren für das gesamte Banken- und Zahlungssystem begründet, sollte ein Teilnehmer eines solchen Systems insolvent werden. Überdies umfasst die Norm Verfügungen des Sicherungsnehmers in Form einer Aufrechnung oder Verrechnung im Beendigungsfall, da eine exakte Trennung in vor und nach Verfahrenseröffnung vorgenommene Verrechnungen nur schwer möglich ist.

II. Verjährung

13 Für die Verjährung der durch § 147 InsO eröffneten Anfechtungsansprüche gilt § 146 Abs. 1 InsO i.V.m. § 195 BGB und richtet sich damit nach den allgemeinen Vorschriften des BGB. Die 3-Jahres-Frist beginnt vom Ende des Jahres an, in dem der Insolvenzverwalter die Kenntnis erlangt oder in vorwerfbarer Weise nicht erlangt hat (§ 199 Abs. 1 Nr. 2 BGB).

14 Da in den Fällen des Abs. 2 die Insolvenzeröffnung vor der Vornahme der anfechtbaren Handlung liegt, kommt in diesem Fall auch eine Anfechtung vor Fristbeginn in Betracht, d.h. der Verwalter kann anfechten sobald ein Anfechtungstatbestand verwirklicht ist, der zu einer Gläubigerbenachteiligung geführt hat.[13]

C. Rechtsfolgen und Beweislast

15 Rechtsfolge von Satz 1 ist, dass die Anfechtung nicht allein deswegen ausgeschlossen ist, weil die maßgebliche Rechtshandlung erst nach der Verfahrenseröffnung wirksam geworden ist. § 147 Satz 1 InsO eröffnet den Weg zu allen Anfechtungstatbeständen der §§ 130 ff. InsO, sofern deren Voraussetzungen erfüllt sind.[14] Dabei kommt dem Insolvenzverwalter zugute, dass jeweils der Anfechtungsgrund mit den niedrigschwelligsten Tatbestandsvoraussetzungen eingreift. Die einzelnen Anfechtungstatbestände knüpfen nämlich auch daran an, dass die Rechtshandlung nach Stellung des Eröffnungsantrags vorgenommen wurde. Begrifflich ist eine nach Verfahrenseröffnung vorgenommene Rechtshandlung schließlich stets nach Antragstellung vorgenommen. Auch wenn somit aus der Insolvenzmasse wirksam erworben werden kann, ist der Anfechtungsgegner kaum geschützt, da der Insolvenzverwalter seine Klage auf die

13 Ausführlich dazu MK-InsO/Kirchhof, 4. Aufl., § 147 InsO Rn. 17.
14 BGH, 01.12.2011 – IX ZR 11/11, ZInsO 2012, 81, 82 Rn. 20.

Deckungsanfechtung stützen kann, die noch weniger Vortrag zu subjektiven Voraussetzungen als die Vorsatzanfechtung verlangt.

Dementsprechend ist eine kongruente Deckung anfechtbar, wenn der Gläubiger bei Vornahme der ihr zugrunde liegenden Handlung die Zahlungsunfähigkeit oder den Eröffnungsantrag kannte (§ 130 Abs. 1 Satz 1 Nr. 2), nochmals erleichtert in § 130 Abs. 2 und 3. Gleiches gilt für unmittelbar nachteilige Rechtshandlungen (§ 132 Abs. 1 Nr. 2 und Abs. 3), sofern es sich um Verfügungen handelt. Eine inkongruente Deckung ist ohne weitere Voraussetzungen als solche anfechtbar (§ 131 Abs. 1 Nr. 1). Hingegen kennen § 133 Abs. 1 Satz 1, Abs. 4 Satz 2, § 134 Abs. 1 die Fristen vor Verfahrenseröffnung nur als Einschränkung der Anfechtbarkeit in Form einer Darlegungs- und Beweislastregel zulasten des Anfechtungsgegners, sodass Vorsatz- und Unentgeltlichkeitsanfechtung stets dem Grunde nach eingreifen. Die Anfechtungsvorschriften in § 135 Abs. 1 Nr. 1 und 2, Abs. 2, § 136 Abs. 1 Satz 1 ermöglichen auch jeweils eine Anfechtung von Sicherung und Befriedigung sowie Einlagenrückgewähr und Verlusterlass nach dem Eröffnungsantrag. Diese sind freilich nur dann anfechtbar, sofern es sich dabei um eine Verfügung i. S. d. § 147 Satz 1 handelt.[15] 16

15 K/P/B/Bartels § 147 Rn. 46, 47.

Kapitel 4: Anfechtungsgegner und branchenspezifische Besonderheiten

Übersicht Rdn.

A. Kreditinstitute als Anfechtungsgegner

Schrifttum

Becker/Gruber/Heuter (Hrsg.), Handbuch MaRisk, 4. Aufl. 2024; *Gehrlein*, Insolvenzanfechtung von an und durch Banken bewirkten Zahlungen, ZInsO 2010, 1857 ff.; *Hampel/Opala/Wellmann*, MaRisk-Interpretationshilfen, 6. Aufl. 2025; *Heublein*, Gutschriften in der Krise – insolvenzfester Glücksfall oder anfechtbare Scheindeckung, ZIP 2000, 161 ff.; *Kayser*, Globalsicherheiten als Anfechtungssperre bei der Kontokorrentanfechtung?, ZInsO 2019, 1597 ff.; *Kirstein*, Kontokorrentanfechtung nach § 133 InsO gegenüber Kreditinstituten, ZInsO 2012, S. 709 ff.: *Kirstein/Sietz*, Die Anfechtbarkeit der Banküberweisung nach § 133 InsO, ZInsO 2008, 761 ff.; *Kuder*, Die einheitliche Rechtsprechung des BGH zum Lastschriftwiderspruch des vorläufigen Insolvenzverwalter und ihre Folgen für die Praxis, ZInsO 2010, S. 1665 ff.; *Obermüller*, Obergerichtliche Rechtsprechung des Jahres 2009 zur Position von Banken in einer Insolvenz ihres Kunden, ZInsO 2010, 593 ff.; *ders.*, Überweisungsverkehr bei Insolvenz, ZInsO 2010, S. 8 ff.; *Stiller*, Anfechtung einer Kontokorrentverrechnung und Aufspaltung in Anfechtungszeiträume, ZInsO 2011, 87 ff.

I. Einführung

Unabhängig davon ob in der Privat- oder Unternehmensinsolvenz finden sich i.R.d. Insolvenzgläubiger zumeist ein oder mehrere Kreditinstitute, welche als Darlehensgeber oder Zahlstelle zu dem Schuldner eine Geschäftsverbindung unterhalten haben. Den Kreditinstituten kommt insoweit eine Doppelfunktion zu, welche im Einzelnen anfechtungsrechtlich zu erfassen und in der Wertung zu berücksichtigen ist.[1] Insb. bei Unternehmensinsolvenzen stellen diese Kreditinstitute für den Schuldner vor Insolvenzantragstellung – für den Insolvenzverwalter im Eröffnungsverfahren oder nach Insolvenzeröffnung – wesentliche Ansprechpartner dar, um den Geschäftsbetrieb in der Krise aufrechtzuerhalten oder eine (übertragene) Sanierung der Unternehmung zu ermöglichen. 1

Fungierte ein Kreditinstitut als Hausbank und damit als wesentlicher Fremdfinanzierer des Schuldners, so ist es regelmäßig als absonderungsberechtigter Gläubiger bei der Entscheidung über die Verwertung des betriebsnotwendigen An- und Umlaufvermögens ein wesentlicher Beteiligter. Zusammenfassend ist demnach festzustellen, dass Kreditinstituten in einer großen Zahl von Unternehmensinsolvenzen eine wesentliche und entscheidende Rolle i.R.d. Verfahrensabwicklung zukommt. 2

Eine weitere Besonderheit, die die Stellung des Kreditinstituts ausmacht, ist die Tatsache, dass es als kontoführendes Institut den Zahlungsverkehr für den Schuldner abwickelt. Dem Kreditinstitut ist damit über die Kontokorrentverrechnung die Möglichkeit des Zugriffs auf die Liquidität des Schuldners in der Krise eröffnet. Soweit Zahlungseingänge auf dem Geschäftskonto des Schuldners weiter eingehen, hat das Kreditinstitut folglich die Möglichkeit des »ersten Zugriffs«. Sie kann ihr Risiko entweder durch Saldorückführung verringern oder durch die Einstellung eigener Belastungen ins Kontokorrent Deckung über die periodische Verrechnung erlangen. Die Zugriffs- und Befriedigungsmöglichkeit des Kreditinstituts stellen sich in der Krise demnach selbst – als ansonsten nicht weiter gesicherter Gläubiger – als privilegiert ggü. anderen Gläubigern dar. 3

Bereits aufgrund ihrer bankrechtlichen Verpflichtungen nach KWG und MARisk sind Kreditinstitute gehalten, sich zeitnah über die wirtschaftlichen Belange des Schuldners zu unterrichten und die erhaltenen Informationen sachkundig zu analysieren, um frühzeitig aufkommende Risiken erkennen zu können (vgl. Rdn. 88 ff.).[2] Hierzu lassen sich Kreditinstitute weitreichende Informationsmöglichkeiten einräumen und können aufgrund ihrer wesentlichen Stellung ggü. dem Schuldner die tatsächliche Informationserlangung durchsetzen. Während andere Gläubiger häufig nur aus der Wahrnehmung der Vorgänge im Rahmen ihrer eigenen Geschäftsbeziehung Informationen über die tatsächliche wirtschaftliche Lage des Schuldners erhalten, stehen Kreditinstituten demnach regelmäßig aktuelle Auswertungen und Aufstellungen über die 4

---

1 BGH, 26.04.2012 – IX ZR 74/11, BGHZ 193, 129 = ZInsO 2012, 924 Rn. 21 ff.; s. weiterführend: Würdinger, Die Insolvenzanfechtung im bargeldlosen Zahlungsverkehr, S. 111 ff.

2 Hannemann/Steinbrecher/Weigl, MARisk, BTO 1.2.2 Rn 2.

wirtschaftliche Gesamtsituation zur Verfügung. Da Kreditinstitute des Weiteren den unbaren Zahlungsverkehr für den Schuldner abwickeln, können sie sich aus eigener Wahrnehmung aus ihrer Geschäftsbeziehung zum Schuldner ein qualifiziertes Bild über die Liquiditätslage des Schuldners erstellen. Insofern bekommen Kreditinstitute durch Lastschriftwiderrufe oder Vollstreckungen ins Geschäftskonto Krisensymptome ggü. Dritten mit. Da ihnen regelmäßig Bilanzen übersenden sind, können sie anders als andere Gläubiger nicht nur das Risiko der Zahlungsunfähigkeit des Schuldners zu erkennen, sondern haben auch die Möglichkeit, den meist vorgelagerten Eintritt der Überschuldung zu beobachten. Aufgrund ihres Sachverstandes und der oben aufgezeigten Informationsmöglichkeiten lassen sich folglich die subjektiven Merkmale der verschiedenen Anfechtungsgründe systematisch meist deutlich vor dem Zeitpunkt der übrigen Gläubiger begründen.

5 Nimmt man sämtliche Punkte zusammen und berücksichtigt, dass die Bonität festgestellter Rückgewährsansprüche ggü. Kreditinstituten meist als unzweifelhaft zu erachten ist, stellen sich Kreditinstitute als eine wesentliche und bedeutende Gruppe potenzieller Anfechtungsgegner für den Insolvenzverwalter dar.

6 Soweit Kreditinstitute lediglich als Darlehensgeber fungieren und ihre Zins- und Tilgungsraten von einem Geschäftskonto bei einem anderen kontoführenden Institut erhalten, ergeben sich anfechtungsrechtlich vergleichbare allgemeine Fragestellungen wie bei anderen institutionellen Gläubigern. Rechtliche Besonderheiten stellen sich jedoch dann ein, wenn das Kreditinstitut als kontoführendes Institut den Zahlungsverkehr für den Schuldner durchführt und ihre eigene Befriedigung über die Kontokorrentverrechnung erhält. Insoweit überschneiden sich dann die Zahlstellenfunktion und die Kreditgeberstellung des Kreditinstituts.

7 Diese anfechtungsrechtlichen Besonderheiten sollen in den nachfolgenden Ausführungen erörtert werden. Um jedoch die anfechtungsrechtlichen Implikationen nachvollziehen zu können, lässt es sich nicht vermeiden, zunächst die notwendigen bankrechtlichen Grundlagen zu erläutern.

II. Rechtliche Grundlagen des Kontokorrents

1. Vertragliche Grundlagen

8 Betrachtet man das Geschäftskonto des Schuldners in seiner üblichen Form nach rechtlichen Gesichtspunkten, so sind drei verschiedene vertragliche Vereinbarungen zu unterscheiden. Eröffnet der Schuldner ein Geschäftskonto, so schließt er zum einen mit dem Kreditinstitut einen Girovertrag ab. Zugleich wird zum anderen zumeist in derselben Urkunde eine Kontokorrentvereinbarung für die technische Führung des Kontos vereinbart. Im Rahmen einer unternehmerischen Tätigkeit des Schuldners wird häufig des Weiteren für das Geschäftskonto separat ein Kontokorrentkredit gewährt.

9 Girovertrag, Kontokorrentvereinbarung und Kontokorrentkredit bilden insofern im Zusammenhang mit den AGB der Kreditinstitute die rechtlich relevanten Rahmen-

bedingungen und sollen nachfolgend mit ihren rechtlichen Implikationen kurz dargestellt werden.

a) Girovertrag

Der Girovertrag stellt die Grundlage für die Abwicklung des bargeldlosen Zahlungsverkehrs dar. Mit dem Abschluss des Girovertrages verpflichtet sich das Kreditinstitut zur Führung eines laufenden Kontos, über das vereinbarungsgemäß Zahlungsverkehrsvorgänge zugunsten des Kunden oder zu seinen Lasten verbucht werden. Zum einen ist Vertragsinhalt, dass das Kreditinstitut für den Kunden bestimmte Geldeingänge entgegenzunehmen und gutzuschreiben hat, zum anderen – soweit Verfügungsrahmen vorhanden ist –, dass Überweisungen zulasten des Schuldners auszuführen sind.[3] 10

Seine gesetzliche Normierung hat der Girovertrag nunmehr in § 675 f BGB gefunden.[4] Gem. § 675 f Abs. 2 BGB wird er als Zahlungsdienstrahmenvertrag bezeichnet. Da es sich hierbei im Grundsatz um eine Geschäftsbesorgung i.S.d. §§ 662, 675 BGB handelt, finden gem. § 675c Abs. 1 BGB die Regelungen über die Geschäftsbesorgung und über den Auftrag subsidiäre Anwendung.[5] 11

b) Kontokorrentvereinbarung

Das i.R.d. Girovertrages vereinbarte laufende Konto wird regelmäßig als Kontokorrentkonto geführt. In dem vom Schuldner unterzeichneten Kontoeröffnungsvertrag findet sich dementsprechend typischerweise die Vertragsklausel, dass das Konto in laufender Rechnung mit quartalsweisen Rechnungsabschlüssen durch das Kreditinstitut erfolgen soll. Bei Geschäftskonten, bei denen eine Vielzahl von täglichen Buchungen vorgenommen wird, erfolgt der Rechnungsabschluss vereinbarungsgemäß häufig nicht quartalsweise, sondern monatlich. 12

Das Kontokorrent ist eine Abrechnungsform des Kontos, welche seine Rahmenregelungen in §§ 355 ff. HGB hat. Jeder Buchungsvorgang stellt für das Kreditinstitut ein einzelnes Geschäft mit dem Schuldner dar, welches normalerweise jeweils einzeln abzuwickeln und abzurechnen wäre. Durch die Abrechnungsmethode des Kontokorrents ist es dem Kreditinstitut möglich, die beiderseitigen Ansprüche aus der girovertraglichen Geschäftsverbindung des Kontos als bloße Rechnungsposition in der vereinbarten laufenden Rechnung zu erfassen und sie periodisch abzurechnen.[6] 13

In dieser Abrechnung wird für jede Buchung neben dem Buchungsdatum noch ein Wertstellungsdatum (Valutadatum) geführt. Während sich der laufende Saldo des Kontos an dem Buchungsdatum orientiert, ist für die Fragestellung der Verzinsung 14

3 Schimansky/Bunte/Lwowski, Bankrechts-Handbuch, § 47 Rn. 7.
4 S. weiterführend Hellner/Steuer, BuB, Rn. 2/71 ff.
5 Schimansky/Bunte/Lwowski, Bankrechts-Handbuch, § 47 Rn. 1 ff.
6 Schimansky/Bunte/Lwowski, Bankrechts-Handbuch, § 47 Rn. 38.

das Wertstellungsdatum heranzuziehen.[7] Insoweit kann sich trotz eines ausgewiesenen Guthabens eine Zinszahlungspflicht ergeben.

15 Während sich im Rahmen eines »echten« Kontokorrents nach § 355 HGB ein anspruchsbegründender Saldo lediglich mit Rechnungsabschluss ergibt, hat der Vertragspartner beim Kontokorrentkonto einen Anspruch auf Auszahlung des Tagessaldos, soweit dieser einen Verfügungsrahmen zugunsten des Kunden ausweist. Der Anspruch auf Auszahlung des Tagesgeldes ergibt sich nach §§ 700, 695 BGB aus dem mit dem Girovertrag verknüpften Verwahrungsvertrag.[8]

16 Entgegen dem sich aus dem periodischen Rechnungsabschluss ergebenden Periodensaldo wird dieser girovertragliche Zahlungsanspruch nicht Teil der Kontokorrentabsprache und unterliegt nicht der Kontokorrentbindung.[9] Er ist insofern abtretbar und pfändbar.[10]

17 Erfolgt der periodisch vereinbarte Rechnungsabschluss, so werden die seit dem Rechnungsabschluss verbuchten Einzelvorgänge zu einem neuen Anfangssaldo für die kommende Periode saldiert. Dieser Saldo des periodischen Rechnungsabschlusses wird dann in die nächste Abrechnungsperiode vorgetragen. Gem. Nr. 7 Abs. 2 AGB-Banken muss der Kontoinhaber spätestens vor Ablauf von 6 Wochen nach Zugang des Rechnungsabschlusses Einwendungen ggü. dieser Abrechnung geltend machen. Erfolgt dies nicht, gilt der Rechnungsabschluss als genehmigt und begründet insofern ein Saldoanerkenntnis. Dieses Saldoanerkenntnis führt im Ergebnis zu einer Umkehr der Darlegungs- und Beweislast. Während vor dem Saldoanerkenntnis das Kreditinstitut die Darlegungs- und Beweislast für die Vollständigkeit und Richtigkeit der periodischen Buchungen trägt, verlagert sich nach dem Saldoanerkenntnis die Darlegungs- und Beweislast auf den Kunden, soweit er Ansprüche aus fehlerhafter Gutschrift oder unberechtigten Belastungen geltend machen möchte (Nr. 7 Abs. 2 Satz 4 AGB-Banken).[11]

18 Eine weitere wesentliche rechtliche Implikation, die sich aus der Abrechnungsmethode des Kontokorrents ergibt, ist die Kontokorrentbindung (Kontokorrentverstrickung). Werden in das Kontokorrent einzelne Ansprüche des Kunden oder des Kreditinstitutes eingestellt, verlieren sie ihre rechtliche Selbstständigkeit. Sie werden zu einzelnen Rechnungspositionen, die eine untrennbare Einheit bilden und auf deren Grundlage später die periodische Saldierung vorgenommen wird.[12]

---

7 Schimansky/Bunte/Lwowski, Bankrechts-Handbuch, § 47 Rn. 61.

8 Schimansky/Bunte/Lwowski, Bankrechts-Handbuch, § 47 Rn. 49, aus rechtlicher Begründung Hellner/Steuer Rn. 2/79a.

9 Schimansky/Bunte/Lwowski, Bankrechts-Handbuch, § 47 Rn. 45.

10 Hellner/Steuer, BuB, Rn. 2/105.

11 Schimansky/Bunte/Lwowski, Bankrechts-Handbuch, § 47 Rn. 90.

12 BGH, 24.01.1985 – IX ZR 65/84, BGHZ 93, 315, 323; Schimansky/Bunte/Lwowski, Bankrechts-Handbuch, § 47 Rn. 68.

Rechtsfolge der Einstellung ist demnach, dass die einzelnen Ansprüche nicht mehr selbstständig erfüllt, nicht mehr separat gepfändet oder abgetreten werden können. Als Rechnungsposition sind sie untrennbar mit dem Kontokorrent verbunden. Rechte können insofern nur an der Saldoforderung des Kontoinhabers selbst erlangt werden. Für das Kreditinstitut stellt insofern die Kontokorrentbindung an Gutschriften des Kunden ein wesentliches Sicherungsmittel in der Abwicklung der girovertraglichen Pflichten dar. 19

Wie weit die Kontokorrentbindung sich erstreckt, ist von den Vertragsparteien vertraglich zu vereinbaren. I.d.R. erfolgt dieses jedoch – ähnlich der Rahmenabsprache in einer Globalzession – bereits im Kontokorrentvertrag bzw. den AGB der Banken als allgemeine Regelung für sämtliche zukünftig eintretenden späteren Geschäftsvorfälle des Kontos. Einzelne Ansprüche können jedoch auch nachträglich durch Parteivereinbarung aus der Kontokorrentverrechnung und damit der Kontokorrentbindung ausgenommen werden.[13] 20

c) Kontokorrentkredit

Der Kontokorrentkredit ist ein (variables) Darlehen des Kreditinstitutes zugunsten des Schuldners, welches darauf ausgelegt ist, zusätzlichen Verfügungsrahmen im bargeldlosen Zahlungsverkehr über das Geschäftskonto bereitzustellen. Während das Kreditinstitut im Rahmen eines Guthabenkontos aus dem Girovertrag nur verpflichtet ist, Überweisungen oder Auszahlungen an den Kunden bei entsprechendem Guthabensaldo vorzunehmen, führt die Einräumung eines Kontokorrentkredits dazu, dass der Schuldner i.R.d. bargeldlosen Zahlungsverkehrs Überweisungen und Auszahlungen über das Geschäftskonto auch dann vornehmen kann, wenn der Sollsaldo nach Vornahme des Geschäftsvorfalles nicht den vereinbarten Höchstbetrag des Kontokorrentkredits überschreitet. 21

Inwieweit der Kontokorrentkredit in Anspruch genommen wird und zu verzinsen ist, entscheidet daher der Schuldner über die von ihm veranlasste Inanspruchnahme. Ist der Kontokorrentrahmen nicht vollständig ausgeschöpft, so wird zwar dessen Pfändbarkeit im Grundsatz bejaht. Eine tatsächliche Auskehr an dem Pfändungsgläubiger hängt jedoch davon ab, ob der noch verbleibende Kontokorrentrahmen vom Schuldner abgerufen wird. Erst mit Abrufung gilt die Pfändung als bewirkt.[14] Da die Abrufung ein höchstpersönliches Recht des Schuldners ist, kann sie durch den Gläubiger nicht im Zwangswege erreicht werden. 22

d) Geduldete Überziehung

Eine »geduldete Kontoüberziehung« ist gegeben, wenn der Verfügungsrahmen auf dem Konto nicht ausreicht, die Verfügung aber vom Kreditinstitut dennoch ausgeführt wird, ohne dass es zu einer vorherigen ausdrücklichen Erweiterung der Kreditlinie 23

13 Schimansky/Bunte/Lwowski, Bankrechts-Handbuch, § 47 Rn. 45.

14 S. hierzu weiterführend: Schimansky/Bunte/Lwowski, Bankrechts-Handbuch, § 33 Rn. 66 ff.

gekommen ist. Es handelt sich bei der geduldeten Kontoüberziehung insofern um eine eigenständige Form der Kreditgewährung, für welche sich bei Verbrauchern in § 505 BGB besondere Regelungen finden. Generell ist zu berücksichtigen, dass im Grundsatz kein Anrecht darauf besteht, dass das Kreditinstitut eine geduldete Überziehung zulässt und sich i.H.d. geduldeten Überziehung ein sofort fälliger Rückführungsanspruch der Bank ergibt. Lässt das Kreditinstitut eine geduldete Überziehung zu, so resultiert aus der Vereinbarung des Girovertrags hierfür eine meist deutlich höhere Verzinsung als für die Inanspruchnahme eines Kontokorrentkredites, welche i.R.d. periodischen Abrechnung erkennbar ist.

24 Die geduldete Überziehung ist von einer konkludenten Kreditgewährung abzugrenzen. Eine geduldete Überziehung, welche über einen wesentlichen Zeitraum in vergleichbarer Höhe vorliegt, kann konkludent nach dem Willen der Parteien als eine Einräumung oder Ausweitung der Kontokorrentkreditlinie zu beurteilen sein.[15] Da sich für die sofort fällige geduldete Überziehung entsprechend der allgemeinen Vereinbarung eine andere Verzinsung ergibt, lässt sich im Nachhinein aus den in das Kontokorrentkonto eingestellten Zinsen und Kosten im Zweifel ein Indiz für den Willen der Parteien finden.

25 Für die Prüfung der Anfechtbarkeit hat die geduldete Überziehung durch die neue Rechtsprechung[16] des BGH an Bedeutung verloren, da entgegen der vormaligen Rechtsprechung[17] nunmehr der BGH trotz fehlender Pfändbarkeit[18] bei einer geduldeten Überziehung von einer Gläubigerbenachteiligung nach § 129 Abs. 1 InsO auch bei der Verwendung des mittels der geduldeten Überziehung bereitgestellten Verfügungsrahmens ausgeht (s. weiterführend Kap. 3 § 129 InsO Rdn. 37 ff.).

2. Geschäftsvorfälle

a) Gutschriften

26 Aus der Giroabrede ist das Kreditinstitut verpflichtet, für den Schuldner eingehende Geldeingänge entgegenzunehmen und auf dem Girokonto gutzuschreiben.[19] Im Rahmen dieses Vorganges ist zwischen dem Anspruch auf Gutschrift und dem Anspruch aus Gutschrift zu differenzieren.

27 Erfolgt eine Überweisung von einem Drittinstitut bzw. i.R.d. Umbuchung von einem ebenfalls von der Empfängerbank geführten Konto oder wird der Betrag bar eingezahlt, so erlangt diesen zunächst das Kreditinstitut i.R.d. Geschäftsbesorgung. Die Berech-

15 BGH, 11.01.2007 – IX ZR 31/05, BGHZ 170, 276 = ZInsO 2007, 269 Rn. 15; BGH, 17.06.1999 – IX ZR 62/98, ZInsO 1999, 467, 468; BGH, 22.01.1998 – IX ZR 99/97, BGHZ 138, 40, 47 = ZIP 1998, 477, 479.

16 BGH, 06.10.2009 – IX ZR 191/05, BGHZ 182, 317 = ZInsO 2009, 2060 Rn. 11.

17 BGH, 11.01.2007 – IX ZR 31/05, BGHZ 170, 276 = ZInsO 2007, 269 Rn. 11.

18 BGH, 29.03.2001 – IX ZR 34/00, BGHZ 147, 193, 202 = ZIP 2001, 825, 828; BGH, 24.01.1985 – IX ZR 65/84, BGHZ 93, 315, 325.

19 Schimansky/Bunte/Lwowski, Bankrechts-Handbuch, § 47 Rn. 9.

tigung zur Entgegennahme durch das Kreditinstitut in fremdem Namen ergibt sich dabei ebenfalls als Generalabsprache aus dem Girovertrag.[20] Da die Empfängerbank insofern i.R.d. Erfüllung der Geschäftsbesorgung einen Vermögensvorteil erlangt hat, ist sie grds. nach § 667 BGB zur Herausgabe an den Kontoinhaber verpflichtet. Aus der Giroabrede ergibt sich weiterhin, dass diese Herausgabe vertragsgemäß in Form der Gutschrift auf dem Schuldnerkonto zu erfolgen hat. Sie ist gem. § 675t Abs. 1 BGB unverzüglich nach Eingang der Deckung zu erteilen.

Die Gutschrift selbst stellt ein abstraktes Schuldversprechen i.S.d. §§ 780 ff. BGB, **28** § 230 HGB zugunsten des Schuldners dar, welches der – grundsätzliche aus dem Girovertrag als Globalvertrag erwachsenden – Annahme des Schuldners bedarf.[21] Besteht kein Giroverhältnis oder wurde das Giroverhältnis bzw. die gesamte Geschäftsverbindung gekündigt, so entsteht weder ein Recht noch eine Verpflichtung zur Gutschrift. Nachlaufend hat das Kreditinstitut jedoch die Verpflichtung, den eingehenden Geldbetrag auf einem CpD-Konto[22] zu verbuchen und zur Auszahlung bereitzuhalten.[23]

Als abstraktes Schuldanerkenntnis stellt die Gutschrift einen eigenen Rechtsgrund **29** dar, welcher grds. unbedingt und frei von Einwendungen aus dem Deckungsverhältnis zwischen dem Überweisenden und der Empfängerbank ist.[24]

Aufgrund der Kontokorrentabrede unterliegt trotz Eigenständigkeit der Anspruch **30** aus Gutschrift ebenfalls von Anfang an der Kontokorrentbindung und kann insofern nicht eigenständig geltend gemacht werden (s. auch. Rdn. 18).[25]

b) Überweisungen

Bereits bis zum 01.01.2002 war die Überweisung als lediglich einseitige Weisung des **31** Schuldners an sein Kreditinstitut i.S.d. §§ 675 Abs. 1, 665 BGB ausgestaltet.[26] Mit Umsetzung der Richtlinie 97/5/EG[27] wurde in den §§ 676a bis 676c BGB a.F. der Überweisungsvertrag neben dem Zahlungs- und dem Girovertrag als eigenständiger Vertragstyp in das BGB aufgenommen.[28] Mit der Umsetzung der EU-Zahlungsdienste-

20 BGH, 06.12.1994 – XI ZR 173/94, BGHZ 128, 135, 137 f. = ZIP 1995, 109, 110; BGH, 19.09.1989 – XI ZR 150/88, ZIP 1989, 1317, 1318.
21 Hellner/Steuer, BuB, Rn. 6/227; Schimansky/Bunte/Lwowski, Bankrechts-Handbuch, § 47 Rn. 52.
22 Hellner/Steuer, BuB, Rn. 2/392 ff.
23 BGH, 05.12.2006 – IX ZR 21/06, BGHZ 170, 121 = ZIP 2007, 319 Rn. 12; Schimansky/Bunte/Lwowski, Bankrechts-Handbuch, § 47 Rn. 36.
24 Hellner/Steuer, BuB, Rn. 6/202.
25 BGH, 25.06.2009 – IX ZR 98/08, ZInsO 2009, 1492 Rn. 9.
26 BGH, 06.10.1953 – I ZR 185/52, BGHZ 10, 319.
27 8. Richtlinie 97/5/EG des Europäischen Parlaments und des Rates vom 27.01.1997 grenzüberschreitende Überweisungen, ABL Nr. L 43, S. 25.
28 Obermüller, ZInsO 2010, 9 ff.

Richtlinie[29] ist der Gesetzgeber zum alten Weisungsmodel zurückgekehrt.[30] Insoweit handelt es sich (wieder) bei der Überweisung um einen Zahlungsauftrag i.S.d. § 675f Abs. 4 Satz 2 BGB als einseitige Weisung des Kunden an sein Kreditinstitut im Rahmen des bestehenden Girovertrages entsprechend § 665 BGB.[31]

32 Die grundsätzliche Pflicht zur Annahme und damit zur Ausführung der Überweisung ergibt sich aus dem Girovertrag. Sie kann nur unter besonderen Bedingungen abgelehnt werden, z.B. dann, wenn das belastete Konto keinen hinreichenden Verfügungsrahmen aufweist. Den Überweisungsbetrag entrichtet das Kreditinstitut zunächst aus eigenen Mitteln, wodurch ihr ein Wertersatzanspruch nach § 670 BGB zusteht. Dieser Wertersatzanspruch unterfällt ebenfalls der Kontokorrentbindung und wird insofern ebenfalls Teil des laufenden Kontos. Die hierzu erfolgende Belastungsbuchung stellt lediglich eine deklaratorische Buchung dar.[32]

c) Lastschriftbelastungen

33 Wie die Überweisung setzt das Lastschrifteinzugsverfahren unabhängig von seiner konkreten Ausgestaltung ebenfalls eine Mitwirkung des Schuldners voraus. Je nach konkreter rechtlicher Ausgestaltung (Abbuchungsverfahren, Einzugsermächtigungsverfahren oder europäisches SEPA[33]-Lastschriftverfahren) gestaltet sich diese Mitwirkungshandlung unterschiedlich und führt zu einem anderen Betrachtungszeitpunkt gem. § 140 InsO.[34]

34 Grds. geht beim Lastschriftverfahren die Initiative zur Zahlung vom Lastschriftgläubiger aus. Aufgrund vertraglicher Vereinbarung mit dem Schuldner ergibt sich seine Berechtigung, durch Formulareinreichung bei seinem Kreditinstitut den entsprechenden Lastschrifteinzug zu veranlassen. Hieraufhin wird ihm der einzuziehende Betrag auf sein Konto (vorläufig) gutgeschrieben. Das Kreditinstitut des Gläubigers (Inkassostelle) tritt daraufhin im Innerbankenverkehr an das Kreditinstitut des Schuldners (Zahlstelle) heran und gibt insoweit die Belastung an dieses weiter. Das Kreditinstitut des Schuldners belastet nunmehr das für den Schuldner geführte Konto.[35]

35 Erfolgte vormals die Lastschrift im sog. Abbuchungsverfahren, so liegt dem Kreditinstitut im Vorhinein eine Zustimmung des Schuldners für die Belastung vor. Maßgeblicher Zeitpunkt nach § 140 InsO ist folglich der Einlösungszeitpunkt und damit wie bei der Überweisung das Buchungsdatum (s. hierzu Kap. 3 § 140

29 Richtlinie 2007/64/EG des Europäischen Parlaments und des Rates über Zahlungsdienste im Binnenmarkt der Änderung der Richtlinie 97/7 EG, 2005/60 EG und 2006/48/EG sowie zur Aufhebung der Richtlinie 67/5/EG, ABL. L 319 v. 05.12.2007, l.

30 Hellner/Steuer, Bub, Rn. 6/35.

31 Schimansky/Bunte/Lwowski, Bankrechts-Handbuch, § 47 Rn. 22.

32 Schimansky/Bunte/Lwowski, Bankrechts-Handbuch, § 47 Rn. 51.

33 Single Euro Payments Area.

34 Heller/Steuer, Bub, Rn. 6/308.

35 Für eine ausführliche rechtliche Darstellung des Vorganges s. Schimansky/Bunte/Lwowski, Bankrechts-Handbuch, § 56 Rn. 37 ff.

Rdn. 17 ff.).[36] In der Praxis wird das Abbuchungsverfahren jedoch nur selten genutzt, da es im Vorhinein eine beidseitige Vereinbarung zwischen Lastschriftgläubiger, Schuldner und dem Kreditinstitut des Schuldners voraussetzt.

Das in der Praxis, vor Einführung der SEPA-Lastschrift, überwiegend verwendete Verfahren stellt das sog. Einzugsermächtigungsverfahren dar. Im Rahmen dieses Verfahrens kommt es vorab lediglich zu einer vertraglichen Vereinbarung zwischen Schuldner und Gläubiger dahin gehend, dass der Gläubiger ermächtigt wird, i.R.d. Lastschriftverfahrens seine Forderung einzuziehen. Eine Absprache zwischen Schuldner und seinem Kreditinstitut im Vorhinein liegt nicht vor. 36

Das Kreditinstitut des Schuldners belastet insoweit den weitergeleiteten Betrag im Konto des Schuldners ohne dessen vorherige Zustimmung. Hierbei handelt es sich jedoch lediglich um eine vorläufige Buchung, welche noch keinen wirksamen Zahlungsausgang darstellt. Die eingestellte Buchung muss zunächst vom Schuldner ggü. einem Kreditinstitut genehmigt werden, welches ausdrücklich oder konkludent erfolgen kann. 37

In der Praxis erfolgte die Genehmigung zumeist konkludent dadurch, dass entsprechend der Vereinbarung in den AGB des Kreditinstitutes die Genehmigung für alle darin enthaltenen Lastschriftbelastungen dann fingiert wurde, wenn der Schuldner dem übersandten periodischen Rechnungsabschluss nicht innerhalb von sechs Wochen nach Zugang widersprach.[37] 38

Aus Sicht des § 140 InsO war demzufolge für das Einzugsermächtigungsverfahren nicht auf den Tag der Buchung abzustellen, sondern auf den Zeitpunkt, in welchem die Genehmigung durch den Schuldner erfolgt war.[38] 39

Der Genehmigungszeitraum nach den Bank-AGBs stellt jedoch lediglich dann den Genehmigungszeitpunkt dar, wenn nicht bereits im Vorhinein eine ausdrückliche oder konkludente Genehmigung durch den Schuldner erfolgt ist. Eine frühere konkludente Genehmigung kann insb. dann in Betracht kommen, wenn es sich für die Zahlstelle erkennbar um regelmäßige wiederkehrende Lastschriften etwa aus Dauerschuldverhältnissen oder laufenden Geschäftsbeziehungen handelte. Widerspricht der Schuldner in Kenntnis einer erneuten Lastschrift, welche die bereits genehmigten nicht wesentlich übersteigt, nach einer angemessenen Überlegungsfrist nicht, so signalisiert er der Zahlstelle, dass auch diese Belastungsbuchung Bestand haben soll.[39] Für eine konkludente Genehmigung jedoch nicht ausreichend ist das bloße Schweigen auf Tageskontoauszüge bzw. die bloße intensive Weiternutzung des Girokontos.[40] 40

---

36 BGH, 17.01.2013 – IX ZR 184/10, ZInsO 2013, 322.

37 Vormals Nr. 7 Abs. 3 AGB-Banken.

38 BGH, 30.09.2010 – IX ZR 177/07, ZInsO 2010, 2133 Rn. 11.

39 BGH, 30.09.2010 – IX ZR 178/09, ZInsO 2010, 2089, Rn. 13; BGH, 20.07.2010 – XI ZR 236/07, BGHZ 186, 269 = ZInsO 2010, 1538, Rn. 48; s. weiterführend Kuder, ZInsO 2010, 1667.

40 OLG Köln, 11.11.2010 – 2 U 25/09, GWR 2011, 20.

41 Die heute geschäftsübliche Form des Lastschriftverfahrens ist das sog. SEPA-Lastschriftverfahren, welches im Zuge der Harmonisierung des Zahlungsverkehrs in der EU eingeführt wurde. Es wird hierbei zwischen der SEPA-Basis-Lastschrift[41] und der SEPA-Firmenlastschrift[42] unterschieden.[43] Bei der SEPA-Lastschrift wird die Zahlung mittels Lastschrift ähnlich wie im Abbuchungsverfahren ggü. der Zahlstelle bereits vorab mit Erteilung des SEPA-Lastschriftmandates autorisiert. Das SEPA-Mandat beinhaltet die Gestattung des Zahlungsempfängers, den Betrag vom Konto des Zahlungspflichtigen einzuziehen und darüber hinaus auch die an die Zahlstelle gerichtete Weisung, die vom Zahlungsempfänger auf das Schuldnerkonto gezogene SEPA-Lastschrift einzulösen.[44] In dieser Generalanweisung liegt der Zahlungsauftrag an das Kreditinstitut des Schuldners gem. § 675 f Abs. 3 Satz 2 BGB, durch den der Schuldner nach der Parteivereinbarung den Zahlungsvorgang bereits vor Ausführung in Form einer Einwilligung autorisiert hat. Der Zahlungsauftrag, welcher für die Schuldnerbank vorliegen muss, wird dieser insofern im SEPA-Lastschriftverfahren durch den Zahlungsempfänger als Erklärungsbote über die Inkassostelle übermittelt.[45] Wie im Abbuchungsverfahren ist folglich der maßgebliche Zeitpunkt gem. § 140 InsO bei einer SEPA-Lastschrift das Buchungsdatum durch die Schuldnerbank.[46]

42 Anfechtungsrechtlich ist festzustellen, dass unabhängig vom jeweiligen Verfahrenstyp immer eine kausale Rechtshandlung des Schuldners vorliegt.

d) Eigene Einstellungen

43 Von den i.R.d. Geschäftsbesorgung eingestellten Aufwendungsersatzansprüchen, z.B. aufgrund von Überweisungen, Lastschriftbelastungen oder Barabhebungen des Schuldners, sind die eigenen Einstellungen zugunsten des Kreditinstitutes aus der sonstigen Geschäftsverbindung zu differenzieren. Es handelt sich hierbei um eigene Forderungen des Kreditinstitutes, z.B. um die Belastung von Kosten und Zinsen oder Darlehens-Annuitäten sowie die Belastung von fällig gestellten Darlehen, bei welchen das Kreditinstitut eine den anderen Gläubigern vergleichbare Stellung einnimmt und insofern Belastungen eigennützig vornimmt. Anfechtungsrechtlich ist eine bargeschäftliche Privilegierung für eigene Einstellungen nicht gegeben.[47]

---

41 S. Abschnitt A der Sonderbedingungen für den Lastschriftverkehr.
42 S. Abschnitt B der Sonderbedingungen für den Lastschriftverkehr.
43 Schimansky/Bunte/Lwowski, Bankrechts-Handbuch, § 56 Rn. 49.
44 Abschnitt 2.2.2 Sonderbedingungen für den Lastschriftverkehr.
45 Schimansky/Bunte/Lwowski, Bankrechts-Handbuch, § 58 Rn. 98.
46 BGH, 13.10.2022 – IX ZR70/21, ZInsO 2022, 2687 Rn. 9.
47 BGH, 07.05.2009 – IX ZR 140/08, ZInsO 2009, 1054 Rn. 13; BGH, 11.10.2007 – IX ZR 195/04, ZInsO 2008, 163 Rn. 6.

III. Virtuelle Insolvenzanfechtung aufgrund § 96 Abs. 1 Nr. 3 InsO

1. Grundlagen

Abweichend von der normalen Deckungsanfechtung findet sich die anfechtungsrechtliche Folge bei der Kontokorrentanfechtung nicht in § 143 Abs. 1 InsO, sondern in § 96 Abs. 1 Nr. 3 InsO. Zwar nennt § 96 Abs. 1 Nr. 3 InsO lediglich die Aufrechnung, es ist jedoch anerkannt, dass neben der Aufrechnung ebenfalls eine Anwendung des § 96 Abs. 1 Nr. 3 InsO auf die Verrechnung im Kontokorrent erfolgt.[48] 44

▶ Exkurs: Die Aufrechnungslage im Insolvenzverfahren

Gem. der §§ 94 bis 96 InsO finden sich Sonderregelungen für die Aufrechnung durch Insolvenzgläubiger (§ 38 InsO).[49] Grundsätzlich handelt es sich hierbei um eine Privilegierung von vor der Insolvenzeröffnung angelegter und begründeter Aufrechnungslagen.[50] Insofern formuliert § 94 InsO den Grundsatz, dass eine vor Verfahrenseröffnung bestehende Aufrechnungslage durch die Insolvenzeröffnung nicht berührt wird und – ähnlich einer insolvenzfest gewährten Sicherheit – durch den Insolvenzgläubiger durch Aufrechnungserklärung auch noch im Verfahren verwertet werden kann. Dementsprechend kommt es i.R.d. Aufrechnung grundsätzlich nicht auf den Zeitpunkt ihrer Erklärung, sondern auf den Zeitpunkt der Begründung der Aufrechnungslage an.[51] 45

Neben den Aufrechnungsmöglichkeiten kraft Gesetzes nach § 387 BGB können auch Aufrechnungsmöglichkeiten kraft Vereinbarung vom Grundsatz des § 94 InsO nach § 94 2. Alt. InsO erfasst sein. Die Möglichkeit, insolvenzfeste Aufrechnungsmöglichkeiten kraft Vereinbarung zu schließen, ist jedoch eng auszulegen und an den nicht abdingbaren typischen Merkmalen der gesetzlichen Aufrechnungslage zu orientieren.[52] Eine (antizipierte) Verrechnungsvereinbarung wie sie i.R.d. Giro- und Kontokorrentkontos vereinbart wird, ist nicht von § 94 2. Alt. InsO erfasst. Aufgrund ihres Charakters als Vorausverfügung unterliegt sie vielmehr der Regelung des § 91 InsO und erlischt folglich mit Insolvenzeröffnung.[53] Soweit sie jedoch vor Insolvenzeröffnung begründet wurde, regelt sich ihr Bestand nach §§ 94 ff. InsO.

Ist die Aufrechnungslage vor Insolvenzeröffnung bereits angelegt, aber noch nicht entstanden, so beurteilt sich ihr Schicksal bei Vollendung im Insolvenzverfahren nach § 95 InsO. Gem. § 95 Abs. 1 InsO kommt es dementsprechend auf die

48 BGH, 26.06.2008 – IX ZR 47/05, ZInsO 2008, 803 Rn. 17.
49 Zur Aufrechnung in der Insolvenz s. weiterführend Häsemeyer, Kölner Schrift zur Insolvenzordnung, Kap. 15.
50 Häsemeyer, Kölner Schrift zur Insolvenzordnung, Kap. 15 Rn. 2 ff.
51 Jaeger/Windel, § 94 InsO Rn. 1.
52 Vgl. HambKomm-InsR/Jacoby, § 94 InsO Rn. 11.
53 BGH, 25.06.2009 – IX ZR 98/08, BGHZ 181, 361 = ZInsO 2009, 1492 Rn. 10; BGH, 04.05.1979, I ZR 127/77, BGHZ 74, 253, 255.

Reihenfolge des Eintritts der Voraussetzungen für Forderung und Gegenforderung an.[54]

War oder wird die zur Insolvenzmasse zu zählende Hauptforderung gegen den Insolvenzgläubiger vor der gegen den Schuldner gerichteten Gegenforderung des Insolvenzgläubigers unbedingt fällig und durchsetzbar[55], so ist eine Aufrechnung durch den Insolvenzgläubiger im eröffneten Verfahren ausgeschlossen. § 95 InsO beinhaltet insoweit den Gedanken, dass das Vertrauen auf die Entstehung einer Aufrechnungslage den gleichen Schutz wie eine Eintragung ins Grundbuch (§ 140 Abs. 2 InsO) verdient, soweit der Schuldner deren Vollendung nicht verhindern kann.[56]

Weitere Ausnahmen zum Grundsatz des § 94 InsO finden sich in § 96 Abs. 1 InsO. Während § 94 Abs. 1 Nr. 1, 2 und 4 InsO auf Aufrechnungslagen, welche nach Verfahrenseröffnung entstanden sind, tatbestandlich Bezug nehmen, findet sich in § 96 Abs. 1 Nr. 3 InsO eine Regelung, welche im Grundsatz vor Verfahrenseröffnung begründete Aufrechnungslagen erfasst und in seinen Voraussetzungen auf die Anfechtungsregelungen der §§ 129 ff. InsO verweist.[57] Hiernach sind bestehende oder vor Insolvenzeröffnung begründete und verwertete Aufrechnungslagen aus dem insolvenzrechtlichen Bestandsschutz nach § 94 InsO ausgenommen, wenn die Möglichkeit der Aufrechnung durch eine anfechtbare Rechtshandlung erlangt wurde.[58] Neben den gesetzlichen und vertraglichen Aufrechnungsmöglichkeiten i.S.d. § 94 InsO erfasst § 96 Abs. 1 Nr. 3 InsO auch eine (antizipierte) Verrechnungsvereinbarung wie sie im Rahmen eines Girovertrages regelmäßig vereinbart wird.[59]

§ 96 Abs. 1 Nr. 3 InsO findet nicht nur auf eine Aufrechnungslage Anwendung, welche im eröffneten Verfahren noch vorhanden ist, sondern erfasst ebenfalls vor Verfahrenseröffnung erklärte Aufrechnungen, wenn die entsprechende Aufrechnungslage in anfechtbarer Weise begründet wurde.[60] Liegen die Voraussetzungen für eine vor Verfahrenseröffnung erklärte Aufrechnung vor, so kann sich der i.R.d. Aufrechnung freigewordene Drittschuldner für die Dauer des Insolvenzverfahrens, solange die Verjährung nicht eingetreten ist, nicht auf die Erfüllungswirkung gem. § 389 BGB berufen.[61]

---

54 Vgl. Jaeger/Windel, § 94 InsO Rn. 11.
55 BGH, 22.09.2005 – VII ZR 117/03, ZIP 2005, 1972, 1973 f.
56 S. Häsemeyer, Kölner Schrift zur Insolvenzordnung, Kap. 15 Rn. 15.
57 S. weiterführend Häsemeyer, Kölner Schrift zur Insolvenzordnung, Kap. 15 Rn. 40 ff.
58 S. weiterführend Jaeger/Windel, § 96 InsO Rn. 45 ff.
59 BGH, 12.07.2007 – IX ZR 120/04, ZInsO 2007, 813 Rn. 11; BGH, 12.02.2004 – IX ZR 98/03, ZInsO 2004, 342, 343.
60 BGH, 28.09.2006 – IX ZR 136/05, BGHZ 169, 158 = ZInsO 2006, 1215 Rn. 11.
61 BGH, 12.07.2007 – IX ZR 120/04, ZInsO 2007, 813 Rn. 12.

Der Insolvenzverwalter hat die zur Insolvenzmasse zählende Hauptforderung gegen den Drittschuldner/Insolvenzgläubiger nach den für diese Forderung geltenden prozessualen Regeln geltend zu machen. Insbesondere ist er auf den unabhängig von der Insolvenz vorgesehenen Rechtsweg der Hauptforderung verwiesen.[62]

Allein für die Fragestellung der Verjährung der geltend zu machenden Hauptforderung stellt der BGH aufgrund der sachlichen Nähe zum Insolvenzanfechtungsanspruch gem. § 143 InsO auf die nach § 146 InsO geltenden Regelungen zur Verjährung von Insolvenzanfechtungsansprüchen ab (s. zur Verjährung Kap. 3 § 146 InsO Rdn. 6 ff.).[63]

Als anfechtbar muss sich in diesem Zusammenhang die spätere Verrechnung darstellen, denn Prüfungsgegenstand ist bereits die vorgelagerte Entstehung der Verrechnungslage durch Einbezug der Einzelposition in die Kontokorrentabrede. Deren späteren Verrechnung selbst wird zwar der Bestand versagt, mangels Gläubigerbenachteiligung kann sie jedoch nicht (mehr) angefochten werden, soweit ihre Entstehung anfechtungsfest erfolgte. Dementsprechend ist die Situation der Verrechnung vergleichbar mit einer Sicherheitenverwertung, bei welcher die Einräumung der Sicherheit anfechtungsfest erfolgte. 46

Würde man § 96 Abs. 1 Nr. 3 InsO wörtlich nehmen, so wäre die auf der anfechtbar erlangten Verrechnungslage später vorgenommene tatsächliche (vollständige) Verrechnung unwirksam. Auf das Kontokorrentkonto bezogen wäre dieses die periodisch vorgenommene nächste Verrechnung (periodischer Rechnungsabschluss). 47

Da sich die periodische Verrechnung als einheitliche Saldobildung darstellt und nicht als individuelle gegenseitige Aufrechnung von Einzelforderungen, müsste denklogisch die gesamte periodische Verrechnung unwirksam sein. Es stünden sich insofern im eröffneten Verfahren sämtliche Einzelpositionen dieses Rechnungsabschlusses weiterhin unverrechnet gegenüber. 48

Nähme man diese Rechtsfolge an, so könnte dieses zu weitreichenden und nicht interessengerechten Folgen führen. Es könnte das Kreditinstitut der Gefahr ausgesetzt werden, dass sämtliche Gutschriften der betrachteten Rechnungsperiode, selbst wenn sie unanfechtbar eingestellt wurden, nunmehr an die Insolvenzmasse herauszugeben wären. Im Ergebnis würde dann eine anfechtbare Einstellung die gesamte Abrechnungsperiode »infizieren« können. 49

Dem ist jedoch entgegenzuhalten, dass bezogen auf die übrigen Kontokorrentpositionen die Aufrechenlage unanfechtbar begründet wurde. Selbst wenn die tatsächliche Verrechnung entfällt, hat gem. §§ 94, 95 InsO die begründete Verrechnungs- 50

62 BGH, 28.09.2006 – IX ZR 136/05, BGHZ 169, 158 = ZInsO 2006, 1215 Rn. 25; BGH, 21.09.2006 – IX ZR 89/05, ZInsO 2006, 1219 Rn. 9 f.; BGH, 02.06.2005 – IX ZB 235/04, ZInsO 2005, 707, 708.

63 BGH, 12.07.2007 – IX ZR 120/04, ZInsO 2007, 813 Rn. 11; BGH, 28.09.2006 – IX ZR 136/05, BGHZ 169, 158 = ZInsO 2006, 1215 Rn. 25.

lage Bestand. Im Rahmen der Schlussabrechnung des Kontos nach § 355 Abs. 3 HGB besteht in dem eröffneten Verfahren für das Kreditinstitut die Möglichkeit, eine erneute Verrechnung der unanfechtbaren Positionen der entsprechenden Rechnungsperioden vorzunehmen.

51 Sachgerechterweise ist daher i.R.d. Anfechtbarkeitsprüfung der Kontokorrentverrechnung davon auszugehen, dass (nur) der Einbezug der jeweils anfechtbar eingestellten Einzelpositionen in den Gesamtabschluss als unwirksam zu betrachten ist. Demnach ist lediglich die Verrechnung und Kontokorrentverstrickung der jeweiligen Einzelpositionen Angriffspunkt des § 96 Abs. 1 Nr. 3 InsO.[64]

52 Rechtsfolge ist somit, dass die jeweilige Einzelposition nicht Teil der Kontokorrentverrechnung geworden ist und insofern im Insolvenzverfahren isoliert weiter besteht. Wurden demnach Gutschriften in anfechtbarer Weise in die Kontokorrentverrechnung eingestellt, so kann der Insolvenzverwalter diese vom Kreditinstitut herausverlangen. Ist die Einstellung einer Passivposition (z.B. einer eigenen Einstellung) in anfechtbarer Weise erfolgt, ist sie ebenfalls aus dem Kontoverlauf herauszunehmen und der laufende Saldo entsprechend zu korrigieren, sodass sich eine Veränderung im jeweiligen Schlusssaldo des Kontos nach § 355 Abs. 3 HGB ergibt.

53 Entscheidend ist daher eine Anfechtungsprüfung im Hinblick auf jede einzelne Position vorzunehmen. Aufgrund des nicht unbeachtlichen Umfangs ist es daher sinnvoll, anfangs die Rahmenbedingungen der Anfechtbarkeit zu prüfen. Demnach sollten zunächst die subjektiven Tatbestandsvoraussetzungen geprüft werden. Können diese ab einem gewissen Zeitpunkt festgestellt werden, so können dann die in diesen Zeitraum fallenden Einzelvorgänge im Detail überprüft werden.

54 Sind Kontobelastungen in anfechtbarer Weise erfolgt, so verändert sich entsprechend der Abschlusssaldo nach § 355 Abs. 3 HGB mit der Folge, dass ein Abschlussguthaben entstehen oder sich erhöhen könnte und folglich eine inkongruente Rückführung begründet oder sich vertieft haben könnte.

55 Kommt es zu einer Entstehung oder Erhöhung einer relevanten Saldorückführung, so kann sich folglich aus der Rechtsfolge der Anfechtbarkeit von Kontobelastungen eine weitere Anfechtbarkeit von zuvor nicht anfechtbaren Einstellungen zugunsten des Schuldners ergeben, da nunmehr die konkrete Verwendung der Sollposition (z.B. bargeschäftliche Verwendung oder saldoreduzierende Deckung) neu zu beurteilen ist.

56 Bei der Kontokorrentabrechnung handelt es sich zusammenfassend demnach um ein System »kommunizierender Röhrchen«, bei dem die Beurteilung der Einzelpositionen voneinander abhängt und folglich nur in ihrer Gesamtschau anfechtungsrechtlich betrachtet werden kann.

64 So BGH, 07.03.2002 – IX ZR 223/01, BGHZ 150, 122 = ZInsO 2002, 426.

2. Anspruchsgrundlagen

Da sich aus § 96 Abs. 1 Nr. 3 InsO i.V.m. der Anfechtbarkeit von der Entstehung von Verrechnungsgrundlagen keine direkten Rückgewährsansprüche ergeben, ist i.R.d. Geltendmachung der Anfechtbarkeit auf die ursprünglich in der Verrechnung zuvor erloschenen Forderungen abzustellen. 57

Ergibt sich nach der Prüfung der Anfechtbarkeit, dass Zahlungseingänge nicht wirksam in die periodische Verrechnung einbezogen wurden, so ergibt sich der Herausgabeanspruch ggü. der Bank i.H.d. jeweiligen Zahlung nach §§ 675c, 667 BGB (Anspruch auf Gutschrift) bzw. nach § 780 BGB (Anspruch aus Gutschrift).[65] 58

Führt die Anfechtungsprüfung dazu, dass ein Guthaben in der Schlussabrechnung entsteht oder sich erhöht, so leitet sich der Anspruch aus § 355 Abs. 3 HGB her. 59

Jedoch selbst dann, wenn sich rechnerisch bei Annahme der Anfechtbarkeit der Verrechnung lediglich eine Reduzierung der Inanspruchnahme ergibt, welche sich nicht als Rückführung des Saldos im betrachteten Zeitraum darstellt, können sich mittelbare Auswirkungen zugunsten der Insolvenzmasse in den zu beanspruchenden Sicherheiten des Kreditinstitutes im Insolvenzverfahren ergeben. Insb. dann, wenn nicht ein allgemeiner Sicherungszweck sondern individuelle Sicherungsvereinbarungen zugunsten einzelner Teilbereiche der Geschäftsverbindung vorliegen, gilt es die sich ergebenen Auswirkungen genau zu analysieren. 60

IV. Anfechtbarkeit nach § 133 Abs. 1 InsO

1. Allgemein

Grundsätzlich kann sich die Anfechtbarkeit der Entstehung der Verrechnungslage im Kontokorrent auch nach § 133 Abs. 1 InsO ergeben.[66] Die Anfechtbarkeit nach §§ 129, 133 Abs. 1 InsO setzt neben der objektiven Gläubigerbenachteiligung eine Rechtshandlung des Schuldners voraus, bei deren Vornahme dieser mit Gläubigerbenachteiligungsvorsatz handelte und das Kreditinstitut Kenntnis von dieser hatte. 61

Der Vorsatz bzw. dessen Kenntnis ist im Rahmen der gebotenen Gesamtwürdigung aller Umstände zu prüfen nach den allgemeinen Grundsätzen (vgl. Kap. 3 § 133 InsO Rdn. 31 ff.). 62

Für die objektive Gläubigerbenachteiligung ist zu berücksichtigen, inwieweit Sicherungsrechte zugunsten des Kreditinstituts vereinbart wurden. Globalzessionen oder Mietabtretungen konnten bislang im Zusammenhang mit dem AGB-Pfandrecht nach 63

65 Bork weist zutreffend darauf hin, dass nach erfolgter Gutschrift sich der Herausgabeanspruch grds. nach § 780 BGB ergibt, nichtsdestotrotz verwendet der BGH als relevante Anspruchsgrundlage §§ 667, 680 BGB und stellt damit auf den Anspruch auf Gutschrift ab, s. Bork, in: FS Gero Fischer, S. 38; sowie BGH, 26.06.2008 – IX ZR 47/05, ZInsO 2008, 803 Rn. 8.
66 Kayser, ZInsO 2019, 597.

Nr. 14 AGB-Banken geeignet sein, eine Gläubigerbenachteiligung infrage zu stellen. Dementsprechend kann eine inzidente Anfechtbarkeit der Einräumung der Sicherheit bzw. der Konkretisierung des Sicherungsrahmenvertrages auf die konkrete Einzelposition notwendig werden (s. hierzu weiterführend Kap. 5 Rdn. 26 ff.).

64 Die subjektiven Voraussetzungen beim Anfechtungsgegner werden nach § 133 Abs. 1 Satz 2 InsO des Weiteren (widerleglich) vermutet, wenn der jeweilige Beteiligte zumindest zwingende Umstände kannte, welche auf die drohende Zahlungsunfähigkeit hindeuteten (vgl. Kap. 3 § 133 InsO Rdn. 102). Da der überwiegende Teil der Deckungen im Kontokorrent kongruent erfolgt, wird man nunmehr gem. § 133 Abs. 3 Satz 1 InsO Kenntnis von der eingetretenen Zahlungsunfähigkeit darlegen müssen.

2. Gläubigerbenachteiligung

65 Prüft man die Anfechtbarkeit mit Begründung der Rechnungslage, so ist wie bei jeder Anfechtungsprüfung zunächst das Vorliegen der allgemeinen Anfechtungsvoraussetzungen nach § 129 Abs. 1 InsO zu eruieren (s. hierzu Kap. 3 § 129 InsO Rdn. 2 ff.). Demnach stellt sich neben der Identifizierung der anfechtbaren Rechtshandlung die Frage nach der Begründung der objektiven Gläubigerbenachteiligung.

66 Wird das Konto im Guthaben geführt (kreditorisches Konto), so ergibt sich die objektive Gläubigerbenachteiligung in der späteren Verrechnung dadurch, dass bei Einstellung der zu verrechnenden Passivpositionen der bestehende Guthabensaldo sich kürzt bzw. vollständig untergeht. Aus Sicht der Insolvenzmasse verringert sich der girovertragliche Zahlungsanspruch aus der (unregelmäßigen) Verwahrung nach § 700 Abs. 1, 688 BGB bzw. der Anspruch aus der späteren Schlussabrechnung nach § 355 Abs. 3 HGB.

67 Handelt es sich um ein im Soll geführtes Konto (debitorisches Konto), so liegt die objektive Gläubigerbenachteiligung in der Verstrickung und Verrechnung der Gutschriften aus Zahlungseingängen (Anspruch auf Gutschrift nach § 667 BGB bzw. Anspruch aus Gutschrift nach § 780 BGB).

68 Durch die Kontokorrentverstrickung wird die Gutschrift mit dem laufenden Saldo verhaftet und verliert ihre Eigenständigkeit. Die Kontokorrentverstrickung wirkt vor der periodischen Verrechnung insoweit wie ein Sicherungsrecht.[67] Durch die folgende Verrechnung geht sie endgültig unter. Da die Verrechnung insoweit als bloße wertneutrale »Sicherheitenverwertung« der Rechtsposition aus Kontokorrentverstrickung anzusehen ist, kann für die gläubigerbenachteiligende Wirkung lediglich auf die Wirkung der Kontokorrentbindung abgestellt werden.

69 Hat die Bank eine anfechtungsfeste Rechtsposition an einer Forderung z.B. im Rahmen einer Globalzession erlangt, stellt das AGB-Pfandrecht an dem späteren Zahlungsein-

67 Vgl. HambKomm-InsR/Rogge/Leptien, § 130 Rn. 7.

gang aus der Forderungsposition eine anfechtungsfeste Brücke bis zur periodischen Verrechnung dar (s. hierzu Kap. 5 Rdn. 26 ff.).[68]

Erfolgt eine Belastung in ein debitorisch geführtes Konto, so ist grds. zwischen einer Einstellung eines Aufwendungsersatzanspruches und eigenen Einstellungen des Kreditinstitutes zu unterscheiden. Des Weiteren ist zu berücksichtigen, ob noch weiterer Verfügungsrahmen gegeben war oder es sich vollständig oder teilweise um eine geduldete Überziehung handelt. Stellt das Kreditinstitut einen Aufwendungsersatzanspruch in das Kontokorrent ein, so liegt selbst dann wenn es sich lediglich um eine geduldete Überziehung handelt, grds. eine objektive Gläubigerbenachteiligung vor (s. Kap. 3 § 129 InsO Rdn. 37 ff.).[69] **70**

Demgegenüber wird eine objektive Gläubigerbenachteiligung bei der Einstellung von eigenen Forderungen nur bei Hinzutreten besonderer weiterer Umstände anzunehmen sein, wenn hierdurch eine geduldete Überziehung entsteht oder vertieft wird. Soweit sich der Anspruch aus dem Kontokorrent (z.B. aufgrund zusätzlicher Sicherheiten) für die Bank nicht als besser darstellt als die isolierte Einzelforderung, ist die Einstellung und Kontokorrentverstrickung der isolierten Einzelforderung für die Insolvenzmasse ein wirtschaftlich neutraler Vorgang. Nachteile entstehen erst dann, wenn entsprechende Zahlungen zu Rückführungen dieser geduldeten Überziehung eingehen. Diese können dann entsprechend bei Vorlage der weiteren Voraussetzungen für sich genommen anfechtbar sein. **71**

Erfolgen eigene Einstellungen in einem noch nicht ausgeschöpften Kontokorrentkredit, so wird hierdurch der Verfügungsrahmen des Schuldners im Kontokorrent gekürzt und seine verfügbare Liquidität insoweit reduziert. Die Einstellung hat, bezogen auf die eigene Forderung des Kreditinstituts, folglich Tilgungswirkung und käme einer entsprechenden Überweisung an das Kreditinstitut gleich. **72**

Da Kontobelastungen bei bestehendem Verfügungsrahmen diesen grds. reduzieren und damit die Liquidität des Schuldners verringern, ist grds. von einer objektiven Gläubigerbenachteiligung auszugehen. Lediglich dann, wenn die Voraussetzungen eines Bargeschäfts gem. § 142 InsO vorliegen, kann trotz objektiver Gläubigerbenachteiligung gem. § 129 Abs. 1 InsO die Anfechtbarkeit entfallen. Da nach Änderung des § 142 Abs. 1 InsO das Bargeschäft auch für § 133 InsO Anwendung findet, ist dieses insoweit immer im Auge zu behalten. **73**

3. Rechtshandlung des Schuldners/Anweisungsfälle

Gem. § 133 Abs. 1 InsO bedarf es einer Rechtshandlung des Schuldners (vgl. hierzu Kap. 3 § 133 InsO Rdn. 8 ff.). Soweit dieses die anfechtbare Herstellung einer Verrechnungslage im Kontokorrent betrifft, so kann eine solche darin liegen, dass der Schuldner seinen Drittschuldner anweist, Zahlungen auf ein bestimmtes Bankkonto **74**

68 Kayser, ZInsO 2019, 1597, 1599.

69 BGH, 06.10.2009 – IX ZR 191/05, ZInsO 2009, 2060 Rn. 11.

vorzunehmen.[70] Eine Rechtshandlung des Schuldners ist des Weiteren anzunehmen, wenn dieser Kundenschecks einreicht, Lastschriften auf ein Konto einzieht, Bareinzahlungen vornimmt oder selbst von einem anderen Schuldnerkonto überweist.[71]

75 Soweit Zahlungen von Drittschuldnern eingehen, kann die Kontokorrentabrede selbst, nach welcher die jeweilige Gutschrift der Kontokorrentbindung unterworfen wird, als Rechtshandlung angesehen werden. Vergleichbar mit der Globalzessionsabrede konkretisiert sich bei jedem Geldeingang diese vertragliche Rahmenabsprache und führt vereinbarungsgemäß zu der Begründung der Verrechenmöglichkeit.[72]

76 Neben einer eingehenden Deckung des Kreditinstitutes i.R.d. Kontos kann jedoch grundsätzlich auch der Überweisungsauftrag des Schuldners als Anweisung an die Bank eine taugliche Rechtshandlung i.S.d. § 133 Abs. 1 InsO darstellen.[73] Hierbei ist jedoch zu beachten, dass bei der Anfechtung der Anweisung ggü. dem Angewiesenen die Kenntnis des Umstandes der Inkongruenz nicht geeignet ist, diesem ggü. die Kenntnis des Benachteiligungsvorsatzes zu begründen.[74] Es sind insofern erhöhte Anforderungen an die Kenntnis des Gläubigerbenachteiligungsvorsatzes zu stellen. Dieser muss sich dementsprechend aus anderen, den Gläubigerbenachteiligungsvorsatz begründenden Umständen ergeben.[75] Eine Anfechtung des Überweisungsauftrages scheint daher in der Praxis nur in Ausnahmefällen tatsächlich möglich zu sein.[76]

77 Soweit die Bank lediglich als bloße Zahlstelle fungiert und den bargeldlosen Zahlungsverkehr für den Schuldner mit Dritten abwickelt ohne eigene Vorteile zu erlangen, soll die bloße Kenntnis von der Zahlungsunfähigkeit des Schuldners regelmäßig nicht ausreichen.[77] Sie reicht jedoch grundsätzlich dann aus, wenn das Kreditinstitut seine bloße Zahlstellenfunktion verlässt und im Zuge der Zahlungsabwicklung eigene Interessen verfolgt sowie in eine vom Schuldner angestrebte Gläubigerbenachteiligung eingebunden ist.[78]

70 Bork, Zahlungsverkehr, Rn. 210; Heublein, ZIP 2000, 161, 165; weiterführend Kirstein, ZInsO 2012, 709 ff.

71 Bork, in: FS Gero Fischer, S. 48; Peschke, 183 f.

72 Kayser, ZInsO 1597, 1601; für § 135 InsO: BGH, 13.07.2017 – IX ZR 1731/16, BGHZ 215, 262 Rn. 9 = ZInsO 2017, 1844.

73 Obermüller, ZInsO 2010, 594; Kirstein/Sietz, ZInsO 2008, 764 f.

74 BGH, 29.11.2007 – IX ZR 121/06, BGHZ 174, 314 = ZInsO 2008, 814 Rn. 35.

75 Kirstein/Sietz, ZInsO 2008, 767.

76 Vgl. Obermüller, ZInsO 2010, 594.

77 BGH, 26.04.2012 – IX ZR 74/11, BGHZ 193, 129 = ZInsO 2012, 924, Rn. 21; BGH, 24.01.2013 – IX ZR 11/12, ZInsO 2013, 384, Rn. 31.

78 BGH, 26.04.2012 – IX ZR 74/11, BGHZ 193, 129 = ZInsO 2012, 924, Rn. 26; BGH, 24.01.2013 – IX ZR 11/12, ZInsO 2013, 384, Rn. 32.

Grundsätzlich sind vielfältige Gestaltungen denkbar, in welchen eine Gläubigerbenachteiligung im Zusammenwirken des Schuldners mit dem Kreditinstitut als Zahlungsmittler vorliegt.[79] Möglichkeiten[80] hierfür sind z.B.: 78

- Ein zwischen dem Schuldner und dem Leistungsmittler mit Rücksicht auf die wirtschaftliche Zwangslage des Schuldners abgestimmtes, einzelne Gläubiger begünstigendes Zahlungsverhalten;
- der Leistungsmittler befriedigt mangels insgesamt hinreichender Deckung in Absprache mit dem Schuldner bestimmte Gläubiger durch Zahlung;
- trotz unzureichender Deckung führt eine Bank, ohne sich mit dem Schuldner abzustimmen, lediglich einzelne Zahlungsaufträge an von ihr bevorzugte Empfänger zum Zwecke einer selektiven Befriedigung von Gläubigern aus;
- das Kreditinstitut duldet eine Überschreitung der Kreditlinie allein deshalb, weil sie die Befriedigung eines bestimmten Zahlungsempfängers sicherstellen will;
- die Bank nutzt ihre Funktion als Zahlstelle aus, indem sie bei insgesamt nicht genügender Deckung eine Überweisung von einem Guthabenkonto des Schuldners auf ein bei ihr geführtes Darlehenskonto zulässt, was in der Art einer Vorwegbefriedigung zur Verringerung eines dem Schuldner von der Bank gewährten Kredites führt.

4. Gläubigerbenachteiligungsvorsatz und Kenntnis des Kreditinstitutes davon

a) Gläubigerbenachteiligungsvorsatz

Für den Gläubigerbenachteiligungsvorsatz des Schuldners bei der Anfechtbarkeitsprüfung von Deckungen ggü. der Bank als Kreditgeber gelten die allgemeinen Voraussetzungen (vgl. Kap. 3 § 133 Rdn. 6 ff.).[81] 79

Zumindest bei antragspflichtigen Schuldnern kann daher davon ausgegangen werden, dass ein Gläubigerbenachteiligungsvorsatz anzunehmen ist, wenn die Insolvenzreife (Zahlungsunfähigkeit oder Überschuldung) vorliegt, nicht von einer künftigen, signifikanten Verbesserung der Liquiditätslage auszugehen ist und die darauf hindeutenden Umstände der Geschäftsleitung nicht verborgen geblieben sein können (vgl. Kap. 3 § 133 InsO Rdn. 42 ff.). 80

Die für den Gläubigerbenachteiligungsvorsatz im konkreten Einzelfall zu würdigenden Umstände verdichten sich weiterhin dann, wenn sich, bezogen auf den konkret zu beurteilenden Sachverhalt, Anhaltspunkte dafür ergeben, dass es gerade aufgrund der systematischen Stellung des Kreditinstitutes als Hausbank oder aufgrund des vom Kreditinstitut ausgeübten Druckes dem Schuldner darum ging, dem Kreditinstitut in der Krise einen entsprechenden gläubigerbenachteiligenden Vorteil zukommen zu lassen bzw. bewusst nicht zu entziehen. Gegenläufig fehlt es jedoch am Vorsatz, 81

79 BGH, 24.01.2013 – IX ZR 11/12 = ZInsO 2013, 384, Rn. 33.
80 Vgl. BGH, 26.04.2012 – IX ZR 74/11, BGHZ 193, 129 = ZInsO 2012, 924, Rn. 27.
81 S. OLG Saarbrücken, 15.07.2021 – 4 U 67/18, ZInsO 2021, 2438 Rn. 110 ff.

wenn der Schuldner bloß seinen Geschäftsbetrieb in gewohnter Weise fortführt und hierdurch mittelbar der Bank Vorteile entstehen.[82]

82 Insoweit können die Umstände aus der Geschäftsverbindung, welche für das Kreditinstitut die Kenntnis indizieren, im Gegenzug auch für den Gläubigerbenachteiligungsvorsatz des Schuldners fruchtbar gemacht werden.

b) Kenntnis des Kreditinstitutes vom Gläubigerbenachteiligungsvorsatz

83 Anders als bei der überwiegenden Zahl der sonstigen Gläubiger des Schuldners ergeben sich zwei wesentliche Umstände, welche allgemein dafür sprechen, dass ein Kreditinstitut als Kreditgeber zumindest als Hausbank weit vor anderen Gläubigern Kenntnis von einer vertieften Krise und von Umständen hatte, die zwingend auf die Insolvenzantragspflicht schließen lassen.

84 Dieses ist zunächst die Tatsache, dass das Kreditinstitut als systematischer und professioneller Teilnehmer im Wirtschaftsverkehr eine hohe Kompetenz in der Beurteilung von wirtschaftlichen Zusammenhängen und kaufmännischen Sachverstand hat.

85 Aufgrund ihrer intensiven und branchenübergreifenden Teilnahme im Wirtschaftsverkehr können sie wirtschaftliche Informationen über den schuldnerischen Betrieb fachgerecht analysieren und die entsprechenden Schlussfolgerungen aus den überreichten Daten ziehen. Es ist davon auszugehen, dass neben Branchenkennzahlen und Branchenüblichkeiten dem Kreditinstitut Kompetenzen im Hinblick auf Investitions- und Finanzierungsprobleme, Kenntnisse in der Beurteilung und Auswertung von Jahresabschlüssen und BWA sowie Kompetenzen im Hinblick auf insolvenzrechtliche Fragen zukommen. Des Weiteren stehen ihnen vielfältige Software gestützte interne Auswertungsroutinen zur Verfügung, welche personenübergreifend die kompetente Auswertung sicherstellen.

86 Es ist insofern nicht verwunderlich, dass Kreditinstitute meist vor der Geschäftsleitung des Schuldners selbst die Erkenntnisse über eine existenzgefährdende Krise des Schuldners aus den zur Verfügung gestellten Daten herausfiltern und entsprechend durch externe Beratung auf den Schuldner einwirken.

87 Als zweiter Umstand tritt hinzu, dass der Schuldner aufgrund der systematischen Stellung und Bedeutung des Kreditinstitutes diesem früher und umfangreicher einen Einblick in die wesentlichen Wirtschaftsdaten gewährt bzw. zu gewähren hat. Insoweit findet sich in den Kreditverträgen häufig nicht nur die Verpflichtung zur jährlichen zeitnahen Übersendung des Jahresabschlusses, sondern insb. bei Kreditprolongationen in der Krisenphase auch die Vereinbarung zur quartals- oder monatlichen Übersendung von BWA, OPOS-Listen oder individuellen sonstigen Wirtschaftsinformationen.

88 Neben der Tatsache, dass das Kreditinstitut ein Eigeninteresse daran hat, dass sich der Kreditausfall so gering wie möglich gestaltet, unterliegt es einer weitgehenden rechtlichen Überwachungspflicht im Hinblick auf das Kreditausfallrisiko (Adres-

---

82 Vgl. zu dem Gedanken BGH, 01.06.2017 – IX ZR 48/15, ZInsO 2017, 1422; Kayser, ZInsO 2019, 1597, 1601.

senausfallrisiko) aufgrund der bankaufsichtsrechtlichen Verpflichtungen. Diese aufsichtsrechtlichen Verpflichtungen[83] sind in den letzten Jahren immer weiter verschärft worden und sind auch nunmehr i.R.d. Einführung der bankspezifischen Eigenkapitalvorschriften gem. Basel IV weiterhin stetig in der Diskussion.

Eine der wesentlichen Regelungen im Hinblick auf die Überwachung des Kreditausfallrisikos lässt sich in den Mindestanforderungen an das Risikomanagement (BA),[84] abgekürzt MARisk, finden. Diese stellen eine Konkretisierung des § 25a KWG dar und sind eine Umsetzung der bankaufsichtsrechtlichen Überprüfungsprozesse für die Eigenkapitalvorschriften im deutschen Recht.[85] 89

Rechtlich handelt es sich bei ihnen um norminterpretierende Verwaltungsvorschriften, welche eine Selbstbindung der deutschen Aufsicht ggü. den Finanzinstituten darstellen. Insofern sind sie somit im Ergebnis eine verbindliche Auslegung des § 25a Abs. 1 KWG, dessen Einhaltung vom Abschlussprüfer des jeweiligen Kreditinstitutes i.R.d. Jahresabschlusses geprüft wird. Die MARisk sind ebenfalls auch Gegenstand von Sonderprüfungen nach § 44 Abs. 1 KWG. Im Ergebnis ist daher davon auszugehen, dass sie von den Kreditinstituten beachtet, in ihre internen Abläufe eingearbeitet und berücksichtigt werden. Andernfalls drohen diesen empfindliche aufsichtsrechtliche Konsequenzen. 90

Neben allgemeinen Anforderungen an das Risikomanagement von Kreditinstituten beinhalten die Regelungen im besonderen Teil spezifische Anforderungen an die Organisation bzw. das Controlling des sog. Adressausfallrisikos.[86] 91

Neben dem MARisk ergibt sich für die Kreditprüfung eine weiter gehende bankrechtliche Prüfungspflicht nach § 18 KWG, wenn die an den Schuldner ausgereichten Kreditmittel einen Schwellenwert von 750.000,00 € übersteigen. 92

▶ Exkurs: MARisk (BA)

Die MARisk gliedern sich in einen allgemeinen Teil (AT 1–9) und einen besonderen Teil (BT 1–3). 93

Der besondere Teil BT 1 (besondere Anforderungen an das interne Kontrollsystem) gliedert sich des Weiteren in zwei Unterebenen: BTO (Anforderungen an die Aufbau- und Ablauforganisation) und BTR (Anforderungen an die Risikosteuerungs- und Controlling-Prozesse).

83 Zur Struktur des Bankaufsichtsrechts s. weiterführend Schimansky/Bunte/Lwowski, Bankrechts-Handbuch, § 125.

84 Die jeweils aktuelle Fassung findet sich auf der Internetpräsenz der Bundesanstalt für Finanzdienstleistungsaufsicht unter www.bafin.de; derzeit aktuelle Fassung Rundschreiben 05/2023 (BA) vom 29.06.2023.

85 Weiterführend Hannemann/Steinbrecher/Weigl, MARisk, Teil I; Hampe/Opala/Wellmann-Reuse/Opala, MaRisk-Interpretationshilfen, B. Rn. 5 ff.

86 S. Hannemann/Steinbrecher/Weigl, MARisk BTR Rn. 4 ff.; Becker/Gruber/Heuter-Reitz, Handbuch MaRisk, S. 431 ff.

Der besondere Teil BT 2 befasst sich mit den besonderen Anforderungen an die Ausgestaltung der internen Revision des Kreditinstitutes und der Teil BT 3 mit den Anforderungen an die Risikoberichterstattung.

Allgemeiner Teil:

Im Rahmen der Überlegung zur Überwachungspflicht von Kreditgewährungen ist insb. aus dem allgemeinen Teil auf den Bereich AT 4 (allgemeine Anforderungen an das Risikomanagement) hinzuweisen. Hiernach hat entsprechend AT 4.2 das Kreditinstitut eine Risikostrategie festzulegen und entsprechend AT 4.3 hierfür ein internes Kontrollsystem vorzusehen. Weitere Vorgaben für das interne Kontrollsystem finden sich im Unterschnitt AT 4.3.1 (Aufbau- und Ablauforganisation) und AT 4.3.2 (Risikosteuerungs- und Controlling-Prozesse).

Nach AT 4.2 Tz. 1 ist das Kreditinstitut verpflichtet, eine Risikostrategie festzulegen. Dieses muss konsistent zu den allgemeinen Geschäftsstrategien des Kreditinstitutes erfolgen. Gem. AT 4.2 ist diese Risikostrategie regelmäßig zu überprüfen und ggf. anzupassen.

Als Risikostrategie wird dabei die Darstellung der Ziele der Risikosteuerung in den wesentlichen Geschäftsaktivitäten verstanden. Hierzu zählen z.B. Aussagen über die Risikobereitschaft des Instituts oder dessen risikopolitische Grundsätze. Welche Risikostrategie im Einzelnen zu wählen ist, wird hierdurch nicht bestimmt. Jedoch ergibt sich aus diesen allgemeinen Grundsätzen, dass eine Risikostrategie voraussetzt, dass man sich über die jeweiligen Einzelrisiken i.R.d. Geschäftsvorfälle bewusst wird und diese für eine Überwachung und Anpassung jeweils beobachten muss. Es ergibt sich insofern systematisch, dass die einzelnen Geschäftsvorfälle regelmäßig in ihrer Summe kategorisiert und überwacht werden müssen. Dass ein Engagement gänzlich unbeobachtet bleibt, ist daher auszuschließen.

Von weiterem Interesse ist ebenfalls der Teilabschnitt AT 5 (Organisationsrichtlinien). Dieser enthält in seiner Tz. 1 die Anforderung, dass die Geschäftsaktivitäten auf Grundlage von Organisationsrichtlinien (Handbüchern/Arbeitsanweisungen/Arbeitsablaufbeschreibungen) zu bearbeiten sind. Gem. Tz. 3 haben diese Organisationsrichtlinien inhaltliche Regelungen für die Aufbau- und Ablauforganisation sowie zur Aufgabenzuweisung, zu Kompetenzen und Verantwortlichkeiten zu enthalten. Generell ist davon auszugehen, dass nicht nur eine, sondern mindestens zwei Personen (Vier-Augen-Prinzip) für verantwortliche Entscheidungen notwendig sind.

Besonderer Teil:

Aus dem besonderen Teil finden sich relevante Regelungen für die Risikoüberwachung insb. im Teil BT 1, dort BTO 1 (Kreditgeschäft). Gemäß BTO 1.1 Tz. 1 ergibt sich nochmals ausdrücklich, dass das für die Belange der Kreditentscheidung das Vier-Augen-Prinzip durch die Trennung zwischen Bereichen Markt und Marktfolge vorzusehen ist.

Die Leitlinien für die anderen Forderungen an die Prozesse im Kreditgeschäft finden sich dann in BTO 1.2. Gem. Tz. 1 sind eigene Prozesse für die Intensivbetreuung, die Problemkreditbearbeitung und die Risikovorsorge einzurichten. Eines der wesentlichen Entscheidungs- und Überwachungskriterien soll die Ermittlung des Adressausfallrisikos eines Kreditengagements sein.

Gem. Tz. 9 ist im Hinblick auf die erforderlichen Kreditunterlagen ein Verfahren vorzusehen, welches die zeitnahe Einreichung überwacht und eine zeitnahe Auswertung gewährleistet. Werden Unterlagen nicht eingereicht, so sind entsprechende Mahnverfahren standardmäßig vorzusehen. Aus der heutigen Bankpraxis ist davon auszugehen, dass diese Überwachung überwiegend computergestützt erfolgt und insofern der verantwortliche Mitarbeiter zeitnah durch die EDV informiert wird.

Des Weiteren hervorzuheben ist die Tz. 5, in welcher ausdrücklich darauf hingewiesen wird, dass eine externe Bonitätseinschätzung das Institut nicht von seiner Verpflichtung enthebt, sich ein eigenes Urteil über das Adressenausfallrisiko zu bilden und dabei eigene Erkenntnisse und Informationen in seine Entscheidung mit einfließen zu lassen hat.

Ist der Kredit gewährt, so ergeben sich aus BTO 1.2.2 weitere Vorgaben zur Kreditweiterbearbeitung. Hiernach ist zu überwachen, dass die vertraglichen Vereinbarungen vom Kreditnehmer eingehalten werden (Tz. 1) und dass eine zumindest jährliche Beurteilung des Adressenausfallrisikos erfolgt (Tz. 2). Erlangt das Institut aus externen oder internen Quellen Informationen darüber, dass eine wesentliche negative Änderung der Risikoeinschätzung des Engagements oder der Sicherheiten vorliegen könnte, so hat es unverzüglich eine außerordentliche Überprüfung des Engagements sowie der Sicherheiten vorzunehmen.

Gemäß BTO 1.2.3 sind Kontrollen vorzunehmen, dass die Richtlinien zur Kreditweiterbearbeitung eingehalten werden.

Finden sich erste Auffälligkeiten in dem jeweiligen Engagement, ist nach BTO 1.2.4 das Engagement in eine Intensivbetreuung zu nehmen, in welcher es zeitnäher und inhaltlich tiefer weiter zu überwachen ist.

Entwickelt sich das Engagement zu einem Problemkredit, ist es gem. BTO 1.2.5 in einen gesonderten Bereich Sanierung und Abwicklung zu überführen. Kommt eine Sanierung in Betracht, so hat es sich von dem Kreditnehmer ein detailliertes Sanierungskonzept zur eigenen Beurteilung vorzulegen. Wird eine Sanierung durchgeführt, hat nach Tz. 5 das Institut die Umsetzung des Sanierungskonzeptes sowie die Auswirkungen der Maßnahmen zu überwachen. Bei bedeutenden Engagements ist sogar der zuständige Geschäftsleiter nach Tz. 6 regelmäßig über den Stand der Sanierung zu informieren.

Neben diesen speziellen Regelungen für das Kreditgeschäft ergibt sich ebenfalls aus BTO 1.3, dass ein Verfahren zur Früherkennung von Risiken besondere zur

Identifikation von Kreditnehmern, bei denen sich das Risiko des Engagements erhöht, vorzusehen hat. Dieses Verfahren hat sowohl quantitative als auch qualitative Risikomerkmale für eine frühzeitige Risikoidentifizierung vorzusehen.

Insgesamt zeigt sich, dass in der Praxis häufig anzutreffende Aussagen, nach denen im Anfechtungsprozess das Kreditinstitut vorträgt, von der länger andauernden Krise nichts mitbekommen zu haben, nur dann zutreffen können, wenn der Schuldner das Kreditinstitut über seine wirtschaftlichen Belange wesentlich getäuscht hat oder das Kreditinstitut die bankaufsichtsrechtlichen Vorgaben vollständig missachtet hat.

94 Im Ergebnis ist daher festzuhalten, dass Kreditinstitute anders als die übrigen Gläubiger nicht nur aufgrund eines Eigeninteresses die Geschäftsverbindung zum Schuldner überwachen, sondern dass Kreditinstitute aufgrund der notwendigen Ausgestaltung ihrer Geschäftsprozesse zur zeitnahen und umfangreichen Prüfung des Ausfallrisikos verpflichtet sind. Vielfach erfolgt diese Überwachung EDV-gestützt. Hiernach sind die vom Schuldner überreichten Unternehmensdaten in entsprechende EDV-Beurteilungsprogramme einzugeben und werden dann z.B. in Form von Ampelfarben auf ihr Risikopotenzial bewertet.

95 Lässt sich insofern den regelmäßig zu übersendenden Unterlagen objektiv entnehmen, dass eine vertiefte Krise vorlag, so ist davon auszugehen, dass das Kreditinstitut von der entsprechenden Krise Kenntnis hatte. Verteidigt sich ein Kreditinstitut damit, dass ihr die entsprechenden Unterlagen nicht übersandt wurden, so ergibt sich ebenfalls ein Indiz dafür, dass eine entsprechende Krise des Schuldners vom Kreditinstitut zu vermuten war. Aus aufsichtsrechtlicher Sicht ist das Kreditinstitut gehalten, bei nicht rechtzeitiger Bereitstellung der vereinbarten Daten unverzüglich nachzufragen und im Zweifel mit Bonitätsabstufungen des Schuldners oder Kreditkündigung darauf zu reagieren. Dass die fehlende Übersendung vom Kreditinstitut nicht bemerkt worden ist, stellt sich als unglaubwürdig dar, da die EDV-gestützten Überwachungsprozesse selbst bei menschlichem Versagen Hinweise erteilt hätten und notwendige Eingaben des Bearbeiters verlangen.[87]

96 Dass das entsprechende Kreditinstitut über die nach den bankaufsichtsrechtlichen Vorgaben notwendigen Überwachungsprozesse verfügt, kann prozessual zumeist aus den jeweiligen, meist auf der Internetpräsenz veröffentlichten Jahresabschlüssen des Kredites dargelegt werden.

97 Des Weiteren ist im Einzelfall zu prüfen, ob sich nicht für das Vorliegen konkreter Überwachungsprozesse nach aufsichtsrechtlichen Vorgaben bereits aus dem Schriftverkehr oder Limitüberschreitungen[88] entsprechende Hinweise ergeben.

87 Hannemann/Steinbrecher/Weigl, MARisk BTO 1.2 Rn. 113.

88 S.a. Hannemann/Steinbrecher/Weigl, MARisk BTO 1.2 Rn. 95 ff.; Hampe/Opala/Wellmann-Müller, MaRisk-Interpretationshilfen, E 2.10, Rn. 1016 ff.

Letztendlich bleibt als Beweisangebot eine Prüfung der Art und des Umfangs der allgemeinen Abläufe durch einen Sachverständigen bzw. die Ladung des Abschlussprüfers des Kreditinstitutes als Zeuge für die Übereinstimmung der eingerichteten Prozesse mit den Anforderungen der MARisk. 98

Weist man schriftsätzlich auf die bankaufsichtsrechtlichen Regelungen hin, ist jedoch nicht zu erwarten, dass sich das Kreditinstitut darauf berufen wird, diese Regelungen nicht eingehalten zu haben. 99

Gelingt dem Insolvenzverwalter die Darlegung, dass objektiv eine bestandsgefährdende Krise aus den betriebswirtschaftlichen Daten hervorgeht und sich in den Kreditverträgen weitreichende Informationspflichten ergeben oder das Engagement bereits an eine besondere Abteilung (z.B. Prophylaxe, Intensivbetreuung, Sanierung) abgegeben wurde, so ist er seiner prozessualen Darlegungslast für die Kenntnis des Gläubigerbenachteiligungsvorsatzes außerhalb einer bloßen Zahlstellenfunktion zunächst hinreichend nachgekommen. Es ist insofern nunmehr an dem Kreditinstitut als Anfechtungsgegner im Rahmen seiner sekundären Darlegungslast vorzubringen, warum trotz der installierten Überwachungsprozesse entsprechende Kenntnisse nicht vorliegen (konnten). 100

V. Anfechtbarkeit nach §§ 130, 131 InsO

Prüft man die Anfechtbarkeit der Entstehung der Verrechnungslage im besonderen Anfechtungszeitraum, so kann man auf eine Vielzahl von höchstrichterlichen Entscheidungen[89] zurückgreifen.[90] Systematisch ist ebenfalls zwischen dem kreditorischen und dem debitorischen Konto zu differenzieren. 101

1. Kreditorisches Konto

Wird das Konto im Guthaben geführt, so ist i.R.d. Prüfung auf die einzelnen Belastungsbuchungen abzustellen. Stellt das Kreditinstitut absprachegemäß berechtigte Aufwendungsersatzansprüche oder eigene Einstellungen ein, so entsteht die Aufrechenlage regelmäßig in kongruenter Weise (s. Kap. 3 § 130 InsO Rdn. 19). Eine Anfechtung kommt insoweit nur nach § 130 InsO und nicht nach § 131 InsO in Betracht. 102

Steht die Belastung im Zusammenhang mit der Erfüllung einer Verpflichtung aus dem Girovertrag (z.B. Überweisung), so kann es sich um ein der Anfechtung entzogenes Bargeschäft handeln, da das Kreditinstitut absprachegemäß und zeitnah nach der »Verauslagung« der Zahlung an Dritte seine Aufwendungsersatzansprüche gedeckt erhält. Als vertragliche Grundlage fungiert der Girovertrag. 103

Eine inkongruente Deckung wäre nur dann denkbar, wenn das Kreditinstitut eigene Forderungen einstellt, für welche ausdrücklich eine andere Form der Tilgung als die Verrechnung im Kontokorrent vereinbart war. Dieses wäre dann gegeben, wenn in 104

89 Richtungweisend sei lediglich verwiesen auf: BGH, 07.03.2002 – IX ZR 223/01, ZInsO 2002, 426 sowie BGH, 01.10.2002 – IX ZR 360/99, ZInsO 2002, 1136.

90 Zusammenfassend s. Kayser, ZInsO 2019, 1597; Gehrlein, ZInsO 2010, 1857.

einem separaten Darlehensvertrag nicht vereinbart wäre, dass die monatlichen Raten über das Girokonto einzuziehen sind.

105 Im Grundsatz ist jedoch zu beachten, dass das Kreditinstitut berechtigt und verpflichtet ist, sämtliche Forderungen aus der Geschäftsverbindung mit dem Schuldner in die laufende Rechnung einzustellen.[91]

2. Debitorisches Konto

106 In den weit überwiegenden Fällen in der Praxis handelt es sich in der gesetzlichen Krise um ein debitorisches Konto, bei dem sich der laufende Saldo entweder innerhalb der gewährten Kreditlinie bewegt oder partiell oder dauerhaft eine geduldete Überziehung vorliegt.

107 Hier ist es nicht möglich, in der Prüfung lediglich einzelne Buchungsvorgänge zu betrachten, sondern es bedarf zur rechtlichen Einordnung des Einzelvorganges einer systematischen Betrachtung.

108 Im Grundsatz ist zwischen einer kongruenten Deckung, einer inkongruenten Rückführung oder einer bargeschäftlichen Verwendung bei Gutschriften zu unterscheiden.

a) Inkongruente Deckung

109 Ist die Kontokorrentlinie nicht gekündigt, so führt ein Zahlungseingang, welcher die Kontokorrentinanspruchnahme reduziert, insoweit zu einer inkongruenten Deckung, wie es sich nicht um eine bargeschäftliche Verwendung handelt (vgl. Kap. 3 § 131 InsO Rdn. 33).[92]

b) Kongruente Deckung

110 Wird durch einen Zahlungseingang eine geduldete Überziehung zurückgeführt, liegt insoweit eine kongruente Deckung vor, wie es sich nicht um eine bargeschäftliche Verwendung handelt.[93] Des Weiteren stellen Einstellungen für eigene Forderungen des Kreditinstitutes eine kongruente Deckung dar, soweit hierdurch ihre spätere Befriedigung in der laufenden Rechnung ermöglicht wurde (vgl. Kap. 3 § 130 InsO Rdn. 19).[94]

c) Bargeschäftliche Verwendung

111 In (analoger) Anwendung des § 142 InsO ist nach höchstrichterlicher Rechtsprechung[95] eine bargeschäftliche Verwendung von Gutschriften dann anzunehmen, wenn sie mit Aufwendungsersatzansprüchen des Kreditinstitutes aufgrund von Leistungen

91 Hellner/Steuer, BuB, Rn. 2/94.
92 BGH, 14.10.2010 – IX ZR 160/08, ZInsO 2010, 2399 Rn. 6; BGH, 07.03.2002 – IX ZR 223/01, BGHZ 150, 122, 127 = ZInsO 2002, 426, 428.
93 BGH, 22.01.1998 – IX ZR 99/97, BGHZ 138, 40, 47 = ZIP 1998, 477, 479.
94 BGH, 11.10.2007 – IX ZR 195/04, ZInsO 2008, 163.
95 BGH, 24.01.2013 – IX ZR 11/12, ZInsO 2013, 384.

an Dritte (z.B. Überweisung) im zeitlichen Zusammenhang stehen und verrechnet werden (vgl. Kap. 3 § 142 InsO Rdn. 21). Ein zeitlicher Zusammenhang ist immer dann anzunehmen, wenn Gutschrift und Belastung innerhalb von 14 Tagen erfolgen, wobei deren Reihenfolge unerheblich ist.[96] Liegt der zeitliche Zusammenhang vor, wird fingiert, dass auch die für § 142 InsO notwendige Absprache vorliegt.

Zu berücksichtigen ist jedoch, dass die Verrechnung einer Gutschrift i.R.d. Bargeschäfts nicht der letzte Akt sein darf, bevor das Kreditinstitut das Konto des Schuldners schließt. Es müssen vielmehr weitere Verfügungen zugelassen werden.[97] 112

3. Vorgehen i.R.d. Prüfung

Da die bargeschäftliche Verwendung als Ausschlusskriterium für die Anfechtbarkeit fungiert, ist im Betrachtungszeitraum zunächst dessen Vorliegen zu prüfen. 113

Hierzu sind zuerst aus dem Buchungsverlauf sämtliche Buchungen zu eliminieren, welche nicht wirksame Geschäftsvorfälle widerspiegeln. Hierbei handelt es sich insofern um Buchungen, welche im späteren Verlauf storniert wurden (z.B. Lastschriftbelastungen ohne entsprechende Genehmigung). 114

Selbst wenn der II. Zivilsenat des BGH[98] eine detaillierte Zuordnung der Zahlungen einer Abrechnungsperiode ablehnt und mit den Rechtsgedanken des § 366 Abs. 2 BGB eine jeweils anteilige Rückführung aus allen Abrechnungspositionen postuliert, ist nicht davon auszugehen, dass sich die Betrachtung für die bargeschäftliche Verstrickung hierdurch ändert. Vielmehr ist die Entscheidung dahingehend anzuwenden, dass für die tatsächliche Rückführung anteilig die nicht bargeschäftlich verhafteten Einzahlungen heranzuziehen sind. 115

Ist der zeitliche Zusammenhang innerhalb der Ein- und Ausgänge durchgehend gewahrt, so begründet sich ein Einzahlungsüberschuss damit grds. aus den letzten Buchungen (FIFO-Methode). 116

Obwohl die eigenen Einstellungen generell kein Bargeschäft begründen können, sind sie für die zeitliche Beurteilung des Bargeschäfts zumindest so lange in der chronologischen Prüfung zu berücksichtigen wie deren Einstellung in das laufende Konto nicht ebenfalls als anfechtbar zu klassifizieren ist. 117

Liegt die Anfechtbarkeit vor, bestünde grds. die Möglichkeit, entweder die sich aus der Verknüpfung ergebenden verrechneten Einzahlungen herauszuverlangen oder geltend zu machen, dass die eigenen Einstellungen gänzlich aus dem Saldoverlauf zu eliminieren sind. 118

Zeigt die chronologische Betrachtung auf, dass Gutschriften vorhanden sind, welche nicht bargeschäftlich verwandt wurden, so ist zu prüfen, ob eine kongruente 119

96 BGH, 07.03.2002 – IX ZR 223/01, BGHZ 150, 122, 130 ff. = ZInsO 2002, 426, 428 ff.
97 BGH, 14.01.2010 – IX ZR 153/07, DZWIR 2010, 290 Rn. 2.
98 BGH, 15.06.2021 – II ZR 146/20, ZInsO 2021, 1684, Rn. 9.

Deckung oder eine inkongruente Rückführung durch die Kontokorrentverstrickung ermöglicht wurde.

4. Wahl des Betrachtungszeitraumes

120 Als Betrachtungszeitraum für die oben dargestellte Prüfung kommt nach höchstrichterlicher Rechtsprechung entweder der gesamte Zeitraum der gesetzlichen Krise oder der Zeitraum des letzten Monats vor Antragstellung bis zur Eröffnung in Betracht, soweit es um die Begründung einer inkongruenten Rückführung geht. Ist im Rahmen der Prüfung auf den Tagessaldo abzustellen, so ist der jeweilige Tagesanfangssaldo in Anlehnung an § 187 Abs. 1 BGB maßgeblich.

121 Nicht zulässig ist die isolierte Betrachtung des zweiten und dritten Monats vor Antragstellung oder der Beginn des Prüfungszeitraumes zu einem willkürlich gewählten Zeitpunkt innerhalb der gesetzlichen Krise, in der z.B. die höchste Inanspruchnahme (Sollsaldo) vorlag.[99]

122 Dass ein Zwischenzeitpunkt nicht sachgerecht sein kann, ergibt sich aus der Prüfungssystematik des Bargeschäftes, nach der für die Prüfung einer Gutschrift auch eine Belastung vor dessen Zeitpunkt in die Betrachtung mit einzubeziehen ist.

123 Ergibt sich für den gesamten Zeitraum der letzten 3 Monate bis zur Eröffnung keine inkongruente Rückführung, liegt jedoch eine Rückführung bei der isolierten Betrachtung des letzten Monates zur Eröffnung vor, stellt sich die Frage, ob aufgrund der zeitlichen Differenzierung in § 131 InsO diese isolierte Betrachtung zulässig und sachgerecht ist.

124 Obwohl die Rechtsprechung[100] davon ausgeht, ist aus systematischer Sicht dieses kritisch zu beurteilen. Im Ergebnis wird dann dem Kreditinstitut das Berufen auf das Bargeschäftsprivileg in der Verknüpfung mit Zahlungsausgängen aus dem zweiten und dritten Monat verwehrt. Die Bargeschäftsprüfung steht gedanklich jedoch am Anfang der Prüfung der Anfechtbarkeit.

125 Liegt ein Bargeschäft grds. vor, handelt es sich insofern um eine kongruente Deckung. Da § 130 InsO jedoch keine Trennung in der Beurteilung des besonderen Anfechtungszeitraumes vorsieht, erscheint es nicht dogmatisch zutreffend, als Prüfungszeitraum für das Vorliegen eines Bargeschäftes nur den letzten Monat vor Antragstellung isoliert zu prüfen und damit die Inkongruenz zu unterstellen, welche erst Ergebnis einer negativen Bargeschäftsprüfung sein kann.

126 Ebenfalls nicht entscheidend kann sein, ob im Grundsatz auch für den zweiten und dritten Monat die Anfechtungsvoraussetzungen nach § 130 InsO vorliegen. Würde man annehmen, dass eine bargeschäftliche Gesamtprüfung nur dann angemessen sei,

---

99 BGH, 15.03.2012 – IX ZR 36/10 (n.v.) Rn. 2; BGH, 07.07.2011 – IX ZR 100/10, ZInsO 2011, 1500 Rn. 8; krit. hierzu: Stiller, ZInsO 2011, 87; BGH, 15.11.2007 – IX ZR 212/06, ZInsO 2008, 159 Rn. 17.

100 BGH, 15.11.2007 – IX ZR 212/06, ZInsO 2008, 159 Rn. 17.

wenn die grundsätzliche Anwendung des § 130 InsO gegeben wäre, so würde man den Anfechtungsgegner, welcher sich auf das Bargeschäftsprivileg berufen möchte, dazu zwingen, seinerseits die Anfechtungsvoraussetzungen nach § 130 InsO darzulegen und zu beweisen. Dieses erscheint für das bloße Berufen auf das Bargeschäftsprivileg als nicht zumutbar.

5. Einbezug des Vorzeitraumes in die Bargeschäftsprüfung

Fraglich bleibt, ob i.R.d. systematischen Betrachtung von Gutschriften am Beginn 127
des Dreimonatszeitraums auch Belastungen in die Betrachtung mit einzubeziehen sind, welche vor dem Beginn des Dreimonatszeitraumes, aber innerhalb der 14-Tages-Grenze liegen.

Problematisch ist hier, dass sich inzident die Frage stellen würde, ob diese Belastungen 128
nicht bereits als verbraucht einzuordnen sind, da sie in Weiterführung des Gedankenmodells mit Gutschriften aus dem Vorzeitraum als verknüpft anzusehen wären.

Finden sich entsprechende zeitnahe Gutschriften tatsächlich, wäre wiederum zu prü- 129
fen, ob diese nicht ebenfalls mit vorgelagerten weiteren Belastungsbuchungen gedanklich verstrickt sind.

Das Ergebnis des Einbezuges des Vorzeitraumes wäre daher eine uferlose retrograde 130
Prüfung des Vorzeitraumes im Zweifel bis hin zur Kontoeröffnung. Aus pragmatischer Sicht erscheint es daher sachgerecht sowohl für Gutschriften wie Belastungen, die Prüfung stringent an der 3-Monats-Grenze zu beginnen.

VI. Zahlungseingänge nach Kündigung der Geschäftsverbindung

Spätestens mit Insolvenzeröffnung endet das Giro- und Kontokorrentverhältnis nach 131
den §§ 116, 115 Abs. 1 InsO mit der Verpflichtung des Kreditinstitutes, ein i.R.d. Schlussabrechnung nach § 355 Abs. 3 HGB den kausalen Schlusssaldo zu ermitteln.[101] Zahlungseingänge, welche hiernach erfolgen, sind bereits aufgrund der allgemeinen insolvenzrechtlichen Regelungen an den Insolvenzverwalter herauszugeben.

Kommt es jedoch bereits vor der Insolvenzeröffnung zur Kontokündigung oder zur 132
Kündigung der gesamten Geschäftsverbindung, hat das Kreditinstitut, sobald es nicht anfechtungsfeste Sicherheiten an den Zahlungseingängen geltend machen kann, diese ebenfalls an die Insolvenzmasse herauszugeben. Mit der Beendigung der Giro- und Kontokorrentabrede ist das Kreditinstitut nicht mehr berechtigt, die Zahlungseingänge in den laufenden Saldo einzustellen und der Kontokorrentbindung zu unterwerfen. Vielmehr hat sie aufgrund ihrer nachlaufenden Vertragsverpflichtungen, die Zahlungen entgegenzunehmen und auf einem sog. CpD-Konto für die spätere Herausgabe aufzubewahren (s. Rdn. 28).[102]

101 Vgl. HambKomm-InsR/Ahrendt, § 116 InsO Rn. 7 ff.
102 Schimansky/Bunte/Lwowski, Bankrechts-Handbuch, § 47 Rn. 36.

133 Da es nicht mehr zu einer Gutschrift auf dem Konto des Schuldners kommt, ergibt sich der Herausgabeanspruch für jede einzelne Gutschrift aus § 667 BGB. Wie i.R.d. Insolvenzeröffnung besteht auch bei einer Kündigung vor Insolvenzeröffnung die Verpflichtung des Kreditinstitutes, eine entsprechende Schlussabrechnung gem. § 355 Abs. 3 HGB vorzunehmen. Eine bloße Mitteilung i.R.d. Insolvenzverfahrens über den bei Insolvenzeröffnung bestehenden Schuldsaldo nach Einbezug aller Darlehenskonten und der teilweisen Verwertung von Sicherheiten i.R.d. Forderungsanmeldung dürfte hierfür nicht ausreichen.

134 Um für die Prüfung der Anfechtbarkeit die notwendigen Analysegrundlagen zu haben, empfiehlt es sich daher, das Kreditinstitut zur Erstellung der jeweiligen Schlussabrechnung nach § 355 Abs. 3 HGB für jedes Konto gesondert aufzufordern.

VII. Zusammenfassung

135 Im Ergebnis lässt sich feststellen, dass neben vertieften anfechtungsrechtlichen Kenntnissen für die Anspruchsgeltendmachung ggü. Kreditinstituten ebenfalls bankrechtliche Kenntnisse sachdienlich sind. Da die zu prüfenden Sachverhalte vielfältig miteinander in Beziehung stehen, ist ein systematisches Vorgehen i.R.d. Prüfung unerlässlich. Aufgrund der besonderen Stellung von Kreditinstituten erscheint aus Sicht des Insolvenzverfahrens eine Prüfung grds. und über den Zeitraum der besonderen Krise hinaus als wesentliche Möglichkeit, anfechtbare Vorgänge zugunsten der Insolvenzmasse aufzufinden.

B. Sonstige institutionelle Gläubiger (Sozialversicherungsträger und Finanzverwaltung)

Schrifttum

App, Die Anfechtung der Zahlung gesicherter Steuerforderungen durch den Insolvenzverwalter, DStZ 2005, 81 f.; *Beck*, Auskunftsanspruch des Insolvenzverwalters gegenüber der Finanzverwaltung, ZIP 2006, 2009 ff.; *Bartels*, Eröffnungsantrag und Ermessen, ZRI 2025, 501 ff.; *Busch/Kranenberg*, Pfändung von Steuererstattungsansprüchen in der Insolvenz, NWB 2010, 893 ff.; *Fett/Barten*, Die Geltendmachung der Anfechtung nach dem neuen Anfechtungsgesetz 1999 durch das Finanzamt, DStZ 1999, 91 ff.; *Gehrlein/Thole*, Aktuelle Probleme der Insolvenzanfechtung, 16. Aufl., 2024; *Haunhorst*, »Hätte, wäre und wenn« im Haftungsrecht, DStZ 2006, 369 ff.; *Huber*, Befriedigung von Geldforderung durch Zwangsvollstreckung oder Druckzahlung und Anfechtungsrisiko in der Insolvenz des Schuldners, JuS 2006, 1078 ff.; *Lechner/Johann*, Qualifiziert die umsatzsteuerliche Leistungserbringung als Rechtshandlung i.S.d. insolvenzrechtlichen Anfechtungsvorschriften?, DB 2011, 1131 ff.; *Loose*, Haftungsinanspruchnahme des Geschäftsführers einer insolventen Gesellschaft mit beschränkter Haftung, EFG 2009, 1362; *Menn*, Der Nachweis der Kenntnis des Anfechtungsgegners vom Gläubigerbenachteiligungsvorsatz des Schuldners durch den Insolvenzverwalter – ein hoffnungsloses Unterfangen?, ZInsO 2011, 1245 ff.; *Mönning*, Betriebsfortführung in Restrukturierung und Insolvenz, 4. Aufl., Köln, 2023; *Müller*, Die Vertreterhaftung nach § 69 AO und der hypothetische Kausalverlauf, AO-StB 2010, 145 ff.; *Pape/Uhlenbruck*, Dreißig Jahre Insolvenzrechtsreform für die Katz?, ZIP 2005, 417 ff.; *Ries*, Deckungsanfechtung versus dingliche Absonderung – eine wenig überzeugende Schlussfolgerung aus § 13b Abs. 1 Nr. 2 UStG, ZInsO 2007, 650 ff.; *Sauer*, Lohnsteuerzahlungen als insolvenzrechtlich anfechtbare Rechtshandlung?, ZInsO 2006,

1200 ff.; *Schmittmann*, Zur Frage der Entstehung von Umsatzsteuer als anfechtbare Rechtshandlung, NZI 2010, 55 f.; *ders.*, Kollision von steuer- und insolvenzrechtlichen Pflichten: Geschäftsführer zwischen Skylla und Charybdis?, StuB 2007, 667 ff.; *ders.*, Haftung der Geschäftsleiter für kommunale Steuern und Abgaben unter besonderer Berücksichtigung der Änderungen durch das Sanierungs- und Insolvenzrechtsfortentwicklungsgesetz, Teil 1, KKZ 2021, 218 ff.; Teil 2, KKZ 2021, 245 ff.; *ders.*, Gläubigerschaft bei Forderungsanmeldungen durch die Finanzverwaltung oder die Bundesagentur für Arbeit, InsA 2025, 37 ff.; *ders.*, Fachberater für Restrukturierung und Unternehmensplanung, 2025; *Schmittmann/Theurich/Brune*, Das insolvenzrechtliche Mandat, 5. Aufl., 2016, § 4 Rn. 126 ff.; *Tipke/Kruse*, AO/FGO – Kommentar, 182. EL, 2024; *Thole*, Steuerliche Organschaft und Insolvenzanfechtung, ZIP 2019, 1353 ff.; *Viertelhausen*, Steueransprüche in der Insolvenzanfechtung, InVo 2004, 345 ff.; *Waza/Uhländer/Schmittmann*, Insolvenzen und Steuern, 14. Aufl., 2024, Rn. 314 ff.; *Wipperfürth/Schmittmann*, Die Gewerbesteuer in der Insolvenz, InsbürO 2014, 471 ff.

I. Verhalten der Gläubiger in der Krise

Der Insolvenzverwalter sollte sich mit dem **Verhalten** der **Gläubiger** und des **Schuldners** nicht erst ab dem Zeitpunkt der Insolvenzantragstellung oder der Anordnung von Sicherungsmaßnahmen befassen, sondern bereits ab **Eintritt der Krise** (vgl. zur Krise auch Kap. 1 Rdn. 11 ff.). 136

1. Krise

Die **Unternehmenskrise** kann nach der statischen oder dynamischen Sichtweise bestimmt werden.[103] Das eher betriebswirtschaftlich geprägte **dynamische Element** knüpft weniger an die aktuelle Lage, sondern vielmehr an die Ertragskraft des Unternehmens an, während das statische Element auf stichtagsbezogene reale Vermögenswerte abstellt.[104] Von einer Unternehmenskrise spricht man, wenn in der Unternehmensorganisation oder in der Verwirklichung der Zielsetzung **Dysfunktionen** auftreten und der **Fortbestand** des Unternehmens als solches **gefährdet** ist.[105] 137

Unternehmenskrisen können auf verschiedene Arten systematisiert werden; wobei die **Differenzierung** nach Ursache, Art und Intensität der Krise am häufigsten ist. 138

Bei der Differenzierung nach der **Ursache der Krise** wird zwischen **endogenen** und **exogenen** Ursachen der **Unternehmenskrise** gefragt: 139

Die **endogenen** Ursachen der Unternehmenskrise sind insb. zu geringe Eigenmittel, Fehlplanungen bei Investitionen, Steigerung von Lohnnebenkosten, Fehlverwendung von Kreditmitteln sowie Fehler im Management und Rechnungswesen.[106] 140

103 So Schmittmann/Theurich/Brune, Das insolvenzrechtliche Mandat, § 6 Rn. 2.

104 So Müller-Gugenberger/Bieneck, Hdb. Wirtschaftsstrafrecht, § 76 Rn. 2.

105 So Weniger, in: Mönning, Betriebsfortführung, § 7 Rn. 9; Akhamal/Jantos/Panthel/Simon, Die Bedeutung der Kommunikation in der Krise, dargestellt am Beispiel der Handballbundesligamannschaft TUSEM Essen, ZInsO 2009, 2178, 2180; Schmittmann, Unternehmenskrisen frühzeitig erkennen, BBB 2006, 83 ff.

106 So Schmittmann, BBB 2006, 83, 86.

141 Die **exogenen** Ursachen der Unternehmenskrise bestehen im Regelfall aus rückläufiger Nachfrage, schlechter Zahlungsmoral, Steigerung der Bankzinsen, Kündigung von Krediten, Auswirkungen von Insolvenzen anderer Unternehmen sowie Naturkatastrophen.[107] Gerade bei exogenen Krisenursachen wird in der Unternehmensführung oftmals die Auffassung vertreten, dass sie daran kein Verschulden trifft. Dies mag bei Naturkatastrophen und Terroranschlägen sicherlich richtig sein, die Kündigung von Krediten hingegen hat regelmäßig Gründe, die nicht allein im Verantwortungsbereich der Bank liegen.[108]

142 Unterscheidet man nach den Arten der Unternehmenskrise, so sind nach der **Stakeholderkrise** die **strategische Krise**, die **Erfolgs- oder Ergebniskrise** sowie die **Liquiditätskrise** zu betrachten:[109]

143 Eine **Strategiekrise** liegt vor, wenn grundlegende oder für die Zukunft des Unternehmens wichtige Entscheidungen nicht oder falsch getroffen werden. Die Strategiekrise ist aufgrund ihres Charakters langfristig angelegt und berührt zwangsläufig die Grundlagen des Unternehmens. Neue Potentiale können nicht geschaffen werden und das Unternehmen ist nicht mehr wettbewerbsfähig. Deswegen wird es meist schwierig sein, Fehlentscheidungen im strategischen Bereich zu korrigieren und neue Entwicklungen einzuleiten.[110]

144 Eine **Erfolgs- oder Ergebniskrise** liegt vor, wenn die Ertragssituation des Unternehmens betroffen ist. Eine Krise beginnt dort, wo das Unternehmen einen geringeren Ertrag erwirtschaftet als dies in vergleichbaren Unternehmen üblich ist.[111]

145 Schließlich ist eine **Liquiditätskrise** dann anzunehmen, wenn der finanzielle Handlungsspielraum des Unternehmens zunehmend verengt wird und keine hinreichende Liquidität zur Verfügung steht, so dass die laufenden Zahlungspflichten nicht mehr bedient werden können.[112]

146 Die Liquiditätskrise ist im Regelfall der **Übergang der Krise zur Insolvenz** in Form der Zahlungsunfähigkeit.

---

107 Vgl. Holzer, NZI 2005, 308, 309.

108 So Schmittmann, BBB 2006, 83, 87.

109 S. Schmittmann, Haftung von Organen in Krise, Restrukturierung und Insolvenz, Rn. 21 ff.

110 Vgl. Weniger, in: Mönning, Betriebsfortführung, § 7 Rn. 15; Trutnau, in: Kraemer/Vallender/Vogelsang, Handbuch zur Insolvenz, 119. Erg.Lfg., 2025, Fach 4, Kap. 1 (Krisenfrüherkennung) Rn. 22.

111 So Schmittmann, BBB 2006, 83, 87; Schmittmann, Haftung von Organen in Krise, Restrukturierung und Insolvenz, Rn. 30; Trutnau, in: Kraemer/Vallender/Vogelsang, Handbuch zur Insolvenz, Fach 4, Kap. 1 (Krisenfrüherkennung) Rn. 27.

112 So Weniger, in: Mönning, Betriebsfortführung, § 7 Rn. 18; Trutnau, in: Kraemer/Vallender/Vogelsang, Handbuch zur Insolvenz, Fach 4, Kap. 1 (Krisenfrüherkennung) Rn. 29; Schmittmann, BBB 2006, 83, 87.

Die **Intensität der Unternehmenskrise** wird durch den Normalzustand, eine latente Bedrohung, eine **Existenzbedrohung** sowie eine **Existenzvernichtung** charakterisiert.[113] Während der Insolvenzverwalter in aller Regel erst dann in Kontakt mit dem späteren Schuldner kommt, wenn Insolvenzantrag gestellt ist, erlangen Finanzverwaltung und Sozialversicherungsträger in aller Regel deutlich früher **Kenntnis der wirtschaftlichen Situation** des späteren Schuldners. 147

2. Verhalten der Finanzverwaltung und der Sozialversicherungsträger in der Krise

a) Liquiditätsprüfung

Schrifttum

Bruschke, Allgemeine Verwaltungsvorschrift für die Betriebsprüfung (BpO 2000), AO-StB 2019, 218 ff.;*ders.*, Die Nachschau und ähnliche Maßnahmen als Instrument der Steueraufsicht, AO-StB 2018, 376 ff.; *ders.*, Ermittlung von Vollstreckungsmöglichkeiten – Liquiditätsprüfung als adäquates Mittel?, DStZ 2005, 731 ff.; *ders.*, Die Liquiditätsprüfung im Erhebungsbereich – Eine Bestandsaufnahme, StB 2005, 99 ff.; *ders.*, Liquiditätsprüfungen im Erhebungsverfahren – Ein »neues« Instrument der Finanzverwaltung?, NZI 2003, 636 ff.; *ders*, Die Durchführung von Liquiditätsprüfungen im Erhebungsverfahren – Mittel zur Optimierung der Vollstreckung?, StB 2001, 337 ff.; *Carle*, Liquiditätsprüfung durch die Finanzverwaltung – Grenzen der Ausforschung der Vermögensverhältnisse, AO-StB 2003, 137 ff.; *Keller*, Die Außenprüfung nach §§ 193 ff. AO, Steuer und Studium 2009, 300 ff.; *Landwehr*, Kann die Liquiditätsprüfung »neutraler« Vermittler im Besteuerungsverfahren sein?, StW 2004, 232 ff.; *Maus*, Liquiditätsprüfung – Die neue Masche der Finanzverwaltung, anderen Gläubigern bei der Forderungsrealisierung zuvorzukommen, ZInsO 2004, 837 ff.; *Schmittmann*, Besonderheiten bei der Insolvenzantragstellung durch das Finanzamt, InsbürO 2006, 341; *Uhländer*, Aktuelle Besteuerungsfragen in der Insolvenz, ZInsO 2005, 1192 ff.

aa) Grundlagen

Liquiditätsprüfungen haben ihre Heimat im Freistaat Bayern und in Hessen. Andere Bundesländer haben sich angeschlossen. In Nordrhein-Westfalen wurde zunächst eine auf ein Jahr befristete Testphase von insgesamt zehn FA durchgeführt und am 31.03.2002 abgeschlossen. Nach Erstellung eines gemeinsamen Schlussberichts der OFD hat das Finanzministerium Nordrhein-Westfalen mit Erlass v. 14.07.2003 die Liquiditätsprüfung mit Wirkung v. 01.01.2005 an flächendeckend eingeführt und ggü. den Mitarbeitern der Finanzverwaltung publiziert.[114] 148

Freundlich heißt es auf der Homepage des FA Rosenheim: »Liquiditätsprüfung: Diese Stelle prüft vor Ort die **Zahlungsfähigkeit von Steuerschuldnern** und unterstützt so die 149

113 So Holzer, NZI 2005, 308, 311.
114 Vgl. Bruschke, NZI 2003, 636.

Vollstreckungsstelle bei der **Beitreibung** von Steuerrückständen.«[115] Tatsächlich geht es der Finanzverwaltung um die Ermittlung weiteren vollstreckungsfähigen Vermögens.

150 Gem. § 2 Abs. 2 BPO 2000[116] können den **Betriebsprüfungsstellen** auch Außenprüfungen i.S.d. § 193 Abs. 2 AO, **Sonderprüfungen** sowie andere Tätigkeiten mit Prüfungscharakter, z.B. Liquiditätsprüfungen, übertragen werden; dies gilt nicht für Steuerfahndungsprüfungen.

bb) Gegenstand und Durchführung

151 Gegenstand der Liquiditätsprüfung sollen die **Ermittlung** der vollständigen **Einkommens- und Vermögenslage** des Vollstreckungsschuldners und die sich daraus ableitenden Vollstreckungsmöglichkeiten sein.[117] Es wird daher erwartet, dass der **Prüfer** über gute **Buchführungskenntnisse** verfügt und in der Lage sein muss, sowohl Bilanzen als auch Gewinn- und Verlustrechnungen zu lesen und zu beurteilen. Weiterhin muss er befähigt sein, einen Liquiditäts- und Vermögensstatus oder eine Kostenrechnung aufzustellen und betriebliche Kennzahlen zu ermitteln, um so dem Innendienst des FA einen möglichst raschen Schluss auf die **Zahlungsfähigkeit** und **Ertragslage** des Unternehmens zu ermöglichen.[118]

152 Entscheidend für den Erfolg der Liquiditätsprüfungen ist die Auswahl der zu prüfenden Unternehmen. So werden insb. Liquiditätsprüfungen bei **Unternehmen mit besonders hohen Rückständen** angeordnet. Dies sind Fälle, in denen der Steuerrückstand mindestens 25.000,00 € beträgt, oder die von sonstiger besonderer Bedeutung sind. Die Finanzverwaltung räumt selbst ein, dass Groß- und Konzernbetriebe i.d.R. aufgrund ihrer nur schwer durchschaubaren Strukturen und des Umfangs ihrer Geschäftstätigkeit nur in den seltensten Fällen für eine Liquiditätsprüfung in Betracht kommen, sodass letztlich vornehmlich **kleinere und mittlere Unternehmen** einer solchen Prüfung unterzogen werden.[119] Ausgangspunkt der Liquiditätsprüfung ist der schriftliche Ermittlungsauftrag in Form einer innerdienstlichen, nicht anfechtbaren Anordnung. Rechtsgrundlage für den Ermittlungsauftrag ist § 249 Abs. 2 Satz 1 AO. Zur **Vorbereitung der Vollstreckung** können die Finanzbehörden die Vermögens- und Einkommensverhältnisse des Vollstreckungsschuldners ermitteln.

153 Die Liquiditätsprüfung findet grds. in den **Räumen des Vollstreckungsschuldners** statt, da eine Prüfung in den Räumen des Steuerberaters nicht zum erwarteten Erfolg führen wird.[120] Mit Zwangsmitteln kann eine Liquiditätsprüfung durch die Finanz-

---

115 So http://www.fa.bayern.de/Rosenheim/Kontakt/Ansprechpartner/Aussenpruefung/Liquiditaetspruefung,.php?f=Rosenheim&c=n&d=x&t=t.

116 So Allgemeine Verwaltungsvorschrift für die Betriebsprüfung v. 15.03.2000 (BStBl. I 2000, S. 368); zuletzt geändert durch Art. 1 Allgemeine Verwaltungsvorschrift zur Änderung der Betriebsprüfungsordnung v. 20.07.2011 (BStBl. I 2011, S. 710).

117 S. Uhländer, ZInsO 2005, 1192.

118 So Bruschke, NZI 2003, 636, 640.

119 So Bruschke, NZI 2003, 636, 640.

120 So Bruschke, NZI 2003, 636, 641.

verwaltung nicht durchgesetzt werden, sodass die **Zustimmung des Steuerpflichtigen** erforderlich ist.[121]

Die Prüfungsergebnisse sind in einem **Prüfungsbericht** festzuhalten, der neben den allgemeinen Angaben und Übersichten über Abgabenrückstände und den Stand der Veranlagung insb. Ausführungen zu den Vermögensverhältnissen des Schuldners und zur Liquidität des Schuldners enthält. Auch **Feststellungen** zur **Haftung** und zur **Anfechtung** sowie Angaben zu den **Ertrags- und Tilgungsaussichten** können in den Bericht aufgenommen werden. Der Bericht soll **Bearbeitungsvorschläge** für die Erhebungs- und Festsetzungsstellen enthalten.[122] Für die Geltendmachung von Insolvenzanfechtungsansprüchen ist Kenntnis des Berichts über die Liquiditätsprüfung von besonderer Bedeutung, da sich daraus nicht nur die **Zahlungsunfähigkeit** des späteren Schuldners ergibt, sondern zudem auch noch die **Kenntnis** der Finanzverwaltung. 154

Da der **Bericht** über die Liquiditätsprüfung allerdings als **innerdienstliches Schriftstück** anzusehen ist, besteht weder ein Anspruch auf Übersendung einer Abschrift noch ein Recht auf Akteneinsicht.[123] 155

cc) Insolvenzrechtliche Auswirkungen

In der Praxis ist es aber bereits vorgekommen, dass die Finanzverwaltung im späteren Insolvenzantragsverfahren auf den **Bericht über die Liquiditätsprüfung** verwiesen hat oder diesen gar an das Insolvenzgericht übermittelt hat. Die Liquiditätsprüfungen sollen dazu führen, dass rückständige Steuern getilgt werden.[124] Z.T. führt bereits die Ankündigung einer Liquiditätsprüfung dazu, dass säumige Unternehmen bereits aufgrund der Ankündigung einer Liquiditätsprüfung bemüht sind, die Rückstände kurzfristig auszugleichen. Jedenfalls aber ist die Finanzverwaltung daran interessiert, bei einer **Liquiditätsprüfung mit negativem Ergebnis** möglichst schnell »rückstandsunterbindende Maßnahmen«, insb. in Form von Insolvenzanträgen, zu ergreifen.[125] Es ist in der Tat nachvollziehbar, dass die Finanzverwaltung, die sich ebenso wie die Sozialversicherungsträger ihre Kunden »nicht aussuchen können«, daran interessiert ist, bei leistungsunfähigen Steuer- und Abgabepflichtigen das Auflaufen weiterer Steuerschulden oder Sozialversicherungsbeiträge dadurch zu verhindern, dass das **Unternehmen** durch Beantragung und Eröffnung des Insolvenzverfahrens **aus dem Markt genommen** wird.[126] 156

Der **Aufgabenbereich** des Liquiditätsprüfers ist wie folgt zu umreißen: 157
- Ermittlung von Vollstreckungsmöglichkeiten;
- Ermittlung anfechtbarer Rechtshandlungen;
- Ermittlung möglicher Haftungsschuldner und ggf. der Haftungsquote;

121 So Uhländer, ZInsO 2005, 1192.
122 So Bruschke, NZI 2003, 636, 641.
123 So Bruschke, NZI 2003, 636, 641.
124 So Maus, ZInsO 2004, 837.
125 So Maus, ZInsO 2004, 837.
126 So Schmittmann, InsbürO 2006, 341.

- Ermittlungen unter dem Gesichtspunkt »Zahlungsunfähigkeit«;
- Ermittlungen zu den Gesichtspunkten »Erlass-/Stundungsbedürftigkeit« im Rahmen von Billigkeitsverfahren;
- Prüfung der Werthaltigkeit angebotener Sicherheiten;
- Prüfung möglicher Übersicherung anderer Gläubiger (z.B. Banken);
- Überprüfung von Sanierungskonzepten – insb. von Insolvenzplänen;
- Beteiligung an Fahndungsprüfungen – insb. wenn der Fall bereits in Vollstreckung ist.[127]

158 *Maus* weist zu Recht darauf hin, dass mit den Liquiditätsprüfungen der Weg der **Vorteilsverschaffung** für den Steuerfiskus konsequent weiter beschritten wird, da sich die Finanzverwaltung **vollstreckungsrelevante Kenntnisse** verschafft, die anderen Gläubigern verborgen bleiben.[128]

159 Dem ist allerdings – was auch *Maus* erkennt – entgegenzuhalten, dass die Finanzverwaltung lediglich einen **kurzfristigen Vorteil** erreicht, wenn sie erfolgreiche Zwangsvollstreckungsmaßnahmen nach einer Liquiditätsprüfung durchführt. Die Finanzverwaltung muss nämlich stets damit rechnen, dass im Fall einer späteren Insolvenzeröffnung diese Vorteile durch den Insolvenzverwalter wieder neutralisiert werden, indem **Insolvenzanfechtungsansprüche** erfolgreich geltend gemacht werden.

160 Durch die Durchführung einer Liquiditätsprüfung macht sich die Finanzbehörde »bösgläubig« i.S.d. Insolvenzanfechtungsrechts. Sie erlangt durch die Liquiditätsprüfung **Kenntnis** der (drohenden) **Zahlungsunfähigkeit** des Schuldners. Im Ergebnis ist die Finanzverwaltung aber nicht schlechter gestellt als ohne Liquiditätsprüfung. Im Fall der späteren Insolvenzeröffnung sind an den Insolvenzverwalter die anfechtbar erlangten Beträge, freilich verzinst, auszukehren. Im Fall der Nichteröffnung des Insolvenzverfahrens, entweder weil der Antrag auf Eröffnung des Verfahrens mangels Masse abgewiesen worden ist oder aber weil ein Insolvenzgrund nicht eintritt, darf die Finanzverwaltung die erlangten Beträge behalten.

161 Die Kenntnis der Finanzverwaltung von einem **nicht durch Eigenkapital gedeckten Fehlbetrag** ist anfechtungsrechtlich unbeachtlich. Die im Rahmen des Besteuerungsverfahrens erfolgende Übermittlung eines Jahresabschlusses, dem sich ein nicht durch Eigenkapital gedeckter Fehlbetrag entnehmen lässt, löst keine Beobachtungs- und Erkundigungsobliegenheit der Finanzverwaltung im Blick auf eine mögliche insolvenzrechtliche **Überschuldung** aus.[129]

b) Stundung

162 Die Finanzbehörden können gem. § 222 Satz 1 AO Ansprüche aus dem Steuerschuldverhältnis ganz oder teilweise stunden, wenn die **Einziehung bei Fälligkeit** eine

127 So Maus, ZInsO 2004, 837, 838; Uhländer, ZInsO 2005, 1192.
128 So Maus, ZInsO 2004, 837, 839.
129 So BGH, 03.03.2022 – IX ZR 53/19, ZRI 2022, 334 ff. = ZInsO 2022, 716 ff. mit Anm. Gehrlein = BB 2022, 705 [Ls.].

erhebliche Härte für den Schuldner bedeuten würde und der **Anspruch** durch die Stundung **nicht gefährdet** erscheint. Die **Stundung** soll i.d.R. **nur auf Antrag** und gegen **Sicherheitsleistung** gewährt werden, § 222 Satz 2 AO. Steueransprüche gegen den Steuerschuldner können nicht gestundet werden, soweit ein Dritter (Entrichtungspflichtiger) die Steuer für Rechnung des Steuerschuldners zu entrichten, insb. einzubehalten und abzuführen hat, § 222 Satz 3 AO. Die Stundung des **Haftungsanspruchs** gegen den Entrichtungspflichtigen ist ausgeschlossen, soweit er **Steuerabzugsbeträge** einbehalten oder Beträge, die eine Steuer enthalten, eingenommen hat, § 222 Satz 4 AO.

Die Stundung ist ein einseitiger, rechtsgestaltender **Verwaltungsakt**, der die Fällig- 163
keit eines Anspruchs aus dem Steuerschuldverhältnis hinausschiebt.[130] Durch das Hinausschieben der Fälligkeit werden die materiell-rechtlichen **Verzugsfolgen** aufgehoben.[131] Die Finanzbehörden sollen nur Stundung gewähren, wenn der Anspruch durch die Stundung nicht gefährdet erscheint; zudem entstehen **Stundungszinsen** gem. § 234 Abs. 1 AO.[132] I.Ü. ist die Stundung ausgeschlossen, wenn es sich um **Abzugsteuern** handelt.[133]

Die **Nichtabführung von Abzugsteuern** ist in der Krise keine Ausnahme. Bei mangeln- 164
der Liquidität wird gerade **Umsatz- und Lohnsteuer** nicht abgeführt, da die verbliebenen liquiden Mittel dazu verwendet werden, betriebsnotwendige Lieferanten oder andere Gläubiger, die über Druckpositionen verfügen, zu befriedigen. Die Finanzverwaltung kann daher für rückständige Umsatz- und Lohnsteuerbeträge Stundung nicht bewilligen. Diese Frage ist von Bedeutung, da aufgrund der **Nichtstundbarkeit** von Umsatz- und Lohnsteuer in jedem Fall eine Berücksichtigung bei der Ermittlung der Zahlungsunfähigkeit zu erfolgen hat. Das **Bargeschäftsprivileg** aus § 142 InsO findet auf die Zahlung von **Lohnsteuer** keine Anwendung.[134]

Als stundungsfähige Steuern verbleiben daher die **Ertragsteuern**, also insb. die ESt-, 165
Körperschaft- und Gewerbesteuer. **Stundungsbedarf** ist hier allerdings selten gegeben, da diese Steuern nur bei einem erzielten Bilanzgewinn anfallen. In aller Regel dürfte hier entweder eine Kompensation über bestehende Verlustvorträge erfolgen oder aber bereits erst gar kein ertragsteuerpflichtiger Gewinn entstehen.[135] Die Bestimmungen des § 222 Satz 3 AO und § 222 Satz 4 AO verstoßen nach einer in der Literatur

---

130 So Loose, in: Tipke/Kruse, 185. Erg.Lfg., 2025, § 222 AO Rn. 1; vgl. Gerber, DB 1999, 1729 ff.; Weinreuter, NStZ 1999, 853; Obermaier, BB 2006, 582 ff.

131 So BFH, 22.04.1988 – III R 269/84, BFH/NV 1989, 428; Schmittmann, Turnaround durch steuerliche Gestaltungsmöglichkeiten und Besteuerung von Sanierungsgewinnen, in: Heinrich, Krisen im Aufschwung, Symposium Arbeits- und Insolvenzrecht 2008, S. 83, 101.

132 Vgl. Schmittmann, Turnaround durch steuerliche Gestaltungsmöglichkeiten, S. 83, 101.

133 So BFH, 08.02.1957 – VI 141/56, BStBl. II 1957, S. 329; BFH, 24.03.1998 – I R 120/97, BStBl. II 1999, S. 3.

134 So LG München I, 13.07.2021 – 6 O 17571/20, ZRI 2021, 950 ff. = ZIP 2021, 2188 ff. = EWiR 2021, 595 f. (Kruse/Hageböke).

135 Vgl. Schmittmann, Turnaround durch steuerliche Gestaltungsmöglichkeiten, S. 83, 101.

vertretenen Auffassung gegen das aus dem **Rechtsstaatsprinzip**, Art. 20 Abs. 1 GG, folgende Übermaßverbot.[136] Bei der Ermittlung und Geltendmachung von Insolvenzanfechtungsansprüchen können **Stundungsanträge** des Steuerpflichtigen erhebliche Bedeutung haben. Der Steuerpflichtige wird im Stundungsantrag im Einzelnen ausführen, warum ihm derzeit die Zahlung der Steuer nicht möglich ist. Es wird sich also aus dem Stundungsantrag ergeben, dass bereits Zahlungsunfähigkeit eingetreten ist. Darüber hinaus wird anhand des Stundungsantrages beim FA **Kenntnis** der Zahlungsunfähigkeit des Schuldners eingetreten sein. Es ist daher in der Praxis zweckmäßig, den Schuldner danach zu befragen, ob in der Vergangenheit **Stundungsanträge** gestellt worden sind. Ggf. ist auch der (frühere) steuerliche Berater des Schuldners auf Auskunftserteilung in Anspruch zu nehmen.

c) Zahlungsaufschub

166 Gem. der durch Gesetz vom 22.12.2014[137] aufgehobenen Regelung des § 223 AO konnte bei **Einfuhr- und Ausfuhrabgaben** und **Verbrauchsteuern** die Zahlung fälliger Beträge auf **Antrag** des Steuerschuldners gegen **Sicherheitsleistung** hinausgeschoben werden, soweit die Steuergesetze dies bestimmen. Einen eigenständigen Regelungsinhalt hatte die Norm nicht, da sie lediglich auf einschlägige Steuergesetze verwies. Die Aufhebung war daher folgerichtig.

d) Erlass

167 Die Finanzbehörden können gem. § 227 AO Ansprüche aus dem **Steuerschuldverhältnis** ganz oder z.T. **erlassen**, wenn deren Einziehung nach Lage des einzelnen Falles unbillig wäre; unter den gleichen Voraussetzungen können bereits entrichtete Beträge erstattet oder angerechnet werden.

168 Die Regelung des § 227 AO dient ebenso wie die Vorschrift des § 163 AO zum **Ausgleich unbilliger Härten.**[138]

169 Sachlich unbillig ist die Festsetzung einer Steuer, wenn sie zwar äußerlich dem Gesetz entspricht, aber den **Wertungen des Gesetzgebers** im konkreten Fall derart zuwiderläuft, dass die Erhebung der Steuer als unbillig erscheint. Sachliche Gründe sind dann gegeben, wenn nach dem erklärten oder mutmaßlichen Willen des Gesetzgebers angenommen werden kann, dass der Gesetzgeber die im **Billigkeitswege** zu entscheidende Frage – hätte er sie geregelt – i.S.d. beabsichtigten Billigkeitsmaßnahme entschieden hätte.[139] Auch wenn demnach **Härten**, die der Gesetzgeber bei der Regelung des gesetzlichen Tatbestandes bedacht und in Kauf genommen hat, grds. keine Billigkeitsmaßnahme rechtfertigen, so ist eine derartige Maßnahme gleichwohl geboten,

136 So Loose, in: Tipke/Kruse, § 222 AO Rn. 9.
137 BGBl. I 2014, 2417.
138 So Loose, in: Tipke/Kruse, § 227 AO Rn. 2.
139 So BFH, 26.05.1994 – IV R 51/93, BStBl. II 1994, S. 833; BFH, 27.05.2004 – IV R 55/02, BFH/NV 2004, 1555, 1556.

wenn ohne die begehrte Billigkeitsmaßnahme das Verhalten des Gesetzgebers aus verfassungsrechtlichen Gründen zu beanstanden wäre.[140]

Die Untersuchung der Erlassgründe ergibt für die Frage einer Insolvenzanfechtung keine weiteren Gesichtspunkte. **170**

e) Einstweilige Einstellung und Beschränkung der Vollstreckung

Die **Vollstreckung** ist gem. § 257 Abs. 1 Nr. 4 AO einzustellen oder zu beschränken, soweit die Leistung gestundet ist. **171**

Die Regelung des § 257 AO galt bis 31.12.2014 auch für den **Zahlungsaufschub** i.S.v. § 223 AO. Der Abschluss einer **Ratenzahlungsvereinbarung** nach Offenlegung des Unvermögens des Schuldners, eine uneingeschränkt fällige Schuld zu begleichen, führt zur Kenntnis des Gläubigers von der Zahlungsunfähigkeit des Schuldners.[141] **172**

Soweit im Einzelfall die Vollstreckung unbillig ist, kann gem. § 258 AO die Vollstreckungsbehörde sie **einstweilen einstellen** oder **beschränken** oder eine Vollstreckungsmaßnahme **aufheben.** **173**

Die »Unbilligkeit« ist ein unbestimmter Gesetzesbegriff, sodass **Einzelfallerwägungen** anzustellen sind. Für die Anwendung des § 258 AO kommt es darauf an, ob die Zwangsvollstreckung vorübergehend unbillig ist.[142] **174**

Der **Vollstreckungsschutz** nach § 258 AO zielt nur auf vorläufige Maßnahmen ab, die die Entrichtung (Beitreibung) der rückständigen Steuer auf Dauer nicht behindern oder gefährden. Eine Unbilligkeit im Sinne dieser Bestimmung ist daher nur anzunehmen, wenn die Vollstreckung oder eine einzelne Vollstreckungsmaßnahme dem Vollstreckungsschuldner einen unangemessenen Nachteil bringen würde, der durch kurzfristiges Zuwarten oder durch eine andere Vollstreckungsmaßnahme vermieden werden könnte.[143] Bei **Anerbieten von Ratenzahlungen** durch den Steuerpflichtigen kann die Vollstreckung unbillig i.S.v. § 258 AO sein. Dies gilt aber nur dann, wenn mit hinreichender Wahrscheinlichkeit erwartet werden kann, dass der Vollstreckungsschuldner seine Zusage einhalten wird, und wenn nach der Höhe der angebotenen **Raten** mit einer zügigen, kurzfristigen **Tilgung der Schuld** gerechnet werden kann.[144] Der Abschluss einer Ratenzahlungsvereinbarung nach Offenlegung des Unvermögens des Schuldners, eine uneingeschränkt fällige Schuld zu begleichen, führt zur Kenntnis des Gläubigers von der Zahlungsunfähigkeit des Schuldners.[145] Mit dem Angebot, Raten zu zahlen, legt der Schuldner zugleich sein Unvermögen offen, die fällige **175**

140 Vgl. BVerfG, 08.07.1987 – 1 BvR 623/86, HFR 1988, 177; BFH, 06.02.1976 – III R 24/71, BFHE 118, 151; BFH, 27.05.2004 – IV R 55/02, BFH/NV 2004, 1555, 1556.
141 So OLG Saarbrücken, 10.07.2012 – 4 U 212/11, ZInsO 2012, 1724, 1725.
142 So Loose, in: Tipke/Kruse, § 258 AO Rn. 5.
143 So BFH, 04.02.1992 – VII B 119/91, BFH/NV 1992, 789, 791.
144 So BFH, 24.09.1991 – VII B 107/91, BFH/NV 1992, 503.
145 So OLG Saarbrücken, 10.07.2012 – 4 U 212/11, ZInsO 2012, 1724, 1725.

Schuld uneingeschränkt zu begleichen.[146] Erklärt der Schuldner seinem Gläubiger, eine fällige Zahlung nicht in einem Zug erbringen und nur Ratenzahlungen leisten zu können, muss dieser allein aus diesem Umstand nicht zwingend darauf schließen, dass der Schuldner seine Zahlungen eingestellt hat.[147]

176 Hat Zahlungsunfähigkeit vorgelegen, liegt die Beweislast für den Wegfall der Zahlungsunfähigkeit durch Abschluss einer **Ratenzahlungsvereinbarung**[148] bei dem Gläubiger, der sich darauf beruft. Bei einem gewerblich tätigen Schuldner ist von weiteren Gläubigern auszugehen, deren Forderungen auch zu berücksichtigen sind, wenn sie keinen vergleichbaren Druck zur Eintreibung ihrer Forderungen ausüben.[149]

177 Hatte der Schuldner seine Zahlungen eingestellt (**Zahlungseinstellung**), muss der Anfechtungsgegner darlegen und beweisen, dass der Schuldner die Zahlungen im Zeitpunkt der angefochtenen Rechtshandlung allgemein wieder aufgenommen hatte. Allein die Tatsache, dass über die Verbindlichkeit des Schuldners gegenüber dem Anfechtungsgegner eine **Ratenzahlungsvereinbarung** getroffen wurde und der Schuldner die vereinbarten Raten zahlte, genügt hierfür in der Regel selbst dann nicht, wenn die Zahlungseinstellung maßgeblich aus der Nichtbedienung dieser Verbindlichkeit abgeleitet worden ist.[150]

178 Mit der **Insolvenzanfechtungsreform 2017** hat dies im Gesetz wie folgt Niederschlag gefunden:

179 § 133 Abs. 3 Satz InsO: Hatte der andere Teil mit dem Schuldner eine **Zahlungsvereinbarung** getroffen oder diesem in sonstiger Weise eine **Zahlungserleichterung** gewährt, wird vermutet, dass er zur Zeit der Handlung die Zahlungsunfähigkeit des Schuldners nicht kannte.[151]

180 Die **Korrespondenz**, die zwischen Schuldner bzw. Steuerberater und dem FA im Hinblick auf die einstweilige Einstellung oder Beschränkung der Vollstreckung geführt wird, sollte durch den Insolvenzverwalter im Einzelnen **sorgfältig ausgewertet** werden,

---

146 Vgl. OLG Saarbrücken, 10.07.2012 – 4 U 212/11 – 64, DStRE 2012, 2288, 2289 = ZInsO 2012, 1724, 1725.

147 So BGH, 14.07.2016 – IX ZR 188/15, ZIP 2016, 1686 ff. = EWiR 2016, 767 f. [Schröder] = NZI 2016, 837 ff. mit Anm. Wazlawik = Verbraucherinsolvenz aktuell 2016, 91 ff. mit Anm. Dahl = ZInsO 2016, 1749 ff.

148 Vgl. dazu: Iliou, Praktische Empfehlungen zur Gestaltung von Ratenzahlungsvereinbarungen vor dem Hintergrund der neueren BGH-Rechtsprechung, ZInsO 2014, 640 f.; vgl. OLG Rostock, 11.06.2014 – 6 U 17/13, ZInsO 2014, 1446, 1448.

149 So BGH, 06.12.2012 – IX ZR 3/12, ZIP 2013, 228 ff. = NZI 2013, 140 ff. = EWiR 2013, 175 f. [Bremen]; vgl. dazu Köper/Pfoser, Vorsatzanfechtung nach § 133 Abs. 1 InsO bei Ratenzahlungsvereinbarungen und ihre Folgen für Handelsunternehmen, ZInsO 2014, 2341 ff.

150 So BGH, 24.03.2016 – IX ZR 242/13, ZIP 2016, 874 ff. = NZI 2016, 454 ff. = EWiR 2016, 375 f. [Cranshaw].

151 Vgl. dazu näher: Kap. 3 § 133 InsO Rdn. 102 ff.

da sich hier nicht nur Hinweise zum Zeitpunkt des Eintritts der Zahlungsunfähigkeit finden, sondern auch hinsichtlich der Kenntnis der Finanzverwaltung.

Eine **einstweilige Einstellung** der Zwangsvollstreckung ist nicht gerechtfertigt, wenn der Steuerpflichtige nichts zur Rückführung seiner Steuerschulden unternommen hat und weder seine wirtschaftlichen Verhältnisse offengelegt noch einen Vorschlag zur Rückführung seiner Steuerschulden dargelegt hat. **Nachteile** und etwaige **Härten**, die üblicherweise mit jeder Vollstreckungsmaßnahme verbunden sind die jeden Vollstreckungsschuldner treffen, begründen für sich allein noch keine Unbilligkeit der Vollstreckung.[152] 181

f) Ratenzahlung

Bei der **Vereinbarung einer Ratenzahlung** handelt es sich um eine **modifizierte Stundung.** Die Finanzverwaltung schließt Ratenzahlungsvereinbarungen lediglich dann ab, wenn konkrete Anhaltspunkte dafür vorliegen, dass die Steuerschulden in absehbarer Zeit durch **freiwillige Leistungen** des Schuldners zurückgeführt werden können. Von einem absehbaren Zeitraum kann nicht mehr ausgegangen werden, wenn der dem FA unterbreitete Tilgungsvorschlag eine vollständige Begleichung der Steuerrückstände erst nach mehreren Jahren erwarten lässt.[153] Mit dem Angebot, Raten zu zahlen, legt der Schuldner zugleich sein Unvermögen offen, die fällige Schuld uneingeschränkt zu begleichen.[154] Eine Ratenzahlung allein oder die Bitte des Schuldners um Abschluss einer Ratenzahlungsvereinbarung begründet allerdings nach Auffassung des BGH **kein ausreichendes Indiz** für die Kenntnis des Empfängers von der Zahlungsunfähigkeit oder Zahlungseinstellung des Schuldners, insb. wenn sie sich im Rahmen der **Gepflogenheiten des Geschäftsverkehrs** hält.[155] Diese Rechtsprechung ist seit der Anfechtungsreform 2017 in § 133 Abs. 3 Satz 2 InsO als gesetzliche Vermutung regelt. 182

Der **Insolvenzverwalter** ist gut beraten, den **Schriftwechsel** zwischen dem Schuldner bzw. dem steuerlichen Berater und der Finanzverwaltung durchzusehen, der im Zusammenhang mit einer Ratenzahlung geführt wurde. Hieraus ergibt sich nicht nur weiterer Sachverhalt zu der Frage, wann bei dem Schuldner **Zahlungsunfähigkeit** eingetreten ist, sondern auch zur **Kenntnis** des FA darüber. 183

Forderungen, deren **Gläubiger** sich für die Zeit vor Eröffnung eines Insolvenzverfahrens mit einer **späteren** oder **nachrangigen Befriedigung einverstanden erklärt** haben, sind nach der Rechtsprechung des BGH bei der Prüfung der Zahlungsunfä- 184

152 So BFH, 18.11.2010 – XI B 56/10, BFH/NV 2011, 199; Vorinstanz: FG München, 22.02.2010 – 14 K 3659/09, n.v.

153 Vgl. BFH, 05.10.2001 – VII B 15/01, BFH/NV 2002, 160 Rn. 6; BFH, 07.10.1992 – VII B 92/92, BFH/NV 1993, 513; BFH, 18.11.2010 – XI B 56/10, BFH/NV 2011, 199.

154 Vgl. OLG Saarbrücken, 10.07.2012 – 4 U 212/11 – 64, DStRE 2012, 2288, 2289 = ZInsO 2012, 1724, 1725.

155 So BGH, 30.04.2015 – IX ZR 149/14, ZIP 2015, 1549 ff. = EWiR 2015, 579 f. [d'Avoine]; BGH, 16.04.2015 – IX ZR 6/14, ZIP 2015, 937 = ZVI 2015, 217.

higkeit des Schuldners nicht zu berücksichtigen.[156] Sofern der Schuldner allerdings nach Vereinbarung einer Stundung vorfällig zahlt, so ist von einer inkongruenten Deckung auszugehen.

185 Dies beantwortet allerdings nicht die Frage, ob in einer **Ratenzahlungsvereinbarung** stets eine **inkongruente Deckung** liegt. Nach Auffassung des AG Schöneberg handelt es sich bei Ratenzahlungen, die mit der Finanzverwaltung zur Abwendung der Vollstreckung vereinbart wurden, nicht um freiwillige Leistungen des Schuldners, sondern um inkongruente Deckungen i.S.v. § 131 Abs. 1 InsO. Selbst wenn der Schuldner in Unkenntnis der **drohenden Vollstreckung** bei der Finanzverwaltung bittet, die Steuerrückstände in Raten begleichen zu dürfen, so geschieht dies unter dem **Druck der Vollstreckungsmöglichkeiten**, die der Finanzverwaltung zustehen. Selbst wenn Vollstreckungsaufschub bewilligt wird, so muss der Schuldner nach dem objektiven Empfängerhorizont einen **Vollstreckungsaufschub** dahin verstehen, dass die Vollstreckung wegen der rückständigen Steuerschulden ohne weitere Vorankündigung fortgesetzt wird, wenn er mit einer Rate in Verzug gelangt.[157]

186 Scheitert eine **Ratenzahlung**, so kommen erst recht Insolvenzanfechtungsansprüche in Betracht. Das OLG Sachsen-Anhalt hat im Einzelnen herausgearbeitet, dass es Schuldnern, denen bereits Mahnungen und Vollstreckungsankündigungen der Finanzverwaltung vorliegen, ersichtlich darauf ankommt, einen besonders durchsetzungsfähigen und damit gefährlichen Gläubiger auf Distanz zu halten und damit weitere Beitreibungsmaßnahmen zu verhindern. Insb. ist der Schuldner daran interessiert, weitere **Zahlungsverzögerungen** zu vermeiden, da diese zum **Verlust der Ratenzahlungsvereinbarung** und damit zu **Zwangsvollstreckungsmaßnahmen** führen würden, die regelmäßig zu einer unmittelbaren Existenzbedrohung führen. Der Schuldner nimmt es daher in Kauf, andere Gläubiger nicht oder nur verzögert zugunsten der Finanzverwaltung befriedigen zu können. Aus dem Zahlverhalten eines Schuldners muss die Finanzverwaltung den Schluss ziehen, dass jede geleistete Zahlung dazu führen muss, dass andere Gläubiger leer ausgehen. Dies gilt insb. dann, wenn das **Scheitern eines eigenen Ratenzahlungsplanes** eingeräumt wird.[158]

187 Eine **Bitte** eines Steuerpflichtigen um **Vollstreckungsaufschub** dokumentiert das typische Bild eines Unternehmens in schwerer **Krise.** Insb. wenn darauf hingewiesen wird, dass ohne Vollstreckungsaufschub die Zahlungsschwierigkeiten nicht überwunden werden können, so muss die Finanzverwaltung wissen, dass zumindest **Zahlungsunfähigkeit** droht.[159]

188 Schuldnerzahlungen im Rahmen von **Steuerstundungsvereinbarungen** sind jedenfalls dann nicht nach §§ 133 Abs. 1, 129 InsO anfechtbar, wenn es an einem **Gläubigerbenachteiligungsvorsatz** des Schuldners fehlt; die bloße objektive Zahlungsunfähig-

---

156 So BGH, 19.07.2007 – IX ZB 36/07, BGHZ 173, 286 ff. = ZIP 2007, 1666 ff. = ZInsO 2007, 939 ff. Rn. 19.

157 So AG Schöneberg, 24.02.2010 – 6 C 431/09, ZVI 2010, 193 ff. = NZI 2010, 304 ff.

158 So OLG Naumburg, 25.03.2009 – 5 U 157/08, ZInsO 2009, 1596 ff.

159 So OLG Naumburg, 25.03.2009 – 5 U 157/08, ZInsO 2009, 1596 ff.

keit des Schuldners reicht für die Annahme eines solchen Vorsatzes nicht aus. Eigene Erklärungen des Schuldners, eine fällige Verbindlichkeit nicht begleichen zu können, deuten auf eine **Zahlungseinstellung** hin, auch wenn sie mit einer Stundungsbitte versehen sind. Ohne weitere Umstände könne jedoch eine Zahlungseinstellung nicht angenommen werden, da nicht fernliegend ist, dass die Zahlungssituation des Schuldners in der **Korrespondenz zum Stundungsantrag** von dem Schuldner bewusst negativ dargestellt wird, um den Gläubiger (Finanzverwaltung) zur antragsgemäßen Bescheidung des Stundungsantrages zu bewegen. Darüber hinaus kann ggf. zu berücksichtigen sein, dass schon vor Bewilligung der Stundung Ratenzahlungen geleistet werden und in der Zeit nach Bewilligung die Forderungen in regelmäßigen Raten vollständig getilgt werden können.[160] Diese Rechtsprechung des LG Kleve mag auf den Einzelfall bezogen zutreffend sein. Sie überzeugt aber insgesamt nicht, insb. unter Berücksichtigung des Umstandes, dass das Gericht offenbar davon ausgeht, dass Schuldner der Wahrheit zuwider die **wirtschaftlichen Verhältnisse negativer schildern** als tatsächlich gegeben. Bei natürlichen Personen wäre hier an den **Versagungsgrund** gem. § 290 Abs. 1 Nr. 2 InsO zu denken, wonach die RSB durch Beschluss auf Antrag zu versagen ist, wenn der Schuldner in den letzten drei Jahren vor dem Antrag auf Eröffnung des Insolvenzverfahrens oder nach diesem Antrag vorsätzlich oder grob fahrlässig schriftlich unrichtige oder unvollständige Angaben über seine wirtschaftlichen Verhältnisse gemacht hat, um einen Kredit zu erhalten, Leistungen aus öffentlichen Mitteln zu beziehen oder Leistungen an öffentliche Kassen zu vermeiden.[161]

g) Niederschlagung

Ansprüche aus dem Steuerschuldverhältnis dürfen gem. § 261 AO **niedergeschlagen** werden, wenn feststeht, dass die **Einziehung keinen Erfolg** haben wird, oder wenn die **Kosten der Einziehung** außer Verhältnis zu dem Betrag stehen. **189**

Ziel der Vorschrift des § 261 AO[162] ist die **Vermeidung** unnötigen und unverhältnismäßigen **Verwaltungsaufwands** in Fällen, in denen die Vollstreckung aussichtslos ist. Die Voraussetzungen entsprechen der Regelung des § 156 Abs. 2 AO im Festsetzungsverfahren.[163] **190**

Die **Niederschlagung** ist eine Aufhebung der Folgen der Tatbestandsverwirklichung, also eine Dispensation, die sich dahin auswirkt, dass der Anspruch vorläufig nicht mehr geltend gemacht wird und die Behörde von weiteren Vollstreckungsversuchen absieht.[164] **191**

---

160 So LG Kleve, 15.07.2008 – 3 O 23/08, KKZ 2008, 253, 254.

161 Vgl. dazu umfassend zu den Versagungsgründen bei Verletzung steuerlicher Pflichten und Obliegenheiten des Schuldners: Schmittmann, Verbraucherinsolvenz aktuell 2010, S. 33 ff.

162 Vgl. Pump, DStZ 1985, 274 ff.; App, KKZ 2004, 242 ff.; Bartone, AO-StB 2003, 420 ff.; App, DStZ 1997, 297 f.; Koglin, Gemeindehaushalt 1985, 239 f.

163 So Loose, in: Tipke/Kruse, § 261 AO Rn. 1.

164 So Loose, in: Tipke/Kruse, § 261 AO Rn. 2.

192 Die **Erfolglosigkeit** der Einziehung kann angenommen werden, wenn ein vorausgegangener Vollstreckungsversuch erfolglos geblieben ist und keine Anhaltspunkte dafür sprechen, dass der Vollstreckungsschuldner Vermögen verborgen hält oder gar beiseitegeschafft hat.[165]

193 Da die **Niederschlagung** eine **verwaltungsinterne Maßnahme** ist, stellt sie keinen Verwaltungsakt dar. Sie wird also auch **nicht** nach außen hin **bekannt gegeben.**[166]

194 Wird die **Niederschlagung** gleichwohl bekannt gegeben, was unschädlich ist, so kann diese Information für den **Insolvenzverwalter** dahin nutzbar gemacht werden, dass die Finanzverwaltung Kenntnis der **Leistungsunfähigkeit** des Schuldners erlangt hat. Es sollte daher seitens des Insolvenzverwalters höchst vorsorglich beim Schuldner und/oder seinem steuerlichen Berater angefragt werden, ob eine Niederschlagung von Steuern bekannt geworden ist.

3. Besonderheiten im Vollstreckungsverfahren

195 Sowohl die Finanzbehörden als auch die Sozialversicherungsträger können selbst durch ihre **eigenen Vollziehungsbeamten** vollstrecken, ohne dazu Gerichtsvollzieher in Anspruch nehmen zu müssen. Dies verschafft den genannten Gläubigern verschiedene Vorteile, z.B. die Möglichkeit des vergleichsweise **schnellen Zugriffs**, des **ungehinderten Informationsflusses** und der **Vollstreckung** für lediglich einen Gläubiger. Während Gerichtsvollzieher oftmals mit einer ganzen Reihe von Vollstreckungsaufträgen für verschiedene Gläubiger bei dem Schuldner erscheinen, hat der Vollziehungsbeamte des FA bzw. der Sozialversicherung lediglich für einen Gläubiger zu vollstrecken.

196 Im Einzelnen regeln §§ 249 ff. AO die Vollstreckung durch die Finanzverwaltung. Die Finanzbehörden können **Verwaltungsakte**, mit denen eine **Geldleistung**, eine sonstige Leistung, eine Duldung oder Unterlassung gefordert wird, im Verwaltungsweg vollstrecken, § 249 Abs. 1 Satz 1 AO. Dies gilt auch für **Steueranmeldungen** (§ 168 AO), § 249 Abs. 1 Satz 2 AO.

197 **Vollstreckungsbehörden** sind die FA und die Hauptzollämter, § 249 Abs. 1 Satz 3 AO. Trotz einer Vollstreckungshandlung der Finanzbehörde kann eine Rechtshandlung des Schuldners i.S. von § 133 Abs. 1 InsO angenommen werden, wenn ein Gläubiger den Kassenbestand des Schuldners pfändet oder der Schuldner eine sonst unvermeidliche Kassenpfändung durch Zahlung an den anwesenden Vollziehungsbeamten abwendet und er die Kasse in Erwartung des Vollstreckungsversuchs gezielt aufgefüllt hat, um die Befriedung des Gläubigers zu ermöglichen.[167]

198 Gem. § 252 AO gilt im Vollstreckungsverfahren die **Körperschaft** als Gläubigerin der zu vollstreckenden Ansprüche, der die **Vollstreckungsbehörde** angehört.

---

165 So Loose, in: Tipke/Kruse, § 261 AO Rn. 4.

166 So Loose, in: Tipke/Kruse, § 261 AO Rn. 8.

167 So BGH, 03.02.2011 – IX ZR 213/09, ZInsO 2011, 574 Rn. 11.

Gem. § 66 Abs. 1 SGB X gilt für die **Vollstreckung** zugunsten der Behörden des Bundes, der bundesunmittelbaren Körperschaften, Anstalten und Stiftungen des öffentlichen Rechts das **Verwaltungs-Vollstreckungsgesetz.** 199

Die oberste Verwaltungsbehörde kann gem. § 66 Abs. 1 Satz 3 SGB V bestimmen, dass die Aufsichtsbehörde nach Anhörung für die Vollstreckung fachlich geeignete Bedienstete als **Vollziehungsbeamte** bestellen darf; die fachliche Eignung ist durch einen qualifizierten beruflichen Abschluss, die Teilnahme an einem Lehrgang einschließlich berufspraktischer Tätigkeit oder entsprechender mehrjähriger Berufserfahrung nachzuweisen. 200

Es entspricht der ständigen Praxis der **Sozialversicherungsträger**, dass diese durch eigene Vollstreckungs- und Vollziehungsbeamte handeln. 201

Es steht der **Sozialversicherung** allerdings frei, aus einem Verwaltungsakt auch in entsprechender Anwendung der Zivilprozessordnung zu vollstrecken, § 66 Abs. 4 SGB X. In diesen Fällen beauftragt der Sozialversicherungsträger den **Gerichtsvollzieher** mit der Vollstreckung. 202

Nimmt eine Behörde die Zwangsvollstreckung aus einem Verwaltungsakt (**Leistungsbescheid**) gem. § 66 Abs. 4 Satz 1 SGB X nach den Vorschriften der Zivilprozessordnung vor, so gelten hierfür die §§ 704 ff. ZPO entsprechend. Die Durchführung der Zwangsvollstreckung erfordert die Vorlage der mit einer **Vollstreckungsklausel** nach § 725 ZPO versehenen vollstreckbaren **Ausfertigung** des Leistungsbescheides gem. § 724 Abs. 1 ZPO analog.[168] Rückständige Beiträge zur Sozialversicherung werden wie Gemeindeabgaben beigetrieben.[169] 203

Die Behörde kann zwischen zwei verschiedenen **Vollstreckungsarten** wählen. Sie kann entweder nach den jeweils einschlägigen Verwaltungsvollstreckungsgesetzen oder in entsprechender Anwendung der ZPO vollstrecken.[170] Das Verwaltungszwangsverfahren und der Vollstreckungsschutz richten sich gem. § 5 Abs. 1 VwVG nach den Vorschriften der Abgabenordnung.[171] 204

Betreibt der Sozialversicherungsträger die Zwangsvollstreckung im Verwaltungsvollstreckungsverfahren gem. § 66 Abs. 3 SGB X, so bedarf es für den **Antrag auf Abgabe der Vermögensauskunft (früher: eidesstattlichen Versicherung)** lediglich der **Vollstreckbarkeitsbescheinigung** unter Beidrückung des Dienstsiegels. Die Prüfungspflicht und das Prüfungsrecht des Vollstreckungsgerichts beschränkt sich auf die Frage, ob die Vollstreckungsbehörde allgemein zuständig ist, und ob die Forderung ihrer Art nach dem Verwaltungsvollstreckungsverfahren unterliegt.[172] 205

168 So BGH, 25.10.2007 – I ZB 19/07, DGVZ 2009, 111, 112 = KKZ 2009, 212, 213 Rn. 9.
169 So Engelhardt/App, VwVG/VwZG, § 1 VwVG Rn. 21.
170 So LSG Nordrhein-Westfalen, 08.11.2004 – L 17 U 201/03, BeckRS 2005, 40687.
171 So LSG Berlin, 17.03.2003 – L 14 B 81/02, BeckRS 2003, 155722.
172 So LG Darmstadt, 29.09.1998 – 5 T 879/98, DGVZ 2000, 75 f.

206 Der durch die Finanzverwaltung oder Sozialversicherung ausgeübte **Druck** (»Vollstreckungsdruck«) steigert sich von Rückstandsanzeigen bzgl. der abgelaufenen Monate über **Vollstreckungsankündigungen** bis zur Drohung mit einer Insolvenzantragsstellung.[173] Allein die Übersendung von **Rückstandsanzeigen** führt noch nicht zur Inkongruenz; Inkongruenz wird erst durch den zumindest unmittelbar bevorstehenden hoheitlichen Zwang begründet.[174] Ein solcher Druck entsteht allerdings durch eine Aufforderung, den rückständigen Gesamtbetrag zu zahlen und den gleichzeitigen Hinweis auf »Durchführung kostenpflichtiger Vollstreckungsmaßnahmen«, auch ohne konkrete Fristsetzung.[175]

II. Verhalten im Insolvenzeröffnungsverfahren

1. Grundlagen

207 Das Verhalten der Finanzverwaltung und der Sozialversicherungsträger im vorläufigen Insolvenzverfahren ist von einer zweifelhaften **Motivationslage** geprägt. Oftmals sind Finanzverwaltung und Sozialversicherungsträger Antragsteller.[176] Der Insolvenzantrag, § 13 InsO, ist darauf gerichtet, das Insolvenzverfahren zu eröffnen, damit die Gläubiger eines Schuldners **gemeinschaftlich befriedigt** werden, indem das Vermögen des Schuldners verwertet und der Erlös verteilt oder in einem Insolvenzplan eine abweichende Regelung insb. zum Erhalt des Unternehmens getroffen wird, § 1 Satz 1 InsO.

208 Tatsächlich aber liegen den Insolvenzanträgen der Sozialversicherungsträger sowie der Finanzverwaltung andere **Interessenlagen** zugrunde. Weil sich weder Finanzverwaltung noch Sozialversicherungsträger[177] ihre »Kunden« selbst aussuchen können, haben sie in aller Regel ein Interesse daran, bei leistungsunfähigen Steuerpflichtigen bzw. Arbeitgebern das **Auflaufen weiterer Verbindlichkeiten** dadurch zu verhindern, dass das Unternehmen durch Beantragung der Eröffnung des Insolvenzverfahrens – als rückstandsunterbindende Maßnahme – **aus dem Markt genommen** wird.[178]

209 Darüber hinaus ist nicht zu verkennen, dass Finanzverwaltung und Sozialversicherungsträger in erheblichem Umfang sog. »**Druckanträge**« stellen, um den Schuldner zu veranlassen, doch noch »**letzte Liquidität**« zu mobilisieren, um den Antrag auf Eröffnung des Insolvenzverfahrens zur Erledigung zu bringen.[179] Dieses Vorgehen

---

173 Vgl. dazu nun: BGH, 07.03.2013 – IX ZR 216/12 Rn. 12, ZIP 2013, 838 = NZI 2013, 492 mit Anm. Schluck-Amend/Krispenz.

174 So BGH, 17.06.2010 – IX ZR 134/09, ZInsO 2010, 1324, 1325 Rn. 8.

175 So BGH, 20.01.2011 – IX ZR 8/10, ZIP 2011, 385 = DStR 2001, 631 = DB 2011, 468 Rn. 9.

176 Vgl. Busch in: Schmittmann, Fachberater, Kap. 14 Rn. 25 ff.

177 Vgl. zur Schlüssigkeit des Antrags eines Sozialversicherungsträgers: LG Hamburg, 19.08.2010 – 326 T 71/10, ZInsO 2010, 1842, 1843.

178 Vgl. FG Bremen, 13.09.1999 – 299244 V 2, EFG 1999, 1245.

179 Vgl. Schmittmann/Theurich/Brune, Das insolvenzrechtliche Mandat, § 2 Rn. 131 ff.; Schmittmann, InsbürO 2006, 341; Hantke/Schmittmann, VR 2002, 335, 338; Gerke, ZInsO 2003, 873 ff.

seitens der Sozialversicherungsträger findet seine Begründung in § 13 Abs. 2 InsO, wonach der Antrag zurückgenommen werden kann, bis das Insolvenzverfahren eröffnet oder der Antrag rechtskräftig abgewiesen worden ist.

Es ist unter dem Gesichtspunkt der **Verhältnismäßigkeit** ermessensfehlerhaft, wenn **210** sich ein Gläubiger vorzeitig des Insolvenzantrags und damit der für den Schuldner einschneidendsten und gefährlichsten Maßnahme der Zwangsvollstreckung bedient, ohne zuvor in ausreichendem Umfang weniger belastende Maßnahmen der **Einzelzwangsvollstreckung** ausgeschöpft oder wenigstens in zureichendem Maß ernsthaft versucht zu haben. Der Insolvenzantrag einer Krankenkasse als Einzugsstelle aufgrund rückständiger Beitragsforderungen stellt – ebenso wie der Insolvenzantrag eines Finanzamtes – keinen Verwaltungsakt dar, sondern schlichtes hoheitliches Handeln.[180]

Die Entscheidung darüber, ob ein Insolvenzantrag gestellt wird, steht im **Ermessen** **211** (§ 5 AO) der Finanzbehörde. Bei der Ausübung des Ermessens hat die Finanzbehörde zu berücksichtigen, dass der Insolvenzantrag nicht nur für den Vollstreckungsschuldner selbst, sondern auch für dessen Arbeitnehmer, Lieferanten und Abnehmer ggf. existenzvernichtende Wirkung hat. Der Insolvenzantrag darf daher nur nach **gründlicher Würdigung aller maßgeblichen Umstände**, insb. der Höhe der Steuerforderung gestellt werden.[181] Die Finanzverwaltung muss vor Stellung eines Insolvenzantrages i.R.d. Grundsatzes der **Verhältnismäßigkeit** die Einzelzwangsvollstreckung betreiben.[182] Ausnahmsweise kann im einstweiligen Rechtsschutzvorfahren vor dem Finanzgericht eine endgültige Regelung ergehen, wenn die wirtschaftliche Existenz des Schuldners durch die Eröffnung des Insolvenzverfahrens unmittelbar bedroht ist.[183]

Ein **Ermessensfehlgebrauch** der Finanzverwaltung liegt bereits dann vor, wenn die **212** Finanzbehörde den Insolvenzantrag lediglich als Druckmittel für die Abgabe von Steuererklärungen oder Steueranmeldungen nutzt.[184] Weiterhin liegt **Ermessensfehlgebrauch** vor, wenn der Insolvenzantrag ohne entsprechenden Grund oder etwa unter missbräuchlicher Ausnutzung der aufgrund bestandskräftiger Steuerfestsetzung gegebenen Rechtsstellung oder aus sachfremden Erwägungen gestellt worden ist.[185] Es liegt auf der Hand, dass zahlreiche Insolvenzanträge durch öffentlich-rechtliche Gläubiger nur gestellt werden, um den Schuldner zu veranlassen, die Rückstände auszugleichen. Nach Zahlung oder Abschluss einer **Ratenzahlungsvereinbarung** erfolgt in aller Regel eine Rücknahme- oder Erledigungserklärung.[186] Die Zahlung erfolgt aufgrund des

180 S. LSG Nordrhein-Westfalen, 24.07.2024 – L 10 KR 343/24 B ER, ZRI 2025, 147 ff. = StB 2025, 99 ff. mit Anm. Schmittmann; krit.: Bartels, ZRI 2025, 501 ff.

181 Vgl. Waza/Uhländer/Schmittmann, Insolvenzen und Steuern, Rn. 201.

182 So FG Düsseldorf, 01.02.1993 – 17 V 7392/92, EFG 1993, 592; FG Münster, 12.03.2000 – 12 V 1054/00, DStR 2000, 668; FG Saarland, 21.01.2004 – 1 K 67/03, EFG 2004, 759 f.; FG Berlin, 21.09.2004 – 7 K 7182/04, DStRE 2006, 175, 176.

183 So FG Niedersachsen, 27.10.2010 – 15 V 340/10, ZInsO 2011, 587, 590.

184 So BFH, 01.03.1990 – VII B 155/89, BFH/NV 1990, 787.

185 So BFH, 23.07.1985 – VII B 29/85, BFH/NV 1986, 41, 43.

186 Der Abschluss einer Ratenzahlungsvereinbarung ist nach Auffassung des LG Mannheim (13.07.2012 – 11 O 42/12, NZI 2012, 848 f., mit Besprechungsaufsatz Cymutta, NZI

von dem Insolvenzantrag ausgehenden Druck und eröffnet dadurch Anfechtungsmöglichkeiten für den späteren Insolvenzverwalter.

2. Rücknahme

213 Gem. § 13 Abs. 2 InsO kann der **Eröffnungsantrag zurückgenommen** werden, sofern nicht das Verfahren eröffnet wurde oder eine Abweisung mangels Masse erfolgte. Eine Zustimmung des Antragsgegners zur Rücknahmeerklärung ist nicht erforderlich. Die Erfüllung der dem Insolvenzantrag zugrunde liegenden Forderung macht den Insolvenzantrag gem. § 14 Abs. 1 Satz 2 InsO nicht unzulässig, sodass das Verfahren fortgesetzt werden kann. Die Regelung des § 269 Abs. 1 ZPO greift nicht ein, da eine mündliche Verhandlung über den Eröffnungsantrag nicht stattfindet. Wird die Forderung des Gläubigers nach Antragstellung erfüllt, so hat der **Schuldner** gem. § 14 Abs. 3 InsO die **Kosten des Verfahrens** zu tragen, wenn der Antrag als unbegründet abgewiesen wird.

214 Die **Rücknahmeerklärung** ist ebenso wie der Eröffnungsantrag eine **Prozesshandlung** und deshalb **bedingungsfeindlich.** Es ist somit nicht zulässig, den Insolvenzantrag z.T. zurückzunehmen. Das Antragsrecht ist unteilbar, sodass auch nur eine Rücknahme in vollem Umfang möglich ist.[187] Die Annahme einer **Ratenzahlung** durch den antragsstellenden Gläubiger und die Vereinbarung von Ratenzahlungen auf die restliche Forderung begründen die Vermutung, dass der Eröffnungsantrag missbräuchlich gestellt wurde, um die Zahlungsbereitschaft des Schuldners zu erhöhen.[188] Nach wirksamer **Rücknahme** des Eröffnungsantrages hat kraft Gesetzes der Antragsteller gem. § 4 InsO und § 269 Abs. 3 Satz 2 ZPO die **Kosten** des Verfahrens zu tragen, sofern nicht ein Sonderfall vorliegt, z.B. eine abweichende Vereinbarung der Verfahrensbeteiligten oder der Anlass zur Antragsstellung vor Zustellung des Antrages an den Schuldner weggefallen ist und der Antrag daraufhin zurückgenommen wird.[189]

3. Erledigungserklärung

215 Da der antragstellende Gläubiger im Fall der Rücknahme des Eröffnungsantrages in aller Regel die Kosten zu tragen hat, entspricht es der üblichen Praxis, dass eine **Erledigungserklärung** erfolgt. Grund der Erledigung kann jedes nach Zustellung des Eröffnungsantrages eingetretene Ereignis sein, aufgrund dessen der Antrag unzulässig oder unbegründet geworden ist oder sonst seinen Sinn für den Antragsteller verloren hat. In Betracht kommt insb. die Erfüllung der Forderung als Grundlage des Antragsrechts, eine **Zahlungsvereinbarung**, der nachträgliche Wegfall des Eröff-

---

2012, 831 f.) bei einer Anfechtung gegenüber einer Berufsgenossenschaft kein hinreichendes Indiz für die Kenntnis des Anfechtungsgegners vom Benachteiligungsvorsatz des Schuldners.

187 So MK-InsO/Vuia, § 13 InsO Rn. 113; AG Duisburg, 18.11.2002 – 62 IN 171/02, NZI 2003, 161.

188 So AG Duisburg, 18.11.2002 – 62 IN 171/02, NZI 2003, 161.

189 So MK-InsO/Vuia, § 13 InsO Rn. 125.

nungsgrundes, die nach Antragsstellung gewonnene Erkenntnis, dass nicht einmal eine kostendeckende Masse vorhanden ist, oder die prozessuale Überholung durch Verfahrenseröffnung aufgrund eines anderen Antrages.[190] Es ist im Einzelnen umstritten, ob die Erledigungserklärung wegen **Rechtsmissbrauchs** unzulässig und damit unwirksam sein kann, wenn sie dazu dient, trotz fortbestehender Glaubhaftmachung eines Eröffnungsgrundes dem Antragsteller einen Vorteil zu sichern, der offenkundig und schwerwiegend gegen das **Gebot der gleichmäßigen Gläubigerbefriedigung** in der Insolvenz verstößt.

216 Nimmt der Antragsteller im Insolvenzeröffnungsverfahren eine **Teilzahlung** des Schuldners auf die dem Insolvenzantrag zugrunde liegende Forderung entgegen, ist diese Zahlung anfechtbar und wirksam. Der Antragsteller ist dann nicht befugt, den Antrag für erledigt zu erklären. Die **Dispositionsmaxime** des antragstellenden Gläubigers ist im Hinblick auf das Verfahrensziel der gleichmäßigen Befriedigung aller Gläubiger nach Antragsstellung durch die Vorschriften der §§ 130 ff. InsO, §§ 283c, 26, 27 StGB sowie § 134 BGB beschränkt.[191]

217 Die **Erledigungserklärung** des antragsstellenden Gläubigers ist wegen **Rechtsmissbrauchs** unwirksam, wenn die Zahlungsunfähigkeit zur Überzeugung des Insolvenzgerichts feststeht und der Antragsteller trotz einer zuvor angeordneten Verfügungsbeschränkung eine Zahlung des Schuldners angenommen hat, ohne dass er hinreichenden Grund zu der Annahme hatte, die Zahlungsunfähigkeit des Schuldners sei entfallen. Dies gilt jedenfalls, wenn der Schuldner eingeschränkt haftender Rechtsträger ist, dessen Vertreter der gesetzlichen Insolvenzantragspflicht unterliegt.[192]

218 Es ist allerdings nicht zu übersehen, dass es sich bei der vorstehend referierten Rechtsprechung nicht um die überwiegende Auffassung handelt. Nach überwiegender Auffassung ist nach wie vor die **Dispositionsmaxime** vorrangig, sodass es dem antragsstellenden Gläubiger freisteht, den Insolvenzantrag auch dann für erledigt zu erklären, wenn die Eröffnungsvoraussetzungen nach wie vor gegeben sind.[193]

219 Selbst wenn der Antragsteller seinen Antrag auf Eröffnung des Insolvenzverfahrens vor Verfahrenseröffnung zurücknimmt, so liegt nicht selten parallel ein **weiterer Insolvenzantrag** eines anderen Gläubigers vor, sodass Anfechtungsmöglichkeiten bestehen, sofern eines der anderen Verfahren zur Eröffnung gelangt.

220 Folgende Anfechtungsansprüche greifen durch, wenn die **Rechtshandlung nach dem Eröffnungsantrag** vorgenommen worden ist:
- § 130 Abs. 1 Satz 1 Nr. 2 InsO,
- § 131 Abs. 1 Nr. 1 InsO,
- § 132 Abs. 1 Nr. 2 InsO,

190 So MK-InsO/Vuia, § 13 InsO Rn. 127.
191 So AG Hamburg, 10.10.2003 – 67 c IN 377/02, ZInsO 2002, 1100 = ZIP 2002, 2270.
192 So AG Duisburg, 09.06.2004 – 62 IN 189/04, ZVI 2005, 129 ff.
193 Vgl. K/P/B/Pape, § 13 InsO Rn. 130; Schmittmann/Theurich/Brune, Das insolvenzrechtliche Mandat, § 4 Rn. 302.

– § 133 Abs. 1 Satz 1 InsO,
– § 135 Abs. 1 Nr. 1 InsO,
– § 135 Abs. 1 Nr. 2 InsO,
– § 136 Abs. 1 Satz 1 InsO.

221 Soweit der Insolvenzanfechtungstatbestand nur dann eingreift, wenn der Gläubiger den **Eröffnungsantrag** kannte, so ist dieses **Wissen** bei den selbst antragstellenden Gläubigern gegeben, auch wenn die Eröffnung des Insolvenzverfahrens später aufgrund eines anderen Insolvenzantrages erfolgt.

222 Sind **mehrere Eröffnungsanträge** gestellt worden, so ist gem. § 139 Abs. 2 Satz 1 InsO der erste zulässige und begründete Antrag maßgeblich, auch wenn das Verfahren aufgrund eines späteren Antrages eröffnet worden ist (vgl. dazu § 139 InsO Rdn. 9).

III. Verhalten im eröffneten Insolvenzverfahren

1. Auskunftsverweigerung

223 Das Verhalten von Finanzverwaltung und Sozialversicherungsträgern ist im eröffneten Insolvenzverfahren nicht selten von einer latenten **Grundhaltung der Verweigerung** geprägt. Gerade, weil die Buchhaltung der schuldnerischen Unternehmen in erheblichem Umfang rückständig ist, ist es allerdings erforderlich, dass der Insolvenzverwalter sich um **Auskunftserteilung** aktiv bemüht, um Sachverhalte zu ermitteln, die der Insolvenzanfechtung zugänglich sind. Dabei steht allerdings nicht die Ermittlung von Insolvenzanfechtungsansprüchen im Vordergrund, sondern vielmehr die gesetzliche Aufgabe des Insolvenzverwalters, das Verfahren geordnet abzuwickeln, was auch einschließt, dass z.B. **rückständige Meldungen zur Sozialversicherung** nachgearbeitet werden, **rückständige Buchhaltungen** rekonstruiert und **überfällige Jahresabschlüsse und Steuererklärungen** nachgefertigt werden.[194]

224 Grds. wird der Insolvenzverwalter überprüfen müssen, aufgrund welcher **Rechtsgrundlagen** er Auskünfte verlangen kann:

2. Auskunftsansprüche des Insolvenzverwalters

Schrifttum
Beckemper, Das neue Informationsfreiheitsgesetz des Bundes, LKV 2006, 301 f.; *Beckmann*, Informationsfreiheitsgesetz des Landes NRW, DVP 2003, 142 ff.; *Blank/Blank*, Der Auskunftsanspruch des Insolvenzverwalters nach IFG bei fiskalischem Handeln des Behörde zur Vorbereitung einer insolvenzrechtlichen Anfechtung, ZInsO 2009, 1881 ff.; *Bräutigam*, Das deutsche Informationsfreiheitsgesetz aus rechtsvergleichender Sicht, DVBl 2006, 950 ff.; *Bull*, Informationsfreiheitsgesetze – wozu und wie?, ZG 2002, 201 ff.; *Büttner*, Akteneinsicht und Kontoauszug im Insolvenzeröffnungsverfahren natürlicher Personen?, ZVI 2017, 213 ff.; *Dahl*, Rechtsweg bei Ansprüchen des Verwalters aus Informationsfreiheitsgesetz, NJW-Spezial 2013, 21 f.; *Debus*, Gebühren für Informationen nach dem Informationsfreiheitsgesetz des Bundes,

194 Vgl. Schmittmann, InsbürO 2005, 288 ff.

DVBl 2013, 9 ff.; *Ebner/Krause*, Der Auskunftsanspruch des Insolvenzverwalters gegenüber der Finanzverwaltung – Praxishinweise zum Urteil des BVerwG vom 26.04.2018 – 7 C 5.16, InsbürO 2019, 65; *Erkis*, Die neuen steuerlichen Datenschutzrechte im Besteuerungsverfahren, DStR 2018, 161 ff.; *Eversloh*, Auskunft nach dem Informationsfreiheitsgesetz NRW, AO-StB 2003, 293 ff.; *Fechner*, Zur Auskunftspflicht von Vollstreckungsbehörden gegenüber dem Insolvenzverwalter, InsbürO 2010, 468 f.; *Gotzen*, Das Recht auf Informationszugang, KommJur 2004, 171 ff.; *Grundmann*, Erweiterter Informationszugang gegenüber den Finanzbehörden durch die Informationsfreiheitsgesetze?, AO-StB 2004, 133 ff.; *Gundlach/Frenzel*, Neue Auskunftsansprüche des Insolvenzverwalters gegen bestimmte Anfechtungsgegner, NZI 2009, 719 ff.; *Kloepfer*, Grundprobleme der Gesetzgebung zur Informationszugangsfreiheit, K&R 2006, 19 ff.; *ders.*, Informationszugangsfreiheit und Datenschutz: Zwei Säulen des Rechts der Informationsgesellschaft, DÖV 2003, 221 ff.; *Kloepfer/von Lewinski*, Das Informationsfreiheitsgesetz des Bundes, DVBl 2005, 1277 ff.; *Klusmeier*, Wenn das Finanzamt »mauert« …, ZInsO 2019, 1050 ff.; *Korn*, Akteneinsicht und Informationsfreiheit im Steuerrecht, DÖV 2012, 232 ff.; *Matthes*, Das Informationsfreiheitsgesetz, 2006; *Misoch/Schmittmann*, Das Auskunftsverfahren nach dem Informationsfreiheitsgesetz des Bundes, VR 2012, 181 ff.; *Nöcker*, Klartextkontoauszug an den Insolvenzverwalter: Streitigkeiten im Grenzbereich von Steuer-, Zivil-, Insolvenz- und Informationsfreiheitsrecht, AO-StB 2010, 44 ff.; *Polenz*, Das neue Informationszugangsgesetz Schleswig-Holstein, DÖV 2012, 432 ff.; *Raue*, Informationsfreiheit und Urheberrecht, JZ 2013, 280 ff.; *Reinhart*, Das gläserne Amt, DÖV 2007, 18 ff.; *Rossi*, Die Stellung der wissenschaftlichen Dienste des Deutschen Bundestages im Informationsfreiheitsrecht, DÖV 2013, 205 ff.; *Schnabel*, Entwicklung der Informationsfreiheit im Jahre 2011, ZD 2012, 67 ff.; *Schnabel/Freund*, Der Kernbereich exekutiver Eigenverantwortung als Schranke der Informationsfreiheit, DÖV 2012, 192 ff.; *Schmittmann*, Das Finanzamt, die Anfechtung und die Auskunft, StuB 2010, 69 ff.; *ders.*, Auskunftsansprüche des Insolvenzverwalters gegen die Finanzverwaltung anhand der aktuellen Rechtsprechung, ZInsO 2010, 1469 ff.; *ders.*, Ansprüche des Insolvenzverwalters gegen die Finanzverwaltung aus dem Informationsfreiheitsrecht, NZI 2012, 633 ff.; *ders.*, Update Informationsfreiheitsrecht 2015/2016, K&R 2016, 322 ff.; *ders.*, Update Informationsfreiheits- und Transparenzrecht 2016/2017, K&R 2017, 463 ff.; *ders.*, Update Informationsfreiheits- und Transparenzrecht 2017/2018, K&R 2018, 378 ff.; *ders.*, Update Informationsfreiheits- und Transparenzrecht 2018/2019, K&R 2019, 542 ff.; *ders.*, Update Informationsfreiheits- und Transparenzrecht 2019/2020, K&R 2020, 584 ff.; *ders.*, Update Informationsfreiheits- und Transparenzrecht 2020/2021, K&R 2021, 568 ff.; *ders.*, Update Informationsfreiheits- und Transparenzrecht 2021/2022, K&R 2022, 581 ff.; *ders.*, Update Informationsfreiheits- und Transparenzrecht 2022/2023, K&R 2023, 576 ff.; *ders.*, Update Informationsfreiheits- und Transparenzrecht 2023/2024, K&R 2024, 649 ff.; *ders.*, Auskünfte an den Insolvenzverwalter – Sticht das Steuergeheimnis die Informationsfreiheit?, StuB 2016, 234 ff.; *ders.*, Informationsfreiheit für Insolvenzverwalter gegenüber der Finanzverwaltung zur Vorbereitung der Geltendmachung von insolvenzanfechtungsrechtlichen Rückgewähransprüchen, ZInsO 2019, 1501 ff.; *ders.*, Auskunftsansprüche des Insolvenzverwalters gegen die Finanzverwaltung auf Grundlage der Landesinformationsfreiheitsgesetze, NZI 2015, 594 ff.; *ders.*, Der Auskunftsanspruch des Insolvenzverwalters gegenüber der Finanzverwaltung: Luxembourg hat das letzte Wort, DSB 2019, 183 ff.; *ders.*, Ende der Informationsfreiheit oder Fokussierung des Transparenzrechts auf nicht finanzwirksames Handeln der Verwaltung?, VR 025, 37 ff.; *Schmittmann/Böing*, Die Auskunft, der Rechtsweg und das Geheimnis – neue Erkenntnisse zu Auskunftsansprüchen gegenüber Sozialversicherungsträgern und Finanzverwaltung, InsbürO 2010, 15 ff.; *Schmittmann/Kupka*, Auskunftsansprüche des Insolvenzverwalters gegen potentielle Anfechtungsgegner unter besonderer Berücksichtigung von Auskunftsansprüchen nach dem Informationsfreiheitsgesetz gegen

Sozialversicherungsträger, InsbürO 2009, 83 ff.; *dies.*, Auskunftsansprüche gegen Sozialversicherungsträger nach dem Informationsfreiheitsgesetz und unzutreffende Rechtsmittelbelehrung, NZI 2009, 367 f.; *Schmittmann/Schmidt*, Konzept zum Schutz der Daten von Körperschaften nach der AO unterliegt nicht der Kontrolle des EuGH, DSB 2021, 91 ff.; *Schmitz/Jastrow*, Das Informationsfreiheitsgesetz des Bundes, NVwZ 2005, 984 ff.; *Schoch*, Informationsfreiheitsgesetz – Kommentar, München, 2009; *ders.*, Das Recht auf Zugang zu staatlichen Informationen, DÖV 2006, 1 ff.; *ders.*, Das Grundrecht der Informationsfreiheit, Jura 2008, 25 ff.; *ders.*, Zugang zu amtlichen Informationen nach dem Informationsfreiheitsgesetz des Bundes, JURA 2012, 203 ff.; *Sittard/Ulbrich*, Informationsfreiheitsgesetze, JA 2008, 205 ff.; *Sitsen*, Das Informationsfreiheitsgesetz des Bundes, Diss. iur., 2009.

a) Ansprüche nach der Abgabenordnung

225 Während im finanzgerichtlichen Verfahren gem. § 78 FGO ein **Akteneinsichtsrecht** der Beteiligten besteht, war ein solches bislang im **steuerlichen Verwaltungsverfahren** nicht vorgesehen.[195] Der Steuerpflichtige hatte jedoch nach der Rechtsprechung des BFH ein Recht darauf, dass die Finanzbehörde über seinen Antrag auf Gewährung von Akteneinsicht nach **pflichtgemäßem Ermessen** entscheidet.[196] Ein Akteneinsichtsrecht ergab sich weder aus § 91 Abs. 1 AO noch dem hierzu ergangenen Anwendungserlass zur Abgabenordnung noch aus § 364 AO. Gleichwohl ging der BFH in ständiger Rechtsprechung davon aus, dass dem während eines Verwaltungsverfahrens um Akteneinsicht nachsuchenden Steuerpflichtigen oder seinem Vertreter ein Anspruch auf eine pflichtgemäße **Ermessensentscheidung** der Behörde zusteht, weil die Behörde nicht gehindert sei, in Einzelfällen Akteneinsicht zu gewähren.[197] Das Gericht hat die behördliche Entscheidung nur daraufhin zu überprüfen, ob die Behörde von dem ihr eingeräumten **Ermessen** Gebrauch gemacht hat, die Grenzen ihres Ermessens überschritten oder dieses Ermessen in einer dem Zweck der Ermächtigung nicht entsprechenden Weise ausgeübt hat (§ 102 FGO). Der BFH sieht den Anspruch der Einsichtsuchenden auf **fehlerfreie Ermessensentscheidung** als gewahrt an, wenn das FA im Rahmen einer **Interessenabwägung** dessen Belange und die der Behörde gegeneinander abgewogen hat.

Der BFH hatte die Auffassung vertreten, dass ein **Auskunftsanspruch** und damit ein **Akteneinsichtsrecht** des Insolvenzverwalters nur dann bestehen, wenn ein Anfechtungsrecht nach der InsO dem Grunde nach feststeht. Bei einem vom Insolvenzverwalter geltend gemachten Auskunftsanspruch handele es sich um einen zivilrechtlichen

195 Zurückhaltend formulieren Gehrlein/Thole (Aktuelle Probleme der Insolvenzanfechtung, Rn. 1470), dass die Finanzverwaltung Auskunftsansprüchen des Insolvenzverwalters »grundsätzlich reserviert gegenüber« stehe.

196 So BFH, 04.06.2003 – VII B 138/01, BStBl. II 2003, S. 790 ff. = DStRE 2003, 1180 ff. Rn. 6.

197 So BFH, 06.08.1965 – VI 349/63, BStBl. III 1965, S. 675, 676; BFH, 07.05.1985 – VII R 52/82, BStBl. II 1985, S. 571; BFH, 08.02.1994 – VII R 88/92, BStBl. II 1994, S. 552; BFH, 06.10.1993 – VIII B 121/92, BFH/NV 1994, 311; BFH, 26.05.1995 – VI B 91/94, BFH/NV 1995, 1004; BFH, 08.06.1995 – IX B 168/94, BFH/NV 1996, 64.

Anspruch, der sich aus einem durch Anfechtung nach der InsO begründeten Rückgewährschuldverhältnis ergibt. Daher sei der **Rechtsweg** zu den FG nicht eröffnet.[198]

Auch das **Bundesfinanzministerium** hatte zur Auskunftserteilung über Daten im Besteuerungsverfahren Stellung genommen und festgestellt, dass Beteiligten (§§ 78, 359 AO) – unabhängig von ihrer Rechtsform – auf Antrag Auskunft über die zu ihrer Person gespeicherten Daten zu erteilen ist, wenn sie ein berechtigtes Interesse darlegen und keine Gründe für eine **Auskunftsverweigerung** vorliegen (Tz. 1). Ein berechtigtes Interesse liegt nicht vor, soweit der Beteiligte bereits in anderer Weise über die zu seiner Person gespeicherten Daten informiert wurde, der Finanzbehörde nur Daten vorliegen, die ihr vom Beteiligten übermittelt wurden, oder die spätere Information des Beteiligten in rechtlich gesicherter Weise vorgesehen ist. Ein berechtigtes Interesse ist namentlich nicht gegeben, wenn die Auskunft dazu dienen kann, **zivilrechtliche Ansprüche** gegen den Bund oder ein Land durchzusetzen und Bund oder Land zivilrechtlich nicht verpflichtet sind, Auskunft zu erteilen, z.B. **Amtshaftungssachen, Insolvenzanfechtung** (Tz. 3).[199]

Die Abgabenordnung ist im Zuge der Geltung der **DSGVO** durch das Gesetz zur Änderung des Bundesversorgungsgesetzes und anderer Vorschriften vom 17.07.2017[200] dahin geändert worden, dass nunmehr gem. § 32a Abs. 1 AO eine **Informationspflicht der Finanzbehörde** bei Erhebung personenbezogener Daten bei betroffenen Personen besteht. Die Bestimmung des § 32e Satz 1 AO sieht allerdings vor, dass, soweit die betroffene Person oder ein Dritter nach dem Informationsfreiheitsgesetz vom 05.09.2005[201] in der jeweiligen Fassung oder nach entsprechenden Gesetzen der Länder gegenüber der Finanzbehörde einen Anspruch auf Informationszugang hat, die Regelungen in §§ 32a bis 32b AO entsprechend gelten, also umfassende Ausschlüsse vorgesehen sind. Die Regelung des § 32e Satz 2 AO schließt weitergehende Informationsansprüche, also nach **Informationsfreiheits- und Transparenzrecht**, über steuerliche Daten aus.[202] 226

In § 32a Abs. 1 AO ist der **Ausschluss der Informationspflicht** in der Weise geregelt, dass die Pflicht der Finanzbehörde zur Information der betroffenen Person gem. Art. 13 Abs. 3 DSGVO ergänzend zu der in Art. 13 Abs. 4 DSGVO genannten Ausnahme dann nicht besteht, wenn die Erteilung der Information über die beabsichtigte Weiterverarbeitung oder Offenbarung, die ordnungsgemäße Erfüllung der in der Zuständigkeit der Finanzbehörden liegenden Aufgaben i.S.d. Art. 23 Abs. 1 Buchst. d) bis h DSGVO gefährden würde und die Interessen der Finanzbehörden an 227

198 So BFH, 26.04.2010 – VII B 229/09, ZInsO 2010, 1705, 1706 Rn. 11.

199 So BMF, 17.12.2008 – IV A 3 – S 0030/08/10001, BStBl. I 2009, S. 6.

200 BGBl. I 2017, 2541 ff.; vgl. dazu: Erkis, DStR 2018, 161 ff.; Schmittmann, Informationsfreiheit für Insolvenzverwalter gegenüber der Finanzverwaltung zur Vorbereitung der Geltendmachung von insolvenzanfechtungsrechtlichen Rückgewähransprüchen, in: FS Pape, S. 355, 365.

201 BGBl. I 2005, S. 2722 ff.

202 Vgl. Schmittmann, DSB 2019, 183, 184.

der **Nichterteilung der Information** die Interessen der betroffenen Person überwiegen, die öffentliche Sicherheit oder Ordnung gefährden oder dem Wohl des Bundes oder eines Landes Nachteile bereiten würde und die Interessen der Finanzbehörde an der Nichterteilung der Information die Interessen der betroffenen Person überwiegen, den Rechtsträger der Finanzbehörde in der Geltendmachung, Ausübung oder Verteidigung zivilrechtlicher Ansprüche oder in Verteidigung der gegen ihn geltend gemachten zivilrechtlichen Ansprüche i.S.d. Art. 23 Abs. 1 lit. j DSGVO beeinträchtigen würde, und die Finanzbehörde nach dem Zivilrecht nicht zur Information verpflichtet ist, oder eine vertrauliche Offenbarung geschützter Daten gegenüber öffentlichen Stellen gefährdet würde.[203]

Das **Bundesfinanzministerium** hat im Hinblick auf die von Insolvenzverwaltern geltend gemachten Auskunftsansprüchen gegenüber der Finanzverwaltung den Standpunkt eingenommen, dass die Erteilung von Informationen an den Insolvenzverwalter den Rechtsträger der Finanzbehörde in der Geltendmachung, Ausübung oder Verteidigung zivilrechtlicher Ansprüche oder in der der Verteidigung gegen ihn geltend gemachter zivilrechtlicher Ansprüche (z.B. Amtshaftungsansprüche, Schadensersatzansprüche, **Insolvenzanfechtungsansprüche**) beeinträchtigt und somit eine Auskunftserteilung nicht erfolgen kann.[204]

228 Die **Finanzverwaltung** hat in der Folge regelmäßig Auskunftsbegehren von Insolvenzverwaltern abgewiesen, obgleich diese zunächst noch Rückenwind vom BVerwG erhalten haben, das entschieden hatte, dass das **Steuergeheimnis** bei Einsicht des Insolvenzverwalters in die den Schuldner betreffenden steuerlichen Unterlagen nicht verletzt werde, da für ihn nichts anderes als für den steuerpflichtigen Insolvenzschuldner gelte. Darüber hinaus stehe das Steuergeheimnis dem Auskunftsanspruch des Insolvenzverwalters gegenüber dem Finanzamt auch dann nicht entgegen, wenn die Auskunft mit Blick auf mögliche **Anfechtungen** begehrt werde.[205]

229 Die ablehnende Haltung der Finanzverwaltung ist kritisiert worden.[206] Die Diskussion bekommt zwischenzeitlich eine andere Dimension, da sowohl die Frage, ob die Abgabenordnung die **Ansprüche des Informationsfreiheits- und Transparenzrechts** ausschließt, als auch die Frage, ob der Rechtsweg zu den Finanz- oder Verwaltungsgerichten gegeben ist, inzwischen Gegenstand von gerichtlichen Entscheidungen ist.[207]

230 Entscheidend für die Anwendung der Vorschriften über Auskunft und Information in der Abgabenordnung ist der **Begriff des Betroffenen**. Die Bestimmungen der

---

203 Vgl. Schmittmann, K&R 2019, 542, 543; Schmittmann, DSB 2019, 183, 184.

204 So BMF, Schreiben v. 12.01.2018 – IV A 3 – S 0030/16/10004–07, BStBl. I 2018, S. 185.

205 So BVerwG, 26.04.2018 – 7 C 6.16, DStR 2018, 2441; BVerwG, 26.04.2018 – 7 C 5.16, DB 2018, 2045 ff. = ZVI 2018, 415 ff. = ZIP 2018, 1554 ff. = EWiR 2018, 627 f. [Hess] = NZI 2018, 715 ff. mit Anm. Schmittmann = ZInsO 2018, 1907 ff.; BVerwG, 26.04.2018 – 7 C 4.16, n.v.; BVerwG, 26.04.2018 – 7 C 3.16, BFH/NV 2018, 1135 ff. = DZWIR 2018, 470 ff. = NJW-Spezial 2018, 599.

206 Vgl. Klusmeier, ZInsO 2019, 1050 ff.; Schmittmann, FS Pape, S. 355, 367.

207 Vgl. Schmittmann, DSB 2019, 183, 185.

§§ 32a ff. AO regeln ausdrücklich die »Information der betroffenen Person«. Das OVG Niedersachsen hat dazu zu Recht entschieden, dass ein Insolvenzverwalter hinsichtlich der beim Finanzamt gespeicherten personenbezogenen Daten des Insolvenzschuldners nicht »Betroffener« im Sinne von Art. 15 Abs. 1 DSGVO ist.[208] Es sei vielmehr zu unterscheiden zwischen dem datenschutzrechtlichen Auskunftsanspruch des Betroffenen nach Art. 15 Abs. 1 DSGVO, nämlich des Insolvenzschuldners, und der **Rechtsposition des Insolvenzverwalters.** Das datenschutzrechtliche Auskunftsrecht des Schuldners geht durch die Eröffnung des Insolvenzverfahrens nicht auf den Insolvenzverwalter über, weil es sich bei diesem Auskunftsrecht um ein höchstpersönliches Recht handelt, welches nicht zur Insolvenzmasse gehört. Mit dieser Begründung hatte bereits das OVG Hamburg entschieden, dass einem Insolvenzverwalter aus keiner der in Betracht kommenden Anspruchsgrundlagen, nämlich § 1 Abs. 2 HmbTG, § 18 Abs. 1 Satz 1 HmbDSG, § 242 BGB i.V.m. § 143 InsO oder dem steuerrechtlichen Anspruch auf ermessensfehlerfreie Entscheidung über ein Akteneinsichtsgesuch zusteht.[209]

Das OVG Niedersachsen hat zudem entschieden, dass ein Insolvenzverwalter hin- 231
sichtlich der beim Finanzamt gespeicherten personenbezogenen Daten des Insolvenzschuldners nicht »Betroffener« i. S. v. Art. 15 Abs. 1 DSGVO ist. Das **datenschutzrechtliche Auskunftsrecht des Betroffenen** nach Art. 15 Abs. 1 DSGVO gehe auch nicht durch die Eröffnung des Insolvenzverfahrens auf den Insolvenzverwalter über, weil es sich bei diesem Auskunftsrecht um ein **höchstpersönliches Recht** handele, welches nicht auf den Insolvenzverwalter übergehe. Der klagende Insolvenzverwalter hatte gleichwohl im Ergebnis keinen Erfolg, da das niedersächsische Landesrecht weder ein Informationsfreiheits- noch ein Transparenzrecht kennt, sondern lediglich ein **Niedersächsisches Datenschutzgesetz** (NDSG vom 16.05.2018; verkündet als Art. 1 des Gesetzes zur Neuordnung des niedersächsischen Datenschutzrechts vom 16.05.2018, Niedersächsisches GVBl. 2018, S. 66).[210] Da – wie das OVG Hamburg bereits herausgearbeitet hatte – datenschutzrechtliche Ansprüche wegen ihrer Höchstpersönlichkeit nicht auf den Insolvenzverwalter übergehen, blieb sein Auskunftswunsch unerfüllt.

Die Frage der **Wechselwirkungen** zwischen der geänderten AO und den Vorschriften 232
des IFG Nordrhein-Westfalen ist zudem Gegenstand einer Vorlage des BVerwG den EuGH.[211] Das BVerwG möchte geklärt haben, ob Art. 23 Abs. 1 Buchst. j) DSGVO auch dem Schutz der Interessen von Finanzbehörden dient, die »**Durchsetzung zivilrechtlicher Ansprüche**« im Sinne dieser Vorschrift auch durch die Verteidigung der Finanzbehörden gegen zivilrechtliche Anfechtungsansprüche bzw. deren Geltendma-

208 Ebenso OVG Niedersachsen, 20.06.2019 – 11 LC 121/17, BeckRS 2019, 13319.

209 So OVG Hamburg, 08.02.2018 – 3 Bf 107/17, ZIP 2018, 1837 ff. = EWiR 2018, 441 f. [Freitag] = ZInsO 2018, 729 ff. mit Anm. Schmittmann.

210 S. OVG Lüneberg, 26.06.2019 – 11 LA 274/18, NZI 2019, 689 ff. mit Anm. Schmittmann; vgl. dazu auch https://www.delegedata.de/2019/07/ovg-lueneburg-hoechstpersoenlicher-auskunftsanspruch-nach-der-dsgvo-geht-nicht-auf-den-insolvenzverwalter/).

211 Vgl. Schmittmann, DSB 2019, 183, 185.

chung erfasst, oder eine Beschränkung des Auskunftsrechts nach Art. 15 DSGVO zu diesem Zweck auf Art. 23 Abs. 1 Buchst. e) DSGVO gestützt werden kann.[212]

233 Es steht in Streit, welche Gerichtsbarkeit für **Streitigkeiten über die Information bzw. Auskunftserteilung** zuständig sind.[213]

234 Für **Streitigkeiten über die Information bzw. Auskunftserteilung** soll gem. § 32i AO die **Finanzgerichtsbarkeit** zuständig sein. Die Finanzverwaltung vertritt in ihren **Rechtsbehelfsbelehrungen** im Hinblick auf § 32i Abs. 2 AO die Auffassung, dass bei Auskunftsansprüchen des Insolvenzverwalters aus Steuerakten der Finanzrechtsweg gegeben ist.[214]

235 Das OVG Nordrhein-Westfalen hat indes zutreffend herausgearbeitet, dass § 32i Abs. 2 AO mit Blick auf den von einem Insolvenzverwalter erhobenen informationsfreiheitsrechtlichen Anspruch kein den **Finanzrechtsweg** eröffnendes Bundesgesetz im Sinne von § 33 Abs. 1 Nr. 4 FGO ist.[215] Die Regelung des § 32i Abs. 2 AO erfasst Klagen betroffener Personen, d.h. des Steuerpflichtigen selbst in dem jeweiligen Besteuerungsverfahren. Wenn ein Insolvenzverwalter Ansprüche nach **Informationsfreiheits- oder Transparenzrecht** geltend macht, so ist er nicht Betroffener im Sinne der Vorschriften der Abgabenordnung. Es bleibt daher bei der Zuständigkeit der **Verwaltungsgerichte.**[216] Dies wird inzwischen auch von einzelnen Finanzgerichten verstanden, die dann an das zuständige Verwaltungsgericht verweisen.[217] Für Rechtsstreitigkeiten, die auf ein Informationsfreiheitsgesetz gestützte Auskunftsansprüche des Insolvenzverwalters über Bewegungen auf den **Steuerkonten des Insolvenzschuldners** betreffen, ist nicht der Finanzrechtsweg, sondern der **Verwaltungsrechtsweg** eröffnet.[218]

236 Das FG Mecklenburg-Vorpommern vertritt die Auffassung, dass die FG unzuständig seien, da es sich **nicht** um eine **Abgabenangelegenheit** i.S.d. § 33 Abs. 1 Nr. 1 FGO handele. Vielmehr komme ein Zugangsanspruch nach dem **Informationsfreiheitsgesetz** in Betracht oder aber auch nach der **InsO**. Da der Rechtsweg zu den FG unter keinem rechtlichen Gesichtspunkt eröffnet war, hat das FG Mecklenburg-Vorpommern gem. § 17a Abs. 2 Satz 1 GVG erkannt, dass der beschrittene Rechtsweg unzulässig sei und den Rechtsstreit verwiesen. Da der Insolvenzverwalter von seinem

---

212 So BVerwG, Beschl. v. 04.07.2019 – 7 C 31/17, NZI 2019, 826 ff. mit Anm. Schmittmann = ZInsO 2019, 1841 ff.

213 Vgl. Schmittmann, VR 2025, 37, 47.

214 So Uhländer, AO-StB 2019, 54, 58; a.A. schon: Schmittmann, INDat-Report 8/2018, 36, 38; Schmittmann, in: FS Pape, 2019, S. 355, 369 f.

215 So OVG Nordrhein-Westfalen, Beschl. v. 13.06.2019 – 15 E 376/19.

216 So bereits: Schmittmann, INDat-Report 8/2018, 36, 38; Schmittmann, in: FS Pape, 2019, S. 355, 369 f.

217 So FG Mecklenburg-Vorpommern, Beschl. v. 15.07.2019 – 3 K 91/19, EFG 2019, 1639 ff. mit Anm. Lutter = DStRE 2019, 1281 f.

218 So BFH, 16.06.2020 – II B 65/19, ZRI 2020, 545 ff. = ZVI 2020, 470 ff. = Verbraucherinsolvenz aktuell 2020, 87 mit Anm. Harder = NZI 2020, 901 ff. mit Anm. Schmittmann.

Wahlrecht nach § 17a Abs. 2 Satz 2 GVG keinen Gebrauch gemacht hat, hat der Senat den Rechtsstreit auf den **Rechtsweg** vor die ordentlichen Gerichte verwiesen.[219]

237 Insolvenzverwalter, die mit der Finanzverwaltung um die Erteilung von Informationen streiten, stehen nunmehr vor dem Dilemma, dass die Finanzverwaltung in ihren **Rechtsmittelbelehrungen** auf den Finanzrechtsweg verweist, allerdings bei zutreffender Betrachtung die Verwaltungsgerichte zuständig sind.[220]

Ist der Insolvenzverwalter sich weitgehend sicher, dass das zuständige **Verwaltungsgericht** seine Zuständigkeit bejaht, so kann er unmittelbar gegen den ablehnenden Bescheid der Finanzverwaltung die Verwaltungsgerichte anrufen. Er trägt dann das Risiko, dass diese ihre Zuständigkeit ablehnen und die Klage als verfristet abgewiesen wird. Der sicherste Weg dürfte daher sein, gegen den ablehnenden Bescheid der Finanzverwaltung beim Finanzgericht Klage zu erheben und bereits in der Klageschrift die Verweisung an das Verwaltungsgericht zu beantragen. In dieser Konstellation besteht freilich die Gefahr, dass der Verweisungsantrag abgelehnt wird und die Finanzverwaltung auf der Zuständigkeit der Finanzgerichtsbarkeit beharrt.[221]

238 Begehrt ein Insolvenzverwalter in einem bereits abgeschlossenen Vollstreckungsverfahren **Akteneinsicht** in die Vollstreckungsakten des FA, um einen Anfechtungsanspruch nach der InsO beziffern zu können, sind nicht die FG, sondern die **ordentlichen Gerichte** zuständig.[222]

b) Ansprüche nach dem SGB

239 Gem. § 25 Abs. 1 SGB X hat die **Behörde** den Beteiligten gestattet, Einsicht in die das Verfahren betreffenden Akten zu nehmen, soweit deren Kenntnis zur Geltendmachung oder Verteidigung ihrer rechtlichen Interessen erforderlich ist. Die Behörde ist zur Gestattung der **Akteneinsicht** gem. § 25 Abs. 3 SGB X nicht verpflichtet, soweit die Vorgänge wegen der **berechtigten Interessen** der Beteiligten oder dritter Personen **geheim gehalten** werden müssen.

240 Es stellt sich daher für den Insolvenzverwalter die Frage, ob er zumindest den Informationsanspruch gegen die Sozialversicherungsträger nach den Vorschriften des SGB geltend macht. Nach Auffassung des Landessozialgerichts Nordrhein-Westfalen ist zwar für Streitigkeiten nach dem **Informationsfreiheitsgesetz der Rechtsweg** zu den SG gegeben, es sei denn, es wird Akteneinsicht zu Sozialversicherungsdaten begehrt. Alsdann ist der Rechtsweg zu den **SG** eröffnet. Betrifft der Rechtsstreit die Klage eines Insolvenzverwalters auf Einsicht in die vom Schuldner an die Sozialversicherungsträger geleisteten Zahlungen, so geht nach Auffassung des Landessozialgerichts Nordrhein-Westfalen der geltend gemachte Anspruch über den zur Zuständigkeit

---

219 So FG Mecklenburg-Vorpommern, 22.06.2010 – 2 K 41/10, DStRE 2011, 185 ff.
220 Vgl. Schmittmann, DSB 2019, 183, 185.
221 Vgl. Schmittmann, DSB 2019, 183, 185.
222 So FG Mecklenburg-Vorpommern, 22.06.2010 – 2 K 41/10, DStRE 2011, 185 ff.

der VG gehörenden **Auskunftsanspruch** nach § 1 IFG hinaus.[223] Das Landessozialgericht Nordrhein-Westfalen versteht den Antrag eines Insolvenzverwalters, »welche Zahlung ihre Kasse auf Sozialversicherungsbeiträge in der Zeit vom [Datum] bis zum [Datum]« erhalten habe, als Antrag auf Auskunftserteilung gem. § 25 Abs. 1 SGB X.

241 Die begehrte Auskunft kann der Insolvenzverwalter nach dem SGB beanspruchen, da sie aus seiner verfahrensrechtlichen Stellung als **Insolvenzverwalter** folgt. Der Insolvenzverwalter ist im Rahmen seiner **Verwaltungs- und Verfügungsbefugnis** zu allen die Insolvenzmasse betreffenden Maßnahmen berechtigt, die sich auf den Insolvenzzweck beziehen. Diese Befugnis schließt, jedenfalls soweit es zur ordnungsgemäßen Verwaltung der Masse erforderlich ist, grds. das Recht ein, in die den Schuldner betreffenden Verwaltungsunterlagen der Sozialversicherung Einsicht zu nehmen. Selbst wenn zum Zeitpunkt des Antrages **kein Verwaltungsverfahren** anhängig ist, innerhalb dessen das Akteneinsichtsrecht besteht, kommt auch in der Zeit vor oder nach einem Verwaltungsverfahren ein **Akteneinsichtsrecht** in Betracht, über das die Behörde nach *pflichtgemäßem Ermessen* zu entscheiden hat.[224]

242 Selbst wenn der Insolvenzverwalter in seinem Antrag als Rechtsgrundlage für sein **Auskunftsbegehren** das Informationsfreiheitsgesetz nennt, bedeutet dies nach Auffassung des Landessozialgerichts Nordrhein-Westfalen nicht, dass er damit einen allein auf dieses Gesetz gestützten Auskunftsanspruch erheben wollte. In dem Antrag hat er zugleich auch die sein – mögliches – **Akteneinsichtsrecht** begründenden Umstände – Status als Insolvenzverwalter, Einsicht in die vom Schuldner geleisteten Zahlungen – mitgeteilt. Bei interessengerechter Auslegung des Antrages muss die Sozialversicherung damit auch ein Akteneinsichtsrecht entsprechend § 25 Abs. 1 SGB X in Betracht ziehen, für die die Zuständigkeit der SG gegeben ist.[225] Für den Insolvenzverwalter ist es daher zweckmäßig, bei Anträgen nach dem Informationsfreiheitsgesetz möglichst umfassend auf Rechtsgrundlagen hinzuweisen, um den Gerichten die Möglichkeit zu geben, nach der Rechtsgrundlage zu entscheiden, die vom Gericht als anwendbar angesehen wird.

c) Ansprüche nach dem Informationsfreiheitsrecht

243 Das **Informationsfreiheitsrecht** geht auf die VO (EG) Nr. 1049/2001 des Europäischen Parlaments und des Rates vom 30.05.2001 über den Zugang der Öffentlichkeit zu Dokumenten der Europäischen Parlaments, des Rates und der Kommission[226] zurück.

244 In Deutschland gilt auf Bundesebene das IFG Bund. Nach § 1 Abs. 1 des **Gesetzes zur Regelung des Zugangs zu Informationen des Bundes** hat ab 01.01.2006 jeder nach Maßgabe des Gesetzes ggü. den **Behörden des Bundes** einen Anspruch auf Zugang

---

223 So LSG Nordrhein-Westfalen, 26.04.2010 – L 16 B 9/09 SV, Rn. 12, BeckRS 2010, 69270; SG Gelsenkirchen, 18.08.2009 – S 1 SV 35/09, n.v.
224 Vgl. BVerwG, 01.07.1983 – 2 C 42/82, BVerfGE 67, 300 ff. = DÖV 1984, 347 ff.
225 So LSG Nordrhein-Westfalen, 26.04.2010 – L 16 B 9/09 SV, BeckRS 2010, 69270.
226 ABl. 2001, L 145, S. 43 ff.

zu amtlichen Informationen.[227] Für sonstige **Bundesorgane** und **-einrichtungen** gilt das IFG, soweit sie **öffentlich-rechtliche Verwaltungsaufgaben** wahrnehmen. Einer Behörde i.S.d. IFG steht eine natürliche Person oder juristische Person des Privatrechts gleich, soweit eine Behörde sich dieser Person zur **Erfüllung** ihrer **öffentlich-rechtlichen Aufgaben** bedient.

Die überwiegende Zahl der **Bundesländer** hat zunächst **Informationsfreiheitsgesetze** 245
erlassen: Brandenburg (1998), Berlin (1999), Schleswig-Holstein (2000), Nordrhein-Westfalen (2002), Mecklenburg-Vorpommern (2006), Hamburg (2006), Bremen (2006), Saarland (2006), Thüringen (2007), Sachsen-Anhalt (2008) und Rheinland-Pfalz (2009). Derzeit geht die Entwicklung Richtung Transparenzgesetze oder Integration der Regelungsmaterie in andere Gesetze:

- In **Baden-Württemberg** gilt das Gesetz zur Regelung des Zugangs zu Informatio- 246
nen in Baden-Württemberg (Landesinformationsfreiheitsgesetz – LIFG) vom 17.12.2015;[228] zuletzt geändert durch Art. 5 des Gesetzes vom 12.06.2018.[229]
- Der **Freistaat Bayern** hat sich gegen ein Informationsfreiheits- oder Transparenzgesetz entschieden. Zunächst wurde in das Bayerische Datenschutzgesetz vom 23. Juli 1993 am 22. Dezember 2015[230] in Art. 36 BayDSG ein Recht auf Auskunft eingefügt. Danach hatte jeder das Recht auf Auskunft über den Inhalt von Dateien und Akten öffentlicher Stellen, soweit ein berechtigtes, nicht auf entgeltliche Weiterverwendung gerichtetes Interesse glaubhaft dargelegt wird und keiner der dort genannten Hinderungsgründe vorliegt. In Art. 36 Abs. 4 Satz 1 Nr. 5 BayDSG ist allerdings ausdrücklich geregelt, dass öffentliche Stellen nicht Finanzbehörden in Verfahren nach der Abgabenordnung sind. Das Bayerische Datenschutzgesetz vom 15. Mai 2018[231] sieht in Art. 10 BayDSG vor, dass der Verantwortliche im Einvernehmen mit den Stellen, an die diese Daten übermittelt worden sind, entscheidet, ob einer Person Auskunft erteilt wird, dass personenbezogene Daten an die Staatsanwaltschaft, Polizei, Finanzverwaltung, Organe der überörtlichen Rechnungsprüfung, den Verfassungsschutz, den Bundesnachrichtendienst, den Militärischen Abschirmdienst oder andere Behörden des Bundesministerium der Verteidigung übermittelt wurden.
- In **Berlin** gilt das Berliner Informationsfreiheitsgesetz (BInIFG) vom 15. Oktober 1999[232], zuletzt geändert durch Art. 5 des Gesetzes vom 12. Oktober 2020.[233]

---

227 Vgl. zu Informationsanspruch auf Behörden-Durchwahlnummern: BVerwG, 20.10.2016 – 7 C 27.15, NJW 2017, 1256 f.; BVerwG, 20.10.2016 – 7 C 20.15, ZD 2017, 243 f. = NJW 2017, 1258 f.; OVG Nordrhein-Westfalen, 16.06.2015 – 8 A 2429/14, K&R 2015, 673 ff. mit Anm. Eichelberger; Schmittmann, K&R 2015, 372, 375.

228 GBl. 2015, S. 1201.

229 GBl. 2018, S. 173, 185.

230 Gesetz und Verordnungsblatt 2015, S. 458.

231 GVBl. 2018, S. 230; zuletzt geändert durch § 6 des Gesetzes vom 18. Mai 2018 (GVBl. 2018, S. 301).

232 GVBl. 1999, S. 561.

233 GVBl. 2020, S. 807.

- In **Brandenburg** ist in Art. 21 Abs. 4 Landesverfassung Brandenburg aus dem Jahre 1992 explizit ein Grundrecht auf Akteneinsicht vorgesehen[234], zudem gilt das Akteneinsichts- und Informationszugangsgesetz des Landes Brandenburg vom 10. März 1998[235], zuletzt geändert durch Art. 1 des Gesetzes vom 5. März 2024.[236]
- In **Bremen** gilt das Gesetz über die Freiheit des Zugangs zu Informationen für das Land Bremen (Bremer Informationsfreiheitsgesetz) vom 26. Mai 2006[237], zuletzt geändert durch Gesetz vom 5. März 2019.[238]
- Das frühere Hamburgische Informationsfreiheitsgesetz (HmbIFG) vom 17. Februar 2009[239] wurde durch das **Hamburgische Transparenzgesetz** (HmbTG) vom 19. Juni 2012[240] ersetzt, das zuletzt durch Art. 2 des Gesetzes vom 19. November 2024 geändert worden ist.[241]
- Durch das **Hessische Gesetz** zur Anpassung des Hessischen Datenschutzrechts an die Verordnung (EU) Nr. 2016/679 und zur Umsetzung der Richtlinie (EU) Nr. 2016/680 und zur Informationsfreiheit vom 3. Mai 2018[242] wurde in Art. 1 das Hessische Datenschutz- und Informationsfreiheitsgesetz (HDISG) eingeführt. Gemäß § 80 Abs. 1 HDISG hat jeder nach Maßgabe des Gesetzes gegenüber öffentlichen Stellen Anspruch auf Zugang zu amtlichen Informationen. Gemäß § 81 Abs. 1 Nr. 5 HDISG gelten die Vorschriften über den Informationszugang gegenüber Finanzbehörden nicht, soweit sie in Verfahren nach der Abgabenordnung tätig werden.
- In **Mecklenburg-Vorpommern** gilt das Gesetz zur Regelung des Zugangs zu Informationen für das Land Mecklenburg-Vorpommern (Informationsfreiheitsgesetz) vom 10. Juli 2006[243], zuletzt geändert durch Art. 3 des Gesetzes vom 22. Mai 2018.[244]
- In **Niedersachsen** sieht § 16 Abs. 1 NDSG vor, dass Betroffenen von der datenverarbeitenden Stelle auf Antrag Auskunft über bestimmte Daten zu erteilen ist.[245]

---

234 Art. 21 Abs. 4 Verfassung Brandenburg lautet: »Jeder hat nach Maßgabe des Gesetzes das Recht auf Einsicht in Akten und sonstige amtliche Unterlagen der Behörden und Verwaltungseinrichtungen des Landes und der Kommunen, soweit nicht überwiegende öffentliche oder private Interessen entgegenstehen.« Diese Vorschrift ist seit ihrer Einführung unverändert: http://www.landtag.brandenburg.de/media_fast/5701/%C3 %84nderungen%20der%20Landesverfassung.pdf.

235 GVBl. I 1998, S. 46.

236 GVBl. I/24 [Nr. 9], S. 6.

237 Brem.GBl. 2006, S. 263.

238 Brem.GBl. 2019, S. 55.

239 HmbGVBl. 2009, S. 29.

240 HmbGVBl. 2012, S. 271.

241 HmbGVBl. 2024, S. 575, 578. Vgl. Redelfs, ZGI 2022, 265 ff.

242 Gesetz- und Verordnungsblatt für das Land Hessen vom 9. Mai 2018, S. 82 ff.

243 GVOBl. Mecklenburg-Vorpommern 2006, S. 556.

244 GVOBl. MV 2018, 193, 201.

245 Vgl. zur Bewilligung von Prozesskostenhilfe in diesen Fällen: OVG Niedersachsen, Beschl. v. 15. Mai 2017 – 11 PA 102/17, ZInsO 2017, 1620, und zur Rechtswegzuständigkeit: OVG Niedersachsen, Beschl. v. 24. März 2017 – 11 OB 78/17, ZInsO 2017, 1117 f.

Gemäß § 16 Abs. 7 NDSG sind Auskunft und Akteneinsicht kostenfrei. Streitigkeiten ergeben sich insb. zwischen Insolvenzverwaltern und Finanzverwaltung über die Auskunftserteilung. Ein Insolvenzverwalter hat gegen das Finanzamt außerhalb eines laufenden Steuerverfahrens keinen Anspruch auf Erteilung eines Steuerkontoauszugs des Insolvenzschuldners nach § 16 NDSG.[246]

– In **Nordrhein-Westfalen** gilt das Gesetz über die Freiheit des Zugangs zu Informationen für das Land Nordrhein-Westfalen (Informationsfreiheitsgesetz) vom 27. November 2001[247], das zuletzt durch Art. 46 des Gesetzes vom 01.02.2022,[248] in Kraft getreten am 19.02.2022,geändert worden ist.
– In **Rheinland-Pfalz** ist zum 1. Januar 2016 das Transparenzgesetz Rheinland-Pfalz vom 27. November 2015 in Kraft getreten[249], zuletzt geändert durch § 134 des Gesetzes vom 23. September 2020.[250] Gemäß § 3 Abs. 8 LTranspG Rheinland-Pfalz gilt das Gesetz nicht für steuerliche Verfahren nach der AO.
– Im **Saarland** gilt das Gesetz Nr. 1596 Saarländisches Informationsfreiheitsgesetz (SIFG) vom 12. Juli 2006[251], zuletzt geändert durch Art. 12 des Gesetzes vom 22. August 2018.[252]
– Im **Freistaat Sachsen**, der bislang weder Informationsfreiheits- noch ein Transparenzgesetz kannte, hat der Landtag am 13.07.2022 den vom Sächsischen Staatsministerium der Justiz und für Demokratie, Europa und Gleichstellung (SMJusDEG) erarbeiteten Entwurf des Sächsischen Transparenzgesetzes beschlossen.[253] Am 01.01.2023 ist das Gesetz in Kraft getreten. Dazu hat der Freistaat Sachsen mitgeteilt: »Mit dem »Gesetz über die Transparenz von Informationen im Freistaat Sachsen« sollen alle Bürgerinnen und Bürger einen Zugang zu Informationen der Regierung und Verwaltung des Freistaates erhalten, wie zum Beispiel Regierungsbeschlüsse, Gesetzentwürfen, Gutachten, Studien, Berichte, Informationen über Zuwendungen sowie Beteiligungen des Freistaates. Diesen Zugang erhalten sie zum einen auf Antrag, zum anderen perspektivisch auch über sich im Aufbau befindliche Transparenzplattform, auf der die Verwaltung die Informationen selbst zur Verfügung stellen wird.«[254]
– In **Sachsen-Anhalt** gilt das Informationszugangsgesetz Sachsen-Anhalt vom 19. Juni 2008[255], zuletzt geändert durch Gesetz vom 18. Februar 2020.[256]

246 So VG Lüneburg, Urt. v. 1. März 2017 – 1 A 343/15, ZInsO 2017, 834 ff.
247 GV. NRW 2001, S. 806.
248 GV NW 2022, S. 122.
249 GVBl. Rheinland-Pfalz 2015, S. 383 ff.; zuletzt geändert durch Art. 1 des Gesetzes vom 19. Dezember 2018, GVBl. 2018, S. 448.
250 GVBl. 2020, S. 461.
251 ABl. I 2006, S. 1624.
252 ABl. I 2018, S. 674.
253 GVBl. 2022, S. 486.
254 Vgl. https://www.medienservice.sachsen.de/medien/news/1049647.
255 GVBl. LSA 2008, S. 242.
256 GVBl. LSA 2020, S. 25.

- In **Schleswig-Holstein** gilt das Informationszugangsgesetz für das Land Schleswig-Holstein (IZG-SH) vom 19. Januar 2012[257], das zuletzt durch Art. 5 Gesetz vom 16. März 2022[258] geändert worden ist.[259]
- In **Thüringen** galt zunächst das Thüringer Informationsfreiheitsgesetz vom 14. Dezember 2012[260], das zum 1. Januar 2020 durch das Thüringer Transparenzgesetz vom 10. Oktober 2019 ersetzt worden ist.[261]

247 Da die Vorschriften in den Landesgesetzen im Wesentlichen den des IFG Bund nachgebildet sind, folgen die nachstehenden Ausführungen dem **Bundesrecht**, zitieren aber fallweise auch Entscheidungen, die zum **Landesrecht** ergangen sind.

248 Die Behörde kann gem. § 1 Abs. 2 IFG Auskunft erteilen, Akteneinsicht gewähren oder Informationen in sonstiger Weise zur Verfügung stellen. Begehrt der Antragsteller eine **bestimmte Art des Informationszugangs**, so darf dieser nur aus wichtigem Grund auf andere Art gewährt werden. Als wichtiger Grund gilt insb. ein deutlich höherer **Verwaltungsaufwand.**

249 Hinsichtlich der Auskunftserteilung von Sozialversicherungsträgern ggü. Insolvenzverwaltern liegt inzwischen eine gefestigte Rechtsprechung vor, wonach gem. § 1 Abs. 1 Satz 1 IFG **jeder**, und damit auch ein Insolvenzverwalter, nach Maßgabe des Gesetzes ggü. den Behörden des Bundes einen **Anspruch auf Zugang zu amtlichen Informationen** hat.[262] Der **Insolvenzverwalter** übt nach der **Amtstheorie** kraft eines ihm übertragenen (privaten) Amtes die Verwaltungs- und Verfügungsbefugnis über die Insolvenzmasse im eigenen Namen aus. Er handelt als Partei kraft Amtes bzw. Amtstreuhänder im eigenen Namen. Damit wird er **als natürliche Person** tätig und gehört zum **Kreis** der nach § 1 Abs. 1 Satz 1 IFG **anspruchsberechtigten Personen.**[263]

Die Rechtsprechung hat insb. in mehreren Entscheidungen herausgearbeitet, dass der Informationserteilung gemäß IFG nicht entgegensteht, dass der Insolvenzverwalter u.U. Erstattungsansprüche gegen die Anspruchsgegner geltend machen will und mit der Auskunft seine **Chancen für eine zivilrechtliche Auseinandersetzung** verbessert werden.[264] Der Anspruch des Insolvenzverwalters auf Information besteht unabhängig

257 GVOBl. 2012, S. 89.
258 GVOBl. SH 2022, S. 285.
259 GVOBl. 2019, S. 310.
260 GVBl. 2012, S. 464.
261 GVBl. 2019, S. 373.
262 S. BVerwG, 09.11.2010 – 7 B 43/10, ZInsO 2011, 49 ff. = ZIP 2011, 41 ff. = NVwZ 2011, 235 f. = NJW-Spezial 2001, 151 (Vorinstanz: OVG Rheinland-Pfalz, 23.04.2010 – 10 A 10091/10, ZIP 2010, 1091 ff.).
263 Vgl. BVerwG, 09.11.2010 – 7 B 43/10, ZInsO 2011, 49 ff.; OVG Nordrhein-Westfalen, 28.07.2008 – 8 A 1548/07, ZInsO 2008, 927 ff. = NZI 2008, 699 ff.; VG Hamburg, 23.04.2009 – 19 K 4199/07, n.v.; VG Stuttgart, 18.08.2009 – 8 K 1011/09, NZI 2009, 739 f.; VG Hamburg, 24.02.2010 – 9 K 3062/09, ZInsO 2010, 577, 579; OVG Rheinland-Pfalz, 12.02.2010 – 10 A 11156/09, ZInsO 2010, 1708, 1709 m. Anm. Beck/Theile.
264 So BVerwG, 09.11.2010 – 7 B 43/10, ZInsO 2011, 49 ff.

davon, aus welchem Interesse dieser geltend gemacht wird.[265] Nach der Gesetzesbegründung zu § 1 Abs. 1 IFG ist klargestellt, dass die Grundnorm des Informationsfreiheitsgesetzes einen »**freien, voraussetzungslosen Informationsanspruch**« gewährt.[266] Gerade das OVG Nordrhein-Westfalen hat die Rechtsposition der Insolvenzverwalter erheblich gestärkt. Ein Insolvenzverwalter kann nach dieser Rechtsprechung gem. § 4 Abs. 1 IFG Nordrhein-Westfalen von der **Finanzverwaltung** Auskünfte über **Jahreskontoauszüge** des Insolvenzschuldners verlangen.[267]

Das Gericht stellt insb. heraus, dass die insolvenzrechtlichen bzw. auf das Insolvenzverfahren bezogenen Vorschriften über Auskunftsansprüche nach §§ 97, 101 InsO bzw. § 242 BGB keinen mit dem **Informationsfreiheitsgesetz** Nordrhein-Westfalen identischen sachlichen **Regelungsgehalt** aufweisen. Sie regeln gerade nicht den Zugang zu amtlichen Informationen gegenüber den Behörden des Landes, sondern betreffen ganz allgemein die privatrechtlichen Rechtsverhältnisse im Insolvenzverfahren und Informationsansprüche der Beteiligten untereinander. Darüber hinaus ist auch keine bereichsspezifische Ausschlussregelung gegeben, da eine solche weder der Nichtregelung des Akteneinsichtsrechts noch der Regelung des **Steuergeheimnisses** gem. § 30 AO zu entnehmen sei. Verlange ein Insolvenzverwalter Auskünfte, um im Wege der Anfechtung Zahlungen des Insolvenzschuldners zur Insolvenzmasse zu ziehen, handele er nicht als steuerlicher Vertreter des Schuldners, der allein am steuerlichen Verwaltungsverfahren beteiligt sei. Der Insolvenzverwalter werde bei der **Insolvenzanfechtung** gem. §§ 129 ff. InsO nicht tätig, um steuerliche Rechte des Insolvenzschuldners zu wahren (§§ 80 Abs. 1, 155 InsO), sondern um die Insolvenzmasse zugunsten der **Gesamtheit der Gläubiger** zu erhalten bzw. anzureichern. Weiterhin sei der **Informationszugangsanspruch** des Insolvenzverwalters auch **nicht** gem. §§ 5 ff. IFG Nordrhein-Westfalen **ausgeschlossen**.

Mit dieser Rechtsprechung gibt das OVG Nordrhein-Westfalen Insolvenzverwaltern **250**
eine Möglichkeit, sich **effektiv** und **zum Nutzen der Gläubigergesamtheit** Informationen zu verschaffen. Dabei ist zu berücksichtigen, dass Insolvenzschuldner in aller Regel nicht über derart geordnete Aufzeichnungen verfügen, dass anhand der Schuldnerunterlagen zuverlässig beurteilt werden kann, welche Zahlungen in der Krise in anfechtbarer Weise an Gläubiger erbracht worden sind.

Mit dieser Entscheidung folgt das OVG Nordrhein-Westfalen einer auch im Übrigen **251**
sehr insolvenzverwalterfreundlichen Rechtsprechung anderer Gerichte. Das OVG Berlin-Brandenburg hatte einem Insolvenzverwalter zumindest **Prozesskostenhilfe** für die Geltendmachung eines Auskunftsanspruchs gegen die Finanzverwaltung bewilligt.[268]

265 So BVerwG, 09.11.2010 – 7 B 43/10, ZInsO 2011, 49 ff.

266 So BT-Drucks. 15/4493, zu § 1 Satz 7.

267 So OVG Nordrhein-Westfalen, 15.06.2011 – 8 A 1150/10, ZInsO 2011, 1553 ff. = NZI 2011, 915 ff. = ZIP 2011, 1426 ff. (Vorinstanz: VG Düsseldorf, 07.05.2010 – 26 K 3548/09, ZIP 2010, 1661 ff. = ZVI 2010, 398 ff.).

268 So OVG Berlin-Brandenburg, 26.01.2011 – 12 M 67/10, ZVI 2011, 231 f. = ZIP 2011, 447 f.

Nach der Rechtsprechung des VG Berlin enthält das IFG Berlin keine der Bestimmungen des § 1 Abs. 3 IFG Bund oder anderen Regeln in den Informationsfreiheitsgesetzen der Länder vergleichbare allgemeine **Subsidiaritätsklausel**, wonach die Regelungen in den Rechtsvorschriften über den Zugang zu amtlichen Informationen, die Auskunftserteilung oder die Gewährung von Akteneinsicht den Vorschriften des IFG Berlin vorgehen. Vielmehr sei in § 3 Abs. 3 IFG geregelt, dass »weitergehende« Ansprüche nach anderen Rechtsvorschriften unberührt bleiben.[269]

252 Das BVerwG[270] und das VG Hamburg[271] haben entschieden, dass der Informationsanspruch nach dem IFG auch dem **Schutzzweck** der InsO nicht entgegenläuft. Durch die Zuerkennung des Auskunftsanspruchs nach dem IFG werde das Auskunftsrecht des Insolvenzverwalters nicht über die Regelung der InsO hinaus erweitert. Bei der Geltendmachung eines derartigen Anspruchs mache er sich allein den Umstand zunutze, dass die **Anspruchsgegner** als bundesunmittelbare **Körperschaften des öffentlichen Rechts** der für jede Bundesbehörde bestehenden und im öffentlichen Recht begründeten Verpflichtung unterliegen, jedem auf einen entsprechenden Antrag hin Zugang zu den bei ihr vorhandenen amtlichen Informationen zu gewähren.

253 Letztlich stellt das Gericht auch fest, dass der Anspruch des Insolvenzverwalters auch nicht nach § 3 Nr. 6 IFG ausgeschlossen sei. Danach bestehe der Anspruch auf Informationszugang nicht, wenn das **Bekanntwerden der Informationen** geeignet wäre, **fiskalische Interessen des Bundes** im Wirtschaftsverkehr oder **wirtschaftliche Interessen der Sozialversicherung** zu beeinträchtigen. Die nach der ersten Alternative zu beschützenden fiskalischen Interessen des Bundes im Wirtschaftsverkehr sind nur dort begründet, wo der Staat wie ein Dritter als Marktteilnehmer am Privatrechtsverkehr teilnimmt und seine Informationen ebenso schutzwürdig sind wie die privaten Marktteilnehmer. Zu den geschützten fiskalischen Interessen gehört aber nicht die Abwehr materiell berechtigter Ansprüche nach dem Insolvenzrecht. Die **Informationen** dürfen nur zurückgehalten werden, soweit der Behörde **Wettbewerbsnachteile** drohen. Für die nach der zweiten Alternative geschützten wirtschaftlichen Interessen der Sozialversicherung gilt nichts anderes. Die Sozialversicherungsträger werden nicht generell von dem Informationsfreiheitsgesetz ausgenommen.[272]

254 Eine solche **Bereichsausnahme** für bestimmte Teile der Verwaltung ist mit dem Anspruch auf Informationsfreiheit aus § 1 Abs. 1 IFG auch nicht zu vereinbaren. Das VG Hamburg resümiert, dass die Pflichtenstellung aus dem Informationsfreiheitsgesetz selbst dort bestehen bleibt, wo Teile der **Staatsverwaltung** im Einzelfall zugleich am Insolvenzverfahren als Insolvenzgläubiger teilnehmen. Das Insolvenzrecht dispensiere die Behörde nicht von den besonderen Informationspflichten. Das

269 So VG Berlin, 01.02.2018 – 2 K 614/15, ZIP 2015, 1508 ff. = ZVI 2018, 292 ff. unter Bezugnahme auf VG Berlin, 05.03.2013 – 2 K 94/12; VG Berlin, 17.10.2012 – 2 K 16/12 und VG Berlin, 30.08.2012 – 2 K 147/11.

270 So BVerwG, 09.11.2010 – 7 B 43/10, ZInsO 2011, 49 ff.

271 So VG Hamburg, 24.02.2010 – 9 K 3062/09, ZInsO 2010, 577, 579.

272 So VG Hamburg, 24.02.2010 – 9 K 3062/09, ZInsO 2010, 577, 579.

Informationsfreiheitsgesetz nehme dabei in Kauf, dass etwaige Ersatzansprüche im Insolvenzverfahren gegen die öffentliche Hand unter erleichterten Bedingungen geltend gemacht werden können.[273]

Bislang ungeklärt ist, ob bei **konkurrierenden Anspruchsgrundlagen**, etwa einer Auskunftserteilung nach dem **Sozialverwaltungsverfahrensrecht** und dem **Informationsfreiheitsrecht**, ein bestimmter Vorrang besteht.[274] Das Landessozialgericht Nordrhein-Westfalen[275] hat hierzu noch keine abschließende Entscheidung getroffen, neigt aber offenbar der Auffassung zu, dass danach zu differenzieren sei, wonach der Insolvenzverwalter eine Auskunftserteilung begehre. Sollte dies zutreffend sein, wird der Insolvenzverwalter in Zukunft prüfen müssen, ob er ggf. gegen die Finanzverwaltung nicht nur einen Anspruch aus den Vorschriften über die ermessensfehlerfreie Erteilung von Akteneinsicht geltend macht, sondern ggf. auch aus dem IFG. **255**

Sieht man die **Abgabenordnung** als »lex specialis« an, scheidet die Anwendung der Informationsfreiheitsgesetze aus.[276] Das VG Hamburg[277] war indes nach der bisherigen Rechtslage der Auffassung, dass Streitigkeiten über den Anspruch eines Insolvenzverwalters auf Auskunft in Abgabenangelegenheiten nicht den FG, sondern gem. § 9 Abs. 4 IFG den VG zugewiesen werden. Das Gericht führt aus, dass es sich nicht um einen Anspruch aus einer Abgabenangelegenheit handelt, für die das **FG** zuständig wäre, sondern um einen gesondert zu betrachtenden Auskunftsanspruch aus dem früheren Hamburgischen Informationsfreiheitsgesetz v. 17.02.2009.[278] Daher gehe es nicht um Steuern, sondern um Informationen, die in der Akte einer Behörde enthalten sind. Es könne nicht darauf ankommen, ob es sich um die Akte der Finanzverwaltung oder einer anderen Behörde handele. Auch die Zielsetzung des Auskunftsanspruchs sei unbeachtlich. In der Hauptsache hat das Gericht dann aber die Klage abgewiesen, da nach § 3 Abs. 2 Nr. 5 HmbIFG ein Anspruch auf **Informationszugang** nicht für Vorgänge der »Steuererhebung und Steuerfestsetzung« bestehe. Daher komme auch eine Einsicht in Vollstreckungsakten und die Auskunftserteilung aus Vollstreckungsakten nach Maßgabe des Informationsfreiheitsrechts nicht in Betracht.[279] **256**

Durch die Änderung der Abgabenordnung im Zuge der Einführung der **DSGVO** (oben Rdn. 226) stellt sich die Rechtslage wegen § 32e Satz 2 AO anders als bisher dar. Der **Insolvenzverwalter** ist hinsichtlich der Steuerdaten des Insolvenzschuldners nicht »betroffene Person« i. S. d. Art. 4 Nr. 1 und Art. 15 Abs. 1 DSGVO, weil der Auskunftsanspruch des Insolvenzschuldners aus Art. 15 DSGVO nicht gem. § 80 **257**

273 So VG Hamburg, 24.02.2010 – 9 K 3062/09, ZInsO 2010, 577, 579.
274 Vgl. OVG Rheinland-Pfalz, 12.02.2010 – 10 A 11156/09, ZInsO 2010, 1708, 1709.
275 So LSG Nordrhein-Westfalen, 26.04.2010 – L 16 B 9/09 SV, BeckRS 2010, 69270.
276 So Nöcker, AO-StB 2010, 44, 47.
277 So VG Hamburg, 17.05.2010 – 7 K 429/09, ZInsO 2010, 1097 ff.
278 So HmbGVBl. 2009, 29 ff.
279 So VG Hamburg, 27.08.2010 – 7 K 429/09, ZInsO 2010, 2247 ff.

Abs. 1 InsO in die **Verwaltungs- und Verfügungsbefugnis** des Insolvenzverwalters übergeht.[280]

258 Das BVerwG hat ein Vorabentscheidungsersuchen an den EuGH gestellt:[281]

> »Der Gerichtshof der Europäischen Union wird um Klärung folgender Fragen zur Auslegung der Verordnung (EU) 2016/679 des Europäischen Parlaments und des Rates vom 27. April 2016 zum Schutz natürlicher Personen bei der Verarbeitung personenbezogener Daten, zum freien Datenverkehr und zur Aufhebung der Richtlinie 95/46/EG (Datenschutz-Grundverordnung, ABl. L 119 vom 4. Mai 2016 S. 1) im Wege der Vorabentscheidung gem. Art. 267 AEUV gebeten:
>
> 1. Dient Art. 23 Abs. 1 Buchst. j der Verordnung (EU) 2016/679 auch dem Schutz der Interessen von Finanzbehörden?
> 2. Falls ja, erfasst die Formulierung »Durchsetzung zivilrechtlicher Ansprüche« auch die Verteidigung der Finanzbehörde gegen zivilrechtliche Ansprüche und müssen diese bereits geltend gemacht sein?
> 3. Erlaubt die Regelung des Art. 23 Abs. 1 Buchst. e der Verordnung (EU) 2016/679 zum Schutz eines wichtigen finanziellen Interesses eines Mitgliedstaats im Steuerbereich eine Beschränkung des Auskunftsrechts nach Art. 15 der Verordnung (EU) 2016/679 zur Abwehr von zivilrechtlichen Insolvenzanfechtungsansprüchen gegen die Finanzbehörde?«

Der EuGH hat auf Vorlage des BVerwG entschieden:

> »Der Begriff »Informationen, die sich auf Körperschaften beziehen« ist nach Auffassung des EuGH streng von dem unionsrechtlich definierten Begriff der personenbezogenen Daten natürlicher Personen zu unterscheiden. Das Recht natürlicher Personen auf Schutz ihrer personenbezogenen Daten ist ein Grundrecht, das durch Art. 8 Abs. 1 GRCh garantiert wird. Beschränkungen dieses Rechts müssen, wie in Art. 23 Abs. 1 der DSGVO ausgeführt wird, gesetzlich vorgesehen sein, den Wesensgehalt der Grundrechte und Grundfreiheiten achten und in einer demokratischen Gesellschaft eine notwendige und verhältnismäßige Maßnahme darstellen, um den Schutz bestimmter öffentlicher und privater Interessen sicherzustellen. Informationen, die juristische Personen betreffen, werden im Unionsrecht nicht in vergleichbarer Weise geschützt. Deutschland hat in der Abgabenordnung ein dem nationalen Recht eigenes Konzept des Schutzes personenbezogener Daten juristischer Personen geschaffen, für dessen Auslegung eine Zuständigkeit des EuGH nicht besteht.«[282]

Der deutsche Gesetzgeber hat durch § 2a Abs. 5 Nr. 2 AO die **Körperschaften**, rechtsfähigen oder nicht rechtsfähigen Personenvereinigungen oder **Vermögensmassen** den natürlichen Personen im Hinblick auf §§ 32a ff. AO gleichgestellt, dabei aber verkannt, dass die DSGVO ausschließlich den Schutz der natürlichen Personen regelt.[283] Damit

280 So BVerwG, 16.09.2020 – 6 C 10/19, BFH/NV 2021, 287 ff.; BMF, Schreiben vom 17.06.2021 – IV A 3 – S 0130/19/10017:004, BStBl. I 2021, 809 ff.

281 S. BVerwG, 04.07.2019 – 7 C 31/17, NZI 2019, 826 ff. mit Anm. Schmittmann.

282 So EuGH, 10.12.2020 – C-620/19, ZRI 2021, 74 ff. = ZIP 2021, 43 ff. = DZWIR 2021, 393 ff. = DSB 2021, 91 ff. mit Anm. Schmittmann/Schmidt.

283 Vgl. Schmittmann in: Gehrlein/Grote/Haarmeyer/Vill, Festschrift Pape, Köln, 2019, S. 355 ff.

hat Deutschland – wie der EuGH nun konstatiert – ein eigenes **Datenschutzsystem** für Körperschaften errichtet, dass nicht der Kontrolle durch den EuGH unterliegt.

Nachdem der Rechtsstreit an das Bundesverwaltungsgericht zurückgelangt war, hat dieses entschieden, dass ein Insolvenzverwalter auf der Grundlage des Rechts der Informationsfreiheit gegenüber dem Finanzamt keinen Anspruch auf Auskunft über die steuerlichen Verhältnisse eines Insolvenzschuldners hat. Während des Revisionsverfahrens seien im Zusammenhang mit dem Inkrafttreten der DSGVO Änderungen in der Abgabenordnung vorgenommen worden. Insbesondere enthalte diese nun verschiedene Ausschlussgründe für dem Grunde nach bestehende **Ansprüche auf Informationszugang** nach dem Informationsfreiheitsgesetzen bzw. der DSGVO. Danach seien die Finanzbehörden nicht mehr neben etwaigen zivilrechtlichen Auskunftsansprüchen, Informationszugangsansprüchen nach dem Informationsfreiheitsrecht oder – soweit natürliche Personen als Insolvenzschuldner betroffen sind – nach dem europäischen Datenschutzrecht ausgesetzt. Die Urteilsgründe sind i. E. noch nicht veröffentlicht, sondern lediglich die Pressemitteilung.[284]

Die **Geltendmachung von zivilrechtlichen Auskunftsansprüchen** dürfte in aller Regel zwecklos sein, sodass nach der nunmehrigen Rechtsprechung des Bundesverwaltungsgerichts selbst in den Bundesländern, die ein Informationsfreiheits- oder Transparenzgesetz kennen, das keine Bereichsausnahme für die Finanzverwaltung vorsieht, jedenfalls auf Grund der Regelungen in § 32e AO Auskunftsansprüche des Insolvenzverwalters scheitern werden. 259

Ob es einen adäquaten Ausweg darstellt, den **Schuldner** im Wege seiner **Auskunfts- und Mitwirkungspflichten** zu veranlassen, selbst die Auskunft einzuholen und dem Insolvenzverwalter zugänglich zu machen, ist bislang nicht geklärt.[285] 260

Auf der gleichen Linie wie das Bundesverwaltungsgericht liegen bereits einzelne Finanzgerichte. Nach Auffassung des FG Berlin-Brandenburg, werden die landesrechtlichen Informationsfreiheitsgesetze durch die **bundesgesetzlichen Einschränkungen der Rechte nach der DSGVO** zu Gunsten von Finanzbehörden aus §§ 32a ff. AO begrenzt. Daher habe der Insolvenzverwalter keinen datenschutzrechtlichen Anspruch aus Art. 15 DSGVO gegen Finanzbehörden auf Akteneinsicht oder Auskunftserteilung betreffend steuerliche Daten über den Insolvenzschuldner.[286] 261

Ungeachtet der Beteiligung eines Insolvenzverwalters stehen derzeit ohnehin die **Auskunftsansprüche aus der DSGVO** im Fokus der Rechtsprechung der Finanzgerichte. Nach Auffassung des FG Berlin-Brandenburg bestehen Auskunftsansprüche aus Art. 13 Abs. 1 DSGVO bei Auskunftsverpflichteten, die große Mengen an Daten verarbeiten, nicht voraussetzungslos und ohne Begründungszwang, sondern müssen hinreichend 262

284 S. BVerwG, Urt. v. 25.02.2022 – 10 C 4/20, ZGI 2022, 183 ff. mit Anm. Schmittmann.
285 Vgl. Schmittmann, NZI 2020, 39, 41.
286 S. FG Berlin-Brandenburg, 27.10.2021 – 16 K 11306/19, NZI 2022, 404 ff. mit Anm. Schmittmann.

spezifiziert sein.[287] Zudem verneint das FG Berlin-Brandenburg einen Anspruch auf Zurverfügungstellung von **elektronischen Aktendoppeln.**[288]

263 Das Niedersächsische FG konstatiert, dass dem Steuerpflichtigen grundsätzlich ein Anspruch auf Akteneinsicht im Verwaltungsverfahren zusteht. Auf dem **Rechtsstaatsprinzip** gem. Art. 20 Abs. 3 GG i. V. m. dem Prozessgrundrecht gem. Art. 19 Abs. 4 GG und dem nunmehr in Art. 41 Abs. 2 EU-Grundrechtecharta ausdrücklich verankerten Recht auf Gehör folgt grundsätzlich ein **Akteneinsichtsrecht**, welches die Finanzbehörde mit dem Schutz Dritter und ihrem Ermittlungsinteresse sowie ihrem Verwaltungsaufwand abzuwägen hat.[289]

264 Der Anspruch auf **Informationszugang** nach dem IFG, sei es nach dem IFG des Bundes oder eines der Länder, die Informationsfreiheitsrechte eingeführt haben, kann – so schon das frühere Recht – auch bestehen, wenn Auskunftsansprüche nach anderen Vorschriften bestehen. Besondere Rechtsvorschriften verdrängen zwar nach dem Grundsatz des »lex specialis derogat legi generali« allgemeinere Vorschriften. Sie schließen aber den Informationsfreiheitsanspruch nach dem Informationsfreiheitsrecht nur dann aus, wenn sie denselben **sachlichen Regelungsgegenstand** – nämlich Zugang zu amtlichen Informationen – haben und diesen identischen Sachverhalt abschließend regeln.[290] Ein aus **Treu und Glauben**, § 242 BGB, hergeleiteter eingeschränkter **Informationsanspruch** verdrängt den speziellen und im Einzelnen detailliert geregelten Anspruch auf Informationszugang nach den Informationsfreiheitsgesetzen nicht. Insb. die Vorschriften der §§ 20, 97, 101 InsO sagen zur Auskunftspflicht der Insolvenzgläubiger ggü. dem Insolvenzverwalter nichts aus. Sie regeln jedenfalls in diesem Verhältnis den Zugang zu amtlichen Informationen ersichtlich nicht. Dass ein evtl. aus Treu und Glauben hergeleiteter eingeschränkter Informationsanspruch den speziellen und im Einzelnen detailliert geregelten Anspruch auf Informationszugang nach den Informationsfreiheitsgesetzen nicht verdrängt, ergibt sich schon aus dem unspezifischen Regelungsgehalt des § 242 BGB im Vergleich zu der speziellen gesetzlichen **Abwägung der Interessen** in den Informationsfreiheitsgesetzen.[291] Es ist kein Anhaltspunkt dafür ersichtlich, dass ein eventueller, aus Treu und Glauben resultierender Informationsanspruch als abschließende Regelung zu verstehen sein sollte und damit weiter gehende, sich aus den ausdifferenzierten Regelungen des Informationsfreiheitsgesetzes ergebende Ansprüche ausschließen sollte.[292]

---

287 S. FG Berlin-Brandenburg, 26.01.2022 – 16 K 2059/21, ZD 2022, 628 ff.

288 So bereits FG Berlin-Brandenburg, 27.10.2021 – 16 K 5148/20, ZD 2022, 579 ff., Revision anhängig: BFH – II R 47/21.

289 So Niedersächsisches FG, 08.03.2022 – 7 K 11127/18, EFG 2022, 816 ff. mit Anm. Hahlweg.

290 So BVerwG, 20.05.2010 – 7 B 28/10, Rn. 6, BeckRS 2010, 52482; OVG Nordrhein-Westfalen, 15.06.2011 – 8 A 1150/10, ZD 2011, 141 ff. = NZI 2011, 915 ff. mit Anm. Schmittmann.

291 Ebenso: OVG Rheinland-Pfalz, 12.02.2010 – 10 A 11156/09, ZInsO 2010, 1708, 1710.

292 So BVerwG, 20.05.2010 – 7 B 28/10, Rn. 6, BeckRS 2010, 52482.

Das soll an einem Beispiel aus Mecklenburg-Vorpommern verdeutlicht werden: Der **Anspruch auf Informationszugang** wird nicht durch andere Normen betreffend den Informationszugang ausgeschlossen. In § 1 Abs. 3 Satz 2 IFG M-V ist geregelt, dass besondere Rechtsvorschriften über den Zugang zu amtlichen Informationen, die Auskunftserteilung oder die Gewährung von Akteneinsicht unberührt bleiben. Der Gesetzgeber hat damit festgeschrieben, dass grundsätzlich die Normen über den Informationszugang nebeneinander gelten sollen. Der Grundsatz, dass allgemeinere Gesetze subsidiär gegenüber speziellen Gesetzen sind, kann nur dann Anwendung finden, wenn sich das speziellere Gesetz als abschließende Regelung begreift. Dies ist bei den Regelungen zum **Zugang zu Fahrzeug- und Halterdaten** in der StVG nicht der Fall. Die Insolvenzschuldnerin und damit auch das beklagte Straßenverkehrsamt können sich gegenüber dem Kläger nicht auf den Schutz von Betriebs- und Geschäftsgeheimnissen berufen. Denn mit der Eröffnung des Insolvenzverfahrens erlangt der Insolvenzverwalter die Verwaltungs- und Verfügungsbefugnis über das zur Insolvenzmasse gehörende Vermögen (§ 80 Abs. 1 InsO) und hat gegenüber dem Insolvenzschuldner einen Anspruch auf Auskunft über alle das Verfahren betreffenden Verhältnisse (§ 97 Abs. 1 Satz 1 InsO), mithin auch über alle Umstände, die für die Beurteilung von Gläubigerforderungen bedeutsam sein können.[293]

Heute ist in zutreffender Weise darauf abzustellen, dass ein Insolvenzverwalter hinsichtlich der beim Finanzamt gespeicherten personenbezogenen Daten des Insolvenzschuldners nicht »Betroffener« i. S. v. Art. 15 Abs. 1 DSGVO ist. Das **datenschutzrechtliche Auskunftsrecht des Betroffenen** nach Art. 15 Abs. 1 DSGVO gehe auch nicht durch die Eröffnung des Insolvenzverfahrens auf den Insolvenzverwalter über, weil es sich bei diesem Auskunftsrecht um ein **höchstpersönliches Recht** handele, welches nicht auf den Insolvenzverwalter übergehe (oben Rdn. 230).[294] **265**

Der Insolvenzverwalter hat, sofern in dem jeweiligen Bundesland ein IFG existiert, weiterhin einen **Anspruch auf Auskunftserteilung** gegenüber den Landesfinanzbehörden, ohne dass dies durch die Abgabenordnung ausgeschlossen ist.[295] Auskunftsansprüche bestanden früher z.B. in Baden-Württemberg nicht, da dort ein IFG des Landes nicht existiert. Dies müsse aber – so die Rechtsprechung – im Föderalismus als »groteskes Ergebnis« hingenommen werden.[296] **266**

Nach der Rechtsprechung des BVerwG wird das **Steuergeheimnis** bei Einsicht des Insolvenzverwalters in die den Schuldner betreffenden steuerlichen Unterlage nicht verletzt, da für ihn nichts anderes als für den steuerpflichtigen Insolvenzschuldner gelte. Darüber hinaus stehe das Steuergeheimnis dem Auskunftsanspruch des Insolvenz- **267**

---

293 So VG Greifswald, 23.08.2017 – 6 A 1248/14, ZInsO 2017, 2378 ff. = NZI 2017, 869 ff. mit Anm. Schmittmann/Lehner.

294 S. OVG Lüneburg, 26.06.2019 – 11 LA 274/18, NZI 2019, 689 ff. mit Anm. Schmittmann.

295 So VG Berlin, 30.08.2012 – 2 K 147/11, ZInsO 2012, 1843 f.; FG Münster, 25.06.2012 – 15 K 874/10, ZIP 2012, 3223 f. = ZD 2012, 443 f. = EFG 2012, 1953 ff. m. Anm. Büchter-Hole; VG Trier, 26.06.2012 – 5 K 504/12, ZIP 2012, 1832 = ZInsO 2012, 1639.

296 So VG Stuttgart, 13.11.2012 – 11 K 2433/12, BeckRS 2013, 45881.

verwalters gegenüber dem Finanzamt auch dann nicht entgegen, wenn die Auskunft mit Blick auf mögliche **Anfechtungen** begehrt werde.[297] Das **Steuergeheimnis** steht der Auskunftserteilung gegenüber dem Insolvenzverwalter ebenfalls nicht entgegen, da mit Eröffnung des Insolvenzverfahrens die Verwaltungs- und Verfügungsbefugnis über das zur Insolvenzmasse gehörende Vermögen auf den Insolvenzverwalter übergeht. Der Insolvenzverwalter hat gegenüber dem Insolvenzschuldner einen Anspruch auf Auskunft über alle das Verfahren betreffenden Verhältnisse, mithin auch über alle Umstände, die für die Beurteilung von Gläubigerforderungen bedeutsam sein können. Wenn der Schuldner dem Insolvenzverwalter die ihn möglichen Auskünfte über die von ihm gezahlten Steuern erteilt, sind diese Informationen dem Insolvenzverwalter gegenüber von vornherein nicht geheimhaltungsbedürftig.[298]

268 Der Insolvenzverwalter braucht sich auch nicht darauf verweisen zu lassen, ausschließlich den Schuldner zu befragen. Es gehört zu den **Sorgfaltspflichten eines Insolvenzverwalters**, über die bloße Befragung des Schuldners hinaus alle Möglichkeiten, insb. auch **Ermittlungen bei Körperschaften des öffentlichen Rechts** zu nutzen, die die Durchsetzung eventueller Ansprüche der Gläubiger vereinfachen bzw. erleichtern. Der Verwalter darf sich über die Auskunft des Schuldners hinaus durch ein Auskunftsbegehren bei dem Sozialversicherungsträger vergewissern, ob er vollständige Informationen erhalten hat.[299] Die **Einholung von Auskünften** bei Finanzverwaltung und Sozialversicherungsträgern liegt im öffentlichen Interesse.[300]

269 Für die Ansprüche des Insolvenzverwalters gegen die Sozialversicherungsträger ist der Rechtsweg zu den **Verwaltungsgerichten** eröffnet.[301] Die Sozialgerichte sind nicht zuständig. Grundsätzlich steht dem Insolvenzverwalter ein Auskunftsanspruch gegen die Sozialversicherung gemäß IFG zu, wenn in dem betreffenden Bundesland ein IFG besteht.[302]

---

297 So BVerwG, 26.04.2018 – 7 C 6.16, n.v.; BVerwG, 26.04.2018 – 7 C 5.16, DB 2018, 2045 ff. = ZVI 2018, 415 ff. = ZIP 2018, 1554 ff. = EWiR 2018, 627 f. [Hess] = NZI 2018, 715 ff. mit Anm. Schmittmann = ZInsO 2018, 1907 ff.; BVerwG, 26.04.2018 – 7 C 4.16, n.v.; BVerwG, 26.04.2018 – 7 C 3.16, BFH/NV 2018, 1135 ff. = DZWIR 2018, 470 ff. = NJW-Spezial 2018, 599.

298 So VG Berlin, 01.02.2018 – 2 K 614/15, ZIP 2018, 1508 ff. Rn. 25; unter Hinweis auf: OVG Berlin-Brandenburg, 14.07.2016 – 12 B 33/14, Rn. 18; OVG Berlin-Brandenburg, 07.10.2014 – 12 N 83/13; OVG Berlin-Brandenburg, 04.08.2014 – 12 N 36/14; OVG Nordrhein-Westfalen, 15.06.2011 – 8 A 1150/10; OVG Schleswig-Holstein, 03.05.2017 – 8 A 74/15; OVG Rheinland-Pfalz, 12.02.2010 – 10 A 11156/09.

299 So VG Minden, 12.08.2010 – 7 K 23/10, ZInsO 2010, 1839, 1841 m. Anm. Birkemeyer.

300 So VG Schleswig, 15.05.2017 – 8 A 74/15, ZIP 2017, 1126 ff. mit Anm. Schmittmann.

301 So BVerfG, 09.11.2010 – 7 B 43/10, ZIP 2011, 41 ff. = DZWIR 2011, 110 f.; BayVGH, 09.06.2021 – M 32 K 20.1371, ZInsO 2021, 1862 f.; LSG Baden-Württemberg, 12.11.2010 – L 5 KR 1815/10, ZVI 2011, 180 ff. = Verbraucherinsolvenz aktuell 2011, 23 f. (Schmittmann); OVG Rheinland-Pfalz, 23.04.2010 – 10 A 10091/10, ZIP 2010, 1091 ff. = EWiR 2010, 573 f. (Riedemann).

302 Vgl. Hamburgisches OVG, 16.04.2012 – 5 Bf 241/10, ZInsO 2012, 989 ff.; OVG Koblenz, 23.04.2010 – 10 A 10091/10, ZIP 2010, 1091 ff.; OVG Nordrhein-Westfalen,

d) Ansprüche nach der GVO

Der Insolvenzverwalter wird i.Ü. auch den **Gerichtsvollzieher** auf **Auskunftserteilung** in Anspruch nehmen.[303] In verschiedenen Insolvenzgerichtsbezirken wird der Gerichtsvollzieher bereits im Antragsverfahren vom Gericht zur Auskunftserteilung aufgefordert. Der Gutachter bzw. vorläufige Insolvenzverwalter erhält durch **Akteneinsicht** Kenntnis dieser Auskünfte und kann sie im Gutachten bereits nutzbar machen. 270

Holt das Insolvenzgericht die Auskünfte nicht von sich aus ein, so wird der Insolvenzverwalter dies nachholen. Der Gerichtsvollzieher ist zur **Auskunftserteilung**, ggf. nach Einholung der Aussagegenehmigung, die von Direktor bzw. Präsidenten des AG zu erteilen ist, **verpflichtet.** Z.T. wird Gerichtsvollziehern eine allgemeine Aussagegenehmigung ggü. Insolvenzverwaltern erteilt. 271

3. Abwehr von Anfechtungsansprüchen (außergerichtlich, gerichtlich)

Der Umgang mit Anfechtungsansprüchen durch den Anspruchsgegner ist sehr unterschiedlich. Dies betrifft sowohl die Fälle der **außergerichtlichen** (s. Kap. 2 Realisierung von Insolvenzanfechtungsansprüchen Rdn. 184) als auch der **gerichtlichen Geltendmachung** von Insolvenzanfechtungsansprüchen (s. Kap. 7 Rdn. 38) durch den Insolvenzverwalter nach Verfahrenseröffnung, §§ 129 ff. InsO. 272

a) Außergerichtliches Verhalten der Anfechtungsgegner

Das **außergerichtliche Verhalten** der Anfechtungsgegner stellt sich höchst unterschiedlich dar. Bei der **Finanzverwaltung** ist im Bereich der OFD Nordrhein-Westfalen nach den Erfahrungen des Verfassers ein **sachlicher Umgang** mit Insolvenzanfechtungsansprüchen an der Tagesordnung. Macht der Insolvenzverwalter in einem außergerichtlichen **Anfechtungsschreiben** Anfechtungsansprüche geltend, die **ordnungsgemäß begründet** sind, so erfolgt i.d.R. die **Anerkennung** durch die Finanzverwaltung und die **Ankündigung**, dass alsbald **Zahlung** erfolgt. Dies betrifft insb. die Fälle der Anfechtung gem. §§ 130, 131 InsO. Bei den Fällen des § 133 InsO besteht seitens der Finanzverwaltung deutliche Zurückhaltung, da der Anfechtungszeitraum sich hier auf insgesamt vier oder – in Ausnahmefällen – auf zehn Jahre erstreckt. 273

Die **Finanzverwaltung** beauftragt nach den Beobachtungen des Verfassers im außergerichtlichen Verfahren bei der Verteidigung gegen Anfechtungsansprüche keine RA, sondern **bearbeitet** die Fälle durch den zuständigen **behördeninternen Sachbearbeiter.** 274

28.07.2008 – 8 A 1548/07, ZIP 2008, 1542 f. = ZVI 2008, 351 ff.; Hessischer VGH, 15.12.2011 – 6 B 1926/11, DÖV 2012, 366 [Ls]; OVG Rheinland-Pfalz, 12.02.2010 – 10 A 11156/09, NZI 2010, 357 ff. = KKZ 2010, 281 ff.; VG Freiburg, 21.09.2011 – 1 K 734/10, NZI 2011, 825 ff. m. Anm. Schmittmann = jurisPR-ITR 21/2012 Anm. 5 [Ernst]; VG Stuttgart, 18.08.2009 – 8 K 1011/09, ZVI 2009, 463 ff. = NZI 2009, 739 ff.; vgl. Kupka/Schmittmann, InsbürO 2009, 83, 88; Schmittmann/Kupka, NZI 2009, 367 f.; Schmittmann/Böing, InsbürO 2010, 15, 17.

303 Vgl. Fechner, InsbürO 2010, 468 f.

Bei der **Bundesfinanzakademie** stehen regelmäßig Fortbildungsveranstaltungen zum Insolvenzrecht, die auch das Insolvenzanfechtungsrecht umfassen, auf dem Programm. Die Finanzverwaltung arbeitet, insb. nach Hinweisen des Bundesrechnungshofs, an einer Reduzierung der aufgrund der Insolvenzanfechtung auszuzahlenden Beträge.

275 Vom Verhalten der Finanzverwaltung weicht das Verhalten der **Sozialversicherungsträger** in erheblichem Umfang ab. Es gibt Sozialversicherungsträger, die grds. bereits bei der Inanspruchnahme aufgrund eines Insolvenzanfechtungsanspruches sogleich einen **RA** beauftragen, der in aller Regel zunächst **Fristverlängerung** beantragt. Sodann erfolgt eine **textbausteinartige Zurückweisung** des Insolvenzanfechtungsanspruches, die regelmäßig unsubstantiiert jeglichen Sachvortrag des Insolvenzverwalters bestreitet und insb. die von der Schuldnerin geleisteten Zahlungen in Zweifel zieht.[304] In den Fällen, in denen die Sozialversicherungsträger sich selbst gegen den Anfechtungsanspruch zur Wehr setzen, ohne eine Rechtsanwaltskanzlei zu beauftragen, ist regelmäßig eine **konstruktive Bearbeitung** möglich. Der außergerichtliche Schriftwechsel kann z.B. dazu führen, bestehende **Missverständnisse zu beseitigen**, z.B. wenn ein Sozialversicherungsträger im Wege der Amtshilfe für einen anderen Sozialversicherungsträger vollstreckt hat, also die AOK Westfalen-Lippe für die AOK Rheinland. Aus den Quittungen ist oftmals nicht ersichtlich, welcher betreibende Sozialversicherungsträger im Ergebnis das Geld bekommen hat. I.Ü. lassen sich beim außergerichtlichen Verhalten der Sozialversicherungsträger erhebliche Unterschiede feststellen. Zum einen gibt es eine Reihe von **Sozialversicherungsträgern**, die – ähnlich wie die Finanzverwaltung – auf ordnungsgemäß begründete und belegte Insolvenzanfechtungsansprüche, insb. gem. §§ 130, 131 InsO sofort zahlen. Davon sind allerdings die Sozialversicherungsträger zu unterscheiden, die nichts unversucht lassen, um dem Insolvenzverwalter Steine in den Weg zu legen. So wird z.B. die **Zahlungsunfähigkeit** im Zeitpunkt der Zahlung an die Sozialversicherung **bestritten**, obgleich sowohl im Monat der Zahlung als auch in den Monaten davor und danach ausweislich der **betriebswirtschaftlichen Auswertungen** Zahlungsunfähigkeit vorgelegen hat. Die Sozialversicherung weist dann – völlig lebensfremd – darauf hin, dass der Schuldner in der Zwischenzeit seine Zahlungsunfähigkeit wiedererlangt haben könnte. Das Bestreiten durch die Sozialversicherungsträger nimmt bisweilen groteske Züge an. Zu der Zeit, als Zahlungen des Schuldners aus einem **eingeräumten Kreditrahmen** noch unanfechtbar waren, lag dem Verfasser ein Fall vor, in dem der Schuldner zunächst bei der Bank Geld eingezahlt und dann eine Überweisung an den Sozialversicherungsträger veranlasst hat. Auf dem Kontoauszug wurde allerdings erst die Überweisung an den Sozialversicherungsträger und dann die Einzahlung aufgeführt, was den Sozialversicherungsträger dazu veranlasste, die Zahlung aus dem Vermögen des Schuldners zu bestreiten, obwohl sowohl der Schuldner als auch der Bankmitarbeiter übereinstimmend erklärt hatten, dass die Überweisung nur ausgeführt worden sei, weil zuvor Bargeld eingezahlt worden ist.

---

304 Vgl. im Einzelnen Hartwig, Ein Rechtsanwalt aus M., InsbürO 2010, 160.

Eine weitere beliebte **Einwendung** der Sozialversicherungsträger war, dass der Arbeitnehmeranteil am Sozialversicherungsbeitrag aus dem **Vermögen des Arbeitnehmers** gezahlt worden sei und daher eine Anfechtung im Insolvenzverfahren über das Vermögen des Arbeitgebers ausscheide. Erst nachdem der BGH entschieden hat, dass die Zahlung der Arbeitnehmeranteile zu den Gesamtsozialversicherungsbeiträgen trotz § 28e Abs. 1 Satz 2 SGB IV als Rechtshandlung des Arbeitgebers im Insolvenzverfahren über dessen Vermögen als **mittelbare Zuwendung an die Einzugsstellen** angefochten werden kann,[305] wurde auf diese Einwendung weitgehend verzichtet. 276

Letztlich wird im außergerichtlichen Verfahren seitens der Sozialversicherungsträger häufig ins Feld geführt, dass die Anfechtung aus **Gründen »der Beitragsgerechtigkeit«** ausgeschlossen sei oder durch die **Rückerstattung der Beiträge »zu Lasten der Allgemeinheit** und zur **Privilegierung** der Insolvenzgläubiger und der Verfahrenskosten erfolgen soll«, was letztlich der Vorwurf an den Insolvenzverwalter ist, dass aus den Anfechtungsansprüchen vorrangig die Gerichtskosten und die Verwaltervergütung gezahlt werden.[306] Dieser Vorwurf ist unbegründet, da die Insolvenzanfechtung grundsätzlich aus Gründen der Gläubigergleichbehandlung erfolgt und die Gläubigergesamtheit benachteiligende Vermögensverschiebungen aus der Zeit vor Verfahrenseröffnung korrigieren soll. 277

b) Gerichtliche Abwehr bei Insolvenzanfechtungsansprüchen

Vor den **Amtsgerichten** vertreten sich die Sozialversicherungsträger sowie die Finanzverwaltung oftmals selbst. Im Anwaltsprozess vor den LG werden Kanzleien beauftragt. Die Einschaltung einer Rechtsanwaltskanzlei führt – von Einzelfällen abgesehen[307] – in aller Regel zu einer **Versachlichung** der Auseinandersetzung und damit zu einer **schnelleren Streitentscheidung.** 278

Hinsichtlich der Einwendungen des Anfechtungsgegners wird im Regelfall die **Zahlungsunfähigkeit** im Zeitpunkt der Leistung bestritten. Darüber hinaus wird in aller Regel die **Kenntnis** der Zahlungsunfähigkeit **bestritten.** Die Zahlungen selbst werden in aller Regel nicht bestritten, wenn seitens des Insolvenzverwalters ordnungsgemäße Belege vorgelegt werden. Sofern Zahlungen im Wege der Zwangsvollstreckung erfolgt sind, werden die durch die Zwangsvollstreckung angefallenen Kosten häufig in Abzug gebracht. 279

Die Gerichte folgen in der Mehrzahl der Fälle der Rechtsprechung des BGH zu § 28e SGB IV,[308] was allerdings einige **Sozialversicherungsträger** nicht hindert, im § 28e SGB IV ein Anfechtungshindernis zu sehen. Vereinzelter rheinischer Widerstand[309] 280

305 So BGH, 05.11.2009 – IX ZR 233/08, BGHZ 183, 86 ff. = ZIP 2009, 2301 ff. = ZInsO 2009, 2293 ff. Rn. 13. Bestätigt ausdrücklich durch: BGH, 30.09.2010 – IX ZR 237/09, ZIP 2010, 2209 f.; BGH, 07.04.2011 – IX ZR 118/10, NZI 2011, 456 f. Rn. 3.

306 Zutreffend widerlegt von Hartwig, InsbürO 2010, 160.

307 Vgl. im Einzelnen Hartwig, InsbürO 2010, 160.

308 Vgl. BGH, 05.11.2009 – IX ZR 233/08, ZInsO 2009, 2293.

309 So LG Köln, 09.12.2009 – 13 S 230/09, ZIP 2010, 41 ff. = NZG 2010, 512 ff.

wurde inzwischen vom BGH gebrochen.[310] Diese gleichwohl noch anzutreffende Ignoranz der Sozialversicherungsträger führt zu der für den Insolvenzverwalter misslichen Lage, dass der **Rechtsweg** in Anspruch genommen werden muss.

4. Vollstreckung titulierter Anfechtungsansprüche

281 Sofern der Anspruch gegen den Sozialversicherungsträger bzw. die Finanzverwaltung tituliert ist, erfolgt im Regelfall eine **Überweisung** an den Insolvenzverwalter. Es sind jedoch auch Fälle bekannt, in denen es der Sozialversicherungsträger nach rechtskräftiger Verurteilung auf eine **Zwangsvollstreckung** hat ankommen lassen.

282 Bei der Zwangsvollstreckung ist das **Fiskusprivileg** gem. § 882a ZPO zu berücksichtigen. Die Zwangsvollstreckung gegen den **Bund** oder ein **Land** wegen einer Geldforderung darf, soweit nicht dingliche Rechte verfolgt werden, erst 4 Wochen nach dem Zeitpunkt beginnen, in dem der Gläubiger seine Absicht, die Zwangsvollstreckung zu betreiben, der zur Vertretung des Schuldners berufenen **Behörde** und, sofern die Zwangsvollstreckung in ein von einer anderen Behörde verwaltetes Vermögen erfolgen soll, auch dem zuständigen Ministerium der Finanzen angezeigt hat, § 882a Abs. 1 Satz 1 ZPO. Dem Gläubiger ist auf Verlangen gem. § 882a Abs. 1 Satz 2 ZPO der Empfang der Anzeige zu bescheinigen.

283 Sofern die Voraussetzungen der Zwangsvollstreckung gegen **juristische Personen des öffentlichen Rechts** geschaffen worden sind, so ist weiterhin zu berücksichtigen, dass bei einer Zwangsvollstreckung durch den **Gerichtsvollzieher** der Gerichtsvollzieher zunächst auf **Antrag** des Gläubigers vom **Vollstreckungsgericht** zu bestimmen ist, § 882a Abs. 1 Satz 3 ZPO. Die Bestimmung des Gerichtsvollziehers gem. § 882a Abs. 1 Satz 3 ZPO kann bereits vor Ablauf der Frist von 4 Wochen beantragt und verfügt werden. Zuständig ist gem. § 20 Abs. 1 Nr. 17 RPflG der **Rechtspfleger.**[311]

5. Geltendmachung von Sicherungsrechten

284 Es sind Fälle bekannt geworden, in denen der Sozialversicherungsträger die Gewährung einer **Ratenzahlung** von einem **Schuldbeitritt** des Geschäftsführers abhängig gemacht hat. In diesen Fällen ergeben sich in der Insolvenz der Gesellschaft keine Besonderheiten. In den Fällen, in denen aber auch der **Geschäftsführer** insolvent wird, ist in dessen Insolvenzverfahren zu prüfen, ob die dem Sozialversicherungsträger bestellte Sicherheit ggf. anfechtbar ist.

285 Eine **Anfechtung des Schuldbeitritts** kommt insb. unter dem Gesichtspunkt des § 134 Abs. 1 InsO in Betracht. Danach ist eine unentgeltliche Leistung des Schuldners anfechtbar, es sei denn, sie ist früher als 4 Jahre vor dem Antrag auf Eröffnung des Insolvenzverfahrens vorgenommen worden. Eine Unentgeltlichkeit i.S.v. § 134 Abs. 1 InsO könnte angenommen werden, sofern seitens des Gläubigers **kein Anspruch**

310 So BGH, 30.09.2010 – IX ZR 237/09, ZIP 2010, 2209; BGH, 07.04.2011 – IX ZR 118/10, NZI 2011, 456 f. Rn. 3; vgl. Schmittmann, StuB 2010, 877, 878.

311 So Zöller/Seibel, § 882a ZPO Rn. 5.

auf die Bestellung der Sicherheit bestanden hat. Dem wird in aller Regel entgegengehalten, dass die Stundung gem. § 222 Satz 2 AO i.d.R. nur gegen Sicherheitsleistung gewährt werden soll.

Diese Einwendung ist differenziert zu betrachten. Der Schuldner selbst erhält von dem Gläubiger ein **Entgelt** für den Schuldbeitritt oder die Bürgschaft nicht. Er erhält allenfalls nach Befriedigung des Haftungsanspruches einen **Gesamtschuldnerausgleichsanspruch** (beim Schuldbeitritt) oder einen kraft cessio legis übergeleiteten **Hauptanspruch** (bei der Bürgschaft) gegen den Hauptschuldner. Es ist also darauf abzustellen, ob dieser **Anspruch** zum Zeitpunkt des Leistungsempfangs **werthaltig** war.[312] **286**

I.Ü. kommen **Anfechtungsansprüche** gem. §§ 130, 131 InsO in Betracht, wobei mit Ausnahme von § 131 Abs. 1 Nr. 1 InsO Zahlungsunfähigkeit im Zeitpunkt der Handlung des Schuldners gegeben sein muss oder ein Eröffnungsantrag vorgelegen hat. Hierbei ist aber auf das Vermögen des Sicherungsgebers und nicht auf das Vermögen des Hauptschuldners abzustellen, sodass hier in aller Regel eine erfolgreiche Anfechtung des Sicherungsrechts ausscheidet. **287**

Lediglich in den Fällen des § 131 Abs. 1 Nr. 1 InsO kann somit erfolgreich gegen den Schuldbeitritt oder die Bürgschaftserklärung des Geschäftsführers in dessen Insolvenzverfahren vorgegangen werden, da ein **Anspruch** gegen diesen hinsichtlich der **Bestellung einer Sicherheit** nicht bestanden hat. **288**

IV. Besonderheiten bei der Sozialversicherung

Zunächst gilt bei den Sozialversicherungsträgern[313] die Besonderheit, dass diese i.d.R. durch **eigene Vollziehungsbeamte** vollstrecken. Darüber hinaus ergibt sich die Besonderheit, dass oftmals durch **andere Sozialversicherungsträger** im Wege der **Amtshilfe** vollstreckt wird. **289**

1. Wissenszurechnung anderer Sozialversicherungsträger

Verschiedene Anfechtungstatbestände knüpfen an die **Kenntnis** der Zahlungsunfähigkeit oder die Kenntnis des Eröffnungsantrages an. Unproblematisch ist dies, wenn der Anfechtungsgegner selbst die Zwangsvollstreckung betrieben oder gar selbst den Insolvenzantrag gestellt hat. In allen anderen Fällen ist an **Indizien** anzuknüpfen. So stellt die **Rückgabe von Lastschriften** ggü. Sozialversicherungsträgern ein erhebliches Beweisanzeichen für eine drohende Zahlungsunfähigkeit dar.[314] I.Ü. werden **Sozialversicherungsträger** im Allgemeinen von Unternehmen, die sich in finanzieller Bedrängnis befinden, **vor anderen Gläubigern befriedigt.**[315] **290**

---

312 Vgl. Hamb-Komm/Rogge, § 134 InsO Rn. 35.

313 Vgl. zur Anfechtung bei Zahlung des Arbeitgebers auf Sozialversicherungsbeiträge seiner freiwillig versicherten Arbeitnehmer: BGH, 22.11.2012 – IX ZR 22/12, ZIP 2013, 81 ff. = EWiR 2013, 181 f. [Luttmann].

314 So BGH, 01.07.2010 – IX ZR 70/08, ZInsO 2010, 1598, 1599 Rn. 10.

315 So BGH, 01.07.2010 – IX ZR 70/08, ZInsO 2010, 1598, 1599 Rn. 10.

291 Wird die benachteiligende Rechtshandlung von einem **Vertreter** des Leistungsempfängers vorgenommen, so kommt für die Frage der Kenntnis der Zahlungsunfähigkeit oder des Eröffnungsantrages grds. die **Person des Vertreters**, nicht die des Vertretenen in Betracht. Dies bestimmt sich für rechtsgeschäftliche **Willenserklärungen** nach § 166 Abs. 1 BGB.[316] Für eine **Wissenszurechnung** anderer Sozialversicherungsträger fehlt eine rechtliche Grundlage. Wohl aber sind dem Sozialversicherungsträger, soweit er den Beitragseinzug einem Computer überlässt, die in diesen eingegebenen Informationen wie menschliches Wissen zuzurechnen.[317]

292 Die **Zurechnung des Wissens** zwischen verschiedenen Behörden setzt eine tatsächliche Zusammenarbeit im konkreten Fall voraus; eine nur abstrakt unter bestimmten Voraussetzungen vorgesehene Zusammenarbeit reicht nicht aus. Für die Zurechnung von außerhalb der konkreten Zusammenarbeit erworbenen Wissens bedarf es einer **Einbindung des Wissensträgers**, welche die Weitergabe auch dieses Wissens erwarten lässt.[318]

2. Wissenszurechnung des Hauptzollamtes und anderer gemeinsamer Vollstreckungsorgane

293 Erfolgt die Zwangsvollstreckung durch den **Gerichtsvollzieher**, so wird dieser aufgrund öffentlich-rechtlicher Bestimmungen tätig und nicht als Vertreter des Gläubigers. Die Kenntnis des vollstreckenden Gerichtsvollziehers ist dem Vollstreckungsgläubiger nicht zuzurechnen.[319] Eine solche **Wissenszurechnung** des Wissens des Gerichtsvollziehers würde zweckwidrig dazu führen, dass das i.d.R. umfassende Wissen des Gerichtsvollziehers über die finanziellen Verhältnisse des Schuldners dem Gläubiger zugerechnet würde. Dafür besteht eine Rechtsgrundlage nicht.

294 Erfolgt die **Vollstreckung** durch Beauftragung des **Hauptzollamtes**, so ist dies mit der Beauftragung eines Gerichtsvollziehers nicht vergleichbar, da der Gerichtsvollzieher nicht Vertreter des Gläubigers ist. Beauftragt eine Behörde oder ein Sozialversicherungsträger eine andere zuständige Behörde mit der Vollstreckung fälliger Forderungen mit der Folge, dass diese für da Vollstreckungsverfahren als Gläubigerin der Forderung fingiert wird, muss sich die ersuchende Behörde das Wissen des Sachbearbeiters der ersuchten Behörde zurechnen lassen.[320]

---

316 So Jaeger/Henckel, § 130 InsO Rn. 123.

317 So OLG Hamm, 08.09.2011 – I-27 U 36/11, ZInsO 2013, 512, 513.

318 So BGH, Urt. v. 18.04.2024 – IX ZR 239/22, ZRI 2024, 373 ff. = BB 2024, 1488 ff. mit Anm. Schubert = NZI 2024, 537 ff. mit Anm. Straubmeier/Parzinger.

319 So Jaeger/Henckel, § 130 InsO Rn. 139; vgl. zur Zurechnung des Wissens des Rechtsanwalts des Anfechtungsgegners: BGH, 10.01.2013 – IX ZR 13/12, ZIP 2013, 174 ff. = NZI 2013, 133 ff.

320 So BGH, 14.02.2013 – IX ZR 115/12, ZIP 2013, 685, 686 = DB 2013, 696, 697; AG Köln, 30.11.2015 – 142 C 314/15, ZVI 2016, 121 ff. = ZInsO 2016, 525, 529.

V. Besonderheiten bei der Finanzverwaltung

1. Grundlagen

Die Finanzverwaltung vollstreckt durch **eigene Vollziehungsbeamte**. Gem. § 249 Abs. 1 Satz 1 AO können die Finanzbehörden Verwaltungsakte, mit denen eine Geldleistung, eine sonstige Handlung, eine Duldung oder Unterlassung gefordert wird, im Verwaltungsweg vollstrecken. Dies gilt gem. § 249 Abs. 1 Satz 2 AO auch für Steueranmeldungen i.S.v. § 168 AO. **Vollstreckungsbehörden** sind gem. § 249 Abs. 1 Satz 3 AO die **FA** und die **Hauptzollämter**. 295

Zur **Vorbereitung der Vollstreckung** können die Finanzbehörden die **Vermögens- und Einkommensverhältnisse** des Vollstreckungsschuldners ermitteln, § 249 Abs. 2 Satz AO. Die Finanzbehörde darf ihr bekannte, durch das **Steuergeheimnis** (§ 30 AO) geschützte Daten, die sie bei der Vollstreckung wegen Steuern und steuerlicher Nebenleistungen verwenden darf, auch bei der Vollstreckung wegen anderer Geldleistungen als Steuern und steuerlicher Nebenleistungen verwenden. 296

Gem. § 252 AO gilt im **Vollstreckungsverfahren** die **Körperschaft** als Gläubigerin der zu vollstreckenden Ansprüche, der die **Vollstreckungsbehörde** angehört.[321] 297

Die Einzelheiten der Zwangsvollstreckung durch die Finanzverwaltung ergeben sich aus §§ 281 ff. AO. 298

Der Steuergläubiger muss sich zwar nicht die Kenntnis des Vollziehungsbeamten, aber die **Kenntnis** des zuständigen **Vollstreckungssachbearbeiters** des FA zurechnen lassen. Soweit das zuständige FA ein anderes FA um Durchführung der Vollstreckungsmaßnahme ersucht hat, gilt dies sowohl für den Sachbearbeiter der ersuchenden als auch denjenigen der ersuchten Behörde.[322] 299

Das OLG München stellt im Einzelnen dar, dass es auf die mögliche Kenntnis des **Vollziehungsbeamten**, der insoweit dem **Gerichtsvollzieher** i.S.d. ZPO gleichsteht, nicht ankommen kann. Sowohl der Gerichtsvollzieher als auch der Vollziehungsbeamte müssen trotz etwaiger **Kenntnis** von der Zahlungseinstellung oder der Stellung des Konkursantrages die Pfändung vornehmen und die Gefahr der Anfechtung dem Gläubiger überlassen. 300

Für den **Vollziehungsbeamten** hat das OLG Oldenburg schon früher entschieden, dass er für die Frage, ob seine **Kenntnis der vollstreckenden Körperschaft** (Gläubigerin) zuzurechnen sei, nicht anders behandelt werden könne als der Gerichtsvollzieher, sodass er nicht nach seinem Ermessen von der Zwangsvollstreckung absehen dürfe, sondern das **Risiko seiner Behörde** überlassen müsse.[323] Der Vollziehungsbeamte ist anders als der Gerichtsvollzieher zwar formal den Weisungen der Vollstreckungsstelle des für ihn zuständigen FA und damit letztlich des Gläubigers nicht nur bzgl. des 301

321 Vgl. Schmittmann, InsA 2025, 37 ff.
322 So OLG München, 27.04.1992 – 26 U 6853/91, ZIP 1992, 787 ff.
323 So LG Oldenburg, 06.06.1951 – 4 S 541/50, MDR 1951, 683.

Umstandes, ob überhaupt vollstreckt wird, sondern auch hinsichtlich Zeit, Art und Weise der Vollstreckung unterworfen, was aber nicht bedeutet, dass er deswegen eine Vollstreckungshandlung als **Vertreter der als Gläubigerin geltenden Körperschaft** vornehmen würde, sodass sich diese nach § 166 Abs. 1 BGB seine bei der Handlung erlangten Kenntnisse entgegenhalten lassen müsste. Die Bestimmung des § 166 BGB lässt sich schon deswegen nicht, auch nicht entsprechend, anwenden, weil dem Vollziehungsbeamten, der nicht als Vertreter, sondern als **Gehilfe des Steuergläubigers** bezeichnet wird, keine Vertretungsbefugnisse eingeräumt sind.[324]

302 Das OLG München führt im Einzelnen aus, dass die Vollstreckungsvorschriften der Abgabenordnung insgesamt zeigen, dass der **Vollziehungsbeamte** des FA grds. die gleiche Stellung wie der **Gerichtsvollzieher** haben soll. Es sei auch schwer verständlich, wenn bei gleichzeitiger Pfändung durch einen Gerichtsvollzieher und einen Vollziehungsbeamten bei gleichem Wissensstand des jeweiligen Beamten die eine Pfändungshandlung anfechtbar, die andere unanfechtbar wäre.[325] Für die **Kenntnis der vollstreckenden Körperschaft** kommt es allerdings nicht nur auf die Kenntnis der vertretungsberechtigten Organe dieser Körperschaft an, sondern auch auf die **Kenntnis des zuständigen Sachbearbeiters** der gesetzlich für die Vollstreckung zuständig erklärten Vollstreckungsbehörde der Körperschaft. Dies ist i.d.R. der zuständige **Vollstreckungssachbearbeiter** des FA.

303 Aus den internen **Organisationsregeln des FA** ist ersichtlich, auf welchen bestimmten Sachbearbeiter als Amtswalter die Vollstreckung übertragen worden ist. Dieser hat alle zur **dienstlichen Kenntnis gelangenden Tatsachen** zu beachten und ggf. bei den zu treffenden Entscheidungen zu berücksichtigen, unabhängig davon, ob die Kenntnis des Behördenvorstandes oder eines vertretungsberechtigten Organs der Körperschaft ausreichen würde.[326]

304 Vollstreckt nicht das **Veranlagungsfinanzamt** selbst, sondern ersucht ein anderes FA im Wege der **Amtshilfe** um Durchführung der Vollstreckungsmaßnahme, so ist sowohl auf die Kenntnis des Sachbearbeiters des ersuchenden als auch des ersuchten FA abzustellen.[327]

305 Bei der sog. »**Bauabzugsteuer**«, einer besonderen Erhebungsform der Einkommen- oder Körperschaftsteuer, sind aufgrund der §§ 48 ff., § 52 Abs. 56 EStG unternehmerisch tätige Auftraggeber von Bauleistungen (Leistungsempfänger) im Inland für Gegenleistungen, die nach dem 31.12.2001 erbracht werden, verpflichtet, einen Steuerabzug für Rechnung des die Bauleistung erbringenden Unternehmers (Leistender) vorzunehmen, wenn bestimmte Freigrenzen nicht überschritten werden, oder

324 So OLG München, 27.04.1992 – 26 U 6853/91, ZIP 1992, 787, 788.
325 So OLG München, 27.04.1992 – 26 U 6853/91, ZIP 1992, 787, 789.
326 So OLG München, 27.04.1992 – 26 U 6853/91, ZIP 1992, 787, 789.
327 So OLG München, 27.04.1992 – 26 U 6853/91, ZIP 1992, 787, 789.

eine gültige, vom zuständigen Finanzamt des Leistenden ausgestellte Freistellungsbescheinigung nicht vorliegt.[328]

Führt der Vertragspartner des Schuldners die **Bauabzugsteuer** an das Finanzamt ab, erlangt dieses eine inkongruente Deckung, sodass eine Anfechtung nach § 131 InsO in Betracht kommt.[329] **306**

2. Gläubiger des Steueranspruchs

Die grundlegenden Vorschriften über Steuern finden sich im **Grundgesetz**. Der **Bund** hat gem. Art. 105 Abs. 1 GG die ausschließliche Gesetzgebung über die **Zölle** und **Finanzmonopole**. Der Bund hat die konkurrierende Gesetzgebung über die übrigen **Steuern**, wenn ihm das **Aufkommen** dieser Steuern ganz oder z.T. zusteht oder die Voraussetzungen des Art. 72 Abs. 2 GG vorliegen, Art. 105 Abs. GG.[330] **307**

Die **Länder** haben die Befugnis zur Gesetzgebung über die örtlichen Verbrauch- und Aufwandsteuern, solange und soweit sie nicht bundesgesetzlich geregelten Steuern gleichartig sind. Sie haben die Befugnis zur Bestimmung des Steuersatzes bei der Grunderwerbsteuer, Art. 105 Abs. 2a GG. **308**

Bundesgesetze über Steuern, deren Aufkommen den Ländern oder den Gemeinden (Gemeindeverbänden) ganz oder z.T. zufließt, bedürfen der Zustimmung des Bundesrates, Art. 105 Abs. 3 GG. **309**

Die **Steuerertragshoheit** ist in Art. 106 GG geregelt. Der Ertrag der **Finanzmonopole** und das **Aufkommen** der folgenden Steuern stehen dem **Bund** zu (Art. 106 Abs. 1 GG): **310**
- die **Zölle**,
- die **Verbrauchsteuern**, soweit sie nicht nach Art. 106 Abs. 2 GG den Ländern, nach Art. 106 Abs. 3 GG Bund und Ländern gemeinsam oder nach Art. 106 Abs. 6 GG den Gemeinden zustehen;
- die **Straßengüterverkehrsteuer**,
- die **Kfz-Steuer**,[331]
- die **Kapitalverkehrsteuern**,
- die **Versicherungsteuer** und die **Wechselsteuer**,
- die einmaligen **Vermögensabgaben** und die zur Durchführung des Lastenausgleichs erhobenen **Ausgleichsabgaben**,
- die **Ergänzungsabgabe** zur ESt und zur Körperschaftsteuer,
- **Abgaben** i.R.d. **Europäischen Gemeinschaften**.

---

328 Vgl. Waza/Uhländer/Schmittmann, Insolvenzen und Steuern, Rn. 1594; Schmittmann/Theurich/Brune, Das insolvenzrechtliche Mandat, § 9 Rn. 91; K. Schmidt/Schmittmann, InsO Anhang Steuerrecht, Rn. 157; Ludwig Schmidt/Loschelder, § 48 EStG Rn. 1 ff.; BMF, Schreiben vom 01.11.2001, BStBl. I 2001, S. 804 ff.; OFD Kiel, Schreiben vom 11.12.2001, DB 2002, 70 ff.; BMF, Schreiben vom 27.12.2002, BStBl. I 2002, S. 1399 ff.

329 So OLG Saarbrücken, 10.07.2012 – 4 U 212/11, ZInsO 2012, 1724, 1727.

330 Vgl. Schmittmann, InsA 2025, 37 ff.

331 Vgl. BMF, 01.07.2009 – IV C 2 – S 6200/09/10001.

311 Das **Aufkommen** der folgenden Steuern steht den **Ländern** zu (Art. 106 Abs. 2 GG):
- die (nicht mehr erhobene) **Vermögensteuer**,
- die **Erbschaftsteuer**,
- die **Verkehrsteuern**, soweit sie nicht nach Art. 106 Abs. 1 GG dem Bund oder nach Art. 106 Abs. 3 GG Bund und Ländern gemeinsam zustehen,
- die **Biersteuer**,
- die **Abgaben von Spielbanken**.

312 Das Aufkommen der **ESt**, der **Körperschaftsteuer** und der **USt** steht gem. Art. 106 Abs. 3 GG dem Bund und den Ländern gemeinsam zu, soweit das Aufkommen der ESt nicht nach Art. 106 Abs. 5 GG und das Aufkommen der USt nicht nach Art. 106 Abs. 5a GG den Gemeinden zugewiesen wird. Am Aufkommen der ESt und der Körperschaftsteuer sind der Bund und die Länder je zur Hälfte beteiligt. Die Anteile von Bund und Ländern an der USt werden durch Bundesgesetz, das der Zustimmung des Bundesrates bedarf, festgesetzt.

313 Die **Gemeinden** erhalten gem. Art. 106 Abs. 5 GG einen Anteil an dem Aufkommen der ESt, der von den Ländern an ihre Gemeinden auf der Grundlage der Einkommensteuerleistungen ihrer Einwohner weiterzuleiten ist. Das Nähere bestimmt ein Bundesgesetz, das der Zustimmung des Bundesrates bedarf. Es kann bestimmen, dass die Gemeinden Hebesätze auf den Gemeindeanteil festsetzen.

314 Die **Gemeinden** erhalten gem. Art. 106 Abs. 5a GG ab dem 01.01.1998 einen Anteil an dem Aufkommen der USt. Er wird von den Ländern auf der Grundlage eines orts- und wirtschaftsbezogenen Schlüssels an ihre Gemeinden weitergeleitet. Das Nähere wird durch ein Bundesgesetz, das der Zustimmung des Bundesrates bedarf, bestimmt.

315 Das **Aufkommen** der **Grundsteuer** und **Gewerbesteuer** steht den Gemeinden, das Aufkommen der **örtlichen Verbrauch- und Aufwandsteuer** steht den Gemeinden oder nach Maßgabe der Landesgesetzgebung den Gemeindeverbänden zu. Den Gemeinden ist das Recht einzuräumen, die Hebesätze der Grundsteuer und Gewerbesteuer i.R.d. Gesetze festzusetzen. Bestehen in einem Land keine Gemeinden, so steht das Aufkommen der Grundsteuer und Gewerbesteuer sowie der örtlichen Verbrauch- und Aufwandsteuern dem Land zu. Bund und Länder können durch eine **Umlage** an dem Aufkommen der Gewerbesteuer beteiligt werden, Art. 106 Abs. 6 GG.

316 Diese allgemeinen Regelungen der **Finanzverfassung** des Grundgesetzes wirken sich auf den verschiedenen Ebenen wie folgt aus:

a) FA

317 Die einzelnen **FA** selbst sind **nie Gläubiger des Steueranspruches**. Vielmehr obliegt es den FA, aufgrund verwaltungsinterner Vorschriften, die Steuern zu erheben.[332]

332 Vgl. Schmittmann, InsA 2025, 37 ff.

b) Land

Der **Verteilungsmaßstab** hinsichtlich der Verteilung der Steuereinnahmen auf Bund und Länder wurde oben bereits im Einzelnen dargelegt. Dies wirft die Frage auf, wer Schuldner des Rückgewähranspruchs ist. 318

Aus dem **Rückgewährverhältnis** verpflichtet und damit richtiger **Anfechtungsgegner** ist der Empfänger des anfechtbar weggegebenen Gegenstandes, also jeder, zu dessen Gunsten der Erfolg der konkret angefochtenen Rechtshandlung zulasten des Schuldnervermögens eingetreten ist.[333] Das **Land** ist Rückgewährschuldner auch hinsichtlich desjenigen Teils der empfangenen **Umsatzsteuerforderung**, der im Ergebnis dem Bund zusteht. Nicht das **Innenverhältnis** zwischen dem beklagten Land und dem Bund entscheidet, sondern die Tatsache, dass das beklagte Land die ausschließliche Empfangszuständigkeit für die geschuldete USt hat. Das **Land** tritt im Außenverhältnis zum Steuerschuldner als **Vollrechtsinhaber** auf; nur das Land übt Vollstreckungszwang aus. Der Steuerpflichtige kann auch nur ggü. dem Land im einspruchs- und ggf. finanzgerichtlichen Verfahren die Berechtigung der Steuerforderung nach Grund und Höhe klären und auch nur an das zuständige FA der Landesverwaltung befreiend auf die Steuerschuld leisten.[334] 319

Richtiger **Anfechtungsgegner** ist daher das **Bundesland**, das Forderungen auf USt beigetrieben hat, auch hinsichtlich des Umsatzsteueranteils, welcher dem Bund zusteht.[335] 320

c) Bund

Der **Bund** kann richtiger Anfechtungsgegner sein, wenn es sich um eine Steuer oder Abgabe handelt, die nicht nur dem Bund zusteht, sondern auch von ihm **verwaltet** wird. 321

Die **Hauptzollämter** als örtliche Behörden der Bundeszollverwaltung sind für Zölle und Verbrauchsteuern zuständig. Sie erheben die dem Bund zustehenden Zölle und Verbrauchsteuern eigenständig und sind auch für das Beitreiben von Forderungen zuständig. Soweit im Zeitraum vom 01.07.2009 bis zum 30.06.2014 nach § 18a Abs. 1 FVG Landesbehörden bei der Verwaltung der **Kraftfahrzeugsteuer** im Wege der Organleihe tätig wurden und insoweit als Bundesfinanzbehörden galten, lag die Verwaltungshoheit von vornherein bei der Bundesrepublik Deutschland. Diese ist daher als Empfänger i.S.d. § 143, 144 InsO in Anspruch zu nehmen.[336] 322

In den Fällen, in denen das Hauptzollamt nicht – wie häufig – im Wege der Amtshilfe für die Sozialversicherungsträger tätig wird, sondern für den **Bund** vollstreckt, ist die Bundesrepublik Deutschland zutreffender **Anfechtungsgegner**. 323

333 So OLG Hamm, 13.04.2010 – I-27 U 122/09, ZIP 2010, 996 ff.
334 So OLG Hamm, 14.03.2006 – 27 U 169/05, ZIP 2006, 1104 f. = NZI 2006, 532.
335 So OLG Hamm, 13.04.2010 – I-27 U 122/09, ZIP 2010, 996 ff.
336 So LG Hamburg, 15.11.2016 – 303 O 435/15, ZInsO 2017, 1279 ff.; AG Frankfurt am Main, 05.11.2015 – 31 C 1927/15, NZI 2016, 736.

d) Gemeinde

324 Die Bestimmung des Art. 28 Abs. 2 GG gewährleistet den **Gemeinden** das Recht, alle Angelegenheiten der örtlichen Gemeinschaft i.R.d. Gesetze in eigener Verantwortung zu regeln. Die **Gewährleistung der Selbstverwaltung** umfasst gem. Art. 28 Abs. 2 Satz 3 GG auch die Grundlagen der finanziellen Eigenverantwortung; zu diesen Grundlagen gehört eine den Gemeinden mit Hebesatzrecht zustehende wirtschaftskraftbezogene **Steuerquelle.**[337]

325 Bei den kommunalen Steuern und Abgaben, also in erster Linie der **Gewerbesteuer**, der **Grundsteuer**, der **Vergnügungsteuer**, der **Hundesteuer** und der **Zweitwohnungssteuer** ist richtiger Anfechtungsgegner die Gemeinde selbst.[338]

3. Wissenszurechnung

326 Hinsichtlich der **Kenntnis** der Zahlungsunfähigkeit, der drohenden Zahlungsunfähigkeit und/oder der Zahlungseinstellung ist auf die Kenntnis des zuständigen **Vollstreckungssachbearbeiters** des FA abzustellen.[339]

327 Im Fall des **Vollstreckungsersuchens** an ein anderes FA kann auf die Kenntnis des Vollstreckungssachbearbeiters sowohl der ersuchenden Behörde als auch der ersuchten Behörde abgestellt werden.[340] Mangels Pflicht zum ämterübergreifenden Informationsaustausch ist eine Wissenszurechnung zwischen zwei demselben Ministerium nachgeordneten Ämtern nicht gerechtfertigt.[341]

328 Es ist der Körperschaft zuzumuten, dafür zu sorgen, dass die **Kenntnisse** ihrer Vollstreckungsorgane **den übrigen Organen der Körperschaft** zur Kenntnis gebracht werden.[342] Die Kenntnis eines eigenen Vollstreckungsbeamten ist daher der Körperschaft stets zuzurechnen.[343]

329 Weiterhin ergeben sich Besonderheiten, wenn mehrere Behörden des Landes zusammenarbeiten: »Nutzt demgegenüber eine Behörde bei ihrer Tätigkeit in Zusammenarbeit mit anderen Behörden gezielt deren Wissen zum **Vorteil des gemeinsamen Rechtsträgers** bei der Abwicklung eines konkreten Vertrages, besteht insoweit auch eine behördenübergreifende Pflicht, sich gegenseitig über alle hierfür relevanten Umstände zu informieren. Hinsichtlich der Abwicklung dieses Vertrages wird faktisch eine aufgabenbezogene neue **Handlungs- und Informationseinheit** gebildet; innerhalb dieser Einheit muss sichergestellt werden, dass alle bekannten oder zugehenden rechtser-

337 Vgl. Wipperfürth/Schmittmann, InsbürO 2014, 471 ff.
338 Vgl. Schmittmann, InsA 2025, 37 ff.
339 So OLG München, 27.04.1992 – 26 U 6853/91, NJW-RR 1993, 106 f. = ZIP 1992, 787, 788.
340 So OLG München, 27.04.1992 – 26 U 6853/91, NJW-RR 1993, 106, 107 = ZIP 1992, 787, 788.
341 So FG Schleswig-Holstein, 03.08.2006 – 5 V 69/06, EFG 2007, 89, 90.
342 Vgl. Jaeger/Henckel, § 130 InsO Rn. 139.
343 So FG Rheinland-Pfalz, 29.11.1985 – 6 K 309/84, EFG 1986, 433, 434.

heblichen Informationen unverzüglich an die entscheidenden Personen der Handlungseinheit in den anderen Behörden weitergeleitet und von diesen zur Kenntnis genommen werden.«[344] Nach Auffassung des BGH darf »im Zusammenhang mit einem Insolvenzverfahren [...] der **Informationsaustausch** im Interesse des Schutzes des Rechtsverkehrs und der Gläubigergleichbehandlung nicht in einer Weise vorgenommen werden, dass sich die letztlich nach außen handelnde Behörde von den bei den anderen beteiligten Behörden vorhandenen nachteiligen Informationen, etwa über die drohende Zahlungsunfähigkeit des Steuerschuldners oder die durch eine Aufrechnung eintretende Gläubigerbenachteiligung, abschottet und nur die für ihren Rechtsträger nützlichen Informationen, etwa über die **Durchsetzbarkeit von Steueransprüchen** im Wege der Aufrechnung, verlangt und erhält.«[345]

Der **Verteilungsmaßstab** hinsichtlich der Verteilung der Steuereinnahmen auf Bund 330
und Länder wurde oben bereits im Einzelnen dargelegt. Er ist für die Insolvenzanfechtung ohnehin nicht von Bedeutung.

4. Aufrechnung des aus der Vergütung des vorläufigen Insolvenzverwalters resultierenden Vorsteuerguthabens

Der **vorläufige Insolvenzverwalter** erbringt durch seine Tätigkeit auf Anordnung des 331
Gerichts ggü. dem Schuldner eine umsatzsteuerpflichtige **sonstige Leistung.** Handelt es sich bei dem Schuldner um einen Unternehmer, so kann er unter den Voraussetzungen des § 15 Abs. 1 UStG die **Vorsteuer** aus der Rechnung des vorläufigen Insolvenzverwalters in Abzug bringen.

Die **Vergütung** für das vorläufige Insolvenzverfahren wird erst nach Eröffnung des 332
Insolvenzverfahrens durch das Insolvenzgericht **festgesetzt**, sodass auch zu diesem Zeitpunkt erstmals die Voraussetzungen des Vorsteuerabzugs gem. § 15 Abs. 1 UStG eintreten können. Die Finanzverwaltung hält dem **Auszahlungsanspruch** des Insolvenzverwalters, der für den Schuldner die Auszahlung des sich ggf. ergebenden Vorsteuerbetrages verlangt, regelmäßig die **Aufrechnung mit vorinsolvenzlichen Steuerverbindlichkeiten** des Unternehmens entgegen. Der BFH hat dazu **früher** entschieden, dass es hinsichtlich der Frage, ob ein steuerrechtlicher Anspruch zur Insolvenzmasse gehört oder ob die Forderung des Gläubigers eine Insolvenzforderung ist, nicht darauf ankomme, ob der Anspruch zum Zeitpunkt der Eröffnung des Insolvenzverfahrens im steuerrechtlichen Sinne entstanden war, sondern darauf, ob in diesem Zeitpunkt nach insolvenzrechtlichen Grundsätzen der **Rechtsgrund** für den Anspruch bereits **gelegt war.**[346] Die Regelung des § 96 Abs. 1 Nr. 3 InsO hindere nicht die Aufrechnung des FA mit Steuerforderungen aus der Zeit vor Eröffnung des Insolvenzverfahrens gegen den aus dem Vergütungsanspruch des vorläufigen Insolvenzverwalters herrührenden Vorsteueranspruch des Insolvenzschuldners. Die für das FA durch den Steueranspruch

---

344 So BGH, 30.06.2011 – IX ZR 155/08, BGHZ 190, 210 ff. = ZIP 2011, 1523 ff. Rn. 19.
345 So BGH, 30.06.2011 – IX ZR 155/08, BGHZ 190, 210 ff. = ZIP 2011, 1523 ff. Rn. 20.
346 So BFH, 16.11.2004 – VII R 75/03, BStBl. II 2006, S. 193 ff. = ZIP 2005, 628 ff. = DStRE 2005, 479 ff.

des Schuldners entstandene **Aufrechnungslage** beruhe nicht auf einer nach der InsO anfechtbaren Rechtshandlung.[347]

333 **Nunmehr** vertritt der BFH die Auffassung, dass die Verrechnung von Insolvenzforderungen des FA mit einem aus der **Honorarzahlung** an einen vorläufigen Insolvenzverwalter resultierenden **Vorsteuervergütungsanspruch** des Insolvenzverwalters unzulässig ist, sofern bei Erbringung der Leistungen des vorläufigen Insolvenzverwalters die Voraussetzungen des § 130 InsO oder des § 131 InsO vorgelegen haben.[348]

334 Die Vorschrift des § 96 Abs. 1 Nr. 3 InsO verfolgt das Ziel, den **Anfechtungsvorschriften** der §§ 129 ff. InsO, im Hinblick auf eine von einem Insolvenzgläubiger erklärte **Aufrechnung** in dem Sinne Geltung zu verschaffen, dass einer etwaigen Aufrechnungserklärung die Rechtswirkung genommen und dadurch einer anderenfalls etwa notwendigen Anfechtung der betreffenden Rechtsvorgänge seitens des Insolvenzverwalters überflüssig wird. Sie ist nach Auffassung des BFH dahin zu verstehen, dass der **Erwerb der Möglichkeit der Aufrechnung** zugunsten eines späteren Insolvenzgläubigers erfolgt sein muss, diese also nicht etwa beim Erwerb dieser Möglichkeit Insolvenzgläubiger, mithin das Insolvenzverfahren beim Erwerb noch nicht anhängig gewesen sein muss. Vielmehr schränkt § 96 Abs. 1 Nr. 3 InsO gerade § 94 InsO ein, der grds. eine vor Verfahrenseröffnung eingetretene **Aufrechnungslage** während des Insolvenzverfahrens bestehen lässt und die **Abgabe einer Aufrechnungserklärung** während desselben zulässt.[349] Der BFH lässt die Frage, ob eine gem. § 96 Abs. 1 Nr. 3 InsO unzulässige Aufrechnung auch dann vorliegt, wenn der zugunsten des Schuldners anzurechnenden **Vorsteuer** positive Umsatzsteuerbeträge in demselben Voranmeldungszeitraum gegenüberstehen und mithin infolge der gem. § 16 UStG vorzunehmenden Verrechnung ein umsatzsteuerlich selbstständiger Vergütungsanspruch des Schuldners nicht entsteht, bewusst offen.

335 Der aufgrund anrechenbarer Vorsteuer entstandene **Umsatzsteuervergütungsanspruch** des Schuldners ist (umsatzsteuerrechtlich) selbstständig und in einem anderen **Voranmeldungszeitraum** entstanden als die Steuerforderung des FA. Das bei der **Jahressteuerfestsetzung** positive Umsatzsteuerforderungen und anrechenbare Vorsteuern ggf. gem. § 16 UStG zu verrechnen sind, nimmt in einem solchen Fall insolvenzrechtlich nicht ihre Selbstständigkeit, welche aus Voranmeldungen herrührende Umsatzsteueransprüche auch sonst nach Ergehen der Jahressteuerfestsetzung behalten, soweit sie mit ihren Rechtswirkungen nicht völlig in der Jahressteuerfestsetzung aufgehen.[350]

---

347 So BFH, 16.11.2004 – VIII R 75/03, BStBl. II 2006, S. 193 ff. = ZIP 2005, 479 ff. = DStRE 2005, 479 ff.

348 So BFH, 02.08.2012 – VII R 57/10, ZIP 2013, 379 f. Rn. 2; BFH, 02.11.2010 – VII R 6/10, ZIP 2011, 181 ff. m. Anm. Kahlert = NZI 2011, 553, 555 = ZInsO 2011, 283, 286 Rn. 28 ff.; Vorinstanz FG Berlin-Brandenburg, 26.01.2010 – 5 K 2120/06, EFG 2010, 774 ff. = DStRE 2010, 888 ff.; vgl. dazu: Lechner/Johann, DB 2011, 1131 ff.

349 So BFH, 02.08.2012 – VII R 57/10, ZIP 2013, 379 f. Rn. 2; BFH, 02.11.2010 – VII R 6/10, Rn. 19.

350 So schon BFH, 17.03.2009 – VII R 38/08, BStBl. II 2009, S. 953 Rn. 19 f.

Seiner bisherigen Auffassung kehrt der BFH damit den Rücken und schließt sich vielmehr dem BGH an, der darauf hingewiesen hat, dass **Steuertatbestände** i.d.R. an **Rechtshandlungen** des Steuerpflichtigen oder Dritter anknüpfen und hieraus die Steuerpflicht ableiten, so wie es auch bei umsatzsteuerpflichtigen Leistungen der Fall sei, die zum Entstehen einer Steuerforderung des FA führen. Dies ändert aber nichts daran, dass die betreffenden (umsatzsteuerpflichtigen) Leistungen, welche zum Entstehen der Steuerforderung führen, eine Rechtshandlung i.S.d. § 96 Abs. 1 Nr. 3 InsO darstellen.[351] Die **Anfechtungsvoraussetzungen** der §§ 130, 131 InsO sind demnach zu prüfen. Insb. in den Fällen, in denen das **FA** selbst den Antrag auf Eröffnung des Insolvenzverfahrens gestellt hat, sind die Voraussetzungen der **kongruenten Deckung** nach § 130 Abs. 1 InsO für den Insolvenzverwalter vergleichsweise leicht nachzuweisen. I.Ü. stellt sich die Frage, ob sich nicht bereits aus § 9 Abs. 3 InsO, der die Wirkung der öffentlichen Bekanntmachung des Beschlusses über die Anordnung eines vorläufigen Insolvenzverfahrens regelt, ableiten lässt, dass das FA **Kenntnis der Bestellung eines vorläufigen Insolvenzverwalters** hatte.[352] 336

Der BFH sieht aber auch die Voraussetzungen der **inkongruenten Deckung** gem. § 131 Abs. 1 Nr. 1 InsO regelmäßig gegeben, da die maßgebliche **Rechtshandlung**, Erbringung der Leistungen des vorläufigen Insolvenzverwalters, **jedenfalls nach Stellung des Antrags auf Eröffnung des Insolvenzverfahrens** vorgenommen worden ist. Diese Rechtshandlung bringt dem FA die Möglichkeit einer Aufrechnung und damit einer Befriedigung seiner Steuerforderung gegen den Schuldner. Dass ihm diese Aufrechnungsmöglichkeit verschafft wird, kann das FA nicht beanspruchen, sodass § 131 Abs. 1 InsO regelmäßig eingreift.[353] 337

Im **Anwendungsbereich des § 55 Abs. 4 InsO** greift diese Argumentation nicht mehr, da die nach Anordnung von Sicherungsmaßnahmen entstehende **Umsatzsteuer** mit Eröffnung des Insolvenzverfahrens zu einer **Masseverbindlichkeit** wird. 338

Besonderheiten gelten in der **vorläufigen Eigenverwaltung**, in der bis zum 31.12.2022 die Bestimmung des § 55 Abs. 4 InsO i.d.F. des Haushaltsbegleitgesetzes 2010 nicht galt und daher keine Masseverbindlichkeiten begründet worden sind. Es handelte sich bei der (Umsatz-)Steuerforderung auch nicht um eine von einem vorläufigen Insolvenzverwalter oder vom Schuldner mit dessen Zustimmung begründete Verbindlichkeit i. S. v. § 55 Abs. 2 bzw. 4 InsO, weil bei der vorläufigen Eigenverwaltung gerade kein vorläufiger Insolvenzverwalter bestellt wird. Der Schuldner begründete im vorläufigen Eigenverwaltungsverfahren auch außerhalb des Schutzschirmverfahrens nach § 270b InsO nur insoweit **Masseverbindlichkeiten**, als er vom Insolvenzgericht hierzu ermächtigt worden ist. Im vorläufigen Eigenverwaltungsverfahren ist die Bestimmung des § 55 Abs. 4 InsO nicht entsprechend anwendbar.[354] 339

---

351 So schon BGH, 22.10.2009 – IX ZR 147/06, ZIP 2010, 90 ff. = ZInsO 2009, 2334 ff. Rn. 19; Schmittmann, NZI 2010, 55 f.; Werth, DStR 2010, 572 ff.

352 Vgl. BFH, 02.11.2010 – VII R 6/10, ZInsO 2011, 283 Rn. 39.

353 So BFH, 02.11.2010 – VII R 6/10, ZInsO 2011, 283 Rn. 41.

354 So BGH, 22.11.2018 – IX ZR 167/16, BGHZ 220, 243 ff. = ZIP 2018, 2488 ff. Rn. 14.

340 Der Umsatzsteueranspruch für einen Besteuerungszeitraum, in dem der Unternehmer einem **Eröffnungsverfahren mit vorläufiger Eigenverwaltung** nach § 270a InsO unterliegt, ist weder nach § 55 Abs. 2 InsO noch nach § 55 Abs. 4 InsO eine Masseverbindlichkeit; auch eine analoge Anwendung dieser Vorschriften kommt nicht in Betracht.[355] Durch das Sanierungs- und Insolvenzrechtsfortentwicklungsgesetz[356] hat die Bestimmung folgenden Wortlaut erhalten:

> »Umsatzsteuerverbindlichkeiten des Insolvenzschuldners, die von einem vorläufigen Insolvenzverwalter oder vom Schuldner mit Zustimmung eines vorläufigen Insolvenzverwalters oder vom Schuldner nach Bestellung eines vorläufigen Sachwalters begründet worden sind, gelten nach Eröffnung des Insolvenzverfahrens als Masseverbindlichkeit. Den Umsatzsteuerverbindlichkeiten stehen die folgenden Verbindlichkeiten gleich:
> 1. sonstige Ein- und Ausfuhrabgaben,
> 2. bundesgesetzlich geregelte Verbrauchsteuern,
> 3. die Luftverkehr- und die Kraftfahrzeugsteuer und
> 4. die Lohnsteuer.«[357]

Die Neuregelung ist in allen Insolvenzverfahren, die ab dem 1. Januar 2021 beantragt worden sind, anzuwenden. Die Bestimmung des § 55 Abs. 4 InsO ist nur auf Masseverbindlichkeiten, nicht aber auch auf Vergütungsansprüche zugunsten der Masse anzuwenden.[358]

341 Masseverbindlichkeiten konnten im **Schutzschirmverfahren** allerdings nach § 270b Abs. 3 InsO a.F. vom Schuldner begründet werden. Umsatzsteuer, die bei der Vorbereitung einer Sanierung im Schutzschirmverfahren gem. § 270b InsO a.F. entsteht, nachdem das Gericht angeordnet hat, dass der Schuldner Masseverbindlichkeiten begründet, ist als Masseverbindlichkeit und nicht als Insolvenzforderung zu behandeln.[359] Ab dem 1. Januar 2021 ist § 270d Abs. 3 InsO n.F. zu beachten.

5. Anfechtung in Sachverhalten mit umsatzsteuerlicher Organschaft

Schrifttum

Alvermann, Die umsatzsteuerliche Organschaft auf dem Prüfstand, AG 2009, 28 ff.; *de Weerth*, Umsatzsteuerliche Organschaft und Insolvenz, DStR 2010, 590 ff.; *Dusch*, Aufrechnung und § 74 AO – Möglichkeit zur Regulierung geplanter Organschaften?, DStR 2012, 1537 ff.; *Ebbinghaus/Neu*, Verunglückte umsatzsteuerliche Organschaft vor der Insolvenz, DB 2016, 1636 ff.; *Eisolt*, Ende der USt-Organschaft in der Doppelinsolvenz von Organträger und Organgesellschaft bei identischem Insolvenzverwalter, ZInsO 2015 ff., 1429; *Ganter/Brünink*, Insolvenz und Umsatzsteuer aus zivilrechtlicher Sicht, NZI 2006, 257 ff.; *Grambeck*, Umsatzsteuerliche Organschaft – Überarbeitung des Umsatzsteuer-Anwendungserlasses, StuB 2017, 588 ff.; *Haase*,

355 So BFH, 07.05.2020 – V R 14/19, BFHE 268, 512 ff. = ZRI 2020, 477 ff. Rn. 17.
356 SanInsFoG vom 22.12.2020, BGBl. I 2002, 3256 ff.
357 Vgl. dazu BMF, Schreiben vom 11.01.2022 – IV A 3 – S 0550/21/10001:001, BStBl. I 2022, 116 ff.
358 So BFH, 23.07.2020 – V R 26/19, NZI 2020, 1067 ff. mit Anm. Schmittmann = StuB 2020, 967 [Ls.] mit Anm. jh = EWiR 2021, 27 f. [Vortmann].
359 So FG Nürnberg, 28.03.2018 – 2 K 1105/15, NZI 2018, 652 ff., mit Anm. Witfeld.

Die grenzüberschreitende Organschaft – eine Bestandsaufnahme, BB 2009, 980 ff.; *Hasbach*, Ende der umsatzsteuerlichen Organschaft mit Eröffnung des Insolvenzverfahrens, ZInsO 2017, 914 ff.; *Hölzle*, Umsatzsteuerliche Organschaft und Insolvenz der Organgesellschaft, DStR 2006, 1210 ff.; *Hölzle*, Steuerliche Haftung im Konzern – Organschaftskaskade als Sanierungshemmnis? – Zugleich Besprechung FG Düsseldorf v. 19.02.2015 – 16 K 932/12 H(K), ZIP 2016, 118, ZIP 2016, 103 ff.; *Hubert*, Erneute Änderungen zur umsatzsteuerlichen Organschaft: Anmerkungen zum BMF-Schreiben vom 5.5.2014 zur organisatorischen Eingliederung, StuB 2014, 721 ff.; *Hubertus/Fetzer*, Umsatzsteuerliche Organschaft: Personengesellschaft kann Organgesellschaft sein, DStR 2013, 1468 ff.; *Klink/Wüllrich*, Die umsatzsteuerliche Organschaft? Gesellschaftsrechtliche Fallstricke bei der organisatorischen Eingliederung, BB 2014, 1757 ff.; *Lemken*, Folgen der Beendigung einer umsatzsteuerlichen Organschaft durch Insolvenz, InsbürO 2010, 413 ff.; *Lemken*, Folgen der Beendigung einer umsatzsteuerlichen Organschaft durch Insolvenz, InsbürO 2012, 417 ff.; *Lemken*, Umsatzsteuerliche Organschaft in der Insolvenz: Rechtsprechungsänderung des BFH, InsbürO 2013, 483 ff.; *Lenger/Khanian*, Beendigung der umsatzsteuerlichen Organschaft in der vorläufigen Eigenverwaltung, NZI 2014, 385 ff.; *Lüdenbach*, Steuerlatenzen bei Begründung und Beendigung einer Organschaft, StuB 2014, 422 ff.; *Marchal/Oldiges*, Beendigung der umsatzsteuerlichen Organschaft auch bei Bestellung eines schwachen vorläufigen Insolvenzverwalters, DStR 2013, 2211 ff.; *Schmittmann*, Gefahren für die Organschaft in der Insolvenz, ZSteu 2007, 191 ff.; *ders.*, Organschaft in der Insolvenz und Umsatzsteuer, InsbürO 2007, 265 ff.; *ders.*, Aktuelles zur körperschaft- und umsatzsteuerlichen Organschaft, StuB 2008, 531 ff.; *ders.*, Betriebsaufspaltung, Organschaft und Zwangsverwaltung, IGZ-Info 2008, 103 ff.; *ders.*, Nochmals: Organschaft und Einkünfte des Insolvenzverwalters in der Rechtsprechung, StuB 2009, 71 f.; *ders.*, Handhabung von Steuerguthaben nach Freigabe gem. § 35 Abs. 2 InsO durch den Insolvenzverwalter, InsbürO 2011, 246 ff.; *ders.*, Die umsatzsteuerliche Organschaft im Europa- und Insolvenzrecht, StuB 2013, 706 f.; *ders.*, Die Organschaft ist der Organschaft ihr Tod, InsbürO 2014, 249 ff.; *Schramm*, Umsatzsteuerliche Organschaft in der Insolvenz als Durchbrechung der Rechtsordnung, in: Festschrift Görg, München, 2010, S. 431 ff.; *Schütze/Winter*, Organisatorische Eingliederung in der umsatzsteuerlichen Organschaft, UR 2009, 397 ff.; *Thole*, Steuerliche Organschaft und Insolvenzanfechtung, ZIP 2019, 1353 ff.; *Trinks*, Die Eingliederung der umsatzsteuerlichen Organgesellschaft und ihr Bestand im Insolvenzfall, UVR 2010, 12; *Uhländer*, Aktuelle Entwicklungen im Insolvenzsteuerrecht 2010, AO-StB 2010, 81; *Wagner*, Das Schicksal der umsatzsteuerlichen Organschaft bei Eröffnung des Insolvenzverfahrens über das Vermögen von Konzerngesellschaften, BB 2014, 2583; *Walter/Stümper*, Überraschende Gefahren nach Beendigung einer Organschaft, GmbHR 2006, 68; *Zeeck*, Die Umsatzsteuer in der Insolvenz, KTS 2006, 407; *Ziegenhagen/Thieme*, Besteuerung in Krise und Insolvenz, 2010, 240 ff.

a) Grundlagen der umsatzsteuerlichen Organschaft

Eine **Organschaft** im umsatzsteuerlichen Sinne liegt gem. § 2 Abs. 2 Nr. 2 UStG vor, wenn eine juristische Person nach dem Gesamtbild der tatsächlichen Verhältnisse **finanziell, wirtschaftlich und organisatorisch** in das Unternehmen des Organträgers **eingegliedert** ist.[360] Liegen diese Voraussetzungen vor, verliert die Organgesellschaft ihre Unternehmereigenschaft, da sie ihre gewerbliche oder berufliche Tätigkeit nicht **342**

360 Vgl. Schramm, in: FS Görg, S. 431, 432 ff.

mehr selbstständig ausübt. Unternehmer i.S.d. § 2 Abs. 1 UStG ist ausschließlich der **Organträger.**[361]

343 Der **Organträger** kann eine beliebige Rechtsform haben.[362] Als **Organgesellschaften** kommen regelmäßig lediglich juristische Personen in Betracht, wobei nach neuerer Rechtsprechung auch eine **GmbH & Co. KG** als Organgesellschaft in Betracht kommt. Die Bestimmung des § 2 Abs. 2 Nr. 2 Satz 1 UStG kann in einer mit Art. 4 Abs. 4 Unterabs. 2 der Richtlinie 77/388/EWG zu vereinbarenden Weise richtlinienkonform dahingehend ausgelegt werden, dass der Begriff »juristische Person« auch eine GmbH & Co. KG umfasst.[363]

344 Die **Organgesellschaft** ist nur dann als solche anzusehen, wenn sie finanziell, wirtschaftlich und organisatorisch in das Unternehmen des Organträgers **eingegliedert** ist.

345 Unter der **finanziellen Eingliederung** ist gem. Nr. 2.8 Abs. 5 zu § 2 USt-AE (früher: Abschn. 21 Abs. 4 Satz 1 UStR) der Besitz der entscheidenden Anteilsmehrheit an der Organschaft zu verstehen, die es ermöglicht, Beschlüsse in der Organgesellschaft durchzusetzen.

346 **Wirtschaftliche Eingliederung** bedeutet gem. Nr. 2.8 Abs. 6 zu § 2 USt-AE (früher: Abschn. 21 Abs. 5 Satz 1 UStR), dass die Organgesellschaft gemäß dem **Willen des Unternehmers** i.R.d. Gesamtunternehmens, und zwar im engen wirtschaftlichen Zusammenhang mit diesem, wirtschaftlich tätig ist.[364]

347 Bei einer **Betriebsaufspaltung** in ein Besitzunternehmen (z.B. Personengesellschaft) und eine Betriebsgesellschaft (Kapitalgesellschaft) und Verpachtung des Betriebsvermögens durch das Besitzunternehmen an die Betriebsgesellschaft steht die durch die Betriebsaufspaltung entstandene Kapitalgesellschaft im Allgemeinen in einem Abhängigkeitsverhältnis zum Besitzunternehmen.[365]

348 Die **organisatorische Eingliederung** liegt gem. Nr. 2.8 Abs. 7 zu § 2 USt-AE vor, wenn der Organträger durch organisatorische Maßnahmen sicherstellt, dass in der Organgesellschaft sein Wille auch tatsächlich durchgeführt wird. Dies ist z.B. durch **Personalunion** der Geschäftsführer der Besitzgesellschaft und der Betriebsgesellschaft der Fall.[366]

---

361 S. Lemken, InsbürO 2010, 413 ff.; Schmittmann, InsbürO 2007, 265 ff.; Thole, ZIP 2019, 1353 ff.

362 So Klenk, in: Sölch/Ringleb, UStG, 104. Erg.Lfg., 2025, § 2 Rn. 96; Schramm, in: FS Görg, S. 431, 432 ff.; Schmittmann, StuB 2009, 71.

363 So BFH, 01.06.2016 – XI R 17/11, ZIP 2016, 1577 ff.; BFH, 19.01.2016 – XI R 38/12, BFH/NV 2016, 706 ff. = ZIP 2016, 1378 ff. = DStR 2016, 587 ff.

364 Vgl. BFH, 22.06.1967 – V R 89/66, BStBl. III 1967, S. 715; Schmittmann, StuB 2009, 71, 72.

365 Vgl. BFH, 28.01.1965 – V 126/62 U, BStBl. III 1965, S. 243; BFH, 17.11.1966 – V 113/65, BStBl. III 1967, S. 103; BFH, 17.08.1994 – V B 147/92, BFH/NV 1995, 750; vgl. Lemken, InsbürO 2010, 413.

366 So BFH, 23.04.1959 – V 66/57 U, BStBl. III 1959, S. 256; BFH, 13.04.1961 – V 81/59 U, BStBl. III 1961, S. 343.

Ein **Organschaftsverhältnis** kann nach Auffassung des BMF zwischen einer Kapitalgesellschaft und ihrem Anteilseigner nur dann angenommen werden, wenn der Anteilseigner die gesellschaftsrechtliche **Beteiligung** in seinem **unternehmerischen Bereich** hält und auch die finanzielle und die organisatorische Eingliederung in das Unternehmen des Organträgers gegeben sind.[367] Dabei ist es für die finanzielle Eingliederung einer Organgesellschaft in das Unternehmen des Organträgers ausreichend, wenn die finanzielle Eingliederung mittelbar über eine nicht unternehmerisch tätige Tochtergesellschaft des Organträgers oder einer Organgesellschaft erfolgt. Die nicht unternehmerisch tätige Tochtergesellschaft wird dadurch jedoch nicht Bestandteil des Organkreises (Tz. 17). 349

Ist ein **Organschaftsverhältnis** gegeben, so besteht kein Wahlrecht, ob dieses auch steuerlich umgesetzt werden soll. Die Rechtsfolgen treten unabhängig vom Willen der Beteiligten ein.[368] 350

Die organisatorische Eingliederung wird nach der Rspr. durch die **Bestellung eines schwachen vorläufigen Insolvenzverwalters** über das Vermögen der Organgesellschaft beendet.[369] Nach früherer Rechtsprechung bestand die Organschaft fort, wenn der Organträger weiterhin als Geschäftsführer der von der Insolvenz bedrohten Organgesellschaft tätig und die Verwaltungs- und Verfügungsbefugnis über das Vermögen der Organgesellschaft noch nicht auf den vorläufigen Insolvenzverwalter übergegangen ist.[370] Die organisatorische Eingliederung der Organgesellschaft endet auch, wenn die Verwaltungs- und Verfügungsbefugnis zwar nicht vollem Umfang auf den vorläufigen Insolvenzverwalter übertragen wird, aber faktisch für den gesamten noch verbleibenden operativen Geschäftsbereich übergeht.[371] 351

Die **Abweisung eines Antrags auf Eröffnung** des Insolvenzverfahrens **mangels einer die Kosten des Verfahrens deckenden Masse** führt nicht zur Beendigung der Organschaft.[372] 352

367 So BMF, 26.01.2007 – IV A 5 – S 7300 – 10/07, DB 2007, 315 ff.

368 So EuGH, 22.05.2008 – Rs. C – 162/07, UR 2008, 534; BFH, 29.10.2008 – XI R 74/07, UR 2009, 344 ff. Rn. 21; Vorinstanz: FG Schleswig-Holstein, 04.07.2007 – 4 K 225/04, EFG 2007, 1640; Schramm, in: FS Görg, S. 431, 434 f.; Schmittmann, StuB 2009, 71.

369 So BFH, 24.08.2016 – V R 36/15, BStBl II 2017, 595 ff. = ZIP 2016, 2487 ff. = NZI 2017, 42 ff. mit Anm. Schmittmann = StuB 2017, 40 [Ls.] mit Anm. jh; BFH, 03.07.2014 – V R 32/13, ZIP 2014, 2045 ff. = DB 2014, 2512 ff. = DStR 2014, 2020 ff. = EWiR 2014, 719 f. [Schmittmann]; BFH, 08.08.2013 – V R 18/13, BFH/NV 2013, 1747 ff. = NZI 2013, 857 ff. m. Anm. de Weerth = DB 2013, 2065 ff. = DStR 2013, 1883 ff. = ZIP 2013, 1773 ff. = EWiR 2013, 619 f. [Onusseit] = NWB 2013, 2974 m. Anm. Korn; vgl. Marchal/Oldiges DStR 2013, 2211 ff.; Lemken, InsbürO 2013, 483 ff.; Schmittmann, StuB 2013, 706 ff.

370 So BFH, 22.10.2009 – V R 14/09, BFH/NV 2010, 773 ff.; BFH, 29.01.2009 – V R 67/07, BFHE 225, 172 ff. = BStBl. II 2009, 1029 ff.; BFH, 10.03.2009 – XI B 66/08, BFH BFH/NV 2009, 977 ff.; Lemken, InsbürO 2012, 417 [420].

371 So BFH, 24.08.2011 – V R 53/09, BFHE 235, 5 ff. = ZIP 2011, 2421 ff. = DStR 2011, 2396 ff. mit Anm. Ma.

372 So BFH, 28.09.2009 – V B 213/06, BeckRS 2007, 2501294.

353 Im Zuge der aktuellen Rechtsprechung von EuGH[373] und BFH hat das **BMF** den **USt-AE** mehrfach angepasst[374]: »BFH, Urt. v. 15.12.2016 – V R 14/16: Beendigung der Organschaft mit **Eröffnung des Insolvenzverfahrens** über das Vermögen des Organträgers oder der Organgesellschaft (auch bei Eigenverwaltung); BFH, Urt. v. 08.08.2013 – V R 18/13, und BFH, Urt. v. 24.08.2016 – V R 36/15: Beendigung auch bei **Bestellung eines vorläufigen Insolvenzverwalters**; Grundsätze gelten auch bei **Bestellung eines personenidentischen Sachwalters, vorläufigen Sachwalters oder Insolvenzverwalters**; Anwendung in allen offenen Fällen«.[375]

354 Im Fall der **vorläufigen Eigenverwaltung** ist zu differenzieren. In Verfahren, die vor dem 01.01.2021 beantragt worden sind, gilt:

Weder die Anordnung der vorläufigen Eigenverwaltung beim Organträger noch die Anordnung der vorläufigen Eigenverwaltung bei der Organgesellschaft beenden eine Organschaft, wenn das Insolvenzgericht lediglich bestimmt, dass ein vorläufiger Sachwalter bestellt wird, sowie eine Anordnung gem. § 21 Abs. 2 Satz 1 Nr. 3 InsO erlässt.[376] Der USt-AE wurde angepasst, so dass es nun in Abschnitt 2.8. Abs. 12 Satz 6 USt-AE heißt:

> »Hingegen beenden weder die Anordnung der vorläufigen Eigenverwaltung beim Organträger noch die Anordnung der vorläufigen Eigenverwaltung bei der Organgesellschaft eine Organschaft, wenn das Insolvenzgericht lediglich bestimmt, dass ein vorläufiger Sachwalter bestellt wird sowie eine Anordnung gem. § 21 Abs. 2 Satz 1 Nr. 3 InsO erlässt (vgl. BFH-Urt. v. 27. 11. 2019, XI R 35/17, BStBI 2021 II S. 252).«

In Verfahren, die nach dem 31.12.2020 beantragt worden sind, gilt:

Abschnitt 2.8 Abs. 12 Satz 7 UStAE bestimmt, dass Abschnitt 2.8 Abs. 12 Satz 6 U StAE nicht für vorläufige Eigenverwaltungsverfahren gilt, die nach dem 31. Dezember 2020 angeordnet wurden, es sei denn, diese fallen unter die Anwendung des § 5 Abs. 1 COVInsAG.

373 S. EuGH, 16.07.2015 – Rs. C-108/14, ZIP 2015, 1971 ff. – Larentia + Minerva; EuGH, 16.07.2015 – Rs. C-109/14, ZIP 2015, 1971 ff. – Marenave.

374 S. BMF, 26.05.2017 – III C 2 – S 7105/15/10002 [DOK 2017/0430168] – Umsatzsteuerliche Organschaft; vgl. auch OFD Frankfurt am Main, 12.07.2017 – S 7105 A – 21 – St 110, ZInsO 2017, 2426 (Beendigung der umsatzsteuerlichen Organschaft; insb. in Fällen der Insolvenz).

375 S. BMF, 26.05.2017 – III C 2 – S 7105/15/10002 [DOK 2017/0430168] – Umsatzsteuerliche Organschaft; vgl. auch OFD Frankfurt am Main, 12.07.2017 – S 7105 A – 21 – St 110, ZInsO 2017, 2426 (Beendigung der umsatzsteuerlichen Organschaft; insb. in Fällen der Insolvenz).

376 So BFH, 27.11.2019 – XI R 35/17, BStBl. II 2021, 252 ff. = ZRI 2020, 489 ff. = NZI 2020, 378 ff. mit Anm. Pieroth = ZIP 2020, 469 ff. = EWiR 2020, 241 f. [Vortmann] = ZInsO 2020, 620 ff. = StuB 2020, 247 f. mit Anm. jh.

b) *Anfechtungssachverhalte in der Organschaft*

In der Praxis ist regelmäßig zu beobachten, dass die **Organgesellschaft**, die auch das operative Geschäft betreibt, die vom Leistungsempfänger zu zahlende **Gegenleistung** einschließlich der USt **vereinnahmt**, die USt aber nicht an den Organträger abführt, was zumindest außerhalb der Krise gesellschaftsrechtlich geboten ist, sondern – aus Vereinfachungsgründen – unmittelbar an die Finanzverwaltung auf die **Steuerschuld des Organträgers** leistet.[377] Diese Problematik verschärft sich, wenn es sich um eine **unerkannte Organschaft** handelt, die erst später, z.B. bei einer Betriebsprüfung oder im Insolvenzverfahren, überhaupt erkannt wird. Das Entstehen einer umsatzsteuerlichen Organschaft ist nach der Rechtsprechung des BFH bei Vorliegen der Tatbestandsmerkmale zwingend und hängt nicht vom Willen der Beteiligten ab. Ein **Wahlrecht** ergibt sich **weder aus Europäischem Gemeinschaftsrecht noch aus nationalem Steuerrecht.**[378] 355

Der BFH hat die wesentlichen Fragen der **Insolvenzanfechtung** im Zusammenhang mit der Zahlung der **Organgesellschaft** auf die **Steuerschuld des Organträgers**[379] inzwischen geklärt.[380] Besteht eine Organschaft, d.h. ist die Organgesellschaft finanziell, wirtschaftlich und organisatorisch in das Unternehmen des Organträgers eingegliedert, § 2 Abs. 2 Nr. 2 Satz 1 UStG, ist der **Organträger Schuldner** der auf die Umsätze der Organschaft entfallenden **USt**. Zahlt die **Organgesellschaft** die USt, so liegt eine **Zahlung auf fremde Schuld** vor. 356

Auf die **Erstattungsberechtigung** nach § 37 Abs. 2 Satz 1 AO wirkt sich dies wie folgt aus: Erstattungsberechtigt i.S. von § 37 Abs. 2 Satz 1 AO ist derjenige, auf dessen Rechnung und nicht auf dessen Kosten eine Zahlung bewirkt worden ist. Es kommt nicht darauf an, von wem und mit wessen Mitteln gezahlt worden ist, sondern nur darauf, wessen Steuerschuld nach dem Willen des Zahlenden, so wie er im Zeitpunkt der Zahlung dem FA gegenüber erkennbar hervorgetreten ist, getilgt werden sollte. Dies gilt auch im Fall einer **vermeintlichen Organschaft.**[381] Die Wertung des Finanzgerichts, dass die unter der Steuernummer der Klägerin erteilte Einzugsermächtigung hinsichtlich des Kontos der GmbH die Steuerschuld der Klägerin tilgen sollte, sei – so der BFH – nicht zu beanstanden. 357

Aus der **Haftung der Organgesellschaft** für Steuern des Organträgers gem. § 73 Satz 1 AO ergibt sich nach Auffassung des BFH nichts anderes. Der Haftungsanspruch setzt 358

377 So Schmittmann, InsbürO 2007, 265, 266.

378 Vgl. EuGH, 22.05.2008 – Rs. C – 162/07, UR 2008, 534; BFH, 29.10.2008 – IX R 74/07, UR 2009, 344 ff. Rn. 21; Vorinstanz: FG Schleswig-Holstein, 04.07.2007 – 4 K 225/04, EFG 2007, 1640; Schramm, in: FS Görg, Köln, 2010, S. 431, 434 f.; Schmittmann, StuB 2009, 71.

379 Vgl. ausführlich: Thole, ZIP 2019, 1353 ff.

380 Vgl. umfassend: Lemken, InsbürO 2010, 413 ff.

381 So BFH, 14.11.2021 – VII R 20/18, BB 2022, 1508 ff. = EWiR 2022, 487 f. [Schmittmann].

nur das **Bestehen einer steuerrechtlich bedeutsamen Organschaft** voraus.[382] Nichts anderes ergebe sich aus der Rechtsprechung des BGH.[383] Entgegen der Auffassung des BFH[384] meint der BGH, dass durch den **Lastschrifteinzug** der Haftungsanspruch aus § 73 AO gegen die Organgesellschaft geltend gemacht werde. Der BFH lässt dies hier dahinstehen, da in der dem BGH vorliegenden Sachverhaltsgestaltung nicht ersichtlich war, wessen Steuerschuld durch den Lastschrifteinzug beglichen werden sollte, woraus der BGH geschlossen hatte, dass die Zahlung der Organgesellschaft allein dem Haftungsanspruch zugeordnet werden könne.

Die **Anrufung des Gemeinsamen Senats** der obersten Gerichtshöfe des Bundes war nach Auffassung des BFH nicht erforderlich, da der BGH die zivilrechtliche Frage, wer Insolvenzgläubiger ist, entschieden hatte, während der BFH die steuerliche Frage, wer Erstattungsberechtigter ist, zu prüfen hat.[385]

Unter Hinweis auf die Rechtsprechung des BFH[386], wonach ein **Verstoß gegen den Grundsatz von Treu und Glauben** vorliegt, wenn im Fall einer umsatzsteuerrechtlichen Organschaft der Organträger einen Erstattungsanspruch geltend macht, obwohl das Finanzamt den entsprechenden Betrag bereits wegen einer (vermeintlichen) **Anfechtung** in die Insolvenzmasse der Organgesellschaft bezahlt hat und ohne die Anfechtung eine **Verpflichtung des Organträgers** zur Weiterleitung des Betrages an die Organgesellschaft bestanden hätte, führt der BGH aus, dass dies im Hinblick darauf, dass das Finanzamt keine Erstattungszahlung an die Insolvenzmasse geleistet hat, vorliegend unerheblich sei.[387]

359 Eine **Schenkungsanfechtung** nach § 134 InsO kommt nur dann in Betracht, wenn die **Zahlung auf die fremde Schuld** zugleich eine **unentgeltliche Leistung** ist. Eine unentgeltliche Leistung liegt auch in der Zuwendung eines Dritten, wenn dessen Forderung gegen den Schuldner nicht werthaltig war. War nämlich die **Forderung** nicht **werthaltig**, verliert der Dritte mit dem Erlöschen dieser Forderung durch die Zahlung des späteren Insolvenzschuldners (§ 47 AO i.V.m. § 267 BGB) wirtschaftlich nichts, was als Gegenleistung für die Zuwendung angesehen werden kann.[388]

---

382 Vgl. BFH, 10.05.2007 – VII R 18/05, BFHE 217, 216, BStBl II 2007, 914, unter II.B.8.; BFH, 27.02.2020 – V R 28/19, BFH/NV 2020, 1275, Rz 28.

383 S. BGH, 19.01.2012 – IX ZR 2/11, BGHZ 192, 221 ff.

384 S. BFH, 23.09.2009 – VII R 43/08, BFHE 226, 391 ff. = BStBl. II 2010, 215 ff. = ZIP 2009, 2455 ff.

385 So BFH, 14.11.2021 – VII R 20/18, BB 2022, 1508 ff. = EWiR 2022, 487 f. [Schmittmann].

386 S. BFH, 26.08.2014 – VII R 16/13, BFH/NV 2015, 8 ff. = ZIP 2014, 2404 ff. mit Anm. Kahlert.

387 So BGH, 19.01.2012 – IX ZR 2/11, BGHZ 192, 221 ff.; vgl. dazu BFH, 14.11.2021 – VII R 20/18, BB 2022, 1508 ff. = EWiR 2022, 487 f. [Schmittmann].

388 Vgl. BGH, 05.02.2004 – IX ZR 473/00, ZInsO 2004, 499 ff. Rn. 20; BGH, 16.11.2007 – IX ZR 194/04, BGHZ 174, 228 Rn. 25; BFH, 23.09.2009 – VII R 43/08, BStBl. II 2010, S. 215 ff. = ZIP 2009, 2455 ff. Rn. 18.

Bezahlt in einer umsatzsteuerlichen Organschaft die **Organgesellschaft** kurz vor Eröffnung des Insolvenzverfahrens über ihr Vermögen die Steuerschuld des Organträgers, so ist die Zahlung nach § 134 InsO anfechtbar, wenn die **Steuerforderung** ggü. dem **Organträger nicht werthaltig** (einbringlich) war. Hat die Organgesellschaft die Steuerschuld des Organträgers **vor Fälligkeit** bezahlt, obwohl der Organträger leistungsfähig war, ist diese Zahlung ggü. dem FA nicht gem. § 131 Abs. 1 Nr. 1 InsO anfechtbar, weil das FA nicht Insolvenzgläubiger ist. 360

Der **Haftungsanspruch** nach § 73 AO ist ggü. dem Steueranspruch **subsidiär**, wenn feststeht, dass der **Steuerschuldner** zur **Zahlung in der Lage** ist. Der Tatbestand des § 73 AO wird ergänzt durch die Regelungen in § 191 Abs. 1 Satz 1 i.V.m. § 5 AO. Danach setzt der **Haftungsanspruch** voraus, dass die **Haftungsinanspruchnahme** bei der gebotenen **Ermessensausübung** in Betracht kommt.[389] 361

Tilgt bei einer umsatzsteuerlichen Organschaft die **Organgesellschaft** Umsatzsteuerschulden der Organträgerin, so ist eine wirksame **Insolvenzanfechtung** der Zahlung ggü. der Finanzbehörde **nicht vom Erlass eines Haftungsbescheides abhängig.** Gegen den anfechtungsrechtlichen Rückforderungsanspruch des Insolvenzverwalters nach **Anfechtung wegen inkongruenter Deckung** kann die Finanzbehörde nach Auffassung des FG Nürnberg nicht mit einem Haftungsanspruch gegen die Organgesellschaft aufrechnen.[390] Eine Organgesellschaft haftet gem. § 73 Satz 1 AO allerdings für solche Steuern des Organträgers, für welche die Organschaft zwischen ihnen steuerlich von Bedeutung ist. Zieht das Finanzamt im Falle einer umsatzsteuerlichen Organschaft der Steuerschuld des Organträgers entsprechende Beträge aufgrund einer Lastschriftermächtigung vom Konto der Organgesellschaft ein, so macht es nach Auffassung des BGH den steuerrechtlichen Haftungsanspruch aus § 73 AO gegen die Organgesellschaft geltend. Gerät diese in Insolvenz, erlangt das Finanzamt die Zahlung als deren Insolvenzgläubiger. Erbringt der Schuldner einer noch nicht durchsetzbaren steuerrechtlichen **Haftungsverbindlichkeit** eine Zahlung an das Finanzamt, ist davon auszugehen, dass er dadurch seine Haftungsverbindlichkeit und nicht die ihr zugrunde liegende Steuerschuld des Dritten tilgen will.[391] Die Auffassung des BGH verkennt m.E., dass jeder Haftung gegenüber der Finanzverwaltung zunächst eine Ermessensentscheidung vorausgehen muss.[392] Darüber hinaus hat die Zahlung durch die Organgesellschaft in der Regel den praktischen Hintergrund, dass die Organgesellschaft das operative Geschäft betreibt und daher – anders als der Organträger, der regelmäßig lediglich Einkünfte aus der Vermietung oder Verpachtung der Betriebsimmobilie oder der Betriebs- und Geschäftsausstattung hat – über hinreichende Liquiditätszuflüsse verfügt, um die Umsatzsteuer zahlen zu können.[393] 362

---

389 So BFH, 23.09.2009 – VII R 43/08, BStBl. II 2010, S. 215 ff. = ZIP 2009, 2455 ff. Rn. 18.

390 So OLG Nürnberg, 09.03.2009 – 4 U 2506/08, ZInsO 2010, 2007 ff.; OLG Nürnberg, 11.02.2009 – 4 U 2506/08, ZIP 2009, 1435 ff.

391 So BGH, 19.01.2012 – IX ZR 2/11, BGHZ 192, 221 ff. = ZIP 2012, 280 ff. Rn. 16 ff.

392 Vgl. Schmittmann in: Jesgarzewski/Schmittmann, Steuerrecht, Steuerhaftungsrecht Abschn. 1.6.

393 Vgl. zur Anfechtung in Organschaftsfällen Kap. 3 § 134 InsO Rdn. 56 ff.

363 Besonderheiten ergeben sich, wenn eine »**unerkannte Organschaft**« vorliegt. Das FA kann, wenn eine Organschaft gem. § 2 Abs. 2 Nr. 2 UStG erst im Insolvenzverfahren der Organgesellschaft »entdeckt« wurde, gegenüber dem Insolvenzverwalter mit **Haftungsforderungen** gem. § 73 AO gegen die Steuererstattungsansprüche zuzüglich Zinsen aufrechnen, ohne, dass es des vorherigen Erlasses eines Haftungsbescheides, der Feststellung der Haftungsforderung oder ihrer Anmeldung zur Tabelle bedarf. Das **Aufrechnungsverbot** gem. § 96 Abs. 1 Nr. 1 InsO, wonach die Aufrechnung unzulässig ist, wenn die aufgerechneten Steuererstattungsansprüche erst nach Insolvenzeröffnung entstanden sind, greift nicht deshalb ein, weil die Aufhebungsbescheide als formelle Voraussetzung der Steuererstattung erst im Insolvenzverfahren ergangen sind. Abweichendes folgt nicht aus der Entscheidung des BFH[394], mit der der BFH seine frühere Rechtsprechung, dass eine Erstattungsforderung insolvenzrechtlich bereits dann entstanden ist, wenn sie vor Insolvenzeröffnung bereits »ihrem Kern nach« begründet wurde, geändert hat. Über einen (vermeintlichen) Anspruch des Insolvenzverwalters gegen das Finanzamt gem. § 143 InsO auf **Rückgewähr** insolvenzrechtlich angefochtener Leistungen kann nicht in einem Abrechnungsbescheid entschieden werden, denn er ist kein Anspruch aus dem Steuerschuldverhältnis. Da es sich um einen zivilrechtlichen Anspruch handelt, kann er nur bei den Zivilgerichten eingeklagt werden.[395]

364 In den Fällen einer umsatzsteuerlichen Organschaft können **Zahlungen der Organgesellschaft**, mit denen diese Umsatzsteuerschulden befriedigt, daher nicht als unentgeltliche Leistung angefochten werden, wenn die leistende Organgesellschaft eine eigene Verbindlichkeit gegenüber dem Finanzamt trifft. Als eine solche eigene Verbindlichkeit des Leistenden kommt bei einer umsatzsteuerlichen Organschaft der gegen die Organgesellschaft gerichtete Haftungsanspruch nach § 73 AO in Betracht. Der **Haftungsanspruch** nach § 73 AO entsteht materiell-rechtlich bereits mit der Entstehung der Steuerschuld des Organträgers und hängt nicht von einer Feststellung und dem Erlass eines Haftungsbescheids gegen die Organgesellschaft ab.[396] Um die Leistung des Schuldners im Fall einer **Schenkungsanfechtung** als entgeltlich einzuordnen, ist es daher nicht erforderlich, dass bereits ein Haftungsbescheid nach § 191 AO ergangen ist. Vielmehr genügt es, wenn die Zahlung der Organgesellschaft dazu führt, dass diese von dem aus § 73 AO folgenden Haftungsanspruch frei wird.[397] Dies ist auch der Fall, wenn das Finanzamt – wie im Streitfall – die Umsatzsteuerschuld im Wege der Lastschrift von der Organgesellschaft einzieht.[398] Soweit der Bundesfinanzhof eine Schenkungsanfechtung verneint hat, beruht dies tragend darauf, dass im Fall des Bundesfinanzhofs die Organträgerin solvent gewesen ist. Damit war die

394 S. BFH, 25.07.2012 – VII R 29/11, BStBl. II 2013, 36.

395 So FG München, 15.05.2019 – 3 K 2244/16, EFG 2019, 1642 ff.; der BFH (27.02.2020 – V R 28/19, BFH/NV 2020, 1275 ff.) hat die Entscheidung aufgehoben und an das FG zurückverwiesen.

396 So BGH, 19.01.2012 – IX ZR 2/11, BGHZ 192, 221 ff. = ZIP 2012, 280 ff. Rn. 17.

397 Vgl. BGH, 29.10.2015 – IX ZR 123/13, ZIP 2015, 2484 Rn. 9 f.

398 Vgl. BGH, 19.01.2012 – IX ZR 2/11, BGHZ 192, 221 ff. = ZIP 2012, 280 ff. Rn. 2, 37.

Frage, ob die **Organgesellschaft** auch eine **eigene Verbindlichkeit** tilgte, für die Entscheidung des Bundesfinanzhofs über die Schenkungsanfechtung nicht erheblich.[399]

Der Rechtsgrund für eine **Erstattung von Umsatzsteuer** wird auch dann im insolvenzrechtlichen Sinne bereits mit der Leistung der entsprechenden Vorauszahlungen gelegt, wenn diese im Fall einer **nicht erkannten Organschaft** zunächst gegen die Organgesellschaft festgesetzt und von dieser auch entrichtet worden sind.[400] **365**

Der Insolvenzverwalter hat nach der Rechtsprechung des BGH die Wahl, ob er gegenüber der Finanzverwaltung oder gegenüber dem mithaftenden Organträger anfechten will. Kommt der Zahlung des Schuldners an einen Insolvenzgläubiger eine **Doppelwirkung** zu, weil dadurch neben der Forderung des Empfängers zugleich der gegen den Schuldner gerichtete Anspruch eines mithaftenden Dritten auf Befreiung von dieser Verbindlichkeit erfüllt wird, kann die Leistung sowohl gegenüber dem Leistungsempfänger als auch gegenüber dem Dritten als Gesamtschuldner angefochten werden.[401] **366**

Die Sicht des BGH weicht von der Auffassung des BFH hinsichtlich der Insolvenzanfechtung von Zahlungen der Organschaft auf die **Steuerschuld des Organträgers** erheblich ab. Bezahlt in einer umsatzsteuerlichen Organschaft die Organgesellschaft kurz vor Eröffnung des Insolvenzverfahrens über ihr Vermögen die Steuerschuld des Organträgers, ist die Zahlung nach Auffassung des BFH nach § 134 InsO anfechtbar, wenn die Steuerforderung gegenüber dem Organträger nicht werthaltig (uneinbringlich) war. Hat die Organgesellschaft die Steuerschuld des Organträgers vor Fälligkeit bezahlt, obwohl der Organträger leistungsfähig war, ist diese Zahlung gegenüber dem Finanzamt nicht gem. § 131 Abs. 1 Nr. 1 InsO anfechtbar, weil das Finanzamt nicht Insolvenzgläubiger ist.[402] Die Auffassung des BFH ist vorzugswürdig, da die Organgesellschaft erst dann gegenüber der Finanzverwaltung schuldet, wenn gegen sie ein **Haftungsbescheid** durch die Finanzverwaltung ergangen ist. Die Auffassung des BGH, dass allein die Norm des § 73 AO schon zu einer Haftungsschuld führt, ist nicht überzeugend.[403] **367**

Insolvenzgläubiger i.S.d. § 131 InsO ist jeder, der diese Eigenschaft ohne die erlangte Deckung hätte, der also einen **Vermögensanspruch** nur als Insolvenzforderung verfolgen könnte. Hierzu gehören auch die Gläubiger gesetzlicher Ansprüche wie der Steuerfiskus oder Sozialversicherungsträger. **368**

Es entspricht dem Anliegen des Gesetzgebers, den **Organkreis als einheitliches Ganzes** zu betrachten. Personen, die nebeneinander dieselbe Leistung schulden oder für sie **369**

---

399 So BGH, 24.09.2020 – IX ZR 260/19, WM 2020, 2086 ff.

400 So BFH, 15.10.2019 – VII R 31/17, ZRI 2020, 315 ff. = BB 2020, 1499 ff. = NZI 2020, 746 ff. mit Anm. Witfeld = ZInsO 2020, 626 ff. = StuB 2020, 285 f. mit Anm. jh.

401 So BGH, 19.01.2012 – IX ZR 2/11, BGHZ 192, 221 ff. = ZIP 2012, 280 ff. Rn. 33.

402 So BFH, 23.09.2009 – VII R 43/08, BStBl. II 2010, S. 215 ff. = ZIP 2009, 2455 ff. Rn. 20 ff.

403 A.A. OLG Köln, 14.12.2005 – 2 U 89/05, ZInsO 2006, 1329, 1330; OLG Nürnberg, 09.03.2009 – 4 U 2506/08, ZInsO 2010, 207.

haften, sind **Gesamtschuldner** (§ 44 Abs. 1 Satz 1 AO). Diese Vorschrift gilt nicht nur zwischen mehreren Steuerschuldnern oder einer Mehrzahl von Haftenden, sondern auch dann, wenn die **Finanzbehörde** den einen als Steuerschuldner, den anderen dagegen als **Haftungsschuldner** in Anspruch nehmen kann.[404]

6. Anfechtung durch die Finanzverwaltung nach dem Anfechtungsgesetz

Schrifttum

App, Möglichkeiten der Gläubigeranfechtung wegen kommunaler Vollstreckungsforderungen durch Verwaltungsakt – Voraussetzungen und Vorgehen, Teil I: KKZ 2005, 241 ff.; Teil II: KKZ 2006, 1 ff.; *App*, Rechte der abgabenberechtigten Gemeinde gegen vorsätzliche Benachteiligungen durch den Abgabenschuldner nach Vollstreckungsreife, ZKF 2007, 153 ff.; *App*, Überblick über die Anfechtung nach dem Anfechtungsgesetz, KKZ 2002, 73 ff.; *Fett/Barten*, Die Geltendmachung der Anfechtung nach dem neuen Anfechtungsgesetz 1999 durch das Finanzamt, DStZ 1999, 91 ff.; *Huber*, Anfechtungsgesetz – Kommentar, 12. Aufl., 2021; *ders.*, Das neue Recht der Gläubigeranfechtung außerhalb des Insolvenzverfahrens, ZIP 1998, 897 ff.; *ders.*, Kein Rechtsweg für Insolvenzanfechtungsklagen gegen Sozialversicherungsträger zum Sozialgericht, ZInsO 2011, 519 ff.; *Nerlich/Niehues*, Anfechtungsgesetz – Kommentar, München, 2000; *Schmittmann*, Gläubigeranfechtung nach dem Anfechtungsgesetz: Update 2024, ZRI 2025, 225 ff.; *Thole*, Die tatbestandlichen Wertungen der Gläubigeranfechtung, ZZP 121 (2008), 67 ff.

370 Das **Anfechtungsgesetz** regelt die Anfechtung von **Rechtshandlungen** eines Schuldners **außerhalb des Insolvenzverfahrens.**[405] Zur Anfechtung ist gem. § 2 Anfechtungsgesetz (AnfG) **jeder Gläubiger** berechtigt, der einen **vollstreckbaren Schuldtitel** erlangt hat und dessen Forderung fällig ist, wenn die Zwangsvollstreckung in das Vermögen des Schuldners nicht zu einer vollständigen Befriedigung des Gläubigers geführt hat oder wenn anzunehmen ist, dass sie nicht dazu führen würde.

371 Die Anfechtung nach dem Anfechtungsgesetz spielt insb. für die **Finanzverwaltung** sowie die **Kommunen** eine herausgehobene Rolle, da sie sich den erforderlichen vollstreckbaren Schuldtitel selbst verschaffen können.[406] Der Steuergläubiger kann nach § 191 AO denjenigen durch **Duldungsbescheid** in Anspruch nehmen, der nach dem Anfechtungsgesetz verpflichtet ist, die **Vollstreckung** zu dulden.[407]

372 Die **Inanspruchnahme nach § 191 AO** verlangt eine **Ermessensbetätigung** des FA, die sich konkret auf die zugrunde gelegte Anspruchsnorm beziehen muss. Wird ein zunächst auf § 3 Abs. 1 AnfG gestützter Duldungsbescheid im Klageverfahren zusätzlich auf § 4 Abs. 1 AnfG gestützt, so kann sich der Duldungspflichtige nur dann auf **mangelnde Ermessensausübung** des FA berufen, wenn im Einzelfall die Inanspruch-

404 So OLG Köln, 14.12.2005 – 2 U 89/05, ZInsO 2006, 1329, 1330.

405 Vgl. zur Rechtsnatur: Huber, AnfG, Einführung, Rn. 11.

406 Vgl. zum Rechtsweg bei der Gläubigeranfechtung durch Finanzämter und andere öffentlich-rechtliche Gläubiger: Huber, ZInsO 2011, 519, 521 f.

407 So BFH, 15.10.1996 – VII R 35/96, BFHE 181, 268 ff. = BStBl. II 1997, S. 17 ff.; BFH, 30.03.2010 – VII R 22/09, DStRE 2010, 955, 956 Rn. 40.

nahme auf der Grundlage des § 4 AnfG andere Ermessenserwägungen erfordert als die nach § 3 AnfG.[408] Die vor Erlass eines Duldungsbescheides unterlassene **Anhörung des Duldungspflichtigen** kann im Einspruchsverfahren nachgeholt werden. Eine vom Duldungspflichtigen vor dem Zivilgericht erhobene **negative Feststellungsklage** mit dem Ziel, die Berechtigung der Finanzbehörde, sich der Gläubigeranfechtung zu berühmen, anzugreifen, hindert die Finanzbehörde nicht daran, einen Duldungsbescheid zu erlassen.[409]

Hat ein Vollstreckungsschuldner ein **Nießbrauchrecht** oder ein **dingliches Wohnrecht** **373**
am eigenen Grundstück anfechtbar begründet, hat das FA einen **schuldrechtlichen Anspruch auf Duldung des Vorrangs** seiner Rechte in der Zwangsvollstreckung.[410]

Der anfechtende Gläubiger trägt nach dem Anfechtungsgesetz grds. die **Beweislast** **374**
für das Vorliegen der eine **Anfechtung** begründenden Tatumstände, also auch der objektiven **Gläubigerbenachteiligung.**[411]

VI. Verhältnis der Anfechtung ggü. Sozialversicherung und Finanzverwaltung einerseits und Geschäftsführerhaftung andererseits

Schrifttum

Drescher, Die Haftung des GmbH-Geschäftsführers, 8. Aufl., 2019; *Gehrlein*, Die Auslegung des § 64 GmbHG im Spannungsfeld zwischen Gesellschaftsrecht und Insolvenzanfechtungsrecht, ZInsO 2015, 477 ff.; *Schmittmann*, Haftung von Organen in Krise, Restrukturierung und Insolvenz, 5. Aufl., 2025; *ders.*, Kollision von steuer- und insolvenzrechtlichen Pflichten: Geschäftsführer zwischen Skylla und Charybdis?, StuB 2007, 667 ff.; *Strohn*, Geschäftsführerhaftung als Innen- und Außenhaftung, ZInsO 2009, 1417 ff.

Der **Insolvenzverwalter** prüft nach Verfahrenseröffnung, ob nach Eintritt der Krise **375**
Zahlungen an **Sozialversicherungsträger** und/oder **Finanzbehörden** geleistet worden sind. Dabei wird er regelmäßig auf mehr oder weniger erhebliche Zahlungen an Finanzbehörden und/oder Sozialversicherungsträger stoßen sowie sich die Frage stellen, ob es zweckmäßig ist, den **Geschäftsführer** gem. § 64 Satz 1 GmbHG **auf Erstattung der abgeflossenen Beträge** in Anspruch zu nehmen (vgl. dazu Kap. 1 Rdn. 25) oder aber Anfechtungsansprüche gegen die begünstigten Gläubiger geltend zu machen.

Der BGH nahm früher an, dass auch die **Befriedigung** öffentlich-rechtlicher Gläu- **376**
biger als schuldhafter **Verstoß gegen die Masseerhaltungspflicht** anzusehen sei.[412] Nunmehr ist der BGH der Auffassung, dass ein organschaftlicher Vertreter, der bei Insolvenzreife der Gesellschaft den **sozial- oder steuerrechtlichen Normbefehlen** folgend Arbeitnehmeranteile der Sozialversicherung oder Lohnsteuer abführt, mit der

408 So BFH, 24.04.2006 – VII B 120/05, BFH/NV 2006, 1609, 1610 Rn. 14 f.
409 So BFH, 27.01.2000 – VII B 90/99, BFH/NV 2000, 821, 822 Rn. 9.
410 So BFH, 30.03.2010 – VII R 22/09, DStRE 2010, 955, 958 Rn. 40.
411 So FG Münster, 21.04.2010 – 6 K 3248/08, StE 2010, 535.
412 So BGH, 08.01.2001 – II ZR 88/99, BGHZ 146, 264 ff. = ZIP 2001, 235 ff. Rn. 23; BGH, 18.04.2005 – II ZR 61/03, ZInsO 2005, 650 ff. = NZI 2005, 447 ff. Rn. 19 f.

Sorgfalt eines ordentlichen und gewissenhaften Geschäftsleiters handelt und nicht nach § 64 Satz 1 GmbHG a.F. (§ 15b Abs. 1 InsO n.F.) der Gesellschaft ggü. erstattungspflichtig ist.[413]

377 Ein organschaftlicher Vertreter einer Gesellschaft verletzt nach der Rechtsprechung des BGH i.Ü. seine **Insolvenzantragspflicht** nicht schuldhaft, wenn er bei fehlender eigener Sachkunde zur Klärung des Bestehens der Insolvenzreife der Gesellschaft den **Rat eines unabhängigen, fachlich qualifizierten Berufsträgers** einholt, diesen über sämtliche für die Beurteilung erheblichen Umstände ordnungsgemäß informiert und nach eigener **Plausibilitätskontrolle** der ihm daraufhin erteilten Antwort dem Rat folgt und von der Stellung eines Insolvenzantrages absieht.[414] Er haftet auch nicht nach § 64 Satz 1 GmbHG a.F. (§ 15b Abs. 4 InsO n.F.), wenn er nach Eintritt der Insolvenzreife rückständige Umsatz- und Lohnsteuern an das Finanzamt und rückständige Arbeitnehmeranteile zur Sozialversicherung an die Einzugsstelle zahlt.[415] Für Zahlungen, die nach dem 31. Dezember 2020 erfolgt sind, gilt die Sonderregelung des § 15b Abs. 8 InsO, der bei rechtzeitiger Insolvenzantragstellung die steuerlichen Zahlungspflichten suspendiert und modifiziert.[416]

378 Die **Haftungsprivilegierung** für den Geschäftsführer hinsichtlich von Sozialversicherungsbeiträgen und Lohnsteuer kann allerdings nur insoweit gelten, als dass tatsächlich noch eine **realistische Chance auf eine Sanierung des Unternehmens** besteht. Eine Generalexkulpation für den Geschäftsführer wegen solcher Zahlungen kommt daher nicht in Betracht. Darüber hinaus kommt auch eine Privilegierung wegen anderer Zahlungen an öffentlich-rechtliche Gläubiger, z.B. für Umsatz- oder Gewerbesteuer, nicht zum Tragen.

379 Nimmt der Insolvenzverwalter den **Geschäftsführer** gem. § 64 Satz 1 GmbHG a.F. (§ 15b Abs. 4 InsO n.F.) auf Erstattung in Anspruch, so findet eine Kürzung um die den einzelnen Gläubigern zustehende Insolvenzquote nicht statt. Dem Geschäftsführer ist aber in dem Urteil vorzubehalten, seinen **Gegenanspruch**, der sich nach Rang und Höhe mit dem Betrag deckt, den der begünstigte Gesellschaftsgläubiger im Insolvenzverfahren erhalten hätte, nach **Erstattung an die Masse** gegen den Insolvenzverwalter zu **verfolgen.** Etwa bestehende **Erstattungsansprüche der Masse** gegen Dritte sind **Zug-um-Zug** an den Geschäftsführer **abzutreten.**[417] Es muss sichergestellt werden, dass die Insolvenzmasse hinsichtlich ein und derselben Zahlung nicht gleichzeitig Ersatz vom Geschäftsleiter erlangt und zusätzlich noch den **Anfechtungsanspruch** gegen den Zahlungsempfänger für die Insolvenzmasse durchsetzt. Ebenso wie der

413 So BGH, 14.05.2007 – II ZR 48/06, ZInsO 2007, 660 ff. = NZI 2007, 477 ff. Rn. 11; vgl. Schmittmann, StuB 2007, 667 ff., zur Frage der Haftung ggü. der Finanzverwaltung.
414 So BGH, 14.05.2007 – II ZR 48/06, ZInsO 2007, 660 ff. = NZI 2007, 477 ff. Rn. 14; vgl. dazu umfassend: Schmittmann, Haftung von Organen in Krise, Restrukturierung und Insolvenz, Rn. 983 ff.
415 So BGH, 25.01.2011 – II ZR 196/09, NZI 2011, 196 Rn. 17 und 19.
416 Vgl. Schmittmann, KKZ 2021, 218, 221.
417 So BGH, 08.01.2001 – II ZR 88/99, BGHZ 146, 264 ff. = ZInsO 2001, 260 ff. Rn. 32.

Anspruch auf die Insolvenzquote an den in Anspruch genommenen Geschäftsleiter abgetreten werden kann, ist auch die vorliegende Problemlage dadurch zu bereinigen, dass dem Geschäftsführer der insolvenzanfechtungsrechtliche Rückgewähranspruch i. S. v. § 143 Abs. 1 Satz 2 InsO abgetreten wird.[418]

Der BGH sieht trotz der **Strafbarkeit** unterbliebener Abführung von Arbeitnehmer- 380
beiträgen zur Sozialversicherung auf der Ebene des Sozialversicherungsträgers **keinen Schaden**, wenn die **Beitragszahlungen** im Insolvenzverfahren **erfolgreich angefochten worden wären.**[419] Diese formale Betrachtung lässt aber unberücksichtigt, dass der Geschäftsführer durch das Damoklesschwert des Schadensersatzes aus §§ 823 Abs. 2 BGB i.V.m. 266a StGB zu einer **rechtzeitigen Antragstellung** motiviert werden soll.

Bisweilen wird durch Geschäftsführer im Verfahren gem. § 64 Satz 1 GmbHG a.F. 381
(§ 15b Abs. 1 InsO n.F.) eingewandt, der **Geschäftsführer** sei insoweit nicht zur Erstattung verpflichtet, als dass der Insolvenzverwalter die von ihm vorgenommenen Zahlungen **noch anfechten könne**. Dieser Einwand greift nicht durch.[420] Der auf Ersatz in Anspruch genommene Geschäftsführer ist nicht berechtigt, die Erfüllung dieser Verpflichtung ggü. der Masse mit der Begründung zu verweigern, der Insolvenzverwalter habe es unterlassen, **aussichtsreiche Insolvenzanfechtungsansprüche** gegen Zahlungsempfänger geltend zu machen.[421]

Allenfalls ist zu diskutieren, ob dem Geschäftsführer gegen die Insolvenzmasse ein 382
Anspruch auf Abtretung des **Anfechtungsanspruches** (vgl. dazu Kap. 1 Rdn. 81) gegen den durch die Zahlung begünstigten Gläubiger zusteht.[422] Nach Auffassung des Reichsgerichts ist der Insolvenzanfechtungsanspruch nicht abtretbar.[423] Im Gegensatz zur früheren Regelung des § 37 Abs. 1 KO, wonach der Anfechtungsanspruch untrennbar mit dem Amt des Konkursverwalters verbunden war, spricht heute einiges dafür, dass das Anfechtungsrecht an sich, also die Anfechtungsbefugnis, und der Rückgewähranspruch trennbar sind. Lediglich die **Ausübung der Anfechtungsbefugnis** liegt originär beim Insolvenzverwalter, während die Geltendmachung des Rückgewähranspruches als abtretbar angesehen wird.[424]

---

418 So OLG Oldenburg, 10.05.2004 – 15 U 13/04, ZIP 2005, 317 (LS) = GmbHR 2004, 1014 f.; Drescher, Die Haftung des GmbH-Geschäftsführers, Rn. 808; Poertzgen, ZInsO 2016, 1182, 1185.

419 So BGH, 02.12.2010 – IX ZR 247/09, DB 2011, 52, 53 Rn. 19, unter Hinweis auf: BGH, 14.11.2000 – VI ZR 149/99, ZIP 2001, 80 ff. = DB 2001, 526 ff.; BGH, 18.04.2005 – II ZR 61/03, ZIP 2005, 1026 ff. = NZI 2005, 447 ff. = DB 2005, 1321 ff.

420 S. Schmittmann, Haftung von Organen in Krise, Restrukturierung und Insolvenz, Rn. 538.

421 So BGH, 18.12.1995 – III ZR 277/94, BGHZ 131, 325 ff. = ZIP 1996, 420 ff.

422 So HWF/Schmittmann/Zeeck, § 129 InsO Rn. 24.

423 So RG, 05.01.1893 – Rep. VI. 228/92, RGZ 30, 71, 75; RG, 21.09.1909 – 468/08 III, JW 1909, 657, 658.

424 Vgl. BGH, 17.02.2011 – IX ZR 91/10, ZIP 2011, 1114 ff. = NZI 2011, 486 ff. = NZG 2011, 873 f. = EWiR 2011, 433 f. (Huber); Hamb-Komm/Rogge, § 143 InsO Rn. 111.

383 Der **Insolvenzverwalter** wird sich jedoch in der Praxis häufig für die **Insolvenzanfechtung** entscheiden, sofern die Anfechtungsvoraussetzungen nachweisbar sind. Im Gegensatz zu den oftmals einkommen- und vermögenslosen Geschäftsführern kann bei einer Insolvenzanfechtung gegen die **Finanzverwaltung** bzw. **Sozialversicherungsträger** davon ausgegangen werden, dass diese, ggf. nach Titulierung des Anspruchs, auch tatsächlich zahlen.[425]

384 Für die betroffenen Geschäftsführer stellt sich häufig die Frage, ob die **Finanzverwaltung** nach erfolgter **Anfechtung** durch den Insolvenzverwalter wegen Lohn- oder USt gem. § 34, 69 AO einen **Haftungsbescheid** gegen den Geschäftsführer erlassen darf, nachdem der Steueranspruch aufgrund der Insolvenzanfechtung aufgelebt ist. Eine solche Haftung scheidet aus, da die Haftung eine abgabenrechtliche **Pflichtverletzung** voraussetzt, die nicht vorliegt, wenn Zahlung erfolgt ist.[426]

385 Davon ist die Frage zu trennen, ob der Geschäftsführer gegen den **Haftungsanspruch** gem. §§ 34, 69 AO mit Erfolg einwenden kann, die **Zahlung wäre** ohnehin vom späteren Insolvenzverwalter **angefochten worden.**[427]

386 Der **BFH** hat zutreffend entschieden, dass die erforderliche **Kausalität** zwischen **Pflichtverletzung** und dem mit der Haftung geltend gemachten **Schaden** sich wegen des Schadensersatzcharakters der Haftung nach § 69 AO wie bei zivilrechtlichen Schadensersatzansprüchen nach der **Adäquanztheorie** richtet. Die erfolgreiche Insolvenzanfechtung einer erst nach Fälligkeit abgeführten Lohnsteuer unterbricht den Kausalverlauf jedenfalls dann nicht, wenn der Fälligkeitszeitpunkt vor dem Beginn der Anfechtungsfrist liegt. Die Pflicht zur Begleichung der Steuerschuld der GmbH im Zeitpunkt ihrer Fälligkeit ist dem Geschäftsführer nach § 34 Abs. 1 AO, § 41a EStG nicht allein zur Vermeidung eines durch eine verspätete Zahlung eintretenden Zinsausfalls auferlegt, sondern soll auch die Erfüllung der Steuerschuld nach den rechtlichen und wirtschaftlichen Gegebenheiten zum Zeitpunkt ihrer Fälligkeit sicherstellen. Der **Zurechnungszusammenhang** zwischen einer pflichtwidrig verspäteten Lohnsteuerzahlung und dem eingetretenen **Schaden** in Form des **Steuerausfalls** ergibt sich daraus, dass dieser Schaden vom **Schutzzweck** der verletzten Pflicht zur fristgemäßen Lohnsteuerabführung erfasst wird.[428]

387 Nach zutreffender Auffassung ist daher darauf abzustellen, ob der **Geschäftsführer** verspätet gezahlt hat und bei rechtzeitiger Zahlung eine **Anfechtung** ohne Erfolg geblieben wäre oder aber ob die Zahlung bei Fälligkeit erfolgte und daher unanfechtbar ist.

425 Ebenso Schmittmann, Haftung von Organen in Krise, Restrukturierung und Insolvenz, Rn. 538.

426 Vgl. Waza/Uhländer/Schmittmann, Insolvenzen und Steuern, Rn. 1252.

427 Vgl. Schmittmann, StuB 2006, 396 f.; Schmittmann/Theurich/Brune, Das insolvenzrechtliche Mandat, § 6 Rn. 384 ff.; Waza/Uhländer/Schmittmann, Insolvenzen und Steuern, Rn. 1278 ff.

428 So BFH, 11.11.2008 – VII R 19/08, BStBl. II 2009, S. 342 ff. = ZIP 2009, 516 ff. Rn. 11 ff.

VII. Case Studies: Sozialversicherung und Finanzverwaltung

1. Sozialversicherung

Die Schuldnerin, eine **GmbH**, betrieb in Gelsenkirchen den Auf- und Abbau von Gerüsten an Gebäuden, Brücken, Schornsteinen und Türmen sowie Durchführung von Gebäudereinigungs- und Abbrucharbeiten. 388

Der einzig vorliegende **Jahresabschluss** der Schuldnerin wurde zum 31.12.2006 aufgestellt und auf den 30.06.2007 datiert. Bei einer Bilanzsumme i.H.v. 49.564,28 € ist die Aktivseite der Bilanz durch ausstehende Einlagen auf das gezeichnete Kapital i.H.v. 25.000,00 € geprägt. Die Passivseite der Bilanz zeigt neben dem gezeichneten Kapital sonstige Verbindlichkeiten und Rückstellungen. Die Gewinn- und Verlustrechnung für die Zeit v. 11.11.2006 bis zum 31.12.2006 zeigt einen Fehlbetrag i.H.v. 2.171,67 €. 389

Bereits im Jahr 2007 stellte das **FA** Gelsenkirchen-Süd einen Antrag auf Eröffnung des Insolvenzverfahrens, der allerdings nach Zahlung mit Schreiben v. 08.02.2008 für in der Hauptsache erledigt erklärt wurde. 390

Die A-Kasse erließ am 16.07.2007 eine **Pfändungs- und Überweisungsverfügung** und erlangte dadurch Zahlung i.H.v. 6.604,25 €. Ihr Vollziehungsbeamter vollstreckte am 29.01.2008 bei der Schuldnerin wegen einer damals rückständigen Forderung i.H.v. 6.591,95 € fruchtlos. Diese Kasse stellte wegen inzwischen weiter aufgelaufener Gesamtsozialversicherungsbeiträge i.H.v. 11.040,39 € mit Schreiben v. 25.02.2008, das am 28.02.2008 beim AG – Insolvenzgericht – Essen eingegangen ist, **Antrag auf Eröffnung des Insolvenzverfahrens**, der das Aktenzeichen 167 IN 14/08 erhalten hat und von der Gläubigerin am 30.04.2008 nach einer Bareinzahlung der Schuldnerin am gleichen Tage für in der Hauptsache erledigt erklärt wurde. 391

Die I-Kasse hat am 18.02.2008 bei der Schuldnerin **fruchtlos vollstreckt** und mit Schreiben v. 31.03.2008 wegen rückständiger **Sozialversicherungsbeiträge** i.H.v. 2.453,75 € Antrag auf Eröffnung des Insolvenzverfahrens gestellt, der das Aktenzeichen 167 IN 31/08 erhalten hat. Nachdem die Schuldnerin die Rückstände beglichen hat, wurde das Antragsverfahren durch Schreiben der I-Kasse v. 06.05.2008 in der Hauptsache für erledigt erklärt. 392

Die R-Kasse hat mit Schreiben v. 26.06.2008, das am 27.06.2008 beim AG – Insolvenzgericht – Essen eingegangen ist, wegen rückständiger Sozialversicherungsbeiträge i.H.v. 6.388,07 € **Antrag auf Eröffnung des Insolvenzverfahrens** gestellt, der das Aktenzeichen 167 IN 52/08 erhalten hat. 393

Die A-Kasse hat mit Schreiben v. 28.10.2008 wegen rückständiger Gesamtsozialversicherungsbeiträge i.H.v. 8.229,22 € Antrag auf Eröffnung des Insolvenzverfahrens gestellt, der das Geschäftszeichen 167 IN 122/08 erhalten hat. 394

Während des Insolvenzantragsverfahrens wurden die **Geschäftsanteile** der Schuldnerin **zweimal übertragen**. Ebenso wurde der **Geschäftsführer** im Antragsverfahren zweimal **ausgetauscht**. Eine Informationserteilung erfolgte durch die organschaft- 395 lichen Vertreter der Schuldnerin nicht. Vielmehr mussten sämtliche Informationen durch Einholung von Zweitschriften von Kontoauszügen, Handelsregistereinsichten und sonstigen Maßnahmen mühsam zusammengetragen werden, sodass das Sachverständigengutachten erst am 05.07.2010 erstattet werden konnte.

396 Das AG – Insolvenzgericht – Essen (Beschl. v. 12.07.2010 – 167 IN 52/08) hat über das Vermögen der Schuldnerin das Insolvenzverfahren eröffnet und den Verfasser zum Insolvenzverwalter ernannt.

397 Sämtliche bekannt gewordenen **Sozialversicherungsträger** wurden nach Verfahrenseröffnung angeschrieben und um **Auskunft** über Zahlungen der Schuldnerin gebeten.

398 Die A-Kasse teilte mit Schreiben v. 22.09.2010 mit, dass sie seit März 2007 Zahlungen der Schuldnerin i.H.v. 74.413,93 € erhalten habe, wobei Zahlungen i.H.v. 38.104,27 € im Wege der **Zwangsvollstreckung** erfolgten.

399 In diesem Verfahren besteht die Insolvenzmasse zu mehr als 90 % aus erfolgreich geltend gemachten **Insolvenzanfechtungsansprüchen**.

400 Das vorstehende Beispiel zeigt deutlich, dass aufgrund der **Auskunftsansprüche** nach dem IFG eine umfassende Ermittlung des Sachverhaltes durch den Insolvenzverwalter möglich ist. Darüber hinaus ist ersichtlich, dass die Sozialversicherungsträger oftmals über Jahre im Wege der Zwangsvollstreckung gegen Unternehmen in der Krise vorgehen und erhebliche Beträge durch Vollstreckungseinsatz erlangen, die der Insolvenzanfechtung unterliegen.

2. Finanzverwaltung

401 Die Schuldnerin, eine **GmbH**, betrieb in Dorsten die Entwicklung, die Herstellung und den Vertrieb sowie den Handel mit Hard- und Software-Produkten für industrielle Computeranwendungen.

402 Aus dem vorläufigen **Jahresabschluss** zum 31.12.2004, der bereits am 31.03.2005 aufgestellt, aber weder unterschrieben noch fertiggestellt worden ist, ergab sich eine Bilanzsumme von 4.596.088,26 €. Die Aktivseite der Bilanz ist insb. von Vorratsvermögen i.H.v. 2.244.254,70 €, Forderungen aus Lieferungen und Leistungen i.H.v. 1.574.913,45 € sowie sonstigen Vermögensgegenständen geprägt. Die Passivseite der Bilanz zeigt hauptsächlich Verbindlichkeiten ggü. Kreditinstituten i.H.v. 1.838.086,05 € sowie sonstige Verbindlichkeiten. Die vorläufige Gewinn- und Verlustrechnung für die Zeit v. 01.01.2004 bis zum 31.12.2004 zeigt eine Gesamtleistung i.H.v. 3.711.409,04 €, der zunächst Materialaufwand i.H.v. 1.637.488,37 € gegenüberstand. Unter Berücksichtigung der Personalaufwendungen i.H.v. 1.400.237,96 € sowie der sonstigen betrieblichen Aufwendungen wurde ein Jahresüberschuss i.H.v. 130.415,74 € ausgewiesen.

403 Die Schuldnerin befand sich bereits seit Längerem in wirtschaftlichen Schwierigkeiten, was dadurch indiziert ist, dass das **FA** Gladbeck bereits im Mai 2005 eine **Liquiditätsprüfung** durchgeführt hat, aus der sich keine Vollstreckungsmöglichkeiten ergaben. Nach Mitteilung des FA scheiterte die Aufnahme von **Sanierungsgesprächen**

an der Nichtvorlage eines ausreichend Erfolg versprechenden **Sanierungskonzeptes** sowie der nicht erfolgten Mitwirkung des für den kaufmännischen Bereich verantwortlichen Geschäftsführers.

Das FA Gladbeck hat mit Schreiben v. 10.10.2005, das am 13.10.2005 beim AG Essen und am 14.10.2005 beim Insolvenzgericht Essen eingegangen ist, **Antrag auf Eröffnung des Insolvenzverfahrens** wegen rückständiger Steuern und steuerlicher Nebenleistungen i.H.v. 423.214,43 € gestellt. 404

Im Insolvenzantragsschreiben v. 10.10.2005 wies die Finanzverwaltung nicht nur auf die mit negativem Ergebnis durchgeführte **Liquiditätsprüfung** hin, sondern teilte zudem mit, dass die **letzte freiwillige Zahlung** an die Finanzverwaltung am 19.08.2005 i.H.v. lediglich 15.420,50 € erfolgt sei. 405

Die Geschäftsführer der Schuldnerin hielten den Gutachter zunächst hin. Es erfolgten mehrere Ladungen vor das Insolvenzgericht zur Auskunftserteilung, bevor am 28.02.2006 das beauftragte **Sachverständigengutachten** erstattet werden konnte. Das AG – Insolvenzgericht – Essen (Beschl. v. 01.03.2006 – 162 IN 257/05) hat das Insolvenzverfahren eröffnet und den Insolvenzverwalter bestellt. 406

Aufgrund der im **Insolvenzantrag** von der **Finanzverwaltung** (!) im Einzelnen geschilderten **Maßnahmen der Zwangsvollstreckung** konnten die Anfechtungsansprüche kurzfristig ermittelt werden. Im Laufe des Insolvenzverfahrens konnten gegen die Finanzverwaltung Anfechtungsansprüche in einem Umfang von 45.202,38 € geltend gemacht werden. 407

Auch an diesem Verfahren zeigt sich, dass oftmals zu lange mit der **Insolvenzantragstellung** zugewartet wird und das FA geneigt ist, **Teilzahlungen** anzunehmen, die nach Verfahrenseröffnung ohnehin der Insolvenzanfechtung unterliegen. 408

C. Lieferanten als Anfechtungsgegner

Schrifttum

Adam, Betriebsfortführung und Gleichbehandlung der Insolvenzgläubiger, DZWIR 2007, 357 ff.; *Andres/Hees*, Weiterveräußerung von Vorbehaltsware im Insolvenzeröffnungsverfahren trotz Erlaubnis (§ 21 Abs. 2 Satz 1 Nr. 5 InsO), NZI 2011, 881 ff.; *Behrens*, Anfechtbarkeit von Vorauszahlungen an Energielieferanten, ZInsO 2019, 1761 ff.; *Bork*, Kann der (vorläufige) Insolvenzverwalter auf das Anfechtungsrecht verzichten?, ZIP 2006, 589 ff.; *Botler*, Beurteilung subjektiver Voraussetzungen der Insolvenzanfechtung bei medialer Berichterstattung – Zugleich Besprechung von BGH NZI 2024, 462, NZI 2024, 446 ff.; *Bornemann/Gruppe*, Verteidigungsstrategien gegen insolvenzrechtliche Anfechtungsansprüche, DB 2018, 1841 ff.; *Brinkmann*, Mobiliarsicherheiten im Insolvenzeröffnungsverfahren, BB 2019, 1474 ff.; *Bultmann*, Kaufpreiszahlungen des Schuldners im Insolvenzeröffnungsverfahren ohne Zustimmung des vorläufigen Insolvenzverwalters, ZInsO 2016, 786 ff.; *Ehmann*, Vorsatzanfechtung bei marktüblichen Austauschgeschäften nach der Reform der Insolvenzanfechtung – Erläuterung der verbleibenden Risiken und Vorschläge zur Anfechtungsprophylaxe, GWR 2018, 81 ff.; *Frind*, Die Übertragbarkeit der Grundsätze zum »anfechtungshindernden« Vertrauen im Regelinsolvenzverfahren auf das Eigenverwaltungsverfahren, ZInsO 2019, 1292 ff.; *ders.*, Die Begründung von Masseverbindlichkeiten bei der Betriebsfortführung im Insolvenzeröffnungsverfahren, InsbürO 2014, 217 ff., 264 ff., 323 ff.; *ders.*, Die richtige Nutzung des Instrumentes der »Einzelermächtigung« aus gerichtlicher Sicht – Zugleich Erwiderung auf Hageböke/Bunge, NZI 2025, 163, NZI 2025, 401 ff.; *Gabriel*, Wissenszurechnung in der jüngeren Rechtsprechung zur Insolvenzanfechtung, ZInsO 2024, 1621 ff.; *Ganter*, Der Austausch von Sicherheiten, WM 2017, 261 ff.; *ders.*, Der Anspruch des Absonderungsberechtigten auf Auskehr des Verwertungserlöses nach § 170 Abs. 1 Satz 2 InsO, ZInsO 2016, 2119 ff.; *ders.*, Betriebsfortführung im Insolvenzeröffnungs- und Schutzschirmverfahren, NZI 2012, 433 ff.; *Gehrlein*, Be- und Verwertung von Kreditsicherheiten des Umlaufvermögens, ZInsO 2016, 483; *ders.*, Verfügungsbeschränkungen vor und nach Insolvenzeröffnung, WM 2014, 485 ff.; *ders.*, Die Deckungsanfechtung in der höchstrichterlichen Rechtsprechung, DZWIR 2022, 441 ff.; ders., Vorsatzanfechtung – Auswege aus der Sackgasse? NZI 2025, 1 ff.; *Gottwald*, Der verlängerte Eigentumsvorbehalt in der Käuferinsolvenz, FS Fischer (2008), 183 ff.; *Gundlach/Schmidt*, Blick ins Insolvenzrecht, DStR 2024, 1554 ff.; *Hageböke/Bunge*, Ermächtigungen zur Begründung von Masseverbindlichkeiten im vorläufigen Insolvenzverfahren, NZI 2025, 163 ff.; *Hiebert*, Insolvenzanfechtung nach § 133 Abs. 1 InsO – zur bargeschäftsähnlichen Lage als Beweisanzeichen sowie dem verlängerten und erweiterten Eigentumsvorbehalt, ZInsO 2015, 621 ff.; *Hörmann*, Die erfolgreiche Durchsetzung von Gläubigerrechten gegenüber dem vorläufigen Insolvenzverwalter, MDR 2006, 601 ff.; *Jonek*, Der Lieferantenpool im Insolvenzverfahren, FS Wellensiek (2011), S. 415 ff.; *Jakobs/Kruth*, Die Vorsatzanfechtung gem. § 133 InsO – eine aktualisierte Bestandsaufnahme der neueren BGH-Rechtsprechung, DStR 2024, 2490 ff.; *Karrenstein/Sämisch*, Kritik an der jüngeren Rechtsprechung des Bundesgerichtshofs zur Neuausrichtung der Vorsatzanfechtung, ZRI 2024, 534 ff.; *Kaufmann*, Eigentumsvorbehaltsrechte bei Vorkassezahlungen des Insolvenzschuldners und Anfechtbarkeit derartiger Zahlungen, ZInsO 2010, 65 ff.; *Kirchhof*, Begründung von Masseverbindlichkeiten im vorläufigen Insolvenzverfahren, ZInsO 2004, 57 ff.; *Kirchhof*, Anfechtbarkeit von Rechtshandlungen vorläufiger Insolvenzverwalter, ZInsO 2000, 297; *Klose*, Der Eigentumsvorbehalt nach der Schuldrechtsmodernisierung – beschränkte Aussonderungsrechte bei Erweiterungsformen, ZInsO 2009, 1792 ff.; *Knoll/Renger*, Das Aussonderungsrecht des Factors bei gestundeter Forderung – die bessere Alternative zum Konsumentendarlehen? NZI 2017, 648 ff.; *Kutscher*, Anfechtungsfeste Direktzahlungen des Auftraggebers an Lieferanten des Auftragnehmers, DB 2014, 2033 ff.; *Landwehr/Thonfeld*, Die Sicherung des Lieferantenkredits durch Allgemeine Geschäftsbedingungen – sicherungs- und insolvenzrechtliche Konsequenzen, NZI 2004, 7 ff.; *Lütke*, Anspruch auf Ersatzabsonderung: Kreditsicherheiten in der vorläufigen Insolvenzverwaltung, DB 2019, 1312 ff.; *Markgraf/Remuta*, Der Lieferant als Gläubiger in der vorläufigen Eigenverwaltung nach § 270a InsO und im Schutzschirmverfahren nach § 270b InsO, NZI 2017, 334 ff.; *Mielke/Lägler*, Die Geltendmachung von (Ersatz-)Aussonderungsrechten in der insolvenzrechtlichen Praxis, ZIP 2019, 947 ff.; *Mitlehner*, Verwertungsvereinbarungen im Insolvenzverfahren, ZIP 2012, 649 ff.; *Mohrbutter*, Aspekte der Globalzession bei Insolvenz, DZWIR 2020, 201 ff.; *Pape*, Die Insolvenzzweckwidrigkeit von Rechtshandlungen des vorläufigen und des endgültigen Insolvenzverwalters/Sachwalters, ZInsO 2016, 2149 ff.; *Rafiqpoor/Wilmes*, Wechselseitige Erfüllung als insolvenzanfechtungsrechtliche Alternative zur Aufrechnung, NZI 2009, 91 ff.; *Riggert*, Herausforderungen für Lieferanten in einem vorinsolvenzlichen Restrukturierungsverfahren, NZI-Beilage 2017, 46 ff.; *ders.*, Die Rechtsstellung der Lieferanten im Konzerninsolvenzrecht, NZI-Beilage 2018, 52 ff.; *Saenger/Scholz*, Der Eigentumsvorbehalt in der Insolvenz – Veräußerung schuldnerfremder beweglicher Gegenstände vor und in der Insolvenz, NZI 2021, 561 ff.; *Schluck-Amend*, Gläubigerstrategien in der Insolvenz, GWR 2013, 418 ff.; *Schmidt/Roth*, Die insolvenzrechtliche Einzelermächtigung zur Begleichung einer Altforderung, ZInsO 2006, 177 ff.; *Schubert*, Zur Vorsatzanfechtung bei gleichbleibendem, dauerhaft schleppendem Zahlungsverhalten des Schuldners gegenüber dem Sozialversicherungsträger, ZIP 2024, 2078 f.; *ders.*, Zur Unlauterkeit des schuldnerischen Handelns beim Bargeschäft, ZIP 2025, 300 f.; *Schultz*, Der Warenkredit im Insolvenzanfechtungsprozess, ZIP 2018, 1527 ff.; *Schultze*, Die Verarbeitung fremden Eigentums nach Insolvenzantrag – Haftungsfalle Fortführung, ZIP 2016, 1198 ff.; *Seger/Tetzlaff*, Aushebelung des Wahlrechts des Insolvenzverwalters durch horizontale Verlängerungsformen des Eigentumsvorbehalts, ZInsO 2012, 427 ff.; *Simokat*, Vorausverfügungen über künftige Forderungen im vorläufigen Insolvenzverfahren, NZI 2012, 57 ff.; *Smid*, Rechtsbeziehungen zwischen Eigentumsvorbehaltslieferanten und Abnehmer der vom Schuldner produzierten Waren im Eröffnungsverfahren, ZInsO 2020, 1573 ff.; ders., Vereinnahmung sicherungszedierter Forderungen im Eröffnungsverfahren, DZWIR 2010, 309 ff.; *ders.*, Behauptungs- und Beweislast im Prozess des Gläubigers auf abgesonderte Befriedigung gegen den Insolvenzverwalter, ZInsO 2010, 1829 ff.; *ders.*, Entstehung und Geltendmachung konkurrierender Sicherheiten von finanzierender Bank und Lieferanten in der Insolvenz des Sicherungsgebers, ZInsO 2009, 2217 ff.; *Spliedt*, Die notwendigen Lieferanten im Insolvenzeröffnungsverfahren – zwischen Erpressung und Anfechtung, ZInsO 2007, 405 ff.; *Steffan*, Ist der Lieferantenkredit noch zu retten?, ZIP 2016, 2147 ff.; *Taras/Mies*, Der Anspruch des Sicherungsgläubigers auf Ersatzabsonderung, NJW-Spezial 2019, 405 f.; *Tetzlaff*, Verschiedene Möglichkeiten für die Auflösung einer Kollision zwischen Eigentumsvorbehalt und Globalzession, ZInsO 2009, 1039; *Thole*, Die Ersatzabsonderung bei Einziehung sicherungszedierter Kundenforderungen und beim verlängerten Eigentumsvorbehalt, ZIP 2019, 472 ff.; *Thole/Pogoda*, Die Haftung des Insolvenzverwalters nach § 61 InsO bei Sekundäransprüchen infolge von Vertragsstörungen, NZI 2018, 377 ff.; *Uppenbrink/Pickard*, Lieferantenverhalten in der Insolvenz des Kunden, KSI 2011, 224; *Zuleger*, Kreditsicherheiten nach dem StaRUG, NZI-Beilage 2021, 43 ff.

Rechtsprechung:

BGH, Urt. v. 06.04.2000 – IX ZR 122/99, ZIP 2000, 932 ff.: Objektive Gläubigerbenachteiligung und verlängerter Eigentumsvorbehalt

BGH, Urt. v. 13.03.2003 – IX ZR 64/02, ZInsO 2003, 417 ff.: Anfechtbarkeit der schuldrechtlichen Verknüpfung beim Ausgleich von Alt- und Neuforderungen im Rahmen der Betriebsfortführung

BGH, Urt. v. 29.06.2004 – IX ZR 195/03, ZInsO 2004, 852 ff.: Im Insolvenzverfahren begründete Aufrechnungslage

BGH, Urt. v. 09.12.2004 – IX ZR 108/04, ZInsO 2005, 88 ff. sowie 209 ff.: Anfechtbarkeit von Rechtshandlungen durch den Insolvenzverwalter, an denen er selbst als vorläufiger Insolvenzverwalter ohne allgemeine Verwaltungsbefugnis und Verfügungsbefugnis beteiligt war – Zulässigkeit der Deckungsanfechtung

BGH, Urt. v. 15.12.2005 – IX ZR 156/04, ZInsO 2006, 208 ff.: Anfechtbarkeit der Erfüllung von Altverbindlichkeiten nach den Regeln der Deckungsanfechtung – ohne schuldrechtliche Verknüpfung von Alt- und Neuforderungen

BGH, Urt. v. 21.01.2010 – IX ZR 65/09, ZInsO 2010, 714 ff.: Vereinnahmung sicherungszedierter Forderungen im Eröffnungsverfahren m. Anm. *Henkel*, NJW 2010, 2585 ff.; *Smid*; DZWIR 2010, 309 ff.; *Gundlach/Frenzel/Jahn*, NZI 2010, 336 ff.

BGH, Urt. v. 17.03.2011 – IX ZR 63/10, ZInsO 2011, 778 ff.: Anfechtbarkeit erweiterter und verlängerter Eigentumsvorbehalte; m. Anm. *de Bra*, LMK, 2011, 319859; *Knof*, EWiR 2011, 475 f.; *Meyer/Degener*, BB 2011, 1167 f.; *Römermann*, GWR 2011, 220 ff.; *Siegmann*, WuB VI A § 129 InsO 4.11; *Smid*, jurisPR-InsR 1/2012 Anm. 1.

BGH, Urt. v. 26.04.2012 – IX ZR 67/09, ZInsO 2012, 1429 ff.: Keine Benachteiligung bei Verkauf von Sicherungsgut zu adäquaten Preisen; m. Anm. *Cranshaw*, jurisPR-InsR 24/2012 Anm. 1, *Lau*, EWiR 2012, 735 f., *Laier*, GWR 2012, 303 ff.

BGH, Urt. v. 10.01.2013 – IX ZR 161/11, ZInsO 2013, 551 ff.: Anfechtung der Befriedigung von Altverbindlichkeiten im Eröffnungsverfahren mit Zustimmung des vorläufigen Insolvenzverwalters

BGH, Urt. v. 08.05.2014 – IX ZR 128/12, ZInsO 2014, 1377 ff.: Vom Lieferanten abgeleiteter Eigentumsvorbehalt des Factors beim echten Factoringvertrag gewährt Aussonderungsrecht in der Insolvenz des Forderungsschuldners; m. Anm. *Förster*, KTS 2015, 78 ff.; *Mitlehner*, EWiR 2014, 491 f.; *Hofmann/Würdinger*, WuB VI A § 47 InsO 1.14; *Knoll/Renger*, NZI 2017, 648 ff.

BGH, Urt. v. 17.07.2014 – IX ZR 240/13, ZInsO 2014, 1655 ff.: Direktzahlung eines Bauherrn an den Baumateriallieferanten auf Veranlassung des zahlungsunfähigen Bauunternehmers

BGH, Urt. v. 12.02.2015 – IX ZR 180/12, ZInsO 2015, 628 ff.: Objektive Gläubigerbenachteiligung bei verlängertem und erweitertem Eigentumsvorbehalt

BGH, Urt. v. 11.06.2015 – IX ZR 110/13, ZInsO 2015, 1497 ff.: Darlegungs- und Beweislastverteilung für nachträgliche Wertschöpfung nach Einwendung eines insolvenzfesten Absonderungsrechts durch den Anfechtungsgegner

BGH, Urt. v. 17.12.2015 – IX ZR 287/14, ZInsO 2016, 326 ff.: Anfechtungsfeste dreiseitige Kongruenzvereinbarung in kritischer Zeit

BGH, Urt. v. 14.06.2018 – IX ZR 232/17, ZInsO 2018, 1795 ff.: Zur Insolvenzzweckwidrigkeit einer Abtretungsvereinbarung

BGH, Urt. v. 24.01.2019 – IX ZR 110/17, ZInsO 2019, 563 ff.: Zur Einziehung sicherungsabgetretener Forderungen und Veräußerung sicherungsübertragener oder unter Eigentumsvorbehalt erworbener Ware durch den vorläufigen Insolvenzverwalter; m. Anm. *Prütting*, EWiR 2019, 211 f.; *Berger*, WuB 2019, 242 ff.; *Ganter*, NZI 2019, 279 ff.; *Thole*, ZIP 2019, 552 ff.; *Brinkmann*, BB 2019, 1474 ff.

BGH, Urt. v. 12.12.2019 – IX ZR 26/19, ZInsO 2020, 296 ff.: (Kein) Ersatzabsonderungsrecht bei stillschweigend vereinbarter Einziehungsermächtigung und schuldbefreiender Leistung von Drittschuldner an Schuldner

BGH, Urt. v. 12.12.2019 – IX ZR 27/19, ZInsO 2020, 188 ff.: Nachträglich erteilte Genehmigung eines unberechtigten Forderungseinzugs im Insolvenzverfahren über das Vermögen des Vorbehaltskäufers unwirksam; m. Anm. *Dörrscheidt/Kalisz*, EWiR 2020, 311 f.; *Hain*, jurisPR-InsR 4/2020 Anm. 1

BGH, Urt. v. 20.04.2021 – II ZR 387/18, ZInsO 2021, 1277 ff.: Kein Ausschluss der Geschäftsführerhaftung nach § 64 GmbHG aF trotz Zustimmung des vorläufigen Insolvenzverwalters

BGH, Urt. v. 06.05.2021 – IX ZR 72/20, ZInsO 2021, 1627 ff.: Rechtsprechungsänderung zu den subjektiven Voraussetzungen der Vorsatzanfechtung

BGH, Urt. v. 03.03.2022 – IX ZR 78/20, ZInsO 2022, 640 ff.: Sanierungsversuch mithilfe eines Sanierungsberaters

BGH, Urt. v. 28.04.2022 – IX ZR 48/21, NZI 2022, 733 mit Anm. *Bangha-Szabo*: Vorliegen des Benachteiligungsvorsatzes bei rückständigen Sozialversicherungsbeiträgen

BGH, Urt. v. 08.12.2022 – IX ZR 175/21, NZI 2023, 211ff.: Aufrechnungslage trotz Begründung im Dreimonatszeitraum nicht zwingend inkongruent

BGH, Urt. v. 19.10.2023 – IX ZR 249/22, ZInsO 2024, 67 ff.: Gläubigerbenachteiligende Herstellung einer Aufrechnungslage

BGH, Urt. v. 08.02.2024 – IX ZR 107/22, ZInsO 2024, 683 ff.: Fehlende Gläubigerbenachteiligung in dem Fall, dass sich der Gläubiger aus dem Absonderungsrecht in Höhe der angefochtenen Zahlung anfechtungsfest hätte befriedigen können; Fragen der Wissenszurechnung

BGH, Urt. v. 21.03.2024 – IX ZR 12/22, ZInsO 2024, 1316: Betriebsfortführung im Insolvenzeröffnungsverfahren mit Anm. *Madaus*, ZIP 2024, 1653 f.

BGH, Urt. v. 18.04.2024 – IX ZR 239/22, ZInsO 2024, 1156 ff.: Voraussetzungen an die Deckungslücke als Anzeichen für den Gläubigerbenachteiligungsvorsatz des Schuldners mit Anm. *Gundlach/Schmidt*, DStR 2024, 1554

BGH, Urt. v. 07.11.2024 – IX ZR 179/23, ZInsO 2025, 19 ff.: Auskunftspflicht des Insolvenzverwalters gegenüber dem Aussonderungs- und Absonderungsberechtigten

BGH, Urt. v. 05.12.2024 – IX ZR 122/23, ZInsO 2025, 219 ff.: Kein unlauteres Handeln bei Bargeschäft trotz laufender Verluste

Kammergericht, Beschluss v. 14.05.2023, 14 U 90/23, ZInsO 2024, 1993 ff.: Keine Kenntnis der Zahlungsunfähigkeit bei im Wesentlichen gleichbleibendem, dauerhaft schleppendem Zahlungsverhalten

OLG Bamberg, Urt. v. 13.12.2016 – 5 U 209/13, ZInsO 2017, 387 ff.: Abschluss einer Kongruenzvereinbarung bei Dauerschuldverhältnissen; Stundung von Altverbindlichkeiten im Zusammenhang mit der Umstellungsvereinbarung; m. Anm. *Ponseck/Swierczok*, ZInsO 2017, 420

OLG Brandenburg, Urt. v. 09.03.2011 – 7 U 113/10, WKRS 2011, 13062: Ersatzaussonderungsrecht des Baustoffhändlers bei Veräußerung/Verbau unter Eigentumsvorbehalt gelieferter Baustoffe trotz Abtretungsbeschränkung im ARGE-Vertrag; m. Anm. *Martini*, jurisPR-InsR 17/2011 Anm. 4

OLG Celle, Urt. v. 24.02.2011 – 6 U 126/10, ZInsO 2011, 686 ff.: Wirksamkeit der Teilverzichtsklausel in Nr. 5.2. AGB-Banken; m. Anm. *Bohlen*, ZInsO 2011, 688 ff.; *Cranshaw*, jurisPR-InsR 18/2011 Anm. 4

OLG Dresden, Urt. v. 30.01.2008 – 13 U 1304/07, ZInsO 2008, 564 ff.: Anfechtungsfeste Verarbeitung von Vorbehaltsware; Abgrenzung zur Werthaltigmachung von abgetretenen Forderungen

OLG Düsseldorf, Urt. v. 08.11.2018 – I-12 U 16/18, ZInsO 2019, 441 ff.: Vertrauensschutz zur Nichtanfechtungserklärung eines vorläufigen Sachwalters; Anm. *Stahlschmidt*, EWiR 2019, 247 f.

OLG Düsseldorf, Beschl. v. 08.01.2024, 12 U 31/23, NZI 2024, 321 Ablösung von Absonderungsrechten mit Anm. *Lütcke*.

OLG Düsseldorf, Urt. v. 07.02.2024 – 12 U 33/23, ZInsO 2024, 1881 ff.: Vermutung der Kenntnis der Zahlungsunfähigkeit bei Rückständen gegen Sozialversicherungsträger bei im Wesentlichen gleichbleibendem, dauerhaft schleppendem Zahlungsverhalten

OLG Frankfurt am Main, Urt. v. 21.05.2014 – 4 U 27/13, WKRS 2014, 36188: Absonderungsrecht an sicherungsübereigneten Aluminiumgussteilen nach Vermischung und Verarbeitung im Zusammenhang mit der Vereinbarung von verlängerten Eigentumsvorbehalten

OLG Frankfurt am Main, Hinweisbeschluss v. 29.06.2022 – 17 U 110/22, BeckRS 2022, 21143: Aussonderung einer unter einfachem Eigentumsvorbehalt veräußerten Sache (Verkauf und Rückkauf gegen Ratenzahlung) mit Anm. *Schmidt*, JuS 2023, 80 f.

OLG Koblenz, Beschl. v. 19.01.2009 – 2 U 419/08, ZInsO 2010, 1702 ff.: Auslegung eines einheitlichen Sicherungsvertrages bei Enthalten von Elementen sowohl einer kongruenten als auch einer inkongruenten Deckung; Indizwirkung des inkongruenten Rechtsgeschäftes für eine Gläubigerbenachteiligungsabsicht und deren Behandlung im Einzelfall

OLG Koblenz, Urt. v. 02.07.2010 – 10 U 1371/09, ZInsO 2010, 1395 ff.: Erfüllung von Altverbindlichkeiten durch den vorläufigen Insolvenzverwalter zum Zwecke der Betriebsfortführung und bei bestehender Marktmacht des Gläubigers

OLG Köln, Beschl. v. 19.04.2004 – 2 U 187/03, ZInsO 2004, 683 ff.: Rechtsfolgen der Insolvenz auf das Kontokorrentverhältnis der Lieferanten

OLG Köln, Urt. v. 30.04.2008 – 2 U 19/07, ZInsO 2008, 622 ff.: Rechtserwerb bei Anordnung eines Zustimmungsvorbehalts; Werthaltigmachen zukünftiger Forderungen

OLG Köln, Urt. v. 17.03.2010 – 2 U 65/09, ZInsO 2010, 1139 ff.: Kongruenz des Forderungserwerbs bzw. der Werthaltigmachung von Forderungen im Rahmen des erweiterten, verlängerten Eigentumsvorbehalts

OLG München, Endurt. v. 18.11.2014 – 5 U 1454/14, ZInsO 2014, 2504 ff.: Aussonderungsrecht des finanzierenden Dritten in der Insolvenz des Käufers beim finanzierten Kauf von Baumaschinen unter Eigentumsvorbehalt

OLG Saarbrücken, Urt. v. 23.01.2007 – 4 U 311/96, ZInsO 2010, 92: Voraussetzungen der Insolvenzanfechtung einer von einem Insolvenzgläubiger entgegen einer bislang üblichen Praxis nur gegen Vorkasse des Insolvenzschuldners erbrachten Lieferung; Inkongruente Deckung im Rahmen der Insolvenz; Gläubigerbenachteiligung bei Verkürzung des Schuldnervermögens

OLG Stuttgart, Urt. v. 15.07.2010 – 10 U 147/07, ZInsO 2011, 232 ff.: Mittelbare Gläubigerbenachteiligung bei Warenlieferungen unter Eigentumsvorbehalt; m. Anm. *Krüger/Meyer*, BB 2011, 268 ff.

LG Berlin, Urt. v. 13.05.2008 – 14 O 438/07, ZInsO 2008, 1027 ff.: Unberechtigte Veräußerung von Sicherungseigentum; Haftung des Verwalters wegen fehlender Separierung von Verwertungserlösen

LG Bremen, Urt. v. 09.11.2017 – 6 O 1312/16, ZInsO 2019, 908 ff.: Kenntnis und Benachteiligungsvorsatz bei Zahlung eines Start-up-Unternehmens an Lieferanten

LG Hagen, Urt. v. 07.10.2015 – 10 O 57/15, ZInsO 2016, 397 ff.: Unanfechtbarkeit der Rückführung einer potenziellen Insolvenzforderung während des Antragsverfahrens einer Eigenverwaltung nach § 270a InsO bei Zustimmung des vorläufigen Sachwalters; m. Anm. *Leithaus*, NZI 2016, 140

LG Köln, Urt. v. 25.01.2022 – 16 O 54/21, ZIP 2022, 1011 ff.: Begründung eines Vertrauenstatbestands des Gläubigers durch Zustimmung des Insolvenzverwalters zu Vertrag über Erfüllung von Altverbindlichkeiten

I. Einführung[429]

1. Überblick

409 Stehen dem Unternehmen zu einem Fälligkeitszeitpunkt nicht genügend liquide Mittel zur Verfügung, so gerät es in eine **Liquiditätskrise**. In dieser Phase können Forde-

---

429 Das vorliegende Kapitel hat in der Vorauflage Herr Vorsitzender Richter am Oberlandesgericht Gerhard Tischner kommentiert. Die Autorin dankt ihm herzlich für die Überlassung des Textes der Vorauflage.

rungen nicht mehr ohne weiteres beglichen werden. Wird auf eine Liquiditätskrise nicht angemessen reagiert, so droht dem Unternehmen die Zahlungsunfähigkeit.[430]

Lieferanten spielen in der Liquiditätskrise des Unternehmens eine wichtige Rolle, **410** denn sie erlangen i.d.R. frühzeitig Kenntnis von Anhaltspunkten für die Zahlungsunfähigkeit ihres Vertragspartners, sei es durch verzögerte oder nicht geleistete Zahlungen, sei es durch die Absagen von Kreditversicherern, ihre Forderung gegen den Ausfall des späteren Schuldners zu versichern. Oftmals werden dann Waren nur noch gegen Vorkasse oder gesteigerte Sicherheitenstellung geliefert, möglicherweise erfolgen Rücktritt vom Eigentumsvorbehaltskaufvertrag nach § 449 BGB und Abholung der Vorbehaltsware oder der Lieferant versucht, die Nachbesicherung ausstehender Forderungen durchzusetzen.

Anfechtungsrelevant kann das Verhalten von Schuldner und Lieferanten in diesem **411** Zusammenhang unter verschiedenen Gesichtspunkten sein:

Der Lieferant tritt vor vollständiger Kaufpreiszahlung vom Vertrag zurück und nimmt **412** die Ware an sich: Eine Anfechtung scheidet regelmäßig aus, wenn der Lieferant sich das Eigentum vorbehalten hatte, weil es wegen des Aussonderungsrechts in der Insolvenz (§ 47 InsO) an einer Gläubigerbenachteiligung fehlt.[431]

Der Lieferant erhält in der Krise Zahlungen vom Schuldner: Hier kann es an der **413** objektiven Gläubigerbenachteiligung fehlen, wenn der Lieferant ein anfechtungsfestes Absonderungsrecht aufgrund eines verlängerten und/oder erweiterten Eigentumsvorbehalts hat. Sind Sicherheiten in der kritischen Zeit vor Antragstellung oder danach bestellt oder werthaltig gemacht worden, stellt sich die Frage, ob und unter welchen Voraussetzungen die Sicherungsabrede selbst, das Werthaltigmachen der (anfechtungsfest erlangten) Sicherheit oder ein gleichfalls in Betracht kommender Sicherheitentausch angefochten werden können.[432]

Der Lieferant erhält in der Krise Direktzahlungen eines Drittschuldners auf Weisung **414** des Schuldners: Hier kann trotz Vereinbarung eines verlängerten Eigentumsvorbehalts eine objektive Gläubigerbenachteiligung vorliegen, wenn die Lieferung der Vorbehaltsware erst nach vollständiger Zahlung erfolgt. Dann hängt die Anfechtbarkeit u.U. davon ab, ob und unter welchen Voraussetzungen eine nachträgliche Kongruenzvereinbarung möglich ist, denn nur bei einer kongruenten Deckung kann ein Bargeschäft bzw. (in Altfällen) eine bargeschäftsähnliche Lage die Anfechtung ausschließen.[433]

Der Lieferant erhält im Eröffnungsverfahren Zahlungen auf Forderungen, die durch **415** den vorläufigen Insolvenzverwalter oder mit dessen Zustimmung durch den Schuldner neu begründet wurden: Die Befriedigung ist i.d.R. nicht anfechtbar, es sei denn,

430 Mohrbutter/Ringstmeier/Meyer/Voigt-Salus, Hdb. Insolvenzverwaltung, Kap. 23 Rn. 111; vgl. dazu auch Kap. 4 Rdn. 137 ff.
431 Vgl. dazu nachfolgend Rdn. 421.
432 Vgl. dazu nachfolgend Rdn. 419 ff.
433 Vgl. dazu nachfolgend Rdn. 551 ff.

der lediglich mit einem Zustimmungsvorbehalt ausgestattete vorläufige Insolvenzverwalter hat sich die Anfechtung ausdrücklich vorbehalten.

416 Der Lieferant erhält im Eröffnungsverfahren Zahlungen auf vorher begründete »Altforderungen«: Machen Lieferanten die Weiterbelieferung vom Ausgleich älterer Rechnungen abhängig und gleicht der vorläufige Verwalter solche Altforderungen aus oder stimmt er im Fall einer vorläufigen schwachen Insolvenzverwaltung mit Zustimmungsvorbehalt dem Ausgleich durch den Schuldner zu, kann dies grds. anfechtbar sein. Dies hängt davon ab, ob bei dem befriedigten Gläubiger durch das Verhalten des vorläufigen Verwalters ein schutzwürdiger Vertrauenstatbestand begründet worden ist oder nicht.[434]

417 In diesem Zusammenhang stellt sich die Frage, ob eine vom vorläufigen Insolvenzverwalter etwa abgegebene Anfechtungsverzichtserklärung den endgültigen Verwalter bindet.[435]

418 Der Lieferant erklärt die Aufrechnung gegen Forderungen des Schuldners aus einer wechselseitigen Lieferbeziehung: Die Aufrechnung kann unwirksam sein, wenn der Lieferant die Aufrechnungslage anfechtbar erlangt hat.[436]

2. Die Sicherungsrechte der Warenlieferanten

419 Erhält der Lieferant in der Krise Zahlungen des Schuldners, können diese nach §§ 129 ff. InsO anfechtbar sein. Die für alle Anfechtungstatbestände erforderliche **objektive Gläubigerbenachteiligung** fehlt jedoch, wenn ein **anfechtungsfestes Absonderungsrecht** durch eine den Wert ausgleichende Zahlung aus dem Schuldnervermögen abgelöst wird.[437] Dem liegt zugrunde, dass Rechtshandlungen, die ausschließlich schuldnerfremdes Vermögen betreffen, sich nicht auf die Insolvenzmasse und damit die Befriedigungsmöglichkeiten der Insolvenzgläubiger auswirken.[438] Es ist daher stets zu prüfen, ob ein solches Absonderungsrecht zugunsten des Lieferanten entstanden ist und im Zeitpunkt der Zahlung noch bestand. Außerdem darf das Sicherungsrecht nicht seinerseits anfechtbar sein.

a) Ausgangssituation: Konkurrenz zwischen Waren- und Geldkreditgeber

420 Der kaufmännische Rechtsverkehr ist im Vorfeld der Insolvenz regelmäßig durch eine Konkurrenzsituation von Geld- und Warenkreditgebern geprägt, die über die Antrag-

---

434 Vgl. dazu nachfolgend Rdn. 596 ff.

435 Vgl. dazu nachfolgend Rdn. 616 ff.

436 Vgl. dazu nachfolgend Rdn. 620 ff.

437 BGH, 08.02.2024 – IX ZR 107/22, ZInsO 2024, 683, 684, Rn. 14; 30.04.2020 – IX ZR 162/16, ZInsO 2020, 1471, 1474 Rn. 31; 12.02.2015 – IX ZR 180/12, ZInsO 2015, 628, 629 Rn. 8; 06.04.2006 – IX ZR 185/04, ZInsO 2006, 544, 546 Rn. 21; zur Entscheidung des BGH v. 08.02.2024 – IX ZR 107/22 vgl. auch Gundlach/Schmidt, DStR 2024, 1554 f.; Gabriel, ZInsO 2024, 1621 ff.; Botler, NZI 2024, 446 ff.

438 BGH, 19.12.2013 – IX ZR 127/11, ZInsO 2014, 195, 196 Rn. 8; A/G/R-Gehrlein, § 129 Rn. 105.

stellung hinaus bis in das eröffnete Insolvenzverfahren Bestand hat. Es geht hier im Wesentlichen um Sicherheiten am beweglichen Anlage- und Umlaufvermögen, wie Sicherungszessionen und -übereignungen[439] zugunsten von Geldkreditgebern sowie Eigentumsvorbehalte zugunsten von Warenkreditgebern.

Grds. kann eine Sache, die unter **einfachem Eigentumsvorbehalt** veräußert worden 421
ist, in der Insolvenz des Vorbehaltskäufers, der den Kaufpreis noch nicht vollständig bezahlt hat, vom Verkäufer ausgesondert werden. Denn das originäre Eigentum des Vorbehaltsverkäufers sichert noch ausschließlich dessen Anspruch auf Rückgewähr der Kaufsache im Rücktrittsfall, also seinen Warenkredit.[440] Voraussetzung ist grds., dass der Verkäufer **vor Insolvenzeröffnung** wirksam vom Kaufvertrag zurückgetreten ist.[441] Nach Eröffnung des Insolvenzverfahrens muss er die Ausübung des Wahlrechts (§ 103 InsO) durch den Insolvenzverwalter abwarten, der hierfür gem. § 107 Abs. 2 Satz 1 InsO bis nach dem Berichtstermin Zeit hat. Wählt der Verwalter die Erfüllung, ist der Kaufpreisanspruch des Verkäufers eine Masseforderung i.S.v. § 55 Abs. 1 Nr. 2 InsO. Lehnt er die Erfüllung ab, kann der Verkäufer ohne weitere Fristsetzung vom Vertrag zurücktreten und die Kaufsache nach § 47 InsO aussondern[442], ansonsten nur, wenn der Insolvenzverwalter nach der Erfüllungswahl in Zahlungsverzug gerät und der Verkäufer nach Maßgabe der §§ 323 ff. BGB vom Vertrag zurücktritt.[443] Nach einer Entscheidung des OLG Frankfurt am Main soll dies auch gelten für eine Kaufsache, die der spätere Insolvenzschuldner an den Eigentümer verkauft und der Eigentümer sogleich unter Vereinbarung von Ratenzahlung und Eigentumsvorbehalt an den späteren Insolvenzschuldner zurückverkauft.[444]

Ein Aussonderungsrecht besteht auch dann, wenn der Verkäufer einem Dritten (Fac- 422
tor), der aufgrund vertraglicher Vereinbarungen mit ihm den Erwerb der Sache im Rahmen eines **echten Factoringvertrags** finanziert, nicht nur das Vorbehaltseigentum gem. §§ 929 Satz 1, 931 BGB durch dingliche Einigung und Abtretung seines Herausgabeanspruchs, der gem. § 346 BGB aufgrund eines nach § 449 Abs. 2 BGB ausgeübten Rücktrittsrechts entsteht, übertragen, sondern auch die Kaufpreisforderung und die Rechte aus dem Kaufvertrag, insb. das Rücktrittsrecht, abgetreten hat.

439 Über den Hypothekenhaftungsverband kann sich überdies die Notwendigkeit einer Auseinandersetzung mit Vorbehaltslieferanten ergeben.

440 BGH, 08.05.2014 – IX ZR 128/12, ZInsO 2014, 1377, 1378 Rn. 13, 15; vgl. dazu u.a. Knoll/Renger, NZI 2017, 648 ff.; vgl. zum Rücktrittsrecht des Vorbehaltsverkäufers in der Insolvenz des Vorbehaltskäufers ausführlich Huber, NZI 2004, 57 ff.

441 BGH, 19.12.2007 – XII ZR 61/05, NJW-RR 2008, 818, 821 Rn. 43; A/G/R-Bähr/Lau, § 47 Rn. 21.

442 HK-InsO/Lohmann, § 47 Rn. 11; HambKomm-InsR/Scholz, § 47 Rn. 15; Kraemer/Vallender/Vogelsang/Langen, Hdb. zur Insolvenz (117. Lfg.), Fach 2 Kap. 17 Rn. 14; Braun/Bäuerle, § 47 Rn. 33; Brinkmann, BB 2019, 1474.

443 MK-InsO/Ganter, § 47 Rn. 69.

444 OLG Frankfurt a.M., 29.06.2022 – 17 U 110/22, BeckRS 2022, 21143 mit krit. Anm. Schmidt, JuS 2023, 80 f., der insoweit eine zur lückenfüllende Anwendung des § 51 Nr. 1 InsO unter Umgehungsgesichtspunkten berechtigten Regelungslücke für »nicht aus der Luft gegriffen« hält.

Denn das auf den Factor übergeleitete Vorbehaltseigentum erfüllt wie zuvor bei dem Lieferanten den Zweck, einen durch den Rücktritt vom Kaufvertrag aufschiebend bedingten Herausgabeanspruch nach § 449 Abs. 2 BGB zu sichern, sichert also den Warenkredit. Das Eigentum bleibt nach der Übertragung weiterhin Vorbehaltseigentum, weil der Vorbehaltskäufer auch gegenüber dem neuen Eigentümer sein Recht zum Besitz gem. § 986 Abs. 2 BGB geltend machen kann, solange es nicht zum Rücktritt vom Vertrag gekommen ist.[445] Erfolgt der Rücktritt, berechtigt der vom Lieferanten abgeleitete Eigentumsvorbehalt den Factor in der Insolvenz des Forderungsschuldners zur Aussonderung des Vorbehaltseigentums.[446]

b) Typische Sicherungsmittel der Warenlieferanten

423 In der Praxis wird der Eigentumsvorbehalt typischerweise als verlängerter und/oder erweiterter Eigentumsvorbehalt vereinbart.

424 Beim **verlängerten Eigentumsvorbehalt** mit Weiterveräußerungsermächtigung und Vorausabtretungsklausel vereinbaren Verkäufer und Käufer von Waren an den gelieferten Waren zunächst einen einfachen Eigentumsvorbehalt. Gleichzeitig räumt der Verkäufer dem Käufer das Recht ein, die Waren (im ordnungsgemäßen Geschäftsverkehr) weiter zu veräußern, und es wird vereinbart, dass an die Stelle des mit der Weiterveräußerung untergehenden einfachen Eigentumsvorbehalts an den gelieferten Waren die Kaufpreisforderung des Vorbehaltskäufers gegen seinen Abnehmer im Wege der Vorausabtretung tritt. Die Abtretung der künftigen Forderung ist eine **Sicherungsabtretung.**[447]

425 Ist Gegenstand des Kaufvertrages Vorbehaltsware, die durch den Käufer be- oder verarbeitet wird, ist regelmäßig vereinbart, dass die Be- und Verarbeitung unter Ausschluss des Eigentumserwerbs nach § 950 BGB als für den Verkäufer als (Teil-)Hersteller vorgenommen gilt und die verarbeitete Ware zur Sicherung der Ansprüche des Verkäufers dient. Beim verlängerten Eigentumsvorbehalt mit Weiterverarbeitungsbefugnis und Herstellerklausel räumt der Verkäufer dem Käufer die Verarbeitungsbefugnis an der gelieferten Sache ein; gleichzeitig vereinbaren beide, dass an die Stelle der Kaufsache im Falle der Weiterverarbeitung die neue Sache (und nach deren Veräußerung wiederum der Kaufpreis) treten soll.[448] Das Problem der Konkurrenz mehrerer Lieferanten kann dadurch vermieden werden, dass der Rohstofflieferant das Miteigentum an dem Fertigfabrikat nur zu dem Anteil erwirbt, der sich aus dem Verhältnis des

---

445 BGH, 27.03.2008 – IX ZR 220/05, ZInsO 2008, 445, 447 Rn. 16 f.

446 BGH, 08.05.2014 – IX ZR 128/12, ZInsO 2014, 1377 f. Rn. 11, 18; OLG München, 18.11.2014 – 5 U 1454/14, ZInsO 2014, 2504, 2505 f.; HambKomm-InsR/Scholz, § 47 InsO Rn. 17; FK-InsO/Jungclaus/Keller, § 47 Rn. 35; K. Schmidt/Thole, § 47 InsO Rn. 33; MK-InsO/Ganter, § 47 Rn. 122-125; BeckOGK/Mock, BGB § 449 Rn. 110–113; Knoll/Renger, NZI 2017, 648 ff.

447 Grüneberg/Weidenkaff, § 449 BGB Rn. 18.

448 Staudinger/Fervers (2024), § 449 BGB Rn. 200 ff.

Wertes des von ihm gelieferten Rohstoffs (und des Verarbeitungswertes) zum Wert des Fertigfabrikats ergibt.[449]

Beim **Kontokorrentvorbehalt (erweiterter Eigentumsvorbehalt)** erlischt der Eigentumsvorbehalt nicht bereits dann, wenn der Kaufpreis für die Vorbehaltsware ausgeglichen ist. Das vorbehaltene Eigentum an der Ware sichert vielmehr auch die Forderungen aus der Geschäftsbeziehung ab, die in ein Kontokorrent eingestellt werden. Möglich ist, dass alle oder ein bestimmter Teil der Forderungen aus der Geschäftsbeziehung oder der regelmäßig festzustellende Saldo durch die Vorbehaltsware gesichert sind,[450] wobei nicht zwingend ein echtes Kontokorrentverhältnis vorliegen muss.[451] Ihre Grenze findet die Anerkennung eines solchen Eigentumsvorbehalts dort, wo seine Ausdehnung auf andere Forderungen als die ursprüngliche Kaufpreisforderung dem Sinn eines Kaufvertrags so sehr widerspricht, dass der Eigentumsvorbehalt als Sicherungsmittel einen Missbrauch der Vertragsfreiheit beinhalten würde.[452] 426

Sofern ein Kontokorrentvorbehalt formularmäßig vereinbart ist, greift die Beschränkung des § 356 Abs. 1 HGB, wonach der Verkäufer nach Einstellen einer durch Eigentumsvorbehalt gesicherten Forderung in ein Kontokorrent bei mehreren nachfolgenden Saldofeststellungen Befriedigungen nur i.H.d. niedrigsten Saldofeststellung erlangen kann, nicht. Das vorbehaltene Eigentum sichert dann alle Forderungen aus nachfolgenden Saldofeststellungen.[453] Mit jedem Kontoausgleich zwischen den Beteiligten erlischt ein solcher Eigentumsvorbehalt und lebt durch das spätere Entstehen weiterer Forderungen zwischen den Beteiligten nicht wieder auf.[454] 427

Die Verlängerungs- und Erweiterungsformen des Eigentumsvorbehalts werden als **Sicherungsübertragungen** angesehen; sie berechtigen demgemäß in der Insolvenz des Vorbehaltskäufers – nach Eintritt des Verlängerungs- bzw. Erweiterungsfalls – nur zur abgesonderten Befriedigung. Der Grund hierfür liegt darin, dass diese Sicherungsformen, obgleich ihnen ein Warenkredit vorausgegangen ist, auch wirtschaftlich nur noch die Funktion eines Pfandrechts haben. Der nunmehr verfolgte Sicherungszweck könnte genauso gut mit einer Sicherungsübertragung erreicht werden.[455] 428

Ebenfalls nur ein Absonderungsrecht besteht, wenn der Vorbehaltsverkäufer das Eigentum an der Kaufsache auf eine Bank, die für den Käufer den Erwerb finanziert, über- 429

449 BGH, 19.10.1966 – VIII ZR 152/64, NJW 1967, 34, 36 Rn. 23; Staudinger/Fervers (2024), § 449 BGB Rn. 229.

450 Grüneberg/Weidenkaff, § 449 BGB Rn. 19.

451 BGH, 10.02.1971 – VIII ZR 188/69, WKRS 1971, 11878 Rn. 12, insoweit in NJW 1971, 799 nicht abgedr.; MK-BGB/Maultzsch, § 449 Rn. 90.

452 BGH, 23.11.1977 – VIII ZR 7/76, NJW 1978, 632; Staudinger/Fervers (2024), § 449 BGB Rn. 245.

453 Klose, ZInsO 2009, 1792, 1797.

454 BGH, 23.11.1977 – VIII ZR 7/76, NJW 1978, 632, 633.

455 BGH, 27.03.2008 – IX ZR 220/05, ZInsO 2008, 445, 448 Rn. 24; OLG München, 18.11.2014 – 5 U 1454/14, ZInsO 2014, 2504, 2505; vgl. auch BeckOGK/Mock, BGB § 449 Rn. 137.

trägt und dieser nur die Kaufpreisforderung abtritt, denn auch in diesem Fall sichert das Eigentum – wie bei der Sicherungsübereignung – nur einen Geldkredit.[456]

c) Wirksamkeit eines verlängerten Eigentumsvorbehalts bei Kollision mit Globalzession

430 In der Liquiditätskrise kommt es regelmäßig zu einer Kollision von verlängertem Eigentumsvorbehalt und Globalzession. Bei **mehrfacher Abtretung** derselben Forderung führt grds. die zeitlich frühere zum Rechtsübergang. Das gilt sowohl für die Abtretung bestehender als auch für die Abtretung künftiger Forderungen.[457] Die Forderungsabtretung im Rahmen des verlängerten Eigentumsvorbehalts ginge beim Zusammentreffen mit einer zeitlich vorrangigen (stillen) Globalzession ins Leere, weil die Rechtszuständigkeit nach dem Prioritätsprinzip mit der zeitlich vorausgehenden Globalzession vom Schuldner schon auf den Globalzessionar übergegangen ist.[458]

431 **Einschränkungen des Prioritätsgrundsatzes** ergeben sich aus § 138 BGB. Nach ständiger Rechtsprechung des BGH ist eine zur Sicherung eines Kredits vereinbarte Globalzession künftiger Kundenforderungen an eine Bank in der Regel sittenwidrig und damit nichtig, wenn sie nach dem Willen der Vertragsparteien auch solche Forderungen umfassen soll, die der Schuldner seinen Lieferanten auf Grund verlängerten Eigentumsvorbehalts künftig abtreten muss und abtritt. Diese Rechtsprechung beruht auf der Annahme, dass der Zedent, dem Ware branchenüblich ausschließlich unter verlängertem Eigentumsvorbehalt geliefert wird, durch den Globalzessionar zur Täuschung und zum Vertragsbruch gegenüber seinem Lieferanten verleitet wird, weil er bei Offenlegung der Globalzession keine Ware mehr ohne Zahlung erhalten und damit wirtschaftlich in eine Zwangslage geraten würde.[459]

432 Ausnahmen gelten nur, wenn entweder der Abtretungsempfänger nach den Umständen des Einzelfalles – insb. wegen Unüblichkeit des verlängerten Eigentumsvorbehalts in der betreffenden Wirtschaftsbranche[460] – eine Kollision der Sicherungsrechte für ausgeschlossen halten darf oder wenn der verlängerte Eigentumsvorbehalt nach dem Willen der Vertragspartner von Anfang an Vorrang behalten soll. Dieser Vorrang muss aber im Verhältnis zwischen dem Vorbehaltslieferanten und dem Sicherungsnehmer in jedem Fall und mit dinglicher Wirkung bestehen, um die Durchsetzung der Rechte des Vorbehaltsverkäufers nicht unangemessen zu erschweren.[461] Das Ergebnis, dass die Globalabtretung hinter später begründeten Ansprüchen aus

456 BGH, 27.03.2008 – IX ZR 220/05, ZInsO 2008, 445, 448 Rn. 29 ff.; HK-InsO/Marotzke, 2. Erweiterter Eigentumsvorbehalt, Rn. 17.

457 BGH, 14.07.2004 – XII ZR 257/01, NJW 2005, 1192, 1193.

458 Staudinger/Fervers (2024), § 449 BGB Rn. 232 f.

459 BGH, 14.07.2004 – XII ZR 257/01, NJW 2005, 1192, 1193; OLG Düsseldorf, 16.05.2013 – I-14 U 96/12, WKRS 2013, 58042.

460 BGH, 08.12.1998 – XI ZR 302/97, WKRS 1998, 17397 Rn. 9; OLG Düsseldorf, 16.05.2013 – I-14 U 96/12, WKRS 2013, 58042.

461 BGH, 21.04.1999 – VIII ZR 128/98, NJW 1999, 2588, 2589; 08.12.1998 – XI ZR 302/97, WKRS 1998, 17397 Rn. 12.

einem verlängerten Eigentumsvorbehalt zurücktreten soll, kann dabei auch durch Auslegung zu gewinnen sein.[462]

Diese Grundsätze gelten unabhängig davon, ob der Empfänger der Globalabtretung eine Bank oder selbst ein Warenlieferant ist.[463] Ist Sicherungsnehmer eine Bank, bei der der Vorbehaltskäufer ein Kontokorrentkonto unterhält, trägt der Vorbehaltslieferant mit »Verlängerungsklausel« allerdings das wirtschaftliche und rechtliche Risiko, wenn sein Schuldner die erworbenen Gegenstände berechtigt weiterveräußert, berechtigt den Erlös auf ein Konto bei seiner Bank einzieht, dieser im Rahmen der kontokorrentmäßigen Verrechnung untergeht und der Schuldner den Lieferanten nicht bezahlt.[464] Die Bank ist jedoch im Ergebnis zur Herausgabe des Erlangten entsprechend § 816 Abs. 2 BGB verpflichtet, wenn die an sie erfolgte Zession offen gelegt wird oder sie sich nicht auf ihre Rolle als bloße Zahlstelle beschränkt.[465] 433

Um den Vorrang des verlängerten Eigentumsvorbehalts zu erzielen, ist eine **dingliche Teilverzichtsklausel** erforderlich, nach der die Abtretung erst dann greift, wenn der verlängerte Eigentumsvorbehalt erloschen ist.[466] Die Beschränkung des Vorrangs künftiger Vorausabtretungen an Warenlieferanten auf die Fälle des branchenüblichen verlängerten Eigentumsvorbehalts ist bedenkenfrei.[467] Ausreichend ist die im Rahmen von Globalzessionen verwendete Teilverzichtsklausel nach Nr. 5.2. AGB-Sparkassen, wonach *»Forderungen, die dem verlängerten Eigentumsvorbehalt eines Lieferanten des Zedenten unterliegen,... mit dem Zeitpunkt an die Sparkasse abgetreten [sind], in dem sie nicht mehr durch den verlängerten Eigentumsvorbehalt erfasst werden«*, denn hierdurch wird dem Schuldner ausreichend wirtschaftliche Bewegungsfreiheit gelassen.[468] 434

Bloße schuldrechtliche Verpflichtungen, nachträglich auf eine Forderung zu verzichten, soweit sie von einem anderen Lieferanten auf Grund verlängerten Eigentumsvorbehalts beansprucht werde,[469] oder auf Verlangen des Vorbehaltsverkäufers entsprechend dem Umfang des verlängerten Eigentumsvorbehalts entweder die Forderung an den 435

462 BGH, 09.11.1978 – VII ZR 54/77, NJW 1979, 365, 366; 07.03.1974 – VII ZR 148/73, NJW 1974, 942, 943.

463 BGH, 12.10.2006 – IX ZR 105/03, WKRS 2006, 24601 Rn. 6; 21.04.1999 – VIII ZR 128/98, NJW 1999, 2588, 2589.

464 Cranshaw, jurisPR-InsR 10/2019 Anm. 2 unter C. 4.

465 So in dem Fall BGH, 20.03.2019 – VIII ZR 88/18, ZInsO 2019, 1004, 1005 Rn. 17 ff.; s.a. BGH, 09.11.1978 – VII ZR 17/76, BGHZ 72, 316, 321 f. – für den Fall einer sittenwidrigen Globalzession.

466 BGH, 14.07.2004 – XII ZR 257/01, NJW 2005, 1192, 1194; 07.03.1974 – VII ZR 148/73, NJW 1974, 942, 943; Staudinger/Fervers (2024), § 449 BGB Rn. 235; BeckOGK/*Quantz*, BGB, § 307 Abtretungsklausel Rn. 20.

467 BGH, 08.10.1986 – VIII ZR 342/85, NJW 1987, 487, 490 f.

468 OLG Celle, 24.02.2011 – 6 U 126/10, ZInsO 2011, 686, 687 m. Anm. Cranshaw, jurisPR-InsR 18/2011 Anm. 4; Bohlen, ZInsO 2010, 2283 ff.; eine vergleichbare Klausel lag der Entscheidung BGH, 24.01.2019 – IX ZR 110/17, ZInsO 2019, 563 ff. (Rn. 3, 20) zugrunde.

469 BGH, 07.03.1974 – VII ZR 148/73, NJW 1974, 942, 943.

Lieferanten abzutreten oder ihn aus dem aufgrund der Globalzession eingezogenen Erlös zu befriedigen (»schuldrechtlicher Teilverzicht«)[470], genügen nicht. Das gilt erst recht für eine Verpflichtung des Schuldners, den Kredit in erster Linie zur Ausräumung des verlängerten Eigentumsvorbehalts zu verwenden.[471]

436 Das Fehlen einer dinglichen Teilverzichtsklausel führt in derartigen Fällen nicht zur Gesamtnichtigkeit der Globalzession, wenn – was ggf. durch Auslegung zu ermitteln ist – der Wille der Parteien dahin geht, dass die Globalabtretung, falls die erstrebte umfassende Wirkung nicht zu erzielen ist, wenigstens so weit reicht, wie es die guten Sitten zulassen.[472] Dann bleiben die Forderungen wirksam abgetreten, die nicht Gegenstand des verlängerten Eigentumsvorbehalts sind.[473]

437 Vereinbaren Lieferant und Schuldner anstelle eines verlängerten Eigentumsvorbehalts, dass der Erwerber die gelieferte und noch nicht vollständig bezahlte Ware nur bei gleichzeitiger Abtretung der Kaufpreisansprüche an den Lieferanten weiterveräußern darf, ist eine Globalzession ohne dingliche Teilverzichtsklausel auch insoweit sittenwidrig und unwirksam, als sie diese Kaufpreisansprüche erfasst.[474]

438 Ein Sonderproblem tritt auf, wenn der Vorbehaltskäufer die im Rahmen des verlängerten Eigentumsvorbehalts an den Lieferanten vorausabgetretenen Forderungen aus dem Weiterverkauf an einen Factor abtritt.[475] Erfolgt die Globalzession im Rahmen eines echten Factorings (Forderungskauf), finden die vom BGH entwickelten Grundsätze zur Sittenwidrigkeit von Globalzessionen – anders als beim unechten Factoring, das den Kreditgeschäften zugeordnet ist – keine Anwendung.[476] Dogmatisch hat dabei der BGH die Weiterveräußerungs- und Einziehungsermächtigung in den allgemeinen Geschäftsbedingungen der Lieferanten dahingehend ausgelegt, dass die Weiterveräußerung im »ordentlichen Geschäftsverkehr« eine Abtretung der Forderungen im Rahmen eines echten Factoring-Geschäftes deckt und somit keinen Vertragsbruch darstellen kann. Die Verwertung der Weiterverkaufsforderungen im Wege des echten Factorings stelle einen »Vermögenswerttausch« dar, bei dem diese in bares Geld umgewandelt würden und der Kunde einem »wirtschaftlichen Zwang« unterliege, dieses Geld zur Bezahlung seiner Lieferanten zu verwenden.[477] Im Fall der Insolvenz des Vorbehaltskäufers verschärft sich allerdings das Ausfallrisiko der Lieferanten, denn das Weiterleitungsrisiko wird zeitlich vorgezogen durch den Verlust der

470 BGH, 16.03.1995 – IX ZR 72/94, NJW 1995, 1668, 1669; 09.11.1978 – VII ZR 54/77, NJW 1979, 365, 366.

471 BGH, 06.11.1968 – VIII ZR 15/67, NJW 1969, 318, 319.

472 BGH, 09.11.1978 – VII ZR 54/77, NJW 1979, 365, 366.

473 OLG Köln, 06.10.2010 – 2 U 27/08, WKRS 2010, 37957 Rn. 84.

474 OLG Düsseldorf, 16.05.2013 – I-14 U 96/12, WKRS 2013, 58042.

475 Hierzu ausführlich: Beck, KTS 2008, 121 ff.

476 BGH, 23.01.2002 – X ZR 218/99, WKRS 2002, 19446 Rn. 23; 15.04.1987 – VIII ZR 97/86, NJW 1987, 1878, 1879, Staudinger/Fischinger (2024), § 138 BGB Rn. 483.

477 BGH, 07.06.1978 – VIII ZR 80/77, NJW 1978, 1972, 1974.

nunmehr beim Factor angesiedelten Weiterverkaufsforderungen, ohne am Kaufpreis als dem Surrogat für die verlorene Sicherheit gesichert zu sein.[478]

d) Ablösung des Absonderungsrechts durch Zahlung an den Lieferanten

Zahlungen des Schuldners an seine Lieferanten benachteiligen die übrigen Gläubiger nur dann nicht, wenn sie zur Ablösung eines (fortbestehenden) Absonderungsrechts erfolgen. Zieht der Schuldner in Ausübung seiner Einziehungsermächtigung die Forderungen aus den Warenverkäufen weiterhin ein und werden die Erlöse seinem allgemeinen Geschäftskonto gutgebracht, erlischt durch die Zahlung des jeweiligen Kunden auf die sicherungszedierte Forderung diese auch mit Wirkung gegenüber dem Vorbehaltsverkäufer gem. §§ 362 Abs. 1, 407 Abs. 1 BGB. Zugleich erlischt ein daran bestehendes Absonderungsrecht. Den Verlust seiner Sicherheit kann der Vorbehaltsverkäufer nur vermeiden, wenn er die Abtretung offenlegt und die Forderungen selbst einzieht oder wenn er eine Anschlusssicherheit vereinbart hat.[479] **439**

Besteht das Absonderungsrecht fort, überschreitet jedoch die Zahlung den Wert des Sicherungsguts, liegt in Höhe der Differenz eine Gläubigerbenachteiligung vor.[480] **440**

Der verlängerte Eigentumsvorbehalt kommt nicht zur Wirkung, wenn die Zahlung durch den Abnehmer des Schuldners erfolgt, *bevor* die Ware geliefert worden ist.[481] **441**

e) Eingriff in Sicherungsrechte der Lieferanten bei außerinsolvenzlicher Restrukturierung

Schon bevor es zur Einleitung eines Insolvenzverfahrens durch einen entsprechenden Eröffnungsantrag kommt, können Sicherungsrechte der Lieferanten eingeschränkt werden. Das zum 01.01.2021 in Kraft getretene Gesetz über den Stabilisierungs- und Restrukturierungsrahmen (StaRUG) erlaubt es, zur nachhaltigen Beseitigung einer drohenden Zahlungsunfähigkeit (§ 29 Abs. 1 StaRUG) auf der Grundlage eines **Restrukturierungsplans** in die Verbindlichkeiten eines Unternehmens und auch in die Absonderungsrechte, also in alle Sicherungsrechte der Gläubiger, einzugreifen. Relevant wird dies beim Eigentumsvorbehalt des Lieferanten, soweit dieser nur eine Absonderungsanwartschaft (§ 2 Abs. 1 Nr. 2 StaRUG) begründet, also dem erweiterten Eigentumsvorbehalt nach Eintritt des Erweiterungsfalls und dem verlängerten Eigentumsvorbehalt bzgl. des von der Verlängerungsklausel erfassten Surrogats.[482] Der **442**

---

478 Beck, KTS 2008, 121, 126.

479 BGH, 12.02.2015 – IX ZR 180/12, ZInsO 2015, 628, 629 Rn. 11; 06.04.2006 – IX ZR 185/04, ZInsO 2006, 544, 545 Rn. 17.

480 BGH, 19.03.2009 – IX ZR 39/08, ZInsO 2009, 828, 830 Rn. 16; Uhlenbruck/Borries/Huber/Hirte, § 129 InsO Rn. 213.

481 BGH, 17.07.2014 – IX ZR 240/13, ZInsO 2014, 1655, 1657 Rn. 14; s. dazu unten Rdn. 551.

482 Pannen/Riedemann/Smid, § 2 StaRUG Rn. 8; Flöther/Westpfahl/Dittmar, § 2 StaRUG Rn. 25; HambKomm-RestR/Schröder, § 2 StaRUG Rn. 23.

einfache Eigentumsvorbehalt, der ein Aussonderungsrecht gem. § 47 InsO begründet, fällt hingegen nicht unter § 2 Abs. 1 Nr. 2 StaRUG.[483]

443 Die Palette möglicher Maßnahmen (vgl. § 7 Abs. 2 Satz 1 StaRUG) reicht bis zu einer Kürzung des Sicherungsrechts, d.h. einem (teilweisen) Verzicht auf dieses Recht. Einer (wirtschaftlichen) Kürzung des Sicherungsrechts kommt es gleich, wenn geregelt wird, dass Verwertungserlöse teilweise dem Schuldnervermögen zufließen.[484] Möglich ist auch die Bildung einer Verwertungsgemeinschaft von Inhabern von Absonderungsanwartschaften, etwa mit Blick auf das Konkurrenzverhältnis zwischen Kreditinstituten und Lieferanten hinsichtlich der »Weiterverkaufsforderung«. Die Verwertungsvereinbarung, in der geregelt werden muss, in welcher Höhe die jeweiligen Inhaber von Absonderungsanwartschaften (bzw. deren Gruppen) am Verwertungserlös beteiligt sein sollen, wirkt allerdings grds. nur zwischen den Gläubigern, die der Verwertungsvereinbarung bzw. dem Plan zugestimmt haben.[485]

444 Flankierend können während der Umsetzungsphase des Restrukturierungsplanvorhabens – soweit dies zur Wahrung der Aussichten auf die Verwirklichung des Restrukturierungsziels erforderlich ist – unter den Voraussetzungen des § 51 StaRUG **Stabilisierungsanordnungen** (§§ 29 Abs. 2 Nr. 3, 49 StaRUG) erlassen werden, durch welche ein (partielles) Moratorium erreicht werden kann, bis der Plan Rechtskraft erlangt hat. Eine Stabilisierungsanordnung kann sich dabei nicht nur gegen Planbetroffene richten, sondern auch gegen sonstige Gläubiger, die zwar von dem Plan nicht betroffen sein sollen, die dessen Umsetzung aber durch die rücksichtslose Verfolgung eigener Interessen stören könnten.[486] Steht etwa einer einvernehmlichen außergerichtlichen Sanierung lediglich die fehlende Einigungsmöglichkeit mit einem oder mehreren Gläubigern (sog. »Akkordstörer«) entgegen, kann es sinnvoll sein, lediglich diese in die Sperre einzubeziehen.[487] Neben der **Vollstreckungssperre** (§ 49 Abs. 1 Nr. 1 StaRUG) kann vor allem die **Verwertungssperre** (§§ 49 Abs. 1 Nr. 2, 54 StaRUG) die Lieferanten betreffen. Anders als der Restrukturierungsplan umfasst die Verwertungssperre auch Rechte an Gegenständen des beweglichen Vermögens, die im Falle der Eröffnung eines Insolvenzverfahrens als Aussonderungsrecht geltend gemacht werden könnten, also auch den einfachen Eigentumsvorbehalt.[488] Die Verwertungssperre bewirkt, dass der Anspruch auf Herausgabe einer unter Eigentumsvorbehalt gelieferten Sache oder – nach Eintritt des Sicherungsfalls – der Anspruch auf Verwertung der entsprechenden Sicherheit ruht und nicht durchgesetzt werden

483 BT-Drucks. 19/24181 S. 111; Uhlenbruck/Mock, § 2 StaRUG Rn. 16; HambKomm-RestR/Schröder, § 2 StaRUG Rn. 24.

484 Flöther/Westpfahl/Dittmar, § 2 StaRUG Rn. 29.

485 Flöther/Westpfahl/Dittmar, § 2 StaRUG Rn. 32.

486 Bieg/Borchardt/Frind/Hölzle, Unternehmenssanierung und Betriebsfortführung, Teil 2 B. V. Rn. 2.

487 Braun/Riggert, § 49 StaRUG Rn. 7; HambKomm-RestR/Undritz/Knof, § 49 StaRUG Rn. 72.

488 HambKomm-RestR/Undritz/Knof, § 49 StaRUG Rn. 48.

kann.[489] Explizit kann darüber hinaus angeordnet werden, dass die in § 49 Abs. 1 Nr. 2, 1. Halbs. StaRUG genannten Gegenstände zur Fortführung des Unternehmens des Schuldners eingesetzt werden können, soweit sie hierfür von erheblicher Bedeutung sind. Bei Anhängigkeit einer Restrukturierungssache kann der Schuldner daher nach Anordnung einer Verwertungssperre befugt sein, bewegliches Sicherungsgut des Umlaufvermögens zu verarbeiten und ggfs. im Wege des ordnungsgemäßen Geschäftsbetriebs zu veräußern.[490]

Eine dem Schuldner erteilte Verarbeitungs-, Verwertungs- oder Einziehungsbefugnis 445 darf im Rahmen der vertraglichen Vereinbarung ungeachtet des in § 44 Abs. 1 und 2 StaRUG normierten Verbots von Lösungsklauseln nach Anzeige des Restrukturierungsvorhabens widerrufen werden.[491] Zulässig dürften jedenfalls Klauseln sein, die (auch) an weitere Gründe wie insb. an einen Verzug oder etwa eine Verschlechterung der Vermögensverhältnisse des Schuldners anknüpfen.[492] Da die Verwertung durch den Gläubiger selbst nach § 49 Abs. 1 Nr. 2 StaRUG jedoch gesperrt sein kann, droht u.U. eine auch nicht in seinem Interesse liegende »Blockade«, so dass sich der Gläubiger den Widerruf gut überlegen muss. Unterbleibt der Widerruf, ist der Gläubiger nach Maßgabe des § 54 Abs. 2 StaRUG geschützt.[493]

Erlöse aus dem Einzug sicherungszedierter Forderungen oder aus der Weiterverarbei- 446 tung und/oder -veräußerung von Eigentumsvorbehaltsware sind vom Schuldner an den Berechtigten auszukehren oder zu separieren (§ 54 Abs. 2 StaRUG). Der Schuldner darf die entsprechenden Mittel also nicht dazu verwenden, sie für die Unternehmensfinanzierung einzusetzen.[494] Für die Fortführung des Geschäftsbetriebes ist vielmehr eine gesonderte Vereinbarung mit dem/den gesicherten Gläubiger(n) erforderlich. So kann der sicherungsberechtigte Gläubiger es dem Schuldner, der die entsprechenden Sicherheiten im Rahmen des ordnungsgemäßen Geschäftsbetriebs veräußert, gestatten, die an sich dem Gläubiger zustehenden potenziellen Erlöse aus den Sicherungsrechten zum Zwecke der Unternehmensfortführung einzusetzen; der Gläubiger kreditiert also den Anspruch auf Auskehrung von Sicherheitenerlösen. Werden im Gegenzug dem Gläubiger zur Besicherung des kreditierten Erlösherausgabeanspruchs neue Sicher-

489 Flöther/Schönfelder, § 49 StaRUG Rn. 53.

490 Flöther/Schönfelder, § 49 StaRUG Rn. 57; HambKomm-RestR/Undritz/Knof, § 49 StaRUG Rn. 60.

491 Ausführlich Bieg/Borchardt/Frind/Hölzle, Unternehmenssanierung und Betriebsfortführung, Teil 2 B. V. Rn. 5 ff.; Braun/Riggert, § 54 StaRUG Rn. 2; Flöther/Schönfelder, § 54 StaRUG Rn. 31; a.A. Pannen/Riedemann/Smid, § 54 Rn. 3, 18; Smid, ZInsO 2021, 198, 204; s.a. HambKomm-RestR/Undritz/Knof, § 49 StaRUG Rn. 52, 59 ff.: die Ausübung des vertraglich vereinbarten Widerrufsrechts stellt danach eine nur nach Maßgabe des § 55 Abs. 1 StaRUG zulässige »Vertragsabänderung« dar.

492 Gehrlein, BB 2021, 66, 75.

493 HambKomm-RestR/Undritz/Knof, § 49 StaRUG Rn. 63.

494 Flöther/Schönfelder, § 54 StaRUG Rn. 32; Bieg/Borchardt/Frind/Hölzle, Unternehmenssanierung und Betriebsfortführung, Teil 2 B. V. Rn. 74; de Bruyn/Ehmke, NZG 2021, 661, 666.

heiten gestellt, ist dies – anders als beim unechten Massekredit im Insolvenzeröffnungsverfahren, bei dem die Besicherung aus dem Vermögen des Insolvenzschuldners im Rang von Masseverbindlichkeiten ausgestaltet und damit sogar insolvenzfest vereinbart werden kann – insolvenzrechtlich nicht privilegiert, so dass hier im Falle einer nachfolgenden Eröffnung des Insolvenzverfahrens unter Umständen **Anfechtungsrisiken** bestehen, die den Gläubiger davon abhalten können, entsprechende Vereinbarungen mit dem Schuldner zu treffen.[495] Für Rechtshandlungen jenseits des Restrukturierungsplans und seiner Umsetzung enthalten die §§ 89 ff. StaRUG nur einen begrenzten Schutz. Da Voraussetzung für das Restrukturierungsverfahren eine nur drohende Zahlungsunfähigkeit des Schuldners ist, scheidet eine Anfechtung nach § 130 InsO, der Zahlungsunfähigkeit erfordert, im nachfolgenden Insolvenzverfahren allerdings regelmäßig aus. Wird jedoch eine bestehende Forderung nachträglich besichert, ohne dass ein entsprechender Anspruch besteht, ist dies inkongruent und u.U. nach § 131 Abs. 1 Nr. 1 oder Nr. 3 InsO anfechtbar. Auch eine Anfechtung nach § 133 Abs. 1 InsO dürfte grds. in Betracht kommen. Dabei kann allerdings nach der neueren Rechtsprechung des Bundesgerichtshofs der Benachteiligungsvorsatz nicht mehr allein darauf gestützt werden, dass der Schuldner im Zeitpunkt der angefochtenen Rechtshandlung erkanntermaßen drohend zahlungsunfähig ist. In diesem Fall ist für den Gläubigerbenachteiligungsvorsatz von entscheidender Bedeutung, dass der Schuldner weiß oder jedenfalls billigend in Kauf nimmt, dass er seine (übrigen) Gläubiger auch zu einem späteren Zeitpunkt nicht vollständig befriedigen können wird. Letzteres kann sich aus dem Ausmaß der im Zeitpunkt der angefochtenen Rechtshandlung bestehenden Zahlungsunfähigkeit ergeben, wenn die Deckungslücke ein Ausmaß erreicht hatte, das selbst bei optimistischer Einschätzung der zukünftigen Entwicklung in absehbarer Zeit keine vollständige Befriedigung der bereits vorhandenen und der absehbar hinzutretenden Gläubiger erwarten ließ.[496] Dazu müssen allerdings die Verbindlichkeiten nach Art, (Gesamt-) Höhe, Anzahl und Bedeutung so beschaffen sein, dass aus der Sicht ex ante für **jeden objektiven Betrachter** in der Position des Schuldners selbst bei optimistischer Betrachtung unzweifelhaft klar sein muss, diese würden nicht mehr vollständig befriedigt. Das kommt etwa Betracht, wenn es sich um Verbindlichkeiten handelt, welche die erwartbare Schuldendeckungsfähigkeit des Schuldners offensichtlich bei weitem übersteigen. Für die Annahme derartiger Verbindlichkeiten kann es daher sprechen, dass diese bis zur Eröffnung des Insolvenzverfahrens nicht mehr beglichen worden sind. Für sich genommen ausreichend ist dies jedoch nicht. Es muss sich vielmehr um Verbindlichkeiten handeln, welche aus der Sicht ex ante für sich genommen und ohne nähere Betrachtung des

495 Flöther/Schönfelder, § 54 StaRUG Rn. 38 ff.; Uhlenbruck/Fritz, § 54 StaRUG Rn. 13; Trowski, NZI 2021, 297, 300; Zuleger, NZI-Beilage 2021, 43; Madaus, NZI-Beilage 2021, 35.

496 BGH, 18.04.2024 – IX ZR 239/22, ZInsO 2024, 1156, 1158 Rn. 16 ff.; 03.03.2022 – IX ZR 78/20, ZInsO 2022, 640, 646 Rn. 52 ff., 75; 06.05.2021 – IX ZR 72/20, ZInsO 2021, 1627, 1632 Rn. 39 f.; vgl. auch Jakobs/Kruth, DStR 2024, 2490, 2491 f.; kritisch zur Neuausrichtung der Rechtsprechung Gehrlein, NZI 2025, 1 ff.; Karrenstein/Sämisch, ZRI 2024, 534 ff.

liquiden Vermögens sowie der künftigen Geschäftsentwicklung einen wirtschaftlichen Zusammenbruch des Schuldners zur Folge haben und diesen in ein Insolvenzverfahren führen mussten.[497] Zu berücksichtigen ist in diesem Zusammenhang auch die weitere neuere Rechtsprechung des Bundesgerichtshofs, wonach dann, wenn sich ein im Wesentlichen **gleichbleibendes, dauerhaft schleppendes Zahlungsverhalten des späteren Schuldners** auch auf einen Zeitraum bezieht, in dem der Schuldner seine Zahlungen unstreitig noch nicht eingestellt hatte, aus diesem Zahlungsverhalten nicht notwendig auf eine später eingetretene Zahlungseinstellung geschlossen werden kann.[498] Auch kraft Gesetzes (§ 89 Abs. 1 StaRUG) kann der Gläubigerbenachteiligungsvorsatz nicht allein auf die Kenntnis der Beteiligten von der Rechtshängigkeit der Restrukturierungssache oder der Inanspruchnahme von Instrumenten des Stabilisierungs- und Restrukturierungsrahmens gestützt werden. Nicht ausgeschlossen ist es in diesem Zusammenhang jedenfalls, dass ein Benachteiligungsvorsatz des Schuldners und dessen Kenntnis bei dem Anfechtungsgegner bei einer Gesamtschau aus anderen Umständen hergeleitet werden können.[499]

3. Das Schicksal von Verarbeitungs- und Veräußerungsbefugnis im Eröffnungsverfahren

Ist bereits der Antrag auf Eröffnung des Insolvenzverfahrens über das Vermögen des Vorbehaltskäufers gestellt, stellt sich die Frage, ob dieser (bzw. der vorläufige Insolvenzverwalter) die unter verlängertem Eigentumsvorbehalt gelieferte Ware noch – ggf. nach Verarbeitung – weiterveräußern darf. Das hängt davon ab, ob die **Verarbeitungs- und Veräußerungsbefugnis im Eröffnungsverfahren fortbesteht** und die Verarbeitung/Veräußerung in diesem Fall noch **im »ordnungsgemäßen Geschäftsverkehr«** erfolgt. Ist dies nicht der Fall, ist eine Verwertungsvereinbarung zwischen vorläufigem Insolvenzverwalter und Vorbehaltslieferanten erforderlich.[500] **447**

a) Grundkonstellation

Der Insolvenzantrag berührt nicht die Befugnis des Vorbehaltskäufers zur Weiterveräußerung oder Verarbeitung von Vorbehaltsware. Diese Befugnis bleibt vielmehr im Eröffnungsverfahren bestehen,[501] es sei denn, sie wird vom Vorbehaltsverkäufer widerrufen, was jedenfalls dann möglich ist, wenn eine Weiterveräußerung das Siche- **448**

497 BGH, 18.04.2024 – IX ZR 239/22, ZInsO 2024, 1156, 1158 Rn. 22; vgl. auch Jakobs/Kruth, DStR 2024, 2490, 2491 f.

498 BGH, 28.04.2022 – IX ZR 48/21, NZI 2022, 733, 735 f., Rn. 32; 10.02.2022, IX ZR 148/19, NZI 2022, 397, 399 f., Rn. 27; OLG Düsseldorf, 07.02.2024 – 12 U 33/23, NZI 2024, 497, 500, Rn. 37; Schubert, ZIP 2024, 2078 f.

499 S. zu den möglichen Anfechtungstatbeständen und den sich aus dem StaRUG ergebenden Besonderheiten in Bezug auf die Anfechtung z.B. HambKomm-RestR/Undritz/Knof, § 54 StaRUG Rn. 23 ff.; Gehrlein, BB 2021, 66, 77.

500 Brinkmann, BB 2019, 1474, 1477 f.

501 BGH, 12.12.2019 – IX ZR 26/19, ZInsO 2020, 296, 299 Rn. 23; 24.01.2019 – IX ZR 110/17, ZInsO 2019, 563, 567 Rn. 28 ff.; 22.10.2009 – IX ZR 90/08, ZInsO 2009,

rungsinteresse des Lieferanten missachten würde.[502] Möglich ist auch eine Vertragsklausel, wonach die Verarbeitungs-/Veräußerungsermächtigung bei Zahlungseinstellung erlöschen soll oder wenn ein Insolvenzantrag gestellt wird.[503]

449 Wird die Verarbeitungs-/Veräußerungsbefugnis nicht widerrufen und fehlt es an einem vereinbarten Erlöschensgrund, entfällt die Weiterveräußerungsermächtigung erst mit Insolvenzeröffnung.[504]

b) Verarbeitung/Veräußerung im »ordnungsgemäßen Geschäftsverkehr«

450 Steht fest, dass die Weiterveräußerungs-/Verarbeitungsermächtigung dem Grunde nach fortbesteht, ist die konkrete Weiterveräußerung/-verarbeitung gleichwohl nur dann berechtigt, wenn sie »im ordnungsgemäßen Geschäftsverkehr« erfolgt.[505]

451 Wenn ein Vorbehaltsverkäufer in die Forderungseinziehung im normalen oder ordnungsgemäßen Geschäftsgang einwilligt, so dient diese Vereinbarung dem Zweck, den Vorbehaltsverkäufer zu sichern. Es kommt deshalb darauf an, ob der Vorbehaltskäufer annehmen darf, der Vorbehaltsverkäufer werde unter den gegebenen konkreten Umständen die Veräußerung als mit seinem Sicherungsbedürfnis vereinbar ansehen und deshalb mit ihr einverstanden sein. Im Interesse der Rechtssicherheit ist für die Beurteilung der Frage, ob im Einzelfall etwas im normalen Geschäftsgang veräußert wurde, notwendig auf objektive, auch einem Drittabnehmer erkennbare Kriterien abzustellen.[506]

aa) Sicherheitentausch bei Eintritt des Erweiterungs-/Verlängerungsfalls

452 Sofern sich die noch nicht bezahlte Vorbehaltsware bei Anordnung einer vorläufigen Insolvenzverwaltung noch unverarbeitet (und unveräußert) beim Vorbehaltskäufer befindet, der Erweiterungs-/Verlängerungsfall also noch nicht eingetreten ist, liegt rein faktisch noch ein einfacher Eigentumsvorbehalt an der gelieferten Ware vor, der den Lieferanten nach Rücktritt (§ 449 Abs. 2 BGB) zur Aussonderung berechtigt.[507]

2336, 2338 Rn. 17; Graf-Schlicker/Bremen, § 48 InsO Rn. 9; MK-InsO/Ganter, § 47 Rn. 176 ff.; Uhlenbruck/Brinkmann, § 48 InsO Rn. 26.

502 BGH, 12.12.2019 – IX ZR 26/19, ZInsO 2020, 296, 299 Rn. 27; 14.04.1969 – VIII ZR 173/67, NJW 1969, 1171; MK-BGB/Bayreuther, § 185 Rn. 27; s. zum Widerruf der Einziehungsermächtigung unten Rdn. 489.

503 HambKomm-InsR/Scholz, § 48 InsO Rn. 16; K. Schmidt/Thole, § 51 InsO Rn. 1.

504 MK-InsO/Ganter, § 47 Rn. 178; Saenger/Scholz, NZI 2021, 561, 563; Brinkmann, BB 2019, 1474; s.a. HK-InsO/Lohmann, § 48 Rn. 9; Uhlenbruck/Brinkmann, § 48 InsO Rn. 27. Für eine grundsätzliche Fortgeltung nach Verfahrenseröffnung Jaeger/Henckel, § 48 InsO Rn. 45 ff.; für das Erlöschen mit Anordnung der vorläufigen Insolvenzverwaltung: Jaeger/Henckel/Gerhardt, § 22 InsO Rn. 123.

505 BGH, 24.01.2019 – IX ZR 110/17, ZInsO 2019, 563, 568 Rn. 37 ff.; HambKomm-InsR/Scholz, § 48 InsO Rn. 16; MK-InsO/Ganter, § 47 Rn. 155; Uhlenbruck/Brinkmann, § 48 InsO Rn. 25 f.

506 BGH, 12.12.2019 – IX ZR 26/19, ZInsO 2020, 296, 299 Rn. 23.

507 S.o. Rdn. 421.

Der vorläufige Insolvenzverwalter darf Aussonderungsgut herausgeben (bzw. der Herausgabe durch den Schuldner zustimmen), soweit nicht gerichtliche Anordnungen entgegenstehen oder eine Erfüllungswahl zu prüfen bleibt (§ 107 Abs. 2 InsO).[508] Fraglich ist, inwieweit er hierzu auch verpflichtet ist. Der BGH geht davon aus, dass der vorläufige Insolvenzverwalter nicht verpflichtet ist, dem Herausgabeverlangen eines Aussonderungsberechtigten nachzukommen, da er lediglich die Aufgabe hat, das Vermögen des Schuldners zu sichern und zu erhalten. Er kann **Aussonderungsansprüche im Eröffnungsverfahren** deshalb regelmäßig durch Verweisung an den Verwalter im eröffneten Verfahren abwehren.[509] Dagegen wird in der Literatur eingewandt, die Rechte der Sicherungsnehmer könnten im Hinblick auf die Möglichkeit des Insolvenzgerichts, Anordnungen nach § 21 Abs. 2 Satz 1 Nr. 5 InsO bezüglich Gegenständen, die im Falle der Eröffnung des Verfahrens von § 166 InsO erfasst würden oder deren Aussonderung verlangt werden könnte, zu treffen, nur im Rahmen des vom Insolvenzgericht legitimierten Eingriffs und unter Gewährung der in dieser Vorschrift genannten Kompensationen eingeschränkt werden. Seien entsprechende Anordnungen daher nicht ergangen, stünden dem vorläufigen Insolvenzverwalter – nach Ablauf einer angemessenen **Prüfungsfrist** – nur die zwischen dem Sicherungsnehmer und dem Schuldner bezogen auf den jeweiligen Gegenstand vereinbarten Rechte zu, weshalb er Herausgabeverlangen berechtigter Sicherungsnehmer nur bei einem fortbestehenden Besitzrecht des Schuldners abwehren könne.[510] Einschränkend wird die Auffassung vertreten, dass dies nur gelte, wenn der Vertragsrücktritt des Vorbehaltsverkäufers bereits vor Insolvenzantragstellung erfolgt sei, während die faktische Ausübungssperre des § 107 Abs. 2 InsO analog § 112 Nr. 1 InsO ab Stellung des Insolvenzantrags gelte.[511] Eine Herausgabe durch den vorläufigen Insolvenzverwalter scheidet aber jedenfalls dann aus, wenn die Gegenstände zur Fortführung des Unternehmens zumindest vorläufig noch erforderlich sind.[512] 453

Im Fall der Weiterveräußerung der Vorbehaltsware (Verlängerungsfall) wird das ursprüngliche Aussonderungsrecht des Vorbehaltslieferanten an der Vorbehaltsware durch ein **Absonderungsrecht gem. § 51 Nr. 1 InsO an der Kaufpreisforderung** aus dem Veräußerungsgeschäft substituiert.[513] Sofern die Vorbehaltsware zunächst verarbeitet und dann veräußert wird, bewirkt die Herstellerklausel, dass sich das Vorbehaltseigentum des Verkäufers – ohne Rücksicht auf einen nach außen nicht erkennbaren etwa entgegenstehenden Willen des verarbeitenden Unternehmens[514] – ohne 454

---

508 HK-InsO/Laroche, § 22 Rn. 15.
509 BGH, 03.12.2009 – IX ZR 7/09, ZInsO 2010, 136, 140 Rn. 44; vgl. auch OLG Bamberg, 23.03.2015 – 4 U 60/14, ZInsO 2015, 1338, 1341; MK-InsO/Schildt, § 22 Rn. 48 f.; MK-InsO/Ganter, § 47 Rn. 643 f.; Römermann/Mönning, § 22 InsO Rn. 128 a.E.
510 A/G/R-Harms, § 22 InsO Rn. 65, 75.
511 FK-InsO/Jungclaus/Keller, § 47 Rn. 26 mit Nachw. zum Streitstand.
512 BGH, 03.12.2009 – IX ZR 7/09, ZInsO 2010, 136, 140 Rn. 44.
513 BGH, 12.12.2019 – IX ZR 26/19, ZInsO 2020, 296 Rn. 7.
514 So BGH, 03.03.1956 – IV ZR 334/55, BGHZ 20, 159, 163 f.

Durchgangserwerb des Verarbeitenden in (anteiliges) Sicherungseigentum wandelt,[515] das ebenfalls nur eine abgesonderte Befriedigung ermöglicht. An dessen Stelle tritt dann wiederum infolge der vertraglich gestatteten Weiterveräußerung des verarbeiteten Kaufgegenstandes die Kaufpreisforderung gegen den Abnehmer des Käufers, die dem Vorbehaltsverkäufer sicherungshalber abgetreten ist.

455 Bei der Umwandlung von Vorbehaltseigentum in Sicherungseigentum und die daran anknüpfende Umwandlung in eine Sicherungszession handelt es sich also um den zweimaligen unmittelbaren Austausch einer Sicherheit.[516] Der **unmittelbare Sicherheitentausch** benachteiligt die Gläubiger nicht.[517]

bb) Wirksamkeit des Sicherheitentausches als Voraussetzung für ein Handeln im ordnungsgemäßen Geschäftsverkehr

456 Ob die Verarbeitung/Weiterveräußerung der Vorbehaltsware im Eröffnungsverfahren **im ordnungsgemäßen Geschäftsverkehr** erfolgt, hängt davon ab, ob der Vorbehaltslieferant zu diesem Zeitpunkt noch Sicherheiten an den neu hergestellten Gegenständen und den Forderungen aus dem Weiterverkauf erlangen kann.[518] Denn die entsprechende Ermächtigung erfasst bei einer den §§ 133, 157 BGB entsprechenden Vertragsauslegung nur solche Fälle, bei denen der Vorbehaltsverkäufer im Einzelfall die von ihm mit dem verlängerten Eigentumsvorbehalt erstrebte Sicherung erhält.[519]

aaa) Vorausabtretung

457 Werden Sicherungsmaßnahmen nach § 21 Abs. 2 Satz 1 Nr. 1, 2 InsO angeordnet, ist umstritten, ob der Lieferant aufgrund der in dem verlängerten Eigentumsvorbehalt vereinbarten Vorausabtretung die erst nach Anordnung von Verfügungsbeschränkungen entstehende Kaufpreisforderung erwerben kann.

---

515 BGH, 03.03.1956 – IV ZR 334/55, BGHZ 20, 159, 163 f.; MK-BGB/Maultzsch, § 449 Rn. 10; a.A. Grüneberg/Herrler, § 950 BGB Rn. 9 ff. m.w.N.

516 OLG Dresden, 30.01.2008 – 13 U 1304/07, ZInsO 2008, 564, 565.

517 BGH, 11.06.2015 – IX ZR 110/13, ZInsO 2015, 1497 Rn. 12; 29.11.2007 – IX ZR 30/07, ZInsO 2008, 91 Rn. 13; 11.05.2000 – IX ZR 262/98, NZI 2000, 422, 423; Uhlenbruck/Borries/Huber/Hirte, § 129 InsO Rn. 361. Gleiches gilt im Übrigen für die Verrechnung wechselseitiger Forderungen im Kontokorrentverhältnis, soweit die eingegangenen Gutschriften auf der Bezahlung solcher Forderungen beruhen, welche der Bank anfechtungsfest zur Sicherheit abgetreten worden waren, und der Bank eine anfechtungsfeste Sicherheit am Anspruch des Schuldners auf Gutschrift zusteht (so BGH, 02.02.2017 – IX ZR 245/14, NZI 2017, 349, 350 Rn. 12). Vgl. im Übrigen Rdn. 541 ff.

518 BGH, 16.03.1977 – VIII ZR 215/75, NJW 1977, 901, 902 zu § 46 KO.

519 BGH, 12.12.2019 – IX ZR 26/19, ZInsO 2020, 296, 299 Rn. 23; 24.01.2019 – IX ZR 110/17, ZInsO 2019, 563, 568 Rn. 37 ff.; 11.06.1959 – VII ZR 53/58, NJW 1959, 1681 f.

(1) Wirksamkeit der Vorausabtretung

Vorab ist stets zu prüfen, ob die Sicherungsabtretung grds. wirksam ist, was insb. im Hinblick auf den verfügungsrechtlichen **Bestimmtheitsgrundsatz** zweifelhaft sein kann.[520] Im Falle der Vorausabtretung künftiger Forderungen verlangt dieser Grundsatz nicht, dass die abgetretenen Forderungen schon zum Zeitpunkt der Abtretung bestimmt sind. Sie müssen lediglich im Zeitpunkt ihrer Entstehung nach Gegenstand und Umfang **hinreichend bestimmbar** sein. Deshalb schadet es nicht, wenn der Drittschuldner und der Rechtsgrund zur Zeit der Abtretung noch nicht bekannt sind, sofern die übrigen Individualisierungsmerkmale die abgetretenen Forderungen zweifelsfrei kenntlich machen. Um Zweifel auszuräumen, kann bei der Ermittlung der abgetretenen Forderungen auch auf Umstände außerhalb der ggf. auslegungsbedürftigen Abtretungsvereinbarung zurückgegriffen werden.[521] Eine Klausel, wonach vereinbart ist, dass dem Vorbehaltsverkäufer *»für alle Lieferungen und Leistungen die Eigentumsvorbehaltsrechte in umfassender Form, nämlich neben dem einfachen Eigentumsvorbehalt insb. der erweiterte* und *verlängerte Eigentumsvorbehalt mit Kontokorrent und Saldoklausel zustehen«*, ist für sich genommen nicht ausreichend bestimmt.[522] Nicht hinreichend bestimmt ist auch eine Abtretung »bis zur Höhe der jeweils bestehenden Forderungen aus der Geschäftsverbindung« zwischen Zedent und Zessionar.[523] 458

Tritt der Vorbehaltskäufer seine Forderungen gegenüber Dritten, soweit diese durch die Veräußerung oder Verarbeitung der Waren entstehen, bis zur endgültigen Bezahlung *»unserer Forderungen«* an den Lieferanten ab, ist damit ausreichend bestimmt geregelt, dass die entstehenden Forderungen vollen Umfangs – also einschließlich der vom Vorbehaltskäufer aufgeschlagenen Margen – abgetreten werden und dass mit dieser Sicherheit nicht nur der Anspruch des Lieferanten hinsichtlich der konkret weiterveräußerten Ware, also die konkrete Einzelforderung, abgesichert werden soll, sondern alle bestehenden offenen Forderungen des Lieferanten.[524] Die Bestimmbarkeit kann allerdings dann fraglich sein, wenn bei mehreren Zulieferern nur der Teil der Kundenforderung sicherungsweise zediert sein soll, der dem jeweiligen Anteil des Materialwerts an dem Endprodukt entspricht.[525] Im Hinblick auf den Umfang der Abtretung wird in diesen Fällen dem Bestimmtheitsgrundsatz dadurch genügt, dass die Abtretung *»in Höhe des Rechnungswerts für die gelieferte Ware«*[526] oder *»entsprechend/* 459

520 Allgemein hierzu BeckOGK/Quantz, BGB § 307 Abtretungsklausel, Rn. 7–10; ders., BGB § 307 Eigentumsvorbehaltsklausel, Rn. 15 f.
521 BGH, 20.09.2012 – IX ZR 208/11, ZInsO 2013, 254 Rn. 8; Staudinger/Fervers (2024) § 449 BGB Rn. 208.
522 BGH, 10.01.2013 – IX ZR 161/11, ZInsO 2013, 551, 552 Rn. 15.
523 BGH, 08.10.1986 – VIII ZR 342/85, BGHZ 98, 303–318, juris Rn. 34; MK-BGB/Kieninger, § 398 Rn. 137.
524 BGH, 17.03.2011 – IX ZR 63/10, ZInsO 2011, 778, 780 Rn. 29.
525 MK-BGB/Kieninger, § 398 Rn. 137.
526 BGH, 08.10.1986 – VIII ZR 342/85, BGHZ 98, 303–318, juris Rn. 35.

in Höhe des Wertes der Vorbehaltsware«[527] erfolgt. Eine hinreichende Bestimmbarkeit der vorausabgetretenen künftigen Forderungen hat der BGH auch angenommen, wenn bei Veräußerung des neuen Gegenstandes anstelle des Miteigentums des Vorbehaltsverkäufers die Abtretung der Forderung in dem Umfange treten soll, *»der dem Anteilswert des Verkäufers am Miteigentum entspricht«.*[528]

460 Beim erweiterten Eigentumsvorbehalt in der Form des Kontokorrentvorbehalts[529] ist der Umfang der in Zukunft übergehenden Forderung in abstrakter Form ebenfalls bereits rechtlich bindend festgelegt, die abgetretenen Forderungen sind bestimmbar.[530] Die Formulierung, dass *»die derzeitigen und künftigen Forderungen gegen die... zur Sicherung aller bestehenden und bedingten Ansprüche aus der Geschäftsverbindung [abgetreten sind]«*, genügt dem Bestimmtheitsgrundsatz.[531]

461 Eine ausdrückliche **Freigaberegelung für den Fall der Übersicherung** ist nicht Wirksamkeitsvoraussetzung für die formularmäßige Vereinbarung eines verlängerten oder erweiterten Eigentumsvorbehalts.[532]

462 Für die Wirksamkeit der Abtretung ist weder erforderlich, dass die Abtretung dem Abnehmer des Vorbehaltskäufers angezeigt wurde, noch bedarf die Abtretung seiner Zustimmung.[533]

463 Ist zwischen dem Vorbehaltskäufer und dem Abnehmer ein Abtretungsverbot (§ 399 BGB) vereinbart, ist die Vorausabtretung unwirksam und es liegt keine Veräußerung im ordnungsgemäßen Geschäftsverkehr vor, es sei denn, das Rechtsgeschäft, das die Forderung begründet hat, ist ein beiderseitiges Handelsgeschäft (§ 354a Abs. 1 HGB).[534]

(2) Verfügung oder »sonstiger Rechtserwerb«

464 Wird ein allgemeines Verfügungsverbot oder ein Zustimmungsvorbehalt angeordnet, greift das Verfügungsverbot des § 81 Abs. 1 InsO über § 24 Abs. 1 InsO im Eröffnungsverfahren.

465 Nach der Rechtsprechung des BGH hindert indessen die Anordnung von Verfügungsbeschränkungen im Eröffnungsverfahren den Erwerb einer zuvor abgetretenen, erst nach Anordnung entstandenen Forderung des Schuldners nicht. Zur Begründung

527 BGH, 23.10.1963 – VIII ZR 150/62, NJW 1964, 149, 150; 24.04.1968 – VIII ZR 94/66, NJW 1968, 1516, 1519.
528 BGH, 14.05.1975 – VIII ZR 254/73, NJW 1975, 1226, 1227.
529 S. dazu oben Rdn. 426.
530 BGH, 17.03.2011 – IX ZR 63/10, ZInsO 2011, 778, 781 Rn. 42.
531 OLG Köln, 30.04.2008 – 2 U 19/07, ZInsO 2008, 622, 625 zur Globalzession.
532 BGH, 10.01.2013 – IX ZR 161/11, ZInsO 2013, 551, 552 Rn. 13.
533 OLG Köln, 30.04.2008 – 2 U 19/07, ZInsO 2008, 622, 625. Die Revision gegen dieses Urteil wurde vom BGH, 22.10.2009 – IX ZR 90/08, ZInsO 2009, 2347 ff., zurückgewiesen.
534 BGH, 03.12.1987 – VII ZR 374/86, NJW 1988, 1210, 1213; Uhlenbruck/Brinkmann, § 48 InsO Rn. 28; MK-InsO/Ganter, § 47 Rn. 200-205.

wird unter Bezugnahme auf eine zu § 106 KO ergangene grundlegende Entscheidung aus dem Jahre 1997[535] darauf verwiesen, dass die **Verfügungsbefugnis des Zedenten** zum Zeitpunkt des Entstehens der Forderung nicht mehr vorliegen müsse. Es genüge, wenn sie beim letzten Teilakt der Verfügung vorgelegen habe. Die Abtretung einer zukünftigen Forderung enthalte bereits selbst alle Merkmale, aus denen der Übertragungstatbestand bestehe; das Entstehen der Forderung gehöre sogar dann nicht dazu, wenn noch nicht einmal der Rechtsgrund für sie gelegt sei.[536] Diese Grundsätze gelten selbst dann, wenn die Abtretung unter einer aufschiebenden Bedingung erfolgt und der Schuldner am Eintritt der Bedingung mitwirken muss.[537]

Es sei auch kein unabweisbares Bedürfnis zu erkennen, den Rechtserwerb des Zessio- **466**
nars in Fällen dieser Art der Vorschrift des § 81 InsO zu unterstellen und ihn somit scheitern zu lassen. Ein angemessener Schutz der übrigen Insolvenzgläubiger werde durch die Möglichkeit der Anfechtung nach §§ 143, 140, 130 Abs. 1 Satz 1 Nr. 2 InsO[538] erreicht. I.Ü. könne die Fortdauer der Weiterveräußerungsermächtigung bei einem verlängerten Eigentumsvorbehalt nicht gerechtfertigt werden, wenn dem Vorbehaltsverkäufer nicht als Ausgleich ein insolvenzfestes Recht an der eingezogenen Forderung oder dem Veräußerungserlös zuwachsen würde.[539]

Diese Rechtsprechung ist in der Literatur auf Ablehnung gestoßen.[540] Es wird darauf **467**
hingewiesen, dass es jedenfalls der älteren BGH-Rspr. entspreche, dass »...die Verfügungsbefugnis noch zur Zeit des Eintritts des letzten Tatbestandsmerkmals gegeben sein...« müsse, »...bei Abtretung künftig entstehender Forderungen noch zur Zeit der Forderungsentstehung...«.[541] Zum anderen wird der **Zweck des vorläufigen Insolvenzverfahrens**, die künftige Masse zu sichern, angeführt. Gerade im Rahmen der Betriebsfortführung sei die entsprechende Anwendung der §§ 24, 81 InsO zwingend notwendig, da anderenfalls die gesetzlich gewollte Fortführungsverpflichtung massiv gefährdet und belastet werde.[542] Demgegenüber weist das OLG Köln darauf hin, dass dem Gesetzgeber spätestens mit der Entscheidung des BGH aus dem Jahre 1997 die Problematik des Verhältnisses zwischen einer Vorausverfügung durch den

---

535 BGH, 21.03.1997 – IX ZR 71/96, BGHZ 135, 140 ff.

536 BGH, 22.10.2009 – IX ZR 90/08, ZInsO 2009, 2336, 2337 f. Rn. 7 ff.

537 BGH, 10.12.2009 – IX ZR 1/09, ZInsO 2010, 133, 135 f. Rn. 26; s.a. Gehrlein, WM 2014, 485 ff.

538 Vgl. dazu unter Rdn. 526 ff.

539 BGH, 22.10.2009 – IX ZR 90/08, ZInsO 2009, 2336, 2338 Rn. 17.

540 HK-InsO/Laroche, § 24 Rn. 8 spricht von einer »formal konstruierten« Ansicht des BGH; krit. auch Schäfer, Die Wirkungen der Insolvenzeröffnung, Rn. 127 ff.; vgl. zum Streitstand HambKomm-InsR/Kuleisa, § 81 InsO Rn. 11 und K. Schmidt/Sternal, § 81 InsO Rn. 11.

541 HambKomm-InsR/Schröder, § 24 InsO Rn. 9.

542 MK-InsO/Schildt, § 24 Rn. 14; HambKomm-InsR/Schröder, § 24 InsO Rn. 9; K. Schmidt/Hölzle, § 24 InsO Rn. 11; Mohrbutter/Ringstmeier/Meyer/Hauser, Hdb. Insolvenzverwaltung, Kap. 4 Rn. 54.

Schuldner und der Anordnung der Verfügungsbeschränkung bekannt war. Gleichwohl ist § 24 InsO weder bis zum Inkrafttreten der InsO noch danach geändert worden.[543]

468 Fasst man die Forderungsentstehung bei **Vorausabtretung** mit der Rechtsprechung als **sonstigen Rechtserwerb** i.S.v. § 91 InsO auf,[544] so ist der Sicherheitenaustausch trotz Anordnung einer Verfügungsbeschränkung wirksam. § 91 InsO, der den Erwerb von Rechten an den Gegenständen der Insolvenzmasse nach Eröffnung des Insolvenzverfahrens für unwirksam erklärt, ist im Eröffnungsverfahren weder kraft gesetzlicher Verweisung noch analog anwendbar.[545]

469 Die Erstreckung der Sicherheit auf die im Antragsverfahren entstandenen Forderungen unterliegt dann jedoch der Insolvenzanfechtung nach § 130 Abs. 1 Satz 1 Nr. 2 InsO.[546] Der vorläufige Insolvenzverwalter sollte daher seine Bestellung schnellstmöglich allen Geschäftspartnern des Schuldners mitteilen, um die erforderliche Kenntnis der Vorbehaltslieferanten von dem Eröffnungsantrag herbeizuführen. Soweit sich die Abtretung auf die Höhe der von dem Vorbehaltslieferanten hinsichtlich der weiterveräußerten Waren fakturierten Beträge bezieht, fehlt es i.d.R. allerdings an einer objektiven Gläubigerbenachteiligung, weil lediglich ein unmittelbarer Sicherheitentausch vorliegt, der die Gläubiger nicht benachteiligt.[547] Etwas anderes gilt hinsichtlich der vom Vorbehaltskäufer aufgeschlagenen Marge, denn insoweit lag mit dem Eigentumsvorbehalt noch keine Sicherung vor. Diese wird erst mit dem Entstehen der abgetretenen Forderung begründet, wodurch die Gläubiger objektiv benachteiligt werden.[548]

bbb) Herstellerklausel

470 Bei Vereinbarung einer sog. **Verarbeitungs- oder Herstellerklausel** erwirbt der Lieferant nur das Sicherungseigentum oder ein diesem ähnliches Recht an der erstellten Sache. Da der BGH die Verarbeitungsklausel nicht rechtsgeschäftlich qualifiziert, sondern sie nur bei der Antwort auf die Frage berücksichtigt, wer nach der Lebensanschauung Hersteller i. S. v. § 950 BGB ist,[549] scheitert der Erwerb von Sicherungseigentum an den neu hergestellten Sachen nicht an §§ 24 Abs. 1, 81 Abs. 1 InsO. Es liegt vielmehr ein **sonstiger Rechtserwerb** i.S.d. § 91 Abs. 1 InsO vor,[550] der im Eröffnungsverfahren ohne weiteres möglich ist.

---

543 OLG Köln, 30.04.2008 – 2 U 19/07, ZInsO 2008, 622, 626.

544 S. dazu auch BGH, 22.04.2010 – IX ZR 8/07, ZInsO 2010, 1001, 1002 Rn. 9.

545 BGH, 10.12.2009 – IX ZR 1/09, ZInsO 2010, 133, 136 Rn. 27; 22.10.2009 – IX ZR 90/08, ZInsO 2009, 2336, 2338 Rn. 15.

546 BGH, 17.03.2011 – IX ZR 63/10, ZInsO 2011, 778, 780 f. Rn. 33 ff.; OLG Köln, 30.04.2008 – 2 U 19/07, ZInsO 2008, 622, 626 f.; s. hierzu die Ausführungen ab Rdn. 535.

547 BGH, 26.04.2012 – IX ZR 67/09, ZInsO 2012, 1429, 1432 Rn. 26; 17.03.2011 – IX ZR 63/10, ZInsO 2011, 778, 780 Rn. 32, vgl. dazu und zu dem Fall des verlängerten Eigentumsvorbehalts mit Herstellerklausel auch unter Rdn. 542 f.

548 BGH, 17.03.2011 – IX ZR 63/10, ZInsO 2011, 778, 780 Rn. 33 sowie unten Rdn. 544.

549 BGH, 03.03.1956 – IV ZR 334/55, BGHZ 20, 159, 163 f.

550 Jaeger/Henckel/Windel, § 91 InsO Rn. 29; A/G/R-Piekenbrock, § 91 InsO Rn. 7.

Sieht man dagegen in der Vereinbarung eines verlängerten Eigentumsvorbehalts mit Verarbeitungsklausel eine Kombination aus einfachem Eigentumsvorbehalt und vorweggenommener Sicherungsübereignung[551] und geht zugleich davon aus, dass die Verfügungsmacht noch im Zeitpunkt der Entstehung der antizipiert übereigneten Sachen bestehen muss,[552] kann der Lieferant durch die Verarbeitung nach Anordnung von Verfügungsbeschränkungen kein Sicherungseigentum erwerben. Nach anderer Auffassung bleiben Sicherungsübereignungen des Schuldners wirksam, wenn der Schuldner das Sicherungsgut nach Anordnung der vorläufigen Insolvenzverwaltung, aber vor Insolvenzeröffnung erwirbt.[553] **471**

Eine Anfechtung der Verarbeitung nach § 130 Abs. 1 Satz 1 Nr. 2 InsO kommt in Betracht, soweit das Sicherungseigentum an der neu hergestellten Sache den Wert der Vorbehaltsware übersteigt, da insoweit nicht lediglich ein Sicherheitentausch vorliegt.[554] **472**

cc) Konsequenzen

Es bleibt also festzuhalten, dass die Verarbeitung/Veräußerung von Vorbehaltsware nach Anordnung der vorläufigen »starken« Insolvenzverwaltung oder eines Zustimmungsvorbehalts **regelmäßig nicht mehr im ordnungsgemäßen Geschäftsgang** erfolgt, weil der Vorbehaltslieferant entweder keine Ersatzsicherheit mehr erlangen kann[555] oder diese i.H.d. durch den Schuldner erzielten Marge unter den Voraussetzungen von § 130 Abs. 1 Satz 1 Nr. 2 InsO anfechtbar[556] ist. **473**

An einer Veräußerung im ordnungsgemäßen Geschäftsverkehr fehlt es auch, wenn der Schuldner oder der vorläufige Insolvenzverwalter die Vorbehaltsware gegen Barzahlung veräußern[557] oder die Vorbehaltsware weit unter Wert veräußert wird.[558] In diesen Fällen würde der Vorbehaltslieferant seine Sicherheit (ganz bzw. teilweise) ersatzlos verlieren.[559] **474**

---

551 MK-InsO/Ganter, § 47 Rn. 136 ff., 142 ff.; Grüneberg/Herrler, § 950 BGB Rn. 9; Schmidt/Büchler, InsbürO 2006, 442, 445; vgl. zum Streitstand: Uhlenbruck/Brinkmann, § 47 InsO Rn. 39.

552 S. Simokat, NZI 2012, 57, 61 f.

553 HambKomm-InsR/Scholz, § 51 InsO Rn. 10.

554 S. dazu unter Rdn. 542 f.

555 So OLG Naumburg, 23.03.2008 – 5 U 19/08, ZInsO 2008, 1022, 1023; OLG Dresden, 26.01.2006 – 13 U 1924/05, ZInsO 2006, 1057, 1058.

556 BGH, 26.04.2012 – IX ZR 67/09, ZInsO 2012, 1429, 1433 Rn. 33.

557 Jaeger/Henckel, § 48 InsO Rn. 51.

558 BGH, 05.11.1969 – VIII ZR 247/67, LM Nr. 23 zu § 455 BGB; MK-InsO/Ganter, § 47 Rn. 155; Grüneberg/Ellenberger, § 185 BGB Rn. 9.

559 Eine Ersatzaussonderung bar gezahlten Geldes kommt in Betracht, wenn der konkrete Geldbetrag getrennt von anderem Bargeld verwahrt wird oder auf kreditorisch geführte Konten eingezahlt wurde, vgl. BGH, 24.01.2019 – IX ZR 110/17, ZInsO 2019, 563, 573 Rn. 81 ff.; vgl. zur Ersatzaussonderung auch Saenger/Scholz, NZI 2021, 561 ff. und eingehend BeckOK InsR/Haneke, InsO § 48 Rn. 1 ff.

c) Verarbeitungs-/Veräußerungsbefugnis aufgrund einer Anordnung nach § 21 Abs. 2 Satz 1 Nr. 5 InsO?

475 Umstritten war bislang, ob eine Weiterverarbeitung und Weiterveräußerung aufgrund einer Anordnung des Insolvenzgerichts nach § 21 Abs. 2 Satz 1 Nr. 5 InsO zulässig ist.[560]

476 § 21 Abs. 2 Satz 1 Nr. 5 InsO eröffnet die Möglichkeit, im Antragsverfahren einen Verwertungsstopp für künftiges Aus- und Absonderungsgut anordnen zu lassen.[561] Ferner kann dem Schuldner oder vorläufigen Verwalter durch gerichtliche Sicherungsanordnung die Nutzungsbefugnis für diese Gegenstände eingeräumt werden, sofern die Sachen für die Betriebsfortführung von erheblicher Bedeutung sind.

477 Die **Nutzungsbefugnis** nach § 21 Abs. 2 Satz 1 Nr. 5 InsO erstreckt sich nach der Gesetzesbegründung jedoch nicht auf das Recht zur Weiterveräußerung, Verarbeitung und sonstigen Verwertung des Vorbehaltsgutes. Eine Nutzung – als Minus der Verwertung – liegt danach nur vor, solange die Sache als solche erhalten bleibt und nicht im Rahmen der Verwendung verbraucht wird.[562]

478 Ob das Insolvenzgericht dennoch gegen den erklärten Willen des Gesetzgebers gem. § 21 Abs. 2 Satz 1 Nr. 5 InsO berechtigt ist, den vorläufigen Insolvenzverwalter zu ermächtigen, zur Sicherung oder unter Eigentumsvorbehalt übereignetes Umlaufvermögen zu verwerten, ist in der Literatur streitig. Dafür wird vorgebracht, unter Eigentumsvorbehalt bezogene Rohstoffe oder Fertigware müssten in dem Betrieb »verbraucht« werden, wenn er wirtschaftlich sinnvoll fortgeführt werden soll. Ein derartiger Verbrauch sei daher zulässig, jedoch nur, wenn dem Vorbehaltsverkäufer ein adäquater Gegenwert zufließe, wie dies beim verlängerten Eigentumsvorbehalt mit der Forderung aus der Veräußerung der Vorbehaltsware der Fall sei.[563] Weiterverarbeitung und Weiterveräußerung seien danach von der Anordnung nach § 21 Abs. 2 Satz 1 Nr. 5 InsO gedeckt unter der Voraussetzung, dass das Sicherungsrecht des Vorbehaltsverkäufers nicht beeinträchtigt werde.[564] Der BGH hat allerdings zwischenzeitlich klargestellt, dass für eine analoge oder erweiternde Auslegung der Regelung in diesem Sinne kein Raum ist. Neben dem ausdrücklich erklärten Willen des Gesetzgebers spricht der Wortlaut des Gesetzes gegen diese Möglichkeit. Denn die

---

560 Vgl. dazu Andres/Hees, NZI 2011, 881 ff.

561 Nach BGH, 03.12.2009 – IX ZR 7/09, ZInsO 2010, 136, 137 f. Rn. 19 ff. ist eine individualisierende Anordnung erforderlich, formularmäßige Pauschalanordnungen, die auf die erforderliche Prüfung der gesetzlichen Voraussetzungen verzichten, sind unzulässig und unwirksam.

562 BT-Drucks. 16/3227 S. 15 f.; vgl. BGH, 24.01.2019 – IX ZR 110/17, ZInsO 2019, 563, 567 Rn. 34; 08.09.2016 – IX ZR 52/15, ZInsO 2016, 2201, 2202 Rn. 8; 08.03.2012 – IX ZR 78/11, ZInsO 2012, 701, 703 Rn. 23; HambKomm-InsR/Schröder, § 21 InsO Rn. 82; Uhlenbruck/Langer, § 21 InsO Rn. 38j; HK-InsO/Laroche, § 21 Rn. 46; i.E. wohl auch A/G/R-Harms, § 21 InsO Rn. 49; Sinz/Hiebert, ZInsO 2011, 798.

563 Ganter, NZI 2007, 549, 554.

564 MK-InsO/Schildt, § 21 Rn. 101; K. Schmidt/Hölzle, § 21 InsO Rn. 75a.

Vorschrift regelt allein die Folgen der Nutzung fremden Eigentums und der Einziehung abgetretener Forderungen, nicht aber die Folgen einer Verarbeitung oder einer Veräußerung fremden Eigentums.[565]

In Anbetracht dessen sollte sich der vorläufige Insolvenzverwalter schon aus Haftungsgründen um eine entsprechende Vereinbarung mit dem betroffenen Vorbehaltslieferanten bemühen, an der dieser zur Vermeidung von Wertverlusten am Sicherungsgut regelmäßig auch ein Interesse hat.[566] 479

d) Verwertungsvereinbarung

aa) Zulässigkeit

Der vorläufige Insolvenzverwalter kann mit dem Lieferanten eine **Verwertungsvereinbarung** treffen, die die Modalitäten, zu denen er die Vorbehaltsware im Antragsverfahren verarbeiten und weiterveräußern darf, regelt, bzw. einer Verwertungsvereinbarung des Schuldners mit dem Lieferanten zustimmen. Die Verwertung im Insolvenzeröffnungsverfahren ist dann »berechtigt«. Der »schwache« vorläufige Insolvenzverwalter muss für den Abschluss der Verwertungsvereinbarung eine Einzelermächtigung des Insolvenzgerichts einholen.[567] 480

Ist die Verwertungsbefugnis des Schuldners infolge Widerrufs oder aus einem sonstigen Grund erloschen, ist der vorläufige Verwalter auf den Abschluss einer Verwertungsvereinbarung mit den Lieferanten angewiesen, wenn er die sich beim Schuldner befindliche Vorbehaltsware für die Betriebsfortführung einsetzen will. 481

Inhaltlich ist der vorläufige Verwalter in der Gestaltung der Verwertungsvereinbarung grds. frei. Der Verwertungserlös wird dann entsprechend der Verwertungsvereinbarung abgerechnet. Grenzen bilden die nach Verfahrenseröffnung entstehenden Kostenpauschalen, da eine Anfechtung der Verwertungsvereinbarung in Betracht kommt, wenn der Massebeitrag ohne sachlichen Grund unter dem im eröffneten Verfahren zu erzielenden Betrag liegt. 482

Nach der höchstrichterlichen Rechtsprechung sind Verwertungsvereinbarungen so auszulegen, dass dem Absonderungsberechtigten im Wege der Abtretung ein dingliches Recht am Erlös eingeräumt wird.[568] 483

565 BGH, 24.01.2019 – IX ZR 110/17, ZInsO 2019, 563, 567 Rn. 34; K/P/B/Blankenburg, § 21 InsO Rn. 226.

566 BGH, 07.02.2013 – IX ZR 75/12, ZInsO 2013, 671, 672 Rn. 16; HambKomm-InsR/Schröder, § 21 InsO Rn. 85; Uhlenbruck/Langer, § 21 InsO Rn. 38j; Andres/Hees, NZI 2011, 881, 883 f.

567 HambKomm-InsR/Scholz, § 48 InsO Rn. 37.

568 BGH, 04.12.2003 – IX ZR 222/02, ZInsO 2004, 151, 152 zum Vermieterpfandrecht.

bb) Anfechtungsrelevanz

484 Eine **Anfechtung der Verwertungsvereinbarung** wird in der Regel nicht in Betracht kommen, da der vorläufige Insolvenzverwalter nur zustimmen wird, wenn die Masse nicht schlechter gestellt wird, als bei einer Verwertung im eröffneten Insolvenzverfahren. Dann fehlt es an einer objektiven Gläubigerbenachteiligung.[569]

485 Anders ist dies, wenn die Massebeiträge nach der Verwertungsvereinbarung geringer sind als bei einer Verwertung nach Verfahrenseröffnung und dies nicht durch einen **sachlichen Grund** gerechtfertigt ist. Ein sachlicher Grund für die geringeren Massebeiträge kann die Gefährdung der Betriebsfortführung sein, weil Alternativen zu dem Lieferanten nicht oder nur verzögert ausgemacht werden können, dieser eine Monopolstellung oder eine sonstige Schlüsselposition innehat. Darüber hinaus wird man hier die von der Rechtsprechung entwickelten Grundsätze zum Schutz des Vertrauens von Gläubigern bei der Begleichung von Altforderungen im Insolvenzeröffnungsverfahren heranziehen können.[570]

486 Ist die Vereinbarung **insolvenzzweckwidrig**, muss die gesamte im Insolvenzeröffnungsverfahren zwischen dem vorläufigen Verwalter und dem Sicherungsgläubiger getroffene Vereinbarung über die Verwertung der Sicherheiten »rückabgewickelt« werden.[571]

4. Das Schicksal der Einziehungsermächtigung im Eröffnungsverfahren

a) Grundsatz: Fortbestand der Einziehungsermächtigung

487 Die dem Schuldner erteilte Einziehungsermächtigung gilt – soweit sie nicht vom Vorbehaltsverkäufer widerrufen wird – bis zur Insolvenzeröffnung weiter. Dies entsprach schon früher herrschender Auffassung, war aber zunächst umstritten.[572] Der BGH hat indessen klargestellt, dass hieran auch mit Blick auf die mit Wirkung v. 01.07.2007 eingeführte Vorschrift des § 21 Abs. 2 Satz 1 Nr. 5 InsO, nach welcher das Insolvenzgericht anordnen kann, dass abgetretene Forderungen nicht vom Gläubiger, sondern vom vorläufigen Insolvenzverwalter eingezogen werden, festzuhalten ist.[573]

488 Ein Vorbehaltsverkäufer kann einen gegen den Käufer gestellten Insolvenzantrag zum Anlass nehmen, die Einziehungsermächtigung zu widerrufen.[574] Der **Widerruf der Einziehungsermächtigung** kann ggü. dem Schuldner oder dem Drittschuldner ausdrücklich oder konkludent erklärt werden.[575] Als schlüssige Widerrufserklärung kom-

---

569 HambKomm-InsR/Scholz, § 48 InsO Rn. 37.

570 MK-InsO/Kern, Vorbem. vor §§ 166 – 173 Rn. 61; s. dazu unter Rdn. 597 ff.

571 MK-InsO/Kern, Vorbem. vor §§ 166 – 173 Rn. 61.

572 BGH, 06.04.2006 – IX ZR 185/04, ZInsO 2006, 544, 545 Rn. 16; 06.04.2000 – IX ZR 422/98, ZInsO 2000, 330, 332 zur Sicherungsabtretung i.R. einer Globalzession; MK-InsO/Ganter, § 47 Rn. 197, § 51 Rn. 222 m.w.N.; HK-InsO/Laroche, § 22 Rn. 15; zum Streitstand: K/P/B/Blankenburg, § 21 InsO Rn. 241.

573 BGH, 24.01.2019 – IX ZR 110/17, ZInsO 2019, 563, 566 ff. Rn. 25 ff.

574 BGH, 08.06.2010 – IX ZR 201/09, WKRS 2010, 17750 Rn. 5.

575 HambKomm-InsR/Scholz, § 48 InsO Rn. 41.

men bspw. die Offenlegung der Abtretung und Aufforderung zur Zahlung an den Absonderungsberechtigten oder die Mitteilung der Verwertungsabsicht gegenüber dem Schuldner[576] in Betracht. Das Fälligstellen der gesicherten Forderung genügt hingegen nicht.[577]

Einschränkungen des Rechts, die Einziehungsermächtigung zu widerrufen (§ 183 Satz 1 BGB) können sich generell aus Sinn und Zweck des Kaufvertrags ergeben, aufgrund dessen ein Händler Waren unter Eigentumsvorbehalt zur Weiterverarbeitung und zur Weiterveräußerung an einen Fabrikanten liefert. So ist in der Rechtsprechung anerkannt, dass der Vorbehaltsverkäufer in einem solchen Fall die Einwilligung zur Weiterveräußerung nicht nach freiem Belieben widerrufen und dadurch dem Vorbehaltskäufer den von beiden Parteien als Zweck des Vertrags gebilligten Warenumschlag unmöglich machen kann und darf. Der Vorbehaltskäufer muss sich vielmehr bei seinen Dispositionen darauf verlassen können, dass die Einwilligung des Verkäufers zu einer Weiterveräußerung der Ware Bestand hat, solange er (Vorbehaltskäufer) selbst sich vertragsgemäß verhält. Ebenso kann sich im Einzelfall aus der Vereinbarung einer stillen Zession ergeben, dass ein Recht zum Widerruf der Einziehungsermächtigung und zur Offenbarung der Zession gegenüber dem Drittschuldner erst in dem Moment entstehen soll, in welchem der Vertragspartner sich selbst vertragswidrig verhält.[578] Dann kommt ein Widerruf erst bei Missachtung des Sicherungsinteresses des Vorbehaltsverkäufers in Betracht. Warenkreditgebern ist bei verlängertem Eigentumsvorbehalt mithin zu raten, die Voraussetzungen für eine Abtretungsanzeige (vgl. § 409 Abs. 1 Satz 2 BGB) wie für einen Widerruf ihrer Einziehungsermächtigung vorab präzise zu bestimmen.[579] 489

Eine Regelung in AGB, die vorsieht, dass der Widerruf mit Eintritt der Krise oder Insolvenzantragstellung als ausgesprochen gilt, ist unwirksam.[580] Eine – auch konkludent getroffene – **Individualvereinbarung**, wonach die Einziehungsermächtigung im Falle eines gegen die Schuldnerin gestellten Insolvenzantrags nicht mehr gelten soll, ist hingegen rechtsbedenkenfrei.[581] 490

In Betracht kommt andererseits auch eine **Genehmigung des weiteren Forderungseinzugs durch schlüssiges Verhalten**. Ist der Schuldner nach den getroffenen Vereinbarungen zum Einzug der vorzedierten Forderungen aus Warenverkäufen ermächtigt, auch um diese zur Befriedigung der Forderungen des Lieferanten einsetzen zu können, und nimmt dieser in Kenntnis der bestehenden Zahlungsrückstände gleichwohl Zahlungen des Schuldners aus Veräußerungserlösen entgegen, ohne den wegen § 407 BGB wirksam erfolgten Forderungseinzug zu beanstanden und den künftigen Forderungseinzug durch ausdrücklichen Widerruf gegenüber dem Schuldner oder Offenlegung 491

576 BGH, 22.02.2007 – IX ZR 2/06, NZI 2007, 338, 339 Rn. 10 f.
577 BGH, 06.04.2006 – IX ZR 185/04, ZInsO 2006, 544, 545 Rn. 16.
578 BGH, 12.12.2019 – IX ZR 27/19, ZInsO 2020, 188, 191 Rn. 27.
579 Laukemann, LMK 2020, 432776.
580 Ganter, ZInsO 2007, 841.
581 BGH, 08.06.2010 – IX ZR 201/09, WKRS 2010, 17750 Rn. 5.

der Sicherungsabtretung gegenüber den Drittschuldnern an sich zu ziehen, genehmigt er vorausgegangene Einziehungen und stimmt der Fortsetzung dieser Übung zu.[582]

b) Besonderheiten im Antragsverfahren

492 Nach § 21 Abs. 2 Satz 1 Nr. 5 InsO kann Gläubigern verboten werden, Forderungen, die an sie zur Sicherung abgetreten sind, einzuziehen. Dadurch soll verhindert werden, dass Sicherungsgläubiger Abtretungen sofort nach dem Insolvenzantrag offenlegen und versuchen, Forderungen einzuziehen, was u.U. dazu führt, dass Drittschuldner aus Unsicherheit über die Rechtslage weder an den Zessionar noch an den vorläufigen Insolvenzverwalter zahlen.[583] Durch das **Einziehungsverbot** sollen zudem Sanierungschancen genutzt und eine möglichst optimale Verwertung der Insolvenzmasse gesichert werden.[584]

493 § 21 Abs. 2 Satz 1 Nr. 5 Satz 3 InsO setzt konkludent voraus, dass jeder vorläufige Insolvenzverwalter – auch der »schwache« – sicherungshalber abgetretene Forderungen aufgrund eines an den Gläubiger gerichteten Verwertungsverbots ohne dessen Einwilligung mit schuldbefreiender Wirkung einziehen kann.[585] Zumindest klarstellend sollte das Insolvenzgericht dennoch parallel zu dem Einziehungsverbot für den Sicherungsgläubiger die Einziehungsbefugnis des vorläufigen Insolvenzverwalters anordnen.[586] Die Einziehungsbefugnis schafft im Rahmen eines laufenden Geschäftsbetriebs den eindeutigen rechtlichen Rahmen für den Eintritt der Erfüllungswirkung seitens der Drittschuldner.[587]

494 Zieht der vorläufige Insolvenzverwalter aufgrund richterlicher Ermächtigung nach § 21 Abs. 2 Satz 1 Nr. 5 InsO eine zur Sicherheit abgetretene Forderung ein, gilt § 170 Abs. 1 Satz 2 InsO entsprechend. Die Vorschrift gewährt einen Anspruch auf Auskehr des Erlöses abzgl. der Feststellungs- und der Verwertungspauschale. Es handelt sich nicht bloß um eine Masseverbindlichkeit nach § 55 Abs. 1 Nr. 1 InsO, vielmehr setzt sich das Absonderungsrecht (§ 51 Nr. 1 InsO) am Erlös fort, soweit sich dieser noch unterscheidbar in der Masse befindet.[588] Auch bei Massearmut kann der Sicherungsnehmer folglich Herausgabe des Erlöses (abzgl. der Pauschalen) bis zur Höhe der gesicherten Forderung verlangen.[589]

---

582 BGH, 12.02.2015 – IX ZR 180/12, ZInsO 2015, 628, 629 f. Rn. 14.

583 Vgl. Strotmann/Tetzlaff, ZInsO 2011, 559, 560.

584 BGH, 24.01.2019 – IX ZR 110/17, ZInsO 2019, 563, 567 Rn. 31; HambKomm-InsR/Schröder, § 21 InsO Rn. 86; FK-InsO/Schmerbach, § 21 Rn. 237.

585 Uhlenbruck/Langer, § 21 InsO Rn. 38d; HK-InsO/Laroche, § 21 Rn. 42.

586 HambKomm-InsR/Schröder, § 21 InsO Rn. 86; Uhlenbruck/Langer, § 21 InsO Rn. 38d.

587 MK-InsO/Schildt, § 21 Rn. 104.

588 BGH, 24.01.2019 – IX ZR 110/17, ZInsO 2019, 563, 569 Rn. 42 ff. (auch zur Darlegungs- und Beweislast); Kayser, WM 2019, Sonderbeil. Nr. 2, 3, 5 f.

589 BGH, 21.01.2010 – IX ZR 65/09, ZInsO 2010, 714, 719 Rn. 38 ff.; s. zu § 170 InsO auch Ganter, ZInsO 2016, 2119 ff.

c) *Anfechtungsrelevanz*

Widerruft der Vorbehaltslieferant die Einziehungsermächtigung des Schuldners und zieht der vorläufige Insolvenzverwalter gleichwohl Forderungen ein, obwohl es an einer gerichtlichen Anordnung oder Verwertungsvereinbarung fehlt, ist der Forderungseinzug »unberechtigt« und die Erlöse sind analog § 48 InsO an den Absonderungsberechtigten auszukehren.[590] Voraussetzung für ein Ersatzabsonderungsrecht ist, dass die Einziehung gegenüber dem Absonderungsberechtigten wirksam ist, der Drittschuldner mithin befreiend an Schuldner oder Insolvenzverwalter geleistet hat. Denn nur bei einer wirksamen Veräußerung an einen Dritten werden die Absonderungsrechte vereitelt.[591] Zieht der insolvente Kunde die an seinen Lieferanten sicherungshalber abgetretenen Forderungen ein und gelangt das Geld, das dem Lieferanten zusteht, in die Insolvenzmasse, scheidet ein bereicherungsrechtlicher Anspruch des Lieferanten (§ 816 Abs. 2 BGB) aus. Ein originär insolvenzrechtlicher Anspruch (§ 48 Satz 2 InsO analog) besteht nur, wenn der Lieferant dem Drittschuldner die Abtretung angezeigt und der Drittschuldner diese Anzeige als »vertrauenswürdig« angesehen hat (§ 407 Abs. 1 BGB).[592] Lieferanten sind daher gut beraten, von § 409 Abs. 1 Satz 2 BGB Gebrauch zu machen, also sich von dem Schuldner schon bei Vertragsschluss eine Abtretungsanzeige aushändigen zu lassen und diese dem Schreiben, mit dem sie dem Drittschuldner die Abtretung offenlegen, beizufügen.[593] Die Wirksamkeit des Forderungseinzugs kann der Vorbehaltslieferant nach Eröffnung des Insolvenzverfahrens nicht durch eine nachträgliche Genehmigung herbeiführen. Dem steht § 91 Abs. 1 InsO entgegen, weil die Genehmigung dazu führen würde, dass der Vorbehaltslieferant, der seine Kaufpreisforderung nur zur Tabelle anmelden kann, auf den in der Masse befindlichen Kaufpreis zum Nachteil der anderen Insolvenzgläubiger zugreifen könnte.[594] **495**

Zur Vermeidung von Haftungslagen[595] wird bereits der vorläufige Insolvenzverwalter anhand der vom BGH aufgestellten »Checkliste« sorgfältig zu prüfen haben, ob eine Ersatzabsonderung in Betracht kommt, und den Erlös ggf. separieren, um etwaige Ansprüche des Sicherungszessionars befriedigen zu können.[596] **496**

Da ein **Ersatzabsonderungsrecht** die Gläubigerbenachteiligung ausschließt,[597] kommt eine Anfechtung insoweit nicht in Betracht. **497**

590 BGH, 12.12.2019 – IX ZR 27/19, ZInsO 2020, 188, 189 Rn. 7; 24.01.2019 – IX ZR 110/17, ZInsO 2019, 563, 566 Rn. 19.

591 BGH, 12.12.2019 – IX ZR 27/19, ZInsO 2020, 188, 189 Rn. 8.

592 S. dazu BGH, 18.03.2004 – IX ZR 177/03, NJW-RR 2004, 1145, 1148.

593 Fuchs, GWR 2020, 97.

594 BGH, 12.12.2019 – IX ZR 27/19, ZInsO 2020, 188, 192 Rn. 38 f.

595 Zur Haftung des vorläufigen Insolvenzverwalters über das Vermögen eines Unternehmensträgers vgl. BGH, 21.03.2024 – IX ZR 12/22, ZInsO 2024, 1316 ff.

596 Smid, ZInsO 2020, 1573, 1577 f.

597 BGH, 19.01.2006 – IX ZR 154/03, ZInsO 2006, 493, 495 Rn. 17.

498 Zieht der vorläufige Insolvenzverwalter zur Sicherheit abgetretene Forderungen ohne gerichtliche Anordnung aufgrund der nicht widerrufenen Einziehungsbefugnis des Schuldners ein, erwerben die Absonderungsberechtigten weder Ersatzabsonderungsrechte analog § 48 InsO noch Rechte aus § 170 Abs. 1 InsO am Erlös und verlieren daher ihre Sicherheiten;[598] der Erlös fällt in die freie Masse. Wird der Erlös an den Lieferanten weitergeleitet, kommt unter den Voraussetzungen des § 130 Abs. 1 Satz 1 Nr. 2 InsO eine Anfechtung in Betracht,[599] sofern nicht der Insolvenzverwalter durch seine Mitwirkung einen schutzwürdigen Vertrauenstatbestand begründet hat.[600]

499 Erfolgt der Forderungseinzug aufgrund einer allgemeinen gerichtlichen Ermächtigung, Forderungen des Schuldners einzuziehen, auf Veranlassung des vorläufigen Verwalters, ist dieser nach Auffassung des BGH **analog § 170 Abs. 1 Satz 2 InsO** verpflichtet, die eingezogenen Beträge an den Absonderungsberechtigten auszukehren.[601]

5. Handlungsmöglichkeiten

500 Nach der Anordnung von Sicherungsmaßnahmen haben sowohl der vorläufige Insolvenzverwalter als auch die Lieferanten einige Dinge im Zusammenhang mit etwa am Schuldnervermögen bestehenden Sicherungsrechten zu beachten.

a) Maßnahmen nach Anordnung einer vorläufigen Verwaltung

501 Unverzüglich nach Anordnung einer Maßnahme nach § 21 Abs. 2 Satz 1 Nr. 1, 2 InsO hat der vorläufige Verwalter das Umlaufvermögen zu inventarisieren und den Lieferanten zuzuordnen, damit die Verwertungserlöse den richtigen Sicherungsgebern zugeordnet werden zu können (**Bestimmung der »Altware«**).

502 Dies ist durch eine lieferantenbezogene Inventur sicherzustellen. Dabei müssen eventuell vereinbarte Eigentumsvorbehaltsrechte sowie sonstige Sicherheiten geprüft und berücksichtigt werden.[602] Gegebenenfalls sind mit den Sicherheitengläubigern Vereinbarungen über den Einsatz und die Verwendung der Sicherheiten für die Fortführung des Betriebes zu treffen.[603]

503 Bei der Betriebsfortführung ist weiter danach zu differenzieren und zu dokumentieren, welche Forderungen aus dem Verkauf von Ware stammen, die mit Zustimmung des vorläufigen Verwalters erworben wurde (**Verwalterware**), und welche Forderungen aus dem Verkauf von Vorbehaltsgut, das vor Antragstellung vom Schuldner gekauft wurde (**Altware**), entstehen. Praktisch kann die Trennung anhand eines geeigneten

598 HK-InsO/Lohmann, § 48 Rn. 19.

599 BGH, 06.04.2006 – IX ZR 185/04 Rn. 18, ZInsO 2006, 544, 545.

600 S. dazu Rdn. 598 ff.

601 BGH, 21.01.2010 – IX ZR 65/09, ZInsO 2010, 714, 717 ff. Rn. 30 ff.; HambKomm-InsR/Scholz, § 48 InsO Rn. 86; krit: Smid, DZWIR 2010, 309 ff.; Gundlach/Frenzel/Jahn, NZI 2010, 336 ff.

602 Verhoeven in: Theiselmann, Praxishandbuch Restrukturierungsrecht, 4. Abschn., Kap. 18 Rn. 12; Braun/Kupka, InsbürO 2007, 242, 244 f.

603 S.o. Rdn. 480 ff.

Warenwirtschaftssystems erfolgen. Fehlt ein solches, empfehlen sich getrennte Warenlager oder unterschiedliche (farbliche) Markierung der Waren.

Die Feststellung, an wen und zu welchem Preis die von den verschiedenen Lieferanten bezogenen Produkte verkauft worden oder in welcher Höhe sie in einem anerkannten Saldo aufgegangen sind, sowie die Zuordnung zu den Sicherungsrechten der Lieferanten kann ebenfalls durch ein Warenwirtschaftssystem, durch Vergleich der Lieferscheine, der Remittendenfakturen oder die regelmäßig für die Abnehmer zu erstellenden Sammelrechnungen sowie unter Heranziehung der entsprechenden Debitorenkonten getroffen werden. 504

Für die Forderungen, die aus der Veräußerung von »Altware« entstehen, sind in der Buchhaltung des Schuldners andere (neue) Nummernkreise zu vergeben, die sich von den Nummernkreisen unterscheiden, die für die Forderungen vergeben sind, die bereits bei Anordnung der vorläufigen Verwaltung entstanden und fakturiert waren. Für die Forderungen, die aus dem Verkauf von »Verwalterware« entstehen, ist ein weiterer neuer Nummernkreis zu vergeben. 505

Forderungen, die bereits vor Anordnung der vorläufigen Verwaltung entstanden waren, unterfallen der Vorausabtretung an den Lieferanten (Altware 2). Eine Anfechtung kann nach den unter Rdn. 526 ff. dargestellten Grundsätzen erfolgen. 506

Forderungen, die aus dem Verkauf von Verwalterware (Neuware), der im Rahmen der Betriebsfortführung erfolgt ist, entstanden sind, fallen in die Masse (soweit die Neuware nicht ihrerseits unter verlängertem Eigentumsvorbehalt geliefert wurde). 507

Forderungen, die aus dem Verkauf von Altware stammen, unterfallen der Regelung einer Verwertungsvereinbarung. 508

Status bei Anordnung Sicherungsmaßnahme	Verwertung	Verwertungsergebnis	Nummernkreis	Von Abtretung erfasst	Verwertungserlös
Altware 1 (unverkauft) →	kraft Vereinbarung	**Altforderung 1** (aus Verkauf von Altware in Betriebsfortführung)	neu z.B. Nr. 200000	nein	nach Verwertungsvereinbarung
Altware 2 (vollständig verarbeitet und verkauft) →		**Altforderung 2** (aus Verkauf von Altware vor Anordnung vor. Verwaltung)	alte Nr. Kreis (schuldn. Buchhaltung) beibehalten	ja	Lieferant; Anfechtung der Sicherungsvereinbarung / Unterfallen der Forderung unter diese prüfen
Neuware (unter Mitwirkung des vorl. Verwalters erworben) →		**Neuforderung**	neu z.B. Nr. 300000	nein	Masse

Abb. 1: Übersicht: Zuordnung der Forderungen aus dem Weiterverkauf von Ware im Eröffnungsverfahren

509 Ebenso ist bei zu verarbeitendem **Vorbehaltsgut** zu verfahren:

510 Hinsichtlich des Vorbehaltsgutes, das bei Anordnung der vorläufigen Verwaltung noch unverarbeitet ist, ist der vorläufige Verwalter gehalten, eine Verwertungsvereinbarung mit den Lieferanten zu schließen.

511 Für Vorbehaltsgut, das bei Anordnung der Sicherungsmaßnahmen bereits in die letzte Verarbeitungsstufe eingetreten ist, ist Sicherungseigentum des Vorbehaltslieferanten entstanden; wurde das Endprodukt vor Anordnung der Sicherungsmaßnahme auch bereits verkauft, unterfällt die Abverkaufsforderung der Sicherungsabtretung zugunsten des Vorbehaltslieferanten.

512 Um spätere Abgrenzungsschwierigkeiten zu vermeiden, sollte die Verwertungsvereinbarung mit den Lieferanten um eine Abgrenzungsvereinbarung ergänzt werden. Diese kann als Anlage zur Verwertungsvereinbarung genommen werden. Inhaltlich kann es sich um die vom Lieferanten gegengezeichnete Inventurliste/Drittschuldnerliste handeln.

b) Auskunftsanspruch der Lieferanten

513 Um einordnen zu können, welche Forderungen ggü. der Masse bestehen, müssen sich Vorbehaltslieferanten einen Überblick über ihre rechtliche und wirtschaftliche Situation verschaffen. Sie sind daher gehalten, in Erfahrung zu bringen, welche von ihnen gelieferten Waren und Rohstoffe bei Anordnung der vorläufigen Verwaltung noch unverarbeitet sind, welche bereits Eingang in eine höhere Produktionsstufe gefunden haben, welche veräußert wurden und welche Forderungen aus dem Verkauf ihrer Waren resultieren.

514 Ist ein mitbestimmender vorläufiger Insolvenzverwalter bestellt, ist grds. der Schuldner weiterhin Ansprechpartner der Lieferanten. Er muss im selben Umfang wie vor dem Insolvenzantrag, der keine Auswirkungen auf bestehende Verträge hat, seinen **Auskunftspflichten** nachkommen. Bei Auskünften über Sicherungsgut, Angaben über Inventurergebnisse oder bei vergleichbaren Auskünften ist eine Behinderung des Verfahrens, die allenfalls eine Einschränkung der Auskunftspflicht rechtfertigen könnte, nicht zu befürchten.[604]

515 Gegenüber dem vorläufigen Verwalter besteht nach allgemeiner Ansicht **kein Auskunftsanspruch**, da das Eröffnungsverfahren Parteiverfahren ist und die nicht antragstellenden Gläubiger nicht Beteiligte sind.[605] § 167 InsO, der Auskunftspflichten des Insolvenzverwalters gegenüber absonderungsberechtigten Gläubigern regelt, die diesen die Wahrnehmung ihrer Rechte im Insolvenzverfahren ermöglichen und erleichtern sollen, ist im Eröffnungsverfahren nicht anwendbar. Besteht bei den Lieferanten Misstrauen gegenüber dem vorläufigen Insolvenzverwalter, so müssen sie im Eröffnungsverfahren dem Verwalter und dem Schuldner ausdrücklich untersagen, dass Ware

604 Heeseler, ZInsO 2001, 873, 876, auch zum Problem der Durchsetzung der Auskunftsrechte.
605 Heeseler, ZInsO 2001, 873, 881.

weiterverarbeitet und/oder veräußert wird bzw. Kundenforderungen, die im Rahmen eines verlängerten Eigentumsvorbehalts abgetreten sind, eingezogen werden.[606]

Erst ab Verfahrenseröffnung hat der Eigentumsvorbehaltslieferant aus § 167 InsO einen Auskunftsanspruch gegen den Insolvenzverwalter als Instrument des Absonderungsberechtigten, seine Ansprüche aus §§ 168 ff. InsO vorzubereiten. Bei sicherungshalber abgetretenen Forderungen erstreckt sich der Auskunftsanspruch des Sicherungsgläubigers auf die Art und den Umfang[607] der sicherungsabgetretenen Forderung, § 167 Abs. 2 InsO. Wenn der vorläufige Verwalter oder der Schuldner mit Zustimmung des vorläufigen (mitbestimmenden) Verwalters im Eröffnungsverfahren Forderungen eingezogen haben, muss der Insolvenzverwalter die Gläubiger über die Erlöse informieren. Zwar können Absonderungsrechte an Forderungen nur ab Verfahrenseröffnung entstehen, das Absonderungsrecht des Gläubigers setzt sich indes am Erlös fort, solange dieser unterscheidbar in der Masse vorhanden ist.[608] **516**

Für aussonderungsberechtigte Gläubiger begründet § 167 InsO keine Informationsrechte. Insoweit kann sich ein Auskunftsanspruch nach allgemeinen Grundsätzen, insb. aus § 260 BGB oder § 242 BGB ergeben. Der Auskunftsanspruch richtet sich gegen den Insolvenzverwalter, und zwar auch in dem Fall, dass Handlungen des Schuldners infrage stehen.[609] Dabei ist es grds. Sache des Vorbehaltslieferanten, der ein Aussonderungsrecht geltend machen will, die auszusondernden Gegenstände einzeln näher zu bezeichnen; zu umfangreichen Nachforschungen in Büchern und Warenlagern des Schuldners ist der Insolvenzverwalter ohne eine solche Konkretisierung nicht verpflichtet.[610] Der Insolvenzverwalter ist gegenüber dem Aussonderungs- oder Absonderungsberechtigten zur Erteilung einer Auskunft verpflichtet, welche die Verfolgung eines auf Handlungen des Gemeinschuldners beruhenden Anspruchs vorbereiten soll, wenn der Hauptanspruch die Insolvenzmasse berührt und gegen den Insolvenzverwalter geltend zu machen ist. Der Geltendmachung dieses Auskunftsanspruchs steht nicht entgegen, dass der Auskunftsanspruch keine Insolvenzforderung ist, weil er weder auf Geld gerichtet ist noch sich in einen Geldanspruch umwandeln lässt. Die aufgrund einer nebenvertraglichen Pflicht zu erteilende Auskunft dient der Vorbereitung eines Aussonderungs- oder Absonderungsrechts, welches gegen die Insolvenzmasse geltend zu machen ist. Auch prozessuale Erwägungen, namentlich die Ermöglichung einer Stufenklage nach § 254 ZPO, sprechen dafür, dass sich die Pflicht zur Auskunftserteilung gegen den Insolvenzverwalter richtet.[611] **517**

606 MK-InsO/Kern, § 167 Rn. 10; vgl. auch OLG Hamburg, 15.10.2009 – 10 U 28/07, BeckRS 2010, 15215.
607 Uhlenbruck/Brinkmann, § 167 InsO Rn. 10.
608 FK-InsO/B. Blank/W. Blank, § 167 Rn. 7.
609 KK-InsO/Hess, § 47 Rn. 374 ff.; MK-InsO/Ganter, § 47 Rn. 630 ff.
610 OLG Düsseldorf, 02.06.1987 – 23 U 150/86, ZIP 1988, 450, 452; Mohrbutter/Ringstmeier/Meyer/Mohr, Hdb. Insolvenzverwaltung, Kap. 8 Rn. 26.
611 BGH, 07.11.2024 – IX ZR 179/23, ZInsO 2025, 19, Rn. 15 m.w.N.

518 Dem vorläufigen Insolvenzverwalter kann im Anordnungsbeschluss eine Verpflichtung zur Auskunft oder zur Erstellung eines geordneten Inventars zur Einsichtnahme der Gläubiger aufgegeben werden.

519 Nach Auffassung von Heeseler kann sich ein Auskunftsanspruch der Gläubiger gegen den vorläufigen Verwalter aus **Billigkeitserwägungen gem. § 242 BGB** ergeben, sofern die Sicherungsgläubiger in den »Schutzbereich« der Sicherungsmaßnahmen einzubeziehen sind, etwa wenn der vorläufige Verwalter die Herausgabe der Gegenstände verweigert. Außerdem träfen den vorläufigen Verwalter bei Inbesitznahme und Sicherung der in fremdem Eigentum stehenden Gegenstände besondere Pflichten, z.B. Verwahrungspflichten, die als Grundlage für Auskunftsverpflichtungen ausreichten.[612]

520 In jedem Fall können entsprechende Auskunftsverpflichtungen in einer Verwertungsvereinbarung zwischen Gläubiger und vorläufigem Verwalter geregelt werden.

521 Für den Lieferanten empfiehlt es sich insb. bei langfristigen Lieferbeziehungen und größeren Transaktionen auf jeden Fall, einen insolvenzerfahrenen juristischen Berater einzuschalten, der die Konditionen der (Weiter)Belieferung mit dem vorläufigen Insolvenzverwalter bzw. mit dem Schuldner unter Zustimmung des vorläufigen Insolvenzverwalters aushandelt und dabei auch Sicherungsrechte bei Nichtzahlung anfechtungsfest vereinbart.[613]

6. Checkliste

522
- Vorläufiger Insolvenzverwalter:
  - Durchführung einer lieferantenbezogenen Inventur
  - Prüfung und Berücksichtigung etwaiger vereinbarter Eigentumsvorbehaltsrechte
  - getrennte Lagerung von Alt- und Neuware (Verwalterware)
  - ggf. Abschluss von Verwertungsvereinbarungen mit Lieferanten
  - Vergabe neuer Nummernkreise für Forderungen, die aus dem Verkauf von Altware und Neuwaren resultieren
- Lieferantengläubiger:
  - Auskunftsansprüche aus dem bestehenden Vertragsverhältnis grds. gegenüber dem Schuldner
  - ggf. ausdrückliche Untersagung von Weiterverarbeitung/-veräußerung gelieferter Waren sowie des Einzugs vorausabgetretener Forderungen
  - Einschaltung eines insolvenzerfahrenen Beraters zur Verhandlung mit dem vorläufigen Insolvenzverwalter

612 Heeseler, ZInsO 2001, 873, 881.
613 Uppenbrink/Pickard, KSI 2011, 224.

7. Muster

▶ Muster

Verwertungsvereinbarung mit Abgrenzungsvereinbarung 523

zwischen

Rechtsanwalt........, als vorläufigem Insolvenzverwalter über das Vermögen des........,

....

– nachfolgend vorläufiger Verwalter genannt –

und

....

– nachfolgend Gläubiger genannt –

wird folgende Vereinbarung geschlossen:

Präambel

Der Vereinbarung wird Folgendes vorausgeschickt:

Das Amtsgericht........ hat Rechtsanwalt........ mit dem als Anlage 1 beigefügten Beschluss vom........, AZ:........ als vorläufigen Insolvenzverwalter über das Vermögen des........ bestellt.

Sämtliche Warenbestände des schuldnerischen Unternehmens wurden in einer Inventur erfasst. Die zu Gunsten des Gläubigers inventarisierten Warenbestände ergeben sich aus der als Anlage 2 beigefügten Inventurliste/Auszug des Warenwirtschaftssystems.

[Die der Sicherungsabtretung zugunsten des Gläubigers unterfallenden Forderungen sind dem als Anlage 3 beigefügten Auszug der Drittschuldnerliste zu entnehmen.]

Der vorläufige Insolvenzverwalter beabsichtigt, die Warenvorräte zu verarbeiten und weiter zu veräußern und die sich aus dem Verkauf ergebenden Forderungen einzuziehen.

Dies vorausgeschickt, vereinbaren die Parteien Folgendes:

§ 1 Verarbeitungs-, Veräußerungs- und Einzugsermächtigung

(1) Der Gläubiger stimmt der Verarbeitung und Weiterveräußerung der durch ihn gelieferten Waren durch den vorläufigen Verwalter zu.

(2) Der vorläufige Insolvenzverwalter und der Gläubiger sind sich darüber einig, dass nur der vorläufige Insolvenzverwalter den Einzug der ausstehenden und von einer Vorausabtretung erfassten Forderungen betreibt, und zwar bereits während der vorläufigen Verwaltung.

§ 2 Erlösverteilung

Aus den Erlösen der Veräußerung erhält der Gläubiger eine Erlösbeteiligung von........ % des Nettoverkaufserlöses.

Der Rest fällt in die Masse.

Hinweis:

Nach früherer Rspr. (vgl. nur BFH, 18.08.2005 – V R 31/04, ZInsO 2005, 1214 ff.) war keine Umsatzsteuer auf die Verwertungs- und Feststellungskostenpauschale zu bezahlen, sofern die Kostenbeiträge nicht abweichend von den §§ 170, 171 InsO vereinbart wurden. Seit der Entscheidung des BFH, 28.07.2011 – V R 28/09, ZInsO 2011, 1904 ff.[614] ist die Verwertungskostenpauschale allerdings umsatzsteuerpflichtig.

§ 3 Auszahlungsmodalitäten/Abrechnung

(1) Die nach § 2 errechnete Erlösbeteiligung wird bis zur Höhe der gesicherten Forderung an den Gläubiger ausgezahlt.

(2) Die Auszahlung erfolgt zugunsten folgender Kontoverbindung des Gläubigers:

....

(3) Die Auszahlung erfolgt spätestens innerhalb von 14 Tagen nach Eingang des vollständigen Verkaufserlöses auf dem für dieses Verfahren durch den vorläufigen Verwalter eingerichteten Hinterlegungskonto.

(4) Bei nicht zu realisierenden Forderungen, also solchen, die letztlich ausgebucht werden müssen, bestehen keine gegenseitigen Ansprüche.

(5) Auf Verlangen wird dem Gläubiger eine aktualisierte Forderungsaufstellung übermittelt, aus der er mögliche Gründe für die Nichtbeitreibung von Forderungen ersehen kann.

(6) Ein Zinsanspruch des Gläubigers besteht nicht.

§ 4 Kosten der gerichtlichen Beitreibung

Soweit gerichtliche Mahn- oder Klageverfahren zur Beitreibung der Forderungen eingeleitet werden müssen, beteiligt sich der Gläubiger an den hierdurch entstehenden Anwalts- und Gerichtskosten mit ebenfalls........ % entsprechend der Beteiligung unter § 2 dieses Vertrages. Soweit eine Erstattung durch die Gegenseite erfolgt, entfällt die Kostenübernahme.

§ 5 Sonstiges

(1) Mit der Auszahlung der Vergütung sind mögliche Ansprüche des Gläubigers aus §§ 21 Abs. 2 Satz 1 Nr. 5, 169 – 172 InsO abgegolten.

(2) Der Verwalter ist nicht verpflichtet, etwaige aus der Warenlieferung noch offene Restkaufpreisforderungen zu erfüllen.

614 Vgl. dazu auch das BMF-Schreiben zur Umsatzsteuerrechtlichen Leistungsbeziehung bei der Verwertung von Sicherungsgut im Insolvenzverfahren vom 30.04.2014 IV D 2 – S 7100/07/10037 (2014/0332437), ZInsO 2014, 1000 ff. Eine steuerbare Leistung des Insolvenzverwalters an einen Insolvenzgläubiger (Bank) liegt allerdings nicht vor, wenn der Insolvenzverwalter im Rahmen eines Vergleichs von der Geltendmachung möglicher Anfechtungsansprüche hinsichtlich Sicherungs- und Absonderungsrechten der Bank absieht und dafür einen Anteil am Erlös aus der Verwertung der belasteten Wirtschaftsgüter zur Masse zieht (so FG Sachsen-Anhalt, 14.04.2021 – 3 K 654/18, BeckRS 2021, 18147).

(3) Diese Vereinbarung entbindet den Gläubiger nicht, den Nachweis für geltend gemachte Sicherungsrechte zu erbringen; diese Vereinbarung hat nicht die Wirkung eines Anerkenntnisses.

§ 6 Schlussbestimmungen

(1) Vertragsänderungen bedürfen der Schriftform.

(2) Soweit sich eine Bestimmung des Vertrages als unwirksam erweist oder dieser Vertrag eine Lücke enthalten sollte, wird die Gültigkeit der übrigen Bestimmungen hierdurch nicht berührt. Die Vertragspartner verpflichten sich, die unwirksame Bestimmung oder die Lücke durch eine Regelung zu ersetzen, die zu einem wirtschaftlich gleichwertigen Ergebnis führt.

(3) Erfüllungsort und Gerichtsstand ist........

....., den..... .....
(Unterschriften)

Anlagen: 3

▶ Muster

[Mustergänzung: unechte] Massekreditvereinbarung 524

zwischen

.... -Firma........

vertreten durch........

– nachstehend »Gläubiger/Kreditgeberin« –

und

der........

vertreten durch Rechtsanwalt........ als vorläufiger Insolvenzverwalter über das Vermögen der........

– nachstehend »vorläufiger Verwalter« –

§ 1 Kreditgewährung

Der vorläufige Verwalter übernimmt (auch) den Einzug der abgetretenen Forderungen aus Lieferung und Leistung, die zum Stichtag der Anordnung der vorläufigen Verwaltung (Datum, 00:00 Uhr) bereits entstanden sind. Dies betrifft namentlich offene Forderungen i.H.v. rd......... € gemäß Anlage 1. In dieser Höhe gewährt der Gläubiger einen Massekredit in der Form, dass die Einnahmen aus Forderungseinzug in dieser Höhe zur Aufrechterhaltung des Geschäftsbetriebes, insb. zur Aufarbeitung des Auftragsbestandes der........ sowie zur Bearbeitung neuer, zumindest kostendeckender Aufträge verwendet werden dürfen.

§ 2 Rückzahlungsmodalitäten

(1) Die dem Gläubiger zustehenden Erlöse aus dem Forderungseinzug werden nach Prüfung etwaiger Drittrechte quartalsweise an diesen ausgekehrt, sobald aufgrund

des Forderungseinzugs ausreichend Liquidität vorhanden ist, jedoch nicht vor dem........

(2) Der Massekredit ist erstrangig (§ 55 Abs. 1 Nr. 1 InsO) aus der Masse zurückzuführen. [Ggf. Einzelfallermächtigung einholen.]

§ 3 Besicherung

Der Besicherung des Massekredits nach § 1 dienen folgende Sicherheiten:

1. Der vorläufige Insolvenzverwalter überträgt die neu (nach Anordnung der vorläufigen Verwaltung, Datum; 0.00 Uhr) in das Warenlager der........ eingelieferten/ produzierten Waren (»Neu-Waren«), die sich aus der als Anlage 2 beigefügten Raumabgrenzung ergeben, dem Gläubiger als Sicherheit, der diese Übertragung annimmt.

2. Der vorläufige Verwalter tritt die nach Anordnung der vorläufigen Verwaltung, Datum; 0.00 Uhr entstandenen bzw. entstehenden Forderungen der........, die durch Fortführung des Geschäftsbetriebes der........ nach Einleitung des vorläufigen Insolvenzverfahrens erarbeitet werden (»Neu-Forderungen«) an den Gläubiger als Sicherheit ab. Der Gläubiger nimmt diese Sicherungsabtretung an.

§ 4 Verzinsung

Die Parteien sind übereingekommen, dass der Massekredit mit........ % p.a. zu verzinsen ist.

§ 5 Kündigung

Der Gläubiger hat das Recht, die Massekreditvereinbarung jederzeit ganz oder teilweise aus wichtigem Grunde zur sofortigen Rückzahlung zu kündigen. Ein wichtiger Grund liegt insb. vor,

– wenn der Gläubiger feststellt, dass wesentliche vertragliche Verpflichtungen von dem vorläufigen Insolvenzverwalter/........ verletzt worden sind,

– wenn sich nachträglich die Angaben des vorläufigen Insolvenzverwalters/........ über die Vermögens- und Einkommensverhältnisse der........ im Wesentlichen als unrichtig und unvollkommen erweisen oder

– wenn sonstige Umstände eintreten oder bekannt werden, durch die die Rückzahlung des Massekredits gefährdet wird.

[§ 6 Erklärung des vorläufigen Insolvenzverwalters

Der vorläufige Insolvenzverwalter erklärt schon jetzt, dass er nach seiner Bestellung zum Insolvenzverwalter die von ihm als vorläufigem Insolvenzverwalter abgegebenen Erklärungen nicht anfechten wird.]

§ 7 Schlussbestimmungen

(1) Vertragsänderungen bedürfen der Schriftform.

(2) Soweit sich eine Bestimmung des Vertrages als unwirksam erweisen oder dieser Vertrag eine Lücke enthalten sollte, wird die Gültigkeit der übrigen Bestimmungen hierdurch nicht berührt. Die Vertragspartner verpflichten sich, die unwirksame Bestimmung oder die Lücke durch eine Regelung zu ersetzen, die zu einem wirtschaftlich gleichwertigen Ergebnis führt.

(3) Erfüllungsort und Gerichtsstand ist .....

....., den ..... **(Unterschriften)**

II. Anfechtung von Sicherheiten

Da eine Zahlung oder sonstige Rechtshandlung nicht anfechtbar ist, wenn die übri- 525
gen Gläubiger wegen eines **Aussonderungs- oder Absonderungsrechts** des Warenlieferanten **nicht benachteiligt** werden (§ 129 Abs. 1 InsO), ist stets zu prüfen, ob die zugunsten des Warenlieferanten bestellte Sicherheit ihrerseits insolvenzfest, sprich unanfechtbar ist. Abgesehen von der originären Vereinbarung der Sicherheit des Vorbehaltslieferanten können dabei insb. das Werthaltigmachen sowie das Auffüllen oder Substituieren von Sicherheiten Anknüpfungspunkte für eine Anfechtung sein. Einen Sonderfall bilden in diesem Zusammenhang Vorkassezahlungen des Schuldners sowie Direktzahlungen eines Auftraggebers des Schuldners.

1. Vereinbarung der Sicherheit

Die Vereinbarung über die Vorausabtretung der Forderungen aus dem Weiterverkauf 526
der gelieferten Ware oder die Fortsetzung der Sicherheit an neu hergestellten Sachen im Wege der Herstellerklausel (verlängerter Eigentumsvorbehalt) ist in aller Regel nicht anfechtbar. Die Lieferanten stellen dem Käufer den Kaufgegenstand auf Kredit zur Verfügung und ermöglichen ihm, diesen – ggf. nach Verarbeitung – weiter zu veräußern. Für diese Fälle stellt der einfache Eigentumsvorbehalt keine ausreichende Sicherung dar. Ohne die weitergehende Absicherung ihrer Kaufpreisforderung würden die Lieferanten im Zweifel ihre Lieferungen einstellen.[615]

Da der Anspruch auf die Sicherung gleichzeitig mit der Forderung begründet wird, 527
handelt es sich um eine **kongruente Deckung i.S.d. § 130 InsO.**[616] Insoweit scheitert eine Anfechtung jedoch i.d.R. am Vorliegen eines **Bargeschäfts**, denn die Insolvenzgläubiger werden nicht (unmittelbar) benachteiligt, wenn dem Vermögen des Schuldners ein entsprechender Gegenwert zufließt.[617] Dieser liegt in der Möglichkeit, die Ware bereits vor deren endgültiger Bezahlung im eigenen Geschäftsbetrieb einzusetzen.

Etwas anderes gilt, wenn zunächst nur ein einfaches Sicherungsrecht bestellt und 528
dessen Verlängerung durch Vorausabtretung der Forderung aus dem Weiterkauf erst **nachträglich vereinbart** wurde. Dies benachteiligt nicht nur die Insolvenzgläubiger, sondern die Vereinbarung ist auch **inkongruent**, wenn sie innerhalb der kritischen Zeit getroffen wird.[618] Als nachträgliche Begründung eines Eigentumsvorbehalts ist

615 So OLG Koblenz, 19.09.2009 – 2 U 419/08, ZInsO 2009, 1702, 1703.
616 BGH, 17.03.2011 – IX ZR 63/10, ZInsO 2011, 778, 780 Rn. 38; A/G/R-Gehrlein/Röhl, § 131 InsO Rn. 39; MK-InsO/Freudenberg, § 131 Rn. 26.
617 BGH, 21.12.1977 – VIII ZR 255/76, NJW 1978, 758, 759.
618 MK-InsO/Freudenberg, § 131 Rn. 26.

auch die Rückübereignung der vom späteren Schuldner erworbenen Kaufsache an den Verkäufer zur Sicherung der Kaufpreisschuld inkongruent.[619]

529 Beim erweiterten Eigentumsvorbehalt erwirbt der Käufer erst dann Eigentum gerade an der gelieferten Sache, wenn neben der konkreten Kaufpreisforderung auch alle weiteren Forderungen des Lieferanten beglichen sind. Sichert der Eigentumsvorbehalt künftig entstehende Forderungen ab, liegt – bei anfänglicher Vereinbarung – ebenfalls eine kongruente Deckung vor.[620] Die Kongruenz wird nicht dadurch ausgeschlossen, dass die Abtretung auch die vom Schuldner aufgeschlagene Marge erfasst, da der Vorbehaltskäufer letztendlich nicht nur die weiterverkaufte Ware kreditiert, sondern auch Liquidität für den allgemeinen Geschäftsbetrieb zur Verfügung stellt.[621]

530 Hier greifen die Grundsätze der Bardeckung nicht ein, denn bei einem verlängerten und erweiterten Eigentumsvorbehalt in Form des so genannten Kontokorrentvorbehalts fehlt es an dem für das Bargeschäft erforderlichen unmittelbaren Austausch zwischen Leistung und Gegenleistung. Zudem ist die erbrachte Gegenleistung nicht gleichwertig, wenn der Schuldner erst mit der Zahlung aller oder zumindest bestimmter anderer Ansprüche aus der Geschäftsverbindung als der konkreten Kaufpreisforderung Eigentum an den erstandenen Sachen erwerben soll.[622]

531 Werden **rückständige Forderungen nachträglich besichert** oder **bestehende Sicherheiten aufgefüllt**, handelt es sich um eine **inkongruente Deckung**, weil der Lieferant keinen Anspruch auf die Absicherung von aufgelaufenen Altforderungen hat.[623] Begibt ein Schuldner eine Sicherung zugleich sowohl für künftige Forderungen als auch für bereits bestehende Verbindlichkeiten und hat der Gläubiger jedenfalls auf letztere Sicherung keinen Anspruch, handelt es sich um ein insgesamt inkongruentes, in vollem Umfang nach § 131 InsO anfechtbares Deckungsgeschäft, wenn nicht festgestellt werden kann, ob und in welchem Umfang sich die Sicherung auf bestimmte Ansprüche bezieht.[624]

532 Unschädlich ist, wenn der Schuldner dem Vorbehaltslieferanten eine bereits von einem AGB-mäßig vereinbarten verlängerten Eigentumsvorbehalt erfasste Forderung ein zweites Mal individual-rechtlich abtritt, denn die zweite Abtretung geht dann ins Leere.[625] Wird ein in früheren AGB enthaltener verlängerter oder erweiterter Eigen-

619 Uhlenbruck/Borries/Huber/Hirte, § 131 InsO Rn. 26.
620 BGH, 17.03.2011 – IX ZR 63/10, ZInsO 2011, 778, 780 Rn. 38 ff.
621 BGH, 17.03.2011 – IX ZR 63/10, ZInsO 2011, 778, 781 Rn. 45; Uhlenbruck/Borries/Huber/Hirte, § 131 InsO Rn. 37.
622 BGH, 17.11.2016 – IX ZR 65/15, ZInsO 2016, 2474, 2478 Rn. 32.
623 BGH, 08.12.2011 – IX ZR 57/08, NZI 2012, 81 Rn. 2.
624 BGH, 08.12.2011 – IX ZR 57/08, NZI 2012, 81 Rn. 3; 14.02.2008 – IX ZR 38/04, ZInsO 2008, 378, 379 Rn. 31; OLG Düsseldorf, 25.04.2013, 12 U 45/12, BeckRS 2013, 10457.
625 BGH, 06.04.2000 – IX ZR 122/99, NJW-RR 2000, 1154, 1155.

tumsvorbehalt durch neue AGB perpetuiert, werden die Gläubiger hierdurch nicht benachteiligt.[626]

2. Werthaltigmachen von Sicherheiten

Ist die zugrunde liegende Sicherungsvereinbarung unanfechtbar, können weitere Anknüpfungspunkte für die Anfechtung das Werthaltigmachen sicherungszedierter Forderungen – durch Verkauf der Vorbehaltsware an einen Dritten – und das Werthaltigmachen der Ersatzsicherheit für die vom Vorbehaltslieferanten gelieferten Stoffe – durch deren Be- und Verarbeitung – sein. **533**

Wendet der Insolvenzverwalter gegen die Verteidigung des Anfechtungsgegners mit einem anfechtungsfest entstandenen Absonderungsrecht ein, die Wertschöpfung, die zur Werthaltigkeit des Absonderungsrechts geführt habe, sei erst in den letzten drei Monaten vor dem Eröffnungsantrag erfolgt, muss er diesen Gegeneinwand beweisen.[627] **534**

Grds. ist auch das **Werthaltigmachen zukünftiger Forderungen** aus einer Vorausabtretung als selbständig anfechtbare Rechtshandlung anzusehen. Werthaltig wird eine Forderung regelmäßig durch Erbringung der vertraglich geschuldeten Leistung, weshalb **Erfüllungshandlungen des Schuldners** wie die Herstellung eines Werks, die Übergabe der Kaufsache oder die Erbringung von Dienstleistungen der Anfechtung unterliegen können. Auch durch seitens des Schuldners veranlasste Maßnahmen, welche die Fälligkeit der Vergütung herbeiführen oder die Einrede nach § 320 BGB ausräumen, kann die Forderung für den Sicherungsnehmer an Wert gewinnen.[628] **535**

Bei der nachträglichen Wertschöpfung handelt es sich nach ständiger Rechtsprechung des BGH um eine **kongruente Sicherung** im Sinne des § 130 Abs. 1 InsO, wenn diese Wertung bereits für die Entstehung der Forderungen zutraf.[629] Die Vorausabtretung künftiger Forderungen ist beim erweiterten und verlängerten Eigentumsvorbehalt nicht anders zu beurteilen, als bei der Globalzession.[630] **536**

Im Zeitpunkt der Vereinbarung des verlängerten Eigentumsvorbehalts sind zwar die künftigen Forderungen nicht bestimmt, nämlich nicht hinsichtlich der Person des Abnehmers und der Höhe des Kaufpreises, wohl aber bereits hinsichtlich des Kaufgegenstands. Die Vertragsparteien gehen davon aus, der Kreditnehmer werde den Geschäftsbetrieb fortsetzen und neue Forderungen begründen, die wiederum als Sicherheit dienen können. Der verlängerte Eigentumsvorbehalt wird nicht nur als eine revolvierende Sicherheit für einen bereits ausgereichten Kredit geschaffen, **537**

---

626 BGH, 17.03.2011 – IX ZR 63/10, ZInsO 2011, 778, 779 Rn. 26 ff.; A/G/R-Gehrlein, § 129 InsO Rn. 106.

627 BGH, 11.06.2015 – IX ZR 110/13, ZInsO 2015, 1497, 1500 Rn. 24.

628 BGH, 11.06.2015 – IX ZR 110/13, ZInsO 2015, 1497, 1499 Rn. 17 f.; A/G/R-Gehrlein, § 129 InsO Rn. 33.

629 BGH, 11.06.2015 – IX ZR 110/13, ZInsO 2015, 1497, 1499 Rn. 17.

630 BGH, 17.03.2011 – IX ZR 63/10, ZInsO 2011, 778, 781 Rn. 40 ff.; 29.11.2007 – IX ZR 30/07, ZInsO 2008, 91 ff. (zur Globalzession).

vielmehr wird der Kredit in Form laufender Zurverfügungstellung kreditierter Ware ständig neu ausgereicht. Diese neue Ware ermöglicht erst den Verkauf durch den Sicherungsgeber und die weitere Sicherung durch die abgetretenen Forderungen. Nach Sinn und Zweck dieser Regelung, aber auch in ihrer praktischen Handhabung ist die Begründung neuer Forderungen dem Belieben des Schuldners entzogen. Vielmehr beruht die Geschäftsbeziehung zwischen Gläubiger und Sicherungsnehmer gerade auf der laufenden Weiterveräußerung der Ware des Gläubigers. Der Schuldner bleibt einzugsermächtigt, um die eingezogenen Forderungen für die Fortsetzung des Geschäftsbetriebs und die Befriedigung des Gläubigers verwenden zu können.[631]

538 Dies gilt auch beim erweiterten Eigentumsvorbehalt in der Form des Kontokorrentvorbehalts. Der Umfang der in Zukunft übergehenden Forderung ist in abstrakter Form auch hier bereits rechtlich bindend festgelegt, die abgetretenen Forderungen sind bestimmbar.[632]

539 Insbesondere in der verarbeitenden Industrie ist die Be- und Verarbeitung der gelieferten Stoffe deren Weiterveräußerung vorgelagert. Anknüpfungspunkt für die Anfechtung ist dann primär das Werthaltigmachen der Ersatzsicherheit an dem neu hergestellten Gut durch Be-/Verarbeitung der Vorbehaltsstoffe.

540 Hier gelten die gleichen Grundsätze wie bei der Sicherungszession; ist die Sicherungsabrede wirksam, kommt eine Anfechtung des Ersatzes der ursprünglichen Sicherheit durch die Abverkaufsforderung (oder neu hergestellte Sache) nur nach § 130 InsO in Betracht.[633]

3. Sicherheitenaustausch

541 Soweit nach den vorstehenden Ausführungen eine Anfechtung gem. § 130 Abs. 1 InsO in Betracht kommt, fehlt es an einer Gläubigerbenachteiligung, wenn lediglich ein **masseneutraler Sicherheitentausch** vorliegt.[634]

542 An einer objektiven Gläubigerbenachteiligung fehlt es, wenn der Gläubiger im Umfang der Zahlung insolvenzbeständig am Schuldnervermögen gesichert war. Dies ist auch dann der Fall, wenn eine Rechtshandlung dazu führt, dass eine wirksam und unanfechtbar bestellte Sicherheit durch eine gleichwertige andere Sicherheit ersetzt wird, ohne dass damit für das Schuldnervermögen ein zusätzlicher Rechtsverlust verbunden wäre.[635] Hat der Schuldner Waren unter Eigentumsvorbehalt erworben, die er an seine Kunden weiterveräußern darf, sofern er die daraus erzielten Kaufpreisforderungen an den Vorbehaltsverkäufer abtritt (verlängerter Eigentumsvorbehalt), so stellt die Abtretung der Kaufpreisforderungen in Höhe des vom Vorbehaltskäufer für die jeweilige Ware an den Vorbehaltsverkäufer zu zahlenden Kaufpreises einen masseneutralen

631 BGH, 17.03.2011 – IX ZR 63/10, ZInsO 2011, 778, 781 Rn. 41.
632 BGH, 17.03.2011 – IX ZR 63/10, ZInsO 2011, 778, 781 Rn. 42.
633 BGH, 17.03.2011 – IX ZR 63/10, ZInsO 2011, 778, 781 Rn. 46.
634 Vgl. bereits die Nachweise bei Fn. 89.
635 BGH, 02.02.2017 – IX ZR 245/14, ZInsO 2017, 494, 495 Rn. 11.

Sicherheitentausch dar.[636] Der Lieferant, der zunächst durch den einfachen Eigentumsvorbehalt gesichert ist, verliert diese Sicherheit beim Weiterverkauf der Sache mit der Übereignung an den Abnehmer seines Kunden. Durch die Sicherungsabtretung der Forderung gegen den Abnehmer wird die ursprüngliche Sicherheit lediglich ersetzt.

Entsprechendes gilt für den Teil eines neuen Stoffes, wenn die Vorbehaltsware durch **543** Verarbeitung des Schuldners eine neue Produktionsstufe erreicht. Wird durch eine Verarbeitungsklausel der ursprüngliche einfache Eigentumsvorbehalt durch das Sicherungsrecht an der neu hergestellten Sache ersetzt, handelt es sich i.H.d. Wertes der verarbeiteten Ware auch insofern um einen rein neutralen Sicherheitentausch, der mangels Gläubigerbenachteiligung nicht anfechtbar ist.[637]

Sichert die Forderungsabtretung neben dem Kaufpreisanspruch aus der Lieferung **544** der jeweiligen Ware auch weitere Forderungen des Vorbehaltsverkäufers und tritt der Vorbehaltskäufer diesem die Kaufpreisforderung aus dem Weiterverkauf der Waren in voller Höhe ab (verlängerter und erweiterter Eigentumsvorbehalt), so liegt eine **objektive Gläubigerbenachteiligung** vor, soweit die Vorausabtretung die vom Schuldner aus dem Weiterverkauf **verdiente Marge** betrifft.[638] Denn die Kaufpreisforderung, die der Vorbehaltskäufer durch den Weiterverkauf der Vorbehaltsware erworben hat, beruht nur im Umfang des Einkaufswerts der gelieferten Ware auf deren Sachwert und löst insoweit den Eigentumsvorbehalt des Vorbehaltsverkäufers ab. Die Handelsspanne, die der Vorbehaltskäufer durch den Weiterverkauf der Ware verdient hat, ist hingegen durch den Arbeitseinsatz und die weiteren betrieblichen Aufwendungen des Vorbehaltskäufers erwirtschaftet worden. Im Hinblick auf diese Aufwendungen hat der Eigentumsvorbehalt dem Vorbehaltsverkäufer keine Sicherheit verschafft, welche durch die Forderungsabtretung abgelöst worden wäre.[639]

Der Sicherheitentausch wird nicht von § 142 InsO erfasst, denn die Ersatzsicherheit **545** ist keine »Gegenleistung« für die ausgetauschte Sicherheit. Auch muss die Ersatzsicherheit nicht gleichwertig sein, sie darf nur nicht höherwertig sein.[640]

In der Sache liegt ebenfalls ein masseneutraler Sicherheitentausch vor, der die Gläubi- **546** gerbenachteiligung ausschließt, wenn ein anfechtungsfestes Absonderungsrecht durch eine den Wert ausgleichende Zahlung aus dem Schuldnervermögen abgelöst wird.[641] Das gilt allerdings nicht, wenn ein verlängerter und erweiterter Eigentumsvorbehalt in Form eines Kontokorrentvorbehalts vereinbart ist, weil ein etwaiges Sicherungsrecht

---

636 BGH, 26.04.2012 – IX ZR 67/09, ZInsO 2012, 1429, 1433 Rn. 33; K. Schmidt/K. Schmidt, § 129 InsO Rn. 70.

637 MK-InsO/Freudenberg, § 131 Rn. 26.

638 BGH, 06.04.2000 – IX ZR 122/99, NZI 2000, 364, 365; Braun/de Bra, § 129 InsO Rn. 37; K/P/B/Bartels, § 129 InsO Rn. 297; K. Schmidt/K. Schmidt, § 129 InsO Rn. 70.

639 BGH, 26.04.2012 – IX ZR 67/09, ZInsO 2012, 1429, 1433 Rn. 33.

640 Ganter, WM 2017, 261, 268 f.

641 BGH, 12.02.2015 – IX ZR 180/12, ZInsO 2015, 628, 629 Rn. 8; s. dazu auch oben Rdn. 439 f.

des Lieferanten erst mit Tilgung sämtlicher Verbindlichkeiten aus der Geschäftsbeziehung mit dem Schuldner erlischt.[642]

4. Vorkassezahlungen

547 Ein Sonderproblem kann auftreten, wenn Lieferanten den Schuldner, nachdem sie von dessen Zahlungsschwierigkeiten Kenntnis erlangt haben, **nur noch gegen Vorkasse beliefern.** Haben sie den Schuldner in der Vergangenheit aufgrund wirksam einbezogener AGB nur unter verlängertem Eigentumsvorbehalt oder Kontokorrentvorbehalt beliefert, ist vom Insolvenzverwalter zu prüfen, ob der ursprünglich mit dem Schuldner vereinbarte verlängerte Eigentums- und Kontokorrentvorbehalt trotz der Vorkasselieferungen weiterhin Geltung haben soll.[643]

548 Ist dies der Fall – was nur bei einer ausdrücklichen Vereinbarung zwischen Lieferanten und Schuldner über die Fortgeltung der Eigentumsvorbehaltsregelungen anzunehmen ist –,[644] sind die aus den gegen Vorkasse gelieferten Waren neu hergestellten Produkte bzw. die aus deren Verkauf generierten Forderungen durch die erweiterten und verlängerten Eigentumsvorbehaltsrechte der Lieferanten belastet.[645] Die Vorkassezahlungen sind dann mangels Vorliegens eines Bargeschäfts nach § 130 InsO anfechtbar, sofern der Insolvenzverwalter den Nachweis dafür erbringen kann, dass der Schuldner bei Erbringung der Vorkassezahlungen bereits zahlungsunfähig war und dem Lieferanten zumindest Umstände bekannt waren, die zwingend auf die Zahlungsunfähigkeit schließen ließen.[646]

549 Eine Anfechtung unter den erleichterten Voraussetzungen des § 131 Abs. 1 InsO scheidet hingegen aus, denn der Gläubiger erlangt durch die Vorkassezahlungen keine zusätzliche Sicherung seiner Altverbindlichkeiten. Er ist nach Erhalt der Vorkassezahlungen im Umfang der geleisteten Vorauszahlungen vertraglich zur Lieferung verpflichtet und demzufolge nach § 242 BGB an der Aufrechnung mit bereits bestehenden Altverbindlichkeiten gehindert. Auch dass die Vorkassevereinbarung »unter einem gewissen Druck« zustande gekommen ist, begründet keine Inkongruenz, denn ein sachlich begründetes, von der bisherigen Praxis abweichendes Lieferverhalten ist weder vertrags- noch treuwidrig. Dass sich der Schuldner zu der Vorkassevereinbarung nur bereitgefunden hat, weil er zur Betriebsfortführung auf die Lieferungen angewiesen war, reicht für sich allein nicht aus, eine kongruente Deckung zu verneinen.[647]

550 Anderenfalls – wenn es also an einer ausdrücklichen Regelung über die Fortgeltung der Vorbehaltsvereinbarungen trotz Vorkassezahlungen fehlt – können die Vorkasse-

642 BGH, 17.11.2016 – IX ZR 65/15, ZInsO 2016, 2474, 2476 Rn. 11.
643 Kaufmann, ZInsO 2010, 65, 68.
644 OLG Saarbrücken, 23.01.2007 – 4 U 311/06, ZInsO 2010, 92, 96; krit. Kaufmann, ZInsO 2010, 65, 68 f.
645 Kaufmann, ZInsO 2010, 65, 68.
646 Kaufmann, ZInsO 2010, 65, 69.
647 OLG Saarbrücken, 23.01.2007 – 4 U 311/06, ZInsO 2010, 92, 96; zust. Anm. Cranshaw, jurisPR-InsR 10/2007 Anm. 6; allgemein dazu: K/P/B/Schoppmeyer, § 133 InsO Rn. 132.

zahlungen regelmäßig weder nach § 130 Abs. 1 InsO noch nach § 133 Abs. 1 InsO angefochten werden, weil die Voraussetzungen eines Bargeschäfts (§ 142 InsO) vorliegen werden.[648] Allein die Vereinbarung von Vorkassezahlungen ist nicht unlauter. Ist das Insolvenzverfahren vor dem 05.04.2017 eröffnet worden, scheitert die Vorsatzanfechtung jedenfalls am fehlenden Gläubigerbenachteiligungsvorsatz, denn ein solcher liegt in der Regel nicht vor, wenn der Schuldner eine kongruente Gegenleistung für die von ihm empfangene Leistung erbringt, welche zur Fortführung seines eigenen Unternehmens nötig ist und damit den Gläubigern im Allgemeinen nützt. Dieser Grundsatz gilt auch dann, wenn Schuldner und Anfechtungsgegner Vorkasse für die vom diesem erbrachten Leistungen vereinbart haben.[649]

5. Direktzahlung des Auftraggebers des Schuldners an den Lieferanten

Zahlt nicht der Schuldner, sondern auf dessen Veranlassung sein Abnehmer (Auftraggeber) unmittelbar an den Lieferanten, bevor dieser die Ware liefert, schließt ein zwischen Schuldner und Lieferant vereinbarter verlängerter Eigentumsvorbehalt die objektive Gläubigerbenachteiligung nicht aus, da die Zahlung nicht auf einen bestehenden Eigentumsvorbehalt oder auf eine an den Lieferanten abgetretene Forderung erfolgt.[650] 551

Grds. ist die **Direktzahlung durch den Auftraggeber** an Lieferanten seines Auftragnehmers eine inkongruente Leistung im Sinne von § 131 Abs. 1 InsO, denn der Lieferant hat aufgrund seines Vertrages mit dem Schuldner regelmäßig keinen Anspruch gegen diesen auf Zahlung des Kaufpreises durch den Auftraggeber. Derartige Direktzahlungen sind zudem besonders verdächtig, wenn sie an einen Zahlungsverzug des Auftragnehmers und Käufers und damit typischerweise an dessen Liquiditätsschwierigkeiten anknüpfen.[651] 552

Eine Anfechtung wegen inkongruenter Deckung kommt nur dann nicht in Betracht, wenn die Direktzahlung auf einer rechtzeitig getroffenen – ihrerseits unanfechtbaren – **dreiseitigen Vereinbarung** beruht, mit der eine Bardeckung im Sinne von § 142 InsO ermöglicht werden soll.[652] Nach OLG Bamberg ist es unschädlich, wenn im Zusammenhang mit der Abänderungsvereinbarung *auch* eine Stundung bzgl. der Altver- 553

---

648 OLG Saarbrücken, 23.01.2007 – 4 U 311/06, ZInsO 2010, 92, 96 m. Nichtannahmebeschluss: BGH, 16.07.2009 – IX ZR 28/07, ZInsO 2010, 87.

649 BGH, 16.07.2009 – IX ZR 28/07, ZInsO 2010, 87.

650 BGH, 17.07.2014 – IX ZR 240/13, ZInsO 2014, 1655, 1657 Rn. 14.

651 BGH, 12.09.2019 – IX ZR 16/18, ZInsO 2020, 27, 30 Rn. 22; 17.12.2015 – IX ZR 287/14, ZInsO 2016, 326, 328 Rn. 16; 17.07.2014 – IX ZR 240/13, ZInsO 2014, 1655, 1657 Rn. 17.

652 BGH, 17.12.2015 – IX ZR 287/14, ZInsO 2016, 326, 328 Rn. 17 ff.; 17.07.2014 – IX ZR 240/13, ZInsO 2014, 1655, 1657 Rn. 18 ff.; begnügt sich der Gläubiger mit einer Drittzahlung aufgrund einer vorweggenommenen Zahlungsanweisung an den Auftraggeber, ohne dass für ihn ein eigenes Forderungsrecht gegen den Dritten geschaffen wird, bedarf es lediglich des Abschlusses einer (zweiseitigen) Kongruenzvereinbarung zwischen ihm und dem Schuldner, BGH, 17.12.2015 – IX ZR 287/14, ZInsO 2016, 326, 330 Rn. 30 f.

bindlichkeiten vereinbart wurde.[653] Die **Kongruenzvereinbarung** ist ihrerseits nicht nach §§ 130, 131 InsO anfechtbar, weil sie keine Deckungshandlung im Sinne dieser Vorschriften darstellt. Die nachträgliche Kongruenzvereinbarung unterfällt mangels unmittelbarer Gläubigerbenachteiligung auch nicht der Anfechtung nach § 132 InsO, denn die Forderung des Schuldners gegen den Auftraggeber, die er durch die spätere Direktzahlung verliert, ist zu diesem Zeitpunkt wirtschaftlich wertlos, weil sie nicht durchsetzbar ist. Der Auftraggeber ist zu einer vorfälligen Zahlung nicht verpflichtet. Erst die Vereinbarung macht die Forderung werthaltig.[654] Schließlich scheidet eine Anfechtung der Kongruenzvereinbarung nach § 133 InsO aus, wenn diese einen Leistungsaustausch unter den Voraussetzungen eines Bargeschäfts ermöglichen soll.[655]

554 Rechtzeitig ist die Abänderungsvereinbarung, wenn sie getroffen wurde, bevor die erste Leistung eines Vertragsteils erbracht worden ist, wobei es nicht auf die Vornahme einer ersten Leistungshandlung, sondern den durch den Verpflichteten veranlassten[656] **Eintritt eines ersten Leistungserfolges** ankommt.

555 Die Direktzahlung selbst ist nicht nach § 130 Abs. 1 Satz 1 Nr. 1 InsO und § 132 Abs. 1 InsO anfechtbar, denn sie stellt sich **infolge der maßgeblichen Kongruenzvereinbarung als Bargeschäft i.S.v. § 142 InsO über gleichwertige Leistungen** dar. Voraussetzung ist, dass die Lieferung unmittelbar nach Erhalt der Direktzahlung erfolgt und der Wert der gelieferten Ware dem vereinbarten Kaufpreis entspricht.[657] Eine Anfechtung nach § 133 Abs. 1 InsO scheidet in den nach dem 04.04.2017 eröffneten Insolvenzverfahren in aller Regel aus, weil der Schuldner nicht unlauter handelt (§ 142 Abs. 1 InsO i.V.m. Art. 103j Abs. 1 EGInsO). Ein Schuldner handelt bei einem Bargeschäft nämlich nur dann unlauter, wenn es sich weniger um die Abwicklung eines Bargeschäfts handelt als vielmehr um ein die übrigen Gläubiger gezielt schädigendes Verhalten. Dies kommt in Betracht, wenn zusätzlich zu den Voraussetzungen der Vorsatzanfechtung nach § 133 InsO das Bargeschäft zu einer gezielten Benachteiligung anderer Gläubiger führt oder dazu genutzt wird, den Empfänger gegenüber anderen Gläubigern gezielt zu bevorzugen. Ein unlauteres Handeln liegt demgegenüber nicht schon dann vor, wenn der Schuldner fortlaufend Verluste erwirtschaftet.[658] Diese Anhebung der Schwelle für unlauteres Handeln durch den Bundesgerichtshof stärkt das Bargeschäftsprivileg und erschwert die Insolvenzanfechtung deutlich. Die Interessen der Gesamtgläubigerschaft einschließlich des in § 15a InsO strafbewehrten Interesses an der Vermeidung einer Insolvenzverschleppung treten

653 OLG Bamberg, 13.12.2016 – 5 U 209/13, ZInsO 2017, 387, 388 f.

654 BGH, 17.07.2014 – IX ZR 240/13, ZInsO 2014, 1655, 1657 Rn. 18 ff.

655 BGH, 17.07.2014 – IX ZR 240/13, ZInsO 2014, 1655, 1658 Rn. 25.

656 BGH, 17.12.2015 – IX ZR 287/14, ZInsO 2016, 326, 328 Rn. 20 ff.

657 BGH, 17.07.2014 – IX ZR 240/13, ZInsO 2014, 1655, 1658 Rn. 26.

658 BGH, 05.12.2024 – IX ZR 122/23, ZInsO 2025, 219, 318 ff. mit Anm. Berger und mit Anm. Theiselmann, ZInsO 2025, 219 = NZI 2025, 126 ff. mit krit. Anmerkung Wazlawik und zust. Anmerkung Schubert, ZIP 2025, 300 f.

insoweit gegenüber dem Schutz des anderen Vertragsteils zurück.[659] In den Altfällen fehlt es jedenfalls an einem Gläubigerbenachteiligungsvorsatz des Schuldners, wenn dieser in einem engen zeitlichen Zusammenhang eine kongruente Gegenleistung für die von ihm empfangene Leistung erbringt, welche zur Fortführung seines eigenen Unternehmens nötig ist und damit den Gläubigern im Allgemeinen nützt.[660] Etwas anderes gilt in den Altfällen nur dann, wenn der Schuldner fortlaufend unrentabel arbeitet, weitere Verluste erwirtschaftet und der Gläubiger dies weiß, was der Insolvenzverwalter nachzuweisen hat.[661]

6. Checkliste

- Anfechtung der Vereinbarung von Sicherheiten 556
  => *nach § 130 InsO, sofern Sicherheit erst im Dreimonatszeitraum bestellt wurde und nicht Bargeschäft vorliegt*
  => *nach § 131 InsO bei nachträglicher Vereinbarung/nachträglicher Besicherung rückständiger Forderungen oder Auffüllen bestehender Sicherungen*
- Anfechtung des Werthaltigmachens von Sicherheiten
  => *nach § 130 InsO*
- Anfechtung des Sicherheitentauschs
  => *nach § 130 InsO, sofern die Vorausabtretung beim erweiterten Eigentumsvorbehalt vom Schuldner die verdiente Marge betrifft*
- Anfechtung von Vorkassezahlungen
  - Fortgeltung der Vorbehaltsvereinbarung trotz Vorkassezahlung
    => *Anfechtung nach § 130 InsO möglich*
  - keine Fortgeltung der Vorbehaltsvereinbarung trotz Vorkassezahlung
    => *i.d.R. keine Anfechtung möglich*
- Anfechtung von Direktzahlungen durch Abnehmer des Schuldners
  => *nach § 131 InsO, sofern nicht vor Leistungserbringung abändernde Kongruenzvereinbarung Bardeckung ermöglicht*

659 So Berger, ZInsO 2025, 323, der dies allerdings als eine vom Gesetzgeber gebilligte Folge der Neuregelung des § 142 InsO bewertet; kritisch zur BGH-Rechtsprechung Wazlawik, NZI 2025, 129 f. Vgl. auch BGH, 27.07.2021 – II ZR 164/20, NJW 2021, 3330, wonach die vorsätzliche Insolvenzverschleppung in der Absicht, das als unabwendbar erkannte Ende eines Unternehmens so lange wie möglich herauszuzögern, den Tatbestand einer sittenwidrigen Schädigung i.S.d. § 826 BGB erfüllt, wenn dabei die Schädigung der Unternehmensgläubiger billigend in Kauf genommen wird.

660 BGH, 17.07.2014 – IX ZR 240/13, ZInsO 2014, 1655, 1658 Rn. 29 f.

661 BGH, 04.05.2017 – IX ZR 285/16, ZInsO 2017, 1366, 1367 Rn. 9, 13; 27.09.2018 – IX ZR 313/16, ZInsO 2018, 2519 Rn. 4.

7. Muster: Anfechtung des Werthaltigmachens von Sicherheiten bezüglich der Marge

▶ Muster: Anfechtung des Werthaltigmachens von Sicherheiten bezüglich der Marge

557 Sehr geehrter Herr......../sehr geehrte Frau........

mit dem in der Anlage 1 beigefügten Eröffnungsbeschluss wurde das Insolvenzverfahren über das Vermögen der........ eröffnet und der Unterzeichner zum Insolvenzverwalter bestellt.

Es gehört hierbei zu meinen Aufgaben, den Grundsatz der gleichmäßigen Gläubigerbefriedigung durchzusetzen und im Wege der Insolvenzanfechtung einzelnen Gläubigern gewährte Befriedigungen oder Sicherungen rückgängig zu machen, um die Insolvenzmasse anzureichern.

Mit Ihrer vom........ datierenden Forderungsanmeldung haben Sie abgesonderte Befriedigung an den durch die Schuldnerin hergestellten Waren und an Forderungen aus dem Verkauf der von Ihnen an die Schuldnerin gelieferten Waren/Vorräten aufgrund eines zu Ihren Gunsten bestellten verlängerten und erweiterten Eigentumsvorbehalts geltend gemacht.

Die Vereinbarung über den Eigentumsvorbehalt datiert vom........

[Ggf. Ausführungen zur Wirksamkeit des Eigentumsvorbehalts ergänzen].

Der Insolvenzantrag wurde am........ gestellt.

Innerhalb der letzten drei Monate vor Stellung des Insolvenzantrages sind die in der Anlage 2 aufgelisteten Forderungen aus dem Verkauf Ihrer Waren entstanden/sind die in der Anlage 3 aufgelisteten neuen Produkte, in die die von Ihnen gelieferten Rohstoffe Eingang gefunden haben, hergestellt worden.

[Alternativ zunächst:

Zur Konkretisierung Ihrer Ansprüche darf ich Sie bitten, mir die Forderungen und Gegenstände zu benennen, auf die sich Ihr Sicherungsrecht erstreckt.

Rein vorsorglich fechte ich bereits jetzt das Unterfallen der Forderungen und Produkte, die während des Dreimonatszeitraums vor Stellung des Insolvenzantrages entstanden sind, unter Ihr Sicherungsrecht an, soweit dadurch nicht der Kaufpreisanspruch aus der Lieferung der jeweiligen Ware gesichert wird.]

Das Unterfallen dieser Forderungen/Gegenstände unter Ihr Sicherungsrecht unterliegt der Anfechtung nach § 130 Abs. 1 Satz 1 Nr. 1 InsO. Danach sind Rechtshandlungen anfechtbar, die einem Insolvenzgläubiger eine Sicherung oder Befriedigung ermöglicht haben, wenn sie innerhalb der letzten drei Monate vor dem Antrag auf Eröffnung des Insolvenzverfahrens vorgenommen worden sind, der Schuldner zu der Zeit bereits zahlungsunfähig war und der Gläubiger die Zahlungsunfähigkeit kannte.

Gem. § 130 Abs. 2 InsO steht die Kenntnis der Zahlungsunfähigkeit des Gläubigers der Kenntnis von Umständen gleich, die zwingend auf Zahlungsunfähigkeit oder den Eröffnungsantrag schließen lassen.

Ich teile Ihnen daher mit, dass ich das Unterfallen von Forderungen und Produkten aus diesem Zeitraum unter Ihr Sicherungsrecht i.H.v....... als anfechtbar ansehe und keine bevorzugte Befriedigung zu Ihren Gunsten daraus vornehmen werde, *soweit dadurch nicht der Kaufpreisanspruch aus der Lieferung der jeweiligen Ware gesichert wird, sondern Ihre weiteren Forderungen, insb. die noch nicht bezahlten Rechnungen über die Lieferungen vom.......* Bei dem Betrag von...... handelt es sich um die von der Schuldnerin auf den Einkaufswert aufgeschlagene Marge bzw. den durch die Verarbeitung eingetretenen Mehrwert, die sich ebenfalls aus den Auflistungen in Anlage 2 und 3 ergeben. Ich fordere Sie auf, insoweit den Verzicht auf die Geltendmachung des Absonderungsrechtes aus der Vereinbarung über den Eigentumsvorbehalt vom........ durch Gegenzeichnung auf diesem Schreiben zu erklären und dieses an mich rückzusenden. Sollten Sie eine andere Rechtsauffassung vertreten und auf der Durchsetzung Ihres Absonderungsrechtes bestehen, weise ich bereits jetzt darauf hin, dass ich eine Anfechtungsklage beim zuständigen Landgericht gegen Sie erheben werde.

Für die Rücksendung des gegengezeichneten Schreibens oder eine anderweitige Stellungnahme habe ich mir eine Frist bis zum

....

notiert.

Maßgeblich für den Rückzahlungsanspruch sind nachstehende rechtliche Erwägungen:

1. Rechtshandlungen, die vor Eröffnung des Insolvenzverfahrens vorgenommen worden sind und die Insolvenzgläubiger benachteiligen, unterliegen grundsätzlich der Insolvenzanfechtung (§ 129 Abs. 1 InsO). Abzustellen ist hierbei auf die Benachteiligung der Gläubiger in ihrer Gesamtheit (BGH, 26.01.1983 – VIII ZR 254/81 –, BGHZ 86, 349–356 Rn. 26). Insbesondere sind die Gläubiger im Allgemeinen benachteiligt, wenn ein Gläubiger wegen einer an sich berechtigten Insolvenzforderung volle Befriedigung oder eine Sicherheit erhält, während den anderen lediglich eine entsprechende geringere Quote bleibt (BGH, 26.04.2012 – IX ZR 146/11, ZInsO 2012, 1127 ff. Rn. 26). Würden die im oben genannten Zeitraum entstandenen Forderungen in vollem Umfang Ihrem Sicherungsrecht unterfallen, wären sie – abzüglich der gesetzlichen Kostenpauschalen – an Sie auszukehren. Hierdurch erlangten Sie vollumfängliche Befriedigung Ihrer Insolvenz(teil)forderung, während sich die Befriedigung der übrigen Gläubiger anteilig reduzierte. Dies erfüllt den Tatbestand der Gläubigerbenachteiligung, soweit Sie nicht bereits zuvor eine Sicherung an den von Ihnen gelieferten Waren in Form des Eigentumsvorbehalts hatten. Diese Sicherung bestand nur im Umfang des Einkaufswerts der von Ihnen gelieferten Ware, in Höhe der von der Schuldnerin aus dem Weiterverkauf verdiente Marge bleibt es hingegen bei der Gläubigerbenachteiligung (BGH, 26.04.2012 – IX ZR 67/09, ZInsO 2012, 1429 Rn. 33). Entsprechendes gilt für den durch die Verarbeitung der Waren entstandenen Mehrwert.
2. Für die Anfechtung gem. § 130 Abs. 1 Satz 1 Nr. 1 InsO ist zudem erforderlich, dass der Schuldner zur Zeit der Handlung zahlungsunfähig war. Gem. § 17 Abs. 2 Satz 1 InsO ist der Schuldner zahlungsunfähig, wenn er nicht in der Lage ist, die fälligen Zahlungsverpflichtungen zu erfüllen. Dies war vorliegend offensichtlich der Fall. Ausweislich der Insolvenztabelle hatte die Schuldnerin bereits

seit dem........ fällige Verbindlichkeiten in Höhe von rund........ € (s. Anlage 4). Sie verfügte zu diesem Zeitpunkt bereits nicht mehr über die liquiden Mittel, ihre Verbindlichkeiten auch nur annähernd zu erfüllen. Die Aufnahme eines Kredites zur kurzfristigen Herstellung der Liquidität war auch nicht möglich, da sie bereits über einen Kredit in Höhe von rund........ € verfügte und das entsprechende Kreditinstitut nicht zur Erhöhung des Kreditvolumens bereit war. Diese Situation besserte sich auch nicht, sondern mündete in der Stellung des Insolvenzantrages. Zum Nachweis füge ich die seither fortlaufenden Kontoauszüge der Schuldnerin bei, Anlage 5. Über andere Kontoguthaben oder einen relevanten Kassenbestand verfügte die Schuldnerin nicht.

3. Schlussendlich war Ihnen die Zahlungsunfähigkeit auch bekannt. Aus dem mit der Schuldnerin seit dem........ geführten Schriftwechsel geht eindeutig hervor, dass Sie bereits seit dem........ und fortlaufend über deren finanzielle Situation Kenntnis hatten. Die Schuldnerin hatte Sie in ihren Schreiben vom........ und vom........ mehrfach darauf hingewiesen, dass sie keine Zahlung leisten könne.

Alle Anfechtungsvoraussetzungen im Hinblick auf § 130 Abs. 1 Satz 1 Nr. 1 InsO sind damit gegeben.

Mit freundlichen Grüßen

....

Insolvenzverwalter

Anlagen

Es wird hiermit der Verzicht auf die Geltendmachung des Absonderungsrechtes aus dem verlängerten und erweiterten Eigentumsvorbehalt an Forderungen, die aus dem Verkauf unserer Waren in der Zeit vom........ bis zum........ entstandenen sind und an durch die Schuldnerin in dieser Zeit unter Verwendung der von........ gelieferten Rohstoffe neu hergestellten Produkten i.H. von...... gemäß dem Schreiben des Insolvenzverwalters vom...... erklärt.

........, den........

.... Vertretungsberechtigter

III. Anfechtung von Rechtshandlungen im Eröffnungsverfahren

558 Grundlage jeder erfolgreichen Sanierungslösung für das Unternehmen des Schuldners ist die Betriebsfortführung im Eröffnungsverfahren.[662] Dazu ist der vorläufige Insolvenzverwalter darauf angewiesen, von Lieferanten weiter beliefert zu werden. Diese werden einerseits darauf bedacht sein, die Bezahlung ihrer in diesem Stadium erbrachten Lieferungen sicherzustellen, andererseits werden sie versuchen, nach Möglichkeit Befriedigung für die eventuell bestehenden Forderungsrückstände aus Lieferungen in der Zeit vor dem Insolvenzantrag zu erlangen. In diesem Zusammenhang stellt sich

662 Zur Betriebsfortführung durch den (vorläufigen) Insolvenzverwalter ausführlich Stapper/Schädlich, ZInsO 2011, 249 ff.

die Frage, ob und unter welchen Voraussetzungen Rechtshandlungen, die zur Befriedigung oder Besicherung solcher Forderungen vorgenommen werden, anfechtbar sind.

1. Ausgleich/Besicherung von Neuforderungen

a) Begründung von Neuforderungen als Masseverbindlichkeiten

Die von einem vorläufigen Verwalter, auf den die Verwaltungs- und Verfügungsbefugnis übergegangen ist (»starker« vorläufiger Insolvenzverwalter, § 22 Abs. 1 Satz 1 InsO), begründeten Verbindlichkeiten sind im eröffneten Insolvenzverfahren Masseverbindlichkeiten, § 55 Abs. 2 Satz 1 InsO. Rechtshandlungen dieses Verwalters sind unanfechtbar, soweit er als Organ der Insolvenzmasse **Masseverbindlichkeiten begründet, besichert oder tilgt**, denn im Interesse des schutzwürdigen Vertrauens des Rechtsverkehrs darf die Begründung von Masseschulden nicht anfechtungsrechtlich rückabgewickelt werden. Gleiches gilt für Rechtshandlungen eines vorläufigen Verwalters, der ohne Übertragung der allgemeinen Verfügungsbefugnis kraft konkreter Einzelermächtigung wirksam Masseverbindlichkeiten begründen darf (sog. »halbstarker« vorläufiger Verwalter), soweit die Rechtshandlungen derartige Masseverbindlichkeiten begründen oder decken.[663] 559

Die im Gesetz nicht ausdrücklich geregelte Möglichkeit, den vorläufigen Insolvenzverwalter im Einzelfall zu ermächtigen, Masseverbindlichkeiten zu begründen, ist höchstrichterlich anerkannt. Die Voraussetzungen hierfür hat der BGH in einer Grundsatzentscheidung aus dem Jahr 2002[664] formuliert: Danach kann das Insolvenzgericht den vorläufigen Insolvenzverwalter auch ohne begleitendes allgemeines Verfügungsverbot dazu ermächtigen, **einzelne, im Voraus genau festgelegte Verpflichtungen zu Lasten der späteren Insolvenzmasse** einzugehen, soweit dies für eine erfolgreiche Verwaltung nötig ist.[665] Voraussetzung ist, dass der vorläufige Insolvenzverwalter die Gläubiger, mit denen im Rahmen der Betriebsfortführung Vereinbarungen getroffen werden sollen, im Einzelnen benennt und den Umfang der auf diese Weise entstehenden Verbindlichkeiten zumindest bestimmbar angibt.[666] Nach einer in der Literatur vertretenen Ansicht muss der vorläufige Verwalter ferner eine **Liquiditätsvorschau** beifügen, aus der sich zu ergeben hat, dass die infolge der Ausnutzung der Einzelermächtigung begründeten Masseverbindlichkeiten auch erfüllt werden können.[667] Die auf diese 560

663 BGH, 20.02.2014 – IX ZR 164/13, ZInsO 2014, 598, 599 Rn. 11; HK-InsO/Thole, § 129 Rn. 37; MK-InsO/Freudenberg, § 129 Rn. 47; s. dazu auch Rdn. 583 f.

664 BGH, 18.07.2002 – IX ZR 195/01, ZInsO 2002, 819, 822 f.; vgl. dazu auch Hageböke/Bunge, NZI 2025, 163 ff. und Frind, NZI 2025, 401 ff.

665 BGH, 29.01.2015 – IX ZR 258/12, ZInsO 2015, 393, 395 f. Rn. 18 f. m.w.N., st. Rspr.; s. dazu auch die Hamburger Leitlinien, ZInsO 2004, 24.

666 Römermann/Mönning, § 22 InsO Rn. 225.

667 Str., vgl. Horstkotte/Martini, ZInsO 2010, 750, 751; HambKomm-InsR/Schröder, § 22 InsO Rn. 101; Kirchhof, ZInsO 2004, 57, 59; s.a. AG Köln, 09.05.2020 – 70a IN 81/20, ZInsO 2020, 1263 zur Ermächtigung zur Begründung von Masseverbindlichkeiten in der Corona-Krise.

Weise eingeräumten Befugnisse können bis zur Grenze der Rechtsmacht eines starken vorläufigen Insolvenzverwalters gem. § 22 Abs. 1 InsO ausgedehnt werden.[668] Eine rückwirkende Erteilung der Einzelermächtigung ist ausgeschlossen.[669] So schlägt Frind exemplarisch folgende Formulierung vor: »Der vorläufige Insolvenzverwalter wird ermächtigt, gegenüber den aus der Anlage ersichtlichen Massegläubigern im Rahmen der anliegenden Liquiditätsvorschau (-prognose) Masseverbindlichkeiten zu begründen.«[670]

561 Eine insolvenzgerichtliche Ermächtigung kann auch für bestimmte, abgrenzbare Arten von Maßnahmen erteilt werden; möglich sind auch sog. Gruppenermächtigungen bzw. Projektermächtigungen.[671] Aus Gründen der Rechtsklarheit und des gebotenen Schutzes des Vertragspartners muss aus der jeweiligen Ermächtigung selbst unmissverständlich zu erkennen sein, mit welchen Befugnissen der vorläufige Insolvenzverwalter ausgestattet ist. Deshalb muss sich aus der Ermächtigung auch eindeutig ergeben, ob und in welchem Umfang der vorläufige Verwalter Verbindlichkeiten zulasten der späteren Masse begründen kann.[672]

562 Im **Schutzschirmverfahren** hatte der eigenverwaltende Schuldner ursprünglich die Wahl, ob er sich bei Gericht Einzelermächtigungen zur Begründung von Masseverbindlichkeiten erteilen oder aber sich mit einer globalen Ermächtigung ausstatten lässt. Hatte das Insolvenzgericht gem. § 270b Abs. 3 InsO in der bis zum 31.12.2020 geltenden Fassung angeordnet, dass der Schuldner Masseverbindlichkeiten begründet, galten für ihn dieselben Grundsätze wie für den starken vorläufigen Insolvenzverwalter. Er hatte kein Wahlrecht, ob er Masseschulden begründen will, Masseverbindlichkeiten entstanden vielmehr, wenn dies das Gesetz vorsah. Die seit dem 01.01.2021 geltende Neuregelung des § 270c Abs. 4 InsO sieht nur noch die Möglichkeit vor, Einzelermächtigungen zur Begründung von Masseverbindlichkeiten zu erlangen. Der Begriff Einzelermächtigung meint allerdings nicht, dass der Schuldner in seinem Antrag einzeln den Gläubiger und das Vertragsverhältnis bezeichnen muss, vielmehr ist eine partielle Befugnis zulässig, die auf einer im Voraus vorgelegten Liste mit konkretisierten Einzelangaben beruht oder Gruppenbegriffe verwendet (alle Lieferanten, welche Lebensmittel liefern oder Lieferanten für konkret bezeichnete Projekte).[673] Die Befriedigung von Masseverbindlichkeiten durch den ermächtigten Schuldner ist nicht anfechtbar.[674]

---

668 BGH, 22.11.2018 – IX ZR 167/16, ZInsO 2018, 2796, 2798 Rn. 15.

669 BGH, 04.12.2014 – IX ZR 166/14, BeckRS 2014, 23592, Rn. 4: »[…] einzelne, im Voraus genau festgelegte Verpflichtungen«; HambKomm-InsR/Schröder, § 22 InsO Rn. 102; Laroche, NZI 2010, 965, 966; Frind, NZI 2025, 401, 403 f. m.w.N.

670 Frind, NZI 2025, 401, 403 m.w.N.

671 HambKomm-InsR/Schröder, § 22 InsO Rn. 100.

672 BGH, 29.01.2015 – IX ZR 258/12, ZInsO 2015, 393, 396 Rn. 19.

673 Braun/Riggert, § 270c InsO Rn. 10.

674 BGH, 16.06.2016 – IX ZR 114/15, ZInsO 2016, 1421, 1422 f. Rn. 18, 29; OLG Brandenburg, 11.11.2020 – 7 U 87/18, NZI 2021, 134, 135 Rn. 22 mit Anm. Leithaus.

b) Begründung von Neuforderungen unter Mitwirkung eines mit Zustimmungsvorbehalt ausgestatteten vorläufigen Verwalters

In der Praxis stellt, entgegen der gesetzgeberischen Intention, die Einsetzung eines vorläufigen Insolvenzverwalters mit Zustimmungsvorbehalt (mitbestimmender oder »schwacher« vorläufiger Insolvenzverwalter) bisher eher den Regelfall dar.[675] Auf Rechtshandlungen eines vorläufigen Insolvenzverwalters mit Zustimmungsvorbehalt, soweit dieser vom Insolvenzgericht nicht ermächtigt worden ist, einzelne, im Voraus genau festgelegte Verpflichtungen zulasten der späteren Insolvenzmasse einzugehen, ist die Vorschrift des § 55 Abs. 2 Satz 1 InsO weder unmittelbar[676] noch entsprechend anzuwenden.[677] Daher besteht gerade hier ein praktisches Bedürfnis der Lieferanten, die Befriedigung ihrer Ansprüche sicherzustellen, die aus der Belieferung des Schuldners nach Anordnung der Sicherungsmaßnahmen resultieren (Neuforderungen). **563**

Aufgrund der Rahmenbedingungen im vorläufigen Verfahren scheiden Lieferungen gegen Vorkasse regelmäßig aus. Garantieerklärungen wird der vorläufige Verwalter bereits aus Haftungsgründen nicht abgeben.[678] **564**

Mitbestimmende vorläufige Verwalter erteilen daher regelmäßig **Zahlungszusagen** etwa dahingehend, dass *»die Lieferung durch die im Rahmen der Fortführung des Geschäftsbetriebes realisierten Geldeingänge bezahlt wird«*. **565**

Die Bezahlung fälliger Verbindlichkeiten aus der Zeit der vorläufigen Insolvenzverwaltung mit laufenden Einnahmen der Betriebsfortführung, die bis zur Verfahrenseröffnung auch tatsächlich vereinnahmt worden sind, wird gemeinhin für unproblematisch erachtet.[679] Die mit Zustimmung des vorläufigen Verwalters erfolgte Bezahlung/Besicherung von Neuforderungen durch den Schuldner unterliegt zwar grds. der Deckungsanfechtung.[680] Sofern Leistung und Gegenleistung gleichwertig sind, fehlt es jedoch an einer unmittelbaren Gläubigerbenachteiligung. Sofern auch im Übrigen **566**

675 HambKomm-InsR/Schröder, § 22 InsO Rn. 87; A/G/R-Harms, § 22 InsO Rn. 31; FK-InsO/Schmerbach, § 22 Rn. 2; s.a. BGH, 18.07.2002 – IX ZR 195/01, ZInsO 2002, 819, 822 und ergänzend Hageböke/Bunge, NZI 2025, 163 ff. und Frind, NZI 2025, 401 ff.

676 BGH, 07.05.2009 – IX ZR 61/08, ZInsO 2009, 1102, 1103 Rn. 13; 13.01.2011 – IX ZR 233/09, ZInsO 2011, 388, 389 Rn. 9.

677 BGH, 20.09.2007 – IX ZR 91/06, ZInsO 2007, 1228 Rn. 9; A/G/R-Bähr/Lau, § 55 InsO Rn. 17; K. Schmidt/Thole, § 55 InsO Rn. 41.

678 Uhlenbruck/Langer, § 22 InsO Rn. 237; Mohrbutter/Ringstmeier/Meyer/Voigt-Salus, Hdb. Insolvenzverwaltung, Kap. 23 Rn. 192 f.; s. zur Garantiehaftung die Übersicht bei Seidel/Hinderer, NJOZ 2010, 2048, 2053 ff. sowie NZI 2010, 745, 748 f.; ferner Graeber, InsbürO 2012, 300, 305 f.; OLG Celle, 21.10.2003 – 16 U 95/03, NZI 2004, 89; eine Haftung aus culpa in contrahendo gem. § 311 Abs. 2 u. 3 BGB bejahend: OLG Frankfurt am Main, 08.03.2007 – 26 U 43/06, ZInsO 2007, 548 f.; OLG Rostock, 04.10.2004 – 3 U 158/03, ZIP 2005, 220 sowie OLG Schleswig, 31.10.2003 – 1 U 42/03, NZI 2004, 92.

679 Stapper/Schädlich, ZInsO 2011, 249, 252; s.a. Bork, ZIP 2003, 1421.

680 Dazu grundlegend Gehrlein, DZWIR 2022, 441 ff.

die Bargeschäftsvoraussetzungen (§ 142 InsO) erfüllt sind, kommt eine Anfechtung regelmäßig nicht in Betracht.

567 Unabhängig hiervon schließt die vorbehaltslose Zustimmung des vorläufigen Insolvenzverwalters, der mit der Rechtsstellung des § 21 Abs. 2 Satz 1 Nr. 2 2. Alt. InsO (Zustimmungsvorbehalt) ausgestattet ist, zu Verträgen des Schuldners, die dieser mit dem Vertragspartner nach Anordnung von Sicherungsmaßnahmen schließt, wegen des dadurch regelmäßig begründeten **Vertrauenstatbestandes** die spätere Anfechtung der Erfüllung grds. aus, wenn der Leistungsempfänger auf die Rechtsbeständigkeit des Verhaltens des vorläufigen Insolvenzverwalters tatsächlich vertraut hat und dieses Vertrauen schutzwürdig ist.[681] Was insoweit für eine in diesem Zusammenhang erteilte Erfüllungszusage für Altverbindlichkeiten gilt,[682] muss erst recht gelten, wenn der vorläufige Verwalter Bezahlung der vom Schuldner begründeten neuen Verbindlichkeiten zusagt.

568 Hat dagegen der vorläufige Insolvenzverwalter schon bei Vertragsschluss die **beabsichtigte spätere Anfechtung** der von ihm gebilligten oder als Stellvertreter des Schuldners selbst vorgenommenen Deckungshandlung **angekündigt**, hat er von vornherein keinen Vertrauenstatbestand gesetzt. Der Vertragspartner, der dennoch mit dem Schuldner Verträge schließt, geht bewusst das Risiko ein, dass diese in der Insolvenz keinen Bestand haben.[683] Hat der vorläufige Insolvenzverwalter allerdings eine Zahlungszusage für die Neuforderungen abgegeben, dürfte ein gleichwohl erklärter Vorbehalt widersprüchlich und damit unbeachtlich sein.

569 Stapper/Schädlich schlagen vor, einzelne Ausgaben, denen der »schwache« vorläufige Insolvenzverwalter im Rahmen einer planmäßigen Betriebsfortführung oder Immobilienverwaltung zustimme, bei wirtschaftlicher Betrachtungsweise nur als unselbständige und damit auch anfechtungsirrelevante Zahlungsvorgänge anzusehen. Mit der tatsächlichen Fortführung eines im Kern profitablen Unternehmens schade der vorläufige Verwalter weder der Insolvenzmasse, noch gelte der Grundsatz der Gläubigergleichbehandlung für unselbständige Zahlungsvorgänge der Betriebsfortführung im Eröffnungsverfahren.[684] Dies steht freilich im Widerspruch zu dem allgemeinen Grundsatz, dass mehrere Rechtshandlungen des Schuldners auch dann anfechtungsrechtlich selbständig zu betrachten sind, wenn sie gleichzeitig vorgenommen worden sind oder sich wirtschaftlich ergänzen.[685] Insoweit gilt gerade nicht die wirtschaftliche Betrachtungsweise.

c) Absicherung von mit Zahlungszusagen versehenen Neuforderungen

570 Werden Lieferantenverbindlichkeiten, die ausschließlich mit solchen Zahlungszusagen versehen sind, nicht bereits im Antragsverfahren ausgeglichen – sei es weil die dazu erforderlichen Rechnungen der Lieferanten nicht rechtzeitig eingehen, sei

681 BGH, 09.12.2004 – IX ZR 108/04, ZInsO 2005, 209, 210; A/G/R-Harms, § 22 InsO Rn. 129; K. Schmidt/K. Schmidt, § 129 InsO Rn. 38.
682 Dazu ausführlich unter Rdn. 594 ff.
683 BGH, 09.12.2004 – IX ZR 108/04, ZInsO 2005, 209, 210.
684 Stapper/Schädlich, ZInsO 2011, 249, 252 f.
685 BGH, 16.11.2007 – IX ZR 194/04, ZInsO 2008, 106, 107 Rn. 18.

es, dass die Drittschuldner die i.R.d. Betriebsfortführung realisierten Forderungen verspätet ausgleichen, sodass nicht ausreichend Liquidität vorhanden ist – stellen sie nach Verfahrenseröffnung lediglich **einfache Insolvenzforderungen** dar, die zur Insolvenztabelle angemeldet werden können. Es stellt sich daher die Frage, ob und wie Zahlungszusagen im Eröffnungsverfahren insolvenzfest gemacht werden können, d.h. sichergestellt werden kann, dass sie auch noch nach Eröffnung des Insolvenzverfahrens durchsetzbar sind.

aa) Einzelfallermächtigung und Einsetzung eines vorläufigen starken Verwalters zum Ende der vorläufigen Verwaltung

Hier scheint es sich zunächst anzubieten, zum Ende des vorläufigen Verfahrens einen vorläufigen »starken« Verwalter zu bestellen, der die bis dato noch nicht ausgeglichenen Forderungen aus Neulieferungen in seiner neuen Funktion neu begründet, oder den mitbestimmenden vorläufigen Verwalter zumindest durch eine entsprechende konkrete richterliche Einzelermächtigung in diese Lage zu versetzen. In beiden Fällen würden die mit Zahlungszusagen versehenen Lieferantenforderungen in den Rang von Masseverbindlichkeiten gehoben. **571**

Allerdings ist Voraussetzung für eine Einzelermächtigung, dass die Verpflichtungen zu Lasten der späteren Insolvenzmasse im Voraus genau festgelegt sind,[686] woraus zu schließen ist, dass eine **Genehmigung im Nachhinein nicht erfolgen** kann. Ist eine Forderung einmal als Insolvenzforderung entstanden, kann sie nicht durch das Gericht nachträglich als Masseverbindlichkeit umgestaltet werden.[687] Die mangelnde Befugnis zur nachträglichen Genehmigung von Masseverbindlichkeiten kann auch nicht dadurch umgegangen werden, dass der Verwalter hinsichtlich der bereits begründeten Forderungen ein Anerkenntnis abgibt. Eine solche zusätzliche Sicherung wäre vielmehr **insolvenzzweckwidrig.**[688] Der Bundesgerichtshof hat klargestellt, dass jeder Gläubiger, der mit einem Schuldner während des Eröffnungsverfahrens Geschäfte tätigt und sich gegen einen Ausfall der ihm gebührenden Gegenleistung nicht dadurch schützt, dass er sich diese Gegenleistung oder eine ausreichende Sicherheit dafür zeitnah im Wege eines Bargeschäfts (§ 142 InsO) gewähren lässt, uneingeschränkt dem insolvenzrechtlichen Grundsatz der Gleichbehandlung aller Gläubiger unterliegt.[689] Das schließt eine nachträgliche Aufwertung von Forderungen, die nach der Eröffnung des Insolvenzverfahrens Insolvenzforderungen wären, zu Masseverbindlichkeiten aus.[690] **572**

---

686 BGH, 29.01.2015 – IX ZR 258/12, ZInsO 2015, 393, 395 Rn. 18; 04.12.2014 – IX ZR 166/14, BeckRS 2024, 23592; 18.07.2002 – IX ZR 195/01, ZInsO 2002, 819, 822; vgl. dazu auch Hageböke/Bunge, NZI 2025, 163 ff. und Frind, NZI 2025, 401 ff.

687 AG Hannover, 02.08.2016 – 908 IN 460/16–2, ZInsO 2016, 1953 f.

688 AG Hannover, 02.08.2016 – 908 IN 460/16–2, ZInsO 2016, 1953, 1954; Bork, ZIP 2003, 1421, 1422.

689 BGH, 18.07.2002 – IX ZR 195/01, ZInsO 2002, 819, 823.

690 Nach a.A. stellt die nachträgliche Aufwertung von bereits begründeten Insolvenzforderungen zu Masseverbindlichkeiten im Wege der Einzelermächtigung in der Regel eine

573 Für ein Anerkenntnis eines zum Ende des vorläufigen Verfahrens bestellten »starken« vorläufigen Insolvenzverwalters hinsichtlich zuvor vom Schuldner mit Zustimmung des mitentscheidenden (»schwachen«) vorläufigen Verwalters begründeter Verbindlichkeiten gelten dieselben Erwägungen.

574 Selbst wenn durch den vorläufigen Verwalter eine Masseverbindlichkeit begründet wurde, ist der Lieferant nicht umfassend geschützt, denn im Fall der Masseunzulänglichkeit stellen die Lieferantenforderungen lediglich **Altmasseverbindlichkeiten** dar, § 209 Abs. 1 Nr. 3 InsO, und sind damit erst nach den Neumasseverbindlichkeiten, § 209 Abs. 1 Nr. 2 InsO, zu befriedigen. Ist bereits im Zeitpunkt der Begründung der Verbindlichkeit absehbar, dass Masseunzulänglichkeit mit hoher Wahrscheinlichkeit eintreten wird, befindet sich der vorläufige Insolvenzverwalter in einem Dilemma, denn ihm droht unter Umständen die persönliche Haftung aus § 61 InsO (i.V.m. § 21 Abs. 2 Nr. 1 InsO),[691] wenn er von ihm begründete Masseverbindlichkeiten später nicht erfüllen kann. Das AG Hamburg[692] hat deshalb angenommen, es könne eine richterliche Einzelermächtigung des Inhalts ergehen, dass die Masseverbindlichkeiten – im Fall der Anzeige der Masseunzulänglichkeit – als Neumasseverbindlichkeiten zu behandeln seien (**»Vorrang-Ermächtigung«**). Dem stehen indessen sowohl praktische als auch dogmatische Einwände entgegen.[693] Die Entscheidung wird daher in der Literatur zu Recht abgelehnt.[694]

bb) Treuhandkontenmodell

575 Eine weitere Alternative bilden sog. Treuhandkontenmodelle[695], bei denen die im Eröffnungsverfahren im Rahmen einer Betriebsfortführung geleisteten Zahlungen auf einem neben dem regulären Insolvenz-Sonderkonto[696] des vorläufigen Verwalters gesondert eingerichteten **Treuhandkonto** gesammelt und an die Gläubiger der wäh-

inkongruente Deckung dar und ist daher nach § 131 Abs. 1 Nr. 1 InsO anfechtbar, vgl. Berl-Komm/Zilkens, § 55 InsO Rn. 61.

691 Sowohl der »starke« vorläufige Verwalter als auch der Ermächtigungsverwalter, der vom Gericht zur Eingehung von Masseverbindlichkeiten ermächtigt wurde, haften nach h.M. gem. § 61 InsO; zum Streitstand: HambKomm-InsR/Weitzmann, § 61 InsO Rn. 4 ff.; Pape, ZInsO 2003, 1061 ff.

692 AG Hamburg, 15.11.2004 – 67g IN 390/04, ZInsO 2004, 1270 f.

693 Dazu ausführlich Marotzke, ZInsO 2005, 561 ff.

694 A/G/R-Harms, § 22 InsO Rn. 92; HK-InsO/Laroche, § 22 Rn. 54; Uhlenbruck/Langer, § 22 InsO Rn. 240; KK-InsO/Hess, § 22 Rn. 41.

695 Ausführlich zu Treuhandkontenmodellen vgl. Uhlenbruck/Langer, § 22 InsO Rn. 242 ff. sowie HambKomm-InsR/Schröder, § 22 InsO Rn. 105 ff.: nur in Ausnahmefällen und mit Zustimmung des Insolvenzgerichts zulässig; s.a. HambKomm-InsR/Frind, § 58 InsO Rn. 11; A/G/R-Harms, § 22 InsO Rn. 94 f. Zu den Wirksamkeitsanforderungen an derartige Treuhandkonten vgl. AG Hamburg, 15.11.2004 – 67g IN 390/04, ZInsO 2004, 1270, 1271; Bork, NZI 2005, 530; Frind, ZInsO 2003, 778, 780; ders., ZInsO 2005, 1269 ff.; Kirchhoff, in: FS Kreft, S. 359, 363; Marotzke, ZInsO 2005, 561 f.; ZInsO 2004, 721 f.; Werres, ZInsO 2005, 1233 ff.

696 Vgl. dazu BGH, 07.02.2019 – IX ZR 47/18, ZInsO 2019, 845, 849 Rn. 31 f.

rend des Eröffnungsverfahrens begründeten Ansprüche ausgezahlt werden. Durch die Vereinbarung einer uneigennützigen (echten) Treuhand werden dem Lieferanten Aussonderungsrechte (§ 47 InsO) an dem Treugut eingeräumt.[697] Es handelt sich um eine Doppeltreuhand, wobei im Verhältnis zum Schuldner eine reine Verwaltungstreuhand und im Verhältnis zum Lieferanten eine Sicherungstreuhand im Interesse eines Dritten vorliegt.[698] Umstritten ist, ob die Einrichtung eines Treuhandkontos analog § 181 BGB der Zustimmung des Insolvenzgerichts bedarf, wenn der vorläufige Verwalter selbst als Treuhänder fungiert.[699] Auch ansonsten ist vieles umstritten und bislang nicht abschließend geklärt.[700]

Während nach einer Auffassung das Treuhandkontenmodell eine alternative Mög- **576**
lichkeit darstellt, die Erfüllung der vom »schwachen« vorläufigen Insolvenzverwalter erteilten Zahlungszusagen nach Verfahrenseröffnung sicherzustellen,[701] halten manche das Treuhandkontenmodell nur für zulässig, soweit dadurch künftige Masseverbindlichkeiten für den Fall der Masseunzulänglichkeit abgesichert werden sollen, also als zusätzliche Absicherung neben einer Einzelermächtigung des mitbestimmenden vorläufigen Verwalters.[702] Für die erstgenannte Auffassung wird angeführt, wenn der vorläufige Insolvenzverwalter zur sofortigen Erfüllung berechtigt wäre, sei nicht einzusehen, warum er nicht stattdessen Sicherheiten stellen dürfe. Nach AG Hamburg ist es hingegen nicht zulässig, dem mitbestimmenden vorläufigen Insolvenzverwalter, der es versäumt hat, für eine während des Eröffnungsverfahrens begründete Verbindlichkeit im Voraus eine Einzelermächtigung zu beantragen, zu gestatten, im Nachhinein im Wege des sog. Treuhandkontenmodells ein Aussonderungsrecht zu Gunsten des Gläubigers der betroffenen Verbindlichkeit zu schaffen.[703]

Unterschiedliche Auffassungen werden auch dazu vertreten, ob die Abwicklung über **577**
ein Treuhandkonto anfechtbar ist oder nicht. Wird die Sicherheit für den Kredit des vorleistenden Lieferanten unter den Voraussetzungen eines Bargeschäfts (§ 142 InsO) erbracht, um das Schuldnerunternehmen aufrechtzuerhalten, scheidet eine Anfech-

---

697 BGH, 24.01.2019 – IX ZR 110/17, ZInsO 2019, 563, 568 Rn. 40; Förster, ZInsO 1998, 268; nach Bork, ZIP 2003, 1421, 1424, wird dem Lieferanten nur ein Absonderungsrecht an dem Treugut verschafft; ebenso Windel, ZIP 2009, 101, 106.

698 Vgl. MK-InsO/Ganter, § 47 Rn. 542; BGH, 12.10.1989 – IX ZR 184/88, ZIP 1989, 1466, 1468. Zur Zulässigkeit und zu den Anforderungen an ein »Dritttreuhändermodell«, bei dem ein Sozius des vorläufigen Verwalters als Treuhänder eingesetzt wird, auf dessen Namen das Treuhandkonto eingerichtet wird, vgl. Uhlenbruck/Langer, § 22 InsO Rn. 245 m.w.N.

699 Bejahend: HambKomm-InsR/Schröder, § 22 InsO Rn. 106 m.w.N.; Berl-Komm/Beth, § 22 InsO Rn. 62 f.; verneinend: Uhlenbruck/Langer, § 22 InsO Rn. 244; ausführlich: Marotzke, ZInsO 2004, 721 ff.; Bork, NZI 2005, 530 ff.; s.a. Werres, ZInsO 2005, 1233, 1239: Zustimmung des Schuldners ausreichend.

700 A/G/R-Harms, § 22 InsO Rn. 95; zum Streitstand: HambKomm-InsR/Schröder, § 22 InsO Rn. 108 f.

701 So etwa Uhlenbruck/Langer, § 22 InsO Rn. 9, 244; Bork, ZIP 2003, 1421, 1424 f.

702 HambKomm-InsR/Schröder, § 22 InsO Rn. 109; Frind, ZInsO 2004, 470, 473.

703 AG Hamburg, 20.02.2006 – 67g IN 513/05, ZInsO 2006, 218 f.

tung nach § 130 Abs. 1 Nr. 2 InsO und i.d.R. auch nach § 133 Abs. 1 InsO aus.[704] Da der Schuldner eine kongruente Gegenleistung für die von ihm empfangenen Lieferungen erbringt, die der Betriebsfortführung dienen, und es deshalb regelmäßig an einem Gläubigerbenachteiligungsvorsatz fehlt, gilt dies auch in den vor dem 05.04.2017 eröffneten Insolvenzverfahren.[705] Liegen die Bargeschäftsvoraussetzungen nicht vor, kommt im Falle der vorbehaltlosen Mitwirkung des Insolvenzverwalters jedenfalls ein Ausschluss der Anfechtung unter dem Gesichtspunkt des Vertrauensschutzes in Betracht.[706]

578 Ob das Treuhandkontenmodell in der bisherigen Form (Anderkonto als – offenes – Vollrechtstreuhandkonto) künftig noch zulässig ist, ist nach einer Entscheidung des BGH vom 07.02.2019 angezweifelt worden. Darin hat der BGH in einem obiter dictum ausgesprochen, dass die Führung eines Kontos, das nicht die Masse selbst als materiell berechtigt ausweist, als Insolvenzkonto unzulässig und pflichtwidrig ist. Denn damit leitet der Insolvenzverwalter Gelder der Insolvenzmasse in sein eigenes Vermögen über, wozu er nicht berechtigt ist.[707] Im Eröffnungsverfahren gilt dasselbe für den vorläufigen Verwalter, soweit dort Konten für die werdende Masse geführt werden.[708] Daraus wird gefolgert, dass das Treuhandkontenmodell in Zukunft nicht mehr praktiziert werden könne. Da der vorläufige Insolvenzverwalter gerade nicht mehr berechtigt sei, Teile der Insolvenzmasse in sein Vermögen zu überführen, könne er auch nicht berechtigt sein, die Überführung des Vermögens in die Insolvenzmasse zu verhindern, indem er diese Vermögenswerte direkt für sich vereinnahme.[709] Allerdings hat der BGH noch kurz vor dieser Entscheidung – in derselben Besetzung – entschieden, dass der vorläufige Verwalter mit Zustimmungsvorbehalt, der ermächtigt wird, Bankguthaben und sonstige Forderungen des Schuldners einzuziehen sowie eingehende Gelder entgegenzunehmen, in Bezug auf Forderungen, die aufgrund eines verlängerten Eigentumsvorbehalt oder einer Globalzession wirksam zur Sicherung abgetreten sind, unberechtigt handelt, wenn er sie auf ein allgemeines Geschäftskonto des Schuldners oder ein für den Schuldner gehaltenes allgemeines Treuhandkonto einzieht. Berechtigt wäre hingegen der Einzug auf ein zugunsten des Sicherungsnehmers

---

704 So BGH, 10.07.1997 – IX ZR 234/96, NJW 1997, 3028, 3029 (zu § 30 KO); Werres, ZInsO 2005, 1233, 1240; Bork, ZIP 2003, 1421, 1424; a.A. Frind, ZInsO 2004, 470, 478; s.a. die Übersicht bei Windel, ZIP 2009, 101, 107.

705 BGH, 10.07.1997 – IX ZR 234/96, NJW 1997, 3028, 3029 (zu § 31 KO); Werres, ZInsO 2005, 1233, 1240.

706 S. oben unter Rdn. 567.

707 BGH, 07.02.2019 – IX ZR 47/18, ZInsO 2019, 845, 849 Rn. 31 f.; s. dazu Brzoza, BKR 2019, 457, 460 ff.

708 Cranshaw, NZI 2019, 609, 611; für die Einrichtung eines Sonderkontos im Eröffnungsverfahren bedarf der schwache vorläufige Insolvenzverwalter einer besonderen gerichtlichen Ermächtigung, eine Annex-Zuständigkeit aus der Ermächtigung zum Einzug von Forderungen im Anordnungsbeschluss kann nicht mehr angenommen werden, vgl. Undritz, BB 2019, 1487, 1488; s.a. Schulte-Kaubrügger, EWiR 2019, 277, 278.

709 Blankenburg/Godzierz, ZInsO 2019, 1092, 1095; krit.: Kamm, ZInsO 2019, 1085, 1090 f.; offen gelassen: OLG Koblenz, 29.12.2020 – 3 U 383/20, ZInsO 2021, 147, 151.

errichtetes offenes Treuhandkonto gewesen.[710] Hierdurch werden keine der Masse zustehenden Vermögenswerte in das Vermögen des Verwalters übergeleitet, denn es handelt sich um **schuldnerfremde Forderungen** und die eingezogenen Geldbeträge oder das eingenommene Entgelt wären anderenfalls mit einem Ersatzaussonderungs- bzw. -absonderungsrecht belastet.[711]

2. Ausgleich/Besicherung von Altforderungen

Im Antragsverfahren sind Lieferanten zur Weiterbelieferung des Schuldners u.U. nur bereit, wenn der vorläufige Insolvenzverwalter bzw. der Schuldner mit dessen Zustimmung auch die älteren Forderungen begleicht. Möglicherweise sehen die AGB der Lieferanten auch einen verlängerten und erweiterten Eigentumsvorbehalt vor, was zur Folge hat, dass die Sicherungsrechte an den Neulieferungen die noch offenstehenden (ungesicherten) Altforderungen mit abdecken. Gleicht der vorläufige Insolvenzverwalter ältere Rechnungen der Lieferanten aus, um die Weiterbelieferung sicherzustellen, begünstigt er zwar einzelne Gläubiger, ermöglicht andererseits jedoch häufig erst die Betriebsfortführung, wodurch sich die Befriedigungschancen der Gesamtgläubigerschaft deutlich erhöhen können. 579

Nach Verfahrenseröffnung stellt sich daher die Frage, unter welchen Voraussetzungen der Ausgleich von Altforderungen (also solchen Forderungen, die vor Begründung einer Sicherungsmaßnahme nach § 21 InsO bereits bestanden haben) oder deren Besicherung unter Mitwirkung eines vorläufigen Insolvenzverwalters im Antragsverfahren angefochten werden können. 580

a) Rechtsprechungsübersicht

Der BGH hatte unter der Geltung der Konkursordnung in ständiger Rechtsprechung entschieden, dass Handlungen eines nach § 106 KO bestellten Sequesters, auf die die Merkmale der Anfechtungstatbestände der Konkursordnung zutreffen, grds. vom Konkursverwalter selbst dann angefochten werden können, wenn dieser zuvor Sequester war.[712] Begründet wurde dies maßgeblich damit, dass die Sequestration nur die Sicherung der zukünftigen Konkursmasse bezweckte und die Befugnisse des Sequesters nicht denen des Konkursverwalters im eröffneten Verfahren entsprachen. Insbesondere konnte er nicht das Wahlrecht nach § 17 KO ausüben und Masseschulden begründen.[713] Rechtshandlungen des Sequesters waren dem Gemeinschuldner zuzurechnen und schon deshalb regelmäßig in gleicher Weise anfechtbar.[714] 581

Unter der Geltung der Insolvenzordnung ist wie folgt zu differenzieren, wobei nach der Rechtsprechung des BGH entscheidend ist, ob der Gläubiger auf die Rechtsbe- 582

710 BGH, 24.01.2019 – IX ZR 110/17, ZInsO 2019, 563, 568 Rn. 40.
711 BGH, 24.01.2019 – IX ZR 110/17, ZInsO 2019, 563, 568 Rn. 41 ff.
712 BGH, 22.12.1982 – VIII ZR 214/81, NJW 1983, 887, 888 f.; 11.06.1992 – IX ZR 255/91, NJW 1992, 2483, 2484.
713 BGH, 30.01.1986 – IX ZR 79/85, NJW 1986, 1496, 1497.
714 BGH, 11.06.1992 – IX ZR 255/91, NJW 1992, 2483, 2484.

ständigkeit des Verhaltens des vorläufigen Verwalters **tatsächlich vertraut** hat und dieses **Vertrauen schutzwürdig** ist:[715]

aa) »Starker« vorläufiger Verwalter

583 Wird dem Schuldner ein allgemeines Verfügungsverbot auferlegt (§ 21 Abs. 2 Satz 1 Nr. 2 Fall 1 InsO), entspricht die Rechtsstellung des vorläufigen Verwalters wegen der auf ihn übergegangenen allgemeinen Verwaltungs- und Verfügungsbefugnis (§ 22 Abs. 1 Satz 1 InsO) der eines endgültigen Insolvenzverwalters. Rechtshandlungen eines solchen »starken« vorläufigen Insolvenzverwalters sind unanfechtbar, soweit er als Organ der Insolvenzmasse Masseverbindlichkeiten (§ 55 Abs. 2 Satz 1 InsO) begründet, besichert oder tilgt.[716] Denn damit schafft er im Rechtsverkehr stets berechtigtes Vertrauen.[717]

584 Wann eine **Masseverbindlichkeit** vorliegt, ergibt sich aus § 55 Abs. 2 InsO: Darunter fallen alle Ansprüche, die der vorläufige Insolvenzverwalter mit Verfügungsbefugnis im Eröffnungsverfahren willentlich begründet, so dass sie im eröffneten Verfahren unter § 55 Abs. 1 Nr. 1 InsO subsumiert würden.[718] Erforderlich ist, dass der vorläufige Insolvenzverwalter im Zusammenhang mit seinen Aufgaben als vorläufiger Verwalter tätig wird, das schuldnerische Vermögen zu sichern und erhalten sowie ggf. das schuldnerische Unternehmen fortzuführen (§ 22 Abs. 1 InsO). Die im Rahmen der Erfüllung dieser Aufgaben begründeten Verpflichtungen, insb. aus Rechtsgeschäft, darüber hinaus aber auch aus Gesetz, werden zu Masseverbindlichkeiten.[719] Zu den Ansprüchen aus vom Schuldner begründeten Dauerschuldverhältnissen i.S.d. § 55 Abs. 2 Satz 2 InsO dürften auch solche aus Energielieferungsverträgen zählen.[720] Ansprüche, die aus bereits bestehenden Verträgen resultieren, also sog. Altgeschäfte, werden von der Regelung des § 55 Abs. 2 Satz 1 InsO schon deshalb nicht erfasst, weil nur der endgültig bestellte Insolvenzverwalter das Erfüllungswahlrecht des § 103 InsO geltend machen kann.[721]

585 Wenn der mit einer allgemeinen Verfügungsbefugnis versehene vorläufige Verwalter **Altverbindlichkeiten der künftigen Masse** erfüllt oder besichert, die nach Verfahrenseröffnung als Insolvenzforderungen (§ 38 InsO) zu bewerten wären, unterliegt die Anfechtbarkeit keinen aus Erwägungen des Vertrauensschutzes hergeleiteten Bedenken.

715 BGH, 20.02.2014 – IX ZR 164/13, ZInsO 2014, 598, 599 Rn. 11 f.; HambKomm-InsR/Schröder, § 22 InsO Rn. 201 f.

716 S.o. Rdn. 559.

717 BGH, 20.02.2014 – IX ZR 164/13, ZInsO 2014, 598, 599 Rn. 11; MK-InsO/Freudenberg, § 129 Rn. 45; A/G/R-Gehrlein, § 129 InsO Rn. 61; HK-InsO/Thole, § 129 Rn. 35 f.

718 K/P/B/Pape/Hageböcke, § 55 InsO Rn. 220.

719 FK-InsO/Bornemann, § 55 InsO Rn. 46.

720 FK-InsO/Bornemann, § 55 InsO Rn. 49; Uhlenbruck/Sinz, § 55 InsO Rn. 96; K/P/B/Pape/Hageböcke, § 55 InsO Rn. 231 f.; abl. Kirchhof, ZInsO 2000, 297, 298.

721 Uhlenbruck/Sinz, § 55 InsO Rn. 94.

Tilgt oder besichert der voll verfügungsbefugte vorläufige Verwalter also Altforderungen der künftigen Masse, unterliegen diese Rechtshandlungen grds. der Anfechtung.[722]

Wie bei Rechtshandlungen eines mitbestimmenden vorläufigen Insolvenzverwalters scheidet eine Anfechtung nur aus, wenn der Leistungsempfänger auf die Rechtsbeständigkeit des Verhaltens des vorläufigen Verwalters tatsächlich vertraut hat und dieses Vertrauen schutzwürdig ist.[723] **586**

Danach ist die Tilgung von Rückständen, die schon vor dem Tätigwerden des vorläufigen Verwalters entstanden sind, grds. anfechtbar. Da der vorläufige Insolvenzverwalter die künftige Masse zu sichern und zu erhalten hat, kann es nach der Rechtsprechung des BGH nicht seine Sache sein, eine vor dem Eröffnungsantrag unvollständig erfüllte Verbindlichkeit des Schuldners gegenüber einem einzelnen Gläubiger vollständig zu erfüllen, falls dies nicht im Interesse aller Gläubiger liegt[724]. Die bloße Erfüllungshandlung des vorläufigen Verwalters begründet die Verbindlichkeit nicht neu.[725] Hat der vorläufige Insolvenzverwalter allerdings im Zusammenhang mit einem Neugeschäft eine **Erfüllungszusage für Altverbindlichkeiten** in der Weise erteilt, dass hierdurch die Verbindlichkeit neu begründet wird, fällt dies unter den Wortlaut des § 55 Abs. 2 Satz 1 InsO. Entsprechendes gilt für die neue Sicherungsvereinbarung mit einer entsprechenden Verpflichtung zugleich bzgl. der Altschulden. Dann stellt sich jedoch die Frage, ob eine solche Vereinbarung nicht offenkundig gegen den Insolvenzzweck verstößt und daher nichtig ist.[726] **587**

Auch im eröffneten Verfahren findet die Ermächtigung des Insolvenzverwalters, die Insolvenzmasse zu verpflichten, ihre Grenze in der **Insolvenzzweckwidrigkeit**. Handelt der Verwalter für den »Geschäftspartner« erkennbar zum Nachteil der Insolvenzmasse, kommt auch insoweit eine Nichtigkeit entsprechender kollusiver Vereinbarungen in Betracht, welche die Insolvenzmasse nachhaltig schädigen.[727] Für den vorläufigen Verwalter kann insoweit nichts anderes gelten.[728] Dabei kann nicht jede unzweckmäßige oder für die Masse unvorteilhafte Rechtshandlung des (vorläufigen) Verwalters nichtig sein, diesem steht vielmehr wegen der mit seinem Amt verbundenen vielfältigen Aufgaben bei der Ausübung seiner Tätigkeit grds. ein weiter Ermessens- **588**

---

722 BGH, 20.02.2014 – IX ZR 164/13, ZInsO 2014, 598, 599 Rn. 12; OLG Dresden, 19.01.2004 – 13 U 2163/03, ZInsO 2005, 1221, 1222; Kirchhof, ZInsO 2000, 297, 298 f.

723 BGH, 20.02.2014 – IX ZR 164/13, ZInsO 2014, 598, 599 Rn. 12; 09.12.2004 – IX ZR 108/04, ZInsO 2005, 88, 89; s. dazu die Darstellung unter Rdn. 596 ff.

724 BGH, 21.03.2024 – IX ZR 12/22, ZInsO 2024, 1316, Rn. 10.

725 Kirchhof, ZInsO 2000, 297, 298.

726 Kirchhof, ZInsO 2000, 297, 299; s.a. AG Hannover, 02.08.2016 – 908 IN 460/16 – 2, ZInsO 2016, 1953, 1954.

727 Pape, ZInsO 2016, 2149, 2150.

728 Vgl. OLG Karlsruhe, 14.06.2016 – 8 U 44/15, ZInsO 2016, 1469, 1471; für den Sequester ebenso: BGH, 11.06.1992 – IX ZR 255/91, NJW 1992, 2483, 2484; nach a.A. spricht gegen eine Gleichsetzung, dass im Zeitpunkt der Handlungen vorläufiger Verwalter die Eröffnung des Insolvenzverfahrens überhaupt noch nicht feststeht, vgl. Adam, DZWIR 2007, 357 ff.; s.a. Binder, KTS 2006, 1, 36.

spielraum zu.[729] Insolvenzzweckwidrig und daher unwirksam sind Rechtshandlungen des Insolvenzverwalters, welche dem Zweck des Insolvenzverfahrens – der **gleichmäßigen Befriedigung aller Insolvenzgläubiger** (§ 1 Satz 1 InsO) – klar und eindeutig zuwiderlaufen.[730] Die Nichtigkeit wegen Insolvenzzweckwidrigkeit umfasst sowohl das Verpflichtungs- als auch das Verfügungsgeschäft. Erbrachte Leistungen sind nach bereicherungsrechtlichen Grundsätzen zurückzugewähren.[731]

589 In einer Grundsatzentscheidung aus dem Jahr 2002 hat der BGH für die Abgrenzung, wann eine Überschreitung der Verwaltungs- und Verfügungsbefugnis des Insolvenzverwalters zur Unwirksamkeit der Rechtshandlung führt, die zum Missbrauch der Vertretungsmacht entwickelten Grundsätze herangezogen.[732] Maßgeblich ist das Vorliegen eines **evidenten** bzw. **besonders schwerwiegenden Verstoßes** des Verwalterhandelns **gegen den Grundsatz der Gläubigergleichbehandlung**, so dass sich dem Geschäftspartner aufgrund der Umstände des Einzelfalls ohne Weiteres begründete Zweifel an der Vereinbarkeit der Handlung mit dem Zweck des Insolvenzverfahrens aufdrängen müssen, ihm somit der Sache nach zumindest grobe Fahrlässigkeit vorzuwerfen ist.[733] Dies dürfte jedenfalls der Fall sein, wenn der (vorläufige) Insolvenzverwalter ohne Grund eine Insolvenzforderung als Masseverbindlichkeit anerkennt.[734] In anderem Zusammenhang hat der BGH bereits entschieden, dass die Gesamtheit der Insolvenzgläubiger mit der Eröffnung des Insolvenzverfahrens benachteiligt wird, wenn eine Forderung, die bei Eröffnung des Insolvenzverfahrens nur Insolvenzforderung gem. § 38 InsO geworden wäre, durch eine Rechtshandlung vor Eröffnung des Insolvenzverfahrens so verändert wird, dass sie im Fall der Eröffnung des Insolvenzverfahrens als Masseverbindlichkeit und damit vor den Forderungen der übrigen Insolvenzgläubiger zu begleichen ist.[735]

590 Anders kann dies zu beurteilen sein, wenn der Gläubiger im Gegenzug für die Befriedigung von Altverbindlichkeiten auf Aus- oder Absonderungsrechte verzichtet, vorausgesetzt, es handelt sich um werthaltige Rechte.[736] Auch in sonstigen Fällen, in denen mit der Zahlung (auf die Altforderung) ein entsprechender (neuer) Vorteil für die

729 Pape, ZInsO 2016, 2149, 2150, 2152.

730 BGH, 20.04.2021 – II ZR 387/18, ZInsO 2021, 1277, 1280 Rn. 23; 14.06.2018 – IX ZR 232/17, ZInsO 2018, 1795, 1796 Rn. 13; 17.12.2015 – IX ZR 143/13, ZInsO 2016, 330, 333 Rn. 24; 10.01.2013 – IX ZR 172/11, ZInsO 2013, 441, 442 Rn. 8; 20.03.2008 – IX ZR 68/06, WM 2008, 937 Rn. 4.

731 K/P/B/Lüke, § 80 InsO Rn. 31a.

732 BGH, 25.04.2002 – IX ZR 313/99, ZInsO 2002, 577, 579 f.; 10.01.2013 – IX ZR 172/11, ZInsO 2013, 441, 442 Rn. 8.

733 Pape, ZInsO 2016, 2149, 2151 f.

734 K/P/B/Lüke, § 80 InsO Rn. 31; Uhlenbruck/Mock, § 80 InsO Rn. 88; HambKomm-InsR/Schröder, § 22 InsO Rn. 22; Pape, ZInsO 2016, 2149, 2155; Ganter, in: FS Gerhardt, 237, 250; s.a. BGH, 20.03.2008 – IX ZR 68/06, WM 2008, 937 f. Rn. 6; 04.11.2004 – IX ZR 82/03, ZInsO 2005, 40, 42.

735 BGH, 26.04.2012 – IX ZR 146/11, ZInsO 2012, 1127, 1129 Rn. 26.

736 Pape, ZInsO 2016, 2149, 2155; Vogelsang, in: StB-Hb. 2019, Teil 4 Rn. 1522.

Masse verbunden ist, entfällt die Gläubigerbenachteiligung und damit der Verstoß gegen den Insolvenzzweck.[737]

Hat der Lieferant andererseits aufgrund einer **Monopolstellung** entsprechenden Druck ausgeübt, um gezielt die Gläubigergleichbehandlung zu durchbrechen, ist das aus insolvenzrechtlicher Sicht nicht schutzwürdig. Entsprechendes dürfte unabhängig vom Vorliegen einer Monopolstellung gelten, wenn der vorläufige Insolvenzverwalter zunächst die Besicherung oder gar Tilgung der Altforderungen erkennbar abgelehnt hatte und sich dazu erst anschließend aufgrund der Androhung des Lieferanten bereitgefunden hat, anderenfalls keine Neulieferungen an das Unternehmen des Schuldners mehr vorzunehmen.[738] Zumindest bei solchen **aufgezwungenen Handlungen** bestehen Anhaltspunkte für eine evidente Insolvenzzweckwidrigkeit.[739] **591**

Ob diese Grundsätze bezogen auf den Sicherungszweck gem. § 21 Abs. 1 Satz 1 InsO entsprechend für Rechtshandlungen des vorläufigen Insolvenzverwalters gelten, hat der BGH bislang offengelassen.[740] **592**

bb) Mitbestimmender vorläufiger Verwalter mit Einzelermächtigung (sog. »halbstarker« vorläufiger Verwalter)

Wenn der vorläufige Verwalter ohne Übertragung der allgemeinen Verfügungsbefugnis durch eine Einzelermächtigung des Insolvenzgerichts befugt ist, Masseverbindlichkeiten einzugehen, gelten für ihn die in Rdn. 583 ff. dargestellten Grundsätze, d.h. Rechtshandlungen, die derartige Masseverbindlichkeiten begründen oder decken, sind nicht anfechtbar.[741] Voraussetzung ist, dass sich die Ermächtigung gerade auf den Regelungsbereich bezieht, aus dem die getilgte oder besicherte Forderung stammt.[742] **593**

Die Erfüllung oder Besicherung von Altverbindlichkeiten der künftigen Masse, die nach Verfahrenseröffnung als Insolvenzforderungen (§ 38 InsO) zu bewerten wären, ist dagegen grds. anfechtbar.[743] **594**

Es stellt sich daher die Frage, ob das Insolvenzgericht den vorläufigen Verwalter ermächtigen kann, diese Altverbindlichkeiten in den Rang von Masseverbindlichkeiten zu erheben. Schmidt/Roth[744] schlagen eine gerichtliche Einzelermächtigung zur Abgabe eines Schuldanerkenntnisses gem. §§ 780, 781 BGB vor. Dies dürfte indessen aus den unter Rdn. 572 f. dargestellten Erwägungen abzulehnen sein, weil eine solche **nachträgliche Aufwertung der Forderungen einzelner Gläubiger insolvenzzweckwidrig** wäre.[745] **595**

737 Schmidt/Frenzel/Gundlach, DZWIR 2005, 324 ff.
738 Kirchhof, ZInsO 2000, 297, 299.
739 MK-InsO/Freudenberg, § 129 Rn. 45.
740 BGH, 20.04.2021 – II ZR 387/18, ZInsO 2021, 1277, 1280 Rn. 24.
741 BGH, 20.02.2014 – IX ZR 164/13, ZInsO 2014, 598, 599 Rn. 11.
742 BGH, 09.12.2004 – IX ZR 108/04, ZInsO 2005, 88, 89.
743 BGH, 20.02.2014 – IX ZR 164/13, ZInsO 2014, 598, 599 Rn. 12.
744 Schmidt/Roth, ZInsO 2006, 177, 180 f.
745 AG Hannover, 02.08.2016 – 908 IN 460/16–2, ZInsO 2016, 1953, 1954.

cc) Mitbestimmender vorläufiger Verwalter

596 Ansonsten gilt für die Erfüllung oder Besicherung von Altforderungen unter Beteiligung des mitbestimmenden vorläufigen Insolvenzverwalters nach gefestigter Rechtsprechung des BGH:

597 Der Insolvenzverwalter ist grds. berechtigt, die Erfüllung von Altverbindlichkeiten nach den Regeln der Deckungsanfechtung auch dann anzufechten, wenn er als vorläufiger Insolvenzverwalter einer Rechtshandlung des Schuldners zugestimmt hat, durch die gesetzliche Ansprüche oder Altverbindlichkeiten erfüllt werden, ohne dass dies mit einer künftig zu erbringenden eigenen Leistung des Gläubigers in Zusammenhang steht.[746] Steht die Erfüllungshandlung des Schuldners **nicht im Zusammenhang mit einem neuen Vertragsschluss**, ist der Vertragspartner i.d.R. von vornherein nicht schutzwürdig. Verlangt der Gläubiger nach Antragstellung nur noch Zahlung, ist diese also von keiner eigenen Leistung an den Schuldner mehr abhängig, entfällt der sachliche Grund, diese Erfüllungshandlungen des Schuldners gegenüber anderen Rechtshandlungen zu Lasten der Gläubigergesamtheit zu privilegieren.[747]

598 Darüber hinaus ist die Anfechtung nur dann ausgeschlossen, wenn der mitbestimmende vorläufige Verwalter durch sein Handeln einen **schutzwürdigen Vertrauenstatbestand** gesetzt hat und der Empfänger der Leistung demzufolge nach Treu und Glauben (§ 242 BGB) damit rechnen durfte, ein auch nach Eröffnung des Insolvenzverfahrens nicht mehr entziehbares Recht erhalten zu haben. Dies trifft grds. auch für Rechtshandlungen zu, die die Tilgung von Altverbindlichkeiten zum Gegenstand haben.[748]

599 Einen schutzwürdigen Vertrauenstatbestand begründet der vorläufige Verwalter i.d.R. dann, wenn er Verträgen **vorbehaltlos zustimmt**, die der Schuldner mit dem Gläubiger nach Anordnung von Sicherungsmaßnahmen geschlossen und in denen er im Zusammenhang mit an das Schuldnerunternehmen zu erbringenden Leistungen des Gläubigers Erfüllungszusagen für Altverbindlichkeiten gegeben hat. Wegen der Einbindung des vorläufigen Verwalters in den Vertragsschluss darf der Gläubiger davon ausgehen, die als Erfüllung geleisteten Zahlungen endgültig behalten zu dürfen. Sie können ihm daher auch nach Eröffnung des Insolvenzverfahrens nicht mehr im Wege der Anfechtung entzogen werden.[749]

600 Das gilt auch, wenn der vorläufige Verwalter lediglich der Bezahlung der Altverbindlichkeit zustimmt, denn der Gläubiger, der nach Antragstellung mit dem Schuldner neue Leistungen an dessen Unternehmen vereinbart und dafür auch die Zusage

746 BGH, 10.01.2013 – IX ZR 161/11, ZInsO 2013, 551, 552 Rn. 17; 15.12.2005 – IX ZR 156/04, ZInsO 2006, 208 f. Rn. 11.
747 BGH, 09.12.2004 – IX ZR 108/04, ZInsO 2005, 209, 210 f.
748 BGH, 10.01.2013 – IX ZR 161/11, ZInsO 2013, 551, 552 Rn. 17; 15.12.2005 – IX ZR 156/04, ZInsO 2006, 208 f. Rn. 11.
749 BGH, 10.01.2013 – IX ZR 161/11, ZInsO 2013, 551, 552 Rn. 18; 15.12.2005 – IX ZR 156/04, ZInsO 2006, 208, 209 Rn. 12; s.a. LG Köln, 25.01.2022 – 16 O 54/21, ZIP 2022, 1011, 1014 zu einer Genehmigung durch den Insolvenzverwalter nach Insolvenzeröffnung.

erhalten hat, dass Altverbindlichkeiten ausgeglichen werden, darf grds. davon ausgehen, dass der vorläufige Verwalter, der die Zustimmung zu der Befriedigung erteilt, die vertragliche Verknüpfung zwischen den gegenseitigen Leistungen kennt. Sein Vertrauen in den Bestand der ihm nach Einsetzung des vorläufigen Verwalters vertraglich zuerkannten Rechte ist danach in gleicher Weise schutzwürdig wie bei einer Einbeziehung des vorläufigen Verwalters in die vertragliche Vereinbarung selbst.[750]

Soweit der BGH in einigen früheren Entscheidungen die Auffassung vertreten hat, bereits die Abrede zur Bezahlung von Altschulden stelle eine nach § 132 Abs. 1 Nr. 2 InsO anfechtbare unmittelbar benachteiligende Rechtshandlung dar,[751] hat er später offengelassen, ob an dem rechtlichen Ansatz ungeachtet der in der Literatur hiergegen erhobenen Bedenken festgehalten werde.[752] **601**

Die Einschränkung der Anfechtbarkeit von Erfüllungshandlungen beruht darauf, dass die Zustimmung des vorläufigen Verwalters zur Leistung des Schuldners für den Zahlungsempfänger letztlich wertlos wäre, wenn der mitbestimmende vorläufige Verwalter nach der Insolvenzeröffnung und seiner Bestellung zum Insolvenzverwalter mit Erfolg die Anfechtung erklären könnte. Denn in einem solchen Fall wären die Voraussetzungen der Deckungsanfechtung gem. § 130 Abs. 1 Satz 1 Nr. 2 InsO regelmäßig gegeben. Der vorläufige Insolvenzverwalter wird die für die Unternehmensfortführung notwendigen Vertragspartner aber nur finden, wenn diese grds. darauf vertrauen können, dass die mit dem vorläufigen Verwalter getroffenen Vereinbarungen auch in der Insolvenz Bestand haben.[753] **602**

Ein schutzwürdiges Vertrauen des Gläubigers darauf, dass er die erhaltene Leistung nach Eröffnung des Insolvenzverfahrens nicht wieder zurückgewähren muss, begründet der vorläufige Insolvenzverwalter auch – und erst recht – durch die **Erklärung, nicht anzufechten**, wenn er selbst zum Insolvenzverwalter bestellt werde.[754] Erklärt er, dass er Zahlungen, die aus Mitteln des Unternehmens für Lieferungen und Leistungen erfolgen, die ab einem bestimmten Zeitpunkt erbracht werden, nach Eröffnung des Insolvenzverfahrens und seiner Bestellung zum Insolvenzverwalter nicht anfechten wird, ist er nachfolgend jedoch nicht unter dem Gesichtspunkt des Vertrauensschutzes gehindert, solche Zahlungen anzufechten, die bereits vor dem Stichtag geliefertes Material betreffen, das der Bauunternehmer erst nach dem Stichtag in das Bauvorhaben eingebaut hat. Darauf, ob dem Bauunternehmer am Stichtag bereits ein fälliger Anspruch auf Bezahlung der Teil- oder Vorleistung zustand, kommt es nicht an.[755] **603**

750 BGH, 15.12.2005 – IX ZR 156/04, ZInsO 2006, 208, 209 Rn. 14 f.; zur Übertragbarkeit der Grundsätze zum »anfechtungshindernden« Vertrauen im Regelinsolvenzverfahren auf das Eigenverwaltungsverfahren s. Frind, ZInsO 2019, 1292 ff.

751 BGH, 13.03.2003 – IX ZR 64/02, ZInsO 2003, 417, 418 ff.; 13.03.2003 – IX ZR 56/02, ZInsO 2003, 420, 421.

752 BGH, 15.12.2005 – IX ZR 156/04, ZInsO 2006, 208, 209 Rn. 21.

753 BGH, 09.12.2004 – IX ZR 108/04, ZInsO 2005, 209, 210.

754 BGH, 10.01.2013 – IX ZR 161/11, ZInsO 2013, 551, 552 f. Rn. 19.

755 OLG Düsseldorf, 08.11.2018 – I-12 U 16/18, ZInsO 2019, 441, 443 f.; Stahlschmidt, EWiR 2019, 247, 248; Hofmann, NZI 2019, 287.

Zahlt ein Insolvenzverwalter zur Ablösung bestehender Absonderungsrechte vereinbarungsgemäß einen Betrag auf die Restforderung des Anfechtungsgegners aus mit dem Schuldner geschlossenen Darlehensverträgen, kann der Anfechtungsgegner erwarten, dass der Insolvenzverwalter zuvor pflichtgemäß die insolvenzrechtliche Anfechtbarkeit der hierauf bisher geleisteten Zins- und Tilgungszahlungen geprüft hat. War erkennbar, dass sich der Ablösebetrag auf der Basis und unter Berücksichtigung sämtlicher bis dahin erlangter Leistungen errechnet, durfte der Anfechtungsgegner darauf vertrauen, dass die ursprünglichen Zahlungen des Schuldners Bestand haben. Eine später gleichwohl erklärte Anfechtung dieser Zahlungen ist aufgrund des durch das Verhalten des Insolvenzverwalters bei der Abwicklung der offenen Ansprüche im Zusammenhang mit der Aufgabe der Sicherheiten durch den Anfechtungsgegner geschaffenen Vertrauenstatbestandes gem. § 242 BGB unzulässig.[756]

604 Hat dagegen der vorläufige Insolvenzverwalter schon bei Vertragsschluss die beabsichtigte spätere Anfechtung der von ihm gebilligten oder als Stellvertreter des Schuldners selbst vorgenommenen Deckungshandlung angekündigt, hat er von vornherein keinen Vertrauenstatbestand gesetzt.[757] Der Vertragspartner, der dennoch mit dem Schuldner Verträge schließt, geht bewusst das Risiko ein, dass diese in der Insolvenz keinen Bestand haben.[758]

605 Der auf Rückgewähr in Anspruch genommene Gläubiger kann dem gegen ihn gerichteten Anfechtungsanspruch nicht mit Erfolg entgegenhalten, der Insolvenzverwalter hätte seine Zustimmung zu Erfüllungshandlungen gegenüber anderen Gläubigern unterlassen oder jedenfalls Erfolg versprechende Anfechtungsklagen auch gegen diese erheben müssen.[759]

606 Der Insolvenzverwalter, der die Erfüllung von Altverbindlichkeiten anficht, die mit neuen Leistungen des Gläubigers an den Schuldner vertraglich verknüpft worden sind, handelt auch bei einer vorbehaltlosen Zustimmung des vorläufigen Verwalters nicht treuwidrig, wenn der Gläubiger diese Zustimmung nur aufgrund seiner wirtschaftlichen Machtstellung gegen dessen zunächst erklärten Widerstand durchsetzen konnte. Hat der vorläufige Verwalter vor Erteilung der Zustimmung deutlich zum Ausdruck gebracht, er halte den vom Gläubiger erstrebten oder im Wege des Vertrages bereits begründeten Sondervorteil nicht für gerechtfertigt, weil dem kein über die Fortsetzung der Geschäftsbeziehungen hinausgehender zusätzlicher Nutzen der Masse gegenüber stehe, war der Verwalter jedoch im Hinblick darauf, dass ihm zur Aufrechterhaltung des Geschäftsbetriebs keine andere Wahl blieb, letztlich gezwungen, dem Begehren des anderen Teils nachzugeben, so ist kein schutzwürdiger Vertrauenstatbestand begründet worden. In einem solchen Fall darf der Gläubiger nach Treu und Glauben keinen Vorteil daraus ziehen, dass der vorläufige Verwalter den zunächst entgegengebrachten

756 OLG Düsseldorf, 08.01.2024 – 12 U 31/23, NZI 2024, 321 ff. mit zust. Anmerkung Lütcke.

757 AG Köln, 07.08.2017 – 142 C 162/17, NZI 2018, 73, 74.

758 BGH, 09.12.2004 – IX ZR 108/04, ZInsO 2005, 209, 210.

759 BGH, 09.12.2004 – IX ZR 108/04, ZInsO 2005, 209, 211.

Widerstand ersichtlich allein aus wirtschaftlichen Zwängen aufgegeben hat. Eine allein **durch Ausnutzung besonderer Marktstärke bewirkte Zustimmung** des vorläufigen Verwalters führt daher unter dem Gesichtspunkt von Treu und Glauben nicht dazu, die Anfechtung nach Eröffnung des Insolvenzverfahrens auszuschließen.[760]

Entsprechende Tatsachen muss der Insolvenzverwalter darlegen und beweisen. Da er durch seine Zustimmung zum Vertrag regelmäßig einen Vertrauenstatbestand begründet, liegt es an ihm, die Umstände vorzutragen, die dem Vertragspartner im Einzelfall eine Berufung auf Treu und Glauben verwehren.[761] Dies kommt etwa in Betracht, wenn ohne die Leistung des Lieferanten mit Mitteln der zukünftigen Masse bereits geschaffene Werte vernichtet worden wären – etwa weil ein kurz vor der Fertigstellung stehendes Werk wegen eines nur von dem Vertragspartner lieferbaren Teils nicht hätte vollendet werden können – und dadurch für die Gesamtheit der Gläubiger ein erheblicher Verlust entstanden wäre.[762] **607**

Geht es hingegen nur darum, **Erschwernisse für eine Betriebsfortführung** abzuwenden, die bspw. daraus resultieren, dass ein anderer Lieferant gesucht oder mit dem Auftraggeber über eine Vertragsänderung verhandelt werden muss, sind die bereits erbrachten Leistungen des Schuldners aber i.Ü. – sei es auch als Teilleistungen – abrechenbar und bewirkt der Ausfall des Anfechtungsgegners ansonsten keine nachhaltige Schädigung der (künftigen) Insolvenzmasse, ist eine Durchbrechung des Vertrauensschutzes, den der vorläufige Insolvenzverwalter mit seiner Zustimmung zu einer Befriedigung von Altforderungen geschaffen hat, nicht gerechtfertigt. Dementsprechend genügt beispielsweise allein die Befürchtung, eine Auswechselung des Lieferanten könnte zu abweichenden Farb- und Qualitätsmerkmalen und in deren Folge zu Schwierigkeiten mit dem Auftraggeber führen, nicht, um eine entsprechende Zwangslage darzutun. Gleiches gilt für die Drohung des Lieferanten, die Preise im Fall einer weiteren Belieferung zu erhöhen.[763] Darauf, ob andere Unternehmen nicht bereit sind, die benötigte Lieferung vorzunehmen, kommt es nicht an. Schon aus dem Umstand, dass es andere Lieferanten gibt, die für den Gläubiger hätten einspringen können, folgt, dass dieser keine marktbeherrschende Stellung hatte, die es für die Masse unabdingbar erscheinen ließ, den Vertrag mit ihm auch unter Inkaufnahme der Befriedigung von Altverbindlichkeiten aufrechtzuerhalten.[764] **608**

---

760 BGH, 10.01.2013 – IX ZR 161/11, ZInsO 2013, 551, 553 Rn. 21; 15.12.2005 – IX ZR 156/04, ZInsO 2006, 208, 209 Rn. 16; OLG Koblenz, 02.07.2010 – 10 U 1371/09, ZInsO 2010, 1395 f.

761 BGH, 10.01.2013 – IX ZR 161/11, ZInsO 2013, 551, 553 Rn. 21; 15.12.2005 – IX ZR 156/04 Rn. 12, ZInsO 2006, 208, 209 Rn. 16; A/G/R-Gehrlein, § 129 InsO Rn. 60.

762 BGH, 10.01.2013 – IX ZR 161/11, ZInsO 2013, 551, 553 Rn. 22.

763 BGH, 10.01.2013 – IX ZR 161/11, ZInsO 2013, 551, 553 Rn. 22 f.

764 BGH, 10.01.2013 – IX ZR 161/11, ZInsO 2013, 551, 553 Rn. 24.

b) Praktische Auswirkungen

609 Die vorstehend dargestellte Rechtsprechung birgt für den vorläufigen Insolvenzverwalter **erhebliche Haftungsgefahren:** Begründet er Masseverbindlichkeiten, die nach Verfahrenseröffnung aus der Insolvenzmasse nicht voll erfüllt werden können, ist er dem Massegläubiger u.U. zum Schadenersatz verpflichtet. Adressat von § 61 InsO ist zwar zunächst der Verwalter im eröffneten Insolvenzverfahren. Die Norm findet nach h.M. jedoch auch Anwendung auf den vorläufigen »starken« Verwalter kraft Verweisung gem. §§ 21 Abs. 1 Satz 1, 55 Abs. 1 InsO sowie den im Einzelfall zur Begründung von Masseverbindlichkeiten vom Insolvenzgericht ermächtigten mitbestimmenden Verwalter.[765] Für einen vorläufigen Insolvenzverwalter ordnet § 21 Abs. 2 Satz 1 Nr. 1 InsO insb. die entsprechende Geltung der Haftungsvorschriften der §§ 60 ff. InsO an. Folglich ist der vorläufige Insolvenzverwalter einem Beteiligten zum Schadensersatz verpflichtet, wenn er diesem gegenüber wahrzunehmende insolvenzrechtliche Pflichten schuldhaft verletzt.[766] Wird das Verfahren mangels Masse nicht eröffnet, haftet der vorläufige Verwalter in diesen Fällen analog § 61 InsO; der »schwache« vorläufige Verwalter haftet allein nach § 60 InsO.[767] Den Schwierigkeiten, vor denen der vorläufige Insolvenzverwalter steht, ist dabei Rechnung zu tragen, indem ihm die Entlastung nach § 61 Satz 2 InsO erleichtert wird. Es genügt, wenn die Liquiditätsplanung den Umständen und der zur Verfügung stehenden Einarbeitungszeit entspricht.[768] Darüber hinaus wird teilweise die Auffassung vertreten, dass die verschärfte Haftung nach § 61 InsO zumindest im Anfangsstadium des Eröffnungsverfahrens ausgeschlossen sei, weil und solange der vorläufige Insolvenzverwalter zur Betriebsfortführung gesetzlich verpflichtet sei, und es daher zunächst zu dieser gesetzlichen Pflichtaufgabe keine Alternative gebe.[769] Bei der Haftung des vorläufigen Insolvenzverwalters über das Vermögen eines Unternehmensträgers ist zwar stets zu berücksichtigen, dass er im Eröffnungsverfahren zunächst einen Überblick über den Betrieb und die finanzielle Lage des Schuldners gewinnen muss und es im Einzelfall erforderlich sein kann, eilbedürftige Entscheidungen auch ohne vollständige Aufklärung der Sachlage zu treffen. Auch entspricht es dem Willen des Gesetzgebers, dass der Schuldner unter bestimmten Voraussetzungen weiter am Rechtsverkehr teilnehmen und insb. ein erhaltungswürdiges Schuldnerunternehmen fortgeführt werden kann. Dieses gesetzgeberische Ziel rechtfertigt jedoch grundsätzlich nicht die Gewährung von Sondervorteilen an einzelne Gläubiger. Solche Begünstigungen mögen zwar der Fortführung des Unternehmens dienen und so für den Schuldner vorteilhaft sein, laufen aber dem Grundsatz der Gläubigergleichbehandlung (§ 1 Satz 1 InsO) zuwider.[770] Der vorläufige Insolvenzverwalter hat selbst keine unternehmerischen Entschei-

765 A/G/R-Lind, § 61 InsO Rn. 3; FK-InsO/Jahntz, § 61 Rn. 3; K. Schmidt/Thole, § 61 InsO Rn. 4; Braun/Baumert, § 61 InsO Rn. 3.

766 BGH, 21.03.2024 – IX ZR 12/22, ZInsO 2024, 1316 ff. Rn. 8.

767 A/G/R-Lind, § 61 InsO Rn. 3; Uhlenbruck/Sinz, § 61 InsO Rn. 32; MK-InsO/Schoppmeyer, § 61 Rn. 35, 38.

768 MK-InsO/Schoppmeyer, § 61 Rn. 37.

769 Vgl. Römermann/Mönning, § 22 InsO Rn. 188 f.

770 BGH, 21.03.2024 – IX ZR 12/22, ZInsO 2024, 1316 ff., Rn. 9 = NZI 2024, 660 ff. mit Anm. Böhme.

dungen zu treffen. Einem vorläufigen Insolvenzverwalter mit Zustimmungsvorbehalt obliegt nur die Sicherung des vorhandenen Vermögens und, wenn in einem solchen Fall der Schuldner seinen Betrieb im Eröffnungsverfahren fortführt, die Kontrolle der Geschäftsführung des Schuldners. Im Allgemeinen hat der vorläufige Verwalter daher beratend und fördernd auf den Schuldner einzuwirken. Er hat im Zusammenwirken mit diesem die Sanierungswürdigkeit und die Sanierungsfähigkeit des Unternehmens zu prüfen, daraus mögliche Sanierungsmaßnahmen abzuleiten und kurzfristige Maßnahmen, deren Umsetzung unter Berücksichtigung der zu erhaltenden Verfahrensziele keinen Aufschub duldet, dem Schuldner zur Durchführung mit seiner Zustimmung vorzuschlagen. Sind die beratende Einflussnahme auf den Schuldner und der Versuch, die erforderlichen Maßnahmen auf kooperativem Wege gemeinsam umzusetzen, gescheitert, darf der vorläufige Insolvenzverwalter ohne Verwaltungs- und Verfügungsbefugnis nicht anstelle des Schuldners tätig werden. Vielmehr ist er aufgrund seines Sicherungsauftrags gehalten, zusätzliche Ermächtigungen beim Insolvenzgericht bis hin zur Übertragung der Verwaltungs- und Verfügungsbefugnis auf ihn anzuregen, auf eine entsprechende Beschlussfassung des Gerichts hinzuwirken und die Entscheidung abzuwarten.[771]

Auch wenn die vom vorläufigen Insolvenzverwalter begründeten Masseverbindlich- 610
keiten gedeckt sind, droht ihm u.U. eine Haftung nach § 60 Abs. 1 InsO für den mit der Verringerung der Befriedigungsquote verbundenen Schaden der Insolvenzgläubiger. Hierzu müssten die Insolvenzgläubiger jedoch vortragen können, dass ihre Befriedigungsquote dadurch vermindert wurde, dass der vorläufige Insolvenzverwalter sonstige Masseverbindlichkeiten nach § 55 Abs. 2 InsO begründet hat, die ein ordentlicher und gewissenhafter Insolvenzverwalter bei einer sorgfältigen Vorgehensweise vermieden hätte. Der vorläufige Insolvenzverwalter hat bei der Begründung von sonstigen Masseverbindlichkeiten daher nicht nur darauf zu achten, dass diese von der Insolvenzmasse gedeckt werden; er muss auch in der Lage sein, deren Notwendigkeit darzutun.[772]

Das gilt in gleicher Weise, wenn der mitbestimmende vorläufige Insolvenzverwalter 611
durch seine Zustimmung ein schutzwürdiges Vertrauen in den Bestand der Erfüllung von Altverbindlichkeiten durch den Schuldner schafft und diese Rechtshandlung daher nicht anfechtbar ist. Ist die Befriedigung der in einem eröffneten Verfahren als einfache Insolvenzforderung zu qualifizierenden Verbindlichkeit mit Blick auf den Sicherungs- und Erhaltungszweck der vorläufigen Verwaltung nicht notwendig, ist der vorläufige Insolvenzverwalter verpflichtet, seine Zustimmung zu der entsprechenden Verfügung des Schuldners zu versagen, um eine Bevorzugung eines Gläubigers unter Verringerung der für ein eröffnetes Insolvenzverfahren zu Verfügung stehenden Masse zu verhindern. Eine gleichwohl erteilte Zustimmung stellt einen Verstoß gegen die dem vorläufigen Insolvenzverwalter obliegenden Pflichten mit der Folge eines Anspruchs nach § 60 InsO dar.[773]

771 BGH, 21.03.2024 – IX ZR 12/22, ZInsO 2024, 1316 ff., Rn. 15 = NZI 2024, 660 ff. mit Anm. Böhme.

772 Ausführlich zu den Haftungsgefahren: Graeber, InsbürO 2011, 333, 335 ff.

773 Graeber, InsbürO 2012, 300, 304; Schmidt/Roth, ZInsO 2006, 177, 178 f.; A/G/R-Harms, § 22 InsO Rn. 23.

612 Die Haftung nach § 60 InsO kann bei vorbehaltloser Zustimmung auch dann eingreifen, wenn es dem Insolvenzverwalter im Anfechtungsprozess nicht gelingt, die Voraussetzungen darzulegen, unter denen dem Anfechtungsgegner im Einzelfall eine Berufung auf Treu und Glauben verwehrt ist, also insb. die Ausnutzung einer wirtschaftlichen Machtstellung.[774]

613 Der vorläufige Verwalter befindet sich damit in einem Dilemma: Gleicht er Altforderungen nur *»unter dem Vorbehalt einer späteren Anfechtung«* aus, riskiert er, die benötigte Lieferung nicht zu erhalten und handelt damit entgegen seinem Auftrag, sanierungsfähige Betriebe fortzuführen. Gleicht er Altforderungen ohne Anfechtungsvorbehalt aus, behandelt er sie wie Masseforderungen und verstößt damit gegen die Befriedigungsreihenfolge der InsO. Wegen des fehlenden Vorbehalts trägt er zur Vereitelung des späteren Anfechtungsrechts bei und verletzt damit eine ihm obliegende insolvenzspezifische Pflicht mit der Haftungsfolge des § 60 InsO.

614 In der Praxis diskutierte Lösungswege, den dargelegten Unwägbarkeiten, denen der vorläufige Verwalter ausgesetzt ist, zu begegnen, wie die Einzelfallermächtigung[775] oder die Bestellung eines vorläufigen starken Insolvenzverwalters zum Ende des vorläufigen Insolvenzverfahrens scheiden aus den unter Rdn. 572 f. dargelegten Gründen erst recht aus, wenn es um die Erfüllung oder Besicherung von Altforderungen aus der Zeit vor der Anordnung von Sicherungsmaßnahmen geht.

615 Die Bestellung von Sicherheiten für Altverbindlichkeiten unter Mitwirkung eines vorläufigen mit Zustimmungsvorbehalt ausgestatteten Verwalters kann im Ergebnis nicht anders bewertet werden, als die Zustimmung zum Ausgleich von Altforderungen.[776] Stehen diese nicht im Zusammenhang mit einem neuen Vertragsschluss, sind sie grds. anfechtbar, weil der Lieferant nicht schutzwürdig ist. Werden Altforderungen mit Zustimmung des vorläufigen Verwalters bei gleichzeitiger Neubelieferung des Schuldners besichert, hängt die Anfechtbarkeit davon ab, ob der vorläufige Verwalter sich die Anfechtung ausdrücklich vorbehalten hat oder der Gläubiger die Sicherung trotz eines zuvor erklärten Widerstandes unter Ausnutzung seiner wirtschaftlichen Machtstellung durchgesetzt hat. Letztlich verbleibt nur die Anordnung von Einzelermächtigungen zur Begründung von Masseverbindlichkeiten und die schnelle Entscheidung des Gerichts über den Insolvenzantrag.[777]

3. Verzicht auf das Anfechtungsrecht

616 Ist die Altforderung eines Lieferanten noch vor Einsetzung eines vorläufigen Insolvenzverwalters – in anfechtbarer Weise – erfüllt worden und macht der Gläubiger nunmehr den Abschluss eines neuen Vertrages davon abhängig, dass der vorläufige Verwalter erklärt, die Zahlung nach Verfahrenseröffnung nicht anzufechten, ist fraglich, ob die Grundsätze des BGH zum Ausgleich von Altverbindlichkeiten gleichfalls

774 Spliedt, ZInsO 2007, 405, 410.
775 Schmidt/Roth, ZInsO 2006, 177 ff.
776 MK-InsO/Freudenberg, § 129 Rn. 49.
777 Böhme, Anm. zu BGH, 21.03.2024 – IX ZR 12/22, NZI 2024, 663.

Anwendung finden. Nach einer Auffassung wäre ein »Verzicht« des vorläufigen Insolvenzverwalters auf die Anfechtung unwirksam, weil die Anfechtung zu der – dem endgültigen Verwalter vorbehaltenen – Verwertung des Schuldnervermögens gehört und der vorläufige Verwalter für die Anfechtungsrechte keine Verfügungsmacht hat.[778] Der Verzicht wird nicht analog § 185 Abs. 2 Satz 2 BGB mit Bestellung des vorläufigen zum endgültigen Verwalter wirksam.[779]

Ein von einem vorläufigen Verwalter erklärter **Anfechtungsverzicht** bindet danach den Insolvenzverwalter grds. nicht. 617

Andererseits hat der Bundesgerichtshof angenommen, dass der vorläufige Insolvenzverwalter, der vor Unterzeichnung eines Vertrages, in dem der Schuldner im Zusammenhang mit an das Schuldnerunternehmen zu erbringenden Leistungen des Gläubigers Erfüllungszusagen für Altverbindlichkeiten gibt, erklärt, nicht anzufechten, wenn er selbst zum Insolvenzverwalter bestellt werde, bei dem Gläubiger ein schutzwürdiges Vertrauen darauf begründet, dass er die erhaltene Leistung nach Eröffnung des Insolvenzverfahrens nicht wieder zurückgewähren muss.[780] Eine Ausnahme besteht auch hier, wenn der Gläubiger den Anfechtungsverzicht des vorläufigen Verwalters nur aufgrund seiner wirtschaftlichen Machtstellung gegen dessen zunächst erklärten Widerstand durchsetzen konnte.[781] 618

Nach Spliedt kann, wenn mit dem BGH bei der Anfechtbarkeit der Befriedigung einer Altforderung unter Beteiligung des vorläufigen Insolvenzverwalters der Vertrauensschutz im Vordergrund stehen soll, für den Anfechtungsverzicht auf eine geleistete Zahlung nichts anderes gelten als für die Zustimmung zu einer beabsichtigten Zahlung.[782] 619

4. Forderungsverzicht und Aufrechnung

Bestehen wechselseitige Lieferbeziehungen kann der Schuldner, statt Altverbindlichkeiten auszugleichen, auf eigene Forderungen gegen Lieferanten **verzichten**, um die Weiterbelieferung im Antragsverfahren sicherzustellen. Hier dürften die gleichen Grundsätze Anwendung finden, wie bei der Frage nach der Anfechtung des Ausgleichs von Altforderungen im Antragsverfahren, d.h. bei Begründung eines schutzwürdigen Vertrauens – etwa durch vorbehaltlose Zustimmung des mitbestimmenden vorläufigen Verwalters zu dem durch den Schuldner erklärten Verzicht – kommt eine Anfechtung des Verzichts grds. nicht in Betracht. 620

Bestehen wechselseitige Lieferbeziehungen und wird der Schuldner durch einen Lieferanten im Antragsverfahren weiter beliefert, an den er seinerseits Lieferungen oder 621

778 MK-InsO/Freudenberg, § 129 Rn. 240; Jaeger/Henckel, § 129 InsO Rn. 284; Bork, ZIP 2006, 589, 594 ff.; Bieg/Borchardt/Frind Unternehmenssanierung/Henkel Teil 3 B II. Rn. 48.

779 So Bork, ZIP 2006, 589, 594 ff.

780 BGH, 10.01.2013 – IX ZR 161/11, ZInsO 2013, 551, 552 f. Rn. 19.

781 BGH, 10.01.2013 – IX ZR 161/11, ZInsO 2013, 551, 553 Rn. 20 f.

782 Spliedt, ZInsO 2007, 405, 409; a.A. HambKomm-InsR/Schröder, § 22 InsO Rn. 202.

Leistungen erbringt, kann der Lieferant der Zahlungsinanspruchnahme u.U. durch **Aufrechnung mit seiner Kaufpreisforderung** entgehen.

622 Die Aufrechnung ist nicht nach § 96 Abs. 1 Nr. 1 InsO ausgeschlossen, denn diese Vorschrift findet auf eine im Eröffnungsverfahren begründete Aufrechnungslage auch dann keine Anwendung, wenn das Insolvenzgericht einen vorläufigen Insolvenzverwalter bestimmt und Sicherungsmaßnahmen nach § 21 Abs. 2 Nr. 2 und 3 InsO getroffen hat.[783] Dem kann der vorläufige Verwalter dadurch begegnen, dass er die Weiterbelieferung durch den Lieferanten von der Vereinbarung eines Aufrechnungsausschlusses abhängig macht.

623 Ungeachtet dessen ist die Aufrechnung im eröffneten Verfahren gem. § 96 Abs. 1 Nr. 3 InsO unwirksam, wenn die **Aufrechnungslage** nach §§ 130, 131 InsO **anfechtbar begründet** wurde. Hatte der Aufrechnende vorher keinen Anspruch auf die Vereinbarung, die die Aufrechnungslage entstehen ließ, führt die Herstellung der Aufrechnungslage zu einer inkongruenten Deckung.[784] Da es sich um die Verknüpfung gegenseitiger Forderungen handelt, kommt es entscheidend darauf an, wann das Gegenseitigkeitsverhältnis begründet worden ist. Dagegen ist es grds. unerheblich, ob die Forderung des Schuldners oder des Insolvenzgläubigers früher entstanden oder fällig geworden ist.[785]

624 In Fällen der Aufrechnung oder Verrechnung wird die anfechtungsrechtliche Rückgewähr in der Weise verwirklicht, dass sich der Insolvenzverwalter unmittelbar auf die insolvenzrechtliche Unwirksamkeit der Aufrechnung berufen und die Forderung, gegen die anfechtbar aufgerechnet worden ist, für die Insolvenzmasse durchsetzen und den Aufrechnungseinwand mit der Gegeneinrede der Anfechtbarkeit abwehren kann. Eine Anfechtung findet daneben nicht statt.[786]

5. Checkliste

625 Ausgleich von **Neuforderungen** (= im Eröffnungsverfahren begründeten Forderungen) durch

- **»starken«** vorläufigen Verwalter mit Verfügungsbefugnis => unanfechtbar
  Ausnahme:
  Aufwertung einer vor Bestellung des »starken« vorläufigen Verwalters begründeten bloßen Insolvenzforderung zur Masseverbindlichkeit => i.d.R. wegen Verstoßes gegen Insolvenzzweck unwirksam
- **mitbestimmenden** vorläufigen Verwalter mit Zustimmungsvorbehalt
  - Begründung der Forderung bzw. Ausgleich aufgrund **Einzelermächtigung** (»halbstarker« vorläufiger Verwalter) => unanfechtbar

783 BGH, 29.06.2004 – IX ZR 195/03, ZInsO 2004, 852.

784 BGH, 29.06.2004 – IX ZR 195/03, ZInsO 2004, 852, 853; 11.02.2010 – IX ZR 104/07, ZInsO 2010, 673, 675 Rn. 27; 08.12.2022 – IX ZR 175/21, NZI 2023, 211 Rn. 7 m.w.N. zur ständigen Rechtsprechung.

785 BGH, 02.02.2017 – IX ZR 245/14, ZInsO 2017, 494, 495 Rn. 8.

786 BGH, 24.09.2015 – IX ZR 55/15, ZInsO 2016, 94, 95 Rn. 12; 19.10.2023 – IX ZR 249/22, ZInsO 2024, 67 ff. Rn. 11.

  - Ausgleich aufgrund **Zahlungszusage** ohne Einzelermächtigung (»schwacher« vorläufiger Verwalter) => grds. anfechtbar

  Ausnahmen:
  - Vorliegen eines Bargeschäfts, § 142 InsO, da i.d.R. keine unmittelbare Gläubigerbenachteiligung
  - Vertrauensschutz bei vorbehaltloser Zustimmung zur Begründung der Verbindlichkeit durch den Schuldner; entfällt bei Vorbehalt der Anfechtung

Ausgleich von **Altforderungen** durch 626
- »**starken**« vorläufigen Verwalter => grds. anfechtbar
  - Aufwertung der Altforderung zur Masseverbindlichkeit => i.d.R. wegen Verstoßes gegen Insolvenzzweck unwirksam
  - Ausnahme: Vertrauensschutz (wie beim mitbestimmenden vorläufigen Verwalter)
- **mitbestimmenden** vorläufigen Verwalter mit Zustimmungsvorbehalt = grds. anfechtbar
  - **Einzelermächtigung** zur Aufwertung der Altforderung zur Masseverbindlichkeit bzw. zur Befriedigung der Altforderung kommt wegen Insolvenzzweckwidrigkeit nicht in Betracht
  - ein Bargeschäft liegt mangels unmittelbaren Leistungsaustauschs in aller Regel nicht vor
  - Ausnahme: Vertrauensschutz unter folgenden Voraussetzungen
    - Abrede über den Ausgleich der Altforderung erfolgt im Zusammenhang mit einem neuen Vertragsschluss,
    - Zustimmung zur Vereinbarung des Schuldners bzw. zum Ausgleich der Altforderung in Kenntnis der vertraglichen Vereinbarung,
    - Anfechtung der Altverbindlichkeit nicht ausdrücklich vorbehalten und
    - kein deutlicher Protest vor »Druckzahlungen« aufgrund Marktstärke des Lieferanten

6. Muster

▶ Muster: Fortführungserklärung mit Zahlungszusage

Sehr geehrter Herr …../Sehr geehrte Frau ….., 627

mit dem in Kopie beigefügten Beschluss des Amtsgerichtes – Insolvenzgerichtes – ….. (Anlage) wurde der Unterzeichner zum vorläufigen Insolvenzverwalter bestellt. Gleichzeitig wurde angeordnet, dass Verfügungen des Schuldners nur noch mit meiner Zustimmung wirksam sind.

Derzeit eruiere ich die Aussichten für eine Sanierung des Betriebes. Zu diesem Zweck führe ich den Betrieb gemeinsam mit dem Schuldner fort.

Ich bin daher darauf angewiesen, dass die von mir genehmigten Bestellungen ausgeführt werden. Insofern bitte ich um Ihre Unterstützung, insb. um Gewährleistung eines reibungslosen Ablaufs bei der Lieferung offener Bestellungen.

Für die ausgelösten Bestellungen bitte ich um Beachtung folgender Regelungen:

Bestellungen des Schuldners sind nur dann wirksam, wenn sie von mir oder meinen dazu bevollmächtigten Mitarbeitern gegengezeichnet sind.

Die Bezahlung erfolgt durch mich von einem dafür eingerichteten gesonderten Bankkonto.

Aufgrund der besonderen Bedingungen können im vorläufigen Verfahren keine Vorauszahlungen geleistet werden.

Mit den im Rahmen der Fortführung des Geschäftsbetriebes realisierten Geldeingängen bezahle ich die bestätigten Bestellungen. Nach derzeitigem Stand des Verfahrens dürfte die Bezahlung der Lieferungen gesichert sein.

[Alternativ:

> *Ich sichere Ihnen hiermit ausdrücklich die Bezahlung der vom Schuldner bestellten, Ware gemäß Auftrag Nr......... vom........ zu und bitte um unverzügliche Auslieferung. Die Begleichung wird nach Rechnungslegung vom Insolvenzanderkonto erfolgen.*
> *Aus dem in der Anlage beigefügten amtsgerichtlichen Beschluss ist ersichtlich, dass ich als vorläufiger Insolvenzverwalter berechtigt bin, eine solche Zahlungsverpflichtung Ihnen gegenüber im Rang einer Masseverbindlichkeit einzugehen.*

Alternativ:

> *Ihre Forderung aus dem Auftrag Nr......... wird durch die im Rahmen der Fortführung des Geschäftsbetriebes realisierten Geldeingänge bezahlt.*

Alternativ:

> *Die Lieferung aus dem Auftrag Nr......... wird für die Dauer des vorläufigen Verfahrens aus der Masse im vorläufigen Insolvenzverfahren bezahlt.*

Alternativ:

> *Die Lieferung aus dem Auftrag Nr......... wird aus der im vorläufigen Verfahren generierten Masse ausgeglichen.]*

Offene Forderungen aus der Zeit vor dem Insolvenzantrag darf ich nicht ausgleichen. Diese sind Insolvenzforderungen, die nach Eröffnung des Insolvenzverfahrens bei mir zur Insolvenztabelle angemeldet werden können. Dazu werde ich Sie gesondert anschreiben.

[Mustergänzung: Aufrechnungsausschluss

> *Sollten Ihrerseits Forderungen gegen........ unausgeglichen sein, darf ich Sie ferner bitten, gegen die Inanspruchnahme nicht mit eigenen Forderungen gegen........ aus der Zeit vor meiner Bestellung zum vorläufigen Insolvenzverwalters aufzurechnen und mir den Aufrechnungsverzicht durch Gegenzeichnung dieses Schreibens und Rückübersendung an mich im Original zu bestätigen.]*

Rein vorsorglich weise ich darauf hin, dass ich, sollte ich nicht bis zum........ einen Aufrechnungsverzicht von Ihnen erhalten haben, an der Lieferbeziehung mit Ihnen nicht weiter festhalten kann.]

Um Ihre Forderungen prüfen zu können, benötige ich Ihre Mitwirkung. Ich darf Sie daher bitten, mir kurzfristig folgende Unterlagen zur Verfügung zu stellen:

- Aufstellung der offenen Posten
- Kopien der Auftragsbestätigungen, Lieferscheine und Rechnungen zu den offenen Posten
- eine Abschrift Ihrer allgemeinen Geschäftsbedingungen, soweit Sie den Vertragsbeziehungen zugrunde liegen

Aufgrund der Eigentumsvermutung des § 1006 BGB gehe ich zunächst davon aus, dass sämtliche vorgefundenen Sachen im unbelasteten Eigentum der Schuldnerin stehen.

Bitte beachten Sie, dass die Fortführung des Geschäftsbetriebes auch in Ihrem Interesse erfolgt. Nur so kann die organisatorische Einheit des Betriebes erhalten bleiben und das schuldnerische Vermögen bestmöglich verwertet werden.

Mit freundlichen Grüßen,

vorläufiger Insolvenzverwalter

[Mustererergänzung: Vorbehalt der Anfechtung

»Der Ausgleich Ihrer Forderung Nr...... erfolgt unter dem Vorbehalt der Rückforderung und späteren Anfechtung«]

▶ Muster: Antrag auf Einzelermächtigung zur Begründung von Masseverbindlichkeiten

Geschäfts-Nr.:........ IN......../........ 628

Antrag auf Einzelermächtigung

Sehr geehrter Herr......../Sehr geehrte Frau........,

unverzüglich nach meiner Bestellung zum vorläufigen Insolvenzverwalter habe ich Kontakt mit dem Geschäftsführer der Schuldnerin aufgenommen. Noch am gleichen Tag fand ein erster Besprechungstermin vor Ort statt. Dort habe ich einen laufenden Geschäftsbetrieb vorgefunden. Im Einzelnen stellt sich die Situation wie folgt dar:

....

Vor diesem Hintergrund halte ich eine dauerhafte Erhaltung des Geschäftsbetriebes für möglich, so dass ich das schuldnerische Unternehmen gemeinsam mit dem Geschäftsführer der Schuldnerin derzeit fortführe.

Für die Aufrechterhaltung des Geschäftsbetriebes ist die Zahlung einer Reihe von Verpflichtungen erforderlich. Nähere Informationen zu den einzelnen für die Betriebsfortführung notwendigen Leistungen habe ich in der Anlage 1 zu Ihrer Kenntnisnahme und Prüfung beigefügt.

Auf dieser Grundlage bitte ich gem. § 22 Abs. 2 InsO um Ermächtigung, sämtliche in der Anlage 1 einzeln aufgeführte Zahlungsverpflichtungen im Range einer Masseverbindlichkeit eingehen zu dürfen. Ausweislich der als Anlage 2 beigefügten Liquiditätsvorschau können die so begründeten Verbindlichkeiten voraussichtlich aus der Masse bezahlt werden.

Mit freundlichen Grüßen

....

vorläufiger Insolvenzverwalter

Anlagen

Auflistung der Zahlungsverpflichtungen

Lfd Nr.	Name Anschrift des Gläubigers	Gegenstand des Vertrages	Voraussichtlicher Leistungsempfang (Datum)	Zu zahlender Betrag in €	Art der Forderung
1	......	......	......	......	......
2	......	......	......	......	......

▶ Muster: Anfechtung des Ausgleichs von Altforderungen nach § 130 Abs. 1 Satz 1 Nr. 2 InsO

629 Sehr geehrte Damen und Herren,

das Amtsgericht........ hat durch Beschluss vom........ das Insolvenzverfahren über das Vermögen des...... eröffnet und mich zum Insolvenzverwalter bestellt. Eine Kopie des Beschlusses füge ich als Anlage bei.

Es gehört hierbei zu meinen Aufgaben, den Grundsatz der gleichmäßigen Gläubigerbefriedigung durchzusetzen und im Wege der Insolvenzanfechtung einzelnen Gläubigern gewährte Befriedigungen rückgängig zu machen, um die Insolvenzmasse anzureichern.

Sie haben folgende Zahlungen vom Insolvenzschuldner erlangt:

....

Am........ wurde der Antrag auf Eröffnung des Insolvenzverfahrens von........ gestellt. Die Befriedigungen liegen somit nach Antragstellung und können gem. § 130 Abs. 1 Satz 1 Nr. 2 InsO angefochten werden. Von diesem Anfechtungsrecht mache ich hiermit Gebrauch. Die angefochtene Leistung ist gem. § 143 Abs. 1 InsO an die Insolvenzmasse zurückzugewähren.

Ich fordere Sie vor diesem Hintergrund auf, den Betrag in Höhe von insgesamt........ € bis spätestens zum

....

auf das nachstehend genannte Hinterlegungskonto bei der

....

zu überweisen.

Sollte ich bis zu dem o.g. Termin keinen Zahlungseingang auf dem Hinterlegungskonto feststellen können, werde ich die Forderung gerichtlich durchsetzen müssen.

Maßgeblich für den Rückzahlungsanspruch sind nachstehende rechtliche Erwägungen:

1. Rechtshandlungen, die vor Eröffnung des Insolvenzverfahrens vorgenommen worden sind und die Insolvenzgläubiger benachteiligen, unterliegen grundsätzlich der Insolvenzanfechtung (§ 129 Abs. 1 InsO). Abzustellen ist hierbei auf die Benachteiligung der Gläubiger in ihrer Gesamtheit (BGH, 26.01.1983 – VIII ZR 254/81 –, BGHZ 86, 349–356 Rn. 26). Insbesondere sind die Gläubiger im Allgemeinen benachteiligt, wenn ein Gläubiger wegen einer an sich berechtigten Insolvenzforderung volle Befriedigung oder eine Sicherheit erhält, während den anderen lediglich eine entsprechende geringere Quote bleibt (BGH, 26.04.2012 – IX ZR 146/11, ZInsO 2012, 1127 ff. Rn. 26).
   Der Ausgleich Ihrer Verbindlichkeit erfolgte am........ Zur Zeit der Handlung belief sich die Liquidität des Schuldners ausweislich der als Anlagen beigefügten Kontoauszüge der schuldnerischen Konten einschließlich des Guthabens auf dem für dieses Verfahren geführten Hinterlegungskontos auf........ €. An diesen Guthaben stand Ihnen kein Absonderungsrecht aufgrund des zwischen Ihnen und dem Schuldner vereinbarten verlängerten Eigentumsvorbehalts zu, da der Schuldner die im Voraus abgetretenen Forderungen aus dem Weiterverkauf der von Ihnen gelieferten Waren aufgrund der nicht widerrufenen Einziehungsermächtigung bereits auf sein Konto eingezogen hatte. Damit ist Ihr Sicherungsrecht erloschen. Die Zahlungen stammten daher aus dem pfändbaren und damit haftenden Vermögens des Schuldners. Die anderen Gläubiger hätten ohne die vorbenannten Rechtshandlungen im Rahmen des Insolvenzverfahrens anteilige Befriedigung erlangen können. Durch die vorbenannte Rechtshandlung erlangten Sie jedoch vollumfängliche Befriedigung Ihrer Insolvenz(teil)forderung, während sich hierdurch die Befriedigung der übrigen Gläubiger anteilig reduzierte. Der Tatbestand der Gläubigerbenachteiligung ist daher erfüllt.
2. Eine kongruente Deckung kann gem. § 130 Abs. 1 Satz 1 Nr. 2 InsO angefochten werden, wenn sie nach dem Antrag auf Eröffnung des Insolvenzverfahrens vorgenommen worden ist und wenn der Gläubiger zur Zeit der Handlung die Zahlungsunfähigkeit oder den Eröffnungsantrag kannte. Das ist hier der Fall.
   Durch die Zahlungen erhielten Sie eine kongruente Deckung dann, weil Sie aufgrund der mit dem Schuldner geschlossenen Verträge vom...... einen Anspruch auf die erlangte Befriedigung hatten. Der Antrag auf Eröffnung des Insolvenzverfahrens datiert vom........, so dass die angefochtenen Zahlungen nach diesem Datum liegen. Mit Schreiben vom........ – also ebenfalls vor den genannten Zahlungen – habe ich Sie darüber in Kenntnis gesetzt, dass........ einen Antrag auf Eröffnung des Insolvenzverfahrens über das Vermögen des Schuldners gestellt hat.
3. Der Anfechtung steht auch meine Beteiligung als vorläufiger Verwalter am Ausgleich der Forderungen im Antragsverfahren nicht entgegen. Dies ergibt sich aus folgenden Erwägungen:
   Sofern ein vorläufiger mitbestimmender Insolvenzverwalter eingesetzt ist, sind Verfügungen des Schuldners nur mit seiner Zustimmung wirksam. Diese Zustimmung hindert allerdings grundsätzlich nicht die Deckungsanfechtung der Erfül-

lung von Altverbindlichkeiten, also solchen Ansprüchen, die vor der Anordnung von Sicherungsmaßnahmen begründet worden sind, wenn diese nicht im Zusammenhang mit einem neuen Vertragsschluss steht (BGH, Urt. v. 10.01.2013 – IX ZR 161/11, ZInsO 2013, 551, 552 Rn. 17). Das trifft hier auf die Zahlungen des Schuldners vom...... zu.

Aber auch hinsichtlich der Zahlung vom......, die aufgrund der in dem Vertrag vom...... enthaltenen Erfüllungszusage des Schuldners für die noch offenen Altverbindlichkeiten erfolgte, ist die Anfechtung nicht ausgeschlossen, weil Ihr Vertrauen darauf, dass die Zahlung endgültig in Ihrem Vermögen verbleiben kann, nicht schutzwürdig ist. An einem schutzwürdigen Vertrauen fehlt es, wenn sich der vorläufige Verwalter die Rückforderung der Zahlung (die Anfechtung der Befriedigung) beim Ausgleich ausdrücklich vorbehalten hat (BGH, Urt. v. 09.12.2004 – IX ZR 108/04, ZInsO 2005, 209, 210). Das ist hier der Fall. Bereits mit Schreiben vom........ und vom........ hatte ich meine Zustimmung zum Ausgleich verweigert. Die Zahlung auf Ihre Forderung am........ ist dann unter dem Vorbehalt der späteren Rückforderung/ Anfechtung an Sie geleistet worden.

Alle Anfechtungsvoraussetzungen sind damit im Hinblick auf § 130 Abs. 1 Satz 1 Nr. 2 InsO ergeben. Das, was durch die anfechtbare Handlung aus dem Vermögen der Insolvenzschuldnerin weggeben oder aufgegeben wurde, muss von Ihnen zur Insolvenzmasse zurückgewährt werden (§ 143 Abs. 1 Satz 1 InsO).

Für etwaige Rückfragen stehe Ihnen gerne zur Verfügung.

Mit freundlichen Grüßen,

Insolvenzverwalter

Anlagen

D. Steuerberater, Wirtschaftsprüfer und Rechtsanwälte

Schrifttum

Bales, Zivil- und strafrechtliche Haftungsgefahren für Berater und Insolvenzverwalter in der Krise und der Insolvenz, ZInsO 2010, 2073 ff.; *Ehlers*, Das Haftungspotenzial gegenüber Beratern in der Unternehmenskrise, NZI 2008, 211 ff.; *ders.*, Ein Plädoyer für eine begrenzte Haftung der Steuerberater, DStR 2010, 2154 ff.; *Fischer*, Haftung des Steuerberaters in Insolvenzverschleppungsfällen – Teil 1, DB Dossier 9, 36 ff.; Teil 2, DB Dossier 9, 43 ff.; *Fischer*, StGB – Kommentar, 72. Aufl., 2025; *Fuhst*, Neue Anfechtungsrisiken für Steuerberater – ein Praxisleitfaden, DStR 2013, 782 ff.; *Gehrlein*, Die Neujustierung der Insolvenzanfechtung (§ 133 InsO), ZInsO 2022, 905 ff.; *Gehrlein/Thole*, Aktuelle Probleme der Insolvenzanfechtung, 16. Aufl., 2024; *Grönwoldt*, Abtretung von Steuererstattungsansprüchen – Alternativen, insbesondere im Lichte des Insolvenzrechts, DStR 2007, 1058 ff.; *Kuss*, Rechtliche Aspekte der Sanierung für die Unternehmensleitung und den Sanierungsberater, WPg 2009, 326 ff.; *Prütting*, Möglichkeiten und Grenzen der Vermeidung von Anfechtungsgefahren bei der Erarbeitung von Sanierungskonzepten, in: FS Pannen, 2017, S. 289 ff.; *Schmittmann*, Vorsicht Falle: Haftung des Steuerberaters der Schuldnerin für den Erstattungsanspruch gegen den Geschäftsführer aus § 64 Abs. 2 GmbHG, ZInsO 2008, 1170, 1172 ff.; *ders.*, Schlaglichter der Steuerberaterhaftung: Der Mandant von heute ist der Feind von morgen, ZInsO 2010, 2123 ff.; *ders.*, Steuerberater im Visier von Insolvenzverwaltern: Hinweise zur Haftungsvermeidung,

StuB 2009, 996 f.; *ders.*, Überlegungen zur Haftung des Sanierungsberaters, ZInsO 2011, 545 ff.; *Schmittmann*, Fachberater für Restrukturierung und Unternehmensplanung, 2025; *Stefanink*, Vorsatzanfechtung von Rechtsanwalts- und Steuerberaterhonoraren bei der Beratung von Unternehmen in der Krise, ZIP 2019, 1557 ff.; *Sundermeier/Gruber*, Die Haftung des Steuerberaters in der wirtschaftlichen Krise des Mandanten, DStR 2000, 929 ff.; *Thole*, Der Konflikt zwischen Steuerpflicht und Massesicherung in der vorläufigen Eigenverwaltung, DB Dossier 9, 3 ff.; *Waza/Uhländer/Schmittmann*, Insolvenzen und Steuern, 14. Aufl., 2024, Rn. 2987 ff.; *Wellensiek/Büteröwe*, Sanierungsberatung und Regressrisiken, in: FS Pannen, 2017, S. 319 ff.; *Wollweber*, Honorarsicherung in der wirtschaftlichen Krise des Mandanten, DStR 2010, 1801 ff.

Vgl. zum Berufsrecht der Syndikusrechtsanwälte:

Bartosch-Koch, Beschränkungen bei der Rechtsberatung durch Syndikusanwälte, AnwBl. 2010, 237 ff.; *Dahns*, Die Rechtsstellung des Syndikusanwalts, NJW-Spezial 2014, 574 f.; *Dahns*, Neuordnung des Rechts der Syndikusanwälte, NJW-Spezial 2015, 382 f.; *Dahns*, Die Zulassung als Syndikusrechtsanwalt, NJW-Spezial 2016, 126 f.; *Deckenbrock*, Die Entwicklung des anwaltlichen Berufsrechts, NJW 2024, 3696 ff.; *Eimers*, Syndikusanwälte gehören (wieder) in das Versorgungswerk – und zwar schnell, KammerReport Hamm 3/2014, 8 ff.; *Ewer*, Der Syndikusanwalt ist eine Errungenschaft – kämpfen wir dafür, AnwBl. 2014, 683 f.; *Hamm/Maxin*, »Legal privilege« für Syndikusanwälte – Expertise zum Strafrecht und Strafprozessrecht mit Bezügen zum Anwaltsrecht, AnwBl. 2015, 376 ff.; *Hartung*, Unabhängigkeit von Syndikusanwälten und von angestellten Kanzleianwälten – Welche Freiräume bleiben, wenn das Arbeitsrecht regiert?, AnwBl. 2017, 161 f.; *Heine*, Syndikusanwälte: Mögliche Perspektiven der Deutschen Rentenversicherung, AnwBl. 2014, 690 ff.; *Hellwig*, Der Syndikusanwalt – neue Denkansätze: Die systematische Ausgrenzung des Syndikusanwalts seit 1934, AnwBl. 2015, 2 ff.; *Henke*, Tausende Syndikusanwälte bangen um Altersversorgung, AnwBl. 2014, 720 ff.; *Henssler/Deckenbrock*, Keine Zulassungspflicht für Alt-Syndici mit gültigem Befreiungsbescheid, NJW 2016, 1345 ff.; *Hommerich*, Professionals in Organisations – oder: Vom Sinn des Syndikus, AnwBl. 2009, 406 ff.; *Horn*, Der Syndikusanwalt und das Zusammenspiel von Sozial- und Berufsrecht, AnwBl. 2014, 147 ff.; *Horn*, Zeitliche Grenze des Tätigkeitsverbots für Syndici nach § 46 Abs. 2 Nr. 1 BRAO, BRAK-Mitt. 2009, 155 ff.; *Huff*, Das falsche Bild des BGH vom Syndikusanwalt, AnwBl. 2011, 473 ff.; *Huff*, Syndikus: Überflüssige Verfahrensflut, AnwBl. 2015, 243; *Huff*, Ein Jahr das neue Recht der Syndikusrechtsanwälte, AnwBl. 2017, 40 ff.; *Huff*, Syndikusrechtsanwälte in der ersten Rechtsprechung der Anwaltsgerichtshöfe und des BGH, BRAK-Mitt. 2017, 203 ff.; *Imping/Prossliner*, Syndikusanwälte: Was nutzt das ganze Vertrauen? – Jüngste Entwicklungen nach den Urteilen des BSG vom 03.04.2014, AnwBl. 2015, 209 ff.; *Kilger*, Syndikusanwälte und Befreiungsrecht: vieles offen – Zielrichtung unklar, AnwBl. 2014, 685 ff.; *Kilger/Offermann-Burckart/Schafhausen/Schuster*, Das neue Syndikusrecht, München, 2016; *Kilian*, Die Zukunft der Syndikusanwaltschaft nach den BSG-Urteilen, AnwBl. 2014, 468 ff.; *Kilian*, Die Rechtsprechung des BGH zum Recht der Syndikusrechtsanwälte, DStR 2019, 521 ff.; *Kleine-Cosack*, Syndikusanwälte ante portas?, AnwBl. 2011, 467 ff.; *Kleine-Cosack*, Vertrauensschutz und Rentenversicherungspflicht von Syndikusanwälten – Information der DRV Bund zur Umsetzung der Urteile des BSG vom 03.04.2014, AnwBl. 2015, 115 ff.; *Kleine-Cosack*, Der Gesetzgeber ordnet neu: Durchbruch für die Syndikusanwälte, AnwBl. 2016, 101 ff.; *Kollrus*, Verfassungskonforme Auslegung des Tätigkeitsverbots für Syndikusanwälte gem. § 46 BRAO, BRAK-Mitt. 2013, 96 ff.; *Krenzler*, Anmerkungen zu den Entscheidungen des Bundessozialgerichts zur Befreiung von Syndikusanwälten, BRAK-Mitt. 2014, 128 ff.; *Löwe/Wallner/Werner*, Syndikusrechtsanwälte – ersten 500 Tage, BRAK-Mitt. 2017, 102 ff.; *Mann*, Anwaltsprivileg und Zeugnisverweigerungsrecht des unternehmensinternen Syndikus, DB 2011, 978 ff.; *Mann*, Gleichstellung des Syndikusanwalts beim Vertraulichkeitsschutz, AnwBl. 2010, 87 ff.; *Marburger*, Versicherungsfreiheit zur Rentenversicherung bei Mitgliedschaft in einer öffentlich-rechtlichen Versicherungs- oder Versorgungseinrichtung, SC 10/2014, 26 ff.; *Merkt*, Syndikusanwalt und Anwaltsprivileg – Chance für das Rechtssystem, AnwBl. 2014, 278 ff.; *Michel/Arentz*, Die gerichtliche Vertretung von Unternehmen durch ihre Syndikusanwälte, AnwBl. 2015, 471 ff.; *Moosmayer*, Der EuGH und die Syndikusanwälte, NJW 2010, 3548 ff.; *Offermann-Buckart*, Das Gesetz zur Neuordnung des Rechts der Syndikusanwälte, NJW 2016, 113 ff.; *Offermann-Buckart*, Die Systemrelevanz von Syndikusanwälten, AnwBl. 2012, 778 ff.; *Offermann-Burckart*, Kassel locuta, causa finita!? – Das BSG urteilt über Syndikusanwälte, NJW 2014, 2683 ff.; *Offermann-Burckart*, Neuregelung des Rechts der Syndikusanwälte: Fast eine Quadratur des Kreises: Bundesjustizministerium legt Eckpunktepapier vor, AnwBl. 2015, 202 ff.; *Offermann-Burckart*, Wie sieht die »Quadratur des Kreises« in der Praxis aus? – Der Regierungs- und Fraktionsentwurf schafft vier neue Typen von Anwältinnen und Anwälten, AnwBl. 2015, 633 ff.; *Offermann-Burckart*, Die neue Zulassung als Syndikusrechtsanwalt und ihre rechtlichen Folgen, AnwBl. 2016, 125 ff.; *Offermann-Burckart*, Die Neuordnung des Rechts der Syndikusanwälte im Praxistest, AnwBl. 2016, 474 ff.; *Pohlmann*, Der Syndikusrechtsanwalt im öffentlichen Dienst, BRAK-Mitt. 2017, 262 ff.; *Posegga*, Berufsgesellschaften und interprofessionelle Sozietäten als nicht-anwaltliche Arbeitgeber?, NJW 2016, 1911 ff.; *Possega*, Der Syndikusrechtsanwalt und vereinbare Tätigkeiten gem. § 7 Nr. 8 BRAO, AnwBl. 2016, 723 ff.; *Posegga*, Syndikusrechtsanwälte und die Voraussetzungen für den Erwerb einer Fachanwaltsbezeichnung, DStR 2025, 914 ff.; *Prossliner*, Befreiungsrecht und jetzt? – Fallgruppen in ihren Varianten, AnwBl. 2014, 695 ff.; *Prütting*, Die Ausgrenzung des Syndikus – ein Schritt in die falsche Richtung, AnwBl. 2013, 78 ff.; *Prütting*, Die Folgen der BSG-Urteile: Berufsverbot für die deutschen Syndikusanwälte?, AnwBl. 2014, 788 ff.; *Prütting*, Die Unabhängigkeit des Syndikusanwalts, AnwBl. 2009, 402 ff.; *Prütting*, Das Eckpunktepapier des Bundesjustizministeriums zu den Syndikusanwälten: ein wichtiger legislativer Schritt, AnwBl. 2015, 199 ff.; *Rolfs/Marchelli*, Rentenversicherungspflicht für Syndikusanwälte, NZA 2014, 574 ff.; *Schafhausen*, BSG: Justitias Schwert schlägt zu, AnwBl. 2014, 829; Schafhausen, Die SGB VI-Änderung im Gesetz zur Neuordnung des Rechts der Syndikusanwälte, AnwBl. 2016, 116 ff.; *Schafhausen*, Rückwirkende Befreiung von Syndikusrechtsanwälten vor April 2014, NJW 2018, 1135 ff.; *Schmidt/Pankau*, Der Syndikusanwalt nach dem Akzo Nobel-Urteil des EuGH, DB 2008, 2295 ff.; *Schuster*, Was ist nach den »Syndikus-Urteilen« im Arbeitsverhältnis zu beachten?, AnwBl. 2014, 700 ff.; *Schuster*, Syndikusanwälte: Folgen des neuen Rechts für das Arbeitsverhältnis, AnwBl. 2016, 121 ff.; *Schwung*, Corporate Governance/Compliance und der Syndikusanwalt, AnwBl. 2007, 14 ff.; *Singer*, Unternehmensjuristen und ihre Rente – Zur berufs- und sozialversicherungsrechtlichen Stellung der Syndikusanwälte, BRAK-Mitt. 2014, 282 ff.; *Thietz-Bartram*, Friedenssicherung in der Anwaltschaft – ein Appell, AnwBl. 2014, 791 ff.; *Thüsing/Fütterer*, Altersversorgung von Syndikusanwälten: Lösung liegt im Berufsrecht, AnwBl. 2015, 13 ff.; *von Steinau-Steinrück/Burkard-Pötter*, Rentenversicherungspflicht der Syndikusanwälte, NJW-Spezial 2014, 562 f.; *Wallner*, Der Syndikusrechtsanwalt – Licht im Dunkel, BRAK-Mitt. 2019, 58 ff.; *Wolf*, Sozialrechtliche, arbeitsrechtliche und berufsrechtliche Implikationen für den Syndikusrechtsanwalt – ein erster Überblick, BRAK-Mitt. 2016, 9 ff.

I. Berufsgruppen

1. Rechtsanwalt

630 **RAe** sind die berufenen unabhängigen **Berater** und **Vertreter** in allen Rechtsangelegenheiten, § 3 Abs. 1 BRAO. RA sind gem. § 1 BRAO **unabhängige Organe der Rechtspflege** und üben gem. § 2 Abs. 1 BRAO einen **freien Beruf** aus. Der RA hat

seinen Beruf **gewissenhaft** auszuüben, § 43 Satz 1 BRAO. Er hat sich innerhalb und außerhalb des Berufes der **Achtung** und des **Vertrauens**, welche die Stellung des RA erfordert, würdig zu erweisen, § 43 Satz 2 BRAO.

Neben dieser **allgemeinen Berufspflicht** des § 43 BRAO regelt § 43a BRAO kon- 631
kretisierte **Grundpflichten** des RA:
- berufliche **Unabhängigkeit** (§ 43a Abs. 1 BRAO)
- **Verschwiegenheit** (§ 43a Abs. 2 BRAO)
- **Sachlichkeit** (§ 43a Abs. 3 BRAO)
- **Verbot der Vertretung widerstreitender Interessen** (§ 43a Abs. 4 bis Abs. 6 BRAO)
- **Sorgfalt** bei der Behandlung anvertrauter Vermögenswerte (§ 43a Abs. 7 BRAO)[787]
- Pflicht zur **Fortbildung** (§ 43a Abs. 8 BRAO)

Einzelheiten sind in der **Berufsordnung für RA** (BORA) geregelt. Gem. § 1 Abs. 3 632
BORA hat der RA als unabhängiger **Berater** und **Vertreter** in allen Rechtsangelegenheiten seine Mandanten vor Rechtsverlusten zu schützen, rechtsgestaltend, konfliktvermeidend und streitschlichtend zu begleiten, vor Fehlentscheidungen durch Gerichte und Behörden zu bewahren und gegen verfassungswidrige Beeinträchtigung und staatliche Machtüberschreitung zu sichern.

2. Steuerberater

Während der Beruf des RA, der ein abgeschlossenes Hochschulstudium sowie die 633
Befähigung zum Richteramt voraussetzt, eine gleichförmige Vorbildungsstruktur aufweist, ist der Beruf des **Steuerberaters** heterogen.[788] Der Beruf des Steuerberaters wurde erst durch das Reichsgesetz über die Zulassung von Steuerberatern v. 06.05.1933[789] geschaffen. Er hat sich zwar vom »Soldaten Adolf Hitlers«[790] zum »**Mittler zwischen dem Steuerpflichtigen und den Finanzbehörden**«[791] gewandelt, ist aber freilich kein zwingend akademischer Beruf.[792] Zur geschäftsmäßigen **Hilfeleistung in Steuersachen** sind gem. § 3 Nr. 1 StBerG zuvörderst Steuerberater, Steuerbevollmächtigte, RA, niedergelassene europäische RA, Wirtschaftsprüfer und vereidigte Buchprüfer befugt. Darüber hinaus sind gem. § 3 Nr. 2 und 3 StBerG auch entsprechende Gesellschaften zur Hilfeleistung in Steuersachen befugt. Steuerberater dürfen auch grundsätzlich **Hilfeleistung bei einer Sanierung** erbringen.[793]

787 Bei pauschalen Vorauszahlungen auf eine quartalsweise abzurechnende Anwaltstätigkeit handelt es sich nicht um anvertraute Vermögenswerte i.S.v. § 43a Abs. 5 Satz 1 BRAO, so AGH Nordrhein-Westfalen, 07.09.2012 – 2 AGH 8/12, BRAK-Mitt. 2013, 41 ff.

788 Vgl. Michel in: Schmittmann, Fachberater, Kap. 2 Rn. 21 ff.; Schmittmann, ZInsO 2008, 1170, 1172.

789 So RGBl. I 1933, S. 257 ff.

790 Vgl. Mutschler, Vom »Soldaten Adolf Hitlers« zum unabhängigen Organ der Steuerrechtspflege, 2005.

791 So BVerfG, 15.02.1967 – 1 BvR 559 und 589/62, NJW 1967, 1317 ff.

792 So Schmittmann, ZInsO 2008, 1170, 1172.

793 So BGH, 12.05.2011 – III ZR 107/10, DB 2011, 1329 ff.; mit Besprechungsaufsatz Schmittmann, StuB 2011, 547.

634 Steuerberater, Steuerbevollmächtigte und Steuerberatungsgesellschaften leisten gem. § 32 Abs. 1 StBerG **geschäftsmäßige Hilfe in Steuersachen** nach den Vorschriften des StBerG.

635 Steuerberater, Steuerbevollmächtigte und Steuerberatungsgesellschaften haben die Aufgabe, im Rahmen ihres Auftrages ihre **Auftraggeber** in Steuersachen zu beraten, sie zu vertreten und ihnen bei der Bearbeitung ihrer **Steuerangelegenheiten** und bei der Erfüllung ihrer steuerlichen Pflichten **Hilfe zu leisten**, § 33 Satz 1 StBerG. Dazu gehören auch die Hilfeleistungen in Steuerstrafsachen und Bußgeldsachen wegen einer Steuerordnungswidrigkeit sowie die Hilfeleistung bei der Erfüllung von Buchführungspflichten, die aufgrund von Steuergesetzen bestehen, insb. die Aufstellung von Steuerbilanzen und deren steuerrechtliche Beurteilung.

636 **Steuerberater** und Steuerbevollmächtigte haben ihren Beruf gem. § 57 Abs. 1 StBerG unabhängig, eigenverantwortlich, gewissenhaft, verschwiegen und unter Verzicht auf berufswidrige Werbung auszuüben.

637 Einzelheiten regelt die **Satzung über die Rechte und Pflichten bei der Ausübung der Berufe der Steuerberater und der Steuerbevollmächtigten** (BOStB).[794]

638 Lediglich nach dieser Satzung, nicht aber nach dem StBerG ist der Steuerberater unabhängiges **Organ der Steuerrechtspflege**, § 1 Abs. 1 BOStB.

3. Wirtschaftsprüfer

639 **Wirtschaftsprüfer** haben die berufliche Aufgabe, **betriebswirtschaftliche Prüfungen**, insb. solche von **Jahresabschlüssen** wirtschaftlicher Unternehmen, durchzuführen und Bestätigungsvermerke über die Vornahme und das Ergebnis solcher Prüfungen zu erteilen, § 2 Abs. 1 WPO. Wirtschaftsprüfer sind gem. § 2 Abs. 2 WPO befugt, ihre Auftraggeber in **steuerlichen Angelegenheiten** nach der Maßgabe der bestehenden Vorschriften zu beraten und zu vertreten. Wirtschaftsprüfer sind gem. § 2 Abs. 3 WPO weiter befugt, auf den Gebieten der wirtschaftlichen Betriebsführung als Sachverständige aufzutreten, in wirtschaftlichen Angelegenheiten zu beraten und fremde Interessen zu wahren sowie zur treuhänderischen Verwaltung.

Wirtschaftsprüfer üben gem. § 1 Abs. 2 Satz 1 WPO einen **freien Beruf** aus.

640 Der **Wirtschaftsprüfer** hat gem. § 43 Abs. 1 Satz 1 WPO seinen Beruf unabhängig, gewissenhaft, verschwiegen und eigenverantwortlich auszuüben. Er hat sich insb. bei der Erstattung von Prüfungsberichten und Gutachten **unparteiisch** zu verhalten, § 43 Abs. 1 Satz 2 WPO.

---

794 Satzung über die Rechte und Pflichten bei der Ausübung der Berufe der Steuerberater und Steuerbevollmächtigen – Berufsordnung der Bundessteuerberaterkammer i.d.F. v. 08.09.2010, DStR 2010, 2659 ff. mit Einführung Riedlinger, DStR 2010, 2658, zuletzt geändert durch Beschluss der Satzungsversammlung vom 03.05.2022 (veröffentlicht auf der Homepage der Bundessteuerberaterkammer am 30.06.2022).

Einzelheiten sind in der **Satzung der Wirtschaftsprüferkammer über die Rechte und Pflichten bei der Ausübung der Berufe des Wirtschaftsprüfers und des vereidigten Buchprüfers** (BS WP/vBP) geregelt. 641

4. Berufsträger als nahestehende Person

Ggü. **nahestehenden Personen des Schuldners** gelten im Insolvenzanfechtungsrecht bestimmte Kenntnisvermutungen, § 130 Abs. 3 InsO, hinsichtlich der Zahlungsunfähigkeit und des Eröffnungsantrages bzw. § 131 Abs. 2 Satz 2 InsO hinsichtlich der Kenntnis der Gläubigerbenachteiligung. Weiterhin ist gem. § 133 Abs. 2 Satz 1 InsO ein vom Schuldner mit einer nahestehenden Person geschlossener entgeltlicher Vertrag, durch den die Insolvenzgläubiger unmittelbar benachteiligt werden, anfechtbar. Es ist daher von erheblicher Bedeutung, ob auch **RAe, Steuerberater** und **Wirtschaftsprüfer** des Schuldners als nahestehende Personen in Betracht kommen. 642

Nach der Rechtsprechung des BGH ist der **RA** und **Steuerberater** des **Schuldners** i.d.R. **nicht eine diesem nahestehende Person.**[795] Der BGH führt im Einzelnen aus, dass sich die nahestehende Person dadurch auszeichnet, dass sie aufgrund einer **gesellschaftsrechtlichen** oder **dienstvertraglichen Verbindung** zum Schuldner die Möglichkeit hat, sich über dessen wirtschaftliche Verhältnisse zu unterrichten. Diese gesellschaftsrechtliche oder dienstvertragliche Verbindung muss mit der Stellung vergleichbar sein, die ein Mitglied des Vertretungs- oder Aufsichtsorgans oder ein persönlich haftender Gesellschafter des Schuldners oder eine Person, die zu mehr als einem Viertel am Kapital des Schuldners beteiligt ist, innehat. Eine durch geschäftliche Beziehungen begründete Stellung zum Unternehmen, die z.B. Hausbank oder Großlieferanten haben, fällt nicht darunter.[796] 643

Auch ein selbstständig tätiger **Wirtschaftsberater** des Schuldners ist vom BGH im Geltungsbereich der GesO nicht als nahestehende Person angesehen worden, obgleich zwischen einem Wirtschaftsberater und dem Schuldner regelmäßig ein **Dienstvertrag** vorliegt, der auf die Leistung von Diensten höherer Art gerichtet ist. Die **Vertragsbeziehung** zu einem selbstständigen Freiberufler ist aber durchweg nicht intensiv genug, als dass sie dem Vertrag mit einem Mitglied eines Vertretungs- oder Aufsichtsorgans gleichgestellt werden könnte. Die Pflichten des Wirtschaftsberaters sind inhaltlich begrenzt.[797] Selbst bei einem umfassenden **Anwaltsmandat** zur rechtlichen, steuerlichen, wirtschaftlichen und unternehmerischen Beratung des Schuldners, das dazu führt, dass der RA jederzeit über die wirtschaftliche Lage des Schuldners im Bild ist, lässt ihn nicht zur nahestehenden Person werden. Die **Informationsmöglichkeiten** beruhen auf externen Beziehungen zum Schuldner. Selbst wenn der RA die Entschei- 644

795 So BGH, 11.12.1997 – IX ZR 278/96, ZIP 1998, 247, 248 zu § 10 Abs. 1 Nr. 2 GesO.
796 Vgl. Begründung zu § 155 RegE InsO, BT-Drucks. 12/2443, S. 163; BGH, 11.12.1997 – IX ZR 278/96, ZIP 1998, 247, 248.
797 So BGH, 30.01.1997 – IX ZR 89/96, ZIP 1997, 513, 515.

dungen des Schuldners durch die Beratungstätigkeit in starkem Maße beeinflusst hat, so sind sie doch nicht in den eigentlichen Entscheidungsprozess eingegliedert.[798]

645 Freilich liegt es anders, wenn ein **RA** nicht als unabhängiges Organ der Rechtspflege für den Schuldner tätig wird, sondern **als Angestellter**, insb. als **Syndikusanwalt**.[799] In diesem Fall ist er als nahestehende Person i.S.v. § 138 Abs. 2 Nr. 2 InsO anzusehen. Zu berücksichtigen ist dabei allerdings, dass ein **Syndikus-RA** für seinen Arbeitgeber gem. § 46c Abs. 2 BRAO nicht in Verfahren, in denen Anwaltszwang besteht, vor Gerichten oder Schiedsgerichten nicht in seiner Eigenschaft als RA tätig werden darf.

646 Auch **Steuerberater** sind nach überwiegender Auffassung nicht als nahestehende Person i.S.v. § 138 InsO anzusehen.[800] Lediglich das AG Viersen ist der Auffassung, dass ein Steuerberater unter § 138 Abs. 1 Nr. 3 InsO fällt.[801] Das Gericht vertritt die Auffassung, dass bei einer **dienstvertraglichen Verbindung**, wie sie zwischen Steuerberater und Mandant besteht, ein Verhältnis wie in § 138 Abs. 1 Nr. 3 InsO anzunehmen ist, insb. wenn der Steuerberater sowohl für die **Erstellung der laufenden Buchführung** nebst **Umsatzsteuervoranmeldungen**, des **Jahresabschlusses** sowie der **Jahressteuererklärung** zuständig war. Die Tätigkeit des Steuerberaters besteht dann nicht in einer punktuellen oder einmaligen Leistungserbringung und Beratung, sondern stellt sich vielmehr als eine umfassende steuerrechtliche **Dauermandatierung** dar, aus der sich der Berufsträger über die wirtschaftlichen Verhältnisse des Schuldners informieren kann.

647 Die Auffassung des AG Viersen geht im Hinblick auf die Stellung des Steuerberaters als **Organ der Steuerrechtspflege** fehl. Vielmehr ist darauf abzustellen, ob der Berufsträger **Kenntnis** der Zahlungsunfähigkeit hatte oder zumindest Kenntnis von Umständen, die zwingend auf die Zahlungsunfähigkeit schließen lassen. Dies ist bspw. dann der Fall, wenn er **betriebswirtschaftliche Kurzberichte** fertigt, die erhebliche Verluste ausweisen, die sich auch noch weiter erhöhen. Darüber hinaus muss sich der Steuerberater im Rahmen einer von ihm erledigten **Finanzbuchhaltung** zwangsläufig mit sämtlichen Daten bzgl. Kreditoren, Debitoren, Kasse und Bank auseinandersetzen, sodass er positive Kenntnis hat.[802] Der **Steuerberater** ist allerdings nahestehende Person i.S.v. § 138 Abs. 2 Nr. 2 InsO, wenn ihm alle über die wirtschaftliche Lage des Auftraggebers erhebliche Daten üblicherweise im normalen Geschäftsgang zufließen, sodass er über den gleichen Wissensvorsprung verfügt, den sonst ein mit der Aufgabe befasster leitender Angestellter des schuldnerischen Unternehmens hätte und er damit die »**ausgegliederte Buchhaltungsabteilung**« ist.[803]

---

798 So BGH, 11.12.1997 – IX ZR 278/96, ZIP 1998, 247, 248.

799 S. zur Literatur zum Berufsrecht der Syndikusrechtsanwälte oben im Schrifttum.

800 So Jaeger/Henckel, § 138 InsO Rn. 31; PK-HWF/Schmittmann/Zeeck, § 138 InsO Rn. 33; AG Hattingen, 25.11.2005 – 7 C 147/05, NZI 2006, 111, 112; bestätigt durch: LG Essen, 08.03.2006 – 13 S 213/05, DStRE 2007, 936.

801 So AG Viersen, 05.02.2008 – 32 C 233/07, DStR 2009, 296 = ZInsO 2009, 1452, 1254.

802 So LG Essen, 08.03.2006 – 13 S 213/05, DStRE 2007, 935, 936.

803 So BGH, 15.11.2012 – IX ZR 205/11, ZIP 2012, 2449 ff. = EWiR 2013, 55 f. [Müller] = BB 2012, 3085 Rn. 11; ebenso bereits früher: Kirchhof, ZInsO 2001, 825, 829.

Diese Stellung kann der Berufsträger allerdings durch **Kündigung** oder Änderung **des Auftragsverhältnisses** für die Zukunft beenden. Für das Bestehen der Stellung ist der Insolvenzverwalter und für die Beendigung der Berufsträger darlegungs- und beweisverpflichtet.[804] 648

Auch **Wirtschaftsprüfer** sind grds. nicht als nahestehende Personen anzusehen.[805] 649
Dies kann allenfalls dann anders sein, wenn der Wirtschaftsprüfer, z.B. als **Leiter des Rechnungswesens** oder der **Steuerabteilung** in das Unternehmen eingegliedert worden ist, was allerdings regelmäßig auf berufsrechtliche Grenzen stößt.

Der **Steuerberater** darf gem. § 58 Satz 2 Nr. 5a StBerG für einen Auftraggeber, dem 650
er aufgrund eines ständigen Dienst- oder ähnlichen Beschäftigungsverhältnisses seine Arbeitszeit und -kraft zur Verfügung stellen muss (sog. **Syndikus-Steuerberater**), nicht in seiner Eigenschaft als Steuerberater tätig werden. Bei **Mandatsübernahme** hat der Steuerberater den Mandanten auf seine **Angestelltentätigkeit** hinzuweisen. Beim Syndikus-Steuerberater gelten im Übrigen die gleichen Grundsätze wie beim Syndikusrechtsanwalt (oben Rdn. 326).

II. Rechtshandlungen

1. Abtretung von Steuererstattungsansprüchen

Gerade Steuerberater und Wirtschaftsprüfer neigen nicht selten dazu, sich **Steuererstat-** 651
tungsansprüche des Mandanten zur **Sicherung** ihrer eigenen Honorarforderungen abtreten zu lassen (vgl. zum Verhalten der Berater in der Krise: Kap. 1 Rdn. 14 ff.).

Ansprüche auf Erstattung von Steuern, Haftungsbeträgen, steuerlichen Nebenleis- 652
tungen und auf Steuervergütungen können gem. § 46 Abs. 1 AO abgetreten, verpfändet oder gepfändet werden. Die **Abtretung** ist der zuständigen Finanzbehörde unter Angabe des Abtretenden, des Abtretungsempfängers sowie der Art und Höhe des abgetretenen Anspruches und des Abtretungsgrundes auf einem **amtlich vorgeschriebenen Vordruck** anzuzeigen, § 46 Abs. 3 Satz 1 AO, wobei die Übertragung mit Telefax an die Finanzverwaltung ausreicht.[806] Die Abtretung wird erst durch diese Abtretungsanzeige wirksam, § 46 Abs. 2 AO. Die formalisierte **Abtretungsanzeige** soll die Zedenten davor schützen, ihre Erstattungsansprüche unüberlegt, zu unangemessenen Bedingungen oder an unseriöse Zessionare anzutreten; darüber hinaus soll sie der Finanzbehörde die Bearbeitung der Erstattungsbeträge erleichtern.[807]

---

804 So BGH, 15.11.2012 – IX ZR 205/11, NJW 2013, 694 ff. mit Anm. Dahl/Thomas = NZI 2013, 39 ff. mit Anm. Fölsing = JurisPR-InsR 1/2013 Anm. 1 [Cranshaw] = ZIP 2012, 2449 ff. = EWiR 2013, 55 f. [Müller] = BB 2012, 3085 Rn. 11, Rn. 12.

805 So Jaeger/Henckel, § 138 InsO Rn. 31.

806 So BFH, 08.06.2010 – VII R 39/09, DStRE 2010, 1070, 1072 Rn. 13 = StuB 2010, 798 m. Anm. jh.

807 So BFH, 06.12.1988 – VII R 206/83, BFHE 155, 40 ff. = BStBl. II 1989, S. 223 ff.; BFH, 25.06.1985 – VII R 195/82, BFHE 144, 2, 5 = BStBl. II 1985, S. 572 ff.

653 Der **Insolvenzverwalter** wird zunächst die **Wirksamkeit** der **Abtretungserklärung** hinsichtlich der Form des § 46 Abs. 2 AO prüfen. Ist der amtlich vorgeschriebene Vordruck nicht verwendet worden oder ist die Abtretung der zuständigen Finanzbehörde nicht angezeigt worden, bedarf es einer Anfechtung nicht, da die Abtretung dann per se nichtig ist.[808]

654 Im nächsten Schritt wird der Insolvenzverwalter prüfen, ob sonstige **Unwirksamkeitsgründe** vorliegen. So ist gem. § 46 Abs. 4 Satz 1 AO der **geschäftsmäßige Erwerb** von Erstattungs- oder Vergütungsansprüchen zum Zwecke der Einziehung oder sonstigen Verwertung auf eigene Rechnung nicht zulässig, es sei denn, es handelt sich um eine Sicherungsabtretung, § 46 Abs. 4 Satz AO. Zum **geschäftsmäßigen Erwerb** und **zur geschäftsmäßigen Einziehung** der zur Sicherung abgetretenen Ansprüche sind nur Unternehmen befugt, denen das Betreiben von **Bankgeschäften** erlaubt ist, § 46 Abs. 4 Satz 3 AO.

655 Hat der **Berufsträger** eine wirksame Abtretung in Form einer Sicherungsabtretung erlangt, so steht das Recht zur **Verwertung** dem Insolvenzverwalter zu, sodass in jedem Fall die **Feststellungs- und Verwertungspauschale** gem. § 171 InsO zur Insolvenzmasse gelangt.

656 Die strengen Vorschriften hinsichtlich der Abtretung von Steuererstattungsansprüchen werden z.T. in der **Praxis** von Berufsträgern dadurch zu umgehen versucht, dass der **Steuerpflichtige** die Finanzverwaltung zur **Zahlung an einen Bevollmächtigten** anweist, wozu AEAO zu § 80 Nr. 2 Satz 3 regelt, dass Erstattungen an Bevollmächtigte oder andere Personen zulässig sind, wenn der Steuerpflichtige eine entsprechende **Zahlungsanweisung** erteilt. Die Finanzbehörde ist jedoch nicht zur Zahlung an die Bevollmächtigten oder andere Personen verpflichtet.

657 In der Literatur wird insb. darauf hingewiesen, dass die **Empfangsvollmacht** im Gegensatz zur Abtretung den Vorteil hat, dass im Fall einer **Fehlanweisung** zugunsten des Steuerpflichtigen oder einer späteren Korrektur des Bescheides die Herausgabe der Bereicherung stets nur ggü. dem Leistungsempfänger rechtlich durchsetzbar ist. **Leistungsempfänger** ist derjenige, zu dessen Gunsten die Zahlung geleistet worden ist, also in diesem Fall der Vollmachtgeber.[809] Darüber hinaus ist zu berücksichtigen, dass die Geldempfangsvollmacht grds. widerruflich ist. Es wird daher empfohlen, die Geldempfangsvollmacht von der allgemeinen Vollmacht zu trennen und **zwei Urkunden** zu errichten, damit nicht z.B. im Fall der Mandatskündigung gleichzeitig die Geldempfangsvollmacht entfällt.[810]

658 Aber auch ein solches Vorgehen führt für den Berufsträger keineswegs zu einer absoluten **Sicherheit**. Zum einen kann der Mandant auf den Gedanken kommen, auch die **Geldempfangsvollmacht** zu widerrufen. Zum anderen ist auch das Unterlassen

808 So BFH, 08.06.2010 – VII R 39/09, DStRE 2010, 1070, 1071 Rn. 14.

809 So Grönwoldt, DStR 2007, 1058; unter Hinweis auf BFH, 30.08.2005 – VII R 64/04, BStBl. II 2006, S. 353; BGH, 05.12.2006 – XI ZR 21/06, NJW 2007, 914.

810 So Grönwoldt, DStR 2007, 1058, 1060.

des Widerrufs insolvenzrechtlich anfechtbar, sodass der Insolvenzverwalter ggf. auch das Unterlassen des Widerrufs anficht. Gerade in der Krise ist es nicht selten, dass Steuerpflichtige einen **Steuererstattungsanspruch** mehrfach abtreten. Eine vollständige und wirksame Abtretungserklärung bestimmt zugleich auch den Rang ggü. anderen Zessionaren. Bei einer **mehrfachen Abtretung** eines Steuererstattungsanspruches ist nur die zuerst angezeigte Abtretung wirksam.[811] Liegen mehrere **Abtretungserklärungen** vor, so hat die Finanzverwaltung von sich aus zu prüfen, ob die jeweils **ältere** Abtretungserklärung auch tatsächlich wirksam ist. Sofern die ältere Abtretungserklärung nicht wirksam ist, rückt jeweils die nächstfolgende Abtretungserklärung nach, sofern diese sämtliche Wirksamkeitsvoraussetzungen erfüllt.

2. Abtretung von sonstigen Ansprüchen

Z.T. ist zu beobachten, dass sich **Berufsträger**, insb. Steuerberater, auch **sonstige Ansprüche** abtreten lassen, z.B. aus Lieferung und Leistung oder sonstigen Rechtsgründen.[812] 659

Abtretungen von sonstigen Ansprüchen sind nach den allgemeinen Regeln zu messen. 660

3. Sicherungsübereignungen

Das **Sicherungseigentum** ist ein Institut, das von der Rechtspraxis geschaffen worden ist, da sich das vom Gesetz vorgesehene Pfandrecht bald als praxisuntauglich herausgestellt hat. Bei dem Sicherungseigentum handelt es sich um ein eigennütziges **Treuhandeigentum**, das den Erwerber oder einen Dritten wegen einer Forderung gegen den Veräußerer oder einen Dritten sichert, indem es bei Nichterfüllung zu deren Befriedigung verwendet werden darf.[813] Erforderlich ist die **Übereignung des Sicherungsguts**, die i.d.R. nach § 930 BGB erfolgt. Bei Fehlen eines Sicherungsvertrages oder bei dessen Unwirksamkeit ist das Verfügungsgeschäft allerdings unwirksam, wenn es in der Form des § 930 BGB erfolgt und ein Besitzmittlungsverhältnis nicht entsteht.[814] 661

Insb. Steuerberater lassen sich nicht selten trotz Kenntnis der schlechten wirtschaftlichen Lage des Mandanten **Gegenstände zu Sicherung übereignen**.[815] Weiterhin ist zu beobachten, dass selbst Rechte an Immobilien bestellt werden, z.B. Grundschulden,[816] wobei hier die notarielle Form einzuhalten ist. 662

Hinsichtlich der **Anfechtung** von Sicherungsabtretungen gelten die allgemeinen Regeln; v.a. ist darauf hinzuweisen, dass der Anspruch des Berufsträgers lediglich auf **Zah-** 663

---

811 So Kruse, in: Tipke/Kruse, § 46 AO Rn. 38; BFH, 05.10.2004 – VII R 37/03, BStBl. II 2005, S. 238 = DStRE 2005, 220 Rn. 20.
812 Vgl. Sundermeier/Gruber, DStR 2000, 929, 936.
813 So Palandt/Bassenge, § 930 BGB Rn. 13.
814 So Palandt/Bassenge, § 930 BGB Rn. 20.
815 So Sundermeier/Gruber, DStR 2000, 929, 936.
816 So Sundermeier/Gruber, DStR 2000, 929, 936.

lung, nicht aber auf Besicherung gerichtet ist. Weiterhin ist eine Sicherheit nicht als »minus« zur Zahlung anzusehen.[817] Nur dann, wenn der **Anspruch auf Sicherung** in demselben Vertrag eingeräumt wird, durch den der später gesicherte Anspruch entsteht, liegt in der späteren Gewährung der Sicherheit **keine inkongruente Deckung**, weil von Anfang an ein Anspruch auf die Sicherheit bestand.[818] Wird hingegen eine bereits bestehende Verbindlichkeit nachträglich besichert, so liegt darin regelmäßig eine **inkongruente Deckung.**[819] Ist das Sicherungseigentum wirksam entstanden und greift die Anfechtung durch den Insolvenzverwalter nicht durch, gewährt es dem Sicherungsnehmer ein Absonderungsrecht.[820]

4. Zahlungen

664 Besonderes Augenmerk wird der Insolvenzverwalter auf **Zahlungen** durch den Schuldner legen, insb. auch auf **Vorschusszahlungen**.

665 Sind durch den Schuldner Zahlungen erfolgt, so wird der Insolvenzverwalter zuvörderst prüfen, ob im Zeitpunkt der Zahlung bereits eine **fällige Forderung** vorgelegen hat, da ansonsten Inkongruenz vorliegt.

666 Bei einem RA wird die **Vergütung fällig**, wenn der Auftrag **erledigt** oder die Angelegenheit **beendet** ist, § 8 Abs. 1 Satz RVG. Ist der RA in einem gerichtlichen Verfahren tätig, wird die Vergütung auch fällig, wenn eine Kostenentscheidung ergangen oder der Rechtsweg beendet ist oder wenn das Verfahren länger als 3 Monate ruht, § 8 Abs. 1 Satz 2 RVG.

667 Der RA kann von seinem Auftraggeber für die entstandenen und die voraussichtlich entstehenden Gebühren und Auslagen einen angemessenen **Vorschuss** fordern.

668 Der RA kann die Vergütung nur aufgrund einer von ihm unterzeichneten und dem Auftraggeber mitgeteilten **Berechnung** einfordern, § 10 Abs. 1 Satz 1 RVG. Der Rechtsanwalt kann mit seinem Mandanten vereinbaren, dass er sein Honorar einfordern und durchsetzen kann, ohne dem Mandanten eine Berechnung mit näheren Angaben mitteilen zu müssen.[821]

669 Die **Vergütung** des Steuerberaters wird gem. § 7 StBVV fällig, wenn der Auftrag erledigt oder die Angelegenheit beendet ist.

---

817 Vgl. BGH, 02.12.1999 – IX ZR 412/98, ZIP 2000, 82 f.; BGH, 18.03.2010 – IX ZR 57/09, ZInsO 2010, 807 Rn. 16.

818 So Schmittmann, ZInsO 2010, 1256, 1259.

819 So BGH, 11.03.2004 – IX ZR 160/02, ZIP 2004, 1060 ff. = ZInsO 2004, 616 ff. Rn. 19.

820 So HambKomm-InsR/Büchler, § 47 InsO Rn. 38.

821 So BGH, 03.03.2022 – IX ZR 78/20, ZRI 2022, 267 ff. = EWiR 2022, 275 f. [Freudenberg] = NZI 2022, 385 ff. mit Anm. Hacker = WM 2022, 527 ff. = BB 2022, 778 ff. mit Anm. Schubert. Vgl. dazu umfassend: Gehrlein, ZInsO 2022, 905 ff.

Der Steuerberater kann von seinem Auftraggeber gem. § 8 StBVV für die entstandenen und die voraussichtlich entstehenden Gebühren und Auslagen einen angemessenen **Vorschuss** fordern. 670

Der Steuerberater kann die Vergütung gem. § 9 Abs. 1 Satz 1 StBVV nur aufgrund einer von ihm unterzeichneten und dem Auftraggeber mitgeteilten **Berechnung** einfordern. 671

Es liegt in der Natur der Sache, dass der Insolvenzverwalter vorrangig prüft, ob überhaupt eine **ordnungsgemäße Rechnung des Berufsträgers** vorliegt. Dabei wird er mit formalen Aspekten beginnen und insb. überprüfen, ob die Rechnungen ordnungsgemäß i.S.v. § 9 Abs. 1 StBVV sind, also vom Berufsträger **selbst unterzeichnet** sind sowie die **Gebührentatbestände** ordnungsgemäß genannt sind.[822] Ein Steuerberater verhält sich berufsrechtswidrig, wenn er entgegen § 9 Abs. 1 Satz StBVV die an seine Auftraggeber gerichteten Gebührenrechnungen nicht mit Zustimmung des Auftraggebers in Textform erstellt oder selbst unterschreibt, sondern von seiner nicht als Steuerberaterin zugelassenen Büroleiterin unterzeichnen lässt.[823] Inzwischen reicht auch eine Berechnung in Textform aus, die allerdings von dem Steuerberater oder auf seine Veranlassung dem Auftraggeber mitgeteilt werden muss. 672

Die vorstehenden Ausführungen gelten für RA sinngemäß, wobei allerdings zu beobachten ist, dass Rechtsanwaltsrechnungen in aller Regel vom **Berufsträger** selbst unterzeichnet sind, während die **Unterzeichnung durch Nichtberufsträger** bei Steuerberatern deutlich häufiger vorkommt. Vergleichbare Regelungen für Wirtschaftsprüfer und vereidigte Buchprüfer existieren nicht, sodass es bei den allgemeinen Fälligkeitsbestimmungen nach dem bürgerlichen Recht verbleibt. 673

Wenn die Rechnung formell ordnungsgemäß und dem Auftraggeber zugegangen ist, wird sich die **Prüfung** der Rechnung auf **materielle Gesichtspunkte** erstrecken, wobei insb. seitens des Insolvenzverwalters häufig nachgeprüft wird, ob die **Rahmengebühr** zutreffend ermittelt worden ist.[824] 674

Insolvenzverwaltern ist es bereits teilweise gelungen, Steuerberater mit Erfolg auf Erstattung von Gebühren in Anspruch zu nehmen.[825] Schon aus diesem Grunde sollte der Berufsträger stets darauf achten, seine Tätigkeit ordnungsgemäß zu dokumentieren, um sich später gegen **Rückforderungsansprüche** verteidigen zu können. 675

Eine **verfrühte Leistung** unterliegt grds. im Ganzen und nicht nur etwa hinsichtlich eines Zwischenzinses der Anfechtung.[826] Der Anspruch des Berufsträgers auf Vorschuss entsteht bereits mit der Erteilung des Auftrages.[827] Der **Vorschussanspruch** erlischt, sobald der **Vergütungsanspruch** fällig geworden ist.[828] Leistet der Schuldner 676

---

822 Vgl. Waza/Uhländer/Schmittmann, Insolvenzen und Steuern, Rn. 2982.
823 So LG Erfurt, 28.11.2003 – StV 2/02, DStRE 2004, 863.
824 Vgl. Waza/Uhländer/Schmittmann, Insolvenzen und Steuern, Rn. 2984.
825 So AG Borbeck, 08.10.2002 – 6 C 353/00, n.v.; Schmittmann, StuB 2009, 996, 997.
826 So Jaeger/Henckel, § 131 InsO Rn. 27.
827 So Jaeger/Henckel, § 131 InsO Rn. 23.
828 So BGH, 13.04.2006 – IX ZR 158/05, BGHZ 167, 190, 197 f. Rn. 25.

Vorschusszahlungen für noch zu erbringende Leistungen eines Rechtsanwalts oder Steuerberaters, unterliegen die Ansprüche des Schuldners gegen den Berufsträger nicht dem Insolvenzbeschlag und die Vorschüsse sind nicht kondizierbar.[829]

677 Für den **Berufsträger** ist daher besondere Sorgfalt geboten, da er zur Verhinderung einer Insolvenzanfechtung gehalten ist, unmittelbar nach dem Zeitpunkt, in dem sein **Vergütungsanspruch** fällig geworden ist, dem Auftraggeber die Berechnung mitzuteilen, damit Fälligkeit eintritt. Der Schuldner darf dann nicht mehr auf die **Vorschussrechnung** zahlen, da der Anspruch auf Vorschuss mit Fälligkeit des Honoraranspruchs erloschen ist.[830] Diese Regelung ist auch für die Gebühren von Steuerberatern anwendbar.

678 Zahlungen eines willkürlich, ohne konkreten Bezug zur Tätigkeit festgesetzten Honorars für Beratungsleistungen im Rahmen einer Restrukturierung unterliegen der Schenkungsanfechtung gem. § 134 Abs. 1 InsO.[831]

5. Maßnahmen der Zwangsvollstreckung

679 RA haben im gerichtlichen Verfahren die Möglichkeit, sich ihre **Vergütung** gemäß RVG durch das **Gericht** des ersten Rechtszuges **festsetzen** zu lassen, ohne Zahlungsklage erheben zu müssen. Auf die Vergütung des Steuerberaters im Verfahren vor den Gerichten der Finanzgerichtsbarkeit und der Verwaltungsgerichtsbarkeit, im Strafverfahren, berufsgerichtlichen Verfahren, Bußgeldverfahren und in Gnadensachen sind die Vorschriften des RVG gem. § 45 StBGebV sinngemäß anzuwenden. Der Berufsträger hat daher nicht selten einen Titel, aus dem er kurzfristig vollstrecken kann.

Maßnahmen der Zwangsvollstreckung sind nach der Rechtsprechung regelmäßig als inkongruent anzusehen.[832]

6. Verschaffung eines Titels zugunsten des Gläubigers

680 Insb. im Hinblick auf die oftmals **fehlende Distanz** zwischen Steuerberater und Mandant, die in dieser Sorglosigkeit weder bei Wirtschaftsprüfern noch bei RA zu beobachten ist, geben manche Schuldner ggü. ihrem Steuerberater hinsichtlich bestehender **Honorarforderungen** notarielle **Schuldanerkenntnisse** ab und schaffen dem Berufsträger damit die Möglichkeit der sofortigen Zwangsvollstreckung. Ein solches notarielles Schuldanerkenntnis ist bei Vorliegen der Anfechtungsvoraussetzungen i.Ü. anfechtbar.

681 Kann der Gläubiger den Schuldner schon nicht bewegen, ein notarielles Schuldanerkenntnis abzugeben, so hofft er vielfach zumindest auf die **Untätigkeit des Schuldners** und wählt den Weg ins **Mahn- oder Klageverfahren**. Bleibt der Schuldner untätig, so

829 So BGH, 21.02.2013 – IX ZR 69/12, ZIP 2013, 586 ff. = DStR 2013, 1258 f. mit Anm. Juretzek.

830 So BGH, 13.04.2006 – IX ZR 158/05, BGHZ 167, 190, 198 Rn. 26.

831 So LG Dessau-Roßlau, 24.07.2015 – 2 C 480/14, ZIP 2015, 2034 f.

832 Vgl. BGH, 22.01.2004 – IX ZR 39/03, BGHZ 157, 350 ff. = ZInsO 2004, 270 ff. Rn. 11; BGH, 29.03.2001 – IX ZR 34/00, BGHZ 147, 193 ff. = ZIP 2001, 825 ff. Rn. 16; BGH, 21.03.2000 – IX ZR 138/99, ZInsO 2000, 333 = NZI 2000, 310 Rn. 14.

ergeht **Versäumnisurteil.** Das **Unterlassen des Einspruchs** gegen ein Versäumnisurteil ist anfechtbar.[833] Wählt der Gläubiger das Mahnverfahren, so stellt das Unterlassen des Widerspruchs gegen den Mahnbescheid ebenfalls ein anfechtbares Unterlassen dar.[834]

Der Insolvenzverwalter wird demnach mit besonderer Sorgfalt nicht nur die erfolgten **Zwangsvollstreckungsmaßnahmen** insolvenzanfechtungsrechtlich würdigen, sondern auch überprüfen, wie der Vollstreckungsgläubiger zu dem vollstreckbaren Titel gekommen ist. **682**

III. Kenntnis des Berufsträgers

1. Zahlungsunfähigkeit

Die **Insolvenzanfechtungstatbestände** **683**
- § 130 Abs. 1 Satz 1 Nr. 1 InsO,
- § 130 Abs. 1 Satz 1 Nr. 2 InsO,
- § 132 Abs. 1 Nr. 1 InsO,
- § 132 Abs. 1 Nr. 2 InsO,
- § 133 Abs. 1 Satz 1 InsO und
- § 133 Abs. 3 Satz 1 InsO

knüpfen an die **Kenntnis** des Anfechtungsgegners von der (drohenden) Zahlungsunfähigkeit des Schuldners an.[835]

Der Kenntnis der Zahlungsunfähigkeit steht gem. § 130 Abs. 2 InsO die Kenntnis von **Umständen** gleich, die zwingend auf die Zahlungsunfähigkeit oder den Eröffnungsantrag schließen lassen. **684**

Ob der **RA** Kenntnis der wirtschaftlichen Situation des Mandanten hat, hängt vom Einzelfall ab. Nur selten wird der Mandant von sich aus seine finanzielle Leistungsunfähigkeit offenbaren. Dies wird aber bspw. dann der Fall sein, wenn ein Mandant erklärt, zur Durchsetzung eines bestimmten Anspruchs der **PKH** zu bedürfen oder aber gar den RA beauftragt, einen **außergerichtlichen Schuldenbereinigungsplan** zu erarbeiten. Weiterhin erlangt der RA Kenntnis der wirtschaftlichen Situation häufig auch in **familienrechtlichen Angelegenheiten**, insb. wenn es um die Höhe von Unterhaltszahlungen geht. Erst recht ist die Kenntnis der Zahlungsunfähigkeit anzunehmen, wenn dem RA das Mandat angetragen wird, einen **Sanierungsplan** für das Unternehmen zu erstellen und/oder mit Gläubigern in **Verhandlungen über einen Forderungserlass** einzutreten. Der mit der Durchsetzung einer Forderung beauftragte Rechtsanwalt kann verpflichtet sein, den Mandanten auf die insolvenzrechtliche Anfechtbarkeit **freiwilliger Zahlungen des Schuldners** und das hiermit verbundene Ausfallrisiko hinzuweisen.[836] **685**

833 So HK-InsO/Thole, § 129 InsO Rn. 29.
834 So Jaeger/Henckel, § 129 InsO Rn. 19.
835 Vgl. Wipperfürth in: Schmittmann, Fachberater, Kap. 13 Rn. 221 ff.
836 So BGH, 07.09.2017 – IX ZR 71/16, ZIP 2017, 1968 ff.

686 Unabhängig von der Art des Mandats ist auch Kenntnis des RA von der Zahlungsunfähigkeit des Mandanten anzunehmen, wenn dieser dem RA nach Erstellung und Übersendung der Kostenrechnung mitteilt, dass er nur zur **Ratenzahlung** in der Lage ist. Hinsichtlich der Kenntnis des RA von der Zahlungsunfähigkeit des Mandanten kann auch die **wirtschaftskriminalistische Feststellungsmethode** angewandt werden, wonach anhand bestimmter, auf Illiquidität hindeutender Warnzeichen, z.B. Nichtzahlung existenzbedingter Verbindlichkeiten wie Sozialversicherungsbeiträge, Gehälter, Mieten, wichtiger Lieferanten etc. eine Zuspitzung der Situation beobachtet wird, die für den **Eintritt der Zahlungsunfähigkeit** spricht.[837]

687 Wird der RA seitens des Arbeitgebers in einer **arbeitsgerichtlichen Angelegenheit** mandatiert, der eine bei Fälligkeit nicht geleistete Entgeltzahlung zugrunde liegt, so kann darin bereits ein Indiz für eine Zahlungsunfähigkeit des mandatierenden Unternehmens liegen. Das Brandenburgische OLG geht sogar davon aus, dass die **Nichtzahlung von Löhnen** an mehr als einem Zahltag einschlägiges Indiz für die Zahlungseinstellung ist.[838]

688 Bei **Steuerberatern** ist regelmäßig davon auszugehen, dass sie erheblich weitergehende Kenntnisse über die wirtschaftlichen Verhältnisse ihres Mandanten haben als RA. Insb. wenn der Steuerberater die **Buchführung** des Schuldners erstellt, wird er **Kenntnis der liquiden Mittel** und der **fälligen Verbindlichkeiten** haben.[839]

689 Erkennt der Steuerberater bei den Vorarbeiten zur **Aufstellung des Jahresabschlusses**, dass ein Jahresfehlbetrag sowie ein nicht durch Eigenkapital gedeckter Fehlbetrag gegeben sind, so muss er daraus auf eine wirtschaftlich schwierige Situation schließen. Zahlt der Schuldner in diesem Fall in bar an den Steuerberater, so indiziert dies **Kenntnis** der Zahlungsunfähigkeit.[840] Es entlastet den Steuerberater auch nicht, wenn die »bloße Hoffnung auf eine Sanierung« des Unternehmens durch den Verkauf von Geschäftsanteilen besteht. Die **Dringlichkeit** der erstrebten Anteilsübernahme beruhte im zugrunde liegen Sachverhalt des OLG Hamm gerade darauf, dass der später beklagte Steuerberater die Zahlungsunfähigkeit der Gesellschaft festgestellt hatte.[841]

690 Für **Wirtschaftsprüfer** gelten die vorstehend genannten Grundsätze sinngemäß, wobei zu berücksichtigen ist, dass Wirtschaftsprüfer im Gegensatz zu Steuerberatern regelmäßig nicht unterjährig mit laufenden Buchführungsaufgaben beauftragt werden, sondern regelmäßig mit der Prüfung des Jahresabschlusses. Anders liegt es selbstverständlich dann, wenn der Wirtschaftsprüfer – zulässigerweise – mit Aufgaben der Buchführung beauftragt wird oder an ihn ein **Auftrag** ergeht, ausdrücklich die **wirtschaftliche Situation des Unternehmens** zu prüfen.

837 Vgl. Schmittmann/Dannemann, InsbürO 2011, 2 ff.; BGH, 24.05.2005 – IX ZR 123/04, NZI 2005, 547 Rn. 15.

838 So OLG Brandenburg, 19.12.2007 – 7 U 70/07, BeckRS 2008, 12087.

839 So Schmittmann, StuB 2009, 696, 697.

840 So OLG Brandenburg, 30.11.2007 – 7 U 51/07, BeckRS 2008, 12086.

841 Vgl. OLG Hamm, 05.05.2004 – 27 U 73/03, OLGR Hamm 2004, 331 f.

Leistet der Schuldner im Rahmen eines **Bargeschäftes** i.S.d. § 142 InsO, so kommt eine Anfechtung nur unter den Voraussetzungen des § 133 Abs. 1 InsO in Betracht. Zudem ist erforderlich, dass der andere Teil erkannt hat, dass der Schuldner unlauter handelte. 691

2. Drohende Zahlungsunfähigkeit

Die **drohende Zahlungsunfähigkeit** ist für die **Deckungsanfechtung** gem. § 133 Abs. 3 InsO nach der Insolvenzanfechtungsreform 2017 nicht mehr von Bedeutung. In allen anderen Fällen gilt: Die Kenntnis des **Gläubigerbenachteiligungsvorsatzes** des Schuldners wird gem. § 133 Abs. 1 Satz 2 InsO vermutet, wenn der andere Teil wusste, dass die Zahlungsunfähigkeit des Schuldners drohte und dass die Handlung die Gläubiger benachteiligte. Konsequenz der Anfechtung gem. § 133 InsO ist, dass der **Bargeschäftseinwand** i.S.v. § 142 InsO nicht greift. Hat die Rechtshandlung dem anderen Teil eine **Sicherung** oder **Befriedigung** gewährt oder ermöglicht, welche dieser in der Art und zu der Zeit beanspruchen konnte, tritt an die Stelle der **drohenden Zahlungsunfähigkeit** des Schuldners nach Abs. 1 Satz 2 nach der Neuregelung in § 133 Abs. 3 Satz 1 InsO die **eingetretene Zahlungsunfähigkeit**. Hatte der andere Teil mit dem Schuldner eine Zahlungsvereinbarung getroffen oder diesem in sonstiger Weise eine Zahlungserleichterung gewährt, wird gem. § 133 Abs. 3 Satz 2 InsO vermutet, dass er zur Zeit der Handlung die Zahlungsunfähigkeit des Schuldners nicht kannte. Bei Leistungen an **Berufsträger** wird i.d.R. eine Deckung gegeben sein, so dass die Anfechtung nun mehr deutlich erschwert wird. 692

Der **Kenntnis** der (drohenden) Zahlungsunfähigkeit steht auch i.R.d. § 133 Abs. 1 InsO die Kenntnis von Umständen gleich, die zwingend auf eine drohende oder bereits eingetretene Zahlungsunfähigkeit hinweisen.[842] Insb. eine **inkongruente Deckung** stellt ein **Beweisanzeichen** dafür dar, dass sowohl der Benachteiligungsvorsatz des Schuldners als auch die Kenntnis des Anfechtungsgegners davon vorliegt.[843] Nimmt eine Bank **Ratenzahlungen** des Schuldners entgegen, die sie mit diesem in einem Stillhalteabkommen vereinbart hat, so ist zu vermuten, dass sie die Absicht des Schuldners kennt, die Gläubiger zu benachteiligen, wenn sie weiß, dass der Schuldner noch weitere Gläubiger hat, die erfolglos zu vollstrecken versucht haben, und die Raten auch nur unregelmäßig gezahlt werden.[844] 693

Auf **Berufsträger** wie RA, Steuerberater und Wirtschaftsprüfer übertragen bedeutet dies, dass die **Kenntnis** des Gläubigerbenachteiligungsvorsatzes angenommen werden darf, wenn der Berufsträger Kenntnis davon hat, dass der Schuldner noch **weitere Gläubiger** hat und diese Gläubiger nicht oder in geringerem Umfang als der Berufsträger selbst befriedigt werden. Der Benachteiligungsvorsatz des späteren Schuldners und die Kenntnis des anderen Teils sind regelmäßig zu bejahen, wenn der spätere 694

842 So BGH, 24.05.2007 – IX ZR 97/06, WM 2007, 1579 Rn. 7; OLG Hamburg, 21.12.2009 – 1 U 10/09, ZInsO 2010, 379 ff.

843 So PK-HWF/Schmittmann/Zeeck, § 133 InsO Rn. 33.

844 So BGH, 21.12.2007 – IX ZR 93/06, ZInsO 2008, 273 Rn. 35.

Schuldner mit seinem Steuerberater eine Sicherungsabtretung vereinbart, von der der Schuldner nur im Fall der Zahlungseinstellung oder der Beantragung eines Insolvenzverfahrens Gebrauch machen darf.[845]

3. Insolvenzantrag

695 Verschiedene Insolvenzanfechtungstatbestände knüpfen an die **Kenntnis des Insolvenzantrages**:
- § 130 Abs. 1 Satz 1 Nr. 2 InsO,
- § 132 Abs. 1 Nr. 2 InsO

696 an oder aber schlicht an den **Insolvenzantrag** selbst, ungeachtet der Kenntnis des Anfechtungsgegners:
- § 131 Abs. 1 Nr. 1 InsO,
- § 134 Abs. 1 InsO,
- § 135 Abs. 1 Nr. 1 InsO,
- § 135 Abs. 1 Nr. 2 InsO,
- § 136 InsO.

697 Der **Kenntnis** der Zahlungsunfähigkeit oder des Eröffnungsantrages steht gem. § 130 Abs. 2 InsO die Kenntnis von Umständen gleich, die zwingend auf die Zahlungsunfähigkeit oder den Eröffnungsantrag schließen lassen.

698 Ggü. einer **Person**, die dem Schuldner z.Zt. der Handlung nahestand (§ 138 InsO), wird vermutet, dass sie die Zahlungsunfähigkeit oder den **Eröffnungsantrag** kannte, § 130 Abs. 3 InsO.

699 Gem. § 139 Abs. 1 Satz 1 InsO ist für die **Fristberechnung** auf den Tag abzustellen, an dem der Antrag auf Eröffnung des Insolvenzverfahrens beim Insolvenzgericht eingegangen ist. Ein im Ausland gestellter Insolvenzantrag ist maßgebend, wenn das dort eröffnete Insolvenzverfahren nach § 343 InsO und Art. 19, 33 EuInsVO anerkennungsfähig ist, es sei denn, dass im Inland ein **Partikularverfahren** (§§ 354 ff. InsO) oder ein **Sekundärinsolvenzverfahren** (Art. 34 ff. EuInsVO) eröffnet worden ist.[846]

700 Nach dem klaren Wortlaut des § 139 Abs. 1 Satz 1 InsO kommt es ausschließlich auf den **Eingang des Insolvenzantrages** beim **Insolvenzgericht** an.[847] In der Praxis ist nicht selten zu beobachten, dass gerade am Freitag gestellte Insolvenzanträge, die bei der **Wachtmeisterei** abgegeben oder in den **Briefkasten** des AG geworfen werden, zwar am Freitag noch einen Eingangsstempel des AG erhalten, jedoch erst am Montag zum Insolvenzgericht gelangen und daher auch erst am Montag einen Eingangsstempel des Insolvenzgerichts erhalten. Dieses Vorgehen schneidet dem Insolvenzverwalter drei Tage Anfechtungsmöglichkeiten ab.

845 So LG Berlin, 01.06.2006 – 5 O 59/04, BeckRS 2007, 4307.
846 So Jaeger/Henckel, § 139 InsO Rn. 7.
847 So PK-HWF/Schmittmann/Zeeck, § 139 InsO Rn. 9.

Fahrlässige oder grob fahrlässige **Unkenntnis** hinsichtlich des Eröffnungsantrages genügen nicht, da das Gesetz ausdrücklich auf die positive Kenntnis abstellt.[848] 701

Allein die **Befürchtung** eines Insolvenzverfahrens oder aber die Kenntnis, dass ein Antragsberechtigter z.Zt. der Rechtshandlung den Antrag niederschrieb, reicht nicht aus.[849] 702

Positive Kenntnis des Insolvenzantrages hat der **Berufsträger** insb. dann, wenn er **mandatiert** war, den Antrag vorzubereiten, zu überprüfen oder gar selbst beim Insolvenzgericht einzureichen. Dies wird immer dann der Fall sein, wenn z.B. der RA mit der Insolvenzantragstellung beauftragt war. 703

I.Ü. ist häufig die **Kenntnis** eines gestellten Insolvenzantrages kaum nachweisbar, da eine solche nicht veröffentlicht wird. Erst die **Kenntnis von Sicherungsmaßnahmen** gem. § 21 InsO wird unter www.insolvenzbekanntmachungen.de veröffentlicht. Die Kenntnis von einstweiligen Anordnungen, die aufgrund eines Eröffnungsantrages gem. § 21 InsO ergangen sind, stehen der Kenntnis des Eröffnungsantrages gleich.[850] Beschlüsse über die Anordnung von Sicherungsmaßnahmen i.S.v. § 21 InsO sind gem. § 23 Abs. 1 Satz 1 InsO öffentlich bekannt zu machen, was durch **Veröffentlichung im Internet** gem. § 9 Abs. 1 Satz 1 InsO geschieht. Die Bekanntmachung gilt gem. § 9 Abs. 1 Satz 3 InsO als bewirkt, sobald nach dem Tag der Veröffentlichung zwei weitere Tage verstrichen sind. Sobald also Beschlüsse gem. § 21 InsO mehr als zwei Tage im Internet veröffentlicht sind, kann die Kenntnis unterstellt werden. 704

Diese an sich klare Regelung hat der BGH leider zwischenzeitlich unterlaufen, indem er entschieden hat, dass **Unternehmen mit umfangreichem Zahlungsverkehr**, die zur Erfüllung einer Verbindlichkeit an einen Insolvenzschuldner leisten, ohne dass sie die Eröffnung des Insolvenzverfahrens kannten, nicht gehindert sind, sich auf ihre Unkenntnis zu berufen, auch wenn sie die Möglichkeit haben, die **Information** durch eine **Einzelanfrage** aus dem **Internet** zu gewinnen.[851] Damit rückt der BGH leider von seiner bisherigen Auffassung ab, wonach z.B. eine **Bank** organisatorisch Vorsorge treffen muss, damit von ihren Kunden betreffende Informationen über die Eröffnung von Insolvenzverfahren oder Sicherungsmaßnahmen im Vorfeld der Insolvenzeröffnung von ihren Entscheidungsträgern zur Kenntnis genommen werden. Werde eine Bank dieser Obliegenheit nicht gerecht, so müsse sie sich Kenntnisse, die bei einem zur Vornahme von Rechtsgeschäften bestellten und ermächtigten Bediensteten vorhanden sind, als ihr bekannt zurechnen lassen.[852] 705

Diese Entwicklung ist als bedauerlich anzusehen, da Sinn und Zweck der **öffentlichen Bekanntmachung** im Internet gem. § 9 Abs. 1 InsO gerade der ist, einem am 706

848 So Jaeger/Henckel, § 130 InsO Rn. 117; PK-HWF/Schmittmann/Zeeck, § 130 InsO Rn. 19.
849 So Jaeger/Henckel, § 130 InsO Rn. 118.
850 So Jaeger/Henckel, § 130 InsO Rn. 118.
851 So BGH, 15.04.2010 – IX ZR 62/09, ZInsO 2010, 912, 913 = NZI 2010, 480, 481 Rn. 14.
852 So BGH, 15.12.2005 – IX ZR 227/04, ZIP 2006, 138, 139 = NZI 2006, 175, 176 Rn. 13.

Geschäftsverkehr Beteiligten eine Möglichkeit zu geben, Informationen über anhängige Insolvenzantragsverfahren bzw. eröffnete Verfahren zu erhalten. Wenn diese Fiktion aus § 9 Abs. 1 Satz 3 InsO dadurch entwertet wird, dass sich Teilnehmer am Rechtsverkehr gleichwohl auf **Unkenntnis** berufen können, so führt dies die gesetzliche Fiktion ad absurdum. Darüber hinaus ist gerade RA, Steuerberatern und Wirtschaftsprüfern regelmäßig das Onlineportal www.insovenzbekanntmachungen.de positiv bekannt.

707 Die **Vermutung** aus § 130 Abs. 2 InsO hilft hinsichtlich des Eröffnungsantrages in aller Regel nicht.

708 Die **Kenntnis** des Anfechtungsgegners von einem **Eröffnungsantrag** ist nach zutreffender Auffassung – entgegen der Rechtsprechung des BGH – bereits ab dem Zeitpunkt zu vermuten, in dem das Insolvenzgericht **Sicherungsmaßnahmen** öffentlich bekannt gemacht hat.[853]

709 Bei einem **Fremdantrag** liegt Kenntnis erst dann vor, wenn der Berater davon positive Kenntnis erhalten hat, also z.B. durch Übersendung durch den Mandanten selbst oder durch das Gericht, sofern dem Gericht die Bevollmächtigung des Berufsträgers bekannt ist. Auch eine versehentliche Bekanntgabe an einen Berufsträger führt zur positiven Kenntnis, da es auf die materiell-rechtliche Berechtigung nicht ankommt, sondern lediglich auf die Kenntnis.

4. Gläubigerbenachteiligung

710 Die **Insolvenzanfechtungstatbestände:**
- § 131 Abs. 1 Nr. 3 InsO
- § 133 Abs. 1 InsO

knüpfen an die **Kenntnis der Gläubigerbenachteiligung** an. Die **Gläubigerbenachteiligung** an sich ist stets Voraussetzung einer Insolvenzanfechtung.[854]

711 Der Kenntnis der Benachteiligung steht die **Kenntnis von Umständen** gleich, die zwingend auf die Benachteiligung schließen lassen.[855] Die geforderte Kenntnis muss sich auf die für § 131 InsO erforderliche mittelbare Benachteiligung beziehen.

712 Kenntnis einer Benachteiligung kann nur haben, wer zum einen Kenntnis davon hat, dass der Schuldner noch **andere Gläubiger** hat und zum anderen annehmen muss, dass die an ihn erbrachten **Zahlungen disquotal** sind, also er einen höheren Anteil erhält als die Gläubiger i.Ü.

713 Diese Kenntnis liegt beim **Steuerberater**, der mit der laufenden **Buchführung** beauftragt ist, regelmäßig vor, da ihm die Gläubiger insgesamt bekannt sind. Aber auch RA und Steuerberater müssen aufgrund ihrer Beteiligung am allgemeinen wirtschaftlichen Verkehr davon ausgehen, dass ein unternehmerisch tätiger Mandant nicht

853 So LG Itzehoe, 07.07.2003 – 2 O 33/03, ZInsO 2003, 809 f.; OLG Schleswig-Holstein, 21.06.2002 – 1 U 208/01, DZWIR 2002, 514 f.

854 Vgl. Wipperfürth in: Schmittmann, Fachberater, Kap. 13 Rn. 231 ff.

855 So Jaeger/Henckel, § 131 InsO Rn. 75.

nur den Berufsträger als Gläubiger hat, sondern dass weitere Gläubiger vorhanden sind. Hinsichtlich der **disquotalen Befriedigung** ist allerdings zu berücksichtigen, dass die übrigen Gläubiger allein dadurch benachteiligt sind, dass der zur Erfüllung weggegebene Gegenstand nicht mehr im Vermögen des Schuldners vorhanden ist. Es ist entscheidend, dass der befriedigte Gläubiger volle Befriedigung erhalten hat, während bei der Verfahrenseröffnung der zur Erfüllung weggegebene Gegenstand nicht mehr in der Masse vorhanden ist, sodass sich die Quote der übrigen Gläubiger entsprechend mindert.[856]

IV. Inkongruente Deckungen

1. Zahlungen auf nicht fällige Forderungen

Bei RAen und Steuerberatern ergeben sich die **Fälligkeitsregeln** aus dem RVG bzw. der StBVV, während sie bei Wirtschaftsprüfern aus dem allgemeinen Zivilrecht abzuleiten sind. Zu berücksichtigen ist, dass der Anspruch auf **Vorschuss** erlischt, sobald der **Vergütungsanspruch** fällig geworden ist. Dies führt dazu, dass der Berufsträger unverzüglich nach Fälligkeit des Vergütungsanspruchs auch die Vergütung für die geleistete Tätigkeit einfordern sollte und Leistungen des Mandanten nicht mehr auf die Vorschussrechnung erfolgen.[857] **714**

Bei **Zahlungen durch Banküberweisung** ist zu berücksichtigen, dass eine Zahlung durch Banküberweisung erst dann als inkongruent anzusehen ist, wenn sie beim Gläubiger **früher als fünf Bankgeschäftstage** vor Fälligkeit eingeht.[858] **715**

2. Gewährung von Sicherheiten

Es ist häufig zu beobachten, dass sich Berufsträger, insb. Steuerberater, in der Krise noch **Sicherheiten** durch den Schuldner bestellen lassen. **716**

Die **Bestellung einer Sicherheit** ist in aller Regel **inkongruent**, da die gesicherte Forderung selbst dem Gläubiger noch keinen Anspruch auf Sicherheit gibt.[859] Das Berufsrecht sieht nicht vor, dass dem Berufsträger überhaupt ein Anspruch auf Sicherheit zusteht. Vielmehr geht das Berufsrecht davon aus, dass den Interessen des Berufsträgers dadurch Genüge getan wird, dass er sein Ausfallrisiko durch das Recht auf **Vorschussverlangen** absichern kann. Auch die Erteilung eines Schuldanerkenntnisses ist inkongruent, da ein darauf gerichteter Anspruch des Berufsträgers nicht besteht.[860] **717**

---

856 So Jaeger/Henckel, § 129 InsO Rn. 119.
857 So Jaeger/Henckel, § 131 InsO Rn. 23.
858 So BGH, 09.06.2005 – IX ZR 152/03, ZInsO 2005, 766, 767 = NZI 2005, 497, 498 Rn. 12.
859 So Jaeger/Henckel, § 131 InsO Rn. 29.
860 S. LG Berlin, 03.05.2012 – 6 O 270/11, ZInsO 2012, 1275 ff. m. Anm. Werner = StuB 2012, 888 Rn. 21.

718 Gleichwohl ist es denkbar, dass der Berufsträger und der Mandant vereinbart haben, dass eine Sicherheit zu bestellen ist, was die **Inkongruenz** zunächst entfallen lässt. Dabei ist allerdings zu berücksichtigen, dass auch in diesen Fällen eine Anfechtung in Betracht kommt, und zwar gem. § 133 Abs. 1 InsO, z.B. bei der **Einräumung einer Sicherungsabtretung** zugunsten des Steuerberaters, von der dieser nur im Fall der **Zahlungseinstellung** oder der **Beantragung eines Insolvenzverfahrens** Gebrauch machen darf[861] oder wenn die Abtretung zu einem Zeitpunkt erfolgt, indem der Steuerberater bereits auf die Insolvenzantragspflicht nach § 15a InsO oder auf die Regelung des § 15b InsO (»Massesicherungspflicht«) hingewiesen hat.[862]

719 Auch die gerade von Steuerberatern gerne in Anspruch genommene **Abtretung von Steuererstattungsansprüchen** ist unter insolvenzrechtlichen Gesichtspunkten fatal, da der Steuerberater gerade aufgrund der Aufbereitung und Erstellung der Buchhaltung Kenntnis der wirtschaftlichen Umstände des späteren Schuldners hat.[863] Nicht anders liegt es bei der Absicherung durch die **Sicherungsübereignung** von Gegenständen der Betriebs- oder Geschäftsausstattung oder gar der Bewilligung von Grundpfandrechten.[864]

720 Tritt der Schuldner ihm zustehende Ansprüche aus Lieferung und Leistung an den Berufsträger ab und ist die Abtretung an sich unanfechtbar, so ergibt sich für den Insolvenzverwalter gleichwohl eine Anfechtungsmöglichkeit. Zwar sind **Globalzessionsverträge** auch hinsichtlich zukünftig entstehender Forderungen grds. nur als kongruente Deckung anfechtbar, gleichwohl ist das **Werthaltigmachen künftiger Forderungen** aus Globalzessionen als selbstständige Rechtshandlung anfechtbar, wenn es dem Vertragsschluss zeitlich nachfolgt.[865] Lässt sich also der Berufsträger den gesamten Forderungsbestand des späteren Schuldners abtreten, so hat er jedenfalls keinen Anspruch darauf, dass der **Schuldner** die abgetretenen Ansprüche **in der Krise werthaltig macht.** Ein Bauunternehmer, der in der Krise weiterhin Bauleistungen erbringt, ermöglicht es dem aus der Globalzession Berechtigten, die werthaltig gemachten Forderungen einzuziehen und benachteiligt damit sämtliche anderen Gläubiger.

V. Unmittelbar nachteilige Rechtshandlungen (Verschleuderungsgeschäfte)

721 Gem. § 132 Abs. 1 InsO ist ein **Rechtsgeschäft des Schuldners** anfechtbar, dass die Insolvenzgläubiger **unmittelbar benachteiligt,**

- wenn es in den letzten 3 Monaten **vor dem Antrag auf Eröffnung des Insolvenzverfahrens** vorgenommen worden ist, wenn z.Zt. des Rechtsgeschäfts der Schuldner **zahlungsunfähig** war und wenn der andere Teil zu dieser Zeit die **Zahlungsunfähigkeit kannte** (§ 132 Abs. 1 Nr. 1 InsO) oder

861 So LG Berlin, 01.06.2006 – 5 O 59/04, n.v.

862 S. LG Berlin, 03.05.2012 – 6 O 270/11, ZInsO 2012, 1275 ff. m. Anm. Werner = StuB 2012, 888 Rn. 22.

863 So Grönwoldt, DStR 2007, 1058, 1059.

864 So Sundermeier/Gruber, DStR 2000, 929, 936.

865 So BGH, 29.11.2007 – IX ZR 30/07, BGHZ 174, 297 ff. = ZInsO 2008, 91 ff. Rn. 35 f.

– wenn es **nach dem Eröffnungsantrag** vorgenommen worden ist und wenn der andere Teil z.Zt. des Rechtsgeschäfts die **Zahlungsunfähigkeit** oder den **Eröffnungsantrag kannte** (§ 132 Abs. 1 Nr. 2 InsO).

Gem. § 132 Abs. 2 InsO steht einem **Rechtsgeschäft**, das die Insolvenzgläubiger unmittelbar benachteiligt, eine andere Rechtshandlung des Schuldners gleich, durch die der Schuldner ein Recht verliert oder nicht mehr geltend machen kann oder durch die ein vermögensrechtlicher Anspruch gegen ihn erhalten oder durchsetzbar wird. **722**

Während die **Deckungsanfechtungen** gem. §§ 130, 131 InsO nicht nur Rechtshandlungen des Schuldners, sondern auch solche von Gläubigern umfassen, ist für die Anwendung des § 132 InsO eine Rechtshandlung des Schuldners selbst erforderlich. Der Begriff des Rechtsgeschäfts betrifft sowohl **einseitige** als auch **zweiseitige Rechtsgeschäfte.**[866] Es sind insb. unmittelbar benachteiligende Verträge, die der Schuldner abschließt, in den Regelungsbereich einbezogen.[867] **723**

Als unmittelbare Benachteiligungen kommen insb. der **Abschluss von Honorarvereinbarungen** zu unangemessenen Bedingungen in Betracht. Dabei richtet sich die Frage der **Angemessenheit** nach den Marktverhältnissen.[868] An einer unmittelbaren Gläubigerbenachteiligung kann es fehlen, wenn alle späteren Insolvenzgläubiger dem in der Krise zu Sanierungszwecken abgeschlossenen Rechtsgeschäft zugestimmt haben.[869] **724**

Auch der Abschluss von Verträgen mit angemessenen Preisen kann ein unmittelbar nachteiliges Rechtsgeschäft sein, wenn dadurch auch die **Verpflichtung zur Erfüllung von Altschulden** begründet wird, deren Erfüllung nicht mehr erzwungen werden kann.[870] Eine unmittelbar nachteilige Rechtshandlung liegt z.B. dann vor, wenn der Schuldner mit einem RA oder Steuerberater eine **Vergütungsvereinbarung** schließt, die über die gesetzlichen Gebühren gemäß RVG oder StBVV hinausgehen, ohne dass dazu ein nachvollziehbarer Anlass besteht. Da bei Wirtschaftsprüfern eine gesetzliche Gebührenordnung nicht besteht, ist auf die Angemessenheit nach allgemeinen Kriterien abzustellen. **725**

Auch die **Kündigung** eines für den Schuldner **günstigen Vertrages** kann als unmittelbar nachteilige Rechtshandlung angesehen werden.[871] Dies ist bspw. dann gegeben, wenn der Schuldner mit seinem Steuerberater eine zulässige Gebührenvereinbarung für laufende Buchhaltungsarbeiten geschlossen hat, die unter den gesetzlichen Gebühren liegt, und aufgrund der Kündigung nunmehr die gesetzlichen Gebühren fällig werden. **726**

Fraglich ist, ob **Vergütungsansprüche**, die im Rahmen von **Sanierungsversuchen** entstanden sind, für die Gläubiger unmittelbar benachteiligend sind.[872] Eine unmittelbare **727**

866 So Jaeger/Henckel, § 132 InsO Rn. 7.
867 So Gehrlein/Thole, Aktuelle Probleme der Insolvenzanfechtung, Rn. 557.
868 So Jaeger/Henckel, § 132 InsO Rn. 13.
869 So Jaeger/Henckel, § 132 InsO Rn. 17, unter Hinweis auf RG, KuT 1929, 40.
870 So BGH, 13.03.2003 – IX ZR 64/02, BGHZ 154, 190, 194 f. = ZIP 2003, 810, 812 Rn. 9.
871 So HambKomm-InsR/Rogge, § 132 InsO Rn. 6.
872 Vgl. dazu umfassend: Gehrlein, ZInsO 2022, 905, 909 ff.

Benachteiligung liegt nicht allein deshalb vor, weil die Bemühungen das Insolvenzverfahren nicht verhindern konnten. Es ist vielmehr auf den **objektiven Wert der geschuldeten Bemühungen** abzustellen, also darauf, ob die Leistungen des geeigneten Geschäftsbesorgers einer fachgerechten, zweckmäßigen Sacherledigung gerade mit Bezug auf die konkreten Verhältnisse des späteren Insolvenzschuldners dienten.[873] Ist ein **Sanierungsversuch** von vornherein **erkennbar aussichtslos** oder ist der **Dienstleister** zu einer sachgerechten Erledigung des Auftrags **ungeeignet**, z.B. weil ihm die erforderlichen Fachkenntnisse fehlen, kann in der Vergütungsvereinbarung eine unmittelbare Benachteiligung liegen.

728 Der **Insolvenzverwalter** wird daher insb. Verträge über **Sanierungsberatungen** kritisch würdigen, zum einen unter dem Gesichtspunkt der Fachkenntnis des Geschäftsbesorgers[874] und zum anderen vor dem Gesichtspunkt, ob überhaupt noch eine **Sanierungsfähigkeit** im Zeitpunkt der Beauftragung vorlag.[875] Ist der beauftragte Dienstleister grds. geeignet und eine Sanierung nicht aussichtslos, kann gleichwohl eine Anfechtung gem. § 132 InsO im Hinblick auf die Höhe des Honorars erfolgen.[876] Dabei gilt jedoch nicht das **Alles-oder-Nichts-Prinzip**, sondern es kommt eine **Teilbarkeit** in Betracht. Ist also ein Honorar vereinbart worden, das die angemessenen Gebühren übersteigt, ist das Honorar nur insoweit zur Insolvenzmasse zurückzugewähren, wie es unangemessen ist. Über die **Angemessenheit** entscheidet das Gericht. Der Einholung eines Gutachtens der Rechtsanwaltskammer bzw. Steuerberaterkammer bedarf es nicht.[877]

729 Weitere Probleme ergeben sich bei der **Beratung vor Verbraucher- und Kleininsolvenzverfahren**, da es hier nicht um die Frage einer Sanierung geht, sondern darum, den Schuldner durch das Antragsverfahren zu begleiten. Die angemessene Gegenleistung kann in diesen Fällen allenfalls darin liegen, die Voraussetzungen für die Erteilung der RSB zu schaffen.[878]

VI. Bargeschäftseinwand, § 142 InsO

1. Grundlagen

730 Die sog. **Bargeschäftsregel** des § 142 InsO ist nur anfechtbar, wenn die Voraussetzungen der Vorsatzanfechtung gem. § 133 Abs. 1 InsO gegeben sind.[879] Mit der Insolvenzanfechtungsreform 2017 wurde die Vorschrift dahin geändert, dass der Anfechtungsgegner (»der andere Teil«) zudem erkannt haben muss, dass der Schuldner unlauter

873 So HambKomm-InsR/Rogge, § 132 InsO Rn. 10.
874 Vgl. Schmittmann, ZInsO 2011, 545, 546.
875 Vgl. Schmittmann, DSWR 2005, 322 ff.
876 Vgl. zum Erwerb einer Sache zu einem überhöhten Preis: Gehrlein/Thole, Aktuelle Probleme der Insolvenzanfechtung, Rn. 557.
877 So BGH, 11.06.1980 – VIII ZR 62/79, BGHZ 77, 250, 255 f. = ZIP 1980, 618, 619.
878 Vgl. HambKomm-InsR/Rogge, § 132 InsO Rn. 11.
879 Vgl. Wipperfürth in: Schmittmann, Fachberater, Kap. 13 Rn. 235.

handelte.[880] Die Regelung des § 142 InsO ergänzt die Bestimmung des § 132 Abs. 1 InsO, wobei Letztere sich lediglich auf **schuldrechtliche Rechtsgeschäfte** bezieht, während die Regelung des § 142 InsO auf die Leistung des Schuldners, also das **Verfügungsgeschäft**, abstellt.[881]

Im Allgemeinen wird angenommen, dass die Regelung des § 142 InsO ihren Sinn **731** darin hat, dass der Schuldner in der **Krise** nahezu vollständig vom **Geschäftsverkehr** ausgeschlossen sein würde, wenn der Vertragspartner Kenntnis von der Krise hat und daher mit einer Anfechtung rechnen muss. Wenn der Schuldner für seine Leistung eine **gleichwertige Gegenleistung** erhalte, sei eine Insolvenzanfechtung jedoch mangels Gläubigerbenachteiligung nicht erforderlich.[882] Nach Auffassung von *Henckel* erschöpft sich die Funktion des § 142 InsO darin nicht. Es genügt, dass der Schuldner in der kritischen Zeit in **unmittelbarem zeitlichen Zusammenhang** mit der Leistung des anderen Teils geleistet hat, und zwar unabhängig davon, ob der andere Teil vor oder nach Beginn der Krise geleistet hat. Ebenso unbeachtlich soll sein, in welchem Zeitpunkt das Kausalgeschäft geschlossen worden ist.[883]

Die **Gegenleistung** muss für die Leistung des Schuldners erbracht worden sein, d.h. **732** Leistung und Gegenleistung müssen durch **Parteivereinbarung** miteinander **verknüpft** sein.[884]

Weiterhin ist das **Unmittelbarkeitserfordernis** zu berücksichtigen, d.h. Leistung und **733** Gegenleistung müssen **in engem zeitlichen Zusammenhang** ausgetauscht worden sein. Dabei ist eine sofortige Zug-um-Zug-Leistung ebenso wenig erforderlich wie eine Vorleistung des Schuldners.[885]

Die Voraussetzungen des **Bardeckungsprivilegs** müssen spätestens in dem **Zeitpunkt** **734** vorliegen, in dem die zeitlich erste Leistung erbracht worden ist.[886]

Letztlich müssen auch **Leistung** und **Gegenleistung gleichwertig** sein, da die Anfech- **735** tung nur deswegen ausgeschlossen ist, weil aufgrund der schlichten Vermögensumschichtung eine unmittelbare Gläubigerbenachteiligung fehlt.[887]

880 Vgl. dazu im Einzelnen: Kap. 3 § 142 Rdn. 52 ff.
881 So Jaeger/Henckel, § 142 InsO Rn. 2.
882 So BGH, 07.03.2002 – IX ZR 223/01, BGHZ 150, 122 ff. = ZIP 2002, 812 ff. = KTS 2002, 548 ff. Rn. 30; Hirte, in: Uhlenbruck, § 142 InsO Rn. 13; HambKomm-InsR/Rogge, § 142 InsO Rn. 1.
883 So Jaeger/Henckel, § 142 InsO Rn. 5.
884 So Begründung RegE BT-Drucks. 12/2443, S. 167; BGH, 30.09.1993 – IX ZR 227/92, BGHZ 123, 320 ff.; HambKomm-InsR/Rogge, § 142 InsO Rn. 3.
885 So BGH, 30.09.1993 – IX ZR 227/92, BGHZ 123, 320, 329; HambKomm-InsR/Rogge, § 142 InsO Rn. 6.
886 So Jaeger/Henckel, § 142 InsO Rn. 6.
887 So HambKomm-InsR/Rogge, § 142 InsO Rn. 14.

2. Rechtsanwaltstätigkeit

736 Der Bargeschäftseinwand bei der **Rechtsanwaltstätigkeit** kann lediglich dann eingreifen, wenn ein zugelassener RA eine Tätigkeit entfaltet. Werden rechtsberatende Tätigkeiten, die unter das **Rechtsdienstleistungsgesetz** fallen, von einem Steuerberater oder Wirtschaftsprüfer oder gar einem Sanierungsberater wahrgenommen, so ist schon der Vertrag nichtig.[888] Eine solche **unzulässige Tätigkeit** durch RA und Steuerberater ist insb. bei der Einziehung von Forderungen,[889] der Überlassung von Formularverträgen,[890] der Erstellung von Gesellschaftsverträgen,[891] der Erstellung von Sicherungsübereignungsverträgen[892] und der Erstellung von Darlehensverträgen[893] der Fall. Verstößt ein Steuerberater oder Wirtschaftsprüfer gegen diese Grundsätze und wird er entgegen den Vorschriften des **Rechtsdienstleistungsgesetzes** tätig, so entsteht bereits **kein Vergütungsanspruch**, sodass ein Bargeschäft ausscheidet.

737 Wurde ein RA mit einer Tätigkeit beauftragt, so ist zunächst zu überprüfen, ob **Leistung** und **Gegenleistung gleichwertig** sind. Wurde z.B. ein RA beauftragt, zur Hemmung der Verjährung Klage zu erheben, so liegt Gleichwertigkeit vor. Auch die Beauftragung eines RA, gegen ein Versäumnisurteil Einspruch einzulegen, ist als Bargeschäft anzusehen, wenn der Einspruch nicht nur der Verzögerung dient, sondern gegen die Forderung tatsächlich erhebliche Einwendungen vorgebracht werden können. Hinsichtlich der **Angemessenheit** ist grds. auf die gesetzlichen Gebühren nach RVG abzustellen. Ein höheres, vereinbartes Honorar i.S.v. § 4 RVG kann angemessen sein, wenn aufgrund des Umfangs oder der Schwierigkeit der Angelegenheit keine **Bearbeitung zu den gesetzlichen Gebühren** möglich ist.[894] Im Hinblick darauf, dass es am Markt ein Überangebot an RA gibt und auch zahllose Kanzleien im Bereich des Insolvenzrechts und der insolvenznahen Beratung tätig sind, sind an die Behauptung, es habe kein RA gefunden werden können, der bereit gewesen sei, für die gesetzlichen Gebühren gemäß RVG zu arbeiten, hohe Anforderungen zu stellen.

738 Einer anwaltlichen Tätigkeit bei der **Stellung des Antrages auf Eröffnung des Insolvenzverfahrens** bedarf es im Regelinsolvenzverfahren grds. nicht, da der Eröffnungsantrag gem. § 13 Abs. 1 Satz 1 InsO lediglich der **Schriftform** bedarf und keine besonderen Schwierigkeiten aufweist. I.d.R. erhält der Schuldner bzw. der organschaftliche Vertreter vom Insolvenzgericht einen **Anhörungsfragebogen**, der ohne fremde Hilfe auszufüllen ist. I.Ü. hat das Insolvenzgericht ohnehin gem. § 5 Abs. 1 Satz 1 InsO von Amts wegen alle Umstände zu ermitteln, die für das Insolvenzverfahren von Bedeutung sind. Einer anwaltlichen Hilfe bedarf es insoweit nicht.

---

888 So BGH, 29.04.1968 – VII 9/66, BGHZ 50, 92; BGH, 10.11.1977 – VII 321/75, BGHZ 70, 12, 17; Waza/Uhländer/Schmittmann, Insolvenzen und Steuern, Rn. 2948.
889 So BGH, 09.05.1967 – I b ZR 59/65, NJW 1967, 1558 ff.
890 So BGH, 28.09.2000 – IX ZR 279/99, NJW 2001, 70 ff. Rn. 30.
891 So BGH, 07.05.1992 – IX ZR 151/91, DB 1992, 2028 f.
892 So BGH, 27.05.1963 – II ZR 168/61, NJW 1963, 2027 ff.
893 So BGH, 05.06.1985 – IV a ZR 55/83, NJW 1986, 1050 ff.
894 Vgl. BGH, 11.06.1980 – VIII ZR 62/79, BGHZ 77, 250, 253; Jaeger/Henckel, § 142 InsO Rn. 35.

Wird der RA im Zuge einer **Sanierung** oder eines Sanierungsversuchs tätig, so ist der **Bargeschäftseinwand** am Maßstab der Grundsätze bei einer Sanierungstätigkeit zu messen. 739

3. Steuerberatertätigkeit

Die handels- und steuerrechtlichen **Buchführungspflichten** bestehen auch in der Krise weiter. Man könnte daher annehmen, dass die Beträge, die der **Steuerberater** für die monatliche Buchführung oder die Erstellung von Jahresabschlüssen und Steuererklärungen erhält, als **Bargeschäft** unanfechtbar sein könnten. So liegt es aber gerade nicht, da der Bargeschäftseinwand voraussetzt, dass lediglich eine Vermögensumschichtung bewirkt wird.[895] 740

Mit der Beauftragung des Steuerberaters zur Erstellung der Buchführung etc. kommt der Schuldner zwar einer **gesetzlichen Verpflichtung** nach, es gelangt aber keine werthaltige Gegenleistung in das Schuldnervermögen. Vielmehr erhält der Schuldner lediglich ein nicht handelbares »Produkt« in Form einer **Buchführung**, eines **Jahresabschlusses** oder einer **Steuererklärung**. Demnach ist der Bargeschäftseinwand durch den Steuerberater nicht mit Erfolg geltend zu machen, selbst wenn die monatliche Buchführung regelmäßig erstellt und in engem zeitlichen Zusammenhang damit bezahlt wird. 741

Ausnahmsweise kommt eine **Gleichwertigkeit** der Leistungen dann in Betracht, wenn sich aus den erstellten Erklärungen für den Schuldner ein **Steuererstattungsanspruch** oder ein anderer geldwerter Vorteil ergibt. Dies ist z.B. dann der Fall, wenn der Steuerberater mit der Erstellung einer Umsatzsteuervoranmeldung beauftragt wird, aus der sich ein **Vorsteuervergütungsanspruch** gegen die Finanzverwaltung ergibt, der auch tatsächlich realisiert werden kann, also wenn der Finanzverwaltung keine aufrechenbaren Gegenansprüche gegenüberstehen. In diesen Fällen ist aber jeweils sorgfältig zu prüfen, ob der Schuldner nicht selbst in der Lage gewesen wäre, die Umsatzsteuervoranmeldung zu erstellen. 742

4. Wirtschaftsprüfende Tätigkeit

Soweit der **Wirtschaftsprüfer** steuerberatend tätig wird, gelten die vorstehenden Ausführungen zu Steuerberatern sinngemäß. 743

Klassische Tätigkeit des Wirtschaftsprüfers ist die **Prüfung von Jahresabschlüssen** und Lageberichten, sofern es sich um eine prüfungspflichtige Gesellschaft i.S.v. § 316 HGB handelt. Darüber hinaus sind auch freiwillige Prüfungen möglich. Gegenstand und Umfang der Prüfung ergeben sich aus § 317 HGB. 744

Der **Bargeschäftseinwand** scheitert in aller Regel daran, dass eine schlichte Vermögensumschichtung nicht erfolgt. Der Schuldner erhält zwar i.d.R. ein **Testat** über die 745

895 So HambKomm-InsR/Rogge, § 142 InsO Rn. 14; PK-HWF/Schmittmann/Zeeck, § 142 InsO Rn. 14.

durchgeführte Prüfung; es handelt sich aber **nicht** um einen **Vermögenswert**, der einen messbaren Nutzen für das Unternehmen hat. Vielmehr kommt die Unternehmensleitung ihrer **gesetzlichen Verpflichtung** nach, die nachmalige Schuldnerin prüfen zu lassen. Es ist nicht sachgerecht, für eine solche Pflichtprüfung liquide Mittel des Unternehmens aufzuwenden, die dann zur Befriedigung anderer Gläubiger fehlen.

746 Lediglich in **Sonderfällen** kommt die Annahme eines **Bargeschäfts** in Betracht, z.B. wenn eine Bank sich bereit erklärt hat, dem Unternehmen ein weiteres Darlehen einzuräumen und lediglich noch die Bedingung zu erfüllen ist, dass der Jahresabschluss geprüft wird oder ein Investor vorhanden ist, der sich bereits fest verpflichtet hat, in das Unternehmen einzusteigen und lediglich noch die Prüfungsbescheinigung für den letzten Jahresabschluss fehlt. In diesen Fällen kann davon ausgegangen werden, dass durch das Testat des Wirtschaftsprüfers ein Vermögenswert entsteht, der für den Schuldner einen objektiven Wert hat.

5. Sanierungstätigkeit

747 Wird ein RA, Steuerberater, Wirtschaftsprüfer oder eine sonstige fachkundige Person mit der **Erstellung eines Sanierungskonzepts** beauftragt, kann – bei Vorliegen der Voraussetzungen i.Ü. – ein **Bargeschäft** i.S.v. § 142 InsO vorliegen.[896] Voraussetzung ist allerdings in jedem Fall, dass der Sanierungsversuch nicht von vornherein aussichtslos war und die Leistung unter Ansatz von objektiven Maßstäben sach- und fachgerecht war.[897] Ein von vornherein nicht **aussichtsloser Sanierungsversuch** setzt nach bisheriger Rechtsprechung des BGH ein schlüssiges, von den tatsächlichen Gegebenheiten ausgehendes Sanierungskonzept voraus, das mindestens in den Anfängen schon in die Tat umgesetzt worden ist und beim Schuldner die ernsthafte und begründete Aussicht auf Erfolg rechtfertigt.[898] Ein Sanierungskonzept ist nicht schon deshalb unschlüssig und daher unbeachtlich, weil es die **Ursachen der wirtschaftlichen Lage der Schuldnerin** nicht behandelt. Zur Widerlegung der Vermutung des § 133 Abs. 1 Satz 2 InsO muss der Anfechtungsgegner darlegen und beweisen, dass er spätere Zahlungen auf der **Grundlage eines schlüssigen Sanierungskonzepts** erlangt hat. An die auf die Schlüssigkeit des Sanierungskonzepts bezogene Kenntnis des Anfechtungsgegners können dabei nicht die gleichen Anforderungen gestellt werden wie an diejenigen des Schuldners.[899]

748 Nach neuerer Rechtsprechung des BGH gilt:

> »Unternimmt der Schuldner einen **Sanierungsversuch**, hat der Insolvenzverwalter für den Benachteiligungsvorsatz darzulegen und zu beweisen, dass dieser Sanierungsversuch untauglich war und der Schuldner dies erkannt oder billigend in Kauf genommen hat.

---

896 Vgl. dazu umfassend: Gehrlein, ZInsO 2022, 905, 909 ff.

897 Vgl. Schmittmann, ZInsO 2011, 545, 552.

898 So BGH, 08.12.2011 – IX ZR 156/09, ZIP 2012, 137 ff. Rn. 11; BGH, 04.12.1997 – IX ZR 47/97, ZIP 1998, 248, 251; BGH, 26.03.1984 – II ZR 171/83, ZIP 1984, 572, 580.

899 So BGH, 28.03.019 – IX ZR 7/18, ZIP 2019, 1537 ff. = BB 2019, 1489 ff. = NZI 2019, 594 ff.

Ob ein erfolgversprechendes **Sanierungskonzept** vorliegt, hat sich an den zur Zeit der Umsetzung tatsächlich bestehenden Rechtsauffassungen auszurichten. Ob die für den Schuldner günstige Antwort rechtlich vertretbar ist und der Sanierungsversuch voraussichtlich nicht aus Rechtsgründen scheitern wird, ist bei neuen gesetzlichen Regelungen angesichts der mit ihnen verbundenen Unsicherheiten nach einem großzügigen Maßstab zu beurteilen.

Nimmt der Schuldner für seinen Sanierungsversuch die **Beratung** eines unvoreingenommenen, fachlich ausgewiesenen **Experten** in Anspruch, darf er auf ihre Richtigkeit grundsätzlich vertrauen, sofern nicht hinreichende Anhaltspunkte bestehen, dass die Beratung den Anforderungen an ein erfolgversprechendes Sanierungskonzept nicht genügt.

Bargeschäftliche Zahlungen des Schuldners an einen **Sanierungsberater** erfüllen nicht die Voraussetzungen einer bargeschäftsähnlichen Lage.

Zahlungen des Schuldners an einen Sanierungsberater können auch dann ohne **Benachteiligungsvorsatz** erfolgen, wenn das Sanierungskonzept noch nicht in den Anfängen in die Tat umgesetzt ist, sofern der Sanierungsversuch nicht von vornherein aussichtslos ist und der Schuldner mit der Vorstellung handelt, dass eine Vergütung dieser Beratungsleistungen erforderlich ist, um die Erfolgsaussichten einer Sanierung prüfen oder eine Sanierung beginnen zu können.

Der **Gläubigerbenachteiligungsvorsatz** kann nicht allein auf eine nur drohende Zahlungsunfähigkeit gestützt werden (Bestätigung BGH, Urt. v. 6. Mai 2021 – IX ZR 72/20, BGHZ 230, 28).

Es kann für einen **Benachteiligungsvorsatz** bei drohender Zahlungsunfähigkeit sprechen, wenn der Eintritt der Zahlungsunfähigkeit sicher zu erwarten ist und alsbald bevorsteht, der Schuldner sich bewusst ist, dass er kurzfristig einen Insolvenzantrag stellen wird, und er gleichwohl Gläubiger in der verbleibenden Zeit bis zum ohnehin beabsichtigten Insolvenzantrag gezielt befriedigt.

Ein zusätzliches Indiz bei nur drohender Zahlungsunfähigkeit kann in dem mit der Rechtshandlung eintretenden, vom Schuldner erkannten **Ausmaß der Gläubigerbenachteiligung** liegen. Neben einer unmittelbaren Gläubigerbenachteiligung kann dies auch erfüllt sein, wenn der Schuldner das Sanierungsrisiko mit einem untauglichen Sanierungsversuch bewusst den künftigen Insolvenzgläubigern auferlegt.

Das **Mandat eines Sanierungsberaters** kann diesem die Stellung einer nahestehenden Person verschaffen, wenn es nach seiner rechtlichen und tatsächlichen Prägung dem Sanierungsberater den typischen Wissensvorsprung über die wirtschaftliche Lage des Mandanten vermittelt, den sonst nur damit befasste leitende Angestellte des Unternehmens haben.

Der **Rechtsanwalt** kann mit seinem Mandanten vereinbaren, dass er sein Honorar einfordern und durchsetzen kann, ohne dem Mandanten eine Berechnung mit näheren Angaben mitteilen zu müssen.«[900]

900 So BGH, 03.03.2022 – IX ZR 78/20, ZRI 2022, 267 ff. = NZI 2022, 385 ff. mit Anm. Hacker = WM 2022, 527 ff. = BB 2022, 778 ff. mit Anm. Schubert.

749 Ein Bargeschäft i.S.d. § 142 InsO kann unter den Voraussetzungen der **Vorsatzanfechtung**, § 133 InsO, angefochten werden, auch und gerade ggü. einem **Sanierungsberater**.[901]

750 Zur Anfechtung nach der KO hat der BGH entschieden, dass die Anfechtung einer Zahlung an einen RA oder Wirtschaftsprüfer, der einen **Antrag auf Eröffnung des gerichtlichen Vergleichsverfahrens** (nach damaligem Recht) nebst den nötigen Unterlagen angefertigt hat, ausscheidet, da das gerichtliche Vergleichsverfahren nicht nur dem Interesse des Schuldners oder ggf. der Allgemeinheit, den Betrieb am Leben zu erhalten, dient, sondern v.a. auch dem **Interesse der Gläubiger**, die im Konkurs häufig nur in geringerem Maße befriedigt werden können. Der Antrag auf Eröffnung des Vergleichsverfahrens erfordere eine Reihe von vorbereitenden Maßnahmen und Arbeiten, insb. die Erstellung eines Vermögensstandes und die Ausarbeitung eines Vergleichsvorschlags. Diese Vorarbeiten, die auch bei kleineren Betrieben einen erheblichen Umfang annehmen könnten und zudem wegen der kritischen Lage des Schuldners regelmäßig besonderer Beschleunigung bedürften, könnten meist vom Schuldner allein nicht sachgemäß geleistet werden.[902] Überlässt der Schuldner solche Arbeiten einer geeigneten Persönlichkeit, etwa einem RA oder Wirtschaftsprüfer, gegen eine angemessene, insb. die in Gebührenordnungen vorgesehene oder sonst übliche Vergütung, so könne der Auftrag und die Bezahlung oder Sicherstellung des Entgelts nicht als Benachteiligung der Gläubiger angesehen werden, sofern nicht der Antrag auf Eröffnung des gerichtlichen Vergleichsverfahrens von vornherein als aussichtslos hätte erkannt werden müssen.[903]

751 Der **Insolvenzverwalter** wird demnach bei der Prüfung der Insolvenzanfechtung zuvörderst prüfen, ob überhaupt noch die **Möglichkeit einer Sanierung** vorgelegen hat. Darüber hinaus müssen die Sanierungsbemühungen ernsthaft gewesen sein.[904]

752 Die Berufung auf den Bargeschäftseinwand scheidet demnach aus, wenn im **Zeitpunkt der Leistung des Sanierungsberaters** bereits objektiv die **Insolvenzantragsfrist** des § 15a Abs. 1 InsO **abgelaufen** war. Erfolgt die Leistung des Beraters innerhalb der laufenden Insolvenzantragspflicht, so ist darauf abzustellen, ob der Insolvenzgrund innerhalb der Antragsfrist beseitigt werden kann. Ist der Schuldner, z.B. als Einzelkaufmann oder offene Handelsgesellschaft, nicht insolvenzantragspflichtig, so ist darauf abzustellen, ob eine **Sanierungswürdigkeit** des Unternehmens vorliegt.

753 Hinsichtlich der sach- und fachgerechten Erledigung des Auftrages kann auf den **IDW S 6 (Anforderungen an die Erstellung von Sanierungskonzepten)** zurückgegriffen werden.[905]

901 Vgl. KG, 22.02.2008 – 7 U 61/07, KGR 2008, 627 ff.

902 So BGH, 17.11.1958 – II ZR 224/57, BGHZ 28, 344, 348.

903 So BGH, 17.11.1958 – II ZR 224/57, BGHZ 28, 344, 348.

904 So BGH, 18.07.2002 – IX ZR 480/00, ZInsO 2002, 876, 877 Rn. 13; Schmittmann, ZInsO 2011, 545, 552.

905 S. IDW S 6, IDW Life 2018, 813 ff.

Sanierungsfähig ist nach Auffassung des IDW ein erwerbswirtschaftliches Unternehmen nur dann, wenn es nicht nur die Fortführungsfähigkeit i.S.d. § 252 Abs. 1 Nr. 2 HGB sichert, indem es durch geeignete Maßnahmen etwaige tatsächliche und rechtliche Gegebenheiten beseitigt, die einer Fortführung entgegenstehen, sondern wenn es darüber hinaus durch geeignete Maßnahmen auch nachhaltig sowohl die **Wettbewerbsfähigkeit** als auch die **Renditefähigkeit** wiedererlangen kann und es damit nachhaltig fortführungsfähig ist.[906] 754

Die **Kernbestandteile eines Sanierungskonzepts** sind nach Auffassung des IDW: 755
- die Beschreibung von Auftragsgegenstand und Auftragsumfang,
- die Darstellung der wirtschaftlichen Ausgangslage,
- die Analyse von Krisenstadium und Krisenursachen,
- die Darstellung des Leitbildes des sanierten Unternehmens,
- die Maßnahmen zur Bewältigung der Unternehmenskrise,
- ein integrierter Unternehmensplan.[907]

Im Zusammenhang mit den früheren Eigenkapitalersatzvorschriften, §§ 32a, 32b GmbHG, hat die Rechtsprechung herausgearbeitet, dass die **Sanierungsfähigkeit** nach objektiven Kriterien zu prüfen sei. Die für die Sanierung konkret in Angriff genommenen Maßnahmen zusammen müssten objektiv geeignet sein, die Gesellschaft in überschaubarer Zeit durchgreifend zu sanieren. Auf die lediglich **subjektive Motivation** des Sanierers könne es nicht entscheidend ankommen, weil anderenfalls die schutzwürdigen Interessen der übrigen Gesellschaftsgläubiger in ihrer Werthaltigkeit nur von dessen Behauptung, er verfolge Sanierungsabsichten, abhingen, und deren **Befriedigungschancen** allein in seiner Hand lägen. Regelmäßig könne die vorzunehmende »ex ante«-Prognose nur auf der Grundlage eines **dokumentierten Sanierungskonzepts** relevant sein, das zugleich den Nachweis für den subjektiven Sanierungszweck des Anteilserwerbs liefere.[908] 756

Ein **Sanierungskonzept** setzt nach der **Rechtsprechung** im Wesentlichen folgende Bestandteile voraus: 757
- Beschreibung des Unternehmens,
- Analyse des Unternehmens (Krisenursachenanalyse und Lagebeurteilung),
- Leitbild des sanierten Unternehmens,
- Maßnahmen zur Sanierung des Unternehmens,
- Planverprobungsrechnung.[909]

Eine präzisere Definition der **Mindestanforderungen** hat das OLG Celle entwickelt:[910] 758
- **Beschreibung** und **Analyse** des Unternehmens, insb.
  - Krisenursachen

906 So IDW S 6, Rn. 14.
907 So IDW S 6, Rn. 3.
908 So OLG Köln, 24.09.2009 – 18 U 134/05, ZInsO 2010, 238 ff. Rn. 52.
909 So OLG Köln, 24.09.2009 – 18 U 134/05, ZInsO 2010, 238 Rn. 59 ff.
910 So OLG Celle, 23.10.2003 – 16 U 199/02, NJW 2003, 3638 ff.; Frege, NZI 2006, 545, 547; Schmittmann, ZInsO 2011, 545, 549; Waza/Uhländer/Schmittmann, Insolvenzen

  - Lagebeurteilung
  - Gründliche Schwachstellenanalyse
  - Stärken und Schwächen des Unternehmens
  - Profil des Unternehmens
- **Maßnahmen** zur Sanierung des Unternehmens
  - Entwicklung von Sanierungsstrategien
  - Sicherung der Liquidität
  - Leitbild des sanierten Unternehmens
- **Vermögensstatus** (bilanzmäßige Aufstellung aller Aktiva und Passiva)
  - Verbindlichkeitenstatus
  - Finanzstatus und darauf aufbauend Finanzplan
  - Gewinn- und Verlustberechnungen
  - Planrechnungen und deren Verprobung
  - Prüfung
  - Beurteilung
  - Neuaufstellung

759 Der **Insolvenzverwalter** wird anhand der von der Rechtsprechung und dem IDW entwickelten Kriterien ermitteln, ob das entwickelte **Sanierungskonzept** den Anforderungen entspricht.[911] Der Sanierungsplan des Schuldners allerdings nicht zwingend den formalen Erfordernissen entsprechen, wie sie das Institut für Wirtschaftsprüfer e.V. in dem IDW Standard S6 (IDW S 6) oder das Institut für die Standardisierung von Unternehmenssanierungen (ISU) als Mindestanforderungen an Sanierungskonzepte (MaS) aufgestellt haben.[912] In den Fällen, einer anderweitigen Entwicklung des Sanierungskonzepts ist allerdings eine tiefergehende Überprüfung der Tauglichkeit erforderlich. Ist der vorgelegte Sanierungsplan unbrauchbar, so scheidet die Annahme eines Bargeschäftes aus, weil Leistung und Gegenleistung nicht gleichwertig sind.

760 Wird der Berufsträger mit der **Erstellung eines Insolvenzplans** beauftragt, so gelten nach der Rechtsprechung des BGH folgende Grundsätze:

761 Gem. § 218 Abs. 1 InsO ist der **Schuldner** sowohl im Regel- als auch im Verbraucherinsolvenzverfahren zur **Vorlage eines Insolvenzplans** an das Insolvenzgericht **befugt**. Er kann für die Kosten, die ihm durch die Ausarbeitung des Plans entstanden sind, jedoch keinen Ersatz aus der Masse beanspruchen. Die Regelung des § 218 Abs. 1 InsO begründet keinen Anspruch des Schuldners auf anwaltliche oder sonstige **professionelle Beratung** und Vertretung im Planverfahren auf Kosten der Masse. Es sei jedoch nicht ausgeschlossen, dass im Einzelfall mit Zustimmung des vorläufigen Insolvenzverwalters angemessene Kosten für die Erarbeitung eines **Schuldnerinsol-**

---

und Steuern, Rn. 2941.

911 Vgl. dazu umfassend: Gehrlein, ZInsO 2022, 905, 909 ff.

912 So BGH, 12.05.2016 – IX ZR 65/14, ZInsO 2016, 1235 ff. = ZIP 2016, 1235 ff. = EWiR 2016, 403 f. [Jacoby].

venzplans ausgelöst werden, wenn realistische Aussichten auf eine bessere Befriedigung der Gläubiger im Planverfahren als im Wege der Regelinsolvenz bestehen.[913]

Beauftragt der **Schuldner** in der Krise auf eigene Kosten einen RA mit der Ausarbeitung eines Insolvenzplans, um diesen i.V.m. der Antragstellung dem Insolvenzgericht vorzulegen, kann der Anwalt nach Auffassung des BGH seinen **Honoraranspruch** dadurch absichern, dass er jeweils Vorschüsse i.H.d. äquivalenten Vergütung für die nächsten dreißig Tage seiner Arbeit verlangt.[914] 762

Wird ein vorläufiger Insolvenzverwalter bestellt und in der Folge das Insolvenzverfahren eröffnet, werden weitere **Vorschussanforderungen** für die Vertretung des Schuldners in diesen Verfahrensabschnitten zwar möglicherweise ohne Erfolg bleiben. Der RA kann sich gegen seinen Ausfall aber nach Auffassung des BGH dadurch schützen, indem er seine Tätigkeit einstellt und ggf. – wenn das Mandat nicht bereits durch den Auftraggeber oder den (vorläufigen) Verwalter beendet wird – seine **Dienste** nach § 627 Abs. 2 BGB **aufkündigen**. Geht der Auftrag des Schuldners dahin, einen Insolvenzplan erst nach Antragstellung bzw. Verfahrenseröffnung auszuarbeiten, kann der RA genauso vorgehen. Er muss diesem Fall von vornherein damit rechnen, seine Tätigkeit nicht fortführen zu können, wenn die **Zustimmung** des (vorläufigen) Verwalters und der Organe der Gläubiger zu dem Plan **ausbleibt**.[915] 763

Diese Grundsätze gelten nach der Rechtsprechung des BGH auch bei **Zahlungen an Wirtschaftsprüfer**.[916] 764

Hat der **Schuldner** seinerseits **vorgeleistet**, spricht eine verzögerte Erbringung der Gegenleistung gegen die Annahme eines Bargeschäfts. Wird die Gegenleistung verzögert erbracht, kann der Schuldner nicht wie geplant mit der versprochenen Gegenleistung arbeiten. Eine **Anfechtung** ist daher möglich.[917] 765

Weiterhin ist eine **Anfechtung** nach § 133 InsO möglich, wenn der Schuldner an einen Sanierungsberater mit **Gläubigerbenachteiligungsvorsatz** handelt. Dies liegt vor, wenn der Schuldner nicht aufgrund konkreter Umstände mit einer baldigen Überwindung der Krise rechnen kann.[918] Für die Frage der rechtlichen Umsetzbarkeit eines Sanierungskonzepts kommt es auf die tatsächlichen Umstände an, mithin (auch) auf die Rechtsansicht des Gerichts.[919] 766

---

913 So BGH, 06.12.2007 – IX ZR 213/06, ZIP 2008, 232, 234 = ZInsO 2008, 101, 102 Rn. 7.

914 So BGH, 13.04.2006 – IX ZR 158/05, BGHZ 167, 190, 201 Rn. 36; BGH, 06.12.2007 – IX ZR 113/06, ZIP 2008, 232 = ZInsO 2008, 101 Rn. 22.

915 So BGH, 06.12.2007 – IX ZR 113/06, ZIP 2008, 232 = ZInsO 2008, 101 Rn. 22.

916 So BGH, 12.10.2006 – IX ZR 228/03, ZInsO 2006, 1210 Rn. 2.

917 So BGH, 13.04.2006 – IX ZR 158/05, BGHZ 167, 190 ff. Rn. 28; Hirte, in: Uhlenbruck, § 142 InsO Rn. 32.

918 So KG, 22.02.2008 – 7 U 61/07, KGR 2008, 627 ff.

919 So OLG Frankfurt am Main, 19.10.2016 – 19 U 102/15, NZI 2017, 265, 267.

VII. Zurückbehaltungsrechte des Berufsträgers

767 **Berufsträger** wenden gegen geltend gemachte Insolvenzanfechtungsansprüche bisweilen ein, dass die Zahlung nicht gläubigerbenachteiligend gewesen sei. Dem Berufsträger habe ein **Zurückbehaltungsrecht** zugestanden, sodass seitens des Schuldners gezahlt worden sei, um das Zurückbehaltungsrecht des Berufsträgers abzulösen.

768 Der **RA** kann gem. § 50 Abs. 3 Satz 1 BRAO seinem Auftraggeber die **Herausgabe der Handakten** verweigern, bis er wegen seiner Gebühren und Auslagen befriedigt ist. Dies gilt nicht, soweit die Vorenthaltung der Handakten oder einzelner Schriftstücke nach den Umständen unangemessen wäre, § 50 Abs. 3 Satz 2 BRAO.

769 Wer die Herausgabe der **Handakten** verweigert, kann gem. § 17 Satz 1 BORA einem berechtigten Interesse des Mandanten auf Herausgabe dadurch Rechnung tragen, dass er ihm Kopien überlässt, es sei denn, das berechtigte Interesse richtet sich gerade auf die Herausgabe der Originale. In diesem Fall darf der RA anbieten, die Originale an einen von dem Mandanten zu beauftragenden RA zu treuen Händen herauszugeben, wenn damit dem berechtigten Interesse des Mandanten Rechnung getragen wird, § 18 Satz 2 BORA.

770 Nahezu wortgleich regelt § 66 Abs. 3 Satz 1 StBerG, dass der **Steuerberater** oder Steuerbevollmächtigte seinem Auftraggeber die **Herausgabe der Handakten** verweigern kann, bis er wegen seiner Gebühren und Auslagen befriedigt ist. Dies gilt nicht, soweit die Vorenthaltung der Handakten und der einzelnen Schriftstücke nach den Umständen unangemessen ist, § 66 Abs. 3 Satz 2 StBerG.

771 Eine gleichlautende Regelung ist in § 51b Abs. 3 WPO für **Wirtschaftsprüfer** und vereidigte Buchprüfer vorgesehen.

772 Sinn und Zweck des **Zurückbehaltungsrechts** liegt darin, den Auftraggeber mit Nachdruck zum **Ausgleich** der berechtigten **Gebührenforderungen** des Berufsträgers zu veranlassen.[920] Der Mandant kann sich insb. nicht darauf berufen, dass er die Unterlagen zur Erfüllung öffentlich-rechtlicher Verpflichtungen wie z.B. Jahresabschlusserstellung und Abgabe der Steuererklärungen benötigt. Diese Verpflichtungen des Mandanten haben keinen Vorrang ggü. den Interessen des Steuerberaters oder sonstigen Berufsträgers am Ausgleich seiner Honorarforderungen.[921]

773 Hinsichtlich der **Übertragung von Daten**, die vom **Steuerberater** des Schuldners gespeichert sind, hat der BGH entschieden, dass der Anspruch auf Übertragung der bei der DATEV gespeicherten Daten davon abhängt, ob die Daten das vertraglich geschuldete **Arbeitsergebnis** enthalten, oder ob es sich um vorbereitende **Arbeitsleistungen**

920 So BGH, 17.02.1988 – IV a ZR 262/86, NJW 1988, 2607 = StB 1988, 232, 234; OLG Nürnberg, 11.04.1990 – 8 W 1069/90, DB 1990, 1102, 1103; Waza/Uhländer/Schmittmann, Insolvenzen und Steuern, Rn. 3031.

921 So OLG Düsseldorf, 13.05.1994 – 13 U 247/93, BeckRS 2016, 7821; Waza/Uhländer/Schmittmann, Insolvenzen und Steuern, Rn. 3031.

handelt.[922] Der BGH führt in dieser Entscheidung insb. aus, dass der Steuerberater seinem Mandanten gem. §§ 675 Abs. 1, 667 BGB alles herauszugeben hat, was er zur Ausführung des Auftrages erhält und was er aus der **Geschäftsbesorgung** erlangt.[923]

Für **Mandantenunterlagen**, etwa Kontoauszüge, Kassenbücher, Rechnungsdurchschriften etc. gilt das Zurückbehaltungsrecht nach der Rechtsprechung des OLG Düsseldorf ohnehin nicht.[924] Der **Steuerberater** des Schuldners ist i.Ü. verpflichtet, dem **Insolvenzverwalter Auskunft** über die von ihm geführte Buchhaltung **zu erteilen.** Ein Zurückbehaltungsrecht wegen Honoraransprüchen für spätere Aufträge, die nicht die begehrte Auskunft betreffen, besteht nicht.[925] 774

Der **vorläufige Insolvenzverwalter** kann nach der Rechtsprechung des LG Cottbus vom Steuerberater sogar die **Herausgabe von Unterlagen** im Wege der einstweiligen **Verfügung** verlangen.[926] 775

Nach Eröffnung des Insolvenzverfahrens ist die Berufung des Berufsträgers auf die **Geltendmachung** von Zurückbehaltungsrechten **rechtsmissbräuchlich.** Das Zurückbehaltungsrecht hat mit Eröffnung des Insolvenzverfahrens seinen Sinn verloren, da Insolvenzforderungen i.S.v. § 38 InsO nicht mehr befriedigt werden dürfen. Der Berufsträger darf die Unterlagen auch nicht anderweitig verwerten, z.B. erstellte Buchhaltungsunterlagen oder Jahresabschlüsse an Dritte veräußern. Demnach ist der Insolvenzverwalter berechtigt, vom Steuerberater die Herausgabe der **DATEV-Buchhaltungsausdrucke** sowie die **Übertragung der Stammdaten** zu verlangen.[927] 776

Der Anspruch auf **Herausgabe sämtlicher Unterlagen** aus dem beendeten Mandatsverhältnis aus §§ 675, 667 BGB wird durch entsprechende Zustimmungs- und Freigabeerklärungen ggü. der Daten führenden Stelle ersetzt bzw. ergänzt. Dem Steuerberater steht ein Zurückbehaltungsrecht aus § 66 Abs. 2 StBerG an den herausbegehrten Unterlagen nicht aus anderen, nicht bezahlten Aufträgen desselben Mandanten zu; die notwendige Konnexität ist restriktiv zu handhaben.[928] 777

Der **Anfechtungsgegner** kann i.Ü. mit dem Argument des Zurückbehaltungsrechts schon deswegen nicht gehört werden, weil er durch das **Zurückbehaltungsrecht** lediglich Druck auf den Schuldner ausüben kann, ihn zulasten der übrigen Gläubiger zu begünstigen. Der Fall ist nicht vergleichbar mit dem **Eigentumsvorbehaltslieferanten,** der bspw. nach Rücktritt vom Kaufvertrag Herausgabe seines Eigentums verlangen 778

922 So BGH, 11.03.2004 – IX ZR 178/03, ZIP 2004, 1267 f. = DStR 2004, 1397 f. = NJW-RR 2004, 1290 f. Rn. 6.

923 Vgl. im Einzelnen Waza/Uhländer/Schmittmann, Insolvenzen und Steuern, Rn. 3037.

924 So OLG Düsseldorf, 20.11.2001 – 23 U 21/01, GI 2002, 93, 95.

925 So LG Düsseldorf, 18.08.1997 – 19 T 308/96, ZIP 1997, 1655.

926 So LG Cottbus, 23.05.2001 – 1 S 42/01, DStRE 2002, 63 f. = StB 2002, 104 m. Anm. Schmittmann.

927 So OLG Düsseldorf, 13.03.1982 – 24 U 81/82, ZIP 1982, 471; LG Hannover, 04.03.2009 – 44 StL 19/06, DStR 2009, 1932; Waza/Uhländer/Schmittmann, Insolvenzen und Steuern, Rn. 3038.

928 So AG Mannheim, 19.11.2010 – 3 C 249/10, NWB 2011, 741.

kann und dies sodann verwerten kann. Die **Verwertung der Arbeitsergebnisse** durch den Berufsträger ist gerade **ausgeschlossen**, da die Gegenstände einer anderweitigen Verwertung nicht zugänglich sind.

VIII. Aufrechnungen

779 Die **Unzulässigkeit von Aufrechnungen** richtet sich nach § 96 InsO. Auf die dortigen Ausführungen wird verwiesen.

780 Hinsichtlich der RA, Steuerberater und Wirtschaftsprüfer sind folgende Besonderheiten zu berücksichtigen:

781 Bei **RA** ist gem. § 4 Abs. 3 BORA zu berücksichtigen, dass eigene Forderungen nicht mit Geldern verrechnet werden, die zweckgebunden zur Auszahlung an andere als den Mandanten bestimmt sind. Die zweckwidrige Verwendung ist strafrechtlich als **Untreue** zu ahnden. Hinzukommt kommt die berufsgerichtliche Sanktionierung.[929] Nach der Rechtsprechung des OLG Düsseldorf[930] ist der RA nicht gehindert, sich durch **Aufrechnung** mit Honoraransprüchen aus nicht zweckgebundenen Fremdgeldern zu befriedigen. Der einem RA erteilte **Einziehungsauftrag** begründet nicht ohne Weiteres ein der Aufrechnung entgegenstehendes Treuhandverhältnis.[931]

782 Ggü. dem Anspruch des Mandanten auf Herausgabe der vom Anwalt eingezogenen Fremdgelder kann ein **Aufrechnungsverbot** nach § 242 BGB bestehen, wenn der Mandant zu dem Zweck, **Wiedergutmachung** zu leisten, um die Straferwartung zu verringern, die Anweisung erteilt, die Geldbeträge auf das Konto eines Dritten zu überweisen, damit das Geld zur Schadenswiedergutmachung ausgezahlt werden kann.[932]

783 Wird ein RA von einem Mandanten auf **Herausgabe von Fremdgeld** in Anspruch genommen, ist die Aufrechnung mit Honoraransprüchen aus auftragsfremden Angelegenheiten nur dann gestattet, wenn ein solches Vorgehen nicht gegen Treu und Glauben im Rechtsverkehr verstößt.[933]

784 Hat ein Mandant seinem **RA** einen bestimmten **Geldbetrag** zur Verfügung gestellt, damit dieser **Altschulden** des Mandanten bei diversen Gläubigern reguliere, und stellt sich heraus, dass – infolge eines teilweisen Forderungsverzichts der Gläubiger – nicht der gesamte Geldbetrag verbraucht werden muss, steht dem Mandanten ein **Rückgewähranspruch** zu, gegen den der RA nicht mit seinem Honoraranspruch aufrechnen kann.[934]

785 Hat der RA die **Aufrechnungslage** durch Vertragsverstöße hergestellt, ist er nach Treu und Glauben an der Verrechnung gehindert. Solche **Vertragsverstöße** sind dann

929 S. AGH Nordrhein-Westfalen, 13.03.2016 – 2 AGH 23/15, www.nrwe.de.
930 So OLG Düsseldorf, 16.06.2009 – I-24 U 169/08, GI aktuell 2010, 47 ff.
931 Vgl. BGH, 12.09.2002 – IX ZR 66/01, NJW 2003, 140 ff. Rn. 27.
932 So OLG Brandenburg, 05.03.2009 – 12 U 169/08, KGR Berlin 2009, 962 f.
933 So BGH, 01.06.1978 – III ZR 44/77, BGHZ 71, 380 ff. = NJW 1978, 1807 ff.
934 So AG Dortmund, 29.10.1991 – 125 C 10418/91, MDR 1992, 618, 619.

anzunehmen, wenn der RA das Fremdgeld weder unverzüglich, d.h. spätestens nach 2 Wochen, an den Mandanten auskehrt oder in feststellbarer Weise auf ein für den Mandanten einzurichtendes Anderkonto einzahlt. Ggf. kann mit zu diesem Zeitpunkt fälligen und abgerechneten Gegenforderungen die Aufrechnung erklärt werden. Unterlässt der RA alle diese Schritte, so ist die **Aufrechnungslage** durch **vertrags- und rechtswidriges Vorgehen** entstanden, sodass die Aufrechnung treuwidrig ist.[935] Die **Aufrechnung** des RA mit seinem Honoraranspruch gegen den Anspruch des Mandanten auf Abführung erstrittenen Geldes ist weder als kongruente noch als inkongruente Deckung anfechtbar, wenn die **Mandatsverträge** jeweils vor dem kritischen Dreimonatszeitraum zustande gekommen sind. Maßgeblicher Zeitpunkt für die Anfechtbarkeit ist dabei nicht der Tag der Aufrechnungserklärung, sondern die Entstehung der **Aufrechnungslage.**[936] Die Aufrechnungslage zwischen dem Vergütungsanspruch des RA und dem Anspruch des Mandanten auf Herausgabe eingezogener Gelder entsteht frühestens dann, wenn der RA das Geld in Empfang genommen hat.[937]

Ggü. dem Anspruch des Mandanten auf Herausgabe der vom RA eingezogenen Fremd- **786**
gelder besteht ausnahmsweise ein **Aufrechnungsverbot**, wenn Sinn und Zweck des Auftrages an den RA die Aufrechnung mit Gegenforderungen ausschließen. Das ist i.d.R. bei **Zweckbindung** der an den RA geleisteten Fremdgelder der Fall.[938]

Steuerberater dürfen aus ihnen anvertrauten Vermögenswerten Vergütungen und **787**
Vorschüsse gem. § 8 Abs. 3 BOStB nicht entnehmen, soweit die Vermögenswerte **zweckgebunden** sind. Daraus folgt, dass Steuerberater sich wegen ihrer Gebührenansprüche aus dem Mandantenvermögen nur dann selbst befriedigen dürfen, wenn dies mit dem Mandanten vorher so vereinbart war.[939]

Wirtschaftsprüfer und vereidigte Buchprüfer dürfen gem. § 8 Abs. 2 Satz 1 BS **788**
WP fremde Vermögenswerte, die ihnen zweckgebunden anvertraut worden sind, zur Deckung eigener Kostenforderungen (Honorare, Vorschüsse und Auslagenersatz) nur verwenden, wenn sie hierzu **ausdrücklich ermächtigt** worden sind. Soweit Aufrechnung und Zurückbehaltung zulässig sind, bleiben diese Rechte unberührt, § 8 Abs. 2 Satz 2 BS WP.

Wenn die vom Berufsträger erklärte Aufrechnung bereits gegen die **Vorschriften des** **789**
Berufsrechts verstößt, ist sie als unwirksam anzusehen, sodass es einer Anfechtung nicht mehr bedarf. I.Ü. wird auf die Ausführungen zu § 96 InsO verwiesen.

935 So OLG Düsseldorf, 14.10.2008 – I-24 U 146/07, AnwBl. 2009, 66, 67 = MDR 2009, 535, 536.

936 So KG, 02.03.2006 – 19 U 35/05, ZInsO 2006, 941, 942 = ZIP 2006, 2001, 2002.

937 So BGH, 14.06.2007 – IX ZR 56/06, ZIP 2007, 1507, 1509 = NZI 2007, 515, 516 Rn. 11.

938 So OLG Köln, 22.07.1997 – 17 U 7/97, OLGR Köln 1997, 361 ff.

939 So Mittelsteiner/Gilgan/Späth, Berufsordnung der Steuerberater, § 44 Rn. 7.

IX. Strafrechtliche Implikationen

790 Die in der **Krise** hinzugezogenen externen RA, Steuerberater und Wirtschaftsprüfer erlangen in aller Regel erhebliche **Kenntnisse** über die Lage des Unternehmens, insb. über eine bereits eingetretene Zahlungsunfähigkeit. Für den **Berater** entstehen erhebliche **strafrechtliche Risiken.**[940]

1. Insolvenzverschleppung

791 Vorrangig kommt der Straftatbestand der **Insolvenzverschleppung**, § 15a InsO, in Betracht. Gerade Steuerberater und Wirtschaftsprüfer erkennen i.d.R. noch vor ihrem Mandanten, in welchen wirtschaftlichen Schwierigkeiten das Unternehmen steckt.[941] Da eine **Anstiftung** durch Unterlassen nicht in Betracht kommt, ist eine solche bei der Insolvenzverschleppung nur denkbar, wenn der Steuerberater oder Wirtschaftsprüfer dem Geschäftsführer explizit von dem gesetzlich vorgeschriebenen Insolvenzantrag abrät.[942] Eine **Beihilfe** zur Insolvenzverschleppung ist gegeben, wenn der Steuerberater oder Wirtschaftsprüfer seine Tätigkeit nach Eintritt der Insolvenzreife eines antragspflichtigen Schuldners fortsetzt.

2. Bankrottdelikte

792 Auch die **Teilnahme** – allerdings nicht die Täterschaft, da es sich um ein Sonderdelikt handelt – des Beraters an **Bankrottdelikten** ist denkbar.[943] Oftmals ermöglicht erst die Rechtskenntnis des Beraters die Bankrotthandlung des Schuldners.[944]

793 Die Übernahme von **Buchführungs- und Bilanzierungspflichten** führt zur Strafbarkeit des Beraters, wenn er aufgrund ausdrücklichen Auftrages die Aufgaben eigenverantwortlich übernommen hat und diese dann nicht oder unzureichend ausführt.[945]

3. Betrug

794 Hinsichtlich des **Betrugs** kommt eine Strafbarkeit des Steuerberaters und Wirtschaftsprüfers im **Zusammenhang** mit **manipulierten Jahresabschlüssen** in Betracht. Jedem Steuerberater und Wirtschaftsprüfer, der eine bewusst »**geschönte**« **Bilanz** erstellt und seinem Mandanten überlässt, muss damit rechnen, dass der Jahresabschluss Geschäftspartnern, insb. **Banken**, zur weiteren Finanzierung vorgelegt wird.[946]

---

940 Vgl. Schmittmann/Heindorf in: Schmittmann, Fachberater, Kap. 9 Rn. 239.

941 Vgl. Trück, in: Bittmann, Insolvenzstrafrecht, § 29 Rn. 20.

942 So Schmittmann/Theurich/Brune, Das insolvenzrechtliche Mandat, § 11 Rn. 99.

943 So Fischer, § 283 StGB Rn. 38; Vgl. Schmittmann/Heindorf in: Schmittmann, Fachberater, Kap. 9 Rn. 169 ff.

944 So HambKomm-InsR/Borchardt, § 283 StGB Rn. 53; Sundermeier/Gruber, DStR 2000, 929 ff.

945 So HambKomm-InsR/Borchardt, § 283 StGB Rn. 53.

946 So HambKomm-InsR/Borchardt, § 263 StGB Rn. 16.

Bei der Erstellung einer »**geschönten**« **Bilanz** oder einer vergleichbaren »frisierten« Leistung liegt die Kenntnis bereits in der Art der Beratungsleistung, sodass sich der Berater regelmäßig wegen Beihilfe zum **Betrug** strafbar macht.[947] **795**

4. Zusammenfassung

Gerade bei Steuerberatern ist immer wieder zu beobachten, dass die **Mandatserhaltung** und das damit verbundene **Honorar** im Mittelpunkt des Interesses stehen.[948] Der Steuerberater ist daher oftmals in der **Unternehmenskrise** bestrebt, den Mandanten effektiv zu unterstützen, um das Vermögen zu retten. Darüber hinaus ist bereits beobachtet worden, dass gerade zwischen langjährigen Mandanten und Steuerberatern die zur Ausübung des Berufes zwingend erforderliche Distanz fehlt, sodass die Grenze zwischen zulässigem Gestalten und strafrechtlich relevantem **Manipulieren** zweifelhaft wird.[949] **796**

Wegen der Einzelheiten kann lediglich auf die strafrechtliche Literatur verwiesen werden: **797**

Schrifttum

Berndt/Theile, Unternehmensstrafrecht und Unternehmensverteidigung, 2016; *Bittmann*, Insolvenzrecht und Rückgewinnungshilfe: Funktionelle Konkordanz, ZInsO 2014, 2024 ff.; *Bittmann*, Insolvenzstrafrecht, 2. Aufl., 2017; *Bittmann*, Insolvenzverfahren und strafprozessuale Vermögensabschöpfung – Ausgestaltungsbedarf de lege ferenda, ZInsO 2015, 1758 ff.; *Bittmann*, Strafrecht und Gesellschaftsrecht, ZGR 2009, 931 ff.; *Bittmann*, Insolvenzstrafrechtlich bedeutsame Rechtsprechung vor allem des Bundesgerichtshofs, NZWiSt 2019, 86 ff.; *Brand*, Der Mißbrauch des Schutzschirmverfahrens und die (insolvenz-)strafrechtliche Antwort darauf, KTS 2014, 1 ff.; *Brand*, Strafrechtliche Implikationen der Sanierungsbescheinigung nach § 270b InsO, ZInsO 2016, 2277 ff.; *Brand*, Die insolvenzstrafrechtlichen Risiken der Rückzahlung von Gesellschafterdarlehen in der Krise, NZI 2017, 518 ff., *Brand*, Neuere Anwendungsprobleme der gesellschaftsrechtlichen Inhabilitätsvorschriften, ZInsO 2019, 865 ff.; *Ceffinato*, Unternehmerische Handlungsspielräume im Insolvenzstrafrecht – Zu den »Anforderungen einer ordnungsgemäßen Wirtschaft«, ZIP 2019, 532 ff.; *Cyrus*, Aktuelle strafrechtliche Fragen in Krise und Insolvenz, NZI 2018, 18 ff.; *Galneder/Ruppert*, Freiheit durch Freigabe? – Auswirkungen der Freigabe durch den Insolvenzverwalter auf die Strafbarkeit wegen Bankrotts, KTS 2018, 133 ff.; *Gutfleisch*, Strafzumessungskriterien bei der Insolvenzverschleppung, NZWiSt 2016, 309 ff.; *Köllner/Cyrus*, Aktuelle strafrechtliche Fragen in Krise und Insolvenz, NZI 2018, 18 ff.; *Köllner/Cyrus*, Aktuelle strafrechtliche Fragen in Krise und Insolvenz, NZI 2017, 521 ff.; *Köllner/Cyrus*, Aktuelle strafrechtliche Fragen in Krise und Insolvenz, NZI 2017, 15 ff.; *Konczalla*, Insolvenzstrafrecht – Ein einführender Überblick für Insolvenzsachbearbeiter, InsbürO 2019, 186 ff.; *Krause/Matzen*, Die strafrechtliche Haftung für die unterlassene Abführung des Arbeitnehmeranteils (§ 266a Abs. 1 StGB) im vorläufigen Eigenverwaltungsverfahren, ZVI 2018, 45 ff.; *Laroche/Wollenweber*, Strafbarkeit von Geschäftsführer und vorläufigem Insolvenzverwalter nach § 266a StGB im Eröffnungsverfahren und ihre Vermeidung, ZInsO 2016, 2225 ff.; *Müller*, Rechte Tasche, linke Tasche? Bankrott und Untreue in Krisenzeiten, FS für Siegfried Beck, 2016, S. 347 ff.; *Neuberger*, Haftung bei Insolvenzver-

947 So Weyand, ZInsO 2000, 413; HambKomm-InsR/Borchardt, § 263 StGB Rn. 17.

948 So Trück, in: Bittmann, Insolvenzstrafrecht, § 29 Rn. 1; Schmittmann, BBB 2006, 83.

949 So Trück, in: Bittmann, Insolvenzstrafrecht, § 29 Rn. 2; Schmittmann/Theurich/Brune, Das insolvenzrechtliche Mandat, § 11 Rn. 94.

schleppung: Ein Tatbestand, vier verschiedene Rechtsfolgen, ZIP 2018, 909 ff.; *Pauka/Link/Armenat*, Betrug durch Unterlassen im Vorfeld der Insolvenz – Neue, gesteigerte Aufklärungspflichten in der Unternehmenskrise?, NZI 2016, 897 ff.; *Peemöller/Krehl/Hofmann*, Bilanzskandale – Delikte und Gegenmaßnahmen, 2. Aufl., Bremen, 2017; *Pelz*, Strafrecht in der Krise und Insolvenz, 2. Aufl., 2010; *Richter*, Konfusion im Insolvenzantrags-Strafrecht nach dem ESUG, FS für Siegfried Beck, 2016, S. 441 ff.; *Rinker*, Bilanzfälschung im HGB-Jahresabschluss anhand von Praxisbeispielen, StuB 2019, 297 ff.; *Schirrmacher/Schneider*, Zum Schutzbereich der Insolvenzantragspflicht – oder: BGHZ 126, 181 konsequent zu Ende gedacht, ZIP 2018, 2463 ff.; *Schmittmann/Heindorf* in: Schmittmann, Fachberater Restrukturierung und Unternehmensplanung, 2025, Kap. 9 Rn. 1 ff.; *Waßmer*, Probleme bei Feststellung von Zahlungsunfähigkeit im Strafverfahren, ZInsO 2018, 1485 ff.; *Wessing*, Strafrechtliche Risiken des Insolvenzverwalters beim Umgang mit Geldwäschesachverhalten, NZI 2015, 913 ff.; *Westhoff*, Die Gründung einer britischen Kapitalgesellschaft mit Verwaltungssitz im Inland und die Pflichten ihrer laufenden Geschäftstätigkeit – »How to Set up a Limited?«, ZInsO 2004, 289 ff.; *Weyand*, Abführung von Sozialversicherungsbeiträgen in der Unternehmenskrise, StuB 2007, 403 f.; *ders.*, Adhäsionsverfahren als Mittel zur Massemehrung, ZInsO 2013, 865 ff.; *ders.*, Aufträge an Sachverständige und Strafrecht, ZInsO 2014, 1934 ff.; *ders.*, Faktische Geschäftsführung – eine aktuelle Bestandsaufnahme, ZInsO 2015, 1773 ff.; *ders.*, Nachweis der Zahlungsunfähigkeit für Unternehmen, StuB 2004, 334 f.; *ders.*, Neuregelung der Verjährung in Fällen der besonders schweren Steuerhinterziehung, StuB 2009, 145 ff.; *ders.*, Ordnungsfunktion des Insolvenzverfahrens und Strafrecht, ZInsO 2008, 242 ff.; *ders.*, Strafbarkeit wegen »nicht richtiger« Insolvenzantragstellung – strafrechtlicher Flankenschutz für Insolvenzgerichte und Verwalter?, ZInsO 2010, 359 ff.; *ders.*, Strafrechtliche Risiken für den externen Berater in der Unternehmenskrise – Erläuterungen anhand von praktischen Beispielen, ZInsO 2016, 1969 ff.; *ders.*, Und täglich grüßt das Murmeltier – Neues zu Bohlen & Doyen, ZInsO 2015, 1843 f.; *ders.*, Wichtige Entscheidungen zum Insolvenzstrafrecht aus den Jahren 2012/2013, ZInsO 2013, 1064 ff.; *ders.*, Wichtige Entscheidungen zum Insolvenzstrafrecht aus den Jahren 2013/2014, ZInsO 2014, 1033 ff.; *ders.*, Wichtige Entscheidungen zum Insolvenzstrafrecht aus den Jahren 2014/2015, ZInsO 2015, 995 ff.; *ders.*, Wichtige Entscheidungen zum Insolvenzstrafrecht aus den Jahren 2015/2016, ZInsO 2016, 611 ff.; *ders.*, Wichtige Entscheidungen zum Insolvenzstrafrecht aus den Jahren 2016/2017, ZInsO 2017, 307 ff.; *ders.*, Wichtige Entscheidungen zum Insolvenzstrafrecht aus den Jahren 2017/2018, ZInsO 2018, 681 ff.; *ders.*, Wichtige Entscheidungen zum Insolvenzstrafrecht aus den Jahren 2018/2019, ZInsO 2019, 585 ff.; *ders.*, Zum Anfangsverdacht bei Insolvenzdelikten, ZInsO 2016, 441 ff.; *Weyand/Diversy*, Insolvenzdelikte, 10. Aufl., 2016.

E. Arbeitnehmer

Schrifttum

S.o. Kap. 1 die Literaturangaben unter A. Allgemeine Einführung, vor Rdn. 1 und *Bender/Häcker/Schwarz*, Tatsachenfeststellung vor Gericht, 5. Aufl. 2021; *D. B. Blank*, Insolvenzanfechtung gegenüber Arbeitnehmer (Diss. Saarbrücken), 2016; *Bork*, Die Zurechnung subjektiver Tatbestandsmerkmale in der Insolvenz, FS K. Schmidt, 2009, S. 143; *ders.*, Die Insolvenzanfechtung von Lohnzahlungen, ZIP 2007, 2337; *Doebert*, Die Insolvenzanfechtung von Lohnzahlungen (Diss. Hamburg), 2016; *Doebert*, Die Insolvenzanfechtung von Lohnzahlungen (Diss. Hamburg), 2016; *Fischer*, Gläubigerbenachteiligungsvorsatz bei kongruenter Deckung, NZI 2008, 588; *Fischermeier*, Rechtsprechung des BAG zur Insolvenzanfechtung: Auslegung oder unzulässige Rechtsfortbildung? ZInsO 2015, 1237; *Ganter*, Neues zum Bargeschäft, ZIP

2019, 1141; *ders.*, Wiederbelebung des Mühlen-Falls?, NZI 2018, 585; *ders.*, Bargeschäfte (§ 142 InsO) von Dienstleistern, ZIP 2012, 2037; *ders.*, Vorsatzanfechtung nach fehlgeschlagener Sanierung, WM 2009, 1441; *Gehrlein*, Subjektive Merkmale der Insolvenzanfechtung, FS Ganter, 2010, S. 153; *Huber*, Neues Anfechtungsrecht 2017 in InsO und AnfG, ZInsO 2017, 517; *ders.*, Für eine pragmatische Lösung zur Vorsatzanfechtung bei Kongruenz der Deckung (§ 133 InsO), FS Pape, 2019, S. 169; *ders.*, Das anfechtungsrechtlich privilegierte, aber janusköpfige Bargeschäft nach § 142 InsO, ZInsO 2013, 1049 (ergänzte Fassung des gleichnamigen Beitrags des Verfassers, in FS Haarmeyer, 2013, S. 111); *ders.*, Kein Rechtsweg für Insolvenzanfechtungsklagen gegen Sozialversicherungsträger zum Sozialgericht, ZInsO 2011, 519; *ders.*, Insolvenzanfechtungsrisiko bei Zwangsvollstreckung oder Druckzahlung, FS Wolf, 2011, S. 443; *ders.*, Der anfechtungsrechtliche Indizienprozess – am Beispiel der Kongruenzanfechtung rückständiger Lohnzahlungen an Arbeitnehmer, FS Ganter, 2010, S. 203; *ders.*, Insolvenzanfechtung rückständiger Lohnzahlungen, NJW 2009, 1928; *ders.*, Schon fehlgeschlagener Versuch eines Gesetzes zur Anpassung des Rechts der Insolvenzanfechtung?, ZIP 2007, 501; *ders.*, Inkongruente Deckung und Vorsatzanfechtung, FS Kirchhof, 2003, S. 247; *Jacobs*, Der Rechtsweg bei der Insolvenzanfechtung gegenüber dem Arbeitnehmer, FS Kreutz, 2010, S. 145; *Jacobs/Doebert*, Die Insolvenzanfechtung von Lohnzahlungen in der Rechtsprechung des BAG, ZInsO 2012, 618; *Kayser*, Die Entkräftung der die Insolvenzanfechtung begründenden Vermutungen und Indizien, WM 2013, 293; *Kreft*, Der Rechtsweg für Insolvenzanfechtungsklagen, ZIP 2013, 241; *Kirchhof*, Fraudulös, betrügerisch, unlauter – Versuche zur Einschränkung des Vorsatzbegriffs im Sinne von § 133 InsO, FS Fischer, 2008, S. 285; *Marquardt*, Pflegepersonalkosten in der Insolvenz von Krankenhäusern, ZInsO 2025, 730; *Pape*, Erschwerung und Entkernung der Anfechtung unentgeltlicher Rechthandlungen des Schuldners, ZInsO 2025, 721; *Plathner/Sajogo*, Trendwende bei Insolvenzanfechtung rückständiger Lohnzahlungen an Arbeitnehmer, ZInsO 2012, 581; *Ries/Doebert*, Insolvenzrechtliche Anfechtung der verspäteten Zahlung rückständigen Arbeitslohns – Ab wann schadet zuviel Wissen? ZInsO 2009, 2367; *Schoppmeyer*, § 133 Abs. 1 InsO versus §§ 130, 131 InsO: Ist die Deckungsanfechtung nur ein Unterfall der Vorsatzanfechtung? ZIP 2009, 600; *Stefanink*, Vorsatzanfechtung von Rechtsanwalts- und Steuerberatungshonoraren bei Unternehmen in der Krise, ZIP 2019, 1557; *Vollrath*, Insolvenzanfechtung von Lohnzahlungen, ZInsO 2011, 1665; *Walker*, Rechtswegzuständigkeit für Insolvenzanfechtungsklagen gegen Arbeitnehmer auf Vergütungsrückzahlung, FS Jobst-Hubertus Bauer, 2010, 1051; *Windel*, Bargeschäftsprivileg für Lohnzahlungen, ZInsO 2015, 1237; *Wroblewski*, Bargeschäftseinwand gegen Lohnanfechtung, NJW 2012, 894.

I. Besonderheiten bei der Insolvenzanfechtung von Gehaltszahlungen; Aufleben von Insolvenzforderungen und Insolvenzgeld

Nach § 129 InsO können Rechtshandlungen, die vor der Eröffnung des Insolvenzverfahrens vorgenommen wurden und die Insolvenzgläubiger benachteiligen, nach Maßgabe der §§ 130 bis 146 InsO angefochten werden. Diese Anfechtbarkeit gilt auch gegenüber der Gläubigergruppe der Arbeitnehmer. Der Insolvenzverwalter im Regelinsolvenzverfahren bzw. der Sachwalter im Eigenverwaltungsverfahren gem. § 280 InsO kann gegen einen Arbeitnehmer auf Rückgewähr von Arbeitsvergütung in die Masse klagen, wenn die Zahlung anfechtbar war (§§ 129 ff. InsO). Durch die Anfechtung wird der Vermögensabfluss gem. § 143 Abs. 1 InsO rückgängig gemacht, um das abgeflossene Vermögen wieder der Insolvenzmasse und damit der Gläubigergemeinschaft für deren Gesamtbefriedigung zur Verteilung zu stellen. Zurück- 798 zuzahlen ist nur das dem Arbeitnehmer tatsächlich zugeflossene Nettoentgelt, nicht das Bruttoentgelt.[950] Die abgeführten Steuern und Sozialabgaben sind jeweils separat gegenüber dem Finanzamt bzw. den Sozialversicherungsträgern anzufechten. Tarifvertraglich vereinbarte Ausschlussfristen sind auf den Rückgewähranspruch des § 143 Abs. 1 Satz 1 InsO nicht anwendbar.[951]

799 Zahlt der Arbeitnehmer sein durch eine anfechtbare Rechtshandlung erlangtes Arbeitsentgelt zurück, entsteht der Anspruch auf das Nettoentgelt als **Insolvenzforderung** gem. § 38 InsO. Der Arbeitnehmer kann diesen Anspruch dann nach den allgemeinen Regeln zur Forderungsanmeldung zur Insolvenztabelle anmelden (§§ 174 ff. InsO), sofern er dafür keinen einen Antrag auf Insolvenzgeld gestellt hat oder jetzt im Nachgang stellt (s. unten). Die Insolvenzanfechtung ist **nicht** auf den **pfändbaren Teil** des Arbeitseinkommens und auch nicht auf den **Mindestlohn** nach dem Mindestlohngesetz beschränkt.[952] Unterfällt der Rückzahlungsanspruch dem Insolvenzgeldzeitraum, so entstehen dadurch Ansprüche auf **Insolvenzgeld** gem. § 165 ff. SGB III. In der Regel ist die zweimonatige Antragsfrist gem. § 324 Abs. 3 Satz 1 SGB III nach Geltendmachung der Anfechtung aber bereits abgelaufen. Gemäß § 324 Abs. 3 Satz 2 SGB III kann der Arbeitnehmer in diesen Fällen ausnahmsweise innerhalb einer zweimonatigen Nachfrist nach Wegfall des Hinderungsgrundes den Antrag auf Insolvenzgeld noch fristwahrend stellen. **In der Praxis** empfiehlt es sich, bereits mit dem ersten Schreiben des Insolvenzverwalters, mit dem er den Insolvenzanfechtungsanspruch geltend macht, vorsorglich einen Antrag auf Insolvenzgeld zu stellen und die Ausschlussfrist für das Insolvenzgeld einzuhalten. Wird dem Insolvenzgeldantrag entsprochen, kann die Bundesagentur für Arbeit im Rahmen des Forderungsübergangs gem. § 115 SGB III das geleistete Insolvenzgeld als Forderung im Insolvenzverfahren beim Insolvenzverwalter bzw. beim Sachwalter zur Insolvenztabelle anmelden.

II. Rechtsweg bei Insolvenzanfechtung von Gehaltszahlungen und damit zusammenhängenden Nebenansprüchen aus einem Arbeitsverhältnis

800 Nach einem Beschluss des 5. Senats des Bundesarbeitsgerichts (BAG) vom 27.02.2008 ist in solchen Fällen nunmehr ausschließlich der **Rechtsweg zu den Gerichten für Arbeitssachen** eröffnet.[953] Diese Entscheidung des BAG änderte die bisherige Rechtspraxis, wonach Anfechtungsklagen als bürgerlich-rechtliche Streitigkeit (§ 13 GVG) stets den ordentlichen Gerichten zugewiesen waren. Der Gemeinsame Senat der Obersten Gerichtshöfe des Bundes (GmS-OBG) klärte die Frage der divergierenden Rechtswegzuständigkeit im Anschluss an einem Vorlagebeschluss des BGH, der an seiner bisherigen Rechtsprechung in Bezug auf die alleinige Rechtswegzuständigkeit der ordentlichen Gerichte bei Anfechtungsklagen selbstverständlich festgehalten

950 BAG, Urt. v. 18.10.2018 – 6 AZR 506/17, NZA 2019, 203.
951 BAG, Urt. v. 03.07.2014 – 6 AZR 451/12.
952 BAG, Urt. v. 25.05.2022 – 6 AZR 497/21 NZA 2022, 1117; BGH, Urt. v. 10.07.2014 – IX ZE 192/13, NZI 2014, 775.
953 BAG, Beschl. v. 27.02.2008 – 5 AZB 43/07, NZA 2008, 549.

hat.[954] Der GmS-OBG schloss sich allerdings der Rechtsmeinung des BAG an[955] und bestätigte die alleinige Zuständigkeit der Arbeitsgerichte für Klagen aus Insolvenzanfechtung von Gehaltszahlungen. Der in Literatur und Rechtsprechung zum Teil sehr drastisch ausgetragene Konflikt über die Rechtswegzuständigkeit ist zu Gunsten des BAG geklärt.

Das BAG hält an seiner umfassenden Zuständigkeit für individuelle Ansprüche aus einem Arbeitsverhältnis seitdem fest, und zwar auch dann, wenn zwischen den Parteien streitig ist, ob der **Arbeitsvertrag wirksam** geschlossen und **beiderseitig erfüllt** worden ist[956] oder ob eine **unentgeltliche Leistung** (mit Bezug zum Arbeitsverhältnis) vorliegt, die den Insolvenzverwalter zur Anfechtung nach § 134 InsO berechtigt.[957] Dies gilt auch dann, wenn der Arbeitnehmer die später angefochtene Entgeltzahlung im Wege der **Zwangsvollstreckung** durchgesetzt hat.[958] Auch der BGH erkennt im Anschluss an die Entscheidung des GmS-OBG seitdem die alleinige Zuständigkeit der Arbeitsgerichte anstelle der ordentlichen Gerichte an, wenn Gehaltszahlungen vom Vertragsarbeitgeber oder in Fällen eines **faktischen Arbeitsverhältnisses** zumindest in der **Funktion eines Arbeitgebers**[959] angefochten werden.[960] Der Rechtsweg zu den Arbeitsgerichten für eine Insolvenzanfechtungsklage ist in diesen Fällen eröffnet, unabhängig davon, ob ein Arbeitsvertrag wirksam abgeschlossen und beiderseitig erfüllt wurde oder ob es sich um ein sog. »**Scheinarbeitsverhältnis**«[961] handelt. Es genügt, wenn die angefochtene Zahlung von der Insolvenzschuldnerin als Vergütung bezeichnet und eine als Arbeitsvertrag bezeichnete Vereinbarung geschlossen wurde. Der Erfolg der Anfechtungsklage hängt dann davon ab, ob die Behauptung des Insolvenzverwalters zutrifft und zur Überzeugung des Gerichts nachgewiesen werden kann, dass es sich tatsächlich um ein Scheinarbeitsverhältnis gehandelt hat. Nur dann erfolgten die Zahlungen tatbestandlich »unentgeltlich« im Sinne des § 134 Abs. 1 InsO. 801

Vor der Novellierung des Anfechtungsrechts durch das Gesetz zur Verbesserung der Rechtssicherheit bei Anfechtungen nach der Insolvenzordnung und nach dem Anfechtungsgesetz vom 29.03.2017[962] (nachfolgend: »**Anfechtungsrecht 2017**«) gab es bei der **Zahlung von Arbeitsentgelt durch Dritte** noch eine Unterscheidung in Bezug auf die Rechtswegzuständigkeit, die letztlich danach entschieden wurde, ob die Anfechtung einer Gehaltszahlung in der Insolvenz des Arbeitgebers oder in der Insolvenz des Dritten erfolgte. 802

954 BGH, Vorlagebeschluss v. 02.04.2009 – IX ZB 182/08, NJW 2009, 1968.
955 GmS-OGB, Beschluss v. 27.09.2010 - GemS-OGB 1/09 (BGH), NJW 2011, 1211.
956 BAG, Beschl. v. 10 AZB 52/14, ZInsO 2015, 306 m.w.N. = NZA 2015, 252.
957 BAG, Beschl. v. 25.11.2014 – 10 AZB 52/14, a.a.O.
958 BGH, Beschl. v. 09.06.2011 – IX ZB 247/09, NZI 2011, 596.
959 BGH, Urt. v. 19.07.2012 – IX ZB 27/12, ZInsO 2012, 1538 = NZI 2013, 33 m. Anm. Huber.
960 Vgl. GmS-OGB, NZI 2011, 15 Rn. 17.
961 BAG, Beschl. v. 25.11.2014 – 10 AZB 52/14, NJW 2015, 976.
962 BGBl. I 2017, 654.

803 Wenn die Anfechtung in der **Insolvenz des Arbeitgebers** stattfand, berief sich der Insolvenzverwalter auf eine inkongruente Deckung[963] aufgrund der mittelbaren Zuwendung und forderte den Arbeitnehmer auf, den gezahlten Lohn zur Masse zurückzuzahlen. In solchen Fällen waren die **Arbeitsgerichte** zuständig. Falls die Anfechtung in der **Insolvenz des zuwendenden Dritten** erfolgte, waren die **ordentlichen Gerichte** zuständig, wenn es sich um freiwillig erbrachte, rechtlich nicht geschuldete Zahlungen nach § 267 Abs. 1 BGB handelte.[964] Diese Unterscheidung wird sich jedoch aufgrund der Neuregelung zu Drittleistungen bei Zahlung von Arbeitsvergütung nach dem **Anfechtungsrecht 2017** nicht aufrechterhalten lassen. Daher ist auch in diesen Fällen zukünftig von einer einheitlichen Zuständigkeit der Arbeitsgerichte auszugehen, unabhängig davon, ob die Gehaltszahlung in der Insolvenz des Arbeitgebers oder in der Insolvenz des Dritten erfolgt.

804 Die Abführung von **Sozialversicherungsbeiträgen** durch den Insolvenzschuldner kann nach §§ 129 ff. InsO ebenfalls angefochten werden.[965] Die Sozialversicherungsträger genießen insoweit keine Privilegien gegenüber anderen Gläubigern. Die gerichtliche Überprüfung einer Insolvenzanfechtung gegenüber einem Sozialversicherungsträger bleibt jedoch (wie bisher auch) den **ordentlichen Gerichten** vorbehalten.[966] Gleiches gilt für die Anfechtungsklage des Insolvenzverwalters gegenüber dem Finanzamt auf Rückgewähr vom Schuldner entrichteter **Lohn- und Annexsteuern**.[967] Der Rechtsstreit betrifft nicht die Funktion als Arbeitgeber, sondern die Rückabwicklung einer steuerrechtlichen Beziehung zwischen dem Schuldner und dem Fiskus. Es geht um die Rückabwicklung von Beitrags- bzw. Steuerbeziehungen zwischen Insolvenzschuldner und Anfechtungsgegner und nicht um die Rückforderung von Arbeitsentgelt. Auch die Zuständigkeit für Anfechtungsklagen gegen **Träger von Zusatzversorgungskassen** verbleibt weiterhin den ordentlichen Gerichten.[968] Im Gegensatz zu der Zuständigkeitszuweisung in § 2 Abs. 1 Nr. 4 a ArbGG, die sich auf die Arbeitgeberstellung bezieht, knüpft § 2 Abs. 1 Nr. 6 ArbGG i.V.m § 2 Abs. 1 Nr. 4 b ArbGG die Zuständigkeit nicht an die Arbeitgeberstellung, sondern an den besonderen Pflichtenkreis,[969] der sich aus dem Verhältnis des Arbeitgebers zu einer Sozialeinrichtung ergibt, ohne dass es sich dabei um ein Arbeitsverhältnis handelt.

963 BAG, Urt. v. 21.11.2013 – 6 AZR 159/12, NZI 2014, 276.

964 Spelge, RdA 2016, 1,2; Pape, ZInsO 2025, 721, 726.

965 BGH, Urt. v. 05.11.2009 – IX ZR 233/08, NZI 2009, 886.

966 BGH, Beschl. v. 24.03.2011 – IX ZB 36/09, ZInsO 2011, 723. Abl. (also für Rechtsweg zu den Sozialgerichten) Geiger/Fiedler/Czernetzki, ZInsO 2011, 854.

967 BAG, Beschl. v. 17.09.2014 – 10 AZB 4/14, NZA 2015, 1405.

968 BGH, Beschl. v. 06.12.2012 – IX ZB 84/12, NZA 2013, 694; BGH, Beschl. v. 07.03.2013 – IX ZB 111/12.

969 Spelge, RdA 2016, 1, 2.

III. Systematische anfechtungsrechtliche Ausgangspunkte

1. Begriff und Bedeutung des Bargeschäfts nach § 142 InsO

805 Gemäß § 142 InsO ist eine Leistung des Schuldners, für die unmittelbar eine gleichwertige Gegenleistung in sein Vermögen gelangt, nur anfechtbar, wenn die Voraussetzungen des § 133 Abs. 1 InsO gegeben sind. Eine Anfechtung nach § 130 InsO ist daher ausgeschlossen. Der als Ausnahmevorschrift konzipierte § 142 InsO privilegiert somit Leistungen, die **zeitnah, wertäquivalent und vereinbarungsgemäß** ausgetauscht werden, indem er sie der Anfechtung entzieht. Ungeachtet des weitergehenden Wortlauts des § 142 InsO, der auch inkongruente Geschäfte erfassen würde, gebietet der Zweck des Bargeschäftsprivilegs jedoch die Beschränkung des § 142 InsO im Wege der teleologischen Reduktion auf kongruente Deckungen.[970] Da ein Arbeitnehmer mit der Lohnzahlung regelmäßig das erhält, worauf er nach dem Arbeitsvertrag einen Anspruch hat, ist die von ihm erlangte Befriedigung grundsätzlich »kongruent« i.S.d. § 130 InsO und begründet über § 142 InsO ein nicht anfechtbares Bargeschäft.[971] Die objektive Gleichwertigkeit von Entgeltzahlung und erbrachter Arbeitsleistung wird deshalb nur ausnahmsweise zu verneinen sein.

806 Nach der (überholten) Rechtsprechung des BGH galten in Arbeitsverhältnissen grundsätzlich dieselben Anforderungen an das Bargeschäft (§ 142 InsO) als Ausnahme von der Anfechtbarkeit wie auch bei anderen Rechtshandlungen. Der BGH hatte seine Rechtsprechung zum Baraustausch bei anwaltlichen Beratungsleistungen auf Arbeitnehmer schlicht übertragen:[972] Danach war der für ein Bargeschäft erforderliche Unmittelbarkeitszusammenhang noch gegeben, wenn im Fall einer monatlichen Vorleistungspflicht die Entgeltzahlung innerhalb von 30 Tagen nach Fälligkeit vorgenommen wurde. Ein unmittelbarer Leistungsaustausch schied umgekehrt aus, wenn die Lohnzahlung **später als dreißig Tage** nach Fälligkeit erfolgte.

807 Im Anschluss an den bestätigenden **Beschluss des GemS-OGB** zur Rechtswegzuständigkeit der Arbeitsgerichte bei Anfechtbarkeit von Arbeitsentgelt entschied der **6. Senat des BAG** in einem weiteren Urteil aus dem Jahr 2011,[973] dass bei der Erbringung von Arbeitsleistungen der für § 142 InsO erforderliche unmittelbare Leistungsaustausch auch dann noch vorliege, wenn die Gehaltszahlung drei Monate nach Fälligkeit erfolge. Die Festlegung der nach § 142 InsO zulässigen Frist würde von der Art der ausgetauschten Leistungen und den Gepflogenheiten des Geschäftsverkehrs abhängen. Es sei davon auszugehen, dass in vielen Branchen eine verspätete Lohn- und Gehaltszahlung fast schon zur Norm geworden sei. Dem Schuldner solle aber die weitere Teilnahme am Geschäftsverkehr ermöglicht werden. Die Arbeitnehmer seien trotz Zahlungsverzugs bereit, weitere Arbeitsleistungen zu erbringen, sofern sie ihre

970 BAG, Urt. v. 24.10.2013 – 6 AZR 466/12, Rn. 38, NZI 2014, 129; BAG, Urt. v. 13.11.2014 – 6 AZR 868/13, Rn. 17 ff., NZI 2015, 325.

971 Spelge, RDA 2016, 1, 7.

972 BGH, Urt. v. 10.07.2014 – IX ZR 192/13, NJW 2579.

973 BAG, Urt. v. 06.10.2011 – 6 AZR 262/10, BAGE 139, 235 = ZInsO 2012, 37.

Entgeltansprüche als durch das Insolvenzgeld (§ 165 Abs. 1 Satz 1 SGB III) gesichert ansähen. Begleiche der Arbeitgeber in der Krise rückständige Vergütung für die in den vorhergehenden **3 Monaten** erbrachten Arbeitsleistungen, liege ein Bargeschäft vor.

808 Der BGH kritisierte in einer Entscheidung aus dem Jahr 2014 die zeitliche Ausdehnung der Unmittelbarkeitsgrenze durch das BAG scharf.[974] Der BGH wies zunächst darauf hin, dass die alten Konkursvorrechte der Arbeitnehmer (vgl. § 61 Abs. 1 Nr. 1 a KO) durch die Einführung der Insolvenzordnung gestrichen wurden. Darüber hinaus warf der BGH dem BAG vor, die Grenzen richterlicher Rechtsfortbildung verletzt und damit ein **verfassungswidriges Urteil** erlassen zu haben.[975] Durch die unterschiedliche Behandlung von Arbeitnehmern und sonstigen Gläubigern habe das BAG gegen den Gleichbehandlungsgrundsatz verstoßen, der als »**Magna Charta des Insolvenzrechts**« gelte.[976]

2. Das Bargeschäft nach der Reform des Anfechtungsrechts (Neues Anfechtungsrecht 2017)

809 **Ziel der Reform des Anfechtungsrechts** durch das **Gesetz zur Verbesserung der Rechtssicherheit bei Anfechtung nach InsO und AnfG**[977] war es, den Wirtschaftsverkehr sowie die Arbeitnehmer von Rechtsunsicherheiten zu entlasten, die von der bisherigen Praxis des Insolvenzanfechtungsrechts ausgegangen sind. Als Rechtsunsicherheiten wurden dabei die Vorsatzanfechtung nach § 133 InsO, insb. bei Zahlungserleichterungen, die Geltung des Bargeschäftsprivilegs bei der Zahlung von Arbeitsentgelt, die fehlende Anfechtungsfestigkeit von Zwangsvollstreckungsmaßnahmen sowie die Verzinsung von Anfechtungsansprüchen ab Insolvenzeröffnung identifiziert.[978] Das Anfechtungsrecht sollte für die nach Inkrafttreten des Gesetzes (05.04.2017) eröffneten Insolvenzverfahren punktuell neu justiert und die Praxis der Vorsatzanfechtung für den Geschäftsverkehr kalkulier- und planbarer werden.[979] Durch das neue Anfechtungsrecht wurden dabei insb. die **Regelungen des Bargeschäftsprivileg** neugefasst. Die Kritik an der Rechtsprechung des 6. Senats des BAG, insb. durch den BGH,[980] gilt aufgrund der Rechtsänderungen zu § 142 InsO seitdem als überholt, weil der Gesetzgeber die Rechtsprechung des BAG durch den Ausbau des Bargeschäftsprivilegs im Wesentlichen nachgezeichnet hat.[981] Arbeitnehmer sind neben der für sie ohnehin günstigen Rechtsprechung des BAG seitdem zusätzlich auch gesetzlich abgesichert.

974 BGH, Urt. v. 10.07.2014 – IX ZR 192/13, NZI 2014, 775.

975 BAG, Urt. v. 10.07.2014 a.a.O., Rn. 23.

976 BAG, Urt. v. 10.07.2014 a.a.O., Rn. 25 mit Verweis auf Huber, ZInsO 2013, 1049.

977 BGBl. I 2017, 654.

978 BT-Drucks. 18/7054 in der Fassung der Beschlussempfehlung BT-Drucks. 18/11199.

979 BT-Drucks. 18/11199, 1.

980 BGH, Urt. v. 10.07.2014 – IX ZR 192/13, NJW 2014, 2579. In dieser Entscheidung hat der BGH die Rechtsprechung des BAG als teleologisch verfehlt und verfassungswidrig kritisiert.

981 Thole, ZIP 2017, 401 (408); Hacker, NZI 2017, 148 (150).

Nach § 142 Abs. 1 InsO kann ein Bargeschäft nun nur noch angefochten werden, wenn die Voraussetzungen des § 133 Abs. 1 bis 3 InsO vorliegen und der andere Teil erkannt hat, dass der Schuldner **unlauter** handelte. Mit dem Begriff »unlauter« in § 142 Abs. 1 InsO hat der Gesetzgeber einen (weiteren) unbestimmten Rechtsbegriff eingeführt, was der vom Gesetzgeber beabsichtigte Rechtssicherheit für den Wirtschaftsverkehr zuwiderläuft. In der Praxis wird sich die Neuregelung in § 142 Abs. 1 InsO dennoch als sehr effektiv erweisen, weil **unlauteres Handeln** des Schuldners bei Zahlung von Arbeitsentgelt kaum vorstellbar ist, noch weniger die Kenntnis des Arbeitnehmers davon. Das Merkmal der Unlauterkeit führt damit zur weitgehenden **Anfechtungsfestigkeit von Bargeschäften**. Wertungsmäßig fragt sich zudem, ob ein unlauteres Verhalten überhaupt vorliegen kann, wenn zugleich die Voraussetzungen eines Bargeschäfts, d.h. ein unmittelbarer und gleichwertiger Leistungsaustausch, gegeben sind.[982] Sind die ausgetauschten Leistungen nämlich objektiv gleichwertig, kann das Verhalten des Schuldners regelmäßig nicht unlauter gewesen sein, da eine Gläubigerbenachteiligung bei einem Austausch gleichwertiger Leistungen denknotwendig nicht eintreten kann. 810

Gemäß § 142 Abs. 2 Satz 1 InsO setzt der für das Bargeschäftsprivileg erforderliche unmittelbare Leistungsaustausch voraus, dass dieser nach der **Art der ausgetauschten Leistungen** und unter Berücksichtigung der **Gepflogenheiten des Geschäftsverkehrs** in einem **engen zeitlichen Zusammenhang** erfolgt. Nach § 142 Abs. 2 InsO ist dieser enge zeitliche Zusammenhang bei der Gewährung von Arbeitsentgelt an einen Arbeitnehmer gegeben, wenn der Zeitraum zwischen Arbeitsleistung und der Gewährung des Arbeitsentgelts **drei Monate** nicht übersteigt. Hierbei handelt es sich um eine gesetzliche Fiktion[983] und soll nach § 142 Satz 3 InsO auch dann gelten, wenn das Arbeitsentgelt durch einen Dritten (§ 267 BGB) gewährt wird, »**wenn für den Arbeitnehmer nicht erkennbar war, dass ein Dritter die Leistung bewirkt hat.**« 811

Nach dem Wortlaut des § 142 Abs. 2 Satz 2 InsO fallen unter das erweiterte Bargeschäftsprivileg nur **Arbeitnehmer** (einschließlich der **Auszubildenden**). Auszubildende sind Arbeitnehmer i.S.d. § 165 SGB III, sodass auch die Ausbildungsvergütung privilegiert ist. Die Privilegierung ist begrenzt auf die **Nettozahlung** des Arbeitsentgelts aufgrund gesetzlicher, tariflicher oder vertraglicher Bestimmungen im **sozialversicherungsrechtlichen Sinn** und umfasst alle **laufenden oder einmaligen Einnahmen** aus einer **abhängigen Beschäftigung**. Erfasst sind auch die Entgeltfortzahlung etwa bei Krankheit oder Urlaub, Feiertagsvergütung oder Urlaubsentgelt inklusive Urlaubsgeld. Der auf das Arbeitsentgelt anfallende **Steueranteil** und die Beiträge zur **Sozialversicherung** sind **nicht privilegiert** 812

982 Hacker, NZI 2017, 148, 150; Kindler/Bitzer, NZI 2017, 369, 375.
983 Kayser, ZIP 2018, 1153.

IV. Die Sonderregelungen für das Arbeitsentgelt bei Kongruenz, Inkongruenz und Vorsatzanfechtung

1. Kongruente Deckung, § 130 InsO

813 Nach **§ 130 Abs. 1 Nr. 1** InsO ist die einem Gläubiger gewährte oder ermöglichte Sicherung oder Erfüllung anfechtbar, wenn sie in den letzten drei Monaten **vor dem Antrag** auf Eröffnung des Insolvenzverfahrens vorgenommen worden ist und wenn zur Zeit der Handlung der Schuldner zahlungsunfähig war und wenn der Gläubiger zu dieser Zeit die Zahlungsunfähigkeit kannte **oder** anfechtbar gem. **§ 130 Abs. 1 Nr. 2** InsO, wenn sie **nach dem Eröffnungsantrag** vorgenommen worden ist und wenn der Gläubiger zur Zeit der Handlung die Zahlungsunfähigkeit oder den Eröffnungsantrag kannte. Zahlungen oder anderen Befriedigungen, die der Gläubiger in der Weise erhält, wie sie vereinbart waren (»**kongruenter Deckung**«), werden vom Gesetzgeber grundsätzlich als **unverdächtig** angesehen. Wenn ein Gläubiger eine Zahlung in vereinbarter Weise erhält, sieht § 130 InsO deren Kongruenzanfechtung deshalb nur unter erschwerten Voraussetzungen vor. Der objektive Tatbestand umfasst dabei die in den letzten drei Monaten vor dem Insolvenzantrag oder danach bis zur Verfahrenseröffnung vorgenommenen Rechtshandlungen, die einem Arbeitnehmer (späteren Insolvenzgläubiger) eine Sicherung oder Befriedigung (Oberbegriff: Deckung) gewähren oder ermöglichen. Im Insolvenzrecht spricht man dann von einer Deckung **innerhalb der Krise.** Für die vom später insolvent gewordenen Unternehmen **außerhalb der Krise** geleisteten Vergütungszahlungen bleibt nur die Vorsatzanfechtung.

814 Weitere **objektive Voraussetzung** für die Kongruenzanfechtung ist die Zahlungsunfähigkeit des Arbeitgebers (späterer Insolvenzschuldner), die sich durch die **Zahlungseinstellung** nach außen zeigt (§ 17 Abs. 2 Satz 2 InsO). Eine **Zahlungsunfähigkeit** ist im Allgemeinen dann anzunehmen, wenn der Schuldner innerhalb von drei Wochen 10 % oder mehr seiner fälligen Gesamtverbindlichkeiten nicht begleichen kann. Dies lässt sich durch eine Liquiditätsbilanz feststellen.

815 **Subjektive Voraussetzung** für die Kongruenzanfechtung nach § 130 InsO ist die Kenntnis des Arbeitnehmers von der Zahlungsunfähigkeit seines Arbeitgebers bzw. im Falle des § 130 Abs. 1 Nr. 2 InsO die Kenntnis über den Eröffnungsantrag. Es ist für den Insolvenzverwalter oft schwierig, die subjektiven Tatbestandsvoraussetzungen einer Kongruenzanfechtung darzulegen und zu beweisen, da positive Kenntnis, also »**sicheres Wissen**« erforderlich ist. Nach § 130 Abs. 2 InsO genügt es allerdings zur **Beweiserleichterung**, wenn der Arbeitnehmer von Umständen Kenntnis hatte, die zwingend auf die Zahlungsunfähigkeit oder den Eröffnungsantrag schließen lassen. Der Insolvenzverwalter muss weder die Einzelbeweiswerte solcher Umstände noch ihren Gesamtbeweiswert darlegen. Ist die Zahlung vor dem **Eröffnungsantrag** erfolgt, muss der Arbeitnehmer die Zahlungsunfähigkeit gekannt haben. Ist die Zahlung erst nach dem Eröffnungsantrag erfolgt, reicht es aus, wenn er den Eröffnungsantrag kannte. Die **öffentliche Bekanntmachung**, dass ein vorläufiger Insolvenzverwalter bestellt worden ist, reicht nicht aus, um auf den Eröffnungsantrag zu schließen. Das Auftreten des **vorläufigen Insolvenzverwalters auf einer Betriebsversammlung** hin-

gegen schon. Die Vermutungsregel des § 130 Abs. 2 InsO ist Gegenstand umfangreicher höchstrichterlicher Rechtsprechung.

816 Beispiele für typische Indizien sind etwa laufend **steigende Steuerschulden** oder **rückständige Sozialversicherungsbeiträge**,[984] möglicherweise auch schleppende Zahlungen von Löhnen und Gehältern. Die Rechtsprechung stellt dabei hohe Anforderungen an die subjektiven Voraussetzungen, die in der Regel nur bei betrieblichen »**Insidern**« (z. B. **Chefsekretärinnen** und **Cheffahrern**) sowie bei in der **Finanzbuchhaltung** tätigen oder mit Leitungsaufgaben im kaufmännischen Bereich beauftragten Arbeitnehmern (z. B. **Buchhaltern**) und bei »**institutionellen Gläubigern**« (insb. Finanzämtern, Sozialversicherungsträgern und Banken) sowie für das Unternehmen tätige Rechtanwälte, Steuerberater und Wirtschaftsprüfer vorliegen. Bei »**gewöhnlichen**« Arbeitnehmern, die keinen Einblick in die Liquiditäts- oder Zahlungslage des Unternehmens haben, führt eine Anfechtung nach § 130 InsO deshalb regelmäßig nur dann zum Erfolg, wenn der Arbeitgeber, etwa in einer Betriebsversammlung, seine Zahlungsschwierigkeiten offengelegt hat. Die bloße Kenntnis, dass bei ihnen und anderen Arbeitnehmern Zahlungsrückstände vorliegen, reicht nicht aus, um die Anforderungen des § 130 Abs. 2 InsO zu erfüllen. Daraus lässt sich nämlich nicht ableiten, welchen Anteil diese Rückstände an den **Gesamtverbindlichkeiten** des Arbeitgebers haben. Eine **Erkundigungspflicht** besteht nicht. **Presseartikel** können nur dann als Beweis für die Zahlungsunfähigkeit dienen, wenn sich diese zwingend **aus dem Artikel selbst** ergibt und sich dadurch die Zahlungsunfähigkeit **aufdrängt**. Auch die Kenntnis, dass Material nur noch **gegen Vorkasse** geliefert wird, reicht regelmäßig nicht als Indiz.

2. Inkongruente Deckung, § 131 InsO

817 Die bisherige Rechtsprechung des BAG zur Insolvenzanfechtung konzentriert sich hauptsächlich auf die Anfechtung bei Inkongruenz der Deckung. Steht dem Gläubiger eine Sicherung oder Erfüllung nicht oder nicht in der Art oder zu der Zeit zu, zu der sie ihm zuteil wird (»**inkongruente Deckung**«), ist eine Anfechtung nach § 131 InsO möglich. Inkongruenz liegt allgemein gesprochen dann vor, wenn der Arbeitnehmer **inhaltlich oder zeitlich** keinen Anspruch auf die Vergütung hat. Dies ist beispielsweise der Fall, wenn der (später insolvente) Arbeitgeber **Kundenschecks** an den Arbeitnehmer zur Verrechnung auf dessen Vergütung weiterreicht.[985] Auch die Zusage eines **Retention Bonus**, d. h. einer Halteprämie, begründet eine Inkongruenz, wenn und soweit dem Arbeitnehmer im Zeitpunkt des Zugangs der Zusage für den Fall, dass er weiter betriebstreu bleibt, lediglich ein Anspruch auf die arbeitsvertraglich vereinbarte Gegenleistung, nicht aber auf die ihm erst mit der ergänzenden Vereinbarung zugesagte Halteprämie zustand. Das arbeitsvertragliche Leistungsprogramm wurde dann durch die Zusage einer Halteprämie nachträglich zugunsten des

---

984 BGH, Beschl. v. 13.06.2006 – IX ZB 238/05, ZInsO 2006, 827. Zur möglichen gegenteiligen Annahme BGH, Urt. v. 07.11.2013 – IX ZR49/13, ZInsO 2013, 2434.

985 BGH, Urt. v. 14.05.2009 – IX ZR 63/08, BGHZ 181, 132 Rn. 11 = ZInsO 2009, 1254 = NZI 2009, 472 m. Anm. Huber (außer, die dem Scheck zugrunde liegenden Kausalforderungen waren dem Zessionar unanfechtbar abgetreten).

Arbeitnehmers abgeändert, ohne dass er darauf einen Anspruch hatte. Dies begründet die inkongruente Deckung.[986] Die Insolvenzordnung betrachtet solche Handlungen zurecht als **verdächtig**, da sie mit dem Grundsatz der Gläubigergleichbehandlung, der in §§ 129 ff. InsO festgelegt ist, nicht vereinbar sind. Sie deuten als klares Indiz darauf hin, dass der Schuldner ungerechtfertigt **bestimmte Gläubiger bevorzugen wollte**. Daher ist der Arbeitnehmer, der eine solche Leistung erhält, weniger schutzwürdig als derjenige, der eine kongruente Leistung erhält. Folglich soll ihm auch das Bargeschäftsprivileg nicht zustehen und § 131 InsO erleichtert die Anfechtung solcher Handlungen im Vergleich zu § 130 InsO.

818 Wenn die Zahlung im **letzten Monat** vor dem Eröffnungsantrag oder danach erfolgt, sieht § 131 Abs. 1 Nr. 1 InsO keine zusätzlichen objektiven oder subjektiven Tatbestandsmerkmale vor, abgesehen von den allgemeinen Voraussetzungen für eine Anfechtung, wie beispielsweise einer zumindest **mittelbaren Gläubigerbenachteiligung**. Insbesondere gibt es kein ungeschriebenes Tatbestandsmerkmal der »**Verdächtigkeit**« der Zahlung oder Handlung.

819 Erfolgt die Zahlung **im zweiten oder dritten Monat** vor dem Eröffnungsantrag, ist neben der Inkongruenz zusätzlich erforderlich, dass der Schuldner im Zeitpunkt der Zahlung bereits **zahlungsunfähig** war (§ 131 Abs. 1 Nr. 2 InsO). Zahlungen, die in diesem Zeitraum erfolgten, sind auch anfechtbar, wenn der Arbeitnehmer bei der Zahlung **wusste**, dass die Zahlung die anderen Gläubiger benachteiligte (§ 131 Abs. 1 Nr. 3 InsO). Es ist **unerheblich**, ob der Arbeitnehmer die Zahlungsunfähigkeit erkannt hat oder auch nur erkennen konnte. Für den Nachweis dieser Kenntnis sieht § 131 Abs. 2 InsO eine **Beweiserleichterung** vor. Diese Bestimmung hat in der Praxis jedoch nur geringe Bedeutung erlangt, da in der Regel bereits eine Zahlungsunfähigkeit des Schuldners vorliegt und eine Anfechtung daher meist allein nach § 131 Abs. 1 Nr. 2 InsO erfolgt. Gemäß § 131 Abs. 2 InsO ist die Voraussetzung erfüllt, wenn der Arbeitnehmer **Tatsachen kennt**, die bei zutreffender rechtlicher Beurteilung **zweifelsfrei** darauf hindeuten, dass der Schuldner aufgrund seiner Liquiditäts- und Vermögenslage in absehbarer Zeit **seine Zahlungspflichten nicht mehr vollständig erfüllen** kann und Insolvenzgläubiger daher zumindest **teilweise leer ausgehen** werden.

820 Anders als § 133 InsO verlangt § 131 InsO für die Anfechtbarkeit keine Rechtshandlung des Schuldners selbst. Daher erfasst diese Bestimmung auch **Zwangsvollstreckungen**. Eine durch Zwangsvollstreckung oder den **Druck** einer unmittelbar bevorstehenden Vollstreckung erlangte Befriedigung kann gleichfalls inkongruent sein.[987] Aus dem Arbeitsvertrag an sich hat der Arbeitnehmer keinen Anspruch auf einen Vollstreckungserfolg unter Einschaltung staatlicher Vollstreckungsorgane. In der kritischen Zeit stellt die Rechtsordnung ihm als Gläubiger das Instrument der Zwangsvollstreckung nicht mehr zur Verfügung und verweist ihn auf das Insolvenz-

986 BAG, Urt. v. 12.09.2013 – 6 AZR 981/11, BeckRS 2014, 65147; Mückl, GWR 2014, 427, 429.

987 BAG, Urt. v. 20.09.2017 – 6 AZR 58/16, NZA 2018, 468.

verfahren.[988] In dieser Zeit verdrängt der **Grundsatz der Gläubigergleichbehandlung** das Prioritätsprinzip. Folglich müssen Arbeitnehmer im eigenen Interesse das Arbeitsverhältnis **selbst kündigen**, wenn Entgeltrückstände aufgelaufen sind, die nicht mehr vom Insolvenzgeld abgedeckt sind. Entscheiden sie sich für den Erhalt des Arbeitsverhältnisses, tragen sie das Risiko, dass sie mit Entgeltrückständen ausfallen, wenn der Arbeitgeber später in Insolvenz gerät. Dies kann entweder bedeuten, dass die Rückstände von vornherein nicht mehr befriedigt werden und als bloße Insolvenzforderungen entwertet werden, oder dass sie zwar noch befriedigt werden, aber die Zahlung angefochten werden kann.

Zahlungen, die auf eine Pfändung oder Vorpfändung hin erfolgen, sind ebenfalls **821**
inkongruent. Dies gilt auch dann, wenn die **Vorpfändung** auf ein nur **vorläufig vollstreckbares Urteil** hin bewirkt bzw. bei einem Gerichtsvollzieher beauftragt wird. Die Zahlung erfolgt dagegen noch nicht unter dem Druck der unmittelbar bevorstehenden Zwangsvollstreckung, wenn der Arbeitgeber während des Prozesses, also **vor der Titulierung**, erfüllt oder wenn er allein auf die Zustellung des Titels leistet, **ohne dass die Zwangsvollstreckung eingeleitet** oder auch nur **angedroht** ist. Unerheblich ist dabei, ob er frühere Entgeltrückstände erst durch Zwangsvollstreckung erfüllt hat. Eine »**Fortwirkung**« der Drohung der Zwangsvollstreckung aus früheren Titeln besteht nicht.

Die Zahlung von Arbeitsentgelten unter dem Druck eines durch den Arbeitnehmer **822**
gestellten oder nur angedrohten **Insolvenzantrags** ist ebenfalls eine inkongruente Deckung.[989]

Auch sog. **Drittzahlungen**, also Leistungen des Arbeitsentgeltes durch andere Per- **823**
sonen als dem Arbeitgeber, begründen grundsätzlich eine Inkongruenz. Obwohl bei Inkongruenz ein Bargeschäft nicht möglich ist, bestimmt der Gesetzgeber seit dem Anfechtungsrecht 2017 zum Schutze des Arbeitnehmers, dass ein Bargeschäft gem. § 142 InsO gleichwohl vorliegen kann. Insbesondere bei **gesellschaftsrechtlichen Verflechtungen** mehrerer Unternehmen oder im **Gemeinschaftsbetrieb** ist es nicht ungewöhnlich, dass das Arbeitsentgelt nicht über das Konto des Vertragsarbeitgebers, sondern das eines anderen Unternehmens des Verbundes gezahlt wird. Problematisch wird es, wenn die Zahlungen über die **Konten von Angehörigen** erfolgen, insb. im Vorfeld einer Insolvenz. Solche Zahlungswege führen in der Regel zu Inkongruenz, da die Befriedigung nicht in der geschuldeten Art, sondern unter Abweichung vom vereinbarten Erfüllungsweg erfolgt. Nach der Rechtsprechung des BAG gilt dies jedoch nicht, wenn der **Arbeitnehmer nicht erkennen konnte**, dass es sich bei der Zahlung um eine Leistung durch »seinen« Vertragsarbeitgeber handelte.[990] Das Anfechtungsrecht 2017 hat in § 142 Abs. 2 Satz 2 InsO das Bargeschäftsprivileg für gezahltes Arbeitsentgelt durch Dritte im Anschluss an die Rechtsprechung des 6. Zivilsenats des BAG zum Anfechtungsschutz erweitert und gesetzlich kodifiziert. Demnach gilt

988 BAG, Urt. v. 27.08.2914 – 4 AZR 999/12, NZA 2015, 574.
989 BAG, Urt. v. 27.03.2016 – 6 AZR 989/12, NZA 2015, 255.
990 BAG, Urt. v. 13.11.2014 – 6 AZR 869/13, Rn. 15, ZIP 2015, 533.

die Zahlung des Arbeitsentgelts durch einen Dritten nach § 267 BGB als gleichwertig mit der Zahlung durch den Schuldner selbst, sofern für den Arbeitnehmer nicht erkennbar ist, dass ein Dritter die Leistung bewirkt hat. Ist die Entgeltzahlung durch einen Dritten für den Arbeitnehmer erkennbar (z. B. über ein »**übliches Gehaltskonto**«), liegt Inkongruenz vor. Von einer Erkennbarkeit ist z.B. auch dann auszugehen, wenn dem Arbeitnehmer im Vorfeld **mitgeteilt** wurde, dass seine Lohnzahlung durch einen Dritten erfolgt oder dies **eindeutig** aus der Überweisung ersichtlich ist.[991] Ist sie hingegen für den Arbeitnehmer nicht erkennbar (z. B. über ein »**verdecktes Geschäftskonto**«), gilt die Zahlung aufgrund der gesetzlichen Fiktion als kongruent.

824 Für den Arbeitnehmer ist eine Entgeltzahlung durch einen Dritten dann nicht erkennbar, wenn sie in für das Arbeitsverhältnis **üblicherweise** über das Geschäftskonto des Arbeitgebers erfolgt.[992] Dies kann etwa dann der Fall sein, wenn ein Unternehmen eines **Gemeinschaftsbetriebes** nach langgeübter Praxis Lohnzahlungen für alle Unternehmen des gemeinsamen Betriebes durchführt und damit das Entgelt auch an die Arbeitnehmer des anderen Unternehmens innerhalb des Verbundes zahlt. Eine solche Verfahrensweise ist dann auch bei objektiver Beurteilung durch Außenstehende und damit aus Sicht der Insolvenzordnung **unverdächtig**, selbst dann, wenn die Vereinbarung in der kritischen Zeit erfolgt ist.[993]

3. Vorsatzanfechtung, § 133 InsO

825 Die Möglichkeit der Vorsatzanfechtung nach **§ 133 Abs. 1 InsO** ist eröffnet, wenn der Insolvenzschuldner in den letzten zehn Jahren vor dem Antrag auf Eröffnung des Insolvenzverfahrens oder nach dem Eröffnungsantrag Rechtshandlungen mit dem **Vorsatz der Benachteiligung seiner Gläubiger** vorgenommen hat. Die Vorsatzanfechtung umfasst sowohl kongruente als auch inkongruente Deckungen. Mit dem Anfechtungsrecht 2017 hat der Gesetzgeber die gesetzliche Vermutung der Kenntnis des Anfechtungsgegners (§ 133 Abs. 1 InsO) abgeschwächt, die zuvor eine Beweislastumkehr zugunsten des Insolvenzverwalters bedeutete. Folglich reicht bei **kongruenten Deckungen** die Kenntnis der nur drohenden Zahlungsunfähigkeit seitens des Anfechtungsgegners nach § 133 Abs. 3 S 1 InsO nicht mehr aus. Darüber hinaus wurde der Anfechtungszeitraum für **Sicherungen und Befriedigungen** von zehn Jahren (gem. § 133 Abs. 1 InsO) auf **vier Jahre** verkürzt (gemäß dem neuen § 133 Abs. 2 InsO). Es ist jedoch fraglich, ob sich diese Änderung in der Praxis auswirken wird, da wohl nur selten Rechtshandlungen angefochten werden, die mehr als vier Jahre zurückliegen.

826 Nach § 142 Abs. 1 InsO kann ein Bargeschäft nur angefochten werden, wenn die Voraussetzungen des § 133 Abs. 1 bis 3 InsO vorliegen **und** der andere Teil erkannt hat, dass der Schuldner **unlauter** handelte. Der Gesetzgeber engt damit die vom Bargeschäftsprivileg ausgenommene Vorsatzanfechtung tatbestandlich ein, indem er durch § 142 Abs. 1 InsO die Vorsatzanfechtung bei Bargeschäften nur noch bei »**unlauteren**«

991 LAG Sachsen, Urt. v. 21.03.2022 – 1 Sa 377/21. BeckRS 2022, 16117.
992 BAG Urt. v. 22.10.2015, 6 AZR 538/14, BAGE 153, 163 = NJW 2016, 183.
993 BAG, Urt. v. 21.11.2013 – 6 AZR 159/12, Rn. 14 ff., NZI 2014, 276.

Handlungen zulässt. Damit wollte der Gesetzgeber Rechtsunsicherheiten beseitigen, die in Bezug auf den Austausch gleichwertiger Leistungen im Zusammenhang mit der Vorsatzanfechtung bestanden. Nach der Begründung des Regierungsentwurfs setzt ein unlauteres Verhalten des Schuldners mehr voraus als die Vornahme der Rechtshandlung in dem Bewusstsein, nicht mehr in der Lage zu sein, alle Gläubiger zu befriedigen. Es soll ein **besonderer Unwert** zu erkennen sein. Demgemäß soll ein unlauteres Handeln bei **gezielter Benachteiligung von Gläubigern** vorliegen, wie sie etwa dann gegeben ist, »**wenn es dem Schuldner in erster Linie darauf ankommt, durch die Befriedigung des Leistungsempfängers andere Gläubiger zu schädigen**«. Hierunter fallen nach der Gesetzesbegründung beispielweise Ausgaben für **flüchtige Luxusgüter** oder das **Abstoßen von Betriebsvermögen**, das zur Aufrechterhaltung des Betriebs unverzichtbar ist, wenn der Schuldner den vereinnahmten **Gegenwert seinen Gläubigern entziehen** will. Die Rechtsprechung sollte zukünftig bewusst sehr **hohe und kaum zu erfüllende Anforderungen** an den Nachweis von Unlauterkeit stellen, um dem Gesetzeszweck zu entsprechen.

Fälle, in denen ein Schuldner **nachweislich** in erster Linie daran interessiert ist, andere **827** **Gläubiger zu schädigen**, dürften in der Praxis äußerst selten sein. Der Anwendungsbereich der Vorsatzanfechtung verengt sich dadurch auf evidente oder besonders krasse Fälle, bei denen der besondere Unwert der angefochtenen Rechtshandlung »**auf der Stirn**« geschrieben ist.

Gemäß § 142 Abs. 2 Satz 1 InsO setzt der für das Bargeschäftsprivileg erforderliche **828** unmittelbare Leistungsaustausch voraus, dass dieser nach der Art der ausgetauschten Leistungen und unter Berücksichtigung der Gepflogenheiten des Geschäftsverkehrs **zeitnah** erfolgt. Nach § 142 Abs. 2 Satz 2 InsO ist der geforderte enge zeitliche Zusammenhang bei der Gewährung von Arbeitsentgelt an einen Arbeitnehmer **stets dann gegeben**, wenn der Zeitraum zwischen Arbeitsleistung und der Gewährung des Arbeitsentgelts **drei Monate nicht übersteigt**.

4. Anfechtung und Insolvenzgeld

Ein Problem kann in Bezug auf den **Anspruch auf Insolvenzgeld** dann entstehen, **829** wenn die Drittzahlung angefochten wurde und die angefochtene Lohnzahlung im dreimonatigen Insolvenzgeldzeitraum gem. § 165 Abs. 1. SGB III liegt.[994] Durch die Drittzahlung wurde der Vergütungsanspruch des Arbeitnehmers gem. § 362 BGB zunächst erfüllt, wodurch ein Anspruch auf Insolvenzgeld bzw. dessen Vorfinanzierung im vorläufigen Insolvenzverfahren deshalb ausgeschlossen ist. Hat die Anfechtung nach Verfahrenseröffnung Erfolg, lebt der Vergütungsanspruch des Arbeitnehmers als »rückständige Lohnzahlung« wieder auf und kann nachträglich über das Insolvenzgeld berücksichtigt werden. Es wird dann sehr wahrscheinlich die **zweimona-**

994 Zum Sonderproblem beim Insolvenzgeld im Zusammenhang mit der Übernahme von Pflegepersonalkosten durch eine Krankenkasse als »Dritter«, vgl. Marquardt, ZInsO 2025, 730 ff.

tige Ausschlussfrist des § 324 Abs. 3 Satz 1 SGB III abgelaufen sein, es sei denn, der Arbeitnehmer hat fristgerecht einen »vorsorglichen« Insolvenzgeldantrag gestellt.

830 Daher wird dem Arbeitnehmer dringend empfohlen, bei Kenntnis von ersten Anhaltspunkten einer **möglichen Anfechtbarkeit**, spätestens aber nach Zugang der Anfechtungserklärung durch den Insolvenzverwalter oder Sachwalter, einen Insolvenzgeldantrag im Rahmen einer Nachfrist gem. § 324 Abs. 3 Satz 2 SGB III zu stellen.

F. Insolvenzanfechtung im Bauvertragsrecht

Schrifttum

S.o. die Literaturangaben in Kap. 1 unter A. Allgemeine Einführung, vor Rdn. 1 und *Bender/Häcker/Schwarz*, Tatsachenfeststellung vor Gericht, 5. Aufl. 2021; *Brand*, Hypothetische Insolvenzanfechtung und § 2 BauFordSiG, ZInsO 2014, 1477; *Christiansen*, Arbeitseilige Bauleistungen in der insolvenzrechtlichen Krise – das »Werthaltigmachen« als selbstständig anfechtbarer Realakt, ZInsO 2013, 1333; *Foerste*, Lösungsklauseln bei Insolvenz im Lichte der BGH-Entscheidung v. 15.11.2012, ZInsO 2015,601; *Ganter*, Die Ausübung unzulässigen wirtschaftlichen Drucks auf den vorläufigen Insolvenzverwalter beim Abschluss zur Fortführung des Schuldner-Unternehmens notwendiger Geschäfte, FS Gerhardt, 2004, S. 237; *Gottwald*, Der unerkannte Baumangel in der Insolvenz, NZI 2005, 538; *Huber*, Vertragsspaltung in der Insolvenz des Auftragnehmers; ZInsO 2005, 449; *ders.*, Insolvenz bei Bauverträgen, in: Messerschmidt/Voit, Privates Baurecht, 3. Aufl. 2018; *ders.*, Gegenseitige Verträge und Teilbarkeit von Leistungen in der Insolvenz, NZI 2002, 467; *ders.*, Unwirksamkeit von insolvenzbedingten Lösungsklauseln – Vertragspraxis, was nun?, ZIP 2013, 493; *ders.*, Das Grundsatzurteil des Baurechtssenats des BGH zur Wirksamkeit der Kündigung nach § 8 II Nr. 1 i.V.m. § 8 II Nr. 2 VOB/B, NZI 2016, 525; *ders.*, Neues Anfechtungsrecht 2017 in InsO und AnfG, ZInsO 2017, 517; *ders.*, Insolvenzanfechtungsrisiko bei Zwangsvollstreckung oder Druckzahlung, FS Wolf, 2011, S. 443; *ders.*, Insolvenzanfechtung bei Direktzahlung im Bauvertragsrecht, FS Fischer, 2008, S. 255; *ders.*, Vorsatzanfechtung einer Direktzahlung auch gegenüber dem Bauherrn in der Insolvenz des Generalunternehmers, NZBau 2008, 737; *ders.*, Inkongruente Deckung und Vorsatzanfechtung, in: FS Kirchhof, 2003, S. 247; *ders.*, Forderungssicherungsgesetz – Neues aus der zivilrechtlichen Reformküche des Gesetzgebers, JuS 2009, 23; *Karrenstein/Sämisch*, Kritik an der jüngeren Rechtsprechung des BGH zur Neuausrichtung der Vorsatzanfechtung, ZRI 2024, 534; *Koenen*, Handbuch Bauinsolvenz, 1. Aufl. 2025; *Mundt*, Die Insolvenzanfechtung bei Stellung einer Bürgschaft nach § 648a BGB, NZBau 2003, 527; *Rohrmüller*, Erfüllungswahl und deren Auswirkungen auf Mängelansprüche für Bauleistungen, NZBau 2007, 145; *Schmitz*, Die Bauinsolvenz, 6. Aufl. 2015; *Steinwachs*, Besonderheiten in der Bauinsolvenz aus Verwalter- und Gläubigersicht, ZInsO 2019, 1393; *Wellensiek/Alexander/Scharfenberg*, Die Bauinsolvenz, 7. Aufl. 2024.

I. Die Bauinsolvenz als besondere Herausforderung für alle Beteiligten

831 Die Bauinsolvenz stellt sowohl aus Insolvenzverwaltungs- als auch aus Gläubigersicht eine enorme tatsächliche wie rechtliche Herausforderung dar. In tatsächlicher Hinsicht sind durch einen Insolvenzverwalter gerade schon bei mittleren Bauinsolvenzen Dutzende von Baustellen aufzunehmen und zu sichern. Weiterhin ist sofort zu versuchen, insb. bei Aufträgen von der öffentlichen Hand, eine Kündigung gem. § 8 Abs. 2 VOB/B zu verhindern. Es bedarf möglichst einer Vereinbarung mit dem

Bankenpool hinsichtlich der eingehenden Gelder, da diese i.a.R. von einer vorhandenen Globalzession umfasst sind. Aber gerade auch im rechtlichen Bereich stellt die Bauinsolvenz eine große Herausforderung dar. So sind der Baurechtssenat (VII. Senat), der Insolvenzrechtssenat (IX. Senat) und schließlich auch noch der Bankrechtssenat (XI. Senat) mit Fragen aus der Bauinsolvenz beschäftigt. Wie man den Entscheidungen doch recht klar entnehmen kann, sieht der jeweils zuständige Senat die Fragestellung und die Beantwortung derselben jeweils aus Baurechts-, Bauinsolvenz- oder Bankrechtsseite.

Dies führt dazu, dass eine rechtliche Unsicherheit bei der Abwicklung einer Bauinsolvenz besteht, die in aller Regel auch noch durch die Möglichkeiten der Insolvenzanfechtung in den unterschiedlichen Rechtsbeziehungen der Beteiligten einen besonderen Risikobereich abbildet. Dieser ist durch die Reform des seit dem 05.04.2017 geltenden neuen Anfechtungsrechts nicht wirklich kleiner geworden und für die Insolvenz der potenziell Beteiligten differenziert zu betrachten. Nur selten sind es auf der vertraglichen Ebene nur zwei Beteiligte, der Bauherr und das Bauunternehmen, vielmehr sind es regelmäßig auch Bauträger, Generalunternehmer, Subunternehmer, Banken und weitere Beteiligte. Der Eintritt der Insolvenz bei einem dieser Beteiligten hat, je nach dem Stand des Bauvorhabens, höchst unterschiedliche Wirkung auf die anderen Beteiligten bei denen sich auch das Insolvenzanfechtungsrecht höchst unterschiedlich auswirkt. 832

Anfechtungsrechtlich spielen in der Bauinsolvenz vor allem die Tatbestände der §§ 130, 131 InsO eine wichtige Rolle, die Rechtshandlungen in den letzten drei Monate vor oder nach dem Insolvenzantrag erfassen. § 131 InsO ermöglicht die erfolgreiche Insolvenzanfechtung von sog. inkongruenten Deckungen, also Verfügungsgeschäften, die der Anfechtungsgegner nicht, nicht in der Art oder nicht zu der Zeit zu beanspruchen hatte. Anfechtbar nach § 131 Abs. 1 Nr. 1 InsO sind auch inkongruente Handlungen im letzten Monat vor dem Insolvenzantrag oder danach, ohne dass es auf weitere objektive oder subjektive Merkmale ankommt. Zeiten rund um den Insolvenzantrag sind anfechtungsrechtlich besonders kritisch, weil zu der Zeit alle potenziell von einer Insolvenz Betroffenen noch versuchen in »letzter Sekunde« zu retten, was noch gerettet werden kann. Für die bauinsolvenzrechtliche Praxis sind zudem die Regelungen der Vorsatzanfechtung nach § 133 InsO von besonderer Bedeutung und haben mit der Verschärfung der Rechtsprechung des BGH vom 06.05.2021[995] nur scheinbar die Situation der potenziell von Anfechtungen betroffenen Beteiligten verbessert, indem die Darlegungs- und Beweislast für den anfechtenden Insolvenzverwalter deutlich verschärft worden ist. Die Kenntnis der drohenden Zahlungsunfähigkeit als Beweisanzeichen für den Gläubigerbenachteiligungsvorsatz allein genügt seitdem nicht mehr, es sei denn, es treten weitere Umstände hinzu. 833

Gegenüber der Rechtslage nach der Konkursordnung (KO) hat der Gesetzgeber der Insolvenzordnung (InsO) 1999 das Anfechtungsrecht im Interesse der Masse zuguns- 834

995 BGH, 06.05.2021 – IX ZR 72/20 = BGHZ 230,38ff.=ZIP 2021, 1447; vgl. dazu auch Stohrer, ZInsO 2023, 121.

ten der Insolvenzverwalter deutlich verschärft, was sich insb. auch bei Insolvenzen im Baubereich immer wieder zeigt. Im Rahmen von Bauinsolvenzen treten in der Praxis immer wieder die nachfolgenden typischen Sachverhalte auf, die vom Insolvenzverwalter näher auf eine insolvenzrechtliche Anfechtbarkeit hin untersucht werden müssen:

- **Vorfällige Zahlungen.** Bei Zahlungen des Insolvenzschuldners an seine Auftragnehmer kann sich eine Anfechtbarkeit daraus ergeben, dass die befriedigten Ansprüche z.B. nicht fällig waren, weil es für Schlusszahlungen an einer prüfbaren Endabrechnung oder für Abschlagszahlungen an den vertraglichen oder gesetzlichen Voraussetzungen des § 632a BGB gefehlt hat. Gerade aber in der Krise sind es die potenziell Betroffenen, die solche vorfälligen Zahlungen verlangen und sich wundern, wenn der Insolvenzverwalter genau diese Zahlungen dann anficht und zurückverlangt.
- **Inkongruente Sicherungen.** Häufig drohen Auftragnehmer dem (kommenden) Insolvenzschuldner mit der Einstellung der Arbeiten, wenn ihre Ansprüche nicht z.B. durch Übereignung von Maschinen, Abtretung von Forderungen zusätzlich gesichert werden. Solche zusätzlichen Sicherungen sind inkongruent, weil der Auftragnehmer auf diese Sicherungen keinen Anspruch hat. Solche Sicherheiten können dann auch im Rahmen von § 648a BGB insolvenzrechtlich anfechtbar sein, weil z.B. eine Abtretung oder Direktzahlung als eine inkongruente Deckung angesehen werden.
- **Inkongruente Befriedigung.** Aus inkongruenten Sicherungen resultieren häufig auch inkongruente Befriedigungen, wenn z.B. ein Drittschuldner (der Schuldner des späteren Insolvenzschuldners) direkt an den Gläubiger des Insolvenzschuldners zahlt oder der Gläubiger die sicherungsübereigneten Gegenstände verwertet.
- **Direktzahlungen gem. § 16 Abs. 6 VOB/B.** Auch nach § 16 Abs. 6 VOB/B grundsätzlich zulässige Direktzahlungen vom Auftraggeber/Besteller an den Subunternehmer können bei diesem zu einer inkongruenten Deckung führen, weil der Subunternehmer gegen den Drittschuldner keinen Anspruch auf diese Leistung hat.
- **Auszahlungen von Baugeld vor Verfahrenseröffnung.** Auch in diesen Konstellationen können sich Anfechtbarkeiten ergeben, die allerdings in der Literatur und Rechtsprechung unterschiedlich diskutiert und gehandhabt werden.

835 Die nachfolgende Darstellung nimmt die unterschiedlichen Beteiligten in den Blick und stellt die jeweiligen Voraussetzungen und Rechtsfolgen der Inanspruchnahme aus anfechtungsrechtlichen Normen für die Beteiligten dar. **Zur Reform des Anfechtungsrechts 2017 vgl. die Darstellung in Kap. 1 Rdn. 59 ff.**

II. Insolvenz des Bauherrn (Auftraggebers, späterer Insolvenzschuldner)

1. Zahlungen des Bauherrn (Auftraggebers/Bestellers) in seiner Krise an Bauunternehmer

836 In der Insolvenz des Bauherrn oder auch des Auftraggebers/Bestellers – des späteren Insolvenzschuldners – ist die stets zu klärende und wichtigste Vorfrage, ob der Bauunternehmer als potenzieller Anfechtungsgegner eine Zahlung von diesem als kon-

gruent oder inkongruent erlangt hat. Kongruent sind alle Zahlungen auf die der Zahlungsempfänger so, zu dieser Zeit und in der vorgenommenen Weise einen Anspruch gehabt hat. Der Zahlungsempfänger bekommt bei einer kongruenten Deckung mithin genau das, was vertraglich geschuldet war, während bei einer inkongruenten Deckung genau dieses Merkmal nicht gegeben ist.

a) Kongruente Befriedigung und Umfang des Bargeschäftsprivilegs

Zahlungen des Bauherrn (zur Abschlagszahlung s.u. Rdn. 840; zur Direktzahlung s.u. 837
Rdn. 860 ff.) für tatsächlich bereits erbrachte Bauleistungen sind grds. kongruent und nicht nach § 130 InsO anfechtbar, wenn ein Bargeschäft i.S.d. § 142 InsO vorliegt. Das setzt voraus, dass für die Zahlung unmittelbar (= innerhalb von 30 Tagen) eine gleichwertige Gegenleistung (die Bauleistung) in sein Vermögen gelangt ist (näher zu den Voraussetzungen des Bargeschäfts nach bisherigem und neuem Recht s.o. Rdn. 809 ff.). Dann käme nur eine Vorsatzanfechtung nach § 133 Abs. 1 InsO in Betracht (s.u. Rdn. 845 f.). Ein Bargeschäft setzt aber neben dem unmittelbaren und gleichwertigen Leistungsaustauschs begrifflich auch die Kongruenz der Deckung voraus. Diese fehlt aber im Fall der Erbringung einer Leistung, die so nicht geschuldet war – weshalb dann eine Inkongruenzanfechtung trotz des Vorliegens eines unmittelbaren und gleichwertigen Leistungsaustauschs (scheinbares Bargeschäft) dadurch nicht ausgeschlossen wird.[996]

b) Inkongruente Befriedigung

Zahlungen des späteren Insolvenzschuldners als Bauherr/Auftraggeber/Besteller) sind 838
inkongruent, wenn der Bauunternehmer durch ihn etwas erhält, was er nicht, nicht in der Art oder nicht zu der Zeit zu beanspruchen hatte (praxistypisches *Beispiel*: Auf Veranlassung des Bauherrn [späterer Insolvenzschuldner] zahlt bei Fälligkeit ein Dritter, z.B. dessen eigener Schuldner). In diesem Fall erhält der Bauunternehmer eine inkongruente Befriedigung, denn auf die Zahlung eines Dritten hatte er keinen Anspruch. In diesem Fall hilft ihm auch nicht die Tatsache eines unmittelbaren und gleichwertigen Leistungsaustausches i.S.e. Bargeschäfts, weil dieses – wie dargelegt – Kongruenz im Leistungsaustausch voraussetzt.

Inkongruent ist nach höchstrichterlicher Rechtsprechung auch eine **Befriedigung** 839
durch Druckzahlung, die auch im Bauvertragsrecht vorkommen kann, und zwar in folgenden zwei Varianten.[997] Erfasst wird einmal die scheinbar »freiwillige« Leistung zur Abwendung einer angedrohten Zwangsvollstreckung, wenn also *bspw.* der Bauunternehmer mit der zwangsweisen Beitreibung des über seine Abschlagsrechnung erlangten (wenigstens vorläufig vollstreckbaren) Titels droht und daraufhin gezahlt wird. Zum andern gehört hierher die scheinbar »freiwillige« Zahlung zur Abwendung eines angedrohten Insolvenzantrags. In subjektiver Hinsicht (§ 130 Abs. 2 InsO) lässt

996 BGH, 10.05.2007 – IX ZR 146/05, ZInsO 2007, 662 Rn. 10; dazu Huber, EWiR 2007, 471.

997 Huber, in: Messerschmidt/Voit, Privates Baurecht, Syst. Teil R, Rn. 91, 94 ff.

es die wiederholte Vorsprache des – kurz danach eine Zahlung erhaltenden – Unternehmers beim Bauherrn unmittelbar vor dessen Insolvenzantrag als nicht fernliegend erscheinen, dass der Unternehmer von der Krise des Bestellers Kenntnis erlangt und sich durch eine in Aussicht gestellte erhebliche Abschlagszahlung auf bereits erbrachte Bauleistungen zur Weiterarbeit hat bewegen lassen.[998] Ohne ausdrückliche Erklärung des Bauherrn/Bestellers zur eigenen finanziellen Krise sind Rückschlüsse des Unternehmers auf eine Zahlungsunfähigkeit nur auf der Basis von Indizien möglich. Dazu kann monatelanges Schweigen auf Mahnungen für unstreitige Rechnungsforderungen ebenso gehören, wie sich auf der Baustelle oder durch vor Ort tätige Mitarbeiter herumsprechende Liquiditätsprobleme des Bauherrn sein.[999]

c) Abschlagszahlungen

840 Abschlagszahlungen sind grds. kongruent, weil darauf ein Anspruch besteht, wie für den BGB-Bauvertrag aus § 632a BGB und für den VOB-Bauvertrag aus § 16 Nr. 1 Abs. 1, 2 VOB/B folgt; auch insoweit besteht das Bargeschäftsprivileg. Inkongruenz der Befriedigung besteht aber nicht nur unter den schon genannten Voraussetzungen, sondern auch dann, wenn den Abschlagszahlungen keine prüfbare Abrechnung zugrunde lag.[1000] Letzteres lässt sich in der Praxis oft beobachten, weil eine Abschlagsrechnung *bspw.* in einer sich abzeichnenden Krise des Bauherrn erfahrungsgemäß nicht ebenso sorgfältig erstellt wird wie eine Schlussrechnung. Inkongruenz besteht auch – wie soeben dargelegt – im Fall einer Druckzahlung. Erklärt der später insolvente Bauherr zunächst, aufgrund angespannter Liquidität nicht bezahlen zu können und leistet – unter dem Eindruck massiver Mahnungen des Unternehmers – innerhalb der letzten drei Monate vor seinem Insolvenzantrag gleichwohl, so kann eine darauf gestützte Anfechtung nach § 130 Abs. 1 InsO erfolgreich sein.[1001]

d) Befriedigung durch vorläufigen Insolvenzverwalter

841 Bei dem im Eröffnungsverfahren nach § 22 Abs. 2 Satz 1 Nr. 1 InsO bestellten vorläufigen Insolvenzverwalter unterscheidet man **begrifflich** zwischen einem starken (oder nach neuerem Sprachgebrauch[1002]) »alleinbestimmenden« und einem schwachen (oder nach neuerem Sprachgebrauch) »mitbestimmenden« vorläufigen Insolvenzverwalter; im Folgenden werden die traditionellen Begriffe verwendet. Unabhängig davon gilt zur Sache:

998 BGH, 20.06.2002 – IX ZR 177/99, IBR 2003, 305 = ZInsO 2002, 721.
999 BGH 06.07.2017 – IX ZR 178/16, ZInsO 2017, 1881; BGH 08.10.1998 – IX ZR 337/97, ZInsO 1998, 395.
1000 BGH, 20.06.2002 – IX ZR 177/99, ZInsO 2002, 721.
1001 OLG Brandenburg, 16.01.2008 – 7 U 95/07, IBR 2010, 1670 = WKRS 2008, 10831; Zurückweisung der Nichtzulassungsbeschwerde durch BGH, 15.04.2010 – IX ZR 35/08 = WKRS 2010, 14537.
1002 BGH, 28.06.2012 – IX ZR 219/10, BGHZ 194, 1 = ZInsO 2012, 1566.

Zahlungen durch einen **starken** vorläufigen Insolvenzverwalter, auf den die Verwaltungs- und Verfügungsbefugnis übergegangen ist (§ 21 Abs. 2 Nr. 2, 1. Alt., § 22 Abs. 1 Satz 1 InsO), sind wegen der Wirkung des § 55 Abs. 2 InsO unanfechtbar. Entsprechendes gilt, wenn ein schwacher vorläufiger Insolvenzverwalter im Einzelfall mit Zustimmung des Insolvenzgerichts eine Masseverbindlichkeit begründen kann,[1003] was in der Praxis des Bauvertragsrechts hinsichtlich einzelner Bauvorhaben durchaus häufig vorkommt, weil mit einer Einstellung der Bautätigkeit oftmals auch der Betrieb insgesamt zusammenbricht und Fortführungsaussichten nicht mehr bestehen. 842

Zahlungen des Schuldners mit Zustimmung des **schwachen** vorläufigen Insolvenzverwalters (§ 22 Abs. 2 Satz 1 Nr. 2, 2. Alt. InsO) – dem also auch keine Einzelermächtigung erteilt wurde – sind demgegenüber grds. auch dann anfechtbar, wenn der vorläufige mit dem späteren Insolvenzverwalter personengleich ist. Typisch für die Baupraxis sind die Fälle, in denen der schwache vorläufige Insolvenzverwalter der Abrede zwischen Bauherrn (Insolvenzschuldner) und Bauunternehmer zur Bezahlung einer **Altforderung** zustimmt, weil sich Letzterer ansonsten geweigert hätte, eine zur Unternehmensfortführung notwendige Leistung zu erbringen.[1004] Solche Sachverhalte werden über § 132 InsO gelöst, also durch Anfechtung der schuldrechtlichen Vereinbarung als unmittelbar nachteilige Rechtshandlung mit der Folge, dass sich der Gläubiger auf die dinglichen Wirkungen der Erfüllungshandlung nicht berufen darf.[1005] Die Zahlung könnte ggf. auch wegen **evidenter Insolvenzzweckwidrigkeit** zumindest dann als nichtig anzusehen sein, wenn sie nicht wirtschaftlich zwingend für die Fortführung geboten war, sondern die Gewährung eines Vorteils im Vordergrund stand; Voraussetzung dafür ist aber ein objektiver Verstoß gegen das Prinzip der gleichmäßigen Gläubigerbefriedigung (par conditio creditorum), der für einen verständigen Betrachter ohne Weiteres ersichtlich ist.[1006] 843

Bei anderen Sachverhalten – die also nicht die Zahlung von Altverbindlichkeiten zum Gegenstand haben – scheidet eine Insolvenzanfechtung aber aus, wenn der schwache vorläufige Insolvenzverwalter einen **schutzwürdigen Vertrauenstatbestand** geschaffen hat, der andere also damit rechnen durfte, ein nicht mehr entziehbares Recht errungen zu haben.[1007] Der daraus folgende Einwand aus § 242 BGB greift aber grds. nicht durch, wenn die Rechtshandlung schon »unter dem Vorbehalt der Rückforderung und/oder Anfechtung« gestellt wurde,[1008] weshalb sich ein solcher Vorbehalt für einen vorläufigen Insolvenzverwalter immer empfiehlt. Einen schutzwürdigen Vertrauens- 844

1003 Möglich nach BGH, 18.07.2002 – IX ZR 195/01, BGHZ 151, 353, 358, 363 = ZInsO 2002, 819; dazu Haarmeyer/Pape, ZInsO 2002, 845.

1004 Näher Huber, in: Messerschmidt/Voit, Privates Baurecht, Syst. Teil R, Rn. 92.

1005 Vgl. die Fallgestaltung bei BGH, 13.03.2003 – IX ZR 64/02, BGHZ 154, 190, 193 = ZInsO 2003, 417. Dazu Huber, EWiR 2003, 719; Ganter, in: FS Gerhardt, S. 237 ff.

1006 BGH, 20.03.2008 – IX ZR 68/06, ZIP 2008, 884.

1007 BGH, 29.11.2007 – IX ZR 165/05, ZInsO 2008, 209 Rn. 30. Zuvor schon grundsätzlich BGH, 15.12.2005 – IX ZR 156/04, BGHZ 165, 283; diese Rechtsprechungslinie wurde ausdrücklich bestätigt in BGH, 10.01.2013 – IX ZR 161/11, ZInsO 2013, 551 Rn. 17.

1008 BGH, 09.07.2009 – IX ZR 86/08, ZInsO 2009, 1585 Rn. 42.

tatbestand begründet der vorläufige Verwalter in der Regel aber dann, wenn er Verträgen vorbehaltlos zustimmt, die der Schuldner mit dem Gläubiger nach Anordnung von Sicherungsmaßnahmen geschlossen und in denen er im Zusammenhang mit an das Schuldnerunternehmen zu erbringenden Leistungen des Gläubigers Erfüllungszusagen für Altverbindlichkeiten gegeben hat.[1009]

2. Vorsatzanfechtung von Zahlungen des Bauherrn außerhalb der Krise

845 War die dem Bauunternehmer gewährte Befriedigung **kongruent**, so schließt das zwar nach höchstrichterlicher Rechtsprechung eine Vorsatzanfechtung nicht generell aus, wie im übrigen schon aus dem Wortlaut des § 142 InsO bzw. (Neufassung) § 142 Abs. 1 InsO folgt; sie wird aber in der Praxis jedenfalls an der zweiten Hälfte des subjektiven Tatbestands, nämlich an der insoweit erforderlichen Kenntnis des Bauunternehmers vom Gläubigerbenachteiligungsvorsatz des Schuldners scheitern, wobei im Anfechtungsrecht 2017 die zusätzlichen Verschärfungen wegen des neuen § 133 Abs. 2 und 3 InsO gelten; bei der Neufassung kommt noch zusätzlich die Verschärfung wegen des Merkmals »unlauter« hinzu. Die Problemlage entspricht der bei der Anfechtbarkeit von rückständigen Lohnzahlungen, weshalb auf die Erörterungen dazu Bezug genommen werden kann (s.o. Kap. E Rdn. 824, 813 ff.). Nach neuem Recht ist damit eine **Vorsatzanfechtung praktisch ausge**schlossen.

846 Bei einer **inkongruenten Deckung** (s.o. Kap. E Rdn. 817; zur Direktzahlung s.u. Rdn. 860 ff.) gibt es in aller Regel kein Entrinnen aus der Anfechtungsfalle wegen der dann einschlägigen Indizregel. Allerdings kann das aus einer Inkongruenz folgende Beweisanzeichen (ausführlich zur Bedeutung von Indiztatsachen und ihre Bewertung im Anfechtungsprozess s.u. Kap. 7 Rdn. 84 ff.) dann entkräftet sein, wenn die Wirkung der Handlung (also der Eingang der Zahlung) zu einer Zeit eintritt, zu der aus Sicht des Empfängers keine ernstlichen Zweifel an der Liquidität des Schuldners zu bestehen brauchten;[1010] erforderlich ist dazu freilich eine sorgfältige tatrichterliche Gesamtwürdigung.[1011] Hier gelten die gleichen Maßstäbe wie bei inkongruent erlangten Abschlagszahlungen, sodass insoweit auf Rdn. 839, 840 verwiesen werden kann.

3. Sicherheitenbestellung des Bauherrn

a) Grundsätze

847 In der Praxis wie in der Rechtsprechung finden sich mitunter für Bauinsolvenzen typische Sachverhalte, in denen Gläubiger (Bauunternehmer, Nachunternehmer, Lieferanten) vom Schuldner in der Endphase vor der förmlichen Antragstellung zwar keine Zahlungen, aber zusätzliche Sicherheiten wie die Abtretung von Forderungen gegen Dritte verlangen und vielfach auch erhalten. Unanfechtbar sind in diesen

---

1009 BGH, 10.01.2013 – IX ZR 161/11, ZInsO 2013, 551 Rn. 18.
1010 BGH, 05.06.2008 – IX ZR 163/07, ZInsO 2008, 811 Rn. 19.
1011 BGH, 18.03.2010 – IX ZR 57/09, ZInsO 2010, 807 Rn. 18. Näher zur Indizbewertung durch den Tatrichter Huber, in: FS Kirchhof, S. 247, 255 ff.; ders., ZInsO 2012, 53 ff.

Konstellationen nur Sicherheiten, zu deren Bestellung der Auftraggeber nach den ursprünglichen Vereinbarungen im Bauvertrag verpflichtet war. Erforderlich ist aber stets eine **konkrete Sicherungsvereinbarung**, ein nur allgemeiner Sicherstellungsanspruch eröffnet hingegen auch für diesen Fall die Inkongruenzanfechtung.

Insbesondere nachträgliche, also nicht vertraglich geschuldete, **Abtretungen** stellen 848
regelmäßig eine inkongruente Deckung da, weil dem Gläubiger einer Leistung oder Sicherung gewährt wird, die er »nicht in der Art« (§ 131 Abs. 1 InsO) verlangen konnte, denn der Gläubiger hat gegen den späteren Insolvenzschuldner einen Anspruch auf Zahlung, nicht aber auf Abtretung von Forderungen gegenüber einem Dritten. Erfolgt die Abtretung gar im letzten Monat vor der Eröffnung des Insolvenzverfahrens oder nach diesem Antrag, so führt allein die Inkongruenz zu einer erfolgreichen Anfechtung, ohne dass es weiterer objektiver oder subjektiver Merkmale bedarf (§ 131 Abs. 1 Nr. 1 InsO). Erfolgt die Abtretung vor dem für § 131 InsO maßgeblichen Drei-Monats-Zeitraum, bleibt dem Verwalter nach der seit dem 05.04.2017 geltenden Fassung des § 133 InsO für Deckungshandlungen die bis maximal 4 Jahre vor den Insolvenzantrag zurückgreifende Anfechtung nach § 133 Abs. 1, 2 InsO. Bei beengten finanziellen Verhältnissen ist die Inkongruenz aber auch weiterhin wesentliches Indiz für den Benachteiligungsvorsatz. Die Neuausrichtung der Vorsatzanfechtung in § 133 InsO hingegen betrifft kongruente Deckungshandlungen.

Jede **nachträgliche Besicherung** durch den Bauherrn für seine Verbindlichkeiten aus dem Bauvertrag ist zwar eine entgeltliche Leistung, kann also nicht gem. § 134 angefochten werden.[1012] Da aber kein Anspruch auf die Besicherung bei Abschluss des Bauvertrages bestand, erlangt sie der Bauunternehmer inkongruent. Sie unterliegt folglich der Anfechtung nach § 131 InsO und darüber hinaus nach der Indizregel der Vorsatzanfechtung, wobei allerdings gem. § 133 Abs. 2 InsO die verkürzte Anfechtungsrecht zu beachten ist (s.o. Rdn. 846).

b) Bauhandwerkersicherungshypothek, § 650d (früher 648) BGB

Insoweit muss man unterscheiden: Bei **Bewilligung** durch den Bauherrn liegt eine 849
kongruente Sicherung vor, richtet sich die Anfechtung also nach § 130 InsO. Hat sie der Bauunternehmer – wie in der Praxis regelmäßig – durch **einstweilige Verfügung** erlangt, so handelt es sich um eine Sicherung im Wege der Zwangsvollstreckung, die der inkongruenten Deckungsanfechtung nach § 131 InsO unterliegt. Wurde das Sicherungsrecht im Zeitraum von einem Monat vor bzw. nach dem Insolvenzantrag erlangt, wird es gem. § 88 Abs. 1 InsO mit der Insolvenzeröffnung automatisch unwirksam, ohne dass es insoweit einer Anfechtung bedurfte; in der Verbraucherinsolvenz beträgt die Frist nach Abs. 2 der Vorschrift 3 Monate (ebenso wie früher im inzwischen aufgehobenen § 312 Abs. 1 Satz 2 InsO). Trotz der Inkongruenz im Fall der Erlangung durch eine einstweilige Verfügung droht aber keine Vorsatzanfechtung; denn die Sicherung wurde durch eine Zwangsvollstreckungshandlung des Gläubigers

1012 BGH, 01.06.2006 – IX ZR 159/06, ZInsO 2006, 771 Rn. 11.

erwirkt, folglich fehlt es an der für eine Vorsatzanfechtung (vgl. Wortlaut des § 133 Abs. 1 Satz 1 InsO) erforderlichen Rechtshandlung des Schuldners.[1013]

c) Bauhandwerkersicherung, § 650e (früher 648a) BGB

850 Die Stellung einer Bauhandwerkersicherung aufgrund des Verlangens des Bauunternehmers nach § 648a a.F. war bis zum Inkrafttreten des Forderungssicherungsgesetzes zum 01.01.2009 inkongruent, weil die a.F. keinen Anspruch, sondern nur ein Leistungsverweigerungsrecht gewährte. Seit der Gesetzesänderung ist sie aber kongruent.[1014] Ein Anfechtungsrisiko nach § 130 InsO besteht folglich nur, wenn der Bauherr im Zeitpunkt der Sicherheitenbestellung objektiv zahlungsunfähig war und der Bauunternehmer das wusste.

851 Das zuvor erörterte Problem einer Vorsatzanfechtung trotz Kongruenz der Deckung stellt sich hier ausnahmsweise von vornherein nicht. Nach der früheren Rechtslage war nämlich die Bauhandwerkersicherung – wie dargelegt – zwar inkongruent, jedoch ließ sich schon damals aus dieser Inkongruenz kein hinreichendes Beweisanzeichen für die Anwendung der Indizregel herleiten.[1015] Daraus folgt im Umkehrschluss: Schied nach der für den Insolvenzverwalter günstigeren alten Rechtslage schon eine Vorsatzanfechtung aus, so muss das erst recht für die neue Rechtslage gelten, die von Gesetzes wegen die Kongruenz der Sicherung hergestellt hat; sonst wäre die kongruente Sicherung in größerem Umfang anfechtbar als die inkongruente. Im Anfechtungsrecht 2017 gilt das wegen des neuen § 133 Abs. 3 InsO erst recht.

d) Umgehungstatbestände

852 In der sich abzeichnenden oder bereits eingetretenen Krise eines Baubeteiligten werden vielfach kreative und teilweise auch überaus fantasievolle Vorgehensweisen gewählt, um das Anfechtungsrisiko zu mindern oder auch ganz auszuschließen. Allerdings hat die Rechtsprechung diesen Varianten – wenn auch mit zeitlicher Verzögerung – durchweg einen Riegel vorgeschoben. Gleichwohl sollen sie nachfolgend zumindest kursorisch dargestellt und vor ihrer Anwendung zugleich gewarnt werden, denn schon die Anwendung scheinbar schlauer, trickreicher Varianten serviert in aller Regel dem Insolvenzverwalter den Benachteiligungsvorsatz auf dem Silbertablett:

– Kauf von werthaltigen Gegenständen (zu oft überhöhten Kaufpreisen) vom späteren Insolvenzschuldner und anschließende Aufrechnung mit Gegenforderungen, die den Rang einfacher Insolvenzforderungen haben. Im Vordergrund steht die Übereignung des (überhöht bewerteten) Gegenstands an den Gläubiger, den dieser dann verwertet, um zumindest eine Teilbefriedigung zu erlangen. Schon die Herstellung der Aufrechnungslage ist anfechtbar.[1016] Der Käufer muss sich auch an

1013 Ausführlich zur grundsätzlichen Unanfechtbarkeit von Zwangsvollstreckungshandlungen Huber, GS Wolf, S. 443, 446, 451 ff.

1014 Näher zur Gesetzesänderung durch das FoSiG vgl. Huber, JuS 2009, 23, 24 f.

1015 BGH, 18.11.2004 – IX ZR 299/00, ZInsO 2004, 439.

1016 BGH, 22.04.2004 – IX ZR 370/00, ZInsO 2004, 739.

einem überhöhten Kaufpreis festhalten lassen und diesen in die Insolvenzmasse zahlen.
- Bezahlung durch Weitergabe von Kundenschecks des Bauherren für andere Bauvorhaben. Regelmäßig als inkongruente Erfüllung anfechtbar.[1017] Anders zu beurteilen, wenn eine unanfechtbare Vereinbarung schon mehr als 3 Monate vor dem Insolvenzantrag getroffen worden ist.[1018]
- Nachträgliche Sicherungsübereignungen von schuldnereigenen Gegenständen. Anfechtbar als inkongruente Deckungen (§ 131 Abs. 1 Nr. 2InsO) bzw. auch über die Vorsatzanfechtung nach § 133 Abs. 2 InsO.[1019]
- Zahlung von Vorschüssen auf Abschlagsrechnungen, nachdem Schlussrechnungsreife eingetreten ist.[1020]
- Im Krisenzeitraum entstandene Pfandrechte von Sparkassen und Banken aufgrund der jeweiligen AGB. Nach Ansicht des BGH eine inkongruente Deckung und anfechtbar nach § 131 InsO, wobei es regelmäßig auch an der notwendigen Konkretisierung der Pfandgegenstände fehlt.[1021]

Im Ergebnis ist sehr deutlich auf das Risiko hinzuweisen, das jeder Lösung mit Abtre- 853
tungen, Direktzahlungen, Nachbesicherungen etc. anhaftet, wenn eine darauf gerichtete Vertragsänderung oder faktische Änderung zu einem Zeitpunkt erfolgt, zu dem die erste Leistung des Unternehmers oder des Bestellers bereits erbracht ist. Sobald der Unternehmer mit den Bauarbeiten begonnen oder der Besteller eine Abschlags- oder Vorauszahlung erbracht hat, sind entsprechende begünstigende Vertragsänderungen stets mit dem Risiko der Anfechtbarkeit belastet.[1022]

III. Insolvenz des Bauunternehmers (Auftragnehmers, späterer Insolvenzschuldner)

1. Grundsätze

Auch in der Krise bzw. der drohenden Insolvenz des mit der Ausführung beauftragten 854
Bauunternehmens kennt die Kreativität und/oder auch die Rücksichtslosigkeit der potenziell Betroffenen kaum Grenzen. Wer noch die Bilder großer Bauinsolvenzen wie z.B. »Philipp Holzmann« oder »Walter Bau« vor Augen hat, bei denen am Vortag oder auch noch am Tag der Antragstellung von Subunternehmen, Lieferanten etc. alles Werthaltige von den Baustellen »abgeholt« wurde, wird verstehen, warum gerade diese Gegenstände heute auf Baustellen besonders gesichert aufbewahrt oder arbeitstäglich von den Bauausführenden mitgenommen und nicht zurückgelassen

1017 BGH, 14.05.2009 – IX ZR 63/08, ZInsO 2009, 1254.
1018 BGH, 14.05.2009 – IX ZR 63/08, ZInsO 2009, 1254 Rn. 11.
1019 OLG München, 09.02.2021 – 5 U 6404/20, WKRS 2021, 11513 = NZI 2021, 540 = ZInsO 2021, 662.
1020 BGH, 13.04.2006 – IX ZR 158/05 = BGHZ 167, 190, ZInsO 2009, 1196.
1021 BGH, 13.04.2006 – IX ZR 127/05, WKRS 2007, 15773 = NZI 2007, 337.
1022 Vgl. dazu die beispielhafte Darstellung bei Wellensiek/Alexander/Scharfenberg, Die Bauinsolvenz, Rn. 1043 ff.

werden. In solchen Zeiten erhält dann auch die Redewendung »Not kennt kein Gebot« ihre ganz spezifische Bedeutung und geht auch weit hinein in die Versuche, die eigene Rechtsstellung oder Sicherung auch durch (regelmäßig rückdatierte) vertragliche Gestaltungen oder besonders kreativer Umwege zu verbessern, die dann vom nachfolgenden Insolvenzverwalter im Wege der Prüfung und anfechtungsrechtlichen Aufarbeitung akribisch nachverfolgt und rückgefordert werden. Im Vordergrund steht auch in diese Konstellationen zunächst die Unterscheidung zwischen kongruenten und inkongruenten Rechtshandlungen, sei es zu Gunsten des um die Fertigstellung fürchtenden Bauherren oder der um ihre Forderungen bangenden Subunternehmen, Lieferanten etc.

a) Inkongruente Deckungsanfechtung

855 Inkongruent erlangt hat der Bauherr und haben alle anderen Gläubiger Verbesserungen in ihrer Rechtsstellung, auf die sie nach dem zugrunde liegenden Bauvertrag keinen Anspruch hatten, bspw. auf einen nachträglich eingeräumten Sicherungseinbehalt, auf eine Erhöhung der Sicherheitseinbehaltssumme, den nachträglichen Austausch von Sicherheiten; insoweit gelten die in der Insolvenz des Bauherrn/Auftraggebers zuvor angestellten Erörterungen entsprechend auch für diese umgekehrte Fallgestaltung.

b) Unmittelbar nachteilige Rechtshandlung

856 Der Insolvenzanfechtung unterliegen auch Vereinbarungen im Bauvertrag, wenn sie eine unmittelbar nachteilige Rechtshandlung i.S.d. § 132 InsO enthalten. Besonders kritisch ist diese Anfechtbarkeit, wenn der Bauunternehmer eine **nahestehende Person** i.S.d. § 138 InsO ggü. dem Bauherrn ist (vgl. zum weiten Kreis der als nahestehend betrachteten natürlichen und juristischen Personen die Kommentierung zu § 138). In diesen Fallkonstellationen kommt dann auch die besondere **Vorsatzanfechtung nach § 133 Abs. 4 InsO** im 2-jährigen Anfechtungszeitraum in Betracht, und zwar unter erleichterten Voraussetzungen, weil der Insolvenzverwalter für diesen Fall nur die Entgeltlichkeit des Vertrages (die als Bauvertrag zwischen den Beteiligten nicht streitig sein wird) sowie die unmittelbare Gläubigerbenachteiligung zu beweisen hat, während der subjektive Tatbestand vermutet wird. Diese Regelung war früher in § 133 Abs. 2 InsO enthalten, der nur aus redaktionellen Gründen (unverändert) nach hinten verschoben wurde und nunmehr solche »Näheverhältnisse« gerade im Baubereich einem hohen Anfechtungsrisiko unterwirft. Die Ausschlussfrist für Vertragsgestaltungen die früher als 2 Jahre vor dem Insolvenzantrag gestellt worden sind, ist ein wesentlicher Treiber für die immer wieder in der Praxis vorkommende Rückdatierung entsprechender Vereinbarungen, die allerdings regelmäßig einer Überprüfung nicht standhalten und dann ggf. auch in eine strafrechtliche Verfolgung der Beteiligten mündet.

c) Werthaltigmachen einer sicherungshalber abgetretenen Werklohnforderung

857 Banken lassen sich zur Absicherung ihrer Forderungen, die aus ihrer ständigen Geschäftsbeziehung mit Bauunternehmen stammen, regelmäßig im Wege der Globalzession alle gegenwärtigen und künftigen Forderungen aus Lieferungen und Leistungen abtre-

ten. Anfechtungsrechtliche Probleme ergeben sich nicht nur aus dem darin liegenden Erwerb zukünftiger Forderungen, sondern insb. auch um die Werthaltigmachung dieser Forderungen. Das Werthaltigmachen künftiger Forderungen aus einer Globalzession ist als selbstständige Rechtshandlung anfechtbar, wenn es dem Vertragsschluss zeitlich nachfolgt.[1023] Ein in der Praxis ganz wichtiger Anwendungsfall dazu ist das Werthaltigmachen einer sicherungshalber abgetretenen Werklohnforderung durch den Bauunternehmer als späteren Insolvenzschuldner oder dessen schwachen vorläufigen Insolvenzverwalter, wenn also in kritischer Zeit das Bauwerk (weiter) ausgeführt und dadurch Werklohn verdient wird, der von der Vorausabtretung erfasst ist. Anfechtbar sind demnach Erfüllungshandlungen wie die Herstellung eines Werks, aber auch die Übergabe einer Kaufsache oder die Erbringung von Dienstleistungen. Derartige vom Schuldner veranlasste Maßnahmen führen die Fälligkeit der Vergütung herbei oder räumen eine Leistungsverweigerungsrecht des Vertragspartners z.B. aus § 320 BGB aus. Dadurch gewinnt die Forderung für den Globalzessionar an Wert. Auch insoweit kommt daher – gemäß den Grundsätzen für die Globalzession[1024] – eine kongruente Deckungsanfechtung in Betracht, die aber kein privilegiertes Bargeschäft enthält, weil die Voraussetzungen eines Bargeschäfts bezüglich künftiger, von der Globalzession erfasster Forderungen in der Regel nicht gegeben ist.[1025] Zwar wird in solchen Fällen der Insolvenzverwalter regelmäßig die durch die Globalzession begünstigte Bank in Anspruch nehmen, ein Anfechtungsrisiko besteht aber auch für den Bauherrn, weil beide gemeinsam als Gesamtschuldner haften.[1026] Abzustellen ist für die Werthaltigmachung nicht auf den Zeitpunkt der finalen mangelfreien Fertigstellung, sondern auf eine an den einzelnen Arbeiten als anfechtungsrechtlichen Realakten ansetzende Betrachtung.[1027] Wählt der Verwalter nach Eröffnung des Insolvenzverfahrens bei einem beiderseits noch nicht vollständig erfüllten Vertrages die Erfüllung oder schließt er nach Eröffnung einen neuen Bauvertrag ab, stehen die daraus erwachsenden Vergütungsansprüche wegen §§ 91 Abs. 1. 103, 105 S. 1 InsO allein der Masse, nicht aber einem Globalzessionar zu.[1028]

1023 Näher dazu Huber, in: Messerschmidt/Voit, Privates Baurecht, Syst. Teil R Rn. 103 ff.

1024 Grundsatzurteil: BGH, 29.11.2007 – IX ZR 30/07, BGHZ 174, 297 = ZInsO 2008, 91.

1025 BGH, 14.02.2013 – IX ZR 94/12, ZInsO 2013, 492; BGH, 26.11.2008 – IX ZR 144/05, ZInsO 2008, 801; BGH, 29.11.2007 – IX ZR 30/07, ZInsO 2008, 91: Erbringung von Bauleistungen durch die Schuldnerin = Bauunternehmerin. Andere praxistypische Variante: Auslieferung der im Rahmen eines Werklieferungsvertrags (§ 651 BGB) hergestellten beweglichen Sache.

1026 BGH, 29.11.2007 – IX ZR 165/05, ZInsO 2008, 209.

1027 BGH, 14.02.2013 – IX ZR 94/12, ZInsO 2013, 492; OLG Hamburg, 24.10.2012 – 1 U 80/11, ZInsO 2013, 390.

1028 BGH, 29.11.2007 – IX ZR 165/05, ZInsO 2008, 209; BGH 11.05.2006 – IX ZR 247/03, ZInsO 2006, 708.

2. Anfechtungsrisiko bei »Ziehen der Lösungsklausel« des § 8 Abs. 2 Nr. 1 VOB/B

858 Die genannte Vorschrift lautet: *»Der Auftraggeber* (Sprachgebrauch hier: Bauherr) *kann den Vertrag kündigen, wenn der Auftragnehmer* (hier: Bauunternehmer) *seine Zahlungen einstellt, von ihm oder zulässigerweise vom Auftraggeber oder einem anderen Gläubiger das Insolvenzverfahren (§§ 14 und 15 InsO) bzw. ein vergleichbares gesetzliches Verfahren beantragt ist, ein solches Verfahren eröffnet wird oder dessen Eröffnung mangels Masse abgelehnt wird«.* Die damit eröffnete Problemlage ist dreigeteilt: Man muss unterscheiden zwischen der materiell-rechtlichen (AGB-rechtlichen) und der insolvenzrechtlichen (vgl. § 119 InsO) Wirksamkeit sowie der Anfechtbarkeit (§§ 129 ff. InsO). Wegen der Einzelheiten wird auf den späteren Abschnitt über anfechtbare Vertrags- und Prozessverhältnisse verwiesen (s.u. Kap. 7 Rdn. 21 ff.); dort sind auch die beiden Grundsatzurteile zum einen des IX. ZS des BGH (Insolvenzsenat) zur **Un**wirksamkeit einer insolvenzbedingten Lösungsklausel und zum anderen des VII. ZS des BGH (Baurechtssenat) zur **Wirksamkeit** des Kündigungsrechts des Bauherrn nach § 8 Abs. 2. VOB/B erörtert (s.u. Kap. 7 Rdn. 28 ff.).

3. Abfindungsvergleich über (angebliche) Mängel der Bausache

859 Ein (unangemessener) Abfindungsvergleich zwischen dem (später insolventen) Bauunternehmer, der ein nachbesserungsbedürftiges Werk abgeliefert hat, und dem Bauherrn über die Höhe des geschuldeten Werklohns kommt in der Praxis häufig vor; regelmäßiger Inhalt ist die Ermäßigung der Rest-Werklohnforderung gegen Verzicht auf Nachbesserung. Das kann insb. dann als inkongruentes Deckungsgeschäft anfechtbar sein, wenn der Umfang des Forderungsverzichts des Schuldners ein Mehrfaches des Aufwandes für die ausstehende Mängelbeseitigung beträgt.[1029] Solche Handlungsweisen werfen allerdings dann eine Vielzahl von Problemen auf, v.a., wenn die Vereinbarung im Rahmen eines Prozessvergleichs vor Gericht getroffen wurde. Wegen der Einzelheiten wird auf die späteren Erörterungen verwiesen (s.u. Kap. 7 Rdn. 33 ff.).

IV. Anfechtbarkeit bei Direktzahlung des Bauherrn an den Subunternehmer des später insolventen Generalunternehmers

1. Ausgangslagen

a) Struktur des baurechtlichen Dreiecksverhältnisses

860 Ausgangspunkt sind die beiden rechtlich voneinander unabhängigen, wenn auch tatsächlich zwangsläufig eng miteinander verknüpften Bauverträge nach BGB bzw. VOB/B, nämlich einerseits der zwischen Bauherr und Generalunternehmer und andererseits der zwischen Letzterem und seinem Subunternehmer. Obgleich der Leistungsaustausch grds. nur im jeweiligen Verhältnis erfolgt und erfolgen kann, zahlt der Bauherr oft auf Verlangen des Generalunternehmers direkt an dessen Gläubiger, den

---

1029 BGH, 13.05.2004 – IX ZR 128/01, ZInsO 2004, 803.

Subunternehmer, weil dieser von seinem Vertragspartner nicht mehr bedient wird und folglich seine Arbeiten eingestellt hat. Den geleisteten Betrag (Direktzahlung) verrechnet der Bauherr dann mit einer Abschlagsrechnung des Generalunternehmers. Das Ganze zeigt die folgende Skizze:

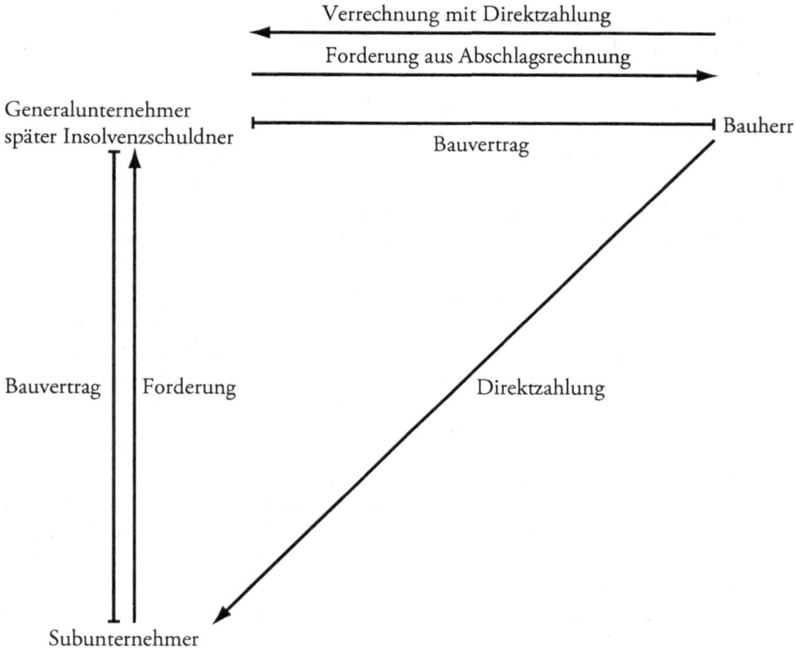

Abb. 2: Struktur des baurechtlichen Dreiecksverhältnisses

b) Vorfragen zur Schuldbefreiung nach materiellem Recht

Die Direktzahlung hat schon nach materiellem Recht nicht befreit, wenn es beim BGB-Bauvertrag an einer Ermächtigung zum Zahlungsempfang (§ 362 Abs. 2 BGB) oder beim VOB-Bauvertrag an der Wirksamkeit des § 16 Nr. 6 VOB/B (bspw. mangels Vereinbarung der VOB als Ganzes) fehlte; der Bauherr muss dann nochmals zahlen. **861**

Eine nach materiellem Recht an sich wirksame Direktzahlung ist insolvenzrechtlich mit befreiender Wirkung nicht mehr möglich ab dem Zeitpunkt, zu dem gegen den Generalunternehmer (Insolvenzschuldner) im Eröffnungsverfahren verfügungsbeschränkende Maßnahmen (§ 21 Abs. 2 Nr. 2 InsO) erlassen wurden, sowie unabhängig davon nicht mehr ab Insolvenzeröffnung; der Bauherr muss auch dann nochmals zahlen. **862**

2. Anfechtungsrisiko für Subunternehmer

a) Direktzahlung innerhalb der Krise des Generalunternehmers

863 Der Subunternehmer hat zwar Anspruch auf Werklohn, aber nur ggü. seinem Vertragspartner, dem Generalunternehmer. Folglich erhält er durch die Direktzahlung des Bauherrn eine inkongruente Deckung.[1030] Das ist beim BGB-Bauvertrag unzweifelhaft, gilt jedoch auch für § 16.Abs. 6 VOB/B. Denn nach dieser Vorschrift ist der Bauherr nur »berechtigt« – aber gerade nicht verpflichtet – zur Erfüllung seiner Verpflichtungen aus Abschlags- und Vorauszahlungsrechnungen Zahlungen an den Gläubiger seines Vertragspartners (Generalunternehmers) zu leisten, soweit sie an der Ausführung der vertraglichen Leistung des Generalunternehmers aufgrund eines mit diesem abgeschlossenen Vertrages beteiligt sind, wegen Zahlungsverzugs des Generalunternehmers die Fortsetzung ihrer Leistung zu Recht verweigern und die Direktzahlung die Fortsetzung der Leistung sicherstellen soll. Damit ist – wie sich zeigen wird – der anfechtungsrechtliche Fall in mehrfacher Hinsicht aufgestellt. An dieser Stelle kommt es nur darauf an zu erkennen, dass der Subunternehmer eben gerade keinen Anspruch ggü. dem Bauherrn hatte, woraus eine Anfechtbarkeit nach § 131 InsO folgt. Auf die Person des Leistenden kommt es dabei nicht an, sondern nur darauf, ob der Empfänger ein Insolvenzgläubiger ist; so liegt es hier für den Subunternehmer als Gläubiger des Generalunternehmers (Insolvenzschuldners).

864 An einer **objektiven Gläubigerbenachteiligung** fehlt es auch nicht, wenn – wie typisch – der Generalunternehmer seine Werklohnansprüche gegen den Bauherrn zur Sicherung seines Betriebsmittelkredits (meist im Rahmen einer Globalzession) an seine Hausbank abgetreten hatte. Das gilt sowohl trotz vorheriger Offenlegung der Abtretung ggü. der Bank und Freigabe der Sicherheit durch diese[1031] wie auch bei nicht aufgedeckter Abtretung (also bei Zahlung des Bauherrn in Unkenntnis davon und ohne Freigabe).[1032]

b) Direktzahlung außerhalb der Krise des Generalunternehmers

865 In diesem Fall scheidet zwangsläufig eine Inkongruenzanfechtung aus, kommt also nur eine Vorsatzanfechtung in Betracht. Dieser Tatbestand verlangt allerdings eine Rechtshandlung des Schuldners; das ist hier der Generalunternehmer, gezahlt hat aber der Bauherr. Die Direktzahlung beinhaltet aber eine mittelbare Zuwendung des Insolvenzschuldners (Generalunternehmers) über den Bauherrn als Mittelsperson an den Subunternehmer als Zuwendungsempfänger, wie aus folgender Skizze ersichtlich:

1030 St. Rspr., vgl. z.B. BGH, 16.10.2008 – IX ZR 2/05, ZInsO 2008, 1322 Rn. 13. Ebenso ist die Rechtslage bei Direktzahlung des Endmieters auf Anweisung des zahlungsunfähigen Zwischenmieters an den Vermieter, die diesem eine inkongruente Deckung gewährt, BGH, 20.01.2011 – IX ZR 58/10, ZInsO 2011, 421.

1031 BGH, 16.10.2008 – IX ZR 2/05, ZInsO 2008, 1322 Rn. 11.

1032 Näher dazu mit weiteren Rechtsprechungsnachweisen Huber, EWiR 2009, 151.

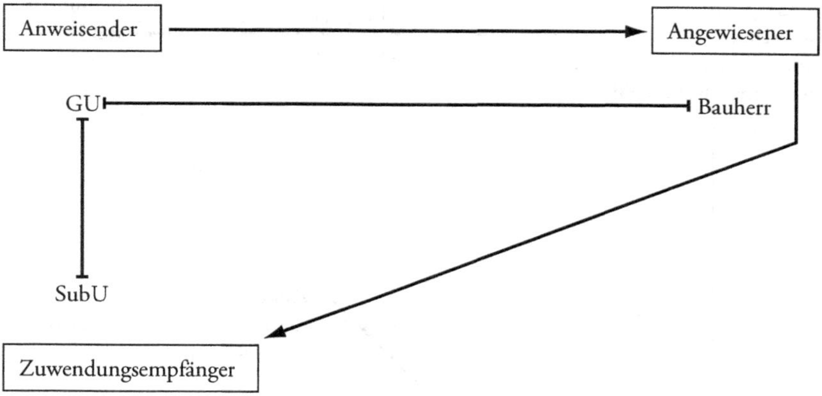

Abb. 3: Direktzahlung

Folglich gilt für das bisherige Recht § 133 Abs. 1 InsO, der außerdem auch in Alt-Fällen (Insolvenzeröffnung vor dem 05.04.2017, vgl. Übergangsvorschrift s.o. Rdn. 832) anwendbar bleibt. Sonst greift nach Anfechtungsrechts 2017 § 133 Abs. 2 InsO ein mit seiner Verkürzung der Anfechtungsfrist (von 10) auf 4 Jahre), nicht aber auch § 133 Abs. 3 InsO, der nur kongruente Deckungshandlungen betrifft; die Befriedung des Subunternehmers (Zuwendungsempfänger) bleibt aber begrifflich inkongruent, weshalb die Beweiserleichterungen nach der Indizregel grundsätzlich einschlägig bleiben. **866**

3. Anfechtungsrisiko für Bauherrn

Insoweit kommt von vornherein **nie** § 131, sondern immer **nur** eine Vorsatzanfechtung in Betracht, weil der Bauherr – in seiner Position als Mittelsperson betrachtet – Schuldner des Generalunternehmers, also kein Insolvenzgläubiger ist. Die zentrale Frage lautet dann aber weiter: Wer ist Anfechtungsgegner? Nur der Zuwendungsempfänger, also der Subunternehmer? Oder etwa auch die Mittelsperson, also auch der Bauherr? Und die Antwort heißt: Das beschriebene Anfechtungsrisiko aus Inkongruenz – bzw. Vorsatzanfechtung ggü. dem Subunternehmer betrifft in der Tat nur eine Seite der Medaille. Denn bei einer mittelbaren Zuwendung ist nach neuerer höchstrichterlicher Rechtsprechung – unter Aufgabe der anderslautenden früheren – auch die Mittelsperson (hier: Bauherr) Anfechtungsgegner (ausführlich s.o. Kap. 1 Rdn. 95 ff.). Die Übereinstimmung der damals entschiedenen Konstellation im sog. Bewachungsunternehmer-Fall zu dem schon früher grafisch dargestellten baurechtlichen Dreiecksverhältnis (s.o. Rdn. 860) wird niemandem entgehen: **867**

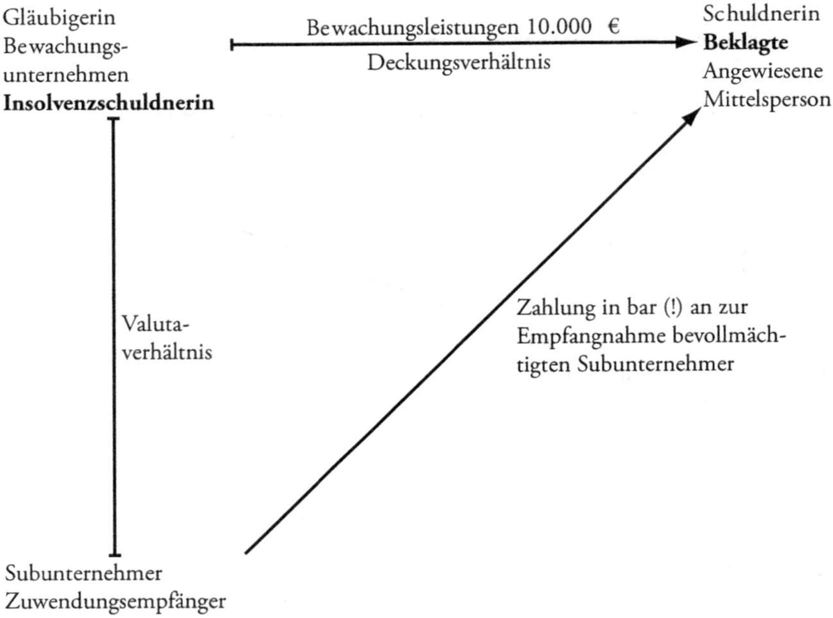

Abb. 4: Zahlung an Subunternehmer

868 Zu diesem Sachverhalt wurde entschieden:[1033]

- Veranlasst der spätere Insolvenzschuldner mit Gläubigerbenachteiligungsvorsatz seinen Schuldner, unmittelbar an seinen Gläubiger zu zahlen, kommt eine Vorsatzanfechtung auch gegen den Angewiesenen in Betracht.
- Die Anfechtungsansprüche gegen den Angewiesenen und den Zuwendungsempfänger stehen im Verhältnis der Gesamtschuld zueinander.
- Der Gläubigerbenachteiligungsvorsatz des Schuldners kann im Valuta- und im Deckungsverhältnis nur einheitlich bestimmt werden.
- Die Kenntnis des Angewiesenen von der Inkongruenz der Deckung im Valuta-Verhältnis begründet kein Beweisanzeichen für die Kenntnis vom Gläubigerbenachteiligungsvorsatz des Schuldners.

869 Die zuletzt getroffene Aussage wurde zwischenzeitlich in den sog. Treuhand-Fällen und im Banken-Fall präzisiert (ausführl. dazu s.o. Kap. 1 Rdn. 100, 102), war und ist für andere mittelbare Zuwendungen aber möglicherweise weiter problematisch. Sie war und ist das jedoch **nicht bei einer Direktzahlung im Bauvertragsrecht**. Denn insoweit gelten für das Beweisanzeichen der Inkongruenz hinsichtlich der Kenntnis

1033 BGH, 29.11.2007 – IX ZR 121/06, BGHZ 174, 314 = ZInsO 2008, 814 – sog. Bewachungsunternehmer-Fall.

des Bauherrn vom Gläubigerbenachteiligungsvorsatz des Schuldners (Generalunternehmers) Besonderheiten. Der Bauherr kennt nämlich nicht nur die Inkongruenz der Leistung an den Subunternehmer, sondern darüber hinaus auch die Liquiditätskrise des Schuldners (Generalunternehmers) und damit eine Tatsache, von der die aus der Inkongruenz folgende Beweiserleichterung sonst gerade nicht abhängt.[1034]

4. Gegenstrategien zur Abwendung des Anfechtungsrisikos für den Bauherrn.

a) Fluchtweg »dreiseitige Vereinbarung« – Modellfall

Im Modellfall hatte der Subunternehmer das geschuldete Gewerk **»mobile (!) Trennwände«** in seiner Firma hergestellt, aber vor Einbau vom Generalunternehmer (seinem Auftraggeber) die Stellung einer Sicherheit verlangt und – als das ausblieb – von seinem Leistungsverweigerungsrecht Gebrauch gemacht. Daraufhin zahlte der Bauherr an den Subunternehmer, der sodann lieferte und einbaute. Der Streit bezog sich nun darauf, aufgrund welcher Vereinbarung die Direktzahlung erfolgte, also ob bloß aufgrund Anweisung durch den Generalunternehmer oder aufgrund dreiseitiger Vereinbarung. 870

Für den Fall einer **dreiseitigen Vereinbarung** zwischen Generalunternehmer, Bauherr und Subunternehmer wurde entschieden, dass die Kongruenz der Deckung hergestellt wird, sofern vorher noch keine Leistungen ausgetauscht waren.[1035] In der Tat ist diese Konstruktion tragfähig: Der den Bargeschäftscharakter begründende Leistungsaustausch (§ 142 InsO) besteht einerseits in der Leistung des Generalunternehmers (späterer Insolvenzschuldner) in Form der mittelbaren Zuwendung durch die Direktzahlung des Bauherrn unter Anrechnung auf dessen Verbindlichkeiten und andererseits in der unmittelbaren (d.h. in engem zeitlichen Zusammenhang damit erbrachten) gleichwertigen Gegenleistung des Subunternehmers (Lieferung und Einbau der mobilen Trennwände). Aber Achtung: Das setzt voraus, dass General- und Subunternehmer vor Änderung der Bauverträge noch keine Leistungen ausgetauscht haben. 871

Letzteres ist das aber gerade beim typischen Gepräge eines Bauvertrags nicht der Fall, weil dort der Unternehmer gerade Vorleistungen erbringt. Der Hauptanwendungsfall in der Praxis für eine dreiseitige Vereinbarung wird deshalb bei einem **Werklieferungsvertrag** nach § 651 BGB liegen, bei dem der Subunternehmer die herzustellende oder zu erzeugende bewegliche Sache – wie im entschiedenen Fall die mobilen (!) Trennwände – in seinem Betrieb zwar bereits produziert hat, sie aber erst nach der Direktzahlung liefert und in das Bauwerk einbaut.[1036] 872

Bestätigt wurde diese Rechtslage – präzise ausgedrückt: Die nachträglich mögliche Herstellung der Kongruenz durch dreiseitige Vereinbarung – in folgendem weiteren Modell-Fall:[1037] Dort stand die (später insolvente) Haus-Bau-GmbH in ständiger 873

1034 Näher Huber, NZBau 2008, 737, 739.

1035 BGH, 10.05.2007 – IX ZR 146/05, ZInsO 2007, 662; dazu Huber, EWiR 2007, 471.

1036 Ausführl. dazu Huber, in: FS Gero Fischer, S. 255, 263 ff.

1037 BGH, 17.07.2014 – IX ZR 240/13, ZInsO 2014, 1555.

Geschäftsbeziehung mit einem Lieferanten, der ihr Fenster und Türen lieferte, die von der GmbH dann bei den jeweiligen Bauherrn (ihren Auftraggebern) eingebaut wurden. Nachdem die GmbH in erhebliche Zahlungsschwierigkeiten geraten war, vereinbarte sie mit dem Lieferanten und den Bauherrn, dass diese den Kaufpreis für die von der GmbH einzubauenden Fenstern und Türen direkt an den Lieferanten zahlen sollten, was dann umgesetzt wurde. Nach Insolvenzeröffnung über das Vermögen der GmbH forderte der Insolvenzverwalter diese Zahlungen vom Lieferanten (Beklagter) zurück – freilich vergeblich.

874 Der Leitsatz der zitierten Entscheidung lautet:

> »Trifft ein zahlungsunfähiger Schuldner mit seinem Auftraggeber (Bauherrn) und seinem Lieferanten vor Fälligkeit der nächsten Werklohnrate die Vereinbarung, dass der Kaufpreis für die vom Lieferanten zu liefernden Bauteile von dem Auftraggeber vor Lieferung direkt gezahlt werde, kann in der vom Schuldner veranlassten Direktzahlung eine kongruente Deckung liegen und der Schuldner trotz erkannter Zahlungsunfähigkeit ohne Benachteiligungsvorsatz handeln.«

Diese Entscheidung hat der BGH später ausdrücklich bestätigt[1038] und klargestellt, dass die Kongruenzvereinbarung bis zu dem Zeitpunkt getroffen werden kann, in dem einer der Vertragspartner nicht nur eine erste Leistungshandlung vorgenommen, sondern einen ersten Leistungserfolg herbeigeführt hat, der aber noch nicht eingetreten ist, wenn i. R. eines Werkvertrags Baumaterialien vom Auftragnehmer lediglich an die Baustelle gebracht, jedoch nicht eingebaut werden;[1039] nach diesem Urteil findet eine Anfechtung einer solchen dreiseitigen, bargeschäftsähnlichen Kongruenzvereinbarung **nicht** statt.

b) Fluchtweg aus dem Bauvertrag

875 Scheidet der Weg über eine nachträgliche dreiseitige Vereinbarung aus, muss sich der Bauherr die Frage stellen, ob es sich nicht empfiehlt, den Bauvertrag mit dem Generalunternehmer zu beenden. Am Kündigungsgrund (vgl. § 323 Abs. 1 und v.a. Abs. 4 [!] BGB; § 8 Nr. 3, § 5 Nr. 4, § 8 Nr. 2 VOB/B) wird es kaum mangeln. Denn die Arbeitseinstellung durch den Subunternehmer hat in aller Regel schon zu einer Bauzeitenüberschreitung geführt oder führt dazu; und für die Zahlungseinstellung des Generalunternehmers gibt es hinreichend Indizien.

5. Praktische Konsequenzen für die Gläubigerberatung

876 Eine Direktzahlung des Bauherrn auf Verlangen des Generalunternehmers/Bauunternehmers (seines Vertragspartners im Bauvertrag) an dessen Subunternehmer ist in vielerlei Hinsicht risikoreich, und zwar nicht nur für den Subunternehmer, sondern vor allem auch für den Bauherrn selbst, zumal es aus der Anfechtungsfalle kaum ein

1038 BGH, 17.12.2015 – IX ZR 287/14, Rn. 15, 17 ff., ZInsO 2016, 326.

1039 BGH, 17.12.2015 – IX ZR 287/14, Rn. 20, ZInsO 2016, 326; ebenso OLG Bamberg, 5 U 209/13, ZInsO 2017, 387.

Entrinnen gibt. Aus insolvenzrechtlicher Sicht kann man also nur dringend warnen, und zwar in jede Richtung:

– Für den Subunternehmer ist die Gefahrenlage deshalb so besonders prekär, weil er wegen der ausbleibenden Zahlung durch seinen Vertragspartner (Generalunternehmer/Bauunternehmer) seine Leistungen an sich schon eingestellt hat, diese dann aber im Vertrauen auf die Rechtsbeständigkeit der Direktzahlung des Bauherrn fortsetzt. In der späteren Insolvenz hat dieser Zufluss aber keinen Bestand, weder in der Insolvenz seines Vertragspartners noch in der des Bauherrn. Dann erweisen sich die Folgen als doppelt verheerend, weil zwangsläufig auch die Gegenleistung für die nach der Direktzahlung erbrachten Arbeiten ausbleiben wird; denn wer sollte nach Insolvenzeröffnung gegen wen auch immer dafür noch leistungsfähig sein?
– Ein Bauherr muss bei einer Direktzahlung – spätestens seit der beschriebenen Änderung der höchstrichterlichen Rechtsprechung – immer mit einer Vorsatzanfechtung in der Insolvenz des Generalunternehmers/Bauunternehmers rechnen. Er hat deshalb vor einer solchen Leistung sorgfältig zu prüfen, ob deren offensichtliche Liquiditätskrise nicht Anlass für die Beendigung des Bauvertrags sein sollte. Sie hat ja schon zur Arbeitseinstellung durch den Subunternehmer geführt, weshalb (weitere) Bauzeitenüberschreitungen zu befürchten sind; außerdem werden sich aus diesen und anderen Gründen sogar hinreichende Anzeichen für eine Zahlungseinstellung des Generalunternehmers/Bauunternehmers und damit für dessen bevorstehende Insolvenz ergeben. Die Argumente für und gegen eine Kündigung im Einzelfall mit ihren konkreten rechtlichen und wirtschaftlichen Auswirkungen zutreffend gegeneinander abzuwägen, ist sicher sehr schwer. Eines ist aber unzweifelhaft: Nur bei voller Kenntnis des Anfechtungsrisikos lässt sich die Entscheidung treffen. Und über dieses Risiko hat ein Anwalt bei Beratung des Bauherrn (Mandanten) sorgfältig zu belehren, schon allein um die eigene Haftung auszuschließen.[1040]

G. Insolvenzanfechtung nach fehlgeschlagener Sanierung

Schrifttum

Aldenhoff/Kuhn, § 266 StGB – Strafrechtliches Risiko bei der Unternehmenssanierung durch Banken?, ZIP 2004, 103 ff.; *Becker/Martin/Müller*, Fortentwicklung der Anforderungen an die Erstellung von Sanierungskonzepten, KSI 2010, 154 ff.; *Blöse*, Wann darf man auf ein Sanierungskonzept vertrauen?, WPg 2017, 1358 ff.; *Bork*, Pflichten der Geschäftsführung in Krise und Sanierung, ZIP 2011, 101 ff.; *ders.*, Grundfragen des Rechtsstrukturierungsrechts, ZIP 2010, 397 ff.; *ders.*, Die Renaissance des § 133 InsO, ZIP 2004, 1684 ff.; *Brömmekamp/Radner*, Die Anforderungen an die Erstellung von Sanierungskonzepten nach dem neuen IDW S 6, InsVZ 2010, 152 ff.; *Eckardt*, Kreditsicherung versus Insolvenzanfechtung, ZIP 1999, 1417 ff.; *Fischer*, Gläubigerbenachteiligungsvorsatz bei kongruenter Deckung: NZI 2008, 588 ff.; *Foerste*, Grenzen der Vorsatzanfechtung bei kongruenter Deckung, NZI 2006, 6 ff.; *Frege*, Die Ausdehnung der Vorsatzanfechtung – ein rechtsstaatliches Problem, ZInsO 2013,

1040 Nähere Praxistipps bei Huber, NZBau 2008, 737, 740 f.

897 ff.; *ders.*, Grundlagen und Grenzen der Sanierungsberatung, NZI 2006, 545 ff.; *Fromm*, Banken als faktische Gesellschafter bei Turnaround-Finanzierungen, GmbHR 2003, 1114 ff.; *Ganter*, Vorsatzanfechtung nach fehlgeschlagener Sanierung, WM 2009, 1441 ff.; *ders.*, Rechtsprechung zum Kreditsicherungsrecht, WM 1998, 2045 ff.; *Gehrlein*, Vorsatzanfechtung und Schadensersatz gegen Bank nach gescheiterter Sanierung, WM 2024, 93 ff.; *ders.*, Die Neujustierung der Vorsatzanfechtung (§ 133 InsO), ZInsO 2022, 905 ff.; *ders.*, Überblick über wichtige Entscheidungen aus der neueren BGH-Rechtsprechung zur Unternehmensinsolvenz, DB 2019, 351 ff.; *ders.*, in: Festschrift für Ganter, Subjektive Merkmale der Insolvenzanfechtung, 169 ff.; *ders.*, Bargeschäfte von Dienstleistern, ZIP 2012, 2037 ff.; *ders.*, Anfechtung vs. Sanierung – Anfechtungsgefahren für Sanierungszahlungen, WM 2011, 577 ff.; *Groß*, Wesentliche Gesichtspunkte der Erarbeitung von IDW S 6 – Zu den Hintergründen und Neuerungen des IDW Standards: Anforderungen an die Erstellung von Sanierungskonzepten, WPg 2009, 231 ff.; *Hacker*, Zur Beweislastverteilung bei einem untauglichen Sanierungsversuch, NZI 2022, 395 ff.; *Himmelsbach/Achsnick*, Faktische Geschäftsführung durch Banken – Gefahr oder Scheinproblem?, NZI 2003, 355 ff.; *Huber*, in: Festschrift für Ganter, Der anfechtungsrechtliche Indizienprozess, 203 ff.; *Hutschenreuther/Neugebauer*, § 133 InsO – Das »ungewollte« Lenkungsinstrument mit ungewollter Reichweite, ZInsO, 2013, 1221 ff.; *Jacoby*, Zur Bedeutung des § 133 InsO im System der Insolvenzanfechtungsgründe, KTS 2009, 3 ff.; *Kayser*, in: Festschrift für G. Fischer, Der Rechtsgedanke des Bargeschäfts, 267 ff.; *ders.*, Die Entkräftung der die Insolvenzanfechtung begründenden Vermutungen und Indizien, WM 2013, 293 ff.; *Kiethe*, Der Sanierungskredit in der Insolvenz, KTS 2005, 179 ff.; *Kirchhof*, in: Festschrift für G. Fischer, Versuche zur Einschränkung des Vorsatzbegriffs im Sinne von § 133 InsO, 285 ff.; *Klinck*, Die Vorsatzanfechtung im Wertungssystem der Insolvenzanfechtung, ZIP 2022, 1357 ff.; *Koller*, Die Sittenwidrigkeit der Gläubigergefährdung und Gläubigerbenachteiligung, JZ 1985, 1013 ff.; *Koza*, Ist § 133 Abs. 1 InsO bei kongruenter Deckung einzuschränken?, DZWIR 2009, 404 ff.; *Krystek/Klein*, Erstellung von Sanierungskonzepten Teil 2 Leitfaden zur zukünftigen Ausgestaltung von Sanierungskonzepten, DB 2010, 1837 ff.; *Lau*, Vorsatzanfechtung – Zum Nachweis des Gläubigerbenachteiligungsvorsatzes und der Kenntnis des Anfechtungsgegners, DB 2013, 1219 ff.; *Mitlehner*, Anfechtungsanspruch bei antizipierter Sicherungsübertragung, ZIP 2007, 1925 ff.; *Neuhof*, Sanierungsrisiken der Banken – Die Sanierungsphase, NJW 1999, 20 ff.; *ders.*, Sanierungsrisiken der Banken – Die Vor-Sanierungsphase, NJW 1998, 3225 ff.; *Obermüller*, Obergerichtliche Rechtsprechung des Jahres 2010 zur Position von Banken in einer Insolvenz ihres Kunden, ZInsO 2011, 697 ff.; *Pape*, »Anwaltliche Beratung in Sanierungsfällen«, ZAP 2017, 183 ff.; *Pohl*, Kann IDW S 6 Marktstandard werden?, ZInsO 2011, 207 ff.; *Priebe*, Der misslungene Sanierungsversuch im Spiegel der Insolvenzanfechtung: Sanierungskultur versus Insolvenzkultur?, ZInsO 2012, 1589 ff.; *Prütting*, Der neue IDW-Standard zur Erstellung von Sanierungskonzepten, ZIP 2013, 203 ff.; *Reiner*, Rechtliche Anforderungen an Sanierungskonzepte, WM 2018, 993 ff.; *Rusch*, Voraussetzungen der Insolvenzverschleppungshaftung bei der Gewährung von Sanierungskrediten aus aktueller Perspektive, GWR 2011, 5151 ff.; *Schäffler*, Bankenhaftung wegen Insolvenzverschleppung bei Auskehrung von Krediten in der Unternehmenskrise, BB 2006, 56 ff.; *Schmittmann*, Schutzschirmverfahren versus Insolvenzanfechtung?, ZIP 2013, 760 ff.; *ders.*, Überlegungen zur Haftung des Sanierungsberaters, ZInsO 2011, 545 ff.; *Schneider*, Weitere Konturierung der BGH Rechtsprechung zur Vorsatzanfechtung, DB 2022, 1051; *Schoppmeyer*, Ist die Deckungsanfechtung nur ein Unterfall der Vorsatzanfechtung?, ZIP 2009, 600 ff.; *Schönfelder*, Sanierungskredit und Sanierungsgutachten, WM 2013, 112 ff.; *Seibert*, GmbH-Reform – Der Referentenentwurf eines Gesetzes zur Modernisierung des GmbH-Rechts und zur Bekämpfung von Missbräuchen – MoMiG, ZIP 2006, 1157 ff.; *van Marwyk*, Vorsatzanfechtung der Beraterhonorare bei gescheiterter Sanierung – Zahlungsunfähigkeit, gegenläufige

Indizien und Bargeschäft, ZInsO 2018, 1352 ff.; *von Bismarck*, in: Festschrift für H. G. Ganter, Kreditgewährung in der Krise – Zur Sinnhaftigkeit externer Sanierungsgutachten, 51 ff.; *Wallner/Neuenhahn*, Der Sanierungskredit – ein Überblick, NZI 2006, 553 ff.; *Weber*, Anforderungen an den Inhalt von Sanierungskonzepten nach der Rechtsprechung insb. des Bundesgerichtshofes, ZInsO 2011, 904 ff.; *Wenzel*, Bankenhaftung bei fehlgeschlagenem Sanierungskredit, NZI 1999, 294 ff.; *Werner/Rózsa/Radner/Murday*, Einsatz externer Sanierungsberater aus Bankenrecht, KSI 2010, 65 ff.; *Willeke/Schädlich/Wons*, IDW ES 6 n.F. – Anforderungen an Sanierungskonzepte, StuB 2018, 104 ff.; *Wuschek*, Massekredite als Sanierungsbeitrag, ZInsO 2012, 1294 ff.; *Zabel/Pütz*, Beurteilung der Insolvenzeröffnungsgründe nach IDW S 11, ZIP 2015, 912 ff.; *Zeuner*, Die Rechtsprechung der Oberlandesgerichte zum Anfechtungsrecht im Jahre 2006, NZI 2007, 369 ff.

I. Einführung

Die Mitteilung des Schuldners, sein Unternehmen sanieren zu müssen, ist unter anfechtungsrechtlichen Gesichtspunkten geeignet, die Voraussetzungen der Vorsatzanfechtung nach § 133 Abs. 1 InsO zu erfüllen. **877**

Scheitern die Bemühungen um eine Sanierung des Unternehmens und kommt es zur Eröffnung eines Insolvenzverfahrens, so sind z.B. die für den Sanierungskredit eingeräumten Sicherheiten, die regelmäßig Absonderungsrechte darstellen, mit dem Risiko der Insolvenzanfechtung durch den Insolvenzverwalter behaftet. An dieser Stelle interessieren die besondere Insolvenzanfechtung nach §§ 130 bis 132 InsO und die Vorsatzanfechtung nach § 133 Abs. 1 InsO (s. hierzu die Ausführungen in Rdn. 61).[1041] **878**

Von hoher anfechtungsrechtlicher Relevanz ist für den Fall eines späteren Scheiterns oder des Abbruchs eines Sanierungsvorhabens, in welcher Weise sich z.B. die Bank in der Krise an der Beseitigung der Ursachen beteiligt hat. Denn gescheiterte Sanierungsversuche bergen neben erheblichen Anfechtungsrisiken für Kreditinstitute – und für Lieferanten – auch das Risiko, vom Insolvenzverwalter wegen vorsätzlicher sittenwidriger Schädigung, Nichtigkeit des Kreditvertrages und der Sicherheitenbestellung in Anspruch genommen zu werden.[1042] Um die Risiken der Anfechtung zu prüfen, sind zunächst die Definition als auch die Anforderungen an eine erfolgreiche Sanierung darzustellen.[1043] **879**

Die Kenntnis von der (drohenden) Zahlungsunfähigkeit kann nach st. Rspr. des Bundesgerichtshofs ihre Bedeutung als Beweisanzeichen für den Benachteiligungsvorsatz des Schuldners und die Kenntnis des Gläubigers hiervon verlieren, wenn die angefochtene Rechtshandlung Bestandteil eines ernsthaften, letztlich aber fehlgeschla- **880**

1041 Lau, DB 2013, 1219; Hutschenreuther/Neugebauer, ZInsO 2013, 1221; Kirchhof, in: FS Gero Fischer, S. 285; Priebe, ZInsO 2012, 1589; Jacoby, KTS 2009, 3; Fischer, NZI 2008, 588; Bork, ZIP 2004, 1684; Eckhardt, ZIP 1999, 1417.

1042 Gehrlein, WM 2024, 93; ders., WM 2011, 577; Ganter, WM 2009, 1441.

1043 BGH, 21.02.2013 – IX ZR 52/10, ZInsO 2013, 780 Rn. 11.

genen Sanierungsversuchs ist.[1044] Denn in diesem Fall ist die Rechtshandlung von einem anfechtungsrechtlich unbedenklichen Willen geleitet und das Bewusstsein der Benachteiligung anderer Gläubiger tritt in den Hintergrund.[1045]

1. Begriff der Sanierung

881 Unter der Sanierung eines Unternehmens werden alle Maßnahmen, die die finanzielle Gesundung eines notleidenden Unternehmens bezwecken, also Maßnahmen, die geeignet sind, ein Unternehmen vor dem Zusammenbruch zu bewahren und wieder ertragsfähig zu machen, verstanden.[1046] Als Sanierung kennzeichnet man die Neugestaltung der Finanzierungsgrundlagen einer notleidenden Betriebswirtschaft.[1047] Der Begriff der Sanierung definiert also ersichtlich nicht eine in bestimmter Weise gesetzlich oder rechtsgeschäftlich ausgeformte Rechtsfigur, mit der sich etwa notwendig bestimmte Rechtsfolgen verbinden, sondern er umschreibt eine wirtschaftlich-unternehmerische Aufgabe.[1048]

2. Anforderungen an eine Sanierung

a) Allgemeine Voraussetzungen

882 Sanierung setzt ein taugliches Sanierungskonzept voraus.[1049] Danach ist die objektive Sanierungstauglichkeit aus der ex-ante Sicht eines ordentlichen Geschäftsmannes zu beurteilen. Ein selbst erarbeitetes, schriftliches Sanierungsgutachten ist nicht zwingend erforderlich, in der Praxis aber regelmäßig zu empfehlen. Der Sanierungszweck erfordert neben dem subjektiven Sanierungswillen, dass die Gesellschaft im Zeitpunkt der angestrebten Sanierung nach Einschätzung eines unabhängigen Dritten objektiv sanierungsfähig gewesen ist.[1050] Voraussetzung ist damit zunächst, dass zu der Zeit der (später vom Insolvenzverwalter) angefochtenen Rechtshandlung ein schlüssiges, von den tatsächlichen Gegebenheiten ausgehendes Sanierungskonzept vorlag, das mindestens in den Anfängen schon in die Tat umgesetzt war und die ernsthafte und begründete Aussicht auf Erfolg rechtfertigte.[1051]

883 Nach neuerer Rechtsprechung des Bundesgerichtshofes ist es nicht mehr erforderlich, dass das Sanierungskonzept bereits in den Anfängen schon in die Tat umgesetzt wor-

---

1044 BGH, 12.05.2016 – IX ZR 65/14, ZInsO 2016, 1251 Rn. 10; BGH, 12.11.1992 – IX ZR 236/91, WM 1993, 270 Rn. 30.

1045 BGH, 12.05.2016 – IX ZR 65/14, ZInsO 2016, 1251 Rn. 14; BGH, 21.02.2013 – IX ZR 52/10, ZInsO 2013, 780 Rn. 11.

1046 Crone/Werner, Hdb. modernes Sanierungsmanagement, S. 74.

1047 Prütting, ZIP 2013, 204.

1048 Bauer, Die GmbH in der Krise, Rn. 192.

1049 Bork, ZIP 2011, 101.

1050 BGH, 21.11.2005 – II ZR 277/03, ZInsO 2006, 148 Rn. 15.

1051 BGH, 12.05.2016 – IX ZR 65/14, ZInsO 2016, 1251 Rn. 15; BGH, 21.02.2013 – IX ZR 52/10, ZInsO 2013, 780 Rn. 11; BGH, 08.12.2011 – IX ZR 156/09, ZInsO 2012, 171 Rn. 11.

den ist.[1052] Dies gilt jedenfalls ausdrücklich im Fall der kongruenten Deckung mittels Zahlung an einen Sanierungsberater, bevor dieser mit den Prüfungen begonnen hat. Für den Schuldner muss eine begründete Aussicht auf Beseitigung der Deckungslücke bestanden haben. Aus Sicht ex ante muss das Sanierungskonzept objektiv die Ausgangslage des Schuldners zutreffend erfassen und dem Schuldner eine tragfähige Prognose eines unvoreingenommenen Branchenfachmannes vorliegen.[1053] Nimmt der Schuldner für einen Sanierungsversuch die Beratung eines unvoreingenommen, fachlich ausgewiesenen Experten in Anspruch, darf er auf ihre Richtigkeit grundsätzlich vertrauen, sofern nicht hinreichende Anhaltspunkte bestehen, dass die Beratung den Anforderungen an ein erfolgsversprechendes Sanierungskonzept nicht genügte.[1054] Dies kann der Fall sein, wenn während des Sanierungsversuchs für den Schuldner nachteilige Entwicklungen eintreten und der Schuldner erkennt oder billigend in Kauf nimmt, dass eine Fortführung des Sanierungsversuchs keine ausreichende Aussicht auf Erfolg mehr hat.[1055]

Ob der Schuldner aufgrund eines Sanierungsversuchs eine begründete Aussicht hat, **884**
seine Gläubiger zukünftig befriedigen zu können, hängt nicht ausnahmslos davon ab, in welchem Umfang die einzelnen Sanierungsschritte bereits in die Tat umgesetzt worden sind.[1056] Demgemäß kann es bei Leistungen eines Sanierungsberaters – insb. zur Prüfung, ob ein erfolgsversprechender Sanierungsversuch möglich ist, oder zur Entwicklung eines erfolgsversprechenden Sanierungskonzepts – der Annahme eines Benachteiligungsvorsatzes auch dann entgegenstehen, wenn der Schuldner diese Leistungen bezahlt, bevor mit der Umsetzung des Sanierungskonzepts begonnen worden ist. Ist der Sanierungsversuch nicht von vornherein aussichtslos und handelt der Schuldner mit der Vorstellung, dass eine Vergütung dieser Beratungsleistungen erforderlich ist, um die Erfolgsaussichten einer Sanierung prüfen oder eine Sanierung beginnen zu können, spricht dies auch gegen einen Benachteiligungsvorsatz.[1057]

Ein taugliches Sanierungskonzept darf sich nicht auf die finanzwirtschaftliche Seite **885**
beschränken, sondern muss auch die Ursachen einbeziehen, die zur Zahlungsunfähigkeit geführt haben. Erforderlich sind eine Analyse der Verluste und der Möglichkeit deren künftiger Vermeidung, eine Beurteilung der Erfolgsaussichten und der Rentabilität des Unternehmens in der Zukunft und Maßnahmen zur Vermeidung oder Beseitigung der (drohenden) Insolvenzreife.[1058] Regelmäßig setzt das Sanierungskonzept zwei Bestandteile voraus. Einmal muss die Wiederherstellung einer tragfähigen finanzwirtschaftlichen Lage und zum anderen die Rückkehr zu einer rentablen

1052 BGH, 03.03.2022 – IX ZR 78/20, ZInsO 2022, 640 Rn. 77.
1053 BGH, 03.03.2022 – IX ZR 78/20, ZInsO 2022, 640 Rn. 76.
1054 BGH, 18.01.2024 – IX ZR 6/22, ZInsO 2024, 1438 Rn. 38; BGH, 26.10.2023 – IX ZR 112/22, ZInsO 2024, 190 Rn. 18; BGH, 23.06.2022 – IX ZR 75/21, ZInsO 2022, 1734 Rn. 32.
1055 BGH, 03.03.2022 – IX ZR 78/20, ZInsO 2022, 640 Rn. 77.
1056 BGH, 03.03.2022 – IX ZR 78/20, ZInsO 2022, 640 Rn. 79.
1057 BGH, 03.03.2022 – IX ZR 78/20, ZInsO 2022, 640 Rn. 80.
1058 BGH, 03.03.2022 – IX ZR 78/20, ZInsO 2022, 640 Rn. 87; Schneider, DB 2022, 1051.

Arbeitsweise möglich sein. Allein eine finanzielle Restrukturierung reicht nicht, wenn das Unternehmen weiter unrentabel arbeitet und die negativen Kostenfaktoren nicht beseitigt sind.[1059]

b) Sanierungsfähigkeit

886 Voraussetzung des Sanierungsversuchs ist zum einen die Sanierungswürdigkeit des Unternehmens, d.h. der nachprüfbare Fortbestand einer wettbewerbsfähigen fertigungs- und vertriebstechnischen Unternehmenssubstanz, die in absehbarer Zeit zur sich selbst tragenden Geschäftstätigkeit und zur Rückgewinnung der allgemeinen Kreditfähigkeit führen kann.[1060]

887 Zum anderen muss die Sanierungsfähigkeit gewährleistet sein, also die Behebbarkeit und tatsächliche Behebung der Krisenursachen.[1061] Dazu bedarf es der Vorlage eines substantiierten Sanierungskonzeptes und dessen Prüfung. Maßgebliches Kriterium für die Entscheidung zwischen Sanierung und Liquidation ist daher die Sanierungsfähigkeit des Unternehmens. Allgemein kann gesagt werden, dass eine solche vorliegt, wenn das Unternehmen nach Durchführung der geplanten Sanierungsmaßnahmen deren Kosten wieder verdient und nachhaltig einen Überschuss der Einnahmen über die Ausgaben erzielen wird, der zudem über dem anzunehmenden Liquidationserlös liegt (zugleich Sanierungswürdigkeit).[1062]

888 Sanierungsfähig ist nach Auffassung des IDW S 11[1063], der den bisherigen IDW Prüfungsstandard (Empfehlungen zur Prüfung eingetretener oder drohender Zahlungsunfähigkeit bei Unternehmen – IDW PS 800) ersetzt, ein erwerbswirtschaftliches Unternehmen nur dann, wenn es nicht nur die Fortführungsfähigkeit i.S.d. § 252 Abs. 1 Nr. 2 HGB sichert, indem es durch geeignete Maßnahmen etwaige tatsächliche oder rechtliche Gegebenheiten beseitigt, die einer Fortführung entgegenstehen, sondern wenn es darüber hinaus durch geeignete Maßnahmen auch nachhaltig sowohl die Wettbewerbsfähigkeit als auch die Renditefähigkeit wiedererlangen kann und es damit nachhaltig fortführungsfähig ist.[1064]

889 Die bloße Hoffnung des Schuldners auf eine Sanierung räumt seinen Benachteiligungsvorsatz nicht aus, wenn die dazu erforderlichen Bemühungen über die Entwicklung von Plänen und die Erörterung von Hilfsmöglichkeiten nicht hinausgekommen sind.[1065]

1059 Gehrlein, ZInsO 2022, 905, 910.

1060 BGH, 21.11.2005 – II ZR 277/03, ZInsO 2006, 148 Rn. 15.

1061 Bork, ZIP 2010, 397.

1062 Werner/Rózsa/Radner/Murday, KSI 2010, 65, 67.

1063 Prütting, ZIP 2013, 203; Brömmekamp/Radner, InsVZ 2010, 152; Groß, WPg 2009, 231.

1064 Zu IDW S 11: Zabel/Pütz, ZIP 2015, 912; Willeke, StuB 2010, 88; Krystek/Klein, DB 2010, 1769 ff. vgl. Groß, WPg 2009, 231.

1065 BGH, 12.05.2016 – IX ZR 65/14, ZInsO 2016, 1251 Rn. 15; BGH, 03.04.2014 – IX ZR 201/13, ZInsO 2014, 1004 Rn. 40; BGH, 08.12.2011 – IX ZR 156/09, ZInsO 2012, 171 Rn. 11.

II. Sanierungskonzept

1. Allgemeine Voraussetzungen

Ein Sanierungskonzept muss in sich schlüssig sein und von den erkannten tatsächlichen Gegebenheiten ausgehen und darf nicht offensichtlich undurchführbar sein.[1066] Sowohl für die Frage der Erkennbarkeit der Ausgangslage als auch für die Prognose der Durchführbarkeit ist auf die Beurteilung eines unvoreingenommenen, nicht notwendigerweise unbeteiligten, branchenkundigen Fachmannes abzustellen, dem die vorgeschriebenen oder üblichen Buchhaltungsunterlagen zeitnah vorliegen.[1067] Kann aus dessen sachverständiger Sicht von einer erfolgversprechenden Sanierung ausgegangen werden, die durch ein entsprechendes Konzept dokumentiert sein muss, darf der Schuldner die sonst möglicherweise gebotene Insolvenzantragstellung unterlassen und trotz der ihm vorliegenden Hinweise auf die (drohende) Insolvenzreife im Rahmen der Sanierung Leistungen an die Gläubiger erbringen, ohne sich dem Vorwurf der vorsätzlichen Gläubigerbenachteiligung auszusetzen.[1068] 890

Die Prüfung muss die wirtschaftliche Lage des Schuldners im Rahmen seiner Wirtschaftsbranche analysieren und die Krisenursachen sowie die Vermögens-, Ertrags- und Finanzlage erfassen.[1069] Das gilt auch bei kleinen Unternehmen. Bei ihnen kann lediglich das Ausmaß der Prüfung der Unternehmensgröße und der verfügbaren Zeit angepasst werden. Selbstverständlich sind die Anforderungen an das Sanierungsgutachten abhängig von der konkreten Fallgestaltung und der Größe bzw. Komplexität und der Branche des zu sanierenden Unternehmens.[1070] 891

Der BGH hat im Zusammenhang mit den früheren Eigenkapitalvorschriften[1071] in dem Urt. v. 21.11.2005[1072] ausgeführt, dass der Sanierungszweck vorrangig objektiv zu bestimmen ist. Danach müssen – neben dem im Regelfall als selbstverständlich zu vermutenden Sanierungswillen – nach der pflichtgemäßen Einschätzung eines objektiven Dritten im Zeitpunkt der Sanierung die Gesellschaft (objektiv) sanierungsfähig und für ihre Sanierung konkret in Angriff genommenen Maßnahmen zusammen objektiv geeignet sein, die Gesellschaft in überschaubarer Zeit durchgreifend zu sanieren. Auf die lediglich subjektive Motivation des Unternehmers kann es nach dem Gesetzeszweck schon deshalb nicht entscheidend ankommen, weil anderenfalls die schutzwürdigen Interessen der übrigen Gesellschaftsgläubiger in ihrer Wertigkeit nur von dessen Behauptung, er verfolge Sanierungsabsichten, abhängen und deren Befriedigungschancen allein in seiner Hand lägen.[1073] 892

1066 BGH, 16.10.2008 – IX ZR 183/06, ZInsO 2009, 87 Rn. 52.
1067 BGH, 12.05.2016 – IX ZR 65/14, ZInsO 2016, 1251 Rn. 18; BGH, 18.10.2010 – II ZR 151/09, ZInsO 2010, 2396 Rn. 13.
1068 Pape, ZAP 2017, 183.
1069 BGH, 09.10.2006 – II ZR 303/05, ZInsO 2007, 36 Rn. 3.
1070 Becker/Martin/Müller, KSI 2010, 154, 156.
1071 Seibert, ZIP 2006, 1157.
1072 BGH, 21.11.2005 – II ZR 277/03, ZInsO 2006, 148 Rn. 14.
1073 OLG Köln, 24.09.2009 – 18 U 134/05, ZInsO 2010, 238 Rn. 59.

893 Das Vorgehen von Kreditinstituten bei ausfallgefährdeten Verbindlichkeiten ist durch die Mindestanforderungen an das Risikomanagement (MaRisk) geregelt. Maßgeblich sind die Abschnitte zur Intensivbetreuung und Behandlung von Problemkrediten. Ein Kreditinstitut ist demnach verpflichtet, die Begleitung einer Sanierung an die Vorlage eines Sanierungskonzepts zu knüpfen.[1074]

2. Von der Rechtsprechung entwickelte Anforderungen an ein Sanierungskonzept

894 Grundlegende Voraussetzung jeder Sanierung ist die Klärung der Ursachen der eingetretenen Krise des Unternehmens und eine umfassende Bestandsaufnahme, welche die finanzielle und wirtschaftliche Situation komplett offenlegt.[1075]

895 Das Vorliegen eines tauglichen Sanierungskonzepts ist keine Rechtsfrage, sondern eine Tatsachenfrage, die in der Beweisaufnahme geklärt werden muss.[1076]

896 Ein tragfähiges Sanierungskonzept setzt im Wesentlichen folgendes Prüfungsschema voraus.

897 Eine genaue Definition der Mindestanforderungen hat das OLG Celle herausgearbeitet:[1077]

- Beschreibung und Analyse des Unternehmens, insb. Krisenursachen, Lagebeurteilung, Schwachstellenanalyse, Stärken und Schwächen des Unternehmens, Profil des Unternehmens,
- Maßnahmen zur Sanierung des Unternehmens,
- Entwicklung von Sanierungsstrategien, Sicherung der Liquidität, Leitbild des sanierten Unternehmens,
- Vermögensstatus (Bilanzmäßige Aufstellung aller Aktiva und Passiva), Verbindlichkeitenstatus, Finanzstatus und darauf aufbauend Finanzplan,
- Gewinn- und Verlustberechnungen,
- Planungsrechnungen und deren Verprobung.

898 Die Anforderungen des Bundesgerichtshofes lauten wie folgt:[1078]

- Analyse der Verluste und der Möglichkeit deren künftiger Vermeidung,
- Feststellung der Art und Höhe der Verbindlichkeiten, der Art und Zahl der Gläubiger und der zur Sanierung erforderlichen Quote des Erlasses der Forderungen,
- Festlegung einer Zustimmungsquote der Gläubiger nach Schuldenstand, ggf. für unterschiedliche Arten von Gläubigergruppen, sowie die Behandlung nicht verzichtender Gläubiger,

---

1074 MaRisk, BaFin (2021) Rundschreiben 10/2021 (BA); vgl. dazu: von Bismarck, in: FS Ganter, S. 51, 59.

1075 Pape, ZAP 2017, 183.

1076 OLG Köln, 24.09.2009 – 18 U 134/05, ZInsO 2010, 238 Rn. 55.

1077 OLG Celle, 23.10.2003 – 16 U 199/02, NJW 2003, 3638; Frege, NZI 2006, 545.

1078 BGH, 12.05.2016 – IX ZR 65/14, ZInsO 2016, 1251 Rn. 19; BGH, 04.12.1997 – IX ZR 47/97, WM 1998, 248 Rn. 25.

- Darstellung der Art und Höhe einzuwerbenden frischen Kapitals sowie der Chance, dieses tatsächlich zu gewinnen,
- Zusammenfassung der geplanten und begonnenen **Umstrukturierungsmaßnahmen,**
- Beurteilung der **Erfolgsaussichten** im Hinblick auf die Rentabilität der unternehmerischen Tätigkeit,
- Beteiligungsform die Gläubiger an der Sanierung.

Das IDW hat am 08.04.2015 den IDW S 11 veröffentlicht,[1079] der die Anforderun- **899**
gen an die Erstellung von Sanierungskonzepten erhöht. Die neue Fassung des IDW S 11 vom 06.01.2022 berücksichtigt zudem nun auch das SanInsFoG, COVInsAG und die neue BGH-Rechtsprechung. Der vom IDW erarbeitete Standard, der Grundlage für die Beurteilung der Sanierungsfähigkeit im Rahmen der Entscheidung eines Kreditinstitutes über Kreditgewährung oder den Beteiligungserwerb der Sanierung (Sanierungsprivileg, § 39 Abs. 4 Satz 2 InsO) ist, muss nicht zwangsläufig die vom BGH aufgestellten hohen Anforderungen an ein Sanierungsgutachten erfüllen.[1080] Der IDW S 11 entfaltet keine rechtliche Bindungswirkung, sondern legt lediglich die Berufsauffassung der Wirtschaftsprüfer zu den Anforderungen an die Erstellung von Sanierungskonzepten dar. Der Bundesgerichtshof stellt jedoch hohe Anforderungen an ein fundiertes Sanierungskonzept mit abschließender konkreter gutachterlicher Aussage zur Sanierungsfähigkeit in einem Sanierungsgutachten.[1081]

Ein Sanierungsplan, der zu einer Verneinung des Gläubigerbenachteiligungsvorsatzes **900**
des Schuldners führt, muss nach Ansicht des Bundesgerichtshofes nicht bestimmten formalen Erfordernissen entsprechen, wie sie etwa das Institut für Wirtschaftsprüfer e.V. in dem IDW Standard S 6 (IDW S 6)[1082] oder das Institut für die Standardisierung von Unternehmenssanierungen (ISU) als Mindestanforderungen an Sanierungskonzepte (MaS) aufgestellt haben. Die Einhaltung der dort für erforderlich gehaltenen Voraussetzungen mag für eine erfolgreiche Sanierung i.d.R. eine positive Prognose ermöglichen. Sie ist aber nicht zwingend erforderlich und vor allem bei kleinen Unternehmen nicht immer in vollem Umfang geboten.[1083] Auch dort muss jedoch die wirtschaftliche Lage des Schuldners im Rahmen seiner Wirtschaftsbranche analysiert und müssen die Krisenursachen sowie die Vermögens-, Ertrags- und Finanzlage erfasst werden.[1084]

1079 Zu IDW S 11: Zabel/Pütz, ZIP 2015, 912.

1080 Pohl, ZInsO 2011, 207, 208.

1081 BGH, 08.12.2011 – IX ZR 156/09, ZInsO 2012, 171 Rn. 14; BGH, 09.07.1979 – II ZR 118/77, WM 1979, 878 Rn. 34.

1082 Zu den Anforderungen gemäß IDW ES 6, vgl. Willeke/Schädlich/Wons, StuB 2018, 104.

1083 BGH, 12.05.2016 – IX ZR 65/14, ZInsO 2016, 1251 Rn. 19.

1084 BGH, 04.12.1997 – IX ZR 47/97, ZIP 1998, 248 Rn. 25.

901 In seinem Urt. v. 12.05.2016[1085] stellt der BGH auch erstmals die Forderung auf, dass eine Sanierung zu einem profitablen Unternehmen führen muss. Damit muss am Ende der Sanierungsphase ein angemessenes Eigenkapital vorhanden sein.[1086]

902 In Fortführung seiner Rechtsprechung hat der BGH mit Urt. v. 14.06.2018[1087] entschieden:

»Ein Sanierungsplan muss, um zu einer Verneinung des Gläubigerbenachteiligungsvorsatzes zu führen, zwar nicht bestimmten formalen Erfordernissen entsprechen, wie sie das Institut für Wirtschaftsprüfer in Deutschland e.V. in dem IDW Standard S6 (IDW S6) oder das Institut für die Standardisierung von Unternehmenssanierungen (ISU) als Mindestanforderungen an Sanierungskonzepte aufgestellt haben. Um die Vermutung des § 133 Abs. 1 Satz 2 InsO zu widerlegen, ist jedoch Voraussetzung auf Schuldnerseite, dass zu der Zeit der angefochtenen Handlung ein schlüssiges, von den tatsächlichen Gegebenheiten ausgehendes Sanierungskonzept vorlag, das mindestens in den Anfängen schon in die Tat umgesetzt war und die ernsthafte und begründete Aussicht auf Erfolg rechtfertigte; die bloße Hoffnung des Schuldners auf eine Sanierung räumt seinen Benachteiligungsvorsatz nicht aus (Fortführung BGH, 12. Mai 2016, IX ZR 65/14, BGHZ 210, 249).

[…]

Ausgehend hiervon lassen die vom Berufungsgericht getroffenen Feststellungen nicht erkennen, ob zum maßgeblichen Zeitpunkt der angefochtenen Zahlungen ein geschlossenes Konzept zur Bereinigung sämtlicher Verbindlichkeiten des Schuldners und zur Sanierung seines Geschäftsbetriebes vorlag. Aus den Feststellungen des Berufungsgerichts lässt sich schon nicht der wesentliche Inhalt des Sanierungskonzepts entnehmen. Es ist nicht ersichtlich, auf welchen tatsächlichen Grundlagen das Sanierungskonzept beruhte und was bei einer unvoreingenommenen, fachkundigen Prüfung der Lage des Schuldners die Annahme rechtfertigte, dass bei einer Realisierung des Konzepts die übrigen Gläubiger vollständig hätten befriedigt werden können. Soweit das Gelingen der angestrebten Sanierung Vorfinanzierungskosten und ein nachhaltiges finanzielles Engagement voraussetzte, ist nicht festgestellt, woher derartige finanzielle Mittel hätten genommen werden sollen.

Zwar setzt ein schlüssiges Sanierungskonzept nicht notwendigerweise eine Einbeziehung sämtlicher Gläubiger voraus.[1088] Die Gründe der angefochtenen Entscheidung lassen aber weder erkennen, welche Verbindlichkeiten gegenüber dem nicht in den Sanierungsplan einbezogenen Großgläubiger konkret bestanden, noch wie diese außerhalb einer Insolvenz hätten befriedigt werden sollen und ob und inwieweit die zugunsten dieses Gläubigers bestehende Sicherheit hätte dazu beitragen können, das Schuldnerunternehmen zu sanieren, die Insolvenzreife also dauerhaft abzuwenden. Nach den getroffenen Feststellungen durfte das Berufungsgericht deshalb nicht zu dem Schluss gelangen, dass es an einem Benachteiligungsvorsatz des Schuldners fehlte.«

903 Mit Urt. v. 28.03.2019[1089] präzisierte der IX. Zivilsenat die von ihm geforderten Voraussetzungen für die Schlüssigkeit eines Sanierungskonzeptes. So ist ein Sanierungskonzept

1085 BGH, 12.05.2016 – IX ZR 65/14, ZInsO 2016, 1251 Rn. 30.

1086 Reiner, WM 2018, 993, 999.

1087 BGH, 14.06.2018 – IX ZR 22/15, ZInsO 2018, 2017 Rn. 10, 11, 12, 13.

1088 BGH, 08.12.2011 – IX ZR 156/09, ZInsO 2012, 171 Rn. 13.

1089 BGH, 28.03.2019 – IX ZR 7/18, ZInsO 2019, 1060 Rn. 9.

nicht schon deshalb unschlüssig und deshalb unbeachtlich, weil es die Ursachen der wirtschaftlichen Lage des Schuldners nicht behandelt. Trägt der Anfechtungsgegner vor, ausweislich der Sanierungsskizze sei die finanzielle Schieflage des Schuldners auf einen Umsatzrückgang infolge schwacher Auftragslage, eine der Umsatzentwicklung nicht angepassten Kostenstruktur, eine zu geringe Eigenkapitaldecke und ein daraus folgendes Liquiditätsdefizit zurückzuführen, darüber hinaus seien konkrete Sanierungsschritte vorgeschlagen und teilweise umgesetzt worden, und beruft er sich zum Beweis für die Richtigkeit seines Vorbringens auf einen Zeugen, so hat das Gericht dem Beweisantritt nachzugehen.[1090]

Mit Urt. v. 03.03.2022[1091] stellte der IX. Zivilsenat weiter fest, dass sich die Beurteilung, ob ein erfolgversprechendes Sanierungskonzept vorliegt, an den zur Zeit der Umsetzung tatsächlich bestehenden Rechtsauffassungen auszurichten hat. Ob die für den Schuldner günstige Antwort rechtlich vertretbar ist und der Sanierungsversuch voraussichtlich nicht aus Rechtsgründen scheitern werde, müsse bei neuen gesetzlichen Regelungen angesichts der mit ihnen verbundenen Unsicherheiten nach einem großzügigen Maßstab beurteilt werden. **904**

Vor den Risiken der Insolvenzanfechtung sowie einer Nichtigkeit des Kreditvertrages und der Sicherheitenbestellung bzw. der Abwehr von Schadensersatzansprüchen gem. § 826 BGB wegen angeblich sittenwidriger Insolvenzverschleppung kann sich ein Kreditinstitut dann schützen, wenn es nachweist, dass es aufgrund einer sorgfältigen und sachkundigen Prüfung der wirtschaftlichen Lage des Schuldners durch einen externen, branchenkundigen und unabhängigen Wirtschaftsfachmann vom Erfolg der Sanierung überzeugt sein durfte, also aus Sicht eines objektiven Dritten keine ernsthaften Zweifel am Gelingen des Sanierungsversuchs bestanden.[1092] **905**

Für die Erstellung von rechtlich tragfähigen Sanierungsgutachten sind der BGH-Rechtsprechung im Einzelnen folgende Leitlinien als Mindestanforderungen zu entnehmen:[1093] **906**

1. Das Sanierungsgutachten geht von den erkannten und erkennbaren tatsächlichen Gegebenheiten aus und ist nicht offensichtlich undurchführbar. Dabei ist sowohl für die Frage der Erkennbarkeit der Ausgangslage als auch für die Prognose der Durchführbarkeit auf die Beurteilung eines unvoreingenommenen – nicht notwendigerweise unbeteiligten – branchenkundigen Fachmanns abzustellen.
2. Dem Gutachter lagen die erforderlichen Buchhaltungsunterlagen des Unternehmens vor.

1090 BVerfGE 50, 32, 36; 69, 141, 144; BGH, 01.03.2018 – IX ZR 179/17, WM 2018, 2000 Rn. 6.

1091 BGH, 03.03.2022 – IX ZR 78/20, ZInsO 2022, 640 Rn. 86.

1092 BGH, 21.11.2005 – II ZR 277/03, ZInsO 2006, 148 Rn. 14; Weber, ZInsO 2011, 904; Pohl, ZInsO 2011, 207.

1093 BGH, 21.11.2005 – II ZR 277/03, ZInsO 2006, 148 Rn. 14; BGH, 04.12.1997 – IX ZR 47/97, ZIP 1998, 248 Rn. 24.

3. Das Sanierungsgutachten enthält eine Analyse der wirtschaftlichen Lage des Unternehmens und erfasst die Krisenursachen.
4. Das Sanierungsgutachten beurteilt die Vermögens-, Ertrags- und Finanzlage zutreffend.
5. Das Unternehmen ist aus der Sicht eines objektiven Dritten aufgrund einer ex-ante-Betrachtung objektiv sanierungsfähig und die für seine Sanierung konkret in Angriff genommenen Maßnahmen zusammen sind objektiv geeignet, das Unternehmen in überschaubarer Zeit durchgreifend zu sanieren.
6. Die geplanten Sanierungsmaßnahmen sind jedenfalls in den Anfängen schon in die Tat umgesetzt, d.h. die Sanierungsaktivitäten wurden objektiv sachgerecht eingeleitet.
7. Der Bundesgerichtshof verlangt zudem, dass der Gutachter klar und unmissverständlich feststellt, dass das Unternehmen – auch unter Berücksichtigung der jeweils genannten Prämissen und Bedingungen – objektiv sanierungsfähig ist, weil deren Eintritt nicht ernstlich zweifelhaft ist.[1094] Fehlt es an einer solchen eindeutigen Aussage eines Gutachters, liegt nach der BGH-Rechtsprechung kein positives Sanierungsgutachten vor, das Gläubigern, wie z.B. Kreditinstituten als geeignete Grundlage für Kreditgewährungen und Sicherheitenbestellungen in der Krise dienen kann. Der Umstand, dass es sich bei dieser Aussage zur Sanierungsfähigkeit nur um eine Prognose handelt, die immer mit gewissen Unsicherheiten behaftet ist, ist dabei nach dem BGH unschädlich. Es kommt nämlich nicht auf die Sicht eines allwissenden, jede Entwicklung voraussehenden Betrachters an, sondern auf die ex-ante-Sicht eines sachkundigen objektiven Dritten, für den – bei den erkennbaren Gegebenheiten des Einzelfalls – unbeeinflusst von subjektiven Wunschvorstellungen, keine ernsthaften Zweifel am Gelingen des Sanierungsversuchs bestehen.[1095]

3. Anforderungen an eine externe Sanierungsberatung

a) Auswahl des Prüfers

907 Die notwendige Prüfung sollte, muss aber nicht, von einem unvoreingenommenen – nicht notwendigerweise unbeteiligten – branchenkundigen Wirtschaftsfachmann, insb. von einem Wirtschaftsprüfer vorgenommen werden, dem die vorgeschriebenen oder üblichen Buchhaltungsunterlagen zeitnah vorliegen.[1096] Die Einschaltung eines Sachverständigen ist der Bank auch im eigenen Interesse zu empfehlen, da sie sich im Streitfall durch den Hinweis auf das Gutachten eines neutralen Dritten eher von dem Vorwurf sittenwidrigen Handelns entlasten kann als durch andere Beweismittel.[1097]

1094 BGH, 21.02.2013 – IX ZR 52/10, ZInsO 2013, 780 Rn. 11.
1095 Seibert, ZIP 2006, 1157, 1167.
1096 Von Bismarck, in: FS Ganter, S. 51, 54; Neuhof, NJW 1998, 3225, 3230.
1097 Neuhof, NJW 1998, 3225; zu der Frage, ob zwingend ein externer Gutachter hinzuzuziehen ist: von Bismarck, in: FS Ganter, S. 51, 54.

Ein Benachteiligungsvorsatz ist anzunehmen, wenn für den Schuldner keine begründete Aussicht bestand, seine übrigen Gläubiger zukünftig vollständig befriedigen zu können. Dies hängt vor allem davon ab, welcher Art die Krise ist und welche Umstände die Krise ausgelöst haben, ob der Schuldner diese Umstände erkannt hat und ob eine begründete Aussicht aus der Sicht ex ante bestand, dass die Krise überwunden werden würde, sei es auch nur bei optimistischer Betrachtung. Der Schuldner muss von objektiven Anhaltspunkten ausgehen, die ex ante eine optimistische Einschätzung rechtfertigen.[1098] 908

Ist ein Sanierungsversuch gescheitert, kann der Benachteiligungsvorsatz festgestellt werden. Ein Sanierungsversuch ist gescheitert, wenn eine weitere Fortsetzung der Sanierungsbemühungen aus der Perspektive ex ante in der noch zur Verfügung stehenden Zeit keinen Erfolg mehr verspricht.[1099] Am Vorsatz kann es jedoch dann fehlen, wenn das Sanierungskonzept objektiv untauglich ist, der Schuldner aber von seiner Eignung ausgehen darf. Dies wird man dann annehmen können, wenn der Schuldner einen anerkannten Fachmann mit der Sanierung betraut und dessen Ergebnis mindestens auf Plausibilität geprüft hat.[1100] 909

Eine Bank, von der zusätzliche Kredite erwartet werden oder die zumindest mit den bereits ausgezahlten Krediten stillhalten soll, wird schon aus eigenem Interesse Wert darauf legen, dass ein kompetenter Prüfer zum Zuge kommt und deshalb u.U. ihre Mitwirkung davon abhängig machen, dass ein von ihr ausgewählter Berater eingesetzt wird. Angesichts der kritischen Situation des Schuldnerunternehmens ist ein solches Vorgehen der Bank legitim und kann nicht dazu führen, der Bank die Haftung für etwaige Beratungsfehler dieses »aufgezwungenen« Beraters aufzubürden.[1101] 910

b) Prüfungsmaßstab

Wie weit die Prüfung dieser Konzepte über eine reine Plausibilitätskontrolle hinausgehen kann, hängt von den Branchenkenntnissen des Prüfers ab. Maßstab für eine Prüfung, die das Kreditinstitut selbst vornimmt, kann nur eine Plausibilitätskontrolle der von der Unternehmensleitung in eigener Verantwortlichkeit erstellten Ist- und Plandaten nebst dem darauf basierenden Sanierungsplan mit einem gewissen Beurteilungsspielraum sein. 911

Wenn sich das Kreditinstitut auf eine Beurteilung durch einen neutralen Dritten stützen will, kann es sich nicht darauf beschränken, lediglich das Ergebnis von dessen Prüfung zur Grundlage der Entscheidung zu nehmen. Vielmehr ist auch hier eine eigene Plausibilitätskontrolle des Sanierungsgutachtens durch das Kreditinsti- 912

1098 BGH, 03.03.2022 – IX ZR 78/20, ZInsO 2022, 640 Rn. 76; BGH, 18.01.2024 – IX ZR 6/22, ZInsO 2024, 1438 Rn. 38; BGH, 26.10.2023 – IX ZR 112/22, ZInsO 2024, 190 Rn. 18; BGH, 23.06.2022 – IX ZR 75/21, ZInsO 2022, 1734 Rn. 32.

1099 Gehrlein, ZInsO 2022, 905, 911.

1100 Gehrlein, ZInsO 2022, 905, 911.

1101 Neuhof, NJW 1998, 3225.

tut notwendig.[1102] Ist die Ausgangslage unrichtig erfasst, ist es gerechtfertigt, schon bereits daraus einen regelmäßigen Mangel des Gesamtkonzepts abzuleiten.[1103] Teilt der Schuldner dem Prüfer vollständige und zutreffende Informationen mit und werden diese verarbeitet, dürfte von einem schlüssigen Sanierungskonzept auszugehen sein, wenn die Prognoseentscheidung positiv ausfällt.[1104]

c) Überwachung der Plandurchführung

913 Die Bank wird stets darauf achten müssen, dass der Kunde die angekündigten Sanierungsmaßnahmen tatsächlich einleitet und damit dokumentiert, wie ernst die Sanierung gewollt ist. Dazu gehört bspw. der ernsthafte Versuch, nicht betriebsnotwendiges Vermögen zu veräußern und unrentable Betriebsteile auszugliedern und zu verkaufen oder stillzulegen.[1105]

914 Zu einer solchen Überwachung ist die Bank nur im eigenen Interesse und nicht im Interesse anderer Gläubiger gehalten. Diese können aus einer fehlenden oder lückenhaften Überwachung keine Schadensersatzansprüche herleiten; ein zulässiger Sanierungskredit wird nicht nachträglich dadurch sittenwidrig, dass die Bank den Fortgang und die Durchführung des Plans nicht mehr überwacht.[1106]

915 Der externe Berater muss dabei unabhängig sowohl ggü. dem Schuldner als auch ggü. dem einzelnen Gläubiger sein.[1107] Das Urteil bzw. die Prognose des Beraters ist für den Fortbestand des Unternehmens lebensnotwendig, da ohne Bescheinigung der Sanierungsfähigkeit der Weg für weiteres Kapital versperrt bleibt. Gleichzeitig ist die Qualität des Sanierungskonzepts für den späteren Sanierungserfolg und damit auch für die Erfüllung bestehender Verbindlichkeiten entscheidend. Mithin haben also auch die Fremdkapitalgläubiger ein berechtigtes Interesse an einer qualifizierten Auswahl des externen Beraters.[1108]

III. Anfechtung ggü. Kreditinstituten nach gescheiterter Sanierung

1. Problemstellung

916 Von hoher anfechtungsrechtlicher Relevanz ist für den Fall eines späteren Scheiterns oder dem Abbruch eines Sanierungsversuchs, in welcher Weise sich die Bank in der Krise an der Beseitigung der Ursachen beteiligt hat, denn für die unterschiedlichen Handlungsvarianten gelten auch unterschiedliche Anfechtungsrisiken.

1102 Kiethe, KTS 2005, 179.

1103 BGH, 04.12.1997 – IX ZR 47/97, WM 1998, 248 Rn. 28; van Marwyk, ZInsO 2018, 1352.

1104 Van Marwyk, ZInsO 2018, 1352.

1105 Von Bismarck, in: FS Ganter, S. 51, 58.

1106 Wallner/Neuenhahn, NZI 2006, 553, 557; Wenzel, NZI 1999, 294, 298.

1107 Crone/Werner, Hdb. modernes Sanierungsmanagement, S. 304.

1108 Schmittmann, ZInsO 2011, 545.

Die Hereinnahme neuer Sicherheiten birgt u.U. auch die Gefahr, dass sie bei einer späteren Insolvenz des Schuldners/Kreditnehmers im Wege der Vorsatzanfechtung nach § 133 Abs. 1 InsO angefochten werden.[1109] 917

Daher sind die unterschiedlichen Handlungsalternativen der Kreditinstitute zu erläutern, bevor anschließend auf die anfechtungsrechtlichen Risiken einzugehen ist. 918

a) Definition des Sanierungsdarlehens/Sanierungskredits

Unter einem Sanierungsdarlehen oder Sanierungskredit versteht man die darlehensweise Zuführung von finanziellen Mitteln durch Banken oder andere Kreditgeber an sanierungsbedürftige Unternehmen mit dem Ziel, eine Insolvenz abzuwenden bzw. die bereits eingetretenen Insolvenzgründe zu beseitigen und die wirtschaftliche Leistungsfähigkeit des Unternehmens wiederherzustellen.[1110] Es geht also um Darlehen, die ein Kreditinstitut, meistens die sog. Hausbank, einem sanierungsbedürftigen Unternehmen zum Zwecke der Sanierung, also mit dem Ziel der Insolvenzabwendung, insb. bei drohender Zahlungsunfähigkeit (§ 18 Abs. 2 InsO), gewährt.[1111] Entscheidend ist also der Sanierungszweck. Deshalb zählen objektbezogene Kredite, Überbrückungskredite und sog. Existenzgründungsdarlehen nicht zu den Sanierungskrediten.[1112] 919

Auch sind temporäre Liquiditätshilfen nicht als Sanierungsdarlehen einzustufen, die weder zur Sanierung des Schuldners bestimmt noch geeignet sind, sondern lediglich dazu dienen, eine bereits geduldete Überziehungspraxis kreditvertraglich festzuschreiben. Die Bindung des Darlehens an den Sanierungszweck ergibt sich regelmäßig aus einer zusätzlichen Sanierungsvereinbarung.[1113] 920

Unter den Begriff Sanierungsdarlehen fällt auch, wenn die kreditgewährende Bank schon gewährte Kredite mit Rücksicht auf den vereinbarten Sanierungszweck nicht kündigt oder über die ursprünglich vereinbarte Laufzeit hinaus verlängert.[1114] In der Sanierungssituation wird nicht selten zunächst versucht, den geänderten Bedürfnissen des Kreditnehmers durch eine Umschuldung, d.h. durch eine Modifizierung der Konditionen des gewährten Kredits, Rechnung zu tragen. Eine solche Umschuldung kann zu Überschneidungen mit einem Sanierungskredit führen. Daher ist eine genaue Einordnung der gewährten Maßnahmen von Bedeutung.[1115] 921

Kredite, die i.R.d. Krisensituation vergeben werden, können als Sanierungskredite bezeichnet werden. Dazu gehören nur neu eingeräumte Kredite, also die Aufstockung bestehender Linien oder die sonstige Vereinbarung über zusätzliche Darlehen, nicht 922

1109 Gehrlein, WM 2024, 93 ff.; Koza, DZWIR 2009, 404; Jacoby, KTS 2009, 3 ff.; Foerste, NZI 2006, 6 ff.
1110 OLG Düsseldorf, 30.06.1983 – 6 U 120/81, ZIP 1983, 786, 798.
1111 Wallner/Neuenhahn, NZI 2006, 553, 554.
1112 BGH, 28.11.1994 – II ZR 77/93, WM 1995, 55 Rn. 10; Wallner/Neuenhahn, NZI 2006, 553, 554.
1113 Wuschek, ZInsO 2012, 1294 ff.
1114 Gehrlein, WM 2011, 577, 581.
1115 Schönfelder, WM 2013, 112.

aber die Auszahlung schon früher zugesagter Kredite oder die völlige Inanspruchnahme einer nur teilweise ausgenutzten Kreditlinie.[1116] Letzteres hätte die Bank nämlich nur über eine Kündigung verhindern können, zu der sie weder ggü. dem Kunden noch ggü. Dritten verpflichtet ist. Auch die Wiedereröffnung einer gesperrten oder gekündigten Kreditlinie ist kein neuer Kredit i.S.d. obigen Ausführungen. Sie kann aber eine durch die Kündigung bedingte Zahlungseinstellung wieder beseitigen.

▶ Praxishinweis:

923 Bei der Abgrenzung ist wesentlich darauf abzustellen, ob die Bank bei der Vergabe des neuen Kredites eigennützig oder uneigennützig handelte.[1117] Stehen der Bank noch Forderungen aus früheren Krediten zu, so ist ein von ihr finanzierter Sanierungsversuch als eigennützig anzusehen, wenn sie befürchtet, der Schuldner werde ohne den Sanierungsversuch auch die ihm von der Bank früher eingeräumten Kredite nicht zurückzahlen können. Wenn die Bank dagegen ungesicherte Kredite eingeräumt hat und eine erneute Inanspruchnahme einer etwa zwischenzeitlich zurückgeführten Kreditlinie zulässt, so stellt dies ein wesentliches Indiz für eigennütziges Vorgehen dar.[1118]

▶ Praxisbeispiel:

924 *OLG Brandenburg:*[1119]

Gewährt eine Bank einem Unternehmen, das seine Verbindlichkeiten nicht mehr erfüllen kann, einen grundpfandrechtlich gesicherten Kredit, der weder zum Ausgleich aller Verbindlichkeiten ausreicht, noch ein in sich schlüssiges, in seinen Anfängen schon in die Tat umgesetztes Sanierungskonzept zur Grundlage hat, so handelt es sich nicht um einen anfechtungsrechtlich unbedenklichen Sanierungskredit.

b) Stundung, Tilgungsaussetzung, »Prolongation«, interne Umschuldung

925 Bei Stundung und Tilgungsaussetzung muss darauf geachtet werden, dass sie wirksam vereinbart werden. Ansonsten beseitigen sie die Fälligkeit der Verbindlichkeiten und damit den eventuellen Insolvenzantragsgrund der Zahlungsunfähigkeit nicht.[1120]

1116 Obermüller, Insolvenzrecht in der Bankpraxis, S. 678 Rn. 5.105; Schäffler, BB 2006, 56; Kiethe, KTS 2005, 179.

1117 BGH, 09.07.1953 – IV ZR 242/52, NJW 1953, 1665 Rn. 26.

1118 OLG Düsseldorf, 14.07.1981 – 6 U 259/80, WM 1981, 960; OLG Düsseldorf, 25.06.1981 – 6 U 79/80, WM 1981, 969.

1119 OLG Brandenburg, 21.03.2002 – 8 U 71/01, ZInsO 2002, 929 Rn. 57.

1120 BGH, 14.05.2009 – IX ZR 63/08, ZInsO 2009, 1254 Rn. 22; BGH, 20.12.2007 – IX ZR 93/06, ZInsO 2008, 273 Rn. 26, 31; BGH, 19.07.2007 – IX ZB 36/07, ZInsO 2007, 939 Rn. 19.

Bei »Prolongation« eines Darlehens muss unterschieden werden, ob lediglich eine Laufzeitverlängerung unter Beibehaltung der bisherigen Konditionen, d.h. rechtlich ein Stehenlassen = Absehen von (gerichtlicher) Geltendmachung unter Weiterberechnung von Zinsen, gemeint ist, was unproblematisch wäre, oder ob es sich in Wahrheit um die Neugewährung eines (zusätzlichen) Darlehens unter Veränderung der Konditionen (insb. Zinsen und Sicherheiten) handelt.[1121] **926**

Die interne Umschuldung etwa eines Kontokorrentkredites in ein meist zinsgünstigeres, langfristiges und endfälliges Darlehen ist regelmäßig rechtlich unproblematisch, da andere Gläubiger des Kreditnehmers hierdurch nicht benachteiligt werden. Insb. ist die Umbuchung auf ein langfristiges Darlehenskonto nicht gläubigerbenachteiligend und damit nicht anfechtbar.[1122] **927**

c) Kündigung von Sanierungsdarlehen

Die Kündigung eines Sanierungsdarlehens ist unter erschwerten Bedingungen möglich.[1123] Bei Sanierungsdarlehen ist die ordentliche Kündigung durch den vereinbarten Sanierungszweck zumindest konkludent ausgeschlossen.[1124] **928**

Eine außerordentliche Kündigung des Sanierungsdarlehens ist nur zulässig, wenn sich die wirtschaftlichen Verhältnisse des Kreditnehmers seit Gewährung des Sanierungsdarlehens wesentlich verschlechtert haben, sodass die Sanierung nicht mehr als aussichtsreich erscheint.[1125] **929**

d) Kündigung zur Unzeit/andere Kündigungsausschlüsse

Das Kreditinstitut muss auf die berechtigten Belange des Kunden Rücksicht nehmen. An die Kündigung sind umso höhere Anforderungen zu stellen, je mehr der Kreditnehmer vom Kreditinstitut wirtschaftlich abhängt, insb. wenn es sich um die Hausbank des Kreditnehmers handelt.[1126] Eine erhöhte Pflicht zur Rücksichtnahme kann das Kreditinstitut auch dann treffen, wenn sich der Kunde in einer Sanierungsphase befindet.[1127] **930**

Folge der Kündigung zur Unzeit ist, dass die Kündigung nicht unwirksam ist, sondern eine Verpflichtung zum Schadensersatz ggü. dem Kunden/Kreditnehmer entstehen kann. Dieser hat jedoch die Pflichtwidrigkeit und die Ursächlichkeit für die Insolvenz **931**

1121 Gehrlein, WM 2024, 93, 99; Obermüller, Insolvenzrecht in der Bankpraxis, S. 790 Rn. 5.339.

1122 OLG Naumburg, 15.02.2006 – 5 U 158/06, ZInsO 2006, 718 Rn. 14.

1123 BGH, 06.07.2004 – XI ZR 254/02, ZIP 2004, 1589 Rn. 19; Gehrlein, WM 2024, 93.

1124 BGH, 06.07.2004 – XI ZR 254/02, ZIP 2004, 1589 Rn. 19; Häuser, in: Ellenberger/Bunte, Bankrechts-Handbuch, § 65 Rn. 78.

1125 BGH, 14.09.2004 – XI ZR 184/03, ZIP 2004, 2131 Rn. 23; BGH, 06.07.2004 – XI ZR 254/02, WM 2004, 1676 Rn. 20; BGH, 20.12.1955 – I ZR 171/53, WM 1956, 217; Gehrlein, WM 2024, 93.

1126 BGH, 23.02.1984 – III ZR 159/83, WM 1984, 586 Rn. 4.

1127 OLG Frankfurt am Main, 13.01.1992 – 4 U 80/90, WM 1992, 1018.

darzulegen.[1128] Zusätzlich kann eine Kündigung zur Unzeit auch eine sittenwidrige Schädigung der anderen Gläubiger sein.[1129]

2. Anfechtbarkeit wegen vorsätzlicher Gläubigerbenachteiligung, § 133 Abs. 1 InsO

a) Einleitung

932 Die Anfechtung wegen inkongruenter nachträglicher Bestellung von Sicherheiten ist aufgrund der Rechtsprechung des BGH hinreichend geklärt (s. hierzu die Ausführungen Kap. 3 § 131 InsO Rdn. 32). Die weitaus interessanteren Fragestellungen betreffen daher die Anfechtbarkeit außerhalb des Dreimonatszeitraumes.

b) Ausschluss des Vorsatzes bei Vorliegen eines ernsthaften Sanierungsversuches

933 Die Schwerpunkte der Prüfung liegen im subjektiven Bereich der Vorsatzanfechtung (s. hierzu die Ausführungen Kap. 3 § 133 InsO Rdn. 31 ff.). Dabei haben sich folgende Prüfungskriterien entwickelt:

934 Ein ernsthaftes und aussichtsreiches Sanierungsvorhaben des Schuldners kann allgemein Zweifel begründen, ob dieser – etwa bei Zahlungen an einzelne Gläubiger – mit Gläubigerbenachteiligungsvorsatz handelte. Nicht nötig ist, dass der Schuldner der sicheren Überzeugung war, die Sanierung werde gelingen. Auch schadet es nicht ohne Weiteres, wenn schon ein Eröffnungsgrund i.S.v. §§ 17, 19 InsO gegeben war. Andererseits sind Deckungen, die im Zusammenhang mit Sanierungsmaßnahmen gewährt werden, anfechtbar, wenn die Sanierung objektiv aussichtslos war, der Schuldner sich bewusst war, dass beim Scheitern der Sanierung die Gläubiger objektiv benachteiligt würden, und er dies in Kauf genommen hat. In einem derartigen Fall hat der Schuldner das Sanierungsrisiko bewusst den künftigen Insolvenzgläubigern auferlegt und somit deren Benachteiligung gewollt. Ein umsetzbares Sanierungskonzept scheidet aus, wenn neben erheblichen Verlusten und Umsatzrückgängen sowie dem Weggang eines Großkunden auch die Branchenaussichten ungünstig sind.[1130]

935 Schwierig zu erfassen sind die Fälle, in denen die Sanierung objektiv aussichtslos war, der Schuldner sie aber ernsthaft betrieben und für Erfolg versprechend gehalten hat. In solchen Fällen hat er subjektiv redlich gehandelt. Er hat – wenngleich mit untauglichen Mitteln – den Eintritt einer Gläubigerbenachteiligung gerade vermeiden wollen, sie

1128 Kiethe, KTS 2005, 179, 188.

1129 OLG Köln, 10.09.1999 – 19 U 93/97, ZIP 2000, 742 Rn. 37.

1130 BGH, 04.12.1997 – IX ZR 47/97, WM 1998, 248 Rn. 25; OLG München, 21.05.2008 – 20 U 4231/07, n.v.; rechtskräftig durch Zurückweisung der NZB, BGH, 13.01.2011 – IX ZR 97/08, n.v.

also nicht in Kauf genommen. Die nicht fachgerechte Einleitung eines Sanierungsversuchs kann allerdings Rückschlüsse auf mangelnde Ernsthaftigkeit zulassen.[1131]

Regelmäßig ist ein in sich schlüssiges, auf den Einzelfall bezogenes Sanierungskonzept, dessen Umsetzung bereits begonnen hat, Voraussetzung, infolgedessen aufseiten des Schuldners z.Zt. der Rechtshandlung die ernsthafte und begründete Aussicht auf Erfolg zu rechtfertigen ist.[1132] Die bloße Hoffnung, mithilfe neuer Kredite oder sonstiger Sanierungsmaßnahmen eine Insolvenz abwenden zu können, genügt nicht.[1133] Es muss ein Konzept zur Bereinigung sämtlicher Verbindlichkeiten des Schuldners vorliegen.[1134] 936

Wer seinem Gläubiger auf dessen Verlangen eine Sicherheit stellt, muss sich die Frage gefallen lassen, ob er nicht erkennt, dass sich dieser Gläubiger in der Insolvenz bevorrechtigt befriedigen will, und ob er nicht die Benachteiligung aller anderen Gläubiger, die sich aus dieser Bevorzugung ergibt, billigend in Kauf nimmt. Deshalb ist die Stellung von Sicherheiten in der Krise – auch die Besicherung von Sanierungsdarlehen – unter dem Aspekt der Vorsatzanfechtung risikobehaftet. 937

c) Unmittelbarer Zusammenhang zwischen Sanierung und angefochtener Rechtshandlung

Zwar kann aufgrund besonderer Umstände im Einzelfall ein Benachteiligungsvorsatz gleichwohl zu verneinen sein. Dazu genügt es aber nicht, dass der Schuldner gehofft hat, mithilfe neuer Kredite oder sonstigen Sanierungsmaßnahmen eine Insolvenz vermeiden zu können. Es müssen vielmehr z.Zt. der angefochtenen Rechtshandlung, die in unmittelbarem Zusammenhang mit den Sanierungsmaßnahmen gestanden hat, mindestens konkrete Tatsachen vorliegen, die den Schuldner zu der Erwartung berechtigten, es werde zu Erfolg versprechenden Bemühungen um die Rettung des Unternehmens und damit in absehbarer Zeit zu einer Befriedigung aller Gläubiger kommen.[1135] 938

Die anfechtungsrechtliche Privilegierung von Sanierungskrediten soll dem sanierungsbedürftigen und sanierungswürdigen Schuldner die Möglichkeit eröffnen und erhalten, mithilfe eines Kredites sein Unternehmen zu retten, also aus der drohenden Insolvenz herauszuführen oder eine gar bereits eingetretene Zahlungsunfähigkeit zu beheben, und zwar selbst dann, wenn die Sanierungsbemühungen letztlich doch scheitern. Die Privilegierung der Sanierungsleistung hängt nicht vom tatsächlichen Eintritt des Sanierungserfolges ab.[1136] 939

1131 BGH, 04.12.1997 – IX ZR 47/97, WM 1998, 248 Rn. 25; Ganter, WM 2009, 1441, 1447.
1132 BGH, 12.05.2016 – IX ZR 65/14, ZInsO 2016, 1251 Rn. 15.
1133 BGH, 13.04.2006 – IX ZR 158/05, ZInsO 2006, 712 Rn. 16.
1134 BGH, 21.02.2013 – IX ZR 52/10, ZInsO 2013, 780 Rn. 11.
1135 BGH, 04.12.1997 – IX ZR 47/97, WM 1998, 248 Rn. 28; Ganter, WM 2009, 1441, 1447.
1136 BGH, 20.11.2005 – II ZR 277/03, ZInsO 2006, 148 Rn. 15.

940 Voraussetzung ist daher, dass die angefochtene Rechtshandlung in unmittelbarem Zusammenhang mit der Sanierung steht. Kann kein Sanierungsbeitrag in unmittelbarem Zusammenhang mit der später angefochtenen Rechtshandlung festgestellt werden, dann besteht ein erhebliches Risiko der Insolvenzanfechtung.

941 Zu berücksichtigen ist in diesem Zusammenhang die richtungsweisende Entscheidung des BGH v. 12.11.1992. In dem Urteil hat der BGH die Grundsätze bestätigt, dass die Gewährung einer inkongruenten Deckung ein Beweisanzeichen für einen Gläubigerbenachteiligungsvorsatz des Schuldners sowie deren Kenntnis durch den Anfechtungsgegner darstellen kann.[1137] Denn die Gewährung einer inkongruenten Deckung liegt darin, dass nach allgemeiner Erfahrung im Geschäftsverkehr der Schuldner regelmäßig nicht bereit ist, anderes oder gar mehr zu leisten als er schuldet. Tut der Schuldner das dennoch, so müssen dafür im Allgemeinen besondere Beweggründe vorliegen. Dies weiß auch der Leistungsempfänger, denn eine solche Begünstigung muss in ihm den entsprechenden Verdacht wecken. Zugleich liegt es auf der Hand, dass wegen der Bevorzugung einzelner Gläubiger über das Maß des ihnen von Rechts wegen Zustehenden hinaus für andere Gläubiger entsprechend weniger übrig bleibt. Auf die gesicherte und zweifelsfreie Zahlungsfähigkeit jedes beliebigen Schuldners vertraut heute erfahrungsgemäß niemand ohne Weiteres. Gewährt der Schuldner dem Anfechtungsgegner im Zustand der drohenden Zahlungsunfähigkeit eine inkongruente Deckung und hat die Inkongruenz ein erhebliches Gewicht, obliegt dem Anfechtungsgegner der Gegenbeweis, dass die angefochtene Rechtshandlung Bestandteil eines ernsthaften, wenn auch letztlich fehlgeschlagenen Sanierungsversuchs war.[1138]

942 Nach der Rechtsprechung des BGH[1139] kann das entsprechende Beweisanzeichen nur entkräftet werden, wenn die angefochtene Rechtshandlung in unmittelbarem Zusammenhang mit einem Sanierungskonzept stand, das mindestens in den Anfängen schon in die Tat umgesetzt war und ernsthafte Aussicht auf Erfolg begründete. Voraussetzung ist auf Schuldnerseite, dass zu der Zeit der angefochtenen Handlung ein schlüssiges, von den tatsächlichen Gegebenheiten ausgehendes Sanierungskonzept vorlag, das mindestens in den Anfängen schon in die Tat umgesetzt war und die ernsthafte und begründete Aussicht auf Erfolg rechtfertigte.[1140] Die bloße Hoffnung des Schuldners auf eine Sanierung räumt seinen Benachteiligungsvorsatz nicht aus, wenn die dazu erforderlichen Bemühungen über die Entwicklung von Plänen und die Erörterung von Hilfsmöglichkeiten nicht hinausgekommen sind.[1141]

1137 Bestätigt durch: BGH, 30.09.1993 – IX ZR 227/92, ZIP 1993, 1653 Rn. 23; BGH, 12.11.1992 – IX ZR 236/91, WM 1992, 270 Rn. 24.

1138 BGH, 18.01.2024 – IX ZR 6/22, NZI 2024, 615.

1139 BGH, 15.12.1994 – IX ZR 18/94, ZIP 1995, 297 Rn. 19.

1140 BGH, 28.03.2019 – IX ZR 7/18, ZInsO 2019, 1060 Rn. 8; BGH, 12.05.2016 – IX ZR 65/14, ZInsO 2016, 1251 Rn. 15; BGH, 21.02.2013 – IX ZR 52/10, ZInsO 2013, 780 Rn. 11.

1141 BGH, 12.05.2016 – IX ZR 65/14, ZInsO 2016, 1251 Rn. 15; BGH, 03.04.2014 – IX ZR 201/13, ZInsO 2014, 1004 Rn. 40; BGH, 08.12.2011 – IX ZR 156/09, ZInsO 2012, 171 Rn. 11.

Eine Indizwirkung des Benachteiligungswillens ist dann infrage zu stellen, wenn die angefochtene Rechtshandlung von einem anderen, anfechtungsrechtlich unbedenklichen Willen geleitet war und das Bewusstsein der Benachteiligung anderer Gläubiger in den Hintergrund getreten ist.[1142] Das kommt insb. in Betracht, wenn die Gewährung einer inkongruenten Sicherung Bestandteil eines ernsthaften Sanierungsversuches ist.[1143] 943

Entsprechendes gilt dann, wenn zur Zeit der angefochtenen Rechtshandlung eine ernsthafte und begründete Aussicht darauf bestand, dass der Schuldner seine Zahlungsunfähigkeit (wieder) beseitigt und Zahlungsfähigkeit erlangt. Dieser Fall ist anzunehmen, wenn aufgrund konkreter Umstände – etwa der sicheren Aussicht, demnächst Kredit zu erhalten oder Forderungen realisieren zu können – mit einer baldigen Überwindung der Krise zu rechnen ist.[1144] 944

Der BGH hat in dem Urt. v. 01.04.2004[1145] ausgeführt, dass aus der Inkongruenz eine Benachteiligungsabsicht in Form des bedingten Vorsatzes dann nicht gefolgert werden kann, wenn Umstände vorliegen, die den Benachteiligungswillen infrage stellen, weil die angefochtene Rechtshandlung von einem anderen, anfechtungsrechtlich unbedenklichen Willen geleitet war und das Bewusstsein der Benachteiligung andere Gläubiger in den Hintergrund getreten ist. 945

Die zum Zweck aussichtsreicher Sanierung vorgenommenen Rechtshandlungen sind i.Ü. nur dann der Anfechtung entzogen, wenn sie keinen der Insolvenzgläubiger benachteiligen. War eine Sanierung geplant, die einzelne Gläubiger oder Gläubigergruppen bevorzugt, sind andere Gläubiger benachteiligt, wenn dies vom Schuldner dann auch so bewusst in Kauf genommen worden ist. 946

d) (Un-)Erreichbarkeit des Sanierungszwecks

Entsprechend einem n.v. Urt. des BGH v. 28.09.2004[1146] kommt es i.R.d. Prüfung des Gläubigerbenachteiligungsvorsatzes einer Sanierung darauf an, ob der ursprünglich verfolgte Sanierungszweck im Zeitpunkt der Rechtshandlung erreichbar war. Der BGH führt aus, dass der ursprünglich verfolgte Sanierungszweck einen Benachteiligungsvorsatz des Schuldners dann nicht mehr ausschließt, wenn er zu diesem Zeitpunkt bereits unerreichbar geworden ist. 947

In der zugrunde liegenden Entscheidung des Berufungsgerichts hatte das OLG Dresden entschieden, dass der Anfechtungsgegner auch dann Kenntnis vom Benachteiligungsvorsatz hat, wenn er sich auf ein Sanierungskonzept des Schuldners beruft, 948

1142 BGH, 01.04.2004 – IX ZR 305/00, ZInsO 2004, 548 Rn. 24; BGH, 04.12.1997 – IX ZR 47/97, NJW 1998, 1561 Rn. 28.
1143 BGH, 21.06.2007 – IX ZR 231/04, ZInsO 2007, 816 Rn. 16; Kayser, WM 2013, 293.
1144 BGH, 24.05.2007 – IX ZR 97/06, ZInsO 2007, 819 Rn. 8.
1145 BGH, 01.04.2004 – IX ZR 305/00, ZInsO 2004, 548 Rn. 24.
1146 BGH, 28.09.2004 – IX ZR 158/03 Rn. 11 n.v.; Gehrlein, WM 2024, 93, 96.

aber weiß, dass die angefochtene Zahlung außerhalb des ihm bekannten Sanierungsrahmens liegt.[1147]

949 Ein taugliches Sanierungskonzept darf sich nicht auf die finanzwirtschaftliche Seite beschränken, sondern muss auch die Ursachen einbeziehen, die zur Zahlungsunfähigkeit geführt haben.[1148] Erforderlich sind eine Analyse der Verluste und der Möglichkeit deren künftiger Vermeidung, eine Beurteilung der Erfolgsaussichten und der Rentabilität des Unternehmens in der Zukunft und Maßnahmen zur Vermeidung oder Beseitigung der (drohenden) Insolvenzreife. Die Beseitigung der Ursachen der Krise ist die Grundlage jeder erfolgversprechenden Sanierung, sofern die Krise nicht ausnahmsweise lediglich auf einem Zahlungsausfall beruht.

950 Mit Urt. v. 03.03.2022[1149] hat der IX. Zivilsenat darauf hingewiesen, dass bei der Erstellung eines Sanierungskonzeptes insb. auch die erheblichen Veränderungen in einer Branche zu berücksichtigen sind. In dem hier entschiedenen Sachverhalt konnte nicht festgestellt werden, dass das Sanierungskonzept die Veränderungen am Photovoltaikmarkt berücksichtigte. Die Krise des Schuldners beruhte in diesem Fall nicht allein auf einem Forderungsausfall, sondern auf erheblichen Veränderungen in der Branche. So führten ein stetiger Preisverfall in der Solarbranche, Überproduktion und asiatische Konkurrenz dazu, dass erheblicher zusätzlicher Liquiditätsbedarf entstand. Feststellungen, auf welche Weise der Schuldner diesen Veränderungen Rechnung tragen wollte, wurden nicht getroffen.

951 Das OLG Frankfurt urteilte am 19.10.2016,[1150] dass ein Sanierungskonzept, aufgrund dessen der Benachteiligungsvorsatz gem. § 133 InsO verneint werden soll, auch rechtlichen Anforderungen genügen müsse. So sei für die Umsetzbarkeit eines Sanierungskonzepts auch die rechtliche Umsetzbarkeit einer hierin enthaltenen Sanierungsmaßnahme entscheidend. Hängt die Umsetzbarkeit einer Sanierungsmaßnahme von einer Rechtsfrage ab, so ist in dem Sanierungskonzept nicht nur eine geeignete Maßnahme zu definieren, sondern zugleich deren rechtliche Umsetzbarkeit zu beantworten. Stellt sich im Nachhinein heraus, dass diese rechtliche Antwort unzutreffend war, entfällt die vorsatzabschließende Wirkung des Sanierungskonzepts insgesamt. Etwas Anderes gilt nach Auffassung des OLG Frankfurt nur dann, wenn die Rechtsauffassung, die der rechtlichen Umsetzbarkeit des Konzepts entgegensteht, abwegig gewesen ist.[1151]

► **Praxishinweis:**

952 Kann das Gericht im Einzelfall feststellen, dass ein Insolvenzverfahren aus Sicht des Schuldners nur noch bei erfolgreicher Durchführung eines Sanierungskonzeptes abgewendet werden kann, liegt die billigende Inkaufnahme einer Gläubi-

1147 OLG Dresden, 20.03.2003 – 13 U 2316/02, ZInsO 2003, 660 Rn. 19.

1148 BGH, 03.03.2022 – IX ZR 78/20, ZInsO 2022, 640 Rn. 83; BGH, 12.05.2016 – IX ZR 65/14, ZInsO 2016, 1251 Rn. 29.

1149 BGH, 03.03.2022 – IX ZR 78/20, ZInsO 2022, 640 Rn. 84.

1150 OLG Frankfurt, 19.10.2016 – 19 U 102/15, ZInsO 2017, 616 Rn. 67.

1151 Blöse, WPg 2017, 1358.

gerbenachteiligung nahe, wenn der Schuldner erkannt hat, dass er i.R.d. ursprünglich vorgesehenen – und möglicherweise auch z.T. verwirklichten – Sanierungskonzepts verlassen hat und unter diesen Umständen die Sanierung als gescheitert ansehen muss. Hat der Schuldner danach keine tragfähige Grundlage für die Hoffnung mehr, die Insolvenz durch eine Sanierung abwenden zu können, kann er sich nicht mit Erfolg darauf berufen, darauf vertraut zu haben, eine Benachteiligung anderer Gläubiger werde nicht eintreten.[1152] Der Schuldner braucht nicht zur Überzeugung gelangen, die Sanierung werde gelingen. Die Rechtsprechung verlangt »realistische Sanierungsbemühungen«. Tatsächlich handelt es sich um eine »gewisse Grundprüfung anhand objektivierter Maßstäbe«, um in eine Plausibilitätskontrolle der Sanierungsbemühungen eintreten zu können.[1153]

Mit Urt. v. 03.03.2022[1154] hat der IX. Zivilsenat einen Fall entschieden, in welchem der Schuldner zur Sanierung eine Umwandlung von Verbindlichkeiten in Eigenkapital plante. Hierzu muss der Schuldner einen erfolgversprechenden Weg verfolgen.[1155] Es sei nicht erforderlich, dass dieser Weg rechtlich risikolos ist. Der Schuldner muss jedoch eine Einschätzung der rechtlichen Risiken aus ex ante-Sicht vornehmen. Auf den Stand der höchstrichterlichen Rspr. darf er hinsichtlich der Erfolgsaussichten des Sanierungsversuchs vertrauen. Fehlt es an einer höchstrichterlichen Rspr., so muss der Schuldner prüfen, ob der vorgesehene Weg nach dem Meinungsstand in veröffentlichter Literatur und Rspr. Aussicht auf Erfolg hat. Beantwortet eine deutlich überwiegende Meinung die Rechtsfrage zum Nachteil des Schuldners, scheidet eine Sanierung auf dieser Grundlage aus, wenn dem Schuldner die Zeit für eine verbindliche Klärung zu seinen Gunsten nicht zur Verfügung steht.[1156] Nutzt der Schuldner für die Sanierung eine neue gesetzliche Regelung und wirft diese Rechtsfragen auf, die in Literatur und Rspr. noch nicht entschieden worden sind, muss der Schuldner prüfen, ob die für ihn günstige Antwort rechtlich vertretbar ist und der Sanierungsversuch voraussichtlich nicht aus Rechtsgründen scheitern wird. Dies ist bei neuen gesetzlichen Regelungen angesichts der mit ihnen verbundenen Unsicherheiten nach einem großzügigen Maßstab zu beurteilen.[1157] Hierbei darf sich der Schuldner auf den Rat eines fachlich einschlägig ausgewiesenen Beraters verlassen, wenn dieser objektiv nachvollziehbare Gründe für seine Lösung darlegt und sich mit möglichen Gegenargumenten auseinandersetzt. 953

Schließlich ist die Prüfung, welche Aussichten ein Sanierungsversuch hat, laufend an die Veränderung der Umstände anzupassen. Dies gilt insb. für die tatsächlichen 954

1152 BGH, 08.01.1998 – IX ZR 131/97, ZIP 1998, 298 Rn. 17; Gehrlein, WM 2024, 93, 96.
1153 Kayser, WM 2013, 293; Gehrlein, WM 2011, 577, 581; Rusch, GWR 2011, 151, 153.
1154 BGH, 03.03.2022 – IX ZR 78/20, ZInsO 2022, 640 Rn. 84.
1155 BGH, 03.03.2022 – IX ZR 78/20, ZInsO 2022, 640 Rn. 86.
1156 BGH, 03.03.2022 – IX ZR 78/20, ZInsO 2022, 640 Rn. 86; Fischer, NZI 2016, S. 665, 670.
1157 BGH, 03.03.2022 – IX ZR 78/20, ZInsO 2022, 640 Rn. 86; Hirte/Fontaine, ZInsO 2017, 1817, 1820; Thole, ZIP 2015, S. 2145, 2150.

und rechtlichen Risiken. Der Schuldner muss beobachten und bewerten, wie sich die rechtlichen Risiken während des Sanierungsversuchs entwickeln. Bei bislang ungeklärten oder neuen Rechtsfragen hat der Schuldner für ihn nachteilige veröffentlichte Rspr. einzubeziehen. Dabei muss der Schuldner stets das für den Sanierungsversuch zur Verfügung stehende Zeitfenster beachten. Wesentlicher Gesichtspunkt für das Zeitfenster ist die fortbestehende Zahlungsfähigkeit des Schuldners und die Frage, welche Aussichten bestehen, eine Zahlungsunfähigkeit durch den Sanierungsversuch abzuwenden oder zu beseitigen. Das Zeitfenster endet, wenn der Insolvenzantrag aus der Perspektive ex ante unabwendbar ist.

955 Nach einem Beschluss des Bundesgerichtshofes vom 10.02.2011[1158] sind die Anforderungen hinsichtlich der Widerlegung der Vermutung des § 133 Abs. 1 Satz 2 InsO für die Voraussetzungen eines ernsthaften Sanierungsversuchs nicht dieselben, wie sie für den Schuldner oder dessen Geschäftsführer gelten.[1159] Dies scheidet schon deshalb aus, weil der Anfechtungsgegner nicht über dieselben Informationen verfügt. Es müssen lediglich konkrete Umstände dargelegt werden, die es naheliegend erscheinen lassen, dass ihm der (hier: unterstellte) Gläubigerbenachteiligungsvorsatz des Schuldners nicht bekannt war.[1160] Der Bundesgerichtshof geht davon aus, dass die Frage, ob zumindest 90 % aller Gläubiger einen ernsthaften Sanierungsversuch mit gleichen Risiken tragen müssen, damit die Vermutungsregelung des § 133 Abs. 1 Satz 2 InsO entkräftet werden kann, nicht allgemein klärbar ist. Denn eine notwendige Zustimmung aller Gläubiger kommt wegen praktischer Unerreichbarkeit nicht in Betracht. Der Gläubiger ist hinsichtlich eines ernsthaften Sanierungsversuchs i.d.R. auf die Informationen angewiesen, die ihm der Schuldner zur Verfügung stellt. Auf die Erteilung der erforderlichen Informationen muss der Gläubiger im Vorfeld einer Sanierungsvereinbarung im eigenen Interesse bestehen. Verzichtet er hierauf, handelt er mit Anfechtungsrisiko.[1161]

956 Der zugrunde liegende Beschl. v. 10.02.2011 bezog sich auf eine Anfechtung gegenüber einem Lieferanten, sodass fraglich ist, ob diese abgeschwächten Grundsätze hinsichtlich der Widerlegung der gesetzlichen Vermutung des § 133 Abs. 1 Satz 2 InsO auch für ein Kreditinstitut gelten.

957 Der Anfechtungsgegner darf grundsätzlich auf schlüssige Angaben des Schuldners oder des von ihm beauftragten Sanierungsberaters zum Sanierungskonzept vertrauen. Er ist nicht verpflichtet, die laufende Umsetzung des Konzepts zu überprüfen. Der Vertrauensschutz entfällt nur, wenn er erhebliche Anhaltspunkte dafür hat, dass er

---

1158 BGH, 12.05.2016 – IX ZR 65/14, ZInsO 2016, 1251 Rn. 24; BGH, 10.02.2011 – IX ZR 176/08, ZInsO 2012, 1145 Rn. 3.

1159 BGH, 28.03.2019 – IX ZR 7/18, ZInsO 2019, 1060 Rn. 10; BGH, 14.06.2018 – IX ZR 22/15, ZInsO 2018, 2017 Rn. 13; BGH, 12.05.2016 – IX ZR 65/14, ZInsO 2016, 1251 Rn. 24.

1160 BGH, 12.05.2016 – IX ZR 65/14, ZInsO 2016, 1251 Rn. 24; BGH, 24.05.2007 – IX ZR 97/06, ZInsO 2007, 819 Rn. 8.

1161 BGH, 12.05.2016 – IX ZR 65/14, ZInsO 2016, 1251 Rn. 25.

getäuscht werden soll oder dass das Sanierungskonzept keine Aussicht auf Erfolg hat oder gescheitert ist.[1162]

Der BGH hat mit Urt. v. 08.12.2011[1163] die konkreten Anforderungen an einen Erfolg versprechenden Sanierungsversuch präzisiert und somit die Möglichkeit eines möglichen Sanierungseinwandes des Anfechtungsbeklagten im Rahmen des Gläubigerbenachteiligungsvorsatzes definiert. Dabei kann die angefochtene Rechtshandlung von einem anderen, anfechtungsrechtlich unbedenklichen Willen geleitet sein, bei dem das Bewusstsein der Benachteiligung anderer Gläubiger in den Hintergrund tritt. **958**

Der Lösungsansatz des BGH lautet wie folgt: **959**
- Die bloße Hoffnung des Schuldners auf eine Sanierung räumt den Vorsatz nicht aus, wenn die Bemühungen über die Entwicklung von Plänen und die Erörterung von Hilfsmöglichkeiten nicht hinausgekommen sind.
- Zum Zeitpunkt des § 140 InsO muss ein schlüssiges, von den tatsächlichen Gegebenheiten ausgehendes Sanierungskonzept vorliegen.
- Grundsätzlich muss es mindestens in den Anfängen schon in die Tat umgesetzt worden sein.
- Es muss beim Schuldner die ernsthafte und begründete Aussicht auf Erfolg rechtfertigen.
- Der Sanierungsversuch kann auch aussichtsreich sein, wenn sich die beabsichtigte Maßnahme nicht auf alle Gläubiger erstreckt.
- Das ist etwa der Fall, wenn umfangreiche Forderungsverzichte der hauptsächlichen Kreditgeber dem Schuldner neue Liquidität verschaffen sollen, die ihn in die Lage versetzt, die übrigen Gläubiger vollständig zu befriedigen.

▶ Praxistipp:

Es ist daher Sache des Insolvenzverwalters zu überprüfen, ob das entwickelte Sanierungskonzept diesen Anforderungen entspricht. Ist dies nicht der Fall, scheidet ein Anfechtungsausschluss aus. **960**

IV. Weitere mögliche Anspruchsgrundlagen bei fehlgeschlagener Sanierung

▶ Praxistipp:

Die Anfechtung wegen Vorsatzanfechtung nach § 133 Abs. 1 InsO geht einer eventuellen Sittenwidrigkeit grds. vor.[1164] **961**

1162 BGH, 23.06.2022 – IX ZR 75/21, NZI 2022,777.

1163 BGH, 08.12.2011 – IX ZR 156/09, ZInsO 2012, 171 Rn. 11.

1164 BGH, 23.04.2002 – XI ZR 136/01, WM 2002, 1186 Rn. 33; BGH, 11.07.1996 – IX ZR 226/94, WM 1996, 1649 Rn. 24; BGH, 07.01.1963 – VII ZR 214/61, WM 1963, 526; Obermüller, Insolvenzrecht in der Bankpraxis, S. 703 Rn. 5.173.

1. Einleitung

962 Wenn die Bank aus eigennützigen Beweggründen einen Sanierungskredit einräumt, setzt sie sich dem Vorwurf einer Insolvenzverschleppung aus. Gläubiger können daraus Schadensersatzansprüche herleiten, wenn die Bank vorsätzlich handelte (§ 826 BGB), d.h., wenn der Bank die wirtschaftliche Notlage ihres Kunden im Zeitpunkt der Zusage des Sanierungskredits bekannt war und sie wusste, dass ein Insolvenzverfahren unabwendbar droht und durch einen weiteren Kredit allenfalls verzögert, aber nicht auf Dauer verhindert werden kann.[1165]

963 Hat die Bank Kenntnis von der Notlage des Kunden und lässt sich feststellen, dass bei der Kreditgewährung eigennützige Beweggründe vorgelegen haben, so kann sie sich von dem Vorwurf sittenwidrigen Verhaltens entlasten, wenn sie aufgrund einer sachkundigen und sorgfältigen Prüfung der Lage des Schuldners und besonders seiner Geschäftsaussichten überzeugt sein durfte, das Sanierungsvorhaben werde Erfolg haben und eine Schädigung Dritter werde letztlich nicht eintreten.[1166] Die Möglichkeit, dass es doch zu einer Schädigung Dritter kommt, ist zwar nicht auszuschließen. Dies allein reicht aber nicht für einen Schädigungsvorsatz und führt deshalb nicht ohne Weiteres zu einem sittenwidrigen Verhalten.[1167]

964 Entscheidend ist nach der Rechtsprechung,[1168] ob ernste Zweifel an dem Gelingen eines Sanierungsversuchs bestehen und deshalb damit zu rechnen ist, dass der Kredit den Zusammenbruch des notleidenden Unternehmens allenfalls verzögert, nicht aber auf Dauer verhindert. Derjenige, der ein notleidendes Unternehmen zu retten versucht und der die Krise den Umständen nach für überwindbar und darum Bemühungen um ihre Behebung für lohnend ansehen darf, verstößt nämlich nicht schon deshalb gegen die guten Sitten, weil dieser Versuch die Möglichkeit des Misslingens und damit einer Schädigung von Gläubigern einschließt. Maßgeblich ist daher nicht eine rückblickende (ex-post), sondern die Sichtweise zum Zeitpunkt des Sanierungsbeitrages (ex-ante).

2. Nichtigkeit wegen Sittenwidrigkeit

965 Die Hereinnahme von Sicherheiten mit oder ohne weitere Kreditausreichung kann neben der Anfechtbarkeit auch sittenwidrig und somit nichtig sein. Die Würdigung,

1165 BGH, 30.05.1985 – III ZR 112/84, WM 1985, 1136 Rn. 13; BGH, 26.03.1984 – II ZR 171/83, ZIP 1984, 572 Rn. 63; OLG Brandenburg, 21.03.2002 – 8 U 71/01, ZInsO 2002, 929, 932; Rusch, GWR 2011, 151.

1166 BGH, 24.05.1965 – VII ZR 46/63, WM 1965, 919 Rn. 20; BGH, 20.12.1957 – VI ZR 188/56, DB 1958, 220, 221; BGH, 09.07.1953 – IV ZR 242/52, NJW 1953, 1665, 1666.

1167 BGH, 09.12.1963 – VII ZR 101/62, WM 1964, 117; OLG Düsseldorf, 14.07.1981 – 6 U 259/80, WM 1981, 960; OLG Düsseldorf, 25.06.1981 – 6 U 79/80, WM 1981, 969.

1168 BGH, 16.03.1995 – IX ZR 72/94, NJW 1995, 1668 Rn. 25.

ob ein Rechtsgeschäft gegen die guten Sitten verstößt, ist eine Rechtsfrage, die der Nachprüfung im Wege der Revision unterliegt.[1169]

Ein Rechtsgeschäft ist sittenwidrig i.S.d. § 138 Abs. 1 BGB und damit nichtig, wenn es nach seinem aus der Zusammenfassung von Inhalt, Beweggrund und Zweck zu entnehmenden Gesamtcharakter mit den grundlegenden Wertungen der Rechts- und Sittenordnung nicht zu vereinbaren ist.[1170] Die Wahrnehmung eigener Sicherungsinteressen ist als solche grundsätzlich nicht sittenwidrig, auch dann nicht, wenn sich ein Gläubiger von seinem Schuldner für einen bereits gewährten Kredit nachträglich Sicherheiten bestellen lässt.[1171] **966**

Eine Rechtshandlung ist regelmäßig sittenwidrig und damit nichtig, wenn der Schuldner, der objektiv vor der unmittelbaren Zahlungsunfähigkeit steht, sicherheitshalber seine gesamten Forderungen und damit sein wesentliches letztes freies Vermögen, ohne dass neue Mittel zugeführt werden, an einen Gläubiger abtritt oder verfügt, und sich dieser mindestens grob fahrlässig über die Erkenntnis der drohenden Zahlungsunfähigkeit hinweg gesetzt hat.[1172] **967**

Je größer und konkreter die Gefahr dieses Zusammenbruchs ist, desto sorgfältiger muss der Gläubiger die Auswirkungen auf das Vermögen des Schuldners prüfen, von dem er sich umfassende Sicherheiten gewähren lässt.[1173] Unterlässt er diese gebotene Prüfung, so trifft ihn der Vorwurf, sich leichtfertig über die Gefährdung der anderen Gläubiger durch Kredittäuschung hinweggesetzt zu haben.[1174] **968**

Von den Fallgruppen, welche die Rechtsprechung zur Sittenwidrigkeit entwickelt hat, sind insoweit die nachfolgenden Fälle zu differenzieren. **969**

a) Sittenwidrige Gläubigerbenachteiligung/Knebelung

Knebelung ist gegeben, wenn infolge einer Sicherheitenbestellung oder Verfügung die wirtschaftliche Bewegungsfreiheit des Schuldners vollständig oder wesentlich gelähmt und damit eine rechtlich zu missbilligende Abhängigkeit begründet wird.[1175] Weiterhin ist erforderlich, dass das Kreditinstitut in sittenwidriger Weise eigennützige Ziele verfolgt, indem es sich dabei über die Interessen des Schuldners und seiner anderen **970**

1169 BGH, 12.04.2016 – XI ZR 305/14, ZInsO 2016, 1201 Rn. 36; BGH, 03.12.2013 – XI ZR 295/12, NJW 2014, 1098 Rn. 23.

1170 BGH, 12.04.2016 – XI ZR 305/14, ZInsO 2016, 1201 Rn. 17.

1171 BGH, 12.04.2016 – XI ZR 305/14, ZInsO 2016, 1201 Rn. 38.

1172 BGH, 16.03.1995 – IX ZR 72/94, NJW 1995, 1668 Rn. 40; Gehrlein, WM 2024, 93, 100.

1173 Koller, JZ 1985, 1013, 1017.

1174 BGH, 22.01.1962 – III ZR 198/60, DB 1962, 634 Rn. 35; BGH, 09.07.1953 – IV ZR 242/52, NJW 1953, 1665 Rn. 11; OLG Brandenburg, 25.11.2004 – 11 U 220/98, ZInsO 2005, 42, 43; Gehrlein, WM 2024, 93, 100.

1175 BGH, 19.03.1998 – IX ZR 22/97, ZIP 1998, 793 Rn. 43; BGH, 11.12.1958 – VII ZR 14/58, WM 1959, 406; Kiethe, KTS 2005, 179.

Gläubiger hinwegsetzt, die mit dem Anstandsgefühl aller billig und gerecht denkenden Kaufleute unvereinbar sind.[1176]

971 Die Unwirksamkeit der Bestellung von Sicherheiten gem. § 138 BGB kann insb. bei einer nachträglichen Besicherung bzw. Befriedigung unter dem Gesichtspunkt der Knebelung in Betracht kommen.[1177] Das Kreditinstitut hat nämlich bei einer nachträglichen Besicherung bzw. vorzeitigen Befriedigung von Krediten auf die Belange dritter Gläubiger Rücksicht zu nehmen, wenn der Kreditnehmer (Schuldner) sich in wirtschaftlichen Schwierigkeiten befindet. Es muss geprüft werden, ob durch die Bindung, der das Vermögen durch Rechtsgeschäft unterworfen wird, zugleich die wirtschaftliche Handlungsfreiheit des Unternehmens rechtlich oder faktisch derart eingeengt wird, sodass von einer unzumutbaren, die wirtschaftliche Selbstständigkeit vernichtenden Abhängigkeit gesprochen werden kann.[1178]

972 Eine solche Situation kann dann vorliegen, wenn das Kreditinstitut und der Schuldner nicht mit tauglichen Mitteln im Rahmen eines Sanierungsversuchs zusammenarbeiten.[1179] Im Hinblick auf die Vorsatzanfechtung nach § 133 Abs. 1 InsO sind für die Sittenwidrigkeit nach § 138 BGB über den Gläubigerbenachteiligungsvorsatz hinausgehende Umstände erforderlich.[1180] Sittenwidriges Verhalten des Kreditinstituts kann vorliegen, wenn das Kreditinstitut den Kunden zum Lastschriftwiderruf bei gekündigtem Kredit veranlasst, um sich sodann besser befriedigen zu können und den Kreditausfall zu mindern.[1181]

973 Weiterhin kann bei einem Kreditinstitut die Gefahr einer Inanspruchnahme wegen faktischer Geschäftsführung bestehen.[1182] Eine solche liegt dann vor, wenn ein Mitarbeiter der Bank oder eine von ihren Weisungen abhängige Person Geschäftsführungsbefugnis erhält und nach außen als Geschäftsführer auftritt.[1183]

974 Der Bundesgerichtshof hatte ausgeführt,[1184] dass ein nach außen hervortretendes, üblicherweise der Geschäftsführung zuzurechnendes Handeln erforderlich ist. In Anlehnung an die bisherige Rechtsprechung kommt es für die Beurteilung, ob jemand faktisch wie ein Organmitglied zu behandeln sei und dementsprechend hafte, auf das Gesamtbild seines Auftretens an. In einem ersten Schritt grenzt der BGH zunächst

1176 BGH, 19.03.1998 – IX ZR 22/97, ZIP 1998, 793 Rn. 33; BGH, 09.11.1955 – IV ZR 196/54, WM 1955, 1667 Rn. 19; Lauer, Die Bank in der Kundeninsolvenz, 3. Aufl. 2003, S. 88 Rn. 271.

1177 Häuser, in Ellenberger/Bunte, Bankrechts-Handbuch, § 65 Rn. 141.

1178 OLG Köln, 25.10.1985 – 19 U 75/82, WM 1986, 452 Rn. 46; Obermüller, Insolvenzrecht in der Bankpraxis, S. 862 Rn. 6.9.

1179 OLG München, 24.07.1998 – 23 U 1620/98, ZInsO 1998, 399 Rn. 14.

1180 BGH, 05.04.1965 – VIII ZR 182/63, WM 1965, 475 Rn. 14.

1181 BGH, 29.05.2001 – VI ZR 114/00, NJW 2001, 2632 Rn. 10.

1182 Aldenhoff/Kuhn, ZIP 2004, 103; Himmelsbach/Achsnick, NZI 2003, 355; Fromm, GmbHR 2003, 114.

1183 Obermüller, Insolvenzrecht in der Bankpraxis, S. 683 Rn. 5.121a.

1184 BGH, 25.02.2002 – II ZR 196/00, ZInsO 2002, 582 Rn. 25.

negativ ab, dass für die Annahme einer faktischen Geschäftsführung nicht erforderlich sei, dass der Handelnde den gesetzlichen Geschäftsführer völlig verdränge. Positives Anzeichen sei vielmehr, dass der Handelnde darüber hinaus die Geschäftsführung durch eigenes Handeln im Außenverhältnis maßgeblich in die Hand genommen hat und dieses Handeln die Geschäftsführung prägt. In einem weiteren Fall[1185] hat es der BGH jedenfalls nicht genügen lassen, dass der satzungsmäßige Geschäftsführer durch den Handelnden intern völlig verdrängt wird, weil es an der Außenwirkung fehlt. Es kommt auf das Gesamterscheinungsbild des Auftretenden an. Zu diesem gehört es zunächst, dass der in Anspruch genommene faktische Geschäftsführer den internen Geschäftsführungsbereich durch seine Tätigkeit maßgeblich mitsteuert. Dabei ist ausschlaggebend, ob Alleinentscheidungsbefugnis über den finanziellen und organisatorischen Ablauf bestand sowie über das Personal des Schuldners verfügt worden ist.

Auch der BFH stellt darauf ab, ob der Handelnde, der eben nicht formell zum Organ 975 bestellt wurde, mit dem Anschein einer Berechtigung nach außen hin auftritt.[1186] Letztlich ist entscheidend, ob und in welcher Form Weisungen gegenüber dem satzungsmäßigen Geschäftsführer zur Unternehmenspolitik und Organisation erteilt werden.[1187]

▶ Praxishinweis:

Wenn die Bank durch Weitergewähren eines Kredits in rücksichtsloser und eigen- 976 süchtiger Weise ihre Stellung bei dem in Kürze zu erwartenden Zusammenbruch des Schuldners auf Kosten anderer Gläubiger verbessert,[1188] handelt sie sittenwidrig.

Sittenwidrig kann aber auch die Benachteiligung anderer Gläubiger dann sein, wenn 977 die Bank auf deren Kosten spekuliert oder den Insolvenzeintritt nur verzögert, nicht aber verhindern will. Dann schmilzt das haftende Vermögen weiter und neue Gläubiger werden »mit in den Strudel gerissen«. Bei Sanierungen muss es daher darauf ankommen, ob Anhaltspunkte dafür vorliegen, dass der Kreditgeber die Insolvenz nur hinausschieben wollte.[1189] Entscheidend ist daher, ob dahinter ein eigennütziger Plan zur Schadloshaltung (Rückführung von Kreditlinien, Auffüllen von Globalsicherheiten) steht.

Dabei hat selbst der BGH die Verzögerung der materiellen Insolvenz durch verrin- 978 gernde Liquidität als Sittenwidrigkeitskriterium unter dem Begriff der »Insolvenzverschleppung« (der eigentlich das pflichtwidrige Unterlassen der formalen Antragstellung durch Leitungsorgane kennzeichnet) bislang nur grob konturiert. Daher wäre

1185 BGH, 27.06.2005 – II ZR 113/03, ZIP 2005, 1414 Rn. 8.
1186 BFH, 11.03.2004 – VII R 52/02, ZInsO 2004, 1255 Rn. 12.
1187 BGH, 11.07.2005 – II ZR 235/03, ZInsO 2005, 878 Rn. 11; Altenhoff/Kuhn, ZIP 2004, 103 ff.: Himmelsbach/Achsnick, NZI 2003, 355.
1188 BGH, 17.06.2004 – IX ZR 2/01, ZInsO 2004, 854 Rn. 18.
1189 Gehrlein, WM 2024, 93, 102; Rusch, GWR 2011, 151; Wallner/Neuenhahn, NZI 2006, 553, 554.

es wünschenswert, wenn eine sorgfältigere instanzgerichtliche Konkretisierung der Sittenwidrigkeit im kredit- und insolvenzrechtlichen Rahmen ausgeurteilt wird.[1190]

b) Sittenwidrige Übersicherung

979 Die Bestellung von weiteren Sicherheiten kann zu sittenwidriger Übersicherung mit der Folge der Nichtigkeit der Sicherheitsvereinbarung führen. Eine sittenwidrige Übersicherung setzt ein auffälliges Missverhältnis zwischen dem voraussichtlich realisierbarem Wert der Sicherheiten und dem Betrag der zu sichernden Forderungen voraus.[1191] Hinzukommen muss eine verwerfliche Gesinnung, also Handeln aus eigensüchtigen Motiven, Ausnutzen einer Zwangslage des Kreditnehmers.

980 Eine Sittenwidrigkeit liegt dann vor, wenn der befriedigte Gläubiger seine wirtschaftliche Machtstellung, die er dem Schuldner ggü. hatte, ausnutzt. Der Schuldner ist meistens, um seinen Betrieb aufrechterhalten zu können, auf die Zusammenarbeit mit der Bank angewiesen. Er muss sich, wenn seine Geschäfte nicht zum Erliegen kommen sollten, allen von den Banken geforderten Bedingungen fügen.

981 Nach dem Urt. des BGH v. 16.03.1995[1192] liegt Sittenwidrigkeit bereits dann vor, wenn ein Unternehmer, dessen baldiger Konkurs wahrscheinlich ist, sicherungshalber seine gesamten Kundenforderungen abtritt, ohne dass neue Mittel zugeführt wurden. Die Abtretung und die nachträgliche Sicherungsübereignung sind regelmäßig sittenwidrig, wenn das Kreditinstitut sich mindestens grob fahrlässig über die Kenntnis der drohenden Insolvenz des Schuldners hinweggesetzt hat.

982 Kennt der begünstigte Gläubiger die Umstände, die den Schluss auf einen bevorstehenden Zusammenbruch des Schuldners aufdrängen, so handelt er schon dann sittenwidrig, wenn er sich über diese Erkenntnis mindestens fahrlässig hinwegsetzt.[1193] Eine Insolvenzverschleppung liegt beispielsweise vor, wenn ein Kreditgeber um eigener Vorteile willen die letztlich unvermeidliche Insolvenz eines Unternehmens nur aufschiebt, indem er Kredite gewährt, die nicht zur Sanierung, sondern nur dazu ausreichen, den Zusammenbruch zu verzögern, wenn hierdurch andere Gläubiger über die Kreditfähigkeit des Unternehmens getäuscht und geschädigt werden sowie der Kreditgeber sich dieser Erkenntnis mindestens leichtfertig verschließt.[1194] Je größer und konkreter die Gefahr dieses Zusammenbruchs ist, desto sorgfältiger muss der Gläubiger die Auswirkungen auf das Vermögen des Schuldners prüfen, von dem er sich umfassende Sicherheiten gewähren lässt.

1190 OLG Frankfurt am Main, 02.09.2009 – 23 U 101/08, ZIP 2010, 1026 Rn. 15; Nichtzulassungsbeschwerde beim BGH unter dem AZ: XI ZR 294/09 mit Beschl. v. 15.06.2010 zurückgewiesen, n.v.

1191 BGH, 06.03.1997 – IX ZR 74/95, WM 1998, 856 Rn. 27.

1192 BGH, 16.03.1995 – IX ZR 72/94, WM 1995, 995 Rn. 25.

1193 BGH, 16.03.1995 – IX ZR 72/94, WM 1995, 995 Rn. 25.

1194 BGH, 16.03.1995 – IX ZR 72/94, WM 1995, 995 Rn. 40.

Nach dem Urteil des Bundesgerichtshofes vom 19.03.2010[1195] genügt ein auffälliges Missverhältnis zwischen der gesicherten Forderung und dem realisierbaren Wert der Sicherheit nicht für sich allein für die Annahme des sittenwidrigen Handelns des Sicherungsnehmers. Vielmehr muss hinzukommen, dass der Gesamtcharakter des Besicherungsvorgangs auf eine verwerfliche Gesinnung des Sicherungsnehmers schließen lässt und dieser »aus eigensüchtigen Gründen eine Rücksichtslosigkeit gegenüber den berechtigten Belangen des Sicherungsgebers an den Tag legt, die nach sittlichen Maßstäben unerträglich ist«.[1196] **983**

Dazu muss der Sicherungsgeber im Streitfall darlegen, mit welchem Verwertungserlös aus der damaligen Sicherheitenverwertung gerechnet werden konnte, wie sicher dies zu beurteilen war und woraus sich auf dieser Grundlage eine in eigensüchtigen Motiven begründete Rücksichtslosigkeit der Bank ergeben soll.[1197] **984**

Nach der neuen Rechtsprechung des BGH zu § 142 InsO enthält das Stehenlassen einer Darlehensforderung keine ausgleichende Gegenleistung, weil allein damit dem Schuldner kein neuer Vermögenswert zugeführt wird. Der Schuldner hat ihn vielmehr bereits durch die Darlehensgewährung erhalten; das bloße Unterlassen der Rückforderung bedeutet keine Zuführung eines neuen Vermögenswertes.[1198] Diese Rechtsprechung findet im Anwendungsbereich des § 134 Abs. 1 InsO ebenfalls Anwendung, wenn ein ungekündigter Kredit eines Drittschuldners nachträglich besichert wird, ohne dass dem eine vereinbarte Gegenleistung des Sicherungsnehmers gegenübersteht. In diesem Fall ist das Sicherungsgeschäft unentgeltlich, und zwar unabhängig davon, ob die Rückführung des stehen gelassenen Kredits des Drittschuldners hätte durchgesetzt werden können oder nicht.[1199] **985**

c) Insolvenzverschleppung

Unter dem Gesichtspunkt der Insolvenzverschleppung kann eine nachträgliche Besicherung bzw. Verfügung gem. § 138 Abs. 1 BGB sittenwidrig und damit nichtig sein, wenn der Kreditgeber um eigener Vorteile willen die letztlich unvermeidliche Insolvenz eines Unternehmens nur hinausschiebt, indem er Kredite gewährt, die nicht zur Sanierung führen, sondern nur dazu ausreichen, den Zusammenbruch zu verzögern, wenn hierdurch andere Gläubiger über die Kreditfähigkeit des Schuldners getäuscht und geschädigt werden, wobei der Kreditgeber sich dieser Erkenntnis mindestens leichtfertig verschließt.[1200] **986**

1195 BGH, 19.03.2010 – V ZR 52/09, ZInsO 2010, 1014 Rn. 12.

1196 BGH, 19.03.2010 – IV ZR 52/09, ZInsO 2010, 1014 Rn. 12.

1197 Obermüller, ZInsO 2010, 697.

1198 BGH, 29.11.2007 – IX ZR 30/07, ZInsO 2008, 91 Rn. 41; MK-InsO/Piekenbrock, § 142 InsO Rn. 21; Mitlehner, ZIP 2007, 1925, 1930.

1199 BGH, 06.12.2012 – IX ZR 105/12, ZInsO 2013, 73 Rn. 4; BGH, 01.06.2006 – IX ZR 159/04, ZInsO 2006, 771 Rn. 7.

1200 Häuser, in: Ellenberger/Bunte, Bankrechts-Handbuch, § 65, Rn. 143; Gehrlein, WM 2024, 93, 102.

987 Sofern teilweise nicht besicherte Kredite nachträglich im Zeitpunkt der Zahlungsunfähigkeit und Überschuldung durch die Hereinnahme des gesamten noch freien, verwertbaren Vermögens des Schuldners besichert werden, kann eine Gläubigergefährdung festgestellt werden. Vor diesem Hintergrund ist es besonders anstößig, wenn das Kreditinstitut den Zusammenbruch des Kunden durch eine ersichtlich unzureichende weitere Kapitalzufuhr nur hinausschiebt, um sich ggü. den anderen Gläubigern Sondervorteile zu verschaffen, insb. sich wegen alter Kredite zu befriedigen.[1201] Erschwerend kommt hinzu, wenn keine neuen Kredite ausgereicht werden, sondern lediglich Altkredite nachträglich besichert werden.

d) Kredittäuschung

988 Eine als sittenwidrig zu bewertende Missachtung der Rücksichtspflichten der Bank ggü. anderen Gläubigern kann in der Fallkonstellation der Kredittäuschung darin begründet sein, dass ein Unternehmen im Wesentlichen nur durch den von der Bank eingeräumten Kredit am Leben erhalten wird und die Bank die dadurch gewonnene wirtschaftliche Machtstellung ausnutzt, alle wesentlichen Vermögenswerte des Schuldners zu Sicherungszwecken in ihr Vermögen zu überführen, ohne dass dies nach außen hin hervortritt.[1202]

989 Werden keine neuen Kreditmittel an den Schuldner ausgereicht und hat sich die Bank über die Kenntnis der drohenden Insolvenz fahrlässig hinweggesetzt, wenn die wirtschaftliche Schieflage dem Schuldner bekannt war, kann sie sittenwidrig handeln. Der Sittenverstoß liegt besonders nahe, wenn der verlängerte Kredit durch Übereignung der letzten freien Mittel oder unpfändbarer Habe gesichert werden soll, ohne dass neue Kreditmittel ausgereicht werden.[1203]

▶ Praxishinweis:

990 Im Vordergrund steht also die Frage, ob es sich um eine echte oder nur um eine »Scheinsanierung« handelt. Wenn die Rechtsprechung unter besonderen Umständen eine weitere Kapitalzufuhr als sittenwidrig erachtet, dann gelten diese Grundsätze erst recht, wenn keine weiteren Kreditmittel an den Schuldner ausgereicht werden, sondern unbesicherte Altkreditforderungen durch Hereinnahme sämtlichen des zur Gläubigerbefriedigung tauglichen Vermögens des Schuldners nachträglich besichert werden, oder aber der Kredit lediglich prolongiert wird unter Vereinnahmung weiterer Sicherheiten, die im Fall der Insolvenz zur Befriedigung der Gesamtheit der Gläubiger gedient hätten.

1201 BGH, 11.11.1985 – II ZR 109/84, NJW 1986, 837 Rn. 15.

1202 BGH, 08.02.1956 – IV ZR 287/55, WM 1956, 379 Rn. 32; Kümpel/Wittig, Bank- und Kapitalmarktrecht, S. 983 Rn. 6.55; Ganter, WM 1998, 2045, 2048.

1203 Weber, ZInsO 2011, 904, 906.

3. Anspruch gem. § 826 BGB

Eine weitere Anspruchsgrundlage kann nach § 826 BGB gegeben sein. Dazu ist 991
erforderlich, dass in einer gegen die guten Sitten verstoßenden Weise einem anderen vorsätzlich Schaden zugefügt worden ist. Der Vorwurf sittenwidriger Schädigung ist bereits dann begründet, wenn der Kreditgeber, um eigener Vorteile willen die Insolvenz des Unternehmens lediglich hinausstreckt und für ihn abzusehen ist, dass er dessen Zusammenbruch allenfalls verzögert, aber nicht auf die Dauer verhindern kann.[1204] Diese Umstände begründen das Merkmal einer eigensüchtigen, den Tatbestand der nach § 826 BGB erfüllenden Beihilfe zur Insolvenzverschleppung.

Der BGH hat mit Urt. v. 09.12.1969[1205] ausgeführt, dass Sittenwidrigkeit nur dann 992
ausscheidet, wenn das Unternehmen durch neue Kredite saniert wird. Jedoch liegt bereits Sittenwidrigkeit vor, wenn eine Bank das Hinausschieben des nach den Verhältnissen gebotenen Insolvenzantrages durch ihr Stillhalten oder Weitergewähren des Kredites duldet, um in eigensüchtiger Weise ihre Stellung bei dem erwarteten Zusammenbruch auf Kosten der anderen Gläubiger zu verbessern. Dies gilt v.a. dann, wenn sie dem insolventen Unternehmen keinen Kredit ausreicht, den es zur Sanierung braucht, sondern nur einen solchen, der den wirtschaftlichen Todeskampf des Unternehmens lediglich verlängert, damit sie sich in der so gewonnenen Zeit aus ihren Sicherheiten zum Nachteil der anderen Gläubiger ungehindert und besser befriedigen kann.

Eine Sittenwidrigkeit würde nur dann entfallen, wenn die Bank dem Schuldner 993
neue Kredite gewährt hätte, um tatsächlich zu sanieren und nicht die Kredite vorzeitig abzulösen, was im Einzelfall zu prüfen ist. Entsprechend dem Urt. des BGH v. 29.05.2001[1206] hat der Senat festgestellt, dass eine Haftung nach § 826 BGB in Betracht kommt, wenn durch die Gewährung weiterer Kredite um eigener Vorteile willen ein absehbarer Konkurs verzögert wird.

Allerdings reicht allein die Kenntnis eines Kreditgebers von der wirtschaftlich aus- 994
sichtslosen Lage seines Kreditnehmers und das Unterlassen einer (früheren) Kündigung eines bestehenden Kredits grds. noch nicht aus, um eine Haftung des Kreditgebers nach § 826 BGB ohne Weiteres zu begründen. Einer Bank bleibt es i.d.R. überlassen, ob und ggf. wann sie ein notleidendes Unternehmen, dem sie Kredit gegeben hat, »fallen« lassen will. Um das Verhalten der Bank als sittenwidrige Schädigung anderer Gläubiger erscheinen zu lassen, müssen vielmehr weitere Umstände hinzutreten. Dies wurde etwa bejaht für das Ausspielen wirtschaftlicher Macht im Verhältnis zum Kreditnehmer,[1207] die Ausübung von Druck[1208] oder die sonstige Einflussnahme auf die Geschäftsführung zu eigenem Nutzen.[1209]

1204 BGH, 26.03.1984 – II ZR 171/83, NJW 1984, 1893 Rn. 62.

1205 BGH, 09.12.1969 – VI ZR 50/68, NJW 1970, 657, 658 Rn. 11.

1206 BGH, 29.05.2001 – VI ZR 114/00, NJW 2001, 2632 Rn. 10.

1207 BGH, 07.03.1985 – III ZR 90/83, WM 1985, 866, Rn. 80; OLG Köln, 10.09.1999 – 19 U 93/97, ZIP 2000, 743 Rn. 38.

1208 BGH, 07.03.1985 – III ZR 90/83, WM 1985, 866 Rn 80.

1209 OLG Köln, 27.02.1981 – 22 U 117/79, WM 1981, 1238.

995 So hat der BGH in seinem Urt. v. 17.06.2004[1210] ausgeführt, dass eine Bank, die in Kenntnis der Zahlungsunfähigkeit ihres Kunden nicht den gebotenen Insolvenzantrag stellt, sondern durch Weitergewähren eines Kredits die Agonie des Kunden verlängert, um in rücksichtsloser und eigensüchtiger Weise ihre Stellung bei dem in Kürze erwarteten Zusammenbruch auf Kosten anderer Gläubiger zu verbessern, sittenwidrig i.S.v. § 826 BGB handelt.

4. Vertiefungsfälle

996 Der BGH hat mit Beschl. v. 14.01.2010[1211] im Rahmen eines Sanierungsfalles entschieden, dass die zugunsten der Bank gewährte Globalzession wegen Sittenwidrigkeit nichtig ist. Er hat die Entscheidungen der Ausgangsinstanzen bestätigt. In dem zugrunde liegenden Urt. des LG Stuttgart v. 15.11.2006[1212] hatte das LG die Globalzession aufgrund Gläubigergefährdung gem. § 138 BGB für sittenwidrig und damit nichtig erklärt.

997 Im Zeitpunkt der Sicherheitenstellung durch Globalzession hatte das beklagte Kreditinstitut keine neuen Mittel in Gestalt einer tatsächlichen Krediterweiterung gewährt, sodass kein gleichwertiger Ausgleich für die aus diesem Anlass bestellte Globalzession bestand. Ein Vergleich der dem Schuldner vor Gewährung der Globalzession durch das beklagte Kreditinstitut zur Verfügung gestellten Mittel und der finanziellen Verhältnisse nach der neuen Ordnung ergab, dass der Schuldner tatsächlich weniger Kredit erhalten hatte. Damit stand fest, dass der Sicherheitenbestellung keine Zufuhr neuer Mittel gegenüberstand. Es handelte sich schlicht um eine Nachbesicherung bereits bestehender Verbindlichkeiten, die lediglich neu »eingekleidet« wurden, und dies in Kenntnis des beklagten Kreditinstitutes von der finanziellen Situation des Schuldners.

998 Das Kreditinstitut hatte Kenntnis von den betrieblichen Daten, wie etwa Auftragsbestand, der Höhe ausstehender Forderungen und nicht zuletzt des gesamten Fremdmittelbestandes in Relation zur Höhe der operativen Geschäfte. Daher hatte das LG den Einwand des beklagten Kreditinstitutes, dass Hoffnungen bestanden, der Betrieb des Schuldners werde sich nach der Neuordnung rentabel führen lassen, verworfen. Hinsichtlich der Sittenwidrigkeit führte das LG aus, dass zwar keine Absicht erforderlich ist, das beklagte Kreditinstitut jedoch aufgrund der Kenntnis vom vollen Umfangs der wirtschaftlichen Situation des Schuldners und seines Betriebes besonders leichtfertig gehandelt hatte, was wohl auch dem Bestreben entsprang, die zusätzlichen Sicherheiten und damit einen Vorsprung vor anderen Gläubigern »für den Fall der Fälle« zu sichern.

999 Ein Benachteiligungsvorsatz i.R.d. Vorsatzanfechtung entfällt nicht deshalb, weil der Schuldner davon ausgegangen ist, in absehbarer Zeit alle seine Gläubiger befriedigen zu können. Eine solche Aussicht wäre nach gefestigter Rechtsprechung nur dann

1210 BGH, 17.06.2004 – IX ZR 2/01, ZInsO 2004, 854 Rn. 18.
1211 BGH, 14.01.2010 – IX ZR 153/07, DZWIR 2010, 290.
1212 LG Stuttgart, 15.11.2006 – 21 O 117/06, n.v.

beachtlich, wenn aus Sicht des Schuldners seine Insolvenz so gut wie ausgeschlossen gewesen wäre, während die Hoffnung allein, durch Steigerung des Geschäftsumsatzes in den nächsten Jahren höhere Gewinne erzielen zu können, einen Benachteiligungsvorsatz nicht ausschließt. Dabei sind nach der Rechtsprechung alle für und gegen einen Rettungsversuch sprechende Gesichtspunkte des Einzelfalls sorgfältig abzuwägen. Diese Prüfung muss umso gewissenhafter ausfallen, je größer das Risiko eines Misslingens und damit einer Schädigung der übrigen Gläubiger ist.[1213]

Das Kammergericht Berlin hat mit Urt. v. 04.11.2015 den Vorwurf sittenwidrigen **1000**
Handelns im Rahmen einer Sanierung gegenüber einem Kreditinstitut bejaht und folgende Leitsätze aufgestellt:[1214]

1. Der Vorwurf sittenwidrigen Handelns kann begründet sein, wenn die Bank aus eigensüchtigen Beweggründen die Insolvenz des Unternehmens hinausschiebt und für sie abzusehen ist, dass die ergriffenen Stützungsmaßnahmen den Zusammenbruch allenfalls verzögern, aber nicht auf die Dauer verhindern können.
2. Liegt ein planmäßiges Zusammenwirken mit eingeweihten Helfern vor, um das wesentliche pfändbare Vermögen des Schuldners dem Zugriff der Gläubiger zu entziehen, kann auch der deliktsrechtliche Vorwurf der sittenwidrigen Schädigung erfüllt sein.
3. In einem solchen Fall ist nicht nur die Sicherheitenbestellung, sondern auch der Kreditvertrag selbst nichtig. Dabei wird die Nichtigkeitssanktion nicht durchweg von den spezielleren Tatbeständen des Anfechtungsrechts verdrängt.
4. Eine Überbrückungsfinanzierung unterliegt nicht dem strengen Haftungsregime eines Sanierungskredits. Die zeitliche Grenze für einen solchen Überbrückungskredit beträgt längstens 3 Wochen.
5. Von dem Vorwurf sittenwidrigen Verhaltens kann sich die Bank entlasten, wenn sie den Kredit aufgrund eines schlüssigen Sanierungsgutachtens ausgezahlt hat. Dazu reicht es nicht, wenn es erst nach dem Zeitpunkt der ersten Darlehensgewährung vorlag.

Der Bundesgerichtshof hat mit Beschl. v. 07.03.2017 die Nichtzulassungsbeschwerde **1001**
mit folgender Maßgabe zurückgewiesen:[1215]

Die Frage, ab welcher Laufzeit ein als »Überbrückungskredit« bezeichnetes Darlehen sittenwidrig ist, kann nicht pauschal, sondern nur auf Grund einer umfassenden Gesamtwürdigung des einzelnen Vertrages unter Berücksichtigung aller den Vertrag kennzeichnenden Umstände beurteilt. Die Grenze zwischen dem, was einer Bank bei Gewährung und Sicherung ihrer Kredite noch erlaubt ist, und dem, was für den redlichen Verkehr unerträglich und deshalb sittlich unstatthaft ist, kann deshalb nicht mit Hilfe starrer Fristen gezogen werden.

1213 BGH, 16.03.1995 – IX ZR 72/94, NJW 1995, 1668 Rn. 17; BGH, 09.07.1979 – II ZR 118/77, WM 1979, 882 Rn. 37; Gehrlein, WM 2011, 577, 581.
1214 KG Berlin, 04.11.2015 – 24 U 112/14, ZInsO 2016, 37 Rn. 25–31.
1215 BGH, 07.03.2017 – XI ZR 571/15, ZIP 2017, 809.

H. Firmenbestattung

Schrifttum

Bittmann, Unternehmensbestattung, Status: Recht 2007, 294 ff.; Bittmann, Zum Insolvenzantrag bei »Unternehmensbestattung«, wistra 2020, 385 ff.; *Drescher*, Die Haftung des GmbH-Geschäftsführers, 8. Aufl., 2019; *Fischer*, StGB – Kommentar, 72. Aufl., 2025; *Hey/Regel*, Firmenaufkäufer – Das Geschäft mit der Pleite, Kriminalistik 1999, 258 ff.; *dies.*, Firmenbestatter – Strafrechtliche Würdigung eines neuen Phänomens, GmbHR 2000, 115 ff.; *Gehrlein/Thole*, Aktuelle Probleme der Insolvenzanfechtung, 16. Aufl., 2024; *Hirte*, Die organisierte Bestattung von Kapitalgesellschaften: Gesetzgeberischer Handlungsbedarf im Gesellschafts- und Insolvenzrecht, ZInsO 2003, 833 ff.; *Keller/Klett*, Die sanierende Verschmelzung – Die Rolle des Anteilsverzichts bei der Verschmelzung überschuldeter Rechtsträger, DB 2010, 1220 ff.; *Kleindiek*, Ordnungswidrige Liquidation durch organisierte Firmenbestattung, ZGR 2007, 276 ff.; *Kümmel*, Zur strafrechtlichen Einordnung von Firmenbestattungen, wistra 2012, 165 ff.; *Mackenroth*, Die GmbH-Reform: Kampf den Firmenbestattern!, NJ 2009, 1 ff.; *Mai*, »Firmenbestattung« nach Stichworten – Glossar tatsächlicher und rechtlicher Begriffe rund um ein sozialschädliches Marktverhalten, InsbürO 2008, 449 ff.; *Ogiermann*, Die Strafbarkeit des systematischen Aufkaufs konkursreifer Unternehmen, wistra 2000, 250 ff.; *Pananis/Börner*, Strafbarkeit des Vermittlers der ordentlichen Abwicklung einer GmbH wegen Teilnahme an einer Insolvenzverschleppung?, GmbHR 2006, 513 ff.; *Pape*, Gesetzwidrigkeit der Verweisung des Insolvenzverfahrens bei gewerbsmäßiger Firmenbestattung, ZIP 2006, 877 ff.; *ders.*, Haftungsrechtliche Folgen der Nichtinanspruchnahme von Gesellschaftsorganen und Geschäftsführern, ZInsO 2007, 1080 ff.; *ders.*, Gesetzwidrigkeit der Verweisung des Insolvenzverfahrens bei gewerbsmäßiger Firmenbestattung, ZIP 2006, 877 ff.; *ders.*, Zur örtlichen Zuständigkeit des Insolvenzgerichts bei der Firmenbestattung, EWiR 2004, 763 f.; *Richter*, Strafbarkeitsbeschränkung beim Insolvenzantrag?, ZInsO 2016, 2372 ff.; *Richter*, Konfusion im Insolvenzantrags-Strafrecht nach dem ESUG, in: Festschrift für Siegfried Beck, München, 2016, S. 441 ff.; *Ruppert*, »Firmenbestattung« und Bankrottstrafbarkeit, JURIS JM 2017, 170 ff.; *Schaefer*, Firmenbestatter und Strafrecht, NJW-Spezial 2007, 456 ff.; *Schmittmann*, Firmenbestattungen und Insolvenz, InsbürO 2004, 287 ff.; *ders.*, Haftung von Organen in Krise, Restrukturierung und Insolvenz, 5. Aufl., 2025, Rn. 937 ff.; *ders.*, Beurkundung bei Verdacht von Firmenbestattungen, NZI 2016, 124 f.; *Schmittmann/Gregor*, Aktuelle Entwicklungen zu Firmenbestattungen, InsbürO 2006, 410 ff.; *Schmittmann/Heindorf* in: Schmittmann, Handbuch Fachberater Restrukturierung und Unternehmensplanung, Berlin 2025, Kap. 9; *Schröder*, Die strafrechtliche Haftung des Notars als Gehilfe bei der Entsorgung einer insolvenzreifen GmbH außerhalb des Insolvenzverfahrens, DNotZ 2005, 596 ff.; *Schütz*, Die »Bestattung« insolventer Kapitalgesellschaften in der strafrechtlichen Praxis wistra 2016, 53; *Schultze*, Die Änderung des Firmennamens bei drohender Insolvenz, DZWIR 2005, 56 ff.; *Singer/Greck*, »Firmenbestatter« erkennen und Mandanten schützen, StuB 2006, 82 ff.; *Smid*, Zuständigkeit des Insolvenzgerichts bei Sitzverlegung, Verwalterauswahl und Pflichtenkanon des Insolvenzverwalter de lege ferenda, NZI 2021, 710 ff.; *Stiller*, Prüfung der örtlichen Zuständigkeit des Insolvenzgerichts nach § 3 InsO im GmbH-Insolvenzverfahren bei Anzeichen für eine rechtsmissbräuchliche Zuständigkeitsbegründung, InsbürO 2019, 138 ff.; *Tsambikakis*, Aktuelles zum Insolvenzstrafrecht bei GmbH und GmbH & Co., GmbHR 2005, 838 ff.; *Tüting*, Die gewerbsmäßige Firmenbestattung betrachtet im Lichte des MoMiG unter GmbH-, Insolvenz- und verfahrensrechtlichen Aspekten, Berlin, 2012; *Weng*, Zur Frage einer wirksamen Bestellung eines neuen GmbH-Geschäftsführers während einer laufenden »Firmenbestattung«, NZI 2013, 656 ff.; *Weyand/Diversy*, Insolvenzdelikte – Unternehmenszusammenbruch und Strafrecht, 10. Aufl., Berlin 2016; *Wolf*, Der »amtsunfähige« straffällige GmbH-Geschäftsführer, StuB 2014, 734 ff.

I. Rechtstatsachen

1. Grundlagen

Es ist inzwischen allgemein bekannt, dass der Betrieb einer **Kapitalgesellschaft**, insb. **1002** einer GmbH, keineswegs risikolos für Gesellschafter und Geschäftsführer ist. Die **finanziellen Risiken** gehen zum einen von vertraglichen Verpflichtungen aus, die Gesellschafter und Geschäftsführer z.B. ggü. Banken in Form von **Bürgschaften**[1216] oder **Schuldbeitritten**[1217] eingehen; zum anderen aber auch aus gesetzlichen Ansprüchen gegen Gesellschafter und Geschäftsführer, z.B. **Erstattungsansprüche** gegen Geschäftsführer wegen Zahlungen nach Eintritt der Insolvenzreife oder bei Zahlungen, die die Insolvenzreife herbeigeführt haben,[1218] **Haftungsansprüche** ggü. der Finanzverwaltung und Sozialversicherungsträgern sowie Schadensersatzansprüche wegen Insolvenzverschleppung, um hier lediglich einige zu nennen.

Gesellschaftern und Geschäftsführern von Unternehmen in der Krise wird von sog. **1003** »Beratern« oft suggeriert, dass sie derartigen **Haftungs- und Erstattungsansprüchen** dadurch entgehen, dass vor Insolvenzantragstellung die **Gesellschaftsanteile übertragen**, ein **neuer Geschäftsführer bestellt** und der **Sitz der Gesellschaft** verlegt wird. Die einschlägige Werbung unter plakativen Überschriften wie »Droht Insolvenz?« oder »Wir übernehmen ihre GmbH trotz Insolvenzreife« führt Interessenten zu Firmenbestattern.[1219]

Weder das Recht der Kapitalgesellschaften noch die InsO kennt den Begriff der »**Fir-** **1004** **menbestattung**« oder »**Unternehmensbestattung**«. Sie wird allerdings von Rechtsprechung und Literatur inzwischen als feststehender Rechtsbegriff verwendet.[1220]

Die »Firmenbestattung« an sich erfüllt keinen Straftatbestand. In ihrem Umfeld wer- **1005** den aber häufig Straftaten begangen, zum Teil auch durch Notare.[1221]

1216 Vgl. Bitter, ZInsO 2010, 1561, 1562; Schmittmann, Haftung von Organen in Krise, Restrukturierung und Insolvenz, Rn. 604 ff.

1217 Vgl. Bitter, ZInsO 2010, 1561, 1562; Schmittmann, Haftung von Organen in Krise, Restrukturierung und Insolvenz, Rn. 607 ff.

1218 Vgl. Bitter, ZInsO 2010, 1505, 1511; Schmittmann, Haftung von Organen in Krise, Restrukturierung und Insolvenz, Rn. 365 ff.

1219 Vgl. Schmittmann/Gregor, InsbürO 2006, 410 ff.

1220 Statt aller: Fischer, § 283 StGB Rn. 4 und jüngst OLG Hamm, 17.01.2025 – I-1 UH 46/24, NZI 2025, 613 ff.

1221 S. LG Lübeck, 27.03.2023 – 6 Qs 33/22 720 Js 4897/20, NZI 2023, 394 ff.: Beihilfe zur Insolvenzverschleppung durch beurkundenden Notar.

1006 Das Vorgehen in solchen Fällen ist aber im Wesentlichen von einem **identischen Ablauf** geprägt:[1222]

2. Übertragung sämtlicher Geschäftsanteile

1007 Im ersten Schritt werden sämtliche **Geschäftsanteile** von einem Dritten übernommen.[1223] Hierbei handelt es sich i.d.R. um eine Person, die vom **Firmenbestatter** gestellt wird, lediglich marginales kaufmännisches Wissen verfügt und eine Vielzahl von Geschäftsführungen von Unternehmen übernommen hat.[1224] Diese Person hat oftmals einen Migrationshintergrund oder wird lediglich für Notartermine nach Deutschland gebracht. Die Person ist i.d.R. vermögenslos und verfügt über keine dauerhaften Bindungen in Deutschland. Regelmäßig ordnet sie sich dem Hintermann völlig unter.[1225]

1008 Z.T. tritt der neue **Gesellschafter** mit ge- oder verfälschten Papieren auf, was insb. dadurch erleichtert wird, dass es offenbar eine ganze Anzahl von namentlich bekannten Notaren gibt, die **Identitätspapiere** nicht ordnungsgemäß überprüfen oder unreflektiert in die Urkunde aufnehmen, die Erschienenen seien von Person bekannt.[1226] Dies wird nach Auffassung des AG Gera durch die »Kritiklosigkeit deutscher Anwaltsnotare« beschleunigt.[1227] Mehrere dieser Notare sind inzwischen nicht mehr im Amt.

3. Abberufung des bisherigen und Bestellung eines neuen Geschäftsführers

1009 Im nächsten Schritt wird der bisherige **Geschäftsführer** abberufen und eine dritte Person, die häufig mit dem neuen Gesellschafter identisch ist, zum Geschäftsführer bestellt. Der bisherige Geschäftsführer wird entlastet. Der neue Geschäftsführer zeichnet sich durch die gleiche »**Qualifikation**« aus, die der oben bereits beschriebene Gesellschafter hat.[1228] Er ist im Regelfall bei einer Vielzahl von insolventen Gesellschaften Geschäftsführer, hat bereits die eidesstattliche Versicherung abgegeben und kann nicht schlüssig darstellen, warum er zum Geschäftsführer des Unternehmens bestellt worden ist.[1229] Auch hier hilft den Beteiligten oftmals die Verwendung von ge- oder verfälschten Papieren oder die Sorglosigkeit von Notaren.

1222 Vgl. Drescher, Die Haftung des GmbH-Geschäftsführers, Rn. 1223 ff.; Schmittmann, NZI 2016, 124 f.

1223 Vgl. Stiller, InsbürO 2019, 138, 140.

1224 Vgl. Schröder, DNotZ 2005, 596, 597.

1225 S. BGH, 27.02.2025 – 5 StR 287/24, ZRI 2025, 545 ff. = ZIP 2025, 1326 ff. mit Anm. Leinekugel.

1226 So AG Gera, 23.04.2004 – 720 Js 42132/02 – 10 LS, n.v., S. 5, 8 und 33.

1227 So AG Gera, 23.04.2004 – 720 Js 42132/02 – 10 LS, n.v., S. 33.

1228 S. BGH, 27.02.2025 – 5 StR 287/24, ZRI 2025, 545 ff. = ZIP 2025, 1326 ff. mit Anm. Leinekugel.

1229 So Schmittmann, InsbürO 2004, 287, 288.

4. Sitzverlegung

Nach der Wiederherstellung der staatlichen Einheit Deutschlands hat *Uhlenbruck* bereits bemerkt, dass die **Sitzverlegung** in die neuen Bundesländer oftmals ausschließlich dem Zweck dient, notleidende Kapitalgesellschaften unauffällig abzuwickeln. Konsequenz der Sitzverlegung[1230] sei häufig eine **Abweisung des Insolvenzantrags mangels Masse**, da die Vermögensverhältnisse der Gesellschaft nicht aufgeklärt werden könnten.[1231] 1010

Die **Sitzverlegung** erfolgt i.d.R. auf Wunsch der früheren Gesellschafter und Geschäftsführer an einen möglichst **weit entfernten Ort**, um am bisherigen Tätigkeitsort kein Aufsehen zu erregen, die Ermittlungen des Insolvenzgerichts und des Gutachters zu erschweren sowie Veröffentlichungen in der örtlichen Presse zu vermeiden. Das OLG Rostock vertritt zu Recht die Auffassung, dass bei einer Sitzverlegung die **Angabe einer sog. »c/o«-Anschrift** bei einer GmbH in der Krise nicht ausreiche, wenn es sich bei dem Anschriftengeber um eine juristische Person handelt, deren Geschäftsbetrieb im Ankauf, der Sanierung und Abwicklung insolvenzbedrohter Gesellschaften besteht.[1232] 1011

Im Hinblick auf die Bekanntmachung der Beschlüsse der Insolvenz im Internet, die Führung des **Handelsregisters in elektronischer Form** und die Zugänglichmachung von Firmendaten im **elektronischen Bundesanzeiger** erscheint diese Überlegung in der Praxis allerdings naiv. Gleichwohl ist festzustellen, dass offenbar nach wie vor mit dem Instrument der Sitzverlegung gearbeitet wird, um die **Zuständigkeit eines Insolvenzgerichts** zu erreichen, das durch eine überdurchschnittlich hohe Zahl von Abweisungen mangels Masse bekannt ist, z.B. das AG Charlottenburg.[1233] Das AG Charlottenburg war durch eine Untersuchung von *Haarmeyer*[1234] als Gericht mit besonders **hohen Abweisungsquoten** ins Gespräch gekommen, was die Präsidentin des AG Charlottenburg[1235] zum Anlass genommen hat, dem Verfasser »nicht nur stilistisch, sondern leider auch inhaltlich bestenfalls Boulevardjournalismus« vorzuwerfen.[1236] 1012

Durch die Abschaffung von § 4a Abs. 2 GmbHG durch das **Gesetz zur Modernisierung des GmbH-Rechts und zur Bekämpfung von Missbräuchen** v. 23.10.2008 (BGBl. I 2008, S. 2026 ff. – MoMiG), wonach als Sitz der Gesellschaft i.d.R. der Ort zu bestimmen war, an dem die Gesellschaft einen Betrieb hat, an dem sich die Geschäftsleitung befindet oder die Verwaltung geführt wird, ist das Sitzverlegungspotenzial deutlich erhöht worden. 1013

1230 Vgl. aus strafrechtlicher Sicht: LG Hildesheim, 09.10.2010 – 25 KLs 5443 Js 40026/04, juris.

1231 Vgl. Uhlenbruck, WuB VI B, § 71 KO 1.96 zu BGH, 20.03.1996 – X ARZ 90/96, BGHZ 132, 195 ff. = ZIP 1996, 847 ff.; LSG Sachsen, 10.03.2010 – L 1 AL 242/07, juris.

1232 So OLG Rostock, 31.05.2010 – 1 W 6/10, NotBZ 2010, 316 = DStR 2010, 1999.

1233 Vgl. Haarmeyer/Beck, ZInsO 2007, 1065, 1068; Haarmeyer/Beck/Frind, ZInsO 2008, 1178 ff.

1234 Vgl. Haarmeyer, ZInsO 2006, 449 ff.

1235 Vgl. Buse, ZInsO 2006, 617 ff.

1236 So Buse, ZInsO 2006, 617, 619.

1014 Nach der Begründung des RegE soll es durch die Streichung des § 4a Abs. 2 GmbHG deutschen Gesellschaften ermöglicht werden, einen **Verwaltungssitz** zu wählen, der nicht notwendig mit dem **Satzungssitz** übereinstimmt. Damit soll der Spielraum deutscher Gesellschaften erhöht werden, ihre Geschäftstätigkeit auch ausschließlich im Rahmen einer (Zweig-) Niederlassung, die alle Geschäftsaktivitäten erfasst, außerhalb des deutschen Hoheitsgebietes zu entfalten.[1237]

1015 Somit ist – unter Aufwendung von Kosten für Beratung und Beurkundung – auch eine »**Sitzverlegung**« in andere Mitgliedstaaten der EU möglich, was zu weiteren Erschwerungen bei der Sachverhaltsermittlung führt. Auch Sitzverlegungen außerhalb der EU sind denkbar, verursachen allerdings noch höhere Kosten für Beratung und Beurkundung.

5. Änderung der Firmierung

1016 Mit der Sitzverlegung geht oftmals eine **Änderung der Satzung** dahin einher, dass die **Firma** geändert wird.[1238] Dies geschieht zum einen, um den ursprünglichen Namen für neue wirtschaftliche Aktivitäten freizuhalten und zugleich auch zum Zwecke der Verwirrung von Gläubigern.[1239] Unter Berücksichtigung der Möglichkeiten des **elektronischen Handelsregisters** ist diese **Verwirrungsstrategie** jedoch nicht nur leicht zu durchschauen, sondern auch leicht zu bekämpfen. Gleichwohl wird diese Variante nach wie vor insb. zur Erschwerung der Ermittlungen eingesetzt.

6. Fehlen von Geschäftsunterlagen

1017 In aller Regel sieht die notarielle Urkunde, in der der Geschäftsanteil übertragen und in der der neue Geschäftsführer bestellt wird, eine Regelung vor, nach der der neue Geschäftsführer bestätigt, sämtliche **Buchhaltungs- und Geschäftsunterlagen** erhalten zu haben.[1240] Der bisherige Geschäftsführer wird, sofern er überhaupt auf das Verfahren angesprochen wird, bestätigen, dass er die Unterlagen ordnungsgemäß übergeben hat. Der neue Geschäftsführer ist innerhalb kürzester Zeit häufig nicht mehr greifbar. Selbst wenn der neue Geschäftsführer befragt werden kann, so ist häufig das **Verschwinden der Geschäftsunterlagen** festzustellen, sei es, dass sie auf dem Postweg verloren gegangen sind, im Rahmen eines Diebstahls abhanden gekommen sind, vom Vermieter entsorgt wurden oder aber bei einem Wasserrohrbruch oder Brand vernichtet worden sind. Diese Einlassungen sind den Beteiligten in aller Regel nicht zu widerlegen, sodass auch hier die Arbeit des Gutachters erschwert wird.

1237 So RegE, BT-Drucks. 16/6140.

1238 Vgl. Uhlenbruck/Pape, § 3 InsO Rn. 12; Schmittmann, NZI 2016, 124; aus strafrechtlicher Sicht: LG Hildesheim, 09.10.2010 – 25 KLs 5443 Js 40026/04, juris.

1239 Vgl. Schultze, DZWIR 2005, 56 ff.

1240 Vgl. zum Verschwinden von Geschäftsunterlagen: Uhlenbruck/Pape, § 3 InsO Rn. 12; Schröder, DNotZ 2005, 596, 597 f.

7. Fehlen von Vermögensgegenständen

Firmenbestattungsfälle zeichnen sich i.Ü. auch häufig dadurch aus, dass jegliche Vermögensgegenstände fehlen oder dazu keine nachvollziehbaren Angaben gemacht werden. Der neue Geschäftsführer gibt häufig an, weder Bankverbindungen noch Forderungen der Schuldnerin gegen Dritte zu kennen. Der alte Geschäftsführer wird ein schlechtes Gedächtnis vortäuschen und behaupten, ohne die **Geschäftsunterlagen** keine Angaben machen zu können.[1241] Das **Fehlen von Vermögensgegenständen** entspricht der Taktik der Beteiligten, eine **Abweisung mangels** einer die Kosten des Verfahrens deckenden **Masse** zu provozieren.[1242] Dies hat den BGH veranlasst, einen **Eröffnungsantrag**, der unabhängig von den Vermögensverhältnissen des Schuldners und etwa bestehenden Ansprüchen gegen Gesellschafter, Geschäftsführer und Anfechtungsgegner ausschließlich auf eine **Abweisung des Antrags** mangels einer die Kosten des Insolvenzverfahrens deckenden Masse gerichtet ist, wegen Fehlens eines Rechtsschutzinteresses als unzulässig abzuweisen.[1243] 1018

II. Rechtliche Würdigung

Ein **Straftatbestand** der Firmen- oder Unternehmensbestattung ist dem deutschen Strafrecht fremd. Im Rahmen einer Firmenbestattung werden aber häufig zahlreiche **Begleitdelikte** wie Insolvenzverschleppung, § 15a InsO, Nichtabführung von Sozialversicherungsbeiträgen, § 266a StGB, Bankrott,[1244] insb. Beiseiteschaffen von Vermögen, § 283 Abs. 1 Nr. 1 StGB, Beiseiteschaffen oder Verheimlichen von Handelsbüchern oder sonstigen Unterlagen, § 283 Abs. 1 Nr. 6 StGB, Verschleierung der wirklichen geschäftlichen Verhältnisse, § 283 Abs. 1 Nr. 8 StGB[1245], Verletzung der Buchführungspflicht, § 283b StGB, unrichtige Darstellung der Verhältnisse der Kapitalgesellschaft in der Eröffnungsbilanz, im Jahresabschluss, im Lagebericht oder im Zwischenabschluss, § 331 HGB[1246] begangen. 1019

Die Veräußerung einer insolventen bzw. insolvenzreifen GmbH an einen professionellen Firmenbestatter begründet nach der allgemeinen wirtschaftskriminalistischen Lebenserfahrung den Anfangsverdacht der vorsätzlichen **Insolvenzverschleppung** nach §§ 64 Abs. 1, 84 Abs. 1 Nr. 2 GmbHG a.F., der **Untreue** nach § 266 StGB sowie der **Verletzung der Buchführungspflicht** und des **Bankrotts** nach §§ 283, 283b Abs. 1 Nr. 1 und 2 StGB.[1247] Die im Rahmen der Firmenveräußerung erfolgende Abberufung der Altgeschäftsführer und die Bestellung eines neuen Geschäftsführers im 1020

1241 So Schmittmann, InsbürO 2004, 287, 290.
1242 S. Schmittmann, NZI 2016, 124, 125.
1243 So BGH, 07.05.2020 – IX ZB 84/19, NZI 2020, 679 ff. mit Anm. Laroche = DZWIR 2020, 541 ff. Rn. 6. Vgl. dazu Bittmann, wistra 2020, 385 ff.
1244 S. BGH, 15.11.2012 – 3 StR 199/12, NJW 2013, 1892 ff.; Schmittmann/Heindorf in: Schmittmann, Fachberater, Kap. 9 Rn. 169 ff.
1245 S. BGH, 09.06.2022 – 5 StR 407/21, NStZ 2022, 686 ff. = wistra 2022, 435 ff.
1246 Vgl. Schmittmann/Gregor, InsbürO 2006, 410, 413; Schultze, DZWIR 2005, 56 ff.; Schröder, DNotZ 2005, 596, 600.
1247 Vgl. Schmittmann/Heindorf in: Schmittmann, Fachberater, Kap. 9 Rn. 190.

engen zeitlichen und situativen Zusammenhang mit der Umfirmierung, der unternehmensfremden Sitzverlegung an einen **Scheinsitz** sowie der zeitnahen Gründung einer neuen Gesellschaft durch die alten Geschäftsführer mit identischem Unternehmensgegenstand am alten Firmensitz dienen erkennbar dem Zweck, ein offensichtlich bankrottes Unternehmen jenseits eines geordneten Insolvenzverfahrens abzuwickeln, damit die Gesellschaft und die Gläubiger zu schädigen und die Geschäftsführer vor straf- und zivilrechtlicher Inanspruchnahme zu schützen.[1248]

1021 Das AG Memmingen hat bereits im Jahr 2003 entschieden, dass im Fall einer gewerbsmäßigen »**Firmenbestattung**« sowohl die satzungsändernden Beschlüsse als auch die Abtretung der Geschäftsanteile wegen **Verstoß gegen die guten Sitten** nichtig sind.[1249] Die bloß sittenwidrige Motivation eines Gesellschafterbeschlusses genüge grds. nicht für die Annahme der Nichtigkeit nach § 138 BGB. Vielmehr müssten drei Voraussetzungen erfüllt sein: Eine gesetzlich zwingende Norm muss verletzt sein. Der Verstoß muss sich aus dem Inhalt des Beschlusses ergeben. Der Verstoß muss so schwerwiegend sein, dass er eine bloße Anfechtbarkeit nicht ausreichen lässt.

1022 Die gesetzlich zwingende Norm ist das **Anstandsgefühl aller billig und gerecht Denkenden**. Im Hinblick darauf, dass die Planung und Durchführung des Geschehens darauf abzielten, die insolvente Gesellschaft organisiert zu »bestatten«, dabei die den Unternehmernamen tragenden Personen und die Firma selbst nicht in Erscheinung treten zu lassen und die Verantwortlichen von der unvermeidlichen **Insolvenzantragspflicht** zu befreien, sowie es ihnen zu ermöglichen, in **neuem Rechtskleid** (Vorratsgesellschaft), befreit von den Schulden der Altgesellschaft, jedoch in deren Werkräumen, mit deren Anlagevermögen und den früheren Arbeitnehmern den bisherigen Unternehmensgegenstand unter fast gleicher Flagge (Firma) fortzuführen lag ein Verstoß gegen das Anstandsgefühl aller billig und gerecht Denkenden vor. Die Gesellschafterbeschlüsse hinsichtlich der **Sitzverlegung** und **Änderung der Firmierung** sind auch so schwerwiegend, dass eine bloße Anfechtbarkeit nicht ausreicht.

1023 Es darf nicht dem Kreis der Gesellschafter überlassen bleiben, ob Gesellschafterbeschlüsse, die auf eine **organisierte »Bestattung«** einer Kapitalgesellschaft abzielen, rechtlichen Bestand haben oder nicht. Dies gilt insb. dann, wenn es zu wirtschaftlichen Verquickungen zwischen Alt- und Neugesellschaft außerhalb eines ordnungsgemäßen Verfahrens gekommen ist. Als **Rechtsfolge** ergibt sich daraus, dass der abberufene Geschäftsführer weiterhin Geschäftsführer ist und der neu bestellte Geschäftsführer nicht Geschäftsführer geworden ist.[1250]

1024 Diese Auffassung hat in der praktischen Umsetzung den Vorteil, dass der bisherige Geschäftsführer im Rahmen seiner **Auskunfts- und Mitwirkungspflichten** nach der InsO in Anspruch genommen werden kann und sich weder Insolvenzrichter noch Gut-

---

1248 So LG Potsdam, 17.09.2004 – 25 Qs 11/04, wistra 2005, 193 ff.

1249 So AG Memmingen, 02.12.2003 – HRB 8361, Rpfleger 2004, 223 ff. m. Anm. Reiß = NotBZ 2004, 283 ff. = StuB 2004, 991 f. m. Anm. Singer.

1250 So AG Memmingen, 02.12.2003 – HRB 8361, Rpfleger 2004, 223 ff. m. Anm. Reiß = NotBZ 2004, 283 ff. = StuB 2004, 991 f. m. Anm. Singer.

achter auf einen Geschäftsführer verweisen lassen zu brauchen, der seinen Wohnsitz im fernen Ausland hat.[1251] Das AG München teilt diese Auffassung. Wird der Sitz einer GmbH nach deren **völligen Einstellen der Geschäftstätigkeit** mit dem Ziel verlegt, das Insolvenzverfahren fernab vom bisherigen Sitz der Schuldnerin und den vielfältigen anderen geschäftlichen Aktivitäten des früheren Geschäftsführers zu betreiben, so verstößt dies gegen § 4a Abs. 2 GmbHG (a.F.) mit der Folge, dass die Sitzverlegung nach § 134 BGB nichtig ist. Es verbleibt daher für die **örtliche Zuständigkeit** des Insolvenzgerichts bei dem **ursprünglichen Sitz** der Kapitalgesellschaft.[1252] Diese Auffassung wird insb. von süddeutschen Gerichten geteilt. So hat das AG Regensburg schlichtweg eine Anmeldung einer Sitzverlegung teils rechtsmissbräuchlich wegen versuchter »**Firmenbeerdigung**« zurückgewiesen.[1253]

Eine besondere Ironie des Schicksals liegt darin, dass inzwischen mehrere prominente **1025**
Bestattungsgesellschaften insolvent sind. Die beim AG – Handelsregister – Essen zum HRB 19020 eingetragene Insolcon AG, Schützenbahn 60, 45127 Essen, wurde wegen Vermögenslosigkeit gem. § 141 1 Abs. 1 FGG aus dem Register gelöscht.[1254]

Auch die Salida GmbH Treuhand-Consulting Wirtschaftsdienste, lange Zeit Markt- **1026**
führer im **Firmenbestattungswesen**, wurde inzwischen von Amts wegen aus dem Handelsregister gelöscht.[1255]

III. Gegenstrategien

1. Zuständigkeitsprüfung

Ungeachtet der Möglichkeit, die insb. in Süddeutschland verfolgt wird, die satzungs- **1027**
ändernden Beschlüsse, Geschäftsanteilsübertragungsverträge sowie die Geschäftsführerabberufungen und -neubestellungen als **nichtig** anzusehen, so stehen bei der **Firmenbestattung** folgende Gegenstrategien im Vordergrund:

Zunächst obliegt es dem angerufenen Insolvenzgericht, die Zuständigkeit zu über- **1028**
prüfen.[1256] Nach der Rechtsprechung des BGH hat das nach § 3 Abs. 1 Satz 1 InsO zuständige Insolvenzgericht die zur Begründung der **örtlichen Zuständigkeit** eines anderen Insolvenzgerichts vorgetragenen Umstände zu würdigen und ggf. von Amts wegen den Sachverhalt weiter aufzuklären. Erst wenn danach ein **Gerichtsstand** bei dem nach § 3 Abs. 1 Satz 1 InsO zuständigen Gericht nicht eröffnet ist, kann es seine örtliche Unzuständigkeit aussprechen. Geschieht dies ohne eine solche Prüfung, so entbehrt der Verweisungsbeschluss jeder gesetzlichen Grundlage und muss

1251 Vgl. Schmittmann/Theurich/Brune, Das insolvenzrechtliche Mandat, § 2 Rn. 137.
1252 So AG München, 01.04.2005 – 1506 IN 356/04, ZIP 2005, 1052 = GmbHR 2005, 888.
1253 So AG Regensburg, 26.09.2005 – 96 AR 608/05, n.v.
1254 S. AG Essen, Verfügung vom 01.03.2008 – HRB 19020, n.v.
1255 S. AG Charlottenburg, Verfügung vom 30.05.2007 – HRB 86617, n.v.
1256 Vgl. umfassend zur Zuständigkeitsprüfung in Bestattungsfällen: Uhlenbruck/Pape, § 3 InsO Rn. 12; OLG Hamm, 17.01.2025 – I-1 UH 46/24, NZI 2025, 613 ff.

deshalb als **willkürlich** betrachtet werden.[1257] Zutreffend weist der BGH darauf hin, dass der **Verweisungsbeschluss** begründet werden muss. Das verweisende Gericht hat Umstände zu ermitteln und darzulegen, die seine Zuständigkeit infrage stellen könnten. Gem. § 5 Abs. 1 Satz 1 InsO hat das Insolvenzgericht **von Amts wegen** alle Umstände zu ermitteln, die für das Insolvenzverfahren von Bedeutung sind. Dies war unterlassen worden, sodass der BGH die Verweisung an das AG Charlottenburg (!) als unwirksam ansah.[1258]

1029 Zahlreiche veröffentlichte Entscheidungen lassen erkennen, dass oftmals eine **Verweisung ohne konkrete Ermittlungen** und v.a. unreflektiert erfolgt.[1259] Dabei ist eine Verweisung des Insolvenzverfahrens durch das für den Sitz der Gesellschaft nach § 3 Abs. 1 Satz 1 InsO zuständige Gericht erst zulässig, wenn das Insolvenzgericht sämtliche vorgetragenen Umstände gewürdigt und von Amts wegen den Sachverhalt umfassend aufgeklärt hat. Erfolgt die Verweisung ohne eine entsprechende Prüfung allein aufgrund der **Angaben im Insolvenzantrag**, entbehrt sie jeder gesetzlichen Grundlage und muss zumindest objektiv als **willkürlich** angesehen werden. Die **Mitnahme der Geschäftsunterlagen** durch den (neu bestellten) Geschäftsführer begründet keine Zuständigkeit des für den Wohnsitz des Geschäftsführers zuständigen Insolvenzgerichts.[1260]

1030 Das **Insolvenzgericht** ist daher gehalten, in eine umfassende **Aufklärung** einzutreten. Ergeben sich z.B. aus einem Schreiben des Mitarbeiters einer insolventen Gesellschaft unübersehbare Hinweise auf das Vorliegen einer gewerblichen Firmenbestattung, so ist ein gleichwohl erfolgter **Verweisungsbeschluss** an das Wohnsitzgericht des Bestatters für dieses Gericht nicht bindend.[1261] Hat das Insolvenzgericht am alten Sitz des Insolvenzschuldners vor einer Verweisung des Verfahrens Anhaltspunkte dafür, dass dieser an seinem gerade durch Verlegung neu begründeten Sitz keine Geschäftstätigkeit entfaltet hat, muss es alle Umstände **von Amts wegen** ermitteln, die seine örtliche Zuständigkeit begründen könnten. Die bloße Nachfrage bei dem Insolvenzschuldner über den Umfang einer etwaigen wirtschaftlichen Tätigkeit im eigenen Bezirk ist hierfür unzureichend.[1262] Entgegenstehender Auffassung ist offenbar lediglich das LG Dessau-Roßlau, nach dessen Rechtsprechung für die Annahme einer örtlichen Zuständigkeit gem. § 3 Abs. 1 Satz 2 InsO bereits ausreichen kann, dass ein Geschäftsführer nach Einstellung der werbenden Tätigkeit der Gesellschaft Korrespondenz von seinem Wohnsitz aus führt.[1263]

1257 So BGH, 13.12.2005 – X ARZ 223/05, ZInsO 2006, 146 f. = ZIP 2006, 442 f. = NZI 2006, 164 Rn. 13 f.

1258 S. BGH, 13.12.2005 – X ARZ 223/05, ZInsO 2006, 146 f. = ZIP 2006, 442 f. = NZI 2006, 164 Rn. 13 f.

1259 Vgl. Stiller, InsbürO 2019, 138, 140.

1260 So OLG Celle, 01.02.2006 – 4 AR 2/06, ZIP 2006, 921 ff. = ZInsO 2006, 503 f.

1261 So OLG Celle, 05.09.2006 – 4 AR 60/06, ZIP 2006, 2098 ff. = ZInsO 2006, 1106 ff.

1262 So OLG Celle, 11.01.2010 – 4 AR 3/10, ZIP 2010, 489 ff. = NZI 2010, 194 f. = DB 2010, 334 f.

1263 So LG Dessau-Roßlau, 25.09.2008 – 5 T 303/08, n.v.

Hat das **Insolvenzgericht** sich aus einzelfallbezogenen, in den Verantwortungsbereich des Tatrichters fallenden Gründen davon überzeugt, dass eine insolvente Gesellschaft im Wege der »Firmenbestattung« durch **manipulative Sitzverlegung ins Ausland** beseitigt werden sollte, liegt der satzungsmäßige Sitz ebenso in Deutschland wie der Mittelpunkt der hauptsächlichen Interessen im Zeitpunkt der Manipulation. Daher kann einem künstlich hergestellten abweichenden **Verwaltungssitz** keine ausschlaggebende Bedeutung zukommen. Das Insolvenzgericht kann trotz noch nicht abschließend geklärter örtlicher und internationaler Zuständigkeit zur **Anordnung vorläufiger Sicherungsmaßnahmen** i.S.d. §§ 21, 22 InsO befugt sein.[1264] 1031

2. Besondere Sorgfalt bei der Gutachtenerstattung

Weiterhin sind die **Insolvenzgerichte** aufgerufen, die Insolvenzanträge in **Bestattungsfällen** oder Verdachtsfällen auf Firmenbestattung genauer zu begutachten. Verfügt eine Kapitalgesellschaft bei Stellung eines eigenen Insolvenzantrags aus ihrer Sicht nicht mehr über nennenswerte Vermögensgegenstände, so ist in der Antragsbegründung der Verbleib des Gesellschaftsvermögens zu erläutern und die **Entwicklung** zu schildern, die zu der gegenwärtigen **Vermögens- und Finanzlage** geführt hat. 1032

Ein **eigener Eröffnungsantrag** einer Kapitalgesellschaft ist wegen Verfolgung eines verfahrensfremden Zwecks **unzulässig**, wenn das Vertretungsorgan vorsätzlich die Vermögenslosigkeit der Gesellschaft vortäuscht oder ihre Vermögensverhältnisse der gerichtlichen Aufklärung entzieht, um die Abweisung mangels Masse zu erreichen. Ein solcher Antrag **missbraucht** das Insolvenzeröffnungsverfahren, um auf scheinbar gesetzmäßigem Weg die Voraussetzungen für die Auflösung und anschließende Löschung der Gesellschaft im Handelsregister zu schaffen und so den Zugriff der Gläubiger auf das Gesellschaftsvermögen zu vereiteln oder jedenfalls wesentlich zu erschweren.[1265] 1033

Das LG Leipzig hat in einer umfassenden Entscheidung nach einer Abweisung mangels einer die Kosten des Verfahrens deckenden Masse entschieden, dass es veranlasst ist, einen nicht **kooperationsbereiten Geschäftsführer** vor das Gericht zu laden, nötigenfalls gem. § 98 InsO vorführen zu lassen und die eidesstattliche Versicherung zu verlangen. Sodann ist der Geschäftsführer aufzufordern, nähere Angaben zum **Verbleib der Geschäftsunterlagen** zu machen. Es muss in jedem Fall ermittelt werden, ob die Schuldnerin noch über Vermögensgegenstände verfügt. Zur Durchführung solch naheliegender und geboten erscheinender **Ermittlungstätigkeiten** hat das LG die Sache an das Insolvenzgericht zurückverwiesen.[1266] 1034

1264 So BGH, 13.12.2007 – IX ZB 238/06, Rn. 6, EWiR 2008, 181 f. m. Anm. Webel.
1265 So AG Duisburg, 02.01.2007 – 64 IN 107/06, NZI 2007, 354 ff. m. Anm. Schmittmann.
1266 So LG Leipzig, 21.03.2007 – 12 T 227/07, n.v., S. 9.

3. Maßnahmen des Gesetzgebers

1035 I.Ü. werden auch **Maßnahmen** des Gesetzgebers gefordert, so z.B. die Vorlage der Geschäftsunterlagen als Zulässigkeitsvoraussetzung für einen Eigenantrag auf Eröffnung des Insolvenzverfahrens, die **Unzulässigkeit der Abtretung von Geschäftsanteilen** bei fehlender Erfüllung der Buchführungspflichten sowie der Erweiterung von Haftungsansprüchen gegen Altverantwortliche sowie die **Einführung eines eigenständigen Straftatbestandes der Unternehmensbestattung.**[1267] Wünschenswert wäre darüber hinaus auch eine zentrale Erfassung von Personen, die mehrfach im Bereich von Firmenbestattungen aufgetreten sind. Eine solche **zentrale Datei** könnte von Insolvenzgerichten, StA und Insolvenzverwaltern mit Daten ausgestattet werden. Derartige Bestrebungen werden zwar auf datenschutzrechtliche Bedenken stoßen, sind aber zur **Bekämpfung des Bestattungsunwesens** dringend erforderlich. Bis dahin ist es aber Insolvenzverwaltern nicht verwehrt, z.B. in einem Rundschreiben an die Gläubiger des Schuldners zu behaupten, bei der »Abwicklung« des Schuldners habe es sich um eine sog. »**gewerbliche Firmenbestattung**« gehandelt, wenn er dies auch mit der gebotenen Sorgfalt auf die ihm vorliegenden Geschäftsunterlagen und die tatsächlich ermittelten Umstände stützt.[1268]

IV. Systematisierung von Haftungs- und Anfechtungsansprüchen

1036 Grds. ist zwischen **Haftungs- und Anfechtungsansprüchen** zu trennen. Hinsichtlich der Haftungstatbestände ist weiterhin nach Haftungstatbeständen ggü. Gesellschaftern, Geschäftsführern und Dritten zu trennen.

1. Haftungsansprüche ggü. Geschäftsführern

1037 Bei den **Haftungsansprüchen** ist zunächst zwischen den Haftungsansprüchen ggü. der Gesellschaft bzw. dem Insolvenzverwalter (**Innenhaftung**) und ggü. Dritten (**Außenhaftung**) zu trennen.

1038 Ggü. der **Gesellschaft** selbst kommen insb. Ansprüche aus **Masseschmälerungshaftung** gem. § 15b Abs. 4 InsO (früher: § 64 GmbHG), aus **Insolvenzverschleppungshaftung**, § 823 Abs. 2 BGB i.V.m. § 15a InsO, und **pflichtwidrigen Geschäftsführerverhaltens** gem. § 43 Abs. 2 GmbHG in Betracht, wobei diesbezüglich auf die Spezialliteratur zu verweisen ist.[1269]

1039 Leistet ein Geschäftsführer nach der Stellung eines Insolvenzantrages für die Gesellschaft **Zahlungen** aus dem Gesellschaftsvermögen **an einen Firmenbestatter**, so haftet er gem. § 64 Satz 1 GmbHG a.F. (heute: § 15b Abs. 4 InsO n.F.) auf **Erstattung** bzw. **Schadensersatz**. An der Haftung ändert eine Vereinbarung mit dem Firmenbestatter

---

1267 So Bittmann, Status: Recht 2007, 294, 295.

1268 So LG Berlin, 08.08.2007 – 18 O 279/07, DZWIR 2007, 437 ff.

1269 Vgl. Schmittmann, Haftung von Organen in Krise, Restrukturierung und Insolvenz, Rn. 112 ff.; Schmittmann/Theurich/Brune, Das insolvenzrechtliche Mandat, § 6 Rn. 288 ff.

nichts, wonach er mit den empfangenen Geldern treuhänderisch für die GmbH verfahren soll. Dies gilt jedenfalls dann, wenn es sich nicht um die Vereinbarung einer »unechten« Treuhand handelt, bei der das Eigentum an dem Geld bei der Schuldnerin verbleibt.[1270] Das LG Berlin führt insb. aus, dass die Zahlung auch **nicht mit der Sorgfalt eines ordentlichen Kaufmanns vereinbar** war. Durch die Zahlung wurde der Schuldnerin Kapital entzogen, sodass dieses der **Gläubigergemeinschaft** nicht mehr zur Befriedigung ihrer Forderungen zur Verfügung stand. Die Vorschrift des § 64 Satz 1 GmbHG a.F. (heute: § 15b InsO n.F.) dient aber gerade der Sicherung der Haftungsmasse zum Schutz der Gläubiger sowie ihrer gleichmäßigen Befriedigung im Vorfeld der Insolvenz. Mit der Übertragung des Kontoguthabens an den **Firmenbestatter** verfolgte der Geschäftsführer gerade das Ziel, den Gläubigern der Schuldnerin Kapital zu entziehen. Insb. waren die Umstände des Einzelfalls geeignet anzunehmen, dass hier die Beiseiteschaffung von Vermögen geplant war. Zunächst wurde das noch vorhandene Guthaben der Schuldnerin an die in Berlin ansässige J. GmbH, die sich geschäftsmäßig mit der Vermittlung von Geschäftsanteilen sowie der Abwicklung insolventer Unternehmen befasst, überwiesen und dann später ausweislich einer Zahlungsquittung dem damaligen Geschäftsführer in bar ausgezahlt.

Ansprüche Dritter ergeben sich insb. hinsichtlich der **Finanzverwaltung** aus der Abga- 1040
benordnung.[1271] Eine Haftung kommt insb. auch für den früheren Geschäftsführer in Betracht, wenn er zugleich Gesellschafter ist und seine Anteile an einen **Firmenbestatter** verkauft. In diesem Fall muss der Geschäftsführer Erkundigungen über die Einkommens- und Vermögenssituation des Erwerbers einziehen und Maßnahmen zur **Sicherstellung der Steuerzahlung**, z.B. Beschaffung einer Bankbürgschaft, ergreifen.[1272]

Den **Sozialversicherungsträgern** stehen bei Nichtabführung des Arbeitnehmeranteils 1041
an der Sozialversicherung Ansprüche aus § 823 Abs. 2 BGB i.V.m. § 266a StGB zu.[1273] I.Ü. kommen noch Ansprüche Dritter gegen Geschäftsführer aus § 823 Abs. 2 BGB i.V.m. dem Schutzgesetz in Betracht, insb. wegen **Eingehungsbetruges**, § 823 StGB oder **Untreue**, § 266 StGB.

Letztlich kommt auch ggf. eine Anwendung von § 826 BGB in Betracht.[1274] Nach 1042
Auffassung des OLG Celle kann die »Bestattung« einer überschuldeten GmbH unter vorheriger **Ausplünderung** ihres Restvermögens eine vorsätzliche sittenwidrige Schädigung darstellen.[1275]

1270 So LG Berlin, 06.03.2006 – 14 O 448/05, ZIP 2006, 865 f. = DB 2006, 1313 f. = StuB 2006, 896.
1271 Vgl. Schmittmann/Theurich/Brune, Das insolvenzrechtliche Mandat, § 6 Rn. 352 ff.
1272 So FG Berlin-Brandenburg, 20.08.2012 – 9 V 9222/10, EFG 2013, 2, 3 = DStRE 2013, 751, 753; der BFH (25.04.2013 – VII B 245/12, BFH/NV 2013, 1063 ff.) hat die Beschwerde zurückgewiesen.
1273 Vgl. Schmittmann/Theurich/Brune, Das insolvenzrechtliche Mandat, § 6 Rn. 434 ff.
1274 Vgl. Gehrlein/Thole, Aktuelle Probleme der Insolvenzanfechtung, Rn. 979 f.
1275 So OLG Celle, 15.11.2006 – 9 U 59/06, ZIP 2007, 631, 632.

2. Haftungsansprüche ggü. Gesellschaftern

1043 Ansprüche ggü. Gesellschaftern können sich aus einer Vielzahl von Rechtsinstituten ergeben, beginnend mit der **nicht ordnungsgemäßen Aufbringung des Stammkapitals**, **Verstoß gegen Kapitalerhaltungsvorschriften**, Grundsätzen der **Existenzvernichtungshaftung**, Konstellationen der **Vermögensvermischungshaftung** sowie sonstigen Tatbeständen, hinsichtlich derer lediglich auf die Spezialliteratur verwiesen werden kann.[1276]

3. Anfechtungsansprüche

1044 Der BGH hat vor der **Abschaffung des Eigenkapitalersatzrechts** in seiner bisherigen Form in einer umfassend begründeten Entscheidung zur Frage der Anfechtung wegen Nichtverfolgung des Freistellungsanspruchs gegen den Gesellschafter, der einen Gesellschafterkredit **eigenkapitalersetzend** besichert hat, Stellung genommen. Zwar ist diese Entscheidung zum Anfechtungsgesetz ergangen, ihre Grundsätze sind aber auf das **Insolvenzanfechtungsrecht** übertragbar.

1045 Die Klägerin verfügte über einen **Titel** gegen die Schuldnerin, aus dem sie vergeblich vollstreckt hatte. Einer der Beklagten war Gesellschafter der Schuldnerin und hatte für einen Kredit der Schuldnerin **Grundschulden** als Sicherheit gestellt, während ein weiterer Mitbeklagter die **persönliche Mithaft** übernommen hatte. Im September 1999 führte die Schuldnerin den besicherten Kredit zurück. Die Entlassung aus der persönlichen Mithaft wurde erklärt. Die Grundschulden wurden mit Zustimmung der Bank gelöscht. Im darauffolgenden Monat übertrugen die Gesellschafter alle Geschäftsanteile an der Schuldnerin auf einen Dritten, der die Schuldnerin mitsamt ihren Schulden in **Spanien** »verschwinden« lassen sollte. Der Dritte stellte tatsächlich den Geschäftsbetrieb ein und zog sich nach Spanien zurück. Die Beklagten sind aus dem Gesichtspunkt der Gläubigeranfechtung in Anspruch genommen worden.

1046 Tilgt die Schulden GmbH mit Mitteln des Gesellschaftsvermögens einen von einem Gesellschafter **eigenkapitalersetzend** besicherten Kredit und wird sie anschließend vor gefasster Absicht gemäß nach Sitzverlegung ins Ausland sofort still liquidiert, kann eine anfechtbare **Rechtshandlung** der Schuldnerin darin bestanden haben, dass sie es unterlassen hat, einen **Freistellungs- oder Erstattungsanspruch** nach den Rechtsprechungsregeln zum Kapitalersatzrecht gegen ihren Gesellschafter geltend zu machen.[1277]

1047 Werden die **Geschäftsanteile** an einen Erwerber **veräußert**, der eine **faktische Liquidation** durchführen soll, ohne etwa noch offene Forderungen zu realisieren und Gläubiger zu befriedigen, begründet dies ein erhebliches Beweisanzeichen dafür, dass

1276 Vgl. Drescher, Die Haftung des GmbH-Geschäftsführers, Rn. 499 ff.; Schmittmann, Haftung von Organen in Krise, Restrukturierung und Insolvenz, Rn. 937 ff.

1277 So BGH, 22.12.2005 – IX ZR 190/02, BGHZ 165, 343 ff. Rn. 12 = ZInsO 2006, 140 ff. = ZIP 2006, 243 = DStR 2006, 664 ff. m. Anm. Goette; Vorinstanzen: OLG Hamm, 04.07.2002 – 27 U 187/01, ZInsO 2002, 983 ff. = ZIP 2002, 2321 ff.; LG Essen, 21.06.2001 – 18 O 526/00.

die Durchsetzung eines nach den **Rechtsprechungsregeln** zum Kapitalersatzrecht bestehenden Erstattungsanspruchs bewusst unterlassen wird.

Wenn eine Gesellschaft **ohne ordnungsgemäße Liquidation** beseitigt werden soll, 1048
um so alle Verbindlichkeiten zu »erledigen«, liegt dem der **Vorsatz der Gläubigerbenachteiligung** zugrunde. Diese Feststellung konnte der BGH recht einfach treffen, da die Beklagten selbst vorgetragen hatten, die Gesellschaft habe beseitigt werden sollen, um so alle Verbindlichkeiten zu »erledigen«.

Löst die gegen die **Rechtsprechungsregeln** zum Kapitalersatzrecht verstoßene Rück- 1049
zahlung eines gesellschafterbesicherten Drittdarlehens durch die Gesellschaft eine Erstattungspflicht des Gesellschafters aus, werden die Gesellschaftsgläubiger dennoch – wenigstens mittelbar – benachteiligt, wenn zugleich der Zugriff auf diesen **Erstattungsanspruch** wesentlich erschwert wird, etwa durch **Verlegung des Gesellschaftssitzes** ins Ausland und stille Liquidation. Der BGH hat im Einzelnen noch erwogen, dass der in der Vollstreckung unbefriedigt gebliebene Gläubiger die Möglichkeit hätte, eine **Nachtragsliquidation** zu beantragen, damit i.R.d. Nachtragsliquidation die Ansprüche gegen die Gesellschafter geltend gemacht werden. Ist eine Nachtragsliquidation noch möglich, hat der Anfechtungsanspruch nach Auffassung des BGH einen geringeren Umfang. Ggf. könne der Kläger nur verlangen, dass die Beklagten die **Pfändung des Erstattungsanspruchs** der Schuldnerin aus § 31 Abs. 1 GmbHG gestatten. Die Sache wurde zur neuen Verhandlung und Entscheidung an das Berufungsgericht zurückverwiesen, damit geprüft wird, ob die Besicherung kapitalersetzend i.S.d. §§ 30, 31 GmbHG war.

Das LG Berlin hatte sich mit der **Anfechtung** von Zahlungen der späteren Schuld- 1050
nerin an einen **Firmenbestatter** zu befassen.[1278]

Der vorläufige **Insolvenzverwalter** bzw. Insolvenzverwalter einer GmbH stellte fest, dass 1051
vom Geschäftskonto der Schuldnerin Beträge **in bar abgehoben** und dem Geschäftsführer der beklagten GmbH übergeben worden sind. Darüber hinaus wurde ein Betrag von 20.395,99 € an die Beklagte überwiesen. Dieser Betrag wurde ausweislich einer schriftlichen Quittung in bar zurückgegeben. Der Insolvenzverwalter verlangt die Rückgewähr u.a. aus **Anfechtungsrecht**, da beide Zahlungen im zeitlichen Zusammenhang mit der Insolvenzeröffnung standen und ohne Gegenleistung erbracht worden seien.[1279]

Das Gericht gab der Anfechtungsklage unter dem Gesichtspunkt des § 133 Abs. 1 InsO 1052
statt. Die Zahlung erfolgte im Zeitraum von zehn Jahren vor Insolvenzantragstellung. Das LG Berlin sah auch den **Gläubigerbenachteiligungsvorsatz** der Schuldnerin bei der Zahlung als gegeben an. Das LG Berlin nahm an, dass der Geschäftsführer der Schuldnerin erkannt hat, dass er durch die Zahlung aus dem Vermögen der Schuldnerin deren andere Gläubiger insofern benachteiligt, als das diesen ein geringeres Gesellschaftsvermögen zur Verfügung steht, ohne dass diesen eine Gegenleistung für

1278 S. LG Berlin, 08.03.2006 – 86 O 33/05, ZInsO 2006, 722 ff. = ZIP 2006, 862 ff.
1279 S. LG Berlin, 08.03.2006 – 86 O 33/05, ZInsO 2006, 722 ff. = ZIP 2006, 862 ff.

die Schuldnerin gegenübersteht. Denn die **Beratungsleistungen** wurden nicht für die Schuldnerin, sondern für den Geschäftsführer selbst erbracht, sodass von einem Fall »**inkongruenter Deckung**« auszugehen ist. Ferner nahm das Gericht auch die Kenntnis des Gläubigerbenachteiligungsvorsatzes der Beklagten als Anfechtungsgegnerin an. Da die Beklagte den Gesellschafter und Geschäftsführer bzgl. der **Veräußerung seiner Gesellschaftsanteile** beraten hatte, war davon auszugehen, dass sie die finanzielle Situation der Schuldnerin im Einzelnen kannte. Somit war anzunehmen, dass sie wusste, dass der Kontostand auf dem Geschäftskonto der Schuldnerin so gering war, dass davon die Lieferantenverbindlichkeiten, Steuerschulden sowie rückständigen Sozialversicherungsbeiträge gerade nicht bezahlt werden konnten. Ihr war auch klar, dass die Schuldnerin überschuldet war und dass eine **Zahlungsunfähigkeit** drohte, da den jedenfalls künftig fällig werdenden Verbindlichkeiten keine erheblichen künftigen Zahlungsmittel gegenüberstehen würden. Hinzu kommt, dass in den ausstehenden Beträgen auch Sozialversicherungsbeiträge enthalten waren, deren Nichtbegleichung ein **Indiz** sogar für eine **Zahlungseinstellung** sein kann, da deren Nichtbezahlung strafbewehrt ist. Ferner ist es das Geschäft der Beklagten, Unternehmen in wirtschaftlichen Schwierigkeiten, wozu ausweislich ihres Internetauftritts auch insolvente Firmen gehören, zu beraten, weshalb sich der Gesellschafter und Geschäftsführer wohl an die Beklagte gewandt hat.[1280]

1053 Darüber hinaus ging das LG Berlin auch davon aus, dass die Beklagte wusste, dass die Zahlung an sie die anderen Gläubiger benachteiligen werde. Hierfür sprach einerseits der Umstand, dass die Zahlungsverpflichtete für das sog. »**Beraterhonorar**« bzgl. der **Veräußerung der Gesellschaftsanteile** nach dem Vortrag der Beklagten selbst nicht die Schuldnerin, sondern der Gesellschafter und Geschäftsführer war, sodass die Schuldnerin ohne Rechtsgrund zahlte, was zu einer inkongruenten Deckung führt. Für die Beklagte war überdies erkennbar, dass dieses Vermögen den anderen Gläubigern nicht mehr zur Verfügung stehen würde. Auch die **Zahlungsumstände** waren derart **ungewöhnlich**, dass sich die **Inkongruenz** aufdrängte. Es war zwar eine Quittung vorgelegt worden, wonach der Betrag nach Stellung des Antrags auf Eröffnung des Insolvenzverfahrens in bar an einen Investor aus **Griechenland** ausgezahlt worden sei. Die Barauszahlung des Gesellschaftsvermögens an einen in Griechenland ansässigen »Unternehmenskäufer« aufgrund eines sittenwidrigen Vertrags über die Abtretung von Gesellschaftsanteilen nach Insolvenzeröffnung führt aber nach Auffassung des LG Berlin nicht dazu, dass die Gläubiger in der Weise befriedigt werden, wie es der Fall wäre, wenn das Vermögen bei der Schuldnerin verblieben wäre. Denn es ist nicht davon auszugehen, dass das Vermögen der Schuldnerin wieder zugeführt wird. Vielmehr stellt sich die Abtretung der Gesellschaftsanteile an den in Griechenland ansässigen Dritten nach Insolvenzeröffnung als sittenwidrig und damit nichtig dar. Es ist nach den Umständen des Falles davon auszugehen, dass bewusst das Vermögen dem Zugriff der Gläubiger entzogen werden sollte.[1281]

1280 So LG Berlin, 08.03.2006 – 86 O 33/05, ZInsO 2006, 722 ff. = ZIP 2006, 862 ff.
1281 So LG Berlin, 08.03.2006 – 86 O 33/05, ZInsO 2006, 722 ff. = ZIP 2006, 862 ff.

V. Anspruchsgegner

1. Altbeteiligte

Die Firmenbestattung wird regelmäßig von den **Altbeteiligten** ins Werk gesetzt, da diese rechtsirrig davon ausgehen, dass mit der **Übertragung der Gesellschaftsanteile** und der **Abberufung als Geschäftsführer** alle Haftungs- und Anfechtungsansprüche aus der Welt sind. Das Gegenteil ist der Fall. 1054

Sofern **Ansprüche gegen die Geschäftsführer** aus § 15b Abs. 4 InsO (§ 64 Satz 1 GmbHG a.F.) oder anderen Rechtsgründen bestehen, die vor der Abberufung entstanden sind, so bleibt es bei der bisherigen Haftung. Rechtlich spricht für diese Position nichts. Leider ist jedoch in der Praxis festzustellen, dass die Geltendmachung dieser Ansprüche aufgrund der **Abweisung des Insolvenzantrages** mangels einer die Kosten des Verfahrens deckenden Masse oder dass aufgrund des Fehlens der zur Geltendmachung erforderlichen Unterlagen eine Verfolgung unterbleibt. Dem können Insolvenzverwalter durch gezielte **Informationsbeschaffung** entgegensteuern. 1055

Die Geltendmachung ggü. den **Altbeteiligten** ist auch deshalb sinnvoll, da es gerade die Altbeteiligten sind, die durch die Firmenbestattung ihr **privates Vermögen** schützen und vor Vollstreckungszugriff protektieren wollen. Sie rechnen nicht mit der Inanspruchnahme, sondern gehen vielmehr von den Versprechungen der **Firmenbestatter** aus, wonach die Firmenbestattung jede Form der persönlichen Haftung vermeidet. 1056

Weiterhin könnte durch eine **konsequente Inanspruchnahme der Altbeteiligten** auch erreicht werden, dass die Nutzung des Firmenbestattungsinstrumentariums allgemein als unattraktiv angesehen wird. 1057

2. Neubeteiligte

Weiterhin ist die Inanspruchnahme der **Neubeteiligten** in Betracht zu ziehen, wobei hier sowohl tatsächliche als auch rechtliche Schwierigkeiten zu berücksichtigen sind. 1058

Die tatsächlichen Schwierigkeiten sind insb. darin zu sehen, dass oftmals keinerlei **Geschäftsunterlagen** für den fraglichen Zeitraum vorliegen oder unwiderleglich behauptet wird, dass keinerlei **Vermögensverfügungen** mehr stattgefunden hätten. Weiterhin scheitert die gerichtliche Geltendmachung oftmals auch daran, dass keine ladungsfähige Anschrift der Neubeteiligten bekannt ist. Sofern eine **zustellungsfähige Anschrift** bekannt ist, erleichtert § 32 ZPO, der Gerichtsstand der unerlaubten Handlung, oftmals die Geltendmachung von Ansprüchen vor dem **heimischen Gericht des Insolvenzverwalters**, was keinerlei Gewähr dafür bietet, dass er später auch in der **Vollstreckung** Erfolg hat. Die vom LG Berlin entschiedenen Sachverhalte lassen erkennen, dass bei hinreichend substanziiertem Sachvortrag durch den Insolvenzverwalter sowohl **Anfechtungsansprüche**[1282] als auch **Erstattungsansprüche** gem. § 15b 1059

1282 So LG Berlin, 08.03.2006 – 86 O 33/05, ZInsO 2006, 722 ff. = ZIP 2006, 862 ff.

Abs. 4 InsO (früher: § 64 Satz 1 GmbHG a.F.)[1283] mit Aussicht auf Erfolg geltend gemacht werden können.

3. Berater

1060 Die **Initiative** zur Durchführung einer **Firmenbestattung** geht nicht immer von den Geschäftsführern und Gesellschaftern selbst aus, sondern z.T. auch von deren RA und Steuerberatern. In diesen Fällen kommen Ansprüche gegen die RA und Steuerberater gem. § 280 BGB in Betracht, wenn durch deren Beratung ein Schaden auf der Ebene der Gesellschaft, der nachmaligen Schuldnerin, entsteht. Nach der Rechtsprechung des BGH ist geklärt, dass ein **Schaden aus einer Steuerberatung** erst dann entstanden ist, wenn sich die Vermögenslage des Betroffenen durch die Pflichtwidrigkeit des Beraters ggü. seinem früheren Vermögensstand objektiv verschlechtert hat.[1284] Dafür genügt, dass der Schaden dem Grunde nach erwachsen ist, mag auch die Höhe noch nicht beziffert werden können. Es muss nicht feststehen, dass eine Vermögenseinbuße bestehen bleibt und damit endgültig wird.[1285] Wenn ein Berater den Geschäftsführer der späteren Schuldnerin dahin berät, dass eine Firmenbestattung beauftragt wird und **Zahlungen an den Bestattungsdienstleister** geleistet werden, tritt damit eine Vermögenseinbuße auf der Ebene der Gesellschaft ein.

1061 Der **Steuerberater** hat seinen Mandanten umfassend zu beraten und ungefragt über alle bedeutsamen steuerlichen Einzelheiten und deren Folgen zu unterrichten. Um seinen Mandanten vor Schaden zu bewahren, hat der Steuerberater den **sichersten Weg** zu dem erstrebten steuerlichen Ziel aufzuzeigen und sachgerechte Vorschläge für dessen Verwirklichung zu unterbreiten.[1286] Der Steuerberater darf für seinen Auftraggeber grds. nur auf dem Gebiet des Steuerrechts tätig werden. Sofern der Steuerberater zu einer außerhalb des Steuerrechts gelagerten **Rechtsberatung** nicht befugt ist, hat er seinen Mandanten aufzufordern, einen mit den notwendigen Kenntnissen ausgestatteten RA aufzusuchen.[1287] Empfiehlt ein Steuerberater eine **Firmenbestattung**, so liegt die Pflichtverletzung schon darin, dass es sich um Rechtsberatung handelt, zu der ein Steuerberater nicht befugt ist. Darüber hinaus ist die Empfehlung einer Firmenbestattung per se eine **Pflichtverletzung**, da damit nicht den Interessen der Gesellschaft, sondern allenfalls denen der Gesellschafter und Geschäftsführer gedient wird.

1062 Ein **RA**, der eine Firmenbestattung empfiehlt, verstößt ebenfalls gegen seine Pflichten aus dem Anwaltsvertrag. Ein RA hat dem Mandanten diejenigen Schritte anzuraten, die zu dem **erstrebten Ziel zu führen geeignet** sind, und Nachteile für den Auftrag-

---

1283 So LG Berlin, 06.03.2006 – 14 O 448/05, ZIP 2006, 865 f.

1284 So BGH, 12.11.2009 – IX ZR 218/08, ZIP 2010, 524 ff. = DStR 2010, 510 f. Rn. 10.

1285 So BGH, 04.04.1991 – IX ZR 215/90, BGHZ 114, 150, 152 f.; BGH, 02.07.1992 – IX ZR 268/91, BGHZ 119, 69, 70 ff.; BGH, 12.02.2004 – IX ZR 246/02, WM 2004, 2034, 2037 Rn. 22; BGH, 29.05.2008 – IX ZR 222/06, WM 2008, 1416 Rn. 14.

1286 So BGH, 19.05.2009 – IX ZR 43/08, ZInsO 2009, 1344 ff. = ZIP 2009, 1427 ff. Rn. 11; BGH, 11.05.1995 – IX ZR 140/94, BGHZ 129, 386, 396.

1287 So BGH, 12.02.2004 – IX ZR 246/02, NJW-RR 2004, 1358 ff. = DB 2004, 1771 ff. Rn. 11.

geber zu verhindern, soweit solche vorhersehbar und vermeidbar sind.[1288] Dazu hat er dem Auftraggeber den relativ sichersten und ungefährlichsten Weg zu dem angestrebten Ziel aufzuzeigen und die für den Erfolg notwendigen Schritte vorzuschlagen, damit der Mandant eine **sachgerechte Entscheidung** treffen kann.[1289]

Der RA verstößt gegen seine **Pflichten aus dem Mandatsverhältnis**, da die einzig 1063 zutreffende Beratung nur dahin gehen kann, dem Auftraggeber die rechtzeitige und ordnungsgemäße Insolvenzantragstellung zu empfehlen. Darüber hinaus wird der RA den Auftraggeber auch über die **strafrechtlichen Folgen** zu unterrichten haben. Zwar ist die Firmenbestattung selbst kein Straftatbestand, gleichwohl besteht das Risiko der Begehung von Tatbeständen, die bereits oben im Einzelnen dargelegt worden sind.

Darüber hinaus kommt auch noch die Inanspruchnahme weiterer Berater in Betracht, 1064 insb. von **Unternehmensberatern**, denen indes ein eigenes Berufsrecht fehlt. Es ist daher bei Pflichtverletzungen nach den allgemeinen Grundsätzen von § 280 BGB vorzugehen.

4. Notar

Die Durchführung der **Firmenbestattung** setzt zwingend die Einschaltung eines **Notars** 1065 voraus, da die Übertragung der Geschäftsanteile an einer GmbH gem. § 15 Abs. 1 GmbHG der notariellen Form bedarf und darüber hinaus auch die Handelsregisteranmeldung nur durch den Notar erfolgen kann. Ob den Notar konkrete **Strafbarkeitsrisiken** und damit über § 823 Abs. 2 BGB auch **zivilrechtliche Schadensersatzansprüche** treffen, hängt davon ab, ob die Beteiligten ihm ggü. ihre deliktische Absicht äußern.[1290] Wenn der Notar lediglich die **Möglichkeit der Insolvenzreife** und des fehlenden Insolvenzantrags erkennt und gleichwohl beurkundet, scheidet eine strafrechtliche Haftung aus.

Der **Notar** muss seine Mitwirkung bei Handlungen versagen, bei denen erkennbar 1066 der Verdacht besteht, dass unerlaubte oder unredliche Zwecke, etwa eine »Firmenbestattung« verfolgt werden, was z.B. dann anzunehmen ist, wenn fast 200 Anteilsübertragungen erfolgt sind, die durch eine **Wirtschaftsberatung** angebahnt worden sind, die Übertragung auf lediglich 19 Gesellschaften mit Sitz in England erfolgt ist, für die nur 16 Personen aufgetreten sind, sowie die Mehrzahl der Gesellschaften inaktiv oder gar schon gelöscht war[1291] oder allein in einem Jahr insgesamt 47 **gleichartige Beurkundungsvorgänge** nach einheitlichem Muster über den Erwerb sämtlicher Anteile an über ganz Deutschland verteilten, Not leidender Gesellschaften der unterschiedlichsten

1288 So BGH, 19.03.2009 – IX ZR 214/07, NJW 2009, 2949 ff. = DStR 2009, 1032 ff. Rn. 9.

1289 So BGH, 03.12.1992 – IX ZR 61/92, WM 1993, 510, 511; BGH, 03.06.1993 – IX ZR 173/92, NJW 1993, 2799, 2800; BGH, 15.07.2004 – IX ZR 472/00, NJW 2004, 3487 Rn. 7; BGH, 08.02.2007 – IX ZR 188/05, WM 2007, 903 Rn. 11.

1290 So Schröder, DNotZ 2005, 596, 610.

1291 So BGH, 23.11.2015 – NotSt(Brfg) 4/15, ZIP 2016, 220 ff. = NZG 2016, 181 ff. = ZInsO 2016, 393 ff. = AnwBl. 2016, 442 = NZI 2016, 147 ff. mit Anm. Schmittmann, NZI 2016, 124 f.

Wirtschaftsbereiche erfolgen.[1292] Der **Notar** darf sich den **erforderlichen Erkenntnissen nicht verschließen**, die auf eine Firmenbestattung schließen lassen. Solche Umstände können z.B. in der Bestellung einer Person zum Geschäftsführer liegen, die zuvor bereits mehrfach bei unterschiedlichen Gesellschaften in unterschiedlichen Branchen zum Geschäftsführer bestellt wurde. Auch die **Zahlung des Übernahmeentgelts** durch den Altgeschäftsführer **in Anwesenheit des Notars** stellt sich als ein solches Indiz dar. Das Verlangen nach der Fertigung eines notariellen Schuldanerkenntnisses, mit dem sich der ad hoc ganz oder teilweise nicht zahlungsfähige Verkäufer hinsichtlich des offenen Übernahmeentgelts der Zwangsvollstreckung in sein bewegliches Vermögen unterwirft, muss den Notar ebenfalls misstrauisch machen. Auch die **wiederholte Vereinbarung von Beurkundungsterminen** durch den **Hintermann**, in denen erkennbar geschäftlich unerfahrene oder ungeeignete Personen zum neuen Geschäftsführer bestellt werden, ist ein geeignetes Indiz.

1067 **Gespräche** der Beteiligten in Anwesenheit des Notars, bei denen diese Strategien erörtert werden, um die Gläubiger der Gesellschaft abzuschütteln, sind ebenfalls geeignet, die Gutgläubigkeit des Notars zu erschüttern. Auch die Aufforderung des **Bestattungsunternehmens**, den Vertrag ungesiegelt und damit in der Schwebe zu lassen, bis das Übernahmeentgelt gezahlt wurde, ist für den Notar ein sicheres Zeichen, dass die **Beurkundung unredlichen Zwecken** dient.[1293] Weiterhin sind Fälle bekannt geworden, in denen der beurkundende Notar es sogar unternommen hat, sich in die **Geschäftsräume des Bestattungsunternehmens** zu begeben und dort die **Beurkundung an Ort und Stelle** vorzunehmen. In diesen Fällen muss der Notar, zumindest bei wiederholten Beurkundungen in den Geschäftsräumen des Bestattungsunternehmens, die **Unredlichkeit** positiv kennen.

1292 So BGH, 08.04.2019 – NotSt(Brfg) 5/18, ZIP 2019, 1534 = EWiR 2019, 495 f. [Vollmer] = WM 2019, 1184 ff. = ZInsO 2019, 1309 ff.

1293 Vgl. Reck, ZInsO 2001, 121, 126; Hey/Regel, GmbHR 2000, 117, 124; Schröder, DNotZ 2005, 596, 610.

Kapitel 5: Anfechtbarkeit im Zusammenhang mit der Bestellung von Sicherungsrechten

Schrifttum

Gehrlein, Keine mittelbare Zuwendung des Hauptschuldners bei Zahlung seines Sicherungsgebers an den Gläubiger, ZInsO 2012, 197 ff.; *Smid*, Behauptungs- und Beweislast im Prozess des Gläubigers auf abgesonderte Befriedigung gegen den Insolvenzverwalter, ZInsO 2010, 1829 ff.; *Jacoby*, Globalzession gerettet – Handlungsbedarf bleibt, ZIP 2008, 385 ff.; *Kayser*, Globalsicherheiten als Anfechtungssperre bei der Kontokorrentanfechtung?, ZInsO 2019, 1597 ff.; *Kirchhof*, Anfechtbarkeit von Sachsicherheiten insb. der Banken in der Insolvenz des Kunden, ZInsO 2004, 465 ff.; *Kuder*, Insolvenzfestigkeit revolvierender Kreditsicherheiten, ZIP 2008, 289 ff.; *Marotzke*, Gesellschaftsinterne Nutzungsverhältnisse nach Abschaffung des Eigenkapitalersatzrechts, ZInsO 2008, 1281 ff.; *Mitlehner*, OLG Hamm, EWiR § 135 InsO 1/11, EWiR 2011, 195 ff.; *Molitor*, Anfechtbarkeit von Banksicherheiten in der Insolvenz des Kreditnehmers, ZInsO 2006, 23 ff.; *Obermüller*, Die »Insolvenzfestigkeit« des gesetzlichen Löschungsanspruchs und des abgetretenen Rückgewährsanspruchs, ZIP 2013, 299 ff.; *ders.*, Obergerichtliche Rechtsprechung des Jahres 2010 zur Position der Banken in einer Insolvenz ihres Kunden, ZInsO 2011, 697 ff.; *Raebel*, Die Rückschlagsperre im System der Verfügungshindernisse und Verfügungsbeschränkungen, ZInsO 2003, 1124 ff.; *Riggert*, Die Raumsicherungsübereignung: Bestellung und Realisierung unter den Bedingungen der Insolvenzordnung, NZI 2000, 241 ff.; *Schmidt, K.*, Gesellschaftsbesicherte Drittkredite nach neuem Recht, BB 2008, 1966 ff.; *Schmidt, N.*, Die analoge Anwendung des § 44a InsO im Fall der Besicherung eines Darlehens an die Gesellschaft durch Gesellschaft und Gesellschafter, ZInsO 2010, 70 ff.; *Schönfelder*, Gesellschafterdarlehen in der Insolvenz – auch ohne Krise in die Krise?, WM 2009, 1401 ff.; *Spliedt*, MoMiG in der Insolvenz – ein Sanierungsversuch, ZIP 2009, 149 ff.

Übersicht | Rdn.

A. Allgemein

Stellt sich die Frage der Anfechtung i.R.d. Bestellung von Sicherungsrechten, so sind 1
zunächst zwei unterschiedliche Fallkonstellationen zu differenzieren. Werden im eröffneten Insolvenzverfahren Aus- oder Absonderungsrechte an Aktivpositionen oder nach deren Verwertung durch den Insolvenzverwalter an Verwertungserlösen geltend

gemacht, so ist zu fragen, ob der Insolvenzverwalter mit Verweis auf die Anfechtbarkeit die Herausgabe oder die Auskehr gem. § 146 Abs. 2 InsO verweigern kann.[1]

2 Im Gegenzug stellt in der Praxis bei der Geltendmachung von insolvenzanfechtungsrechtlichen Rückgewährsansprüchen (Zahlungsansprüchen) der Verweis auf Sicherungsrechte zugunsten des Anfechtungsgegners eine Einwendung gegen das Vorliegen der nach § 129 Abs. 1 InsO für jede Anfechtung notwendigen Gläubigerbenachteiligung dar.[2] Diesem kann der klagende Insolvenzverwalter dadurch begegnen, dass er die Anfechtbarkeit der Bestellung der eingewendeten Sicherheit darlegen kann. Die Anfechtung des Sicherungsrechts erfolgt insofern als inzidente Prüfung i.R.d. geltend gemachten Leistungsbegehrens. Da sich die Verjährung der Anfechtung des Sicherungsrechtes hier ebenfalls nach § 146 Abs. 2 InsO richtet, kann die Anfechtbarkeit der Sicherheit auch noch im Laufe des Prozesses auf Leistung eingewendet werden.[3]

3 Da in der Praxis häufig verschiedene Sicherungsrechte zusammenspielen und ineinandergreifen, kann die Prüfung der Anfechtbarkeit der Bestellung einer Sicherheit über die Frage der objektiven Gläubigerbenachteiligung nach § 129 InsO mehrfach verschachtelt sein und zu komplizierten Prüfungskaskaden führen. Sicherheiten können sich im Zeitablauf verändert oder erweitert haben bzw. kann es zu einem Sicherheitenaustausch gekommen sein. Um diese komplexen Sachverhaltskonstellationen rechtlich beherrschen zu können, ist daher eine genaue Trennung der verschiedenen Sicherungsstufen vorzunehmen. Wie im Grundsatz bei der Insolvenzanfechtung steht auch hier an erster Stelle folglich die genaue Sachverhaltsaufklärung (vgl. Kap. 2 Rdn. 109 ff.).

4 Gegenstand der Sachverhaltsaufklärung sollte des Weiteren ebenfalls die genaue Prüfung der verschiedenen notwendigen Rechtsgeschäfte der Bestellung und deren Zusammenwirkung sein. Grundsätzlich sind im Rahmen der Sicherheitenbestellung drei Rechtsgeschäfte zu unterscheiden. Neben der tatsächlichen Sicherungsbestellung (Verfügungsgeschäft) und dem die zu sichernde Forderung begründenden Grundgeschäft (z.B. Darlehensvertrag, Werkvertrag oder Kaufvertrag) bedarf es außerdem noch eines Sicherungsvertrages/einer Sicherungszweckerklärung, die die Causa für die Sicherheitenbestellung bilden.[4] Jeder dieser Rechtsgeschäfte kann sowohl bei Begründung als auch im Rahmen von nachträglichen Veränderungen anfechtungsrelevant werden.

5 Weil bei einigen Sicherungsrechten aus anfechtungsrechtlichen Gesichtspunkten mehrere Rechtshandlungen i.R.d. Sicherheitengewährung zu berücksichtigen sind, ist außerdem besonderes Augenmerk auf den für die Anfechtungsprüfung relevanten Zeitpunkt nach § 140 Abs. 1 InsO zu legen (s. hierzu Kap. 3 § 140 InsO Rdn. 7 ff.). Steht die Gewährung im engen zeitlichen Zusammenhang mit der vertraglichen

---

1 S. Smid, ZInsO 2010, 1829, 1830.

2 Vgl. hierzu Kap. 3 § 129 InsO Rdn. 17; BGH, 26.04.2012 – IX ZR 67/09, ZInsO 2012, 1200 Rn. 10.

3 BGH, 17.07.2008 – IX ZR 148/07, ZInsO 2008, 913 Rn. 29.

4 S. weiterführend Bülow, Recht der Kreditsicherheiten, Rn. 48 ff.

Begründung der von dieser gesicherten Schuld, so kann ein die Anfechtung anschließendes Bargeschäft vorliegen.[5]

Nachfolgend sollen einige in der Praxis wesentliche Sicherungsrechte und besondere Anfechtungskonstellationen erörtert werden. 6

I. Akzessorische und nichtakzessorische Sicherheiten

Im Rahmen der Sicherheiten wird zwischen akzessorischen und nichtakzessorischen Sicherheiten (fiduziarische Sicherheiten) unterschieden. Während sich alle Sicherheiten auf einen zu sichernden Anspruch beziehen müssen, hängt der Bestand der Sicherheit bei akzessorischen Sicherheiten zusätzlich von dem Bestehen der zu sichernden Forderung ab.[6] Ist diese zu sichernde Forderung noch nicht entstanden oder bereits untergegangen, so besteht auch (dinglich) die Sicherheit nicht mehr.[7] Demgegenüber führt das Nichtbestehen der zu sichernden Forderung bei nichtakzessorischen Sicherheiten lediglich dazu, dass aus der vertraglichen Sicherungsabrede ein schuldrechtlicher Rückgewährsanspruch besteht.[8] Die in der Praxis am häufigsten vorzufindenden akzessorischen Sicherheiten sind die Bürgschaft (§§ 765, 767 BGB), das Pfandrecht (§§ 1204, 1273 BGB) und die (Sicherungs-)Hypothek (§§ 1113, 1184 BGB). Aus dem Bereich der nichtakzessorischen Sicherheiten sind aufgrund ihrer praktischen Relevanz, die (Global-)Zession (§ 398 BGB), die (Raum-) Sicherungsübereignung sowie die Grundschuld (§§ 1191 BGB) zu nennen.[9] 7

Dementsprechend ist bei akzessorischen Sicherheiten gem. § 140 Abs. 1 InsO, neben der Vereinbarung der Sicherheit und den weiteren Voraussetzungen im Hinblick auf das Sicherungsobjekt (z.B. die Forderungsentstehung), zusätzlich der Zeitpunkt des Entstehens der zu sichernden Forderung maßgeblich. Liegt dieser Zeitpunkt nach der Verfahrenseröffnung, so kann der Erwerb des Sicherungsrechtes gem. § 91 InsO ausscheiden. In der Prüfung ist jedoch zu berücksichtigen, dass für die Entstehung eines akzessorischen Sicherungsrechtes auch eine bedingte Forderung ausreichend sein kann, soweit diese hinreichend bestimmt ist.[10] 8

Da bei nichtakzessorischen Sicherheiten der Bestand der Sicherheit von dem Entstehen der zu sichernden Forderung unabhängig ist, bleibt diese für die Beurteilung des maßgeblichen Zeitpunktes der Sicherheitengewährung gem. § 140 Abs. 1 InsO außer Betracht. Jedoch kann eine nachträgliche Veränderung der Sicherheitenabrede oder 9

---

5 OLG Brandenburg, 21.03.2002 – 8 U 71/01, ZInsO 2002, 929, 931; s. auch Schoppmeyer in: Lwowski/Fischer/Langenbucher, Das Recht der Kreditsicherung, § 7 Rn. 17 ff.
6 Siehe Kupjetz/Brühl, BKR 2022, 765.
7 S. weiterführend Lwowski in: Lwowski/Fischer/Langenbucher, Das Recht der Kreditsicherung, § 1 Rn. 15 ff.
8 Vgl. Bülow, Recht der Kreditsicherheiten, Rn. 30 ff.
9 Zu akzessorische und nichtakzessorische Sicherheiten im Grundsatz s. Heller/Steuer, BuB, Rn. 4/16 ff.
10 BGH, 13.03.2008 – IX ZR 14/07, ZInsO 2008, 452 Rn. 9.

die Ausweitung des Sicherungsumfanges durch Erhöhung der zu sichernden Forderung als eigene Rechtshandlung der Insolvenzanfechtung unterliegen.

II. Nachbesicherungen

10 Kommt der Schuldner in die Krise, ist es in der Praxis nicht selten, dass für bestehende (Kredit) Ansprüche eines Gläubigers weitere Sicherheiten gewährt werden oder der Sicherungszweck für bereits gewährte Sicherheiten ausgeweitet wird. Diese sog. Nachbesicherung kann, da sie eine vertragliche Absprache zwischen Schuldner und Sicherungsgläubiger darstellt, eigenständig angefochten werden. Da der Sicherungsgläubiger im Hinblick auf die Nachbesicherung grds. keinen konkreten Anspruch vorweisen kann, handelt es sich i.d.R. um eine inkongruente Nachbesicherung (vgl. Kap. 3 § 131 InsO Rdn. 34 ff.).[11] Der Nachbesicherung eines ungekündigten Kredites steht eine Kündigung oder einvernehmliche Aufhebung und zeitnahe damit in Verbindung stehende Neuausreichung des Darlehens mit zusätzlicher Sicherheitenvereinbarung gleich.[12]

11 Eine allgemeine Klausel in den AGB des Gläubigers auf Stellung weiterer Sicherheiten in der Krise reicht zur Begründung der Kongruenz der Nachbesicherung nicht aus, da ihr hierzu die nötige Bestimmtheit aus anfechtungsrechtlicher Sicht fehlt.[13] Wird vom Gläubiger bei Erhalt der Sicherheit oder der Ausweitung des Sicherungszweckes gleichzeitig ein neues Darlehen gewährt, erstreckt sich jedoch die neue Sicherheit ebenfalls auf Altforderungen, so handelt es sich ebenfalls um eine inkongruente Nachbesicherung.

12 Erfolgt die Anfechtung, so ist die Sicherheit in vollem Umfange zurückzugeben (vgl. Kap. 3 § 143 InsO Rdn. 12 ff.). Lediglich dann, wenn i.R.d. Sicherungszweckes eine Abstufung dahin erfolgt, dass die Sicherheit zunächst für die neuausgereichten Darlehen und nachrangig für die Altforderung als Sicherheit dienen soll, kann die Sicherungsabrede als teilbare Vereinbarung im Hinblick auf die Besicherung des neuen Darlehens Bestand haben.[14]

III. Sicherheitentausch

13 In konsequenter Weiterführung des Gedankens der Sicherheitenverwertung[15] und des Bargeschäftes fehlt es nach ständiger Rechtsprechung des BGH[16] an einer objektiven Gläubigerbenachteiligung für die Anfechtung einer Sicherheitengewährung dann,

11 BGH, 18.03.2010 – IX ZR 57/09, ZInsO 2010, 807 Rn. 16.
12 Vgl. dazu OLG Düsseldorf, 13.07.2017, Az.: 12 U 66/16, ZInsO 2018, 27 Rn. 18.
13 BGH, 15.11.1960 – V ZR 35/59, BGHZ 33, 389, 393 f.
14 S. hierzu MK-InsO/Piekenbrock, § 143 InsO Rn. 32.
15 BGH, 26.04.2012 – IX ZR 67/09, ZInsO 2012, 1200 Rn. 22.
16 BGH, 18.09.2008 – IX ZR 62/05, NZG 2008, 902; BGH, 26.06.2008 – IX ZR 144/05, ZInsO 2008, 801 Rn. 14.

wenn die Sicherheitengewährung im Zuge des Austausches einer insolvenzbeständigen Sicherheit steht.[17]

14 Gelangt demnach eine anfechtungsfeste Sicherheit, welche die Vermögenssphäre des Schuldners aus Sicht der potenziellen Insolvenzmasse bereits verlassen hatte, gegen eine gleichwertige Sicherheitenhingabe aus dem Vermögen des Schuldners unmittelbar wieder zurück, so liegt in dem Sicherheitentausch ein vermögensrechtlich neutraler Vorgang, der die Gläubiger grds. nicht benachteiligt.[18] Das Gleiche gilt dann, wenn die neue Sicherheit sich insoweit aus der alten Sicherheit direkt ableitet, sodass zu keinem Zeitpunkt die vom Anfechtungsgegner nunmehr erlangte Sicherheit als Teil der potenziellen Insolvenzmasse anzusehen war.[19]

15 Kommt es zu einem mehrfachen Austausch der Sicherheiten, kann insofern eine Sicherheitenkette entstehen, welche bis außerhalb der Krise der Schuldnerin reicht und folglich selbst bei längeren nachhaltigen Krisenverläufen zu einer anfechtungsfesten Deckung innerhalb der späteren Krise führen kann.[20]

16 Wesentliche Voraussetzung des Sicherheitentausches ist jedoch, dass es sich aus Sicht der Insolvenzmasse um gleichwertige Sicherheiten handelt. Neben dem Wert der Sicherheit im Hinblick auf den prognostizierten Verwertungserlös muss daher auch der Umfang der zu sichernden Forderungen des Anfechtungsgegners grds. gleich sein.[21] Wird im Zuge des Sicherheitentausches der Bestand der zu sichernden Forderungen zu Ungunsten des Schuldners verändert oder erweitert, so ist hierin eine objektive Gläubigerbenachteiligung zu sehen, welche eine anfechtungsfeste Bestellung an der neuen Sicherheit ausschließt. Im Ergebnis ist daher grds. davon auszugehen, dass ein Sicherheitentausch nur anzunehmen ist, wenn der Austausch von solchen Sicherheiten vorliegt, die für dasselbe Objekt oder für dessen Surrogat bestellt werden.[22]

17 Des Weiteren muss der Austausch direkt ohne Zwischenschritte erfolgen, sodass zu jedem Zeitpunkt unter wirtschaftlicher Betrachtung keine Veränderung zulasten der Insolvenzmasse eintritt. Fällt daher zunächst die Altsicherheit in die potenzielle Insolvenzmasse zurück, ohne dass ein Ersatzabsonderungsrecht entsteht, und wird dann nach diesem Zwischenschritt die neue Sicherheit dinglich unbelastet an den Anfechtungsgegner ausgereicht, so liegt kein Sicherheitentausch vor.[23]

---

17 Vgl. Schoppmeyer in: Lwowski/Fischer/Langenbucher, Das Recht der Kreditsicherung, § 7 Rn. 6.

18 BGH, 05.12.1985 – IX ZR 165/84, ZIP 1986, 452, 454.

19 BGH, 06.04.2000 – IX ZR 122/99, ZIP 2000, 932, 933.

20 Molitor, ZInsO 2006, 24; Kirchhof, ZInsO 2004, 468.

21 BGH, 30.04.2020, Az.: IX ZR 162/16, ZInsO 2020, 1471 Rn. 40.

22 Molitor, ZInsO 2006, 24.

23 BGH, 19.01.2006 – IX ZR 154/03, ZInsO 2006, 493 Rn. 14; BGH, 26.04.2012 – IX ZR 67/09, ZInsO 2012, 1429 Rn. 24.

18 Bei der Beurteilung der Unmittelbarkeit des Sicherheitentausches ist die Zwischenschaltung eines Treuhänders demgegenüber jedoch als unschädlich anzusehen, soweit die Treuhandauflagen geeignet sind, die Masseneutralität zu gewährleisten.[24]

19 Ist dementsprechend beabsichtigt, durch die Zahlung eines Kaufpreises ein an der Kaufsache des Schuldners bestehendes Recht des Sicherungsnehmers abzulösen, so unterliegt die Kaufpreisforderung einer treuhänderischen Bindung, wenn der Kaufpreis nach der vertraglichen Vereinbarung nur auf das beim Sicherungsnehmer im Soll geführte Konto des Schuldners gezahlt werden darf. Diese treuhänderische Bindung muss auch die Gläubigergemeinschaft des Schuldners gegen sich gelten lassen.[25] Durch eine solche Vereinbarung ist der Sicherungsnehmer gegen den Zwangszugriff anderer Gläubiger der Schuldnerin auf den Kaufpreis geschützt. Hat der Sicherungsgeber im Gegenzug für diese Treuhandbindung sein Sicherungseigentum an dem Sicherungsgut aufgegeben, so liegt im Umfang des Wertes des aufgegebenen Sicherungsrechtes ein Sicherheitentausch vor, welcher die Gläubiger nicht benachteiligt.[26]

20 Als Sicherheitentausch ebenfalls anerkannt wurde die i.R.d. verlängerten Eigentumsvorbehalts erfolgende Umwandlung des Eigentums an der Ware in die sicherungshalber erfolgte Abtretung der Kaufpreisforderung aus der Weiterveräußerung dieser Ware. Voraussetzung ist jedoch, dass sich die Abtretung auf den Wert der Vorbehaltsware beschränkt.[27] Die Handelsspanne, welche der Vorbehaltskäufer durch die Weiterveräußerung der Vorbehaltsware verdient hat, ist dem gegenüber durch seinen Arbeitseinsatz und seine weiteren betrieblichen Aufwendungen erzielt worden. Insoweit liegt eine objektive Gläubigerbenachteiligung beim verlängerten und erweiterten Eigentumsvorbehalt vor, soweit die Vorausabtretung die vom Schuldner aus dem Weiterverkauf verdiente Marge betrifft.[28]

21 Als weitere Fallkonstellation des Sicherheitentausches wird bislang die Umwandlung einer zur Sicherheit zedierten Forderung in ein Pfandrecht an dem Aufwendungsersatzanspruch nach § 667 BGB aus dem hierauf zur Tilgung erfolgenden Zahlungseingang behandelt.[29] Dieses hat der BGH nunmehr ausdrücklich nochmals bestätigt.[30]

24 BGH, 18.09.2008 – IX ZR 62/05, NZG 2008, 902.

25 BGH, 17.06.2004 – IX ZR 124/03, ZInsO 2004, 856 Rn. 18; BGH, 26.04.2012 – IX ZR 67/09, ZInsO 2012, 1429 Rn. 26.

26 BGH, 29.11.2007 – IX ZR 30/07, BGHZ 174, 297 = ZInsO 2008, 91 Rn. 13; BGH, 17.09.2009 – IX ZR 106/08, BGHZ 182, 264 = ZInsO 2010, 43 Rn. 16; BGH, 17.03.2011 – IX ZR 63/10, BGHZ 189, 1 = ZInsO 2011, 778 Rn. 32; BGH, 26.04.2012 – IX ZR 67/09, ZInsO 2012, 1429 Rn. 26.

27 BGH, 17.03.2011 – IX ZR 63/10, ZInsO 2011, 778 Rn. 32; BGH, 06.04.2000 – IX ZR 120/99, ZIP 2000, 932, 934; BGH, 14.05.1975 – VIII ZR 254/73, BGHZ 64, 312, 316.

28 BGH, 17.03.2011 – IX ZR 63/10, BGHZ 189, 1 = ZInsO 2011, 778 Rn. 32 ff.; BGH, 26.04.2012 – IX ZR 67/09, ZInsO 2012, 1429 Rn. 33 ff.

29 BGH, 01.10.2002 – IX ZR 360/99, ZInsO 2002, 1136, 1138.

30 BGH, 02.02.2017 – IX ZR 245/14, ZInsO 2017, 494 Rn. 13.

Da ein Zusammenhang im Hinblick auf den eingehenden und ausgehenden Sicherheitenbestand bei revolvierenden Sicherheiten wie Globalzession oder Raumsicherungsverträgen nicht gegeben ist, können diese nicht als Sicherheitentausch oder Bargeschäft im Hinblick auf den Umschlag des Sicherheitenbestandes aufgefasst werden.[31] 22

IV. Unentgeltliche Besicherung

Für die Fragestellung, ob die Gewährung einer Sicherheit unentgeltlich erfolgte, ist zwischen der Vorlage eines Zwei- bzw. Drei-Personen-Verhältnisses zu trennen. Besichert der Schuldner im Rahmen eines Zwei-Personen-Verhältnisses eine von ihm begründete Schuld ggü. dem Anfechtungsgegner, so ist für die Beurteilung, ob die Besicherung sich als unentgeltliche Leistung darstellen kann, nicht darauf abzustellen, ob ein Anspruch auf die Stellung einer Sicherheit bestand, sondern zu prüfen, ob die Begründung der zu sichernden Schuld eine ihrerseits unentgeltliche Leistung war. Entspringt die zu sichernde Schuld folglich aus einem Gegenseitigkeitsverhältnis, ist selbst eine inkongruente Nachbesicherung keine unentgeltliche Leistung i.S.d. § 134 InsO.[32] 23

Besichert der Schuldner jedoch im Rahmen eines Drei-Personen-Verhältnisses eine Schuld, welche sich nicht direkt gegen ihn, sondern lediglich gegen seine Gläubiger, nahestehende Personen oder Dritte richtet, so beurteilt sich die unentgeltliche Besicherung nach den Grundsätzen der unentgeltlichen Zuwendung im Drei-Personen-Verhältnis. Hiernach kommt es für die Frage der Unentgeltlichkeit der Leistung des Schuldners nicht darauf an, ob dieser selbst einen Ausgleich für seine Leistung erhält, sondern darauf, ob der Empfänger der Leistung seinerseits für die Zuwendung eine ausgleichende Gegenleistung zu erbringen hatte.[33] Fehlt es insofern an einem Vermögensopfer des Zuwendungsempfängers stellt sich die Zuwendung als unentgeltlich dar.[34] 24

Nach diesen Grundsätzen ist eine Nachbesicherung des Schuldners dann zumindest unentgeltlich, wenn der Anfechtungsgegner keinen werthaltigen Anspruch auf Besicherung ggü. seinem Vertragspartner hatte. Das bloße Stehenlassen einer Darlehensforderung stellt ähnlich wie i.R.d. Beurteilung des § 142 InsO kein gem. § 134 Abs. 1 InsO hinreichendes Vermögensopfer dar. Dementsprechend kommt es für die Beurteilung der Unentgeltlichkeit nicht darauf an, ob der Darlehensrückzahlungsanspruch zum Zeitpunkt der Sicherheitengewährung werthaltig war.[35] Jedoch stellt nach Neuregelung des Rechts der Gesellschafterdarlehen die Besicherung von 25

31 BGH, 29.11.2007 – IX ZR 30/07, BGHZ 174, 297 = ZInsO 2008, 91 Rn. 40 ff.
32 BGH, 18.03.2010 – IX ZR 57/09, ZInsO 2010, 807 Rn. 10.
33 BGH, 20.12.2012 – IX ZR 21/12, ZInsO 2013, Rn. 25; BGH, 06.12.2012 – IX ZR 105/12, WM 2013, 136 Rn. 4.
34 BGH, 30.03.2006 – IX ZR 84/05, ZIP 2006, 957 Rn. 11; BGH, 05.06.2008 – IX ZR 163/07, ZInsO 2008, 811 Rn. 13.
35 BGH, 01.06.2006 – IX ZR 159/04, ZInsO 2006, 1771 Rn. 12.

Gesellschafterdarlehen nunmehr keine unentgeltliche Leistung i.S.d. § 134 Abs. 1 InsO mehr dar.[36]

B. AGB-Pfandrecht der Kreditinstitute

26 Begründet der Schuldner eine Geschäftsverbindung mit einem Kreditinstitut, so stellen eine der wesentlichen rechtlichen Grundlagen der Geschäftsbeziehung die Allgemeinen Geschäftsbedingungen des Kreditinstitutes (AGB-Banken) dar. In diesen findet sich unter Nr. 14 Abs. 1 AGB-Banken (bzw. Nr. 21 Abs. 1 AGB-Sparkassen) ein Pfandrecht zugunsten des Kreditinstitutes (AGB-Pfandrecht), nach welchem sämtliche Vermögenspositionen, welche das Kreditinstitut zugunsten des Schuldners hält oder verwaltet, als Sicherheit für sämtliche Forderungen des Kreditinstitutes aus der Geschäftsverbindung haften.

27 In der Insolvenz ist das AGB-Pfandrecht geeignet, ein Absonderungsrecht im eröffneten Verfahren zu begründen und dient i.R.d. Verwertung anderer Sicherheiten vor Antragstellung, z.B. bei der Globalzession oder bei Raumsicherungsvereinbarungen, als Brücke in die anfechtungsfeste Verrechnung von Zahlungseingängen auf dem Girokonto des Schuldners.[37]

28 Bislang ging der BGH in ständiger Rechtsprechung davon aus, dass Zahlungseingänge, welche aus Forderungen herrührten, die zur Sicherheit an die Bank abgetreten waren, i.R.d. Sicherheitentausches sich anfechtungsfest in das AGB-Pfandrecht an dem Zahlungseingang umwandelten und dann ebenfalls anfechtungsfest verrechnet werden konnten.[38] Nur dann, wenn die für den Zahlungseingang verwertete ursprüngliche Sicherheit des Kreditinstitutes anfechtbar war, konnte demnach auch die Entstehung der Verrechnungslage durch den Zahlungseingang als gläubigerbenachteiligend aufgefasst werden (zur Kontokorrentanfechtung s. Kap. 4 Rdn. 44).[39]

---

36 BGH, 13.10.2016 – IX ZR 184/14, ZInsO 2016, 2479 Rn. 12.
37 Kayser, ZInsO 2019, 1597, 1598.
38 BGH, 01.10.2002 – IX ZR 360/99, ZInsO 2002, 1136, 1138.
39 BGH, 29.11.2007 – IX ZR 30/07, ZInsO 2008, 91 Rn. 13.

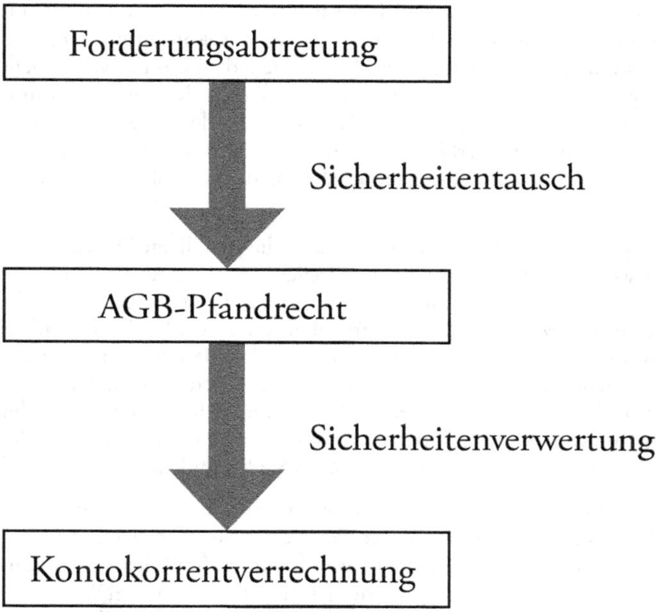

Abb. 1: Sicherungskette

Zwar klassifizierte der BGH das AGB-Pfandrecht aufgrund seiner unzureichenden Konkretisierung als inkongruente Besicherung (vgl. Kap. 3 § 131 InsO Rdn. 32),[40] wandelte sich jedoch eine davor vereinbarte Sicherheit in das AGB-Pfandrecht um, so fehlte es i.R.d. Bestellung des AGB-Pfandrechts an einer Gläubigerbenachteiligung. 29

Ob dieser Ansatz im Grundsatz weiterhin Bestand hat, war durch die Rechtsprechung des BGH zur insolvenzrechtlichen Wirkung der Kontokorrentbindung bei Dreieckskonstellationen kurzzeitig fraglich geworden.[41] Die Umwandlung von einer vorher vereinbarten Sicherheit im Sicherheitentausch, z.B. in Form einer Forderungsabtretung, welche durch Zahlungseingang gem. § 362 BGB bei Tilgung erlischt, setzt voraus, dass an diesem eingehenden Zahlungseingang ein Pfandrecht entstehen kann. I.R.d. Zahlungseinganges ist zwischen dem Anspruch auf Gutschrift (§ 667 BGB) und dem Anspruch aus Gutschrift (§ 780 BGB) zu unterscheiden. Für beide Ansprüche ist festzustellen, dass sie grds. außerhalb einer Kontokorrentbindung der Pfändung unterliegen können. 30

40 BGH, 24.09.2020 – IX ZR 098/18, BGHZ 227, 123 = ZInsO 2020, 2262, Rn. 33; BGH, 07.03.2002 – IX ZR 223/01, BGHZ 150, 122, 125 f. = ZInsO 2002, 426, 427.

41 BGH, 18.03.2010 – IX ZR 111/08, ZInsO 2010, 710 Rn. 9; BGH, 25.06.2009 – IX ZR 98/08, ZInsO 2009, 1492 Rn. 4; jedoch ohne Problembehandlung BGH, 26.04.2012 – IX ZR 67/09, ZInsO 2012, 1200 Rn. 10.

31 Als Teil der Geschäftsbeziehung zum Kreditinstitut unterliegen sie jedoch der mit dem Giro- und Kontokorrentkontovertrag vereinbarten Kontokorrentbindung. Aus der Kontokorrentbindung ergibt sich, dass Einzelpositionen, die ihr unterfallen, nicht (mehr) selbstständig abtretbar oder pfändbar sind.[42] Lediglich der von der Kontokorrentbindung ausgenommene Anspruch auf Auszahlungen des Tagessaldos sowie der Anspruch auf Auszahlung des verbleibenden Kontokorrentrahmens unterliegen grds. im Kontokorrentkonto der Pfändung (zum Umfang der Kontokorrentbindung s. Kap. 4 Rdn. 18).[43]

32 Demnach kann nicht davon ausgegangen werden, dass die jeweiligen Einzelansprüche des Schuldners, welche ins Kontokorrent einzustellen sind, vom AGB-Pfandrecht erfasst werden können. Dieses gilt selbst dann, wenn man davon ausgehen würde, dass nach dem Prioritätsprinzip eine Vereinbarung über das AGB-Pfandrecht zeitlich vorgelagert zur Kontokorrentbindung anzunehmen wäre.[44] Neben den von der Kontokorrentbindung ausgenommenen Ansprüchen kann folglich lediglich an dem (kausalen) Schlusssaldo nach § 355 Abs. 3 HGB ein AGB-Pfandrecht entstehen. Erfolgt die Beendigung des Kontos jedoch erst durch die Insolvenzeröffnung, so ist gem. § 91 InsO das Entstehen eines Pfandrechtes an dem kausalen Schlusssaldo ausgeschlossen.[45]

33 Der BGH hat jedoch klargestellt, dass die Kontokorrentbindung jedes Drittrecht ausschließt, jedoch im Verhältnis zwischen den Parteien nicht geneigt ist, das Entstehen des AGB-Pfandrechtes zu Gunsten des kontoführenden Kreditinstitutes auszuschließen.[46] Die Wirkung der Kontokorrentbindung ist insoweit nach dem Willen der begründenden Parteien dahingehend zu relativieren, dass zumindest die dadurch zu sichernde Partei nicht an der Begründung weitergehender Rechte gehindert werden soll.

34 Es bleibt die Frage offen, warum der BGH nicht eine im Ergebnis gleiche Lösung über die Kontokorrentbindung selbst angenommen hat. Ersetzt man in der Sicherungskette das AGB-Pfandrecht durch die Kontokorrentbindung selbst, so erreicht man ebenfalls eine anfechtungsfeste Sicherheitenkette zwischen Globalzession und endgültiger Verrechnung. Als eigenständiges Sicherungsrecht ist es nicht nur sachnäher, sondern der Art nach anders als AGB-Pfandrecht, wohl auch als kongruente Sicherheit anzusehen, selbst wenn dieses für den anfechtungsfesten Sicherheitentausch bei bestehender, anfechtungsfester Globalzession nicht entscheidungserheblich wäre.

C. Revolvierende Sicherheiten

35 Revolvierende Sicherheiten zeichnen sich dadurch aus, dass sich der Bestand der Sicherungsobjekte im Laufe der Zeit ändert. Planmäßig werden daher aufgrund der

42 BGH, 13.03.1981 – I ZR 5/79, BGHZ 80, 172.
43 S. auch Obermüller, ZInsO 2011, 705.
44 Zum Vorrang der Kontokorrentbindung s. Heller/Steuer, BuB, Rn. 2/93 ff.
45 BGH, 18.03.2010 – IX ZR 111/08, ZInsO 2010, 710 Rn. 3; BGH, 25.06.2009 – IX ZR 98/08, ZInsO 2009, 1492 Rn. 10.
46 BGH, 24.09.2020 – IX ZR 289/18, BGHZ 227, 123 = ZInsO 2020, 2262, Rn. 38; BGH, 02.02.2017 – IX ZR 245/14, ZInsO 2017, 494 Rn. 13.

Rahmenabsprache auch zukünftige Vermögenswerte des Schuldners als Sicherheit mit einbezogen. Demgegenüber wird i.d.R. dem Schuldner als Sicherungsgeber die Verfügungsmacht über den aktuellen Bestand der Sicherungsobjekte belassen, sodass er diese einziehen, weiterverarbeiten oder übertragen kann.[47] Insoweit kommt es i.R.d. Bestandes der Sicherungsobjekte sowohl zu Zu- als auch Abflüssen. Wesentliche Fragestellungen, welche regelmäßig im Hinblick auf revolvierende Sicherheiten aus Sicht der Insolvenzanfechtung auftreten, sind, auf welchen Zeitpunkt im Hinblick auf ein konkretes Sicherungsobjekt die Anfechtungsvoraussetzungen vorzuliegen haben, ob der Einbezug eines weiteren zukünftigen Sicherungsobjektes kongruent oder inkongruent erfolgt und ob in dem revolvierenden Element der Sicherheit ein Bargeschäft liegt.

Während diese Rechtsfragen im Hinblick auf die Globalzession zumindest seit dem Grundsatzurteil des BGH v. 29.11.2007[48] als geklärt anzusehen sind, fehlt bislang eine höchstrichterliche Klärung für die Raumsicherungsübereignung. Die Grundsätze zur Globalzession dürften jedoch auch auf die Raumsicherungsübereignung Anwendung finden.[49] 36

Neben den anfechtungsrechtlichen Fragen ist in der Praxis zunächst genau zu prüfen, ob die jeweils streitgegenständliche Position überhaupt dem revolvierenden Sicherungsrecht unterfällt. Hierzu ist genau auf die Sicherungsvereinbarung abzustellen und ggf. festzustellen, ob aufgrund von Kollisionen von Sicherungsrechten die revolvierende Sicherheit aufgrund vorrangiger Sicherungsrechte, wie z.B. eines (verlängerten) Eigentumsvorbehalts oder eines Vermieterpfandrechts verdrängt wird.[50] 37

I. Globalzession

Neben Bürgschaften und Immobiliarsicherheiten stellt die Globalzession in der Praxis eine der bedeutendsten Kreditsicherheiten dar und ist insofern in Unternehmensinsolvenzen häufig als Sicherungsmittel der Kreditinstitute vorzufinden. Insb. im Zusammenspiel mit dem AGB-Pfandrecht stellte es anfechtungsrechtlich bislang ein wesentliches Argument des Anfechtungsgegners dar, da es geeignet war, selbst bei Vorlage der subjektiven Tatbestandsvoraussetzungen aufgrund fehlender Gläubigerbenachteiligung, eine in der Krise erlangte Deckung unanfechtbar zu vereinnahmen. 38

Ist die Anfechtbarkeit der Globalzession zu prüfen, so können grds. drei Zeitpunkte anfechtungsrechtlich von Bedeutung sein: 39

47 BGH, 29.09.2011 – IX ZR 74/09, ZInsO 2011, Rn. 8.
48 BGH, 29.11.2007 – IX ZR 30/07, ZInsO 2008, 91.
49 So auch Kuder, ZIP 2008, 293; krit. Jacoby, ZIP 2008, 391.
50 S. hierzu einführend Heller/Steuer, BuB, Rn. 4/103 ff.

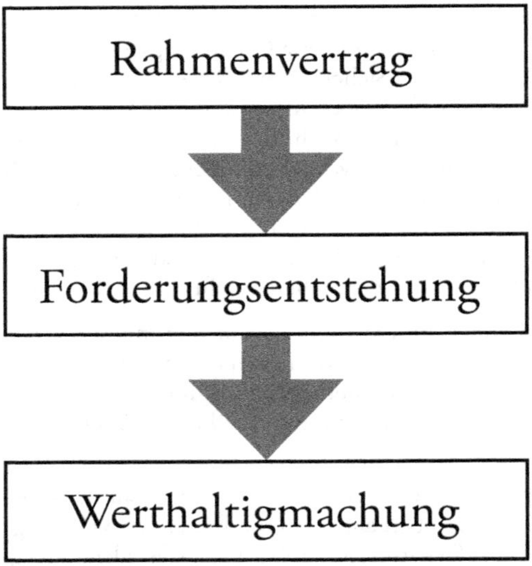

Abb. 2: Relevante Zeitpunkte

40 Wurzel jeder Einzelübertragung ist der Abschluss des Globalzessionsvertrages, in welchem im Hinblick auf die Forderungszession nach § 398 BGB die notwendige Einigung über den (späteren) Forderungsübergang enthalten ist. Als notwendiges Element für jeden Einzelübertragungsakt führt insofern die Anfechtung dieses Rahmenvertrages zum Wegfall der Globalzession in Gänze und damit zur Anfechtbarkeit jedes auf diesem beruhenden Forderungsübergangs.

41 Da der Rahmenvertrag zumeist zur unkritischen Zeit mit Kreditaufnahme abgeschlossen wird, lassen sich die Anfechtungsvoraussetzungen für den Abschluss des Globalzessionsvertrages in der Praxis zumeist nicht darlegen. Jedoch selbst dann, wenn der Globalzessionsvertrag als Rahmenvertrag anfechtungsfest abgeschlossen wurde, ist für den individuellen Forderungsübergang zu prüfen, ob die Anfechtungsvoraussetzungen entweder zum Zeitpunkt der Forderungsentstehung oder soweit nachgelagert zum Zeitpunkt der Werthaltigmachung der Forderung nachgewiesen werden können. Obwohl nach allgemeinem Zivilrecht eine Forderungsabtretung im Hinblick auf eine zukünftige Forderung bereits vor Forderungsentstehung wirksam sein kann, soweit die zukünftige Forderung bei der Einigung über den Forderungsübergang hinreichend bestimmt war[51], ist anfechtungsrechtlich gem. § 140 Abs. 1 InsO die Rechtswirkung der Forderungsabtretung frühestens mit Forderungsentstehung eingetreten.[52]

51 BGH, 15.03.1978 – VIII ZR 180/76, BGHZ 71, 75, 78.
52 BGH, 22.07.2004 – IX ZR 183/03, ZInsO 2004, 967, 969.

Erfolgt insoweit eine Abtretung sämtlicher Ansprüche aus Lieferung und Leistung des Schuldners, so ist der maßgebliche Zeitpunkt der Zeitpunkt des jeweiligen Vertragsschlusses mit dem Drittschuldner. Ist der Drittschuldner aus dem Vertragsverhältnis nicht vorleistungspflichtig, so tritt anfechtungsrechtlich neben dem Zeitpunkt der Forderungsentstehung ebenfalls noch als relevanter Anfechtungszeitpunkt der Zeitpunkt des Werthaltigmachens dieser Forderung. Anfechtbar sind dementsprechend die jeweiligen Erfüllungshandlungen des Schuldners, so z.B. die Herstellung eines Werkes, die Leistungserbringung oder die Übergabe der jeweiligen Kaufsache, da hierdurch der Drittschuldner seine Einrede nach § 320 BGB verliert bzw. die Fälligkeit des zedierten Anspruches spätestens eintritt.[53] 42

Prozessual bietet es sich an, die vom Schuldner an den Drittschuldner übersandte Rechnung als Nachweis für den Zeitpunkt der Leistungserbringung vorzulegen, da aus steuerlichen Gesichtspunkten in der Leistungsrechnung der Leistungszeitraum anzugeben ist.[54] Sowohl der konkrete Forderungsübergang als auch das durch Leistungserbringung bewirkte Werthaltigmachen wird von der höchstrichterlichen Rechtsprechung als kongruente Besicherung anerkannt.[55] 43

Auch dann, wenn ein vertraglich einklagbarer Anspruch weder auf die Begründung einer Forderung ggü. einem Drittschuldner noch auf die Werthaltigmachung durch Leistungserbringung durch den Sicherungsnehmer anzunehmen ist, handelt es sich hierbei um planmäßig vom Rahmenvertrag bereits antizipierte, geschäftsübliche Vorgänge, welche das gedankliche Fundament der revolvierenden Sicherheit bilden. Trotz der Nähe zu den Sicherheiten, welche sich nach Nr. 13 – 15 AGB-Banken (s. Rdn. 26 sowie Kap. 3 § 131 InsO Rdn. 32) ergeben und die sich aufgrund ihrer fehlenden Konkretisierung des individualisierten Sicherungsgegenstandes als inkongruent darstellen, besteht bei den revolvierenden Sicherheiten folglich ein wesentlicher qualitativer Unterschied, der geeignet ist, die Kongruenz zu begründen. Obwohl es sich um eine abstrakte Sicherheit handelt, ist daher bei der revolvierenden Sicherheit eine für die Kongruenz hinreichende Individualisierung des späteren Sicherungsobjektes gegeben.[56] 44

Selbst wenn aufgrund der kongruenten Klassifizierung der jeweiligen Forderungsabtretung der Anwendungsbereich des Bargeschäftes nach § 142 InsO grds. eröffnet wäre, handelt es sich bei dem revolvierenden Element der Globalzession nicht um ein anfechtungsrechtlich privilegiertes Bargeschäft. Obwohl die Vertragsparteien von einem revolvierenden Bestand ausgehen und insofern der Sicherungsgeber dem Schuldner die Einziehung abgetretener Forderungen in dem Bewusstsein überlässt, dass eine Auffüllung der Sicherheit durch Entstehung neuer Forderungen erfolgen wird, fehlt es an der konkret notwendigen rechtsgeschäftlichen Verknüpfung zwischen 45

53 BGH, 26.06.2008 – IX ZR 144/05, ZInsO 2008, 801 Rn. 30.
54 S. § 14 Abs. 4 Nr. 6 UStG.
55 BGH, 29.11.2007 – IX ZR 30/07, ZInsO 2008, 91 Rn. 35; BGH, 26.06.2008 – IX ZR 144/05, ZInsO 2008, 801 Rn. 23.
56 BGH, 29.11.2007 – IX ZR 30/07, ZInsO 2008, 91 Rn. 26.

dem Ausscheiden der abgetretenen Forderung durch Einziehung und dem Einbezug von neu entstehenden Forderungen.[57]

II. Raumsicherungsübereignung

46 Bei der Raumsicherungsübereignung handelt es sich um eine Sicherungsübereignung beweglicher Sachen. Bei dieser werden jedoch im Rahmenvertrag nicht sämtliche zu übereignenden Gegenstände einzeln aufgeführt, sondern zwischen den Parteien erfolgt eine Absprache, nach der sämtliche Gegenstände, welche in einem genau bezeichneten Raum lagern oder hinein gelangen, vom Sicherungsgeber an den Sicherungsnehmer übereignet werden.[58] Das revolvierende Element bei der Raumsicherungsübereignung ergibt sich daraus, dass der Sicherungsnehmer weiter berechtigt bleibt, über das eingebrachte Sicherungsgut, z.B. Rohstoffe oder Waren, im Rahmen seiner Geschäftstätigkeit zu verfügen sowie dadurch, dass durch die Weiterführung des schuldnerischen Unternehmens planmäßig weitere Gegenstände in den Sicherungsraum gelangen und insoweit von der Sicherungsübereignung erfasst werden.[59]

47 Als revolvierende Sicherheit ist davon auszugehen, dass die anfechtungsrechtlichen Leitgedanken im Hinblick auf die Globalzession auch auf die Raumsicherungsübereignung Anwendung finden.[60] Dementsprechend ist die Sicherungsübereignung eines konkreten Gegenstandes nach Abschluss des Rahmenvertrages durch Einbringen in den Sicherungsraum ebenfalls als kongruent anzusehen. Des Weiteren ist das revolvierende Element bei der Raumsicherungsübereignung ebenfalls nicht geeignet, ein Bargeschäft i.S.d. § 142 InsO zu begründen.

48 Als anfechtbare Rechtshandlung sind außerdem der Abschluss des Rahmenvertrages als auch die jeweils konkrete Übereignung anfechtbar. Je nachdem, ob als letzter Übereignungsakt die Einbringung oder die Erlangung des Eigentums durch den Sicherungsgeber steht, ist gem. § 140 Abs. 1 InsO für die konkrete Übereignung dieser Zeitpunkt anfechtungsrechtlich ausschlaggebend. Vergleichbar mit der Leistungserbringung i.R.d. Werthaltigmachung kommt es anfechtungsrechtlich daher selbst dann, wenn bei Einbringung des Gegenstandes bereits ein Anwartschaftsrecht vom Sicherungsnehmer auf den Sicherungsgeber übergeht, auf die Erstarkung zum Vollrecht an.[61]

49 Prozessual stellt sich der Nachweis des Zeitpunktes der Verbringung in den Sicherungsraum häufig als schwierig dar. Liegt keine geordnete Lagerbuchhaltung des Schuldnerunternehmens vor, so kann die Darlegung meist nur indirekt über den

57 BGH, 29.11.2007 – IX ZR 30/07, ZInsO 2008, 91 Rn. 41.

58 BGH, 24.06.1958 – VIII ZR 205/57, BGHZ 28, 16 = NJW 1958, 1133; Riggert, NZI 2000, 241.

59 S. hierzu weiterführend Ganter, in: Schimansky/Bunte/Lwowski, Bankrechts-Handbuch, § 95 Rn. 85 ff.

60 So auch Kuder, ZIP 2008, 283, 293 ff.

61 Im Hinblick auf die Erfassung von Anwartschaftsrechten, z.B. aus einem Eigentumsvorbehalt, s. Ganter, in: Schimansky/Bunte/Lwowski, Bankrechts-Handbuch, § 95 Rn. 74.

Zeitpunkt der Bestellung oder den ausgewiesenen Leistungszeitraum in der Einkaufsrechnung erfolgen. Soweit es sich um gleichartige Massenware handelt, die in dem Sicherungsraum lagert, wird es außerdem notwendig sein, im Rahmen von Verbrauchsfolgeverfahren, eine Fiktion im Hinblick auf die Einbringung des noch vorhandenen Bestandes anzunehmen. Soweit keine lagerspezifischen Besonderheiten vorliegen, bietet sich insoweit das FiFO-Verfahren an.[62]

D. Immobiliarsicherheiten

Neben der Globalzession und Bürgschaften von Nahestehenden stellen Immobiliarsicherheiten an dem Grundvermögen des Schuldners eines der klassischen Kreditsicherungsmittel dar. Die in der Praxis am häufigsten anzutreffende rechtliche Ausgestaltung ist dabei die Grundschuld sowie die in der Krise erwirkte Zwangssicherungshypothek. Ob und ggfs. in welchem Umfang eine Gläubigerbenachteiligung durch eine Belastung des Grundstücks besteht, richtet sich, soweit der Insolvenzverwalter dazu in der Lage ist, nach dem bei einer freihändigen Veräußerung des Grundstücks zu erzielenden Erlös. Fehlt dem Insolvenzverwalter diese Befugnis, weil der für den Eintritt der Gläubigerbenachteiligung maßgebliche Zeitpunkt vor der Verfahrenseröffnung liegt oder einer freihändigen Verwertung die von einem dinglichen Gläubiger betriebene Zwangsvollstreckung entgegensteht, ist der in einer Zwangsversteigerung zu erwartende Erlös maßgeblich in der Beurteilung zu Grunde zu legen.[63] 50

Da die Bestellung einer Immobiliarsicherheit grds. die Eintragung im Grundbuch voraussetzt, ergeben sich im Hinblick auf die Insolvenzanfechtung wesentlich zu beachtende Besonderheiten i.R.d. Bestimmung des maßgeblichen Zeitpunktes nach § 140 InsO. In Anlehnung an den Rechtsgedanken der §§ 878, 892 Abs. 2, 893 BGB stellt auch die InsO in § 91 Abs. 2 InsO und § 140 Abs. 2 InsO z.T. nicht auf die Eintragung sondern auf die Stellung des Antrages auf Eintragung ab. 51

Während § 91 Abs. 2 InsO jedoch auf die zielrechtlichen Regelungen im BGB verweist, findet sich in § 140 Abs. 2 InsO nur eine eingeschränkte Anwendung dieses Rechtsgedankens.[64] Dementsprechend setzt § 140 Abs. 2 InsO neben den sonstigen zwingenden Voraussetzungen für die Bestellung einen bindenden Schuldnerantrag voraus, welchen der Schuldner über den von ihm beauftragte Vertreter nicht mehr zurücknehmen kann.[65] Da folglich nach § 140 Abs. 2 InsO ein Rechtsgeschäft erforderlich ist, findet die Regelung auf eintragungspflichtige Zwangsmaßnahmen keine Anwendung, sodass es beim Grundsatz nach § 140 Abs. 1 InsO verbleibt.[66] 52

62 S. hierzu Beck Bilanz-Komm/Grottel/F. Huber, § 256 Rn. 59.
63 BGH, 09.06.2016 – IX ZR 153/15, ZInsO 2016, 1578 Rn. 19.
64 BGH, 08.05.2008 – IX ZR 116/07, MittBayNot 2009, 61 Rn. 2.
65 BGH, 08.05.2008 – IX ZR 116/07, MittBayNot 2009, 61 Rn. 3; OLG Brandenburg, 08.02.2006 – 7 U 82/05, OLG-NL 2006, 105, 106.
66 HambKomm-InsR/Rogge/Leptien, § 140 InsO Rn. 20.

▶ Hinweis:

53 Eine wesentliche Bedeutung kommt in der Praxis insb. bei öffentlich-rechtlichen Gläubigern wie Sozialversicherungsträgern und dem Finanzamt (s. hierzu Kap. 4 Rdn. 195 ff.) einer i.R.d. Einzelzwangsvollstreckung erwirkten Zwangssicherungshypothek (§ 867 ZPO) zu. Bei der Prüfung der Anfechtbarkeit der Sicherungserlangung ist hier ebenfalls die Rückschlagsperre[67] (§ 88 InsO) zu beachten, wonach eine entsprechende Besicherung im letzten Monat vor der Antragstellung sowie nach Antragstellung mit Eröffnung (schwebend) unwirksam wird.[68] Bei der Anwendung des § 88 InsO ist jedoch zu berücksichtigen, dass nach h.M. eine Anwendung des § 140 Abs. 2 InsO auf § 88 InsO nicht erfolgt,[69] sodass hier die Fristberechnung im Verhältnis zur Anfechtungsprüfung nach § 131 Abs. 1 Nr. 1 InsO zu unterschiedlichen Ergebnissen kommen kann.

54 Eine im Nachhinein eingetretene indirekte Aufwertung der Immobiliarsicherheit kann dadurch entstehen, dass eine vor dieser Sicherheit befindliche Rangstelle frei wird oder nicht mehr vollständig valutiert. Insoweit stellt sich die Frage, ob eine Rechtshandlung, welche diese Folge nachträglich bewirkt, anfechtbar sein kann.

55 Einer Anfechtbarkeit könnten die §§ 1179a, 1179b BGB entgegenstehen, wenn sich hieraus ergäbe, dass der nachrangige Sicherungsgläubiger bereits mit Eintragung seiner Grundschuld einen insolvenzfesten Anspruch auf eine spätere Verbesserung seines Ranges hätte. Dieses wurde nach der früheren Rechtsprechung des IX. Zivilsenates des BGH jedoch abgelehnt, da, solange das Eigentum an dem Grundstück und die Grundschuld noch nicht zusammengefallen sind, die notwendigen allgemeinen Voraussetzungen für die Eintragung einer Vormerkung im Hinblick auf einen künftigen Anspruch nicht vorliegen würden.[70] Der Grundsatz gilt selbst dann, wenn dem nachrangigen Grundschuldgläubiger zusätzlich der Anspruch des Schuldners auf Rückübertragung der nicht mehr valutierenden vorrangigen Belastung im Voraus abgetreten wurde.[71]

56 In Abstimmung mit dem V. Zivilsenat hat der IX. Zivilsenat seine frühere Rechtsprechung aufgegeben.[72] Es wird nunmehr davon ausgegangen, dass der Anspruch aus § 1179a Abs. 1 Satz 1 BGB insolvenzfest ist, da soweit die materiellen Voraussetzungen vorliegen § 106 Abs. 1 Satz 1 InsO selbst dann Anwendung findet, wenn eine Vereinigung der vorgehenden Grundschuld mit dem Eigentum formal noch nicht

67 S. hierzu weiterführend Raebel, ZInsO 2003, 1124.
68 BGH, 19.01.2006 – IX ZR 232/04, BGHZ 166, 74 = ZInsO 2006, 479.
69 S. hierzu LG Bonn, 02.12.2003 – 4 T 519/03, ZIP 2004, 1374, 1375; LG Berlin, 25.09.2001 – 86 T 582/01, ZInsO 2001, 1066; HambKomm-InsR/Kuleisa, § 88 InsO Rn. 11; Jaeger/Eckardt, § 88 InsO Rn. 41.
70 BGH, 09.03.2006 – IX ZR 11/05, ZInsO 2006, 599 Rn. 17.
71 OLG Hamm, 25.11.2010 – 27 U 191/09, ZIP 2011, 188.
72 BGH, 27.04.2012 – V ZR 270/10, BGHZ 193, 144 = ZInsO 2012, 1070, Rn. 21; s. dazu weiterführend Obermüller, ZIP 2013, 299 ff.

erfolgt ist.[73] Begründet wird dieses mit der vom historischen Gesetzgeber beabsichtigten prozessökonomischen Wirkung der Regelung des § 1179a BGB, die insb. eine Entlastung der Grundbuchämter durch Vermeidung von Eintragungen von Vormerkungen der nachrangigen Grundschuldgläubiger zum Ziel hatte.[74]

In Anlehnung an die ständige Rechtsprechung des BGH im Hinblick auf die Anfechtbarkeit des Werthaltigmachens[75] einer Forderungsabtretung durch Leistungserbringung ist des Weiteren davon auszugehen, dass eine in anderer Weise erfolgte Aufwertung der Sicherheit anfechtungsrechtlich ebenfalls bedeutsam sein kann.[76] Eine entsprechende Wertverbesserung tritt in der Praxis z.B. dadurch auf, dass werterhöhende Investitionen durch Bebauung oder Modernisierung erfolgen. Wird hierzu potenzielle Insolvenzmasse eingesetzt, so erlangt der Sicherungsgläubiger mittelbar eine Besserstellung, bei welcher nicht erkennbar ist, dass sie der Anfechtung grds. entzogen sein sollte. **57**

Ob sich eine Werterhöhung der Immobiliarsicherheit als kongruent oder inkongruent darstellt, bleibt abzuwarten. Wertungsmäßig scheint sie im Hinblick auf die Bestimmtheit zwischen der Globalzession und dem AGB-Pfandrecht zu liegen. Zwar ist eine entsprechende Sachverhaltskonstellation in der Immobiliarsicherheit bereits generell angelegt und z.T. gesetzlich vorgesehen, zum anderen ist sie jedoch nicht in gleicher Weise wie das Werthaltigmachen bei der Globalzession planmäßig gedanklich vom Sicherungsgeber und Sicherungsnehmer als wesentliche Geschäftsgrundlage der Sicherheitengewährung vorgesehen. Neben dem Kernrecht auf den Verwertungserlös des Grundstückes ist ebenfalls anfechtungsrechtlich die Zubehörhaftung nach § 1120 BGB von Bedeutung.[77] **58**

Anfechtungsrechtlich ist die Begründung der Zubehörhaftung im Hinblick auf einen konkreten Gegenstand eigenständig von der Bestellung der Immobiliarsicherheit als Ganzes zu prüfen. Maßgeblicher Zeitpunkt nach § 140 Abs. 1 InsO ist folglich nur dann die Bestellung der Immobiliarsicherheit als Ganzes, wenn bereits die Zubehöreigenschaft des Gegenstandes vorher begründet war. Tritt sie nachträglich ein, so ist auf diesen Zeitpunkt abzustellen. Da die Zubehöreigenschaft voraussetzt, dass der Gegenstand im Eigentum des Schuldners steht, bietet es sich in Zweifelsfällen an, die prozessuale Darlegung an den Zeitpunkt des Erwerbes durch den Schuldner anzulehnen. **59**

Im Rahmen der Anfechtungsprüfung der Zubehörhaftung ist des Weiteren zu berücksichtigen, ob an den zu prüfenden Gegenständen konkurrierende (vorrangige) Sicherungsrechte vorliegen. Eine objektive Gläubigerbenachteiligung ist nur dann gegeben, wenn etwaige konkurrierende Sicherheiten ebenfalls anfechtbar sind. **60**

73 BGH, 27.04.2012 – V ZR 270/10, BGHZ 193, 144 = ZInsO 2012, 1070, Rn. 88 ff.
74 BGH, 27.04.2012 – V ZR 270/10, BGHZ 193, 144 = ZInsO 2012, 1070, Rn. 15.
75 BGH, 26.06.2008 – IX ZR 144/05, ZInsO 2008, 801 Rn. 30.
76 Vgl. Schoppmeyer, in: Lwowski/Fischer/Langenbucher, § 7 Rn. 3; Obermüller, ZIP 2013, 299, 300.
77 Zum Umfang der Zubehörhaftung s. Grüneberg/Herrler, § 1120 BGB Rn. 5 ff.

E. Mietsicherheiten

61 Unter systematischen Gesichtspunkten stellt sich die Anfechtung von Mietsicherheiten in Form von Mietabtretungen oder Pfändungen von Mieten anfechtungsrechtlich grds. nicht anders dar als die Anfechtung von Abtretungen oder Pfändungen von Rechten im Allgemeinen. Aus anfechtungsrechtlicher Sicht ist demnach sowohl die Anfechtbarkeit der Abtretungsvereinbarung bzw. der Pfandrechtsbestellung sowie bei Bezug auf zukünftige Rechte, der Zeitpunkt der Entstehung des Rechtes zu untersuchen.

I. Mietabtretung

62 Wird aus einem Dauerschuldverhältnis regelmäßig wiederkehrend zu festen Zeitpunkten eine Zahlungspflicht geschuldet, stellt sich die Beurteilung des nach § 140 InsO relevanten Entstehungszeitpunktes teilweise als schwierig dar. Es ist insofern zwischen befristeten und betagten Ansprüchen zu unterscheiden. Während betagte Ansprüche nur hinsichtlich ihrer Fälligkeit vom jeweiligen Fristablauf abhängen, ist bei befristeten Forderungen das Bestehen vom Ablauf der Frist abhängig. Beim Anspruch auf Entrichtung der Miete handelt es sich grds. um einen befristeten Anspruch, welcher erst zu Beginn des jeweiligen Zeitraumes der Nutzungsüberlassung entsteht.[78] Dementsprechend kann der Anspruch auf eine künftige Mietforderung eine Sicherung für den Anfechtungsgegner erst dann bewirken, wenn er werthaltig wird. Der hierzu früheste Zeitpunkt ist das Erreichen des Nutzungszeitraums, für welchen die jeweilige Mietrate zu entrichten ist.[79]

63 Eine Anwendung des § 140 Abs. 3 InsO, nach der eine Bedingung oder Befristung außer Acht zu lassen wäre, liegt bereits deshalb nicht vor, da sich die Anwendung von § 140 Abs. 3 InsO lediglich auf rechtsgeschäftlich vereinbarte Bedingungen oder Befristungen erstreckt.[80] Als weitere Erwägung gegen § 140 Abs. 3 InsO spricht, dass für eine anknüpfbare Rechtshandlung die Anforderung zu stellen ist, dass dem Gläubiger bereits eine gesicherte Rechtsposition zustehen muss.[81] Vor dem Nutzungszeitraum kann der Sicherungsgläubiger jedoch bei einem »normalen Mietverhältnis« zu keinem Zeitpunkt darauf vertrauen, dass am Fälligkeitstag die Zahlung vom Mieter noch geschuldet wird.[82]

64 In ähnlicher Weise, wie für Mietforderungen dargestellt, ist ebenfalls für eine dienstvertragliche Vergütung auf den Beginn des Zeitraums abzustellen, für den die Dienste geleistet werden.[83] Gleiches gilt für die Beurteilung der Anfechtbarkeit künftiger Gewinnforderungen, bei denen ebenfalls auf den Zeitpunkt des Entstehens der Gewinn-

78 BGH, 11.11.2021 – IX ZR 237/20, ZInsO 2022, 104, Rn. 18; BGH, 14.06.2007 – IX ZR 56/06, ZIP 2007, 1507 Rn. 17; BGH, 21.12.2006 – IX ZR 7/06, MietPrax-AK, § 566 BGB Nr. 22 Rn. 13.

79 BGH, 17.09.2009 – IX ZR 106/08, BGHZ 182, 264 = ZInsO 2010, 43 Rn. 11 ff.

80 BGH, 26.06.2008 – IX ZR 87/07, ZInsO 2008, 806 Rn. 14.

81 BGH, 14.06.2007 – IX ZR 56/06, ZIP 2007, 1507 Rn. 17.

82 BGH, 30.01.1997 – IX ZR 89/96, ZIP 1997, 513, 514.

83 BGH, 11.05.2006 – IX ZR 247/03, ZInsO 2006, 708 Rn. 7.

forderung abzustellen ist.[84] Anders stellt sich dieses jedoch für Leasingraten dar, welche als betagte Forderungen anzusehen sind, da Leasingraten nicht nur die Gegenleistung für eine zeitlich begrenzte Gebrauchsüberlassung, sondern ebenfalls ein Entgelt für die vom Leasinggeber vorweg erbrachte Finanzierungsleistung darstellen.[85] Ähnlich wie Leasingraten sind insofern auch Rentenansprüche anfechtungsrechtlich zu klassifizieren, da mit Eintritt des Berechtigten in das Rentenalter diese insgesamt entstehen und insofern eine Vertragskündigung nicht möglich ist.[86]

Fraglich war, ob sich am anfechtungsrechtlichen Beurteilungszeitpunkt zum jeweiligen Beginn des Nutzungszeitraumes etwas ändert, wenn neben der Mietabtretung ebenfalls noch (erstrangig) eine Grundschuld auf dem Vermietungsobjekt zugunsten des Anfechtungsgegners bestellt war. Gem. §§ 1192 Abs. 1, 1123 Abs. 1 BGB unterliegen Mietforderungen dem Haftungsverband des Grundpfandrechtes. Da die Mietansprüche jedoch weder der Verfügung des Schuldners noch dem wirksamen Zugriff der Insolvenzgläubiger gem. §§ 1123 Abs. 2, 1124 BGB entzogen sind, soweit keine Zwangsverwaltung angeordnet wurde, ergibt sich aus diesem Haftungsbeschlag keine über die Mietabtretung bereits bestehende bessere Stellung des Anfechtungsgegners.[87] **65**

Demzufolge ist auch für die Anfechtbarkeit des Rechts, welches sich ohne Anordnung der Zwangsverwaltung aus dem Grundpfandrecht herleitet, ebenfalls auf den Zeitpunkt seiner Entstehung und damit auf den Zeitpunkt des Beginns des Nutzungszeitraumes nach § 140 Abs. 1 InsO abzustellen.[88] Lediglich dann, wenn zu einem früheren Zeitpunkt die Zwangsverwaltung angeordnet wurde, erstarkt die »potenzielle Haftung« zu einem vollwirksamen Absonderungsrecht, welches die Mietforderungen den Insolvenzgläubigern als Zugriffsobjekt nunmehr endgültig entzieht. Insofern fehlt es dem i.R.d. Zwangsverwaltung vereinnahmten Zahlungen im Hinblick auf die Insolvenzanfechtung an einer objektiven Gläubigerbenachteiligung nach § 129 Abs. 1 InsO. **66**

II. Vermieterpfandrecht

Die zur Insolvenzanfechtung von Mietabtretungen nunmehr gefundene anfechtungsrechtliche Lösung steht in gewissem Widerspruch zur Rechtsprechung des BGH[89] für die Anfechtung eines Vermieterpfandrechts nach § 562 BGB. Beim gesetzlichen Vermieterpfandrecht wurde bislang mit Verweis auf § 140 Abs. 3 InsO lediglich auf die Einbringung der pfändbaren Sachen des Mieters in das Mietobjekt abgestellt und der Zeitpunkt der Entstehung der konkret zu sichernden Rechte außer Acht gelas- **67**

84 BGH, 14.01.2010 – IX ZR 78/09, ZInsO 2010, 327 Rn. 31.
85 BGH, 04.11.2009 – XII ZR 170/07, ZIP 2010, 332 Rn. 19 ff.
86 BGH, 19.05.2009 – IX ZR 37/06, ZInsO 2009, 1395 Rn. 24.
87 BGH, 30.04.2020 – IX ZR 162/16, ZInsO 2020, 1471, Rn. 44; BGH, 17.09.2009 – IX ZR 106/08, BGHZ 182, 264 = ZInsO 2010, 43 Rn. 17.
88 BGH, 17.09.2009 – IX ZR 106/08, BGHZ 182, 264 = ZInsO 2010, 43 Rn. 16.
89 BGH, 15.10.2014 – XII ZR 163/17, BGHZ 202, 354 = ZInsO 2014, 2492, Rn. 18; BGH, 14.12.2006 – IX ZR 102/03, BGHZ 170, 196 = ZInsO 2007, 191; auch BGH, 20.03.1986 – IX ZR 42/85, WM 1986, 720.

sen.[90] Ob diese Rechtsprechung zum Vermieterpfandrecht nach dem Urt. des BGH v. 17.09.2009[91] weiterhin Bestand haben kann, bleibt abzuwarten. Generell scheinen die eigenen Argumente des BGH, welche eine Anwendung von § 140 Abs. 3 InsO bei Mietforderungen ausschließen, auch für die Beurteilung der Entstehung des Vermieterpfandrechts zu überzeugen.

F. Drittsicherheiten

68 Insb. in Konzerngebilden und bei mittelständischen Kapitalgesellschaften finden sich häufig Drittsicherheiten in Form von Bürgschaften, Patronatserklärungen oder dinglichen Sicherheiten aus dem Vermögen des Drittschuldners. Handelt es sich bei dem Drittsicherungsgeber um einen Gesellschafter oder gleichgestellten Dritten, so ist im eröffneten Verfahren § 44a InsO zu beachten.

69 Die Bestellung einer Drittsicherheit stellt sich regelmäßig aus Sicht der Gläubiger des Schuldners als nicht benachteiligend dar und kann insofern nicht aus der Insolvenz des Schuldners heraus angefochten werden. Nur in Ausnahmefällen, z.B. dann wenn der Sicherungsgeber seinerseits aus dem Vermögen des Schuldners eine Sicherung erhält oder der Schuldner im Gegenzug für die Sicherheitenhingabe etwas zu leisten hat, ist es denkbar, dass durch die Sicherheitengewährung ebenfalls eine Gläubigerbenachteiligung im Hinblick auf die Gläubiger des Schuldners eintritt.

70 Ist das schuldnerische Unternehmen die Muttergesellschaft und gewährt eine Tochtergesellschaft für eine Verbindlichkeit dieser Muttergesellschaft eine Sicherheit aus ihrem Vermögen, kann sich insofern eine Gläubigerbenachteiligung bei der schuldnerischen Muttergesellschaft einstellen, als dass der Wert ihrer Beteiligung an der Tochtergesellschaft mittelbar beeinträchtigt wird.[92] Wird die von der Drittsicherheit erfasste Verbindlichkeit des Schuldners aus dessen Vermögen voll oder teilweise getilgt, so ist anfechtungsrechtlich zu prüfen, ob dieses (auch) ggü. dem Drittsicherheitengeber anfechtbar ist, denn durch die Tilgung der Verbindlichkeit wird der Drittsicherheitengeber ebenfalls aufgrund der Verringerung seines Risikos der Sicherheiteninanspruchnahme besser gestellt. Zwar läge es nahe, bei Vorlage der sonstigen Anfechtungsvoraussetzungen insoweit ggü. dem Drittsicherungsgeber das Freiwerden als Vermögensvorteil anzufechten, die nunmehr gefestigte Rechtsprechung geht jedoch nicht von einer Anfechtbarkeit aus, da angenommen wird, dass der Sicherungsgeber die Befreiung aus dem Vermögen des Gläubigers und nicht aus dem Vermögen des Hauptschuldners erlangt hat. Insoweit fehlt es an einer objektiven Gläubigerbenachteiligung nach § 129 Abs. 1 InsO.[93]

90 BGH, 15.10.2014 – XII ZR 163/12, BGHZ 202, 354 = ZInsO 2014, 2492 Rn. 18; BGH, 14.12.2006 – IX ZR 102/03, BGHZ 170, 196 = ZInsO 2007, 191 Rn. 18.

91 BGH, 17.09.2009 – IX ZR 106/08, BGHZ 182, 264 = ZInsO 2010, 43.

92 OLG Celle, 16.12.2010 – 13 U 98/10, ZIP 2011, 676, 677; Hirte, ZInsO 2004, 1165.

93 BGH, 07.12.2023 – IX ZR 36/22, ZInsO 2024, 58 Rn. 22; BGH, 24.10.1973 – VIII ZR 82/72, NJW 1974, 57.

Wird im Rahmen einer Modifizierung der Sicherungsabsprachen mit dem Gläubiger eine Drittsicherheit gegen die Hereinnahme einer zusätzlichen Sicherheit aus dem Schuldnervermögen zurückgegeben, so kann die vorzeitige Entlassung aus der Sicherung auch ggü. dem Drittsicherungsgeber angefochten werden. Zumindest in diesem Fall dürfte sich ein direkter Bezug zum Vermögen des Schuldners dadurch ergeben, dass es zur Beendigung der vertraglichen Vereinbarung im Hinblick auf die Sicherheit zwischen Schuldner und Drittsicherheitengeber kommt. 71

Zahlt der Sicherungsgeber gegenüber dem Sicherungsnehmer auf seine Sicherungsschuld, so kann hierin keine einen Insolvenzanfechtungsanspruch begründete mittelbare Zuwendung (vgl. hierzu Kap. 3 § 129 InsO Rdn. 14 ff.) des Hauptschuldners gesehen werden.[94] 72

94 Gehrlein, ZInsO 2012, 197, 199.

Kapitel 6: Internationales Insolvenzanfechtungsrecht

Schrifttum

Albrecht, Neue Entwicklungen im internationalen Insolvenzrecht, InsbürO 2009, 351 ff.; *Barbieri*, Legittimazione esclusiva o concorrente della curatela nell'esercizio dell'azione revocatoria ordinaria, Fallimento 2003, 298 ff.; *Baumert*, Art. 6 I EuInsVO und Staatenimmunität, NZI 2025, 301 ff.; *Bork*, Harmonisierung der Insolvenzanfechtungsrechte in Europa, ZRI 2021, 873 ff.; *Buchegger*, Das österreichische Insolvenzanfechtungsrecht, S. 821 ff. in: Cranshaw/Hinkel, Praxiskommentar zum Anfechtungsrecht, Heidelberg 2013; *Costa*, Die Reform des italienischen Insolvenzrechts, ZInsO 2006, 1071 ff.; *Correnti/Schulte-Frohlinde*, Einführung in das italienische Insolvenzrecht und seine Reform, ZInsO 2006, 1020 ff.; *Cranshaw*, Grenzüberschreitende Anfechtungsklagen, ZInsO 2012, 1237 ff.; *Dellinger/Oberhammer*, Insolvenzrecht – Eine Einführung, 2. Aufl., Wien, 2004; *Droege/Gagnier*, Französisches Anfechtungsrecht, S. 871 ff. in: Cranshaw/Hinkel, Praxiskommentar zum Anfechtungsrecht, Heidelberg, 2013; *Ehricke*, Zur Kooperation von Insolvenzgerichten bei grenzüberschreitenden Insolvenzverfahren im Anwendungsbereich der EuInsVO, ZIP 2007, 2395 ff.; *Flessner*, Internationales Insolvenzrecht in Deutschland nach der Reform, IPRax 1997, 1 ff.; *Ganter*, Die Insolvenzanfechtung in Deutschland und Österreich im Vergleich – Impulse für die Anfechtungsreform?, NZI 2016, 153 ff.; *Gehrlein/Thole*, Aktuelle Probleme der Insolvenzanfechtung, 16. Aufl., 2024; *Habscheid*, Konkursstatut und Wirkungsstatut bei der internationalen und der künftigen innereuropäischen Insolvenzanfechtung, ZZP 114 (2001), 167 ff.; *Hanisch*, Die Wende im deutschen internationalen Insolvenzrecht, ZIP 1985, 1233 ff.; *Hau*, Zur Frage der internationalen Zuständigkeit bei Insolvenzanfechtungsklagen, KTS 2009, 382 ff.; *Holze/Schmittmann*, Staatenimmunität, Anfechtung von Steuerzahlungen und Art. 6 Abs. 1 EuInsVO, ZRI 2025, 278 ff.; *Kindler*, Einführung in das italienische Recht, 3. Aufl., 2022; *Klumb*, Kollisionsrecht der Insolvenzanfechtung, Diss. iur., Konstanz, 2004; *Koch*, Das IPR der actio Pauliana, IPRax 2007, 466 ff.; *Korch*, Gedanken zum Brexit – Insolvenzanfechtung, dingliche Rechte Dritter und weitere besondere Sachverhalte (Art. 7 ff. EuInsVO n.F.) nach dem Brexit, ZInsO 2016, 1884 ff.; *Körner/Rendels*, Überschuldung als Beweisanzeichen bei Vorsatzanfechtung?, ZRI 2022, 301 ff.; *Leible/Staudinger*, Die europäische Verordnung über Insolvenzverfahren, KTS 2000, 533 ff.; *Lorandi*, Neuere Rechtsprechung zur insolvenzrechtlichen Anfechtung, BlSchK 2009, 213 ff.; *Lutzki*, »Feniks« aus der Asche: Internationale Zuständigkeit für die actio paulina nach der EuGVVO, RIW 2019, 252 ff.; *Mankowski*, Insolvenznahe Verfahren im Grenzbereich zwischen EuInsVO und EuGVVO, NZI 2010, 508 ff.; *Mankowski/Müller/Schmidt*, EuInsVO – Kommentar, München, 2016; *Mankowski/Willemer*, Die internationale Zuständigkeit für Insolvenzanfechtungsklagen, RIW 2009, 669 ff.; *Martini*, Das schweizerische Konkursrecht – ein Überblick, DZWIR 2009, 56 ff.; *Mock*, Zur Frage der internationalen Zuständigkeit deutscher Gerichte für Insolvenzanfechtungsklagen, NZI 2009, 534 f.; *Mock*, Zur internationalen Zuständigkeit für Insolvenzanfechtungsklagen, ZInsO 2008, 1381 f.; *Mörsdorf-Schulte*, Zuständigkeit für Insolvenzanfechtungsklagen im Eröffnungsstaat, ZIP 2009, 1456 ff.; *Oberhammer*, Zur internationalen Anfechtungsbefugnis des Sekundärverwalters nach Europäischem Insolvenzrecht, KTS 2008, 271 ff.; *Pajardi/Colesanti*, Codice del Fallimento, 4. Aufl., Mailand, 2004; *Paulus*, EuInsVO – Kommentar, 6. Aufl., 2021; *ders.*, Anfechtungsklagen im grenzüberschreitenden Insolvenzverfahren, ZInsO 2006, 295 ff.; *ders.*, Wege zu einem Konzerninsolvenzrecht, ZGR 2010, 270 ff.; *ders.*, Internationales Anfechtungsrecht, S. 792 ff. in: Cranshaw/Hinkel, Praxiskommentar zum Anfechtungsrecht, Heidelberg, 2013; *Reinhart*, Zur Anerkennung ausländischer Insolvenzverfahren, ZIP 1997, 1743 ff.; *Riewe*, Aktuelles internationales und ausländisches Insolvenzrecht, NZI 2009, 549 ff.; *Ringe*, Insolvenzanfechtungsklage im System des europäischen Zivilverfahrensrechts, ZInsO 2006,

700 f.; *Sangiovanni*, Darlehen der Gesellschafter und Insolvenz der GmbH im italienischen Recht, ZInsO 2009, 298 ff.; *Schmerbach*, Das »Große« Insolvenzgericht als Kompetenzzentrum, ZInsO 2011, 405 ff.; *Schmid*, Rechtsökonomische Überlegungen zur Überschuldungsanfechtung im Konkurs, KTS 2010, 307 ff.; *Schmidt*, Die Absichtspaulina nach Schweizer Recht – Zur gerichtlichen Aufarbeitung der Swissair-Insolvenz, ZInsO 2010, 1214 ff.; *Schmittmann*, Einführung in die Europäische Insolvenzverordnung, InsbürO 2004, 331 ff.; *ders.*, Grundzüge der internationalen Insolvenzanfechtung, InsbürO 2009, 434 ff.; *Staehelin*, Die Anfechtungsklagen, BlSchK 1997, 81 ff.; *Steffek*, Das englische Recht der Insolvenzanfechtung – ein funktionaler Vergleich unter besonderer Berücksichtigung kapitalgesellschaftsrechtlicher Aspekte, KTS 2007, 451 ff.; *Stoecker/Zschaler*, Internationale Zuständigkeit für Insolvenzanfechtungsklagen: Die Entscheidung Seagon/Deko in der Rechtsprechung deutscher Landgerichte, NZI 2010, 757 ff.; *Stürner/Eidenmüller/Schoppmeyer*, InsO – Band 4: EuInsVO, Art. 102a – 102c EGInsO und Länderberichte, 4. Aufl., 2021; *Thole*, Die internationale Zuständigkeit für insolvenzrechtliche Anfechtungsklagen, ZIP 2006, 1383 ff.; *Thole*, Die Anwendung des Art. 13 EuInsVO bei Zahlungen auf fremde Schuld, NZI 2013, 113 ff.; *Trenker*, Anwendbares Recht bei grenzüberschreitender Insolvenzanfechtung, DZWIR 2021, 527 ff.; *Vitalone/Chimenti/Riedi*, Il diritto processuala del fallimento, Turin, 2008; *Weller*, GmbH-Bestattung im Ausland, ZIP 2009, 2029 ff.; *Zeeck*, Das internationale Anfechtungsrecht in der Insolvenz: die Anknüpfung der Insolvenzanfechtung, Diss. iur., Hamburg, 2003; *Zeeck*, Die Anknüpfung der Insolvenzanfechtung, ZInsO 2005, 281 ff.

Übersicht **Rdn.**

A. Grundlagen des internationalen Anfechtungsrechts

1 Zunächst ist zu unterscheiden, in welchen **Konstellationen** von internationalem Anfechtungsrecht gesprochen werden kann. Zum einen geht es um **inländische Insolvenzverfahren**, bei denen der Schuldner über **Vermögen** verfügt, das **im Ausland** belegen ist. Zum anderen geht es um **ausländische Insolvenzverfahren**, bei denen der dortige Schuldner über **inländisches Vermögen** verfügt. Weiterhin wird z.T. von internationalem Insolvenzrecht schon dann gesprochen, wenn bei einem inländischen Verfahren ausländische Gläubiger vorhanden sind. Dies dürfte allerdings zu weit gehen, da insoweit rechtliche Besonderheiten nicht eintreten.

I. UNCITRAL-Modellgesetz

2 Das **internationale Insolvenzrecht** kann sowohl Regelungen zu den **verfahrensrechtlichen** als auch zu den **materiellrechtlichen Wirkungen** einer Verfahrenseröffnung treffen.[1]

3 Die Vollversammlung der **Vereinten Nationen** hat im Dezember 1997 ein **Modellgesetz**[2] angenommen, das einen flexiblen Ansatz für die reibungsfreie Abwicklung von Insolvenzen anbietet und darüber hinaus die **justizielle Zusammenarbeit** verbessern sowie den **Gerichtszugang ausländischer Verwalter** erleichtern soll.[3] Zweck der **UNCITRAL**-Modellbestimmungen ist ausweislich der Präambel, wirksame Mechanismen für die Abwicklung von Fällen **grenzüberschreitender Insolvenz** zu schaffen, um dabei die folgenden Ziele zu fördern:
- **Zusammenarbeit** zwischen den **Gerichten** und anderen zuständigen Stellen dieses Staates und ausländischer Staaten, die an Fällen grenzüberschreitender Insolvenz beteiligt sind;
- größere **Rechtssicherheit** für Handel und Investitionen;
- **gerechte und wirksame Abwicklung** grenzüberschreitender Insolvenzen, welche die Interessen aller Gläubiger und anderer interessierter Personen, einschließlich des Schuldners, schützt;
- **Schutz und bestmögliche Verwertung** des schuldnerischen Vermögens;
- **Erleichterung der Rettung von Unternehmen**, die sich in finanziellen Schwierigkeiten befinden, und dadurch **Schutz von Investitionen** und **Erhaltung von Arbeitsplätzen.**

4 Gem. Art. 2 Buchst. a) **UNCITRAL**-Modellgesetz bedeutet »**ausländisches Verfahren**« ein in dem ausländischen Staat auf der Grundlage insolvenzrechtlicher Vorschriften stattfindendes kollektives Gerichts- oder Verwaltungsverfahren, einschließlich vorläufiger Insolvenzverfahren, bei dem das Vermögen und die Geschäfte des Schuldners zum Zweck der Reorganisation oder Liquidation der Kontrolle oder Überwachung durch ein **ausländisches Gericht** unterworfen werden.

---

1 Vgl. MK-InsO/Reinhart, Vor §§ 335 ff. InsO Rn. 79 ff.
2 So UNCITRAL Model Law on Cross-Border Insolvency v. 15.12.1997, ZIP 1997, 2224.
3 Vgl. Ehricke, ZIP 2007, 2395, 2401.

Ein **ausländischer Verwalter** kann gem. Art. 15 Abs. 1 **UNCITRAL**-Modellgesetz bei dem Gericht die **Anerkennung des ausländischen Verfahrens** beantragen, für das er bestellt wurde. Die Einzelheiten der Anerkennung eines ausländischen Verfahrens sowie der Rechtsschutz sind in Art. 15 bis Art. 24 UNCITRAL-Modellgesetz geregelt. Nach der **Anerkennung eines ausländischen Hauptverfahrens** wird gem. Art. 20 Abs. 1 UNCITRAL-Modellgesetz die Einleitung oder die Fortsetzung von einzelnen Maßnahmen oder Verfahren betreffend das **Vermögen**, die **Rechte**, die **Verpflichtungen** oder die **Verbindlichkeiten** des Schuldners einstweilen eingestellt; die **Zwangsvollstreckung** in das Vermögen des Schuldners einstweilen eingestellt und das Recht, Vermögenswerte zu übertragen, zu belasten oder sonst darüber zu verfügen, ausgesetzt. 5

Die **Modellbestimmungen** wurden von Großbritannien (2006), Japan (2000), den Vereinigten Staaten von Amerika (2005), den britischen Jungferninseln (2005), Kolumbien (2006), Eritrea (2000), Mexico (2000), Montenegro (2002), Neuseeland (2006), Korea (2006), Rumänien (2003), Serbien (2004), Südafrika (2000) und Australien (2008) in nationales Recht übernommen.[4] Regelungen hinsichtlich der **Insolvenzanfechtung** finden sich im UNCITRAL-Mustergesetz **nicht**. 6

II. Staatsverträge

Sofern im konkreten Verfahren keine wirksame UNCITRAL-Bindung vorliegt, ist zu prüfen, ob ein **Staatsvertrag** vorliegt. 7

Multilaterale **Staatsverträge** bestehen zwischen einigen **südamerikanischen Staaten**, die sog. Verträge von Montevideo von 1889/1940 sowie der Código Bustamante von 1928.[5] Zwischen den Ländern **Skandinaviens** bestehen ebenfalls Staatsverträge.[6] Soweit **bilaterale Abkommen innerhalb Europas** bestanden, z.B. zwischen Frankreich und Belgien, Frankreich und Italien, Frankreich und Österreich etc. sind diese mit dem Inkrafttreten der Europäischen Insolvenzverordnung (EuInsVO) am 31.05.2002 **obsolet** geworden.[7] 8

Auch der zwischen der Bundesrepublik Deutschland und Österreich geschlossene **deutsch-österreichische Konkursvertrag**[8] ist durch das Inkrafttreten der EuInsVO jedenfalls überholt. 9

---

4 So FK-InsO/Wenner/Schuster, Anhang 5 nach § 358 InsO Rn. 2.

5 Vgl. MK-InsO/Reinhart, Vor §§ 335 ff. InsO Rn. 70; Trunk, Internationales Insolvenzrecht, 1998, S. 70 ff.

6 Vgl. MK-InsO/Reinhart, Vor §§ 335 ff. InsO Rn. 70; Trunk, Internationales Insolvenzrecht, S. 70 ff.

7 Vgl. zu den Harmonisierungsbestrebungen in der Europäischen Union: Bork, ZRI 2021, 873 ff.

8 Vgl. Gesetz zu dem Vertrag v. 25.05.1979 zwischen der Bundesrepublik Deutschland und der Republik Österreich auf dem Gebiet des Konkurs- und Vergleichs (Ausgleichs-Rechts) v. 04.03.1985, BGBl. II 1985, S. 410, sowie das hierzu ergangene Ausführungsgesetz zum deutsch-österreichischen Konkursvertrag v. 08.03.1985, BGBl. II 1985, S. 535; zuletzt geändert durch das Arbeitsförderungs-Reformgesetz v. 14.03.1997, BGBl. I 1997, S. 594, 709.

10 Zwischen einzelnen Mitgliedstaaten des **Deutschen Bundes** und **Schweizer Kantonen** wurden im 18. Jahrhundert konkursrechtliche **Staatsverträge** abgeschlossen, z.B. die beiden Abkommen, die die Krone Württembergs 1825/1826 und das Königreich Bayern 1834 mit verschiedenen schweizerischen Kantonen vereinbart hatten. Die Rechtsprechung[9] nimmt die Fortgeltung an, während diese in der Literatur zumindest für die Zeit nach Einführung der InsO in Zweifel gezogen wird.[10] Die Schweiz ermöglicht die Anerkennung eines ausländischen Insolvenzanfechtungsurteils nicht,[11] sodass aus Zweckmäßigkeitserwägungen sogleich bei einem dort ansässigen Anfechtungsgegner in der Schweiz Klage zu erheben ist.

III. Verordnung (EU) 2015/848 des Europäischen Parlaments und des Rates vom 20.05.2015 über Insolvenzverfahren [EuInsVO 2015]

11 Innerhalb der EU mit Ausnahme Dänemarks gilt seit dem 26.06.2017 die **Verordnung (EU) 2015/848 des Europäischen Parlaments und des Rates vom 20.05.2015 über Insolvenzverfahren (kurz: EuInsVO 2015)**, die an die Stelle der EuInsVO 2000 getreten ist.[12] Die Verordnung gilt gem. Art. 1 Abs. 1 EuInsVO 2015 für öffentliche **Gesamtverfahren**, welche die **Insolvenz** des Schuldners voraussetzen und in denen zu Zwecken der Rettung, Schuldenanpassung, Reorganisation oder Liquidation bestimmte Maßnahmen angeordnet werden.[13]

12 Für die **Eröffnung des Insolvenzverfahrens** sind gem. Art. 3 Abs. 1 Unterabs. 1 Satz 1 EuInsVO 2015 die Gerichte des Mitgliedstaates zuständig, in dessen Gebiet der Schuldner den **Mittelpunkt seiner hauptsächlichen Interessen** hat. Bei Gesellschaften und juristischen Personen wird bis zum Beweis des Gegenteils vermutet, dass der Mittelpunkt ihrer hauptsächlichen Interessen der **Ort des satzungsmäßigen Sitzes** ist. Hat der Schuldner den **Mittelpunkt seiner hauptsächlichen Interessen** im Gebiet eines Mitgliedstaates, so sind gem. Art. 3 Abs. 2 Satz 1 EuInsVO 2015 die Gerichte des anderen Mitgliedstaates nur dann zur Eröffnung eines Insolvenzverfahrens befugt, wenn der Schuldner eine Niederlassung im Gebiet dieses anderen Mitgliedstaates hat.

13 Soweit die Verordnung nichts anderes bestimmt, gilt gem. Art. 7 Abs. 1 EuInsVO 2015 für das Insolvenzverfahren und seine Wirkungen das **Insolvenzrecht** des Mitgliedstaates, in dem das Verfahren eröffnet wird, auch als »**Staat der Verfahrenseröffnung**« benannt.

---

9 Vgl. OLG München, KTS 1982, 313; Schweizerisches Bundesgericht, BGE 104 III 71; BGE 109 III 83; BGE 131 III 448, 450; BG, ZInsO 2007, 608.

10 So MK-InsO/Reinhart, Vor §§ 335 ff. InsO Rn. 73.

11 So Cranshaw, ZInsO 2012, 1237, 1244; Cranshaw, JurisPR-InsR 19/2012 Anm. 1.

12 Vgl. zur Entstehungsgeschichte: Mankowski/Müller/Schmidt, Einl EuInsVO Rn. 6 ff.

13 Vor Inkrafttreten der Vorschriften über das internationale Insolvenzrecht bestimmten sich die insolvenzrechtlichen Wirkungen der Abtretung und ihrer Anfechtbarkeit nach dem Konkursstatut, so BGH, 20.12.2012 – IX ZR 130/10, ZIP 2013, 374 ff. = DB 2013, 567 ff.; BGH, 30.04.1992 – IX ZR 233/90, BGHZ 118, 151 ff. = NJW 1992, 2026 ff.

Gem. Art. 7 Abs. 2 Buchst. m) EuInsVO 2015 regelt das Recht des Staates der Verfahrenseröffnung, welche **Rechtshandlungen nichtig, anfechtbar** oder **relativ unwirksam** sind, weil sie die **Gesamtheit der Gläubiger benachteiligen.** 14

Die **Nichtigkeit, Anfechtbarkeit** oder **relative Unwirksamkeit** einer Rechtshandlung, die die Gesamtheit der Gläubiger benachteiligt, richtet sich somit nach der **lex fori concursus.** Die Vorschrift ist eher offen formuliert, da in den Mitgliedstaaten durchaus unterschiedliche Rechtsinstitute vorhanden sind, die gläubigerbenachteiligende Rechtshandlungen neutralisieren können.[14] 15

Tatbestandsvoraussetzung ist aber die **Benachteiligung** der »Gesamtheit der Gläubiger«, sodass z.B. die Unwirksamkeit wegen **Sittenwidrigkeit** nach § 138 **BGB** nicht unter Art. 7 Abs. 2 Buchst. m) EuInsVO 2015 zu fassen ist.[15] Für die Eröffnung von Insolvenzverfahren und die damit einhergehende Verwirklichung des gesetzlichen Zwecks des Insolvenzverfahrens, nämlich der **Gläubigerbefriedigung**, der **Marktbereinigung** und der **Herstellung der Ordnung**[16] ist die Insolvenzanfechtung von erheblicher Bedeutung,[17] da bei der Prüfung der Verfahrenskostendeckung auch Insolvenzanfechtungsansprüche berücksichtigt werden können. Das Insolvenzgericht hat bei der Entscheidung über die Eröffnung des Insolvenzverfahrens i.R.d. Prüfung, ob eine die Verfahrenskosten deckende Masse vorhanden ist, auch zu entscheiden, ob Forderungen aus Insolvenzanfechtung in Betracht kommen und aufgrund ihrer Realisierbarkeit zur Masse gerechnet werden können.[18] 16

B. Bestimmung des anwendbaren Rechts und des zuständigen Gerichts

I. Bestimmung des anwendbaren Rechts

Bei der **Bestimmung des anwendbaren Rechts** ist zwischen Sachverhalten **innerhalb** der EU und Sachverhalten **außerhalb der EU** zu unterscheiden. Grds. gilt das **Territorialitätsprinzip,**[19] sofern sich nicht aus anderen Normen, z.B. der **EuInsVO,** etwas anderes ergibt. 17

1. Bestimmung des anwendbaren Rechts innerhalb der EU

Sofern die EuInsVO im **Staat der Verfahrenseröffnung** anwendbar ist, ergibt sich aus dieser das maßgebliche Recht. Gem. Art. 7 Abs. 2 Buchst. m) EuInsVO 2015 18

14 Vgl. MK-InsO/Reinhart, Art. 4 EuInsVO 2000 Rn. 45 zur wortgleichen Vorgängervorschrift.
15 Vgl. MK-InsO/Reinhart, Art. 4 EuInsVO 2000 Rn. 41 zur wortgleichen Vorgängervorschrift.
16 Vgl. Schmittmann/Theurich/Brune, Das insolvenzrechtliche Mandat, § 4 Rn. 126 ff.
17 Vgl. Schmittmann, InsbürO 2009, 434.
18 So OLG Hamm, 02.11.2004 – 2 W 44/04, ZInsO 2005, 217 f. = ZIP 2005, 361 f. = KTS 2006, 157 ff. m. Anm. Träger.
19 Vgl. im Verhältnis zur Schweiz: BGH, 27.05.1993 – IX ZR 254/92, BGHZ 122, 373 ff. = ZIP 1993, 1094 ff.; RG, 21.10.1920 – VI 271/20, RGZ 100, 241 ff.; RG, 13.03.1929 – I 331/28, LZ 1929, 1274.

regelt das Recht des Staates der Verfahrenseröffnung,[20] welche **Rechtshandlungen anfechtbar** sind.[21] Ist der Insolvenzanfechtungsanspruch abgetreten worden, so ist der Gerichtsstand nach Art. 2, 60 EuGVVO zu bestimmen.[22] Auch eine **Gläubigeranfechtungsklage**, mit der der Inhaber einer auf einem Vertrag beruhenden Forderung in einer Situation wie der im Ausgangsverfahren in Rede stehenden beantragt, ihm gegenüber eine für seine Ansprüche angeblich nachteilige Handlung für unwirksam zu erklären, mit der sein Schuldner ein Rechtsgut an einen Dritten übertragen hat, fällt unter die in Art. 7 Nr. 1 Buchst. a) der Verordnung (EU) Nr. 1215/2012 des Europäischen Parlaments und des Rates vom 12.12.2012 über die gerichtliche Zuständigkeit und die Anerkennung und Vollstreckung in Zivil- und Handelssachen vorgesehene Regelung der internationalen Zuständigkeit.[23] Auf Vorlage des BGH liegt dem EuGH derzeit folgende Frage vor:[24]

> »Sind Art. 13 der Verordnung (EG) Nr. 1346/2000 des Rates vom 29. Mai 2000 über Insolvenzverfahren (ABl. L 160 S. 1) und Art. 12 Abs. 1 Buchstabe b der Verordnung (EG) Nr. 593/2008 des Europäischen Parlaments und des Rates vom 17. Juni 2008 über das auf vertragliche Schuldverhältnisse anzuwendende Recht (»Rom I«; ABl. L 177 S. 6) dahin auszulegen, dass das nach der zuletzt genannten Verordnung auf einen Vertrag anzuwendende Recht auch für die Zahlung maßgebend ist, die ein Dritter zur Erfüllung der vertraglichen Zahlungsverpflichtung einer Vertragspartei leistet?«

Der EuGH hat geantwortet:

Art. 13 VO (EG) Nr. 1346/2000 des Rates vom 29.05.2000 über Insolvenzverfahren und Art. 12 Abs. 1 Buchst. b VO (EG) Nr. 593/2008 des Europäischen Parlaments und des Rates vom 17.06.2008 über das auf vertragliche Schuldverhältnisse anzuwendende Recht (Rom I) sind dahin auszulegen, dass das nach der letztgenannten Verordnung auf einen **Vertrag** anzuwendende Recht auch für die Zahlung maßgeblich ist, die ein Dritter zur Erfüllung der vertraglichen Zahlungsverpflichtung einer Vertragspartei leistet, wenn diese **Zahlung** im Rahmen eines Insolvenzverfahrens als Handlung, die die Gesamtheit der Gläubiger benachteiligt, angefochten wird.[25]

---

20 Bei der Gläubigeranfechtung nach dem AnfG ist diese Regelung nicht anwendbar. Daher kommt es bei Sachverhalten mit Auslandsberührung für die Anfechtbarkeit einer Rechtshandlung maßgeblich auf das Recht an, dem die Wirkungen der Rechtshandlung unterliegen, so OLG Düsseldorf, 08.07.2010 – I-12 U 87/08, ZInsO 2010, 1934, 1936.

21 So OLG Koblenz, 10.12.2010 – 8 U 1112/09, NZI 2011, 448, 449.

22 So EuGH, 19.04.2012 – Rs. C-213/10, NZI 2012, 469 ff. = ZInsO 2012, 1039 ff.; Cranshaw, ZInsO 2012, 1237 ff.; vgl. dazu Paulus, Internationales Anfechtungsrecht, Rn. 39.

23 So EuGH, 04.10.2018 – C-337/17, RIW 2018, 760 ff. = ZIP 2019, 142 ff.= NZI 2019, 134 ff. = EWiR 2018, 701 f. [Mankowski]; vgl. dazu: Lutzki, RIW 2019, 252 ff.

24 S. BGH, 23.01.2020 – IX ZR 94/19, ZRI 2020, 119 ff. = NZI 2020, 534 ff. mit Anm. Thole = EWiR 2020, 147 f. [Bork].

25 So EuGH, 22.04.2021 – Rs. C-73/20, ZRI 2021, 453 ff. = RIW 2021, 418 ff. mit Anm. Paulus. Folgeentscheidung: BGH, 29.07.2021 – IX ZR 94/19, ZRI 2021, 761 ff. = NZI 2021, 990 ff. mit Anm. Thole.

Zudem hat der BGH dem EuGH zum Konflikt von EU-weiter Anerkennung mitgliedstaatlicher Insolvenzverfahren und klassischer **Staatenimmunität** folgende Frage vorgelegt:

Ist Art. 6 Abs. 1 VO (EU) 2015/848 des Europäischen Parlaments und des Rates vom 20.05.2015 über Insolvenzverfahren dahingehend auszulegen, dass er in Ansehung der Anerkennung ausländischer Insolvenzverfahren einen konkludenten **Verzicht** der Mitgliedstaaten der Europäischen Union auf den Grundsatz der Staatenimmunität für Klagen enthält, mit denen der Insolvenzverwalter nach Maßgabe des anwendbaren Insolvenzrechts geltend macht, Rechtshandlungen gegenüber einem Mitgliedstaat seien anfechtbar, weil sie die Gesamtheit der Gläubiger benachteiligen?[26]

▶ Beispiele:

(a) Das AG – Insolvenzgericht – Essen eröffnet über das Vermögen der X S.A. (Aktiengesellschaft französischen Rechts) das Insolvenzverfahren, da sich hier der Mittelpunkt der hauptsächlichen Interessen der Schuldnerin befindet (vgl. Art. 3 Abs. 1 EuInsVO 2015). Die Insolvenzanfechtung richtet sich somit nach §§ 129 ff. InsO. 19

(b) Das Tribunale Bolzano/Landesgericht Bozen eröffnet das Insolvenzverfahren über das Vermögen der dort ansässigen Reifen R GmbH (deutschen Rechts), da diese dort den Mittelpunkt ihrer hauptsächlichen Interessen hat. Das Insolvenzanfechtungsrecht folgt Art. 166 Codice della Crisi d'impresa e dell'insolvenza (CCII; decreto legislativo 12 gennaio 2019, nr. 14; früher: Art. 67 Legge Fallimentare [Disciplina del fallimento, del concordato preventivo e della liquidazione coatta amministrativa – Regio Decreto 16 marzo 1942, n. 267, nel testo in vogore dal 16 luglio 2006]).

2. Bestimmung des anwendbaren Rechts außerhalb der EU

In der Praxis tauchen immer mehr Rechtsträger auf, die nicht ihren **Sitz außerhalb der EU** haben. Dies kann zum einen innerhalb Europas sein, z.B. in der Schweiz oder in Liechtenstein; aber auch in Übersee, z.B. in Singapur oder auf den Cayman Islands. 20

▶ Beispiel:

Der in Essen wohnhafte spätere Schuldner S überträgt im Jahr 2020 sein unbelastetes Wertpapierdepot auf eine Stiftung mit Sitz im Fürstentum Liechtenstein. Im Jahr 2022 eröffnet das AG – Insolvenzgericht – Essen über sein Vermögen das Insolvenzverfahren. Der Insolvenzverwalter möchte die Übertragung an die Stiftung als unentgeltliche Leistung des Schuldners gem. § 134 Abs. 1 InsO anfechten. 21

26 So BGH, 16.01.2025 – IX ZR 60/24, ZRI 2025, 191 ff. = NZI 2025, 326 ff.; vgl. dazu: Baumert, NZI 2025, 301 ff.; Holze/Schmittmann, ZRI 2025, 278 ff.

22 Das **deutsche Insolvenzrecht** geht in § 339 InsO davon aus, dass eine Rechtshandlung angefochten werden kann, wenn die Voraussetzungen der Insolvenzanfechtung nach dem **Recht des Staats der Verfahrenseröffnung** erfüllt sind[27], es sei denn, der Anfechtungsgegner weist nach (»Einrede«),[28] dass für die Rechtshandlung das **Recht eines anderen Staats** maßgebend und die Rechtshandlung nach diesem Recht **in keiner Weise angreifbar** ist.[29]

23 Im vorliegenden Fall ist daher zu prüfen, ob (1. Schritt) das Recht des Fürstentums Liechtenstein anwendbar ist und (2. Schritt) nach liechtensteinischem Recht die **Vermögensverfügung** in keiner Weise **angreifbar** ist.[30]

24 Das maßgebliche Gesetz v. 19.09.1996 über das internationale Privatrecht (IPRG, LGBl. 1996, 290 ff.) enthält keine Vorschriften über Insolvenz- oder Anfechtungsrecht. Es bleibt also bei der **Zuweisung** zum deutschen Recht.

25 Selbst wenn liechtensteinisches Recht anwendbar wäre, so kommt man nicht zu einem anderen Ergebnis. Nach dem Gesetz v. 17.07.1973 über das Konkursverfahren (KO; LGBl. 1973, Nr. 45/2; zuletzt geändert durch Gesetz vom 9. November 2018, LGBl. 2018, Nr. 282) könnte nämlich auch nach liechtensteinischem Recht, Art. 70 Abs. 1 IO i.V.m. Art. 65 RSO (**Rechtssicherungs-Ordnung** v. 09.02.1923; zuletzt geändert durch Gesetz vom 30. September 2020, LGBl. 2020, Nr. 372) angefochten werden. Danach sind **unentgeltliche Verfügungen** zwar nur innerhalb eines Jahres vor der Bewilligung der Zwangsvollstreckung anfechtbar (Art. 65 Abs. 1 Buchst. a) RSO), aber nicht der Anfechtung völlig entzogen.

II. Bestimmung des zuständigen Gerichts

26 Damit ist allerdings noch nicht geklärt, bei welchem **Gericht** eine **Insolvenzanfechtungsklage** anzubringen ist. Die Bestimmung des zuständigen Gerichts erfolgt nach den **allgemeinen Vorschriften**,[31] wobei die Einzelheiten streitig sind.[32] Innerhalb des Geltungsbereichs der EuInsVO regelt Art. 6 Abs. 1 EuInsVO 2015 ausdrücklich, dass für Insolvenzanfechtungsklagen die Gerichte des eröffnenden Mitgliedstaats zuständig sind.

27 In **Deutschland** ist grds. das Gericht für den Anfechtungsrechtsstreit zuständig, an dem der **Anfechtungsgegner** seinen Sitz hat. Die Anfechtungsansprüche gehören als **bürgerliche Rechtsstreitigkeiten** vor die ordentlichen Gerichte.[33] Eine Zuständigkeit

27 S. Gehrlein/Thole, Aktuelle Probleme der Insolvenzanfechtung, Rn. 1490 ff.

28 So Cranshaw, JurisPR-InsR 19/2012 Anm. 1.

29 Vgl. dazu sehr krit.: Zeeck, ZInsO 2005, 281 ff.

30 Vgl. allgemein zur Prüfung: MK-InsO/Reinhart, § 339 InsO Rn. 5 ff.

31 Vgl. Stoecker/Zschaler, NZI 2010, 757 ff.

32 Vgl. MK-InsO/Reinhart, § 339 InsO Rn. 17.

33 So zuletzt BGH, 02.06.2005 – IX ZB 235/04, ZInsO 2005, 707 Rn. 9; HWF/Schmittmann/Zeeck, § 129 InsO Rn. 12; vgl. zur Anfechtung ggü. Arbeitnehmern des Schuldners: Kap. 4 Rdn. 1 ff.

der Insolvenzgerichte aufgrund einer »vis attractiva concursus« ist dem deutschen Recht fremd.[34]

Die **Kammer für Handelssachen** ist für eine insolvenzanfechtungsrechtliche Klage zuständig, wenn das zu Grunde liegende Rechtsgeschäft **Handelsgeschäft** war. Dabei kommt es lediglich auf die Kaufmannseigenschaft der ursprünglichen Beteiligten, nicht des Insolvenzverwalters an.[35] 28

In der Schweiz[36] ist gem. Art. 289 Satz 1 SchKG grds. der **Wohnsitz des Anfechtungsgegners** (Beklagten) maßgeblich. Hat dieser keinen Wohnsitz in der Schweiz, kann die Klage am Ort der Pfändung oder des Konkurses eingereicht werden. 29

In Italien ist ab dem 1. September 2021 der Codice della Crisi d'impresa e dell'insolvenza (CCII; decreto legislativo 12 gennaio 2019, nr. 14) anwendbar, der an die Stelle des Legge fallimentare getreten ist.[37] In Italien[38] ist gem. Art. 165 Abs. 2 CCII (früher: Art. 66 Abs. 2 LF) die Klage stets beim **Konkursgericht** einzubringen.[39] Es handelt sich um eine zweckmäßige Regelung, an der der deutsche Gesetzgeber sich ein Beispiel nehmen sollte, da beim Konkursgericht nicht nur besonderer **Sachverstand** hinsichtlich des Insolvenzrechts gegeben ist, sondern auch eine einheitliche Beurteilung des Zeitpunkts des Eintritts der (drohenden) Zahlungsunfähigkeit angenommen werden darf. Dies dient der **Rechtssicherheit** und darüber hinaus auch der **Effektivität** der Durchsetzung der Ansprüche, da lediglich einmal der Zeitpunkt der Anknüpfung ermittelt werden muss. Auch in **Österreich** bestimmt das nationale Insolvenzrecht in § 43 Abs. 5 IO (Österreich) eine Zuständigkeit des Insolvenzgerichts, sofern der Insolvenzverwalter nicht in einen anhängigen Rechtsstreit eintritt (§ 39 Abs. 3 IO). 30

Weiterhin stellt sich die Frage, welches Gericht für den Anfechtungsrechtsstreit zuständig ist, wenn der **Staat der Verfahrenseröffnung** und der **Sitzstaat des Anfechtungsgegners** nicht identisch sind. 31

Der BGH hat dem EuGH die Frage vorgelegt, ob sich die **internationale Zuständigkeit** der deutschen Gerichte aus Art. 3 Abs. 1 EuInsVO 2000 ergebe.[40] Der EuGH hat für Recht erkannt, dass Art. 3 Abs. 1 EuInsVO 2000 dahin auszulegen ist, dass die 32

34 S. OLG Frankfurt am Main, 17.12.2012 – 1 U 17/11, ZIP 2013, 277, 281.

35 So LG Duisburg, 09.03.2016 – 8 O 382/15, ZIP 2016, 2139 f. = ZVI 2016, 449 f. = ZInsO 2016, 1812 f.; LG Dortmund, 20.03.2015 – 4 O 374/14, NZI 2015, 894 f. mit abl. Anm. Beumling; LG Osnabrück, 24.07.2014 – 3 O 1497/14, BeckRS 2014, 15827; OLG München I, 29.06.1999 – 10 O 5741/99, n.v.; a.A. OLG Hamburg, 12.07.2017 – 6 AR 14/17, ZVI 2018, 418 f. = ZInsO 2018, 1472 ff.; überholt: RG, 23.05.1919 – II 376/18, RGZ, 96, 53, 57.

36 Vgl. Martini, DZWIR 2009, 56 ff.

37 S. Kindler, Einführung, § 6 Rn. 27.

38 Vgl. Costa, ZInsO 2006, 1071, 1076 ff.; Correnti/Schulte-Frohlinde, ZInsO 2006, 1020, 1026; Sangiovanni, ZInsO 2008, 298, 302 ff.

39 Vgl. Pajardi/Colesanti, Codice del fallimento, Art. 66 Rn. 3; Tribunale Milano v. 12.03.1998, Fallimento 1986, 1384.

40 So BGH, 21.06.2007 – IX ZR 39/06, ZInsO 2007, 770.

Gerichte des Mitgliedstaates, in dessen Gebiet das Insolvenzverfahren eröffnet worden ist, für eine Insolvenzanfechtungsklage gegen einen Anfechtungsgegner, der seinen **satzungsmäßigen Sitz** in einem anderen Mitgliedstaat hat, zuständig sind.[41] In der Folge hat der BGH entschieden, dass Art. 3 Abs. 1 EuInsVO 2000 dahin auszulegen ist, dass die **Gerichte des Mitgliedstaates**, in dessen **Gebiet das Insolvenzverfahren eröffnet** worden ist, für eine Insolvenzanfechtungsklage gegen einen Anfechtungsgegner zuständig sind, der seinen satzungsmäßigen Sitz in einem anderen Mitgliedstaat hat.[42] Aus Art. 6 Abs. 1 EuInsVO 2015 ergibt sich ausdrücklich die Zuständigkeit der Gerichte des Eröffnungsstaates.[43]

33 Damit ist allerdings noch nicht die Frage geklärt, **welches Gericht** in Deutschland für die Anfechtungsklage zuständig ist, falls der zu verklagende Anfechtungsgegner über einen **deutschen Gerichtsstand** verfügt. Die EuInsVO regelt lediglich die internationale Zuständigkeit, nicht aber die örtliche und sachliche Zuständigkeit. Damit wird sichergestellt, dass nicht zwingend die Insolvenzgerichte zuständig sein müssen.[44]

34 Sind die deutschen **Gerichte** für eine Insolvenzanfechtungsklage nach europäischem Recht international zuständig, ohne dass nach den allgemeinen deutschen Gerichtsstandbestimmungen eine **örtliche Zuständigkeit** begründet wäre, ist das sachlich zuständige Streitgericht für den **Sitz des eröffnenden Insolvenzgerichts** ausschließlich zuständig.[45] Zur Begründung führt der BGH aus, dass dieser Gerichtsstand erforderlich ist, um die in Deutschland eröffneten Insolvenzverfahren effektiv abwickeln zu können. Nur auf diese Weise könne dem verfassungsrechtlich garantierten **Justizgewährungsanspruch** der am Insolvenzverfahren Beteiligten, insb. des Verwalters und der Insolvenz- und Massegläubiger, Rechnung getragen werden.

35 Aus einer analogen Anwendung von § 19a ZPO i.V.m. § 3 InsO, Art. 102 § 1 EGInsO ergibt sich für diese Fälle der **Gerichtsstand** des sachlich zuständigen **Gerichts** am Ort des für das Verfahren **zuständigen Insolvenzgerichts.** Dies gilt auch, wenn der Anfechtungsgegner seinen Sitz z.B. auf Jersey hat.[46] Dies gilt allerdings nicht, wenn es sich bei der Schuldnerin um ein Kreditinstitut handelt, da dann weder die EuInsVO noch die EuGVVO anwendbar sind.[47]

41 So EuGH, 12.02.2009 – C-339/07, ZInsO 2009, 493 ff.; vgl. Gehrlein/Thole, Aktuelle Probleme der Insolvenzanfechtung, Rn. 1497; Schmittmann/Theurich/Brune, Das insolvenzrechtliche Mandat, § 10 Rn. 12.

42 So BGH, 19.05.2009 – IX ZR 39/06, ZInsO 2009, 1270 ff. = NZI 2009, 532 ff. Rn. 7 m. Anm. Mock; vgl. Schmittmann, InsbürO 2009, 434; ebenso OLG Naumburg, 06.10.2010 – 5 U 73/10, ZInsO 2010, 2325, 2327.

43 S. Mankowski/Müller/Schmidt, Art. 6 EuInsVO 2015 Rn. 11.

44 S. Mankowski/Müller/Schmidt, Art. 6 EuInsVO 2015 Rn. 30.

45 So BGH, 19.05.2009 – IX ZR 39/06, ZInsO 2009, 1270 ff. = NZI 2009, 532 ff. Rn. 19 m. Anm. Mock; vgl. Schmittmann, InsbürO 2009, 434.

46 So OLG Frankfurt am Main, 18.06.2012 – 10 W 27/12, ZInsO 2013, 350 ff.; vgl. dazu: Hübler, NZI 2012, 996, 999.

47 So OLG Frankfurt am Main, 17.12.2012 – 1 U 17/11, ZIP 2013, 277, 278 – Lehman [Gegenstandswert 1.000.065.347,22 US $].

Nach Auffassung des BGH bringen beide Bestimmungen zum Ausdruck, dass hierfür der sich daraus ergebende Gesichtspunkt des **Sachzusammenhangs** maßgebend sein soll. Da Anfechtungsklagen ein bereits eröffnetes Insolvenzverfahren voraussetzen, sei es demgemäß geboten, dass die sachlich zuständigen **Gerichte** für den Ort, an dem das zuständige Insolvenzgericht seinen Sitz hat, für Anfechtungsklagen hilfsweise ausschließlich örtlich zuständig sind. 36

Das OLG Saarbrücken wendet die Rechtsprechung des EuGH auch auf Anfechtungsklagen gegen **natürliche Personen** an. Zur Begründung führt das Gericht an, dass die EuInsVO unabhängig davon gelte, ob es sich beim Schuldner um eine natürliche oder juristische Person, einen Kaufmann oder eine Privatperson handele.[48] Im konkreten Sachverhalt konnte allerdings eine **örtliche Zuständigkeit** des LG Saarbrücken auch daraus abgeleitet werden, dass der Anfechtungsgegner dort seinen Arbeitsort hatte, sodass er aufgrund der konkreten Umstände des Einzelfalls dort Vermögen i.S.v. § 23 ZPO hatte. I.Ü. war aufgrund der **Staatsangehörigkeit** des Anfechtungsgegners ein hinreichender **Inlandsbezug** gegeben. 37

Hat der **Anfechtungsgegner** seinen Sitz **außerhalb der EU**, so ist die Rechtsprechung des EuGH, wonach Art. 3 Abs. 1 EuInsVO 2000 dahin auszulegen ist, dass die Gerichte des Mitgliedstaates, in dessen Gebiet das Insolvenzverfahren eröffnet worden ist, für eine Insolvenzanfechtungsklage gegen einen Anfechtungsgegner, der seinen **satzungsmäßigen Sitz** in einem anderen Mitgliedstaat hat, zuständig sind, nicht anwendbar. Es bleibt somit bei der Zuständigkeit des Gerichts, in dessen Bezirk der Beklagte seinen Sitz hat. Dies ist nach dem dortigen **nationalen Recht** zu ermitteln.[49] 38

Die Gerichte des Mitgliedstaats, in dessen Gebiet das Insolvenzverfahren eröffnet worden ist, sind auch dann für eine **Insolvenzanfechtungsklage** gegen einen Anfechtungsgegner zuständig, wenn dieser seinen Wohnsitz nicht im Gebiet eines Mitgliedstaats hat.[50] 39

C. Anknüpfung der Insolvenzanfechtung

I. Vorüberlegungen

Jede Insolvenzanfechtung benötigt zunächst einen Sachverhalt als **Anknüpfungstatbestand.** Die Anknüpfung kann grds. an jeden **materiellen Insolvenzgrund** erfolgen, also an die **drohende Zahlungsunfähigkeit**, die **Zahlungsunfähigkeit** und die **Überschuldung.** Darüber hinaus sind auch weitere Anknüpfungen denkbar, z.B. Maßnahmen der **Zwangsvollstreckung.** 40

48 So OLG Saarbrücken, 09.04.2009 – 4 W 134/09, EuZW 2009, 710 f.; Vorinstanz: LG Saarbrücken, 12.02.2009 – 16 O 207/08.

49 So Schmittmann, InsbürO 2009, 434, 436.

50 S. BGH, 27.03.2014 – IX ZR 2/12, ZIP 2014, 1132 ff.; EuGH, 16.01.2014 – Rs. C-328/12, ZIP 2014, 181 ff.; BGH, 21.06.2012 – IX ZR 2/12, ZIP 2012, 1467 f. = JurisPR-InsR 19/2012 Anm. 1 (Cranshaw); vgl. Paulus, Internationales Anfechtungsrecht, Rn. 46.

41 Das deutsche Insolvenzanfechtungsrecht knüpft grds. an das Tatbestandsmerkmal der **Zahlungsunfähigkeit** an. Gem. § 133 Abs. 1 Satz 2 InsO kann es aber, es sei denn, es liegt eine **Deckungshandlung** (§ 133 Abs. 3 Satz 1 InsO n.F.) vor, auch auf die **drohende Zahlungsunfähigkeit** ankommen. Weiterhin sind die Anfechtungstatbestände zu berücksichtigen, die allein auf einen **suspekten Zeitraum vor Antragstellung** anknüpfen, z.B. § 134 InsO bei der Anfechtung unentgeltlicher Leistungen.

II. Drohende Zahlungsunfähigkeit

42 Das deutsche Anfechtungsrecht knüpft lediglich in § 133 Abs. 1 Satz 2 InsO n.F. an die **drohende Zahlungsunfähigkeit** an (s. im Einzelnen: Kap. 3 § 18 InsO und § 133 InsO). Der Anfechtungsgegner weiß von der drohenden Zahlungsunfähigkeit, wenn er die Tatsachen kennt, die den Schluss darauf zulassen, dass der Schuldner voraussichtlich die bestehenden Zahlungspflichten bei Fälligkeit nicht erfüllen kann.[51] Dies ist z.B. der Fall, wenn der Anfechtungsgegner weiß, dass der Schuldner nicht einmal in der Lage ist, verhältnismäßig geringe, für die Existenz des Betriebes aber **notwendige Betriebskosten** oder **Sozialversicherungsbeiträge** zu bezahlen.[52]

43 Nach der Rechtsprechung des BGH kann eine **drohende Zahlungsunfähigkeit** insb. daraus geschlossen werden, dass der Schuldner selbst zur Begleichung der für die Existenz des Betriebes **notwendigen Betriebskosten** wie **Sozialversicherungsbeiträge**, die i.d.R. nicht gestundet werden können, nicht mehr in der Lage gewesen ist. Darüber hinaus liege auch für die Gläubiger auf der Hand, dass bei einem gewerblich tätigen Schuldner die Sozialversicherungsverbindlichkeiten nicht die einzigen Verbindlichkeiten sind, denen der Schuldner ausgesetzt ist.[53]

III. Zahlungsunfähigkeit

44 International üblich und weit vorherrschend ist die Anknüpfung der Insolvenzanfechtung an die **Zahlungsunfähigkeit**. Das deutsche Insolvenzanfechtungsrecht knüpft i.d.R. an die Zahlungsunfähigkeit an, z.B. in § 130 InsO, § 131 InsO und § 132 InsO (s. im Einzelnen: Kap. 3 § 17 InsO und §§ 130, 131 und 133 InsO).

---

51 Die subjektiven Voraussetzungen der Vorsatzanfechtung können auch dann unter dem Gesichtspunkt der erkannten drohenden Zahlungsunfähigkeit des Schuldners zu bejahen sein, wenn der Schuldner im Zeitpunkt der angefochtenen Handlung noch uneingeschränkt zahlungsfähig ist, aber bereits feststeht, dass Fördermittel, von denen eine kostendeckende Geschäftstätigkeit abhängt, alsbald nicht mehr gewährt werden (so BGH, 21.01.2016 – IX ZR 84/13, ZIP 2016, 374 ff. = WM 2016, 366 ff. = NZI 2016, 355 ff. mit Anm. Müller = ZInsO 2016, 448 ff.; vgl. dazu: Bograkos/Schulte-Kaubrügger, Vorsatzanfechtung möglich, wenn trotz Zahlungsunfähigkeit demnächst die drohende Zahlungsunfähigkeit eintritt, ZInsO 2016, 1050 ff.).

52 Vgl. OLG Stuttgart, 11.11.2003 – 12 U 125/03, ZIP 2004, 129, 131 = ZInsO 2004, 752, 754.

53 So BGH, 27.05.2003 – IX ZR 169/02, BGHZ 155, 75 ff. = ZInsO 2003, 764 ff. = KTS 2003, 623 ff. Rn. 24.

Auch das Insolvenzanfechtungsrecht in **Italien**[54] knüpft hauptsächlich an die **Zahlungsunfähigkeit** an, wobei die Besonderheit gilt, dass gem. Art. 166 Abs. 1 Codice della Crisi d'impresa e dell'insolvenza (CCI; decreto legislativo 12 gennaio 2019, nr. 14)[55] die dort genannten Verfügungen angefochten werden können, es sei denn, die andere Partei beweist, dass sie von der Zahlungsunfähigkeit des Schuldners keine Kenntnis hatte (»… salvo che l'altra provi che non conosceva lo stato d'insolvenza del debitore.«). Weitere Anfechtungsausschlüsse regelt Art. 166 Abs. 3 CCII. 45

Das Insolvenzanfechtungsrecht in **Österreich**[56] knüpft z.T. an die **Zahlungsunfähigkeit** an, z.B. ist eine nach Eintritt der Zahlungsunfähigkeit oder in letzten sechzig Tagen vorher vorgenommene **Sicherstellung** oder **Befriedigung** eines Gläubigers gem. § 30 Abs. 1 IO (Österreich) unter bestimmten Voraussetzungen anfechtbar. Zugleich ist die Anfechtung gem. § 30 Abs. 2 IO ausgeschlossen, wenn die Begünstigung früher als ein Jahr vor der Verfahrenseröffnung stattgefunden hat. Bei **Kenntnis der Zahlungsunfähigkeit** kommen die Anfechtungstatbestände aus § 31 IO (Österreich) in Betracht. Zugleich ist die Anfechtung gem. § 31 Abs. 2 IO ausgeschlossen, wenn die Begünstigung früher als sechs Monate vor der Verfahrenseröffnung stattgefunden hat. 46

Das Art. XX. 111 Wirtschaftsgesetzbuch vom 28. Februar 2013 (Belgien) knüpft an die **Zahlungseinstellung** (»staking van betaling«/»cessation de paiements«) an.[57] 47

IV. Überschuldung

Für das deutsche Insolvenzanfechtungsrecht ist die **Überschuldung** irrelevant.[58] Andere Rechtssysteme kennen auch die Überschuldungsanfechtung, z.B. **Schweiz**[59] und **Liechtenstein**. 48

Gem. Art. 286 SchKG[60] (Schweiz) unterliegen der Anfechtung bestimmte Rechtshandlungen, die der Schuldner innerhalb des letzten Jahres vor der **Pfändung** oder 49

54 Vgl. Vitalone/Chimenti/Riedi, Il diritto processuale del fallimento, S. 139 ff.; Pajardi/Colesanti, Codice del fallimento, Art. 67 Rn. 1 ff.

55 S. Kindler, Einführung, § 6 Rn. 27.

56 Vgl. Dellinger/Oberhammer, Insolvenzrecht, S. 45 ff.

57 So MK-InsO/Heynickx/Goldschmidt, Anh. Länderbericht Belgien, Rn. 214.

58 Zum Teil wird auch gefordert, die Überschuldung als zwingenden Insolvenzgrund abzuschaffen: Hunkemöller/Tymann, ZInsO 2011, 712, 717. Der BGH sieht die insolvenzrechtliche Überschuldung als eigenständiges Beweisanzeichen für den Gläubigerbenachteiligungsvorsatz des Schuldners und den Vollbeweis für die Kenntnis des Anfechtungsgegners von diesem Vorsatz an. Die im Rahmen des Besteuerungsverfahrens erfolgende Übermittlung eines Jahresabschlusses, dem sich ein nicht durch Eigenkapital gedeckter Fehlbetrag entnehmen lässt, löst allerdings keine Beobachtungs- und Erkundigungsobliegenheit der Finanzverwaltung im Blick auf eine mögliche insolvenzrechtliche Überschuldung aus (so BGH, 03.03.2022 – IX ZR 53/19, ZRI 2022, 334 ff. = NZG 2022, 1120 ff. mit Anm. de Raet = ZInsO 2022, 716 ff. mit Anm. Gehrlein; vgl. dazu: Körner/Rendels, ZRI 2022, 301 ff.).

59 Vgl. Schmid, KTS 2010, 307, 310 ff.; Lorandi, BlSchK 2009, 213 ff.; Staehelin, BlSchK 1997, 81 ff.

60 Bundesgesetz über Schuldbetreibung und Konkurs vom 11.04.1889, AS 11 592 und BS 3 3.

Konkurseröffnung vorgenommen hat, wenn er zu diesem Zeitpunkt bereits **überschuldet** war.[61] Anfechtungsansprüche dürfen gem. Art. 256 Abs. 4 SchKG weder versteigert noch sonstwie veräußert werden.

50 Anfechtbar ist die **Bestellung von Sicherheiten** für bereits bestehende Verbindlichkeiten, zu deren Sicherstellung der Schuldner nicht schon früher verpflichtet war (Art. 287 Abs. 1 Nr. 1 SchKG); die **Tilgung einer Geldschuld auf andere Weise** als durch Bargeschäft oder durch anderweitige übliche Zahlungsmittel (Art. 287 Abs. 1 Nr. 2 SchKG) und die **Zahlung einer nicht verfallenden Schuld** (Art. 287 Abs. 1 Nr. 3 SchKG).

51 Die Anfechtung ist nach Art. 287 Abs. 2 SchKG ausgeschlossen, wenn der Begünstigte beweist, dass er die **Überschuldung** des Schuldners **nicht gekannt** hat und auch **nicht hätte kennen müssen.**

52 Rechtshandlungen, die vor Konkurseröffnung vorgenommen wurden und das Vermögen des Gemeinschuldners betreffen, können in **Liechtenstein** gem. Art. 70 IO nach den Bestimmungen der **Rechts-Sicherungsordnung** (RSO) angefochten und den Konkursgläubigern ggü. als unwirksam erklärt werden.

53 Gem. Art. 66 RSO (**Liechtenstein**) sind bestimmte Rechtshandlungen anfechtbar, sofern sie der Schuldner innerhalb des letzten Jahres vor der **Bewilligung der Zwangsvollstreckung** vorgenommen hat und er im Zeitpunkt der Vornahme bereits **überschuldet** war, Art. 66 Abs. 1 RSO. Die Anfechtbarkeit ist ausgeschlossen, wenn der Begünstigte beweist, dass er die Vermögenslage des Schuldners **nicht gekannt** habe, Art. 66 Abs. 2 RSO.

54 Die Anknüpfung der Anfechtung an die **Überschuldung** führt i.d.R. zu einer weiten Anfechtungsmöglichkeit, da die Überschuldung häufig der Zahlungsunfähigkeit zeitlich vorangeht. Die **Überschuldungsanfechtung** ist dient daher der **Gläubigergleichbehandlung**. Zu Recht wird in Zweifel gezogen, dass die Überschuldungsanfechtung Auswirkungen auf das Verhalten von Gläubigern hat, da dem Gläubiger außer der – freilich verzinslichen – Rückzahlungsverpflichtung weiter gehende **Sanktionen** nicht drohen.[62]

V. Antragstellung

55 Eine Insolvenzanfechtung kann auch an die **Antragstellung** unabhängig von dem Vorliegen eines Insolvenzgrundes oder im Zusammenhang mit einem anderen Insolvenzgrund angeknüpft werden.

56 Die deutschen Anfechtungsansprüche gem. § 134 InsO, § 135 InsO, § 136 InsO knüpfen an den **Antrag auf Eröffnung des Insolvenzverfahrens** an und wirken für die dort im Einzelnen genannten Zeiträume zurück, die 10 Jahre (§ 135 Abs. 1 Nr. 1

61 Vgl. Martini, DZWIR 2009, 56, 58.
62 So auch Schmid, KTS 2010, 307, 325.

InsO), vier Jahre (§ 134 Abs. 1 InsO) oder ein Jahr (§ 135 Abs. 1 Nr. 2 InsO, § 136 Abs. 1 InsO) betragen können.

Darüber hinaus kann es auf den Zeitraum **vor** dem **Antrag auf Eröffnung des Insolvenzverfahrens** ankommen, z.T. kumulativ mit der Zahlungsunfähigkeit des Schuldners und der Kenntnis des Gläubigers (§ 130 Abs. 1 InsO) oder bei der inkongruenten Deckung ohne weitere Voraussetzungen (§ 131 Abs. 1 Nr. 1 InsO) oder unter Hinzutreten weiterer Voraussetzungen (§ 131 Abs. 1 Nr. 2 und Nr. 3 InsO). Eine differenzierende Regelung sieht auch § 132 InsO vor. 57

Für den Insolvenzverwalter von besonderem Interesse sind die Fälle, in denen es **ausschließlich** auf den **Insolvenzantrag** ankommt, da durch den Verwalter dann keine weiteren Voraussetzungen nachzuweisen sind und eine Insolvenzanfechtung i.d.R. leicht durchgesetzt werden kann. 58

Auch das österreichische Anfechtungsrecht knüpft z.T. an **Zeiträume vor Antragstellung** an, z.B. an den Zeitraum der letzten sechzig Tage vor dem Antrag auf Konkurseröffnung, § 30 Abs. 1 IO (**Österreich**). In **England** sind gem. sec. 127 (1) IA sämtliche Verfügungen über das Gesellschaftsvermögen zwischen Antragstellung und Eröffnung schwebend unwirksam. Das Insolvenzgericht kann die Wirksamkeit anordnen.[63] 59

VI. Eröffnung des Insolvenzverfahrens

Auch die **Eröffnung** des Insolvenzverfahrens kann grundsätzlich Anknüpfungspunkt für die Insolvenzanfechtung sein. 60

Dem deutschen Recht ist die Anknüpfung an die **Eröffnung** des Insolvenzverfahrens fremd. Dies ist darin begründet, dass zwischen Insolvenzantragstellung und Insolvenzeröffnung oftmals ein längerer Zeitraum vergeht und die Eröffnung des Insolvenzverfahrens aus verschiedenen Gründen **verzögert** wird, was dazu führen kann, dass die Anknüpfung an die Insolvenzeröffnung zu einem Verlust von Anfechtungsrechten führt. Lediglich in § 135 Abs. 3 Satz 1 InsO existiert eine Anknüpfung an die Insolvenzeröffnung; es handelt sich hier allerdings – trotz seiner Stellung im Gesetz – nicht um einen Anfechtungstatbestand, sondern um eine **gesellschaftsrechtliche Nutzungsüberlassungsnorm** (Kap. 3 § 135 InsO). 61

Das österreichische Recht kennt Anfechtungstatbestände, die an den Zeitraum vor **Insolvenzeröffnung** anknüpfen, z.B. an den Zeitraum der letzten 2 Jahre vor Konkurseröffnung (§ 29 IO [**Österreich**]) oder im Rahmen eines Reorganisationsverfahrens gem. § 18 URG.[64] Die Anfechtung nach § 28 Nr. 1 und Nr. 2 IO (Österreich), die mit der Vorsatzanfechtung gem. § 133 Abs. 1 InsO vergleichbar ist, betrifft Sachverhalte, die zehn Jahr vor der Eröffnung des Insolvenzverfahrens erfolgt sind.[65] 62

63 S. Steffek, KTS 2007, 451, 454.
64 Vgl. Buchegger in: Cranshaw/Hinkel, Praxiskommentar zum Anfechtungsrecht, Rn. 124.
65 Vgl. umfassend: Ganter, NZI 2016, 153, 154.

63 Davon zu unterscheiden ist die **Rückschlagsperre** nach § 12 IO (Österreich), wonach die in den letzten 60 Tagen vor der Insolvenzeröffnung begründeten exekutiven, also durch **Zwangsvollstreckung** erlangten, Pfandrechte ohne Weiteres erlöschen.[66] In Deutschland knüpft die **Rückschlagsperre** indes an den Antrag auf Eröffnung des Insolvenzverfahrens an, sodass es auf die Dauer des Antragsverfahrens nicht ankommt, während ein langandauerndes Antragsverfahren in Österreich die Stellung des Pfändungsgläubigers verbessert.

64 In der **Schweiz** knüpfen sämtliche Anfechtungstatbestände nach Art. 286 – 288 SchKG an die **Eröffnung** des Konkursverfahrens an.[67]

65 In **Italien** wird die Insolvenzanfechtung bei unentgeltlichen Verfügungen an den Zeitraum von zwei Jahren vor der **Konkurseröffnung** angeknüpft (Art. 163 CCII; früher Art. 64 LF). Auch bei den entgeltlichen Verfügungen kann es auf die Konkurseröffnung, z.T. i.V.m. der **Zahlungsunfähigkeit** des Schuldners, ankommen (Art. 164 CCII; früher Art. 67 LF).

VII. Bewilligung der Zwangsvollstreckung

66 Das **liechtensteinische** Recht knüpft an die **Bewilligung der Zwangsvollstreckung** an (Art. 64 ff. RSO). So kann es insb. bei unentgeltlichen Verfügungen gem. Art. 65 Abs. 1 RSO auf den Zeitraum eines Jahres vor der Bewilligung der Zwangsvollstreckung ankommen. Weiterhin kann die **Überschuldung** kumulativ mit der Bewilligung der Zwangsvollstreckung maßgebend sein (Art. 66 Abs. 1 RSO).

VIII. Verdachtsperiode

67 Weiterhin ist die Anknüpfung an eine **Verdachtsperiode** (»nullité de certains actes pendant la période suspecte«) denkbar, die z.B. vom **französischen** Recht in Art. 622–7, 631–14 Abs. 1 und 641–3 Abs. 1 Code de Commerce vorgesehen ist. Die »période suspecte« bezeichnet den Zeitraum zwischen Eintritt der Zahlungsunfähigkeit und dem Eröffnungsurteil.[68] Dies bedeutet, dass im Umfeld von **Sanierungs- und Liquidationsverfahren** insb. unentgeltliche Verfügungsgeschäfte; Rechtsgeschäfte, in denen die Verpflichtungen des Schuldners die des Gläubigers erheblich übersteigen; Sicherungsmaßnahmen und andere Rechtshandlungen angefochten werden können, wobei allerdings noch das Tatbestandsmerkmal der Zahlungseinstellung hinzutreten muss.[69]

66 Vgl. Dellinger/Oberhammer, Insolvenzrecht, S. 45.
67 Vgl. Martini, DZWIR 2009, 56, 58.
68 So Droege/Gagnier, Französisches Anfechtungsrecht, Rn. 7.
69 So MK-InsO/Niggemann, Anh. Länderbericht Frankreich, Rn. 72.

Auch das **italienische** Recht kennt ein »periodo sospetto«, in der eine erleichterte Anfechtung erfolgen kann.[70] Im Recht von **England** ist die »relevant time« maßgebend, die Zeiträume zwischen sechs Monaten und zwei Jahren umfassen kann.[71] 68

D. Bestimmung des Zeitpunkts der Insolvenzanknüpfung

I. Grundlagen

Denkbar ist, dass jeweils in dem konkreten Rechtsstreit über den Erstattungsanspruch nach § 15b Abs. 4 Satz 1 InsO (früher § 64 Satz 1 GmbHG a.F.), die insolvenzanfechtungsrechtlichen Rückgewähransprüche nach § 143 InsO oder sonstige Ansprüche, bei denen es auf den **Eintritt der Zahlungsunfähigkeit** ankommt,[72] das **Streitgericht** diesen Zeitpunkt mit Wirkung nur für den konkreten Rechtsstreit feststellt. Weiterhin ist denkbar, den Zeitpunkt des Eintritts der Zahlungsunfähigkeit verbindlich durch das **Insolvenzgericht** zu bestimmen. 69

II. Streitgericht

Im deutschen Insolvenzanfechtungsrecht obliegt die **Feststellung des Zeitpunkts des Eintritts der Zahlungsunfähigkeit** oder der **drohenden Zahlungsunfähigkeit** dem Gericht, das über den Anfechtungsrechtsstreit zu entscheiden hat. Dies kann dazu führen, dass in mehreren Anfechtungsprozessen bei der Zuständigkeit mehrerer **Zivilgerichte** von unterschiedlichen Zeitpunkten des Eintritts der Zahlungsunfähigkeit oder der drohenden Zahlungsunfähigkeit ausgegangen wird. Dies ist der **Rechtssicherheit** nicht förderlich. Zweckmäßig erscheint es de lege ferenda, schon im **Insolvenzeröffnungsbeschluss** klarzustellen, wann Zahlungsunfähigkeit oder Zahlungseinstellung eingetreten ist, was freilich voraussetzt, dass dies bereits abschließend ermittelt worden ist. 70

III. Insolvenzgericht

Für die Praxis ist sachgerecht, wenn die Bestimmung des **Zeitpunkts** der Insolvenzanknüpfung **nicht** durch das (individuelle) **Streitgericht**, sondern zentral durch das **Insolvenzgericht** erfolgt. Dies führt nicht nur zu einer **verfahrensökonomischen** Vermeidung mehrfacher und ggf. divergierender Feststellungen, sondern auch zu einer i.d.R. aufgrund der Kenntnisse des Insolvenzgerichts kompetenteren Entscheidung.[73] 71

---

70 Vgl. Vitalone/Chimenti/Riedi, Il diritto processuale del fallimento, S. 139 ff.; Pajardi/Colesanti, Codice del fallimento, Art. 67 Rn. 5.4; MK-InsO/Castagna/D'Attorre, Anh. Länderbericht Italien, Rn. 160.

71 So Steffek, KTS 2007, 451, 467.

72 Vgl. Schmittmann/Dannemann, InsbürO 2011, 2 ff.

73 Vgl. dazu auch die sinnvollen und bedenkenswerten Überlegungen von Schmerbach, ZInsO 2011, 405 ff., der sich für ein sog. »Großes Insolvenzgericht« mit weitreichenden Zuständigkeiten ausspricht.

72 Nach **französischem** Recht kann das Insolvenzgericht den **Zeitpunkt der Zahlungseinstellung** (»cessation de paiements«) bis zu achtzehn Monaten vor Erlass des **Eröffnungsurteils** vorverlegen (Art. 631–8 CC).[74]

73 In **Belgien** bestimmt das **Handelsgericht** in seinem **Konkursurteil** anhand »ernsthafter und objektiver Begebenheiten« den Zeitpunkt der Zahlungseinstellung, der gem. Art. XX. 105 Wirtschaftsgesetzbuch vom 28. Februar 2013 (Belgien) nicht mehr als sechs Monate vor dem Konkursurteil liegen kann.[75]

E. Geltendmachung der Insolvenzanfechtung

74 Dem Grundsatz nach wird die **Insolvenzanfechtung** nur durch den gerichtlich bestellten **Insolvenzverwalter** geltend gemacht, da lediglich ihm die **Aktivlegitimation** zusteht. Es gibt aber auch andere Regelungen, z.B. in **Frankreich**.[76]

I. Anfechtung durch den Insolvenzverwalter

75 Die Insolvenzanfechtung kann in **Deutschland** nur nach Eröffnung des Insolvenzverfahrens und nur durch den **Insolvenzverwalter** geltend gemacht werden, was sich ohne Weiteres aus dem Wortlaut von § 129 Abs. 1 InsO ergibt.[77] In Falle der **Eigenverwaltung** steht die Anfechtungsbefugnis gem. § 280 InsO dem **Sachwalter** zu.

76 In **Liechtenstein** wird das Anfechtungsrecht gem. Art. 64 Abs. 2 Rechtssicherungs-Ordnung (RSO) durch jeden Gläubiger mit einer vollstreckbaren Forderung oder durch den Insolvenz**verwalter** gem. Art. 70 Abs. 1 Satz 2 IO (Liechtenstein) ausgeübt.

77 In der **Schweiz** wird das Anfechtungsrecht gem. Art. 285 Abs. 2 Nr. 2 SchKG (Schweiz) – neben den **Gläubigern**, Art. 285 Abs. 2 Nr. 1 SchKG (Schweiz) – durch den **Konkursverwalter** ausgeübt.

78 Auch in **Österreich** wird das Anfechtungsrecht vom **Masseverwalter** ausgeübt, § 37 Abs. 1 IO (Österreich),[78] sofern keine Eigenverwaltung angeordnet ist, die zu einer Anfechtungsbefugnis jeden einzelnen **Gläubigers** führt.[79]

79 In **Italien** ist ab dem 16. Mai 2022 der Codice della Crisi d'impresa e dell'insolvenza (CCII) anwendbar, der an die Stelle des Legge fallimentare getreten ist.[80] Die

74 So MK-InsO/Dammann, Anh. Länderbericht Frankreich, Rn. 180.
75 So MK-InsO/Heynickx/Goldschmidt, Anh. Länderbericht Belgien, Rn. 214.
76 In Frankreich richtet sich die Anfechtung insb. nach der »action paulienne«, die in Art. 1167 Code Civile geregelt ist: »Ils peuvent aussi, en leur nom personnel, attaquer les actes faits par leur débiteur en fraude de leurs droits. Ils doivent néanmoins, quant à leurs droits énoncés au titre »Des successions« et au titre »Du contrat de mariage et des régimes matrimoniaux«, se conformer aux règles qui y sont prescrites.«.
77 Vgl. Schmittmann/Theurich/Brune, Das insolvenzrechtliche Mandat, § 4 Rn. 129.
78 S. Dellinger/Oberhammer, Insolvenzrecht, S. 54.
79 So Dellinger/Oberhammer, Insolvenzrecht, S. 167.
80 S. Kindler, Einführung, § 6 Rn. 27.

Anfechtung erfolgt in Italien durch den Insolvenzverwalter (»curatore«), Art. 165 Abs. 1 CCII; früher Art. 67 LF.[81]

II. Anfechtung durch dritte Personen

In **Frankreich** kann die Insolvenzanfechtung (Nichtigkeitsklage) gem. Art. L. 632–4 Code de Commerce vom **Insolvenzverwalter**, dem **Gläubigervertreter**, dem **Kommissar zur Überwachung des Plans**, dem **Liquidator** und auch von der **StA** betrieben werden.[82] **80**

In der **Schweiz** wird das Anfechtungsrecht gem. Art. 285 Abs. 2 Nr. 1 SchKG (Schweiz) – neben dem **Konkursverwalter**, Art. 285 Abs. 2 Nr. 2 SchKG (Schweiz) – durch die Gläubiger, die einen provisorischen und definitiven Pfändungsverlustschein erhalten haben, ausgeübt. **81**

In **Italien** kann ausschließlich der »curatore« (**Insolvenzverwalter**) gem. Art. 165 Abs. 1 CCII; früher Art. 66 LF beantragen, dass die vom Schuldner vorgenommenen, die **Gläubiger** benachteiligenden Rechtshandlungen für unwirksam erklärt werden. Eine Anfechtung durch einen einzelnen Gläubiger kommt nicht in Betracht. **82**

Das Anfechtungsrecht wird in **Österreich** vom **Masseverwalter** ausgeübt, § 37 Abs. 1 IO (Österreich),[83] sofern keine Eigenverwaltung angeordnet ist, die zu einer Anfechtungsbefugnis jeden einzelnen **Gläubigers** führt.[84] **83**

F. Verjährung des insolvenzrechtlichen Rückgewähranspruchs

Die **Verjährung** des insolvenzanfechtungsrechtlichen Rückgewähranspruchs gem. § 143 Abs. 1 InsO wurde in Deutschland mehrfach geändert. Zu Zeiten der **KO** galt eine Ausschlussfrist gem. § 41 Abs. 1 Satz 1 KO für die Ausübung des Anfechtungsrechts von einem Jahr. Mit Einführung der **InsO** wurde in § 146 Abs. 1 InsO geregelt, dass der Rückgewähranspruch aus § 143 InsO innerhalb von zwei Jahren ab Verfahrenseröffnung verjährt. Durch das **Gesetz zur Anpassung von Verjährungsvorschriften an das Gesetz zur Modernisierung des Schuldrechts** v. 09.12.2004[85] wurde die regelmäßige Verjährungsfrist des bürgerlichen Rechts auch auf die Insolvenzanfechtung erstreckt, sodass die §§ 194 ff. BGB Anwendung finden. Der Anfechtungsanspruch verjährt daher nunmehr nach **drei Jahren**, § 195 BGB, wobei sich der Beginn der Verjährungsfrist nach § 199 BGB richtet. **84**

---

81 S. Barbieri, Fallimento 2003, 298 ff.; Vitalone/Chimenti/Riedi, Il diritto processuale del fallimento, S. 146; Pajardi/Colesanti, Codice del fallimento, Art. 66 Rn. 3 und Art. 67 Rn. 5.3.; Cassazione Civile v. 06.08.2002, Fallimento 2003, 297.

82 So MK-InsO//Niggemann, Anhang Länderbericht Frankreich Rn. 75; Droege/Gagnier, Französisches Anfechtungsrecht, Rn. 55.

83 S. Dellinger/Oberhammer, Insolvenzrecht, S. 54.

84 So Dellinger/Oberhammer, Insolvenzrecht, S. 167.

85 So BGBl. I 2004, S. 3214.

85 Für die Frage der **Verjährung** des insolvenzanfechtungsrechtlichen Rückgewähranspruchs gilt das auf die Anfechtbarkeit nach Art. 4 Abs. 2 Satz 2 lit. m EuInsVO a.F. anzuwendende Recht.[86] Die Regelung des Art. 13 Buchst. b) EuInsVO 2000[87] bzw. Art. 16 Buchst. b) EuInsVO 2015 bezieht sich nicht auf die Art und Weise der Geltendmachung des Insolvenzanfechtungsanspruchs, sodass die Versäumung der Frist aus der lex causae dem Rückgewähranspruch nicht entgegensteht, wenn der Anspruch rechtzeitig rechtsgeschäftlich geltend gemacht worden ist.[88]

86 Es gilt das **Recht des Eröffnungsstaates**, auch hinsichtlich der Fristen der Geltendmachung.[89]

87 Ist die Zahlungsklage des Verwalters in einem in Deutschland eröffneten Insolvenzverfahren über eine Gesellschaft nach dem Recht eines anderen Mitgliedstaates (hier: Österreich) gegen einen Insolvenzgläubiger nach deutschem Recht begründet, weil das der nach Eröffnung erfolgten Auszahlung zugrunde liegende **Pfändungspfandrecht** infolge der Rückschlagsperre gem. § 88 InsO und die Auszahlung an den Gläubiger gem. § 91 InsO unwirksam waren, steht der Umstand, dass das Pfändungspfandrecht nach der lex causae (hier: dem österreichischen Recht) wirksam geblieben ist, dem Erfolg der Klage nicht entgegen, wenn die Auszahlung ihrerseits nach der lex causae insolvenzrechtlich wirksam angefochten worden ist. Die Auszahlung des Geldes ist jedoch nach dem Recht der lex causae in keiner Weise angreifbar i. S. d. Art. 13 EuInsVO 2000[90], wenn die nach diesem Recht geltenden Verjährungs-, Anfechtungs- oder Ausschlussfristen oder die Formvorschriften nicht eingehalten sind.[91]

88 Art. 13 EuInsVO 2000 war nach der Rechtsprechung des EuGH dahin auszulegen, dass seine Anwendung voraussetzt, dass die betreffende Handlung nach der **lex causae** unter Berücksichtigung aller Umstände des Falles unanfechtbar ist. Im Hinblick auf die Anwendung des Art. 13 EuInsVO 2000 und in dem Fall, dass der Anfechtungsgegner bei einer Klage auf Nichtigkeit, Anfechtung oder Feststellung der relativen Unwirksamkeit einer Handlung eine Vorschrift der lex causae geltend macht, nach der diese Handlung nur unter den in dieser Vorschrift vorgesehenen Umständen anfechtbar ist, obliegt es dem Anfechtungsgegner, das Nichtvorliegen dieser Umstände geltend zu machen und nachzuweisen. Art. 13 EuInsVO 2000 ist dahin auszulegen ist, dass die Wendung »diese Handlung in keiner Weise [......] angreifbar ist« neben

---

86 So BGH, 29.07.2021 – IX ZR 94/19, ZRI 2021, 761 ff. = NZI 2022, 990 ff. mit Anm. Thole.

87 Vgl. umfassend: Thole, NZI 2013, 113 ff.

88 So OLG Stuttgart, 28.09.2012 – 5 U 17/12, ZIP 2012, 2162 ff. = EWiR 2013, 109 f. [Riedemann]; vgl. dazu: Hübler, NZI 2012, 996, 1000.

89 So Cour de cassation, 02.10.2012 – M 11–14.406, BeckRS 2012, 22083; Cour de cassation, 02.10.2012 – C 10–18.005, BeckRS 2012, 22091; vgl. dazu: Hübler, NZI 2012, 996, 1001.

90 Diese Regelung entspricht Art. 16 EuInsVO 2015.

91 So EuGH, 15.10.2015 – IX ZR 265/12, ZIP 2015, 2284 ff. = EWiR 2016, 151 f. [Dahl/Linnenbrink] = NZI 2015, 1038 ff. mit Anm. Stangl/Kern = ZInsO 2015, 2377 ff.; im Anschluss an EuGH, 16.04.2015 – Rs. C-557/13, ZIP 2015, 1030 ff.

den insolvenzrechtlichen Vorschriften der lex causae sämtliche Vorschriften und allgemeinen Grundsätze dieses Rechts erfasst. Art. 13 EuInsVO 2000 ist dahin auszulegen, dass der Anfechtungsgegner bei einer Klage auf Nichtigkeit, Anfechtung oder Feststellung der relativen Unwirksamkeit einer Handlung nachweisen muss, dass die lex causae in ihrer Gesamtheit es nicht ermöglicht, diese Handlung anzufechten. Das mit einer solchen Klage befasste nationale Gericht kann nur dann davon ausgehen, dass der Anfechtende das Vorliegen einer Vorschrift oder eines Grundsatzes der lex causae, wonach diese Handlung angefochten werden kann, nachzuweisen hat, wenn es der Ansicht ist, dass der Anfechtungsgegner zuvor nach den allgemein anwendbaren Vorschriften seines nationalen Verfahrensrechts tatsächlich nachgewiesen hat, dass die betreffende Handlung nach der lex causae unanfechtbar ist.[92] Art. 13 EuInsVO 2000 ist dahin auszulegen, dass die Frage, in welcher Form und innerhalb welcher Frist die Person, die durch eine die Gesamtheit der Gläubiger benachteiligende Handlung begünstigt wurde, eine Einrede gemäß dieser Vorschrift erheben muss, um einer Klage entgegenzutreten, mit der diese Handlung gemäß der lex fori concursus angefochten wird, sowie die Frage, ob diese Vorschrift von dem zuständigen Gericht auch von Amts wegen angewandt werden darf – ggf. nach Ablauf der für die betreffende Partei geltenden Frist –, dem Verfahrensrecht des Mitgliedstaats unterliegen, in dem der Rechtsstreit anhängig ist. Dieses Recht darf allerdings nicht ungünstiger sein als dasjenige, das gleichartige Sachverhalte regelt, die dem innerstaatlichen Recht unterliegen (**Äquivalenzgrundsatz**), und darf die Ausübung der durch das Unionsrecht verliehenen Rechte nicht praktisch unmöglich machen oder übermäßig erschweren (Effektivitätsgrundsatz), was zu prüfen Sache des vorlegenden Gerichts ist. Art. 13 EuInsVO 2000 ist dahin auszulegen, dass die beweisbelastete Partei nachweisen muss, dass, wenn die lex causae die Anfechtung einer als benachteiligend angesehenen Handlung zulässt, die von der lex fori concursus abweichenden Voraussetzungen, die für eine erfolgreiche Anfechtung dieser Handlung erfüllt sein müssen, im konkreten Fall nicht vorliegen. Art. 13 EuInsVO 2000 kann wirksam geltend gemacht werden, wenn die Vertragsparteien, die in ein und demselben Mitgliedstaat ansässig sind, in dem auch alle anderen maßgeblichen Elemente des betreffenden Sachverhalts belegen sind, als auf diesen Vertrag anzuwendendes Recht das Recht eines anderen Mitgliedstaats bestimmt haben, vorausgesetzt, dass die Parteien dieses Recht nicht in betrügerischer oder missbräuchlicher Weise gewählt haben, was zu prüfen Sache des vorlegenden Gerichts ist.[93]

In **Liechtenstein** verjährt die Anfechtungsklage gem. Art. 70 Abs. 1 IO i.V.m. Art. 74 **89**
Abs. 1 RSO mit dem Ablauf von 5 Jahren seit Vornahme der anfechtbaren Rechtshandlung. Einredeweise kann der Anfechtungsanspruch dem Anfechtungsgegner ggü. innerhalb der zulässigen Anfechtungsfrist ebenfalls geltend gemacht werden, Art. 74 Abs. 2 RSO. Über die Anfechtung von Rechtshandlungen entscheidet das **Recht des Wohnsitzes** oder **Sitzes des Schuldners** und in Ermangelung eines Wohnsitzes das

92 So EuGH, 10.10.2015 – Rs. C-310/14, ZIP 2015, 2379 ff. = ZInsO 2015, 2574 ff. = NZI 2015, 954 ff. mit Anm. Swierczok = EWiR 2015, 773 f. [Mankowski].

93 S. EuGH, 08.06.2017 – Rs. C-54/16, ZIP 2017, 1426 ff.

Recht des Aufenthaltsortes z.Zt. der Vornahme der Handlungen über die Frage, ob und welche Rechtshandlungen anfechtbar sind, Art. 75 Abs. 1 RSO.

90 Der Insolvenzverwalter ist gem. Art. 71 Abs. 4 IO (**Liechtenstein**) berechtigt, in anhängige Anfechtungsstreitigkeiten der Gläubiger einzutreten.

91 In **Österreich** muss die Anfechtung durch Klage bei sonstigem Erlöschen des Anspruchs **binnen Jahresfrist** nach Konkurseröffnung geltend gemacht werden, § 43 IO (Österreich).[94]

92 Soweit das Anfechtungsrecht vom Insolvenz**verwalter** oder den Insolvenz**gläubigern** nach § 189 IO ausgeübt wird, ist das Insolvenzgericht zur Verhandlung und Entscheidung über Anfechtungsklagen ausschließlich zuständig; dies gilt nicht, wenn der **Masseverwalter** in einen anhängigen Rechtsstreit eintritt, § 37 Abs. 3 IO; § 43 Abs. 5 IO (**Österreich**).

93 In **Italien** können die Anfechtungsklagen gem. Art. 170 Abs. 1 CCII nach Ablauf von 3 Jahren nach der **Konkurseröffnung** und jedenfalls nach Ablauf von 5 Jahren nach der **Vornahme der Rechtshandlung** nicht mehr eingebracht werden.

94 Vgl. Dellinger/Oberhammer, Insolvenzrecht, S. 54.

Kapitel 7: Anspruchsdurchsetzung

Übersicht Rdn.

A. Anfechtbare Vertrags- und Prozessverhältnisse

Schrifttum
Becker, Keine pauschale Wirksamkeit insolvenzabhängiger Lösungsklauseln, NZI 2024, 955 ff.; *Brackmann/Bierich/Holze*, Die (ungewisse) Zukunft insolvenzbedingter Lösungsklauseln im Spiegel höchstrichterlicher Rechtsprechung, ZRI 2024, 573 ff.; *Cymutta*, Die Übergangsvorschriften in der Anfechtungsreform, ZInsO 2017, 471; *Ganter*, Bargeschäfte (§ 142 InsO) von Dienstleistern, ZIP 2012, 2037; *Gerhardt*, Zur Insolvenzanfechtung eines Vergleichs i.S.d. § 779 BGB, KTS 2004, 195; *Huber*, Unwirksamkeit von insolvenzbedingten Lösungsklauseln, ZIP 2013, 493; *ders.*, Das Grundsatzurteil des Baurechtssenats des BGH zur Wirksamkeit des Kündigungsrechts nach § 8 II Nr. 1 i.V.m. § 8 II Nr. 2 VOB/B, NZI 2016, 525; *ders.*, Divergenzen zwischen dem IX. und dem VII. Zivilsenat des Bundesgerichtshofs zur Lösungsklausel, ZInsO 2016, 2130; *ders.*, Neues Insolvenzanfechtungsrecht 2017 in InsO und AnfG, ZInsO 2017, 517; *ders.*, Insolvenzanfechtungsrisiko bei Zwangsvollstreckung oder Druckzahlung, GS Wolf, 2011, S. 443; *ders.*, Keine Unschuldsvermutung im Anfechtungsrecht. Zur Anfechtung eines Prozessvergleichs über Werklohnansprüche und Mängelbeseitigungskosten in der späteren Insolvenz des Bauunternehmers, ZInsO 2008, 929; *Jarchow*, Das verschleierte Arbeitseinkommen des Schuldners (§ 850h ZPO), ZVI 2022, 140; *Klühs*, Vorsatzanfechtung von Güterstandsvereinbarungen im Lichte der Rechtsprechung des BGH, NZI 2010, 921; *Stefanink*, Vorsatzanfechtung von Rechtsanwalts- und Steuerberaterhonoraren bei Beratung von Unternehmen in der Krise, ZIP 2019, 1557; *Thomale*, Insolvenzbezogene Lösungsklauseln – § 119 InsO im Spiegel rechtsvergleichender und ökonomischer Analyse, KTS 2024, 109 ff.

I. Anfechtungssystematik bei Vertragsverhältnissen

1. Verhältnis der Anfechtungstatbestände zueinander

1 Grundsätzlich stehen alle Insolvenzanfechtungstatbestände (Übersicht s.o. Kap. 1 Rdn. 89) selbstständig nebeneinander, schließen sich also nicht gegenseitig aus und können auch gleichzeitig erfüllt sein; das gilt auch im Verhältnis zu §§ 135, 136 InsO. Für **Deckungsgeschäfte** gehen aber §§ 130, 131 InsO dem § 132 InsO vor. Bei **Unentgeltlichkeit der Leistung** ist sowohl § 134 InsO wie § 133 Abs. 1 InsO einschlägig.

Wurde die Zuwendung innerhalb der 4-jährigen Anfechtungsfrist vorgenommen, wird der Einfachheit halber stets nur nach § 134 InsO angefochten, da dieser Tatbestand keine subjektiven Anforderungen stellt. Entsprechendes gilt bei Unklarheiten über den Zeitpunkt der Zuwendung, weil bei bewiesener (oder unstreitiger) Unentgeltlichkeit vermutet wird, dass sie innerhalb der 4-jährigen Anfechtungsfrist vorgenommen wurde; stellt sich heraus, dass die Zuwendung außerhalb dieses Zeitraums liegt, was der Anfechtungsgegner zu beweisen hat, kann der Insolvenzverwalter auf eine Vorsatzanfechtung nach § 133 Abs. 1 InsO mit der 10-jährigen Anfechtungsfrist übergehen; das gilt auch für das Anfechtungsrecht 2017, weil die dort vorgenommene Verkürzung der Anfechtungsfrist (von 10 auf ebenfalls) 4 Jahre nach dem neuen § 133 Abs. 2 InsO nur Deckungsgeschäfte betrifft (s.o. Kap. 1 Rdn. 60, 65). Eine Konkurrenz zur Vorsatzanfechtung gegenüber nahestehenden Personen nach § 133 Abs. 2 bzw. Abs. 4 InsO gibt es nicht, weil dieser Tatbestand einen entgeltlichen Vertrag voraussetzt.

Begrifflich sind Vertragsverhältnisse im Sinne dieses Abschnitts alle von §§ 132, 133 2
InsO erfassten Rechtsgeschäfte und Rechtshandlungen. Außer Betracht bleiben solche nach §§ 135, 136 InsO, insoweit wird auf die einschlägigen Kommentierungen verwiesen. Die **Prüfungsreihenfolge** wird durch folgende taktische Überlegung bestimmt:

- Handelt es sich um einen entgeltlichen, unmittelbar nachteiligen Vertrag mit einer nahestehenden Person erfolgt die Anfechtung nach § 133 Abs. 2 bzw. 4 InsO, selbst wenn der Vertrag in der Krise des Schuldners zustande gekommen ist; denn die Voraussetzungen dieses Tatbestandes sind für den Insolvenzverwalter trotz der sogar deutlich längeren Anfechtungsfrist leichter darzulegen und damit günstiger als die des § 132 InsO. *Beispiel:* Vermietung eines Geschäftsraums durch den Schuldner an seine Tochter zu einer 20 % unter dem Ortsüblichen liegenden Miete.
- Für andere unmittelbar nachteilige, innerhalb der Krise vorgenommene Rechtsgeschäfte und Rechtshandlungen gilt § 132 InsO. *Hauptbeispiel* ist der sog. krisenbedingte Schlussverkauf.
- Daneben sind sie auch, allerdings unter strengeren Voraussetzungen, nach § 133 Abs. 1 InsO anfechtbar; bei Vornahme außerhalb der Krise kommt nur dieser Tatbestand in Betracht. Dann kommt es aber darauf an, ob bisheriges oder neues Recht gilt, eben weil es sich (anders als o. Rdn. 1) um Deckungsgeschäfte handelt.

2. Verträge als Rechtsgeschäfte und Rechtshandlungen i.S.d. Anfechtungsrechts – Hauptanwendungsfälle (über die branchenspezifischen Besonderheiten in Kap. 4 hinaus)

a) Arbeitsverträge

Unterlässt der **Schuldner als Arbeitnehmer** die **Verwertung** seiner Arbeitskraft, so 3
ist dieses Verhalten schon aus der Natur der Sache heraus grds. unanfechtbar; denn seine Arbeitskraft ist als solche nicht Haftungsobjekt für seine Verbindlichkeiten und steht deshalb auch der Insolvenzmasse nicht zur Verfügung (zu anderen höchstpersönlichen Rechtsgeschäften s.u. Rdn. 13, 14). Daher sind auch die **rein tatsächlichen Erfüllungsleistungen** i.R. eines Arbeits-, Dienst- oder Werkvertrags, die sich in

der bloßen Tätigkeit erschöpfen, nicht anfechtbar. Etwas anderes kommt allerdings dann in Betracht, wenn durch die Leistung des Schuldners eine abgetretene Forderung werthaltig wird, weil deren Gläubiger dann nicht mehr die Einrede des nicht erfüllten Vertrags zusteht.[1] Besonderheiten gelten für Fälle des sog. **verschleierten Arbeitseinkommens**, in denen sich der Empfänger der vom Schuldner geleisteten Arbeiten oder Dienste verpflichtet, diese ganz oder z.T. an Dritte zu vergüten (vgl. § 850h Abs. 1 ZPO), oder, in denen der Schuldner Tätigkeiten, die üblicherweise vergütet werden, unentgeltlich oder gegen eine verhältnismäßig geringe Vergütung erbringt (vgl. § 850h Abs. 2 ZPO).[2] Bei solchen Sachverhalten kann der Insolvenzverwalter den fiktiven Lohn zur Masse ziehen, weil der Eröffnungsbeschluss wie ein Pfändungs- und Überweisungsbeschluss wirkt, der die vor seiner Zustellung fiktiv aufgelaufenen Rückstände nicht erfasst;[3] insoweit wird man aber eine Anfechtbarkeit als (teilweise) unentgeltliche Leistung bejahen müssen.

4 Die vom **Schuldner als Arbeitgeber** geschlossenen Dienst- und Arbeitsverträge sind nach allgemeinen Regeln gem. §§ 132, 133 InsO anfechtbar.

5 Zur Rechtslage bei Insolvenzanfechtungsklagen gegenüber Arbeitnehmern wird auf die frühere Darstellung verwiesen (s.o. Kap. 4 Rdn. 798 ff.).

b) Gesellschaftsverträge: Abfindungs- und Auflösungsvereinbarungen

6 **Abfindungsvereinbarungen** in Gesellschaftsverträgen sind gläubigerbenachteiligend, wenn sie von den gesetzlichen Bestimmungen oder den von den Rechtsprechungen hierzu entwickelten Grundsätzen abweichen. Als Anfechtungstatbestand kommt § 133 InsO in Betracht, die Einzelheiten dazu sind aber streitig.[4] Ist der Abfindungsanspruch gänzlich ausgeschlossen worden, greift § 134 InsO ein. Da als Rechtsfolge des Ausscheidens gemäß den Vereinbarungen im Gesellschaftsvertrag oder kraft Gesetzes (§§ 738 Abs. 1 Satz 1 BGB, 105 Abs. 2 HGB) der Gesellschaftsanteil den übrigen Gesellschaftern anwächst und das nicht rückgängig gemacht werden kann, ist Rechtsfolge der späteren Insolvenzanfechtung Wertersatz für den Gesellschaftsanteil.

7 Eine vertragliche Vereinbarung zur **Auflösung einer Gesellschaft** oder zum **Ausscheiden aus der Gesellschaft**, die sich an die beschriebene gesetzliche Regelung in BGB/HGB »eng anlehnt«, ist mit Blick auf § 119 InsO wirksam;[5] die Problematik wegen der Wirksamkeit/Unwirksamkeit einer entsprechenden **Lösungsklausel** wird unten (Rdn. 22 ff.) näher erörtert. Ein Anfechtungsproblem stellt sich i.d.R. nicht, weil die entsprechenden Entscheidungen allein den Gesellschaftern zustehen.[6]

---

1 BGH, 11.06.2015 – IX ZR 110/13, ZInsO 2015, 1497 Rn. 18.
2 Dazu: Jarchow, ZVI 2022, 140 ff.
3 BAG, 12.03.2008 – 10 AZR 148/07, ZInsO 2008, 869.
4 Vgl. Jaeger/Henckel, § 129 InsO Rn. 67; Reul/Heckschen/Wienberg-Litta/Heckschen, InsR in der Gestaltungspraxis, § 4 Rn. 318 ff.
5 Huber, ZIP 2013, 493, 498.
6 Vgl. Jaeger/Henckel, § 129 InsO Rn. 66.

c) Vergleich/Prozessvergleich

Auch bei einem **Vergleich nach § 779 BGB** kommt eine Anfechtbarkeit in Betracht.[7] 8
Allerdings passt insoweit die auf Austauschverträge zugeschnittene Abgrenzungsformel zwischen entgeltlicher und unentgeltlicher Leistung (Aufgabe eines Vermögenswertes des Verfügenden zugunsten einer anderen Partei ohne kompensierende Gegenleistung[8]) nicht. Vielmehr muss man wie folgt unterscheiden:[9] Wird ein Vergleich abgeschlossen, um die bei verständiger Würdigung des Sachverhalts oder der Rechtslage bestehende Ungewissheit durch gegenseitiges Nachgeben zu beseitigen, so lässt dies vermuten, dass die vereinbarte Regelung die gegenseitigen Interessen ausgewogen berücksichtigt hat. Innerhalb der von objektiver Ungewissheit gekennzeichneten Vergleichslage haben die Parteien für ihr gegenseitiges Nachgeben einen **Ermessens- und Bewertungsspielraum**. Wird die ernstliche Ungewissheit darüber, was der Gesetzeslage entspricht, durch gegenseitiges Nachgeben beseitigt, ist die Vermutung gerechtfertigt, dass das gegenseitige Nachgeben der Beteiligten in der ungewissen Sach- und Rechtslage begründet ist und demzufolge eine unentgeltliche Leistung ausschließt. Auf eine rechnerische Gegenüberstellung des beiderseitigen Nachgebens gegenüber der jeweiligen Ausgangsposition kommt es in diesem Rahmen nicht an. Das vergleichsweise Nachgeben eines Teils kann danach erst dann als unentgeltliche Leistung gewertet werden, wenn der Vergleichsinhalt den Bereich verlässt, der bei objektiver Beurteilung ernstlich zweifelhaft sein kann.[10] Findet sich außerdem ein Gläubiger ohne Ungewissheit der Sach- und Rechtslage infolge eines Liquiditätsengpasses oder aus sonstigen Gründen bereit, vergleichsweise einen Teil seiner Forderung aufzugeben, ist das in der Regel nach § 134 InsO anfechtbar, wie beispielsweise bei (weiterer) Entgeltzahlung von Arbeitslohn an freigestellte Ehefrau aufgrund vergleichsweiser (!) Aufhebungs- und Freistellungsvereinbarung »ohne nachvollziehbarem Grund«;[11] darüber hinaus werden in solchen Fällen in aller Regel auch die Voraussetzungen einer Vorsatzanfechtung gegeben sein.

Eine Spezialität ist ein Vergleich über Anfechtungsansprüche zwischen Insolvenzver- 9
waltern (dazu s.o. Kap. 1 Rdn. 54).

d) Unternehmensveräußerung

Da der Insolvenzbeschlag (auch) das Unternehmen des Schuldners als solches erfasst, 10
kann auch eine Unternehmensveräußerung im Ganzen angefochten werden; sachenrechtliche Bestimmungen werden erst i.R.d. Rückgewähr gem. § 143 InsO bedeutsam

7 BGH, 13.05.2004 – IX ZR 128/01, ZInsO 2004, 803.
8 BGH, 19.04.2007 – IX ZR 79/05, ZInsO 2007, 598 Rn. 16.
9 BGH, 08.03.2012 – IX ZR 51/11, ZInsO 2012, 830- Rn. 35; 09.11.2006 – IX ZR 285/03, ZInsO 2006, 1322 Rn. 15 ff.
10 Näher Gerhardt, KTS 2004, 195, 198 ff.; BGH, 18.07.2013 – IX ZR 185/10, ZInsO 2013, 1577 Rn. 29; BAG, 17.12.2015 – 6 AZR 186/14, ZInsO 2016, 575 Rn. 31; OLG Düsseldorf, 15.09.2022 – I-12 W 12/22, ZInsO 2023, 397.
11 BAG, 17.12.2015 – 6 AZR 186/14, ZInsO 2016, 575 Rn. 31.

(→ § 143 Rdn. 23).[12] Hat der Schuldner sein Unternehmen einer Person übertragen, die im Insolvenzverfahren Insolvenzgläubiger wäre, kommt eine Anfechtung nach §§ 130, 131 InsO und ggf. auch nach § 133 Abs. 1 bzw. Abs. 2, 3 InsO in Betracht.

e) Gebrauchsüberlassung

11 Erfolgt eine Gebrauchsüberlassung durch einen (späteren) **Insolvenzschuldner** (der nicht zugleich Gesellschafter seiner insolventen Gesellschaft ist) unentgeltlich, gilt § 134 InsO. Ist die Gegenleistung unangemessen niedrig, kommt eine gemischte Schenkung – also eine Zerlegung des Rechtsgeschäfts in einen entgeltlichen und einen unentgeltlichen Teil – in Betracht, wenn die wirtschaftlichen Zwecke des Geschäfts und die berechtigten Interessen der Vertragspartner die Annahme eines zusammengesetzten Geschäfts rechtfertigen;[13] alsdann gelten für den unentgeltlichen Teil § 134 InsO und für den entgeltlichen § 132 InsO bzw. § 133 InsO. Im Fall einer Vorsatzanfechtung sind nach dem Anfechtungsrecht 2017 die Regelungen des § 133 Abs. 2, 3 InsO für kongruente Deckungen zu beachten. Die Gebrauchs- oder Nutzungsüberlassung durch den **Gesellschafter** an seine Gesellschaft (Insolvenzschuldnerin) regelt § 135 Abs. 3 InsO, bei der es sich trotz ihrer systematischen Einordnung zum Bereich der Insolvenzanfechtung nach h.M. nicht um eine Anfechtungsnorm handelt.[14] Zu § 135 Abs. 3 InsO und der Frage der unentgeltlichen (eigenkapitalersetzenden) Gebrauchsüberlassung wird auf die Kommentierung zu § 135 (Rdn. 82 ff.) verwiesen.

f) Güterrechtliche Vereinbarungen mit Wechsel des Güterstandes

12 Obwohl mit der Aufhebung der Gütertrennung (§§ 1408, 1410 BGB) zugleich der Zugewinnausgleichsanspruch entsteht (§ 1378 Abs. 3 Satz 1 BGB), bleibt **die Änderung des Güterstandes als solche** in ihrer statusrelevanten Gestaltungswirkung grundsätzlich von einer etwaigen Anfechtung unberührt, denn es handelt sich insoweit um ein höchstpersönliches Rechtsgeschäft (s.u. Rdn. 13).[15] Der Anfechtung unterliegt aber der **dingliche Vollzug solcher Vereinbarung**en, die typischerweise nicht bloß in einer Geldzahlung, sondern meist (auch) in der Übertragung von Vermögensgegenständen besteht.[16] Darin liegt in der Regel ein »gewöhnlicher« entgeltlicher Vertrag i.S.d. § 133 Abs. 4 InsO; typisches *Beispiel* ist etwa die im Zusammenhang mit der Aufhebung der Zugewinngemeinschaft vereinbarte Regelung der Vermögensauseinandersetzung und deren dinglicher Vollzug.[17] Konsequenz daraus ist:[18] Auch bei güterrechtlichen Verträgen, die der Schuldner mit einer nahestehenden Person (Ehegatten)

12 Einzelheiten str., vgl. Jaeger/Henckel, § 129 InsO Rn. 71 ff.; KSW/Schäfer, Insolvenzanfechtung, B 51.
13 Näher Jaeger/Henckel, § 129 InsO Rn. 28 f.
14 Vgl. nur: HambKomm-InsR/Rogge/Leptien, § 135 InsO Rn. 55.
15 BGH, 01.07.2010– IX ZR 58/09, ZInsO 2010, 1489; Reul/Heckschen/Wienberg-Herrler, InsR in der Gestaltungspraxis, § 6 Rn. 76.
16 OLG Düsseldorf, 15.09.2022 – I-12 W 12/22, ZInsO 2023, 397.
17 BGH, 01.07.2010 – IX ZR 58/09, ZInsO 2010, 1489.
18 Näher dazu Klühs, NZI 2010, 921 ff.

nicht früher als 2 Jahre vor dem Eröffnungsantrag schließt, werden sein Gläubigerbenachteiligungsvorsatz und die Kenntnis des anderen Teils hiervon daher widerleglich vermutet. Um einen – ggfs. nach § 133 Abs. 4 InsO anfechtbaren – entgeltlichen Vertrag handelt es sich allerdings nur, wenn die Vereinbarung sich darauf beschränkt, den ohnehin gesetzlich geschuldeten Ausgleichsbetrag festzulegen. Wird in der Auseinandersetzungsvereinbarung hingegen eine den gesetzlichen Ausgleichsanspruch übersteigende Geld- oder sonstige Forderung begründet, kommt – jedenfalls hinsichtlich des Differenzbetrags – (zusätzlich) eine Anfechtung nach § 134 InsO in Betracht.[19]

g) Höchstpersönliche Rechtsgeschäfte

Unanfechtbar sind aus der Natur der Sache heraus – ohne dass es auf eine Gläubigerbenachteiligung ankäme – höchstpersönliche Rechtsgeschäfte. Darunter fallen insb. 13
- Verzicht des Schenkers auf sein Widerrufsrecht nach § 530 BGB,
- die Ausschlagung einer Erbschaft und der Verzicht auf die Fortsetzung der Gütergemeinschaft (§ 83 Abs. 1 InsO),
- Erbverzicht, Ausschlagung eines Vermächtnisses, unterlassene Geltendmachung eines Pflichtteils-/Pflichtteilsergänzungsanspruchs,
- die Mitwirkung des vertraglich eingesetzten Erben an der Aufhebung seiner Erbeinsetzung,[20]
- der Wechsel des Güterstandes, nicht aber der dingliche Vollzug (s.o. Rdn. 12) und
- die schon genannte unterlassene Verwertung der Arbeitskraft des Schuldners durch Nichtaufnahme oder Aufgabe einer beruflichen Tätigkeit (s.o. Rdn. 3).

Der vom Schuldner durch einen Erbfall während des Insolvenzverfahrens erworbene Pflichtteilsanspruch gehört allerdings zu seinem pfändbaren Vermögen, also zur Insolvenzmasse, und zwar schon vor Anerkenntnis oder Rechtshängigkeit;[21] folglich unterliegt ein erst nach Aufhebung des Insolvenzverfahrens (nachträglich) anerkannter oder gerichtlich geltend gemachter Anspruch einer Nachtragsverteilung.[22] Die Frage der Anfechtung stellt sich in einem solchen Fall daher von vornherein nicht. 14

3. Anfechtungsgegenstand

Grds. kann ein einziges (einheitliches) Rechtsgeschäft nur als **Ganzes**, nicht etwa eine einzelne Vertragsbestimmung daraus angefochten werden.[23] Die Zusammenfassung mehrerer Rechtsgeschäfte in einer Urkunde hindert indessen nicht die Anfechtung eines dieser Geschäfte, z.B. eines von mehreren Kaufverträgen, wenn sie nach dem Willen der Vertragspartner eine bloß äußerliche und keine sachliche Einheit bilden. 15

---

19 OLG Düsseldorf, 15.09.2022 – I-12 W 12/22, ZInsO 2023, 397 Rn. 6.

20 BGH, 20.12.2012 – IX ZR 56/12, ZInsO 2013, 243.

21 BGH, 02.12.2010 – IX ZR 184/09, ZInsO 2011, 45 Rn. 8.

22 BGH, 02.12.2010 – IX ZR 184/09, ZInsO 2011, 45 Rn. 9.

23 BGH, 12.10.2017 – IX ZR 288/14, ZInsO 2017, 2539 Rn. 41; 13.03.2008 – IX ZB 39/05, ZInsO 2008, 558 Rn. 16.

16 Die **Teilanfechtung** bei einem einzigen Rechtsgeschäft ist jedoch möglich bei Zerlegbarkeit in voneinander unabhängige selbstständige Teile oder bei Teilbarkeit der Leistung, wenn also die Anfechtung nur teilweise Erfolg haben kann und deshalb wie eine Teilanfechtung wirkt. Der Insolvenzverwalter kann dann verlangen, dass die Masse so gestellt wird, als wäre das Rechtsgeschäft ohne die beanstandete Vereinbarung geschlossen worden.[24]

4. Rechtsfolgen der Insolvenzanfechtung bei Vertragsverhältnissen

a) Vollständige Erfüllung beider Vertragspartner vor Insolvenzeröffnung

17 In diesem Fall wird das Kausalgeschäft angefochten; handelt es sich um einen gegenseitigen Vertrag, besteht wegen der vollständigen Erfüllung beider Teile vor Insolvenzeröffnung auch kein Wahlrecht nach § 103 InsO. Rechtsfolge der Insolvenzanfechtung ist, dass der Insolvenzverwalter die Leistung des Schuldners nach Bereicherungsrecht zurückfordern kann; für die Rechte des anderen Teils gilt § 144 Abs. 2 InsO.

b) Keine Teilleistungen vor Insolvenzeröffnung

18 Hat keiner der Vertragspartner vor Insolvenzeröffnung eine Teilleistung erbracht, scheidet eine Anfechtung schon deshalb aus, weil der Schuldner nichts »veräußert, weggegeben oder aufgegeben« hat (vgl. § 143 Abs. 1 Satz 1 InsO). Bei einem gegenseitigen Vertrag kann der Insolvenzverwalter die Erfüllung gem. § 103 Abs. 1 InsO ablehnen und der Nichterfüllungsforderung des anderen Teils (§ 103 Abs. 2 Satz 1 InsO) die Einrede der Anfechtbarkeit des Vertrages entgegenhalten; bei anderen Verträgen gilt Entsprechendes für den Schadensersatzanspruch nach allgemeinem Recht (§§ 280 ff. BGB).

c) Teilleistung des Vertragspartners vor Insolvenzeröffnung

19 Hat der Vertragspartner des Schuldners vor Insolvenzeröffnung teilweise geleistet, der Schuldner selbst aber nicht, verbleibt die Vorleistung in der Masse (§ 105 Satz 2 InsO). Die Leistungspflicht des Schuldners ist bloße Insolvenzforderung (§ 38 InsO), weshalb sich ein Anfechtungsproblem in aller Regel nicht stellt.

d) Teilleistung des Schuldners vor Insolvenzeröffnung

20 Hat der Schuldner seine Leistung vor Insolvenzeröffnung erbracht, fehlt es an sich an einer Gläubigerbenachteiligung, weil der andere Teil seine noch ausstehende Leistung in die Masse erbringen muss. Eine Insolvenzanfechtung kommt deshalb praktisch nur in Betracht, wenn schon der Abschluss des Rechtsgeschäfts unmittelbar gläubigerbenachteiligend i.S.d. §§ 132, 133 Abs. 4 InsO war; für die Rechtsfolgen gelten die Erörterungen zur ersten Abwicklungsvariante entsprechend.

---

24 BGH, 12.10.2017 – IX ZR 288/14, ZInsO 2017, 2539 Rn. 41; 19.04.2007 – IX ZR 59/06, ZInsO 2007, 600.

5. Lösungsrechte des Vertragspartners vom Vertrag

a) Problemstellung

21 Problematisch können **vertragliche Lösungsklauseln** sein, die dem Vertragspartner für bestimmte Fälle ein einseitiges Gestaltungsrecht (Kündigungs-/Rücktrittsrecht) für den Insolvenzfall oder bestimmte, davor liegende Ereignisse einräumen. Man unterscheidet **insolvenzabhängige** von **insolvenzunabhängigen Lösungsklauseln.**[25] Eine insolvenzabhängige Lösungsklausel liegt vor, wenn einer der Parteien für den Fall der Zahlungseinstellung, des Insolvenzantrages oder der Insolvenzeröffnung das Recht eingeräumt wird, sich vom Vertrag zu lösen oder wenn eine Regelung das Vertragsverhältnis unter die auflösende Bedingung des Eintritts insolvenzrechtlicher Ereignisse stellt.[26] Oftmals werden sie vereinbart, um zumindest das auf einer Seite innewohnende Insolvenzrisiko abzumildern[27] und die im Insolvenzfall zwangsläufig eintretende Ungewissheit über den Bestand eines vom Schuldner und vom anderen Teil nicht oder nicht vollständig erfüllten gegenseitigen Vertrages von vornherein auszuschließen.[28] Tritt der das Lösungsrecht auslösende Umstand ein, geht die Entscheidung über das Fortbestehen des Vertrags auf die lösungsberechtigte Partei über oder das Vertragsverhältnis endet automatisch. Eine insolvenzunabhängige Lösungsklausel knüpft demgegenüber nicht an insolvenzrechtliche, sondern an insolvenzunabhängige Umstände, z.B. Verzug oder sonstige Vertragsverletzungen, an.[29]

b) Wirksamkeit/Unwirksamkeit von Lösungsklauseln nach § 119 InsO

22 Normativer Anknüpfungspunkt der Problematik von Lösungsklauseln ist § 119 InsO: Der Insolvenzverwalter muss einen Vertrag im Allgemeinen in der Lage übernehmen, in der er ihn bei Eröffnung des Verfahrens vorfindet.[30] Vertraglich vereinbarte Kündigungsrechte bestehen grundsätzlich auch nach Eröffnung des Insolvenzverfahrens fort.[31] Die vertraglichen Regelungen unterliegen jedoch Einschränkungen, soweit die Insolvenzordnung besondere gesetzliche Regelungen – wie etwa in §§ 103 ff. InsO – vorsieht. Diese Normen sind Ausdruck einer gesetzgeberischen Abwägung zwischen den Interessen der Gläubigergesamtheit an einer Massemehrung einerseits und des schutzbedürftigen Vertragspartners andererseits.[32] Nach § 119 InsO sind Vereinba-

---

25 MK-InsO/J.F. Hoffmann, § 119 InsO Rn. 18.
26 BGH, 15.11.2012 – IX ZR 169/11, ZInsO 2012, 292 Rn. 9; 27.05.2003 – IX ZR 51/02, ZInsO 2003, 607 Rn. 34; Brackmann/Bierich/Holze, ZRI 2024, 573.
27 Pape/Reichelt/Schultz/Voigt-Salus/Schultz, InsR, § 30 Rn. 21.
28 MK-InsO/J.F. Hoffmann, § 119 InsO Rn. 19.
29 BGH, 27.10.2022 – IX ZR 213/21, ZInsO 2023, 86 Rn. 18; 15.11.2012 – IX ZR 169/11, ZInsO 2012, 292 Rn. 9.
30 BGH, 27.10.2022 – IX ZR 213/21, ZInsO 2023, 86 Rn. 18; 08.12.2016 – IX ZR 257/15, ZInsO 2017, 84 Rn. 33.
31 BGH, 27.10.2022 – IX ZR 213/21, ZInsO 2023, 86 Rn. 18; 14.09.2017 – IX ZR 261/15, ZInsO 2017, 2159 Rn. 16.
32 BeckOK InsR/Berberich, § 119 InsO Rn. 1.

rungen unwirksam, durch die im Voraus die Anwendung der §§ 103 bis 118 InsO ausgeschlossen oder beschränkt wird, also insb. wenn das **Wahlrecht des Insolvenzverwalters nach § 103 InsO beeinträchtigt** wird.[33] Während sich die Unwirksamkeit einer die Anwendung der §§ 103–118 InsO ausschließenden oder direkt einschränkenden Klausel klar aus dem Gesetzeswortlaut ergibt, ist es seit langem Gegenstand intensiver Diskussionen, inwiefern § 119 InsO vertragliche Gestaltungen erfasst, welche die Befugnisse des Insolvenzverwalters rechtlich unberührt lassen, aber **mittelbar die Ausübung des Erfüllungswahlrechts** beeinflussen können, weil sie die Fortführung von Verträgen wirtschaftlich unattraktiv machen oder dem Wahlrecht den Boden entziehen.[34]

23 Vor diesem Hintergrund begegnen sog. insolvenzunabhängige Klauseln regelmäßig keinen rechtlichen Bedenken.[35] Hierzu zählen insb. Lösungsklauseln, die an **nicht insolvenzspezifische Umstände** anknüpfen, etwa an den **Verzug** oder an **sonstige Vertragsverletzungen**. Ergibt sich nämlich – wie bei den genannten Umständen – die Möglichkeit, sich von dem Vertrag zu lösen, bereits aus dem Gesetz, so werden solche gesetzlichen Lösungsklauseln, da **nicht auf einer Vereinbarung beruhend**, von § 119 InsO nicht zu Fall gebracht.[36]

24 Anders verhält es sich bei **insolvenzabhängigen Klauseln**. Sie stehen im Konflikt mit den §§ 103 ff. InsO. Insbesondere wird dem Verwalter das aus § 103 Abs. 1 InsO folgende Wahlrecht abgeschnitten, wenn sich der Vertragsgegner insolvenzbedingt vom Vertrag löst.

25 Die Frage, ob vertraglich vereinbarte insolvenzabhängige Lösungsklauseln nach § 119 InsO unwirksam sind, war bereits unter der Geltung der Konkursordnung (§ 17 KO) umstritten. Nach Inkrafttreten der Insolvenzordnung hat sich der Meinungsstreit fortgesetzt. Im Kern stehen sich zwei Ansichten gegenüber. Dies gilt auch nach den Urteilen des Bundesgerichtshofs vom 15.11.2012[37] und vom 07.04.2016.[38] Die wohl **herrschende Ansicht im Schrifttum** hält insolvenzabhängige Lösungsklauseln **grundsätzlich für unwirksam,** wenn sie nicht einer (spezial-) gesetzlich vorgesehenen Lösungsmöglichkeit entsprechen. Die Vorstellung des Gesetzgebers bei der Streichung des § 137 Abs. 2 InsO-RegE habe keinen Ausdruck im Gesetz gefunden. Wären entsprechende Lösungsklauseln wirksam, könnte der Vertragspartner schon im Vorfeld das Wahlrecht des Insolvenzverwalters nach § 103 InsO vereiteln. Gerade die Zulässigkeit von vertraglichen Lösungsklauseln könne eine sanierungsfeindliche Wirkung haben, wenn massegünstige Verträge dem Erfüllungswahlrecht des Insolvenzverwal-

33 BGH, 27.10.2022 – IX ZR 213/21, ZInsO 2023, 86 Rn. 18.

34 BeckOK InsR/Berberich, § 119 InsO Rn. 2.

35 BGH, 27.10.2022 – IX ZR 213/21, ZInsO 2023, 86 Rn. 18; Uhlenbruck/Sinz, § 119 InsO Rn. 12; Römermann/Harig, § 119 InsO, Rn. 7; Brackmann/Bierich/Holze, ZRI 2024, 573; jeweils m.w.N.

36 BGH, 27.10.2022 – IX ZR 213/21, ZInsO 2022, 86 Rn. 18; Braun/Hartwig, § 119 InsO Rn. 2.

37 BGH, 15.11.2012 – IX ZR 169/11, ZInsO 2013, 292 Rn. 13.

38 BGH, 07.04.2016 – VII ZR 56/15, ZInsO 2016, 1062 Rn. 25, 39 ff.

ters entzogen würden oder konkurrierende Unternehmen den Markt zu günstigeren Konditionen übernehmen wollen. Die **Gegenansicht** hält demgegenüber insolvenzabhängige Lösungsklauseln grundsätzlich für wirksam. Lösungsklauseln würden von § 119 InsO nicht erfasst, weil diese Klauseln den Bestand des Vertrages beträfen, nicht aber dessen Abwicklung im Sinne der Bestimmungen der §§ 103 bis 118 InsO. Für die Wirksamkeit von insolvenzabhängigen Lösungsklauseln spreche die Entstehungsgeschichte. Der Rechtsausschuss des Bundestages habe geglaubt, die Wirksamkeit von insolvenzbedingten Lösungsklauseln festzuschreiben, als er die in § 137 Abs. 2 InsO-RegE (BT-Drucks. 12/7302, S. 170) vorgesehene Regelung gestrichen habe. Entsprechende Klauseln für unwirksam zu erachten, wie dies zunächst ausdrücklich vorgesehen war, hätte eine sanierungsfeindliche Wirkung und Nachteile im internationalen Geschäftsverkehr haben können. Zudem hätte es nicht der Anordnung einer Kündigungssperre nach § 112 InsO für spezielle Vertragstypen bedurft, wenn solche Lösungsklauseln bereits nach § 119 InsO unwirksam wären.[39]

Die höchstrichterliche Rechtsprechung hat demgegenüber bis heute **keine abschließende Entscheidung** zur Wirksamkeit von insolvenzabhängigen Lösungsklauseln getroffen, so dass eine allgemeingültige Rechtsprechung nicht vorliegt:[40] 26

- So hat der IX. Zivilsenat des Bundesgerichtshofs mit **Grundsatzurteil** vom 15.11.2012 (IX ZR 169/11) für den Fall eines Vertrags über die fortlaufende Lieferung von elektrischer Energie die dort streitbefangene Lösungsklausel mit der herrschenden Meinung im Schrifttum für unwirksam gehalten. Die Unwirksamkeit gelte nur dann nicht, wenn die **Vereinbarung einer gesetzlich vorgesehenen Lösungsmöglichkeit** entspreche. Den amtlichen Leitsatz hat er allgemein auf Verträge über die fortlaufende Lieferung von Waren bezogen.[41] Mit dem Prinzip der Vertragsfreiheit hat sich der Bundesgerichtshof in diesem Zusammenhang nicht befasst.[42] 27
- Dem hat sich der II. Zivilsenat des Bundesgerichtshofs angeschlossen. Danach ist auch die **Vereinbarung eines Kündigungsrechts** für den Fall der Insolvenzeröffnung in einem Mietvertrag unwirksam.[43] Der II. Zivilsenat begründet dies ebenfalls mit der herrschenden Auffassung im Schrifttum und führt aus, die vertragliche Vereinbarung eines Kündigungsrechts für den Fall der Insolvenzeröffnung beschränke die Anwendung der §§ 108 ff. InsO. Das Mietverhältnis über Räume bestehe nach § 108 Abs. 1 Satz 1 InsO im Fall der Insolvenzeröffnung fort. Nach § 109 Abs. 1 28

39 Zur ausführlichen Darstellung des Sach- und Streitstandes nebst umfangreichen Nachweisen: BGH, 15.11.2012 – IX ZR 169/11, ZInsO 2013, 292 Rn. 10 – 12 und BGH, 27.10.2022 – IX ZR 213/21, ZInsO 2023, 86 Rn. 13–15. Zum aktuellen Streitstand in der Literatur: Brackmann/Bierich/Holze, ZRI 2024, 573 ff.; Thomale, KTS 2024, 109 ff.; Becker, NZI 2024, 955 ff.

40 BGH, 27.10.2022 – IX ZR 213/21, ZInsO 2023, 86 Rn. 16; Pape/Reichelt/Schultz/Voigt-Salus/Schultz, InsR, § 30 Rn. 21.

41 BGH, 15.11.2012 – IX ZR 169/11, ZInsO 2013, 292 ff.; vgl. Rn. 27 ff. der Vorauflage zur Rezeptionsgeschichte und Reichweite dieses Urteils.

42 Vgl. zu der diesbezüglichen Kritik: MK-InsO/J.F. Hoffmann, § 119 InsO Rn. 36 m.w.N.

43 BGH, 22.10.2013 – II ZR 394/12, NJW 2014, 698, 699 Rn. 13 ff.

InsO könne es nur der Verwalter kündigen. Der Vermieter könne es gem. § 112 InsO nach dem Antrag auf Eröffnung des Insolvenzverfahrens noch nicht einmal wegen eines Verzugs mit der Entrichtung der Miete oder Pacht, der in der Zeit vor dem Eröffnungsantrag eingetreten sei, oder wegen einer Verschlechterung der Vermögensverhältnisse des Schuldners kündigen.

29 – Der VII. Zivilsenat des Bundesgerichtshofs hat hingegen erkannt, dass die in einen Bauvertrag einbezogenen Regelungen des § 8 Abs. 2 Nr. 1 Fall 2 i.V.m. § 8 Abs. 2 Nr. 2 VOB/B (2009) nicht wegen Verstoßes gegen §§ 103, 119 InsO unwirksam sind. Dies begründete er u.a. mit der besonderen Interessenlage der an einem Bauvertrag Beteiligten und der gesetzlichen Kündigungsmöglichkeit nach § 649 Satz 1 BGB aF (nunmehr § 648 BGB), wonach der Auftraggeber jederzeit berechtigt ist, den Werkvertrag zu kündigen. § 8 Abs. 2 Nr. 1 Fall 2 VOB/B (2009) habe **nur deklaratorische Bedeutung.**[44] Die Regelungen des § 8 Abs. 2 Nr. 2 VOB/B (2009) gingen regelmäßig nicht weiter als die dem Auftraggeber im Fall eines Eigeninsolvenzantrags des Auftragnehmers gesetzlich und aufgrund Richterrechts zustehenden Rechte. Verletze der Auftragnehmer seine Vertragspflichten derart, dass das Vertrauensverhältnis nachhaltig gestört oder die Erreichung des Vertragszwecks gefährdet seien, sei der Auftraggeber berechtigt, das Vertragsverhältnis außerordentlich zu kündigen. Dieses Kündigungsrecht ergebe sich zwar nicht unmittelbar aus § 314 BGB, da diese Vorschrift nur auf Dauerschuldverhältnisse anwendbar sei. Es sei jedoch richterrechtlich anerkannt und folge aus dem **Rechtsgedanken des § 314 BGB.** Bei Bauverträgen zerstöre der Auftragnehmer **durch einen Eigeninsolvenzantrag** in der Regel das für die Fortführung des Bauvertragsverhältnisses erforderliche Vertrauensverhältnis, weshalb der Auftraggeber berechtigt sei, das Vertragsverhältnis aus wichtigem Grund außerordentlich zu kündigen.[45]

30 – Zuletzt hat der IX. Zivilsenat in einem **neuen Grundsatzurteil**[46] ausgeführt, dass das Gesetz keine ausreichende Grundlage für die Annahme enthalte, dass insolvenzabhängige Lösungsklauseln generell unwirksam seien. In diesem Zusammenhang hat der Bundesgerichtshof die Voraussetzungen für die Wirksamkeit insolvenzbedingter Lösungsklauseln zugunsten von **Waren- oder Dienstleistungsgläubigern** fortentwickelt und verallgemeinert. Eine Beeinträchtigung des Wahlrechts des Insolvenzverwalters sei mit einer vertraglichen Lösungsklausel jedenfalls dann nicht verbunden, wenn diese sich **eng an eine gesetzliche Lösungsmöglichkeit anlehne.** Hierzu zählten nicht nur Lösungsklauseln, die an nicht insolvenzspezifische Umstände anknüpften, wie Verzug oder sonstige Vertragsverletzungen. Gleiches gelte vielmehr auch für **Kündigungsregelungen**, die als Kündigungsgrund allgemein das Vorliegen von Tatsachen bestimmten, auf Grund derer die Fortsetzung des Vertrags unzumutbar sei. Entsprechendes gelte für ver-

44 BGH, 07.04.2016 – VII ZR 56/15, ZInsO 2016, 1062 Rn. 25.
45 BGH, 07.04.2016 – VII ZR 56/15, ZInsO 2016, 1062 Rn. 39 ff.
46 BGH, 27.10.2022 – IX ZR 213/21, ZInsO 2023, 86 Rn. 31; NJW 2023, 603 m. Anm. Dahl/Schmidt; NZI 2023, 165 m. Anm. Lenger-Bauchowitz; NZG 2023, 474 m. Anm. Wollenweber; Brackmann/Bierich/Holze, ZRI 2024, 573 ff.; Thomale, KTS 2024, 109 ff.; Becker, NZI 2024, 955 ff.; MK-InsO/J.F. Hoffmann, § 119 InsO Rn. 38 ff.

tragliche Vereinbarungen, die – wie etwa **§ 314 BGB** oder **§ 648 a BGB** – eine Kündigung aus wichtigem Grund eröffneten. Auch gegen die Wirksamkeit einer Vereinbarung, die sich **eng an die gesetzliche Regelung der §§ 736, 738 BGB anlehne,** bestünden aufgrund von § 119 InsO keine Bedenken.[47] § 119 InsO erfasse jedoch Lösungsklauseln, deren Zweck sich bei objektiver Betrachtung der wechselseitigen Interessen der Parteien darauf beschränke, den Vertragspartner von den mit dem Vertrag eingegangenen Bindungen zu befreien und somit die **Ausübung des Wahlrechts nach § 103 InsO zu vereiteln.** Dies sei immer dann der Fall, wenn bei objektiver Betrachtung der wechselseitigen Interessen der Parteien aus der Sicht ex ante bei Vertragsschluss keine berechtigten Gründe für eine sofortige Auflösungsmöglichkeit allein aufgrund des Insolvenzfalls in Betracht kämen. Freie, anlasslose Lösungsrechte ohne rechtfertigenden Grund führten dazu, dass die privatautonom eingegangene Bindung an einen Vertrag letztlich negiert werde und sich eine Vertragspartei der aufgrund der übereinstimmenden Willenserklärungen entstandenen Pflichten aus einem vertraglichen Schuldverhältnis entziehen könne. Entscheidend sei, ob aus der Sicht ex ante – sei es im Hinblick auf die bei Vertragsabschluss bestehenden Umstände, sei es im Hinblick auf die durch eine Insolvenzsituation ausgelösten Umstände – für eine insolvenzabhängige Lösungsklausel ein **sachlicher Grund** bestehe, der der Lösungsklausel einen anderen Charakter verleihe als das bloße Bestreben des Vertragspartners, den Vertrag den zwingenden Regelungen der §§ 103–118 InsO zu entziehen.[48] Dementsprechend seien solche Lösungsklauseln wirksam, bei denen die Vertragsparteien **nach der Interessenlage zum Zeitpunkt des Vertragsschlusses** eine insolvenzrechtlich gerechtfertigte Zielsetzung **innerhalb der vertragsautonomen Gestaltung** der Verhältnisse verfolgten. Auch seien Lösungsklauseln wirksam, für die das Gesetz eine Kündigung aus wichtigem Grund zulasse und die vertragliche Ausgestaltung der wichtigen Gründe durch eine **typisierte Interessenbewertung** für die darin geregelten Fälle gerechtfertigt sei. Für die typisierte Bewertung sei entscheidend, ob die mit der Insolvenz einhergehenden Risiken die weitere Vertragserfüllung in einem Ausmaß gefährdeten, das nach der Art der geschuldeten vertraglichen Leistungen und der wechselseitigen Interessen der Parteien bei einer vom Einzelfall losgelösten Betrachtung einen wichtigen Grund darstellen könne.[49] Schließlich unterwirft der Bundesgerichtshof eine an sich wirksame Lösungsklausel einer an § 242 BGG zu messenden **Ausübungskontrolle:**[50] Hat der andere Vertragsteil kein schutzwürdiges Interesse an der Ausübung des vertraglich eingeräumten insolvenzabhängigen Lösungsrechts oder überwiegen die schutzwürdigen Belange des Schuldners das Interesse des Ausübungsberechtigten, schließt dies die Ausübung des insolvenzabhängigen Lösungsrechts mit Blick auf Treu und Glauben aus. Für **Geldleistungsgläubiger** schließt der Bundesgerichtshof eine wirksame Lösungsklausel in aller Regel aus.

47 BGH, 27.10.2022 – IX ZR 213/21, ZInsO 2023, 86 Rn. 18 f.
48 BGH, 27.10.2022 – IX ZR 213/21, ZInsO 2023, 86 Rn. 43 ff.
49 BGH, 27.10.2022 – IX ZR 213/21, ZInsO 2023, 86 Rn. 54 f.
50 BGH, 27.10.2022 – IX ZR 213/21, ZInsO 2023, 86 Rn. 56.

31 Damit ist jedenfalls das Schicksal einer Lösungsklausel für einen Vertrag zur fortlaufenden Lieferung von Waren oder Energie, für Kündigungsklauseln in einem Mietvertrag, für einen Bauvertrag nach Eigeninsolvenzantragstellung und Geldleistungsgläubiger höchstrichterlich geklärt. Im Übrigen folgt aus der Rechtsprechung, dass die Wirksamkeit von Lösungsklauseln jeweils **bezogen auf den konkreten Vertragstyp** zu prüfen ist. Hierbei ist insb. zu berücksichtigen, ob die **Klausel einer (spezial-) gesetzlich vorgesehenen Lösungsmöglichkeit** entspricht[51] bzw. **eng an sie angelehnt** ist. Je enger sie an eine gesetzliche vorgesehene Lösungsmöglichkeit angelehnt ist, desto eher wird sie wirksam sein. Ein Abweichen der Lösungsklausel von den gesetzlichen Lösungsmöglichkeiten **ohne berechtigte Gründe** führt demgegenüber im Regelfall zu ihrer Unwirksamkeit. Berechtigte Gründe, die sich auch aus den Besonderheiten der Interessenlage im Zeitpunkt des Insolvenzantrags oder der Insolvenzeröffnung, wie sie sich aus der **ex ante-Perspektive bei Vertragsschluss** darstellen, ergeben können, können daher die Wirksamkeit einer Lösungsklausel begründen.

c) Anfechtbarkeit bei einer Lösungsklausel

32 Lösungsklauseln – soweit sie nicht ohnehin nach der Rechtsprechung wegen § 119 InsO unwirksam sind[52] – unterliegen den **Regelungen der Insolvenzanfechtung.**[53] Zwar kann eine einheitliche Rechtshandlung, also ein Vertrag, nur insgesamt angefochten werden, während **einzelne Klauseln nicht anfechtbar** sind. Ist aber der Vertrag – wie im Fall einer Lösungsklausel – wegen einer einzelnen gläubigerbenachteiligenden Klausel anfechtbar, erfolgt die Rückgewähr so, als ob er ohne diese Klausel abgeschlossen worden wäre. In diesem Fall begrenzt nämlich das Ausmaß der Benachteiligung zugleich den Umfang der Anfechtungswirkung, so dass für die Rückabwicklung allein die benachteiligende Klausel entfällt. Demgegenüber ist es dem Anfechtungsgegner verwehrt, sich darauf zu berufen, er hätte den Vertrag ohne diese Klausel nicht geschlossen, soweit dieser bereits in Vollzug gesetzt worden ist.[54]

II. Anfechtungssystematik bei Prozessverhältnissen

1. Anfechtbarkeit von Prozesshandlungen

33 Die Anfechtbarkeit von durch **aktives Tun** vorgenommenen Prozesshandlungen ist Gegenstand von § 129 Abs. 1 InsO. *Beispiele*: Verzicht und Anerkenntnis, §§ 306, 307 ZPO; Klagerücknahme, § 269 ZPO; Geständnis, § 288 ZPO; auch Abschluss eines Prozessvergleichs (näher s.u. Rdn. 36 ff.).

34 Einem aktiven Tun steht gem. § 129 Abs. 2 InsO ein **Unterlassen** gleich. Anfechtbar ist insoweit aber nur die Wirkung einer wissentlich und willentlich unterlassenen

51 Pape/Reichelt/Schultz/Voigt-Salus/Schultz, InsR, § 30 Rn. 21.
52 Zu weiteren Einzelheiten vgl. die Vorauflage Rn. 40 ff.
53 Braun/Hartwig, § 119 InsO Rn. 9 m.w.N.
54 BGH, 11.11.1993 – IX ZR 257/92, NJW 1994, 449, 452 zur KO; Uhlenbruck/Sinz, § 119 InsO Rn. 26.

Handlung. Ausreichend, aber auch erforderlich ist daher beim anderen das Bewusstsein, dass die Nichthandlung zu irgendwelchen Rechtsfolgen führt.[55] *Beispiele:* Unterlassenes Bestreiten, § 138 Abs. 3 ZPO; unterlassener Einspruch gegen Vollstreckungsbescheid oder Versäumnisurteil, §§ 338, 700 ZPO; sonst unterlassene Rechtsmittel, insb. Berufung, Revision.

2. Rechtsfolgen

Die Rechtsfolge der Anfechtbarkeit bezieht sich **nicht** auf den durch die Rechtshand- 35
lung oder ihr Unterlassen eingetretenen Erfolg; es kann also nicht Rückgewähr eines Anerkenntnisurteils oder der Rechtskraft eines Titels verlangt werden. Der Anfechtungsgegner schuldet vielmehr **Verzicht** auf seine Rechte aus der Prozesshandlung, darf sich also etwa nicht auf sein Pfandrecht oder auf seine Rechte aus einem Titel berufen, soweit er diese Rechte nicht bereits realisiert hat bzw. eine durch Zwangsvollstreckung erlangte Sicherung nicht ohnehin automatisch mit Insolvenzeröffnung unwirksam geworden ist (§ 88 InsO). Hat sich der Gläubiger (innerhalb der Krise) durch Zwangsvollstreckung bereits befriedigt, wird diese als inkongruente Deckung gem. § 131 InsO angefochten. Eine Vorsatzanfechtung scheidet jedoch grds. aus, weil es an einer Rechtshandlung des Schuldners fehlt; das Hauptproblem in der Praxis liegt insoweit in der Zwangsvollstreckung und dabei in der Abgrenzung zur »freiwilligen« Leistung des Schuldners (sog. »Druckzahlung«) zwecks Abwendung der Zwangsvollstreckung,[56] wobei es auf den formalen Beginn der Zwangsvollstreckung nicht ankommt.[57]

3. Insolvenzanfechtung bei einem Prozessvergleich

Ein Prozessvergleich hat nach herrschender (wenn auch bestrittener) Meinung eine 36
Doppelnatur, besteht nämlich aus einem materiell-rechtlichen Rechtsgeschäft (§ 779 BGB; dazu s.o. Rdn. 8, 9) und einer Prozesshandlung. Anfechtungsrechtlich ist das kein Problem, weil Rechtshandlung i.S.d. § 129 Abs. 1 InsO jedes von einem Willen getragene Handeln ist, das rechtliche Wirkungen auslöst und das Vermögen des Schuldners zum Nachteil der Insolvenzgläubiger verändern kann.[58] Dazu gehören sowohl Willenserklärungen rechtsgeschäftlicher wie prozessualer Art; treten sie kombiniert auf, richtet sich die Anfechtung gegen jede von ihnen.

Da der Prozessvergleich selbst zwangsläufig nicht »zurückgewährt« werden kann, ist 37
Inhalt des Anfechtungsanspruchs, dass sich der Anfechtungsgegner weder auf die materiell-rechtliche noch auf die prozessrechtliche Wirkung des Vergleichs berufen darf. Der Insolvenzverwalter muss also entweder den alten Rechtsstreit fortsetzen oder eine neue Klage erheben. Was von beiden in Betracht kommt, ist eine schwierige

55 BGH, 22.12.2005 – IX ZR 190/02, BGHZ 165, 343 Rn. 19 = ZInsO 2006, 140.

56 Grundlegend BGH, 10.02.2005 – IX ZR 211/02, BGHZ 162, 143, 147 ff. = ZInsO 2005, 269; ausführl. zum Problem Huber, ZInsO 2005, 628; ders., in: GS Wolf, S. 443, 451 ff.

57 BGH, 10.12.2009 – IX ZR 128/08, ZInsO 2010, 226; dazu Huber, EWiR 2010, 189.

58 BGH, 05.02.2004 – IX ZR 437/00, ZInsO 2004, 499 = NZI 2004, 374 m. Anm. Huber.

prozessrechtliche Frage. Da eine Insolvenzanfechtung nicht zur Unwirksamkeit des Prozessvergleichs aus materiell-rechtlichen Gründen führt (s.o. Kap. 1 Rdn. 31 ff., 36), spricht viel für die Einleitung eines neuen Rechtsstreits.

B. Die gerichtliche Anspruchsdurchsetzung

Schrifttum

Bender/Häcker/Schwarz, Tatsachenfeststellung vor Gericht, 5. Aufl. 2021; *Blank/Blank*, Der Auskunftsanspruch des Insolvenzverwalters nach IFG bei fiskalischem Handeln der Behörde zur Vorbereitung einer insolvenzrechtlichen Anfechtung, ZInsO 2009, 1881; *Cymutta*, Die Übergangsvorschriften in der Anfechtungsreform, NZI 2017, 471; *Foerste*, Erhöhtes Risiko für Schuldtilgungen durch die Reform der Gläubigeranfechtung, JZ 2019, 168; *Gaul*, Rangfolge und Rangsicherung unter Befriedung suchenden konkurrierenden Anfechtungsgläubigern, FS K. Schmidt, 2009, S. 425; *ders.*, Sicherung der Gläubiger- und Insolvenzanfechtung durch Maßnahmen des einstweiligen Rechtsschutzes, KTS 2007, 133; *Gehrlein*, Subjektive Merkmale der Insolvenzanfechtung, FS Ganter, 2010, S. 169; *Geißler*, Rechtliche Fixpunkte und Fährnisse bei der Beitreibung der Insolvenzanfechtungsklagen, ZInsO 2016, 1401; *Jungclaus*, Zur Koordination von Einzelgläubiger- und Insolvenzanfechtung gem. §§ 16 bis 18 AnfG, KTS 2013, 23; *Haarmeyer*, Der Eintritt der materiellen Insolvenz und seine zentrale Bedeutung für das Insolvenzverfahren, ZInsO 2009, 1273; *Huber*, Rechtsdurchsetzung mittels Gläubigeranfechtung nach dem Anfechtungsgesetz, Teil 1: Grundlagen und Taktik (ohne Vorsatzanfechtung), DWIR 2019, 101; *ders.*, Grundlagen und taktische Regeln zum neu gefassten § 3 AnfG, DZWIR 2019, 501; *ders.*, Das anfechtungsrechtlich privilegierte, aber januskköpfige Bargeschäft nach § 142 InsO, ZInsO 2013, 1049 (ergänzter Beitrag aus FS Haarmeyer, 2013, S. 111); *ders.*, Indiztatsachen und Beweiskraft im insolvenzrechtlichen Anfechtungsprozess, ZInsO 2012, 53; *ders.*, Kein Rechtsweg für Insolvenzanfechtungsklagen gegen Sozialversicherungsträger zum Sozialgericht, ZInsO 2011, 519; *ders.*, Keine Zuständigkeit des Familiengerichts für Insolvenzanfechtungsklagen, NZI 2013, 680; *ders.*, Einzelrichter- und Kammerzuständigkeit (am Landgericht), JuS 2011, 114; *ders.*, Der anfechtungsrechtliche Indizienprozess – am Beispiel der Kongruenzanfechtung rückständiger Lohnzahlungen an Arbeitnehmer, FS Ganter, 2010, S. 203; *ders.*, Behauptung nur vermuteter Tatsachen im Anfechtungsprozess, FS Gerhardt, 2004, S. 379; *Kayser*, Die Entkräftung der die Insolvenzanfechtung begründenden Vermutungen und Indizien, WM 2013, 293; *Kirchhof*, Gemeinsamkeiten von sowie Unterschiede zwischen Insolvenz- und Einzelgläubigeranfechtung, FS Haarmeyer, 2013, S. 129; *Kirstein*, Ermittlung von Insolvenzanfechtungsansprüchen, ZInsO 2014, 1541; *Kreft*, Der Rechtsweg für Insolvenzanfechtungsklagen, ZIP 2013, 241; *Schmittmann*, Informationsfreiheit für Insolvenzverwalter gegenüber der Finanzverwaltung zur Vorbereitung der Geltendmachung von insolvenzanfechtungsrechtlichen Rückgewähransprüchen, FS Pape, 2019, S. 355 (Zweitveröffentlichung ZInsO 2019, 1501); *ders.*, Auskunftsansprüche des Insolvenzverwalters gegen die Finanzverwaltung anhand aktueller Rechtsprechung, ZInsO 2010, 1469; *ders.*, Ansprüche des Insolvenzverwalters gegen die Finanzverwaltung aus dem Informationsfreiheitsrecht, NZI 2012, 633; *Vallender*, Konkurrenz von Gläubigeranfechtung und Insolvenzverfahren, FS Maier-Reimer, 2010, S. 777.

I. Vorfeld der Anfechtungsklage

1. Auskunftsanspruch

a) Bürgerlich-rechtliche Grundsätze

Ist beim Schuldner Vermögen abgeflossen, fehlen dem Insolvenzverwalter oft die für 38 die Geltendmachung von Ansprüchen nötigen Einzelheiten, weil die Buchhaltung des Schuldners oft lückenhaft oder sogar nicht existent ist. Eine Möglichkeit der Informationsgewinnung liegt in der Pflicht des **Schuldners** bzw. seiner organschaftlichen Vertreter und Angestellten nach §§ 20, 97–99, 101 InsO, über alle das Insolvenzverfahren betreffenden Verhältnisse **Auskunft** zu geben, und der Möglichkeit des Insolvenzgerichts nach § 5 Abs. 1 Satz 2 InsO, die Vernehmung von Zeugen anzuordnen, denen allerdings häufig ein persönliches (§ 383 ZPO) oder sachliches (§ 384 Nr. 1 ZPO) Zeugnisverweigerungsrecht zustehen wird. Auch wenn solche Maßnahmen in der Praxis nur sehr selten wirklichen Erfolg bringen, sollte der Insolvenzverwalter nicht von vorneherein auf sie verzichten. Denn aus der Auskunftsberechtigung des Insolvenzverwalters ergibt sich als Kehrseite, dass er sich in einem Gerichtsprozess ohne vorherige Auskunftsversuche nach §§ 97 ff. InsO weder gem. § 138 Abs. 4 ZPO mit Nichtwissen erklären[59] noch von seinem nicht beweisbelasteten Prozessgegner weiteren Vortrag im Rahmen der sog. sekundären Darlegungslast verlangen kann.[60]

Daneben stellt u.a. der allgemeine zivilrechtliche Auskunftsanspruch gegenüber Gläubigern des Insolvenzschuldners oder sonstigen Leistungsempfängern i.R.d. §§ 133, 134 InsO eine weitere Möglichkeit der Informationsbeschaffung dar.

Einen solchen Auskunftsanspruch gegen einen **Dritten als potenziellen Anfechtungsgegner** kann der Insolvenzverwalter allerdings nur dann mit Erfolg geltend machen, 39 wenn ein Anfechtungsanspruch bereits dem Grunde nach feststeht und nur noch dessen Rechtsfolgen zu bestimmen sind (Art der Rückgewähr in Natur oder Wertersatz? Umfang des Wertersatzanspruchs?); die Auskunftspflicht ergibt sich dann unmittelbar aus dem Rückgewährschuldverhältnis.[61] Solange ein Rückgewährschuldverhältnis nicht feststeht, hat sich der Verwalter wegen aller benötigten Auskünfte an den Schuldner zu halten. Daher gibt es **keine allgemeine Auskunftspflicht** nach bürgerlichem Recht (zum öffentlichen Recht sogleich) bei dem bloßen Verdacht eines

59 BAG, 18.09.2014 – 6 AZR 145/13, ZInsO 2015, 47 Rn. 28 ff.; BGH, 16.11.2012 – V ZR 179/11, ZInsO 2013, 497 Rn. 16; 15.03.2012 - IX ZR 249/09, ZInsO 2012, 693 Rn. 16; LAG Hamburg, 18.03.2015 – 5 Sa 47/14, ZInsO 2015, 1921 Rn. 30; BeckOK InsR/Kramer, § 97 InsO Rn. 17.

60 OLG Düsseldorf, 19.09.2019 – I-12 U 38/19, ZInsO 2019, 2631 Rn. 5; OLG Koblenz, 29.10.2020 – 1 U 209/17, ZVI 2021, 104 Rn. 103 ff.; BeckOK InsR/Kramer, § 97 InsO Rn. 17.

61 BGH, 14.02.2019 – IX ZR 149/16, ZInsO 2019, 781; 21.01.1999 – IX ZR 429/97, ZInsO 1999, 163.

anfechtbaren Erwerbs[62] – auch nicht ggü. dem Insolvenzgericht.[63] Es besteht folglich etwa kein (bürgerlich-rechtlicher) Auskunftsanspruch ggü. einem Arbeitgeber[64] oder – sehr praxisrelevant – gegen die Finanzverwaltung,[65] auch nicht in Form eines generellen Akteneinsichtsrechts des Insolvenzverwalters,[66] es sei denn, es besteht dem Grunde nach ein Anfechtungsanspruch.[67]

40 **Erleichterungen** für den Klagevortrag ergeben sich dann in der Praxis lediglich daraus, dass nach Ausschöpfung der gesetzlichen Möglichkeiten (Rdn. 38) im Anfechtungsprozess die **Behauptung nur vermuteter Tatsachen** mit der Folge einer sekundären Darlegungslast für den Anfechtungsgegner zulässig ist (Rdn. 89 ff.).[68]

b) Öffentlich-rechtlicher Auskunftsanspruch nach dem Informationsfreiheitsgesetz (IFG)

41 Ein Auskunftsanspruch des Insolvenzverwalters kann nach den Informationsfreiheitsgesetzen des Bundes oder der jeweiligen Länder[69] bestehen.[70] Da solche Informationsansprüche öffentlich-rechtlicher Natur sind, muss ein Insolvenzverwalter sie vor den Verwaltungsgerichten geltend machen.[71] Dem steht nicht schon die soeben dargelegte, einen allgemeinen bürgerlich-/insolvenzrechtlichen Auskunftsanspruch verneinende Rechtsprechung des BGH entgegen, weil sie die spezialgesetzlich im (Bundes- bzw. Landes-) IFG geregelten Informationsansprüche nicht verdrängen kann.[72] Die Bestimmungen über die Erteilung von Auskünften (§§ 97 ff., 101 InsO) sind nämlich keine »Regelungen in anderen Rechtsvorschriften« i.S.v. § 1 Abs. 3 IFG, die dem Informationsfreiheitsgesetz vorgehen könnten; für § 242 BGB gilt nichts anderes. Und der Ausschluss des Anspruchs auf Informationszugang gem. § 3 Nr. 1 Buchst. g) IFG

---

62 BGH, 13.08.2009 – IX ZR 15/06, ZInsO 2009, 1810.

63 BGH, 07.02.2008 – IX ZB 137/07, ZInsO 2008, 320.

64 BAG, 27.06.1990 – 5 AZR 334/89, NJW 1990, 3293.

65 FG Düsseldorf, 14.05.2008 – 4 K 242/07, ZInsO 2009, 681.

66 Z.B. FG Saarbrücken, 17.12.2009 – 1 K 1598/08, ZInsO 2010, 484; FG Neustadt, 24.11.2009 – 1 K 1752/07, ZIP 2010, 892; FG Münster, 17.09.2009 – 1 K 1514/08, ZIP 2010, 2400.

67 BFH, 10.02.2011 – VII B 183/10, ZIP 2011, 883 Rn. 8.

68 LAG Hessen, 14.11.2012 – 18 Sa 1483/11, ZInsO 2013, 1032.

69 Übersicht über die Länder, bei denen es ein IFG gibt, und die Länder, bei denen es noch fehlt: s. Kap. 4 Rdn. 245, 246.

70 Näher zu den Ansprüchen des Insolvenzverwalters speziell gegen die Finanzverwaltung vgl. auch Schmittmann, NZI 2012, 633; ders. in: FS Pape, 2019, 355 (Zweitveröffentlichung ZInsO 2019, 1501); zur Abhängigkeit der »erfolgreichen« Insolvenzanfechtung von dem Anspruch des Insolvenzverwalters auf Erteilung von Auskünften/Informationen gegenüber der Finanzverwaltung vgl. auch Deichgräber/Krüger, ZInsO 2018, 2063.

71 BGH, 18.02.2016 – IX ZR 45/14, ZInsO 2016, 597.

72 BVerwG, 09.11.2010 – 7 B 43/10, ZInsO 2011, 49 (Bestätigung der Vorinstanz OVG Rheinland-Pfalz, 23.04.2010 – 10 A 10091/10, ZIP 2010, 1091). Ebenso OVG Rheinland-Pfalz, 12.02.2010 – 10 A 11156/09, ZInsO 2010, 1708; vgl. aus praktischer Sicht Schmittmann/Böing, InsbürO 2010, 15; Schmittmann/Kupka, InsbürO 2009, 83 ff.

setzt nachteilige Auswirkungen auf ein *laufendes* Gerichtsverfahren voraus; eine entsprechende Anwendung auf ein *bevorstehendes* Gerichtsverfahren scheidet aus, der Informationszugang besteht vielmehr gerade auch dann, wenn die Informationserlangung der Vorbereitung einer Insolvenzanfechtung dienen soll.[73] Für entsprechende Auskunftsklagen ist der **Verwaltungsrechtsweg** gegeben.[74]

Allerdings scheitert ein Auskunftsanspruch nunmehr zumindest gegenüber den **Finanzbehörden** an **§§ 32a, 32c Abs. 1 Nr. 2 AO**, solange ein Anfechtungsanspruch noch nicht feststeht. Die Regelung des am 25.05.2018 in Kraft getretenen § 32e AO erstreckt die in den §§ 32a – 32d AO vorgesehenen Beschränkungen des Auskunftsanspruchs aus Art. 15 DSGVO mittels Rechtsfolgenverweisung auch auf Informationszugangsansprüche, die sich aus den Informationsfreiheitsgesetzen des Bundes oder der Länder ergeben. Nach seinem Sinn und Zweck ist § 32c Abs. 1 Nr. AO dahin gehend zu verstehen, dass die Formulierung »geltend gemacht« auch »noch geltend zu machende« bzw. »mögliche« Ansprüche umfasst.[75] Damit bieten die Informationsfreiheitsgesetze jedenfalls gegenüber Finanzbehörden keine erfolgversprechende Grundlage für Auskunftsansprüche des Insolvenzverwalters mehr, solange ein Anfechtungsanspruch nicht dem Grunde nach feststeht.[76] 42

Voraussetzung für jeden Auskunftsanspruch nach IFG ist die Einhaltung des im jeweiligen Bundes- oder Landesgesetz vorgeschriebenen Verwaltungsverfahrens.[77] Die **praxistypischen Fallgestaltungen** betreffen v.a. Steuerbehörden und Sozialversicherungsträger[78] bzw. ihre Vollstreckungsbehörden[79] oder fiskalisches Handeln einer Behörde, so etwa die Auskunft über Einzelheiten zur Direktzahlung einer Landesbehörde als öffentlicher Auftraggeber an den Subunternehmer des später insolventen Bauunternehmers.[80] 43

Nach höchstrichterlicher Rechtsprechung kann der Insolvenzverwalter ein Auskunftsersuchen schließlich nicht mit Erfolg auf das Datenschutzrecht, insb. auf Art. 15 **DSGVO** stützen. Nach der Rechtsprechung des Bundesverwaltungsgerichts und des 44

---

73 BVerwG, 26.04.2018 – 7 C 5/16, ZInsO 2018, 1907; OVG Rheinland-Pfalz, 23.04.2010 – 10 A 10091/10, ZIP 2010, 1091.

74 Vgl. nur BSG, 04.04.2012 – B 12 SF 1/10 R, ZInsO 2012, 1789; BFH, 08.01.2013 – VII ER-S 1/12, ZInsO 2013, 500; BVerwG, 15.10.2012 – 7 B 2/12, ZInsO 2012, 2140.

75 BFH, 05.12.2023 – IX B 108/22, ZInsO 2024, 144; BVerwG, 25.02.2022 – 10 C 4/20 (7 C 31/17), ZInsO 2022, 1605.

76 Mönning/Schmittmann, Betriebsfortführung in Restrukturierung und Insolvenz, Rn. 100 ff.

77 BGH, 13.08.2009 – IX ZR 58/06, ZInsO 2009, 1810 Rn. 8; ausführl. zum Problem Schmittmann, ZInsO 2010, 1469.

78 Vgl. neben den in den vorstehenden Fn. zitierten Entscheidungen des BVerwG bzw. der OVG z.B. noch: VG Minden, 12.08.2010 – 7 K 23/10, ZInsO 2010, 1839; VG Stuttgart, 18.08.2009 – 8 K 1011/09, ZInsO 2009, 1858.

79 Z.B. Hauptzollamt im Fall des BVerwG, 09.11.2010 – 7 B 43/10, ZIP 2011, 41.

80 Ausführl. mit Schilderungen einer praxistypischen Fallgestaltung Blank/Blank, ZInsO 2009, 1881.

Bundesfinanzhofs ist dem Insolvenzverwalter auf dieser Grundlage grundsätzlich kein Zugang zu steuerlichen Daten des Schuldners zu gewähren.[81]

2. Ermitteln anfechtbarer Rechtshandlungen

45 Kann sich der Insolvenzverwalter die notwendigen Informationen auf die beschriebene Weise nicht verschaffen, muss er **andere Erkenntnisquellen** erschließen. Er darf sich jedenfalls nicht mit der Verfolgung nur derjenigen Anfechtungsansprüche begnügen, die bei Durchsicht der (erfahrungsgemäß ohnehin meist unvollständigen) Geschäftsunterlagen mehr oder weniger routinemäßig auffallen (ggü. Sozialversicherungsträgern, Finanzämtern, Banken, insb. Kontokorrentverrechnungen) oder die wegen eines (seit Insolvenzeröffnung unterbrochenen) Anfechtungsprozesses eines Einzelgläubigers bekannt sind (s.u. Rdn. 73 ff.). Erforderlich ist vielmehr ein **gezieltes Forschen** nach potenziell anfechtbaren Rechtshandlungen; dabei kann auch die Beauftragung externer Dienstleister in Betracht kommen.[82] Jedenfalls gibt es »keine Unschuldsvermutung«, d.h. keine anfechtungsrechtlich an sich unverdächtigen Rechtshandlungen.

46 Zur Illustration nur folgende *Beispiele*: Überprüfung außergerichtlicher Vergleiche (s.o. Rdn. 8), aber auch von Prozessvergleichen; Analysierung des Lebensstils des Schuldners, insb. seiner bevorzugten Urlaubsziele zwecks Überprüfung, ob dorthin Vermögen »ausgelagert« wurde. Zu weiteren Fallgestaltungen wird i.Ü. auf den schon behandelten **Leitfaden zur Ermittlung von Anfechtungsansprüchen sowie möglichen Einwendungen des Anfechtungsgegners und Reaktionsmöglichkeiten des Verwalters (oben Kap. 2)** verwiesen.

47 Detailwissen zu einzelnen, Erfolg versprechenden Ermittlungsmaßnahmen lässt sich nur dann erfolgreich umsetzen, wenn Klarheit über den **grundsätzlichen methodischen Ansatz** besteht. Dazu gilt: Alle Untersuchungen müssen zeitlich bereits an den Eintritt der materiellen Insolvenz[83] anknüpfen, auf den – späteren – Insolvenzantrag oder die Insolvenzeröffnung kommt es erst in zweiter Linie an.

48 Daraus ergibt sich Folgendes:

(1) Feststellung des Zeitpunkts der materiellen Insolvenz; die verschiedenen (möglicherweise einschlägigen) Anfechtungstatbestände und -fristen haben in diesem Stadium noch keine Bedeutung, weshalb sie vorerst außer Betracht bleiben.

(2) Von diesem Fixpunkt aus ist dann der Blick zunächst abschnittsweise – sozusagen in Monats- und Jahresringen – nach vorne zu richten mit der Frage: Welche Vermögenslage bestand damals, wie hat sie sich bis Insolvenzantrag bzw. Insolvenzeröffnung entwickelt und wo ist das abgeflossene Vermögen geblieben.

(3) In einem weiteren Schritt muss der Blick dann umgekehrt –nach derselben Methode unter Vergleich der jeweiligen Vermögenslagen – vom Zeitpunkt des Eintritts der materiellen Insolvenz nach rückwärts gehen. Denn erfahrungsgemäß werden die

81 BFH, 05.12.2023 – IX B 108/22, ZInsO 2024, 144; BVerwG, 25.02.2022 – 10 C 4/20 (7 C 31/17), ZInsO 2022, 1605.

82 Graeber, ZInsO 2013, 1056 ff.

83 Haarmeyer, ZInsO 2009, 1273.

Weichen für spätere Vermögensverschiebungen schon deutlich vor Eintritt der materiellen Insolvenz, also bei (vermeintlich) noch unverdächtiger Lage gestellt werden. Denn der Schuldner handelt oft nach der Maxime »*Verstecke in der Zeit, dann hast du in der Not!*«.

(4) Der letzte Schritt dient schließlich der Subsumtion. Erst jetzt betrachtet man die Zeiträume vom Insolvenzantrag ab rückwärts, und zwar nun erst zerlegt nach den jeweiligen Anfechtungsfristen (3 Monate, 1, 2, 4 und 10 Jahre) und konkret bezogen auf die übrigen objektiven und subjektiven Anfechtungsvoraussetzungen.

Mit diesen vier Arbeitsschritten lassen sich im konkreten Einzelfall die entscheidenden 49 wirtschaftlichen Verflechtungen durchschauen und der anfechtungsrechtlich jeweils maßgebliche Zeitpunkt der Vornahme einer Rechtshandlung (§ 140 InsO) zuverlässig bestimmen. Zugleich wird nur auf diese Weise der Grundstein für eine aussichtsreiche Strategie gegen den in der Praxis vorherrschenden Befund gelegt.

II. Anfechtungsklage

1. Grundsätze zur gerichtlichen Geltendmachung

Der Anfechtungsanspruch muss vom Insolvenzverwalter – sofern er sich darüber nicht 50 vorprozessual durch Vergleich mit dem Anfechtungsgegner einigt (s.o. Rdn. 36) – gerichtlich geltend gemacht werden entweder durch **Klage, Widerklage bzw. gleichgestellte Maßnahmen** oder durch **Einrede**, wenn der Kläger den gegen den Verwalter eingeklagten Anspruch anfechtbar erworben hat; näher zu den **Klagearten** s.u. Rdn. 59, 60.

Eine vor Insolvenzeröffnung zwischen Schuldner und dem jetzigen Anfechtungsgeg- 51 ner vereinbarte **Schiedsklausel**, Streitigkeiten durch ein Schiedsgericht entscheiden zu lassen, steht der Erhebung einer Anfechtungsklage nicht entgegen.[84] Ist allerdings ein Schiedsverfahren schon vor Insolvenzeröffnung eingeleitet worden, kann der Insolvenzverwalter das Anfechtungsrecht in diesem weder durch Einrede noch durch Schieds(Wider) klage, sondern nur im anschließenden Verfahren zur Erklärung der Vollstreckbarkeit oder Aufhebung des Schiedsspruchs gem. § 146 Abs. 2 InsO einredeweise geltend machen.[85]

Es gibt keine Ausübung des Anfechtungsrechts im Rahmen einer **Nebenintervention.**[86] 52

▶ Beispiel:

Ein Zessionar klagt die ihm vom späteren Insolvenzschuldner anfechtbar abgetretene Forderung ein, die aber der Beklagte (Schuldner der Forderung) in Kenntnis der Abtretung bereits an den Verwalter gezahlt hatte, dem er deshalb den

84 BGH, 30.06.2011 – III ZB 59/10, ZInsO 2011, 1457 Rn. 14; 17.01.2008 – III ZB 11/07, ZInsO 2008, 269 Rn. 17.

85 BGH, 17.01.2008 – III ZB 11/07, ZInsO 2008, 269 Rn. 17.

86 BGH, 01.12.1988 – IX ZR 112/88, BGHZ 160, 127.

Streit verkündet. Hier hilft der Beitritt als Nebenintervenient aufseiten der beklagten Partei nicht, weil nach der Rechtsprechung des BGH aus dieser Position heraus die Anfechtungseinrede nicht wirksam erhoben werden kann; der Verwalter muss vielmehr den Zessionar mit einer eigenen Anfechtungsklage auf Rückübertragung der Forderung in Anspruch nehmen.

53 Der Insolvenzverwalter hat den Anfechtungsanspruch innerhalb der **Verjährungsfrist** des § 146 Abs. 1 InsO gerichtlich geltend zu machen oder für eine rechtzeitige Hemmung zu sorgen, um dem Anfechtungsgegner die Einrede nach § 214 Abs. 1 BGB abzuschneiden. Wegen der Einzelheiten wird auf die Kommentierung zu § 146 InsO verwiesen. Wird der Anfechtungsanspruch nur verteidigungsweise eingewendet, steht dem Insolvenzverwalter aber auch dann noch das Leistungsverweigerungsrecht des § 146 Abs. 2 InsO zu, wenn der Anfechtungsanspruch selbst verjährt ist.

2. Rechtswegzuständigkeit

54 Der Anfechtungsanspruch entsteht kraft Gesetzes mit der Insolvenzeröffnung (s.o. Kap. 1 Rdn. 54) und ist bürgerlich-rechtlicher Natur (§ 13 GVG), unabhängig davon, ob die angefochtene Rechtshandlung zum bürgerlichen Recht oder zu einem anderen Rechtsgebiet – z.B. dem Steuer- oder Sozialversicherungsrecht – gehört. Er muss also stets vor den **ordentlichen Gerichten** geltend gemacht werden.[87] Eine **Ausnahme** gilt allein für die Klage des Insolvenzverwalters gegen einen Arbeitnehmer auf Rückgewähr der vom schuldnerischen Unternehmen geleisteten Vergütung, wofür nach der **Entscheidung des Gemeinsamen Senats der obersten Gerichtshöfe (GmS-OGB)** die ArbG zuständig sind (s.o. Kap. 4 Rdn. 798 ff.). Hat der Schuldner aber nicht als Arbeitgeber gehandelt, etwa weil er Lohnzahlungspflichten eines Dritten erfüllt hat[88], oder hat er tarifvertragliche vermögensrechtliche Pflichten erfüllt, indem er Beitragszahlungen an eine Sozialeinrichtung des privaten Rechts erbracht hat,[89] bleibt es dabei, dass der Rechtsweg zu den ordentlichen Gerichten eröffnet ist.

55 Die Entscheidung des Gemeinsamen Senats der obersten Gerichtshöfe lässt sich **nicht** auf Insolvenzanfechtungsklagen gegen öffentlich-rechtliche Gläubiger übertragen,[90] insb. nicht auf solche gegen Sozialversicherungsträger;[91] zumal hier schon keine besondere Schutzbedürftigkeit der Arbeitnehmer besteht. Würde sich der Standpunkt des GmS-OGB, die Rechtsfolge des Anfechtungsrechts sei die »Umkehr« des ursprünglichen Erfüllungsvorgangs, und damit die Rechtswegspaltung durchsetzen,[92] drohten sechs verschiedene Rechtswege für Insolvenzanfechtungsklagen, nämlich zu den

87 BGH, 24.09.2015 – IX ZR 55/15, ZInsO 2016, 94 Rn. 23; 06.12.2012 – IX ZB 84/12, ZInsO 2013, 30 Rn. 6; BFH, 18.04.2023 – VII R 35/19, ZInsO 2024, 254; ausführl. und grds. zum Rechtsweg Kreft, ZIP 2013, 241.

88 BGH, 19.07.2012 – IX ZB 27/12, ZInsO 2012, 1538.

89 BGH, 06.12.2012 – IX ZB 84/12, ZInsO 2013, 30.

90 Huber, ZInsO 2011, 519.

91 BGH, 24.03.2011 – IX ZB 36/09, ZInsO 2011, 723.

92 Ries, ZInsO 2012, 1751 ff.

ordentlichen Zivil-, den Arbeits-, den Finanz-, den Sozial-, den Verwaltungs- und den Strafgerichten.[93] Allein die Frage des Rechtswegs zu den Arbeitsgerichten ist durch die Entscheidung des GmS-OGB geklärt. Für den Anspruch auf Rückgewähr in anfechtbarer Weise geleisteter Steuern hat der BFH demgegenüber bereits entschieden, dass es sich dabei nicht um einen Anspruch aus dem Steuerschuldverhältnis handelt, sondern er davon wesensverschieden und bürgerlich-rechtlicher Natur ist.[94] Ganz auf dieser Linie liegt auch das BAG, demzufolge der Rechtsweg zu den ordentlichen Gerichten gegeben ist, wenn der Insolvenzverwalter vom Finanzamt Rückgewähr der vom Schuldner entrichteten Lohn- und Annexsteuern verlangt.[95]

Schließlich lässt sich mit der Entscheidung des GmS-OGB auch **keine familienrechtliche Zuständigkeit** (§ 23b GVG, § 266 Abs. 1 FamFG) begründen, bei der es sich wegen § 17a Abs. 6 GVG um eine Frage des Rechtswegs handelt. Erhebt also etwa ein Insolvenzverwalter Klage auf Rückgewähr der vom Ehemann (späterem Insolvenzschuldner) an seine Ehefrau (möglicherweise) anfechtbar erbrachten Unterhaltsleistungen oder anderer Zuwendungen, bleibt es bei der Zuständigkeit der allgemeinen Zivilgerichte, darf also **nicht** an das Große Familiengericht verwiesen werden.[96] Bei anfechtungsrechtlichen Streitigkeiten nach §§ 129 ff. InsO handelt es sich nicht um sonstige Familiensachen im Sinne von § 266 Abs. 1 Nr. 3 FamFG. Der Insolvenzverwalter über das Vermögen einer der in § 266 Abs. 1 Nr. 3 FamFG genannten Personen gehört bereits nicht dem vom Gesetz eng umgrenzten Kreis von Personen an, die in einem besonderen familienrechtlichen Verhältnis zueinander stehen. Er macht auch nicht etwa Ansprüche des Schuldners in dessen Namen geltend, sondern verfolgt als Partei kraft Amtes in eigenem Namen originäre gesetzliche Ansprüche zu Gunsten der Insolvenzmasse, deren Geltendmachung ihm vorbehalten ist und die einem eigenen rechtlichen Regelungsregime unterliegen.[97] Ein enger familienrechtlicher Zusammenhang besteht insoweit nicht.[98] 56

Der Einwand der **Anfechtbarkeit bei einer Aufrechnung** nach § 96 Abs. 1 Nr. 3 InsO (näher dazu s.o. Kap. 1 Rdn. 45 ff.) ist nicht rechtswegbestimmend.[99] Klagt der Insolvenzverwalter eine Forderung ein und beruft er sich darauf, dass diese durch die aus insolvenzrechtlichen Gründen unzulässige Aufrechnung des Gegners nicht erloschen ist, so wird also nicht allein deshalb der Rechtsweg zu den ordentlichen 57

93 Kreft, ZIP 2013, 241, 242, 252; vgl. dazu auch Huber, ZInsO 2013, 1049, 1056.
94 BFH, 12.11.2013 – VII R 15/13, ZInsO 2014, 669.
95 BAG, 17.09.2014 – 10 AZB 4/14, NZI 2014, 1013.
96 So aber LG Kleve, 04.04.2013 – 4 O 258/12, NZI 2013, 700.
97 BGH, 18.09.2024 – XII ZB 25/24, ZInsO 2024, 2450 Rn. 11; 24.03.2011 – IX ZB 36/09, ZInsO 2011, 723 Rn. 6.
98 BGH, 18.09.2024 – XII ZB 25/24, ZInsO 2024, 2450 Rn. 11; LG Heilbronn, ZInsO 2019, 686; Prütting/Helms/Heiter, FamFG, 6. Aufl., § 266 FamFG Rn. 55; Zöller/Feskorn, ZPO, § 266 FamFG Rn. 16; Huber, NZI 2013, 680, 681 ff.; ders., ZInsO 2013, 1683; Henssler/Ulmer, ZInsO 2015, 2557, 2559; differenzierend: Maurer, NZFam 2020, 693, 696 ff.; a.A. LG Kleve, 04.04.2013 – 4 O 258/12, NZI 2013, 700.
99 BGH, 02.06.2005 – IX ZB 235/04, ZInsO 2005, 707.

Gerichten begründet. Denn im Fall des § 96 Abs. 1 Nr. 3 InsO ist die Aufrechnung schon kraft Gesetzes unwirksam, so dass es gerade keiner – klageweisen Geltendmachung der – Insolvenzanfechtung bedarf, vielmehr wird die ursprüngliche schuldrechtliche Hauptforderung eingeklagt und die Anfechtbarkeit der Aufrechnung nur inzidenter geprüft.

▶ Beispiele:

58 – Hat der Insolvenzverwalter über das Vermögen eines Pflegedienstes Bezahlung von Leistungen für Versicherte der beklagten Krankenkasse gefordert, die mit rückständigen Sozialversicherungsbeiträgen aufrechnete, gilt:[100] Da für die Zahlungsklage ein SG zuständig und die Aufrechnungsforderung nicht rechtswegfremd[101] ist, verbleibt es beim Rechtsweg für sozialrechtliche Ansprüche (Angelegenheit der Pflegeversicherung: § 51 Abs. 1 Nr. 2, Abs. 2 Satz 1 SGG).
– Da Zivilgerichte an einen wirksamen Bescheid gebunden sind, mit dem das FA eine Insolvenzsteuerforderung mit einem Vorsteuervergütungsanspruch der Masse verrechnet hat, sind Einwendungen des Insolvenzverwalters gegen die Zulässigkeit der Aufrechnung im Wege der Klage zu den FG zu erledigen.[102]
– Nichts anderes gilt, wenn ein vorläufiger Insolvenzverwalter den auf seine Honorarzahlung aus gerichtlicher Vergütungsfestsetzung entfallenden Umsatzsteuerbetrag als Vorsteuer in der Voranmeldung des schuldnerischen Unternehmens in Ansatz bringt. In einem solchen Fall hatte das FA den Vorsteuerbetrag mit vorinsolvenzlichen Steuerforderungen verrechnet, weshalb über die auf Unwirksamkeit der Aufrechnung (§ 96 Abs. 1 Nr. 3 InsO) gestützte Klage des Insolvenzverwalters das FG zu entscheiden hatte.[103]

3. Klagearten

59 Die Anfechtungsklage ist grds. **Leistungsklage,** mit der die konkrete Rückgewähr des anfechtbar veräußerten Gegenstands oder die Duldung der Zwangsvollstreckung in diesen verlangt wird. Wird Zahlung geschuldet – wie insb. beim Wertersatzanspruch – kommt auch ein Grundurteil (§ 304 ZPO) in Betracht.[104] Bei bestehendem Feststellungsinteresse i.S.d. § 256 ZPO kommt auch eine **Feststellungsklage/-widerklage** in Betracht, wenn ein entsprechendes Urteil zur endgültigen Streitbeilegung

100 BGH, 02.06.2005 – IX ZB 235/04, ZInsO 2005, 707.
101 Zur Reichweite des § 17 Abs. 2 Satz 1 GVG bei einer Aufrechnung mit einer rechtswegfremden Forderung vgl. Musielak/Voit/Stadler, ZPO, § 145 ZPO Rn. 30 ff.
102 BGH, 21.09.2006 – IX ZR 89/05, ZInsO 2006, 1219.
103 Vgl. BFH, 02.11.2010 – VII R 6/10, ZInsO 2011, 283; der Abrechnungsbescheid des FA hatte keinen Bestand, weil der BFH (in Änderung seiner Rspr.) die dort vorgenommene Verrechnung für unwirksam hielt.
104 BGH, 21.12.2010 – IX ZR 199/10, ZInsO 2011, 183 Rn. 14.

führt und erwartet werden kann, dass der Beklagte auf den Feststellungsanspruch hin leisten wird.[105]

Wegen der Rechtsprechung zur Qualität des Anfechtungsanspruchs in der Insolvenz des Anfechtungsgegners (s.o. Kap. 1 Rdn. 33) wird man – auch auf dem Boden der schuldrechtlichen Theorie – eine **Drittwiderspruchsklage** zulassen müssen.[106] Der Insolvenzverwalter kann also nach § 771 Abs. 1 ZPO vorgehen, wenn der Gläubiger des *Anfechtungsgegners* bei diesem den vom Schuldner anfechtbar erworbenen Gegenstand gepfändet hat. Das gilt analog, wenn der Gläubiger des *Schuldners* dort dessen Gegenstand gepfändet hat; der Insolvenzverwalter ist also nicht auf eine Anfechtungsklage (Anfechtung der Zwangsvollstreckung) beschränkt und wird sich für eine Drittwiderspruchsklage insb. dann entscheiden, wenn dort einstweiliger Rechtsschutz (§§ 771 Abs. 3, 769 ZPO) effektiver zu erreichen ist. 60

4. Zuständigkeiten

Es gibt **keinen besonderen Anfechtungsgerichtsstand**; entsprechenden Forderungen aus der Praxis (Gerichtsstand am Sitz des Insolvenzverwalters) hat sich der Gesetzgeber bislang verschlossen. In der Regel ist daher das Gericht des allgemeinen Gerichtsstands des Anfechtungsgegners zuständig. Allerdings gilt bei Klageerhebung durch den Insolvenzverwalter ein **einheitlicher Streitgegenstand** für Ansprüche aus Insolvenzanfechtung und materiellem Recht.[107] Wegen der **internationalen Zuständigkeit** für Insolvenzanfechtungsklagen wird auf die früheren Erörterungen verwiesen (s.o. Kap. 6). 61

Die **sachliche Zuständigkeit** richtet sich nach allgemeinen Grundsätzen, jedoch ist der Anfechtungsprozess weder eine familienrichterliche Streitigkeit (s.o. Rdn. 56) noch eine Handelssache. Letzteres selbst dann nicht, wenn die angefochtene Rechtshandlung ein Handelsgeschäft beinhaltet.[108] Klagt allerdings ein Insolvenzverwalter eine Forderung des Insolvenzschuldners aus einem beiderseitigen Handelsgeschäft ein und beruft er sich gegenüber dem Beklagten auf § 96 Abs. 1 Nr. 3 InsO, ist für den Rechtsstreit die Zuständigkeit der KfH nach § 95 Abs. 1 Nr. 1 GVG begründet;[109] denn Streitgegenstand ist keine Insolvenzanfechtung, sondern die – nur aus insolvenzrechtlichen Gründen nicht erloschene – Forderung aus einem Handelsgeschäft (näher zur Systematik bei Insolvenzanfechtung und Aufrechnung s.o. Kap. 1 Rdn. 45 ff.). Für die Abgrenzung zwischen Amts- und Landgericht (§ 23 Nr. 1, § 71 Abs. 1 GVG) kommt es auf den Streitwert an, also auf den Wert des zurückzu- 62

105 BGH, 24.05.2007 – IX ZR 105/05, ZInsO 2007, 658; 14.12.2006 – IX ZR 102/03, ZInsO 2007, 91.

106 Ausführl. zum Problem: MK-InsO/Piekenbrock, § 143 InsO Rn. 158; Jaeger/Henckel, § 143 InsO Rn. 16, 66, 68; K. Schmidt/K. Schmidt, InsO, § 129 InsO Rn. 10; KPB/Jacoby, Anh. zu § 143 InsO Rn. 31 ff.

107 BGH, 21.11.2018 – IX ZR 34/18, ZInsO 2019, 143.

108 BGH, 01.10.2002 – IX ZR 360/99, ZInsO 2002, 1136, 1138; dazu Huber, EWiR 2003, 29; BGH, 09.07.1987 – IX ZR 167/86, BGHZ 101, 286; OLG Hamburg, 12.07.2017 – 6 AR 14/17, ZInsO 2018, 1472.

109 KG, 17.07.2018 – 2 AR 31/18, ZInsO 2018, 2387 (rechtskräftig).

gewährenden Gegenstandes, die Höhe des Wertersatzanspruchs oder den Wert der Forderung, derentwegen angefochten wird und entsprechend § 6 ZPO auf den Wert des Vollstreckungsgegenstandes, falls dieser geringer ist.

63 Die **örtliche Zuständigkeit** richtet sich nach dem allgemeinen Gerichtsstand des Anfechtungsgegners (§§ 13 bis 19 ZPO), möglicherweise auch nach dem besonderen seines Aufenthaltsorts oder Vermögens (§§ 20, 23 ZPO); bei Anfechtungsklagen wegen Gesellschafterdarlehen nach neuer Rechtslage (Fassung des § 135 InsO nach MoMiG) greift § 22 ZPO ein, kann also der Insolvenzverwalter gegen den Gesellschafter am Sitz der Gesellschaft (Gerichtsstand der Mitgliedschaft) klagen. Nach inzwischen wohl herrschender Meinung gilt auch der dingliche Gerichtsstand (§ 24 ZPO), wenn das Eigentum an einem Grundstück, dessen dingliche Belastung oder deren Nichtbestehen geltend gemacht wird.[110] **Nicht** einschlägig sind § 19a ZPO, der nur Klagen gegen den Insolvenzverwalter betrifft,[111] und §§ 29, 32 ZPO, weil der Anfechtungsanspruch nicht auf vertraglichem, sondern auf gesetzlichem Schuldverhältnis und auch nicht auf unerlaubter Handlung beruht (s.o. Kap. 1 Rdn. 31, 41). Zu § 32 ZPO gibt es allerdings eine Ausnahme, wenn (was in der Praxis freilich selten vorkommt) die Klage sowohl auf Insolvenzanfechtung wie auf unerlaubte Handlung gestützt ist, wie ein »erst-recht-Schluss« aus § 17 Abs. 2 Satz 1 GVG ergibt.[112]

5. Funktionelle Zuständigkeit beim LG als Gericht 1. Instanz

64 Ist für die Anfechtungsklage das LG sachlich zuständig, entscheidet dort funktionell grds. der sog. **originäre Einzelrichter**, § 348 Abs. 1 Satz 1 ZPO. Eine Ausnahme gilt nur, wenn dieser ein Richter auf Probe i.S.d. § 348 Abs. 1 Satz 2 Nr. 1 ZPO ist; dann wäre die Kammer zuständig. Eine originäre Zuständigkeit der Kammer kann auch nicht durch Präsidiumsbeschluss des LG nach § 348 Abs. 1 Satz 2 Nr. 2 ZPO begründet worden sein, weil Insolvenzanfechtungsklagen nicht zu den dort unter den Buchst. a) bis k) aufgezählten Streitigkeiten gehören. Das ist zwar angesichts der mit Anfechtungsprozessen zwangsläufig verbundenen tatsächlichen und rechtlichen Schwierigkeiten wenig einleuchtend, aber geltendes Recht.

65 Umso wichtiger ist es für den Insolvenzverwalter, die gesetzliche Systematik hinsichtlich einer **Übernahme** des Rechtsstreits durch die Zivilkammer nach § 348 Abs. 3

---

110 MK-InsO/Piekenbrock, § 143 InsO Rn. 157; HambKomm-InsR/Rogge/Leptien, § 143 InsO Rn. 137.

111 BGH, 27.05.2003 – IX ZR 203/02, ZInsO 2003, 707. Wird ein Insolvenzverwalter persönlich in Bezug auf sein eigenes Vermögen in Anspruch genommen, ist er allerdings nicht am Sitz des Insolvenzgerichts (§ 19a ZPO), sondern an seinem Wohnsitz gem. §§ 12, 23 ZPO zu verklagen, BGH, 12.04.2018 – IX ZB 66/17, ZInsO 2018, 1144.

112 Zur Änderung dieser Vorschrift und zu den Konsequenzen BGH, 10.12.2002 – X AZR 208/02, BGHZ 153, 173, 176 ff.

ZPO in den Blick zu nehmen.[113] Nach Satz 1 dieser Vorschrift legt der Einzelrichter den Rechtsstreit der Zivilkammer zur Entscheidung über eine Übernahme vor, wenn
- die Sache besondere Schwierigkeiten tatsächlicher oder rechtlicher Art aufweist,
- die Rechtssache grundsätzliche Bedeutung hat oder
- die Parteien dies übereinstimmend beantragen.

Diese Aufzählung ist auch hinsichtlich Nr. 1 und 2 alternativ, nicht etwa kumulativ. 66
Aus ihr erkennt man unschwer, dass diese Bestimmung an sich regelmäßig eingreifen müsste; denn zwar mag es an einem übereinstimmenden Antrag der Parteien wegen des Widerstands des Anfechtungsgegners (Beklagten) fehlen, ein Anfechtungsprozess ist aber aus der Natur der Sache heraus fast ausnahmslos mit besonderen Schwierigkeiten verbunden, selbst wenn er keine rechtsgrundsätzliche Bedeutung haben sollte.

Wird vorgelegt, so bestimmt sich das **weitere Verfahren** nach § 348 Abs. 3 Satz 2 67
bis 4 ZPO. Die Kammer ist zwar an die Beurteilung in der Vorlageentscheidung des Einzelrichters nicht gebunden; die Einnahme eines gegenteiligen Standpunkts erscheint aber angesichts der komplizierten Materie bei einer Insolvenzanfechtungsklage eher unwahrscheinlich. Bejaht die Kammer eine der im Gesetz genannten Voraussetzungen, übernimmt sie (zwingend) den Rechtsstreit durch Beschluss (sog. Übernahme-Beschluss); nur bei der Variante nach Satz 1 Nr. 3 (Vorlage auf übereinstimmenden Antrag der Parteien) hat die Kammer ein Ermessen, was daraus folgt, dass Satz 2 diese Alternative nicht nennt. Eine Zurückübertragung auf den Einzelrichter ist immer ausgeschlossen, § 348 Abs. 3 Satz 4 ZPO.

Der Insolvenzverwalter muss daher bei funktioneller Zuständigkeit des originären 68
Einzelrichters sorgfältig erwägen, ob es sinnvoll erscheint, den Rechtsstreit durch die Kammer behandeln und entscheiden zu lassen. Ist er dieser Ansicht, wird er wie beschrieben vorzugehen haben. Bei grundsätzlicher Bedeutung gehört es immer zur Sorgfaltspflicht eines Insolvenzverwalters, unter Hinweis auf die Grundsatzfrage eine entsprechende Vorlageentscheidung des originären Einzelrichters anzustoßen. Versäumt er das, kann sich der spätere Revisionsanwalt im Fall des Falles schwer tun, eine Nichtzulassungsbeschwerde überzeugend zu begründen.

III. Klageantrag

1. Übersicht

Mit Blick auf § 143 Abs. 1 Satz 1 InsO ist der Klageantrag auf **Rückgewähr zur Insol-** 69
venzmasse zu richten. Unschädlich ist es, wenn der Insolvenzverwalter auf Leistung an sich selbst klagt, solange er den Anspruch erkennbar für die Masse erhebt. Geht es allerdings um die Anfechtung einer **Grundstücksübertragung**, ist dem Umstand Rechnung zu tragen, dass die Insolvenzmasse mangels Rechtspersönlichkeit nicht Eigentümerin werden und daher nicht ins Grundbuch eingetragen werden kann.

113 Ausführl. zur Abgrenzung zwischen Einzelrichter- und Kammerzuständigkeit Huber, JuS 2011, 114 ff.

Die Insolvenzmasse erlangt keine eigene Rechtspersönlichkeit, bleibt vielmehr Vermögen des Schuldners. Daher ist der Antrag auf Auflassung an den Schuldner und Bewilligung seiner Eintragung in das Grundbuch zu richten. Entsprechendes gilt für die Anfechtungsklage des **Sachwalters** bei Eigenverwaltung; ein Gläubiger im vereinfachten Insolvenzverfahren darf bei der von ihm verfolgten Insolvenzanfechtung (§ 313 Abs. 2 InsO) in keinem Fall Leistung an sich, sondern muss Leistung an den Insolvenzschuldner verlangen.

70 Erforderlich ist beim **Rückgewähranspruch in Natur** gem. § 143 Abs. 1 Satz 1 InsO außerdem die bestimmte Bezeichnung dessen, was aus dem Vermögen des Schuldners veräußert, weggegeben oder aufgegeben wurde und auf welche Weise die Rückgewähr erfolgen soll (Einzelheiten s.o. Kap. 3 § 143 InsO Rdn. 12 ff.). Ist Inhalt des Anfechtungsanspruchs **Wertersatz** nach § 143 Abs. 1 Satz 2 InsO, so lautet der Antrag stets auf Zahlung einer bestimmten Summe; Entsprechendes gilt für den **Erstattungsanspruch** gegen den Gesellschafter nach § 143 Abs. 2 InsO.

71 Die Verzinsung eines Rückgewähranspruchs richtet sich nach § 143 Abs. 1 Satz 3 InsO. Danach ist eine Geldschuld nur zu verzinsen, wenn die Voraussetzungen des Schuldnerverzugs oder die des § 291 BGB vorliegen; ein darüber hinausgehender Anspruch auf Herausgabe von Nutzungen eines erlangten Geldbetrags ist ausgeschlossen.

72 Probleme im Zusammenhang mit **Haupt- und Hilfsantrag, Klageänderung und Klageerweiterung** ergeben sich praktisch nur wegen der Wahrung der Verjährungsfrist nach § 146 Abs. 1 InsO (Einzelheiten Kap. 3 § 146 InsO Rdn. 33 ff.).

2. Konkurrenz zwischen Gläubigeranfechtung nach AnfG und Insolvenzanfechtung nach InsO

a) Insolvenzeröffnung bei anhängigem Gläubigeranfechtungsprozess

73 In diesem Fall – zur Unzulässigkeit einer Gläubigeranfechtung **nach** Insolvenzeröffnung s.o. Kap. 1 Rdn. 38 – wird der Gläubigeranfechtungsprozess unterbrochen (§ 17 Abs. 1 Satz 1 AnfG), denn die Verfolgung der von den Insolvenzgläubigern erhobenen Anfechtungsansprüche steht ab Insolvenzeröffnung dem Insolvenzverwalter zu (§ 16 Abs. 1 Satz 1 AnfG). Nimmt der Insolvenzverwalter den Rechtsstreit auf, so ist die Klage des Einzelgläubigers – gerichtet im Regelfall auf Duldung der Zwangsvollstreckung in den anfechtbar weggegebenen Gegenstand (§ 11 Abs. 1 Satz 1 AnfG)[114] – gem. § 17 Abs. 2 AnfG umzustellen und zu erweitern auf Rückgewähr in die Masse (§ 143 Abs. 1 Satz 1 InsO) – im Beispielsfall also auf Rückübereignung und Herausgabe des Gegenstandes. Es entfällt also die inhaltliche Beschränkung des Anfechtungsanspruchs nach dem AnfG auf die Höhe der titulierten Gläubigerforderung.[115] Dabei übt der Insolvenzverwalter das Anfechtungsrecht nach ständiger Rechtsprechung (schon des RG und) des BGH und absolut h.M. in der Literatur

114 Näher Huber, AnfG, § 11 AnfG Rn. 17.
115 Huber, AnfG, § 2 AnfG Rn. 13, § 13 AnfG Rn. 9.

zugunsten der Gesamtheit aller Insolvenzgläubiger, nicht etwa bloß zugunsten der nach Maßgabe des AnfG an sich anfechtungsberechtigten (Einzel-) Gläubiger aus.[116]

In einem solchen Vorgehen liegt eine kraft Gesetzes zulässige **Partei- und Klageänderung.** Der ehemals anfechtungsberechtigte (§ 2 AnfG) Gläubiger scheidet als Kläger aus, der Insolvenzverwalter tritt an seiner Stelle in den Prozess ein; zugleich wird die Klage geändert, wie schon am umgestellten Klageantrag unschwer zu erkennen. Obsiegt der Insolvenzverwalter, sind aus dem Erstrittenen dem Gläubiger nur die Prozesskosten vorweg zu erstatten, § 16 Abs. 1 Satz 2 AnfG. 74

Hat der Gläubiger bereits **vor** Eröffnung des Insolvenzverfahrens aufgrund seines Anfechtungsanspruchs eine **Sicherung oder Befriedigung** erlangt, findet für den Insolvenzverwalter eine Anfechtung entsprechend § 130 InsO statt, § 16 Abs. 2 AnfG. Normzweck der zuletzt genannten Bestimmung ist eine Privilegierung des Einzelgläubigers, der die Mühe der Gläubigeranfechtung auf sich genommen hatte, nunmehr aber gleichwohl bei erfolgreicher Anfechtung durch den Insolvenzverwalter dasjenige in die Masse zurückgewähren muss, was er erlangt hat. Daraus folgt zugleich, dass sein auf das AnfG gestützter Erwerb außerhalb der Anfechtungsfrist des § 130 InsO Bestand hat, er ihn also endgültig behalten kann.[117] Die Beschränkung auf den Fall der Kongruenzanfechtung ist herrschende Meinung,[118] die insolvenzrechtliche Wertung, durch Zwangsvollstreckung erlangte Deckungen als inkongruent anzusehen, darf nicht auf § 16 Abs. 2 AnfG übertragen werden.[119] 75

b) Insolvenzeröffnung und in diesem Verfahren Insolvenzanfechtung nach rechtskräftig abgeschlossenem Gläubigeranfechtungsprozess

Für diese Variante ist zu unterscheiden: 76

– Hatte die Klage Erfolg und hat der Gläubiger noch keine Vollstreckung aus dem Titel durchgeführt, so steht die Verwirklichung des Rückgewähranspruchs dem Insolvenzverwalter zu, § 16 Abs. 1 Satz 1 AnfG; die Klausel kann nach allgemeiner Meinung[120] gem. § 727 ZPO umgeschrieben werden und ist dabei den Erfordernissen des § 143 InsO anzupassen. Wegen der dem Gläubiger entstandenen Kosten wird nach § 16 Abs. 1 Satz 2 AnfG verfahren.

116 So aber Jungclaus, KTS 2013, 23, 26, 44 ff.: Übergeleitetes Anfechtungsrecht dient ausschließlich der bis zum Eröffnungszeitpunkt zur Einzelgläubigeranfechtung berechtigten Anfechtungsgläubiger.

117 BGH, 15.11.2012 – IX ZR 173/09, ZInsO 2013, 78 Rn. 18, 19 = ZIP 2013, 131 = NZI 2013, 292.

118 MK-InsO/Freudenberg, § 131 InsO Rn. 30; Huber, AnfG, § 16 Rn. 16; zust. Vallender, in: FS Maier-Reimer, S. 777, 789.

119 a.M. Jaeger/Henckel, § 131 InsO Rn. 73, 74; dagegen mit Recht MK-AnfG/Weinland, § 16 Rn. 25.

120 Vgl. nur MK-InsO/Kirchhof, § 129 InsO Rn. 250; Huber, AnfG, § 16 Rn. 13; a.A. aber nur zur Rechtsgrundlage Vallender, in: FS Maier-Reimer, S. 788 (Klauselumschreibung entsprechend §§ 749, 728 Abs. 2 ZPO).

- Hat der Gläubiger aber bereits vollstreckt oder der Anfechtungsgegner (Anfechtungsschuldner) sonst freiwillig – insb. auch durch Vergleich im Anfechtungsprozess – erfüllt, scheidet ein Anspruch auf Rückgewähr zur Insolvenzmasse im Umfang der Erfüllung des Anfechtungsanspruchs aus.[121] Soweit das zugunsten des Anfechtungsgläubigers erlassene Urteil – insb. wegen der Beschränkung nach § 2 AnfG – den sich aus § 143 InsO ergebenden Umfang der Insolvenzanfechtung nicht ausschöpft, ist eine erneute Klage durch den Insolvenzverwalter nötig und zulässig.[122]
- Ist die Klage als unbegründet abgewiesen worden, so hindert die Rechtskraft des Urteils die Erhebung einer Anfechtungsklage des Insolvenzverwalters selbst dann nicht, wenn er sie auf denselben Tatbestand stützt, auf den sich auch der Einzelgläubiger berufen hatte.[123]

c) Praktische Konsequenzen

77 Die größere Herausforderung für den Insolvenzverwalter liegt zweifellos in der oben behandelten Variante a). Dort besteht das Problem bereits darin, überhaupt von einem anhängigen Gläubigeranfechtungsprozess zu erfahren. Denn Parteien eines solchen Rechtsstreits sind der anfechtungsberechtigte Gläubiger und der Anfechtungsgegner, der Schuldner ist daran nicht beteiligt, weshalb sich aus dessen Unterlagen dazu auch nichts ergibt. Der Insolvenzverwalter muss folglich sorgfältig nach möglicherweise anhängigen Gläubigeranfechtungsprozessen forschen. Das liegt schon deshalb in seinem Interesse, weil ihm dann ein großer Teil der an sich ihn treffenden Arbeit erspart bleibt. Denn er braucht die anfechtbare Rechtshandlung nicht mehr selbst aufzuspüren und keine Mühe mehr auf Klagevorbereitung und Klageerhebung zu verwenden.

78 Der Insolvenzverwalter muss den Gläubigeranfechtungsprozess aber nicht stets aufnehmen, kann vielmehr eine Aufnahme auch ablehnen und selbst nach den Vorschriften der InsO anfechten, § 17 Abs. 3 Satz 2 AnfG. Letzteres kommt insb. dann in Betracht, wenn der anfechtungsberechtigte Gläubiger den Rechtsstreit bislang unzureichend geführt hatte, der Insolvenzverwalter also die nachteiligen Folgen aus dieser Prozessführung hinnehmen müsste, bspw. weil Angriffs- oder Verteidigungsmittel nicht mehr vorgebracht werden können (vgl. §§ 296, 344 Abs. 3 Satz 3, 411 Abs. 4 Satz 2, 523, 527, 531 ZPO).

IV. Klagebegründung

1. Grundsätze

79 Der Insolvenzverwalter muss einen Sachverhalt vortragen, der die Voraussetzungen eines Anfechtungstatbestandes erfüllt. Nach der in der Rechtsprechung des Bundesgerichtshofs anerkannten prozessrechtlichen Auffassung vom Streitgegenstand im Zivilprozess wird mit der Klage nicht ein bestimmter materiell-rechtlicher Anspruch

---

121 BGH, 15.11.2012 – IX ZR 173/09, ZInsO 2013, 78 = ZIP 2013, 131 = NZI 2013, 292.
122 MK-AnfG/Weinland, § 16 AnfG Rn. 14.
123 Huber, AnfG, § 16 AnfG Rn. 13.

geltend gemacht. Gegenstand des Rechtsstreits ist vielmehr der als Rechtsschutzbegehren oder Rechtsfolgenbehauptung aufgefasste eigenständige prozessuale Anspruch, der durch den Klageantrag und den Lebenssachverhalt (Anspruchs- oder Klagegrund) bestimmt wird, aus dem der Kläger die begehrte Rechtsfolge herleitet. Nicht nötig ist es daher, den rechtlichen Gesichtspunkt zu bezeichnen, unter dem sein Sachvortrag den Klageantrag stützt. Die Subsumtion unter den in Betracht kommenden gesetzlichen Tatbestand ist vielmehr Sache des Gerichts (»iura novit curia«).[124] Gleichwohl empfiehlt es sich regelmäßig, die aus seiner Sicht im konkreten Fall einschlägigen Rechtsgrundsätze anhand schon ergangener höchstrichterlicher Entscheidung darzulegen. Die **Grundregel** lautet also: Nur Tatsachenvortrag mit Beweisantritt **und** Rechtsausführungen bieten Gewähr für einen Erfolg versprechende Anfechtungsklage schon in der ersten Instanz.

Allerdings ist der Gegenstand der Anfechtung kritisch in den Blick zu nehmen. Nach 80
der ständigen Rechtsprechung des Bundesgerichtshofs wird der Streitgegenstand durch den Klageantrag, in dem sich die vom Kläger in Anspruch genommene Rechtsfolge konkretisiert, und den Lebenssachverhalt (Klagegrund) bestimmt, aus dem der Kläger die begehrte Rechtsfolge herleitet.[125]

Grund- und Erfüllungsgeschäft sind auch anfechtungsrechtlich selbständige Rechts- 81
handlungen. Ficht der Insolvenzverwalter nur das Verpflichtungsgeschäft und nicht auch das Verfügungsgeschäft an, bleibt das Erfüllungsgeschäft wirksam, ist jedoch anfechtungsrechtlich als Leistung ohne Rechtsgrund anzusehen. Die Rückabwicklung der daraus erbrachten Leistungen zu Gunsten der Insolvenzmasse bemisst sich dann nach allgemeinen Vorschriften, insb. nach den §§ 812 ff. BGB.[126]

Um mehrere Streitgegenstände handelt es sich bei der Geltendmachung mehrerer 82
insolvenzanfechtungsrechtlicher Rückgewähransprüche aus unterschiedlichen Lebenssachverhalten auch dann, wenn diese auf das nämliche Klagebegehren gerichtet sind. Nur das Rechtsschutzziel ist dann das Gleiche, die Voraussetzungen sind jedoch jeweils gesondert zu prüfen und auch die Folgen der Anfechtbarkeit können voneinander abweichen. Deshalb handelt es sich um eine kumulative Klagehäufung, wenn der Verwalter nebeneinander die Anfechtbarkeit einer Mehrzahl von Rechtshandlungen geltend macht, seine Klage etwa kumulativ auf die Anfechtung mehrerer Deckungshandlungen stützt. Indessen darf der Verwalter mehrere angefochtene Rechtshandlungen seiner Klage nicht alternativ zugrunde legen und damit die Wahl der Prüfungsreihenfolge dem Gericht überlassen, denn eine solche alternative Klagehäufung ist unzulässig. Er muss bestimmen, in welcher Reihenfolge er die Ansprüche geltend machen will.[127]

Der Insolvenzverwalter sollte darüber hinaus auch die Maßstäbe **zur Prüfung der** 83
Klagebegründung durch das Tatgericht im Blick haben. Nur so kann er frühzeitig

124 BGH, 23.02.2023 – IX ZR 136/22, ZInsO 2023, 854 Rn. 12; 22.11.2018 – IX ZR 14/18, ZInsO 2019, 143 Rn. 18.
125 BGH, 22.02.2024 – IX ZR 226/20, ZInsO 2024, 1011 Rn. 50.
126 BGH, 26.10.2023 – IX ZR 250/22, ZInsO 2024, 192 Rn. 25.
127 BGH, 22.02.2024 – IX ZR 226/20, ZInsO 2024, 1011 Rn. 50.

Fehlentwicklungen oder Fehlinterpretationen erkennen und gegensteuern. Hat er damit gleichwohl keinen Erfolg, fällt es ihm bei einem Unterliegen umso leichter, in der Berufungsschrift den Rechtsfehler zu beanstanden (vgl. §§ 513, 520 Abs. 3 Satz 2 Nr. 2 ZPO). Die wichtigsten Grundsätze sind:

- Ist eine Anfechtungsvorschrift erfüllt und danach das Klagebegehren begründet, muss der Klage stattgegeben werden, auch wenn die Anfechtung nicht ausdrücklich – oder wenigstens stillschweigend – »erklärt« oder als solche besonders »geltend gemacht« worden war;[128] ausreichend, aber auch erforderlich ist es, wenn der Insolvenzverwalter erkennen lässt, eine Gläubigerbenachteiligung in der Insolvenz auf Kosten des Anfechtungsgegners wieder ausgleichen zu wollen.[129]
- Erstrebt der Insolvenzverwalter im wirtschaftlichen Ergebnis eine Anfechtung und stützt er sein Begehren auf einen Sachverhalt, der geeignet sein kann, die Voraussetzungen einer Anfechtungsnorm zu erfüllen, so hat das Gericht ohne Weiteres zu prüfen, ob der geltend gemachte Anspruch unter diesem Gesichtspunkt gerechtfertigt ist.[130]
- Das Begehren des Insolvenzverwalters ist auszulegen, wenn er zwar eine ganz bestimmte Rechtshandlung anficht, aber zusätzlich die Tatsachengrundlage für die Anfechtbarkeit einer weiteren Rechtshandlung vorträgt, ggf. muss das Gericht gem. § 139 Abs. 1 Satz 2 ZPO auf eine Klarstellung hinwirken.[131]

2. Funktion und Bedeutung von Indizien für die Feststellung

a) Ausgangspunkt

84 Trotz diverser Methoden der vorprozessualen Informationsbeschaffung erweist sich die Beweisführung im Anfechtungsprozess vielfach als schwierig. Das hat zum einen damit zu tun, dass die objektiven Merkmale der Anfechtungstatbestände komplexe Rechtsbegriffe sind, hinter denen sich erhebliche Anforderungen an Darlegung und Beweis verbergen. Das gilt insb. für die Merkmale der »Zahlungsunfähigkeit« in den §§ 130 bis 132 InsO und das Merkmal der »drohenden Zahlungsunfähigkeit« in § 133 Abs. 1 InsO. Das hat aber auch damit zu tun, dass es um den »Gläubigerbenachteiligungsvorsatz« des Schuldners und häufig um die »Kenntnis« des Anfechtungsgegners von bestimmten Umständen geht.[132] So setzt die Mehrzahl der Anfechtungstatbestände voraus, dass dem Anfechtungsgegner eine oder mehrere Tatsachen im Zusammenhang mit der Insolvenz des Schuldners – sei es etwa dessen Zahlungsunfähigkeit (§§ 130 Abs. 1 Satz 1 Nr. 1 und Nr. 2, 132 Abs. 1 Nr. 1 und 2 InsO), der Gläubigerbenachteiligungsvorsatz des Schuldners (§ 133 Abs. 1 Satz 1 InsO) oder die Benachteiligung der ande-

128 BGH, 23.02.2023 – IX ZR 136/22, ZInsO 2023, 854 Rn. 12; 22.11.2018 – IX ZR 14/18, ZInsO 2019, 143 Rn. 18; 20.03.1997 – IX ZR 71/96, BGHZ 135, 140, 149 ff.

129 BGH, 05.06.2008 – IX ZR 17/07, ZInsO 2008, 738 Rn. 17.

130 BGH, 11.12.2003 – IX ZR 336/01, ZInsO 2004, 149 (der Klageanspruch war dort nur auf ungerechtfertigte Bereicherung gestützt).

131 BGH, 21.02.2008 – IX ZR 209/06, ZInsO 2008, 508 Rn. 13.

132 FK-InsO/Jungclaus/Keller, § 143 InsO Rn. 49.

ren Gläubiger (§ 131 Abs. 1 Nr. 3 InsO) – im Zeitpunkt der Vornahme der (Rechts-) Handlung bekannt waren. Nur wenn diese subjektiven Komponenten in Person des Schuldners und des Gläubigers erfüllt sind, hat die Insolvenzanfechtung Erfolg.[133] Die Darlegungs- und Beweislast liegt beim Insolvenzverwalter.[134] Es handelt sich, soweit es um die entsprechende Kenntnis geht, um **innere**, dem Beweis nur eingeschränkt zugängliche Tatsachen, die in aller Regel nur mittelbar aus **objektiven (Hilfs-) Tatsachen** hergeleitet werden können.[135] Dieser mittelbare Beweis bezieht sich im Unterschied zum unmittelbaren Beweis **nicht** auf das gesuchte Tatbestandsmerkmal – etwa den Vorsatz des Schuldners, die Kenntnis des anderen Teils davon und der Kenntnis von der (drohenden) Zahlungseinstellung –, sondern auf Vorfragen und Hilfstatsachen. Erst deren Klärung gestattet den Schluss auf das Tatbestandsmerkmal,[136] weshalb diese Hilfstatsachen auch **Indizien** oder **Beweisanzeichen** genannt werden. Es geht damit zunächst um ein allgemeines zivilprozessuales Beweisproblem und erst anschließend um eine spezielle anfechtungsrechtliche Fragestellung. Die Besonderheit besteht darin, die allgemeinen, beweisrechtlichen Grundsätze zum Denkprozess bei Indizien auf den konkreten Anfechtungsrechtsstreit zu übertragen (s. dazu Kap. 1 Rdn. 107 ff.).

b) Allgemeine Grundsätze zum Denkprozess bei Indizien

Um die volle Überzeugung des Gerichts von der Haupttatsache zu begründen, müssen beim Indizienbeweis sowohl der gedankliche Schluss auf die Haupttatsache als auch die Indiztatsachen hinreichend zweifelsfrei sein. Der Indizienbeweis setzt neben einer normalen Beweisführung eine bestimmte **gedankliche Schlussfolgerung** des Richters voraus. Diese Schlussfolgerung kann und muss der Richter auf ihre Überzeugungskraft prüfen durch Unterstellung der vorgetragenen Indizien als richtig, bevor er die angebotenen einzelnen Beweise des Indizienbeweises erhebt.[137] Theoretisch kann zwischen dem **Indizienring** und der **Indizienkette** unterschieden werden: Während der Beweispflichtige in ersterem Fall eine Reihe von Indizien vorträgt und unter Beweis stellt, die je für sich für das Vorliegen der Beweistatsache sprechen, präsentiert der Beweispflichtige in letzterem Fall eine Reihe von Indizien, von denen jedes für das Vorliegen des jeweils nächsten Kettenindizes spricht – bis die Beweistatsache an sich erreicht ist.[138] **85**

Beim Indizienbeweis stellen sich mithin folgende Fragen:[139] **86**
(1) Was ist die gesuchte Haupttatsache?
(2) Welches Indiz liegt hierzu vor?

---

133 Gabriel, ZInsO 2024, 1621.
134 FK-InsO/Jungclaus/Keller, § 143 InsO Rn. 49.
135 BGH, 07.12.2023 – IX ZR 36/22, ZInsO 2024, 195, 199 Rn. 40; 28.04.2022 – IX ZR 48/21, ZInsO 2022, 1498, 1499 f. Rn. 12; 10.02.2022 – IX ZR 148/19, ZInsO 2022, 762 f. Rn. 9 f.
136 Musielak/Voit/Foerste, § 284 ZPO Rn. 7.
137 Ahrens, Kap. 3 Arten und Formen des Beweises, Rn. 10; MK-ZPO/Prütting, § 284 ZPO Rn. 22.
138 FK-InsO/Jungclaus/Keller, § 143 InsO Rn. 49.
139 Huber, ZInsO 2012, 53.

(3) Wie ist seine Beweisrichtung? Erhöht es die Wahrscheinlichkeit für die Existenz der Haupttatsache oder ist es bloß wertneutral? Anders gewendet: Wie häufig tritt das Indiz bei der Haupttatsache auf und wie häufig (auch) bei der Nicht-Haupttatsache und wo tritt es damit also häufiger auf?

(4) Welche Beweiskraft (Beweisstärke) kommt dem Indiz zu?

(5) Sprechen für die Haupttatsache mehrere Indizien, muss im Anschluss an die Bestimmung des Beweiswerts für jedes einzelne Indiz nach dem Gesamtbeweiswert aller gefragt werden. Dieser Schritt entfällt, wenn ein (einziges) Indiz so beweiskräftig ist, dass es zur Überzeugungsbildung ausreicht, also für sich alleine den Schluss auf die Haupttatsache zulässt.

(6) Liegen – wie im Regelfall – mehrere Indizien vor, von denen jedes einzelne auf die gesuchte Haupttatsache hindeutet, spricht man in der Wahrscheinlichkeitslehre von einem Beweisring. In einem solchen Fall erhöht sich der Gesamtbeweiswert aller Indizien. Mit jedem weiteren Indiz gewinnt die Gesamtschau an Überzeugungskraft.[140] Vom Beweisring kann man die Beweiskette unterscheiden, bei der ein Indiz auf das nächste und erst das letzte auf die gesuchte Haupttatsache hinweist. Bei der Beweiskette kann der Schluss aus der Gesamtschau der Indizien nicht stärker sein als das schwächste Einzelindiz. Eine solche Beweiskette weist die Besonderheit auf, dass sie die Beweiskraft des ersten Indizes mit zunehmender Anzahl nachfolgender Indizien mindert, weil sich die Unsicherheiten der einzelnen Schlussfolgerungen erhöhen.[141]

c) Übertragung auf den Anfechtungsprozess

87 Im anfechtungsrechtlichen Prozess sind **wesentliche Gesichtspunkte** diverser Anfechtungstatbestände die eingetretene »Zahlungsunfähigkeit« (§§ 130 bis 132 InsO, § 133 Abs. 3 Satz 1 InsO) bzw. die »drohende Zahlungsunfähigkeit« (§ 133 Abs. 1 Satz 2 InsO). Außerdem geht es um die **konstitutiven Merkmale** des Gläubigerbenachteiligungsvorsatzes des Schuldners und die Kenntnis des anderen Teils davon nach § 133 Abs. 1 Satz 1, Abs. 3 Satz 1 InsO, um die Kenntnis des Anfechtungsgegners von der schon eingetretenen Zahlungsunfähigkeit des Insolvenzschuldners gem. §§ 130 Abs. 1 Satz 1, 132 Abs. 1 Satz 1 InsO und dessen Kenntnis von der Benachteiligung der anderen Gläubiger (§ 131 Abs. 1 Nr. 3 InsO). Es gilt also, einen **Indizienbeweis** sowohl zu **objektiven wie zu subjektiven Merkmalen** zu führen. Insbesondere das Regelungsgefüge der § 133 Abs. 1–4 InsO und die Rechtsprechung sind im Wesentlichen auf die Frage gerichtet, welche objektiv feststellbaren Umstände die subjektiven Anfechtungsvoraussetzungen indizieren. Hieraus hat sich über die Jahre ein Sys-

140 Baumgärtel/Laumen/Prütting/Laumen, Handbuch der Beweislast, Kap. 18 Rn. 30; Bender/Häcker/Schwarz, Tatsachenfeststellung vor Gericht, Rn. 713 ff.; Nack, MDR 1986, 366, 369.

141 Baumgärtel/Laumen/Prütting/Laumen, Handbuch der Beweislast, Kap. 18 Rn. 30; Nack, MDR 1986, 366, 369.

tem aus gesetzlichen Vermutungen i.S.v. § 292 ZPO und von der Rechtsprechung anerkannten Beweisanzeichen für die Beweiswürdigung i.S.v. § 286 ZPO ergeben.[142]

Die zu den Beweisanzeichen, die für das objektive Merkmal der Zahlungseinstellung, den Gläubigerbenachteiligungsvorsatz des Schuldners i.S.v. § 133 Abs. 1 InsO sowie für die Kenntnisse des Anfechtungsgegners sprechen, ergangene Rechtsprechung wird ausführlich in Kap. 1 Einführung D. Indizienbeweis im insolvenzrechtlichen Anfechtungsprozess erläutert (Rdn. 79 ff.).

Bezogen auf das Merkmal der **Kenntnis von der Zahlungseinstellung** bei der Kongruenzanfechtung bedeutet dies beispielhaft Folgendes: 88

(1) Welche Indizien sprechen für das **objektive** Merkmal der Zahlungseinstellung zum anfechtungsrelevanten Zeitpunkt?
(2) Welche dieser – für das objektive Merkmal der Zahlungseinstellung sprechenden – Indizien waren dem Anfechtungsgegner positiv bekannt?
(3) Wie ist die Beweisrichtung der einzelnen Indiztatsachen? Erhöht sie die Wahrscheinlichkeit der Existenz der Haupttatsache (Zahlungseinstellung)?
(4) Herrscht Streit zur Kenntnis des Anfechtungsgegners vom Indiz, ist darüber Beweis zu erheben. Scheitert dieser oder kommt es zum non liquet, bleibt das Indiz unberücksichtigt. Denn die Beweislast trägt nach allgemeinen Regeln der Insolvenzverwalter.
(5) Wie ist der Gesamtbeweiswert aller Indizien zusammengefasst betrachtet? Dafür gilt als Regel, dass mehrere Indizien, die für sich allein einen Nachweis nicht erlauben, in ihrer Gesamtheit doch den Beweis der gesuchten Haupttatsache erbringen können.

3. Behauptung nur vermuteter Tatsachen

Die Behauptung von durch den Insolvenzverwalter nur vermuteten Tatsachen[143] ist **zulässig**, wenn greifbare Anhaltspunkte für das Vorliegen eines bestimmten Sachverhalts bestehen, die sich auch aus unstreitigen oder unter Beweis gestellten Indizien ergeben können, wobei die Behauptung nicht »ins Blaue hinein« oder »willkürlich« erfolgen darf; solche Tatsachen können deshalb Grundlage von Beweisanträgen sein, dürfen also nicht als unbeachtlicher Ausforschungsbeweis zurückgewiesen werden.[144] 89

Praktische Konsequenz ist eine wesentliche Erleichterung zur Abfassung der Klagebegründung. Der Insolvenzverwalter darf – weil er an den maßgeblichen Rechtshandlungen nicht mitgewirkt hat – Tatsachen behaupten, über die er keine genaue Kenntnis hat, die er aber nach Lage der Dinge für wahrscheinlich hält, allerdings nicht »ins Blaue hinein«. Der Verwalter muss daher darlegen, dass er sich die fehlende Kenntnis auch nicht anderweit verschaffen konnte, und worin die greifbaren Anhaltspunkte für das nach Lage der Dinge Wahrscheinliche bestehen. Ist danach der Vortrag statt- 90

142 Reul/Heckschen/Wienberg/Primozic, InsR, § 9 Rn. 229.
143 Ausführl. dazu Huber, in: FS Gerhardt, S. 379 ff.
144 BGH, 20.06.2002 – IX ZR 177/99, ZInsO 2002, 721.

haft, muss der Gegner darauf gem. § 138 Abs. 2 ZPO substanziiert erwidern; denn ihn trifft dann eine **sekundäre Behauptungslast**,[145] worauf das Gericht gem. § 139 Abs. 2 ZPO hinweisen muss. Kommt dem der Gegner nicht nach, kann das Gericht i.R.d. freien Beweiswürdigung (§ 286 Abs. 1 ZPO) davon ausgehen, der Sachverhalt werde sich so wie vom Insolvenzverwalter behauptet zugetragen haben.

4. Urkundenvorlage durch Dritte

91 Befindet sich eine Urkunde im Besitz eines Dritten, so kann gem. §§ 428, 142 ZPO Beweis durch den Antrag angetreten werden, das Gericht möge dem Dritten die Vorlage der Urkunde aufgeben, was von einem materiell-rechtlichen Herausgabeanspruch unabhängig ist.[146] Praktische Bedeutung hat das v.a. für den Nachweis des subjektiven Tatbestandes (Kenntnis des anderen Teils von der Zahlungseinstellung/Eröffnungsantrag), wenn der Insolvenzverwalter Indizienbeweis führen und sich auf Urkunden (z.B. Verhandlungsprotokolle wie im vorher geschilderten Fall) im Besitz des Dritten (z.B. des Vertragspartners des Anfechtungsgegners) berufen will, oder, wenn es sich um Urkunden im Besitz der Mittelsperson bei mittelbaren Zuwendungen handelt.

V. Einstweiliger Rechtsschutz für Anfechtungsanspruch

1. Arrest/einstweilige Verfügung

92 Durch **Arrest** (§§ 916 ff. ZPO) wird (unstreitig) ein Wertersatzanspruch gesichert, der zwangsläufig stets auf Zahlung geht (§ 143 Abs. 1 Satz 2 InsO). Arrest ist aber auch das richtige Sicherungsmittel für einen sonstigen auf Zahlung gerichteten Rückgewähranspruch nach § 143 Abs. 1 Satz 1 InsO. *Beispiel:* Ist der Erlass einer Forderung angefochten, geht der Rückgewähranspruch in Natur nicht etwa auf Wiederbegründung der Forderung, vielmehr kann der Insolvenzverwalter sogleich Zahlung dieser Forderung verlangen. Dieser Erfüllungsanspruch wird folglich durch Arrest gesichert.

93 I.Ü. kommt für den Primäranspruch nach § 143 Abs. 1 Satz 1 InsO nach herrschender Meinung[147] eine **einstweilige Verfügung** (§§ 935 ff. ZPO) in Betracht, wobei die Sicherung des Rückübertragungsanspruchs eines Grundstücks durch Vormerkung erfolgt;[148] dabei braucht ein Verfügungsgrund nicht glaubhaft gemacht zu werden (§§ 885 Abs. 1 Satz 2, 899 Abs. 2 Satz 2 BGB) und wird der Gefahr von Weiterveräußerung oder Belastung durch ein Veräußerungs- und Verfügungsverbot (§ 938 Abs. 2 ZPO) begegnet.

---

145 Ebenso auch LAG Hessen, 14.11.2012 – 18 Sa 1483/11, ZInsO 2013, 1032.

146 Näher: Musielak/Voit/Huber, ZPO, § 428 ZPO Rn. 5.

147 BGH, 14.06.2007 – IX ZR 219/05, BGHZ 173, 263 Rn. 10 = ZInsO 2007, 1577 (Sicherung des Individualanspruchs durch einstweilige Verfügung, ergangen allerdings zum Duldungsanspruch nach § 11 Abs. 1 Satz 1 AnfG). H.M. auch im Schrifttum, vgl. z.B.: MK-InsO/Piekenbrock, § 143 InsO Rn. 178. Ebenso zum AnfG Huber, ZfIR 2008, 313, 316.

148 BGH, 14.06.2007 – IX ZR 219/05, BGHZ 173, 263 Rn. 10 = ZInsO 2007, 1577.

2. Voraussetzungen der gerichtlichen Sicherung des Anfechtungsanspruchs

In der gerichtlichen Praxis wird der Anfechtungsanspruch selten durch einstweiligen Rechtsschutz gesichert. Das ist wenig nachvollziehbar, weil der Aufwand für den Insolvenzverwalter eher als gering einzustufen ist. Erforderlich, aber auch ausreichend ist es, den Arrest-/und Verfügungsanspruch nach §§ 920 Abs. 2, 936 ZPO glaubhaft zu machen. Damit wird das **Beweismaß** auf eine überwiegende Wahrscheinlichkeit reduziert.[149] Es muss also wahrscheinlicher sein, dass der Anfechtungsanspruch besteht, als umgekehrt. Dies wird für einen Insolvenzverwalter, der die Anfechtungsklage vorbereitet oder den Anfechtungsanspruch sogar schon gerichtlich geltend gemacht hat, recht einfach darzulegen sein. Der Arrest- oder Verfügungsgrund muss ohnehin nicht glaubhaft gemacht werden.[150] 94

Der Primäranspruch nach § 143 Abs. 1 Satz 1 InsO kann nach herrschender Meinung durch **einstweilige Verfügung** (§§ 935 ff. ZPO) gesichert werden.[151] Dabei kommt eine Vormerkung in Betracht, wenn es um die Sicherung des Anspruchs auf Rückübertragung eines Grundstücks geht, für die ein Verfügungsgrund nicht glaubhaft gemacht werden muss.[152] Nicht vormerkungsfähig ist der anfechtungsrechtliche Rückübertragungsanspruch, der auf Rückübertragung eines Erbteils gerichtet ist, auch wenn zum Nachlass Grundstücksrechte gehören.[153] Durch **Arrest** (§§ 916 ff. ZPO) wird der Wertersatzanspruch oder ein sonstiger auf Zahlung gerichteter Rückgewähranspruch gesichert. Dass eine erlassene einstweilige Rechtsschutzmaßnahme den Anfechtungsgegner stark beeinträchtigt, liegt für den dinglichen Arrest (§ 917 ZPO) auf der Hand. Entsprechendes gilt aber auch für ein Veräußerungs- und Verfügungsverbot oder eine grundbuchrechtlich vollzogene Sicherung (Arrestpfandrecht, Arrest-/Sicherungshypothek, §§ 930, 931, 932, 936 ZPO); denn das verbessert die Ausgangslage des Insolvenzverwalters erheblich, insb. dann, wenn er an einem gerichtlichen oder außergerichtlichen Vergleich mit dem Anfechtungsgegner über den Anfechtungsanspruch interessiert ist. 95

149 Musielak/Voit/Huber, ZPO, § 920 ZPO Rn. 9, § 294 ZPO Rn. 3.
150 OLG Düsseldorf, 11.04.2024 – I-12 U 10/24, ZInsO 2024, 1327.
151 BGH, 14.06.2007 – IX ZR 219/05, BGHZ 172, 360; OLG Düsseldorf, 11.04.2024 – I-12 U 10/24, ZInsO 2024, 1327 Rn. 3.
152 OLG Düsseldorf, 31.10.2023 – I-12 U 43/23, ZInsO 2024, 39 Rn. 2.
153 OLG Düsseldorf, 31.10.2023 – I-12 U 43/23, ZInsO 2024, 39 Rn. 2.

Kapitel 8: Die zivil- und strafrechtliche Haftung des Insolvenzverwalters

Übersicht

A. Die zivilrechtliche Haftung des Insolvenzverwalters

I. Vorbemerkung

Die Tätigkeit des Insolvenzverwalters ist allgemein sehr haftungsgeneigt. Regelmäßig 1
lösen schwierige – wenn nicht gar völlig verfahrene und unübersichtliche – unternehmerische Situationen erst das Insolvenzverfahren aus. Andererseits ist der Verwalter gefordert, schnelle tatsächliche und prognostische Entscheidungen zu treffen, die sich optimal auf das weitere Verfahren auswirken sollen. Ihm stehen dabei umfangreiche Kompetenzen zu, bei deren Wahrnehmung sich leicht Fehler einschleichen. Derartige Missgriffe können zu erheblichen Massebeeinträchtigungen führen, für die der Verwalter u.U. einstehen muss.[1] Über diese insolvenzspezifischen Besonderheiten hinaus kann der Verwalter zudem nach allgemeinen zivilrechtlichen Grundsätzen, etwa aufgrund vertraglicher Haftung, des allgemeinen Deliktsrechts oder wettbewerbsrechtlicher Verstöße, in Anspruch genommen werden. Dementsprechend hat sich insb. eine umfangreiche, teils sehr einzelfallbezogene, Rechtsprechung gebildet, die umfassend zu erläutern den Rahmen dieses Handbuchs sprengen würde; insoweit sei auf die entsprechende Spezialliteratur verwiesen.[2] Im Rahmen dieser Darstellung sollen lediglich die Grundprinzipien erörtert und bezogen gerade auf Anfechtungsregelungen konkretisiert werden.

II. Die insolvenzspezifische Haftung des Verwalters

Während der Geltung der KO bestimmte § 82 KO, dass der Konkursverwalter allen 2
am Verfahren Beteiligten für die Erfüllung der ihm obliegenden Pflichten persönlich verantwortlich ist. Im Laufe der Jahre weitete die Rechtsprechung diese sehr rudimentäre Regelung immer weiter aus, bis hin zu einer nahezu allgemeinen **Vermögensschadenhaftung** des Konkursverwalters.[3] Dabei wurden zunächst insb. eine dreißigjährige Verjährungsfrist für den Haftungsanspruch sowie eine unbegrenzte Anwendung des § 278 BGB angenommen, was insb. die Betriebsfortführung für

1 Grundlegend etwa BGH, 16.03.2017 – IX ZR 253/15, ZInsO 2017, 827 m. Anm. Römermann, BB 2017, 1036; zu der Entscheidung s.a. Lüke/Wenske, EWiR 2017, 339, sowie Osterloh, jurisPR-BGHZivilR 8/2017 Anm. 3.

2 S. einführend zur Verwalterhaftung Schultz, ZInsO 2015, 529, Gehrlein, ZInsO 2018, 2234, Pape, ZInsO 2019, 2033 sowie Trams, NJW-Spezial 2019, 149; ferner Schmittmann/Heindorf, ZInsO 2025, 1546. Umfassend setzen sich die Monographien von Pape/Graeber, Hdb. Insolvenzverwalterhaftung, sowie von Bank, Insolvenzverwalterhaftung, mit der Problematik auseinander. Zum allg. Risikomanagement des Insolvenzverwalters s. ausführlich Spiekermann, ZInsO 2024, 1517.

3 Vgl. zur geschichtlichen Entwicklung MK-InsO/Schoppmeyer, § 60 Rn. 3 f. m.w.N.

Verwalter sehr risikoreich gestaltete.[4] Erst im Jahr 1986 korrigierte der BGH diese weite Rechtsprechung, indem er die Verwalterhaftung auf die **Verletzung konkursspezifischer Pflichten** beschränkte.[5] Auch führte er eine zeitliche Begrenzung für die Geltendmachung von Haftungsansprüchen auf der Basis des § 82 KO ein: Sie sollten in analoger Anwendung des § 852 BGB in 3 Jahren verjähren. Die nunmehr geltende gesetzliche Regelung in den §§ 60, 61 InsO führt diese Grundsätze fort.[6]

1. Insolvenzspezifische Haftungsgrundlagen

3 Als Grundtatbestand bestimmt § 60 InsO die allgemeine Haftung des Insolvenzverwalters bei **Verletzung insolvenzspezifischer Pflichten**. Die Bestimmung wird durch § 61 InsO ergänzt, der einen gesonderten Haftungstatbestand für die Nichterfüllung von Masseverbindlichkeiten statuiert.[7] Schließlich regelt § 62 InsO die **Verjährung** von Haftungsansprüchen ggü. dem Insolvenzverwalter.

a) Die Rechtsnatur der Haftung gem. § 60 InsO

4 § 60 InsO soll die sachgerechte Erfüllung der Verwalterpflichten sicherstellen. Dementsprechend schafft die Bestimmung einen Haftungstatbestand, auf den sich Beteiligte berufen können, sofern es zu Vermögensschäden bei der Wahrnehmung einer fremdnützigen Tätigkeit, der Insolvenzverwaltung, kommt, weil der Verwalter sich nicht ordnungs- bzw. pflichtgemäß verhält. Insoweit entsteht zwischen dem Verwalter und den Personen, denen er ggü. insolvenzspezifische Pflichten zu beachten hat, ein **gesetzliches Schuldverhältnis mit deliktischem Einschlag.**[8]

b) Die Pflichtverletzung

aa) Allgemeines

5 Nicht die Nichtbeachtung beliebiger Pflichten führt zu einer Haftung auf der Basis des § 60 InsO. Vielmehr muss der Verwalter eine **insolvenzspezifische Obliegen-**

---

4 FA-InsR/Weber, Kap. 19, Rn. 2 m.w.N.

5 BGH, 04.12.1986 – IX ZR 47/86, NJW 1987, 844; BGH, 14.04.1987 – IX ZR 260/86, ZIP 1987, 650; s.a. Lüke, JuS 1990, 451; K. Schmidt, ZIP 1988, 7; Mohrbutter, KTS 1988, 465; Schultz, ZInsO 2015, 529, 531.

6 MK-InsO/Schoppmeyer, § 60 Rn. 3 m.w.N. S. zudem umfassend Gehrlein, ZInsO 2020, 165.

7 Die Vorschriften der §§ 60, 61 InsO gelten i.Ü. bei der Eigenverwaltung einer juristischen Person analog für den vertretungsberechtigten Geschäftsleiter; vgl. BGH, 26.04.2018 – IX ZR 238/17, ZInsO 2018, 1200 m. Anm. Cranshaw, jurisPR-InsR 13/2018 Anm. 1. S. zur deliktischen Haftung von Geschäftsleitern umfassend Gehrlein, ZInsO 2018, 1550. Krit. Horstkotte, ZInsO 2018, 2329. Beispielhaft zur Haftung des Insolvenzverwalters für die pflichtverletzende Eingehung von Masseverbindlichkeiten LAG Hannover, 20.05.2025 – 10 SLa 800/24, ZRI 2025, 704.

8 Vgl. bereits BGH, 28.10.1993 – IX ZR 21/93, NJW 1994, 323; s. i.Ü. FK-InsO/Jahntz, § 60 Rn. 4 f.; HWF/Frind, § 60 InsO Rn. 6; Schultz, ZInsO 2015, 529, 531.

heit[9] verletzen, mithin eine Pflicht, die ihn unmittelbar nach den Bestimmungen der InsO trifft, und die besondere Risiken für die vom Handeln des Insolvenzverwalters betroffenen Personen birgt.[10] Hierbei kann er die Masse insgesamt und damit die Gesamtheit von Schuldner und Gläubigern, aber auch einen einzelnen Beteiligten,[11] demgegenüber die verletzte Pflicht bestand,[12] schädigen; § 60 InsO betrifft mithin sowohl **Gesamt-** wie auch **Einzelschäden.** Nicht insolvenzspezifisch sind die Pflichten, die einen Verwalter ggü. Geschäftspartner treffen, etwa bei oder nach dem **Abschluss von Verträgen.** Bei Geschäften mit dem Verwalter sind die Vertragspartner über die Eröffnung des Insolvenzverfahrens informiert; dementsprechend müssen sie ihre Risiken selbst abschätzen und berücksichtigen, es sei denn, es greift die spezielle Regelung des § 61 InsO ein. Vergleichbares gilt für etwaige Verletzungen von (allgemeinen) **Verkehrssicherungspflichten**; auch hier besteht keine enge Verknüpfung zu Verwalterpflichten, die aus der InsO resultieren.[13]

bb) Ausgewählte Einzelfälle

Der Insolvenzverwalter hat nach § 148 InsO die Pflicht, nach Eröffnung des Verfahrens das gesamte zur Insolvenzmasse gehörende Vermögen, auch wenn es sich im Ausland befindet, sofort in Besitz und Verwaltung zu nehmen.[14] Schuldhafte Verletzungen dieser Pflichten, welche die Quote verringern, sind in diesem Zusammenhang häufig haftungsrelevant. 6

Nach §§ 151 ff. InsO hat der Verwalter ein **Verzeichnis** der Massegegenstände, ein **Gläubigerverzeichnis** und eine **Vermögensübersicht**, ggf. unter Beachtung von Bewertungsabschlägen bei zweifelhaften oder schwer durchsetzbaren Forderungen bzw. schwer zu bewertenden Gegenständen des Anlagevermögens, aufzustellen. 7

Deliktische Ansprüche wegen Schädigung der Masse muss er – sofern notwendig, auch im Rahmen von **Zivilprozessen** – geltend machen. Besondere Sorgfalt muss er hier insb. im Hinblick auf mögliche Verjährungsfragen walten lassen.[15] Auch muss er die Prozessaussichten gewissenhaft untersuchen; es gilt hier derselbe Sorgfaltsmaßstab 8

9 S. dazu ausführlich Bank, Insolvenzverwalterhaftung, § 5 Rn. 32 ff.

10 S. zusammenfassend BGH, 14.04.2016 – IX ZR 161/15, ZInsO 2016, 1058.

11 Exemplarisch BGH, 27.04.2023 – IX ZR 99/22, ZInsO 2023, 1482; hierzu Brzoza, jurisPR-InsR 10/2023 Anm. 1.

12 Etwa einem Absonderungsberechtigten; vgl. BGH, 05.05.2011 – IX ZR 144/10, ZInsO 2011, 1463; hierzu Tetzlaff, jurisPR-InsR 8/2012, Anm. 1.

13 MK-InsO/Schoppmeyer, § 60 Rn. 76; Gehrlein, ZInsO 2020, 165, 168; Foerste, KTS 2025, 117, 131 ff.

14 S. hierzu detailliert Gerbers, in: Pape/Graeber, Hdb. Insolvenzverwalterhaftung, Teil 3 Rn. 161 ff.; MK-InsO/Schoppmeyer, § 60 Rn. 13 ff.; FK-InsO/Jahntz, § 60 Rn. 7 ff.; von Bismarck, in: Beck/Depré, Praxis der Insolvenz, § 33 InsO Rn. 10 ff.; HWF/Frind, § 60 InsO Rn. 11 ff., jeweils m.w.N.

15 Exemplarisch LG Bonn, 23.09.2015 – 1 O 206/14, ZInsO 2016, 168; vgl. hierzu ausführlich Hiebert, ZInsO 2016, 141.

wie allgemein zwischen Rechtsanwalt und Mandant.[16] Weigert sich der Schuldner, Gegenstände freiwillig zur Masse zu geben, hat der Verwalter entsprechende Zwangsmaßnahmen zu betreiben.

9 Der Insolvenzverwalter hat sorgfältig zu prüfen, ob die **Grundsätze der Kapitalaufbringung und -erhaltung** verletzt worden sind; ggf. muss er fehlendes Kapital nachfordern.

10 Gleichermaßen muss er i.R.d. § 92 Abs. 1 Satz 1 InsO **Masseverkürzungen**, etwa durch Managementfehler, unzulässige Ausschüttungen, Vermögensverschiebungen oder Insolvenzverschleppungen, geltend machen. Gleiches gilt für die Prüfung, ob etwa Kreditinstitute Darlehensverträge zur Unzeit gekündigt haben, sowie für Ansprüche ggü. Gesellschaftern wegen unzulässiger oder Masse kürzender Verfügung nach § 93 InsO.

11 Die Insolvenzmasse muss der Verwalter erhalten, bewahren und ordnungsgemäß verwalten.[17] Diese Pflicht ist nicht schon dann erfüllt, wenn es dem Verwalter gelingt, den Bestand der Masse zu erhalten; vielmehr ist er auch gehalten, Gelder – soweit möglich – zinsgünstig anzulegen.[18] Zur Masseverwaltungspflicht gehört demgemäß auch ein allgemeines Wertmehrungsgebot.[19] Hierzu sind ferner – soweit geboten – **Versicherungen** gegen Feuer, Diebstahl oder Naturgewalten abzuschließen bzw. der vorhandene Versicherungsbestand zu prüfen.[20] Eine Pflichtverletzung des Insolvenzverwalters kommt auch prinzipiell in Betracht, wenn dieser unabgestimmt und ankündigungslos eine für das Organ des Schuldners bestehende D&O-Versicherung beendet.[21] Sofern Gegenstände einen größeren Aufwand verursachen, als ihre Verwertung mutmaßlich einbringt, muss der Verwalter **freigeben**.

12 Gläubiger müssen ihre Forderung beim Insolvenzverwalter **anmelden**, § 174 Abs. 1 Satz 1 InsO. Dem Verwalter obliegt, derart angemeldete Forderungen in die Tabelle einzutragen und bei Gericht zur Ansicht niederzulegen, § 175 InsO. Forderungen muss er auf ihre Berechtigung hin **prüfen**. Unberechtigte Forderungen darf er nicht anerkennen, muss sie vielmehr berichtigen oder ihnen im Prüfungstermin widersprechen.

---

16 BGH, 29.10.2015 – IX ZR 33/15, ZInsO 2015, 2533.

17 Gehrlein, ZInsO 2020, 165, 166.

18 BGH, 16.03.2017 – IX ZR 253/15, ZInsO 2017, 827; OLG Köln, 09.08.2017 – I-2 U 77/15, ZInsO 2018, 460.

19 S. dazu etwa Jungmann, EWiR 2014, 563; FK-InsO/Jahntz, § 60 Rn. 10. Krit. indes Böhme, ZInsO 2017, 1468.

20 Bank, Insolvenzverwalterhaftung, § 5 Rn. 38 ff.; Gehrlein, ZInsO 2020, 165, 167.

21 Hans. OLG, 08.07.2015 – 11 U 313/13, ZInsO 2015, 1977 m. Anm. Hahn, EWiR 2016, 21. S. aber BGH, 14.04.2016 – IX ZR 161/15, ZInsO 2016, 1058; hierzu Göb, ZWH 2016, 401. S. auch LG Hamburg, 11.11.2013 – 419 HKO 101/12, n.v. – juris, zur Frage der Kündigung einer Geschäftsführer-Haftpflichtversicherung. Allgemein zu D&O-Versicherungen s. den zweiteiligen Beitrag von Luttmann/Raiß, ZInsO 2016, 1229 und 1285; Vallender, ZInsO 2025, 1605 sowie Isenbart, DB 2025, 1604. Vgl. auch Bank, Insolvenzverwalterhaftung, § 5 Rn. 43 ff.

Handels- und steuerrechtliche Pflichten des Schuldners zur Buchführung und Rechnungslegung in Bezug auf die Insolvenzmasse muss der Verwalter erfüllen. Dies gilt auch für die Zeit vor Verfahrenseröffnung, wenn etwa die Buchführung mängelbehaftet gestaltet war, aber z.B. im Hinblick auf steuerrechtliche Anforderungen noch in Ordnung gebracht werden kann, um etwa Steuererstattungen zu erreichen. 13

Mögliche **Rechtsmittel** muss der Verwalter einlegen, sofern diese Erfolg versprechend sind. Er verletzt seine etwa Pflichten, wenn er nicht unter Heranziehung aller verfügbaren Informationen und Unterlagen sowie unter Berücksichtigung der aktuellen Steuerrechtsprechung die Erfolgsaussichten einer Klage gegen Einspruchsentscheidungen des Finanzamtes prüft.[22] Fehlt es an einer **erkennbaren Erfolgsaussicht**, entfällt die Haftung. Dies gilt auch, wenn die Behörde den Verwalter über den wahren Verfahrensstand und damit über die Erfolgsaussichten einer etwaigen Klage im Unklaren gelassen hat.[23] 14

cc) Insb.: Pflicht zur Anfechtung

aaa) Allgemeines

Der Verwalter[24] muss auch stets prüfen,[25] ob etwa durch anfechtbare und gläubigerbenachteiligende Handlungen aus dem Vermögen des Schuldners veräußert, weggegeben oder aufgegeben worden ist.[26] Mit den §§ 129 ff. InsO stehen ihm hierbei weitreichende Instrumente zur Verfügung. Anfechtungsansprüche sind **Masseansprüche.** Macht der Verwalter sie nicht geltend, haftet er in gleichem Maße wie bei der sorgfaltswidrigen Behandlung von Vermögensgegenständen oder fehlerhaftem Forderungseinzug. Er muss aus diesem Grund allen Hinweisen auf anfechtungsrelevante Handlungsweisen nachgehen.[27] 15

Indes gilt es vor der Geltendmachung von Anfechtungsansprüchen zunächst, den zugrunde liegenden **Sachverhalt** sorgfältig zu **ermitteln.**[28] So hat der Insolvenzver- 16

---

22 LG Düsseldorf, 10.01.2011 – 7 O 193/10, ZInsO 2011, 236.

23 S. dazu OLG Düsseldorf, 25.07.2012 – 7 U 22/11, ZInsO 2012, 2296.

24 Vgl. einführend Thole, ZIP 2014, 1653; s.a. Bank, Insolvenzverwalterhaftung, § 5 Rn. 286.

25 Ausführlich Keramati/Klein, NZI 2017, 421, 422 f. S. weiter Spliedt, in: Pape/Graeber, Hdb. Insolvenzverwalterhaftung, Teil 3 Rn. 450 ff.

26 S. etwa BGH, 22.04.2004 – IX ZR 128/03, ZInsO 2004, 676 m. Anm. Huber, NZI 2004, 496; hierzu weiter Nasall, jurisPR-BGHZivilR 30/2004, Anm. 2; Lüke, ZIP 2004, 1693; Gundlach/Schmidt, EWiR 2004, 817; Wagner, WuB VI B § 82 KO 2.04; Uhlenbruck, BGHReport 2004, 1197; Meyer-Löwy/Poertzgen/Sauer, ZInsO 2005, 691, 694; Hölken, ZInsO 2024, 709. Allg. zur Rspr. des BGH zur Insolvenzanfechtung s. etwa Gehrlein, WM Beilage 4 2023, 2; Smid, ZInsO 2024, 1569; Jakobs/Kruth, DStR 2024, 2490.

27 Vgl. etwa OLG Düsseldorf, 24.07.2024 – 3 U 28/21, ZInsO 2025, 251; BGH, 13.06.2024 – IX ZR 100/23, ZInsO 2024, 1494 m. krit. Anm. Cranshaw, jurisPR-InsR 10/2014 Anm. 4. S. i.Ü. bereits Bork, ZIP 2005, 1120.

28 Vgl. zu den gebotenen Sorgfaltsanforderungen OLG Brandenburg, 21.07.2021 – 7 U 134/19, ZInsO 2021, 2142; hierzu Cranshaw, jurisPR-InsR 22/2021 Anm. 2; OLG Düs-

walter insb. ihm bekannte Konten der Hausbank des Schuldners innerhalb eines angemessenen Zeitraums darauf zu überprüfen, ob ihm die Kontounterlagen vollständig vorliegen und die Kontounterlagen Anhaltspunkte für anfechtungsrelevante Vorgänge enthalten.[29] An einer ausreichenden Dokumentation durch den Schuldner fehlt es regelmäßig,[30] zumal die Ansprüche erst mit Insolvenzeröffnung entstehen.[31] Der Schuldner selbst ist überdies eine unzureichende Informationsquelle für den Verwalter: Vielfach ist er an erfolgreichen Anfechtungen nicht interessiert, sodass der Verwalter andere Erkenntnismöglichkeiten ausschöpfen muss. Häufig werden Anfechtungen daher an unzureichenden Informationen scheitern.[32] Die sorgfältige Sachverhaltsermittlung ist aber **Grundpflicht** des Verwalters, wie sie auch zu den grundlegenden Aufgaben jedes Rechtsbeistandes bei Begründung eines Mandats gehört.[33] In diesem Zusammenhang kann bspw. die Einsicht in Prozessakten eines anhängigen Zivilverfahrens angezeigt sein. Ein entsprechendes rechtliches Interesse, das sich nach § 299 Abs. 2 ZPO beurteilt, ist im Zusammenhang mit der Prüfung von Anfechtungsansprüchen regelmäßig zu bejahen.[34] Auch die Einsichtnahme in Akten von Strafverfahren, die sich etwa gegen (frühere) Unternehmensorgane, Mitarbeiter oder auch Geschäftspartner richten, kann wichtige Informationen erschließen. Die Rechtsgrundlage hierfür bietet § 475 StPO.[35]

17 Dennoch: Bei einem eindeutigen Sachverhalt muss der Insolvenzverwalter seine Anfechtungsmöglichkeiten nutzen; es besteht eine diesbezügliche **Durchsetzungspflicht**.[36] Obwohl § 129 InsO regelt, dass er anfechten »kann«, steht die Ausübung des Rechtes nicht etwa in seinem Ermessen.[37] Denn sie ist Ausprägung der Gläubigergleichbe-

---

seldorf, 24.07.2024 – 3 U 28/21, ZInsO 2025, 251.

29 BGH, 27.07.2023 – IX ZR 138/21, ZInsO 2023, 2259; hierzu Geßner/Meyerholz, jurisPR-BKR 3/2024 Anm. 3; Wagner, EWiR 2023, 724. S.a. Straubmeier, FD-InsR 2023, 820097.

30 Spliedt, in: Pape/Graeber, Hdb. Insolvenzverwalterhaftung, Teil 3 Rn. 451.

31 S. etwa BGH, 01.02.2007 – IX ZR 96/04, ZInsO 2007, 261.

32 Huber, NZI 2004, 497 spricht in diesem Zusammenhang von einer »Titanic-These«: Die Zahl der anfechtbaren Rechtshandlungen im Vergleich zu Anfechtungsprozessen verhält sich wie die Spitze eines Eisbergs zu dessen Masse unter Wasser.

33 St. Rspr.; vgl. etwa BGH, 22.09.2005 – IX ZR 23/04, NJW 2006, 501 m. Anm. Henssler/Michel, WuB IV A § 675 BGB 2.06, sowie m. Anm. Weyand, INF 2005, 931; OLG Brandenburg, 21.07.2021 – 7 U 134/19, ZInsO 2021, 2142 m. Anm. Cranshaw, jurisPR-InsR 22/2021 Anm. 2; LG Hannover, 29.10.2024 –11 T 5/24, ZInsO 2024, 2353.

34 S. etwa LG Berlin, 06.01.2020 – 1451 E-A.3529/19, ZInsO 2020, 200. Allg. zur Akteneinsicht im Zusammenhang mit Insolvenzverfahren s. etwa BayObLG, 08.04.2020 – 1 VA 132/19, ZInsO 2020, 1010 m. Anm. Froehner, EWiR 2020, 567; BayObLG, 02.09.2021 – 101 VA 100/21, ZInsO 2021, 2200, sowie BayObLG, 14.10.2021 – 102 VA 66/21, ZInsO 2021, 2433.

35 Beispielhaft AG Kiel, 06.10.2017 – 43 Gs 4159/17, ZInsO 2017, 2450 m. Anm. Fingerle, ZWH 2018, 193; LG Hamburg, 19.06.2018 – 618 Qs 20/18, ZInsO 2019, 1316. S. auch Köhler, in: Schmitt/Köhler, StPO, § 475 Rn. 1 m.w.N.

36 S. dazu Weyand, ZInsO 2014, 1934, 1938; Bork, ZIP 2005, 1120.

37 Spliedt, in: Pape/Graeber, Hdb. Insolvenzverwalterhaftung, Teil 3 Rn. 452; s.a. von Bismarck, in: Beck/Depré, Praxis der Insolvenz, § 33 InsO Rn. 19 m.w.N.

handlung,[38] die auf die Zeit vor Antragstellung vorverlagert wird. Der Verwalter darf daher auf eine Anfechtung nur verzichten, wenn entweder ihr Erfolg, etwa wegen eines unklaren und nicht weitere aufklärbaren Sachverhalts, mit erheblichen Zweifeln behaftet ist,[39] oder aber sie durch andere Vorteile für die Gläubigergesamtheit aufgewogen wird, z.B. durch ersparte Prozesskosten bei einem nicht leistungsfähigen Anfechtungsgegner bzw. durch die Aufrechterhaltung einer Geschäftsverbindung, die für eine beabsichtigte Betriebsfortführung unverzichtbar ist,[40] oder dann, wenn der Masse durch die unterlassene Anfechtung andere wirtschaftliche Vorteile zufließen, die der Insolvenzverwalter ohne den Forderungsverzicht nicht ohne weiteres hätte realisieren können.[41] Abzuwägen hat er insb., ob die Risiken, einen Titel zu erlangen und aus ihm mit Erfolg Vollstreckungsmaßnahmen zu betreiben, angesichts des finanziellen Aufwands im Einzelfall nicht zu groß sind.[42] Lediglich in besonders gelagerten Einzelfällen kann der Grundsatz von Treu und Glauben (§ 242 BGB) Anfechtungsansprüche ausschließen.[43]

bbb) Auswahl bei mehreren Haftungsschuldnern

Im Einzelfall können sich aufgrund desselben Sachverhalts Anfechtungsansprüche ggü. mehreren Erstattungsschuldner ergeben, etwa durch die Zahlung an einen Gläubiger, durch die der Schuldner gleichzeitig einen Dritten von seiner Mithaftung befreit,[44] oder durch die Anweisung des Schuldners an einen Gläubiger, unmittelbare Zahlung an einen weiteren Gläubiger zu leisten.[45] 18

In den genannten Fällen gibt es i.d.R. mehrere Erstattungsschuldner, denen ggü. die Anfechtung erklärt werden kann. Gleiches gilt, wenn unterschiedliche Rechtsgrundlagen zu möglichen Erstattungsansprüchen führen können, etwa dann, wenn ein Geschäftsführer wegen einer Masse schmälernden Zahlung an einen Gläubiger nach § 64 GmbHG haftet, ggü. dem Gläubiger aber wegen der erlangten Befriedigung eine Anfechtung möglich ist.[46] 19

In diesem Zusammenhang stellt sich die Frage, ob dem Insolvenzverwalter ein **Auswahlermessen** zusteht, oder ob er auf die Belange eines Erstattungsschuldners Rücksicht nehmen muss. Hier ist zu differenzieren: Sofern die Haftung mehrerer potenzieller 20

---

38 FK-InsO/Jahntz, § 60 Rn. 10 m.w.N.

39 Von Bismarck, in: Beck/Depré, Praxis der Insolvenz, § 33 InsO Rn. 19 m.w.N. S. in diesem Zusammenhang LG Krefeld, 06.02.2014 – 3 O 271/13, ZInsO 2014, 848.

40 Spliedt, in: Pape/Graeber, Hdb. Insolvenzverwalterhaftung, Teil 3 Rn. 452. Zur Motivationslage des Insolvenzverwalters im Zusammenhang mit unterlassener Anfechtung s. auch Hölken, ZInsO 2024, 709, 711 f.

41 S. hierzu ausführlich OLG Karlsruhe, 12.08.2013 – 9 U 55/13, ZInsO 2014, 155 m. Anm. Ganter, NZI 2014, 122.

42 Bork, ZIP 2005, 1120, 1121 ff.

43 Exemplarisch OLG Düsseldorf, 08.01.2024 – I-12 U 31/23, ZInsO 2024, 946.

44 BGH, 20.07.2006 – IX ZR 44/05, NZI 2006, 581; hierzu Piekenbrock, NZI 2007, 384.

45 BGH, 29.11.2007 – IX ZR 121/06, ZInsO 2008, 814.

46 BGH, 18.12.1995 – II ZR 277/94, NJW 1996, 850.

Erstattungsschuldner allein auf dem Anfechtungsrecht beruht, spielen deren Belange im Einzelfall keine Rolle.[47] Die Anfechtungshaftung ist stets gesamtschuldnerisch.[48] Unter den Betroffenen kann derjenige, der vom Insolvenzverwalter in Anspruch genommen wird, nach Maßgabe des § 426 BGB Ausgleich verlangen, unabhängig davon, ob der Anfechtungsanspruch gegen einen der Betroffenen zwischenzeitlich verjährt ist.[49] Damit kann der Insolvenzverwalter hier nach Belieben vorgehen.

21 Bei verschiedenen Anspruchsgrundlagen verhält es sich nicht anders. So verjähren etwa Ansprüche gegen den Geschäftsführer wegen Masse schmälernder Auszahlungen nach 5 Jahren, § 15b Abs. 7 InsO, während die Anfechtungsmöglichkeit gem. §§ 129 ff. InsO ggü. einem erstattungspflichtigen Empfänger schon nach 3 Jahren nicht mehr bestehen. Macht der Insolvenzverwalter bei derartigen Konstellationen Ansprüche gegen den Geschäftsführer geltend, darf dieser diesem Ansinnen nicht entgegenhalten, dass der Verwalter die Masseschmälerung beim Anfechtungsgegner hätte ausgleichen können.

c) Anspruchsberechtigte – Der Begriff des »Beteiligten«

22 Die Haftung nach § 60 InsO besteht nur ggü. »Beteiligten«. Diese Gruppe ist unter Berücksichtigung der insolvenzbezogenen Obliegenheiten des Verwalters näher zu konkretisieren.[50] (Verfahrens-) Beteiligte sind damit alle, denen ggü. der Verwalter insolvenzspezifischen Pflichten zu erfüllen hat (**materieller Beteiligtenbegriff**).[51] Hierzu gehören[52]

- Schuldner;
- Insolvenzgläubiger, zu denen auch staatliche Stellen, wie z.B. der Justizfiskus, gehören, nicht jedoch die Finanzbehörden, wenn Steuerforderungen nicht als Insolvenzforderungen, sondern als Masseverbindlichkeiten eingefordert werden können; in diesen Fällen ergeben sich bei Pflichtverletzungen des Verwalters Haftungsansprüche allein aus § 69 AO;[53]
- Massegläubiger;
- Aus- und Absonderungsberechtigte.[54]

47 So zur Recht BGH, 18.12.1995 – II ZR 277/94, NJW 1996, 850; a.A. nur Spliedt, in: Pape/Graeber, Hdb. Insolvenzverwalterhaftung, Teil 3 Rn. 457 ff.

48 BGH, 29.11.2007 – IX ZR 121/06, ZInsO 2008, 814.

49 BGH, 30.10.1980 – III ZR 132/79, NJW 1981, 681.

50 MK-InsO/Schoppmeyer, § 60 Rn. 68.

51 HambKomm-InsR/Weitzmann, § 60 InsO Rn. 6 m.w.N.; Bank, Insolvenzverwalterhaftung, § 2 Rn. 23.

52 Vgl. weiter FK-InsO/Jahntz, § 60 Rn. 7 ff.; MK-InsO/Schoppmeyer, § 60 Rn. 52 ff.; A/G/R-Lind, § 60 InsO Rn. 4 f.; Bank, Insolvenzverwalterhaftung, § 2 Rn. 25; Schultz, ZInsO 2015, 529, 532. S. auch BGH, 14.04.2016 – IX ZR 161/15, ZInsO 2016, 1058.

53 BGH, 01.12.1989 – IX ZR 61/88, NJW 1989, 303; s. hierzu auch Rose, ZIP 2016, 1520.

54 Beispielhaft OLG Düsseldorf, I-12 U 42/15, ZInsO 2018, 34.

Nicht in diesem Sinne beteiligt am Verfahren sind etwa[55] 23
- Bürgen, solange die Forderung nicht auf sie übergegangen ist,
- Mieter des Schuldners,[56]
- Personen, die zur Insolvenzmasse gehörende Gegenstände erwerben,
- Sicherungsschuldner,
- Gegner in einem Zivilprozess.[57]

Diesen Personen ggü. obliegt dem Verwalter keine insolvenzspezifische Pflicht; er kann ggf. aber nach allgemeinen Grundsätzen in Haftung genommen werden. 24

d) Verschuldensmaßstab

Die Verwalterhaftung setzt ein **Verschulden** voraus.[58] Die InsO enthält zur Frage des Verschuldensmaßstabs keine spezielle Regelung, sodass die allgemeinen Grundsätze des § 276 BGB greifen: Der Verwalter hat demnach grds. **Vorsatz** und – jegliche – **Fahrlässigkeit** zu vertreten.[59] Eine Begrenzung der aus § 60 InsO resultierenden Haftung durch »Verwalter-AGBs« auf Vorsatz oder grobe Fahrlässigkeit ist unzulässig.[60] 25

§ 60 Abs. 1 Satz 2 InsO enthält für den Fahrlässigkeitsvorwurf allerdings eine einschränkende Regelung: Der Verwalter muss bei Erfüllung seiner insolvenzspezifischen Pflichten nur für die **Sorgfalt eines ordentlichen und gewissenhaften Insolvenzverwalters** einstehen.[61] Der BGH legt dabei in seiner neueren Rspr. generell einen Sorgfaltsmaßstab zugrunde, der an die handels- und gesellschaftsrechtlichen Sorgfaltsanforderungen an einen Geschäftsleiter[62] angelehnt ist.[63] 26

Der Verwalter haftet mithin nicht für jegliche Sorgfaltspflichtverletzung. Allerdings muss man bei ihm die Kenntnisse und Erfahrungen eines »durchschnittlichen« Insolvenzverwalters voraussetzen können. Dies gilt insb. für die grundlegenden Rechts- 27

55 Hierzu allg. FK-InsO/Jahntz, § 60 Rn. 15 m.w.N., sowie Bank, Insolvenzverwalterhaftung, § 2 Rn. 26.

56 BGH, 04.12.1986 – IX ZR 47/86, NJW 1987, 844.

57 BGH, 02.12.2004 – IX ZR 142/03, ZInsO 2005, 146; hierzu Pape, ZInsO 2005, 138.

58 Bank, Insolvenzverwalterhaftung, § 8 Rn. 1.

59 FK-InsO/Jahntz, § 60 Rn. 16; MK-InsO/Schoppmeyer, § 60 Rn. 107 ff.; AGR/Lind, § 60 InsO Rn. 32. S. noch OLG Brandenburg, 21.07.2021 – 7 U 134/19, ZInsO 2021, 2142.

60 HWF/Frind, § 60 InsO Rn. 9; Pape, in: Pape/Graeber, Hdb. Insolvenzverwalterhaftung, Teil 3 Rn. 75.

61 Zur Begründung dieses Maßstabs vgl. weiter BT-Drucks. 12/2443, S. 129. Ausführlich Gehrlein, NZG 2020, 801.

62 S. § 347 Abs. 1 HGB, § 93 Abs. 1 Satz 1 AktG, § 34 Abs. 1 Satz 1 GenG und § 43 Abs. 1 GmbHG.

63 Grundlegend bereits BGH, 16.03.2017 – IX ZR 253/15, ZInsO 2017, 827 m. Anm. Lüke/Wenske, EWiR 2017, 339; s.a. v. Oppen, WuB 2017, 572. S. ferner BGH, 12.03.2020 – IX ZR 125/17, ZInsO 2020, 1180, sowie jüngst BGH, 21.03.2024 – IX ZR 12/22, ZInsO 2024, 1316 m. Anm. Gelbrich/Szewczyk, WuB 2024, 353, sowie Leiss, NZI 2025, 633.

kenntnisse in Bezug auf die InsO, aber auch im Hinblick auf gefestigte Literaturmeinungen bzw. die ständige einschlägige Rechtsprechung.[64]

28 Abzuwägen sind im Einzelnen die objektiv sich ergebenden Anforderungen einerseits und die konkret in der speziellen Situation zu erfüllenden Aufgaben.[65] Für diese Kenntnisse hat er einzustehen. Dabei kann auch eine Fehlentscheidung im Einzelfall durchaus nicht schuldhaft erfolgen,[66] etwa zu Beginn des Verfahrens, wenn konkrete weitere Informationen fehlen oder keine kompetenten Auskunftspersonen vorhanden sind, sodass eine sachgerechte Beurteilung überhaupt nicht möglich ist. Mit zunehmender Dauer des Verfahrens verschiebt sich dieser Maßstab i.d.R.[67] Je länger der Verwalter mit dem schuldnerischen Unternehmen befasst ist, desto weiter wird seine verfahrensbezogene Kenntnislage sich steigern, sodass eine immer breitere Entscheidungsgrundlage anzunehmen ist. Stehen drängende Entscheidungen bevor, kann der Verwalter zur **Hinzuziehung eines Sachverständigen**, z.B. bei Bewertungsproblemen, oder zur Einholung anderweitigen (Rechts-) Rats verpflichtet sein, zumal dann, wenn er nicht RA ist.[68] Unabhängig davon kann sich der Verwalter zur Einarbeitung nicht unbegrenzt Zeit lassen. Überdies muss er ihm zur Verfügung stehende **Entscheidungsgrundlagen** stets sorgfältig prüfen.[69] Will er das Unternehmen fortführen, sind auch hinreichende betriebswirtschaftliche Kenntnisse zu verlangen, ohne die eine sorgfältige Liquiditäts- und Ertragsplanung nicht möglich ist. Hier gilt gleichfalls die Forderung, im Zweifel externen Sachverstand hinzuzuziehen. Haftungsträchtige **Prognoseentscheidungen** darf er aber dann treffen, wenn diese unter Berücksichtigung des Verfahrenszwecks und der vorhandenen verifizierten Informationen ohne Weiteres vertretbar sind.[70]

29 Die in § 93 Abs. 1 Satz 2 AktG kodifizierte Business Judgement Rule findet auf unternehmerische Entscheidungen des Insolvenzverwalters im Rahmen einer Betriebsfortführung[71] keine Anwendung.[72] Maßstab für diese Entscheidungen ist der Insolvenz-

64 MK-InsO/Schoppmeyer, § 60 Rn. 107 ff.; Ehlers, ZInsO 1998, 356, 359.

65 S. weiter Schluck-Amend, in: Schmidt/Uhlenbruck Rn. 7.165; zur Umsetzung unternehmerischer Ermessensentscheidungen und deren Folgen ausführlich Berger/Frege/Nicht, NStZ 2010, 321.

66 Beispielhaft LG Frankenthal, 21.03.2018 – 2 S 206/17, ZInsO 2018, 1529; OLG Düsseldorf, 24.07.2024 – 3 U 28/21, ZInsO 2025, 251, 266 ff.

67 Spliedt, in: Pape/Graeber, Hdb. Insolvenzverwalterhaftung, Teil 3 Rn. 479; FK-InsO/Jahntz, § 60 Rn. 17.

68 MK-InsO/Schoppmeyer, § 60 Rn. 114; Pape, in: Pape/Graeber, Hdb. Insolvenzverwalterhaftung, Teil 3 Rn. 51; s. weiter Berger/Frege/Nicht, NStZ 2010, 321, 326 f.

69 MK-InsO/Schoppmeyer, § 60 Rn. 108 m.w.N.

70 BGH, 09.06.1994 – IX ZR 191/93, NJW 1994, 2286; BGH, 16.03.2017 – IX ZR 253/15, ZInsO 2017, 827; von Bismarck, in: Beck/Depré, Praxis der Insolvenz, § 33 InsO Rn. 8; MK-InsO/Schoppmeyer, § 60 Rn. 109 m.w.N.; Spliedt, in: Pape/Graeber, Hdb. Insolvenzverwalterhaftung, Teil 3 Rn. 483; Bank, Insolvenzverwalterhaftung, § 8 Rn. 9.

71 S. in diesem Zusammenhang Gehrlein, ZInsO 2020, 165, 173.

72 So explizit BGH, 12.03.2020 – IX ZR 125/17, ZInsO 2020, 1180; zu dieser Entscheidung s. Gehrlein, NZG 2020, 801; Frind, ZInsO 2020, 1213; Korch, ZIP 2020, 1596; Bauer,

zweck der bestmöglichen gemeinschaftlichen Befriedigung der Insolvenzgläubiger und deren Verfahrensziele. Unter dieser Prämisse muss der Verwalter seine Aktivitäten daran ausrichten, ob die prognostizierbaren Vorteile seiner Entscheidung in Relation zu den Kosten, Aufwendungen, Chancen und Risiken wirtschaftlich sinnvoll sind. Eine analoge Anwendung der Business Judgement Rule scheidet nach Auffassung des BGH bereits deswegen aus, weil angesichts der speziellen Haftungsregel des § 60 InsO hierfür kein Raum ist.

Rechtsirrtümer exkulpieren regelmäßig nicht;[73] wie bereits erwähnt, gehören grund- 30
legende zivil- und insolvenzrechtliche Vorkenntnisse zum unverzichtbaren Handwerkszeug eines Insolvenzverwalters. **Fehlende Rechtskenntnisse** entschuldigen daher grds. nicht.[74] Ein Verschulden fehlt aber, wenn zu einer speziellen Frage keine höchstrichterliche Rechtsprechung existiert, und die Literatur sich uneins äußert. Bei derartigen Konstellationen genügt der Verwalter den nötigen Sorgfaltspflichten, wenn er die vertretenden Auffassungen analysiert und auf dieser Grundlage zu einer vertretbaren Entscheidung kommt, für die sich gute Gründe anführen lassen.[75] I.Ü. sind die Anforderungen an die Entschuldbarkeit eines Rechtsirrtums hoch.[76]

Fahrlässig handelt der Verwalter, wenn er den zu entscheidenden Sachverhalt unvoll- 31
ständig, unzureichend oder falsch aufklärt, bzw. eine eindeutige und längst entschiedene Rechtslage falsch beurteilt.[77] Gleichermaßen muss er bei ungeklärter Rechtslage auch die für ihn ungünstige Auffassung mit in seine Überlegungen einbeziehen und dann den Weg wählen, der die Interessen der Beteiligten möglichst umfassend wahrt.[78] Auch bei **steuerlichen Sachverhalten** genügt im Übrigen einfach fahrlässiges Handeln, um Ersatzansprüche hervorzurufen. Der Haftungsmaßstab des § 69 AO, nach dem lediglich grobe Fahrlässigkeit zum Schadensersatz verpflichten kann, gilt in diesem Zusammenhang nicht.[79] Das Verschulden kann jedoch insgesamt zu **verneinen** sein, wenn eine Behörde den Verwalter über den wahren Stand eines Rechts-

---

ZIP 2020, 2272; Lüke/Weber, EWiR 2020, 465; Jungmann, NZI 2020, 651; Cranshaw, jurisPR-HaGesR 8/2020 Anm. 1.

73 AGR/Lind, § 60 InsO Rn. 34; ausführlich hierzu Bank, Insolvenzverwalterhaftung, § 8 Rn. 26 ff.

74 Spliedt, in: Pape/Graeber, Hdb. Insolvenzverwalterhaftung, Teil 3 Rn. 488; s.a. FA-InsR/Wirtz, § 22 Rn. 24.

75 OLG Dresden, 12.07.2023 – 13 U 1939/22, ZInsO 2023, 1953; Pape, in: Pape/Graeber, Hdb. Insolvenzverwalterhaftung, Teil 3 Rn. 52 m.w.N.

76 Pape, in: Pape/Graeber, Hdb. Insolvenzverwalterhaftung, Teil 3 Rn. 50 m.w.N.

77 BGH, 09.05.1996 – IX ZR 244/95, NJW 1996, 2233 m. Anm. Uhlenbruck, EWiR 1996, 753; AGR/Lind, § 60 InsO Rn. 34. S. ergänzend BGH, 15.12.2016 – IX ZR 224/15, ZInsO 2017, 139 m. Anm. Hölken, jurisPR-InsR 3/2017 Anm. 2.

78 MK-InsO/Schoppmeyer, § 60 Rn. 111; BGH, 28.10.1993 – IX ZR 21/93, NJW 1994, 323 m. Anm. Pape, WiB 1994, 286.

79 LG Düsseldorf, 10.01.2011 – 7 O 193/10, ZInsO 2011, 236; anders – jedoch ohne weitere Begründung – wohl Rose, ZIP 2016, 1520, 151: Erforderlich ist grobe Fahrlässigkeit.

mittelverfahrens und damit über die Erfolgsaussichten eines möglichen Rechtsmittels im Unklaren gelassen hat.[80]

32 Bedient sich der Insolvenzverwalter zur Erfüllung seiner spezifischen insolvenzrechtlichen Verpflichtungen zulässigerweise[81] anderer Personen, die bei ihm beschäftigt sind, hat er deren Verschulden wie sein eigenes zu vertreten;[82] es gilt die allgemeine Regel des § 278 BGB.[83] Sofern der Verwalter indes **Personal des Schuldners** einsetzen muss,[84] sieht § 60 Abs. 2 InsO ein **Haftungsprivileg** vor: Erfolgt der Einsatz i.R.d. bisherigen Tätigkeit des Personals und sind diese Personen nicht offensichtlich ungeeignet,[85] greift § 278 BGB nicht ein.[86] Vielmehr ist der Verwalter nur für deren Überwachung und für Entscheidungen von besonderer Bedeutung verantwortlich.[87] Derartige Konstellationen sind sehr praxisrelevant, weil der Verwalter in vielen Verfahren auf die Sachkunde des über die besonderen Unternehmensumstände detailliert informierten Mitarbeiterstabs des Schuldners zurückgreifen muss, um seine Tätigkeit ordnungsgemäß vorzunehmen;[88] auch können finanzielle Gründe hierzu zwingen, z.B. dann, wenn externes Personal mangels hinreichender Liquidität nicht eingesetzt werden kann.[89] Die Intensität der nötigen Überwachung hängt hier auch von der Komplexität und der Bedeutung der übertragenen Aufgabe ab: Um Alltagsgeschäfte muss sich der Verwalter weniger kümmern als z.B. um Angestellte des Schuldners, denen er die Veräußerung des kompletten Warenlagers überträgt.[90]

33 Hiervon zu unterscheiden sind die Fälle, in denen der Verwalter auf **externes Fachwissen**[91] zurückgreifen muss, z.B. durch die Beauftragung eines Sachverständigen bei Bewertungs- oder Fortführungsfragen, bzw. eines Steuerberaters zur Aufarbeitung der Buchführung, wobei ureigenste Aufgaben aber nicht übertragen werden

80 S. dazu OLG Düsseldorf, 25.07.2012 – 7 U 22/11, ZInsO 2012, 2296.

81 Ausführlich in diesem Zusammenhang OLG Düsseldorf, 11.11.2024 – I-12 U 15/24, ZInsO 2025, 79.

82 BGH, 19.07.2001 – IX ZR 62/00, ZInsO 2001, 797; FK-InsO/Jahntz, § 60 Rn. 29; A/G/R-Lind, § 60 InsO Rn. 36 ff., jeweils m.w.N.; ausführlich Gehrlein, ZInsO 2020, 165; Foerste, KTS 2025, 117, sowie Bank, Insolvenzverwalterhaftung, § 8 Rn. 14 ff.

83 Schultz, ZInsO 2015, 529, 533 m.w.N.; Gehrlein, ZInsO 2020, 165, 170. S. auch Foerste, KTS 2025, 117, 118.

84 Weitergehend FK-InsO/Jahntz, § 60 Rn. 32 m.w.N., die trotz der eindeutigen gesetzlichen Formulierung erwägt, das Haftungsprivileg des § 60 Abs. 2 InsO auch auf die Fälle auszudehnen, in denen die Beschäftigung von Angestellten des Schuldners objektiv sinnvoll ist, auch wenn keine zwingende Notwendigkeit vorliegt; so wohl auch HWF/Frind, § 60 InsO Rn. 10; a.A. insoweit MK-InsO/Schoppmeyer, § 60 Rn. 115.

85 Pape, in: Pape/Graeber, Hdb. Insolvenzverwalterhaftung, Teil 3 Rn. 61.

86 S. noch Gehrlein, ZInsO 2020, 165, 173 f.

87 S. ausführlich Foerste, KTS 2025, 117, 124.

88 Pape, in: Pape/Graeber, Hdb. Insolvenzverwalterhaftung, Teil 3 Rn. 62.

89 S. weiter MK-InsO/Schoppmeyer, § 60 Rn. 115 ff. m.w.N.

90 OLG Hamm, 20.06.2006 – 27 U 22/06, ZInsO 2007, 216 m. Anm. Fuchs, EWiR 2007, 379.

91 S. umfassend Bank, Insolvenzverwalterhaftung, § 5 Rn. 119 ff.

können.[92] Gerade im Zusammenhang mit Digitaldienstleistungen kann derartiges externes Fachwissen unverzichtbar sein.[93] Ermittlungstätigkeiten zur Aufdeckung von Insolvenzanfechtungsansprüchen sind bspw. nicht delegationsfähig.[94] Hier beschränkt sich seine Haftung zunächst auf ein **Auswahlverschulden.**[95] Auch hat er den Beauftragten sorgfältig anzuweisen und regelgerecht zu beaufsichtigen.[96] Erfüllt er diese grundlegenden Ansprüche, haftet er nicht. Der Verwalter hat gegenüber den Insolvenzgläubigern im Übrigen auch schuldhafte Fehler eines Rechtsanwalts, den er mit der Durchsetzung einer zur Masse gehörenden Forderung beauftragt hat, wie eigenes Verschulden zu vertreten.[97]

Ein **Mitverschulden** des Anspruchsberechtigten ist nach der allgemeinen Regel des 34 § 254 BGB stets zu berücksichtigen.[98] Es kann Ansprüche ggf. also mindern oder ganz entfallen[99] lassen. Ein Beteiligter muss in diesem Zusammenhang insb. verfahrenswesentliche Informationen, als auch solche über mögliche Anfechtungstatbestände, an den Verwalter weitergeben, wenn dies Auswirkungen auf seine eigenen wirtschaftlichen Belange hat.[100]

e) Kausalität und Schadensbegriff

Inhalt, Umfang und Art des möglichen Schadensersatzanspruches bemessen sich wie- 35 derum nach allgemeinen zivilrechtlichen Vorschriften, also den §§ 249 ff. BGB.[101]

Die Frage, ob und welcher Schaden vom Insolvenzverwalter schuldhaft verursacht 36 wurde, ist angesichts eines **hypothetischen Verlaufs** zu beurteilen, d.h. geklärt wer-

92 Krit. zur Frage der Einschaltung externer Dienstleister Haarmeyer, ZInsO 2023, 1286. S.a. LG Gießen, 29.05.2020 – 7 T 68/20, ZInsO 2023, 1230; s. hierzu auch Keller, NZI 2021, 597.

93 LG Hannover, 29.10.2024 –11 T 5/24, ZInsO 2024, 2353. Ausführlich hierzu Haarmeyer/Bograkos, ZInsO 2024, 2590. S. ferner Krauß, ZInsO 2023, 2429 sowie Koppel, ZInsO 2023, 2437.

94 LG Hannover, 22.07.2020 – 2 T 11/20, ZVI 2021, 208.

95 So schon BGH, 29.05.1979 – VI ZR 104/78, ZIP 1980, 25 m. Anm. Kilger; s. weiter Pape, in: Pape/Graeber, Hdb. Insolvenzverwalterhaftung, Teil 3 Rn. 57 ff., sowie Foerste, KTS 2025, 117, 124 ff.

96 S. hierzu ergänzend noch Gerhardt, ZIP 1987, 760, 762.

97 BGH, 03.03.2016 – IX ZR 119/15, ZInsO 2016, 687 m. Anm. Kluth, NZI 2016, 354. S. zu dieser Entscheidung zustimmend Holzer, NZI 2016, 903.

98 OLG Jena, 27.10.2004 – 2 U 414/04, ZInsO 2005, 44; OLG Celle, 18.03.2005 – 16 W 13/05, ZInsO 2005, 441; s. weiter Spliedt, in: Pape/Graeber, Hdb. Insolvenzverwalterhaftung, Teil 3 Rn. 490; FA-InsR/Wirtz, Kap. 22 Rn. 26; AGR/Lind, § 60 InsO Rn. 39, jeweils m.w.N.; Bank, Insolvenzverwalterhaftung, § 11 Rn. 3 ff.

99 OLG Dresden, 07.03.2001 – 13 W 2112/00, ZInsO 2001, 671.

100 BGH, 11.11.1993 – IX ZR 35/93, NJW 1994, 453, 491. Zu der sehr einzelfallbezogenen bisherigen Rspr. vgl. weiter MK-InsO/Schoppmeyer, § 60 Rn. 118; FK-InsO/Jahntz, § 60 Rn. 22.

101 Pape, in: Pape/Graeber, Hdb. Insolvenzverwalterhaftung, Teil 3 Rn. 69 ff.; MK-InsO/Schoppmeyer, § 60 Rn. 128; FK-InsO/Jahntz, § 60 Rn. 36, jeweils m.w.N.

den muss, welchen Verlauf die Sache bei pflichtgemäßem Handeln des Verwalters genommen hätte.[102] Soweit hierbei gerichtliche Entscheidungen zu treffen gewesen wären, ist darauf abzustellen, wie das betreffende Gericht richtigerweise entscheiden hätte.[103] Hat die verletzte Pflicht, wie etwa die Überwachungsobliegenheit des § 60 Abs. 2 InsO, per se den Zweck, einen Schaden zu verhindern, oder ist die konkrete Pflichtverletzung ihrer Art nach geeignet, zu einem Schaden zu führen, ist zunächst davon auszugehen, dass der Schaden auf der Pflichtverletzung beruht; es gilt also der **Beweis des ersten Anscheins.**

37 Zu ersetzen sind nach § 60 InsO lediglich Schäden, die tatsächlich in den **Schutzbereich** der Norm fallen. Zwischen Schaden und der vom Verwalter geschaffenen Gefahrenlage muss also **ein innerer Zusammenhang** bestehen.[104] Dieser fehlt z.B., wenn der Geschädigte auf eine ihm verloren gegangene tatsächliche oder rechtliche Position gar keinen Anspruch hatte; er soll nicht mehr erhalten, als das, worauf er nach der materiellen Rechtslage auch einen »echten« Anspruch hat.[105]

38 Überdies löst nicht jeder Nachteil tatsächlich eine Haftung aus.[106] Insb. kann eine Handlung, die für sich genommen eine insolvenzspezifische Pflicht verletzt, letztendlich für das Verfahren vorteilhaft sein, weil sie Masse erhöhend wirkt. So kann der Verzicht auf die Geltendmachung von Anfechtungsmöglichkeiten bspw. zur Bindung wichtiger Kunden oder Lieferanten führen, ebenso wie der Verwalter u.U. für die Betriebsfortführung wichtige Mitarbeiter dadurch an der Kündigung hindern mag, dass er an sich unwirtschaftliche Baustellen und dergl. fortführt.[107]

39 Es gelten hier die Grundsätze der **Vorteilsausgleichung.**[108] Gläubiger, die durch das Verhalten des Verwalters adäquate Vorteile erhalten, sind per saldo nicht geschädigt. Die mögliche Masseschmälerung wird durch die mindestens gleiche Massemehrung kompensiert. Indes steht der Verwalter in diesem Zusammenhang unter einem gewissen Erfolgsdruck: Tritt der von ihm erwartete Vorteil letztlich doch nicht ein, muss er für Pflichtverletzungen dennoch haften. Ein Haftungsfreiraum besteht insoweit prinzipiell nicht.[109]

---

102 Schultz, ZInsO 2015, 529, 533; Bank, Insolvenzverwalterhaftung, § 9 Rn. 2 ff. und 10 ff.

103 BGH, 26.03.1985 – VI ZR 245/83, NJW 1985, 2482.

104 BGH, 12.11.1992 – IX ZR 68/92, NJW 1993, 1206; BGH, 11.11.1993 – IX ZR 35/93, NJW 1994, 453; s. hierzu Lüke, EWiR 1994, 281; Uhlenbruck, WuB VI B § 87 KO 1.94; Gundlach/Frenzel/Schmidt, ZInsO 2007, 531.

105 Ausführlich hierzu BGH, 11.11.1993 – IX ZR 35/93, NJW 1994, 453.

106 Exemplarisch LG Hannover, 29.09.2023 – 20 T 8/23, ZInsO 2024, 375; dem zust. Bagusche, jurisPR-InsR 5/2024 Anm. 4.

107 Weitere Beispiele bei Spliedt, in: Pape/Graeber, Hdb. Insolvenzverwalterhaftung, Teil 3 Rn. 504.

108 Spliedt, in: Pape/Graeber, Hdb. Insolvenzverwalterhaftung, Teil 3 Rn. 504 ff.; MK-InsO/Schoppmeyer, § 60 Rn. 134.

109 BGH, 26.03.2007 – II ZR 310/05, ZInsO 2007, 542. S. ferner – auch zur Frage, ob möglicherweise eine Haftungsbegrenzung analog § 64 Satz 2 GmbHG n.F. angenom-

Die **Beweislast** für das Verschulden des Verwalters, die Kausalität dessen Verhaltens und die Schadenshöhe trägt i.Ü. der Anspruch stellende Geschädigte.[110] 40

f) Die Geltendmachung des Anspruchs

Führt das pflichtwidrige Verhalten des Insolvenzverwalters zu einer Masseschädigung, betrifft mithin die Gesamtheit der Gläubiger, so kann dieser **Gesamtschaden** lediglich durch einen nach § 92 Satz 2 InsO zu bestellenden **Sonderinsolvenzverwalter**[111] geltend gemacht werden.[112] Einzelne Gläubiger können ihn demhingegen nicht einfordern und auch gegen einen entsprechenden ablehnenden Beschluss des Insolvenzgerichts kein Rechtsmittel einlegen.[113] Die Bestellung eines Sonderinsolvenzverwalters ist bereits zulässig, wenn die Frage geprüft werden soll, ob gegen den Insolvenzverwalter Schadensersatzansprüche zugunsten der Masse geltend gemacht werden können.[114] 41

Dies gilt nicht für den **Individualschaden**, d.h. den Schaden, der nur bei einem einzelnen Gläubiger eintritt,[115] der Verwalter mithin nicht die Masse, also die Gläubiger in ihrer Gesamtheit, geschädigt hat, sondern einen einzelnen Beteiligten: Hier kann der Betroffene seinen Individualschaden schon während des laufenden Verfahrens geltend machen.[116] 42

---

men werden kann – Spliedt, in: Pape/Graeber, Hdb. Insolvenzverwalterhaftung, Teil 3 Rn. 506 f. m.w.N.

110 S. dazu BGH, 15.10.2015 – IX ZR 296/14, ZInsO 2015, 2534; vgl. weiter Gehrlein, ZInsO 2018, 2234; Pape, in: Pape/Graeber, Hdb. Insolvenzverwalterhaftung, Teil 3 Rn. 74; MK-InsO/Schoppmeyer, § 60 Rn. 134 m.w.N; Bank, Insolvenzverwalterhaftung, § 5 Rn. 288 ff. sowie § 9 Rn. 13 ff.

111 Zu dessen Aufgaben und Kompetenzen s. Lissner, ZInsO 2014, 768; ders., ZInsO 2016, 1409; Smid, ZInsO 2021, 2177; Rechel, ZInsO 2022, 565; Spiekermann/Hackenberg, NZI 2022, 153; Frind, ZRI 2023, 944. Zu den Voraussetzungen an einen wirksamen Bestellungsbeschluss s. BGH, 09.06.2016 – IX ZB 21/15, ZInsO 2016, 1430; s. hierzu Fehl-Weileder, FD-InsR 2016, 379805. Vgl. ferner BGH, 21.07.2016 – IX ZB 58/15, ZInsO 2016, 1746 m. Anm. Frind, EWiR 2016, 633.

112 S. dazu einführend AGR/Lind, § 60 InsO Rn. 42 ff. und Rechel, ZInsO 2022, 565, 572. S. weiter OLG Dresden, 07.03.2001 – 13 W 2112/00, ZInsO 2001, 671; s.a. BGH, 28.10.1993 – IX ZR 21/93, ZIP 1993, 1886; BGH, 22.02.1973 – VI ZR 165/71, NJW 1973, 1198; BGH, 19.05.2022 – III ZR 11/20, ZInsO 2022, 1603 m. Anm. Lüke, EWiR 2022, 625; BGH, 19.05.2022 – III ZR 326/20, ZInsO 2022, 1672 m. Anm. Keller, WuB 2022, 361; LG Leipzig, 20.01.2011 – 7 O 2249/10, ZInsO 2011, 1991; AG Charlottenburg, 12.02.2015 – 36a IN 51/11, ZInsO 2015, 582; s.a. OLG Köln, 11.12.2013 – 2 U 2/13, n.v. – juris. Vgl. weiter FK-InsO/Jahntz, § 60 Rn. 36 m.w.N.

113 LG Oldenburg, 01.12.2022 – 4 T 435/22, ZRI 2024, 175.

114 BGH, 05.10.1990 – IX ZR 233/87, NJW-RR 1990, 45 m. Anm. Uhlenbruck, WuB VI B § 82 KO 1.90; BGH, 21.07.2016 – IX ZB 58/15, ZInsO 2016, 1746.; FK-InsO/Jahntz, § 60 InsO Rn. 35.

115 BGH, 28.10.1993 – IX ZR 21/93, ZIP 1993, 1886; FK-InsO/Jahntz, § 60 Rn. 34 m.w.N.

116 St. Rspr; s. etwa BGH, 06.05.2004 – IX ZR 48/03, ZInsO 2004, 609; hierzu Pape, ZInsO 2004, 605; Deimel, ZInsO 2004, 783; MK-InsO/Schoppmeyer, § 60 Rn. 142. S.a.

43 Ansprüche, die sich gegen einen fehlerhaft agierenden **Sonderverwalter**, der zur Prüfung und Durchsetzung von Ansprüchen gegen einen Verwalter eingesetzt wurde, richten, können i.Ü. nur von einem neuen Verwalter oder einem weiteren Sonderverwalter geltend gemacht werden.[117]

44 Nach Beendigung des Insolvenzverfahrens kann jeder Einzelgläubiger seinen eigenen **Quotenschaden**, also den von ihm erlittenen anteiligen Ausfallschaden, wieder für sich selbst einfordern.[118]

45 Der Anspruch nach § 60 InsO ist vor den ordentlichen Gerichten geltend zu machen. Es gilt hierbei auch der **Gerichtsstand** der unerlaubten Handlung (§ 32 ZPO).[119]

46 Der Verwalter hat die Möglichkeit, sich durch Abschluss einer – i.Ü. stets gebotenen – **Haftpflichtversicherung** vor Schadensersatzansprüchen zu schützen.[120] Insolvenzverwalter, die als RA tätig sind, müssen in diesem Zusammenhang darauf achten, dass ihre – von Gesetzes wegen zwingend abzuschließende[121] – Berufshaftpflichtversicherung das Risiko der Insolvenzverwaltung explizit miteinbezieht; die »normale« Berufshaftpflichtversicherung deckt derartige Tätigkeiten weitgehend nicht ab.[122]

47 Das Gesetz sieht zwar keine Pflichtversicherung für Insolvenzverwalter vor.[123] Dennoch sind die Insolvenzgerichte gehalten, auf eine angemessene Absicherung der Haftungsrisiken eines Insolvenzverwalters durch eine angemessene Versicherung zu achten, bei der die Versicherungssumme in einem adäquaten Verhältnis zu dem konkret zu betrachtenden Insolvenzverfahren steht.[124] Eine **Mindestdeckungssumme** von

LAG Thüringen, 06.07.2023 – 2 Sa 106/21, ZInsO 2023, 2224.

117 BGH, 11.04.2024 – IX ZR 148/22, ZInsO 2014, 1871; hierzu Greiner, jurisPR-InsR 8/2024 Anm. 2.

118 BGH, 22.02.1973 – VI ZR 165/71, NJW 1973, 1198; MK-InsO/Schoppmeyer, § 60 Rn. 117. Ausführlich zu dieser Problematik Spliedt, in: Pape/Graeber, Hdb. Insolvenzverwalterhaftung, Teil 3 Rn. 494 ff.; s.a. Vallender, ZIP 1997, 435.

119 MK-InsO/Schoppmeyer, § 60 Rn. 143 m.w.N.

120 Pape, in: Pape/Graeber, Hdb. Insolvenzverwalterhaftung, Teil 3 Rn. 75; ausführlich Graeber, in: Pape/Graeber, Hdb. Insolvenzverwalterhaftung, Teil 3 Rn. 1696 ff.; FA-InsR/Wirtz, § 22 Rn. 35 ff.; Bank, Insolvenzverwalterhaftung, § 14 Rn. 12 ff. S. auch Riechert, AnwBl 2016, 924.

121 Vgl. § 51 Abs. 4 BRAO: Für einen RA zwingend erforderlich ist eine Mindestdeckungssumme i.H.v. 250.000,00 € pro Versicherungsfall; hierzu Nothaas, AnwBl 2023, 428. Wesentlich weiter gehend AGR/Lind, § 60 InsO Rn. 52, der für die Verwalterhaftpflichtversicherung eine Mindestdeckungssumme von 2,5 Mio. € fordert. S. zudem FK-InsO/Jahntz, § 60 Rn. 37 ff. Zu den Folgen der zum 01.08.2022 in Kraft getretenen BRAO-Reform für den Bereich der Haftpflichtversicherung von Berufsausübungsgemeinschaften s. ergänzend Beyer, AK 2022, 99.

122 Graeber, in: Pape/Graeber, Hdb. Insolvenzverwalterhaftung, Teil 3 Rn. 1704 ff.; MK-InsO/Schoppmeyer, § 60 Rn. 135.

123 S. insoweit Graeber, in: Pape/Graeber, Hdb. Insolvenzverwalterhaftung, Teil 3 Rn. 1699.

124 Ausführlich zur Haftpflichtversicherung im Insolvenzverfahren van Bühren, NZI 2003, 465; Zimmermann, NZI 2006, 386; s.a. Graeber, in: Pape/Graeber, Hdb. Insolvenzver-

500.000,00 € ist hier unabdingbar, die bei größeren Verfahren auch deutlich höhere Beträge erreichen sollte.[125] Bewusste Pflichtverletzungen des Insolvenzverwalters schließen im Übrigen eine Versicherungsleistung aus.[126]

Unterlässt das Gericht – im eröffneten Verfahren also nach § 58 InsO der zuständige Insolvenzrechtspfleger – eine entsprechende Prüfung, kann dies im Schadensfall zu einem **Amtshaftungsanspruch** auf der Grundlage von § 839 BGB i.V.m. Art. 34 GG führen.[127] 48

g) Verjährungsfragen

Zur Frage, wann mögliche Ansprüche wegen der Verletzung insolvenzspezifischer Pflichten verjähren,[128] trifft § 62 InsO spezielle Regelungen, die verhindern sollen, dass sich ein Verwalter noch nach vielen Jahren mit Ersatzansprüchen auseinandersetzen muss.[129] Die Norm erklärt die allgemeinen Regelungen über die regelmäßige Verjährung nach dem BGB für anwendbar. **Fristbeginn** ist mithin nach § 199 Abs. 1 BGB das Ende des Jahres, in dem der Anspruch entstanden ist und der Anspruchsberechtigte von den Umständen erlangt hat, die diesen Anspruch begründen.[130] Dabei muss der Gläubiger nicht alle Einzelheiten kennen;[131] es genügt, wenn er eine hinreichend begründete Feststellungsklage erheben kann.[132] Es gelten in diesem Zusammenhang auch die Hemmungsvorschriften der §§ 203 ff. BGB.[133] 49

§ 62 InsO enthält eine **absolute Verjährungsgrenze**;[134] die Verjährungshöchstfristen des Bürgerlichen Gesetzbuchs sind auf Schadensersatzansprüche wegen einer Pflichtverletzung des Insolvenzverwalters nicht anwendbar.[135] Die Verjährungsfrist nach 50

walterhaftung, Teil 3 Rn. 1700. Ergänzend s. Heerspink/Terno, ZWH 2016, 55.

125 Van Bühren, NZI 2003, 465, 466. S. in diesem Zusammenhang auch LG Gießen, 29.03.2012 – 7 T 434/11, ZInsO 2012, 755.

126 BGH, 17.12.2014 – IV ZR 90/13, ZInsO 2015, 184 m. Anm. Jüngel, NZI 2015, 272. S.a. OLG Frankfurt, 05.03.2025 – 7 U 134/23, ZInsO 2025, 952 m. Anm. Dallwig, jurisPR-VersR 4/2025 Anm. 2.

127 Zimmermann, NZI 2006, 386, 387. Allg. zur Aufsichtspflicht des Insolvenzgerichts vgl. Lissner, ZInsO 2012, 957.

128 Ausführlich hierzu Bank, Insolvenzverwalterhaftung, § 13 Rn. 3 ff. S. weiter zu dieser Problematik Spliedt, in: Pape/Graeber, Hdb. Insolvenzverwalterhaftung, Teil 3 Rn. 1435 ff. Ferner Schultz, ZInsO 2015, 529, 537 m.w.N.

129 MK-InsO/Schoppmeyer, § 62 Rn. 6.

130 Vgl. weiter AGR/Lind, § 62 InsO Rn. 3. Aus der jüngeren Rspr. s. etwa BGH, 17.07.2014 – IX ZR 301/12, ZInsO 2014, 2036.

131 MK-InsO/Schoppmeyer, § 62 Rn. 2.

132 Spliedt, in: Pape/Graeber, Hdb. Insolvenzverwalterhaftung, Teil 3 Rn. 1435 m.w.N.

133 Spliedt, in: Pape/Graeber, Hdb. Insolvenzverwalterhaftung, Teil 3 Rn. 1444.

134 Vgl. zunächst AGR/Lind, § 62 InsO Rn. 5, sowie Bank, Insolvenzverwalterhaftung, § 13 Rn. 13.

135 BGH, 21.06.2018 – IX ZR 171/16, ZInsO 2018, 1722 m. Anm. Drews, jurisPR-InsR 18/2018 Anm. 2. S. dazu auch Gehrlein, ZInsO 2018, 2234, 2238 f.

§ 62 InsO beträgt 3 Jahre ab Aufhebung (§§ 200, 258 InsO)[136] oder Rechtskraft der Einstellung des Insolvenzverfahrens (§§ 207, 211 ff. InsO).[137] Sie läuft einheitlich für Gesamt- und Einzelschäden.[138] Die Aufhebung wird 2 Tage nach der Bekanntmachung wirksam (§ 9 i.V.m. §§ 258 Abs. 3, 200 Abs. 2 InsO).[139] Wird eine **Nachtragsverteilung** angeordnet, bewirkt dies keine Verlängerung der Höchstfrist.[140] Die ist allerdings anders zu beurteilen, wenn während der Nachtragsverteilung oder der Überwachung der Erfüllung eines Insolvenzplans neue Pflichtverletzungen begangen werden; für derartige Handlungen beginnt die Höchstfrist erst mit dem Vollzug der Nachtragsverteilung,[141] also nach § 205 InsO der Rechnungslegung oder dem Ende der Überwachung mit einem entsprechenden Beschluss (§ 268 InsO), der nach § 9 Abs. 1 InsO bekannt zu machen ist.[142]

51 Zu prüfen ist indes, wann der Geschädigte von dem Schaden und den haftungsbegründenden Handlungen des Verwalters tatsächlich **Kenntnis erlangt** hat oder diese Kenntnis ohne grobe Fahrlässigkeit hätte erlangen können, § 199 Abs. 1 Nr. 2 BGB.[143] Eine fehlerhafte rechtliche Würdigung ist hierbei unbeachtlich.[144] Grob fahrlässige Unkenntnis ist bspw. anzunehmen, wenn sich dem Gläubiger die anspruchsbegründenden Umstände förmlich aufdrängen und er ihm leicht zugängliche Informationsquellen nicht nutzt.[145] Er darf seine Augen nicht vor einer sich aufdrängenden Erkenntnis verschließen.[146] Sind dem Anspruchsteller wichtige Anhaltspunkte für ein schuldhaftes Verhalten des Verwalters bekannt und fragt er dennoch nicht nach bzw. stellt keine weiter gehenden Ermittlungen an, ist er so zu behandeln, als habe er Kenntnis von der Schadensersatzpflicht.[147]

52 Da Masseschäden nur durch einen **Sonderinsolvenzverwalter** geltend gemacht werden können (§ 92 Satz 2 InsO), kommt es bei Gesamt- bzw. Gemeinschaftsschäden für die Fristberechnung i.Ü. auf dessen Kenntnis an.[148]

136 S. ausführlich BGH, 16.07.2015 – IX XR 127/14, ZInsO 2015, 1645; zu der Problematik umfassend Madaus, KTS 2015, 498.
137 BGH, 25.02.2021 – IX ZR 79/20, ZInsO 2021, 783.
138 MK-InsO/Schoppmeyer, § 62 Rn. 1.
139 FK-InsO/Jahntz, § 62 InsO Rn. 2.
140 Spliedt, in: Pape/Graeber, Hdb. Insolvenzverwalterhaftung, Teil 3 Rn. 1443.
141 MK-InsO/Schoppmeyer, § 62 Rn. 4.
142 S. hierzu FK-InsO/Jahntz, § 62 Rn. 8 f. m.w.N.
143 MK-InsO/Schoppmeyer, § 62 Rn. 2.
144 BGH, 17.10.1995 – VI ZR 246/94, NJW 1996, 117.
145 Vgl. beispielhaft Saarl. OLG, 06.05.2008 – 4 U 484/07, NJW-RR 2008, 1621 m. Anm. Heise, GmbH-StB 2008, 295.
146 S. etwa BGH, 20.09.1994 – VI ZR 336/93, NJW 1994, 3092.
147 OLG Düsseldorf, 16.05.1990 – 10 U 218/90, NJW-RR 1991, 1130; FK-InsO/Jahntz, § 62 Rn. 3.; a.A. MK-InsO/Schoppmeyer, § 62 Rn. 4.
148 MK-InsO/Schoppmeyer, § 62 Rn. 4; FK-InsO/Jahntz, § 62 Rn. 6, jeweils m.w.N. S. weiter BGH, 17.07.2014 – IX ZR 301/12, ZInsO 2014, 2036, sowie OLG Düsseldorf, 12.09.2022 – I-12 U 4/22, ZInsO 2023, 516 m. Anm. Schaffer, EWiR 2023, 276.

2. Zustimmung der Gläubigerversammlung und/oder des Gläubigerausschusses

Der Verwalter benötigt für eine Vielzahl von Maßnahmen die **Zustimmung** der Gläubigerversammlung oder des Gläubigerausschusses.[149] Handlungen, die der Insolvenzverwalter unter Missachtung dieser Zustimmungspflicht pflichtwidrig vornimmt, entfalten indes nach außen grds. volle Wirksamkeit. Dies ergibt sich aus § 164 InsO, der sicherstellt, dass – jedenfalls bei den in den §§ 160 bis 163 InsO genannten Rechtshandlungen – im Außenverhältnis ohne Einschränkung gültig sind, selbst wenn interne Zustimmungsobliegenheiten unbeachtet bleiben.[150] Ihn trifft dann aber die volle Verantwortung, wenn durch sein Handeln ein anderer geschädigt wird.[151] 53

In gleicher Weise entfällt die Haftung des Verwalters nicht allein dadurch, dass er sich bei seinem Tun im Rahmen eines **Beschlusses** von Gläubigerversammlung oder Gläubigerausschuss bewegt.[152] Das versteht sich in den Fällen, in denen der Verwalter den entsprechenden Beschluss durch pflichtwidrige Beeinflussung der Gläubiger, namentlich durch gezielte Falschinformation oder eine unvollständige Berichterstattung,[153] beeinflusst, von selbst.[154] Andererseits ist der Verwalter nicht verpflichtet, für andere Beteiligte nachteilige Beschlüsse der Gläubigerversammlung auszuführen, die seiner eigenen fehlerfreien Berichterstattung und seinen hieraus resultierenden Empfehlungen zuwiderlaufen, weil er durch solche Entscheidungen nicht aus der Haftung nach § 60 InsO entlassen wird.[155] Er kann sie dann nach § 78 InsO beanstanden. Der Verwalter ist letztlich immer selbst für die Rechtshandlungen der Masse verantwortlich. 54

Dennoch ist die Zustimmung der Gläubiger für die Haftung des Insolvenzverwalters von erheblicher Bedeutung.[156] Sie ist als **Indiz für sorgfältiges Verhalten** zu werten.[157] Die Genehmigung von Rechtshandlungen des Verwalters durch die Gläubiger, die auf deren vollständigen und zutreffenden Informationen beruht, führt jedenfalls im 55

149 Ausführlich hierzu Gundlach, in: Pape/Graeber, Hdb. Insolvenzverwalterhaftung, Teil 3 Rn. 1659 ff. und HWF/Frind, § 60 InsO Rn. 24, jeweils m.w.N.; s.a. Berger/Frege/Nicht, NStZ 2010, 321, 328 f.

150 Vgl. weiter FK-InsO/Wegener, § 164 InsO Rn. 1; Pape, in: Pape/Graeber, Hdb. Insolvenzverwalterhaftung, Teil 3 Rn. 63.

151 S. in diesem Zusammenhang beispielhaft OLG Rostock, 08.04.2011 – 5 U 31/08, ZInsO 2011, 1511; hierzu Cranshaw, jurisPR-InsR 19/2011 Anm. 2.

152 S. dazu Pape, ZInsO 2003, 1013, 1016; vgl. auch Bank, Insolvenzverwalterhaftung, § 12 Rn. 2, sowie FK-InsO/Jahntz, § 60 Rn. 20.

153 Bspw. durch Verschweigen möglicher Interessenkollisionen: BGH, 24.01.1991 – IX ZR 250/89, NJW 1991, 982.

154 BGH, 22.01.1985 – VI ZR 131/83, ZIP 1985, 423; s.a. MK-InsO/Schoppmeyer, § 60 Rn. 124.

155 MK-InsO/Schoppmeyer, § 60 Rn. 124.

156 Ausführlich Pape, in: Pape/Graeber, Hdb. Insolvenzverwalterhaftung, Teil 3 Rn. 63 m.w.N.

157 FK-InsO/Jahntz, § 60 Rn. 21 m.w.N.

Innenverhältnis zur Verwirkung des Anspruches nach § 60 InsO.[158] Eine mögliche Außenhaftung wird hierdurch aber nicht tangiert.[159]

3. Sonstige Haftungsgrundlagen

56 Neben der Haftung auf der Basis des § 60 InsO kann eine Inanspruchnahme des Insolvenzverwalters auf vielfältige **weitere Anspruchsgrundlagen** gestützt werden, die jedoch – mit Ausnahme einer etwaigen deliktischen Haftung, dazu unten Rdn. 61 ff. – im Zusammenhang mit fehlerhaften bzw. unterlassenen Anfechtungen nicht relevant sind. Der Vollständigkeit halber sei nur auf einige grundlegende Umstände hingewiesen.[160]

57 Infrage kommt zum einen eine **vertragliche Haftung** des Verwalters, wenn dieser – z.B. durch Abgabe einer Garantieerklärung[161] – eigene vertragliche Verpflichtungen begründet hat.[162] Auch die Übernahme von zusätzlich vergüteten Tätigkeiten, zu denen der Verwalter insolvenzrechtlich nicht verpflichtet ist, kann eine solche vertragliche Haftung herbeiführen.[163]

58 Eine persönliche Haftung des Insolvenzverwalters kommt zudem unter dem Aspekt des Verschuldens bei Vertragsabschluss (**culpa in contrahendo** – c.i.c.) auf der Basis des § 313 Abs. 3 BGB in Betracht.[164] Hierzu muss der Verwalter indes einen besonderen in seiner Person liegenden **Vertrauenstatbestand** schaffen.[165] Für eine solche Haftung sind jedoch konkrete Anhaltspunkte tatsächlicher Art, die die Annahme eines besonderen persönlichen Vertrauensverhältnisses rechtfertigen, nötig.[166]

59 **Patentverletzungen**[167] sowie **Wettbewerbsverstöße**[168] können gleichfalls Haftungsansprüche gegen den Insolvenzverwalter bedingen.

60 Schließlich kann sich auf der Grundlage des § 69 AO eine Haftung des Verwalters im Zusammenhang mit der Verletzung **steuerlichen Obliegenheiten** ergeben.[169]

---

158 BGH, 05.01.1995 – IX ZR 241/93, ZIP 1995, 290 m. Anm. Braun, EWiR 1995, 361.

159 MK-InsO/Schoppmeyer, § 60 Rn. 126.

160 Vgl. detailliert J. Laws, in: Pape/Graeber, Hdb. Insolvenzverwalterhaftung, Teil 3 Rn. 1585; AGR/Lind, § 60 InsO Rn. 48 ff.; Schluck-Amend, in: Schmidt/Uhlenbruck, Rn. 7.171 ff.

161 FK-InsO/Jahntz, § 60 Rn. 26 m.w.N.

162 J. Laws, in: Pape/Graeber, Hdb. Insolvenzverwalterhaftung, Teil 3 Rn. 1588 ff.

163 J. Laws, in: Pape/Graeber, Hdb. Insolvenzverwalterhaftung, Teil 3 Rn. 1595 ff.

164 Schluck-Amend, in: Schmidt/Uhlenbruck, Rn. 7.173 m.w.N.; Bank, Insolvenzverwalterhaftung, § 6 Rn. 27 ff.

165 BGH, 24.05.2005 – IX ZR 114/01, ZInsO 2005, 500 m. Anm. Cranshaw, jurisPR-InsR 13/2005 Anm. 4; s.a. J. Laws, in: Pape/Graeber, Hdb. Insolvenzverwalterhaftung, Teil 3 Rn. 1597 ff.; FK-InsO/Jahntz, § 60 Rn. 21 ff., jeweils m.w.N.

166 J. Laws, in: Pape/Graeber, Hdb. Insolvenzverwalterhaftung, Teil 3 Rn. 1606 m.w.N.

167 J. Laws, in: Pape/Graeber, Hdb. Insolvenzverwalterhaftung, Teil 3 Rn. 1638 ff.

168 J. Laws, in: Pape/Graeber, Hdb. Insolvenzverwalterhaftung, Teil 3 Rn. 1649 ff.

169 Ausführlich zu den steuerlichen Pflichten des Insolvenzverwalters Gräfe/Lenzen/Schmeer, Steuerberaterhaftung, Rn. 1059 ff. mit umfassenden weiteren Nachweisen, sowie Bank,

4. Deliktische Haftung

Für **unerlaubte Handlungen**[170] haftet der Insolvenzverwalter nach §§ 823 ff. BGB entsprechend den allgemeinen Grundsätzen[171] des Deliktsrechts.[172] Dies gilt etwa für vorsätzliche sittenwidrige Schädigungen i.S.d. § 826 BGB, z.B. durch bewusst überhöhte Gebührenforderungen gegenüber dem Insolvenzgericht.[173] Es kommt hierbei nicht darauf an, ob er zugleich eine insolvenzspezifische Pflicht i.S.d. § 60 InsO verletzt. 61

Insb. **Untreuehandlungen**, die der Insolvenzverwalter zum Nachteil der Masse begeht und die unter Rdn. 78 ff. näher erläutert werden, sind als derartige unerlaubte Handlungen anzusehen. 62

Weitere Auslöser für Haftungsansprüche gegen den Verwalter auf der Grundlage des allgemeinen Deliktsrechts können sein:[174] 63
- schuldhafte **Eingriffe in fremdes Eigentum**, z.B. die Verwertung von Gegenständen zum Vorteil der Masse, die angesichts anderweitiger Eigentumsrechte nicht zur Insolvenzmasse gehören;[175]
- die Verletzung von **Aufklärungs- und Hinweispflichten;**
- die Verletzung von **Verkehrssicherheitspflichten**,[176] wobei der Verwalter hier auch für schuldhafte Versäumnisse von Personen einstehen muss, die er als **Verrichtungsgehilfen** (§ 831 Abs. 1 Satz 2 BGB) einsetzt,[177] es sei denn, er kann sich nach Maßgabe des § 831 Abs. 1 Satz 2 BGB entlasten. In diesem Zusammenhang ist es unbeachtlich, ob neben dem Verwalter auch die Masse haftet.[178]

5. Haftung mehrerer Schädiger

Haftet neben dem Insolvenzverwalter auch der Gläubigerausschuss, bspw. in Fällen von Veruntreuungen durch den Verwalter, die durch mangelnde Beaufsichtigung 64

Insolvenzverwalterhaftung, § 73 ff.; s.a. Spliedt, in: Pape/Graeber, Hdb. Insolvenzverwalterhaftung, Teil 3 Rn. 1258 ff. S. ferner Rose, ZIP 2016, 1520.

170 S. dazu ausführlich Bank, Insolvenzverwalterhaftung, § 6 Rn. 37 ff.

171 Hierzu im Einzelnen J. Laws, in: Pape/Graeber, Hdb. Insolvenzverwalterhaftung, Teil 3 Rn. 1622 ff.; FA-InsR/Wirtz, § 22 Rn. 63 f. sowie Schluck-Amend, in: Schmidt/Uhlenbruck, Rn. 7.174.

172 BGH, 09.05.1996 – IX ZR 244/95, NJW 1996, 2233; s.a. Schultz, ZInsO 2015, 529, 536.

173 S. etwa OLG München, 09.09.2014 – 5 U 3864/11, ZInsO 2015, 1679.

174 J. Laws, in: Pape/Graeber, Hdb. Insolvenzverwalterhaftung, Teil 3 Rn. 1626 m.w.N.

175 S. zu dieser Fallgruppe etwa AG Dortmund, 29.10.2018 – 410 C 7987/17, ZInsO 2018, 2705.

176 BGH, 17.09.1987 – IX ZR 156/86, NJW-RR 1988, 89; Bank, Insolvenzverwalterhaftung, § 6 Rn. 25 f. S. auch Foerste, KTS 2025, 117, 131 ff.

177 BGH, 17.09.1987 – IX ZR 156/86, NJW-RR 1988, 89.

178 So explizit BGH, 17.09.1987 – IX ZR 156/86, NJW-RR 1988, 89. Krit. hierzu Eckhardt, KTS 1997, 411 sowie Gerhardt, ZInsO 2000, 574, 578, der auf die seines Erachtens konträre Rspr. des BGH zur Verantwortlichkeit von Organen juristischer Personen hinweist, vgl. etwa BGH, 05.12.1989 – VI ZR 335/88, NJW 1990, 976. Diff. J. Laws, in: Pape/Graeber, Hdb. Insolvenzverwalterhaftung, Teil 3 Rn. 1634 ff.

(§ 69 InsO) durch den Gläubigerausschuss begleitet werden, besteht zwischen den Haftenden **Gesamtschuld.**[179] Im Innenverhältnis hat der wegen Verletzung der Aufsichtspflicht Haftende gegen den Verwalter, also den eigentlichen Schädiger, regelmäßig das **Recht auf vollen Ausgleich.**[180]

III. Exkurs: Die Haftung des Gläubigerausschusses

1. Allgemeines

65 Nach § 67 Abs. 1 InsO kann das Insolvenzgericht einen **Gläubigerausschuss**[181] einsetzen.[182] Zuständig für die Entscheidung über etwaige Streitigkeiten darüber, wer Mitglied im Gläubigerausschuss ist, ist das Insolvenzgericht.[183] Die Mitgliedschaft in diesem Gremium ist ähnlich haftungsträchtig wie die Tätigkeit des Insolvenzverwalters.

66 Mitglieder des Gläubigerausschusses sind nach § 71 Abs. 1 InsO verpflichtet, von ihnen schuldhaft verursachte Schäden zu ersetzen.[184] Anders als nach dem früher geltenden § 89 KO besteht diese Pflicht indes nach dem Gesetz nicht gegenüber allen am Insolvenzverfahren Beteiligten.[185] Sie ist begrenzt auf absonderungsberechtigte Gläubiger und Insolvenzgläubiger, schützt also weder den Schuldner noch Massegläubiger bzw. Aussonderungsberechtigte.[186] Außerhalb des stets geltenden **allgemeinen Deliktsrechts**[187] bleibt diesen Kreisen die Möglichkeit, den Insolvenzverwalter nach Maßgabe des Vorstehenden in Anspruch zu nehmen.

67 Die Haftung der Ausschussmitglieder ist stets eine **Individualhaftung**, weil der Ausschuss in seiner Gesamtheit nicht haftungsfähig ist.[188] Demzufolge muss man mögliche Haftungsansprüche jeweils bezogen auf das einzelne Ausschussmitglied prüfen. Besonders relevant wird dies bei streitigen **Mehrheitsvoten**: Hier muss man ggf. die Ausschussprotokolle auswerten, um die individuelle Haftung festzustellen. Sind diese nicht eindeutig oder nicht aussagekräftig, führt dies zu einer **gesamtschuldnerischen**

179 FK-InsO/Jahntz, § 60 InsO Rn. 28 m.w.N.

180 MK-InsO/Schoppmeyer, § 60 Rn. 136 ff. m.w.N.

181 S. hierzu einführend Frind, ZIP 2012, 1380; Pape/Schultz, ZIP 2015, 1662; dies., ZIP 2016, 506; s. ferner den zweiteiligen Beitrag von Cranshaw/Portisch/Knöpnadel, ZInsO 2015, 1 und 63, sowie Geißler, DZWIR 2024, 66. S.a. Geißler, ZInsO 2023, 2029. Zu Fragen des Gläubigerausschusses aus der Sicht eines Kreditinstituts s. Huber/Magill, ZInsO 2016, 200.

182 S. dazu etwa Obermüller, ZInsO 2012, 18; Frind, ZIP 2013, 2344; Geißler, DZWIR 2024, 66.

183 Vgl. BGH, 11.03.2021 – IX ZR 266/18, ZInsO 2021, 841 m. Anm. Cranshaw, jurisPR-InsR 12/2021 Anm. 1 und Anm. Schmid-Burgk, WuB 2021, 314.

184 Rein, NJW-Spezial 2024, 661.

185 S. hierzu oben Rdn. 22 ff.

186 S. hierzu näher FK-InsO/Schmitt, § 71 Rn. 2 m.w.N.

187 S. dazu weiter HambKomm-InsR/Frind, § 71 InsO Rn. 1; s.a. MK-InsO/Schmid-Burgk, § 71 Rn. 21.

188 Cranshaw/Portisch/Knöpnadel, ZInsO 2015, 1, 8 m.w.N.

Haftung aller Ausschussmitglieder, weil sich das konkrete Abstimmungsverhalten nicht feststellen lässt.[189] Der mögliche **Ausgleich im Innenverhältnis** richtet sich dann nach § 426 BGB.

Das Mitglied des Gläubigerausschusses kann sich – wie der Insolvenzverwalter[190] – **68**
durch den Abschluss einer **Haftpflichtversicherung**[191] vor einer persönlichen Inanspruchnahme schützen; die jeweiligen Versicherungsprämien können nach § 8 InsVV als Auslagen erstattet werden.[192]

2. Insolvenzspezifische Pflichten

Nur dann, wenn **insolvenzspezifische Pflichten** nicht beachtet werden, greift die **69**
Haftungsnorm des § 71 InsO ein, also dann, wenn Ausschussmitglieder die ihnen »nach diesem Gesetz« obliegende Pflichten missachten. Die Pflichten der Ausschussmitglieder sind als gesetzliche Pflichten **nicht disponibel**, können also weder durch das Insolvenzgericht noch die Gläubigerversammlung eingeschränkt oder ausgeweitet werden. Hier gelten dieselben oben[193] erläuterten allgemeinen Grundsätze, die auf den Verwalter Anwendung finden.

Das Insolvenzgericht muss die Ausschussmitglieder nicht über ihre Obliegenheiten, **70**
die mit der Übernahme des Amtes beginnen, belehren.[194] Sie müssen sich vielmehr über ihren Pflichtenkreis **selbst informieren.**[195] Der Insolvenzverwalter selbst hat auch keine Hinweis- und Beratungspflichten gegenüber den Mitgliedern des Gläubigerausschusses, etwa zur Frage der rechtzeitigen Geltendmachung und Durchsetzung ihrer eigenen (Vergütungs-)Ansprüche.[196]

Exemplarische Haftungsfälle:[197] **71**

– Ausschussmitglieder sind gehalten, sich fortlaufend über den Fortgang des Verfahrens zu **informieren**, und hierbei den Insolvenzverwalter zu **kontrollieren** (§ 69 Satz 1 InsO). Sie müssen insb. auf Anzeichen für ein Fehlverhalten achten und ggf. sofort weitere Nachforschungen anstellen. Vor allem sind sie verpflichtet, in so

---

189 S. weiter HambKomm-InsR/Frind, § 71 InsO Rn. 5 m.w.N.
190 S. oben Rdn. 46.
191 S. auch Lehmann/Rettig, NZI 2015, 790.
192 FK-InsO/Schmitt, § 71 Rn. 12; HambKomm-InsR/Frind, § 71 InsO Rn. 12.
193 S. oben Rdn. 3 ff. S. auch Pape/Schultz, ZIP 2015, 1662, 1665 ff.
194 S. weiter MK-InsO/Schmid-Burgk, § 71 Rn. 8.
195 Eicke, ZInsO 2006, 798 m.w.N.
196 LG Hamburg, 14.02.2020 – 322 O 321/19, ZInsO 2020, 604 m. Anm. Webel, EWiR 2020, 407.
197 Ausführlich hierzu s. FK-InsO/Jahntz, § 60 Rn. 10, HambKomm-InsR/Frind, § 69 InsO Rn. 3 ff. sowie § 71 InsO Rn. 2 ff., jeweils m.w.N. S.a. LAG Düsseldorf, 29.09.2022 – 5 Sa 398/22, ZInsO 2023, 2697.

regelmäßigen Intervallen Kassenprüfungen vorzunehmen, dass der Verwalter mit einer kurzfristigen Entdeckung von Unregelmäßigkeiten rechnen muss.[198]

- Pflichtverletzungen bei der Ausübung von Zustimmungsbefugnissen (etwa nach §§ 151 Abs. 3 Satz 1, 158 Abs. 1 oder § 160 InsO);[199]
- Verletzung der Antragsbefugnis zur Entlassung des Verwalters, sofern hierfür ein wichtiger Grund vorliegt (§ 59 InsO);
- Ungenügende Überwachung bei Darlehnsaufnahmen bzw. -gewährungen;[200]
- Verletzung der den Ausschussmitgliedern obliegenden Verschwiegenheitspflicht.[201]

3. Verschuldensmaßstab

72 Ausschussmitglieder haften für vorsätzliche und fahrlässige Pflichtverletzungen; leichte Fahrlässigkeit genügt. Es gilt insoweit der Grundsatz des § 276 BGB. Allgemeine Inkompetenz oder fehlende Sach- bzw. Rechtskenntnis exkulpieren regelmäßig nicht; hier finden dieselben Grundsätze Anwendung wie beim Insolvenzverwalter.[202]

73 Die Ausschussmitglieder haften in gleicher Weise wie der Verwalter für hinzugezogene **Hilfspersonen.**[203] Ein etwaiger Pflichtenverstoß muss für das schädigende Ereignis kausal sein; hier genügt bei innerhalb des Gremiums streitigen Entscheidungen eine entsprechende Stimmabgabe.

4. Fragen der Verjährung

74 § 71 Satz 2 InsO verweist auf die Bestimmung des § 62 InsO. Im Zusammenhang mit Verjährungsfragen gelten daher dieselben Grundsätze, die auch auf den Verwalter Anwendung finden.[204] Der Lauf der dreijährigen Verjährungsfrist beginnt also erst, wenn der Insolvenzverwalter Kenntnis von der pflichtwidrigen Handlung erhält. Ist der Verwalter selbst der Schädiger, beginnt die Verjährung analog § 92 Satz 2 InsO, wenn ein neuer Insolvenzverwalter eingesetzt ist.[205]

---

198 Beispielhaft BGH, 09.10.2014 – IX ZR 140/11, ZInsO 2014, 2242 m. Anm. Frind, ZWH 2015, 30, sowie BGH, 25.06.2015 – IX ZR 142/13, ZInsO 2015, 1563 m. Anm. Dönges, NZI 2015, 802. Hierzu ferner Wilhelm V/Oppermann/Chérestal, ZInsO 2014, 2562; Lind/Ellrich, DB 2014, 2819; Ampferl/Kilper, ZIP 2015, 553; Kühne, NZI 2015, 172; Becker, KTS 2015, 191. S. außerdem Gundlach/Frenzel/Jahn, ZInsO 2009, 1095. Zur Haftung bei Untreuehandlungen des Verwalters vgl. OLG Celle, 03.06.2010 – 16 U 135/09, ZInsO 2010, 1233 m. Anm. Höpfner, EWiR 2010, 723.

199 Beispielhaft BGH, 02.01.1985 – VI ZR 131/83, BB 1985, 684 m. Anm. Uhlenbruck, WuB VI B § 82 KO 1.85.

200 S. hierzu Pape/Schmidt, ZInsO 2004, 955.

201 S. dazu weiter Eicke, ZInsO 2006, 798. Diese Verschwiegenheitspflicht wird ggf. auch strafrechtlich flankiert; vgl. §§ 203, 204 StGB.

202 S. oben Rdn. 25 ff.

203 S. oben Rdn. 32 sowie ergänzend FK-InsO/Schmitt, § 71 Rn. 6.

204 S. oben Rdn. 49 f.

205 Grundlegend BGH, 08.05.2008 – IX ZR 54/07, ZInsO 2008, 750 m. Anm. Hess, WuB VI A § 71 InsO 1.08; zu der Entscheidung vgl. weiter Malitz, BB 2008, 1869. S.

B. Die strafrechtliche Haftung des Insolvenzverwalters

I. Allgemeines

Eine spezifische[206] »**Insolvenzverwalterkriminalität**« existiert nicht.[207] Es kommt zwar im Zusammenhang mit Insolvenzverfahren immer wieder auch zu strafrechtlichen Vorwürfen ggü. einem Verwalter, der sich selbst persönlich bereichert oder aber sein nahes Umfeld begünstigt.[208] Dabei handelt es sich aber um **Einzelfälle**, die nicht flächendeckend den gesamten Berufsstand betreffen, jedoch für den Täter durchaus allgemein existenzbedrohenden Charakter haben können: Nach der neueren Rechtsprechung des BGH offenbart ein Insolvenzverwalter, der in einem einzelnen Verfahren Vermögensdelikte zum Nachteil der Insolvenzmasse begeht, eine **allgemeine charakterliche Ungeeignetheit** für die Ausübung des Verwalteramts. Er kann dann auch in allen anderen Verfahren aus dem Amt entlassen werden, selbst wenn diese die von den aufgedeckten Delikten nicht betroffen sind.[209] 75

Dennoch ergeben sich auch vielfältige aus der Verwaltertätigkeit unmittelbar strafrechtliche Risiken,[210] die sich beispielhaft beziehen können[211] 76

– auf **Umweltdelikte** (§§ 324 ff. StGB), namentlich im Zusammenhang mit der Fortführung emissionsträchtiger Unternehmen;[212]
– auf **Beitragsvorenthaltung** (§ 266a StGB), gleichermaßen v.a. bei der Unternehmensfortführung;[213]

---

zudem allgemein zu Fragen des Verjährungsbeginns bei Ansprüchen gegen Angehörige eines Gläubigerausschusses Kirchhof, ZInsO 2007, 1122; Gundlach/Frenzel/Jahn, DZWIR 2008, 441.

206 Vgl. allgemein zum Insolvenzstrafrecht Weyand/Diversy, Insolvenzdelikte, passim, den dreiteiligen Beitrag von Wenger/Apfel, WiJ 2012, 34, 101 und 190, sowie den zweiteiligen Beitrag von Schmittmann/Heindorf, InsBüro 2024, 199 und 231. Wichtige aktuelle Entscheidungen auf dem Gebiet des Insolvenz- und Wirtschaftsstrafrecht sowie verwandten Rechtsgebieten werden in halbjährlichen Rechtsprechungsübersichten in der ZInsO vorgestellt; s. zuletzt Weyand, ZInsO 2025, 1565. S. ferner Heindorf, ZRI 2025, 176. Regelmäßig erscheinen auch Übersichten zur aktuellen Rspr. mit wirtschafts- und insolvenzstrafrechtlichen Bezügen im vierteljährlich erscheinenden und als Internetveröffentlichung kostenfrei zugänglichen Journal der WisteV, abzurufen unter www.wistev.de.

207 So schon Weyand, ZInsO 2000, 413. Ausführlich zur Problematik der Insolvenzverwalterkriminalität Weyand/Diversy, Insolvenzdelikte, Rn. 202 ff.

208 Vgl. etwa den Bericht in der Zeitschrift »Der Spiegel« 20/2003, 64 f.

209 BGH, 17.03.2011 – IX ZB 192/10, ZInsO 2011, 724 m. Anm. Voß, EWiR 2011, 389.

210 Umfassend Schmittmann/Heindorf, ZInsO 2025, 1546.

211 Hier kann nur ein kursorischer Überblick gegeben werden. S. zu dieser Problematik grundlegend Joecks, in: Bittmann, Praxishandbuch Insolvenzstrafrecht, § 24, passim, sowie Pelz, in Wabnitz/Janovsky, Hdb. Wirtschafts- und Steuerstrafrecht, § 9 Rn. 371 ff.

212 Gerloff, in: Bittmann, Praxishandbuch Insolvenzstrafrecht, § 24 Rn. 59.

213 Weyand/Diversy, Insolvenzdelikte, Rn. 157 ff.; Joecks, in: Bittmann, Praxishandbuch Insolvenzstrafrecht, § 24 Rn. 32 f.

- in dieser Situation entsprechend auf **Buchführungs-** und **Bilanzdelikte** (§§ 283 Abs. 1 Nr. 5 bis 7, 283b StGB);[214]
- auf **Korruptionsvorwürfe** (§§ 332 ff. StGB), etwa im Zusammenhang mit der unerlaubten »Klimapflege« beim Insolvenzgericht;
- auf den Vorwurf der **Begünstigung** (§ 257 StGB) bzw. der **Strafvereitelung** (§ 258 StGB), wenn der Verwalter, regelmäßig um sich den Schuldner zur weiteren ungestörten Abwicklung des Insolvenzverfahrens günstig zu stimmen, dessen Straftaten verdeckt bzw. auf Anfragen der Ermittlungsbehörden nicht oder unzutreffend reagiert;[215] gerade der Insolvenzverwalter ist für die Staatsanwaltschaften eine besonders wichtige Informationsquelle und wird daher regelmäßig i.R.d. Ermittlungen kontaktiert und zu seinen Erkenntnissen befragt.[216]

77 Der in diesem Zusammenhang besonders praxisrelevante Straftatbestand der **Untreue** (§ 266 StGB)[217] hat sich darüber hinaus in der jüngeren Vergangenheit zu einer Art Allzweckwaffe der Strafjustiz[218] entwickelt. So wird von der **»Hochkonjunktur der Untreue«** gesprochen.[219] Im Zusammenhang mit der Vergabe von **Risikokrediten**[220] bzw. dem Eingehen von **Risikogeschäften**[221] hat der BGH schon vor einiger Zeit die Hürden für die Annahme strafbaren Verhaltens abgesenkt und die Anforderungen an einen strafrechtlichen Zwecken genügenden Nachweis präzisiert. Auch die anscheinend verbreiteten vorhandenen **»schwarze Kassen«** bei (Groß-) Unternehmen bergen nach der neueren Rechtsprechung erhebliche Strafbarkeitsrisiken,[222] wobei der BGH diese Grundsätze, unbeirrt von der teils heftigen Kritik in der Literatur,[223] immer weiter verfeinert.[224] Bedenken an der Verfassungsmäßigkeit der stark ausfüllungs- und interpretationsbedürftigen Formulierung der Bestimmung[225] hat das BVerfG eine sehr eindeutige Absage erteilt.[226] Nach Auffassung der Verfassungsrichter verstößt

214 Weyand/Diversy, Insolvenzdelikte, Rn. 207.
215 Weyand/Diversy, Insolvenzdelikte, Rn. 227.
216 Weyand/Diversy, Insolvenzdelikte, Rn. 179.
217 S. dazu einführend Diversy/Weyand, ZInsO 2009, 802.
218 So etwa Richter, DZWIR 2025, 126, 132.
219 SSW/Saliger, § 266 Rn. 4.
220 BGH, 20.03.2008 – 1 StR 488/07, wistra 2008, 343.
221 BGH, 18.02.2009 – 1 StR 731/08, wistra 2009, 232 m. Anm. Küpper, jurisPR-StrafR 11/2010 Anm. 3; s. hierzu auch Becker, HRRS 2009, 334. S. weiter BGH, 12.10.2016 – 5 StR 134/15, ZInsO 2017, 25.
222 Grundlegend BGH, 29.08.2008 – 2 StR 587/07, wistra 2009, 61; s. hierzu Reinhold, HRRS 2009, 107. S. weiter BGH, 27.08.2014 – 5 StR 181/14, ZInsO 2014, 2227 m. Anm. Hoven, NStZ 2014, 646.
223 Vgl. etwa Beulke/Witzigmann, JR 2008, 430.
224 BGH, 27.08.2010 – 2 StR 111/09, wistra 2011, 106 m. Anm. Mühlenfeld, jurisPR-StrafR 19/2010 Anm. 2 und Anm. Hoffmann, GmbHR 2010, 1150 sowie Bittmann, NJW 2011, 96.
225 Zum Meinungsstand s. krit. MK-StGB/Dierlamm/Becker, § 266 Rn. 3 ff. m.w.N.
226 BVerfG, 23.06.2010 – 2 BvR 2559/08, wistra 2010, 380; zu dieser Entscheidung – teils krit. – Becker, HRRS 2010, 383, Saliger, NJW 2010, 3195, Radtke, GmbHR 2010, 1121, Kohler, NWB 2010, 3719, Böse, Jura 2011, 617, Kuhlen, JR 2011, 246 sowie

die Norm prinzipiell nicht gegen das **Bestimmtheitsgebot**. Insb. die Begriffe des Vermögensnachteils und Vermögensschadens seien »die überlieferten und durch eine jahrzehntelange Rechtsprechung präzisierten Begriffe für den tatbestandlichen Erfolg der Vermögensdelikte«, weshalb ausreichende Auslegungsvorgaben für die Rechtsprechung existierten. Demnach kann der potenzielle Delinquent das Risiko einer möglichen Strafbarkeit noch ausreichend erkennen. Allerdings mahnt das BVerfG eine **kritische inhaltliche Konturierung** und **präzise Auslegung** des Untreuetatbestandes an.[227] Auch der Insolvenzverwalter muss den Straftatbestand des § 266 StGB daher bei seiner Tätigkeit im Auge behalten.

II. Allgemeine Tatbestandstruktur und -merkmale des § 266 StGB

Der Tatbestand des § 266 Abs. 1 StGB enthält zwei Tatbestandsalternativen: den **Missbrauchstatbestand** und den **Treubruchstatbestand**, wobei die Grenzen teilweise fließend sind.[228] Die Bestimmung gibt zu zahlreichen rechtlichen Diskussionen Anlass, die hier schon aus Platzgründen nicht dargestellt werden können. Ein kurzer allgemeiner Überblick auf der Basis der herrschenden Meinung in der Rechtsprechung muss an dieser Stelle genügen. 78

1. Der Missbrauchstatbestand (§ 266 Abs. 1, 1. Alt. StGB)

Die erste Alternative des Untreuetatbestandes betrifft den **Missbrauch** einer durch Gesetz, behördlichen Auftrag oder Rechtsgeschäft eingeräumten Befugnis, über fremdes Vermögen[229] zu verfügen bzw. einen anderen zu verpflichten. Es kann sich hiernach derjenige strafbar machen, der sich im Außenverhältnis, also ggü. Dritten, an die ihm gezogenen Grenzen des rechtlichen Könnens hält, intern aber das ihm zustehende rechtliche Dürfen überschreitet. 79

Schutzobjekt ist damit nur – auch teilweise – fremdes Gut; eigenes Vermögen fällt nicht in den Schutzbereich der Bestimmung. Das materielle Zivilrecht bietet die (einzige) Grundlage für entsprechende Feststellungen zur Frage der Fremdheit; etwaige wirtschaftliche Erwägungen bleiben unbeachtet.[230] 80

Hüls, NZWiSt 2012, 12. Das BVerfG hat diese Auffassung in mehreren Entscheidungen bekräftigt; s. BVerfG, 07.12.2011 – 2 BvR 2500/09, ZWH 2012, 102 sowie BVerfG, 01.11.2012 – 2 BvR 1235/11, wistra 2013, 56. Zusammenfassend vgl. Beckemper, ZJS 2011, 88, Kudlich, ZWH 2011, 1, Bittmann, wistra 2013, 1, ders., NStZ 2013, 72 sowie ders., ZWH 2013, 55.

227 So BVerfG, 01.11.2012 – 2 BvR 1235/11, wistra 2013, 56; zu dieser Entscheidung Tsambikakis, StRR 2013, 110. S. insoweit auch OLG Rostock, 27.09.2012 – I Ws 133/12, ZWH 2013, 70.

228 Vgl. Fischer, § 266 StGB Rn. 6 m.w.N.

229 Der Meinungsstreit, was im Einzelnen zum strafrechtlich geschützten Vermögen zählt und wie dieses zu ermitteln ist, kann hier nicht weiter erörtert werden; vgl. detailliert MK-StGB/Hefendehl, § 263 Rn. 527 ff.

230 MK-StGB/Dierlamm/Becker, § 266 Rn. 36.

81 Unter der Befugnis, über fremdes Vermögen zu verfügen oder einen anderen zu verpflichten, versteht man die **rechtliche Möglichkeit**, Vermögenswerte eines anderen wirksam zu übertragen, aufzuheben, zu belasten, zu ändern oder ihn Dritten ggü. zu solchen Verfügungen zu verpflichten.[231] Auch hier reichen rein faktische Verfügungsmöglichkeiten, etwa auf der Grundlage von Rechtsscheinbestimmungen, nicht aus.

82 Als **Basis** für die Verfügungs-/Verpflichtungsbefugnis kommen die gesetzliche bzw. die rechtsgeschäftliche Erteilung der Befugnis sowie ein expliziter behördlicher Auftrag infrage.

83 Den Handelnden muss überdies eine **Vermögensbetreuungspflicht** treffen, die i.Ü. gleichermaßen auch konstitutiver Bestandteil des Treubruchstatbestandes, also der zweiten Alternative der Norm, ist.[232] Strafbar macht sich nur derjenige, der zur Betreuung fremder Vermögensinteressen verpflichtet war und diese Obliegenheit gerade durch den Missbrauch seiner Befugnisse verletzt. Bloße **Befugnisüberschreitungen** erfüllen den Tatbestand des § 266 StGB daher nicht, selbst wenn aus ihnen Vermögensnachteile resultieren. Erforderlich ist vielmehr eine »echte« **eigenständige Verantwortung** für fremdes Vermögen, um welches der Betreffende sich kümmern, für das er Sorge tragen und gegen dessen Interessen er handeln muss. Handeln aus bloßer (faktischer) Gelegenheit heraus, etwa durch einen Kassierer im Supermarkt, der Einnahmen in die eigene Tasche steckt, reicht nicht aus. Nötig ist die Möglichkeit, selbstständig und eigenständig zu entscheiden und zu handeln, ohne bei den Dispositionen auf Vorgaben des Geschäftsherrn achten zu müssen. Dementsprechend ist der Missbrauchstatbestand des § 266 Abs. 1 StGB durchaus **restriktiv** zu sehen: Nicht jeder Verstoß gegen vertragliche oder gesetzliche Pflichten, das Vermögen eines anderen nicht zu schädigen, bedeutet ein Zuwiderhandeln gegen die in der Norm angesprochene Vermögensbetreuungspflicht. Vielmehr muss diese Pflicht eine Hauptpflicht der zwischen den Beteiligten bestehenden rechtlichen Beziehungen darstellen, nicht aber als eher beiläufige Nebenerscheinung einzustufen sein.

2. Der Treubruchstatbestand (§ 266 Abs. 1, 2. Alt. StGB)

84 Der **Treubruchstatbestand** ist dann verwirklicht, wenn der Täter kraft Gesetzes, behördlichen Auftrags, Rechtsgeschäfts oder aufgrund eines Treueverhältnisses obliegende Pflicht, fremde Vermögensinteressen wahrzunehmen, verletzt und dadurch dem betreuten Vermögen Nachteil zufügt.

85 Die Gründe, aus denen eine **Treupflicht** im Sinne dieser Tatbestandsalternative resultiert, entsprechen mithin zum großen Teil den schon dargestellten Entstehungsgründen der Verpflichtungs- bzw. Verfügungsbefugnis beim Missbrauchstatbestand. Hinzu kommt der Begriff des »Treueverhältnisses«, das auch aus faktischen Umständen resultieren kann bzw. aus rechtlich beendeten Betreuungsverhältnissen folgen kann: So begründet etwa die Stellung als faktischer Geschäftsführer einer GmbH ebenso

231 Fischer, § 266 StGB Rn. 10.

232 Fischer, § 266 StGB Rn. 6 und 18, jeweils m.w.N.

ein derartiges Treueverhältnis[233] wie die noch nachwirkende mittlerweile erloschene Stellung als Vormund, wenn der Betreffende dennoch Vermögenswerte des Mündels einzieht und für sich verwendet.[234] Die Treupflicht wird verletzt, wenn der Betreffende gegen gesetzliche oder vertragliche Pflichten verstößt. Gerade im geschäftlichen Bereich sind Vorgaben wie die verkehrsübliche Sorgfalt, die Sorgfalt des ordentlichen Kauf- bzw. Geschäftsmannes oder aber der Programmsatz des § 93 Abs. 1 AktG, nach dem Organe einer AG die Sorgfalt eines ordentlichen und gewissenhaften Geschäftsleiters beachten, stets zum Wohle der Gesellschaft handeln und durch vorbeugende organisatorische Maßnahmen alle denkbaren zivil- und strafrechtlichen Risiken weitestgehend vermeiden oder wenigstens minimieren müssen (**Business Judgement Rule**),[235] heranzuziehen.[236] Indes begründet schon nach bisheriger Auffassung nicht jeder Verstoß gegen vertragliche oder gesetzliche Verbote eine strafbewehrte Pflichtverletzung. Vielmehr muss der Täter seine Obliegenheiten in **gravierender**[237] **Art und Weise verletzen,**[238] wobei die Beurteilung, welche Verstöße »gravierend« in diesem Sinne sind, strikt einzelfallbezogen zu erfolgen hat und dementsprechend recht schwierig sein kann;[239] es sei hier nur auf die Problematik der Vergabe von Risikokrediten verwiesen, die den BGH in letzter Zeit vielfach beschäftigt hat.[240] In seiner »HSH-Nordbank«-Entscheidung, mit die Freisprüche der Manager dieses Institut durch das LG Hamburg[241] aufgehoben wurden, hat sich der 5. Strafsenat des BGH eindeutig positioniert.[242] Der Senat setzt sich in seinem Urteil umfassend mit der Zulässigkeit risikogeneigten Verhaltens durch Unternehmensorgane auseinander. Bei einem Verstoß gegen § 93 Abs. 1 AktG liegt nach Auffassung des Gerichts stets eine gravierende und evidente Pflichtverletzung i.S.d. § 266 StGB vor. Von einem derartigen Verstoß

233 Fischer, § 266 StGB Rn. 32 m.w.N.; Beukelmann, in: Volk/Beukelmann, MAH Verteidigung in Wirtschafts- und Steuerstrafsachen, § 18 Rn. 35 ff.

234 MK-StGB/Dierlamm/Becker, § 266 Rn. 133 m.w.N.

235 Zu deren Berücksichtigung bei Haftungsansprüchen, die gegen den Insolvenzverwalter geltend gemacht werden, s. BGH, 12.03.2020 – IX ZR 125/17, ZInsO 2020, 1180 sowie oben Rdn. 30.

236 Vgl. zu diesen auch unter dem Begriff »Compliance« zusammengefassten Grundsätzen ausführlich Harz/Weyand/Reiter/Methner/Noa, Mit Compliance Wirtschaftskriminalität vermeiden, 2012 passim; Eidam, Unternehmen und Strafe, Kap. 15, passim; Brock/Bachmann, in: Bittmann, Praxishandbuch Insolvenzstrafrecht, § 22, passim; s.a. Minoggio, Unternehmensverteidigung, § 9 Rn. 7 ff.

237 Hierzu Wagner, ZStW 2019, 319.

238 MK-StGB/Dierlamm/Becker, § 266 Rn. 197 ff. m.w.N.

239 Fischer, § 266 StGB Rn. 42 ff. m.w.N.

240 Vgl. etwa BGH, 06.04.2000 – 1 StR 280/99, wistra 2000, 305; BGH, 13.02.2001 – 1 StR 448/00, wistra 2001, 218; BGH, 15.11.2001 – 1 StR 185/01, wistra 2002, 101; BGH, 20.03.2008 – 1 StR 488/07, wistra 2008, 343. Speziell zur Strafbarkeit von Risikogeschäften im Zusammenhang mit Kreditvergaben (»Berliner Bankenskandal«) BGH, 28.05.2013 – 5 StR 551/11, ZInsO 2013, 1302 mit Anm. Wessing, EWiR 2013, 527.

241 LG Hamburg, 09.07.2014 – 608 KLs 12/11 – 5550 Js 4/09, ZWH 2015, 151.

242 BGH, 12.10.2016 – 5 StR 134/15, ZInsO 2017, 25. S. hierzu die Anm. von Müller-Michaels, BB 2017, 82, sowie von Scholl, EWiR 2017, 103.

ist indes nur dann auszugehen, wenn der Täter das dem Vorstand eingeräumte weite unternehmerische Interesse überschreitet. Indiziell hierfür können etwa Verstöße gegen Informations- und Prüfungspflichten, Kreditvergaben ohne ausreichende Sicherheiten oder erhebliche Kompetenzüberschreitungen sein.[243] Zu dem bestehenden weiten Interesse[244] gehört neben dem bewussten Eingehen geschäftlicher Risiken grds. auch die Inkaufnahme der Gefahr, bei der wirtschaftlichen Betätigung im Zusammenhang mit Risikogeschäften Fehlbeurteilungen und Fehleinschätzungen zu unterliegen.[245] Eine Verletzung der durch § 93 Abs. 1 AktG begründeten Sorgfaltspflichten ist daher nur dann zu bejahen, wenn ein schlechthin unvertretbares Vorstandshandeln vorliegt, dessen Fehlerhaftigkeit sich auch einem Außenstehenden förmlich aufdrängt. § 266 StGB hat – so das Gericht explizit – i.Ü. als Vermögensschädigungsdelikt nicht die Aufgabe, Recht und Moral in geschäftlichen Beziehungen zu garantieren, sondern soll das Individualvermögen vor Beeinträchtigungen schützen. Diese allgemeingültigen Ausführungen sind auch auf Entscheidungen anzuwenden, die ein Insolvenzverwalter im Rahmen seiner Tätigkeit trifft.

3. Der Vermögensschaden

86 Der Tatbestand des § 266 StGB setzt, neben treuwidrigen Handlungen nach Maßgabe des Vorstehenden hinaus, prinzipiell den Eintritt eines **Vermögensschadens**[246] voraus, wobei u.U. bereits eine (schadensgleiche) Vermögensgefährdung die Norm erfüllen kann.[247] Ein Schaden ist gegeben, wenn die Vermögensverfügung unmittelbar zu einer nicht durch einen komplementären Zuwachs ausgeglichen wird, dass der wirtschaftliche Gesamtwert des geschützten Vermögens sich also mindert. Zur Frage, ob ein derartiger Schaden eingetreten ist, muss man eine **Gesamtsaldierung**[248] vornehmen. Verfügungen, die sich auf diesen Gesamtsaldo nicht auswirken, sind i.d.R. nicht tatbestandsrelevant.[249] Es fehlt vor allem dann an einem untreuerelevanten Schaden,

243 BGH, 27.01.2021 – 3 StR 628/19, ZInsO 2021, 904, m. Anm. Frisch. EWiR 2021, 291, Brand/Goll, GmbHR 2021, 751, Ladiges, WuB 2021, 326, und Köllner, NZI 2021, 572, 574.

244 S. dazu noch BGH, 17.12.2020 – 3 StR 403/19, wistra 2021, 324, m. Anm. Brand, GmbHR 2021, 764, Tomat, GmbH-StB 2021, 242, sowie Solka, StraFo 2021, 300.

245 Dies hebt der BGH immer wieder hervor; s. jüngst BGH, 10.02.2022 – 3 StR 329/21, ZInsO 2022, 765; zuvor etwa BGH, 27.01.2021 – 3 StR 628/19, ZInsO 2021, 904.

246 Hierzu auch Hölken, ZInsO 204, 829, 831.

247 Ausführlich unter Würdigung des bisherigen Rspr. BGH, 20.03.2008 – 1 StR 488/07, wistra 2008, 343; bestätigend BGH, 18.02.2009 – 1 StR 731/08, wistra 2009, 232; s. zur Entwicklung der Rspr. ferner Wegner, wistra 2008, 347. S. weiter zum Schadensbegriff bei § 266 StGB Saliger, HRRS 2012, 363, Bittmann, NStZ 2012, 57 sowie ders., NStZ 2013, 72.

248 S. dazu BGH, 26.10.2019 – 2 StR 588/18, wistra 2020, 337, sowie KG, 02.04.2012 – (4) 161 Ss 30/12 (67/12), ZInsO 2012, 1943.

249 Ausführlich zum Prinzip der Gesamtsaldierung MK-StGB/Hefendehl, § 263 Rn. 659 ff.

wenn der Täter einen Geldanspruch gegen das von ihm verwaltete Vermögen hat und hierüber in entsprechender Höhe zu eigenen Gunsten verfügt.[250]

Das BVerfG hat Tendenzen, den Schadensbegriff des § 266 StGB »aufzuweichen« eine klare Absage erteilt.[251] Zwar halten sich nach Auffassung des Senats die durch die Rechtsprechung entwickelten Auslegungskriterien grds. noch im zulässigen Rahmen. Allerdings gilt es stets zu beachten, dass der Tatbestand des § 266 StGB als (echtes) **Verletzungsdelikt** ausgestaltet ist, nicht aber als (bloßes) Gefährdungsdelikt. Auch ist die versuchte Untreue nicht strafbar. Reine »**Gefährdungslagen**« dürfen daher nicht schon als Vermögensnachteil i.S.d. § 266 StGB angesehen werden, weil dies die Strafbarkeit zu weit vorverlagert. Zudem ist es nicht zulässig, allein aus einer festgestellten Pflichtverletzung bereits auf einen Schaden im strafrechtlichen Sinn zu schließen.[252] Das Gericht fordert dementsprechend, dass die Strafgerichte in ihren Entscheidungen den Schaden der Höhe nach möglichst **konkret** beziffern und – unter Beachtung anerkannter Bewertungsmaßstäbe und -methoden – seine Ermittlung in wirtschaftlich nachvollziehbarer Weise darlegen müssen. Ggf. sind in komplexen Fällen **Sachverständige** zur Schadensermittlung heranzuziehen.[253] Bei Unsicherheiten kann und muss der Strafrichter einen **Mindestschaden** schätzen; im Zweifel ist der Angeklagte aber **freizusprechen**, wenn eine derartige Schadensberechnung nicht einwandfrei erfolgen kann.[254] 87

III. Der Insolvenzverwalter als Täter einer Untreue

Auch der Insolvenzverwalter kann Täter einer nach § 266 StGB strafbaren Untreuehandlung sein.[255] Nach allgemeiner Auffassung treffen ihn – wie auch den Insolvenz- 88

---

250 BGH, 18.05.2021 – 1 StR 62/21, ZInsO 2021, 1491, m. Anm. Böhm, FD-StrafR 2021, 440623.

251 BVerfG, 23.06.2010 – 2 BvR 2559/08, wistra 2010, 380.

252 Ausführlich zu diesem »Verschleifungsverbot« Bittmann, wistra 2013, 1, ders., NZWiSt 2014, 129, Krell, ZStW 2014, 902, Rostalki, HRRS 2016, 73, Peters/Werndl, ZWH 2021, 309.

253 S. jüngst BVerfG, 09.04.2025 – 1 BvR 1974/22, wistra 2025, 329, ferner BGH, 18.05.2021 – 1 StR 62/21, ZInsO 2021, 1491; BGH, 20.10.2009 – 3 StR 410/09, wistra 2010, 165; BGH, 10.11.2009 – 4 StR 194/09, wistra 2010, 181; BGH, 21.02.2017 – 1 StR 296/16, wistra 2018, 311; BGH, 26.06.2019 – 1 StR 551/18, wistra 2020, 257; OLG Köln, 21.04.2016 – 2 Ws 162/15, n.v.

254 S. zur notwendigen Feststellung des konkreten Schadens auch BVerfG, 01.11.2012 – 2 BvR 1235/11, wistra 2013, 56. Umfassend zur Ermittlung des Vermögensschadens bei der Untreue Saliger, ZIS 2011, 902, Hefendehl, wistra 2012, 325, Saliger, HRRS 2012, 363, Krause, wistra 2012, 331, Bittmann, NStZ 2012, 57, Peglau, wistra 2012, 368, sowie Bittmann, wistra 2013, 1.

255 Ausführlich hierzu der zweiteilige Beitrag von Hölken, ZInsO 2024, 709 und ZInsO 2024, 829.

rechtspfleger[256] oder den mit Vollstreckungsaufträgen betrauten Gerichtsvollzieher[257] – in Bezug auf Insolvenzgläubiger und auch auf den Schuldner Vermögensbetreuungspflichten i.S.d. § 266 StGB.[258] Ihm obliegt insb. die Aufgabe, die Insolvenzmasse ordnungsgemäß zu betreuen und auch zu vermehren, soweit dies ihm im Rahmen seiner Tätigkeiten möglich ist. Indes ist bei der Frage, wie bestimmte Handlungsweisen strafrechtlich beurteilt werden müssen, zu differenzieren zwischen den verschiedenen Verfahrensstadien, in denen den Verwalter tätig wird, und zu beachten, welche Stellung das Insolvenzgericht ihm im Einzelfall eingeräumt hat.[259] Untreuehandlungen eines Insolvenzverwalters führen – neben straf- und standesrechtlichen[260] Konsequenzen – i.Ü. regelmäßig zur Verwirkung seiner Vergütung.[261]

1. Der Insolvenzverwalter und die Vermögensbetreuungspflicht

89 Die Bestellung zum Insolvenzverwalter nach § 56 InsO ist nach einhelliger Auffassung ein »**behördlicher Auftrag**« i.S.d. § 266 Abs. 1 StGB.[262] Mit Übernahme des Amtes geht das Recht des Schuldners, über das zur Insolvenzmasse gehörende Vermögen[263] zu verfügen, vollständig auf den Verwalter über, wie sich aus § 80 Abs. 1 InsO ergibt. Vom Schuldner dennoch getroffene Verfügungen sind unwirksam, § 81 Abs. 1 InsO. Ein rechtswidriger Gebrauch dieser umfassenden Machtstellung über fremdes Vermögen erfüllt grds. den Missbrauchstatbestand des § 266 Abs. 1, 1. Alt. StGB.[264]

90 Mit seiner Bestellung trifft den Verwalter überdies eine **Vermögensfürsorgepflicht**, also eine Treupflicht i.S.d. 2. Alternative des Straftatbestandes.[265] Diese Treupflicht,

256 SSW/Saliger, § 266 Rn. 13 und Rn. 17, jeweils m.w.N. S. dazu noch Bittmann, ZInsO 2009, 2036, 2038 f.

257 BGH, 14.08.2013 – 4 StR 255/13, ZInsO 2013, 1947. S. weiter SSW/Saliger, § 266 Rn. 13.

258 Leipziger Kommentar zum StGB/Schünemann, 13. Aufl. 2025, § 266 Rn. 187, sowie SSW/Saliger, § 266 Rn. 13, jeweils m.w.N. S. weiter Weyand/Diversy, Insolvenzdelikte, Rn. 218 m.w.N., sowie Richter, DZWIR 2025, 126.

259 Bittmann/Rudolph, wistra 2000, 401, 402.

260 Zu deren Berücksichtigung im Strafverfahren s. BGH, 16.12.2020 – 6 StR 251/20, ZInsO 2021, 497.

261 Grundlegend BGH, 22.11.2018 – IX ZB 14/18, ZInsO 2019, 91 m. Anm. Mock, EWiR 2019, 181; s. zu der Entscheidung ferner Deppenkemper, jM 2019, 184, Ahrens, NJW 2019, 890, Gomille, KTS 2019, 370 sowie Priewer, NZWiSt 2019, 190. S. ferner BGH, 12.09.2019 – IX ZB 76/18, ZInsO 2019, 2290, sowie LG Deggendorf, 24.07.2013 – 13 T 57/13, ZInsO 2014, 1774, m. Anm. Wolff, jurisPR-InsR 3/2014 Anm. 5. Zur Rückgewähr eines zu Unrecht aus der Masse entnommenen Vergütungsvorschusses BGH, 29.06.2023 – IX ZR 151/22, ZInsO 2023, 2004 m. zust. Anm. Cranshaw, jurisPR-InsR 15/2023 Anm. 1.

262 Berger/Frege/Nicht, NStZ 2010, 321, 331 f.

263 Vgl. hierzu Weyand/Diversy, Insolvenzdelikte, Rn. 63 ff.

264 Joecks, in: Bittmann, Praxishandbuch Insolvenzstrafrecht § 24 Rn. 13; Hölken, ZInsO 2024, 825.

265 Joecks, in: Bittmann, Praxishandbuch Insolvenzstrafrecht § 24 Rn. 14; Beukelmann, in: Volk, MAH Verteidigung in Wirtschafts- und Steuerstrafsachen, § 18 Rn. 11.

die bei juristischen Personen neben die fortwirkende Treupflicht des (früheren) Organs tritt,[266] besteht sowohl ggü. dem Insolvenzschuldner (§ 11 InsO) wie ggü. den Insolvenz- und den Massegläubigern (§§ 38, 58 InsO).[267] Nach richtiger Ansicht erstreckt sie sich überdies auf die absonderungsberechtigten Gläubiger (§§ 49 ff. InsO).[268] Teilweise hieran geäußerte Zweifel[269] greifen nicht durch: Obwohl bspw. ein Kreditinstitut an dem sicherungsübereigneten Fahrzeug ein Absonderungsrecht hat, gehört dieses haftungsrechtlich zum Vermögen des Schuldners,[270] das mit Übernahme seines Amts im alleinigen Machtbereich des Verwalters steht. Missbräuchliche Handlungen zum Nachteil von Absonderungsberechtigten, etwa heimliche Veräußerung von Absonderungsgut sind daher – jedenfalls objektiv – als treuwidrig i.S.d. § 266 Abs. 1 StGB anzusehen.

Die vorstehend beschriebenen Prinzipien gelten i.Ü. für den **vorläufigen Verwalter** 91 teilweise nur mit Einschränkungen. Er hat, je nach der ihm durch das Insolvenzgericht eingeräumten Kompetenz, u.U. nur sehr eingeschränkte Befugnisse.

Ordnet das Insolvenzgericht **kein allgemeines Verfügungsverbot** an, hängt eine mög- 92 liche strafrechtlich zu beachtende Treupflicht des vorläufigen Verwalters davon ab, wie das Gericht sein Amt weiter ausgestaltet. Trifft der Richter keine ergänzenden Regelungen, verbleiben dem Schuldner bzgl. seines Vermögens sämtlich Verwaltungs- und Verfügungsbefugnisse. Der vorläufige Insolvenzverwalter hat in diesen Fällen allein allgemeine Aufsichts- und ggf. Gutachterfunktionen. Der bloße **Gutachtenauftrag** begründet kein – für § 266 StGB notwendiges – Geschäftsbesorgungsverhältnis;[271] er lässt überdies keinen Raum für eigenverantwortliche selbstständig zu treffende vermögensbezogene Entscheidungen. Bei einer solchen stark eingeschränkten Stellung ist der Gutachter – nicht vermögensbetreuungspflichtig. Auch der »schwache« vorläufige Insolvenzverwalter kann trotz etwaiger Aufsichtsobliegenheiten selbstständige vermögensbezogene Entscheidungen nicht treffen. Setzt das Gericht nur einen »schwachen« Insolvenzverwalter ein, verbleiben allein die allgemeinen Regeln: Treuwidriges Verhalten kann nur der Schuldner selbst zeigen; er macht sich also nur dann strafbar, wenn er eigene Treupflichten verletzt, die bereits vor dem Insolvenzverfahren bestanden, etwa ggü. etwaigen Sicherungsgebern.[272]

Macht das Gericht von der Möglichkeit Gebrauch, dem Schuldner nach § 21 Abs. 2 93 Nr. 2 InsO einen **allgemeinen Zustimmungsvorbehalt** aufzuerlegen, ist dies anders zu beurteilen. Trifft dieser Verfügungen, werden jene allein bei – ausdrücklicher oder

266 Bittmann/Rudolph, wistra 2000, 401, 404 f.; Richter, NStZ 2002, 121.

267 Schramm, NStZ 2000, 398; MK-StGB/Dierlamm/Becker, § 266 Rn. 96 m.w.N.; Fischer, § 266 StGB Rn. 36; Hadamitzky, in: Müller-Gugenberger, Hdb. Wirtschaftsstrafrecht, § 32 Rn. 126 ff.; Richter, in: Müller-Gugenberger, Hdb. Wirtschaftsstrafrecht, § 87 Rn. 32 ff.

268 Schramm, NStZ 2000, 398, 399.

269 Joecks, in: Bittmann, Praxishandbuch Insolvenzstrafrecht, § 24 Rn. 14.

270 Vgl. FK-InsO/Imberger, § 49 Rn. 1.

271 Vgl. weiter Weyand, ZInsO 2008, 242, 245.

272 SSW/Saliger, § 266 Rn. 13; MK-StGB/Dierlamm/Becker, § 266 Rn. 96. S. beispielhaft noch BGH, 12.12.1996 – 4 StR 489/96, wistra 1997, 146, 147.

konkludenter – Genehmigung oder Zustimmung des Verwalters rechtswirksam. Indes kann der Verwalter nicht für den Schuldner Verbindlichkeiten begründen; dessen grundlegende Verpflichtungs- und Verfügungsmacht ist zwar eingeschränkt, der Verwalter tritt aber nicht in die Rechtsposition des Schuldners ein, sondern limitiert lediglich dessen vermögensrechtliche Dispositionsbefugnis. Dieser Zustimmungsvorbehalt begründet aber eine Vermögensbetreuungspflicht.[273] Denn dem verpflichteten Verwalter obliegen auf dieser Grundlage selbstständige Verpflichtungen, die ihrerseits dauerhaft und wirtschaftlich bedeutend sind. Seine Zustimmungsbefugnis verleiht ihm eine gewichtige (Macht-) Position ggü. den Interessen der Gläubiger, weil er durch Ausübung dieses Rechts den Schuldner z.B. in die Lage versetzen kann, Eigentum, etwa an Dritten sicherungsübereigneten Gegenständen, zu übertragen. Damit ist er den Gläubigern ggü. auch treupflichtig,[274] jedenfalls dann, wenn die genehmigte Verfügung nicht mit den Interessen der am konkreten Verfahren Beteiligten steht.

94 Besondere Verfügungsverbote oder besondere Zustimmungsvorbehalte auf der Basis des § 21 Abs. 1 Nr. 2, 2. Alt. InsO führen – unabhängig von ihrer geringen Praxisrelevanz – nur zu relativen Verfügungsbeschränkungen i.S.d. §§ 135, 136 BGB.[275] Sie betreffen lediglich einzelne Vermögensgegenstände, bewirken aber keinen umfassenden Schutz des Schuldnervermögens; ein gutgläubiger Erwerb auch von beweglichen Vermögensgegenständen durch Dritte bleibt möglich.[276] Der Schuldner selbst wird in seiner rechtlichen und wirtschaftlichen Dispositionsfreiheit kaum beengt. Dennoch obliegt dem Verwalter in diesen Fällen eine – wenn auch stark eingeschränkte – Treupflicht, die zum Verstoß gegen § 266 StGB führt, wenn er dem Verfahrenszweck widersprechende Entscheidungen des Schuldners genehmigt.

95 Beim **»starken« vorläufigen Insolvenzverwalter** ist die Situation anders zu beurteilen. Erlegt das Gericht dem Schuldner mit der Bestellung eines vorläufigen Insolvenzverwalters ein allgemeines Verfügungsverbot auf, geht die Verwaltungs- und Verfügungsbefugnis über das Schuldnervermögen vollständig auf den Verwalter über (§ 22 Abs. 1 InsO). Die Beurteilung unterscheidet sich damit nicht mehr von der nachstehend erläuterten Lage, wie sie beim Insolvenzverwalter im eröffneten Verfahren besteht.[277]

2. Der Insolvenzverwalter im eröffneten Verfahren

96 Es wurde bereits erwähnt, dass den Insolvenzverwalter im eröffneten Verfahren eine umfassende Treupflicht i.S.d. § 266 StGB trifft. Deren genauer Umfang resultiert einmal aus den allgemeinen **insolvenzspezifischen Vorgaben**, wie sie die InsO i.R.d. oben Rdn. 2 ff. näher erläuterten Regelungen trifft. Zum anderen muss er auf der Basis des § 72 InsO beschlossene Vorgaben des **Gläubigerausschusses** bzw. Beschlüsse

273 Schramm, NStZ 2000, 398, 401.

274 So im Ergebnis auch Joecks, in: Bittmann, Praxishandbuch Insolvenzstrafrecht, § 24 Rn. 23.

275 HambKomm-InsR/Schröder, § 21 InsO Rn. 41.

276 HambKomm-InsR/Schröder, § 21 InsO Rn. 12 m.w.N.

277 Joecks, in: Bittmann, Praxishandbuch Insolvenzstrafrecht, § 24 Rn. 4. SSW/Saliger, § 266 Rn. 13.

der **Gläubigerversammlung** (§ 76 InsO) beachten. Auch hier gilt indes: Nicht jedes Zuwiderhandeln des Insolvenzverwalters muss schon eine strafrechtlich relevante Treupflichtverletzung sein. Spezifisch treuwidrig sind lediglich Handlungen, die im funktionalen Zusammenhang mit dem oben näher eingegrenzten ureigensten Aufgabenbereich des Verwalters stehen.[278] **Nicht jedes Verhalten, das nach § 60 InsO eine Schadensersatzpflicht auslöst, ist damit eine Untreuehandlung i.S.d. § 266 StGB.** Die Entscheidung, wann strafrechtliche Bereiche tangiert werden, lässt sich – von ganz eindeutigen Einzelfällen abgesehen – wiederum nur unter sorgfältiger Analyse der Umstände des **konkreten Falls** treffen, wobei insb. die konkrete Entscheidungssituation und die Grundlagen der zu betrachtenden Disposition heranzuziehen sind. Masse schmälernde Unter-Preis-Verkäufe können etwa sinnvoll und geboten sein, wenn anderenfalls der Verderb von Waren droht oder ein »echter« Markt für die konkreten Güter nicht existiert. Weiteres wird unten beispielhaft erläutert.

3. Exkurs – Der Sachwalter bei Eigenverwaltung und der Restrukturierungsbeauftragte

Die verstärkte Abwicklung von Insolvenzen in **Eigenverwaltung** wurde schon in der Vergangenheit verbreitet gefordert. Der Gesetzgeber hat demgemäß reagiert und hat durch das ESUG[279] mit Wirkung vom 01.03.2012 weitgehende diesbezügliche Möglichkeiten geschaffen. Gibt das Gericht einem entsprechenden Antrag statt, bestellt es einen Sachwalter (§ 270b InsO), dessen Rechte und Pflichten §§ 274 f. InsO regeln. Insb. muss dieser den Schuldner überwachen und dessen Handlungen prüfen.[280] Ihm obliegen überdies Zustimmungsbefugnisse, zum einen allgemeiner Art auf der Grundlage des § 275 Abs. 1 InsO, zum anderen rechtsgeschäftsbezogene Berechtigungen, sofern das Gericht nach § 277 Abs. 1 InsO eine besondere Zustimmungsbedürftigkeit angeordnet hat. Im Rahmen dieser Obliegenheiten ist der **Sachwalter** gleichfalls nach Maßgabe des Vorstehenden treupflichtig und damit möglicher Täter einer Untreue.[281] Für den vorläufigen Sachwalter (§ 270b Abs. 1 InsO) gelten diese Ausführungen entsprechend; seine Rechtsstellung entspricht der des Sachwalters im eröffneten Verfahren.[282] Identische Obliegenheiten treffen den nach § 74 Abs. 1 Sta- 97

278 So zu Recht Schramm, NStZ 2000, 398, 399.

279 Gesetz zur Erleichterung der Sanierung von Unternehmen (ESUG), BGBl. I 2011, S. 2582. Die hierzu veröffentlichte aktuelle Literatur ist nahezu unüberschaubar. Vgl. beispielhaft Landfermann, WM 2012, 821 und 869; Römermann, GmbHR 2012, 421; Hölzle, ZIP 2012, 158.

280 Vgl. weiter Vallender, GmbHR 2012, 445; FK-InsO/Foltis, § 270c Rn. 6 ff.

281 Schramm, NStZ 2000, 398, 402; SSW/Saliger, § 266 Rn. 13; MK-StGB/Dierlamm/Becker, § 266 Rn. 96 m.w.N.; Beukelmann, in: Volk/Beukelmann, MAH Verteidigung in Wirtschafts- und Steuerstrafsachen, § 18 Rn. 11; Buchalik/Hiebert, ZInsO 2015, 1953, 1955 m.w.N.

282 Ausführlich FK-InsO/Foltis, § 270a Rn. 22 ff.

RUG[283] bestellten **Restrukturierungsbeauftragten**[284], soweit er seine sich aus § 76 StaRUG ergebenden Aufgaben verletzt, zumal dann, wenn er vom Gericht explizit übertragene Überwachungspflichten (§ 76 Abs. 2 Nr. 2 und 3 StaRUG) nicht wahrnimmt. Hierzu liegt indes bislang noch keine Rspr. vor.[285]

4. Strafrechtliche Folgen der Einwilligung dispositionsbefugter Personen

98 Das **Einverständnis des Geschäftsherrn** schließt bei beiden Alternativen des § 266 StGB bereits den Tatbestand aus, sofern es im Zeitpunkt der Vornahme des Geschäfts gegeben war. In diesem Fall wird eine eingeräumte Befugnis nicht missbraucht. Dies entspricht demnach den oben Rdn. 53 dargestellten zivilrechtlichen Folgen einer Einwilligung. Dispositionen des Verwalters sind auch unter strafrechtlichen Aspekten nicht pflichtwidrig.[286] Erforderlich ist zum einen die Zustimmung des **Berechtigten**, zum anderen muss diese auch **wirksam** sein.[287]

99 Unter strafrechtlichen Aspekten im Fall der Insolvenz dispositionsbefugt ist zweifelsfrei die **Gläubigerversammlung**, also die Gesamtheit der Gläubiger.[288] Zur Frage der unter strafrechtlichen Aspekten anzuerkennenden Wirksamkeit solcher Beschlüsse muss man allerdings differenzieren: Das in § 76 Abs. 2 InsO festgelegte Quorum vermag den Tatbestand des § 266 StGB dann nicht auszuschließen, wenn die Zustimmung nicht dem einzelfallbezogenen wohlverstandenen Interesse aller vorhandenen Insolvenzgläubiger entspricht. Auch die Stimmenmehrheit kann somit zum Nachteil der Minderheit nicht mit tatbestandsausschließender Wirkung Dispens erteilen.[289] Insoweit trifft die Gläubigerversammlung selbst eine Vermögensbetreuungspflicht, deren Verletzung ihrerseits zu strafrechtlichen Konsequenzen für die Entscheidungsträger der Gläubigerversammlung führen kann. Selbst ein einstimmig erklärtes Einverständnis aller Gläubiger schließt eine Verfolgung des Verwalters wegen Untreue nicht auf jeden Fall aus, da auch hier noch Interessen des Insolvenzschuldners beachtet werden müssen. Die Gläubigerversammlung kann in diesem Zusammenhang etwa aus wirtschaftlichen Gründen von Anfechtungen absehen, weil sie die wirtschaftlichen Vorteile eines schnellen Verfahrensabschlusses für höher erachtet.[290] Dies gilt auch,

---

283 Allg. zum StaRUG s. Gehrlein, BB 2021, 66.

284 Zu dessen Aufgaben allg. Schulte-Kaubrügger/Dimassi, ZIP 2021, 936. S. auch Bittmann/Cramer, wistra 2022, 149, 151 ff.

285 Zu strafrechtlichen Implikationen des StaRUG erschöpfend Rixe/Omran, ZInsO 2025, 1558.

286 MK-StGB/Dierlamm/Becker, § 266 Rn. 149 ff. m.w.N.

287 MK-StGB/Dierlamm/Becker, § 266 Rn. 150; s. ferner Joecks, in: Bittmann, Praxishandbuch Insolvenzstrafrecht § 24 Rn. 19 sowie Weyand/Diversy, Insolvenzdelikte, Rn. 153.

288 Zur Entscheidungsbefugnis von Gläubigerversammlung und -ausschuss unter insolvenzstrafrechtlichen Aspekten vgl. Smid, in: Bittmann, Praxishandbuch Insolvenzstrafrecht, § 10 Rn. 19. Vgl. ferner Smid, ZInsO 2015, 1716 sowie Hölken, ZInsO 2024, 709, 716. Exemplarisch BGH, 22.09.2022 – 1 StR 171/22, ZInsO 2022, 2574.

289 S. in diesem Zusammenhang bereits BGH, 20.10.2016 – 2 StR 2/16, InsbürO 2017, 167.

290 S. beispielhaft BGH, 20.10.2016 – 2 StR 2/16, InsbürO 2017, 167; hierzu Köllner/Cyrus, NZI 2017, 15, 17 f.

wenn die Gesamtheit der Gläubiger entsprechende Regelungen in einem Insolvenzplan für angemessen und positiv ansieht.[291]

Grds. dispositionsbefugt ist gleichermaßen der **Gläubigerausschuss.**[292] Auch dieser 100
muss indes sowohl die Interessen des Schuldners wie die der Gesamtheit der Insolvenzgläubiger beachten. Ihnen ggü. sind die Ausschussmitglieder treupflichtig i.S.d. § 266 StGB.[293] Deren Handlungen müssen also immer das (mutmaßliche) Interesse der Gläubigergesamtheit und auch des Schuldners berücksichtigen. Es gilt hier gleichermaßen das Prinzip, dass Entscheidungen im Einzelfall der schon erwähnten »Sorgfalt eines ordentlichen Geschäftsmannes« entsprechend müssen. Dies ergibt sich v.a. aus der neueren Rechtsprechung des BGH im Zusammenhang mit der Frage, inwieweit »schwarze Kassen« bei Unternehmen als strafbare Untreuehandlungen zu werten sind.[294] Das Gericht macht deutlich, dass die Einwilligung satzungsmäßiger Organe die Pflichtwidrigkeit auch von »Parallelstrukturen« u.U. entfallen lassen kann, will dies aber nur dann akzeptieren, wenn ein »ordentlicher Geschäftsleiter« sich gleichfalls so verhalten hätte.[295]

5. Der subjektive Tatbestand

Es wurde bereits betont, dass Untreuevorwürfe i.d.R. nur einzelfallbezogen geprüft und 101
erhoben werden können. Dies gilt zum einen für die oft nur unter großen Schwierigkeiten zu beantwortende Frage, ob ein objektiv tatbestandsmäßiges Verhalten letztlich überhaupt zu einem Vermögensnachteil i.S.d. Bestimmung geführt hat;[296] **versuchte Untreue** ist i.Ü. **nicht strafbar.**

Zum anderen ist v.a. der subjektive Tatbestand des § 266 StGB vielfach kaum fass- 102
bar. Untreue ist ein **Vorsatzdelikt.**[297] Angesichts des sehr weit gefassten Tatbestandes verlangt die ständige Rechtsprechung hier eine besonders sorgfältige Prüfung.[298] Allgemein lässt sich zu den subjektiven Erfordernissen festhalten, dass der Täter auf jeden Fall seine besondere Pflichtenstellung kennen und auch zutreffend einordnen

---

291 S. in diesem Zusammenhang OLG Karlsruhe, 12.08.2013 – 9 U 55/13, ZInsO 2014, 155. S. auch Buchalik/Hiebert, ZInsO 2014, 109.

292 Einschränkend indes Smid, ZInsO 2015, 1716.

293 MK-StGB/Dierlamm/Becker, § 266 Rn. 96 m.w.N.

294 Vgl. etwa BGH, 27.08.2010 – 2 StR 111/09, wistra 2011, 106 mit Anm. Bittmann, NJW 2011, 96 und Anm. Hugger, BB 2010, 2590; s. zu dieser Problematik auch Kudlich, ZWH 2011, 1 sowie Becker, HRRS 2012, 237.

295 Vgl. BGH, 29.08.2008 – 1 StR 587/08, wistra 2009, 61; BGH, 27.08.2010 – 2 StR 111/09, wistra 2011, 106, s. weiter Reinhold, HRRS 2009, 107.

296 Zu den Problemen der Feststellung von Vermögensnachteilen bei Untreuevorwürfen vgl. ausführlich MK-StGB/Dierlamm/Becker, § 266 Rn. 222 ff.

297 S. auch Hölken, ZInsO 2024, 829, 832.

298 Vgl. nur BGH, 26.08.2003 – 5 StR 188/03, wistra 2003, 463 m.w.N. Ausführlich zu den zu beachtenden Sorgfaltsanforderungen BVerfG, 23.06.2010 – 2 BvR 2559/08, wistra 2010, 380; zu dieser Entscheidung – teils krit. – Becker, HRRS 2010, 383 sowie Saliger, NJW 2010, 3195.

muss. Der konkrete Pflichtverstoß muss von seinem Vorsatz umfasst sein. Die irrige Vorstellung, sein Handeln sei mit den besonderen Treuepflichten vereinbar, lässt das Bewusstsein der Pflichtwidrigkeit entfallen, führt also zu einem den Vorsatz ausschließenden **Tatbestandsirrtum** i.S.d. § 16 Abs. 1 Satz 1 StGB.[299] Geht der Täter von dem (mutmaßlichen) Einverständnis des Geschäftsherrn aus, entfällt der Vorsatz bzgl. der Pflichtverletzung.[300] Die allgemeine Vorstellung, das konkrete Handeln sei für den Geschützten letztlich vorteilhaft, schließt den Vorsatz demgegenüber nicht aus.[301]

103 Überdies muss der Vorsatz des Handelnden auch den Eintritt des Vermögensnachteils mit umfassen. Bei Risikogeschäften oder bei risikobehafteten Entscheidungen im Zusammenhang mit Sanierungen hat der BGH die Grenzen für einen sicheren Nachweis auch des subjektiven Tatbestandes deutlich abgesenkt:[302] Es genügt zur Annahme des Untreuetatbestandes nunmehr, dass der Täter die im Raum stehende **Gefährdung des von ihm zu schützenden Vermögens erkennt** und **billigend in Kauf nimmt**. Die frühere Rechtsprechung, die in diesen Fällen überdies die Feststellung verlangte, dass der Täter eine über das allgemeine Risiko hinausgehende »höchste Gefährlichkeit« erkannt und dennoch »gleich einem Spieler« agiert hat,[303] mithin sich sein Vorsatz auch auf die Billigung des endgültigen Vermögensnachteils erstrecken muss, hat der BGH aufgegeben.[304] Es wird abzuwarten sein, ob die jüngeren Entscheidungen des BVerfG[305] zu weiteren Korrekturen der Rechtsprechung des BGH führen, wie dies bereits teilweise angemahnt wurde.[306] In manchen Entscheidungen deuten sich insoweit bereits restriktivere Tendenzen an, ohne dass aber bislang eine deutliche Linie erkennbar wird.[307]

6. Denkbare Fallgruppen der Untreue des Insolvenzverwalters

104 Zusammenfassend bleibt festzuhalten, dass der Vorwurf der Untreue ggü. einem Insolvenzverwalter zwar häufig im Raum stehen mag, aber im **Einzelfall** nur **schwierig** nachgewiesen werden kann. Einige Fallbeispiele mögen dies verdeutlichen:[308]

---

299 BGH, 08.10.1985 – 1 StR 420/85, wistra 1986, 25.

300 So bereits BGH, 17.06.1952 – 1 StR 668/51, BGHSt 3, 23.

301 BGH, 06.05.1986 – 4 StR 124/86, wistra 1986, 260.

302 Vgl. BGH, 20.03.2008 – 1 StR 488/07, wistra 2008, 343; dem zustimmend Wegner, wistra 2008, 347 f.

303 BGH, 15.11.2001 – 1 StR 185/01, wistra 2002, 101.

304 BGH, 20.03.2008 – 1 StR 488/07, wistra 2008, 343; bestätigend BGH, 18.02.2009 – 1 StR 731/08, wistra 2009, 232; vgl. in diesem Zusammenhang noch OLG Karlsruhe, 05.07.2003 – 3 Ws 72/03, wistra 2005, 72.

305 BVerfG, 23.06.2010 – 2 BvR 2559/08, wistra 2010, 380; BVerfG, 01.11.2012 – 2 BvR 1235/11, wistra 2013, 56.

306 S. Becker, HRRS 2010, 383; Saliger, NJW 2010, 3195; ders., ZIS 2011, 902.

307 Vgl. BGH, 23.09.2010 – 1 StR 220/09, wistra 2010, 484 m. Anm. Bittmann, NJW 2011, 96; BGH, 13.04.2011 – 1 StR 94/10, wistra 2011, 301 m. Anm. Rönnau, StV 2011, 753; vgl. weiter Becker, HRRS 2012, 237.

308 S. dazu weiter Pelz in: Müller/Wabnitz, Hdb. Wirtschafts- und Steuerstrafrecht, § 9 Rn. 371 ff.

a) Der »Griff in die Kasse«

Insolvenzverwalter, die die Firmenkasse plündern, Kundenschecks beiseiteschaffen **105**
oder Massebestandteile eigennützig versilbern, machen sich sicherlich der Untreue strafbar. Hier gelten im Vergleich zu Untreuevorwürfen bei Angehörigen der rechts- und steuerberatenden Berufe, die sich etwa Mandantengelder zueignen, keine anderen Kriterien.[309] Will ein Insolvenzverwalter, der aus einer Insolvenzmasse eigennützig Fremdgelder entnimmt, durch Vorlage manipulierter Berichte, Kontoauszüge und Abrechnungen Regressforderungen verhindern, kann überdies der Tatbestand des Betruges (§ 263 StGB) erfüllt sein.[310]

b) Mangelhafte Kontoführung

Die Geldmittel der Insolvenzmasse müssen durch den Verwalter strikt vom eige- **106**
nen Vermögen getrennt werden. Hierzu ist stets die Einrichtung eines gesonderten Insolvenzkontos erforderlich, das schon von seiner Bezeichnung her die unmittelbare Zuordnung zu einem konkreten Verfahren zulässt.[311] Die Führung eines Kontos, das nicht die Masse selbst als materiell berechtigt ausweist, als **Insolvenzkonto** ist unzulässig und für den Verwalter stets auch im strafrechtlichen Sinne pflichtwidrig.[312] Unzulässig ist daher insb. die Anlage auf einem im anwaltlichen Tagesgeschäft durchaus üblichen Anderkonto. Denn hier ist ausschließlich der Inhaber persönlich der Bank gegenüber berechtigt und verpflichtet. Damit leitet der Insolvenzverwalter indes unerlaubt Gelder der Insolvenzmasse in sein eigenes Vermögen über, wenn er entsprechende Transaktionen vornimmt. Das Kontoguthaben auf einem Anderkonto ist

---

309 Ausführlich zu strafrechtlich relevantem Umgang mit Fremdgeld s. Weyand, AK 2022, 149. Derartige Handlungen können i.Ü. zur Verwirkung des Vergütungsanspruches des Verwalters führen: LG Deggendorf, 24.07.2013 – 13 T 57/13, ZInsO 2014, 1774. Umfassend zur Verwirkung von Vergütungsansprüchen Lissner, ZInsO 2017, 754. Allg. zur Verwirkung im Zusammenhang mit schweren Straftaten s. BGH, 09.06.2011 – IX ZB 248/09, ZInsO 2011, 1526, BGH, 21.09.2017 – IX ZB 28/14, ZInsO 2017, 2309, sowie BGH, 22.11.2018 – IX ZB 14/18, ZInsO 2019, 91 m. Anm. Mock, EWiR 2019, 181, ferner BGH, 15.08.2022 – IX ZB 17/21, ZInsO 2022, 2702 m. Anm. Hoos/Bulanov, ZWH 2023, 68. Auch grob pflichtwidrige Darlehensvergaben können derartige Folgen nach sich ziehen, vgl. BGH, 14.07.2016 – IX ZB 52/15, ZInsO 2016, 1656. S. überdies Gehrlein, BB 2019, 2307, 2312 f.

310 BGH, Beschl. v. 16.12.2020 – 6 StR 251/20, ZInsO 2021, 497.

311 Zu den möglichen Folgen einer lückenhaften und weitgehend nicht belegten Kassenführung s. noch LG Göttingen, 15.02.2019 – 10 T 4/19, NZI 2019, 281. Zur Frage der (erlaubten) Separierung vereinnahmter Gelder auf einem Treuhandkonto ausführlich LG Köln, 26.11.2024 – 16 O 42/24, NZI 2025, 183.

312 Grundlegend BGH, 07.02.2019 – IX ZR 47/18, ZInsO 2019, 845 m. Anm. Wipperfürth. Zu dieser Entscheidung s. Zuleger, NZI 2019, 417; Cranshaw, NZI 2019, 609, sowie Blankenburg/Godzierz, ZInsO 2019, 1092; diff., aber dem BGH letztlich zustimmend, Kamm, ZInsO 2019, 1085.

gerade kein Bestandteil der Masse.[313] Der Insolvenzverwalter bleibt Vollrechtsinhaber, selbst wenn die Gläubigerversammlung einem solchen Handeln zustimmt. Regelmäßig vermischt der Verwalter mithin untreuerelevant mit eigenem Vermögen, wenn er der Insolvenzmasse zugehörige Geldbeträge auf einem derartigen Anderkonto verwahrt.

c) *Manipulationen bei der Vergütung und »unnötige Kosten«*

107 Der Insolvenzverwalter hat nach § 63 InsO einen Anspruch auf Vergütung seiner Tätigkeit. Sie ist Gegenleistung für seine originären Verwalteraufgaben und deckt insb. allgemeine Büro- und Personalkosten ab. Indes kann er zur Erledigung von Sonderaufgaben Hilfskräfte hinzuziehen und gesondert abrechnen.[314] Gleiches gilt für die Vergütung des Verwalters beim Einsatz eigener besonderer Sachkunde.[315] Gerade beim Hinzuziehen von **Hilfskräften**[316] kann es immer wieder zur verdeckten Beteiligung des Verwalters am wirtschaftlichen Ergebnis dieser Helfer kommen, v.a. dann, wenn sie in diesem gesellschaftlich oder personell verbundenen Unternehmen tätig sind. Regelmäßig werden diese verdeckten Zahlungen dadurch finanziert, dass Rechnungen um den rückfließenden Betrag überhöht gestellt werden, die tatsächliche Leistung also, korrekte Abrechnung unterstellt, für die Masse günstiger hätte erlangt werden können. In solchen »**kick-backs**«[317] liegt regelmäßig eine strafbare Untreue, da sie wirtschaftlich der Masse zustehen.[318] Entsprechendes gilt, wenn der Verwalter augenfällig besonders viele Zivilprozesse für die Masse »produziert«, um weitere Anwaltsgebühren geltend machen zu können.[319] Die Beurteilung, inwieweit eine »besondere Sachkunde« zusätzliche Vergütungen rechtfertigt, ist demgegenüber häufig in tatsächlicher Hinsicht schwierig.

313 S. bereits BGH, 20.09.2007 – IX ZR 91/06, ZInsO 2007, 1228 m. Anm. Pape, WuB VI A § 140 InsO 1.08. Zu möglichen berufs- und strafrechtlich relevanten Verstößen im Zusammenhang mit der Behandlung von Fremdgeld s. Weyand, AK 2022, 149.

314 Gerloff, in: Bittmann, Praxishandbuch Insolvenzstrafrecht, § 25 Rn. 11 ff.

315 Gerloff, in: Bittmann, Praxishandbuch Insolvenzstrafrecht, § 25 Rn. 29 ff.

316 Beispielhaft für diese Art der Verwalterkriminalität LG Aurich, 27.07.2015 – 15 KLs 3/14, 15 KLs 1000 Js 17239/10 (3/14), ZInsO 2015, 1809 mit Anm. Weyand, ZInsO 2015, 1843. Das OLG Oldenburg hatte diesen den Betrugstatbestand verneinenden Nichteröffnungsbeschluss zwar aufgehoben; vgl. OLG Oldenburg, 25.04.2016 – 1 Ws 508/15, ZlnsO 2016, 1659 m. Anm. Weyand. Eine andere Kammer des LG hat den angeklagten Insolvenzverwalter aber im Anschluss rkr. freigesprochen, vgl. LG Aurich, 25.04.2017 – 15 KLs 1000 Js 17239/10 (3/14), wistra 2018, 140. Zu dem Verfahren vgl. ausführlich Bittmann, ZInsO 2017, 1874 ff.

317 Vgl. weiter MK-StGB/Dierlamm/Becker, § 266 Rn. 307 f.; Schönke/Schröder/Perron, § 266 StGB Rn. 46 m.w.N.; Gerloff, in: Bittmann, Praxishandbuch Insolvenzstrafrecht, § 25 Rn. 61.

318 S. hierzu ausführlich Kraatz, ZStW 122 (2010), 521.

319 Gerloff, in: Bittmann, Praxishandbuch Insolvenzstrafrecht, § 25 Rn. 46.

d) Eigenerwerbe oder Erwerb durch nahestehende Personen

Geschäfte, durch die der Verwalter selbst oder aber ihm nahestehende Personen Massebestandteile erwerben, sind grds. problematisch. Dies gilt selbst dann, wenn – jedenfalls auf den ersten Blick – der Marktpreis gezahlt wird; auch hier stellt sich die Frage, ob das vorhandene Eigeninteresse der Handelnden nicht für den Vertragsschluss ausschlaggebend war, und nicht doch höhere Erlöse hätten erzielt werden können. Erfolgt die Veräußerung demgegenüber unter dem Marktpreis, wird im Normalfall ein untreuerelevantes Verhalten gegeben sein.[320] Eine Strafverfolgung setzt in derartigen Fällen aber die sichere Feststellung des »wahren« Marktpreises voraus. Diese Kontrolle wird bei Gütern des täglichen Bedarfs keine großen Schwierigkeiten mit sich bringen. Bei exotischeren Gütern, Immobilien, zumal im gewerblichen Sektor, oder Gesellschaftsanteilen ist die Wertfeststellung indes häufig problematisch. 108

Indiziell für strafrechtlich relevante Handlungen wirken hier: 109
- verdeckte Erwerbe, etwa über Strohleute oder Treuhänder;[321]
- eigene Beteiligung an Erwerberunternehmen oder Beteiligungen von Familienangehörigen bzw. nahestehenden Personen;
- Manipulationen bei der Bewertung, etwa der nicht gerechtfertigte Ansatz von Zerschlagungswerten;
- Einflussnahmen auf Gutachter, um niedrige Bewertungen zu erreichen; v.a. festgestellte geldwerte Zuwendungen an Sachverständige lassen dabei den Schluss auf treuwidriges Verhalten ohne Weiteres zu;
- Übergehen von schon vorliegenden höheren Fremdangeboten;
- selektive Veräußerungen, also etwa die Übertragung einzelner wertvoller Vermögensgegenstände oder lukrativer Auftragsbestände, während das Restvermögen bzw. der Restauftragsbestand beim Schuldner verbleibt. Die Verwertung der Insolvenzmasse muss der Verwalter stets mit dem Ziel einer effizienten Massemehrung durchführen; die Orientierung an kaufmännischen Maßstäben ist hierbei eine zwingende Obliegenheit.[322]

e) Fortführung von Aufträgen des Schuldners

Die **Abwicklung** von noch vorhandenen **Aufträgen** des Schuldners über eine eigens zu diesem Zweck gegründete (BGB) Gesellschaft ist demgegenüber nicht ohne Weiteres als Untreue strafbar, selbst wenn der Insolvenzverwalter und ihm nahestehende Personen an dem Unternehmen beteiligt sind.[323] Solche Sachverhaltskonstellationen 110

320 Gerloff, in: Bittmann, Praxishandbuch Insolvenzstrafrecht, § 25 Rn. 62 ff. Beispielhaft s. LG Frankfurt, 15.11.2012 – 5/26 KLs 7640 Js 208746/10, ZInsO 2014, 1811, sowie OLG Köln, 09.08.2017 – I-2 U 77/15, ZInsO 2018, 460; s. ferner BGH, 16.03.2017 – IX ZR 253/15, ZInsO 2017, 827 m. Anm. Bittmann, ZWH 2017, 215. Ausführlich zu der Problematik Leichtle/Theusinger, NZG 2018, 251.

321 Pelz, in: Wabnitz/Janovsky, Hdb. Wirtschafts- und Steuerstrafrecht, § 7 Rn. 391.

322 LG Frankfurt, 15.11.2012 – 5/26 KLs 7640 Js 208746/10, ZInsO 2014, 1811.

323 So explizit BGH, 14.01.1998 – 1 StR 504/97, wistra 1998, 150; hierzu ausführlich Gerloff, in: Bittmann, Praxishandbuch Insolvenzstrafrecht, § 24 Rn. 41 ff.; Beukelmann, in: Volk/

erfüllen die Treubruchsalternative des Tatbestandes nur dann, wenn der Schuldner das alleinige wirtschaftliche Risiko bei der Auftragsabwicklung tragen müsste, Gewinne aber bei der übernehmenden Gesellschaft verbleiben würden. Trägt diese demgegenüber das komplette wirtschaftliche Risiko, wird die Vereinbarung also unabhängig vom Erfolg des Geschäfts auf jeden Fall umgesetzt, mangelt es nach Auffassung des BGH an treuwidrigem Verhalten.

f) Persönliche Nutzung von Geschäftschancen des Schuldners

111 Ein Insolvenzverwalter darf keine Geschäftschance persönlich nutzen, die aufgrund der Umstände des jeweiligen Falles dem von ihm verwalteten Schuldnerunternehmen zuzuordnen ist.[324] Er muss sein Handeln allein am Insolvenzzweck orientieren. Dies schließt eigennützige Handlungen gerade aus. Bietet sich ihm die Möglichkeit, ein für die Masse vorteilhaftes Geschäft zu schließen, ist ihm jedenfalls dann verboten, das Geschäft an sich zu ziehen, wenn die Geschäftschance in den Geschäftsbereich des Schuldnerunternehmens fällt und diesem zugeordnet ist. Unter welchen tatsächlichen Voraussetzungen eine Geschäftschance der Masse in der Weise zugehörig, dass der Insolvenzverwalter sie nicht wahrnehmen darf, muss strikt einzelfallbezogen festgestellt werden.[325]

g) Schlechtleistungen des Insolvenzgutachters bzw. des Verwalters

112 In jüngerer Vergangenheit wurde mehrfach Kritik an unzureichender Tätigkeit von Verwaltern bzw. Insolvenzgutachtern geübt.[326] Derartige **Schlechtleistungen** können zweifelsohne zu Haftungsansprüchen führen.[327] Strafrechtliche Relevanz kommt ihnen indes in aller Regel nicht zu. Schlichte Inkompetenz oder handwerkliche Fehlleistungen des Verwalters haben im Zusammenhang mit § 266 StGB keine Sanktion zur Folge.[328] Dies kann höchstens in extremen Ausnahmefällen anders zu beurteilen sein, etwa dann, wenn der Verwalter z.B. von ihm erkannte und als sicher durchsetzbar sowie für die Masse definitiv einträglich eingeschätzte Anfechtungsmöglichkeiten aus reiner Bequemlichkeit nicht umsetzt und die hieraus resultierende nicht umgesetzte Masseverbesserung zumindest billigend in Kauf nimmt; derartige theoretisch denkbare Konstellationen dürften praktisch aber nicht vorkommen.

113 **Fehlerhafte Abrechnungen** können, zumindest in extremen Fällen, gleichfalls dann zu strafrechtlichen Vorwürfen führen, wenn der Verwalter dem Gericht bewusst unzutref-

---

Beukelmann, MAH Verteidigung in Wirtschafts- und Steuerstrafsachen, § 18 Rn. 365.

324 Grundlegend BGH, 16.03.2017 – IX ZR 253/15, ZInsO 2017, 827 m. Anm. Lüke/Wenske, EWiR 2017, 339; s.a. v. Oppen, WuB 2017, 572 sowie Osterloh, jurisPR-BGHZivilR 8/2017 Anm. 3 und Hölken, jurisPR-InsR 15/2017 Anm. 1.

325 Ausführlich Bittmann, ZWH 2017, 215.

326 S. etwa Haarmeyer/Beck, ZInsO 2007, 1065; Weyand, ZInsO 2008, 242.

327 Zu den möglichen Haftungsaspekten vgl. Pape, ZInsO 2007, 1081.

328 Ausführlich Weyand, ZInsO 2008, 242, 245 f. S. weiter Büttner, in: Bittmann, Praxishandbuch Insolvenzstrafrecht, § 31, passim.

fende Wertansätze präsentiert. Dieses erst seit einiger Zeit[329] diskutierte Problemfeld ist indes noch im Umbruch. Nicht jede falsche Abrechnung eines Insolvenzverwalters ist als Betrug oder Untreue zu werten. Es ist damit zu rechnen, dass die Insolvenzgerichte aber künftig unklare oder unzutreffende Abrechnungen den Staatsanwaltschaften zuleiten werden, um eine strafrechtliche Prüfung herbeizuführen.[330]

h) Insb.: Unterlassene Vermögensmehrung

Der BGH hat festgehalten, dass der Insolvenzverwalter – wie bereits ausgeführt[331] – gehalten ist, die Insolvenzmasse nicht nur zu sichern, sondern auch, soweit möglich, zu mehren.[332] Ein tatbestandsrelevanter Vermögensnachteil kann damit auch dadurch entstehen, dass der Täter einen **Vermögenszuwachs** – durch positives Tun oder durch Unterlassen – vereitelt.[333] Das BVerfG hat in seinem grundlegenden Beschluss zur Verfassungsmäßigkeit des Untreuetatbestandes diese Frage explizit bejaht.[334] Im Einzelfall sollen zur strafrechtlichen Beurteilung des Ausbleibens eines Vermögenszuwachses nach der Entscheidung auch weiter die von der Rechtsprechung in der Vergangenheit entwickelten Kriterien herangezogen werden.[335] Dies gilt mithin auch für Anfechtungshandlungen, die der Insolvenzverwalter nicht vornimmt, obwohl er das Vorliegen eines Anfechtungstatbestandes erkannt hat.[336] Hierfür genügt der Ausfall einer bloßen Hoffnung oder einer ungewissen Erwartung nicht; es muss eine gesicherte Aussicht des Treugebers auf den Vorteil bestanden haben.[337] Man muss also zwischen (nichtvermögenswerten) bloßen **Chancen** bzw. **Hoffnungen** und (schon) vermögenswerten **Exspektanzen** differenzieren.[338] Im letzteren Fall hat der Vermögensinhaber eine rechtlich realisierbare und im Verhältnis zum Täter auch rechtlich geschützte Herrschaft, die die störungsfreie Möglichkeit der Entwicklung eines Zustandes zum 114

329 S. Bittmann, ZInsO 2009, 1437; ders., ZInsO 2009, 2036.

330 Hierzu fordert Bittmann, ZInsO 2009, 1437 die Gerichte auch explizit auf.

331 S. Rdn. 11. Zum allgemeinen den Verwalter treffenden Wertmehrungsgebot s. BGH, 16.03.2017 – IX ZR 253/15, ZInsO 2017, 827. S. auch Bork, ZIP 2005, 1120.

332 BGH, 16.03.2017 – IX ZR 253/15, ZInsO 2017, 827.

333 Zur Kasuistik vgl. zunächst allg. MK-StGB/Dierlamm/Becker, § 266 Rn. 240 m.w.N. sowie SSW/Saliger, § 266 Rn. 83 m.w.N.; s.a. Weyand, ZInsO 2014, 1934, 1938 f. m.w.N., sowie Hadamitzky, in: Müller-Gugenberger, Hdb. Wirtschaftsstrafrecht, § 32 Rn. 143c m.w.N.

334 BVerfG, 23.06.2010 – 2 BvR 2559/08, 2 BvR 105/09, 2 BvR 491/09, wistra 2010, 380, Rn. 22.

335 Zur Kasuistik allg. MK-StGB/Dierlamm/Becker, § 266 Rn. 240; s.a. Weyand, ZInsO 2014, 1934, 1938 f. m.w.N.

336 Ausführlich – und sehr differenzierend – zu dieser Thematik Keramati/Klein, NZI 2017, 421. S. zudem bereits Bork, ZIP 2005, 1120. S. auch Hölken, ZInsO 2024, 825, 830.

337 SSW/Saliger, § 266 Rn. 83: »mit Sicherheit«. S. in diesem Zusammenhang noch BGH, 11.11.1982 – 4 StR 406/82, wistra 1983, 72; BGH, 22.01.1988 – 2 StR 133/87, wistra 1988, 227.

338 Vgl. hierzu ausführlich MK-StGB/Dierlamm/Becker, § 266 Rn. 240; Kindhäuser, in: Kindhäuser/Neumann/Paeffgen, StGB, 6. Aufl. 2023, § 266 Rn. 97 f.; Beck-OK StGB/Wittig, § 266 Rn. 60, jeweils m.w.N.

Vollwert beinhaltet, einnimmt und damit zugleich (schon) »echter« Bestandteil des zu betreuenden Vermögens ist. Allgemeine Leitlinien haben die Gerichte in diesem Zusammenhang nicht aufgestellt. Einigkeit besteht nur, dass die denkbare Vermögensmehrung nicht »sicher« sein muss,[339] also auch Unwägbarkeiten die strafrechtliche Beurteilung nicht ausschließen.

115 An das Vorliegen einer vermögenswerten Exspektanz müssen in diesem Zusammenhang **keine übertriebenen Anforderungen** gestellt werden. Dafür genügt zwar nicht schon eine allgemeine unbestimmte Aussicht oder die bloße Hoffnung auf das Erlangen eines Vermögensvorteils,[340] wohl aber, dass eine Sachlage vorliegt, die mit Wahrscheinlichkeit einen Vermögenszuwachs erwarten lässt.[341] Jedenfalls ist eine **restriktive Auslegung** geboten. Die bloße Nichtnutzung einer abstrakten Möglichkeit einer Vermögensmehrung führt nicht zur Untreuestrafbarkeit.[342] Als vermögenswerte Exspektanz wurden in der Vergangenheit etwa gewertet:
- die »große Wahrscheinlichkeit« eines Vermögenszuwachses,[343]
- eine »begründete Aussicht«.[344]

116 Nicht ausreichen sollen demgegenüber
- »Chancen«,[345]
- die »Hoffnung« auf eine Vermögensmehrung,[346]
- eine (bloße) Erwartung.[347]

117 Einig sind sich die Gerichte indes, dass an die Annahme einer vermögenswerten Exspektanz keine übertrieben hohen Vorbedingungen gestellt werden müssen. Ein **unterbliebener Vermögenszuwachs** fällt damit nur dann in den Schutzbereich der Strafbestimmung, wenn eine halbwegs gesicherte Aussicht auf den Vermögenszuwachs bestanden hat, etwa auf einen Vertragsabschluss zu günstigeren Bedingungen

339 Vgl. weiter Rönnau, in: FS Günter Kohlmann, 2003, S. 239.

340 Vgl. bereits BGH, 28.01.1983 – 1 StR 820/81, NJW 1983, 1807.

341 So schon OLG Hamm, 26.04.1968 – 3 Ss 25/68, NJW 1968, 1940 – erforderlich ist eine »große Wahrscheinlichkeit«. s.a. BGH, 20.01.1984 – 3 StR 520/83, wistra 1984, 109: »Eine Verurteilung nach § 266 StGB setzt insoweit aber voraus, dass der Treugeber den Vorteil mit Sicherheit erlangt hätte, wenn der Treupflichtige sich pflichtgemäß verhalten hätte«.

342 SSW/Saliger, § 266 Rn. 83.

343 So schon RG, 24.09.1937 – 1 D 6/37, RGSt 71, 333; s. auch OLG Hamm, 26.04.1968 – 3 Ss 25/68, NJW 1968, 1940.

344 BGH, 20.02.1962 – 1 StR 496/81, BGHSt 17, 147.

345 BGH, 10.01.1979 – 3 StR 347/78, MDR 1979, 456; BGH, 17.04.2002 – 2 StR 531/01, wistra 2002, 300: »Eine vage Chance zukünftiger Vermögensvermehrung ... stellt keinen den Nachteil unmittelbar ausgleichenden Vorteil dar.«.

346 OLG Hamburg, 05.12.1988 – Ss 85/87, NStZ 1989, 228; OLG Stuttgart, 18.09.1998 – 2 Ss 400/98, NJW 1999, 1564.

347 S. weiter Weyand, ZInsO 2014, 1934, 1938 f. m.w.N.

oder eine lukrative Veräußerung.[348] Mit dieser Begründung hat der BGH[349] im zuvor erwähnten Beispiel der Fortführung von Aufträgen des Schuldners durch eine andere Gesellschaft auch die Missbrauchsalternative des § 266 StGB verneint. Im Einzelfall ist die Beurteilung, wann das Verfehlen eines zusätzlichen Gewinns überhaupt als pflichtwidrig angesehen werden kann, ebenso kompliziert wie die Feststellung, ob eine Erwerbschance schon hinreichend gesichert ist.[350] So muss der Verwalter etwa rechtlich Erfolg versprechende Prozesse nicht führen, wenn beim Prozessgegner nichts zu holen ist. Die **Vollstreckungsaussichten** sind also zu berücksichtigen.[351] Auch **Bagatellprozesse**, die für die Quote irrelevant, aber mit großem Aufwand verbunden sind, braucht der Insolvenzverwalter nicht zu führen.[352] Andererseits exkulpiert es ihn nicht, wenn er auf entsprechende Handlungen lediglich aus Gründen der »**Klimapflege**« verzichtet, um z.B. ein früheres Gesellschaftsorgan positiv zu stimmen.[353]

Der für die Feststellung des Nachteils maßgebliche Zeitpunkt ist – wie im Fall der Vermögensgefährdung – stets derjenige der Tat, also z.B. der pflichtwidrigen Unterlassung. Ob das pflichtwidrig nicht vorgenommene Geschäft sich später tatsächlich als gewinnbringend erwiesen hätte, ist unerheblich.[354] Im Zusammenhang mit möglichen unterlassenen Anfechtungen ist mithin insb. auf die Frage abzustellen, wie aussichtsreich die Anfechtungshandlung zum Zeitpunkt der Entscheidung des Verwalters gewesen ist, auf diese Maßnahme zu verzichten. In die **Ex-Post-Betrachtung** sind auch die bereits erwähnten Durchsetzungs- bzw. Prozessrisiken mit einzubeziehen. 118

348 Eingehend Rönnau, in: FS Kohlmann, 2003, S. 239.
349 BGH, 14.01.1998 – 1 StR 504/97, wistra 1998, 150.
350 Vgl. Fischer, § 266 StGB Rn. 55; weniger hohe Anforderungen stellt Schönke/Schröder/Perron, § 266 StGB Rn. 47, ohne dass die Rspr. ihre Vorgaben insoweit aber gesenkt hätte.
351 S. bereits BGH, 26.06.2001 – IX ZR 209/98, ZInsO 2002, 703; hierzu Pape, ZIP 2001, 1701.
352 Bork, ZIP 2005, 1120, 1122.
353 Bork, ZIP 2005, 1120, 1122.
354 Schönke/Schröder/Perron, § 266 StGB Rn. 47.

Kapitel 9: Vergütungsrechtliche Aspekte

Übersicht Rdn.

A. Einführung

1 Für die Vergütung des (vorläufigen) Insolvenzverwalters spielen die Anfechtung sowie die sich damit vielfach im Zusammenhang stellenden Fragen der Ermittlung, Feststellung und Durchsetzung von Haftungsansprüchen in den unterschiedlichen Varianten eine doppelte Rolle: Einmal sind realisierte Anfechtungs- und Haftungsansprüche für die Bestimmung der Höhe der Berechnungsgrundlage von erheblicher Relevanz, wirken also auch wie ein Erfolgsfaktor und zum anderen sind Anfechtungen als möglicher Erhöhungstatbestand berücksichtigungsfähig, wenn die Realisierung nur mit hohem Tätigkeitsaufwand ermöglicht werden konnte und eine etwaige Erhöhung der Berechnungsgrundlage für sich genommen nicht als angemessene Abgeltung betrachtet werden kann. Hinzu kommt die potenzielle Generierung von erheblichen RVG-Gebühren für die Kanzlei des Insolvenzverwalters, wenn die Durchsetzung der Ansprüche streitig erfolgt und er damit in zulässiger Weise die eigene Kanzlei beauftragt. Diese Faktoren haben mit den zunehmenden Möglichkeiten der digitalen Ermittlung und Feststellung insolvenz- und anfechtungsrechtlicher Ansprüche sowie der potenziellen Verlagerung auf dafür spezialisierte Dienstleister zu erheblichen Auseinandersetzungen zwischen Insolvenzgerichten und Insolvenzverwalter geführt.[1]

2 Seiner Struktur nach ist die Ermittlung und Geltendmachung von Anfechtung- und Haftungsansprüchen Grundtatbestand der Ordnungsfunktion des Insolvenzverfahrens (vgl. dazu Kap. 1) und damit auch vergütungsrechtlich Teil der von jedem Insolvenzverwalters zu erledigenden Regelaufgaben, ohne dass sich allein aus der Tatsache des potenziellen Vorhandenseins und Tätigwerdens vergütungserhöhende Faktoren ergeben. Bei im Verhältnis zur Größe des Verfahrens wenigen, relativ einfach zu beurteilenden Anfechtungsfällen gehört die Ermittlung von Anfechtungsansprüchen, einschließlich der Prüfung ihrer Durchsetzbarkeit, zu den Regelaufgaben und ist mit der einfachen Regelvergütung nach § 2 Abs. 1 InsVV abgegolten.[2] Übersteigen die tatsächlichen Anforderungen diesen Rahmen deutlich, kann die Regelaufgabe jedoch zu einer »besonderen Aufgabe« i.S.d. § 4 Abs. 1 Satz 3 InsVV werden und dann auch erhebliche vergütungsrechtliche Relevanz bekommen. Diese stellt sich dann ein, wenn der handelnde Verwalter sich den ihm gesetzlich übertragenen Aufgaben auch in einem über die gesetzlichen Verpflichtungen deutlich hinausgehenden Maße

---

1 Vgl. dazu zuletzt und umfassend dazu LG Hannover, 29.10.2024 – 11 T 5/24, ZInsO 2024, 2353 ff. sowie Haarmeyer, ZInsO 2024, 865 ff.

2 St. Rspr. des BGH, Beschl. v. 14.11.2012 – IX ZB 95/10 und Beschl. v. 08.03.2012 – IX ZB 162/11, ZInsO 2012, 753; LG Hannover. v. 29.06.2020 – 11 T 4/20 und v. 18.12.2020 – 11 T 23/20; ferner LG Hannover, Beschl. v. 20.05.2020 – 20 T 11/2.

widmet, die dazu notwendige Ermittlungs- und Aufklärungsarbeit leistet und die sich mit der Ermittlung und Durchsetzung ggf. verbindende Erhöhung der Berechnungsgrundlage nicht schon zu einer angemessenen Vergütung dieser Tätigkeit führt (zu den Methoden s. Kap. 2). Insoweit ist auch in all diesen Fällen stets eine Vergleichsrechnung vorzunehmen.[3]

Betrachtet man das tatsächliche Potenzial im Rahmen der insolvenzrechtlichen Anfech- 3
tungs- und Haftungstatbestände (vgl. dazu Kap. 1 Rdn. 13), dann wird deutlich, dass, angefangen bei den allgemeinen Anfechtungs- und Haftungstatbeständen der Organträger, der Geltendmachung nicht eingezahlten Stammkapitals über die Verschleppungstatbestände des § 15a InsO bis hin zu den besonderen insolvenzrechtlichen Anspruchsgrundlagen sowie den Haftungsansprüchen gegen Berater und Begleiter, Steuerberater und Wirtschaftsprüfer ein Spektrum an Massegenerierungsmöglichkeiten eröffnet ist, das schon bei kleinen Kapitalgesellschaften regelmäßig in den Bereich von mehr als 100.000,00 € hineinreicht (vgl. dazu oben Kap. 1) und damit auch die Basis potenziell angemessener Vergütungen deutlich verbreitert. Eine besondere und unmittelbare Bedeutung kommt den genannten potenziellen Ansprüchen für die Vergütung des vorläufigen Verwalters zu, weshalb diese einer gesonderten Betrachtung unterzogen werden, während im Rahmen der Vergütung des endgültigen Verwalters die tatsächlichen Erträge aus Anfechtung und/oder Haftung die Berechnungsgrundlage nach § 1 InsVV erhöhen und damit auch bereits mittelbar vergütungserhöhend wirken. Angesichts der die spätere Insolvenzmasse regelmäßig deutlich übersteigenden Höhe der Berechnungsgrundlagen für das Eröffnungsverfahren sowie dessen kurzen Zeitraums von nur wenigen Monaten ist bei der Festsetzung auf die Interessen der Gläubiger insb. dadurch Rücksicht zu nehmen, dass von Erhöhungsfaktoren bei einer hohen Berechnungsgrundlage nur sehr restriktiv Gebrauch gemacht werden sollte und ebenso Abschläge als steuernder Ausgleich durch die Gerichte zu berücksichtigen sind.[4] Der BGH hat diese Auffassung mit seiner Entscheidung vom 29.04.2021 – IX ZB 58/19[5] bestätigt und den Gerichten aufgegeben, dass der Tatrichter im Rahmen einer überschlägigen Vergleichsrechnung eine erhebliche höhere Berechnungsgrundlage bei der Festsetzung mindernd durch einen Abschlag zu berücksichtigen hat oder von vornherein einen deutlich niedrigeren Zuschlag festsetzt.[6]

B. Bemessungsgrundlage in der vorläufigen Verwaltung

Die Vergütungen für ein insolvenzrechtliches Eröffnungsverfahrens gehören zu den am 4
heftigsten diskutierten und kritisierten vergütungsrechtlichen Fragen der vergangenen 20 Jahre und erweisen sich auch heute noch und immer wieder als eine Quelle auch

3 BGH, 03.08.2012 – IX ZB 162/11, ZInsO 2012, 753.
4 Vgl. dazu Haarmeyer/Mock, InsVV, § 11 Rn. 31 ff.; in diesem Sinne auch Haarmeyer/Lissner Prüfung von Vergütungsanträgen, S. 258 ff.
5 BGH, ZInsO 2021, 1304 ff.; so auch schon Vill in FS Fischer, 2008, S. 547, 560 sowie BGH, Beschl. v. 12.09.2019 – IX ZB 28/18, ZInsO 2019, 2180, 2183 Rn. 22.
6 BGH, ZInsO 2021, 1304 Rn. 17 ff.

öffentlich geführter Auseinandersetzungen.[7] Dies liegt zum einen an den besonderen Herausforderungen des Eröffnungsverfahrens, aber vergütungsrechtlich sicher auch daran, dass aufgrund der regelmäßig deutlich höheren aber systemwidrigen[8] Berechnungsgrundlage attraktive Staffelvergütungen in relativ kurzer Zeit zu erwarten sind, sodass es einen (leider) ungebrochenen Trend gibt, möglichst viele Aufgaben schon im Eröffnungsverfahren zu erledigen bzw. in das Eröffnungsverfahren vorzuverlagern und diese dann auch vergütungsrechtlich entsprechend hoch geltend zu machen.[9] Ein Umstand, dem die festsetzenden Gerichte immer noch viel zu wenig Aufmerksamkeit widmen, obwohl die hohen Berechnungsgrundlagen des Eröffnungsverfahrens eine solche besondere Beachtung verdienen würden.

Die **Berechnungsgrundlagen** für die Vergütung eines regelmäßig nur 3 Monate agierenden vorläufigen Verwalters bewegt sich empirisch betrachtet sowohl im Median als auch im Mittelwert zwischen **50.000,00 EUR und 505.836,28 EUR**, während die Berechnungsgrundlage für den oft über viele Jahre agierenden endgültigen Insolvenzverwalter lediglich in einem Bereich von **12.506,56 EUR und 210.050,02 EUR** zu finden ist.[10] Gleichwohl sind Vergütungsfestsetzung in Höhe des 10-fachen Regelsatzes von 25 % für ein Eröffnungsverfahren keine Seltenheit und die für wenige Monate Tätigkeit festgesetzten Beträge eines Eröffnungsverfahrens übersteigen nicht selten die Vergütung des nachfolgenden endgültigen Verwalters für dessen mehrjähriges Tätigsein.[11] Gerade vor diesem Hintergrund kommt der Entscheidung des BGH, Beschl. v. 12.09.2019 – IX ZB 28/18[12] eine enorme Bedeutung zu, weil sie den Gerichten i.R.d. Festsetzung einer Vergütung für die vorläufige Verwaltung die Aufgabe überträgt, zu prüfen, ob gerade wegen der regelmäßig durch die Einbeziehung von Aus- und Absonderungsrechte hohen Berechnungsgrundlage entsprechende Abschläge vorzunehmen sind.

5 **Bemessungsgrundlage** für die Vergütung des vorläufigen Insolvenzverwalters ist das gesamte im (auch mittelbaren) Besitz des Schuldners befindliche Vermögen, das sog. Aktiv-Vermögen, »das in Besitz zu nehmende oder sonst für die Masse zu reklamie-

7 Vgl. dazu Vill, ZInsO 2023, 1506, 1517 ff.; vgl. auch die öffentlich umstrittene Festsetzung im Air Berlin Verfahren mit einer Vergütung von über 20 Mio. € für eine nur mehrwöchige Tätigkeit, AG Charlottenburg, ZInsO 2019, 641 m. krit. Anm. *Mock*.

8 Haarmeyer/Mock, InsVV, § 11 Rn. 2.

9 Uhlenbruck/Mock, § 63 Rn. 23 ff.: gerade vor diesem Hintergrund kommt der Entscheidung des BGH, Beschl. v. 12.09.2019 – IX ZB 28/18, ZInsO 2019, 2180, 2183 Rn. 22, eine enorme Bedeutung zu, weil sie den Gerichten i.R.d. Festsetzung einer Vergütung für die vorläufige Verwaltung die Aufgabe überträgt, zu prüfen, ob gerade wegen der regelmäßig durch die Einbeziehung von Aus- und Absonderungsrechten hohen Berechnungsgrundlage entsprechende Abschläge festzusetzen sind oder von Zuschlägen Abstand zu nehmen ist.

10 Vgl. die empirische Untersuchung von mehr als 1 Mio. Festsetzungsbeschlüssen bei Sahrmann, Praxis Zu- und Abschläge, S. 207 ff.

11 Zu den Fehlentwicklungen in diesem Bereich vgl. Haarmeyer/Lissner Praxishandbuch Vergütungsfestsetzung Kap. 10 Rn. 1 – 8.

12 ZInsO 2019, 2180, 2183 Rn. 22.

rende (verwertbare) Vermögen«,[13] mit Ausnahme derjenigen Vermögenswerte, die mit Aus- und Absonderungsrechten der Sicherungsgläubiger belastet sind.[14] Sofern darauf jedoch erhebliche Tätigkeiten in einem ganz erheblichen Umfang verwendet worden sind, kann dies zu einem Zuschlag führen, sofern die Tätigkeit ohne einen solchen Zuschlag als unzumutbar niedrig anzusehen wäre.[15] Zu diesem Aspekt der Unzumutbarkeit hat der Antragsteller, will er ausnahmsweise einen Zuschlag geltend machen, entsprechend konkrete, nachvollziehbare Darlegungen zu machen, die sich nicht in Gemeinplätzen erschöpfen dürfen.[16] »Aufgabe des Verwalters im Rahmen der Vergütungsfestsetzung ist daher stets,« so führt das LG Cottbus v. 24.01.2023 – 7 T 147/20[17], überzeugend aus, »die von ihm als zuschlagsbegründend geltend gemachten erheblichen Mehrtätigkeiten gegenüber dem als abgegolten geltenden Regelfall (Verf: gemeint ist der regelmäßige Aufwand in einem vergleichbaren anderen Verfahren) abzugrenzen, die tatsächliche Mehrarbeit entsprechend nachvollziehbar konkret darzulegen und zu begründen, warum bei der Nichtfestsetzung eines Zuschlages ein Missverhältnis entstünde, das eine Beschränkung auf die einfache Regelvergütung als unzumutbar erscheinen lassen würde (ebenso schon: Haarmeyer/Mock, InsVV, 6. Aufl. 2019, § 3 Rn. 1b m.w.N.).« Aufgabe des Gerichts ist es sodann, aufgrund dieser **konkretisierten Darlegung** eine angemessene Vergütung festzusetzen.

Zum **wirtschaftlich** und nicht rechtlich **ausgerichteten Vermögensbegriff** in § 11 InsVV gehören teilweise auch die insolvenzspezifischen und gesellschaftsrechtlichen Ansprüche aus Haftung, Anfechtung etc.[18] Die einzubeziehenden Vermögensgegenstände sind mit ihrem geschätzten Veräußerungs- bzw. Realisierungserlös inkl. Umsatzsteuer anzusetzen. Unpfändbare Teile des Vermögens des Schuldners sind nicht in die Berechnungsgrundlage einzubeziehen. 6

Hinsichtlich der Vergütung des vorläufigen Verwalters ist grds. nicht danach zu unterscheiden, ob sich seine Verwaltungstätigkeit auf schuldnereigene unbelastete, belastete oder gar schuldnerfremde Gegenstände bezogen hat, denn er muss – auch aus haftungsrechtlichen Gründen – allen Gegenständen, die er in der »Aktivmasse« vorfindet, die gleiche Fürsorge angedeihen lassen, unabhängig davon ob sie dem Schuldner 7

13 BGH, 12.09.2019 – IX ZB 28/18, ZInsO 2019, 2180; BGH, 06.04.2017 – IX ZB 23/16, ZInsO 2017, 982; BGH, 02.03.2017 – IX ZB 90/15, ZInsO 2017, 1051 (Betriebsfortführung): BGH, 08.07.2005 – IX ZB 589/02, ZInsO 2004, 909.

14 Zur Struktur der Vergütung im Eröffnungsverfahren ausführlich Haarmeyer/Mock, InsVV, § 11 Rn. 18 ff.; dazu auch schon BGH, 07.02.2013 – IX ZB 286/11, ZInsO 2013, 515; BGH, 15.11.2012 – IX ZB 88/09, ZInsO 2013. 44.

15 Umfassend dazu Haarmeyer/Mock, InsVV, § 11 Rn. 149 ff.

16 Zum notwendigen Sachvortrag überzeugend LG Cottbus v. 24.01.2023 – 7 T 147/20, ZInsO 2023, 1661; vgl. zur Begründung mit instruktiven Beispielen auch Wipperfürth/Graeber, ZInsO 2023, 1813 ff.

17 ZInsO 2023, 1661 ff.

18 Allg. Meinung; vgl. für alle K/P/B/Prasser, § 11 InsVV Rn. 15 ff.; vgl. die tabellarische Darstellung der einzubeziehenden Vermögensgegenstände bei Haarmeyer/Lissner/Metoja, Prüfung von Vergütungsanträgen, S. 237 ff.

gehören oder nicht, da über den rechtlichen Bestand angeblicher Fremdrechte erst im eröffneten Verfahren entschieden werden kann.[19] Da die vorläufige Insolvenzverwaltung, also das Eröffnungsverfahren, nach § 63 Abs. 3 Satz 1 InsO vergütungsrechtlich aus sich heraus zu bewerten ist, kann es für die Bemessung der dafür festzusetzenden Vergütung nicht auf Umstände ankommen, dies sich erst nach Beendigung des Eröffnungsverfahrens ergeben,[20] es sei denn, der Ausnahmefall des § 11 Abs. 2 InsVV greift ein.[21] Wird jedoch der Antrag auf Festsetzung der Vergütung für das Eröffnungsverfahren erst im Laufe oder zum Abschluss des eröffneten Verfahrens gestellt, so ist selbstverständlich von den tatsächlich realisierten Werten auszugehen, da ja zu diesem Zeitpunkt die im Eröffnungsverfahren prognostizierten Werte oder Erträge bereits realisiert worden sind und daher auch nur mit diesem Wert in die Berechnungsgrundlage einfließen können.

8 In die Berechnungsgrundlage sind nach bestrittener Auffassung des BGH bestimmte **gesellschaftsrechtliche Ansprüche** nicht einzubeziehen, andere hingegen doch. Dies ist nach der Neufassung und der ausdrücklichen Einbeziehung des **wirtschaftlichen Vermögensbegriffs** in § 11 InsVV nicht länger haltbar, da alle vermögenswerten Gegenstände und Rechte die Basis des Vermögens bilden, mithin auch künftige Ansprüche.[22] Einzustellen ist jedoch der Höhe nach nicht ein abstrakter Verkehrswert, sondern der nach realistischer Einschätzung tatsächlich durchsetzbare Anspruch.[23] Das setzt u.a. auch die Darlegung voraus, dass der Anfechtungsgegner über hinreichend realisierbares Vermögen verfügt, sodass der Anspruch auch für den Fall einer Vollstreckung durchgesetzt und ggf. mit Aussicht auf Erfolg vollstreckt werden kann.

9 Ansprüche aus § 64 Satz 1 und 2 GmbHG (§ 64 Abs. 2 GmbHG a.F.) gegen den Geschäftsführer wegen unzulässiger Zahlungen sind aber auch nach neuerer Auffassung des BGH in der Berechnungsgrundlage für die Vergütung des vorläufigen Verwalters mit ihrem voraussichtlichen Realisierungswert zu berücksichtigen.[24] Dieser Anspruch entsteht bereits – so der BGH a.a.O. – mit Vornahme der verbotenen Zahlung.[25]

10 Die nicht mögliche Einbeziehung anderer Ansprüche gilt nach Auffassung des BGH vorrangig für Ansprüche auf Rückzahlung **eigenkapitalersetzender Darlehen** nach

19 BGH, 15.11.2012 – IX ZB 130/10, ZInsO 2013, 100.

20 BGH, 18.12.2003 – IX ZB 50/03, ZInsO 2004, 265; 26.01.2006 – IX ZB 183/04, ZInsO 2006, 203.

21 Vgl. dazu ausführlich Haarmeyer/Mock, InsVV, § 11 Rn. 20 ff.

22 Allg. Meinung; vgl. für alle Keller, InsVV, Rn. 607 ff.

23 BGH, 23.09.2010 – IX ZB 204/09, ZInsO 2010, 2101.

24 BGH, 23.09.2010 – IX ZB 204/09, ZInsO 2010, 2101.

25 Rowedder/Schmidt-Leithoff, GmbHG, § 64 Rn. 36; Nowak, in: Michalski, GmbHG, § 64 Rn. 53; K. Schmidt, in: Scholz, GmbHG, § 64 Rn. 53; LG Waldshut-Tiengen, NJW-RR 1996, 105; vgl. zu § 130a Abs. 3 HGB: BGH, 16.03.2009 – II ZR 32/08, NZI 2009, 486, 488 Rn. 20; Habersack, in: Canaris/Habersack/Schäfer, HGB, § 130a Rn. 38; Hillmann, in: Ebenroth/Boujong/Joost/Strohn, HGB, § 130a Rn. 27; a.A. Haas, in: Baumbach/Hueck, GmbHG, § 64 Rn. 12; Bork/Schäfer, GmbHG, § 64 Rn. 16.

§ 32b GmbHG, da diese angeblich erst mit der Eröffnung entstehen.[26] Dabei wird jedoch übersehen, dass der Schutz des Eigenkapitals nicht nur nach den §§ 30, 31 GmbHG, sondern auch aufgrund der sog. Novellenregelung der §§ 32a, 32b GmbHG unabhängig vom Eintritt der Gesellschaftsinsolvenz besteht, sodass es sich um einen gesellschaftsrechtlichen Anspruch und nicht um einen erst im Insolvenzzeitpunkt entstehenden Anspruch handelt. Zwar ist die Durchsetzbarkeit in der Insolvenz an die Eröffnung geknüpft, dies ändert jedoch nichts daran, dass der Anspruch auch schon im Eröffnungsverfahren Teil des Vermögens der Gesellschaft und damit auch aktivierungsfähig ist. Insoweit vermag die Auffassung des BGH – insb. nach der Konkretisierung durch den VO-Geber – nicht mehr zu überzeugen.[27] Dies gilt umso mehr, als der BGH in seiner Entscheidung vom 20.11.2014 – IX ZR 275/13[28] hinsichtlich eines Anspruchs nach dem AnfG entschieden hat, dass Anfechtungsansprüche bereits mit der Verwirklichung des Anfechtungstatbestandes entstehen können und die Insolvenzeröffnung nur als eine aufschiebende Bedingung für die Geltendmachung betrachtet werden könne.

Einzubeziehen in die Berechnungsgrundlage sind auch Ansprüche des Schuldner- 11
Unternehmens gegen den Alleingesellschafter-Eigentümer der Betriebsimmobilie auf unentgeltliche Nutzungsüberlassung nach Maßgabe der überkommenen Eigenkapitalersatzregeln.[29]

Gleiches gilt auch allgemein für **Ansprüche nach §§ 30, 31, 32a** GmbHG ggü. Gesell- 12
schaftern, da diese die Insolvenzeröffnung nicht voraussetzen[30] und daher auch in die Berechnungsgrundlage ebenso einzubeziehen sind wie nach neuerer Auffassung des BGH jetzt auch die Ansprüche gegen die Geschäftsführer wegen Zahlungen nach **Insolvenzreife** gem. § 64 GmbHG. Die gegen die Einbeziehung gesellschaftsrechtlicher Haftungsansprüche vormals noch vom BGH[31] vorgebrachte Argumente, es handele sich um Ansprüche die erst mit der Eröffnung entstünden, vermochten schon im Zeitpunkt der Entscheidung nicht zu überzeugen, denn diese Ansprüche gehören bereits im Zeitpunkt der Anordnung der vorläufigen Verwaltung zum Vermögen des Schuldners, sind damit auch massezugehörig und allein in ihrer Durchsetzbarkeit dadurch bedingt, dass formal die Eröffnung des Verfahrens Voraussetzung für die ggf. auch zwangsweise Einforderung ist. Dass jedoch Durchsetzung und Beitreibung ausstehen gilt im Insolvenzverfahren z.B. auch für jede titulierte Forderung und vermag nicht zu begründen, diese nicht der Berechnungsgrundlage zuzuordnen.[32] Mit der o.g. Entscheidung des BGH v. 23.09.2010 ist diese Auffassung nun auch bestätigt worden.

26 BGH, 29.04.2004 – IX ZB 225/00, ZIP 2004, 1653, 1654.
27 Vgl. dazu auch Keller, ZIP 2004, 1655.
28 ZInsO 2015, 319.
29 BGH, 27.07.2006 – IX ZB 243/05, ZInsO 2006, 929.
30 K. Schmidt, in: Scholz, GmbHG, § 32a, b Rn. 77; BGHZ 127, 17, 32; BGHZ 90, 370, 378.
31 ZInsO 2004, 669.
32 So auch Zimmer, InsVV, § 11 Rn. 53; MK-InsO/Kirchhof, § 129 InsO Rn. 186; K/P/B/Paulus, § 143 InsO Rn. 6; vgl. in diesem Sinne auch LG Wetzlar, DZWIR 2005, 259, 260; Keller, ZIP 2004, 1655.

13 Einzubeziehen sind aus den gleichen Gründen aber auch **Anfechtungsansprüche** des späteren Insolvenzverwalters, da sie Teil der Vermögensmasse sind und nicht erst mit der Insolvenzeröffnung entstehen, wie z.B. § 17 AnfG zeigt, sondern die Eröffnung nur Voraussetzung für die Aktivlegitimation des Insolvenzverwalters zu ihrer Durchsetzung ist.[33] Gerade der Tätigkeitsbereich des vorläufigen Verwalters bezieht sich, auch gem. § 26 InsO, auf künftige Ansprüche, wobei es besonders darauf ankommt, aus den vorhandenen Unterlagen anfechtbare Tatbestände zu ermitteln[34] sowie dazu gehörende Unterlagen, insb. Bankbelege und Kontoauszüge zu sichern, um die Anfechtungsansprüche zur späteren Durchsetzung vorzubereiten[35] und ein Beiseiteschaffen durch den Schuldner oder dessen Mitarbeiter zu verhindern. Schon aus diesem Grund sind so von ihm ermittelte Ansprüche auch in Höhe ihrer voraussichtlichen Realisierbarkeit in die Berechnungsgrundlage einzustellen. Da auch sonst festgestellte künftige Ansprüche für die Frage der Massekostendeckung nach § 26 InsO von erheblicher Bedeutung sind, gehören diese auch, sofern der vorläufige Verwalter sie festgestellt und gesichert hat, in die Berechnungsgrundlage, auch wenn die Durchsetzung selbst dem späteren Insolvenzverwalter vorbehalten ist. Dafür spricht i.Ü. auch, dass die Begründung von Anfechtungsansprüchen i.d.R. auch einhergeht mit einem Verstoß gegen § 823 Abs. 2 BGB, denn die Verpflichtung z.B. zur rechtzeitigen Antragstellung ist eine Schutznorm nicht nur für die Gesellschaft, sondern auch für betroffene und benachteiligte Gläubiger. Dass solche Ansprüche aus unerlaubter Handlung aber unstreitig zu den in die Berechnungsgrundlage einzubeziehenden Tatbeständen gehören, wird von niemandem ernsthaft infrage gestellt.

14 Dass nach Auffassung des BGH[36] eine Befassung mit solchen Ansprüchen im Eröffnungsverfahren einen Zuschlag rechtfertigen kann, vermag nicht die systematischen Bedenken auszuräumen, sodass auch diese Ansprüche, wie die Ansprüche gegen den Geschäftsführer nach § 64 GmbHG, mit einem entsprechenden Risikoabschlag, in die Berechnungsgrundlage einzustellen sind.

15 Bei den Darlegungen zu möglichen Anfechtungsansprüchen ist i.Ü. auf die Abgrenzung zur Tätigkeit des Sachverständigen zu achten.[37] Feststellungen und/oder Ermittlungen, die nur dem vorläufigen Verwalter möglich sind, sollen dabei nach der Entscheidung des BGH vom 14.12.2005 – IX ZB 268/04[38] sorgfältig gegen die gutachterli-

33 So auch LG Köln, 15.01.2009 – 1 T 91/08, ZInsO 2009, 2415; AG Göttingen, 18.12.2006 – 74 IN 223/06, ZInsO 2007, 89; HK-InsO/Keller, § 11 InsO Rn. 3.

34 So nun auch ausdrücklich BGH, 23.09.2010 – IX ZB 204/09, ZInsO 2010, 2101; LG Berlin, 14.05.2002 – 86 T 245/02, ZInsO 2002, 623; LG Leipzig, 15.05.2002 – 12 T 1606/02, ZInsO 2002, 576; Blersch, InsVV, § 11 Rn. 23.

35 Dies sieht auch BGH, 14.12.2005 – IX ZB 268/04, ZInsO 2006, 143 als Handlungsmaxime des vorläufigen Verwalters an.

36 14.12.2005 – IX ZB 268/04, ZInsO 2006, 143; 06.05.2004 – IX ZB 349/02, ZInsO 2004, 669.

37 Vgl. dazu oben Rdn. 15, aber auch schon OLG Nürnberg, 20.02.2006 – 2 W 267/06, ZInsO 2006, 761 ff.

38 ZInsO 2006, 143 ff.

chen Äußerungen des Sachverständigen abgrenzbar sein, da nur dann überhaupt ein Zuschlag nach § 3 InsVV infrage komme. Ansonsten sind diese Tätigkeiten bereits mit der Entschädigung des Sachverständigen abgegolten.[39]

C. Erhöhungsfaktoren

16 Eine Erhöhung der Vergütung des vorläufigen Verwalters kommt nur dann in Betracht, wenn die konkrete Tätigkeit den vorläufigen Verwalter tatsächlich über das gesetzlich gebotene Maß hinaus deutlich mehr als in vergleichbaren Verfahren beschäftigt hat, sodass allein die Festsetzung der einfachen, nicht erhöhten Regelvergütung ihn **unzumutbar schlechter stellen** würde.[40] Dabei ist jedoch stets und vorab zu berücksichtigen, dass mit Rücksicht auf eine regelmäßig – ggü. der späteren Insolvenzmasse – 4-fach erhöhte Berechnungsgrundlage von den Zuschlägen gerade im Eröffnungsverfahren nur in äußerst **vorsichtigem Umfang** Gebrauch gemacht werden sollte bzw. regelmäßig mit Rücksicht auf die sehr viel höhere Berechnungsgrundlage incl. von Aus- und Absonderungsrechten auch ein Abschlag von der einfachen Regelvergütung zur Anwendung kommen kann.[41] Die jeweiligen Prozentpunkte sind mithin im Wege einer »Vergleichsrechnung« oder betragsbezogenen Angemessenheitskontrolle daraufhin zu überprüfen, ob Art und Umfang der dargelegten Tätigkeit damit angemessen vergütet worden sind. Dies kann z.B. zur Plausibilisierung durch eine einfache Umrechnung der Prozentpunkte in absolute Euro-Beträge erreicht werden. Allein das Anfallen einer bestimmten Tätigkeit in der vorläufigen Verwaltung, die nicht zu einem nach Art und Umfang sowie der Berechnungsgrundlage vergleichbaren Insolvenzverfahrens gehört, rechtfertigt auch für sich allein noch keine Erhöhung. Einen abstrakten, fiktiven Normalfall gibt es und gab es nach der zutreffenden und gefestigten Rechtsprechung des BGH[42] sowie der ganz überwiegenden Auffassung in der Kommentarliteratur[43] noch nie, vielmehr ist jedes Verfahren aus sich heraus zu betrachten. Das Insolvenzverfahren dient auch nicht dazu, dem Insolvenzverwalter eine für seine individuellen Kanzlei optimale Vergütung zukommen zu lassen, sondern als zu optimierendes Ergebnis ist allein die bestmögliche Befriedigung der Gläubiger zu betrachten, in deren Interesse der Insolvenzverwalter tätig wird. Er wird in einem konkreten, gesetzlich vorbestimmten Rahmen tätig und hat darauf seine Kanzlei und seine Tätigkeit auszurichten, statt mit einer gesetzesüberschreitenden überzogenen

39 BGH, Beschl. v. 14.12.2005 – IX ZB 268/04, ZInsO 2006, 143.

40 BGH, 18.12.2003 – IX ZB 50/03, ZInsO 2004, 265; 24.07.2003 – IX ZB 607/02, ZInsO 2003, 790 und 24.06.2003 – IX ZB 453/02, ZInsO 2003, 791; 14.12.2000 – IX ZB 105/00, ZInsO 2001, 165.

41 BGH, Beschl. v. 29.04.2021 – IX ZB 58/19, ZInsO 2021, 1304 ff.; so auch schon BGH, 14.12.2000 – IX ZB 105/00, ZInsO 2001, 165 ff.; krit. zur Gesamtentwicklung der Vergütung für das Eröffnungsverfahren Haarmeyer/Mock, InsVV, § 11 Rn. 8 ff.

42 BGH, 17.09.2020 – IX ZB 65/18, ZInsO 2020, 2289 ff.; ebenso BGH, ZInsO 2010, 1855 m.w.N.; BGH, NZI 2005, 106 = ZInsO 2004, 1350 m. Anm. Ganter, NZI 2005, 241, 251.

43 Zur Entstehung des sog. Normalfalls vgl. die Darstellung bei Haarmeyer/Mock, InsVV, 6. Aufl., Vorbem. vor § 1 Rn. 28 ff.

Vergütung die für ihn individuell auskömmliche Vergütung zu verlangen – das ist dem vergütungsrechtlichen System einer pauschalen Abgeltung völlig fremd.

17 Gerechtfertigt und erforderlich i.S.d. § 3 Abs. 1 wird daher eine Erhöhung auch erst dann, wenn die Qualität in Quantität, also **objektive Mehrtätigkeit und/oder eine entsprechend erhebliche Mehrbelastung** umschlägt.[44] Liegen im konkreten Fall erhebliche Mehrtätigkeiten vor, die den vorläufigen Verwalter über das normale Maß eines Verfahren vergleichbarer Art hinaus in Anspruch genommen haben, so rechtfertigen diese jeweils einen Zuschlag, der im Eröffnungsverfahren nach Maßgabe der regelmäßig höheren Berechnungsgrundlage »vorsichtig« zu bestimmen ist. Die Gesamtvergütung ergibt sich dann nicht – wie es immer noch vielfach und fälschlich praktiziert wird – aus der Addition der verschiedenen Einzelfaktoren, sondern in einer gesondert anzustellenden Gesamtbetrachtung unter Berücksichtigung der gesetzlichen Regelvergütung, die sich nach §§ 1, 2 InsVV bestimmt. In der Praxis sind insoweit schon vielfach auch im Eröffnungsverfahren Vergütungen von 100 – 150 % einer Regelvergütung festgesetzt worden, was einem 4- bis 6-fachen Regelsatz der 25%-Regelvergütung entspricht und nur in den wenigen und seltenen Fällen einer umfangreichen Betriebsfortführung mit begleitenden Sanierungsmaßnahmen in einem konzernrechtlichen Verbund unter Regelung vielfältiger arbeitsrechtlicher Sachverhalte auch im Einzelfall angemessen sein kann,[45] ansonsten aber absoluten Ausnahmecharakter haben sollte. Es darf nicht übersehen werden, dass sowohl der nach § 63 InsO und §§ 1, 2 bzw. 10, 11 InsVV bestimmten Regelvergütung von 25 % für die vorläufige Verwaltung und 100 % für die endgültige Verwaltung die **gesetzliche Vermutung der Angemessenheit** innewohnt, dass dies also auch die für das jeweilige Verfahren angemessene gesetzlich bestimmte Vergütung ist, sodass vor diesem Hintergrund rein tatsächlich ein Zuschlag für die Erledigung einer Teilaufgabe binnen weniger Monate schlechterdings nicht die Regelvergütung für das mehrere Jahre andauernde Gesamtverfahren erreichen oder gar übersteigen kann.

18 Obwohl die Ermittlung und Anfechtung von einfachen Rechtshandlungen Regelaufgabe eines jeden Verwalters ist und daher auch schon über Regelvergütung abgegolten wird,[46] sind Fälle denkbar, in denen andere, die Vergütung erhöhende Besonderheiten eintreten. Hierbei gehört z.B. eine schwierige und aufwändige Ermittlung des Eintritts des Zeitpunktes der materiellen Insolvenz ebenso dazu wie der Nachvollzug von Zahlungsströmen über mehrere Perioden oder die Bearbeitung einer **hohen** (mehr als 20) Anzahl von anfechtbaren Rechtshandlungen **ohne** Zwischenschaltung eines Anwaltes. Wird in solchen Fällen die vielfach betriebswirtschaftlich orientierte Sachverhaltsarbeit selbst vom Verwalter und seinen Mitarbeiters geleistet, blocken

44 Vgl. dazu u.a. auch BGH, 13.07.2006 – IX ZB 104/05, ZInsO 2006, 811 Rn. 29 ff.; 18.12.2003 – IX ZB 50/03; 18.12.2003 – IX ZB 50/03, ZInsO 2004, 265; 24.07.2003 – IX ZB 607/02, ZInsO 2003, 790 und 24.06.2003 – IX ZB 453/02, ZInsO 2003, 791; 14.12.2000 – IX ZB 105/00, ZInsO 2001, 165 ff.

45 Vgl. z.B. LG Bielefeld, 15.07.2004 – 23 T 280/04, ZInsO 2004, 1250.

46 LG Hannover, 29.10.2024 – 11 T 5/24, ZInsO 2024; BGH, 08.03.2012 – IX ZB 162/11, ZInsO 2012, 753.

die Geschäftsführer Informationen ab und/oder sind geordnete Geschäftsunterlagen nicht zu finden, kann der mit der Ermittlung verbundene Aufwand so groß sein, dass er einen Zuschlag auf die Vergütung rechtfertigt, sofern durch diese Tätigkeit die Masse nicht zugleich entsprechend größer geworden ist.[47] Ist mit einem Massezufluss allerdings bereits die Mehrtätigkeit angemessen abgegolten, dann bedarf es keines Zuschlages. Zur Feststellung bedarf es auch insoweit stets einer Vergleichsrechnung.

Hat sich der vorläufige und/oder der endgültige Insolvenzverwalter um die Feststellung 19
der Voraussetzungen für Anfechtungsansprüche in besonders intensiver Weise bemüht, ist ein Zuschlag gerechtfertigt, wenn diese Bemühungen einen so erheblichen Teil seiner Tätigkeit ausgemacht haben, dass die Nichtgewährung eines Zuschlags unzumutbar wäre. Allerdings darf der vorläufige Insolvenzverwalter für diese Tätigkeiten nicht bereits in seiner Eigenschaft als Sachverständiger entschädigt worden sein oder über eine Erhöhung der Berechnungsgrundlage mittelbar so begünstigt werden, dass es eines Zuschlags nicht mehr bedarf.

Nach höchstrichterlicher Rechtsprechung hat z.B. die Überprüfung der Kontounter- 20
lagen auf Vollständigkeit sowie auf verdächtige, möglicherweise anfechtbare Zahlungen innerhalb eines den Umständen nach angemessenen Zeitraums zu erfolgen, der im Regelfall spätestens mit Ablauf von 3 Jahren nach Eröffnung des Insolvenzverfahrens überschritten ist.[48] Diese Zeitspanne wird der zu einer effektiven und wirtschaftlichen Vorgehensweise verpflichtete Insolvenzverwalter regelmäßig nicht ausreizen (können), da es seine Obliegenheit ist, nach Insolvenzeröffnung umfassend und unverzüglich die Aussichten einer umfassenden Befriedigung der Gläubiger zu prüfen und daher insb. auch Anfechtungsansprüche zu ermitteln.[49]

Insgesamt setzt das Anfechtungsrecht und insb. seine rechnungstechnische und betriebs- 21
wirtschaftliche Komponente eine hohe Sachkompetenz sowie spezielles rechtliches und prozessuales Wissen voraus, über das jeder professionell arbeitende Insolvenzverwalter selbst bzw. mit seiner Kanzlei verfügen muss, wenngleich allgemein anerkannt ist, dass der Insolvenzverwalter dafür im Einzelfall auch einen entsprechend qualifizierten RA beauftragen kann.[50] Führt der Verwalter den Prozess selbst kann er diese Tätigkeit gesondert nach § 5 InsVV abrechnen, oder, unter Verzicht darauf, einen Zuschlag geltend machen, wenn die Tätigkeiten erheblich im vergütungsrechtlichen Sinne gewesen sind, ohne dass dem eine entsprechende Erhöhung der Berechnungsgrundlage gegenübersteht. Für einen solchen Zuschlag ist dann jedoch z.B. die Vergütung nach RVG bei Verlagerung auf einen sachkundigen Rechtsanwalt zugleich die Obergrenze, denn dies gebietet schon der wirtschaftliche Umgang mit Fremdvermögen. Zwar ist der Verwalter in der Organisation und Gestaltung des Verfahrens grundsätzlich frei,

47 Dies gilt nach BGH, 08.03.2012 – IX ZB 162/11, ZInsO 2012, 753 ausdrücklich auch für die Ermittlung und Durchsetzung von Anfechtungsansprüchen.
48 Vgl. BGH, Urt. v. 27.07.2023 – IX ZR 138/21, ZInsO 2023, 2259 Rn. 29 ff. m.w.N.
49 BGH, Urt. v. 27.07.2023 – IX ZR 138/21, ZInsO 2023, 2259 Rn. 31.
50 BGH, 23.03.2006 – IX ZB 130/05, ZInsO 2006, 427 = ZIP 2006, 825.

unterliegt jedoch in jedem Fall den Bindungen der Treuhänderschaft über fremdes Vermögen und mithin wirtschaftlich optimierten Verfahrensweisen.

22 Sind allerdings infolge einer gerichtlichen oder vergleichsweisen Realisierung bereits Ansprüche der vorgenannten Art in die Berechnungsgrundlage mit ihrem Realisierungswert einbezogen worden, so kommt die zusätzliche Bewilligung eines Zuschlages nur dann in Betracht, wenn zuvor die mittelbare Erhöhung der Berechnungsgrundlage im Rahmen einer **zwingend notwendigen Vergleichsrechnung** angemessen berücksichtigt worden ist.[51] Stellt sich bei einem solchen Vergleich heraus, dass die mittelbare Vergütungserhöhung infolge der Erhöhung der Bemessungsgrundlage den tatsächlichen Aufwand nicht angemessen abgilt, dann kann daneben ausnahmsweise im konkreten Einzelfall noch ein Zuschlag infrage kommen.[52] Wird ein Zuschlag ohne Vorlage einer entsprechend vorzunehmenden Vergleichsrechnung geltend gemacht, so darf insoweit eine Zuschlagsbewilligung im Rahmen der Festsetzung nicht erfolgen, weil es an der zentralen tatbestandlichen Voraussetzung einer nicht entsprechenden Massemehrung fehlt.

---

51 BGH, 19.12.2019 – IX ZB 72/18, ZInsO 2020, 321.

52 BGH, 08.03.2012 – IX ZB 162/11, ZInsO 2012, 753. Zur anzustellenden Vergleichsrechnung i.R.d. Betriebsfortführung BGH, 22.02.2007 – IX ZB 120/06, ZInsO 2007, 438 = ZIP 2007, 826.

Kapitel 10 PKH im Anfechtungsprozess

Übersicht

Schrifttum

Brete/Gehlen, Prozesskostenhilfe für den Insolvenzverwalter, ZInsO 2014, 1777 ff.; *Hees/Freitag*, Prozesskostenhilfe für Insolvenzverwalter – Anspruchsvolle Einzelfallprüfung, NZI 2017, 377 ff.; *Marquardt*, Der Prozesskostenhilfeantrag des Insolvenzverwalters – eine streitbare Untersuchung, ZInsO 2022, 2662 ff.; *Pape*, Prozesskostenhilfe für Insolvenzverwalter – Die aktuelle Situation, ZIP 2022, 2409 ff.; *Pape/Reichelt/Schultz/Voigt-Salus*, Insolvenzrecht, 3. Aufl. 2022; *Steenbuck*, Die Gewährung von Prozesskostenhilfe an den Insolvenzverwalter, MDR 2004, 1155 ff.

A. Allgemeine Voraussetzungen

Die Gewährung von Prozesskostenhilfe ist für den Insolvenzverwalter mit Blick auf die nahezu regelmäßig vorliegende Massearmut oft die einzige Möglichkeit, Anfechtungsprozesse nach §§ 129 ff. InsO durchzuführen und Außenstände bei Vertragspartnern des Schuldners oder Ansprüche gegen Gesellschafter und Geschäftsleiter zu realisieren. Können die Kosten der – erfolgversprechenden und nicht mutwilligen – Prozessführung aus der verwalteten Vermögensmasse nicht aufgebracht werden und ist es den am Gegenstand des Rechtsstreits wirtschaftlich Beteiligten nicht zuzumuten, die Kosten aufzubringen, erhält der Insolvenzverwalter als Partei kraft Amtes auf Antrag Prozesskostenhilfe (§ 116 Satz 1 Nr. 1 ZPO). 1

Partei kraft Amtes ist auch der **vorläufige Insolvenzverwalter**, der als sog. »starker« vorläufiger Insolvenzverwalter mit vollständiger Verwaltungs- und Verfügungsbefugnis ausgestattet ist, wenn es um einen zur Sicherung der Masse unerlässlichen Pro- 2 zess geht (§ 22 Abs. 1 InsO).[1] Auf den »schwachen« vorläufigen Insolvenzverwalter soll Satz 1 Nr. 1 ZPO nach seinem Sinn und Zweck dann zur Anwendung kommen, wenn dieser im Wege der gerichtlichen Einzelanordnung zur Sicherung und Erhaltung des Schuldnervermögens (§ 22 Abs. 2 InsO) ermächtigt wird, einen die künftige Masse betreffenden Prozess zu führen und es sich um eine unaufschiebbare Maßnahme handelt, etwa weil die Verjährung oder Uneinbringlichkeit der einzuziehenden Schuldnerforderung droht.[2] Die Vorschrift ist nach ihrem Sinn und Zweck weiter auch auf den Insolvenzschuldner oder seinen Sachwalter im Fall der **Eigenverwaltung** anzuwenden, soweit dieser aufgrund richterlicher Anordnung nach § 270 Abs. 1 Satz 1 InsO handelt und somit – dem Insolvenzverwalter vergleichbar – kraft eines Bestellungsaktes die Masse zu verwalten hat.[3]

B. Unzureichende Vermögensmasse

3 Der Insolvenzverwalter hat im Bewilligungsverfahren darzustellen, dass die verwaltete Vermögensmasse nicht in der Lage ist, die Kosten der Prozessführung aufzubringen (§ 116 Satz 1 Nr. 1 Halbs. 1 ZPO). Für ihn gilt der Formularzwang des § 117 Abs. 2 Satz 1, Abs. 4 ZPO nicht. Das entbindet ihn aber nicht von der Pflicht, die tatsächlichen Voraussetzungen für die Bewilligung von Prozesskostenhilfe einschließlich der Umstände, derentwegen den am Gegenstand des Rechtsstreits wirtschaftlich Beteiligten eine Prozessfinanzierung nicht zumutbar ist, **darzulegen und auf Verlangen des Gerichts glaubhaft zu machen** (§ 118 Abs. 2 Satz 1 ZPO).[4] Die formlos mögliche Darlegung muss auf den Einzelfall zugeschnitten sein. Der Insolvenzverwalter muss die **Massearmut** feststellen und darlegen, die **wirtschaftlich Beteiligten** feststellen und schließlich darstellen und glaubhaft machen, dass ihre **Inanspruchnahme unzumutbar** ist. In diesem Rahmen bedarf es einer vollständigen Übersicht über das gegenwärtige von ihm verwaltete Vermögen, einer genauen und nachvollziehbaren Aufstellung der Masseverbindlichkeiten (§§ 54 f. InsO), etwaiger Aus- oder Absonderungsrechte sowie der angemeldeten und von ihm anerkannten Insolvenzforderungen (§ 38 InsO).[5]

4 Wird Prozesskostenhilfe für die beabsichtigte Durchführung eines **Rechtsmittelverfahrens** begehrt, muss die Darlegung **fristgerecht** erfolgen.[6] Andernfalls ist der Insolvenzverwalter nicht ohne sein Verschulden verhindert, die Rechtsmittelfrist einzu-

1 BGH, 14.12.2000 – IX ZB 105/00, ZInsO 2001, 165; OLG Braunschweig, 04.10.2012 – 2 W 164/12, NZI 2013, 91; OLG Hamm, 27.05.2003 – 27 W 16/03, NZI 2004, 35.

2 LG Essen, 06.04.2000 – 44 O 68/00, ZInsO 2000, 296; abl.: Jäger/Windel, § 80 InsO Rn. 169.

3 BAG, 22.08.2017 – 1 AZR 546/15, ZInsO 2017, 2315 Rn. 8; Weber, ZInsO 2014, 2151 ff.; Hees/Freitag, NZI 2017, 377, 378.

4 BGH, 04.03.2021 – IX ZB 17/20, ZInsO 2021, 1745 Rn. 10; OLG Düsseldorf, 09.05.2019 – I-12 U 13/19, ZInsO 2020, 1377 Rn. 30; Pape ZIP 2022, 2409, 2416.

5 OLG Naumburg, 21.03.2011 – 5 W 28/11, NZI 2011, 406 Rn. 5.

6 BGH, 16.11.2020 – IX ZB 49/20, Rn. 7; OLG Düsseldorf, 09.05.2019 – I-12 U 13/19, ZInsO 2020, 1377 Rn. 30.

halten, so dass ihm Wiedereinsetzung in den vorigen Stand wegen der Versäumung der Rechtsmittelfrist nicht gewährt werden kann.[7]

Wurde dem Insolvenzverwalter Prozesskostenhilfe bereits für den ersten Rechtszug bewilligt, kann er bei im Wesentlichen unveränderten Vermögensverhältnissen im Grundsatz darauf vertrauen, dass auch das Gericht des **zweiten Rechtszugs** die Bedürftigkeit annimmt; in einem solchen Fall kann es ausreichen, auf die im ersten Rechtszug gemachten Angaben Bezug zu nehmen, wenn zugleich unmissverständlich mitgeteilt wird, dass seitdem keine Änderungen eingetreten sind.[8] 5

I. Ermittlung der Prozesskosten

Zunächst sind bei einem Aktivprozess in erster Instanz die voraussichtlich anfallenden Prozesskosten, d.h. die **Gerichtskosten und die eigenen Kosten der Prozessführung**, zu ermitteln.[9] Auf Klägerseite ist zum einen die in der Regel als Vorschuss (§ 6 Abs. 1 Satz 1 Nr. 1, § 12 Abs. 1 GKG) zu zahlende Verfahrensgebühr nach Nr. 1210 KV GKG anzusetzen, die in Höhe des dreifachen Satzes anfällt und sich nach dem Streitwert bemisst; zum anderen die eigenen Anwaltskosten, d.h. regelmäßig zumindest die Verfahrensgebühr nach Nr. 3100 VV RVG i.H.v. 1,3 und die Terminsgebühr nach Nr. 3104 VV RVG i.H.v. 1,2 nebst Auslagenpauschale (Nr. 7001 f. VV RVG). Etwaige gerichtliche Kosten einer Beweisaufnahme sind nur anzusetzen, wenn mit dieser zu rechnen ist.[10] Die Umsatzsteuer auf die Anwaltsvergütung (Nr. 7008 VV RVG) ist nicht aufzuschlagen.[11] Die Kosten des Prozessgegners sind nicht zu berücksichtigen, da sie nach § 123 ZPO von der Prozesskostenhilfebewilligung nicht umfasst werden. 6

II. Massearmut

Die in der Masse vorhandenen liquiden Mittel, die nach Abzug der Massekosten und der Masseverbindlichkeiten verbleiben, hat der Insolvenzverwalter grundsätzlich für die Prozesskosten einzusetzen, den Prozesskosten ist somit die **verfügbare Masse nach Abzug der Massekosten und -schulden i.S.d. §§ 54, 55 InsO** gegenüberzustellen. Der Insolvenzverwalter muss daher darlegen, dass das liquide und kurzfristig liquidierbare Vermögen der Insolvenzmasse nach Abzug der voraussichtlichen, noch nicht getilgten Kosten des Insolvenzverfahrens einschließlich der Insolvenzverwaltervergütung und der vorhandenen Masseverbindlichkeiten nicht ausreicht, um die Prozesskosten aufzubringen. 7

7 BGH, 16.11.2020 – IX ZB 49/20, Rn. 7; OLG Düsseldorf, 09.05.2019 – I-12 U 13/19, ZInsO 2020, 1377 Rn. 30; Pape, ZIP 2022, 2409, 2416 f.

8 BGH, 04.03.2021 – IX ZB 17/20, ZInsO 2021, 1745 Rn. 11; Pape, ZIP 2022, 2409, 2417.

9 BGH, 04.03.2021 – IX ZB 17/20, ZInsO 2021, 1745 Rn. 17; OLG Köln, 14.08.2019 – 7 W 29/19, ZInsO 2020, 370.

10 Hees/Freitag, NZI 2017, 377, 383.

11 Vgl. BGH, 19.05.2015 – II ZR 263/14, ZInsO 2015, 1465 Rn. 7; 04.12.2012 – II ZA 3/12, NZI 2013, 82 Rn. 7; 07.02.2012 – II ZR 13/10, Rn. 11; Hees/Freitag, NZI 2017, 377, 383.

1. Aktiva

8 Einzusetzen sind die **vorhandenen Barmittel** und Bankguthaben sowie **kurzfristig zu realisierende Vermögenswerte.**[12] Da der Insolvenzverwalter zu einer wirtschaftlich sinnvollen Verwertung der kurzfristig liquidierbaren Insolvenzmasse einschließlich des Einzugs fälliger Forderungen verpflichtet ist, zählen dazu auch Forderungen der Masse, soweit sie in absehbarer Zeit durchsetzbar sind. Für **zu erwartende Mittel** kommt es auf den Grad der **Wahrscheinlichkeit des Zahlungseingangs** und die Frage an, ob mit der beabsichtigten Rechtsverfolgung bis zur Realisierung der Forderung zugewartet werden kann.[13] Zu berücksichtigen sind etwa bereits titulierte Insolvenzanfechtungsansprüche, nicht titulierte müssen hingegen außer Betracht bleiben.[14] Entscheidend ist weiter, ob Anhaltspunkte gegen ihre kurzfristige erfolgreiche Durchsetzung sprechen (etwa wegen Insolvenz oder hartnäckiger Zahlungsverweigerung seitens des Drittschuldners).[15] Nicht zu berücksichtigen ist die Forderung, für deren Durchsetzung die Prozesskostenhilfe begehrt wird.[16] Gegenstände, die derzeit nur unter Wert veräußert werden können oder die zur Fortführung des Geschäftsbetriebs benötigt werden, sind ebenso wenig einzubeziehen. Eine wirtschaftlich unsinnige Verwertung von Vermögensgegenständen kann nicht verlangt werden. Nur in Ausnahmefällen muss ein Darlehen zur Finanzierung der Prozesskosten aufgenommen werden, sofern seine Gewährung und Rückzahlung gesichert sind.[17]

2. Passiva

9 Von dem so ermittelten Aktivvermögen sind die bislang entstandenen, aber noch nicht bezahlten sowie die unausweichlich noch entstehenden Masseverbindlichkeiten i.S.v. §§ 54 f. InsO abzuziehen. Denn der Masse dürfen die zur ordnungsgemäßen Abwicklung des Insolvenzverfahrens anderweitig benötigten Mittel nicht entzogen werden. Insoweit geht es vor allem um die **Gerichtskosten des Insolvenzverfahrens** (§ 54 Nr. 1 InsO) und die **bislang angefallene Vergütung des Insolvenzverwalters nebst Auslagen** (§ 54 Nr. 2 InsO). Dabei werden die Massekosten **aus der bisher erwirtschafteten Masse** berechnet, denn die vorhandenen liquiden Mittel müssen lediglich die Kosten decken, die auf der bisher erwirtschafteten Berechnungsgrundlage (§ 58 Abs. 1 GKG, § 1 Abs. 1 InsVV) bereits angefallen sind.[18] Soweit der Insolvenzverwalter künftige Massezuflüsse und damit einhergehende Erhöhungen der Berechnungsgrundlage erwartet, sind für die sich daraus ergebenden Mehrkosten keine Rücklagen zu bilden, denn diese zusätzlichen Kosten können stets aus dem

12 OLG Frankfurt, 10.11.2021 – 17 W 19/21, ZInsO 2022, 1015 Rn. 16.
13 OLG Köln, 08.02.2007 – 18 W 42/06, ZIP 2007, 1030.
14 OLG Köln, 08.02.2007 – 18 W 42/06, ZIP 2007, 1030.
15 Zöller/Schultzky, ZPO, § 116 ZPO Rn. 5; Steenbuck, MDR 2004, 1155.
16 Uhlenbruck/Mock, § 80 InsO Rn. 197; Pape/Reichelt/Schultz/Voigt-Salus, InsR, § 43 Rn. 20.
17 Pape/Reichelt/Schultz/Voigt-Salus, InsR, § 43 Rn. 20.
18 OLG Düsseldorf, 04.08.2023 – I-12 W 17/23; OLG Köln, 08.02.2007 – 18 W 42/06, ZIP 2007, 1030; OLG Naumburg, 16.06.2010 – 5 W 33/10, ZInsO 2010, 1902.

Massezuwachs bezahlt werden, durch den sie verursacht wurden.[19] Bei der Prognose der voraussichtlichen Verfahrenskosten ist es **allein** sachgerecht, auf die **gesetzliche Regelvergütung einschließlich der vorgesehenen Auslagen** abzustellen, weil die Berechtigung von Zu- und Abschlägen nach § 3 InsVV erst bei der Vergütungsfestsetzung durch das Insolvenzgericht geprüft wird.[20]

Die Schutzvorschriften der §§ 115 Abs. 3 ZPO, 90 SGB XII gelten nicht.[21] Auch auf die Zumutbarkeit des Einsatzes vorhandenen Vermögens kommt es im Hinblick auf die Insolvenzmasse nicht an. Allerdings ist der Insolvenzverwalter nicht zum Einsatz eines Restbarbestands verpflichtet, wenn ihm dadurch jeglicher wirtschaftlicher Handlungsspielraum genommen wird und so die sachgerechte Verfahrensabwicklung gefährdet wäre.[22] Daher bleiben Barmittel, welche der Verwalter zur weiteren ordnungsgemäßen Verfahrensabwicklung zwingend benötigt, weil – was er darzulegen hat – weitere (Masse-)Verbindlichkeiten unausweichlich entstehen werden, außer Betracht. 10

3. Besonderheiten bei Massearmut

Deckt die Insolvenzmasse zwar die Kosten des Insolvenzverfahrens, reicht sie aber zur Erfüllung der fälligen sonstigen Masseverbindlichkeiten nicht aus (sog. **Masseunzulänglichkeit**, § 208 Abs. 1 InsO), kann das mit dem Prozesskostenhilfeantrag befasste Gericht grundsätzlich davon ausgehen, dass die Prozesskosten nicht aus der Insolvenzmasse aufgebracht werden können.[23] Sofern der Insolvenzverwalter die Masseunzulänglichkeit dem Insolvenzgericht formgerecht angezeigt hat, ist das Prozessgericht im Prozesskostenhilfebewilligungsverfahren hieran gebunden.[24] Dass der Prozessgegner die Masseunzulänglichkeit bestreitet, ist dann unerheblich. 11

Reicht die Insolvenzmasse nach Verfahrenseröffnung nicht einmal mehr zur Deckung der Verfahrenskosten aus (sog. **Massekostenarmut**, § 207 Abs. 1 Satz 1 InsO), ist der Insolvenzverwalter nach § 207 Abs. 3 Satz 2 InsO nicht mehr verpflichtet, noch Ansprüche durchzusetzen. Prozesskostenhilfe ist dann – bei Vorliegen der weiteren Voraussetzungen – nur zu gewähren, wenn die Massekostenarmut bei Erfolg der beabsichtigten Rechtsverfolgung beseitigt werden kann.[25] 12

---

19 OLG Naumburg, 21.03.2011 – 5 W 28/11, NZI 2011, 406 Rn. 5; 16.06.2010 – 5 W 33/10, ZInsO 2010, 1902.

20 OLG Düsseldorf, 25.05.2023 – I-12 W 8/23, ZInsO 2023, 1696 Rn. 22.

21 Zöller/Schultzky, ZPO, § 116 ZPO Rn. 5; Steenbuck, MDR 2004, 1155, 1156.

22 OLG Düsseldorf, 04.08.2023 – I-12 W 17/23; 04.10.2018 – I-12 W 12/18, ZInsO 2019, 205 Rn. 10; Pape/Reichelt/Schulz/Voigt-Salus, InsR, § 43 Rn. 22.

23 BGH, 13.02.2025 – IX ZB 27/24, Rn. 10; 28.02.2008 – IX ZB 147/07, ZInsO 2008, 378 Rn. 6; 27.09.2007 – IX ZB 172/06, ZInsO 2007, 1225 Rn. 4 ff.

24 BGH, 28.02.2008 – IX ZB 147/07, ZInsO 2008, 378 Rn. 6; 27.09.2007 – IX ZB 172/06, ZInsO 2007, 1225 Rn. 13.

25 BGH, 12.11.2015 – IX ZB 82/14, Rn. 4.

C. Weitere Voraussetzungen

13 Über § 116 Satz 2 ZPO gilt weiter die allgemeine Voraussetzung für die Gewährung von Prozesskostenhilfe: Die beabsichtigte Rechtsverfolgung muss hinreichende Aussicht auf Erfolg bieten und darf nicht mutwillig sein (§ 114 Abs. 1 Satz 1 letzter Halbs., Abs. 2 ZPO).

I. Hinreichende Erfolgsaussicht

14 Die Erfolgsaussicht der beabsichtigten Rechtsverfolgung/-verteidigung ist gegeben, wenn der vom Antragsteller eingenommene **Standpunkt zumindest vertretbar** erscheint **und** eine **Beweisführung möglich** ist. Bei einer schlüssigen Klage, deren Erfolg vom angebotenen Beweisergebnis abhängt, ist daher PKH zu gewähren.[26] Die Erfolgsaussichten sind summarisch zu prüfen, wobei keine überspannten Anforderungen zu stellen sind, da das Recht auf Zugang zu den Gerichten zu gewährleisten ist (Art. 19 Abs. 4 GG).[27] Eine nur entfernte Erfolgsaussicht reicht jedoch nicht aus.[28] Bei der Prüfung der Erfolgsaussicht einer möglichen Beweisführung ist – allerdings nur in eng begrenztem Rahmen – eine vorweggenommene Beweiswürdigung zulässig[29] und verfassungsrechtlich unbedenklich.[30] Das Prozesskostenhilfeverfahren dient **nicht** der **Klärung streitiger Rechtsfragen**. Vielmehr ist in einem solchen Fall die Erfolgsaussicht als hinreichend zu bejahen, ohne dass es auf die abschließende Beurteilung der streitigen Rechtsfrage ankommt.[31] Hängt die Hauptsache von der Klärung schwieriger, bislang ungeklärter Rechtsfragen ab, ist folglich Prozesskostenhilfe zu bewilligen.[32] Ungeachtet des Fehlens einschlägiger höchstrichterlicher Rechtsprechung kann die Ablehnung von Prozesskostenhilfe allerdings dann gerechtfertigt sein, wenn die Rechtsfrage schon angesichts der gesetzlichen Regelung oder im Hinblick auf Auslegungshilfen, die von bereits vorliegender Rechtsprechung bereitgestellt werden, ohne Schwierigkeiten beantwortet werden kann.[33] Hat das Berufungsgericht die **Revision zugelassen,** ist nicht schon deshalb hinreichende Erfolgsaussicht anzunehmen. Erforderlich ist vielmehr, dass tatsächlich auch ein solcher Zulassungsgrund gegeben ist und die Revision im Fall der Einlegung nicht nach § 552a ZPO zurückgewiesen werden müsste.[34]

26 Zöller/Schultzky, ZPO, § 114 ZPO Rn. 19 ff.
27 OLG Frankfurt, 13.10.2023 – 6 WF 138/23, Rn. 11.
28 BVerfG, 04.05.2015 – 1 BvR 2096/13, NJW 2015, 2173 Rn. 12.
29 BGH, 14.12.1993 – VI ZR 235/92, Rn. 5; KG Berlin, 14.02.2020 – 9 W 6/19, Rn. 6; OLG Frankfurt, 10.11.2021 – 17 W 19/21, ZInsO 2022, 1015 Rn. 35.
30 BVerfG, 14.04.2003 – 1 BvR 1998/02, NJW 2003, 2976 Rn. 11; 07.05.1997 – 1 BvR 296/94, Rn. 22.
31 BGH, 12.11.2015 – IX ZB 82/14, NJW-RR 2014, 526 Rn. 6.
32 OVG Lüneburg, 15.05.2017 – 11 PA 102/17, ZInsO 2017, 1620.
33 OLG Düsseldorf, 19.09.2019 – I-12 U 38/19, ZInsO 2019, 2631 Rn. 5.
34 BGH, 26.06.2018 – II ZR 172/17, ZInsO 2018, 1955.

II. Mutwilligkeit

Beurteilungsmaßstab für die Mutwilligkeit der Rechtsverfolgung ist das fiktive Vorgehen eines nicht auf Prozesskostenhilfe angewiesenen, verständigen, sich an den wohlverstandenen Interessen der Gläubigergemeinschaft orientierenden Insolvenzverwalters.[35] Mutwilligkeit kann **nicht wegen der angezeigten Masseunzulänglichkeit** (§ 208 Abs. 1 Satz 1 InsO) angenommen werden,[36] denn dadurch wird die Pflicht des Insolvenzverwalters zur Verwertung der Masse nicht aufgehoben (§ 208 Abs. 3 InsO). Nichts anderes gilt bei einer im Falle des Prozesserfolgs nur geringfügigen Quotenverbesserung. Anderenfalls würde der gleiche Maßstab angelegt wie für die wirtschaftlichen Voraussetzungen nach § 116 Satz 1 Nr. 1 ZPO.[37] **Mutwillig** ist die beabsichtigte Rechtsverfolgung **aber** dann, **wenn die Massearmut** (§ 207 Abs. 1 Satz 1 InsO) **bei einem Prozesserfolg nicht beseitigt** würde.[38] Bei Massekostenarmut ist der Insolvenzverwalter nicht mehr verpflichtet, noch Ansprüche durchzusetzen (§ 207 Abs. 3 Satz 2 InsO). Ein hilfsweiser Verzicht des Insolvenzverwalters auf einen Teil seiner Vergütung, um die bei Prozesserfolg fortbestehende Massearmut zu vermeiden, ist nicht bindend.[39] 15

Beabsichtigt der Verwalter, nur einen **Teil eines teilbaren Anspruchs** oder eines **Teilbetrags aus mehreren prozessual selbständigen Ansprüchen** einzuklagen (offene **Teilklage**), ist die Frage der Mutwilligkeit anhand der konkreten Umstände des Einzelfalls zu beantworten. Grundsätzlich muss dem Verwalter die Erhebung einer Teilklage möglich sein, denn die Masse sähe sich im Falle der Erfolglosigkeit der Klage auch bei einer Prozesskostenhilfebewilligung dem Kostenerstattungsanspruch des Gegners ausgesetzt (§ 123 ZPO). Gleichwohl wird ein verständiger, nach den Interessen der Gläubigergesamtheit handelnder Verwalter regelmäßig schon deshalb bestrebt sein, die gesamte Forderung mit einer Klage geltend zu machen, weil die Erhebung mehrerer Teilklagen nicht nur die Kosten der Rechtsverfolgung erhöht, sondern auch die Dauer des Insolvenzverfahrens verlängert. Eine Teilklage wird er deshalb nur erheben, wenn hierfür ein **sachlich begründeter Anlass** besteht. Dies hat er nachvollziehbar darzulegen. Sachgründe dafür, warum er auf die Geltendmachung der Gesamtforderung verzichtet, können etwa begründete Zweifel sein, ob der **erstrebte Titel in vollem Umfang durchsetzbar** sein wird, **Beweisschwierigkeiten** hinsichtlich eines Teils des Anspruchs oder die begründete **Erwartung**, der **Prozessgegner** werde nach Verurtei- 16

35 BGH, 26.04.2018 – IX ZB 29/17, ZInsO 2018, 1364 Rn. 21; 06.12.2010 – II ZB 13/09, ZInsO 2011, 282 Rn. 8.
36 BGH, 28.02.2008 – IX ZB 147/07, ZInsO 2008, 378.
37 BGH, 26.04.2018 – IX ZB 29/17, ZInsO 2018, 1364 Rn. 21; 06.12.2010 – II ZB 13/09, ZInsO 2011, 282 Rn. 8; OLG Düsseldorf, 04.10.2018 – I-12 W 12/18, ZInsO 2019, 205 Rn. 16; OLG Köln, 14.08.2019 – 7 W 29/19, ZInsO 2020, 370.
38 BGH, 22.11.2012 – IX ZB 62/12, ZInsO 2013, 249; OLG Düsseldorf, 06.01.2022 – I-12 W 16/21, ZInsO 2022, 1013.
39 OLG Düsseldorf, 06.01.2022 – I-12 W 16/21, ZInsO 2022, 1013.

lung zur Leistung des Teilbetrages den **gesamten Anspruch begleichen.**[40] **Mutwilligkeit** liegt auch **nicht** schon deshalb vor, weil der **Prozessgegner** derzeit **vermögenslos** ist. Dies gilt insb. dann, wenn die gerichtliche Anspruchsverfolgung erforderlich ist, um eine demnächst eintretende Verjährung zu vermeiden. Allein weil der Erfolg der Zwangsvollstreckung ungewiss und eine Beitreibung zurzeit unmöglich ist, darf dem Insolvenzverwalter daher Prozesskostenhilfe nicht versagt werden.[41] Nur wenn ein erwirktes Urteil dauerhaft nicht vollstreckt werden kann, liegt Mutwilligkeit vor.[42] An die Prognose der Dauerhaftigkeit sind strenge Anforderungen zu stellen, sodass die Verweigerung von Prozesskostenhilfe nur auf seltene Ausnahmefälle beschränkt werden darf.[43]

17 Mutwille kann auch dann vorliegen, wenn eine **Vielzahl gleichartiger Ansprüche** gegen denselben Beklagten in Einzelprozessen geltend gemacht wird, ohne den Weg der objektiven Klagehäufung nach § 260 ZPO zu beschreiten.[44] Grundsätzlich bedarf die Beschränkung mehrerer Ansprüche auf einzelne allerdings keiner weiteren sachlichen Rechtfertigung. Daher kann sich die Frage, ob die Rechtsverfolgung weiterer Ansprüche mutwillig ist, weil es dafür einen **kostengünstigeren Weg** gegeben hätte, naturgemäß erst in einem etwaig nachfolgenden Prozesskostenhilfeverfahren stellen.[45] Dann wird es darauf ankommen, ob es nachvollziehbare Sachgründe dafür gibt, warum eine Mehrzahl von Ansprüchen nicht in einer Klage geltend macht wurden, oder eine plausible Erklärung dafür, aus welchen Gründen ein neuer Prozess angestrengt wird, obwohl das gleiche Klageziel kostengünstiger im Wege der Erweiterung einer bereits anhängigen Klage erreichbar wäre.[46]

D. Zumutbarkeit der Kostenaufbringung durch wirtschaftlich Beteiligte

18 Können die Prozesskosten nicht aus der Insolvenzmasse aufgebracht werden, ist in einem weiteren, sehr komplexen Prüfungsschritt zu untersuchen, ob es »den am Gegenstand des Rechtsstreits wirtschaftlich Beteiligten« zuzumuten ist, die Kosten für die Prozessführung aufzubringen (§ 116 Satz 1 Nr. 1 Halbs. 2 ZPO). Die Regelung in § 116 Satz 1 Nr. 1 ZPO soll sicherstellen, dass Prozesskostenhilfe nur gewährt wird, wenn die Kosten nicht von den Vermögensträgern aufgebracht werden können, denen ein Erfolg des beabsichtigten Rechtsstreits zugutekommt. Bei einem vom Insolvenz-

---

40 BGH, 06.12.2010 – II ZB 13/09, ZInsO 2011, 282; OLG Karlsruhe, 29.08.2011 – 9 W 13/11, ZIP 2011, 494, 495 Rn. 34; OLG Düsseldorf, 25.05.2023 – I-12 W 8/23, ZInsO 2023, 1696 Rn. 10; Pape, ZIP 2022, 2409, 2416.

41 KG, 09.11.2020 – 2 W 1022/20, ZInsO 2020, 2714.

42 OLG Celle, 29.10.2014 – 9 W 133/14, ZInsO 2014, 2495; LG München I, 28.12.2015 – 6 O 13728/15, ZInsO 2016, 2351.

43 KG, 09.11.2020 – 2 W 1022/20, ZInsO 2020, 2714.

44 BeckOK ZPO/Reichling, § 114 ZPO Rn. 43.1; Zöller/Schultzky, ZPO, § 114 ZPO Rn. 49; MK-ZPO/Wache, § 114 ZPO Rn. 71; Musielak/Voit/Fischer, ZPO, § 114 ZPO Rn. 42; Saenger/Kießling, ZPO, § 114 ZPO Rn. 32.

45 OLG Düsseldorf, 03.08.2023 – I-12 W 18/23; 25.05.2023 – I-12 W 09/23.

46 BGH, 21.11.2013 – III ZA 28/13, BeckRS 2013, 22403 Rn. 9.

verwalter zugunsten der Insolvenzmasse geführten Rechtsstreit sind dies neben der Masse in erster Linie die **Insolvenzgläubiger**, die bei einem erfolgreichen Ausgang des Rechtsstreits mit einer verbesserten Befriedigung ihrer Ansprüche aus der zur Verteilung zur Verfügung stehenden Masse rechnen und deshalb als wirtschaftlich Beteiligte gelten können.[47] Damit trägt der Gesetzgeber dem Umstand Rechnung, dass der Insolvenzverwalter als gesetzlicher Prozessstandschafter nicht nur tatsächlich im Interesse Dritter handelt, sondern den ihm selbst materiellrechtlich nicht zustehenden Anspruch für die Masse und im Befriedigungsinteresse der Gläubiger geltend macht. Daher ist für die Prozesskostenhilfebewilligung nicht nur darauf abzustellen, ob die Partei kraft Amtes die Kosten selbst – aus der verwalteten Vermögensmasse – aufbringen kann, sondern auch auf die Möglichkeiten interessierter Dritter, also der »wirtschaftlich Beteiligten«.[48]

I. Wirtschaftlich Beteiligte

19 Als wirtschaftlich Beteiligte gelten nach herrschender Meinung nur diejenigen Personen und Körperschaften, die bei einem erfolgreichen Ausgang des Rechtsstreits mit einer **verbesserten Befriedigung ihrer Ansprüche** aus der zur Verteilung zur Verfügung stehenden Masse rechnen können.[49] Dabei kommt es auf den konkret beabsichtigten Prozess und nicht auf eine Gesamtschau aller dem Insolvenzverwalter möglichen prozessualen Maßnahmen an.[50]

20 Bei einem **Aktivprozess** des Insolvenzverwalters zählen zu den wirtschaftlich Beteiligten grundsätzlich **alle Insolvenzgläubiger**, die Forderungen zu der vom Insolvenzverwalter vorzulegenden Tabelle nach § 175 InsO angemeldet haben,[51] ebenso die **Massegläubiger** i.S.d. §§ 53 f. InsO[52] und die **Gesellschafter des Insolvenzschuldners**, wenn dieser eine juristische Person oder Personenvereinigung ist.[53] Wirtschaftlich beteiligt sind **auch** die **Ausfallgläubiger** i.S.d. § 52 Satz 2 InsO, solange der Verwalter nicht dargetan hat, dass diese Gläubiger auch ohne die beabsichtigte Klage aufgrund ihrer Absonderungsrechte mit einer weitgehenden Befriedigung ihrer Ansprüche rechnen können und deshalb wirtschaftlich nicht in erheblichem Maße an einem Erfolg der Rechtsverfolgung partizipieren werden.[54]

21 Bei einem **Passivprozess** des Insolvenzverwalters, in dem er auf Aussonderung, Absonderung, Zahlung oder Feststellung zur Insolvenztabelle in Anspruch genommen wird, kommt es darauf an, inwieweit die wirtschaftlichen Interessen der einzelnen Gläu-

---

47 BGH, 21.01.2016 – IX ZB 24/15, Rn. 14.
48 MK-ZPO/Wache, § 116 ZPO Rn. 1; Pape/Reichelt/Schulz/Voigt-Salus, InsR, § 43 Rn. 28.
49 BGH, 04.03.2021 – IX ZB 17/20, Rn. 10; 21.01.2016 – IX ZB 24/15, Rn. 14.
50 BGH, 08.10.1992 – VII ZB 3/92, BGHZ 119, 372.
51 Pape/Reichelt/Schultz/Voigt-Salus, InsR, § 43 Rn. 30.
52 BGH, 28.01.2022 – IX ZR 145/21, ZInsO 2022, 590 Rn. 6; Pape, ZIP 2022, 2409, 2415.
53 MK-ZPO/Wache, § 116 ZPO Rn. 15.
54 BGH, 19.05.2015 – II ZR 263/14, ZInsO 2015, 1465 Rn. 5; 03.05.2012 – V ZB 138/11, ZInsO 2012, 1941 Rn. 16, 18 f.; Pape, ZIP 2022, 2409, 2414.

biger im Falle eines für die Masse nachteiligen Ausgangs des Rechtsstreits berührt sein können.[55]

II. Zumutbarkeit der Kostenaufbringung

22 Anhand einer **wertenden Abwägung** aller **Gesamtumstände des Einzelfalls** ist zu beurteilen, ob es den auf diese Weise bestimmten Beteiligten zuzumuten ist, die Prozesskosten aufzubringen. Entscheidend ist allein die **Zumutbarkeit**, nicht die Bereitschaft der wirtschaftlich Beteiligten zur Kostenaufbringung.[56] Nach der Rechtsprechung des Bundesgerichtshofs sind solchen Beteiligten Vorschüsse auf die Prozesskosten zuzumuten, die die erforderlichen Mittel unschwer aufbringen können, und deren aus dem Prozess zu erwartender Nutzen bei verständiger Betrachtung im Falle des Erfolgs der Rechtsverfolgung deutlich größer sein wird als die von ihnen als Vorschuss aufzubringenden Kosten.[57] In die damit gebotene wertende Abwägung sind insb. eine zu erwartende Quotenverbesserung im Falle des Obsiegens, das Prozess- und Vollstreckungsrisiko und die Gläubigerstruktur einzustellen.[58]

23 Insoweit obliegt es dem Insolvenzverwalter, die Umstände **darzulegen** und auf Verlangen des Gerichts **glaubhaft zu machen** (§ 118 Abs. 2 Satz 1 ZPO), wegen derer den wirtschaftlich Beteiligten eine Prozessfinanzierung nicht zuzumuten ist.[59] Ist die Masse i.S.v. § 208 Abs. 1 InsO unzulänglich, können die Insolvenzgläubiger zwar häufig nicht mit einer Verbesserung ihrer Befriedigungsquote rechnen. Gleichwohl genügt dann allein der Hinweis, dass Masseunzulänglichkeit angezeigt wurde, nicht, um die Voraussetzungen des § 116 Satz 1 Nr. 1 ZPO darzulegen.[60]

1. Generelle Unzumutbarkeit für einzelne Gläubiger

24 Aus Wertungsgründen werden bestimmte, an sich wirtschaftlich beteiligte Gläubigergruppen generell von einer Kostenbeteiligung ausgenommen:

55 MK-ZPO/Wache, § 116 ZPO Rn. 17.

56 BGH, 21.11.2013 – IX ZR 20/13, ZInsO 2014, 79 Rn. 4; 04.12.2012 – II ZA 3/12, NZI 2013, 82 Rn. 10; 13.09.2012 – IX ZA 1/12, ZInsO 2012, 2198 Rn. 6.

57 BGH, 26.04.2018 – IX ZB 29/17, ZInsO 2018, 1364 Rn. 7; 25.11.2010 – VII ZB 71/08, ZIP 2011, 98 Rn. 9; 27.05.2009 – III ZB 15/09, Rn. 5; 27.09.2007 – IX ZB 172/06, ZInsO 2007, 1225; 06.03.2006 – II ZB 11/05, ZInsO 2006, 369.

58 BGH, 18.07.2019 – IX ZB 57/18, ZInsO 2019, 1793; 19.07.2018 – IX ZB 24/16, ZInsO 2018, 1952; 26.04.2018 – IX ZB 29/17, ZInsO 2018, 1364; 21.02.2017 – II ZR 59/16, NZI 2017, 414 Rn. 2; 21.11.2013 – IX ZA 20/13, ZInsO 2014, 79.

59 BGH, 16.11.2020 – IX ZB 49/20, Rn. 7; 28.03.2019 – IX ZA 8/18, ZInsO 2019, 1261 Rn. 4; 04.12.2012 – II ZA 3/12, NZI 2013, 82 Rn. 3; 03.05.2012 – V ZB 138/11, ZInsO 2012, 1941 Rn. 19.

60 BGH, 28.03.2019 – IX ZA 8/18, ZInsO 2019, 1261 Rn. 4.

So ist zunächst Gläubigern mit vom Insolvenzverwalter **bestrittenen Forderungen** eine Kostentragung nicht zuzumuten, da bei ihnen die Beteiligung an der Insolvenzmasse nicht sicher ist, wenn sie nach § 179 Abs. 1 InsO die Feststellung betreiben müssen.[61] **25**

Streitig ist, inwieweit **Massegläubigern** als wirtschaftlich Beteiligten die Kostentragung zumutbar ist. Ein Teil der Rechtsprechung und Literatur lehnt dies schon grundsätzlich ab, weil ihre Tätigkeit immer der Insolvenzmasse zugutekomme und sie sich ohne bevorzugte Behandlung gar nicht auf Geschäfte mit dem Insolvenzverwalter eingelassen hätten.[62] Ihre Leistungsbereitschaft für das eröffnete Insolvenzverfahren dürfe für sie nicht dadurch zum Nachteil werden, dass sie bei Masseunzulänglichkeit entweder auf die Befriedigung ihrer Ansprüche verzichten oder den Prozess des Insolvenzverwalters vorfinanzieren müssten.[63] Demgegenüber kann nach anderer Auffassung – auch des Bundesgerichtshofs – eine **Unzumutbarkeit** bei Massegläubigern **nicht von vornherein** angenommen werden. Im Vordergrund muss ein wirtschaftlicher Maßstab stehen, so dass es mit Blick auf die vorrangige Befriedigung der Massegläubiger entscheidend darauf ankommt, ob sich ihre Befriedigungsaussichten durch die angestrebte Rechtsverfolgung tatsächlich verbessern.[64] Sind sie auf das Ergebnis des Prozesses nicht angewiesen, weil sie ohnehin volle Befriedigung erwarten können oder sich von einem Prozesserfolg nichts oder nur wenig versprechen können, so ist ihnen eine Finanzierung des Prozesses dagegen nicht zuzumuten.[65] **26**

Der **Insolvenzverwalter** selbst ist regelmäßig **kein wirtschaftlich Beteiligter**, dem es zuzumuten wäre, die Kosten eines im Interesse der Masse geführten Rechtsstreits selbst aufzubringen. Dies gilt auch dann, wenn der aus dem Rechtsstreit erwartete Erlös voraussichtlich erst die Möglichkeit schafft, den Vergütungsanspruch des Verwalters (§ 54 Nr. 2 InsO) zu befriedigen. Zu den ihm übertragenen Aufgaben gehört es, Ansprüche der Masse geltend zu machen, so dass sein Gebührenanspruch im Blick auf Art. 12 Abs. 1 GG unzulässig eingeschränkt würde, wenn er solche Prozesse auf eigene Kosten führen müsste.[66] **27**

---

61 OLG München, 28.06.2010 – 5 W 1581/10, ZInsO 2010, 1648 Rn. 11; OLG Nürnberg, 09.07.2007 – 12 W 499/07, NZI 2007, 591, 592; OLG Hamburg, 08.11.2001 – 5 U 79/01, ZInsO 2002, 193; differenzierend zw. bestr., vorl. bestr. und noch ungepr. Forderungen: Hees/Freitag, NZI 2017, 377, 380.

62 OLG Hamburg, 14.02.2005 – 11 W 93/04, ZInsO 2005, 323; OLG Naumburg, 23.01.2002 – 1 W 32/01, ZInsO 2002, 586, 587; BFH, 09.12.2004 – VII S 29/03, ZInsO 2005, 1216; Hees/Freitag, NZI 2017, 377, 380; Zöller/Schultzky, ZPO, § 116 ZPO Rn. 11.

63 Pape, ZIP 1988, 1293, 1305.

64 BGH, 28.01.2022 – IX ZR 145/21, ZInsO 2022, 590 Rn. 6; 14.07.2005 – IX ZB 224/04, ZInsO 2005, 877 Rn. 9; KG, 27.06.2005 – 12 W 31/05, Rn. 3; OLG Düsseldorf, 29.06.2023 – I-12 W 12/23; Pape, ZIP 2022, 2409, 2415.

65 BGH, 28.03.2019 – IX ZA 8/18, ZInsO 2019,1261 Rn. 4; BeckOK ZPO/Reichling, § 116 ZPO Rn. 12.2.

66 BGH, 21.01.2016 – IX ZB 24/15, Rn. 15; 14.07.2005 - IX ZB 224/04, ZInsO 2005, 877; 18.09.2003 – IX ZB 460/02, ZIP 2003, 2036; Pape, ZIP 2022, 2409, 2415.

28 **Unzumutbar** ist eine Kostenbeteiligung auch für die **Arbeitnehmer** des Schuldners, die in der Regel nicht besonders leistungsstark sind und erfahrungsgemäß in der Krise vor Eröffnung des Insolvenzverfahrens ihre Lohnforderungen stunden, so dass von ihnen keine weitere Vorschussleistung für die Masse erwartet werden könne.[67]

29 Trägern der **Sozialverwaltung und -versicherung**, wie z.B. Kranken- und Rentenkassen, Berufsgenossenschaften, Pensionsversicherungsvereinen und insb. der Bundesagentur für Arbeit und deren Untergliederungen ist eine **Beteiligung an den Prozesskosten nicht zuzumuten.**[68] Diese Rechtsprechung knüpft daran an, dass der Bundesgerichtshof unter Geltung der KO entschieden hat, es könne solchen wirtschaftlich Beteiligten nicht zugemutet werden, Prozesskostenvorschüsse zu leisten, und dies mit fehlenden Haushaltsmitteln für Kostenvorschüsse sowie ihrer Funktion begründet hat, nach der sie zweckgebundene öffentliche Mittel entsprechend ihrem gesetzlichen Auftrag ausschließlich im Interesse der sozial schwächeren Gläubiger ohne eigenes Gewinnstreben zu verwalten haben.[69] Dem sind verschiedene Oberlandesgerichte in jüngerer Zeit entgegengetreten, indem sie insb. darauf verweisen, dass mit Inkrafttreten der InsO die Privilegierung bestimmter Gläubiger unter Geltung der KO abgeschafft sei, so dass alles für eine grundsätzliche Gleichbehandlung spreche.[70] Der Bundesgerichtshof hat daraufhin an seiner Rechtsprechung festgehalten, dass es der **Bundesagentur für Arbeit nicht zumutbar** ist, die Kosten für eine Prozessführung des Insolvenzverwalters aufzubringen, wenn sie aufgrund von auf sie übergegangenen Ansprüchen einzelner Arbeitnehmer am Insolvenzverfahren beteiligt ist.[71]

30 Dem **Steuerfiskus** ist dagegen nach einhelliger Meinung wie jedem anderen wirtschaftlich Beteiligten die **Aufbringung der Prozesskosten zuzumuten**, weil er die erforderlichen Mittel unschwer aufbringen kann; für ihn ist die Frage der Zumutbarkeit allein davon abhängig, ob er bei Erfolg des zu führenden Prozesses aus der Insolvenzmasse einen Betrag erlangen kann, der deutlich höher ist als der von ihm aufzubringende

---

67 BGH, 13.02.2025 – IX ZB 27/24, Rn. 18; 20.11.2014 – IX ZR 52/14, Rn. 2; 08.10.1992 – VII ZB 3/92, BGHZ 119, 372 Rn. 17; 27.09.1990 – IX ZR 250/89, ZIP 1990, 1490; OLG Schleswig, 26.03.2007 – 5 W 8/07, Rn. 7; 23.03.1995 – 5 W 47/94, ZIP 1995, 759; Hees/Freitag, NZI 2017, 377, 380; Lang NZI 2017, 746, 748.

68 BGH, 20.11.2014 – IX ZR 52/14, Rn. 2; OLG Brandenburg, 17.10.2006 – 13 W 9/06, BeckRS 2006, 12503; OLG München, 16.05.2013 – 5 W 835/13, ZInsO 2013, 1047; Pape, ZIP 2022, 2409, 2414 f.; MK-InsO/Vuia, § 80 InsO Rn. 93.

69 BGH, 08.10.1992 – VII ZB 3/92, BGHZ 119, 372; 27.09.1990 – IX ZR 250/89, ZIP 1990, 1490 f.; jew. zur KO; offengelassen: BGH, 06.03.2006 – II ZB 11/05, ZInsO 2006, 369 Rn. 15.

70 OLG Stuttgart, 14.10.2024 – 20 W 8/24, Rn. 9 ff.; OLG Frankfurt, 05.07.2024 – 4 W 13/24, ZInsO 2024, 2092; KG, 17.12.2020 – 7 W 1021/20, ZInsO 2021, 1965; 25.02.2000 - 7 W 602/00, NJW-RR 2000, 1001; ebenso Hees/Freitag, NZI 2017, 377, 380.

71 BGH, 13.02.2025 – IX ZB 27/24, Rn. 12 ff.

Prozesskostenvorschuss.[72] Nichts anderes gilt für Städte und Gemeinden[73] und sonstige private oder öffentliche Organisationen, wie etwa die IHK, Kreishandwerkerschaft oder eine Innung.[74]

Einem **Insolvenzgläubiger** ist die Aufbringung der Prozesskosten dann nicht zuzumuten, wenn sich der **beabsichtigte Prozess gegen ihn** richtet. Dies muss auch deshalb gelten, weil er es sonst in der Hand hätte, die gegen ihn gerichtete Rechtsverfolgung durch den Insolvenzverwalter, von der auch andere, wie etwa sonstige (Klein-)Gläubiger profitieren könnten, zu vereiteln.[75] **31**

Schließlich ist Gläubigern von **Minimal- oder Bagatellforderungen** die Aufbringung der Prozesskosten nicht zuzumuten. Klein- oder Minimalgläubiger ist nach teilweise vertretener Auffassung derjenige, der an der Gesamtsumme der festgestellten Insolvenzforderungen mit weniger als 5 % beteiligt ist.[76] Allerdings verbietet sich nach der Rechtsprechung des Bundesgerichtshofs eine feste Quote, vielmehr ist auf den Einzelfall und die jeweilige Gläubigerstruktur abzustellen.[77] **32**

2. Gesamtabwägung

Für die Beurteilung der Zumutbarkeit ist nach der Rechtsprechung des Bundesgerichtshofs eine **wertende Abwägung aller Gesamtumstände** des Einzelfalls erforderlich.[78] Zu berücksichtigen sind dabei insb. die Gläubigerstruktur (Klein- und Großgläubiger), die im Falle des Obsiegens zu erwartende Quotenverbesserung sowie die Bewertung des Prozess- und Vollstreckungsrisikos.[79] **33**

a) Gläubigerstruktur

Um den Kreis der für die Kostenaufbringung heranzuziehenden Gläubiger festzustellen, hat sich das Gericht anhand der Insolvenztabelle mit der Gläubigerstruktur **34**

---

72 BGH, 13.02.2025 – IX ZB 27/24, Rn. 15; 20.11.2014 – IX ZR 52/14, Rn. 2; 05.11.2007 – II ZR 188/07, DStR 2007, 2338; 02.09.1999 – VII ZA 3/99, NZI 1999, 450; 24.03.1998 – XI ZR 4/98, BGHZ 138, 188; Pape, ZIP 2022, 2409, 2415.

73 BGH, 16.12.2014 – IX ZR 35/14, Rn. 3.

74 Uhlenbruck/Mock, § 80 InsO Rn. 214; a.A. OLG Frankfurt, 03.06.1993 – 3 W 18/93, ZIP 1993, 1250 zur KO.

75 OLG Düsseldorf, 21.10.2024 – I-12 W 22/24; OLG Frankfurt, 05.07.2024 – 4 W 13/24, Rn. 18; Wieczorek/Schütze/Smid/Hartmann, ZPO, § 116 ZPO Rn. 11.

76 OLG Frankfurt, 10.11.2021 – 17 W 19/2021, ZInsO 2022, 1015; OLG Schleswig, 10.02.2009 – 1 W 38/08, NZI 2009, 522; KG, 28.07.2008 – 2 U 50/08, ZIP 2009, 832; OLG Hamm, 28.11.2006 – 27 W 77/06, OLGR 2007, 321.

77 BGH, 26.04.2018 – IX ZB 29/17, ZInsO 2018, 1364 Rn. 8 ff.

78 BGH, 26.04.2018 – IX ZB 29/17, ZInsO 2018, 1364 Rn. 7; 25.11.2010 – VII ZB 71/08, ZIP 2011, 98 Rn. 9; 27.05.2009 – III ZB 15/09, Rn. 5; 27.09.2007 – IX ZB 172/06, ZInsO 2007, 1225; 06.03.2006 – II ZB 11/05, ZInsO 2006, 369.

79 BGH, 18.07.2019 – IX ZB 57/18, ZInsO 2019, 1793; 19.07.2018 – IX ZB 24/16, ZInsO 2018, 1952; 26.04.2018 – IX ZB 29/17, ZInsO 2018, 1364; 21.02.2017 – II ZR 59/16, NZI 2017, 414 Rn. 2; 21.11.2013 – IX ZA 20/13, ZInsO 2014, 79.

zu befassen, indem es prüft, in welchen Größenordnungen Forderungen zur Tabelle angemeldet sind und welche davon hervorzuheben sind. Dabei ist nicht abschließend geklärt, nach welchen Kriterien die **Abgrenzung von Klein- und Großgläubigern** vorzunehmen ist. Zu starr ist die Auffassung, dass als Klein- oder Minimalgläubiger grundsätzlich derjenige anzusehen ist, der an der Gesamtsumme der festgestellten Insolvenzforderungen mit weniger als 5 % beteiligt ist. Zwar ist solchen Gläubigern eine Prozessführung regelmäßig dann nicht zuzumuten, wenn und soweit sie auch bei erfolgreicher Prozessführung nur mit relativ geringfügigen Erlösen rechnen können. Auch muss der Insolvenzverwalter Kostenvorschüsse mit zumutbarem Koordinierungsaufwand erlangen können. Dies mag in der Praxis dazu führen, dass in einer Vielzahl von Fällen die Grenze der Zumutbarkeit tatsächlich zwischen 4 und 5 % aller festgestellten Forderungen liegt. Eine abstrakte Festlegung auf diese oder eine andere Quote verbietet sich indessen nach der Rechtsprechung des Bundesgerichtshofs, weil sie im Einzelfall dazu führen kann, dass dann, wenn sehr hohe Forderungen nur von wenigen Gläubigern zur Insolvenztabelle angemeldet werden, eine Vielzahl von Gläubigern kleinerer und mittlerer Forderungen nicht beachtet werden, obwohl sie tatsächlich den Schwerpunkt der Gläubigerstruktur ausmachen.[80] Von daher ist immer auch die Gläubigerstruktur in den Blick zu nehmen und damit, welche Gesamtzahl von Gläubigern jeweils betroffen ist.[81]

35 Eine feste und starre Grenze hinsichtlich der Anzahl der heranzuziehenden Insolvenzgläubiger folgt von vorneherein ebenso wenig aus dem sich für den Insolvenzverwalter ergebenden **Koordinierungsaufwand.**[82] So lehnt der Bundesgerichtshof es selbst bei 26 Großgläubigern ab, einen für den Insolvenzverwalter unzumutbaren Koordinierungsaufwand anzunehmen.[83]

b) Zu erwartende Quotenverbesserung

36 Im Rahmen der Gesamtabwägung ist weiter die zu erwartende Quotenverbesserung im Falle des Obsiegens zu berücksichtigen. Dabei ist das **Kosten-Nutzen-Verhältnis** für den vorschusspflichtigen Gläubiger in den Blick zu nehmen, denn die Vorschusspflicht kommt nur bei einem deutlichen Mehrertrag gegenüber den aufzuwendenden Kosten in Betracht. Auch insoweit lehnt der Bundesgerichtshof eine Mindestquote ab. Die relative Erhöhung der Befriedigungsquote allein kann nicht entscheidend sein, vielmehr ist das Verhältnis von Nutzen und Kosten zu berücksichtigen, indem der absolute Betrag, den der Gläubiger nach erfolgreicher Durchführung des Rechtsstreits zusätzlich zu erwarten hat, in Beziehung zu seiner Kostenbeteiligung gesetzt wird. Da sich die wirtschaftlichen Verhältnisse der Insolvenzverfahren stark unterscheiden,

80 Hees/Freitag, NZI 2017, 377, 381; BGH, 26.04.2018 – IX ZB 29/17, ZInsO 2018, 1364; Pape/Reichelt/Schultz/Voigt-Salus, InsR, § 43 Rn. 39.

81 Hees/Freitag, NZI 2017, 377, 381.

82 BGH, 19.05.2015 – II ZR 263/14, ZInsO 2015, 1465 Rn. 9; Pape, ZIP 2022, 2409, 2414.

83 BGH, 25.11.2010 – VII ZB 71/08, ZIP 2011, 98 Rn. 1, 12; 26.04.2018 – IX ZB 29/17, ZInsO 2018, 1364: offengelassen bei 20 Gläubigern; 04.12.2012 – II ZA 3/12, NZI 2013, 82 Rn. 10 f.: Beteiligung von 15 Gläubigern.

muss es auf das Verhältnis des vorzuschießenden Betrags einerseits und des absoluten Betrages der Quotenverbesserung andererseits ankommen.

Nach Maßgabe dessen ist zunächst überschlägig der konkrete Massezufluss zu **ermitteln**, d.h. auf welchen **Betrag** sich die **Insolvenzmasse im Erfolgsfalle** objektiv erhöhen würde. Dabei sind neben der Hauptforderung auch Nebenforderungen zu berücksichtigen.[84] Bei der Ermittlung des konkret möglichen Massezuflusses sind das auf den Einzelfall bezogene **Prozessrisiko und** das nach den erkennbaren Verhältnissen des Prozessgegners zu beurteilende **Vollstreckungsrisiko** zu berücksichtigen, so dass von dem Nennbetrag der einzuklagenden Forderung entsprechende Abschläge vorzunehmen sind.[85] Auch insoweit obliegt es dem Insolvenzverwalter Angaben zu machen, wenn er ein Prozess- und Vollstreckungsrisiko in Ansatz bringen will, das den Ansatz im Regelfall mit 30 % überschreitet.[86] Ein höheres Prozessrisiko kann sich etwa aus der Erforderlichkeit einer Beweisaufnahme[87] oder einer ungewissen rechtlichen Bewertung ergeben. Ein höheres Beitreibungsrisiko kann aus der Höhe der Klageforderung[88] oder aus Anhaltspunkten für eine eingeschränkte wirtschaftliche Leistungsfähigkeit des Prozessgegners folgen.[89] Durch die Angaben wird das Prozessgericht nicht gebunden, denn sie sind einer eigenen gerichtlichen Würdigung zu unterziehen.[90] Daher ist das Gericht auch nicht gehalten, stets einen für den Erfolg des Prozesskostenhilfegesuchs bestmöglichen Risikoabschlag anzunehmen. Will es aber von substantiierten und nachvollziehbaren Angaben des Antragstellers zu dessen Lasten abweichen, ist dies zu begründen.[91] Risikoabschläge allein für ein Beitreibungsrisiko einzustellen, ohne die Verfahrensrisiken zu bewerten, ist rechtsfehlerhaft.[92] Nicht zu beanstanden ist es hingegen, wenn das Prozessgericht für das Verfahrensrisiko keinen Risikoabschlag vornimmt, weil es – anders als der Verwalter – die beabsichtigte Klage oder das beabsichtigte Rechtsmittel für zulässig und begründet hält.[93] 37

---

84 BGH, 09.10.2014 – IX ZA 12/13, ZInsO 2014, 2574 Rn. 3 f.; OLG Düsseldorf, 25.05.2023 – I-12 W 8/23, ZInsO 2023, 1696 Rn. 20; Hees/Freitag, NZI 2017, 377, 382; Pape/Reichelt/Schultz/Voigt-Salus, InsR, § 43 Rn. 42.

85 BGH, 19.07.2018 – IX ZB 24/16, ZInsO 2018, 1952 Rn. 9; 26.04.2018 – IX ZB 29/17, ZInsO 2018, 1364 Rn. 16; KG, 09.11.2020 – 2 W 1022/20, ZInsO 2020, 2714 Rn. 5, 7; OLG Köln, 14.08.2019 – 7 W 29/19, ZInsO 2020, 370; OLG Düsseldorf, 04.10.2018 – I-12 W 12/18, ZInsO 2019, 205 Rn. 12.

86 OLG Düsseldorf, 25.05.2023 – I-12 W 8/23, ZInsO 2023, 1696 Rn. 21; 27.02.2020 – I-12 W 2/20.

87 Hees/Freitag, NZI 2017, 377, 379; Steenbuck, MDR 2004, 1155, 1157; Pape/Reichelt/Schultz/Voigt-Salus, InsR, § 43 Rn. 42.

88 Hees/Freitag, NZI 2017, 377, 379, 382; Pape/Reichelt/Schultz/Voigt-Salus, InsR, § 43 Rn. 42.

89 BGH, 18.07.2019 – IX ZB 57/18, ZInsO 2019, 1793 Rn. 10.

90 BGH, 26.04.2018 – IX ZB 29/17, ZInsO 2018, 1364 Rn. 16 f.

91 BGH, 26.04.2018 – IX ZB 29/17, ZInsO 2018, 1364 Rn. 17.

92 BGH, 26.04.2018 – IX ZB 29/17, ZInsO 2018, 1364 Rn. 17.

93 BGH, 18.07.2019 – IX ZB 57/18, ZInsO 2019, 1793 Rn. 10.

38 Von dem so ermittelten Betrag sind die **Gerichtskosten,** die **Vergütung** des Insolvenzverwalters einschließlich seiner Auslagen (§ 54 InsO), die sich gem. § 63 Abs. 1 Satz 2 InsO wegen der Vergrößerung der Insolvenzmasse **erhöhen,** sowie die vorab zu bedienenden **Masseverbindlichkeiten** nach § 55 InsO abzuziehen.

39 Mit dem danach verbleibenden Betrag ist die **im Erfolgsfalle zu erwartende Insolvenzquote für alle Gläubiger zu ermitteln,** indem dieser in das Verhältnis zur Summe der Forderungen der wirtschaftlich beteiligten Gläubiger gesetzt wird. Dabei können auch insoweit nur diejenigen Gläubiger berücksichtigt werden, die als wirtschaftlich Beteiligte anzusehen sind (s. Rdn. 19 ff.). Das sind in jedem Fall die Gläubiger festgestellter Forderungen. Gläubiger, deren wirtschaftliche Beteiligung indessen verneint wird, weil es sich bei ihren Forderungen um vorläufig bestrittene, noch nicht geprüfte oder nur für den Ausfall festgestellte Forderungen handelt, dürfen bei der Frage einer Quotenverbesserung nicht einbezogen werden.

40 Nach Maßgabe dessen ist der daraus folgende **absolute Betrag für die Gläubiger** zu ermitteln, die individuell für die Heranziehung zu einem Kostenvorschuss in Betracht kommen.[94]. Der Mehrbetrag, den die jeweiligen Gläubiger nach einer erfolgreichen Durchführung des Rechtsstreits bei der (fiktiven) Verteilung zusätzlich zu erwarten haben, ist **ins Verhältnis zu** den von ihnen aufzuwendenden **Prozesskosten** zu setzen.[95]

41 Für die Bewertung, ob die Heranziehung zur Kostenbeteiligung zumutbar ist, kann sich das Prozessgericht im Regelfall am Doppelten des aufzubringenden Vorschusses orientieren.[96] Die Heranziehung wirtschaftlich Beteiligter ist nach der Rechtsprechung des Bundesgerichtshofs nicht zu beanstanden, wenn ihr im Erfolgsfall erzielbarer Ertrag deutlich mehr als das Doppelte des aufzubringenden Vorschusses beträgt.[97] Der mögliche Verlust des Vorschusses kann im Rahmen der Zumutbarkeit nicht zu berücksichtigen sein, da § 116 ZPO sonst leerliefe.[98]

---

94 BGH, 18.07.2019 – IX ZB 57/18, ZInsO 2019, 1793 Rn. 12; instruktiv dazu: OLG Köln, 14.08.2019 – I-7 W 29/19, ZInsO 2020, 370 Rn. 6; OLG Düsseldorf, 04.10.2018 – I-12 W 12/18, ZInsO 2019, 205 Rn. 12, 14; Saenger/Kießling, ZPO, § 116 ZPO Rn. 17.

95 BGH, 19.07.2018 – IX ZB 24/16, ZInsO 2018, 1952 Rn. 8.

96 Pape/Reichelt/Schultz/Voigt-Salus, InsR, § 43 Rn. 46.

97 BGH, 28.01.2022 – IX ZR 145/21, ZInsO 2022, 590 Rn. 4 ff.; 04.03.2021 – IX ZB 17/20, ZInsO 2021, 1745 Rn. 16; 18.07.2019 – IX ZB 57/18, ZInsO 2019, 1793 Rn. 12; 26.04.2018 – IX ZB 29/17, ZInsO 2018, 1364 Rn. 12; ebenso: OLG Frankfurt, 10.11.2021 – 17 W 19/21, ZInsO 2022, 1015 Rn. 19; OLG Köln, 14.08.2019 – I-7 W 29/19, ZInsO 2020, 370 Rn. 3; OLG Düsseldorf, 04.10.2018 – I-12 W 12/18, ZInsO 2019, 205 Rn. 9; Pape, ZIP 2022, 2409, 2415.

98 BGH, 03.05.2012 – V ZB 138/11, ZInsO 2012, 1941 Rn. 9; 26.04.2018 – IX ZB 29/17, ZInsO 2018, 1364 Rn. 12; Pape/Reichelt/Schultz/Voigt-Salus, InsR, § 43 Rn. 46.

Stichwortverzeichnis

Die fett gedruckten Zahlen verweisen auf die Kapitel bzw. den kommentierten Paragraphen, die mager gedruckten Zahlen auf die jeweils dazugehörigen Randnummern.